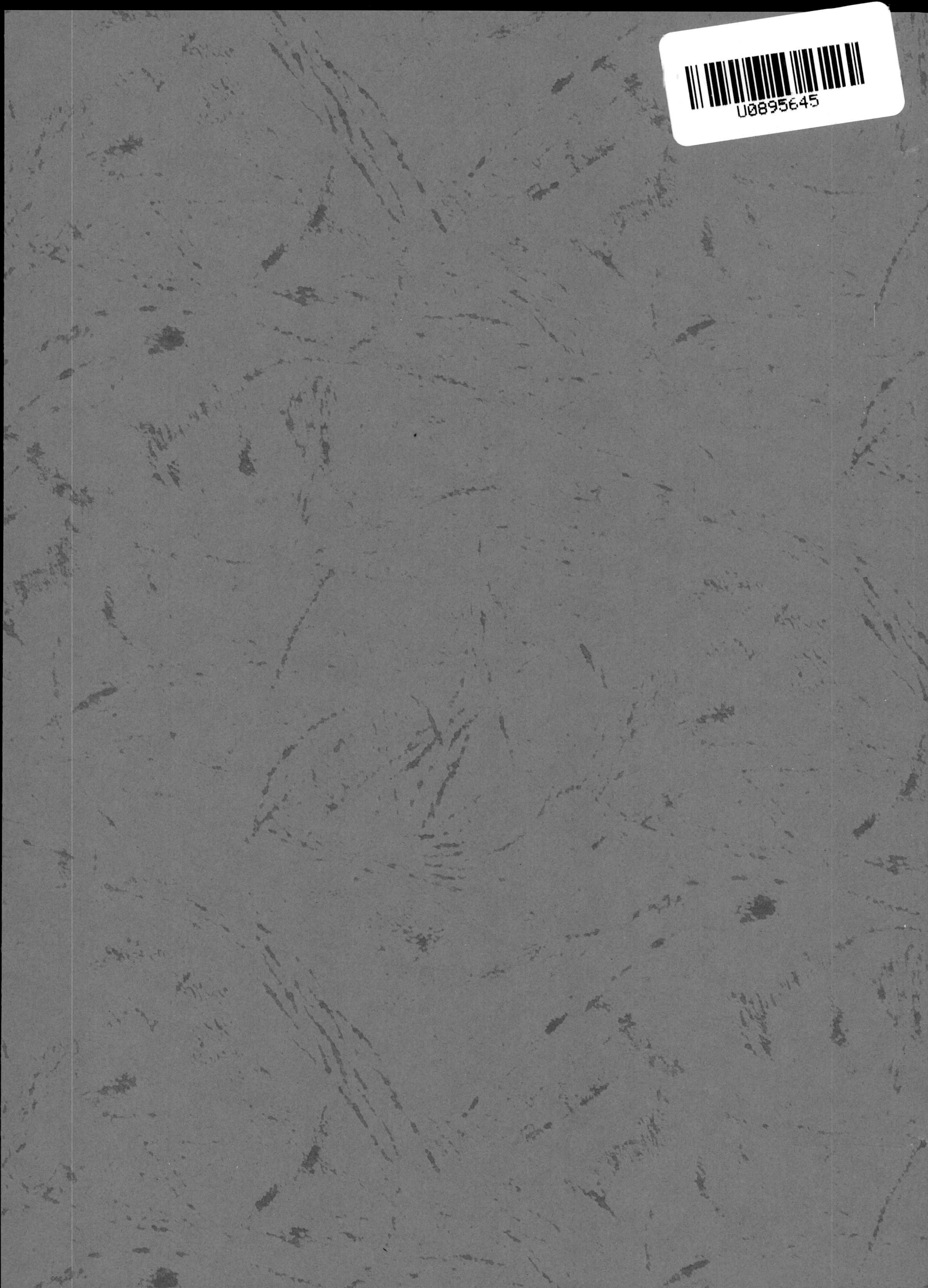
U0895645

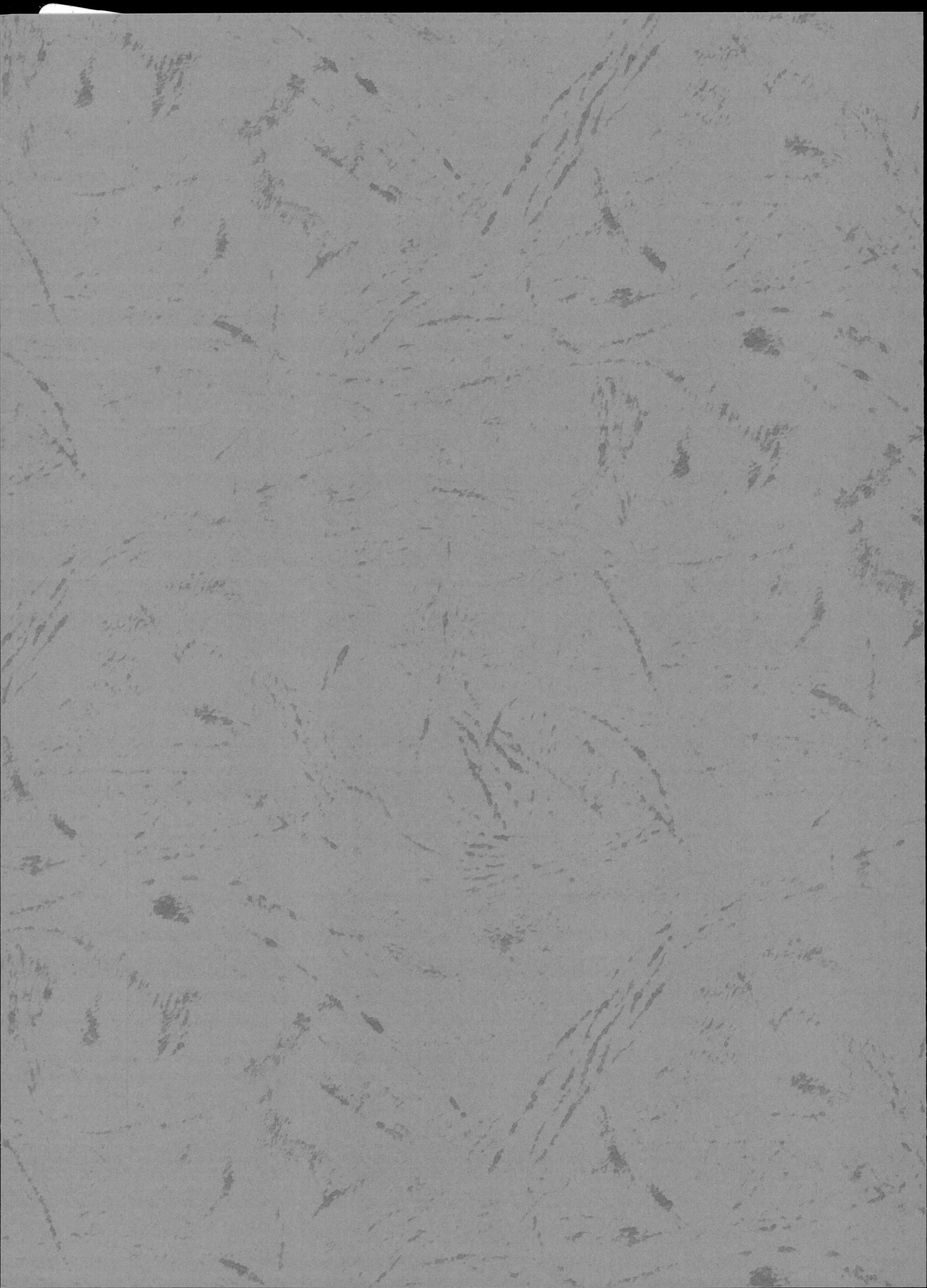

2017

浙江外事僑務年鑑

《浙江外事侨务年鉴》编纂委员会 编

ZHEJIANG FOREIGN AND OVERSEAS CHINESE AFFAIRS YEARBOOK

图书在版编目（C I P）数据

浙江外事侨务年鉴. 2017 / 《浙江外事侨务年鉴》编纂委员会编. -- 杭州 : 浙江大学出版社, 2018.3
ISBN 978-7-308-17934-8

Ⅰ. ①浙… Ⅱ. ①浙… Ⅲ. ①外事管理—浙江—2017—年鉴②华侨事务—浙江—2017—年鉴 Ⅳ. ①D827.55-54②D634-54

中国版本图书馆CIP数据核字(2018)第015438号

2017
浙江外事侨务年鉴
《浙江外事侨务年鉴》编纂委员会编

责任编辑 李海燕
责任校对 杨利军 李增基 於国娟
封面设计 王一之
出版发行 浙江大学出版社
（杭州市天目山路148号 邮政编码310007）
（网址：http://www.zjupress.com）
排　　版 浙江新华图文制作有限公司
印　　刷 浙江印刷集团有限公司
开　　本 889mm×1194mm 1/16
印　　张 21.25
插　　页 20
字　　数 500千
版 印 次 2018年3月第1版 2018年3月第1次印刷
书　　号 ISBN 978-7-308-17934-8
定　　价 150.00元

浙江大学出版社发行中心联系方式：0571-88925591；http://zjdxcbs.tmall.com

编辑说明

一、《浙江外事侨务年鉴》由浙江省人民政府外事侨务办公室主持编纂，是浙江省涉外涉侨工作年度大事、新事和要事的信息资料文献。

二、《浙江外事侨务年鉴（2017）》主要记述2016年1月1日至12月31日期间发生的涉外涉侨事件。鉴于浙江省人民政府外事侨务办公室与浙江省人民政府港澳事务办公室合署这一实际情况，本年鉴将港澳工作也列入收编范围。

三、《浙江外事侨务年鉴（2017）》设图记、特载、省级外事侨务、部门外事侨务、高校外事侨务、地市外事侨务六大栏目，共有条目1500余条。条目一般按事件发生时间的先后顺序排列。

四、本年鉴列有详细目录。为方便读者保存和查阅，配有光盘。

五、本年鉴所收内容（含图片）均由省外事侨务办公室各处（室）和下属单位，各地市外事（侨务）办公室，以及省级各有关部门、单位和驻浙机构提供。年鉴的编辑、出版得到全省各级各单位外事侨务部门的高度重视与积极配合。借此，谨向参与年鉴编辑工作的领导和作者致谢。因编辑水平所限，书中难免有不足之处，敬请广大读者批评指正。

《浙江外事侨务年鉴》编辑部

2018年3月

2016年4月29日，省委书记、省人大常委会主任夏宝龙会见英国驻华大使吴百纳。

2016年6月8日，省委书记、省人大常委会主任夏宝龙会见罗马尼亚副总理兼经济、贸易和与商界关系部部长科斯廷·博尔克。

2016年6月14日，省委书记、省人大常委会主任夏宝龙会见密克罗尼西亚联邦波纳佩州州长马塞洛·彼得森。

2016年6月18日，省委书记、省人大常委会主任夏宝龙会见捷克总理博胡斯拉夫·索博特卡。

2016年8月1日，省委书记、省人大常委会主任夏宝龙会见澳门特别行政区经济财政司司长梁维特。

2016年10月15日，省委书记、省人大常委会主任夏宝龙会见蒙古人民党主席、国家大呼拉尔主席米·恩赫包勒德。

2016年11月9日，省委书记、省人大常委会主任夏宝龙会见新加坡外交部长维文。

2016年11月9日，省委书记、省人大常委会主任夏宝龙会见印度驻中国大使顾凯杰。

2016年3月22日，省委副书记、省长李强会见由美中贸易全国委员会会长傅强恩率领的美国企业家代表团。

2016年3月25日，省委副书记、省长李强会见白俄罗斯副总理谢马士科。

2016年5月3日，省委副书记、省长李强会见美国田纳西州州长比尔·哈斯拉姆。

2016年6月3日，省委副书记、省长李强会见美国肯恩大学校长达伍德·法拉希。

2016年6月9日，省委副书记、省长李强会见德国石荷州州长安必腾。

2016年6月19日，省委副书记、省长李强出席浙江—捷克经贸合作交流会暨合作项目签约仪式。

2016年6月22日，省委副书记、省长李强会见亚奥理事会总干事侯赛因·穆萨拉姆。

2016年9月28日，省委副书记、代省长车俊会见丹麦驻华大使戴世阁。

2016年10月13日，省委副书记、代省长车俊会见加拿大新布伦瑞克省省长布赖恩·加伦特。

2016年11月1日，省委副书记、代省长车俊会见英国诺丁汉郡郡长庄贝思。

2016年11月18日，省委副书记、代省长车俊出席嘉兴市与德国宝沃汽车集团战略合作框架协议签约仪式。

2016年11月29日，省委副书记、代省长车俊会见比利时西弗兰德省省长德卡卢维。

2016年4月20日，省委常委、宣传部长葛慧君会见葡萄牙社民党党政二部考察团。

2016年6月27日，省委常委、常务副省长袁家军会见丹麦西兰岛大区主席延斯·斯坦贝克。

2016年10月27日，省委常委、秘书长，省友协会长陈金彪会见日本日中友好协会理事长冈崎温。

2016年9月26日，省人大常委会副主任程渭山会见马来西亚沙巴州首席部长署特别事务部长张志刚。

2016年11月30日，省人大常委会副主任毛光烈会见马达加斯加国民议会副议长埃尔松·布里松·埃拉法。

2016年9月9日，省人大常委会副主任冯明会见芬兰议会财政委员会代表团。

2016年4月20日，副省长黄旭明会见阿拉伯国家驻华使节代表团。

2016年6月15日，副省长朱从玖会见印尼投资协调委员会主席弗兰基。

2016年3月10日，副省长梁黎明会见印度驻华大使顾凯杰。

2016年4月11日，副省长梁黎明会见越南驻华大使邓明魁。

2016年11月23日，副省长梁黎明会见捷克前总理伊日·帕劳贝克。

2016年8月23日，副省长孙景淼会见美国HTT公司创始人。

2016年11月14日，副省长冯飞会见美国密歇根州州长里克·斯奈德。

2016年3月28日，省政协副主席陈艳华会见非洲友好人士考察团。

2016年6月7日，国务院侨办主任裘援平来浙江考察。

2016年9月19日，第十九届浙江旅外乡贤聚会暨海外侨团建设大会在杭州召开。

2016年3月10日，省外侨办主任金永辉一行在瓯海丽岙调研。

2016年6月3日，国务院侨办第35期海外华裔青年企业家中国经济高级研修班在浙江大学举办。

2016年5月22日，海外华文媒体代表团在浙江安吉参观。

目　　录

特载

省级外事侨务

大 事 记

综　　述

外事工作

美洲和大洋洲

欧洲

侨务工作

港澳事务

对外民间交往

部门外事侨务

省经信委

省教育厅

省科技厅

省高级人民法院

省公安厅

省人力社保厅

省国土资源厅

省交通运输厅

省农业厅

省林业厅

省商务厅

省文化厅

省卫生计生委

省环保厅

省新广局

省体育局

省海洋与渔业局

亚太小水电中心

国际小水电中心

省总工会

团省委

省妇联

省科协

省文联

省工商联

省残联

省贸促会

省农科院

高校外事侨务

浙江大学

中国美术学院

浙江工业大学

浙江师范大学

杭州电子科技大学

浙江工商大学

中国计量大学

浙江中医药大学

浙江海洋大学

浙江农林大学

温州医科大学

浙江传媒学院

浙江外国语学院

温州大学

浙江树人大学

浙江万里学院

宁波大学

宁波诺丁汉大学

义乌工商职业技术学院

地市外事侨务

杭州市

综述

重要活动

主要出访

主要来访

友好城市交流

港澳事务

温　州　市

综述

重要活动

主要出访

主要来访

嘉 兴 市

综述

重要活动

主要出访

主要来访

湖 州 市

综述

重要活动

主要出访

主要来访

侨务工作

绍　兴　市

综述

重要活动

主要出访

主要来访

友好城市交流

金华市

综述

重要活动

主要出访

主要来访

侨务工作

衢　州　市

综述

重要活动

主要出访

主要来访

友好城市交流

侨务工作

舟　山　市

综述

重要活动

主要出访

主要来访

友好城市交流

侨务工作

台　州　市

综述

主要出访

主要来访

侨务工作

丽 水 市

综述

重要活动

主要出访

主要来访

义 乌 市

综述

侨务工作

特载

Featured Articles

发展中的中国和中国外交（摘要）

——美国战略与国际问题研究中心

外交部长　王　毅

2016年2月25日

我今天演讲的题目是“发展中的中国和中国外交”。

中国最大的发展变化就是改革开放以来保持了30多年的两位数增长，在世界上创造了“中国奇迹”。我们不仅成为了世界第二大经济体，还让6亿多人口成功脱贫，成为实现联合国千年发展目标的最佳实践。同时我们非常清醒地意识到，以往的发展模式已经不能持续。无论是从中国人民的长远利益出发，还是从世界的可持续发展考虑，都必须转变我们的发展模式。所以中国毅然决然地做出了决定，那就是以壮士断腕的决心推进结构性改革，走出一条节能、环保、绿色、循环和可持续的发展新路。

我们已经取得了明显进展。去年，中国第三产业的比重已经超过了50%，环境污染正在得到有效管控。消费对经济增长的拉动快速上升，去年消费对中国经济增长的贡献率已经达到66%。也就是说，在投资、出口和消费三驾马车当中，消费第一次成为最重要的动力。这是一个健康和可持续的变化趋势。当然，由于我们不再依靠大规模投资，经济增长速度有所下降。但尽管如此，我们去年仍然在10万亿美元的巨大基数上实现了6.9%的中高速增长，这其中增长的每个百分点都相当于10年前的2.6个百分点。中国，仍是全球最重要的发展引擎。

改革和开放是中国实现经济发展奇迹的两大重要法宝，已经成为了我们的基本国策。继续改革，继续开放，是中国全党全国的共识。中国经济将会在更加健康、更有效率的基础上保持长时期的中高速增长，并迈向中高端水平。

这个自信来自于何处？我并不是经济专家，我在这里只想告诉大家中国经济具有的三个重要优势和潜力。

第一个优势是中国的巨大市场潜力。昨天在美国国会，有几个议员对我说，美方对同中国的贸易不平衡特别重视，我们买了中国太多的东西，中国买得太少。我告诉他们，不要着急，情况一定会变化，因为中国拥有13亿人口，也就是说中国的市场规模是美国的四倍。中国正在从潜在的市场快速成长为现实的市场，这个市场一旦成熟，肯定会从美国和全世界买更多的东西，到那时，就可能变成中国对美国的巨大逆差了。当然，美国需要向中国提供更加物美价廉的商品。

第二个优势是中国城镇化的发展。发达国家的城镇化水平一般在80%以上。但中国目前的城镇化，如果按照户籍人口计算还不到40%。也就是说，我们还有巨大的空间和潜力，还有巨大的城镇化需求有待开发。这里面蕴藏着巨大的商机。

第三个优势是服务业的扩张。发达国家服务业占经济结构比例一般70%以上。而中国的第三产业才刚刚迈过50%的门槛。也就是说这方面我们也仍然具有巨大发展潜力和空间。

中国自身的发展一定会持续

下去，同时也一定会为包括美国在内的国际社会提供更多机遇。中国和美国一定会成为长期稳定的经贸合作伙伴。

接下来，我说说中国的外交。外交是内政的延伸。我们已经制定了“两个百年”的奋斗目标，要团结全国各族人民共同实现民族复兴的中国梦。中国的外交就是要为这个最大的内政来服务，就是要为中国实现发展目标提供更加稳定、良好、友善的外部环境，就是要为助力这个目标的实现营造和开创更多外部资源。

近三年来，习近平主席就如何在继承基础上进一步拓展中国外交，提出了一系列重要的新思想和新理念。中国外交正在更加积极地维护正当的国家利益，更加积极地承担应尽的国际责任，也更加积极地同世界各国，当然包括美国发展互利共赢的国家关系。

中国外交在当前和今后一段时间主要会做什么？当前和今后一段时间，中国外交要承担起五项重要使命。

第一项使命，是中国外交要使更多国家和民众了解并理解中国选择的社会制度和发展道路。中国是国际社会的成员，我们希望更多、更深入地融入国际社会。同时，我们必须坚持自己选择的中国特色社会主义道路。这个选择完全适合中国国情，完全符合中国人民的利益，得到了中国社会各界最广泛的支持。中国特色社会主义，其特征就是在尽可能调动亿万人民奋发有为、竞相发展积极性的基础上，坚持共同富裕的目标。也就是说，每一个中国人，无论身在城市还是农村，无论处在顺境还是暂时处在逆境，无论有什么样的社会背景和家庭出身，都可以对自己的前途怀有憧憬，抱有希望，都可以通过自身的打拼实现自己的梦想。正因为如此，中国特色社会主义制度和道路得到了最广泛人民大众的强有力支持。

同时我们看到，在一个拥有13亿人口、一个发展很不平衡、地区差异很大的国度，要实现现代化，我们必须有一支中坚力量，一支有理想、敢担当、能奉献的中坚政治力量。这支中坚力量就是8600万成员的中国共产党。8600万中共党员，如果人人都按照党章要求，担当各条战线的先锋，那么，任何难题都难不倒中国，任何困难都阻挡不住中国。

更重要的是，这支8600万的党员队伍需要一个坚强的领导核心。而这个核心，就是以习近平同志为总书记的党中央。在以习近平为总书记的党中央的统率和擘划下，中国这条巨大的航船正在按照自己的既定航程坚定前行。我们一定能实现我们的目标，我们对此有充分的自信。

同时，中国的发展既与每一个中国人民的生活密切相关，也与全世界人民的利益密切相关。我们非常希望在进一步融入国际社会的过程中，得到更多国家的理解。中国决不会输出我们的社会制度和发展模式，因为每个国家都有权根据本国国情来选择发展道路。但我们愿意在平等基础上 同国际社会进行相互交流。

大家都知道有一本书叫作《习近平谈治国理政》。这本书自2014年开始对外发行，很快就风靡全球，目前已在100多个国家和地区出版，总发行量达到500多万册。我们希望并相信，随着中国同世界各国的交往进一步加深，一定会有更多国家和民众理解、支持中国选择的社会制度和发展模式。这也是中国外交必须要承担的使命。

第二项使命，是中国外交要坚定维护二战胜利以后形成的国际秩序和国际体系。我们绝不会“另搞一套”。因为中国是当年在联合国宪章上第一个签字的国家，我们用3500万人伤亡代价换来了这个世界的和平。

我们首先要坚定维护以联合国为核心的当代国际体系，以及以联合国宪章宗旨和原则为代表的国际关系基本准则。我们认为，当今世界之所以乱象频生，很重要的一个背景是联合国宪章的宗旨和原则没有得到充分贯彻，不干涉内政、和平解决争端等重要理念被抛到一边。所以中国外交一个重要的任务就是通过我们的身体力行，通过外交行动，真正把宪章的宗旨和原则贯彻到国与国交往和具体实践当中。这是中国应该发挥的国际作用。

我们还需要维护自由开放的世界贸易体系，中国依靠开放得到了快速发展，我们正在并希望与世界各国一起来建立开放的经济体系，我们反对一切形式的贸易保护主义。面对现在世界各地不断出现的各种区域或次区域自贸安排，我们不希望它们碎片化发展。不管什么样的自贸安排，包括TPP也好、RCEP也好，都应该成为通向更广泛的自由贸易体制的路径。这一点实际上已经在前年北京APEC会议中做出明确宣示，美国、中国以及所有APEC成员都做出了承诺。我们不仅要维护一个自由开放的贸易体制，我们还希望把它延伸至投资领域。大家知道，迄今为止，世界上还没有统一的投资规则。今年9月在杭州召开的G20峰会，作为东道主，我们希望与G20的成员们共同讨论，如何来形成一个大家都遵守的、开放的全球投资规则，这不可能一蹴而就，但我们希望启动这一进程。

此外，我们还希望不断完善当今的国际经济金融治理机制。中国已经深入参与了现有国际经济和金融机制。比如延宕5年的IMF改革方案，去年底美国国会终于通过了。中国在IMF的份额和投票权都有了明显增加。今年初，中国还成为欧洲复兴开发银行成员。我们将继续在现有的国际经济金融体制中发挥应有的作用。同时，我们倡议成立了亚投行(AIIB)，一开始有些国家对此有疑虑，甚至怀疑中国是不是要搞亚洲版的“门罗主义”。但现在情况已经清楚，中国从一开始就敞开臂膀，欢迎全世界的国家加入，而不仅仅局限在中国所在地区。目前，57个创始成员国一半以上是亚洲以外的国家。除了美国、日本以外的发达国家几乎都参加进来，我们都持非常欢迎的态度。现在还有将近40个国家在排队等待加入。我们将与各成员国一道，将AIIB打造成具有国际标准、专业化的，同时又没有那么多官僚主义，能够填补亚洲基础设施建设融资瓶颈的多边金融机构。它将是对现存的国际金融机制的补充，绝不是要另起炉灶。

中国外交的第三项使命，就是要更加积极有为地为中国自身的发展服务。当前最重要的工作就是同各国一道推进“一带一路”建设。我们所在的欧亚大陆，几百年来充满了刀与剑、血与火，战争战乱不断。现在亚欧大陆国家最大的公约数就是要发展，要加速工业化进程，提高自主发展能力。而中国恰恰可以向这些国家提供所需的先进装备、成熟技术以及管理、融资、人才培训。总之，这完全是一个优势互补、经济合作、互利共赢的倡议，它会为中国和参与“一带一路”的国家开创新的发展前景，开拓新的合作领域。不仅对中国、对所有国家都有利。目前，已有70多个国家支持并愿参与“一带一路”建设。

“一带一路”建设有三大支柱，第一大支柱是互联互通，中国目前正积极与各国合作，打通相互联接的通道。我们不仅要进一步打通欧亚大陆通道，还希望建设泛亚铁路，我们也愿意响应非洲朋友们的愿望，将来把非洲54国用高速铁路连接起来。中国高速铁路已达1.8万公里，占全世界70%以上，我们完全有能力与大家一起实现互联互通。

“一带一路”第二大支柱是产能合作。我们已与20多个国家签署国际产能合作协议。我们希望通过产能合作来加快各自的工业化进程，实现更高层次的发展，从而应对目前世界经济低迷给各国带来的各种挑战。实际上，美国也有“再工业化”进程，欧洲也有相应倡议。中国的国际产能合作计划是开放的，不仅跟所有有意愿的国家进行产能合作，也欢迎三方合作。如果把中国的先进装备、充足的融资和发达国家，比如美国的一些技术和关键部件结合起来，这种产能合作就将更加有效地推动各国经济发展，从而促进世界繁荣。

“一带一路”的第三大支柱是人文交流。欧亚大陆有各种不同文明和文化，没有优劣、高下之分。我们愿通过“一带一路”建设使不同的文明和文化相互借鉴、相互包容，共同促进人类历史进步。

中国外交的第四项使命，就是有效维护中国不断拓展的海外利益。与其他大国发展轨迹一样，中国已经到了越来越多企业、越来越多公民走出国门、到世界各地去发展的新阶段。中国目前有3万家企业遍布世界各地，数百万中国人工作生活在世界各个角落。中国每年非金融类直接投资快速增长，去年已达到1200亿美元。这个数字已经接近甚至超过中国引进外资的规模。再加上每年约1.2亿人次中国公民出境，构成了全世界最大的流动人员群体。中国政府当然有责任、有义务维护好这些机构和人员的合法权益。但坦率地讲，我们在这方面手段缺乏，资源不足，能力建设薄弱。因此，中国外交一项非常紧要的任务就是要不断增强我们海外维权的能力建设，要运用更多的资源，同国际社会一起来维护好我们不断拓展的巨大海外利益。当然，是合法、正当的利益。

中国外交的第五项使命就是要更加建设性地参与国际与地区热点问题的解决。这首先是因为中国作为联合国安理会常任理事国，对国际和平与安全承担着重要责任。同时，热点问题的解决也将为中国的发展提供更好的国际环境。在非洲，我们斡旋南苏丹的纠纷；在亚洲，我们斡旋阿富汗和谈、缅甸国内和解。我们和各方一起促成了伊朗核问题全面协议的达成。我们还积极参与了叙利亚问题的政治解决进程。

可能目前大家最关心的是朝鲜半岛核问题。我要强调中方的三点基本立场。第一点，我们反对朝鲜发展核武器，朝鲜半岛不能有核，无论是北方还是南方，无论是自己制造还是引进部署。半岛出现核武器，不符合各方利益，也不利于朝鲜维护自身安全。所以，半岛必须实现无核化，对此中国坚定不移。

第二点，半岛不能战、不能乱。半岛任何战乱都会带来无法想象的严重后果。如何来实现无核化？最终还是需要通过谈判解决。半岛核问题就是因为六方会谈中断了八年，才出现了朝鲜一次又一次的核试验。我们当然要通过新的联合国决议，采取进一步有力措施，有效阻断朝鲜方面的核导发展计划。但是另一方面，我们绝不能放弃和谈的努力，因为和谈才是解决问题的唯一可行途径。中方作为六方会谈东道主，我们履行责任和义务，本着公正客观立场，提出了一个并进谈判的思路，那就是半岛无核化与停和机制转换并行推进。没有半岛无核化，就没有停和机制转换；反过来，停和机制转换不起来，各方的合理关切、包括朝鲜方面的安全关切都得不到解决，那么无核化也难以真正可持续地落到实处。这两个方面需要齐头并进，它的特征在于明确了无核化的大方向，同时合理平衡地解决了各方要价。我们愿意同其他各方进一步探讨如何推进这一并进思路的路径和步骤。

第三点，中国正当的国家利益必须得到保障。这里大家自然想到"萨德"反导系统。美国有可能在韩国部署"萨德"反导系统，这最终将由韩国来决定。韩国的内政我们当然是不干涉的。我们也理解美国和韩国在这种复杂形势下维护自身安全的迫切需要。但我要告诉大家的是，"萨德"反导系统X波段雷达覆盖范围已深入中国内陆，也就是说中国的正当国家安全和利益很可能受到损害、甚至威胁。所以美国和韩国如果商量是否部署"萨德"反导系统的时候，应该考虑中国的合理安全关切，应该给中国一个有说服力的、能够让中方信服的解释和说明。中方的上述要求合情合理。

大家一定也很关心南海局势。我要告诉大家的是，南海局势实际上是总体平稳的。因为没有一条商船抱怨过它在南海的航行受到了干扰。南沙部分岛礁确实存在争议。中国有42个岛礁被一些国家相继非法占领。但尽管如此，中国政府的立场是坚持通过对话谈判、以和平的方式、根据国际法包括《联合国海洋法公约》来寻求妥善解决。这是中国政府坚定明确的立场，也成为确保南海局势总体稳定的重要因素。我们正在与东盟国家一起落实《南海各方行为宣言》，加快推进"南海行为准则"磋商。中国和东盟国家完全有能力维护好南海地区的和平与稳定。我们曾经提出过几条建议：

第一，争议各方要按照DOC的规定，通过直接商谈和平解决争议。DOC第四条明确规定，争议由直接当事方通过谈判解决。中国与东盟10国领导人都在DOC上签了字，这份文件是有约束力的。尽管菲律宾不愿同中国谈，但我们仍然在同其他国家一起履行这一规定。

第二，域内国家即使不是争议国，但作为南海沿岸国，应一起努力维护南海地区的和平与稳定，维护根据国际法规定享有的航行自由。中国将在其中发挥自己的作用。

第三，域外国家能够支持有关争议通过直接谈判来解决，支持中国和东盟一起维护南海地区的和平与稳定。

我想如果能做到以上三点，南海将继续保持和平与稳定。大家不必过于担心。

最后我要谈一下中美关系。大家都说中美关系是最重要的双边关系，确实如此。一个最大的发达国家和一个最大的发展中国家之间的关系搞好了，对两国人民甚至对世界都是有益的。但如果搞不好，有可能掉进所谓的“修昔底德”陷阱。为此，中国国家主席习近平提出中美双方要共同建设新型大国关系，说到底就是要建设合作共赢的中美关系。我认为这是一个明智的选择，也是一个正确的方向，我们正在朝这个方向跟美方合作，不断加强对话，增进相互了解，推动关系发展。同时我们希望，建设新型大国关系也应该成为中美两国社会各界的共识，得到更多中美两国人民的支持。

最近对中美关系的议论比较多。媒体也有些炒作，似乎中美之间出了这么多分歧。昨天同克里国务卿会见记者时，我们都重申中美的共同利益远远大于分歧。有分歧不要紧，我们一起通过协商加以解决。但现在确实有一个值得我们注意的说法，有一些美国的朋友担心，认为中国才是美国将来真正的主要对手，可能有一天中国要取代美国。这背后其实是一种战略互不信，是对中国长远意图的战略怀疑。战略疑虑不解决，小问题会变成大问题，没有问题会生出问题。相反，如果我们能建立战略信任，消除战略疑虑，加强战略合作，任何问题都可以通过对话协商找到解决办法。

中国会不会成为美国将来最主要的对手，甚至取代美国？我认为这个命题是完全不存在的。

首先，中国虽然已是第二大经济体，但按照人均计算，我们仍排在世界80名以后。人的发展是一个国家发展的基础，因此我们仍然是一个发展中国家，仍然要聚焦自身的发展，今后很长一段时间要把我们的主要精力放在我们自己的发展上。我们不会去和别人竞争，也无意去取代谁。

第二，中美之间已经进入了一个相互依存的时代，谁也离不开谁。大量美国企业在中国有自己的事业，中国企业也越来越多进入美国，进入美国各个州市，在当地创造着就业机会。去年中国已成为美国最大的贸易伙伴，5580多亿美元的贸易规模。每年中美之间来往的人次是475万，每天都有一万多名中美民众在天上飞着。

这种相互融合的关系，怎么能想象发生冲突呢？一旦发生冲突肯定是双输，而合作才能双赢。如果我们大家都意识到这一点的话，为什么要去进行无谓的零和竞争？我们应该合作，而且完全可以开展更深入的合作。中美之间具有高度的互补性，我们应该不断发掘中美合作的潜力和空间。

还有一点，为什么中国不会取代美国？很简单，因为中国不是美国。中国就是中国，中国今后也不会成为另一个美国。中国人的血脉中没有多少扩张的基因，也没有多少当救世主的冲动。中国从2000多年前开始，就不断地修建长城来保卫我们自己。这就是中国文化特质的一个典型表现。这种融化于血脉当中的文化基因和传统会继续下去。即便我们将来进一步发展了，壮大了，甚至在未来的某一天，我们的经济总体规模可能会成为世界第一。但即便到了那个时候，中国仍然不是美国。我们会以中国人的方式，以东方人的思维，以更加和谐和包容的态度来与其他国家交往，在国际社会上发挥中国应该发挥的作用。而且那个时候，中美之间的合作会更加深入，更加紧密。我认为，当今最需要的就是增进我们彼此的相互理解。

省级外事侨务

Foreign and Overseas Chinese Affairs at the Provincial Level

大事记

（2016年）

1 月

7日 省外侨办在上海举行2016浙江省情介绍会暨迎春招待会。省长李强出席招待会并致辞。省政府秘书长李卫宁，各国驻沪总领事馆官员，部分驻华商务机构代表、香港特区政府驻沪办代表等200余人应邀与会。

19日 省外侨办在杭州召开全省市外侨办主任会议，总结2015年全省外事侨务工作，研究部署2016年工作。副省长梁黎明出席会议并讲话。各市外侨办（外办、侨办）主任及部分县（市、区）外侨办（外办、侨办）主任代表参加会议。省外侨办主任金永辉作工作报告，杭州市外办、宁波市侨办、绍兴市外侨办、桐乡市外侨办作大会交流发言。

27日 副省长梁黎明会见二十国集团工商界活动（B20）2015年度主席、土耳其工商联合会会长瑞法特·赫萨西克里欧格鲁一行。省外侨办副主任顾建新等参加会见。

27日 副省长熊建平会见日本大阪日中协会理事、地下建筑专家桥本正一行。省友协专职副会长陈爱珍等参加会见。

28日 副省长梁黎明会见新加坡驻沪总领事王首毅一行。省外侨办主任金永辉等参加会见。

2 月

17日 副省长孙景淼会见美国海岸警卫队太平洋区副指挥官奥斯汀少将一行。省外侨办副主任彭波等参加会见。

20日 省委副书记王辉忠，省委常委、统战部长王永康出席在珠海举办的浙江海外联谊会新春团拜会。省港澳办副主任虞希华等参加活动。

26日 副省长梁黎明会见墨西哥驻沪总领事乔浦恩一行。省外侨办副主任彭波等参加会见。

3 月

4日 副省长梁黎明会见马来西亚沙巴州首席部长公署特别事务部长张志刚一行。省外侨办副主任彭波等参加会见。

8日 省委常委、杭州市委书记赵一德会见美国驻华使馆使团副团长阮大为一行。

10日 副省长梁黎明会见印度驻华大使顾凯杰一行。省外侨办副主任彭波等参加会见。

18日 省委常委、杭州市委书记，省友协会长赵一德会见马来西亚多元文化妇女联合会秘书长任学慧一行。省友协专职副会长陈爱珍等参加会见。

18日 副省长梁黎明会见安哥拉石油部长若泽·德瓦斯康塞洛斯一行。省友协专职副会长陈爱珍等参加会见。

22日 省长李强会见美中贸易全国委员会会长傅强恩。省外侨办主任金永辉等参加会见。

22日 省委常委、常务副省长袁家军会见澳大利亚贸易委员会中国区总经理柯迈高一行。省外侨办副主任彭波等参加会见。

25日 省长李强会见白俄罗斯副总理谢马士科一行。省政府秘书长李卫宁，省外侨办主任金永辉、副主任顾建新等参加会见。

25日 省委常委、常务副省长袁家军会见阿联酋航空公司高级副总裁谢赫·马吉德·阿里·穆拉一行。省外侨办副主任虞希华等参加会见。

4　月

10日至19日　副省长朱从玖率浙江省代表团访问英国、德国和以色列。

11日　副省长梁黎明会见越南驻华大使邓明魁一行。省外侨办副主任虞希华等参加会见。

11日　副省长梁黎明会见新加坡驻沪总领事罗德伟一行。省外侨办副主任虞希华等参加会见。

14日　副省长梁黎明会见瑞士弗里堡州副州长兼经济部长冯朗特一行。省外侨办副主任陈安等参加会见。

18日　省人大常委会副主任毛光烈会见日本静冈县议会议长吉川雄二一行。省外侨办副主任虞希华等参加会见。

20日　省委常委、宣传部长葛慧君会见葡萄牙社民党党政干部考察团一行。省外侨办主任金永辉等参加会见。

20日　副省长黄旭明会见阿拉伯国家驻华使节代表团一行。省外侨办副巡视员莫丽丽等参加会见。

25日　副省长梁黎明会见日本驻沪总领事片山和之一行。省外侨办主任金永辉等参加会见。

25日　副省长梁黎明会见白俄罗斯经济部长季诺夫斯基·弗拉基米尔一行。省外侨办副主任虞希华等参加会见。

26日　副省长梁黎明会见新加坡文化、社区及青年部、财政部高级政务部长沈颖一行。省外侨办主任金永辉等参加会见。

27日　省委书记、省人大常委会主任夏宝龙会见香港嘉里集团董事长郭鹤年一行。省委常委、杭州市委书记赵一德，省委常委、秘书长陈金彪等参加会见。

27日至29日　省委常委、统战部长王永康率浙江省代表团赴香港出席香港浙江文化美食旅游节活动。省港澳办主任金永辉等陪同活动。

28日　副省长朱从玖会见必维国际全球执行总裁麦劭德一行，并就“浙江制造”区域品牌建设、浙江省检验检测认证行业发展与对外合作机会展开座谈。省外侨办副主任彭波等参加会见、座谈。

29日　省委书记、省人大常委会主任夏宝龙会见英国驻华大使吴百纳一行。副省长梁黎明，省外侨办主任金永辉、副主任顾建新等参加会见。

5　月

3日　省长李强会见美国田纳西州州长比尔·哈斯拉姆一行。省政府秘书长李卫宁、省外侨办主任金永辉、省友协专职副会长陈爱珍等参加会见。

5日　副省长梁黎明会见吉布提大使阿卜杜拉·米吉勒一行。省外侨办副巡视员莫丽丽等参加会见。

9日　副省长梁黎明会见捷克皮尔森州副州长伊沃·格律能一行。省外侨办副主任陈安等参加会见。

10日　省长李强会见德国石荷州州长安必腾一行。会见后，双方举行浙江省·石荷州深化合作签约仪式暨结好30周年图片展。李强与安必腾签署两省州进一步深化友好合作备忘录，共同见证中国计量大学、浙医一院、艾迪康公司等单位与石荷州有关高校、医疗机构和企业的合作签约仪式，并参观两省州结好30周年图片展。省人大常委会副主任刘力伟、浙江大学党委书记金德水、省政府秘书长李卫宁、省外侨办副主任顾建新等参加上述活动。在杭期间，安必腾还出席浙江大学与基尔大学结好30周年庆祝活动。省外侨办副巡视员莫丽丽等出席庆祝活动。

13日　省长李强会见捷克总统特命代表、总理对华事务全权顾问、捷中友协主席雅罗斯拉夫·德沃吉克一行。省政府秘书长李卫宁，省外侨办主任金永辉等参加会见。

13日　副省长梁黎明会见埃及驻沪总领事哈立德·优素福一行。省外侨办副巡视员莫丽丽等参加会见。

20日至28日　省委常委、

组织部长廖国勋率浙江省代表团访问美国和巴西。

22日至31日 省人大常委会副主任袁荣祥率浙江省代表团访问克罗地亚、匈牙利和伊朗。

23日 中共中央书记处书记、中央纪律检查委员会副书记赵洪祝在北京会见美国肯恩大学校长达伍德·法拉希一行。省外侨办主任金永辉等参加会见。

26日 省委常委、常务副省长袁家军会见巴斯夫集团催化剂事业部总裁肯尼斯·莱恩一行。省外侨办副主任陈安等参加会见。

6 月

3日 省长李强会见美国肯恩大学校长达伍德·法拉希一行。省政府秘书长李卫宁，省外侨办主任金永辉，省友协常务副会长阮忠训等参加会见。

6日 副省长朱从玖会见西门子前总裁冯必乐一行。省外侨办副主任陈安等参加会见。

6日 副省长梁黎明会见以色列驻沪总领事安迈凯一行。省外侨办副巡视员莫丽丽等参加会见。

14日 省委书记、省人大常委会主任夏宝龙在舟山会见密克罗尼西亚联邦波纳佩州州长马塞洛·彼得森一行。省委常委、秘书长陈金彪，舟山市委书记周江勇，省外侨办主任金永辉等参加会见。

15日 副省长朱从玖会见印尼投资协调委员会主席弗兰基一行。省外侨办副巡视员莫丽丽等参加会见。

18日 省委书记、省人大常委会主任夏宝龙会见捷克总理博胡斯拉夫·索博特卡一行。省委常委、秘书长陈金彪，副省长梁黎明，省政协副主席陈加元，省外侨办主任金永辉、副主任顾建新等参加会见。

18日 省政协副主席陈加元会见美国硅谷专家及企业家代表团一行。省外侨办副主任彭波等参加会见。

19日 浙江—捷克经贸合作交流会暨合作项目签约仪式在杭州举行。捷克总理索博特卡、省长李强分别致辞。交流会结束后，李强与捷克州长联合会主席哈谢克共同签署《中华人民共和国浙江省人民政府与捷克州长联合会关于建立合作伙伴关系备忘录》。副省长梁黎明与捷克驻华大使科佩茨基共同签署《中华人民共和国浙江省人民政府与捷克共和国工业和贸易部关于加强经贸合作的谅解备忘录》。省政府秘书长李卫宁，省外侨办主任金永辉、副主任顾建新等参加上述活动。

19日至22日 宁波市委副书记、代市长唐一军率宁波市政府代表团访问波兰。

21日 副省长梁黎明出席东方机电土耳其项目签约仪式并致辞。省外侨办副主任顾建新等陪同参加。

27日 省委常委、常务副省长袁家军会见丹麦西兰岛大区主席延斯·斯坦贝克一行。双方签署《浙江省与西兰岛大区关于进一步深化合作的协议》。省政府秘书长李卫宁，省外侨办主任金永辉、副主任顾建新等参加上述活动。

27日 省委常委、宣传部长葛慧君会见“2016发展中国家主流媒体部级研讨班”学员。省外侨办副主任陈安等参加会见。

28日 副省长梁黎明会见美国辉瑞公司全球成熟产品业务集团总裁杨宇瀚一行。省外侨办副主任彭波等参加会见。

29日 副省长梁黎明会见香港特别行政区政府驻沪办事处主任邓仲敏一行。省港澳办主任金永辉等参加会见。

30日至7月7日 省委常委、省纪委书记任泽民率浙江省代表团访问意大利和捷克。

7 月

8日至10日 联合国秘书长潘基文一行21人在中国常驻联合国代表刘结一陪同下访问浙江。9日，省委常委、杭州市委书记赵一德会见潘基文一行。省外侨办主任金永辉等前往机场迎接。

11日 省委常委、常务副省长袁家军会见新西兰贸易部长托德·麦克莱一行9人。省外侨办副主任彭波参加会见。

8 月

1 日 省委书记、省人大常委会主任夏宝龙会见澳门特别行政区经济财政司司长梁维特一行，省委常委、秘书长陈金彪，副省长梁黎明，舟山市委书记、市长周江勇，省港澳办主任金永辉等参加会见。

2 日 副省长梁黎明会见捷克前总理内恰斯一行。省外侨办副主任顾建新等参加会见。省政协副主席陈加元接待内恰斯一行5人。

3 日至 11 日 省政协副主席汤黎路率浙江省代表团访问厄瓜多尔和哥伦比亚。

11 日 副省长朱从玖接待美国史带战略控股集团总裁钮小鹏一行4人。省外侨办副主任彭波参加。

15 日至 22 日 宁波市人大常委会主任王勇率宁波市代表团访问法国和以色列。

G20 杭州峰会筹备工作大事记

1 日 省委副书记、代省长车俊主持召开会议，专题研究G20峰会环境质量保障工作。省委常委、常务副省长袁家军，副省长熊建平参加会议。

2 日 省委副书记、代省长车俊实地考察峰会安保工作。

2 日 省委副书记、代省长车俊，省委副书记、政法委书记王辉忠与东部战区司令员刘粤军、政治委员郑卫平研究明确峰会安保相关工作。省委常委、杭州市委书记赵一德，省政府秘书长李卫宁等参加。

2 日 省委常委、秘书长陈金彪召开工青妇服务保障G20峰会表彰协调会，研究部署有关工作。

2 日 副省长郑继伟赴省儿童医院调研，检查相关安全工作。

3 日 副省长熊建平主持召开峰会环境保障专题布置会，研究部署有关工作。

3 日 副省长黄旭明调研峰会场馆周边河道水质提升工作。

4 日 省委副书记、政法委书记王辉忠赴省通信管理局检查调研峰会安保工作。

4 日 省委常委、常务副省长袁家军赴国网浙江省电力公司调研峰会电力保障工作。

4 日 副省长郑继伟参加省卫计委峰会“倒计时30天”动员大会并讲话。

4 日 副省长梁黎明参加“多彩贵州”携手“深化浙江”G20杭州峰会旅游推介会。

5 日 副省长熊建平、省环保厅厅长方敏参加峰会环境质量保障演练。

5 日 副省长黄旭明赴杭州市调研检查峰会气象保障工作。

6 日至 7 日 中共中央政治局委员、中央书记处书记、中央办公厅主任栗战书，国务委员、G20峰会中央筹委会主任杨洁篪来杭实地检查峰会全要素全流程演练，并召开演练总结会。省、市领导夏宝龙、车俊、王辉忠、葛慧君、赵一德、陈金彪、梁黎明、张鸿铭等参加。

8 日 省委副书记、政法委书记王辉忠赴省委政法委调研指导峰会安保工作。同日，赴省广播电视集团、省华数电视集团、省广播电视新闻出版局、浙江日报社检查调研峰会安保工作。

8 日 省委常委、秘书长陈金彪，副省长梁黎明召开抵离迎送服务保障指挥部专题会议，部署下一步工作。

9 日 副省长梁黎明主持召开峰会抵离迎送服务保障专题会议，研究部署有关工作。

11 日 省委副书记、政法委书记王辉忠检查指导峰会食材供应保障工作。

12 日 副省长熊建平赴桐庐县、建德市实地查看钱塘江水质情况，研究应对管控措施，并成立由省环保厅牵头，省水利厅、省建设厅、省气象局、省网信办、杭州及周边地市参加的现场指挥部。

12 日 副省长朱从玖召开省食安委2016年第二次全体会议，部署峰会食品安全保障工作。

14 日 省委书记夏宝龙赴西子宾馆、西湖国宾馆和游船等实地检查峰会筹备工作。

14日 省委副书记、代省长车俊赴桐庐富春江检查G20峰会水环境保障工作。副省长熊建平、黄旭明，杭州市委副书记、市长张鸿铭，省政府秘书长李卫宁等参加。

15日 省委书记夏宝龙赴西子宾馆实地检查欢迎晚宴伴宴曲目等峰会筹备工作，并提出具体要求。省委常委、秘书长陈金彪等参加。

15日 省委副书记、政法委书记王辉忠赴峰会省市安保总指挥部调研指导安保工作。

15日 副省长熊建平赴桐庐县实地查看钱塘江水环境状况，并召开现场工作会，研究部署调水、打捞、监测等各项工作。

16日 国务委员、G20峰会中央筹委会主任杨洁篪主持召开中央筹委会第五次会议，听取各相关部委办局和浙江省筹备情况汇报。省委书记夏宝龙等参加。

16日 省委副书记、政法委书记王辉忠赴德清县禹越镇西港，嘉善县姚庄、里泽，杭州市南庄兜检查站、勾庄、三墩检查峰会"环杭护城河"卡点检查站检查工作。

16日 省委常委、秘书长陈金彪主持召开峰会抵离迎送服务保障指挥部专题会议，研究部署有关工作。

16日至17日 国务委员、公安部长郭声琨赴杭检查、指导峰会安保工作，并召开安保会议。省委副书记、代省长车俊，省委副书记、政法委书记王辉忠等参加。

17日 省委副书记、政法委书记王辉忠赴省安监局、峰会安保工作信访分流中心调研检查峰会安保工作。同日，赴杭州萧山机场检查调研峰会安保工作。

18日 副省长熊建平赴钱塘江沿岸查看水环境治理状况，并召开专题会议，部署应急应对措施。

19日 省委副书记、政法委书记王辉忠赴省住房和城乡建设厅检查调研峰会安保工作。

20日至30日 副省长熊建平多次赴桐庐查看钱塘江水质状况，并召开现场指挥部会议。

21日 国务委员、G20峰会中央筹委会主任杨洁篪赴西子宾馆、省人民大会堂考察峰会筹备工作。省委常委、杭州市委书记、市领导小组组长赵一德，省委常委、秘书长陈金彪，副省长梁黎明等陪同考察。

22日 省委书记夏宝龙主持召开省委常委会，传达贯彻中央筹委会第五次会议精神。省领导车俊、王辉忠、葛慧君、赵一德、陈金彪等参加会议。

23日 省委书记夏宝龙赴峰会省市安保总指挥部视察指导工作。省委副书记、政法委书记王辉忠，省委常委、秘书长陈金彪陪同视察。同日，夏宝龙赴西湖国宾馆与中办警卫局负责人交流工作。

23日 省委副书记、政法委书记王辉忠赴杭州市公安局交通指挥中心检查调研峰会筹备工作。

23日 省委常委、秘书长陈金彪召开省直机关党委（党组）书记会议，部署省直机关全力服务保障峰会工作。

23日 副省长朱从玖赴嘉兴市检查峰会食材供应企业。

24日 省委书记夏宝龙"空巡杭城"。

24日 省委副书记、政法委书记王辉忠赴望湖宾馆、温德姆酒店、黄龙饭店、国大雷迪森酒店、万豪饭店、西湖柳莺里酒店、索菲特酒店、香格里拉酒店调研峰会要人住地安保工作。

25日 省委副书记、政法委书记王辉忠赴杭州绕城高速北线、东线、杭金衢高速等路段及萧山服务区公安检查站检查指导绕城高速通行及交通组织情况。

25日 省委常委、秘书长陈金彪召开省委办公厅服务保障G20峰会小组工作会，研究部署有关工作。

25日 副省长熊建平赴绍兴柯桥、诸暨检查峰会环境保障管控、建筑工地安全、水环境质量等工作。

25日 副省长黄旭明主持召开会议，专题研究部署峰会期间人工消减雨作业工作。

25日 副省长朱从玖赴萧山机场专用候机楼检查峰会筹备

工作。

25日 副省长孙景淼检查峰会水上交通安保工作。

26日 省委常委、秘书长陈金彪，副省长梁黎明赴萧山机场检查峰会抵离迎送培训演练工作。省外侨办主任金永辉等参加。

27日 省委书记夏宝龙视察西湖国宾馆凌波厅场地。

27日 副省长熊建平赴峰会环境质量保障现场指挥部看望慰问一线工作人员。

27日 副省长黄旭明赴杭州国际博览中心参加峰会领导人抵达主会场演练。

27日 副省长孙景淼专题研究峰会综合交通应急保障工作，并落实相关工作要求。

29日 省委书记夏宝龙考察峰会气象服务保障工作，省领导赵一德、孙景淼参加。同日，赴西子宾馆视察宴会厅筹备工作，省委常委、秘书长陈金彪参加。

29日 副省长熊建平赴丽水市检查督导峰会安保工作。

30日 省委常委、秘书长陈金彪，副省长梁黎明赴萧山机场检查抵离迎送服务保障工作。

31日 省委书记夏宝龙看望慰问杭州市民和峰会服务保障人员。同日，视察金砖及双边活动场馆，指导双边宴会伴宴演奏。

31日 省委副书记、代省长车俊考察省级医院峰会保障工作，副省长郑继伟、省政府秘书长李卫宁等参加。同日，考察峰会环境质量保障工作，副省长熊建平等参加。

9　月

2日 副省长梁黎明会见香港特别行政区财政司司长曾俊华一行。省港澳办主任金永辉、副主任陈安等参加会见。

9日 省人大常委会副主任冯明会见芬兰议会财政委员会代表团一行10人。省外侨办副主任顾建新参加会见。

21日至28日 副省长熊建平率浙江省代表团访问斯里兰卡和以色列。

22日 省委常委、常务副省长袁家军会见格林纳达总督拉格雷纳德一行3人。省外侨办副主任彭波等参加会见。

26日 省人大常委会副主任程渭山会见马来西亚沙巴州首席部长署特别事务部长张志刚一行。省友协专职副会长陈爱珍参加会见。

28日 省委副书记、代省长车俊会见丹麦驻华大使戴世阁一行。省外侨办主任金永辉、副主任顾建新参加会见。

10　月

13日 省委副书记、代省长车俊会见加拿大新不伦瑞克省省长布赖恩·加伦特一行。省外侨办主任金永辉、副主任彭波参加会见。

13日至20日 副省长郑继伟率浙江省代表团访问奥地利和英国。

15日 省委书记、省人大常委会主任夏宝龙会见蒙古人民党主席、国家大呼拉尔主席（议长）米·恩赫包勒德一行，省委常委、秘书长陈金彪，省人大常委会副主任茅临生，省外侨办主任金永辉、副主任陈安等参加会见。

19日 韩国三星高管来华研修班23人访问浙江，省委副书记、政法委书记王辉忠会见代表团一行。省委常委、组织部长廖国勋，省外侨办副主任彭波等参加会见。

21日 省政府秘书长李卫宁会见印度驻沪总领事古光明，省外侨办副主任陈安等参加会见。

25日 阿联酋批发城首席执行官阿卜杜拉·贝尔胡一行6人访问浙江。省委常委、常务副省长袁家军会见代表团一行，省外侨办副主任顾建新等参加会见。

27日 省委常委、秘书长，省友协会长陈金彪会见日本日中友好协会理事长冈崎温一行。省外侨办主任、省友协常务副会长金永辉，省友协专职副会长陈爱珍等参加会见。

27日至11月3日 杭州市市长张鸿铭率杭州市政府代表团

访问柬埔寨和以色列。

31 日　副省长梁黎明会见瓦努阿图共和国副总理、瓦库党代主席纳图曼一行。省外侨办主任金永辉等参加会见。

11　月

1 日　省委副书记、代省长车俊在宁波会见英国诺丁汉郡郡长庄贝思一行 6 人。宁波市市长唐一军，省政府秘书长李卫宁，省外侨办主任金永辉等参加会见。

1 日　副省长梁黎明会见默沙东公司董事会主席兼首席执行官福维泽一行 11 人。省外侨办副主任顾建新参加会见。

4 日　省委常委、秘书长陈金彪会见老挝县委书记考察团一行。省外侨办主任金永辉、副主任陈安等参加会见。

5 日至 12 日　杭州市人大常委会主任、市人民对外友好协会会长王金财率杭州市代表团访问印度和马来西亚。

9 日　省委书记、省人大常委会主任夏宝龙会见新加坡外交部长维文一行。省委常委、秘书长陈金彪，省外侨办主任金永辉等参加会见。

9 日　省委书记、省人大常委会主任夏宝龙会见印度驻华大使顾凯杰一行。省委常委、秘书长陈金彪，省外侨办主任金永辉等参加会见。

10 日至 17 日　省政协副主席孙文友率浙江省代表团访问希腊和克罗地亚。

11 日　省委副书记袁家军宴请美国惠途学校创始人惠尔特等一行 5 人。省外侨办主任金永辉参加。

11 日　副省长孙景淼会见陶氏益农全球总裁兼首席执行官田汉森一行。省外侨办副主任彭波参加会见。

13 日　副省长梁黎明会见日本静冈县副知事吉林章仁一行。省外侨办主任金永辉、副主任陈安等参加会见。

14 日　副省长冯飞会见美国大湖区州长协会主席、美国密歇根州州长里克·斯奈德一行。省外侨办主任、省友协常务副会长金永辉，省友协专职副会长陈爱珍等参加会见。

14 日　省政协副主席陈加元会见泰国民主党代表团一行。省政协副秘书长王喜法、省外侨办副主任彭波等参加会见。

14 日至 18 日　副省长梁黎明率浙江省政府代表团访问捷克，并出席中国投资论坛。省外侨办副主任顾建新陪同出访。

15 日　中共中央政治局常委、中央书记处书记刘云山在浙江乌镇会见前来参加第三届世界互联网大会的柬埔寨副首相贺南洪一行。省委书记、省人大常委会主任夏宝龙参加会见。

16 日　省委副书记、代省长车俊在乌镇会见前来参加第三届世界互联网大会的美国亚马逊公司高级副总裁杰尼·康尼一行。省委常委、杭州市委书记赵一德，副省长冯飞参加会见。

18 日至 27 日　省政协副主席陈艳华率浙江省代表团访问印度、斯里兰卡和孟加拉国。

22 日至 26 日　省人大常委会副主任冯明率浙江省代表团访问日本。

23 日　副省长梁黎明会见香港特别行政区政府政制及内地事务局局长谭志源一行。省港澳办主任金永辉等参加会见。

23 日　副省长梁黎明会见捷克前总理帕劳贝克一行 4 人。省外侨办副主任顾建新参加会见。

25 日　副省长梁黎明会见马来西亚马六甲州元首卡里尔和首席部长依德利斯一行 25 人。省外侨办副主任陈江风等参加会见。

28 日　省委书记、省人大常委会主任夏宝龙与捷克总统特命代表、总理中国事务全权代表、捷中友好合作协会主席雅罗斯拉夫·德沃吉克进行茶叙。茶叙结束后，副省长梁黎明宴请德沃吉克一行。省外侨办主任金永辉、副主任顾建新参加。

29 日　省委副书记、代省长车俊会见比利时西弗兰德省省长德卡卢维一行。省政府秘书长李卫宁，省外侨办主任金永辉、副主任顾建新等参加会见。会见结束后，副省长熊建平宴请代表团一行，顾建新等参加。

30日 省人大常委会副主任毛光烈会见马达加斯加副议长一行。省外侨办副主任陈安等参加会见。

30日至12月7日 省人大常委会副主任程渭山率浙江省代表团访问柬埔寨和印度尼西亚。

12 月

6日 省委常委、秘书长，省友协会长陈金彪会见来杭参加中越人民论坛第八次会议的越南友好组织联合会副主席范文章一行和中国人民对外友好协会副会长林怡一行。省外侨办主任、省友协常务副会长金永辉，省友协专职副会长陈爱珍等参加。

9日 副省长梁黎明会见美国兰德公司代表团一行17人。省外侨办副主任彭波参加会见。

13日 省人大常委会副主任程渭山会见柬埔寨暹粒省副省长波碧涩一行，省人大常委会委员吴天行、省外侨办副主任陈安参加会见。

18日 副省长梁黎明会见以越共中央对外部常务副部长陈得利为团长的越共高访团先遣组一行。省外侨办副主任陈安参加会见。

21日 副省长高兴夫会见香港特别行政区礼宾处处长李郭志洁一行。省港澳办主任金永辉、副主任陈江风参加会见。

22日至29日 副省长孙景淼率浙江省代表团访问肯尼亚和吉布提。

综　述

【概况】 2016年，全省外事侨务系统深入贯彻落实习近平总书记系列重要讲话精神和治国理政新理念新思想新战略，以服务保障G20杭州峰会为工作圆心，积极谋划、主动作为，在服务党和国家中心工作任务、服务国家总体外交战略、服务全省经济社会发展、服务侨胞上取得新成绩，实现了“十三五”良好开局。

以“四个满意”为目标，圆满完成G20杭州峰会服务保障工作。 牵头成立国际峰会杭州市筹备工作领导小组礼宾部，坚持一切行动听指挥，一切工作同轴转，全力以赴、全岗到位，当好“店小二”，精准、细致、严谨、务实做好中央领导、外方政要及配偶和省领导出席外事活动礼宾服务、外方政要及配偶代表团接待、政要配偶集体和单独活动服务保障、协助做好重要外宾抵离迎送等工作，得到外交部、省市峰会筹备工作领导小组的充分肯定和外方政要及配偶的赞誉。本次峰会共有二十国集团成员、8个嘉宾国国家元首或政府首脑及12个国际组织负责人、12位外方政要配偶参加，同时还有4位副总理、175名副部以上高官、36名外国驻华大使和总领事、副总领事随访，在代表团接待规格、接待规模、接待难度和资源统筹力度等多个方面创浙江外事工作之最。峰会期间，接待外方政要及配偶代表团40个、总人数4500多人，其中100人以上外方政要代表团13个。先后接待外方两次集中先遣组和各国(国际组织)单独先遣人员90多批700多人次，其中副部以上4人，外国驻华大使和总领事、副总领事16人；安排外方政要配偶单独活动53人次；配合外交部做好5次演练工作，组织1000多位模拟演员参与演练；组织开展业务培训会16场次，培训人员2500多人次；统筹协调86家省、杭州市相关部门、省直高校、市县外侨办1.5万多人次(以制证人员为依据)，直接参与峰会接待服务保障工作。完成花家山庄三号楼改造项目并成功接待墨西哥总统、国际货币基金组织总裁等代表团，保障G20杭州峰会应急保障指挥部的运行、副总理汪洋分别与美国财政部长及美国国际贸易谈判代表双边会谈活动、商务部长高虎城与美国商务部主要官员会谈等，墨西哥总统、国际货币基金组织总裁专门写信称赞花家山庄服务精细。峰会的成功举办，进一步宣传了浙江，提升了浙江在国际上的知名度、美誉度和软实力，为浙江省深化对外交流合作提供了更大平台。并向世界展示了浙江外事工作形象，锻炼了队伍、积累了经验，进一步提升了全省外事侨务系统凝聚力、战斗力、号召力。

围绕中心大局，有力配合国家总体外交战略。 积极配合中央有关部委认真做好党宾国宾等重要团组的接待工作。全年，省外侨办共接待外国及港澳团组226批2750人次，其中捷克总理、格林纳达总督、蒙古国议长等国家元首、政府首脑、议长3批71人次，副元首、副总理6批132人次，省部级团组38批660人次，驻华使领馆团组36批130人次，国际知名企业团组22批351人次，友城团组49批372人次，外国民间组织团组52批428人次，港澳团组20批606人次，审核境外媒体来访68批252人次。扎实推进对捷克工作。省委书记夏宝龙率团出访捷克。捷克总理索博特卡、众议院议长哈马切克分别会见代表团一行，捷克总统泽曼会见代表团。夏宝龙提出了加强与捷克合作的十条建议，得到捷方领导人的高度认可和积极回应。为落实双方领导人达成的共识，副省长梁黎明率团访问捷克，会晤捷方高层领导，举办浙江—捷克经贸合作交流会，出席“中国投资论坛”，加强友城交流，推进务实合作。省领导出访捷克，有力推动了浙江省与捷克各层级的交往，拓展了双方经贸科技、人文领域务实合作，蓄积了人脉资源，加强了浙江与捷克的友好工作。主动服务“一带一路”国家战略。加强与“一带一路”沿线国家高层互访、友城交流，扩大互利合作。省委书记夏宝龙出访德国，深入了解德国工业4.0和先进制造企业转型升级等情况，促进了与德国的经贸合作。主办或协办中国—中东欧投资贸易博览会、印尼投资政策推介会等活动，推进与沿线国家在经贸、科技、教育和人文等领域的务实交流合作。发挥侨务资源优势，引导沿线国家侨团侨领侨商、新华侨华人和华裔新生代参与“一带一路”建设，成功举办海外华裔青年企业家中国经济高级研修班，邀请沿线23个国家39名华裔青年企业家参加，组织54个国家和地区的280多名海外侨胞参加2016中东欧国家侨商宁波峰会。全力配合办好重大外交活动。圆满完成第三届世界互联网大会外事礼宾接待工作任务，共接待柬埔寨副首相、科摩罗副总统、汤加副总理等外国政要团组3批。落实中共中央政治局常委刘云山在大会期间的双边活动、集体会见、与各国政要寒暄、开幕式、参观等活动的礼宾安排，接待83名中外嘉宾参加“中非互联网合作论坛”，做好包括两位前政要在内的460余名非警卫任务境外重要嘉宾接待工作，完成37家外国和港澳地区新闻媒体的68名记者来浙采访的管理服务工作。积极参与国际海岛旅游大会、中国—中东欧第三次地方领导人会议、中非智库论坛第五次会议和浙江省·静冈县环境论坛等活动，有力配合对外工作大局。

*充分发挥外侨优势，有效服务扩大对外开放。*围绕全省中心任务，统筹安排副省级以上领导出访17批，充分发挥示范引领作用，着力推动浙江省与大国、周边国家、发展中国家和“一带一路”沿线国家的互利合作，推动扩大对外开放。举办浙江捷克经贸合作交流会、浙江省—石荷州企业交流会、浙江省—皮尔森州企业对接会、西兰岛—浙江合作项目推介会等各类经贸洽谈、项目对接活动。发挥外事侨务工作优势，接待美国波音、德国西门子等世界500强企业、大型跨国公司和大财团来访，促成波音公司首个海外工厂——波音737完工和交付中心落户舟山、美国辉瑞公司在杭州建设亚洲首个全球生物技术中心，努力服务浙江省转型升级组合拳。加大为企业“走出去”支持服务力度，全年共办理领事认证13.9万余份，新增APEC商务卡1050张。成功举办浙江省情介绍会暨迎春招待会、签证官看非遗·走进温州活动、日韩签证座谈会、美国EVUS系统（签证更新电子系统）业务推介说明会等，加强与各国驻华使领馆的互动交流。成立省侨商会创新委员会，为海外华侨华人来浙创新创业提供服务。举办2016年相聚长三角百名博士浙江行活动，组织邀请102名海外华侨华人专业人士与省内300多家开发区、园区、企业开展项目对接洽谈，涉及海洋生物医药、环保、新材料、信息产业和机械制造等领域，达成初步合作意向30多个。以浙江“千人计划”余姚产业园为核心区，创建国侨办“侨梦苑”侨商产业集聚区，为侨资企业转型升级营造良好环境。利用港澳地区独特的对外交往平台，以经济合作为重点，加强与港澳政府高层、商会、同乡会及知名人士联系等工作，做好对青少年工作。成功举办香港浙江文化美食旅游节、“透过香港·走向国际”温港企业对接会和第六届香港大学生“外交之友”夏令营活动，拓展浙港澳合作空间和实效。着力做好港澳人心回归工作，组织在浙高校就读的港澳交换生到省内企业、展馆参观交流，增强对内地发展的认知和国家认同感。

*坚持“官民并举”，深化友城务实合作和民间友好交流。*加强高层互动交流，进一步巩固与美

国印第安纳州、澳大利亚西澳州、捷克皮尔森州、日本静冈县和密克罗尼西亚联邦波纳佩州等浙江省传统友城的关系。同时，以G20成员国、周边国家、发展中国家和“一带一路”沿线国家为重点，努力拓展友城交往渠道。与英国诺丁汉郡、希腊伯罗奔尼撒大区新建立了联系。全年新增友城12对，全省友城总数达到405对。深化友城务实交流与合作。举办浙江省与巴西巴拉那州、德国石荷州结好30周年纪念活动，签署友好关系拓展协议书，着力推进交流合作。以经济合作为重点，围绕浙江省转型升级组合拳，举办浙江巴拉那州企业对接会、浙江石荷州企业交流会、印第安纳州投资峰会等产业对接活动或项目推介会，继续跟进落实温州肯恩大学等重点项目，组织友城间政府部门、工商组织、行业协会、科研院校和知名企业开展对口交流，实现友城合作的提质增效。2016年，浙江省及绍兴市、温州市获“国际友城交流合作奖”；浙江省友城美国印第安纳州、湖州市友城韩国灵岩郡获“对华友好城市交流合作奖”。扎实推进民间友好和人文交流。组织参加第18届中日韩友好城市交流大会、第三届中美友城大会暨中美健康城市论坛。举办中日青少年书画交流大会、德国高中生“走进中国”“浙江省高中生赴德国交流活动”等。与比利时西弗兰德省、捷克皮尔森州、德国石荷州开展大学生和公务员交流活动，并向捷克皮尔森州提供大学生奖学金名额。外宣阵地建设有序推进。2016年，完成省外侨办门户网站的融合改版工作。积极适应移动互联网时代深入发展新形势、新特点，推进《浙江侨声报》改革，停刊《浙江侨声报》纸质版，推出《浙江侨声报》微信公众号，在保留原侨情侨声的基础上增加外事有关内容。继续打造《浙江侨声报》品牌，加快外侨宣传数字化步伐，切实增强宣传的时效性、生动性和互动性。

加强统筹管理，提升外事侨务工作能力水平。加强省委对外事工作的集中统一领导。提请召开省委外事工作领导小组会议，认真贯彻落实习近平总书记对地方外事工作的重要批示精神，研究部署全省外事工作，统筹谋划和安排全省重大外事活动。从严从紧从实加强因公出国（境）管理。召开全省加强新形势下因公出国（境）电视电话会议，按照“有事才去、因事定人、完事即回”原则，制定出台《关于做好2016年度因公出国（境）工作的若干意见》，严格限量管理、严格审核审批、严控出访总量。压缩、调整69批次公务出访活动，对216批次公务目的不明确、业务不对口的出访团组不予同意。制定《浙江省因公护照管理办法实施细则》，规范因公证照管理。加强涉外安全管理服务工作。扎实推进涉外安全体系建设，制定《关于新形势下进一步加强境外我省公民和机构安全保护工作的指导意见》、建立“一带一路”建设境外安全保障工作协调机制、召开“全省境外浙江籍中国公民和驻外机构安全保护工作联席会议扩大会议”，完善联席会议制度，进一步明确和细化成员单位工作职责，统筹协调解决涉境外浙江籍公民和机构安全保护工作。加强外国驻华使领馆在浙活动管理，做好境外非政府组织在浙江管理工作牵头单位的相关交接工作。认真抓好海外领事保护工作，扎实推进“海外民生工程”，妥善处置舟山籍船员被索马里海盗劫持等海外领事保护案（事）件150起。做好预防性领事保护工作，加大海外领事保护知识宣传，切实增强公民的安全意识和防范能力。加强外国记者在浙采访管理和服务工作。加强对涉侨工作的统筹协调，完善协调机制，统筹协调安排全省涉侨工作、统筹和整合省直涉侨部门和各地侨务部门资源力量，形成工作合力。

以“四化”侨团建设为抓手，推动侨务工作发展。扎实推进“四化”侨团建设。深入贯彻落实省政府《关于加强浙江省海外侨团建设的实施意见》，制定《浙江省海外示范性侨团建设实施方法》，明确认定对象范围、严格认定程序，共认定阿联酋浙江侨团联合会等50家侨团为首批“浙江省海外示范性侨团”。成功举办第19届浙江旅外乡贤聚会暨海外侨团建设大会，68 个国家和地区的 500 多名浙籍海外侨团负责人应邀参加。切实加大侨领培训力度，成功举办浙江省海外中青年侨领研习班，邀请 16 个国家近 50 名海外中青年侨领参加研习。加强国内侨务工作。深入实施“归侨侨眷关爱工程”，组织开展“侨界医疗专家服务队”“侨善敬老”和“送剧进侨乡”等活动，全省共帮扶困难归侨侨眷 500 多人。深入开展社区、园区、校区侨务工作，建立完善为侨公共服务体系，新创建国侨办“侨之家”3 家、首批“为侨法律服务工作站”7 家、“全国社区侨务工作明星社区”4 个、“示范单位”9 个。深化为侨服务工作，全省共审批办理华侨回国定居 8200 人次，批准 683 名“三侨生”享受高考加分政策。认真做好侨务信访工作，全年全省共受理涉侨信访 1865 件次，结案率达 95%。进一步规范和完善浙江省“爱乡楷模”表彰办法，完成第 12 批浙江省“爱乡楷模”申报、表彰工作。开展海外华文教育工作。举办 2016 年中国寻根之旅——浙江营、中华文化大乐园——加拿大卡尔加里营活动，组织近千名海外华裔青少年参加。选派 9 名优秀教师赴意大利、厄瓜多尔和墨西哥中文学校开展示范教学。承办国侨办名师巡讲团、海外红烛故乡行、2016 文化中国——海外华文媒体浙江行采访活动，参与举办连线浙江、外国人看浙江摄影比赛、外国留学生中华才艺展演等活动。组织新闻代表团赴印度和斯里兰卡采访“一带一路”上的浙江人，深入宣传浙江。

扎实开展“两学一做”学习教育，持之以恒改进工作作风。 制订省外侨办“两学一做”学习教育工作计划，组织党员干部原原本本学习党章和习近平总书记系列重要讲话精神。开展党章党规党纪教育，认真抓好专题学习讨论，多层次讲好专题党课，精心组织召开组织生活会，认真开展对照检查，切实抓好整改落实，推动党内教育从“关键少数”向广大党员拓展、从集中性教育向经常性教育延伸。深化外侨机构改革工作，扎实推进资源整合，继续优化内设机构职能和资源配置，健全运行机制，提高工作效率，凝聚起新常态下对外交流的新合力。紧密结合“两学一做”学习教育，教育引导全体干部职工把思想和行动统一到中央和省委的决策部署上来，牢固树立“四个意识”，推进干部队伍建设。加强教育培训工作，举办全省因公出国（境）业务培训班、全省外侨系统翻译讲习班等，组织各级干部参加上级业务部门和省委、省政府举办的各类培训班，努力提高外事侨务干部的综合素质。

【外事侨务干部综合业务培训】 4 月 12 日至 14 日，浙江省外事侨务干部综合业务培训班在杭州之江饭店举办。全省各市、县（市、区）外侨办（外办、侨办）200 余名外侨二部参加学习。省外侨办副主任陈安出席开班式并致辞。本次培训共分为六个专题。省外侨办相关业务处室负责人和业务骨干围绕当前海外安全保护形势和本省领事保护工作、涉外突发事件处理与领馆管理、因公出国（境）管理、外事礼宾礼仪、国内侨务工作、国外侨务工作等主题展开业务培训和交流。全省外事侨务干部综合业务培训是省外侨办加强全省外事侨务系统干部队伍能力建设的重要活动。通过培训，广大外侨干部，特别是新进人员较系统地学习了具体业务知识和政策，有效提升了工作水平，取得良好的效果。

【加强来华签证被授权单位邀请管理】 4 月 22 日，根据外交部领事司要求各被授权单位在规定期限前对接“来华签证被授权单位邀请函管理系统”的要求，省外侨办组织召开 20 多家被授权单位会议，部署管理系统开发的任务要求和分工，各单位统一思想、迅速行动，尽快完成对接工作。并与中科软公司反复磋商，多次赴有关单位开展需求调研，确定新建本办来华管理系统，起草《浙江省外侨办邀请外国人来华管理系统建设方案》，制定详细的系统功能设计、软硬件设置、项目报价和进度安排。在两个月时间内，完成软件开发、测试、现场实施、用户初期培训等任务，投入正式运行。新系统实现无纸化办公，大幅提高了工作效率，受到邀请单位的一致好评。

【加强和改进教学科研人员因公临时出国管理工作】 6月9日，为贯彻落实中办、国办《关于加强和改进教学科研人员因公临时出国管理工作的指导意见》和外交部相关电报精神，省外侨办在杭州召集省教育厅、财政厅、科技厅和有关高校召开会议，征求具体实施区别管理、优化审批程序、完善经费管理等方面的意见建议，起草并联合印发《关于贯彻〈中共中央办公厅、国务院办公厅转发中央组织部、中央外办等部门关于加强和改进教学科研人员因公临时出国管理工作的指导意见〉的实施意见》，切实服务全省教育科研事业。

【2016发展中国家主流媒体部级研讨班代表团访问浙江】 6月26日至29日，发展中国家主流媒体部级研讨班代表团一行43人访问浙江。省委常委、宣传部长葛慧君会见代表团一行，介绍浙江经济社会发展情况。葛慧君说，在加快推动传媒产业发展过程中，浙江高度重视加强与发展中国家的交流合作，取得了积极成效。希望能以代表团此次来访为契机，在现有良好合作基础上，深化传播合作、丰富合作内涵、加快融合步伐，进一步提升合作交流水平。

访浙期间，代表团一行考察了西泠印社、浙江广电集团、浙江华数集团、浙江华策影视公司等文化单位。

省委宣传部副部长、外宣办主任来颖杰，省新闻出版广电局局长寿剑刚，省外侨办副主任陈安，浙江日报报业集团总编辑鲍洪俊，浙江广电集团总编辑吕建楚，浙江出版联合集团副总裁朱勇良陪同代表团出席活动。

【夏宝龙率浙江省代表团访问捷克和德国】 10月2日至9日，应捷克总理府国务秘书托马斯·布罗扎，捷克州长联合会主席、南摩拉维亚州州长迈克尔·哈谢克和德国石荷州州长安必腾邀请，省委书记、省人大常委会主任夏宝龙率浙江省代表团一行5人访问捷克和德国。

3日，夏宝龙在捷克南摩拉维亚州首府布尔诺分别与捷克总统泽曼、总理索博特卡会晤。夏宝龙介绍了浙江经济社会发展和上个月举行的G20杭州峰会有关情况。夏宝龙说，中捷友好基础深厚，浙江与捷克的交流合作迎来了前所未有的新机遇。浙江是“一带一路”的重要起点，捷克是“一带一路”的重要支点，两地经济互补性强，经贸合作潜力巨大。浙江愿为提升中捷战略伙伴关系做出积极贡献，为此提出10条建议，在高层互访、友城交流、科技与贸易往来、投资合作、文体交流等方面进一步加强与捷方的务实合作，促进双方合作取得更大成果。泽曼和索博特卡对夏宝龙提出的10条建议表示赞赏。他们说，捷中两国有着源远流长的传统友谊，捷克与浙江有着良好合作基础，双方在科研、经贸、创新、航空制造等领域已开展了一系列务实合作，取得了可喜进展。浙江是中国最具发展活力的省份之一，捷克重视与浙江的合作，希望与浙江省进一步深化各领域合作特别是商贸、旅游、工业、教育培训、技术创新、电子商务、医药、文化艺术等方面的交流合作，实现互利共赢，造福两地人民。

夏宝龙一行出席在布尔诺举办的捷克国际机械工业博览会开幕式，并在开幕式前考察浙江省参展企业。布尔诺工博会是中东欧地区历史最久、展出范围最广、区域影响力最大的综合性工业博览会，每年一届，已举办57届。今年中国首次以主宾国身份参加，“中国馆”中浙江团参展面积最大，全省共有60家企业、2个园区参展。夏宝龙在考察时指出，要积极借助这一平台，推动浙江与捷克在各领域开展立体式、全方位的交流合作。他鼓励参展的浙江省企业全力参与“一带一路”建设，加快同沿线国家对接，提高统筹利用国际国内两个市场、两种资源能力，为企业可持续发展注入新动力。中国国际贸易促进委员会会长姜增伟一同考察浙江参展企业。

中国驻捷克大使马克卿参加会见并出席工博会开幕式。

4日，浙江省代表团抵达柏林，开始对德国进行友好访问。5日，夏宝龙在汉堡会见汉堡市市长肖尔茨。2017年G20峰会将在汉堡举行，夏宝龙介绍了浙江经济社会发展和G20杭州峰会有关情况。他说，G20峰会把浙江、杭州与汉堡紧紧联系在一起，希望双方以接力举办G20峰会为纽带，进一步增进人员往来、促进经贸合作，实现共同发展。肖尔茨表示，愿学习借鉴浙江杭州举办G20峰会的成功经验，进一步加强与浙江在各领域的交流合作，促进互利共赢。在德国期间，夏宝龙看望在德浙江籍侨领代表，向大家介绍G20峰会和家乡发展情况，对各位浙商和侨领多年来在外打拼取得的成绩表示肯定，希望大家始终秉持浙江精神、坚持创业创新，合法经营、永续发展，热爱家乡、回报家乡，当好中德友好关系的使者，促进浙江德国经济技术交流与合作。

2016年是浙江省与德国石荷州建立友好省州关系30周年。6日，夏宝龙在石荷州州府基尔市会见石荷州州长安必腾。夏宝龙说，“海内存知己，天涯若比邻”，浙江与石荷州虽然相距万里，但自1986年建立友好省州关系以来，两省州之间的交往越来越密切，合作前景越来越广阔，为促进中德友谊和两国关系发展发挥了积极作用。浙江省与石荷州要以结好30周年为新起点，不断深化在工业制造、经贸、科技、文化等领域的务实合作，在新的历史条件下共同寻求合作机遇、促进共赢发展，使双方的友谊更加坚固、源远流长。安必腾说，30年前两州省领导拿起针线，编织了双方友谊的纽带。石荷州与浙江省有许多共同之处，30年来，双方在经贸、教育、能源、文化等领域开展一系列合作，取得了丰硕成果。愿两州省继续开拓新的合作领域，共创美好未来，把友谊的纽带编织得更为结实。当天，绍兴市与石荷州吕贝克市缔结为友好城市，夏宝龙与吕贝克市市长萨克塞会谈并出席签约仪式。吕贝克是欧洲著名历史文化名城和旅游城市。夏宝龙希望双方以结好为契机，深化全方位多领域合作，以地方合作的积极成效为增进中德友谊添砖加瓦。

夏宝龙十分关注德国工业4.0发展情况。访问期间，他先后来到空中客车公司德国公司总部、基尔造船厂和西门子公司，考察了解德国工业4.0和先进制造企业转型升级、创新发展、精细管理等情况。夏宝龙参观企业研究院、生产车间等，与企业负责人交谈，仔细询问三家知名制造企业技术创新、智能制造、市场开拓、员工培训等情况。夏宝龙一边参观，一边与随行的考察团成员交谈。他说，德国制造驰名天下，从这三家企业可以看到，背后的支撑力量是德国人严谨细致、精益求精的工匠精神和孜孜不倦、永远进取的创新精神。当前，浙江省正坚定不移打好转型升级组合拳，致力于高水平全面建成小康社会，这其中的一个重要方面，就是大力发展先进制造业。德国工业4.0与中国制造2025有异曲同工之妙，要认真学习借鉴德国的先进经验，推动“浙江智造”与德国“工业4.0”战略的对接，在智能制造、装备制造等领域不断学习空客公司、基尔造船厂、西门子公司这样优秀的德国企业的优质基因，深入推进“两化”融合和智能制造业发展，加快推进“浙江制造”迈向“浙江智造”，推动浙江省从制造大省迈向制造强省。

访问期间，浙江省代表团还考察了位于柏林附近的《波茨坦公告》签署地、德意志博物馆和小镇建设。中国驻德国大使史明德、驻汉堡总领事孙从彬陪同参加有关活动。

【德国宝沃汽车大项目落户嘉兴】

11月18日，嘉兴市政府与德国宝沃汽车集团签署战略合作框架协议，总投资200多亿元的德国宝沃汽车集团长三角产业基地项目落户嘉兴经济技术开发区。此次签约的项目包括高端自动变速箱项目、NEC新能源项目、宝沃整车项目。其中，高端自动变速箱项目与德国采埃孚集团合作；NEC新能源项目主要生产新能源汽车的电机、电控、电池。

签约仪式前，省委书记、省人

大常委会主任夏宝龙和省委副书记、代省长车俊分别会见北京汽车集团有限公司董事长徐和谊、德国采埃孚集团执行副总裁弗雷德里克·斯戴特勒、德国宝沃汽车集团监事会主席克里斯蒂安·宝沃等中外合作方代表。夏宝龙对项目签约表示祝贺。夏宝龙说，北汽、采埃孚、宝沃三者强强联合投资的德国宝沃汽车集团长三角产业基地项目落户嘉兴，必将有力推动嘉兴和浙江装备制造业特别是汽配产业发展。浙江实力强、基础厚，是投资合作的理想之地。浙江产业兴、活力足，具有广阔的市场机会。浙江政策优、服务好，有企业最放心的保障服务。希望大家抓紧落实协议，加快项目进度，力争项目早开工、早投产、早见效。浙江各级各部门要搞好全方位服务，提供有力支撑，确保项目顺利推进。车俊在会见时说，浙江发展汽车产业基础良好、配套完善。德国汽车制造精良，宝沃汽车品牌历史悠久，此次把汽车大项目落户嘉兴，不仅能推动浙江汽车产业发展，而且有利于宝沃集团在浙江乃至长三角地区的市场拓展。浙江将全力做好服务，推进项目早日竣工投产。

车俊见证签约，副省长冯飞参加会见和签约仪式。

【第七期全省外事侨务系统翻译讲习班】 12月12日至16日，第七期全省外事侨务系统翻译讲习班在杭州之江饭店举办。省级有关单位、各市、县(市、区)外侨办(外办、侨办)90余名翻译干部参加学习。省外侨办副主任顾建新作开班讲话。省外事发展促进中心主任朱红主持讲习班。

培训期间，外交部翻译司张蕾作怎样做好外事翻译的专题报告。上海外国语大学高级翻译学院院长张爱玲、孙海琴博士、文苑博士，分别就外事译员的职业技能素养、听辨与无笔记交传、公共演讲与无笔记交传、交替传译中的笔记等主题开展教学与训练。省外侨办有关处室负责人还就外事翻译、礼宾接待工作等与学员进行经验分享和互动交流。

【领事认证】 2016年，全省办理领事认证161793份，与上年相比下降2.6%。认证量居前三位的国家分别是：埃及41306份、意大利19367份、阿根廷12909份。代办外国驻沪总领事馆领事认证93696份，与上年相比下降6%；代办外交部及外国驻华使馆领事认证520份，与上年相比上升1%。代办阿根廷驻沪总领事馆商业发票认证2166份；审核意大利家庭团聚材料1747户。2016年对全省59家领事代办单位实行备案年审，并对杭州、温州、义乌和青田等地19家领事代办单位进行巡查。

【因私签证】 2016年，全省办理因私签证15096批24752人次；APEC商务旅行卡1322批2153人。浙江省对外交流服务中心办理因私签证10320批16850人次，其中因私赴美签证外办专属通道220批421人次；处理领事保护签证申请3批4人次；VIP客户因私签证代办256批569人次；电子签证代办25批43人次。办理APEC商务旅行卡627批916人，对4家市外侨办及21家企业进行APEC商务旅行卡工作检查。代办各地市外办、央企等单位因公护照签证248批665人次。因私签证申办量居前5位的国家分别为：日本、韩国、美国、澳大利亚、加拿大。新开通马来西亚、印度、斯里兰卡电子签证代办服务。

（周赵行　何盈环　杜　薇　蒋　岚　董培军　韩琦）

浙江外事侨务部门组织机构暨负责人名录

（2016 年 12 月 31 日止）

省外侨办(港澳办)

党组书记、主任:金永辉

党组成员、副主任:彭　波

顾建新

陆国灏

(2016 年 1 月止)

虞希华

(2016 年 5 月止)

陈　安

王通林

(2016 年 8 月起兼任浙江省对口支援新疆阿克苏地区指挥部指挥长)

陈江风

(2016 年 11 月起)

党组成员、省友协专职副会长:陈爱珍

党组成员、礼宾处处长:

陈艳勤

(2016 年 6 月起)

副巡视员:余亦平

莫丽丽

各市外(侨)办

杭州市外办

主　任:董祖德

副主任:杜士根

孔德胜

金　恒

王　俊

杭州市侨办

主　任:林国蛟

副主任:陈建方

胡德斌

祝　平

宁波市外办

主　任:孔玮玮

(2016 年 11 月止)

叶荣钟(书记 2016 年 11 月起,主任 2016 年 12 月起)

副主任:江　鲁

叶荣钟

(2016 年 11 月止)

石国祥

陈国苗

宁波市侨办

主　任:顾正为

副主任:赵　骏

陈进军

温州市外侨办

主　任:邱华萍

副主任:陈瓯平

许　捷

周海平

朱玉贵

周怀中

湖州市外侨办

主　任:孙虎林

副主任:潘宇文

徐汝忠

沈　列

嘉兴市外侨办

主　任:朱永明

党组副书记、侨联主席:

章一川

副主任:朱冬权

(2016 年 12 月起)

邱锦月

(2016 年 8 月止)

庄玉娥

陆　震

侨联专职副主席、副主任（兼）：娄新生
副主任、侨联副主席（兼）：
朱海林

绍兴市外侨办

主　任：邓大庆
副主任：张小华
周　英
（2016 年 7 月止）
宋　南
金海燕
（2016 年 7 月起）

金华市外侨办

主　任：章　宏
副主任：张远平
程广兴
金　烨

衢州市外侨办

主　任：朱晓红
副主任：周立年
彭　力
韩建和
（2016 年 11 月起）

舟山市外侨办

党组书记：陈利文
（2016 年 11 月起）
主　任：方　维
副主任：刘　宁
庄海波
丁　涛
（2016 年 9 月止）

台州市外侨办

主　任：金敬中
副主任：徐跃莲
朱丹君
（2016 年 4 月止）
应真箭
党组成员：胡挽能

丽水市外侨办

主　任：邢长勇
副主任：金晓伟
潘建亮
刘光利

外事工作

美洲和大洋洲

【美国驻沪总领馆新闻领事访问浙江】 1月20日，美国驻沪总领事馆新闻领事夏炎一行2人访问浙江。拜会省新闻出版广电局、《浙江日报》《杭州日报》。

【美国驻沪总领馆政治领事访问浙江】 1月23日至24日，美国驻沪总领事馆政治领事孙昭朗访问浙江。旁听省十二届人大四次会议开幕式。

【美国海岸警卫队太平洋区副指挥官访问浙江】 2月17日，副省长孙景淼会见美国海岸警卫队太平洋区副指挥官奥斯汀少将一行2人。孙景淼欢迎奥斯汀少将来浙出席中国海事局与美国海岸警卫队战略合作研讨会，希望双方在中美战略与经济对话背景下，进一步加强海事领域的交流与合作，拓展和深化中国海事局与美国海岸警卫队的战略合作关系。中国海事局局长陈爱平、副局长郑和平，省海事局局长高军，省外侨办副主任彭波等参加会见。

【墨西哥驻沪总领事访问浙江】 2月26日，墨西哥驻沪总领事乔浦恩一行2人访问浙江。副省长梁黎明会见乔浦恩一行，介绍浙江省经济社会发展近况。梁黎明表示，近年来浙江省和墨西哥双边经贸投资合作发展迅速，双方在经贸和人文各领域合作空间巨大。浙江省希望在"一带一路"框架下和墨西哥加强产业合作。同时也希望和墨西哥地方州开展友城合作。乔浦恩表示，这是他上任以后第一次正式访问浙江。墨西哥与浙江省经贸往来基础良好。应浙江省华立集团邀请，墨西哥新莱昂州州长将于3月初访问浙江，希望此访能进一步推动双方在经贸投资和高等教育等方面的合作。省外侨办副主任彭波，省商务厅副厅长马洪涛等参加会见。

在杭期间，乔浦恩一行还访问杭州市外办，双方就今年G20峰会筹备工作情况进行交流。

【美国驻沪总领馆新闻文化处处长访问浙江】 3月3日，美国驻沪总领事馆新闻文化处处长欧阳天一行13人访问浙江。参观浙江大学紫金港校区的校史馆、图书馆和艺术与考古博物馆。

【美国驻华使馆使团副团长访问浙江】 3月8日，美国驻华使馆使团副团长阮大为一行7人访问浙江。拜会省委常委、杭州市委书记赵一德，并就加强合作，共同确保今年9月在杭州市举办的G20峰会顺利召开进行交流。

【美国伊利诺伊州驻华代表处首席代表访问浙江】 3月15日，美国伊利诺伊州驻华代表处首席代表赵永清访问浙江。拜会省商务厅、省外侨办，了解浙江与伊利诺伊州经贸合作基本情况。

【美中贸易全国委员会会长访问浙江】 3月22日，美中贸易全国委员会会长傅强恩率美国企业家代表团一行17人访问浙江。省长李强会见代表团。李强说，浙江与美国的经贸关系十分密切。今年是"十三五"开局之年，浙江将紧扣创新、协调、绿色、开放、共享的发展理念，大力发展信息、环保、健康等七大万亿产业，加快推动经济转型升级。今年G20峰会和B20峰会将在杭州举办，为双方开展更深层次经贸交流与合作提供了广阔空间。浙江将进一步深化改革，积极推动企业"走出去"，在抓好出口的同时积极扩大进口。希望美中贸易全国委员会继续发挥桥梁纽带作用，引荐更多美国企业来浙江投资发展，在经贸往来、产业合作、科技创新等领域开展务实合作，实现互利共赢。傅强恩表示，美国十分看好浙江未来的发展，愿通过努力推动与浙江各领域交流合作迈上更高水平。李强还与代表团成员AIG、亚马逊、苹果、凯雷等企业负责人就深化合作进行互动交流。省政府秘书长李卫宁、副秘书长王纲，省外侨办主任金永辉，省商务厅厅长周日星，省发改委主任谢力群，杭州市常务副市长马晓晖参加会见。

【澳大利亚贸易委员会中国区总经理访问浙江】 3月22日，澳大利亚贸易委员会中国区总经理柯迈高一行2人访问浙江。省委常委、常务副省长袁家军宴请代表团。省政府副秘书长夏海伟会见代表团，并就加强浙江省与澳大利亚贸易合作，共同建立中澳自由贸易示范园区等议题进行交流。省外侨办副主任彭波、省商务厅副厅长韩杰、舟山市常务副市长周伟江、嘉实科技执行董事葛林涛等参加会见宴请。

【美国印第安纳州经济发展部长访问浙江】 3月22日至24日，美国印第安纳州经济发展部长维克多·史密斯一行访问浙江。拜会省外侨办、省商务厅，并与青年汽车等浙江企业会谈，商谈投资贸易合作有关事宜。

【美国印第安纳州国际同济会代表团访问浙江】 4月5日至6日，美国印第安纳州国际同济会代表团访问浙江。拜会省外侨办并访问杭州第十四中学。

【美国太平洋世界贸易有限公司总裁兼首席执行官访问浙江】 4月18日，美国太平洋世界贸易有限公司总裁兼首席执行官丹尼斯·凯利一行访问浙江。拜会省外侨办，了解浙江省与美国印第安纳州经贸合作最新情况。

【澳大利亚驻沪总领馆领事访问浙江】 4月29日，澳大利亚驻沪总领事馆领事毕昆腾一行2人访问浙江。参观浙一医院，了解医院服务外籍病人的情况与设施。

【美国驻沪总领馆外联处处长访问浙江】 5月3日，美国驻沪总领事馆外联处处长莫丽一行2人访问浙江，向省外侨办作辞行拜会。省外侨办副巡视员莫丽丽会见莫丽一行。

【澳大利亚西澳州发展部农经拓展特使访问浙江】 5月4日至6日，澳大利亚西澳州发展部农经拓展特使罗伯·迪莱恩一行3人访问浙江。拜会省外侨办、省商务厅及相关浙江企业，促进浙江与西澳州的交流和合作。省外侨办副主任彭波接待代表团一行。

【美国贝特福德市市长访问浙江】 5月15日，美国贝特福德市市长肖纳·格吉斯访问浙江。在杭州，拜会省外侨办，访问钱城国际集团、志诚动力公司及美国加博少儿英语下沙分校。赴奉化市访问，与奉化实验中学教师和学生进行交流。

【澳大利亚西澳州驻华商务代表处首席代表访问浙江】 5月19日，澳大利亚西澳州驻华商务代表处首席代表郝宁生一行3人访问浙江，在杭州举行西澳州推介会。

【澳大利亚西澳州商务代表处驻华首席代表再访浙江】 5月22日至23日，澳大利亚西澳州驻华商务代表处首席代表郝宁生一行2人再次访问浙江，了解中澳现代产业园(舟山)项目。

【澳大利亚西澳州渔业部常务副部长访问浙江】 5月25日至27日，澳大利亚西澳州渔业部常务副部长希瑟·布里福德一行5人访问浙江。就具体的渔业项目与浙江省海洋与渔业局进行磋商，并实地考察浙江相关渔业企业和大专院校。

【华网传媒董事长、澳大利亚时报社长、西澳和统会名誉会长访问浙江】 5月26日，华网传媒董事长、澳大利亚时报社长、西澳和统会名誉会长张野一行4人访问浙江。拜会省外侨办，探讨加强浙江省与西澳州友好交流合作及明年浙江省西澳州结好30周年庆祝活动等事宜。

【密克罗尼西亚联邦波纳佩州州长访问浙江】 6月12日至16日，密克罗尼西亚联邦波纳佩州州长马塞洛·彼得森一行6人访问浙江。14日，省委书记、省人大常委会主任夏宝龙在舟山会见代表团，简要介绍浙江经济社会发展近况。夏宝龙表示，浙江省与波纳佩州虽然远隔重洋，但双方自1999年结为友好省州关系以来，一直保持着高层交往和友好合作。此次彼得森州长在上任半年后便访问浙江，显示了两省州的亲密关系及州长对双方友好关系的重视。两省州交流合作潜力巨大。浙江省希望与波纳佩州加强远洋捕捞、渔业产业、旅游业等领域合作，为双方带来互利共赢的成果。浙江省愿意帮助波纳佩州发展水产养殖、海产品加工等技术，同时将鼓励浙江人民赴波纳佩州旅游，增加当地人民收入。彼得森表示，浙江省与波纳佩州自结好以来一直保持着友好关系。作为波纳佩州新任州长，相信此访是两州省友好关系又一个良好开端。波纳佩州岛屿小而远，沟通不便，与工业社会隔绝，发展困难。代表团此次访问，希望学习中国、特别是浙江省先进的发展经验，推动波纳佩州经济社会发展。波纳佩州十分感激浙江省的长期支持与帮助，期待与浙江省一同努力，推动双方互利合作，增进友谊。在谈到渔业合作时，彼得森表示，密克罗尼西亚的金枪鱼产量占全球的60%至70%，双方在渔业领域可以开展进一步合作。十分欢迎浙江游客赴波纳佩州旅游观光。夏宝龙回应，浙江省与波纳佩州在旅游业和海洋捕捞领域合作互补性强，将为双方带来共赢发展。浙江省将一如既往地支持波纳佩州的发展。会见中，舟山市委书记周江勇代表舟山市向彼得森州长递交邀请函，邀请州长参加今年9月在舟山举行的第二届世界海岛旅游大会，彼得森欣然接受了邀请。省委常委、秘书长陈金彪，舟山市委书记周江勇，省外侨办主任金永辉，省海洋与渔业局局长黄志平参加会见。

在浙期间，代表团拜会省海洋与渔业局，总工程师孙晓明与代表团进行交谈。孙晓明表示，浙江省希望与波纳佩州在远洋捕捞领域开展合作，希望波纳佩州政府提供支持。浙江省将考虑派代表团前往波纳佩州考察投资合作环境。2005年浙江省渔业代表团访问波纳佩州时，双方曾签署渔业合作备忘录。希望双方能研究重签扩充协议，推动新的合作。彼得森表示，他对舟山水产养殖设施印象深刻。波纳佩州水产养殖技术原始，规模很小。政府正在制订战略发展计划，近期可能寻求浙江省在水产养殖方面提供技术支持。代表团成员回国后也将利用自身影响力在议会和联邦政府积极推动双方合作事宜，为浙江企业争取捕捞配额。他还应允回国后研究扩充2005年合作备忘录的合作范围。代表团还拜会省农业厅、国际小水电中心、三泰太阳能科技有限公司，参观胡雪岩故居、都锦生丝绸博物馆。在舟山期间，代表团拜会浙江省海洋水产研究所，并参观舟山朱家尖水产养殖基地、朱家尖大青山国家公园和南沙景区。

【美国驻沪总领馆新闻文化处文化领事访问浙江】 6月23日，美国驻沪总领事馆新闻文化处文化领事卢桥书一行2人访问浙江。参观浙江大学之江校区，了解浙江大学的历史和发展情况，并参观司徒雷登故居。

【上海美国商会政府关系总监访问浙江】 6月24日，上海美国商会政府关系总监魏梅一行14人访问浙江。拜会省卫生计生委，就浙江省医疗卫生、医药改革相关问题及双方合作事宜进行探讨。

【新西兰贸易部长访问浙江】 7月11日，省委常委、常务副省长袁家军会见新西兰贸易部长托德·麦克莱一行9人。袁家军简要介绍浙江经济社会发展近况。袁家军说，自2008年签署自贸协议以来，双方经贸合作水平不断提升。此次麦克莱部长访问浙江，相信将进一步推动双方经贸合作与往来。近年来，浙江省与新西兰高层交往频繁，浙江省领导多次访问新西兰，越来越多的浙江人赴新投资兴业，双边贸易额不断增长，浙江省将鼓励更多企业赴新投资。袁家军表示，期待通过麦克莱部长来访，双方进一步加深了解和信任，深化友谊，促进双方在经济、贸易、文化、人文等各领域的全面合作。麦克莱表示，浙江经济的表现让人羡慕。新中两国自2008年签署自贸协议以来，双方贸易往来稳步发展，新西兰10%的贸易通过浙江进入中国。新西兰是世界上最开放的经济体之一，中国是最具市场潜力的国家之一，双方合作潜力巨大。许多新西兰公司已在浙江开展投资，比如新西兰的恒天然公司与浙江省贝因美公司开展乳制品方面的合作。新西兰期待将更多优质奶制品和安全的食品出口中国，同时欢迎更多中国特别是浙江企业来新投资兴业。麦克莱希望，在双方政府共同努力下，进一步促进交流与合作，推动双方友好关系迈上新台阶。省政府副秘书长夏海伟，省外侨办副主任彭波，省商务厅副厅长马洪涛参加会见。

在杭期间，代表团还拜访了阿里巴巴集团。

【G20峰会各国先遣组访问浙江】 7月17日至19日，G20峰会国际货币基金组织先遣组一行3人访问浙江，考察G20杭州峰会有关事宜。

7月18日至20日，G20峰会澳大利亚先遣组一行8人访问浙江，考察G20杭州峰会有关事宜。

7月18日至20日，G20峰会老挝先遣组一行3人访问浙江，考察G20杭州峰会有关事宜。

7月19日，G20峰会加拿大先遣组一行4人访问浙江，考察G20杭州峰会有关事宜。

7月19日至20日，G20峰会墨西哥先遣组一行19人访问浙江，考察G20杭州峰会有关事宜。

7月19日至21日，G20峰会美国先遣组一行56人访问浙江，考察G20杭州峰会有关事宜。

7月24日至25日，G20峰会塞内加尔先遣组访问浙江，考察G20杭州峰会有关事宜。

8月22日至24日，G20峰会加拿大先遣组一行13人访问浙江，协调G20杭州峰会日程安排。

8月26日至27日，G20峰会美国先遣组一行48人访问浙江，协调G20杭州峰会日程安排。

8月29日至31日，G20峰会埃及团二次先遣组一行19人访问浙江，协调G20杭州峰会日程安排。

8月30日至9月6日，G20峰会澳大利亚先遣组一行21人访问浙江，协调G20杭州峰会日程安排。

8月31日，G20峰会新加坡先遣组一行10人访问浙江，协调G20杭州峰会日程安排。

8月31日，G20峰会加拿大集体先遣组一行5人访问浙江，进行集体先遣。

8月31日至9月5日，G20峰会欧盟委员会先遣组一行6人访问浙江，协调G20杭州峰会日程安排。

8月31日至9月5日，G20峰会欧洲理事会先遣组一行3人访问浙江，协调G20杭州峰会日程安排。

8月31日至9月5日，G20峰会墨西哥先遣组一行25人访问浙江，协调G20杭州峰会日程安排。

【美国专利商标局代表团访问浙江】 9月23日，美国专利商标局国际事务与政策办公室律师顾问康拉德·王率代表团一行6人访问浙江。拜会省工商行政管理局、省知识产权局和省公安厅经侦总队。

【秘鲁多党干部考察团访问浙江】 10月20日至23日，秘鲁多党干部考察团访问浙江。了解中国改革开放成就，研究借鉴中国共产党治党治国经验。在浙期间，代表团访问阿里巴巴集团、梦想小镇、三维科技股份有限公司、传化现代农业高科技园区及杭州国际博览中心。

【美国波音公司高级副总裁兼波音国际总裁访问浙江】 10月28日，美国波音公司高级副总裁兼波音国际总裁马爱仑一行8人访问浙江。省委书记、省人大常委会主任夏宝龙会见马爱仑率领的波音公司团队及其中国合作方商飞公司董事长金壮龙、总经理贺东风一行。夏宝龙对项目签约表示祝贺，并对国家有关部门的支持及波音对浙江的信任表示感谢。他说，浙江将举全省之力全力以赴，推动项目尽早开工建设、投产。并称赞波音和商飞将项目选址在舟山群岛新区是非常具有战略眼光的选择，期待第一架波音飞机早日从舟山起飞。马爱仑表示，波音737完工与交付中心是波音公司进入中国45年来最大的项目，感谢浙江省、舟山市方面及商飞公司对项目的大力支持，希望各方共建全面合作伙伴关系，依托该项目打造航空产业生态系统。他高度赞扬浙江经济建设状况及本地企业长龙航空的迅速发展，期待未来十年内包括供应商及航空公司等在内的航空生态系统全面在浙建成。省委副书记、代省长车俊，省委常委、常务副省长袁家军，省委常委、秘书长陈金彪，省政府秘书长李卫宁，省委副秘书长朱重烈、吴伟斌、吴伟平，省政府副秘书长夏海伟、王纲，省外侨办主任金永辉，省发改委主任李学忠、副主任何中伟，舟山市委书记周江勇，舟山市委副书记、市长温暖等参加会见。

会见结束后，举行波音首个海外工厂——波音737完工和交付中心落户舟山发布会暨签约仪式。夏宝龙、金壮龙等见证双方签约。车俊在签约仪式上讲话，袁家军主持签约仪式。

【瓦努阿图共和国副总理、瓦库党代主席访问浙江】 10月29日至11月1日，瓦努阿图共和国副总理、瓦库党代主席纳图曼一行14人，在中联部七局副局长周荣国等陪同下访问浙江。31日，副省长梁黎明会见纳图曼一行，简要介绍浙江经济社会情况。梁黎明表示，发展旅游经济和海洋经济是浙江经济发展的特色，瓦努阿图着重发展农业、渔业和旅游业，此次代表团专门去舟山参观考察，浙江和瓦努阿图可以在旅游业、远洋渔业领域加强合作。浙江愿与瓦努阿图商讨合作机制，推进相关企业赴瓦投资。纳图曼说，瓦努阿图的经济结构和舟山类似，此次访问使他开拓了眼界，相信回国后会为瓦努阿图带来新的机会，帮助改善瓦努阿图的经济发展模式。瓦努阿图政府正在规划建设工业园，希望作为纺织大省的浙江能有纺织企业赴瓦投资。省政府副秘书长陈宗尧，省外侨办主任金永辉，省商务厅副厅长韩杰，省海洋与渔业局副局长张明，省旅游局副局长许澎参加会见。

在杭期间，代表团访问省商务厅和省海洋与渔业局，参观国际博览中心。访问舟山期间，舟山市委书记周江勇会见代表团。代表团还参观国家远洋渔业基地、平太荣远洋渔业集团、国际邮轮港和南沙景区。

【默沙东公司董事会主席兼首席执行官访问浙江】 10月31日至11月2日，默沙东公司董事会主席兼首席执行官福维泽一行11人访问浙江。11月1日，副省长梁黎明会见福维泽一行，介绍浙江民营经济发达及开放度高等经济发展特点，强调浙江省在发展经济的同时，注重生态环境、人文、医疗等协同发展战略。梁黎明说，浙江是中国创业创新、商业和法制环境最好的省份之一，前不久G20峰会在杭州召开，为浙江未来发展和加强国际间合作提供了有力的外部条件，这些因素对默沙东扩大在浙业务大有裨益。梁黎明高度赞赏默沙东与浙江自1994年以来的合作伙伴关系，并希望其积极考虑在全球战略中将杭州作为全球生产、营销、特别是研发的重要基地和增长点。福维泽表示，杭州和浙江对于默沙东的全球战略至关重要。

下沙工厂拥有亚太地区的顶级医疗产品生产设施，是默沙东全球供应链的重要一环，每年生产的1.8亿件商品出口九大亚太市场及世界其他地区。福维泽重申默沙东在浙持续发展的承诺，表达了扩张现有生产设施、扩大在浙科技投入与临床试验的意愿。并希望与浙江省政府一起努力，提供必要的信息和数据，使得更多促进人类长寿和健康的新产品进入省级医保目录，给浙江人民带来福祉。省外侨办副主任顾建新，省发改委副主任林骏，省卫生计生委副主任姜建鸿，省食品药品监管局副局长邵元昌，省外专局局长厉勇，省经信委副巡视员池美华，杭州华东医药集团控股有限公司董事长李邦良等参加会见。

【美国陶氏益农公司总裁兼首席执行官访问浙江】 11月11日，美国陶氏益农公司总裁兼首席执行官田汉森一行8人访问浙江。副省长孙景淼会见田汉森一行，简要介绍浙江省省情及近年来经济发展情况。孙景淼指出，浙江省是经贸投资的热土，尤其是G20之后浙江省和杭州市在世界上的知名度大大提高，许多国外大公司选择在浙江省进行贸易投资活动。在农业方面，浙江省农业种植历史悠久，农产品种类丰富，希望能够与陶氏益农在农作物种植培育、化肥农药使用及农产品储备运输等方面进行合作。同时，陶氏益农所在州印第安纳州是浙江省的友好省州，明年就是两省州结好30周年，希望在结好庆祝活动上把农业合作作为未来双方交流重点内容之一，推动两省州友好合作全面深入发展。田汉森介绍陶氏益农在中国的发展情况，尤其是与中国农科院及全国农业技术推广服务中心之间的合作项目。田汉森表示，希望能够与浙江省高校及农业科研机构合作，并愿意为浙江省农业科技人才提供奖学金项目，增强双方科研机构之间的合作，促进浙江省农业技术水平不断提高。省政府办公厅副主任蒋珍贵、省外侨办副主任彭波、省农业厅副巡视员林伟坪、省农科院副院长杨华等参加会见。

【汤加王国副首相访问浙江乌镇】 11月15日至19日，汤加王国副首相肖西·索瓦莱尼访问浙江乌镇，出席第三届世界互联网大会。索瓦莱尼出席开幕式、互联网加智慧医疗分论坛和闭幕式，并在智慧医疗分论坛和闭幕式上致辞，表达了积极参与全球互联网合作建设的愿望。国家卫生计生委主任李斌和国家网信办主任徐麟分别会见索瓦莱尼。会议期间，索瓦莱尼还与萨摩亚通讯与信息技术部长图派、中兴通讯公司斐济分公司负责人分别进行非正式会晤。

【美国亚马逊公司高级副总裁访问浙江】 11月16日，省委副书记、代省长车俊在乌镇会见前来参加第三届世界互联网大会的美国亚马逊公司高级副总裁杰尼·卡尼一行。车俊说，在第三届世界互联网大会开幕前，全国首个国家信息经济示范区在浙江启动建设。亚马逊是全球知名互联网企业，电子商务、云计算等产业优势明显。亚马逊已与杭州开展出口跨境电商业务合作，推动浙江企业拓展全球市场。希望亚马逊与浙江全方位拓展合作领域，深化跨境电商出口战略合作。浙江支持亚马逊“全球开店计划”和在浙江加快产业布局，实现共赢发展。杰尼·卡尼对浙江信息经济发展所取得的成就表示钦佩，希望双方携手合作，共创美好未来。省委常委、杭州市委书记赵一德，副省长冯飞参加会见。

【美国史带战略伙伴集团中国事务代表访问浙江】 11月18日，美国史带战略伙伴集团中国事务代表林志远一行访问浙江。拜会省外侨办，商谈2017年浙江省与美国印第安纳州结好30周年庆祝活动事宜。

【淡水河谷矿产品（中国）有限公司驻北京首席代表访问浙江】 11月23日，淡水河谷矿产品（中国）有限公司驻北京代表处首席代表艾杰龙一行访问浙江。拜会省发改委、省外侨办，介绍淡水河谷公司情况，探讨与浙江相关港口的合作事宜，了解浙江今后在港口、物流等方面发展情况。

【美国驻沪总领馆环境科技卫生副领事访问浙江】 11月30日至12月1日，美国驻沪总领事馆环境科技卫生副领事米锡泰一行2人访问浙江。拜会省卫生计生委，参观相关医院，了解浙江省医疗改革近况、浙江省管理慢性疾病进展等情况。

【澳大利亚教育代表团访问浙江】 11月30日至12月1日，澳大利亚教育代表团一行5人访问浙江。拜会省外侨办，探讨加强教育合作事宜。省外侨办副主任彭波接待代表团一行。

【美国兰德公司代表团访问浙江】 12月7日至10日，美国兰德公司代表团一行17人访问浙江。9日，副省长梁黎明会见以基辛格咨询公司副总裁、兰德亚太政策中心主席罗伯特·霍马茨为团长的美国兰德公司代表团一行。梁黎明简要介绍浙江省历史文化、经济发展现状，着重介绍了未来战略重点。她说，浙江经济具有民营经济和专业市场发达和外向度高等特点，目前经济形态还是以传统行业为主，省政府正在积极部署新兴战略产业的未来发展，特别是先进制造业、生态环保产业、时尚、健康、旅游、新金融和信息经济等目标产值达到1万亿元的行业。梁黎明还详细介绍浙江省搭建特色小镇发展平台及积极推进海洋和港口经济的努力。她表示，举办G20峰会大大提升了浙江省的国际化程度，浙江接下来将进一步向国际化方向努力，非常欢迎兰德作为世界知名研究和咨询公司提出意见和建议。霍马茨和代表团成员就多领域话题与梁黎明展开交流。作为世界知名的多领域公共政策研究机构，兰德公司在中国开展有关生活质量指标制定、空气污染的经济成本评估及提高水质、保证水资源供应等方面的研究，与广东、山东等省份开展知识型城市及农业物流等方面合作。代表团成员还就浙江省在国家“一带一路”战略中的作用、发展对美地方和企业合作、保护生态环境、“二孩政策”对浙江的影响、传统行业转型升级及浙江特色小镇建设等听取了梁黎明的意见。省外侨办副主任彭波，省旅游局党组副书记、副局长、巡视员傅玮，省科技厅副巡视员杨春民，省环保厅副巡视员李全胜等参加会见。

会见结束后，兰德公司举行圆桌讨论会，聚焦浙江科技、环境和旅游等领域发展和政策情况。杨春民、省环保厅科技与合作处处长张福健、省旅游局规划发展处处长张雄文等参加讨论会并发言。

【巴西执政联盟干部考察团访问浙江】 12月8日至11日，巴西执政联盟干部考察团一行访问浙江，考察了解浙江省民营经济发展情况及社会发展成就。代表团考察阿里巴巴集团、传化绿科秀高科技农业园区，并赴义乌考察国际商贸城。

【美国史带战略伙伴集团副总经理访问浙江】 12月9日，美国史带战略伙伴集团副总经理王强一行访问浙江。拜会省外侨办，商谈2017年浙江省与美国印第安纳州结好30周年事宜。

【澳大利亚西澳大学医学院副院长访问浙江】 12月14日至16日，澳大利亚西澳大学医学院副院长郑铭豪一行4人访问浙江。拜会省外侨办、省卫生计生委、邵逸夫医院，探讨加强浙江省与西澳大学医学领域合作与交流及明年浙江省西澳州结好30周年相关交流项目。省外侨办副主任彭波接待代表团一行。

（沈　思）

欧　洲

【土耳其工商联合会代表团访问浙江】 1月27日，土耳其工商联合会会长、2015年B20主席瑞法特率代表团访问浙江。副省长梁黎明接待瑞法特一行。二十国集团工商界活动（B20）是二十国集团峰会（G20）一项重要活动机制，2016年B20峰会将于9月初在杭州举行，瑞法特此行主要是参加在北京举行的2016年B20启动仪式。

【中国—中东欧国家合作2016年第一次季度例会】 2月1日至3日在北京召开，由外交部举办。省外侨办副巡视员莫丽丽出席例会，并就浙江省与中东欧国家投资贸易情况发言。

【比利时驻沪总领事访问浙江】 2月16日，省外侨办副主任顾建新会见比利时驻沪总领事林佳夕一行。双方就比利时首相夏尔·米歇尔访问浙江进行磋商。

【捷克驻沪总领事访问浙江】 2月25日，省外侨办副主任顾建新会见捷克驻沪总领事理查德·卡尔帕奇一行。双方就正在进行的合作项目及遇到的困难进行磋商。卡尔帕奇一行还访问阿里巴巴集团，双方就促销捷克产品事宜进行交流探讨。

【英国财政大臣访问浙江】 2月26日，英国财政大臣乔治·奥斯本一行25人访问浙江，与阿里巴巴集团进行座谈。

【比利时驻沪总领事、副总领事访问浙江】 3月1日，省外侨办副主任顾建新会见比利时驻沪总领事林佳夕一行2人。双方就比利时首相夏尔·米歇尔访问浙江进行磋商。林佳夕一行还拜访吉利集团、杭州妇产科医院和阿里巴巴集团，安排并探讨有关比利时首相访浙事宜。7日，比利时驻沪副总领事朱丽安一行2人访问浙江，参观萧山机场贵宾室和比利时申根签证中心，就比利时首相抵离杭州萧山机场时的相关手续进行咨询。

【白俄罗斯副总理一行访问浙江】 3月23日至27日，白俄罗斯共和国副总理谢马士科·弗拉基米尔·伊里奇、明斯克州执行委员会主席沙必罗·谢苗·鲍里索维奇率代表团一行12人访问浙江。25日，省长李强会见谢马士科一行。李强说，去年浙江省与明斯克州建立了友好省州关系，这为浙江与白俄罗斯深化交流合作提供了广阔空间。浙江将积极参与“一带一路”国家战略实施，与白俄罗斯等沿线国家强化经贸、工业制造、人文、科技等领域的交流合作，努力成为“一带一路”建设的排头兵。李强表示，浙江将继续大力支持企业到白俄罗斯投资发展、扩大贸易往来，希望与白俄罗斯、明斯克州深化各领域的务实合作，实现互利共赢。谢马士科说，白俄罗斯虽然只有20万平方公里土地、900多万人口，但在工业制造、农业等领域具有比较优势和投资价值。近几年，政府实施许多措施吸引外资。例如浙江省知名企业吉利集团，其在白俄罗斯的合资企业得到许多优惠政策支持，政府将一如既往地支持企业发展。位于明斯克州的中白工业园也是中白两国间重要合作项目，白方在土地、税收等方面给予一系列非常优惠的政策，希望能有更多浙江企业进驻工业园区。白俄罗斯非常看好浙江的发展，愿同浙江携手共进，推动双方合作向更广领域、更高层次发展。沙必罗、白俄罗斯明斯克州工业部副部长武秋平、白俄罗斯驻沪总领事马采利参加会见。省政府秘书长李卫宁、副秘书长王纲，省外侨办主任金永辉、副主任顾建新，省发改委主任谢力群，省商务厅厅长周日星，吉利集团董事长李书福等参加会见。

访浙期间，谢马士科一行考察了吉利集团临海基地、杭州汽车研究院、吉利位于宁波的春晓工厂。并赴宁波市出席吉利博越(NL—3)上市仪式，拜会宁波市领导并见证该州的鲍里索夫区与宁波市签署结好备忘录。

【奥地利上奥州林茨市经济代表团访问浙江】 4月5日，省外侨办副主任顾建新、虞希华接待奥地利林茨经济代表团一行20人。双方就浙江省与奥地利友好合作进行交流探讨。

【温克绿色能源科技公司名誉董事长访问浙江】 4月5日，比利时西弗兰德省温克绿色能源科技公司名誉董事长德克·温克访问浙江。德克·温克此访主要是了解浙江省新能源发展现状和在浙江省开展新能源相关技术资金合作项目的可行性。省能源局电力与新能源处、省农村能源办公室首席专家等向德克·温克介绍浙江省新能源发展现状，着重介绍浙江省开展的“百万光伏屋顶”计划。

【弗里堡州副州长兼经济部长访问浙江】 4月14日至15日，瑞士弗里堡州副州长兼经济部长冯朗特一行6人访问浙江。14日，副省长梁黎明会见冯朗特一行，介绍浙江省经济社会发展情况，并希望双方继续推进务实合作。冯朗特对杭州承办今年G20峰会表示祝贺，并对杭州城市景观提升、基础设施建设给予高度评价。冯朗特提出，希望通过双方协商，在原有合作备忘录上再签署一项合作行动计划，为未来几年在经贸合作、公务员交流、旅游市场开发、电商合作等方面制定框架性合作计划，并逐项实施。梁黎明对此表示赞赏，并同意由双方相关部门会同协商有关合作行动计划的内容，并在适当时候由双方代表签署。

在杭期间，冯朗特一行出席浙江大学管理学院与弗里堡管理学院的合作签约仪式，并参观阿里巴巴集团。代表团成员、弗里堡州酒店业协会主席苏尔查特拜访省旅游局，省旅游局副巡视员徐海、省饭店业协会会长王建平会见苏尔查特并就弗里堡旅游资源、酒店“零碳”排放经营、浙江省与弗里堡州旅游市场开发与合作等进行交流。

【葡萄牙社民党党政干部考察团访问浙江】 4月19日至21日，以总书记若泽·马托斯·罗萨为团长的葡萄牙社民党党政干部考察团一行15人访问浙江。20日，省委常委、宣传部长葛慧君会见罗萨一行，介绍浙江省经济发展状况，着重介绍浙江活跃的民营经济、专业市场和浙江商人艰苦创业的精神。葛慧君说，浙江将一如既往地坚持“绿水青山就是金山银山”发展理念，在经济发展的同时注重生态环境保护和改善。希望以罗萨总书记此访为契机，增进中国共产党和葡萄牙社民党之间的交流与合作，并促进浙江省与葡萄牙之间的合作和交流。罗萨说，葡萄牙与中国之间有着五百多年交往历史，目前两国关系和两党关系都非常好。他本人和考察团其他成员都对杭州印象非常深刻，浙江省一些民营经济活力远超他们的想象。而浙江民营企业、基层社区的党建工作，也值得葡萄牙社民党学习。葡萄牙和浙江省在经济、文化、科技、旅游等许多方面都有开展合作的空间和巨大潜力。

在杭期间，考察团一行访问普林派特金属材料公司和万向集团，并考察了黄龙商圈党员服务中心。

【白俄罗斯经济部长访问浙江】 4月25日，副省长梁黎明会见白俄罗斯共和国经济部长季诺夫斯基·弗拉基米尔一行8人。梁黎明简要介绍浙江省经济社会发展近况。梁黎明说，去年浙江省与明斯克州建立了友好省州关系，这为浙江与白俄罗斯深化交流合作提供了广阔空间。浙江将积极参与“一带一路”倡议实施，与白俄罗斯等沿线国家强化经贸、农业、旅游等领域交流合作。中白工业园是中白两国间重要合作项目。浙江将继续大力支持企业到白俄罗斯投资发展，扩大贸易往来。浙江省义乌市正有意向在白俄罗斯设立物流分拨中心，以方便“义新欧”铁路项目的运行。吉利集团同浙江省的一些汽车零配件企业有意向组团在中白工业园内设立“园中园”以降低产品成本。浙江省政府愿同白俄罗斯经济部携手共进，服务双方企业、推动两地合作、实现互利共赢。季诺夫斯基说，白俄罗斯在工业制造、农业等领域具有比较优势和投资价值。作为白俄罗斯的经济部长，同时也担任中白工业园工作委员会白方主席，将与中方一道积极推动项目进展。白方在土地、税收等方面给予了一系列非常优惠的政策。希望能有更多浙江省企业进驻工业园区。白俄罗斯驻沪总领事马采利，省政府副秘书长陈宗尧、省商务厅厅长周日星、省外侨办副主任虞希华等参加会见。

访问期间，季诺夫斯基一行还考察了阿里巴巴集团。

【法国必维国际全球执行总裁访问浙江】 4月28日，副省长朱从玖会见法国必维国际全球执行总裁麦劭德一行10人。朱从玖简要介绍“浙江制造”区域品牌体系建设的理念，表示浙江省将“浙江制造”打造成“中国制造”的标杆和浙江经济金字招牌，使浙江产品在国际上获得更高的品牌知名度和美誉度，进一步提升其国际竞争力。麦劭德表示，必维国际希望能积极参加“浙江制造”区域品牌体系建设，并愿与浙江省质监局进一步深入交流合作内容与模式。必维国际检验集团是检测、检验、认证和技术咨询服务领域的全球领先者，乐意参与浙江省检验检测市场的国企改革试点，在资金、技术等其他多种要素方面与浙江省内检验检测机构进行合作，并与省内第三方检验检测机构分享其在国际检验检测市场积累的丰富经验。双方就“浙江制造”区域品牌建设、浙江省检验检测认证行业发展与对外合作机会进行座谈。省政府副秘书长陆建强、省质监局局长高鹰忠和副局长陈振华、省外侨办副主任彭波参加会见和座谈。

麦劭德一行还与省质监局就“浙江制造”认证服务进行沟通交流。省质监局与必维集团于2015年9月签署“浙江制造”认证国际合作备忘录，以共同打造“浙江制造”认证品牌、增强双方在浙江区域经济的影响力和竞争力。

【英国驻华大使访问浙江】 4月29日，省委书记、省人大常委会主任夏宝龙会见英国驻华大使吴百纳一行。夏宝龙介绍了浙江省情。他说，浙江省与英国的贸易额占中英贸易总额的1/8，企业、大学之间合作良好，诺丁汉大学运作顺畅、浙江大学—帝国理工大学项目进展顺利，希望双方切实抓好各个项目的落实。夏宝龙表示，浙江省和英国的合作潜力巨大、前景良好，建议下一步重点落实双方音乐学院的合作。吴百纳说，希望进一步加强英国与浙江省的互利合作，特别是在双向投资、文化、教育领域加强合作，扩大在电子商务、海洋经济、清洁能源方面的合作。并希望与浙江省就合作规划签署备忘录。副省长梁黎明，省外侨办主任金永辉、副主任顾建新，省商务厅厅长周日星，省新闻办主任来颖杰参加会见。

【爱尔兰前总理访问浙江】 5月8日至9日，国际行动理事会联合主席、世界领袖基金会会长、爱尔兰前总理伯蒂·埃亨一行6人访问浙江，并在浙大发表演讲。省外侨办主任金永辉接待伯蒂·埃亨一行。

【德国石荷州代表团访问浙江】 5月8日至11日，德国石荷州州长安必腾、议长施利率代表团一行64人，在德国驻沪总领事罗腾陪同下访问浙江，出席浙江—石荷州结好30周年庆祝活动。10日，省长李强会见安必腾一行。李强说，30年前，浙江省与石荷州播下了友谊的种子，石荷州成为浙江在欧洲的第一个国际友城。经过30年共同呵护培育，两省州人民的友谊之树开出了绚丽花朵，两省州的合作结出了累累硕果，两省州的交流合作进入了崭新阶段。浙江正在推动以迈向中高端为目标的产业升级，石荷州制造业发达，双方合作前景广阔。希望两省州进一步深化各领域特别是教育、医学、新能源、文化、海洋经济等交流合作，实现共赢发展，造福两省州人民。安必腾表示，浙江省与石荷州有许多共同之处，双方在经贸、教育、能源、文化等领域开展一系列合作，取得了丰硕成果。愿两州省政府和有关部门继续开拓新的合作领域，推动两州省合作进一步发展，开创美好未来。会见后，举行浙江省·石荷州深化合作签约仪式暨结好30周年图片展。李强与安必腾签署两省州进一步深化友好合作备忘录，共同见证中国计量大学、浙医一院、艾迪康公司等单位与石荷州有关高校、医疗机构和企业的合作签约仪式，并参观两省州结好30周年图片展。省人大常委会副主任刘力伟，浙江大学党委书记金德水，省政府秘书长李卫宁和副秘书长王纲，省发改委主任谢力群，省教育厅厅长刘希平，省科技厅厅长周国辉，省商务厅厅长周日星，省文化厅厅长金兴盛，省贸促会会长吴桂英，省外侨办副主任顾建新，浙江科技学院校长叶高翔及与石荷州合作的有关高校、科研院所、企业代表参加上述活动。

访问期间，安必腾出席浙江大学与基尔大学结好30周年庆祝活动，省外侨办副巡视员莫丽丽出席活动。代表团考察了阿里巴巴集团、石荷州经济技术促进中心驻杭州办事处。

代表团一行还赴嘉兴访问，考察嘉兴德国产业合作园，参观雅培公司。嘉兴市市长胡海峰会见代表团一行并举行合作签约仪式。

【捷克皮尔森州副州长访问浙江】 5月9日至12日，捷克皮尔森州副州长伊沃·格律能一行19人访问浙江。9日，副省长梁黎明会见格律能一行，简要介绍浙江省经济社会发展近况。梁黎明说，浙江省与皮尔森州自建立友好交流关系以来，双方在经贸、教育、旅游和卫生等领域开展了富有成效的交流与合作。两地政府为各领域的交流牵线搭桥、献计献策，所达成的各项共识正在稳步向前推进。希望双方以副州长此次来访为契机，进一步加强两地友好交流与务实合作。格律能说，他此访主要任务是与浙江省政府及相关单位会晤，推进合作项目。访问期间，代表团将拜会浙江省商务厅、省贸促会、省卫生计生委并与浙江省相关企业交流，寻求合作机会。省政府副秘书长陈宗尧、省外侨办副主任陈安、省商务厅副厅长韩杰、省贸促会副会长许勇等参加会见。

在浙期间，格律能一行拜会省商务厅、省贸促会，就加强两省州企业合作、建立两省州经贸合作网站等事宜进行交流。拜会省卫生计生委，就今年夏天皮尔森州与浙江省中医药大学合作举办中医药推广宣传活动事宜进行交流，并就中医药教学和科研领域的合作、中药进入捷克医保系统等进行探讨。10日，举办“浙江省—皮尔森州企业交流会”，格律能和省工商联副主席尹健出席交流会并致辞，并各自介绍当地的产业结构及投资环境。皮尔森州的企业家进行了推介并与浙江省的企业代表互动交流。

【捷中友协主席访问浙江】 5月13日，捷克总统特命代表、总理对华事务全权顾问、捷中友协主席雅罗斯拉夫·德沃吉克在捷克驻沪总领事卡尔帕奇陪同下访问浙江。省长李强会见德沃吉克一行。李强说，近年来浙江省与捷克的关系快速发展，互利合作顺利推进，浙江一直在努力推动双方合作。浙江省积极鼓励企业赴捷克开展投资合作，如万向集团、正泰集团、阿里巴巴集团、万丰奥特集团等都开展了与捷克的合作，效果良好。慈溪市正在筹备建立中捷产业合作园，帮助捷克优质产品打开中国市场。今年10月，浙江还计划在捷克举办“浙货展示”活动，欢迎捷克在义乌及天猫平台设立捷克商品馆。双方在教育、文化领域的合作前景良好，一些影视文化合作项目进展顺利。希望雅罗斯拉夫·德沃吉主席和卡尔帕奇总领事对双方的合作继续给予关注和支持。德沃吉克表示，捷克是“中国—中东欧16+1合作”框架内的活跃国家，今年贵国国家主席习近平访问捷克时，专门提及浙江省与捷克在合作中走在前面，表现突出。捷克总理计划于今年6月访问中国，非常愿意在访华期间到访浙江。此次总理访华期间，中国工商银行将宣布在捷克设立分行、东航将开通上海—布拉格直航，希望这些对浙江开展与捷克方面的合作能起到推动作用。李强表示，欢迎捷克总理来浙江访问。省政府秘书长李卫宁、副秘书长三纲，省外侨办主任金永辉，省商务厅厅长周日星等参加会见。

【希腊中希经济文化发展促进会代表团访问省外侨办】 5月17日，中希经济文化发展促进会代表团访问省外侨办，就希腊伯罗奔尼撒大区拟与浙江省建立“友好省份”相关事宜进行沟通。省友协专职副会长陈爱珍会见代表团，双方进行了沟通。

【巴斯夫集团催化剂事业部总裁访问浙江】 5月26日，省委常委、常务副省长袁家军会见巴斯夫集团催化剂事业部总裁肯尼斯·莱恩一行。袁家军详细介绍浙江省电动汽车产业布局及部分重点企业，及政府对未来几年电动汽车行业的规划。袁家军表示，巴斯夫的技术创新能力和全球市场布局可以很好地和浙江省电动汽车行业形成互补性优势，相信巴斯夫和华友钴业在汽车锂电池领域的合作一定可以取得成功。莱恩表示，巴斯夫愿意与包括华友在内的浙江企业分享其成功经验，并积极布局汽车锂电池行业，为浙江电动汽车行业的飞速发展增添动力。省外侨办副主任陈安、省经信委副主任徐焕明、省商务厅副厅长马洪涛、衢州市市长杜世源参加会见。

巴斯夫一行此访主要是到衢州考察华友钴业，为布局电动汽车锂电池行业寻找双方合作机会。

【西门子前总裁访问浙江】 6月6日，西门子前总裁冯必乐随德国中小企业代表团访问浙江。副省长朱从玖会见代表团，重点介绍余杭区未来科技城的创业创新情况。冯必乐表示，浙江企业的雄厚资本一定能与德方小企业的优秀技术完美结合，实行双方互利共赢。省金融办主任丁敏哲、省外侨办副主任陈安、清华长三角研究院院长王涛、余杭区区长朱华参加会见。

【捷克驻华大使馆副馆长访问浙江】 6月7日，省外侨办副主任顾建新会见捷克驻华大使馆副馆长尤乐娜一行。顾建新与尤乐娜一行就捷克总理博胡斯拉夫·索博特卡访问浙江的有关事宜进行探讨。

【罗马尼亚副总理兼经济、贸易和与商界关系部部长访问浙江】 6月7日至9日，罗马尼亚副总理兼经济、贸易和与商界关系部部长科斯廷·博尔克一行8人访问浙江。8日，省委书记、省人大常委会主任夏宝龙在宁波会见代表团一行。夏宝龙说，浙江与罗马尼亚具有良好合作基础和巨大合作潜能，希望双方加强往来、增进友谊，使友谊与合作相互促进。博尔克表示，希望双方进一步密切在经贸、文化、旅游等领域合作，促进互利共赢。省委常委、秘书长陈金彪，副省长梁黎明，宁波市委副书记、代市长、市政协主席唐一军，省外侨办主任金永辉，省商务厅厅长周日星等参加会见。

博尔克此访系专程前来宁波出席2016“浙洽会”“消博会”和中东欧博览会。

【波黑部长会议副主席兼外经贸部部长访问浙江】 6月7日至9日，波黑部长会议副主席兼外经贸部部长米尔科·沙罗维奇一行10人访问浙江。8日，省委书记、省人大常委会主任夏宝龙在宁波会见代表团一行。夏宝龙表示，愿在中国与中东欧16国“16+1”总体框架下，以“浙洽会”“消博会”和中东欧博览会为平台，与包括波黑在内的中东欧国家加强友好合作，实现共同发展。沙罗维奇表示，波黑热情支持中国提出的“一带一路”与“16+1”总体框架等各项主张，愿意积极参与，携手并进。省委常委、秘书长陈金彪，副省长梁黎明，宁波市委副书记、代市长、市政协主席唐一军，省外侨办主任金永辉，省商务厅厅长周日星等参加会见。

沙罗维奇此访系专程前来宁波出席2016“浙洽会”“消博会”和中东欧博览会。

【第二届中国—中东欧博览会】 6月8日，第二届中国—中东欧国家投资贸易博览会（简称中东欧博览会）在浙江宁波开幕。中东欧博览会顺应“一带一路”和长江经济带发展战略，以“深化合作，互利共赢”为主题，共安排投资洽谈、贸易展览、会议论坛、人文交流等四大主题15项活动。中东欧十六国均派团参加，来宾包括两位副总理、四位部长、八位副部长及诸多省（州）长、市长。浙江省友城斯洛伐克日利那州副州长约瑟夫施特尔巴率团参加了博览会。

【捷克总理访问浙江】 6月18日至19日，捷克总理博胡斯拉夫·索博特卡一行48人在中国驻捷克大使马克卿陪同下访问浙江。

18日，省委书记、省人大常委会主任夏宝龙会见索博特卡一行。夏宝龙简要介绍浙江省省情。夏宝龙说，浙江与捷克在产业发展上各有优势，互补性强，双方加强经贸合作的空间很大、前景广阔。浙江愿与贵国一道，不断研究扩大双边贸易和投资新举措，通过共建产业园区等途径，在水晶等产业发展上进一步加强技术合作、品牌合作、项目合作，实现优势互补，携手共进。同时，希望双方进一步加强在教育、旅游、影视和媒体、科技、文化、友城建设等方面的交流与合作，促进友好合作之路越走越宽广，为推动中捷关系发展作出积极贡献。索博特卡赞赏中国“一带一路”战略和中国与中东欧国家“16＋1”合作框架等倡议。他说，浙江是中国东部沿海发达省份，与捷克合作空间广阔，愿与浙江省进一步深化各领域合作特别是商贸、旅游、工业、教育培训、技术创新、电子商务及环保和影视等方面的合作，实现互利共赢。省委常委、秘书长陈金彪，副省长梁黎明，省政协副主席陈加元，省外侨办主任金永辉，省发改委主任李学忠，省民政厅厅长尚清，省人力社保厅厅长吴顺江，省商务厅厅长周日星，省经信委主任张金如，省文化厅厅长金兴盛，浦江县委书记施振强参加会见。

19日，浙江—捷克经贸合作交流会暨合作项目签约仪式在杭州举行。省长李强和索博特卡分别致辞。李强在致辞中说，捷克是丝绸之路经济带沿线重要国家，浙江是“一带一路”桥头堡，双方经贸合作前景广阔。浙江将加强与捷克的务实合作，力争在中捷友好合作中发挥更加重要的作用。希望双方加强优势互补对接，积极探索经贸合作模式创新，加强高端装备制造、人文、教育、旅游等领域合作，加快推进合作平台和载体建设，携手创造更加美好的明天。索博特卡在致辞中说，希望捷克与浙江之间进一步加强人员往来，密切各领域交流合作。他说，当前捷中关系处于历史最好时期。近年来，浙江与捷克经贸往来频繁，务实合作富有成果。捷克非常看好浙江未来的发展，希望双方加强在汽车、航空、旅游、金融、教育、科研应用等领域的交流合作，推动双方经贸合作迈向更宽领域、更高层次，实现共赢发展。交流会由省政府秘书长李卫宁主持。浙江省十多家企业参加交流会。其中正泰集团、娃哈哈集团、万丰奥特集团等企业负责人和慈溪市委书记卞吉安、浦江县县长程天云作发言。随同索博特卡访问的捷克高级官员，中国驻捷克大使马克卿等参加交流会。随后，李强与捷克州长联合会主席哈谢克共同签署《中华人民共和国浙江省人民政府与捷克州长联合会关于建立合作伙伴关系备忘录》。副省长梁黎明与捷克驻华大使科佩茨基共同签署《中华人民共和国浙江省人民政府与捷克共和国工业和贸易部关于加强经贸合作的谅解备忘录》。省广电集团、万丰奥特集团、阿里巴巴集团也分别与捷方有关单位签署合作协议。省政府秘书长李卫宁和副秘书长陈宗尧、王纲，省外侨办主任金永辉、副主任顾建新，省商务厅厅长周日星、副厅长马洪涛，省工商联主席南存辉，省广电集团总编辑吕建楚，省警卫局副局长于文忠，杭州文澜中学校长任继长等参加上述活动。

访浙期间，索博特卡一行在李强陪同下考察了中国茶叶博物馆和郭庄。

【丹麦西兰岛大区主席访问浙江】

6月26日至29日，丹麦西兰岛大区主席延斯・斯坦贝克一行18人访问浙江。27日，省委常委、常务副省长袁家军会见延斯・斯坦贝克一行。袁家军说，浙江与西兰岛大区经济结构互补性强，合作前景广阔。西兰岛大区在创新发展、绿色发展等方面拥有很多先进技术和成功经验，值得浙江学习借鉴。浙江正致力于推进国际化，相信与西兰岛大区签署进一步深化合作的协议将对浙江的进一步国际化起到帮助作用。希望双方进一步加强各层面对接与交流，推进在海洋经济、循环经济及经贸、科技、教育、卫生等领域的务实合作，造福两地人民。延斯・斯坦贝克表示，愿通过努力推动双方交流合作迈向更宽领域、更高层次，实现共赢发展。随后，袁家军和延斯·斯坦贝克签署《进一步深化友好交流合作备忘录》。省政府秘书长李卫宁、副秘书长王纲，省外侨办主任金永辉、副主任顾建新，省发改委主任李学忠，省教育厅厅长刘希平，省环保厅厅长方敏，省卫生计生委主任杨敬，省商务厅副厅长胡潍康等参加上述活动。

访浙期间，延斯·斯坦贝克一行还访问省环保厅、省商务厅、省卫生计生委、浙江大学经济学院，考察阿里巴巴集团、未来科技城·海创园，参观中国茶叶博物馆。

【芬兰议会财政委员会代表团访问浙江】 9月9日，省人大常委会副主任冯明会见芬兰议会财政委员会代表团一行10人。冯明简要介绍浙江省经济社会发展近况，并希望双方在现有合作基础上，进一步增进了解、加深友谊，密切经贸人文往来，拓展合作领域，实现共赢发展。代表团此访意在了解浙江省省情，探讨相关领域的合作。省外侨办副主任顾建新参加会见。

【省政协领导考察华信集团】 9月20日，省政协副主席陈加元赴上海华信集团考察，就金华浦江、上海华信、捷克三方共建浦江水晶国际产业园进行洽谈，华信国际集团总裁陈秋途及集团相关部门负责人参加。省外侨办副主任顾建新等陪同考察。

【丹麦驻华大使访问浙江】 9月28日，省委副书记、代省长车俊会见丹麦驻华大使戴世阁一行。车俊说，刚刚结束的G20杭州峰会向世界经济贡献了“创新、活力、联动、包容”发展的中国智慧、中国方案，同时展示了浙江风采和魅力。当前，浙江正紧紧抓住机遇，扩大开放，深入实施一系列国家战略，大力推动经济转型升级，努力“干在实处、走在前列、勇立潮头”。这为深化拓展浙江与丹麦的交流合作带来新的契机。希望双方进一步加强产业合作，密切人员交流，实现共赢发展。戴世阁表示，G20峰会成功地将浙江和杭州推向了世界，丹麦非常看好浙江未来的发展，愿通过努力推动双方合作迈向更宽领域、更高水平。省外侨办主任金永辉、副主任顾建新参加会见。

【捷克皮尔森州公务员来浙短期交流】 10月11日至29日，捷克皮尔森州主管外事的公务员萨卡·巴特科娃来浙江进行短期交流。交流期间，省外侨办安排巴特科娃分别走访省商务厅、省工商联、省卫生计生委、省中医药大学、文澜中学等，详细了解浙江省有关部门及单位与捷克开展交流合作的情况及下一步打算，并赴浦江、慈溪考察当地与捷克的合作情况。

【捷克州长联合会副主任访问浙江】 10月23日至25日，捷克州长联合会副主任伊日·瓦日尔一行2人访问浙江。省外侨办副主任顾建新接待伊日·瓦日尔一行。在浙期间，伊日·瓦日尔一行考察杭州中车车辆有限公司，赴绍兴考察金龙客车集团并参观鲁迅故居等。

【捷克总统首席顾问访问浙江】 10月26日至28日，捷克总统首席顾问马丁·内耶德利一行4人访问浙江。省外侨办副主任顾建新接待内耶德利一行。

【英国埃塞克斯郡政府内阁委员访问浙江】 10月28日，英国埃塞克斯郡政府内阁委员蒂克·麦登一行4人访问浙江，与省商务厅、省卫生计生委举行座谈，建立合作沟通渠道。

【英国诺丁汉郡郡长访问浙江】 10月31日至11月2日，英国诺丁汉郡郡长庄贝思一行6人访问浙江。11月1日，省委副书记、代省长车俊在宁波会见代表团一行。车俊说，不久前结束的G20杭州峰会向世界经济贡献了“创新、活力、联动、包容”的中国智慧、中国方案，也充分展现了浙江的魅力，为双方合作提供了巨大机遇。诺丁汉郡制造业发达，浙江正在大力发展信息、环保、高端装备制造等七大万亿产业。希望双方在现有基础上加强交流合作，在更宽领域实现互利共赢。庄贝思表示，浙江经济的表现让人羡慕。诺丁汉郡非常看好浙江的发展，希望双方深化合作，实现共赢发展。在双方政府共同努力下，进一步促进交流与合作，推动双方友好关系迈上新台阶。省委常委、宁波市委书记、代市长唐一军，省政府秘书长李卫宁、副秘书长王纲，省外侨办主任金永辉，省商务厅厅长周日星参加会见。

【石荷州吕贝克应用技术大学副校长访问浙江】 11月7日，省外侨办副主任顾建新会见德国石荷州吕贝克应用技术大学副校长利兹一行2人，双方就浙江科技学院中德工程师学院办学情况进行探讨。

【捷克前总理访问浙江】 11月22日至27日，捷克前总理伊日·帕劳贝克一行4人访问浙江。23日，副省长梁黎明会见帕劳贝克一行，简要介绍浙江经济社会发展情况。梁黎明说，浙江省与捷克关系紧密，合作领域广泛。希望双方增进了解、深化友谊、切实提高经贸合作水平。帕劳贝克表示，希望未来双方能共同努力，推进双边友好关系及务实合作发展。省外侨办副主任顾建新参加会见。

访浙期间，杭州市市长张鸿铭、宁波市副市长陈仲朝分别会见帕劳贝克一行，双方就开展经贸、文化、旅游、环保等领域合作进行交流。在杭州期间，代表团还拜会省商务厅、省旅游局、省贸促会。在宁波期间，代表团赴慈溪考察中捷（宁波）国际产业合作园，并拜会宁波市贸促会、市商委等。

【捷克总统特命代表访问浙江】 11月27日至28日，捷克总统特命代表、总理中国事务全权代表、捷中友好合作协会主席雅罗斯拉夫·德沃吉克一行在捷克驻沪总领事卡尔帕奇陪同下访问浙江。28日，省委书记、省人大常委会主任夏宝龙与德沃吉克一行进行茶叙。双方就国际形势、中捷关系发展及浙江与捷克未来合作进行深入交流。特别谈到，明年捷克将成为宁波“中国—中东欧投资贸易博览会”主宾国，捷克众议院议长将出席该博览会。浙江民乐团将于明年5月出席“布拉格之春音乐节”，人数规模将达到70人。

访浙期间，德沃吉克一行与省商务厅座谈。省商务厅副厅长胡潍康，杭州电子科技大学、浙江工商大学、浙江科技学院、浙江传媒学院、浙江理工大学等5所在杭高校代表及有关企业负责人出席座谈。省商务厅就开展服务贸易领域的合作（包括教育培训、影视文化、中医药服务等）作相关介绍。省商务厅和省教育厅拟于明年11月组织40余家高校赴捷参加布尔诺教育展，并希望与捷克开展中医药服务合作。德沃吉克肯定开展双方合作的设想，并表示将与捷克有关部门沟通，推荐合适高校与浙江高校开展合作。德沃吉克一行与浙能集团座谈。双方介绍有关情况，并表示可在能源服务、能源科技、电力建设等领域开展合作。德沃吉克一行还与省国贸集团座谈，参观省广电集团，省广电集团党委副书记、总编辑姜军介绍有关情况，双方均表示未来将加强在媒体、文化产业等领域的合作。

【比利时西弗兰德省省长访问浙江】 11月27日至12月1日，比利时西弗兰德省省长卡尔·德卡卢维一行14人，在比利时驻华大使马怀宇及比利时驻沪总领事兰波陪同下访问浙江。11月29日，省委副书记、代省长车俊会见德卡卢维一行。车俊表示，浙江省与西弗兰德省结好已有16个年头，两省关系充满朝气和活力，交流合作取得了丰硕成果。希望双方充分利用两省经贸促进委员会的合作机制，进一步加强各层面互访，深化在经贸、医疗卫生、旅游、教育、农业等领域的务实合作，努力推动各领域交流合作迈向更深层次、更高水平，实现共赢发展。德卡卢维对浙江成功举办G20杭州峰会表示祝贺，并回顾过去一年西弗兰德省与浙江省开展交流与合作的情况。德卡卢维表示，西弗兰德省十分珍视与浙江省的合作，希望未来加强携手合作，推动两省友好关系不断向前发展。省政府秘书长李卫宁、副秘书长王纲，省外侨办主任金永辉、副主任顾建新，省教育厅厅长郭华巍，省卫生计生委主任杨敬，省环保厅副厅长卢春中，省住建厅副厅长张奕，省商务厅副厅长胡潍康参加会见。

在浙期间，代表团一行赴嘉兴出席财纳福诺木业（中国）有限公司厂房扩建奠基仪式，省政府副秘书长刘援利和顾建新出席奠基仪式。在杭州参加在浙江大学召开的浙江—比利时西弗兰德省建筑废弃物循环利用合作项目研讨会，考察杭州知味食品有限公司，部分团员分组赴杭州中策职业学校、绿城俱乐部会谈。在宁波出席弗兰德斯海洋研究所、韦弗斯大学学院与宁波大学签署合作备忘录仪式，考察浙江吉利汽车有限公司和宁波港，部分团员赴宁波港冷链物流中心和太古冷链公司考察，并与宁波商委举行会谈。

（张晓波）

亚洲和非洲

【日本静冈县定期协议团访问浙江】 1月10日至14日，日本静冈县企画广报部地域外交课长八木敏裕率静冈县定期协议团一行5人访问浙江。在浙期间，代表团拜访省环保厅、省卫生计生委、省民政厅、省商务厅。与省外侨办进行定期协商工作会谈，协商2016年度及2017年两省县结好35周年等相关交流事宜。

【省外侨办工作组访问埃塞俄比亚和摩洛哥】 1月23日至31日，省外侨办副主任虞希华率工作组访问埃塞俄比亚和摩洛哥。在埃塞俄比亚，工作组拜访总理府官员，实地走访阿瓦萨市，推动与埃塞俄比亚地方政府结好工作。在摩洛哥，实地考察杰迪代省，拜访杰迪代省政府官员并进行交流。

【亚洲友城进修生访问浙江】 1月25日至29日，来自日本、韩国等国友城进修生一行4人访问浙江。在浙期间，进修生一行赴宁波、天台、象山、临海、台州等地，考察浙江经济社会发展近况。

【新加坡驻沪总领事访问浙江】 1月28日，新加坡驻沪总领事王首毅一行3人访问浙江。副省长梁黎明会见代表团一行，省政府副秘书长陈宗尧参加会见。

【日本静冈县常叶大学教授访问浙江】 2月22日至24日，日本静冈县常叶大学教育学部教授天野忍一行3人访问浙江，在杭州开展文化教育交流。在杭期间，天野忍一行与浙江省图书馆进行交流，参观浙江省博物馆、灵隐寺、六和塔和京杭大运河博物馆等。

【日本大阪上海事务所副所长拜会省外侨办】 2月23日，日本大阪上海事务所副所长中本胜利一行3人拜访省外侨办。省外侨办副主任虞希华会见中本胜利一行。中本胜利一行还与亚非处就新年度工作计划交换意见。

【韩国忠清北道友好访问团拜访省外侨办】 2月25日至27日，韩国忠清北道国际协力组组长徐东庆率忠清北道友好访问团一行5人拜访省外侨办，与省外侨办亚非处协商2016年度交流计划，并与省工商联联络处座谈。

【韩国大韩贸易投资振兴公社杭州代表处首席代表访问浙江】 3月3日，韩国大韩贸易投资振兴公社杭州代表处首席代表林圣焕一行4人访问浙江。拜访省外侨办，并与亚非处座谈，协商今后交流合作事宜。

【马来西亚沙巴州首席部长公署特别事务部长访问浙江】 3月4日，副省长梁黎明会见马来西亚沙巴州首席部长公署特别事务部长张志刚一行。梁黎明说，沙巴地处东马，位于“一带一路”沿线，居“东盟增长区”中心地带，战略地位重要。浙江省政府将积极加强浙沙交流，密切双方贸易往来及各领域的合作。同时希望以代表团此访为契机，推进两地在经贸、旅游等领域务实交流与合作。张志刚表示，今后沙巴将积极发展与浙江的关系，增进彼此了解与交流。同时希望在短期内促成杭州市和沙巴州首府哥打基纳巴卢结好。省外侨办副主任彭波，省商务厅副厅长韩杰，省旅游局副局长许澎等参加会见。

【日本静冈县上海事务所所长访问浙江】 3月7日，日本静冈县上海事务所所长井口真彦一行访问浙江。省外侨办副主任虞希华会见井口真彦一行。

【印度驻华大使访问浙江】 3月10日，副省长梁黎明会见印度驻华大使顾凯杰一行。梁黎明表示，浙江省经济发展正处于转型升级关键阶段，工作重点将放在政府职能改革、经济结构调整及发展方式转变上，特别是培育新的商业模式，如电子商务等。希望浙印双方在经济、文化、教育等领域开展更加广泛、深入的交流合作。浙江将鼓励更多企业赴印度投资，也欢迎更多印度企业到浙江投资，协同创新、共赢发展。顾凯杰表示，浙江经济发达，越来越多的浙商正在“走出去”。同时浙江也是历史文化旅游胜地，与印度有着不少相通之处，期待今后双方进一步加强经贸和人文旅游领域的交流与合作，开展形式多样的交流活动。省外侨办副主任彭波，省商务厅副厅长韩杰参加会见。

【印度尼西亚驻沪总领事访问浙江】 3月10日，印度尼西亚驻沪总领事艾克茜一行5人访问浙江。省外侨办副主任顾建新会见艾克茜一行。

【省外侨办工作组访问日本和柬埔寨】 3月13日至20日，省外侨办副主任虞希华率工作组一行3人访问日本和柬埔寨。在日本，工作组与福井县观光营业部和枥木县产业劳动观光部举行年度工作磋商会议，分别制订2016年度浙福和浙枥交流计划。拜访静冈、福井、枥木三县政府高层、工商界代表和民间组织友好人士，就深化友城交流交换意见。与日本茶道表千家和书法团体天溪会座谈交流，探讨扩大双方交流等事宜。在柬埔寨，虞希华出席柬埔寨浙江总商会第二届理事会就职典礼。工作组召开浙商、侨团侨领座谈会，听取对浙江省外事侨务工作的意见建议，调研了解浙籍侨民生存发展最新状况。实地考察金边市，拜访金边市政府官员和暹粒省政府。

【韩国驻沪总领馆领事访问浙江】 3月18日，韩国驻沪总领事馆领事李忠万一行3人访问浙江。拜访省外侨办，并与亚非处座谈，协商今后交流合作事宜。

【阿联酋航空公司高级副总裁访问浙江】 3月25日，省委常委、常务副省长袁家军会见阿联酋航空公司高级副总裁谢赫·马吉德·阿里·穆拉一行。袁家军指出，去年11月双方进行了卓有成效的会谈，浙江方面提出以争取开通杭州至迪拜航线为契机，深化浙江与阿联酋在航空、金融、海洋经济、高新科技等领域的合作，构建以“云上丝绸之路”“空中丝绸之路”“海上丝绸之路”为代表的全方位合作交流新模式，获得阿联酋方面的充分赞同和热切回应。此后，阿联酋航空公司总裁萨义德亲自来函，强调阿联酋航空公司对加强浙江省与阿联酋，尤其是迪拜的支持态度和积极作用。阿联酋航空公司将为浙江打开一扇通往全球的联络窗口，加强浙江与世界各个地区的商业交流与人员往来，帮助浙江更好融入商业全球化版图。省政府副秘书长夏海伟，省外侨办副主任虞希华，省商务厅副厅长张钱江等参加会见。

【非洲友好人士联合考察团访问浙江】 3月28日，省政协副主席陈艳华会见以博茨瓦纳酋长院主席普索·哈博罗内为团长的非洲友好人士联合考察团一行。陈艳华就代表团所关心的地方政协组织构架、政治协商、参政议政等问题一一作出解答，双方就经济转型升级、社会综合治理等深入交换意见。普索·哈博罗内表示，希望以此次来访为契机，加强相互间在经贸、民生等领域的交流与合作。省政协副秘书长王喜法，省外侨办副主任彭波等参加会见。

【日本福井县上海事务所所长访问浙江】 3月30日，日本福井县上海事务所所长居关吉记一行2人访问浙江。省外侨办副主任虞希华会见居关吉记一行。

【新加坡新任驻沪总领事访问浙江】 4月11日，副省长梁黎明会见新加坡新任驻沪总领事罗德伟一行。梁黎明表示，浙江省经济发展正处于转型升级关键阶段。在发展经济的同时，浙江省政府正加大力度进行环境整治、民生改善、文化建设、法制建设、诚信体制建设及动员全民创业创新。浙新经贸理事会是浙江和新加坡交流与合作的工作平台，浙新交往时间比较长，相信双方未来合作的空间更大，更富有实效。浙江希望学习新加坡在管理、人才培养、科技研发、国际理念、公务员培训等领域的先进经验，实现双方互利共赢，优势互补。罗德伟表示，新加坡近几年的工作重点，如治水和加大扶持中小企业等和浙江有类似的地方，相信今后的发展空间很大，希望双方能够为未来的合作不断注入新的想法和创新理念。浙新经贸理事会新任新方主席沈颖即将访问杭州，希望届时能有机会和梁副省长会面并详谈今后浙新合作构想。省外侨办副主任虞希华，省商务厅副巡视员马建国等参加会见。12日，省外侨办主任金永辉宴请罗德伟一行。

【越南驻华大使访问浙江】 4月11日，副省长梁黎明会见越南驻华大使邓明魁一行。梁黎明表示，浙江省经济发展正处于转型升级关键阶段，今后的工作重点将放在政府职能改革、经济结构调整及发展方式转变上，特别是培育新的商业模式，如电子商务等。浙江省将抓住区域发展带来的机遇，大力吸引投资，发展旅游、外贸等，全面推动经济、政治、文化、社会和生态文明等“五位一体”建设。浙江省愿与越南地方政府加强交流与合作，增进了解，推动地方间在经济、文化、卫生、教育、科技等领域的交流与合作。邓明魁说，越南与浙江省积极开展交往，越来越多的越南人到浙江省学习、考察。越南和浙江省的经贸交流也取得很多进展。双方要继续挖掘合作潜能，进一步推动在经贸、文化、教育、旅游等领域的合作。省政府副秘书长陈宗尧，省外侨办副主任虞希华，省商务厅副巡视员马建国参加会见。

【尼泊尔驻华大使馆经济参赞访问浙江】 4月13日，尼泊尔驻华大使馆经济参赞白诺德·阿查亚率代表团一行访问浙江，参加旅游推介会并拜会省外侨办。省外侨办副主任虞希华会见代表团一行。

【日本静冈县公务员来浙进修】 4月13日，日本静冈县地域外交课公务员后藤敦子来浙进修。4月至6月，在浙江大学学习中文，6月至12月在省医疗卫生国际合作发展中心进修，2017年1月至3月在省对外科学技术交流中心进修。

【中非智库论坛第五届会议】 4月15日至16日在义乌举行。外交部部长助理钱洪山、中联部原副部长艾平，埃塞俄比亚总理经济顾问梅蒂库等嘉宾应邀出席会议。副省长梁黎明出席会议开幕式并致辞。省外侨办副主任虞希华陪同出席。

【日本静冈县议会议长访问浙江】

4月18日，省人大常委会副主任毛光烈会见日本静冈县议会议长吉川雄二一行。毛光烈说，近年来，浙江坚持稳中求进方针，着力加强生态环保建设，淘汰落后产能，关闭高污染企业，控制煤炭使用，提高清洁能源比重，大力发展以“五水共治”为代表的环保、生态产业。重视人才培养和科技创新，积极发展互联网产业、智能装备制造等。大力改善民生、加强公共服务，进一步扩大对外开放程度。积极与“一路一带”沿线国家开展交流合作，经济社会发展不断涌现新亮点，实现了经济持续健康发展和社会和谐稳定。浙江省愿继续推进与静冈县的友好关系，找到更多相通点，推动两省县关系踏上新台阶。吉川雄二说，静冈县和浙江省于1982年结好以来，在高层互访、研修生互派、经济、文化、旅游、体育、防灾等方面开展积极交流，取得了丰硕成果，这其中相关友好人士的积极推动功不可没。静冈县希望今后与浙江省在经济、人才、养老等更广泛的领域开展交流，创造更多交流机会，促进和巩固双赢友好关系。省人大常委会外事工作委员会主任瞿素芬、副主任何新国，省外侨办副主任虞希华参加会见。

【阿拉伯国家驻华使节代表团访问浙江】 4月18日至21日，以阿曼驻华大使、阿拉伯驻华使团团长阿卜杜拉·萨阿迪为团长的阿拉伯国家驻华使节代表团一行8人，在中阿协会副会长、前中国驻也门大使刘登林等陪同下访问浙江。在浙期间，代表团拜会省政府领导，了解浙江省经济社会现状，探讨浙阿务实交流合作事宜。出席“丽水市—阿拉伯国家‘一带一路’合作研讨会”。

【南亚四国和平、安全智库人士考察团访问浙江】 4月19日至26日，印度、巴基斯坦、尼泊尔和斯里兰卡四国和平、安全智库人士考察团一行访问浙江，中联部和裁会亚太处处长陈晓涵陪同代表团来访。在浙期间，代表团一行考察浙江省高科技企业自主创新发展及基层党组织建设情况。

【日本驻沪总领事访问浙江】 4月25日，副省长梁黎明会见日本驻沪总领事片山和之一行。梁黎明表示，浙江省经济发展正处于转型升级关键阶段，从以往追求总量开始转变为追求质量，同时注重对生态、资源的保护，今后会把文化、医疗、养老等更为有机地融合在一起，造福于浙江百姓。片山和之对G20杭州峰会举办表达关注，希望对G20峰会期间日本代表团来访给予关照。省政府副秘书长陈宗尧、省外侨办主任金永辉参加会见。省外侨办副主任虞希华宴请片山和之一行。

【新加坡文化、社区及青年部、财政部高级政务部长访问浙江】 4月26日至28日，新加坡文化、社区及青年部、财政部高级政务部长，浙江—新加坡经贸理事会新任新方主席沈颖一行访问浙江。浙新经贸理事会浙方主席、副省长梁黎明会见代表团。

【吉布提驻华大使访问浙江】 5月5日，吉布提驻华大使阿卜杜拉·米吉勒夫妇一行访问浙江。副省长梁黎明会见代表团一行，省政府副秘书长陈宗尧参加会见。

【日本福井县产业劳动部企划干访问浙江】 5月9日，日本福井县产业劳动部企划干兼国际经济课课长山本清隆一行4人访问浙江。省外侨办副主任虞希华会见代表团。

【韩国驻沪副总领事访问浙江】 5月12日，韩国驻沪总领事馆副总领事朴钟硕率韩国驻沪总领事馆代表团一行5人访问浙江。在浙期间，代表团考察杭州慧因高丽寺。

【埃及驻沪总领事访问浙江】 5月13日，埃及驻沪总领事哈立德·优素福一行4人访问浙江。副省长梁黎明会见代表团，省政府副秘书长陈宗尧参加会见。访浙期间，代表团拜访省文化厅、省旅游局等。

【日本静冈县地域外交监访问浙江】 5月31日至6月2日，日本静冈县地域外交监增井浩二一行5人访问浙江，与省外侨办就2017年浙江省和静冈县结好35周年交流事宜进行工作会谈。省外侨办主任金永辉会见代表团。在浙期间，代表团还参观钱江新城、灵隐寺、杭帮菜博物馆等。

【以色列驻沪新任总领事访问浙江】 6月6日，以色列驻沪新任总领事(大使衔)安迈凯一行3人访问浙江。副省长梁黎明会见安迈凯一行，省政府副秘书长陈宗尧参加会见。

【日本福井县上海事务所所长访问浙江】 6月16日，日本福井县上海事务所所长居关吉记一行

3 人访问浙江。拜会省外侨办亚非处并进行座谈。

【亚奥理事会总干事访问浙江】 6 月 22 日，亚奥理事会总干事侯赛因·穆萨拉姆一行访问浙江。省长李强会见侯赛因·穆萨拉姆一行。李强说，2022 年第 19 届亚运会在杭州举办，充分体现了亚奥理事会对浙江的支持和信任。申办成功后，浙江省和杭州市高度重视，对各项筹办工作进行了深入细致的谋划和安排，并迅速投入到准备工作之中。希望亚奥理事会一如既往地支持浙江承办工作，浙江将与亚奥理事会、亚洲各单项体育组织积极沟通、加强合作，认真履行承办义务、兑现承办承诺，确保通过 6 年努力，把杭州亚运会办成一届精彩、成功、令人难忘的体育盛会；同时，努力扩大亚运会效应，推动浙江体育事业发展，造福浙江人民。侯赛因·穆萨拉姆说，亚奥大家庭对杭州举办亚运会感到非常高兴。侯赛因·穆萨拉姆充分肯定浙江筹办工作，并表示亚奥理事会愿同各方一道共同努力，确保杭州亚运会圆满成功。副省长郑继伟，杭州市委副书记、市长张鸿铭，省政府秘书长李卫宁和副秘书长王纲、李云林，省外侨办主任金永辉，省体育局局长孙光明，杭州市副市长陈红英等参加会见。

在杭期间，代表团一行考察了亚运会场馆等基础设施建设工作。

亚奥理事会终身名誉副主席魏纪中陪同参加上述活动。

【日本富士胶片集团高级副总裁访问浙江】 7 月 13 日，日本富士胶片集团高级副总裁石川隆利率代表团一行 8 人访问浙江。在浙期间，代表团出席“富士胶片集团授权海正药业在中国生产并销售抗流感病毒药物法匹拉韦项目”签约仪式。

【印尼 G20 峰会先遣组来杭考察】 7 月 17 日至 20 日，G20 杭州峰会印尼先遣组来杭州考察。先遣组一行考察 G20 峰会场馆，并与中国计量大学接待小组会谈。

【日本静冈县定期协议团访问浙江】 9 月 19 日至 21 日，日本静冈县地域外交课参事村松正章率日本静冈县定期协议团一行 7 人访问浙江。与省外侨办亚非处就两省县结好 35 周年庆祝活动举行工作会谈并参观活动场地。

【蒙古人民党主席、国家大呼拉尔主席访问浙江】 10 月 15 日至 17 日，蒙古人民党主席、国家大呼拉尔主席（议长）米·恩赫包勒德率蒙古人民党代表团一行 20 人访问浙江。省委书记、省人大常委会主任夏宝龙会见代表团一行。省委常委、秘书长陈金彪，省人大常委会秘书长厉月姿，省人大民侨委主任委员瞿素芬，省外侨办主任金永辉，省发改委主任李学忠，省国土资源厅厅长陈铁雄，省商务厅厅长周日星等陪同参加。

在杭期间，代表团参观杭州国际博览中心、阿里巴巴集团，游览西湖并观看《最忆是杭州》演出。

【日本静冈县健康福祉部部长访问浙江】 10 月 20 日至 22 日，日本静冈县健康福祉部部长山口重则一行访问浙江。访问期间，山口重则一行参加“浙江省医疗护理国际学术论坛”，并就 11 月举行的“第五届浙江国际养老服务业博览会”事宜与省民政厅协商。

【印度驻沪总领事访问浙江】 10 月 21 日，印度驻沪总领事古光明访问浙江，出席杭州国际休博会开幕式。省政府秘书长李卫宁会见古光明一行，省外侨办副主任陈安参加会见。

【新加坡驻沪总领事拜会省外侨办】 10 月 21 日，新加坡驻沪总领事罗德伟一行到浙江，拜会省外侨办。省外侨办主任金永辉会见罗德伟一行。

【韩国全罗南道政府代表处所长访问浙江】 10 月 26 日至 27 日，韩国全罗南道政府代表处所长金钟镐一行 4 人访问浙江。省外侨办副主任陈安会见代表团一行。在浙期间，金钟镐一行拜会省商务厅、旅游局。

【老挝人民革命党干部考察团访问浙江】 11月3日至6日，老挝人民革命党万象市委委员、西萨达纳县委书记兼县长普坎·赛雅颂率第六批老挝人民革命党干部考察团一行30人访问浙江。省委常委、秘书长陈金彪会见考察团一行。陈金彪说，中老人民世代友好，交流源远流长。两国政府和人民的友好是发展经贸等友好合作关系最重要基础。希望中老双方在经济、文化、教育等领域开展更加广泛深入的交流合作。浙江将鼓励更多企业赴老挝投资，相信老挝干部考察团此次来访将进一步加深彼此了解和友谊，促进双方的交流与合作。普坎·赛雅颂希望通过这次浙江之行，学习借鉴浙江省的先进经验和做法，增进双方合作与友谊，促进共同发展。省外侨办主任金永辉、副主任陈安，省委政研室副主任徐大可，省发改委副主任林骏等参加会见。

访浙期间，代表团考察杭州市萧山区航民村、国博中心，并走访萧山区、富阳区相关企业。

【印度驻华大使访问浙江】 11月9日，省委书记、省人大常委会主任夏宝龙会见印度驻华大使顾凯杰一行。夏宝龙表示，目前浙江省经济发展正处于转型升级关键阶段，今后的工作重点将放在政府职能改革、经济结构调整及发展方式转变上，特别是培育新的商业模式，如电子商务等。希望浙印双方在经济、文化、教育等领域开展更加广泛、深入的交流合作。浙江将鼓励更多企业赴印度投资，也欢迎更多印度企业到浙江投资，协同创新、共赢发展。顾凯杰表示，浙江经济发达，越来越多的浙商正在“走出去”。同时浙江也是历史文化旅游胜地，与同为文明古国的印度有着不少相通之处，期待今后双方进一步加强经贸和人文旅游领域的交流与合作，开展形式多样的交流活动。省委常委、秘书长陈金彪，省外侨办主任金永辉，省商务厅厅长周日星参加会见。

【新加坡外交部长访问浙江】 11月9日，省委书记、省人大常委会主任夏宝龙会见新加坡外交部长维文一行。夏宝龙说，中新两国人民一直以来友好交往，浙江目前正在推进城市化建设，而新加坡有很多值得浙江学习和借鉴的地方，特别是在城市管理方面。维文说，新加坡目前正在积极应对互联网产业快速发展带来的各项挑战，特别是在创造就业机会及社会舆情方面。新加坡十分愿意进一步加强与浙江的全方位交流与合作。省委常委、秘书长陈金彪，省外侨办主任金永辉，省经信委主任张金如，省商务厅厅长周日星等参加会见。

【日本静冈县副知事访问浙江】 11月13日至16日，日本静冈县副知事吉林章仁率代表团一行14人访问浙江，商谈关于2017年两省县结好35周年庆祝活动相关事宜。省委副书记、代省长车俊会见代表团主要成员。省政府秘书长李卫宁、副秘书长王纲，省外侨办主任金永辉等参加会见。

在浙期间，代表团一行出席“浙江省—静冈县环保论坛”，并参观相关环保企业、机构等。

【泰国民主党代表团访问浙江】 11月14日，省政协副主席陈加元会见泰国民主党代表团一行。陈加元说，中泰两国人民有着两千年的友好交往史，一直以来保持着良好交流与合作。泰国民主党与中国保持友好密切交往。浙江省与泰国在经济发展中具有一定的互补性，希望双方今后加强合作。泰国民主党副主席朱林说，泰国十分愿意加强与浙江的全方位交流与合作。泰国民主党与中国来往密切，希望双方友好交往能够进一步促进泰中、泰浙之间的务实合作，特别是在商贸、旅游等领域的合作发展。省政协副秘书长王喜法、省外侨办副主任彭[illegible]参加会见。

【马来西亚马六甲州元首和首席部长访问浙江】 11月25日，副省长梁黎明会见马来西亚马六甲州元首卡里尔和首席部长依德利斯一行。梁黎明说，中马两国是地缘近、人缘亲的好朋友、好邻居、好伙伴，友好关系源远流长。

浙江省政府愿积极加强双方交流，特别是在旅游等领域的务实交流与合作。卡里尔说，马六甲州十分愿意加强与浙江的全方位交流与合作。马六甲州历史悠久、旅游资源丰富，希望学习浙江省在旅游开发方面的成功经验。省旅游局副局长、巡视员傅玮，省外侨办副主任陈江风，省商务厅副巡视员马建国等参加会见。

【马达加斯加国民议会副议长访问浙江】 11月29日至12月1日，马达加斯加国民议会副议长率代表团一行6人，在全国人大农业与农村委员会办公室副主任傅勇等陪同下访问浙江。在浙期间，代表团访问中国水稻研究所，参观杭州国际博览中心等。

【泰国副总理访问浙江】 12月7日至8日，泰国副总理颂奇一行50人访问浙江。在浙期间，颂奇一行参观未来科技城和阿里巴巴集团，并与阿里巴巴集团董事局主席马云共进午餐。

【柬埔寨暹粒省副省长访问浙江】 12月12日至18日，柬埔寨暹粒省副省长波碧涩一行8人，在柬埔寨浙江总商会会长施永平等陪同下访问浙江。省人大常委会副主任程渭山会见代表团一行。省外侨办副主任陈安、省人大常委会外事工作委员会负责人参加会见。

【越共高访团先遣组访问浙江】 12月16日至18日，以越共中央对外部常务副部长陈得利为团长的越共高访团先遣组一行17人访问浙江。副省长梁黎明会见代表团一行，省政府副秘书长陈宗尧、省外侨办副主任陈安参加会见。

（任　远）

侨 务 工 作

【慰问困难归侨侨眷】 1月25日至26日，省外侨办副主任陈安赴杭州、宁波、台州等地，慰问生活困难的归侨侨眷，先后走访慰问困难归侨侨眷125户，发送慰问金12.5万元。2016年，全省各级外侨办通过开展春节、中秋、重阳等传统节日，先后慰问贫困归侨侨眷、侨界空巢老人、留守儿童等1500余人。

【推动省侨商会成立科技创新委员会】 1月份，省外侨办会同省侨联推动省侨商会成立科技创新委员会，这是省外侨办为华侨华人专业人士来浙江创新创业、发展事业搭建的新平台。科技创新委员会将在互惠合作、创新创业、建言献策、维护权益等方面发挥作用，促进广大会员共同促进浙江发展和自身发展。由浙籍侨商、"国家科技进步一等奖"获得者丁列明任首任主席。

【开展侨捐项目清查工作】 3月14日，省外侨办下发《关于清查华侨华人、港澳同胞在我省捐赠项目使用管理情况的通知》，在全省布置开展华侨华人、港澳同胞捐赠项目清查工作。全省共有165个项目被拆除、闲置或改建它用。这些被拆除、闲置或改建的侨捐项目，绝大多数由受赠单位或当地侨办事先向捐赠人说明情况，征求捐赠人对项目拆除或改建及善后处理的意见，取得捐赠人的理解和支持。

【"访侨企送服务"活动】 3月15日至16日，省外侨办联合省发改委、省商务厅、省银监局、省侨联等部门，带领经贸、金融、法律等方面专家一行15人，赴宁波、绍兴开展"访侨企送服务"活动，上门为侨商企业送服务、送政策。服务团与两市侨资企业代表进行深入座谈，听取侨资企业在回归发展过程的困难和诉求，对侨资企业提出的意见建议一一回应，并给予未来发展方面的指导。

【中国印尼杰出青年论坛】 4月22日在杭州举行。印尼华裔青年访华团与浙江省青年侨商代表探讨"一带一路"背景下的共同发展机遇。中国海外交流协会联络部副部长朱柳、浙江省海外交流协会副会长王通林出席论坛。

【举办浙江海外中青年侨领专题研习班】 4月26日至29日，2016浙江省海外中青年侨领研习班在杭州开班。研习班结合G20峰会在杭州举办的有利契机，适时筹划并推出"共襄G20盛会，同讲中国好故事"的主题，邀请以G20成员为主的16个国家近50名中青年侨领集中研习。副省长梁黎明、省政府副秘书长陈宗尧分别参加开班和结业仪式 国侨办原副主任何亚非作主题讲座，与会中青年侨领与省内知名专家学者在专题论坛上探讨海外侨团如何在"唱中国好声音、讲中国好故事"等公共外交中发挥优势与作用等话题。通过研习，增进了年轻一代侨领对国情、省情的认识与了解，调动和激发了浙江海外侨团参与G20盛会的热情与积极性，为发挥海外侨团自身优势，讲浙江好故事、唱浙江好声音，助力中国形象、浙江形象在海外推广及促进不同国家与地区侨团侨胞的沟通联系、推动侨团自身建设等方面起到良好作用。

【对"三侨生"身份进行认定】 5月5日至6月2日，省外侨办对全省683名参加高考的归侨学生、归侨子女和华侨在国内的子女身份进行审核认定。

【组织“侨界医疗专家服务队”进行义诊】 5月7日至8日,11月26日至27日,省外侨办分别联合致公党浙江省委会与民革浙江省委会,组织侨界医疗专家服务队赴宁波余姚市鹿亭乡、杭州淳安县姜家镇进行义诊活动,为当地600多名村民提供现场诊治和健康咨询等服务。同时,通过制作展板和赠阅小册子、涉侨图书等方式,开展侨法宣传。

【开展“侨善敬老——感恩母亲”公益活动】 5月15日“母亲节”前夕,在省外侨办、省慈善总会侨爱分会支持下,“侨善敬老——感恩母亲”公益活动在温州举行。来自意大利、乌克兰、西班牙等14个国家和地区的侨领携母亲参加活动。省慈善总会侨爱分会常务副会长、西班牙侨领孙小敏现场向温州市慈善总会侨爱分会捐赠20万元人民币,设立“爱心妈妈”基金,专项用于对生活贫困、身患疾病、空巢孤寡的母亲群体进行爱心帮扶。

【2016“文化中国——海外华文媒体浙江行”活动】 5月22日至25日,来自25个国家和地区的近百位海外华文媒体负责人走进浙江,参加由国务院侨务办公室主办,浙江省外事侨务办公室承办的2016“文化中国——海外华文媒体浙江行”活动,“感知绿水青山,聚焦美丽浙江”,探访经济社会发展带来的变化。

海外华文媒体走进湖州安吉、杭州海归创业园,探访杭州阿里巴巴集团、云栖小镇、梦想小镇等地,众多华文媒体纷纷感叹,以日新月异形容浙江面貌。

【第十届“世界华裔杰出青年华夏行”活动】 5月24日至30日,国务院侨办主办第十届“世界华裔杰出青年华夏行”活动,行程贯穿北京、天津、上海、浙江、江苏、河南、江西、云南等省(市),来自世界五大洲28个国家和地区的85位华裔青年参加活动。活动以“青春中华、放飞梦想”为主题,旨在着力增进华裔新生代对祖籍国和中华文化的了解和感情,涵养海外侨胞社会健康与可持续性发展的后备力量,着力搭建贯通华裔新生代个人梦想与祖籍国民族复兴梦想之间的桥梁。

【承办“海外华裔青年企业家中国经济高级研修班”】 6月3日至7日,由国务院侨办主办、省外侨办承办的“海外华裔青年企业家中国经济高级研修班”在浙举行,邀请“一带一路”沿线23个国家为主的39位华裔青年企业家参加。研修班采取集中授课、座谈交流、实地考察、互动联谊等形式,研习“十三五”规划解读和新发展机遇、“一带一路”建设、“互联网+”新思维和电子商务与跨境电商等。

【“2016中国(宁波)—中东欧国家侨团侨领峰会”】 6月8日至9日在宁波举行。由省外侨办和宁波市政府共同举办。峰会邀请54个国家和地区的280多名海外侨胞、侨团负责人出席,宁波市级涉侨部门及相关园区负责人,经济、文化、新闻界人士以及侨资企业代表等100余人参加相关活动。

【2016“中华文化大乐园——加拿大卡尔加里营”】 7月5日至17日在加拿大卡尔加里市育丰中文学校举办。由国务院侨务办公室主办,浙江省外侨办承办,加拿大育丰中文学校协办。

参加出访团的教师成员由来自浙江省华文教育基地、艺术院校、专业艺术团体等10个单位的12位老师组成。根据国务院侨办和加拿大卡尔加里育丰学校提出的课程设置要求,活动分别开设中国文化、中国地理、古诗诵读、中国书法、中国画、手工剪纸、民族音乐、民族舞蹈、民族器乐、中华武术等10门课程,共进行240课时的教学。老师们每天连续教学,及时反馈调整,在短时间内达到了教学要求。在展示教学成果和学习效果阶段,出访团老师们提出最优化的成果展示演绎方案,并开拓创新,采用板块式展示形式,全方位展示大乐园的办营成果。

闭营仪式上，参加中华文化大乐园学习的120名学生全体登台，演绎一台富有浓郁中国文化特色的演出。孩子们用书画剪纸、歌舞吟唱、武术舞剑、文化竞猜等多种方式，展现近两周内学到的新本领、新才艺。

【“2016年‘中国寻根之旅’夏令营——浙江营”活动】 7月10日至8月5日，由省外侨办与国务院侨办联合举办的“2016年‘中国寻根之旅’夏令营——浙江营”活动在浙举办。全省设立11个营地，来自30多个国家和地区的621名海外华裔青少年参加夏令营活动。

【“海外红烛故乡行——2016吴越文化之旅”】 8月1日至10日在浙江举行。由中国华文教育基金会主办，浙江省外侨办承办，金辉集团资助。来自英国、意大利、西班牙、韩国、厄瓜多尔、加拿大、墨西哥等国家的15名海外华文学校校长及校董参加活动。“海外红烛故乡行”活动是中国华文教育基金会“海外华文教师暖心工程”的重要组成部分，旨在体现祖(籍)国政府和社会各界对老一代海外华文教师的关爱，表彰其在海外传承中华文化的历史性功绩，同时鼓励年轻一代华裔投身华文教育事业，为中华文化的传承作出贡献。

在浙期间，海外华文学校校长及校董们参观考察桐庐、千岛湖、义乌和杭州。在闭营仪式上，海外华文学校校长、校董们引用唐代大诗人白居易的诗句异口同声表达：最忆是杭州。

【协同申报“中国·温州(瑞安)侨商跨境电子商务示范区”】 8月28日，在省外侨办和省商务厅等有关单位共同支持下，省政府批准同意在温州瑞安设立浙江省首个侨贸电子商务创新发展示范区，为温州申报“中国·温州(瑞安)侨商跨境电子商务示范区”创造了条件。

【开展全省贫困归侨侨眷基本情况调查】 8月30日，为准确掌握全省贫困归侨侨眷的基本数据和困难情况，协调推进精准扶贫、精准脱贫工作，省外侨办下发《关于进一步做好我省贫困归侨侨眷信息统计工作的通知》，对全省贫困归侨侨眷进行摸底调查，夯实侨务扶贫工作基础。

【第19届浙江旅外乡贤聚会暨海外侨团建设大会】 9月19日在杭州举行。省委书记、省人大常委会主任夏宝龙出席并发表讲话，省委副书记、代省长车俊作主旨讲话，副省长梁黎明出席省政府欢迎晚宴并致祝酒词。大会期间，举办“浙江海外侨团建设报告会与论坛”，省外侨办主任金永辉作主题报告。大会为第12批侨界“爱乡楷模”和首批50个海外示范性侨团举行颁奖和授牌仪式。省四套班子领导和国侨办领导集体会见与会全体代表并合影留念。

此次乡贤聚会，针对G20杭州峰会后浙江发生的巨大变化及浙江省侨务工作的新形势新特点，着力突出和谐侨团建设，以“新浙江、新侨团、新故事”为主题，充分体现时代特点和浙江特色。来自世界68个国家和地区的500多名浙籍海外乡贤欢聚一堂，畅叙友情，共商家乡发展大计。

正式大会前，召开了省海协海外理事会议。大会结束后安排与会代表“美丽家乡行”参访。

【2016“相聚长三角”——百名海外博士浙江行活动】 10月17日至21日举行，由浙江、江苏、上海两省一市外侨办(侨办)联合主办，活动主会场设在浙江省温州市，分会场分别设在上海市普陀区和江苏省南通市。来自16个国家的102位华侨华人专业人士(携129个项目)经浙江、江苏、上海外侨办(侨办)审核后获邀参加，其中博士占71.4%，项目涉及海洋生物医药、环保、新材料、信息产业、机械制造等。在温州主会场，省内300余家开发区、科技园区、院校、科研院所、企业(以温州为主)参加项目对接洽谈，共达成30多个项目合作意向。

【“送剧进侨乡”活动】 10月18日，省外侨办联合省儿童剧院到丽水市莲都区外国语学校，开展“送剧进侨乡”活动暨侨善书屋图书捐赠仪式，体现对侨界寄养儿童的关爱，丰富他们的精神文化生活。

【对受灾、贫困侨眷应急救助】 11 月 25 日，省外侨办落实专项资金，对温州市文成县、丽水市遂昌县等在台风中受灾严重的侨眷及杭州、宁波、湖州等地因病致贫或其他原因造成生活特别困难的归侨侨眷给予应急救助，共发放救助资金 12.5 万元。

【做好“爱乡楷模”申报、表彰工作】 2016 年，省外侨办完成“第 12 批浙江省爱乡楷模”的申报、表彰工作。经推荐上报的徐旭昶等 5 位海外侨胞、港澳同胞经省政府常务会议审定，授予浙江省“爱乡楷模”称号。“爱乡楷模”表彰仪式在第 18 届乡贤聚会开幕式上举行，省委副书记、代省长车俊为受表彰的“爱乡楷模”颁发奖章和证书。

【启动“为侨法律服务工作站”试点】 2016 年，省外侨办根据《国务院侨办关于印发〈国内为侨公共服务体系建设指导意见〉的通知》精神，策划上报“为侨法律服务工作站”(2016)项目书、“为侨法律服务工作站”(2016—2020)项目书，并根据工作实际，于 6 月 8 日拟定下发《关于开展 2016“为侨法律服务工作站”申报工作的通知》，明确了相关工作内容、申报项目、申报要求。经严格审核甄选，确定全省首批 7 个“为侨法律服务工作站”试点单位。

【深入开展社区侨务工作】 2016 年，省外侨办拟定并下发《关于创建 2016 年度“全国社区侨务工作示范点”的通知》，开展 2016 年度创建活动，以落实基层为侨服务公共体系为引领，不断加强社区侨务工作阵地建设，年内向国侨办申报 4 个社区侨务工作明星社区、9 个社区侨务工作示范单位。

【开展国内为侨公共服务体系建设工作】 2016 年，省外侨办积极推动校区、社区为侨公共服务体系建设，指导浙江大学、温州肯恩大学、舟山市定海区刘鸿生故居等单位创建成立为侨公共服务体系“侨之家”。

【做好华侨回国定居办理工作】 2016 年，省外侨办一方面注重加强对市县外侨办(侨办)进行业务指导，对基层侨办在办理中遇到的政策问题进行解疑答惑；另一方面紧密保持与国侨办、省级相关部门的联系和沟通，对办理工作中出现的新情况、新问题及时给予解决。1～10 月份，全省共审批办理华侨回国定居 6750 人次，其中温州 3555 人、丽水 3151 人。

（左新元　倪　娜　韩　琦　周　译）

港澳事务

【出席"爱乡楷模"李达三向宁波大学捐赠典礼】 2月1日,"宁波大学李达三叶耀珍伉俪李本俊海洋生物医药发展基金会"捐赠典礼在香港举行。香港大紫荆勋章获得者、著名实业家、慈善家、"宁波帮"爱国人士李达三向基金会捐赠1亿元人民币,创建宁波大学李达三叶耀珍伉俪李本俊海洋生物医药研究中心。省港澳办副主任陈安应邀参加捐赠典礼,并代表省港澳办向李达三叶耀珍伉俪和李本俊先生颁发捐赠证书。访问期间,陈安还专门拜访澳门特别行政区立法会主席贺一诚、香港浙江省同乡会联合会会长詹耀良、澳门苏浙沪同乡会等一批浙籍旅港澳乡贤,以及中银国际副董事长林广兆、亚洲博爱基金会董事局副主席胡国赞等关心浙江发展的知名人士。

【浙江海外联谊会举行新春团拜会】 2月20日,一年一度的浙江海外联谊会新春团拜会活动在珠海举行。来自香港、澳门和海外的300多名乡贤欢聚一堂、畅叙乡情、共话发展。省委副书记王辉忠出席并致辞,省委常委、统战部长王永康致祝酒词。王辉忠希望广大乡亲一如既往地关心、支持和参与浙江现代化建设。广大乡亲要牢固树立中华民族命运共同体理念,进一步贯彻落实好"一国两制"方针,为中华民族伟大复兴贡献新力量。要进一步做好对青年人的教育引导,不断壮大爱国爱乡新生力量,共同创造祖国和家乡的美好未来。省港澳办副主任虞希华参加活动。

【赴港招聘现代服务业高端人才】 3月19日,"2016浙江·香港现代服务业高端人才招聘会"在香港会议展览中心举行。浙江大学、娃哈哈集团、省经济信息中心等63家单位推出岗位832个,吸引3000余人应聘,共有620余人与用人单位达成初步意向。

在此次招聘活动上,参会单位同时推出16个合作项目,涉及车联网、金融小镇、品牌运营及旅游等行业,可通过技术、资金及渠道等多种方式进行合作

【香港浙江文化美食旅游节】 4月27日至29日在香港举行。由香港浙江省同乡会联合会主办,浙江省有关部门支持。省委常委、统战部长王永康率浙江省代表团出席,6万余人次香港市民参加活动。在港期间,王永康一行专程拜会香港特区政府政务司司长林郑月娥、香港中联办副主任林武、香港浙联会和香港中华总商会及李达三、曹其镛、包陪庆等浙籍知名乡贤,考察了凤凰卫视。省港澳办主任金永辉等出席活动。

【温港企业对接研讨会】 5月12日至13日,温州市投资环境说明会暨"透过香港·走向国际"温港企业对接研讨会在温州市举行。由省港澳办、温州市政府、香港贸易发展局、香港商会杭州分会等共同主办。此次举行3场专题研讨会,20多家涉及金融、房地产、专业服务类的香港企业与温州部分企业进行对接交流。在温州期间,香港有关企业、机构代表还考察了康奈集团和正泰集团。省港澳办副主任虞希华出席活动。

【香港大律师公会代表团访问浙江】 5月13日至14日,香港大律师公会主席、资深大律师谭允芝一行14人,在香港中联办法律部部长王振民、副部长余学杰等陪同下访问浙江。省港澳办副主

任虞希华会见代表团一行。14日,香港大律师公会与杭州市律师协会签署合作协议,部分香港大律师还受聘担任杭州市律师协会顾问。

代表团在浙期间,省港澳办、省经信委、省工商联组织邀请省内30余家民营企业与代表团一行就知识产权法律业务、协助企业"走出去"等议题开展交流座谈。

【第六届香港大学生"外交之友"夏令营访问浙江】 5月28日至31日,外交部驻香港特别行政区特派员公署副特派员宋如安率第六届香港大学生"外交之友"夏令营一行80人到浙江杭州考察学习。代表团成员主要来自香港大学、香港中文大学、香港理工大学等重点高校。此访旨在进一步加强香港大学生对国家发展战略和外交成就的了解。省港澳办主任金永辉会见代表团一行。

在杭期间,代表团参观杭州未来科技城、阿里巴巴集团、梦想小镇、基金小镇、中国湿地博物馆、南宋官窑博物馆、杭帮菜博物馆等,游览西湖、雷峰塔,观看《宋城千古情》表演,并与有关单位负责人进行互动交流。

【香港特区政府驻沪办主任访问浙江】 6月29日,副省长梁黎明会见香港特别行政区政府驻沪经济贸易办事处主任邓仲敏一行5人。梁黎明简要介绍浙江省经济社会发展情况,希望两地能以此访问为契机,进一步拓展经贸合作领域。邓仲敏表示,在其任内将积极配合浙江经济发展总目标,充分发挥特区政府驻沪办牵线搭桥的作用,将在浙江设立联络处,加大与浙江的紧密联系,进一步推动港浙两地在经贸、文化、科教等领域的交流与合作迈上新台阶,实现两地共赢发展。省港澳办主任金永辉参加会见。

在浙期间,邓仲敏一行还拜会省教育厅领导,参观考察杭州市民之家和阿里巴巴集团,看望香港(地区)商会杭州分会部分成员。

【澳门特别行政区经济财政司司长访问浙江】 8月1日至3日,澳门特别行政区经济财政司司长梁维特率澳门浙商联合会等13个社团42人访问浙江。1日,省委书记、省人大常委会主任夏宝龙会见梁维特一行。夏宝龙希望浙澳双方特别是澳门浙商联合会及各界商会今后在经贸旅游、海洋经济、资本市场等领域与浙江建立更多的合作交流机制,为推动浙澳在海洋经济方面的合作,金融、资本市场的互通共融,旅游文化领域的合作内涵等发挥积极作用,进一步实现互利共赢、共同发展。省港澳办主任金永辉、副主任陈安参加会见。

代表团访浙期间,与阿里巴巴集团董事局主席、浙商总会会长马云进行以创业为主题的座谈交流,并参观考察阿里巴巴集团、支付宝、民生医药、连连科技等。

【香港特别行政区财政司司长访问浙江】 9月2日至6日,香港特别行政区财政司司长曾俊华一行8人访问浙江,出席G20杭州峰会活动。副省长梁黎明会见曾俊华一行,简要介绍浙江经济社会发展情况。梁黎明说,浙江与香港一直保持良好合作关系,交流非常紧密,成效十分显著,香港为浙江企业"走出去"发挥了重要平台作用。曾俊华简要介绍香港经济发展情况,希望港浙两地在金融服务、投资贸易等领域加强合作,加大互联互通力度,进一步开展多领域、多层次的合作与交流,促进双方合作迈上新台阶。省港澳办主任金永辉、副主任陈安参加会见。

【出席澳门苏浙沪同乡会国庆67周年暨会庆20周年庆典】 9月20日至22日,省委统战部常务副部长金长征率代表团一行访问澳门,出席澳门苏浙沪同乡会国庆67周年暨会庆20周年庆典活动。在澳门期间,代表团还拜会澳门中联办、澳门特区政府立法会和澳门苏浙沪同乡会、澳门浙商联合会,召开在澳门的浙江省政协委员座谈会,并拜访部分澳门浙籍知名乡贤。省港澳办副主任陈安随团参加访问。

【香港浙江省同乡会联合会访问团访问浙江】 10月31日,香港浙江省同乡会联合会组织300多位义工访问浙江。省委书记、省人大常委会主任夏宝龙会见访问团一行。夏宝龙肯定浙联会在团结凝聚旅港乡亲、维护香港繁荣稳定所作的努力,勉励浙联会和各级同乡会以此次访问为契机,进一步加强相互团结合作、彼此心手相连,更好地为家乡发展和祖国建设服务。中央政府驻港联络办副主任林武,省委常委、秘书长陈金彪,省委常委、统战部长王永康,省委统战部常务副部长金长征,省港澳办主任金永辉陪同参加活动。

【香港特别行政区政府政制及内地事务局局长访问浙江】 11月23日至24日,香港特别行政区政府政制及内地事务局局长谭志源一行6人访问浙江。副省长梁黎明会见谭志源一行,简要介绍浙江经济社会发展情况。梁黎明希望浙港两地政府今后要在更多领域建立合作交流机制,为推动浙港互利合作,实现共赢发展作出新贡献。谭志源说,明年6月,香港特区政府在杭州的联络处将正式挂牌运行,希望通过发挥联络处的作用,切实加强港浙两地的合作交流,加大互联互通力度,促进双方合作迈上新台阶。省港澳办主任金永辉参加会见。

在杭期间,谭志源一行与中国美院领导及在该校就读的港籍学生进行座谈,还参观考察阿里巴巴集团、杭港地铁有限公司、杭州图书馆、南宋御街等。

【香港特别行政区礼宾处处长访问浙江】 12月20日至23日,香港特别行政区礼宾处处长李郭志洁一行4人访问浙江。副省长高兴夫会见李郭志洁一行,简要介绍浙江经济社会发展情况及浙江在"一带一路"国家战略中取得的成效。希望双方以此次访问为契机,增进了解,密切联系,在更多领域建立合作交流机制,为推动浙港互利合作,实现共赢发展作出新贡献。李郭志洁说,浙江在"一带一路"所取得的成就及G20杭州峰会的成功经验都值得香港学习和借鉴。明年是香港特区政府成立20周年,届时香港特区政府将要举办一系列庆祝活动,G20杭州峰会的成功举办,将为香港特区政府做好回归庆祝活动提供了很好的经验。代表团在浙期间,专程参观了G20峰会的主要场馆。省港澳办主任金永辉、副主任陈江风参加会见。

【香港"未来之星"同学会访问团访问浙江】 12月26日至31日,香港大公文汇传媒集团副董事长欧阳晓晴率香港"未来之星"同学会访问团一行访问浙江,在浙江举行"从香港出发——冬聚浙江"创业创新交流活动,70余名香港大学生、高中生分赴杭州、嘉兴参访体验,通过多元化活动深入了解浙江深厚的历史积淀、文化底蕴和发展成就。省委副书记袁家军会见欧阳晓晴一行,简要介绍浙江经济社会发展及服务保障G20杭州峰会的相关情况。袁家军希望访问团的青年朋友进一步发挥爱国爱港的优良传统,在国家发展的历史方位中思考个人发展方向,在时代前进的步伐中找准奋斗目标,勇于创新、敢于奋斗,做一名有理想、有抱负的青年,在实现中华民族复兴伟大"中国梦"中贡献力量和智慧。省港澳办副主任陈江风参加会见。

（金晓霞）

对外民间交往

【概况】 2016年,浙江省人民对外友好协会发挥民间外交的独特优势,不断开拓创新,多领域、多渠道、多层次开展民间对外交流,以诚感人、以心暖人、广交朋友,为服务国家外交大局和浙江省经济社会建设,作出了应有贡献。合力完成G20杭州峰会4个政要团组的接待和配偶集体活动相关任务;接待来自美国、德国、法国、西班牙、希腊、日本、韩国、马来西亚、泰国、澳大利亚、突尼斯、科摩罗和苏里南等国家和地区民间友好团组48批369人次;组派出访团8批80人次,分别前往德国、意大利、捷克、日本、韩国、越南、印尼、摩洛哥和突尼斯等国家开展友好交流活动;签署《浙江省人民对外友好协会与突尼斯中国友好协会建立友好关系协议书》。

【日本地下建筑专家访问浙江】 1月25日至28日,日本大阪日中协会理事、地下建筑专家桥本正一行4人访问浙江。27日,副省长熊建平会见桥本正一行。熊建平简要介绍浙江省经济社会发展情况,希望中日双方在地下工程建设、地下空间利用等诸多方面加强交流合作。省友协专职副会长陈爱珍等参加会见。

【第二届"走进欧洲"浙江省高中生代表团访问德国】 2月12日至23日,第二届"走进欧洲"浙江省高中生代表团一行24人访问德国,在石荷州首府基尔市进行友好交流修学活动。基尔古语言高级文理学校、理查达·胡克中学、赫伯尔学校、马克斯·普朗克学校等4所中学为浙江省的高中生提供了对应的课堂和学习课程;石荷州文教部和德中协会为学生们安排了德方住家,中国学生与德方家庭和德国学生同吃、同住、同学习、同活动,加深了对德国社会及学校生活的了解。

【省文艺演出团访问印尼】 2月15日至23日,由省歌舞剧院和杭州市杂技总团演艺有限公司演职人员组成的浙江省文艺演出团一行18人访问印度尼西亚,参加在东努省和西努省举行的春节联欢活动。

18日,中国驻登巴萨总领事馆与东努省政府在东努省省会城市古邦市共同举办"欢乐春节"联欢晚会。中国驻登巴萨副总领事刘志杰和东努省副省长、议会副议长、军区副司令、古邦市市长等党政军要员及当地民众约1000人出席。20日,"欢乐春节"联欢活动在西努省省会城市马塔兰市举行。中国驻登巴萨总领事胡银全和刘志杰与西努省副省长、省议长、三军司令、马塔兰市市长等党政军要员及数万当地民众观看了浙江省文艺表演团与西努省艺术团的联袂演出。21日,代表团在印尼华人百家姓协会活动场地客座会所再次登台表演,为当地华人带去来自家乡的新年祝福。

【马来西亚多元文化妇女联合会秘书长访问浙江】 3月16日至19日,马来西亚多元文化妇女联合会秘书长任学惠访问杭州和嘉兴桐乡。18日,省委常委、杭州市委书记,省友协会长赵一德会见任学惠,省友协专职副会长陈爱珍参加会见。

【安哥拉石油部部长访问杭州】 3月17日至19日,安哥拉石油部部长若泽·德瓦斯康塞洛斯一行9人访问杭州。18日,副省长梁黎明会见德瓦斯康塞洛斯一行,省友协专职副会长陈爱珍及省商务厅、省能源集团等相关部门负责人参加会见。在杭期间，代表团还考察了易得利集团。

【省友好代表团访问摩洛哥和突尼斯】 4月20日至29日，省友协专职副会长陈爱珍率浙江省友好代表团一行4人访问摩洛哥和突尼斯。在摩洛哥，代表团出席由中国人民对外友好协会和摩中友好协会共同举办的第一届摩中友谊论坛。中国人民对外友好协会副会长林怡，中国驻摩洛哥大使孙树忠，摩洛哥政府发言人、宣传部长哈勒弗，摩中友协主席哈利勒等在开幕式上致辞。陈爱珍在论坛上推介浙江省，并分别与阿巴特—塞拉—盖尼特拉大区主席西卡勒、丹吉尔市第一副市长阿马朱尔进行交流。在突尼斯，代表团拜会突中友好协会，并在突中友协主席热巴利陪同下访问埃连—斯法克斯市和斯法克斯大学。埃连—斯法克斯市市长莫阿拉及市政府主要官员与代表团进行座谈。座谈结束后，陈爱珍与热巴利共同签署《浙江省人民对外友好协会与突尼斯中国友好协会建立友好关系协议书》。

【美国田纳西州州长访问浙江】 5月3日，美国田纳西州州长比尔·哈斯拉姆一行14人访问浙江。省长李强会见比尔·哈斯拉姆一行。李强说，当前浙江正深入贯彻落实创新、协调、绿色、开放、共享五大发展理念，大力推动经济转型升级。浙江与田纳西州在产业发展上有许多相似之处，合作潜力巨大。浙江将以更开放的姿态、更务实的举措，积极推动双方在经贸往来、产业合作、科技创新等方面开展交流合作，特别希望在材料研究、新能源、快递业、教育、旅游等领域开展深度合作，实现互利共赢。比尔·哈斯拉姆表示，他非常看好浙江未来的发展，愿加强联系，推动双方开展多领域的合作。省政府秘书长李卫宁，省外侨办主任、省友协常务副会长金永辉，省友协专职副会长陈爱珍等参加会见。

在浙期间，代表团考察了盾安集团。

【希腊中国经济文化发展促进会代表团访问浙江】 5月16日至19日，希腊中国经济文化发展促进会副会长乔治·卡格里斯一行4人访问浙江。17日，省友协专职副会长陈爱珍与代表团座谈，探讨希腊伯罗奔尼撒大区与浙江省开展经贸文化合作、缔结友好省区事宜。

【绍兴市首届国际友城大会】 5月24日至26日，由全国友协、省友协、绍兴市人民政府共同主办的以“深化友谊合作，携手共同发展”为主题的首届绍兴市国际友城大会召开。来自斐济、日本、韩国、新西兰、匈牙利等12个国家的20个友城代表团和9个国家驻华使领馆官员等近150名外宾参会。开幕式上，全国友协副会长谢元、绍兴市委书记彭佳学、省友协专职副会长陈爱珍等分别致辞。大会期间举行友好城市签约仪式及相关合作项目签约仪式，参会城市还共同发布了“绍兴倡议”。

【韩国济州韩中交流协会代表团访问浙江】 5月24日至27日，韩国济州韩中交流协会会长梁洪喆一行11人访问浙江。在浙期间，代表团考察桐乡乌镇、安吉天使小镇等特色小镇，参观杭州韩国临时政府遗址、嘉兴韩国临时政府金九先生避难处。省友协常务副会长阮忠训会见代表团，专职副会长陈爱珍出席，并陪同代表团在杭州期间的活动。

【法国最美小镇协会代表团访问浙江】 5月25日至29日，以副主席维尼克·贝尔贝让为团长的法国最美小镇协会代表团一行5人访问浙江。在浙期间，代表团考察武义县的延福寺、俞源村、郭洞村，兰溪市的诸葛村，还与全国友协、中国文化保护基金会共同举办历史文化古镇保护和开发研讨会，签署古村落文物保护和开发、文物保护专业人员短期培训合作意向书。中国文化保护基金会理事长安然等与省友协、武义县、兰溪市政府有关负责人共30余人出席会议。在武义考察时，金华市市长暨军民专程前往武义会见代表团，并就加强中法两国古老文明的传承与保护等工作进行交谈。

【日本静冈县老年文化交流团访问浙江】 5月26日至29日，日本静冈县日中友好议员联盟会长天野一率静冈县老年文化交流团一行15人访问浙江。27日，省友协专职副会长陈爱珍会见天野一及静冈县日中友协负责人，双方就进一步加强两省县民间交流交换意见。在杭期间，代表团与浙江老年大学及浙江艺术职业学院进行交流。

【突尼斯青少年访问浙江】 6月22日至7月17日，突尼斯中国友好协会主席热巴利的2个儿子尼扎尔·热巴利和梅贾德·热巴利访问浙江。6月22日至7月11日，他们赴金华市武义县俞源村参加“海外名校学子走进金华古村落”活动；7月12日至17日，入住浙江外国语学院留学生宿舍，作短期研修。7月12日，省友协专职副会长陈爱珍向热巴利兄弟了解古村落活动的内容和感受。兄弟俩表示活动内容丰富多彩，深度体验了中国文化和生活，获益匪浅。

【浙江省代表团访问意大利和捷克】 6月30日至7月7日，省委常委、省纪委书记任泽民率浙江省代表团一行6人访问意大利和捷克，省友协常务副会长阮忠训陪同出访。在意大利，艾米利亚—罗马涅大区副主席卡赛丽代表大区主席博纳奇尼会见代表团，双方回顾两省区友好交往的成果，同意双方进一步加强友好交流，进一步细化友好交流内容；大区政府反腐败室主任伯克利向代表团介绍大区政府及意大利在反腐败、公务员监督管理等方面的措施和做法。在捷克，皮尔森州州长史来思会见代表团；州政府内部审计厅厅长斯瓦克向代表团介绍捷克公务员监督管理机制及加强公务员监督管理的做法和经验，双方进行深入交流。访问期间，代表团还与在意大利和捷克的华侨华人进行座谈。

【西班牙青少年代表团访问浙江】 7月5日至14日，西班牙国家教师学院主席乔瑟芬·卡伯拉率西班牙青少年代表团一行36人访问浙江。6日，乔瑟芬等3人拜访省外侨办主任、省友协常务副会长金永辉和省友协专职副会长陈爱珍，双方就进一步加强经贸及青少年交流交换意见。在浙期间，代表团与丽水市青少年举行为期1周的中西青少年友好夏令营活动，体验中国的书法、武术、民俗和古代服装，品尝美味佳肴，参观丽水名胜。

【日本福井县日中友协代表团访问杭州】 7月11日至16日，日本福井县日中友好协会会长酒井哲夫率代表团一行12人访问杭州。12日，省友协常务副会长阮忠训、专职副会长陈爱珍为代表团举行欢迎晚宴。在杭期间，代表团拜访杭州市友协，参观杭州福井友好公园等。

【省中医交流团访问印尼】 7月15日至20日，省中医交流团一行4人访问印度尼西亚。17日，中医文化交流和义诊活动开幕式在巴厘岛举行，印尼巴厘省政府官员代表、印尼中医协会总主席纪国璋、印华百家姓协会巴厘省分会主席陈敬孝等当地主要华社领导及中国驻登巴萨总领事胡银全、副总领事陈巍等和当地医生、中医爱好者近200人出席。胡银全在开幕式上讲话，巴厘省政府代表宣读巴厘省副省长的致辞。开幕式后，来自浙江中医药大学的吕立江、黄建波、张纪达教授作为主讲嘉宾与来自印尼的中医协会成员就中医文化、中医养生、中医在印尼的推广等议题进行专题讲座与现场示范交流，并为当地近百位民众义诊。

【省青少年艺术团参加第七届中国新疆国际青少年艺术节】 7月23日至29日，由省友协组织的省青少年艺术团一行16人参加第七届中国新疆国际青少年艺术节活动。来自俄罗斯、马来西亚、韩国、泰国、吉尔吉斯斯坦、巴基斯坦、蒙古国、土库曼斯坦等9个国家18支艺术团队近400余名各国青少年朋友参加。浙江省青少年艺术团表演了富有江南特色的舞蹈《且吟春雨》和《小城雨巷》。

【日本静冈县招商投资促进事业代表团访问浙江】 8月3日至6日，以静冈县牧之原市市长西原茂树为团长的静冈县招商投资促进事业代表团一行10人访问浙江。3日，省友协专职副会长陈爱珍会见代表团，就牧之原市提出的招商投资平台建设提案进行探讨。4日，代表团出席阿里巴巴集团主办的企业家论坛，日本法政大学教授坂本光司作讲座。代表团还拜访省贸促会，就旅游项目对接进行商谈；与浙江大学和杭州东忠集团有关负责人进行交流。

【G20杭州峰会领导人配偶考察活动】 9月5日上午，国家主席习近平夫人彭丽媛与阿根廷总统夫人阿瓦达、印度尼西亚总统夫人伊莉娜娅、老挝国家主席夫人坎蒙、墨西哥总统夫人里韦拉、土耳其总统夫人埃米奈、加拿大总理夫人索菲、新加坡总理夫人何晶、泰国总理夫人娜拉蓬、欧洲理事会主席夫人玛乌格热塔、联合国秘书长夫人柳淳泽、世界贸易组织总干事夫人玛利亚、国际劳工组织总干事夫人卡琳娜一行赴浙江大学和中国美院考察。在浙江大学，夫人们观看《美好青春我做主》防艾宣传演出，听取校园防治艾滋病主题报告《红丝带的故事》。奥运冠军吴敏霞、孙杨、傅园慧及青年钢琴家吴牧野，应邀成为红丝带健康大使，加入防治艾滋病志愿者的行列。在中国美院，夫人们细细品味“美学江南——中国人的生活艺术”系列展出，中国的青瓷艺术、书画艺术、丝绸艺术，无一不让她们着迷。彭丽媛邀请来宾们共同挥毫写下汉字“和”。午宴设在楼外楼。无论是窗外独秀天下的西湖山水、还是风味独特的杭州美食、专业温馨的礼宾服务、温润如玉的国瓷餐具、巧夺天工的东阳木雕及妙趣横生的“十里红妆”，都令夫人们赞叹不已。餐后的文艺演出更是精彩纷呈，高潮迭起。越剧、长笛、评弹，每一支节目都传递着天人合一、和谐共生的杭州特质。外交部副部长郑泽光、浙江省政协主席乔传秀等陪同考察。

【马来西亚沙巴州议会代表团访问浙江】 9月24日至27日，马来西亚沙巴州首席部长署特别事务部长张志刚率沙巴州议会代表团一行12人访问浙江。26日，省人大常委会副主任程渭山会见代表团。程渭山向客人简要介绍浙江省经济社会发展情况。他说，浙江省与马来西亚的人文、经贸交流源远流长，近年来，两地联系更为密切。希望双方能以此次访问为契机，在现有合作基础上，进一步密切经贸往来和民间交流，加强人文、教育、旅游等领域的全方位合作，实现更高层次的合作共赢。省友协专职副会长陈爱珍参加会见。

在杭期间，杭州市人大常委会主任、市友协会长王金财会见代表团。代表团参观考察了阿里巴巴集团和梦想小镇。

【日本北海道日中经济友好协会会长访问浙江】 9月29日，日本北海道日中经济友好协会会长中田博幸等2人拜访省友协。省友协专职副会长陈爱珍会见客人，双方就北海道观光、经贸企业参加在杭州举办的“中国杭州文化产业创意博览会”及其他交流事宜进行商讨。

【旅日书法篆刻家作品展在杭举行】 9月29日至10月13日，由西泠印社主办、省友协协办的旅日（静冈县）书法篆刻家、西泠印社社员黄教奇书法篆刻作品展在西泠印社美术馆举行。

【第34届全日本中文演讲大赛静冈县赛区比赛】 10月15日，由日本静冈县日中友好协会主办、省友协协办的第34届全日本中文演讲大赛静冈县赛区比赛在静冈文化艺术大学举行，省友协提供部分奖品。中文演讲大赛旨在进一步促进中文学习在日本民众中普及和水平提高，增进中日两国人民的相互了解和友谊。

【省青少年民族艺术团访日演出】 10月17日至31日，省友协组织省青少年民族艺术团一行16人访日交流演出。艺术团成员主要由浙江艺术职业学院的师生组成。艺术团在日本静冈县东部地区的中小学校及市民文化中心共演出17场，表演的节目有民族舞蹈、器乐演奏、昆剧表演和歌曲演唱等。在学校演出时，每次都安排中日学生互动交流环节，如相互提问谈感想、日本学生体验中国乐器、合唱中文歌曲等。

在日期间，静冈县知事川胜平太和富士市副市长森田正郁先后会见艺术团，艺术团的何文翔、松涛同学用二胡和笛子演奏了《良宵》和《早晨》。静冈县日中友好协会和县内有关友好团体设宴欢迎艺术团。

【省友协代表团访问日本和韩国】 10月18日至25日，省友协专职副会长陈爱珍率省友协代表团一行4人访问日本和韩国。在日本，代表团参加在冈山县冈山市举行的"第18届中日韩友好城市交流大会"，就"增强市民责任感，构建可持续发展社会""重视文化艺术建设，塑造城市灵魂""加强地方政府合作，打造区域旅游产品"等议题同与会代表进行交流和探讨。冈山市市长大森雅夫、香川县知事浜田惠造等宴请中日韩三国与会人员，并安排与会人员观摩"冈山艺术交流节""2016濑户内海国际艺术节"及冈山县和香川县内著名历史文化设施。在韩国，代表团与济州韩中交流协会会长梁洪喆及济州道副知事金方勳等当地政界及工商界要员进行交流。代表团还拜访中国驻济州总领馆、汉拿日报社，参观"徐福纪念馆"。

【日本北海道经济观光交流代表团访问浙江】 10月21日至24日，以日本北海道观光振兴机构会长堰八義博为团长的北海道经济观光交流代表团一行14人访问浙江。21日，省友协常务副会长阮忠训会见代表团。在杭期间，代表团还拜访杭州市旅委，并在"中国杭州文化产业创意博览会"展出北海道特产。

【苏里南媒体代表团访问浙江】 10月26日至28日，《苏里南时报》总编普斯布鲁克率苏里南媒体代表团一行6人访问浙江。27日，省友协专职副会长陈爱珍会见代表团。在杭期间，代表团拜访浙江理工大学，详细了解浙江理工大学与苏里南大学合办"孔子学院"项目，并采访浙江理工大学派遣的孔子学院中方院长；参观贝贝集团有限公司，了解中国电子商务及物流发展情况；考察浙江中医药大学中药饮片有限公司；参观G20主会场和河坊街。

【日本中部地区日中友协代表团访问浙江】 10月26日至30日，以日本日中友协理事长冈崎温为团长的日本中部地区日中友协代表团一行14人访问浙江。27日，省委常委、秘书长，省友协会长陈金彪会见代表团一行。陈金彪简要介绍浙江经济社会发展近况。他说，近年来，日本中部地区六县的"日中友好协会"努力增进双方人民友谊，在促进文化、科技、体育等领域的民间交流方面发挥了积极作用。希望双方友协能以此次访问为契机，与两国各界一起，继续推进中日民间友好工作。省外侨办主任、省友协常务副会长金永辉，省贸促会会长吴桂英，省教育厅副厅长于永明，省文化厅副厅长蔡晓春，省友协专职副会长陈爱珍等参加会见。

在浙期间，代表团还赴阿里巴巴集团、杭州国际博览中心等参观考察，并访问绍兴市。

【省茶文化交流团访问越南和日本】 10月30日至11月6日，中国国际茶文化研究会会长周国富率浙江省茶文化交流团一行4人访问越南和日本，省友协常务副会长阮忠训陪同出访。代表团与越南茶叶协会进行座谈，就协会之间的业务往来和人员交流进行探讨。在日本，代表团拜访日本静冈县政府和县日中友好协议会，商定2017年浙静结好35周年活动时，由中国国际茶文化研究会、省友协和静冈县有关方面在静冈举办中日茶文化论坛，进一步普及茶文化交流知识，促进中日友好。

【2016杭州国际马拉松赛】 11

月6日上午8点，迎来30周年的杭州国际马拉松赛，在黄龙体育中心鸣枪开跑。来自中国、美国、日本等50个国家和地区的32000余人参加全程马拉松、半程马拉松、小马拉松、情侣跑和家庭跑5个项目的比赛。省友协专职副会长陈爱珍参加开幕式并为赛事鸣枪。最终，埃塞俄比亚选手获得男子马拉松冠军，并打破历年杭马的纪录；肯尼亚选手获得女子马拉松冠军，同时打破历年杭马的纪录。

【参加第15次中日友好交流会议】 11月6日至8日，第15次中日友好交流会议在湖南长沙举行，会议以“继承友好传统、激发民间活力”为主题，中日双方240多名代表与会。省友协专职副会长陈爱珍作为浙江省代表出席会议。分组会议上，陈爱珍结合浙江省对日交流情况，谈了增进中日国民互信与友好感情，扩大青少年交流的重要性。

会议期间，陈爱珍与前来参会的日中友协副会长、福井县日中友协会长酒井哲夫一行及静冈县日中友协代表进行座谈交流。

【首届中拉地方政府合作论坛】 11月9日，首届中拉地方政府合作论坛在重庆市举行。来自阿根廷、智利、哥伦比亚、哥斯达黎加、墨西哥等15个国家20个城市，15个国际和地区组织的外方代表与中方15个省、市、区的代表共约200人与会，省友协专职副会长陈爱珍出席论坛。全国友协副会长谢元、重庆市副市长刘桂平、苏里南地区发展部部长迪坎等在开幕式上致辞。来自阿根廷、墨西哥等8个国家的省长、市长或代表在两个主题会议上围绕城市管理、特色产业发展、友城合作等作主题发言。

【2016中国国际友好城市大会】 11月10日至11日在重庆市举行。中共中央政治局委员、国家副主席李源潮出席开幕式并发表主旨讲话，乌干达副总统爱德华·塞坎迪、日本前首相鸠山由纪夫、荷兰前首相维姆·科克等出席并致辞。本次大会主题是“创新发展，合作共享”，来自56个国家的约700名代表与会。省友协专职副会长陈爱珍率宁波、温州、湖州和绍兴市的代表出席大会。

大会还举行中外友好城市颁奖仪式，对过去两年来在中外友城活动中表现突出的中外城市予以表彰。浙江省和温州市、绍兴市被大会授予“国际友好城市交流合作奖”，浙江省的国际友城美国印第安纳州和湖州市的国际友城韩国灵岩郡获得“对华友好城市交流合作奖”。

大会发布并通过《重庆倡议》，宣布2018中国国际友好城市大会将在湖北省武汉市举办。

【美国密歇根州州长访问浙江】 11月14日，以美国大湖区州长协会主席、美国密歇根州州长里克·斯奈德为团长的密歇根州商贸友好代表团一行17人访问浙江。副省长冯飞会见代表团，他表示，浙江正在全力发展智能网联汽车和信息经济，未来希望能与密歇根州就智能网联汽车和汽车工业创新等方面加强合作。斯奈德介绍密歇根州近年来为重塑密歇根州经济、创新产业结构等方面所作的努力，表示密歇根州与浙江省在汽车工业方面已经有了良好合作，希望与浙江省政府及企业一道，促进两州省更广领域、更深层次的交流与合作。省外侨办主任、省友协常务副会长金永辉，省友协专职副会长陈爱珍等参加会见。

【科摩罗副总统参加第三届世界互联网大会】 11月15日至19日，科摩罗副总统萨鲁玛一行4人访问浙江，参加第三届世界互联网大会。萨鲁玛出席大会开幕式、全体会议、世界互联网领先科技成果发布会、中非互联网合作论坛开幕式并致辞。16日，中共中央政治局常委刘云山与萨鲁玛握手寒暄。17日，国家网信办主任徐麟礼节性会见萨鲁玛。萨鲁玛一行还应中航国际公司邀请前往扬州访问。

【第三届中美友城大会】 11月18日至20日，作为落实G20中美两国元首杭州会晤成果的重要举措——第三届中美友城大会暨中美健康城市论坛在南昌举行，以推动中美友好城市和健康城市发展，深化中美地方务实合作。来自中美双方省州、城市的300余位政府官员、卫生领域官员和专家学者、企业家代表出席本次会议。大会围绕“将健康融入所有地方发展政策”“健康城市与可持续发展目标的实现”“健康产业发展趋势及社会责任”等议题进行讨论，分享中美双方友城交往和健康城市发展方面的成功经验，展示成果。同时通过大会平台，加强双方在相关领域的产业和经贸合作。

大会还向10位中美人士颁发“个人特殊贡献奖”，表彰他们在促进中美友好城市关系发展方面作出的长期和突出贡献。省友协常务副会长阮忠训获此殊荣。

【日本茶道里千家大宗匠访问浙江】 11月23日至25日，日本茶道里千家大宗匠千玄室一行13人访问浙江。24日，里千家向浙江大学捐赠的茶室——“华光庵”揭幕仪式在浙江大学农业与生物技术学院举行。中国国际茶文化研究会会长周国富、浙江大学副校长罗卫东、省友协常务副会长阮忠训、省友协专职副会长陈爱珍等参加活动。

【韩国济州媒体代表团访问浙江】

11月23日至25日，由《汉拿日报》、济州之声和济州放送3家媒体组成的韩国济州媒体代表团一行9人访问浙江。在杭期间，代表团与浙江卫视、《钱江晚报》进行交流。省友协专职副会长陈爱珍会见代表团。

【第五届浙江省日剧PLAY大赛】

11月26日，由省友协、省人才开发协会共同主办，浙江工商大学东方语言文化学院团委承办的第五届浙江省日剧play大赛决赛在浙江工商大学剧院举行，共有19支省内高校队伍参加比赛。经过激烈角逐，浙江工商大学A组获得特等奖。

【中越人民论坛第八次会议】 12月6日至7日，由中国人民对外友好协会和越南友好组织联合会共同主办、省友协协办、浙江工业大学承办的中越人民论坛第八次会议在杭州举行。中国人民对外友好协会副会长林怡、越南友好组织联合会副主席范文章分别率两国政治、经济、学术等领域长期关注两国关系发展的专家及人士参加会议。在坦诚友好的气氛中，双方围绕“增强互信、管控分歧、全面合作”等主题深入交换意见，回顾中越关系近年来的发展，积极评价2015年以来两党两国关系取得的成绩，强调友好、合作、互利、共赢是中越关系主流。

会议期间，省委常委、秘书长，省友协会长陈金彪会见两国与会代表。省外侨办主任、省友协常务副会长金永辉，浙江工业大学党委书记梅新林等参加会见。省友协专职副会长陈爱珍与会并发言。

（钱飞瑛）

部门外事侨务

Foreign and Overseas Chinese Affairs in Provincial Departments and Bureaus

省经信委

【概况】 2016年，省经信委接待各类访问团组12批次；办理因公出国(境)27批125人次(含委内人员38人次)。其中赴国(境)外项目对接5批25人次，组织赴国(境)外培训4批82人次，参加国家和省级有关部门组织的赴国(境)外交流学习18人次。

【浙江—土耳其经贸合作座谈会】 1月27日在杭州召开。土耳其工商联合会会长瑞法特·赫萨西克里欧格鲁率土耳其工商代表团和省经信委相关人员参加座谈会，双方简要介绍各自情况，并就进一步开展合作进行交流。

土耳其工商联合会成立于1950年，是土耳其最大的非盈利商业组织，也是二十国集团主要商协会成员之一。

【省经信委被授予"第二届世界互联网大会组织工作先进集体"】 1月29日，国家互联网信息办公室和省委、省政府在杭州召开第二届世界互联网大会总结表彰会。会议表彰31个在组织筹备工作中作出突出贡献的单位和189名组织保障先进个人，省经信委获"第二届世界互联网大会先进集体"。

【"美丽浙江"香港浙江文化美食旅游节工艺美术精品展】 4月27日至29日在香港维多利亚公园举办。由省经信委，香港浙江省同乡会联合会主办。精品展设东阳木雕、青田石雕、龙泉青瓷宝剑和综合等四大展区，展览面积800平方米，汇集浙江148位工艺美术大师创作的279件(套)作品，集中向香港市民展示、宣传浙江最具代表性的工艺美术精品。27日，省委常委、统战部长王永康，香港特区政府政务司司长林郑月娥，香港浙江省同乡会联合会会长、浙商总会副会长詹耀良等在省经信委副主任陈建忠陪同下全程参观工艺精品展览并给予高度评价。

展览期间，30多位国家级和浙江省级工艺美术大师莅临现场，其中7位大师现场表演陶瓷拉坯、扇艺、印石篆刻、杭绣、瓯塑、细纹刻纸、青瓷杯刻字等绝世技艺，得到香港各界的赞誉。

【省经信委组织企业代表团访问香港】 5月3日至7日，省经信委组织企业代表团访问香港，开展医疗器械及中药产业项目对接。代表团拜访香港贸易发展局、香港生产力促进局，了解香港政府在推动医药产业发展和转型升级中的政策措施，商讨浙江与香港在医疗器械及中药产业领域的深化合作与交流。拜访香港中医药协会、香港药行商会等中介组织，了解在推动医药产业转型升级和中药产业传承发展中发挥的作用和经验做法。与百成堂集团、盈健医疗集团有限公司等开展交流，了解香港医药企业在国际经营和产品创新方面的经验，推动浙江医药企业及行业协会与香港企业深入合作。

【香港大律师公会代表团访问浙江】 5月13日至14日，香港大律师公会主席、资深大律师谭允芝一行14人访问浙江。省经信委与省港澳办组织浙江中小企业协会、软件行业协会及20多家民营企业代表与代表团进行座谈交流。香港法律专家与与会代表就知识产权法律业务、协助企业"走出去"等议题进行讨论，回答企业代表的提问并给予专业指导。访浙期间，香港大律师公会与杭州市律师协会签署合作协议，部分香港大律师还受聘担任杭州律师事务顾问。

【浙江企业参加第20届中国国际软件博览会】 5月26日至28日，第20届中国国际软件博览会在北京召开。本届软件博览会以“促进两化深度融合，服务制造强国建设”为主题，集中展示软件支撑中国制造2025、“互联网+”等发展取得的标志性成果，及软件促进大众创业万众创新、保障信息安全等方面的新产品、新技术和新模式。省经信委副主任吴君青率浙江省13家企业、1家特色产业基地参展，以“数聚浙江，云领创新”为主题，集中展示了软件产业在安防、金融、交通等特色领域的大数据、云服务优势和成果。

【第18届“浙洽会”主题论坛】 6月8日至12日在宁波举办。省长李强出席会议并致开幕词。论坛以“开放、创新，拥抱新机遇”为主题，邀请知名专家、学者、驻华国际商协会、投资机构、世界500强及跨国公司行业龙头企业，围绕“经济新常态下的企业战略”“全球经济重心重回亚洲的机遇与挑战”“聚焦‘十三五’与浙江发展新机遇”等议题进行演讲对话。发布《2016中国浙江投资报告》，宣传浙江省“十三五”发展规划、特色小镇、国际产业合作园、重点产业和项目，邀请有代表性的城市和特色小镇进行市长对话、特色小镇对话，举行重大项目签约仪式等。活动共吸引74个国家和地区的参会团组179个、客商1.7万余名。推出重点招商项目400余个，现场签约重大投资项目29个，总投资698亿元。其中外资项目19个，总投资168亿元(26亿美元)；内资项目9个，总投资530亿元。省经信委副主任岳阳参加开幕式、论坛等系列活动，省经信委副主任凌云、陈建忠分别参加相关专题活动。

【浙江企业参加第九届APEC中小企业技术交流暨展览会】 7月14日至16日，第九届APEC中小企业技术交流暨展览会在深圳举办。APEC所有21个经济体均派代表和企业参展参会，共有1126家企业参展。浙江省组织杭州、绍兴、金华、台州、衢州、丽水、舟山等地30家企业参展，涉及智能制造、电力、船舶工业、工业自动化产品技术与系统等领域。其中，海康威视、浙江中控等省内知名企业作为科技创新引领企业参展，突出专精特新，充分体现浙江企业的高科技水平。大华技术股份有限公司和浙江畅尔智能装备股份有限公司的智能机器人、银江股份有限公司的智慧医疗设备、华立科技股份有限公司的充电桩、浙江闪铸三维科技有限公司和浙江迅实科技有限公司的3D打印机、浙江星星便洁宝有限公司的智能坐便器、浙江晨雕机械有限公司的系列金属带锯床、永康市开源动力工具有限公司的五金工具等参展产品吸引众多客商前来咨询洽谈，浙江展馆成为人气最旺的展馆之一。

【第三届中国植物保护产品暨中非农化论坛】 7月15日在杭州召开。省经信委副巡视员丛培江出席论坛并致辞。埃塞俄比亚联邦民主共和国驻华公使、加纳共和国驻华公使、赞比亚共和国驻华公使出席论坛并作主题介绍。与会专家就中非农药贸易发展趋势、非洲地区农业发展及投资环境、非洲投资保护、非洲贸易投资风险防范及相关政策、降低对非洲贸易中物流成本及货运风险等作报告。来自全国从事农药生产、研发、贸易的代表近百人参加论坛。

【德国西图克公司代表团访问省经信委】 7月27日，省经信委副主任吴君青会见德国西图克公司副总裁陶青一行，双方就开展工业4.0等技术培训、专业技术人才培养进行座谈交流。陶青重点介绍德国西图克公司及欧洲学院有关情况和运营模式，希望双方发挥优势和资源，有效对接“中国制造2025”和德国“工业4.0”，更好地推动德中两国在技术推广、专家互访、职业教育、高端人才培养等领域全方位交流合作。吴君青充分肯定德国西图克公司及欧洲学院与浙江省有关部门开展合作取得的成效，希望双方能进一步加强合作，推动德国与浙江中小企业、相关协会广泛交流，共同推进工业4.0，做大做强制造业。

【二十国集团工商峰会(B20)和二十国集团峰会(G20)】 9月2日至5日在杭州举办。省经信委根据峰会筹备组的统一安排，承担联合国工业发展组织总干事李勇、新开发银行行长瓦曼·卡马特带队的两个团组接待工作。接待小组提前进行明确、详细的任务分工，针对每个团组名称、联系人、到达和离开时间、人数、活动安排等事宜，做好接待方案，明确每个小组成员的职责，对重点嘉宾实行一对一服务。接待小组严格按照接待规则和流程图操作，实行规范化、程序化服务，确保工作高效、有序、有条不紊，得到嘉宾的充分肯定和赞扬。

【浙江省代表团参加第13届中国国际中小企业博览会】 10月10日，第13届中国国际中小企业博览会在广州召开。省经信委副主任岳阳率浙江省代表团参加博览会。浙江省组织杭州、丽水、嘉兴等地47家企业共60个展位，重点突出“智”与“绿”两大亮点。“智”即智能高新，以杭州悉尔科技有限公司的人脸识别核心技术、杭州凡龙科技有限公司的教学录播技术、浙江坤昱科技有限公司的智能鞋履膜机、浙江中广电器股份有限公司的航天速热技术、嘉兴统捷通讯科技有限公司的智能可穿戴腕表等；“绿”即绿色环保，以龙泉市柴匠瓷苑公司的非物质文化遗产——青瓷工艺系列精品、浙江方格药业有限公司的中国第一款生物化疗国药准字号抗癌产品——灰树花胶囊等高品位食用菌医药保健产品、浙江格铭工艺品公司的环保木制玩具等。还介绍了浙江中小企业“专精特新”发展计划、“中国质造·浙江好产品”行动、“双创”平台与载体建设等主要工作，并突出宣传丽水市产业特色和绿水青山。

【第20届宁波国际服装节】 10月19日在宁波开幕。来自13个国家和地区的283家企业264个品牌参展。省经信委副主任陈建忠参加开幕式和巡馆活动。

本届服装节主题为“宁波装，妆天下”，以推进“中国制造2025”试点示范城市建设为契机，做实产业链、做活市场链、做优服务链、做强创新链、做大价值链，通过“展台(展览洽谈)、T台(时尚发布)、讲台(经贸论坛)、舞台(20周年回顾活动)”四大板块活动，着力打造时尚品牌，推进服装产业转型升级。

【第三届世界互联网大会】 11月16日至18日在浙江乌镇举行。省经信委作为主要承办单位，主要承担:一、组织“互联网之光”博览会。博览会设置固定展位展示、新产品新技术发布、项目合作洽谈三大功能，由发展理念区、综合展区、主题展区、“双创”展区、新产品新技术发布区和项目合作洽谈区六大板块组成。报名参展的国内外互联网企业500余家，包括IBM、微软、阿里巴巴、腾讯、百度、京东等知名企业；省内参展企业92家。展示内容涵盖物联网、云计算、大数据、人工智能、互联网金融、电子商务、网络安全等各个领域。其间举办新产品新技术发布活动和双创热土互联网项目合作对接活动，118家企业发布新产品新技术，2000余人参加8场品牌发布活动和7场创新发布活动，1000余人参加双创热土互联网产业项目合作对接活动。接待与会领导、大会嘉宾和参观观众约5万人。二、组织世界互联网领先科技成果发布。该活动在全球范围内共征集最具影响力的互联网领域领先科技、理论、技术成果500余项，现场推出15项成果予以发布，包括特斯拉增强型自动辅助驾驶、深度学习神经网络处理器、神威太湖之光、百度大脑，微信生态创新、量子通信、IBM Watson 2016和以飞天平台为基础的大规模分布式高可用电子商务处理平台等。三、组织“数字经济——中外政企对话论坛”。“数字经济为经济发展注入新动力”议题，由国家网信办和浙江省政府共同主办。论坛上，与会嘉宾对数字经济的发展趋势、形态、问题进行深入探讨，并发布《中国数字经济理论与实践》一书，来自国内外的嘉宾900余人参加论坛；“互联网引领特色小镇创新发展”议题，由国家网信办、浙江省政府和中电科技联合主办，中电海康、省经信委联合承办。来自中国、美国、德国、奥地利等国家的20余位嘉宾出席论坛，涵盖与智慧小镇建设相关的政府、行业智库、高校、企业等领域，吸引大会观众750余人。

【2016中国义乌国际装备博览会】 11月18日至21日在义乌举办。由省经信委、省商务厅、省科技厅和各地市人民政府、义乌市人民政府、中国机电产品进出口商会等共同承办。博览会以“智能、绿色、环保”为主题，分设工业自动化及机器人、人工智能、数控机床与金属加工设备、通用机械及零部件、太阳能应用产品及电力电工、节能环保、包装印刷及塑料机械及仓储物流设备等八大展区，共设国际标准展位3054个。来自国内15个省(市、自治区)，及美国、德国、日本、韩国等11个国家和地区的807家企业参展，其中行业领军企业157家。展会期间，还举行“中国(义乌)智能制造产业高峰论坛”“德国工业4.0与中国制造2025论坛”“中国制造2025创新论坛”及中国设计智造佳作巡回展、“浙江制造”标准发布会等多场高规格、国际性论坛与交流活动。

【2016健峰国际CEO论坛】 11月19日至20日在余姚举行。省经信委副主任陈建忠出席开幕式并致辞。论坛以“互联网＋工业4.0＋实战型TQM(全面质量管理)迈向中国智制2025”为主题，邀请浙江大学经济学院院长史晋川、阿里巴巴商学院博士裘涵、日本小松制作所前社长安崎晓、杰克控股集团总裁阮积祥、天能集团高级副总裁陈敏如等分别作主题演讲，与企业家们分享企业经营管理和技术转型创新思维和应对策略。

【省经信委组团访问意大利和德国】 11月20日至27日，省经信委组团访问意大利和德国，开展工业4.0产业项目对接活动。代表团先后访问意大利中国经济工业贸易合作协会、意大利SIR公司，德国弗劳恩霍夫协会制造系统和设计研究所、德国宝马公司、西门子高压开关厂等，与上述协会、企业专业技术人员进行深入交流，加强浙江和意大利、德国在智能制造、机器人等产业方面的合作对接。

【省经信委组团访问俄罗斯和匈牙利】 11月20日至27日，省经信委组团访问俄罗斯和匈牙利，进行新型墙体保温材料项目交流洽谈。代表团先后走访俄罗斯圣彼得堡红河区政府及圣彼得堡房建材料市场、莫斯科建材市场，匈牙利建筑公司、布达佩斯OBI建材市场。与俄罗斯圣彼得堡红河区政府和匈牙利温德特公司就墙体保温材料产品投资及市场准入情况进行座谈交流，对墙体保温材料在生产、设计、施工、应用过程中共同关心的问题进行重点交流。其间，浙江省新墙办与圣彼得堡区政府签订双方合作意向书，杭州鼎立墙材有限公司、湖州大东吴新材料有限公司与匈牙利温德特公司签订双方合作与建立友好单位协议。

【首届世界工业设计大会】 12月1日至4日在杭州良渚梦栖小镇召开。由工业和信息化部、浙江省人民政府共同主办。主题为“设计·生产力”，即用设计推动生产力发展。会议期间，来自20多个国家和地区的40多个组织500余名行业精英，围绕设计产业发展举行系列国际峰会、多边会谈等。探讨工业设计产业联合发展，创建全球设计创新合作发展新平台。会上，中国工业设计协会与国际设计委员会、欧洲设计协会、德国设计委员会、丹麦设计协会、香港设计商会、浙江大学、南方科技大学等16个组织机构签订一揽子工业设计合作框架备忘录。

（李　菁）

省教育厅

【概况】 2016年，省教育厅接待国(境)外来访团组14批157人次。完成因公出国(境)团组54批465人次。对出国培训(研修)团实行"日报"制度。

全省高校招收外国留学生30419人，比上年增长17.2%。其中长期生24963人，增长16.7%；学历生14595人，增长27.8%。留学生分别来自175个国家，人数占全省全日制在校生总数的2.86%。其中浙江大学、浙江师范大学、宁波大学、浙江工业大学、浙江科技学院、浙江工商大学、杭州师范大学、宁波诺丁汉大学、温州医科大学、浙江农林大学等10所高校留学生突破千人；浙江大学、宁波大学、浙江工业大学、浙江科技学院等4所高校的学历留学生突破千人。

启动实施"浙江省国际化特色高校建设工程"。组织浙江省国际化特色高校建设单位评审，全省16所高校(10所本科院校、6所高职院校)入围。

全年新增9个中外合作办学项目。浙江大学爱丁堡大学联合学院、浙江大学伊利诺伊大学厄巴纳香槟校区联合学院、浙江大学城市学院怀卡托大学联合学院3个本科层次非独立法人中外合作办学机构获教育部批准设立。浙江旅游职业学院中澳酒店管理学院获浙江省政府批准设立。批准设立义乌枫叶外籍人员子女学校。启动"浙江省示范性中外合作办学项目"建设，16个项目入围。组织4所高校的5个本科及以上层次中外合作办学项目参加教育部中外合作办学质量评估，全部获得通过。

温州医科大学在波兰建立华陀学院(中国第一个在境外合作办学的医学院校)，宁波外事学校在罗马尼亚设立中罗德瓦国际艺术中学(中国第一个在境外合作办学的艺术类中等学校)，2016年均已招生。宁波职业技术学院举办的"中非(贝宁)职业技术教育学院"正式揭牌。

浙江工业大学在美国举办的孔子学院获"全球先进孔子学院"称号，浙江师范大学被评为先进中方合作院校。经国家汉办批复，"浙江省孔子学院师资选拔培训中心"正式挂牌。

经国家留学基金委批准同意，2016年浙江省共选派34位专职教师和管理人员前往美国、新西兰、新加坡参加为期3个月或6个月的教育教学法研修，其中本科院校21人、高职院校13人。国家公派访问学者录取63人，"建设高水平大学研究生项目"录取26人，省部合作项目——"浙江省高校优秀中青年骨干教师出国研修项目"录取200人，"浙江省优秀本科生出国交流学习项目"录取203人。

【省高校优秀中青年骨干教师出国研修项目总结会】 1月14日在杭州召开。国家留学基金委秘书长刘京辉出席会议，充分肯定项目取得的成效，并作"教育国际化背景下公派留学发展及谋划"专题报告。全省73所高校分管领导与部门负责人100余人参加会议。浙江省于2010年与国家留学基金委合作设立"浙江省高校优秀中青年骨干教师出国研修项目"，至2016年已选送858名教师出国研修，项目总资助金额1.15亿元。

【外籍专家送教到天台】 1月15日至16日，省教育厅组织杭州电子科技大学的5名外教前往天台县开展送教活动。其中3名外籍专家到天台县赤城中学，为全县

240名中小学英语教师上口语示范课及英语教学培训课;2名外籍专家到石梁学校,分别给六年级、七年级两个班学生上一堂口语课。浙江省教育国际交流协会还向石梁学校捐赠文体用品。

【举办境外教育服务洽谈会】 2月18日至19日,省教育厅与省商务厅合作,在格鲁吉亚首都第比利斯举办"格鲁吉亚—浙江国际教育服务洽谈会"。全省30所高校参加洽谈会,共接待咨询3500余人次,有意向学生近400人。

【香港教育界人士分批访问浙江】 3月21日至25日,香港幼儿园教师交流团、4月18日至22日,香港专业教师访问团、11月28日至12月2日,香港东华三院小学校长教师交流团及12月3日至6日香港保良局中小学校长代表团分别访问浙江,参观相关学校,与教师、学生进行广泛交流。

【英国教育部代表团访问浙江】 3月30日至31日,英国教育部国务大臣尼克·吉布率团访问浙江。代表团一行先后访问宁波市教育局、宁波诺丁汉大学、宁波市实验小学。尼克·吉布与宁波市教育局就建立中英基础教育创新中心、深化职业教育领域合作、推进高水平合作办学等进行洽谈。这次访问给代表团留下了深刻印象,今后将进一步加强与宁波市和浙江省的教育合作。

【2016浙港中小学校长论坛暨江干区第四届教育信息化推进会】 4月8日至9日在浙江师范大学附属丁蕙实验小学举行。省教育厅副厅长韩平出席会议,来自香港近40名中小学校长参加会议。

【教育部"内地与港澳大中小学师生交流计划"2016年度工作会议】 4月27日至28日在杭州召开。会议总结2015年内地学校与香港、澳门的交流合作情况,探讨香港、澳门形势及教育状况,内地学校与香港、澳门交流存在的问题和困难,并就如何做好下一步对香港、澳门教育交流进行部署。各省、市教育厅(委)港澳台办负责人、全国有关港澳项目高校及中小学代表共150余人与会。

【省教育厅与驻外使领馆阳光学校总校签署合作框架协议】 6月3日在杭州举行。根据协议,省教育厅不定期向驻外使领馆阳光学校派遣优秀中小学教师,为使领馆工作人员随行子女提供教育保障,确保驻外人员随居学龄子女受教育权利。

【"喜迎G20 共筑中国梦"浙江省高校来华留学生文艺演出】 6月13日在浙江音乐学院举行。由省教育厅主办,浙江音乐学院承办,浙江工业大学等11所高校的100余名外国留学生参加演出。留学生来自美国、英国、俄罗斯、匈牙利等40多个国家。他们通过歌舞、双簧、合唱吟诵等丰富多彩的形式,展现浙江风俗文化,表达他们对浙江的热爱之情及对杭州G20峰会的期待。省委常委、宣传部长葛慧君,省委常委、杭州市委书记赵一德出席。

【浙江省外国留学生第十届"梦行浙江"系列活动】 8月10日至12月13日,省教育厅会同省外宣办、省外侨办和浙江广播电视集团联合举办浙江省外国留学生第十届"梦行浙江"系列活动。活动由外国留学生宣传G20公益活动主题报道、"梦行浙江——青春的梦想"系列专题片、外国留学生趣味运动会、"梦行浙江"外国留学生中华才艺展演和百名留学生梦想小镇参观活动等五部分组成。12日,"梦行浙江"外国留学生中华才艺展演在浙江工业大学举行,来自全省22所高校240余名外国留学生参加。

【做好服务G20杭州峰会工作】 9月4日至5日,G20峰会在杭州召开。根据省市统一部署,省教育厅积极配合统筹协调教育系统落实G20峰会各项服务任务,并牵头组织礼宾小组做好巴西代表团的接待工作。

【浙江省高校在第二届"留动中

国——在华留学生阳光运动文化之旅”活动中获佳绩】 9月20日，由教育部国际司主办的第二届“留动中国——在华留学生阳光运动之旅”全国总决赛在江苏扬州闭幕。经过各省、市、自治区初赛及东南、西北、东北和西南四个赛区复赛层层选拔，16支代表队进入全国总决赛角逐，浙江省有浙江师范大学等3所学校入围。留学生们参加体育艺术展示、篮球3对3、定向越野比赛等项目。最终，哈尔滨工业大学获得全国总冠军，浙江师范大学、浙江科技学院分别以总分第7、第8的成绩进入全国十强。浙江科技学院还获得体育艺术展示单项全国第一名。

【美国印第安纳州STEM教育代表团访问浙江】 10月22日至25日，美团印第安纳州教育厅国际教育专员吉尔率12名STEM（科学、技术、工程、数学等学科融合教育）教师访问浙江。在浙期间，代表团访问杭州市时代小学等多所学校，与教师开展交流和研讨。22日，中美STEM教育论坛在杭州第十四中学举行，共170余人参加论坛，中美双方教育者就STEM教育相关话题进行探讨。

【公布《2015年浙江省高等教育国际化年度报告》】 10月24日，省教育厅公布《2015年浙江高等教育国际化年度报告》。《报告》全面总结浙江省高校国际化办学进展情况，并指出存在问题和解决的对策。

【孔子学院添新成员】 2016年，浙江理工大学在苏里南、毛里求斯新建2所孔子学院。至此，全省已有15所高校在20个国家建立24所孔子学院、1个孔子课堂，另有6所中学举办8个孔子课堂。

【引进外教办实事】 2016年，省教育厅把资助浙江省欠发达地区引进外籍教师列入为民办实事项目，先后有54名外教在24个县、区的43所学校任教。

（陈　璐）

省科技厅

【概况】 2016年，省科技厅（省知识产权局）组织16批32人次赴国（境）外进行业务考察、培训、展览。组织实施国际科技合作项目21项（省级项目13项、国家级项目8项），引进一批技术，经过消化、吸收、再创新，形成一批自主知识产权。全年接待国（境）外专家学者、友好人士、驻华使领馆和政府官员25批96人次。举行科技论坛、研讨会、项目对接会、展览会近20场。组织全省120余名科技外事管理干部进行培训。

【浙江省农村生活垃圾减量化资源化处理技术对接会】 2月25日在海宁举行。由省科技厅与省农办共同主办。省科技厅副厅长成岳冲、省农业和农村工作办公室副主任严杰出席会议。来自日本和浙江大学的专家与省内部分县市区农办系统代表及环保技术企业代表约180人参加会议。会上，浙江大学程军教授与日本专家宫野内浩治分别介绍中日关于生活垃圾有机废弃物资源化处理方法，日本专家还现场推介常温干燥、有机垃圾发酵处理技术项目，并与现场代表进行探讨交流。

【浙江省・静冈县企业管理研讨会】 3月3日在绍兴举行。由省科技厅和浙江省・静冈县经济交流促进机构共同主办。省科技厅副厅长洪积庆出席会议并讲话。洪积庆表示，浙江省科技厅从2009年开始，每年都组织开展"日本专家浙江行"活动，邀请日本行业专家和技术人员深入浙江基层和企业开展技术指导，为浙江企业培训授课，搭建对接交流平台，受到企业的广泛好评。来自全省各地的196名相关高校和企业代表参加研讨会。会上，来自日本的技术专家就日本企业经营管理、生产管理和质量管理的经验及方法等主题作专题演讲。研讨会结束后，日本静冈县技术专家代表团一行还实地走访省内企业，为企业提供技术咨询和现场指导。

【第29届中国（浙江）国际科研、医疗仪器设备技术交流展览会】 3月18日在杭州举办。由省科技厅、省卫生计生委主办。展览面积近1.2万平方米，总展位420个。来自美国、德国、法国、意大利、日本及中国香港等16个国家和地区的300余家医疗器械生产企业及代理机构参展，专业观众超过7万人次，展览规模和参观人数均超往届。展会期间，还举办国产医疗器械创新发展论坛，邀请国内著名医学工程领域专家、学者及政府相关部门负责人就进一步推动国产医疗设备产业转型升级，提高国产医疗设备国内市场占有率和国际竞争力等主题开展交流探讨。

【加拿大艾伯塔省代表团访问省科技厅】 3月25日，厅长周国辉会见加拿大艾伯塔省经济发展与贸易部部长毕德龙为团长的加拿大艾伯塔省代表团一行。周国辉指出，艾伯塔省与浙江省虽远隔万里，但双方都具有合作共赢的思想基础与经济基础，近年来不断深化技术与产业交流合作，在能源、生物医药和信息通讯等领域取得了丰硕合作成果。对未来双方的合作，周国辉提出认真组织实施产业联合研发计划、不断加强研究机构间的科技合作、扎实推进两省产业技术全面合作等三点建议。毕德龙对此表示赞同，表示浙江是艾伯塔省重要贸易伙伴，此访主要目的就是进一步加深与浙江的贸易往来和技术研发交流，并希望在能源、农业、林业等领域开展更广泛的科技合作。双方共同宣布启动浙江—加拿大第二轮产业联合研发计划项目，双方企业为开展联合研发及产业化合作提供经费支持。

【浙江省获中国欧盟商会“知识产权友好奖”】 3月30日，中国欧盟商会在北京颁布“中国知识产权友好奖”。浙江省以其在知识产权工作方面的透明度，即政策制定和办案信息公开、执法办案的公平性两方面的突出表现最终获奖。中国欧盟商会高度评价浙江省在知识产权立法、行政和司法共同打击知识产权侵权、电子商务知识产权保护等方面所取得的成绩。认为授予浙江省“知识产权友好奖”，既是欧盟商会各成员对浙江省在打造知识产权友好环境方面所作努力的肯定，也是对浙江省知识产权部门所做工作表示感谢。

【浙江科技代表团访问美国和日本】 5月16日至23日，厅长周国辉率浙江科技代表团访问美国和日本。在美国，代表团考察微软总部、思科公司、惠普公司、特斯拉公司、华海（美国）国际有限公司、卡迪瓦公司、杭州硅谷创新中心等科技企业和孵化器，访问肯恩大学、康奈尔大学医学院等高校，并在西雅图贝尔维尤市市政厅、肯恩大学礼堂及华盛顿州州政府办公厅进行宣传浙江省情和创新发展的演讲。在日本，代表团与日本科学技术振兴机构特别顾问冲村宪树进行会谈，与日本前首相鸠山由纪夫进行交流，拜会浙江省友好省县静冈县产业经济部及静冈县日中友好协议会，参观丰田汽车展示中心。访问期间，代表团既开展政府层面对话交流，又与企业和高校科研机构沟通对接，加大对浙江科技创新的宣传推介，积极洽谈引进重点企业和重点项目，达成一批科技合作、招商引资合作意向。

【2016“浙洽会”国际科技论坛暨高技术项目展示对接活动】 6月7日在宁波举行。省人大常委会副主任毛光烈出席并致辞。开幕式上，日本科学技术振兴机构高级顾问冲村宪树、美国霍尼韦尔公司首席科学家泰瑞克·萨玛德、白俄罗斯国立大学校长阿布拉梅科·谢尔盖分别就科技与创新发展趋势、国际科技合作形势和行业发展前景等作主题演讲。来自美国、加拿大、以色列、芬兰、丹麦、意大利、德国、英国、荷兰、日本、韩国、俄罗斯、白俄罗斯、乌克兰和中国香港等15个国家和地区的政府、企业、科研院所及技术转移机构携220余项科技成果项目参会，并进行现场项目展示和一对一深入对接洽谈。

【比利时辅助生殖非营利组织代表团访问省科技厅】 7月20日，厅长周国辉会见以比利时辅助生殖非营利组织（TWE）理事长、辅助生殖学家威廉·欧姆贝雷为团长的代表团一行。周国辉简要介绍浙江经济社会发展情况，并表示浙江有着十分强烈与国际科技创新合作的需求和意愿，期待双方能够加强沟通与联系，推动双方友好合作关系不断向前发展。省科技厅社会发展处处长王桂良从集聚科技人才、建设创新平台、组织科技攻关、促进成果转化等方面介绍浙江省辅助生殖科研情况，威廉·欧姆贝雷介绍TWE辅助生殖合作项目相关情况。

【完成G20杭州峰会服务保障任务】 9月4日至5日，G20峰会在杭州举行。按照省委、省政府统一部署，省科技厅作为G20峰会服务保障单位，参与意大利代表团接待服务工作。省科技厅成立由副厅长成岳冲为组长、处长曾肖芃为联络员的15人G20服务保障小组，与国家和省级相关部门保持密切沟通，提前做好应急预案，各项工作预先考虑安排，圆满完成G20峰会各项服务保障工作。同时，利用峰会接待意大利代表团的契机，积极展现浙江创新发展成效，推进浙江省与意大利科技创新合作发展。省科技厅G20峰会各项服务保障工作得到中央和省级有关部门充分认可，厅国际合作处获“G20峰会浙江省青年文明号”荣誉称号，洪晨鸣获个人优秀荣誉。

【香港大学浙江研究院开幕研讨会】 9月21日至23日在浙江临安青山湖科技城举行，标志着研究院正式全面启动研究与创新工作。来自香港大学、中科院、清华大学、浙江大学、复旦大学和美国匹兹堡大学、澳大利亚墨尔本大学、新加坡科技研究局等国内外高校院所、研究机构与管理部门的众多专家参会，围绕新能源、智能材料、先进制造、生物医学界面、可持续发展环境等五大主题开展研讨与交流。

【2016浦江创新论坛】 9月23日至26日在上海举办。浙江省作为本届论坛主宾省参会，承办以“集聚创新要素打造特色小镇”为主题的区域论坛和以“互联网与传统产业融合发展”为主题的嘉兴分论坛并参与组织中英之夜晚会。副省长冯飞率浙江代表团参加论坛，出席论坛开幕式并致辞。论坛期间，冯飞会见本次论坛主宾国英国政府首席科学顾问马克・沃波特爵士、英国驻沪总领事吴桥文等英方代表，并赴张江高科技园区上海生物医药公司、科研院所等单位调研。论坛上，浙江省通过与主宾国互动，进一步推进与英国建立长效合作机制，并开展全方位科技创新合作与交流，实现优势互补、合作共赢。

【牵头承办中国—南非高技术展示交流会】 10月13日至15日，由中国科技部和南非科技部共同主办的“中国—南非高技术展示交流会”在南非约翰内斯堡举办，省科技厅受科技部委托牵头承办本次展示交流会各项活动，北京、上海、天津、重庆、浙江、湖北、广西、安徽等国内8个省市的科技企业和高校院所参加交流会。浙江省派出由38家单位90余人组成的代表团赴南非参会，展示交流和洽谈对接活动取得成效。

【第八届“海外学子浙江行”活动】 12月19日在杭州启动。由浙江省人民政府和清华大学主办，浙江省委组织部、省科技厅和浙江清华长三角研究院承办。副省长冯飞，中国科学院院士、清华大学副校长薛其坤，省科技厅厅长周国辉，浙江清华长三角研究院院长王涛，省委组织部人才办主任张旭明等出席启动仪式。在当天举行的项目对接会现场，来自美国、德国、英国等100余位海外学子、全英创业大赛优胜团队带来百余项高科技项目和创业计划，涵盖新一代电子信息、生物医药、节能环保、先进制造及材料等浙江正在重点发展的战略性新兴产业项目。

（陈晟颖）

省高级人民法院

【概况】 2016年，省高级人民法院组织全省法院出访团组4批24人次、参加双跨团组出访1人次，赴法国、西班牙、瑞士、英国、古巴、巴西、美国、加拿大等国家与地区进行专题交流、培训。全年接待韩国和中国香港地区来访客人2批4人次，接待国(境)外法律界同行20余人次。办理涉外送达案件417件。协助在乌镇举办的第三届世界互联网大会"智慧法院暨网络法治论坛"。

【境内外媒体和外国驻华机构代表列席浙江法院知识产权审判工作会议暨新闻发布会】 4月11日，省法院第八次邀请境内外媒体和外国驻华机构代表列席2016年浙江法院知识产权审判工作会议暨新闻发布会。《人民日报》、新华社、日本《化学工业日报》、香港凤凰卫视、香港《文汇报》、日本贸易振兴机构等40余家境内外媒体记者和外国政府驻华机构代表应邀列席会议。

【浙江法官代表团访问瑞士和英国】 5月6日至13日，应瑞士克莱恩蒙塔纳市政府联合会和英国伯明翰民事家事法院邀请，省法院党组成员、副院长林一率浙江法官代表团一行6人访问瑞士和英国，进行"涉及未成年人保护家事纠纷中的问题探究"为主题的司法专题交流。代表团访问瑞士克莱恩蒙塔纳市政府和苏黎世州高等法院、英国伯明翰民事法庭和牛津大学等部门与机构。双方着重就家事审判，尤其是未成年人权益保护等方面的经验和做法进行交流。

【浙江法官代表团访问巴西和古巴】 6月1日至9日，应巴西桑多斯法院和古巴最高人民法院邀请，省法院党组成员、副院长崔盛钢率浙江法官代表团一行6人访问巴西和古巴，就"职务犯罪案件中非法证据的审查认定"主题进行司法专题交流。代表团访问巴西桑托斯市法院、里约州法院，古巴哈瓦那省法院，与两国法院法官座谈，交流各国司法体制、法院基本情况，并就职务犯罪案件审理、非法证据审查认定等进行交流。

【香港律师代表团访问省法院】 7月21日，香港特别行政区律政司刑事检控科高级助理刑事检控专员李俊文等一行3人，在省司法厅相关人员陪同下访问省法院。双方就刑事、民事工作机制及互联网时代下出现的互联网金融案件、网络犯罪，对电子证据认定、管辖、事实认定、定罪量刑等问题作深入交流。

【韩国釜山法院法官访问省法院】 8月1日，韩国釜山法院法官李德桓一行访问省法院，就中国诉讼合议制度这一主题与省法院相关人员进行交流。

【省法院法官随最高法院代表团赴加拿大培训】 10月10日至31日，省法院卢世昌法官随最高法院代表团赴加拿大参加培训。在加拿大期间，代表团深入学习加拿大法院案件管理的规则与实践，就加拿大法院在刑事审判和民事审判中如何提高审判效率等进行了解。其间，还参观加拿大最高法院、加拿大国会、蒙特利尔市政法院、魁北克省法院、魁北克省高等法院、魁北克省上诉法院以及设在蒙特利尔的联邦法院和联邦上诉法院。

【浙江法官代表团访问西班牙和

法国】 10月19日至26日，应西班牙卡诺瓦斯法律协会和法国国家法律援助中心邀请，省法院党组成员、副院长斯金锦率浙江法官代表团一行6人访问西班牙和法国，就“减刑、假释等刑罚执行中出现的法律问题”这一主题进行司法专题交流。代表团访问西班牙卡诺瓦斯法律协会、马德里地方法院、巴塞罗那市政府、巴塞罗那大区高等法院和巴黎高等法院、法国国家法律中心等部门与机构，参观法庭、旁听庭审和座谈交流，深入了解西、法两国减刑、假释制度，为浙江省减刑、假释制度改革提供参考和借鉴。

【第三届世界互联网大会“智慧法院暨网络法治论坛”】 11月17日在浙江乌镇举行。中国首席大法官、最高法院院长周强出席论坛开幕式并致辞，浙江省委副书记、政法委书记袁家军致辞，最高法院常务副院长沈德咏主持开幕式，最高法院副院长贺荣出席。萨摩亚最高法院首席大法官帕图·萨波卢，俄罗斯最高法院第一副院长谢尔科夫，哈萨克斯坦最高法院法官苏雷梅诺娃·乌尔波新，韩国大法院电子发展委员会主席、釜山地方法院院长姜玟求，新加坡最高法院高级助理注册官、高等法院事务处主簿黄婷婷，英国最高法院院长特别代表、皇家刑事法院法官约翰·坦泽，越南最高人民法院总务局局长陶氏明翠先后作主旨发言。省法院院长陈国猛作为中方4个发言代表之一作《网络法治时代的智慧法院》的发言。与会代表围绕“智慧法院暨网络法治”这一主题，就法院在网络空间法治化中的作用、信息技术对法院工作的推动、法院工作业务智能化发展趋势、司法大数据分析、司法公开与个人信息保护、促进法院信息化国际交流与合作等具体议题广泛交换意见建议。与会各方反复磋商，会议通过了《乌镇共识》。

【浙江法官代表团访问美国和加拿大】 11月27日至12月3日，应美国弗吉尼亚州最高法院和加拿大安大略省法院邀请，省法院审判委员会专职委员丁卫强率浙江法官代表团一行6人访问美国和加拿大，就“毒品犯罪案件的证据问题和涉毒品案件的法庭运行模式”主题进行专题访问交流。在美国和加拿大期间，代表团拜访美国纽约东区联邦地区法院、弗吉尼亚州最高法院和加拿大安大略省高等法院，与两国法官围绕毒品犯罪的证据收集与采纳、证人保护制度、技侦措施、警察出庭制度及专门的毒品法庭设立等问题，进行广泛深入交流。

（徐亦男）

省公安厅

【概况】 2016年,省公安厅接待国(境)外来访团组27批500余人次,全年派遣35批61人次出国(境)访问、考察、培训,实现出访计划内人次“零增长”。派出团组访问韩国,巩固与韩国全罗南道地方警察厅的友好关系

【保加利亚内务部代表团访问浙江】 1月12日至13日,应公安部邀请,以格奥尔基·科斯托夫为团长的保加利亚内务部代表团一行访问浙江。省委常委、公安厅长刘力伟在杭州会见代表团一行。

【省公安厅考察团访问土耳其】 3月16日至20日,厅党委副书记、常务副厅长洪巨平率厅治安总队、警卫局、安保办及杭州市公安局相关负责人一行11人访问土耳其安塔利亚,考察G20峰会安保工作情况。考察团一行深入G20安塔利亚峰会主场馆、机场分局、现场指挥部、住地宾馆及警卫路线等,进行实地考察并就安保工作中的有关具体问题与安塔利亚省警察局进行深入探讨交流,详细了解土耳其警方在峰会安保顶层设计、线路警卫、机场及主场馆和住地安保等方面的做法和经验。

【第三次“外国驻华执法联络官基层行”活动】 4月6日至8日在杭州举行。由公安部主办。17个国家驻华执法警务联络官代表参加基层行活动。省公安厅党委书记、厅长徐加爱会见驻华执法警务联络官代表一行。厅党委副书记、常务副厅长洪巨平出席座谈会并致辞。会上,各方围绕杭州G20峰会安保工作作交流,并就安保需求、情报信息共享、身份核查等工作进行衔接。

【省公安厅领导访问德国和法国】 6月10日至19日,厅党委委员、副厅长王海仁访问德国和法国,与两国相关部门就推动建立境外逃犯查缉机制、境外逃犯引渡遣返等事项进行交流。

【省公安厅代表团赴意大利验收直升机】 6月10日至19日,厅党委委员、副厅长华远平率省公安厅代表团一行,赴意大利执行直升机验收任务。

【美国司法部缉毒署案件交流团访问浙江】 6月15日至18日,应公安部邀请,美国司法部缉毒署案件交流团一行访问浙江。15日,省公安厅党委委员、副厅长华远平会见交流团一行。在浙期间,交流团一行与厅禁毒总队、杭州市公安局、绍兴市公安局就有关案件和易制毒化学品管理工作进行交流。

【澳门警务代表团访问浙江】 6月21日和23日,澳门警察总局局长马耀权一行14人访问浙江。省公安厅党委书记、厅长徐加爱,厅党委副书记、常务副厅长洪巨平分别会见马耀权一行,双方就加强警务合作进行座谈交流。

【省公安厅代表团访问美国和韩国】 6月20日至27日,厅党委委员、副厅长毛善恩率省公安厅代表团访问美国和韩国。在美国,代表团访问纽海文大学李昌钰刑事科学研究院,并与李昌钰博士进行业务会谈。在韩国,代表团与全罗南道地方警察厅高层进行会晤。

【新西兰警察总监访问浙江】 7月5日,省公安厅党委书记、厅长

徐加爱会见新西兰警察总监迈克尔·布什一行。访浙期间，代表团考察杭州市公安局萧山分局和浙江警察学院，就密切警务交流合作、打击跨国有组织犯罪和切实保护两国公民合法权益等进行交流。

【第二届中国—南亚中东应对非传统安全问题研讨会】 9月22日在浙江警察学院举行。省公安厅党委书记、厅长徐加爱出席开幕式并致辞。公安部国际合作局副巡视员于澄涛，外交部涉外安全事务司参赞花有和阿富汗、孟加拉国、马尔代夫、约旦等国家及国内各省公安机关、警察院校、科研机构等有关专家、代表参加研讨会。

会议期间，徐加爱分别会见阿富汗内政部第一副部长阿布杜·拉赫曼·拉赫曼和孟加拉国助理总警监默罕默德·莫克里斯·拉赫曼，就加强双方在执法领域合作特别是反恐领域合作进行深入探讨。

【省公安厅代表团访问捷克和斯洛伐克】 9月23日至30日，厅党委委员、副厅长金伯中率省公安厅代表团一行访问捷克和斯洛伐克。围绕"一带一路"战略，代表团一行就国际警务合作、应急救援、大型活动安保和侨胞权益保护等方面与捷克和斯洛伐克两国相关部门进行交流。

【斐济警察代表团访问浙江】 9月25日至27日，斐济警察总监恩吉里奥率斐济警察代表团一行访问浙江。省公安厅党委专职副书记华乃强会见代表团一行。在浙期间，代表团考察浙江警察学院，就研究建立两国警察培训和交流的长期规划及加强执法合作等进行交流。

【随公安部团组赴美出席禁毒交流活动】 9月25日至30日，省公安厅党委委员、副厅长华远平随公安部团组赴美国，出席禁毒交流活动。

【美国杜邦公司代表团访问省公安厅】 10月19日，厅党委委员、副厅长王海仁会见前来致谢的美国杜邦公司植物保护亚太区总监彼得·福特一行。杜邦公司代表团对浙江省公安机关知识产权保护工作给予高度评价。双方还就进一步合作打击假冒侵权犯罪进行交流。

【莫桑比克内政部部长访问浙江】 10月27日，应公安部邀请来华访问的莫桑比克内政部部长蒙泰罗一行访问浙江。省公安厅党委书记、厅长徐加爱会见蒙泰罗一行。徐加爱表示，中莫两国关系基础坚实，友谊源远流长。希望双方执法部门保持密切沟通，进一步加强警务交流合作，推进双边执法合作关系向更深入、务实、高效发展，为深化中莫各领域务实合作营造良好环境。

【随公安部团组赴德国和英国进行技术交流】 12月17日至24日，省公安厅党委委员、副厅长黎伟挺随公安部团组赴德国和英国，与两国相关警用科技公司举行会谈、签署合作谅解备忘录并测试反恐装备产品。

【德国联邦刑警总局前总局长访问浙江】 12月19日，德国联邦刑警总局前总局长齐尔克一行访问浙江。省公安厅党委副书记、常务副厅长洪巨平会见齐尔克一行。

【对外援助培训项目】 2016年，省公安厅共举办援外(外警)培训项目13批221人次，举办香港中联办香港纪律部队国情培训项目4批135人次，举办中欧警务培训项目1批25人次。

（赵　菁）

省人力社保厅

【概况】 2016年，全省共引进国（境）外各类专家近5万人次，其中高层次专家约8000人次。各级财政资助实施引智项目602项，其中国家财政资助54项、省财政资助115项、各市财政资助或聘用单位自筹经费433项。

【2016浙江—香港现代服务业高端人才招聘会】 3月19日，省人力社保厅会同省委组织部、省港澳办在香港举办2016浙江—香港现代服务业高端人才招聘会。全省15个行业63家知名企事业单位推出岗位832个。招聘会吸引3000余人应聘，达成初步意向620余人。

【举办海外高层次人才洽谈会】 5月14日、15日、21日、22日和28日，2016浙江海外高层次人才洽谈会分别在英国伦敦、德国柏林、美国硅谷和纽约、日本大阪举行，由省委组织部、省人力社保厅、省外侨办联合主办。5场洽谈会累计达成1897个人才引进意向、776个项目合作意向。

【第18届"浙洽会"海外高层次人才智力合作洽谈会】 6月8日至9日在宁波举行。来自美、德、法、日及东欧等14个国家和地区24个专家组织、中介机构的43位代表参加。浙江省百余家企事业单位推出446项涉及信息、环保、健康、旅游、时尚、金融和高端装备制造等重点领域引智项目，经对接洽谈，达成意向350余项。会后，参会专家组织、中介机构代表还赴绍兴新昌、杭州、湖州等地进行深入洽谈和实地考察。

【情系浙江——外国专家美丽浙江行】 6月至7月，省委外宣办和省外国专家局联合举办"情系浙江——外国专家美丽浙江行"系列活动。活动以"情系浙江"为主题，围绕"互联网经济""美丽乡村""海洋经济"三方面内容，邀请部分"西湖友谊奖"获奖专家及相关领域外国专家，深入杭州梦想小镇、乌镇、丽水、舟山等地，通过亲眼所见、亲身经历，感受浙江经济社会发展取得的成果，感受创新浙江、绿色浙江、国际化浙江之美。外国专家们积极建言献策，提出很多建设性意见。

【完成G20杭州峰会服务保障工作】 9月4日至5日，G20峰会在杭州召开。省人力社保厅承担俄罗斯代表团政要接待任务，组成由厅领导为组长的服务保障小组，密切配合外交部和省相关部门做了大量具体工作，圆满完成接待任务，得到外交部欧亚司的高度肯定。

【"西湖友谊奖"二十周年颁奖大会】 10月21日在省人民大会堂举行。省委副书记、代省长车俊出席大会并讲话。会上，车俊为3位长期在浙江工作服务、作出重大贡献的外国专家颁发"西湖友谊杰出贡献奖"，并和其他与会领导为30位获得2016年度"西湖友谊奖"的外国专家颁奖。会前，车俊等参观了浙江省引进国外智力成果展，并与获奖外国专家合影留念。大会由副省长熊建平主持；省政府秘书长李卫宁宣读获奖外国专家决定，省人大常委会副主任厉志海、省政协副主席蔡秀军出席大会。

（王　锟）

省国土资源厅

【概况】 2016年，省国土资源厅组织因公出国(境)团组4批43人次。成功申请澳大利亚联邦政府奖学金项目(赴西澳培训一个月)1批4人次。

【随省委组织部团组赴英国培训】 5月15日至6月4日，省国土资源厅总规划师朱先高随省委组织部举办的"发展健康服务业"专题研究班赴英国培训。在英国期间，朱先高参加在伦敦、利兹等城市院校的课堂学习，赴地方政府、医院、全科诊所、养老服务机构、NGO组织进行现场考察学习，加深对英国国民健康服务体系、国家医疗服务体系管理模式和医疗界及养老服务模式的认识，并撰写《健康养老服务业与土地利用》论文。

【省国土资源学习交流团赴香港和澳门短期进修】 7月26日至8月2日，以湖州市国土资源局局长朱仲华为团长的省国土资源学习交流团一行8人，应邀赴香港和澳门进行培训和学术交流活动。学习交流团分别在香港金融管理学院、香港发展局和澳门中西创新学院等单位，参加有关香港、澳门两地的土地资源管理、土地利用和规划等专题讲座，实地考察香港科技大学利用坡地建设现场及香港观塘区土地分配和规划现场。香港、澳门两地在土地管理方面的先进经验和做法，对浙江省进一步加强土地集约节约利用和管理具有启示与借鉴作用。

【省国土资源培训团赴新加坡专题培训】 8月21日至30日，以省土地资源调查办公室主任沈国明为团长的省国土资源培训团一行23人，赴新加坡参加"土地节约集约利用管理"专题培训。

培训团一行先后听取6个专题讲座，分别为：新加坡南洋理工大学刘云华教授主讲的《新加坡土地综合利用及功能定位》、新加坡公共服务学院郭成惠教授主讲的《新加坡土地集约合理利用经验与措施》、新加坡EDI城市规划总顾问黄继英主讲的《新加坡城市规划体系》、南洋理工大学陈剑教授主讲的《新加坡工业园区规划及管理》、新加坡国家公园局发展署署长杨明忠主讲的《新加坡从花园城市到城市中的花园的启示》和《生态环境的规划与生态城的建设》。拜访土地管理局等3个新加坡职能机构，听取相关情况介绍，参观展览馆，并与工作人员进行交流与讨论。实地考察新加坡榜鹅生态新镇等5个土地综合利用的典型案例。

【省国土资源交流团访问瑞典和芬兰】 9月11日至18日，副厅长马奇率省国土资源交流团一行6人，赴瑞典和芬兰进行国土资源管理工作访问与交流。在瑞典，交流团访问特雷勒堡市政厅，该市前市长尤夫·宾斯卡特介绍瑞典和特雷勒堡市的经济社会发展、环境保护、土地资源、土地规划与利用等情况，双方就有关具体问题进行深入交流。考察隆德大学，英格玛·奥特森教授介绍隆德大学相关情况，及瑞典生态环境保护方面的历史情况、相关政策法规等。在芬兰，交流团访问赫尔辛基市政府，该市涉外部首席执行官图里奇·贝克尔详细介绍了芬兰的历史、经济与社会发展、土地管理政策及制度等，并陪同代表团实地考察在建中的赫尔辛基市图书馆大楼、赫尔辛基港口开发区等。双方就城市土地规划、低效用地再开发、城市住房用地管理等方面进行交流。

【省国土资源学习交流团访问德国和瑞士】 10月9日至16日，以省国土资源厅地质勘查处处长为团长的省国土资源厅学习交流团一行6人访问德国和瑞士，进行地热资源勘查、开发与利用交流。在德国联邦地球科学及自然资源研究所，所长克里斯汀向学习交流团介绍地球科学及自然资源研究所机构设置和主要研究方向，沃尔弗拉姆研究员作德国地热资源勘查开发技术方法专题报告，参加交流的还有该所5位专家。双方就地热勘察、开发、利用技术等方面的经验做法与案例分析进行交流，探讨德国在可再生资源包括地热开发、利用、规划、地热发电等方面技术引进的可行性。在瑞士苏黎世联邦理工学院地球物理系，孔昭祥研究员向学习交流团详细介绍该系研究实验室在地热模拟、地热勘查、开发、利用技术、地热发电等方面的做法与经验。双方从政策、管理和技术等层面多角度研讨瑞士地热资源开发、利用等方面技术引进的可行性。

（周　展）

省交通运输厅

【概况】 2016年，省交通运输厅围绕综合交通、智慧交通、绿色交通、平安交通“四个交通”建设，全面推进“5411”综合交通发展战略，构建“通达、便捷、经济、安全”的现代综合交通运输体系，开展多种形式的对外合作和交流。

【随省教育厅代表团参加国际教育洽谈会】 2月17日至24日，浙江交通职业技术学院党委书记王怡民一行3人随省教育厅代表团赴格鲁吉亚和希腊参加“格鲁吉亚一浙江国际教育服务洽谈会”，与境外院校洽谈开展合作项目，促进国际化合作办学教育，搭建招收留学生平台。9月份共计录取格鲁吉亚非学历教育汉语班留学生5人，学制一年，实现了学院留学生招生零突破。

【随省海港集团代表团访问多哥和吉布提】 7月2日至10日，省港航管理局局长、省海洋港口发展委员会副主任胡旭铭随省海港集团代表团访问多哥和吉布提，察看洛美集装箱码头投资建设情况，商讨合作开发洛美集装箱码头事宜。察看吉布提港投资建设情况，研究开发合作的可行性，就项目合作及开发进行沟通。

【承办第六届中日韩运输与物流部长会议】 7月28日，第六届中日韩运输与物流部长会议在杭州召开。会议围绕“建立无缝物流体系、发展环境友好型物流业、实现物流安全与高效的平衡”三大目标，依托12项行动计划进行交流合作，并签署《第六届中日韩运输与物流部长会议联合声明》。

【承办中德第五届绿色物流会议】 10月10日，中德第五届绿色物流会议在杭州召开。会议围绕新时期中德绿色物流的发展与合作开展交流探讨。中德双方针对物流信息互联共享、数据交换及两国物流信息化建设现状与特点等进行座谈交流，并就下一步开展物流信息互联共享技术合作进行深入磋商。

【省交通运输考察团访问瑞士和丹麦】 10月23日至30日，省道路运输管理局局长胡嘉临率省交通运输代表团一行6人访问瑞士和丹麦。就两国的城市公共交通运输规划和新业态客运管理发展现状、特征及未来发展方向进行了深入探讨。并实地察看当地的公共汽车公司、出租车公司和公共自行车、车站等公共交通基础设施。

【国家物流信息平台参加ISO TC204工作会议】 10月，国家物流平台派员参加ISO TC204在新西兰奥克兰召开的第48次工作会议，参与供应链全程货物温湿度及状态信息共享标准、冷链运输标准、运输车辆重力监控解决方案等的讨论与研究，加强了与ISO的联系与合作，推动平台更好地融入到国际标准的制定工作当中，为实现平台标准走出去搭建基础。

【省交通运输厅代表团访问南非和毛里求斯】 11月6日至14日，厅长郭剑彪率省交通运输代表团一行6人访问南非和毛里求斯，察看南非开普敦港、毛里求斯路易港及南非约翰内斯堡和毛里求斯路易港城市综合交通情况，并与南非国家港口管理局、开普敦港口管理部门、毛里求斯政府投资部门举行多次座谈，在港口国际合作方面达成初步合作意向。

【省交通运输代表团访问美国和加拿大】 11月17日至24日，省公路管理局副局长张文彪率省交通运输代表团一行6人访问美国和加拿大，探讨公路路网运行安全规划及资源配置，干线公路运行保障方面的政策、规划、设计及管理技术，并就交通安全和交通应急进行合作洽谈。

【省交通运输代表团访问澳大利亚和新西兰】 11月27日至12月4日，省公路管理局组织公路应急运行访问团一行5人访问澳大利亚和新西兰，与两国就交通安全设施、公路安全评价、交通安全管理、公路应急抢险方面专题进行交流讨论，并就开展公路管理技术合作进行洽谈。

【省交通运输代表团访问英国和西班牙】 11月29日至12月6日，省公路管理局组织高速公路养护与运营管理访问团一行5人访问英国和西班牙。代表团成员与相关单位的管理人员和技术专家就高速公路养护与运营管理等进行合作洽谈。

【省交通运输代表团访问瑞典和丹麦】 12月8日至16日，省交通建设工程监督管理局副局长宣剑裕率省交通运输代表团一行5人访问瑞典和丹麦，双方深入探讨交通工程质量控制和质量控制监控技术，公路与航空建设环境监察等技术问题，并就高速公路在建工程质量控制监测技术研发与应用，公路在建工程施工环保技术等方面进行合作洽谈。

【省交通运输厅代表团访问印度和南非】 12月11日至18日，省港航管理局工程建设处处长丁武雄率省交通运输代表团一行5人访问印度和南非，探讨港口间开发经营、物流发展、信息化建设、大宗商品加工贸易等方面合作内容，积极促进浙江省与海上丝绸之路沿线国家在港口航运等诸多产业开展全方位合作。

【浙江交通走出国门】 2016年，省交通规划设计研究院继续深入实践“走出去”战略，在继续与上海建工集团、中国冶金等央企开展合作，顺利完成斯里兰卡中部高速公路第一段(CEP1)、柬埔寨7号国道水毁路段修复、萨摩亚国际码头前测量和勘察等海外项目的同时，稳步推进柬埔寨金边市第二环线西段工程项目、柬埔寨国家71C号国家公路一期工程和斯里兰卡外环高速OCH项目，并继续深入发掘现有海外市场，在追踪已建成项目后续配套工程的基础上，新开拓几内亚和厄立特里亚市场，与中上海外经集团控股有限公司建立合作关系，进一步拓展市场覆盖范围。2016年成功签订多个海外项目的勘察设计合同，在海外市场和合作伙伴方面取得新收获，为交通规划设计研究院的转型和持续发展注入新活力。

（杨肖君）

省农业厅

【概况】 2016年，省农业厅组派各类出访团组8批28人次；参加农业部和省有关部门组团2批2人次。接待来自日本、美国、密克罗尼西亚、荷兰和联合国粮农组织等国家与国际组织外宾7批55人次。

【密克罗尼西亚联邦波纳佩州州长访问省农业厅】 5月15日，厅长林健东会见密克罗尼西亚联邦波纳佩州州长马塞洛·彼得森一行。林健东表示，今后一个时期浙江现代化农业发展将贯彻“创新、协调、绿色、开放、共享”五大发展理念，围绕提高发展质量和效益这一中心，努力建设高效生态、特色精品，绿色安全的高质量、高水平现代农业强省。彼得森对省农业厅在2009年承担浙江省政府援建密克罗尼西亚联邦4个沼气工程示范点合作项目表示感谢，并希望双方加强在生态农牧场建设和粮食、蔬菜生产等农业领域的合作，特别是在人员培训和技术指导方面能得到浙江省农业专家的支持和帮助。

【联合国粮农组织代表团考察“青田稻鱼共生系统”】 6月4日至6日，联合国粮农组织总干事何塞·格拉齐亚诺·达席尔瓦、中国常驻联合国粮农机构代表处代表牛盾等联合国粮农组织官员组成的代表团一行访问浙江。副省长黄旭明、省农业厅厅长林健东和省农业厅总农艺师蔡元杰等陪同代表团一行实地考察全球重要农业文化遗产——“青田稻鱼共生系统”，代表团一行对该共生系统给当地农业可持续发展、农村振兴和农民增收带来的影响给予高度评价。

【浙江省农业代表团访问保加利亚和俄罗斯】 6月26日至7月3日，省农业厅副厅长王建跃率浙江省农业代表团一行访问保加利亚和俄罗斯。在保加利亚，代表团拜访保加利亚农业与食品部、普列文大区红海沙市政府，探索引进保加利亚大樱桃和马铃薯品种种植与产后深加工技术。在俄罗斯，代表团拜访俄罗斯列宁格勒州农业渔业委员会及莫斯科州农业与食品部等，考察莫斯科大学和相关农场，并就马铃薯、大樱桃等农作物育种、品种引进等进行交流与洽谈。

【日本静冈县农业友好代表团访问省农业厅】 7月31日，厅长林健东接待日本静冈县经济产业部战略监若原幸雄为团长的日本静冈县农业友好代表团，双方共同出席“浙江省·静冈县农业交流促进委员会第20次会议”并签署《浙江省·静冈县农业交流促进委员会第20次会议协议》。随后，代表团推介将在日本静冈县举行的东亚“饮食与农业”区域论坛。

【浙江省农业代表团访问新西兰和澳大利亚】 10月12日至19日，省农业厅副厅长唐冬寿率浙江省农业代表团访问新西兰和澳大利亚。在新西兰，代表团拜访新西兰阿什伯顿市政厅，实地走访索姬山奶牛养殖场和瓦尔特峰高原牧场。在澳大利亚，代表团与西澳州农业与食品部进行座谈交流，走访穆察活牛羊拍卖市场、老班布养牛场、姆拉斯克农业培训学院和附属农场、旗拉肉牛育肥场等，就进一步深化浙江省和西澳州、浙江省农业厅和西澳农业与食品部友好关系，落实双方合作备忘录有关事项，共同推进中澳活牛贸易，并就畜牧生态养殖、畜产品质量控制、牧旅融合、牛羊育种及肉牛育肥技术、电子耳标信息追溯应用和管理、农业职业技能培训等领域进行交流。

【浙江省农业代表团出席东亚“饮食与农业”地区论坛】 10月27日至31日，以省农业厅总农艺师蔡元杰为团长的浙江省农业代表团一行赴日本，出席东亚“饮食与农业”地区论坛。论坛上，蔡元杰倡导东亚各国围绕“一二三产业融合”“城乡一体化”“食品和健康”等主题，通过有关先进的农业措施和农业政策等信息交流，建立起区域间交流和合作关系。

【组织农产品出口企业赴国外参展】 2016年，省农业厅组织农产品出口企业分别参加日本东京、美国、法国等15个国际食品博览会，参展企业247家(次)、参展人员460人，共设摊位333个。

（单红玲）

省林业厅

【概况】 2016年，省林业厅组织出访团组5批13人次。

【2016年中美湿地保护研讨会】 6月30日至7月2日在杭州举行。国家林业局湿地保护管理中心主任马广仁、省林业厅副巡视员卢苗海出席开幕式并致辞。美国鱼类和野生动物管理局及环境保护局管理人员与专家一行9人和浙江省湿地保护中心、杭州市林水局等中方代表参加研讨会。研讨会上，美方代表团主要介绍执行"湿地监测与恢复"和"湿地效益补偿与可持续利用"项目，美国政府与民间组织在湿地保护和修复、流域综合治理等方面采取的一些做法和研究成果。中方代表介绍中国政府在开展湿地修复、湿地生态效益补偿、湿地产权确权试点、退耕还湿等方面的工作，并围绕近期"湿地生态系统红线"目标，就在湿地保护方面所开展的系列工作进行了宣传。

【省林业代表团访问越南和印度】 10月18日至25日，省林业科学研究院副院长李长缨率浙江省林业代表团访问越南和印度。代表团走访越南清化省外事办、国际竹藤组织驻印度办事处，实地考察越南和印度竹林培育丰产基地、竹笋生产供应产业链、笋竹加工企业。与越南和印度竹类研究推广人员进行学术交流，并洽谈进一步进行林业合作的意向。

【第九届中国义乌国际森林产品博览会】 11月1日至4日在义乌举行。来自45个国家和地区的1595家企业参展，设国际标准展位3736个，其中省内展位2125个，占总展位数的56.9%；外省(市、区)展位912个，占24.4%；境外展位699个，占18.7%。与会参观者、采购商31.66万人次，其中境外客商5028人、专业采购团队22个、采购团队6个。

本届森博会实现成交额47.79亿元，比上年增长0.75%。其中内贸成交额35.55亿元，占总成交额的74.39%；外贸成交额12.24亿元，占总成交额的25.61%。

【浙江省世行贷款"林业综合发展项目"竣工检查】 12月2日至5日，世界银行贷款"林业综合发展项目"竣工检查组组长刘瑾、竣工报告编写组组长高柏林等一行8人，在国家林业局世行中心副主任尹发权等陪同下对浙江省世行贷款"林业综合发展项目"进行竣工检查验收。省林业厅副厅长王章明、省财政厅相关处室负责人参加项目竣工检查汇报会和意见反馈会。检查组听取省林业厅世行贷款项目办关于浙江省世行贷款项目执行情况的汇报，到临安市、安吉县进行实地考察，对浙江省林业世行贷款项目执行情况给予高度评价。

世行贷款"林业综合发展项目"是浙江省实施的第三个林业世行贷款项目，实施期从2011年至2016年，2016年12月25日竣工关账。项目总投资2.856亿元人民币，其中世行贷款2100万美元。

【省林业代表团访问匈牙利和波兰】 12月4日至11日，省林业代表团访问匈牙利和波兰。代表团走访匈牙利农业部林业总局、布达佩斯森林公园、黑维兹市政府，波兰国家林业局、华沙大学林业研究中心等，实地考察两国林业生态保护、产业发展、森林防火和林业法制建设情况，并洽谈进一步进行林业合作的意向。

（瞿灵灵）

省商务厅

【概况】 2016年，省商务厅接待国(境)外来宾1440人次，涉及30个国家(地区)。组织举办第18届浙江投资贸易洽谈会系列活动、国际教育服务对接洽谈活动、第七届浙江商务服务交易博览会、浙江省商协会(商务促进机构)国际沙龙、浙江省国际采购(工程)暨进出口信贷对接大会等经贸活动。与G20国家(地区)和"一带一路"沿线重点国家(地区)经贸交往取得新突破，推动建立浙江与澳大利亚贸易委员会、浙江与捷克工贸部的合作机制。

【越南工贸部贸易广告博览公司总经理访问省商务厅】 1月18日，副厅长韩杰会见越南工贸部贸易广告博览公司总经理阮克论一行，双方就继续合作举办浙江出口商品(越南)交易会有关事宜进行交流。

【德国黑森州代表团访问省商务厅】 1月25日，德国黑森州国际司前司长麦克·波什曼和黑森州南部地区中小企业协会会长卡斯滕·多戈尔率代表团一行访问省商务厅。副厅长马洪涛会见代表团一行，双方就加强中小企业投资合作进行交流。代表团还赴舟山、余姚、杭州、嘉善等地进行投资环境考察。

【日本大阪国际经济振兴中心理事长访问省商务厅】 1月28日，副厅长韩杰会见日本大阪国际经济振兴中心理事长永井哲郎一行，双方就浙江出口商品(大阪)交易会有关工作进行对接，并就进一步促进双向投资交换意见。

【香港贸发局华东华中首席代表访问省商务厅】 2月1日，副厅长马洪涛会见香港贸发局华东华中首席代表钟永喜一行，双方就利用香港平台共同加速浙江资本"走出去"，促进国际产能合作，促进两地共同繁荣等事项进行交流。

【大韩贸易振兴公社杭州代表处新任馆长访问省商务厅】 2月5日，副厅长马洪涛会见大韩贸易振兴公社杭州代表处新任馆长林圣焕一行，双方就合作举办韩国贸易投资促进活动等进行交流。

【浙新经贸理事会新方秘书长访问省商务厅】 2月17日，副厅长、浙新经贸理事会浙方秘书长马洪涛会见浙新经贸理事会新方秘书长何致轩一行，双方就创新合作机制，深化浙江与新加坡经贸合作交换意见和建议。

【中国(浙江)国际教育服务洽谈会】 2月18日至19日，省商务厅与省教育厅首次联手全省30所高等高职院校，在格鲁吉亚首都第比利斯举办中国(浙江)国际教育服务洽谈会。中国驻格鲁吉亚大使馆商务参赞刘波，格鲁吉亚教育部副部长塔马兹·马萨基思维里、第比利斯市副市长伊拉克利·来克维那兹，省商务厅副厅长胡潍康及省教育厅外事处干部等出席开幕式并致辞，胡潍康还与格鲁吉亚教育部部长就扩大双边国际教育服务领域及范围交换意见和建议。在格期间，代表团还参观了第比利斯国立大学、第比利斯自由大学、农业大学和孔子学院。

【中希国际教育服务对接活动】 2月23日，省商务厅和省教育厅在希腊雅典合作举办中希国际教育服务对接活动。中国驻希腊大使邹肖力和希腊教育部秘书长、艾加里奥市市长、希腊经济委员会主席等出席对接活动并致辞。希腊十余所大学、科研机构和相关组织代表，浙江大学、中国美术学院、浙江工业大学、宁波大学、杭州电子科技大学、台州学院、浙江万里学院、浙江音乐学院、浙江交通职业技术学院等30所省内高等高职院校代表参加活动。杭州电子科技大学、浙江传媒学院、浙江万里学院等8所省内院校分别与雅典技术教育学院就学术研究、学生互换、教学合作、师资培训等签订合作备忘录。

【美国北卡罗来纳州创新创业代表团访问省商务厅】 3月12日，厅长周日星会见美国北卡罗来纳州立大学设计学院特聘教授、北卡设计与创业基地筹备委员会主任、北卡罗来纳州政府科技顾问克里斯蒂安・霍耶斯和北卡罗来纳州立大学理学院教授、卡罗来纳—中国友好交流协会会长谢立安率领的美国北卡罗来纳州创新创业代表团一行，双方就共同建立创新创业中心、推动两地合作进行交流。会见前，代表团参观了杭州梦想小镇、未来科技城和阿里巴巴集团。

【美国印第安纳州州长特使、内阁成员兼商务部部长访问省商务厅】 3月23日，厅长周日星会见美国印第安纳州州长特使、内阁成员兼商务部部长维克多・史密斯一行，双方就两省州结好30周年之际、进一步推动经贸交流合作交换意见和建议。

【浙江—新加坡环保产业交流会】 4月11日在省商务厅举行。浙新双方代表20余人参会。新加坡国际企业发展局环境与基础设施方案司司长高源祥介绍新加坡建设海绵城市的做法和经验，新加坡凯发、盛裕、速刻等公司代表分别介绍有关技术，省环保厅、建设厅、水利厅和五水共治办公室代表作交流发言。

【浙江省与澳大利亚贸易委员会签署合作备忘录】 4月14日，在国务院总理李克强和澳大利亚总理特恩布尔见证下，省长李强和澳大利亚旅游与国际教育部部长兼部长级贸易投资部部长协理理查德・科尔贝克在北京签署《浙江省人民政府和澳大利亚贸易委员会关于支持中澳现代产业园（舟山）建设的合作备忘录》。商务部长高虎城参加签约仪式。签约仪式结束后，省商务厅厅长周日星接受中外媒体采访，介绍中澳现代产业园（舟山）项目的意义。

【香港浙江文化美食旅游节】 4月27日至29日在香港维多利亚公园举办。由香港浙联会主办，浙江省委、省政府支持。活动以“美丽浙江欣赏香港”为主题，展示浙江美食、文化、旅游特色。省委常委、统战部长王永康，香港特区政府政务司司长林郑月娥等和当地知名人士出席开幕式。省商务厅组织杭州知味观、楼外楼、湖州震远同、德辉酥饼等20家老字号企业50个品种的老字号食品参展，副厅长徐高春带队。

【澳大利亚西澳州发展部农经拓展特使访问省商务厅】 5月5日，副厅长马洪涛会见澳大利亚西澳州发展部农经拓展特使罗伯・迪莱恩一行，双方就把握机遇、加强两省州经贸合作进行交流。

【浙江—不列颠哥伦比亚投资贸易洽谈会】 5月6日在加拿大温哥华举办。加拿大工业部前部长詹姆斯・摩尔出席，省商务厅副厅长马洪涛作主旨演讲，双方企业进行交流洽谈。会议期间，双方签署《中华人民共和国浙江省商务厅与加拿大不列颠哥伦比亚省国际贸易厅经贸投资合作谅解备忘录》。

【捷克皮尔森州副州长访问省商务厅】 5月9日，副厅长韩杰会见捷克皮尔森州副州长格律能为团长的政府和企业家代表团一行，双方就开展更多项目化、具体化合作交换意见和建议。

【浙江—加利福尼亚投资贸易洽谈会】 5月9日在美国旧金山硅谷举办。80余名美方政府、商协会、投资咨询机构和企业代表参会，中国驻旧金山总领事馆经商参赞杨依杭、省商务厅副厅长马洪涛出席洽谈会并致辞，杭州大江东产业集聚区、宁波杭州湾新区、浙江奉化经济开发区和浙江乐清经济开发区代表分别作推介。双方企业代表就信息通信、节能环保、生物医药、食品旅游、新材料、制造业等领域开展合作进行洽谈。

【美国驻沪总领馆经济领事访问省商务厅】 5月19日，副厅长马洪涛会见美国驻沪总领事馆经济领事邵蔼帝一行，双方就浙江开放型经济发展、浙江与美国贸易投资合作等进行交流。

【德国北威州代表团访问省商务厅】 6月1日，厅长周日星会见德国北威州经济、能源、工业、中小企业与手工业部副部长冈瑟·霍采斯基一行，双方就进一步深化经贸合作进行交流。访浙期间，北威州代表团还考察了嘉兴中德工业园和杭州云栖小镇。

【美国北卡罗来纳州双创代表团访问浙江】 6月1日，美国北卡罗来纳州立大学设计学院特聘教授、北卡设计与创业基地筹备委员会主任、北卡罗来纳州政府科技顾问克里斯蒂安·霍耶斯率代表团一行访问浙江。拜访省商务厅，双方举行浙江—北卡创新创业座谈会，副厅长马洪涛主持会议，杭州市(区)商务部门、杭州经济技术开发区、杭州高新技术产业开发区、杭州未来科技城、清华长三角研究院、省商务人力中心及杭州多家企业代表参会。双方就发挥各自优势、聚合资源，推进创新创业交流合作建言献策。北卡罗来纳州有关企业、高校代表介绍智能机器人、智能医学穿戴设备、大数据、健康游戏等项目情况，浙方有关部门、机构和企业提出了合作需求和设想。

随后，代表团一行考察了杭州滨江区海创基地。

【首届全球展览浙江论坛】 6月8日在宁波召开。论坛以“浙江制造，全球共享”为主题。副省长梁黎明致欢迎词并发表讲话，上海市政协副主席周汉民、商务部展览专家委员会主任任兴洲、励展集团全球销售总监蒂姆·拉梅奇等嘉宾分别作演讲。

【第18届浙江投资贸易洽谈会系列活动】 6月9日，第18届浙江投资贸易洽谈会主题论坛在宁波举行。省长李强出席并致开幕词。省人大常委会副主任毛光烈，副省长梁黎明，省政协副主席陈小平，省商务厅厅长周日星和副厅长韩杰、胡潍康、马洪涛等出席。本次论坛以“开放、创新，拥抱新机遇”为主题，会上发布《2016中国浙江投资报告》。随后，召开浙江金融服务国际产能合作对接会，梁黎明、省政府副秘书长陈宗尧、马洪涛、中国银行总行首席专家冯爱民、中国银行浙江省分行行长郭心刚等出席，40多家中外企业、商会，17家国际产业合作园，15个国家和地区的中国银行海外机构参加对接。

【“品质浙货”联合国及国际组织采购对接会】 6月14日至15日在杭州举行。省商务厅副厅长韩杰出席，150余家出口企业参加对接。会上，联合国采购司、联合国粮食计划署、中国联合国采购促进会等带来百余项采购信息，代表们分别作具体介绍，分享采购细节。

【浙江—河内商务促进交流会】 6月15日在杭州召开。省商务厅副厅长韩杰、越南河内市投资商贸旅游发展厅副厅长裴伟光出席。双方就密切贸易、旅游往来合作进行交流。

【印尼投资委员会主席访问浙江】 6月15日至16日，印尼投资委员会主席弗兰基率代表团一行访问浙江。在浙期间，代表团拜访省领导，与浙江企业开展一对一交流，并与省商务厅合作举办印尼投资推介会。印尼投资推介会由商务部驻杭特办特派员李可主持，印尼驻华大使拉哈尔佐、弗兰基和中国驻印尼使馆公参王立平、省商务厅副厅长韩杰及浙江省在印尼投资企业代表分别在会上发言。双方企业交流了投资信息。

【第三次中国—中东欧国家地方领导人会议】 6月16日至17日在河北唐山召开。中东欧省(州、市)代表团全体成员和有关企业负责人、16国驻华使节,中国国家部委有关领导,中国—中东欧国家地方省州长联合会中方14省(区、市)代表团全体成员等参加开幕式。省政府副秘书长陈宗尧率浙江省政府代表团参加会议。省商务厅副厅长马洪涛作为代表团成员出席"中国—中东欧国家地方省州长联合会第二次工作会议",参观"中国—中东欧国家省州产业合作展和进出口商品展",与各省市商务部门领导进行工作交流,并调研会议举办有关情况。

【中国浙江省—捷克共和国经贸合作交流会暨合作项目签约仪式】 6月19日在杭州举行。省长李强、副省长梁黎明,中国驻捷克大使马克卿,省商务厅厅长周日星、副厅长马洪涛,商务部驻杭特办副特派员周关超及有关部门和企业家代表80余人与捷克总理索博特卡、驻华大使科佩茨基、州长联合会主席哈谢克(南摩拉维亚州州长)等40多位捷方代表出席交流会。李强和索博特卡分别致辞,正泰、娃哈哈、万丰奥特等企业负责人和慈溪市、浦江县政府负责人发言。随后,举行《浙江省人民政府与捷克工贸部关于加强经贸合作的谅解备忘录》等6个合作备忘录签约仪式,涉及省州合作、省部合作及企业间技术、媒体、投资和电子商务合作等内容。

【省商务厅工作组访问摩洛哥】 6月23日至26日,厅长周日星率省商务厅工作组一行访问摩洛哥。拜访中国驻摩洛哥大使馆经济商务参赞处,与国家开发银行浙江省分行摩洛哥工作组和部分浙江企业代表座谈,拜访摩洛哥茶叶协会并实地调研当地茶叶包装和加工工厂,走访摩洛哥茶叶市场主要经销商摩洛哥茶糖公司、达曼第斯集团和贝拉克达集团。

【拜访日本贸易振兴机构上海代表处】 9月1日,省商务厅副厅长韩杰赴沪拜访日本贸易振兴机构上海代表处。与所长小栗道明会谈,了解JETRO支持日本企业开拓国际市场的运作机制,并提出下一步与JETRO进行投资、人员、技术交流、经贸合作等设想。

【完成G20杭州峰会服务保障工作】 9月4日至5日,G20峰会在杭州召开。省商务厅按照省委、省政府统一部署,受领G20杭州峰会服务保障任务,出色完成美国代表团礼宾接待、市场保供、平安护航、网络舆情、应急值守等各项工作,获得省主要领导的批示表扬,被授予"浙江省G20杭州峰会工作先进集体"和"G20峰会浙江省青年文明号"荣誉称号。

【组织参加捷克布尔诺国际机械工业博览会】 10月3日,省委书记、省人大常委会主任夏宝龙率浙江省政府和企业代表团赴捷克,参加布尔诺国际机械工业博览会。省商务厅组织60家对口企业及2家园区参展,集中展示机械工业领域的"品质浙货",推介省内国别产业合作区,吸引捷克政要及客商的关注,并促成双向贸易投资新合作。

【省商务厅代表团访问乌兹别克斯坦】 10月11日,副厅长韩杰率省商务厅代表团一行访问乌兹别克斯坦,赴中国—乌兹别克斯坦鹏盛工业园开展实地调研,并与工业园所在地锡尔河州州长助理海罗拉共同为园区晋升国家级园区授牌。

【美国旧金山湾区委员会总裁访问省商务厅】 10月12日,厅党组成员、人事处处长朱军会见美国旧金山湾区委员会总裁吉姆·旺德曼、杭州未来科技城管委会驻美国办事处主任冯俊峰一行。双方就集聚资源、推动浙江企业与旧金山湾区企业间双向贸易投资合作进行交流。

【迪拜批发城首席执行官访问省

商务厅】 10月25日，厅长周日星会见迪拜批发城首席执行官阿卜杜拉·贝尔胡、米拉斯中国投资办公室主任梁晓茜等一行。双方就开拓进出口贸易、双向投资、工程承包、电商、自由港、自贸区、机场等领域的合作交换意见和建议。省建投集团代表参加会见，并介绍集团及对外承包工程商会情况。26日，迪拜批发城发展规划和战略负责人赴海宁考察家纺城、皮革城，并与市场管理方交流取经。

【瓦努阿图瓦库党代主席、政府副总理兼旅游和商务部长访问省商务厅】 10月31日，副厅长韩杰会见瓦努阿图瓦库党代主席、政府副总理兼旅游和商务部长乔·纳图曼一行。双方就加强浙江与瓦努阿图经贸交流合作进行探讨，并交换有关项目信息。

【英国诺丁汉郡政府首席执政官访问省商务厅】 10月31日，副厅长胡潍康会见英国诺丁汉郡政府首席执政官安东尼·梅，郡政府经济发展委员会主席、郡参事戴安娜·米尔等一行。双方就在友好关系框架下进一步加强经济和文化产业交流合作进行探讨。

【第七届浙江商务服务交易博览会暨首届电商服务交易博览会】 11月2日在杭州举行。副省长梁黎明出席开幕论坛并作主旨演讲，巡馆考察展会。本届"浙交会"总面积10300平方米，由展览展示、论坛活动、洽谈交易三种形式组成，共举办8场论坛、近30场工作坊。来自中国、美国、日本、德国等国家和地区近200家参展机构参展。

【浙江省商协会(商务促进机构)国际沙龙】 11月2日在杭州举行。由省商务厅主办。美国、英国、德国、瑞士、西班牙、欧盟、加拿大、墨西哥、澳大利亚、日本、韩国、以色列、越南和中国香港、澳门等国家和地区的30多家商协会、商务促进机构代表，及省经信委、省科技厅、省卫生计生委、省教育厅、省工商联等省有关部门和20家行业商协会、国际交流机构代表参加活动。与会代表在商贸物流、会展、高端制造、健康养老等领域开展交流对接。

【浙江—澳大利亚跨境电商专题对接会】 11月4日在澳大利亚悉尼举行。澳大利亚国家电商协会主席保罗、协会会员和相关商会代表30余人参会，省商务厅副厅长徐高春率浙江省政府和企业代表团一行10人出席会议。会上，省电子商务促进中心负责人与澳中人民友好交流协会主席签署合作框架协议。

【英国诺丁汉国际发展局局长访问省商务厅】 11月7日，英国诺丁汉国际发展局局长罗伯特·迪克松一行访问省商务厅，双方就加强诺丁汉市与浙江省经贸合作进行交流。

【2016中国投资论坛及有关活动】 11月14日至15日，2016中国投资论坛在捷克首都布拉格举行。副省长梁黎明率70余人组成的浙江代表团参加论坛。14日，由浙江省政府与捷中友好合作协会共同主办、省商务厅承办的中国(浙江)—中东欧经贸交流会召开。梁黎明致辞，省商务厅厅长周日星作主旨讲话，中东欧16国230多位嘉宾和客商参会。会上举行6个项目的签约仪式，签约额达人民币5亿元。

【第三届世界互联网大会中欧数字经济对话论坛】 11月17日在乌镇举行。商务部副部长房爱卿、法国电子通信与邮政监管局主席兼欧盟电子通信监管咨询委员会副主席塞巴斯蒂安·索里亚诺、意大利反垄断局主席吉奥瓦尼·佩特鲁泽拉等作主旨发言。省商务厅副厅长徐高春出席论坛。

【捷克前总理访问省商务厅】 11月23日，副厅长胡潍康会见捷克前总理伊日·帕劳贝克、中东欧经贸联合商会会长关胜一行。双方就加强信息互换、继续推动各自传统优势产业间对接合作、探索新兴领域合作交换意见。

【日本(静冈)在浙投资企业恳谈

会】 11月24日，省商务厅在日本静冈县召开日本(静冈)在浙投资企业恳谈会。省人大常委会副主任冯明出席并讲话，省政府副秘书长陈宗尧主持会议。日方49家机构及企业代表，省商务厅副厅长张钱江，省经信委、省财政厅、省人社厅、省环保厅、省外侨办及浙静机构事务局等负责人参会。

【浙江—澳门—葡语国家经贸交流座谈会】 11月24日，省商务厅组织举办浙江—澳门—葡语国家经贸交流座谈会。中国—葡语国家经贸合作论坛(澳门)常设秘书处秘书长徐迎真，几内亚比绍、安哥拉、佛得角、莫桑比克、葡萄牙等葡语国家派驻论坛代表，澳门贸易投资促进局杭州联络处和省商务厅、省旅游局及工程承包、基础设施建设、商贸旅游、农业、远洋渔业、咨询服务等领域的浙江和澳门企业代表42人参会共商合作。

【捷中友好合作协会主席一行访问省商务厅】 11月28日，副厅长胡潍康会见捷中友好合作协会主席雅罗斯拉夫·德沃吉克、捷克驻沪总领事理查德·科尔帕奇一行。省商务厅邀请杭州电子科技大学、浙江工商大学、浙江科技学院、浙江传媒学院、浙江理工大学等5所在杭高校和有关企业负责人参加会见。双方就在教育培训、影视文化、中医药服务、电子商务、通用航空等领域开展合作进行交流探讨。

【意大利西西里大区国际交流和文化副主席访问省商务厅】 11月29日，副厅长韩杰会见意大利西西里大区国际交流和文化副主席马旦奥一行。双方就开展贸易投资、文化艺术等领域互动进行交流。代表团此访主要寻求红酒、农产品、文化艺术、旅游等领域的招商引资、商业并购、技术共享、共同开发等合作。

【浙江省国际采购(工程)暨进出口信贷对接大会】 12月8日在杭州举行。来自16个国家和地区的60余家中外企业、有关部门和机构、商协会、媒体代表180余人参加。会上签署国际采购(工程)商务合同16个，项目总金额102.2亿美元；进出口意向信贷协议12个，总金额53.3亿美元。项目涉及石油炼化、水电、光纤通讯、新能源、船舶制造、生物医药等行业。副省长梁黎明出席会议并见证签约，省商务厅厅长周日星、副厅长韩杰出席会议。

（李　琳）

省文化厅

【概况】 2016年，省文化厅实施对外、对港澳文化交流项目899起7398人次。其中引进项目771起5789人次，派出项目128起1609人次。获得省部领导批示及驻外使领馆表扬15项。

【“中卡文化年”】 3月22日至30日，省文化厅厅长金兴盛率文化代表团赴卡塔尔，举办“中卡文化年”和丝绸展演活动。卡塔尔文化、艺术与遗产大臣库瓦里表示，演出展示了中国文化，开创了“中卡文化年”良好开端。同时，“丝路之绸——中国丝绸艺术展”在卡塔尔博物馆艺术展览馆展出，卡塔尔阿勒萨尼公主给予高度评价。11月初，在多哈举办的“中国节”活动，是中国首次在西亚地区举办的大型户外主题活动，也是卡塔尔历年来与他国举办文化年活动中最为成功的一次。先后吸引44600多名当地民众参与，盛况空前。全年，省文化厅执行中卡文化年重要项目8起，交流人数150人次。

【赴香港参加“浙江文化旅游美食节”活动】 4月26日至28日，受省委统战部邀请，省文化厅组织浙江京剧团、浙江曲艺杂技总团、浙江小百花越剧团、浙江歌舞剧院一行37人，赴香港参加“浙江文化旅游美食节”活动开幕演出，受到香港各界好评。

【2016新西兰·中国——美丽浙江文化节】 7月6日至16日，2016新西兰·中国——美丽浙江文化节暨浙江创意设计展在新西兰首都惠灵顿举办，由浙江省文化厅、新西兰中国文化中心与惠灵顿市政府共同举办。6日，新西兰惠灵顿市市长西莉亚·瓦德布朗，中国驻新西兰大使王鲁彤，浙江省政府新闻办公室主任来颖杰，省文化厅副厅长蔡晓春，新西兰国家博物馆馆长等各界名流约120人出席开幕式。创意设计展征集省内20余位设计师作品，展出作品以“融”为主题，以全新的“再设计”为亮点，以丝、陶、纸、木、竹为原料，结合浙江特色文化元素设计和以现代科技融合传统手艺制造的日常生活用品。

【参与G20杭州峰会服务保障工作】 9月4日至5日，G20峰会在杭州召开。省级文化系统多家单位参与G20杭州峰会的服务保障工作。浙江交响乐团、浙江音乐学院承担G20国宴伴奏演出，得到各国元首和领导人高度赞扬。“最忆是杭州”文艺演出给参会者留下美好的回忆，杭州市文广新局、浙江音乐学院、浙江艺术职业学院、浙江小百花越剧团等单位都参与其中。中国丝绸博物馆在峰会期间以全新的场馆面貌接待多国总统夫人参访，并负责布置在中国美院的丝绸展览板块，深受G20领导人配偶团喜爱。省文化厅承担阿根廷政要团礼宾接待工作，得到阿根廷方面高度评价。省文化系统在峰会服务工作中付出巨大艰辛，也获得了重大荣誉。中共中央总书记、国家主席习近平赞扬“文艺演出精彩纷呈，向世界展示了中国精神、中国力量”。省委书记、省人大常委会主任夏宝龙和车俊、葛慧君、赵一德等多位省领导对文化系统服务保障工作作出批示表扬，外交部专门发来感谢信。省文化厅和浙江交响乐团还被省委、省政府评为先进集体。

【参加首届丝绸之路（敦煌）国际文博会】 9月20日至10月10日，省文化厅组织参加首届丝绸之路(敦煌)国际文博会,举办"丝绸的故事——从丝绸之源到丝绸之路"主题展。该主题展反映丝绸之路的起源、历史传承和丝绸文化的发展,展示浙江作为丝绸之源的独特地位,在"一带一路"建设中唯一以文化交流合作为主题的国家级平台和国际化盛会上传播好浙江声音。

【赴捷克和奥地利举办专场音乐会】 9月30日至10月7日,省文化厅组派浙江音乐学院国乐团一行59人,赴捷克和奥地利举办专场音乐会。省委书记、省人大常委会主任夏宝龙出席在捷克布拉格举办的音乐会并致辞。捷克众议院议长哈马切克,中国驻捷克大使马克卿,捷中友协及捷克国家资源署、外交部、交通部等官员,各国驻捷克使节及华人华侨代表等观看演出。

【参与第三届世界互联网大会服务保障工作】 11月16日至18日,第三届世界互联网大会在浙江乌镇举办。省文化厅组织参与服务保障工作。精心组织创排中国戏曲艺术秀《国色天香》,承担欢迎晚宴伴宴演出,并参与会议多个论坛的筹备组织工作,为第三届世界互联网大会成功举办贡献了文化力量。

【海外"欢乐春节"活动】 2016年春节期间,省文化厅组派9个优秀文艺团组259人次,先后赴亚洲、南美洲、大洋洲、非洲的12个国家17个城市执行国家海外"欢乐春节"任务,共举办演出活动64场。其中,浙江艺术团在"中国—卡塔尔文化年"开幕式和科威特古林艺术节上的演出广获赞誉;浙江婺剧团在秘鲁和哥斯达黎加10天连演7场,为"欢乐春节"活动和中国文化走进当地民众发挥积极作用。文化部特致函浙江省委省政府表示衷心感谢。在文化部召开的两次"欢乐春节"工作会议上,浙江省均作为先进省份作经验发言。

【对外文化交流多模式发展】 2016年,浙江省对外文化交流优化对外合作结构模式,弘扬"一带一路"开放包容和互学互鉴精神,通过国家级合作机制开展深层次人文交流与合作,通过举办研修培训、采风创作等项目,推动文化交流与文明对话。作为《中以创新合作三年行动计划(2015—2017)》活动内容,3月31日至4月9日,浙江音乐学院承办第二届以色列"现代舞编舞大师班",以色列著名现代舞编导专家为来自全国舞蹈专业院团和艺术学校的近百名学员授课。在中阿合作论坛框架下举办第二届阿拉伯国家文博专家研修班和第八届"意会中国"阿拉伯知名艺术家采风创作及成果展活动,向来自阿尔及利亚、阿联酋、埃及、巴勒斯坦、毛里塔尼亚、摩洛哥、突尼斯、科威特、苏丹、黎巴嫩等10个国家文博机构的14名专家传递中国在馆藏文物保护领域的经验和成果,阿曼、伊朗等9个阿拉伯国家12名知名画家创作的作品在阿拉伯国家和地区巡展,活动进一步加深中阿人民的相互理解和友谊。6月1日至30日,协助文化部推进非洲文化培训"千人计划",浙江省文化馆在文化部对非文化培训基地(杭州)举办第六届"非洲学员(陶艺)培训班",来自莱索托、尼日利亚、坦桑尼亚的9名陶艺艺术家参加陶艺创作交流。12月初,杭州爱乐乐团承接老挝交响乐团演奏员一行20人来华培训项目,在杭州开展为期90天的培训。

【对港澳文化交流】 2016年,为推动内地与港澳文化合作,以交流促进融合发展。1月11日至13日,省文化厅组织全省12家文博单位、动漫和创意设计企业参加第14届香港国际授权展"中国内地馆"展会活动,来自220多家机构的383名代表与浙江参展单位洽谈合作事宜,达成初步合作意向70余项,较2015年增长80%。指导和协助浙江省博物馆、浙江音乐学院、浙江省文物考古研究所、浙江昆剧团等多家单位发挥专业优势开拓交流形式,深化交流内涵,在戏曲、文博领域交流及院团合作和产业互动方面取得务实成效。6月15日至30日,浙江京昆艺术中心"昆剧《紫钗记》及经典折子戏和浙江绍剧艺术研究院“绍剧猴戏”及经典折子戏等赴港参加“中国戏曲节”；10月25日至12月27日，宁波博物馆举办“跨越海洋——中国海上丝绸之路文化遗产精品联展”，3个项目入选文化部全国对港澳文化交流重点项目，入选项目数量占全国重点交流项目的20%，居各省之首。

【宁波“东亚文化之都”建设】 2016年，浙江省与日本和韩国在文化、教育、体育、旅游、经贸等各个领域举办交流活动100余项，展现浙江省文化改革发展新面貌，促进与“东亚文化之都”城市间的互通互融。宁波“东亚文化之都”建设活动丰富中日韩文化领域务实合作内涵，推动宁波城市文化建设和发展，增进了浙江省与周边国家的相互了解与友谊。

【2016澳大利亚·美丽浙江文化节】 2016年，省文化厅加强部省对外文化工作的联动，与澳大利亚悉尼中国文化中心建立年度合作关系，资源共享、平台共建，共同举办“2016澳大利亚·中国浙江文化节”，策划组织开展11项文化交流活动。7月8日至8月10日，“2016澳大利亚·美丽浙江文化节”、浙江文化创意设计展暨“美丽浙江”摄影图片展分别在澳大利亚中国文化中心举办。10月12日至17日，浙江歌舞剧院现代舞“生命舞迹·素写”在悉尼州立剧院和澳洲最古老的剧场霍巴特皇家剧院上演，1600多名艺术爱好者观看，霍巴特市副市长罗纳德·克里斯蒂写信感谢，表示这是他多年来看到的最有激情、最具活力、最美的演出之一。此外，“清风徐来——扇子与风筝”工艺美术展、“华服与时尚——中国丝绸服装秀”“江南丝竹情韵”民乐演出、非遗工作坊、文化讲座等活动展示了中国传统与当代文化的魅力，在当地掀起一股中国风。

【推进文化交流与互鉴】 2016年，支持遂昌县举办汤显祖文化节暨汤显祖—莎士比亚逝世400周年纪念系列活动；组派浙江昆剧团分别于6月15日至21日、8月16日至26日携《牡丹亭》参加“2016第七届香港中国戏曲节”和英国爱丁堡艺术节活动；6月30日至7月10日，余杭滚灯艺术团赴巴勒斯坦访演。平阳合唱团参加在俄罗斯举办的第九届(索契)世界合唱比赛，获得两个银奖。绍兴博物馆“文化绍兴——千年江南水城”展赴意大利，展现千年古城绍兴深厚的文化底蕴；7月19日至8月10日，组派浙江小百花越剧团携《寇流兰与杜丽娘》赴英法德奥四国访演，推进浙江音乐学院与英国皇家音乐学院、英国北方皇家音乐学院、英国诺丁汉大学音乐学院、奥地利萨尔茨堡莫扎特音乐学院的交流与合作；8月25日至10月25日，中国美术学院举办第二届“杭州纤维艺术三年展”，成为当代艺术的城市名片。西泠印社名家作品美国展作为中美第六轮人文交流高层磋商联合成果之一的“2016年跨越太平洋——中国艺术节”活动揭幕展，高水平展示中华文化艺术。鲁迅文化基金会发起的“鲁迅与泰戈尔：跨时空对话”在绍兴文理学院开坛。9月5日至12月5日，中国丝绸博物馆分别与日本、韩国、俄罗斯、意大利、墨西哥等国博物馆合作举办“锦绣世界：国际丝绸艺术展”及国际学术研讨会。10月9日至29日、10月23日至11月12日，“文化遗产保护与利用”和现代公共阅读服务培训班赴英国和美国培训，学习和借鉴国外先进理念、技术与方法，探索适合浙江省文化遗产保护与利用及公共文化事业的有效途径；10月至11月期间，中国丝绸博物馆配合基本陈列“锦程：中国丝绸与丝绸之路”和临展“锦绣世界：国际丝绸艺术展”成功举办“丝路之夜”系列主题活动。

参与第11届义乌文交会、第十届杭州文化创意产业博览会、第12届中国国际动漫节、第五届中国西湖国际魔术交流大会等文化盛会。第四届乌镇戏剧节，来自德国、法国、俄罗斯、西班牙、日本、波兰、瑞士、澳大利亚、立陶宛、罗马尼亚等13个国家和地区22台剧目演出近80场，是乌镇戏剧节历年之最。接待阿拉伯国家艺术节主席团、中东欧16国艺术节主席团和美国大西洋基金会代表团到乌镇学习交流。

【对外文化贸易】 鼓励和扶持全省文化企事业单位赴国外开展商业性演展活动,对入选《浙江省商业演出展览文化产品出口指导目录》的项目继续给予奖励。2016年,浙江曲艺杂技总团有限公司、浙江歌舞剧院有限公司、浙江昆剧团及浙江省博物馆、浙江自然博物馆等省属单位在开展对外交流中注重以商业运作模式"走出去",创涉外收入近140万元。

【对外对港澳文化事务管理】 2016年,省文化厅对全省交流项目进行规范管理,并做好指导与服务工作。履行涉外涉港澳营业性演出审批会办职责,确保对外对港澳文化活动有序开展。同时,严格执行因公临时出国(境)管理规定,抓好行前教育,加强对因公出访团组审核把关和监督检查,提升出访质量。加强平台和渠道建设,积极推介浙江省优秀文化艺术项目入选海外中国文化中心资源库。

(杨　惠　胡耀丹)

省卫生计生委

【概况】 2016年，省卫生计生委继续从严执行各项因公出国（境）管理规定和外事纪律。全年组织因公出国（境）团组179批526人次，其中赴国外团组166批451人次、赴港澳团组13批75人次。接待国（境）外来访团组43批247人次。

【澳大利亚维多利亚州卫生部长访问浙江】 2月27日，省卫生计生委主任杨敬、副主任姜建鸿会见澳大利亚维多利亚州卫生部长吉尔·轩尼诗一行9人。杨敬向来宾介绍浙江省卫生和计划生育事业发展概况，着重介绍了医改的目标和四大重点领域。姜建鸿回顾自2013年以来浙江省与维多利亚州在卫生领域的交流与合作，并向澳方提出省卫生计生委希望与维多利亚州进一步合作的四个领域：院校之间的交流合作、医院特别是专科之间的交流合作、全科医生的培训及健康产业的发展。轩尼诗对省卫生计生委关于未来合作的提议给予积极回应，表达了与浙江省进一步合作的强烈意愿。墨尔本大学和莫纳什大学代表介绍了澳大利亚全科医生的教育培训情况。

会见结束后，浙江大学医学院与墨尔本大学签署合作备忘录，温州医科大学与莫纳什大学签署合作意向书。

【中法应对抗生素耐药性研讨会与医院合理使用抗生素研讨会】 3月11日在杭州举行。由法国驻华大使馆、法国梅里埃基金会和省卫生计生委共同主办。省卫生计生委副主任姜建鸿、法国驻华大使馆卫生和社会事务参赞谢思珂分别致开幕词，国家卫生计生委医政医管局李大川发表主旨演讲。浙江省省级及各地市医疗卫生机构的专家学者和管理人员，法国大使馆从山东、福建、湖北、江苏等省邀请的相关代表等200余人参会。

研讨会分为四个专题，包括“大健康战略应对抗生素耐药性”“抗生素耐药性监测和抗生素的使用”“控制抗生素耐药性：保健与处方”和“抗生素耐药性研究”。来自两国卫生行政部门的官员嘉宾从宏观角度介绍两国在抗生素使用监管方面的政策、成果与面临的问题，临床药学、疾控、微生物学方面的专家学者则就各自的专业领域展开论述。每个专题结束后进行现场讨论与互动问答。

在杭期间，法方参会人员还分批前往浙江省人民医院、浙江大学医学院附属第一医院、浙江大学医学院附属邵逸夫医院参观交流。

【捷克皮尔森州副州长访问浙江】 5月10日，捷克皮尔森州副州长伊沃·格律能率皮尔森州分管卫生议员、州政府外联处官员、皮尔森州商会会长、查理大学驻皮尔森医学院副院长、西波西米亚大学代表等一行19人访问浙江。省卫生计生委副主任徐润龙会见代表团，欢迎皮尔森州医疗卫生专业人员在原有初步交流和互访基础上，实地参观浙江省中医医疗机构，全面了解中医理论和实践体系。徐润龙在与捷方交流将于2016年夏天皮尔森州与浙江省中医药大学合作举办中医药推广宣传活动的同时，向捷方介绍计划在10月份举办的浙江省国际健康产业博览会，并邀请皮尔森州届时派代表参加。徐润龙建议，未来双方可开展中医教育、院际合作、产业项目合作等多方位合作，并通过常态化联络机制、网络平台及重点项目活动等载体开展中医中药交流合作。浙江中医药大学、浙江省中医院代表介绍了各自单位与皮尔森州在中医药教学、医疗等方面开展的合作，并提出了未来合作的建议。格律能表示，希望与浙江省在中医药领域开展进一步合作交流，并介绍即将启动的网络交流平台，此平台服务双方之间的交流合作。查理大学驻皮尔森医学院副院长表示，希望能在中医药教学和科研领域与浙江省开展合作。此外，皮尔森州商会会长还解答了中方与会代表提出的关于中药进入捷克医保系统的问题。

【组织医疗卫生管理培训团赴英国培训】 5月14日至6月3日，由省卫生计生委组织的医疗卫生管理培训团一行17人赴英国进行培训学习，内容涉及医疗卫生体制、医院管理、全科医学、养老护理、公私合作伙伴关系等。培训团先后在英国国王学院及其附属医院、英国格洛斯特郡医院、伦敦大学附属医院和西英格兰大学进行访问交流和培训学习，并赴英国医疗设施建设投资咨询和管理公司莫特唐纳公司和专门从事养老产业的孝尔健康集团参观交流，访问英国贸易投资总署，与英国医疗局和中英贸易协会、英国安永公司官员和代表进行交流会谈。

【加拿大艾伯塔省卫生部副部长访问浙江】 5月27日，加拿大艾伯塔省卫生部副部长卡尔·安默海率代表团一行4人访问浙江。省卫生计生委副主任徐润龙会见代表团。徐润龙回顾省卫生计生委与艾伯塔省在全科医学、共办生命科学论坛等的合作交流情况。省中医药管理局副局长吴建锡介绍省中医药管理局的职责和主要工作。安默海表示，希望通过访问中国、访问浙江省，学习中医药理念、寻求中医药领域合作项目，为艾伯塔省传统医学发展添砖加瓦，为艾伯塔省人民提供更多医疗服务选择，并期望通过提供更有效率的医疗服务达到降低医疗服务费用的目的。

双方一致同意未来在教育培训、科研、临床医疗、健康管理模式等四方面进行合作交流，并确定了合作联络窗口。

【丹麦西兰岛大区主席访问浙江】 6月27日，省卫生计生委主任杨敬、副主任姜建鸿会见丹麦西兰岛大区主席延斯·斯坦贝克、大区国际合作委员会主席彼得·曼森、大区创新与发展总监韦斯特格等一行18人。杨敬向来宾介绍浙江省卫生和计划生育事业发展概况，着重介绍当前医药卫生改革主要举措、杭州医学院的历史沿革与对外交流合作、卫生信息化建设、家庭和社区医养结合等。斯坦贝克一行对浙江省“双下沉、两提升”工作表示浓厚的兴趣，并就如何激励城市医生到社区乡村基层机构提供服务进行提问和讨论。斯坦贝克对浙江省的有关举措十分赞赏，表示将把浙江经验带回到西兰岛大区。

【瑞典国务秘书访问浙江】 9月29日，省卫生计生委副主任马伟杭会见瑞典国务秘书奥斯卡·斯坦斯特罗姆一行6人。马伟杭向来宾介绍浙江省卫生事业发展概况、面临的挑战及在医改方面开展的主要工作，并分享建设“健康浙江”的理念和五年规划。斯坦斯特罗姆介绍瑞典医疗卫生事业基本情况、发展特色及强项领域。他表示，中瑞在医疗健康领域一直有着密切的关系，双方高层互访不断，并有意推进两国企业间的相互交流及学术层面的互访，促进中瑞友好关系由国家层面深化到地区层面。

双方就未来在医疗卫生领域合作的可能性进行深入探讨。马伟杭表示，瑞方的医疗服务能力和理念、医疗高新技术及信息化的应用都值得浙江省借鉴和学习，浙江省欢迎瑞方来浙江办医。马伟杭建议双方在政府、事业单位、第三方组织等三个层面上开展合作，以人员交往和建立代表性项目作为切入点，建立更加深入的合作关系，并取得实质性成果。

【与澳大利亚昆士兰州卫生厅续签合作谅解备忘录】 10月19日至20日，澳大利亚昆士兰州卫生部长卡梅伦·迪克一行15人访问浙江。省卫生计生委主任杨敬会见卡梅伦·迪克一行。双方回顾以往合作成果，交流两省州卫生改革举措和目标，探讨医疗卫生领域的经验和实践，并展望未来合作的计划。随后，省卫生计生委与昆士兰州卫生厅续签合作谅解备忘录。浙江省健康服务业促进会与昆士兰生命科学理事会同时签约。

此前，卡梅伦·迪克参加第二届浙江健康产业博览会高峰论坛并在开幕式上致辞。澳方全体成员出席会议并参加展览。

【第二届浙江国际健康产业博览会】 10月20日至22日在杭州举行。国内外约120家单位参展，展示面积近1万平方米。澳大利亚、美国、日本、意大利等国代表团应邀参会，并在大会期间举办主题活动。

博览会期间，同时举办浙江国际健康产业高峰论坛、浙江省健康产业项目推介会、浙江省医院大会及分论坛、医养结合国际高峰论坛、健康保险和健康管理融合发展高峰论坛等16场系列活动。

【日本静冈县健康福祉部代表团访问浙江】 10月21日，省卫生计生委副主任姜建鸿会见日本静冈县健康福祉部部长山口重则和静冈县立病院机构理事长田中等一行。姜建鸿代表省卫生计生委对静冈县代表团前来参加浙江省第二届国际健康产业博览会表示欢迎。静冈县客人介绍了为应对人口老龄化而开展的“延长健康寿命”项目，并表达进一步加强双方医疗卫生交流的意向。山口重则表示，对两县省健康产业领域合作寄予厚望，并希望与浙江省紧密合作，把两县省健康产业项目建设成为全球范本，共同成为世界上健康产业的领头羊。

2017年是浙江省和静冈县结好35周年。双方一致同意将促成浙江省儿童医院和静冈县儿童医院之间签订友好合作协议。

在浙期间，山口重则一行还访问浙江省民政厅、浙江省人民医院、浙江大学医学院附属儿童医院滨江院区。

【全科医学临床技术培训团赴英国培训】 11月12日至12月2日，应英国皇家全科医师学会邀请，由省卫生计生委组织的全科医学临床技术培训团一行24人，赴英国伦敦参加由英国皇家全科医师学会组织的国际培训课程学习。培训内容主要包括：全科医学教育培训及考核，全科带教老师的选拔、培训、教学与考核，全科教学方法与技能，全科医师为主导的整合式服务，全科医师为主导的双向转诊模式，全科诊所的医疗质量监管体系等。

【生殖健康和妇幼保健技术培训团赴德国培训】 11月13日至12月3日，应柏林应用科技大学邀请，由省卫生计生委组织的生殖健康和妇幼保健技术培训团一行18人，赴德国就生殖健康和妇幼保健相关领域技术应用和工作实践进行培训与交流。培训团在柏林应用科技大学、医疗保险机构、夏洛特医学院和医院、米歇尔医院和护理中心、莎娜科里尼肯AG医院、玛利亚妇产医院、勃兰登堡儿童康复医院、西道夫不孕不育诊所等医疗机构和部门进行专业技术培训，并与生殖健康和妇幼保健相关领域医务及从业人员进行互动交流。

【英国—浙江整合医疗论坛暨中英优质医养结合杭州商务对接会】 12月5日在杭州举行。该论坛由英国国际贸易部、英国驻沪总领事馆和浙江省卫生计生委、浙江省健康服务业促进会及英中贸易协会共同主办。

论坛上，省卫生计生委副主任姜建鸿回顾十多年间浙江省与英国在医疗卫生领域开展的交流与合作，介绍浙江省健康服务业发展情况，并指出双方各方面的合作活动层次高、范围广、项目多、效果好，是中英双方友好合作的最佳典范。英国医疗局局长考布卡介绍英方在整合医疗、医养结合方面的优势，希望下一阶段与浙江省开展进一步交流与合作，确保项目合作方面有新的进展。浙江大学医学院附属第一医院院长王伟林、英国莫特唐纳公司代表分别在论坛上作交流报告。

本次论坛最具特色的配套活

动之一——中英优质医养结合杭州商务对接会邀请到近30家英国健康医疗专业企业和机构，与浙江省内外50余家健康产业企事业单位进行一对一对接。

论坛期间，省卫生计生委还与英国医疗局续签双方合作谅解备忘录，并举行双边合作交流，继续深化业已存在的合作友谊，推动从医疗卫生领域的合作扩大到健康产业领域。

【继续开展临床专业技术进修项目】 2016年，省卫生计生委在全省选派203人次赴国(境)外专业进修，进修地包括英国、美国、德国、意大利、法国、日本及中国香港等国家和地区。进修专业覆盖多数医学专科及护理领域，进修时间：国外为期2—3个月、香港地区为期2周。

【援纳米比亚医疗队】 2016年是援纳米比亚医疗队轮换年。6月7日，由浙江省派出的第11批中国援纳米比亚医疗队在纳米比亚首都温得和克与第10批援纳医疗队举行交接仪式。在中国驻纳大使馆经商处指导下，继续承担温得和克国立医院针灸科日常门诊及纳方官员保健任务。此外，医疗队于9月和12月举行两次义诊活动，提供体检、针灸等诊疗服务，免费捐赠药品，受到当地政府和百姓的好评。

第10批援纳米比亚医疗队回国前，中国驻纳使馆经商处发来感谢信，评价"四名队员时刻牢记'不畏艰苦、甘于奉献、救死扶伤、大爱无疆'的中国医疗队精神，发扬国际主义、爱国主义精神和救死扶伤的人道主义精神，克服种种困难和考验，圆满完成援外任务，树立了中国医疗队员良好形象，获得各界一致好评"。

【援马里医疗队】 2016年，浙江省第24批援马里医疗队31名队员在马里继续提供医疗援助。为深化中马医疗卫生合作、创新援外医疗工作，医疗队对马里医院门诊量、手术量及各科技术力量配置等进行调研。从马里医院的实际情况和需求出发，重新制定2016年度中—马对口医院合作项目方案，重点对马里医院妇科及支撑学科(麻醉科、医学影像科)学科建设进行扶持。全年接收5名马里医院专科医生和高管到浙江省人民医院进修学习和工作洽谈。

【G20峰会礼宾接待】 由省卫生计生委组成的14人礼宾接待小组参与9月份G20杭州峰会政要礼宾接待工作，包括南非政要团的礼宾接待任务及世界卫生组织助理总干事任明辉、联合国副秘书长兼联合国艾滋病规划署执行主任西迪贝一行的接待任务。

【G20峰会医疗卫生保障】 2016年9月G20杭州峰会期间，共设置医疗保障点155个，参与峰会医疗卫生保障人员7639人，其中直接参与保障人员1569人、医院应急待命值班医护人员13162人。建立由2辆重要专用救护车、76辆奔驰救护车、2艘救护艇、1架具备ICU功能的固定翼飞机、6架救护直升机和20支应急小分队组成的水陆空立体保障体系。峰会期间，各医疗点、定点和后备医院累计接诊病人4809人次，其中外宾86人次，实现峰会医疗保障全救治和零死亡。完成G20杭州峰会重大医疗卫生保障任务。

(麻欢萍)

省环保厅

【概况】 2016年，省环保厅组织因公出国(境)团组21批64人次。其中15批44人次赴国(境)外执行研修、开会、技术交流与合作任务，5批18人次赴国(境)外接受技术培训，1批2人次赴国外执行现场技术服务任务。厅G20峰会礼宾接待小组完成联合国贸易和发展会议、亚投行和联合国艾滋病规划署三个国际组织的接待工作。与省外侨办联合举办中日环保论坛。

【省环保厅代表团访问法国和西班牙】 3月1日至8日，省辐射站副站长赵顺平率省环保厅代表团一行3人访问法国和西班牙，执行辐射环境监测技术交流任务。在法国，代表团参加在巴黎举办的“2016核生化及爆炸物防御欧洲峰会”。会议以欧洲对核生化威胁的关注、欧洲的核生化政策与项目、生物医学的威胁与对策、核生化取证、国家层面应对核生化的能力与资源、化学及核与辐射威胁的分析等议题展开30余场学术报告，并安排核生化情报的新需求和机器人技术两个专题研讨会。赵顺平作题为《中国应对核与辐射事故的辐射监测网络》报告，介绍中国辐射监测情况、核反应堆监督性监测、核与辐射恐怖袭击的应对等，并就中国放射源监管等问题回答听众的提问。英、法、德、美、中国等15个国家和地区的50余位专家学者、政府官员等参加峰会。在西班牙，代表团访问巴塞罗那波控公司，参观公司总部的电场磁场刻度实验室，考察固定式/手持式电磁辐射监测仪表和网络在线数据发布平台等产品，双方就实验室、产品和未来合作方向展开交流和讨论。波控公司是一家专业从事电磁场测量、无线电频率安全及电磁兼容的一家高新技术企业，可提供专业的电磁辐射监测设备、固定点监测系统、移动监测系统及移动监测车，以及环境电磁辐射相关的整体解决方案。

【水专项课题组赴丹麦和德国考察】 4月11日至18日，根据“十二五”国家水体污染控制与治理科技重大专项《太湖流域(浙江片区)水环境管理技术集成及综合示范课题》工作计划，省环境监测中心副主任汪小泉率水专项课题组一行5人赴丹麦和德国，执行水质模拟和水环境保护新技术考察任务。在丹麦，代表团拜访丹麦水力研究所，介绍浙江省“十二五”水专项课题进展情况、取得的成果、存在的主要问题和需求。了解丹麦水力研究所水环境专业软件的研发，及该所在中国水环境项目及水环境研究领域新技术进展情况。参观该所生化分析实验和水波造浪环境水力模拟实验室。在德国，代表团拜访保护莱茵河国际委员会，了解该机构基本情况、运作方式、主要工作成果及莱茵河保护工作经验。实地踏勘莱茵河鱼类洄游通道，了解鱼类洄游通道造型和设计。

【省环保厅代表团访问俄罗斯和捷克】 8月20日至27日，省环境监测中心副主任张建中率省环保厅代表团一行4人访问俄罗斯和捷克。在俄罗斯，代表团访问圣彼得堡市环保局，了解俄罗斯比较完善的生态立法体系及为防治污染和改善环境所采取的一系列法律、行政及技术措施和生态教育体系、生态环境监测工作状况。实地考察莫斯科市区和市郊露天垃圾处理场。在捷克，代表团访问捷克马萨里克大学环境中有毒化合物研究中心，了解其开展对环境中有毒有害污染物的污染特征、迁移转化和污染健康风险研究。考察化学分析实验室、生物毒理实验室和教育培训实验室，及居民小区内生活垃圾的分类收集与处理情况。

【省环保系统技术人员赴瑞典培训】 9月11日至25日，由省排污权交易中心主任周树勋带队的省环保系统技术人员一行17人赴瑞典，进行“基于排污许可证制度的环境经济政策研究”培训。其间，与包括瑞典国家环保署、能源署、交通署、住房与建筑署、斯德哥尔摩省政府可持续发展部、哥德堡市环保局等政府机关及瑞典国家技术研究所、瑞典环境研究院、皇家工学院等科研机构和高校开展相关学习与交流，内容涉及瑞典环境目标体系、环境监测与评估体系、环境经济措施、排污许可证管理体系、气候政策、交通与能源环境政策、住房建筑环境措施、环境治理技术研究等，并实地走访皇家港优阁生态城、萨拉赫比生物质发电厂、沃尔沃博物馆、哥德堡港口等一批生态环保典范项目。

【省环科院技术人员赴德国执行审核】 9月19日至23日，省环科环境认证中心高级工程师吕芳和工程师丁路跃根据国家认证规范要求，对博世华环保科技（德国）有限公司进行年度现场监督审核。博世华环保科技（德国）有限公司的环境管理体系（ISO14001）和质量管理体系（ISO9001）证书由浙江省环科环境认证中心颁发。两位技术人员对该公司质量、环境管理体系运行情况进行审核，判定其体系是否符合相关法律法规及ISO9001：2008、ISO14001：2004标准要求。通过现场审核，确定其体系运行基本有效，推荐其保持质量、环境管理体系认证注册证书。

【省环保厅代表团访问德国和意大利】 10月18日至25日，副厅长王以淼率省环保厅代表团一行5人访问德国和意大利。在德国，代表团拜访石荷州环境农业部和经济技术部，就推动深化双方环保领域合作、畜牧业污染治理、排污许可制度、氮磷总量控制、水产加工行业污染治理和生态系统健康评估等进行交流。参观康迪亚斯公司，商谈双方深化研究与合作细节。参观德国萨博公司和舒曼有限责任公司工厂，就设备引进和技术合作进行交流。在意大利，代表团拜访意大利威尼斯海洋研究院，就近岸海域污染防治及水产加工行业污染治理进行交流。访问罗马第二大学，就水环境管理、环境监测、环境信息化等内容进行交流。省环境工程技术评估中心与罗马第二大学签订人才培训与合作交流备忘录。

【省辐射站技术人员赴美国培训】 10月23日至30日，省辐射站王侃等3名技术人员，赴美国通用路透斯托克斯公司参加高气压电离室培训并进行辐射环境监测技术交流。实地考察该公司生产厂房核心区域及整个生产流程，并就设备使用问题和辐射环境自动监测技术进行探讨和交流。

【省环保厅代表团访问加拿大和美国】 11月3日至10日，省环科院副院长朱俊率省环保厅代表团一行6人访问加拿大和美国。在加拿大，代表团访问大湖环境软件公司，了解该公司各类空气质量管理系统的产品特性、适用情况及应用实例等，现场观摩空气质量信息管理系统和污染源追踪系统运行与输出结果展示。就大气污染源排放清单动态更新、空气质量预测、污染源追踪及挥发性有机化合物减排控制等相关技术问题进行交流，并探讨大湖公司空气质量管理系统在浙江省本地化的技术难点及解决办法。在美国，代表团访问田纳西大学土木与环境工程系，空气污染控制费效及达标评估系统研发与应用的研发专家团队介绍田纳西大学在大气污染的形成与控制、大气污染与气候变化、环境污染与健康、软件模型的开发与应用等大气环境领域所开展的研究工作和研究成果，展示大气污染的全球与区域传输、极地黑碳气溶胶与气候变化、大气污染控制成本估算及挥发性有机化合物挥发性排放等项目的研究成果。双方就环境空气质量模型的本地化、源清单与地形地貌对浙江省区域空气质量模拟的影响、如何定量估算区域传输对浙江省空气质量的贡献、挥发性有机化合物排放与控制、空气污染控制费效及达标评估系统在中国及浙江省的应用、以及雾霾对人群健康影响研究等问题进行探讨，并分享污染源清单和空气质量模拟结果的验证与不确定性分析等研究经验。

【浙江省·静冈县环境论坛】 11月15日，由省环保厅和省外侨办联合主办的浙江省·静冈县环境论坛在杭州召开。副省长熊建平和日本静冈县副知事吉林章仁出席论坛开幕式并致辞。论坛由省环保厅副厅长卢春中主持。中日相关领域专家学者围绕环保规划、环保产业、环境技术、美丽乡村建设及未来城市构想等领域进行演讲和讨论。来自日本静冈县生活环境部、经济产业部、地域外交局、环境资源协会、产学交流中心和浙江省环保系统、浙江大学及环保企业的代表100余人参加论坛。

【省环保厅代表团访问以色列和南非】 11月22日至30日，厅长方敏率省环保厅代表团一行6人访问以色列和南非。在以色列，代表团访问约克尼穆市政府，就生态经济发展、生态保护、项目准入控制、公众参与等进行交流，并签订建立友好合作关系备忘录。代表团一行参观奈特费穆滴灌技术公司、考察凯博兹组织滴灌技术应用实例，探讨滴灌技术的经济可行性和地域制约因素。参观以色列国家水务集团、观摩麦克乌特公司基地，学习交流治水节水运作、水质监测等情况，及以色列全国海水淡化、内陆湖引水处理并轨运行机制。在南非，代表团考察太阳城匹林斯堡野生动物保护区，就动物多样性保护、保护区管理工作进行交流。访问开普敦南非国家生物信息学研究院，就植物多样性保护进行交流，并签订建立友好合作关系备忘录。访问开普敦环保局，就应对气候变化、海洋环境保护、排污许可证管理、自然生态环境保护监测网络建设等进行交流。

【省环保厅代表团访问新西兰和澳大利亚】 12月7日至14日，省环科院副院长邵卫伟率省环保厅代表团一行6人访问新西兰和澳大利亚。在新西兰，代表团实地考察怀卡托农牧区，了解新西兰政府及相关行业部门为缓解畜牧养殖对新西兰河流、湖泊、地下水、湿地等水体环境质量的影响，促进畜牧业可持续发展制定的一系列环保政策及管理手段。考察农场生态种植业和豢养动物之间的生态循环模式和草场资源可持续利用模式。在澳大利亚，代表团拜访锁磷剂水处理公司，该公司的主力专利产品“锁磷剂”，为湖泊、水库、河流、湿地不同水体中磷的降解提供自然和安全的解决途径，同时为水体富营养化及藻类爆发提供有效控制手段。双方根据浙江省水环境基本概况及面临的水污染治理压力，就锁磷剂产品在浙江省的应用进行讨论，并期待进一步开展合作。

（邱中云）

省新广局

【概况】 2016年，省新广局围绕服务中心工作与新闻出版广电行业对外交流合作需要，紧扣新媒体管理、新技术运用、影视节目制作、版权交易等主题，按照“因事定人、务求实效”总体要求，全年完成9个团组11批次出国(境)访问，并做好出版人才和纪录片人员2个赴英培训班的组织工作。

【派员访问西班牙和意大利】 5月31日至6月7日，省新广局1人随国家新闻出版广电总局组织的“广播影视融合媒体与移动互联创新团组”访问西班牙和意大利。重点了解和考察国外与广播电视新媒体台网融合技术与管理相关的运作方式和设备管理经验，借鉴国际先进的广播电视新媒体台网融合专业管理和技术开发方式，提高国内广电系统新媒体台网融合技术与管理水平。

【省新广局代表团访问匈牙利和德国】 6月30日至7月5日，省新广局代表团一行2人访问匈牙利和德国。参加“2016布达佩斯全美国际电视节”，了解浙江省影视企业与相关交易服务平台参展情况。考察德国不来梅大学新闻传媒学院，了解其在信息传播领域高层次人才培育机制和经验。

【浙江出版代表团访问俄罗斯和匈牙利】 7月2日至8日，浙江出版代表团一行2人赴俄罗斯和匈牙利访问考察。与俄罗斯相应部门代表进行交流洽谈，参加博库书生莫斯科分店开幕式及举行首届俄罗斯浙江书展，与俄方出版单位进行专题交流。

【省新广局代表团访问英国和瑞典】 9月18日至25日，省新广局代表团一行3人访问英国和瑞典。考察省级应急广播调度控制平台设备制造企业，了解相关产品情况，并与有关企业洽谈合作事宜。实地考察英国、瑞典两国数字广播电视技术产品、纪录片生产、数字版权管理领域的4家公司和影视制作机构。

【省新广局代表团参加戛纳国际影视节】 10月16日至22日，应法国戛纳国际影视节组委会邀请，省新广局代表团一行2人携浙产影视作品赴法国参加戛纳国际影视节，以扩大浙产影视产品的海外影响力和传播力，推动影视文化产品和服务出口。学习、引进国外先进影视文化创意，进一步提升浙江影视制作水平。

【省新广局代表团参加法国戛纳国际秋季电视节】 10月17日至20日，应法国戛纳电视节主办方瑞得集团总裁保罗·齐尔克邀请 省新广局副局长王国富、电视剧处郑娅娜赴法国参加法国戛纳秋季电视节。在戛纳组织了新闻发布会、合作洽谈会、“华语之夜”等一系列活动。参与视听与数字内容交易展会，达成将“世界内容交易领域第一品牌”落户杭州的共识。宣传浙江文创产业和创业环境，向参展的多国文创企业发出邀请，吸引世界目光聚焦杭州。

【派员赴英国参加培训】 10月23日至11月12日，省新广局和省人力资源和社会保障厅共同组织全省出版单位业务骨干和影视单位纪录片创作业务骨干赴英国培训，学习了解英国传统出版业数字化转型升级及英国纪录片制作的经验和做法，推进浙江省新闻出版广播影视产业繁荣发展。

【省新广局代表团访问肯尼亚和塞舌尔】 10月25日至11月2日，省新广局局长寿剑刚率代表团一行4人访问肯尼亚和塞舌尔，参展并开展交流活动。代表团走访中国驻肯尼亚使馆经商处、肯中文化交流协会、塞舌尔广播公司，实地考察在肯尼亚从事有线电视网络业务的中资公司广播电视业务经营情况，参加浙江省影视产业国际合作实验区入驻影视机构海宁普兰缘起传媒有限公司和肯尼亚野生动物保护局联合举办的中肯合拍纪录电影《Hello，大象》启动仪式，并与在肯工作、经商、学习的浙籍有关人士进行座谈。

【省版权贸易代表团访问捷克和塞尔维亚】 11月17日至24日，省新广局组织的浙江省版权贸易代表团一行2人访问捷克和塞尔维亚。访问期间，代表团在捷克布拉格花园饭店、塞尔维亚诺维萨德大学孔子学院设立2个海外“百柜工程”——悦读浙江专柜，并拜访捷克著名的文学类图书出版社维索纳出版社、塞尔维亚最大的综合图书类出版机构拉古纳出版社和两国实体书店及中塞文化交流协会、塞尔维亚华人商会等机构，洽谈版权合作、华语图书出口及学术出版合作、境外出版社收购前期考察等多项业务。

【派员访问加拿大和墨西哥】 12月9日至15日，省新广局1人随国家新闻出版广电总局组织的交流访问团赴加拿大和墨西哥两国，执行有限电视网络与新媒体传输覆盖及运营管理任务。

（徐舒雯）

省体育局

【概况】 2016年，省体育局接待来自50个国家和地区的各类访问交流团组8批71人次，派遣136批508人次赴43个国家和地区参加体育比赛、训练或交流访问活动。

【第31届夏季奥林匹克运动会】 8月5日至21日在巴西里约热内卢举行。浙江省有26名运动员、11名教练员和1名科研人员参赛，项目有：田径、游泳、射击、举重、赛艇、帆船、体操（艺术体操、蹦床单跳）、排球（沙滩排球），最终获得2金2银3铜。其中孙杨获得男子200米自由泳金牌和男子400米自由泳银牌、石智勇获得男子69公斤级举重金牌，徐嘉余获得男子100米仰泳银牌，傅园慧获得女子100米仰泳铜牌，汪顺获得男子200米个人混合泳铜牌，浙江省选手潘飞鸿与队友黄文仪获得女子赛艇轻量级双人双桨铜牌。

【2016年里约热内卢残奥会】 9月7日至18日在巴西里约热内卢举办。浙江省运动员获12金11银12铜，打破6项世界纪录，获得总奖牌数是参加残奥会以来最多的一届。本届残奥会共设22个大项、528个小项，来自170多个国家和地区的4350名运动员参赛。中国代表团派出499人，参加17个大项、328个小项的角逐。其中残疾人运动员308人，年龄最大的52岁、最小的14岁（宁波籍残疾人游泳运动员徐佳玲）。浙江省有包括运动员、教练员、领队、工作人员在内的55人参加中国代表团，其中残疾人运动员40人，入选人数为历届最多。参加项目有游泳、田径、皮划艇、赛艇、自行车、举重、射箭、乒乓球、盲人门球、坐式排球等10个大项、60多个小项。其中皮划艇项目是本届残奥会首次设置，代表国家队参赛的运动员、教练员全由浙江队组建。

【第30届杭州马拉松】 11月6日在杭州黄龙体育中心开跑。全国政协科教文卫体委副主任、中国田径协会主席段世杰，浙江省副省长郑继伟，杭州市市长张鸿铭、副市长陈红英，浙江省政府副秘书长李云林、省体育局局长孙光明、省友协专职副会长陈爱珍等出席开幕式，省体育副局长李华主持开幕仪式。

来自英国、德国等50个国家和地区的3.2万余名运动员参加比赛。项目分别为：马拉松（42.195公里）、半程马拉松（21.0975公里）、小马拉松（7公里）、情侣跑（4.5公里）和家庭跑（1.2公里）。路线从西湖到钱江新城，还特别纳入G20峰会主会场——杭州国际博览中心，中央电视台对赛事进行全程现场直播。获男子马拉松前三名的运动员和女子前两名的运动员成绩均打破赛会纪录。男子前三名分别为：埃塞俄比亚的伯济岗·雷加萨·曼达耶，用时2小时11分22秒、肯尼亚的约翰·齐帕科尔·科曼，用时2小时11分25秒、肯尼亚的雷蒙德·齐姆泰·贝特，用时2小时11分30秒；女子前三名分别为：肯尼亚的安妮·查普塔努·贝乐维，用时2小时31分21秒，埃塞俄比亚的希努特·特贝布·达米特，用时2小时31分33秒、埃塞俄比亚的赛哈·德赛尔根·埃德哈娜用时2小时33分14秒。本届杭州马拉松第三次被中国田径协会授予金牌赛事称号，被评为最具传播影响力赛事，并首次获得国际田径联合会国际田联铜标赛事称号。

【第一届亚洲国际象棋团体赛(U14)】 11月6日至11日在浙江嘉兴举行。由亚洲国际象棋联合会和中国国际象棋协会联合主办,浙江省非奥项目运动管理中心、浙江省棋类协会、嘉兴市体育局和白雪棋院承办。亚洲范围内11个国家和地区的16支队伍共计76名选手参赛,分别是:中国6支棋队、包括香港和澳门各一支,新加坡和马尔代夫各两支,斯里兰卡、马来西亚、伊朗、孟加拉国各一支。比赛分为超快棋和慢棋,最终伊朗队获得两个冠军,中国A队获得两个亚军,斯里兰卡和马来西亚队分别获得超快棋和慢棋赛第三名,在四个台次的奖牌分布中,中国队获得三枚金牌两枚银牌和一枚铜牌。亚洲棋联秘书长哈什姆评价道:中国为新创办的这一赛事开了个好头,赞赏比赛采取视频和棋谱同步网络直播的创新方式。

(郑　然)

表1　2016年省体育局出访情况汇总表

序号	团组名称	出访时间	出访国家或地区	出访人数	团组负责人
1	游泳	1月2日~3月15日	澳大利亚	7	郑坤良
2	网球	1月7日~2月21日	澳大利亚	1	韩馨蕴
3	网球	1月12日~2月1日	澳大利亚	1	吴易昺
4	田径	1月16日~3月15日	美国	1	王雅伦
5	跆拳道	2月1~7日	美国	4	王　浩
6	游泳	2月2~7日	澳大利亚	7	李雪刚
7	游泳	2月3~17日	澳大利亚	1	张亚东
8	体操	2月8~15日	比利时	3	沈宏伟
9	游泳	2月10日~3月20日	澳大利亚	8	朱志根
10	篮球	2月11~16日	加拿大	1	王奕博
11	田径	2月15日~3月27日	葡萄牙	1	翁春霞
12	跆拳道	2月16~24日	巴西	2	闻人云涛
13	武术	2月17~22日	日本	3	谭金鹰
14	田径	2月17~22日	卡塔尔	2	任梦茜
15	网球	3月3日~4月4日	日本	1	何叶聪
16	综合	3月4~7日	香港	2	胡国平
17	网球	3月13~26日	越南	5	於金星
18	围棋	3月20~26日	韩国	6	张　焱
19	篮球	3月24日~4月4日	德国	5	王奕博
20	体操	4月11~22日	巴西	1	朱洁亚
21	跆拳道	4月15~21日	菲律宾	1	洪鑫鑫
22	赛艇	4月16~26日	意大利	2	孟关良
23	网球	4月16~30日	泰国	6	於金星
24	举重	4月21~5月2日	乌兹别克斯坦	4	邵国强
25	游泳	4月25日~6月25日	澳大利亚	13	李雪刚
26	拳击	4月30日~5月10日	哈萨克斯坦	1	王林杰

续表

序号	团组名称	出访时间	出访国家或地区	出访人数	团组负责人
27	田径	5月4日～6月1日	德国、捷克、西班牙	1	翁春霞
28	篮球	5月5～19日	美国	2	王梦奇
29	马拉松	5月9～16日	新西兰、澳大利亚	3	龙　江
30	皮划艇	5月11～21日	德国	1	李戴源
31	网球	5月12日～6月5日	意大利、比利时、法国	3	於金星
32	网球	5月14日～7月9日	法国、英国	2	韩馨蕴
33	篮球	5月20～30日	朝鲜	5	郑　武
34	游泳	5月20日～6月29日	澳大利亚	2	徐国义
35	游泳	5月20日～7月22日	美国	2	孙泳峰
36	网球	5月20日～8月15日	西班牙	2	齐　霄
37	游泳	5月21日～7月22日	美国	8	张亚东
38	皮划艇	5月22日～6月7日	捷克、葡萄牙	13	姚仲华
39	武术	5月23～29日	美国	3	陈　健
40	排球	5月28日～6月7日	瑞士	1	王　娜
41	田径	6月1～7日	越南	4	陈　翀
42	游泳	6月1～14日	摩纳哥、法国、西班牙	1	毛飞廉
43	篮球	6月2～16日	美国	3	吴　骁
44	篮球	6月2～18日	新西兰、澳大利亚	1	申彬彬
45	网球	6月2～26日	香港	1	何叶聪
46	篮球	6月13日～7月4日	斯洛文尼亚、西班牙	2	王佳琦
47	篮球	6月13日～7月5日	斯洛文尼亚、西班牙	6	王奕博
48	田径	6月15日～7月31日	美国	1	谢震业
49	田径	6月15日～7月31日	美国	1	王雅伦
50	网球	6月22日～7月1日	英国	1	吴易昺
51	田径	6月23～27日	香港	5	王　军
52	网球	6月29日～8月8日	法国、荷兰、德国、比利时	1	王晓飞
53	射击	6月30日～7月8日	朝鲜	29	王玉华
54	篮球	7月1～5日	西班牙	1	殷彩萍
55	田径	7月1～5日	韩国	1	郭芳宏
56	游泳	7月2～23日	美国	16	朱志根
57	排球	7月5～17日	斯洛文尼亚、克罗地亚	3	戚丽丽
58	羽毛球	7月11～21日	马来西亚、新加坡	19	葛　枫
59	田径	7月16～27日	波兰	7	李荣祥
60	自行车	7月17～26日	瑞士	5	岳安元
61	篮球	7月19日～8月2日	伊朗	7	张志源

续表

序号	团组名称	出访时间	出访国家或地区	出访人数	团组负责人
62	篮球	7月20日～8月24日	美国、巴西	2	赵岩昊
63	田径	7月20日～8月24日	巴西	5	谢震业
64	排球	7月21日～8月1日	泰国	3	戚丽丽
65	游泳	7月21日～8月16日	巴西	23	张亚东
66	网球	7月22日～8月18日	巴西	1	何叶聪
67	皮划艇	7月23日～8月2日	白俄罗斯	3	王建江
68	篮球	7月23日～8月24日	美国、巴西	1	申彬彬
69	举重	7月24日～8月13日	巴西	2	邵国强
70	举重	7月24日～8月19日	巴西	5	占旭刚
71	网球	7月30日～8月8日	捷克	3	於金星
72	体操	7月31日～8月19日	巴西	1	朱洁亚
73	排球	7月31日～8月23日	巴西	1	王　娜
74	排球	7月31日～8月24日	巴西	1	金志鸿
75	奥运会	8月2～17日	巴西	10	孙光明
76	围棋	8月3～8日	日本	1	蒋其润
77	奥运会	8月3～24日	巴西	1	郑召刚
78	奥运会	8月4～11日	巴西	6	胡国平
79	奥运会	8月4～14日	巴西	1	吕　林
80	射箭	8月5～24日	韩国	12	李连荣
81	五子棋	8月6～14日	爱沙尼亚	1	俞炯耀
82	跆拳道	8月7～23日	巴西	2	洪鑫鑫
83	网球	8月10日～9月11日	美国	1	韩馨蕴
84	象棋	8月12～19日	芬兰	1	赵鑫鑫
85	体操	8月13～20日	巴西	1	贾芳芳
86	赛艇	8月18～31日	荷兰	11	赵伟军
87	网球	8月18日～9月12日	泰国	1	何叶聪
88	游泳	8月23日～9月6日	法国、德国、俄罗斯	3	于　诚
89	武术	8月25日～9月5日	冰岛	1	于君玲
90	科研	8月30日～9月5日	巴西	1	薛　亮
91	皮划艇	8月30日～9月21日	巴西	3	陈树洁
92	象棋	8月31日～9月7日	加拿大	1	金海英
93	网球	9月1～12日	美国	2	徐仁发
94	水上救生	9月2～12日	荷兰	1	黄　亮
95	篮球	9月4～25日	新西兰、澳大利亚、斐济	2	董可尔
96	篮球	9月6～20日	伊朗	5	郑　武

续表

序号	团组名称	出访时间	出访国家或地区	出访人数	团组负责人
97	射击	9月11～20日	波兰	1	林俊敏
98	排球	9月12～21日	越南	4	李　静
99	网球	9月12日～10月12日	西班牙	1	吴易昺
100	排球	9月17～30日	美国	21	马利亚
101	排球	9月20～30日	泰国	1	李　杭
102	排球	9月22日～10月3日	越南	2	何晓峰
103	田径	9月23日～10月1日	越南	1	王　蓉
104	排球	9月23日～10月4日	德国、瑞士	21	蒋　萌
105	网球	9月25日～10月4日	匈牙利	1	布云朝克特
106	武术	9月25日～10月5日	保加利亚	1	郑梦轩
107	地掷球	10月1～9日	法国、摩洛哥	1	虞超英
108	排球	10月5～16日	越南	3	徐建德
109	乒乓球	10月12～21日	澳大利亚	2	王　凯
110	武术	10月12～22日	波兰	3	叶朱倩
111	举重	10月17～26日	马来西亚	2	杨尧祥
112	游泳	10月18～31日	新加坡、日本、香港	4	杨　帆
113	网球	10月20日～11月7日	韩国	1	吴易昺
114	气功	10月23日～11月1日	法国	1	顾　波
115	篮球	11月4～17日	美国	2	万济圆
116	举重	11月8～16日	日本	1	彭黎娜
117	跆拳道	11月9～15日	克罗地亚	2	洪鑫鑫
118	网球	11月10日～12月22日	墨西哥、美国	4	於金星
119	篮球	11月11～21日	泰国	2	董可尔
120	场馆	11月13～20日	芬兰、瑞典	4	周丽丽
121	跆拳道	11月13～22日	加拿大	1	童晓宇
122	游泳	11月14～21日	日本	15	朱志根
123	拳击	11月14～28日	俄罗斯	2	杨相中
124	体操	11月20～26日	日本	9	刘桂展
125	游泳	12月2～13日	加拿大	12	于　诚
126	跆拳道	12月6～15日	阿塞拜疆	1	闻人云涛
127	体操	12月10～20日	西班牙	1	朱洁亚
128	彩票	12月13～18日	加拿大	6	俞永桃
129	帆船	12月13～22日	新西兰	1	陈　昊

省海洋与渔业局

【概况】 2016年，省海洋与渔业局组织出国团组10个30人次，参加双跨团组1个1人次。出访澳大利亚、韩国、日本、吉布提、埃塞俄比亚、肯尼亚、厄瓜多尔、匈牙利和印尼等国家，进行渔业合作交流、远洋渔业、渔业科技进修、参加国际会议等活动。接待外宾9批74人次，来自美国、赞比亚、密克罗尼西亚、泰国、日本、索马里、瓦努阿图、澳大利亚、葡萄牙等国家。实施引进外国专家项目4个，邀请日本、加拿大、以色列、泰国和美国等国家的渔业专家来访12人次。

【美国阿拉斯加渔业代表团访问省海洋与渔业局】 3月7日，美国阿拉斯加渔业狩猎部主任威廉·坦普林和阿拉斯加大学专家一行4人，在上海海洋大学水产与生命学院水产系主任刘其根陪同下访问省海洋与渔业局。副局长陈畅会见代表团，双方就渔业生态资源保护和资源管理等方面进行交流。局科技外事处、渔政处、渔业处、环境处，杭州市水科所有关负责人参加会见和交流。

【赞比亚农业官员研修班学员到浙学习考察】 5月19日至22日，由商务部主办，农业部对外经济合作中心承办的“2016年赞比亚农业官员研修班”学员一行22人，到浙江学习考察。在浙期间，研修班学员拜访省海洋与渔业局，双方就能否在赞比亚推广稻田养殖技术、渔业资源管理、淡水鱼类营养研究和政府对产业支持政策等进行交流，并参观考察省淡水水产研究所、省水产技术推广总站等。

【省海养所协办2016年APEC海洋生态养殖培训研讨班】 5月30日至6月1日，2016年亚太经合组织(APEC)海洋生态养殖培训研讨班在厦门举办。由APEC海洋可持续发展中心/国家海洋局第三海洋研究所主办，省海养所协办，旨在交流与分享APEC区域与全球海洋生态养殖的经验，深化APEC各经济体间的海洋交流与合作，促进亚太区域海洋的可持续发展。来自中国、智利、马来西亚、巴布亚新几内亚、秘鲁、泰国、越南等7个APEC经济体成员及以色列、巴基斯坦、孟加拉国和联合国环境规划署30多位教员与学员参加研讨班。省海养所特邀包括以色列海洋与湖沼研究所海水养殖专家在内的中外海洋生态养殖及海洋渔业领域专家，围绕浅海与陆基多生态位综合养殖模式、鱼类疾病及防治、鱼类繁殖技术研究、海岸带养殖等议题进行授课，并编写《海水生态养殖》培训教材。

【省海洋水产养殖研究所接收首批泰国海洋技术本科毕业实习生】 7月18日至11月18日，基于泰国东方大学海洋技术学院与省海洋水产养殖研究所(以下均简称海养所)签署的合作备忘录，省海养所接收泰国东方大学海洋技术学院思瑞奴·尼甘桑宋等5名学生来华进行4个月的本科毕业实习，这是省海养所首次接受境外本科毕业实习生。在双方导师的指导下，实习生们在省海养所下属科研基地完成实验操作、数据整理、毕业论文撰写等实习内容，并通过双方组织的毕业论文答辩，泰、英双语撰写的毕业论文得到双方导师的认可。在华实习期间，实习生们还赴杭州、舟山等地海洋科学相关科研院所、院校参观并进行实习与交流。

【葡萄牙阿尔加夫大学海洋生物专家访问省海洋与渔业局】 8月17日,葡萄牙阿尔加夫大学海洋生物研究中心爱德利诺·加纳利博士一行4人访问省海洋与渔业局。爱德利诺·加纳利是中国"国家千人计划"特聘教授,受聘担任中国科技部"国家海洋生物科学国际联合研究中心"副主任。本次来访主要是了解浙江海洋渔业产业发展情况,浙江水产养殖企业在海水养殖中存在的问题及企业发展中亟需解决的难题,并希望与浙江养殖企业开展科技研究合作,促进研究成果在浙江落地。

【省渔业代表团访问澳大利亚】 9月27日至10月1日,局总工程师孙晓明率省海洋与渔业局代表团访问澳大利亚西澳州。代表团先后拜访西澳州渔业部、西澳大利亚渔业与海洋研究实验室、西澳大利亚州渔业委员会、西澳州渔业部鱼类健康实验室和科廷大学等,就西澳州渔业管理、渔业资源概况、渔业科技教育、水产养殖等领域与对方进行交流,并就有关领域的合作意向、合作方式等进行洽谈。代表团此访,是为落实2015年10月省海洋与渔业局与西澳州渔业局签订《浙江省海洋与渔业局与西澳大利亚州渔业部渔业合作协议》中的渔业科技合作项目。

【日本北海道大学教授访问省海研所】 10月11日,日本北海道大学饭田浩二教授访问省海研所,并作内容为基于声学的渔业种群评估学术报告。饭田浩二任浙江海洋大学特聘教授,专业是水产学、渔业学、电气工学、水中声学,主要研究领域有水中声学测量仪器的开发、海洋生物声音散乱特性的研究、声学水产资源调查等。

【日本名古屋大学教授访问省海研所】 10月25日,日本名古屋大学石坂丞二教授访问省海研所,进行学术交流并作题为"长江冲淡水对东海浮游植物群落的影响"的学术报告。省海研所科研人员和研究生30余人参加学术交流会。会上,石坂丞二结合遥感和实测数据讲述了长江冲淡水给东海生态系统带来的显著影响,尤其是对东海中部的浮游植物群落的影响结果,并就相关问题与参会人员进行交流讨论。

【日本长崎县渔业代表团水产考察团访问省海洋与渔业局】 11月8日至10日,日本长崎县水产部次长平田修三率日本长崎县渔业代表团水产考察团一行7人访问省海洋与渔业局。局长黄志平与平田修三代表双方签订《2017年两省县渔业交流备忘录》,双方就近期渔业产业发展情况、渔场修复振兴和海洋渔业资源管理中共同关心的问题进行探讨交流。访问期间,代表团一行还赴省淡水所参观访问,并进行交流。

【省海养所代表团访问泰国】 11月28日至12月2日,省海养所代表团一行5人访问泰国,分别与泰国东方大学、东方大学海洋技术学院重新签署谅解备忘录和合作备忘录。泰国东方大学与省海养所在二十世纪八十年代就已建立合作关系,多年来双方进行科研、人员互访、培训、合作科技展览与研讨会等方面的合作交流。根据新签署备忘录,双方将加强海洋与渔业科技合作,重点开展南美白对虾良种引进、繁育技术合作、海洋生物资源利用、海洋生态环境保护、海洋药物开发研究等合作;加强科技人员交流培训项目;就南美白对虾开展合作研究进行个案讨论,并探讨共建南美白对虾繁育研究中心等。

【自然资源保护协会海洋渔业专家访问省海研所】 12月5日,自然资源保护协会海洋项目主任萨拉·查西斯、渔业项目主管布莱德·斯维尔、高级科学家丽莎·苏阿托尼和海洋渔业项目专员李薇一行4人访问省海研所,进行TAC(限额捕捞)管理制度交流。专家们详细介绍美国阿拉斯加和新英格兰地区TAC制度制定与实施的历史沿革,对中国及浙江省近年来开展的投入管理和产出管理表示赞赏。双方认为，美国TAC制度的实施案例、存在问题和解决方案可以为中国开展TAC管理探索提供参考。

【美国加利福尼亚大学专家访问省海养所】 12月5日至7日，美国加利福尼亚大学圣塔芭芭拉分校渔业资源专家克里斯托弗·考斯特罗博士和科迪·斯维尔斯基博士访问省海养所。其间，专家们参观了实验室，并作题为“协作式渔业经济研究”和“不确定性下的渔业管理——以渔业资源评估与管理为例”的学术报告。会后，两位专家与海养所资源室及浙江海洋大学渔业资源专业相关人员进行交流，就下一步合作事宜达成初步意向。

【省海养所代表团访问厄瓜多尔】

12月5日至12日，省海养所科技代表团一行3人访问厄瓜多尔，就南美白对虾原种引进和技术合作可行性进行考察交流。代表团先后考察南美白对虾种虾场、孵化场、育苗场、养殖场及当地相关科研院校、水产进出口检验机构等，并与企业场主、研究人员进行座谈交流，了解厄瓜多尔南美白对虾养殖、繁育和引种政策情况，并与相关企业基本达成引种合作意向及初步建立合作交流机制。

【省林业和渔业代表团访问肯尼亚和吉布提】 12月22日至29日，应肯尼亚共和国林务局、吉布提共和国总理府邀请，副省长孙景淼率浙江省林业和渔业代表团一行6人访问肯尼亚和吉布提两国。在肯尼亚，代表团拜访肯尼亚林务局、肯尼亚林业科学院，双方就发展现代林业产业、林业资源和野生动物保护、森林治理等进行广泛交流。在吉布提，代表团拜访总理府及农业、渔业、畜牧业和自然资源部。省海洋与渔业局局长黄志平与吉布提海洋渔业局局长艾赫迈德签署渔业合作备忘录。代表团还视察吉布提渔港码头、拜访中国驻吉布提大使馆、与农业部援吉专家组进行座谈交流。

（叶　丹）

亚太小水电中心

【概况】 2016年,亚太小水电中心承办5期商务部援外培训(研修)、1期科技部援外培训和1期国企委托承办的海外水电站项目运行维护管理专项培训班,来自33个国家的157位学员参加培训(研修)。接待外宾10批31人次,分别来自巴基斯坦、土耳其、科特迪瓦、古巴、老挝、尼泊尔、越南等国,开展技术交流并探讨项目合作。派遣出国团组4批16人次,分赴老挝、卢旺达、埃塞俄比亚、乌干达、乌拉圭和玻利维亚等国开展技术咨询、合作洽谈、援外培训及回访等。

【亚太小水电中心代表团访问老挝】 1月3日至8日,亚太小水电中心代表团访问老挝。与老挝科技部洽谈国际科技合作项目,与老挝莱特工程有限公司洽谈电站合作并赴电站站址进行实地勘探,为外方提供技术咨询,洽谈下一步合作方案。

【巴基斯坦可再生能源署前署长访问亚太小水电中心】 1月19日至26日,巴基斯坦可再生能源署前署长哈里德·伊斯兰姆一行2人访问亚太小水电中心,双方就巴基斯坦太阳能项目及其他水电新技术合作等进行商谈。

【科特迪瓦总统顾问访问亚太小水电中心】 5月3日,科特迪瓦总统顾问伯纳德·沙洛梅一行2人访问亚太小水电中心,双方就在科特迪瓦和西非国家开展能力建设、技术研发、项目示范和推广等进行洽谈,并达成一致意见。

【亚洲国家小水电及农村电气化官员研修班】 5月12日至6月1日在杭州举行。商务部委托亚太小水电中心承办。来自阿富汗、格鲁吉亚、老挝、蒙古、尼泊尔、巴基斯坦、巴勒斯坦等国的24名官员参加研修。

【参加中国—南亚技术转移与创新合作大会】 6月12日,亚太小水电中心派员参加科技部在昆明召开的"中国—南亚技术转移与创新合作大会"。科技部副部长阴和俊发表主旨演讲,对亚太小水电中心在南亚国家开展的"中巴小型水电技术联合研究中心"及"南亚国家河流开发规划研讨班"等工作表示赞赏。

【非洲英语国家小水电及农村电气化官员研修班】 6月16日至7月6日在杭州举行。商务部委托亚太小水电中心承办。来自喀麦隆、埃及、加纳、肯尼亚、马拉维、卢旺达、南苏丹、苏丹、赞比亚、津巴布韦等国的22名官员参加研修。

【斯里兰卡水电站运行维护管理培训班】 6月18日至8月22日在杭州举行。由亚太小水电中心为国企承建的海外水电站项目提供技术培训。来自斯里兰卡的5位水电高级管理人员参加培训。

【卢旺达小水电技术培训班】 7月18日至8月16日在卢旺达首都基加利举行。商务部委托亚太小水电中心承办,这是亚太小水电中心自2015年以来在卢旺达举办的第二期海外培训班。来自卢旺达基础设施部、卢旺达能源集团、综合理工区域中心、卢旺达MINEGA能源公司等30名技术人员参加培训。中国驻卢旺达大使馆经济商务参赞张力勇及卢旺达能源集团领导出席开班仪式和结业典礼。

【亚太小水电中心代表团访问埃

塞俄比亚】 7月24日至27日，亚太小水电中心主任徐锦才率团访问埃塞俄比亚，与亚的斯亚贝巴科技大学及中兴通讯埃塞俄比亚代表处签署三方合作谅解备忘录，拜会埃塞俄比亚水利、灌溉和电力部与财经发展部及中国驻非盟使团。

【老挝能源矿产部副部长访问亚太小水电中心】 10月10日，老挝能源矿产部副部长西纳万·苏发努冯一行6人访问亚太小水电中心。亚太小水电中心与老挝可再生能源促进研究院签署合作谅解备忘录，启动开展小水电等可再生能源领域的务实合作。

【东南亚流域综合治理技术培训班】 10月13日至11月2日在杭州举行。商务部委托亚太小水电中心承办。来自柬埔寨、缅甸、越南等国的18名学员参加培训。

【亚非国家小水电与农村社区可持续发展官员研修班】 10月18日至11月2日在杭州举行。商务部委托亚太小水电中心承办。来自南非、赞比亚、卢旺达、加纳、尼泊尔、南苏丹、缅甸、多哥、斯里兰卡、尼日利亚等国的28名官员参加研修。

【农村电气化技术国际培训班】 10月27日至11月10日在杭州举行。科技部委托亚太小水电中心和国际小水电中心共同承办。来自玻利维亚、印度、印度尼西亚、马来西亚、墨西哥、蒙古、尼泊尔、巴基斯坦、斯里兰卡、坦桑尼亚、乌干达、越南、赞比亚等国的30名学员参加培训。

【尼泊尔能源发展委员会主席访问亚太小水电中心】 10月28日，尼泊尔能源发展委员会主席苏吉特·阿恰亚访问亚太小水电中心，双方签订合作备忘录，拟在可再生能源国际培训、信息交流、电站建设等方面开展合作。

【越南投资建设公司董事会主席访问亚太小水电中心】 10月31日至11月2日，越南控鲁克投资建设公司董事会主席阮洪峰一行6人访问亚太小水电中心，参观金华水轮机厂、三和电控等设备厂家，签署项目合作意向书。

【老挝科技部副司长访问亚太小水电中心】 11月1日至4日，老挝科技部科技和创新司副司长维拉松·波法拉德一行2人访问亚太小水电中心，双方就水电项目合作进行商谈。

【承办中奥可持续水电运行与开发研讨会】 11月10日，由水利部国际合作与科技司主办，亚太小水电中心承办的“中奥可持续水电运行与开发研讨会”在北京举行。水利部部长陈雷，奥地利农业、林业、环境和水利部部长安德烈·鲁佩莱希特及奥地利驻华大使艾琳娜出席研讨会并致辞，亚太小水电中心专家在会上就“中国绿色水电建设情况”“中小河流绿色水电开发规划”等议题作交流发言。

【亚太小水电中心代表参加拓展中拉水利“走出去”合作需求调研】 11月27日至12月6日，亚太小水电中心代表参加水利部国际合作与科技司拓展中拉水利“走出去”合作需求调研团赴乌拉圭和玻利维亚，了解两国水资源情况与合作需求，拓展小水电、节水灌溉等领域双边务实合作。

【开展国际水电项目规划设计和咨询】 2016年，亚太小水电中心进一步开展越南顺和电站、巴基斯坦青瓦里电站和德格奥特佛电站的设计工作，新签订并开始执行缅甸上巴路桥水电工程项目设计合同、老挝南明水电站可行性设计合同、肯尼亚拉嘎提水电站可研踏勘合同。

【小水电技术和设备出口】 2016年，亚太小水电中心完成土耳其希望水电站项目的设备供货及土耳其依可乐水电站项目和古巴玛雅里水电项目右岸电站的现场服务，开展土耳其奥路捷、凯莱、亚尼兹、甘然和宾客等水电站项目的售后服务及备品备件供货。完成贝宁太阳能离网发电系统供货服务。巴基斯坦的3个水电站项目现场安装指导正在进行。

（沈学群）

国际小水电中心

【概况】 2016年，国际小水电中心围绕“国际化、公益性、东道国”方针，创新发展思路，大力倡导绿色能源建设，积极引领小水电领域的国际合作，着力打造小水电领域国际交流平台，通过国际会议、技术合作、政策服务等活动，巩固中国小水电领域大国地位，打造具有中国特色的国际品牌，更好地服务于全球可持续发展。

【发展中国家小水电成片开发项目启动会】 5月4日，联合国工业发展组织、国际小水电中心“成片开发小水电项目”启动会在国际小水电中心召开。该项目旨在联合国工业发展组织包容和可持续工业发展框架下，国际小水电中心与联合国工业发展组织合作，向埃塞俄比亚、尼日利亚、吉尔吉斯斯坦、缅甸和秘鲁等5个国家提供小水电技术支持，开展可行性研究，制定投资计划等，推进小水电在上述国家成片开发。联合国工业发展组织，中国商务部、水利部，埃塞俄比亚水利、灌溉与电力部，尼日利亚水利部，吉尔吉斯斯坦经济部，喀麦隆水利与能源部等政府部门高层及18家特邀国内水电开发和投资企业参加会议。

会后，国际小水电中心和吉尔吉斯斯坦经济部投资促进局签署双方战略合作备忘录，国际小水电中心将为吉尔吉斯斯坦中小水电项目开发、老旧电站改造、小电项目投资、技术培训等提供技术咨询和服务。

【国际小水电中心—东南部非洲共同市场小水电培训班】 6月20日至24日在肯尼亚首都内罗毕举办。本次培训由国际小水电中心和东南部非洲共同市场(COMESA)联合主办，旨在通过传播中国先进小水电技术与经验，推动COMESA地区国家小水电开发能力建设，助力中国中小水电设备制造企业进一步走出去。来自肯尼亚、埃塞俄比亚、卢旺达、马达加斯加、马拉维、塞舌尔和津巴布韦等7个COMESA成员国和COMESA秘书处的近20位代表参加培训活动。

【联合国秘书长访问国际小水电中心并题词】 7月9日，联合国秘书长潘基文出席在国际小水电中心举办的“应对气候变化南南合作主题会”并发表讲话。潘基文赞誉国际小水电中心是中国与联合国开展南南合作的典范，是中国国家主席习近平倡导和支持的南南合作的杰出代表，并题词希望国际小水电中心为世界小水电发展作出更大贡献。联合国副秘书长吴红波、中国驻联合国代表刘结一等陪同出席。

【组织实施商务部援外研修班】 10月18日至11月7日，国际小水电中心组织实施商务部援外人力资源培训项目“2016年亚非国家小水电与农村社区可持续发展官员研修班”，来自尼泊尔、缅甸、斯里兰卡、赞比亚、南非、加纳、南苏丹、卢旺达、多哥和尼日利亚等10个国家28名官员参加研修。

【组织实施科技部援外培训班】 10月29日至11月10日，国际小水电中心组织实施科技部援外培训项目“2016农村电气化技术国际培训班”，来自玻利维亚、印度、印度尼西亚、马来西亚、墨西哥、蒙古、尼泊尔、巴基斯坦、斯里兰卡、坦桑尼亚、乌干达、越南和赞比亚等13个国家31位水电、能源领域的官员与技术人员参加培训。

【第七届“今日水电论坛”】 11月1日至2日在杭州举办。本届论坛由水利部、联合国工业发展组织主办，国际小水电中心承办。水利部部长陈雷出席论坛并作题为《绿色能源与可持续发展》主旨讲话，浙江省委副书记、常务副省长袁家军，联合国工发组织执行干事菲利普·萧特斯、尼日利亚水利部常务秘书拉比·舒艾布·吉梅塔、东南非共同市场秘书长辛迪索·恩格温亚、斐济驻华大使约阿尼·奈法卢拉分别致辞。来自36个国家及国际组织的300多位政府官员和专家学者围绕“小水电与绿色发展”这一主题，探讨水电开发领域的重大和紧迫问题，共商进一步推进水电事业可持续发展之策。

【全球环境基金中国小水电增效扩容改造增值项目批准立项】 2016年，为巩固和提高中国已有小水电增效扩容改造成果，修复河道生态，提升安全生产管理和自动化控制水平，带动减排技术推广应用，促进小水电可持续发展，由水利部与联合国工发组织共同申请的全球环境基金中国小水电增效扩容改造增值项目，6月获全球环境基金理事会批准立项，项目管理办公室设在国际小水电中心，2016年底前完成项目启动准备工作。

（黄　燕）

省总工会

【概况】 2016年，省总工会接待来自8个国家和地区的工会代表团12批51人次；组织5个代表团28人次，出访10个国家和地区。

【韩国劳总庆尚南道本部代表团访问浙江】 3月7日至10日，韩国劳总庆尚南道本部第11次友好访华代表团一行10人访问浙江。省总工会党组书记、常务副主席戴震华会见代表团一行。代表团与省总工会进行座谈交流，参观杭州市总工会职工服务中心、丽水经济技术开发区并与开发区工会及区内企业工会进行座谈交流。省总工会党组副书记、巡视员、副主席曹国旗，副主席周小兵参加活动。

【古巴工人中央工会代表团访问浙江】 5月10日至14日，古巴工人中央工会代表团一行2人访问浙江。省人大常委会副主任、省总工会主席厉志海，省总工会党组副书记、巡视员、副主席曹国旗，副主席李锦平会见代表团，介绍浙江省经济社会发展和工会工作情况。在浙期间，代表团参观杭州经济技术开发区、杭州市总工会职工服务中心、温州市总工会职工服务中心、奥康集团并与相关工会进行交流。

【葡萄牙塞杜瓦尔总工会代表团访问浙江】 7月18日至22日，葡萄牙塞杜瓦尔总工会第七次访华代表团一行3人访问浙江。省总工会党组书记、常务副主席戴震华，副主席曹国旗会见代表团，介绍浙江省经济社会发展和工会工作情况。在浙期间，代表团与省总工会进行座谈交流，访问中核核电运行管理有限公司、嘉兴市第一医院、杭州市总工会职工维权帮扶中心并与相关工会进行交流。

【经合组织工会咨询委员会总书记访问浙江】 9月4日至5日，经合组织工会咨询委员会总书记约翰·埃文斯访问浙江。省总工会党组副书记、巡视员、副主席曹国旗会见约翰·埃文斯。在浙期间，约翰·埃文斯参观义乌国际商贸城、浙江新光饰品股份有限公司并与相关工会进行交流。

【省总工会代表团访问波兰和俄罗斯】 9月21日至28日，省总工会副主席董建伟率浙江省总工会代表团一行6人访问波兰和俄罗斯。在波兰，代表团拜访全波工会协议会，参观OPZZ职工活动中心并与中心培训教师、志愿者、工人交流。在俄罗斯，与伏尔加格勒州工会座谈交流，走访伏尔加格勒州国立社会师范大学工会，参观并与伏尔加格勒州钢管厂基层工会进行交流，参观伏尔加格勒州工会职工疗养院等。

【省总工会代表团访问以色列和比利时】 9月25日至10月2日，省总工会党组成员、人事处处长张东风率浙江省总工会代表团一行5人访问以色列和比利时。在以色列，代表团参观以色列总工会总部、特拉维夫地区工会服务所、以色列总工会女工活动中心、帮扶中心等，并与以色列总工会干部座谈交流。在比利时，代表团拜访比利时劳工总联盟，共同举办研讨会；并拜访比利时劳工总联盟下属的产业工会，参观比利时劳工总联盟的法律援助点。

【日本枥木县劳福协代表团访问浙江】 10月27日至31日，日本枥木县劳福协会长加藤刚率枥木县劳福协第十次访华代表团一行6人访问浙江。省总工会党组副书记、巡视员、副主席曹国旗，副主席张卫华会见代表团一行，介绍浙江省经济社会发展和工会工作情况。在浙期间，代表团与省总工会、宁波市总工会、绍兴市总工会进行座谈交流，参观杭州市总工会职工服务中心、宁波港并与相关工会进行交流。

【日本联合静冈·静冈县劳福协代表团访问浙江】 11月20日至24日，日本静冈县劳福协理事长中西清文率联合静冈·静冈县劳福协第11次友好访华代表团一行6人访问浙江。省总工会党组副书记、巡视员、副主席曹国旗，副主席张卫华会见代表团一行，介绍浙江省经济社会发展和工会工作情况。在浙期间，代表团与省总工会进行座谈交流，访问杭州市总工会职工服务中心、杭州矢崎配件有限公司并与相关工会进行座谈交流。

【省总工会代表团访问墨西哥和美国】 11月25日至12月2日，省总工会副主席张卫华率浙江省总工会代表团一行6人访问墨西哥和美国。在墨西哥，代表团与墨西哥劳动者工会联合会进行会谈，与该会下属的部分产业工会进行工作交流。在美国，代表团考察了解美国服务业雇员国际工会工作、集体谈判、职工教育培训等方面情况，拜访服务雇员国际工会华盛顿的总部，参观32BJ、32BJ地区培训中心、1199医护工会、1199医护工会福利基金会并与会员座谈。

【省总工会代表团访问日本和韩国】 12月7日至14日，省教育工会主席赵祖地率省总工会代表团一行6人访问日本和韩国。在日本，代表团与日本劳动组合总联合会福井联合会进行工作交流，与福井县劳动经济产业厅进行交流，参观世联公司。在韩国，代表团与韩国劳动组合总联盟庆尚南道本部进行工作交流，参观庆尚南道海产品加工厂。

【省总工会代表团访问新西兰和新加坡】 12月14日至21日，省总工会党组书记、常务副主席戴震华率浙江省总工会代表团一行6人访问新西兰和新加坡。在新西兰，代表团拜访新西兰南部区域第一工会、公共服务工会、食品与机械工会、铁路海运物流工会、南部牛奶工会并分别进行交流。在新加坡，代表团拜会新加坡食品饮料暨同行业工友工会并进行交流，参观新加坡职工总会兴办的平价超市、e21就业培训中心并进行座谈交流。

（李诗越　陈玮玮）

表2　2016年省总工会接待的其他访浙团组

序号	团组名称	人数	来访时间	访问目的	团长	接待领导
1	阿根廷工人中央工会访华代表团	2	3月15～17日	参观访问	巴勃罗·内尔松·米切利	戴震华
2	韩国劳动组合总联盟全罗北道地域本部第19次友好访华团	7	6月23～25日	参观访问	杜亨镇	曹国旗
3	挪威全国总工会访问团	3	9月21～23日	参观访问	汉斯·克里斯坦·加布里埃尔森	周小兵
4	哈萨克斯坦阿斯塔纳市工会中心代表团	5	10月31日～11月1日	参观访问	萨尔辛拜·门巴耶夫	曹国旗

团 省 委

【概况】 2016年，团省委应邀组织8批40人次，赴德国、印度尼西亚、韩国、日本、葡萄牙、波兰及中国香港等国家和地区进行交流访问。接待来自日本及中国香港、澳门等国家和地区的青年代表团6批170人次。

【随中国青年代表团访问德国】 4月18日至21日，团省委常委、组织部长盛乐随团中央组织的中国青年代表团访问德国。在德期间，代表团拜会德国总理府和勃兰登堡州政府。参加中德青年政策交流十周年总结评估会，就青少年交流、专业青年工作者交流等方面分组召开圆桌会议。与德国相关青年部门进行工作会谈，探讨中德青少年及青年专业工作者交流合作前景。参观考察德国经济青年协会的"青年力量:1000个就业机会项目"、勃兰登堡州青年体育联合会青年艺术学校、青年旅社和柏林青年业余时间技术培训中心等。

【随中国青年代表团访问印度尼西亚】 5月10日至19日，团省委青工部部长张坚随团中央组织的中国青年代表团访问印度尼西亚。在印尼期间，代表团访问雅加达、巨港和巴淡等城市。拜访印尼青年与体育部部长、雅加达省省长、巨港市市长等。参观考察雅加达智能城市中心、巨港克马绕岛屿、松革工业中心、卡巴灵体育城、影视制作中心等，并与印尼青年代表进行座谈交流。

【日本静冈县青年访浙先遣团访问浙江】 5月24日至27日，日本静冈县教育委员会社会教育课青少年班主干长门英树率日本静冈县青年访浙先遣团一行3人访问浙江。在浙期间，代表团与省青联就下半年静冈青年访浙事宜进行交流，并考察宁波港集团、宁波市国家大学科技园等。

【随中国青年代表团访问韩国】 6月23日至30日，团省委青农部主任科员占玮随团中央组织的中国青年代表团访问韩国。在韩国期间，代表团访问首尔、水原、大邱、济州等城市。参加中韩青少年论坛，与韩国青少年就雾霾治理等问题进行交流探讨。开展韩国家庭文化体验活动，走访韩国外国语大学、启明大学创业学院、龙仁韩国民俗村，听取韩国专家讲座，与济州特别自治道知事元喜龙进行对话交流，参观爱茉莉太平洋集团、首尔能源梦想中心、济州智能电力网络宣传机关等。

【2016香港未来之星大学生暑期内地实习活动】 7月3日至31日，团省委、省青联承接由团中央、全国青联与香港中联办等单位联合实施的2016香港未来之星大学生暑期内地实习活动。来自香港大学、香港中文大学等9所香港高校的31名大学生到浙江实习。浙江省人民医院、浙江大学医学院附属第二医院、浙江国贸东方投资管理有限公司、浙江中南卡通股份有限公司、浙江正瑞税务师事务所有限公司、浙江蚂蚁小微金融服务集团有限公司等15家单位为香港大学生提供了专业对口的实习岗位。3日，团省委、省青联举办香港大学生暑期实习活动欢迎会，团省委副书记、省青联主席王征，香港大公文汇传媒集团青少年交流中心主任、未来之星同学会专职副主席李华敏出席。30日，举办欢送会，王征和香港大公文汇传媒集团董事、未来之星同学会执行主席姜亚兵出席。

【澳门“千人计划”大学生浙江创业考察团访问浙江】 8月1日至6日，由澳门中华学生联合总会组织的澳门“千人计划”大学生浙江创业考察团一行33人访问浙江。在浙期间，代表团一行先后赴金华义乌、嘉兴桐乡、绍兴等地就电子商务、互联网发展、大学生创新创业等方面进行考察。

【澳门学生“团结之旅”参访团访问浙江】 8月2日至7日，由澳门中华新青年协会组织的澳门学生“团结之旅”参访团一行37人访问浙江。在浙期间，代表团先后赴浙江大学、阿里巴巴淘宝城、浙江左中右电动汽车公司、中国美术学院、白马湖国际会展中心、杭州之江创意园等地参观考察，并与浙江大学生进行交流。

【日本静冈县青年代表团访问浙江】 8月12日至16日，日本静冈县日中友好协会理事长栗原绩率静冈县青年代表团一行30人访问浙江。在浙期间，代表团参观考察宁波港集团、宁波市国家大学科技园、方太集团、阿里巴巴集团，与青年员工进行座谈交流。宁波市青年志愿者与日本青年结对交流。

【澳门“千人计划”归侨总会代表团访问浙江】 8月16日至21日，澳门侨界青年协会会长毕志健率澳门归侨总会青年代表一行36人访问浙江。团省委副书记、省青联主席王征等会见代表团一行。在浙期间，代表团参观考察湖畔大学、阿里巴巴集团、金华永康影视办、舟山海洋产业集聚区、浙江扬帆船舶配件制造有限公司、宁波高新区八骏湾人力资源服务产业园区、韵升集团等，对浙江创业创新、电子商务、影视文化、海洋产业等方面发展现状进行了解和交流。

【浙江省青联代表团访问香港】 9月19日至21日，团省委副书记、党组副书记朱林森率浙江省青联代表团一行2人访问香港。在港期间，代表团看望在港的省青联副主席范俊华，拜会香港浙江同乡会青年委员会。出席香港各界青年庆祝中华人民共和国成立六十七周年暨香港青年联会第二十四届会董会就职典礼，香港特别行政区行政长官梁振英、中央政府驻港联络办副主任仇鸿、外交部驻港特派员公署副特派员佟晓玲、全国人大香港基本法委员会副主任梁爱诗、全国青联副秘书长王阳等出席。

【浙江青年友好代表团访问日本】 11月23日至30日，团省委副书记、党组副书记朱林森率浙江青年友好代表团一行28人访问日本。代表团先后访问东京、静冈、京都、大阪等地。静冈县知事川胜平太、副知事吉林章仁、教育委员会教育长木苗直秀、日中友好协会理事长栗原绩会见代表团主要成员。代表团会同浙江省代表团、浙江省经济交流代表团出席日本静冈县政府举办的欢迎晚宴。在日期间，代表团拜会中国驻日大使馆，驻日大使馆政治部公使参事薛剑、参赞沈建国及相关人员与代表团成员进行座谈交流。参观考察日本明治企业、静冈文化艺术大学、东京国立博物馆、舞洲垃圾焚烧发电厂、京都大学等。举行中日青年论坛，双方青年分别围绕五个主题进行分组讨论交流，还与日本青年结对体验民宿。

【浙江省青年代表团访问葡萄牙和波兰】 12月11日至18日，团省委副书记、省青联副主席王慧琳率浙江省青年代表团一行5人访问葡萄牙和波兰。在葡萄牙，代表团参观考察波尔图大学医学院、科英布拉大学、威尔哈酒窖公司、拉格里马斯庄园、方块3D打印公司。与葡萄牙华人联合总会相关人员进行座谈交流，中国驻葡萄牙使馆文化参赞舒建平、葡萄牙华人联合总会会长王小伟出席。在波兰，代表团拜访华沙市副市长米奥·奥赛夫斯基，参观考察远途汽配公司、威尔店综合性贸易进出口公司、塔尔格瓦创意中心。与波中合作协会进行座谈交流，中国驻波兰大使徐坚、波中合作协会主席巴尔拖茨·米查拉科出席。

（景丽敏）

省　妇　联

【概况】　2016年,省妇联接待香港同胞1批37人,举办发展中国家女官员领导能力建设研修班浙江现场教学工作3期157人次,应邀组织因公出国1批6人次。

【香港浙联会妇女委员会访问团来浙江考察】　10月14日至18日,香港浙联会妇女委员会访问团一行37人考察浙江。14日,省妇联举办浙港妇女组织交流座谈会,两地专家学者共同就妇女儿童工作、家庭教育工作等话题进行探讨,分享两地妇女组织间的工作体会和经验。座谈会上,省妇联主席劳红武介绍浙江省情、省妇联基本情况和家庭教育工作情况。访问团团长、香港浙联会妇女委员会主席应炳囡介绍香港地区妇女发展状况。省家庭教育专家、省家庭教育学会、各级妇联自办幼儿园园长、省妇联家庭教育指导服务体系试点单位、家庭教育杂志社等有关专家代表参加座谈会。

在浙期间,考察团一行访问杭州、宁波两地。在杭州,参观考察G20峰会会场。在宁波,考察南塘老街等,并与宁波女企业家交流,实地了解浙江社会发展、经济建设、美丽乡村建设等情况。

【省妇联代表团访问澳大利亚和新西兰】　11月22日至29日,应澳大利亚悉尼妇女专家联合会、新西兰奥克兰妇女中心邀请,省妇联副主席张丽萍率浙江省妇女代表团一行6人访问澳大利亚和新西兰。在澳大利亚,代表团与昆士兰州妇女协会和悉尼妇女专家联合会代表进行交流和讨论,并深入当地社区实地调研社区服务中心对妇女儿童的服务援助项目等。在新西兰,代表团与奥克兰妇女中心代表进行座谈交流,走访志愿者代表了解“反家暴”宣传服务等工作。

【发展中国家女官员领导能力建设研修班】　2016年,商务部在浙江举办三期发展中国家女官员领导能力建设研修班,分别是:5月23日至28日,来自亚洲、非洲、美洲、大洋洲等17个国家的44名女官员;6月27日至7月3日,来自智利、肯尼亚等23个国家的58名女官员;10月31日至11月5日,来自亚洲、非洲、美洲、大洋洲等21国的55名女官员参加学习培训。每期培训班,省妇联均举办交流座谈会,省妇联副主席童丽君为学员作专题讲座　并与学员们开展交流互动。

（徐文娟）

省 科 协

【概况】 2016年，省科协以“一带一路”“大众创新、万众创业”等重大国家战略为契机，继续以“开展民间国际科学技术交流活动，促进国际科学技术合作，发展同国外的科学技术团体和科学技术工作者友好交往”为主要任务，开展国际人才交流、国际学术交流、国际科普交流等重点工作，着重开展海外智力为国服务行动计划、国际人才培养项目、国际科普示范项目等重点国际科技学术交流合作项目，全年邀请2名诺贝尔奖获得者到浙江开展高层学术交流，新引入中国科协海智计划示范项目1项，举办国际及双边学术活动十余场。

【海外智力为国服务行动计划】 2016年，省科协海智工作重点开展德国切瑞特医科大学校长浙江行并签署以医学专业人才培养为基础的下一个5年合作框架协议、美国上州医科大学医院院长浙江行、中国科协海智计划创新创业论坛、海智浙江行（杭州大江东、桐乡）、德国德中分子医学与分子药学学会浙江行、美国华人医药科学家协会创新创业团队浙江行、百名中外青年创新创业分享汇、美国麻省理工学院媒体实验室新产品产业化对接、第二届中欧生命科学论坛（杭州、绍兴）、台州（椒江）生物医药产业发展国际论坛、海外专家及科技创新合作交流会（桐庐）、世界互联网智慧教育技术论坛（平湖）、台州大陈岛现代生态农业项目合作、德清海外高层次人才项目对接洽谈会、第11届海外英才杭州项目对接会、中国·台州国际人才合作大会、海智宁波行等相关海智活动。全年共遴选400多人次海外高层次科技人才来浙江省洽谈对接，成功申报宁波市海智材料产业创新研究院为中国科协海智计划示范项目，为杭州大江东牵线引进2名外国专家为战略发展顾问，为嘉兴市推荐比利时皇家科学院院士、比利时根特大学卢克·塔尔维教授设立外籍院士专家工作站。

【国际人才培养项目】 2016年，省科协进一步构建国际科技人才交流网络，继续为省内科技工作者出国深造或攻读学位提供机会、为省内科技型企业拓展国际交流和合作提供资源、为国外大学生认识中国了解中国发展提供渠道。通过省科协国际医学人才交流项目、比利时西弗兰德省人才进修项目、英国大学生实习项目、美国自由科学中心科普人才培养项目等为重点的人才交流项目，建立省科协国际青年科技交流队伍，通过线上线下各类活动产生智力聚合效应，提升专业水平，开展正面国际宣传。2016年，省科协国际人才交流项目共选派9名科技骨干赴美国、德国等国开展短期进修或攻读博士，接收16名来自美国、德国、比利时等国相关大学的博士、硕士或大学生到省内合作单位进修或实习，接待英国、比利时、日本等国6批次政府或大学代表团200余人次到省内合作单位参观交流。

【国际科普示范项目】 2016年，省科协围绕智慧浙江、核能、工业设计、医学健康等省委、省政府重点科普领域，邀请国际知名科学家，继续开展国际科普示范项目，全年举办5场中外科普连线及科普现场直播活动、5场涉外新科学脱口秀活动。借鉴国际第四代科技馆以及STEM教育模式，以基因生物、物联网、神经科学、智能制造等面向未来的前沿交叉学科为主题，通过“健脑房”和“公众开放实验室”等国际新型创客空间形式，开展前沿科普国际合作和研究，吸引国内外优秀青年创客项目落地，锻炼自主设计科普展项、自主开发科学实验课程的能力。全年共开展20余场创客活动或面向公众的前沿科学传播活动，邀请200多人次中外创客参与，吸引1000多人次公众参加。

【开展高层次学术交流活动】 2016年，浙江省科协围绕重点基础学科建设，持续开展不同类型的高层次国际学术交流活动，全年共邀请包括2位诺贝尔奖获得者(分别为2004年诺贝尔物理学奖得主弗朗克·韦尔切克博士、2006年诺贝尔物理学奖得主乔治·斯穆特博士)在内的十多名国际知名专家学者来浙江开展专业学术交流，活跃学术思想，促进学科发展。另外，围绕浙江省科协国际医学交流这一重点项目，继续举办好灾难与创伤急救西湖国际会议、中美急救急诊学术交流会暨浙江省院前急救师资培训等系列高层次国际会议。

（陈炯炯）

省 文 联

【概况】 2016年，省文联组团出访3批14人次，参团出访2批2人次。前往捷克、波兰、俄罗斯、克罗地亚、匈牙利等国家和地区，分别进行电影合拍片洽谈和电影创作交流，举办摄影图片展，及开展音乐文化交流；参团执行曲艺表演、出版业转型培训等方面对外文化交流任务。

【浙江省电影代表团访问捷克和波兰】 7月25日至8月1日，省文联党组书记、副主席、书记处常务书记田宇原率由浙江省电影家协会、浙江新远集团和浙江大学国际影视发展研究院等成员单位组成的浙江省电影代表团一行6人访问捷克和波兰，进行电影文化交流。在捷克，代表团与捷克电影制作方沟通中捷电影合拍片《大堡礁》的创作情况。《大堡礁》已列为2016年杭州市文化精品工程影视剧组重点项目和浙江省文化精品工程影视剧组重点项目。该片预计于2016年年底完成项目论证，正式投拍。在波兰，代表团拜访波兰电影协会，与波兰电影制片人布朗姆斯基就中波电影合作进行交流，结合合拍片《米查琳和郎朗》的运作情况，从中国电影票房市场角度，讨论中波电影合作的类型定位和市场前景。

【举办“秀水青山、魅力浙江”摄影图片展】 9月19日至26日，省文联党组成员、副主席、书记处书记柳国平率浙江省摄影代表团一行4人，先后在俄罗斯圣彼得堡图书馆和克罗地亚萨格勒布摄影协会举办“秀水青山、魅力浙江”摄影图片展。用影像展示浙江人文山水，宣传G20后杭州的崭新风貌。代表团与两地摄影协会洽谈摄影交流活动计划，并建立起摄影家互访、授课和摄影人才培养交流关系。

【浙江省音乐代表团访问捷克和匈牙利】 10月23日至30日，浙江省音乐代表团一行4人访问捷克和匈牙利，开展音乐文化交流。在捷克布拉格音乐学院、匈牙利音乐协会和李斯特费伦茨音乐学院，代表团与对方就互派音乐交换生事宜进行协商，介绍在捷克举行的“中国民族器乐专场汇报演出”有关情况，并举行以“柯达伊、巴托克的民族音乐创作对交响乐民族化的影响”为主题的综合座谈会。

（俞臻娜）

省工商联

【概况】 2016年，省工商联组织经贸交流团4批53人次，分别赴巴西、阿根廷、美国、加拿大、俄罗斯、捷克、南非及阿联酋等国家和地区考察，接待来自13个国家和地区的工商界人士19批220人次。

【卢森堡杭州研讨会】 1月14日在杭州举行。由省工商联与卢森堡安理国际律师事务所共同举办。省工商联邀请华立集团等10余家浙江省民营企业代表参加研讨。

【拜访俄罗斯和阿根廷驻沪总领馆】 1月18日至19日，省工商联副主席尹健率联络处干部一行赴上海拜访俄罗斯和阿根廷两国驻沪总领事馆，介绍省工商联筹办经贸活动的情况，征询两国驻沪总领事馆官员对活动的意见。

【韩国忠清北道友好访问团访问省工商联】 2月24日，韩国忠清北道国际协力组组长徐庆东率友好访问团一行访问省工商联，副主席尹健会见徐庆东一行。

【出席墨西哥新莱昂州投资推介会】 3月11日，墨西哥新莱昂州经济厅厅长费尔南多率代表团一行访问浙江，并在浙举行新莱昂州投资推介会。省工商联派员出席投资推介会，见证新莱昂州与华富山工业园项目签约。

【比利时安特卫普省大学管理学院代表访问省工商联】 3月15日，比利时安特卫普省大学管理学院代表周琤咏一行访问省工商联，双方就相关事项进行交流。

【参加浙江省2016年泰国投资说明会】 3月15日，省工商联派员参加由浙江省国际投资服务中心、泰国投资促进委员会在杭州联合主办的浙江省2016年泰国投资说明会。

【美中企业家商会会长访问浙江】 3月17日，美中企业家商会会长孙文铁率代表团一行访问浙江。省工商联在杭州举办中美企业家商务交流会。全国政协常委、省工商联主席、正泰集团董事长南存辉，省委统战部副部长、省工商联党组书记李剑飞等出席交流会。

【携手浙商闯天下系列活动之瑞士投资圆桌会议】 3月18日在杭州举行。由省工商联与瑞士驻华大使馆商务促进中心共同举办。省工商联邀请正泰太阳能科技有限公司、吉利集团、浙民投等30家企业和经贸机构参加会议。

【英国(杭州)金融服务路演】 3月22日在杭州举行。由英国贸易投资总署、英中贸易协会、浙江省金融办和省工商联共同举办。省工商联邀请国浩律师事务所、杭州天溪湖旅游开发有限公司等近10家企业和经贸机构参加。

【组织企业参加中白工业园招商推介会】 3月23日，中白工业园招商推介会在杭州举行。省工商联组织十余家浙江省行业商会代表参加推介会，听取商务部合作司关于海外园区规划与相关政策介绍及白俄罗斯投资贸易环境的介绍。

【加拿大中华总商会会长访问省工商联】 3月28日，副主席尹健会见加拿大中华总商会会长梁杏娟一行，双方就相关事项进行交流洽谈。

【香港观塘工商业联合会荣誉会长访问省工商联】 3月28日，香港观塘工商业联合会荣誉会长王启达一行访问省工商联，双方进行交流洽谈。

【香港中华总商会荣誉会长访问浙江】 3月31日，省工商联副主席尹健在湖州会见香港中华总商会荣誉会长庄成鑫一行，并参与该会在湖州举办的青少年体育交流活动。

【大韩贸易投资振兴公社杭州代表处馆长访问省工商联】 4月6日，大韩贸易投资振兴公社杭州代表处馆长林圣焕一行访问省工商联，双方探讨了展会项目及合作事宜。

【拜访巴西和阿根廷驻沪总领馆】 4月26日至27日，省工商联副主席尹健率联络处干部赴上海，拜访巴西和阿根廷驻沪总领事馆。与巴西驻沪总领事馆官员商讨5月赴巴西巴拉那州，举办浙江省与巴拉那州结好30周年庆祝活动暨浙江省—巴拉那州企业经贸合作对接会事项。在阿根廷驻沪总领事馆，就与阿根廷外交及文化事务部国际经济关系司共同举办浙江—阿根廷经贸交流合作会议相关事宜进行协商。

【新加坡财政部副常任秘书访问浙江】 4月28日，省工商联主席南存辉会见新加坡财政部副常任秘书鄞云斌一行。省工商联人员陪同鄞云斌一行考察正泰太阳能有限公司。

【参加阿根廷招待酒会】 5月5日，应阿根廷驻沪总领事馆邀请，省工商联副主席尹健赴上海参加阿根廷中部地区访华代表团举行的招待酒会。

【浙江省—捷克皮尔森州企业交流会】 5月10日在杭州举行。捷克皮尔森州副州长伊沃·格律能率团参加由省工商联组织十余家浙江企业与捷克经贸代表团共同举办的“浙江省—捷克皮尔森州企业交流会”。会上，听取皮尔森州投资贸易环境和合作项目介绍，并组织浙江企业与捷克企业开展交流洽谈。

【出席瑞士杭州政府商务伙伴晚宴交流会】 5月11日，应瑞士驻华大使馆商务促进中心邀请，省工商联副主席尹健出席瑞士杭州政府商务伙伴晚宴交流会。

【参加“义乌进口商品博览会”】 5月13日，“义乌进口商品博览会”开幕。省工商联副主席尹健应博览会组委会邀请，赴义乌参加“义乌进口商品博览会”。

【省工商联经贸交流团访问巴西和阿根廷】 5月23日至6月1日，应巴西巴拉那州政府、巴西里约热内卢商会和阿根廷共和国外交及文化事务部等邀请，副主席尹健率省工商联经贸交流团一行访问巴西和阿根廷，开展经贸交流活动。

交流活动以“携手浙商、共赢发展”为主题，以“商会搭台，政府支持，企业‘唱戏’”为主要特色，国企、民企联合组团，深化浙江企业与巴西、阿根廷等国政府部门和工商界的合作，推进经贸交流和项目对接，共享中拉“1＋3＋6”合作框架新机遇。举办“携手浙商南美行”系列活动，参与举办中国浙江—巴西巴拉那州两省州结好30周年活动暨两省州企业经贸交流活动，与里约热内卢商会共同举办投资贸易双向介绍会暨企业对接交流会，与阿根廷外交与文化事务部共同举办经贸合作交流会议，并与两国工商界开展经贸交流、产业对接和项目洽谈，与华侨华人进行友好交流。

省委组织部原部长廖国勋参与中国浙江—巴西巴拉那州两省州结好30周年活动暨两省州企业经贸交流活动。

【澳大利亚西澳州中华总商会会长访问省工商联】 6月3日，副主席尹健会见澳大利亚西澳州中华总商会会长陈超群一行，双方进行友好交流与洽谈。

【参加“俄罗斯之日”活动】 6月8日，应俄罗斯驻沪总领事馆邀请，省工商联派员赴上海参加在俄罗斯驻沪总领事馆举办的“俄罗斯之日”活动。

【参加卢森堡国庆日活动】 6月16日，应卢森堡驻沪总领事馆邀请，省工商联干部赴卢森堡驻沪总领事馆，参加卢森堡国庆日活动。

【浙江捷克经贸交流会】 6月18日在杭州举行。捷克总理博胡斯拉夫·索博特卡率代表团一行访问浙江，并参加浙江捷克经贸交流会。省工商联主席南存辉出席交流会并发言。

【组织企业参加“泰国:推进可持续发展”说明会】 6月29日，省工商联组织正泰集团、华立集团等民营企业赴上海，参加泰国投资促进委员会举办的“泰国:推进可持续发展”说明会。

【香港浙江旅港青年会副会长访问省工商联】 7月1日，副主席尹健会见来访的香港浙江旅港青年会副会长丁心怡一行，双方就相关事项进行交流洽谈。

【拜访捷克驻沪总领馆】 7月8日，省工商联副主席尹健率团赴上海拜访捷克驻沪总领事馆，与捷克驻沪总领事理查德·科帕奇商谈下半年赴捷克举办经贸活动事宜。

【参加阿根廷国庆招待会】 7月8日，应阿根廷驻沪总领事馆邀请，省工商联副主席尹健赴上海参加阿根廷驻沪总领事馆举办的阿根廷国庆招待会。

【参加“政策性金融支持浙江省境外园区国际产能合作对接会”】 8月11日，省工商联副主席尹健参加由中国进出口银行浙江分行和浙江省商务厅主办、浙江省境外投资企业协会协办的“政策性金融支持浙江省境外园区国际产能合作对接会”。

【参加“美世全球CEO与中国企业风云对话”活动】 8月11日，省工商联干部参加美国威达信集团美世咨询(中国)有限公司在杭州举办的“美世全球CEO与中国企业风云对话”活动。

【省工商联G20礼宾接待小组出色完成礼宾接待工作】 9月4日至5日，G20峰会在杭州举办。由副主席尹健担任组长的省工商联G20礼宾接待小组出色完成澳大利亚代表团的礼宾接待工作，得到澳方的高度评价，澳大利亚总理特恩布尔与礼宾接待小组全体成员合影留念。外交部美大司给省工商联发来感谢信，对负责具体接待澳大利亚代表团的省工商联G20峰会礼宾接待小组表示感谢，表示“省工商联G20峰会礼宾接待小组尽职尽责、团结协作、连续作战，出色完成了大量工作”。省工商联联络处处长陈蔚、会员处主任科员章政分别获得浙江省、杭州市G20杭州峰会工作先进个人代表荣誉。

【组织企业参加“外事服务民营企业走出去培训班暨与中国驻外使领馆面对面”交流活动】 9月5日至7日，省工商联组织正泰集团股份有限公司、浙江正泰电器股份有限公司、宝石五大洲科技集团有限公司和杭州之江市政建设有限公司等4家浙江民营企业，参加由全国工商联举办的“外事服务民营企业走出去培训班暨与中国驻外使领馆面对面”交流活动。交流活动中，全国政协常委、省工商联主席、正泰集团董事长南存辉介绍正泰集团“走出去”的经验及体会。

【参加首届“丝路工商合作论坛”】 9月20日至23日，省工商联副主席尹健率浙江企业家代表参加由全国工商联在新疆乌鲁木齐举办的首届“丝路工商合作论坛”，并参观第五届亚欧博览会展馆。

【省工商联经贸交流团访问捷克和俄罗斯】 9月22日至29日，党组书记李剑飞率省工商联经贸交流团一行访问捷克和俄罗斯，开展“携手浙商——丝绸之路行”活动。在捷克，与皮尔森州政府、皮尔森经济商会共同举办经贸交流和企业对接活动，与皮尔森经济商会签订友好合作协议。在俄罗斯，与俄罗斯商会、俄中双边企业家理事会举行座谈交流，访问俄罗斯中国商会圣彼得堡分会，考察圣彼得堡的俄中工业园区和莫斯科格林伍德国际贸易中心“东方明珠”项目并与园区及项目负责人交流。

访问期间，交流团一行还走访捷克温州商会、俄罗斯华人华侨联合会、俄罗斯温岭商会、俄罗斯嘉兴商会，看望浙籍侨领、侨商，介绍家乡经济社会发展情况，了解浙商在外发展现状。

【组织企业参加民营企业参与“一带一路”建设培训班】 10月11日至14日，省工商联组织3家会员企业赴北京参加全国工商联举办的民营企业参与“一带一路”建设培训班。省工商联副主席尹健出席培训班。

【越南浙江商会会长访问省工商联】 11月1日，越南浙江商会会长缪仁赖一行访问省工商联，副主席尹健会见缪仁赖一行。

【出台《浙江省工商联因公临时出国(境)管理暂行办法》】 11月16日，为进一步规范省工商联因公临时出国(境)工作，更好地发挥工商联引导、服务民营企业开展对外经贸交流与合作重要作用，省工商联出台《浙江省工商联因公临时出国(境)管理暂行办法》。

【省工商联经贸交流团访问南非和阿联酋】 12月7日至15日，应南非西开普省政府、阿联酋哈伊马角自贸区管理局邀请，副主席郑宪宏率省工商联经贸交流团一行访问南非和阿联酋，开展经贸交流活动。其间，举办“携手浙商——中东行”经贸交流会、“携手浙商——南非行”产业对接交流会等活动，广泛接触当地政府及工商界人士，积极拓展工商联对外交流渠道，深化相互间交流合作。举办“后G20时代，浙商新机遇”专题研讨会(阿联酋专场和南非专场)及多场座谈会，进一步密切海内外浙商间的联系及经贸合作；拜访南非中国商会、南非华人警民合作中心等机构，探索交流合作长效机制；组织企业赴非洲商贸城、华贸美居城等开展项目对接洽谈，帮助企业寻找“走出去”发展商机；走访慰问部分在外浙江企业和海外浙商代表，调研浙商在外发展情况，鼓励浙商回归发展。

（蒋　怡）

省 残 联

【概况】 2016年，省残联参与G20杭州峰会政要团接待工作，完成老挝国家主席本扬·沃拉吉和夫人等40位来宾在杭期间的服务保障工作。全年应邀组派浙江省残疾人工作交流团组2批12人赴国（境）外交流，浙江省残疾人体育比赛团组2批14人参加国际残疾人体育赛事。派遣残疾人工作者5人赴英国参加第23届康复国际世界大会，残疾人技术能手2人赴法国参加第九届国际残疾人职业技能竞赛，优秀残疾人运动员、教练员等14批114人随中国残联代表团参加国际残疾人体育赛事。

【浙江省残疾人运动员获国际赛事佳绩】 1月24日至31日，在日本举行的2016年亚洲残疾人场地自行车锦标赛上，运动员李樟煜获1枚金牌、1枚银牌。

2月21日至29日，在马来西亚吉隆坡举行的2016年IPC（国际残奥会）举重世界杯赛上，运动员谭玉娇获1枚金牌。

3月12日至22日，在意大利举行的2016年残疾人场地自行车锦标赛上，运动员李樟煜获1枚金牌、1枚银牌。

4月16日至25日，在意大利瓦雷泽举行的2016年世界残疾人赛艇大师赛暨里约残奥会资格赛上，15名浙籍运动员和教练员组成的国家残疾人赛艇队获男子单人艇、女子单人艇、混合双人艇金牌和混合四人艇银牌。

5月2日至9日，在斯洛文尼亚举行的2016年残疾人乒乓球公开赛上，运动员孙厨人获2枚银牌。

5月11日至17日，在波兰举行的2016年盲人门球国际锦标赛上，5名浙籍运动员参赛，获1枚金牌、1枚铜牌。

5月11日至19日，在德国杜伊斯堡举行的2016年世界残疾人皮划艇锦标赛上，运动员虞小伟获KL1男子200米项目金牌。

7月14日至18日，在德国举行的2016年男子坐排四强赛上，2名浙籍运动员参赛，获1枚铜牌。

8月18日至9月5日，在韩国举行的2016年残疾人赛艇训练营上，运动员杨杰获男子AS级单人艇1000米金牌，谢毛三获女子AS级单人艇1000米金牌，蒋继剑、邵莎莎获TA级双人艇1000米金牌。

9月9日至13日，在浙江省嘉善县举行的2016年亚洲赛艇锦标赛上，运动员杨杰获男子AS级单人艇1000米金牌，谢毛三获女子AS级单人艇1000米金牌，蒋继剑、邵莎莎获TA级双人艇1000米银牌。

12月6日至10日，在香港举行的亚太区男子盲人门球邀请赛上，6名浙籍运动员参赛，获1枚金牌。

【2016年世界坐式排球洲际赛】 3月16日，由中国残奥委员会主办，省残联、安吉县人民政府承办的2016年世界坐式排球洲际赛在安吉开幕。世界残疾人排球联合会主席拜雷，中国残联副理事长王梅梅，浙江省副省长熊建平和省政府办公厅副主任傅晓风、省残联理事长郑瑶及各国运动员、裁判员、教练员等700余人出席开幕式。2016年世界坐式排球洲际赛是首次由中国举办的国际坐排比赛，来自18个国家的28支球队参赛，为浙江省首次承办且规模最大、参赛国家（球队）最多的国际残疾人体育赛事。

【服务保障G20杭州峰会】 9月

4日至5日，G20峰会在杭州举办。根据峰会杭州市筹备工作领导小组要求，省残联抽调人员组成9人接待小组，由副理事长吴一农担任组长，负责老挝代表团的接待工作。老挝国家主席本扬·沃拉吉作为2016年东盟轮值主席国应邀出席峰会，接待小组协助外交部主联络员，在老挝代表团抵离迎送、住宿、餐饮、交通、会务、参观考察、采访场地等方面提供服务保障。

9月2日，老挝代表团一行40人在中国驻老挝大使关华兵陪同下乘专机抵达杭州，省政协副主席王建满、杭州市政协副主席何关新到机场迎接。5日乘专机离杭时，省委常委、纪委书记任泽民，杭州市委常委、纪委书记陈擎苍到机场送行。在杭期间，老挝代表团除参加G20杭州峰会的各项会议、宴请、观看文艺演出等相关活动外，还参观考察中国茶叶博物馆，品尝西湖龙井茶，了解中国茶文化。赴杭州解百新世纪商场采购物品。老挝国家财政部副部长提帕贡·占塔冯萨和驻华大使万迪·布塔萨冯接受中国国际广播电台采访。本扬·沃拉吉及夫人离开杭州新新饭店前与省残联接待小组合影留念。省残联接待小组多方联络、沟通协调，进行踩点考察、提供精准服务，确保了老挝代表团在杭期间各项活动安全有序进行，得到本扬·沃拉吉主席及代表团的高度评价。G20峰会杭州市筹备工作领导小组专门给省残联发来感谢信，接待小组的朱秀芳、赵小飞分别被评为浙江省委、省政府和杭州市委、市政府G20杭州峰会工作先进个人。

【浙籍残奥运动员在残奥会上获优异成绩】 9月7日至18日，第15届夏季残奥会在巴西里约热内卢举行，全球162个国家和地区的4350名运动员参加22个大项的角逐。由308名残疾人运动员组成的中国代表团共获得107枚金牌、81枚银牌、51枚铜牌，打破51项世界纪录，位列本届残奥会金牌榜和奖牌榜首位，实现自2004年雅典残奥会以来中国代表团在金牌榜和奖牌榜的四连冠。浙江省有40名残疾运动员、7名教练员和8名工作人员入选中国代表团，参加田径、游泳、自行车、射箭、举重、赛艇、盲人门球、坐式排球、乒乓球、皮划艇等10个大项比赛，取得12枚金牌、11枚银牌、12枚铜牌，33人次获第4至第7名，打破6项世界纪录，金牌和奖牌数均位列全国各省(区、市)第二位，创造了浙江省自参加残奥会以来奖牌数历史最好成绩，受到省委省政府的庆功表彰。浙江省政府授予首次夺得残奥会金牌的运动员宋懋鎏、周佳敏、谭玉娇、陈懿、徐佳玲“浙江省劳动模范”荣誉称号，给予运动员孟国芬、徐海蛟、陈震宇、费天明、王丽丽、陈凤青、赵开美、杜剑平、夏志伟、王李超和教练员施建国、陈爱娜、黄燕各记一等功1次，给予浙江省残疾人体育训练指导中心记集体一等功1次、浙江省塘栖盲人门球训练基地记集体二等功1次。

【浙江省残疾人康复工作交流团访问法国和德国】 10月23日至30日，浙江省残疾人康复工作交流团一行6人访问法国和德国。在法国，交流团拜访蒙吕松市政府会议厅，参观社会医疗机构的特别接待之家和东左岸残疾人工厂。听取该市残疾人康复、教育、就业等方面情况介绍，与该市市长和分管外交、社会事务的副市长及具体经管部门负责人等座谈交流，省残联和蒙吕松市签署合作协议。在德国，交流团参观柏林工伤医院、奥托博克健康康复集团设在该市的“人与科技”展示与服务大楼，赴杜德城市考察奥托博克总部假肢厂，与杜德城市政府官员进行座谈交流。

【康复国际第23届世界大会】 10月25日至27日在英国爱丁堡举行。中国残联主席张海迪在会上正式就任康复国际主席，中国残联副理事长贾勇等出席大会。世界各地的政治家、学者，国际劳工组织、世界卫生组织负责人和欧洲、亚洲、非洲与美洲康复专业技术代表1000余人参加大会。

省残联副理事长吴一农率浙江代表团一行5人出席大会，听取英国前议员、英国有远见者联合会痴呆症护理总干事、布鲁塞尔丰田欧洲汽车机器人团队经理、中国康复部主任胡向阳等康复专家关于老龄化与康复、不同社会背景下康复的专题发言，参与联合国、世界卫生组织、国际劳工组织、国际社会保障协会、国际残联联盟等组织关于如何联合起来为世界残疾人创造更加包容和无障碍世界的辩论会，参加康复大会辅助器具展览会。

·相关链接·

康复国际

康复国际成立于 1922 年，是一个致力于促进和维护残疾人康复和权益保护，推动制定政策和立法，推进残疾人事务国际和区域间交流合作的国际非政府组织。康复国际吸纳全球范围内政府机构、非政府组织、团体和个人等为会员，在全球 100 多个国家和地区已有 2000 多个会员组织。

中国残联于 1988 年加入康复国际成为会员，在 2014 年 10 月 6 日康复国际代表大会上中国残联主席张海迪当选新一届康复国际候任主席。

【浙江省残疾人托安养工作交流团访问新加坡和韩国】 12 月 1 日至 8 日，浙江省残疾人托安养工作交流团一行 6 人访问新加坡和韩国。交流团拜访新加坡拉丁马士公民咨询委员会、韩国残疾人开发院，以座谈交流、参观考察的形式，了解新加坡、韩国政府关于残疾人的相关政策，特别是残疾人托安养方面的扶持政策，并代表省残联与新加坡拉丁马士公民咨询委员会签订友好交流意向书。

（朱秀芳）

省贸促会

【概况】 2016年，省贸促会紧紧抓住国际贸易促进这一主业，扎实做好各项促进服务工作。全年接待国(境)外对口机构和代表团来访34批154人次。新增13家签约合作机构，累计与154家国(境)外对口机构签订友好合作协议。应邀参加印尼、拉美及加勒比国家、欧盟国家等驻沪领事馆举办的活动22场次。

全年组织国际展览项目201个，全省2255家企业3512名企业人员参加展会。展会涵盖35个国家和地区，现场接待客商4.5万人次，签发产地证75950份。受理商事调解案件104件，涉案金额1.8亿元。

【土耳其工商联合会代表团访问浙江】 1月27日，省贸促会会长吴桂英在杭州接待以土耳其工商联合会会长瑞法特为团长的土耳其工商联合会代表团，双方就跨境电子商务方面的合作进行交流探讨。代表团在吴桂英陪同下考察杭州江干区，听取江干区电子商务和跨境商务发展情况介绍，参观东方智慧园区。代表团在杭期间，省贸促会举办"浙江—土耳其经贸座谈会"，副会长许勇主持，土耳其工商联合会副会长伊布拉罕、安德勒，省经信委合作处处长陈海江、义乌市贸促会会长王碧荣、省中旅集团总经理虞岳明及来自阿里巴巴集团、吉利集团、浙江省交通工程建设集团有限公司等业务负责人参加座谈会。会上，双方企业就工业发展、电子商务、跨境商务、旅游、汽车制造、基础设施建设等领域开展对话和交流。

【突尼斯驻华大使访问省贸促会】 4月8日，会长吴桂英会见突尼斯驻华大使塔雷克·阿姆里。吴桂英介绍浙江经济社会基本概况和浙江省打造七大万亿级产业的有关情况。吴桂英表示，浙江在传统经典产业和新兴IT产业方面具有比较优势，省贸促会愿意与突尼斯驻华大使馆加强合作，依托智慧贸促平台，通过线上线下结合的方式，推进双边经贸交流，共享发展机遇。塔雷克·阿姆里介绍突尼斯与中国的友好关系、突尼斯独特的地理环境优势和突中经贸发展情况。他表示，突尼斯驻华大使馆非常愿意为浙江企业走进突尼斯开展贸易投资提供服务，建议浙江产品可在突尼斯组建物流仓储中心，利用突尼斯与欧洲、非洲国家的自贸区关系，促进产品远销欧洲、非洲各国。

【捷克皮尔森州副州长访问省贸促会】 5月10日，会长吴桂英会见以捷克皮尔森州副州长伊沃·格律能为团长的访问团一行。吴桂英介绍省贸促会智慧贸促网捷克馆建设基本情况和下一步主要任务。她表示，智慧贸促网捷克馆的建成和投入使用，将有力推动双方贸易投资合作实现更高、更深层次的发展。伊沃·格律能表示要加快推动捷克馆建设，努力实现联网，务实高效地开展合作交流。

【浙江企业走进伊朗、匈牙利和克罗地亚产业对接洽谈系列活动】 5月21日至31日，省贸促会组织省内63家企业，实施走进"一带一路"沿线伊朗、匈牙利和克罗地亚三国，分别举办企业家峰会暨产业对接洽谈会。850余名中国和伊朗、匈牙利、克罗地亚工商界嘉宾、企业家参加活动开幕式和产业对接洽谈。63家浙江企业进行445场次洽谈，达成合作项目36个、金额6094万美元;达成意向项目34个、金额9268万美元。

【2016中国浙江名品(厄瓜多尔)展览会】 8月4日至7日,省贸促会在厄瓜多尔基多展览中心举办2016中国浙江名品(厄瓜多尔)展览会。展会设展位120个,78家企业118人参展,现场接待专业客商7800余人次,达成意向金额逾1.2亿美元,参展企业数、采购商和专业观众数、贸易成交数等均创历史新高。

【完成B20工商峰会服务保障任务】 8月31日至9月6日,省贸促会全程参与B20峰会的交接、启动、筹备工作,做好B20峰会代表的抵离迎送工作,共迎送B20嘉宾778批1153人次。积极做好省市四套班子和全省各市贸促会主要负责人出席B20峰会和组织浙江企业参加B20峰会相关工作,及时做好B20峰会和参会企业的宣传工作。

【英国诺丁汉郡政府首席执行官访问省贸促会】 10月29日,会长吴桂英会见英国诺丁汉郡政府首席执行官安东尼・梅和该郡议会议员、郡经济发展委员会主席戴安娜・米尔夫一行,介绍浙江经济产业特点和发展趋势。她说,浙江经济正处在转型升级关键上升期,经济增长态势特别是新兴经济发展势头良好。吴桂英说,G20峰会在杭州成功举行,大力提升了杭州及浙江省的对外知名度,希望与诺丁汉郡加强经贸往来和合作。30日,副会长张青山会见安东尼・梅一行,双方就如何更好地发挥自身优势、促进经济发展,如何加强双方商协会组织进行深入交流。安东尼・梅介绍诺丁汉郡的产业发展情况,特别是在创新领域的优势。双方还就建立合作机制进行商谈。

【老挝国家经济发展战略协会副主任访问省贸促会】 11月2日,副会长张青山会见老挝国家经济发展战略协会副主任欧萨凡・辛萨普萨一行。张青山介绍浙江基本情况、产业优势及浙江省贸促会的基本职能。辛萨普萨介绍其所在机构基本情况及老挝的投资环境和机遇。双方就加强双边投资和贸易往来进行交流。

【省贸促会经贸团访问巴西和阿根廷】 11月12日至20日,省贸促会经贸团一行21人访问巴西和阿根廷,在两国开展系列经贸对接活动。浙江省企业与巴西和阿根廷118家企业累计进行151次"一对一"洽谈,在品牌合作、市场营销、产业合作、资源引进等领域达成2个合作项目和4项合作意向,总金额超过6600万美元。

【中韩中小企业经贸合作交流会】 11月15日在杭州举行。由省贸促会和韩国全罗南道中小企业综合支援中心共同举办。省贸促会会长吴桂英、副会长张青山,韩国全罗南道中小企业综合支援中心本部长禹天植、全罗南道中国代表处首席代表金钟镐、全罗南道国际农业博览会组织委员会会长尹相姬、全罗南道中国出口协会会长黄钟律、全罗南道企业家河佶昊等出席会议。吴桂英指出,浙江省和韩国的进出口贸易呈双向增长态势,双方保持着良好的经贸合作关系。张青山介绍浙江省情和产业优势,省贸促会、省国际商会的基本职能和机构情况,近几年省贸促会在境外举办重大经贸交流活动和重要展会。禹天植介绍全罗南道的基本情况和产业经济特点,全罗南道中小企业综合支援中心机构情况和主要工作。双方就今后进一步加强联系,服务双边中小企业打通渠道、搭建平台达成共识。吴桂英和禹天植分别代表各自机构签署友好合作协议。

【捷克前总理访问省贸促会】 11月23日,会长吴桂英会见捷克前总理伊日・帕劳贝克一行。吴桂英说,浙江与捷克关系友好、合作密切,希望省贸促会能与捷克相关商会机构进一步合作,共同促进双边经贸关系发展。吴桂英表示,浙江与捷克的双向贸易与投资还存在巨大发展空间,浙江与捷克应继续密切交流,寻找合作的契合点。帕劳贝克介绍捷克经济情况和优势产业，希望双方能扩大在玻璃、水晶、啤酒等传统产业及纳米技术、污水处理、小飞机等新技术领域的交流合作。帕劳贝克还建议在捷克布拉格建立“浙江中心”，推动双边企业开展互动交流，提升合作。

【省经贸代表团访问印度尼西亚和柬埔寨】 11月30日至12月6日，省贸促会组织省内65家企业120多位企业家，组成浙江省经贸代表团访问“一带一路”沿线国家——印度尼西亚和柬埔寨。在印尼，举办企业家峰会暨产业对接洽谈会和贸易投资说明会。在柬埔寨，举办中国浙江—柬埔寨贸易投资洽谈会和浙江—暹粒友好合作交流会；出席主题为“柬埔寨：‘一带一路’沿线充满机遇的国度”的中国—柬埔寨企业家论坛，柬埔寨首相洪森出席论坛并会见代表团成员。65家浙江企业与柬方企业开展234场次对接洽谈，共达成合作项目13个、总金额3580万美元，合作意向36个、总金额2.8亿美元。

【埃塞俄比亚驻沪总领事访问省贸促会】 12月16日，会长吴桂英会见埃塞俄比亚驻沪总领事(大使衔)穆勒·塔瑞肯·埃德雷一行。吴桂英说，浙江与埃塞俄比亚一直以来有着友好的关系，浙江企业对非洲市场很有兴趣，双方在经贸合作上存在很大合作空间。省贸促会将积极推动浙江企业进入埃塞俄比亚开展贸易投资活动。穆勒·塔瑞肯·埃德雷介绍埃塞俄比亚经济概况、产业状况和优势，希望双方能在皮革、纺织、农业、医药、旅游、基础设施建设等方面加强合作。并介绍埃塞俄比亚明年的投资贸易相关活动计划，希望能与省贸促会建立合作关系。

（王 恬）

省农科院

【概况】 2016年，省农科院派遣科技人员109人次出国参加项目合作、国际学术会议及技术进修。接待国外专家学者来访71批215人次。与美国伊利诺伊大学香槟分校签订科技合作框架协议；与英国詹姆斯哈顿研究所签署第二轮合作协议，建立战略合作伙伴关系；与澳大利亚新南威尔士州初级产业部、澳大利亚橄榄油协会签署三方合作备忘录，共同组建“国际橄榄油品质研究中心”。

【与英国詹姆斯哈顿研究所签署第二轮合作备忘录】 3月26日，省农科院与英国詹姆斯哈顿研究所签署第二轮为期五年的合作备忘录，在双方共建的“植物病虫害可持续防控国际实验室”平台下开展合作研究与人员交流，并将合作领域拓展至纳米病毒学、土壤与环境科学等领域的前沿热点问题。

【省农科院代表团访问美国加州大学戴维斯分校】 7月18日至20日，应美国加州大学戴维斯分校代理校长拉尔夫·赫克斯特邀请，中国工程院院士、发展中国家科学院院士、省农科院院长陈剑平率代表团访问加州大学戴维斯分校。

访问期间，代表团与拉尔夫·赫克斯特及加州大学戴维斯分校代理教务长肯尼斯·伯蒂斯等座谈交流。赫克斯特表示，浙江省农科院和戴维斯分校开展的人员交流和项目合作，切实而富有成效。希望双方在已有合作基础上更进一步，探索更广泛的合作机遇。伯蒂斯介绍戴维斯分校构建国际研发中心的设想。陈剑平介绍省农科院基本情况、科技合作进展及未来与戴维斯分校的合作远景规划构想。双方就促进院校间高层与科技交流、开展战略合作布局等达成共识。

【与澳大利亚组建“国际橄榄油品质研究中心”】 8月2日，基于省农科院食用油品质分析与评价领域的先进技术水平，及和澳大利亚方面前期合作交流的基础，省农科院与澳大利亚新南威尔士州初级产业部、澳大利亚橄榄油协会签署三方框架协议和合作备忘录，组建“国际橄榄油品质研究中心”，联合开展品质与功能、生化与加工、质量安全、产地溯源、栽培研究等领域的科技合作和交流。

国际橄榄油品质研究中心分为品质与功能、生化与加工、质量安全、产地溯源、栽培研究等五个领域。宗旨是加强橄榄油品质、辨别真伪和安全方面的技术合作，提升中澳橄榄油产业互通合作基础。

【2016年农产品产地溯源与鉴别技术国际研讨会】 10月11日至15日在杭州召开。来自新西兰、韩国、日本等国家和中国农业科学院、中国农科院茶叶研究所、广西农科院、上海农科院、清华大学、上海交通大学等国内外专家60余人参加学术交流。与会专家就基于同位素地球化学法的农产品产地溯源技术、景观农业环境样品中同位素及多元素的组成变化研究、农产品产地来源真实性与生产方法——元素组成和稳定同位素的应用、农产品真实性与地理来源的可追溯性——非破坏性测量的应用等当前热点问题作专题研讨。

【美国威斯康辛大学麦迪逊校区教授访问省农科院】 10月21日，美国威斯康辛大学麦迪逊校区农学院国际合作事务负责人孙达拉姆·古纳教授访问省农科院。副院长杨华会见古纳，总结自6月份古纳首次访问省农科院以来双方在推进乳业、生物传感、蔬菜育种、人才培养等领域的合作进展情况，讨论下阶段工作计划并进一步协商拓展食品安全和检测技术等领域的合作事宜。古纳表示作为威斯康辛大学麦迪逊校区农学院的国际合作负责人，也承担着生物传感和食品安全领域的科研工作，与省农科院合作非常重视，将积极推动双方院校间的人员交流与科技合作。双方还就访问学者派遣计划、下阶段重点合作方向、院校间框架协议和访问交流等达成一致意见。

【加入"丝绸之路农业教育科技创新联盟"】 11月5日，省农科院参加由西北农林科技大学倡议发起，与俄罗斯、中亚、南亚、西亚、非洲、欧洲等丝绸之路沿线12个国家的59家高校和科研机构联合成立的"丝绸之路农业教育科技创新联盟"，通过搭建合作平台、创新合作机制、加强资源共享等方式，加强与丝绸之路沿线国家在人才培养、科学研究等方面的合作。

【与美国伊利诺伊大学香槟分校签署科技合作框架协议】 11月7日，省农科院与美国伊利诺伊大学香槟分校农业、消费者与环境科学学院签署科技合作框架协议，确定在双方共同感兴趣的领域开展制定联合研究计划、科技人员与学生互访、信息与成果交流、联合组织或主办学术研讨会等多种形式的合作交流，开启战略合作关系。

伊利诺伊大学香槟分校是美国最具影响力的公立大学之一，其工程、农业等专业在美国甚至世界上享有盛名。8月，该校农业与生物工程系主任丁冠中访问省农科院，与农业工程相关专业科研人员进行学术交流，代表该校农业、消费者与环境科学学院与省农科院协商合作事宜，并达成合作意向。

（陈晓雯）

高校外事侨务

Foreign and Overseas Chinese Affairs in Higher Education Institutions

浙江大学

【概况】 2016年，浙江大学师生因公出国(境)4070人次，其中访问考察192人次、合作研究及学术交流1670人次、参加国际会议1754人次、参加培训及进修学习263人次、讲学20人次、参展参赛45人次、校际交流11人次、其他115人次。本科生海外交流2650人次，比上年增加15%；研究生海外交流2209人次，比上年增加19%。其中博士生1490人次，达到当年招生人数的73%。

全年派出校级代表团10余批次；接待国(境)外访问团组133批1218人次。全年新签和续签41项校际合作协议及学生交换协议。其中新签协议20项，包括美国普林斯顿大学、澳大利亚墨尔本大学、英国伦敦国王学院、以色列特拉维夫大学、以色列理工学院、法国巴黎综合理工学院、韩国普项科技大学等世界一流大学；续签协议21项，包括美国伊利诺伊大学香槟分校、澳大利亚新南威尔士大学、英国伦敦大学学院、牛津大学、杜伦大学、法国巴黎第六大学、新加坡国立大学等。

全年聘请名誉、客座教授45名，其中名誉教授8名，包括2007年诺贝尔经济学奖得主埃里克·马斯金教授和2010年诺贝尔物理学奖得主安德烈·盖姆教授。聘请长短期外籍文教专家704名，其中长期专家187人、短期专家517人。理查德·哈特(美国)获得2016年"中国政府友谊奖"。布鲁克斯·菲利普·查尔斯(英国)、Kong Luen HEONG(马来西亚)、基斯杜化·雷蒙德·伍德(英国)3位专家获得2016年"浙江省西湖友谊奖"。全年实施外专项目282项，包括"国家高端外国专家项目""引进海外高层次文教专家重点支持计划""海外名师项目""学校特色项目""111创新引智基地""诺贝尔奖获得者校园行"等国家重点项目31项、省级引智项目3项、富布莱特基金会项目1项。1名外籍专家入选"外专千人计划"。新获批"作物品质与安全"创新引智基地1个，"信息与控制""能源清洁与利用""细胞一微环境互作""作物适应土壤逆境分子生理机制及分子设计育种"和"材料微结构与性能调控"等5个基地顺利执行中。专家主要来自美国、加拿大、德国、荷兰、澳大利亚、日本、英国、马来西亚等国。

2016年，学校成功举办各类会议88项。其中G20重大专项会议2项、重大会议2项、重要学术年会32项、浙江大学学术年会7项、双边会议6项，自然科学类会议38项，人文社科类会议50项。参会总人数10753人次，其中外方代表2078人次。收到会议论文1863篇，其中外方论文482篇。

2016年，浙江大学与香港城市大学签署联合培养博士研究生协议、续签学术合作备忘录和学生交换计划协议，与香港中文大学续签学术交流协议和《绿色大学联盟合作协议书》。全年接待来自港澳地区的参访团队19批233人次(其中香港17批214人次，澳门2批19人次)。校党委书记金德水、校长吴朝晖等先后率团访问香港地区高水平大学并拜访关心学校发展的各界人士，推进与港澳地区高校及其他各界的联系与互动。邀请港澳地区高校学者来浙江大学作专题讲座或短期授课，邀请港澳地区代表参加国际会议3项。全年接收港澳地区高校学生66人来浙江大学交换学习，派出54名学生赴港高校交换学习；接收4名港澳学生来浙江大学短期研习，派出67名学生赴港澳地区高校进行短期研习。

【“2016浙江大学—斯坦福创业成长与创新跨越论坛”】 3月8日在美国旧金山湾区举行。浙江大学校长吴朝晖，美国斯坦福大学米勒创业创新研究院负责人、斯坦福前教务长威廉·米勒，中国驻旧金山总领事馆教育领事杨军，浙江大学海内外成功创业的校友代表，相关学院教授和斯坦福大学学者等近70人出席。论坛上，专家学者就“知名大学在创新创业中的作用”“中美创新创业合作”等论题进行交流探讨，分享和展望创新创业合作理想，推动浙江大学与斯坦福大学在相关领域的学术交流与合作。

【浙江大学与德国基尔大学建立校际合作30年庆典】 5月9日，浙江大学与德国基尔大学建立校际合作30周年庆典在浙江大学举行。基尔大学校长卢茨·基普、德国石荷州州长托斯顿·阿比西率50余人代表团参加庆祝活动。两校建立校际合作30年来，不断寻求新的合作领域和方向，双方合作充满活力。

【浙江大学医学院教授被多伦多大学双聘为正教授】 5月20日，浙江大学医学院5位教授被加拿大多伦多大学双聘为正教授，这是多伦多大学历史上首次聘请海外大学教授在多伦多大学任双聘教授，也是浙江大学教授首次在国际一流大学担任具有与本地教授同等学术权利的教职，这是浙江大学提升国际化水平与提升国际声誉的标志性事件。通过双聘，两校优势资源可得到更好整合，共同推动医学教育、科研的发展；双方的科研教学合作也将从遗传学与基因组医学拓展至神经科学、肿瘤学等学科。

【出席首届亚洲高等教育峰会】 6月19日至21日，浙江大学校长吴朝晖应邀出席香港科技大学二十五周年校庆及首届亚洲高等教育峰会。峰会以“如何培养创意和创新”为主题，来自世界各地高等教育及其他领域的专家学者出席会议。会上，吴朝晖作《浙江大学：创建世界一流的综合性的创新研究型大学》主题演讲，介绍浙江大学建校历史、办学规模和办学理念与国际化发展战略等，重点介绍创新创业为特色的教学体系和海宁国际校区、紫金众创小镇、产学研基地等重大创新项目，并希望与全球高校开展在创业创新领域的交流与合作。

【与墨尔本大学签署战略合作框架协议】 9月22日，浙江大学党委书记金德水与墨尔本大学教务长玛格丽特·希拉签署两校战略合作框架协议。两校将在医学和管理等领域较好合作基础上，进一步拓展包括工程在内的若干新领域合作，双方还就医学领域开展联合博士生项目、大数据领域建立联合实验室等达成合作共识。

【签署《绿色大学联盟合作协议书》】 9月30日，香港中文大学、南京大学、浙江大学、北京师范大学等在香港中文大学签署《绿色大学联盟合作协议书》并共同举办绿色大学联盟研讨会。研讨会以“绿色校园建设”为主题，就校园规划、建设及可持续发展等议题展开交流，致力于促进传播并实践环保与可持续发展理念。

【浙江大学代表团访问美国沃顿商学院】 10月11日，浙江大学代表团一行赴美国宾夕法尼亚大学沃顿商学院，与该院院长杰弗里·加勒特就浙江大学、沃顿商学院和北京大学业已签署的谅解备忘录，即浙江大学—沃顿—北大中美商学院筹建进程中双方关注的重点问题进行磋商，探讨合作模式。浙江大学—沃顿—北大共建中美商学院，主要开展社科领域的人才培养和科学研究。

【拓展与巴西及其他金砖国家著名高校战略合作】 11月16日至17日，由巴西圣保罗科研基金会支持，浙江大学姊妹学校巴西坎反纳斯州立大学主办的“能源环境及政策架构的可持续社会体系”国际研讨会在巴西举办。浙江大学和南非斯泰伦博斯大学、巴西坎皮纳斯州立大学及英国巴斯大学的50余位学者参加会议，探讨四方合作机制的常态化和可持续化，加强与金砖国家重点高校的学术联动，通过金砖国家高等教育合作，助力合作团队在国际社会中的地位与话语权。此前，浙江大学与巴西圣保罗科研基金会签署合作协议，为浙江大学首度与南美及金砖国家科研基金会签署的合作协议。

【德国慕尼黑大学—中国学术网第二届科学论坛】 11月21日至22日在浙江大学举行。本届论坛的主题是“塑造未来：在研究和教学中的合作与交流”，由德国慕尼黑大学和浙江大学联合主办。来自慕尼黑大学和浙江大学、北京大学、中国人民大学、复旦大学、上海交通大学及香港中文大学等10余所大学的130余名专家、学者出席论坛，交流学科发展新形势，探讨双边或多边国际合作的可能性。

【浙江大学与美国普林斯顿大学开展本科生暑期科研双向交换项目】 2016年，浙江大学首度与全球排名前10的世界顶尖大学美国普林斯顿大学签署本科生暑期双向交换项目，并与对方互换了生物医学和公共卫生领域的4名本科生，有效推动了浙江大学与世界顶尖高校的交流与合作。

（潘孟秋）

中国美术学院

【概况】 2016年，中国美术学院公派教职工出国(境)访问40批100余人次，比2015年增长36%。接待国(境)外人员来访86批600余人次，比2015年翻了一番。全年接收办理国(境)外文教专家讲学74人次。派遣92名学生分赴42所国(境)外院校交流学习，其中36位学员获得优秀国(境)外学习项目资助。同时，为相关专业师生申报“国家留学基金委公派出国项目”，6名师生被艺术类人才培养项目录取，2名学生被优秀本科生项目录取。

2016年，中国美术学院办理接收国(境)外校际交换生12人。成功加入美国加拿大独立艺术设计学院联合会(AICAD)并成为国际会员。新增英国伯明翰城市大学、法国圣埃蒂安国立高等建设艺术学院、法国莱茵高等美术学院和希腊雅典科技教育学院等4项校际合作协议，与保加利亚索菲娅国立艺术学院增签师生互访协议，与香港科技大学新增跨媒体学院艺术与科技跨界双学位硕士培养试点项目协议，与东京艺术大学开展与中国画和书法学院教师教学交流。

启动海外招生点，留学生人数稳步增长。2016年，学历学生达到245人，长短期留学生共719人，生源国76个。全年，学院共举办大型涉外展览和研讨会11个。

【天堂的视角——莎拉·巴特菲尔作品展】 1月16日至22日在中国美术学院美术馆举行。英国画家莎拉·巴特菲尔执教于伦敦艺术学院，在BBC等众多节目中担任评论家，并多次进行艺术讲座。本次画展主题是“天堂的视角”，展出作品50余幅。

【“艺术：生活或观念——交互视野下的中国和美国的现代艺术国际学术研讨会”】 3月24日至26日在中国美术学院南山校区举行。由中国美术学院和美国加州大学圣塔巴巴拉分校联合主办，中国美术学院图书馆承办，中国美术学院图书馆馆长张坚和加州大学圣塔巴巴拉分校艺术史和建筑系教授兼大学艺术与设计博物馆馆长布鲁斯·罗伯森联合组织和策划。研讨会邀请8位欧美艺术史学者、策展人和10位国内艺术史学者参会并发言。会议还开设研究生单元，从全球范围内甄选出的5位优秀博士研究生也参与研讨。

【中国美术学院教师获2016约翰·莫尔绘画奖】 3月28日，由上海民生现代美术馆、约翰·莫尔利物浦展览基金会与上海大学美术学院联合主办的“2016约翰·莫尔绘画奖(中国)作品展”在上海民生美术馆开幕，约翰·莫尔绘画奖英国评委丁乙宣布中国美术学院教师郎水龙获得本届“约翰·莫尔绘画奖大奖”。郎水龙获奖作品为其《基本工具》系列中的一件“铁锹”，艺术家将铁锹安放在画布上，以扬尘为墨，同时用画笔擦拭画布上的尘埃，从而完成作品。铁锹代表着人的潜力、创造能力，也隐喻着人类与大地的关系。

约翰·莫尔绘画奖创设于1957年，被誉为“英国绘画奥斯卡”，奖项以匿名评审的方式进行评选，每两年评选一次。2010年，上海大学美术学院与英国约翰·莫尔展览基金会联合将此项大赛正式引进中国。

【“艺术与科技的奇点”讲座】 4月10日在中国美术学院南山校

区举行。由浙江省科学技术协会、中国美术学院科研创作处、中国美术学院跨媒体艺术学院联合主办，美国西北大学凯洛格商学院神经科学与商业专业教授、纽约大学客座教授摩恩·瑟夫主讲，对谈嘉宾为中国美术学院副院长高士明及伦敦皇家艺术学院与帝国学院艺术家凯特·麦坎布里奇。

【文莱画家代表团访问中国美术学院】 4月14日，文莱拿督沙福里·阿卜杜拉·哈佛率画家代表团一行5人访问中国美术学院。副院长高士明及江河、顾迎庆、黄骏、陈磊、花俊、刘海勇等院领导陪同代表团观看“中国美术学院建设世界一流大学十周年特展”，并在副院长王赞主持下举行“中国—文莱艺术家座谈会”。代表团还参观了中国美术学院中国画系、油画系、雕塑系、版画系并进行课堂观摩交流。

【国际动漫教育高峰论坛】 4月29日至5月1日，“匠心独运——东方语境下的动画精神”第12届中国国际动漫节国际动漫教育高峰论坛暨第三届中国(杭州)国际青年动画双年展在中国美术学院象山校区举行。29日举行开幕式，杭州市人大常委会副主任吴春莲，浙江省电影家协会主席高克明，浙江省新闻出版广电局副局长、中国国际动漫节执委会副主任王国富，杭州市委宣传部部务会议成员、市文创办常务副主任刘长征，中国电影家协会编剧教育委员会秘书长孟中，《当代电影》杂志主编皇甫宜川，中国美术学院党委书记钱晓芳、院长许江、副书记刘正和本届展览学术主持人、日本宝冢造型艺术大学月冈贞夫，日本东京艺术大学山村浩二，荷兰动画节主席戈本及霍斯特等国内外动漫专家出席开幕式，吴春莲、许江、月冈贞夫和中国美术学院影视与动画艺术学院副院长苏夏先后致辞。钱晓芳宣布本次双年展开幕。开幕式由中国美术学院影视与动画艺术学院副院长刘智海主持。随后，举行了一系列学术活动，共同分享各大高校艺术教育与青年动画家成长的创新理念和实践成果。

【首届中国设计智造大奖揭晓】 5月8日，由浙江省政府支持推动、中国美术学院主办、中国工业设计协会协办的首届中国设计智造大奖揭晓并在杭州举行颁奖典礼，省长李强出席颁奖典礼并为获奖作品颁奖。美国“可以喝的书”和浙江“水槽洗碗机”分获最高奖——金智奖及百万奖金。

中国设计智造大奖是中国工业设计领域首个“学院奖”，浙江省首个国际性工业设计大奖。首届中国设计智造大奖征集到来自五大洲30个国家和地区的2511件参赛作品，有来自16个国家和地区的93位权威专家加入。

【“丹尼尔·布罕艺术作品与空间”讲座】 5月16日在中国美术学院象山校区举行。由中国美术学院艺术管理与教育学院主办，艺术管理与教育学院美术教育研究所承办。丹尼尔·布罕是当今法国艺坛上最具国际性的艺术家及理论家之一。

本次讲座主讲人乔尔·本则堪是国际知名独立策展人，同时代理丹尼尔·布罕及杰夫·沃尔等国际知名艺术家。

【中国首届当代空间艺术跨国学术论坛“场所·空间·艺术”】 6月17日至20日在中国美术学院象山校区举行。由中国美术学院主办，中国美术学院雕塑与公共艺术学院、艺术现象学研究所承办。来自中国、加拿大、英国、澳大利亚、日本、美国等国家和地区的20余位著名专家学者就艺术同空间、场所的关系展开讨论。

【梁怡个展“双重阅读”】 7月6日在法国巴黎十区区政府开幕。中国美术学院绘画艺术学院壁画系主任梁怡展出100张世界名人肖像来回应华人在法国的百年历史，这是首届巴黎十区夏季中国艺术文化节－CHINA10推出的活动之一。

2016年是华工赴法100周年，为继续推进中法跨文化交流，促进中法两国人民的友谊，与华人、华侨共谋合作和发展，巴黎十区区政府借华工来法100周年之际,在巴黎十区区政府办公大楼举办首届巴黎十区夏季中国艺术文化节—CHINA10。

【王冬龄"大字写世界"先后走进新西兰和加拿大】 7月7日,王冬龄"大字写世界"个人书法作品展在新西兰奥克兰国立美术馆举行。8日,王冬龄个人书法作品展在新西兰噶斯菲舍尔美术馆举办,展期1个月。汇聚王冬龄十余年创作作品30余幅,包括传统书法、乱书、银盐书写、摄影作品书写等,还特别展示王冬龄以新西兰著名诗人塞琳娜·沼泽作品为原型的书写作品。

9月27日,王冬龄"大字写世界"项目登陆加拿大首都渥太华国家图书馆,大字书写《心经》作品成为关注的焦点。

【鼓浪屿·首届创意亚洲文化发展国际论坛】 8月24日至25日在福建厦门鼓浪屿举行。由中国美术学院、厦门市委组织部共同指导,中国美术学院鼓浪屿文化艺术研究院等协办。论坛邀请来自中国、韩国、泰国、新加坡、英国、荷兰、西班牙等国家和地区的遗产保护、规划建筑、艺术创意、社会文化等不同专业领域的近30位专家嘉宾,以鼓浪屿申遗为契机,研究鼓浪屿的文化遗产保护、旅游与社区之间的关系。专家嘉宾从历史、文化、地理、规划、艺术、产业等多重角度进行跨界多学科综合研讨,围绕"岛屿——一种文化生态"主题展开对话,为鼓浪屿的未来发展寻找一种创新发展模式。

【二十国集团外方代表团团长夫人参观中国美术学院】 9月5日,国家主席习近平夫人彭丽媛邀请出席二十国集团领导人杭州峰会的外方代表团团长夫人——阿根廷总统夫人阿瓦达、印度尼西亚总统夫人伊莉娅娜、老挝国家主席夫人坎蒙、墨西哥总统夫人里韦拉、土耳其总统夫人埃米奈、加拿大总理夫人索菲、新加坡总理夫人何晶、泰国总理夫人娜拉蓬、欧洲理事会主席夫人玛乌格热塔、联合国秘书长夫人柳淳泽、世界贸易组织总干事夫人玛利亚、国际劳工组织总干事夫人卡琳娜等参观中国美术学院,领略青瓷、书画、丝绸等中国传统文化艺术魅力。

【2016年世界艺术史大会中国美术学院研讨会】 9月12日至13日在中国美术学院南山校区"贡布里希—高居翰纪念图书馆"举行。研讨会由中国美术学院副院长、美术馆馆长杭间,中国美术学院副院长高世名,中国美术学院艺术人文学院院长曹意强发起,会议主题为"不同语境下探讨艺术的功能与意义的展示与改变,以及如何通过跨文化跨学科的交流产生出新的价值"。

【常青首个英国个人作品展】 9月15日至20日,中国美术学院绘画艺术学院副教授常青在伦敦艺术大学切尔西学院举办其在英国的首个个人作品展——"(何处)立足社会现实主义"。作品展呈现常青于2012年至2016年间用水墨创作的30幅当代现实主义肖像作品,试图向英国观众阐释他所理解的"中国当代现实主义"。

【参加"东方文化走出去"第二站暨英国伦敦设计周展览活动】 9月17日至25日,中国美术学院应邀参加英国伦敦设计周展览活动 整体呈现中国美术学院设计艺术学院教学成果。该展览已有13年的举办历史,是"'设计·东方'米兰展""'东方设计与现代生活'更深层次的扩展,呈现具有东方文化的现代设计。"东方设计"以重塑东方设计价值为目标,并将创新设计运用到世界设计中。

【"我织我在"第二届杭州纤维艺术三年展】 9月26日在浙江美术馆开幕。本次展览由浙江省文化厅、杭州市委宣传部、中国美术学院主办,浙江美术馆、中国美术学院万曼壁挂研究所、中国丝绸博物馆、中国美术学院美术馆承办。开幕式上,中国美术学院院长许江、浙江美术馆馆长斯舜威、杭州纤维艺术三年展艺术总监施惠,策展人刘潇、许嘉、阿萨杜尔·马克洛夫及参展艺术家出席,斯舜威主持开幕式。

三位策展人刘潇、许嘉、阿萨杜尔·马克洛夫展示"我织我在"主题，另有来自20个国家和地区的63位艺术家近100件纤维艺术作品参展。展览持续至10月25日结束。

【中国美术学院首届"古书画鉴藏与修复国际研讨会"】 10月10日至12日在中国美术学院举办。由中国美术学院视觉中国协创中心主办。研讨会邀请全球范围内修复方面专家与相关研究者20余人、学术主持10余人，探讨中国古书画在世界范围内鉴藏保存科学、修复伦理及修复人才的培养机制。

【帕特里克·托萨尼："事物的形态"系列学术讲座】 10月13日在中国美术学院象山校区举行。由中国美术学院影视与动画学院主办。帕特里克·托萨尼曾在芝加哥艺术博物馆、巴黎市现代艺术博物馆、尼斯摄影博物馆和法兰西岛摄影中心、蒙彼利埃公共陈列馆等举办个人展览。1983年获柯达摄影奖，1997年获尼埃普斯奖。帕特里克·托萨尼是已载入世界摄影史的法国国宝级艺术家。

【澳门理工学院代表团访问中国美术学院】 10月20日，院党委副书记刘正会见澳门理工学院艺术高等学校校长徐秀菊一行4人。刘正向徐秀菊一行介绍中国美术学院基本情况，并表示愿与澳门理工学院进行更深入的交流与合作，促进两校教学质量进一步提升。徐秀菊表示，在今年视觉艺术招生的基础上，明年希望增加设计类专业的招生，同时希望两校签订合作协议，在教学、学术研讨等方面开展进一步合作。院招生办负责人阐述了今年澳门理工学院委托中国美术学院招生考试的报名组织工作情况。随后，代表团一行参观了象山校区设计学院。

【第五届贡布里希纪念讲座】 10月24日至27日在中国美术学院南山校区举行。本次讲座邀请英国牛津大学阿什莫林博物馆馆长乔恩·怀特利和牛津大学艺术史系教授琳达·怀特利为主讲人，分别作4个主题演讲。

【瑞士苏黎世联邦理工学院师生访问中国美术学院】 10月26日，瑞士苏黎世联邦理工学院(ETH)师生一行30余人访问中国美术学院建筑艺术学院，与该学院师生进行交流。ETH建筑系迈克·古耶尔教授应邀为建筑学院师生作题为"概念一空间一材料一建造"的学术讲座。

【国际设计工作站开幕展暨高级论坛】 10月28日在中国美术学院象山中心校区举行。国际设计工作站由中国美术学院艺术设计研究院和谢菲尔德哈勒姆大学艺术设计研究中心发起，并将不同设计领域的专家聚集在一起。通过合作，设计学者和研究人员将分享知识、测试方法论及进行调研。

【诺贝尔物理学奖得主在中国美术学院举办讲座】 11月8日，2004年诺贝尔奖物理学奖得主、MIT美国麻省理工大学教授弗朗克·韦尔切克在中国美术学院南山校区举办题为《科学的想象力》讲座。讲座由中国美术学院、浙江省科协主办。弗朗克·韦尔切克以科幻写作为主题，从个人的写作和阅读经验，深层解构科学研究和艺术创作如何在已知、未知、不可知的多维时空中探索、穿梭。

【"艺术家的手：实践中的技术"国际研讨会和艺术家工作坊】 11月11日至13日在美国哈佛大学艺术博物馆举办。此项目由哈佛大学艺术与建筑史系、中国美术学院视觉中国研究院和罗德岛设计艺术学院联合举办。来自美国、加拿大和中国的学者、艺术家在学术和技艺层面广泛讨论了艺术传统、观念影响和技术语言探索等。

【《树石论坛——自然与建造》国际学术论坛】 11月12日至13日在建筑艺术学院举行。由中国美术学院建筑艺术学院、中国美术学院建筑营造研究中心联合主办,《南方都市报》、中国建筑传媒奖组委会协办。论坛由建筑艺术学院院长王澍发起并组织,邀请中国工程院院士、中国建筑设计院总建筑师崔愷,东南大学建筑学院副院长葛明,同济大学建筑与城市规划学院副院长李翔宁,原《世界建筑》杂志主编、清华大学建筑学院王路教授,香港 M+博物馆设计和建筑策展人陈伯康等建筑界知名人士参加。同时,特别邀请了国际建筑评论家委员会主席、墨西哥国立大学路易丝·诺艾尔教授,国际建筑评论家委员会委员、巴西南里奥格兰德联邦大学卡洛斯·科马斯教授等知名建筑学者。学术论坛期间共组织 9 场讲演。

【纤维系师生赴法参加“壁挂,墙和建筑师”工作坊】 11 月 13 日至 19 日,中国美术学院雕塑与公共艺术学院教师施慧和阿萨杜尔·马克洛夫带领纤维艺术系 3 位学生,赴法国参加由法国奥布松壁挂美术馆主办的名为“壁挂,墙和建筑师”工作坊。参与者包括来自法国波尔多市国立建筑与景观艺术学院的学生、奥布松壁挂美术馆培训中心的编织学员等。

【首届国际周年研究会“网络化的力量”】 11 月 14 日在中国美术学院举行。中国美术学院视觉中国艺术中心与跨媒体艺术学院网络社会研究所邀请来自中国、美国、英国、德国、荷兰、日本等国的 10 余位学者,从网络社会下的美学、生态、物质、算法四个主要方面进行批判性探讨及对未来的挑战。会议还设置青年圆桌会议,集结 20 余位华人世界的青年研究者与艺术家,就中国网络化社会的研究成果进行报告与反思。

【影视与动画艺术学院师生作品亮相第 32 届柏林国际短片电影节】 11 月 14 日至 20 日,第 32 届柏林国际短片电影节在德国柏林举行。中国美术学院师生作品《潘天寿》《杨门女将》《末路》《Loading》《鱼》《桃花源》《疼痛无声》《双簧》从数以千计的作品中脱颖而出,入选该电影节“聚焦中国”单元,并在柏林巴比伦剧院进行 5 场放映和观众互动交流活动。

【“第七届国际纹样之文化解读研讨会暨 2016 国际纹样创意设计大赛颁奖典礼”】 11 月 18 日在中国美术学院开幕。大赛以“共生之和”为主题,旨在探讨文化融合与个性诉求的关系;从“纹样”角度,解释世界的丰富性和文化多样化的魅力及面对的冲突、融合、传承、创新等问题。

“2016 国际纹样创意设计大赛”由中国美术学院和杭州市政府共同举办。其间,进行评选、展览和系列研讨活动。大赛终审评委来自丹麦、芬兰、法国等国家和地区高等院校的教授及家居产品的研发设计总监。经过角逐,16 件作品分获全场大奖、最佳概念创意奖、最佳材料创意奖、最佳应用奖和优秀奖。

【“纸木之交——中日木版画技艺演示交流活动”】 11 月 18 日在中国美术学院绘画艺术学院版画系地下专业实验室进行。由中国美术学院绘画艺术学院版画系和版画东方视觉文化艺术研究所主办,日本版画协会和日本国际交流基金协办。主要围绕东方版画“木版”作为基本的母体媒介,分别从东方木版版画不同发展时期具有代表性的技艺、技法演示开展。

【中国美术学院成立中国第一个国际设计文献中心】 11 月 19 日 中国美术学院国际设计文献中心正式成立。它的成立将为中国的设计教育、展示、研究及设计类博物馆的发展提供一个思想源,服务对象为国内外的设计及相关专业的师生、研究者、实践者等专业人士。

国际设计文献中心第一批书库已抵达中国美术学院,共 5200 余本,均来自西方设计史学者。

【第五届跨界·综合——国际设计教育高峰论坛暨学生优秀设计作品大赛】 11 月 20 日在中国美术学院象山校区开幕。论坛邀请近 70 位专家学者参与,分设 5 个主题,分别为“东方语境下的跨界设计教育”“当代中国的艺术设计教育的现状、使命与责任”“设计类复合型人才培养”“大数据时代的设计教育的发展模式”“当代设计中的传统艺术活化”。论坛学术委员会对学生优秀设计作品进行评选，最终评出金奖3个、银奖6个、佳作奖10个及跨界设计特别奖1个。

【中国驻文莱大使馆举办中文建交25周年联合画展】 11月22日，中国驻文莱大使馆协同文莱文化、青年与体育部在文莱海事博物馆举行“纪念中文建交25周年联合画展”开幕式，中国驻文莱大使杨健致辞并同文莱文化、青年与体育部部长哈尔比及两国艺术家代表为画展剪彩。中国美术学院中国画与书法艺术学院教师顾迎庆、刘海勇、陈磊及文方政府官员、驻文使节、华社代表等近百人出席开幕式。

画展展出中文两国13名画家的39幅精品画作，其中中方18幅作品均由中国美术学院8位艺术家创作。

【参加浙江企业经济文化考察团赴尼泊尔考察】 12月3日，中国美术学院绘画艺术学院壁画系主任梁怡作为文化艺术界代表，参加由浙江企业发起的经济文化考察团一行赴尼泊尔考察。在尼期间，考察团受到尼共总书记、尼泊尔总理普拉昌达和尼共中央政治局常委、尼共秘书长、尼泊尔前总理肯象普萨尔的接见并进行座谈。

【科学的“视”界观——2016数字媒体艺术高等教育国际研讨会】 12月3日，中国美术学院影视与动画艺术学院主办的“科学的‘视’界观——2016数字媒体艺术高等教育国际研讨会”在象山校区举行。会议邀请来自英国伯明翰大学、瑞典皇家理工学院、伦敦艺术大学中央圣马丁学院、加拿大多伦多电影学院和中央美术学院、清华大学美术学院、北京大学、浙江大学、广州美术学院、四川美术学院等国内外数字媒体艺术专业相关院校的40余位专家学者进行学术研讨。中国美术学院党委副书记刘正致辞，网络与游戏系主任崔晨旸主持研讨会。

【视觉中国研究院院士、牛津大学艺术史教授在中国美术学院举行讲座】 12月3日和15日，视觉中国研究院院士、牛津大学艺术史教授柯律格在中国美术学院学术报告厅举行“黄金、珠宝和明初时期中国的物质文化”“研究中国现代艺术的一种跨国思路”两场讲座。柯律格希望能为大家研究现代中国艺术提供新思路。

【“2016世界工业设计大会”嘉宾访问中国美术学院】 12月4日，参加“2016世界工业设计大会”的24位嘉宾一行访问中国美术学院。来访嘉宾来自14个国家的设计组织及中国工业设计协会，就中国设计的国际化与中国美术学院交换意见，并对与中国美术学院设计学科的合作展开讨论，具体涵盖设计教育、学科共建、师生互访等多项议题。

【第17届白金创意国际大学生平面设计大赛】 2016年12月至2017年1月在中国美术学院举行。由中国美术学院主办，旨在推动设计教育和设计交流。大赛面向国际大专院校设计专业学生，为广大师生提供一个相互交流和提高的平台。2016年收到来自中国内地、港澳地区和意大利、波兰、英国、德国、美国、智利、保加利亚、墨西哥、西班牙、土耳其等国内外400余所设计院校投送的作品5839件。11月26日，作品征集截止进入评审阶段，12月中下旬作品评选开始。2017年1月上旬公布获奖名单。

（张　蕾）

浙江工业大学

【概况】 2016年，浙江工业大学派出短期因公出国(境)人员154批276人次，其中出席国际学术会议、研讨会、年会72批108人次，学术访问18批26人次，短期合作研究21批23人次，其他43批119人次。接待国(境)外来访团组24批65人次。

全年新增校际国际合作伙伴4家，分别与英国华威大学、日本中央大学、欧洲教育学会(波兰)、厄瓜多尔钦博拉索工艺大学签订合作协议。学校与日本冈山大学在多年院际合作的基础上签订校际合作协议，与加拿大西安大略大学在多年合作本科生2+2联合培养项目基础上新设博士联合培养项目，与加拿大卡尔顿大学机械航空系签订两校合作备忘录。

全年主办或承办各类国际(双边)学术会议及研讨会7场，参会人数1700余人。其中“世界华人不动产学会2016年会暨2016全球不动产峰会”“2016绿色制药莫干山国际峰会”“第一届激光复合制造协同创新国际论坛”均有较大国际影响力。

全年邀请各级引智项目相关外国专家60余人次来校进行合作研究。30余名长期聘用的外籍专业教师和语言教师承担学校相关专业课程和语言课程的教学工作，并参与承担相关科研工作。2016年，“激光绿色制造技术国际科技合作基地”被国家外国专家局批准为首批地方高校“高等学校学科创新引智计划”(简称“111”计划)新建基地。共获批国家“高端外国专家项目”9项，其中团队项目5项、个人项目4项；入选国家高端外籍专家16人，1项引进国外技术、管理人才项目获浙江省资助，2人被浙江省政府授予2016年西湖友谊奖，1位国家“外专千人计划”专家参加国家外专局举办的厦门行，1位国家高端外国专家获邀赴北京人民大会堂参加新春座谈会。校级引智项目立项35项。

全年组织学生赴国(境)外短期交流项目34批746人次，25名硕士及博士生研究生赴国(境)外参加学术会议、学科竞赛等活动。获批5项“浙江省优秀本科生出国交流项目”，5名学生获国家留学基金委和省教育厅资助赴海外高校开展交流学习。全年实施各类交换学生项目和联合培养项目22项，58名学生通过合作项目赴海外合作院校学习。来华留学生2103人，其中学历留学生1341人。留学生人数和学历生人数分别排名浙江省高校第4位和第3位。

2016年，学校共有中外合作办学项目4项、在校生750人，其中招收新生205人。与英国法尔茅斯大学拟建立环境设计专业本科教育合作办学项目，与美国印第安纳大学医院集团和美国德州大学休斯敦健康中心筹备非独立法人中外合作办学机构的合作建设。

学校有合作共建孔子学院2所，孔子课堂4个。美国瓦尔普莱索大学孔子学院获年度“全球先进孔子学院”荣誉，加纳大学孔子学院获批成为“全球示范孔子学院”。全年完成3批近50人次孔子学院来华交流团组的接待及活动组织工作，其中校长官员访华团2个、学生访华团1个。接受第四批共19名来自加纳大学中文专业的大三学生来校学习汉语，该项目已成功运行5年，共培养100余名加纳大学中文专业学生。

全年教职工因公短期赴港澳地区交流访问20批53人次，其中参加各类学术会议6批7人次、学术访问4批27人次、合作研究3批3人次。接待港澳地区来访团组3批39人次。

【举办“庆贺新春，喜迎新年”活动】 2月8日，由孔子学院总部/国家汉办主办，浙江工业大学加纳大学孔子学院承办的中国农历新年“庆贺新春，喜迎新年”活动，在加纳大学孔子学院教学点加纳大学附属学校举行。中国驻加纳大使馆特派代表、政务参赞王晟，加纳大学校长厄内斯特·阿耶蒂和教务长海泽·阿西亚，加纳首都阿克拉东市政区区长高·萨基，加中友好协会秘书长丹尼·伊斯蒙·玛维尼加，加纳大学孔子学院各教学点代表及加纳中资商会和华人华侨代表与加纳大学附属学校师生3500余人参加活动。

【印尼政府和企业代表团访问浙江工业大学】 3月4日，校长蔡袁强会见印尼总统顾问委员会委员苏哈尔索·莫诺阿尔法，印尼议会议员努尔哈雅蒂·莫诺阿尔法，印尼鹰航董事局主席、印尼交通部前部长尤斯曼·贾马尔，印尼松下戈贝尔公司董事长拉赫莫·戈贝尔，印尼巴淡自贸区主席穆斯托法·威查亚等13人组成的印尼政府和企业代表团。会见结束后，蔡袁强向尤斯曼·贾马尔颁发浙江工业大学客座教授聘书。

【经济合作与发展组织官员访问浙江工业大学】 3月4日，校党委书记梅新林会见经济合作与发展组织(OECD)创业、中小企业及区域发展司高级官员克里斯·柏世曼。梅新林介绍学校历史和对外合作情况，并希望与OECD等国际高端智库加强合作。克里斯·柏世曼充分肯定浙江工业大学团队代表中国在多个OECD智库报告编撰中付出的努力，并重点介绍最新合作成果在G20财长会议中的应用情况，希望未来加强相关领域的国际合作。访问期间，克里斯·柏世曼还考察了学校中国中小企业研究院，并与研究团队进行合作交流。

【法国微生物耐药专家团访问浙江工业大学】 3月10日，法国微生物耐药性专家团帕特里克·普利赛特教授一行8人，在法国驻中国大使馆科技处专员白蔓带领下到浙江工业大学交流访问。交流会上，双方介绍各自在微生物耐药性领域展开的研究工作，就如何拓展双方学术交流、教师和学生互访研修等领域合作与交流进行探讨。专家团还参观了浙江工业大学有关科研平台。

【美国韦恩州立大学教务长兼高级副校长访问浙江工业大学】 3月14日，副校长华尔天会见美国韦恩州立大学教务长兼高级副校长马格丽特·温特斯、副校长阿哈默德·伊兹丁、工程学院院长法萨德·弗韬伊和国际项目官员杰弗里·南森一行。华尔天对两校合作的“3+2”联合培养项目和《跨文化背景下工程问题的解决》暑期课程给予高度评价。马格丽特·温特斯赞同一切合作项目必须基于学生、面向学生、为了学生的理念，并表示将与浙江工业大学相关部门和学院一起就合作项目的架构和具体设计进行深入探讨，提高合作项目的质量。

【加拿大(纽芬兰)纪念大学副教授访问浙江工业大学】 3月17日至18日，加拿大“持久性有机污染控制实验室”主任、加拿大(纽芬兰)纪念大学副教授陈冰访问浙江工业大学。访问期间，陈冰在学校为师生作学术报告，并围绕海洋环境、工业废水处理等问题的科学研究、社会服务及实验平台合作申报等领域与现场师生进行交流。

【浙江工业大学MBA项目正式通过AMBA国际认证】 3月21日至23日，在意大利威尼斯举行的AMBA全球院长与主任会议上，AMBA组织正式宣布浙江工业大学MBA项目通过认证。校党委委员、经贸管理学院院长虞晓芬代表学校接受AMBA组织颁发的认证证书。在AMBA认证体系内，浙江工业大学MBA项目可实现与全球超过110个国家(地区)MBA项目的学分互认，标志着学校MBA教育国际化水平实现新的飞跃。

AMBA于1967年在英国成立，是专门从事MBA质量认证的独立机构。

【英国斯克莱德大学博士访问浙江工业大学】 4月1日，英国斯克莱德大学奈杰尔·兰福德博士访问浙江工业大学。奈杰尔·兰福德为学校师生作招生及游学项目宣讲，介绍斯克莱德大学所在城市格拉斯哥的风土人情、学术传承与沿革及申请交换生项目与暑期游学项目的具体条件，并作“激光的特性与应用”学术报告。会后，两校签署包括“2＋2＋1”项目、“3＋1＋1”项目、海外假期学生游学项目在内的两校院级衔接协议书。

【美国瓦尔普莱索大学孔子学院学生访华团访问浙江工业大学】 4月6日，美国瓦尔普莱索大学孔子学院学生访华团一行10余人访问浙江工业大学。访华团一行在学校学生志愿者陪同下参观屏峰校区。随后，两校学生就两国文化、语言学习、职业规划、校园生活等方面进行交流。在文化展示活动中，访华团一行欣赏了浙江工业大学学生的古筝曲演奏及国画作品竹子的创作，并在国画老师指导下体验中国书画的独特神韵。

【承办第15届“汉语桥”世界大学生中文比赛加纳赛区预赛】 4月8日，由孔子学院总部/国家汉办主办、加纳大学孔子学院与中国驻加纳大使馆承办的第15届“汉语桥”世界大学生中文比赛加纳赛区预赛在加纳大学举行。中国驻加纳大使孙保红，加纳大学教务长海泽·阿西亚、加中友好协会秘书长丹尼·伊斯蒙·玛维尼加及在加纳的华人华侨与各中资企业商会负责人代表出席活动。通过笔试、即兴演讲问答、中国和加纳才艺展示等多个环节比赛，最终加纳大学中文系罗小雅和乔林分别获特等奖和一等奖，获得代表加纳赴华参加及观摩“汉语桥”比赛总决赛的殊荣。

【中美大学生辩论赛】 4月21日，浙江工业大学经贸管理学院与美国威廉—帕特森大学商学院通过网络连线举行第13届中美大学生辩论赛，辩题为“中国经济是否成为下一个全球危机的来源?”。经过1小时的唇枪舌剑，中美两国大学生思想火花激烈碰撞，充分展示了当代大学生积极向上的精神风貌和扎实的专业及语言功底，开阔了学生国际视野，增强了学生全球化意识，增进了两国大学生之间的交流与友谊。

【第八届大湖区中文演讲暨才艺大赛】 5月3日，浙江工业大学美国瓦尔普莱索大学孔子学院举办第8届大湖区中文演讲暨才艺大赛。来自美国印第安纳州、伊利诺伊州和芝加哥市等地的8所高中30多名中学生参加角逐。最终，代表内帕维尔中心高中的两位女生分别获得汉语写作竞赛一等奖和个人演讲比赛一等奖，代表沄特·埃莫森艺术高中参赛的“十二女生二胡表演组”获得才艺比赛一等奖。美国瓦尔普莱索大学副校长尚可·拉曼，国际系负责人、孔子学院负责人出席大赛，各参赛高中教师、选手家长和学生140余人观看比赛。

【浙江工业大学代表团访问英国法尔茅斯大学】 5月4日，浙江工业大学代表团应邀赴英国法尔茅斯大学访问，就两校合作举办环境设计专业本科教育项目进行洽谈。访问期间，法尔茅斯大学副校长杰夫·史密斯、艾伦·默里分别会见代表团。双方围绕教学计划安排、课程衔接匹配、教学质量标准、师资支撑保障、合作框架与操作细节等议题，进行深入交流与探讨，并明确了“3＋1”合作办学项目模式的意向，为两校未来正式签署合作协议奠定了基础。

【留动中国——在华留学生阳光运动文化之旅】 5月7日至8日，2016年度“留动中国——在华留学生阳光运动文化之旅”浙江赛区选拔赛在浙江工业大学举行。该活动由省教育厅主办，浙江省高等教育学会外国留学生教育管理专业委员会和浙江工业大学承办。省教育厅外事处处长舒培冬出席开幕式并宣布“留动中国——在华留学生阳光运动文化之旅”浙江赛区选拔赛正式启动。来自省内高校的11支代表队共83名留学生和21名中国学生参加本次比赛。

【津巴布韦驻华大使访问浙江工业大学】 5月13日至14日，津巴布韦共和国驻华大使保罗·奇卡瓦一行访问浙江工业大学。访问期间，浙江工业大学国际学院负责人与保罗·奇卡瓦一行会谈，简要介绍学校概况，重点介绍津巴布韦留学生在浙江工业大学的专业分布、住宿情况、学习生活情况及整体表现等。保罗·奇卡瓦对浙江工业大学给予津巴布韦留学生的关心和帮助表示感谢。随后，保罗·奇卡瓦一行看望在浙江工业大学的津巴布韦留学生，并与部分留学生座谈。

【浙江工业大学加纳大学孔子学院两周年庆典】 5月18日在加纳大学举行。中国驻加纳大使孙保红，加纳大学校长厄内斯特·阿耶提出席庆典并讲话。加纳大学孔子学院为庆典活动专门制作了《加纳学生说汉语》和孔子学院发展历程视频，典礼上表演了加纳传统歌舞。

【2016年金刚石薄膜及其功能器件国际研讨会】 5月18日至20日在浙江工业大学朝晖校区举行。副校长陈建孟出席会议并致辞。会议期间，与会专家就金刚石的制备、合成及应用等展开讨论，并就下届研讨会举办地点和时间等达成共识。

【浙江工业大学代表团访问瑞典和荷兰】 5月22日至29日，校党委副书记何智蕴率代表团访问瑞典和荷兰两国有关高校与机构，并开展学术对话与交流。在瑞典，何智蕴会见布莱京厄理工大学校长安德斯·海德斯特纳。双方充分肯定近10年来在交流互访和联合培养项目等合作中取得的成绩，并签署教育合作协议；在隆德大学，代表团一行参观了大学科技园和经济管理学院。在荷兰，代表团一行访问了代尔夫特理工大学。

【CCTV汉语桥——2016全球外国人汉语大会杭州赛区预赛】 6月13日在浙江工业大学举行。由中国孔子学院总部/国家汉办和中央电视台联合主办，浙江工业大学承办。浙江大学、浙江工业大学、浙江师范大学、宁波大学等省内8所高校和江西师范大学的在华留学生参赛。参赛者来自乌克兰、韩国、印度尼西亚、也门、加纳等17个国家。经过多个环节的激烈比拼，最终浙江大学张翠珠(印度尼西亚)，浙江工业大学罗特(刚果布)、江本龙嗣(日本)、阿提克(也门)、陈伟强(新加坡)、申在龙(韩国)、叶博凯(加纳)，宁波大学魏权汉(印度尼西亚)，浙江科技学院王亚当(也门)，江西师范大学范伟(埃及)等10名选手入围网络总评选。

【美国宾州州立大学教授受聘为客座教授】 6月16日，美国宾州州立大学陈龙庆教授到浙江工业大学进行学术交流，为学校师生作学术报告，并与学校师生分享近期关于铁电畴转换特性的系列工作。随后，学校举行聘请陈龙庆为浙江工业大学客座教授聘任仪式，向陈龙庆颁发浙江工业大学客座教授聘书。

【英国法尔茅斯大学代表团访问浙江工业大学】 6月22日，英国法尔茅斯大学副校长杰夫·史密斯一行2人访问浙江工业大学，就两校合作举办环境设计专业本科教育项目进行教学资源保障条件评估。副校长华尔天会见杰夫·史密斯一行。杰夫·史密斯一行参观校艺术学院多媒体教室、实验室、学生实践工作室和艺术学院新大楼建设施工现场，并考察英方教师住宿环境。杰夫·史密斯对学校的办学理念和教学条件给予充分肯定，并期待两校开展合作办学培养学生。

【澳大利亚詹姆斯库克大学教授访问浙江工业大学】 6月23日，澳大利亚詹姆斯库克大学何英和教授访问浙江工业大学，进行学术交流。在校期间，何英和作题为“什么是工程研究”讲座；

与学校师生进行交流，介绍詹姆斯库克大学科研水平、教学情况等，并就“科学”与“工程”两者的区别，提出了自己的理解和看法。随后，何英和与与会师生积极互动，就微粒如何做到均匀及青年教师研究方向选定、研究生培养等话题，展开深入讨论。

【世界华人不动产学会2016年会】 7月1日至3日在杭州召开。由世界华人不动产学会和浙江工业大学主办，浙江工业大学经贸管理学院、房地产研究所和约翰霍普金斯凯利商学院承办。浙江工业大学校长蔡袁强出席开幕式并致辞，校党委书记梅新林出席闭幕式，副校长虞晓芬主持开幕式。大会主题为“新经济、新型城镇化与房地产业可持续发展”，来自世界各地的800多位专家学者和社会各界人士出席参与研讨。诺贝尔经济学奖获得者罗伯特·C·莫顿教授、中国房地产业协会会长刘志峰和美国住房部副部长西奥多·托泽作主题演讲。大会期间，相继举办7场论坛报告和42场专题学术论文研讨会。大会共收到海内外学者提交的中英文学术论文400余篇，并有370多篇论文在大会上进行宣读和交流。

2日，蔡袁强会见罗伯特·C·莫顿，虞晓芬会见时在座。会见后，罗伯特·默顿作客浙江工业大学研究生“溯采讲坛”，在屏峰校区图书馆为近300名师生作题为“论金融创新与金融学在亚洲经济增长与发展中的作用”主旨报告，虞晓芬主持报告会。

【美国阿肯色大学教授访问浙江工业大学】 7月5日至6日，美国阿肯色大学农业与生物工程系朱军教授访问浙江工业大学。朱军围绕可再生资源循环利用为学校师生作系列讲座，学校师生100余人到场聆听。讲座中，朱军对现场师生的提问进行详细解答，并和与会师生对生物间歇反应器的工作原理、性能、操作和维护进行深入探讨。

【澳大利亚学生青年领袖考察团访问浙江工业大学】 7月15日，澳大利亚学生青年领袖中国行考察团一行13人访问浙江工业大学全球浙商发展研究院。双方进行交流座谈，并围绕“浙商文化、青年创业、企业传承与领导力”主题进行研讨。考察团成员就浙江的经济增长、浙商企业的发展、企业家代际传承等问题与研究院骨干教师进行深入交流和探讨。随后，考察团参观浙商数字博物馆、全球浙商数据实验室、国际贸易学人文社科重点基地等。

【浙江工业大学加纳大学示范孔子学院大楼奠基】 7月25日，位于加纳首都阿克拉的浙江工业大学加纳大学示范孔子学院大楼正式奠基，奠基仪式由加纳大学和孔子学院合作举办。中国驻加纳大使孙保红和加纳大学校长厄内斯特·阿耶提出席奠基仪式，以加纳传统的奠基方式为大楼奠基剪彩，并种上一棵树表达孔子学院将扎根加纳、做中加友好桥梁的美好愿望。校长蔡袁强特为奠基仪式发去贺信，对加纳大学和其他各方对孔子学院发展所作的贡献表示感谢，并表示浙江工业大学作为孔子学院中方承办院校将一如既往支持加纳大学孔子学院的发展建设。

【第四届国际“声学与振动系列学术讲座与专题研讨会”】 7月25日至29日在哈尔滨工业大学举行。由浙江工业大学主办，哈尔滨工业大学承办。国家高端外国专家和浙江省“千人计划”特聘教授、美国伊利诺伊大学香槟分校航空工程系教授劳伦斯·伯格曼，浙江工业大学浙江省“千人计划”特聘教授、钱江学者卢奂采及哈尔滨工业大学副校长邓宗全共同担任主席。

【英国皇家工程院院士受聘名誉教授】 8月10日，英国皇家工程院院士、岩土工程领域国际知名专家、英国帝国理工学院工程院院长理查德·贾丁应邀来浙江工业大学开展学术交流。校长蔡袁强主持学术交流会并向理查德·贾丁颁发聘请其为浙江工业大学名誉教授聘书。理查德·贾丁为学校师生作学术报告，并与师生开展学术讨论和互动交流。

【西班牙拉科鲁尼亚大学教授受聘客座教授】 8月14日，环境工程领域国际知名学者、西班牙拉科鲁尼亚大学里斯汀·肯尼斯教授应邀访问浙江工业大学。学校举行聘请里斯汀·肯尼斯为客座教授仪式，副校长陈建孟出席聘任仪式并为其颁发浙江工业大学客座教授聘书。聘任仪式结束后，双方举行交流会谈，就人才联合培养等进行深入交流，并探讨本科生和研究生联合培养的具体可行合作形式。

【浙江工业大学代表团访问美国和加拿大】 9月22日至29日，副校长华尔天率代表团访问美国和加拿大有关高校。在美国，代表团与瓦尔普莱索大学校长赫克勒签署浙江工业大学与瓦尔普莱索大学新一轮双边合作框架备忘录，并与瓦尔普莱索大学常务副校长别尔曼、副校长拉曼及研究生院、商学院、工学院等学院院长及管理人员就两校合作事宜进行交流和工作对接。在加拿大，代表团与皇家科学院院士、国际知名机械工程专家孙学良等进行交流，就落实扩大双方师生交流、联合培养博士生等事项达成共识。

【参加第五届中越企业家论坛】 9月25日至29日，浙江工业大学党委书记梅新林赴越南，参加由越南社会科学翰林院与浙江工业大学共同主办的第五届"中越企业家论坛"。梅新林和越南社会科学翰林院院长阮光舜出席开幕式并致辞。梅新林在致辞中肯定近年来双方在学术交流、合作研究等方面取得的成绩，希望双方学者继续深化研究，为推动中越经济发展提供更有力的理论支持。

【2016年全球孔子学院日庆祝活动】 9月29日在加纳大学举行。由孔子学院总部/国家汉办主办，浙江工业大学加纳大学孔子学院承办。中国驻加纳大使孙保红，加纳大学校长埃比尼泽·奥卓·奥乌苏，孔子学院各教学点负责人，各中资企业商会领导及加纳社会各界人士300余人参加活动。活动仪式上，埃比尼泽·奥卓·奥乌苏致辞，表达了对中国和中华文化的浓厚兴趣和极大好感，并表示加纳大学将一如既往地支持孔子学院工作，促进两国人民的文化交流。

【浙江工业大学与美国威斯康辛大学麦迪逊分校签署合作协议】 10月9日，美国威斯康辛大学麦迪逊分校商学院房地产与城市经济系主任阿卜杜拉·亚瓦斯访问浙江工业大学。访问期间，两校签署校际合作协议，将在国际化教学与科研上进行广泛深入的合作，副校长虞晓芬出席签约仪式。随后，阿卜杜拉·亚瓦斯为浙江工业大学师生作题为"央行与房地产泡沫"专题讲座。

【加拿大西安大略大学代表团访问浙江工业大学】 10月12日至15日，加拿大西安大略大学常务副校长贾尼斯·迪金斯一行8人访问浙江工业大学。校党委书记梅新林会见贾尼斯·迪金斯一行。梅新林充分肯定两校合作五年来在学生联合培养方面所取得的丰硕成果。贾尼斯·迪金斯希望双方合作从现有的化工、环境、生物等领域扩展到其他专业。随后，双方签署本科生、博士生联合培养协议和交换生项目合作协议。

访问期间，贾尼斯·迪金斯一行为学校师生作4场专题报告及举行座谈会，并在副校长华尔天陪同下参观学校1—A地块、国家物理实验教学示范中心、信息工程机器人实验室和浙江省工业设计技术创新服务平台。

【日本中央大学副校长访问浙江工业大学】 10月31日，副校长虞晓芬会见日本中央大学副校长武石智香子和国际交流中心事务长加藤美香一行。双方相互介绍办学情况并就两校法学、经贸管理类学生相互交流展开讨论，期望通过学生短期交流带动一学期以上的交换生项目和教师交流项目。

【英国利兹大学副校长访问浙江工业大学】 11月3日，校长蔡袁强会见英国利兹大学副校长余海岁。双方表示,杭州和利兹是友好城市,两校应充分发挥友城优势,加强学校与工商业界的合作,探索出更加符合经济社会发展要求的合作模式。双方还探讨了举办非独立法人中外合作办学机构的合作可能性。

【美国德克萨斯大学教授访问浙江工业大学】 11月4日,校长蔡袁强会见来浙江参加"2016绿色制药莫干山国际峰会"的美国德克萨斯大学休斯顿医学中心教授约翰·汉考克。访问期间,约翰·汉考克参加了"2016绿色制药莫干山国际峰会",并作大会专题学术报告。

【澳大利亚阿德莱德大学纳米技术首席教授访问浙江工业大学】 11月5日,澳大利亚阿德莱德大学纳米技术首席教授乔世璋访问浙江工业大学,为学校师生作题为"电催化剂在能源转化过程中的应用"学术报告,并与现场师生进行交流与讨论。

【美国明德学院校长访问浙江工业大学】 11月7日,副校长华尔天会见美国明德学院校长劳丽·巴顿。华尔天介绍学校总体概况、优势学科和国际化办学情况,特别介绍了学校近年来尝试的暑期国际化课程,希望两校在现有学生交流基础上拓展更大的合作空间。巴顿表示,两校可以在语言教育和环境科学方面发挥各自优势,促成交流与合作。

【印尼东楠榜市教育代表团访问浙江工业大学】 11月7日,印尼东楠榜市副市长塞夫尔·布卡里率市教育代表团一行28人访问浙江工业大学。访问期间,双方就留学生培养、学生交流、项目合作等进行交流与讨论。会后,代表团在学校师生陪同下参观留学生的学习和生活设施。

【浙江工业大学代表团访问俄罗斯和波兰高校】 11月9日至15日,校长蔡袁强率代表团访问俄罗斯国家科学院西伯利亚分院、圣彼得堡国立信息技术与光学研究大学,波兰比亚韦斯托克大学和玛丽亚居里夫人大学。访问期间,代表团与俄罗斯国家科学院西伯利亚分院签订新一轮校所合作协议,与波兰比亚韦斯托克大学签署两校合作框架协议。

【新加坡南洋理工大学教授受聘为浙江工业大学客座教授】 11月10日,新加坡南洋理工大学陈维宁教授访问浙江工业大学。学校聘任陈维宁为浙江工业大学客座教授,副校长虞晓芬向陈维宁颁发客座教授聘书。仪式结束后,双方举行交流会谈,就国际科技项目合作、师生互访等进行交流并达成合作意向。在校期间,陈维宁为学校师生作专题讲座,并与现场师生进行讨论并回答学生的提问。

【举办第一届激光复合制造协同创新国际论坛暨第11届全国高能密度热处理学术会议】 11月13日至14日,浙江工业大学联合中国机械工程学会热处理分会、中国光学学会激光加工专业委员会、中国机械工程学会特种加工分会共同主办,共商"激光复合制造及高能密度热处理技术"发展大计,致力推动该领域的技术创新与科学发现学术会议。浙江工业大学党委书记梅新林、中国光学学会激光加工专业委员会主任王又良、中国机械工程学会热处理分会副理事长徐跃明、中国机械工程学会特种加工分会秘书长徐均良出席开幕式并致辞。浙江省外专局局长厉勇、省教育厅高科处处长吕华等出席开幕式。来自美国、英国等8个国家和地区的280余名嘉宾参加会议。

【"孤独症儿童教育国际论坛"】 11月20日至25日在浙江工业大学举行。由中国残疾人康复协会、浙江工业大学、杭州市科协等联合主办。副校长陈建孟、中国妇女发展基金会秘书长助理郭海良、杭州市科协副主席许宏球出席并致辞。论坛邀请到美国密歇根州立大学,日本筑波大学、日本群马大学,西南大学、杭州师范大学、厦门特殊儿童康复研究所等高校研究机构和康复机构的孤独症研究专家与会，分享海内外有关孤独症儿童教育、康复和训练研究的新发现、新方法、新探索和新进展。

【浙江工业大学代表团访问加纳和南非高校】 11月22日至30日，校党委副书记李小年率代表团访问加纳大学、南非开普半岛科技大学和南非科学院高性能计算中心。在加纳大学，代表团一行会见加纳大学校长埃比尼泽·奥卓·奥乌苏，并与该校教务长、外事处长、财务处长、科技学院院长、语言系主任、孔子学院加方代理院长等进行交流。访问期间，代表团一行还看望孔子学院汉语教师和志愿者，考察孔子学院教学办公场所，走访示范性孔院大楼建筑工地。

【美国瓦尔普莱索大学副校长访问浙江工业大学】 12月6日，美国瓦尔普莱索大学副校长尚可·拉曼一行2人访问浙江工业大学，美国瓦尔普莱索大学孔子学院中方院长陪同访问。副校长华尔天会见尚可·拉曼一行。双方就浙江工业大学大四免推生赴瓦大学习及瓦大学生来学校参与暑期国际课程等事宜进行商讨。副校长虞晓芬与代表团进行会谈，商讨双方在经济管理领域合作及教师和行政管理人员相互交流等相关议题，并签署浙江工业大学经贸管理学院与瓦尔普莱索大学商学院的MBA合作协议。

【中越人民论坛第八次会议】 12月6日至7日在杭州举行。由中国人民对外友好协会和越南友好组织联合会共同主办，浙江省人民对外友好协会协办，浙江工业大学承办。浙江省委常委、秘书长，浙江省人民对外友好协会会长陈金彪会见两国与会代表。浙江工业大学党委书记梅新林代表学校致辞。会议主题是“增强互信、管控分歧、全面合作”。会议双方表示，应根据中越关系的发展形势，加强在“一带一路”“两廊一圈”框架内政策对接，转变增长方式，推进在基础设施、产能、经贸、友城、青少年、旅游等领域务实合作，为中越全面战略合作伙伴关系向更高层次发展注入强劲动力。

【浙江工业大学与厄瓜多尔钦博拉索理工大学签署合作备忘录】

12月13日，副校长虞晓芬会见来访的厄瓜多尔钦博拉索理工大学副校长罗莎·赛特罗斯一行，并在厄瓜多尔驻沪总领事卡琳娜·莫拉莱斯的见证下签署《浙江工业大学与厄瓜多尔钦博拉索理工大学合作备忘录》。陪同访问的有厄瓜多尔钦博拉索理工大学国际事务部主任路易斯·法尔科尼等。

（祝　安）

浙江师范大学

【概况】 2016年，浙江师范大学派出长短期因公赴国(境)外出访团组117批368人次，其中交流访问36批219人次、参加培训4批39人次、参加会议42批58人次、合作研究35批52人次。通过各类项目派出留学、访学、进修教师74人次，出访地涉及美国、加拿大、南非、坦桑尼亚和中国香港、澳门等40余个国家和地区。

全年接待国(境)外来访人员1440人次，其中交流访问553人次、参加各类会议271人次、培训544人次、合作研究35人次，讲学等80人次。

全年聘请长、短期外籍专家教师88人次，其中具有博士学位或高级职称的外籍专家26人。向国(境)外派出各种长、短期交流生500名。招收留学生2859人，其中学历生980人(包括本科生472人、硕士481人和博士27人)、非学历生1879人，生源涉及105个国家。其中中国政府奖学金939人、孔子学院奖学金300人、省政府奖学金113人和校级奖学金305人。

新增墨西哥、美国、韩国、意大利、爱尔兰、日本等国家和地区的合作院校12所，签署合作协议和备忘录19份。

学校有共建孔子学院5所。举办国际会议11个。

【举行系列喜迎中国年活动】 1月30日，由中国驻坦桑尼亚大使馆，坦桑尼亚新闻、文化、艺术和体育部共同主办的第七届“欢乐春节——聚焦在非洲，坦桑过大年”活动在坦桑尼亚举行。浙江师范大学达累斯萨拉姆大学孔子学院师生与来自国内的专业艺术团同台演出，表演《服装秀》。2月5日，莫桑比克蒙德拉内大学孔子学院节目《云水禅心》登上2016孔子学院网络春晚大舞台。喀麦隆雅温得第二大学孔子学院举办“2016猴年春节联欢会”。联欢会在勒迪古狄小学开幕，孔子学院学生表演歌曲串烧《大中国》和《我的中国心》等节目。

【浙江师范大学莫桑比克孔子学院开设首个中文专业】 2月18日，浙江师范大学与莫桑比克第一高校蒙德拉内大学共建孔子学院在马普托举行汉语专业开班仪式。这是莫桑比克开设的第一个汉语专业。

中国驻莫桑比克大使苏健，蒙德拉内大学副校长马夸夸，孔子学院中方院长、教师、志愿者及学生代表出席仪式，苏健和马夸夸分别致辞。

蒙德拉内大学也是南部非洲首个将汉语专业纳入本科教育的大学，新设立的汉语专业首批招收30人。

【第二届中日韩高校学生国际论坛】 2月26日至30日在浙江师范大学举行。校党委副书记王建力出席欢迎仪式并致辞，中、日、韩高校40余名师生参加论坛。其间，王建力会见日本和歌山大学副校长吴海元、韩国大邱教育大学教务长崔珉硕等日韩高校领导和专家，围绕论坛主题“教育、社会、创新”交换意见，并商定由日本宫城教育大学承办下一届中日韩高校学生国际论坛。参加论坛的中、日、韩高校师生还进行小组主题汇报、共植友谊树、开展团体破冰之旅、参观非洲博物馆、陶艺制作、参加颁奖晚会暨闭幕式等活动。

【加拿大皇家科学院副主席访问浙江师范大学】 3月18日，校长蒋国俊会见加拿大皇家科学院副主席、加拿大皇家科学院院士、加拿大滑铁卢大学系统设计工程系教授基思瓦特·希普尔一行。双方就加强师生互访、优势学科领域合作、学术交流等交换意见。

【德国艺术院校联盟代表团访问浙江师范大学】 3月22日，副校长楼世洲会见德国柏林艺术学院执行院长马丁·亚当为团长的德国艺术院校联盟代表团一行4人。双方就逐步加大教师、学生层次互访与交流，深入开展美术、音乐、媒体设计等领域合作，促进中德教育合作与发展达成一致。随后，代表团一行分别赴文传学院、美术学院、音乐学院，商讨合作事宜。

【出席中埃大学校长论坛】 3月26日，中埃大学校长论坛与中国高等教育展在埃及开罗大学举行。国务院副总理刘延东出席论坛闭幕式并为中国高等教育展剪彩。浙江师范大学校长蒋国俊出席论坛，作“大学国际化与本土化”专题发言。

刘延东和埃及高教科研部部长希哈及中国科技部部长万钢、外交部副部长张明、教育部副部长郝平、中国驻埃及大使宋爱国等参观教育展，听取蒋国俊就浙江师范大学对非教育工作和埃及留学生培养工作的情况介绍。

本次中埃大学校长论坛以“‘一带一路’与中埃人文交流”为主题，由中国教育部主办。清华大学、北京大学等19所中方大学与开罗大学、曼苏尔大学等21所埃方大学领导参加论坛，分别就“文明古国与现代化”“青年交流与文化理解”“科研合作与技术创新”“大学国际化与本土化”四个议题展开研讨。

【非洲考察团访问浙江师范大学】 3月27日，校党委书记陈德喜会见由博茨瓦纳、肯尼亚、坦桑尼亚三国各领域成员组成，以博茨瓦纳酋长院主席普索·哈博罗内为团长的非洲考察团一行，介绍学校与三国间的合作项目及留学生奖学金获评情况等相关内容。双方就加强非洲高校和教育机构与浙江师范大学深入开展教育合作达成一致意向。考察团一行还参观了浙江师范大学图文信息中心、非洲博物馆，并与非洲研究院师生进行座谈交流。

【达累斯萨拉姆大学孔子学院获表彰】 3月27日，中国驻坦桑尼亚大使馆举行2015年度公共外交工作总结表彰大会。中国驻坦桑尼亚大使吕友清、公使衔参赞苟皓东、首席参赞何信崇、参赞高炜和张飙及坦桑尼亚各界华人代表出席大会。浙江师范大学达累斯萨拉姆大学孔子学院获“先进单位奖”，并在大使馆与《华侨周报》组织的“华人在坦桑”微信征文比赛中被授予“最佳组织奖”。

【浙江师范大学代表赴美参加AAG年会】 3月29日至4月2日，美国地理学家协会2016年年会（AAG 2016）在美国旧金山举行。来自世界各地的地理学者、地理信息系统专家、环境科学及相关领域行业领袖等9000余人参加会议，共同探讨地理、可持续发展与地理信息科学领域中的最新研究与应用。浙江师范大学代表、国际地理与环境教育研究中心张建珍博士参加会议并作题为“区域地理中‘强有力的知识’的分析框架”学术报告，该报告是张建珍作为国际研究项目“地理可行能力”合作伙伴的研究成果之一。会议期间，张建珍还参加由国际地理联合会地理教育专业委员会主席凡·达·奇及美国地理学家协会、新加坡国立大学、英国伦敦大学、土耳其法提赫大学、欧洲地理学家协会、美国德克萨斯州立大学等国际著名学者组织的国际地理教育合作研究网络建设研讨会。

地理可行能力是由国际地理教育著名学者英国伦敦大学教育学院教授大卫·兰伯特和美国地理学家协会地理教育专业委员会主任迈克·索罗门联合发起，并由20多个国家和地区地理教育研究者参与的国际研究项目，项目旨在通过跨国研究以地理可行能力的途径研究地理教育的目的与价值。

【中非智库论坛第五届会议】 4

月14日至16日在义乌市举行。由浙江师范大学、义乌市政府联合主办。来自中国和埃塞俄比亚、南非、尼日利亚、坦桑尼亚、塞内加尔、卢旺达等40多个非洲国家及部分欧美国家的350多名智库领袖、著名学者、大学校长、政府官员、媒体代表、商界人士出席。论坛分为开幕式、第一次全体大会、4个分论坛研讨(共12场)、第二次全体大会、闭幕式、新闻发布会等议程。代表们围绕“中非产能合作与非洲工业化”主题,就新形势下加快落实中非合作论坛约翰内斯堡峰会战略举措、继续深化中非友好合作关系发表见解展开讨论。

【乌克兰博物馆开馆】 4月15日,国内高校首个乌克兰博物馆在浙江师范大学同辉阁开馆,校长蒋国俊出席开馆典礼。乌克兰人民艺术家、博物馆设计师阿纳托利·盖达马卡和校党委委员、宣传部长朱坚,教育部长江学者特聘教授、教科院院长眭依凡等参加典礼。

【浙江师范大学校友国际分会、非洲校友联络处】 4月15日在浙江师范大学成立。校长蒋国俊出席成立大会并讲话,校友代表、浙江师范大学首届商务汉语专业(留学生)本科毕业生、来自埃及的龙泰华在会上发言。来自中山大学、东华大学、南京师范大学、北京语言大学、上海师范大学、福建师范大学、江西师范大学、安徽师范大学等国内10余所高校的专家、学者和浙江师范大学师生代表参加成立大会。会上通过《浙师大非洲校友联络处章程(草案)》和非洲校友联络处组成人员名单。

【中外大学校长论坛】 4月16日在浙江师范大学举行。论坛以“共享知识·共育人才·共圆梦想”为主题,来自北美洲、非洲、亚洲等10余个国家和地区的100余名大学校长、院长及专家学者出席论坛。校长蒋国俊致欢迎词。浙江工业大学党委书记梅新林和莫桑比克蒙德拉内大学副校长安娜分别讲话。

开幕式后,大学校长、专家学者就“新世纪发达国家与发展中国家高等教育国际化与本土化的不同特征”“高等教育的南北对话与南南合作”两大主题展开探讨。副校长楼世洲作会议总结。

【校领导随团访问日本和韩国】 4月21日至28日,浙江师范大学党委书记陈德喜随浙江省教育厅团组访问日本和韩国。在日本,陈德喜与武藏野大学校长西本照真、副校长中村孝文等会谈,两校就师生交流、科研合作和联合举办各类文化活动等达成合作意向。在韩国,陈德喜与教员大学校长柳喜纂、副校长朱明德等会谈,双方就开展学生交流交换等合作达成一致并签订合作协议。

【坦桑尼亚前总统为达大孔子学院教学点揭牌】 4月27日,浙江师范大学达累斯萨拉姆大学孔子学院波巴布中学教学点揭牌成立。坦桑尼亚前总统、坦桑尼亚革命党(执政党)主席基奎特为教学点揭牌剪彩并发表主旨演讲,坦桑尼亚教育部前部长卡瓦姆布瓦、中国驻坦桑尼亚大使代表文化参赞高炜出席揭牌仪式。波巴布中学董事会主席艾格尼丝·巴福及董事会成员,达累斯萨拉姆大学孔子学院中方院长张笑贞、外方院长奥尔丁·穆特姆贝伊参加揭牌仪式。

【韩国国民大学代表团访问浙江师范大学】 5月8日,副校长楼世洲会见韩国国民大学副校长任弘宰一行,介绍浙江师范大学与韩国高校交流情况、环东海文化论坛举办情况及在现代艺术、工业设计、交通运输等专业的合作意向。任弘宰表达了在深化合作关系,推动学术和文化交流的合作愿望。双方就开展两校教师交流和学生交换达成合作意向,并签署两校校际合作协议和交换生交流协议。

当日,由浙江师范大学和韩国国民大学艺术学院联合主办的“中韩国际公共艺术作品交流展”在浙江师范大学美术学院开幕。任洪宰、楼世洲出席开幕式。楼世洲宣布艺术展开幕,任洪宰发表讲话,美术学院负责人致欢迎辞。韩国国民大学艺术学院立体美术系负责人介绍参展作品情况。本次作品展由10名韩国艺术家和3名中国艺术家的现代艺术作品组成。

【浙江师范大学留学生获国家级、省级荣誉】 5月12日在华南理工大学举行的“青春在异国闪烁”第五届全国留学生朗诵比赛中，浙江师范大学留学生包亚南的朗诵节目《坚持》和自编自唱歌曲《汉语，我喜欢你》获一等奖。浙江师范大学“感知中国”——优秀中国政府奖学金留学生经济与文化体验活动方案被国家留学基金委采纳。9月，在第二届全国“留动中国”比赛中，留学生代表队取得篮球项目单项全国第三、总分全国第七的成绩。10月，30名留学生代表学校参加浙江省高校外国留学生第十届“梦行浙江”系列活动之趣味运动会，代表队获总分第一名。12月2日，在浙江省高校外国留学生第十届“梦行浙江”中华才艺展演活动中，由来自埃及、喀麦隆、加纳、尼日利亚等12个国家的21名留学生组成，李娜老师指导的舞蹈《婺狮者》获全省一等奖。

【浙江师范大学“非物质文化遗产”丛书第一辑】 5月25日在美国海马出版社正式出版。由浙江师范大学张生祥博士主编和翻译。该丛书是浙江师范大学非洲翻译馆推出的“翻译中国”工程的系列项目之一，共12本近60万字，来自全国高校15位译者(其中浙江师范大学有陈芳蓉等6位老师)历时两年多、协同翻译该丛书。

该丛书是国内第一套全面、系统地介绍中国非物质文化遗产的图书，分别入选2010年“中国文化著作翻译出版工程”立项、国新办“走出去图书”项目工程组立项，同时入选“十一五”国家重点图书出版规划和“中国图书对外推广计划”重点推荐书目。第一辑包括《湖笔》《德化瓷》《川剧》《安顺地方戏》《泉州提线木偶戏》《江南丝竹》《宜兴紫砂工艺》《泰山石敢当》《粤剧》《铜鼓文化》《耿村民间故事》《南派布袋戏》等12种。

【浙江师范大学代表团访问美国和墨西哥】 5月30日至6月6日，校长蒋国俊率浙江师范大学代表团一行5人访问美国和墨西哥。在美国，代表团拜会中国驻纽约总领事馆参赞徐永吉，就协助浙江师范大学在美国深化国际交流与合作、以天普大学孔子学院为平台共建办学机构、引进海外优秀人才等事宜进行深入交流。在天普大学，该校校长尼尔·西奥博尔德，执行副校长、教务长戴海龙，国际事务副教务长吴杰与代表团举行会谈。双方就共建中美数据科学与工程学院，加强在计算机与信息科学及电子工程学科计算机、信息技术领域的合作，联合培养相关专业人才等达成一致意见，双方签署校际合作协议。根据协议，代表团分别与传播和媒体学院副院长帕特里克·墨菲和研究生部、学生就业处、商学院实习外联部负责人分别就联合培养计算机与信息类，传媒类专业本科、硕士、博士项目进行交流并达成共识。代表团还实地考察天普大学孔子学院、实验室、就业服务中心和学生创业基地。蒋国俊还出席天普大学孔子学院举行的首届理事会。在墨西哥，尤卡坦自治大学校长约瑟·威廉姆斯、教务长卡洛斯·埃斯特拉达、外事处处长普埃尔托·坎佩切会见代表团一行。双方就如何开展科研合作、教师互访、学生交流、联合举办各类文化活动等务实合作交换意见并达成共识，双方签署校际合作协议。代表团还考察尤卡坦自治大学孔子学院、科学与工程学院、学生事务管理中心；与数学学院院长雷蒙·佩纳进行会谈，双方探讨开展教师学术交流、学生学分互认的具体举措。

【浙江师范大学天普大学孔子学院首届理事会】 5月31日在美国天普大学举行。浙江师范大学校长、天普大学孔子学院理事会理事蒋国俊与天普大学执行副校长、教务长，天普大学孔子学院理事会理事戴海龙出席并讲话。蒋国俊肯定半年来孔子学院的建设成效，希望双方再接再厉、密切配合，做好汉语和文化推广活动，争取成为优秀孔子学院。同时希望双方以孔子学院为桥梁，开展更多的交流与合作。中方院长曾立人就天普大学孔子学院的汉语教学、文化活动、对外推广和存在问题等作汇报。美方院长路易斯·曼吉奥内对未来工作计划作说明。理事会还就本土汉语教师和汉语教师资格证等孔子学院相关工作进行交流探讨。理事会决定增补天普大学国际事务副教务长吴杰为理事会理事。

【日本东京艺术大学音乐学部教授受聘浙江师范大学客座教授】 6月13日，浙江师范大学举行聘任日本东京艺术大学音乐学部教授植村幸生为客座教授仪式，校长蒋国俊出席仪式并为植村幸生颁发聘书。学校人事处、音乐学院负责人及相关专业师生参加仪式。

植村幸生为日本东京艺术大学音乐学部教授，任音乐学院院长、音乐学主任、国际交流委员会主任、音乐教育促进会主席等职，是博士导师、博士后合作导师。主要研究民族音乐学、东亚音乐史，韩国、朝鲜宫廷音乐等。

【美国宾夕法尼亚州米勒斯维尔大学副校长访问浙江师范大学】 6月18日，副校长楼世洲会见美国宾夕法尼亚州米勒斯维尔大学副校长维拉斯·普拉胡一行，介绍学校艺术相关专业办学特色和发展历程。双方就在艺术、音乐等领域开展合作，推动两校学生交流、教师互访、共同开展学术研究等交换意见并达成意向。双方希望在《中美人才培养计划》121双学位项目框架下开展学生联合培养，促进师生更多交流。

【蒙德拉内大学孔子学院成立第一个中学合作教学点】 7月5日，浙江师范大学蒙德拉内大学孔子学院马普托基塔布中学教学点举行开班仪式。中国驻莫桑比克大使苏健，基塔布中学校董乔治·西蒙斯和孔子学院中、外方院长出席仪式并讲话。孔子学院和基塔布中学签订双方合作协议。

【浙江师范大学代表团访问日本】 7月17日至30日，浙江师范大学中层干部一行19人访问日本。在日本期间，代表团参加主题为"非英语国家的全英文专业授课建设"专题培训。访问日本文部科学省国立教育政策研究所、高等教育局、日本英语教学研究会关东分布等机构和咋到天大学等，听取20个主题报告，内容涉及全球化背景下英语教学改高校全英文授课方式、人才培养与职业发展、教材开发和应用、教学评估体系与保障条件等，并开展交流与探讨。

【浙江师范大学学生入选里约奥运会】 7月18日，中国奥运代表团参赛名单公布，浙江师范大学体育学院体育教育专业2013级学生任梦茜入选，代表中国体育代表团征战8月5日至21日在巴西里约热内卢举行的第31届夏季奥林匹克运动会田径(撑杆跳高)项目。

任梦茜，2006年进入省体工队训练撑杆跳高，2013年就读于浙江师范大学体育学院体育教育专业，曾获2013年全国室内赛北京站女子撑竿跳冠军、2013年亚洲田径锦标赛第二名、2013年第12届全运会田径比赛银牌、2016年亚洲室内田径锦标赛亚军、2016年全国室内田径锦标赛第二站冠军、2016年全国田径大奖赛江苏淮安站女子撑杆跳冠军等。

【2016年孔子学院总部/国家汉办非洲本土汉语教师来华研修班】 7月27日在浙江师范大学开班。校长蒋国俊出席开班仪式并致辞，喀麦隆学员阿黛尔、坦桑尼亚学员萨拉姆代表学员发言。来自喀麦隆、坦桑尼亚、津巴布韦和肯尼亚等国家近40名非洲本土汉语教师参加开班仪式并进行为期一个月的研修。

【浙江师范大学代表团参加第九届中国—东盟教育交流周系列活动】 8月1日至3日，以"教育优先、共圆梦想"为主题的第九届中国—东盟教育交流周暨第二届中国—东盟教育部长圆桌会议在贵阳举行。国务院副总理刘延东出席交流周开幕式并作主旨演讲。浙江师范大学校长蒋国俊率团参加“第二届中国—东盟教育部长圆桌会议”“中国—东盟大学校长合作论坛”“民心相通　教育先行—中国东盟跨境教育合作对话”“中国—东盟轨道交通教育培训高峰论坛”“中国—东盟教育培训联盟年会”等交流周相关活动。其间，蒋国俊还与缅甸教育部部长妙廷基进行简短会见，就中缅高等教育合作交换意见。

1 日，举行第二届中国—东盟大学校长合作论坛。华东师范大学、香港中文大学、澳门城市大学以及泰国、马来西亚、柬埔寨等国家的 110 余所知名高校校长、教育领域专家参加会议，共同分享东盟国家在教育领域的协同创新工作。

2 日，举行第二届中国—东盟教育部长圆桌会议。教育部部长陈宝生和东盟十国教育部部长及代表出席，东盟各国驻华使节、国际组织代表和中国各省教育厅及有关高校负责人、专家学者等 300 余人参加会议。蒋国俊出席会议，并就中国与东盟高等教育交流与合作同国内外专家学者交流探讨。

【浙江师范大学代表团访问香港和澳门】 8 月 1 日至 5 日，校党委书记陈德喜率浙江师范大学代表团一行访问香港和澳门。在香港，代表团访问香港教育大学，该校校长张仁良、副校长吕大乐、研究生院院长卢成楷等会见代表团一行，双方就进一步开展教育硕士、博士联合培养等合作项目进行交流。与香港科技大学副校长翁以登等就两校科研合作方向进行交流。并实地考察、调研两校的学生事务管理、学校教学科研资源管理与共享及学校图书馆管理等方面情况。代表团还拜会香港中联办教育科技部部长李鲁。在澳门，代表团访问澳门科技大学，该校校长刘良等会见代表团，介绍澳门科技大学学科建设与特色打造、教学管理改革等方面取得的成绩与经验。代表团还实地考察澳门科技大学的中药质量研究重点实验室、太空科学研究所等。

【浙江师范大学代表团访问美国】 8 月 7 日至 20 日，浙江师范大学中层干部一行 18 人访问美国。在美国期间，代表团参加主题为“高等院校学科建设人才”的专题培训，与天普大学和罗文大学就对口领域进行一对一交流并初步达成科研合作、教师交流、本硕人才联合培养等意向，赴宾夕法尼亚大学、圣约瑟夫大学、纽约大学和哥伦比亚大学参观交流并洽谈合作项目，听取内容涵盖美国高等教育面临的关键问题、科研创新体系建设、学生研究与评估体系建设、教育质量保障系统建设等 10 个专题报告。

【浙江师范大学获“中国侨界（创新团队）贡献奖”】 9 月 1 日，中国侨联第六届新侨创新创业成果交流暨联盟成立大会在北京举行。会上表彰第六届“中国侨界贡献奖”，浙江师范大学“非洲研究创新团队”获“中国侨界（创新团队）贡献奖”。该团队由教育部长江学者特聘教授、省钱江学者特聘教授刘鸿武任负责人，是浙江省 6 个获奖创新团队之一。

【商务部 2016 级比较教育硕士项目开班仪式】 9 月 29 日在浙江师范大学举行，这是由浙江师范大学承办招收的第二届商务部援外学历学位教育项目。副校长楼世洲、商务部援外培训联络办主任徐凯出席开班仪式并致辞，硕士研究生导师张燕军、学员代表赞格瓦·柯泽特发言。楼世洲还向学员颁发校徽。随后，商务部培训中心与省商务厅相关领导及学员一起在校友林种植了代表商务部 2016 级比较教育硕士项目的友谊之树。

【国际地理联合会地理教育委员会主席访问浙江师范大学】 10 月 19 日，副校长楼世洲会见国际地理联合会地理教育委员会主席、英国伦敦大学学院教育研究院副教务长克莱尔·布鲁克斯一行 2 人。双方回顾自 2014 年浙江师范大学与伦敦大学教育学院签署合作备忘录以来在教育学领域开展的师生互访与合作研究情况，并就加强信息沟通，推动教师交流、科研合作、学生交换、智慧教育及卓越教师培养等领域深度合作进行交流。

【出席中国国际教育年会】 10月20日，第17届中国国际教育年会在北京召开。教育部及直属单位和国内外多所知名院校、教育研究机构负责人与嘉宾等3000余人参会。浙江师范大学校长蒋国俊出席年会，并参加来华留学质量认证第二批试点院校签约仪式，出席“国际化与学生流动”分论坛。

本届年会由“中国国际教育论坛”“中国国际教育展”和“中外院校合作项目洽谈会”三部分组成，主题为“创新与创业可持续发展人才成长之路:学校、企业和社会的合作伙伴关系”。

【浙江师范大学专家获2016年“西湖友谊奖”】 10月21日，浙江省“西湖友谊奖”二十周年颁奖大会在省人民大会堂举行。浙江师范大学英国籍专家朱利安获2016年度“西湖友谊奖”。浙江师范大学校长蒋国俊出席颁奖大会。朱利安拥有30余年教学经验，在浙江师范大学任教的5年里，其职业素养、教学态度、教学风格颇受师生认可和喜爱。他曾作为金华市外侨办“海外名校学子走进古村落”项目外籍顾问，协助翻译项目材料、宣传项目并向参与项目的海外学子介绍中国文化。

【新加坡智源教育学院代表团访问浙江师范大学】 10月26日，校纪委书记牛东红、副校长李伟健会见新加坡智源教育学院校长陈实一行2人。双方主要就加强信息沟通，续签在新加坡举办学前教育专业教育和硕士学位教育合作办学协议，开展更深入合作进行交流。

【浙江省孔子学院工作座谈会】 10月28日，2016年浙江省孔子学院工作座谈会暨浙江省孔子学院师资选拔培训中心揭牌仪式在浙江师范大学举行。由省教育厅主办，浙江师范大学承办。孔子学院总部/国家汉办副总干事、副主任夏建辉，省教育厅副厅长于永明，浙江师范大学校长蒋国俊，孔子学院总部/国家汉办亚非处副处长李宏宇和浙江大学等浙江省14所孔子学院中方合作院校领导和分管处长40余人出席会议。对外汉语学界知名专家、北京语言大学资深教授赵金铭等专家参加揭牌仪式并受聘为浙江省师资选拔培训中心专家委员会成员。夏建辉、于永明、蒋国俊分别致辞。赵金铭作为专家代表发言。省内各高校与会代表介绍和分享孔子学院建设与管理经验。代表们围绕中方院长和汉语教师及志愿者选派，中方外派人员待遇和管理，中外院校合作与沟通，孔子学院外宣及省内承办孔子学院高校资源整合，孔子学院师资选拔培训中心平台建设等进行深入交流。

随后，蒋国俊主持召开浙江省孔子学院师资选拔培训中心管理委员会及专家委员会第一次会议，审议中心“十三五”规划、年度工作计划，中心管理委员会和专家委员会成员围绕中心如何有效储备孔子学院师资、做好国际汉语教师证书考试工作、发挥中心平台作用等进行讨论。

浙江省孔子学院师资选拔培训中心作为浙江省孔子学院工作的协作平台，主要开展省内汉语国际推广师资选拔、培训、储备及相关工作。浙江大学、浙江师范大学等15所浙江高校已承办24所孔子学院和1个独立孔子课堂，分布于五大洲21个国家。

【2016年图论、组合及其应用国际学术会议】 10月29日至11月1日在浙江师范大学召开。来自国内外100余所高校及科研机构的近300名专家、学者参加会议。29日举行开幕式，美国伊利偌伊大学香槟分校教授、浙江师范大学国家“高端外国专家项目”入选者亚历山大·考斯托奇卡，丹麦南部大学教授比亚内·托夫特，美国德克萨斯大学达拉斯分校教授堵丁柱，中国组合数学与图论学会理事长、南开大学教授李学良，“国家百千万人才工程”入选者、浙江师范大学数理与信息工程学院院长陈杰诚，浙江师范大学国家“千人计划”入选者朱绪鼎和国家“外专千人计划”入选

者魏达思教授等出席开幕式。开幕式由朱绪鼎主持，陈杰诚介绍浙江师范大学近几年在图论、组合及其应用领域取得的成果。

会议分别由比亚内·托夫特、堵丁柱、亚历山大·考斯托奇卡、李学良等6位学者作主旨报告，并分两组举行34个小组报告。报告内容涉及随机图论、极值图论、结构图论、图论算法、代数图论、组合分析、组合设计与组合优化等领域。

【校领导会见美国天普大学教务长】 10月30日，校长蒋国俊在北京美国天普大学中国代表处会见该校新任教务长乔安·艾普斯，双方签署了"4＋1"本硕双学位项目合作协议，这是两校签署的第四份校际间合作协议。自2010年两校正式建立合作关系以来，双方在合作建设孔子学院、双学位项目建设、教师学生交流、干部教师培训等方面开展了实质性合作。

【2016国际三维图像获取与显示技术大会】 10月31日至11月2日在浙江师范大学举行。中国工程院院士、世界光学学会副主席、中国光学工程学会名誉理事长金国藩，美国弗吉尼亚理工学院教授潘定中，韩国科学院院士、首尔国立大学电子系主任李炳浩等国内外知名学者参加会议。浙江师范大学副校长楼世洲、副校级巡视员王辉、科学研究院院长许慧霞、数理信息与工程学院院长陈杰诚等出席开幕式。楼世洲致欢迎词，金国藩介绍国内外三维图像获取与显示技术的基本发展情况。

会议分别由潘定中、李炳浩、王辉等30位国内外专家学者作主旨或邀请报告。国内外近100所高校及科研机构的200多名专家学者参加会议并分别作口头报告和海报交流，内容涉及全景成像和三维成像、三维显示等领域。

【国际化专业教师英语教学能力提升计划】 11月2日在浙江师范大学外国语学院启动。全校包括外籍教师在内的100余名国际化专业课程教师参与活动。该活动由"国际化专业教师英语教学能力提升"专项课题组策划，共安排外教4场报告。后续活动围绕国际化专业教师英语教学能力提升展开系列讲座、课堂观摩、课堂诊断、示范课展示等多种形式展开，活动持续一个学年，主要为学校的国际化专业建设服务。

【美国圣约瑟夫大学副校长访问浙江师范大学】 11月17日，副校长楼世洲会见美国圣约瑟夫大学副校长加里·安德森一行2人。双方介绍各自在教育领域和商科领域的优势和特色，就开展交流与合作交换意见，并就加强优势领域教师交流、科研合作、学生交换及中外合作办学等达成合作意向。

【墨西哥尤卡坦大学校长访问浙江师范大学】 12月7日，校长蒋国俊会见墨西哥尤卡坦大学校长何塞·威廉姆一行3人。双方就科研合作和学生交流进行交流，并签署两校互派交换生协议。

【出席第11届全球孔子学院大会】 12月10日，第11届全球孔子学院大会开幕式在昆明举行。中共中央政治局委员、国务院副总理、孔子学院总部理事会主席刘延东出席大会并发表主旨演讲。浙江师范大学党委书记陈德喜应邀出席大会，并代表学校接受刘延东颁发的荣誉证书。

本届大会主题为"创新、合作、包容、共享"，来自全球140多个国家和地区的大学校长、孔子学院代表2000余人参加大会。刘延东为全球孔子学院先进个人和先进单位颁奖。浙江师范大学继2013年、2015年之后，再次获评"孔子学院先进中方合作机构"，成为全国3次获这一称号的唯一地方高校。

【浙江师范大学ACM集训队在国际竞赛中获佳绩】 12月13日，第41届ACM国际大学生程序设计竞赛亚洲东部区总决赛在上海大学闭幕。浙江师范大学ACM集训队共获得2枚金牌、4枚银牌、7枚铜牌，其中由数理信息学院庄嘉琪、叶一凡、卢金民三名同学组成的团队分别在沈阳赛区、北京赛区获得金牌。

ACM国际大学生程序设计竞赛是世界上公认的规模最大、水平最高的国际大学生程序设计竞赛，是全球大学生计算机程序设计能力竞赛活动中最具影响的一项赛事，被誉为计算机界的“奥林匹克”“培养下一代IT技术领导者的竞赛”。

【浙江师范大学非洲研究院入选“中国智库索引来源名单”】 12月17日，“2016中国智库治理论坛”在南京大学举行。来自中央及各省市智库管理部门、中国智库索引首批来源智库、智库研究界专家学者等近700人参加会议。浙江师范大学非洲研究院党总支书记、副院长王珩参加会议，并在高校智库分论坛上作重点发言。

会议正式发布首批“中国智库索引来源名单”，浙江师范大学非洲研究院入选并获得证书。

【浙江师范大学获教育部国别和区域研究指向性课题立项】 12月，教育部国际合作与交流司下达通知，浙江师范大学推荐申报由刘鸿武教授主持的《中国非洲人文交流机制可行性研究》、陈明昆教授主持的《对外援助在推进“一带一路”建设中的作用研究》和张哲副教授主持的《“一带一路”倡议下的中非三网一化合作研究(以坦桑尼亚、肯尼亚、埃塞俄比亚等为研究对象国)》等3项教育部国别和区域研究2016—2017年度指向性课题获准立项，项目启动经费共30万元。

指向性课题是推动国别和区域研究工作服务国家战略、外交大局，中外人文交流和教育综合改革，提升服务意识和咨政能力的重要举措。浙江师范大学至今已承担6项指向性课题研究任务。

【援外培训】 2016年，浙江师范大学承办商务部委托的短期援外培训项目16期。培训内容涵盖中小学教师培养、高等教育管理、智库建设、小商品市场建设、学前教育等，共培训亚非拉50余个国家的政府官员、大中小学校长及教师489人。此外，还承担商务部援外学历学位项目即2016级比较教育硕士项目1期，招收学员24名。培训规模方面，2016年承办的培训项目数量为历史最大、培训人数为历史最多，参训总人数比上年增长35%。

【出国留学及海外夏令营】 2016年，浙江师范大学留学服务中心办理教师因公签证55人次，交换生签证267人，自费出国留学22人次。组织美国和英国游学夏令营6批190人次，国内英语夏令营628人次。与上海新东方学校合作，举办多场英语语音公开课、考研讲座、雅思一对一测评、雅思讲座及浙师家庭教育高峰论坛等公益讲座。开设考研班、英语学习班和语音提高班，160人次参加。

【与港澳地区交流】 2016年，浙江师范大学教师赴香港地区交流访问、参加学术会议、培训、访学等共17批23人次，赴澳门地区3批6人次。学生赴香港交流4批29人。全年接待来自香港、澳门地区的交流访问人员113人次。学校录取第二届来自港澳地区的本科生6名。

（马松霞）

杭州电子科技大学

【概况】 2016年，杭州电子科技大学新增硕士研究生层次中外合作办学项目1项，建立国际合作科研平台24个，签订合作协议20项，主办国际学术会议和中外论坛10次。全年派出因公出国（境）团组163个241人次，其中专任教师出国（境）交流133人次、管理人员出国（境）交流54人次；出国（境）访学、参加国际会议、学术交流、合作研究等学术性团组132个，占全部因公出访团组81%。全年聘请外国文教专家（三个月以上）和境外高层次兼职教师102人。与美国、英国、法国、日本、澳大利亚、新加坡、俄罗斯等国的世界名校开展各类长短期交换、交流项目18个，派出本科生、研究生赴国（境）外学习交流486人，比上年增长239.86%。全年招收各类长短期留学生语言生、本科生、硕士研究生410人，覆盖国别39个，比上年增长69.42%。

【新西兰北方理工学院代表团访问杭州电子科技大学】 1月13日，新西兰北方理工学院校长宾尼一行访问杭州电子科技大学。副校长郑宁会见宾尼一行，双方就计算机领域开展“2+2”“3+1”学生联合培养项目进行洽谈沟通，在专业培养方案、学分互认、两校大学生国际化交流项目等方面达成共识，并签署两校合作备忘录。计算机学院、信息工程学院和校国际交流合作处负责人等参加会见洽谈。

【校领导与留校留学生共迎猴年新春】 2月6日，校党委书记王兴杰、校长薛安克、副校长郑宁及相关职能部门负责人与63名留校留学生一道，喜迎猴年新春佳节。王兴杰、薛安克分别致辞，代表学校向全校师生员工、留校留学生送上节日问候和新春祝福。中外师生一起包饺子、吃年夜饭，留学生们用中文演唱《新年好》《飞得更高》等歌曲，现场洋溢浓浓的节日氛围。

【杭州电子科技大学中法中外合作办学项目获教育部批准】 2月25日，教育部下发《关于公布2015年下半年中外合作办学项目审批结果的通知》，杭州电子科技大学与法国巴黎第五大学合作举办的生物医学工程专业硕士研究生教育项目获教育部批准。

与法国巴黎第五大学中外合作办学项目学制为2.5年，计划每年招生20人，纳入国家硕士研究生招生计划，开设课程由中法两校教师分别承担。

【杭州电子科技大学新增国际科技合作基地】 2月29日，杭州电子科技大学“高端自动化装备与技术浙江省国际科技合作基地”被列入浙江省科技厅第三批浙江省国际科技合作基地名单。该基地依托学校“控制科学与工程”省重中之重一级学科，以检测仪表与自动化系统集成教育部工程研究中心、杭州电子科技大学—HEC（法国巴黎商学院）中法联合研究中心、杭州电子科技大学—俄罗斯圣彼得堡国立光机大学科研合作平台等为支撑，面向流程工业行业研发高端自动化装备及其关键技术。

【德国欧洲联合大学代表团到杭州电子科技大学进行短期交流】 3月23日，由德国欧洲联合大学的24名学生、4名教授及其他工作人员组成的代表团一行抵达杭州电子科技大学，开始在杭州电子科技大学及京沪的春季访学、西湖文化采风、中德合作创新节目制作之旅，这是德国欧洲联合大学团组第三次来杭州电子科技大学访学。24 日，副校长郑宁会见代表团一行，代表团团长法福等 4 位教授分别致辞。校团委、国际交流合作处和自动化学院相关负责人等参加会见。

在校交流期间，欧联大师生观看了学校大学生艺术团民乐队和西洋乐队的表演，与学校外国语学院学生进行跨文化交流互动。代表团教授还为学校自动化学院学生作学术讲座。

【首届留学生硕士研究生毕业】 3 月 25 日，来自乌兹别克斯坦、哈萨克斯坦、西班牙的 4 名留学生顺利毕业，这是杭州电子科技大学培养的首届留学生硕士研究生。该 4 名留学生是管理学院“工商管理”专业 2013 级研究生。

【法国巴黎第五大学代表团访问杭州电子科技大学】 3 月 30 日，法国巴黎第五大学国际处处长卡勒汶、国家生物医学实验室主任维达尔、中法中外合作办学项目法方联络员王丹萍访问杭州电子科技大学，就中法中外合作办学项目启动运行等事宜与生命信息与仪器工程学院负责人等进行讨论交流。校党委书记王兴杰、校长薛安克和副校长胡华、郑宁分别会见来宾。王兴杰表示，杭州电子科技大学对两校关于生物医学工程研究生中外合作办学项目的启动、招生、教学和运行情况密切关注，相关部门和学院一定会抓好落实，促进项目顺利开展。法方代表卡勒汶表示，希望通过项目启动、研究生招生和专业学院项目具体运行，进一步深化两校合作。

【杭州电子科技大学代表团访问古巴和墨西哥高校】 4 月 7 日至 15 日，校长薛安克率代表团一行访问古巴哈瓦那大学、古巴信息科技大学，墨西哥国立自治大学、墨西哥国立理工学院。在古巴，薛安克一行与哈瓦那大学副校长雷昂就两校建立友好关系、在两校优势学科专业开展学术交流、共同参加同类学科国际会议、留学生交流交换等进行会谈，并达成合作共识。随后，薛安克和雷昂签署两校校际合作备忘录。薛安克一行还听取哈瓦那大学孔子学院发展现状、国际教育学院留学生交换意向、信息技术国际合作需求、经济与管理会计专业国际合作模式等介绍，就两校合作备忘框架内容、哈瓦那大学孔子学院与杭州电子科技大学国际教育学院项目合作启动时间等事宜进行商谈。在墨西哥，薛安克一行与国立自治大学克里斯特里布博士等就“一带一路”战略构建中外合作新模式、近三年两校教育发展规划、人才培养模式、科学研究创新、规划统筹保障等话题进行交流，并就两校开展硕士研究生教育层次专业联合项目合作、中墨大学生跨文化交流、教师访学和国际科研合作、学术交流等达成共识。在国立理工大学，薛安克一行与该校吉纳教授等就中墨高校学科人才政策与引进、学科可持续发展、国际化人才培养理念等进行座谈。

访问期间，代表团还对古巴、墨西哥高校教师资格录用、智慧校园管理、社会医疗保障、工资福利和退休待遇等进行调查。

【硕士生赴美参加 IEEE 计算机通信国际会议并作报告】 4 月 10 日至 15 日，第 35 届 IEEE 计算机通信国际会议（IEEE INFOCOM 2016）在美国旧金山举行。由杭州电子科技大学计算机学院戴国骏教授指导的硕士生胡译丹，以第一作者撰写的论文被大会录用，并应邀参会作报告。

【英国东伦敦大学副校长访问杭州电子科技大学】 4 月 14 日，英国东伦敦大学副校长诺拉·克尔顿、学术合作办公室主任沃德访问杭州电子科技大学，进行中英合作办学项目运行调研。两校就“通信工程”专业中外合作办学项目培养方案、教学计划落实、引进教师选派等进行沟通。克尔顿、沃德还与学校“中英班”2013 级同学进行座谈交流，听取同学们对师资和教学等方面的意见建议，并详细回答同学们关心的东伦敦大学专业学术要求、奖学金、生活环境及完成本科学业后在英国攻读研究生等问题。

【国家自然科学基金委中法合作项目法方代表团来校交流】 4月18日，杭州电子科技大学王高峰教授团队申请的国家自然科学基金委与法国国家科研署联合资助项目“基于物联网的多尺度胎动监测与孕妇健康状态评价的关键核心技术研究”法方合作单位曾宪奕教授一行7人，来杭州电子科技大学进行合作交流。副校长孙玲玲代表学校简要介绍杭州电子科技大学教学、科研、人才培养及国际合作交流情况。曾宪奕介绍法国鲁贝纺织工程师学院基本情况，并表示愿意与杭州电子科技大学在国际科技合作和研究生联合培养等方面开展深入合作。双方还分别介绍项目研究进展，并就在电子、传感技术研究、健康评价平台建设及人才培养等方面开展合作进行深入交流。

【“优化和控制理论及其新进展”中俄双边论坛】 4月18日至19日在杭州电子科技大学举行。由杭州电子科技大学主办、浙江省应用数学研究会和华东师范大学协办。来自俄罗斯莫斯科国立大学和清华大学、华东师范大学等国内外高校近50名专家学者和研究生参加论坛。论坛期间，莫斯科国立大学功勋教授季霍米洛夫，俄罗斯国家科学院通讯院士、莫斯科国立大学泽利金教授，清华大学章梅荣教授等17位学者作学术报告。与会专家学者和杭州电子科技大学理学院师生围绕优化与控制理论及其在相关领域中的应用展开研讨和交流。

【2016美国大学生数学建模竞赛成绩揭晓】 4月28日，2016年美国大学生数学建模竞赛成绩揭晓，杭州电子科技大学参赛的15支队伍45名学生共获得一等奖3项、二等奖11项。美国大学生数学建模竞赛每年上半年举行，包括数学建模竞赛和交叉学科数学建模竞赛，由美国自然基金协会和美国数学应用协会共同主办。本年度竞赛共有遍及五大洲的12446支队伍参赛。

【杭州电子科技大学代表团访问白俄罗斯和俄罗斯高校】 5月4日至8日，副校长孙玲玲率代表团一行访问白俄罗斯国立信息和无线电电子大学、俄罗斯国立核能研究大学。在白俄罗斯，孙玲玲一行与国立信息和无线电电子大学就与杭州电子科技大学电子信息学院在纳电子等领域科研合作的基础上，进一步落实加强在教育等领域的合作交流；在杭州电子科技大学建立中白国际合作纳电子研究中心的实施方案等进行讨论交流。在俄罗斯，孙玲玲一行与国立核能研究大学副校长尼古拉·卡尔金进行会谈，两校签署校际合作备忘录。

【李昌钰受聘杭州电子科技大学兼职教授】 5月23日，世界知名刑侦专家李昌钰博士应邀作客杭州电子科技大学“大学之道”人文大讲堂，作“分享我的人生经验”主题报告。校领导王兴杰、朱斌、郑宁和相关部门负责人出席活动并向李昌钰颁发杭州电子科技大学兼职教授聘书。

【杭州电子科技大学教师入选英国皇家化学学会榜单】 5月，杭州电子科技大学材料与环境工程学院陈大钦博士入选英国皇家化学学会“Top1％高被引中国作者”榜单。英国皇家化学学会是欧洲最大的化学学术团体。本次共有118位通讯作者第一单位是中国机构的作者荣登榜单，其中浙江省共有3位入选，其他两位分别来自浙江大学和浙江工业大学。

陈大钦为杭州电子科技大学特聘教授，长期从事稀土光电功能材料与器件研究，主持完成国家自然科学基金项目3项、浙江省杰出青年科学基金和福建省杰出青年科学基金等10余项。担任中国稀土学会玻璃陶瓷专业委员会委员、浙江省材料研究学会理事。

【杭州电子科技大学代表团访问法国和俄罗斯高校】 6月1日至8日，校党委书记王兴杰率代表团访问法国巴黎第五大学、法国尼斯大学—索菲亚综合理工学院，俄罗斯莫斯科国立罗蒙诺索夫大学(莫斯科大学)和俄罗斯圣彼得堡国立信息技术、机械与光学研究大学。在法国,王兴杰会见巴黎第五大学校长达戴尔,对两校自建立友好合作关系、签署合作协议以来成功开展"3+1+1"项目合作、骨干教师长期访学项目合作、"生物医学工程"专业研究生教育层次中外合作办学项目合作等表示赞许。双方强调:两校国际处、研究生院和项目专业所在学院要保持沟通、密切配合,保证两校合作办学项目的顺利运行。其间,王兴杰还探望了杭州电子科技大学自动化学院青年访问学者王俊宏副教授及项目学生,并进行座谈交流。在俄罗斯,代表团与莫斯科大学副校长马泽毅、杭州电子科技大学合作团队专家组长依利因教授(俄罗斯科学院通讯院士)及其团队成员进行座谈。在圣彼得堡国立信息技术、机械与光学研究大学,常务副校长维克多耶维奇、综合学院院长波波索夫、机器人实验室全体成员和杭州电子科技大学合作团队成员等接待代表团。

【法国驻沪总领馆教育领事访问杭州电子科技大学】 6月7日,法国驻沪总领事馆教育领事梅燕访问杭州电子科技大学,调研与法国高校的合作现状和发展方向,迎接和准备本月即将举行的中法高层对话及教育论坛,为中法高校战略合作提供建议和支持。副校长郑宁会见梅燕一行,简要介绍杭州电子科技大学的总体情况和国际化发展规划,请法国使领馆对杭州电子科技大学与法国高校进一步合作提出建议。梅燕简要介绍法国在高等教育合作领域的政策,表示法国驻沪总领事馆一直以来非常关心和支持杭州电子科技大学与巴黎五大等法国高校的合作,愿意为推动更多双文凭项目、中外合作办学项目等提供支持。梅燕同时表示,法国非常欢迎更多杭州电子科技大学学生赴法留学深造,也期待杭州电子科技大学接纳更多法国学生来华交流学习。相关学院和部门负责人参加会见。

【参加"喜迎G20,共筑中国梦"省高校留学生文艺演出】 6月13日,由省教育厅主办的"喜迎G20,共筑中国梦"浙江省高校来华留学生文艺演出在浙江音乐学院举行。杭州电子科技大学来自贝宁、刚果(金)、刚果(布)、尼日利亚和喀麦隆的8位留学生身着本民族特色服饰登场,吸引了所有人的目光。

【以色列耶路撒冷希伯来大学副校长访问杭州电子科技大学】 6月22日,以色列耶路撒冷希伯来大学副校长贾勒、副教务长沙格里厄,希伯来大学技术转化部伊萨姆研发公司中国代表温希禹、希伯来大学孔子学院中方院长王宇一行访问杭州电子科技大学。校党委书记王兴杰,副校长胡华、吕金海,校相关部门、学院负责人及部分学院教授等接待贾勒一行,并进行座谈交流。王兴杰指出,杭州电子科技大学正紧紧围绕省委省政府的创新发展战略,迁建、新建一批学校军民科技融合平台和网络空间安全、微电子技术等技术研发平台,希望能够与希伯来大学在人才培养、科技创新方面有进一步的合作。贾勒表示,希望双方合作能够取得成功。

访问期间,贾勒一行还走访青山湖校区和下沙校区,参观学校微电子研究中心和教育部射频电路与系统重点实验室,听取中心和实验室负责人对各自领域最新科研成果介绍,并了解杭州电子科技大学在科学研究、人才培养方面的特色与优势。

【视觉计算国际论坛及第15届NICOGRAPH国际会议】 7月6日至8日在杭州电子科技大学下沙校区举行。由杭州电子科技大学主办,杭州电子科技大学计算机学院与中国计算机学会CAD&CG专委会、中国图形图像学会虚拟线索专委会、日本艺术科学学会共同承办。会议邀请来自中国、美国、瑞典、土耳其、日本、新加坡等国家和地区的专家学者参加。来自亚洲、欧洲和北美洲的21位世界顶级可视化和计算机视觉领域专家作特邀报告。日本山梨大学茅晓阳教授主持会议。杭州电子科技大学计算机学院和数字媒体与艺术设计学院的许多研究成果得到与会专家的一致好评。

【圆满完成G20杭州峰会志愿服务工作】 8月15日至9月6日，杭州电子科技大学259名学生志愿者和9名教师志愿者以最具亲和力的微笑和周到细致的服务，圆满完成峰会各项志愿服务工作。

志愿服务期间，学校的"小青荷"们分别参与G20杭州峰会第四次协调人会议、财金副手会议及后勤保障等志愿服务工作，累计提供服务1592人次，服务时长达14586个小时，被各国嘉宾、省市各级领导赞誉为"组织有力、培训有方，每一个都是高颜值、最亲和、最有素质体现的中国青年"。

【派员参加G20杭州峰会礼宾接待工作】 9月5日，G20杭州峰会完美落幕。根据上级安排，峰会期间杭州电子科技大学派出13名经验丰富、政治素质过硬的优秀教职工参加本次峰会联合国代表团的接待工作，并圆满完成接待任务。

自6月份接到相关任务后，学校高度重视本次峰会接待工作，随即从校国际交流合作处、党校办、研究生院、外国语学院、通信工程学院、计财处、文一公司等抽调优秀教职工，成立以副校长郑宁为组长的接待工作组，投入峰会礼宾接待筹备工作。接待工作组分为证件组、配偶组、机场组、车辆组等各个小组，先后参加全员集中培训2次、各类专项培训12次、领导人峰会和配偶活动实景实地通宵演练6次、外宾接待和机场迎送演练6次、多方协调会议15次。组员们克服困难、积极认真参加演练，服从组织安排、严格遵守保密纪律，各个小组工作对接顺畅，指令信息及时传达、上报，车辆保障有力。为确保高质量完成接待任务，8月30日，学校特地邀请外交部礼宾司派员来校，就接待工作进行具体指导和培训。代表团到访前夜，参加接待工作的全体成员与外交部、公安部、省外侨办对接人员进行了工作对接，商讨接待细节。

峰会期间，接待工作组密切配合外交部、公安部、省外侨办做好以联合国秘书长潘基文及夫人为主宾的联合国代表团23人的接待工作，圆满完成机场迎送、活动踩点和陪同、酒店入住、资料发放、听会召集、车辆调度、行李协调和现场安保等。

接待工作组热情的态度、周到的服务，得到联合国代表团的一致好评。峰会结束当晚，潘基文接见接待工作组全体成员，主动和大家合影留念，并用汉语对每个人说"谢谢"。

峰会结束后，学校收到外交部感谢信，信中高度赞扬学校G20杭州峰会礼宾接待工作组成员，克服了时间紧、任务重、人手少等困难，以饱满的工作热情、高度的责任感及严谨的工作作风，出色完成联合国代表团接待工作，为G20杭州峰会成功举行作出了重要贡献。

【杭州电子科技大学与英国爱墨瑞得出版集团开展战略合作】 9月15日，英国爱墨瑞得出版集团总监托尼·罗斯访问杭州电子科技大学，与杭州电子科技大学达成战略联盟协议，杭州电子科技大学创新与发展研究院和爱墨瑞得出版集团将合作出版该集团旗下知名期刊《中国管理研究》。副校长胡华表示，学校非常支持这个中英合作项目，该创新项目是学校向世界知名大学迈进和实施国际化战略的重要里程碑。

【美国虹软公司向杭州电子科技大学教育发展基金会捐款】 9月28日，美国虹软公司向杭州电子科技大学教育发展基金会捐赠人民币15万元。副校长孙玲玲代表学校接受捐赠并向虹软公司副总裁、杭州电子科技大学计算机学院98级校友祝丽蓉颁发捐赠证书。孙玲玲对虹软公司长期来在校企合作、人才培养、技术创新上作出的努力给予充分肯定，对公司热衷公益、支持教育事业发展的精神给予高度评价。祝丽蓉表示，近几年虹软公司与杭州电子科技大学计算机学院在人才培养、技术交流等方面开展积极合作，建立了良好合作关系，学校也为企业输送了大批优秀人才。

杭州电子科技大学即将迎来60华诞，衷心祝愿学校的明天更加辉煌。

【资助新生赴海外名校交流】 9月和10月，学校先后派出77名2016级新生分赴美国宾夕法尼亚大学和加州大学河滨分校进行为期一个月的交流学习，并提供部分经费资助。这是杭州电子科技大学首次派出新生赴海外名校交流，也是学校探索国际化人才培养新模式的尝试。

【"可视计算与智能制造"学术论坛】 10月14日在杭州电子科技大学举行。副校长郑宁出席并致欢迎词，科学技术研究院、计算机学院负责人及来自计算机学院、理学院、数字媒体与艺术设计学院等师生参加论坛。荷兰代尔夫特理工大学王昌凌教授，浙江大学汪国昭教授、高曙明教授、金小刚教授分别作学术报告。

【澳大利亚科学院、工程院院士受聘杭州电子科技大学杰出教授】 10月19日，杭州电子科技大学举行聘任仪式，澳大利亚科学院、工程院院士布莱恩・安德森教授受聘杭州电子科技大学杰出教授。聘任仪式前，校党委书记王兴杰会见安德森。校长薛安克、校党委副书记朱泽飞出席聘任仪式。薛安克向安德森颁发聘任证书，并为安德森佩戴校徽。聘任仪式后，安德森发表演讲。

【2016年信息化控制国际研讨会】 10月19日至20日在杭州电子科技大学下沙校区举行。由国际系统控制领域著名学者、澳大利亚科学院院士和工程院院士、杭州电子科技大学杰出教授布莱恩・安德森领衔，杭州电子科技大学自动化学院主办，安德森和杭州电子科技大学校长薛安克共同担任会议主席。开幕式上，薛安克代表会议委员会致辞，简要介绍杭州电子科技大学办学历史和近年来的发展成就。来自美国、俄罗斯、澳大利亚、日本、新加坡等国家和中国内地及香港的60余位专家学者，杭州电子科技大学自动化学院教师、研究生和本科生等300余人参加研讨会。

【参与承办2016 IEEE脑电路与系统论坛】 10月20日至21日，由美国电气和电子工程师协会主办、杭州电子科技大学和上海交通大学共同承办的2016 IEEE脑电路与系统论坛在杭州举行。本次论坛邀请来自欧洲、美洲、亚洲等国家和中国国内的80多位专家、学者及海内外校友，重点围绕"神经接口技术""脑机接口"专题进行交流研讨。

【国(境)外嘉宾共庆杭州电子科技大学60华诞】 10月22日，杭州电子科技大学举行60周年校庆。来自法国、英国、俄罗斯、德国、澳大利亚、西班牙等国家和地区的25位嘉宾，出席杭州电子科技大学60华诞系列活动。

在建校60周年纪念大会上，法国巴黎第五大学校长弗里德里克・达戴尔代表国外友好学校致辞，对杭州电子科技大学60年华诞表示衷心祝贺。英国东伦敦大学副校长诺拉・柯尔顿，俄罗斯圣彼得堡国立信息技术、机械与光学大学阿列克谢・波波索夫教授，俄罗斯科学院通讯院士、莫斯科国立大学亚历山大・伊利恩教授，德国斯图加特大学汉斯・彼得・伦特斯教授，澳大利亚科学院和工程院院士、澳大利亚国立大学教授布莱恩・安德森，西班牙胡安・卡洛斯国王大学何塞・费尔南迪・努埃沃教授等分别代表各自学校，祝贺杭州电子科技大学60岁生日。

在校期间，各代表团还分别与校国际交流合作处和相关学院，就师生交流、教育和科研合作等进行磋商，达成多层面合作共识。

【杭州电子科技大学青年骨干教师参加美国大学培训】 11月6日至20日，由校教师教学发展中心组织的11名青年骨干教师，赴美国加州大学河滨分校参加教学培训项目。培训期间，参训教师进行课堂教学观摩，参观加州大学河滨分校部分实验室、图书馆、学生服务中心及当地的州立中学。经过两周培训，参训教师均顺利完成培训内容，并获得由加州大学河滨分校颁发的结业证书。

【第七届国际绿色可持续计算会议】 11月7日至9日在杭州召开。由美国电子和电气工程师协会主办,杭州电子科技大学承办。国际绿色可持续计算会议是绿色计算、可持续计算领域具有重要影响力的国际会议。来自美国、法国、卢森堡、芬兰、西班牙、捷克、沙特和中国国内的30多所高校与科研机构50余位专家学者出席会议。副校长胡华、徐江荣和计算机学院负责人等会见部分与会嘉宾。

本次会议共收到来自18个国家和地区提交的112篇论文,来自美国、法国、卢森堡、芬兰、西班牙、捷克、沙特及国内高校和科研机构的参会代表分别就其论文的研究内容作报告。与会者就绿色计算及可持续计算领域的热点问题进行讨论和交流。

【英国驻沪总领馆代表访问杭州电子科技大学】 11月11日,英国驻沪总领事馆教育文化处主任王海军一行访问杭州电子科技大学。副校长胡华和校国际交流合作处、招生就业处等负责人会见来宾。胡华向来宾介绍学校办学理念、办学实力、办学特色和国际化发展战略。王海军对杭州电子科技大学近年来取得的教学科研成果给予高度评价,并对国际化发展战略提出建设性意见和建议。王海军希望能为中英高校合作搭建桥梁、发挥作用。

访问期间,王海军一行还参观杭州电子科技大学合作企业——华为公司。

【圆满完成世界互联网大会乌镇峰会志愿服务工作】 11月12日至18日,杭州电子科技大学42名学生志愿者和1名教师志愿者参加在乌镇举行的第三届世界互联网大会服务工作并圆满完成各项志愿服务工作。42名学生志愿者作为酒店及医疗服务组成员,分布在乌镇西栅景区、各大酒店前台和店内各定点位置。其中,17名作为酒店前台翻译组,主要负责协助前台工作人员办理相关手续和接受代表入住酒店期间的相关咨询工作;25名作为酒店引导及医疗组,为与会人员提供定点现场引导等。

【获ACM国际大学生程序设计竞赛亚洲区域赛佳绩】 11月13日,第41届ACM国际大学生程序设计竞赛亚洲区中国各赛区比赛全部结束,杭州电子科技大学ACM参赛队在大连、沈阳、北京、青岛、上海等5个赛区比赛中创历史最好成绩,共收获5枚金牌、9枚银牌、2枚铜牌,综合成绩居省属高校第一。

【杭州电子科技大学教师获2017年度国际埃尼奖提名】 11月,杭州电子科技大学材料与环境工程学院韩伟博士发表的学术论文受到国际同行关注,并获得国际埃尼奖提名,成为2017年度该奖项节能环保领域的候选人之一。韩伟主要从事废弃物资源化利用和厌氧发酵技术等方面的教学和研究工作,主持浙江省科技厅和教育厅等多项科研课题。

国际埃尼奖是由意大利跨国石油天然气巨头埃尼公司于2007年设立,旨在表彰卓越的创新性国际科学研究,是能源与环境研究领域最权威的奖项之一。

【中国驻英国大使馆参赞访问杭州电子科技大学】 12月9日,校党委书记王兴杰会见中国驻英国大使馆参赞邵峥,简要介绍学校办学成果和国际化教育情况。邵峥介绍新时期中英两国良好合作关系和英国高等教育的特点,还根据杭州电子科技大学特色,对学校今后的国际化工作提出了许多建设性意见和建议。

在校期间,邵峥应邀作题为“中英关系进入黄金时代背景下的两国高等教育合作”专题报告。副校长郑宁主持报告会。

【召开国际化工作会议】 12月9日,副校长郑宁主持召开学校国际化工作会议,校国际交流合作处、发展规划处、重点办、研究生院、本科生院、人事处、国际教育学院及各学院国际化工作负责人参加会议。会上,郑宁结合中共中央办公厅、国务院办公厅下发的《关于做好新时期教育对外开放工作的若干意见》和浙江省委办公厅、省政府办公厅下发的《关于做好新时期教育对外开放工作的实施意见》精神及学校"十三五"规划要求，具体布置了"十三五"期间各学院国际化量化目标任务。校国际交流合作处负责人对浙江省高等教育国际化各项分解指标作了详细解读，对学校2015年各项高等教育国际化指标及在全省硕博授权高校中排名情况进行了比对和说明，并传达了学校党委关于中层干部为推进学院国际化工作及个人学术访问等因公出国(境)的有关规定。校人事处负责人介绍国家外专局"高等学校学科创新引智计划(即"111"计划)、人社厅"十三五"引智规划，通报了教师因公出国(境)访学情况。国际教育学院负责人通报了留学生教育相关情况。

【校领导到留学生公寓调研指导工作】 12月15日，校党委书记王兴杰、副校长郑宁在校办公室、保卫处、校园建设与管理处、后勤服务与管理中心和国际教育学院等部门和学院负责人陪同下，到学校G区留学生公寓调研留学生公寓设施建设、公寓安全管理等工作。王兴杰一行看望留学生并详细询问大家的学习生活等情况。王兴杰希望同学们尊重文化差异、保持沟通交流，在学习上互帮互助，增进友谊，更好地融入杭州电子科技大学大家庭。郑宁希望留学生们充分利用学校各种资源，主动学习，多参加校园文体活动，安全、顺利地完成学业。

【加大力度鼓励学生参与国际交流项目】 2016年，为培养具有国际视野、适应经济全球化的国际化人才，杭州电子科技大学出台一系列措施，鼓励学生积极参与国际交流项目。一是加强部门联动，改革与创新工作机制，优化项目流程，使学生出国交流手续更便捷。二是搭建平台，设计更多符合学生需求的国际交流项目。杭州电子科技大学与美国宾夕法尼亚大学、哥伦比亚大学、加州大学圣地亚哥分校、加州大学河滨分校，英国贝尔法斯特女王大学，新加坡国立大学，俄罗斯圣彼得堡国立信息技术机械与光学大学，日本山梨大学，澳大利亚悉尼科技大学等高校建立长期学生交流机制，每年送本科生和硕士、博士研究生赴上述高校进行为期1个月到1年的交流学习。并搭建"新生出国交流平台"，使学生一进校就能享受到出国交流的机会，激发学习动力。三是加大资助力度，鼓励和帮助更多学生参与交流项目。学校积极向国家留学基金委申报"优秀本科生国际交流项目"，3个项目获批，每年可选派优秀本科生出国留学并享受全额资助；2016年学校共资助146名学生赴海外交流学习。四是积极促进学分认定，促进人才培养国际化。

（吴　薇）

浙江工商大学

【概况】 2016年，浙江工商大学接待国(境)外来访客人83批520余人次。与美国、新西兰等国家24所知名高校建立正式合作关系，或续签交流合作协议。派送88批111人次出国(境)交流、进修、访学、参加学术会议，其中通过各类公派留学项目和学校“蓝天计划”项目资助赴国(境)外进修学习48人次、学校组团4批20人次。

全年聘请长短期外国文教专家83名。法学院成功引进德国籍特聘教授苏珊娜·林顿博士，并获得浙江省“外专千人计划”项目资助，实现“外专千人”零的突破。食品与生物工程学院成功引进马来西亚籍钟必恒和巴西籍安娜·卡洛尼娜等6位外籍专家作为博士后研究人员，为学校海外博士后研究团队注入新的血液。学校全外语学术讲坛——“五洲讲坛”聘请34位专家学者来校讲学。

全年派送近600名学生赴国(境)外参加长短期交流学习。其中，派送环境科学与工程学院、信息与电子工程学院、法学院、计算机与信息工程学院、公共管理学院、艺术设计学院及学生处8个科研实践团队的136名学生赴海外交流；招收来自100个国家的长短期国际生1623人，其中学历教育870人。接待国外高校“外语口语促进项目”交流团187人，接收37名国外交换生来校学习交流。2016年，21名国际生获“中国政府奖学金”、5名获“优秀来华留学生奖学金”、71名获“浙江省政府来华留学生奖学金”、133名获“浙江工商大学外国留学生奖学金”。

【成立食品口腔加工联合实验室】 3月28日，浙江工商大学与英国利兹大学成立食品口腔加工联合实验室，副校长苏为华和利兹大学食品科学与营养学院院长麦克·摩根共同为联合实验室揭牌，苏为华还代表学校向麦克·摩根颁发浙江工商大学客座教授聘书。浙江工商大学和利兹大学在食品口腔加工领域均有深厚的研究基础，在国际上享有很好声誉。联合实验室成立后，双方将在科学研究项目、组织研讨会和国际学术会议、申报并参与资助机构资助的研究或培训项目、研究生短期交流项目、培养博士研究生等方面开展合作。

【2016年欧洲部分孔子学院联席会议】 4月28日至29日在比利时西弗兰德省布鲁日市的浙江工商大学孔子学院举办。会议主题为“孔子学院与中欧人文交流”。北欧及波罗的海沿岸10国19个孔子学院38位中外方院长，国家汉办副主任、孔子学院总部副总干事马箭飞，中国驻比利时大使曲星，比利时西弗兰德省政府官员等嘉宾出席会议开幕式。会议期间，马箭飞在西弗兰德大学副校长弗雷德里克陪同下视察浙江工商大学孔子学院大楼，对学院进一步发展提出了希望和要求。

【波兰克拉科夫经济大学校长访问浙江工商大学】 6月8日，校长陈寿灿、副校长戴文战会见波兰克拉科夫经济大学校长安德鲁杰伊·茨霍乌尔一行。陈寿灿简要介绍学校办学历史、学科建设、师资队伍建设及人才培养国际化基本情况，希望两校根据各自优势特色在学生交流、教师互访、食品学科双边合作等领域开展更加深入广泛的合作。安德鲁杰伊·茨霍乌尔表示，今后会加大合作力度，拓宽合作领域，为两校创造更多学习和交流机会。

【入围国际化特色高校首批建设单位】 7月4日，根据《浙江省教育厅关于实施“浙江省国际化特色高校建设工程”的通知》，经学校申报、专家评审、省教育厅审核通过，浙江工商大学与浙江大学、中国美术学院、浙江工业大学等10所本科院校和6所高职院校成功获批“浙江省国际化特色高校”首批建设单位。“浙江省国际化特色高校建设工程”采取“先建设、后评估”的方法，入选单位根据自身特点，按照建设方案，通过3年建设周期，有重点、分步骤开展建设培育工作。

【完成G20峰会法国总统代表团礼宾接待任务】 9月4日至5日，G20峰会在杭州举行。作为法国总统代表团礼宾接待单位，学校组成由副校长戴文战为组长的17人礼宾接待小组，以高度的责任感和饱满的工作热情及严谨的工作作风，出色完成法国总统代表团接待任务。

礼宾接待小组全体成员有礼有节，细致专业的服务给法国代表团、外交部和省市领导留下深刻印象。外交部专门发来感谢信，对学校礼宾接待小组在G20峰会期间的出色表现表示感谢，充分肯定小组全体成员的工作和成绩，同时转达法国总统对杭州峰会组织工作的高度赞赏，对中方热情接待和周到安排的衷心感谢。

【加入“一带一路”高校联盟】 9月18日，由甘肃省委宣传部和浙江省教育厅主办的首届“一带一路”高校联盟主题论坛在甘肃省敦煌市举行。甘肃省副省长郝远、教育部国际合作与交流司司长许涛等出席会议，来自国内外110所大学的校长及学校代表280多人参会，共商“一带一路”沿线国家高等教育交流合作大计。浙江工商大学作为浙江省唯一的高校代表参加本次“一带一路”高校联盟主题论坛。会上，校长陈寿灿与78所高校代表一起签署“一带一路”高校联盟合作备忘录，浙江工商大学由此成为新一批“一带一路”高校联盟成员单位。

【日本樱美林大学校长访问浙江工商大学】 10月27日，校长陈寿灿会见日本樱美林大学校长三谷高康一行。陈寿灿简要介绍学校发展概况，尤其是东方语言文化学院近年来的快速发展和办学特色与优势，希望继续加深两校合作关系，拓宽实质性师生交流合作项目。三谷高康介绍樱美林大学的历史发展概况。双方就加深合作和拓宽合作领域达成一致意见，并就合作培养硕士、博士研究生项目进行深入探讨。

【举办首届食品科学与营养国际学术研讨会】 11月12日至13日，浙江工商大学联合英国利兹大学、新西兰梅西大学和荷兰瓦根宁根大学共同成立食品科学与营养研究联盟并举办首届食品科学与营养国际学术研讨会。该联盟将力争实现强强联合、推动深度融合、共建国际食品科学研究合作平台，并在科学研究、人才培养、教师互聘等方面开展全方位合作，促进优势互补，达到合作共赢。研讨会上，20位专家学者围绕食品科学及消化营养学术前沿作专题报告。报告展示4所学校在各自研究领域的最新研究进展，反映了国际食品科学与营养研究的新动向，分享有关食品口腔加工、食物吸收及健康分子生物学、食品营养与消化等方面的最新研究成果。

【比利时西弗兰德大学副校长访问浙江工商大学】 12月8日，副校长戴文战会见比利时西弗兰德大学副校长弗雷德里克、孔子学院比利时方院长菲利普和中方院长肖余春一行。戴文战回顾两校合作发展历程，希望双方在办好孔子学院的同时，进一步在学生交换、教师互派等方面深化合作。弗雷德里克表示，相信在双方共同努力下合作关系会进一步发展，两校合办的孔子学院一定会成为优秀的孔子学院。双方还就明年比利时西弗兰德大学学生SEPP交流团的安排情况、浙江工商大学全英文授课专业、孔子学院增加中华医学课程等事宜进行深入探讨，并达成共识。

（吴璐燕）

中国计量大学

【概况】 2016年,中国计量大学接待国(境)外来访人员15批,出访158人次。其中参加国际会议51人次,校际交流21人次,学术交流、合作研究及进修培训等86人次。聘请长期外籍专业人员11人,短期讲学、合作课题研究及学术交流的外国专家59人次。全年招收留学生31人,其中语言生14人、学历生8人、进修生9人。学生赴海外留学、实习160人次。新增合作院校6所。

【英国班戈大学代表访问中国计量大学】 1月5日,英国班戈大学法学院与中国计量大学法学院的国际合作交流项目洽谈会议在中国计量大学举行,英国班戈大学法学院研究生主任石巍代表英方出席会议。

【中国计量大学师生赴新西兰参加夏令营活动】 1月17日至2月1日,中国计量大学信息工程学院18名学生赴新西兰奥克兰理工大学参加由两校联合举办的夏令营活动,体验国外学生的学习生活方式,了解新西兰文化。该活动是中国计量大学与奥克兰理工大学计算机科学与技术专业合作办学项目的其中一部分。

【完成首期日本樱花科技交流项目】 2月21日至28日,中国计量大学10名学生参加在东京开展的日本樱花科技交流项目,并获得项目结业证书。这是中国计量大学首次成功申请日本樱花科技计划,该项目所有费用均由日方资助。

【首期中德大学生创业训练营】 2月23日至3月7日,中国计量大学3位老师带领14名学生赴德国开展中德大学生创业训练营活动。这是中国计量大学首次联合德国德累斯顿经济技术大学开展中德大学生联合创业。

【德国基尔应用技术大学师生访问中国计量大学】 2月29日,德国基尔应用技术大学赫尔穆特·迪斯伯特教授、延斯·吕塞姆教授、拉尔夫·帕茨教授带领7位交流生访问中国计量大学。德国交流生在中国计量大学机电工程学院进行为期一学期的进修学习。

3月2日,基尔应用技术大学3位教授为中国计量大学机电工程学院师生讲解专业课程。

访问期间,双方还就以工业4.0、互联网+等为特色的硕士联合办学项目进行谈判和交流。

【美国北卡罗莱纳州立大学教授访问中国计量大学】 3月6日至13日,美国北卡罗莱纳州立大学机械与航空工程系教授安德烈·库兹涅佐夫访问中国计量大学并进行学术交流。安德烈·库兹涅佐夫是一名在国际传热传质界有重要影响的学者。

【成功组织国家汉语水平考试和汉语水平口语考试】 3月20日,中国计量大学外国语学院成功组织国家汉语水平考试(HSK网考),并首次组织汉语水平口语考试(HSKK)。来自哈萨克斯坦、韩国、泰国、俄罗斯、匈牙利、印度尼西亚、老挝等21个国家的68名校内外考生参加考试。

【加拿大工程研究院院士访问中国计量大学】 3月25日,通信领域国际著名专家、加拿大工程研究院院士、工程院院士、美国电子电气工程师协会院士、加拿大滑铁卢大学终身教授沈学民访问中国计量大学并作学术报告。

【爱尔兰国立沃特福德理工学院代表团访问中国计量大学】 3月31日，爱尔兰国立沃特福德理工学院国际部中国项目负责人康东雯一行2人访问中国计量大学。校领导吕进接待客人，双方就“2+2”双学位项目、短期学生交换学习项目、孔子课堂等方面的合作进行商谈。沃特福德理工学院代表参观中国计量大学校史馆和计量史馆，举办沃特福德理工学院国际交流宣讲会。

【暑期美国法院实习项目秘书长访问中国计量大学】 4月6日，美国密歇根州马克姆郡文化与经济合作委员会的“暑期美国法院实习项目”理事会秘书长爱德华·布鲁利、理事及在华首席代表张臻等一行访问中国计量大学法学院，就“暑期美国法院实习项目”进行宣讲。

【获批三项“高端外国专家项目”】 4月份，中国计量大学3项2016年度国家外国专家局“高端外国专家项目(文教类)”均获立项。自2013年国家外国专家局设立“高端外国专家项目(文教类)”以来，中国计量大学连续3年获得立项。

【与德国基尔应用科技大学签署教育合作谅解备忘录】 5月10日，浙江省与德国石荷州结好30周年庆祝活动在杭州举行。作为两个友好省州深化合作项目之一，中国计量大学与德国基尔应用科技大学签署信息工程专业硕士学位教育项目合作谅解备忘录，在浙江省省长李强和德国石荷州州长托斯滕·安必腾、驻沪总领事彼得·罗腾等见证下，中国计量大学校领导吕进和德方代表克里斯托夫·韦伯分别代表双方在谅解备忘录上签字。

【国家标准委与国际标准化组织“ISO秘书周”活动】 5月16日至20日，由国家标准化管理委员会和国际标准化组织(ISO)联合举办的“ISO秘书周”活动在中国计量大学举行。来自国际标准化组织中央秘书处的3位专家和中国21位承担ISO/TC的秘书参加此次活动。

【比利时列日大学教授访问中国计量大学】 5月18日至21日，比利时列日大学教授、博士生导师、国际关系研究中心主任塞巴斯蒂安·桑坦德应邀访问中国计量大学，开展学术交流活动并洽谈两校合作。经过认真探讨与协商，双方就中国哲学、政治学、汉语言文学和公共管理等学科专业开展教师互访、学生交流项目达成初步框架协议。

【校企协作教育项目】 6月4日，13名香港理工大学学生在两位老师带领下到中国计量大学开展为期一个月的校企协作教育项目。该项目于2008年12月启动，2016年是第8期。项目从2013年开始，连续四年被教育部列入香港与内地高校师生交流计划(“万人计划”)。

【德国温泽集团首席执行官访问中国计量大学】 6月22日，德国温泽集团首席执行官弗兰克·温泽一行4人访问中国计量大学，双方拟在以下领域开展合作：在中国计量大学建立联合实验室，进行仪器展示，并在课程中设立相关实验，为学生开展实验；在德国公司建立实践基地，接收学生实习；聘请企业工程师讲课；与企业合作参加学术会议和研讨会等。

【阿拉巴马大学亨茨维尔分校代表访问中国计量大学】 7月8日，美国阿拉巴马大学亨茨维尔分校国际交流中心副主任、商学院副院长包叶青访问中国计量大学。校领导吕进会见客人，双方表示在合作办学3+1+1本硕连读培养模式、课题研究、教师互访、学生交流项目等方面进一步加强合作。会谈结束后，包叶青作学术报告，并参观中国计量大学科技园区。

【中国计量大学代表团访问韩国和日本】 7月10日至17日，中国计量大学正校级巡视员吕进率代表团访问韩日高校。代表团访问韩国江原大学、庆北大学，日本早稻田大学、静冈理工大学，双方就优秀本科生交流、联合申请中日韩三国优秀本科生交流项目、联合办学、教师互访、科研交流与合作等方面进行交流与探讨。

【新西兰奥克兰理工大学代表团访问中国计量大学】 7月13日，新西兰奥克兰理工大学工程与数学学院院长恩里科·海默乐和合作项目负责人里奥·希契科克访问中国计量大学，双方就“中国计量大学与新西兰奥克兰理工大学计算机科学与技术专业本科教育项目”合作办学项目的具体问题进行洽谈并达成一致。

【荷兰华人生命科学协会代表团访问中国计量大学】 7月14日，荷兰华人生命科学协会主席于元杰携王博文博士、刘垚博士和迈克尔·黑格尔教授到中国计量大学进行学术交流与访问。双方介绍各自发展历史与现有情况，并就今后如何开展科研合作、师生交流进行探讨。

【圆满完成G20礼宾接待服务工作】 9月4日至5日，G20峰会在杭州举行，中国计量大学成立由校领导吕进担任组长的14人“中国计量大学G20礼宾接待小组”。峰会期间，中国计量大学281名G20峰会志愿者在13名志愿者带队教师带领下，服务峰会境外媒体接待志愿服务大队、交通礼宾志愿服务大队和国际志愿者服务大队的十余个中队，主要承担本次峰会境外媒体接待、会议交通保障和随车翻译等工作，圆满完成各项任务。

【第15届国际光通信与网络会议】 9月25日至27日在杭州举行。由中国计量大学承办。中国工程院院士姜德生，加拿大皇家科学院院士、渥太华大学鲍晓毅教授等来自全球20多个国家和地区的400多名专家学者与研究人员出席会议。中国计量大学副校长宋明顺出席开幕式并致辞。

【中国计量大学代表团访问德法高校】 9月25日至10月2日，中国计量大学副校长葛洪良率代表团访问德法高校。与德国基尔应用科技大学探讨信息工程专业硕士合作办学项目的相关细节，与法国雷恩第一大学签署联合培养博士项目合作协议。

【“中德职业教育中心”(联盟)成立大会】 10月24日，中国计量大学杭州—德累斯顿联络办公室(德国德累斯顿市驻华办事处)牵头组织的“中德职业教育中心”(联盟)成立大会在杭州举行。中国计量大学校领导吕进出席大会，杭州—德累斯顿联络办公室主任赵自力主持会议。来自浙江省、广东省、上海市的13所高职院校和本科院校，以及德国德累斯顿市工商会教育中心、德国德累斯顿应用技术大学和德国AFBB职业教育学院的代表参加会议。

【第二届中德创新创业论坛】 10月26日在中国计量大学举行。论坛由校领导吕进主持，中德两国专家与在场听众共同分享德国工业4.0和中德两国创新创业教育的最新理论成果和实践经验。中国计量大学党委副书记陶伟华、德意志联邦共和国中国服务中心协会主席姚豫杰、德国EX-APT集团监事会主席阿恩特·里希特、德国米克罗玛特有限公司总裁托马斯·瓦奈齐、德累斯顿工业大学德特雷夫·考贺汉教授、杭州一统科技有限公司董事长钱迅雷、杭州市人力资源服务促进会秘书长张新其等出席会议开幕式，师生创业者300余人参加论坛。

【哈佛大学教授作学术报告】 11月4日，美国哈佛大学东亚语言与文明学系讲席教授、斯坦福大学宗教学博士、美国中国宗教研究会会长罗柏松应邀到中国计量大学作关于东亚佛教研究的学术报告。

【意大利欧洲设计学院中国区主管访问中国计量大学】 11月4日，意大利欧洲设计学院中国区主管安德里亚·加利福蒂一行访问中国计量大学，双方就学生联合培养、教师互访、学术交流、科研合作等事宜进行探讨。会后，安德里亚·加利福蒂作“意大利制造的设计理念”主题讲座。

【2016年第二期“ISO秘书周”活动】 11月7日至11日在中国计量大学举行。由国家标准化管理委员会(SAC)和国际标准化组织(ISO)联合举办。国际标准化组织技术委员会秘书处的22位秘书参加活动。

【美国罗彻斯特大学光学研究所所长访问中国计量大学】 11月8日,美国罗彻斯特大学光学研究所所长、《光学通讯》杂志主编张希成应邀访问中国计量大学,并作两场学术报告。讲座结束后,张希成与中国计量大学光电学院院长金尚忠商谈罗切斯特大学—中国计量大学研究生联合培养事宜并签订合作协议。双方约定从2017年开始,罗彻斯特大学光学研究所开始接收中国计量大学光学工程学科硕士研究生进行联合培养。

【获批联合科研资助项目】 11月10日,中国计量大学“千人计划”特聘专家王东宁教授与澳门科技大学李建庆教授联合申报的国家自然科学基金委员会与澳门科学技术发展基金联合科研资助项目获批。该项目是国家自然科学基金委员会与澳门科学技术发展基金确定的共同资助内地与澳门研究人员的合作研究项目。2016年度获批项目共7项。

【美国大卫雷文专利集团实习基地授牌仪式】 11月16日在中国计量大学举行。仪式由国家知识产权培训(浙江)基地办公室主任姚帅主持,中国计量大学兼职教授、浙江省“千人计划”专家、美国大卫雷文专利集团总裁陈冠州一行8人参加授牌仪式。陈冠洲此行同时来中国计量大学召开专场招聘会,通过宣讲、投递简历、面试等环节,确定9名毕业生前往美国大卫雷文专利集团实习。

【中国计量大学代表团访问纳米比亚和南非】 11月19日至27日,校长林建忠率中国计量大学代表团一行4人赴纳米比亚、南非高校和科研机构访问。代表团与纳米比亚理工大学、南非斯坦陵布什大学、南非农业研究委员会小作物研究所交流教育和科研成果,探讨学生交流、教师交流、科研合作的途径和意向。

【光学领域研究成果在国际著名刊物上发表】 11月份,中国计量大学光学与电子科技学院王乐副教授研究组取得多项光学领域研究进展,研究成果以王乐为第一作者在自然出版集团旗下期刊《光:科学与应用》、美国化学学会期刊《材料化学》及美国光学学会期刊《光学快报》等国际著名刊物上相继发表。

【中国计量大学代表团访问英国和爱尔兰】 12月4日至11日,副校长宋明顺率中国计量大学代表团访问英国和爱尔兰高校。与英国安格利亚鲁斯金大学签署《大不列颠及北爱尔兰联合王国安格利亚鲁斯金大学与中华人民共和国中国计量大学交换生协议》;与爱尔兰国立沃特福德理工学院签署校际合作谅解备忘录,双方同意开展师生交流、孔子课堂,会计、金融、财务管理“3+1模式”等方面的合作。

【国际质量科学研究院院士受聘为中国计量大学名誉教授】 12月14日,中国计量大学副校长宋明顺为国际质量科学研究院宗福季院士颁发名誉教授聘书,并为其佩戴中国计量大学校徽。随后,宗福季作题为“六西格玛+:质量管理面对大数据及小数据的挑战”的学术报告。

【英国安格利亚鲁斯金大学代表访问中国计量大学】 12月22日,英国安格利亚鲁斯金大学财会金融系主任谢颖和林新法教授访问中国计量大学,与中国计量大学中外合作办学项目金融工程专业师生进行座谈,双方就教师互访、学生交流、创新创业、实践体验等事项进行交流探讨,并达成共识。

【美国副教授受聘为中国计量大学客座教授】 12月23日,美国罗格斯商学院终身副教授祁连受聘为中国计量大学客座教授。此前,祁连已在中国计量大学开展系列讲座和学术交流活动。

(周静伟)

浙江中医药大学

【概况】 2016年，浙江中医药大学派出教师出国(境)66批154人次，赴德国、日本、法国、俄罗斯、葡萄牙、英国、美国等25个国家和地区进行访问、访学研修、参加国际会议、教育展等。全年实施20个国(境)外学生交流项目，派遣学生赴11个国家和地区进行交流学习。

年内学校与国(境)外8家院校签署合作协议，其中加拿大昆特兰理工大学、葡萄牙凡济学院、日本佐贺大学、比利时西弗兰德大学、英国中医学院为2016年新增合作院校。

【美国协和大学代表访问浙江中医药大学】 3月7日，美国协和大学代表于戴明教授访问浙江中医药大学。双方就2016学年浙江中医药大学外教聘任和学生赴美研修等事宜交换意见和建议，并达成共识。自2011年9月起，协和大学已经连续5年每学年向浙江中医药大学输送2名英语外教。

【意大利医学代表团访问浙江中医药大学】 3月18日，意大利针灸与耳针疗法协会主席朱塞佩·陆陛和意大利肿瘤综合治疗学会主席马西莫·布努奇率代表团访问浙江中医药大学。校长方剑乔，原校长肖鲁伟，校国际合作与交流处和国际教育学院负责人与代表团就中医合作教学、研究等方面进行会谈。在校期间，朱塞佩·陆陛和马西莫·布努奇还分别作题为《针灸在意大利的传播和发展》《关于意大利的整合肿瘤学》学术讲座。

【日本佐贺大学医学部部长访问浙江中医药大学】 3月28日至29日，日本佐贺大学医学部部长原英夫、佐贺大学医学部护理学系负责人大田明英访问浙江中医药大学。校党委书记孙秋华、校长方剑乔、原校长范永升、副校长李俊伟会见原英夫一行，双方探讨两校在开展类风湿免疫疾病、神经内科、护理学方面学术交流，教师交流、学生交流方面合作事宜，并达成共识。基础医学院、护理学院、第一临床医学院、第二临床医学院、校国际合作与交流处负责人参加会见。在校期间，原英夫和大田明英分别作题为《中药制剂——十全大补汤对阿尔茨海默病的治疗尝试》《结缔组织病·风湿性疾病的最新研究进展》学术报告。

【加拿大昆特兰理工大学代表访问浙江中医药大学】 4月1日，加拿大昆特兰理工大学代表陶京访问浙江中医药大学，就双方在学术期刊及大众媒体创办、人员交流、科研合作及中药营销等领域的合作进行广泛交流，并初步达成共识。昆特兰理工大学是加拿大唯一一所开设中医系的公立大学。

【比利时西弗兰德大学学院师生代表团访问浙江中医药大学】 4月6日至8日，比利时西弗兰德大学学院师生代表团一行在教师代表西斯卡·凡登带领下访问浙江中医药大学。生命科学学院、护理学院、第三临床医学院及校国际合作与交流处相关负责人接待代表团一行。双方就建立医学相关专业学生交换机制，实现两校护理、康复、生物技术等专业师生交流互动等达成协议。

【浙江中医药大学与哈佛大学医学院共建实验室】 4月13日，浙江中医药大学与哈佛大学医学院施国平教授团队及浙江益弥生物科技有限公司联合共建的“分子生物治疗研究中心”签约仪式暨学术报告会在学校图书馆举行。国际医学分子生物学著名专家、哈佛大学医学院施国平教授，浙江省高新技术企业协会常务副理事长、科技厅原副厅长王宏理，校党委书记孙秋华、校长方剑乔、副校长郭清及相关职能部门、学院负责人参加会议。

签约仪式结束后，施国平作题为《半胱氨酸组织蛋白酶K治疗系统性红斑狼疮的作用机制》学术报告，介绍该领域国际上最前沿、最先进的理念与技术。

【美国纽约州立大学布法罗分校代表团访问浙江中医药大学】 5月23日，美国纽约州立大学布法罗分校交流障碍科学系主任杰夫·希金博特姆和听力项目负责人孙伟博士访问浙江中医药大学，与医学技术学院进行合作商谈。双方初步探讨开展听力学教育合作交流及科研合作事宜。

【加拿大阿尔伯塔省卫生厅代表团访问浙江中医药大学】 5月27日，副校长李俊伟会见加拿大阿尔伯塔省卫生厅副厅长卡尔·阿墨罕率领的代表团一行。双方就中医药合作交流、中医文化传播等进行深入交流和探讨。

【浙江中医药大学首家孔子学院在葡萄牙科英布拉大学揭牌】 7月4日，由浙江中医药大学与葡萄牙科英布拉大学、北京第二外国语学院共同承办的孔子学院在葡萄牙科英布拉大学揭牌，这是浙江中医药大学承办的首家孔子学院。中国驻葡萄牙大使蔡润，葡萄牙卫生部卫生总司长弗朗西斯科·乔治、葡萄牙科技和高等教育部高等教育总司长若昂·盖罗斯、科英布拉大学校长若昂·席尔瓦，浙江中医药大学校长方剑乔、北京第二外国语学院党委书记冯培，以及来自世界葡语国家和葡萄牙国内其他孔子学院的中外方院长出席揭牌仪式并致辞。

【英国利兹大学博士到浙江中医药大学进行交流】 9月13日，英国利兹大学李静博士到浙江中医药大学进行学术交流，学校30余名青年教师和相关学科研究生参加交流。李静为英国利兹大学医学院心血管研究中心研究员、实验室主任、离子通道重点实验室学术带头人，致力于心血管病和癌症方面的科学研究。

【美国芝加哥伊利诺伊大学运动机能与营养研究所主任来校作讲座】 9月19日，美国芝加哥伊利诺伊大学运动机能与营养研究所主任贾米拉·方图斯，在浙江省首批“钱江学者”、浙江中医药大学特聘教授宋振远陪同下为学校师生作题为《肥胖和急性胰腺炎》的专题学术讲座，浙江中医药大学教师、研究生、本科生120余人聆听讲座。贾米拉·方图斯和宋振远还现场与青年学生就科研工作中的相关问题进行互动交流。

【日本早稻田大学代表团访问浙江中医药大学】 10月14日，副校长郭清会见日本早稻田大学扇原淳教授、西村昭治教授、金群教授一行。双方就健康福祉专业发展，两校师生交流与合作，学术科研合作等进行交流与讨论。

扇原淳是健康福祉科学研究领域专家，研究内容主要包括社会科学领域的健康、福祉、养老等方面的政策与管理等。

【葡萄牙传统医学学院院长访问浙江中医药大学】 10月17日，校长方剑乔会见葡萄牙传统医学学院院长弗雷德里科·卡瓦略一行。方剑乔介绍浙江中医药大学在葡萄牙科英布拉大学孔子学院的运作情况，提出希望能够借助孔子学院平台，通过三校合作的模式，将中医课程纳入葡萄牙的国民教育体系，正式成为大学课程。

葡萄牙传统医学学院是葡萄牙三大中医学校之一。卡瓦略一行此访，旨在明确今后两校在中医教育领域的相关合作内容与方向。

【英国考文垂大学代表团访问浙江中医药大学】 10月19日，校长方剑乔、副校长郭清会见英国考文垂大学健康与生命科学学院副院长马克·诺里斯一行。

浙江中医药大学与英国考文垂大学于2013年签署合作备忘录。2016年7月,方剑乔率团访问考文垂大学,并与该校健康与生命科学学院多个专业负责人进行合作洽谈。此次马克·诺里斯一行来访,是对两校交流的回访,旨在进一步推动两校在护理、康复医学、人文等多个领域的教育合作。

【捷克皮尔森州州长办公室、国际关系办公室主任访问浙江中医药大学】 10月26日至27日,捷克皮尔森州州长办公室、国际关系办公室主任萨卡·巴斯娜访问浙江中医药大学,就进一步促进浙江—皮尔森中医药合作与学校相关部门负责人进行会谈。访问期间,萨卡·巴斯娜还看望在浙江中医药大学交流学习的西波希米亚大学4名学生,了解她们的学习情况。6月,浙江中医药大学已与捷克西波西米亚大学正式签订合作协议。

【在第13届世界中医药大会主办风湿病论坛】 11月12日至17日,第13届世界中医药大会在新西兰奥克兰举行。浙江中医药大学组团参加大会,来自世界各地的800多名中医药专家代表与会。浙江中医药大学范永升教授在大会上作"中医对上火的认识及其机理"主题报告。

同时,应世界中医药学会联合会要求,浙江中医药大学主办了第八届国际中医风湿病论坛,这是浙江中医药大学首次在国际会议上主办专病学术论坛。论坛收到论文20余篇,来自中国、新西兰、澳大利亚等国家的80余名专家参加论坛活动。

(汪静娜)

表3 2016年浙江中医药大学与国(境)外高校签订合作协议情况

序号	时间	国家和地区	机构名称	合作内容
1	3月	新西兰	新西兰中医学院	研究生联合培养协议更新
2	6月	加拿大	昆特兰理工大学	师生交流,学术研究合作
3	6月	捷克	西波希米亚大学	学生交换
4	7月	葡萄牙	凡济学院	师生交流,学术研究合作
5	9月	日本	佐贺大学医学院	学生交换,教师互访
6	11月	英国	英国中医学院	国教学院合作办学
7	12月	比利时	西弗兰德大学	学生交换,教师互访

浙江海洋大学

【概况】 2016年，浙江海洋大学派出教师赴美国、英国、日本、韩国和中国香港等国家与地区进行访学、参加学术会议、考察访问等43批62人次。其中出国(境)进行三个月以上访学的教师5人次、参加学术会议18人次。接待来自汤加王国、密克罗尼西亚、塞内加尔、挪威、俄罗斯、日本、意大利、美国、乌克兰、巴西、墨西哥、泰国和中国澳门等国家与地区代表团44批88人次。其中参加学术会议51人次、承担中外合作办学项目授课任务专家教授13人次。

聘请来自俄罗斯、美国、埃及、巴基斯坦、印度、日本、韩国等国家的长期文教专家来浙江海洋大学任教或科学研究16人。招收来自坦桑尼亚、塞内加尔、俄罗斯、哈萨克斯坦、韩国、南非、埃及、巴基斯坦、印度尼西亚、加拿大、法国、乌克兰、赞比亚、瓦努阿图、马维拉等国学生171人，其中攻读学士、硕士学位留学生37人，中国政府奖学金学生7人。派出学生赴俄罗斯、韩国、日本、加拿大等国高校进行为期一学期及以上交流学习80人。

2016年，学校主办"2016国际海洋高等教育校长论坛"和"2016世界头足类渔业学术大会"。与以色列、意大利、泰国、葡萄牙、俄罗斯、乌克兰、日本、美国等国家的大学院校或单位新签或更新协议10份。

【浙江海洋大学第17届"海洋杯"足球赛】 5月27日在校足球场举行。学校各学院的13支男子足球代表队参赛。最终，来自塞内加尔、俄罗斯、埃及等国留学生组成的男子足球队战胜浙江海洋大学食医学院足球队获得冠军，食医学院足球队获得亚军。

【浙江省俄语等级考试考点落户浙江海洋大学】 5月30日，俄罗斯对外俄语考试系统浙江海洋大学考试中心正式成立。浙江海洋大学成为浙江省第一家由俄罗斯官方机构授权举办俄语等级考试考点的高校。浙江省俄语学习者与爱好者足不出省便可参加俄语等级考试。

【留学生获第一届校园大学生龙舟赛团体第一名】 6月8日，浙江海洋大学在校园揽月湖举行第一届校园大学生龙舟赛。全校10个学院和研究生、留学生组成的24支代表队408名运动员参加比赛。赛前，先由舟山市锣鼓、舞龙、舞狮表演，开启"龙腾狮跃、喜闹端午"的龙舟传统祭祀仪式，随后揽月湖(海上)帆船、帆板、皮划艇、动力快艇演示"乘风破浪、驾驭大海"海洋体育运动。比赛分为男子组直线赛道200米、女子组直线赛道100米，分预赛和决赛两个阶段。经过激烈的竞逐，最终留学生代表队分获男子组和女子组第一名。

【2016届研究生毕业典礼暨学位授予仪式】 6月16日在浙江海洋大学国际学术交流中心举行。校党政班子领导出席，塞内加尔驻华大使馆参赞艾玛都·法勒出席典礼并发言。

校长、学位评定委员会主席吴常文为获得学位的研究生代表授予学位并致辞。

艾玛都·法勒代表塞内加尔驻华大使馆向浙江海洋大学全体师生致以诚挚问候，对获得硕士学位的塞内加尔留学生表示热烈祝贺。

浙江海洋大学第一届外国硕士留学研究生阿三·高亮发言。

【韩国国立群山大学副校长访问浙江海洋大学】 9月22日，副校长张元龙会见韩国国立群山大学副校长李元镐一行，双方就科研合作、人才联合培养等事宜进行商谈。张元龙介绍学校办学历史、师资力量、学科建设、校区规模等情况。他指出，近几年浙江海洋大学与韩国国立群山大学成功开展学生交流项目，两校教师交流频繁，希望双方在科学研究、博士联合培养等方面开展更加务实的合作，进一步拓展交流合作领域和空间。李元镐介绍韩国国立群山大学在海洋科学和水产方面的科学研究情况，希望两校教师在共同研究领域开展更加深入的合作。双方还就学科交流、学生互访等进行深入探讨。

【浙江海洋大学代表团访问俄罗斯高校】 10月4日，副校长张元龙率代表团一行赴俄罗斯圣彼得堡国立海洋技术大学，参加浙江海洋大学与圣彼得堡国立海洋技术大学合作举办的船舶与海洋工程专业本科教育项目管理委员会工作会议，并就双方合作办学等事宜进行沟通和洽谈。会上，两校对合作办学项目开展情况表示满意，并就进一步扩大合作达成三点意向：一是双方将在原有合作培养本科层次人才的基础上，开展硕士研究生层次的培养合作；二是双方将在原有教学合作的基础上，积极向各自上级职能部门申报项目，进一步推动科学技术的合作交流；三是在原来以民用技术合作为主要内容的教学、科研合作基础上，根据中国、俄罗斯两国相关法律，进一步探讨军民共用技术合作的可能性。

【浙江海洋大学代表团访问以色列和葡萄牙高校】 11月6日至13日，校党委书记刘宏明率代表团一行访问以色列海法大学和葡萄牙阿威罗大学，就中国—以色列、中国—葡萄牙高校间开展教学科研合作进行考察与洽谈，同行的还有舟山市政府代表团。经会谈协商，浙江海洋大学与以色列海法大学达成“共建中以海洋科技实验室”和“共建中以舟山联合校区”协议，与葡萄牙阿威罗大学签署两校教学科研合作谅解备忘录。访问以色列期间，代表团还听取海法大学关于海洋地质学研究、海洋综合管理、深海观测技术、船用通信技术、海洋药物研究等领域的学术报告。

【2016国际海洋高等教育校长论坛】 11月15日至17日在舟山举行。来自以色列、日本、韩国、俄罗斯、塞内加尔、坦桑尼亚、泰国、乌克兰等8个国家12所海洋高等学府的31名校长、专家、学者出席论坛。16日举行开幕式，中国高教学会会长瞿振元、中国海洋学会理事长陈连增、舟山市副市长姜建明及浙江海洋大学党委书记刘宏明等出席并致辞。

论坛上，与会嘉宾围绕“协同开放、共享共赢——海洋高等教育展望”这一主题，探讨国际海洋高等教育协同开放的创新机制，展望实现共享共赢的美好愿景。并围绕海洋高等教育未来发展方向、破解海洋领域人才匮乏难题及如何提高海洋产业科学研究水平等作了20余场专题报告。浙江海洋大学校长吴常文在专题报告中指出，21世纪是海洋世纪，海洋和沿海经济带已成为全球经济增长点。在此背景下，海洋高等教育更需要凸现“经略海洋”战略思想，追求“刚柔相济”办学目标，弘扬“勇立潮头”的进取精神，确立“海纳百川”的共融理念。论坛发布《舟山宣言》，倡议“以协同开放、共享共赢为理念，建立互惠互利之学术交流平台，实现共同进步之美好合作愿景”。

论坛期间还举办建立环东海海洋科教合作机制研讨会，来自中国、日本、韩国9所大学的校长就《关于建立环东海海洋科教合作机制的倡议书》《关于近期开展环东海海洋科教合作工作建议》进行研讨，并形成共识。

【2016世界头足类渔业学术大会】 11月18日至20日在舟山举行。会议由中国水产学会和浙江海洋大学主办，得到联合国粮农组织、头足类国际咨询委员会、浙江省自然科学基金委员会支持。来自中国、澳大利亚、英国、巴西、意大利、日本、西班牙、南非、墨西哥、法国、泰国和阿根廷

的专家学者与会，共同为世界头足类渔业资源保护和有效利用献计献策。联合国粮农组织海洋与内陆渔业处处长叶益民、头足类国际咨询委员会会长艾丽卡·维黛、中国水产学会理事长贾晓平分别致辞。浙江海洋大学校长吴常文表示，长期以来，学校高度重视头足类养殖技术的开发研究，期待与各位专家学者加强交流合作，共同谱写中国头足类渔业发展的壮丽篇章。

浙江海洋大学在头足类研究上有悠久历史并取得丰硕成果，校长吴常文牵头的科研团队自1981年起，在曼氏无针乌贼生物学研究基础上，先后主持国家863计划等一批科研项目，并获得教育部科学技术优秀成果一等奖等多项荣誉。

（钟伟良）

表4　2016年浙江海洋大学接待部分来访团组情况

序号	日期	来访人员	来访内容
1	1月9日	意大利比萨大学里撒德罗教授和法比欧博士	授课
2	9月21日	密克罗尼西亚波纳佩州州长彼得逊一行3人	访问
3	11月15日	日本东京海洋大学校长竹内俊郎一行2人	校长论坛
4	11月15日	韩国釜庆大学校长金荣燮一行4人	校长论坛
5	11月15日	俄罗斯圣彼得堡水文气象大学校长米赫耶夫一行3人	校长论坛
6	11月18日	巴西头足类国际咨询委员会会长	头足类大会
7	12月12日	俄罗斯圣彼得堡海洋技术大学亚历山大博士、波利斯博士	讲学

浙江农林大学

【概况】 2016年，浙江农林大学派出因公出访团组4批，师生因公出国(境)264人次。20名教师获得“国家公派出国留学项目”和浙江省“新世纪151人才工程”资助，其中12名教师获得“浙江省高校优秀中青年骨干教师出国研修项目”资助。全年接待国(境)外来访客人130余人次。举办国外院校合作项目洽谈会20余场，新签项目协议9个。举办国际学术会议和研讨会2次。全年派出172名学生参加本科生和研究生学分互认、交换生及短期海外游学等一个月以上项目，与美国加州大学戴维斯分校本科生出国交流项目第三次获国家留学基金委立项资助。与加拿大不列颠哥伦比亚大学合作开展的中外合作办学项目实施进入第三年，并顺利派遣首批学生赴不列颠哥伦比亚大学参加学分互认项目学习。与芬兰赫尔辛基大学合作，聘请40名长期驻校任教的外籍语言教师和专家服务学校教学和科研工作。首次获国家高端外国专家项目立项资助，首次入选浙江省“外专千人”计划。招收来自美国、加拿大、德国、芬兰、塞尔维亚和乌克兰等国留学生1049人次到浙江农林大学攻读学位、进修汉语和短期游学。获批成为孔子学院奖学金生接收院校，首批孔子学院奖学金生来校学习。国家级汉语推广平台“汉语国际推广茶文化传播基地”顺利揭牌，并赴海外多地开展茶文化传播活动；成功申报孔子课堂，孔子学院工作引起塞尔维亚总统的关注和肯定，总统夫人出席孔子学院活动。

【加拿大多伦多大学代表团访问浙江农林大学】 2月18日，加拿大多伦多大学林学院院长莫哈尼·赛恩率团访问浙江农林大学，双方就开展本硕学分互认项目进行交流并达成一致意见，并表示将积极推进两校间进一步合作与交流。多伦多大学为参加硕士学分互认项目浙江农林大学研究生提供奖学金资助。

【加拿大阿尔伯塔大学代表团访问浙江农林大学】 3月2日至6日，加拿大阿尔伯塔大学农业、生命与环境科学学院副院长吉姆率团访问浙江农林大学。双方就开展本科学分互认项目、暑期项目、阿尔伯塔大学学生短期实践项目达成一致意见。

【芬兰赫尔辛基大学校董访问浙江农林大学】 4月23日至24日，芬兰赫尔辛基大学校董托马斯·威尔森访问浙江农林大学。双方就科研合作、教师交流、学生项目和联合办学等方面交换意见，并就加强两校之间的交流、开展全方位合作达成一致。

【“汉语国际推广茶文化传播基地”揭牌】 5月25日，国家汉办“汉语国际推广茶文化传播基地”揭牌仪式在浙江农林大学举行。全国政协文史与学习委员会副主任、浙江省政协原主席、中国国际茶文化研究会会长周国富，江西省委原书记、香港国际茶文化研究会名誉会长舒惠国，浙江省政协原主席、中国国际茶文化研究会名誉会长刘枫，浙江省政协副主席、浙江省生态文化协会会长陈艳华，浙江省委教育工委副书记、浙江省教育厅副厅长鲍学军，浙江省林业厅巡视员吴鸿，浙江省农业厅副厅长叶新才，临安市副市长裘小民，特邀专家与在杭八大茶机构嘉宾，浙江农林大学党委书记宣勇、校长周国模、副书记方伟等出席揭牌仪式，各学院相关负责人和师生代表参加。鲍学军宣读基地成立文件,会上宣读国家汉办发来的贺信。周国富、舒惠国、刘枫、陈艳华、鲍学军、宣勇等共同为基地揭牌。这是全国唯一的汉语国际推广茶文化传播基地,也是浙江省唯一的汉语国际推广基地。

【浙江农林大学代表团访问芬兰和瑞典】 6月19日至26日,副校长王自勇率人事处、研究生处、园林学院、经济管理学院相关负责人一行访问芬兰和瑞典高校。王自勇一行与芬兰赫尔辛基大学、瑞典林奈大学和农业科学大学就联合培养研究生、共建实验室、科研项目合作和人才引进进行交流。

【浙江农林大学代表团访问澳大利亚和新西兰】 6月26日至7月3日,校长周国模率教务处、国际处、农学院、动科学院相关负责人一行访问澳大利亚和新西兰高校。周国模一行与澳大利亚默多克大学、纽卡斯尔大学、环境污染评估与修复联合研究中心,新西兰林业研究所等高校与科研院所进行交流并签署合作协议。

【创新创业教育国际研讨会】 8月1日,创新创业教育国际研讨会暨中国兽医学院院长联席会第14次会议在浙江农林大学举行。美国加州大学、普渡大学、肯萨斯州立大学,澳大利亚默多克大学,联合国粮农组织,世界动物保护协会,国际合作促进会动物福利国际合作委员会,美中兽医协会,澳新兽医协会等国外知名高校和国际组织代表,教育部、农业部领导和全国各高校兽医学院领导、专家、学者及知名企业代表和特邀嘉宾参加大会。

【塞尔维亚教育代表团访问浙江农林大学】 9月12日至21日,塞尔维亚伏伊伏丁那省科技厅厅长弗拉迪米尔·帕夫洛夫率塞尔维亚教育代表团一行8人,在诺维萨德大学孔子学院中方负责人陪同下访问浙江农林大学。校长周国模、校党委副书记方伟会见代表团一行,双方就茶文化的传播进行交流。代表团还与国际教育学院就师生互换、汉语教学、科研合作等方面达成初步合作意向。

【浙江农林大学代表团访问加拿大和美国】 9月18日至25日,副校长沈月琴率工程学院、外语学院、林业与生物技术学院负责人访问加拿大和美国高校。沈月琴一行与加拿大不列颠哥伦比亚大学、阿尔伯塔大学、多伦多大学和美国加州大学戴维斯分校就国际交流合作、学生出国留学项目、科研合作和教师互访等事宜进行交流。

【浙江农林大学代表团访问塞尔维亚和奥地利】 10月11日至18日,校党委副书记方伟率国际处、文化学院有关人员访问塞尔维亚和奥地利高校。方伟一行先后考察和访问塞尔维亚诺维萨德大学、奥地利格拉茨大学,就孔子学院建设及科技、教育合作事宜进行交流,同时就如何共同推进茶文化、竹文化、中国书画文化交流与合作达成诸多共识,并就国际生培养事宜进行探讨。

【第三届亚热带森林可持续发展国际论坛——林木遗传与改良】 11月4日至6日在浙江农林大学举行。由浙江农林大学亚热带森林资源培育研究中心、亚热带森林培育国家重点实验室培育基地、浙江省林学一流学科、浙江省生态学一流学科、中国科学院成都山地灾害与环境研究所、中国科学院地理科学与资源研究所、浙江省林学会经济林分会联合主办。来自国内外的80多位代表参加论坛。与会人员围绕树木季节性的生理生态模型等主题展开讨论和交流。

【参加摩洛哥联合国气候变化大会】 11月9日,校长周国模第八次应联合国气候变化大会秘书处邀请,赴摩洛哥出席联合国气候变化大会并作"竹林碳汇促进产业发展"报告。

【日本东京大学代表团访问浙江农林大学】 11月10日,日本东京大学松本雄二教授一行访问浙江农林大学。松本雄二作为东京大学农学生命科学研究院代表，与浙江农林大学就双方在签署合作协议和派遣交换研究生等方面进行交流，并达成一致意见。

【瑞典林奈大学代表团访问浙江农林大学】 11月21日，瑞典林奈大学国际事务专员汉瑞克一行访问浙江农林大学。双方就开展暑期项目、本科学分互认项目、宜家项目和联合培养研究生项目等事宜进行交流。

【美国南卡罗来纳大学代表访问浙江农林大学】 12月6日至7日，美国南卡罗来纳大学上州分校国际处处长亚历山大·阿库里访问浙江农林大学。双方就教师交流、学生学分互认项目、交流项目和暑期项目等事宜进行交流。

【参加第11届孔子学院大会】 12月10日，副校长金佩华应邀参加在昆明召开的第11届全球孔子学院大会，校国际合作与交流处负责人、汉语国际推广茶文化传播基地代表列席大会。与会期间，金佩华就如何加强中外合作交流、打造示范孔子学院、加强教师队伍建设、开展特色文化活动等孔子学院建设问题与参会代表进行交流。

（杨红荣）

温州医科大学

【概况】 2016年，温州医科大学坚持开放办学，深入实施“特色立校、文化兴校、人才强校”和“建设特色鲜明、国内一流、有国际影响的应用研究型医科大学”战略，出台学校教育国际化“十三五”专项规划，扎实推进国际化工作，学校入选为“浙江省国际化特色高校建设工程”单位。

全年接待国(境)外友人和团组来访781人次，新增与国(境)外院校签署合作协议49项，总数达到175项。新增英国伯明翰大学，澳大利亚莫纳什大学、墨尔本大学，葡萄牙波尔图大学等国(境)外合作院校23所。与温州医科大学开展稳定合作的国(境)外院校、机构增至109所。2016年，学校派出教师出国(境)访学、交流、参加国际会议和科研合作229批403人次，学生出国(境)交流学习567人次。新增校级交流学习5项，现有国家公派留学、学位留学、交换学习、临床实习、文化交流、暑期课程和科研合作等项目61项，涵盖专科、本科、硕士和博士层面。学校2个中外合作办学项目被评为浙江省中外合作办学示范项目。与波兰卢布林医科大学合作成立的温州医科大学波兰华佗学院首次招生。学校聘请的4名外国文教专家分别获得浙江省和温州市政府友谊奖。全年举办10次国际及双边学术会议。在校留学生人数1146人，其中学历生952人，分别来自73个国家和地区，留学生培养层次涵盖本科生、硕士研究生、博士研究生、长短期语言生和短期交换生等。6名留学生获2016年教育部优秀来华留学生奖学金，76名留学生获浙江省政府奖学金。

【与瑞典隆德大学合作培养博士研究生】 2月24日，温州医科大学与瑞典隆德大学合作开展的临床医学专业(转化医学方向)博士研究生教育项目获教育部正式批准，该项目为国内第一个转化医学领域的中外合作培养项目，已正式招生。

【与澳大利亚莫纳什大学开展全科医学专业合作】 2月27日，温州医科大学校长吕帆和澳大利亚莫纳什大学医学、护理和卫生科学学院副院长莎拉·牛顿在杭州签署两校合作意向书，重点开展全科医学专业合作。浙江省卫生和计划生育委员会主任杨敬、澳大利亚维多利亚州卫生部部长吉尔·轩尼诗出席签约仪式。

【泰国东方大学孔子学院与泰国中医师总会签署合作协议】 3月1日，泰国东方大学孔子学院与泰国中医师总会在泰国曼谷签署中医文化交流合作协议，双方将在中医师继续教育等项目上进行长期合作。中国驻泰王国大使馆教育组一等秘书周高宇、国家汉办驻泰王国代表处总协调张立志等出席签约仪式。协议约定，双方在中医师继续教育等项目上进行长远合作。东方大学孔子学院每年将提供不少于5名的中医赴华学习名额，学员将在每年5～6月份前往中国开展为期两周的中医理论知识和临床技能等课程的学习。同时，该院每年为总会提供一定数量的赴华奖学金名额，学员将在温州医科大学或者温州大学学习中医及汉语课程。

【温州医科大学代表团访问泰国】 3月21日至24日，校长吕帆率温州医科大学代表团一行访问泰国。代表团与泰国清迈大学医学院、药学院、护理学院及辅助医学学院分别会谈，就学生交流、师资培养和科研协作等达成进一步合作意向。代表团还参加孔子学院理事会和“泰国卓越中医师培训基地”授牌仪式。“泰国卓越中医师培训基地”是泰国首家执业中医师培训基地。

【温州医科大学代表团访问韩国和日本】 4月15日，副校长王良兴率温州医科大学代表团一行赴韩国和日本访问。在韩国，与全南大学就进一步扩大师生交流交换、师资培养与科研合作等达成意向。在日本，代表团访问温州医科大学姊妹学校宫崎大学，就进一步扩大师生交流交换，帮助温州医科大学申请加入日本—亚洲青年“樱花科技计划”，学生来华留学及开展教科研合作等进行沟通与交流。与北陆大学就双方拓展学生培养工作展开探讨。

【泰国医学委员会副委员长、海外医学院校认证部部长访问温州医科大学】 5月9日，泰国医学委员会副委员长、海外医学院校认证部部长普拉索布·温塔奉率代表团一行访问温州医科大学，对温州医科大学留学生教育管理和与波兰卢布林医科大学合作建设双联项目开展评估与认证工作。

【温州医科大学与韩国四所高校签署合作协议】 5月9日，韩国寿城大学、江东大学、健康科技大学和玛莎大学四所高校代表团一行访问温州医科大学。双方就合作办学、学生交流互访等进行洽谈并签订教育合作交流协议。

【澳大利亚科学院院士访问温州医科大学】 5月24日，澳大利亚科学院院士特雷弗·里斯哥率团队访问温州医科大学，洽谈科研合作事项。其间，学校举行聘任仪式，特雷弗·里斯哥被聘为温州医科大学荣誉教授。

【60位护理学子被授予美国托马斯大学学士学位】 5月27日，温州医科大学与美国托马斯大学中外本科护理学教育合作项目学士学位授予典礼在温州医科大学举行，60位护理学子被授予美国托马斯大学学士学位。托马斯大学副校长安·兰蒂斯和詹姆斯·谢普德博士及中国总校区校长黄天中等出席典礼。

【“湄公河五国光明行计划”眼科公益援外医疗任务】 6月2日，温州医科大学作为由中国公共外交协会和中国慈善联合会联合主办的“湄公河五国光明行计划”援助活动被选派的医疗机构，与北京同仁医院、爱尔眼科医院、何氏眼科集团共同派遣专家团队前往泰国，负责泰国贫困白内障复明项目。在泰国期间，专家团队筛选并救助贫困白内障患者200余例。

【协办“吉尔吉斯斯坦内务部警务决策与管理研修班”】 6月28日至7月2日，由公安部主办，上海市公安局、浙江省公安厅和温州医科大学协办，中国—上海合作组织国际司法交流合作培训基地承办的“吉尔吉斯斯坦内务部警务决策与管理研修班”在温州医科大学举行。研修班开设警务决策(司法鉴定领域)与管理专业课程并举办警务论坛，就中吉两国警务合作、未来安全合作等进行交流探讨。

【温州医科大学在上海筹建国际眼视光眼科医院】 7月7日，温州医科大学附属眼视光医院与美国巴斯科姆帕默眼科中心签订战略合作协议，在上海张江高科技园区筹建国际眼视光眼科医院，并以此为依托开启双方在眼视光学领域的临床医疗、科学研究、人才培养、成果转换等全方位合作。

【温州医科大学“眼科精准医疗创新引智基地”入围国家外专局“高等学校学科创新引智计划”】 9月7日，国家外专局发布2016年度首批15个地方高校“高等学校学科创新引智计划”新建基地立项名单，温州医科大学“眼科精准医疗创新引智基地”名列其中。这是首次有地方高校入围该计划。

【美国杰克逊实验室与温州医科大学“联姻”】 9月28日至30日，美国杰克逊实验室理事会主席、首席执行官、人类基因组研究计划全球首席科学家刘德斌，理事会执行主席、首席运营官查尔斯·休伊特，科研副主席肯尼斯·法斯曼，基因组科学部主任阮一骏，基因组技术部主任卫嘉玲和儿科血液学/肿瘤学研究部主任刘清清一行访问温州，与温州医科大学和温州市政府签署战略合作协议，共建杰克逊实验室·中国(温州)项目，联合打造生命科技领域的国际重镇。29日，温州健康产业创新中心正式奠基，刘德斌一行和温州市人大常委会副主任、瓯海区委书记厉秀珍，温州市副市长郑朝阳，温州医科大学校长吕帆，瓯海生命健康小镇名誉镇长瞿佳，瓯海区委常委、组织部长钱素文出席奠基仪式。“杰克逊实验室·中国(温州)”合作项目同时签约入驻。

【出席中国—中东欧国家高校联合会第三次会议】 10月12日，由教育部组织、中国教育国际交流协会主办的“中国—中东欧国家高校联合会第三次会议”在北京召开。来自中东欧16国和中国高校的150余名代表参加会议，会议的主题是“人文架桥，教育筑梦”。副校长曹建明出席会议并作“挖掘学科特色，推动医学人才培养”主题发言。

【2016衰老与疾病国际会议】 10月13日在美国召开。温州医科大学附属一院联合美国斯坦福大学举办，14个国家和地区的近150位专家学者参加会议。会议旨在展示和报告人类老化及其相关疾病的最新研究成果和前沿学术动态，并为与会专家学者搭建交流学术成果和寻求科研合作的平台。

【“2016当代白求恩行动”】 10月17日至28日，温州医科大学举办“2016当代白求恩行动”系列慈善公益医疗活动。“2016当代白求恩行动”专家通过组织系列研讨、讲座、走访等形式，开展学术交流、公益讲座、慈善义诊等活动。

【温州医科大学加入《中美人才培养计划》】 10月19日，温州医科大学参加教育部中国教育国际交流协会、中教国际教育交流中心和美国州立大学与学院协会合作搭建的《中美人才培养计划》，该项目已有146所院校加盟，其中中方111所、美方35所。

【温州医科大学4人获“西湖友谊奖”和“雁荡友谊奖”】 10月21日，2016年度浙江省政府“西湖友谊奖”颁奖大会在杭州举行，温州医科大学外国专家马修·布朗教授和岑颖干教授获“西湖友谊奖”。19日，温州医科大学外国专家彼得·雷纳克和杨·霍普曼教授获温州市第14届“雁荡友谊奖”。

【第五届检验医学(温州)国际论坛】 10月28日至30日在温州医科大学召开。本次国际论坛由中国科学院赵国屏院士、中国医师协会检验医师分会主委张曼和温州医科大学校长顾问瞿佳共同担任大会主席。来自国内外的200余名检验医学界专家代表参会，围绕检验医学领域研究与成果转化的最新进展，加强国际学术交流与合作展开研讨。

【2016育英论坛——第三届国际转化医学大会】 10月29日在温州医科大学召开。温州市副市长郑朝阳、省卫生计生委巡视员叶真出席会议，中外专家、嘉宾及温州医科大学附属第二医院代表等共300余人参会。会议围绕麻醉与围术期医学、骨科学、康复医学、环境医学与生殖医学等18个转化医学领域的前沿课题进行深入研讨。

【2016唇腭裂医疗公益活动(温州站)】 11月7日，2016唇腭裂医疗公益活动(温州站)启动，活动为期12天。温州医科大学附属口腔医院、附属第二医院和瓯海区第三人民医院的20多名中方医疗专家携手美国微笑联盟19名外方医疗专家，为100名贫困唇腭裂患儿提供术前筛查、手术修复及术后康复等系列医疗服务。

【美国天普大学代表团访问温州医科大学】 11月17日，美国天普大学副校长助理、国际事务负责人马丁·米勒、福克斯商学院学生咨询办公室副主任卡米尔·法伦和詹妮弗·范德沃斯汀一行访问温州医科大学。与温州医科大学就"3+2本硕连读项目"、本科生交换学习项目及暑期英语强化学习项目等商谈进一步合作事宜。

【成立精准医学中心】 11月30日,温州医科大学附属第一医院联合澳大利亚昆士兰大学、美国梅奥医疗中心成立精准医学中心。中心将通过开展精准检测、精准治疗和精准医学研究等工作,为肿瘤、遗传病、免疫系统疾病等患者提供个体化诊断和治疗,提高肿瘤患者远期生存概率及预后(预测疾病变化)管理水平。

【澳大利亚昆士兰科技大学代表团访问温州医科大学】 12月1日,澳大利亚昆士兰科技大学校长皮特·科德瑞克、副校长斯科特·谢博德率代表团一行访问温州医科大学。与温州医科大学就联合培养博士项目、师生学术访问、学生交流等进行交流探讨,并同意接受温州医科大学学生到昆士兰科技大学学习。

(夏　露)

浙江传媒学院

【概况】 2016 年，浙江传媒学院派遣教职工出国(境)考察、交流、培训、访学或参加国际会议 72 批 94 人次。接待国(境)外合作交流、学术交流、项目交流代表团组 68 批 362 人次。学校聘请外籍专家、教师 41 人次。与国(境)外合作院校开展交流与合作项目 60 项，派出短期、中长期交流学习的学生 247 人。2016 年，浙江传媒学院新增学历生 13 名，学历生总数较上年增长 50%。

2016 年，浙江传媒学院首次参加在希腊雅典和格鲁吉亚召开的高等教育和研究合作研讨会，建立首个交换生海外实习基地。进一步推进欧盟“伊拉斯莫计划”项目与国家留基委优秀本科生项目，浙江传媒学院与英国博尔顿大学合作举办的视觉传播专业硕士学位项目正式开始招生。

【首次参加国际教育展】 2 月 23 日，浙江传媒学院国际交流与合作处处长、播音主持艺术学院留学生负责人作为高校代表团成员，参加在希腊雅典和格鲁吉亚召开的高等教育和研究合作研讨会。参会期间，浙江传媒学院与雅典技术教育学院就学术研究、学生互换、教学合作、师资培训等签订合作备忘录。

【优秀本科生国际交流项目获国家留学基金委资助】 2 月 25 日，国家留学基金委 2016 年优秀本科生国际交流项目评审工作结束，并在基金委网站公示，浙江传媒学院申报的“浙江传媒学院与美国海波特大学优秀本科生国际交流项目”获批。

【美国海波特大学执行副校长访问浙江传媒学院】 4 月 5 日，校长项仲平会见美国海波特大学执行副校长丹尼・博尔顿。双方希望在学生交流项目基础上，以开展教师培训、互访，建立教师培训基地为延伸点，进一步加强和深化两校间的合作。

【希腊派迪昂大学校长访问浙江传媒学院】 4 月 18 日，校长项仲平会见希腊派迪昂大学校长伊斯米妮。双方就“伊拉斯莫计划”项目后续发展情况、两校互派交流生的可行性、雅典通讯社接受浙江传媒学院实习生的协议和规范等议题进行探讨，并讨论了共同培养博士生、夏季短期交流等项目。

【第六届中国(西湖)媒介素养高峰论坛】 5 月 7 日，由中国广播电影电视社会组织联合会、浙江传媒学院、浙江省媒介素养教育研究会联合主办的第六届中国(西湖)媒介素养高峰论坛暨浙江省媒介素养教育研究会换届大会和第四次学术年会在浙江传媒学院举行。与会嘉宾围绕“跨文化传播语境中的媒介素养教育”主题，就媒介素养和网络媒介的实践经验与推广状况进行交流研讨。

【浙江传媒学院代表团访问墨西哥和美国】 5 月 8 日至 15 日，学院党委副书记宣裕方率浙江传媒学院代表团一行访问墨西哥传媒大学、美国海波特大学和德克萨斯州立大学。浙江传媒学院与墨西哥传媒大学签订合作协议。

【参与 G20 杭州峰会接待工作】 9 月 4 日至 5 日，G20 峰会在杭州举行。副校长杨荣耀带领浙江传媒学院 13 名教职工，参与前来参加 G20 杭州峰会的嘉宾国——埃及代表团接待工作，并圆满完成任务。埃及驻华大使馆在峰会结束后，向浙江传媒学院寄来感谢信。外交部、浙江省警卫局、总统住地酒店金溪山庄给浙江传媒学院发来感谢信和锦旗。

【随浙江省美国教育国际交流团访问美国】 9月27日至30日，副校长杨荣耀随浙江省美国教育国际交流团一行，赴美国开展教育国际交流活动。在美期间，交流团访问印第安纳州教育厅，续签两省州教育厅合作谅解备忘录。访问美国国际荣誉教师协会和美中教育联合发展协会，与美中教育联合发展协会签订浙江省海外教师研训基地协议。

【中外会展教育合作论坛】 11月12日至13日在浙江传媒学院举行。由浙江传媒学院、浙江省国际会议展览业协会、浙江省会展学会主办。来自英国、德国、韩国等国家和地区的多所高等院校近50位专家学者参加论坛，共话会展经济与管理专业发展情况。浙江省国际会议展览业协会名誉会长郭牧、浙江省会展学会副理事长兼秘书长丁萍萍、浙江传媒学院副校长姚争等参加论坛。

【浙江传媒学院代表团访问欧洲】 11月23日至30日，校长项仲平率浙江传媒学院代表团一行访问欧洲，与希腊派迪昂政治经济大学、希腊雅典通讯社签署合作协议，建立浙江传媒学院首个海外实习基地。与希腊圣托里尼锡拉市政厅、瑞士弗里堡大学达成多方面合作意向。

【浙江传媒学院代表团访问澳大利亚和新西兰】 12月14日至21日，副校长詹成大率浙江传媒学院代表团一行，访问澳大利亚科廷大学、阿德莱德大学和新西兰南海影视学院。浙江传媒学院和科廷大学共同签署《浙江传媒学院和科廷大学交换生协议》。

（张文婧）

浙江外国语学院

【概况】 2016年，浙江外国语学院接待国(境)外来访团组18批117人次，派出教职工出国(境)访问与进修培训团组21批59人次，派出学生出国(境)交流学习团组60批233人次。学校与日本杏林大学、东北多文化学院，韩国首尔女子大学、顺天乡大学，阿塞拜疆语言大学，俄罗斯国立大学、国家社会大学，美国威廉杰塞普大学，西班牙塞维利亚大学、卡斯蒂利亚—拉曼查大学、萨拉戈萨大学，葡萄牙里斯本大学等23所高校签署备忘录或合作协议。与西班牙萨拉戈萨大学正式签署旅游管理(西班牙语)专业合作办学协议，并于10月份完成中外合作办学项目申报计划。与墨西哥科利马大学优化合作模式，双方在交换生项目基础上签署实习协议。此外，与巴西、秘鲁、意大利、德国、摩洛哥等国家与地区高校积极探索合作的可能性。2016年，学校聘有长期外国文教专家27人，分别来自美国、巴西、德国、西班牙、葡萄牙、意大利、俄罗斯、法国、韩国、日本、埃及和塔吉克斯坦，其中语言教师22人、专业教师3人、行政主管2人。全年培养长期留学生110人次，新增卢旺达、乌克兰、印度尼西亚、巴西等4个生源国。其中，15名留学生来校攻读学士学位、1名参加德语助教、4名参加西语助教项目、3名参加酒店实习项目。2名学生获得2016年度浙江省政府来华留学生奖学金(B类)，5名学生获得2016年度浙江省政府来华留学生奖学金(C类)。首次组织国家文化月系列活动，参与“梦行浙江”系列展演、“梦行浙江”留学生运动会等文体活动。2016年，学生出国(境)项目新增17项，总数增至64项，包括留学基金委优秀本科生项目1项(与莫斯科国立语言大学交流项目)，短期访学与实习实践类项目9项。新增学习交流项目包括与韩国顺天乡大学学习交流项目，与美国威廉·杰塞普大学交流项目、美国哥伦比亚大学交流项目、美国加州大学河滨分校交流项目和美国加州大学圣地亚哥分校交流项目等。

【孔子学院建设】 1月25日，由赤道几内亚国立大学和浙江外国语学院合作创办的赤道几内亚国立大学孔子学院在马拉博正式揭牌，成为该国第一所孔子学院。浙江外国语学院校长洪岗与中国驻赤道几内亚大使赵宏声、政务参赞崔为磊、商务参赞苏建国，赤道几内亚文化与旅游部部长梅库依、马拉博市市长科罗玛，赤道几内亚国立大学校长恩图图姆、副校长克里斯坦多，及赤道几内亚外交部、教育部、文化部、中资机构、赤道几内亚留华学生等150余人出席揭牌仪式。

2月14日至25日，受国家汉办、孔子学院总部委派，浙江外国语学院党委委员、纪委书记陆爱华率浙江理工大学19名艺术团团员赴赤道几内亚、喀麦隆和利比里亚巡回演出，展示中华优秀传统文化和中国大学生风采，与当地民众、高校师生、华侨华人等共庆新春。在利比里亚首都演出时，总统埃伦·瑟利夫、副总统约瑟夫·博阿凯等观看演出。

9月，赤道几内亚国立大学孔子学院巴塔教学点建设完成并正式开课，国立大学师生及民众170余人报名参加学习。教学点初期开设4个零起点汉语班，并将根据学生需求适时开展中华文化推广活动。

10月22日至31日，受国家汉办委托，在省教育厅指导下，学校承办"2016年汉语桥——法国学生秋令营"杭州段的课程及文化活动。其间，学校配套举行第三届中法文化交流周，法中教育友好协会副秘书长玛蒂娜·萨维盖特及59名法国师生参加交流周活动。

12月10日，第11届孔子学院大会在昆明举行，赤道几内亚国立大学副校长翁多等应邀出席大会。

12月13日，赤道几内亚国立大学孔子学院第二次理事会在浙江外国语学院举行，校长洪岗、赤道几内亚国立大学副校长翁多等出席。在听取孔子学院2016年度工作总结和2017年度工作计划后，洪岗与翁多就孔子学院的进一步发展进行会谈。

【德国汉斯·赛德尔基金会项目上海办事处负责人访问浙江外国语学院】 3月17日，德国汉斯·赛德尔基金会项目上海办事处负责人邵贝德和德国帕绍大学教师教育与学科教学法中心主任郁塔·麦格德芙劳一行访问浙江外国语学院。校长洪岗会见邵贝德一行，双方就中德第十期合作框架协议交换意见。

【智利康赛普西翁大学奇廉校区校长访问浙江外国语学院】 4月11日，智利康赛普西翁大学奇廉校区校长奥斯卡·恩里克·斯奎斯·拉蒙、智利—中国经济贸易发展协会主席关金涛等一行5人访问浙江外国语学院。校长洪岗会见奥斯卡·恩里克·斯奎斯·拉蒙一行，双方就学生交换、教师交流、学生实习实践基地建设等交换意见。

【韩国驻沪总领馆官员访问浙江外国语学院】 4月16日，韩国驻沪总领事馆教育领事李善雨、韩国文化院院长兼文化领事金镇坤一行访问浙江外国语学院。副校长曹仁清会见李善雨一行，双方就加大韩国语专业教育进行交流。

【美国威斯康星大学史蒂文校区代表团访问浙江外国语学院】 4月21日，美国威斯康星大学史蒂文校区校长波尼·派特森率代表团一行访问浙江外国语学院。校长洪岗会见代表团一行，双方就开展学生、教师和专业学科领域的特色合作进行探讨交流。

【美国威斯康星大学斯道特校区交流演出团访问浙江外国语学院】 5月18日，美国威斯康星大学斯道特校区蓝魔鬼爵士乐团、室乐合唱团一行访问浙江外国语学院，作交流演出。校党委副书记骆伯巍会见交流演出团一行并观看演出。

【埃及亚历山大大学副校长访问浙江外国语学院】 6月6日，埃及亚历山大大学副校长伊萨曼·艾哈迈德·马哈茂德率代表团一行访问浙江外国语学院。校长洪岗会见代表团一行，双方就教师访学、学生交换交流、中阿语言文化节活动等交换了意见。

【西班牙卡斯蒂利亚·拉曼查大学执行副校长访问浙江外国语学院】 6月6日，西班牙卡斯蒂利亚·拉曼查大学执行副校长乔治·吉梅诺·贝维亚率代表团一行访问浙江外国语学院。副校长曹仁清会见代表团一行，双方就学生交流、交换和教师深造等进行交流。

【西班牙萨拉戈萨大学代表团访问浙江外国语学院】 7月8日，西班牙萨拉戈萨大学校长何塞·安东尼奥·马耀拉·穆丽友和副校长弗朗西斯科·贝德兰·姚丽斯、米格尔·加尔西亚·比奴艾萨率代表团一行访问浙江外国语学院。校长洪岗会见代表团一行，双方签署中外合作办学项目协议。副校长曹仁清主持签约仪式。

【浙江外国语学院代表团访问澳大利亚】 8月16日，校党委副书记骆伯巍率代表团一行4人访问澳大利亚。与西澳大学孔子学院洽谈浙江省教师培训国际化、卓越师范生国际化培养、两校教师互访等合作项目。

【派员参加G20杭州峰会接待工作】 9月4日至5日，G20峰会在杭州召开。根据上级安排，校党委副书记赵伐带领17位教职工组成工作组，负责墨西哥总统代表团的礼宾服务工作。工作组接待工作得到墨西哥代表团的好评，墨西哥总统培尼亚给学校题词"非常感谢诸位的支持和热情接待"，还主动与大家合影留念。墨西哥前驻华大使温立安给学校寄来亲笔签名的感谢信。中国驻墨西哥大使邱小琪也对工作组的接待工作给予充分肯定。

【美国国际教育荣誉协会主席访问浙江外国语学院】 10月21日，美国国际教育荣誉协会主席霏·斯诺德格雷思、美中教育联合发展协会总裁于佳、印第安纳州教育部国际教育和全球语言教学主任吉尔·沃纳一行访问浙江外国语学院。校长洪岗、校党委副书记赵伐会见霏·斯诺德格雷思一行，双方就校长培训、教师培训与交流、师范生海外实习、科研协同、课程开发、学术交流等进行交流探讨。

【外籍教师获"西湖友谊奖"】 10月21日，浙江省"西湖友谊奖"颁奖典礼在省人民大会堂举行。学校中德项目办上海办事处主任邵贝德博士、艺术学院俄罗斯籍音乐教师伊琳娜·布列斯拉伐娅获"西湖友谊奖"，副校长曹仁清携学校外籍师生代表20余人参加颁奖典礼。

【美国威廉·杰赛普大学校长访问浙江外国语学院】 10月28日，美国威廉·杰赛普大学校长杰克·约翰逊、教务长丹尼尔·杰姆逊率代表团一行访问浙江外国语学院。校长洪岗会见代表团一行，双方进行交流洽谈并签署合作协议。

【智利驻沪总领事访问浙江外国语学院】 11月15日，智利驻沪总领事龚若泰一行访问浙江外国语学院。校长洪岗会见龚若泰一行，双方就浙江外国语学院与智利高校开展师生交流、科研合作等进行交流。

【教育国际化会议】 12月30日，浙江外国语学院召开第二次教育国际化工作会议。会议审议通过《关于推进学校教育国际化特色高校建设的实施意见》，完成《浙江外国语学院国际化特色高校建设方案》，确定外语类人才培养、国际化专业建设、双向留学、师资队伍、教师教育、社会服务等教育国际化特色领域。

（叶百卉）

温州大学

【概况】 2016年，温州大学派出因公出国(境)访问团组12批26人次，教职工因公赴国(境)外参加学术交流、国际学术会议、管理干部培训、留学生招生、带学生参加暑期夏令营等22批27人次。出访国家和地区涉及美国、英国、加拿大、法国、德国、日本、意大利、以色列、奥地利、匈牙利、泰国、格鲁吉亚、希腊、卡塔尔、斯洛文尼亚、新加坡和中国香港等。新增合作协议19份。

全年接待来访外宾及港澳侨来访团组与个人65批413人次。2016年，温州大学有322名学生参加校际交流项目，有83名国(境)外专家和语言教师在温州大学工作。全年招收来自45个国家的留学生新生264人，其中本科生206人、硕士研究生19人、非学历生39人。学校招收留学生的本科专业已有5个，即:机械工程、国际经济与贸易、化学、工商管理(创业管理国际化)、工商管理(航空管理国际化)。赴美国纽约州立大学奥斯威戈分校的4名交换生继续获得国家留学基金委优秀本科生国际交流项目全额资助。此外，2016年学校又成功申请2个国家留学基金委优本交换生项目——日本广岛大学交换生项目和韩国京仁教育大学交换生项目。2016年，温州大学举办世界温州人研究大会、中国温州—东盟地区国际交流会议、察哈尔年会、2016智能制造与可靠性国际论坛等高水平国际性学术会议6场次。

【加纳库马西市代表团访问温州大学】 3月11日，加纳库马西市市长科乔·邦苏和加纳中国企业商会副会长李朝东一行11人访问温州大学。副校长黄少铭会见来宾，介绍温州概况及温州大学的教育国际化战略和人才培养模式，建议库马西市政府和加纳温州商会与温州大学加强联系，积极促进双方人才合作，推动两市的经济发展，并促进文化传播。代表团参观了校史博物馆和发绣博物馆，并会见机电工程学院国际班的加纳学生。

【瑞典卡尔马姆斯登家具学校校长访问温州大学】 3月15日，瑞典卡尔马姆斯登家具学校校长乌尔夫·布鲁纳与澳珀家具有限公司总经理朱小杰一行访问温州大学，与温州大学相关部门进行交流与洽谈。

【津巴布韦卫生部代表团访问温州大学】 3月23日，津巴布韦卫生部官员乔伊·腾达伊率代表团一行访问温州大学，与温州大学探讨招收津巴布韦留学生事宜。

【美国西密歇根大学校长访问温州大学】 4月24日，美国西密歇根大学校长约翰·邓仇、副教务长沃尔夫冈·施贺尔及亚洲部主任曾樱一行访问温州大学，与温州大学就合作办学事宜进行洽谈。

【保加利亚驻华旅游投资促进局代表团访问温州大学】 5月11日，保加利亚驻华旅游投资促进局主席伊凡·托得洛夫率代表团一行6人访问温州大学。副校长黄少铭会见代表团一行，介绍温州概况及温州大学的教育国际化战略和人才培养模式，建议双方加强联系，积极促进校际合作。伊凡·托得洛夫代表保加利亚布拉果耶夫格勒西南大学与温州大学签署合作备忘录。代表团还参观了温州大学的创业学院。

【入选"国际教育创新发展联盟"理事会员单位】 5月31日至6

月2日，由商务部和北京市人民政府主办的“2016国际教育创新发展专业大会暨国际教育创新发展联盟成立与合作峰会”在北京举行。温州大学校长李校堃应邀参会并在会上作题为《大学，让城市更美好》的主旨演讲。李校堃受聘成为该联盟副理事长，温州大学成为联盟理事会员单位。

【入选“浙江省国际化特色高校”建设单位名单】 6月12日，经省教育厅专家评审，温州大学入选浙江省10所本科国际化特色高校建设名单。在未来3至5年建设期内，温州大学将通过实施“浙江省国际化特色高校建设工程”，激发学校的内在动力和发展活力，使温州大学成为国际化办学的领跑者和世界高等教育改革的参与者，不断提升学校教育质量和办学水平。

【非洲驻华大使代表团访问温州大学】 6月19日，加纳驻华副大使贺拉斯·安克拉，纳米比亚驻华大使张灵康·费斯图斯·阿比、随员托马斯·斯伍特，坦桑尼亚驻华大使馆公使乔治·纳撒尼尔，莱索托驻华大使内特尼斯·乐伯行、参赞思科霍肯·麻特斯庞等一行访问温州大学，与温州大学进行教育交流，并洽谈留学生招生事宜。

【外籍教师获“温州市荣誉市民”称号】 6月28日，在温州市第十二届人大常委会第三十六次会议第二次全体会议上，表决通过关于授予孔笙等4人“温州市荣誉市民”称号的决定，温州大学外籍教师伊凡·戴维斯获温州市荣誉市民殊荣。伊凡，男，澳大利亚籍，在温州大学瓯江学院担任英文外教。伊凡把在大罗山步行道上捡垃圾作为例行常事，他发起的志愿工作对社会产生重要影响，已是温州家喻户晓的人物。

【吉布提驻华大使访问温州大学】 7月19日，吉布提驻华大使阿卜杜拉与大使秘书喀戎一行访问温州大学。与温州大学进行教育交流，并洽谈留学生招生事宜。

【世界温州人大会代表参加温州大学国际化座谈会】 9月18日，温州大学举行国际化座谈会。澳大利亚悉尼科技大学教授徐贯东，意大利贸易总会秘书长、清华大学华商研究院研究员、温州大学国际合作学院客座教授戴小璋，意大利华侨华人贸易总会常务副会长陈伟敏，中意纺织及新材料研发中心主任刘力夫，意大利佛罗伦萨华人华侨联会总会对外总监林长荣，加纳中国温州商会秘书长姚笃勇，加纳中国温州商会常务副会长兼副秘书长陈培鲁，香港浙江公共外交协会会长蔡玲玲，中印经济文化交流中心主任孙建强等世界温州人大会代表出席座谈会，为温州大学的国际化事业出谋献策、整合资源。

【温州大学意大利分校普拉托校区揭牌】 11月9日，在中国驻佛罗伦萨总领事馆和意大利普拉托省政府领导共同见证下，温州大学校长李校堃与佛罗伦萨大学普拉托分校校长莫里吉奥·菲奥拉万蒂签署合作办学协议，并为温州大学意大利分校(普拉托校区)举行揭牌仪式。

【日本石卷市代表团访问温州大学】 11月17日，日本石卷市市长龟山纮、议会议长丹野清率代表团一行11人访问温州大学，与温州大学进行友好交流与洽谈。

【温州大学意大利分校阿雷佐校区揭牌】 11月26日，在第六届世界温州人国际学术研讨会开幕式上，温州大学校长李校堃与意大利锡耶纳大学校长弗朗西斯科·弗拉蒂就在锡耶纳大学阿雷佐校区合作举办“温州大学意大利分校(阿雷佐校区)”签订合作协议，并举行揭牌仪式。同时揭牌的还有设置在温州大学的“意大利锡耶纳大学与中国温州大学意大利语言文化中心”。

【澳大利亚昆士兰科技大学校长访问温州大学】 11月30日，澳大利亚昆士兰科技大学校长彼得·柯德瑞率代表团一行4人访问温州大学，参观温州大学校区并与相关部门进行交流。

（陈　敏）

浙江树人大学

【概况】 2016年，浙江树人大学围绕建设教学服务型大学办学目标，遵循“以生为本，以师为尊”理念，加强与日本、韩国、白俄罗斯、澳大利亚、美国、加拿大等高校的交流与合作，开展师生互派、学分互认、课程合作、双学位联合教育、师资培训、学术交流、科研合作等。

全年派出短期出国(境)人员66人次，其中考察访问18人次、技术培训及进修访学40人次、参加国际学术会议8人次。学生出国(境)129人次，赴日本、韩国、英国、美国、加拿大、白俄罗斯、澳大利亚、斯里兰卡及中国香港等国家和地区交流学习。

接待来自11个国家和地区的来宾39批155人次。聘请长短期外籍专家12人，其中国家外专局高端外国专家项目3人。招收来自日本、韩国、美国、英国、德国、西班牙、意大利、乌克兰、尼日利亚等16个国家和地区的长短期留学生43名。与7所国(境)外院校机构新签、续签交流合作协议。

【合作举办师资培训】 1月17日至19日，浙江树人大学与加拿大约克大学合作举办“向特色应用型本科院校转型”师资培训。以应用型教育的关键概念和模式、实践和案例分析、应用型教学课程设计及教学法和评估为主题，对高校转型和教师转型的表里关系进行阐述，强调了在学科、专业、教学、科研等方面转型对高等教育发展的重要性。约克大学职业教育领域权威专家彼得·康斯坦丁诺承担培训主讲，浙江树人大学各教学单位负责人、各学科专业负责人、骨干教师等近80人参加培训。

【合作举办中层干部培训】 1月20日至21日，浙江树人大学与美国杰克森维尔大学合作举办“提升干部领导力及沟通能力”培训，围绕高等院校行政管理领导力、行政管理中的沟通效力等主题展开。杰克森维尔大学戴维斯商学院院长唐·卡彭纳、教授桑德拉·迪恩承担培训主讲，浙江树人大学中层干部近80人参加培训。

【日本活水女子大学师生访问浙江树人大学】 3月14日至19日，日本活水女子大学文学部现代日本学科副教授渡边诚治率3名学生访问浙江树人大学。访问期间，渡边诚治为日语专业学生举办讲座，专题讲解日语语音语调。活水女子大学3名学生开展为期3天的日语教学实习，为日语专业低年级学生授课。

【白俄罗斯国立大学学者访问浙江树人大学】 4月7日至5月6日，白俄罗斯国立大学物理化学研究所聚合过程催化实验室主任、副教授、博士生导师寇斯杜克·谢尔盖·维克托列维奇访问浙江树人大学，并开展科研和教学交流。访问期间，寇斯杜克·谢尔盖·维克托列维奇在生物和环境工程学院实验室进行生物降解材料聚合催化实验研究，并为应用化学、化学工程与工艺两个专业的学生讲授《绿色化学合成》课程。

【斯里兰卡斯里贾亚瓦德纳普拉大学师生团访问浙江树人大学】 4月9日至12日，斯里兰卡斯里贾亚瓦德纳普拉大学商业及管理研究学院企业管理系主任卢克马·尼桑萨·威瑞辛格率师生团一行32人访问浙江树人大学。

校长徐绪卿会见卢克马·尼桑萨·威瑞辛格，并签署两校友好协议书。访问期间，师生团一行参加由浙江树人大学现代服务业学院主办的MBA课程研习和培训活动。

【3个高端外国专家项目获批】 4月11日，经国家外国专家局批准，浙江树人大学申报的"高分辨率遥感影像分类研究与应用""综合废水处理""绿色化学国际化课程建设"3个项目被列入2016年度国家级高端外国专家项目计划。分别聘请白俄罗斯国立大学校长谢尔盖·阿布拉梅科、物理化学问题研究院纤维素及其衍生物研究实验室主任达兹米特瑞·格林斯潘、化学系副主任萨维斯卡娅塔兹安娜·萨维斯卡娅3位专家执行项目研究。

【日本茶道专家在浙江树人大学举办茶道表演】 4月12日，日本茶道专家叶桐清一郎为浙江树人大学日语专业学生表演茶道，并阐述日本茶的种类、栽培、采摘、加工、泡制方法及日本茶道精神。现场学生品尝了叶桐清一郎亲手泡制的五种口味的日本茶，对日本茶文化知识有了更深入的了解。

【新西兰奥克兰理工大学学者在浙江树人大学举办讲座】 4月28日，新西兰奥克兰理工大学展览馆馆长、设计与科技创意系主任、高级研究生导师沃伦·普林格为浙江树人大学艺术学院师生作题为"回响——一个跨东西方文化哲学语境下艺术家们的系列展览"讲座。沃伦·普林格介绍其所带领的团队策划展出"回响"的整个过程，重点讲述展览主题的确立、设计元素在展览中的运用等内容，并与现场师生展开互动。

【美国杰克森维尔大学艺术学院师生交流团访问浙江树人大学】 5月10日至12日，美国杰克森维尔大学艺术学院师生交流团一行14人访问浙江树人大学，开展艺术交流和文化研习。校长徐绪卿、副校长叶时平会见交流团一行。11日，举行"中美大学生文艺晚会"，杰克森维尔大学艺术学院舞蹈系、声乐系、器乐系学生和浙江树人大学合唱队、舞蹈队、器乐队、风雅剧社学生献演一场具有中美文化特色的晚会。浙江树人大学师生代表1000余人参加晚会。

【澳大利亚塔斯马尼亚大学教授访问浙江树人大学】 5月20日，澳大利亚塔斯马尼亚大学分离科学中心教授、博士生导师帕维尔·尼斯特伦柯访问浙江树人大学，并作题为"环境样品的离子色谱分析"讲座。生物和环境工程学院相关专业师生聆听讲座并参与互动。

【美国中佛罗里达大学教授在浙江树人大学作学术报告】 5月20日，美国中佛罗里达大学统计系教授阎昕在浙江树人大学作题为"统计应用——医学数据抽样方法"的学术报告。基础部数学教师、生物和环境工程学院药学方向师生、数学建模学社社员80余人聆听报告。

【浙江树人大学代表团访问美国和加拿大】 5月24日至31日，校长徐绪卿率浙江树人大学代表团一行5人访问美国和加拿大。代表团先后与美国旧金山州立大学、佐治亚州立大学、杰克森维尔大学，加拿大约克大学等高校就合作办学、师资培训、学术交流、学生互派、课程合作等事宜进行交流和洽谈，达成多项合作意向。并分别与美国杰克森维尔大学、加拿大约克大学签订友好合作协议书。

【浙江树人大学教师代表团赴白俄罗斯参加师资培训】 6月20日至7月2日，校党委书记章清、副书记王军率浙江树人大学教师代表团一行14人，赴白俄罗斯国立大学参加以"特色应用型高校师资转型与提升"为主题的第二期师资培训。代表团一行听取白俄罗斯国立大学校长，科研副校长、学术副校长、学生副校长及人事管理、媒体中心、教学管理、安全管理、国际交流、孔子学院等部门负责人对学校各方面工作的介绍,学习《构建大学统一的信息平台及大学推广》《高校管理与组织》《学生参与教学组织》《科学研究与人才培养》《高校内部管理》等课程。

培训期间,章清与白俄罗斯国立大学校长谢尔盖·阿布拉梅科共同签署"浙江树人大学与白俄罗斯国立大学继续深化教育与科研合作备忘录",双方约定共建"中白科技学院"。

【浙江树人大学学生团赴英国研习】 7月24日至8月7日,浙江树人大学学生团一行4人赴英国林肯大学开展语言与文化研习,感受林肯大学的课堂教学氛围、体验英国城市风貌和文化气息。

【白俄罗斯国立大学校长访问浙江树人大学】 8月6日至28日,白俄罗斯国立大学校长、白俄罗斯国家科学院院士谢尔盖·阿布拉梅科访问浙江树人大学。校党委书记章清、校长徐绪卿等与谢尔盖·阿布拉梅科进行多次会谈,在教学、科研、合作办学、师资培训、学生交流等方面达成多项合作意向。此行,谢尔盖·阿布拉梅科还顺利完成2016年度国家外专局高端外国专家项目"高分辨率遥感影像分类研究与应用"的课题研究。

【完成G20杭州峰会多项礼宾接待服务任务】 9月4日至5日,G20峰会在杭州召开。浙江树人大学韩国代表团接待组14人、"小青荷"志愿者服务团队12人和财金渠道副手磋商会议联络员团队3人参与礼宾接待服务,圆满完成接待服务任务。

韩国代表团接待组由14位老师组成,负责接待韩国总统团、副总理团、外交部长团及大使团等团队。"小青荷"志愿者团队的12名学生接受188天封闭式培训,G20期间参与20余场双边会见及数场宴会的筹备、服务工作。财金渠道副手磋商会议联络员团队的3位老师分别作为日本、法国、印度代表团联络员参与财金副手磋商会议筹备工作。

【美国犹他谷大学教授访问浙江树人大学】 10月25日至27日,美国犹他谷大学动画学教授瑞德尼·爱知明访问浙江树人大学,为学校师生作题为"动画短片制作中如何激发潜在想象力""如何制作动画短片""动画是一件有趣的事"系列讲座。艺术学院、定格梦想创意学院师生聆听讲座并参与互动。

【浙江树人大学代表团访问白俄罗斯国立大学】 10月26日至30日,校长徐绪卿率浙江树人大学代表团一行4人访问白俄罗斯国立大学,并参加白俄罗斯国立大学建校95周年校庆。徐绪卿在校庆庆典上致辞。访问期间,代表团一行还与白俄罗斯教育部部长、科技部副部长、科学院副院长及相关大学领导进行交流。考察白俄罗斯国家生物与食品研究院,与该院达成合作意向。

【浙江树人大学与韩国忠北大学共同举办国际学术研讨会】 10月27日,浙江树人大学朝鲜语专业负责人金秉运率教师团一行4人赴韩国,参加由浙江树人大学与韩国忠北大学师范学院共同举办的"韩国语文化与韩国语教育发展方向摸索"中韩·韩中国际学术会议。开幕式上,金秉运代表浙江树人大学致辞,并在会上作主题报告。

(俞萍萍)

浙江万里学院

【概况】 2016年,浙江万里学院派遣短期出国(境)人员37人次,进行进修或参加国际学术会议。接待15个国家和地区的42批138人次专家学者、院校代表来校学习、访问、作学术报告或进行项目洽谈。学校与美国、新西兰、土耳其、西班牙、泰国、保加利亚、捷克、匈牙利、斯洛伐克、韩国、日本的23所高校签署31份校际交流协议。

全年招收长短期外教18位。招收长短期来华留学生289名,生源来自47个国家。15名留学生获浙江省政府来华留学生奖学金,24名获宁波市政府来华留学生奖学金。

全年参加赴国(境)外交换生、海外学习项目的在校本科生332人,毕业生到国外继续深造71人,另有27名学生攻读宁波诺丁汉大学硕士。

【波兰驻沪总领馆文化教育领事访问浙江万里学院】 2月25日,波兰驻沪总领事馆文化教育领事马格达莱纳·吉百特、副领事安娜·罗姆希卡一行访问浙江万里学院。执行校长应敏会见马格达莱纳·吉百特一行。应敏表示,国际化办学一直是学校的追求目标,为给广大师生提供更多国际交流平台,浙江万里学院积极与波兰高校开展多种类型的交流,先后与波兰科茨明斯基大学、波兰比得哥什市的库亚威波莫奇大学开展师生交流项目。学校与波兰茨明斯基大学8年来两校间互换了近30名学生,拓展了交换生视野,加深了学生对中国和波兰文化的理解。安娜·罗姆希卡表示,将协助介绍更多波兰高校认识浙江万里学院,并结合学校特色开展学生交流项目。学院国际交流合作部部长贺继军参加会见。

【中国—中东欧商学院峰会暨“一带一路”商学院国家化人才培养论坛】 6月9日在宁波举行。宁波市教育局副局长胡赤弟、浙江万里学院执行校长应敏,拉脱维亚文茨皮尔斯学院校长吉塔·日瓦尔达出席会议并发表讲话。中东欧国家15所高校的23位院校领导和教授,国内22所高校的36位院长与专家,韩国又松大学商学院院长杰曼·罗斯及中东欧国家驻中国使领馆外交官员等参加论坛。胡赤弟介绍宁波深厚的文化底蕴和源远流长的历史人文,肯定创立并成立“一带一路”商学院联盟是连接中国与中东欧国家教育交流的新纽带,希望与会各国高校商学院院长能深入交换意见,在更深领域达成共识,以本次会议为基石,加强各国间教育交流与合作,将联盟打造成“一带一路”文化交流的重要载体。应敏讲话指出,浙江万里学院愿与各商学院一道致力于国际化人才培养,依托峰会平台合力建立中国—中东欧国家商学院间长效对话合作机制,尤其在双方合作培养具备语言、文化及商务实践能力的国际化人才、建立国际化师资队伍及在探索新的高等教育国际合作模式等方面深入开展务实合作。

会议期间,北京外国语大学国际商学院、浙江万里学院商学院、宁波海上丝绸之路研究院联合15所中东欧国家高校商学院与25所国内其他高校商学院共同商定并发起成立“一带一路”高校商学院联盟的倡议,以期进一步深化丝绸之路国家间教育交流与合作,促进多语言、跨文化复合型商业人才培养,以教育合作促进经济合作。

【第三届中国(宁波)—中东欧国家教育合作交流会】 6月10日在宁波召开。会议以“深化合作、互利共赢”为主题,其间,举行宁波中东欧国家合作研究院签约揭牌仪式,宁波市委组织部常务副部长张良才、宁波市教育局局长沈剑光、中国—中东欧国家投资贸易博览会组委会办公室主任俞丹桦、中国社科院欧洲研究所中东欧室主任(中国—中东欧国家智库交流与合作网络秘书处办公室主任)刘作奎、浙江大学中国西部发展研究院副院长陈健、宁波海上丝绸之路研究院院长(浙江万里学院副校长)闫国庆等共同为中东欧研究院揭牌。随后,宁波市政府副秘书长黄志明召集中东欧研究院合作共建各方及北京外国语大学、中国—中东欧国家投资贸易博览会组委会办公室、宁波市教育局、中匈科技贸易协会、宁波市社科院等部门单位主要负责人召开中东欧研究院建设恳谈会,就下一步如何务实推进中东欧研究院建设与发展进行深入探讨。同时,还举行教育合作协议签署仪式,闫国庆与拉脱维亚文茨皮尔斯学院、斯洛伐克农业大学、黑山地中海商学院签署教育合作协议,深化与丝绸之路国家间的教育交流与合作。

【新增3所国际合作院校】 6月10日,在第三届中国宁波—中东欧国家教育交流会上,副校长闫国庆代表学校与斯洛伐克农业大学校长彼得·别利克、拉脱维亚文茨皮尔斯学院校长吉塔·瑞瓦德及黑山地中海商学院院长斯特沃·尼基奇分别签署合作协议,为浙江万里学院开展国际交流新添3所来自中东欧国家的高校。

【宁波市第五届国际大学生节闭幕式】 7月1日在浙江万里学院举行。宁波大学、宁波工程学院、宁波诺丁汉大学、宁波大红鹰学院、宁波职业技术学院、宁波城市职业技术学院和浙江万里学院等7所高校的上千名中外师生欢聚一堂。宁波市外办副主任陈国苗、宁波市教育局副巡视员汪维民、宁波大学国际合作处副处长刘昱、宁波工程学院外事办副主任王土春和浙江万里学院执行校长应敏、副校长钱国英等出席闭幕式,应敏、陈国苗先后在闭幕式上致辞。

宁波国际大学生节为在宁波高校的来华留学生提供互相交流、学习的良好平台,国际大学生节活动内容丰富,来华留学生亲身体验了临摹中国画、学习太极拳等中国文化活动,并参观宁波港、博物馆等宁波市标志性单位,增进了留学生们对宁波的了解。

【浙江万里学院代表团访问欧洲院校】 8月22日至29日,执行校长应敏率浙江万里学院代表团访问瑞典达拉那大学和斯洛伐克泛欧洲大学及农业大学。在瑞典达拉那大学,该校校长、副校长及国际部主任等接待代表团一行。双方签订教师交流协议,并就中国学生短期赴瑞典交流项目及学位项目进行深入沟通。代表团还参观达拉那大学波林校区,与工程与技术学部部长和信息学院、材料学院、经济学院院长交流,了解科研教学情况并探讨双方今后在科研技术方面进行合作的可能性。浙江万里学院在该校访学的张少中教授参与会谈交流。在斯洛伐克泛欧洲大学,代表团与该校校长及国际部主任会谈。此前,浙江万里学院已与该校开展交流活动,又有3名同学赴该校进行一学期的交流学习。在斯洛伐克农业大学,该校校长、副校长、各学院院长十余人接待代表团,两校就未来学生交流、伊拉斯谟项目申请签订相关协议。签约仪式上,应敏作主旨发言,介绍浙江万里学院基本情况,对两校合作与交流作了展望,并期待双方在科研方面合作。代表团一行还参观该校生物技术实验室。

【浙江万里学院代表团访问美国和加拿大高校】 9月20日至27日,校党委书记蒋建军率商学院、文传学院、法学院和国际交流学院相关老师一行,访问美国北伊利诺伊大学、纽约州立大学普拉茨堡分校和加拿大亚岗昆学院。在美国北伊利诺伊大学,双方对之前合作项目的实施方式进行了总结,对拟开展的新项目课程、学分互换互认等进行对接。还就“3

＋1＋1(或者是4＋1形式的)国际金融班”和双方共建、共管的独立学院等新项目进行深入交流，并达成初步合作意向。在美国纽约州立大学普拉茨堡分校，双方对物流管理、金融学、会计学等专业“2＋2”合作项目实施方案进行进一步研究，并就新闻学、新媒体、公共管理等专业合作达成意向。在加拿大亚岗昆学院，代表团与该院国际部中国区负责人就如何推进3＋1硕士证书项目、暑期项目，尤其是针对浙江万里学院的会展专业进行探讨。

访问期间，代表团一行对国外高校学生社团运行情况和宣传推广模式进行调研。看望曾经在浙江万里学院短期工作的布雷恩·纽瑞瑟教授、谢里欧助理教授，了解他们对学校工作条件和生活保障的反馈意见。还与在北伊利诺伊大学和纽约州立大学普拉茨堡分校攻读学位的浙江万里学院学子座谈，重点了解他们在国外高校学习、工作情况及对母校各项工作的意见和建议。

【日本静冈县文化观光部大学课课长代理访问浙江万里学院】 9月23日，执行校长应敏会见日本静冈县文化观光部大学课课长代理盐泽诚司、大学课学术班主事和田朋子一行4人。应敏表示，学校自2008年来已陆续选派近30名学生赴日本静冈进行短期文化交流项目，该项目是由日本静冈县文化观光部大学课与浙江省教育厅合办的面向浙江省高校日语专业学生赴日进行学术和文化体验项目。希望这样的交流能持续，让更多中日学子受益。同时，欢迎更多日本学生来校感受浙江万里学院师生的热情和国际化校园氛围。盐泽诚司对此感到非常欣慰，表示日方也会积极鼓励学生来浙江万里学院交流，促进双方师生对对方学校的了解。同时，将鼓励日本学生到浙江万里学院参与诸如暑期实践、海外学习项目等活动。

【2016年度国际万里系列活动——国际志愿者中心成立仪式暨第二届地球村分享活动】 10月18日在浙江万里学院举行。执行校长应敏、校党委副书记王伟忠、“国际万里”组委会负责人、老师及来自32个国家的84名留学生参与活动。应敏以全英文形式致开幕词。他说，在经济全球化、科学国际化大趋势下，未来的人才需要具备对国际社会政治、经济、文化的全球理解能力，适应国际竞争的心理素质、知识结构和应变能力，良好的文化价值观及从国际角度进行决策的能力。他殷切希望同学们能在大学期间不断提高自己，以中国最优秀的传统文化为基础，结合创新和面向未来的发展理念，培养自身国际视野、国际意识和国际精神，成为具有国际竞争力的“国际型”人才。外语学院的吴迪同学和创新创业学院的王钰若同学作为优秀涉外活动志愿者代表先后与在场志愿者们分享他们的志愿服务经历。4名中外学生共同配合表演了诗歌朗诵《寻梦者》。王伟忠向国际志愿者中心进行授牌，国际志愿者中心正式入驻学生协同与创新中心。

随后，应敏一行在留学生们陪同下参与了第二届“共住地球村’分享活动。应敏与来自13个国家的留学生交流，留学生们展示了各自国家的特色小吃、民族服饰、本土音乐及当地习俗。

【第二期阿拉伯国家文博专家研修班】 10月19日在杭州开班。来自埃及、摩洛哥、苏丹、黎巴嫩等10个阿拉伯国家的15名文博专家参加研修。文化部外联局亚非处处长余建，省文化厅副厅长蔡晓春，浙江万里学院副校长兼宁波海上丝绸之路研究院院长闫国庆，宁波海上丝绸之路研究院副院长徐侠民等出席开班仪式。

研修期间，学员赴宁波交流。徐侠民向学员们介绍宁波市城市发展概况和历史文化及在国际交流方面取得的成绩，同时介绍了浙江万里学院、宁波诺丁汉大学和宁波海丝院基本情况，并向阿拉伯国家朋友发出邀请，欢迎阿拉伯国家青年学生来中国、来浙江万里学院学习交流。随后，学员们参观浙江万里学院和宁波海丝院，并在“中阿友谊之树”下合影留念。

【瑞典达拉那大学大数据研究生院院长访问浙江万里学院】 11月7日，副校长钱国英会见瑞典达拉那大学大数据研究生院院长、博士生导师宋炜。双方回顾了两校近年来在学术往来、教师交流等方面交流合作情况，并就今后两校开展交换生项目、2＋2学分转移项目、本硕连读项目及网上教学等事宜进行讨论。电子与计算机学院党委书记张增年、物流与电子商务学院院长楼百均、国际交流与合作部部长贺继军参加会见。会见结束后，宋炜与电子与计算机学院负责人及老师就专业领域的合作进行深入交流。

随后，物流与电子商务学院举行受聘仪式，聘请宋炜为物流与电子商务学院客座教授，双方就教师人才队伍建设、校企合作、智库建设等方面交流意见。

【德国雅各布大学教务及国际交流办公室主任一行访问浙江万里学院】 12月7日，执行校长应敏、物流与电子商务学院院长楼百均、电子与计算机学院院长梁丰、商学院院长助理黄文军、国际交流与合作部部长贺继军等会见德国雅各布大学教务及国际交流办公室主任安东尼娅·高尔、大学项目中国区推广项目主管凯·穆勒、王玮玮一行。应敏介绍学校概况，并希望借鉴德国对应用型人才培养的教育模式，开展与德国雅各布大学的深入合作。双方还就今后开展两校交换生项目、2＋2学分转移项目、海外学习项目及本硕连读项目进行深入讨论。

（任烨南）

宁波大学

【概况】 2016年，宁波大学派出因公出国(境)团组78批181人次，其中校领导出访团5批26人次，参加国际学术会议或进行合作科学研究63批130人次，参加教育交流与短期进修9批23人次，随双跨团组出访1批2人次。全年接待国(境)外来访团组52批278人次。聘请长期外籍教师39人次，主要来自美国、加拿大、英国、德国、法国、瑞典、澳大利亚、日本等国。招收来华留学学历生1471人，长期汉语进修生624人，短期汉语进修生267人，短期非语言进修生46人。

【宁波大学代表团访问西班牙和法国】 5月12日至19日，副校长徐铁峰率宁波大学代表团一行5人访问西班牙和法国高校。在西班牙巴利阿里群岛大学，双方就旅游管理专业的双学位项目开展情况进行回顾和总结，希望两校能够进一步深入合作，在更多的专业领域开展多层次的合作项目。在法国昂热大学，双方就共同建设的中法旅游与文化学院在专业设置、学生互派等方面的细节问题进行磋商，并达成一致意见。代表团一行还访问昂热大学旅游学院的索米尔校区，并受到索米尔市市长接见。

【宁波大学代表团访问澳大利亚和新西兰】 6月2日至9日，校长沈满洪率宁波大学代表团一行5人访问澳大利亚和新西兰高校。在澳大利亚堪培拉大学，沈满洪与堪培拉大学代理校长希伦回顾中澳MBA合作15年来的成功经验，探讨体育健康和医学学科专业合作前景，并就生态经济领域的科研合作进行交流。在新西兰奥克兰大学，学校董事会副主席迪克森等接待沈满洪一行，双方就研究生合作培养、医学学科合作交流进行交谈。

【宁波大学代表团访问墨西哥和加拿大】 6月24日至7月1日，校党委副书记唐绍祥率宁波大学代表团一行5人访问墨西哥和加拿大高校。在墨西哥，唐绍祥一行受到阿瓜斯特连特斯州政府外事办公室主任费德里科·马尔蒂尼、蒙特雷理工和高等教育学院阿瓜斯卡连特斯分校大学部校长乔治等接待。在加拿大，加拿大汉伯学院校长克里斯特会见唐绍祥一行。克里斯特表示，汉伯学院正在向应用技术大学转型，十分珍惜与宁波大学的合作与交流，希望将来开展2+2等合作。

【宁波大学代表团访问南非和马达加斯加】 9月22日至29日，校党委书记郭华巍率宁波大学代表团一行6人访问南非和马达加斯加高校。在南非开普敦大学，代表团与南非国际化战略部主任佐敦、海洋科学研究所所长马塞洛和开普敦大学孔子学院院长覃盛勇交流洽谈。两校就海洋海运科学研究的合作、如何在非洲办好孔子学院等进行探讨。在马达加斯加，郭华巍一行出席塔马塔夫大学孔子学院揭牌仪式暨文艺晚会。塔马塔夫大学副校长艾米拉、塔马塔夫华侨总会主席陈兆来和塔马塔夫华侨华人协会会长张英彪等嘉宾出席活动。

【宁波大学代表团访问波兰和斯洛伐克】 12月2日至9日，校纪委书记余建森(对外身份为校务委员会副主任)率宁波大学代表团一行5人访问波兰和斯洛伐克高校。在波兰华沙，余建森一行访问维斯瓦大学，双方就该校孔子课堂的管理机制、授课内容及教师交流等事项进行探讨；在凯尔采市，余建森一行受到凯尔采市政府和博莱斯瓦夫·马考夫斯基高等商学院领导的接待，双方就如何建设孔子课堂与2+2模式的学生交换进行交流。在斯洛伐克，布拉迪斯拉发经济大学副校长马托接待余建森一行，双方就学生交流事项进行会谈。余建森介绍宁波大学的办学历程和发展目标，并对宁波市和宁波大学接受中东欧留学生的相关政策作了说明。此后，余建森与该校外事处、教育学院、商学院以及应用语言学学院等部门和学院的相关领导就师生交流进行沟通。

（杨美美）

表5　2016年宁波大学接待的其他来访团组

时间	来访人员	来访内容
1月12日	斯里兰卡阿胡拉女子学校校长薇可拉玛拉茨等8人	交流互访
1月13日	韩国昌信大学联络人姜秉道、李吉莲	商讨合作项目
1月22日	蒙古科技大学校长巴特楚鲁等6人	商讨合作项目
3月28日	汤加王国海关及税务大臣戴维塔·拉维莫等8人	商讨合作项目
4月13日	英国赫尔大学副校长安德·亚伯特、项目负责人劳拉·刘等2人	商讨合作项目
4月20日	波兰凯尔采市副市长格鲁柴维斯·柴思洛率凯尔采市代表团8人	交流互访
5月6日	加纳塔科拉迪理工学院校长约翰·弗兰克等3人	商讨合作项目
5月10日	韩国全罗南道海洋水产学院院长李寅坤等8人	商讨合作项目
5月20日	英国西苏格兰大学副校长珍妮·核·凯伊等2人	商讨合作项目
5月24～26日	美国普渡大学副处长戴维斯·艾尔斯等18人	交流互访
6月9日	斯洛伐克伯拉第斯拉瓦经济大学副校长鲍里斯·马托斯等6人	交流互访（宁波市中东欧活动交流）
6月9日	波兰凯尔采市波莱斯瓦夫马可夫斯基高等商学院校长代表等6人	
6月9日	塞尔维亚诺维萨德大学尼古拉教授等6人	
8月8日	日本芦屋大学校长比嘉悟等8人	交流互访
9月6日	西班牙加泰罗尼亚理工大学副校长卢尔德·赖格·普格等8人	交流互访
10月28日	澳大利亚西悉尼大学校长格罗佛等6人	交流互访，参加宁波大学33周年校庆
10月31日	韩国昌信大学姜秉道、董事长李吉莲等3人	
10月31日	加拿大汉伯学院院长克里斯·惠特克等3人	
10月31日	马达加斯加塔马塔夫大学副校长埃米尔等2人	

续表

时间	来访人员	来访内容
10 月 31 日	瑞典哈姆斯塔德大学信息技术学院副院长卡尔森等 5 人	交流互访，参加宁波大学 33 周年校庆
10 月 31 日	瑞典克里斯蒂安大学校长皮尔等 8 人	
10 月 31 日	西班牙巴利阿里群岛大学校长休格特等 5 人	
11 月 2 日	法国昂热大学校长罗夫莱多等 6 人	续签协议
11 月 2 日	日本岩手大学校长岩渊明等 5 人	续签协议
11 月 3 日	英国林肯大学大卫・科巴姆等 3 人	交流互访
11 月 9 日	贡扎加大学副校长约瑟夫・金赛拉等 6 人	交流互访

宁波诺丁汉大学

【概况】 2016年，宁波诺丁汉大学聘请外籍教师67人，招收来自40多个国家和地区的留学生204人。组织举办大型国际会议及研讨会6次，国际学术讲座76场次。7项外国青年学者研究基金项目获国家自然科学基金资助，总经费近240万元，资助率达到64%。全年选派87名交流生到国(境)外高校参加假期班、学科竞赛、短期实习、文化交流等活动，选派522名交换生到国(境)外高校进行一学期或一学年学习。新增学年或学期制国际交换生269人次。87名学生通过夏季短学期去英国本部交流，来自世界各地的17名学生参加学校举办的夏令营活动。

6月，宁波诺丁汉大学商学院成功通过欧洲质量改进体系(EQUIS)再次认证，并被授予最长的五年期认证，标志着宁波诺丁汉大学商学院跻身全球获得EQUIS五年期认证的精英商学院之列。12月，继建筑学、工业设计等7个本科专业后，理工学院化学与环境工程系两个专业又获得国际权威专业机构认证。至此，宁波诺丁汉大学理工学院9个工程专业均获得国际专业机构认证。

学校2016届本科毕业生中，有77.78%的学生选择继续深造。选择继续深造的学生中，有21.32%的学生进入世界排名前十高校、63.47%进入世界排名前50高校。选择就业的毕业生中，有63.96%在世界500强企业或行业知名企事业单位就职。

【第二届国际金融中青年学者研讨会暨宁波诺丁汉大学国际金融研究中心年会】 2月27日至28日在宁波诺丁汉大学召开。亚洲开发银行首席经济学家魏尚进、北京大学国家发展研究院副院长黄益平作主旨演讲，来自国内外知名高校和宁波市政府有关部门及金融业界的专家学者共同探讨“创新经济与金融改革”。

【英国教育部国务大臣一行访问宁波诺丁汉大学】 3月31日，英国教育部国务大臣尼克·吉布一行访问宁波诺丁汉大学。宁波诺丁汉大学理事长徐亚芬、执行校长陆明彦等接待尼克·吉布一行。尼克·吉布在了解学校办学情况后，对宁波诺丁汉大学的办学给予肯定和赞赏。尼克·吉布还为以英国诺丁汉大学第五任校长迪林勋爵命名的学校新教学楼揭牌。

【理工学院师生合作获2015—2016年度A'设计大奖赛】 4月15日，宁波诺丁汉大学理工学院工业设计专业教师施奕腾与该专业毕业生曾佳旎合作完成的设计作品“可换表层镜框眼镜”获得2015—2016年度A'设计大奖赛。A'设计大奖赛是全球领先的国际年度设计比赛，是一项被国际平面设计协会联合会、欧洲设计协会认可的国际赛事。同时，它也是国际工业设计协会、国际平面设计协会和意大利工业设计协会的成员组织。

【商学院教师获意大利之星骑士勋章】 5月4日，宁波诺丁汉大学商学院教师迈克·杰拉奇，因其对中国经济的深度见解及对中意两国友好关系的贡献获得2016意大利之星骑士勋章，意大利总统为其颁奖。

【法拉第学术论坛】 5月11日至13日在宁波诺丁汉大学举行。来自欧洲、美洲、大洋洲和亚洲的

100多名相关领域专家、学者和企业代表参加论坛，共同讨论液体盐领域的最新发展。

论坛结束后，宁波诺丁汉大学组织参会代表前往宁波中车新能源科技有限公司进行学术和技术交流，参观现代化超级电容器生产线。代表们乘坐完全由超级电容器驱动的宁波196路公交车，实地观察超级电容公交车在车站进行的快速充电过程。代表们纷纷表示，这样先进、节能、清洁的城市交通技术应该在世界各地推广。

【英国驻华大使访问宁波诺丁汉大学】 5月12日，英国驻华大使吴百纳一行访问宁波诺丁汉大学。校长杨福家、执行校长陆明彦接待吴百纳一行，并陪同吴百纳一行与学校学生代表座谈交流。访问期间，吴百纳还为学校新报告厅——戴维·赫伯特·劳伦斯报告厅揭牌，为宁波诺丁汉大学、浙江万里学院及宁波诺丁汉大学附中师生作题为“中英关系的黄金时代”讲座。

【第五届国际仿生工程学术大会】 6月22日至24日在宁波诺丁汉大学召开。由国际仿生工程学会主办，宁波诺丁汉大学、英国诺丁汉大学承办，来自世界25个国家和地区的250余位顶尖专家和学者参会。与会专家学者围绕机械仿生、材料仿生、医学仿生、流体力学仿生、智能仿生等前沿领域进行学术讨论和产业热点交流、分享经验、探索合作、促进转化。会议期间，还举行第二届国际仿生工程奖颁奖典礼和仿生工业技术成果展。

【宁波诺丁汉大学与英伟达MRVAI联合实验室】 6月27日在宁波诺丁汉大学举行签约仪式。宁波诺丁汉大学计算机科学系尤金博士在签约仪式上致辞并介绍联合实验室的发展过程。执行校长陆明彦与英伟达全球副总裁、亚太区策略与业务运营总经理潘迪签署合作协议。

【英国艺术与人文研究理事会数字时代中国版权及知识产权研究中心第一批资助项目成果分享会】 6月28日在宁波诺丁汉大学举行。会议汇聚中英双方相关领域学界和业界专家，针对全球创新和技术产业中版权与知识产权方面存在的机遇与挑战展开研究，并分享初步研究成果。英国驻华大使馆高级知识产权官员杜涛参加分享会并讲话。

为顺应中国经济重心逐渐从制造向设计转移的大趋势，数字版权及知识产权研究中心于2015年3月6日在宁波诺丁汉大学成立，第一期投入500万元人民币资助中英合作院校和企业的6个项目，并资助4位全额奖学金博士开展研究。资金主要来自英国艺术与人文研究理事会和牛顿基金，同时也得到宁波市科技局提供的为期两年200万元人民币的配套资金支持。

【宁波诺丁汉学子获欧莱雅校园市场策划大赛全球最佳科技奖】 6月30日，素有“校园营销奥斯卡”之称的欧莱雅校园市场策划大赛全球总决赛在巴黎举行，宁波诺丁汉大学代表队以“数字智能魔镜”营销方案获得全球最佳科技奖。校园市场策划大赛创立于1992年，已发展成为世界各地著名大学之间一项营销和品牌管理的国际性赛事。本次大赛，报名参赛团队超过600个，宁波诺丁汉大学团队是唯一进入巴黎全球总决赛并获奖的中国团队。

【宁波诺丁汉大学理工学院代表团访问英国】 6月30日，宁波诺丁汉大学理工学院代表团一行访问英国。代表团与英国皇家特许建造师协会英国总部（CIOB）负责人会谈，双方就共同举办建筑信息模型相关的交流访问和国际会议、人才交流、在中国市场共同开发CIOB认证培训、资源信息共享和研究交流等方面达成合作共识，并正式签署合作备忘录，

【宁波诺丁汉国际创新创业孵化园】 7月2日揭牌成立。这个以科技创新创业为核心的孵化园旨在打造一个强大的国际化平台，让海内外学生、老师和创意实践者、科创公司、业内精英、政府官员等通过多向交流碰撞合作，

激起火花、产生创意、形成初创公司，为宁波经济发展添砖加瓦。宁波诺丁汉国际创新创业孵化园将致力于资本(包括种子基金、风投等)、新技术和创意的有机结合。其建设分四个阶段，每个阶段都有创业界精英代表给予创业者专业指导。

【宁波国际海洋经济新兴产业论坛】 7月12日在宁波诺丁汉大学举行。英国皇家工程学院电机学首席教授、宁波诺丁汉国际海洋经济研究院院长克里斯·杰拉德在论坛上介绍在宁波进行的海上交通电气化科研项目。2015年，杰拉德将“海上交通电气化”这一前沿科研课题带到宁波，组成科研团队，研发的轴带发动机输出功率转速可达每分钟2万转，这一成果可能与宁波中策动力机电集团、梅山玻璃钢船舶设计研究所等企业开展合作。

【中英青少年切磋乒乓球技艺】 8月4日至8日，由英国诺丁汉孔子学院中方院长孟金蓉带队，20名中学生乒乓球运动员及部分家长和教练组成的英国诺丁汉孔子学院中学生兵乓球访问团一行访问宁波诺丁汉大学。访问团成员与宁波当地中学生互动，切磋兵乓球技艺，还参与中国绘画、烹饪及中国功夫等文化体验活动。

【宁波诺丁汉大学被授予年度教育合作项目奖】 11月3日，由英国商会主办的2016年度英国商业大奖在上海揭晓八大奖项获奖名单。宁波诺丁汉大学被授予年度教育合作项目奖(英国大使馆文化教育处/英国文化教育协会赞助)，以表彰其在中国高等教育领域的优异创新及贡献。英国商业大奖由英国商会(上海)主办，每两年举行一次，表彰并促进英国和中国企业界的创新与卓越。

【首届国际滚塑培训班】 11月19日至22日在宁波诺丁汉大学举行。本次培训由宁波诺丁汉大学滚塑培训中心举办，20多位滚塑企业管理者和技术总工参加培训，围绕滚塑材料、模具、产品设计、模拟分析等方面展开讨论。培训班师资由国内外滚塑专家组成，包括国际滚塑企业联合会主席马丁斯宾塞、法国滚塑联盟主席埃里克和国内滚塑专家夏秋春博士、张岳琳教授及宁波诺丁汉大学机械材料与制造系朱辉龙博士等。

【面向全球高薪招聘首席教授】 12月1日，宁波诺丁汉大学公开面向全球高薪招聘首席教授，首期投入2亿元人民币引进国际专业人才、组建科研教学团队、打造世界一流学科。这是学校建校以来在学科建设、教研能力提升方面的又一重大投资。此次招聘集中在海洋环境、磁共振、电机、新材料、高端制造、数字医疗、创意产业、博雅教育、中欧关系、商业与创新十大领域，对象是领域内具有国际影响力和行业威望的学科带头人，共招聘20人左右。学校将提供与个人能力匹配的薪酬，完善的住宿、旅行、保险配套及优质的科研团队、启动经费及教学环境。

【首届中外合作大学信息技术研讨会】 12月1日至2日在宁波诺丁汉大学举行。30多位来自国内10所中外合作大学及中国教育科研网的相关负责人和信息技术专家出席此次研讨会，共同分享中外合作大学在智慧校园建设中所取得的成果，并探讨发展过程中的机遇和挑战。

【宁波诺丁汉大学学生入选清华大学苏世民学者项目】 12月20日，宁波诺丁汉大学大四学生，来自利比亚的阿布杜拉入选“清华大学苏世民学者项目”，获得包含学费、住宿费、调研费、书本材料费、医疗保险、生活补贴、笔记本电脑和智能手机的综合奖学金，于2017年赴清华大学攻读硕士学位，方向为国际研究。该项目由清华大学和美国黑石集团主席合作设立，旨在立足中国、面向世界，借鉴国际先进教育理念，在全球范围选聘优秀师资，为世界各国优秀大学生提供专项教育培训。

(赵　莹)

义乌工商职业技术学院

【概况】 2016年，义乌工商职业技术学院派出短期出国(境)访问考察团组3批8人次，4批次22名教师赴国(境)外培训、进修、访学。有14批84人次国(境)外专家学者、学生、院校代表来校学习、访问或进行项目洽谈。

全年招收来自57个国家的留学生987人。派出交流生36名。

【美国加州浸会大学代表团访问义乌工商职业技术学院】 4月19日，美国加州浸会大学副校长拉里·理纳曼率代表团一行5人访问义乌工商职业技术学院，与学院商谈校际交流与合作事项。双方计划签署合作协议，开展学生短期交流及升学项目、互派教师到对方学校任教或访学等方面的合作。

【加拿大卡纳多文理应用学院代表团两访义乌工商职业技术学院】 5月5日，加拿大卡纳多文理应用学院副校长理查德·彼得斯及中国区主任王芳率代表团一行访问义乌工商职业技术学院。院长王珉会见代表团一行，双方就教育合作事项进行商谈。随后，王珉和理查德·彼得斯签署两院校合作框架协议。12月15日，理查德·彼得斯一行再次来访，王珉和副院长何少庆与代表团就教育交流事项进行洽谈。国际交流合作处、相关学院负责人和专业教师与代表团进行专业对接，双方就产品艺术设计、国际商务、土木工程等专业课程设置、教学案例、独特经验进行交流。

【泰国商会大学MBA班到义乌工商职业技术学院参观交流】 5月19日，泰国商会大学高级副校长万猜·拉达纳旺率校MBA班一行35人到访义乌工商职业技术学院参观交流。副院长李慧玲接待万猜·拉达纳旺一行。双方计划开展各类师生交流与合作，并期待泰国商会大学师生到义乌工商职业技术学院学习了解中国文化，参加创意设计和创业实践等活动。

【美国华盛顿州教育代表一行访问义乌工商职业技术学院】 5月27日，美国华盛顿州教育代表唐泰德、西北大学副教务长秋维特、国际学生部主任张莉萌一行访问义乌工商职业技术学院。国际交流合作处负责人接待唐泰德一行，双方表示希望建立联系，积极对接探讨具体合作。

【波兰克拉科夫经济大学代表团访问义乌工商职业技术学院】 6月6日，波兰克拉科夫经济大学校长安德热伊·霍霍尔、科研副校长阿列克谢·普施道夫斯基、国际部副主任伊莎贝拉·诺娃柯斯卡一行访问义乌工商职业技术学院，商谈深度合作事宜。双方签署教师交流项目协议和科研合作框架协议，并就教师互派、中波经济关系、义乌与波兰跨境电子商务科研合作细节进行探讨，达成初步合作意向。

【黑山地中海商学院代表团访问义乌工商职业技术学院】 9月21日，黑山地中海商学院院长斯特沃·尼基奇率代表团一行访问义乌工商职业技术学院。副院长何少庆会见代表团一行，双方就物流、管理和旅游类课程协作、网上学习平台、专升本合作、中文教学等具体项目进行深入探讨，并达成初步合作意向。

【新西兰北方理工学院代表团访

问义乌工商职业技术学院】 9月26日，新西兰北方理工学院副校长菲尔·吉尔斯、国际部运营经理雷切尔·艾勒林、国际部中国区项目主任谭雪琴、张恩宁等一行访问义乌工商职业技术学院。院领导王珉、何少庆、李慧玲和吕华会见代表团一行，双方希望在师资培训、师生交流互访和创意设计等方面开展更广泛的合作。随后，双方签署国际经济与贸易、国际商务、产品艺术设计3个专业的合作办学协议。

【韩国外国语大学代表团访问义乌工商职业技术学院】 11月1日，韩国外国语大学外国语研究所部长金顺起率代表团一行访问义乌工商职业技术学院，浙江工业大学中韩文化交流中心和浙江工业大学义乌科学技术研究院相关负责人随行。金顺起一行与国际交流合作处相关教师进行交流洽谈，双方探讨了开展"预科制合作办学"和"专升本"等合作模式，并就互派交流生、学生短期实习等方面进行合作达成一致。

【西班牙皇家研究院高级研究员访问义乌工商职业技术学院】 11月11日，西班牙皇家研究院高级研究员马里奥·埃斯特班访问义乌工商职业技术学院。国际交流合作处负责人接待来访客人，双方就教师访学进修培训、学生短期交换学习等进行洽谈交流。

【美国诺斯伍德大学代表团访问义乌工商职业技术学院】 11月25日，美国诺斯伍德大学国际项目部主任马米科·里维斯一行访问义乌工商职业技术学院。副院长何少庆会见代表团一行，双方就开展交流合作进行会谈，并希望在创业和商科领域实现学生交流、教师访学、培训进修等方面的合作。

【美国弗吉尼亚卫斯理学院ACTM项目代表团访问义乌工商职业技术学院】 12月12日，美国弗吉尼亚卫斯理学院美国文化旅游管理项目（简称ACTM项目）负责人威廉·贝克尔博士一行访问义乌工商职业技术学院。副院长何少庆及国际交流合作处负责人接待威廉·贝克尔一行，双方就ACTM项目的宣传推广和学生选拔面试等方面进行探讨交流。

【韩国新罗大学代表团访问义乌工商职业技术学院】 12月20日，韩国新罗大学国际交流处副处长金亨根和吴起涛教授一行访问义乌工商职业技术学院。国际交流合作处负责人接待金亨根、吴起涛一行，双方期待进一步加强沟通，并商讨在专升本、设立创客空间、电子商务等领域开展合作。

【澳大利亚国际工商学院院长访问义乌工商职业技术学院】 12月27日，澳大利亚国际工商学院院长吴俊访问义乌工商职业技术学院。国际交流合作处负责人接待吴俊一行，双方就开展学生交流、教师进修培训和合作办学等进行商讨。

（李　姣）

地市外事侨务

Foreign and Overseas Chinese Affairs in Prefecture-level Cities

杭 州 市

综 述

【概况】 2016年,杭州市外办紧紧围绕服务保障G20杭州峰会(以下简称峰会)这一圆心,坚持"实干至上、行动至上",全面推进峰会筹办及各项外事工作,出色完成峰会服务保障及各项目标任务,全市外事工作取得显著成效。市外办获"浙江省服务保障G20杭州峰会先进集体"称号,27人获"省级先进个人"称号,9人获"市级先进个人"称号,2人分获省、市"五一"劳动奖章。

全力保障峰会,出色完成会务服务工作。市外办在峰会筹备工作中主要牵头承担会务、对外联络与礼宾、国外代表团团长及配偶的礼品征集遴选、注册中心建设运行、多语服务平台开发运行等工作,协助做好B20峰会筹备、境外媒体记者管理服务等。自接受任务以来,市外办牵头的各项任务多次获得省市领导批示肯定,为峰会筹备工作的顺利推进及办会精彩、成功作出了积极贡献,获得上级部门和与会嘉宾充分肯定。会务服务工作是峰会筹备工作的核心。会务组作为峰会会务保障的主要职能部门,自2月18日成立以来,在中筹委和省市筹备办领导下,在全体人员共同努力和相关部门支持配合下,上下联动、精进钻研,以"忠诚、担当"的精神,全面做好领导人会议、第四次协调人会议、金砖五国和欢迎晚宴会务、会议资料、会议用品等工作,并承担"四协"指挥部、市证件专班等相关职能。共起草各类会务方案140余个,完成《2016年G20杭州峰会行政须知》《2016年G20杭州峰会代表手册》编写及中文翻译计78万字。开展专项实战演练119次,组织或参与全要素全实景全流程演练5次,实施现场设备测试7906次;会期各会场共接待参会代表3956名,完成会务安排任务73场,落实双边会谈安排77场,做好62间外方工作间的会务服务,安排好17种语言33个会议室103个次同传间(箱)的翻译工作;各文件中心处理文件6776份,咨询台提供咨询服务1203次;共申领发放各类证件89357张。圆满完成中筹委、省市筹备办下达的各项任务。出色完成会议注册工作。作为峰会先行项目,注册系统是首批亮相的项目之一。峰会注册中心是中筹委授权杭州市统筹G20中国年领导人会议及系列会议代表、记者注册工作的专门机构,主要负责根据中筹委要求拟定并贯彻注册政策,为中方部委参会人员、外方参会代表及媒体记者提供注册发证工作。注册中心正式上线后,共为12个国家部委举办的35场峰会系列会议提供互联网注册服务,共注册参会人员8984人,包括参会代表7727人、媒体记者1257人。圆满完成杭州峰会注册及证件发放工作,共注册峰会参会代表6593人(中方477人、外方6116人),媒体记者4865人;共计向41个外方代表团及31个中方部委发放注册卡6575张、徽章255个、各类副卡223张,回收废证538张、徽章13个,收发注册工作邮件2556封。实现"数据零差错、证件零失误、安全零事故、代表零投诉"目标,从第一道关口保障了峰会顺利举办。出色完成礼品征选工作。先后开展3轮礼品方案征集评选,评审材料多达16120份,16名来自相关行业的知名专家花费2天时间完成独立评审工作。最终经中央领导择优选定14种峰会礼品，入选礼品以丝、瓷、印为主，契合国家“一带一路”等战略，展示大国风范，弘扬中国文化，突出体现浙江韵味、杭州特色。根据外交部礼宾司反馈的信息，所赠礼品获得外方与会主宾及配偶高度赞赏。圆满完成礼宾接待工作。上半年，市外办主要承担峰会两员（联络员、翻译员）招募和培训、参会国和国际组织来杭先遣考察团组接待、代表筹备办联络协调参会国和国际组织；接待中央各部委来杭考察峰会筹备的副部级以下内宾团组、联系和陪同外交部礼宾司驻杭工作组工作。先后接待美国、法国、加拿大等14国峰会先遣考察团组33批120人，接待中央各部委来杭峰会考察团组16批206人。6月至峰会结束，顺利完成第四次协调人会议内外宾礼宾接待和抵离迎送，共迎接参会代表223人、送离参会代表18人。完成财金渠道副手磋商联络员招募和培训，及外宾礼宾接待和抵离迎送、峰会官网英文翻译、B20市领导出席活动的礼宾接待与翻译服务等。完成多语服务平台筹建运行工作。作为峰会首创项目及杭州推进城市国际化的重要任务，多语服务平台旨在为与会嘉宾提供优质便捷的多语翻译服务。自4月中旬接受任务后，市外办迅速组建团队赴京沪等地调研，在1个多月里完成建设方案拟定及下发、召开成员单位会议、选定合作伙伴、落实平台场地、申请“96020”特服码号等工作。5月至7月，完成平台场地建设、软硬件搭设、译员队伍组建、培训，各类公共服务呼叫平台及业务相关单位对接测试等工作。8月1日平台启动试运行，召集国际志愿者对多语服务热线的翻译服务质量进行全面测试，并根据测试情况及时改进完善，制定相应应急预案。同时，在峰会相关场馆、媒体中心、宾馆、机场、火车站等铺设双手柄翻译电话，提供远程后台即时翻译服务。8月10日正式开启峰会服务保障任务，60个译员坐席始终保持24小时满席运行、提供14个语种翻译服务。运行期间，共接听呼叫5393通、提供翻译服务54240.5分钟，高效便捷的服务得到各界好评。配合做好峰会服务保障工作。峰会期间，配合新闻宣传部门做好境外注册媒体（非随团）接待服务工作，召集全省外事系统21位干部对8个驻点进行24小时值守，协助处理相关事件37起，涉及12国家和地区的90多名记者，为营造峰会良好媒体氛围发挥了积极作用；积极协助做好B20峰会筹备及会议期间市领导的外事礼宾服务；积极完成峰会省市筹备办下达的其他任务等。

发挥地方优势，服务国家总体外交战略。坚决贯彻中央对外工作方针政策，密切配合、自觉服务中央总体外交。结合杭州实际及城市国际化战略发展需要，精心安排组织市领导赴“一带一路”沿线国家及周边地区开展友好交流合作。全年安排市领导出访11批52人次，接待国际友城团组20批130人次（其中副市长以上团组9批）。充分发挥峰会效应，不断提升全市外事部门服务保障能力，为在杭大型涉外活动及访杭国外嘉宾提供优质外事服务，巩固和发展友好交流合作关系。配合相关主办单位为联合国学习型城市第一次年会、中澳自贸协定政策说明会、宣传部新闻发布会、科协科技论坛、第13届长三角科技论坛、2016澳大利亚中国周杭州站会议活动等6次大型涉外活动提供优质的会务、礼宾接待、翻译等服务，获得服务单位和参会嘉宾好评。高效做好中国国际动漫节、亚运会筹办工作汇报会、杭州云栖大会、杭州西湖国际博览会、中国消费市场及品牌发展研讨会、“走进美丽杭州”暨“杭州民营企业牵手丝绸之路经济带”对接洽谈会等大型涉外活动国外嘉宾的礼宾接待及会议现场翻译等外事服务。同时，精心做好相关国家访杭团组的礼宾接待工作，全年接待相关团组67批389人次。其中，副部级以上重要团组3批35人次，19个国家的使领馆团组39批169人次，美国思科、特斯拉、摩根士丹利等世界500强企业12批83人次。充分发挥地方外事资源优势，积极开展民间交流。与马来西亚沙巴州马中联谊会签署友好合作备忘录，接待韩国大邱市议会代表团和日本日中友协代表团一行。全年举办澳大利亚经贸专场、斯里兰卡音乐专场、丹麦文化专场、在杭外国人春茶体验等“家门口看世界”活动4期，邀请澳大利亚、斯里兰卡、丹麦等国驻沪总领事来杭参加活动，向杭州市民推荐各国文化，市民参与人数850人次。组织教育交流走进斯里兰卡、中东欧文化交流——多瑙河赏月文化活动、佛教交流走进德国等“走出去看世界”活动3次，市民参加人数110人次。既拓宽了市民的国际视野，向世界展示杭州改革发展成果，又推进了中外民间友好交流。

深化外事为民，服务地方经济社会发展。因公出国(境)管理进一步规范。年初印发《关于做好2016年度因公出国(境)工作的通知》，明确峰会筹办期间，除因筹办工作需要及特殊情况外，市四套班子、市直各部门及区、县(市)党政领导干部原则上不安排因公出访任务，要求各地区各部门对照服务保障峰会要求，扎实做好因公出国(境)工作，全市因公出国(境)管理工作进一步规范。全年共审核、审批因公出国(境)团组948批3168人次，较上年批数下降6.32%、人数下降8.73%。其中党政机关、参公事业单位人员出访人次下降幅度明显，全年仅651人次(不含赴港澳)，较上年下降43.73%。坚持外事惠民惠企理念，积极推进护签工作信息化建设，优化完善电子护照及网上办事系统，为企业、市民“走出去”提供优质高效的外事服务。持续推进文明窗口创建活动，实行一站式服务，及时在办事大厅和外办网站公布最新签证政策。全年共办理因公出国护照签证手续860批3055人次、新颁护照2362本，办理因公赴港澳通行证和签注手续101批451人次、新颁通行证368本，办理外国人来华邀请函电确认手续2309批3006人次，申办APEC商旅卡150批303人次。涉外事务归口管理更趋有序。全年市外办协助处理各类涉外事务52次，协同外宣部门接待境外媒体采访20批134人次，牵头修订《我市涉外突发事件应急预案》和《操作手册》。建立完善相应的安保联络机制，积极参与全市反恐、禁毒、安保等工作，全年参与公安局和国安局情报会商会议7次。务实高效的应对工作为市外办赢得荣誉，获得浙江省国家安全领导小组办公室颁发的“2016年度浙江省国家安全人民防线建设优秀单位”称号。与港澳交流合作进一步推进。2016年接待香港特区政府屋宇署1名公务员来杭对口交流，市建委、规划、公安、林水、商务等部门选派6名公务员赴港开展为期4周的对口交流。11月，市政协主席叶明率团赴港澳开展联谊走访活动，出席澳门杭州政协之友联谊会成立大会和香港杭州政协之友联谊会周年大会。全年安排市领导会见港澳代表团3次，接待到杭州市相关企业访问的“香港青年·专业网络”杭州参观团。

结合“两学一做”，加强外事干部队伍建设。一是通过参与峰会筹办及挂职锻炼等形式，加大外事干部队伍培养力度。经过培训学习、实战演练及峰会检验，培养和锻炼一支熟悉国际会议办会流程、精通外语及国际惯例的外事干部队伍。二是增设杭州市外事翻译中心。为更好服务城市国际化战略，特别是峰会后杭州对外开放工作的新需求，2016年增设杭州市外事翻译中心，核增15个财政补助事业编制，为杭州市翻译人才队伍建设打下基础。三是提拔任用5名年轻干部。根据峰会筹办工作情况及平时表现，1名中层领导干部经办党组推荐提拔为市管干部，成为第19届亚运会组委会首批工作人员并将担任外联部副部长一职；4名干部通过群众评议、组织推荐、党组审议得到提拔。机关中层领导干部更趋专业化、年轻化。

重要活动

【第12届中国国际动漫节】 4月27日至5月2日在杭州白马湖举行。本次动漫节首次实现覆盖五大洲，参与国家和地区及办展规模、参与人数、交易金额、节展效益均创历次新高,共有2531家中外企业机构、5300余名客商展商和专业人士参展参会,138.15万人次参加59项活动。实际成交及达成签约交易、意向合作项目948项,涉及金额129.37亿元;动漫节综合消费涉及金额22.26亿元。

【2016外国朋友“走进美丽杭州”暨“杭州民营企业牵手丝绸之路经济带”对接洽谈会】 6月20日至21日在杭州举行。来自12个国家的驻华使领馆及商务机构代表20余人参加洽谈会,并向80余位杭州民营企业代表介绍其所在国家、地区的投资环境和投资现状。在杭期间,来宾们还参观海康威视集团、阿里巴巴集团、中国茶叶博物馆和杭帮菜博物馆。

【亚运会筹办工作汇报会】 6月23日在杭州召开。自杭州获得2022年第19届亚运会主办权以来,把筹办亚运会列入“十三五规划”,营造开放共享办亚运的良好氛围。组建亚运会组委会和工作机构,编制梳理筹办工作计划和制度,有序推进亚运场馆调研和规划建设,积极推进城市配套设施和环境提升工作。会议指出,杭州将坚持“绿色、智能、节俭、文明”办赛理念推进各项筹办工作,继续加强与亚奥理事会、亚洲各单项体育联合会沟通和联络,加快推进比赛场馆、亚运村选址及相关配套基础设施的规划、建设及比赛项目的确定。组织编制亚运会总体计划和各专项计划,启动“全民健身与亚运同行”计划,让广大民众在筹办过程中得到实利实惠,将第19届亚运会办成一届精彩、成功、令人难忘的体育盛会。

【第13届长三角科技论坛】 9月29日在杭州开幕。论坛以“创新驱动与跨界融合”为主题,设一个主会场和30余个分会场,邀请20余位院士出席各项活动,论坛持续至10月下旬。长三角科技论坛是由浙江省科协、上海市科协、江苏省科协于2004年共同创办的高层次、综合性、大规模的学术交流平台,在增强长三角地区科技创新和应用能力,推动率先发展、科学发展、可持续发展等方面发挥了积极作用,至2015年已连续举办12届,安徽省科协自第13届起参与联办。开幕式上,浙江大学校长吴朝晖发表“创新驱动发展与现代服务业”主题报告,展望未来创新愿景,探讨未来创新新态势。论坛还组织开展院士专家特色小镇、科技园区考察对接、2016生物医药余杭院士行暨中国药物创新及产业化院士论坛、2016海外英才杭州项目对接会暨首届中法青年企事业家杭州国际论坛、京沪杭高科技产业化合作交流活动暨院士专家企业行等一系列科技服务专题活动,旨在通过平台效应引进高端智力资源、助力创新驱动,为杭州经济社会发展服务。

【2016杭州云栖大会】 10月13日至16日在杭州云栖小镇举行。云栖大会前身为阿里云开发者大会,是国内最大的云计算、大数据领域峰会。本次大会主题是“飞天·进化Apsara Evolution”。阿里巴巴集团董事局主席马云在演讲时提出,未来30年社会发展将出现5个新趋势——新零售、新制造、新金融、新技术、新资源。会上,杭州市政府正式发布杭州城市数据大脑,城市大脑内核采用阿里云ET人工智能技术,可以对整个城市进行全局实时分析,自动调配公共资源,修正城市运行中的Bug。城市大脑项目组的第一步,是将交通、能源、供水等基础设施全部数据化,连接散落在城市各个单元的数据资源,打通“神经网络”。城市大脑计算平台采用飞天操作系统,飞天(Apsara)是由阿里云自主研发的超大规模通用计算操作系统。云栖小镇已累计引进包括阿里云、富士康科技、Intel、中航工业在内的各类企业425家,其中涉云企业314家,产业覆盖大数据、APP开发、游戏、互联网金融、移动互联网等领域,初步形成较为完善的云计算产业生态。

【第18届中国杭州西湖国际博览会】 10月14日至31日在杭州举行。展会以“发挥后G20效应，增强西博会活力”为主题，举办33个项目，吸引了40多个国家和地区的参展客商近1200万人次参展。实现贸易成交额108.74亿元，引进内资261.1亿元、引进外资10.23亿元。

主要出访

【市领导率团访问柬埔寨和以色列】 10月26日至11月3日，市委副书记、市长张鸿铭率杭州市代表团一行访问柬埔寨和以色列。在柬埔寨，柬埔寨常务副首相兼内政大臣韶肯会见代表团一行。韶肯对G20杭州峰会成功举办表示祝贺，对杭州市与暹粒省、金边市开展友好交流合作表示赞赏，对杭州的发展表示钦佩。他说，柬埔寨当前正处在经济发展上升期，商机多、潜力大。杭州经济发展迅速，特别是民营经济发达，希望有更多杭州企业到柬埔寨投资，特别是在基础设施、旅游开发、生态农业等领域拓展合作空间，实现共同发展。张鸿铭介绍杭州经济社会发展基本情况。他说，这次到柬埔寨访问，将从地方层面推动双方合作，通过实地走访企业、促进项目对接，推进杭商在柬项目的健康持续发展。张鸿铭还会见了暹粒省议会主席努帕拉、常务副省长文塔烈等。张鸿铭说，杭州和暹粒自2014年签署友好合作备忘录以来，两地在旅游、文化等领域开展务实高效交流合作，取得了丰硕成果，希望双方进一步深化两地友好关系，特别是在旅游、农业、基础设施建设和文化遗产保护等领域加强交流合作，推动共赢发展。努帕拉对两地友好交往给予高度肯定，并赞赏杭州市提出有关交流合作的多项建议。在金边市，代表团走访杭州之江市政建设集团柬埔寨总部，见证之江市政与中柬经济特区政府项目合作签署仪式。张鸿铭与杭州市在柬埔寨投资的华立生态产业（柬埔寨）有限公司、富通集团驻柬办事处、龙邦（金边）有限公司等企业代表座谈交流。代表团还专程拜访中国驻柬埔寨大使熊波。在以色列，张鸿铭与贝特谢梅什市市长摩西·阿布塔布尔就增进两市友城关系、深化交流合作等进行座谈，考察以色列高科技产业园和现代农业示范园区等。在海法市，张鸿铭对该市大力发展教育和科研的做法表示赞赏，希望双方积极搭建平台，建立合作机制，促进两地研发机构和生产企业开展合作。张鸿铭还会见佩雷斯中心创始人凯米·佩雷斯一行。张鸿铭与以色列外交部亚太司司长哈盖、海法大学校长罗宾、PIMA公司董事长约瑟夫·萨米特、RISCO公司董事长摩西·阿克莱及魏兹曼科学研究院负责人等会晤，就深化经贸往来、产业合作、推动科技成果转化等开展深入交流。代表团还专程拜会中国驻以色列大使詹永新。

【杭州市代表团访问马来西亚和印度】 11月5日至12日，市人大常委会主任、市人民对外友好协会会长王金财率代表团一行访问马来西亚和印度。在马来西亚，沙巴州首席部长署特别事务部长拿督张志刚及亚庇市市长拿督杨文海会见代表团，对G20杭州峰会成功举办表示祝贺。张志刚表示，杭州与亚庇市此次签署两市友好合作备忘录，必将积极推动两地在信息技术、经贸、文化、旅游、教育等领域的交流合作，促进共同发展。王金财表示，这次访问主要是与亚庇市签署两市友好合作备忘录，在旅游、经贸、文化、教育等方面加强合作，为下一步缔结正式友好城市关系打下基础。11日，举行杭州市与亚庇市友好合作备忘录签署仪式，王金财与杨文海签署《友好合作备忘录》，张志刚和沙巴州首席部长署助理部长杨爱华、中国驻亚庇总领事陈佩洁等出席签署仪式。在印度，代表团出席第五届中国印度论坛，王金财作题为《推动电子商务创新发展，促进中印电子商贸合作》主旨演讲，并与中国印度论坛主办方——全国友协副会长林怡、印度普达集团总裁拉吉夫就开展深入合作交换意见。在印度期间，代表团还参加杭州市在班加罗尔举办的“洞见中国未来——杭州商务投资环境推介会”，100多家印度企业与会;拜访中国驻印度大使馆并进行座谈,走访班加罗尔科技园和塔塔咨询服务公司等。

【杭州市代表团访问香港和澳门】 11月6日至12日,市政协主席叶明率杭州市代表团访问香港和澳门,开展联谊走访工作。出席香港杭州政协之友联谊会周年大会和澳门杭州政协之友联谊会成立大会。香港杭州政协之友联谊会成立于2015年,是在市政协联系指导下开展活动的香港社团组织,以市政协香港委员为骨干,旨在发挥人民政协团结联谊和凝心聚力作用,为推进杭港两地经济社会繁荣发展牵线搭桥,献计出力。访问期间,叶明一行走访在港的市政协香港委员、会见香港杭州政协之友联谊会顾问和理事,通报杭州服务保障G20峰会和经济社会发展的情况,并围绕如何进一步发挥政协团结统战功能及港澳委员的"双重积极作用"和政协之友联谊会作用等进行交流探讨。叶明希望在香港的市政协委员及联谊会理事,要坚持"一国两制"方针,爱国爱港,坚决拥护和支持全国人大常委会释法,旗帜鲜明反对港独,为保持香港长期繁荣稳定贡献力量。叶明一行还拜会香港中联办、香港创科局,参观考察香港铁路有限公司、香港汉基国际学校等。

表6 2016年杭州市部分出访团组情况

序号	出访时间	团长职务、姓名	出访地点
1	3月	市委副书记杨戌标	香港
2	5月	副市长谢双成	法国
3	7月	市政协副主席张鸿建	澳门
4	9月	副市长张建庭	美国、哥斯达黎加
5	9月	市政协副主席张鸿建	德国、葡萄牙
6	10月	市委常委佟桂莉	美国、印度
7	10月	市政协副主席、市委统战部长董建平	捷克、匈牙利
8	11月	市委常委、常务副市长马晓晖	克罗地亚、以色列
9	11月	市委常委、公安局长叶寒冰	香港、澳门
10	11月	副市长谢双成	英国、西班牙
11	12月	副市长陈红英	加拿大
12	12月	副市长项永丹	柬埔寨、印尼
13	12月	市政协副主席汪小玫	澳门

主要来访

【美国标翼航技公司总裁兼首席执行官访问杭州】 1月26日,市委副书记、市长张鸿铭会见美国标翼航技公司总裁兼首席执行官沃纳一行。沃纳一行主要考察西子航空大江东生产基地,并与杭州市探讨合作事宜。美国标翼航技公司是全球最大的航空器内饰件制造商,也是全球最大的航空座椅供应商,总部位于美国迈阿密,在全世界拥有35家工厂、超过40个办事处和1万名员工。

【土耳其驻沪总领事访问杭州】 2月22日，省委常委、市委书记赵一德会见土耳其驻沪总领事欧兹江·沙辛。杭州与土耳其伊斯坦布尔、安塔利亚等城市有良好合作交流基础，有很多经验值得互相借鉴学习。双方表示，愿用好举办G20峰会的机遇，建立更加友好的合作交流关系，不断扩大在经贸、旅游、城市治理、环境保护及民生改善等多领域的合作。

【美国驻华大使馆使团副团长访问杭州】 3月8日，省委常委、市委书记赵一德会见美国驻华大使馆使团副团长阮大为一行。双方表示，愿以杭州举办G20峰会为契机，深化多方面合作，更好地推动相互对接交流，提升合作水平，实现互利共赢。

【长安福特汽车公司总裁访问杭州】 3月18日，省委常委、市委书记赵一德会见长安福特汽车公司总裁马瑞麟一行。斥资7.6亿美元(约49亿元人民币)的长安福特杭州新工厂是福特在华的第四个整车厂，于2015年正式投产，是杭州市引进的第一个世界级整车项目，同时也是最大的单体工业引进项目。

【法国赛诺菲集团亚洲区高级副总裁兼中国区总裁访问杭州】 3月30日，市委副书记、市长张鸿铭会见法国赛诺菲集团亚洲区高级副总裁兼中国区总裁龙贤礼一行。赛诺菲集团与杭州有着非常好的合作基础，近年来在助推杭州经济发展、科技创新、扩大就业等方面作出了积极贡献。

【香港铁路有限公司董事局主席访问杭州】 4月19日，省委常委、市委书记赵一德会见香港铁路有限公司董事局主席马时亨一行。赵一德表示，“十三五”时期杭州将抢抓“两会两区”等重大历史机遇，高起点谋划和建设一批重大交通项目。港铁公司是国际知名大企业，在城市铁路建设、运营和物业管理、顾问服务等领域成就瞩目。近年来，港铁公司积极参与杭州地铁建设和管理，有力促进了杭州地铁发展。杭州市将一如既往地支持港铁公司在杭州各项事业的发展。

【英国驻华大使访问杭州】 4月29日，省委常委、市委书记赵一德会见英国驻华大使吴百纳一行。赵一德表示，早在1988年，英国利兹市就与杭州正式建立了友好城市关系，是与杭州市结好的第一个西欧城市。近30年来，双方官方往来互动频繁，在经贸、教育、文化、体育等各领域交流合作成果斐然。今年G20峰会将在杭州召开，希望双方能利用好这个契机，进一步加强各领域的合作交流，实现互利共赢。吴百纳表示，愿配合杭州市做好G20峰会和B20峰会的相关筹备工作，并相信随着中英两国步入黄金期，将进一步加强与杭州的多方面合作。

【美国西雅图市市长访问杭州】 5月13日，市委副书记、市长张鸿铭会见美国西雅图市市长爱德华·穆雷一行，并见证两市正式签署友好合作备忘录。同时，杭州跨境电商综试区与亚马逊中国达成合作协议。西雅图科技产业集聚了波音、微软、亚马逊等一大批世界知名创新企业。

【意大利驻华大使访问杭州】 5月26日，市委副书记、市长张鸿铭会见意大利驻华大使谢国谊一行。双方展望9月即将在杭州召开的G20领导人峰会，表达了加深相互沟通和交流合作的愿望。

【以色列驻沪总领事访问杭州】 6月6日，市委副书记、市长张鸿铭会见以色列驻沪总领事安迈凯一行。双方就加强杭州市与以色列相关城市交流合作等事项进行友好交流。

【智利驻沪总领事访问杭州】 6月16日，市委副书记、市长张鸿铭会见智利驻沪总领事龚谷泰一行，介绍杭州市经济社会发展情况和筹备G20峰会的有关情况，希望通过总领事此次来访，促进杭州与智利的深入交流与合作。龚谷泰说，虽是第一次来杭州，却被这座城市深深吸引，希望促成双方在投资、旅游、文化等多领域的交流合作,增进双方友谊。

【南非驻沪总领事访问杭州】 6月17日,市委副书记、市长张鸿铭会见南非驻沪总领事陶博闻一行。陶博闻介绍南非在杭州开设签证中心等情况。

【亚奥理事会总干事访问杭州】 6月24日,省委常委、市委书记赵一德会见亚奥理事会总干事侯赛因·穆萨拉姆一行。赵一德说,自杭州成功申办2022年第19届亚运会以来,在国务院和国家相关部委大力支持下,在国家体育总局、中国奥委会和浙江省委、省政府共同推动下,各项筹办工作正在井然有序推进。希望亚奥理事会一如既往地支持杭州筹办工作,杭州也将与亚奥理事会等加强合作,把各项筹办工作做得更加扎实、富有成效。侯赛因·穆萨拉姆表示,杭州生态环境优良,城市充满活力,亚运会筹办工作有声有色。亚奥理事会愿同各方一起努力,确保赛事圆满成功。

【葡萄牙驻华大使访问杭州】 7月7日,省委常委、市委书记赵一德会见葡萄牙驻华大使若热·托雷斯·佩雷拉及驻沪总领事若奥·佩德罗·芬斯多拉戈一行。赵一德表示,葡萄牙是杭州人青睐的旅游目的地,也是杭州企业投资发展关注的重点和热点国家。杭州与葡萄牙交流合作日益频繁,希望双方继续在经贸、交通、旅游、文化、教育、科技等各方面深入交流合作,取得更加丰硕的成果。若热·托雷斯·佩雷拉表示,将发挥好大使馆和总领事馆牵线搭桥的作用,加强多领域的交流合作,密切人员往来,实现共同发展。

【联合国秘书长访问杭州】 7月9日,省委常委、市委书记赵一德,市委副书记、市长张鸿铭会见联合国秘书长潘基文一行。潘基文一行此次受邀来杭,是参加由杭州市政府和阿里巴巴公益基金会共同举办的首届XIN公益大会。

【美国奥斯汀市市长访问杭州】 7月12日,市委副书记、市长张鸿铭会见美国奥斯汀市市长斯蒂芬·艾德勒一行。张鸿铭表示,杭州与美国许多城市在经贸、教育、科技、文化、旅游等领域的交流与合作不断深化,关系愈加密切,希望以斯蒂芬·艾德勒市长此访为契机,加强杭州与奥斯汀两市的对话交流,进一步拓宽合作领域,造福两市人民。斯蒂芬·艾德勒表示,虽是第一次来杭州,却被这座城市的优良生态环境和创业创新活力所吸引,希望促成更多交流合作,推动共赢发展。

【香港恒隆集团董事长访问杭州】 7月14日,省委常委、市委书记赵一德会见香港恒隆集团董事长陈启宗一行。双方愿抓住并用好“两会”历史机遇和“两区”战略平台,加强交流合作,共享发展红利,实现合作共赢。

【吉尔吉斯斯坦奥什市议会主席访问杭州】 7月17日,市人大常委会主任王金财会见吉尔吉斯斯坦奥什市议会主席奥尔莫诺夫一行,并简要介绍杭州的经济社会发展情况。希望未来进一步推动两市往来,携手一起发展。奥尔莫诺夫希望双方在经济、文化、教育、科技等领域进一步加强交流,取长补短,谋求共同发展。

奥尔莫诺夫一行是应外交部邀请来华,参观考察中国城市先进的市政服务机制。

【日本三菱东京日联银行(中国)有限公司行长访问杭州】 8月8日,市委副书记、市长张鸿铭会见日本三菱东京日联银行(中国)有限公司行长堀越秀一一行。双方愿进一步深化合作基础,推动杭州城市发展。

【日本驻沪总领事访问杭州】 8月10日,市委副书记、市长张鸿铭会见日本驻沪总领事片山和之一行。双方均希望深化各方面的合作。

【中实(集团)公司董事局共同主席访问杭州】 8月18日,省委常委、市委书记赵一德会见中实

(集团)公司董事局共同主席尼尔·布什一行(尼尔·布什是美国前总统老布什的三子、小布什弟弟)。尼尔·布什表示,G20峰会即将在杭州举办,杭州也将成为世界瞩目的焦点。杭州是创新之都,本次G20峰会的主题之一也是创新,杭州非常适合召开G20峰会这样的国际会议。中实集团希望能够密切与杭州交流合作,进一步增进共识,助推杭州向世界名城迈进。

【国际货币基金组织总裁访问杭州】 9月3日,省委常委、市委书记赵一德会见国际货币基金组织总裁克里斯蒂娜·拉加德一行。赵一德对克里斯蒂娜·拉加德一行来杭州出席G20峰会和B20峰会表示欢迎,并介绍杭州市围绕建设财富管理中心和新金融中心的目标、推动金融业创新发展有关情况。拉加德赞赏杭州在城市经济增长可持续性方面作出的示范,并希望与杭州一起为促进全球经济社会可持续发展共同努力。双方还就消除贸易和投资壁垒、经济可持续增长等方面进行交流。

【芬兰国会财经委员会主席访问杭州】 9月9日,市人大常委会主任、市人民对外友好协会会长王金财会见芬兰国会财经委员会主席蒂莫·卡利一行。双方进行了友好交流,并表示愿继续推动杭州与芬兰奥卢市的友好城市关系。

【美国倪德伦环球娱乐公司总裁访问杭州】 9月23日,省委常委、市委书记赵一德会见美国倪德伦环球娱乐公司总裁小罗伯特·倪德伦一行。双方表示,愿加强在文化创意产业等方面的合作交流。美国倪德伦环球娱乐公司是世界上最大现场演出娱乐公司之一。

【印度尼西亚旅游部部长访问杭州】 10月12日,市委副书记、市长张鸿铭会见印度尼西亚旅游部部长阿里夫·亚赫亚一行。双方就加强旅游、文化、教育等交流合作进行探讨。

【香港青年人士国情班学员访问杭州】 10月14日,省委常委、市委书记赵一德会见香港青年人士国情班学员一行。赵一德指出,香港青年人士国情班学员是香港社会各界的青年才俊,是促进香港和杭州经济社会文化交流的重要力量。期待杭州香港青年会发挥牵线搭桥作用,为杭港青年加强交流、增进友谊创造更多机会。欢迎香港各界青年才俊来杭创新创业、交流合作,共享G20杭州峰会带来的发展机遇。希望大家继续弘扬爱国爱港爱乡精神,坚持"一国两制"方针,为实现中华民族伟大复兴的中国梦不懈努力。

【奥的斯全球总裁访问杭州】 10月20日,省委常委、市委书记赵一德会见奥的斯全球总裁戴培杰一行,介绍杭州市经济社会发展情况。希望双方展开深层次的合作,实现发展共赢。戴培杰表示,对奥的斯在杭州的投资充满信心,并愿与杭州企业继续深化合作、拓展合作空间、实现共同发展。

【新加坡凯德集团总裁兼首席执行官访问杭州】 11月2日,省委常委、市委书记赵一德会见新加坡凯德集团总裁兼首席执行官林明彦一行。双方就深化合作、扩大在杭投资等事宜交换意见。

【美国美高梅度假集团董事长兼首席执行官访问杭州】 11月5日,省委常委、市委书记赵一德会见美国美高梅度假集团董事长兼首席执行官吉姆·穆仁一行,介绍杭州市经济社会发展情况。并表示,美高梅集团与杭州的合作前景看好,希望双方本着优势互补、互惠共赢的原则,积极开展投资合作。杭州将一如既往地提供全程式服务,努力营造更加良好的发展环境。吉姆·穆仁对美高梅度假集团在杭州的投资、合作前景充满信心,希望双方深化合作,实现共赢。

【智利驻华大使访问杭州】 11月15日,市委副书记、市长张鸿铭会见智利驻华大使贺乔治一行。双方相信，中国国家主席习近平即将对智利进行的国事访问势必将拓宽杭州与智利城市的合作渠道。

【西班牙皇家马德里足球俱乐部全球副总经理访问杭州】 11月16日，省委常委、市委书记赵一德会见西班牙皇家马德里足球俱乐部全球副总经理布尔加南·桑斯一行。赵一德表示，杭州一直高度重视足球运动和体育事业发展，当前正抢抓"后峰会、前亚运"历史机遇，加强与国际性体育赛事组织的联系与合作，创新体育赛事开发推广方式，大力培育引进体育赛事运营企业和项目，形成市场化、多元化、专业化办赛模式。皇家马德里足球俱乐部是欧洲最佳足球俱乐部，也是国际顶级足球俱乐部，希望俱乐部把更多更好的项目落户杭州，共享发展机遇。

【捷克前总理访问杭州】 11月22日，市委副书记、市长张鸿铭会见捷克前总理伊日·帕劳贝克一行。双方表示，当前两国关系日益密切，高层互访不断，为杭州与捷克城市间交流合作奠定了基础。双方愿抓住机遇，进一步深化杭州与捷克各大城市间的合作。

【美国斯坦福国际研究院总裁访问杭州】 12月13日，省委常委、市委书记赵一德会见美国斯坦福国际研究院总裁史蒂芬·史辛斯基一行。赵一德说，杭州坚定不移实施创新驱动发展战略，不断深化特色小镇、城西科创大走廊等创新平台建设，以更加开放的姿态把杭州建设成为创新技术叠加、创新优势融合的大平台，营造一流的创新创业生态，吸引更多的创新企业、团队和项目落户杭州。斯坦福国际研究院是国际上最著名的创新技术转化和商务发展机构，希望双方加强交流合作，实现共同发展。

【以色列驻沪总领事访问杭州】 12月14日，市委副书记、市长张鸿铭会见年内再次来杭访问的以色列驻沪总领事安迈凯一行。张鸿铭回顾11月访问以色列的情景，希望以此次总领事来访为新起点，双方在更广层面建立联系机制，全方位地加强科技、产业、文化、教育、旅游等领域的交流与合作。

【联合国环境署可持续城市、生活方式与产业部司长访问杭州】 12月28日，省委常委、市委书记赵一德会见联合国环境署可持续城市、生活方式与产业部司长阿拉伯·浩巴拉一行。赵一德说，杭州正以国际化、标准化视野推动环境保护工作，通过环境治理推动产业转型升级和生活方式转变，实现城市可持续发展。双方表示愿加强合作，推进杭州市可持续发展事业。

表7　2016年杭州市接待的部分来访团组

序号	来访时间	团组名称及团长职务	团长姓名	会见领导
1	2月24日	思科大中华区董事长兼首席执行官	陈仕炜	马晓晖
2	4月15日	美国迈阿密戴德郡委员会委员及郡国际商贸促进委员会主席	何塞·迪亚兹	谢双成
3	7月4日	新加坡新任驻沪总领事	罗德伟	马晓晖
4	10月24日	斯里兰卡驻沪总领事	若特纳亚	陈红英
5	11月22日	荷兰驻沪总领事	文晓安	马晓晖
6	11月28日	泰国乌汶府副府尹	赛提·劳汶萨言	吴春莲

友好城市交流

【韩国大邱市议会代表团访问杭州】 1月16日至17日，韩国大邱市议会副议长裵智淑率代表团一行访问杭州。市人大常委会副主任吴春莲会见代表团，双方就加强两市议会间合作和在经贸、文化、旅游等方面加大实质性合作进行会谈。在杭期间，代表团还实地考察了韩国临时政府杭州旧址纪念馆、杭州图书馆等。

【市友协表彰2014—2015年度先进理事单位】 2月10日，市友协举行表彰会，对近两年支持、协助市友协举办“融·杭州城市文化展”“西班牙公牛彩绘节”“杭州首届国际友好城市青少年夏令营”“中韩文化艺术周”等大型活动并取得良好社会效益和宣传效果的理事单位，即市委外宣办、市文广新局、市青少年活动中心、市图书馆、大韩民国临时政府杭州旧址纪念馆、浙江旅游职业学院等6家单位为先进理事单位，并以授牌形式予以表彰。

【马来西亚沙巴州政府拿督访问杭州】 3月3日，省委常委、市委书记赵一德会见马来西亚沙巴州政府拿督张志刚一行。双方表示，愿推动两地进一步发展为友好城市关系。

【2016杭州·广岛“和纸画”交流活动】 3月9日至11日在杭州举行。日本广岛市“虹桥会”理事长岩井梅子、事务局局长岩井艳子来杭出席活动并在杭州相关院校传授、交流“和纸画”。岩井梅子向参与活动的师生们介绍“和纸画”历史及制作技巧，现场展示优秀“和纸画”作品和色彩斑斓的和纸，讲授运用“撕、搓、揉、捻、粘”等手法作画，使现场师生直观了解“和纸画”这一日本民间艺术。

【德国海德堡市市长访问杭州】 4月7日，市委副书记、市长张鸿铭会见德国海德堡市市长埃卡特·乌尔茨一行。张鸿铭希望两市围绕科技、教育、文化和旅游等加强交流与合作，促进共赢发展。埃卡特·乌尔茨介绍海德堡市相关情况，希望进一步加强两市多领域的交流合作，促进双方共同发展。

【土耳其伊斯坦布尔市市长访问杭州】 4月28日，省委常委、市委书记赵一德会见土耳其伊斯坦布尔市市长卡迪尔·托普巴什一行，两市领导共同见证“杭州—伊斯坦布尔”友好交流合作备忘录正式签署。伊斯坦布尔是“丝绸之路”上的重要节点城市，赵一德曾于2016年率团访问伊斯坦布尔。迪尔·托普巴什本次率团回访，旨在推动两市在城市规划、经济发展、旅游贸易、文化教育等多领域的交流合作。在杭期间，卡迪尔·托普巴什一行还考察了西湖、运河、阿里巴巴集团和云栖小镇等。

【马来西亚沙巴州政府拿督再次访问杭州】 9月27日，市人大常委会主任、市友协会长王金财会见年内再次来杭访问的马来西亚沙巴州政府拿督张志刚一行。张志刚一行此次来访，旨在加快促进杭州市与沙巴州首府哥打基纳巴卢市缔结友好城市关系，进一步加强双边交流和合作，谋求共同发展。

【日本镰仓市市长访问杭州】 11月16日，市委副书记、市长张鸿铭会见日本镰仓市市长松尾崇一行。张鸿铭表示，两市开展友好交流合作已久，相信双方在发展经济、文化旅游、环境保护等领域具有非常广阔的合作前景，希望以客人们此次来杭访问为契机，进一步深化各领域的交流与合作，在青少年中引起更多的文化共鸣，实现互利共赢、共同发展。松尾崇回顾两市友好交往的历史，愿双方能在经济、教育、文化、旅游等领域深化合作交流，增进彼此友谊。

【爱尔兰科克市市长访问杭州】 11月24日，市委副书记、市长张鸿铭会见爱尔兰科克市市长戴斯·卡黑尔一行。张鸿铭邀请戴斯·卡黑尔市长率团出席2017

杭州国际友城高峰论坛，戴斯·卡黑尔接受邀请。两市于2011年签署友好合作备忘录以来，在经贸、文化、旅游、教育等领域交流成果显著。

（鲍　晟）

侨务工作

【概况】 2016年，杭州市侨办紧紧围绕市委、市政府决策部署，深入贯彻落实市委全会精神，以服务保障G20峰会为圆心，按照“立足大侨务、服务大中心”总体要求，紧抓“两学一做”学习教育，积极融入全市对外开放和经济转型战略，发挥优势、主动作为，为服务杭州市经济发展、创立世界名城、推动城市国际化作出积极贡献。

全年，在美洲、欧洲、大洋洲等20个国家和地区设立21个海外招才引资联络处，架起杭州与世界各地的沟通桥梁。以G20峰会为圆心，宣传推介杭州，举办“百家华文媒体聚焦美丽杭州”采访活动，美国、日本、澳大利亚、加拿大、马来西亚、法国、德国、葡萄牙、希腊、南非、尼日利亚、西班牙、俄罗斯、阿根廷、厄瓜多尔、巴拿马、毛里求斯、韩国、阿联酋和中国香港等25个国家与地区的华文媒体及中国内地中央级媒体等100多家海内外知名媒体记者参加，共在海外华文报纸、网站上刊登宣传文章63篇、图片238张。走访调研重点侨资企业60多家，协调处理侨商经营纠纷2起。向16个国家的102位华侨华人专业人士发放杭州创新创业政策资料，分享G20峰会的溢出效应，邀请海内外15名侨商参加第二届世界杭商大会，全方位开展引才引智工作。组织“侨界喜迎G20、争做友好使者”活动，邀请海内外侨领、侨商200余人参加活动，使他们成为推介杭州的宣传者、文化的传播者。举行港澳及海外侨领“美丽杭州行”活动，来自20多个国家和地区的华人华侨社团负责人参加。举办“2016海外杭州之友联谊大会”，邀请来自80多个国家和地区的600余名海外侨团负责人代表、海外华商、专业人士和高新技术人才参加。全年累计慰问困难归侨侨眷、侨界人士106户，发放慰问金及慰问品11.12万元；对19名困难归侨给予生活补助，发放补助金7.02万元；对9名遭受突发困难的归侨侨眷给予应急帮扶救助，提供帮扶救助金3.3万元；完成15名归国华侨回国定居审批工作。先后办理“三侨生”身份确认101人，其中高考生44名、中考生57名。接受来信来访166件次，其中来访158人次，做到件件有回复，结案率100%。杭州侨网更新网站信息980余条、图片988张，侨办官方微博发布信息1590余条、报送820余条、图片3100张。

【侨界“喜迎G20峰会、争当友好使者”倡议活动】 1月29日在杭州举行。倡议活动号召全市广大海外侨胞、港澳同胞、归侨侨眷架起杭州与世界各地的桥梁，做好杭州的宣传者、文化的传播者、热心的联络员和热情的东道主，200余名侨界人士参加倡议活动。省委常委、市委书记赵一德发来贺信指出：希望广大侨胞、港澳同胞积极发挥自身作用，讲好杭州故事、浙江故事、中国故事。期待大家能为G20峰会筹备工作出谋划策、添薪加柴，让杭州从硬件到软件都吹中国风，更具“国际范”，秉持念祖爱乡、重信明义的优良传统，当好形象代言人。杭州侨界发起倡议，倡议利用各种平台宣传杭州、传播杭州声音、讲述杭州故事、展示杭州新风貌、推介杭州新发展，向世界各国展现杭州独特魅力，团结一切可以团结的力量，践行峰会“创新、活力、联动、包容”主题精神，报效桑梓、服务家乡，用好客的姿态欢迎每一位国际友人，为杭州的国际知名度和美誉度添砖加瓦。

【海外侨领“美丽杭州行”】 3月28日至30日，来自20多个国家和地区的50余名华人华侨社团负责人参加“美丽杭州行”活动。侨领们参观考察未来科技城、梦想小镇、塘栖古镇、京杭大运河申遗陈列馆等。杭州深厚的历史文化、优美的人文环境及充满活力的创业创新环境，给侨领们留下了美好印象。30日，侨领们参加杭州城市国际化座谈会，为杭州发展建言献策。市政协主席叶明出席座谈会，他希望各位侨领发挥自身优势，积极宣传G20杭州峰会的重大意义，宣传杭州改革开放发展的重大成就，宣传杭州历史与现实交汇的独特韵味，传播好声音，汇聚正能量，牵线搭桥，促进杭州与世界各地在经贸、科技、文化、旅游等方面合作交流，共同助力杭州城市国际化和经济社会发展。侨领们纷纷表示，愿做杭州G20海外宣传大使，当好杭州与世界各地交流的桥梁与纽带，讲好杭州故事，做杭州城市国际化的推动者，为服务G20、向海外宣传推介杭州作出华侨华人的积极贡献。

【“百家华文媒体聚焦美丽杭州”采访活动】 5月23日至25日在杭州举行。采访活动以“聚焦美丽杭州、感知独特韵味，讲好杭州故事、喜迎G20峰会”为主题，美国、日本、澳大利亚、加拿大、马来西亚、法国、德国、葡萄牙和中国香港等25个国家与地区的华文媒体及中国内地中央级媒体等100多家海内外知名媒体记者参加。采访团采访滨江区海外高层次人才创新创业基地和阿里巴巴、首个云计算产业生态小镇——云栖小镇、梦想小镇、未来科技城，考察世界文化遗产——西湖、西溪国家湿地公园、钱江新城，体验杭州的历史文化和人文环境。杭州良好的宜居宜业环境和创业创新的活力给采访团成员留下美好印象。

24日，G20峰会倒计时100天之际，采访团记者参加“喜迎G20峰会、聚焦美丽杭州”为主题的中外媒体见面会。省委常委、宣传部长葛慧君，省委常委、市委书记赵一德，中宣部新闻局巡视员、副局长夏学平，国务院侨办宣传司副司长刘为杰出席会议并讲话。赵一德说，杭州为举办G20峰会，正在全力以赴做好各项筹备工作。他向侨界知名人士、世界首席刑侦大师李昌钰颁发“美丽杭州海外宣传大使”聘书，并希望能发挥其国际影响力，更好地在海外宣传杭州，为杭州城市的全球知名度、美誉度作出华人华侨应有贡献。刘为杰在讲话中希望华文媒体采访团代表们能充分发挥自身平台优势，将所见所闻变成生动精彩的中国故事、浙江故事、杭州故事，向所在国社会和人民积极介绍杭州。通过采访活动，海外华文报纸、网站先后刊登宣传文章63篇、图片238张。还共同发出助力G20杭州峰会倡议书，倡议全球海外华文媒体讲好杭州故事、传播杭州声音，掀起服务G20峰会、争做美丽杭州宣传使者热潮，向全世界展示杭州的独特韵味和别样精彩。

【“2016海外华裔青少年‘中国寻根之旅（浙江·杭州）夏令营”】 7月22日在杭州师范大学开营。来自加拿大、英国、挪威等8个国家的35名华裔青少年参加。杭州是中国首个跨境电商综合试验区，本次夏令营以跨境电商为“寻根”主题，相关课程由杭州师范大学国际教育学院与阿里巴巴集团共建的阿里巴巴商学院授课。为期两周的夏令营期间，参营的华裔青少年学习了民乐、书法、剪纸、舞蹈、功夫等中国传统文化课程，通过体验杭州人文环境、学习茶文化、考察桐庐孝道文化村等学习杭州历史文化。

【2016海外杭州之友联谊大会暨海外华商杭州投资洽谈会】 9月20日至21日在杭州举行。大会以“情聚西湖、万侨创新”为主题，来自80多个国家和地区的600余名海外浙江籍侨团负责人、海外杭州籍侨团代表、海外浙商知名人士代表、海外华商、专业人士及高新技术人才等参会并进行项目洽谈。省委常委、市委书记赵一德会见全体代表，市委副书记、市长张鸿铭一同会见并在开幕式上致辞。赵一德指出，“后峰会”时代，希望侨胞当好美丽杭州建设的“生力军”，当好“杭州故事”的传播者，当好改革开放发展的智囊团，杭州的发展机遇就是侨胞的发展机遇。张鸿铭在致辞中指出，海外华侨华人、港澳同胞是杭州发展不可或缺的重要力量，希望广大侨胞积极帮助杭州参与国际经济合作和文化交流，带动更多华人华侨来杭创新创

业。与会代表还分线赴江干区、拱墅区、萧山区及杭州经济技术开发区等考察投资环境，进行项目对接洽谈。

【市侨务引才引智访问团访问墨西哥和哥伦比亚】 10月19日至26日，市侨办组织侨务引才引智访问团访问墨西哥和哥伦比亚，拓展海外侨务资源，鼓励海外浙商积极回国投资创业。访问团与墨西哥华人华侨社团联合总会、墨西哥中国人总商会，哥伦比亚浙江工商总会、哥伦比亚华人华侨联谊会等20余个海外社团及近200位华侨华人进行座谈交流，详细解答了杭州市投资环境及政策等。访问期间，在墨西哥城和波哥大分别新设立中国杭州市支持浙商创业创新海外工作联络处，并举行授牌仪式。

【市侨办组织考察团访问巴西和秘鲁】 12月19日至28日，市侨办组织考察团一行访问巴西和秘鲁。考察团与巴西商会、秘鲁中华通惠总局等20余个社团的侨领、侨胞们进行座谈交流，向他们推介杭州创新创业的良好环境和投资环境、优惠政策等情况。访问期间，在圣保罗新设立中国杭州市支持浙商创业创新海外工作联络处，并举行授牌仪式。

【第五届杭州市"侨界十大杰出人物"评选】 2016年度，经过各区、县(市)侨办及相关涉侨部门推荐申报、确定候选人及投票评选等阶段，市侨办与市委统战部、市人大民宗侨委、市政协港澳台侨和外事委员会、市侨联、致公党杭州市委决定：杭州师范大学教授于彦春、泽品科技(杭州)有限公司总经理卢国文、浙江好创生物技术有限公司董事长朱一心、浙江方大智控科技有限公司董事长宋宏伟、澳洲浙江总会会长陈静、杭州天丰源股份有限公司董事长陈刚、中国美术学院艺术管理与教育学院副院长单增、纽约商务传媒集团董事长姜卫民、杭州福膜斯材料科技有限公司总经理顾方明、杭州鸿运华宁生物医药工程有限公司首席执行官景书谦10位侨界人士为第五届杭州市"侨界十大杰出人物"。

【第二届杭州市"侨界爱心人士"评选】 2016年度，经各区、县(市)及有关单位推荐，市侨办与市慈善总会共同决定授予杭州昀辉堂健康管理有限公司董事长王京辉、杭州中庆建设有限公司董事长孔庆生、香港福慧慈善基金会董事会主席严崔常敏、杭州广利集团有限公司董事长李国林、浙江泰普森控股集团有限公司董事长杨宝庆、杭州莫里乔纳餐饮有限公司董事长吴静、浙江好安居集团公司董事长吴超英、浙江珍琦护理用品有限公司董事副总经理俞小英、杭州奥默医药股份有限公司董事长漆又毛、香港萧山旅港同乡会9位侨界人士和1个侨团为第二届杭州市"侨界爱心人士"。号召广大侨界人士向榜样学习，报效祖国、服务人民，爱岗敬业、甘于奉献，积极进取、为侨争光，与时俱进、求真务实，在各自岗位上取得新的更大成绩，为杭州推进历史文化名城、创新活力之城、东方品质之城和美丽中国样本建设作出更大贡献。

（范泳仪）

宁波市

综　述

【概况】　2016年，宁波市外事工作以推进城市国际化工作为主线，服务国家总体外交有新成效、对外交流合作平台有新拓展、外事管理服务水平有新提高。凸显城市国际化地位作用。市委把推进城市国际化列为重大战略，发布《宁波市城市国际化评价指标体系》，将城市国际化工作纳入全市市直单位目标考核单项考核内容。树立城市国际化良好形象。抽调精干力量重点服务G20杭州峰会和乌镇世界互联网大会，市外办被省委省政府授予G20服务保障工作先进集体。扎实服务市高层领导出访和各项重要活动。市委副书记、代市长唐一军率团出席在波兰华沙举行的第四届中波地方合作论坛和"丝路国际论坛2016年会"，统筹服务中国—中东欧国家合作系列活动，全力做好"16＋1"部长级会议及13场双边会晤服务保障工作，组团赴捷克参加"中国投资论坛"。牵头服务在甬重大涉外活动及重要团组来访。成功承办2016年国际城市和港口合作论坛，邀请80多位国际港口城市和港口企业代表参会。协助做好中日韩青少年运动会、中韩日三国佛教友好大会、文博会暨东亚文化之都开幕式及闭幕式、中韩慈善论坛、APEC城镇化高层论坛服务保障工作。认真做好印度果阿邦政府代表团、柬埔寨人民党干部考察团、葡萄牙社会民主党干部考察团和白俄罗斯副总理、葡萄牙外交部部长、英国教育大臣、泰国工业部副部长、LG集团全球副总裁等重要客人来访接待工作。全年接待33国驻华使领馆官员56批131人次，其中大使14人次、总领事21人次。丰富城市国际化发展内容。推进宁波—中东欧地方合作，举办第三届中国(宁波)—中东欧省(州)市长论坛。深化友城务实合作，友城布局进一步优化。积极做好宁波—亚琛结好30周年庆祝活动、意大利佛罗伦萨市赠送宁波市大卫雕像落成10周年纪念等活动。经贸交流合作和人文领域交流进一步加强，成功组织举办2016年"欧洲宁波周"活动。民间友好交流进一步深化。

全年申办APEC商务旅行卡847例，比上年增加62.9%；办理邀请外国人来华手续3799批5007人次；办理领事认证13978批28424份，比上年分别增加22.6%和29.1%；办理因公签证1102批3645人次，分别减少4.5%和2.8%；代办因私签证4926批8040人次，分别增加1.9%和减少0.4%。

重要活动

【宁波市与英国诺丁汉市签署交流合作五年规划】　2月26日，中英两国经贸联委会和中英地方投资贸易合作论坛在英国伯明翰举行。副市长王剑侯会见英国诺丁汉市议会议长科林斯、诺丁汉市政府行政长官科睿恩率领的诺丁汉市政府代表团，就两市进一步开展实质性交流与合作进行会谈，并签署《宁波—诺丁汉友好交流合作五年规划》。此规划系中英地方政府签署的首个交流合作规划。根据规划，宁波市与诺丁汉市将进一步加强贸易投资领域的合作，为两市有意向的目标企业提供“软着陆”服务，组织商务代表团互访，促进企业开展项目合作；推进留学生交流、友好学校建立、语言培训、师资培训、职业教育等领域的合作；积极开展文化、体育等领域交流与合作，推动市民之间交流，努力将两市友好关系推向新高度，造福两市人民。

【统筹服务中国—中东欧国家合作系列活动】 6月8日至12日，第二届中国—中东欧国家投资贸易博览会在宁波举行。9日，第二次中国—中东欧国家经贸促进部长级会议在宁波举行，市外办负责牵头做好外宾接待工作，共接待外方正式参会代表92人，其中副总理2人（波黑部长会议副主席兼外经贸部部长沙罗维奇，罗马尼亚副总理兼经济、贸易和与商界关系部部长博尔克）、正部长3人、副部长9人、驻华大使6人；全力配合做好商务部“16+1”部长级会议及13场双边会晤的服务保障工作；牵头做好省委书记夏宝龙及市委副书记、代市长唐一军会见波黑、罗马尼亚代表团等；积极协助做好开幕招待酒会及项目签约仪式；安排个性化考察、对接活动10余场。组织市演艺集团选送精品文艺节目在中国—中东欧国家人文交流年新闻发布会暨启动仪式现场演出，受到外交部领导和中东欧来宾的高度评价。

【第三届中国（宁波）—中东欧国家省（州）市长论坛】 6月10日，以“地方产能合作与人文交流”为主题的第三届中国（宁波）—中东欧国家省（州）市长论坛在宁波召开。市委副书记、代市长唐一军作《务实开创城市间合作共赢新局面》主旨演讲。唐一军表示，近年来宁波与中东欧国家有关地区和城市的合作内容日渐丰富和成熟，在开展与中东欧国家地方合作交流方面，已形成三方面明显优势：一是发达的经济和开放的胸怀；二是优越的条件和进取的精神；三是良好的基础和务实的态度。宁波将以博览会活动为契机，全面深化拓展与中东欧城市的产业合作、市场对接、贸易往来和人文交流。

【完成G20杭州峰会服务保障工作】 9月4日至5日，G20峰会在杭州召开。根据省、市的统一部署，市外办派出18人工作组，全力保障G20杭州峰会。配合完成国家领导人与各国政要双边会谈、金砖国家领导人非正式会晤等38场次活动及接待国际货币基金组织等重要代表团的服务保障工作。市外办被省委省政府授予G20服务保障工作先进集体。

【意大利佛罗伦萨市赠送的大卫雕像落成十周年纪念活动】 10月21日在宁波举行。副市长张明华，意大利佛罗伦萨市副市长乔瓦尼·贝塔里尼，佛罗伦萨市议员、宁波市荣誉市民马里奥，意大利驻沪总领事特派代表米歇尔·杰拉奇参加纪念活动。

【宁波—亚琛结好三十周年庆祝活动】 11月1日在宁波举行。副市长王剑侯，德国亚琛市市长马塞尔·菲利普、驻沪总领事馆代表郎素安出席活动并致辞。1986年10月，德国亚琛市成为宁波市在欧洲的第一个国际友好城市。2016年两市结好30周年，9月宁波市在亚琛市举办“宁波周”系列活动。

【加快推进城市国际化争创开放发展新优势】 11月10日，市人大常委会召开主任会议，专题听取宁波市推进城市国际化工作情况汇报，市人大常委会主任王勇主持会议。会议强调，要加快推进城市国际化发展，大力提升国际化水平，推动“一圈三中心”建设和宁波都市圈建设，实现向全国大城市第一方队迈进的目标。市人大常委会副主任宋伟、邬和民、王建康、施孝国、翁鲁敏、胡谟敦和秘书长杨剑耀出席会议。

【宁波市外事翻译中心成立】 11月29日，举行宁波市外事翻译中心成立挂牌仪式。副市长王剑侯出席仪式并致辞。市外事翻译中心将主要承担市领导重要外事活动和全市重要国际会议、涉外活动的同传、交传翻译任务，承担与世界各国全方位交流与合作的语言翻译任务，为宁波市企业“走出去”拓展海外市场提供语言翻译服务，会同市级相关部门收集、翻译、分析全球经贸与投资信息，为宁波市引进世界500强企业提供跟踪服务等。翻译中心已招录英语同传及西班牙语、俄语、克罗地亚语（塞尔维亚语）等语种翻译，在宁波举办的中国—中东欧国家投资贸易博览会、中国航海日论坛、甬港经济合作论坛等多项重大涉外活动提供服务。

【做好2016“东亚文化之都”中日韩文化交流系列活动】 2016年，市外办协助市文广局做好“东亚文化之都”活动开幕式、闭幕式相关工作，协助市民宗局做好中韩日佛教大会接待和翻译工作，协助市体育局做好中日韩青少年运动会的接待和翻译工作。

主要出访

【宁波市政府代表团访问波兰】 6月19日，市委副书记、代市长唐一军率市政府代表团访问波兰。代表团在波兰华沙出席丝路国际论坛暨中波地方与经贸合作论坛开幕式。论坛上，唐一军作题为《让科技创新成为发展第一引擎》的演讲。中波地方与经贸合作论坛由中国人民对外友好协会和波兰经济发展部、外交部等主办。

【市领导出席“丝路国际论坛2016”并演讲】 6月21日，市委副书记、代市长唐一军出席在波兰华沙举行的“丝路国际论坛2016”，并作题为“深化全面开放合作，共创城市繁荣发展”演讲。“丝路国际论坛2016”由中国国务院发展研究中心、国际关系和可持续发展中心，波兰信息与外国投资局、联合国开发计划署联合主办，中国人民对外友好协会、中国发展研究基金会、南南合作金融中心协办。

主要来访

【匈牙利外交和对外经济部副部长访问宁波】 1月12日至13日，匈牙利外交和对外经济部副部长萨博·拉斯洛一行访问宁波。副市长王剑侯会见拉斯洛一行，对匈牙利国家贸易署宁波代表处的设立表示祝贺，并简要介绍宁波市经济社会发展情况以及中东欧博览会展览馆、会务馆建设进展。他说，宁波与中东欧各国交往频繁，特别是中东欧博览会在宁波一届比一届办得精彩，为双方扩大深化合作提供更大平台。希望匈牙利今年积极发挥主宾国的示范作用，和中东欧各国一道努力把第二届中国—中东欧国家合作经贸促进部长级会议以及中东欧博览会办好、办成功。宁波愿与匈牙利携手参与“一带一路”建设，在经贸往来、交通发展等多领域加强合作，促进互联互通、互利互惠、共同发展。

【韩国LG集团副会长访问宁波】 1月14日，韩国LG集团副会长、LG化学CEO朴镇洙一行访问宁波。市领导向客人简要介绍宁波市经济社会发展情况，并表示宁波与韩国经贸合作密切，LG化学株式会社在宁波的投资也取得丰硕成果，为宁波经济发展作出贡献。希望LG化学能有更多的新项目好项目落户宁波，推动产业链延伸，助力宁波产业转型升级，实现互利双赢。LG化学隶属于韩国三大集团之一LG集团，是其重要的支柱产业之一。宁波乐金甬兴化工有限公司由宁波开发投资集团公司与韩国LG化学株式会社在1996年共同出资组建。

【英国驻华大使访问宁波】 5月12日，英国驻华大使吴百纳一行2人访问宁波，出席宁波诺丁汉大学新报告厅命名揭牌仪式，并为师生作题为“黄金时代的英中关系”讲座。

【瑞士驻华大使访问宁波】 5月13日至15日，瑞士驻华大使戴尚贤访问宁波，出席2016首届国际家族办公室大会开幕式并致辞，还赴象山考察。

【葡萄牙外交部副部长访问宁波】

5月16日至17日，葡萄牙外交部副部长乔治·奥利维拉一行访问宁波。17日，市委常委、常务副市长陈奕君会见乔治·奥利维拉一行。当天上午，举行葡萄牙经贸推介会，奥利维拉一行就葡萄牙的区位优势、历史文化、重点产业等情况向宁波市工商界人士进行推介，与市有关部门、企业进行洽谈。

【美国驻沪总领事访问宁波】 5月26日，美国驻沪总领事史墨客、领事处领事郝蕊秋、外联处助理李浩津川一行3人访问宁波，出席由投资美国委员会和市投促局举办的“投资美国峰会”，并拜访宁波市图书馆和圣教堂。

【亚美尼亚驻华大使访问宁波】 6月9日，亚美尼亚驻华大使谢尔盖·马纳萨良访问宁波，出席位于保税区的阿拉若山亚美尼亚国家展馆开馆仪式。

【拉脱维亚副总理兼经济部长访问宁波】 9月6日至8日，拉脱维亚副总理兼经济部长阿舍拉登斯一行访问宁波，拉脱维亚驻华大使赛尔嘉陪同来访。7日，省委常委、市委书记唐一军会见阿舍拉登斯一行。唐一军简要介绍宁波经济社会发展情况。他说，宁波高度重视与拉脱维亚之间的交流合作。阿舍拉登斯表示，拉脱维亚高度重视与中国各地开展合作，对宁波市大力支持与拉脱维亚的交流合作表示十分赞赏。在宁波期间，阿舍拉登斯出席拉脱维亚·宁波经贸论坛，并考察中东欧国家特色商品常年展拉脱维亚馆、拉脱维亚投资发展署宁波代表处等。

【捷克共和国高级访问团访问宁波】 11月24日至25日，捷克共和国前总理伊日·帕劳贝克，中东欧经贸联合会会长关胜、副会长周明、秘书瑞娜塔·米科娃一行4人访问宁波。24日，副市长陈仲朝会见访问团一行，向客人简要介绍宁波经济社会发展情况。他说，宁波积极落实“一带一路”倡议，与捷克等中东欧国家的合作取得显著成效，经贸、文化、教育、旅游等领域的交流合作全面展开。今年落户慈溪的浙江省首个中捷产业合作园，使双方的合作翻开新的一页。宁波希望与捷克加强交流往来，进一步深化经贸、科技、人文等多领域广泛交流。伊日·帕劳贝克表示，愿继续推动捷克与宁波的交流合作，在共建‘一带一路”中持续发挥作用。访问期间，伊日·帕劳贝克一行与市有关部门会谈，并考察中捷(宁波)国际产业合作园和宁波进口商品中心。

【比利时西弗兰德省省长访问宁波大学】 11月29日，比利时西弗兰德省省长卡尔·德卡卢维、比利时韦弗斯大学学院院长乔瑞思库德克斯、弗兰德斯海洋研究所所长杨·梅斯等一行7人访问宁波大学，比利时驻华大使马怀宇陪同访问。韦弗斯大学学院及弗兰德斯海洋研究所与宁波大学签订合作协议。

表8　2016年其他来访团组情况

时间	团组名称	来访人员	主要活动
1月19～22日	柬埔寨人民党干部考察团	海外青年工作组副主席、矿产能源部国务秘书索卡万一行20人	参观宁波港、鄞州区东城社区和市青年社会组织孵化中心等
3月23～24日	泰国工业部考察团	副次长乌东·翁威瓦猜一行10人	考察宁波经济技术开发区、宁波港股份有限公司和申洲针织有限公司等

续表

时间	团组名称	来访人员	主要活动
3 月 26～27 日	白俄罗斯高级团组	白俄罗斯副总理谢马士科、工业部副部长武秋平、驻沪总领事马采利、明斯克州执行委员会主席谢苗、鲍里索夫区执行委员会主席弗拉基米洛维奇等一行 8 人	出席吉利新车博越发布仪式并考察春晓工厂
3 月 30～31 日	英国教育大臣	尼克·吉布	与市教育局座谈，并参观宁波诺丁汉大学和一所小学
4 月 17～19 日	葡萄牙社会民主党干部考察团	总书记马托斯·罗萨一行 12 人	考察宁波港、保税区进口商品中心、宁波艾美柯集团，参观滕头村和天一阁
6 月 5～12 日	中东欧各国高级别代表团	正式参会代表 92 人，其中副总理 2 人（波黑部长会议副主席兼外经贸部部长沙罗维奇、罗马尼亚副总理兼经济、贸易和与商界关系部部长博尔克）、正部长 3 人、副部长 9 人、驻华大使 6 人	出席第二次中国—中东欧国家经贸促进部长级会议
7 月 28～30 日	菲律宾媒体记者代表团	代表团一行 13 人	考察宁波舟山港集团、宁波经济技术开发区、吉利汽车有限公司等
8 月 23～25 日	印度果阿邦商会经贸代表团	商会主席班德卡一行 15 人	与宁波市企业举行经贸对接会，并考察宁波港、鄞州投资创业中心及部分重点企业
9 月 11 日	美国麻省理工学院访问团	副校长柯克·克莱恩布莱恩德尔	参加供应链创新＋论坛
9 月 23～24 日	汤加王国国民议会访问团	议长图伊瓦卡诺	考察汤加经贸旅游宁波中心
10 月 20～21 日	缅甸全国民主联盟干部考察团	中央青年执行委员会副主席、人民议会议员韦漂昂一行 19 人	参观宁波市鄞州区大学生（青年）创业园等
10 月 22 日	贝宁共和国高级访问团	贝宁共和国基础设施与交通部部长埃尔韦·埃奥梅、经济财政部部长罗穆亚尔德·瓦达尼、总统顾问奥利维尔·博科一行 3 人	与宁波舟山港就港口合作事宜进行磋商，并考察宁波职业技术学院
11 月 9～11 日	贝宁市长代表团	贝宁卡拉维市市长乔治斯·巴达和冈波波市市长阿纳尼隆吉	考察宁波舟山港、吉利汽车有限公司等

表9　2016年外国驻华使(领)馆官员访问宁波情况

日期	国家	主宾职务姓名	人数	主要活动
1月20～21日	泰国	新任驻沪总领事巴丽彩	5人	参观宁波港
1月28～29日	越南	新任驻沪总领事阮青梅	3人	参观宁波港、保税区进口商品展示交易中心等，并与市旅游局和部分旅行社座谈
3月3日	韩国	驻沪总领事韩硕熙	4人	参观宁波博物馆和高丽使馆遗址
3月15～16日	美国	驻沪总领事馆签证处处长约翰·歌瑞德斯基	2人	与宁波栎社国际机场、航空公司、旅行社等部门座谈，介绍美国签证新规
4月7日	塞尔维亚	驻沪代总领事戴阳·马林科维奇	2人	拜会市商务委，考察和丰创意广场和杭州湾新区等
4月8日	美国	驻沪商务领事朱保鉤、经济领事芮力和商务专员姚德康	3人	拜会市发改委，跟踪“中美工业锅炉能效提升”项目合作进展情况
4月14～16日	韩国	驻华大使馆公使衔参赞、文化院院长韩在爀	2人	出席东亚文化之都开幕活动
4月21～22日	匈牙利	驻沪商务领事唐安哲	2人	拜会市外办、市商务委和市体育局
4月23～24日	乌克兰	驻华大使馆文化参赞兼首席新闻官列娜·舍普琴科，驻华大使夫人达吉亚娜宁·焦明	2人	出席乌克兰哈尔科夫市儿童芭蕾舞品牌新闻发布会暨中乌合作少儿芭蕾舞剧《梁祝》启动签约仪式
5月6日	印度	驻沪文化领事平晓万	2人	就国际瑜珈日活动与市外办、市体育局等进行磋商
5月11日	韩国	驻沪副总领事朴钟硕，领事李忠万、赵成姬等	5人	考察宁波博物馆、高丽使馆遗址等
5月13日	厄瓜多尔	驻华大使馆商务参赞塞班达	2人	与市口岸打私办、宁波舟山港、市交通委、市国际联运协会等进行座谈交流
6月4日	匈牙利	驻沪总领事乐文特、商务领事唐安哲	2人	就举办匈牙利—中国投资贸易论坛考察老外滩
6月10日	泰国	驻沪总领事巴丽彩	10人	观摩世界女排大奖赛宁波站中国对泰国的比赛
6月26日	印度	驻沪文化领事平晓万	1人	举办“第二届中国宁波国际瑜珈日”活动
7月1日	荷兰	驻沪总领事艾晓安	2人	拜会市领导
7月21日	英国	驻沪副总领事柯牧申	3人	拜会市外办、市发改委、宁波诺丁汉大学等
8月7～8日	加拿大	驻沪总领事艾伟敦	1人	参加加拿大美食节开幕式，并参观宁波港及美博进出口公司

续表

日期	国家	主宾职务姓名	人数	主要活动
9月6～7日	美国	驻沪新任商务领事周雷、高级商务专员刘媛、商务专员邹佩杰	3人	拜访市商务委、商协会，与市教育局商洽教育领域、高校合作事宜
9月13日	荷兰	驻沪总领事艾晓安	10人	与市住建委就海绵城市话题举行座谈
9月13～14日	美国	驻沪新任商务领事史森和助理潘晓莉	2人	拜访市贸促会，就加强医疗卫生领域的合作进行交流，并访问慈林医院
9月22日	法国	新任驻沪教育领事和大学合作项目专员符雅莉	2人	拜会宁波大学，就中法合作旅游项目及宁波大学中法合作旅游与文化学院的申报工作进行商议
9月23～25日	斯里兰卡、西班牙、墨西哥	斯里兰卡驻华大使、西班牙驻沪商务领事、墨西哥驻沪商务领事	3人	参加由市委组织部承办的全球化企业发展中国论坛
10月18日	美国	驻沪领事处副领事胡安	2人	向宁波埃比西斯机械有限公司等4家美资企业宣讲企业赴美签证政策。向浙仑海外旅行社等宣讲赴美旅游签证政策
11月7～8日	英国	驻沪经济领事林洁希	3人	拜会市金融办、国资委、宁波银行等
11月16～18日	加拿大	驻华大使馆商务处二秘包马泰及商务专员赵晓娟	2人	参加宁波海关举办的知识产权保护培训
11月24日	新加坡	驻沪副总领事王宗翰	4人	出席新加坡投资推介会
12月16日	美国	驻沪商务领事弗兰克约瑟夫	1人	出席投资美国午餐会

友好城市交流

【澳大利亚西澳州政府代表团访问宁波】 7月5日，澳大利亚西澳州发展部部长兼农经拓展部、财政部、创新部部长迈米安，农业与食品部部长兼交通部部长丁那德等澳大利亚西澳州政府代表团一行访问宁波。市领导会见代表团一行。代表团一行考察宁波市澳洲活牛和铁矿石进口设施。

【墨西哥杜兰戈市代表团访问宁波】 8月16日至18日，墨西哥杜兰戈市市长何塞·雷蒙·恩里克斯·埃雷拉率墨西哥杜兰戈市代表团一行10人访问宁波。市委常委、常务副市长陈奕君会见代表团一行，介绍宁波历史文化和经济社会发展情况，希望两市今后进一步深化经贸合作，在更多领域实现互惠共赢。恩里克斯表示，欢迎宁波企业前往杜兰戈市投资合作，今年将在宁波设立办事机构，推动两市深化友好合作。在宁波期间，代表团一行考察梅山保税港区及宁波市与墨西哥开展经贸合作的主要企业。

【德国亚琛市代表团访问宁波】 10月31日至11月2日，德国亚琛市市长马塞尔·菲利普一行10人访问宁波。省委常委、市委书记、代市长唐一军会见代表团一行，他说，宁波和亚琛两市结好30年来，在双方共同努力下，经济、科技、文化、卫生等方面交流合作不断拓展和全面推进，取得了丰硕成果。宁波和亚琛要以庆祝两市结好30周年为契机，进一步深化交流合作，为增强两国之间的友谊作出贡献。访问期间，两市举办结好30周年庆祝活动。代表团参观华翔、均胜电子企业及德语俱乐部。

【英国“米德兰引擎”代表团访问宁波】 10月31日至11月2日，由渣打银行董事会主席、诺丁汉郡督庄贝思，诺丁汉市政府首席行政官柯睿恩率领的英国“米德兰引擎”代表团一行21人访问宁波。省委常委、市委书记、代市长唐一军会见代表团一行，并介绍宁波经济社会发展情况。希望双方在经贸、科技、医疗、教育、文化等领域，更好地探索合作交流途径和具体项目，进一步推进宁波与英国各地之间的交流合作，促进共同繁荣发展。代表团一行与宁波相关部门进行工作会谈、出席宁波诺丁汉大学及渣打银行宁波分行主办的相关活动，教育及商业代表与宁波市相关院校和企业进行对接洽谈。

（代建民　干沐沙）

表10　2016年宁波市友好交流情况一览

日期	团名	人数	主宾姓名	主要活动
1月18日	韩国大邱市议会代表团	12	市议会企划行政委员长裴智淑	市人大常委会副主任邬和民会见代表团
1月22日	日本静冈县农林水产代表团	16	理事大谷德生	副市长王剑侯会见，举办静冈县农林水产品推介会，参观路林市场
1月22日	加拿大不列颠哥伦比亚省代表团	10	加拿大驻沪总领事馆副领事高瑞莲	举办贸易投资推介会
2月3日	国际港口协会代表团	2		与市外办、市交通委座谈，参观天一阁
2月15日	宁波诺丁汉投资贸易促进办公室	3		商谈宁波诺丁汉五年交流计划
3月26日	白俄罗斯明斯克州代表团	5	执行委员会主席谢苗·沙比罗	副市长王仁洲会见，签署宁波市与鲍里索夫区建立友好交流关系意向书
4月6～8日	奥地利林茨经贸代表团	19	副市长苏珊娜·维克赛德，奥中国际经贸促进会会长、浙籍著名侨领倪铁平	副市长王剑侯会见，参观均胜电子、韵升等
4月11～18日	法国鲁昂市雷伊中学师生团	23		与宁波外事学校结对交流
4月14～17日	日本长冈京市代表团	4	友好交流协会宁波委员会会长木下义次	参加“东亚文化之都”开幕式，考察长冈京市特色商品展示区，访问宁波大学、参加30周年纪念活动等
4月21日	英国诺丁汉市代表团		行政长官柯睿恩	副市长王剑侯会见，签署两市五年发展规划实施纲要
5月7～13日	法国鲁昂金属板材工业代表团	15		参观宁波市相关企业，达成系列投资合作意向
5月9日	法国鲁昂—宁波友好城市委员会主席		勒马尚	举办“法国友人勒马尚30年宁波情结”，接受央视法语频道采访

续表

日期	团名	人数	主宾姓名	主要活动
5月16日	日本静冈县代表团	3	静冈县对外关系辅佐官东乡和彦	与市外办就城市结好、交流计划等举行工作会谈，参观进口商品展示中心等
5月20日	日本长冈京市友好交流协会会长一行	3	会长小原勉	与市外办工作会谈
5月20～23日	韩国平泽市网球代表团	8	平泽市政府体育课孔在晶	参加宁波市国际网球业余邀请赛
5月23～24日	埃及苏伊士省政府秘书长一行	3	秘书长舒凯里・萨尔汉	副市长王剑侯会见，签署宁波市与苏伊士市建立友好交流关系协议书，参观吉利汽车、港口博物馆、宁波港集装箱码头、进口商品展示中心等
6月7～11日	克罗地亚海山省代表团	7	副省长马琳娜・梅达里奇 市长伊沃・杜伊米奇	参加中东欧省州市长论坛及相关活动
6月7～11日	拉脱维亚文茨皮尔斯市代表团	3	市长代表、文茨皮尔斯港CEO伊戈尔・乌多多夫	
6月7～12日	匈牙利维斯普雷姆市代表团	3	市长代表、议员佐尔坦・施特莱纳	
6月7～12日	斯洛伐克日利那州代表团	16	副州长约瑟夫・施特尔巴、马丁市副市长因姆利赫・日戈	
6月7～12日	罗马尼亚克卢日纳波卡市代表团	2	国际部主任	
6月8～10日	白俄罗斯鲍里索夫大区代表团	4	副主席米兰诺维奇・弗拉米诺维奇	
6月8～11日	亚美尼亚卡潘市代表团	4	市长阿肖特・海拉佩特扬	
6月8～12日	塞尔维亚诺维萨德市代表团	4	市长代表、经发局局长玛丽娅娜・杜基奇・米亚托维奇	
6月9～10日	匈牙利塞格萨德市代表团	6	市长瑞兹索・阿克斯	
6月9～12日	匈牙利布达佩斯市代表团	2	副市长加博尔・博格迪	
6月9～12日	波兰小波兰省代表团	10	副省长沃伊切赫・科扎克	
6月9～12日	斯洛文尼亚马里博尔市代表团	3	市长代表、市长投资事务顾问马可・科瓦契奇	

续表

日期	团名	人数	主宾姓名	主要活动
6月19日～8月30日	波兰比得哥什市实习生	1	奥莉薇亚	在市外办、宁波大学学习汉语
6月26～28日	韩国釜山市代表团	3	郑铉珉	参加茶花奖颁奖典礼
6月28日～7月1日	韩国大邱大学生代表团	5		参加宁波国际大学生节
7月11～12日	法国勒阿弗尔鲁昂巴黎港代表团	3	法国鲁昂港港区规划和环境部主任瑞吉斯	参加国际城市和港口合作论坛，参观宁波港集装箱码头、港口博物馆
7月11～12日	比利时安特卫普港代表团	3		参加国际城市和港口合作论坛，参观天一阁、宁波港集装箱码头、港口博物馆
7月11～12日	马达加斯加塔马塔夫港代表团	1	马达加斯加塔马塔夫港总裁克里斯蒂安	
7月11～12日	贝宁科托努市代表团	7	第一副市长伊泽道尔・格诺隆夫	
7月11～12日	日本静冈县代表团	4	清水港管理局局长藤浪哲也	
7月11～12日	韩国全罗南道代表团	3	海洋水产局局长裴泽休	
7月11～12日	韩国丽水市光阳港代表团	3	光阳港湾公社社长宣元杓	
7月11～12日	韩国蔚山港湾公社代表团	3	社长姜永烈	
7月20～24日	韩国大邱市青少年代表团	20	大邱市政府公务员朱炤辰	与江北实验中学交流
8月8～12日	韩国平泽市青少年代表团	15	平泽青少年中心主任李种奎	与宁波四中开展友好交流
9月22～24日	韩国顺天市业余围棋代表队			参加第二届宁波中日韩三国业余围棋邀请赛
10月9日～12月8日	日本长冈京市挂职人员	1	市民协作部工作人员楠原法纯	在市外办、进口商品中心、旅游局挂职交流，走访进出口企业、旅行社等，
10月10～12日	韩国釜山市代表团	2	釜山广域市创业支援课创业策划系长河相乙	与市商务委就跨境电商及釜山企业来宁波创业进行商讨
10月13～17日	日本长冈京市市民团	18	宁波委员会会长木下义次	参观慈城、保国寺

续表

日期	团名	人数	主宾姓名	主要活动
10月14日	匈牙利国会议员		国会议员欧拉·劳约什	市委常委、常务副市长陈奕君会见
10月15～19日	韩国大邱艺术团	15	大邱艺总会长柳莹佑	与市文联交流，并在浙江纺织服装技术学院与宁波市艺术家同台演出
10月18～25日	法国鲁昂宁波委员会代表团	9	勒马尚	参加国际服装节活动，访问宁波老年大学、市中医院、纺织服装学院、宁海职教中心学校、宁波植物园
11月14日	罗马尼亚代表团	12	米济尔市市长西尔维乌·内格拉卢	副市长王剑侯会见，考察宁波保税区进口商品中心及罗马尼亚国家馆
11月14～15日	韩国大邱市代表团	3	大邱国际协力系系长李炫模	与市外办工作会谈
11月26～28日	长冈京市代表团	2	市政府对话推进部参事喜多利和	考察研修人员工作情况，与外办商谈下一年度工作计划，访问丸美空间
12月12～14日	韩国釜山市代表团	5	优秀企业引进课组长李秀一	举办釜山投资环境说明会

侨务工作

【概况】 2016年，宁波市人民政府侨务办公室以创新、协调、绿色、开放、共享的发展理念为指导，“凝聚侨心侨力、同圆共享中国梦”为主题，构筑大侨务为目标，推动侨务工作全面协调可持续发展为主线，坚持为侨服务和为经济社会发展服务相统一为原则，主动适应经济发展新常态新要求，为宁波建设成为国际港口名城、打造东方文明之都、早日跻身全国大城市第一方队作出了侨办系统应有的贡献。

【国侨办首批“为侨公共服务体系示范点”落户宁波】 1月8日，宁波经济技术开发区留学生创业园被国侨办确定为全国首批园区校区为侨公共服务体系示范点，作为推动园区校区为侨公共服务体系建设工作的样板。这是国侨办提出的打造“四位一体”国内为侨公共服务体系目标和“四个一”工作要求，旨在引导园区校区围绕政策法规、涉侨事务、侨界民生和事业发展等开展相关工作和活动，以探索积累工作经验，总结出可复制可推广的模式。

【评出2015宁波市侨界十件大事】 2月1日，由宁波市侨办、宁波市海外交流协会主办，致公党宁波市委会、宁波市侨商会协办的“2015宁波市侨界十件大事”评选揭晓。1.2015甬港经济合作论坛在香港隆重举行；2.宁波市隆重举行“王宽诚教育基金会成立30周年纪念大会”；3.2015宁波世界华侨华人青年大会成功举行；4.著名“宁波帮”人士李达三获颁香港大紫荆勋章；5.科晶生物、讯强电子入选第四批国侨办重点华侨华人创业团队；6.七名港胞荣获第四届宁波市慈善奖；7.《十里红妆·女儿梦》新西兰、澳大利亚走红；8.市侨商会第五届理监事会举行就职典礼；9.宁波市侨界养老康复基地建成；10.宁波市塔山社区入选国侨办“暖侨敬老行动”示范点。

【省侨商会“访侨企送服务”活动走进宁波】 3月16日，中国侨商会副会长、省侨商会会长廖春荣，省外侨办副主任、省侨商会副会长兼秘书长王通林率经贸、金融、法律等方面专家一行16人到宁波，开展"访侨企送服务"活动。在宁波期间，廖春荣、王通林一行为侨资企业开展咨询服务，帮助企业解决遇到的实际困难，并与宁波市侨商会代表座谈交流。宁波市侨商会会长徐旭昶，市侨办副主任赵骏、执行会长朱海宏等陪同活动，市侨联副主席张勇军出席座谈会。

【宁波市侨务代表团访问匈牙利和波兰】 4月25日至5月2日，应中匈文化中心、匈牙利青田同乡会、波兰中国和平统一促进会邀请，市侨办副主任陈进军率宁波市侨务代表团一行，赴匈牙利和波兰拓展中东欧国家侨务工作、新建海外侨务工作联络平台、推介中国(宁波)—中东欧国家投资贸易博览会。

【组织侨资企业家赴云南开展"西部行"活动】 5月12日至18日，根据国侨办"侨资企业西部行"活动的整体部署，市侨办副主任赵骏、市侨商会会长徐旭昶率侨资企业家一行赴云南考察，了解当地投资环境状况及招商引资相关优惠政策，同时帮助企业拓展市场发展空间、寻求合作商机。

【宁波侨务访问团访问新西兰和澳大利亚】 5月16日至23日，市侨办主任顾正为率宁波市侨务访问团一行6人访问新西兰和澳大利亚。访问团一行出席新西兰宁波同乡会成立大会，先后拜会中国驻奥克兰领事、中国驻墨尔本领事，澳大利亚新南威尔士州上议院副议长、新西兰浙江商会、澳大利亚宁波同乡会、澳大利亚浙江同乡会和正在筹建中的澳大利亚宁波商会等，听取相关领事馆对新、澳两国海外侨务工作的意见和建议，详细了解当地侨团及华侨华人的发展状况，并向新西兰宁波同乡会、澳大利亚宁波同乡会授牌设立"宁波市海外交流协会海外分会"。

【2016中东欧国家侨商宁波峰会】 6月8日在宁波举行。来自世界各地的侨商和海外社团代表围绕"汇聚侨力・合作共赢"主题，为参与"一带一路"建设，促进中国与中东欧国家经贸文化交流献计献策。国务院侨务办公室主任裘援平出席开幕式并作主旨演讲，市委副书记余红艺致辞，国侨办经科司司长左志强出席。会议由省外侨办副主任王通林主持。市委副秘书长朱达，市政府副秘书长张延，市侨办主任顾正为，市侨办副主任赵骏、陈进军和巡视员黄国海等及海外浙商知名人士、海外社团代表、宁波相关园区、企业负责人及侨资企业代表等近350人参加会议。开幕式上，涉及跨境电商、环保、会展、大数据、IT等领域的6个侨商投资项目签约，总投资1.53亿美元。

【宁波市海外交流协会第七届理事大会】 6月8日在宁波召开。来自38个国家和地区的200余名海外高级顾问、顾问和理事参加大会，省外侨办副主任王通林，市侨办主任顾正为、副主任赵骏、巡视员黄国海，致公党宁波市委专职副主委陈早挺等出席会议。大会审议通过《宁波市海外交流协会第六届理事会工作报告》和《关于修改〈宁波市海外交流协会章程〉的说明》，协商选举产生宁波市海外交流协会第七届理事会201名个人理事和78家单位理事，审议通过会长、执行会长、副会长、秘书长名单，聘请荣誉会长、高级顾问和顾问。

【2016中东欧国家侨商发表《宁波倡议》】 6月8日，在2016中东欧国家侨商宁波峰会上，宁波市海外交流协会和中东欧国家的31个侨团联合发起中东欧国家侨团侨商投身"一带一路"建设《宁波倡议》，旨在发挥侨团侨商在中国—中东欧国家全方位合作中"超级联系人"和"合作使者"作用，充分利用宁波针对中东欧国家业已形成的各种资源、平台、载体，不断深化与中东欧国家在经贸、人文等多领域实质性合作，实现互利共赢，并在深度参与"一带一路"战略和在中国—中东欧国家的交流合作中发挥更大作用。

【国务院侨办主任考察宁波江北和余姚】 6月8日至9日，国务院侨办主任裘援平一行考察宁波江北和余姚。在江北，裘援平一行考察了微总部发展模式和电商经济创新园区规划，了解华人华侨高层次人才在宁波创新创业情况。国侨办经科司负责人左志强，宁波市委副书记余红艺、市侨办副主任赵骏、江北区区委书记华伟和江北区委常委、电商经济创新园区副书记、管委会常务副主任邹宇明，江北区侨办主任冯亚萍等陪同考察。在余姚，裘援平一行考察海外归国人士创新创业工作及"侨梦苑"申报建设情况。余红艺、省外侨办副主任王通林、市侨办主任顾正为，赵骏和余姚市委书记毛宏芳及市委常委、统战部长李森苗，市委常委、中意宁波生态园管委会副主任韩柏顺，市侨办主任黄孟丹等陪同考察。

【"中国寻根之旅"夏令营宁波书法分营】 7月18日，由国务院侨办、省外侨办、宁波市侨办主办，江北区侨办和宁波市慈湖中学共同承办的2016年海外华裔青少年"中国寻根之旅"夏令营浙江营宁波书法分营开营仪式在慈湖中学举行。市侨办副主任赵骏，江北区委常委、副区长李虎出席开营式并讲话，江北区政协副主席、统战部长徐培荣主持开营式，慈湖中学校长吴志贵致欢迎词。来自越南、美国、西班牙、法国、加拿大和中国香港等国家与地区的70余名师生和慈湖中学师生一起参加活动。

【"中餐繁荣交流团"赴欧洲推广甬帮菜】 8月16日至31日，受国侨办委派，由宁波市侨办组织的"中餐繁荣交流团"赴欧洲推广"甬帮菜"。交流团先后在俄罗斯莫斯科、圣彼得堡，捷克布拉格，意大利米兰、罗马等三国五城举行美食展演品鉴、厨艺交流培训等活动，在中国驻所在国大使馆、驻当地领事馆和各侨团组织密切配合、安排下，先后有500多位中外朋友参加相关品鉴活动，引起当地主流社会和华人华侨的关切关注。

【主动融入"长三角部分城市海协会合作联盟"】 9月8日至9日，市侨办副主任陈进军一行赴南京，参加"长三角部分城市海协会合作联盟"成立仪式。该联盟成立，将更加有效地发挥各地海协会优势，加强在城市合作、服务侨商发展中搭建有效平台，是促进海外交流协会向更高层次发展的标志。

【宁波海外侨界青年英才研习班】 11月7日至12日，宁波市侨办和宁波市海外交流协会委托吉林大学和宁波市人才培训中心在吉林举办"同圆共享中国梦——宁波海外侨界青年英才研习班"。来自澳大利亚、波黑、波兰、俄罗斯、荷兰、加拿大、捷克、罗马尼亚、墨西哥、塞尔维亚、西班牙、匈牙利等17个国家和地区的30余名海外社团中青年负责人参加研习。8日，吉林省人大常委会党组副书记、副主任陈伟根，吉林省外侨办副主任李建华、黄丽华会见研习班学员并介绍吉林省经济社会发展情况。

【宁波市海外青年英才创新创业委员会年会】 12月14日，宁波市海外青年英才创新创业委员会(即"双创会")年会在镇海举办。副市长王剑侯，市侨办主任顾正为，镇海区委书记林雅莲、区长魏祖民，市侨办副主任赵骏、陈进军和巡视员黄国海出席。双创会、侨商会、留创会等130余位理事和嘉宾参加，双创会会长、香港环球教育集团总裁苏文骏总结一年来主要工作，明确下一步工作重点和思路。

港澳事务

【宁波市侨办代表团访问香港】 1月31日至2月4日，市侨办主任顾正为率代表团访问香港。在港期间，代表团出席香港实业家李达三捐赠宁波大学1亿元人民币仪式；拜访全国政协委员、包玉刚实验学校理事长包陪庆，双方探讨了宁波优秀传统文化的传承与推广；看望香港宁波同乡会、香港甬港联谊会各位乡贤，了解香港经济社会和各位乡贤工作生活情况，对他们长期关心宁波发展表示感谢，并邀请组团出席今年的论坛；走访香港高科技园，与中电控股董事罗范椒芬就加强宁波产业园与香港科技园合作进行探讨；拜访香港商务总会主席胡瑶、香港理工大学阎洪和吕新荣教授，介绍宁波经济社会发展状况，邀请他们参加2016宁波香港高端专业人才合作与发展对接洽谈会。

【香港王宽诚教育基金会董事考察奉化】 3月21日，香港王宽诚教育基金会董事孙弘斐一行到奉化考察。宁波市委常委、组织部长杨立平，宁波市原副市长、宁波甬港联谊会会长吕国荣，宁波市侨办主任顾正为、市体育局局长陈瑜、市委统战部副部长胡学健和奉化市领导张文杰、何剑波、魏建根及奉化市侨办主任王倍龙等陪同考察。

【香港宁波同乡会永远名誉会长访问宁波】 4月18日至21日，香港宁波同乡会永远名誉会长李达三、香港宁波同乡会会长李本俊率代表团一行访问宁波，代表团由同乡会乡长、会员及其亲友共90余人组成。19日，包括李达三在内的香港宁波同乡会乡贤一行，宁波市及市相关部门领导等百余位嘉宾莅临宁波帮博物馆，共同见证“至仁为德·李达三慈善事迹展览”开幕。在宁波期间，代表团还考察、访问宁波大学、宁波梅山保税港区等。

【2016甬港经济合作论坛】 11月2日，2016甬港经济合作论坛开幕式暨“五城携手丝路同行——甬台舟港澳共赢‘一带一路’峰会”在宁波举行。省委常委、市委书记、代市长唐一军，香港特区政府发展局局长陈茂波，香港贸易发展局总裁方舜文分别致辞。国务院侨办原副主任何亚非、台州市市长张兵、舟山市市长温暖作演讲。市委常委、组织部长、统战部长杨立平，市人大常委会副主任邬和民，副市长王剑侯，市政协副主席郁伟年，原副市长、甬港联谊会会长吕国荣，市政府副秘书长张延，市侨办主任顾正为，市侨办副主任赵骏、陈进军和巡视员黄国海等出席开幕式。中央政府驻香港联络办公室、香港特区政府发展局、香港贸易发展局、香港中华总商会、香港工业总会、香港总商会、香港浙江省同乡会联合会、香港宁波同乡会、香港甬港联谊会、世界中华宁波总商会、香港中华厂商联合会、招商局集团、光大集团、嘉里集团等部门、商(协)会和国际知名企业主要负责人、商界精英及港澳与海外“宁波帮”代表人士等约400余人出席活动。

【市领导会见香港经贸代表团】 11月3日，省委常委、市委书记、代市长唐一军会见以香港贸易发展局总裁方舜文为团长的香港经贸代表团一行。唐一军向代表团介绍宁波经济发展，“十三五”发展目标，正在谋划推进的重大举措、平台和载体等情况。希望双方放眼未来，进一步探讨新的合作内容、方式、载体，进一步拓展深化两地交流合作，促进共同发展。

【澳门葡语系国家和地区酒类及食品展示中心】 11月3日在宁波进口商品展示交易中心正式开馆。此项目将进一步促进宁波、澳门两地全面合作，推进中国与葡语系国家经贸往来。市政府副秘书长张延、市侨办主任顾正为、中葡论坛常设秘书处副秘书长韦尚德和澳门葡语系国家地区酒类及食品联合商会会长叶绍文等出席开馆仪式。

【严玉德幼儿园落成】 12月21日，由宁波市荣誉市民、港胞严玉珍女士捐资300万港币助建的春晓街道严玉德幼儿园举行落成典礼。市人大常委会副主任邬和民、市政协副主席徐明夫、市侨办主任顾正为等应邀出席典礼。

（陆彬宾）

温州市

综述

【概况】 2016年,温州市人民政府外事侨务办公室接待重要外宾和港澳团组67批592人次,接待海外侨团52批、侨领侨胞1800人次,组织推动全市境外经贸文化等各领域交流活动84场次、国内涉外交流活动69场次、涉侨引资引智活动106场次,全年促成海外温商回归项目65个。审核发放邀请外国人来华确认函2337批3186人次,审批发放华侨回国定居证4671份,办理涉侨身份认定2077份,审核通过“三侨生”身份确认990件。2016年,温州市外事侨务工作获国侨办、人社部联合颁发的“全国侨办系统先进集体”和全国友协颁发的“国际友好城市交流合作奖”等荣誉。龙湾区蒲州街道蒲三社区、瑞安呈店社区分别获得全国社区侨务工作“明星单位”和“示范单位”荣誉。

加强因公出国(境)管理。出台温州市因公出国(境)管理补充意见。坚持“有事才去、因事定人、完事即回”原则,加强计划管理,突出任务导向,严格审核把关。启用新的因公出国(境)团组境外食宿行服务供应商预选库,进一步规范并落实因公出国(境)团组境外食宿行服务采购工作。

APEC商务旅行卡宣传推广力度不断加大,建立持卡人信息库,为全市企业办理APEC商务旅行卡105张。

完善因公电子护照系统,开通因公签证申办快速通道,为因公出访提供高效服务。全市共颁发因公护照696本、通行证209本,港澳签注276人次,申办因公签证299批899人次。坚持证照催缴制度,护照归库收缴率100%。启用外交部邀请外国人来华新系统,建立部门联合核查机制,全年邀请外国人来华2337批3186人次。设立领事认证、因私代办签证乐清代办点,成功申请温州第六人民医院成为浙江省第二家赴韩签证检测指定医院。全年代办因私签证622批942人次,办理领事认证433批735本。

加强与使领馆交往。市政府和印度驻沪总领事馆共同主办“2016温州印度文化周”,其间举行国际瑜伽日、中印商务论坛、印度电影节、印度美食节、中印茶文化论坛、印度艺术展等六大板块活动。市政府与省外侨办主办“签证官看非遗——走进温州”活动,34名驻华使领事馆官员到温州与各界就签证工作进行交流,领略瓯越文化。在上海举办驻沪总领事馆工作人员交流会,接待使领馆来访人员23批102人次,与外国驻华使领馆建立良好互动合作关系。

深化中外民间文化交流。举办“2016温州英国文化周”、在温外国友好人士新年招待会、中外友人高雅艺术交流系列活动、在温外籍人士“瓯越文化之旅”“外国人学汉语”“留学生看温州”、温州国际交流成果图片展等。市友协举办温州市第五届青年翻译大赛暨首届韩语演讲比赛、温州市第十届“英语之星”电视大奖赛、外侨外语人才培训班等翻译赛事和培训活动。

推进友城新建与交往。2016年,温州市新建与丹麦斯劳厄尔瑟市、加纳库马西市友好交流关系城市,与保加利亚布拉戈耶夫格勒市、印度勒克瑙市形成结好意向,市本级国际友城累计已达

30对。所属县(市、区)新建友好关系城市8对。与温州市友城澳大利亚伊普斯维奇市、德国吉森市、日本石卷市、加纳库马西市进行了互访,开展经贸、教育、体育、文化等多领域交流。

积极开展中非合作交流。响应国家和省、市关于推进对非开放合作的要求,与非洲开展密切交流。市委书记徐立毅率团访问加纳和南非,与加纳第二大城市库马西市建立友好交流关系,并推动温州与加纳、南非多个大型合作项目,加强了中非产能合作。市商务团赴埃塞俄比亚和坦桑尼亚访问,力推有温州企业参与的中非峰会项目落地。与有关部门合作搭建"中非合作研讨会""并肩丝绸路　共圆回归梦——温商走进非洲投资合作论坛"和温商"走进西非"对话会、温商中非合作研习班等一系列中非合作平台,并利用国外侨团和国内侨商会两种资源,筹备成立国内首个地方性国际商会——温州市中非商会,对非合作取得实质性突破。

做好涉外涉侨事件处置工作。保持高度政治敏感性,周密制定工作预案,为G20峰会保驾护航。派员参与G20杭州峰会外宾接待工作,全力投入本市境外敏感来访和境外记者来温采访接待、海外领事保护事件处理、涉侨信访处置、温州龙湾机场备降等一系列重要工作。创新完善海外基层领事保护工作机制,新增海外领事保护联络处11个,全市海外领事保护网点实现重点乡镇"全覆盖",率全国之先打造基层海外领事保护立体网。

利用外侨资源搭建经贸科技人才交流平台。2016年市本级服务高层出访新加坡、塞尔维亚等国家开展经贸交流团组17批次,接待以色列能源公司、美国达斯特克国际公司等国际知名企业团组11批次,邀请海外温商组团回乡考察27批次,举办"透过香港、走向国际"温港企业对接研讨会、中印商务论坛、中意经济交流(温州)论坛等大型经贸活动10余场次。温州市政府与省外侨办主办的"相聚长三角——百名博士浙江(温州)行"活动取得丰硕成果。市外侨办通过深入调研,申报国家首个侨商跨境电商示范区。邀请知名人士袁岳为330名侨商作"双创新驱向与侨创新空间"专题讲座,将跨境电商内容纳入海外侨领研习班课程,助推侨商转型。开展侨资企业服务月活动,走访侨资企业50多家,帮助侨企排忧解难20余起。

通过联络、培训、组织考察等活动涵养侨务资源。举办海外侨胞、港澳同胞新春和中秋联谊活动,共邀请海外侨胞、港澳同胞代表近800人参加。举办2016温籍华侨华人社团负责人研习班,精心设置专家讲座、座谈互动和项目考察,来自33个国家的57名海外温籍侨团负责人回乡。指导海外侨团开展规范化建设,20多家温籍海外侨团获评浙江省首批示范性侨团。以侨商协会为平台开展各类考察交流活动。温州侨商协会青年委员会更名为温州市海外青年委员会,凝聚青年华侨力量服务温州发展。

健全为侨公共服务体系。2016年,制定出台《关于"七五"普法期间开展涉侨法制宣传教育工作的规划》,妥善处置侨务信访374件。市外侨办分管领导就侨务信访工作在国侨办举行的培训班作典型发言。市外侨办和瓯海区外侨办被确定为浙江省2016年度"为侨法律服务工作站"。建立"温州市侨爱暖心驿站"、"侨之家"学堂,在温州医科大学附属眼视光医院开通"华侨就医绿色通道"。提高涉侨业务办理时速,做到华侨身份认定立等可取、华侨回国定居审批12个工作日内办结,审批时速加快至上级规定时限的30%。社区侨务工作接地气、载体新,建社区侨务工作站和分站326个,温州肯恩大学经市外侨办推荐,获国侨办授予的"侨之家"称号。

开展精准慈善扶贫。精心谋划,动员侨界开展慈善扶贫,市侨务扶贫工作在国侨办召开的全国扶贫工作会议上作典型交流。开展温州市首届十大侨爱慈善人物评选表彰活动;温州市3位爱心侨领获得第五届"浙江慈善奖"个人捐赠奖。通过"百侨助百村""五水共治"、侨爱助学、侨爱助医、侨爱助困等476个扶贫项目,落实侨爱帮扶资金达1.28亿元,得到社会各界好评。组织近千名侨领赴11个县(市、区)开展十多场“侨爱精准扶贫下基层”活动,创建“侨爱惠农基地”“侨爱精准扶贫示范点”各1个。举办2016温州侨爱慈孝大宴、“侨善敬老——感恩母亲”大型公益活动和“迎新春·送文化·暖侨心”“侨爱暖冬行动”等慈善慰问活动,慰问困难归侨侨眷1678人次。

侨务文化建设不断加强。成立温州华教基金,举办2016年海外华文教师培训班,遴选外派优秀教师赴意大利温籍华校支教示教,为5所海外温籍华校捐建蒲公英图书室,为4所温籍华校向国侨办申请了3000多册中文教材。加强侨务文化基地建设,2016年,全市创成2个侨务文化基地,在海外创成3个“海外瓯越文化传承基地”,在丽岙镇后东村打造温州市首个“侨馨书屋”。组织侨界“瓯越文化之旅”、海外华文媒体温州采风等活动,进一步宣传家乡文化的多彩与魅力。

重要活动

【“中华文化大乐园”优秀才艺学生交流团】 1月20日至2月1日,赴美国进行文化交流活动。由国务院侨办主办、温州市外侨办和国侨办华文教育基地——温州市少艺校联合承办。在美期间,交流团在华盛顿、旧金山和洛杉矶举办6场演出,为当地青少年朋友表演魔术、舞蹈、越剧、武术、民族乐器演奏等精彩节目,加深当地青少年对中华优秀传统文化的认知和热爱。

【海外侨胞、港澳同胞新春联谊会】 2月23日,温州市侨商协会举行“情系瓯江·共谋发展——2016温州海外侨胞、港澳同胞新春联谊会”,省外侨办副主任王通林、市委副书记钱三雄等与侨胞侨眷代表300多人欢聚一堂,共叙乡情友情,共谋温州发展。

【温州海外青年委员会委员代表大会】 4月28日,温州海外青年委员会举行“弘扬五四精神、创造青春辉煌”活动暨温州海外青年委员会委员代表大会。副市长苗伟伦出席,为温州海外青年委员会授牌并讲话。

【“侨善敬老——感恩母亲”大型公益活动】 5月7日,温州市外侨办举办“侨善敬老——感恩母亲”大型公益活动,来自意大利、阿联酋、西班牙和中国香港等15个国家与地区的50余位侨领携他们的父母和来自温州社会各界的300多位母亲一起共度母亲节。省外侨办副主任陈安、市外侨办主任邱华萍等出席活动。

【“透过香港,走向国际”温港企业对接研讨会】 5月12日在温州举行。由浙江省人民政府港澳事务办公室、温州市人民政府、香港贸易发展局及中国香港(地区)商会杭州分会共同举办,市外侨办承办。省港澳办副主任虞希华,市委常委、统战部长施艾珠和香港贸易发展局浙江代表王斌及温州市有关部门负责人出席研讨会。会议设“如何透过香港平台走出去”“企业赴港上市”“如何利用授权提升品牌价值及转型升级”三个专题进行交流。来自香港的20余位企业代表与温州130余家企业代表与会。

【“温州市侨爱暖心驿站”成立】 5月18日,首个“温州市侨爱暖心驿站”在瓯海区丽岙街道后东村五社居家养老服务照料中心成立。授牌仪式上,市外侨办主任邱华萍代表温州市慈善总会侨爱分会向该站捐赠4万元,用于文化娱乐等基础设施的建设和改善。

【国务院侨办主任来温州调研】 6月9日至10日,国务院侨办主任裘援平来温州,调研侨商转型发展和侨贸电商工作。在温期间,裘援平会见市委副书记、市长张耕和副市长苗伟伦,实地考察汇立购进口商品直销中心与温州南塘风貌街,并召开侨商跨境电商座谈会。

【温州印度文化周】 6月17日

至23日在温州举行。由温州市人民政府和印度驻沪总领事馆共同举办，市外侨办承办。2016温州印度文化周系列活动包含国际瑜伽日、中印商务论坛、印度美食节、印度电影节、印度艺术展及中印茶文化论坛等六大主题。副市长苗伟伦、印度驻沪总领事古光明出席开幕式并致辞，500余名温州市民出席开幕式并现场体验集体瑜伽活动。

【海外华裔青少年"中国寻根之旅"夏令营"相约温州营"活动】 7月3日至8月10日在温州举行。来自意大利、美国、葡萄牙、法国、奥地利、希腊、加拿大、德国、英国等20个国家和地区的700多名温籍海外华裔青少年参加"相约温州营"活动。"相约温州营"共设鹿城、瓯海、瑞安、文成及优秀华裔青年商务营、武术特色营、中华厨艺特色营、摄影与形象设计特色营、瓯越文化营9个分营，活动时间最短15天，最长达34天。其间，组织瓯海分营149名营员参加国家汉语口语水平测试，138人通过测试。本次夏令营是历年来规模最大、内容最丰富、形式最新颖、参与人数最多的一届。

【第三届温州市青少年英语风采大赛】 7月12日至8月19日在温州举行。由温州市外文学会、温州市青少年活动中心主办，《温州都市报》协办。近350名选手报名参赛，经过初赛、复赛、网络人气投票、决赛等多轮角逐，最终评出十佳英语风采奖、一等奖、二等奖、三等奖、最佳人气奖和最佳指导师等奖项。

【创建"温州侨之家学堂"】 7月22日，温州市外侨办创建"温州侨之家学堂"并举行首场开讲，来自西班牙、意大利等几十个国家的200多位侨胞侨眷参加活动。成立"侨之家学堂"，旨在为广大侨胞侨眷搭建一个互相交流、传授文化知识、传播正能量的平台，是市外侨办务实打造侨界精神文明家园的新举措。

【温州市首届十大侨爱慈善人物评选】 8月1日至9月11日，市外侨办、市慈善总会主办，市慈善总会侨爱分会承办温州市首届十大侨爱慈善人物评选活动。此次评选共收到参选材料74份，其中推荐人物64人、团体10个。组委会根据参选人捐赠款物数额和公益影响力，评出"温州市首届十大侨爱慈善人物"和"侨爱慈善人物特别荣誉奖""侨爱慈善荣誉团体奖"共12个，于9月11日举行电视颁奖晚会，市领导胡剑谨、王小同、苗伟伦、徐育斐及涉侨部门负责人和侨胞侨眷代表200余人参加颁奖晚会。

【海外侨胞、港澳同胞中秋联谊会】 9月14日，温州市侨商协会举办"'凝聚侨心侨力、共叙乡情乡谊'2016温州市海外侨胞、港澳同胞中秋联谊会"，省外侨办党组成员、省友协专职副会长陈爱珍，市领导钱三雄、施艾珠、王小同、苗伟伦、徐育斐及涉侨部门负责人和侨胞侨眷代表400余人参加联谊活动。

【"温州侨爱廊桥修缮基金"成立】 9月27日，"温州侨爱廊桥修缮基金"成立仪式在泰顺举行。泰顺3座国宝级廊桥在"莫兰蒂"台风中被冲垮，时值温州市召开世界温州人大会，部分侨领看到家乡人民群众生命财产遭受重大损失，心痛之余主动发起爱心捐款，54位来自30个国家和地区的侨领及侨团捐赠善款131.1万元，帮助泰顺重新修复古廊桥。为将侨胞捐赠的爱心款管好用好，市外侨办为此专门成立了"温州侨爱廊桥修缮基金"。

【温州侨爱慈孝大宴】 10月9日(重阳节)，由温州市外侨办、温州市慈善总会、《温州晚报》联合举办，温州市慈善总会侨爱分会承办的"'温州海外'爱动全城孝心不能等待·感恩重阳节2016温州侨爱慈孝大宴"在温州四季花园国际宴会中心开席。来自26个国家和地区的300多位温籍侨胞、侨眷及其长辈，与来自温州市社会各界的近千名老年朋友隆重聚会，欢度佳节、共承敬老美德。

【2016"相聚长三角"——百名海

外博士浙江(温州)行】 10月19日至22日在温州举行。由浙江省外侨办、江苏省侨办、上海市侨办和温州市政府联合主办，温州市外侨办、市招才局、市科技局、市人力社保局、浙南科技城等承办，来自16个国家的近百名海外博士携129个项目参加活动。活动期间，共促成19位海外博士与温州企业达成35个初步合作意向。国侨办经济科技司副司长夏付东、外交部外交政策咨询委员会委员吴思科、浙江省外侨办主任金永辉、温州市市长张耕、浙江省外侨办副主任陈安、上海市侨办副主任李群策、江苏省侨办副主任孙彬、温州市副市长苗伟伦等出席开幕式及相关活动。

【温州市第五届青年翻译大赛暨温州市首届韩语演讲比赛】 10月22日至30日在温州举行。由市外侨办、市人民对外友好协会联合各县(市、区)外侨办、市外文学会、温州医科大学、温州大学、温州肯恩大学和温州市教师教育院共同举办。大赛吸引400余人参赛，经过初赛、复赛、决赛，分别评选出英语、日语、韩语组的一、二、三等奖和优胜奖。

【举办温籍华侨华人社团负责人研习班】 10月24日，由温州市外侨办主办、龙湾区外侨办协办的2016温籍华侨华人社团负责人研习班在龙湾举行，来自33个国家和地区的57名海外温籍华侨华人社团负责人参加研习。省外侨办副主任陈安、国外处处长王红威，温州市副市长苗伟伦、市政府副秘书长虞立清、市外侨办主任邱华萍等出席活动。

【“2016温州英国文化周”系列活动】 11月3日至9日在温州举行。系列活动包括：召开中英(温州)高等教育合作研讨会，举行中英教育合作项目签约仪式、中英文化和创意主题沙龙、莎士比亚戏剧专题讲座和英语文学书籍公益展。同时，还举行纪念莎士比亚辞世400周年文化交流系列活动，举行莎士比亚电影展播及《罗密欧与朱丽叶》话剧演出。

【“签证官看非遗——走进温州”大型活动】 11月8日至11日在温州举办。各国驻华使领馆官员，省外侨办领导及相关部门负责人，温州市有关领导及市直有关部门负责人，全省各市外侨办及外服中心负责人，各县(市、区)外侨办负责人和温州市涉外重点企业代表等130余人出席座谈会。活动期间，部分代表参加了观赏南戏、考察红蜻蜓鞋文化博物馆和温州市非遗馆等活动。

【“瓯江缘”温州书画作品首次在澳门展出】 12月18日，“瓯江缘”温州书画作品在澳门新濠影汇展出。温州市人大常委会主任葛益平、温州市人民政府外事侨务办公室(港澳事务办公室)主任邱华萍、温州市委统战部副部长叶军、温州市人大民宗侨外工委副主任许瓯、澳门温州人商会会长林小冬等出席。本次展览共展出作品47件，观展的同胞细细观摩家乡的艺术，在异乡找到了归属感。

【在温国际友人新年招待会】 12月20日在温州举行。由市友协主办，市外文学会协办。来自27个国家的教育、经贸、科技界外籍人士，留学生代表，市涉外相关部门代表近200人参加。招待会安排了富有特色的中外文艺节目。

【基层海外领事保护工作专题培训会】 12月23日在温州市举办。会议旨在总结成功经验，强化培训学习，开拓工作思路，创新工作方法，增强工作实效。外交部领事司参赞邢文健，省外侨办党组成员、省友协专职副会长陈爱珍与省外侨办领事处处长莫志良，温州市副市长苗伟伦、市政府副秘书长虞立清、市外侨办主任邱华萍与副主任朱玉贵等出席培训会。培训会上，邢文健作“依法行政、外交为民——做好新时期领事保护工作”专题讲座。温州市市直有关单位负责人，各县(市、区)政府分管领导、外侨办负责人和来自全市41个基层海外领事保护联络处负责人及联络员120余人参加培训会。

主要出访

【温州市代表团访问南非和加纳】

6月9日至17日，市委书记徐立毅率温州市代表团一行访问南非和加纳。在南非，参加南部非洲温州总商会第五届理事会就职庆典。在加纳，徐立毅一行拜见阿散蒂地区国王图图二世；与大阿克拉省省长、阿散蒂省副省长、阿克拉市市长、总统特别助理、加纳—中国友好协会会长等加纳高级政府官员会面，商讨进一步加强温州与加纳的经贸交流，共同推进中加友好合作关系。在加纳第二大城市库马西市，徐立毅代表温州市与库马西市政府正式签订建立友好交流关系协议书。访问中，代表团广泛接触在非温籍侨团，分别在南非和加纳召开侨领座谈会，调研温商企业，深入了解广大温商在外工作生活情况，听取在外温商对家乡建设和经济转型发展的意见和建议。

【温州市代表团访问澳门】 12月17日至19日，市人大常委会主任葛益平率温州市代表团访问澳门。访问期间，出席澳门温州人商会第三届理监事及就职及青年委员会成立典礼，拜访澳门特区立法会、澳门城市大学，出席温州书画走进澳门展览活动，走访澳门浙商联合会和澳门温州人商会，并邀请浙商联合会成员与多位温籍著名侨领代表座谈。

主要来访

【美国达斯特克国际公司董事长访问温州】 2月28日，市委书记徐立毅会见美国达斯特克国际公司董事长罗伯特·可汗一行，洽谈双方合作在温州投资事宜。

美国达斯特克国际公司主要从事医药原料药及中间体研发、生产和营销，主要客户为世界500强制药企业，与温州市民营企业浙江康乐药业股份有限公司已有20多年合作历史。2015年双方签约开展生产及技术转让合作。

【加纳库马西市代表团访问温州】

3月10日至13日，加纳库马西市市长科乔·邦苏率代表团一行9人访问温州。市长张耕会见代表团一行，双方签署建立友好交流关系意向书。在温州期间，代表团出席“温商走进非洲”对话会，考察温州大学、浙江创意园、康奈集团、浙江奥司朗照明电器有限公司。

【韩国衣类试验研究院代表团访问温州】 3月19日至23日，韩国衣类试验研究院院长林承允率代表团一行6人访问温州。市长张耕与代表团一行进行会谈。代表团与温州市质量技术监督检测院举行“携手共进　开放共赢”检测合作签约仪式，副市长苗伟伦出席签约仪式。在温州期间，代表团一行考察了鞋类企业。

【以色列斐能源公司代表团访问温州】 3月24日，以色列斐能源公司首席执行官敖斐率代表团一行6人访问温州，出席中国—以色列新能源汽车技术合作高峰论坛。市长张耕会见代表团一行，双方商谈项目在温州落地发展事宜。随后，代表团一行考察了浙南科技城。

【保加利亚驻华旅游投资发展促进局主席访问温州】 5月10日至12日，保加利亚驻华旅游投资发展促进局主席伊凡·托得洛夫及保加利亚驻沪总领事馆副总领事迪米特洛夫一行访问温州。市长张耕会见伊凡·托得洛夫一行。其间，温州市与保加利亚布拉戈耶夫格勒市签署建立友好交流关系备忘录。伊凡·托得洛夫一行在温州期间，还访问了温州大学、康尔达新材料股份有限公司及瑾瑜白鹿堡酒城。

【韩国驻沪总领事访问温州】 5月24日至25日，韩国驻沪总领事韩硕熙、政务领事李忠万一行3人访问温州。市长张耕、副市长苗伟伦会见韩硕熙一行。在温州期间，韩硕熙一行还参观了康奈集团。

【美国肯恩大学校长和驻沪总领事访问温州】 5月27日，美国肯恩大学校长法拉西率代表团一行60余人访问温州，出席28日举行的温州肯恩大学首届学生毕业庆典活动。市委书记徐立毅会见法拉西一行，共叙温州肯恩大学发展前景。28日，美国驻沪总领事史墨客一行3人到温州，参加温州肯恩大学首届学生毕业典礼，市长张耕会见史墨客一行。

【联合国粮农组织总干事访问温州】 6月5日，市长张耕会见联合国粮农组织总干事何塞·格拉齐亚诺·达席尔瓦，介绍了温州农业发展情况。张耕表示，希望联合国粮农组织能在农业方面给予温州更多的建议和帮助。何塞·格拉齐亚诺·达席尔瓦表示，希望跟温州在粮食及农业方面有更多的合作机会。

【英国AVO公司董事长访问温州】 6月7日，英国AVO公司董事长迈克尔一行访问温州。市委书记徐立毅会见迈克尔一行，双方就英国AVO公司在温州开展合作项目进行洽谈。

【印度驻沪总领事访问温州】 6月17日至18日，印度驻沪总领事古光明率代表团一行15人访问温州。访问期间，代表团出席印度文化周开幕式暨中国(温州)国际瑜伽日活动，参加中印商务论坛暨新竺会印度跨境电商平台发布会、印度美食节剪彩仪式、印度电影节开播剪彩仪式及印度艺术展开幕式。

【百威英博亚太区副总裁访问温州】 7月20日，市委书记徐立毅会见百威英博亚太区副总裁王仁荣、塔西罗·费斯特迪克斯一行，双方就共同促进温州啤酒产业转型升级等议题进行交流。

【韩国放送通信委员会代表团访问温州】 7月26日至27日，韩国放送通信委员会副委员长金在洪率代表团一行7人访问温州。市长张耕会见代表团一行。代表团此行是与温州广电传媒集团商谈在已签订合作框架下进一步推动韩国与温州在广电领域的政策合作和节目交流。此外，还组织韩国主流媒体到温州参观、采访，扩大温州在韩国的知名度。

【意大利ELEN集团董事长访问温州】 9月7日，市长张耕会见意大利ELEN集团董事长加布里尔·克莱门蒂一行。张耕希望ELEN集团与温州市深化合作，共同推动激光与光电产业在温州集聚发展。

【日本石卷市代表团访问温州】 11月17日至19日，日本石卷市市长龟山纮率政府及议会代表团一行11人访问温州。市长张耕会见代表团一行，希望石卷市与温州市继续深化合作，加强两市在经济、教育、文化体育及旅游等方面的交流。随后，两市市长签署2017年至2024年两地友好交流计划协议书。在温州期间，代表团参观考察了温州大学、温州市规划展示中心等。

（杨晶晶）

表11　2016年温州市接待的其他来访团组

序号	日　期	团组名称	团长职务、姓名	人数	主要任务和活动
1	2月4～5日	加纳中资企业商会	常务副会长李朝东	5	拜访市外侨办，洽谈温州与加纳库马西市建立友好关系事宜
2	2月24日	塞尔维亚驻华大使	米兰·巴切维奇	1	参加首届"世界温商"对话会活动
3	2月24～25日	非洲温籍侨领代表团	坦桑尼亚浙江商会会长夏赵春	11	拜访市外侨办，洽谈温州与非洲城市建立友好关系事宜
4	3月22～23日	泰国工业部高级代表团	副次长乌冬	10	拜访商务局、贸促会、服装企业

续表

序号	日　期	团组名称	团长职务、姓名	人数	主要任务和活动
5	3月26日～4月10日	温州市友城——德国吉森市教育代表团	带队老师英格丽	34	与温州第二高级中学和外国语学校开展学生交流活动
6	4月11日	中意纺织及新材料研发中心	主任刘力夫	1	与温州职业技术学院进行座谈交流
7	4月18～20日	韩国文化观光部世宗财团评审团	韩国朝鲜大学校长徐在烘	8	参观浙江东方职业技术学院的韩国语学堂、东游路校区，并对该校筹建的温州世宗学堂进行现场考察评估
8	5月5～8日	韩国友好代表团	新国家党常任顾问权哲贤	6	考察温州韩国商品集散中心项目，进一步促进韩国与温州的经贸合作
9	5月11～13日	国际禁化武组织代表团	专家蒙多·勒纳德	3	对温州清明化工有限公司进行现场核查
10	5月12～14日	古巴工人中央工会代表团	贝尔萨·托雷斯	2	访问考察雁荡山、康奈集团、市总工会
11	5月18～20日	澳大利亚驻沪总领事等	梅耕瑞	2	拜访市发改委、市商务局、温州民商银行及奥康集团，考察温州市二十一中学中澳班
12	6月2～3日	马来西亚驻沪商务领事等	赛义德	2	出席中国(温州)跨境经济发展会议暨海上新丝绸之路产品推介会
13	6月4日	意大利CREAF高等培训和研发中心	主席劳拉·卡乔拉丽	1	与温州设计学院签署战略合作协议
14	6月21～24日	意大利足球交流团	意大利奇尼塞勒塞足球俱乐部副主席、意大利足球教练协会驻中国足球使者卢荣毅	6	洽谈"建立温州中意青少年足球训练基地"项目
15	6月25～26日	非洲多边国家乒乓球城市友谊赛团组	贝宁乒协教练基提·马托	30	在平阳参赛
16	6月28日～7月2日	吉尔吉斯斯坦研修班代表团	内务部自身安全总局局长斯康达贝克	15	吉尔吉斯斯坦内务部警务决策和管理研修班温州医科大学培训班
17	7月6日	美国UL机构(美国保险商试验所)	美国UL消费品与零售服务部亚太区总裁冯子科	8	与温州市质量技术监督检测院签署合作协议，正式建立合作关系
18	7月8～11日	乌兹别克斯坦驻沪总领事馆代表团	总领事阿戈扎姆赫德热耶夫·萨伊达卡摩勒	5	拜访市外侨办，考察温州鹏盛集团

续表

序号	日　期	团组名称	团长职务、姓名	人数	主要任务和活动
19	8月5～7日	日本静冈农业友好代表团	处长细谷腾彦	6	拜访市农业局、考察温州市农业项目
20	8月9～11日	日本石卷市代表团	复兴政策部部长崛内贤市	5	与市有关部门就今后两市交流计划进行协商
21	8月11日	美国文化交流团	美国纽约联合国教科文组织协会主席李依凌		拜访市委宣传部、市文广新局、市外侨办、《欧华时报》等，洽谈加强两地交流，开展文化艺术等方面合作事宜
22	9月13日	土耳其理通流体设备有限公司代表团	董事长阿里瑞兹·图米	2	拜访市外侨办
23	9月21日	以色列慈善之手国际公司	莱茵哈特	5	拜访市外侨办
24	9月21日	意大利政府经贸代表团	意大利国家劳务输移民司司长罗多尔弗·乔智迪	8	出席中意经济交流(温州)论坛
25	10月12～13日	美国驻沪总领事馆	副领事温保罗	3	举办赴美签证座谈会，介绍签证更新电子系统
26	10月17～19日	俄罗斯联邦驻华商务处鞑靼斯坦共和国代表团	总代表吉利亚佐夫·马尔森	1	参加“中俄投资合作项目温州研讨会”
27	10月24日	美国旅游作家协会代表团	会长保罗·莱斯利	150	举办美国旅游作家协会2016年会
28	10月27～29日	韩国国际文化交流团	韩国国际文化交流院院长宋基出	15	参加公共外交论坛，参访温州大学、温州肯恩大学并进行座谈
29	11月2～5日	英国教育代表团	贝里圣埃德蒙兹市议员、前市长钟鸿就	9	出席2016温州英国文化周
30	11月21～23日	美国加州州议员代表团	州议员周本立	5	考察温州市国际教育与文化
31	11月28日～12月2日	马来西亚彭亨州高级商务代表团	彭亨州省政府立法议员锺绍安	19	参加“中马(温州)投资贸易对话会”
32	12月8日	日本驻沪总领事馆	新闻文化部部长大西知子	2	拜访市外侨办，商谈合作事宜
33	12月14～15日	法国驻沪总领事馆	文化领事费保罗	2	拜访市文广新局，考察博物馆、大剧院、书画院等
34	12月21日	新西兰北域华人协会	理事张占虹	2	拜访市外侨办，商谈友城结好
35	12月28～29日	捷克布拉格市五区	外办主任卡罗琳娜	4	拜访市外侨办，对接友城

嘉兴市

综　　述

【概况】 2016年，嘉兴市外事侨务系统以服务国家总体外交和地方经济社会发展统领全局，紧紧围绕全市中心工作，积极主动作为，努力创新实干，有效推动全市外事侨务工作取得新进展。

认真贯彻“全面发展同各国的友好合作，开展同各国政党和政治组织的友好往来”的新时期外交战略，多次承担、圆满完成外国领导人、政党团组的接待任务。会同市委组织部设计“重走‘一大’路——再现1921嘉兴故事”“互联网发展与智慧小镇建设”等教学考察项目，得到中联部认可。全年接待蒙古人民党主席、国家大呼拉尔主席米·恩赫包勒德，捷克总理索博特卡，韩国江陵市议长，日本富士市市民代表团，法国共产党全国理事会成员、国际部副部长，墨西哥高级军官代表团，俄共中央主席团成员、中央书记，俄国家杜马自然资源、财产和土地关系委员会第一副主席等52批515人次高级别国（境）外来宾团组，以及阿根廷、智利、墨西哥等8国媒体记者考察团等。以友城为纽带，增进交往。起草“一带一路”沿线国家友城拓展方案，积极寻求和拓展互利合作的新途径、新办法，提高友城合作交往成效。2016年，经省外侨办批准，嘉兴市与墨西哥伊拉帕托市建立友好关系，与德国新明斯特市友城结好工作进展顺利，积极推动与法国瓦勒德瓦兹省、芬兰伊马特拉市建立经济合作伙伴关系。全年接待友城团组15批90人次。协助民营企业申办APEC商务旅行卡，为民营企业开拓国际市场创造条件，全年办理95批95人次。以活动为载体，加强往来。市友协、市外侨办邀请德国栋茨多夫话剧团来嘉兴演出；邀请芬兰伊马特拉市艺术家来嘉兴考察；邀请新加坡浙商协会会长一行考察嘉兴市灯具行业，助推嘉兴市优质灯具品牌厂家走向东南亚；越南浙商总会3名常务副会长及1名副会长拜访市外侨办、市贸促会，商谈合作意向。

外引内联，服务经济社会发展。以经济合作为重点，拓展文化、教育、节能、环保、智能交通、旅游等合作领域，有针对性地开展交流与合作。2016年，嘉兴经济技术开发区与德国石荷州经济技术促进中心签署战略合作伙伴关系。邀请友城知名企业、国际组织及美国、德国、瑞士、意大利等国驻沪总领事等团组访问嘉兴，涉及政府、经贸、教育、文化、旅游等众多领域。市领导拜会乌兹别克斯坦、匈牙利、丹麦、芬兰等10余个国家驻沪领事馆和机构。积极参与深化接轨上海行动计划，组织开展与驻沪领事馆、德国驻沪机构对接活动23次，涉及16个国家。邀请友城和驻沪领事馆官员及客商代表30余人参加嘉洽会；邀请5家驻沪总领事馆代表参加嘉兴经开区招商大会暨重大项目签约仪式；市海绵办举办口澳城市可持续发展和水资源管理研讨会，邀请研究机构、规划建筑设计和技术公司等60多名代表，与嘉兴市相关行业70多位代表探讨海绵城市建设理念及在建设过程中碰到的难题，并现场考察指导嘉兴市工程建设；市治水办和水务集团邀请德国污水处理专家为水环境治理“问诊把脉”。全年办理邀请外国人来华1642批2197人次。组织秀洲区“一带一路”中捷绘画邀请展、30

位华裔青少年参加海外华裔青少年夏令营、近30名海外留学生参加“海燕集结行动计划”等活动。加强校际交流，平湖高级技工学校与2025中德职教合作联盟及德未特国际教育集团签订2025中德职教合作项目，2016年嘉兴市还选派2名优秀教师赴厄瓜多尔华文学校任教1年。挖掘侨务资源，助推双招双引。组织侨界代表人士参加浙江旅外乡贤聚会活动。进一步完善海外人才工作站点引才机制和选点布局，新增1站1点，形成3站11点的海外引才网络格局；组织230余名海外高层次人才携带电子信息、生物医药、装备制造、节能环保等领域的200多个项目参加第三届嘉兴国际人才交流与合作大会和2016“星耀南湖”精英峰会；新建5家“嘉兴市留学人员回国实践基地”“留学生回国创业创新基地”，全市“基地”增至13家；促成4家侨企与同济大学浙江学院签订校企合作协议，实现海智与民资、高校与企业合作共赢。营造优质环境，着力留人留心。组织开展南湖友谊奖评选活动，东海橡塑总经理小川雄一，乐高玩具制造有限公司高级副总裁、总经理黄德志获奖；组织开展“亲商安商”外资企业走访活动，协调解决外企外籍人士面临的困难。市侨商服务联盟依托“红船服务”总联盟，深化侨商服务工作，5月组织召开全市“红船服务”总联盟暨市侨商服务联盟第二次联席会议，进一步规范服务侨商工作机制。扎实开展“侨商企业服务月”活动，市领导（市侨商服务联盟领导）带队赴秀洲区、平湖市、南湖区开展专项督查，实地走访侨商企业，召开专题协调会，为联盟成员单位现场“会诊把脉”，共商解决方案。全年市县两级侨商服务联盟共走访侨商企业142家，汇总问题50个，已解决34个。市外侨办承担“红船服务”总联盟轮值工作，每周一到周五派员赴联盟办为各类人才提供服务，配合总联盟组织侨商、海归创业人员参加“探访机器人”“工业4.0”等专题活动。市外侨办、市侨商会联合开展“访企连心”活动，深入侨企联络沟通、解疑释惑。继续发挥市友协、留联会、侨商会、长三角海创俱乐部等组织的作用，举办“优秀在禾外籍人士”宣传报道活动、“在嘉外国友人情系嘉兴”海盐站活动、外国友人端午民俗文化节裹粽大赛、“侨家大院”侨界人士迎春联谊会、“侨智聚禾”海创精英论坛、海归创业人士“咖啡下午茶”沙龙活动等，增进彼此友谊，分享创业经验，营造嘉兴良好的投资工作生活环境。

科学统筹，认真履行外侨管理服务职责。加强因公出国（境）管理，认真贯彻全省因公出国（境）工作会议精神，严格按照“有事才去，因事定人，完事即回”原则，把好审核审批关。围绕市委、市政府中心工作，加强因公出国（境）工作整体规划，在严控党政机关和参公管理事业单位因公出国（境）总量的同时，优先保障实施“走出去”战略，推进“一带一路”建设，确保国家级、省级开发区及中德、中日、中法、中荷等特色园区招商团组顺利出访，协助对接、精准指导、高效审批、全程服务，确保全市经贸、科技、教育、文化等领域对外交往健康、有序发展。2016年，全市共派出因公出国（境）团组347批960人次，其中赴欧美招商团组95批。

完善海外领事保护机制，建立健全市县两级“境外嘉兴籍公民和驻外机构安全保护工作联席会议制度”，不断提升应急处置工作能力。进一步加强预防型领事保护工作，开展境外安全和领事保护宣传教育工作，提高嘉兴市在境外公民和驻外机构应对安全风险的自救能力。会同相关部门加强在禾外国人管理服务工作，协调解决数起医疗、子女教育等难题，妥善处理新加坡籍人员突发身亡等涉外事件。开展困难归侨侨眷调查摸底工作，开展精准帮扶。开展“情暖侨心”迎春走访慰问、“心系归侨侨眷，共度金秋重阳”集体祝寿等活动。认真办理涉侨事务，协同相关职能部门妥善处理信访案件。全年共受（办）理华侨回国定居3例，审核申报“三侨生”中考政策、高考政策加分4例，出具亲属赴港（澳）探亲证明5例。

夯实基础，激发干事创业活力。根据市外侨办、市侨联“三定”方案，理顺职责分工，完善规章制度，加强内部管理，夯实发展基础；加强干部培养，选派2名干部赴基层挂职锻炼。认真查找因公出国（境）管理、助推民企“走出去”、国际友城工作、侨务资源涵养等方面“短板”，深入分析根源，研究解决措施。指导市侨商会按期换届，选举产生新一届领导班子。进一步夯实社区侨务工作基础，全市4个社区积极申报国侨办社区侨务工作“示范单位”，其中桐乡市梧桐街道杨家门社区成功创建。正确引导侨界群众参政议政，组织发动侨界群众为推动经济社会发展建言献策。市“两会”期间，侨界政协委员提交提案13件，其中1件被列为市政协重点提案、2件被列为市政协重要提案。组织侨界市政协委员开展“养老产业”发展、“新农村”专题视察调研，参加“房地产开发建设”专题协商座谈会，通过参政议政，侨界委员大局意识和履职责任感日益增强。

重要活动

【国内首个匈牙利产品馆落户嘉兴】 1月13日，嘉兴平湖国际进口商品城匈牙利馆正式开馆，这是匈牙利在中国开设的首个产品馆。匈牙利外交和对外经济部副部长萨博·拉兹洛、匈牙利驻沪总领事乐文特等率匈牙利外交部代表团参加开幕仪式。副市长盛全生出席开幕式并致辞。盛全生表示，近年来匈牙利与嘉兴经贸往来、人员交往频繁密切。已有9个匈牙利在禾投资项目，投资总额达5811万美元。嘉兴市与匈牙利采格莱德市建立了友好交流关系。希望随着越来越多的交流往来，双方能在更宽领域、更深层次加深友谊、加强合作。萨博·拉兹洛在致辞中表示，以此馆开馆为契机，让匈牙利产品走进中国百姓生活，期待未来匈牙利产品在中国的销售额呈现倍数增长。乐文特介绍匈牙利馆情况。他说，这是匈牙利在中国开设的首个产品馆，有30多个匈牙利特色产品，包括农产品及工艺品等。乐文特表示，匈牙利与浙江人关系密切，在匈牙利有三万多华人，大部分都是浙江人。乐文特期待未来在中国人餐桌上能出现匈牙利的农产品。

【嘉兴市侨商会第三届会员大会】 1月20日，嘉兴市侨商会召开第三届会员大会，全市120余位侨商汇聚一堂，共谋发展。省外侨办、省侨联、省侨商会有关领导，市委常委、组织部长连小敏，市人大常委会副主任金成胜，副市长柴永强，市政协副主席、市委统战部长朱静绮等出席第三届侨商会就职典礼。连小敏致辞，希望新一届市侨商会领导班子努力为广大会员企业和侨资企业做好服务，在凝聚侨商为全市发展服务上发挥更大作用。连小敏要求市侨商服务联盟成员单位要进一步重视侨商经济，精准服务侨商，真心实意为他们排忧解难，维护权益，多办实事，切实提高侨商的获得感、满意度。

大会选举产生第三届嘉兴市侨商会理事，监事会监事长、副监事长、监事。随后召开市侨商会三届一次理事会，选举产生市侨商会第三届会长、执行会长、常务副会长、副会长、秘书长。戴其丰当选为会长、蔡国伟当选监事长。会议还聘请了名誉会长和顾问。

市外侨办主任朱永明，市外侨办党组副书记、市侨联主席章一川出席会员大会、三届一次理事会及就职典礼。

【开展“亲商安商”走访活动】 3月1日，市政协主席、市友协会长高玲慧和副市长、市友协副会长盛全生一行赴平湖经济开发区开展“亲商安商”外资企业走访活动。高玲慧一行先后走访日本电产汽车马达（浙江）有限公司、德西福格汽车配件（平湖）有限公司，详细了解企业在技术研发、产品销售、增资扩股扩大生产经营规模等方面的情况和工作打算。在日本电产汽车马达（浙江）有限公司，了解到该公司将继续扩大销售时，立即表示嘉兴市将全力支持、帮助企业创造良好的外部发展环境。在德西福格公司，对该公司建立了稳定有效的校企合作模式表示肯定，并表示将继续鼓励外资企业与职业技校合作建立人才平台，推动实现人才供给与外企人才需求有效对接，希望企业更好地实践创新驱动产学研合之路。市政协秘书长高梓福，市外侨办主要负责人参加走访。平湖市主要领导及平湖经济开发区相关负责人陪同走访。

【韩国时尚创意设计中心成立】 3月31日，濮院毛衫创新园与首尔韩饰商贸株式会社在桐乡濮院签订合作协议，共同建设成立韩国时尚创意设计中心。首尔韩饰商贸株式会社组织首批20个设计师团队进驻濮院毛衫创新园，开展服装设计、模特经纪、文化传播、面料开发和时尚展示等业务。创新园在三年内将投入近千万元，为韩方设计师提供办公和生活场地。濮院将为韩国设计师团队提供良好的政务、商务和人文环境，支持韩方设计师团队在濮院开展工作。

【举办“2016年海外高层次人才嘉兴行”活动】 4月10日至11日，通过嘉兴海外人才工作站(点)日本专家协会、中法青年企业家协会邀请，来自日本、美国、加拿大、法国等国家的28位海外高层次人才参加“2016年海外高层次人才嘉兴行”活动。参加人员实地考察浙江大学国际联合校区、海宁市科创中心，并分赴嘉兴各县(市、区)相关产业平台，开展一系列人才项目洽谈对接。

这次参加嘉兴行活动的28名高层次人才，半数以上拥有博士学位。研究方向涵盖电子信息、装备制造业、环保节能等十多个领域，其中移动互联网、智慧城市、文化创意与文化传播等新兴方向尤其炙手可热。

【中澳城市可持续发展及水资源管理合作论坛】 4月12日在嘉兴举行。2016“澳大利亚周，中国”澳大利亚城市可持续发展及水资源管理代表团参加论坛，59名来自43家澳大利亚城市建设和水资源管理企业机构的专家，与嘉兴市规划、水务、建设等相关部门及企业代表就城市水资源管理与利用、“海绵城市”建设、基础设施投资运营等议题开展专题座谈及研讨。副市长张仁贵介绍嘉兴市水资源情况及面临的困境。2014年，财政部、住建部、水利部启动海绵城市建设试点城市申报，嘉兴成功跻身全国首批16个海绵城市试点城市。嘉兴海绵城市建设重点需要解决水污染治理、城市内涝(尤其是环城河以内区域的内涝)防治和非传统水资源利用等三大问题，从水生态、水环境、水资源、水安全四个方面，按照“渗、滞、蓄、净、用、排”六字方针，做好控污、水系保护、排涝、饮用水保障等方面的工作，把嘉兴打造成江南水乡典范、现代化网络型田园城市。澳大利亚代表团一行参观了万国路、世合理想大地、勺园、蒋水港等嘉兴市海绵城市建设及部分低影响开发项目，澳方专家边听边看进行现场“把脉”。

【第三届嘉兴国际人才交流与合作大会】 4月21日在嘉兴举行。中法青年企业家协会、美南中国专家协会联合会、硅谷基金合伙人等9个海外社团组织，带领16个国家和地区的150余名海外高层次人才携带电子信息、生物医药、装备制造、节能环保等领域146个项目参加会议。

【“红船服务”总联盟暨市侨商服务联盟联席会议】 5月3日在嘉兴举行。会议总结交流各服务联盟工作，研究部署下阶段服务企业(人才)和侨商工作。省外侨办副主任王通林，中国侨商会副会长、浙商总会副会长、省侨商会会长、澳门银润控股集团有限公司董事长廖春荣，省侨联副主席、省侨商会常务副会长、国和控股集团有限公司董事长陈乃科出席会议。嘉兴市委常委、组织部长连小敏，副市长盛全生，市政协副主席、统战部长朱静绮，市外侨办主任朱永明，市侨联主席章一川及各县(市、区)、嘉兴经济技术开发区、嘉兴港区侨商服务联盟领导小组负责人，市各服务联盟成员单位负责人及侨商企业代表100余人参加会议。会议正式提出并启动“红船服务”总联盟，下设侨商服务联盟、政务服务联盟、金融服务联盟、校企合作服务联盟和“三强”服务联盟5个子联盟。会上，各联盟牵头部门分别介绍情况，南湖区、海盐县作交流发言，市外侨办就“侨商服务月”活动作专题部署。

嘉兴市侨商服务联盟成立，是侨务工作理念、机制、方法、载体的创新，在省内乃至全国开了先河。

【德国栋茨多夫话剧团到嘉兴交流演出】 7月29日，由德中协会主办，嘉兴市友协、市外侨办协办的德国栋茨多夫话剧团《年度集市节》话剧在嘉兴大剧院上演。市政协主席高玲慧、副主席李水根出席并观看演出。

栋茨多夫话剧团创办于1974年，致力于促进与世界各国专业戏剧团体及业余戏剧爱好者之间的交流。

【举行海外站(点)签约仪式】 9月25日，市委组织部(人才办)、市人力社保局(专项办)、市外侨办(侨联)联合召开海外人才工作座谈会并与海外人才工作站(点)签定合作协仪。市委组织部副部长、市委人才办主任李捷，市委组织部副部长、市人力社保局局长、市专项办主任陈树庆，市外侨办主任朱永明，市外侨办副主任、侨联副主席娄新生和来自美国、法国、日本、意大利、德国等国家的海外人才工作站(点)负责人及特邀嘉宾出席会议。李捷在座谈会上致辞，陈树庆与各海外人才工作站(点)签订合作协议，娄新生通报2015年度海外各站(点)工作开展情况。会议由朱永明主持。

2016年，各海外站(点)先后组织20个团组200余名海外高层次人才，带来电子信息、生物医药、装备制造、节能环保等领域高科技项目来嘉兴考察对接。

【中欧城镇化伙伴关系示范区建设交流会】 10月13日在嘉兴市海盐县召开。会上，国家发改委规划司司长徐林、欧盟驻华代表团贸易处二等秘书安思忧为深圳、洛阳、常州、海盐4个首批中欧城镇化伙伴关系示范区城市授牌。其中，海盐是唯一的县级城市。

2013年11月，海盐作为全国首批12个中欧城镇化伙伴关系合作签约城市中唯一的县级城市，与丹麦松德堡市签署《中欧城镇化合作城市项目意向书》。2016年7月，在北京召开的“2016中欧城镇化伙伴关系务实合作项目签约仪式”上，海盐县与丹麦丹佛斯中国公司、与太平洋电力能源公司等签署中欧城镇化伙伴关系务实合作项目文件。

【“同根同心·共创双赢”2016香港巡回展览】 11月16日至20日在嘉兴举行。展览通过具有丰富资料及图片的展板介绍香港的独特优势，包括金融、经贸、专业服务、文化、艺术、体育、会议展览、旅游、教育等方面的最新发展。展板主题包括“香港——连接全球的国际都会”“活力澎湃的国际金融中心”“全球商业贸易枢纽”“文化、艺术和体育之都”“首选旅游胜地”“通往内地联系世界”“创新及科技发展”“顶级教研人才荟萃”和“香港特别行政区驻内地机关简介”等。

2016香港巡回展览在8个城市举行，首站是上海，嘉兴站结束后巡回展在金华、南京、无锡、合肥、芜湖、济南等地举行。

主要出访

【嘉兴市友好代表团访问新加坡和越南】 7月16日至24日，市政协主席高玲慧率嘉兴市友好代表团一行访问新加坡和越南。在新加坡，代表团拜访新加坡—中国(新中)友好协会，商讨双方开展友好交流关系、开拓合作项目等事项，洽谈嘉兴市友协与新中友协建立双方青少年文化教育交流长效机制事宜。召开旅新浙商座谈会，了解企业在新加坡的投资发展现状，并就浙商回归相关政策与相关企业进行互动解答，推动浙商回归。在越南，代表团拜访世和国际—越南富美兴项目，交流小城镇建设与规划管理、探讨创新社区建设与管理的新模式和先进理念。

【嘉兴市经贸代表团访问美国和阿联酋】 9月10日至17日，市委常委、嘉兴经济技术开发区党工委书记何炳荣率嘉兴市经贸代表团一行5人访问美国和阿联酋。在美国，代表团拜访荷美尔食品公司总部，就荷美尔公司意向在嘉兴市扩建占地5.7公顷、投资8000万美元的二期项目等具体事宜进行洽谈。在西雅图大学举办人才交流座谈会，邀请微软、亚马逊、提莫柏电信公司、维尔福软件公司等总部在西雅图的15个科技企业技术人才参加，重点推介嘉兴智慧产业创新园平台优势，吸引优秀海外科技人才和团队到嘉兴运河智慧小镇投资、创业。在阿联酋，代表团拜访阿联酋冰淇淋项目意式食品大师公司。此前，经已落户嘉兴的意大利米开朗公司引荐，得知意式食品大师公司计划开拓中国市场，投资建设生产基地，引进欧洲全自动化电脑控制的冰淇淋生产线，生产高端冰淇淋，供应中国地区高档酒店和餐饮场所。代表团此访主要介绍嘉兴开发区的独特区位优势、长三角地区的巨大市场需求，重点介绍嘉兴市马家浜健康食品小镇的政策优势、产业优势和针对食品企业的完善基础配套设施等，加深投资方对嘉兴的印象，推动项目引进。

表12　2016年嘉兴市部分出访团组情况一览

出访时间	团长职务、姓名	人数	出访地点	出访任务
4月20～29日	副市长盛全生	1	英国、德国、以色列	经贸活动
5月1～7日	市政协副主席朱静绮	6	香港	工作交流
6月19日～7月4日	常务副市长楼建明	1	新加坡	培训
8月7～14日	市人大常委会副主任张志伟	6	日本、韩国	友好访问
9月25日～10月3日	副市长赵树梅	6	克罗地亚、以色列	友好访问
9月25日～10月3日	市政协副主席马邦伟	6	匈牙利、俄罗斯	友好访问
11月17～24日	市政协副主席王淳	6	芬兰、丹麦	医疗卫生洽谈
11月20～27日	市人大常委会副主任金成胜	6	捷克、德国	招商引资
11月27日～12月4日	副市长柴永强	6	澳大利亚、新西兰	文化教育洽谈
12月1～5日	市委副书记孙贤龙	5	香港	工作交流
12月19～26日	副市长祝亚伟	6	奥地利、以色列	项目洽谈

主要来访

【匈牙利外交与对外经济部副部长访问嘉兴】 1月13日，匈牙利外交与对外经济部副部长萨博·拉兹洛、匈牙利驻沪总领事乐文特等一行9人访问嘉兴，参加平湖国际进口商品城匈牙利馆开幕式。省贸促会会长吴桂英、副市长盛全生等出席开幕式并会见萨博·拉兹洛一行。

【德国石荷州州长访问嘉兴】 5月9日，市长胡海峰会见德国石荷州州长托斯滕·阿尔比希率领的政府、企业代表团一行50余人。胡海峰简要介绍嘉兴历史概况、人文环境、区位交通及经济社会发展情况。托斯滕·阿尔比希表示，嘉兴优美的环境、优良的区位交通优势和蓬勃向上的发展势头给他留下了非常深刻的印象，他对浙江中德(嘉兴)产业合作园发展前景看好并充满期待。当天，嘉兴经济技术开发区与石荷州经济技术促进中心签订战略合作协议。双方企业代表、相关产业平台进行经贸合作洽谈。

在嘉兴期间，代表团一行参观雅培（嘉兴）营养品有限公司、马家浜健康食品小镇、浙江中德（嘉兴）产业合作园等，并考察乌镇互联网医院。副市长盛全生陪同参观考察。

【捷克总理访问嘉兴】 6月19日，捷克总理索博特卡一行访问嘉兴，出席第三次中国—中东欧国家地方领导人会议和第二届中国—中东欧国家卫生部长论坛。市委副书记、市长胡海峰会见索博特卡一行，简要介绍嘉兴经济社会发展情况及地方风土人情，并介绍乌镇成功举办两届世界互联网大会，成为世界互联网大会永久会址的情况。索博特卡对嘉兴和乌镇取得的成就表示赞赏。双方就经济交流和人员来往等进行探讨和交流。

在嘉兴期间，索博特卡在胡海峰陪同下赴乌镇访问。

【丹麦驻华大使访问嘉兴】 9月29日，市委副书记、市长胡海峰会见丹麦驻华大使戴世阁、丹麦驻沪总领事普励志一行。胡海峰说，乐高集团、丹佛斯集团等丹麦企业落户嘉兴，特别是乐高工厂，是目前浙江省引进的投资总额最大、行业品牌档次最高的外商投资项目。2015年嘉兴与丹麦的进出口总额2.5亿美元，两地合作还有很大拓展空间。戴世阁表示，嘉兴与丹麦的关系历史久远，基础深厚，嘉兴与里比市、海盐与松德堡市都结为友好城市。嘉兴正在大力推进海绵城市建设和水环境治理项目，而丹麦在此领域有着丰富经验和先进的技术，希望双方在水污染治理和水资源管理方面开展进一步合作。双方还就两地密切的经贸人文往来和姊妹城市交流进行探讨。

在嘉兴期间，戴世阁一行还实地考察了乐高嘉兴工厂和丹弗斯海盐二厂。

【蒙古人民党主席、国家大呼拉尔主席访问嘉兴】 10月17日，蒙古人民党主席、国家大呼拉尔主席米·恩赫包勒德率蒙古人民党代表团访问考察嘉兴。中联部部长宋涛、中国驻蒙古大使邢海明，嘉兴市委书记鲁俊等陪同考察。

蒙古人民党代表团一行参观考察海宁中国皮革城、浙江雪豹服饰有限公司。走访了解蒙方在皮革加工、市场销售等方面与嘉兴有关企业交流合作情况。同时，向相关企业介绍蒙古国在皮革产业方面的优惠政策措施，支持嘉兴市企业赴蒙投资。在随后召开的座谈会上，考察团一行听取海宁市有关领导、企业家代表就该市经济社会发展和企业发展等情况介绍。

表13 2016年嘉兴市接待的部分团组一览

到访时间	团组名称	团长职务（姓名）	人数	出席领导
1月8日	巴西中国经济贸易促进会访问团	陈捷	2	
1月12日	澳大利亚驻沪总领事馆领事代表团	商务领事倪凯芸	3	
1月13日	2018韩国平昌冬季奥运会民间志愿团	韩国江陵市佳平初等学校校长闵泳裴	4	
1月16日	匈牙利中央银行代表团	中央银行行长马托奇	5	
1月22日	美国肯恩大学代表团	常务副校长菲利普·康奈利	10	林健东
2月2日	德国污水处理专家	多曼	4	
2月23～24日	澳大利亚驻沪总领事馆	商务领事倪凯芸	2	

续表

到访时间	团组名称	团长职务(姓名)	人数	出席领导
2月27日	加拿大安大略省哈密尔顿市友好城市联络官	古念华	1	
3月4日	韩国驻沪总领事	韩硕熙	4	林健东
3月14～16日	日本大阪府大东市议会议员团	三川武	1	
4月22日	芬兰议会农林委员会代表团及芬兰驻沪领事馆代表团	主席雅利・莱帕	14	赵树梅
5月23日	瑞士驻沪总领事馆代表团	霍力轩	2	盛全生
5月23日	韩国江陵市韩中友好协会代表团	咸大植	14	
5月27日	韩国济州韩中交流协会	梁洪喆	10	
6月6日	克罗地亚中国东南欧企业联合会	会长马里奥・伦杜利克	2	
6月9日	美国驻沪总领事馆领事处官员	谢梦兰	1	
6月29日	发展中国家女官员参与社会管理能力建设研修班		58	
7月3日	法国瓦勒德瓦兹省经济代表团	菲利普・舒赫	5	
7月29日	德国栋茨多夫话剧演出团	格哈特・克拉纳	27	高玲慧
9月22日	韩国江陵市政府副市长	金喆来	5	盛全生
10月11～13日	韩国江陵市议会团	曹永敦	14	刘冬生
10月18～21日	日本富士市市民友好访问团	山田正明	15	高玲慧
11月5日	南美知名媒体记者团		13	
11月7～8日	美国驻沪总领事馆外联处官员	外联处长费曼舒	2	
11月7～8日	以色列驻沪总领事馆代表团	总领事安迈凯	3	
11月7～8日	捷克驻沪总领事馆代表团	总领事理查德・卡尔帕奇	4	
11月7～8日	法国瓦勒德瓦兹省经济代表团	国际事务处处长刘泉江	1	
11月7～8日	芬兰驻沪总领事	万伯阳	1	
11月7～8日	韩国驻沪总领事馆代表团	总领事韩硕熙	4	
11月7～9日	芬兰伊马特拉市友城代表团	市长林图能	5	
11月10日	丹麦驻沪总领事	事普励志	1	
11月17～18日	俄罗斯联邦共产党青年干部考察团	俄共中央主席团成员、中央书记，俄国家杜马自然资源、财产和土地关系委员会第一副主席尤・维・阿福宁	20	卜凡伟

续表

到访时间	团组名称	团长职务(姓名)	人数	出席领导
11 月 18～19 日	法国共产党青年干部考察团	法国共产党全国理事会成员、国际部副部长洛朗·米盖勒·佩雷阿	9	孙贤龙
12 月 2～6 日	韩国江陵市友协协会团	会长咸大植	3	高玲慧
12 月 3 日	墨西哥高级军官研修班	墨西哥国防部陆空军大学校长巴耶霍中将	10	王会能
12 月 7 日	德国哈勒市代表团	伍尔夫·艾玛·伯奇乐	3	
12 月 8 日	印度驻沪总领事	古光明	2	鲁俊
12 月 13 日	美国洛克维尔市姐妹城市委员会代表团	陈鹰	2	

（许　叶）

湖 州 市

综 述

【概况】 2016年，湖州市外侨办以服务国家总体外交和地方经济社会发展统领全局，牢牢抓住“补短板、谋赶超、促发展”工作主线，积极主动作为、努力创新实干，有效推动全市外事侨务工作取得新进展。

有效服务国家总体外交。全力做好G20杭州峰会服务保障工作。峰会期间，市外侨办抽调6名外事干部参与土耳其代表团、世贸组织代表团的接待与境外媒体接待工作。接待人员出色完成各项服务保障任务，得到上级部门的肯定和好评，并获得省、市G20保障工作的先进表彰。配合宣传部门做好G20杭州峰会期间境外媒体德清、安吉两条采访线的安排和接待工作，向来访外媒充分展示浙江风采。主动融入“一带一路”倡议相关工作。与市商务局、贸促会、开发区等部门联手，相继举办“‘一带一路’海外园区（湖州）推介会”“2016浙江（湖州）·印尼经贸投资洽谈会”“2016中国（湖州）·印度商务投资论坛”等活动，深化与东盟和南亚地区国家的互利合作。推动湖州师范学院与阿塞拜疆语言大学共建的海外孔子学院于2016年6月正式揭牌并开展设立汉语课堂、筹建文化艺术班等工作。深入推进与南通、乌鲁木齐、海口等7个城市共同创建的“一带一路”地方外侨办联动合作机制，参加“2016海外知名侨商南通行”“乌鲁木齐市第四届丝绸之路经济带城市合作发展论坛”等活动，以推进“一带一路”为目标建立友城、侨务和引才引智三大联盟。坚持“走上门”与“请进来”相结合，与以色列、新加坡、乌克兰、乌兹别克斯坦、孟加拉、老挝等多个“一带一路”沿线国家驻沪总领事馆开展积极交流，将外交资源更多地引入到服务“一带一路”倡议上。服务周边外交。组织由市领导带队的友好代表团赴日本冈山参加第18届中日韩地方政府交流大会，就“加强地方政府交流，促进东北亚地区活力”主题与中日韩三国参会城市进行广泛交流，并在会上作《加强环境保护，以良好生态促进乡村旅游业发展》专题发言。以大会为契机，秉承“亲、诚、惠、容”外交理念积极发展与周边国家的睦邻友好关系，不断拓宽交流渠道，推进务实合作。

有力服务地方转型发展。努力打造经济外事。2016年，统筹谋划市领导出访14人次。市长陈伟俊率团出访意大利与圣马力诺，就圣马力诺设立于开发区内的“湖圣意国际科技产业园”项目工程作实质性推进，成功推动欧菲诺医药、阿斯科新能源汽车等项目洽谈进程；副市长李建平率团赴阿联酋出席2016迪拜国际投资年，与阿联酋经济部、阿中国际集团等进行深度对接，促进双边经济互动，使迪拜成为湖州在中东地区招商引资的重要平台；副市长董立新率团出访韩国，在韩举办“中国化妆品生产基地·湖州招商发布会”，有效推动吴兴美妆小镇的招商引资工作。各县（区）与各部门团组出访，一批项目洽谈成功，内容涵盖养生旅游、生物医药、先进装备制造、特色小镇建设等多个领域。全程参与“第九届世界锂电池大会”“2016世界地板业工商峰会”等国际性会议，为全市重要产业发展全力提供外事服务。全面助推引资引智。相继举办“新加坡浙商协会湖州行”“海外华文媒体湖州行”“海外大数据高层次人才湖州行”“高层次留学回国人才为国服务志愿团湖州行”等活动，以打造“湖州行”品牌为抓手，大力推介湖州产业优势、宣传创业创新政策，围绕地方经济社会发展积极引荐项目、引进人才。2016 年，全市侨务系统邀请 1000 余名境内外侨商到湖州投资考察，引荐洽谈涉及通用航空、民宿旅游、智能制造、跨境电商等领域项目 34 个，协议利用外资 1.01 亿美元、内资 15.5 亿元。加强与海外专业协会联系，向 200 余名海外高层次人才推介南太湖精英计划，共引荐申报 19 个创业、创新类项目，其中 12 个签约，内容涵盖大数据分析、环境保护、健康科技等。为市委组织部赴美国、加拿大、德国、法国、日本和韩国招才引智团提供全方位服务，促成签订 41 个人才项目合作协议，聘任“海外引才大使”2 名和新建海外引才工作站 4 家。积极助力企业发展。充分发挥侨商会平台作用，深入侨资企业开展服务，认真做好政策引导工作，为企业举办“十三五规划”讲座、“财务税务筹划”培训等。组织企业参加东盟华商会，帮助企业进一步创新思路、转型升级，推动企业向信息化、国际化方向发展。联合市人力社保局与市公安局在市、县(区)高层次人才服务中心设立外籍人才“一站式”服务窗口，为到湖州创业创新的外籍人士提供便利。继续实施服务民企“走出去”三项制度和 APEC 商务旅行卡推广计划，为加快企业“走出去”参与国际竞争与合作畅通渠道、提供便利。2016 年，全市办理 APEC 商务旅行卡 62 批 85 人次，代办因私签证 276 批 577 人次。

积极拓展对外交流渠道。持续推进友城工作。起草“一带一路”沿线国家友城拓展方案，进一步明确今后一段时期内友城工作目标，完善友城发展思路。推进与奥地利林茨市、美国圣地亚哥市、蒙古国罕乌拉区和爱尔兰戈韦尔市的友好洽谈进程，其中林茨市和圣地亚哥市已与湖州市签订建立友好交流关系意向书。全年与友城间实现互访 13 批 115 人次，友城间务实合作取得新突破。以色列尤其尼姆利特市与湖州市在推动友城交流、促进科技等领域合作进行深入探讨并达成初步意向；瑞典卡尔马省与湖州市就瑞典林奈大学与湖州师范学院教育合作项目达成意向；美国圣地亚哥市与湖州市开发区合作成立“中美生物医药产业园”，并成功签约 3 个医药产业化项目；摩洛哥梅克内斯工商会代表团访问湖州，与湖州市企业家开展深度交流并就合作取得共识；韩国灵岩郡与湖州市的青少年交流项目不断向纵深发展，灵岩郡获得全国友协颁发的 2016 对外友好城市交流合作奖。不断拓展对外民间交往。联合市贸促会、商务局、文广新局举办“2016 中国(湖州)・印度周”，其间安排印度文艺表演、美食节、电影节、艺术展等一系列活动。加强对县(区)与部门的指导，统筹协调全市各类对外民间交往活动，包括韩国全罗南道与浙江湖州青少年国际交流项目、2016 中美职业篮球对抗赛湖州站比赛、第 30 届瑞士日内瓦国际书展“德清日”主题活动、莫干山探索极限基地全球推广活动、“锦绣德清　琴系香江”洛舍钢琴走进香港活动等。着力涵养海外侨务资源。举办“2016 海外侨领湖州行活动”，邀请美国、法国和意大利等 16 个国家的 40 余位青年侨领到湖州考察交流，建立并加深与海外侨团青年侨领的感情。坚持“大侨务”理念，努力开辟海外侨务联络渠道，建立与希腊华侨华人总会、捷克青田同乡会、欧洲青年联合会等重点侨团的联系。

全面提升管理服务实效。切实加强因公出国(境)管理。贯彻落实全省加强新形势下因公出国(境)工作会议精神，围绕市委、市政府中心工作，加强因公出国(境)工作的整体规划，在严控党政机关和参公管理事业单位因公出国(境)总量的同时，确保全市经贸、科技、教育、文化等领域对外交往健康、有序发展。严格按照“有事才去，因事定人，完事即回”的原则把好审核审批关，优先保障实施“走出去”战略，推进“一带一路"建设、推动国际产能合作和中东欧合作,严禁一般性考察、重复考察、一般性访问和无实质性内容的业务交流。2016 年,全市共派出因公出国(境)团组 233 批 560 人次,其中党政与参公人员 292 人次。努力营造平安稳定涉外环境。与公安、安全等部门保持紧密联系,合力加强在湖外国人管理服务与境外非政府组织在湖管理工作,妥善处置 3 起涉外事(案)件。积极参与"湖笔文化节""第七届环太湖国际公路自行车赛"等全市性大型活动,承担翻译与礼宾接待任务,做好服务保障工作。研究制定《G20 峰会期间我市加强邀请外国人来华管理工作的若干措施》,切实把好外国人来华第一关。全年办理邀请外国人来华 422 批 618 人次。认真做好国内侨务工作。建立健全为侨法律服务工作机制,指导县(区)侨办开展"为侨法律服务工作站"创建活动,吴兴区侨办获得全省首批"为侨法律服务工作站"称号。严格按照《浙江省华侨捐赠条例》及有关法律法规规定,开展全市捐赠项目使用管理情况清查登记,进一步完善华侨捐赠工作。开展"全国社区侨务工作示范点"创建工作,加强社区侨务工作阵地建设。联合相关部门开展"送科技、送文化、送医疗、送法律、送温暖"进侨村(社区)、侨企、侨户活动。以社区"侨之家"为载体,坚持"一月一主题",开展利侨乐侨活动,丰富归侨侨眷业余文化生活。

重要活动

【走进笔都——中韩艺术交流展】 4 月 21 日至 28 日在湖笔小镇中国笔都书画院举行。南浔区委宣传部长梅爱祥、善琏镇党委书记钱红梅、中国笔都书画院院长孙育良和韩国美协青年分科委员会会长金熙等参加活动。交流展共有 36 名中韩书画家参与,其中中方 15 名、韩方 21 名,展出作品 80 余幅。

【二十国集团智库会议(T20)】 6 月 18 日至 19 日在安吉县举行。会议主题是"创新——新经济与结构改革",来自海内外近 200 名专家学者与会展开研讨。

【德清全球首个户外运动基地在美国举办推介活动】 9 月 21 日,德清全球首个户外运动基地莫干山探索极限基地全球推广活动在美国纽约时代广场举办。时代广场大屏幕首次出现德清元素,循环播出德清宣传片和莫干山探索基地宣传片,全方位推介"德清形象"。

【2016 世界地板业工商峰会】 10 月 28 日在南浔举行。世界各大地板生产经营主流企业、行业协会参会,共商"绿色、创新、协作、共赢"的地板行业发展方向。美国、芬兰、菲律宾、印度、波兰、德国等十余个国家的政府组织、行业协会和企业界人士参加。

【2016 中国(湖州)·印度周活动】 10 月 31 日至 11 月 14 日在湖州举行。市委宣传部长胡菁菁、印度驻沪总领事古光明等出席开幕式。活动期间,市政府和印度驻沪总领事馆共同举办中国(湖州)·印度商务投资论坛、印度美食节、"中国人眼中的印度"艺术展、印度电影节等系列活动。

【湖州市与美国圣地亚哥市签署建立友好交流关系意向书】 11 月 4 日,美国圣地亚哥市国际事务理事会、美中经济文化促进会、美中生物医学和制药专业协会相关负责人,圣地亚哥市生物医药专家和企业家代表等组成的圣地亚哥市代表团一行 16 人访问湖州。湖州市与圣地亚哥市签署两市建立友好交流关系意向书,同时举行"中美生物医药产业园"揭牌仪式及"高通量抗癌药物体内筛选技术平台""干细胞研究应用生产以及临床试验""重组免疫人源毒素制药技术平台"产业化项目签约仪式。

代表团在湖期间,实地考察了特瑞思药业和南太湖生物医药产业园。

【2016 第七届环太湖国际公路自行车赛】 11 月 7 日,2016 第七

届环太湖国际公路自行车赛长兴—湖州赛段开赛,22支世界顶级职业队的130名选手参赛。本赛段全长139.5千米,来自意大利东南威廉洲际职业队的车手雅各布·马雷斯科获得该赛段冠军。

【韩国灵岩郡获对华友好城市交流合作奖】 11月11日,在重庆召开的"2016中国国际友好城市大会"上,湖州市友好城市韩国灵岩郡获得"对华友好城市交流合作奖"。全国友协副会长卢思社为灵岩郡副郡守金良洙颁奖。

主要出访

【湖州市医疗工作代表团访问英国、爱尔兰和瑞士】 2月20日至29日,湖州市医疗工作代表团一行4人赴英国伦敦、爱尔兰都柏林和瑞士日内瓦等地考察访问。在英国,代表团考察沃德福市医疗体系和卫生保障机制,与沃德福市议员拉比·马丁斯和政府主管医疗卫生的负责人进行交流洽谈。在爱尔兰,代表团参观都柏林博蒙特医院,医院副行政总裁安妮·麦克尼介绍医院情况,并陪同代表团参观医院相关设施。在瑞士,代表团考察了伯霞霖综合医院。

【安吉县代表团访问澳门】 3月28日,以县委书记单锦炎为团长的安吉县代表团一行7人访问澳门,与澳门特区政府和澳门中联办就浙澳经贸合作区建设项目进行工作对接。代表团在澳门期间,举办"安吉·澳门经贸旅游合作交流会"、与澳门恒和集团签署安吉港国际物流园区项目、参加澳门国际环保展并获大奖。

【湖州市代表团访问阿联酋和卡塔尔】 4月10日至16日,副市长李建平率湖州市代表团一行15人访问阿联酋和卡塔尔。在阿联酋,出席第六届迪拜国际投资年会全体会议、政企对接会、政府对接会、商业对接会等多个重要会议,拜访阿联酋经济部、中国驻迪拜总领事馆、沙迦投资机构和重要客商等,就健康旅游、环境保护等项目进行对接洽谈,并在投资年会会场设立展馆推介湖州。代表团还实地考察阿布扎比中国建材城湖州产品展销中心,与承办单位和入驻企业负责人进行座谈。在卡塔尔,代表团拜访中阿国际集团,推介南浔古镇修复提升、西塞山农业生态旅游景区和度假区大旅游开发等重大项目,并探讨中阿国际集团与飞洲集团在湖项目合作事宜。

【湖州吴兴美妆小镇招商引资团访问韩国】 4月25日至29日,湖州吴兴美妆小镇招商引资团一行5人访问韩国,参加在首尔举办的韩国化妆品展会,并布置展位参展。其间,举行中国化妆品生产基地·湖州招商发布会,参加由化妆品报社和韩国周刊新闻CMN联合举办的首届"中国好产品首尔峰会",吴兴美妆小镇获得"首尔美妆先锋奖"。在韩国期间,代表团还拜访韩国《富体美丽》株式会社,参观衍宇包材株式会社、韩佛化妆品株式会社和娜欧高斯株式会社等韩国知名化妆品企业。

【"德清日"主题活动亮相第30届瑞士日内瓦国际书展】 4月30日,在瑞士日内瓦2016年第30届国际书展上,"德清日"主题活动亮相。书展期间,德清县代表团推介介绍德清的书籍《德清》,并展售具有德清特色的文创产品。

【南浔区友好代表团访问俄罗斯和日本】 5月4日至11日,区委副书记管会斌率南浔区代表团一行5人访问俄罗斯和日本,进行经贸交流和项目洽谈。在俄罗斯,代表团拜访圣彼得堡市科拉斯涅尼卡亚区委员会、区政府,双方就木业产业可持续发展经验进行交流,并达成两地木业木材企业建立长期合作关系意向。在日本,代表团拜访山阳玩具集团,与集团高层就签订"乘梦南浔产业园"项目进行洽谈。

【吴兴区经贸代表团访问南非和新加坡】 6月14日至22日,副区长韩新梅率吴兴区经贸交流团一行5人访问南非和新加坡。在南非和新加坡期间，代表团参加“2016中国品牌非洲展暨南非国际贸易博览会”，举办“中国·吴兴生态休闲旅游专场招商推介会”，与新加坡国际企业发展局、南非浙江总商会、巴尔弗集团等对接吴兴生态休闲产业对外招商合作事宜。

【湖州市代表团访问香港】 8月19日至23日，副市长闵云率湖州市代表团和湖州小学跳绳队赴香港，参加香港国际跳绳公开赛并参与阿诺辛力加国际体育节亚洲站活动。在港期间，代表团还拜访香港城市大学，参观该校生物工程和机械工程实验室，双方就开展教育教学合作进行交流。与湖州旅港同乡会举行座谈，就拓展经贸合作进行交流探讨。

【南浔区友好代表团访问德国和荷兰】 9月18日至25日，副区长徐国华率南浔区友好代表团一行6人访问德国和荷兰。在德国，代表团拜访巴伐利亚州农业部，考察奥托卡家庭农场，双方就生态农业发展、农业合作社运行等进行交流；拜访太库德国公司，与公司高管洽谈南浔区产业新城项目。在荷兰，代表团拜访海牙市政府，学习借鉴生态农业建设先进经验和成功做法，并与该市下属的斯赫弗宁根区政府代表进行交流，探讨彼此间建立友好合作关系事宜。

【湖州市友好代表团访问日本和奥地利】 10月17日至24日，市政协副主席曹会明率湖州市友好代表团一行6人访问日本和奥地利。在日本，代表团出席在冈山举行的第18届中日韩友好城市交流大会，曹会明作为城市代表在会上作《加强环境保护，以良好生态促进乡村旅游业发展》发言。在奥地利，代表团访问林茨市，双方就建立友好交流关系，开展经贸、教育、旅游等领域合作举行会谈，并签订两市建立友好交流关系意向书。

【长兴县代表团访问安哥拉和南非】 10月17日至25日，县政协主席金树云率长兴县代表团一行6人访问安哥拉和南非。在安哥拉，拜访安哥拉能源水利部部长，就长兴县永达公司在安哥拉工业园投资项目进行洽谈。在南非，拜访在长兴投资企业，洽谈投资项目。

【湖州市代表团访问意大利、圣马力诺和以色列】 10月25日至11月2日，市长陈伟俊率湖州市代表团一行6人访问意大利、圣马力诺和以色列。在意大利，代表团拜会欧菲诺医药集团董事长欧菲诺、意大利工信部前副部长博蒂。在圣马力诺，代表团与工贸部部长马可·阿齐利、经济局局长娜迪亚·隆举行会谈，就共同推进湖圣意产业园项目建设进行交流探讨。拜会阿斯科集团董事长马里奥尼及企业高管团队，双方就电动汽车生产项目进行洽谈。在以色列，代表团与尤其尼姆利特市市长西蒙·艾勒法斯及三位副市长举行会谈，并考察强生公司等。

【长兴百叶龙赴卡塔尔进行文化艺术交流】 11月2日至6日，应卡塔尔博物馆局邀请，并受浙江省文化厅委派，长兴百叶龙一行28人赴卡塔尔参加2016中卡文化年“中国节”演出，进行文化艺术交流。

【湖州市友好访问团访问意大利和希腊】 11月6日至13日，湖州市友好访问团一行6人访问意大利和希腊。在意大利，访问团与意大利丝绸协会秘书长圭多泰塔曼提进行友好恳谈，重点介绍湖州丝绸小镇的规划设想和建设情况。拜访拉蒂集团公司，介绍湖州丝绸小镇的基本情况和发展理念，双方就提升丝绸印染和后整理技术进行洽谈，并初步达成合作意向；参观该公司在科莫的织造工坊和产品陈列馆。在希腊，访问太阳城市，副市长克里斯托斯·扬那基斯向访问团介绍该市历史文化遗产保护情况。

【湖州市环保考察团访问丹麦和瑞典】 11月27日至12月4日，市人大常委会副主任蔡福民率湖州市环保考察团一行6人访问丹麦和瑞典。在丹麦,考察团与欧登塞市政府就城市污水处理进行交流。在瑞典,考察团拜访卡尔马省政府,参观卡尔马省环保、水务等市政设施,实地考察普拉克有机垃圾制沼气工程技术公司和斯堪的纳维亚清洁技术集团有限公司。

【湖州市友好访问与经贸洽谈代表团访问爱尔兰和印度】 12月8日至15日,湖州市友好访问与经贸洽谈代表团一行6人访问爱尔兰和印度。在爱尔兰,代表团拜会爱尔兰国会前参议员洛林·希金斯和爱尔兰贸易与科技局,与戈尔韦市市长诺埃尔·拉金、秘书长汤姆·康奈尔、办公室主任艾琳·鲁安等进行会谈,考察戈尔韦啤酒厂和戈尔韦青年科创中心,向戈尔韦市爱中友协推介湖州市投资环境和浙(湖)商回归创业创新支持政策。在印度,代表团与阿格拉玻璃制造厂就与中方铝合金型材厂进行合作,合资组建铝合金型材生产企业进行洽谈;与茗塔集团就增资1500万美元、扩大绿茶茶多酚生产规模进行探讨;与J.D.电子零部件公司董事长费萨尔·伊克贺拉斯商议在新德里选择地块建立年产200万台家用电机项目。

表14 2016年湖州市部分出访团组情况一览

出访时间	团长姓名	出访地点	出访任务	人数
4月25日	董立新	韩国	经贸洽谈	5
5月15日	闵　云	英国	培训	参团
5月20日	干武东	美国、巴西	其他	参团
6月12日	施根宝	德国	培训	参团
9月21日	钟　鸣	波兰、俄罗斯	访问交流	参团

主要来访

【瑞士洛桑大学教授访问安吉】 2月2日,瑞士洛桑大学教授董旻月访问安吉,与安吉县领导就开展旅游领域合作进行沟通探讨,并达成共同建设中瑞国际健康生活示范项目合作意向。

【奥地利林茨市经济代表团访问湖州】 4月1日至3日,奥地利林茨市副市长苏珊娜·维克赛德率奥地利林茨市经济代表团一行20人访问湖州。市长陈伟俊、副市长李建平会见代表团一行。在湖期间,代表团一行考察市经济开发区和浙江久立集团,并出席湖州投资环境说明会。

【瑞典卡尔马省友好代表团访问湖州】 4月20日,以地区委员会副主席拉格纳·奥尔森为团长的瑞典卡尔马省友好代表团一行7人访问湖州。副市长李建平会见代表团一行。在湖期间,代表团访问湖州师范学院,与院长张立钦进行座谈交流。代表团成员,瑞典林奈大学林奈学院主任拉尔斯·马尔姆伯格、林奈大学驻中国首席代表汉瑞克分别介绍林奈大学在中国的合作办学情况和相关招生政策。代表团一行还考察月亮酒店和黄金湖岸等项目。

【韩国济州韩中交流协会代表团访问安吉】 5月24日,韩国济州韩中交流协会代表团一行18人访问安吉,实地考察安吉县两山创客小镇和天使小镇等地的投资环境。

【韩国全罗南道政府代表团访问长兴】 5月25日,韩国全罗南道政府代表团一行4人访问长兴,考察长兴县电动车产业,并与康迪、天能、超威等企业就电池产业合作开展深入交流。

【韩国灵岩郡青少年教育交流代表团访问湖州】 5月25日至27日，韩国灵岩郡青少年教育交流代表团一行20人访问湖州，与新世纪外国语学校开展交流。韩国灵岩郡学生通过两晚住家体验，亲身感受湖州市民的日常生活和风俗习惯。

【韩国爱德林智慧能源研究院院长访问吴兴】 6月1日至2日，韩国爱德林智慧能源研究院院长金洛俊一行8人访问吴兴，考察吴兴区投资环境。湖州市副市长李建平、董立新，吴兴区区长吴智勇等会见金洛俊一行，双方就水处理、垃圾生物降解、地热地板等项目进行洽谈。

【瑞士联邦尚佩里市代表团访问安吉】 6月4日至6日，瑞士联邦瓦莱州尚佩里市代表团一行5人访问考察安吉。代表团考察乡村旅游、户外运动、旅游职业教育等项目，参加中国(安吉)首届玩水节开幕式和合作交流洽谈会。双方还签订建立友好交流关系意向书，就旅游、教育、体育等领域开展合作达成四点意向。

【尼日利亚夸拉州政企代表团访问长兴】 6月12日，尼日利亚夸拉州政企代表团一行11人访问长兴。考察中山化工、盛邦化纤等企业，并与浙江万格实业有限公司签订中尼工业园项目协议。

【印度驻沪总领事访问湖州】 7月12日，印度驻沪总领事古光明访问湖州。市长陈伟俊、副市长李建平会见古光明。在湖期间，古光明实地考察香飘飘食品股份有限公司、久立特材科技股份有限公司和浙江塔塔茶叶科技有限公司。

【日本伊奈达株式会社代表访问吴兴】 8月3日，日本伊奈达株式会社代表取缔役社长稻田觉一行6人访问吴兴，与吴兴区就水处理项目合作等进行洽谈。稻田觉一行还考察埭溪美妆小镇及东林绿色建材产业园，副区长韩新梅等陪同考察。

【G20峰会官方采访团走进莫干山】 9月4日，G20峰会官方采访团30余名境内外记者走进德清莫干山采访，探寻“洋家乐”发源地德清将民宿产业打造成长三角翘楚的奥秘。

【联合国粮农组织代表到南浔考察】 10月31日，联合国粮农组织全球重要农业文化遗产科学咨询小组轮值主席闵庆文、副主席莫罗·阿格诺莱缇到南浔，考察荻港并对荻港核心区桑基鱼塘生态循环系统进行深入调研，表示将全力支持桑基鱼塘申报全球重要农业文化遗产。

【湖州四中与德国巴伐利亚穆尔瑙中学结为友好学校】 10月31日至11月4日，德国巴伐利亚穆尔瑙中学师生代表团一行20人访问湖州，与湖州四中开展交流。德国学生学包饺子、做手工，还欣赏了茶艺表演。其间，代表团与湖州四中教育集团签订建立友好学校备忘录。

【老挝干部考察团访问德清】 11月5日，应中联部邀请，老挝干部考察团一行30人访问德清。实地考察德清县美丽乡村建设和基层党建工作，学习交流德清县在该领域取得的成功经验。

【加拿大卡尔尼充电设备有限公司代表团访问吴兴】 11月15日，加拿大卡尔尼充电设备有限公司董事长韦恩·卡尼率代表团一行6人访问吴兴。代表团考察栋梁新材、三一集团、华为等吴兴区的重点企业，并与吴兴区就物流仓储设备充电桩项目合作进行洽谈。副区长韩新梅等陪同考察。

侨务工作

【“2016海外侨领湖州行”活动】 4月28日至29日，来自美国、法国和意大利等16个国家的40

余位侨领参加"2016海外侨领湖州行"活动。活动期间，侨领们参加市情说明会，省外侨办副主任王通林出席说明会，副市长李建平致辞，市商务局局长褚连荣作市情推介。侨领一行前往南浔古镇、吴兴区东部新城、南太湖高新区等地考察。

【"2016海外知名侨商南通行"活动】 5月27日至29日，市外侨办组织湖州市侨商代表团赴江苏南通参加"2016海外知名侨商南通行"活动。28日，2016中国南通江海国际博览会开幕式在南通体育会展中心举行，来自美国、韩国、日本及东盟、英国、哈萨克斯坦等"一带一路"沿线国家和地区的驻沪领事、商会代表500余人出席开幕式。活动期间，湖州市侨商代表团参观中国制造2025南通创新成果展，参加南通市"一带一路"海内外企业对口合作恳谈会，考察如皋市龙游湖商务区、凌志软件、苏中国际集装箱码头和中林如皋港务集团等。

【市侨商会代表团参加第14届东盟华商会】 6月10日至13日，市侨商会会长汪林冰等率市侨商会代表团一行10人赴昆明，参加第14届东盟华商会。代表团参加东盟华商会开幕式、东盟华商会华商论坛、西南6省区市招商引资项目对接洽谈、新侨创新创业展示等活动，并出席南亚博览会开幕式。

【举办高层次人才吴兴行暨战略合作签约活动】 7月11日，市侨联和吴兴区联合举办高层次人才吴兴行暨战略合作签约活动，浙大侨联和湖州市侨联、吴兴区签订战略合作协议。市委常委、统战部长崔凤军，浙大侨联主席、留联会会长唐睿康，市侨联主席孙虎林，吴兴区委副书记陈江等出席，浙大17名高层次人才和吴兴区企业代表参加活动。在吴兴期间，浙大专家们还参观考察了吴兴区科创中心等。

【承办省侨联"2016高层次留学回国人才为国服务志愿团活动"】 7月27日至28日，市侨联和长兴县联合承办省侨联"2016高层次留学回国人才为国服务志愿团活动"，邀请来自省内8所高校19位博士专家为长兴发展把脉献计。省侨联副主席张维仁、市侨联主席孙虎林、长兴县委书记吕志良等出席启动仪式。28日，省侨联党组书记岑国荣、副主席张维仁，长兴县委副书记夏威等参加为国服务志愿团建言献策会。会上，专家们围绕长兴新能源汽车产业发展、智慧城市建设、旅游开发、人才引进等提出40多条建议和意见。

【市侨联牵线引进欧洲城项目落户安吉】 8月16日，市侨联牵线引进的欧洲城项目在安吉县举行签约仪式，省侨联秘书长周松一、市侨联副主席沈列、安吉县副县长陆建卫出席签约仪式。

（张永生）

绍兴市

综述

【概况】 2016年，绍兴市外侨办围绕市委市政府中心工作，积极拉高标杆、补齐短板，主动适应新常态、谋求新发展，在服务国家总体外交大局、服务地方经济社会发展、凝聚侨心服务侨界工作上取得成效，为加快建设现代化绍兴作出新的贡献。

“两个服务”上有新贡献。利用外侨资源，服务地方经济社会发展成效显著。全年接待友城与国（境）外民间来访团组39批330人次，其中友好访问团29批195人次、经贸访问团4批37人次、文化访问团2批17人次、教育访问团4批81人次。接待海外侨胞、港澳同胞、海外高层次人才、留学生等17批234人次。邀请“大师对话——鲁迅与泰戈尔”印度代表团，日本芦原市和小山市中学生团、冲绳书法家协会访问团等来访，在教育、文化、书法等领域开展交流；举办2016中国（绍兴）·印度第二届国际瑜伽日活动；在新西兰奥克兰举办《镜头下的记忆——烽火战争中的人民总理》大型图片活动等。

友城和民间交往上有新拓展。编制《绍兴市国际友城五年（2016—2020年）发展规划》。组织绍兴市民间艺术代表团赴韩国友城大邱市参加游行巡演活动。举办绍兴市首届国际友城大会，推动绍兴市经济、文化、教育等领域对外交流合作。绍兴市与孟加拉首都达卡市签署友好交流备忘录，这是继坦桑尼亚首都达累斯萨拉姆及斐济首都苏瓦后的第三个外国首都级友城。与塞尔维亚苏博蒂察市、新西兰陶波市、德国吕贝克市正式签署建立友好交流关系协议书，与加拿大高贵林市、韩国昌原市签署友好交流备忘录，上虞区与韩国扶安郡、越城区与澳大利亚图文巴市分别签署备忘录。截至2016年，绍兴市已与21个国家的44个城市缔结友好城市关系或友好交流关系，与29个城市签署友好交流备忘录，友城布局进一步优化，后备资源更加充足。2016年，绍兴市人民政府再次获得中国人民对外友好协会、中国国际友好城市联合会颁发的“国际友好城市交流合作奖”。

提升科学化水平上有新举措。因公出国（境）管理工作务实有效，全年审批因公出国（境）团组261批758人次，比上年下降2.7%。全市邀请外国人来华2356批2874人次，较上年分别增长37%和32%。全年处理或参与处理涉外事件7起，处置领事保护事件2起。接待或参与管理的外国新闻记者5批，接待使领馆官员8批47人次，主动拜访使领馆14批次。

凝聚侨心侨力上有新成效。严格规范涉侨事务管理，召开第七次归侨侨眷代表大会，评选侨界“最美创业者”和“最美贴心人”，选举产生绍兴市侨联第七届委员会。审核办理全市“三侨生”身份认定31份，其中高考生29份、中考生2份，“三侨生”材料一次上报通过率达到100%。深化海外联谊，借助平台助推发展，发挥新侨人才优势，指导市侨商会、市新侨人才联谊会开展活动。全市接受海外侨胞、港澳同胞各类捐赠折合人民币16.8万元。开展“访侨企送服务”活动，为“越商回归”牵线搭桥。做好扶贫帮困和关爱侨界空巢老人工作。做好涉侨信访工作，全年受理群众来信22件，没有发生越级上访。

干部队伍建设上有新进步。扎实开展“两学一做”学习教育活动。围绕“理想信念”“纪律作风”和“担当有为”三个专题，增强党员干部的政治意识、大局意识、核心意识和看齐意识。组织党员进村、入企、走工地，赴结对社区、村开展“五水共治”等志愿服务活动。组织实施“先锋工程”，市友协服务中心办证窗口和市外侨办侨务经联处成功创建为“党员先锋岗”。市侨办办党组成员履行“一岗双责”，严格落实党风廉政建设和作风建设相关要求，锻造一支“讲政治、业务精、作风好”的外侨干部队伍。

重要活动

【绍兴市荣誉市民颁证仪式】 1月10日在国际大酒店举行。市委副书记、市长俞志宏，市人大常委会主任谭志桂、副主任王继岗出席，副市长徐明光主持颁证仪式。谭志桂宣读市人大常委会《关于授予权泳臻等为绍兴市荣誉市民的决定》。经各区、县(市)和市级相关部门推荐，市政府常务会议与市人大常委会先后审议通过，决定新授予韩国大邱市市长权泳臻、诸暨市海亮集团明康汇生态农业研究院院长张兴平、浙江越秀外国语学院韩语教师金南贤、浙江三荣塑胶有限公司董事长黄有福、绍兴新笙合成纤维有限公司总经理黄重凯5人为绍兴市荣誉市民称号，俞志宏分别向权泳臻、张兴平、金南贤、黄有福、黄重凯颁发“绍兴市荣誉市民”证书，并合影留念。市政府副秘书长马民，市人大、市政协、市人力社保局、市外侨办等相关部门负责人及荣誉市民工作和生活所在地政府分管负责人出席仪式。“绍兴市荣誉市民”称号的设立，旨在鼓励和表彰对绍兴市经济建设、社会发展和对外交流合作等方面作出突出贡献的港澳同胞、华侨、外籍华人和外国友人。从2000年起，绍兴市已先后授予4批21人“绍兴市荣誉市民”称号。

【法国文化部授予鲁迅纪念馆“历史文化名屋”称号】 2月25日，法国文化与通讯部“杰出人文交流:雨果与鲁迅”项目经理米歇尔·普拉内尔和法国驻沪总领事馆文化领事费保罗一行访问绍兴，授予鲁迅纪念馆“历史文化名屋”匾额。

法国已有200个博物馆获“历史文化名屋”称号，绍兴鲁迅纪念馆是第201个，也是第一个获得此项殊荣的国外纪念馆。鲁迅与雨果大师对话活动自2014年开展以来，已进行两次对话，绍兴鲁迅纪念馆与法国滨海塞纳省雨果博物馆缔结为友好馆，鲁迅文化基金会与滨海塞纳省签订教育合作协议，根据协议，滨海塞纳省的7所学校将开设中文课程，并与以鲁迅命名或与鲁迅相关的中国18所学校开展一系列交流合作，其中包括鲁迅家乡绍兴的7所“鲁字号”学校。

【省侨商会会长访问绍兴】 3月15日至16日，省侨商会会长廖春荣率经贸、金融、法律、侨务等方面专家一行16人访问绍兴，开展“访侨企送服务”活动。廖春荣一行走访卧龙控股集团有限公司、浙江优特格尔医疗用品有限公司等侨资企业，召开专题座谈会，与在绍侨商开展互动交流，就侨商提出和反映的关于融资、税收、劳动用工、项目审批、市场开拓、外贸出口、规划设计等事项进行现场解答。在绍期间，市委副书记、市长俞志宏会见廖春荣一行。

【《镜头下的记忆——烽火战争中的人民总理》大型图片展开幕式】 3月20日在新西兰奥克兰绍兴会馆举行。中国驻新西兰总领事馆领事湛玉会，新西兰国会议员杨健、新西兰中国团体联合会会长陈金明，绍兴周恩来纪念馆馆长曾绍辉、周恩来后人周秉德等出席开幕式并致辞，在新西兰的23个海外侨团代表和华人华侨150余人应邀出席。本次图片展由新西兰绍兴同乡会、新西兰绍兴会馆、绍兴市外侨办、绍兴市侨联、绍兴市旅游集团联合主办。图片展为期一个月，共展出周恩来总理在抗战时期的精选照片80幅、抗战旧址照片11幅、抗战题词16幅，从“为民”“务实”“清廉”三个视角，通过大量历史文献和照片，回顾展示了周恩来问政于民、实事求是、清正廉洁的一生。

【绍兴市第六届越商大会系列活动】 4月18日至21日在绍兴举行。来自美国、加拿大、俄罗斯、英国、法国、比利时、匈牙利、荷兰、意大利、西班牙、奥地利、新西兰、玻利维亚、新加坡、日本及中国香港等16个国家与地区的侨商代表一行34人参加系列活动。在绍期间，侨商代表参加2016年公祭大禹陵典礼，美国西部绍兴同乡会会长阮永强代表港澳同胞、海外侨胞敬香。侨商代表还参加上市公司海外并购论坛、“创业创新、赢在绍兴”电商产业投资论坛，观看越剧《鉴水吟》，考察会稽山龙华寺。市委常委、常务副市长吴晓东，副市长徐明光分别看望来宾。

【2016年中日住宅产业会议】 4月25日至27日在绍兴举行。会议由中国房地产业协会、日中建筑住宅产业协会联合主办，绍兴市人民政府、中国建设科技集团、宝业集团协办。中国房地产业协会会长刘志峰，浙江省住建厅党组成员、省建管局局长朱永斌，绍兴市委常委、常务副市长吴晓东，日中建协会长、大和房屋工业株式会社会长樋口武男等在开幕式致辞，中国建筑标准设计研究院院长孙英主持开幕式。日方大和房屋、TOTO、大金、松下、骊柱、河村电器等35家大型建筑企业80多位公司高层组成的代表团参会，市委副书记、市长俞志宏和副市长徐明光会见日方代表团全体成员。会议重点就建筑工业化发展方向和政策进行交流研讨。宝业集团董事长庞宝根、中国住宅产业化设计研发中心副主任杜志杰、日本大和房屋工业株式会社常务取缔役（常务董事）滨隆、宝业大和工业化住宅制造公司总经理助理刘康先后作交流发言，分别介绍宝业集团在建筑工业化领域的探索及实践成果、绿色宜居的中国工业化住宅，日本大和房屋智慧住宅发展现状和政府相关激励政策及宝业与大和合作开发的DB—1X体系等情况。会议还举行绍兴市柯桥区杨汛桥镇横山村美丽乡村百年低碳住宅示范项目签约仪式。

会议期间，与会代表实地参观宝业集团国家住宅产业化基地、国家级建筑工业化研究院、绍兴四季园、百年低碳科技住宅示范区等建筑工业化应用项目和绍兴滨海新城。还举行“绍兴投资环境推介会暨企业合资合作对接会”，俞志宏出席对接会，绍兴滨海新城管委会、市商务局、市建管局等部门作了推介。

【绍兴市首届国际友城大会】 5月24日至26日，以“深化友谊合作，携手共同发展”为主题的绍兴市首届国际友城大会在绍兴举行。本次大会由中国人民对外友好协会、浙江省人民对外友好协会、绍兴市人民政府共同主办，来自斐济苏瓦市、日本南砺市、韩国大邱市、加拿大高贵林市、澳大利亚白马市等12个国家20个友城代表团和9个国家的驻华使领馆近150名来宾相聚绍兴。大会举行开幕式，全国友协副会长谢元致辞，绍兴市委书记彭佳学作主旨发言，绍兴市委副书记、市长俞志宏主持开幕式，市四套班子主要领导出席大会。会议期间，绍兴市与新西兰陶波市等4个友城成功签约，签订水处理合作等3个项目；召开市长论坛，举办文化、教育、旅游、经贸等领域主题论坛，友城特色产品展等及文教、经贸2个主题分论坛，发布《绍兴倡议》。

【2016全省日韩签证工作座谈会】 5月31日至6月1日在绍兴市柯桥区召开。日本驻沪总领事馆领事村尾拓也、木内胜久，韩国驻沪总领事馆领事宋素瑛，省外侨办副主任彭波出席座谈会，全省各地市外（侨）办外服中心主任、因私签证工作专办员及相关企业代表近70人参加会议。

【绍兴市留学生创业联谊会换届大会】 6月5日在绍兴举行。市留学生创业联谊会两届会长骆越峰作第二届工作报告。大会选举产生联谊会第三届理事会，表决通过车飞为会长、陈萍淇为常务副会长、凌阳等6人为副会长，凌阳兼任秘书长。会议审议通过浙江冶金集团董事长陈月亮为绍兴市留学生创业联谊会终身名誉会长、副市长杨文孝为第三届名誉会长，第一、二届会长团成员为第三届联谊会顾问。绍兴市留学生创业联谊会成立于2007年12月，以绍兴市海外留学归国人员为主体，通过搭建政府、留学归国人员与海外学子、机构之间合作交流平台，开展创业互助、互动发展、招商引资等活动，宣传绍兴、推介绍兴、吸引留学人员回国创业。

【“大师对话——鲁迅与泰戈尔”对外文化交流活动】 6月14日在绍兴举行。印度驻沪总领事古光明率印度“大师对话”代表团参加“大师对话——鲁迅与泰戈尔”对外文化交流活动。活动期间，市人大常委会主任谭志桂会见古光明一行，鲁迅文化基金会副理事长、秘书长周令飞，鲁迅文化基金会绍兴分会会长李露儿，绍兴文理学院校长叶飞帆，市委宣传部副部长、市文联党组书记何俊杰，市外侨办主任邓大庆等参加会见。

【2016中国(绍兴)·印度第二届国际瑜伽日活动】 6月24日在柯桥区体育馆举行。由绍兴市人民政府和印度驻沪总领事馆共同主办，柯桥区人民政府承办。印度驻沪总领事古光明出席活动并致辞，副市长丁晓燕、柯桥区副区长王志强、市外侨办主任邓大庆等出席活动。50余名印度在绍侨民和近500名绍兴瑜伽爱好者、学生、运动员一起在印度瑜伽大师米大伟带领下现场练习瑜伽动作。

【“静止的世界——华人眼中的新西兰”摄影巡回展·绍兴站开幕式】 6月27日在鲁迅纪念馆举行。市侨联主席张小华、新西兰华人摄影学会会长邱钢、绍兴鲁迅纪念馆馆长陈滨、新西兰绍兴同乡会会长曾险及绍兴市摄影家协会主席、副主席和近百名摄影爱好者参加。张小华致开幕词，曾险主持开幕式。巡回摄影展为期5天，展出多位著名新西兰华人摄影师的120幅作品，内容涵盖风光、建筑、文化、人物和自然生态等。

【2016海外华裔及港澳地区青少年“中国寻根之旅”夏令营绍兴营】 7月26日至8月5日在绍兴举行。由市外侨办与绍兴文理学院美术学院共同举办。市人大常委会副主任阮坚勇、绍兴文理学院党委副书记沈赤、市外侨办主任邓大庆等出席开营仪式，来自7个国家和地区的56名海外华裔及港澳地区青少年参加。在绍期间，营员们一起参与赏析绍兴典故、挥墨习书法、巧编中国结、学唱绍兴戏、参观绍兴名胜古迹等一系列富有绍兴地方文化特色的活动。

【新西兰绍兴同乡会获“浙江省海外示范性侨团”称号】 9月19日，在第19届浙江旅外乡贤聚会暨海外侨团建设大会上，新西兰绍兴同乡会获首批“浙江省海外示范性侨团”称号，会长曾险代表同乡会接受表彰。

【日本NPO剧团仙台小剧场话剧《远火——鲁迅在仙台》在绍公演】 9月21日，为纪念鲁迅诞辰135周年、逝世80周年，日本NPO剧团仙台小剧场应邀来绍，公益演出经典话剧《远火——鲁迅在仙台》。市长俞志宏会见剧团主创和演员，对他们来绍公演表示欢迎和感谢，同时希望通过这样的文化交流，进一步促进绍兴与仙台友好交流合作关系的发展。话剧《远火》创作于2006年，以日本东北大学教师为主创和导演，通过鲁迅与藤野严九郎之间“经历了的事”及“或许经历了的事”，对仙台时代的鲁迅和鲁迅时代的仙台进行艺术再现，着重描绘藤野先生对鲁迅的关怀和照顾，歌颂异国师生之间的友情。该剧曾在北京、上海及日本仙台、芦原市(藤野先生的故乡)进行多场公演，反响热烈。

【绍兴市第七次归侨侨眷代表大会】 11月1日在绍兴举行。近300名归侨侨眷、绍兴籍华人华侨、港澳同胞、留学归国人员及家属代表齐聚一堂，共商绍兴侨联事业和家乡发展大计。市委书记彭佳学、省侨联副主席张维仁出席开幕式并讲话，市领导谭志桂、陈长兴、尹永杰、魏伟、吴晓东、倪善贵等出席开幕式，市科协代表市人民团体致贺词，海外绍兴侨胞发来祝贺视频。会议期间，代表们听取并审议市侨联主席张小华代表市侨联第六届委员会所作的工作报告。选举产生市侨联第七届委员会，张小华当选为市侨联主席，金海燕、骆越峰、钱宇、曾险、雷剑锋等当选为副主席，沈秀德任秘书长。

【表彰侨界"最美创业者""最美贴心人"】 11月1日，在绍兴市第七次归侨侨眷代表大会上，20位"最美创业者"和"最美贴心人"受到大会表彰。本次"最美创业者""最美贴心人"评选，旨在贯彻落实中央、省委、市委党的群团工作会议精神，深入培育和践行社会主义核心价值观，进一步弘扬广大海内外侨界人士爱国爱乡精神和侨联系统广大干部职工为侨务事业作出的贡献。经层层推荐上报、市侨联组织初评、网络投票并经市外侨办侨联联合党组综合评定、网上公示，最后决定授予王君等10人为绍兴市侨界"最美创业者"、于国芬等10人为绍兴市侨界"最美贴心人"。

【绍兴市获"国际友好城市交流合作奖"】 11月9日至11日，由中国人民对外友好协会、中国国际友好城市联合会、重庆市政府主办的2016中国国际友好城市大会在重庆召开。会上，绍兴市人民政府再度获得中国人民对外友好协会、中国国际友好城市联合会两年一度评选的"国际友好城市交流合作奖"。这是绍兴市继2012年和2014年分别获"国际友城战略发展奖"和"国际友好城市交流合作奖"后，成为全国获得"三连冠"的唯一地级市。

【2016中国·绍兴"名士之乡"人才峰会暨国际人才科技项目洽谈大会】 11月12日至14日在绍兴举行。200余名海外高层次人才赴会，共话"集聚高端人才智力，加快创新驱动发展"这一主题。全国人大常委会委员、中国科协原副主席冯长根，省委组织部副部长、省人才工作领导小组办公室主任姚志文出席大会，市委书记彭佳学致欢迎词，市领导马卫光、谭志桂、陈长兴、尹永杰、魏伟、吴晓东、徐晓光、杨文孝等参加会议。开幕式上，13个院士专家团队项目、10个"绍兴海外英才计划"人才项目与相关单位现场签约，11家新建院士专家站授牌，还表彰了国家和省"千人计划"入选人才，并颁发绍兴市特聘专家证书。开幕式后，举行国际人才科技项目洽谈会。市外侨办邀请来自美国、英国、法国、加拿大、比利时、瑞典、丹麦、日本等国18名海外博士（涉及电子信息、医疗化工、节能环保、新材料、机电一体化等领域）参加会议相关活动，与20余家企业进行对接商谈，其中与4家企业达成合作意向。

【市友协服务中心获全国城市外服系统"先进集体"】 11月23日至25日，在第30届全国城市外服系统协作会议上，绍兴市友协服务中心获全国城市外服系统"先进集体"荣誉称号，全国共有9个副省级城市和5个地市级城市获得该项荣誉。

【市侨商会换届大会暨第三届理事会一次会议】 12月28日在绍兴举行。副市长徐明光、省侨联副主席张维仁、省外侨办副巡视员莫丽丽到会并讲话，省侨商会常务副会长陈乃科宣读贺信，市外侨办主任邓大庆、市侨联主席张小华、市外侨办副主任金海燕及市发改委、经信委、教育局、公安局等十多个部门负责人和各区、县（市）侨务部门负责人、侨商会全体理事等100余人出席会议。大会听取并审议市侨商会第二届会长王关水所作的工作报告，听取并审议市侨商会秘书长蔡红所作的财务收支情况报告，选举产生绍兴市侨商会第三届会长团。浙江省政协委员、市侨联副主席、浙江力博控股集团有限公司总裁骆越峰当选绍兴市侨商会第三届会长，浙江嘉尔达纺织服饰有限公司董事长周海波等9

人当选为常务副会长，浙江非特轴承有限公司董事长柴春雷等18人当选为副会长。会议授予省侨商会副会长、市侨商会第一第二届会长王关水“绍兴市侨商会创会会长”荣誉称号。

【圆满完成G20杭州峰会和世界互联网大会重要外宾接待保障任务】 2016年G20杭州峰会期间，市外侨办抽调7名工作人员参与G20杭州峰会保障工作，负责接待国际劳工组织代表团，参与峰会机场保障和应急协调等工作。对国际劳工组织总干事莱德一行的接待工作取得圆满成功，获得外交部和省委省政府嘉奖。11月16日至18日，市外侨办派员参加第三届世界互联网大会外事礼宾组政要接待工作，负责接待柬埔寨副首相兼外交部长贺洪南一行。

【府山街道获“全国社区侨务工作示范单位”荣誉称号】 2016年，绍兴市越城区府山街道获得“全国社区侨务工作示范单位”荣誉称号。绍兴市积极推进侨务联动，健全基层侨联组织，推动府山街道社区成立侨联，近年来府山街道社区先后被评为“四星级侨界之家”“全国侨务系统五五普法侨法宣传角”“全省社区侨务工作示范单位”。

【编制《绍兴市国际友城五年(2016—2020)发展规划》】 为更好地服务国家总体外交和促进地方社会经济发展，提高全市友城工作前瞻性和针对性，推进友城工作科学、有序、持续发展，按照“全市域统筹，大市区融合”的要求，市外侨办在广泛征求意见的基础上，编制了《绍兴市国际友城五年(2016—2020)发展规划》。

主要出访

【绍兴市经贸代表团访问孟加拉国和斯里兰卡】 6月15日至22日，副市长徐明光率绍兴市经贸代表团一行5人访问孟加拉国和斯里兰卡。在孟加拉国，举行绍兴市与孟加拉国首都达卡市建立友好交流关系备忘录签字仪式，副市长徐明光和达卡市市长艾尼索分别在备忘录上签字。孟加拉国首都达卡市是绍兴市继坦桑尼亚首都达累斯萨拉姆及斐济首都苏瓦后的第三个外国首都级友城，备忘录的签署填补了绍兴市在“一带一路”国家友城方面的空白。

【绍兴市经贸代表团访问柬埔寨和斐济】 7月21日至28日，市政协主席陈长兴率绍兴市经贸代表团一行6人访问柬埔寨和斐济。访问期间，代表团一行先后拜访柬埔寨纺织协会、斐济外交部和地方政府建设与环境部及两国相关政府部门与协会组织。与斐济外长昆布安博拉、地方政府建设与环境部常务秘书约书亚·怀特进行交流洽谈，并与两国相关政府部门、友好城市、机构、企业广泛接触，了解当地经贸政策、市场投资环境，积极推介绍兴，推动绍兴与国外城市间的友好交往。

【绍兴市经贸代表团访问捷克和德国】 10月2日至8日，市委书记彭佳学率绍兴市经贸代表团一行5人访问捷克和德国。在捷克，代表团一行在布拉格参加省旅游局举办的“当浙江遇上捷克——2016‘诗画浙江’旅游推介会”、省广电集团举行的中国“诗画浙江”电视周启动仪式，与中捷有关方面代表一起观看浙江音乐学院国乐团专场音乐会。出席在布尔诺举办的捷克国际机械工业博览会开幕式，看望万丰奥特集团、浙江精工科技有限公司、上虞叶华实业有限公司、诸暨市森德弹簧有限公司、诸暨和创磁电科技有限公司和浙江通洋机械有限公司等绍兴市相关参展企业。在德国，彭佳学一行赴吕贝克市签署两市建立友好交流关系协议书。并就德国工业4.0情况开展考察，先后参观空中客车公司汉堡工厂、基尔造船厂和西门子公司，了解企业技术创新、智能制造、精细管理、市场开拓等方面情况，并就绍兴如何打造“浙江智造”的标杆，全方位推动“绍兴智造”与德国“工业4.0”开展战略对接。

表15　2016年绍兴市其他部分出访团组

序号	出访时间	团长职务、姓名	人数	出访地点	备注
1	5月	市委常委、组织部长徐晓光	6	美国、加拿大	人才对接
2	10月	市人大常委会副主任阮坚勇	4	英国、以色列	友好访问
3	10月	市人大常委会副主任徐挺富	4	摩洛哥、埃及	文教交流
4	10月	副市长吴晓东	4	日本	合作洽谈
5	12月	绍兴文理学院党委书记汪俊昌	5	香港	校际合作

主要来访

【日本大和房屋工业株式会社代表团访问绍兴】 3月18日至19日，日本大和房屋工业株式会社常务董事滨隆率代表团一行7人访问绍兴，参加宝业大和工业化住宅有限公司董事会。市长俞志宏接待代表团一行，市政府秘书长丁如兴、市商务局局长施新民、市外侨办主任邓大庆参加接待。

【香港金龙科技集团有限公司董事局主席访问绍兴】 3月24日至26日，香港金龙科技集团有限公司董事局主席胡国赞一行7人，在省外侨办副主任陈安陪同下访问绍兴。在绍期间，胡国赞一行考察绍兴高新区浙江绍弘环境科技有限公司垃圾处理项目，了解绍兴文理学院学校选送优秀学生赴国外深造方面的具体做法，考察嵊州领带企业寻找合作项目。市人大常委会副主任阮坚勇陪同考察，绍兴文理学院校长叶飞帆、市外侨办主任邓大庆和副主任宋南参加相关活动。

【日本冲绳书法家代表团参加第32届兰亭书法节系列活动】 4月8日至12日，日本冲绳书法家协会会员高良一实率冲绳书法家代表团一行11人访问绍兴，参加第32届兰亭书法节系列活动。市友协秘书长方英接待代表团，双方就进一步推进绍兴与日本冲绳方面交流合作进行探讨。在绍期间，代表团一行出席书法节开幕式，参加曲水流觞、中日书艺交流笔会、观赏徐渭作品展等活动。实地参观考察兰亭书法艺术学院，并就下一步推动兰亭书法课堂走进冲绳、冲绳书法家协会组团前来学习交流等进行探讨。

【印度驻沪总领事访问绍兴】 4月12日，印度驻沪总领事古光明一行访问绍兴。市长俞志宏会见古光明一行，简要介绍绍兴市近年来经济社会发展情况。古光明表示，希望双方切实加强交流合作，通过举办印度文化周等活动，把印度电影、歌舞、瑜伽、美食等带入绍兴，促进商贸文化产业融合发展，将双方合作提升到新的高度。副市长徐明光、市外侨办主任邓大庆、市商务局副局长楼芳等参加会见。在绍期间，印度总领事馆会同印度信诚公司举办投资说明会，介绍印度近年来的投资环境和未来发展前景，30余家绍兴企业受邀参会。

【日本瑞穗银行原中国总代表访问绍兴】 4月14日至15日，日本瑞穗银行原中国总代表、株式会社CDI顾问花井健率日本株式会社CDI考察团一行5人访问绍兴，洽谈合作事宜。市长俞志宏会见花井健一行，副市长徐明光、市政府秘书长丁如兴等参加会见。在绍期间，考察团一行访问中国黄酒集团，商谈黄酒对日本市场的经营战略。

【南亚四国和平、安全智库人士考察团访问绍兴】 4月22日至23日，印度辨喜基金会高级研究员、中国项目负责人威诺德·阿南达率印度、尼泊尔、巴基斯坦、斯里兰卡等南亚四国和平、安全智库人士考察团一行13人访问绍兴，考察企业自主创新发展及基层党的建设情况。南亚四国和平、安全智库考察团成员分别来自印度观察家基金会、辨喜基金会、和平与冲突研究所、尼赫鲁大学国际关系研究院，巴基斯坦和平研究所、战略研究所，尼泊尔国际与战略问题研究所、民族民主党国际关系部、加德满都大学中国问题研究所，斯里兰卡探路者基金会、国际问题研究中心、政策研究所等单位和组织。市外侨办副主任宋南接待考察团一行。在绍期间，考察团实地走访柯桥区现代化农业企业——昌祥茶叶有限公司，参观茶叶生产基地，并就基层党建、农业发展、企业合作等与柯桥区外办、组织部、农业局及稽东镇负责人等进行交流。

【日本日中文化经济交流协会会长访问绍兴】 6月15日至16日，日本日中文化经济交流协会会长广田隆一郎一行4人访问绍兴，对接河道净化、污水处理技术项目。市长俞志宏会见广田隆一郎一行，俞志宏希望日中文化经济交流协会积极牵线搭桥，把日本的创新理念、先进技术和管理经验带到绍兴，进一步推动双方互利合作，实现共同发展。广田隆一郎希望能与绍兴在环境治理、垃圾处理和古城保护等方面开展进一步交流与合作。市政府秘书长丁如兴、市外侨办主任邓大庆及市农办、市环保局、市水利局等部门负责人参加会见。在绍期间，广田隆一郎一行还实地考察绍兴水处理发展有限公司，并就污泥处理、生活污水再循环利用等与相关技术人员进行交流探讨。

【香港苏浙沪同乡会属校师生夏令营团访问绍兴】 6月29日至30日，香港苏浙沪同乡会属校师生夏令营团一行28人访问绍兴，与越州中学国际班学生就陶艺、书法、网球、武术等艺术及体育项目进行交流切磋。市侨联主席、市外侨办副主任张小华接待夏令营师生一行。

【新西兰中华文化艺术学院院长访问绍兴】 7月6日，市友协副会长谢振江会见新西兰中华文化艺术学院院长区本一行3人。区本有意在绍兴举办以“中(国)新(西兰)文化交流”为主题的个人书画展，并向市友协赠送个人书画集和书法作品。

【日本国土交通省大臣政务官访问绍兴】 7月27日，日本国土交通省大臣政务官宫内秀树一行5人访问绍兴。市外侨办主任邓大庆、副主任金海燕陪同宫内秀树一行参观黄酒博物馆等。

【日本裾野市日中友协代表团访问绍兴】 10月19日至21日，日本裾野市日中友好协会会长川口幸男率裾野市日中友协代表团一行17人访问绍兴。市友协副会长谢振江会见川口幸男一行，简要介绍绍兴历史文化和经济社会发展情况。川口幸男表示，裾野市日中友协将一如既往重视与绍兴方面的友好关系，希望双方进一步加强交流与合作。市友协秘书长方英等参加会见。在绍期间，川口幸男一行赴越秀外国语学院进行交流。

【澳大利亚昆士兰州图文巴市访问团访问绍兴】 10月27日至28日，澳大利亚昆士兰州图文巴市市长保罗·安东尼奥率图文巴市访问团一行访问绍兴，副市长徐明光会见访问团一行。在绍期间，安东尼奥与越城区区长金晓明签署越城区和图文巴市友好交流备忘录，并访问考察稽山中学、越秀外国语学院、一景生态牧场、君态科技公司等学校和企业。

【跨国公司驻华高级华侨华人经理人访问绍兴】 11月25日至26日，跨国公司驻华高级华侨华人经理人访问团一行24人访问绍兴。副市长徐明光会见访问团一行，市外侨办、市侨联、市商务局、袍江新区管委会、滨海新城管委会、越城区(高新区)等部门负责人参加会见。在绍期间，访问团一行参观越城区高新技术产业开发区和“浙江省最美乡村”柯桥区漓渚镇棠棣村。

表 16　2016 年绍兴市接待其他来访团组情况

序号	来访时间	团组名称(团长职务)	团长姓名	人数	会见领导
1	1 月 7 日	新侨人才联谊会秘书长	李　杨	1	张小华
2	1 月 12 日	日本静冈县友好访问团	八木敏裕	7	邓大庆
3	1 月 14 日	加拿大阳光国际教育中心主任	徐　琼	1	方　英
4	3 月 7～8 日	“2016 年中日住宅产业高峰论坛”工作组	满田将文	6	邓大庆
5	3 月 9 日	瑞士大苏黎世区经济发展署副总裁	卢卡斯・胡博	1	邓大庆
6	3 月 15 日	乌克兰国立生命与环境科学大学畜牧业及水生物资源学院院长	瓦季姆・孔德拉迪克	1	方　英
7	3 月 22 日	日本大和房屋工业株式会社执行董事	片冈幸和	9	周　英
8	3 月 24 日	贝宁格总部中国地区销售主管	马塞尔・莫瑟	2	邓大庆
9	4 月 11 日	法国华商会常务副会长	林银辉	1	邓大庆
10	7 月 11～12 日	旅澳华侨博士	方强	2	张小华
11	8 月 1～12 日	日中文化经济交流协会农村污水处理试点项目专家团	广田隆一郎	5	邓大庆
12	10 月 13 日	巴西一凡纺织公司董事长	傅金标	3	邓大庆
13	10 月 25 日	捷克州长联合会代表团	吉里・瓦利	2	方　英
14	12 月 19～20 日	日本天溪会事务局长	川村真山	2	谢振江

友好城市交流

【韩国大邱市议会代表团访问绍兴】 1 月 17 日，韩国大邱市议会企划行政委员会委员长裴智淑率大邱市议会代表团一行 12 人访问绍兴。市人大常委会副主任阮坚勇接待裴智淑一行，市人大民侨工委副主任盛伯钧、柯桥区副区长周树森、市外侨办主任邓大庆、市友协秘书长方英等参加。

【毕昌煜“2016・墨尔本个人画展”举办】 2 月 20 日，自闭症天才小画家毕昌煜“2016・墨尔本个人画展”在绍兴市友城澳大利亚白马市举办。毕昌煜 1996 年出生于绍兴，3 岁时经过诊断确诊为“儿童孤独症”。2015 年毕昌煜曾在成都举办首次个人画展，著名画家陈丹青把毕昌煜喻为“中国的毕加索”。此次画展受到澳大利亚大洋洲文联、澳大利亚抗抑郁和自闭症基金会的关注。

【韩国大邱市佑振集团考察团访问绍兴】 3 月 10 日至 11 日，韩国大邱市佑振集团总经理朱润植率考察团一行访问绍兴，大邱市政府驻上海代表处首席代表郭甲烈随同来访。柯桥区副区长周树森、市友协秘书长方英接待考察团一行。在绍期间，考察团参观柯桥区水处理有限公司、浙江华越印染有限公司和浙江华东纺织印染有限公司，就印染污水处理技术、工艺和设备的交流与合作进行探讨，并就免费安装试用其搅拌机事宜进行洽谈，柯桥区水处理有限公司与大邱市佑振集团就污水处理设备与技术合作签订合作意向书。

【日本芦原市第 29 次少年使节团

访问绍兴】 3月13日至18日，日本芦原市教育委员会教育部长道官吉一率日本芦原市第29次少年使节团一行30人访问绍兴。市外侨办主任邓大庆会见使节团一行，双方就进一步加强两地校际和青少年交流，促进两市友好关系发展进行交流。市教育局副局长钱伟平，市友协秘书长方英等参加会见。在绍期间，使节团一行访问友好结对学校绍兴文理学院附属中学和鲁迅中学，开展深入互动交流。

【美国杰克逊维尔大学教育访问团访问绍兴】 3月20日至21日，美国杰克逊维尔大学副校长徐文英率教育访问团一行4人访问绍兴，市友协秘书长方英接待徐文英一行。在绍期间，访问团一行走访绍兴文理学院，并和经济与管理学院、工学院等重点学院就学生交流、教师进修等合作项目进行交流。

【日本小山市中学生友好访问团访问绍兴】 3月27日至30日，日本小山市保健福祉部部长栗原千早率小山市中学生第3次友好访问团一行13人访问绍兴。市外侨办主任邓大庆会见访问团一行，双方就进一步加强两地校际互访，促进两市友好关系进行交流。市教育局副局长石鑫炯、市友协秘书长方英等参加会见。在绍期间，访问团访问友好结对学校绍兴元培中学和树人中学，开展深入互动交流及学生入住绍兴普通家庭体验生活等。

【韩国大邱市友好经贸访问团访问绍兴】 4月25日至26日，韩国大邱市市长、绍兴市荣誉市民权泳臻率大邱市友好经贸访问团一行26人访问绍兴。市长俞志宏会见访问团一行，双方签署《水环境保护及技术合作谅解备忘录》，副市长徐明光、市政府秘书长丁如兴、市外侨办主任邓大庆、市友协秘书长方英及柯桥区、市环保局、市卫计委、市商务局、市旅委、绍兴银行等相关部门负责人参加上述活动。在绍期间，市人大常委会主任、市友协会长谭志桂接待访问团一行。副市长徐明光陪同代表团考察绍兴水处理发展有限公司，双方企业签署安装试用污水处理搅拌机合作协议。访问团一行还赴柯桥区参观中国轻纺城与新乐纺织化纤有限公司。

【韩国大邱市青少年访问团访问绍兴】 7月24日至25日，韩国国际交流振兴院副理事长任钟淑率韩国大邱市青少年访问团一行34人访问绍兴。市友协副会长谢振江会见访问团一行，谢振江希望借助绍兴市友协与韩国国际交流振兴院签订友好交流备忘录契机，双方在经济、文化、教育等方面开展丰富多彩的交流，进一步增进两市友好，推动多方合作。市友协秘书长方英等参加会见。

【日本小山市友好访问团访问绍兴】 10月26日至27日，日本小山市市长大久保寿夫、议长关良平率小山市友好访问团一行11人访问绍兴，考察绍兴市幼儿教育机构设施，推进两市深化交流合作。市委书记彭佳学会见访问团一行。市委秘书长魏伟、副市长徐明光、市教育局局长贺晓敏、市外侨办主任邓大庆、市友协秘书长方英参加会见。在绍期间，市人大常委会主任、市友协会长谭志桂接待访问团一行。绍兴市东风幼教集团山水园区与小山市羽川幼稚园签署建立友好交流关系备忘录。

（王　璐）

金华市

综　述

【概况】 2016年，金华市外侨办按照“走在前列、共建金华”要求，服务国家总体外交大局、服务地方经济社会发展、凝聚侨心服务侨界，凝心聚力务实进取，较好完成全年各项工作任务。市本级全年接待国（境）外来宾、华侨等团组76批813人次，接待驻沪总领事馆官员19批89人次，新增5个友好交往城市。全年审核审批因公出国（境）团组188批520人次（不含义乌），审核审批外国人来华194批227人次（不含义乌）。办理APEC商务旅行卡128张，办理因公互签397人次、因私签证941人次、领事认证612人次。全年办理“三侨生”高考加分材料16份，华侨回国定居8份，开具华侨身份证明4份。支持海外华文教育工作。开展归侨侨眷走访慰问、侨商会会长免费体检等侨务活动5次。赴基层调研侨资企业8次。参与协调处理涉侨信访件32件。

讲好“金华故事”，深化民间交往，全面优化提升“海外名校学子走进金华古村落”项目。在武义县俞源村、兰溪市芝堰村开展“海外名校学子走进金华古村落”项目第三、四季活动，19个国家的84名海外参与者参加活动。中国公共外交协会会长、外交部原部长李肇星受聘“海外名校”项目名誉顾问。

围绕金华市金义综保区、中欧生态园等重点建设项目，发挥好海外招才引智工作站作用，认真组织谋划境外经贸对接活动。认真做好市委、市政府主要领导出访团组成果转化及其他招商招才团组后续项目跟踪落实。务实对接“一带一路”国家战略，积极组织行业协会或企业考察团赴“一带一路”沿线国家洽谈交流，支持金华优势产品、优势产能、优势服务“走出去”，进一步深化与“一带一路”沿线国家的交流合作。

重要活动

【在金外国友人、海外华侨华人及专家学子代表迎新春联谊活动】 2月2日在金华市举行。副市长孙荣燕出席活动并致辞，活动由市外侨办主任章宏主持。100多位在金外国友人及家属、海外华侨华人、专家学子代表共聚一堂，叙友情、谈未来、迎新年，祈福纳祥，共谋发展。其间，穿插进行婺剧表演、小提琴演奏等节目表演，并就金义综保区招商项目作了推介。

【驻沪总领馆外交官金华行——走进武义活动】 3月19日至20日，来自意大利、德国、南非、哥伦比亚等10多个国家的40余名驻沪总领事馆外交官参加金华行——走进武义活动。市委副书记、市长暨军民会见参加金华行活动的驻沪总领事馆外交官一行，市委常委、武义县委书记钟关华，副市长孙荣燕，市外侨办主任章宏参加会见。外交官们参观武义县璟园古民居博物馆、俞源村、九龙山茶园等人文和自然景点，了解当地风土人情。

【第二届浙中绿道文化旅游节开幕式暨2016金东国际骑游大会】 4月9日在金华市金东区蒲塘村举行。本次活动由金东区政府、市外侨办、金华日报报业传媒集团《浙中新报》主办，来自俄罗斯、伊朗、波兰、巴基斯坦、也门、印度等40多个国家的100多位外国友人和金华本地骑行爱好者参加活动。

【“感知中国——体验‘文化·历史·经济’融合发展新浙江”活动】 5月14日在浙江师范大学举行启动仪式。由国家留学基金委主办，浙江师范大学和金华市外侨办联合承办。来自浙江师范大学的130余名留学生，走进金华古村落、创新型企业及文化地标等，感受“金华故事”，体验“文化·历史·经济”融合发展的新浙江。

【中国公共外交协会会长考察“海外名校”项目】 6月2日至4日，中国公共外交协会会长、外交部原部长李肇星考察“海外名校学子走进金华古村落”项目，并被受聘为“海外名校”项目名誉顾问。市委副书记、市长暨军民，副市长孙荣燕出席聘任仪式。李肇星充分肯定“海外名校学子走进金华古村落”项目在推动民间交往方面的积极意义，希望通过活动进一步讲好中国故事、传播好中国声音。

【第三季“海外名校学子走进金华古村落”活动(武义俞源)】 6月22日至7月12日在武义县俞源村举行。来自英国、法国、德国、俄罗斯、美国、澳大利亚、印度、日本、南非等19个国家39名海外名校学子走进俞源古村，体验中国古村文化、感受源远流长的中华文明。活动还增设了海外新人中式婚礼体验活动等。

【2016年“中国寻根之旅”夏令营金华分营】 7月21日至8月1日在金华艺术学校举行。来自西班牙、美国、意大利、法国、瑞典、奥地利和中国香港等国家与地区的华裔青少年参加开营仪式。市外侨办主任章宏出席开营仪式并讲话。

【第四季“海外名校学子走进金华古村落”活动(兰溪芝堰)】 8月10日至23日在兰溪市芝堰村举行。来自德国、印度、保加利亚、法国、以色列、老挝、波兰、南非、瑞士等9个国家45名海外名校学子走进芝堰古村，与村民同吃同住，亲身参与、切身体验中国古村文化，感受中华文明。

【对接友城合作交流】 8月20日，市外侨办主任章宏与第四季“海外名校学子走进金华古村落”参与者、南非布法罗市外办主任达比进行座谈，就进一步增进金华市与布法罗市友城间交流合作交换意见，并达成初步共识。章宏说，为推进友城间交流，金华推出了友城奖学金，专门用于对在金就读的友城优秀留学生奖励，并邀请布法罗市推荐优秀学子来金学习深造。达比表示，近年来金华经济社会快速发展，对外交流工作突出。尤其是以“海外名校”项目为代表的民间外交工作很出色。此次作为“海外名校学子走进金华古村落”参与者，也想充分借鉴金华在民间外交上的先进做法，回国后创办同类项目，推动南非民间外交，与金华市开展更多领域的互利合作。

【浙江理工大学留学生到金华体验古村落生活】 9月1日至7日，来自浙江理工大学的65名留学生分别赴兰溪芝堰村和武义俞源村体验金华古村落生活。市外侨办主任章宏、浙江理工大学国际交流与合作处处长王晓军、兰溪市委宣传部长范卫东等参加欢迎仪式。此次参加体验生活的留学生分别来自泰国、印尼、喀麦隆、韩国、玻利维亚、尼日利亚、南非、加蓬、哈萨克斯坦、也门、乌克兰、乌兹别克斯坦、土库曼斯坦、多哥、柬埔寨、塔吉克斯坦、中非、俄罗斯、赤道几内亚、几内亚、津巴布韦、莫桑比克、马里、阿富汗、赞比亚等26个国家和地区。

【市外侨办到北京推介“过大年”活动】 11月17日，市外侨办主任章宏一行赴北京，为金华市在2017年春节期间举办“金华七天行，感受中国年”活动进行推介。章宏一行先后拜访北京大学燕京学堂、清华大学国际教育办、清华大学苏世民学院、中央外事办公室和公共外交协会等，积极争取高等院校和中央外事机构对项目的支持。发动知名高校留学生赴金华参加“过大年”活动，进而激发“海外名校”项目活力，推动项目可持续发展，吸引更多海外高端人才聚焦金华、了解金华。

【“同根同心·共创双赢”2016 香港巡回展览】 11 月 23 日，由香港特别行政区政府驻上海经济贸易办事处（驻沪办）和金华市外侨办（港澳办）主办的“同根同心·共创双赢”2016 香港巡回展览在金华举办。副市长邵国强，市外侨办主任章宏、党组成员涂李明出席活动开幕仪式。

展览为期 5 天，通过丰富资料与精彩图片的展板，介绍香港的独特优势，包括金融、经贸、专业服务、文化、艺术、体育、会议展览、旅游、创科和教育等方面的最新发展。旨在向民众宣扬两地同心、共创双赢的信息，及香港最新经贸及社会情况。

【“中德玫瑰之夜”迎新音乐会】 12 月 10 日，由市外侨办主办，金华驻德国迪恩代表处、Eusun 德国有限公司协办的“中德玫瑰之夜——在金外国友人、华人华侨及专家学者迎新年音乐会”在金华中国婺剧院举行。副市长邵国强出席活动并致辞。在金外国友人代表、国家“千人计划”引进人才代表、在金外企代表先后发言。音乐会邀请欧洲著名女子弦乐四重奏—玫瑰弦乐四重奏，结合婺剧等中国传统艺术元素，为与会嘉宾奉献了一堂精彩、中西元素并举的文化盛宴。

主要出访

【金华市代表团访问美国和加拿大】 5 月 20 日至 27 日，市委常委、组织部长余杰率金华市代表团访问美国和加拿大。访问期间，代表团分别参加硅谷、纽约举办的人才项目对接活动。共推出横店集团、众泰集团等 69 家企事业单位 134 个人才和项目需求，涵盖电子信息、新能源汽车、健康生物医药等重点产业。举办金华海外高层次人才座谈会专场，70 余名海外高层次人才出席座谈会。走访美国斯坦福大学、普林斯顿大学，加拿大多伦多大学、滑铁卢大学等世界名校，看望金华籍留学生代表。访问金华友城—美国都柏林市，会见都柏林市政府官员，通过双方互动交流增进互信合作。

【金华市代表团访问新加坡和印度】 7 月 1 日至 7 日，市委常委、常务副市长金中梁率金华市代表团访问新加坡和印度。在新加坡，拜会新加坡国际企业发展局、中国浙江中心（新加坡）、新加坡地铁公司有关负责人，就宣传推介金华、优化城市规划、推进轨道交通建设、综保区建设等方面的交流合作进行商洽。在印度，参观今飞集团汽轮项目合资公司，并签订投资意向书。拜会印中经济文化促进会秘书长默罕默德·萨奇夫、浦那市市长普拉山特·加塔布等，并实地调研诺伊达市的信息产业园区。

【金华市代表团访问意大利和瑞士】 9 月 25 日至 10 月 2 日，市人大常委会副主任钱世茂率金华市代表团一行 7 人访问意大利和瑞士。在意大利，代表团参加艾米利亚—罗马涅大区费拉拉市举行的意大利第十届环境修复技术展，拜访艾米利亚—罗马涅大区政府官员，实地考察调研艾米利亚—罗马涅大区污水处理厂、环保专业实验室等。在瑞士，实地调研瑞士当地水处理厂和环保机构，了解瑞士环保产业相关创新技术等，并与蒙塔纳市政府负责人及专家会谈，积极寻求双方合作。

【金华市代表团访问德国和捷克】 10 月 2 日至 8 日，市委书记赵光君率金华市代表团赴德国和捷克访问考察。代表团一行出席浙江捷克系列交流活动，考察有关城市和企业，分别与华信公司、柯尔柏集团等签署战略合作框架协议，推动中捷水晶产业合作园、金义都市新区大族激光产业园、捷孚传动 eDCT350 合作项目建设。在德国和捷克期间，代表团就深化经贸、人文领域交流，推进重大产业项目合作，提升友城合作层次、拓展合作领域、助推产业转型升级等与相关各方进行交流与探讨。

【金华市代表团访问英国和克罗地亚】 10月19日至26日，市委副书记、市长暨军民率金华市代表团访问英国和克罗地亚。代表团一行先后考察英国A&M公司、捷豹和路虎工厂，克罗地亚利马兹汽车公司等。促成浙江(金华)保康轮毂制造有限公司与英国汽车零部件有限公司签署合作协议。代表团还会见当地侨团，并与英国浙江联谊会就中英科技园建设达成合作意向。

【金华市代表团访问日本和韩国】 11月29日至12月6日，副市长邵国强率金华市代表团一行访问日本和韩国，开展金义综保区招商推介工作。访问期间，代表团拜会日韩商界要员、开展专场招商推介会、考察日韩地区知名企业，并与日本浙江总商会签署《日本进口商品项目战略合作协议》，与韩国世界韩人贸易协会签署《业务协议书》。

【金华市侨商会“一带一路”考察团访问捷克和匈牙利】 12月1日至8日，由金华市侨商会副会长以上人员组成的“一带一路”考察团赴捷克和匈牙利访问考察。在捷克，考察团与捷克温州商会、捷克妇女联合会、捷中友好合作协会等开展联谊交流，拜会捷克众议院副议长沃伊杰赫、中国事务顾问陆汉斌，探讨双方合作机会与发展前景。在匈牙利首都布达佩斯，考察团参观中国商品城、走访部分华侨企业，并与中匈贸易促进会、匈牙利妇女联合会等进行座谈。

【金华市代表团访问卢旺达和南非】 12月14日至22日，副市长林丹军率金华市代表团一行赴卢旺达和南非，进行教育访问考察。访问期间，代表团拜访卢旺达北方省省长简·克劳德、南非豪登省副省长乌胡鲁，考察卢旺达莫桑职业技术学院和开普敦数学科学技术学院，出席金华职业技术学院和卢旺达教育部签署框架性合作协议仪式。在南非布法罗市，代表团出席金华—布法罗结好15周年庆祝仪式，林丹军与布法罗市市长雄拉·帕卡提分别致辞，在南非的部分华侨华人与企业家代表参加庆祝仪式。

【金华市代表团访问香港】 12月17日至20日，市政协副主席吴国成率市委统战部、市旅游局、市外侨办、金华山旅游经济区管委会等部门负责人一行访问香港，开展金华旅游专题推介。代表团举办“侨仙故里·养生福地”金华旅游专场推介会，与香港黄大仙社团进行交流对接，受到香港旅游界、媒体界、黄大仙社团和香港金华同乡会等各界人士及香港市民的广泛关注。

主要来访

【吉尔吉斯斯坦总统办公厅秘书访问金华】 1月11日至13日，吉尔吉斯斯坦总统办公厅秘书阿吉斯·沙契夫访问金华。副市长孙荣燕、市人大常委会副主任蔡健等会见沙契夫，双方就进一步推动经贸合作、文化交流及旅游资源开发、教育资源共享等进行交流。在金期间，阿吉斯·沙契夫还赴永康、义乌等地考察，市外侨办主任章宏陪同考察。

【斯里兰卡友好协会副会长访问金华】 1月20日至21日，斯里兰卡友好协会副会长阿吉德·达尔马瓦尔德纳率代表团一行4人访问金华。在金期间，代表团就采购水轮机、家具等产品积极寻找合作商。走访浙江金轮机电实业有限公司、浙江米勒橱柜有限公司、浙江武义龙泰金属制品有限公司等，并与相关负责人会谈，就进一步推动经贸合作及投资采购等与相关企业达成共识。

【韩国驻沪总领事访问金华】 3月23日，副市长孙荣燕会见韩国驻沪总领事韩硕熙一行，双方就进一步加强合作进行交流。市府办副主任张群环，市外侨办主任章宏、副主任张远平等参加会见。在金期间，韩硕熙一行考察金字火腿博物馆、金义综保区及智慧城市等。在金义综保区，考察团听取综保区规划布局、发展定位情况介绍，详细询问综保区项目招商、扶持政策等方面情况。韩硕熙表示，将积极介绍韩国有实力的客商入驻金义综保区，实现互惠互利、合作共赢。

【德国青年工程师协会主席访问金华】 4月1日，德国青年工程师协会主席、德意志学术交流协会德累斯顿地区负责人、德累斯顿应用科学大学计算机教授魏德曼及其夫人访问金华。魏德曼赴武义县俞源村考察“海外名校走进金华古村落”项目，对项目表示肯定并就项目任务设置、人员招募方式等提出意见建议。市外侨办副主任张远平陪同考察。

【德国迪恩市外办主任访问金华】 4月1日至9日，德国迪恩市外办主任海尔穆特·戈尔戴茨一行访问金华。随团来访的还有迪恩摄影家协会主席奥特·塞维林·波尔及迪恩市维尔特罗中学和斯蒂夫蒂申中学的28名师生。市委副书记、市长暨军民会见海尔穆特·戈尔戴茨一行，副市长孙荣燕、市政府秘书长周剑敏、市外侨办主任章宏等参加会见。随团来访的师生们还赴其友好学校——市外国语学校进行访学。

【美国驻沪总领馆领事访问金华】 4月20日，市外侨办主任章宏、副主任张远平会见美国驻沪总领事馆领事孙昭朗一行。在金期间，孙昭朗一行走访浙江师范大学非洲研究院、金华慈善总会等，分别就资源对接交换意见，并表示将进一步深化相互间各领域的合作交流。

【捷克玻璃工厂公司法人代表访问金华】 4月23日，捷克玻璃工厂公司法人代表卡萨克一行访问金华。副市长孙荣燕会见卡萨克一行。卡萨克表示，双方在各领域互动频繁，交流合作呈现良好态势。希望以水晶产业合作为契机，进一步加强各领域务实交流合作，开拓更广阔的市场空间。市外侨办主任章宏参加会见。

【巴基斯坦驻沪总领馆代表访问金华】 5月4日，巴基斯坦驻沪总领事馆代表满屹访问金华，并赴东阳横店考察。在横店，满屹就中巴影视产业交流合作、巴基斯坦电影市场开发等与相关负责人进行探讨，并表达了与中方在影视产业方面进行合作的迫切愿望。市外侨办主任章宏陪同考察。

【保加利亚驻沪总领馆副总领事和保加利亚驻华旅游投资发展促进局主席访问金华】 5月13日，市外侨办副主任张远平、市体育局局长方雨辉、市旅游局副局长吴兴旺会见保加利亚驻沪总领事馆副总领事马力·迪米特洛夫和保加利亚驻华旅游投资发展促进局主席伊万·托多洛夫一行。在金期间，代表团一行访问浙江师范大学，希望加强保加利亚优秀大学与浙江师范大学之间开展实质性合作；就体育、旅游、教育、投资等事项与市相关部门负责人交换意见。并邀请金华市派代表团参加在保加利亚首都索菲亚举办的“中保投资论坛”。其间，代表团一行还考察中国义乌小商品市场。

【法国最美村镇协会代表团访问金华】 5月29日，市委副书记、市长暨军民会见法国最美村镇协会代表团一行。双方表示，将加强交流合作，共同保护和发展独具特色及历史文化的美丽村镇，进一步加深双方人民的友好交流。市委常委、武义县委书记钟关华，副市长孙荣燕，市政府秘书长周剑敏，市外侨办主任章宏，武义县县长张新宇等参加会见。在金期间，代表团考察武义延福寺、俞源村和兰溪诸葛八卦村等，金华深厚的古村落、古建筑文化及当地村民和谐的生活状态给考察团留下了印象深刻。

【捷克州长联合会办公室主任访问金华】 8月3日，捷克州长联合会办公室主任雷德克·珀尔曼一行访问金华。代表团走访金东区琐园村。在琐园村的国际研学中心务本堂与金华市外侨办、绍兴市外侨办及衢州市外侨办相关负责人座谈，三市分别介绍本市产业特色及与捷克交往情况。雷德克·珀尔曼介绍捷克州长联合会职能，并就浙江省与捷克各州开展务实合作提出建议。

【联合国教科文组织美国主席访问金华】 9月21日，联合国教科文组织美国主席盖伊·狄肯乔访问金华。金华市举行仪式，聘请盖伊·狄肯乔为“海外名校学子走进金华古村落”项目美国顾问。希望借助联合国教科文组织的广阔平台，进一步增加“海外名校”项目的国际知名度。副市长林丹军，市外侨办主任章宏、党组成员琚胜民，金华职业技术学校副院长杨艳等出席聘任仪式。在金期间，盖伊·狄肯乔参观兰溪市芝堰村，双方就项目下一步发展交换意见。盖伊·狄肯乔表示将积极推广项目，促进中外青年交流。

【国际顶尖口译专家一行访问金华】 10月21日，英国赫瑞瓦大学教授、美国翻译研究协会会长克劳迪娅·安吉拉，意大利里雅斯特大学教授、国际翻译院校联盟主席莫里吉奥·威兹等国际顶尖口译专家一行3人访问金华。专家一行走访金华古村落，实地考察“海外名校”项目；参观金东区琐园村，体验传统民俗，并就具体译文问题提出若干专业性建议。专家一行还参观金华博物馆和中国婺剧院，并参加由浙江师范大学承办的第十届全国口译大会暨国际口译研讨会。

【南非东开普省经济发展厅副厅长访问金华】 11月21日至22日，南非东开普省经济发展厅副厅长索德瓦·凯佩伊率代表团一行访问金华。副市长张伟亚会见代表团一行，双方就经贸交往与合作交换意见。在金期间，代表团一行考察新能源汽车小镇、华科汽车公司、今飞集团、万里扬集团、浙江美保龙种猪育种有限公司、浙江加华种猪有限公司、泰来生态农牧有限公司、琐园古村落、福泰隆超市等，并开展座谈交流。与相关部门就在金华举办南非美食节、南非产品进驻福泰隆超市达成意向。市外侨办副主任张远平陪同考察。

侨 务 工 作

【省侨商会会长访问金华】 4月15日，省侨商会会长、澳门银润控股(集团)有限公司董事长廖春荣率浙江省侨商会会长团访问金华。市委副书记、市长暨军民，副市长孙荣燕会见廖春荣一行。市府办副主任张群环、市外侨办主任章宏和市招商局、市商务局、金华开发区管委会、金义都市管委会、金华山旅游经济区管委会等相关负责人参加会见。

在金期间，廖春荣一行考察金义综保区、菜鸟物流等项目，召开省侨商会会长、监事长联谊暨科技创新委员会会议。

【加拿大日升集团董事长、加中友好交流协会秘书长访问金华】 5月6日，加拿大日升集团董事长、加中友好交流协会秘书长周玄一行访问金华。双方就友城拓展、交流合作及下一步合作意向等交换意见。双方希望能借助加中友好交流协会平台，务实对接金华同加拿大在教育、商务、旅游等领域的交流合作，努力推动双方交流合作常态化、机制化。

在金期间，周玄一行参观考察金华木版年画博物馆，金华外国语学校，金东蒲塘村、琐园村等，并观看“海外名校”项目宣传片。市外侨办主任章宏、副主任金烨陪同考察。

【国务院侨务办公室主任来金华调研】 6月11日，国务院侨务办公室主任、党组书记裘援平来金华调研。此次调研以海外侨商经济转型升级为主题，具体研究新形势下如何更好实现海外侨商经济的可持续发展。在金期间，裘援平一行先后考察义乌国际商贸城、义乌进口商品城，并走访部分华侨经营户。国务院侨办经济科技司负责人左志强、经济科技司经济处副处长赵亮，省外侨办主任金永辉、副主任王通林，市委副书记、市长暨军民,市政府秘书长周剑敏,金华市副市长、义乌市市长林毅,市外侨办主任章宏,义乌市委常委、副市长熊韬等陪同调研。

【意大利罗马市政府移民议会议长、意中文化和对外项目合作委员会主席访问金华】 7月28日,意大利罗马市政府移民议会议长、意中文化和对外项目合作委员会主席潘永长,温州跨境电商协会会长陈端生及协会副会长等27人组成的跨境电商考察团访问金华。考察团一行赴金义综合保税区参观考察,洽谈项目合作。双方就保税展示区及商业综合体业态模式、优惠政策及补贴奖励等进行深入沟通交流,并就加强合作达成初步共识。市府办副主任、金义综保区常务副总指挥张群环,市外侨办主任章宏、副主任金烨陪同考察。

【金华侨商组团参加第十九届省旅外乡贤聚会】 9月19日,第19届浙江旅外乡贤聚会暨海外侨团建设大会在杭州举行。市外侨办副主任金烨率金华籍海外侨商一行18人参加会议。来自67个国家和地区的500多位浙江籍华侨华人欢聚一堂,畅叙爱国爱乡之情,共商家乡发展大计。

【美国中小企业商会董事会主席考察金华】 9月26日,美国中小企业商会创办人、商会董事会主席,金华籍知名海外侨领吴星一行到金华考察。吴星一行与武义县县长张新宇、市外侨办主任章宏等就"助推金华中小型企业走出去"主题进行座谈,就协助金华中小型企业产品销往美国达成初步合作意向。下一步将深入考察金华企业,为金华企业"走出去"作进一步合作对接。

【瑞士籍清洁能源专家访问金华】

10月12日至14日,瑞士籍清洁能源专家何可约访问金华。市外侨办、市文物局、市环保局相关负责人与何可约举行座谈。何可约介绍了最新环保技术,并详细介绍其应用和推广。何可约还与市外侨办、文物局就修建何炳棣墓园一事进行协商,希望父亲可以落叶归根,回到金华这片故土。

【组团参加2016年"相聚长三角"活动】 10月19日至21日,2016年"相聚长三角"活动主会场活动在温州举行。市外侨办党组成员、招才局副局长涂李明率金华开发区高新局、招才局等组成的团组一行参加开幕式,并与海外博士进行项目洽谈,特别就与金华市五大千亿产业匹配度较高的项目进行详细了解。金华开发区还重点洽谈对接高端装备制造业相关项目,为下一步开展合作奠定基础。

【澳门印尼中华联谊会主席访问金华】 10月25日,澳门印尼中华联谊会主席陈海磷一行访问金华。市外侨办副主任金烨会见陈海磷一行。陈海磷表示,自己非常支持国家提出的"一带一路"战略,并介绍印尼梭罗基本情况。双方就协助建立金华梭罗友好合作交流关系达成初步合作意向,下一步将交换双方城市信息和发展状况,为建立友好合作交流关系作进一步合作对接。

【英国浙江联谊会主席访问金华】

11月13日,英国浙江联谊会主席李雪琳一行访问金华。市委副书记、市长暨军民会见李雪琳一行。暨军民希望英国浙江联谊会发挥桥梁纽带作用,更多地关注和支持金华发展,与金华开展更密切的交流,积极推动英国的先进技术、高端人才、知名企业加强与金华的对接合作。李雪琳表示,将依托各种优势和资源,为金华加强与英国的人才交流、项目合作等积极牵线搭桥。双方还就筹建中英科技园进行深入洽谈对接。副市长傅利常参加会见。

在金期间,李雪琳一行参观考察金华职业技术学院机电学院、新能源汽车小镇、中欧生态工业园和金义综保区等。

(徐丽娟)

衢州市

综 述

【概况】 2016年，衢州市审核审批因公出国(境)团组109批275人次，其中经贸团组(含招才引智团)53人次、文教卫类团组132人次。党政和参公事业单位出访使用计划指标数68个，占全年指标数的42%。全年审核审批邀请外国人来华邀请函191批264人次。加大为企业“走出去”服务力度，共办理APEC商务旅行卡16批27人次，领事认证229批330本。

围绕全市发展大局，加强对外交流合作。与美韩印以等20多国驻沪使领馆、中国驻英法等20多国使领馆保持工作交流。先后接待韩国驻沪总领事、印度驻沪总领事、斯里兰卡驻沪总领事和美国雷德温市原姊妹城市委员会主席、美国马斯克廷市中国友好城市委员会主席、加拿大安纳波利斯市和迪格比市政府特使、日本友好城市佐野市日中友好协会理事长及来衢参加祭孔活动的14国孔子学院嘉宾等来宾14批135人次，接待外国记者来访2批6人次。做好领事保护工作，全年处置衢州市公民海外领事保护事件6起。

做好服务侨界凝聚侨心工作。接待参加第19届浙江旅外乡贤聚会“美丽家乡行”活动走进衢州的30余个国家的海外高层次人才、海外重点侨团负责人等50批300余人次。全年慰问贫困归侨侨眷和重点人士眷属100余户，慰问款物8万元；帮扶救助贫困归侨侨眷5人、贫困学生2人，救济资金2万元；做好涉侨信访工作，受理群众来电1起，接待来访2人次。

重要活动

【参加2016浙江省情介绍会】 1月7日，市外侨办主任朱晓红赴沪参加2016浙江省情介绍会暨迎春招待会。在沪期间，朱晓红与美国、以色列、瑞士等国驻沪总领事馆官员进行简短交流，并与嘉兴、丽水、金华、湖州等市外侨办负责人交流2016年外侨工作思路。

【参加印度庆典活动】 1月26日，应印度驻沪总领事古光明邀请，市外侨办副主任周立年赴沪参加印度第67个共和国日庆典活动。周立年简要介绍衢州市情及与印度的友好交流情况，并邀请总领事在适当时候访问衢州。古光明表示将促进双方友好交流，进一步推动双方在经贸、文化、人文等领域的合作。

【韩国驻沪总领事访问衢州】 4月1日，市外侨办主任朱晓红与来衢参加浙江中韩(衢州)产业合作园开园仪式的韩国驻沪总领事韩硕熙、商务领事郑京录一行进行交流，双方就进一步拓展中韩经贸、科技、文化与友好城市建设等领域的交流合作进行商谈。

【拜访印度和韩国驻沪总领馆】 4月11日，副市长马梅芝一行赴印度和韩国驻沪总领事馆，就加强双边经贸、科技、农业和电子商务等领域交流与合作事项，与印度驻沪总领事古光明、韩国驻沪总领事韩硕熙分别进行会谈。马梅芝向两位总领事分别介绍近年来衢州市经济社会发展及双方经贸、文化交流情况，希望双方共同努力，继续加强经贸、科技、文化、农业和电商等方面的合作，并邀请两位总领事访问衢州。古光明表示将于近期访问衢州，具体商谈共同举办文化周，推动双方企业商务合作。韩硕熙对衢州市与韩国一直以来保持的良好文化、教育交流表示满意。他说，中国是韩国的第一大贸易伙伴，中韩(衢州)产业园是两国间不断交流合作的丰硕成果。

【组团走访韩国驻沪机构】 5月6日，由市外侨办主任朱晓红带队，市绿色产业集聚区、市商务局、市体育局、市文广新局等部门组成的交流团一行赴上海，走访韩国庆尚北道政府驻沪代表处、韩国大邱市政府驻沪代表处、韩国京畿道驻沪代表处，就推动衢州与韩国在经贸、科技、文化、教育等领域的交流合作进行对接。朱晓红分别向上述驻沪代表处代表介绍衢州市情概况、产业特色、中韩(衢州)产业园项目和友城情况。希望代表们推荐和衢州产业契合、文化相近的城市与衢州结为友好城市。韩方代表分别介绍各自代表处情况，表示愿意为推动衢州与韩国在经贸、科技、教育和人文等各个领域的交流与合作而努力。庆尚北道政府驻沪代表处所长金钟九推荐龟尾市和浦项市与衢州发展友好交流城市关系。

【参加与捷克州长联合会代表团座谈会】 8月3日，市外侨办主任朱晓红、副主任彭力赴金华参加浙江省与捷克州长联合会代表团的友好交流座谈会。捷克州长联合会执行副主席拉得克·波尔马介绍州长联合会的职能，就浙江省、市与捷克的州、市更有针对性地开展友好合作提出建议，并表示州长联合会愿意为推动捷克与衢州、绍兴和金华的友好合作而努力。参加座谈会的衢州市、绍兴市和金华市外侨办负责人分别就本市产业特色及与捷克的交往情况作介绍。

【参与G20杭州峰会境外媒体服务工作】 9月4日至5日，G20峰会在杭州召开。市外侨办选派干部徐忠友参与峰会境外媒体服务和涉外突发事件处置工作，圆满完成任务。

【14国孔子学院院长和嘉宾访问衢州】 9月27日，市长杜世源会见来衢参加纪念孔子诞辰2567周年祭祀典礼的加拿大、厄立特里亚、埃塞俄比亚、法国、缅甸、挪威、秘鲁、波兰、俄罗斯、西班牙、南非、坦桑尼亚、泰国、赞比亚等14国孔子学院院长和嘉宾。杜世源说，作为孔氏南宗所在地，衢州市高度重视孔子文化的传承和发扬光大，每年邀请一批外国孔子学院院长来衢考察访问，与世界各地的孔子学院建立长期联系，促进儒学文化的研究和弘扬，扩大文化对外交流。祭孔活动已成为衢州与世界各国朋友开展交往、建立友谊的重要桥梁和纽带。孔子学院是推动中国和世界经济文化交流的发展之桥、文化之桥、友谊之桥。各位院长、嘉宾亲临衢州参加祭孔活动，对于进一步弘扬和传播儒学文化，拓展中外文化交流，增进相互理解和友谊，推动互利合作、共同发展必将产生积极的作用。

市领导诸葛慧艳、马梅芝、陈锦标等参加会见。孔子第75代嫡长孙孔祥楷，市外侨办主任朱晓红，华东师范大学国际汉语教师研修基地执行副主任张建民会见时在座。

【参与第三届世界互联网大会境外媒体服务管理工作】 11月16日至18日，第三届世界互联网大会在乌镇举行。市外侨办选派干部赵巧珍参与大会境外媒体记者服务保障工作，圆满完成任务。

主要出访

【衢州绿色产业集聚区招商代表团访问韩国】 6月13日至17日，衢州绿色产业集聚区管委会主任祝晓农率市招商代表团一行访问韩国，在韩国首尔、清州市、大邱市开展招商推介暨项目对接洽谈活动。代表团先后走访晓星集团、大邱百货等知名企业及异空综合建筑师事务所等，拜会清州市市长李承勋。成功举办“浙江中韩(衢州)产业合作园”招商推介会,全面介绍衢州投资环境、投资政策、产业特色、企业优势及“浙江中韩(衢州)产业合作园”建设战略构想,拓展衢州与韩国的经贸交流与合作。

【衢州市领导随浙江省代表团访问捷克和德国】 10月2日至8日,省委书记、省人大常委会主任夏宝龙率浙江省代表团访问捷克和德国,衢州市委书记陈新一行5人随团访问。访问期间,陈新看望了衢州籍华人华侨,了解其生产生活情况,向他们介绍国内特别是衢州的发展情况,鼓励他们回衢创业发展,做宣传衢州的代言人。

表17 2016年衢州市部分出访团组

序号	出访时间	出访国家、地区	团长职务、姓名	人数	出访任务
1	4月26～29日	香港	市委副书记江汛波,市政协副主席、市委统战部长余广宇	11	公务访问
2	5月15日～6月4日	英国	柯城区区长徐利水、江山市市长叶美峰	2	培训
3	7月25日～8月1日	捷克、波兰	市政协副主席、市文联主席欧阳建华	1	文化交流

主要来访

【马来西亚客商来衢签订柑橘大单】 1月19日,马来西亚三大水果进口商之一——凯盛集团首席执行官陈忠庆访问衢州,与柯城区柴家柑橘合作社签订220吨柑橘出口订单。这是衢州本地合作社直接与外商签订的最大一单柑橘订单,每吨可节约5000元的中间费用。

【美国雷德温姊妹城市委员会原副主席访问衢州】 2月3日,美国雷德温姊妹城市委员会原副主席彭涛访问衢州。市外侨办主任朱晓红、副主任周立年与彭涛就进一步开展衢州市与雷德温市友好交流项目进行座谈。朱晓红对彭涛二十多年来致力推动雷德温与衢州友好交流所作的努力表示感谢。希望两市在教师、艺术家交流基础上,进一步开展商业、医疗等方面更多的项目交流。彭涛表示,将进一步开展更高层次、更多领域的交流,并将推荐更多的美国城市与衢州市及下属县(市、区)建立友好关系。

在衢期间,彭涛还在市外侨办副主任彭力陪同下实地考察开化、江山和常山,探寻友好合作项目。

【加拿大通用航空协会代表团考察衢州】 6月13日至16日,加拿大通用航空协会会长林伟率代表团一行14人到衢州考察通用航空产业,就中加(衢州)通用航空产业园项目与衢州市政府进行洽谈。副市长汤飞帆会见代表团一行,介绍近年来衢州市经济社会发展及双方经贸、文化交流情况。汤飞帆说,加拿大通用航空协会代表团来衢州考察投资环境,将进一步密切中加之间友谊,推动双方在更宽领域、更高层次,特别是在通用航空领域开展合作交流产生积极意义。林伟说,希望通过此次考察进一步增进双方间的了解,为加拿大通用航空协会的企业找到投资和市场。市外侨办副主任周立年参加会见。

在衢期间,代表团参观市绿色产业集聚区展示厅和凤凰小镇,考察中加(衢州)通用航空产业园衢州基地和江山基地项目初选地。与衢州市政府和江山市政府就发展中加(衢州)通用航空产业园项目进行洽谈,并分别签订《中加通用航空产业园衢州基地项目战略合作框架协议》和《中加通用航空产业园江山基地项目战略合作框架协议》。

【美国中阿肯色大学副校长访问衢州】 6月18日至19日，美国中阿肯色大学国际事务副校长简安·威廉姆斯一行7人访问衢州。副市长陈锦标，孔子第75代嫡长孙、孔管会主任孔祥楷，市外侨办副主任周立年，衢州二中校长潘志强等与代表团就儒学文化的传承与发展、国际教育合作等进行交流。

在衢期间，威廉姆斯一行参观考察孔氏南宗家庙、衢州二中、衢州城市展示馆和水亭街，并在天妃宫欣赏衢州地方戏剧表演。

【印度驻沪总领事访问衢州】 7月10日至11日，印度驻沪总领事古光明、商务官员袁卫星一行访问衢州。市长杜世源会见古光明一行。杜世源说，衢州历史悠久、人文底蕴深厚，尤其是生态环境良好，山好、水好、空气好，具有发展大健康、养老养生、休闲旅游等产业的独特优势。近年来衢州与印度经贸往来活动日益密切，未来深度合作空间巨大。希望双方进一步加强经贸交流合作，增进文化、科技、教育、旅游等多领域往来，不断深化友谊，实现互利共赢。古光明表示，衢州与印度有着良好的合作基础和潜在合作机会。印度将在中国"一带一路"战略大背景下，深化与衢州在内的华东地区政府、企业间的合作，将衢州作为重要合作伙伴。希望通过此访和未来双方共同举办的一系列活动，增进与衢州在政治、经贸、文化等方面交流，寻求共同发展机会，印度驻沪总领事馆愿为衢州企业到印度发展提供帮助。市政府秘书长金明、副秘书长童子侃，市外侨办主任朱晓红、副主任周立年和市文广局、市贸促会等部门负责人参加会见。

在衢期间，古光明一行还参观衢州孔氏南宗家庙，考察浙江星月神电动车有限公司、浙江夏王纸业有限公司、浙江乐叶光伏科技有限公司和开山集团，并向企业负责人介绍印度的相关鼓励政策。朱晓红、周立年全程陪同古光明一行参观考察。

【韩国庆尚北道政府上海代表处代表团访问衢州】 8月10日，韩国庆尚北道政府上海代表处所长金钟九一行5人访问衢州。市外侨办主任朱晓红、副主任周立年和彭力及市农办社会发展处处长与代表团进行座谈。朱晓红介绍衢州市经济社会发展概况，市农办发展处处长介绍衢州市美丽乡村建设情况。金钟九介绍韩国新农村建设情况。双方就拓展双边经贸、人文、旅游等领域交流合作交换意见。

【第19届浙江旅外乡贤聚会"美丽家乡行"活动】 9月20日至22日在衢州举行。一批海外高层次人才、海外重点侨团负责人、海外浙商知名人士代表共聚衢城畅叙乡情。市政府举行欢迎会，市长杜世源出席并致辞。杜世源说，广大旅外乡贤是浙江发展的重要力量和宝贵资源。今天莅临衢州的各位乡贤，是浙江海外侨胞的杰出代表和侨团领袖。多年来，大家身在异国、心系家乡，为家乡发展作出了重要贡献。衢州正处于创新发展、转型发展关键时期，迫切需要加强国际交流、对接国际市场、引进高端要素，这些都离不开广大乡贤的鼎力支持。真切期盼各位乡贤进一步了解衢州、关注衢州，为衢州发展建言献策，积极在衢投资创业，为衢州市对接全球高端资源、引进高端技术和人才、开拓国际市场穿针引线、铺路搭桥。

【斯里兰卡驻沪总领事访问衢州】 12月20日至22日，斯里兰卡驻沪总领事拉克士塔·若特纳亚克、商务专员王颖等一行3人访问衢州。副市长马梅芝会见拉克士塔·若特纳亚克一行，马梅芝说，衢州和斯里兰卡在农业和旅游等领域既有相似优势，又有各自特色，合作共赢潜力大，希望双方能够抓住"一带一路"的战略机遇，促进双方在各领域互惠互利，实现双赢发展。拉克士塔表示，愿积极与衢州展开友好交往，并希望能够增进双方在经贸、旅游等领域合作，努力寻求共同发展机会。衢江区副区长曾有仙、江山市副市长宁晔、开化县人大常委会副主任李华蓉参加会见。

在衢期间，拉克士塔一行与孔子第75代嫡长孙孔祥楷举行座谈，在市旅委召开斯里兰卡旅游推介会，考察雷士照明有限公司，参观世界自然遗产江郎山、衢江区杨继洲针灸文化馆并走进衢江区廿里镇农户了解当地风土人情。市外侨办主任朱晓红，副主任周立年陪同拉克士塔一行考察。

友好城市交流

【日本佐野市日中友好协会理事长访问衢州】 1月7日至9日，日本佐野市日中友好协会理事长宫森胜市访问衢州。市外侨办主任朱晓红、副主任彭力与宫森胜市进行座谈交流，双方就进一步拓展中日文化交流进行探讨。在衢期间，宫森胜市还走访衢州市柯城区大成小学。

【衢州职业技术学院艺术学院院长赴美国友城交流】 9月1日至30日，衢州职业技术学院艺术学院院长叶云龙赴美国友城雷德温市进行艺术家交流。交流期间，叶云龙创作了16幅作品，并先后在当地艺术社团、中学及东南科技大学举办艺术讲座，与安德森艺术中心协商达成一年一次艺术交流项目。

【美国马斯卡廷市中国友好城市委员会主席访问衢州】 9月6日，美国马斯卡廷市中国友好城市委员会主席丹·斯坦一行5人访问衢州。市外侨办主任朱晓红、副主任彭力与丹·斯坦一行座谈，相互介绍各自城市经济社会发展状况，并希望在友城建设等领域开展合作。丹·斯坦一行还考察了衢州“花园258”电商创客集聚地。

侨务工作

【市侨商会助推侨企上新三板】 5月26日，衢州市侨商会组织有意向上新三板的8家侨资企业进行培训学习。邀请国融证券股份有限公司投资银行部深圳部总经理李毅，亚太鹏盛投资(深圳)有限公司董事长杨步湘等就侨企如何上新三板进行专题培训。

培训班上，市外侨办副主任、市侨商会常务副会长彭力讲话。

【市侨界推进民宿经济发展暨峡里风客栈上线运营现场会】 5月27日在江山市峡口镇枫石村召开，市外侨办主任朱晓红出席现场会。2015年8月，市外侨办组织市侨商会成员参加国侨办“侨商西部行”活动时，经杭州市侨商会副会长洪云芬、衢州市侨商会理事廖林根牵线搭桥，达成途家旅游网与峡口镇枫石村村民民宿合作项目。

【衢州市侨商会第三届会员大会暨换届大会】 6月28日在衢州召开。大会审议通过市侨商会第二届理事会工作报告、财务情况报告等，选举产生市侨商会第三届理事会、监事会成员。衢州清泰房地产开发有限公司董事长严水清任市侨商会第三届会长、衢州泽豪门窗有限公司总经理李兆庆任监事会监事长。

副市长马梅芝出席会议并讲话，对如何做好衢州市侨商会工作提出四点建议：一是积极传承浙商和侨商文化；二是引领侨商创业创新，助推经济转型升级；三是扩大服务领域，推进会员和侨商事业做大做强；四是积极引导侨商企业在“一带一路”战略中发挥带头作用，为经济社会发展作出新贡献。省侨商会副秘书长姜敏达出席会议。市政府副秘书长童子侃、市人大教科文卫民侨工委主任汪晓敏、市政协港澳台侨委主任蒋淑敏，及市外侨办、各县(市、区)侨办领导和全市87家会员企业代表参加会议。

【市外侨办领导走访慰问贫困归侨侨眷】 12月28日，市外侨办主任朱晓红、副主任彭力率侨务处一部走访慰问贫困归侨侨眷。朱晓红一行看望龙游县玻利维亚归侨吴天福夫妇，并送上慰问金。看望伤病侨眷毕氏夫妇，仔细询问他们的身体状况和生活情况，感谢他们的子女为衢州经济发展所作的努力，并为他们送上慰问金。

(邓李薇)

舟山市

综　述

【概况】 2016年，舟山市外侨办安排市委、市政府重要团组15批90人次赴国(境)外开展推介活动。接待副部以上团组6批51人次、外国驻华使领馆10批40人次、国际知名企业3批5人次、友城5批64人次、民间友好团体9批145人次、港澳5批24人次，其中接待外国驻华使领馆官员等重要外宾和友城团组分别比上年减少40.0%和34.2%。

全年累计审批因公出国(境)团组217批713人次，分别比上年上升20.6%和22.7%。邀请外国人访问舟山614批1339人次，其中涉外远洋渔业签证邀请函94批292人次，分别比上年增加276.0%和269.6%。2016年办理因公护照签证111批573人次;办理因私签证320批555人次，分别比上年下降15.8%和8.7%;代办民事认证和商务认证586份，比上年增长39.9%;代办APEC商务旅行卡66张。

处理各类涉外案(事)件19起，其中在舟外国人领事保护案(事)件6起、海外领事保护案(事)件13起，办结17起。通过市外侨办门户网站向社会发布出国提醒、向“走出去”企业和公民发放《中国领事保护和协作指南》《海外安全常识》等宣传资料。

邀请接待海外重点侨领、侨团在舟山考察266人次，联谊活动8次;接待侨商、海外专业人士134人次，引智引资活动5场，引进专业人士1人;办理华侨回国定居15人次，涉侨身份认定30人，归侨侨眷扶贫228人次，发放救济资金14.72万元人民币，接收捐赠款物55万元人民币，受理来信来访46件，结案45件;在欧洲、日本、大洋洲、美洲等地设立5个侨务联络站。

2016年，舟山市外侨办被国家旅游局、浙江省人民政府主办的“2016国际海岛旅游大会”评为先进集体。

重要活动

【拓展与澳门及葡语系国家的合作交流】 4月25日，舟山市港澳办牵头与市商务局、市旅游局、市远洋渔业基地等部门派人一起出访澳门，与澳门经济贸易促进委员会和中葡论坛秘书处等对接相关工作，明确2016年度工作重点;8月，市委书记周江勇与来访的澳门特区政府经济财政司司长梁维特在杭州会面，双方就开展海洋经济、旅游等领域的交流，推进与葡语系国家合作进行会谈;9月底，全国政协副主席何厚铧访问舟山，对舟山市与澳门及葡语系国家在各领域的合作给予高度赞赏;10月20日，市长温暖率舟山市政府团组赴澳门参加中葡经贸合作论坛(澳门)第五届部长级会议。会上，温暖就舟山自贸港区建设作专题推介发言。其间，还举行“舟山—澳门—东帝汶渔业合作洽谈会”，东帝汶方核发入渔许可给舟山企业;11月21日，中葡论坛常设秘书处秘书长徐迎真率几内亚比绍、安哥拉、葡萄牙等葡语国家代表一行15人赴舟山考察，与市海洋与渔业局、市港澳办等单位主要负责人及11家企业代表举行座谈，促进舟山与葡语国家对接交流。

【派员参加G20峰会接待服务保

障工作】 9月4日至5日，G20峰会在杭州举行。市外侨办配合省外侨办做好G20期间安保工作，抽调英语、日语翻译人员服务G20峰会，选派袁滢担任场外采访组组长，圆满完成境外记者接待服务保障任务。

【第18届舟山国际沙雕节】 9月9日至10月7日在舟山朱家尖南沙举行。本届沙雕节以“沙绘G20”为主题，来自中国、荷兰、加拿大、西班牙、捷克等5个国家的30余名沙雕艺术家在沙雕主题公园内共同雕刻出作品50余座。

【2016国际海岛旅游大会】 9月21日至23日在舟山朱家尖岛举行。本次大会以“互联海上丝路，共享海岛发展——新丝路，新蓝海”为主题，来自联合国世界旅游组织、亚太旅游协会等国际旅游组织及希腊、汤加、澳大利亚等26个海岛国家和地区的40个代表团参加。参加大会的还包括国际旅行商、邮轮公司、航空公司、度假酒店集团、旅游投资商、旅游研究机构等共1000余名中外嘉宾。大会期间，举办了国际海岛旅游舟山论坛、海岛度假产品创新论坛及国际海岛旅游大会博览会、精品海岛考察等活动。大会期间发布《世界海岛旅游发展报告(2016)》，该报告通过对海岛旅游经典案例和趋势分析，为国内海岛旅游的发展提供若干可资参考的发展模式。

【波音737飞机完工交付中心项目落户舟山】 10月28日，波音737完工和交付中心落户浙江舟山发布会暨签约仪式在杭州举行。国家发改委副主任林念修宣布项目落户舟山群岛新区。省政府、波音公司和中国商飞公司签订战略合作框架协议。11月9日，舟山与波音、商飞公司代表在上海就政府优惠政策支持的厂房租金等主要事项达成一致并草签。12月14日至17日，波音和商飞公司技术团队一行到舟山，三方进行深入对接，基本达成一致意见。12月20日，三方围绕投资协议的两个支撑性附件(运营要求和经济激励)进行电话会议等沟通，并约定在2017年农历新年前签订正式投资协议。2016年市外侨办为波音项目提供商务谈判翻译26场，三方电视会议翻译3场，接待波音客人9批次，文字翻译超过110万字。

【2016舟山群岛马拉松】 11月20日，由中国田径协会、省体育局和市政府联合主办的2016舟山群岛马拉松在普陀保利大剧院开跑。本届赛事设置半程马拉松和6.5千米健身跑两个项目，来自国内10多个省市区和澳大利亚、德国、俄罗斯、法国、韩国、美国、英国及中国香港等17个国家和地区的10000名选手参赛。最终，来自肯尼亚的选手大卫以1小时2分44秒的成绩获得半程马拉松男子组冠军，中国的李芷萱以1小时15分32秒的成绩获得半程马拉松女子组冠军。

主要出访

【舟山市代表团访问克罗地亚和希腊】 6月6日至13日，舟山群岛新区党工委书记、舟山市委书记周江勇率团访问克罗地亚和希腊，开展推介招商、项目洽谈签约，并进行访问交流。在克罗地亚，代表团拜会克罗地亚前总统斯捷潘·梅西奇。与扎达尔市市长卡尔梅塔会谈，促进双方了解经济社会发展情况，全方位推进友城交流。在克罗地亚访问期间，周江勇一行还看望了在当地的欧洲舟山同乡会代表，了解舟山籍侨领侨胞在欧洲各国的产业发展情况，向他们介绍舟山群岛新区建设发展情况、未来规划和重点招商引资项目，鼓励他们为家乡建设多作贡献。实地调研扎达尔港口运营情况，借鉴港口运营发展成功经验，探讨港口开发合作意向。在希腊，与希中友好协会会长安德里亚斯·波塔米亚诺斯、圣托里尼市市长艾纳斯·尼古拉斯·索斯等进行会谈，深入探讨双方合作交流。参加第25届希腊波塞冬国际海事展，出席舟山(雅典)海事产业推介会。在波塞冬国际海事展现场，周江勇察看了舟山展区，带领企业负责人与主要客户对象交流，重点对接洽谈船舶与海工修造订单、船配产业投资和海事服务合作等事项。在比雷埃夫斯港，周江勇与港口运营管理企业主要负责人座谈，推介舟山新区，寻找合作机会。代表团访问圣托里尼市，与该市市长埃纳斯·尼古拉斯·索斯会谈，还与当地政府、旅游管理机构和旅游企业进行座谈交流，学习旅游发展经验，探讨双方合作交流。在舟山(雅典)海事产业推介会上，舟山市各有关部门和企业分别与希腊等国际海事企业和机构签订多项合作协议，项目涵盖船舶配件制造、海事服务、海岛旅游开发等领域，总签约额3.65亿元。

【舟山市代表团访问新加坡】 10月5日至8日，舟山群岛新区党工委书记、舟山市委书记周江勇率舟山市代表团访问新加坡，开展经贸合作洽谈。周江勇一行先后拜访新加坡海关、国际企业发展局、港口及海事局等机构，与新加坡港务公司、盛裕公司等企业举行座谈，听取关于口岸监管、通关服务、港区管理等方面的情况介绍，双方就自贸区建设、自由港管理模式与运作机制等进行探讨。周江勇一行还围绕国际海事服务基地、油品储运中转基地、绿色石化基地等建设，拜访摩科瑞能源贸易(新加坡)有限公司、中远海运(东南亚)有限公司、中石油(新加坡)有限公司、联合石化(新加坡)有限公司，与企业负责人座谈，推进舟山自贸港区的谋划、建设。

主要来访

【海外温州籍侨领侨商考察团访问舟山】 1月14日，新区党工委副书记、市委副书记、代市长温暖在新城会见由温州市侨商协会会长、法国中国和平统一促进会会长杨明率领的海外温州籍侨领侨商考察团一行。副市长许小月参加会见。考察团由来自法国中国和平统一促进会、荷兰中国总商会、荷兰华侨华人青年总会、匈牙利温州商会、斯洛伐克华侨华人联合会等海外华侨华人社团的温州籍主要负责人组成。他们对舟山的发展变化和投资环境给予充分肯定，表示愿组织更多温商到舟山考察投资，为新区建设添砖加瓦。在舟山期间，考察团一行参观了新区城市展示馆，并与舟山市有关部门进行项目对接洽谈。

【韩国江华郡中学生友好访问团到舟山交流】 1月29日至2月1日，韩国江华郡学生交流团一行23人到舟山参加住家式交流活动，本次住家式交流活动由市南海实验学校承担。19名韩国学生代表参观了舟山市主要景区、基础设施，与南海实验学校初中部学生共同生活学习。市外侨办、市教育局配合南海实验学校参与此次接待工作。

【韩国驻沪总领事访问舟山】 3月2日，新区党工委副书记、市委副书记、市长温暖会见韩国驻沪总领事韩硕熙。双方就如何进一步加强在经贸、教育、文化等领域的交往合作、推进互利共赢进行交流。市政府秘书长陈仕俊、市教育局局长祝幸安、市外侨办主任方维参加会见。

【美国普惠公司高层主管访问舟山】 3月23日，新区党工委副书记、市委副书记、市长温暖会见美国普惠公司商用发动机销售及营销高级副总裁里克·德鲁一行。里克·德鲁表示，舟山群岛新区对普惠公司来说具有很多潜在的合作发展空间，希望未来双方多交流接触，寻求合作机会。

【奥地利林茨市经济代表团访问舟山】 4月8日，舟山群岛新区党工委书记、管委会主任、市委书记周江勇会见由奥地利林茨市副市长苏珊娜·维克赛德，奥地利联邦总统经济顾问、奥中国际经济贸易促进会会长倪铁平率领的经济代表团一行。双方希望通过此次访问交流，增进了解，加强联系，开展积极有效交流，推动两地合作，实现共赢发展。

【澳大利亚杰尔顿文法学校师生交流团访问舟山】 4月22日至30日，澳大利亚杰尔顿文法学校校长尼克·约翰斯通带领师生交流团一行11人访问舟山市普陀区第二中学，开展住家式文化交流体验活动。

【密克罗尼西亚联邦波纳佩州州长考察舟山】 6月13日至15日，密克罗尼西亚联邦波纳佩州州长马塞洛·彼得森一行考察舟山。14日，省委书记、省人大常委会主任夏宝龙在舟山会见马塞洛·彼得森一行。双方表示，愿进一步推动两省州在水产养殖、远洋捕捞、生态农业、海洋旅游等领域的合作，促进双方友好关系不断迈上新台阶。马塞洛·彼得森一行考察了舟山市水产研究所(朱家尖养殖基地)、浙江省海洋水产研究所，参观大青山国家公园。副市长许小月、市外侨办主任方维全程陪同。市人大常委会主任钟达接待代表团一行。

【瓦努阿图共和国副总理访问舟山】 10月29日至30日，瓦努阿图共和国副总理乔·纳图曼率代表团访问舟山。舟山群岛新区党工委书记、管委会主任、市委书记周江勇会见乔·纳图曼一行，双方就渔业、海岛旅游等方面的交流合作进行会谈。在舟山期间，乔·纳图曼一行考察了国家远洋渔业基地、平太荣远洋渔业集团、舟山国际邮轮港等。

【菲律宾驻沪总领事访问舟山】 12月9日，副市长许小月会见菲律宾驻沪总领事库玉甘一行。库玉甘一行赴浙江舟山群岛新区旅游与健康职业学院，交流探讨有关校际合作事项，双方达成多个合作意向，希望今后进一步加强在经贸、旅游、教育等领域的交流合作，促进互利共赢。

友好城市交流

【举行中匈文化交流暨定海·匈牙利馆试开馆活动】 3月24日，主题为“匈拥东海”的中匈文化交流暨定海·匈牙利馆试开馆活动在定海区盐仓街道定海匈牙利国际广场举行。匈牙利驻沪总领事馆文化与教育领事辛莉薇、商务领事唐安哲，定海区副区长王涛等参加试开馆活动，观看了匈牙利民间舞蹈、匈牙利骠骑兵展示及富有海岛特色的舟山渔歌及跳蚤舞等表演。

【中美姊妹学校又增4对】 6月22日，美国俄亥俄州哥伦布市哥汉娜学区中学校长到舟山市普陀区开展教育文化交流访学活动。哥汉娜林肯中学校长罗伯特·多德一行参观普陀中学校园，双方深入交换教育交流合作意向，正式结成姊妹学校，并签署教育交流合作协议；哥汉娜西部中学校长亚伦·温纳一行参观了普陀二中校园，听取学校关于教学设施、办学理念、办学成效的介绍，表达了在教师、学生、课程等方面开展交流与互动的意愿，并签署教育交流合作协议；哥汉娜东部中学校长布拉德·巴尔一行参观东港中学，双方举行友好学校结对仪式，签署《合作备忘录》，并就下一步交流交换意见；哥汉娜南部中学校长罗宾·默多克一行观摩展茅中心学校“小五匠”课程，双方就学校师资培训、学生交流等两校合作切入点相关议题进行交流，并签署《合作备忘录》。

【韩国谷城郡中学生友好交流团访问舟山普陀】 8月12日至15日，以石谷中学校长高永珍为团长的韩国全罗南道谷城郡中学生住家式友好交流团一行31人访问普陀，开展住家式交流活动。此次活动是自2007年7月两地间开展中韩中学生 Home-stay 活动以来的第七批结对交流。

【舟山市定海区与北京匈牙利文化中心签订文化交流合作协议】 11月21日，匈牙利驻华大使馆文化教育参赞、北京匈牙利文化中心主任宋妮雅到舟山定海，代表北京匈牙利文化中心与定海区签订文化交流战略合作框架合作协议。定海区常务副区长毛铁年及区委区政府办公室、区文体局、区外侨办、盐仓街道主要领导参加签约仪式。

侨务工作

【尼日利亚拉各斯华助中心与舟山市贸促会签订贸易投资促进合作协议】 6月12日，经市外侨办促成，舟山市贸促会（国际商会）与尼日利亚拉各斯华助中心在舟山签订贸易投资促进合作协议，舟山市正式在尼日利亚设立贸促联络处，为舟山企业在西非发展和海外舟商回归舟山投资创业提供帮助。市外侨办副主任刘宁出席签协会。

【加拿大舟山同乡会、加拿大舟山商会登报声援南海立场】 7月13日，加拿大舟山同乡会、加拿大舟山商会联合在加拿大最大的华人报刊《明报》上发表严正声明，声明强调作为海外中华儿女的一份子，对于2016年7月12日关于南海问题的荒谬不公的裁决，表示强烈抗议！声明同时指出，加拿大舟山同乡会、加拿大商会全体会员，一致支持中国政府在南海问题上的主张，支持祖国维护南海主权。加拿大舟山同乡会会长陈曦表示：加拿大舟山人会在各种场合积极发声，声援祖国，义不容辞。

【舟山市侨界中秋座谈会】 9月12日在舟山新城举行。在舟山的海外侨胞、港澳同胞、归侨侨眷、海外侨团、侨企代表与市五侨部门（市委统战部、市人大民族宗教华侨外事委员会、市外侨办、市政协港澳台侨和外事委员会、市侨联）负责人50余人欢聚一堂，共庆佳节，共叙友情，共谋发展。市委常委、宣传部长、统战部长忻海平出席座谈会并讲话，会议由市外侨办副主任刘宁主持。

【定海区教育局与香港教育交流中心签订协议】 12月26日，经舟山市定海区外侨办积极联系，加强沟通，定海区教育局与香港教育交流中心正式签订合作框架协议。此次合作框架协议包括“互建教师培训基地”“共建课程开发平台”“弘扬中华优秀文化”“合作举办教育论坛”“推进两地青少年交流”五大类目，旨在充分发挥定海区域历史文化及教学资源优势，多角度、全方位利用香港教育交流中心在教育文化引领的优势地位，提升两地教育文化研究水平，实现互惠互赢局面。

【香港胡陈金枝中学与定海六中开展交流活动】 12月26日，香港钟声慈善社胡陈金枝中学校长朱伟明、香港舟山新区青年联合会会长余兴龙带领师生一行在舟山市定海区外侨办副主任夏志兵、王燕波和区教育局副局长朱建军陪同下，与定海区第六中学开展教育教学交流活动。

（曹　杰　张璐璐）

台州市

综　述

【概况】 2016年，台州市外侨工作以服务国家总体外交和台州经济社会发展为中心，统筹资源，创新举措，积极拓展对外交流平台、有效涵养侨务资源夯实侨务基础、审批服务提速提效，涉外管理、友城交流等工作不断创新，各项外侨工作取得新成绩。

严格因公出国(境)管理。建立预审制度，会同纪委、组织等部门开展行前审查，实行出访事由、人员、经费先预审后报批，确保务实出访。全年审核各类因公出国(境)团组249批575人次，党政及参公人员出访198人次。取消出访团组13批37人次，调整压缩5批9人次。加强管理、提升服务水平，服务企业"出入"国门，全年办理企业因公护签125批394人次、APEC商旅卡281张。加强应急管理，及时处置海外船员劳资纠纷冲突、红珊瑚媒体报道等涉外突发事件17起。

创新外国人来华邀请工作。通过"流程再造"和"分级直报备案制度"两种途径，简化审批环节，服务效率进一步提高。全年办理来华邀请718批1048人次，领事认证代办1013批1573人次，因私签证代办1377批2163人次。

深化友城工作，推动民间交往。2016年新增市级"一带一路"沿线国家友城3个，总数达到29个；新增县级友城1个，总数达到25个。全年友城交流共30批290人次。市领导团组出访以色列莫丁市、意大利阿维扎诺市、日本敦贺市、匈牙利巴拉顿福瑞市、南非密德瓦尔市等友城，市乒协赴美国友城韦恩堡市开展民间乒乓球交流。10月，举办"中国台州·波兰友好周"系列主题活动，包括台州市与凯尔采市友好城市关系签约仪式、"波兰艺术摄影展""中波教育、文化、艺术交流会""科创园对接座谈会""波兰民间歌舞演出"及第16届"中国塑料交易会"等10多项活动。积极推动民间交流，邀请波兰欧亚商务教育基金会代表团来台州，分别与台州学院、台州职业技术学院交流座谈。组织召开全市"千校结好"工作经验交流会，推动友好学校交流正常化、规范化，全年结对学校友好交流41批855人次。推动文化、体育等领域交流，做好台州国际马拉松赛等赛事服务工作，提高台州国际知名度。

加强与各国使领馆合作，做好外宾接待工作。市外侨办分别于3月、11月两次组织市有关领导赴上海拜访波兰、印度、日本、以色列等10多个国家驻沪总领事馆，走访上海美国商会、德国工商会、新加坡国际企业发展局中国司等机构，谋划交流合作项目。举办三场大型外事活动。与印度驻沪总领事馆合作，分别于5月20日、6月23日举办"中国(天台)国际千人瑜伽大会"和"国际瑜伽日暨台州市大型户外瑜伽活动"；与韩国驻沪总领事馆合作，于7月13日举办"跟随崔溥的足迹——2016中韩人文纽带构建活动"台州首站启动仪式，中韩两国37名大学生重走崔溥之路，该活动被列入《2016年中韩人文交流共同委员会交流合作项目名录》。2016年，共接待外宾团组66批622人次，包括老挝总理府办公厅主任、波兰凯尔采市市长、匈牙利佩斯州州长、新加坡国际企业发展局中国司司长及印度、韩国、波兰驻沪总领事等；接待美国旧金山友城委员会、日本贸易振兴机构所、联合国国际学院及德国著名咨询公司等民间机构团体。

搭建对外经贸合作平台。3月，举办融入中国"一带一路"建设暨老挝投资环境推介会，双方签订《建立经贸友好合作关系协议书》。6月，举办匈牙利佩斯州经贸投资推介会，双方企业在农业、环保、机械等领域达成多项初步合作意向。10月，举办台州—凯尔采产业交流合作推介会。台州国际会展中心与波兰凯尔采会展中心签署合作协议书，成功对接中东欧第二大会展城市凯尔采市著名会展企业。11月，市长张兵出席"五城携手　丝路同行——甬台舟港澳共赢'一带一路'峰会"开幕式，并作主旨演讲，宣传推介台州。

表 18　2016 年台州市本级新结国际友好交流和意向城市

国家	城市	类别	签订日期、地点
波兰	凯尔采市	友好交流城市	10月11日，台州
以色列	莫丁市	友好交流意向	5月8日，莫丁
意大利	阿维扎诺市	友好交流意向	5月31日，阿维扎诺

主要出访

【台州市代表团访问柬埔寨和斯里兰卡】 5月7日至14日，市人大常委会主任薛少仙率台州市代表团赴柬埔寨和斯里兰卡，就经贸投资合作等进行交流访问。在柬埔寨，代表团举办"台州—柬埔寨经贸投资合作推介会"，双方介绍各自城市情况及投资环境，台州在柬投资企业及随团企业与柬方企业进行合作交流。走访了解台州宇杰集团在柬投资的音拉家居等企业设立与经营情况。市商务局与中柬贸促会签订合作框架协议。在斯里兰卡，代表团召开"台州—斯里兰卡经贸投资合作推介会"。走访台州在斯企业超越集团、贝迪森贸易，了解企业在斯投资审批、开工建设等情况。代表团还拜访了斯里兰卡中国商会。

【台州市代表团访问瑞士和意大利】 5月25日至6月1日，市政协主席元茂荣率台州市代表团访问瑞士和意大利，开展经贸合作洽谈与城市友好交流等。在瑞士，代表团访问日内瓦市，与日内瓦经济发展局局长凯勒就当地政府对小微企业金融服务和高新技术产业发展的扶持政策，开展民营金融机构业务合作等进行商谈。参观当地中小企业投融资平台、高新技术企业与小微企业孵化器。在意大利，代表团访问阿维扎诺市，与副市长费迪南多就经贸、科技、文化等领域进行交流，并签订建立友好交流城市关系意向书。在意期间，代表团还走访钱江集团意大利分公司，会见中国驻意大利大使馆官员和意大利罗马华侨华人联合总会等侨领代表。

【台州市代表团访问新加坡和日本】 10月20日至27日，市委书记王昌荣率台州市代表团赴新加坡和日本，就城市建设、综合交通、产业发展等进行交流访问。在新加坡，代表团与新加坡国际企业发展局副局长尤善钡商谈搭建全方位合作有效平台，考察世界最大的集装箱中转枢纽港，与全球第二大港口运营商新加坡PSA港务集团就加强港口开发和港务合作等事宜进行探讨。访问亚洲最大的城市建设发展咨询公司——盛裕集团，与集团副总裁毛慧英等高管进行会谈，并实地考察该集团设计并承建的多个组屋社区，寻求城市建设领域的合作项目。在日本，代表团访问友城敦贺市，与市长渕上隆信就经济发展、资源互补、港口互通及友城经贸、人文合作等进行交流。访问知名券商——大和证券，与常务理事长赤井充等高管进行会晤，了解企业海外并购和资产重组等方面的经验做法和运作模式。访问AGC旭硝子株式会社、尼康集团等知名大企业，现场观摩AGC平板玻璃、尼康最新光电产品等全球技术前沿产品。

访问期间，王昌荣还看望了浙商总会等海外侨团组织，会见在新加坡、日本的台州籍海外人士代表，实地了解企业"走出去"的现状和愿景。

表19 2016年台州市其他出访团组

序号	出访时间	团组负责人	出访地点	访问主题
1	5月3～10日	赵跃进	斯里兰卡、以色列	商贸访问
2	5月12～20日	王建平	斯里兰卡、柬埔寨	友好交流访问和立法洽谈学习
3	5月17～26日	蔡永波	加拿大、美国、日本	招才引智活动
4	5月30日～6月6日	李跃程	爱尔兰、瑞典	商贸访问
5	6月15～22日	郑米良	印度、以色列	农业洽谈
6	6月28日～7月6日	周五来	南非、阿联酋	开展公共卫生和友好城市交流访问
7	7月3～10日	叶海燕	丹麦、匈牙利	文化交流与友好访问
8	7月24～31日	徐林德	西班牙、俄罗斯	二校结好和友好交流访问
9	10月26日～11月2日	陈惠良	美国、加拿大	开展海防文化和友好城市交流访问
10	11月2～9日	董贵波	德国、波兰	低碳城市建设合作交流访问
11	11月25～29日	叶阿东	西班牙	经贸洽谈与友好交流
12	12月12～16日	马世宙	泰国	项目洽谈

主要来访

【老挝总理府代表团访问台州】 3月2日至3日，老挝总理府办公厅主任兼内阁副部长、老挝国家经济特区及特区委员会副主席波塔和老挝驻沪总领事西纱美率代表团一行20人访问台州，举办"融入'一带一路'建设暨老挝投资环境推介会"，全市150家企业近180人参加。会上，副市长赵跃进和波塔分别代表台州市政府和老挝国家经济特区与经济专区委员会签订建立经贸友好合作关系协议书。

【印度驻沪总领事访问台州】 5月19日至20日，印度驻沪总领事古光明率代表团访问台州，就印度瑜伽文化等与市长张兵进行会谈交流。20日，双方在天台山景区共同举办"中国(天台)国际千人瑜伽大会"，副市长赵跃进出席，同时为中国旅游日和国际瑜伽日两个节日启幕。其间，天台易筋经大师与印度瑜伽大师进行切磋，近千人同台展演瑜伽。6月21日至22日，印度驻沪总领事古光明再次访问台州，双方在市体育馆共同举办"国际瑜伽日暨台州市大型户外瑜伽活动"，现场有300多人参加。

【波兰凯尔采市代表团访问台州】 10月10日至14日，波兰凯尔采市市长鲁巴夫斯基率代表团一行24人访问台州，协同台州市组织开展“中国台州·波兰友好周”活动，并就经贸、教育、科技、文化、会展等开展交流。11日，市长张兵会见鲁巴夫斯基一行，并举办“中国台州与波兰凯尔采建立友好交流城市关系签约仪式”。当天，代表团在台州学院（椒江校区）开展中波教育交流，在市文化馆举办中波文化交流座谈会，并参观飞跃集团及飞跃科技园；代表团成员，波兰驻沪总领事馆文化领事倪雅晨在台州第一中学举办波兰文化讲座。12日，代表团出席在路桥举办的第16届“中国塑料交易会”开幕式，参观台州国际会展中心和中国日用品商城。举办“台州—凯尔采产业交流合作推介会”，会上签署台州国际会展中心—凯尔采会展中心合作协议书。

访问期间，代表团还举办了“波兰艺术摄影暨时装设计获奖作品展”及波兰克拉库斯民族歌舞团分别在台州市文化馆和路桥蓬街私立中学演出波兰民间歌舞。

表20　2016年台州市接待的其他来访团组

序号	日期	团组名称（团长职务）	主要活动
1	3月6～7日	美国印第安纳州东北印第安纳科创中心总裁卡尔·拉潘	走访市开发区、市科技创业服务中心、梦想园区及浙大台州研究院，交流科技创业经验，探讨合作意向
2	3月29～30日	美国韦恩堡市友城委员会亚洲区副主席李建宁	访问台州市职业技术学院；访问台州市乱弹剧团，商讨乱弹剧团2017年赴美演出事宜；与市外侨办、市体育局、市乒协商议与韦恩堡开展民间乒乓球友好交流的具体细节
3	4月19日	德国城市议会亚洲事务专员吕津生	访问市外侨办及温岭市商务局，介绍德国友城工作情况并进行经贸交流
4	5月5～6日	日本贸易振兴机构所长小栗道明	与副市长李跃程会谈，了解台州方面的产业发展需求，探讨相关合作
5	5月25～26日	韩国驻沪总领事韩硕熙	与副市长赵跃进会谈，参观相关企业
6	6月7～8日	匈牙利佩斯州州长萨博·伊斯特万	与市委书记王昌荣会谈；举办经贸推介会，参观飞跃集团等企业，探讨经贸合作事项
7	7月4日	美国旧金山友城委员会主席林进敏	与副市长陈才杰会谈；考察相关部门，就创建中国影视创新城、引进旧金山艺术大学电影学院等事宜进行磋商
8	7月13日	韩国驻沪副总领事朴钟硕	参加在临海、三门两地举行的“跟随崔溥的足迹·2016中韩人文纽带构建活动”台州站活动
9	8月31日	联合国国际学院KIP首席顾问丹尼尔·巴瑞奥	与市委书记王昌荣会谈；考察相关单位，商谈双方青少年足球合作项目及经贸合作计划
10	9月5日	德国艾克塞斯欧公司总裁马波比	与市长张兵会谈；走访相关企业
11	10月11～12日	波兰驻沪总领事彼得·诺沃特尼亚克	与市长张兵会谈；参加“中国台州·波兰友好周”系列活动，出席台州与波兰凯尔采市建立友好交流城市关系签约仪式、第16届中国塑料交易会开幕式及台州—凯尔采产业推介会等活动；举办波兰文化讲座
12	12月12～13日	新加坡国际企业发展局中国司司长何致轩	与市委书记王昌荣会谈；与市商务局、建设规划局交流，寻求城市建设及经贸等领域的合作

侨务工作

【"寻根之旅"夏令营】 7月20日至29日在台州举行。来自美国、英国等5个国家和地区的25名华裔青少年参加。"寻根之旅"夏令营活动开办了诗词、书法、剪纸和台州方言等10多个中华传统文化课程。

【实施"千侨工程"】 2016年,台州市为创建海外重点人士信息库,开展对近千名海外重点人士信息再调查,到年底完成对660名重点人士的信息调查,占应调查总数的59.5%。搭建重点人士交流平台,开发建设具有信息发布、交流群和人员信息管理等功能的为侨综合交流APP软件。健全国内外侨务工作网络,召开全市社区侨务工作站建设现场会和推进会,督促人员、场地、资金三到位,全年创建社区侨务工作站28个,其中温岭东辉社区获"全国社区侨务工作示范单位"荣誉称号。加强海外侨务联络站建设,新建县级海外侨务联络站(点)5个。

【夯实侨务工作基础】 2016年,台州市积极开展侨法宣传,全年举办各类侨法宣传70场,发放宣传资料7290多份。做好涉侨信访工作 全年办结涉侨信访案件48件(次)。做好身份认定工作,通过线上线下两种渠道,办理华侨身份认定25人。

【开展涉侨关爱工程】 2016年,市侨务部门利用重要节假日,先后走访慰问侨领、侨商、侨企、侨团和困难涉侨人士代表638人次。推进捐赠工作,全年涉侨捐赠人民币967.8万元。

(陈永能)

丽水市

综　　述

【概况】 2016年，丽水市办理审核审批因公出国(境)出访团组18批208人次。因公护照、通行证收缴率均为100%。做好国(境)外来宾邀请工作，全年办理邀请国(境)外来宾92批139人次。

做好G20杭州峰会服务保障工作。一是当好“守门员”。认真执行峰会期间相关临时措施，完善外国人来华签证邀请函管理系统。二是当好“协管员”。走访调研重点涉外企业、外籍新娘家庭，协助做好外国人服务管理工作，确保和谐稳定。三是当好“宣传员”。加强外国记者管理和服务，宣传丽水好风光，发出丽水好声音。四是当好“服务员”。抽调人员参与G20峰会礼宾接待工作，完成“金融稳定理事会”代表团接待工作，受到峰会组委会通报表彰。

做好领事保护工作。2016年，由市外侨办牵头，联合公安、民政、司法等部门，对全市外籍新娘人数、分布和存在的主要问题等基本情况进行调查，形成调研报告，提出了完善工作机制、加大帮扶力度、加强宣传引导等工作建议，切实引导外籍新娘合法流入、促进外籍新娘和谐融入。接待阿富汗遇难公民家属，及时向缙云县和省外侨办反馈家属相关诉求。报送两办关于丽水市公民罹患黄热病信息，协助办理丽水公民陈良在埃塞俄比亚因心脏病死亡善后事项，协助办理驾驶证、外籍新娘婚姻证明真实性核实等。

重要活动

【阿拉伯国家驻华使节团丽水行】 4月18日至20日，阿曼驻华大使阿卜杜拉·萨阿迪率由伊拉克、约旦、巴林、叙利亚、沙特等阿拉伯国家驻华使节组成的使节团一行访问丽水。使节团一行通过参观考察、交流及召开“一带一路”商务座谈会等活动，增进了彼此间的了解，为促进丽水市与阿拉伯国家在更大范围、更广领域建立合作关系构建了良好平台。

【中西两国青少年互访交流项目之2016暑期交流营活动】 7月5日至14日在丽水举行。市外侨办和市教育局携手西班牙国家教师学院和西班牙双丽集团，共同组织31对中国和西班牙两国青少年参加以“播种友谊，收获快乐”为主题的交流互访项目之暑期交流营活动。暑期交流营活动以结对入住对方家庭、体验异国风土人情、感受对方国家历史传统文化和当代文明等形式，促进彼此了解、增进相互友谊。双方约定，2017年暑期丽水市青少年代表团将赴西班牙巴塞罗那进行回访。

【丽水市与柬埔寨暹粒市正式结为友好城市】 12月15日，柬埔寨王国暹粒省副省长波碧涩与暹粒市市长苏帕拉东一行访问丽水。市委副书记、市长朱晨会见代表团一行，并与暹粒市市长苏帕拉东共同签署两市缔结友好交流关系协议书。

主要出访

【丽水市代表团访问柬埔寨和越

南】 8月18日至25日,市委统战部长廖思红率丽水市代表团一行赴柬埔寨和越南,就友好交流、侨团建设及侨企发展等事项进行交流访问。19日,廖思红代表丽水市政府与柬埔寨暹粒省政府签署缔结友好交流合作协议书。

【丽水市政府代表团访问阿联酋和希腊】 11月15日至22日,应阿联酋中国商会、希腊雅典市政府邀请,副市长林亮率丽水市政府代表团一行赴阿联酋和希腊开展经贸活动。主要为全面贯彻落实国家关于"一带一路"建设的战略规划,推动丽水产品出口市场多元化,优化丽水产业和企业的"一带一路"沿线布局,扩大与沿线国家经贸合作领域和规模,进一步加快丽水对外开放步伐,促进开放型经济健康发展。在希腊期间,代表团在雅典举办2016中国丽水(雅典)投资贸易推介会,拜访中国驻希腊大使馆。

主要来访

【智利驻沪总领事访问丽水】 6月16日至17日,智利驻沪总领事龚谷泰在智利浙江商会会长邹建兵陪同下访问丽水。副市长林亮会见龚谷泰一行,双方就进一步推动丽水市与智利在文化、政治、经贸等方面的交流合作进行探讨交流。在丽期间,龚谷泰一行参观瓯宝安防科技股份有限公司,并参加"中智企业商贸合作座谈会",与丽水市企业交流,共同探讨经贸投资合作的可能性。

【法属留尼汪省圣皮埃尔市代表团访问丽水】 9月16日至20日 法属留尼汪省圣皮埃尔市副市长阿荷·妮燕率代表团一行10人访问丽水,副市长林亮会见代表团一行。在丽水期间,代表团赴丽水市相关部门,就文化、体育、林业等方面进行交流与学习。尤其是在林业方面,针对小苗木培育轻基质容器育苗技术、大苗木培育控根育苗技术及树木移植等,向林业局及林业科学研究院的专家学者进行现场学习和技术交流。阿荷·妮燕对丽水优美的环境表示赞叹,希望在未来双方能够进一步加强交流,一起分享文化、体育、商业和环保等方面的经验。

(何瑞禄)

义 乌 市

（县级市）

综 述

【概况】 2016年，义乌市接待国（境）外来访团组302批1278人次，其中副部级以上高访团34批35人次。接待外国新闻媒体48家94人。办理因公出国（境）团组57批222人次，邀请外国人来华4053人次，代办因私签证23人次，代办领事认证433份，办理APEC商务旅行卡332张。处理和协助处理涉外案（事）件25起。

【义乌—德黑兰班列发车仪式】 1月28日在铁路义乌西站举行。伊朗驻沪总领事伊瓦什、哈萨克斯坦国家铁路快运股份公司副总裁叶尔江·扎其舍夫，上海铁路局副局长徐明、义乌市委书记盛秋平共同为首发车揭牌。班列从新疆阿拉山口出境，途经哈萨克斯坦、土库曼斯坦，全程10399千米，于2月15日抵达伊朗首都德黑兰。

【义乌市代表团访问英国、波兰和西班牙】 3月7日至16日，市委书记盛秋平率义乌市代表团访问英国、波兰和西班牙。在英国，代表团出席英中贸易协会会员企业对接会，访问曼彻斯特大学国家石墨烯研究院，与拉夫堡大学和中国驻英国大使馆教育处等机构负责人就中外合作办学、引进优势学科等进行座谈。在波兰，代表团出席商城集团与华沙中国商城市场合作框架协议签字仪式，见证义乌中国小商品城首个海外分市场落户华沙。会见波兰信息与对外投资局负责人，就促进贸易、会展、物流和经济技术等方面合作进行洽谈。在西班牙，代表团出席“‘新丝绸之路’和‘义新欧’中欧班列中西货运的新机遇”研讨会，并与阿拉贡自治区主席佛朗西斯科·兰波签署“义新欧”战略合作协议。与西班牙富恩拉布拉达市政府负责人签署两市友好交流备忘录，出席义乌西班牙交流基金会成立暨揭牌仪式，会见西班牙前首相萨帕特罗、西班牙经济和竞争力部贸易国务秘书哈梅·雷佳斯等。

【韩国驻沪总领事访问义乌】 3月24日，市委书记盛秋平会见韩国驻沪总领事韩硕熙一行，双方就加强经贸、投资、科技等方面合作进行交流。盛秋平说，义乌正积极融入“一带一路”战略，大力发展电子商务，培育进口贸易，打造国际陆港城市，建设多元开放平台，为贸易提供便利化。相信随着中韩两国关系深入发展，义乌和韩国的经贸往来将迎来更大发展空间。韩硕熙说，义乌在韩中贸易中承担非常重要的角色，韩国驻沪总领事馆将充分发挥桥梁作用，关注支持义乌发展，推动双方开展更加紧密的合作交流。在义乌期间，韩硕熙一行还考察国际商贸城一区、五区进口商品馆。

【中非智库论坛第五届会议】 4月15日在义乌召开。由浙江师范大学、义乌市政府共同主办。外交部部长助理钱洪山和埃塞俄比亚总理经济顾问阿尔卡贝·奥克贝·梅蒂库、卢旺达驻华大使查尔斯·卡永加等出席开幕式。来自中国及非洲40多个国家的350余名智库领袖、学者、官员、媒体和企业家与会，聚焦“中非产能合作与非洲工业化”，共同探讨在新形势下加快推进落实中非合作论坛约翰内斯堡峰会相关战略举措。

【义乌国际雕塑公园举行开园仪式】 4月28日,由中国雕塑学会、清华大学美术学院和义乌市政府联合举办的首届“金乌之梦”国际户外雕塑邀请展开展暨义乌国际雕塑公园开园仪式在福田湿地公园举行,市委书记盛秋平出席开园仪式并宣布开园。本次雕塑展共展出“义新欧”铁路沿线8个国家40件当代雕塑作品,并将永久落户义乌国际雕塑公园。

【印度驻沪总领事访问义乌】 4月27日,市委书记盛秋平会见前来出席中国(义乌)文化产品交易会的印度驻沪总领事古光明一行。盛秋平说,印度是义乌最重要的贸易伙伴之一,希望双方进一步加强贸易合作,扩大人员往来,通过参加展会吸引更多印度产品进入义乌市场,并且加大在教育、文化、科技、旅游等方面合作交流。古光明表示,将推荐印度城市与义乌结好,加强在经贸、展会、文化等方面交流合作,并邀请义乌市政府和商务代表团访问印度。

【义乌市与韩国龟尾市签署友好交流与合作意向书】 5月12日,韩国庆尚北道龟尾市副市长朴义植率代表团一行访问义乌,与义乌市正式签署友好交流与合作意向书。市委常委、副市长熊韬会见朴义植一行,双方表示以此次签约为契机,进一步加强各领域实质性交流的意愿。

【2016中国义乌进口商品博览会】 5月13日至16日在义乌举行。来自100多个国家和地区的1560家企业参展,设国际标准展位2113个,集中展示销售工艺品、家居用品、服饰配件、食品饮料等产品。同期举办中国义乌进口贸易大会、中国进口展主办方峰会、“一带一路”海外新品中国首发会、马来西亚和澳大利亚国家馆日、澳洲美食文化节等32场商贸文化活动,吸引1.8万余名客商参与。展会期间,还达成世贸组织中非贸易促进合作框架,国际商贸城进口馆、义乌农贸城进口食品馆入驻意向等多个项目签约,并与中国各地进口展主办方、服务方共同建立中国进口展主办方合作机制。

13日,市委书记盛秋平在幸福湖国际会议中心会见以马来西亚驻华大使扎伊努丁为团长的2016中国义乌进口商品博览会与会重要外宾。

【韩国曾坪郡郡守访问义乌】 5月14日,市委常委、副市长周丽水会见韩国曾坪郡郡守洪性烈一行。周丽水重点介绍第九届森博会的筹备工作,邀请作为韩国农业重郡的曾坪郡组团参展,以展促贸,实现共赢。洪性烈表示,曾坪郡盛产高丽参,与森博会高度契合,希望双方在农业方面开展深度合作。

【义乌市与格鲁吉亚国家工商会签订战略合作协议】 5月16日,格鲁吉亚国家工商会主席尼诺、执行总裁塔玛和义乌市领导季金甫、熊韬出席签约仪式。根据协议,格鲁吉亚红酒“中国仓”将落户义乌保税物流中心,并在义乌设立格鲁吉亚红酒推广中心。双方还将在贸易、投资和工业等方面加强合作,促进文化、教育、科技、旅游等领域交流发展。

【2016提升城市国际化“十大举措”说明会】 5月18日在义乌举行。市委常委、副市长熊韬,市相关涉外部门负责人及50余名在义外商侨商代表出席说明会。熊韬介绍2015年“十大举措”完成情况并重点介绍2016年推出的“十大举措”具体内容,包括举行外商“义乌学校开放日”系列活动和首届义乌市“外国学生文化节”及开展义乌多语电话口译中心项目建设试点工作等,并将审批事项及其相关内容向社会公布,承诺于今年内完成。会后还举行外商义乌教育行活动,参会外商受邀赴实验小学、稠州中学等进行参观交流。

【义乌市代表团访问西班牙和瑞士】 6月5日至12日,市政协主席宋英豪率代表团一行5人访问西班牙和瑞士。在西班牙,宋英豪出席第18届巴塞罗那国际物流与设备展及义乌城市形象馆开馆仪式，并在物流展开幕式上作主旨发言。代表团与西班牙马德里工商业联合会及当地华侨华人社团和侨资企业等举行座谈，与西班牙青田同乡会签署义乌市海外交流协会西班牙联络站合作协议。在瑞士，代表团重点接触世界500强企业、瑞士第一大零售商米格罗集团，调研当地中小企业发展情况，拜会中国驻联合国(日内瓦)使团，与日内瓦经济促进局开展座谈，全面宣传推介义乌商贸、物流环境和会展情况。

【国侨办主任到义乌考察调研】 6月11日，国务院侨务办公室党组书记、主任裘援平到义乌，重点就海外侨商经济如何在新形势下实现转型升级进行实地考察调研。国侨办经济科技司司长左志强，省外侨办主任金永辉，金华市市长暨军民，义乌市领导盛秋平、林毅、熊韬等陪同考察调研。裘援平一行实地走访国际商贸城一区、五区进口商品馆等，与市场经营户特别是从事进口贸易的华商侨商进行充分沟通，询问经营情况。裘援平对义乌市场的国际化发展、引导出口贸易与进口贸易双向发展等工作给予充分肯定。在义期间，裘援平还接受媒体专访。裘援平表示，义乌是中国小商品实体经济的重要平台，通过互联网拓宽了国际贸易领域的发展。未来，义乌等地互联网+国际贸易及跨境电商的发展，将直接关系到海外华侨华人的经营模式。新形势下，国侨办将进一步引导海外华侨华人发挥独特作用，积极参与国家“一带一路”建设和中国与居住国间的经贸等领域合作。

【哈萨克斯坦和伊朗铁路公司代表访问义乌】 6月13日，市委书记盛秋平会见来访的哈萨克斯坦铁路总公司第一副总经理加纳特·加利耶维奇、伊朗铁路公司副总经理侯赛因·阿什利一行。盛秋平表示，希望各方共同推动中欧班列(义乌—马德里)和义乌—德黑兰班列运行，欢迎更多哈萨克斯坦和伊朗企业家、商人来义乌投资兴业。来宾们表示，将全力推动班列运行，让更多中国商品通过班列运往世界各地，同时把哈萨克斯坦、伊朗等国特色商品通过班列运到义乌。哈萨克斯坦驻沪总领事克拉把叶夫·佐齐汉，市领导季金甫、熊韬等参加会见。

【义乌国际瑜伽日】 6月23日，由市文广新局(体育局)、市外侨办、印度驻沪总领事馆共同主办的“2016中国义乌国际瑜伽日”在梅湖体育中心举行。印度驻沪总领事古光明，市领导熊韬、王迎及近千名中外瑜伽爱好者出席活动。

【韩国龟尾市市长访问义乌】 6月28日，市长林毅与韩国龟尾市市长金洧镇一行举行座谈。林毅表示，欢迎更多韩国企业和商人落户义乌，期待更多韩国商品参展义乌展会，推动韩国企业来义乌投资创业。金洧镇介绍龟尾市及庆尚北道产业发展情况，并邀请义乌市组团赴龟尾市产业园等地考察访问。

【捷克前总理访问义乌】 8月5日，捷克前总理彼得·内恰斯一行访问义乌。市委常委、副市长熊韬陪同彼得·内恰斯一行参观考察国际商贸城一区、五区进口商品馆，听取市场发展历程、管理创新、行业布局、中欧班列(义乌—马德里)等情况介绍。彼得·内恰斯对义乌市场强大的集聚、辐射功能给予高度评价，希望双方开展更多经贸合作交流，实现互利共赢。

【泰国北部媒体代表团访问义乌】 9月14日，泰国第三区公共关系局局长端曼·西吉威来军率泰国北部媒体代表团，在中国驻泰国清迈总领事任义生陪同下访问义乌。市委常委、副市长熊韬会见代表团一行，并举行市情说明会。熊韬向代表团介绍义乌经济社会建设及两地交流合作情况，希望媒体朋友帮助宣传义乌，将义乌的好声音、好政策传递至泰国北部，促进两地在贸易、文化、教育、旅游等各方面交流合作。媒体代表表示，他们将把在义乌的所见所闻带回泰北，向民众推介义乌历史文化、经商环境及发展态势等,让更多泰北民众认识义乌、了解义乌。代表团还赴国际商贸城、农贸城泰国馆等地参观采访。

【格林纳达总督访问义乌】 9月23日,市人大常委会主任陈秀仙,市委常委、副市长熊韬会见格林纳达总督塞茜亚·拉格雷纳德一行。在义乌期间,塞茜亚·拉格雷纳德一行参观国际商贸城一区、五区进口商品馆,实地了解义乌市场经营状况。

【西班牙工商业联合会第一副主席访问义乌】 9月27日,市委书记盛秋平会见西班牙工商业联合会第一副主席、马德里大区工商业联合会主席胡安·兰萨罗一行。盛秋平表示,希望通过中欧班列(义乌—马德里),将义乌特色产品运往马德里,同时带回西班牙商品和文化,搭建贸易、旅游、文化等全方位沟通桥梁。胡安·兰萨罗表示,将全力支持和宣传中欧班列(义乌—马德里),为加强双方互利合作作出努力。在义乌期间,胡安·兰萨罗一行还赴国际商贸城、科创新区等参观访问。

【义乌市与德国劳恩堡市签署多项合作协议】 11月3日,义乌市与德国劳恩堡市签署产业基金、工业项目、物流、医疗、文化等多项合作项目战略协议签约仪式在幸福湖国际会议中心举行。德国劳恩堡市市长安德雷阿斯·梯特,义乌市领导盛秋平、林毅、王迎、毛湘宏等出席签约仪式。仪式上,市委书记盛秋平与梯特分别致辞,对双方战略合作协议的签署互致祝贺,并希望通过此次签约,借助德国的高端要素、管理经验,加快推进义乌商贸流通业、先进制造业的转型升级,同时充分利用义乌的市场优势、中欧班列平台等,实现两市互利共赢发展。

【义乌—里加班列抵达拉脱维亚】 11月5日,第五次中国—中东欧国家领导人会晤在拉脱维亚首都里加举行之际,从义乌开出的首趟中欧班列(义乌—里加)顺利抵达里加中央车站。这是中国首趟开往拉脱维亚的中欧班列,太平洋与波罗的海之间的铁路大通道首次被打通。班列引起拉脱维亚各界的高度关注,拉脱维亚总理库钦斯基斯认为,首趟中欧班列(义乌—里加)将成为第五次中国—中东欧国家领导人会晤的一个亮点。10月20日,装载着84个标准集装箱义乌小商品的首趟中欧班列(义乌—里加)从铁路义乌西站出发,由满洲里出境,全程11298公里。

【2016中国(义乌)丝绸之路经济带城市国际论坛】 11月13日至15日在义乌举行。来自全球30多个国家和地区的400多名政府官员、商界代表和专家学者共聚一堂,共同探讨"丝绸之路经济带"上的国际贸易支点城市合作与发展之路。论坛由"一带一路"智库合作联盟、中国人民大学重阳金融研究院与义乌市人民政府联合主办,共设"城市高峰对话""跨界对话""大学校长对话"等平行分论坛,发布《"一带一路"义乌倡议》《关于支持义乌经贸发展的声明》《16所中外大学与义乌合作培养国际化人才共同声明》等成果文件。

【瑞士米格罗集团物流部主管访问义乌】 11月18日,市委书记盛秋平会见瑞士米格罗集团物流部主管雷纳·德特施奇曼一行。盛秋平表示,希望与米格罗集团瑞士企业在跨境贸易、物流交通等方面加强合作,共同探讨以义乌为中心布局中国市场,将瑞士优质产品通过义乌销售至中国,带动义乌的进口贸易发展。雷纳·德特施奇曼表示,首次义乌之行已充分感受到这座城市的发展魅力,接下来将进一步探索贸易合作细节,建立更加紧密的商贸联系。副市长毛湘宏参加会见。

【上合组织成员国丝绸之路法律服务国际论坛】 11月23日至24日在义乌市举行。由司法部主办、义乌市人民政府承办。开幕式上,宣读中共中央政治局委员、中央政法委书记孟建柱就办好本次论坛，加强与上合组织成员国在法律服务领域交流合作作出的重要批示。司法部部长吴爱英、浙江省副省长冯飞和俄罗斯司法部副部长特拉夫尼科夫·马克西姆在开幕式上致辞。论坛以“推动一带一路法律服务，促进区域经济繁荣发展”为主题，与会代表围绕“上合组织成员国框架下‘一带一路’愿景与行动”“法律服务面临的机遇与挑战”“双边与多边合作机制”及“国际经贸争议解决机制”等议题进行讨论。

【义乌项目获第三届“广州奖”组委会特别推荐奖】 12月7日，第三届广州国际城市创新奖(简称“广州奖”)颁奖典礼在广州举行。义乌市申报的“以外调外”涉外纠纷新型调解模式获组委会特别推荐奖，义乌成为唯一获奖的中国城市。义乌市涉外调解模式首开国内先河，特聘在义经商并精通多种语言的外籍人士担任调解员，把矛盾纠纷化解在基层，对于面临相同问题的中国城市极具借鉴意义。自2013年4月成立至2016年7月，义乌外籍调解员已调解纠纷294起，成功率达96.7%，为中外商户挽回经济损失约2600万元人民币。

侨 务 工 作

【概况】 2016年，义乌市接待华侨华人87批258人次，协调解决涉侨信访纠纷与案(事)件25起，认定华侨、归侨、“三侨生”身份29份。

【华侨华人到义乌访问交流情况】

1月13日，日本浙江总商会会长林立一行4人到义乌考察跨境电商情况，寻求合作商机。

1月18日，西班牙双丽集团董事长、巴塞罗那华人商贸总会会长戚丽玲，中东华商投资集团董事长、阿联酋迪拜龙城华侨华人总商会会长金国中到义乌领取第二届“商城回归奖”奖项。

1月28日，西班牙中西百货协会主席夏永平一行2人到义乌采购。

2月13日，日本金华总商会会长马健一行7人访问义乌，出席首届世界义商大会。

3月4日，博茨瓦纳中国友好协会执行会长南庚戌访问义乌，洽谈对非合作事宜。

6月20日，巴西中国和平统一促进会会长尹楚平访问义乌，并考察义乌市场。

7月1日，中南美洲中国和平统一促进会秘书长、智利中国义乌商会会长成建新，加拿大国际中国商会会长陈庆文等一行17人访问义乌，出席“华侨小镇”设想侨商座谈会。

7月4日，波兰华人慈善基金会会长缪向阳到义乌采购。

8月4日，出席“‘海外红烛故乡行’——2016吴越文化之旅(浙江)”的华侨华人一行18人访问义乌，参观城市规划展示馆和国际商贸城。

8月9日，南部非洲中国义乌国际小商品总商会方梧彬一行2人访问义乌，洽谈义乌市海协南非联络站成立事宜。

9月25日，法国南方华人总商会会长李峰一行7人访问义乌，考察进口商品馆、义乌购、世界侨领商业总部大楼等项目。

10月22日，墨西哥尤卡坦中墨贸易商会会长姚爱华一行10人访问义乌，参加中外商会会长大会。

10月24日，荷兰温州同乡会副会长夏玮一行6人访问义乌，考察青岩刘网商创意园。

10月28日，巴西里约华人联谊会会长邱海琴访问义乌，商讨义乌市海协巴西联络站工作事宜。

11月2日，克罗地亚中国文化交流发展中心主任、克罗地亚中国和平统一促进会常务会长刘丽英到义乌采购。

（王　宁　朱晓眉）

2015

JIANGXI NIANJIAN

江西年鉴

江西省人民政府主办

江西省地方志编纂委员会编

主　编　鹿心社

副主编　莫建成

朱　虹

张　勇

梅　宏

宋雷鸣

中国时代经济出版社

图书在版编目(CIP)数据

江西年鉴.2015/江西省地方志编纂委员会编.--北京:中国时代经济出版社,2015.9
ISBN 978-7-5119-2447-6

Ⅰ.①江… Ⅱ.①江… Ⅲ.①江西省-2015-年鉴 Ⅳ.①Z525.6

中国版本图书馆CIP数据核字(2015)第201592号

书　　名:江西年鉴(2015)
作　　者:江西省地方志编纂委员会

出版发行:中国时代经济出版社
社　　址:北京市丰台区玉林里25号楼
邮政编码:100069
发行热线:(010)63508282
传　　真:(010)63508282
网　　址:www.cmepub.com.cn
电子邮箱:zgsdjj@hotmail.com
经　　销:各地新华书店
印　　刷:江西龙莹印务有限公司
开　　本:889×1194　1/16
字　　数:1387千字
印　　张:39.125
版　　次:2015年9月第1版
印　　次:2015年9月第1次印刷
书　　号:ISBN 978-7-5119-2447-6
定　　价:400.00元

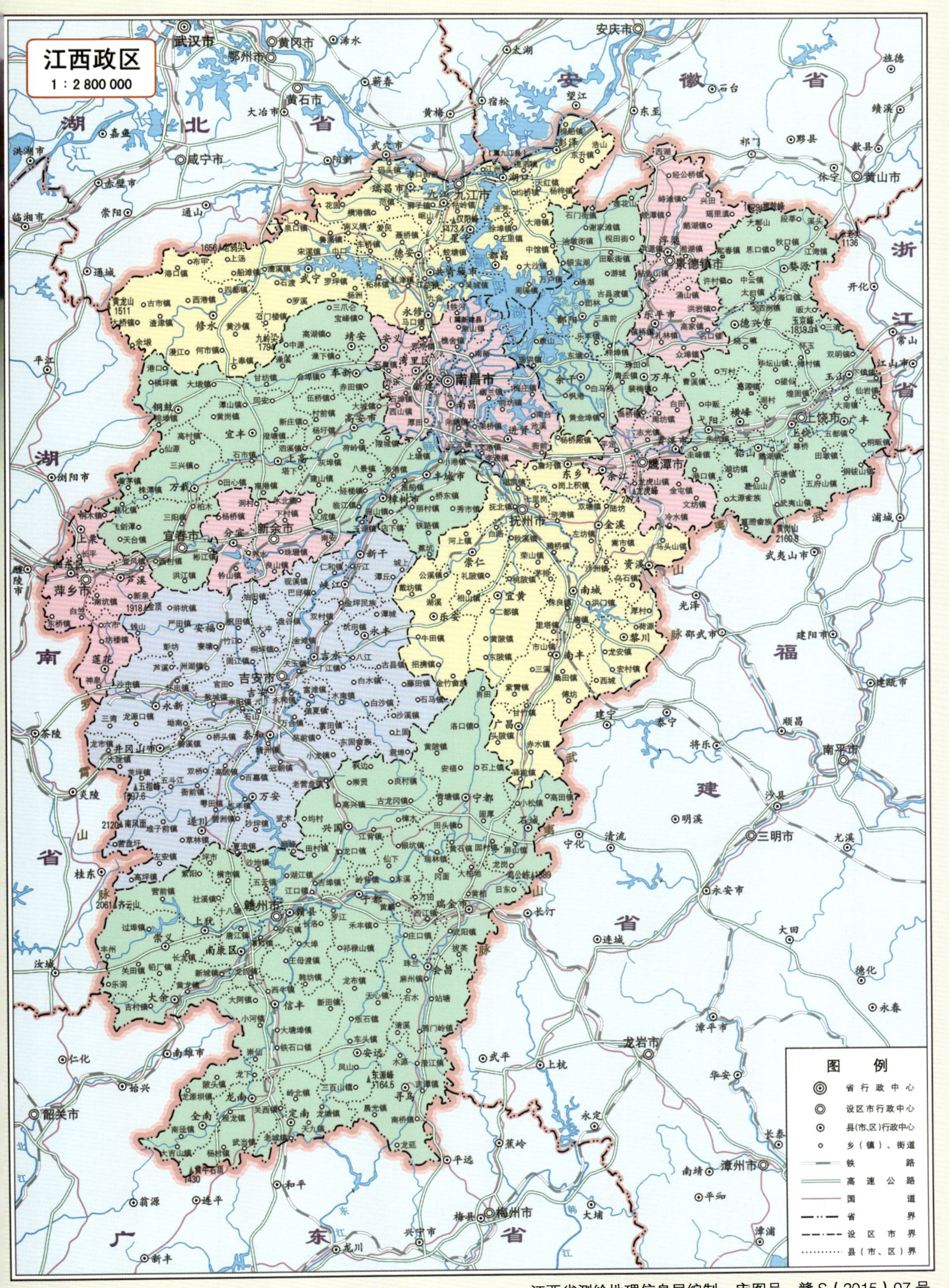

江西省测绘地理信息局编制　审图号：赣S（2015）07号

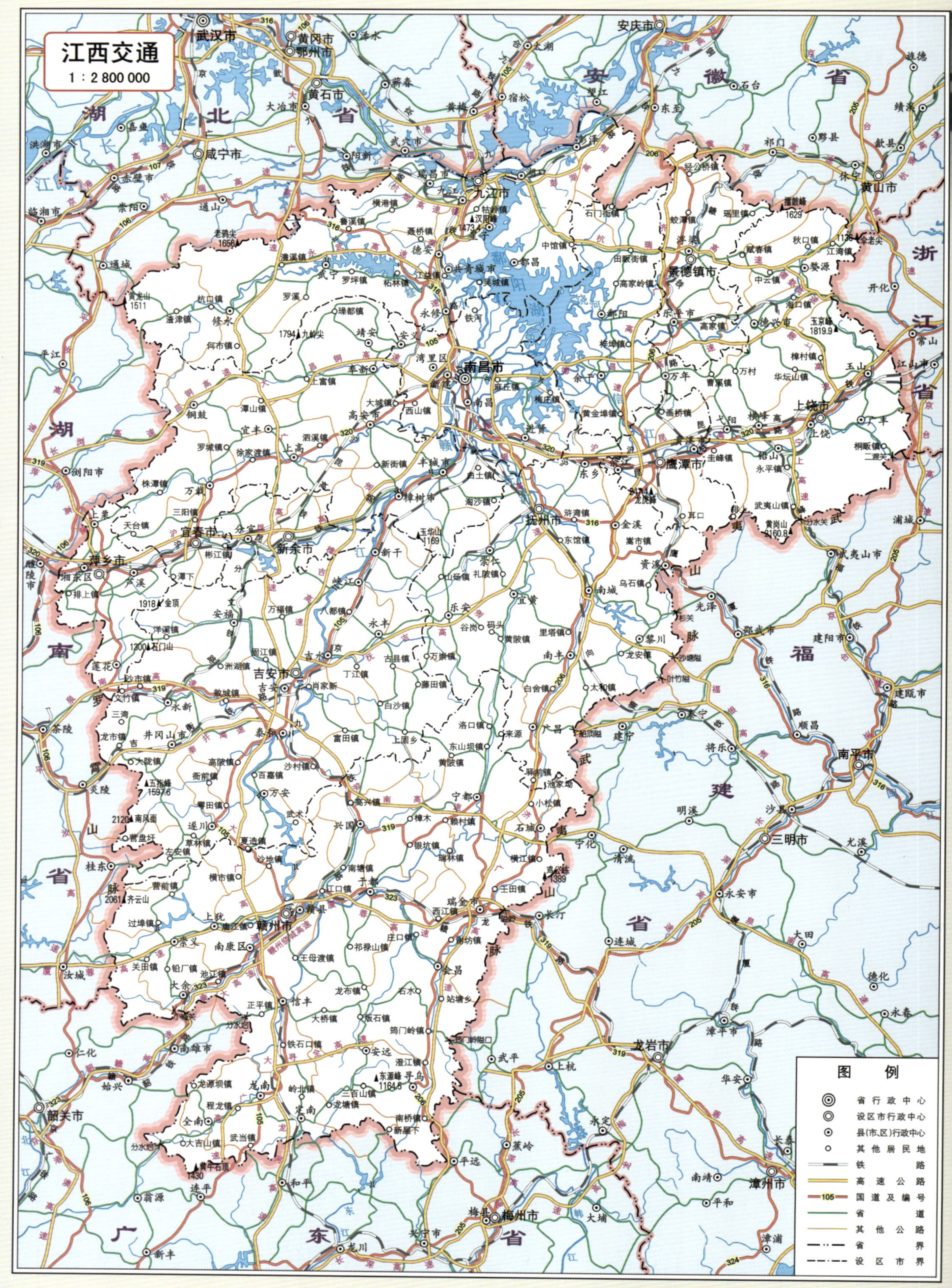

江西省测绘地理信息局编制　审图号：赣S（2015）07号

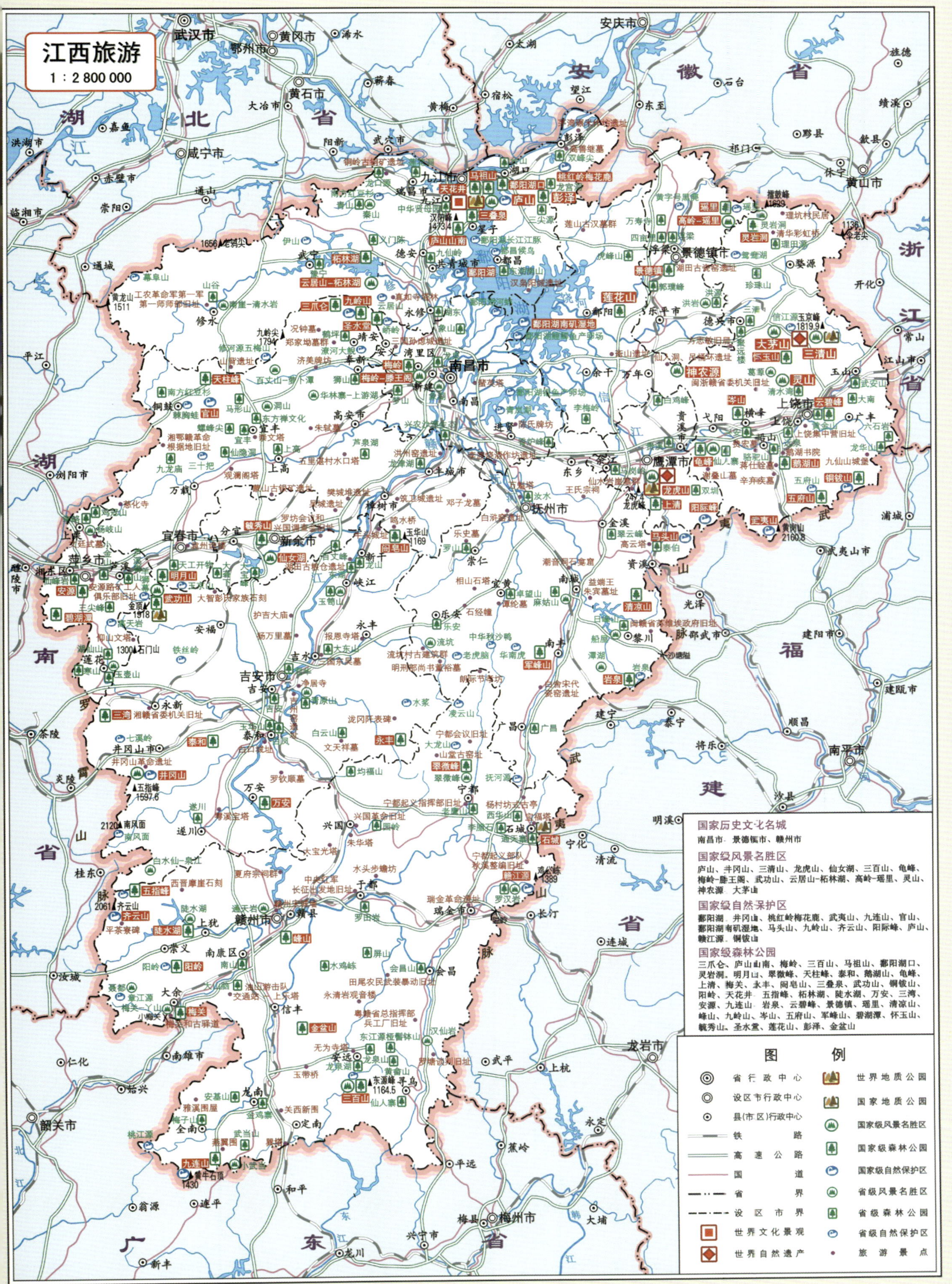

江西省测绘地理信息局编制　审图号：赣S（2015）07号

赣南等原中央苏区振兴发展

赣西组团

包括江西省新余市和宜春市袁州区、樟树市，萍乡市安源区、莲花县、芦溪县。依托新余、宜春、萍乡中心城区，重点打造新能源、生物医药、新材料、节能环保、钢铁等产业板块，鼓励新余统筹城乡发展、袁州低碳发展等平台建设。

赣东组团

包括江西省抚州市宜黄县、崇仁县、南城县、资溪县、金溪县和乐安县，上饶市广丰县、铅山县、上饶县、横峰县、弋阳县和鹰潭市余江县、贵溪市。依托抚州中心城区，加强与闽浙合作，主动承接长三角和福建沿海地区产业转移，推进沿向莆产业集聚带，信江河谷经济带，鹰潭（贵溪）铜产业循环经济示范区建设，着力打造具有全国影响力的有色金属加工基地，光学产业基地，精密微型元件基地以及水工产业基地，加快三清山、龙虎山、大觉山、武夷山旅游联动发展，打造重要的生态和文化旅游目的地。

赣中组团

包括江西省吉安市，以井冈山国家级经济技术开发区为平台，重点建设吉泰走廊，积极发展电子信息、先进装备制造、新能源、新材料、生物医药、红色旅游、绿色食品等产业，深入实施“三山一江”战略，推进红色旅游一体化，建设全国有影响的新型工业化产业（电子信息产业）示范基地，江西重要的台资企业转移承接示范地，区域性综合交通枢纽，全国红色旅游精品城市。

赣南核心圈

包括江西省赣州市和抚州市广昌县、黎川县、南丰县。以赣州市中心城区为龙头，依托赣州、龙南、瑞金国家级经济技术开发区及赣南承接产业转移示范区。“三南”（全南、龙南、定南）加工贸易重点承接地和瑞（金）兴（国）于（都）经济振兴试验区等平台，对接触入珠三角和海峡西岸经济区，有序承接产业转移，打造区域核心增长极。

图例

符号	说明	符号	说明
◎	省政府驻地		高速公路
◎	设区市政府驻地		在建高速公路
⊙	县(市、区)政府驻地		拟建高速公路
	河流及湖泊		规划研究高速公路
	大型水库		省界
	铁路		设区市界
	在建铁路		县(市、区)界
	规划铁路		4E级干线机场
	规划研究铁路		4C级支线机场
			4C级支线机场（规划）

江西省测绘地理信息局编制　审图号：赣S（2015）25号

省委十三届九次全体会议召开

7 月 17 日—19 日，省委十三届九次全体会议在南昌召开。会议总结上半年经济工作，分析当前经济形势，安排下半年主要任务，研究深入贯彻“发展升级、小康提速、绿色崛起、实干兴赣”十六字方针，特别是进一步推动发展升级工作。努力走出一条符合江西实际、具有江西特色的发展升级新路子，确保江西 2020 年与全国同步全面建成小康社会。

▲ 省委书记强卫主持会议并讲话。

（梁振堂 摄）

▲ 省委副书记、省长鹿心社总结部署经济工作。

（梁振堂 摄）

▲ 会议现场

（梁振堂 摄）

省委十三届十次全体会议召开

12月2日—3日，中共江西省委第十三届委员会第十次全体会议在南昌召开。会议总结2014年省委常委会工作，研究部署2015年全省各项工作，审议通过《中共江西省委关于全面推进法治江西建设的实施意见》。

▲ 省委书记强卫作省委常委会工作报告。

（梁振堂 摄）

▲ 省委副书记、省长鹿心社讲话。

（梁振堂 摄）

▲ 会议现场

（梁振堂 摄）

省十二届人大三次会议

1月21日—25日，省十二届人大三次会议在南昌召开。会议通过了关于政府工作报告的决议、关于江西省2013年国民经济和社会发展计划执行情况与2014年国民经济和社会发展计划的决议、关于江西省2013年预算执行情况和2014年预算的决议、关于江西省人民代表大会常务委员会工作报告的决议、关于江西省高级人民法院工作报告的决议、关于江西省人民检察院工作报告的决议。

▲强卫主持会议开幕式并宣布大会开幕。（周霖 摄）

▲鹿心社作政府工作报告。（周霖 摄）

▲来自基层企业的人大代表就企业发展升级等方面的问题发言。（梁振堂 摄）

▲会议现场 （周霖 摄）

省政协十一届二次会议

1月19日—23日，省政协十一届二次会议在南昌召开。会议通过了省政协十一届二次会议决议；通过了省政协十一届二次会议关于提案初步审查情况的报告；增选甘良淼、朱荣辉、肖敏、陈祥树、熊根泉为十一届省政协常务委员。

▲ 政协主席黄跃金在闭幕会上讲话。
（朱文标 摄）

▲ 宗教组的少数民族委员们听取大会报告。
（朱文标 摄）

▲ 会议现场
（朱文标 摄）

第二批党的群众路线教育实践活动取得实效

江西省第二批党的群众路线教育实践活动从1月26日正式启动，在省以下各级机关及其直属单位和基层组织中开展，到9月底基本结束。共有111个地方党委、86401个基层党组织、179.7万名党员参加。截至9月30日，全省第二批活动单位完成整改事项40.71万条，占整改工作台账的72.91%；开展专项整治23825项，已完成16370项，完成率为68.7%；围绕反对“四风”织牢制度笼子，建立健全制度16776项。两批活动开展以来，查处违反中央八项规定精神和涉及“四风”案件1819起，问责处理干部2363人，给予党纪政纪处分708人。为增强教育实践活动实效，省委在全国创造性地开展了“连心、强基、模范”三大工程。全省上下呈现出抓作风强党建、谋改革促发展的生动局面。

▲9月24日，省委书记强卫（后前排站立者）在新建县第三小学二部考察农民工子女“就学难”问题整改情况。

（梁振堂 摄）

▲3月22日，省长鹿心社（左三）深入九江听取群众意见。

（朱文标 摄）

◀10月12日，全省党的群众路线教育实践活动总结大会在南昌召开。

（梁振堂 摄）

▲ 4月6日，德兴市黄柏乡黄柏村的两名村民正在表演宣传群众路线教育实践活动的快板书。在该市的各乡镇，经常能听到这种快板书。它已成为推动活动开展的有效宣传工具。（林君 摄）

▲ 10月1日，横峰县葛源镇干部（右）在田间帮助农民秋收。秋收来临，该镇组织干部帮扶小队到农民家“打短工”，缓解了部分农户秋收劳力不足等难题，把党的群众路线教育实践活动落到实处。（林君 摄）

◀ 5月22日，在党的群众路线教育实践活动中，上高县蒙山镇干部（左一、左二）经常骑着印有服务热线的自行车去农户家走访，为农民排忧解难，送去温暖。（林君 摄）

▶ 10月12日，宜黄县凤岗镇官仓村村民自编自演身边事，展示党的群众路线教育实践活动开展以来村中出现的新变化。（林君 摄）

◀ 1月8日，高安市百峰岭万亩花卉基地农民正在给紫薇树剪枝造型。该基地通过流转土地466.67公顷，建设成为花卉苗木销售、农业综合开发、观光旅游一体的生态基地，当地农民不仅每年得到土地流转费，还能在就业基地上班。

（朱文标 摄）

▶ 春节刚过，晶能光电（江西）有限公司开足马力加快生产。该公司将硅衬底LED原创技术优势转变为市场竞争优势，产品附加值大幅提高，改变了日本公司垄断蓝宝石衬底和美国公司垄断碳化硅基半导体照明技术局面。（朱文标 摄）

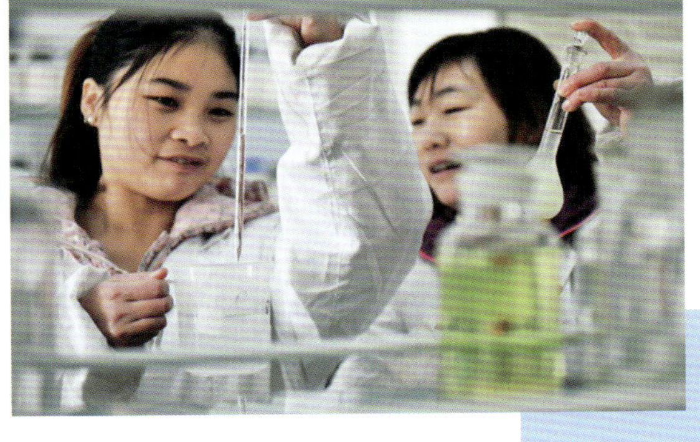

◀ 2月21日，江西金农米业集团公司的科研人员正在检测大米蛋白中的总糖含量。该企业生产的高纯度食品级米蛋白填补了国内高纯度食品级米蛋白产品的空白，大米蛋白属新型绿色食品原料，广受国际市场欢迎。

（林君 摄）

▶ 4月17日，龙头岗综合码头即将投入运行。该码头占地38.73公顷，泊位岸线408米，新建4个2000吨级泊位，设计年吞吐量420万吨。是迄今全省最大的现代化综合码头和交通物流基地项目。（朱文标 摄）

◀ 8月19日，在宜黄洁美电子科技有限公司内，员工正在作业。该公司是国内唯一一家拥有自主知识产权、生产电子元件专用载带的高新技术企业，其主导产品电子载体纸带被评为“国家重点新产品”，日本松下电子、韩国三星等国际知名企业大批量使用该公司产品。

（梁振堂 摄）

▶ 江中集团液体制剂生产线实现全过程自动化操作，年产规模可达1亿瓶，是全球首条无人化操作中药液体生产线。图为9月11日，该公司参灵草口服液无人化操作车间。

（朱文标 摄）

▶ 10月11日，在崇仁县六家桥乡杨世岭新村，农民正在晾晒茶籽。该村投资360余万元将郊野旧村打造成极具文化、休闲气息的新型生态村庄。

（林君 摄）

◀ 南昌市罗亭工业园加迪豪铝业全自动化立式喷漆生产线成为园区低碳环保的标杆。加迪豪铝业围绕低碳经济发展目标，研发高科技含量的节能新合金铝型材产品，成为江西省最大的高档铝型材企业。（海波 摄）

◀ 5月15日，由中航工业洪都研制的C919大型客机前机身大部段在南昌下线，这是国产大飞机C919项目研制过程中即将交付的首个大部段。

（杨继红 摄）

▲ 初冬季节，乐平市首期开发的80公顷光伏蔬菜大棚已投入应用。该大棚既能利用光能发电，也可种植蔬菜、热带水果、花卉苗木等，与传统蔬菜大棚相比，效益更好。（朱文标 摄）

◀ 11月10日，丰城工业园区内江西格林美报废汽车循环利用有限公司生产车间正忙于生产。格林美公司是国内最先进、自动化程度最高的报废汽车处理公司，拥有处理量最大且世界领先的废钢铁破碎、分选线，对报废汽车和废钢铁进行分类回收，实现报废汽车和废钢铁的资源环化利用。

（朱文标 摄）

▶ 上栗工业园区华朋实业是江西省最大风力发电设备生产商，为国内航天器、沙漠风力发电设备及发电机组提供外壳等。

（朱文标 摄）

◀ 机器人在中材江西电瓷电气企业车间进行高压电瓷制坯作业。央企中材高新利用高新技术，投资12亿元，在芦溪县工业园建设了全球领先的超特高压瓷绝缘料研发和产业基地。

（海波 摄）

◀ 4 月 22 日，渝水区下村工业基地的江西瑞晶太阳能科技有限公司内，工人正在分拣电池片。新余市举全市之力支持清洁能源产业发展。全市已投产清洁能源企业 30 余户，规模以上企业 18 户，全行业从业人员 2 万余人。（林君 摄）

▶ 随着鄱阳湖生态环境的不断改善，人们爱鸟护鸟意识的日益增强，鄱阳湖已经成为夏季候鸟繁衍、冬季候鸟越冬理想场所。（燕平 摄）

▲ 8 月 17 日，成千只白鹭在南昌碟子湖畔栖息玩耍。南昌采取多项措施保护水清、树绿的自然环境，加上人为爱护，使城市生态和谐成常态化。（海波 摄）

◀ 一条数百米的太阳能发电板构成的长廊成为新余市昌坊村的一道独特风景。该光伏长廊与周边的光伏生态餐厅和住宅楼相结合，集餐饮、光伏发电、智能化生态花园于一体，在满足自身用电的同时并入当地电网。

（海波 摄）

▶ 11 月 21 日，第三届世界低碳生态经济高峰论坛在南昌举行。

（梁振堂 摄）

▲ 11 月 22 日，省委、省政府召开全省生态文明先行示范区建设启动大会。 （向朝晖 摄）

编 辑 说 明

一、《江西年鉴》是江西省本级地方综合年鉴，由江西省人民政府主办、省长鹿心社主编、江西省地方志编纂委员会办公室编纂，稿件由省直各单位、各市、县（市、区）、中央驻赣单位及有关单位提供。

二、《江西年鉴》是一套系统记述江西省自然、政治、经济、文化、社会等多方面的年度资料性文献。其编纂宗旨是根据国务院《地方志工作条例》和《江西省实施〈地方志工作条例〉办法》的规定，逐年全面、真实地记录江西经济建设和社会发展的基本情况，为存史、资政、育人服务。

三、《江西年鉴》每年出版一卷，2002 年首卷出版，至今已经编纂出版 14 卷。

四、本卷年鉴着重记载 2014 年江西省发生的重大事情。内容分为综合情况、动态信息和辅助资料三大部分。综合情况设特载、大事记、专记、江西概览 4 个栏目。动态信息设中国共产党江西省委员会，江西省人民代表大会常务委员会，江西省人民政府，中国人民政治协商会议江西省委员会，中国共产党江西省纪律检查委员会，民主党派，人民团体，军事，法治，民族宗教，港澳台事务，外事侨务，国家区域发展战略，农业，工业，非公有制经济，信息化建设，园区经济，旅游业，国内贸易，对外贸易与经济合作，人力资源和社会保障，交通运输，金融，财政税收，经济管理与监督，城乡建设，水利，自然观测，环境保护，教育，科学技术，社会科学，文化艺术，档案与地方志，新闻出版广播电影电视，卫生，体育，居民生活，民政，市、县（市、区），人物 42 个栏目。辅助资料设专录、统计资料 2 个栏目。江西政区图、江西交通图、江西旅游图、鄱阳湖生态经济区图均为 2015 年版地图。

五、本年鉴内容层次设置是为了方便分类编纂和读者阅读，并不反映严格的科学分类体系，机关、企事业单位等排序和层次并不表示其地位和规模。部分条目因内容需要对比，时间有所上溯。市、县（市、区）主要领导人放在所属市、县（市、区）之后，便于查阅。正文中主要数据以统计公报为准，因个别供稿单位统计口径不同等原因，有的数据在不同条目中不尽一致，使用时请注意出处。

江西省地方志编纂委员会

《江西年鉴》编辑人员

目　录

CONTENTS

特　载

大 事 记

专　记

江西概览

中国共产党江西省委员会

江西省人民代表大会常务委员会

江西省人民政府

中国人民政治协商会议江西省委员会

中国共产党江西省纪律检查委员会

民主党派

人民团体

军　　事

法 治

民族宗教

港澳台事务

外事侨务

国家区域发展战略

农　　业

工 业

非公有制经济

信息化建设

园区经济

旅游业

国内贸易

对外贸易与经济合作

人力资源和社会保障

交通运输

金　融

财政税收

经济管理与监督

城乡建设

水　利

自然观测

环境保护

教 育

科学技术

社会科学

文化艺术

档案与地方志

新闻出版　广播电影电视

卫 生

体 育

居民生活

民 政

市、县(市、区)

人　物

专 录

统计资料

索 引

特　　载

在省委十三届九次全体会议上的讲话

省委书记　强　卫

（2014 年 7 月 17 日）

同志们：

这次会议的主要任务是，深入贯彻落实党的十八大、十八届二中、三中全会精神和习近平总书记系列重要讲话精神，总结上半年经济工作，分析当前经济形势，安排下半年主要任务，研究深入贯彻十六字方针特别是进一步推动发展升级工作。

这次会议既是一次年中例会，又有着特殊背景。首先是省委十三届七次全会召开一年了，省委提出的十六字方针执行情况如何，需要加以总结；其次是国内外经济环境出现新的变化，在我国经济开始进入中高速增长新常态的条件下，如何把握好我省发展大局，需要加以明确；其三是随着反腐败斗争的深入，去年年底以来，我省几名省级领导干部先后被查处，省内议论、担忧等负面情绪滋长，干部队伍刚刚被鼓起的实干劲头如何保持，需要加以引导。在这样的形势下，进一步把全省上下的心思和干劲凝聚到加快发展上来，具有十分重要的意义。

去年 7 月，省委召开十三届七次全会，提出“发展升级、小康提速、绿色崛起、实干兴赣”十六字方针。一年来，围绕贯彻落实十六字方针，谋篇布局全面展开，重点工作有序推进，发展成效不断显现。干部群众普遍反映，省委提出的十六字方针符合中央精神、切合江西实际，是完全正确的，必须持之以恒、坚定不移地抓下去。发展升级是十六字方针的核心，是小康提速的基础，是绿色崛起的前提。当前，面对错综复杂的发展形势，我们必须进一步凝心聚力，坚定信心，加快发展，全力以赴推动发展升级向更高水平迈进，为实现省委确定的战略目标打下坚实基础。因此，这里我着重就如何推动发展升级，讲三点意见。

一、增强发展升级的定力

省委十三届七次全会以来，各地各部门按照十六字方针，在推动发展升级上积极谋划、主动作为，取得了显著成效，积累了丰富经验。在产业升级方面，围绕做大做强重点产业、提升产业竞争力，制定了加速推进新型工业化、加快建设现代农业强省、大力建设旅游强省等意见，修订了十大战略性新兴产业发展规划，出台了省领导挂点、一产一策、银企对接等具体措施，进一步明确了主攻方向，强化了帮扶机制。2013 年，新增 1 个过千亿产业即医药产业，新增过百亿企业 2 户，新增过百亿园区 9 个。在开放升级方面，围绕全面提升开放合作水平，出台了加快开放型经济发展、促进非公有制经济发展等意见，实施了新一轮“央企入赣”“中国光彩事业赣州行”等活动，深化赣港、赣台经贸合作，与国家部委、高等院校和科研院所广泛开展战略合作，形成了全方位、宽领域、多层次的对外开放新格局。一年来，成功引进世界 500 强企业 4 户，国内 500 强企业 46 家。2013 年全省非公工业增加值占比达 79.5%，同比提高 2 个百分点；今年上半年占比达 80.3%，同比提高 3.1 个百分点。在创新升级方面，围绕进一步推进协同创新，大力加强创新平台建设，积极培育两化融合示范区、示范企业，落实高新技术企业发展 20 条措施，实施全省知识产权入园强企“十百千万”工程，引进了一批海内外高层次创新人才和团队，进一步提升了全省创新发展能力。2013 年，我省获国家科技奖8项，专利申请和授权分别增长36%和25%，科技进步综合水平全国排位前移1位。今年上半年，全省科技成果鉴定、新产品研发、专利申请及授权等主要创新指标均实现两位数增长，其中专利申请增长30%以上，居全国前列。在区域升级方面，围绕构建各具特色、竞相发展的区域经济增长板块，有针对性地出台了一系列政策措施。昌九一体化加速推进，公共服务率先实现同城化，南昌临空经济区和共青城先导区建设全面启动，"双核"效应已经初步显现，2013年两地GDP占全省比重同比提高0.3个百分点。赣南等原中央苏区发展势头强劲，54个县(市、区)纳入规划范围，得到52个国家部委对口支援，争取到位各类援助资金200多亿元。2013年和今年上半年，赣州、吉安、抚州的生产总值、规模以上工业增加值、固定资产投资、城乡居民收入增速等指标，均高于全国、全省平均水平，赣南等原中央苏区开始进入加快发展的"黄金期"。赣东北扩大开放合作和赣西经济转型发展也在稳步推进。全省区域发展战略体系基本形成，呈现出优势互补、错位竞争、竞合发展的良好格局。

今年上半年，全省继续保持了良好发展势头，经济实现平稳增长、结构调整步伐加快、各项改革深入推进、人民生活持续改善、社会大局和谐稳定，特别是经济运行稳中有进、亮点不少，呈现出可喜的变化。一是多项经济指标增幅全国领先，全省生产总值、规模以上工业增加值、进出口总额等指标增幅均进入全国前十位，其中全省生产总值增幅居中部省份第1位，规模以上工业增加值增幅居全国第2位，这是多年来少有的。二是一些先行指标企稳趋好，铁路货运量降幅比一季度收窄1.9个百分点，公路货运量增幅比一季度提高1.7个百分点；工业用电量增幅同比回升2.6个百分点达到10%，全社会用电量增幅居全国第三位。三是结构调整成效显现，第三产业投资贡献率达63.4%，成为拉动投资增长的主要动力；高耗能行业增加值增幅低于规模以上工业增速0.8个百分点。四是市场活力有效激发，私营企业户数同比增长21.3%，增速创近年来新高；非公工业增加值增长14.4%，比全省工业平均增幅高2个百分点。在全国范围内经济增速普遍回落、下行压力加大的情况下，我省能取得这些成绩，确实来之不易，值得充分肯定。

同时，我们也要清醒地看到，当前在贯彻十六字方针、推动发展升级上还面临一些新情况，特别是经济运行中出现了一些值得关注的突出问题。一是经济下行压力较大。上半年全省生产总值增幅、财政总收入增幅、规模以上工业增加值增幅同比分别回落0.7、3.9、0.3个百分点。房地产市场面临很大不确定性。二是结构性矛盾较为突出。战略性新兴产业竞争力不强，高新技术产业比重较低，农业产业大而不强，现代服务业在全省经济占比和贡献率偏低。三是低成本优势逐步丧失。工业用工成本接近沿海发达省市，招工难、稳工难问题突出。工业电价高于安徽、福建等周边省份。天然气价格明显偏高。社会物流总费用占GDP的比重高出全国平均水平1.1个百分点。

我省经济发展中遇到的这些问题，是多种因素共同影响的结果。当前，世界经济仍处于金融危机后的深度调整期，整体增长缓慢。我国正处于发展速度换挡期、结构调整阵痛期、前期刺激政策消化期三期叠加阶段，进入了全面深化改革、推进经济转型升级的新阶段。我省仍然处于加速发展的爬坡期、全面小康的攻坚期、生态建设的提升期，劳动力、土地、资源等生产要素制约日趋明显，潜在经济增长率下降，这既是经济增长爬坡过坎必然遭遇的阵痛，也是发展升级不够深入的表现。

尽管我省经济发展面临一些不利因素和挑战，但进一步推动发展升级仍存在诸多有利条件和机遇。从全球看，主要发达国家经济复苏将继续巩固，世界经济总体上有望改善，外部市场需求逐步回暖，将为我省对外贸易创造较好的机会。从国内看，我国经济仍处于重要战略机遇期，保持经济稳中有进的总基调没有变。上半年，全国经济保持在合理区间内运行，工业、消费、出口以及一些实物量指标增幅均有提高，制造业采购经理指数(PMI)连续4个月回升，经济的积极变化逐渐增多。下半年，国家将加大区间调控和定向调控力度，陆续推出相关微刺激政策和改革措施，全国经济总体有望继续保持基本平稳、稳中向好。从我省看，随着鄱阳湖生态经济区、赣南等原中央苏区振兴发展、罗霄山片区区域发展与扶贫攻坚等一系列国家政策效应的叠加发力，以及国家建设长江经济带、长江中游城市群、"一带一路"等重大发展战略的深入推进，加之我省改革红利逐步释放、新型城镇化扎实推进和经济连续多年高速增长带来的惯性效应，我们完全有信心、有能力继续保持良好发展势头。

综合分析各方面因素，现在我省发展仍然是机遇大于挑战。我们一定要抢抓机遇，乘势而上，善于把握和遵循经济规律、自然规律，依靠发展升级破解难题、化危为机、加快发展。要深刻认识到，加快发展升级，前提是发展，出路在升级；不加快发展就没有实力，不转型升级就没有未来。必须把加快发展和转型升级统一起来，切实做到两个"坚定不移"。一方面，必须坚定不移加快发展，尽快做大经济总量。十八大以来，中央强调不简单以GDP论英雄，不片面追求GDP，并不意味着不要GDP，不要合理的增长速度。近期国务院对稳增长政策落实情况全面督查，一个重要目的就是遏制一些地方经济严重下滑趋势，保持经济增长在合理区间平稳运行。客观地说，我省上半年一些经济指标之所以增速居前，一定程度上是由于我省经济增速回落幅度相对较小，而并不必然表明我省经济增长就有多快了。我们要准确理解中央精神，切忌把"不唯GDP"与"不要GDP"等同起来，任由经济数据下滑而心安理得或束手无策。要始终清醒地认识到，江西属于欠发达省份的基本省情没有变，经济总量小、人均水平低仍是主要矛盾。2013年，我省GDP占全国的2.52%，居全国第20位、中部第5位；人均GDP仅相当于全国的四分之三，居全国第25位、中部第5位。要顺利实现与全国同步全面建成小康社会的目标，我省必须长时期保持一个较快的发展速度。当前，我省正处于爬坡过坎的攻坚期，劲头一松、步子一慢，就会再次掉队甚至被远远抛在后面。"劲可鼓不可泄，势可造不可衰"。经济发展压力越大，我们越要坚持发展这个第一要务不动摇，紧紧盯住目标不松劲，争分夺秒、奋勇拼搏，充分挖掘发展潜力、释放发展活力，努力保持合理较快的发展速度，不断做大经济总量，增强经济实力。另一方面，必须坚定不移转型升级，着力开拓发展空间。推动经济转型升级，是经济发展到一定阶段的必然要求，谁都躲不过、绕不开。与发达省份相比，我省经济总量还不大、实力还不强。我们的转型升级，是“未富先转”“边富边转”，面临着做大总量与提升质量的双重压力。我们不能把加快发展与转型升级对立起来。当前，保持经济持续稳定健康发展，长远在于加快转变发展方式、推进经济转型升级。不发展不行，不加快发展也不行，不加快转型升级更不行。谁转型升级走在前面，谁就能掌握主动，争取到更大的回旋余地和调整空间。如果仍然追求不计成本、不讲质量、不顾环境、不求效益的发展，不但赶超的目标不可能实现，绿色崛起也只能是一句空话。我们要紧紧扭住发展这条主线不放松，始终坚持转型升级这个方向不动摇，做到在加快发展中转型升级，在转型升级中加快发展，努力实现更高标准、更高层次、更高质量和效益的发展。

总之，一年来，全省贯彻落实十六字方针、推进发展升级迈出了新步伐，取得了新成效。面向未来，信心比黄金更重要，定力比出新更重要，行动比口号更重要。现在不需要再提什么新思路、新口号了，关键要持之以恒抓好十六字方针的贯彻执行。全省上下要进一步把思想和行动统一到省委决策部署上来，进一步增强贯彻十六字方针的自觉性、坚定性，进一步增强推动发展升级的定力，进一步解放思想、真抓实干，不断迈出我省经济社会发展的新步伐。

二、明确发展升级的路径

省委十三届七次全会确定了发展升级的内容，也就是着力抓好产业升级、开放升级、创新升级、区域升级，这“四个升级”需要继续大胆实践、深入推进。同时，要从操作层面入手，进一步找准推动发展升级的切入点和抓手。具体来说，要坚持“五个强化”。

第一，强化改革推动。改革是第一动力，是发展升级的内在要求。党的十八届三中全会以来，我省坚决贯彻中央决策部署，大力推进全面深化改革。成立了省委全面深化改革领导小组及其办公室和7个专项小组，召开了三次领导小组全体会议，在新余市举行了推进全面深化改革工作现场会。确定了“1+N”的思路，已经出台了1个总的《实施意见》和17个相关配套文件。坚持蹄疾步稳的原则，启动了一批重要改革试点，实施了一批重大改革举措，尤其在行政审批制度改革、市场化改革、农业农村体制改革等方面取得了阶段性成效。总的来说，全省改革氛围日益浓厚，改革红利加速释放，呈现出良好态势。但也有一些现象需要引起高度重视。比如，有的认为改革主要靠“顶层设计”，上面怎么说，下面就怎么干，缺乏主动性和创造性，存在“上面紧、下面松”的现象；有的改革热情较高，但是抓不住要害，不知道怎么改、从哪里下手；还有的消极观望，畏首畏尾，搞选择性改革，对自己有利就改，对自己不利就拖。同时，发展升级中面临的许多制约，比如，国有企业不大不强、经济结构不尽合理、行政效率不高，等等，究其原因不少是体制机制改革不彻底、不到位造成的。我们要进一步增强责任感和使命感，把各项改革工作抓实、抓细、抓深，为推动发展升级营造良好的体制机制环境。

全面深化改革是一项系统工程，确实是千头万绪。现在，中央和省委下发了很多文件，部署了很多改革事项。完成好这些改革任务，不能东一榔头西一棒子、眉毛胡子一把抓，而是要沉着冷静、讲究方法，抓住要害、精准发力。一是要注重上下贯通。在强调顶层设计、高位推动的同时，绝不能忽视改革的“最后一公里”。如果上下不通畅，出现中梗阻现象，改革效益就会大打折扣，甚至出现负面效果。比如，国家和省里都在大力精简行政审批事项，下放行政审批权限。但有的行政审批权下放到地方后，由于人员素质、硬件设施、监管工作等不能及时跟上，存在接不住、接不好的问题，有的地方因此出现审批“空档期”，对工作影响很大。还有很多类似的改革，权力交给中介组织和市场化以后，监管措施跟不上。这些说明，改革绝不是“一放了之”这么简单。精简下放权力一定要注意做好衔接和帮扶工作，真正做到“扶上马再送一程”。同时，也要加强与中央层面的对接，准确掌握中央改革办和各部委的改革思路、具体进展，积极做好政策实施的准备。二是要加强统筹协调。这个问题已强调过多次，还需要加大工作力度。比如，一些地方反映，外商投资企业办理设立或变更时，原来只需要在市级层面就能全部办好。现在有些部门的审批权下放到了县里，而有些部门审批权仍保留在市里，导致企业办一件事要来回跑几趟。还有一些地方反映，县级审批的企业办理贷款时，目前还得不到银行的认可。出现这些情况是难以避免的，改革本身是一个不断发现问题、解决问题的过程，不可能一蹴而就。各地各部门都要有全局意识，推出的改革措施必须与相关方面协调磨合好，不能“各人自扫门前雪，莫管他家瓦上霜”。专项小组和改革办要负起统筹协调的责任，把握好各项改革之间的关联性，既要加强部门之间的配合，也要加强部门与地方的配合，协调推进各项改革。三是要坚持抓住重点。我们既要按照中央部署，统筹抓好面上各项改革任务，又要从地方实际和职责出发，紧紧围绕制约发展升级的突出问题，不断深化重点领域改革。要加快转变政府职能，进一步深化行政审批制度改革，晒出权力清单，提高行政效能，切实发挥好政府战略定位、平台打造、机制创新、推动发展的积极作用，促进发展升级。要大力推进市场化改革，着力培育多元市场主体，完善现代市场体系，发挥好市场在配置资源中的决定性作用，不断激发国有企业的活力，释放民营企业的热情，搅动江西发展的一池春水。要加快全省金融业改革，加强融资担保体系建设，着力化解中小企业融资难等实际问题。要积极稳妥推进农村土地确权登记颁证、土地承包经营权规范流转，健全完善农业农村社会服务体系，巩固农业农村改革的良好态势；对土地确权工作，坚持时间服从质量、在加强推动引导的同时要尊重农民意愿、实事求是地加以推进。要按照全省城镇化工作会议的部署，扎实推进城镇化进程，释放城镇化对发展的集聚带动效应。近年来，省委省政府大力推进镇村联动和秀美乡村特别是中心镇建设，取得了初步成效。要认真总结城镇化建设实践中的好经验好做法，坚持实事求是、遵循规律、因地制宜、有序推进，特别是在中心镇建设过程中，要力戒形式主义，力戒铺张浪费，力戒权力寻租，努力取得更大成效。

全面深化改革，最根本的还是要大力倡导解放思想，大力弘扬改革创新精神。新一轮全面深化改革的大潮已经兴起，解决发展升级所面临的突出矛盾和挑战，我们比任何时候都需要通过改革释放制度新红利、注入发展新动力。落实好中央和省委全面深化改革的部署和要求，既是当前最为重要的政治任务，也是领导干部肩负的神圣使命，更是检验干部思想上是否合格、作风上是否过硬、状态上是否最佳的试金石。因此我们在强调不抢跑不拖宕的同时，尤其要鼓励各地各部门在权限范围内，大胆尝试、大胆探索、大胆创新，用改革的思维、举措和办法，破解发展升级中的矛盾问题。省委之所以选择在新余市召开全面深化改革工作现场会，就是因为新余市委市政府从地方实际出发，不等不靠，敢闯敢试，坚持以解决问题为导向，围绕小政府、大社会、活市场、优环境推出了一系列改革举措，创造了鲜活经验，值得推广。同时也是为了表明省委对各地各部门迎难而上、敢干敢当的高度改革自觉和勇气的全力支持、积极鼓励。还比如，赣州市针对中小型实体企业融资难问题，不因大环境不好而无所作为，而是主动想办法，借鉴“财园信贷通”融资模式，在全市范围内推行“扶小支微信贷通”试点，用财政资金撬动银行资金，扶持中小微型企业发展，形成了助推企业发展的“小气候”。现在，企业普遍反映用工、用电、用气和物流等生产成本价格偏高，相关部门要从处理好政府与市场关系入手，从体制机制上研究解决问题的办法。总之，各地各部门都要始终坚持问题导向，拿出智慧和勇气，向改革要思路、要办法、要成效，大胆扫除一切体制机制障碍，决不能在困难和矛盾面前无所作为、退避三舍。

第二，强化开放带动。大招商带来大发展，大开放促进大崛起。坚定不移扩大开放是省委一以贯之的既定战略。去年，我们深入推进开放升级，着力在“请进来”上下功夫，引进了一批大项目、好项目。今年，我们着重在“走出去”上花气力，组织党政代表团赴广东、浙江学习考察，5月份在香港召开了发展升级投资合作推介会，参与了中国长江中上游地区与俄罗斯伏尔加河沿岸联邦区合作活动，7月下旬将要去台湾举办赣台经贸文化合作交流大会，9月份还要作为主宾省赴澳门参加世界旅游经济论坛、第12届妈祖文化旅游节。新形势下，开放的力度只能加大、不能减弱。尤其要紧紧抓住国家发展“一带一路”、建设长江经济带的重要契机，更加积极主动地融入全国乃至全球经济大格局，为发展升级注入强劲动力。

强化开放带动，一项重中之重的工作是抓好招商引资。当前，受各种因素影响，招商活动有所减少，引资增幅出现下降。据统计，1—5月，全省工业园区招商签约资金下降8.9%，招商实际到位资金虽然同比增长了17.3%，但增幅较去年同期下降了28个百分点，其中亿元以上项目资金下降3.9%，有6个园区无招商签约资金，39个园区出现负增长。这种趋势必须赶快扭转过来。实事求是地讲，现在一些干部对招商引资顾虑较多，不愿同客商过多地打交道，担心企业出了问题自己受牵连。因此，特别要强调保护干部的积极性，鼓励干部大胆地走出去招商引资，大胆为企业发展服务；要调动企业家的积极性，既鼓励他们放手放胆在江西投资发展，又教育引导他们依法依规健康经营。首先，要保持招商引资的韧劲。继续发扬“厚着脸皮、硬着头皮、磨破嘴皮、跑破脚皮”的精神，对于看准了、认定了的项目，就要紧紧扭住不放，以情感人，以诚招商，不达目的不罢休，不见成效不收兵。比如，九江市共青城引进汉能集团太阳能光伏项目，曾面临多个兄弟省市的激烈竞争，他们不气馁、不松劲，与投资商反复真诚沟通协调，从提出意向到正式签约只用了短短22天时间。又如，吉安市近年来始终紧盯台湾地区招商，形成了台商集聚之势，台资企业由前些年的56家增至现在的316家，投资额大幅增加，增速为全省之最。其次，要拓宽招商引资的视野。前不久，我省分别派团赴美国、以色列、瑞士和德国等欧美国家招商，走访了一批世界500强企业及跨国公司，并与部分公司达成了合作协议。在外期间，四川、江苏、广东等地代表团也在那里进行考察和招商。这说明省与省之间的招商竞争已经走出了国门。我们要统筹国际国内两个市场，敢于走出国门，善于布局全局，不断提升招商引资的层次和水平，努力引来更多“金凤凰”。其三，要创新招商引资的方式。广东、浙江等地在招商引资工作中，注重与国际商会和国内各专业协会建立联系渠道，依靠这些行业组织和社会力量进行招商，往往是引进一个项目、形成一片产业。我省一些地方招商引资也有一些好的做法。比如，南昌市引进欧菲光项目后，继续大力推进以商招商、产业链招商，引进一批上下游关联企业相继来昌落户。我在市县调研中还强烈感受到，各地一些本土企业家在招商引资、服务当地发展方面有特殊的情结，也做出了独特的贡献。要借鉴推广这些好做法，灵活运用定向招商、以商招商、委托招商、产业链招商、小分队招商以及发挥本土企业家作用等方式，使招商活动更加专业化、精细化和常态化。

“海纳百川，有容乃大。”在全球化、区域一体化纵深发展的今天，我们必须牢固树立开放意识，强化开放思维，不断推进宽领域、多层次、全方位的开放。要善于学习别人的先进经验，弥补自身的差距和不足。安徽与我省同属中部地区欠发达省份，前些年还把我们作为竞争对手，现在他们已经走在前头了。分析近15年来两地发展情况可以看出，前10年我们的发展明显快于安徽，GDP年均增幅高于安徽约2个百分点；而2008—2013年，安徽实现逆势反超，GDP年均增幅比我省快了1.1个百分点。安徽的一个重要经验就是围绕扩总量、上项目，十余年如一日地狠抓重点产业，完善产业布局，使经济呈现井喷增长之势。当年，很多地方包括我们江西在内，都认为电冰箱、洗衣机过时了、过剩了，不愿意引入相关生产企业。但是合肥坚持大力发展白色家电不动摇，把全国各大品牌都吸引过去，现在已经成为全国最重要的白色家电生产基地。所以说，如果我们只习惯跟自己比，看不到世界潮流和区域经济竞争态势，那无异于坐井观天。因此，我们领导干部外出考察时，既要积极招商引资，又要注意学习外地的好经验好做法，可以采取“拿来主义”的态度，先全盘引进后再消化吸收、为我所用，而不必另起炉灶费时费力研究半天还不见行动。要把招商引资与引智、引才结合起来，着重围绕破除制约发展升级的人才瓶颈，打破体制壁垒，积极引进重大科研领军人才，现代金融人才，电子商务、旅游、文化创意等现代服务业人才。要拓展开放领域，只要法律法规不禁止、不限制的行业和领域，都要彻底放开。要注重对外与对内开放并举，防止“厚外薄内”“喜新厌旧”，既大力引进外来企业，又全力支持本土企业，形成外源型与内生型经济比翼齐飞的良好局面。

第三,强化创新驱动。科技是引领未来的主导力量,创新是支撑发展升级的持久动力。虽然这些年我省创新发展收到了比较好的效果,但创新潜力远未充分发挥出来,创新能力不强仍是制约发展升级的突出瓶颈。要认识到,哪里有创新活力,哪里就有崭新面貌,无论是传统产业还是新兴产业,无论是生产工艺还是生产技术,无论是市场营销还是企业管理,都大有文章可做、大有潜力可挖。我们要按照既定战略部署,坚定不移强化创新驱动,不断推动我省协同创新取得明显进步。

强化创新驱动,核心是要完善产学研用相结合的体制机制。首先,企业要发挥主体作用。洪都集团在大飞机前机身大部段生产过程中,积极创新生产工艺,加强与科研单位的协作,高质量地完成了1600多项零件和1900多项工装。永丰县广源化工厂与清华大学、北京化工大学等知名院校合作,推动碳酸钙传统生产工艺升级,生产出全国行业领先的纳米碳酸钙,短短几年时间,广源化工厂就从年产值500万元的小企业,一跃成为年产值6亿元的国内第一龙头企业。这样成功的企业在我省还不少,需要大力宣传推广。事实说明,只有落后的企业,没有落后的产业。无论是高新产业还是传统产业,只要与时俱进、重视研发,就一定能提质增效、赢得未来。所以,企业要把创新摆在第一位,敢于加大研发投入,着力打造研发机构、研发团队,提高自主创新能力。华为公司每年的研发投入占到企业销售收入的10%以上,从而造就了华为作为国际主流电信设备制造企业的核心竞争力。企业要善于借助外力,紧紧依靠"学"和"研"的支持,以技术入股、联合开发、购买成果等形式,主动与高校、科研院所组建协同创新联盟,着力打造分工明确、风险共担、利益共享的创新链,共同分享创新红利。其次,政府要加强政策引导。广东自主创新之所以能够走在全国前列,靠的就是政府引导、政策推动,逐步形成了省部高层会商机制、部省市多级联动机制以及校地、校企全面合作机制等。如深圳市政府和清华大学共建深圳清华大学研究院,建立了完善的"科技创新孵化体系",成立以来共孵化企业600多户,创办和投资了180多户高科技企业。还有,东莞市着力建设大学创新城,目前与高校、院所共建11家公共科技创新平台,为全市8000多家企业提供服务,有力推动了东莞产业升级发展。这些成功案例说明,强化创新驱动离不开政府"有形的手"。去年,我省也先后与多个国家部委、高等院校和科研院所签订了战略合作协议,有关部门要盯住不放,狠抓落实,使这些协议在发展升级中发挥积极促进作用。全省各级政府要不断加大体制机制创新力度,着力围绕产业链部署创新链,围绕创新链完善资金链,在资金投入、平台建设、信息服务、人才激励、产权保护等方面下功夫,为产学研用结合营造良好的环境。其三,高校和科研院所要紧贴市场。就是要把科学研究与全省发展战略、市场需求紧密结合起来,既加大基础学科、前沿技术的研究,又围绕发展升级深化应用研究,建设市场导向的技术创新体系,完成从科学研究、实验开发、推广应用的三级跳,加速创新成果转化,努力成为我省转型升级中不可替代的重要力量。

需要强调的是,促进产学研用协同创新,必须敢于"捅破最后一层窗户纸",健全完善产学研用各个环节均受益的利益分配机制,为创新之"火"加足利益之"油"。要加快探索利益联结机制,通过股权激励、科技成果处置权收益权改革等,让企业化的科研单位率先享有科技成果处置权,让科技人员享有股权、期权,在全社会形成创新光荣、科技致富的正确导向。江西师大化工公司,近年来多项技术达到国内甚至国际领先水平,经济效益不断攀升,其中很重要的一条,就是学校制定了完善的激励机制,几位享受国务院特殊津贴的教授担任核心领导,科研人员通过技术入股、资金入股等形式获得了收入。要大力推广这些经验做法,充分调动科研人员创新创造的积极性、面向市场的积极性,不断打通科技成果转化的绿色通道。

当今世界已进入信息化时代,移动互联网、大数据和云计算的飞速发展,以前所未有的力量推动着经济社会变革。我们要主动适应、积极抢抓信息化机遇,以大数据思维、移动互联网思维谋划和推动产业升级。要全力支持中国电信集团在南昌建立云计算基地,使之成为中部最大的云计算资源池提供地、云服务基地、互联网数据汇聚地。同时,积极争取其他通信运营商在江西布局大数据基地,推动我省信息化基础建设实现质的突破。要大力推动信息化和新型工业化、农业现代化、现代服务业以及城镇化的深度融合,促进各类产业生产方式的深刻变化,促进更多企业的技术进步,为发展升级插上信息化的翅膀。要大力发展电子商务,抓紧制定出台具体扶持政策,积极引进知名电商企业和配套项目,培育一批具有江西特色的电商企业,不断促进我省电子商务产业集聚发展。要运用信息化技术加快智慧城市建设,积极推进电子政务、数字民生、智慧旅游等信息惠民工程,建立健全全省统一的政务服务、企业服务、公共服务数据中心,提升信息化公共服务能力,让老百姓从中得到实实在在的便利。

第四,强化集聚拉动。发展升级的核心是产业升级。做强产业的关键在于优化产业结构、完善产业布局、形成产业集聚、打造经济核心竞争力。去年以来,我省科学谋划产业发展,特别是大力推进工业产业发展,制定了工业重点产业升级发展指导意见,修订了十大战略性新兴产业发展规划,规划了60个工业重点产业集群,编制了战略性新兴产业细分领域产业链图、工业产业重点投资方向和企业目录,积极实施"百千万"工程,全省产业集聚发展势头已起、效果初显。由于我省产业小而全、小而散的问题还没有从根本上解决,我们要继续坚持走集聚发展之路,扶优扶强、靠大联强、强强联合,进一步提升我省产业总体实力和竞争力。应该说,这方面认识高度一致,方向已经明确,关键是要抓好落实。在实际工作中,要注意处理好三个方面关系。

一是增量与存量的关系。产业升级,存量是基础,增量是关键。既要注重发展好现有企业,达到现实生产力的最大化,又要注重培育新的增长点,实现潜在生产力的最优化。培育发展战略性新兴产业与改造提升传统优势产业,既可兼容,也有竞争,绝不是非此即彼的对立关系。战略性新兴产业代表了未来产业发展趋势,关系发展升级的根本成效。我们要咬定目标,坚持不懈,不断加大投入、加强扶持,举全省之力来推动、来打造,使之尽快成为支撑我省经济发展的核心力量,进而带动产业结构的优化和提升。钢铁、有色、石化、建材等传统优势产业,仍是我省经济发展中一支举足轻重的力量。我们抓战略性新兴产业，并不是忽视传统产业，而是要强化两者之间的相互渗透、互动发展，善于运用高新技术改造提升传统产业，运用战略性新兴产业成果带动传统产业，努力把这笔宝贵的存量盘活、用好。

二是“大”与“小”的关系。集中力量抓一批大产业和大企业，对于促进产业集群、壮大经济规模具有决定性作用。要着眼于培育一批百亿企业、千亿产业，以大项目带动大投入、以大投入培育大产业、以大产业推动大发展。在抓“大”的同时，也不能放“小”。各地要围绕产业集群规划，立足资源禀赋，积极发展特色产业，做精、做优中小微企业，形成各具县域特点的“块状经济”，不断打牢富民强县的坚实基础，努力在全省形成大中小企业各展所长、共同发展的生动格局。

三是扩张与集聚的关系。也就是生产要素的投入与集约的关系。在拉动经济增长的“三驾马车”中，投资发挥着关键作用。今后一段时间，随着国家稳增长政策的落实，各类投资项目不断增多，必定消耗更多的生产要素，加大生态环境的承载压力。越是这个时候，我们越要强化要素集约，提高土地、能源的利用率。现在各地普遍要求增加用地指标，但更为要紧的是尽快把闲置低效土地充分利用起来，搞好园区“二次开发”。目前，我省园区工业用地每亩投资强度平均200万元左右，大大低于全国平均320万元的水平，在中部省份中也处于中下游水平；每亩实现主营业务收入平均230万元左右，也明显偏低；工业园区的综合容积率也只有沿海发达省份的一半左右。要抓紧研究制定用地评价标准指标体系，将项目投资强度、产出水平、容积率等控制性指标纳入土地使用条件，不断提高土地投入产出效益。保护生态环境就是保护生产力，改善生态环境就是发展生产力。我们一定要坚持既要金山银山又要绿水青山，要明确宁要绿水青山不要金山银山，要认识绿水青山就是金山银山。要牢固树立绿色发展、循环发展、低碳发展的理念，在产业升级上做“加法”、在污染排放上做“减法”，不断提高环境效益，最大限度地保护好、巩固好我省生态优势。我省即将获批入选国家生态文明先行示范区，这是宝贵的机遇，更是重大的责任。国家正式批复后，我们就要立即抓紧研究行动计划，抓好工作落实，进一步把我省生态文明建设引向深入。

推动产业集聚是一项系统工程，需要从“点、线、面”入手，集中优势资源，凝聚各方面力量，统筹加以推动发展。一是，“点”上抓项目落地。项目是集聚发展的战略支点。要按照产业集群规划，精心谋划项目，积极争取项目，科学运作项目，不断提高抓项目的能力和水平。对签约项目，要紧盯不放，推动尽快落地、尽早开工，不能停留在纸面上、协议上；对在建项目，要加强调度、加强协调、加强服务，促使早日投产、产生效益；对于投产项目，要跟踪服务、一帮到底，鼓励做大做强、延伸链条。要瞄准产业发展前沿，超前谋划一批有规模、有技术、有前景的新项目，突出抓好带动力、竞争力强的大项目，促进更多项目集群式发展。二是，“线”上抓产业延伸。拉长产业链的关键在龙头企业。要大力实施“三百”工程，培育100户优强企业、100个知名品牌、100名优秀企业家。要以龙头企业为依托，推动产业链向两头延伸，带动配套企业发展，形成分工有序、相互协作、前后配套、连接紧密的发展格局。永修有机硅产业集群，依托星火有机硅厂这个龙头，先后引进了包括美国卡博特公司在内的有机硅生产及配套企业50余家，开发有机硅及下游产品1000多个品种，产业关联度超过65%。我省的航空产业、铜产业的实力都很强，在延伸产业链上更是大有潜力可挖。要鼓励龙头企业采用多种方式，对其上下游配套企业进行重组、改造，形成一批专业化配套企业，构建完善的产业链分工协作体系。三是，“面”上抓区域竞合。全省区域发展的布局、举措、政策都已明确，效果也初步显现。各地要继续按照全省统一部署，发挥优势、突出特色，差异竞争、竞相发展，努力形成倍增效应。要大力推进“昌九一体化”进程。目前，昌九两地公共服务一些事项已基本实现同城化，这是十分不易的。下一步，涉及利益格局、体制机制协调，工作难度会更大。南昌、九江两地要从大局出发，深入推进规划一体化、基础设施一体化和产业互补对接，形成不可逆转的融合趋势。要尽快启动建设“昌九新区 ”的可行性研究，为我省全面融入长江经济带提供更有竞争力的战略平台，努力在激烈的长江中游城市群竞争中占据主动地位。要大力推动“苏区振兴”，着力在内外兼修上下功夫，用好用活国家扶持政策，不断增强内生动力，进一步壮大总体实力，加快形成南北遥相呼应之势。同时，要支持抚州深化区域合作，积极构建向莆经济带。赣东北、赣西等地要按照既定战略部署，加快发展步伐，力争在全省经济版图中实现更大作为。

我省94个工业园区以及其他各类园区，是推进产业集聚的主战场。这笔资源用好了，就会成为撬动发展升级的巨大杠杆。要大力实施园区提升计划，注重顶层设计，实施错位发展，完善基础设施，提升管理服务，避免恶性竞争，形成集群效应。目前，我省园区管理机制普遍实行行政化模式，机构庞大，层级过多，效率不高。这方面，发达地区的经验值得借鉴。比如，深圳前海管理局采用企业化运作模式，工作人员实行聘任制和市场化薪酬制，做不好的就要解聘，这种机制极大激发了园区活力。我省各园区要紧紧围绕服务企业这个目标，大胆改革创新，不断完善精干高效的管理体制和运行机制。

推动集聚发展，要把握好几个原则。一是全面覆盖。在坚持工业强省战略、大力推进工业领域集群发展的同时，也要按照“四化”同步的要求，积极推动农业和文化旅游、电子商务、物流、金融等现代服务业走集群发展之路。我省是旅游资源大省，旅游产业却不够强；绿色农产品丰富，却缺乏在全国有影响的品牌。这其中有一个共同原因，就是各地单打独斗、各自为战，没有形成集群效益。去年以来，有关部门规划了75个农业产业集群、35个旅游产业集群、16个现代物流产业集群，朝着集群发展的目标迈出了重要一步。下一步，我们要坚持用工业化的理念抓农业、旅游、现代服务业，推动布局集中、产业集聚，让十个指头握成拳，形成集聚发展的强大势能。二是因地制宜。省委提出工业强省主战略，也提出建设现代农业强省、旅游强省，这并不是要求各地搞大而全、齐步走，而是要求各地加强规划引导，优化产业布局，坚持实事求是，从本地资源禀赋、产业基础出发，适合什么就发展什么，真正发展起一批具有地方优势和特色的主导产业和产业集群，切忌不顾条件盲目硬上，造成不必要的浪费。三是突出重点。省工信委明确要在60个工业产业集群中再集中优选打造20个示范产业集群,省有关部门在农业、物流、旅游等产业集群中也明确了近期要抓的重点,这体现了集中优势兵力重点突破的战术方法,是十分正确的。必须加速培育出一批有特色、有规模、有竞争力的产业集群,使之成为全省产业发展的领头羊,成为发展升级的新引擎。四是加大支持。最近省政府出台的加快产业集群发展意见,对产业集群度高的重点园区给予财政、土地和融资等政策支持。五是持之以恒。各领域的产业集群战略确定后,就要发扬钉钉子的精神,一任接着一任干,坚持不懈抓到底。这样抓个5年、10年,一定会收到大的成效。

第五,强化环境促动。环境也是生产力。企业家最需要公平、透明、稳定、可预期的发展环境。要始终把环境提升作为一项基础工程来抓,牢固树立"不抓发展是失职、抓不好发展环境也是失职"的理念,在优化环境中推动发展升级,在推动发展升级中优化环境,努力打造成本更低、服务更优、效能更高的江西品牌。

一是要着力打造优质高效的政务环境。这是提升发展环境的首要任务。一些客商反映我省发展环境不优,很大程度上就是政务环境不优。推动行政体制改革以来,各级政府的办事效率逐步提升,但是如何适应企业要求,更加高效便捷地服务企业发展,仍然需要不断加大力度。要继续推进简政放权、转变政府职能,把该放的坚决放掉,切实精简行政审批事项,简化办事程序,规范行政收费行为,不断提高行政效能。同时,要把政府职能由管理向服务转变,提高服务意识、提升服务效率,做到主动服务、高效服务、廉洁服务、优质服务。只要我们主动作为、专心做事、用心服务,完全可以打造出更好的政务环境。

二是要着力打造稳定连贯的政策环境。就是要求政府必须带头讲诚信。我省个别地方,今天定下来的优惠政策或投资项目,明天换了领导就不认账,或者即使认账了也不兑现,甚至"关门打狗"、把企业逼走,最后失信于民、失信于企。如果一个地方的政策朝令夕改,与国家和外省的政策不衔接,甚至说一套、做一套,就不可能招得到商、引得到资。在积极构建社会诚信体系的同时,更要建设诚信政府,坚决杜绝政府出现不兑现承诺、"新官不理旧事"等行为,始终做到"言必信、行必果",给客商吃下"定心丸",让客商在我省放心投资。

三是要着力打造公正透明的法治环境。市场经济就是法治经济。法治具有稳定性,是最可预期的环境保障。不久前,一家企业来我省考察时向地方政府提出了120多个问题,其中很多涉及法律保护投资利益问题。这说明,现在投资者的法律意识越来越强,对法治环境的要求也越来越高。我们要适应这种变化,进一步强化法治思维,在打造公平透明的法治环境上下功夫,用良好的法治环境吸引客商来江西投资。要始终坚持依法行政,把严格执法、公正执法、文明执法的要求,贯穿于服务企业发展的各个环节,运用法律手段保护客商、服务客商、取信客商。要进一步规范市场经营秩序,依法打击假冒伪劣、坑蒙拐骗等行为。要深入推进平安江西建设,坚决惩治那些危害企业发展的违法犯罪行为,努力为投资者创造安定安全安宁的生产经营和生活环境。

在着力提升"软环境"水平的同时,我们也不可忽视基础保障等"硬环境"建设,特别要着力打造畅通便捷的基础设施。总体上看,这些年我省基础设施建设成效十分显著,四通八达的水陆空立体交通网络已经基本形成,这是推动发展升级的坚实基础。但要看到,与周边省份相比,我省在基础设施建设上还有一定的差距,有的方面差距还比较大。比如,高铁建设方面,目前南昌是中部地区唯一还没有通高铁的省会城市,也是唯一没有高铁进京的省会城市;高速公路建设方面,我省通车里程虽然已经有4000多公里,但等级还需要提高,特别是赣粤、沪昆等主要通道不适应车流量的快速增加,通行效率下降;机场建设方面,昌北机场去年旅客吞吐量仅为681万人次,而长沙黄花机场已经突破1600万人次,差距还很大。下一步,我们要集中力量,攻坚克难,在基础设施建设上来一个大的飞跃。要积极融入"高铁时代"。目前,我省正在建设沪昆客专、武九客专、合福客专(江西段),已立项的有昌吉赣客专,在争取的有赣深客专、合安九客专。要乘势而上,加大力度,推动高铁建设再上台阶,决不能让江西成为高铁洼地。要继续加快公路、水运、航空、管道建设,大力推进现代物流园区、公路货运站场建设,不断降低企业商务成本。

三、激发发展升级的干劲

习近平总书记强调,良好的精神状态,是做好一切工作的重要前提。省委十三届七次全会提出的十六字方针,其中重要保证就是实干兴赣。一年来,全省上下坚决贯彻中央作风建设各项部署,深入开展党的群众路线教育实践活动,大兴实干之风,着力建设风清气正的政治生态,广大党员干部的作风明显好转,干事创业的氛围更加浓厚,有力推动了我省经济社会发展。

当前,全省发展升级的任务十分繁重,迫切需要继续保持昂扬向上的精气神,保持勇往直前的干劲和韧劲。尤其要在以下几个方面统一思想、凝聚共识。

第一,坚决拥护贯彻党中央决策部署,深入推进党风廉政建设和反腐败工作。党的十八大以来,以习近平同志为总书记的党中央,站在党和国家生死存亡的高度,把反腐败斗争摆在更加突出位置,严肃查处了一些领导干部违纪违法案件,深得党心民心。去年以来,省委也先后查处了一些厅、县级领导干部违纪违法案件,开展了清理"红包"等专项整风肃纪行动。今年,省委巡视组在巡视中还发现了不少问题。比如,一些领导干部及其亲属子女插手工程建设项目,不按规定招投标,违规征占土地;甚至还有的领导干部亲属子女称霸一方,强揽工程,强买强卖。又如,一些地方和部门干部提拔任用、人事调动等随意性大,有的市县领导不按规定和程序办事,搞"一言堂",独断专行,超职数超编制和带"病"提拔、任用、安排、调动干部;还有干部档案造假、"吃空饷"等问题,群众反映强烈。这些情况充分说明,当前反腐败斗争形势依然严峻复杂,如果任由腐败现象发展蔓延下去,势必影响改革发展大局,影响全面建成小康社会进程,影响党的执政地位和基础。同时,也充分说明,中央加大反腐倡廉力度的决策是完全正确、非常必要的,我们各级领导干部一定要在反腐败这个大是大非问题上与党中央保持高度一致，绝不能阳奉阴违、有令不行、有禁不止。

现在，随着反腐败斗争和作风建设的深入，社会上出现了一些议论和担忧，一些干部思想上也产生了模糊或错误认识。突出表现在三个方面：一是担心高压反腐影响干部队伍稳定。有的认为，查处腐败案件过多，让很多干部惶恐不安，没有心思工作，影响干部士气和队伍稳定。二是认为严管干部影响发展环境。有的认为，以前找相关部门办事，请个客，送个礼，事很快就办了，效率高得很；现在饭不敢吃了、礼不敢收了，但事也难办甚至不办了。有人担心，这样下去会影响地方形象，影响投资者信心，影响投资环境。有些人还重提“腐败效率论”，认为反腐败应“保守治疗”，适可而止。三是觉得现在要求严了、当干部不自在。有的“不在状态”，工作找不到感觉，干事提不起精神，感叹“为官不易”“官不聊生”，进而“为官不为”，当“好好先生”。

上述这三种认识都是十分错误的，必须予以纠正。要深刻认识到，严肃惩治腐败分子，坚决清除害群之马，是我们党有力量的表现，也是全党同志和广大群众的共同愿望。我们要旗帜鲜明地与党中央保持高度一致，坚持党要管党、从严治党，坚持有腐必反、有贪必肃，坚持“老虎”“苍蝇”一起打，坚决把党风廉政建设和反腐败斗争进行到底。我们强调严肃查处腐败问题，因为腐败是发展升级的最大阻力。深入开展反腐败斗争，清除党内蛀虫，只会让队伍更加纯洁，为干部创造更好的干事成长环境，有利于推动江西经济社会更好更快发展。同时，从长远看，反腐败不会亡党亡国，不反腐败才会亡党亡国。各级党委要切实担负起党风廉政建设的主体责任，党委主要负责同志要管好班子、带好队伍、当好廉洁从政的表率，各级纪委要切实履行好监督责任，执好纪、问好责、把好关，以“零容忍”的态度坚决惩治腐败，坚定不移地把党风廉政建设和反腐败工作不断引向深入。

第二，坚持不懈加强干部队伍教育管理，大力建设风清气正的政治生态。当前，我省干部队伍虽然出现了极个别腐败分子，但主流仍然是好的，绝大多数同志是埋头苦干、发奋努力、廉洁奉公的，是值得党和人民充分信赖和依靠的。江西是一块红土地，孕育了丰富的红色基因，江西干部队伍有着光荣的革命传统和优良的工作作风，少数领导干部出问题，主要是因为他们自己经受不住“四个考验”和“四个危险”的挑战，并不代表江西干部队伍整体战斗力、免疫力、凝聚力出了问题。前不久表彰的柯善梅、曾建等一批“龚全珍式好干部”就是全省广大党员干部的优秀代表。我们绝不能因为极个别腐败分子就否定整个干部队伍，绝不能因为个别工作失误就否定全面工作进步，绝不能因为某些负面舆论就否定江西整体形象。

但是，我们也要看到，目前我省干部队伍中确实还存在一些值得警惕的倾向性、苗头性问题。比如，在做人方面，有的信奉所谓关系学，热衷找关系、托人情、走门子，用尽心思攀附和经营各种关系；有的作风懒散、纪律松弛，工作上不思进取，推诿扯皮；有的生活上贪图安逸，追求享乐，缺乏约束和自制。在做官方面，有的“官瘾大”“官德差”，跑官要官劲头十足，一个位子刚坐不久就想重用或提拔，一听到要动干部就四处活动找人，一见到别人提拔就无原则四处告状，一见到有干部出问题就幸灾乐祸觉得机会来了。在做事方面，有的缺乏担当精神，认为“多一事不如少一事、少一事不如不做事、不出事就是真本事”；有的说的漂亮，实干不行，习惯于搞形式主义，甚至弄虚作假；有的眼睛向上，不求实效，不切实际，热衷于上面满意，搞花架子表面文章。这些弊端必须坚决克服。

习近平总书记强调，加强党的建设，必须营造一个良好的从政环境，也就是要有一个好的政治生态。省委也反复强调，要像爱护江西山清水秀的自然生态一样，建设风清气正的政治生态。应当说，经过一年多的努力，建设风清气正的政治生态已经具备良好的民意基础、工作基础和干部基础。民意基础，就是人民群众的支持和拥护；工作基础，就是反腐败和作风建设已经取得明显成效；干部基础，就是全省干部队伍主流是好的。我们要趁热打铁，进一步把建设风清气正的政治生态引向深入。那么，何为“风清气正”？一言以蔽之，激浊扬清，让党风更优、政风更好、民风更纯，让整个社会充满蓬勃朝气、昂扬锐气、浩然正气。具体到党员干部，必须既要廉政，更要勤政；既要干净，更要干事；既要谨慎，更要担当。具体到各级党组织，必须既要加大惩戒力度、防止“一颗老鼠屎坏了一锅汤”；又要重视激励和榜样作用，推动见贤思齐蔚然成风。为此，广大党员干部要牢固树立起三种观念。一是要牢固树立非义不取的名利观。古人讲，“人非善不交，物非义不取”。党员干部的“义”，是党纪国法。“非义不取”，就是凡是不符合党纪国法的名利坚决不能要。习近平总书记曾谆谆告诫：“当官就不要想发财，想发财就不要去做官。”党员干部要以平常之心看待名利，不为物所役、不为欲所累，做到一身正气、一尘不染。要学会在约束中工作，习惯在监督下干事，摆脱名缰利锁的束缚，追求为人民谋福祉的大自由。要在严于律己的同时，管好配偶、子女和身边工作人员，永葆干净心灵、清白名声、廉洁口碑。二是要牢固树立健康文明的交往观。同志之间进行一些正常健康的交往，相互增长知识、交流工作、密切感情、丰富生活，值得支持和提倡。但是，要反对庸俗低俗的交往。要时刻牢记，对于领导干部而言，人情之中有原则，交往当中有政治。一定要择善而交，多交益友净友，多交普通百姓朋友，多交先进模范朋友，积极开展健康文明的人际交往。三是要牢固树立实干立身的进步观。党员干部希望得到组织的肯定、社会的认可，追求政治上的进步、职务上的升迁，本是人之常情、无可厚非。但要知道，为官一任，就要造福一方。每一位党员干部都要时常扪心自问，食人民之禄，我们为人民回报了多少？要以平常之心看待个人进步，以进取之心对待个人奉献，坚持走实干立身的光明大道，不走钻营讨巧的歪门邪道，坚持实事求是、讲真话、办实事，不搞形式主义、弄虚作假，真正靠造福一方赢得组织和人民的认可，真正靠实干实绩追求个人成长进步。

同时，对各级党组织来说，要持之以恒狠抓中央八项规定精神贯彻落实，深入推进教育实践活动取得成效，督促“三严三实”要求落到实处，确保“连心、强基、模范”三大工程久久为功，为建设风清气正的政治生态营造良好氛围。

第三，始终保持昂扬奋进的精神状态，凝心聚力抓好各项工作。“疾风知劲草，烈火炼真金。”越是重大关头，越能考验干部。现在，江西发展上正处在关键节点。在标兵越来越远、追兵日益逼近的现实中，不容有任何懈怠和松劲，必须奋力一搏迈过发展升级这道关隘。面对江西还是欠发达省份、还比兄弟省市落后很多、还有很多老区人民生活困难的现实，我们要有强烈的责任意识，始终做到不分心、不走神、不观望、不折腾，把全部心思和精力都聚焦到推动发展、加快崛起上来。面对改革发展稳定中的矛盾问题，我们要有强烈的担当精神，敢于迎难而上，敢于挺身而出，敢于承担责任，人人争做俯仰无愧、堂堂正正的有为官、勤政官，绝不做明哲保身、但求无过的庸懒官、太平官。面对议论纷纷的社会环境，我们要有敏锐的辨识能力，不信谣、不传谣、不造谣，心无旁骛地做好自己的本职工作，以点滴之力汇聚实干兴赣的磅礴力量。各级党委、政府要始终坚持发展这个第一要务，以发展的硬道理统领思想共识，以发展的大目标凝聚各方面智慧力量。要坚持在干事创业中锤炼干部、检验干部、考察干部，旗帜鲜明地支持干事者、保护干事者，切实为那些敢干事、能干事、有担当的干部撑腰鼓劲，把广大干部群众干事创业的积极性、创造性引导好、发挥好、保护好，把一大批“信念坚定、为民服务、勤政务实、敢于担当、清正廉洁”的好干部选出来、用起来，努力形成一心一意谋发展、众志成城促崛起的浓厚氛围。

同志们，进一步推动发展升级，是落实十六字方针的基础性、先导性工作，是实现我省科学发展、绿色崛起的重要举措。我们要更加紧密团结在以习近平同志为总书记的党中央周围，进一步解放思想，开拓创新，埋头苦干，努力走出一条符合江西实际、具有江西特色的发展升级新路子，确保2020年如期与全国同步全面建成小康社会！

在省委十三届十次全体会议结束时的讲话

省委书记　强　卫

（2014年12月3日）

同志们：

这次会议开得很成功，圆满完成了各项议程，就要胜利闭幕了。会议听取了省委常委会工作报告。大家一致认为，报告全面总结了省委十三届八次全会以来的工作，是一个求真务实、实事求是的好报告。大家一致认为，报告总结的“三个定力”，即最根本的是始终保持政治定力，坚定不移地与以习近平同志为总书记的党中央保持高度一致；最重要的是始终保持战略定力，持之以恒贯彻落实省委十六字方针；最关键的是始终保持实干定力，形成一心一意谋发展、众志成城促崛起的浓厚氛围，这既是省委工作的深刻体会，也是各级各部门做好工作的重要遵循。全会还审议通过了《中共江西省委关于全面推进法治江西建设的意见》（以下简称《意见》）。大家一致认为，《意见》明确了全面推进法治江西建设的指导思想、总目标和主要任务，符合中央精神，契合江西实际，特别是紧扣保障社会公正、促进社会诚信、维护社会秩序三大重点任务，抓住了法治江西建设的核心和主线，对于推动“发展升级、小康提速、绿色崛起、实干兴赣”具有重要引领和保障作用。

“一分部署、九分落实。”当前和今后一个时期，全省上下的一项重要政治任务，就是以贯彻《意见》为抓手，推动中央《决定》和全面推进依法治国各项部署在我省落地生根，不断取得法治江西建设的新成效。在工作中要注意把握好三个方面：

第一，要坚持正确方向

方向问题至关重要。习近平总书记指出，全面推进依法治国这件大事能不能办好，最关键的是方向是不是正确、政治保证是不是坚强有力。贯彻中央决策部署，全面推进法治江西建设，最根本的方向就是要坚定不移走中国特色社会主义法治道路，所有目标、任务、举措、部署都必须围绕这个道路来展开。具体来说，就是必须坚持中国共产党的领导，必须坚持人民主体地位，必须坚持法律面前人人平等，必须坚持依法治国和以德治国相结合，必须坚持从中国实际出发。“五个必须”中，最核心的就是必须坚持党的领导。因为依法治国是我们党提出来的，把依法治国上升为党领导人民治理国家的基本方略也是我们党提出来的，而且党一直带领人民在实践中推进依法治国。所以党的领导是中国特色社会主义最本质的特征，是社会主义法治最根本的保证。我们要始终坚持党的领导、人民当家作主、依法治国的有机统一，坚持党总揽全局、协调各方的领导核心作用，坚持把党的领导贯彻到全面推进法治江西建设的全过程，落实到领导立法、保证执法、支持司法、带头守法的各方面。在道路方向这个重大原则问题上，我们必须头脑清醒、旗帜鲜明，必须树立自信、保持定力，必须理直气壮、毫不含糊。

第二，要抓住重点任务

全面推进法治江西建设，涉及各个领域、各个方面，既要整体地全面地系统地抓好落实，又要紧扣保障社会公正、促进社会诚信、维护社会秩序三大重点任务，以重点突破带动全局发展。要坚持把社会公正作为法治建设的价值追求，下大力气解决执法不公、司法不公等突出问题，逐步破解影响社会公正的深层次难题，不断建立健全以权利公平、机会公平、规则公平为主要内容的体制机制，努力使各项工作更好地促进公正、最大限度地实现公正。要坚持把社会诚信作为法治建设的重要基础，抓住政府、公民、组织三个环节，建立健全守法信用记录，完善守法诚信褒奖机制和违法失信行为惩戒机制，真正让守信者处处受益、失信者寸步难行，不断提升社会诚信水平。要坚持把社会秩序作为法治建设的基本要求，坚持问题导向，创新社会治理方式，注重源头治理、依法治理、系统治理、综合治理，依法协调社会关系，依法化解社会矛盾，依法打击违法犯罪，依法加强互联网管理，依法加强意识形态工作，保障社会既充满活力又和谐有序。

第三，要确保有序推进

十八届四中全会就全面推进依法治国提出了190项重大举措，我省明确细化了225项具体任务，确实是千头万绪、任务繁重。各地各部门要精心组织、加强领导，建立健全分工机制、推进机制、协调机制、督导机制，充分调动人民团体、社会组织和人民群众的积极性，创造性地把中央和省委各项决策部署落实到位。特别是对于涉及改革的事项，既要把握中央和省委决策的政治性、严肃性，坚决按照中央和省委确定的方向、目标、原则办事，又要充分发挥自身主观能动性、创造性，因地制宜，勇于探索，大胆实践，依照法治的精神和理念来推进。

同志们，党的十八大提出全面建成小康社会的战略目标，十八届三中全会作出全面深化改革的重大部署，十八届四中全会又作出全面推进依法治国的重大决策，形成了相互衔接、层层递进的战略部署。这“三个全面”当中，改革是强大动力，法治是可靠保障，核心就是要实现全面建成小康社会。我们党现阶段所有工作都是围绕全面建成小康社会这个目标来谋划、部署和落实的。

那么，我省建设全面小康的现状如何呢？近年来，我省发展取得了积极成效，小康提速呈现逐年加快的好势头。“十二五”时期前三年，总体小康进程平均每年推进3.6个百分点，分别比“十五”和“十一五”时期快2.3和0.9个百分点。2013年，总体实现进度达到81.1%，八成监测指标超时间进度。这些成绩是十分难能可贵的。但实事求是地看，我省全面小康实现程度与全国相比还存在不少差距。目前，我省全面小康总体实现程度比全国低5.4个百分点，35项监测指标有24项指标实现程度低于全国平均水平，尤其是经济发展方面的差距最大，比全国低16.5个百分点。经济发展方面，又有三项指标差距尤为突出：一是人均GDP的实现程度为50.5%，总量仅相当于全国的四分之三，居全国第25位、中部第5位，成为我省全面小康的沉重压力；二是第三产业增加值占GDP的比重仅为35.1%，比全国低10个百分点以上，成为我省全面小康的突出矛盾；三是农村实现全面小康程度仅为62.2%，比全国平均水平低20个百分点以上，成为我省全面小康的薄弱短板。现在，我省的全面小康还面临许多新挑战。从外部看，我国经济步入中高速增长新常态，处在经济增速换档期，必定会对我省经济增长动力、速度等产生影响，同时地方间的区域竞争压力也会越来越大。从内部看，我省经济欠发达的地位没有根本改变，经济发展和居民收入水平一直偏低，尤其是现在稳增长难度很大，实体经济运行困难，产业结构矛盾突出，进一步增加了我省实现全面小康的困难。

在这样的差距、压力和挑战下，我省还能不能如期实现全面小康呢？综合分析各方面因素，现在我省发展仍然是机遇大于挑战。只要我们坚持不懈地努力，完全可以如期实现全面小康目标。从宏观层面看，大环境趋好。国家实施长江经济带、“一带一路”等重大发展战略，成立金砖国家银行、亚洲基础设施银行与丝路基金，全面推进对内对外经济合作升级，这有利于我省深入参与国际国内区域经济合作，拓展更大的发展空间。从中观层面看，发展基础更加扎实。2013年，全省生产总值达1.43万亿元，实现五年翻一番；人均生产总值突破5000美元，达5100美元以上；财政总收入达2357亿元，实现三年翻一番。今年，全省经济继续保持了平稳较快增长的良好势头。随着国家加快赣南等原中央苏区振兴发展、鄱阳湖生态经济区、罗霄山连片特困地区发展与扶贫攻坚、生态文明先行示范区建设等重大战略的深入落实，我省获得的支持将继续增多，更多含金量高的政策和项目也会不断落地。从微观层面看，一些差距指标可以迎头赶上。近年来，我省GDP年均增幅一直比全国高2个百分点左右，按照这个速度，到2020年我省人均GDP小康目标值实现程度接近95%；第三产业占比小康目标值实现程度接近90%；文化产业增加值占GDP比重、公共交通服务指数等一些差距较大的指标，预计也可以达到97%以上。如果再加一把劲，使我省GDP增幅再高一点，到2020年一些差距较大的指标完全都可以达到目标。

那么，如何确保我省如期实现全面小康呢？最根本的是还要坚持以经济建设为中心，紧紧扭住发展这个第一要务不放松，不断壮大我省的总体实力和竞争力。全省上下一定要进一步增强责任和勇气，正视差距，看到不足，肩负起光荣的历史使命，千方百计把经济搞上去；一定要进一步保持信心和定力，持之以恒贯彻十六字方针，认真落实省委决策部署，坚定不移加快发展，坚定不移推进转型升级，持续用力、久久为功；一定要进一步倡导实干和苦干，大兴求真务实之风，大力发扬钉钉子精神，以“人一之我十之”的劲头扑下身子、埋头做事，一步一个脚印向前进。总之，现在距2020年只有五年时间了，到了分秒必争、只争朝夕的关键时候。我们要立下愚公志，用5年时间决战同步全面小康，确保2020年与全国同步进入全面小康社会。

“万丈高楼平地起。”2015年是“十二五”收官之年，是全面深化改革的推进之年，是全面推进依法治国的起始之年，更是为“五年决战同步小康”打下更为扎实基础的重要一年。做好2015年的工作，具有十分重要的意义。2015年全省工作总的要求是：全面落实党的十八大和十八届三中、四中全会精神，深入贯彻习近平总书记系列重要讲话精神，始终保持政治定力、战略定力、实干定力，以深入推进为总基调，深入推进贯彻落实十六字方针，深入推进全面深化改革，深入推进法治江西建设，深入推进从严治党，适应新常态、展现新作为，为实现与全国同步全面建成小康社会而扎实工作。

这里，我就做好明年的工作，强调四个方面。

第一，适应经济发展新常态，进一步推动发展升级

当前，我国经济发展呈现出与以往不同的新常态。习

近平总书记在APEC工商领导人峰会上的演讲中,对新常态的特征作出了权威界定:一是从高速增长转为中高速增长;二是经济结构不断优化升级;三是从要素驱动、投资驱动转向创新驱动。同时,新常态也伴随着新矛盾新问题,一些潜在风险会渐渐浮出水面。一段时间以来,社会上对新常态存在不同理解,有的人把新常态视为洪水猛兽,认为唱衰了中国经济;有的人则片面理解新常态就是经济低速增长。总书记的讲话为准确理解新常态定了调,我们一定要把思想和行动统一到中央对当前形势的科学判断和总体要求上来。

在新常态下,如何看待我省十六字方针?这需要联系十六字方针实施近两年的实践加以分析。从发展速度看,这两年我省主要经济指标增速高于全国平均水平,多数指标在全国的排位前移。去年GDP增长10.1%,比全国平均水平高2.4个百分点,居全国第13位;今年前三季度,GDP增长9.5%,居中部第1位、全国第7位,位次前移6位。这说明,我省保持了平稳较快增长的良好态势。从经济结构看,去年我省服务业增加值占GDP比重提高0.5个百分点,高耗能产业增速比规模以上工业增速低1.1个百分点。今年前三季度,我省服务业完成投资比重同比提高3.2个百分点;高耗能产业增加值占规上工业比重40.1%,同比下降0.5个百分点。这说明,我省产业升级初见成效,经济结构优化向好。从增长动力看,去年我省投资增长20%、消费增长13.6%,分别比全国高0.4和0.5个百分点,今年前三季度,投资和消费增幅居全国第13位和第14位,位次分别前移8位和4位;进出口总额增幅居全国第8位,高于全国平均水平16.1个百分点;实际利用外资增长10.34%,超过去年同期水平。这说明,我省经济增长动力强劲多元,潜力较大。从面临挑战看,我省经济发展的下行压力较大,仍面临实体经济不强,企业投资意愿下降、融资难融资贵等问题,这些也都是新常态下全国遇到的。实践证明,我省的十六字方针特别是推动发展升级的部署是正确的,完全符合新常态下经济发展的新要求,我们必须持之以恒地坚持下去。

再过些天,就要召开中央经济工作会议,对明年经济工作进行全面部署。月底,省委也要召开经济工作会议,具体部署明年我省经济工作。这里,我就新常态下推进发展升级强调三点。

一是要始终保持较高的增长速度。新常态下,我国经济将从9%左右的高速增长转为7%~8%中高速增长。全国实现到2020年国内生产总值和城乡居民人均收入比2010年翻一番的目标,只要保持7%的增速就够了。但是,我省要赶上全国平均水平、实现与全国全面同步小康,今后几年的GDP年均增速必须比全国高。我们常说,“取法乎上,仅得其中”,把目标定高一点,跳起来摘桃子,更能激发大家的干劲,形成你追我赶的好态势。总体上,我省经济总量正处在1万亿元向2万亿元迈进的过程中,按照经济规律,这个过程中会有一个较高增速的惯性,这为我们保持较高增速提供了强大的势能。今年前三季度,我省经济增速已经跃居中部地区首位,发展势头持续向好,继续显现了较高增速的态势。只要我们持续加大投入、扩大内需,不断打造新的经济增长点,保持经济平稳较快发展完全是能够实现的。所以,不能因为现在讲不唯GDP,就认为可以不要GDP了,更不能对GDP掉出合理区间仍心安理得、无动于衷。当然,我们强调的较高增速,是实实在在、没有水分的增速,是注重改善民生、就业比较充分的增速,是生态环境得到有力保护的增速。我们一定要积极适应新常态,大力培育发展新动力,充分挖掘增长新潜能,努力把经济总量做得更大,为经济结构调整和转型升级腾出更大的空间。

二是要加快推动转型升级。当前,我省推动发展升级的棋局才刚刚开盘,还没有到中盘,这个时候尤其要保持定力、集中精力,努力把这盘棋下好、下活。我省已经规划了十大战略性新兴产业,明确打造60个重点工业产业集群、75个农业产业集群、35个旅游产业集群和16个现代物流产业集群。这是我省加快转型升级的切入点和着力点,必须按照“五个强化”的部署要求,举全省之力、集各方资源,坚定不移地去推动、去落实。

尤其要强调的是,我们要加快培育新的产业爆发点,加大扶持力度,强化创新驱动,不断壮大航空、新能源、电子信息、生物医药、汽车、环保等战略性新兴产业,大力发展以飞机高端制造、智能制造装备、节能汽车为代表的先进装备制造业,打造南昌航空城、景德镇直升机产业区域集聚试点等产业基地,努力培育更多百亿级企业、千亿级产业,把我省经济发展的脊梁骨挺起来。同时,还要着眼于改造提升传统产业,大力推进工业化与信息化的深度融合,引导有色、钢铁、汽车、石化、食品、建材等传统优势产业集聚发展,让“老树发新芽”,更加生机勃勃地发展。要大力发展现代农业,建设一批现代农业综合示范园区,培育一批农业产业化龙头企业,不断深化农产品精深加工,进一步提升我省绿色农产品的品牌效应。要大力扶持新兴业态,加快发展电子商务、金融保险、科技服务、信息服务、文化创意等新兴服务业,加快建设现代旅游强省,不断优化提升产业结构。

只有在转型升级上先人一步、快人一拍,我们才能顺利度过这一轮结构调整阵痛期,在区域发展竞争中赢得主动、占得先机。

三是要积极对接融入国家战略。当前,国家推进长江经济带、长江中游城市群、“一带一路”等重大战略,发展重心、开放前沿继续向中西部转移,江西承东启西的区位优势进一步凸显,我省做大经济总量、融入区域合作迎来了历史性机遇。常言道,“机不可失,时不再来”。对我省来说,像这样的重大战略机遇可能不会再多了。我们一定要加紧进行战略研究和谋划,集中力量,形成拳头,努力在对接国家发展战略中争取更大的份量,拥有更多的主动权。

要强化开放平台对接,加速推进昌九一体化,统筹推进南昌临空经济区、共青先导区建设。目前,围绕打造昌九新区,有关部门积极开展可行性研究;现在,湖南、湖北、安徽沿长江建设新区的力度很大。我们一定要抓紧时间,加大力度,尽快把昌九新区建设工作实质性地开展起来,争取早日获得国家批准,使之成为我省融入长江经济带的战略平台,成为引领我省加快发展的新引擎。要强化基础设施对接,实施长江干支线航道等级提升工程,推进快速大能力铁路运输通道建设工程,加快高等级广覆盖公路网建设工程,统筹航空枢纽及支线机场建设工程,完善油气管道布局建设工程,着力建设现代化综合立体交通体系。要强化重点产业对接,积极承接区域间产业转移,主动参与产业分工协作,全力打造现代化产业集聚区,全面提升产业竞合能力。要强化市场体系对接,积极参与构建跨区域经济合作机制,全力推进大通关体系建设,加强与上海自贸区对接,加快一体化市场体系建设,加快形成区域市场共同体。

这里要强调的是,国家正在研究“十三五”规划、长江经济带产业转移实施方案、长江中游城市群建设实施规划、“一带一路”建设战略规划,我们一定要提前进行谋划,积极主动地做好工作,争取更多项目进入国家盘子。

第二,适应全面深化改革新常态,进一步激发市场活力

党的十一届三中全会开启的改革开放进程,成为当代中国最深刻的一场革命。党的十八届三中全会部署新一轮全面深化改革,涉及的范围更广,影响更为深远,必将成为今后中国发展的高昂主旋律。习近平总书记鲜明地指出,唯改革者进,唯创新者强,唯改革创新者胜。我们要深刻认识到,全面深化改革不仅是当前的紧迫任务,也是事关长远的战略抉择,更是我们党坚定的执政理念。我们必须适应全面深化改革新常态,大力弘扬改革创新精神,始终用改革的理念、改革的思维、改革的手段推进各项事业。

一年多来,我省全面深化改革实现稳步开局。明年各项改革措施进入密集实施阶段,改革任务十分繁重。越是这个时候,越要冷静沉着,抓住重点,精准发力,推动改革取得更大的成效。我们常说,改革由问题倒逼产生,又在不断解决问题中深化。现在,制约我省发展的最大障碍,仍然是市场化程度不高,市场活力不强。下一步推进改革,就要坚持问题导向,牢牢抓住激发市场活力这个核心,不断把我省市场化改革引向深入,进而牵引其他领域的改革协同推进。

一方面,要继续努力在转变政府职能上取得更大成效。市场化改革的核心问题是处理好政府和市场的关系,划清政府和市场的边界,最大限度减少政府干预资源配置。与沿海发达省份相比,我省市场活力不强,有市场发育不健全的原因,但主要在于政府管得过宽、干预过多,对市场主体条条框框的束缚太紧。要坚定不移地转变政府职能,着力在简政放权上取得实质性突破,做好“放”与“接”两篇大文章。首先,该放的权力要彻底放到位。今年我省分三批取消下放了234项和48个子项省本级行政许可事项,精简率达到38%,这个力度是很大的。但是,是不是该放的都放到位了呢?实际效果又到底怎么样呢?目前,下放不彻底、不协调、不平衡的问题还是比较多的,有的部门巧立名目设置管理事项,名义上不叫行政审批,实际上就是一道“门槛”,与审批没什么区别。有的把行政审批变相转移到公办中介机构和行政化的社会组织,说起来是下放了,其实仍在自己的管辖范围,只不过更隐蔽而已。还有一些重点领域,你放我不放,放到的层级也不一样,存在碎片化倾向,导致相互牵扯,影响了改革质量。要对照中央的要求、自己的承诺,对下放的权力好好做一次系统梳理,认真总结问题,采取有效措施确保权力彻底放到位。据了解,有的沿海省份权力下放的力度很大,比如浙江省级原始权力清单有1.2万多项,经过清理后保留4200多项,总共减少8000多项。他们之所以下放、减少这么多权限,除了行政审批权外,更多的是行政处罚、行政强制、行政征收、行政许可等事项。我省目前下放的还仅限于行政审批领域,行政处罚、行政强制、行政征收、行政许可、行政给付、行政裁决、行政确认、行政奖励等诸多方面还未涉及。我们要与兄弟省份进行对照比较,赶紧行动起来。其次,要把下放的权力承接好。中央和省里下放行政审批权,下面接不接得住、办不办得好,对地方来说也是一个大考验。各地一定要加强人员培训,提升硬件设施,真正使下放权接住、用好、用到位。上级部门也决不能一放了之,而是要加强帮助指导,跟进事中、事后监管,真正把好事办实,把实事办好。把“一放一接”做好了,只是基础性的工作。下一步,还要以“三单一网”改革为突破口,持续把简政放权向纵深推进。省级政府已经带头公布了“权力清单”,正在抓紧制定“负面清单”“责任清单”,各市、县政府都要尽快拿出完整的“权力清单”“负面清单”“责任清单”,真正做到法无授权不可为、法定职责必须为。对保留的审批项目,继续进行流程再造,改进审批方式,建立全省网上项目“并联”审批系统和制度,提高网上审批率,确保简政放权放得顺畅、放得到位、放得彻底、放出活力。

另一方面,要着力构建统一开放、竞争有序的市场体系。加快完善现代市场体系,是使市场在资源配置中起决定作用的基础。最近,我国与韩国、澳大利亚先后签署了自由贸易协定,并积极倡导亚太自由贸易区,提出打造中国东盟自贸区的升级版。这一系列举措,目的在于构建更加开放的大市场。我们作为一个省,更要在省域内打破各种有形无形的市场壁垒,营造公平竞争的市场环境。据了解,一些贸易企业在出口市场趋缓的形势下也不愿意做内贸,原因就是国内市场规则不统一、壁垒太多。这种现象在江西也比较突出,一定要切实改变过来。首先,要公平对待市场主体。近些年,从国家到地方出台了不少鼓励非公有制经济发展的政策措施,但在一些行业和领域,仍存在对非公有制经济“名义开放、实际限制”的“玻璃门”。民营企业在争取融资、财政扶持、土地等要素资源方面,仍然遭受了许多实质上的不平等待遇。还有一些地方招商引资时,对外来投资允诺各种优惠,对本土企业却不太重视。我们必须消除对不同所有制、不同区域企业的差别待遇,坚持权利平等、机会平等、规则平等,在政策上一视同仁、一体对待,让各类市场主体在统一的市场规则中公平竞争。其次,要坚决打破市场壁垒。一些人为设置市场壁垒的做法,短期保护了地方利益,长远一定会给地方带来更大负面效应,说得严重一点是后患无穷。我们必须坚决打破部门保护、地方保护等各种利益掣肘,打破因体制机制造成的市场分割,搭建让市场机制充分发挥作用的平台,让企业自主经营、公平竞争,让消费者自由选择、自主消费。其三,要促进市场要素合理充分流动。市场要素好比市场经济的血液,只有血液循环正常,市场才能健康发展。要大力推动重要要素市场改革,促进资金、土地、劳动力、物流市场建设,积极培育各类市场中介组织,加快发展生产性和生活性服务业,真正为现代市场体系建设增添活力。要深入推进金融业开放,大力引进银行、保险、证券、担保等金融机构及各种创业投资基金、风险投资基金、科技孵化基金,搞活资本市场。要

建立城乡统一的建设用地市场,促进土地在竞争性使用中得到优化配置。要深化户籍制度改革,消除农民工的各种不平等待遇,清除国有企业员工向私营企业流动的各种障碍,建立统一开放的劳动力市场。要加快物流业发展和物流体系建设,建设统一的物流大市场。这些归结起来,目的就是一个,使各种要素资源在合理充分流动中提高配置效率,迸发生机活力。

检验全面深化改革的成效,不在于发了多少文件、开了多少会,而要看破解了多少难题,取得了多大实效。当前,受国内外宏观环境影响,我省经济运行中出现了一些新情况,有的是短期问题与长期矛盾相互叠加的结果,有的是总量问题与结构矛盾相互交织造成的,处理起来确实比较棘手。对此,我们既不能有畏难情绪,也不能采用老思路、老办法,而是要遵循市场规律,运用改革的办法,逐个把脉分析、对症下药、加以破解。比如,对于融资难的问题,现在是大企业资金足,小企业闹钱荒,这就要想办法在金融机构和中小企业之间,搭建既能降低风险、又能保证信誉的第三方平台,真正打开向中小企业输送资金的利益阀门。又如,对于企业投资意愿不强的问题,就要进一步扩大向非国有资本开放投资的领域,特别是抓紧推进基础设施建设公私合营的 PPP 模式试点,这既能缓解政府投入压力,又能为民间资本开辟新的投资空间。又如,对于企业创新力不强的问题,关键是利益联结机制没有健全,要以重大项目为牵引,以龙头企业为重点,促进产、学、研、用紧密联合,不断强化创新驱动。再如,对于全社会创业活力不足的问题,要大力营造创业光荣的风尚,提供有力的扶持政策,真正把创业的门槛降到最低。总之,面对难题,我们要拿出"敢为天下先"的勇气,坚决向改革要思路、要办法、要成效,在深化改革中攻坚克难、不断前进。

第三,适应全面推进依法治国新常态,进一步转变领导方式

全面推进依法治国,是国家治理领域一场广泛而深刻的革命,要求我们党把法治作为治国理政的基本方式,不断提高科学执政、民主执政、依法执政水平,实现党、国家、社会各项事务治理制度化、规范化、程序化。近年来,我省法治江西建设取得了积极成效,但领导干部的法治观念、依法办事能力还存在着不适应、不符合的问题,有的法治意识淡薄,人治思想、长官意志严重,知法犯法、以言代法、以权压法、徇私枉法;有的认为依法办事条条框框多、束缚手脚,只要能办成事,什么办法都可以用;有的把法律当摆设,不履行法定职责,使一些法律法规变成一纸空文;执法司法不严不公不廉及其腐败问题也不同程度存在,群众反映强烈。解决这些问题,要求各级领导干部必须牢固树立法治意识、弘扬法治精神,带头遵守宪法和法律,自觉做到办事依法、遇事找法、解决问题用法、化解矛盾靠法,不断提高运用法治思维和法治方式深化改革、推动发展、化解矛盾、维护稳定的能力。

一是要强化法治思维。处理问题的时候,首先想到领导怎么说的、上级怎么要求的、红头文件怎么规定的,这就是人治思维。反过来,首先想到宪法是怎么规定的,法律是怎么要求的,这才是法治思维。比如,进京非访一直是老大难问题,以前主要靠行政手段解决,甚至花钱买平安,导致恶性循环,成了"死结"。今年以来,我们运用法治思维和法治方式,一手抓依法解决合法合理诉求,一手抓依法打击违法犯罪行为,使进京非访总量大幅减少。我们还在全国率先颁布了医疗纠纷预防处理条例,推动依法化解医疗纠纷,有效遏制了医闹事件。这启示我们,法治思维可以更好地破解难题、推动工作。

各级领导干部强化法治思维,核心就是坚持宪法法律至上,以合法性为起点,以公平正义为核心,以法律规范、法律原则和法律精神作为判断是非和处理事情的标准。要树立权力法定意识,始终牢记权力源自人民,来自法律授权,必须对人民负责、对法律负责,坚持法定职责必须为、法无授权不可为,做到依法用权、秉公用权、为民用权,做到不搞特权、不以权谋私、不以权压法、不以言代法,真正在宪法和法律范围内活动。要树立遵守程序意识,坚决摒弃那种只要目的正当可以不计较手段的错误观念,把遵守程序的要求落实到领导工作全过程和各环节,做到执行程序一环不缺、严守程序一步不错。特别是重大决策必须把公众参与、专家论证、风险评估、合法性审查、集体讨论决定作为法定程序,以确保程序正当、过程公开、责任明确。要树立权利保障意识,恪守以民为本、执法为民的理念,依法公正对待人民群众诉求,坚决纠正有法不依、执法不严、违法不究现象,确保人民群众的权利不遭剥夺、尊严不受践踏,让人民群众时时刻刻感受到公平正义就在身边。

二是要规范领导行为。不少基层干部反映,现在要求严了、束缚多了,工作中感到很茫然、无所适从,不是不想干,而是不知怎么干,正所谓"老办法不管用、新办法不会用"。这种现象说明,全面推进依法治国对领导干部的工作方式、行为方式提出了新的更高要求。

规范领导行为,核心就是要把各项工作纳入法治化轨道。在制定决策时,要多思考决策合不合法,是不是于法有据,确保决策目的、权限、内容、手段、程序都符合法律规定。在推动落实时,要坚持行政、经济、法治的手段并举,更多地运用法治方式和法治手段,转变过去用会议、文件、讲话来推动工作落实的习惯做法,坚决防止以经验和传统做法代替法规制度。在考核评价时,要把法律的基本原则和具体规则作为重要标准,遵循事实依据,尊重客观规律,既考虑工作效益和老百姓的切身利益,也考虑法律效果。在督促检查时,要把是否合法合规作为校正的标尺,对不符合法律法规规定的事敢于当面指正、责令整改,坚决维护宪法和法律的严肃性和权威性。

三是要提高法治能力。这些年来,我们坚持以经济建设为中心,培养和锻造了一大批经济工作的"行家里手"。现在,全面推进依法治国,迫切需要一大批法治建设的"行家里手"。为此,一方面,领导干部自己要努力提高。要学法懂法,把学习宪法作为"第一课",系统学习法律知识,对分管领域涉及的法律法规要"通",对履行职责需要的法律法规要"精",知道应该做什么、不应该做什么,应该做的怎么做、做到什么程度。要遵法守法,牢固树立社会主义法治观念,把遵纪守法、依法办事作为安身立命的基本要求,时时事事以党纪国法约束自己。要坚决护法,带头捍卫宪法

法律尊严，维护公平正义，推进司法公正，旗帜鲜明地支持司法机关依法独立行使职权，敢于同以权压法、徇私枉法等行为坚决斗争。提高法治能力不是抽象的，要在解决具体问题中进行检验。比如，今年省委对城乡社会治理、环境管理提出了四句话要求，就是干干净净、漂漂亮亮、井然有序、和谐宜居。如何把这些原则要求加以实施，很重要的是要纳入法治轨道依法推进；还有，如何依法化解矛盾纠纷，把平安建设纳入法治化轨道，着力维护社会大局稳定，等等，都需要我们以法治的思维和思路去解决。另一方面，各级党组织也要加强教育培养，把提高法治素养和法治能力，纳入党委中心组学习的重要内容，列入党校（行政学院）干部培训的必修课，作为领导干部考核评价、选拔任用的重要依据。在相同条件下，优先提拔使用法治素养好、依法办事能力强的干部，以正确的导向推进各级干部提高法治能力。

第四，适应从严治党新常态，进一步锻造坚强队伍

党的十八大以来，党中央坚持党要管党、从严治党，全面加强党的各项建设，强调教育从严、作风从严、管理从严、监督从严、反腐败从严，对党员干部的约束越来越紧，对党组织的要求越来越高。我省绝大多数党员干部都能适应从严治党新常态，但也有少数党员干部思想上有偏差，有的认为从严治党是"一阵风"，风头过了就可以"松口气、歇一歇"；有的抱怨党规党纪禁令太多、要求太严，觉得"越来越不自由，越干越没意思"；也有的心存侥幸，认为只要不犯国法违点党纪不要紧，在整风肃纪中踩线越轨；还有的担心从严治党制约工作，持续反腐影响发展，提出反腐"危害论""过头论"，等等，这些都是十分错误的，必须坚决纠正过来。我们的态度是坚定不移的，那就是一定要坚持党要管党、从严治党不放松，把抓党建作为最大的政绩，持续推进我省风清气正的政治生态建设。

一是要切实增强党规党纪意识。国有国法，党有党规。我们党是一个政治坚定、组织严密的政党。从诞生之日起，党就把严明纪律写在自己的旗帜上。这是我们党90多年来从小到大、由弱到强、取得一个又一个胜利的根本保证。经过长期的探索实践，我们党已经形成了一整套系统完备、层次清晰、运行有效的党内法规制度，使管党治党建设党有章可循、有规可依。习近平总书记强调，法律是对全体公民的要求，党内法规制度是对全体党员的要求；我们党是先锋队，对党员的要求应该更严。总书记鲜明提出了"党纪严于国法"的要求。我们面临着"四大考验""四种危险"的严峻挑战，肩负着建设富裕和谐秀美江西的历史重任，只有把全省200多万党员凝聚成团结统一、步调一致的坚强集体，才能带领全省人民实现与全国同步全面建成小康社会的宏伟目标。全省每一个共产党员特别是领导干部，要始终牢记自己是一名在党旗下宣过誓的共产党员，是党组织的一分子，必须在党言党、在党忧党、在党为党，自觉接受党纪的规范和监督。如果我们连自己的党纪党规都守不住，党的先锋队作用就是一句空话，依法执政也不能实现。一定要严明党的政治纪律，始终高举中国特色社会主义伟大旗帜，深入学习习近平总书记系列重要讲话精神，进一步增强中国特色社会主义的道路自信、理论自信、制度自信，始终与党中央同心同德，坚决贯彻中央的大政方针和决策部署，坚决维护党中央权威，坚定不移地同以习近平同志为总书记的党中央保持高度一致。一定要严明党的组织纪律，始终把党放在心中最高位置，牢记自己的第一身份是共产党员，第一职责是为党工作，自觉遵守组织制度，服从组织管理，接受组织教育监督，把党内法规当作悬在头上的达摩克利斯之剑，学会在约束中工作，习惯在监督下干事。各级党组织要进一步严格监督执纪，以狠的态度、铁的手腕、韧的精神抓好纪律执行，做到违规必究、违规必查，"使纪律真正成为带电的高压线"，让党规党纪形成强大的威慑力。

二是要坚定不移推进党风廉政建设和反腐败斗争。党的十八大以来，我省以落实八项规定精神、反"四风"为突破口，无禁区、全覆盖、零容忍打击各类腐败行为，形成强大震慑，取得突出成效。但也要清醒地看到，我省反腐形势依然严峻复杂，腐败与反腐败成胶着对垒状态，一些地方、部门"四风"反弹的压力仍然存在。

要坚决落实党风廉政建设"两个责任"，坚持标本兼治、综合治理、惩防并举、注重预防的方针，不断健全反腐败的制度机制，形成推进党风廉政建设的强大合力。要坚定不移惩治腐败，坚持"老虎"、"苍蝇"一起打，持续保持高压态势，做到零容忍的态度不变、猛药去疴的决心不减、刮骨疗伤的勇气不泄、严厉惩处的尺度不松，发现一起查处一起，有腐必反、除恶务尽。要下大力气查处发生在群众身边的"微腐败""暗腐败""小官巨腐"等问题，真正让老百姓看到身边变化。要加强和改进巡视工作，在深入推进常规巡视的基础上，积极开展专项巡视试点，突出重点人、重点领域、重点问题，更加灵活机动地查办案件，充分发挥巡视的"利剑"作用。重中之重是加强"一把手"的巡视监督，全方位、多视角地了解"一把手"在廉洁从政、落实"八项规定"、执行党的政治纪律和选人用人等方面的情况。苏荣案件给我们最大的教训就是，"一把手"的行为和作风深刻影响一个地方的政治生态。"一把手"正，就会产生强大的示范效应，形成优良的从政环境；"一把手"偏，就会把队伍带散，什么歪风邪气都可能出现。我们一定要汲取这个严重教训，切实加大"一把手"教育、监督和管理力度，把制度的笼子扎得紧而又紧，着力形成不敢腐、不能腐、不想腐的体制机制。各级领导干部特别是各地各部门的"一把手"，一定要带头遵守廉洁从政各项规定，带头发扬民主集中制，带头接受各方面的监督，以自身的影响力和感召力，推动形成风清气正的政治生态。

现在，教育实践活动基本结束，总结工作都已经完成。我们既要看到取得的显著成果，又不能过分乐观。"冰冻三尺非一日之寒"，纠正"四风"是长期的艰巨任务，只有常抓不懈才能防止卷土重来。要始终保持忧患意识，持之以恒推进作风建设，坚持标本兼治，坚持抓常、抓细、抓长，不断把专项整改任务抓好抓实，着力解决体制和制度问题，着力铲除不良作风滋生蔓延的土壤，推动作风建设常态化、长效化，使不良作风成为过街老鼠、人人喊打。

三是要进一步激发干事创业的热情。近两年来，省委大力倡导实干兴赣，旗帜鲜明地支持干事者、保护干事者，极大地激发了全省上下干事创业的热情。党的十八大以来，中央查处了一些"大老虎"，我省反腐败斗争仍在深入

推进。在高压反腐的新态势下，既要保持战略定力不动摇，更要把干部群众的思想搅动起来，提振干事创业的精气神，凝聚共促发展的正能量，把兴赣大业不断推向前进。“气可鼓不可泄。”各级党组织和广大党员干部要深刻认识到，“严守党规是每个党员干部的基本要求，为党分忧是每个党员干部的应尽义务”，自觉把“守规矩”和“干事业”统一起来，提振奋发有为的精气神，保持实干兴赣的好状态。要以科学的考核激励人，牢固树立正确的用人导向，进一步建立健全考核考评机制，注重在深化改革、发展升级、小康建设的主战场发现干部、考察干部、选拔干部，旗帜鲜明地支持干事者、保护改革者、宽容失误者，及时为受到不实举报的干部澄清事实，切实为那些敢干事、能干事、有担当的干部撑腰鼓劲，在全省形成人人肯干事、会干事、干成事的良好氛围。要以有效的管理引导人，加强对干部的教育、管理和监督，特别是针对当前干部队伍中存在的“为官不易”“为官不为”“明哲保身”等不良思想，对不负责任的干部及时追究，对不称职的干部坚决调整，让为官不为者没有市场，让为官有为者得到重用。要关心关爱基层干部，适当提高基层干部待遇，逐步改善工作生活条件，保护和调动基层干部干事创业的积极性。

同志们，“为政之要，贵在落实”。今年10月，习近平总书记对全国党委秘书长会议作出重要批示，特别强调，各级党委办公厅（室）要更好地发挥基本职能作用，投入更大的力量、采取更有力的措施推动中央精神的贯彻落实，确保中央政令畅通、决策落地生根。总书记的重要批示，不仅是对各级党委办公厅（室）的要求，更是对各级党委（党组）的要求。现在，省委的发展思路、战略部署、工作基调都十分明确，关键就是要坚持不懈、狠抓落实、深入推进。全省各级党组织一定要模范带头、以身作则、示范引领，以科学有效的方法和锲而不舍的作风，确保中央精神和省委决策部署落到实处。要切实增强抓落实的意识，把抓落实放在更加突出位置，主动谋事、勇于担当，推动各项工作深入开展。要不断完善抓落实的机制，把各项工作任务分解到部门、具体到项目、落实到岗位、量化到个人，以责任制促落实、以责任制保成效，形成一级抓一级、层层抓落实的局面。要严格追究不落实的人和事，进一步完善工作督查制度、信息反馈制度、情况通报制度、重大责任追究制度，严肃追究责任心不强、作风不实、落实不力等行为，确保中央和省委政令畅通、决策落地生根。

同志们，全面推进依法治国，全面深化改革开放，全面建成小康社会，使命光荣、责任重大、任重道远。我们要更加紧密地团结在以习近平同志为总书记的党中央周围，进一步激发昂扬斗志、发扬担当精神、锤炼过硬作风，开拓创新、扎实苦干，为2020年如期与全国同步全面建成小康社会而不懈奋斗！

12月2日—3日，中共江西省委第十三届委员会第十次全体会议在南昌召开

梁振堂摄

政府工作报告

——在江西省第十二届人民代表大会第四次会议上

省　长　鹿心社

（2015年1月27日）

各位代表：

现在，我代表省人民政府，向大会作政府工作报告，请予审议，并请各位省政协委员和列席会议的同志提出意见。

一、2014年工作回顾

过去一年，面对复杂严峻的国内外发展环境，在党中央、国务院和省委的坚强领导下，全省上下认真贯彻落实党的十八大，十八届三中、四中全会和习近平总书记系列重要讲话精神，按照“发展升级、小康提速、绿色崛起、实干兴赣”十六字方针，坚持稳中求进、改革创新，统筹做好稳增长、促改革、调结构、惠民生各项工作，较好地完成了省十二届人大三次会议确定的主要目标任务。实现“五个突破”：即生产总值突破1.5万亿元，社会消费品零售总额突破5000亿元，外贸出口总额突破300亿美元，城镇化率突破50%，农村居民人均可支配收入突破1万元。主要经济指标增幅位居全国前列。

——经济发展稳中有进。全省生产总值1.57万亿元，增长9.7%。财政总收入2680.5亿元，增长13.7%，其中，一般公共预算收入1881.5亿元，增长16.1%。500万元以上项目固定资产投资1.47万亿元，增长18%。社会消费品零售总额5129.2亿元，增长12.7%。

——结构调整成效显著。粮食总产2143.5万吨，实现“十一连丰”。规模以上工业增加值6833.7亿元，增长11.8%，其中战略性新兴产业增加值增长11.3%。服务业占生产总值比重提高0.8个百分点。三次产业比由11.4:53.5:35.1调整到10.7:53.4:35.9。

——城乡建设步伐加快。高速公路通车里程4515千米，实现“县县通高速”。新增铁路营运里程588千米，达到3734千米。沪昆客专杭南长段建成通车，昌吉赣客专开工建设，江西进入高铁时代。城镇化率达到50.2%，城镇人口超过农村人口。

——人民生活持续改善。城镇新增就业55.1万人，社会保障水平进一步提高。居民消费价格总水平涨幅控制在2.3%。城镇居民人均可支配收入2.43万元，增长9.9%。农村居民人均可支配收入1.01万元，增长11.3%，连续五年实现两位数增长。

一年来，主要做了以下工作：

（一）积极应对经济下行压力，经济保持平稳增长。面对经济下行压力加大的严峻形势，坚持把稳增长放在首位，把握工作的力度和节奏，强化经济运行分析调度，积极实施“稳增长20条”政策。加大实体经济帮扶力度，建立涉企收费清单管理制度，创新融资模式，“财园信贷通”发放贷款229亿元，“财政惠农信贷通”发放贷款21.1亿元。坚持抓项目扩投资，推进重大基础设施、重点产业和社会事业项目建设。向社会新推出投资示范项目300个，引导民间资本进入基础设施、公共服务和基础产业领域，民间投资占全部投资的73.2%。非公经济增加值占生产总值比重达到57.9%，提高0.5个百分点。积极拓展消费需求，增加公共产品有效供给，出台了促进信息、养老、健康消费等政策措施，推动消费持续增长。着力扩大外贸出口，全面推行直通放行、绿色通道等通关措施，外贸出口总额320.4亿美元，增长13.7%。通过综合施策，多管齐下破解发展难题，全省经济保持平稳运行。

（二）全面深化改革开放，发展动力活力不断增强。加大简政放权力度，省级行政审批事项精简率达40%，向社会公开省本级行政审批项目目录清单，启动省市县三级网上“并联”审批系统建设。基本完成省市县政府机构改革。稳步推进财税、金融、投资体制改革。实施省属国企发展混合所有制经济、完善法人治理结构、市场化选聘国企高管等改革试点，有序推进省属经营性国有资产集中统一监管。实施注册资本认缴、先照后证等工商登记制度改革，新登记注册企业增长61.8%，注册资本增长1.1倍。农村土地承包经营权确权登记颁证、农村土地承包经营权流转等改革有序推进，国有林场改革基本完成。文化体制、医药卫生体制等社会事业改革扎实推进。坚持以开放促改革，出台全面扩大开放加快开放型经济发展升级的意见，成功举办世界低碳会、中国绿博会、景德镇国际瓷博会等活动，在香港成功举办赣港经贸合作活动，首次在台湾成功举办赣台经贸文化合作交流大会，以主宾省身份赴澳门参加第三届世界旅游经济论坛，并成功举办江西风景独好（澳门）旅游推介会。实际利用外资84.5亿美元,增长11.9%;利用省外5000万元以上项目资金4540亿元,增长17.6%,新增央企入赣项目27个,开放型经济提振向好。

(三)大力实施创新驱动,产业结构持续优化。加大科技创新力度,深化省校省院合作,积极搭建创新平台,新组建科技协同创新体13个,新增产业技术创新战略联盟11个、院士工作站28家、高新技术企业300家。专利申请量2.56万件、增长51.1%,专利授权量1.38万件、增长38.7%,增幅居全国第一,南昌欧菲光获中国专利金奖。7项科技成果获国家科学技术进步奖,特别是时隔15年,1项科技成果获国家科技进步一等奖。科技创新对发展升级的支撑引领作用进一步增强。围绕抓龙头、补链条、聚集群、强创新、创品牌、拓市场,大力培育发展重点产业集群,抓好战略性新兴产业发展和传统产业改造升级,电子信息、汽车产业主营业务收入过千亿元,全省超千亿产业达到9个。加快发展现代农业,深入推进"百县百园"工程,规模以上农业产业化龙头企业实现销售收入3900亿元,增长19%,农产品加工率达到52%。出台了促进金融业改革发展的政策措施,金融机构本外币新增存款2172亿元,新增贷款2522亿元,新增贷存比达116.1%;企业直接融资651亿元。大力推进旅游强省建设,旅游接待总人数增长25.2%,旅游总收入增长39.7%。恒邦财险公司、省旅游集团、省民爆投资公司正式挂牌营业。文化产业主营业务收入2130亿元,增长19.2%。电子商务年交易额1384.8亿元,增长110.6%。健康养老、服务外包等产业快速发展。

(四)深入实施区域发展战略,城乡建设协调推进。大力推进昌九一体化发展,南昌临空经济区、共青先导区建设进展顺利,南昌、九江综合实力进一步增强。国务院批复赣闽粤原中央苏区振兴发展规划,赣州综合保税区等重大平台获批设立,中央国家机关及有关单位对口支援工作扎实推进,苏区振兴发展步伐加快。扎实推进赣东北开放合作、赣西经济转型发展,支持抚州深化区域合作,定位清晰、各具特色、合作互动、竞相发展的区域经济格局更趋完善。发布实施江西省新型城镇化规划,出台了进一步推进户籍制度改革的实施意见,城镇化率提高1.3个百分点。深入开展和谐秀美乡村建设,推动镇村联动发展。加大对县域经济发展支持力度,开展省直管县改革试点。所有县(市、区)财政总收入超6亿元,其中超20亿元的29个,超30亿元的15个,超40亿元的7个,丰城市、西湖区超50亿元,南昌县达87.3亿元,县域经济实力不断增强。

(五)扎实开展生态文明建设,生态环境质量进一步提高。深入实施大气污染防治行动计划,南昌、九江空气质量优良率分别为80.5%、84.4%,其他设区市空气环境质量稳定在国家Ⅱ级。全省地表水监测断面水质达标率80.9%,设区市城区集中式饮用水源地达标率100%。完成植树造林210.2万亩。吉安、抚州成功创建国家森林城市。新增国家级自然保护区3处、国家级森林公园2处、国家级湿地公园13处。深入开展农村环境连片整治行动,农村面源污染防治取得新成效。完成国家下达的老机动车及黄标车、燃煤锅炉淘汰任务,淘汰了80家企业落后产能项目,单位生产总值能耗下降和主要污染物减排完成年度目标任务。启动排污权有偿使用和交易、环境污染强制责任保险试点。国家六部委批复江西省生态文明先行示范区建设实施方案,我省成为全国首批全境纳入生态文明先行示范区建设的省份。

(六)切实保障改善民生,各项社会事业协调发展。民生工程50件实事全面完成。实施高校毕业生就业促进计划和创业引领计划,加强对重点群体的就业服务,就业形势保持稳定。新增发放小额担保贷款114.5亿元。提高了城乡低保、农村五保、企业退休人员基本养老金等保障水平,建立了统一的城乡居民基本养老保险制度、城镇居民和城镇职工大病保险制度。重大疾病免费救治工作顺利推进,全年免费救治大病患者12万例。出台了深化教育领域综合改革、加快发展现代职业教育的政策措施,启动义务教育薄弱学校基本办学条件改善计划,开展高等学校综合改革。文艺创作第六次获全国"五个一工程"奖"满堂红"。成功举办第十四届省运会,成功承办第三届国际道教论坛。新开工保障性住房10.68万套,基本建成12.3万套。新开工棚户区改造22.38万套,基本建成13.81万套。加大扶贫开发力度,全年减贫70万人。大力推进法治江西、平安江西建设,安全生产形势持续好转,社会保持和谐稳定。

深入开展国防教育和拥军优属,扎实推进"信息化建设军民融合"深度发展,国防动员建设取得新成效。

政府自身建设进一步加强。深入开展群众路线教育实践活动,着力抓好第一批教育实践活动后续整改落实工作,指导政府系统开展好第二批教育实践活动。坚决贯彻中央八项规定,严格执行国务院"约法三章",推动形成反"四风"、改作风的新常态。对中央和省出台的政策落实情况开展定期调度和督查,促进政策落地、工作落实。坚持依法行政,严格按法定程序、法定权限、法定职责行使权力,全面推进法治政府建设。向省人大常委会提交法规议案9件,制定和修改政府规章6件。开展行政执法专项治理行动。加大政府廉政建设力度,加强土地矿产资源开发和政府采购、国有资产转让等监督管理,开展了打击虚开发票集中整治、民生资金管理使用情况监督检查、"三公"经费专项检查和"小金库"专项治理工作,严肃查处了一批损害群众利益的突出问题,坚决查办了一批违纪违法案件。

在国际经济形势复杂多变、国内经济下行压力加大的情况下,取得这样的成绩,来之不易。这是党中央、国务院和省委正确领导的结果,是全省上下共同努力的结果。在此,我代表省人民政府,向全省广大工人、农民、知识分子、干部和历任老领导、老同志,向各民主党派、工商联、无党派和社会各界人士,向驻赣人民解放军、武警官兵和公安干警,向中央驻赣单位,致以崇高的敬意!向所有关心、支持江西发展的同志们、朋友们、港澳同胞、台湾同胞、海外侨胞和国内外友好人士,表示衷心的感谢!

回顾过去一年工作,我们清醒地看到,我省经济社会发展还存在不少困难和问题,主要是:经济增长的基础仍不牢固,投资增长动力不足,新的消费增长点不多。实体经济面临较多困难,市场需求不足,生产经营成本上升,部分企业增产不增效。创新驱动能力不强,产业结构不合理,经济转型升级任务艰巨。制约经济社会发展的一些体制机制障碍依然存在,全面深化改革任重道远。财政收入增长放缓,民生支出刚性增长,群众对改善民生还有许多新期待。工作落实机制还不完善,政府依法行政水平和工作效能还有待进一步提高等。对此,我们将采取有力措施,认真加以解决。

二、2015 年工作安排

2015 年是全面深化改革的关键之年,是全面推进依法治国的开局之年,也是全面完成“十二五”规划的收官之年。我国进入经济发展新常态,经济增速从高速转向中高速,增长结构从中低端转向中高端,增长动力从传统增长点转向新增长点。江西作为经济欠发达省份,正处在工业化、城镇化持续推进阶段,面临着加快发展和加快转型双重任务。认识新常态、适应新常态,必须坚定不移加快发展,努力保持较快的增长速度;必须下大力气优化结构,不断提高发展的质量效益;必须千方百计挖掘潜力,形成新的经济增长动力机制,实现速度、质量和效益的统一。今年全省经济社会发展的总体要求是:全面贯彻党的十八大,十八届三中、四中全会和中央经济工作会议精神,以邓小平理论、“三个代表”重要思想、科学发展观为指导,深入贯彻习近平总书记系列重要讲话精神,深入推进“发展升级、小康提速、绿色崛起、实干兴赣”十六字方针,坚持稳中求进工作总基调,坚持加快发展与提高质量效益同步推进,主动适应经济发展新常态,把转方式调结构促升级放在更加重要位置,狠抓改革攻坚,突出创新驱动,建设生态文明,加强民生保障,促进经济平稳健康较快发展和社会和谐稳定,为与全国同步全面建成小康社会打下坚实基础。

今年全省经济社会发展主要预期目标是:生产总值增长 9% 左右,财政总收入增长 12% 左右,一般公共预算收入增长 13% 左右,规模以上工业增加值增长 11% 以上,500 万元以上项目固定资产投资增长 16%,社会消费品零售总额增长 12.5% 左右,外贸出口总额增长 7% 左右,实际利用外资增长 10%,城镇居民人均可支配收入增长 10% 左右,农村居民人均可支配收入增长 11% 左右,人口自然增长率控制在 8‰以内,居民消费价格总水平涨幅控制在 3% 左右,城镇登记失业率控制在 4.5% 以内,节能减排完成国家下达的计划任务。

做好今年经济社会发展工作,关键要适应新常态、把握新机遇、采取新举措、培育新增长点,实现稳中有进、量质双升。重点把握好六个方面:一是更加注重稳定增长、提质增效。坚持把稳定经济增长作为首要任务,积极扩大有效需求,深入挖掘增长潜力,促进经济平稳较快增长。加快转变经济发展方式,调整优化经济结构,切实提高发展的质量效益。二是更加注重深化改革、扩大开放。坚持市场化改革方向,突出问题导向,深入推进各项改革,不断激发市场主体活力和社会创造力。进一步创新开放思路,拓宽开放领域,完善开放举措,加快开放型经济发展。三是更加注重创新驱动、转型升级。坚持实施创新驱动发展战略,大力推进机制创新、科技创新、业态创新、管理创新、模式创新,推动创新与经济紧密结合,以创新引领经济转型、加快发展升级。四是更加注重生态建设、绿色发展。坚持在保护中发展、在发展中保护,加快建设生态文明先行示范区,大力发展绿色、循环、低碳经济,促进生态与经济协调发展。五是更加注重保障民生、促进和谐。坚持把改善民生与增强经济增长动力、社会发展活力结合起来,加大民生保障力度,不断增进人民群众福祉。加强和创新社会治理,促进社会和谐稳定。六是更加注重依法行政、优化环境。坚持运用法治思维和法治方式深化改革、化解矛盾、推动发展,全面推进法治江西建设,提高政府工作法治化水平,努力营造公开透明、公平公正和充满活力的发展环境。

今年重点抓好以下九个方面工作:

(一)多措并举扩大投资促进消费

充分发挥投资的关键作用和消费的基础作用,通过投资拉动、项目带动、消费促动,促进经济持续稳定增长。

努力稳定投资增长。紧紧抓住国家扩投资、稳增长的机遇,积极对接国家“七大工程包”,大力实施交通、能源、粮食水利、产业升级、健康养老、生态环保、信息电网、油气及矿产资源保障等八大类重大工程,其中大中型建设项目计划总投资 1.1 万亿元,今年完成投资 3000 亿元。积极创新投融资模式,对竞争性领域的产业,政府由支持具体项目改为设立投资基金。大力推行政府与社会资本合作(PPP)模式,在市政基础设施、公共服务等领域选择若干示范项目开展试点。鼓励社会资本发起设立产业投资基金和股权投资基金。完善公共产品价格形成机制,对基础设施和公用事业实行特许经营,通过政府给予投资补助、设立基金、担保补贴等方式,引导社会资本投入重点工程,提高社会资本对投资增长的贡献率。

加快重大项目建设。着力抓好一批重大基础设施项目。铁路方面,争取开工建设赣深客专、合安九客专、皖赣铁路扩能等项目,续建昌吉赣客专、武九客专、九景衢铁路、蒙华煤运通道等项目,建成合福客专、赣龙铁路扩能项目,力争铁路营运里程突破 4000 千米;积极推进鹰梅、吉永泉、渝长厦等铁路项目前期工作。高速公路方面,开工建设广昌至吉安高速公路,续建宁都至定南等 12 条高速公路,建成南昌至上栗等 7 条高速公路,力争高速公路通车里程突破 5000 千米。航空方面,开工建设赣州黄金机场改扩建、井冈山机场二期扩建、南昌青云谱机场迁建项目,建成上饶三清山机场。航运方面,开工建设新干航电枢纽工程、南昌樵舍货运码头等项目,建成南昌龙头岗综合码头一期工程。能源方面,力争开工建设分宜电厂等火电机组,推进神华九江电厂建设,建成安源电厂扩建项目、抚州电厂一号机组,新增统调电力装机容量 232 万千瓦;开工建设中石化新粤浙天然气管道,建成中石油西三线东段天然气管道;加快特高压入赣工程前期工作。水利方面,开工建设廖坊灌区二期、四方井水库、赣江抚河下游尾闾综合整治工程,加快浯溪口等水利工程建设,建成峡江、伦潭水利枢纽等项目。积极推进鄱阳湖水利枢纽工程立项,争取早日开工建设。加快重大产业项目建设,力争年度投资 1100 亿元以上。通过实施重大项目建设,既为当前稳定增长提供动力,更为长远发展奠定基础。

积极拓展居民消费。充分挖掘消费潜力,培育新的消费增长点。重点实施养老健康家政、信息、旅游、住房、绿色、教育文化体育等六大领域消费工程。支持社会资本通过公建民营、民办公助、购买服务等多种方式发展养老健康服务,加快建立家政服务业公益信息服务平台,促进养老健康家政消费。推进上饶、鹰潭、新余等国家信息惠民试点城市建设,加快"宽带中国·光网城市""宽带乡村"江西工程建设,促进电商、网购、快递等融合发展,努力扩大信息消费。创新旅游发展业态,发展假日旅游经济,促进旅游休闲消费。落实促进房地产市场平稳健康发展的各项措施,放宽提取公积金支付房租条件,有效扩大住房消费。开展LED照明等节能产品专项推广活动,加大新能源汽车和节能环保汽车推广扶持力度,促进绿色节能消费。积极发展民办教育,鼓励传统媒体与新兴媒体融合发展,推动学校和公共体育设施免费或低收费向社会开放,有效提升教育文化体育消费。建立消费品质量安全监管、追溯、召回制度,规范市场秩序,营造良好的消费环境。努力增加城乡居民收入,增强居民消费能力。结合机关事业单位养老保险制度改革,完善工资制度,提高基本工资标准并建立正常调整机制。通过增加收入、完善政策、改善环境,让群众能消费、敢消费、愿消费。

(二)全面深化重点领域改革攻坚

抓住关键问题,完善改革措施,以政府自我革命带动重点领域改革,有效激发市场主体活力,使改革新红利转化为发展新动能。

深化行政体制改革。对投资、创新创业、生产经营等领域的行政审批事项进行系统梳理,再取消和下放一批省级行政审批事项。加快清理非行政许可审批项目,大幅减少前置审批。深入推进"三单一网"改革,基本完成省市县政府权力清单、责任清单和市场准入负面清单公布工作,加快建设全省网上审批系统,实现所有事项全流程、并联式网上公开审批,切实做到政府法无授权不可为、法定职责必须为,公民企业法无禁止皆可为。加快事业单位分类改革步伐,在县以下机关建立公务员职务与职级并行制度。积极创新行政管理模式,提高机关工作效能,让企业和群众办事更方便、更快捷。

深化市场体制改革。进一步放宽市场准入,清理和废除各种不合理优惠政策和规定。减少工商登记前置行政许可事项,全面实行先照后证登记制。深化内贸流通体制改革,发展现代流通方式,着力改善营商环境。放开具备竞争条件的商品和服务价格,大幅缩减政府定价种类和项目。推进电力价格改革,完成设区市和县级市阶梯水价改革,实施居民生活用气阶梯气价制度。大力推进社会信用体系建设,建立社会信用代码制度和信用信息共享交换平台,对违背市场公平竞争原则和侵害消费者权益的企业建立黑名单制度,让失信者寸步难行,让守信者一路畅通。

深化国资国企改革。积极探索国有资本授权经营模式,组建省属国有资本投资运营公司。完善国有资本经营预算制度,加强国有资本收益和使用管理。推进省属经营性国有资产集中统一监管,完成省直部门所属企业脱钩移交工作。抓好江铜、新钢、省盐业集团等改革试点,加快江钨集团、江中集团等战略重组,推进省招标集团、中江国际混合所有制改革,完成省能源集团、建材集团公司制改革。深化国有企业负责人薪酬制度改革。完善现代企业制度,提高国有企业经营管理水平,增强国有企业竞争力。

深化财税体制改革。建立全省统一规范的部门预算体系,除涉密信息外,所有使用财政资金的部门都要公开预决算。清理、规范、整合省级财政专项资金,大力压缩财政专项资金的规模和种类。规范地方政府举债融资,将政府债务纳入预算管理,设立省级预算稳定调节基金。清理规范各类税收等优惠政策,健全综合治税体系。将"营改增"范围扩大到建筑业、房地产业、金融业和生活服务业等领域,力争全面完成"营改增"任务。

深化金融体制改革。加快发展服务小微企业的中小金融机构,推进省农村信用社改革,新设20家以上村镇银行。重组省金融控股集团,组建省再担保公司和省金融资产管理公司,积极争取筹建民营银行,力争省级法人银行江西银行上半年正式挂牌。加快全省金融商务区和金融产业服务园区建设。发展多层次资本市场,积极推动企业上市和"新三板"挂牌融资,争取省联合股权交易中心尽快开业。大力推进"险资入赣"。力争新增贷款2500亿元,企业直接融资700亿元。

(三)着力提升区域经济发展水平

坚持把对接融入国家区域发展战略与实施我省区域发展战略有机结合起来,努力拓展发展空间,培育新的增长极,推进区域经济发展升级。

对接融入国家区域发展战略。抓住国家推进长江经济带、长江中游城市群和"一带一路"建设的重大机遇,研究制定对接融入国家战略的实施意见。主动融入长江经济带建设,加快长江深水航运和赣江、信江高等级航道建设,统筹推进各类交通设施建设和多式联运,构建现代化立体综合交通运输体系;着力发展临港型先进制造业,打造承接沿江沿海产业转移的重要集聚区;积极参与长江大通关体制建设,提高通关效率。携手湘鄂两省推进交通互联互通、产业协作配套、市场一体化建设,加快建设长江中游城市群。积极参与"一带一路"建设,对接"汉新欧""渝新欧"等中欧国际铁路班列,扩大我省至宁波、厦门、深圳铁海联运,拓展连接"一带一路"陆运和海运通道。组织实施"一带一路"文化交流合作专项计划,拓展与沿线国家的开放合作。

深入实施全省区域发展战略。全面加快昌九一体化进程。研究设立昌九一体化发展基金。加快福银高速昌九段"四改八"工程、昌九大道建设,实施九江港、南昌港提升工程。推进金融、医疗、社保等公共服务同城化,促进科教文体资源共享和生态环境共治共建。推动昌九产业互补对接,协调推进两市产业集群发展。加快南昌临空经济区、共青先导区建设,争取设立南昌、九江综合保税区。研究制定昌九新区建设总体方案,积极争取国家批复设立昌九新区。加快苏区振兴发展。基本完成农村危旧土坯房、农村安全饮水、农村电网、农村薄弱学校校舍改造等民生任务,积极推动赣州综合保税区、瑞兴于经济振兴试验区、吉泰走廊四化协调发展示范区等产业承接平台建设。促进赣东赣西"两翼齐飞"。编制赣东北扩大开放合作、赣西经济转型升级规划,加快信江河谷经济带和上饶高铁经济试验区建设,支持赣西城市快速干道建设和客运服务一体化。支持抚州加快融入南昌、对接海西,建设向莆经济带。通过深入推进区域经济发展战略,着力构建产业布局合理、城镇协调发展、开放活力增强的经济增长板块。

大力发展县域经济。完善县域城镇布局,引导人口有序集聚和资源要素合理配置,支持有条件的县城、中心镇发展为中小城市。实施工业园区提升计划,加快培育重点支柱产业，打造特色产业集群。深化省直管县改革，建立完善县级事权与财力相匹配的新机制，进一步扩大县、乡两级经济管理权限。鼓励支持各县发挥优势、加快发展，营造比学赶超、奋发进取的良好氛围。

有序推进新型城镇化。深化户籍制度改革，完善社保、教育、医疗、保障性住房等配套政策。对已在城镇就业居住但未落户的外来人口，以居住证为载体，提供相应的基本公共服务。力争城镇化率提高1.5个百分点。制定城镇体系规划实施管理办法，积极推进"多规合一"试点，有序推动符合条件的开发区向城市综合功能区转型。支持鹰潭、樟树国家新型城镇化综合试点。加强城市基础设施和公共服务设施建设，开展城市地下综合管廊建设试点。加强古建筑、古遗迹、古街区保护。拓宽城市建设融资渠道，积极运用政府发债、政策性开发性金融等工具，建立透明规范、可持续的城市建设融资机制。创新城市管理模式，实施网格化、标准化、数字化、精细化管理。通过提高城市建设和管理水平，让城市更具特色、更有活力。

（四）以创新推动产业结构优化升级

深入实施创新驱动发展战略，依靠创新加快调整优化产业结构，引领带动产业转型升级，提高产业整体竞争力。

不断强化创新支撑。深化科技体制改革，加快推进科技创新体系建设。坚持以企业为主导实施省科技重大专项和重点产业化项目，引导各类创新要素向企业集聚。新组建10个科技协同创新体、10个产业技术创新战略联盟。力争新增6个博士后科研工作站、4个国家级科技创新平台、50个省级科技创新平台。通过设立和完善种子基金、技术市场等方式，重点扶持小微企业创新。发挥政府科技投入的引导作用，支持科技型企业开展技术创新融资，鼓励社会融资担保机构开展科技担保业务。扩大省创业投资基金规模，力争国家支持新设立1～2家新兴产业创业投资基金。出台促进科技创新和成果转化的政策措施，健全科技成果转化机制，以创新成果推动产业升级。深入推进质量兴省战略，提高知识产权保护和运用水平。大力实施人才强省战略，加大人才引进和培养力度，完善激励人才、保护创新的体制机制，激发各类人才的创新创造积极性。

推动工业发展升级。深入实施工业强省战略，加快培育战略性新兴产业，集中力量发展航空、新能源、电子信息、生物医药等具有比较优势的战略性新兴产业，着力抓好飞机制造、智能装备、节能汽车等先进装备制造业发展。积极运用先进适用技术改造提升传统优势产业，推动有色、石化、钢铁、装备制造等产业发展升级，重点在铜精深加工、有机硅、粉末冶金等领域培育一批高端产品、高端品牌。充分发挥资源优势，加快发展特色产业，重点推动钨和稀土、锂电等特色产业延伸产业链，提高附加值。发挥工业园区的载体作用，完善与产业集群相配套的金融、物流、市场服务体系，支持建设研发设计、电子商务、专业市场等公共服务平台，打造一批特色鲜明、配套完善、成长性好、带动力强的重点产业集群，力争全省百亿元以上产业集群突破40个，重点产业集群主营业务收入突破万亿元，新增光伏、钨和稀土两个过千亿元产业。推进信息化与工业化深度融合，提升工业信息化水平。

大力发展现代服务业。实施现代服务业发展三年行动计划，重点推进100个省级服务业重大项目建设，培育一批过百亿元的服务业龙头企业和服务业集聚区，促进服务业做大总量、提升质量。制定"互联网＋"行动计划，促进云计算、大数据、物联网等与现代服务业融合发展。深入推进旅游强省建设，加大"江西风景独好"旅游品牌宣传推介力度，加强旅游基础设施建设，支持重点旅游县（市、区）开展旅游综合试点改革，推动旅游接待人数和旅游总收入快速增长。大力发展电子商务，加快推进南昌、赣州国家电子商务示范城市建设，打造一批特色电商产业集聚区，搭建中小电商孵化器平台，力争电子商务交易额新增1000亿元以上。加快发展现代物流业，建设一批重点示范物流园区和物流港，鼓励制造业企业与第三方物流深度合作、联动发展，实施城市配送试点工程，支持有条件的市县建设区域物流信息平台，推动物流业标准化、专业化、集约化发展。

（五）切实加强农业农村工作

适应农业农村发展新形势，按照"稳粮增收、调整转型、提质增效、改革创新"要求，加快转变农业发展方式，大力推进农业现代化，促进农业增效农民增收农村繁荣。

提高农业生产效率。切实抓好粮食生产，严格保护耕地，积极推进高标准农田建设，加强农田水利基础设施建设，提高粮食综合生产能力，确保粮食总产基本稳定。加大农业结构调整力度，重点发展草地畜牧业、特色果业、特色水产、设施蔬菜、茶叶、油茶、花卉苗木等市场前景好、附加值高的种养业。大力发展生态农业、观光农业、休闲农业、都市农业，培育新型农业业态。深入实施"百县百园"工程，重点打造高标准、高水平、有示范引领作用的现代农业示范园区，扶持培育一批农业产业化龙头企业，发展壮大农业产业集群，提高农业生产的质量和效益。创新农产品流通业态，促进农村三次产业融合发展，带动农民多渠道增收致富。

打响生态农业品牌。实施以"生态鄱阳湖、绿色农产品"为主题的农业品牌发展战略，培育一批在全国有影响力的农产品品牌，进一步提升优质农产品的市场竞争力和占有率。大力发展绿色食品产业，形成生产、加工、销售、服务为一体的完整产业链，壮大绿色食品产业规模。提高农产品质量、标准和安全水平，努力把江西建设成为全国知名的绿色有机农产品基地。

激发农村发展活力。完成农村土地承包经营权确权登记颁证工作，稳步推进农村土地制度改革试点。抓好农村集体产权股份合作制改革试点，推进农村产权流转交易市场建设，开展农村土地经营权抵押贷款试点。深化集体林权制度配套改革，积极稳妥推进林地流转。深化供销合作社综合改革，加快农垦改革发展。大力培育新型经营主体，鼓励发展种养大户、家庭农场、农民合作社，促进农业适度规模经营。统筹整合涉农资金，完善农业投融资机制，大力推进"财政惠农信贷通"，扩大政策性农业保险覆盖面。创新以城带乡、以工促农方式，引导城市现代生产要素向农业农村流动。

改善农村人居环境。坚持全域规划、镇村联动、集中整治，抓好新一轮新农村建设。严格镇村建设管理，加强历史文化名镇名村和传统村落、传统民居保护。深入开展"清洁田园、清洁家园、清洁水源"行动，积极推广"户分类、村收集、镇转运、县处理”为主的城乡一体垃圾处理模式，开展农村污水治理试点，推广使用沼气、天然气等清洁能源，抓好农业面源污染防治。加强乡村风景林建设。新建和改造农村公路1万千米，启动农村公路危桥改造工程，推进城乡客运一体化。全面解决农村居民饮水安全问题，让群众喝上干净水、放心水。

（六）积极扩大对内对外开放

坚定不移实施大开放战略，坚持“引进来”和“走出去”并重，不断拓展对外开放的广度和深度，加快开放型经济发展升级。

着力推进招大引强。启动实施重大项目招商引资三年攻坚计划，瞄准世界500强、跨国公司和国内龙头企业，引进一批关联度高、带动力强的重大项目。利用全国工商联在我省召开执委会的契机，举办全国知名民企助推江西发展升级大会，着力引进一批知名民企。精心组织赣港赣台经贸合作、央企入赣等重大招商活动，开展重点产业和产业集群专题推介活动。出台鼓励赣商回乡投资的政策措施，实施“赣商回归”工程。健全重大招商活动签约项目跟踪督导落实机制，确保招商项目落地生根、开花结果，决不让招商项目成为“一纸空文”。

提高对外贸易水平。积极开拓国际贸易，稳定传统市场，开发新兴市场。加快发展服务贸易，培育跨境电子商务、国际营销网络和外贸综合服务企业，推进省级服务外包示范园区建设。加大外贸发展基金对高技术含量和高附加值产品出口的奖励支持力度，引导企业优化出口结构。扩大先进技术设备、关键零部件及能源资源的进口。

拓宽对外投资合作领域。完善“走出去”重点企业和重大项目协调服务推进机制，推进建筑业、农业、矿业、制造业和服务业等五大行业“走出去”，鼓励光伏、水泥、钢铁等行业在国外投资办厂。加快推进境外经贸合作区建设。优化劳务输出结构，扩大外派劳务规模。提升对外经济合作水平，努力在国际市场打响江西品牌、扩大江西影响。

加强开放平台建设。深化与长三角、珠三角、海西经济区的对接合作，推进赣浙开放合作区、赣闽开放合作示范区、赣湘开放合作试验区、赣南承接产业转移示范区、“三南”承接加工贸易转移示范地等平台建设，全面提升与周边省份合作水平。加快江西航空公司组建，加密重点国际（地区）航线航班，争取开通南昌至韩国等定期直航。改造提升南昌、赣州、吉安铁路口岸作业区，开工建设抚州铁路口岸作业区。通过加强开放平台建设，为全面扩大开放提供支撑。

（七）统筹抓好生态文明先行示范区建设

按照国家对我省生态文明先行示范区建设的总体要求、目标定位、基本原则，着力构建节约资源和保护环境的空间格局、产业结构、生产方式、生活方式，保护和建设好天蓝、地绿、水净的美好家园，巩固提升生态优势。

加强环境综合治理。深入开展“净空、净水、净土”行动。在所有设区市开展PM2.5监测，建立跨区域大气污染联防联控机制，加强工业废气和扬尘污染治理。加大“五河一湖”及东江源头水生态保护力度，加强城镇污水收集管网和工业园区污水处理设施建设，严格监管重点污染源。加强土壤污染源头综合整治，抓好土壤重金属污染和矿山治理修复。加大低产低效林改造力度，完成植树造林210万亩以上，加强林地、湿地和野生动植物资源保护管理。

提高资源利用水平。推广循环经济发展模式，扩大城市矿产示范基地、循环经济示范园区、清洁化园区试点范围，推进一批企业节水技改和农业节水灌溉项目。加大批而未用土地清理处置力度，推进城镇低效用地再开发。扎实推进节能减排，抓好重点企业节能降耗技术改造，提升建筑、交通、公共机构等领域节能水平。加快开发应用节能环保技术和产品，把节能环保产业打造成新兴朝阳产业。

完善生态文明建设机制。完成生态红线划定工作，研究出台生态红线内的管制措施。完善市县综合考核评价体系，提高生态文明建设权重。开展领导干部自然资源资产离任审计试点。提高生态公益林补偿标准，积极推进赣江源、抚河源、鄱阳湖湿地生态补偿试点。完善“五河”流域边界水污染指标监测控制体系。健全矿产资源有偿使用、矿山环境治理和生态恢复保证金制度。在城镇污水垃圾处理和工业园区污染集中治理等重点领域开展特许经营试点，积极推广合同能源管理、环境污染第三方治理和各类节能环保产品。建立省碳排放权交易平台，推进碳汇造林和碳减排指标有偿使用交易。努力探索生态文明建设的有效模式，打造生态文明建设的江西样板。

（八）加大力度保障和改善民生

坚持民生优先、民生为重，筹集财政性资金1000亿元，集中办好涉及群众切身利益的50件实事，让发展成果更多更公平惠及人民群众。

努力扩大就业。扎实做好高校毕业生、农民工等重点群体就业工作，深入实施高校毕业生就业促进计划和创业引领计划，启动农民工职业技能提升计划，城镇新增就业45万人，新增转移农村劳动力50万人。研究设立大学生创新产业投资基金，新增发放小额担保贷款100亿元，重点支持以创业带动就业。

完善社会保障体系。继续提高企业退休人员基本养老金水平。制定并实施机关事业单位养老保险制度改革实施方案，全面实施城乡居民基本养老保险制度，启动城乡居民基本医疗保险制度整合工作。将城市低保月人均保障标准提高到450元，农村低保月人均保障标准提高到240元，农村五保户集中供养月人均标准提高到305元。提高重点优抚对象、参战参试退役人员等生活补助标准。实施以经济困难高龄、失能老年人为重点的老年人长期照护计划。为农村留守儿童提供寄宿、托管及校外文体活动等服务。为残疾人提供康复服务。完善临时救助制度，建立特别救助制度，使每一个困难群众都能得到社会的关爱。

健全住房保障机制。推进保障房由中心城区向开发区、工业园区布点，加大城市棚户区、城中村改造力度，推进城市棚户区改造货币化安置。新开工保障性安居工程23万套，其中改造各类棚户区16.3万套，新增公共租赁住房6.7万套。对农村五保户、低保户、贫困残疾人、深山库区移民等农村困难群众危房进行改造，加强保障性安居工程质量监管，让更多困难群众住得安全、住得舒心。

打好扶贫开发攻坚战。建立贫困人口动态管理机制，推进区域开发与精准扶贫相结合，鼓励社会力量参与扶贫，提高扶贫实效。深入推进罗霄山片区、赣南等原中央苏区、少数民族地区扶贫攻坚,加大产业扶贫力度,增强贫困地区自我发展能力。完成深山库区扶贫移民搬迁10万人、贫困自然村点整治3000个,力争全年减贫60万人,让更多贫困群众脱贫致富。

(九)协调推进各项社会事业发展

切实加强教育、文化、卫生、体育等社会事业发展,积极创新社会治理,推动经济社会协调发展,促进社会和谐稳定。

提升教育发展水平。深化教育领域综合改革,稳妥推进考试招生制度改革。加快普及学前教育,扶持普惠性民办幼儿园。促进义务教育均衡发展,严格落实义务教育免试就近入学政策,逐步推开校长教师交流轮岗工作。推动普通高中多样化发展。完善产教融合、校企合作办学机制,加快构建现代职业教育体系。推动高等教育内涵式发展,开展应用技术类型高校人才培养改革试点,提升高等教育水平。改善贫困地区薄弱学校和寄宿制学校的办学条件,加大对家庭经济困难学生的资助。努力办好人民满意的教育,让每一个孩子都有公平的发展机会。

促进文化繁荣发展。继承和弘扬中华优秀传统文化,大力培育和践行社会主义核心价值观。加快推进公共文化服务标准化均等化,坚持实施送戏下乡、农家书屋、农村电影免费放映,积极推进广播电视"户户通"工程。繁荣赣鄱文化,讲好江西故事。开工建设省图书馆、省博物馆、省美术馆、省科技馆、省老年大学等文化基础设施项目。加快发展文化产业,培育文化与科技、文化与休闲、文化与生态、文化与旅游、文化与电商融合等新型业态,支持一批文化创意园区建设,组建省广电传媒集团、省文化演艺发展集团,努力打造文艺精品,增强文化产业整体实力和竞争力。

加快卫生体育事业发展。深化医药卫生体制改革,启动实施第三批57个县(市)公立医院综合改革,积极推进城市公立医院改革试点,巩固完善基本药物制度和基层运行新机制。将城镇居民医保和新农合财政年人均补助标准提高到380元。全面实施城乡居民大病保险,实现医疗保险省内异地就医双向互通。加强重大疾病防控,对贫困家庭艾滋病机会性感染者实施免费救治。优化整合计划生育利导政策,促进人口长期均衡发展。加快群众体育健身场地建设,广泛开展全民健身活动,大力发展体育产业。

积极创新社会治理。紧紧围绕保障社会公正、促进社会诚信、维护社会秩序三大任务,全面推进法治江西建设,努力形成办事依法、遇事找法、解决问题用法、化解矛盾靠法的法治环境。加强和改进信访工作,实行诉访分离,健全群众利益表达、协商沟通机制,依靠法治、依靠基层、依靠群众预防和化解社会矛盾。深入推进平安江西建设,加快"天网""地网"工程建设,加强社会治安综合治理,依法严厉打击各类违法犯罪活动。加强社会组织和互联网管理。切实减轻社区负担,加大社区建设投入,提升社区建设和管理服务水平。倡导互助关爱精神,推动公共慈善事业发展。做好新形势下民族宗教工作。健全防灾减灾救灾体制机制。完善安全生产监管体制和责任体系,坚决遏制重特大安全事故发生,切实保障人民群众生命财产安全。建立覆盖生产、流通、消费全过程的信用信息平台和动态数据库,依法做好食品药品安全监管工作,确保"舌尖上的安全"。

加强国防动员和后备力量建设,推进基础设施和重要领域军民深度融合,深化征兵工作改革,扎实开展新一轮"双拥"模范城(县)创建工作,巩固和发展军政军民团结。

各位代表!

让全省人民过上更加幸福美好的生活,对政府工作提出了更高要求。我们将进一步加强政府自身建设,不断提升工作水平,尽心竭力为人民服务、对人民负责、让人民满意。坚持依法行政。认真贯彻落实依法治国要求,坚持把依法行政贯穿到政府工作的各方面、全过程,确保在法治轨道上行使权力、履行职责。健全依法决策机制,全面推行政府法律顾问制度。深化行政执法体制改革,开展综合执法试点,全面落实执法责任,严格规范执法行为。深化司法行政体制改革,健全行政执法与刑事司法衔接制度。加大政务公开力度,及时回应社会关切。自觉接受人大及其常委会监督、政协民主监督,高度重视舆论和社会监督,强化监察、审计等内部监督。建设诚信政府。严格履行向社会做出的承诺,把政府履约和守诺服务纳入政府绩效考核评价体系,把经济社会发展目标落实情况和为群众办实事情况作为评价政府诚信程度的重要内容。加强政府工作人员诚信管理和教育,增强诚信意识和信用观念,以诚信办事、诚信服务取信于民。持续改进作风。坚持抓常、抓细、抓长,持续努力、久久为功,巩固提升群众路线教育实践活动成果,形成作风建设新常态。厉行勤俭节约,完成全省行政机关及参公事业单位公务用车制度改革,减少行政支出。改进文风、会风,进一步精简文件、会议。完善抓落实工作机制,把抓落实、求实效作为衡量工作成效的重要标准,以"钉钉子"精神抓好落实。坚决反腐倡廉。认真履行"一岗双责",深入推进清廉政府建设,强化对权力的制约和监督,从严管理政府工作人员,建立健全不敢腐、不能腐的体制机制,用制度管住权力、预防腐败。深入开展损害群众利益突出问题专项治理,严格公共资金、公共资源、国有资产监管。坚持以"零容忍"的态度惩治腐败,严肃查处各类违纪违法案件,严厉惩治腐败分子。

各位代表,研究制定"十三五"规划,是今年的一项重要工作。我们将深入研究、统筹谋划,坚持以改革的精神、创新的理念和科学的方法,编制好"十三五"规划,指导全省经济社会发展。

各位代表!适应新常态,抓住新机遇,展现新作为,推动新发展,需要凝聚全省人民的智慧和力量。让我们更加紧密地团结在以习近平同志为总书记的党中央周围,在省委的坚强领导下,坚定信心、积极进取,攻坚克难、真抓实干,奋力迈出发展升级、小康提速、绿色崛起、实干兴赣的新步伐!

本栏编辑　朱岳

大　事　记

1　月

3日　省纪委、省委教育实践活动领导小组发出《关于加强监督检查严肃整治"会所中的歪风"的通知》，要求各地各部门各单位认真贯彻落实中央有关要求，加强监督检查，坚决反对"四风"（形式主义、官僚主义、享乐主义和奢靡之风），严肃整治"会所中的歪风"。

6日　第二届"赢在江西"青年创业大赛暨第一期"导师带徒"活动总决赛在南昌举行，比赛决出前三名。刘军以土壤修复技术推广与应用项目获得冠军，夏思进、黄文蒋分获第二、三名。省领导尚勇、莫建成、孙菊生到现场观看了总决赛，并为获奖者颁奖。

△　江西省普通公路最后一个收费站——206国道乐平大桥收费站停止收费。至此，江西省普通公路全部免费通行。

8日　龙虎山景区正式推出景区形象彩色微信二维码，这是江西旅游景区推出的第一个彩色微信二维码。

9日　省落实党风廉政建设责任制暨惩治和预防腐败体系建设工作领导小组会议在南昌召开，省委书记强卫出席并讲话。会议讨论审议了2013年度党风廉政建设社会评价工作情况汇报、2013年度落实党风廉政建设责任制暨推进惩防体系建设检查考核办法和2014年度省政府组成部门主要负责人向省纪委全会述职述廉方案。省领导鹿心社、周萌、赵爱明、李炳军和郑为文出席，省委常委、省纪委书记周泽民主持会议。

10日　在北京举行的国家科学技术奖励大会上，江西省主持完成及参与完成的《两系法杂交水稻技术研究与应用》《长江中游东南部双季稻丰产高效关键技术与应用》《超强化旋浮铜冶炼和无氧化还原精炼工艺研发及产业化应用》《生活垃圾能源化与资源化关键技术及应用》《高效低耗流化床燃煤工业设备关键技术及应用》《长大跨桥梁结构状态评估关键技术与应用》《肾上腺疾病的微创外科治疗及相关基础研究》7个通用项目获2013年度国家科学技术奖，其中江西农业大学、江西省农业科学院水稻研究所参与完成的《两系法杂交水稻技术研究与应用》项目获特等奖，其他6个项目为二等奖。

13日　省军区党委九届十四次全体（扩大）会议在南昌召开。会议传达学习中央军委和南京军区党委扩大会议精神，总结分析2013年工作，研究部署2014年工作任务。省委书记、省军区党委第一书记强卫出席并讲话。省军区党委书记、政委马家利代表省军区党委作工作报告，省军区党委副书记、司令员熊安东讲话，省军区党委常委曹文献、戴勇、陈平、罗晓东等出席。

16日　江西省十二届人大常委会第八次会议审议通过《关于修改〈江西省人口与计划生育条例〉的决定》，规定"双方或一方为独生子女，只生育1个子女的，可以再生育一胎"。18日，国家卫生计生委备案同意《江西省单独两孩政策实施方案》，这表明从1月18日起，江西省正式实施单独两孩政策。

17日　省委常委会召开会议，传达学习十八届中央纪委三次全会、中央政法工作会议、全国宣传部长会议、全国统战部长会议精神，研究江西省贯彻落实意见；审议并通过《省委常委会2014年工作要点》《江西省贯彻落实〈建立健全惩治和预防腐败体系2013—2017年工作规划〉实施办法》《法治江西建设规划纲要（2013—2020年）》以及加强和改进巡视工作等方面的文件。

△　中国移动江西公司举行4G正式商用暨4G产业联盟大会，标志着江西省进入全新的4G时代。

18日　江西中国和平统一促进会成立大会暨一届一次理事会议在南昌举行。省委常委、省委统战部部长蔡晓明当选为第一届理事会会长。省人大常委会副主任马志武、全国政协常委陈清华出席成立大会。

19—23日　省政协十一届二次会议在南昌召开。会议通过了省政协十一届二次会议决议；通过了省政协十一届二次会议关于提案初步审查情况的报告；增选甘良淼、朱荣辉、肖敏、陈祥树、熊根泉为十一届省政协常务委员。

21—25日　省十二届人大三次会议在南昌召开。会议通过了关于政府工作报告的决议、关于江西省2013年国民经济和社会发展计划执行情况与2014年国民经济和社会发展计划的决议、关于江西省2013年预算执行情况和2014年预算的决议、关于江西省人民代表大会常务委员会工作报告的决议、关于江西省高级人民法院工作报告的决议、关于江西省人民检察院工作报告的决议。

24—25日　国务委员王勇专程到赣南革命老区赣州市，深入瑞金、于都等市县的一些乡镇和社区，走访低保、五保、优抚对象和老红军、烈士后代及残疾困难群众，看望农村敬老院老人,召开基层干部群众座谈会,调研了解社会救助政策落实和困难群众生活安排情况。省委书记强卫、省长鹿心社分别陪同走访调研。

26 日 省委召开全省党的群众路线教育实践活动第一批总结暨第二批部署会议深入学习贯彻中央党的群众路线教育实践活动第一批总结暨第二批部署会议精神,特别是中共中央总书记习近平重要讲话精神,对江西省第一批教育实践活动进行回顾总结,对第二批教育实践活动进行动员部署。省委书记强卫出席并讲话。会议通过全省党员干部现代远程教育系统直播到全省各设区市、县(市、区)、乡镇(街道)。

27 日 省长鹿心社主持召开第18次省政府常务会议。会议原则通过《关于加快全省金融业改革发展的若干意见》,提请省委常委会审议;通过《关于修改〈江西省水路运输管理办法〉等 11 件省政府规章的决定》,以省政府令形式公布施行;通过《省人民政府 2013 年工作总结和 2014 年工作要点》,以省政府名义报国务院。

2 月

7 日 贵溪市文坊镇境内发生一起客车侧翻坠入河中的交通事故。截至当天 17 时,事故造成 3 人死亡,22 人受伤。

8 日 省委常委会召开会议,传达贯彻全国组织部长会议、中央对台工作会议、全国信访局长会议、全国高级法院院长会议和全国检察长会议精神,研究江西省全面深化改革有关事项。会议审议并通过《关于加快金融业改革发展的若干意见》。省委书记强卫主持会议。

10 日 省长鹿心社主持召开第19次省政府常务会议。会议审议了《关于进一步加强协同创新提升企业创新能力的实施意见》,听取了全国国土资源工作会议主要精神及贯彻落实意见建议和全省第二次土地调查主要情况汇报,还研究了其他事项。

△ 中央电视台"感动中国"2013 年度人物评选活动揭晓,开国将军甘祖昌的夫人、莲花县坊楼镇南陂小学原校长龚全珍当选。

11—13 日 全国人大常委会副委员长沈跃跃率全国人大常委会调研组到赣对节能减排工作进行检查指导。全国人大常委会委员、环资委副主任委员王庆喜、龚建明、袁驷;全国人大环资委委员蒲长城,部分全国人大代表,国家发改委、环保部有关负责人参加调研活动。省委书记、省人大常委会主任强卫,省长鹿心社陪同调研,参加有关座谈会。

14 日 省委常委会召开会议,研究全面扩大开放、加快开放型经济发展升级等工作,审议并通过《关于全面扩大开放加快开放型经济发展升级的意见》。

18 日 省统计局公布数据显示,2013 年,全省 60 岁及以上老年人口 586.52 万人,占总人口比重 12.97 %,比上年提高 0.58 个百分点,增幅为历年最高水平,人口老龄化进程持续加快。

20 日 省旅游产业发展领导小组会议在南昌召开,会议研究了 2014 年全省旅游产业发展大会、第十七届海峡两岸旅行业联谊会实施方案,审议了 2015 年全省旅游产业发展大会承办城市名单,部署省旅游集团公司组建工作。副省长朱虹主持会议并讲话。

24 日 江西风景独好·"八一起艺"原创文艺作品汇报演出在南昌举行,集中展现了"八一起艺"之中国画长卷《锦绣赣鄱》、书法长卷《秀美江西》、摄影长卷《千里赣鄱锦绣图》、通景式瓷板画《锦绣中华》和"歌声起艺"十首原创歌曲创作成果。省委常委、省委宣传部部长姚亚平,省政府党组成员、顾问熊盛文,省政协副主席汤建人,老干部朱英培观看汇报演出。

25 日 江西省最大的移动新型媒体——《江西手机报》正式上线,省委常委、省委宣传部部长姚亚平出席上线仪式并点击开通,这标志着江西省"一省一报(手机报)工程"取得重大进展。

26 日 江西航空投资有限公司成立。该公司由省铁路投资集团、省财政投资集团、省投资集团和南昌市旅游集团公司共同发起成立,首期出资额为 4 亿元。

28 日 省委常委会召开会议,传达学习省部级主要领导干部"学习贯彻十八届三中全会精神,全面深化改革"专题研讨班精神,特别是中共中央总书记习近平重要讲话精神。会议审议并原则通过《江西省人民政府关于加强协同创新提升企业创新能力的意见》,听取了省总工会、团省委、省妇联工作情况汇报,研究了其他事项。

3 月

1 日 江西省出席全国政协十二届二次会议的全国政协委员,乘飞机离开南昌前往北京。

2 日 江西省出席十二届全国人大二次会议的全国人大代表,乘飞机离开南昌前往北京。

7 日 省军区召开部分领导调整任职命令大会。南京军区司令员蔡英挺上将宣读中央军委命令,张晓明任江西省军区司令员,方建华任副司令员。省军区政委马家利主持会议。省军区副政委戴勇、参谋长陈平、政治部主任罗晓东、后勤部部长张玉生出席会议。

9 日 中共中央政治局常委、国务院总理李克强到人民大会堂江西厅,参加十二届全国人大二次会议江西代表团的审议。他强调,在经济升级中走出江西发展新路子,在改革开放中形成江西发展新格局。中共中央书记处书记、国务委员兼国务院秘书长杨晶,国务院副秘书长肖捷、财政部部长楼继伟、环保部部长周生贤、住建部部长姜伟新、国务院研究室主任宁吉喆等领导到会听取意见。省委书记、省人大常委会主任强卫主持会议并发言,省委副书记、省长鹿心社发言。

12 日 赴京出席全国政协十二届二次会议的江西省全国政协委员完成各项议程,乘飞机返回南昌。

△ 国务院印发《关于赣闽粤原中央苏区振兴发展规划的批复》,正式批准实施《赣闽粤原中央苏区振兴发展规划》。规划该的实施,对进一步提升江西省在全国区域发展格局中的地位具有重要意义。

13 日 景德镇市与故宫博物院在北京签订合作协议,携手弘扬陶瓷文化,进一步提升江西省文化遗产保护水平。省委书记强卫,省委常委、省委宣传部部长姚亚平,国家文物局党组副书记、副局长董保华,故宫博物院院长单霁翔出席签字仪式。

14日 在北京出席十二届全国

人大二次会议的江西省全国人大代表，乘飞机返回南昌。

△ 由清华大学媒介调查实验室完成的《2013年江西省重点旅游景区游客满意度调查报告》正式发布。调查结果显示，2013年全省重点旅游景区游客满意度综合指数为79.8，处于“基本满意”水平，高于国务院《质量发展纲要（2011—2020）》提出的“生活性服务业顾客满意度指数达到75以上”的要求。

18日 省政府召开职能转变和机构改革电视电话会议，拉开了省政府推进机构改革、构建高效省政府组织体系的大幕。根据中央批复的《江西省人民政府职能转变和机构改革方案》，省政府将设置工作部门40个，其中，省政府办公厅和组成部门24个，直属特设机构1个，直属机构15个；另设置部门管理机构（规格为副厅级）4个。

20日 省文明委2014年第一次全体会议在南昌召开。会议传达学习中央文明委2014年第一次全体会议精神，总结省文明委2013年工作，部署2014年工作要点及重点任务分工，审议了《关于推进志愿服务制度化的实施意见》《江西省文明单位年度复查动态管理办法》。省委书记、省文明委主任强卫出席并讲话，省领导鹿心社、洪礼和、朱虹、汤建人、戴勇出席，姚亚平主持。

24日 省长鹿心社主持召开第20次省政府常务会议。会议通过《江西省十大战略性新兴产业发展规划（2013—2017年）》《江西省电力中长期发展规划》；原则通过《江西省安全生产“党政同责，一岗双责”暂行规定》，提请省委常委会审议。

△ “江西发布”微博平台，在新浪微博、腾讯微博、人民微博、江西微博四大微博平台同时开通上线。这是江西省人民政府新闻办公室实名认证的官方微博。以江西发布上线为标志，江西已初步建立省、厅、市三级政务微博矩阵。

24—25日 江西省首家国家印刷包装产业基地——赣州吉安国家印刷包装产业基地分别在赣州、吉安揭牌。这是江西省第一个上升为国家级的印刷包装产业基地。

25—27日 中共中央政治局委员、国务院副总理汪洋深入江西省赣州市调研，并主持召开座谈会。他强调，要积极稳妥推进农业经营体系创新，加强基层食品药品监管能力建设。中央有关部门负责人张勇、毕井泉等随同，省领导强卫、鹿心社、史文清等分别陪同调研或参加座谈会。

26日 首届“八大山人”全国花鸟画入选作品展在江西省美术馆开展，副省长朱虹出席开幕式并宣布画展开展。此次画展由中国美术家协会、江西省文化厅共同主办，江西画院、江西省美术馆承办。展览至4月6日结束。

26—27日 省十二届人大常委会第九次会议在南昌召开。会议表决通过《江西省医疗纠纷预防与处理条例》《江西省人民代表大会常务委员会关于批准修订〈南昌市流动人口计划生育工作条例〉的决定》和人事任免事项。

28日 首届赣西经济转型加快发展区域合作会议在宜春举行，新余、宜春、萍乡三市签署《赣西三市关于经济转型加快发展区域合作框架协议》，确定了赣西三市首批共同推进合作项目。副省长胡幼桃出席会议并讲话。

31日 全省扩大开放工作会议在南昌召开，就深入贯彻省委、省政府《关于全面扩大开放加快开放型经济发展升级的意见》做出部署。省委书记强卫出席会议，省长鹿心社出席会议并讲话，副省长胡幼桃主持会议。

4 月

1日 萍乡市举行电影《黄海怀》全国公映首映式。该片真实再现了萍乡著名二胡演奏家、作曲家、教育家黄海怀的艺术人生。

△ 原中共中央顾问委员会委员、中共江西省委原第一书记白栋材因病在广州逝世，享年99岁。

1—3日 中共江西省委6个巡视组全部进驻被巡视地方，2014年省委首轮巡视工作由此全面展开。

2日 江西省与北京银行在南昌签署全面战略合作协议。根据协议，北京银行未来三年将授信200亿元，支持江西省经济社会发展。

△ 省长鹿心社主持召开第21次省政府常务会议。会议听取了江西省省本级行政审批项目核查清理工作情况汇报。研究了江西省评比达标表彰活动清理工作。会议听取了2013年度市县科学发展综合考评结果情况汇报，审议了关于开展省直管县（市）体制改革试点工作的意见，听取了省政府参事选聘工作的情况汇报。

△ 峡江水利枢纽土建工程基本完成。

3日 省委书记强卫、省长鹿心社在南昌会见中国民生银行行长洪崎一行。

△ 省长鹿心社在南昌航空工业城和临空经济区考察调研，并分别召开办公会，协调解决有关问题。

2013年度全国十大考古新发现之一——景德镇南窑龙窑遗迹现场

省文化厅提供

4日　省委常委会召开会议，传达学习习近平总书记在兰考调研指导时重要讲话精神，研究深入学习贯彻习近平总书记系列重要讲话精神工作，部署开展选人用人不正之风专项整治。

7—9日　全国人大常委会副委员长、民盟中央主席张宝文率民盟中央调研组，就“大学生创业、就业政策优化”主题在赣调研。

8日　江西原创歌剧《回家》赴京前汇报演出在江西艺术中心大剧院举行。18日晚在北京国家大剧院演出。

9日　江西省与中国科协在南昌签订落实全民科学素质行动计划纲要共建协议。

△　景德镇南窑唐代窑址入选2013年度全国十大考古新发现。

10日　省委全面深化改革领导小组召开第二次全体会议。会议审议了《省委全面深化改革领导小组2014年工作要点》，听取了各专项小组近期工作情况汇报，审议了各专项小组2014年工作计划及有关意见，决定增设农业和农业体制改革专项小组。

△　省赣南等原中央苏区振兴发展工作领导小组第二次会议在南昌召开，省委书记强卫出席并讲话，省领导莫建成、蔡晓明出席。会议总结一年来原中央苏区振兴发展工作，研究贯彻落实《赣闽粤原中央苏区振兴发展规划》，协调解决工作中重大事项，部署下一步工作。

11日　省商务厅与北京市国资委在南昌签订合作备忘录。双方商定，将以重大项目建设为重点，进一步深化北京国企与江西省的战略合作，共同推动京赣在资源、技术、产品、市场等方面的优势互补，实现共赢发展。

15日　景德镇推出全省首个“流动车管所”，让广大群众在家门口就可办理车管业务。

△　全国人大常委会副委员长王胜俊率全国人大常委会执法检查组，就未成年人保护法实施在赣开展执法检查。省委书记强卫、省长鹿心社等看望了执法检查组成员。

16日　省政府在南昌举行参事聘任仪式，新聘、续聘16位参事。

△　省长鹿心社与中国人寿保险(集团)公司总裁缪建民在南昌举行会谈，商讨深化双方合作、实现共同发展。

17日　全省推进全面深化改革工作现场会在新余市召开。省委书记强卫出席并讲话，省领导鹿心社、尚勇等出席。

△　国务院考核组到赣检查考核消防工作。

19日　江西省与国家开发银行在北京签订《共同推进江西省棚户区改造开发性金融合作备忘录》。

21日　省委书记强卫、省长鹿心社在南昌会见国家统计局局长马建堂。

23日　鄱阳湖生态经济区建设(昌九一体化发展)领导小组第二次会议在南昌召开。省长鹿心社出席并讲话。

24日　省长鹿心社主持召开第23次省政府常务会议。会议原则同意《江西省新型城镇化规划(2014—2020年)》和《关于完善城镇化发展体制机制提高城镇化发展质量的意见》。会议原则同意《关于进一步深化国资国企改革促进江西经济发展的意见》。会议原则通过《江西省实施〈中华人民共和国招标投标法〉办法(修订草案)》《江西省政府非税收入管理条例(草案)》，提请省人大常委会审议。

27—29日　江西省委书记、省人大常委会主任强卫率江西党政代表团到广东省学习考察。中共中央政治局委员、广东省委书记胡春华指导学习考察活动，省领导强卫、黄跃金、莫建成、王文涛、蔡晓明、谢亦森、李贻煌等参加考察，广东省领导王荣、林木生陪同考察。

28日　省政府印发《加快推进全省光伏发电应用工作方案》，鼓励社会资本投资光伏发电应用领域。

5　月

5日　省委书记强卫、省长鹿心社率领江西党政代表团开始为期3天的赴浙江省学习考察活动。7日，江西浙江经济发展情况交流会在杭州举行，两省党政领导互相交流改革发展经验。江西省委书记强卫、浙江省委书记夏宝龙出席并讲话，江西省省长鹿心社、浙江省省长李强分别介绍本省改革发展情况。

5—7日　全国政协副主席、全国工商联主席王钦敏率全国工商联调研组在江西，就工商联基层组织建设和非公有制经济发展情况举行专题调研。

6日　江西省集中收听收看中央党的群众路线教育实践活动视频会议，学习贯彻习近平总书记的重要指示精神，安排部署第二批教育实践活动查摆问题、开展批评环节工作。省委书记强卫，省委副书记尚勇，省委常委、省委宣传部部长姚亚平在江西分会场参加会议。

7日　全省地方志工作座谈会在赣州市召开。会议旨在进一步推动江西地方志事业发展，为地方发展提供借鉴和服务。中国社会科学院院长、中国地方志指导小组组长王伟光出席会议并讲话。省委常委、常务副省长莫建成在赣州会见了王伟光一行。

△　由省文联独家创作策划实施的“八一起艺”文艺创作工程之瓷画长卷、国画长卷、书法长卷、摄影长卷全国巡回展首展在景德镇开展。

8日　首届青年企业家发展峰会在共青城开幕。此次峰会以“创新创业创优——机遇与使命”为主题，400多名企业家代表参加。全国政协副主席、全国工商联主席王钦敏出席开幕式并讲话，省委书记强卫致辞，团中央书记处第一书记秦宜智讲话。

△　2014环保赣江行活动在南昌启动，《江西省湿地保护条例》执法检查同时展开。

9日　省委常委会召开会议，传达学习中央国家安全委员会第一次会议和中央党的群众路线教育实践活动视频会议精神，审议江西省新型城镇化规划(2014—2020年)。

△　总投资约19.5亿元的昌九大道九江段开工，建设工期24个月。

11—12日　省委副书记尚勇赴铜鼓县带溪镇西村村，为江西省新一轮农村土地承包经营权颁发“第一证”。

12日　全省城镇化工作会议在南昌召开。省委书记强卫出席并讲话，他强调：要把思想行动统一到中央城镇化工作部署上来，扎实推进全省新型城镇化工作。省长鹿心社讲话，省领导黄跃金、姚亚平、王文涛、赵爱明等出席，省委常委、常务副省长莫建

5 月 13 日，开展"三大工程"、深入推进第二批群众路线教育实践活动视频会议现场

梁振堂摄

成主持会议。

△　江西省与北京航空航天大学在南昌签署战略合作框架协议。

13 日　省委召开开展"三大工程"、深入推进第二批教育实践活动视频会议，省委书记强卫作题为《激活红色基因 焕发生机活力》的作风建设党课报告。

△　省长鹿心社主持召开第 24 次省政府常务会议。会议传达了学习习近平总书记关于自贸区建设的重要批示。研究了农村土地承包经营权流转工作，研究了《关于深化教育领域综合改革的实施意见》。听取了关于江西省深化医药卫生体制改革工作的情况汇报。原则通过了《关于修改〈江西省森林公园条例〉等 7 件地方性法规的决定（草案）》，提请省人大常委会审议；通过了《江西省税收保障办法（草案）》《共青城城市总体规划（2012—2030 年）》。

△　江西省与中国邮政集团公司在南昌签署战略合作协议，进一步提升邮政服务江西经济社会发展的能力，助力邮政发展。

15 日　中国（深圳）第十届国际文化产业博览交易会在深圳会展中心开幕。中共中央政治局委员、中央书记处书记、中宣部部长刘奇葆出席开幕式后，到江西展区参观。

17 日　上饶市公安消防支队、省地税局直属分局两个单位获国务院残工委授予的"全国助残先进集体"称号。

18 日　由中宣部、科技部、中国科协等 12 个部委联合江西省政府举办的"振兴苏区、服务三农、科技列车赣南行"暨 2014 年江西省科技活动周启动会在瑞金举行。

△　本土与景漂——景德镇当代陶瓷艺术精品展在北京中国工艺艺术品交易所开展，副省长朱虹出席开幕式并宣布展览开幕。

19—21 日　2014 年赣港经贸合作活动在香港举行，省委书记强卫在香港走访了香港贸易发展局和香港中华总商会，与香港贸发局主席苏泽光、香港中华总商会会长杨钊以及众多香港知名企业家深入交流。期间举行了江西发展升级投资合作推介会，"江西风景独好"2014 年江西旅游（香港）推介会等活动。活动共签约 85 个重大项目，签约金额 97.68 亿美元。

22 日　国家两化融合创新推进大会在南昌举行，工信部副部长杨学山、副省长李贻煌、中国工程院院士卢秉恒出席会议。

23 日　省委常委会召开会议，审议深化国资国企改革的意见、深化教育领域综合改革若干问题的实施意见和规范引导农村土地承包经营权流转发展农业适度规模经营的意见等文件。

26 日　省落实党风廉政建设责任制暨惩治和预防腐败体系建设工作领导小组召开会议，审议《2014 年度落实党风廉政建设责任制和推进惩防体系建设检查考核工作方案》《2014 年度党风廉政建设社会评价民意调查方案》。

27 日　淘宝网"特色中国 · 江西馆"开馆。

29 日　江西省第十二届人民代表大会常务委员会第十一次会议通过《江西省林产品质量安全条例》，修正《江西省森林公园条例》《江西省赣抚平原灌区管理条例》《江西省矿产资源开采管理条例》《江西省宗教事务条例》。

30 日　江西省网上家长学校开通。网址：www.jxswx.com。

△　江西省庐山管理局公安局原政委柯善梅先进事迹报告会在北京人民大会堂举行。报告会前，中共中央政治局委员、中央政法委书记孟建柱会见了柯善梅亲属和先进事迹报告团成员。

△　由二十一世纪出版社出版发行的大型报告文学《瓷上中国——China 与两个 china》出版座谈会在景德镇举行。

下旬　江西工埠机械有限责任公司研制的全球首台"GBM 无齿轮起重机"入选中国工业首台（套）重大技术装备示范项目。

31 日　14 时 36 分，在宜春中心城区开往袁州区金瑞镇的公交车上，一名坐在后排的男性乘客突然持菜刀砍伤柳艳兵、易政勇等 5 名乘客，并向车内其他乘客砍去。在危急关头，易政勇奋不顾身抬手阻挡歹徒砍向他人，柳艳兵在自身被砍伤头颅的情况下，不顾个人安危，立即冲上前与歹徒搏斗，将其摁倒在地，并夺下菜刀，及时避免了车上其他 30 多名乘客受到伤害。6 月 6 日，宜春市综治委决定授予柳艳兵、易政勇"全市见义勇为先进个人"荣誉称号。8 日，宜春市委、市政府下发《关于在全市开展向柳艳兵、易政勇学习的通知》。9 日，获得江西"希望之星"见义勇为好青年称号。两人因伤情严重，错过了高考。7 月 6 日，根据考生意愿，江西省高招委决定，在综合考虑考生单考成绩、高中学业水平考试成绩和高中综合素质评价情况，由南昌大学、江西财经大学分别单独录取柳艳兵、易政勇两位考生，并给予免除学杂费等一系列照顾措施。9日，省综治委和宜春市委、市政府在宜春举行命名表彰大会，表彰“夺刀少年”柳艳兵、易政勇的见义勇为行为。

6 月

3日 受省长鹿心社委托，常务副省长莫建成主持召开第25次省政府常务会议。会议审议了《关于全面深化投资体制改革的意见》。研究了江西省政府向社会购买服务工作。原则通过了《江西省政府性债务管理办法》《江西省政府性债务风险预警监测实施暂行办法》。通过了《江西省实施〈自然灾害救助条例〉办法》，由省政府颁布实施。审议了《2014年度市县科学发展综合考核评价实施意见》。

4日 省委书记强卫考察南昌市智慧城市建设。

6日 省委常委会召开会议，听取打造南昌核心增长极两周年工作情况汇报，研究深化医药卫生体制改革、加强新形势下发展党员和党员管理等工作。

9日 省委书记强卫会见到赣调研的全国妇联党组书记、副主席、书记处第一书记宋秀岩。全国妇联副主席、副省长谢茹参加会见。

10日 省委书记、省委网络安全和信息化领导小组组长强卫主持召开省委网络安全和信息化领导小组第一次全体会议，深入学习贯彻习近平总书记在中央网络安全和信息化领导小组第一次全体会议上的重要讲话精神，研究部署全省网络安全和信息化工作。

12日 省委书记强卫在永丰县家庭农场调研。

15日 省委书记强卫会见爱尔兰前总理、爱中合作理事会名誉主席柏蒂埃亨。

16日 受省长鹿心社委托，常务副省长莫建成主持召开第26次省政府常务会议。会议批准了2013年度江西省科学技术奖名单，批准了2014年度江西省主要学科学术和技术带头人培训对象。研究了《关于支持抚州深化区域合作加快发展的若干意见》，研究了江西旅游发展集团组建工作。

17日 2014年中国工艺美术“百花奖”江西省获奖作品颁奖仪式在新余市仙女湖举行，江西省116件作品获奖，其中金奖34个、银奖40个、铜奖42个，获奖数量居全国前列。

18日 省委中心组举行学习会，聆听柯善梅先进事迹报告。省委书记强卫出席学习会并讲话。省委、省人大、省政府、省政协和省法院、省检察院领导以及公安部、政治部有关负责人等出席学习会。

△ 省委、省政府下发《关于进一步深化国资国企改革的意见》，拟定新一轮国资国企改革的“路线图”。

20日 省委常委会召开会议，听取贯彻落实工业强省战略、加速推进新型工业化情况汇报，研究下一步工作意见。省委书记强卫主持会议。

21日 针对江西省严重洪涝灾情，国家减灾委、民政部于11时紧急启动国家四级救灾应急响应。

22—23日 全省镇村联动建设推进会在吉安召开。省委书记强卫、省长鹿心社对推进城镇村联动建设提出要求。省委副书记尚勇出席并讲话，省委常委、常务副省长莫建成主持会议并作总结讲话，副省长李炳军作具体部署。

23日 省发改委再度向社会发布面向非国有资本开放300个示范项目。

23—25日 江西代表团到新疆维吾尔自治区考察调研援疆工作。23日下午，江西代表团与新疆维吾尔自治区领导在乌鲁木齐举行会谈，中共中央政治局委员、新疆维吾尔自治区党委书记张春贤，江西省委书记、省人大常委会主任强卫出席会谈并讲话。

24日 副省长朱虹在北京做客新华网，就江西旅游产业发展接受记者专访。

26日 中央新闻单位赴赣州开展革命传统教育活动启动仪式在赣州举行。来自中央和行业类26家媒体的60多名采编骨干人员抵达赣州，开展为期一周的革命传统教育活动。

27日 省委书记强卫在南昌会见并宴请台湾海峡交流基金会原董事长江丙坤一行，他强调要进一步密切赣台往来，努力把江西打造成台商转型升级的战略要地。

△ 中共江西省委决定授予柯善梅、曾建、胡为正、辛玉芝、陈凡经、黄欣泉、李进明、谢爱民、支月英、李金霞等10人“龚全珍式好干部”称号，并于6月30日进行表彰。此举为江西全省党员干部树立了典范，使广大党员干部和群众学有榜样、做有标尺、赶有目标。

28日 是《国务院关于支持赣南等原中央苏区振兴发展的若干意见》出台两周年。两年来，赣州、吉安、抚州共减少贫困人口122.35万人，6.52万烈士子女和年满60周岁的农村籍退役士兵享受了国家定期生活补助。

28—29日 由中国出版协会少年儿童读物工作委员会主办、二十一世纪出版社承办的第29届全国少年儿童出版社社长年会在南昌召开。国家新闻出版广电总局党组成员、副局长邬书林出席会议并讲话。

29日 江西省湖北商会在昌成立。湖北省政协副主席肖旭明、江西省政协副主席钟利贵出席成立仪式并讲话。近3000户在赣投资湖北籍企业和社会各界商会和人士参加。

7 月

1日 历时近5年建设的吉衡（江西吉安—湖南衡阳）铁路正式开通旅客列车，极大改善井冈山的铁路出行条件，沿线一批红色旅游景点也将受益。

4日 赣南等原中央苏区振兴发展工作座谈会在北京召开。来自53个国家部委、江西省委省政府、赣南等原中央苏区的领导齐聚一堂，总结两年来振兴发展工作，研究下一步振兴发展举措。

8日 民盟省委会和省女子监狱主办的“黄丝带”帮教活动启动仪式举行。省政协副主席、民盟江西省委会主委刘晓庄出席。

8—13日 全国人大常委会副委员长吉炳轩率全国人大农村金融立法调研组，到南昌、九江、景德镇、鹰潭等地，就农村金融立法问题进行调研。

14日 北汽集团昌河汽车景德镇新生产基地开工奠基仪式在景德镇市洪源镇举行。

15日 江西省科技创新与进步促进会成立大会在南昌举行。省政协主席黄跃金、副主席汤建人出席并讲话。

16日 江西师范大学和省教育考试院负责人专程来到萍乡,向舍己救人小英雄肖玉玲颁发江西师大2014年第一份录取通知书。

17—19日 省委十三届九次全体会议在南昌召开。会议总结上半年经济工作,分析当前经济形势,安排下半年主要任务,研究深入贯彻“发展升级、小康提速、绿色崛起、实干兴赣”十六字方针,特别是进一步推动发展升级工作。

21日 省政府与中国兵器工业集团公司在南昌签署战略合作协议。省长鹿心社、中国兵器工业集团公司董事长尹家绪出席仪式并致辞。副省长李贻煌与中国兵器工业集团公司副总经理石岩共同签署战略合作协议。

21—26日 省委书记强卫率团访问台湾,开展以“两岸一家亲,合作谋双赢”为主题的参访交流活动。此次访台在台湾举行了第十二届赣台经贸文化合作交流大会、赣台企业家合作交流洽谈会、南昌(高雄)产业合作对接会、吉安(台中)产业合作对接会等经贸交流活动;举办江西古代文明历史文物特展、“江西风景独好”(台北)分享说明会等文化交流活动;开办赣台休闲农业培训班等基层交流活动。这是首位江西省委书记访台。

21—27日 由国家体育总局、江西省人民政府主办的2014中弘江西国际女子网球公开赛在南昌国际体育中心举行。

25日 省委第二轮巡视工作动员部署会召开。

29日 全省推进县级公立医院综合改革电视电话会议在南昌召开,副省长谢茹出席会议并讲话。会议部署了第二批改革试点工作。

31日 第十九届海峡两岸大学生新闻营开营仪式在南昌大学举行。本届新闻营活动的主题是“两岸一家亲,共圆中国梦”。中国记协、江西省记协、南昌大学等单位的负责人和两岸26所高校的74名新闻专业师生参加开营仪式。

8 月

1日 省委第二轮巡视6个巡视组全部进驻到位。

3日 云南省昭通市鲁甸县境内发生6.5级地震,造成重大人员伤亡。获悉灾情后,江西省红十字会迅速通过云南省红十字会向地震灾区捐款10万元,并发出慰问电。

5日 江西省首个农业类重大科技专项——“江西省油茶产业升级关键技术研究与示范”经过5年的实施,通过专家验收。

6日 南昌大学第一附属医院8名由烧伤科、重症医学科和急诊医学科专家组成的江西省医疗救援队,奔赴苏州开展支援昆山爆炸事故伤员救治工作。

6—9日 省人民检察院在南昌举办首届十佳民事行政检察官评选暨民事行政检察业务竞赛活动。上饶市人民检察院韩学强、景德镇市人民检察院高欢、九江市人民检察院李平洋等10名检察官被评为“全省十佳民事行政检察官”。

8日 省委、省政府召开科学技术奖励大会,表彰荣获2013年度江西省科学技术奖的单位和个人,研究部署下一步科技创新工作。全省共有103个项目获奖。其中,一等奖4项、二等奖28项、三等奖71项。

12日 遂川县突降暴雨,导致多处发生山体滑坡。截至8月13日18时,共造成该县7人死亡失踪。省减灾委、省民政厅于8月13日紧急启动省级四级救灾响应。

13日 江西省与厦门航空有限公司在南昌签署《合作备忘录》,商定由厦航与江西航空投资有限公司共同出资成立江西航空有限公司。省委书记强卫、省长鹿心社出席签约仪式并在签约前会见厦航董事长车尚轮、党委书记张群治等。副省长胡幼桃代表江西省签约。

△ 凝聚着红土地广大团员青年爱心的10.7万元善款,已汇往鲁甸灾区赈灾助学。此外,江西省青年企业家响应倡议,凑集总价值8万余元的棉被等救灾物资运抵灾区。

15日 江西省天然气管网一期工程余江至景德镇段管线贯通,标志着环鄱阳湖天然气管网通气试投产成功。

△ 为期3天的2014中国智能博览会暨第四届中国智能产业高峰论坛在南昌举行。

18日 南昌开通赴台个人游。

24日 江西体育健儿在南京青奥会上日进两金,开创江西奥运会新历史:郭佳峰在男子武术散打60公斤级项目上摘下江西青奥会历史首金,徐鑫颖女子链球项目再得一金。

29日 省委常委会召开会议,会议通过了《关于支持抚州深化区域合作加快发展的若干意见》。

△ 江西省贸促会与澳大利亚贸易委员会在南昌签署合作协议。根据协议,双方将通过组织高级别官员和企业代表团互访等形式,推进江西与澳大利亚的双边贸易与双向投资。

9 月

3日 “我们的中国梦·全国农民画展”在万安县高陂镇田北画村举行。此类全国性画展在江西省举办尚属首次。

10日 江西省首批国家储备林划定工作基本完成,共划定国家储备林9.34万公顷。

13日 在中宣部组织的第十三届精神文明建设“五个一工程”评选活动中,江西省6部作品获优秀作品奖。6部作品分别是:江西电影制片厂的电影《洋妞到我家》,江西电视剧制作有限公司的电视剧《领袖》,省歌舞剧院有限责任公司的舞台剧《回家》,江西广播电视台、萍乡市广播电视台联合创作的广播剧《本色》,南昌市广播电视台创作的歌曲《老阿姨》,二十一世纪出版社的图书《瓷上中国—China与两个china》。

15日 南昌海关正式启动昌九通关一体化改革。

△ 江西农大、江西财大、九江职业技术学院三所高校拿到了省教育厅颁发的高等学校章程核准书。这是江西省首批核准的高校章程。

16日 江西省首条设计时速350千米的高铁——沪昆高铁南昌至长沙段通车运营。江西正式迈入高铁时代,并纳入全国“四横四纵”高铁网。南昌至长沙的运行时间由3.5小时缩短至1.5小时。

17—20日 省委书记强卫、省长鹿心社率江西党政代表团进行湖南学习考察活动。考察期间召开江西湖南两省合作发展交流会,并赴长沙、湘潭、株洲等地就产业升级、产业对接、文化旅游、城市建设等方面进行考察。

19日　季羡林基金会南昌大学奖学金协议签字仪式在南昌大学举行,季羡林基金会在全国高校设立的首个奖学金正式落户南昌大学。自2014年起,南昌大学每年将评选出10名优秀学生,每人每年可获奖学金1.2万元。

24日　由中国侨商联合会、江西省侨联、上饶市人民政府共同主办的“2014海内外侨商上饶行”活动在上饶举行。来自全球范围的180多名知名侨领、侨商参加活动。当日签约金额64亿元、3.2亿美元。

10　月

9日　省长鹿心社主持召开第31次省政府常务会议。会议审议了《关于鼓励社会资本进入社会事业领域的意见》。

△　江西省“多险合一”信息系统在鹰潭市率先上线运行,实现了养老、医疗、工伤、生育、失业五个险种统一征缴和参保人员各项社会保险“同人同城同库”管理。

11日　省长鹿心社率江西省政府代表团抵达广州。赣闽行政首长会晤在广州举行,江西省省长鹿心社、福建省省长刘晓松出席并签署《进一步推进赣闽开放合作框架协议》。

12日　省委召开全省党的群众路线教育实践总结大会,总结全省教育实践活动,对巩固和拓展教育实践活动成果、加强党的作风建设、全面推进从严治党进行部署。省委书记强卫出席并讲话,中央第六巡回督导组组长张柏林讲话、副组长张成寅出席。

△　第十届泛珠三角区域合作与发展论坛暨经贸洽谈会在广州白云国际会议中心开幕。江西省省长鹿心社率江西代表团,同泛珠各方行政首长和国家有关部委领导一道出席开幕式。

△　由省政府主办的第五届环鄱阳湖国际自行车大赛在萍乡市安源区开幕。环鄱赛组委会执行主任、副省长谢茹出席开赛仪式。大赛历时12天,首次实现11个设区市都有分站赛段。

13日　2014年泛珠三角区域合作行政首长联席会议在广州召开,省长鹿心社与泛珠区域“9+2”各方行政首长出席会议。会上围绕新型城镇化建设和商贸发展议题,以及下阶段打造泛珠合作“升级版”的路径和方向进行讨论,签署《2014年泛珠三角区域合作行政首长联席会议纪要》和《泛珠三角区域深化合作共同宣言(2015年—2025年)》。

△　赣湘黔滇行政首长会晤在广州举行。会上签署了《赣湘黔滇四省关于共同打造沪昆高铁经济走廊框架协议》。

△　赣粤行政首长会晤在广州举行,商讨进一步深化赣粤两省合作有关问题。两省签署了赣粤粮食产销合作协议、赣深电子口岸平台合作备忘录。

13—16日　全省11个设区市先后召开全市党的群众路线教育实践活动总结大会。

15日　省第十二届人大常委会第十四次会议在南昌举行。会议通过《江西省人民代表大会常务委员会关于加强城市规划区湿地保护的决议》。会议还表决通过其他人事任免事项。

16日　修武盆地页岩气区区块第一口钻井——“江西一井”在修水县新湾乡柴段村开钻,标志江西省页岩气勘查开发进入实质性阶段。

△　省公安出入境管理部门在南昌昌北国际机场口岸正式开展台湾居民口岸落地签注工作。副省长、公安厅厅长郑为文出席仪式并宣布签注点启动。

18日　2014中国景德镇国际陶瓷博览会在景德镇国际会展中心开幕。全国人大常委会原副委员长何鲁丽、省长鹿心社、省政协主席黄跃金、商务部外贸发展局局长孙成海、中国贸促会秘书长徐沪滨、中国轻工业联合会副会长杜同和共同点燃火炬。省人大常委会副主任朱秉发、马志武出席开幕式。来自35个国家和地区的政府代表团、陶艺家、参展商和采购商等社会各界人士参加开幕式。

本届瓷博会共有海内外800多家品牌陶瓷企业参展。瓷博会期间除开经贸洽谈外,还开展了“一带一路”主题活动、首届“唐英杯”陶瓷艺术百花奖展评活动、蒋祈《陶记》暨景德镇宋元窑业国际学术研讨会、国际陶艺展、国际陶瓷艺术拍卖会、六窑复活点火仪式暨明代葫芦窑开窑等活动。

△　江西首创的农机融合租赁新模式——赣龙农机产业基金在丰城挂牌并启动农机融资租赁服务。农户可通过该基金搭建的平台进行农机租赁、贷款购机、按揭购机。

25日　江西省第十届运动会在赣州开幕。省委书记、省人大常委会主任强卫出席开幕式并宣布开幕。省委副书记、省长鹿心社致开幕词。省领导龚建华、朱秉发、刘晓庄等出席。副省长谢茹主持开幕式。

27日　第三届世界旅游经济论坛在澳门举行。省委书记强卫率江西代表团与会并在论坛上发表致辞。“江西风景独好”旅游推介会在澳门召开。全国政协副主席何厚铧,省委书记强卫,澳门特别行政区行政长官崔世安,国家旅游局副局长杜一力,省委常委、南昌市委书记王文涛,副省长朱虹出席活动。推介活动签约金额130.8亿元。

△　江西五十铃汽车有限公司首款汽车——D-MAX皮卡正式下线。首款自动档皮卡弥补全国汽车市场一大空白。

28日　2014南昌旅游(澳门)推介会暨旅游项目招商洽谈会在澳门召开,省委常委、南昌市委书记王文涛出席并讲话。2014吉安旅游(澳门)推介招商会在澳门举行,副省长朱虹出席并讲话。

30日　应罗马尼亚文化协会副主席吉可曼、葡萄牙波尔图加亚市市长罗德里格斯、西班牙参议院议员马丁内斯的邀请,省委常委、省委宣传部部长姚亚平率团前往罗马尼亚、葡萄牙、西班牙进行访问。

31日　省委常委召开会议,研究分析全省经济运行情况,安排部署下一步工作。省委书记强卫主持会议。会议审议通过《关于鼓励社会资本进入社会事业领域的意见》。

11　月

1日　由澳门中华妈祖基金会和江西省人民政府合作举办的第十二届澳门妈祖文化旅游节在澳门开幕。副省长朱虹率团出席开幕式并致辞。

2日 鄱阳县鸦鹊湖乡百亩双季稻机插田经实地测试，连片亩产达1297.4千克，创水稻双季机插单产全国最高水平。

2—4日 全国政协副主席卢展工率全国政协调研组，就全国政协十二届二次会议重点提案《培养和弘扬社会主义核心价值观要融入社会生活》在赣进行督办调研。

3日 省委书记强卫会见以俄罗斯巴什科尔托斯坦共和国第一副总理马尔丹诺夫为团长的大型经贸代表团。省政府与俄罗斯联邦巴什科尔托斯坦共和国政府在南昌举行合作项目签约仪式。省长鹿心社与马尔丹诺夫出席仪式，并签署建立友好省州关系意向书。

△ 中共中央政治局委员、国家副主席李源潮在人民大会堂会见杨衍忠先进事迹报告团。中国科协党组书记、书记处第一书记尚勇，国土资源部党组成员、副部长张少农，江西省委常委、省委统战部部长蔡晓明等参加会见。

4日 国家发改委、财政部、国土资源部、水利部、农业部、国家林业局正式批复《江西省生态文明先行示范区建设实施方案》。这是江西省第一个全境列入的国家战略。

5日 江西省与中国光大集团在南昌签署战略合作协议。省委书记强卫、省长鹿心社出席签约仪式，并在签约前会见光大集团董事长唐双宁。

△ 省委书记强卫在南昌会见美国福特汽车公司总裁兼首席执行官马克菲尔兹。省领导王文涛、龚建华，美国福特汽车公司副总裁兼亚太地区总裁萧达伟参加会见。

6日 省长鹿心社在南昌会见瑞士驻中国兼驻朝鲜和蒙古大使戴尚贤(Jean-Jacques De Dardel)、瑞士驻广州总领事博智东(Didier Boschung)一行。省委常委、南昌市委书记王文涛参加会见。

△ 全省旅游重点产业集群推进会在鹰潭召开。会议总结交流各地旅游产业集群发展经验，并就加快推进全省旅游重点产业集群工作进行部署，副省长朱虹出席会议并讲话。

7—9日 国家发改委党组副书记、副主任何立峰一行在赣州调研赣南苏区振兴发展工作，省委常委、常务副省长莫建成陪同调研并主持座谈会，省委常委、赣州市委书记史文清陪同调研并汇报相关工作。

10日 江西省与国家发改委调研组在南昌举行座谈会，就推进江西省经济社会发展特别是赣南等原中央苏区振兴发展重大事项交换意见、寻求共识。省委书记强卫主持座谈会，国家发改委副主任何立峰出席。省委常委、常务副省长莫建成介绍江西经济社会发展情况，特别是《国务院关于支持赣南等原中央苏区振兴发展的若干意见》贯彻落实情况。

10—11日 全省县域经济发展升级现场推进会在丰城、樟树、高安3市举行。省委书记强卫出席并讲话。他强调，坚定不移走产业集群发展之路，是破除县域经济发展瓶颈的根本途径。省长鹿心社出席会议并讲话，省领导莫建成、王文涛、龚建华等出席。

13日 省政府在珠海航展新闻中心举行江西(景德镇)直升机产业集聚发展推介会，副省长胡幼桃出席。会上，江西省与北京汽车集团有限公司签署了通航产业发展合作相关协议。

16日 中国首届“金驹奖”世界大学生摄影展在上饶举行，这是中国首次面向国内外高校在校大学生的一项国际性摄影赛事。

16—20日 应印度外交部邀请，省委书记强卫率中国共产党代表团访问印度，并作为中共代表出席印度国大党举办的尼赫鲁125周年诞辰纪念大会。

18日 景德镇地方志馆开馆。

20日 第三届世界低碳生态经济大会暨第七届中国绿色食品博览会在南昌开幕。

20—21日 第十四届世界生命湖泊大会在南昌举行。副省长郑为文、全球自然基金会主席玛丽安等在大会上致辞。大会与世界生命湖泊网发布《携起手来，共同保护世界湖泊的生命之源》的“鄱湖共识”。会上，江西山江湖可持续发展促进会和鄱阳湖国家湿地公园管委会获全球自然基金会授予的“生命湖泊最佳保护实践奖”。

21日 第三届世界低碳生态经济高峰论坛在南昌举行。全国政协副主席韩启德、省委书记强卫、国家发改委副主任解振华、波兰前参议长龙津·帕斯图夏克、泰中文化经济协会会长颇欣·蓬拉军等分别致辞。省长鹿心社主持。受邀国际组织和境外友好省(州、县)代表，世界500强企业和跨国公司等企业和商界代表，知名专家学者等约800人参加论坛。

22日 省委、省政府召开全省生态文明先行示范区建设启动大会。省委书记强卫出席并讲话，国家发改委副主任解振华、省长鹿心社出席并讲话，省领导黄跃金、王文涛、龚建华、魏小琴出席会议，省委常委、常务副省长莫建成宣读国家6部委通知并主持会议。

△ 作为第三届世界低碳生态经济博览会的一部分，赣商回乡创业创新大会在南昌举行。会议表彰了一批“回乡创业优秀赣商”，通过了赣商回乡创业创新倡议书。省领导强卫、鹿心社、黄跃金、龚建华、魏小琴、胡幼桃出席大会并为获奖赣商颁奖。

24日 省委全面深化改革领导小组召开简政放权和市场化改革工作推进会，听取行政审批制度改革和有关领域市场化改革工作进展情况汇报。省委书记强卫、省长鹿心社出席并讲话，省领导龚建华、李炳军、朱虹、李贻煌出席会议。

△ 即日起，江西省新型农村社会养老保险制度和城镇居民社会养老保险制度并轨，统一为城乡居民基本养老保险。

25日 第三届国际道教论坛在鹰潭市龙虎山开幕。中共中央政治局常委、全国政协主席俞正声为论坛发来贺信，中共中央政治局委员、国务院副总理刘延东对办好论坛提出要求。全国政协副主席马飚宣布论坛开幕并致辞，全国人大常委会原副委员长许嘉璐出席。省委书记强卫出席开幕式并致辞，中央统战部常务副部长张裔炯宣读贺信，全国政协民族和宗教委员会主任朱维群、省长鹿心社、国家宗教事务局局长王作安、省政协主席黄跃金出席开幕式。论坛于26日闭幕，主办方宣读国际道教论坛《龙虎山宣言》。

27日 支持赣南等原中央苏区振兴发展部际联席会议第二次会议在北京举行。会议总结部际联席会议第一次会议以来的工作，协调议定有关重大事项，研究部署进一步推进赣南等原中央苏区振兴发展的重点工作。国家发改委主任徐绍史、省委书记强卫出席并讲话，国家发改委副主任何立峰主持会议。

△ 省十二届人大常委会第十五次会议召开联组会议，专题询问大气污染防治情况。省人大常委会副主任洪礼和、朱秉发、马志武，秘书长魏民和委员出席。副省长郑为文作表态讲话。省环保厅、省交通厅、省农业厅等10个厅局负责人到会听取意见、回答询问。

28日 省十二届人大常委会第十五次会议在南昌闭会。会议表决通过《江西省林业有害生物防治条例》《江西省人民代表大会常务委员会关于批准〈南昌市城市建筑垃圾管理条例〉的决定》《江西省人民代表大会常务委员会关于批准〈南昌市消防条例〉的决定》《江西省人民代表大会常务委员会关于召开江西省第十二届人民代表大会第四次会议的决定》、省人大常委会代表资格审查委员会关于代表资格的审查报告和人事任免事项。

12 月

1日 联合国教科文组织在官方网站公布：中国景德镇市加入全球创意城市网络，并授予该市"世界手工艺与民间艺术之都"称号

2日 江西省政府印发《关于培育发展机器人及智能制造装备产业的意见》。

2—3日 中共江西省委第十三届委员会第十次全体会议在南昌召开。会议总结2014年省委常委会工作，研究部署2015年全省各项工作，审议通过《中共江西省委关于全面推进法治江西建设的实施意见》。

△ 长江中游城市群省会城市长沙、合肥、南昌、武汉住房公积金管理中心主任会议在武汉召开。会上，四市联合签署《长江中游城市群暨长沙、合肥、南昌、武汉住房公积金异地使用合作协议》，确定四市住房公积金将实现异地使用和转移接续。按计划，南昌将与2015年3月正式实施。

4日 在中央电视台、司法部、全国普法办主办的"宪法的精神 法治的力量——CCTV2014年度法治人物"评选活动中，宜春"夺刀少年"柳艳兵、易政勇当选为2014年度法治人物。

8日 江西省和中国航空工业集团公司在北京举行深化战略合作协议签约仪式。省委书记强卫会见中航工业集团董事长林左鸣，省长鹿心社在签约仪式上致辞。副省长李贻煌与中航工业集团副总经理吴献东分别代表双方签约。

9日 省发改委向社会公布江西省关于鼓励社会资本进入社会事业领域的相关目标、政策、措施。《关于鼓励社会资本进入社会事业领域的意见》经省政府印发实施，江西省成为全国首个出台省级层面相关意见的省份。

10日 沪昆高铁南昌至杭州段建成通车，至此沪昆高铁江西段全线贯通，线路贯穿江西7个设区市。

16日 国家禁毒委委员、科技部党组成员、副部长张来武率国家禁毒委督导组一行，就江西贯彻中央6号文件和全国禁毒工作会议精神情况进行专项督导检查。

17—19日 江西党政代表团在湖北考察学习。省领导强卫、鹿心社、黄跃金、周泽民等参加学习考察，湖北省领导李鸿忠、王国生、王晓东等陪同。考察期间，江西湖北合作发展交流会在武汉召开，共商抓住国家实施长江经济带和长江中游城市群战略机遇，深入推进赣鄂合作。考察团先后考察了武汉城市规划建设、武汉光谷、武汉80万吨乙烯项目基地、东风汽车公司、鄂州市等地。

18—19日 首届湘赣边区域开放合作交流会在湖南省浏阳市召开。湘赣边十县(市)签署《湘赣边区域开放合作浏阳共识》。

19日 省委常委、省委政法委书记周萌主持召开省司法体制改革试点工作小组第一次会议，贯彻落实中央和省委要求，研究部署江西省司法体制改革试点工作大调研。省高级人民法院院长张忠厚出席会议。

△ 国土资源部公布首批地质灾害防治高标准"十有县"(有预警、有监测、有评估、有避让等)名单，江西省信丰县、龙南县、瑞昌市、袁州区、贵溪市位列其中。

20日 2014首届环鄱国际骑游大会启动仪式在南昌举行。省委书记强卫为骑行队授旗，省领导龚建华、朱虹出席启动仪式。

24日 2014年省级院士工作站授牌仪式在南昌举行。省委常委、省委组织部部长赵爱明出席仪式并讲话，省政协副主席、省科协主席李华栋主持。来自中国科学院、中国工程院的10位院士出席授牌仪式。

26日 省委书记强卫在南昌会见台湾道教总庙三清总道院大陆参访团一行。省领导蔡晓明、胡幼桃参加会见。

△ 省国土资源厅出台《关于全面推进全省国土资源法治建设的意见》。

28日 江西省旅游集团有限责任公司在南昌揭牌成立。副省长朱虹出席并揭牌。

29日 江西省智能机器人工程技术研究中心与重点实验室在中航工业洪都揭牌成立，并首次发布中航工业洪都智能移动控制器技术。

29—30日 省委召开全省经济工作会议。省委书记强卫主持并讲话，省委副书记、省长鹿心社总结2014年全省经济工作，并对2015年经济工作进行部署。会议指出，要从进入经济发展新常态江西面临的实际问题出发，准确把握速度与质量等8个关系之间的关键点和结合点，用5年左右时间决战与全国同步小康。

30日 省委督导组工作座谈会在南昌召开，11个督导组进行总结交流。各设区市各级领导干部个人整改清单完成率达94.64%，设区市"四套班子"及其他厅级党员干部个人整改清单完成率达96.5%。

本栏编辑 朱岳

专 记

江西省第二批党的群众路线教育实践活动纪略

按照中央和省委统一部署，江西省第二批党的群众路线教育实践活动（简称第二批教育实践活动）自2014年1月26日启动，至10月中旬基本结束，涵盖全省11个设区市、100个县（市、区）、1513个乡镇（街道）、19906个村（社区）；涉及444个设区市、县（市、区）领导班子，40378个设区市、县（市、区）直属部门和企事业单位，3379个执法监管部门和窗口单位、服务行业；包括86401个基层党组织，179.7万名党员，其中县处级以上党员干部14760人。

第二批教育实践活动启动以来，全省第二批活动单位充分借鉴运用第一批教育实践活动成果和经验，坚持主题不变、镜头不换，发扬认真精神，以“连心、强基、模范”三大工程为抓手，以上率下、群策群力，不折不扣做好规定动作，积极创新自选动作，取得重要成果。

一、第二批教育实践活动的基本做法

（一）更加注重领导带头、层层示范。省委先后4次召开常委会议、7次召开领导小组会、5次召开推进会、视频会，认真学习贯彻中共中央总书记习近平等中央领导关于教育实践活动的重要讲话精神、中央教育实践活动领导小组及办公室有关会议和文件精神、中央第六巡回督导组一系列指示要求，研究贯彻意见，做出部署安排，推动工作落实。省委主要负责人始终认真履行第一责任人责任，先后14次深入联系点南昌市、新建县调研指导，有力推动各级一把手自觉履行主体责任。省委常委及有关省领导分别选择1个设区市、1个县（市、区）作为第二批活动联系点，并担任省委督导组第一组长，全过程认真履行督导指导责任，以实际行动为全省打出样、作表率。特别是在整改落实、建章立制环节，省委常委及有关省领导先后2次深入到联系点指导督导整改工作，协调解决需要省级层面帮助解决的问题，有力推动整改工作落地。各级“一把手” 既挂帅、又出征，既带头把自己摆进去，讲认真、动真格，又切实履行第一责任人的责任，认真抓好本地区本单位教育实践活动，为其他班子成员和广大党员、干部做出榜样。各级党员领导干部身体力行、率先垂范，认真参加活动、切实履行责任，带头传导压力、激发动力，推动和促进活动健康顺利开展。第二批活动中，省、市、县、乡党员领导干部共建立联系点31938个，联系点普遍办成示范点；1612名领导干部带头讲党课。

（二）更加注重问题导向、解决问题。各地各单位从活动一开始就坚持问题导向、解决突出问题，始终敞开大门听意见，对号入座查问题，对查摆出的问题和群众提出的意见建议，立行立改、真抓实改，以实际行动取信于民。一是回应群众关切，解决具体问题。各地各单位认真梳理汇总的具体问题和个体诉求，全部纳入整改工作台账，并实行由责任单位承办、督导组督办、责任单位办结每周报告、“活动办”调度销号管理的工作机制。坚持即知即改、立说立行，对收集的具体问题和个体诉求，区分轻重缓急和难易程度，对能够解决的马上办，通过努力可以解决的限期办，暂不具备条件解决的向群众做好解释工作，做到件件有着落、事事有回音。鹰潭市成立以市委主要领导为组长的整改落实工作督查领导小组，定期召开整改调度会、情况分析会，研究部署整改工作，并对整改落实不力、效果不明显的，约谈责任单位主要领导。抚州市党政主要领导就在线访谈中收集的521条意见建议，专门召开督办会议研究解决，并全部进行回复。截至2014年12月，第一批活动已完成整改台账的99.7%；第二批活动纳入整改台账的整改事项，已整改34.8万条，完成62.3%。二是深化专项整治，集中攻坚克难。省委把专项整治作为反“四风”、转作风的重要抓手和有效途径，第二批活动中突出抓好中央部署的“7+4+10”专项整治任务，并结合实际增加“3+6”专项整治任务，重点整治领导干部及其亲属子女插手工程建设项目，乡镇（街道）和村（社区）负担过重、村务居务财务公开和民主管理混乱、“小金库”、基层干部损害群众利

益等突出问题。特别是针对群众反感的“为官不为”问题，明确应进行整治的8个方面20种表现，并通过受理举报、随机抽查、重点检查、暗访等方式，集中一段时间开展督查，点名道姓及时曝光，进行问责追责。各地各单位在落实中央和省委专项整治任务的基础上，结合各自实际部署开展了相关专项整治。萍乡市在第二批环节期间先期部署开展违规参与土地开发和工程建设、清理行政审批事项等专项整治61项，进入第三环节后，又统一部署了36项专项整治。赣州市突出抓好重点领域的专项整治，全市各级共部署开展专项整治5362项。三是强化正风肃纪，狠刹不正之风。各级纪检监察机关加大对违反中央八项规定精神和“四风”典型案件的查处力度，各地各单位采取纪检机关查处、督导组交叉督查，2014年以来，全省各级纪检监察机关共查处涉及“四风”问题1078起，处理1458人，纪律处分431人，同比分别增长285%、288%、173%。省委教育实践活动办在活动的每个环节、各个重要阶段适时组织人员，采取随机抽查、明察暗访等多种方式对各地教育实践活动开展情况进行检查，并专门编发《明察暗访反“四风”》专刊，对各地各单位教育实践活动中存在的问题进行点名曝光。在《江西日报》、江西卫视统一开设《聚焦作风扫灰除尘》专栏，省纪委门户网站专门设立《曝光台》，对各地各单位违反八项规定精神和涉及“四风”的人和事进行曝光。中央活动办简报专门介绍江西省加大明察暗访力度从严从实推进整改的有关做法。

（三）更加注重贯彻整风精神、用好批评武器。一是对照兰考立标杆。各地各单位把开好高质量的专题民主生活会和组织生活会作为重中之重来抓，对照兰考标准，参照省委常委联系点做法，用好批评和自我批评的武器，着力提高领导班子和领导干部解决自身问题的能力。所有市、县领导班子均召开了查摆问题的专题会议，普遍查摆出领导班子“四风”问题15条以上，个人“四风”问题10条以上，而且都有具体事例。所有领导班子对照检查材料全部由书记主持、班子集体研究起草，普遍修改了10稿以上；班子成员自己动手撰写、反复修改对照检查材料，有的修改了20多遍。所有对照检查材料均过了“五道关”（班子主要负责人、上级督导组、上级“活动办”、上级挂点联系领导、上级党委主要负责人）。中央活动办在审核江西省报送的市委书记对照检查材料时评价：“符合中央要求，总体质量很高，是全国第一个一次性整体通过的，体现了你们省里把关很严，提出表扬。”二是会前热身谋共识。把学习中共中央总书记习近平系列重要讲话作为会前“必修课”，打牢思想基础。所有领导班子均开展了“四必谈”（主要负责人与班子每个成员必谈，班子成员相互之间必谈，班子成员与分管部门主要负责人之间必谈，督导组与班子成员必谈），把矛盾和问题解决在会前。三是会中交锋动真格。各地各单位采取“先班子、后个人，先一把手、后班子成员，先开展自我批评、再逐一开展批评，一个一个过”的方式开展批评和自我批评，普遍做到真刀真枪提意见、掏心见胆帮别人，班子成员之间普遍都提出2条以上有质量的批评意见，有的还提了4～5条，做到讲党性、动真格、有“辣味”，不少班子还开出“火药味”。不少党员反映，入党几十年，还从来没有这么真刀真枪开展批评，“脸上火辣辣，心里热乎乎”。中央第六巡回督导组在参加抚州市、吉安市和吉安县党委常委班子专题民主生活会后，评价2市1县“严肃认真，批评和自我批评有质量、有水平、有深度，体现了整风精神，是一次高标准、高质量的民主生活会，为今后开展健康的党内生活积累了经验”。四是会后转化促常态。一方面着力把民主生活会的成效转化为整改落实、建章立制的行动自觉；另一方面注意总结对照检查、谈心交心、督导把关、开展批评等做法，完善党内生活制度，使之成为解决领导班子和领导干部自身问题的经常性措施。中央教育实践活动简报刊载了江西省新建县、吉安县、南昌县、修水县和吉安市等地查摆问题、开展批评的有关做法。

（四）更加注重敞开大门、群众参与。全省各级党组织始终坚持真开门、开大门，查找问题让群众把脉，整改落实请群众监督，活动成效由群众评判，确保每个环节、每项工作都让群众参与进来，真正把活动打造成群众满意工程。一是开门纳谏。开辟专项调研、问卷调查、召开座谈会、书面征求意见、专门征求上级巡视组和上级督导组意见、公布专用电子信箱和手机号码、网上在线交流等多种渠道听取意见。各级领导干部走出机关，沉下去听、坐下来询，并注重深入地处最偏僻、矛盾最集中、舆论最敏感的地方去征求意见。宜春市组织各级党员干部开展“三进三访三联动”（即进农村、进社区、进企业，访村民居民、访干部职工、访服务对象，市、县、乡联动）、“网络问政”等活动，广泛听取群众意见建议。新余市借助官方微博@新余发布，主动请网友“向我开炮”，有效拓宽干部群众反映问题的渠道。新建县采取委托社会民意调查机构的方式广泛征求意见，取得很好效果。整个活动中，第二批活动单位累计收集意见建议55.9万条，其中反映“四风”问题的26.7万条，占47.8%。二是开门会诊。各地各单位普遍把“面对面”和“背对背”结合起来，围绕查摆问题，开展多轮“把脉会诊”。各级领导班子的集体学习会、查摆问题专门会、专题民主生活会、整改落实专题会，均邀请党员群众代表全程列席。三是开门整改。坚持整改方案向群众问计，整改措施为群众着想，整改过程请群众参与，整改成效由群众评判。各地各单位及时公布整改方案和整改问题清单，通报整改情况，公告整改结果，特别是涉及群众切身利益的事项，整改一项，公告一项。组织市、县、乡党委开展与群众“整改面对面”活动，现场回应群众诉求关切，当面听取整改意见建议。组织市、县、乡、村四级党员领导干部采取相应形式公开个人整改清单，主动接受群众监督。九江市将全市1600余名县处级干部个人整改清单，通过网站、公告栏、宣传栏向社会进行公示，广泛接受群众的监督。重视发挥舆论监督的作用，在省、市、县三级主要媒体同步开设“转作风、看变化”专栏，公告整改事项整改落实情况。南昌市组织市属新闻媒体以“啄木鸟”行动为载体，开展舆论监督倒逼政府部门改进工作、转变作风。

（五）更加注重上下协力、衔接带动。坚持把上下联动整改作为抓好整改工作的重要方法，通过前后衔接、行业联动、条块协作，推动整改工作见实效。一是注重前后衔接抓整改。围绕解决“反映在上面、落实靠下面”和“表现在下面,根子在上面”问题,组织第一批活动单位对“两方案一计划”落实情况,特别是专项整治情况进行“回头看”,看一看问题是否已得到逐项整改、落实到基层,看一看工作标准是否达到中央、省委的最新要求,看一看建立健全的相关制度规定是否得到落实。在此基础上,重新梳理整改问题清单,把需要基层落实的问题一项一项列出来,督促基层一条一条抓落实。省委教育实践活动办公室认真收集梳理第二批活动单位反映上来、需要省级层面解决的具体意见建议331件,将这些整改任务分解到第一批活动单位,并先后分批召开3场省直单位上下联动整改工作推进会,调度推进第二批活动单位需要省级层面研究解决的具体意见建议整改工作情况。二是注重行业统筹抓整改。充分发挥行业系统的指导作用,对第二批活动单位重点开展的30项专项整治任务,一一明确相关省直单位和行业主管部门作为指导单位,负责研究相关政策,制定具体的指导工作方案,跟进提供政策咨询、业务指导,帮助解决实际问题。省直各行业系统单位积极加强对本行业系统活动的督查检查,通过巡回检查、随机抽查、明察暗访等形式,主动发现问题,推动解决问题。省财政厅下发《关于加快推进党政机关财务管理制度建设工作的通知》,督促市县把中央、省里出台的制度承接好,要求设区市在8月底前、县(市、区)在9月底前,全部出台会议费、差旅费等7个财务管理办法。省地税局多次开展明察暗访,两次派出督查组对基层局文山会海、“为税不廉”“慵懒散”“三公”治理情况进行巡回督导,确保整治在末端的有效落实。三是注重条块联动抓整改。注重强化部门之间、地方与部门之间的相互协调配合,对第一批活动单位在第二批活动期间同步开展的15项专项整治任务都明确了相应的牵头单位、责任部门。各牵头整改责任的省直单位及时召集相关责任单位,共同研究制定专项整治方案,加强组织协调,定期调度工作,定期上报进展情况和整治结果,其他责任单位主动配合牵头单位抓好工作落实,形成强有力的工作合力。省委教育实践活动办公室先后分片召开3场各设区市专项整治工作推进会,并邀请相关省直单位参加,指导各地市与省直有关单位相互对接整改任务,推动解决一批顽疾固症。在省委教育实践活动办成立4个联络组,明确其中1个组专门负责跟踪第一批活动单位整改任务的落实,指导有关部门通过系统上下联动提升整改成效。同时,还建立信息沟通机制,每个省直单位和设区市明确1~2名信息联络员,通过QQ群、简报、短信和党建移动平台等载体,及时传递两批次活动单位的活动开展情况,推动两批次活动单位相互了解工作部署、进展情况和困难问题,确保整改工作相互衔接、步调一致。

(六)更加注重严格要求、真督实导。坚持在严和实上下功夫,切实加强指导、从严督导,使从严从实的要求贯穿到活动全过程,有力推动教育实践活动各项任务的落实。一是加强分类指导。针对第二批活动对象范围更广、领域更宽、数量更大、层级更多的实际,从一开始就注重分类指导,不搞“一锅煮”“一刀切”,同步配套出台3个指导性意见,分别对县以下层级,执法监管部门和窗口单位、服务行业,非公有制经济组织和社会组织,有针对性地提出具体要求。各市、县也结合实际细化制定分类指导方案。萍乡市针对在农村,针对村级组织特点,创新提出“四个三”工作法,有效推动村级组织活动开展,得到中央书记处书记赵洪祝的批示。新余市渝水区制定了“1+9”方案。分5个领域制定了《基层党组织专题组织生活会流程图》《全市党员日常行为“十带头、十不准”》,对不同层级、不同领域、不同对象提出具体要求。严格压茬推进各环节工作,在不同时段对不同层级理出重点任务、明确具体要求,较好地防止前后“挂空挡”、抢跑“赶进度”问题。在每个环节,分区域、分领域召开推进会,对不同层级、不同类别、不同领域的活动进行具体指导,总结典型经验,解决面上问题。二是强化严督实导。中央第六巡回督导组对江西省第二批教育实践活动高度重视、全程督导,在每个环节都提出重要指导意见,对每项工作都从严把关,并确定“两市一县”(抚州市、吉安市、吉安县)为重点督导对象进行一线指导,为全省活动健康开展、取得实效提供重要保证。在中央第六巡回督导组的直接指导下,省委教育实践活动领导小组统筹指导各地各单位扎实开展活动,省委活动办积极做好综合协调、分类指导、宣传引导等工作,确保教育实践活动健康有序开展。省委对第二批活动单位派出11个督导组,市、县和省行业系统共下派1514个督导组。各级督导组坚持以严的标准、严的纪律、严的措施,突出对“一把手”责任落实及作用发挥情况的检查,突出对领导班子专题民主生活会的督导,突出对群众反映强烈的突出问题以及省委转办交办整改事项落实情况的督查,严把活动方案关、学习教育关、征求意见关、对照检查材料关、整改方案质量关。进入活动收尾阶段后,坚持发扬认真劲头,加强对整改工作的督促检查,对明改暗不改的决不放行,对整改不到位、达不到整改要求的退回重改,保证各单位教育实践活动不虚、不空、不偏、不走过场。省委第五督导组建立每周一次的联席会议制度,及时与所督导市沟通情况。省委第七督导组针对个别地方和少数单位征求意见只是简单地发放意见表,征求方法简单、态度不够诚恳等现象,及时提醒单位一把手“不要自我感觉良好”。三是加强舆论引导。充分利用省内主流媒体和中央驻赣媒体,综合运用报纸、电视、网络、手机信息平台,及时宣传中央和省委重要精神、重大部署,密集报道活动进展情况、特色做法和实际成效,深入挖掘先进典型、曝光反面典型。开展活动以来,省内媒体和网站共开设专题专栏30余个;在重要会议、重大部署、重要节点刊发系列时评、短评等160余篇,持续保持宣传工作的热度、频度和力度。中央“活动办”、中宣部新闻局多次组织中央主要媒体赴江西省采访报道,中央电视台、中央人民广播电台、《人民日报》、新华社、《光明日报》、人民网等对江西省的重点报道,被国内几十家网站转载,在社会各界引起强烈反响。

(七)更加注重实践特色、确保实效。全省各级党组织紧紧围绕中央和省委的部署要求,在做好“规定动作”的基础上,注重实践、突出特色,进一步增强教育实践活动的实效性。省委创造性提出开展“连心、强基、模范”三大工程，推动全省上下传承红色基因，改作风、连民心，抓基层、打基础，学模范、争先进，努力实现“基础巩固，作风改进，服务提升，兴赣争先”。在“连心”工程上，大力推动机关干部集中下基层直接联系服务群众。省、市、县、乡四级机关共派出“连心”小分队4.3万余个，下派干部25.8万人，直接帮扶困难群众85.8万户，办实事20.1万件。有18.1万名在职党员到社区报到、服务群众。在“强基”工程上，着力抓好软弱涣散基层党组织整顿。采取领导挂点、单位帮扶、配强书记等措施，集中整顿前期排查出来的2006个软弱涣散基层党组织，调整配强基层党组织书记1015名，投入帮扶资金1.06亿元，解决实际问题9900多个，整顿工作基本完成。在“模范”工程上，大力开展“学习弘扬焦裕禄精神、争做龚全珍式好干部”活动。“七一”前夕，省委集中命名表彰柯善梅、曾建等10位“龚全珍式好干部”及10位提名人选。组织“龚全珍式好干部”先进事迹巡回报告和话剧《老阿姨》巡演，推动党员干部见贤思齐，创先争优。一些地方积极探索创新加强基层组织、联系服务群众的好经验好做法。吉安市万安县开展“干部学用技术”服务基层群众活动，得到省委书记强卫批示肯定，并在全省推广。萍乡市上栗县探索推行“异地置业”模式，有效解决偏远山区村因地理位置差、当地置业效益低、增加收入慢的难题。同时，各地各单位把教育实践活动与贯彻党的十八届三中全会和省委十三届七次、八次、九次全会精神结合起来，与稳增长、促改革、调结构、防风险结合起来，与保障和改善民生结合起来，努力以教育实践活动成效推动经济社会发展、造福人民群众。2014年1月—6月，全省完成生产总值6410亿元，增长9.5%；财政总收入1406.2亿元，增长12%；规模以上工业增加值2900亿元，增长12.4%；外贸出口总额178.6亿美元，增长10.4%。主要经济指标增速高于全国平均水平，其中地区生产总值增幅居全国前10位、中部省份第1位，规模以上工业增加值增幅居全国第2位。

二、第二批教育实践活动取得初步成效

江西省第二批教育实践活动紧紧围绕中央提出的“四个进一步”总体目标、省委提出的“三个显著”具体目标，把“照镜子、正衣冠、洗洗澡、治治病”的总要求贯穿始终，把群众认可、群众受益、群众满意作为出发点和落脚点，着力解决突出问题，取得重要阶段性成果。

一是党员干部普遍受到一次深刻的政治洗礼，纪律意识和宗旨观念明显增强。各级党组织和广大党员干部通过深入学习、查摆剖析和整改落实，普遍受到一次深刻的思想政治洗礼，在思想上除了尘、醒了神、补了钙，更加深刻地理解了以习近平为总书记的党中央的执政理念、治党治国方略、工作思路和信念意志，更加深化了对改进作风必要性、紧迫性的认识，更加自觉地把思想和行动统一到中央要求上来，增强自我约束意识和改进作风的思想自觉、行动自觉。特别是通过拿起批评和自我批评的武器，大家进行了一场揭短亮丑、动真碰硬的思想交流，进一步看到自身的问题，辨清了问题的实质，找到了改进的方向，既受到一次深刻的思想政治洗礼，也增进了掏心见胆、并肩奋斗的真正团结。广大党员干部表示，今后将坚持严格党内政治生活，坚守党内政治生活准则，不断巩固和扩大教育实践活动成果，以过硬作风和良好形象赢得人民群众信任和支持。

二是“四风”突出问题得到有效遏制，党风政风明显好转。全省各级党组织以贯彻落实中央八项规定和省委若干规定为切入点，聚焦作风建设，对群众反映强烈的“四风”突出问题进行大排查、大扫除，使“四风”积弊得到有效整治。通过前期专项整治，全省第二批活动单位“三公”经费下降22.38%，会议、文件数量分别减少25.72%、24.34%，市县两级评比表彰活动、各类领导小组和议事协调机构分别减少63.60%和29.89%；清理清退公务用车1436辆，调整清理办公用房44.65万平方米，停建楼堂馆所107个，总面积为59.82万平方米；叫停“形象工程”“政绩工程”27个，查处弄虚作假的问题19起，查处9人；查处“走读”问题的人数287人，清理清退“吃空饷”6432人，查处参赌涉赌党员干部案件193起、258人，清理企业兼职党政领导干部781人。

三是群众反映强烈的一些突出问题得到解决，党群干群关系进一步密切。群众反映的实际问题解决得怎么样，是衡量这次教育实践活动成效最直观的标准。各地各单位和党员干部坚持从实际问题改起，从群众看得见摸得着的事情做起，从群众关注的热点难点问题改起，让群众见到行动、得到实惠。在解决民生诉求方面，各级“连心”小分队大力推动解决基础设施建设、环境整治、安全饮水和教育、医疗、就业、收入分配、社会保障、住房、食品安全等群众生产生活中遇到的实际问题，直接帮扶困难群众85.8万户，办实事20.1万件。在纠正损害群众利益行为方面，各地各单位查处对群众欠账不付、欠款不还、“打白条”、耍赖账的问题177个、95人；查处吃拿卡要、慵懒拖问题1457个、2326人，查处在项目审批、专项转移支付资金分配等工作中搞暗箱操作、权力寻租问295个、313人；查纠城乡低保错保漏保38432人，查纠违规纳入农村危房改造、城镇保障性住房7793人；查处乱收费、乱罚款、乱摊派的问题1073个，查处203人，钱款总额5713万余元；查处不按标准及时足额发放征地拆迁补偿款，侵占挪用各种补助资金问题119个、152人；查处涉农、征地拆迁、安全生产、食品药品安全、环境保护、中小学办学、医疗卫生七个方面损害群众利益的问题3989个，查处1248人，狠刹了损害群众利益的不正之风。在完善便民服务方面，全面完善了市、县（市、区）、乡镇（街道）、村（社区）四级为民服务平台，县乡村建立健全便民服务中心16669个；通过开展门难进、脸难看、事难办专项整治，进一步公开和简化办事程序，市县90%以上的单位公开和简化办事程序，取消和下放行政审批事项9602个，减少23.19%。

四是整顿了一批软弱涣散基层党组织，基层基础进一步夯实。夯实基层基础，是这次教育实践活动的重要目标。各级党组织以加强基层服务型党组织建设为抓手，大力开展软弱涣散基层党组织整顿工作，积极扩大党

的组织覆盖和工作覆盖，基层党组织的创造力、凝聚力、战斗力得到明显增强。全省配备村、社区党组织书记673人，调整342人，选派"第一书记"861人，培训基层党组织书记71872人次。从2014年起，省财政安排1个亿对全省20万名村民小组长每人每年补助500元，近期省财政还将就加大社区建设投入出台相关政策。组织18.1万名在职党员到社区报到、服务群众，帮助社区党员群众解决一大批实际困难和问题；各地还结合实际建立一批群众工作室，萍乡市推广以龚全珍、杨斌圣等优秀党员代表命名的工作室，全市已建立龚全珍工作室近300个、杨斌圣群众工作室160个。

10月12日，全省党的群众路线教育实践活动总结大会在南昌召开

梁振堂摄

五是建章立制取得重要成果，作风建设常态化长效化逐渐形成。各地各单位围绕反对"四风"、织牢制度"笼子"，在承接好中央、省委有关制度的基础上，结合实际制定实施细则，完善配套制度，明确具体规定，着力"用制度管住干部行为，用机制规范权力运行"。南昌市制定《南昌市国家工作人员"为官不为""为政不廉"行为问责暂行办法》，界定了"为官不为""为政不廉"行为，明确了问责处理办法；分宜县出台《关于进一步严明工作纪律坚决纠正基层干部"走读"问题的通知》《分宜县乡村干部"走读"处理办法》等文件，对基层干部工作纪律做了严明规定。坚持边实践边总结，注重把教育实践活动中的好经验、好做法用制度形式固定下来、坚持下去，前期已在全省推广"民情家访""先锋创绩"、党员志愿服务、村(居)民理事会、发展党员和党员管理"双严双优"、为民服务平台体系建设等6项制度。突出加强对市、县制度建设工作的统筹和指导，对基层提出的政策问题，要求相关部门形成明确意见，加强统筹协调，避免政出多门、政策偏颇、宽严沓误。第二批活动单位共建立健全制度规定1853项。强化制度执行，"盯住不落实的事，追究不落实的人"，对违反制度踩"红线"、闯"雷区"的，做到零容忍，发现一起、查处一起，有效防止"破窗效应"。党员干部普遍反映，这次活动中出台的制度务实管用，操作性强，让大家真正明白什么是"红线"、哪些是"雷区"。

（省委整改落实工作办公室）

江西省建设生态文明先行示范区上升为国家战略纪略

省委、省政府历来高度重视生态建设和环境保护，持续推进生态立省、绿色崛起发展战略。中共十八大以后，新一届省委省政府按照"五位一体"总布局要求，提出"发展升级、小康提速、绿色崛起、实干兴赣"的总思路，做出建设生态文明先行示范区的重大决策，努力探索一条既建设好、保护好江西的青山绿水，又促进江西经济社会可持续发展的新路，建设富裕和谐秀美江西。

一、《江西省生态文明先行示范区建设实施方案》正式获批

2013年12月2日，为认真贯彻中共十八大关于大力推进生态文明建设的战略部署，积极落实中共十八届三中全会关于加快推进生态文明制度建设的精神，国家发改委、财政部、国土资源部、水利部、农业部、国家林业局等6部委联合印发《关于印发国家生态文明先行示范区建设方案(试行)的通知》，正式拉开生态文明先行示范区建设的帷幕。省委省政府高度重视，按照生态立省、绿色发展的战略部署，江西省启动生态文明先行示范区申报工作，并编制《江西省生态文明先行示范区建设实施方案》。

经过集中专门力量起草文稿、赴省内外开展生态文明建设专题调研、专家论证等多个环节，2014年11月4日，历时一年，数易其稿，国家发改委、财政部、国土资源部、水利部、农业部、国家林业局等六部委正式批复《江西省生态文明先行示范区建设实施方案》（简称《实施方案》）。《实施方案》的获批，标志着江西省建设生态文明先行示范区上升为国家战略，成为江西省继鄱阳湖生态经济区规划(包含38个县、市、区)和赣南等原中央苏区振兴发展(包含54个县、市、区)后的第三个国家战略，也是江西省第一个在全省域实施的国家战略。

《实施方案》提出示范定位、阶段目标、六大任务，以及重点工程和行动计划等。示范定位：中部地区绿色崛起先行区，率先走出一条绿色循环低

碳发展的新路子,成为中部地区绿色崛起的排头兵和示范区;大湖流域生态保护与科学开发典范区,积极探索大湖流域生态、经济、社会协调发展新模式,走出一条生态良好、生产发展、生活富裕的文明发展之路;生态文明体制机制创新区,深入推进资源有偿使用制度等体制机制创新,推动建立地区间横向生态补偿制度,不断健全体现生态文明要求的考核评价机制,形成有利于生态文明建设的制度保障和长效机制。阶段目标:到2017年生态文明建设取得积极成效,到2020年生态文明先行示范区建设取得重大进展。六大任务:优化国土空间开发格局、调整优化产业结构、推行绿色循环低碳生产方式、加大生态建设和环境保护力度、加强生态文化建设、创新体制机制。

11月22日,省委、省政府召开全省生态文明先行示范区建设启动大会

向朝晖摄

二、生态文明先行示范区建设各项工作全面启动

2014年11月22日,省委、省政府召开全省生态文明先行示范区建设启动大会,省委书记强卫、省长鹿心社、国家发改委副主任解振华出席会议并作重要讲话,对全省建设生态文明先行示范区进行动员部署,要求全省上下要切实抓住宝贵历史机遇,牢固树立"既要金山银山更要绿水青山、绿水青山就是金山银山"的理念,把生态资源作为最宝贵的资源,把生态优势作为最具竞争力的优势,不断推动生态文明建设再上新台阶,不断抢占发展升级的制高点,不断打赢绿色崛起的决胜仗,努力走出一条具有江西特色的生态文明建设新路子。

12月31日,省委印发《中共江西省委江西省人民政府关于建设生态文明先行示范区的实施意见》(简称《实施意见》)。《实施意见》提出要有步骤、分阶段推进生态文明先行示范区建设,努力实现一年开好局、三年见成效、六年大进展。一年开好局:到"十二五"末,《实施方案》确定的各项任务分解落实到位,生态文明先行示范区建设领导和组织协调机构建立健全,专项规划和配套政策制定出台,先行工程全面启动,全省上下形成推进生态文明建设的共识与合力。三年见成效:《实施方案》提出的到2017年各项目标顺利实现,部分领域和区域取得阶段性成果。生态建设和环境保护工程全面实施,生态环境质量继续位居全国前列,生态产业体系初步形成,生态文明制度体系基本形成。六年大进展:到2020年,生态文明先行示范区建设取得重大进展。符合主体功能区定位的开发格局全面形成,产业结构明显优化,绿色生产、生活方式普遍推行,在若干生态文明重大制度建设上形成可复制、可推广的典型模式。

《实施方案》要求通过着力构建"六大体系",推进"十大工程"建设,努力使江西省成为中部地区绿色崛起先行区、全国大湖流域生态保护与综合开发典范区、生态文明体制机制创新区。"六大体系",即定位清晰的国土空间开发体系、环境友好的绿色产业体系、节约集约的资源能源利用体系、安全可靠的生态环保体系、崇尚自然的生态文化体系、科学长效的生态文明制度体系。"十大工程",即现代农业体系建设工程、十大战略性新兴产业重点工程、现代服务业集聚区建设工程、旅游强省基础工程、清洁能源重大工程、推行绿色循环低碳生产方式重大工程、生态建设重点工程、环境保护重点工程、生态文化推广工程、绿色生活引导工程。

(胡晓)

本栏编辑　詹跃华

江西概览

自然环境

【区域位置】 位于长江中下游交接处的南岸，在北纬24°29′14″～30°4′41″、东经113°34′36″～118°28′58″之间。因赣江是境内主要河流，故简称“赣”。东邻浙江、福建，西接湖南，南连广东，北与湖北、安徽交界，北控长江，古称“吴头楚尾、粤户闽庭”。东西宽约490千米，南北长约620千米，总面积16.69万平方千米，占全国陆地总面积的1.74%，居华东各省市首位。

【地势地貌】 地势周围高中间低，从外向内，由南向北，渐次向鄱阳湖倾斜，构成一个向北开口的巨大红色盆地。地貌类型齐全，区域差异明显，分布大体呈不规则的环状结构形式。以鄱阳湖为核心，向外依次为鄱阳湖平原、赣中南丘陵和边缘山地。山地占全省面积36%，丘陵占42%，岗地、平原占12%，水面占10%。素有“六山一水二分田、一分道路和庄园”之说。

【山河湖泊】 主要山脉多分布于省境边陲，走向以东北和西南走向为主体。赣东北和赣东有怀玉山、武夷山和黄山支脉，赣南有大庾岭和九连山，赣西有罗霄山脉，赣西北有幕阜山和九岭山。全省有大小河流2400多条（其中全年有水的约160条），总长约1.84万千米。主要河流有赣江、抚河、信江、修河、饶河等五大河流，其中赣江自南而北流贯全省，包括贡水在内全长766千米，是江西最大河流。江西湖泊众多，并集中于五河尾闾地区，以鄱阳湖最为著名。鄱阳湖是中国第一大淡水湖，湖泊面积5100平方千米。

【土地资源】 全省土地大致可分3大类：红、黄壤土地，红壤丘陵，平岗地。土壤主要有5种类型，分别是红壤、黄壤、紫色土、潮土、水稻土。土地资源利用以耕地、林地、牧草地为主要形式。全省农用地总面积1447.74万公顷，建设用地总面积120.56万公顷，未利用土地总面积101.07万公顷。

【矿产资源】 地下矿藏丰富，矿产资源种类齐全，资源配套程度高，伴（共）生组分丰富。截至2012年年底，全省发现各种有用矿产193种（以亚矿种计），矿产地5000多处，查明有资源储量的矿产有九大类，139种，列入2012年矿产资源储量统计的矿产128种。江西探明的矿产资源保有储量居全国前十位的有29种，其中，居首位的有钽、铷、碲、伴生硫、化工用白云岩、滑石、麦饭石7种，居第二位的有铜、钨、锂、铯、陶瓷土、光学萤石6种，居第三位的有电气石、透闪石、铋、金、银、冶金用白云岩、冶金用砂岩、化肥用灰岩、叶蜡石9种，居第四位的有普通萤石、铌、化肥用蛇纹岩3种，居第五位的有硅灰石、制灰用灰岩、铅、铍4种。

【能源资源】 主要有水能、光能、风能及能源矿产等。水能资源理论蕴藏量682.03万千瓦，可开发利用的610.9万千瓦，全部开发年发电量可达215.6亿千瓦小时。光能资源较为丰富，全年太阳总辐射能力为4057兆焦耳/平方米至4794兆焦耳/平方米，全年日照1473～2078小时，日照百分率33%～47%。风能，年平均风速为1.0～3.8米/秒（不含庐山），全省年大风日数0.5～25天，风能资源较为丰富的地方，主要集中在鄱阳湖滨、赣江和抚河下游及高山顶和峡谷地带。能源矿煤炭，产地在全省共有190处，分布在70个县；主要煤田有11个，主要分布在浙赣铁路沿线地区。

【生物资源】 全省动物资源丰富，有哺乳类100多种，鸟类420种，两栖类40种，爬行类77种，鱼类205种，还有水生哺乳类、软体动物、浮游动物等。有国家一级保护动物17种，分别为云豹、豹、虎、白鳍豚、黑麂、白鹳、黑鹳、中华秋沙鸭、金雕、黄腹角雉、白颈长尾雉、白头鹤、白鹤、鸨、蟒、中华鲟、白鲟。全省植物起源古老，组分较复杂，种类繁多，类型齐全，提供物质原料的资源生产潜力很大。主要有用材植物、木本粮食植物、油脂植物、药用植物、观赏植物等。

国家级风景名胜区

【庐山风景名胜区】 位于中国第一大江长江和第一大淡水湖鄱阳湖的交汇处，总面积333.42平方千米，全区有景区12个，最高峰大汉阳峰海拔1474米。1982年，庐山被国务院批准列为首批国家级风景名胜区；1996年12月6日，联合国教科文组织批准庐山以“世界文化景观”列入《世界遗产名录》，成为中国第一处世界文化景观遗产。

【井冈山风景名胜区】 位于湘赣边界的罗霄山脉中段，是全国著名的革命圣地，由茨坪、龙潭、黄洋界、主峰等11个景区组成，最高峰江西坳海拔1841米，面积333平方千米。1982年，井冈山风景名胜区被国务院批准列为首批国家级风景名胜区；2009年，井冈山风景名胜区被列入第二批国家自然与文化双遗产预备名录。

【三清山风景名胜区】 位于赣东北玉山和德兴两县（市）交界处，主峰玉京、玉虚、玉华三峰似道教鼻祖玉清、上清、太清三仙列坐其巅而得名。最高玉京峰海拔1816.9米，由梯云岭、玉京峰、三清宫、西华台、三洞口、玉灵观和石鼓岭七大景区组成，总面积229平方千米。1988年，经国务院批准列为国家级风景名胜区。2008年，被联合国教科文组织批准以"世界自然遗产"列入《世界遗产名录》，成为中国第七处、江西省第一处世界自然遗产。

【龙虎山风景名胜区】 位于江西鹰潭市，距市中心18千米，由仙水岩、龙虎山、上清宫、洪五湖、马祖岩和应天山等6大景区组成，有55个景点、261个景物景观，总面积220平方千米。1988年经国务院批准列为国家级风景名胜区。2010年被联合国教科文组织批准以"世界自然遗产"列入《世界遗产名录》。

【仙女湖风景名胜区】 位于江西新余市西南部，是一处以群岛曲水峡谷、植物基因宝库为主要特色，以山水游赏、休闲度假、科普修学为主要功能的岛屿湖泊型风景名胜区，总面积194.7平方千米，其中水域面积46.3平方千米。2002年经国务院批准列为国家级风景名胜区。

【三百山风景名胜区】 位于江西南部安远县境内，京九铁路江西段最南端，是集古火山构造、奇山幽壑、清溪碧湖、飞瀑深潭、密林古树、珍禽异兽、怪石险滩、温泉诸奇景于一体的山岳型风景名胜区，总面积137.6平方千米。三百山风景名胜区是香港同胞饮用水的东江源头，2002年经国务院批准列为国家级风景名胜区。

【龟峰风景名胜区】 位于江西弋阳县城区西南部，地处龙虎山、三清山、武夷山和瓷都景德镇等"三山一都"的中心位置，包括龟峰景区、南岩景区、弋江景区，总面积39.3平方千米。龟峰因其"无山不龟、无石不龟"，且整个主景区就像一只昂首巨龟，故名龟峰。2004年经国务院批准列为国家级风景名胜区。2010年被联合国教科文组织批准以"世界自然遗产"列入《世界遗产名录》。

【云居山—柘林湖风景名胜区】 地处九江市庐山西麓，水域广阔，风景秀丽，原生态山水完美结合，被誉为中国最美的湖光山色，总面积655.2平方千米。2005年12月经国务院批准列为国家级风景名胜区。

【高岭—瑶里风景名胜区】 位于江西景德镇市浮梁县东北部，以深厚古陶文化、群瀑名茶幽谷、原生山水环境、古朴明清街坊为主要特色，总面积95平方千米。2005年12月，经国务院批准列为国家级风景名胜区。

【武功山风景名胜区】 位于江西省中西部，地跨萍乡、宜春、吉安3市，处于湘赣边界的罗霄山脉北段，以高山草甸、千古祭坛、瀑布温泉、沩仰祖庭为主要风景特色，总面积365平方千米。按照属地管理的原则，武功山风景名胜区分为宜春片区、萍乡片区和安福片区3个片区。2005年12月，经国务院批准列为国家级风景名胜区。

【梅岭—滕王阁风景名胜区】 位于江西省会南昌市的西北部，由梅岭和滕王阁两大景区以及方志敏烈士墓、溪霞湖、西山万寿宫、梦山、小平小道5个外围独立景点组成，总面积143.7平方千米。滕王阁景区位于南昌市沿江路赣江与抚河故道交汇处，以滕王阁为主体，东至榕门路，西至赣江防洪墙，南至瓷器街，北至叠山路为风景区管辖范围，面积0.12平方千米。梅岭景区位于南昌市湾里区境内，距南昌市区中心15千米，属于典型的城郊山岳型风景名胜区，面积143.58平方千米。2004年经国务院批准列为国家级风景名胜区。

【灵山风景名胜区】 位于江西上饶县北部，距上饶县城、上饶市区均为25千米。灵山风景名胜区以环状花岗岩峰林地貌奇观为主要特色，面积101.5平方千米。2006年，灵山被江西省人民政府批准为省级风景名胜区；2009年12月，灵山被国务院批准列为国家级风景名胜区。

【神农源风景名胜区】 位于万年、弋阳、乐平3县（市）交界处，面积为43.13平方千米，包括仙人洞、严家、港道源、神农宫、九子溪大赦庵、黄天峰6个景区。风景名胜区内生态资源丰富，地质景观奇特，山林溪水优美，历史古迹众多，具有很高的自然景观与历史文化价值。其中仙人洞吊桶环景区发现世界迄今为止最早的稻作遗迹，将水稻种植历史回溯直上一万二

武功山——高山草甸

千年，是举世公认的稻作文化的发祥地。2012 年 10 月，神农源经国务院批准列为国家级风景名胜区。

【大茅山风景名胜区】　位于德兴市东南部，距离德兴市区 19 千米，由大茅山、梧风洞、双溪湖、四角坪景区四部分组成，规划总面积 143 平方千米。景区主要景观特色可概括为“黛山幽谷、壁虎秀水、奇岩线天、史迹胜地”四大特点。2012 年 10 月，大茅山经国务院批准列为国家级风景名胜区。

（夏萍）

历史沿革

【概　况】　江西省简称赣，因公元 733 年唐玄宗设江南西道而得省名，位于中国东南腹地，连接“长珠闽”，被称为“吴头、楚尾、粤户、闽起”，到明代又称“江右”。自古以来江西人文荟萃，物产富饶，经济繁荣，孕育了灿烂的地域文化，也对中华文化的传承与发展产生深远影响，有“物华天宝，人杰地灵”和“文章节义之邦，白鹤鱼米之国”的美誉。

江西开发的历史，可以上溯到约四五万年前的旧石器时代。万年县考古发现距今 1.2 万余年的水稻标本，该县被称为“世界稻作起源地之一”。“万年稻作文化系统”被联合国粮农组织确定为全球重要农业文化遗产保护项目。

商周时期，江西地区的水稻种植业和陶瓷业已初显优势，而铜矿开采、冶炼、青铜器铸造，在中国青铜文化中占有很重要的地位。新干县大洋洲商墓考古发掘的大量青铜器表明，江西地区的文化既受中原文化的影响，又有鲜明的地方特色。

秦始皇灭六国建立统一的中央政权后，设立九江郡，辖境包括今天的九江、南昌、景德镇、上饶、抚州、吉安、赣州一带，而萍乡、宜春等地则属长沙郡管辖。汉高祖初年设豫章郡，郡治南昌，下辖 18 县，分布地域为赣江、抚河、信江、修水、袁水沿岸，初步确立了江西省境的规模。两汉时期江西人口迅速增加，农业、陶瓷业、采矿业、造船业等较为发达。赣抚平原成为重要的产粮区，至少从东汉开始，江西就是调出粮食的产粮区。

三国吴、两晋、南朝时期，中原战乱，北方地区人口第一次大规模南迁，其中一部分迁入鄱阳湖周边地区，使江西郡县数大增，农业生产水平得到很大提高。南朝时京城以外的大粮仓三分之二在豫章郡，江西成为当时粮食主要供应地之一，陶渊明也成为影响至今的田园诗人。

隋唐时期，全国经济重心逐步南移，江西开始进入勃兴期。733 年，唐玄宗设江南西道监察区，下辖 37 县。安史之乱后，中原人口第二次大规模南下，不仅使鄱阳湖周边得到进一步发展，而且使边缘丘陵地区也得到广泛开发，土地垦种面积扩大，粮食产量增加，茶叶和瓷器生产兴旺，行销各地。唐玄宗时，开辟了穿越大庾岭、南达广州的驿道，赣江成为联系岭南和长江流域最重要的南北交通线路，沿线的江州（九江）、洪州（南昌）、吉州（吉安）、虔州（赣州），成为商旅汇聚的繁荣都邑。

五代时期，江西地区先辖于吴，后辖于南唐。此时期出现相当于下等州的新的行政区——军，划 6 州、4 军、55 县。由于南方的战争规模较小，时间较短，江西的社会经济得到较快的发展，在全国的经济比重显著增加，文化也初步繁荣，白鹿洞书院后来发展为全国最具影响的四大书院之一。

宋朝江西经济文化空前繁盛，进入大发展时期。宋代将道改为路，江西地区大部分隶属于江南西路，置 9 州、4 军、68 县。北宋末年的靖康之乱，是中原人口南迁的第三次高潮，江西的人口比唐代增加约三倍，垦田数居全国之首，漕运至京师的稻米三分之一产自江西，“天下漕米取于东南，东南之米多取于江西”，茶叶产量为全国的四分之一。景德镇和吉州窑进入全国名窑的行列。采矿业规模之大，出现过“坑丁 10 万人开采铜矿”的场景。而南昌“高甍巨栋连阡亘陌”“中户尚有千金藏”“沉檀珠犀杂万商”，呈现出大都市风貌。以经济发展为基础，文化教育也独占全国的鳌头。宋代全国书院 203 所，而江西则有 80 所，江西举进士的人数竟达全国的五分之一，造就了数不胜数的名门望族。华林胡氏家族“一门三刺史，四代五尚书”。而出任宰相级的显宦有 25 人。以欧阳修、王安石、曾巩、陆九渊、洪迈、马端临、文天祥等为代表的一大批政治家、思想家、哲学家、文学家、史学家群星闪耀，为中华文化的繁荣发展做出重大贡献。董煟的《救荒活民书》不仅有补正史之缺，更是中国第一部救荒专著。

元朝开始确立行省制度，下设路、直隶州、县级州和县。江西行省辖区包括今江西绝大部分地区外和今天广东省的大部分，下辖 13 路、2 直隶州、48 个县和 16 个县级州。秉承宋朝的发展，元代江西的社会经济也有新的发展，经济作物的种植、矿物的开采、制瓷业的规模均有所扩大，制茶、造船、印刷也十分兴盛。

明朝基本上保留元朝的省区建制，但改行省为布政使司（习惯上仍称省），改路为府和改州为县，设 13 府，下辖 78 县，地域基本等同今天的江西省。江西在元末农民战争中没有受到大的战争破坏，政治、经济和文化诸方面仍在全国居十分重要的地位，是全国屈指可数的人口和经济大省。江西士人对明代的中枢政治有很大影响，入阁拜相者络绎不绝，出现过“翰林多吉水，朝士半江西”的局面。南安府（大余）的梅关和赣江仍是联系广东和长江流域最繁忙的南北交通线路，赣江沿线城市的工商业更为繁荣。樟树镇、吴城镇成为新兴的航运与商业中心，景德镇和河口镇（铅山）则是著名的手工业中心，并称为“江西四大镇”。为官江西的王守仁发展了陆九渊的思想，在江西创立“致良知”学说，同陆九渊的学说一起，并称为“陆王心学”，为中华文化注入生生不息的活力。汤显祖以《临川四梦》获“东方莎士比亚”美誉，宋应星的《天工开物》在中国科技史上占有重要地位。

清代江西省行政区域基本承袭明制，经济文化发展滞缓，逐渐落后于周边省份。特别是在清后期太平天国运动中，江西成为湘军和太平天国军反复争夺的地区，损失巨大。人口从 1853 年的 2450 万人锐减至 1873 年的 1770 万人，全境城乡自然经济跌入停滞衰退之中。

民国时期，江西省共辖 81 县，近代工业、近代教育得到一定程度的发展。第一次国内革命战争期间，中国共产党先后在江西建立湘赣、闽浙赣、湘鄂赣等苏区。其中最重要的中央苏区包括赣南和闽西地区的21县,中华苏维埃共和国临时中央政府设在瑞金,称为“红色首都”。江西成为中国革命的摇篮,为中国革命牺牲的有名有姓烈士达25万人之多。

中华人民共和国成立后,江西省的行政区划曾经有过多次调整和变动。2014年,全省设南昌、九江、景德镇、萍乡、新余、鹰潭、赣州、宜春、上饶、吉安、抚州11个设区市,20个市辖区,10个县级市,70个县,南昌市为江西省会。江西继续保持农业在全国的重要地位,着力发展光伏、风能核能、新能源汽车及动力电池、航空制造、半导体照明、金属新材料、非金属新材料、生物、绿色食品、文化及创意十大战略性新兴产业。依托鄱阳湖生态经济区建设、赣南等原中央苏区振兴发展规划、长江经济带建设、生态文明先行示范区建设等国家发展战略,融入“丝绸之路经济带”和“21世纪海上丝绸之路”建设,打造南昌核心增长极,加快九江沿江开放开发,全面推进南昌九江一体化,支持赣东北扩大开放合作对接“长三角”,支持赣西经济转型发展融入“长珠潭”,支持抚州深化区域合作融入南昌对接海西。“龙头昂起、两翼齐飞、苏区振兴、绿色崛起”的区域发展格局已成雏形。

(省社科院)

2014年人口发展状况

【概　况】 2014年,江西人口继续保持低生育水平,人口总量平稳增长,城镇化水平稳步提升,人口受教育程度进一步提高,人口发展保持良好态势。

【人口总量保持平稳增长】 2014年末,全省总人口4542.16万人。其中,男性人口2334.66万人,占51.40%;女性人口2207.50万人,占48.60%;全年净增人口20.01万人。与2013年比,人口增长0.44%,增幅基本持平。总人口性别比105.76(以女性为100),比2013年下降0.21,人口结构进一步优化。

【人口出生率和自然增长率略有上升】 2014年,全省人口出生率为13.24‰,人口自然增长率为6.98‰,比2013年分别上升0.05、0.07个千分点。受单独二孩政策和育龄妇女人数总量仍较大的影响,全省人口出生率和自然增长率出现略微上升,但“两率”的小幅波动,对人口增长和人口结构影响不大,全省人口仍处于低出生、低自然增长阶段,人口发展态势总体稳定。

【城镇人口总量首次超过乡村】 随着新型城镇化进程的推进,人口城镇化水平不断提高。2014年,全省城镇人口占总人口比重50.22%,比2013年提高1.35个百分点,城镇人口总量首次超过乡村。人口城镇化率与全国平均水平的差距也由2013年的4.86个百分点缩小到4.55个百分点。全省城乡人口结构中,城镇人口2281.07万人,乡村人口2261.09万人;城镇人口比2013年增加71.10万人,乡村人口减少51.09万人。全省城镇人口总量首次超过乡村,表明江西省进入以城市社会为主的新阶段。

【人口受教育程度不断提高】 2014年,全省6岁及以上人口平均受教育年限为9.02年,比2013年提高0.1年;15岁及以上人口平均受教育年限为9.23年,比2013年提高0.09年。人口受教育结构出现新的变化,全省大专及以上受教育程度人口占6岁及以上人口比重为8.63%,比2013年提高0.22个百分点;受高中教育程度人口比重为15.36%,提高0.46个百分点;受初中教育程度人口比重为42.28%,提高0.1个百分点;受小学教育程度人口比重为30.29%,下降0.63个百分点。可见全省人口受教育程度重心在逐年上移,受中、高等教育程度人口比例逐渐增加,人口受教育结构向更高水平转化。

【家庭户规模缓慢缩小】 全省家庭户数量呈不断增加以及家庭户规模继续缩小的态势。2014年,全省家庭户1222.38万户,家庭户规模(即平均每个家庭的人口)3.52人。与2013年相比,家庭户增加13.54万户,家庭户规模减少0.02人。家庭户规模的缩小,使得家庭结构和家庭世代关系趋于简单。家庭户类别中,两代户家庭和三人户家庭占家庭户的比重分别居首位,成为全省家庭户的主体。但这种家庭构成形式,随着不同类型家庭成员生存条件和关系方式的变化,在渐渐发生演变。表现为:一人户和二人户的家庭户比例在上升,三人及以上的家庭户比例有所下降。家庭户规模的变化表明,随着经济社会发展,人们生活质量提高和居住环境的改善,江西家庭户规模将继续向小型化、核心化发展。

【人口老龄化进程加快】 江西进入老龄化社会后,人口老龄化程度逐年加深。2014年,全省60岁及以上老年人口610.92万人,占总人口比重13.45%,比2013年提高0.48个百分点。其中,65岁及以上老年人口414.24万人,占总人口比重9.12%,比2013年提高0.34个百分点,老龄化速度明显加快。从人口年龄结构看,年满60岁的老人均是20世纪50年代初出生,这部分人群已开始迈入老年阶段,而20世纪50年代和60年代,是江西人口增长率迅速提高,人口规模快速扩大的年代。受其影响以及人均预期寿命延长,全省老年人口将大量增加,人口老龄化将呈逐年加快趋势。

(李军)

2014年环境质量

【概　况】 2014年,全省地表水水质总体良好,Ⅰ~Ⅲ类水质断面(点位)达标率80.9%,其中河流断面达标率83.8%,湖库点位达标率60.0%;各设区市城区集中式饮用水源地水质监测水量达标率99.6%,监测点次达标率99.4%。全省11个设区市中,9个城市环境质量为二级,南昌和九江2个城市为超二级。全省酸雨污染较重。全省11个设区市中,10个城市区域声环境质量二级,1个城市三级;8个城市道路交通声环境一级,3个城市二级;功能区噪声点位达标率95.1%。全省生态环境状况优良。

【水环境】 全省地表水水质总体良好。9条主要河流中,修河和东江水质优;赣江、抚河、信江、饶河、长江九江段、袁水和萍水河水质良好。3个主要湖库中,柘林湖和仙女湖水质优;鄱阳湖水质轻度污染。与上年相比,地表水水质达标率增加0.1个百分点,其中河流增加1.0个百分点,湖库降低8.0个百分点。

赣江 Ⅰ~Ⅲ类水质断面比例为85.3%,水质良好。

抚河 Ⅰ~Ⅲ类水质断面比例为80.0%,水质良好。

信江 Ⅰ~Ⅲ类水质断面比例为83.3%,水质良好。

修河 Ⅰ~Ⅲ类水质断面比例为90.0%,水质优。

饶河 Ⅰ~Ⅲ类水质断面比例为76.5%,水质良好。

长江九江段 Ⅰ~Ⅲ类水质断面比例为85.7%,水质良好。

袁水 Ⅰ~Ⅲ类水质断面比例为75.0%,水质良好。

萍水河 Ⅰ~Ⅲ类水质断面比例为88.9%,水质良好。

东江 Ⅰ~Ⅲ类水质断面比例为100%,水质优。

鄱阳湖 Ⅰ~Ⅲ类水质点位比例为41.2%,部分点位水质轻度污染,营养化程度为中营养,主要污染物为总磷和总氮。

柘林湖、仙女湖 Ⅰ~Ⅲ类水质点位比例均为100%,水质优,营养化程度均为中营养。

【大气环境】 2014年,全省11个设区城市中,9个城市环境质量为二级(执行1996标准,评价项目为3项),南昌和九江为超二级(执行2012标准,评价项目为6项),与上年相比,环境空气质量总体稳定。

二氧化硫 11个设区城市年均值仅景德镇市达到一级标准,其余10城市均达到二级标准,全省年均值0.031毫克/立方米,与上年相比下降8.8%。

二氧化氮 11个设区城市年均值均达到一级标准,全省年均值0.027毫克/立方米,与上年相比下降10.0%。

可吸入颗粒物 11个设区城市年均值除南昌和九江2市超二级标准外(执行2012标准),其余9个城市年均值均达到二级标准,全省年均值0.076毫克/立方米,与上年相比下降1.3%。

降水 全省降水pH年均值为5.09,酸雨频率为65.8%,酸雨污染仍较严重。11个设区市中,除宜春市降水pH年均值为5.95外,其余10个设区市降水pH年均值均低于5.60,与上年相比,全省降水pH年均值上升0.18,酸雨频率下降10.6个百分点,酸雨污染略有减轻。

【声环境】 2014年,全省区域声环境质量二级,噪声均值54.1分贝,11个设区城市中,10个城市二级,1个城市三级;全省道路交通声环境质量一级,噪声均值67.0分贝,8个设区城市一级,3个城市二级;全省设区城市功能区噪声点位达标率95.1%,11个设区城市点位达标率范围78.1%~100%,昼间声环境质量好于夜间。与上年相比,设区城市区域和道路交通噪声质量变化不大,功能区声环境质量略有上升,点位达标率上升0.8个百分点。

(省环保厅)

2014年气候状况

【概 况】 2014年,全省气温高,降水量接近常年,洪涝灾害重于干旱影响,春播天气较好,灾害性过程呈阶段性、局地性特征。主要有3个特点:一是气温显著偏高,全省平均气温18.8℃,较常年平均偏高0.74℃,位居历史第4高位;二是短时雨强特别大,局部洪涝、山洪地质灾害伤亡严重;三是夏季雷暴日数多,局地雷电灾害严重。

降水 2014年,全省平均降水量为1697.6毫米,接近常年,略偏多。降水主要集中在3—8月,占年降水量的81%。全省11个地市年降水量除鹰潭和赣州2市较常年偏少以外,其余9市均偏多。其中,景德镇市年均降水量2129毫米,较常年偏多17%,为全省最多;赣州市年均降水量1400毫米,较常年偏少12%,为全省最少。各地年降水量在1103.7(赣县)~2240.8毫米(南丰)之间。其中,赣北东部和西南部、赣中东部1900~2100毫米,局部超过2100毫米;赣南大部、吉泰盆地和赣北局部1300~1500毫米;赣南局部不足1300毫米;其余地方1500~1900毫米。与常年相比,赣东北和赣北西南部偏多1~2成,赣南中南部偏少1~2成,其余各地接近常年。全省平均降水日数152.4(日雨量≥0.1毫米)天,较常年平均偏少5.6天。

气温 2014年,全省平均气温18.8℃,较常年平均偏高0.74℃,位居历史第4高位。全省11个地市平均气温较常年均偏高,偏高幅度为0.3~1.1℃,赣州市偏高最多,鹰潭市偏高最少。各地年平均气温在17.1(铜鼓)~20.9℃(信丰)之间,其中赣北17~19℃,赣中18~20℃,赣南19~21℃。与常年相比,各地平均气温均偏高,偏高幅度大多在0.5~1.0℃之间,赣南中西部偏高1.0~1.5℃,以大余偏高1.5℃为全省之最。年平均气温中南部有12个县刷新历史,分别为大余、崇义、定南、安福、龙南、信丰、兴国、安远、南康、会昌、宁都、上犹。此外,崇义、上犹、赣县、大余、信丰、会昌、安远、龙南和定南9个县全年35℃以上高温日数创历年新高。

日照 2014年,全省平均日照时数为1631.7小时,接近常年。各地年日照时数为1255.0(铜鼓)~1959.6小时(德安),东部多于西部。东部1600~1800小时,局部1800~2000小时;西部1400~1600小时,局部不足1400小时。与常年相比,全省大部地方接近常年均值,赣西北局部偏少1~2成,以瑞昌偏少2.3成为全省之最。

【主要气象灾害及影响】 年内,全省主要的气象灾害有洪涝、风雹、雷电、热带气旋、雨雪冰冻、大雾、霾等。其中,暴雨洪涝及其引发的山体滑坡、泥石流等次生灾害最为严重,造成的直接经济损失占全省因灾直接经济损失总量的77%,其次为热带气旋。全年因气象灾害或由其引发的次生灾害,导致全省608.8万人受灾,因灾死亡51人(其中雷击死亡25人),农作物受灾面积46.7万公顷,成灾面积32.8万公顷,绝收面积42.6公顷;直接经济损失73.3亿元,其中农业损失38.2亿元。

暴雨洪涝 全省春夏季暴雨过程频繁,先后出现16次不同程度的暴雨、强降水过程，其中主汛期（4—6月）出现10次。据统计，全年洪涝灾害（含山体崩塌、滑坡、泥石流）造成全省512万人受灾，死亡18人，紧急转移安置42万人；农作物受灾面积40万公顷，绝收面积3.6万公顷；倒塌房屋1.5万间，损坏房屋5.2万间；因灾直接经济损失56.7亿元。

局地强对流　年内出现局地强对流灾害的时段主要在3月、7月、8月。7月，全省雷电灾害频发，发生地闪29.79万次，正闪4851次，负闪29.30万次；发生雷灾31起，共因雷击死亡人数17人，占全年因雷击死亡人数的71%，主要出现在中旬对流性暴雨和7月下旬的台风“麦德姆”影响期间。

热带气旋　年内对全省影响大的热带气旋主要是7月下旬的台风“麦德姆”。2014年第10号台风“麦德姆”于7月18日凌晨在西北太平洋生成；23日15时30分前后在福建省福清市高山镇沿海登陆，登陆时强度为强热带风暴；24日8时40分前后从铅山县武夷山进入江西省，强度为热带风暴；24日16时，“麦德姆”中心移出江西，移出时强度仍为热带风暴，在江西省停留7小时。

受“麦德姆”及其外围影响，从23日夜间开始江西省中北部部分地方出现暴雨和大暴雨，局部乡镇出现特大暴雨。较强降水主要位于南昌、抚州两市和宜春、吉安两市北部及九江市中部、上饶市东部。6个县（市、区）出现7级以上大风，以万安9级（21米/秒）为最大。南昌、九江、鹰潭等7市38个县（区、市）50.8万人受灾，10人死亡，直接经济损失11.4亿元。灾情以九江市德安县最为严重。

低温雨雪冰冻　年内共出现3次雨雪冰冻过程，均发生在2月。其中2月上旬末出现的年内首场降雪天气过程最为严重。2月8日晚至10日，全省91个县（市、区）先后出现降雪，以庐山12.6厘米为最大，南昌市区10.1厘米次之。此外，有6个县（市、区）先后出现冻雨，电线积冰厚度为2～4毫米。10日全省平均气温为0.4℃，11日早晨最低气温赣北赣中为-4～-2℃，赣南为-1～0℃，赣北和赣中大部出现冰冻，给全省农业、春运交通、居民生活等造成一定影响。2月中旬初及中旬末，全省出现两次较弱雨雪过程。

高温酷暑　2014年，全省平均高温日数为31.6天，较常年偏多2.7天，是2005年以来高温日数最少的一年。高温日数分布不均，南多北少，赣南有9个县（市、区）高温日数创新高，而赣北则出现少有的凉夏。

干旱　2014年，全省干旱受灾面积较常年偏少，但区域性和阶段性干旱依然严重。年内干旱主要出现在中南部。以MCI≤-1.0为标准，统计全年各站达到中旱以上的日数，北少南多，各地日数大都为10～30天，赣南部分地区超过50天，以赣县67天为最多。主要的干旱时间出现在9月中旬至11月上旬，受9—10月降水偏少影响，从9月中旬开始中南部旱情开始露头，至10月已蔓延到全省，且旱情快速加重，10月29日最为严重，全省范围内有79个国家级台站达到气象干旱等级标准，其中特旱6站，重旱26站，随着11月上旬降水过程的出现，全省旱情基本解除。

雾霾　年内大范围的雾霾过程较往年明显偏少，仅出现在年初、年底，秋冬季节较少。全省大雾共1665站日，较常年偏少；而霾为5661站日，较常年明显偏多。大范围的雾霾过程主要出现在年初。其中，1月出现两次较大范围雾或霾天气，31日全省有54个县（市、区）出现大雾或浓雾，局部出现强浓雾，万年早晨出现能见度不足10米的强浓雾。导致江西多条高速交通管制，多个航班延误。此外，受雾、霾天气影响，全省各地空气质量受到不同程度影响，南昌1月30日—31日（除夕和大年初一）空气质量出现重度—严重污染。

【气候影响专题评价】　气候与农业　2014年，江西省年平均气温显著偏高，年降水总量与年日照总时数接近常年。主要农业气象特点有：总体热量条件较好，低温或高温危害较轻，有利粮食生产；主汛期虽暴雨过程频繁，但洪涝灾害影响较轻；8月出现少有的持续低温寡照天气，对二晚分蘖、棉花伏秋桃生长不利；秋收期间光温水总体匹配较好，有利秋粮、棉花等成熟收获。总体来说，2014年天气气候条件对农业生产利大于弊。全省农业气候年景属丰收年份。

气候与交通　年内出现的暴雨、强对流、台风、大雾或浓雾、雨雪冰冻，以及由暴雨引发的次生灾害等，导致全省公路、桥梁、航运、铁路等交通受

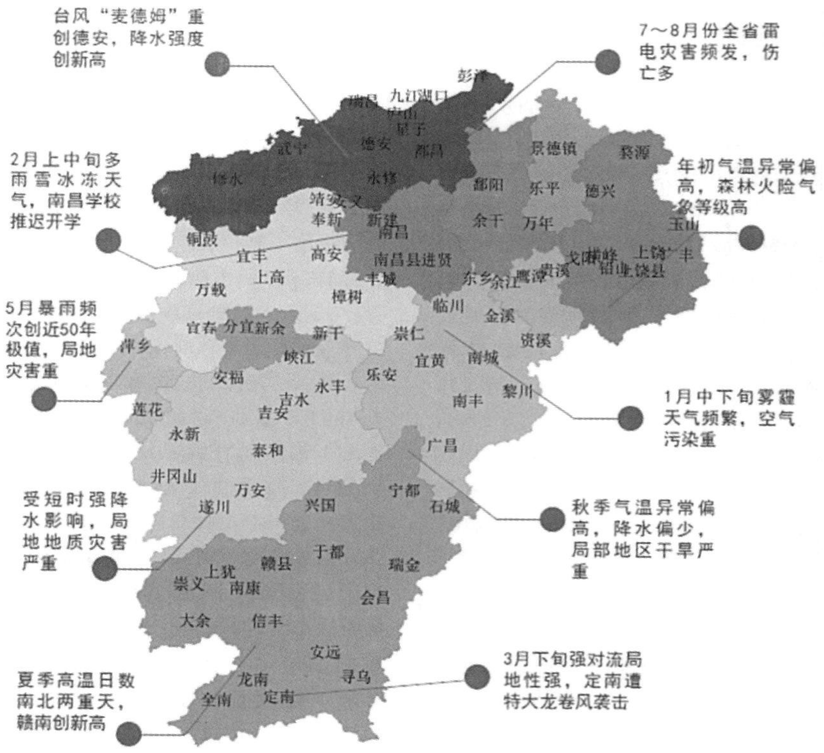

2014年江西省十大气候事件示意图

到不同程度的影响。全年交通运营不利天气(10毫米以上降水、雾、雪、冻雨)全省均在40天以上,以铜鼓129天为最多。与常年相比,全省交通运营不利天气偏少8天。全省除赣东北和新余偏多10~20天外,其余地区均偏少或接近常年,以崇义偏少40天为最多。

气候与水资源　2014年,江西省平均年降水量为1697.6毫米,根据年降水资源丰枯评定模型计算方法折合降水资源量为2815.2亿立方米,比常年偏多89.9亿立方米,属于正常年份。

气候与人体健康　2014年,全省平均舒适日数198.1天,较常年偏多11.2天。赣北、赣中偏多3~30天,九江、南昌、景德镇偏多超过30天,赣南偏多3~10天,赣北北部、赣东北和赣南部分地区偏少5~20天,乐平、铅山偏少超过30天。从季节分布来看,冬、春、夏三季舒适日数偏多,秋季接近常年。

气候与能源　降温耗能评估表明:6月,较常年同期平均偏高0.5℃,降温耗能增幅大,一般在10%~70%之间,龙南、定南两地降温耗能增多在90%以上。7月,全省气温接近常年,降温耗能变幅不大,一般在5%~40%之间。8月,全省仍持续气温偏低态势,赣北偏低1~2℃,局部地区偏低2℃以上,降温耗能大多以减少为主,减少15%~50%。总体来说,夏季气温北低南高,赣南高温日数创新高,赣北为15年以来最少,降温耗能赣南增加,赣北减少。

(邓晓明)

2014年体制改革

【激发市场主体活力】　国企国资改革进一步深化。出台《关于进一步深化国资国企改革的意见》。印发《关于完善国有资本经营预算制度的意见》,从2014年起,全面提高国有企业上缴利润的收取比例。初步完成省国资委出资监管企业功能界定和类别划分,2014年从省本级国有资本经营收益中调入1亿元资金补充社保和保障民生。

现代企业制度逐步健全。推动国有企业完善现代企业制度,相继启动江铜集团"三自"改革试点、省建材集团深化"企业内部三项制度"改革试点、江中集团开展完善公司法人治理结构试点。开展私营企业建立现代企业制度示范,择优选定30户企业作为试点企业,印发试点工作方案,确定4项帮扶措施。

混合所有制改革稳步推进。按照"一企一策"和"成熟一个推进一个"的原则,选择省盐业集团先行开展省属国有企业发展混合所有制改革试点。启动省国经公司、省招标集团发展混合所有制和经营层员工持股改革工作。

非公有制经济加快发展。出台《关于大力促进非公有制经济更好更快发展的意见》,召开全省动员大会,省委书记强卫、省长鹿心社为全省非公有制经济发展指明方向。

【推进现代市场体系建设】　工商登记制度改革顺利推进。放宽注册资本、市场主体住所(经营场所)登记条件,企业年检制度改为年度报告制度。公司设立门槛大幅度降低,有效激发市场活力。3—12月,全省新增企业7.21万户,增长70.58%;新增注册资本3620.03亿元,增长122.83%。

贸易流通体制改革扎实推进。评选出8家市场为首批"江西省重点商品交易市场",采取以奖代补的方式,对5个公益性菜市场建设进行改造。在赣州市开展省级城市配送试点,在南昌和九江市开展农超对接试点。支持一批辐射带动能力强的工贸型、农贸型、商旅型商贸强镇,促进商贸与当地特色产业融合,实现镇域商贸服务集群式发展,打造乡镇"微商圈"。

价格管理改革加快推进。出台《关于进一步深化价格管理改革的意见》。率先在全国放开全部601种省管非处方药品价格,取消543个低价处方药品种的最高零售价。分步推进工商业用电同价,降低商业用电价格平均每千瓦小时12.53分钱,降低大工业用电价格平均每千瓦小时1.17分钱,每年可减轻企业电费负担15.2亿元。将新建商品房住宅公共配电设施配套费定价权、高速公路车物定损权下放给设区市价格主管部门。

加快人力资源体系建设。出台《关于加快推进公共就业人才服务体系和人力资源市场改革的实施意见》,启动人力资源市场整合工作,在南昌、吉安、鹰潭等地开展试点。印发《昌九人力资源市场一体化建设方案》,开通昌九人力资源市场一体化网络信息服务平台,实现"一点发布,区域共享"和"一点登陆,全区域查询"功能。

金融体制改革积极稳妥。出台《关于加快全省金融业改革发展的意见》。机构引进取得突破,银监会批复同意汇丰银行筹建南昌分行,保监会批复同意华夏人寿筹建江西分公司、太平财险筹建江西分公司,批复同意百年人寿江西分公司开业。地方法人金融机构取得进展,恒邦财产保险公司开业,省金融控股集团重组工作进入实质性操作阶段。萍乡经济技术开发区被评为全国首批小微企业信用体系建设试验区。

信息市场建设积极推进。出台《关于促进信息消费扩大内需的实施意见》,支持南昌和赣州章贡区成为全国首批信息消费试点城市。出台《关于加快我省智慧城市建设的指导意见》,支持南昌红谷滩新区、萍乡等6个国家"智慧城市"试点城市建设。印发《"宽带中国"江西工程实施方案》,支持上饶、南昌成为宽带中国示范城市,4G网络已基本实现乡乡通。"三网融合"建设加快推进,全省有线电视用户数达620万户,其中数字电视用户472万户,双向网络覆盖用户70万户。

科技体制改革力度加大。出台《关于大力推进科技协同创新的决定》《关于加强协同创新,提升企业创新能力的意见》。依托主导产业中的大中型企业,新建10个协同创新体。鼓励科技机构和科技人员创新创业,加强对科技项目决策、实施、成果转化的后评估。深入实施知识产权战略纲要,加大企业发明专利的资助力度,对年度专利翻番的企业给予奖励。

【转变政府职能】　政府机构改革扎实推进。出台《江西省政府职能转变和机构改革实施方案》和《江西省政府职能转变和机构改革任务分工的通知》,对职责有重大调整的省工信委、省卫计委、省新闻出版广电局、省旅发委、省安监局、省政府金融办等6家单位重新制定"三定"规定,对省政府办公厅、省发改委、省人社厅、省能源局4家涉改单位有关职责和机构编制进行调整。2014年12月底前,全省市县政府机构改革工作基本完成。

行政审批制度改革加快推进。首次晒出省本级行政审批"权力清单",省本级保留379项行政审批项目(含54项非行政许可审批项目),取消、下放3批行政审批项目共234项和48个子项。对保留的审批事项,启动省、市、县行政审批事项"并联式"审批工作,梳理完成37个省直部门392项非涉密行政审批事项基础信息表和流程再造,完成原有审批系统改造和数据库交换平台改造等两个标段的招投标工作。

事业单位分类改革稳妥推进。印发《江西省事业单位分类实施方案》,形成省直事业单位分类指导目录,省直事业单位划分类别基本完成,将按程序报批。印发《关于加快推进我省事业单位法人治理结构建设试点工作的通知》,试点工作达到预期效果。

投资体制改革进一步深化。出台《关于全面深化投资体制改革的意见》《关于鼓励社会资本进入社会事业领域的意见》《江西省政府核准的投资项目目录(2014年本)》。连续两年向非国有资本开放462个示范项目。截至12月底,已有278个达成投资协议,签约率为60%,签约资金981亿元,实际到位资金327.8亿元。

启动省直管县体制改革试点。出台《关于开展省直管县改革试点工作的意见》,召开省直管县改革试点工作动员大会,选择6个县(市)开展试点,7月1日正式按新的体制运行。制定《赋予试点县(市)经济社会管理权限目录》,涉及具体权限1487项。

推广政府购买公共服务。出台《政府向社会力量购买服务的实施意见》,印发《政府向社会力量购买服务试点实施方案》和《2014年政府向社会力量购买服务试点目录》,遴选政府购买公益性岗位、城市保洁绿化等15类26个项目进行试点。

完善发展成果考核评价体系。印发《2014年度市县科学发展综合考核评价实施意见》的通知,纠正单纯以经济增长速度评定政绩的偏向,加大科技创新指数、食品药品安全等指标。

【推进开放型经济升级新体制】 抓好两个先导区先行先试。编制印发《南昌临空经济区发展规划》,明确先行先试有关政策措施,督促南昌市按照企业化运作管理模式完成组建临空经济区管委会。制定出台《共青城先导区建设总体方案》,支持设立了私募基金创新园区,全面推行电子手册管理、联网监管方式等通关政策。

融入国家"一带一群"战略。做好"依托长江建设中国经济新增长带"和"建设长江中游城市群战略"项目、政策等方面的对接。抓紧起草江西省贯彻国务院《关于依托长江黄金水道推动长江经济带发展的指导意见》的实施意见。

完善口岸平台建设。国务院正式批复设立赣州综合保税区,南昌昌北国际机场口岸签注点建设工作基本完成。加快电子口岸建设,制定《昌九一体化电子口岸信息系统项目工作方案》。深化与沿海口岸通关合作,与福建省口岸部门签署《关于建立赣闽铁海联运合作推进机制的备忘录》,与广东、深圳等地口岸签署赣粤农产品高速公路免查验免收费长期合作协议。2月,批准组建江西航空投资有限公司。

【推进财税体制改革】 预算管理制度改革稳步推进。印发《关于进一步加强市县预算审查监督的意见》,推进全省部门预算改革。出台《江西省政府性债务管理暂行办法》《江西省政府性债务风险预警监测实施暂行办法》,初步构建江西省政府性债务管理框架。盘活财政存量资金成效显著,2013年清理收回省直部门两年以上的结余结转资金21.3亿元,清理收回2010年及以前年度市县留省集中采购专户结余资金9.4亿元。

税制改革加快推进。从2014年1月1日起,将铁路运输和邮政业纳入"营改增"试点范围;从6月1日起,进一步扩大到电信业。印发《关于开征地热水资源税的通知》,从2014年6月1日起执行。印发《江西省税收保障办法》,进一步加强税收征管,启动全省综合治税平台建设。出台《江西省政府非税收入管理条例》,为规范非税收入管理提供制度保障。

【推动城镇化发展创新】 城镇化发展的体制机制进一步完善。出台《关于完善城镇化发展体制机制,提高城镇化发展质量的意见》,编制《江西省新型城镇化发展规划》,启动"三规合一"暨城乡总体规划编制试点工作。争取鹰潭市、樟树市纳入国家新型城镇化综合试点范围。户籍制度等配套改革稳步推进。出台《关于进一步推进户籍制度改革的意见》。省公安厅、省卫计委完善出生登记管理制度,所有新生儿必须按程序登记户口。南昌市开展户籍制度改革试点,出台"1+13"配套政策体系。

【推进社会事业体制改革】 教育改革稳步推进。出台《关于深化教育领域综合改革若干问题的意见》,在7所示范性高职院校和6所普通本科高校开展普通本科与高职院校联合培养应用技术型本科人才改革试点,启动章程制定之后的实施试点,设立赣州市教育改革试验区,在全省普通本科高校开展地方本科院校转型试点。印发《关于进一步做好义务教育免试就近入学工作的实施意见》和《江西省中小学籍管理办法》等文件,选择南昌大学作为公办高校开展综合改革的试点单位,支持江西科技学院开展民办学校改革试点。

健全就业创业体制机制。印发《关于做好2014年全国普通高等学校毕业生就业创业工作的通知》《关于实施2014届离校未就业高校毕业生就业促进计划的通知》《江西省大学生创业引领计划实施方案》,在工商登记便利等9个方面提出33条具体措施。出台江西省新一轮再就业小额担保贷款政策,扩大贷款扶持对象,提高贷款额度。制定《江西省国有及国有控股企业公开招聘实施办法》,加大基层公务员招考力度。实施高技能人才振兴工程,启动企业技能人才自主评价试点和"双元制"培养试点两项试点。

城乡居民收入增长机制逐步完善。建立健全低工资标准动态评估和调整机制。在九江县开展县级及县以下机关公务员职务与职级并行试点,试点工作基本结束，总体平稳顺利。事业单位绩效工资工作全面铺开。提高除南昌市外10个设区市机关公务员的津贴补贴标准，调整后人均标准达3.3万元。

推进社会保障体制改革。印发《关于完善职工基本养老保险省级统筹制度有关问题的通知》，统一和完善全省职工养老保险缴费和待遇计发政策。出台《进一步完善被征地农民基本养老保险政策的意见》，将被征地农民统一纳入城镇职工或城乡居民基本养老保险制度。出台《江西省城乡居民基本养老保险实施办法》，启动整合城乡居民基本养老保险制度改革工作。

符合省情的住房保障体系基本建立。印发《关于鼓励民间资本参与保障性安居工程投资建设运营的意见》。率先在全国推进保障房“三房合一，租售并举”建管模式，在上饶、九江两市启动住房公积金贷款支持保障性住房建设试点工作。制定《江西省住房公积金个人住房贷款业务规程》，使住房公积金管理制度逐步规范化、标准化。

医药卫生体制改革进一步深化。加快公立医院改革，全省县级公立医院综合改革试点县达22个，覆盖27.5%的县（市）；新余市被确定为全国第二批公立医院改革国家联系试点城市。印发《关于加快推进社会资本举办医疗机构的若干意见》，提出13条具体措施，鼓励社会资本优先举办非营利性医疗机构。

推进养老服务业综合改革。出台《关于加快发展养老服务业的实施意见》，申报南昌市、抚州市、丰城市为国家养老服务业综合改革试点地区。印发《江西省公办养老机构改革试点工作实施方案》，启动公办养老机构改革试点。

依法实施“单独两孩”政策。1月16日，省人大常委会表决通过《关于修改〈江西省人口与计划生育条例〉的决定》，完成了启动单独两孩政策的法定程序，在全国第二个实施单独两孩政策。全年共为3.76万对符合条件的夫妇办理《再生一胎生育证》。

【推进生态文明体制改革】 生态文明示范省建设取得重大突破。江西省被纳入全国第一批生态文明先行示范区建设名单，实施方案得到批复。组织召开全省启动大会，启动省级生态文明示范区建设试点。争取贵溪市列入国家循环经济示范城市（县）创建地区，南昌高新区列入国家园区循环化改造示范试点。率先开展生态保护红线划定试点。江西省被列为全国四个生态保护红线划定试点省份之一，划定生态红线范围面积3.72万平方千米，取得阶段性成果。启动环境污染强制责任险试点。印发《江西省环境污染强制责任保险试点工作实施方案》，建立环保、保监等部门参与的联席会议制度，选取11个设区市的61家涉重金属企业开展试点工作。推动排污权有偿使用和交易试点。印发《江西省排污权有偿使用和交易试点实施方案》，启动全省排污权有偿使用和交易工作。

（李光东　李占峰）

2014年国民经济和社会发展状况

【概　况】 2014年，全省上下按照“发展升级、小康提速、绿色崛起、实干兴赣”十六字方针，坚持稳中求进、改革创新，统筹做好稳增长、促改革、调结构、惠民生各项工作，全省经济在新常态下平稳运行，各项社会事业全面进步，较好地完成年初确定的主要目标任务。全年实现地区生产总值1.57万亿元，增长9.7%。其中：第一产业增加值1683.7亿元，增长4.7%；第二产业增加值8388.3亿元，增长11.1%；第三产业增加值5636.6亿元，增长8.8%。三次产业对经济增长的贡献率分别为5.0%、65.8%和29.2%。人均生产总值3.47万元，增长9.2%。三次产业结构调整为10.7:53.4:35.9，第三产业占比提高0.8个百分点。非公有制经济实现增加值9129.3亿元，增长10.3%，占地区生产总值的比重为58.1%，比上年提高0.7个百分点。

【农　业】 全年粮食总产量2143.5万吨，增长1.3%，总产再创历史新高，实现“十一连丰”。肉类总产量355.2万吨，增长3.1%。牛奶产量12.8万吨，增长1.1%。禽蛋产量57.8万吨，增长1.6%。水产品产量253.8万吨，增长4.6%。全年854家省级以上龙头企业实现销售收入2798.5亿元，实现利润116.7亿元。全省规模以上农产品加工企业3298家，增长3.9%；实现销售收入3116.7亿元，增长7.2%。农民专业合作组织3.5万个，成员达64.4万人。新增有效灌溉面积2.94万公顷，有效灌溉总面积200.16万公顷；新增节水灌溉面积4.01万公顷。农用化肥施用量（折纯）142.9万吨，增长0.9%。

【工业和建筑业】 全年工业完成增加值6994.7亿元，增长11.2%，占地区生产总值的44.5%。其中，规模以上工业增加值6833.7亿元，增长11.8%。全年规模以上工业实现利税3358.7亿元，增长14.4%。其中，利润2043.9亿元，增长14.1%。主营业务收入过千亿元的行业11个，增加2个。主营业务收入超百亿元的企业14户，增加1户。其中，江铜集团主营业务收入突破2000亿元，达2078.5亿元，居全省首位。全年工业经济效益综合指数339.3%，提高13.4个百分点。年主营业务收入超百亿元的园区新增35家，总数71家，其中，南昌高新技术产业开发区达1103.7亿元，居全省首位。全年完成建筑业总产值4122.6亿元，增长18.8%；全社会建筑业增加值1393.6亿元，增长10.5%。

【固定资产投资】 全年固定资产投资1.51万亿元，增长17.6%。其中，固定资产投资（不含农户）1.47万亿元，增长18.0%。新增高速公路通车里程180千米，通车总里程达4515千米，实现“县县通高速”。新增铁路营运里程588千米，达3734千米。沪昆客专杭南长段建成通车，昌吉赣客专开工建设，江西进入高铁时代。房地产开发投资1322.5亿元，增长12.6%。商品房竣工面积1871.8万平方米，增长4.9%；商品房销售面积3067.2万平方米，下降3.2%；商品房销售额1621.8亿元，下降1.6%。

【国内贸易】 全年社会消费品零售

总额5129.2亿元，增长12.7%。城镇消费品零售额4258.8亿元，增长12.5%；乡村消费品零售额870.4亿元，增长13.7%。限额以上批发零售业零售额1893.9亿元，增长13.9%。其中，汽车类零售额520.2亿元，增长16.2%；家具类零售额47.7亿元，增长23.2%；通讯器材类零售额17.1亿元，增长18.2%；家用电器和音像器材类零售额122.2亿元，增长18.4%；化妆品类零售额14.9亿元，增长36.0%；建筑及装潢材料类零售额28.2亿元，增长33.4%；电子出版物及音像制品类零售额8.5亿元，增长20.6%。

【对外经济】 全年进出口总额427.83亿美元，增长16.4%，同比加快6.5个百分点。其中：出口320.38亿美元，增长13.7%；进口107.45亿美元，增长25.2%。机电产品出口129.09亿美元，增长22.2%；高新技术产品出口52.54亿美元，增长53.2%。对韩国、日本、俄罗斯联邦等国家或地区出口快速增长，分别为82.1%、28.5%和26.7%。全年新批外商投资企业822户，实际使用外商直接投资84.51亿美元，增长11.9%，同比加快1.3个百分点。截至年底，全省具有世界500强投资背景的外商投资企业62户。全年对外承包工程合同项目209个，合同金额26.48亿美元，增长30.2%，同比加快9.3个百分点；完成营业额28.51亿美元，增长25.5%，同比加快2.0个百分点。

【交通、邮电和旅游】 全年铁路、公路、水运完成旅客运输量6.78亿人次，增长4.1%；完成货物运输量15.18亿吨，增长12.0%。机场旅客吞吐量930万人次，增长9.6%。其中，昌北机场旅客吞吐量724万人次，增长6.3%。年末民用汽车保有量296.5万辆，增长15.6%。民用轿车保有量154.3万辆，增长21.2%。其中，私人轿车保有量139.3万辆，增长25.4%。全年完成邮电业务总量445.7亿元，增长32.4%。其中，邮政业务量51.4亿元，电信业务量394.3亿元。固定电话用户577.4万户；全年新增移动电话用户131.6万户，移动电话用户总数为2938.5万户；3G移动电话用户1150.7万户，增长22.6%；固定互联网宽带接入用户434.2万户，增加24.1万户；移动宽带用户1914.6万户，增加247.2万户。全年接待国内游客3.11亿人次，增长25.3%，同比加快3.2个百分点；国内旅游收入2615.2亿元，增长40.3%，同比加快4.5个百分点。入境游客171.7万人次，增长4.9%；旅游外汇收入5.57亿美元，增长6.1%。

【财政、金融和保险业】 全年财政总收入2680.5亿元，增长13.7%。其中，公共财政预算收入1881.5亿元，增长16.1%。公共财政预算支出3882.2亿元，增长11.9%。金融机构各项存款余额2.15万亿元，增长10.8%。金融机构各项贷款余额1.55万亿元，增长19.4%。证券公司2户、期货公司1户、证券分公司11户、证券营业部239户、期货营业部30户。全省境内证券市场共有A股上市公司32户，全年6家上市公司资本市场融资65.4亿元。全年证券经营机构累计成交2.9万亿元，增长55.0%；期货经营机构共代理成交5.2万亿元，增长50.1%。保险公司保费收入400.4亿元，增长25.9%，同比加快8.9个百分点。

【教育和科学技术】 全年在校研究生2.8万人。普通高校在校生91.6万人。普通高中、初中、小学在校生分别为90.5万人、175.0万人和413.0万人。特殊教育在校生2.0万人。幼儿园1.14万所，在园幼儿159.4万人。高等教育毛入学率34.5%，提高2.5个百分点；高中阶段毛入学率84.5%，提高2.5个百分点；初中适龄人口入学率98.95%；小学适龄儿童入学率99.83%。全年研究与试验发展(R&D)经费支出157亿元，占地区生产总值比重为1.0%，提高0.05个百分点。受理专利申请2.56万件，增长51.1%；授权专利1.38万件，增长38.7%，增幅居全国第一。全年技术市场合同成交金额50.8亿元。高新技术产业增加值1700.4亿元，增长11.9%，占地区生产总值的比重为10.8%，提高1.0个百分点。年末产品质量检验机构79个，法定计量技术机构243个，全年强制检定计量器具83.5万台件，开展省级产品质量监督抽查6547批次。全年有581家企业获得3C证书。截至年底，发放工业产品生产许可证133张。拥有新一代天气雷达8部。全年测绘部门为经济社会发展提供各种基本比例尺地形图2892张，大地成果2598点，航摄成果6121片。

【文化、卫生和体育】 年末共有艺术表演团体82个，文化馆104个，公共图书馆113个，博物馆109个。有线广播电视用户610.0万户，数字电视用户498.3万户。全年出版各类报纸12.2亿份，各类期刊7352万册，图书1.90亿册。共有各类医疗卫生机构3.89万个(含村卫生室)。卫生技术人员20万人。全省体育健儿在国际和国内的重大比赛中共获41枚金牌、36枚银牌和39枚铜牌。

【人民生活和社会保障】 全年居民人均可支配收入1.67万元，增长10.8%。农村居民人均可支配收入1.01万元，增长11.3%；城镇居民人均可支配收入2.43万元，增长9.9%。全年发放小额担保贷款114.5亿元，扶持个人创业9.2万人次，带动就业44.7万人次。参加城镇基本养老保险人数783.9万人，增长3.9%。全年新开工保障性住房10.7万套，基本建成12.3万套。新开工棚户区改造22.4万套，基本建成13.8万套。发放廉租住房租赁补贴17万户，完成农村危旧房改造15.8万户。加大扶贫开发力度，全年完成扶贫移民搬迁8.0万人，减贫70万人。有各类收养性社会福利提供床位17.9万张，收养人数15.8万人，临时救济困难户5.6万人次。全年销售社会福利彩票61.5亿元，筹集福利彩票公益金18.6亿元。

【资源、环境与安全生产】 全省地表水监测断面水质达标率80.9%，设区市城区集中式饮用水源地达标率100%。完成植树造林14.01万公顷，森林覆盖率63.1%。万元生产总值综合能耗0.573吨标准煤，下降3.16%。全年化学需氧量排放量72.0万吨，下降1.96%；二氧化硫排放量53.4万吨，下降4.18%。单位生产总值能耗下降和主要污染物减排完成年度目标任务。全年生产安全事故3199起,下降38.5%;生产安全事故死亡845人,下降50.2%;亿元生产总值生产安全事故死亡人数0.104人,下降9.6%。

(张万才)

2014年精神文明建设

【概　况】 2014年,全省精神文明创建工作贯彻落实中央和省委决策部署,围绕中心,服务大局,贯穿社会主义核心价值体系建设,坚持教育与实践相结合、引导与推动相结合、普及与提高相结合,唱响主旋律,凝聚正能量,助推中国梦。各项工作取得新进展,社会影响扩大,社会文明程度进一步提高,公民文明素质进一步提升,群众性精神文明创建工作取得明显成效。

【开展中国特色社会主义和中国梦主题宣传教育】 组织学习中共中央总书记习近平系列讲话精神。根据中央和省文明委的部署安排,各地各部门组织学习习近平总书记系列讲话,省委中心组带头学,省领导带头讲,推动各级党委中心组和领导干部的学习。围绕贯彻落实中共中央总书记习近平系列讲话精神,省直各媒体在重要时段、重要版面、重点新闻节目开设专栏专题,集中推出系列重点报道和言论评论,报道有声势、有亮点,取得良好的宣传效果。省文明委各成员单位按照省委统一部署,重点组织学习中共十八大、十八届三中全会和中共中央总书记习近平系列重要讲话精神。各成员单位共组织各类专题辅导1500余次,并广泛利用标语、横幅、展板、公益广告等形式,大力开展学习宣传活动。省委宣传部组织专题学习讲座8次,省发改委、省文化厅等单位在集中学习的同时还组织观看电影《焦裕禄》、党内教育参考片《苏联亡党亡国20年祭》等。

开展中国特色社会主义和"中国梦"主题宣传教育系列活动。省委宣传部在全省启动"深化改革促崛起,实干共筑中国梦"主题宣传教育活动,并下发实施意见。省文明委各成员单位也组织开展"我们的中国梦"文化进万家、"我们的梦——讲述中国故事"文艺作品征集、"中国梦·劳动美""中国梦·巾帼行""十佳美德少年"评选等活动,推动中国特色社会主义和"中国梦"宣传教育走进基层、走进群众。围绕未成年人,省文明办、省教育厅等单位开展"中国梦"进校园系列教育活动、"中国梦"青少年主题教育读书活动、全省大中小学生"中国梦·我的梦"讲故事大赛、"传递正能量,实现中国梦"学生社团文化精品展演等活动。其中,主题教育读书活动收到网络征文5.03万篇,全省近30万中小学生参加了网络读书和知识竞赛。组织开展"唱响中国梦"原创少儿歌曲、童谣、舞蹈、诗歌电视大赛,推出优秀原创少儿文艺作品100余个,并于"六一"前夕,举办全省"唱响中国梦"·庆"六一"少儿文艺汇演。

开展中共十八大、十八届三中全会和省委全会精神宣传教育活动。各地各单位高度重视中共十八大、十八届三中及四中全会和省委十三届九次、十次全会精神的学习,将其作为首要政治任务来抓。各地各部门组织"社科大讲堂""五老宣讲""民嘴宣讲""乡村理论大讲堂"等多种形式的宣讲活动,深入农村、企业、高校等地,采用辅导报告和交流互动相结合的方式有针对性地宣传阐释一系列会议精神,作宣讲报告近百场,直接听众达10万余人次。

【培育和践行社会主义核心价值观】 开展培育和践行社会主义核心价值观主题宣传教育和实践活动。以省文明委名义召开全省社会主义核心价值观建设工作座谈会,就贯彻落实省委书记强卫在省文明委全会上关于培育和践行社会主义核心价值观的指示要求,进行研究和部署。在省文化体制改革领导小组第一次会议上,将加强社会主义核心价值观建设内容列入《江西省深化文化体制改革实施方案》,作为深化文化体制改革的重要目标和任务,并明确责任单位、责任人和具体举措。省文明委各成员单位都把社会主义核心价值观学习教育纳入党委(党组)中心组和党员干部学习计划,专题组织学习《培育和践行社会主义核心价值观读本》,组织专题学习100余场,培训党员干部2万多人次。全省各地各部门累计开展各类主题宣传教育实践活动200余项,参与人次500多万人。省文明办联合《江西日报》开展以"传家风、扬美德"为主题的征文活动。征文以"家风、家训、家教"等为主题,讲述"我家的家风"。活动开展以来,共收到来稿900多篇,《江西日报》每周刊发两篇,已刊发优秀征文30余篇。省教育厅组织编写《江西省社会主义核心价值观融入中小学课堂教学指导纲要(试验稿)》,把"三个倡导"内容融入国民教育全过程,并部署全省中小学在校园醒目位置张贴和悬挂社会主义核心价值观"24字",力求让学生抬头看得见,口头念得出,心里记得熟。建立"江西价值观"网上工作平台,全省100个县(市、区)、100所高校、各类媒体单位(电视、网络、广播、报刊)加入平台。围绕社会主义核心价值观组织基层思想政治工作大调研,把培育和践行社会主义核心价值观融入基层思想政治工作。正策划编辑出版《出彩人生·我的中国梦》丛书,将社会主义核心价值观融入文化作品。

开展"讲文明树新风"公益广告宣传活动。省委宣传部、省文明办组织协调各级各类媒体、通信运营商加大公益广告制作刊播的投入,充分发挥公益宣传广告效应,叫响"三个倡导"。为贯彻落实中宣部、中央文明办等6部门下发的《关于进一步做好"讲文明树新风"公益广告宣传的意见》和中央领导有关讲话精神,省委宣传部、省文明办等联合制定下发《江西省关于进一步做好"讲文明树新风"公益广告宣传的实施意见》,并重点发动省直各新闻单位,紧扣"三个倡导"主题,认真抓好贯彻落实,全省公益广告宣传有序推进。刊播各类公益广告近20万条,制作发布各类原创公益广告915件,转发中央通稿1000多件,下载12万多次,大部分市、县城区户外广告牌、建筑围挡覆盖率超30%,重点窗口行业实现全覆盖,形成多媒体、全方位推进的传播格局。

推进志愿服务制度化。省文明委各成员单位围绕志愿服务"建档案、进社区、做帮扶"三项重点,依托江西志愿服务网,建立全省志愿服务信息平台。年初，省文明委先后出台《关于推进志愿服务制度化的实施意见》和《关于推进社区志愿服务制度化的实施方案》等一系列文件，并在《江西日报》全文刊发，全省志愿服务制度化的总体思路、原则要求、目标任务和具体举措更加明确。根据省委书记强卫的指示，省文明办、省民政厅等单位联合筹备并成立江西省志愿服务联合会。7月11日，江西省志愿服务联合会成立大会在南昌召开，省人大常委会原副主任蒋如铭当选为会长，省委书记强卫、中国志愿服务联合会专门发来贺信。成立大会结束后，省文明委随即召开共产党员志愿服务工作座谈会。会议学习传达贵阳会议精神，广泛动员组织全省广大党员，特别是党员领导干部积极参加志愿服务活动。2月28日，省文明办发出通知，组织全省各地各部门在3月5日（学雷锋纪念日）前后，以“学习雷锋、奉献爱心”为主题，在全省集中开展“学雷锋志愿服务进社区”系列活动，并重点在省直机关组织开展“实干兴赣当先锋，为民服务作表率”学雷锋志愿活动，组织党员干部参加社区的管理服务、义务劳动和公益活动。随后，省文明办又进一步发动全省1500个省级、4096个市级文明单位，按照“就地、就近、就便”的原则，采取“一助一”或“多助一”的方式，与全省2070个城市社区结成对子，开展“学雷锋志愿服务结对帮扶进社区”活动。已有数万名党员干部响应号召，走进社区，开展各种志愿服务活动1万多次，服务群众33万多人次。省文明办着力建设、管理好“江西志愿服务网”，集中开展志愿服务队、志愿者网上注册工作，并为全省志愿服务搭建一个协调组织平台、参与平台、对接平台。“江西志愿服务网”已登记注册志愿者近80万名，志愿服务队9000多个，江西省志愿服务数据交互平台已初步建立，运行良好。

6月30日，省委召开“龚全珍式好干部”座谈会

邵华摄

挖掘宣传先进典型。重点围绕“中国梦”主题，结合道德模范和“身边好人”的推荐评选和学习宣传，抓好先进典型的挖掘培育。江西省“最美高考生”、柯善梅、曾建等一批近期涌现的先进典型，共29人荣登“中国好人榜”。继续开展道德模范帮扶，已对江西省全国、省级道德模范和身边好人下拨帮扶资金97万元。部署在全省社区、农村、企业、学校、部队、机关事业单位及各级各类媒体普遍设立“身边好人榜”，宣扬凡人善举，标榜善行义举。从12月起，每月推报好人好事近2万人次，力争在2015年3月前基本实现行政村全覆盖。运用事迹巡展、巡讲、报告等多种形式开展学习宣传活动，吸引群众参与。5月18日—21日，由中央文明办、中国文联主办，省文明办承办的全国道德模范先进事迹巡演活动在萍乡、宜春、南昌三市连演6场。省委组织部、省委宣传部、省路教办评选出10名“龚全珍式好干部”，并组织“龚全珍式好干部”报告团在全省巡回宣讲。省民政厅、省公安厅等单位也组织系统内的先进典型事迹宣讲、巡讲，基层干部职工反应热烈。

推进诚信建设制度化。建立省级诚信建设工作联席会议，多次召开会议，推动形成多部门联合的守信激励、失信惩戒良性机制，进一步推进全省诚信体系建设。10月30日、12月31日，省文明办联合省高院、省商务厅、省工商局、省人社厅等单位在《江西日报》、江西卫视及省广电台各频率等近20家省直主要新闻媒体发布两期“诚信红黑榜”，37家企业荣登诚信红榜，24名严重失信被执行人和1家环评黑色单位上了黑榜。仅“诚信红黑榜”发布当天相关网络点击率就突破10万次，截至12月31日，新闻转载87篇，微博转评4300余条，累计浏览量近350万，跟帖近1.2万条。在窗口单位和公共服务行业启动“诚信建设制度化”主题实践活动。省公安厅在活动中推出60项便民利民措施，并逐步推行“一网办”“一网通”服务模式；省食药监局、省商务厅联合开展食品药品安全专项整治行动，专项行动共立案8339件，捣毁制假售假窝点41个，移送公安机关52起；省旅发委开展专项检查，净化旅游市场环境。全省各级旅游部门共组织联合执法行动186次，检查各类旅游企业1107家，处理违法违规旅行社11家，还通过旅游网站、报刊、广播电视、微博等向社会发布旅游消费警示29次。

开展主题活动“我们的节日”。以春节、元宵节、清明节、端午节、七夕节、中秋节、重阳节为重点，注重与继承江西优秀革命传统紧密结合，与弘扬江西优秀传统文化紧密结合，与推进未成年人思想道德建设紧密结合，扎实推进“我们的节日”主题活动，取得较明显成效。全省各地各部门共组织开展4987次参观革命旧址活动，2989次祭扫革命先烈活动，近300万干部群众积极参加活动。

【开展群众性精神文明创建活动】 推进农村精神文明建设，深化“文明生态村”帮建。配合江西省建设生态文明示范省的规划实施，启动新一轮文明帮建，组织1500个省第十三届文明单位结对帮建1500个自然村。省文明委重点协调督促指导93个全国文明单位帮建 93 个“文明生态村”。帮建活动为期 3 年，自 2014 年至 2016 年结束。截至 7 月上旬，已经部署和协调 70% 以上的单位完成帮建计划的制定和部分帮建项目的组织实施。各单位重点从抓好帮建村庄的道路、卫生环境、文化设施等基础建设入手，有效改善基层农村精神文明建设的物质条件。在全省农村启动“星级文明信用户”、文明村镇、文明集市创建，并开展好儿媳、好公婆、好邻居、好妯娌等评选活动。江西省的文明帮建、文明信用农户等经验做法多次被江西代表在全国性的会议上作为典型发言内容，“文明信用农户”做法写入 2014 年中央文明委工作要点。

组织实施“村史馆”建设工程。全省有国家级历史文化名村（镇）20 个，省级历史名村 80 个。省委宣传部、省文明办从 2012 年底开始村史馆建设摸底工作，2013 年确定 20 个村史馆建设项目，2014 年以来全力做好第一批 20 个村史馆建设的后续工作。同时，省文明办下发《关于做好 2014 年“村史馆”建设工作的通知》，拟再确定 30 个村史馆建设项目，年底有 48 个村、镇申报。江西省的村史馆建设在全国农村精神文明建设工作经验交流会上被作为典型介绍；8—9 月，央视《焦点访谈》栏目、中国外文局《中国报道》到赣实地采访，并用黄金时段和版面，大篇幅进行专题报道。

推进文明城市创建。省文明办针对全国文明城市测评的新要求，加强对文明城市创建的指导、督促和动态管理，着重强化提升文明城市创建的“道德内涵”，指导各地抓好“7 个突出”（突出中国特色社会主义和中国梦宣传教育、突出培育和践行社会主义核心价值观、突出诚信建设制度化、突出志愿服务制度化、突出提升公民出境游文明素质、突出勤俭节约宣传教育、突出未成年人思想道德建设）的重点工作，并将此作为 2014 年创建工作的中心任务。6 月 26 日—28 日，省文明办举办全省文明办主任暨省级文明城市创建工作培训班，指导各地，特别是南昌、萍乡、赣州和景德镇四个全国文明城市提名资格城市。在第四届全国文明城市、文明村镇和文明单位的推荐申报工作中，江西省推荐南昌市、赣州市参评全国文明城市，推荐萍乡市、景德镇市、吉安市、新余市为地级提名城市，乐平市、瑞金市、丰城市、宜丰县、玉山县、南昌县为县级提名城市，南昌市高新区昌东镇闵吴村等 46 个村镇参评全国文明村镇，南昌市八一起义纪念馆等 67 个单位参评全国文明单位，并对第三届全国文明村镇和文明单位进行复查，取消了 6 个村镇和 6 个单位荣誉称号。

组织对市县的公共文明指数测评。通过科学、动态地制定测评体系，把中央和省文明委年度重点工作不断纳入测评内容，有效促进各项工作任务在各地各部门的落实。在测评中，严格坚持“一把尺子量到底”，统一工作流程、测评项目数量、测评时间、评判标准，力争测评结果公平科学严谨。新华社两次采访报道江西省将公共文明指数纳入政府科学发展综合考核评价体系，并分别以《地方分类考核之变：告别“唯 GDP 论英雄”》为题在 2014 年第四期《半月谈内部版》刊发，以《江西考核“文明指数”》为题在 2014 年 6 月 6 日《新华每日电讯》头版的《培育和践行社会主义核心价值观》专栏刊发，同时发新华社通稿《（践行核心价值观）江西：文明指数列入考核体系》，称这一做法使弘扬核心价值观有了体制机制保障。

抓好重点市县精神文明建设试点工作。省文明委召开专题会议部署，在萍乡、乐平、瑞金、宜丰、上饶、寻乌 6 个市、县（市）开展精神文明建设试点工作。省委书记强卫亲自出题并审定方案。试点工作开展以来，省文明办着力抓好对试点工作的督促、指导，并专门下发通知，要求各试点市、县（市）切实按照实施方案确定的任务书、时间表、责任人，以抓项目建设的办法，确保完成试点工作任务。从 10 月下旬起，每月组织人员，深入试点市、县开展调研督导。

文明引导“四大行动”稳步实施。省文明办联合省旅发委、省交通运输厅、省公安厅等单位大力实施以“文明餐桌、文明旅游、文明交通、文明网络”为主题的“文明引导行动”，并将“文明引导”内容纳入精神文明创建评选考核范围。制定《2014 年文明餐桌行动实施方案》，制作 3 万份“遵德守礼”“文明餐桌”等内容的行动平面海报，在各大餐饮酒店、食堂、学校中张贴。召开省级文明出境游工作联席会，贯彻落实 4 月 11 日中央文明委文明出游部际联席会议精神。省旅发委已将文明旅游列入旅行社合同和出境游行前说明会内容，发布江西省《文明旅游倡议书》，并在景区醒目位置通过张贴、制作宣传牌、LED 屏等多种形式进行宣传。截至 7 月，全省发放文明旅游宣传手册 8000 余份，举办文明旅游培训班 27 个，培训星级饭店职业经理人、领队、导游等近万人。省文明办、省交通运输厅、省公安厅继续组织开展“文明交通行动计划”“百姓满意服务区”等品牌创评活动，并启动高速公路服务区星级创建和评定工作。公安交警部门深入 925 个村庄、640 余所学校，共开展宣传活动 1800 余场次，举办各类主题班会、体验活动 810 余次，发放宣传资料 49 万份，张贴面包车宣传提示标识 6.4 万张。协调省文明委各成员单位，建立一支近 300 人的网络文明传播志愿者队伍，并联合各级文明单位、文明城市的网络文明传播志愿者形成一个覆盖面广、影响力大、正能量强的网络文明传播队伍，1—6 月共发帖（博客、微博、微信）5 万多条，150 多万字。

深化文明单位创建活动。根据中央文明办《全国文明单位测评体系》新修订的内容，修改完善《江西省文明单位测评标准》。启动文明行业创建，重点在窗口和公共服务行业开展主题实践活动。指导各级文明单位办好用好“道德讲堂”，并结合单位实际开展活动。开展省级文明单位年度复查工作。

【推进未成年人思想道德建设】　开展青少年心理健康教育辅导活动。以培养未成年人良好的心理品质为目标，从完善工作体系、壮大师资队伍、创新教育形式等方面入手，推进青少年心理健康教育，各项工作取得初步成效。全省有 5 个设区市组建了市一级青少年心理健康教育辅导中心（站），32 个县成立辅导中心（站），全省初、高中和 50% 的中心小学已建立心理健康辅导室，专兼职心理辅导教师约 1 万余名，专职心理咨询教师近 1000 名。4 月举办全省青少年心理健康教育辅导工作方法及技能培训班，来自各地心理健康教育工作者代表及中小学生共500余人参加培训。全省各地举办各类心理健康知识专题讲座9000余次，开展各类心理健康科普教育和咨询活动6万余次，开展心理健康社会实践活动2300余次，举办心理健康教育巡回宣讲500余次，开通心理健康咨询热线100多条。

组织实施"农村留守儿童心理健康辅导室"和"帮扶社区空巢老人志愿服务"工程。为推动全省各地各部门发挥各自职能优势，积极帮助社区空巢老人改善生活设施设备，为农村留守儿童提供良好的生活学习环境，省文明办从省文化建设事业费中分别划拨100万元和120万元，用于帮扶50个乡村学校和30个城市社区。重点帮扶对象是农村留守儿童和社区空巢老人等特殊人群。

实施乡村学校少年宫项目建设。为进一步推动全省农村未成年人思想道德建设工作，关爱农村留守儿童，加强农村未成年人校外活动场所建设，为农村未成年人开展实践活动、提高综合素质创造条件。全年争取中央文明办、财政部、教育部的支持，利用中央专项彩票公益金2680万元建设134所乡村学校少年宫。省文明办、省财政厅、省教育厅决定，2014年度利用省级专项彩票公益金2000万元（不含运转经费），新增建设省级乡村学校少年宫100所。

开展未成年人道德教育和实践活动。开展爱学习、爱劳动、爱祖国主题教育实践活动。清明期间组织开展"网上祭英烈"活动；"六一"期间组织开展"做一个有道德的人"网上签名寄语活动；"七一"期间组织开展童心向党歌咏活动；"十一"期间组织开展网上向国旗敬礼活动。在大学生中开展热爱祖国、热爱人民、热爱中华民族"三热爱"教育实践活动。仅清明期间，全省就有近300万中小学生参与网上签名寄语，参与人数居全国前列。

推进净化社会文化环境整治行动。省文明办联合省网信办、省文化厅、省公安厅、省教育厅、省工商行政管理局、省新闻出版广电局、省通信管理局等8个单位在全省范围内开展净化社会文化环境集中整治行动。分别于8月和10月对全省各地进行明察暗访。共检查11个设区市、61个县（市、区），暗访检查网吧、网站、图书和电子市场、学校周边经营门店、报刊摊点、娱乐城、宾馆酒店等各类场所（单位）896处。

组织实施农村留守儿童等特殊群体未成年人关爱工程。省妇联做好农村留守儿童的教育工作，采取寄宿学校、代理家长、结对帮扶等办法关爱留守儿童。推广"爱心妈妈"活动，发展近17万名"代理家长""爱心妈妈"，为关爱留守儿童建立了一支稳固的帮扶队伍，进一步改善留守儿童的成长环境。省卫计委继续实施儿童"两病"免费救治，全面免费救治儿童先天性心脏病2587例、儿童白血病174例。同时，联合省妇联在罗霄山区的12个县（市）实施贫困地区儿童营养改善项目，为项目地区6～24个月龄儿童补充营养食品，普及婴幼儿科学喂养知识与技能。省妇联、省财政厅启动专项彩票公益金支持建设省市县三级妇女儿童活动中心项目，已投入资金5300多万元。

【完善精神文明建设长效机制】 加强组织领导，健全工作机制。根据领导干部工作变动情况，及时调整省文明委领导及成员，并指导市、县（市、区）两级调整、充实文明委机构，发挥文明委成员单位和相关部门的积极性和创造性，形成工作合力。江西省先后出台《江西省文明单位动态管理办法》《关于推进诚信建设制度化的实施意见》《关于推进志愿服务制度化的实施意见》《关于推进社区志愿服务制度化的实施方案》《关于进一步做好"讲文明树新风"公益广告宣传的实施意见》《2014年文明餐桌行动实施方案》等一系列文件，修订完善《江西省文明单位测评体系》《市县区公共文明指数测评标准》《未成年人思想道德建设工作测评指标》。这一系列的意见、办法明确了创建目标，科学量化了创建任务，完善了创建指标体系，在加强动态管理、及时推动工作方面起到积极的指导作用。

加强文化事业建设费征收管理。按照"确保政策落实执行到位，按规按期足额征收到位"的总要求，进一步加大文化事业建设费征收工作力度。在国税、地税部门的大力支持下，全年文化事业建设费入库额达1.46亿元，同比增长40%。

强化队伍建设。组织选调全省各设区市和部分县（市、区）文明办负责人参加中央文明办举办的3期全国文明办主任培训班。在南昌举办全省文明办主任培训班，近200人参加培训。指导各地举办文明单位创建、志愿服务、心理健康教育等方面的专项培训，提升队伍素质和能力水平。

（章亮华）

本栏编辑 朱岳

中国共产党江西省委员会

综　述

2014年，省委坚持以邓小平理论、“三个代表”重要思想、科学发展观为指导，认真贯彻落实党的十八大、十八届三中、四中全会和中共中央总书记习近平系列重要讲话精神，始终保持政治定力、战略定力、实干定力，团结带领全省干部群众，抓改革、促发展、惠民生、保稳定、强作风，开创了各项事业新局面，迈出“发展升级、小康提速、绿色崛起、实干兴赣”新步伐。

*学习贯彻中共中央总书记习近平系列重要讲话精神不断深入。*明确把中共中央总书记习近平系列重要讲话精神作为省委中心组理论学习的主要内容，并建立理论学习联系点制度，每位省委常委联系一个设区市和一个省直单位，指导联系点的党委(党组)中心组学习。专门举办全省市厅级干部学习贯彻中共中央总书记习近平系列重要讲话精神研讨班，省内各新闻媒体开辟多个专题专栏，社科理论界推出一批理论研究成果，各地组织卓有成效的宣讲小分队。通过反复学、深入学，全省广大党员干部进一步增强了中国特色社会主义道路自信、理论自信、制度自信，对中国特色社会主义事业和实现中华民族伟大复兴中国梦更加充满信心。

*党的群众路线教育实践活动取得重大成果。*始终坚持严字当头，把严格标准、严格环节、严督实导贯穿始终，全程贯彻整风精神，坚持群众标准，先后召开7次省委常委会、12次活动领导小组会、6次工作推进会，确保严格按照中央要求推进，第一批活动派出17个督导组、第二批活动派出11个督导组，市、县和省行业系统共下派1514个督导组，确保活动不虚、不偏、不走过场、不流于形式。始终坚持问题导向，先后专项治理党员干部收受“红包”、公款送礼、会所歪风等突出问题，集中整治领导干部及其亲属子女插手工程建设项目、“裸官”“吃空饷”等不良风气，推动解决一大批群众反映强烈的民生诉求。始终坚持突出特色，部署开展“连心、强基、模范”三大工程，派出“连心”小分队4.3万个，下派干部25.8万人，调整配强基层党组织书记1015名，选派“第一书记”861人，大力开展“学习弘扬焦裕禄精神、争做龚全珍式好干部”活动，表彰一批“龚全珍式好干部”。省委集中推出的重大典型龚全珍被评为“全国道德模范”“全国优秀共产党员”及“感动中国”2013年度人物，受到中共中央总书记习近平高度赞扬，在全国范围内产生广泛影响。始终坚持谋划长远，省级制定出台20个方面的制度，两批活动单位结合实际建立健全一大批制度。坚决强化制度执行，对踩制度“红线”实行零容忍，对顶风违纪的人和事严肃查处，始终保持整治“四风”的高压态势。始终坚持领导带头，省委常委及有关省领导每人联系1个设区市、1个县(市、区)，整个活动中省、市、县、乡党员领导干部共建立联系点3.19万多个。

*全省经济呈现平稳较快增长的良好态势。*全年地区生产总值15708.6亿元，增长9.7%；财政总收入2680.5亿元，增长13.7%；城镇居民人均可支配收入2.43万元，增长9.9%；农村居民人均可支配收入1.01万元，增长11.3%。进一步深化全省发展战略，召开省委十三届九次全会专题研究发展升级，做出“五个强化”的新部署。围绕产业升级、区域升级、创新升级、开放升级，研究制定加速推进新型工业化、加快建设现代农业强省、大力建设旅游强省、加快发展开放型经济、促进非公有制经济发展等意见，全面推进南昌临空经济区和共青先导区建设，提出建设昌九新区的战略构想，加快赣南苏区振兴发展政策落地，扎实推进赣东北扩大开放合作、赣西经济转型发展，出台支持抚州深化区域合作加快发展的意见，积极推进新型城镇化和县域经济发展升级，举办第三届世界低碳生态经济大会暨第七届中国绿色食品博览会、景德镇国际陶瓷博览会，组织党政代表团先后赴广东、浙江、湖南等地学习考察，在香港举办赣港经贸合作活动，首次在台湾举办赣台经贸文化合作交流大会，以主宾省身份赴澳门参加第三届世界旅游经济论坛，并举办江西风景独好(澳门)旅游推介会。11月，国家六部委正式批复《江西省生态文明先行示范区建设实施方案》，省委迅速召开动员大会进行部署，正式拉开江西省建设生态文明示范区的大幕。及时研究解决重大问题，针对经济下行压力加大、实体经济遇到的突出困难、经济发展中的“短板”、保障民生需求等，提出有针对性的对策和举措。狠抓决策部署落实，先后听取南昌打造核心增长极、九江沿江开放开发、赣南等原中央苏区振兴发展等重大战略落实情况汇报，研究推进新型工业化、镇村联动、旅游强省、赣东北发展等重点工作，并多次召开专题办公会，就招商引资项目落地、省部省校合作、推进重点项目

等进行督促检查,树立抓落实、重实干的鲜明导向。

全面深化改革实现稳步开局。强化顶层设计,研究制定《贯彻落实〈中共中央关于全面深化改革若干重大问题的决定〉的实施意见》和若干系列配套文件,用“1+N”的形式确定江西省全面深化改革的“路线图”和“任务书”,出台20个“N”文件。完善推进机制,成立省委全面深化改革领导小组和7个专项小组。强化重点突破,在简政放权方面,大力推进行政审批制度改革,取消下放审批事项,公开省本级行政审批项目目录清单,启动省市县三级网上“并联式”审批系统建设,基本完成省市县政府机构改革;在经济体制改革方面,稳步推进财税、金融、投资体制改革,扎实推进非公益性社会事业市场化改革,推行政府购买公共服务,实施省属国企发展混合所有制经济,完善法人治理结构、市场化选聘企业高管等改革试点,有序推进省属经营性国有资产集中统一监管;在农村改革方面,出台14个有关农村土地承包经营权确权、土地流转、水利、林业、供销合作社等方面的改革文件,率先启动农村土地承包经营权确权登记颁证工作。同时,文化体制、生态文明体制、省直管县(市)试点、户籍制度、医药卫生体制等改革稳步推进。建立健全责任分工机制、台账管理机制、定期调度机制、督导推进机制,用项目化管理办法抓落实、抓督导,加强重大问题调研,注重发现、总结、推广改革中涌现出的典型经验,推动全省改革深化。

团结奋进的社会大局持续发展。深入学习领会党的十八届四中全会精神,出台《中共江西省委关于全面推进法治江西建设的实施意见》。印发《法治江西建设规划纲要(2014—2020年)》,坚持依法化解矛盾纠纷,制定规范信访秩序、发挥非领导职务干部和“两代表一委员”作用等意见,积极稳妥推进涉法涉诉信访工作改革。推行法律顾问制度,省四套班子率先组建省法律顾问团。依法推进社会治安综合治理,完善立体化社会治安防控体系,群众安全感和满意度进一步提高。加强中国特色社会主义理论体系学习宣传,广泛开展“深化改革促崛起,实干共筑中国梦”主题宣传教育活动,加强意识形态领域的管理和引导,大力培育和践行社会主义核心价值观,广泛开展“赣鄱楷模”“最美人物”“身边好人”和道德模范等评选活动,组织开展以“中国梦”为主题的文艺创作。坚持和完善人民代表大会制度,坚持和完善中国共产党领导的多党合作和政治协商制度,召开纪念人民代表大会成立60周年座谈会、庆祝人民政协成立65周年座谈会,举办第三届“国际道教论坛”。开展双拥共建,支持驻赣部队和武警部队建设。积极支持工会、共青团、妇联、科协、文联、工商联、残联、红十字会等群团组织依法依章程工作。

风清气正的政治生态逐步形成。研究制定《关于落实党风廉政建设党委主体责任和纪委监督责任的意见(试行)》,推动“两个责任”齐抓共管、同向发力。进一步强化反腐败体制机制创新和制度保障,出台《江西省贯彻落实〈建立健全惩治和预防腐败体系2013—2017年工作规划〉实施办法》,开展党风廉政建设责任制考核、社会评价、约谈、在省纪委全会上述职述廉等工作。不断加强和改进巡视工作,切实抓好中央第八巡视组对江西省6个方面25个专项问题的整改,研究制定《关于进一步加强和改进巡视工作的意见》,配齐配强省委巡视组工作力量。在党中央强力反腐,特别是江西省几名高级领导干部先后被查处的形势下,及时旗帜鲜明地要求广大党员干部坚决与党中央保持高度一致,牢固树立非义不取的名利观、健康文明的交往观、实干立身的进步观,有力激发广大党员干部继续保持昂扬奋进的精神状态。

党的建设科学化水平不断提升。严明党的政治纪律、组织纪律等各项纪律,抓好领导干部个人有关事项报告工作,加强干部选拔任用工作监督,树立选人用人的新风正气。落实新时期好干部标准,进一步深化干部人事制度改革,改进民主推荐、民主测评、竞争性选拔的方式方法,干部选拔任用制度更加完善。紧扣激活红色基因,积极探索理想信念教育新模式,扎实开展学习贯彻党的十八大、十八届三中、四中全会和中共中央总书记习近平系列重要讲话精神集中轮训,实现县处级以上干部集中培训全覆盖。深入实施“赣鄱英才555工程”,吸引高端人才组团式“智力入赣”。在全省推广“民情家访”“先锋创绩”和村(居)民理事会等制度成果,继续推进在高学历高职称人员、非公经济组织和社会组织从业人员、农村青年致富带头人、外出务工人员和企业一线工人等5个重点领域人群发展党员的“五发展”工程。选派优秀党员干部到软弱涣散基层党组织和贫困村党组织担任书记或第一书记,基层党组织带头人队伍素质和战斗力明显增强。全面深化党建制度改革,出台涉及党的建设制度文件12件。注重加强省委常委会自身建设,带头严格遵守党的政治纪律,带头贯彻民主集中制,带头践行中央八项规定和党风廉政建设各项规定,带头加强思想政治理论和新知识的学习,省委常委会工作的规范化、制度化和科学化水平不断提高。

重要会议

【省委十三届九次全体会议】 7月17日—19日,中共江西省委十三届九次全体会议在南昌举行。会议总结上半年经济工作,分析当前经济形势,安排下半年主要任务,研究深入贯彻“发展升级、小康提速、绿色崛起、实干兴赣”十六字方针特别是进一步推动发展升级工作。

省委书记强卫主持会议并讲话。他强调,省委十三届七次全会以来,全省贯彻落实十六字方针、推进发展升级迈出了新步伐,取得了新成效。面向未来,信心比黄金更重要,定力比出新更重要,行动比口号更重要。全省上下要进一步把思想和行动统一到省委决策部署上来,进一步增强贯彻十六字方针的自觉性、坚定性。

强卫强调,发展升级是十六字方针的核心,是小康提速的基础,是绿色崛起的前提。要进一步增强发展升级的定力,明确发展升级的路径,激发发展升级的干劲,凝心聚力、埋头苦干,努力走出一条符合江西实际、具有江西特色的发展升级新路子,确保江西2020年如期与全国同步全面建成小康社会。

强卫强调,江西省发展仍然是机

遇大于挑战，要抢抓机遇，乘势而上，进一步增强发展升级定力，依靠发展升级破解难题、化危为机、加快发展。必须坚定不移加快发展，尽快做大经济总量。不简单以GDP论英雄，不片面追求GDP，并不意味着不要GDP，不要合理的增长速度，要坚持发展这个第一要务不动摇，紧盯目标不松劲，努力保持合理较快的发展速度。必须坚定不移转型升级，着力开拓发展空间。不发展不行，不加快发展也不行，不加快转型升级更不行。要紧紧扭住转型升级这条主线不放松，始终坚持在加快发展中转型升级，在转型升级中加快发展，努力实现更高标准、更高层次、更高质量和效益的发展。

省委副书记、省长鹿心社总结上半年，部署下半年经济工作。他指出，2014年以来，面对错综复杂的国内外发展环境，在党中央、国务院和省委的坚强领导下，全省上下按照年初确定的工作部署，认真贯彻落实"发展升级、小康提速、绿色崛起、实干兴赣"十六字方针，坚持稳中求进、改革创新，统筹抓好稳增长、促改革、调结构、惠民生各项工作，上半年全省经济运行总体平稳、改革深入推进、结构调整加快、民生持续改善。

省委委员、候补委员出席会议。不是省委委员、候补委员的省级领导，各设区市委书记、市长，省委各部门、省直各单位党组（党委）主要负责人，各县（市、区）委书记和部分基层党代表列席会议。

【省委十三届十次全体会议】 12月2日—3日，中共江西省委十三届十次全体会议在南昌举行。会议总结2014年省委常委会工作，研究部署2015年全省各项工作，审议并表决通过《中共江西省委关于全面推进法治江西建设的实施意见（审议稿）》。

省委书记强卫在开幕大会上代表省委常委会作工作报告。他指出，省委十三届八次全会以来，省委常委会坚持以邓小平理论、"三个代表"重要思想、科学发展观为指导，认真贯彻落实党的十八大、十八届三中、四中全会和中共中央总书记习近平系列重要讲话精神，在2013年谋篇布局的基础上，以真抓实干、狠抓落实为工作总基调，团结带领全省干部群众，抓改革、促发展、惠民生、保稳定、强作风，开创各项事业新局面，迈出"发展升级、小康提速、绿色崛起、实干兴赣"新步伐，为与全国同步全面建成小康社会打下坚实基础。

强卫指出，之所以能取得新的进步，最根本的是始终保持政治定力，坚决贯彻党的路线方针政策，认真落实中共中央总书记习近平系列重要讲话精神，坚定政治立场，严守党的纪律，维护中央权威，在思想上政治上行动上与以习近平为总书记的党中央保持高度一致；最重要的是始终保持战略定力，持之以恒贯彻落实十六字方针，不分心、不观望、不折腾，坚定不移加快发展，坚定不移转型升级，牢牢把握发展的主动权和主导权；最关键的是始终保持实干定力，大力倡导实干兴赣，大力发扬"钉钉子"精神，大力提升昂扬向上的精气神，形成一心一意谋发展、众志成城促崛起的浓厚氛围。

全会深入贯彻党的十八届四中全会精神，就全面推进法治江西建设做出部署。全会认为，《中共江西省委关于全面推进法治江西建设的实施意见》明确了全面推进法治江西建设的指导思想、总目标和主要任务，符合中央精神，契合江西实际，特别是紧扣保障社会公正、促进社会诚信、维护社会秩序三大重点任务，抓住了法治江西建设的核心和主线，对于推动"发展升级、小康提速、绿色崛起、实干兴赣"具有重要引领和保障作用。

省委委员、候补委员出席会议。不是省委委员、候补委员的省级领导，各设区市委书记、市长，省委各部门、省直各单位党组（党委）主要负责人，各县（市、区）委书记、省直管县（市）长和部分基层党代表列席会议。

重要决策

【制定《关于全面深化农村改革推动农业农村发展升级的意见》】 1月17日，省委、省政府印发该意见，以稳定政策、改革创新、持续发展为总要求，以保障国家粮食安全和促进农民增收为核心，围绕"大力发展现代农业，加快构建新型农业经营体系""准确把握农村集体产权改革政策，确保农村改革稳步推进""强化农业支持保护力度，夯实现代农业发展基础""健全城乡发展一体化体制机制，建立新型工农城乡关系""加强生态建设，促进农村可持续发展""加强党对农村工作的领导，完善乡村治理机制"6个方面提出27条措施，对2014年及今后一个时期江西省全面深化农村改革、推动农业农村发展升级进行全面部署。

【印发《江西省贯彻落实〈建立健全惩治和预防腐败体系2013—2017年工作规划〉实施办法》的通知】 1月22日，省委、省政府印发该实施办法，要求全省各级党组织担负起全面领导党风廉政建设和反腐败工作的主体责任，将建立健全惩治和预防腐败体系这项重大政治任务贯穿到改革发展稳定各项工作之中。经过不懈努力，到2017年，腐败蔓延势头得到有效遏制，江西风清气正政治生态建设取得显著成效。

【印发《法治江西建设规划纲要（2014—2020年）》的通知】 2月9日，省委、省政府印发该纲要。纲要指出，建设法治江西是法治中国建设在江西的具体实践，是依法治省的提升和发展，是全面深化改革、建设富裕和谐秀美江西、实现江西与全国同步全面建成小康社会的法治保障。

总体目标是到2020年，法治江西建设取得显著成效，主要内容分3块：一是法治江西建设总体要求；二是推进经济领域、民主政治、文化领域、社会领域、生态文明法治建设；三是法治江西建设保障措施和组织实施。纲要特别提出，改革司法管理体制，推动省以下地方法院、检察院人财物由省级统一管理，地方各级人民法院、人民检察院和专门人民法院、人民检察院的经费由省级财政统筹，确保人民法院、人民检察院依法独立公正行使审判权、检察权。严格考核奖惩，建立科学的法治建设指标体系和考核标准，将法治建设成效列入各级党政领导班子、党政领导干部和司法执法部门年度考核内容。各级党委要把遵守法律、依法办事作为考察识别干部的重要条件和干部提拔任用的重要依据。建立过错问责制度，对发生重大问题的地方、部门和单位及其责任人，实行责任倒查和过错问责；问题严重的，依法依纪严肃查处领导干部和相关人员的责任。

【印发《江西省党政机关厉行节约反对浪费实施细则》的通知】 2月19日，该实施细则印发全省执行，对党政机关经费管理、国内差旅、因公临时出国（境）、公务接待、会议活动、公务活动礼品往来、公务用车、办公用房、资源节约等做出全面规范，并对宣传教育、监督检查、责任追究等提出明确要求。文件规定，全面实行公务卡制度、建立公务接待公函制度和接待清单制度、因公临时出国（境）公示制度等。

【制定《关于全面扩大开放加快开放型经济发展升级的意见》】 2月28日，省委办公厅、省政府办公厅印发该意见，要求全省各地紧紧围绕“发展升级、小康提速、绿色崛起、实干兴赣”十六字方针，坚定不移地实施全方位大开放战略，推动江西跨越发展。各级党委、政府要把扩大开放摆在更加突出的战略地位，列入重要议事日程，实行“一把手”责任制，将开放型经济主要指标列入市、县（市、区）科学发展综合考核评价体系。

【制定《关于进一步增强决策科学性和执行力切实维护群众合法权益的意见》】 4月3日，省委、省政府印发该意见，对进一步完善了解民情、集中民智的决策酝酿机制，完善尊重群众意愿、维护群众合法权益的决策形成机制，完善责任明确、督促有力的决策落实机制提出具体的操作要求。该“意见”明确：要逐步完善各级领导干部下基层调研、挂点联系、网络问政、接访和信访包案等工作机制。

【制定《关于进一步深化国资国企改革的意见》】 6月16日，省委、省政府印发该意见，明确总体要求和6条主要措施，提出通过深化国资国企改革，完善国资管理体制，健全现代企业制度，不断增强国有经济活力、竞争力和影响力。经过5年左右的努力，基本完成公司制股份制改革，使70%左右的国企发展成为混合所有制经济，形成市场化的经营机制；完善国有资产管理体系，实现经营性国有资产集中统一监管，80%左右国有资本集中在关键领域和优势产业，实现省属国有资产总量、营业收入双超“万亿”。

【制定《关于深化教育领域综合改革若干问题的意见》】 6月16日，省委、省政府印发该意见，围绕立德树人、促进公平、提高质量、激发活力提出7个方面20条改革措施，包括“进一步加强德育课程教育”“强化体育美育教学”“全面实行义务教育免试就近入学”“推进义务教育学校校长教师交流轮岗”“多形式发展现代职业教育，打通从中职、专科、本科到专业学位研究生上升通道”“2016年基本普及残疾儿童少年义务教育”等内容。

【制定《关于落实党风廉政建设党委主体责任和纪委监督责任的意见（试行）》】 9月21日，省委印发该意见，从落实党委主体责任、切实履行纪委监督责任、严格实施责任追究、完善落实保障措施等方面，明确各级党委的15项主体责任，并从党委领导班子、党委主要负责人、党委领导班子成员3个层面予以细化，同时明确各级纪委加强组织协调、强化纪律监督、加强监督问责、严肃查办案件、维护党员权益五项责任。

【制定《关于全面推进法治江西建设的意见》】 经省委十三届十次全会审议通过，12月5日，省委印发该意见，明确全面推进法治江西建设的总体目标和要求，提出保障社会公正、促进社会诚信、维护社会秩序的法治江西建设三大重点任务及具体部署，主要包括“加强和改进立法、执法、司法，保障社会公正”“坚持法治与德治相结合，促进社会诚信”“推进法治社会建设，维护社会秩序”“增强全民法治观念，树立社会法制信仰”“适应法治建设需要，建设高素质法制工作队伍”“加强和改进党的领导为法治江西建设提供坚强保证”6个方面27条措施。

【制定《关于建设生态文明先行示范区的实施意见》】 12月31日，省委、省政府印发该实施意见，要求全省各地各部门全面把握“一年开好局、三年见成效、六年大进展”的要求，构建生态文明建设“六大体系”，通过加强组织领导、强化统筹协调、加大政策支持、增强科技支撑、广泛宣传动员、加强督促落实，确保生态文明先行示范区建设取得实效，努力走出一条具有江西特色的生态文明建设新路子。

督查工作

【省委领导抓督查落实】 2014年，省委领导以身作则、率先垂范，以踏石留印、抓铁有痕的工作作风，抓好中央重大决策部署在江西不折不扣地贯彻落实。一是围绕学习宣传贯彻党的十八大和十八届三中、四中全会精神特别是中共中央总书记习近平系列重要讲话精神，通过召开省委常委会、省委中心组会议、专题学习会议、全省领导干部大会、省委常委给市厅级主要领导干部研讨班作辅导报告等多种形式，省领导带头学习、带头宣讲、带头上党课、带头抓落实，积极营造以上率下、上下联动的浓厚氛围。二是就招商项目落实情况，省校、省院合作进展情况等省委重大决策部署和重点工作，召开4次省委常委专题办公会议进行研究督导，省委主要领导强调省委既要狠抓谋篇布局，又要狠抓实干落实。三是落实省领导挂点联系帮扶企业机制。2014年春节后上班第一天省委主要领导深入江铜集团调研和看望慰问干部职工，其他省领导也分赴挂点联系企业走访调研，向全省发出加快发展、强攻工业的强烈信号。四是带头为全面深化改革把脉定调。省委主要领导20余次深入基层调研改革工作，多次召开有关部门负责人和专家学者座谈会，主持和指导修改有关改革文件。省政府主要领导多次赴田间地头、厂矿企业，面对面听取群众对改革的意见和建议，了解“三单一网”等改革成功经验。其他省领导也根据分工，调研和推进改革工作。五是就南昌临空经济区建设、昌九一体化、支持赣南等原中央苏区振兴发展、昌抚一体化等多次深入基层调研指导，推动区域合作发展。六是就加快发展现代农业、县域经济、旅游强省建设等多项工作，深入南昌、九江、赣州、宜春、抚州等地调研指导。七是就节日期间市场供应保障、低温雨雪天气应对、风雹灾害灾民安置等工作实地了解群众困难,推动保障民生工作落实。八是在第二批党的群众路线教育实践活动中,启动实施“连心、强基、模范”三大工程,省委常委和其他省领导多次分赴各自的教育实践活动市、县(市、区)联系点,面对面指导和扎实推进教育实践活动开展。

【配合中央在赣督查活动】 11月28日至12月5日,中共中央办公厅、国务院办公厅督查组就党的十八大以来党中央、国务院重大决策部署贯彻落实情况到江西开展督查。督查组围绕“重点领域改革、保障改善民生、生态环境保护和治理、‘十三五’规划准备、促进经济持续健康发展、城镇化和区域协调、经济结构优化升级、对外开放”等主题,组织省、市有关部门以及基层群众代表召开座谈会6次,并赴南昌市、宜春市进行实地督查。

【开展决策督查工作】 2014年,为切实推动中央和省委重大决策部署贯彻落实,省委办公厅开展督促检查35次。一是对党的十八大以来党中央、国务院出台的重大决策部署进行梳理,对梳理出来的82项重大决策部署分类开展督查,并从全面深化改革、加强作风建设等6个方面形成贯彻落实情况报告报送省委主要领导。二是对省委十三届七次全会提出的20项重点工作任务,以及省委主要领导特别强调的6项具体民生事项的落实情况,进行跟踪督查。三是开展赣南等原中央苏区振兴发展督查。3月中下旬,省委办公厅会同省苏区办组成联合督查组,就有关工作情况特别是2013年8月省赣南等原中央苏区振兴发展工作领导小组第一次会议以来的工作进展情况开展专项督查,并向领导小组第二次会议作督查情况专题汇报。四是连续对党政机关超标办公用房、离退休领导干部占用办公用房清理工作开展督查。五是就省委主要领导在省委十三届九次全会讲话中指出的“扭转招商引资下降趋势、引智引才、信息化建设、构建产业链分工协作体系”等几项具体工作开展跟踪督办。六是对全省前三季度经济运行情况进行督查调度,形成全省和各设区市前三季度固定资产投资及招商引资情况报告报省委,该情况报告作为会议材料分别印发11月上旬赣西南片区市委书记座谈会、赣东北片区市委书记座谈会。七是对2013年底以来的重要签约项目进行跟踪,会同省发改委、省国资委、省商务厅对央企入赣签约的93个项目落地情况开展实地督查。八是开展江西省与中国工程院战略合作协议推进落实情况督查。此外,省委办公厅组织开展全省网络和信息安全专项督查,与省委组织部、省委统战部共同开展《关于加强新形势下党外代表人士队伍建设的实施意见》贯彻落实情况专项督查;配合省纪委开展对全省党风廉政建设“两个责任”落实情况督查等。

【开展督查调研工作】 2014年,省委办公厅围绕中央八项规定精神贯彻落实、昌九一体化等中央和省委重大决策部署贯彻落实情况开展4次督查调研。一是年初对南昌临空经济区建设情况进行实地调研;二是4月上旬在全省范围内开展离退休领导干部使用公务用车情况督查调研,进一步规范离退休领导干部公车的配备和使用;三是5月底开展村级公务接待实地调研,提出规范村级公务接待的意见建议,供省委决策参考;四是9月底会同省发改委、省社科院开展共青先导区建设、九江沿江开放开发情况的实地督查调研,形成督查调研报告和比较研究报告,得到省委、省政府主要领导的肯定。

【开展办理人民网留言工作】 2月始,省委办公厅承担人民网网友给省委主要领导留言的办理工作。至年底,为群众解决解答社保、低保、教育、卫生、棚户区改造、建房修路、生态环保等方面问题和诉求740个,切实维护了群众合法利益,让群众得到实惠。作为具体承办处室,省委督查室多次得到省委主要领导肯定,荣获全国网民留言办理先进单位称号,并作为全国5个先进单位之一,在2014年全国网民留言办理工作会议上作交流发言。

【开展领导批件督办工作】 2014年,省委办公厅共立项督办中央领导批件2件和省委领导批件53件,确保中央和省委领导的指示批示贯彻有力、落实到位、取得实效。坚持在督办中服务省委重点工作。5—7月对省直单位支持南昌市第二轮“拆违拆临、建绿透绿”工作开展系列督办,促进南昌市市容市貌改观,为南昌市成功创建第四届全国文明城市打下坚实基础。6—7月对产业集群发展进行系列督办,牵头召开推进产业集群发展协调会和产业集群发展调研,协助制定江西省重点产业集群目录,有力助推工业、农业、物流、旅游四大产业集群发展,使之成为江西发展升级的亮丽名片。坚持在督办中服务省委重点会议。承办省委十三届八次、九次、十次全会和全省经济工作会议分组讨论时与会人员所提336条意见和建议的收集整理、分解督办、落地见效工作,促进省委全会等重要会议精神的贯彻落实。坚持在督办中服务省委重要活动。省委办公厅组成3个工作组深入11个设区市、30个县(市、区)对省委领导考察调研有关事项进行回访复核,开展对市县汇报工作时有关承诺事项进展情况的核查落实工作;督促省直部门研处吉安、上饶、宜春三地市委42项恳请支持事项。坚持在督办中抓好建章立制。制定《省委全会与会同志所提意见建议办理规程(试行)》《省委领导考察调研事项回访复核工作规程》《省委领导考察调研地呈报恳请支持事项督办工作规程》3项制度,在服务省委领导层面上更规范、上水平、高效率。

(省委办公厅编辑室)

政策研究

【概　况】 2014年,省委政研室(改革办)紧紧围绕全省改革发展稳定大局,坚持“为民辅政”理念,落实“规范、效率、务实”要求,忠诚履职、探索求新、敬业奉献,各项工作取得较好成绩。全年完成省委重要文件起草任务9个、文稿121篇、调研报告30篇,编发信息32期,总数共192篇(期);获中央和省委、省政府领导批示60人次。

【撰写经济发展新常态的调研报告】 2014年，省委政研室（改革办）及时向省委报送国际国内前沿信息，形成《适应“新常态”，谋求新发展——经济发展“新常态”的由来、特征及建议》的调研报告；深入调研，形成《江西省发展机器人产业的调研及建议》《江西省农业经营主体发展现状与建议》等专题报告，其中《江西省发展机器人产业的调研及建议》经省委、省政府领导批示，推动了南昌市率先启动机器人产业发展工作，省政府制发《关于培育发展机器人及智能制造装备产业的意见》；《关于省属经营性国有资产情况的调研》提出的分类别、分步骤推进经营性国有资产集中统一监管，进一步完善国资管理体制的政策建议，在《关于进一步深化国资国企改革促进江西经济发展的意见》中得到采纳。

【开展保障和改善民生调研】 2014年，省委政研室（改革办）紧紧围绕省委大力实施“小康提速”和“五年决战同步全面小康”的决策部署，着力从保障和改善民生上，提供政研服务工作。通过深入调研报送的农村争吃低保的情况，经省委主要领导批示，省民政厅论证，省政府增加30万个农村低保指标；《“五险一金”缴费基数和比例“双高”与基金缺口、改善民生三重矛盾亟待破解》，经省委主要领导和省政府有关领导批示、省人社厅全面调查后，提出解决这一问题的政策措施；以《一项便民政策出台五年一直难以很好落实》为题，报送江西省一些地方新农合异地结算政策没有落实的情况，经省委主要领导和省政府有关领导批示，省卫计委推动这一便民利民政策的进一步落实。

【开展全面深化改革调研】 2014年，省委政研室（改革办）为服务省委改革领导小组抓部署、抓统筹、抓落实、抓督办，推动全面深化改革稳步前行，较好发挥“参谋部”“协调部”“督导部”的作用。起草《省直有关部门贯彻实施全面深化改革重要举措分工方案》《省委全面深化改革领导小组2014年工作要点》等一批文件，逐项明确改革重要举措的目标、路径、时间节点和可检验的成果形式，形成清晰明确的“改革施工图”；先后承办3次改革领导小组会和一次现场会、一次专题推进会，较好地提供省委领导在上述会议重要讲话等文稿服务；对全省重要领域和关键环节开展的451个改革试点（国家级试点60个、省级试点72个、市县级试点319个）情况进行跟踪分析，及时总结可复制、能推广的改革经验；将《省委全面深化改革领导小组2014年工作要点》细化为306个改革事项，进行建账和销号管理；对全省改革进展情况实行月度跟踪调度和统计分析，组织督导调研；建立省委改革办与7个改革专项小组牵头部门“1+7”定期例会制度，统筹和协调推动改革落实。

【开展法治建设调研】 2014年，省委政研室（改革办）为贯彻落实党的十八届四中全会做出全面推进依法治国的重大战略决策，围绕“社会公正、社会诚信、社会秩序”三大法治建设任务立题、破题、解题，充分反映江西实际、体现江西特色，草拟《全面推进法治江西建设的意见》，经省委十三届十次全会通过，成为指导江西省法治建设的纲领性文件。会同省委政法委开展调研，形成《江西省部分同志对依法治国状况的反映和意见建议》《关于全面推进法治江西建设的调研报告》等系列调研报告。

（省委政研室编辑室）

组织工作

【概　况】 2014年，全省各级组织部门主动服务全省工作大局，突出从严治党、思想建党、制度治党，认真履行管党治吏责任，营造风清气正的政治生态，进一步提高组织工作科学化水平，各项工作取得新的成效。

精心组织开展党的群众路线教育实践活动。按照中央、省委的部署要求，会同有关部门，持续抓好第一批教育实践活动整改落实、建章立制、巩固成果工作。第一批活动单位完成专项整治883项，占100%；建立健全制度1853项，占99.57%；完成具体问题和个体诉求的整改2.46万件，占100%。认真组织指导8.64万个基层党组织、179.7万名党员扎实开展第二批教育实践活动。大力实施“连心、强基、模范”三大工程。“连心”工程重点开展机关干部集中下基层活动，省市县乡机关共派出“连心”小分队4.3万余个，下派干部25.8万人，帮扶困难群众85.8万户，帮助基层和群众办实事38.7万件。“强基”工程重点抓好软弱涣散基层党组织整顿工作，全省调整配强基层党组织书记1015名，选派“第一书记”861人，投入帮扶资金1.1亿元，解决实际问题9900多个，2006个软弱涣散基层党组织中，1999个已基本整顿到位，占99.7%。“模范”工程重点开展“学习弘扬焦裕禄精神，争做龚全珍式好干部”活动，全省推出柯善梅、曾建等10位“龚全珍式好干部”并进行广泛宣传，各地各单位推选身边先进典型3152个。整个活动态势积极健康，取得较好成效。第二批活动单位完成专项整治2.55万项，占95.42%；建立健全制度2.84万项，占95.45%；完成具体问题和个体诉求的整改54.59万件，占97.76%。

积极稳妥推进党的建设制度改革。坚持高位推动统筹谋划，研究制定《党的建设制度改革专项小组改革重要举措及分工方案》和《党的建设制度改革专项小组改革2014年工作计划》，提出江西省改革的总体思路和总体要求，确定19条改革重要举措，对党的建设制度改革专项小组承担的22项改革工作任务，明确牵头领导、责任处室、协助处室、完成时限和验收方式，形成部务会统筹推进、部领导分工负责、各处室协调联动的工作机制。坚持由点带面深入推进，紧扣组织工作的重点领域和关键环节，扎实推进党的组织制度、干部人事制度、基层组织建设制度和人才发展体制机制改革，探索一批具有江西省特色的党的建设制度改革的具体举措。坚持上下联动破解难题，及时了解掌握中央党建改革的总体安排，并深入地市督导党建改革工作。先后开展破解唯分、唯票、唯GDP、唯年龄取人等问题和健全人才向基层流动向艰苦地区和岗位流动等专项调研，形成一批调研成果。党的建设制度改革专项小组承担的22项任务，按照任务分解、研究办理、督办销号“三步法”，已完成21项。

切实加强和改进领导班子和干部队伍建设。一是加强和改进干部教育培训。把学习贯彻中共中央总书记习近平系列重要讲话精神作为首要任务,采取领导带头授课辅导、利用政务信息网视频系统上下同步培训等方式,实现县处级以上领导干部集中轮训全覆盖。把学习贯彻党的十八届四中全会精神作为重要内容,纳入各级党(干)校主体班次教学计划。围绕全省中心工作加强能力培训和知识教育,重点开展新型工业化、信息化、城镇化、农业现代化等方面的专题培训。采取行动学习法深入开展中德合作管理培训项目江西行动学习子项目二期培训工作,会同省委党校建设"江西干部网络学院",制定出台《江西省省直机关培训费管理办法》。2014 年,全省共培训各级各类干部 22.1 万人次。二是深化干部人事制度改革。采取视频直播方式组织省、市、县三级直属部门单位负责人共 6000 多人参加《党政领导干部选拔任用工作条例》专题学习会。完成省管领导班子和领导干部 2013 年度考核工作,对设区市进行科学发展综合考核,对省直单位和省属高校进行分类考核,区分考核单位不同特点有针对性地设置考核指标,将经济发展、社会建设、民生工程、生态环境等纳入设区市考核测评指标。采取提拔使用、交流任职、挂职锻炼、重点培训、分类储备"五个一批"方式,加大培养选拔年轻干部工作力度,通过专项调研、综合分析、严格把关、反复筛选,提出列入"五个一批"培养人选 433 名。制定出台《干部任前档案审核暂行办法》,在全省范围内全面开展干部人事档案专项审核工作。三是扎实开展选人用人突出问题专项整治。对超职数配备干部问题进行专项检查和治理,严格干部任前职数审核,督促各单位完成阶段性整改消化任务。对全省副处级以上国家工作人员进行配偶已移居国(境)外的摸底界定,并全部清理到位。结合巡视对 18 个单位开展三轮选人用人专项检查。推进领导干部涉及"吃空饷"问题整治,开展党政领导干部在企业兼职(任职)、领导干部亲属经商办企业、退(离)休领导干部在社团兼职清理规范工作,规范省级领导干部秘书管理。重点查处领导干部违规提拔典型案件,对个别干部档案造假、违规提拔典型案件进行调查核实和严肃处理。加大干部"带病提拔"问题集中倒查力度,对相关责任人进行批评教育、诫勉谈话、调离岗位等追责处理。四是建立健全干部日常管理监督长效机制。完善干部选拔任用和监督工作制度机制,对《党政领导干部选拔任用工作全程记实实施办法(试行)》《领导干部近亲属和身边工作人员提拔任用事项报告审核暂行规定》等制度进行修订完善,研究制定省管干部拟任人选考察前征求省纪委意见及回复意见的试行办法、对部分考察对象个人有关事项报告抽查核实工作部内操作规程。有序推进领导干部报告个人有关事项工作,实现了对所有副处级以上考察对象个人事项报告材料的全面查阅。

大力推进基层党组织和党员队伍建设。一是深入推进基层服务型党组织建设。制定下发《关于开展"连心"、"强基"、"模范"三大工程,加强基层服务型党组织建设的实施意见》和《党员到社区(村)报到开展志愿服务》《领导干部"民情家访"》《完善市县乡村四级服务平台体系提升为民服务水平》《建立村(居)民理事会制度》等一系列文件,打造建设基层服务型党组织的主要载体。对排查出来的 1733 个软弱涣散村党组织扎实开展集中整顿工作,93.5%得到转化提升。全省各级计投入 4220 万元,维修改造破旧村级活动场所 844 个。从 2014 年开始,财政每年拿出 1 亿多元,按每人每年 500 元的标准,对全省 20 多万名村民小组长进行补助。二是大力加强党员发展和教育管理服务工作。认真贯彻落实《关于加强新形势下发展党员和党员管理工作的意见》和《中国共产党发展党员工作细则》,深入实施党员队伍建设"五发展"工程,在全省推行发展党员和党员管理"双严双优"制度,指导基层党组织试行发展党员"三推两培一票决",全面推行党员"先锋创绩"制度,严格调控发展党员总量,严把发展党员入口,疏通党员队伍出口,不断优化党员队伍结构。扎实推进党员干部现代远程教育,积极开展大组工网分级保护建设及应用工作,启动全省百部乡土教材开发计划,拍摄制作 30 集《梦圆红土地——江西现代农村适用技术》系列片,充分运用"江西党建移动平台",加强党员常规性教育。指导各地依托驻外办事处、商会等机构,在流出党员相对集中的省、市建立流动党员服务中心,为流动党员提供信息咨询、就业技能培训、创业发展指导、权益保障等"一揽子"服务。三是切实加强基层党组织带头人队伍建设。围绕成立机构、制订方案、开展培训、届满审计、摸排整顿 5 个方面,扎实做好准备,及时启动村(社区)"两委"换届选举工作。全省 2.02 万个村(社区)已有 1.94 万个完成党组织换届选举,占 96.0%;5309 个完成村(居)民委员会换届选举,占 26.3%。分层分级开展基层党组织书记培训,举办全省基层党组织书记培训示范班。适时调整政策,选聘 1491 名大学生村官到村任职。组织开展学习中共中央总书记习近平复信精神活动,收集整理江西省大学生村官典型事迹,组织开展优秀大学生村官评选。四是扎实开展党建工作述评考核。全省 11 个设区市委书记首次采取大会公开述职的形式,向省委常委、省委教育实践活动领导小组成员以及基层党员群众代表等报告抓基层党建工作情况,并接受评议。切实抓好全省各级党委书记抓基层党建工作述职评议工作,规范会议程序和内容,增强党委书记抓党建工作第一责任人意识。

不断健全完善集聚人才的体制机制。牵头组织有关单位围绕增强宏观统筹力、推进重大人才工程、加强人才工作载体建设、优化人才发展环境等方面加强调研,出台 9 项人才改革文件,加快建立集聚人才的体制机制,激发人才创新活力。推荐 21 名海外回国人才申报第一一批中央"千人计划",推荐 23 名青年人才申报国家青年拔尖人才支持计划。对 8 位在赣"千人计划"专家给予创新创业事业发展资金支持,首批下发资助资金 2250 万元。及时下拨"赣鄱英才 555 工程"第二批、第三批人选年度项目资助。新批准成立 28 家省级院士工作站,柔性引进院士 31 人,引进院士团队 200 人,签订合作项目 66 项。新设 7 个博士后流动站,启动博士后创新实践基地建设。开展"海外人才江西行",先后邀请 20 余名海外专家到赣对接人才需求与科研合作。向36位第三届“江西突出贡献人才”颁发获奖证书和10万元奖金。遴选并上报江西省首批全国社会工作领军人才推荐人选。编撰《江西优秀人才成长个案100例》,开展首次省级人才工作示范点评选活动。赴德国举办“创新与产业升级能力建设”培训班,组织优秀中青年专家培训班、百千万人才高级研修班等10多期,培训人数达500余人。

深入推进“学习型、创新型、服务型”组织部门建设。把加强组织部门自身建设与开展教育实践活动结合起来,在全省组织系统深化拓展“建设‘三型’部门,争做为民务实清廉表率”活动。采取召开专题座谈会、开设学习专栏、举办征文活动等多种形式,在全省掀起学习曾建先进事迹的热潮。全省900余名组工干部组成“连心”小分队驻扎到村,宣讲形势政策,开展调查研究,广泛谈心谈话,深化结对帮扶,为群众办成一批看得见、摸得着的实事好事,进一步改进作风,提升形象。

【推进“连心、强基、模范”三大工程】 5月,为进一步推进党的群众路线教育实践活动,省委出台《关于开展“连心、强基、模范”三大工程,加强基层服务型党组织建设的实施意见》,在全省广泛深入开展“三大工程”活动。“连心”工程重点开展机关干部集中下基层活动,省市县乡四级机关派出“连心”小分队4.3万余个,下派干部25.8万人,直接帮扶困难群众85.8万户,帮助基层和群众办实事38.7万件。“强基”工程重点抓好软弱涣散基层党组织整顿工作,调整配强基层党组织书记1015名,选派“第一书记”861人,投入帮扶资金1.1亿元,解决实际问题9900多个。2006个软弱涣散基层党组织,1999个已基本整顿到位。“模范”工程重点开展“学习弘扬焦裕禄精神,争做龚全珍式好干部”活动,全省推出柯善梅、曾建等10位“龚全珍式好干部”并进行广泛宣传,各地各单位推选身边先进典型3152个,营造学先进、争先进的良好氛围,提振党员干部的精气神。

【开展学习曾建先进事迹活动】 吉安市委组织部副部长,市人社局党组书记、局长曾建先进事迹经中央、省级媒体以及中组部、省委组织部组工信息刊登后,在广大组织人事干部和党员干部中引起强烈反响。4月28日,省委组织部追授曾建“全省优秀组织工作干部”称号;7月30日,中组部追授曾建“全国优秀组织工作干部”称号,并号召全国组织系统广泛开展向曾建学习。8月28日,省委组织部召开“全省组织人事系统学习曾建同志先进事迹”视频会议,全省1.2万余名组织人事干部在主会场和110个分会场收听收看会议。全省各级组织人事部门把学习曾建先进事迹作为党员干部学习教育的生动教材和加强组织部门自身建设的重要载体,迅速掀起学习曾建先进事迹的热潮。

【开展“五个一批”培养选拔优秀年轻干部工作】 2014年,为进一步加大培养选拔年轻干部工作力度,加强江西省领导班子和干部队伍后备人才梯队建设,省委组织部开展优秀年轻干部专项调研,并按照提拔使用、交流任职、挂职锻炼、重点培训、分类储备“五个一批”的模式,有针对性地抓好培养选拔优秀年轻干部工作。调研组采取个别访谈、民主测评和书面征求意见、调阅干部档案和有关材料、实地察看、与本人面谈等方式,深入人选所在单位广泛进行调研了解。在综合分析、严格把关、反复筛选的基础上,提出列入“五个一批”培养的初步人选433名,共下派挂职锻炼87名,提拔重用9名。通过开展“五个一批”优秀年轻干部培养选拔工作,发现一批具有培养潜力的优秀年轻干部,增强年轻干部培养选拔工作的针对性,激发年轻干部队伍的生机和活力。

（沈常军）

宣传工作

【概　况】 2014年,江西宣传思想文化战线始终坚持高举中国特色社会主义伟大旗帜,深入学习贯彻中共中央总书记习近平系列重要讲话精神,紧紧围绕省委、省政府中心工作和重大部署,唱响主旋律,打好主动仗,为推进江西“发展升级、小康提速、绿色崛起、实干兴赣”提供强大的思想保证、精神动力、舆论支持和文化条件。

着力抓好思想理论建设。印发《关于进一步健全省委中心组理论学习制度的意见》,制定《2014年省委中心组理论学习方案》,从学习内容、学习要求、学习形式、学习管理、组织领导、经费保障等方面对中心组学习作了细化和规范。同时,实行中心组成员主讲制度和省委常委理论学习联系点制度,省委书记强卫、省长鹿心社等省委常委带头主讲并到联系点进行指导和宣讲。把学习中共中央总书记习近平系列重要讲话精神作为省委中心组的首要学习任务,全年集中学习15次,在中宣部、中组部学习情况通报中,位居全国前三。在省委中心组的龙头示范下,全省11个设区市100个县均建立市、县委常委的联系点,做到全覆盖。大力实施青年马克思主义者理论研究创新工程、省社科院理论创新工程,理论研究不断深化,全年获国家社科基金立项课题113个,资助经费2350万元,居全国第14位。积极创新理论宣传、教育、普及方式,涌现出泰和民嘴讲堂、龚全珍工作室、毛秉华工作室等基层宣讲先进典型。其中泰和民嘴讲堂被中宣部评为“全国基层理论宣讲先进集体”。

着力做大做强正面宣传。坚持团结稳定鼓劲、正面宣传为主,组织开展一系列有声势、有力度、有影响的宣传报道活动,唱响“风景这边独好”的江西品牌。加大对中央和省委全会等重要会议、重大决策、重大活动的宣传,在全国的正面声音不断增大。全年在中央大报大台大网上正面稿件4041条,同比增长20%。其中:头版、头条、单条、提要等重要稿件1422条,同比增长50%。在中央电视台《新闻联播》上稿202条,位居全国第五;在中央人民广播电台《新闻和报纸摘要》《全国新闻联播》上稿394条,位居全国第八。中宣部《每日要情》采用江西报送的信息39条,同比增长3倍。其中中央领导批示4条。全面建立三级新闻发言人制度,并以建设“江西发布”政务微博集群平台为龙头,建立全省政务微博发布厅,将设区市发布、省直厅局微博和省直媒体微博集纳在一起,形成微博矩阵。“江西发布”先后获“全国十佳政务微博应用奖”“全国党政机构微博影响力飞跃奖”“全国十佳省级政务微博”。

着力培育和践行社会主义核心价值观。组织部署全省各级各类媒体开设专题专栏，深入开展宣传报道，进一步在全社会唱响24个字。建立完善社会主义核心价值观网上“双百”工作平台，做好“图说我们的价值观”作品传输和发布，并首次将社会主义核心价值观建设要求纳入地方政绩考评。下发《关于开展“身边好人”选树和宣传工作的通知》，在全省社区、农村、企业、学校和窗口单位设立“身边好人”榜，共有55人荣登“中国好人榜”，并推出杨衍忠、曾建、柳艳兵等一批在全国有影响的先进典型。广泛开展星级文明信用户创建活动，大力开展生态文明村帮建活动，1500个帮建单位计划投资总额达3亿多元。组织实施“村史馆”建设工程，得到中宣部、中央文明办的充分肯定，并在全国农村精神文明建设工作经验交流会上进行典型介绍，央视《焦点访谈》栏目进行专题报道。建立省级诚信建设工作联席会议，发布“诚信红黑榜”，在窗口单位和公共服务行业启动“诚信建设制度化”主题实践活动。下发《关于推进志愿服务制度化的意见》和《关于推进社区志愿服务制度化的实施方案》等系列文件，成立江西省志愿服务联合会，健全完善“江西志愿服务网”，进一步推进志愿服务制度化。

着力强化网络建设和管理。在全国率先成立网信办，并建立完善互联网宣传管理联席会议制度、重大舆情会商机制，有效引导周建华案、贵溪“背干部救灾”、香港占中等52个影响较大的舆情事件，编发《舆情信息》167期，获省领导批示48条；向省委总值班室报送信息485条；向中宣部舆情局报送社会舆情4600余篇，采用360余篇。省网信办被国家网信办授予“2013—2014双年度全国互联网舆情信息工作先进集体”称号。先后制定下发《关于规范江西省网站地方频道管理工作的通知》《关于加强媒体机构类微信公众账号、法人微博管理的通知》等文件，进一步加强网络管理，关停63家不具备资质的手机报、移动新闻客户端、手机短彩信群发业务。在全省范围内开展清理网上恶性政治谣言、打击互联网传播淫秽色情及低俗信息、打击新闻敲诈和假新闻等21个专项整治行动。制定出台《江西省网络评论工作管理办法》《江西省网络评论工作积分考评奖励办法》等5个规章制度，进一步推动网评工作科学化、制度化、规范化。加快传统媒体和新兴媒体融合发展，唱响网上主旋律，特别是通过网络发掘推送典型人物的经验做法，中央网信办在全国网站宣传推广江西的先进经验。

着力推进文化繁荣发展。积极组织开展以“中国梦”为主题的文艺创作，举办“实干兴赣，圆梦中国”大型群众歌咏比赛，推出一批精品力作。在中宣部第十三届“五个一工程”评选中，江西省6部作品获奖，连续四次获得“满堂红”，省委宣传部再次获得组织工作奖。其中歌曲《老阿姨》登上中央电视台“春节联欢晚会”。制订《江西省县（市、区）公共文化服务标准化均等化实施意见（试行）》，组织召开全省基本公共文化服务标准化均等化试点工作现场经验交流会，试点县（区）达21个，走在全国前列。推进图书馆、文化馆、博物馆服务项目“数字化”，完成全省各设区市图书馆数字推广工程，实现各设区市城区公共图书通借通还“一卡通”。推进图书馆、文化馆、博物馆、美术馆联盟服务方式“联盟化”，全年累计举办巡讲、巡展110余场，服务群众80多万人次。组织开展“我们的中国梦”文化进万家活动，组织开展百万群众“百姓大舞台”公益展演、百万群众广场舞比赛、百万“书香赣鄱”全民阅读、服务百万农民工——文化志愿行“四个百万”活动，累计送戏下乡2500多场，送电影1.8万多场，赠送各类书籍近25万册。协助中宣部、中央电视台做好大型纪录片《记住乡愁》摄制工作，全省共有10个村作为候选拍摄村落，候选总量位居全国前列。

着力深化文化体制改革。成立文化体制改革专项小组，下发《江西省深化文化体制改革实施方案》，确定改革的任务书、路线图、时间表，推动文化产业快速发展。2014年，全省文化产业主营业务收入2130亿元，同比增长19.2%；文化产业增加值575亿元，同比增长18.3%。在文化部发布的《中国省市文化产业发展指数》中，江西文化产业发展综合指数首度入围全国前十，文化产业发展影响力指数位居全国第八。江西出版集团全年利润超9亿元，实现3年翻一番；2014年，集团上缴2013年国有资本收益1896.22万元，在全省国有企业中排名第二；连续6年入选中国“文化企业30强”，在全国50家重点出版传媒企业中，与中国出版集团并列第四位。扶持文化企业筹备上市工作，到年底全省有7家国有文化企业、12家民营文化企业正在筹备上市。

着力加强宣传思想文化队伍建设。开展党的群众路线教育实践活动“回头看”，开展“红包”问题和“会所中的歪风”及其“回头看”，“公款送礼吃喝”“四风”“为官不为”和“群众办事难”等多个专项整治活动。不断加大干部选拔和教育培训力度，全省宣传思想文化系统共培训18.9万人次。认真开展2013年度江西省中青年文化名家和全省宣传思想文化系统“四个一批”人才选拔工作，共有19名江西省中青年文化名家和57名全省宣传思想文化系统“四个一批”人才入选。

【开展“深化改革促崛起，实干共筑中国梦”主题宣传教育活动】 2014年，省委宣传部在全省广泛开展“深化改革促崛起，实干共筑中国梦”主题宣传教育活动，包括系列学习研讨活动、系列新闻宣传活动、系列群众文化活动、系列典型宣传活动、系列主题实践活动等五大系列25项活动。先后举办面向党员干部的“思想解放大讨论”和大调研活动，面向青少年学生的“中国梦·我的梦”主题教育读书活动网络征文比赛、知识竞赛、演讲和讲故事比赛，面向普通劳动者的“放飞梦想·点亮未来”农民工才艺大赛，面向全社会开展的“我为改革献一策”微信微博建言献策活动、“我们的中国梦”文化进万家活动等，集中反映江西省广大干部群众干事创业、拼搏奉献、创新进取、追梦圆梦的生动实践。

【实施“青年马克思主义者培育工程”】 9月24日，省委宣传部召开青年马克思主义者理论研究创新工程座谈会，经组织专家评审，45篇博士、硕士生毕业论文和51篇博士、硕士生论文选题获准立项。

"青年马克思主义者培育工程"以马克思主义·科学社会主义、党史·党建、哲学、政治学、经济学、文学、法学、历史、社会学、新闻学与传播学等相关学科作为重点学科领域，重点培养在读博士、硕士生。每年向全省公开招标100项招标课题作为省社科重大项目，要求课题成果必须体现马克思主义立场观点方法。江西每年拿出30万元专项经费，资助100篇重点学科领域博硕士毕业论文。每年举办一次青年马克思主义者论坛，交流研讨马克思主义理论最新成果和前沿问题。

【荣获全国"五个一工程"奖"满堂红"】 9月13日，在中宣部组织的第十三届精神文明建设"五个一工程"评选活动中，江西选送的电影《洋妞到我家》、电视剧《领袖》、戏剧《回家》、歌曲《老阿姨》、广播剧《本色》、图书《瓷上中国》6部作品获奖，覆盖所有评选项目，赢得自2007年以来的连续四届"满堂红"。同时，省委宣传部荣获"组织工作奖"。这些作品弘扬主旋律、传递正能量，具有鲜明的江西特色，题材、风格，体现了思想精深、艺术精湛、制作精良相统一的要求，实现经济效益与社会效益相统一。

【与南昌大学共建新闻与传播学院】 1月18日，省委宣传部与南昌大学签署协议，决定共建南昌大学新闻与传播学院。协议从共建管理机构、共建精品课程、共建骨干队伍、共建实践基地和共建研究智库5个方面明确共建内容。同时，省委宣传部、省教育厅进一步加大对南昌大学新闻与传播学院的支持，每年投入一定比例的专项经费支持学院建设，南昌大学把新闻与传播学院作为学校建设的重点，在经费投入、学科专业建设规划、人才队伍建设等方面给予倾斜支持。

（段克和）

统战工作

【概　况】 2014年，全省统一战线深入贯彻落实党的十八大、十八届三中、四中全会精神以及中共中央总书记习近平系列重要讲话精神，按照省委十三届七、八、九、十次全会的部署要求，围绕中心，服务大局，开拓创新，扎实工作，各项工作取得新成效，获全国统战理论政策研究创新成果一等奖1项、三等奖2项，荣获全国统战工作实践创新成果奖1项。

围绕服务全面深化改革，凝聚思想共识。省委统战部理论中心学习组带头学习，全年安排中心组理论学习25次，邀请专家作专题辅导10次。组织统一战线各成员单位深入学习党的十八大、十八届三中、四中全会和省委十三届九次、十次全会精神，全省各级统战系统举办统一战线各类培训班310期，培训1.8万余人次，其中省委统战部及系统单位全年举办培训班34期，培训2600余人。特别是以"学习贯彻习近平总书记系列重要讲话精神"为主题的全省县处级以上党外领导干部专题轮训，举办专题研讨班13期，轮训1523人，其中，党外厅级干部105人，县处级干部1418人。积极协助各民主党派、工商联和无党派人士开展坚持和发展中国特色社会主义学习实践活动，引导他们增强走中国特色社会主义道路的政治共识，进一步增强统一战线共同思想政治基础，增进服务全面深化改革的共识。全年共推荐8名党外厅级干部参加中央统战部和民主党派中央学习培训，推荐1名党外厅级干部参加全国党外代表人士实践锻炼基地挂职。围绕多党合作事业健康发展，推进制度化、规范化、程序化建设。全年省委召开和委托省委统战部召开党外人士座谈会、协商会及情况通报会12次。着眼2015年党派市级组织和2017年党派省级组织换届，建立540人的省市两级民主党派组织领导班子后备干部名单。落实并完善政治协商、交友联谊、对口联系、走访约谈和反馈制度，协助省委起草有关进一步规范同民主党派、工商联、无党派人士政治协商的意见，协助建立各民主党派省委会、无党派代表人士直接向中共江西省委提出意见建议的制度。支持各民主党派、工商联和无党派人士开展调研、社会服务和参政议政工作，协调省财政从2014年起为6个民主党派省委会增加调研和社会服务工作经费各40万元，台盟江西支部每年20万元工作经费首次列入年度财政预算。协助民主党派省级组织完善内部监督机制，实现江西省民主党派内部监督委员会全覆盖。加强民主监督工作，协助各民主党派向有关省直单位推荐特约人员37人。成立新的社会阶层人士联谊会，有效拓展统战工作领域。

围绕党外代表人士队伍建设，做好政治安排和实职安排。2014年，完成省人大、省政协换届人事调整，共增补8名党外人士，其中省人大常委1名、省政协常委2名、省政协委员5名；增补5名党员干部，其中省政协常委3名、政协委员2名；调整5名党外人士在省人大、省政协的任职安排，并按规定程序撤销3名涉嫌违纪违法省政协委员资格。争取省委对党外人士实职安排的重视，党外人士担任行政正职工作取得新进展，2014年省直部门先后有8名党外干部得到提拔或重用，其中提任正厅级职务4名、副厅级2名，交流重用2名。至年底，全省有正厅级党外领导干部10名、巡视员2名，有11名担任行政正职，在全国排在前列。省委统战部与省委督查室、省委组织部组成督查组，对11个设区市、23所本科院校和23个省直单位贯彻落实中发〔2012〕4号文件和赣发〔2012〕13号文件精神情况开展专项督查，向省委报告督查情况，有力推动全省党外代表人士队伍建设。与省委组织部建立两部党外干部培养选拔工作联席会议制度并召开第一次会议，进一步完善两部党外干部工作相关制度和程序。与省政府参事室和省委组织部共同开展新一批省政府参事聘选工作，聘任参事16名，其中党外人士11名。围绕维护民族宗教领域和谐稳定，全面贯彻党的民族宗教方针政策。及时组织收看中央民族工作会议暨第六次全国民族团结进步表彰大会，认真抓好会议精神的传达学习与贯彻，进一步深化民族团结进步创建活动，继续开展"民族一家亲"主题系列活动，扎实做好城市少数民族人口服务与管理工作，继续推进"同心·民族地区发展示范区"建设。指导省基督教"两会"完成换届工作，指导和支持省级宗教团体加强内部管理，指导省天主教"一区两会"、省基督教

"两会"健全联席会议制度。积极参与筹备并举办第三届国际道教论坛。及时妥善处理敏感问题,对宗教领域非法活动进行摸底、排查和打击,开展天主教专项工作、基督教私设聚会点专项治理工作、抵御和防范境外势力对江西高校进行渗透的工作,致力创建"同心·宗教和谐稳定示范区",着力维护宗教领域和谐稳定。

围绕助推江西发展升级,积极参与对外经贸合作。积极参与2014年赣港经贸合作活动、两岸(江西)经贸文化合作交流活动周暨第十二届赣台会、第三届世界旅游经济论坛和赣澳经贸合作活动。配合做好国家"千人计划"专家江西服务团一行到赣考察活动,积极办好"2014年海内外侨商上饶行"活动。完成江西海外联谊会换届工作,举办第八期赴港专题研讨班和江西海外联谊会第三期港澳台海外理事国情研修班,开展"海外社团对话江西"系列活动。组织统战系统5个团组赴台参访,促进与港澳台友好社团的交流合作。全年接待港澳台海外来访团组22批300余人次,组织或参与出访团组12批80余人次,增进与港澳台海外社团和友好人士的联系。

围绕加强廉政建设,巩固扩大党的群众路线教育实践活动成果。制定《中共江西省委统战部落实党风廉政建设"两个责任"实施方案》,修改制订党风廉政建设责任制,加强干部监督,做好领导干部个人报告事项工作。深入开展"中国梦"教育,分三批组织机关党员干部参加学习贯彻中共中央总书记习近平系列重要讲话精神专题轮训班,确定9个江西省统一战线"同心教育基地"。组织省级统战理论政策创新重点课题研究,开展设区市、本科院校统战理论政策研究创新成果评选工作和全省统战工作实践创新评比工作。加强对6个试点省直管县(市)统战工作的指导,建立省、市两级统战部领导联系基层统战工作制度,由每位部领导挂点联系1~2个县(市、区),推动所联系县(市、区)统战工作创新发展。

【协调开展各民主党派、工商联和无党派人士大调研】 2014年,省委统战部协调各民主党派省委会、省工商联和无党派代表人士围绕江西省全面深化改革,精心选择9项课题,深入开展"助推改革大调研"活动。经过近一年的调查研究,形成9项成果:《加强赣台农业合作,推动江西省农业产业化升级》《江西建设"生态安全高地"的价值与建议》《创新推动锂电产业飞跃,铸造江西省发展新"引擎"》《关于江西省基层公共文化服务体系建设的调研报告》《大力发展家庭农场,深化"三农"领域改革》《大力改革政策环境,吸引更多留学归国人员在赣干事创业》《关于加强赣台职业教育交流合作的建议》《当前金融形势下江西省民营中小企业融资问题研究》《加快推进食品药品机构改革,确保人民群众饮食用药安全》,向省委进行集中汇报,省委书记强卫、省长鹿心社出席会议并讲话,并要求省直有关单位对接和落实,促进调研成果转化。

【大力促进非公经济发展】 2014年,省委统战部牵头完善省促进非公有制经济发展领导小组及办公室成员单位工作职责,健全工作制度。协助筹备召开全省促进非公有制经济发展电视电话动员大会,省、市、县三级参会领导及非公有制经济人士达1万余人,省委省政府主要领导出席会议并讲话,组织开展面向万人的政策大宣讲、"万名干部进万企活动月""万企培训"等活动,举行"同心谷·商联中心"项目启动仪式并召开"推广共建'同心谷',凝聚赣商力量,实现赣商梦"恳谈会。加强与纪检监察部门合作,建立监测点联系工作机制,收集、分析和反馈影响制约非公有制经济发展的突出问题,形成《2014年江西非公有制经济发展环境评估报告》。召开2014年江西民营企业100强发布会,在全省范围内开展首届"推选和宣传最佳优化民营经济发展环境县(市、区)活动"。广泛深入开展非公有制经济人士理想信念教育实践活动,制定出台《关于加强江西省非公有制经济代表人士队伍建设的实施意见》,协助制定全省非公有制经济领域宣传思想工作和党建工作文件。《人民日报》对江西省发展非公有制经济进行深入报道,刊发《江西省委统战部牵头促进非公有制经济健康发展》一文。

【推进"同心·振兴广昌示范区"建设】 2014年,省委统战部围绕十大示范基地建设,累计实施帮扶项目64个,捐赠资金3965万元,帮助协调落实政策资金1.3亿元,引进投资项目资金2.08亿元。集中对广昌县206国道沿线3个乡镇14个贫困村1799户贫困家庭进行结对帮扶,组织开展"六个一"活动:即"提供一批就业岗位;培育一项产业技能;捐助一批贫困学生;援建一项公益基础设施;开展一次走访慰问活动;实施一批医疗帮扶措施"。全年帮扶困难群众就医2200人,就业430人,就学422人,建设一批水、电、通讯、道路、学校等基础设施项目。

举行国家首个"扶贫日"捐赠仪式,省委统战部机关向扶贫点广昌县驿前镇驿前村捐赠100万元公益事业资金。牵头组织各民主党派省委会、台盟江西支部、省工商联和省知联会,广泛动员党外知名艺术家和非公有制经济人士,开展江西统一战线"同心·振兴广昌"艺术品展览义捐(买)活动,共募集资金200余万元,全部用于广昌县公益事业。

(杨吉星)

政法和综治工作

【概　况】 2014年,全省政法机关认真贯彻中央和省委、省政府决策部署,围绕"增强公众安全感、提高群众满意度"目标,进一步深化平安江西、法治江西、过硬队伍建设,全省社会大局保持持续稳定,公众安全感指数为95.43%,公众对政法部门满意度为95.33%,为全省迈出"发展升级、小康提速、绿色崛起、实干兴赣"新步伐创造和谐稳定的社会环境。

保稳定,忠实履行第一责任。以做好党的十八届四中全会、全国全省"两会"、北京APEC会议、上海亚信峰会、南京青奥会等重大活动及敏感节点的安保工作为重点,超前谋划、周密部署,确保平安稳定。着眼于从源头上预防和减少社会矛盾,抓牢抓实重大决策社会稳定风险评估机制建设,实行稳评事项报备制度,组织开展打造稳评精品案例活动,全省共对3488

件重大决策开展稳评,促进了科学决策、依法决策。在全国率先建立人民调解信息化业务平台,充分发挥"三调联动"、司法协理等机制作用,将矛盾纠纷化解在基层,全省化解矛盾纠纷14.3万件,化解成功率96.5%。推动出台《江西省医疗纠纷预防和处理条例》,为全国首个同类工作地方法规,并组织开展依法处理涉医违法犯罪专项行动,在全国会议上江西介绍经验。出台《关于依法处理信访违法犯罪行为的指导意见(试行)》,得到中央综治办肯定。

抓法治,着力增强执法司法公信力。省委十三届十次全会审议通过的《关于全面推进法治江西建设的意见》,提出全面推进法治江西建设的指导思想、基本原则、目标要求和工作任务;配套出台工作任务分工方案,将法治江西建设目标任务逐一分解到相关部门,明确路线图、时间表、责任人。组建由24名法律专家、执业律师组成的省法律顾问团,全省10个设区市组建法律顾问团,83个县(市、区)政府聘请法律顾问,全省律师、基层法律服务工作者担任党政机关、企事业单位法律顾问1.1万余家。印发《全省推进涉法涉诉信访改革的实施意见》,出台《关于实行诉讼与信访分离办法》,制定《江西省国家司法救助工作办法》,出台《关于建立涉法涉诉信访办理回避工作机制的若干规定》,涉法涉诉信访改革有效推进。在南昌开展试点,积极推进轻微刑事案件快速办理机制改革。社会体制改革专项小组建立健全工作机制,分解落实工作责任,认真开展定期调度,全年协调的35项重点改革事项,完成销账的有28项,另有7项改革事项正在加速推进。强化执法监督工作,开展案件评查,跟踪督促相关办案单位进行整改。

促平安,全面落实平安江西建设措施。持续开展严打整治行动。加快建设立体化防控体系,加强街面巡逻防控、城乡社区村庄防控、单位和行业场所防控、技术视频防控、网络社会防控、区域警务协作等"六张网"建设,通过天网协助查破各类案件1.65万起,同比上升15.6%;推进"地网工程"建设,强化公共安全监管。不断创新特殊人群管理,江西省刑释人员安置帮教工作荣获第七届"中国地方政府创新奖",特殊人群服务管理做法在全国深化平安建设工作会议上作经验介绍。全省基层综合服务管理平台已建成2.06万个,县、乡镇(街道)、村(社区)覆率分别达到100%、100%、99.88%,平台在服务民生、化解矛盾纠纷、深化基层平安建设方面发挥重要作用。网格化管理全面启动,全省县、乡、村(社区)网格化覆率分别达94.58%、85.56%、87.42%,配备2.56万多名网格员。加大基层平安创建工作力度,5000多个村居实现零发案、零犯罪、零事故、矛盾零上交,打造一批基层平安创建品牌。

强素质,打造过硬政法队伍。举办学习贯彻中共中央总书记习近平系列重要讲话精神专题研讨班,组织市、县两级政法委书记和省政法单位副厅以上干部进行集中培训。报请中央政法委批准,赴全省11个设区市、100个县(市、区),组织全省政法系统副科以上党员干部观看学习中共中央总书记习近平在中央政法工作会议上的重要讲话录像,进一步统一思想,凝聚力量。全省政法系统扎实开展党的群众路线教育实践活动,加强对执法理念、执法能力、执法作风等方面突出问题专项治理的跟踪问效,推动教育实践活动取得实效。在全省政法系统推出、树立一批先进典型,弘扬政法机关良好形象。厉行从严治警,督促"江西省政法干警执法办案八不准"等铁规禁令的落实,加大对政法干警违法违纪问题的查处力度,对28起群众举报投诉的案件进行重点督办,对其中8起典型违法违纪案件进行通报,起到举一反三、防微杜渐的警示教育作用。

【涉法涉诉信访改革取得阶段性成果】 2014年,江西省率先在全国出台《诉讼与信访分离工作办法》和《涉法涉诉信访改革实施意见》,建立健全依法处理涉法涉诉信访问题九大机制,推动涉法涉诉信访问题回归法治轨道有效解决。全年涉法涉诉信访总量比上年同期下降0.3%,其中重复访下降17.3%,非正常访下降58.9%。中央政法委先后通过座谈会、全国会议和内部刊物总结推广涉法涉诉信访江西改革经验。

【开展轻微刑事案件快速办理机制改革试点】 2014年,省委政法委在南昌市部署轻微刑事案件快速办理机制改革试点,指导南昌市基本建立起一套"多办案、办好案"的轻微刑事案件快速办理机制,出台一系列制度规范成果。4—12月,南昌市公安机关适用快办机制办理轻微刑事案件427件,每起案件从侦查到审结,平均办案用时40天左右,且无一起上诉、申诉或上访。

【推动涉稳突出问题分类归口处理】 省、市、县三级进一步建立健全涉稳突出问题分类归口处置,各牵头单位加强调查研究,落实领导责任和排查化解工作机制。省委政法委、省委维稳办、省综治办定期调度、专项督导26个省直牵头单位和各市、县涉稳突出问题归口处置和领导分工负责制运行情况,并纳入综治考评。2014年权属纠纷、企业改制、市政公用事业等老大难问题引发的涉稳事端分别减少43.3%、35.6%、28.8%。

【社会稳定风险评估机制建设取得新突破】 2014年,省委办公厅、省政府办公厅印发《江西省重大决策社会稳定风险评估实施办法(试行)》,并下发配套的工作流程,强化操作层面相应支撑。组织开展"打造稳评精品案例"活动,推动提高稳评工作规范化水平。逐级建立评估事项报备制度,设立专门工作台账,组建相应人才库,促进"应评尽评"。全年开展稳评3488件,同比增长33.5%。通过稳评,75件重大决策事项暂缓实施或不予实施,源头预防化解一大批不稳定因素,没有发生因决策不当引发的涉稳事端。

【依法处理医疗纠纷】 2014年,省综治委积极协调推动省人大常委会审议通过《江西省医疗纠纷预防与处理条例》(以下简称《条例》),于5月1日起正式施行。《条例》为全国首个地方性医疗纠纷处理法规,对医患纠纷的预防、处理、应急处置和医疗责任保险等作出规定。全省各级医调组织依法调解医疗纠纷2196件,调解成功率达90.4%,医疗纠纷同比下降31.2%。同时,省综治办组织各地开展依法处理涉医违法犯罪专项行动，惩处侵害医患人身安全、扰乱正常医疗秩序违法犯罪行为。

【推动法律人才互聘“双千计划”实施】 2014年，省委政法委牵头下发《关于实施高等学校与法律实务部门人员互聘“双千计划”的通知》，向政法部门下达江西省政法系统2014—2017年接收高校教师、推荐实务专家兼职或挂职的人员互聘名额。互聘人员于9月到岗到位，其中27名有较高理论水平和丰富实践经验的法律实务部门专家到高校法学院系兼职或挂职任教，承担法学专业课程教学任务；12名高校法学专业骨干教师到法律实务部门兼职或挂职，参与法律实务工作。

【开展“和谐平安赣鄱行”之基层依法治理新闻采风活动】 10月14日—22日，省委政法委组织中央驻赣和省内主流新闻媒体，开展2014年“和谐平安赣鄱行”之基层依法治理新闻采风活动。省委书记强卫启动第三届“和谐平安赣鄱行”采风活动并为采风团授旗，省委常委、省委政法委书记周萌主持并讲话。新闻采风团全年采访11个市34个县(市、区)81个基层政法单位，新闻媒体共刊播稿件106件(次)。

(文敬峰)

农村工作

【概　况】 2014年，全省上下紧紧围绕“发展升级、小康提速、绿色崛起、实干兴赣”十六字方针，全面深化农村改革，加快建设现代农业强省，农业农村发展态势总体良好，农业生产再获丰收，农民收入较快增长，农村民生持续改善，农村社会保持和谐稳定，为保持全省经济持续健康较快发展，维护社会和谐稳定做出了贡献。

农业生产稳定增长。深入推进粮食稳定增产十大行动，切实抓好“菜篮子”产品生产，努力克服农产品价格下行、气候多变等不利因素，农业生产获得丰收。全年粮食总产量2143.5万吨，比上年增长1.3%，总产再创历史新高，实现“十一连丰”。粮食种植面积369.73万公顷，增长0.2%；油料种植面积74.15万公顷，减少0.2%；棉花种植面积8.49万公顷，增长0.3%；蔬菜种植面积8.49万公顷，增长1.5%。肉类总产量355.2万吨，增长3.1%。年末生猪存栏1943.0万头，下降1.3%；生猪出栏3325.7万头，增长3.0%。牛奶产量12.8万吨，增长1.1%。禽蛋产量57.8万吨，增长1.6%。水产品产量253.8万吨，增长4.6%。

农村改革扎实有力。省委于4月16日增设省委农业和农村体制改革专项小组，统筹抓好全省农业和农村改革的组织领导、协调推动和督促落实。专项小组研究制定《省委农业和农村体制改革专项小组2014年工作计划》。省委、省政府先后出台《关于全面深化农村改革推动农业农村发展升级的意见》《关于深化水利改革的意见》《关于充分发挥党员干部带头作用全面深化殡葬改革的实施意见》《关于印发〈关于创新机制扎实推进农村扶贫开发工作的实施方案〉的通知》《关于规范引导农村土地承包经营权流转发展农业适度规模经营的意见》《关于印发〈江西省“财政惠农信贷通”融资试点实施方案〉的通知》《关于印发〈江西省高标准农田建设办法〉的通知》《关于积极稳妥推进林地流转进一步深化集体林权制度改革的意见》《关于转发〈省人社厅等部门关于进一步完善被征地农民基本养老保险政策意见〉的通知》《关于切实加强农村住房建设管理的通知》《关于印发江西省农村土地承包经营权确权登记颁证工作方案的通知》《关于开展农村集体经济组织产权制度改革试点的指导意见》《关于同意省供销合作社在安远上栗两县开展综合改革试点的函》《关于在于都县吉水县开展涉农资金整合试点工作的意见》等改革文件。农村土地承包经营权确权登记颁证工作稳步推进，全省111个有确权任务的县(市、区)、1501个乡镇整体推进此项改革，97%的村民小组完成调查摸底公示，65%的村民小组完成调绘勘测，49%的村民小组进行调绘勘测公示，8个县颁发首批证书。国有林场改革试点基本完成。农村集体经济组织产权制度、小型水利工程管理体制、供销合作社综合改革、涉农资金融合、农村金融制度创新等重点领域的改革试点启动。

现代农业建设积极推进。实施现代农业示范园区、农业“接二连三”、高标准农田建设等重点工程，农业基础设施不断夯实，现代农业经营体系进一步完善。全年新增有效灌溉面积2.94万公顷，有效灌溉总面积200.16万公顷；新增节水灌溉面积4.01万公顷。形成初具规模的现代农业示范园区65个，农业产业集群75个。854户省级以上龙头企业实现销售收入2798.5亿元，实现利润116.7亿元。规模以上农产品加工企业3298家，增长3.9%；实现销售收入3116.7亿元，增长7.2%。农民专业合作组织3.5万个，成员达64.4万人。

农民收入较快增长。认真落实各项强农惠农富农政策，深挖产业增收潜力，促进农民就业创业，释放农村改革红利，不断拓宽农民增收渠道。全年新增转移农村劳动力58.7万人，年末农民外出从业822.4万人，其中省外务工553.5万人。农民人均可支配收入1.01万元，增加1028元，增长11.3%。其中农村居民人均工资性收入3937元，增长15.8%；经营性净收入4107元，增长9.2%；财产性净收入153元，增长21%；转移性净收入1919元，增长6.5%。

新农村建设扎实推进。紧紧围绕“生产发展，生活宽裕，乡风文明，村容整洁，管理民主”20字方针，进一步强化措施，全年投入新农村建设资金75亿元，推进8200多个村点建设。坚持产镇村融合、城镇村联动，积极推进镇村联动建设发展，全年326个集镇开展镇村联动建设，联动村点1970个，涉及城镇居民272万人、农村居民61.5万人，吸引周边农村居民22.5万人到集镇居住。

农村民生明显改善。继续筹集各方资源，大力实施民生工程。全年完成植树造林14.01万公顷，森林覆盖率63.1%。减少贫困人口70万人，完成搬迁移民8万人。227万农村居民和54.12万农村学校师生的饮水安全问题得到解决。开展新型农村合作医疗试点工作的县(市、区)96个，实现农村人口全覆盖。向农村低保户发放低保金月人均补差145元。农村义务教育阶段公办学校学生全部免除学杂费和免费提供教课书。完成农村危旧房改造15.8万户。村“两委”换届稳步推进,基层党组织建设不断加强,农村社会保持和谐稳定。

【整合资金建设高标准农田】 8月6日,省委、省政府根据新的高标准农田建设规划和部署,出台《江西省高标准农田建设办法》,提出到2020年全省建成高标准农田188.33万公顷。根据高标准农田建设规划和年度建设任务,按照每亩投资标准,省财政、市县财政和经营主体按7:2:1的比例筹集年度建设资金。年度建设资金的使用坚持以规划为依据、突出粮食生产、连片集中投入、支持规模经营和统一补助标准的原则。由省整合资金建设高标准农田领导小组办公室根据省级各有关部门的投资计划,统一编制年度建设方案,确定分县(市、区)年度建设任务及资金安排,并报省委农业和农村体制改革专项小组审定。建立由省委农业和农村体制改革专项小组领导,省委农工部、省发改委、省财政厅、省农业厅、省水利厅、省国土资源厅、省农业综合开发办、省统计局等部门参加的省高标准农田建设综合协调机构,加强对高标准农田建设工作的指导。将高标准农田建设考核指标纳入地方政府考核目标体系,考核验收结果在全省通报,并与下一年度安排建设任务和资金挂钩,确保资金整合到位,规划顺利实施。2014年省级计划整合资金39.64亿元,建设高标准农田25.13万公顷。截至12月底,已下达中央和省级财政资金42.5亿元,占年初计划的107.2%。

【开展“财政惠农信贷通”融资试点】 8月6日,省委、省政府出台《江西省“财政惠农信贷通”融资试点实施方案》,以符合条件的新型农业经营主体(包括林业类)为支持对象;由省、市、县(市、区)三级财政按2:1:2的比例筹集风险补偿资金,存入合作银行,作为“财政惠农信贷通”贷款风险补偿金;合作银行按照约定不低于财政风险补偿金的8倍发放“财政惠农信贷通”贷款,向新型农业经营主体提供1年期内无抵押无担保贷款,并向农民合作社倾斜,贷款实际执行利率遵照人民银行规定的同期银行贷款基准利率,按上浮不超过20%的幅度计取;“财政惠农信贷通”规模目标为财政风险补偿金年度规模达到10亿元,力争撬动银行贷款规模达到80亿元,其中2014年筹集财政风险补偿金5亿元,撬动银行贷款规模达40亿元。截至12月底,“财政惠农信贷通”实际发放贷款21.1亿元,支持新型农业经营主体5858户。

【横峰县葛产业带动农村土地承包经营权流转】 上饶市横峰县以葛产业为支撑,大力推进农村土地适度规模经营。2014年,全县农村承包地流转面积近2530公顷,流转比率30.1%,其中葛根种植流转面积达1333.33公顷,约占全县承包地流转总面积的53%。该县农村承包土地流转主要有4种模式:一是土地出租(约占流转面积总数的83.5%),农户向租赁主体直接出租,租金以现金或以实物折价计算。二是土地入股(约占流转面积总数的10%),农民加入合作社时,以土地承包经营权入股参与合作社经营管理,年底按照股份比例进行分红。三是土地互换(约占流转面积总数的1.5%),一般由村、组一级来进行主导,协调个别不愿意流转的农户与其他农户进行田块互换,帮助经营主体形成规模连片,便于生产和管理。四是管理分成(约占流转面积总数的5%),农户将承包地流转之后,一方面收取一定数额的租金,农户劳动也领取劳务报酬;另一方面农户参与到企业生产管理,由合作社、农业企业制定亩产量标准,超产部分则按30%左右予以提成。

(董兆华)

社会主义新农村建设工作

【概　况】 2014年,江西围绕中央“二十字”方针和省委“发展升级、小康提速、绿色崛起、实干兴赣”战略部署,以提高农民生活水平为目标,以改善农村人居环境为根本,以创建生态文明示范省为导向,统筹推进村庄整治、镇村联动建设、干道沿线乡村改造提升等各项工作,全省农村呈现出村庄经济发展、产业兴旺、农民增收、乡村秀美、社会和谐的局面。

建设水平明显提升。村点产业发展方面,全省8280个村点有6496个完成产业发展规划;有6841个发展“一村一品”,其中种养殖业4259个、加工运输业1106个、旅游服务业等872个。村点农民加入各类合作经济组织4552个,其中22.8万人加入2993个农民合作社;外出务工人数48万人;在当地创办企业或服务业新增2098个,安排当地农民就业4.6万人。人居环境改善方面。全省村点已完成改路1.49万千米,修建排水沟9059千米;完成改水38.4万户、改厕38.3万户,分别完成全年工作量的112%和107%;拆除旧房929.9万平方米,新建住房790万平方米,拆旧还耕土地面积184万平米;在房前屋后、进村道路两侧、村庄周围种树515.7万株。新建沼气池1.4万个,新增使用沼气用户3.3万户,新增太阳能用户9.2万户。社区设施建设方面。建设各类社区服务设施1.5万个,其中办公议事设施4000个、文体休闲设施3708个、医疗卫生设施2968个、教育培训设施1868个、社会治安设施2112个;村点新建信息服务站3600个,手机和固定电话用户45万户,宽带用户11万户,有线电视用户34万户,广播安装辐射用户12万户。

镇村联动稳步推进。全省326个镇村联动集镇,集镇建成区新增面积197.2平方千米,总面积达到1007.8平方千米;集镇新增人口22.5万人,增长9%。全省镇村联动村庄1970个,联动人口333万人,硬化道路4292千米,安装路灯2.3万盏,建设农村社区各类设施3020个。

改造提升力度不减。设施建设力度不减。完成改水11.3万户,改厕10.7万户,改路4288.9千米,改沟160.3万米,优化管线65.5万米,兴建社区公共设施1665处。民居改造力度不减。完成墙面改造1994.7万平方米,屋顶改造860.1万平方米,危旧房改造2.5万栋,新建住房2.4万栋。环境整治力度不减。拆危旧破房3.2万间、违章建筑33.3万平方米,清除淤泥和垃圾19万方,配备垃圾桶37.8万个,购置垃圾清运车4723辆,新建垃圾终端处理设施1053个,安装路灯2.7万盏,植树209.3万株,安装太阳能3.5万个,新增沼气池用户1.2万户。

资金投入持续加大。总投入69.8亿元推进新农村建设,其中省市县三级财政专项资金22.2亿元,各类项目集成资金18.5亿元,农民自筹(含投劳折资)资金22.8亿元,社会捐助等其他资金7.7亿元。此外,主要交通干道沿线村镇整治、镇村联动建设等,全省各市县投入财政资金达46.6亿元。

【启动中心村建设工作】 2014年,省新村办采取竞争立项办法,启动500个左右中心村建设,建设周期为2年。把国省道沿线、风景名胜区道路沿线等示范意义较大、农民积极性较高的村庄作为中心村建设重点区域,着力抓好村庄布局规划、基础设施建设、公共环境建设、公共服务配套、村域经济发展和社会管理创新6个方面;坚持因地制宜、功能整合原则,配置小学、幼儿园、卫生室、农家书屋(图书室)、文化室、文体休闲场所、便民超市、乡村金融服务网点、通信网点、公共服务中心、公交站、垃圾收集(处理)点、污水处理点和公厕等14项服务设施。

(马　力)

机关党的建设

【概　况】 2014年,全省各级机关工委和机关党组织积极策应省委提出的"十六字方针",认真落实省委开展"连心、强基、模范"三大工程的决策部署,以开展"实干兴赣当先锋、为民服务作表率"主题实践活动为抓手,全面推进机关党的建设,充分发挥机关党建工作在服务中心、建设队伍中的作用。

武装头脑、统一思想,广大机关党员干部思想共识进一步凝聚。认真学习贯彻中共中央总书记习近平系列重要讲话精神,集中宣讲党的十八届三中、四中全会和省委十三届八次、九次、十次全会精神。充分发挥中心组理论学习的"龙头"示范作用,带动机关基层党组织和党员干部学习。新春上班第一天组织省直单位党组(党委)中心组成员集体学习,组织开展党员领导干部征文活动,召开中心组理论学习交流会。进一步健全中心组理论学习制度,派人参加中心组专题学习。充分发挥主渠道主阵地作用,组织处级干部集中轮训,举办党务干部研修班、党支部书记培训班。全年全省机关党组(党委)中心组安排专题学习2.3万余次,开展学习宣讲6.3万余场次,培训党员干部73万余人次,基本实现党组织和党员干部学习培训全覆盖。

提神鼓劲、弘扬正气,全省机关崇尚实干、争先进位的氛围正在形成。广泛开展解放思想大讨论,组织引导机关党员干部积极建言献策,全省机关共提出改革发展方面的意见建议1.9万余条。开展党员干部改革中的思想状况专题调研,加强干部职工心理健康知识的普及和宣传,有针对性地做好思想政治工作。开展"学习弘扬焦裕禄精神、争做龚全珍式好干部"活动,推选出胡为正、杨衍忠等一批先进典型,全省机关共选树表彰实干、为民先进个人和集体3838个。邀请中宣部专家作社会主义核心价值观专题辅导,深化精神文明创建活动,评选表彰452个第十届省直机关文明单位,引导党员干部做践行社会主义核心价值观的模范。

抓牢基层、夯实基础,机关基层党组织生机活力进一步增强。与省委组织部联合开展《机关基层组织工作条例》和省委实施办法贯彻情况调研检查,推动解决机关党建实际问题。抓好机关基层党建项目建设,创建党支部规范化示范点,规范党员发展工作。严格组织生活管理,组织开好支部专题组织生活会,开展民主评议党员,落实党员领导干部参加双重组织生活会制度,派人指导省直单位领导班子民主生活会。完善机关党建考评体系,组织机关党委书记向党员述职,接受党员评议,推行机关党建网上在线考核。坚持党建带群建,充分发挥群团组织桥梁和纽带作用,广泛开展全民健身"1+1"行动,深化巾帼建功行动,举办首届省直机关青年论坛,在40余家省直单位组建成立青工委。发挥省直机关困难党员救助基金会作用,开展困难党员慰问、金秋助学,持续为基层和党员群众办实事。

深入基层、服务群众,党群干群关系明显改善。以实施党支部联基层、党员联群众"双联"行动为载体,联合省委活动办组织"连心"小分队,开展机关干部集中下基层活动。全省机关共派出"连心"小分队4.3万个,2.1万余个机关党支部设立2.7万余个基层联系点,下基层党员干部42.5万余名(其中厅级以上党员领导干部1717名),机关党员干部到社区报到144.2万余人次,结对联系帮扶基层群众303.8万余名,开展志愿服务65.6万余人次,收集群众意见建议35.8万余条,帮助排查化解矛盾纠纷7.3万余起,协调处理群众信访案件4.3万余件,提供帮扶资金及物资折款10.5亿元,兴办民生实事19.1万余件。"双联"行动被评为全国服务型机关基层党组织建设最佳案例。

严明党纪、改进作风,党政机关为民务实清廉形象得到提升。加强党性党风党纪、廉洁从政和拒收"红包"警示教育,开展"万名群众评机关"活动,抓好第一批教育实践活动单位和市县机关门难进、脸难看、事难办问题专项整治,推动解决"三难"问题1.4万余个,全省机关共建立作风建设制度或措施3.1万余项。召开省直机关落实"两个责任"推进会,制定机关党组织推进"两个责任"落实的实施意见,开展专项检查,约谈机关纪委书记,支持机关纪检组织"三转",推动"两个责任"落实到每个支部、每个党员。组织明察暗访,通报违反八项规定精神典型案例。加大查处违纪案件的力度,办案取得重大突破。

【省直机关党员干部学习中共中央总书记习近平系列重要讲话精神】 2月7日,省直机关工委在南昌举办学习中共中央总书记习近平系列重要讲话精神辅导报告会,600余名省直(中央驻赣)单位党组(党委)中心组成员参加专题辅导。同时,省直机关各级党组织采取辅导报告、学习交流、联学联研等形式,组织3万多名党员干部集中学习系列重要讲话精神。

【组织"连心"小分队开展机关干部集中下基层活动】 2014年,根据省委部署安排，省直机关工委联合省委教育实践活动办公室在省直单位组织“连心”小分队开展机关干部集中下基层活动。“连心”小分队由厅级领导干部带队、5～8名机关干部为成员，主要深入到本单位定点包扶贫困村或基层联系点，开展一系列政策宣讲，进行一轮“民情家访”活动，建立一本“连心”台账，办好一批民生实事，调解一批矛盾纠纷，开展一些“志愿服务”，结交一些基层朋友。

（温尊寿）

机构编制工作

【概　况】 2014年，全省机构编制部门围绕全面深化改革主题，深入推进行政审批制度改革、政府机构改革、事业单位分类改革和重点领域行政管理体制改革，完成各项改革任务。省编办获第四届“全国文明单位”称号。

推进行政审批制度改革。一是较真碰硬精简项目。紧扣政府职能转变，大力推进行政审批制度改革，确定10项精简原则。针对审批事项底数不清、依据不明等问题，开展上门核查集中清理，通过部门自清、核查组初审、专家组复核、广泛征求意见、省政府审定的方式，逐项排查，反复论证，应减尽减，能放则放。二是晒出清单规范运行。在网上晒出保留的398项审批事项权力清单，明确目录外一律不得审批。严格控制新设行政许可，为省政府代拟《关于不再新设临时性行政许可工作方案》，并报国务院备案。三是推行权责清单制度。扎实推进省政府部门“三单一网”（权力清单、责任清单、负面清单和江西政务服务网）制度，全面清理省政府部门行政权力，在更大范围、更广领域推进简政放权，做到“法无授权不可为，法定职责必须为”。

推进政府机构改革。一是省政府机构改革有力度。职能转变实现新突破，减少微观管理，推动部门履职重心向抓好宏观管理、改善发展环境、制定发展规划转变。服务发展展现新作为，为加强地方金融和旅游等工作提供体制机制保障。大部门体制改革迈出新步伐，与改革前相比，省政府副厅级机构减少14个，为省政府近三轮机构改革中力度最大的一次。二是市县政府机构改革有特色。制定的市县政府职能转变和机构改革意见契合市县实际，按照规定动作做到位，自选动作有特色的要求，在指导市县政府机构改革中，做到确保政府职能有效转变，确保政府机构职责有效整合，确保政府机构限额和行政编制总额不突破。同时，不搞一刀切。市县政府机构设置、名称、排序等，因地制宜，不要求上下对口。结合工商、质监系统管理体制改革，探索出设区市工商、质监、食品药品监管机构设置的江西模式。

推进事业单位分类改革。一是统一全省分类目录，明确难点操作口径。研究制定事业单位分类指导目录，把社会功能作为分类的唯一标准，杜绝简单以机构名称、经费形式、是否参照公务员法管理等为分类标准。以问题为导向，对科研、检验检测、教育培训等事业单位分类中的难点机构，研究制定省直分类统一口径，做好指导目录与实际分类的衔接。二是做好事业单位分类备案、初审、批复工作。提出行政类事业单位改革的初步思路，并报中央编办备案同意。启动省直事业单位类别批复程序，将性质明确、主管部门无异议的分类意见按程序报省编委审定，作为第一批批复。三是推进事业单位登记管理制度改革。有效衔接事业单位法人年检工作，扎实推行事业单位法人年度报告公示制度、开办资金确认登记制度，加快登记管理电子政务平台建设。加强对事业单位法人治理结构建设试点工作的指导。规范执法，夯实事业单位登记管理工作基础，有序推进党政机关、事业单位网站审核和网站标识管理工作。

推进重点领域行政管理体制改革。一是推进综合行政执法体制改革。参与制定《综合行政执法体制改革的实施意见》，选择南昌、赣州等7个城市为综合行政执法体制改革试点城市，并报中央编办备案同意。二是完成省一级不动产登记职责整合。在全国较早完成省一级不动产登记职责的整合，将分散在省政府有关部门的房屋登记、农村土地登记、林地登记等不动产登记及相应权属纠纷调处职责划转统一交给省国土资源厅承担。三是推进省直管县体制和经济发达镇行政管理体制改革试点。制定《关于省直管县体制改革试点工作的实施方案》和《关于支持服务省直管县体制改革试点工作的意见》。确定星子县温泉镇等3个镇为江西省经济发达镇行政管理体制改革试点镇，并报中央编办备案同意。

推进机构编制管理创新。一是控规模。明确控编减编目标。根据中编委会议纪要精神，贯彻落实省编委“三个一律不”的要求，制定《江西省控编减编工作方案》报中央编办批复。严格用编审核。在政府机构改革和事业单位分类改革期间，除省委任命的干部、政策性安置、引进高层次人才外，严格进人核编，严禁用人单位超编进人和人员逆向流动。二是调结构。结合事业单位分类改革，对工作量严重不足、职能弱化、业务萎缩的事业单位进行清理规范；在省政府机构改革中，加大机构职责整合力度，把精简下来的编制重点用于公共服务、社会管理、民生保障等领域。三是促消化。扎实开展机构和人员编制核查，持续抓好机关事业单位超编整治，严肃查处机构编制违纪违规行为。扎实做好机构编制统计和实名制管理工作，认真组织开展机构编制年报统计工作。

【行政审批制度改革取得阶段性成效】 2014年，省编办利用64天时间，对55家省直单位的行政许可、非行政许可审批等事项开展上门核查集中清理。在省政府门户网站公布保留398项省级行政审批目录，实现“目录之外无审批”。分3批衔接国务院取消下放行政审批项目，对应取消13项，承接52项；分2批取消下放省级行政审批事项191个大项48个子项，提请省人大常委会修改地方性法规取消行政审批事项6项，审批项目精简率达40%。对11个设区市和37家省直单位贯彻落实国务院、省政府取消下放行政审批项目情况进行专项督查。以行政审批制度改革为突破口的简政放权工作，成为2014年江西经济发展新常态下稳中向好，创下近十年发展最好位次的关键一招，得到国务院第三方评估组、中办国办联合督查组和省委、省政府的充分肯定。

【省政府机构改革顺利完成】 2014年，根据党中央、国务院批复的《江西省人民政府职能转变和机构改革方案》，江西省坚持以职能转变为核心，把职能转变和机构改革有机结合起来，大力推进简政放权，理顺权责关系，优化政府组织结构。将省卫生厅、省人口和计划生育委员会整合，组建省卫生和计划生育委员会；将省旅游局更名为省旅游发展委员会，并调整为省政府组成部门；将省新闻出版局、省广播电影电视局职责整合，组建省新闻出版广电局；新组建省政府金融办公室；将原省卫生厅、省工商局、省质监局的有关食品安全监管职责整合，交由重新组建的省食品药品监督管理局承担；原省社会保险事业管理局职责并入省人力资源和社会保障厅；原省重点工程办职责并入省发改委；原省中小企业局、省机械行办、省轻工行办职责划入省工信委；原省煤炭行办职责分别划入省安监局、省能源局；省盐务局与省盐业集团公司、省铁路建设办公室与省铁路投资集团公司实行政企分开。整合省政府发展研究中心和省政府决策咨询委员会，成立省政府研究室。整合撤并省政府驻外办事处。改革后，省政府设工作部门40个，部门管理机构4个。

【调整工商质监管理体制】 2014年，省委办公厅、省政府办公厅印发《关于调整省级以下工商、质监系统管理体制有关问题的通知》，明确全省工商、质监行政管理体制由省以下垂直管理改为地方政府分级管理。按照要求，将省工商系统的1242个行政机构、10740名行政编制和489个事业单位、3885名事业编制，以及省质监系统的110个行政机构、1622名行政编制和210个事业单位、2161名事业编制，下划移交给各设区市，再由设区市下划移交县（市、区）。

【事业单位分类改革深入推进】 2014年，在事业单位清理规范的基础上，积极推进事业单位分类工作，分类改革取得新的进展。严格以社会功能为依据，以分类目录为参照实施分类。全面梳理事业单位职能，逐条分析有关法律法规依据，确定省测绘地理信息局等7个单位为行政类，并根据精简高效的原则，提出改革初步思路。对分类中发现的科研、检验检测、干教培训等几类难点机构，开展深入调研、集中攻关，制定分类统一口径。紧密衔接行业改革，注重改革前瞻性，根据复合型事业单位的发展方向，通过倒逼机制促使其步入改革轨道。坚持把好关口，严格控制逆向分类，确保两个“不突破”。做到稳控节奏、因地制宜、梯次推进、化解风险，有关工作得到中央编办的充分肯定。

【完成机构和人员编制核查】 2014年，根据中央编委统一部署，省编办牵头在全省组织开展机构和人员编制核查，摸清核准各级机关事业单位机构和人员编制底数，实现机构清、编制清、领导职数清、实有人员清，为落实财政供养人员只减不增的要求，加快推进政府职能转变，深化行政体制改革奠定坚实基础。机构编制事项纳入省委巡视和选人用人检查内容、地方各级政府主要领导干部经济责任审计内容、党委政府考核评价和党风廉政建设责任制考核评价体系。核查工作得到中央编办和省编委领导高度肯定，省委副书记、省长鹿心社做批示。

（邓剑）

高校党建工作

【概　况】 2014年，全省高校认真学习贯彻中共中央总书记习近平系列重要讲话精神，落实立德树人根本任务，围绕中心抓党建、抓好党建促发展，高校党建工作在改进中加强、在创新中发展。一是坚持思想引领，思想理论建设取得新的进展。全省高校以党委中心组理论学习为龙头，以学习型党组织建设为载体，深入学习贯彻中共中央总书记习近平系列重要讲话精神，深入开展中国特色社会主义、中国梦宣传教育，理论武装覆盖全体师生。二是坚持选优配强，领导班子和干部队伍的素质能力得到新的提升。认真落实中央办公厅《关于坚持和完善普通高等学校党委领导下的校长负责制的实施意见》精神，高校党委统一领导、党政分工合作、协调运行的工作机制进一步建立健全。三是坚持夯实基础，基层党组织和党员队伍建设取得新的进展。全省高校将政治标准放在首位，以“连心、强基、模范”三大工程为抓手，加强在优秀大学生、青年教师、高知识群体中发展党员工作，高校师生党员质量不断提高，队伍结构不断优化。四是坚持德育为先，大学生思想政治教育迈出新的步伐。坚持把中国特色社会主义理论体系“三进”摆在学校育人首位，把社会主义核心价值观教育融入教书育人全过程，一批成功做法入选全国高校社会主义核心价值观教育创新案例。五是坚持整治“四风”，作风建设呈现新的气象。按照中央和省委部署，全省高校深入开展党的群众路线教育实践活动，整改突出问题，强化制度建设，完成共性问题专项治理事项646项，修订制度1021个，新建制度877个。六是坚持源头治理，和谐稳定工作取得新的成绩。通过持续不断的努力，全省高校保持26年的总体稳定，为维护社会和谐稳定做出贡献。

【召开第二十一次全省高校党建工作会议】 6月12日，第二十一次全省高校党的建设工作会议在南昌召开。省委副书记尚勇出席会议并讲话。他强调，要深入学习贯彻中共中央总书记习近平系列重要讲话和第二十二次全国高校党建工作会议精神，牢牢把握高校党建工作的正确方向、工作重点和领导权，以改革创新精神推动高校党建工作上台阶上水平。省委常委、省委组织部部长赵爱明主持会议并讲话，副省长朱虹出席会议。

【做好高校宣传思想工作】 2014年，全省高校以党委中心组理论学习为龙头，以学习型党组织建设为载体，深入学习贯彻中共中央总书记习近平系列重要讲话精神，深入开展中国特色社会主义、中国梦宣传教育，理论武装覆盖全体师生。充分发挥全省高校领导干部论坛的作用，定期邀请省领导和国内外知名专家学者为高校师生作形势报告，促进高校党员干部集中学习、集中教育的常态化、长效化。中央59号文件出台后，组织全省高校宣传部部长赴中国传媒大学开展宣传思想和意识形态工作培训，邀请国内权威专家授课，通过专题讲解、实地观摩和实战演练，高校宣传思政干部的业务能力不断提高，为抓好中办发59号文件的落实提供有力保障。

【加强高校领导班子和干部队伍建设】 2014年，省委教育工委认真落实中央办公厅《关于坚持和完善普通高等学校党委领导下的校长负责制的实施意见》（简称《实施意见》）精神，组织召开学习贯彻《实施意见》座谈会，推动《实施意见》落实到位，高校党委统一领导、党政分工合作、协调运行的工作机制进一步建立健全。注重班子运行情况的分析研判，调整充实一批高校领导班子，一些优秀干部得到任用，调整后的高校班子年龄、学历、职称、民族、性别等结构更加合理，班子的战斗力、凝聚力进一步增强。加大干部教育培训和实践锻炼力度，通过举办专题培训班、选派干部参加国内外培训，特别是到发达地区高校挂职锻炼等方式，高校领导干部能力和素质得到进一步增强。依托省委教育工委党校，举办高校正处级干部学习贯彻中共中央总书记习近平系列重要讲话精神研修班10期，培训干部1057人次，高校中层干部的政治素养、理论水平和业务能力得到提升。

【加强高校基层党组织和党员队伍建设】 2014年，省委教育工委以深入开展"连心、强基、模范"三大工程为抓手，大力加强基层服务型党组织建设，高校基层党组织的战斗力、凝聚力不断增强。29所省管高校"连心"帮扶困难户580户，帮扶资金达700余万元；建立教育工委、学校、院系三级整顿"强基"台账，对排查出来的52个软弱涣散基层党组织进行整顿。开展第四批全省高校示范性党员活动室建设，到年底，全省建立起省级示范性党员活动室110个，资助经费达110万元；依托井冈山大学、江西农大、九江学院，建立3个"江西省高校党员实践教育基地"，定期对大学生党员骨干和党务干部开展示范培训；组织开展"龚全珍式好干部"等高校"模范"推荐表彰和宣传活动，将他们的先进事迹拍成专题片，组织师生学习。

【强化大学生思想政治教育】 2014年，全省高校坚持把社会主义核心价值观教育融入教书育人全过程，一批成功做法入选全国高校社会主义核心价值观教育创新案例。组织开展"从我做起，践行社会主义核心价值观"暨新媒体文化展示系列主题教育活动，广大师生的"道路自信、理论自信、制度自信"更加坚定。充分发挥社会实践的养成教育作用，组织大学生广泛参与社区服务、社会调查、志愿服务、公益活动、科技创新、扶贫支教等社会实践活动，在服务他人、奉献社会中巩固大学生对社会主义核心价值观的理解和认同。深入推进高校思想政治理论课教学改革，举办全省高校思想政治理论课青年教师教学基本功比赛和展示观摩活动，推动思想政治理论课教学质量进一步提升。大力推进网络思想政治教育，创新高校校园文化建设，加强大学生心理健康教育，全员育人、全程育人、全方位育人的工作氛围日益形成。统筹推进高校党政团干部、思政课和哲学社会科学课教师、辅导员和班主任队伍建设。专门印发《关于江西省高校辅导员专业技术职务评聘有关问题的通知》，将辅导员的业绩视同科研业绩，确保辅导员专业技术资格评审通过率不低于专职教师总评审通过率。

（朱易）

党校工作

【概　况】 2014年，全省各级党校（行政学院）深入学习贯彻落实党的十八大、十八届三中、四中全会精神，中共中央总书记习近平系列讲话精神，以省委十三届七次、八次、九次、十次全会精神为主题，贯彻落实"两条例一纲要"为主线，全面深化干部教育培训改革为抓手，围绕中心、服务大局，改革创新、科学发展，有力推进干部教育培训事业升级发展，为建设富裕和谐秀美江西作出应有贡献。

突出重大理论方针政策的学习研究宣传，在贯彻落实中央和省委决策部署上有新作为。全省各级党校（行政学院）通过举办各类培训班，集中学习，理论研讨，实地宣讲，课题研究等多种方式，持续推进党的十八大、十八届三中、四中全会精神，中共中央总书记习近平系列重要讲话精神，以及省委十三届九次、十次全会精神的学习、研究、宣传活动，把中央和省委的重大理论政策和方针部署贯彻落实到全省党校（行政学院）工作中。年内，连续承办两期全省市厅级干部学习贯彻中共中央总书记习近平系列重要讲话精神专题研讨班，近800名市厅级干部参加了培训，各设区市共400多名市厅级干部通过收看视频录像参加学习。举办全省党校行政学院系统学习贯彻中共中央总书记习近平系列重要讲话精神专题研讨班和师资培训班。组织骨干教师到省委相关部门、省直有关单位，设区市、县乡基层开展宣讲活动100多场次，产生良好的社会反响。及时将中共中央总书记习近平系列重要讲话精神与中央、省委全会精神纳入主体班教学计划，开设《坚定理想信念，补好精神之"钙"》等一系列教学新专题，并将有关精神充实到其他教学专题中。发挥校委理论学习中心组的带头作用、江西干部网络学院的平台作用和"学经典读原著"活动的助推作用，组织教职工深入学习贯彻中共中央总书记习近平系列重要讲话精神和中央、省委全会精神，累计开展集中学习活动20多次，参学1500多人次，做到先学一步、学深一步，切实把思想和行动统一到中央和省委的决策部署上来。强化成果转化。围绕学习贯彻中共中央总书记习近平系列重要讲话精神，共申报各级各类课题40多项。将学习贯彻中共中央总书记习近平系列重要讲话精神与江西省情相结合，由江西人民出版社正式出版《筑梦江西——确保江西与全国同步建成小康社会若干问题研究》和《筑梦之基——党的群众路线教育实践活动研究》两部著作，把九位省委领导在全省市厅级干部学习贯彻中共中央总书记习近平系列重要讲话精神专题研讨班上的辅导报告汇编成《引领江西发展升级绿色崛起的科学指南——学习习近平总书记系列讲话精神干部读本》，作为全省党员干部的学习书目和全省党校行政学院系统主体班学员的必读教材，受到广泛好评。

突出资源的整合优化，在提升干部教育培训主业上有新成就。全省各级党校(行政学院)集中培训资源,扩大干部教育培训规模,提升培训质量。2014年,全省各级党校(行政学院)培训学员27.37万人,其中设区市委党校(行政学院)培训学员62276人,县(市、区)委党校(行政学校)培训学员19.50万人,省直工委党校培训学员1898人,省委教育工委党校培训学员1269人。

省委党校行政学院加大教学改革创新力度,干部教育培训主渠道作用有效发挥。坚持把深化教学改革作为提升培训质量的突破口来抓,先后制定实施《关于深化教学科研资政改革的若干意见》《2014—2015学年教学科研资政改革要点》,促进主渠道作用的有效发挥。全年开设各类班次148期,培训学员13229人,培训人数同比增长56.6%。

优化班次设置,增强办学功能。常规主体班增设市厅级公务员任职培训班、县处级公务员专题培训班、乡镇长(街道办主任)任职培训班3个行政学院系列班次。全年举办主体班30个班次,培训规模同比增长12%,促进校院办学功能的均衡发展。与省直相关单位合作,全年共举办市厅级干部专题研讨班、全省哲学社会科学教学科研骨干研修班、新疆克州党政干部培训班、党校行政学院系统师资班等各类专题培训班12期,培训学员1611人。拓展对外培训,干部教育学院举办各类培训班78期、培训学员4600人,并送教上门培训2200多人次;公务员培训中心举办各类培训班28期、培训学员5678人。在职研究生教育适度扩大招生规模。江西干部网络学院筹建工作完成,并于2014年11月开始,在省委党校行政学院、江西经济管理干部学院、省直机关工委党校试运行,有效扩大干部教育培训的覆盖面。适应教学需求,提高培训质量。

坚持以问题为导向,加强培训需求调研。强化参训学员"两带来",不断优化教学计划安排,大力推动中央精神和省委精神进专题、进课堂、进头脑。适应党要管党、从严治党要求,进一步加强和改进党性教育,实现理论教育、现场体验、主题班会、征求意见座谈会、党性分析和严格学员日常管理的有机结合,在第45期中青班首次开展驻村入户体验式教学活动,产生积极的社会反响。进一步创新教学形式,完善主体班案例式教学、研讨式教学、体验式教学和现场教学,开展破冰活动和系列文体活动,在县处级公务员专题培训班中建立项目制运行机制。经省政府批准,省委党校江西行政学院院设立省应急管理培训基地。同时,增设3个教学基地。

【举办全省市厅级干部学习贯彻中共中央总书记习近平系列讲话精神研讨班】 1月24日—28日,第二期全省市厅级干部学习贯彻中共中央总书记习近平系列讲话精神研讨班在省委党校举办。省委书记强卫出席开班式并作辅导报告。省领导鹿心社、尚勇、蔡晓明、周泽民、周萌、莫建成、姚亚平、赵爱明分别为研讨班作辅导报告。各设区市和省委各部门、省直各单位、各人民团体、省属各高校、省管企业主要负责人共213人参加研讨。

【召开纪念邓小平110周年诞辰理论研讨会】 9月26日,全省党校系统纪念邓小平110周年诞辰理论研讨会在南昌市委党校召开。省委党校常务副校长舒仁庆出席并发表"学习邓小平同志的伟大革命风范和改革精神,进一步推进全省党校系统科研资政工作"主题讲话。会议表彰全省党校系统第九届(2012—2013年)科研工作组织奖、第十届(2012—2013年)优秀科研成果奖、第五届(2012—2013年)优秀科研管理工作者以及优秀论文获奖单位和个人。

【江西干部网络学院试运行正式启动】 11月14日,江西干部网络学院试运行正式启动。此次试运行自2014年11月至2015年6月,主要在省委党校、江西经济管理干部学院、省直工委党校3所院校的县处级及以下主体班学员中进行,考核学员学习情况,对网络运行情况进行测试。

(李良)

信访工作

【概　况】 2014年,全省各级各部门深入贯彻党的十八大和十八届三中、四中全会和省委十三届七次、八次、九次、十次全会精神,认真落实中央和省委、省政府关于信访工作的部署要求,坚持围绕中心,服务大局,以维护群众合法权益为核心,以改革信访工作制度为主线,加强信访突出问题解决、加强改革创新、加强工作基础建设,为全省"发展升级、小康提速、绿色崛起、实干兴赣"营造和谐稳定的社会环境,作出新的努力,取得新的成效。一是信访量继续呈下降态势。全省县级以上党政信访部门受理信访总量32.33万件(人次),下降1.9%。进京正常访下降71.4%,进京非正常访下降68.4%,进京重复非正常访下降64.5%。进京非正常访全年总体在全国排12位。来省访总量下降14.6%,来省非正常访下降70.7%。二是信访秩序进一步好转。党的十八届四中全会期间,进京非正常访人次占全国总量0.9%。APEC会议期间,进京非正常访人次占全国总量1.4%。上海亚信峰会、南京青奥会期间,实现"零上访"。全年没有发生大规模进京集体上访、没有发生重大群体性事件、没有发生极端恶性事件。三是一大批信访突出问题得到化解。全省各级共梳理信访积案5322件,化解4709件,化解率88.5%。其中国家信访局交办的26件积案化解率100%。四是多项工作在全国产生较好影响。江西在依法处置进京非正常访、推进信访信息化建设、信访积案化解、开展第三方评议、人民网网民留言办理等方面工作,在全国性有关会议上介绍经验。中央联席办、国家信访局多次对江西省工作给予肯定和表扬。

【信访制度改革取得重要进展】 2014年,省信访局积极推进信访制度改革。一是扎实推进依法逐级走访。国家信访局自2014年5月1日起推行逐级走访信访工作制度改革,省信访局制定《江西省信访局关于进一步规范信访事项受理办理程序引导来访人依法逐级走访的实施细则》,召开全省性会议进行部署推动。自7月开始对来省访实行告知后,来省正常访批次、人次分别下降13.1%和29.0%,也推动来省信访秩序的进一步好转。扎实推进诉访分离。在政法有关部门的大力支持和共同努力下，出台《关于诉讼与信访分离工作办法》《关于进一步解决进京非正常上访突出问题的若干意见》等系列规范性文件，建立健全推进信访法治化机制，形成依法处置工作合力，取得实实在在的效果。涉法涉诉信访量占信访总量的7.0%，人次同比下降31.9%。二是扎实做好信访考评机制的完善工作。在充分听取征求意见的基础上，深入研究完善信访工作考评体系。在整体设计上，综合考虑各地人口数量、地域特点、信访数量、解决问题质量等因素，导入群众满意度测评，“三无”县(市、区)创建等内容，以考核市信访工作为主、市信访局工作为辅，据此合理设置考核指标，有效提出考核分值，科学提出考核事项。

【信访问题化解效果进一步显现】 2014年，省信访办以省委书记强卫、省长鹿心社等省领导下访接访、挂牌督办疑难信访案件为引领，积极推动落实领导干部接访和机关干部下访制度，采取值班接访、分类接访、重点约访、包(带)案下访等形式，加大化解重要信访问题力度。全年全省市、县两级领导接访包案7558件，办结7413件，办结率98%。加大信访积案化解力度，先后梳理3批245件重点信访积案向各地党委书记集中交办，实行省级挂牌督办。同时，充分发挥中央、省、市、县特殊疑难信访问题专项救助资金的杠杆作用，加强资金配套，共投入近6000万元，妥善化解“骨头案”“钉子案”881件。全年全省共梳理信访积案5322件，已化解4709件，化解率88.5%。信访事项办理群众满意率为56%，在全国排前10位。

【探索组织社会力量参与信访工作】 5—9月，省委组织部、省信访局组织开展选派非领导职务干部和“两代表一委员”参与信访监督试点工作。全省各地共选派非领导职务干部166名、党代表249名、人大代表243名、政协委员63名、律师和信访干部等31名参与信访监督试点工作，搞好督查督办，开展信访评议，加强宣传引导。通过试点工作，推动化解信访积案728件。南昌市充分发挥法律顾问的第三方作用，让法律顾问参与到领导接访和处理信访积案工作中，对除涉法涉诉和三级终结之外的信访积案提出法律意见，化解了一大批信访积案。上饶市积极开展信访积案第三方评查认定和化解工作。景德镇市探索推广“群众说事制度”，组织群团组织、群众自治组织等社会力量参与信访工作。全省各地充分发挥老干部、老党员、老劳模、老教师、老复员军人等“五老”作用，发挥信访群众的作用，扩大信访工作社会力量参与度。这些典型经验在实践中取得良好效果，得到省领导充分肯定。

（省委省政府信访局）

老干部工作

【概　况】 2014年，全省老干部队伍继续呈现出离休干部减少，退休干部增加的趋势。截至12月31日，全省离退休干部总数为35.21万人。其中：离休干部1.07万人，退休干部34.14万人。与2013年同期相比，离休干部减少877人，减少比例达7.5%；退休干部增加9667人，上升比例为2.3%。老红军17人。全省离退休干部党支部达5456个，比2013年增加188个，离退休干部党员18.87万人，比2013年增加4397人。

【中央和省领导走访看望老干部】 9月10日，中央政治局委员、书记处书记、中组部部长赵乐际走访看望省级老干部许勤、舒圣佑、黄智权、朱治宏。中组部副部长王京清、秘书长高选民随同看望，省委书记强卫、省长鹿心社、省委常委、组织部部长赵爱明陪同走访看望。1月24日—29日，省领导强卫、鹿心社、尚勇、黄跃金、莫建成、姚亚平、周泽民、周萌、蔡晓明、赵爱明、洪礼和等分别走访看望50位省级老干部和6名已故省级老干部夫人，向他们致以新春的祝福，感谢他们对省委、省政府工作的关心和支持，希望老干部继续发挥独特优势和作用，一如既往地推动江西在“发展升级、小康提速、绿色崛起、实干兴赣”的征程中迈出新步伐。

【举办在昌老干部报告会】 1月7日和9月19日，省委老干局先后邀请省委副书记尚勇，省委常委、组织部部长赵爱明向在昌离退休干部通报江西省经济社会发展情况和今后工作考虑，并对老干部工作提出要求。分别邀请国内知名专家学者于4月23日和11月11日在南昌作题为《当前国际军事战略和国家安全》《闲人不闲，安享晚年》的报告，1800余名在昌离退休干部听取报告。

【离退休干部党支部和离退休干部获中组部表彰】 11月26日，五年一次的全国离退休干部先进集体和先进个人表彰大会在北京召开。江西省东乡县教育局离退休干部党支部、井冈山市茅坪乡离退休干部党支部、南昌县人民检察院机关离退休干部党支部3个支部被评为“全国离退休干部先进集体”；萍乡市莲花县琴亭镇龚全珍(离休)、上饶市人民政府邵德(离休)、景德镇市老年大学杨启村、宜春市靖安县中学胡天鹏、江铜集团永平铜矿辛玉芝、赣州市关工委叶发有6人被评为“全国离退休干部先进个人”。南昌县人民检察院机关离退休干部党支部书记刘盛文、景德镇市老年大学杨启村代表全省离退休干部赴北京参加大会，在人民大会堂受到中共中央总书记习近平等党和国家领导人亲切接见。

【举办全省离退休干部庆祝新中国成立65周年文艺汇演】 9月28日，省委老干部局联合南昌市委老干部局在南昌举办“弘扬正能量、共筑中国梦”——全省离退休干部庆祝新中国成立65周年文艺汇演。省委常委、组织部部长赵爱明、省人大常委会副主任马志武、副省长谢茹出席。省级老干部卢秀珍、蒋如铭、孙用和、刘运来、罗明、厉志成、杨永峰、阙贵善等与在昌离退休干部代表1000余人共同观看演出。

【创办“长青藤”讲堂】 5月22日，在省老干部活动中心正式创办“长青藤”讲堂，立足为省直单位离退休干部学习中央和省委精神、国内外政治经济形势、科学养生与保健知识、党风廉政建设等专题知识搭建新平台。分别邀请省内知名专家学者讲授“构建学习型社会，争做学习型老党员老干部”“助人自助塑造阳光心态”和“十八届四中全会精神解读”等专题，共有330余位离退休干部参加。

【举办离退休干部党建工作培训班】 6月23日至7月1日，省委老干部局在广西壮族自治区直工委党校举办全省基层离退休干部党建工作研讨班，江西省51名基层离退休干部党支部书记和老干部工作者参加学习，研讨班邀请广西的专家学者为老干部授课，专家学者围绕“中国改革开放的反思与未来走向”“当前国际环境与我国的对外战略：全球化视野”“文化养老漫谈”等专题进行解读，与会人员围绕老干部工作转型发展、科学发展和发挥作用等内容展开交流讨论。

12月1日—6日，省委老干部局在湖北老年大学举办省直单位离退休干部党建工作培训班，55名江西省直单位的离退休干部党支部书记（支委）参加培训。培训班邀请湖北省专家学者解读十八届四中全会精神、新常态下党建工作新思路和腐败问题的滋生与治理，参观部分党史教育基地。

【首次走访慰问外省易地安置在江西的离休干部】 新中国成立65周年前夕，省委老干部局安排两个慰问组，代表省委、省政府走访慰问兄弟省（区、市）到江西省易地安置的38位离休干部。

【配合中组部老干部局在江西调研】 8月25日—28日，中组部老干部局副巡视员赵胜利一行3人到江西调研“我看党的建设”。省委老干部局认真组织、积极配合，调研组围绕“十八大以来中央深入推进反腐败斗争、党的群众路线教育实践活动、干部队伍状况”这3个主题采访许勤、朱治宏、刘运来、杨永峰4位省级老干部，先后召开6个座谈会，听取48名厅以下离退休干部对党的建设意见和建议。

【引导离退休干部为党和人民事业增添正能量】 7月28日—31日，省委老干部局在武宁召开以“弘扬正能量、共筑中国梦”为主题的离退休干部座谈研讨会，20位厅级离退休干部就老同志如何在培育和弘扬社会主义核心价值观发挥正能量和离退休干部思想建设面临的形势和问题等进行座谈研讨。与省党史研究室签订“老同志口述党史”合作备忘录，配合党史研究室访谈5位省级老干部，用实际行动传承红色基因。组织广大离退休干部积极参与社会治理和“老少共筑中国梦”活动，引导他们为青少年特别是留守儿童办实事、做好事、解难事，先后为学生作弘扬社会主义核心价值观、爱国主义、革命主义等主题报告8800余场次，教育青少年达254万人次，筹集4500多万元帮扶贫困学生20余万人次；筹集1400多万元推动“春苗营养厨房”项目实施，为江西省264所农村学校建立营养厨房，改善10多万农村孩子的用餐水平；争取社会资金600多万元为120多所贫困学校添置卫生设备。

（黄向军）

党史工作

【概　况】 2014年，省委党史研究室紧紧围绕省委“激活红色基因，焕发生机活力”这一中心任务，扎实有效地开展推动全省党史工作。

树立“大党史”理念，发挥资政育人功能。在“大党史”理念的指导和“大党史”格局的影响下，党史工作充分发挥资政育人的社会作用。完成党史资政报告2篇，资政刊物2本，调研报告4篇；在革命遗址普查、纪念场馆建设及红色旅游方面完成普查成果丛书3部，有针对性地就上高会战、万家岭等9处革命遗址保护和利用情况进行调研。

以编写全省地方党史三卷启动为契机，全面推进党史编研。根据中央10号文件、省委12号文件等精神，及时成立征研三处，启动三卷工作。7月16日，召开全省地方党史三卷编写工作启动会议，要求全省确保在“十二五”规划的收官之年，地方党史一、二、三卷以统一格式，统一封面，统一书名，统一出版社全部正式出版。

其他党史编研工作推出一批重要成果。完成《中国共产党江西历史》第二卷初稿；出版《江西省纪念毛泽东诞辰120周年理论研讨会论文集》《科学发展，绿色崛起——从党的十七大到十八大》《中共江西省委（1927—1930）》和《社会主义核心价值观学生读本》等；完成《江西省革命遗址通览》《中国工农红军第二十二军》《中共党史人物大辞典》（江西分卷）、《改革开放实录》（江西篇）、《江西年鉴（2014）》（党史部分）、《江西省志·中共江西省委志》和《中共江西省委执政实录》的撰稿任务；编辑《习近平同志论党史》《江西党史大事记》《中共江西省委党史研究室大事记》《党史著作编写行文规范》和《中国共产党江西历史干部简明读本》等；扎实推进《中央革命根据地历史资料文库》（军事系统）和《江西省志·党史研究志》等文献编纂工作；全面开展《胡耀邦与江西》和《方志敏传》等书籍编写工作；推动《江西党史资料》丛书续辑的出版等。

大力弘扬红色精神，开拓党史宣传阵地。开展宣讲活动20余次，大型图片展1次，知识竞赛3次，大型系列主题活动1次等，党史宣传教育工作开展得有声有色，卓有成效。一是广泛开展红色基因宣传教育。与省委党建工作领导小组、省委党的群众路线教育实践活动领导小组联合举办“激活红色基因，弘扬红色精神”系列主题活动。10月16日，为纪念中央红军长征出发80周年，在于都县联合举办“长征魂 中国梦”——重走长征路主题活动，省委常委、赣州市委书记史文清，省委常委、宣传部部长姚亚平等领导出席活动，共有47位开国元勋、将帅的后代参加此次活动。采用与新浪网合作的形式，在网络上直播活动，邀请网友共同参与“长征”话题讨论。活动当天，有1168万名网友参与网上的互动活动。央视《新闻联播》《人民日报》、新华社、中新网、《光明日报》、新浪网、凤凰网、《江西日报》、江西卫视、《信息日报》等40余家媒体151万余条信息在头版或头条对活动进行宣传报道；与江西卫视联合在《江西新闻联播》栏目开办《抗战时期日寇在江西暴行》9期电视专题；与江西日报社合作开辟《江西籍抗日英烈及抗战遗址》专栏；与省教育电视台商讨红色文化进校园；参与江西教育台录制《党建好声音》等；编辑《中国共产党江西历史干部简明读本》等便携式干部读物。二是积极参与和组织重大党史事件、重要党史人物纪念活动。参与纪念中共彭泽中心县委建立80周年座谈会、纪念邓小平110周年诞辰座谈会和纪念余秋里100周年诞辰座谈会等。三是《党史文苑》发行平稳推进,影响不断扩大,社会联系不断拓展,被国家新闻出版广电总局第一批认定为学术期刊。四是在红色基因的引领下,大力开拓党史宣传教育阵地,开辟党史宣教工作新平台"江西党史政务微博"。

扎实做好资料征集,夯实党史研究基础。开展对江西省委老干部万绍芬、彭宏松、马世昌、彭崑生等68人"口述史"的征集,接受重要党史资料捐赠光盘71张、原件10件、复制件27件;接受老红军、江西省政协原副主席朱开铨子女捐赠其父母《六十六年之革命生涯》和《战地黄花——红色女性在陇东》等珍贵党史书籍,采访许勤、彭宏松、杨永峰、钱家铭等数名副省级以上老干部,完成《许勤同志口述援非经历》《彭宏松同志口述江西税费改革和林权改革》和《知情人口述王震"文革"下放江西二三事》等5位老干部口述史资料近6万字,整理马世昌工作相册8本、498幅照片(电子版);成立征集老干部口述史资料工作小组和白栋材100周年诞辰纪念活动领导小组;收集、整理、编辑《强卫书记江西工作纪事》约10万字、8篇文章,《尚勇副书记江西工作纪事》约8万字、2篇文章。

【举办"激活红色基因,弘扬红色精神"大型图文展览】 6月28日,省委党史研究室与省委党建工作领导小组办公室、省委党的群众路线教育实践活动领导小组办公室在南昌八一广场联合举办"激活红色基因,弘扬红色精神"大型图文展览。6月30日,省委书记强卫,省委常委、省委宣传部部长姚亚平,省委常委、省委政法委书记周萌,省委常委、省委统战部部长蔡晓明,省委常委、省委组织部部长赵爱明,省委常委、省军区政委马家利等一行,到八一广场观看大型图文展览。强卫观看展览后,勉励全省党员干部要切实做到"不忘革命历史,传承红色基因,弘扬革命精神,再创时代佳绩"。

【召开全省地方党史三卷编写工作启动会议】 7月16日,全省地方党史三卷编写工作启动会议在省委党史研究室召开。会议的主要内容是认真学习贯彻全国党史研究室主任会议关于"积极推进《中国共产党历史》第三卷编写工作"的精神,研究探讨地方党史三卷编写工作,交流情况,明确要求,为正式启动全省地方党史三卷编写工作做准备。

(熊静)

6月30日,省委书记强卫在南昌八一广场认真观看"激活红色基因,弘扬红色精神"大型图片展览

省委党史研究室供稿

本栏编辑 陈超萍

江西省人民代表大会常务委员会

综　　述

2014 年,江西省各级人民代表大会 1511 个,其中:省级人民代表大会 1 个,设区市级人民代表大会 11 个,县级人民代表大会 100 个,乡(镇)人民代表大会 1399 个。各级人大代表 10 万多人,其中全国人大代表 75 人,省人大代表 601 人。省十二届人民代表大会常务委员会组成人员实有 62 名,其中主任 1 名、副主任 5 名、秘书长 1 名、委员 55 名。省十二届人民代表大会设有内务司法委员会、财政经济委员会、教育科学文化卫生委员会、农业和农村委员会、环境与资源保护委员会、法制委员会 6 个专门委员会;省十二届人民代表大会常务委员会下设办公厅、法制工作委员会、选举任免联络工作委员会、外事华侨民族宗教工作委员会、预算工作委员会 5 个厅级工作机构。

省人大常委会坚持以邓小平理论、"三个代表"重要思想、科学发展观为指导,认真贯彻落实党的十八大、十八届三中、四中全会和中共中央总书记习近平系列重要讲话精神,以及省委"发展升级、小康提速、绿色崛起、实干兴赣"战略方针,切实做好立法、监督、决定、任免和代表等工作,为推动全面深化改革、加快发展升级、推进民主法治建设做出了积极贡献。一是着眼改革发展稳定大局,服务和推动全省工作。坚持服务改革,推动重大改革措施落实,为落实十八届三中全会关于完善生育政策决策部署,及时审议通过修改人口与计划生育条例决定,率先在全国将这项政策惠及全省 16 万"单独"家庭;适应经济发展新常态,通过提请代表大会做出相关决议、加强对固定资产投资和战略性新兴产业投资引导资金使用监督等,推动全省加快发展;积极主动化解转型过程中的突出社会矛盾、维护社会稳定,针对医疗纠纷频发和社会反映强烈的医闹现象,制定并实施《江西省医疗纠纷预防与处理条例》,这在全国尚属首个省级医疗纠纷与处理地方性法规。二是积极回应社会关切,努力增进民生福祉。通过对城市棚户区和赣南等原中央苏区农村危旧房改造、大气污染防治开展专题询问,关注饮用水安全、校园餐桌安全,就城市规划区湿地保护做出决议等,大力改善关系群众切身利益的民生事项,顺应百姓对生态环境保护新期待。三是把握人大工作新常态,坚持不懈创新发展。围绕全面深化改革和全面推进依法治国,结合落实民主法治建设改革任务,认真负责地做好全省人大工作会议省委文件的代拟起草和修改工作,省委出台《关于与时俱进创新发展人大工作的意见》,为新时期创新发展人大工作奠定坚实基础;坚持以创新作为增强履职实效的重要途径,以提高立法质量为核心创新立法工作,以强化实效为关键创新监督工作,以发挥代表主体作用为中心创新代表工作,不断展现新作为。四是不断强化自身建设,增强依法履职能力。狠抓宪法的学习贯彻与宣传,先后召开"纪念人民代表大会成立 60 周年暨学习习近平总书记重要讲话座谈会""纪念国家宪法日座谈会";狠抓委员同代表联系和忠实履职,带头落实《江西省人大常委会组成人员联系省人大代表办法》,编撰《委员履职实录》,持续办好"人大讲堂"。

重要会议

【省十二届人大三次会议】　1 月 21 日—25 日在南昌举行。大会听取和审议省人民政府省长鹿心社作的政府工作报告、省人大常委会副主任洪礼和作的省人大常委会工作报告、省高级人民法院院长张忠厚作的省高级人民法院工作报告、省人民检察院检察长刘铁流作的省人民检察院工作报告;审查和批准关于江西省 2013 年国民经济和社会发展计划执行情况与 2014 年国民经济和社会发展计划草案的报告、关于江西省 2013 年全省和省级预算执行情况和 2014 年全省和省级预算草案的报告。通过关于上述 6 项报告的决议;批准江西省 2014 年国民经济和社会发展计划、江西省 2014 年省级预算。大会补选刘永思、刘和平、张振球、侯豪情为省十二届人大常委会委员。省十二届人民代表大会内务司法委员会、财政经济委员会、教育科学文化卫生委员会、农业和农村委员会、环境与资源保护委员会、法制委员会分别向会议提交工作报告。

大会收到代表建议、批评和意见 559 件,连同代表 10 人以上联名提出的 5 件议案改作建议处理的,共 564 件。闭会后,由省人大常委会选举任免联络工作委员会交由有关国家机关、组织办理,并答复代表。

省委书记、省人大常委会主任强卫在闭幕会上作重要讲话。大会号召全省人民要更加紧密地团结在以习近平为总书记的党中央周围，解放思想、真抓实干，改革创新、艰苦奋斗，为实现中华民族伟大复兴的中国梦做出更大的贡献。

【省十二届人大常委会会议】 2014年，举行常委会会议8次，即省十二届人大常委会第八次会议至第十五次会议。

省十二届人大常委会第八次会议于1月15日—16日在南昌举行。会议审议省人大常委会工作报告（讨论稿），决定提请省十二届人大三次会议审议；审议省十二届人大三次会议议程（草案）、省十二届人大三次会议主席团和秘书长名单（草案），决定提请省十二届人大三次会议预备会议审议；审议通过省十二届人大三次会议列席人员范围（草案）；听取和审议省十二届人大常委会代表资格审查委员会关于代表资格的审查报告；审议通过《江西省人民代表大会常务委员会关于修改〈江西省人口与计划生育条例〉的决定》；听取和审议省人民政府关于省人民政府职能转变和机构改革方案的报告、关于2013年度计划目标中部分经济指标未完成情况的说明；听取和审议省人民政府关于落实优化发展环境情况专题调研报告及省人大常委会审议意见情况的报告，并召开联组会议开展专项工作评议；听取和审议省人大常委会选任联工委关于省十二届人大一次会议代表提出的建议、批评和意见办理情况的报告；审议省人民政府关于省十二届人大一次会议代表建议办理情况的报告、关于2012年度省级预算执行和其他财政收支审计查出问题整改情况的报告、关于落实省人大常委会对江西省扶贫开发工作情况报告审议意见情况的报告，省高级人民法院关于省十二届人大一次会议代表建议办理情况的报告和省人民检察院关于省十二届人大一次会议代表建议办理情况的报告；决定罢免陈安众的第十二届全国人民代表大会代表职务，并报送全国人民代表大会常务委员会备案、公告；选举莫建成为第十二届全国人民代表大会代表，其代表资格经全国人大常委会代表资格审查委员会审查后，由全国人大常委会确认并公布；决定撤销陈安众的江西省第十二届人民代表大会常务委员会副主任职务；决定接受傅世平、郭学勤、上官新晨辞去江西省第十二届人民代表大会常务委员会委员职务的请求，并报江西省第十二届人民代表大会第三次会议备案；通过其他人事任免有关事项。

省十二届人大常委会第九次会议于3月26日—27日在南昌举行。会议审议通过《江西省医疗纠纷预防与处理条例》；审议南昌市人大常委会报请批准的《南昌市流动人口计划生育工作条例（修订）》，通过《江西省人民代表大会常务委员会关于批准修订〈南昌市流动人口计划生育工作条例〉的决定》；审议《江西省林产品质量安全条例（草案）》；审议省人民政府关于落实省人大常委会对江西省2013年固定资产投资情况报告审议意见情况的报告、关于落实省人大常委会对江西省“十二五”规划纲要实施情况中期评估报告审议意见情况的报告、关于落实《江西省促进散装水泥和预拌混凝土发展条例》执法检查报告及省人大常委会审议意见情况的报告、关于落实《江西省水资源条例》和《江西省河道管理条例》执法检查报告及省人大常委会审议意见情况的报告、关于落实省人大常委会对江西省科技经费投入使用和管理情况报告审议意见情况的报告、关于落实省人大常委会对江西省贯彻实施《鄱阳湖生态经济区环境保护条例》情况报告审议意见情况的报告，省人民检察院关于落实省人大常委会对未成年人刑事检察工作情况报告审议意见情况的报告；通过有关人事任免事项。

省十二届人大常委会第十次会议于4月11日在南昌举行。会议决定免去姚木根的江西省人民政府副省长职务。

省十二届人大常委会第十一次会议于5月27日—29日上午在南昌举行。会议审议通过《江西省林产品质量安全条例》；审议南昌市人大常委会报请批准的《南昌市人民代表大会常务委员会关于废止〈南昌市社会保险条例〉的决定》，通过《江西省人民代表大会常务委员会关于批准〈南昌市人民代表大会常务委员会关于废止《南昌市社会保险条例》的决定〉的决定》；审议通过《江西省人民代表大会常务委员会关于修改〈江西省森林公园条例〉等4件地方性法规的决定》；审议《江西省实施〈中华人民共和国招标投标法〉办法（修订草案）》《江西省政府非税收入管理条例（草案）》；听取和审议省人民政府关于落实“畅通省城”系列监督活动情况报告及省人大常委会审议意见情况的报告、南昌市人民政府关于落实“畅通省城”系列监督活动交办建议意见的报告，省人大常委会执法检查组关于检查《中华人民共和国税收征收管理法》实施情况的报告、省人大常委会办公厅关于省十二届人大三次会议期间代表审议省人大常委会工作报告的意见建议办理初步情况的报告；审议省人民政府关于落实食品药品安全赣鄱行之关注校园餐桌活动情况报告及省人大常委会审议意见情况的报告、关于落实2013年赣鄱农产品质量安全行活动情况报告及省人大常委会审议意见情况的报告、关于落实2013年环保赣江行活动情况报告及省人大常委会审议意见情况的报告、关于落实2013年秀美江西行活动情况报告及省人大常委会审议意见情况的报告；通过有关人事任免事项。

省十二届人大常委会第十二次会议于7月22日—25日在南昌举行。会议审议通过《江西省农田水利条例》《江西省政府非税收入管理条例》；修订通过《江西省实施〈中华人民共和国招标投标法〉办法》；审议《江西省军人抚恤优待办法修正案（草案）》《江西省气象灾害防御条例（草案）》；审议通过《江西省人民代表大会常务委员会关于重新确定景德镇市珠山区人民代表大会代表名额的决定》；听取和审议省十二届人大常委会代表资格审查委员会关于代表资格的审查报告，省人民政府关于江西省减刑、假释、暂予监外执行工作情况的报告，省高级人民法院关于全省法院审理减刑、假释案件工作情况的报告，省人民政府关于2014年上半年国民经济和社会发展计划执行情况及全省以高铁项目建设为重点的固定资产投资情况的报告；审议《2014年省级公共财政预算调整方案（草案）》，通过《江西省人民代表大会常务委员会关于批准2014年省级公共财政预算调整方案的决议》；听取和审议省人民政府关于2013年省级决算和2014年上半年预算执行情况的报告,审议通过《江西省人民代表大会常务委员会关于批准2013年省级决算的决议》;听取和审议省人民政府关于2013年度省级预算执行和其他财政收支的审计工作报告、关于江西省中小学校餐饮安全情况的报告、关于江西省新型农业经营体系建设情况的报告、关于江西省民族工作情况的报告;听取和审议省人民政府关于江西省城市棚户区改造和赣南等原中央苏区农村危旧土坯房改造情况的报告,并召开联组会议进行专题询问;确认许可对省十二届人大代表涂建忠采取强制措施;通过有关人事任免事项。

省十二届人大常委会第十三次会议于9月23日—25日在南昌举行。会议审议通过《江西省人民代表大会常务委员会关于修改〈江西省军人抚恤优待办法〉的决定》《江西省气象灾害防御条例》;审议南昌市人大常委会报请批准的《南昌市工业节约能源监察条例》,通过《江西省人民代表大会常务委员会关于批准〈南昌市工业节约能源监察条例〉的决定》;审议《江西省林业有害生物防治条例(草案)》;听取和审议省十二届人大常委会代表资格审查委员会关于代表资格的审查报告、省人大常委会执法检查组关于检查《江西省湿地保护条例》实施情况的报告、省人民检察院关于民事诉讼法律监督工作情况的报告;审议通过《江西省人民代表大会常务委员会关于进一步加强检察机关民事诉讼法律监督工作的决议》;审议《江西省人民代表大会常务委员会关于加强城市规划区湿地保护的决议(草案)》;听取和审议省人民政府关于江西省战略性新兴产业投资引导资金安排和使用情况的报告、关于江西省城乡居民饮用水安全保障情况的报告、关于粮食工作情况的报告;决定罢免苏荣的第十二届全国人民代表大会代表职务,并报送全国人民代表大会常务委员会备案、公告;通过有关人事任免事项。

省十二届人大常委会第十四次会议于10月15日在南昌举行。会议审议通过《江西省人民代表大会常务委员会关于加强城市规划区湿地保护的决议》;决定罢免陈卫民的第十二届全国人民代表大会代表职务,并报送全国人民代表大会常务委员会备案、公告;确认许可对省十二届人大代表饶思汉采取强制措施;决定任命郑为文为江西省人民政府副省长;通过人事任免其他事项。

省十二届人大常委会第十五次会议于11月26日—28日在南昌举行。会议审议通过《江西省林业有害生物防治条例》;审议南昌市人大常委会报请批准的《南昌市城市建筑垃圾管理条例》《南昌市消防条例》,通过《江西省人民代表大会常务委员会关于批准〈南昌市城市建筑垃圾管理条例〉的决定》《江西省人民代表大会常务委员会关于批准〈南昌市消防条例〉的决定》;审议《江西省矿产资源管理条例(草案)》;审议通过《江西省人民代表大会常务委员会关于召开江西省第十二届人民代表大会第四次会议的决定》;听取和审议省十二届人大常委会代表资格审查委员会关于代表资格的审查报告、省人民政府关于预防和控制地方政府性债务风险情况的报告;听取和审议省人民政府关于江西省大气污染防治工作情况的报告,并召开联组会议进行专题询问;听取和审议省人大环境与资源保护委员会关于开展2014年环保赣江行活动情况的报告、省人大常委会外事华侨民族宗教工作委员会关于开展助推旅游强省建设系列活动情况的报告;审议省人大财政经济委员会关于江西省第十二届人民代表大会第三次会议代表议案办理情况的报告;通过有关人事任免事项。

地方立法工作

【概　况】　2014年,省人大常委会制定地方性法规6件、修改法规7件;批准南昌市人大常委会制定的法规5件。

制定的地方性法规是:《江西省医疗纠纷预防与处理条例》《江西省林产品质量安全条例》《江西省农田水利条例》《江西省政府非税收入管理条例》《江西省气象灾害防御条例》《江西省林业有害生物防治条例》。修改的地方性法规是:《江西省人口与计划生育条例》《江西省森林公园条例》《江西省赣抚平原灌区管理条例》《江西省矿产资源开采管理条例》《江西省宗教事务条例》《江西省实施〈中华人民共和国招标投标法〉办法》《江西省军人抚恤优待办法》。

批准制定的法规是:《南昌市工业节约能源监察条例》《南昌市城市建筑垃圾管理条例》《南昌市消防条例》。批准修订的法规是:《南昌市流动人口计划生育工作条例》;批准废止的法规是:《南昌市社会保险条例》。

省人大常委会准确把握新形势下加强和改进立法工作的着力点,以提高立法质量为核心,不断推进科学与民主立法。一是发挥人大主导作用,加强立法组织协调。充分发挥人大在法规立项、起草、决策方面的主导作用,切实防止部门利益法制化,力求使每一项立法更加符合江西省改革发展实际。对立法建议项目,逐件就其必要性、可行性、成熟度、规范的主要内容等进行审查论证,涉及重要改革事项的立法,探索开展立法前评估;对列入审议法规草案计划的法规项目,加大法规起草阶段提前介入;对意见分歧较大的法规草案,实行隔次审议,努力使法规立得住、行得通、真管用。二是抓住关键制度设计,增强针对性操作性。抓住每一件法规中的关键条款,深入调查研究,做好制度设计,使制定的法规符合省情实际,切合经济社会发展需要。对军人抚恤优待办法中实行城乡统一义务兵家庭优待金制度、抚恤优待对象优先安排保障性住房等关键性问题,加大沟通统筹力度,勇于并善于在矛盾焦点上“划杠杠”,使法规更具针对性和操作性。三是扩大公众有序参与,发挥专家智囊作用。提倡“阳光立法”,积极拓宽公民参与立法途径和方式。向下级人大征询立法意见,建立基层立法联系点,扩大吸收人大代表参与立法调研和草案审议,坚持将所有法规草案通过网络、报纸等征询意见。积极发挥专家顾问智囊作用,邀请专家顾问参与立法调研,就法规修改审议中的法律问题和专业性问题进行咨询论证,将专家顾问的意见建议作为立法决策的重要依据。

监督工作

【概　况】 2014年，省人大常委会先后听取和审议专项工作报告11项，包括：省人民政府关于省人民政府职能转变和机构改革方案的报告、关于江西省城市棚户区改造和赣南等原中央苏区农村危旧土坯房改造情况的报告、关于江西省中小学校餐饮安全情况的报告、关于江西省新型农业经营体系建设情况的报告、关于江西省民族工作情况的报告、关于江西省战略性新兴产业投资引导资金安排和使用情况的报告、关于江西省城乡居民饮用水安全保障情况的报告、关于粮食工作情况的报告、关于预防和控制地方政府性债务风险情况的报告；省人民政府关于江西省减刑、假释、暂予监外执行工作情况的报告，省高级人民法院关于全省法院审理减刑、假释案件工作情况的报告；省人民检察院关于民事诉讼法律监督工作情况的报告。

审查和批准决算，听取和审议计划、预算执行情况和审计工作等报告。省人大常委会先后听取和审议省人民政府关于2014年上半年国民经济和社会发展计划执行情况及全省以高铁项目建设为重点的固定资产投资情况的报告、关于2013年省级决算和2014年上半年预算执行情况的报告、关于2013年度省级预算执行和其他财政收支的审计工作报告、关于2013年度计划目标中部分经济指标未完成情况的说明，审议关于2012年度省级预算执行和其他财政收支审计查出问题整改情况的报告、《2014年省级公共财政预算调整方案（草案）》，通过《江西省人民代表大会常务委员会关于批准2014年省级公共财政预算调整方案的决议》和《江西省人民代表大会常务委员会关于批准2013年省级决算的决议》。对省教育厅2013年部门决算草案进行重点审查。

开展经常性监督项目检查。环保赣江行活动连续开展20年，环保赣江行活动主题是“防治大气污染，呼吸清洁空气”。通过执法检查、明察暗访、媒体曝光、跟踪督办，开展专题询问，强化监督发现和解决问题的功能，重点推动对工业废气、机动车排气、城市扬尘等大气污染治理。以提升旅游服务质量为主题，开展助推旅游强省建设系列活动，推动《关于推进旅游强省建设的意见》贯彻落实，加强旅游服务标准化建设，规范旅游从业人员服务行为。在2013年开展“关注校园餐桌”监督活动基础上，继续关注校园餐桌安全，重点加大学校尤其是偏远地区、贫困地区学校餐饮安全经费投入，建立学生用餐价格补贴机制。

进行规范性文件备案审查。对省政府、南昌市政府和各设区市人大常委会报送的191件规范性文件及时进行初步审查和备案登记。加大主动审查力度，重点对规范性文件中涉及行政许可、行政处罚、行政强制、行政收费等规定进行合法性审查。对6件省政府规章草案进行研究，及时反馈意见建议。加强与设区市备案审查机构的沟通联系，通过印发规范性文件备案情况通报和编印《法制工作参考（备案审查工作专辑）》，通报情况，交流经验，指出问题，提出改进意见，促进市县区人大常委会备案审查工作有序开展。联合南昌大学地方立法研究中心共同开展规范性文件备案审查课题研究。

【增强人大监督工作实效】 2014年，省人大常委会以改革创新精神加强和改进人大监督方式，既用足用好常规监督方式，又善于运用刚性监督手段，增强监督实效。进一步改进专题询问组织形式，继续探索开展专项工作评议及满意度测评。在城市棚户区和赣南等原中央苏区农村危旧房改造、大气污染防治2次专题询问中，不仅坚持电视直播，而且将网络图文直播改为同步视频直播，形成直播问政新尝试。尤其在大气污染防治专题询问中，首次播放电视曝光片，首次在电视台开设人大问政专栏，首次通过微信、微博等与公众互动，形成多媒体联动的传播新格局，有效扩大受众群体，增强社会影响力。不少观众看后点赞专题询问“贴近民生、很辛辣、很犀利，是看得最过瘾的人大问政”。加强对监督活动的跟踪问效，直到追至终点。就2013年“畅通省城”系列监督活动交办的84条建议意见的整改落实情况，首次采用省市人大常委会联合方式开展专项工作评议和满意度测评。积极督促政府完善全口径预算体系，国有资本经营预算提请省十二届人大四次会议审查，首次实现人民代表大会对省级政府一般公共预算、政府性基金预算、国有资本经营预算、社会保险基金预算的全口径预算审查监督。注重发挥审计在财政监督中的作用，强化整改督办，明确整改任务、时限要求和责任单位，逐个对账销号，整改落实情况变书面报告为口头报告，成效大为增强。

决定重大事项

【关于重新确定景德镇市珠山区人民代表大会代表名额的决定】 因景德镇市昌江区竟成镇划归珠山区管辖，省十二届人大常委会第十二次会议根据《中华人民共和国全国人民代表大会和地方各级人民代表大会选举法》第十一条、第十二条、第十三条的规定，重新确定景德镇市珠山区人民代表大会代表名额为183名。

【关于批准2014年省级公共财政预算调整方案的决议】 省十二届人大常委会第十二次会议审查省人民政府提交的2014年省级公共财政预算调整方案（草案）。会议同意省人大财经委提出的关于2014年省级公共财政预算调整方案（草案）的审查报告，决定批准2014年江西省省级公共财政预算调整方案。

【关于批准2013年省级决算的决议】 省十二届人大常委会第十二次会议听取省人民政府关于2013年省级决算和2014年上半年预算执行情况的报告、关于2013年度省级预算执行和其他财政收支的审计工作报告。会议结合审议审计工作报告，对江西省2013年省级决算（草案）和省级决算报告进行审查，同意省人大财经委提出的关于2013年省级决算的审查报告，决定批准江西省2013年省级决算。

【关于进一步加强检察机关民事诉讼法律监督工作的决议】 省十二届人

大会常委会第十三次会议在听取和审议省人民检察院关于民事诉讼法律监督工作情况的报告基础上，结合江西实际，做出关于进一步加强检察机关民事诉讼法律监督工作的决议。决议要求，充分认识加强民事诉讼法律监督的重要意义，全省检察机关要全面履行民事诉讼法律监督职责，全省审判机关要接受配合检察机关开展民事诉讼法律监督工作，全省各级人大常委会要加强对民事诉讼法律监督工作的监督。

【关于加强城市规划区湿地保护的决议】 省十二届人大常委会第十三次会议听取和审议省人大常委会执法检查组关于检查《江西省湿地保护条例》实施情况的报告。在此基础上，省十二届人大常委会第十四次会议通过关于加强城市规划区湿地保护的决议。决议要求，充分认识加强城区湿地保护的重要意义，加快推进城区湿地保护规划的编制和实施，面积8公顷以上的城区湿地应当纳入省重要湿地保护名录，坚决防止非法侵占、填埋城区湿地现象发生，着力修复和提升城区湿地生态功能，切实加强对城区湿地保护的组织领导。

【关于召开江西省第十二届人民代表大会第四次会议的决定】 省十二届人大常委会第十五次会议决定，省十二届人大四次会议于2015年2月2日在南昌召开，并对会议的主要议程提出建议。

选举和任免

【概　况】 2014年，省人大常委会坚持把党管干部与人大依法任免有机结合起来，严格程序，依法做好选举、任免工作。全年依法任免国家机关工作人员149人次。

省十二届人大三次会议，补选刘永思、刘和平、张振球、侯豪情为省十二届人大常委会委员。

省十二届人大常委会第八次会议，决定罢免陈安众的第十二届全国人民代表大会代表职务，并报送全国人民代表大会常务委员会备案、公告；决定撤销陈安众的江西省第十二届人民代表大会常务委员会副主任职务；决定接受傅世平、郭学勤、上官新晨辞去江西省第十二届人民代表大会常务委员会委员职务的请求，并报江西省第十二届人民代表大会第三次会议备案；决定任命李利为江西省卫生和计划生育委员会主任；任命刘永思为江西省人民代表大会农业和农村委员会副主任委员；免去吴冬华的江西省人民检察院检察员职务。

省十二届人大常委会第九次会议，决定任命胡汉平为江西省农业厅厅长、王晓峰为江西省旅游发展委员会主任；决定免去甘良淼的江西省农业厅厅长职务；免去俞志刚的江西省人民检察院南昌铁路运输分院检察委员会委员、检察员职务，赵跃进的江西省南昌长埃地区人民检察院检察员职务。

省十二届人大常委会第十次会议，决定免去姚木根的江西省人民政府副省长职务。

省十二届人大常委会第十一次会议，决定任命赵慧为江西省外事侨务办公室主任；决定免去张学军的江西省外事侨务办公室主任职务；任命杨明霞、熊杰、陈洪涌、黄伟武、王丽君、彭济晓、罗新春、王冬、陈雯雯、李国全、陈红、周敏、吕卫红、詹艳珩为江西省高级人民法院审判员，陈修腾为南昌铁路运输中级法院院长、审判委员会委员、审判员，周平、谭闻为南昌铁路运输中级法院副院长、审判委员会委员、审判员，蔡新玉、杨斌为南昌铁路运输中级法院审判委员会委员、审判员，熊爱武为南昌铁路运输中级法院立案庭庭长、审判员，石斌为南昌铁路运输中级法院刑事审判第一庭庭长、审判员，卢启哲为南昌铁路运输中级法院民事审判第一庭庭长、审判员，胡少林为南昌铁路运输中级法院民事审判第二庭副庭长、审判员，姜素平、肖康、项伟、罗文、帅晨薇、欧阳滨、涂湘荣、张庆文、朱映红、刘巍、谢卫红为南昌铁路运输中级法院审判员，何爱明为南昌铁路运输法院院长、审判委员会委员、审判员，王晓燕为南昌铁路运输法院副院长、审判委员会委员、审判员，杨桢、储军为南昌铁路运输法院审判委员会委员、审判员，李卫国为南昌铁路运输法院审判委员会委员、审判监督庭庭长、审判员，汤明华为南昌铁路运输法院立案庭庭长、审判员，张宏为南昌铁路运输法院刑事审判庭庭长、审判员，吕口秋为南昌铁路运输法院民事审判庭庭长、审判员，黄诚为南昌铁路运输法院刑事审判庭副庭长、审判员，刘长春、黄伟、吴艳清、陆卫群、徐莉莉、徐民权、伏方平、万伍金、王荣光、曾勇、叶青为南昌铁路运输法院审判员，董波为南昌铁路运输检察院检察长，周仁裕、冯新建、桂云黔为南昌铁路运输检察院副检察长、检察委员会委员、检察员，方干兴、徐秋前、刘巧民为南昌铁路运输检察院检察委员会委员、检察员，成亮、唐水滨、刘斌、刘军、王立豪、徐剑平、蔡勇、徐健、刘振弘、万兰庭、汪晨、黎青、郭丹鹏、黄婷婷、章璐、黄坚为南昌铁路运输检察院检察员；免去李茂盛、许水平的江西省人民检察院检察员职务，冯新建的江西省人民检察院南昌铁路运输分院检察委员会委员、检察员职务，桂云黔、徐秋前、成亮、唐水滨、刘斌、刘振弘、黎青的江西省人民检察院南昌铁路运输分院检察员职务。

省十二届人大常委会第十二次会议，任命兰奎峰、彭咏、李志光、陈权、廖江华、万绍周为南昌铁路运输中级法院审判员，周莉、楼赟、祁雯、龚翼为南昌铁路运输法院审判员，张江为江西省人民检察院南昌铁路运输分院副检察长、检察委员会委员、检察员，刘凡为江西省人民检察院南昌铁路运输分院检察委员会委员、检察员；免去刘斌、张江、刘凡的江西省人民检察院检察员职务，周仁裕的南昌铁路运输检察院副检察长、检察委员会委员、检察员职务，冯新建的南昌铁路运输检察院副检察长职务，石晓丽的南昌长埃地区人民检察院检察委员会委员、检察员职务。

省十二届人大常委会第十三次会议，决定罢免赤荣的第十二届全国人民代表大会代表职务，并报送全国人民代表大会常务委员会备案、公告；免去上官新晨的江西省人民代表大会农业和农村委员会委员职务；批准免去何刚的抚州市人民检察院检察长职务；任命聂志平为江西省高级人民法院刑事审判第一庭副庭长、审判员，胡卫萍为江西省高级人民法院民事审判第三庭副庭长、审判员，蔡世军为南昌铁路运输中级法院副院长、审判委员会委员、审判员，陈榕为南昌铁路运输中级法院审判员；免去简贵涛的江西省高级人民法院审判委员会委员、刑事审判第一庭庭长、审判员职务，陈寿玉、李俊德的江西省高级人民法院审判员职务。

省十二届人大常委会第十四次会议，决定罢免陈卫民的第十二届全国人民代表大会代表职务，并报送全国人民代表大会常务委员会备案、公告；决定任命郑为文为江西省人民政府副省长；免去严卫的江西省人民代表大会农业和农村委员会副主任委员、法制委员会委员职务，廖维林的江西省人民代表大会环境与资源保护委员会副主任委员职务；决定免去李安泽的江西省发展和改革委员会主任职务；决定任命吴晓军为江西省发展和改革委员会主任、胡世忠为江西省工业和信息化委员会主任；决定免去吴晓军的江西省工业和信息化委员会主任职务。

省十二届人大常委会第十五次会议，决定免去刘卫平的江西省监察厅厅长职务；免去闵秋萍的江西省高级人民法院审判员职务，陆卫群的南昌铁路运输法院审判员职务，宋智勇的江西省人民检察院检察委员会委员、检察员职务，邹秋发、骆万毅、李捍国的江西省人民检察院检察员职务，曹军、黄晓红的江西省人民检察院南昌铁路运输分院检察员职务，桂云黔的南昌铁路运输检察院副检察长、检察委员会委员、检察员职务；任命桂云黔为江西省人民检察院南昌铁路运输分院检察委员会委员、检察员，曹军、黄晓红为南昌铁路运输检察院副检察长、检察委员会委员、检察员。

代表工作

【概　况】　2014年，省十二届人大三次会议期间，共收到代表建议、批评和意见559件，连同代表10人以上联名提出的5件议案改作建议处理的，共564件。其中，涉及政法综合方面168件，工业交通方面180件，财经农林方面128件，教科文卫方面88件。会后，省人大常委会及时将建议交有关国家机关、组织办理。其中：交省直党群部门办理12件，交省人大常委会有关部门办理4件，交省政府各部门及有关单位办理540件，交省军区办理1件，交省法院办理6件，交省检察院办理1件。办理工作涉及72个单位和11个设区市政府。从办理结果看，代表所提问题已获解决或基本解决的（A类）200件，占35.46%；列入规划准备解决的275件（B类），占48.76%；因条件所限或历史遗留等原因难以解决的89件（C类），占15.78%。从代表所反馈意见看，绝大多数表示满意或基本满意。

省人大常委会高度重视代表建议督办工作，主任会议两次听取汇报，专题研究确定重点督办的代表建议，并对做好重点建议督办工作提出具体要求。一是注重经常性督办工作。采取网上查看、电话联系沟通、与代表面商等多种方式，做好代表建议经常性督办工作，及时掌握办理进度，认真了解答复内容，随时发现问题督促改进，对代表不满意的建议，切实抓好跟踪督办。二是加大重点建议办理力度。将主任会议确定的《关于加大财政投入提高农村危旧土坯房改造补助标准的建议》等12件涉及全省经济发展大局和民生问题的重点督办建议，及时分解落实到省人大各专工委，由常委会领导领衔督办，各专工委负责具体督办。三是开展建议办理工作考评评比。评出省发改委等20个先进单位和17名先进个人。

【组织代表开展集中视察和调研】2014年，省人大常委会围绕赣南等原中央苏区振兴发展和打造鄱、余、万全国优质农产品种养加工基地以及加快经济转型，强化联动发展，打造产业转型升级示范区、新型城镇化先行区等方面情况，组织代表集中视察，代表们向省政府提出意见建议38条，向全国人大提出建议47条。改进全国人大代表专题调研方式，由原来的统一集中组织，改为以代表小组为单位自行开展，代表小组或代表个人专题调研形成调研报告8份，提出意见建议40条。

【支持和保证代表依法履职】　2014年，省人大常委会为强化代表履职能力建设，先后在深圳、北戴河举办代表履职培训班2期，培训210人；进一步扩大代表对常委会及专工委工作的参与，全年有50人次全国、省人大代表列席常委会会议。

狠抓代表联系群众，出台《关于开展人大代表联系村和社区制度试点工作的通知》，在4个设区市的5个县（市、区）开展人大代表联系村和社区试点，建立全国人大代表小组示范活动室。常委会坚持以发挥代表主体作用为中心创新代表工作，首次对省人大代表审议常委会工作报告提出的建议予以办理，明确由常委会领导牵头，各委办具体承办，一条也不放过地逐一办理，常委会先后两次听取建议办理情况报告。首次组织江西省的全国人大代表围绕经济社会发展中的重大问题，以代表团名义向全国人大会议提出建议7件，其中4件列入全国人大、1件列入国家发改委重点办理建议。以代表团名义提出建议数量之多、列入全国人大重点办理建议数量之多，均创历届历年之最。特别是将江西列为生态文明先行示范区的建议，得到国家有关部委高度重视和认真办理，及时转化为国家战略。

（省人大常委会办公厅研究室）

本栏编辑　陈超萍

·资 料·

2014年江西省地方性法规目录

法 规 名 称	通 过 日 期
1. 江西省人口与计划生育条例	2014年1月16日省十二届人大常委会第八次会议修正
2. 江西省医疗纠纷预防与处理条例	2014年3月27日省十二届人大常委会第九次会议通过
3. 江西省人民代表大会常务委员会关于批准修订《南昌市流动人口计划生育工作条例》的决定	2014年3月27日省十二届人大常委会第九次会议通过
4. 江西省林产品质量安全条例	2014年5月29日省十二届人大常委会第十一次会议通过
5. 江西省人民代表大会常务委员会关于批准《南昌市人民代表大会常务委员会关于废止〈南昌市社会保险条例〉的决定》的决定	2014年5月29日省十二届人大常委会第十一次会议通过
6. 江西省森林公园条例	2014年5月29日省十二届人大常委会第十一次会议修正
7. 江西省赣抚平原灌区管理条例	2014年5月29日省十二届人大常委会第十一次会议修正
8. 江西省矿产资源开采管理条例	2014年5月29日省十二届人大常委会第十一次会议修正
9. 江西省宗教事务条例	2014年5月29日省十二届人大常委会第十一次会议修正
10. 江西省农田水利条例	2014年7月25省十二届人大常委会第十二次会议通过
11. 江西省实施《中华人民共和国招标投标法》办法	2014年7月25日省十二届人大常委会第十二次会议修订
12. 江西省政府非税收入管理条例	2014年7月25日省十二届人大常委会第十二次会议通过
13. 江西省军人抚恤优待办法	2014年9月25日省十二届人大常委会第十三次会议修正
14. 江西省气象灾害防御条例	2014年9月25日省十二届人大常委会第十三次会议通过
15. 江西省人民代表大会常务委员会关于批准《南昌市工业节约能源监察条例》的决定	2014年9月25日省十二届人大常委会第十三次会议通过
16. 江西省林业有害生物防治条例	2014年11月28日省十二届人大常委会第十五次会议通过
17. 江西省人民代表大会常务委员会关于批准《南昌市城市建筑垃圾管理条例》的决定	2014年11月28日省十二届人大常委会第十五次会议通过
18. 江西省人民代表大会常务委员会关于批准《南昌市消防条例》的决定	2014年11月28日省十二届人大常委会第十五次会议通过

江西省人民政府

综　　述

2014年,全省上下坚持稳中求进、改革创新,统筹做好稳增长、促改革、调结构、惠民生各项工作,经济社会发展稳中有进。全省地区生产总值15708.6亿元,增长9.7%;财政总收入2680.5亿元,增长13.7%,其中一般公共预算收入1881.5亿元,增长16.1%;500万元以上项目固定资产投资14677亿元,增长18%;规模以上工业增加值6833.7亿元,增长11.8%;社会消费品零售总额5129.2亿元,增长12.7%。

*坚决贯彻中央稳增长各项政策措施,经济保持平稳运行。*积极实施"稳增长20条"政策措施,建立健全企业协调服务长效机制,大力推广"财园信贷通""财政惠农信贷通"等融资模式,支持实体经济发展。向社会新推出投资示范项目300个,引导民间资本进入基础设施、公共服务和基础产业领域,民间投资占全部投资的73.2%。出台促进信息、养老、健康消费等政策措施,推动消费持续增长。积极发展对外贸易,全面推行直通放行、绿色通道等通关措施,加快发展服务贸易,外贸出口总额增长13.7%。

*全面深化改革开放,发展动力活力不断增强。*加大简政放权力度,省级行政审批事项精简率40%,向社会公开省本级行政审批项目目录清单,启动省市县三级网上"并联"审批系统建设。实施注册资本认缴、先照后证等工商登记制度改革,新登记注册企业增长61.8%,注册资本增长1.1倍。财税金融、国资国企、农业农村、社会事业等改革扎实推进。扩大对内对外开放,实际利用外资增长11.9%,利用省外5000万元以上项目资金增长17.6%,开放型经济提振向好。

*加快调整经济结构,发展质量效益进一步提高。*深入实施创新驱动发展战略,加大科技创新力度,新组建企业协同创新体13个,新增产业技术创新战略联盟11个、高新技术企业300家。加快工业强省步伐,优选培育60个重点产业集群,抓好战略性新兴产业发展和传统产业改造升级,规模以上工业增加值增长11.8%。大力发展现代农业,粮食总产214.35亿千克,实现"十一连丰",规模以上农业产业化龙头企业实现销售收入增长19%。金融、旅游、文化、电子商务等服务业加快发展,服务业占地区生产总值比重提高0.8个百分点。

*深入实施区域发展战略,区域经济竞相发展。*积极参与长江经济带和长江中游城市群建设,加强长江岸线、港口资源整合,强化与周边省份合作。加快推进昌九一体化,南昌临空经济区、共青先导区建设进展顺利,南昌、九江综合实力不断增强。国务院批复赣闽粤原中央苏区振兴发展规划,赣州综合保税区等重大平台获批设立,中央国家机关及有关单位对口支援工作扎实推进,苏区振兴发展步伐加快。扎实推进赣东北开放合作、赣西经济转型发展,支持抚州深化区域合作。定位清晰、各具特色、合作互动、竞相发展的区域经济发展格局更趋完善。

*统筹推进城乡建设,城乡一体化发展步伐加快。*实施江西省新型城镇化规划,出台进一步推进户籍制度改革的政策措施,全省城镇化率50.2%。深入开展和谐秀美乡村建设,推动镇村联动发展。加大对县域经济发展支持力度,开展省直管县改革试点,县级财政总收入占全省财政总收入的79.2%。推进重大基础设施建设,铁路营运总里程3734千米,高速公路通车里程4515千米,实现县县通高速公路。一批重大水利、能源项目建成,为经济社会发展提供有力保障。

*加强生态环境保护,生态文明建设扎实推进。*深入开展净空、净水、净土行动,加大空气、水和土壤污染防治力度,南昌、九江空气质量优良率分别为80.5%、84.4%,其他设区市空气环境质量稳定在国家Ⅱ级,全省地表水监测断面水质达标率80.9%。加大节能减排力度,单位生产总值能耗下降和主要污染物减排完成年度目标任务。国家六部委批复江西省生态文明先行示范区建设实施方案,江西成为全国首批全境纳入生态文明先行示范区建设的省份。

*加大民生保障力度,人民群众生活持续改善。*民生工程50件实事全面完成。社会保障水平稳步提高,建立统一的城乡居民基本养老保险制度、城镇居民和城镇职工大病保险制度。城镇新增就业55万人,新增发放小额担保贷款114.5亿元。市场物价保持基本稳定,居民消费价格总水平上涨2.3%。新开工保障性住房10.68万套,基本建成12.3万套。加大扶贫开发力度,全年减贫70万人。研究制定促进城乡居民增收的政策措施,城镇居民人均可支配收入增长9.9%,农村居民人均可支配收入增长11.3%。深入推进法治江西、平安江

西建设，安全生产形势平稳，社会保持和谐稳定。

加强政府自身建设，服务水平和行政效率有效提升。深入开展群众路线教育实践活动，抓好第一批活动后续整改落实，指导政府系统开展好第二批教育实践活动。坚决贯彻中央八项规定，严格执行国务院“约法三章”。严格依法行政，全面推进法治政府建设。向省人大常委会提交法规议案9件，制定和修改政府规章6件。持续加大政府廉政建设力度，开展民生资金管理使用情况监督检查、“三公”经费专项检查和“小金库”专项治理工作，严肃查处了一批损害群众利益的突出问题，坚决查办一批违纪违法腐败案件。

（省政府办公厅调研处）

重要会议

【省政府全体会议】 1月9日，省政府召开全体会议，讨论《政府工作报告（讨论稿）》，部署下一步工作。省长鹿心社出席并讲话。副省长莫建成主持。副省长李炳军、谢茹、胡幼桃、朱虹、李贻煌，省政府顾问孙刚、熊盛文，省长助理郑为文，省政府党组成员刘卫平出席。鹿心社指出，2014年是全面贯彻落实党的十八届三中全会精神、全面深化改革的第一年，也是完成“十二五”规划目标的关键一年。要深入贯彻落实省委十三届八次全会精神，做好2014年的工作。政府部门要勇担当、善作为。一要大力解放思想。必须牢牢抓住解放思想这一有力武器，以思想大解放推动新一轮发展。二要切实转变职能。关键要理顺政府和市场的关系，做到“放”和“管”相结合。三要全面深化改革。紧扣江西实际，重点针对发展中的难点和重点问题，大胆试、大胆闯，找准突破口和着力点，拿出有针对性的政策措施，努力在重点领域和关键环节改革上取得新突破。四要强化创新驱动。以体制、机制和科技创新为抓手，形成创新驱动的强大合力，进一步激发经济社会发展的活力和动力。五要狠抓工作落实。大政方针已经确定，目标任务十分明确，关键是要真抓实干、狠抓落实，把好思路、好部署、好要求落实到具体行动中，体现到加快发展、改善民生、维护稳定上来。六要守牢廉洁底线。各级领导干部一定要带头守好“廉政关”，切实树立清正廉洁的良好形象，取信于民。

【省政府常务会议】 2014年，省政府共召开常务会议18次。

1月27日，省长鹿心社主持召开第18次省政府常务会议，副省长莫建成、李炳军、谢茹、胡幼桃、朱虹、李贻煌，省政府顾问孙刚、熊盛文，省长助理郑为文，省政府秘书长谭晓林出席。省政府党组成员刘卫平列席。会议原则通过《关于加快全省金融业改革发展的若干意见》；通过《关于修改〈江西省水路运输管理办法〉等11件省政府规章的决定》《省人民政府2013年工作总结和2014年工作要点》。

2月10日，省长鹿心社主持召开第19次省政府常务会议。副省长莫建成、李炳军、谢茹、胡幼桃、朱虹、姚木根、李贻煌，省长助理郑为文，省政府秘书长谭晓林出席。省政府党组成员刘卫平列席。会议原则通过《关于进一步加强协同创新提升企业创新能力的实施意见》；听取全国国土资源工作会议主要精神及贯彻落实意见建议和全省第二次土地调查主要情况汇报；研究江西省新能源汽车推广应用工作。

3月24日，省长鹿心社主持召开第20次省政府常务会议。副省长莫建成、李炳军、谢茹、朱虹、李贻煌，省政府顾问熊盛文，省政府秘书长谭晓林出席。省政府党组成员刘卫平列席。会议通过《江西省十大战略性新兴产业发展规划（2013—2017年）》《江西省电力中长期发展规划》；原则通过《江西省安全生产“党政同责，一岗双责”暂行规定》。

4月2日，省长鹿心社主持召开第21次省政府常务会议。副省长莫建成、李炳军、谢茹、胡幼桃、朱虹、李贻煌，省政府顾问孙刚、熊盛文，省长助理郑为文，省政府秘书长谭晓林出席。省政府党组成员刘卫平列席。会议通报一季度江西省经济发展情况；听取省审改办关于江西省省本级行政审批项目等事项核查清理工作的情况汇报、省人社厅关于江西省评比达标表彰活动清理工作情况汇报；原则通过2013年度市县科学发展综合考评结果；审议《关于开展省直接管理县（市）体制改革试点工作的意见》；听取省政府参事选聘工作的情况汇报，同意新聘续聘省政府参事及任期届满的离任参事名单。

4月12日，省长鹿心社主持召开第22次省政府常务会议。副省长莫建成、李炳军、谢茹、胡幼桃、朱虹、李贻煌，省政府顾问熊盛文，省长助理郑为文，省政府秘书长谭晓林出席。省政府党组成员刘卫平列席。会议分析一季度全省经济形势，研究部署下一阶段经济工作；同意省监察厅《关于给予李良仕行政记过处分的请示》。

4月24日，省长鹿心社主持召开第23次省政府常务会议。副省长莫建成、谢茹、胡幼桃、朱虹、李贻煌，省政府顾问孙刚、熊盛文，省政府秘书长谭晓林出席。省政府党组成员刘卫平列席。会议原则通过《关于进一步深化国资国企改革促进江西经济发展的意见》《江西省实施〈中华人民共和国招标投标法〉办法（修订草案）》《江西省政府非税收入管理条例（草案）》；原则同意《江西省新型城镇化规划（2014—2020年）》和《关于完善城镇化发展体制机制提高城镇化发展质量的意见》。

5月13日，省长鹿心社主持召开第24次省政府常务会议。副省长莫建成、李炳军、谢茹、胡幼桃、朱虹、李贻煌，省政府顾问孙刚、熊盛文，省长助理郑为文，省政府秘书长谭晓林出席。省政府党组成员刘卫平列席。会议传达学习中共中央总书记习近平关于自贸园区建设的重要批示；通过《江西省税收保障办法》；研究农村土地承包经营权流转工作；原则通过《关于深化教育领域综合改革的实施意见》《关于修改〈江西省森林公园条例〉等7件地方性法规的决定（草案）》《关于市、县（市、区）政府职能转变和机构改革的意见》；通过《共青城市城市总体规划（2012—2030年）》；听取关于江西省深化医药卫生体制改革工作的情况汇报；研究部署政府当前工作。

6月3日，受省长鹿心社委托，副省长莫建成主持召开第25次省政府常务会议。副省长李炳军、谢茹、胡幼桃、朱虹、李贻煌，省政府顾问孙刚、熊盛文，省长助理郑为文，省政府秘书长谭晓林出席。省政府党组成员刘卫平列席。会议原则通过《关于全面深化投资体制改革的意见》《政府向社会力量购买服务实施意见》《江西省政府性债务管理办法》和《江西省政府性债务风险预警监测实施暂行办法》《2014年度市县科学发展综合考核评价实施意见》；通过《江西省实施〈自然灾害救助条例〉办法》。

6月16日，受省长鹿心社委托，副省长莫建成主持召开第26次省政府常务会议。副省长李炳军、谢茹、朱虹、李贻煌，省政府顾问孙刚、熊盛文，省长助理郑为文，省政府秘书长谭晓林出席。省政府党组成员刘卫平列席。会议批准2013年度江西省科学技术奖授奖项目名单、2014年度江西省主要学科学术和技术带头人培养对象；原则通过《关于支持抚州深化区域合作加快发展的若干意见》《江西省气象灾害防御条例（草案）》《江西省军人抚恤优待办法（修正案草案）》；研究省旅游集团公司和省金融控股集团重组工作。

7月1日，受省长鹿心社委托，副省长莫建成主持召开第27次省政府常务会议。副省长李炳军、谢茹、李贻煌，省政府顾问孙刚、熊盛文，省长助理郑为文，省政府秘书长谭晓林出席。省政府党组成员刘卫平列席。会议听取关于国务院稳增长促改革调结构惠民生政策措施落实自查情况的汇报；原则通过《关于积极稳妥推进林地流转进一步深化集体林权制度改革的意见》；同意设立江西中华贤母园、九仙岭、湖东、金鸡寨、龙泉5处省级森林公园；听取关于全国职业教育工作会议精神的汇报，原则同意汇报中提出的江西省贯彻落实意见；原则同意江西省2014年地方政府债券资金安排意见。

7月8日，受省长鹿心社委托，副省长莫建成主持召开第28次省政府常务会议。副省长李炳军、胡幼桃、朱虹、李贻煌，省政府顾问孙刚、熊盛文，省长助理郑为文，省政府秘书长谭晓林出席。省政府党组成员刘卫平列席。会议分析1—6月全省经济形势，研究部署7—12月经济工作；审议《鹿心社同志在省委十三届九次全体会议上的讲话》。

8月4日，省长鹿心社主持召开第29次省政府常务会议。副省长谢茹、胡幼桃、朱虹、李贻煌，省政府顾问孙刚，省长助理郑为文，省政府秘书长谭晓林出席。会议就深入学习中共中央总书记习近平系列重要讲话、贯彻落实7月29日中央政治局会议和省委十三届九次全会精神作部署；原则通过《关于深化江西省水利改革的意见》《江西省行政执法监督实施办法》；通过《瑞昌市城市总体规划（2013—2030年）》；原则同意推荐享受2014年国务院特殊津贴人选和享受2014年省政府特殊津贴人员名单。

9月9日，省长鹿心社主持召开第30次省政府常务会议。副省长李炳军、谢茹、朱虹、李贻煌，省长助理郑为文，省政府秘书长谭晓林出席。会议听取江西省贯彻落实中央7号文件精神的汇报、《昌九一体化发展规划（2013—2020年）》编制情况的汇报、江西省化解过剩产能工作情况的汇报；原则通过《关于进一步深化价格管理改革的意见》《江西省林业有害生物防治条例（草案）》。

10月9日，省长鹿心社主持召开第31次省政府常务会议。副省长莫建成、李炳军、朱虹、李贻煌，省政府顾问孙刚、熊盛文，省长助理郑为文，省政府秘书长谭晓林出席。会议传达学习10月8日国务院总理李克强主持召开的国务院部门负责人会议精神，并就做好当前的经济工作提出要求；听取赣江抚河下游尾闾综合整治工作汇报；原则通过《关于鼓励社会资本进入社会事业领域的意见》；宣布监察部《关于给予姚木根开除处分的决定》；同意省监察厅《关于给予刘庆成开除公职处分的请示》。

11月4日，省长鹿心社主持召开第32次省政府常务会议。副省长李炳军、朱虹、郑为文，省政府顾问孙刚，省政府秘书长谭晓林出席。会议就学习贯彻党的十八届四中全会精神、抓好工作做出部署；通过《江西股权交易中心有限公司筹建工作方案》；原则通过《省政府驻外办事处改革整合实施方案》；通过《江西省城乡居民基本养老保险实施办法》；原则通过《江西省矿产资源管理条例（草案）》。

11月17日，省长鹿心社主持召开第33次省政府常务会议。副省长莫建成、李炳军、胡幼桃、朱虹、李贻煌、郑为文，省政府顾问熊盛文，省政府秘书长谭晓林出席。会议原则通过《关于建设生态文明先行示范区的实施意见》《江西省社会信用体系建设规划（2014—2020年）》；通过《江西省铁路建设办公室与江西省铁路投资集团公司实行政企分开实施方案》。

12月1日，省长鹿心社主持召开第34次省政府常务会议。副省长莫建成、李炳军、谢茹、胡幼桃、朱虹、李贻煌、郑为文，省政府顾问孙刚、熊盛文，省政府秘书长谭晓林出席。会议原则通过《关于改革完善预算管理制度的意见》；通过《关于进一步推进户籍制度改革的实施意见》《江西省国有土地上房屋征收与补偿实施办法》；听取关于江西省禁毒工作汇报，原则同意下一步工作意见。

12月24日，省长鹿心社主持召开第35次省政府常务会议。副省长莫建成、谢茹、胡幼桃、朱虹、李贻煌、郑为文，省政府秘书长谭晓林出席。会议原则通过《鹿心社同志在全省经济工作会上的讲话》《关于2014年全省计划执行情况和2015年经济工作的建议》《关于2015年民生工程安排的意见》《关于2015年财政预算安排的意见》。

【省政府党组会议】　1月27日，省政府党组书记鹿心社主持召开党组会议。副书记莫建成，党组成员李炳军、胡幼桃、朱虹、李贻煌、孙刚、熊盛文、郑为文、谭晓林、刘卫平出席。副省长谢茹列席。会议传达学习中共中央总书记习近平在十八届中纪委三次全会上的重要讲话、李克强总理在国务院党组会上的重要讲话和省纪委十三届四次全会精神，听取省监察厅2013年工作情况和2014年工作建议的汇报，研究部署江西省政府系统廉政建设和反腐败工作；传达学习中共中央总书记习近平在中央党的群众路线教育实践活动第一批总结暨第二批部署会议上的重要讲话和省委书记强卫在全省党的群众路线教育实践活动第一批总结暨第二批部署会议上的讲话精神。

（省政府办公厅会议处）

重要活动

【中国长江中上游地区与俄罗斯伏尔加河沿岸联邦区合作工作组在重庆举行会谈】 2月24日—26日，中国长江中上游地区与俄罗斯伏尔加河沿岸联邦区合作工作组第一次会议在重庆举行。江西省常务副省长莫建成作项目推介，并分别与俄罗斯巴什科尔托斯坦共和国副总理马夫林、彼尔姆边疆区副主席奇比索夫举行会谈。

【江西党政代表团到浙江开展学习考察活动】 5月5日，省委书记强卫、省长鹿心社率领江西党政代表团到浙江省开展为期3天的学习考察。代表团到宁波考察创新创意产业新发展，学习行政体制改革新经验。浙江省省长李强，浙江省委常委、宁波市委书记刘奇陪同，省领导黄跃金、赵智勇、王文涛、洪礼和、谢茹、胡幼桃，省政府党组成员、秘书长谭晓林参加。

【江西省政府与俄罗斯两地区签署经贸、科技和人文合作协议】 5月20日，中俄两国地区间合作协议签署仪式在上海举行。在国家主席习近平和俄罗斯总统普京的共同见证下，江西省政府分别与俄罗斯巴什科尔托斯坦共和国政府、彼尔姆边疆区政府签署经贸、科技和人文合作协议。省长鹿心社与俄罗斯巴什科尔托斯坦共和国总统哈米托夫、彼尔姆边疆区州长巴萨尔金出席仪式，并共同签署合作协议。

【赣湘黔滇行政首长会晤在广州举行】 10月13日，赣湘黔滇行政首长会晤在广州举行。省长鹿心社、副省长李贻煌，湖南省省长杜家毫、副省长何报翔，贵州省省长陈敏尔、副省长蒙启良，云南省副省长高树勋、省政协副主席米东生出席，并共同见证《赣湘黔滇四省关于共同打造沪昆高铁经济走廊框架协议》的签署。

【江西省政府与俄罗斯巴什科尔托斯坦共和国政府在南昌举行合作项目签约仪式】 11月3日，江西省政府与俄罗斯巴什科尔托斯坦共和国政府在南昌举行合作项目签约仪式。省长鹿心社与巴什科尔托斯坦共和国第一副总理马尔丹诺夫出席仪式，并共同签署建立友好省州关系意向书。副省长李贻煌主持仪式，俄罗斯巴什科尔托斯坦共和国副总理马夫林出席。

【第十四届世界生命湖泊大会在南昌举行】 11月20日，由江西省政府和科技部、全球自然基金会共同主办的第十四届世界生命湖泊大会在南昌举行。副省长郑为文、全球自然基金会主席玛丽安在大会上致辞。约80位来自世界生命湖泊网成员湖泊机构、联合国环境规划署、联合国开发计划署、国际自然保护联盟等国际组织，以及120余位国内与鄱阳湖保护相关的政府部门、科研机构、高校及企业代表参加大会。

【第三届世界低碳生态经济高峰论坛在南昌开幕】 11月21日，第三届世界低碳生态经济高峰论坛在南昌开幕。全国政协副主席韩启德、省委书记强卫、国家发改委副主任解振华、波兰前参议长龙津·帕斯图夏克、泰中文化经济协会会长颇欣·蓬拉军分别致辞。省长鹿心社主持高峰论坛。中国科协党组书记尚勇、省政协主席黄跃金、埃塞俄比亚总理顾问阿贝·特斯哈耶·阿贝、坦桑尼亚鲁夸省省长史黛拉·M·曼雅尼亚、博茨瓦纳驻华大使萨萨拉·乔治、津巴布韦驻华大使保罗·奇卡瓦出席论坛。

（省政府应急办）

督查工作

【概　况】 2014年，省政府办公厅紧紧围绕中央和省委、省政府重大决策部署，积极组织开展支持小微企业健康发展政策落实情况、旅游强省情况、鄱阳湖生态经济区共青先导区建设情况、省部合作协议落实情况、民生工程实施情况、节约集约用地情况、江西省雷电灾害防御办法实施情况、促进经济平稳增长若干措施落实情况、政协提案办理情况、中小学代课教师问题工作情况、在历史建筑、公园等公共资源中设立私人会所情况等11次专项督查；做好迎接中办、国办对党中央国务院重大决策部署贯彻落实情况、国务院稳增长促改革调结构惠民生政策措施落实情况、中央八项规定贯彻落实情况、养老服务业发展政策落实情况、化解产能严重过剩矛盾情况、国务院《政府工作报告》任务完成情况等6次专项督查的组织协调和自查工作；抓好省政府领导在关于会昌、余干强征土地问题，上饶市信州区沙溪镇兴建豪华办公楼问题，永丰县棚户区改造问题，江西旅游商贸职业学院食堂采购病死猪肉问题，在赣外籍人士满意度调查报告反映的问题，沪昆铁路高安站附近安全隐患处置问题等重要批示事项的督查督办。为推动中央和省委、省政府重大决策部署落地生效发挥了重要作用。

【组织开展专项督查】 2014年，根据省政府领导指示，省政府办公厅围绕省委、省政府重大决策部署，组织开展各类专项督查活动11次。组织开展支持小微企业健康发展政策落实情况专项督查。5月，省政府办公厅会同省工信委、省发改委、省财政厅等部门对全省11个设区市支持小微企业健康发展政策落实情况进行实地督查。6月，省政府办公厅会同省旅发委等部门，对各地旅游强省建设情况进行实地督查。7月，省政府办公厅对2011年以来省政府与国家部委（含央企、金融机构、高等院校、科研院所）签订的53个战略合作协议落实情况进行督查调度。同月，省政府办公厅会同省国土资源厅等部门对各地节约集约用地情况进行实地督查，下发督查通报，并开展回头看。8月，省政府办公厅对2014年民生工程50件实事落实情况进行督查调度。9月，省政府办公厅会同省国家区域战略实施办、省财政厅、省国土资源厅等部门对九江市、共青城市、德安县、永修县鄱阳湖生态经济区共青先导区建设情况开展实地督查，针对发现的问题下发整改通知，落实整改责任，推动共青先导区建设扎实有序进行。10—11月，省政府办公厅会同省气象局对各地实施《江西省雷电灾害防御办法》情况进行实地督查。10月，省政府办公厅会同省教育厅等部门组织开展解决中小学代课教师问题工作情况专项督查。11月,省政府办公厅会同省住建厅等部门对《关于严禁在历史建筑、公园等公共资源中设立私人会所的暂行规定》落实情况进行实地督查。11月下旬至12月上旬,省政府办公厅会同省发改委、省财政厅、省工信委、省商务厅、省政府金融办等部门对11个设区市和14个省直部门落实省政府促进经济平稳增长20条措施情况进行实地督查。12月,省政府办公厅配合省政协提案委、省委办公厅对部分设区市和部门的提案办理情况进行实地督查。

【配合中办、国办开展督查】 2014年,根据中办、国办通知要求,省政府办公厅牵头或配合做好迎接中办、国办对江西省党中央国务院重大决策部署贯彻落实情况实地督查、中央八项规定精神贯彻落实情况实地督查以及国办对江西省养老服务业发展政策落实情况实地督查3次实地督查的组织协调工作,为督查组在江西开展督查工作创造条件。做好国办对江西贯彻落实国务院稳增长促改革调结构惠民生政策措施情况督查、化解产能严重过剩矛盾情况督查、国务院《政府工作报告》任务完成情况督查等3次专项督查的自查及材料报送工作,并抓好国务院稳增长促改革调结构惠民生政策措施在江西省落实中存在问题的整改落实。

【抓好省《政府工作报告》和重要文件督办】 年初,省政府专门召开交办会,将省《政府工作报告》细化分解为10个方面170项具体任务,分别交办到63个单位、11个设区市政府。同时,加大对工作任务落实情况督促检查力度,有力推动各项目标任务的完成。对2014年1月—10月国务院下发的92个文件进行督办调度。对2012年以来省政府上报国务院和国家部委争取国家重大规划、重大政策、重大项目、重大资金支持方面的180个文件落实情况进行4次跟踪督办。

（省政府办公厅督查处）

办理人大代表建议和政协委员提案

【概　况】 2014年,省十二届人大三次会议转交省政府系统办理的代表建议有540件,占总数的95.7%。省政协十一届二次会议交由省政府系统办理的提案有579件,占总数的97.5%。经各承办单位努力,所有建议提案全部按要求在规定时限内办理完毕,建议提案办理结果满意率100%。

加强领导,严格责任,确保办理工作深入推进。省政府加强建议提案办理工作的组织领导,要求各承办单位提高认识,明确任务,细化措施,真抓实干,确保办理工作按期完成。一是坚持高位推动。省长鹿心社对建议提案办理工作多次做出指示,要求省政府系统各承办单位充分认识办理建议提案是接受代表委员监督的法定责任和重要形式,切实把办理建议提案与履行好职能紧密结合起来,与改进工作作风紧密结合起来,着力在办理建议提案中解决问题、推动工作。常务副省长莫建成亲自对建议提案办理工作进行具体部署,要求各承办单位增强责任感,切实提高办理工作质量,保证办理工作实效。二是坚持强力推进。江西“两会”结束后,省政府迅速组织召开交办会,对建议提案办理工作进行研究部署。省政府办公厅通过电话督查和现场检查等方式,及时了解和掌握各承办单位的工作进度,督促各承办单位在规定时限内完成办理工作。同时,加强与省人大选任联工委和省政协提案委的密切配合、通力协作,定期交流调度情况,协调解决问题,推动办理工作的开展。三是坚持严格责任。省政府系统各承办单位认真落实省政府提出的办理工作要求,坚持主要领导负总责、分管领导具体负责、办公室协调督办、承办处室办理落实的分级负责制,一级抓一级,层层抓落实,确保办理工作有人管、有人抓、有人负责。

建章立制,严格程序,推动办理工作规范运行。为确保建议提案办理工作有章可循、规范运行,省政府系统加强建章立制,不断提升办理工作的科学化、规范化水平。主要是坚持和完善三项制度:一是分办制度。召开省政府交办会前,根据职责分工,将2014年交由省政府办理的建议提案初步审核分办,并征求相关单位对分办建议提案的意见,对有异议的分办事项,及时召集有关单位开会集中协调,进行重新调整,确保做到按职责精准分办。二是办理制度。省政府系统各单位进一步完善省建议提案办理工作的登记、承办、催办、审签、答复、沟通、归档等制度,尤其是对答复环节进行规范,强调对建议提案办理的答复必须数据真实、内容详尽、措施可行,坚决避免答复内容简单、语言模糊、措施不力、格式不规范的现象。各设区市政府严格按程序办理答复,由业务科室起草初稿后,经秘书科、分管副主任、办公室主任、秘书长逐级审核,最后报政府常务副市长或市长签批,以市政府正式文件印发。三是“回头看”制度。建议提案办理的答复工作基本结束后,通过书面督办、电话督办、走访座谈等形式,组织各承办单位认真开展办理情况“回头看”,确保办理工作的效果。

创新方法,改进作风,不断提高办理工作水平。省政府系统坚持拓宽思路,创新方法,加强沟通协作,增强合力,切实提升新形势下办理建议提案工作的水平。一是注重调研搞办理。对于涉及面广、关系群众切身利益的建议提案,各承办单位认真开展调查研究,组织力量深入实际、深入现场、深入群众,把情况弄清、把问题找准,有针对性地制定解决方案,提出切实可行的办理措施,为办理工作顺利进行打下扎实的基础。二是坚持“开门”搞办理。坚持“走出去”与“请进来”相结合,通过邀请代表委员参加专题调研、召开专题协商会、主动上门征求意见等方式,加强与代表委员面对面的沟通,共同推进办理工作。具体工作中,加强“三个沟通”(事前沟通、事中沟通、事后沟通)。坚持“开门”搞办理的方式,既促进提、办双方的沟通和理解,又推动问题的解决和落实,得到代表委员的充分肯定。三是强化协同搞办理。对综合性强、涉及面广、需要多个部门协同办理的建议提案,主办单位主动牵头办理,与会办单位协商,会办单位积极配合,共商最佳解决方案,进一步提高办理质量。

【提高办理工作实效】 2014年,省政府系统认真研究办理建议提案,着力将合理的建议提案转化为具体的政策措施,转化为实实在在的行动,实现建议提案成果与实际工作成效的有机统一。一是将建议提案转化为推动改革发展的具体措施。代表委员紧扣发展主题,提出许多促进江西省科学发展、加快发展的建议提案。省政府系统认真办理,积极采纳,努力把代表委员的建言献策转化为工作思路和决策部署。二是将建议提案转化为保障和改善民生的实际行动。省政府系统各承办单位结合建议提案办理工作,着力落实省委、省政府确定的保障和改善民生的一系列政策措施,扎实推进民生工程,让人民群众共享发展成果。三是将建议提案转化为各承办单位的改进工作的重要抓手。省政府系统各承办单位结合部门职能和工作实际,确定单位重点办理的建议提案,主要负责人亲自领衔办理工作,并以此深入改进和推动相关工作。从办理结果看,重点建议提案的办理都较好地发挥带动承办单位更好地开展相关工作的积极作用。

(省政府办公厅督查处)

法制建设

【概　况】 2014年,全省各级政府法制机构,立足职能,着力推进法治江西建设,为服务全省经济社会发展大局做出积极贡献。

政府立法对经济社会发展的引领和推动作用更加凸显。完成14件立法项目(8件地方性法规、6件政府规章)的审查修改任务。在编制立法计划、审查修改立法项目中,突出问题导向,注重解决重点、难点和热点问题,立良善之法、管用之法。在促进经济发展方面:为提高公共资金的使用效率,解决招标投标中的违规问题,促进市场公平竞争,修订的《江西省〈中华人民共和国招标投标法〉办法》,新增电子招投标、统一的公共资源交易平台等内容,程序更加科学,监管措施更加有力;针对矿业权出让中存在的混乱现象和腐败问题,审查修改的《江西省矿产资源条例》,用专章对矿业权出让行为进行严格规范;为解决税源流失,增加财政收入,审查修改的《江西省税收保障办法》,规范第三方涉税信息的报送,拓宽税源信息渠道。全年全省税务机关增加涉税有效信息100多万条,可增收税款20多亿元。在保障和改善民生方面:坚决贯彻落实党的十八届三中全会做出调整完善生育政策的决策部署,年初启动《江西省人口与计划生育条例(修正案)》的立法程序。通过修正案的出台,江西省成为全国第二个实施中央提出"一方是独生子女的夫妇可生育两个孩子"政策的省份,顺应人民群众的期盼。审查修改的《江西省军人抚恤优待办法》,制定城乡统一的义务兵家庭抚恤优待金制度,惠及占义务兵三分之二以上农村义务兵家庭。在维护社会稳定方面:针对"医闹"问题频发现象,及时启动《江西省医疗纠纷预防与处理条例》的立法程序,科学设置医疗纠纷预防调处机制。该条例实施后,全省因医患纠纷引发的"医闹"事件与上年同期相比,大幅下降32%,实施效果得到省委书记强卫的充分肯定;审查修改的《江西省国有土地上房屋征收与补偿实施办法》,规范作出征收决定的程序,完善征收补偿机制,为有效化解社会矛盾,保护群众利益,推进城市化建设提供法律保障。

政府法制改革重点工作稳步推进。根据省委省政府统一部署,由省编办和省政府法制办牵头负责的行政执法体制改革工作,进行大量的摸底、调研、考察工作,代省委、省政府起草《江西省行政执法体制改革意见(草案)》;积极推动行政复议体制改革。1—6月,省政府法制办与省编办、省财政厅联合下发《推进市县政府行政复议委员会试点工作的指导意见》,至年底,10个试点市县行政复议委员会均已挂牌运行。为贯彻落实《国务院关于促进市场公平竞争维护市场正常秩序的若干意见》,省政府法制办代省政府草拟《省政府关于推进市场监管投诉举报平台建设工作方案》,经省政府领导同意,确定2015年在南昌等市县开展试点。

行政执法监督制度建设和机制创新双轮驱动。着重从制度建设入手,规范行政执法监督工作。制定《江西省行政执法监督实施办法》。于2014年8月16日以省政府令颁布,10月1日起正式实施。为贯彻实施好《办法》,起草《关于加强行政执法监督工作意见》,并以省政府办公厅名义下发。该"办法"和"意见"出台,对于推进行政执法规范化建设,维护公平的市场环境和良好的社会秩序提供了制度保障。建立行政执法和刑事司法衔接工作机制。为克服行政执法中出现的有案不移、有案难移、以罚代刑现象,就"两法衔接"工作联合省检察院和省公安厅到省环保厅等18个省直单位、南昌等11个市(县)进行调研,起草《江西省推进行政执法与刑事司法衔接工作实施方案》,并以省政府办公厅名义下发。创新行政执法监督方式方法。充分利用社会和舆论监督的作用,制定行政执法特邀监督员制度。从人大代表、政协委员和社会各界代表中聘请60人担任江西省首批行政执法特邀监督员,丰富行政执法监督的方式,强化法律、法规、规章的有效执行。

行政复议和行政调解的公信力不断提升。认真办理行政复议案件。注重运用调解、和解方式化解行政纠纷,及时化解一批行政争议纠纷。全省受理行政复议案件4356件,办结3728件(向省政府申请行政复议的申请121件,受理43件,办结41件)。其中,撤销、变更、确认违法的199件,经协调协商、和解的2289件。扎实推进行政调解工作。与省综治办联合印发《关于做好2014年全省行政调解工作的意见》和《关于简化行政调解程序的通知》,进一步完善行政调解与人民调解、司法调解"三调联动"衔接机制。全省受理行政调解案件24.4万余件,调解23.2万件,案件数量比上年增加22.4%。通过行政复议、行政调解双管齐下,有效化解一大批社会矛盾纠纷。

依法行政指导扎实有效。开展地方性法规、规章贯彻实施指导工作。制定下发《关于地方性法规、省政府规章贯彻实施的指导意见》,明确地方性法规、省政府规章贯彻实施的6个基本程序。《江西省税收保障办法》《江西省医疗纠纷预防与处理条例》等地方性法规、政府规章实施取得明显成效，得到国务院法制办领导充分肯定。认真做好法治政府建设部署推进工作。起草《江西省2014年法治政府建设工作要点》，对行政执法体制改革、推进行政复议委员会试点、建立政府法律顾问制度、行政调解等年度重点工作进行专门部署。组织开展领导干部依法行政知识培训。6—7月，在井冈山江西干部学院集中举办两期依法行政培训班，各级行政机关和领导干部的法治思维和依法行政意识得到进一步增强。开展依法行政先进评选表彰活动。以省政府名义印发《关于表彰2011—2013年度全省依法行政先进单位和先进个人的决定》，营造依法行政浓厚氛围。

政府法律顾问队伍主体作用有效发挥 。在省政府制定重大行政决策工作中，认真履行合法性审查和法律论证职责，有效发挥政府法律顾问队伍的主体作用。认真做好法律论证工作。对40件法律法规草案、130件省政府及部门规范性文件进行法律论证，省政府法制办所提出的意见和建议基本被采纳。认真做好合法性审查工作。对83件设区市政府、省直部门报送的规范性文件以及24件重大行政执法决定进行合法性审查，提出7条审查意见。认真办理省政府涉法律事务。2月，省安监局提请以省委、省政府名义下发《关于安全生产“党政同责、一岗双责”的暂行规定》（简称《规定》），省政府法制办进行合法性审查，按照职权法定、切实管用的原则，提出具体审核意见。《规定》下发后，国家安监总局印发全国各省借鉴，并在全国安监工作会上予以表扬。11月，为妥善处理国家审计署审计提出的原江钨集团17个矿业权问题，根据省政府领导指示要求，进行严密的法律论证，提出两种处理方案和路径，供省政府领导决策参考。

【出台全国第一个地方性医疗纠纷处理法规】 为规范医疗纠纷的预防与处理工作，构建和谐的医患关系，保障医患双方的合法权益，维护社会和谐稳定，3月27日，省第十二届人民代表大会常务委员会第九次会议审议通过《江西省医疗纠纷预防与处理条例》，并定于2014年5月1日起正式施行。江西成为全国第一个出台地方性医疗纠纷处理法规的省份。《条例》立足于省情实际，着重预防和解决医疗纠纷案件，主要规定4个方面的内容：一是从源头上积极预防医疗纠纷案件的发生；二是突出运用人民调解方式解决医疗纠纷；三是通过规范医疗纠纷应急处置行为预防违法行为发生；四是建立医疗责任保险机制防范医疗风险。《条例》的颁布，标志着江西省预防和处理医疗纠纷工作步入法治化、规范化轨道，为进一步提升医疗纠纷预防和处理工作水平提供法制保障。

【出台第一部加强税收征管的政府规章】 5月13日，江西省第一部加强税收征管的政府规章——《江西省税收保障办法》，经第24次省政府常务会议审议通过，自7月1日起施行。《办法》包括税收管理、税收协助、税收服务、税收监督、法律责任等内容，共27条。《办法》明确规定各级人民政府应当依法治税，合理编制财政预算，规定政府及相关部门的税收协助义务，规定税务机关提供税收服务和保护纳税人合法权益的义务。

（王县银　童鹏）

发展研究与决策咨询

【概　况】 2014年，省政府发展研究中心完成课题29项，其中：独立完成课题18项，对外合作、委托课题11项。特约研究员立项课题19项均按时结题。有22项成果获得省领导36人次的批示。全年编辑调查研究报告39期、专报3期。

扎实有效地完成年度课题任务。全年完成的主要课题有：《以资本化改革促创新式发展，推进我省国企跨越发展的对策研究》《激发“两个”积极性、处好“三大关系”、完善“四项机制”——当前深化我省国企改革中需要关注的若干问题及建议》《吉林、黑龙江两省中医药产业发展及其对我省的启示》《云贵两省发挥资源优势、打造生物及中医药特色支柱产业的调研报告》《安徽亳州市发展中药产业、建设“中华药都”的调研报告》《台湾现代农业农村发展的若干特点及其借鉴意义》《稳中有进、喜中隐忧——2014年上半年经济形势分析与对策建议》《加快我省农民合作社发展的对策研究》《唯有源“泉”活水来——江钨集团开发靖安九岭森林温泉度假村的调研与启示》《江西旅游产业发展创新问题研究》“江西新型城镇化进程中农村转移人口土地问题研究”《永丰县医药产业发展调研报告》《江西省高等教育竞争力评价与对策研究》《江中集团创新发展中药功效食品新型产品的困惑与期望》《关于促进我省民办高等教育改革发展的调研报告》《筑牢增长平台、挖掘发展动力、培育崛起优势——2014年江西经济形势分析与2015年展望》《推进我省养老服务市场改革对策研究》《经济欠发达地区广播影视业发展道路研究》《江西省支持小微企业发展政策研究》，与省参事室合作完成《关于推进文化体制改革组建我省演艺集团的研究报告》，与省卫计委、省中医药大学联合完成《关于推进江西中医药产业振兴发展，建设中医药强省的政策建议报告》《江西中医药产业发展的现状比较优势与发展趋势》。

多项成果获领导批示。全年共获省领导批示的课题有23项，其中《以资本化改革促创新式发展，推进我省国企跨越发展的对策研究》《加快我省农民合作社发展的对策研究报告》获省委书记强卫批示；《关于推进江西中医药产业振兴发展、建设中医药强省的政策建议报告》《江西中医药产业发展的现状比较优势与发展趋势》《加快樟树“药都”振兴发展的对策研究报告》获强卫、鹿心社、谢茹、朱虹批示；《激发“两个”积极性、处好“三大关系”、完善“四项机制”——当前深化我省国企改革中需要关注的若干问题及建议》获强卫、鹿心社批示；《吉林、黑龙江两省中医药产业发展及其对我省的启示》获强卫、鹿心社、姚亚平、谢茹、朱虹批示；《让文化创意产业接上金融引擎》获强卫、李炳军、朱虹批示；《唯有源“泉”活水来——江钨集团开发靖安九岭森林温泉度假村的调研与启示》《加强文化创意和设计服务与旅游业的融合，助推旅游强省建设》获强卫、朱虹批示；《台湾现代农业农村发展的若干特点及其借鉴意义》《加快江西电子商务发展的对策研究》《构建我省生态补偿机制研究》《关于昌九新区建设若干重要问题的思考与建议》获鹿心社批示;《关于促进我省民办高等教育改革发展的调研报告》获莫建成、朱虹批示,《安徽亳州市发展中药产业、建设"中华药都"的调研报告》获姚亚平、谢茹、朱批示。《云贵两省发挥资源优势、打造生物及中医药特色支柱产业的调研报告》,获姚亚平、朱虹批示。《江中集团创新发展中药功效食品新型产品的困惑与期望》《江西省财政科技经费使用方式改革探讨》获谢茹批示。《江西旅游产业发展创新问题研究》《江西省高等教育竞争力评价与对策研究》《经济欠发达地区广播影视业发展道路研究》获朱虹批示。

【参加重要的咨询论证活动】 2014年,省政府发展研究中心积极参加一些重要的咨询论证活动。主要有中国社科院"长江中游城市群发展战略研究"座谈会;国务院发展研究中心召开的智库建设、农村集体产权制度改革理论座谈会;省人大保障房督查调研活动;省委宣传部、省社联全省重大招标课题选题论证活动;省"十三五"规划重点课题选题论证活动;国务院参事室中部崛起形势分析研讨会,并提交分析报告;省人社厅"劳动就业形势分析会",并提交分析报告;省科技厅软科学课题评审活动;省发改委关于2013年经济形势分析及2014年工作思路的意见座谈会;省商务厅关于开放型经济的意见座谈会;人民银行南昌中心支行政策咨询会等。

(过士木)

【开展产业集群发展状况及公共服务平台建设情况专题调研】 2014年,省政府决策咨询委开展产业集群内生产性服务业发展状况及公共服务平台建设情况专题调研,撰写调研报告《围绕产业集群搭建公共服务平台促进生产性服务业加速发展》,在省政府决策咨询委《决策咨询》2014年第4期印发,同时印发在省政府办公厅《参阅文件》上,省委书记强卫做出批示。

【跟踪调研赣州市"小微信贷通"融资模式】 3—5月,省政府决策咨询委对赣州实施的"小微信贷通"融资模式进行跟踪调研,在充分调查研究的基础上,撰写《赣州市探索"小微信贷通"融资模式解决小微企业融资难问题》的咨询调研报告,并在《决策咨询》刊载。该调研报告获得省委书记强卫批示,要求省金融办认真总结并制定推广意见和措施。

【开展大宗商品交易市场建设情况调研】 4—6月,省政府决策咨询委启动全省大宗商品交易市场建设专题调研工作,先后赴省商务厅、省粮食局、江西省粮食交易所、瑞奇期货、江西洪门集团等部门和企业调研,多次召开主管部门领导、专家、企业家参加的座谈会,实地考察相关交易机构和场所,在认真分析研究的基础上,撰写《关于我省大宗商品现(期货)交易市场建设问题的研究》咨询研究报告呈送省委、省政府主要领导参阅,得到省委书记强卫和省长鹿兴社的高度评价,并批示送省发改委、商务厅等部门研阅。

【参与通航产业发展情况调研】 2014年,为研究江西省通航产业发展情况,省政府决策咨询委参与由省国防工办、省工信委、省国资委、省民航局联合组成的调研组,对江西通航产业发展情况进行调研,形成调研报告《我省通航产业发展现状及对策》,获得副省长李贻煌批示。该调研成果很快转化为政策成果,为省政府出台《关于加快通航产业发展的意见》奠定了基础。

【联合开展"推进我省中医药产业振兴、建设中医药产业强省"课题调研】 2014年,省政府决策咨询委参与由省卫计委、省政府发展中心、江西中医药大学组成的联合调研组,执笔撰写调研报告《吉林、黑龙江两省中医药产业发展及其对我省的启示》,参与撰写调研报告《安徽亳州发展中药产业建设"中华药都"的调研报告》,两个报告均得到省委、省政府主要领导,分管及相关领导的重要批示。

【参与九江市"助保贷"融资模式调研工作】 7月,省政府决策咨询委与省中小企业局组成调研组,对九江市开展"助保贷"融资模式的情况进行专题调研,先后赴九江市工信委、庐山区和武宁县进行调研,召开由市、县(区)工信委领导、金融机构负责人、企业家参加的座谈会,并走访相关企业。在调研基础上,撰写《九江市探索"助保贷"政银企风险共担融资模式,解决园区企业大额贷款难》的咨询研究报告,并呈副省长李怡煌阅示,受到李怡煌的高度评价。

【开展工商登记制度改革以来大众创业创新问题的调研工作】 10月以来,省政府决策咨询委与省中小企业局共同组成调研组,先后赴全省11个设区市和省工商、税务、质监等部门进行调研,召开20多场座谈会,在深入调研的基础上,撰写《关于工商登记制度改革以来江西创业情况的报告》,并根据省领导的指示,在调研报告的基础上起草《关于进一步深化工商登记制度改革促进大众创业创新的若干意见》。

(李鹏飞)

本栏编辑 陈超萍

中国人民政治协商会议江西省委员会

综　　述

2014年,省政协常委会紧扣全省中心工作,着力搭建协商平台,创新协商载体,增加协商密度,为改革发展谋大计,为社会和谐建诤言,为民生幸福献良策,为法治江西聚共识,充分发挥政协协调关系、汇聚力量、建言献策、服务大局的重要作用,在推进“发展升级、小康提速、绿色崛起、实干兴赣”征程中,彰显独特优势,做出新的贡献。

强化理论学习,坚定中国特色社会主义共同理想。始终把坚持和发展中国特色社会主义作为巩固共同思想政治基础的主轴。深入学习贯彻中共十八大、十八届三中、四中全会和中共中央总书记习近平系列重要讲话精神,在思想上政治上行动上与以习近平为总书记的中共中央保持一致。认真学习贯彻全国政协十二届二次会议精神,深刻把握新形势对人民政协提出的新要求。联系政协工作实际学习贯彻中共江西省委十三届七次、八次、九次、十次全会等重要会议精神,确保省委的决策部署在政协工作中得到贯彻落实。举行江西省庆祝人民政协成立65周年座谈会,省委主要领导出席会议并讲话。制定理论学习年度计划,出台《关于进一步健全省政协中心组理论学习制度的意见》等文件。

围绕中心建言,为推动江西省改革发展汇聚正能量。助推深化改革积极有为。召开“深化教育领域综合改革”专题协商座谈会,提出24条意见建议,省委、省政府出台的《关于深化教育领域综合改革若干问题的意见》予以采纳。“深化国有企业改革”专题协商座谈会提出10条建议,为省委、省政府出台《关于进一步深化国资国企改革的意见》提供重要参考。“进一步深化医药卫生体制改革”专题协商座谈会提出21条建议,引起相关部门的关注和重视。“进一步深化文化体制改革”专题协商座谈会提出的建议,对推进江西省文化大发展大繁荣起到积极作用。“进一步深化体育事业改革”专题协商座谈会提出的意见建议,有力促进全省体育事业和体育产业发展。助推发展升级建言献策。十一届六次常委会议围绕“加快江西省城镇化发展创新”协商议政,为推动全省城镇化发展提供参考。十一届七次常委会议围绕“加快推进昌九一体化”咨政建言,得到省委、省政府的充分肯定。组织住赣全国政协委员赴河南省考察产业集聚区建设情况,就推动江西产业集群发展提出9条建议,得到省委、省政府主要领导的高度重视,并要求认真学习借鉴河南经验。召开“创新农业经营体系和经营方式、加快现代农业强省建设”专题协商座谈会,提出12条建议,省委主要领导做出批示。助推生态建设扎实有效。组织专题调研组深入开展调研,形成《关于加快建设生态文明示范省的调研报告》,从7个方面提出操作性较强的意见建议。围绕“全省市县污水处理设施建设及运行情况”开展专题调研,从加快管网改造、加强运行监管、加大财政投入、健全考核机制等方面提出切实有效的建议,省政府分管领导召开专题会议进行调度,提出推动落实和跟踪问效的具体措施。

践行为民宗旨,为促进民生改善社会和谐献计出力。聚焦民生改善献计。召开“南昌备用水源地建设与管理”专题协商座谈会,南昌市积极采纳、推动落实,市政府常务会进行专题研究,启动抚河备用水源工程建设。围绕“江西省单独两孩政策实施、民营医院生存与发展环境、特殊教育发展”等开展一系列视察或调研活动。紧扣社会治理献力。召开“创新重点青少年群体教育服务管理”专题协商座谈会,提出9条意见建议。加强《关于将监狱服刑人员纳入新农合医疗制度保障范围的建议》提案的跟踪问效,促使相关部门出台政策,将全省监狱3.58万名农村籍罪犯纳入新农合保障范围。就“江西省国企改革中企业社区移交属地管理、贯彻落实《中华人民共和国道路交通安全法》情况”等开展调研或视察,为维护社会和谐稳定贡献力量。围绕民族宗教工作献策。召开“完善宗教教职人员社会保障政策”对口协商座谈会,推动江西省宗教教职人员社会保障政策的完善和落实。围绕“江西省高校少数民族学生工作、城市少数民族流动人口管理”等方面开展视察或调研。召开全省政协民族和宗教工作座谈会。参与第三届国际道教论坛活动,并举办“问道丹青——全国道教题材美术书法名家精品展”。

推进工作创新,不断提升政协履职能力和水平。创建协商座谈会新形式。出台《省政协2014年度协商工作计划》《协商座谈会工作流程图》等一系列制度文件,实行每月召开1次协商座谈会。全年组织开展2次常委会议专题协商、8次专题协商座谈会、1次界别协商座谈会、1次对口协商座谈会、20次重点提案办理协商座谈会。按照中央和省委统一部署，认真调研起草江西省政协协商民主制度建设文稿，为文件制定出台打下基础。改进全会和常委会议组织方式。十一届二次全会开幕大会上首次举行大会发言。会议开放度不断扩大，全会邀请12位海外侨胞及部分港澳台代表列席；常委会议邀请省直有关部门负责人、部分政协委员参会，恢复安排社会人士、高等院校师生代表旁听，并邀请省直管试点县（市）政协主席全程列席。务实高效开展视察工作。组织政协委员赴鹰潭、景德镇和上饶，就《江西省人民政府关于支持赣东北扩大开放合作加快发展的若干意见》贯彻落实情况进行专题视察。组织政协委员赴南昌市就“推进棚户区改造”“拆违拆临、建绿透绿”工作进行专项视察，为进一步提升省会城市管理水平贡献力量。认真开展民主监督制度建设调研工作。积极推荐省政协委员担任省直有关部门特约监督人员，向省检察院、公安厅、法制办、卫计委等省直单位推荐21名省政协常委、委员担任特约监督人员。

*注重求真务实，推动经常性工作活跃有序开展。*提案工作不断上水平。提案办理协商稳步推进，经审查立案的611件大会提案和平时提案全部办理完毕。改进提案审查工作方式，由会中审查立案改为会中初审、会后再审立案。健全重点提案督办机制，重点督办提案20件，联合督查10家承办单位共144件提案的办理情况。文史征编工作进展顺利。编撰《鄱阳湖文化志》《抗日战争中的江西战场实录》等一批内容宽泛、史料价值高、可读性强的重要文史资料专辑。认真办好《文史大观》，全年出刊4期，编辑各类史料40多万字。团结联谊工作进一步加强。开展“在赣外籍人士满意度调查”，省委主要领导做出批示，要求有关部门采取改进措施，省委办公厅《重要信息》对报告进行全文转发，有关部门研究落实。组织港澳委员和特邀代表围绕“江西省扶贫移民工作”返赣视察。配合省政府做好2014年赣港经贸合作活动等外联内引工作，共邀请20多名客商参加江西省发展升级投资合作推介会等专题活动。由省政协倡导，配合省政府与澳门特区政府联合举办第十二届澳门妈祖文化旅游节。筹建江西省政协海外扶贫基金会。社情民意信息及宣传工作卓有成效。向全国政协上报的信息，24篇被采用，《防邪反邪关键在于加强基层组织建设》等得到中央领导的重要批示。编发《建言献策》261期，其中《鄱阳湖天然渔业资源破坏严重，需尽快转捕为养》得到中央领导的重视和肯定。召开全省政协宣传工作会议。推动“委员在线”平台建设。《光华时报》发行量突破2.5万份。人民政协理论建设稳步推进。举办庆祝人民政协成立65周年“人民政协与协商民主”理论研讨会和第四次人民政协理论建设报告会，在“人民政协与协商民主”“人民政协与群众工作”“人民政协的界别组织活动”等理论研究方面取得一批重要成果。

*坚持固本强基，“五位一体”自身建设扎实推进。*注重以建章立制为抓手，巩固和扩大教育实践活动成果，制定出台9个制度文件，初步形成有利于江西省政协事业科学发展的制度体系和长效机制。注重发挥民主党派、工商联、无党派人士和人民团体的重要作用，邀请他们参加政协各项活动，促进党派团结合作。注重展现界别特色，印发《江西省政协关于进一步发挥界别作用的意见》，探索界别协商新形式、新途径，召开“进一步促进江西省侨（港澳）资企业发展”界别协商座谈会。注重发挥委员主体作用，印发《江西省政协主席会议成员联系界别和委员的办法》，提高为政协委员服务的质量和水平。注重发挥专委会基础作用，健全专委会工作机制，发挥专委会专家组的“高参”作用，成立“江西省科技创新与进步促进会”。注重加强政协机关建设，开展“真抓实干、服务提升年”主题活动，推进“连心、强基、模范”三大工程，增强服务政协委员、服务中心工作的能力。

重要会议

【十一届二次会议】　1月19日—23日在南昌举行。会议应出席委员694人，实到656人。省政协副主席钟利贵主持开幕大会，省委书记强卫在开幕大会上讲话，省政协主席黄跃金主持闭幕大会并讲话。会议审议通过黄跃金代表省政协十一届委员会常务委员会所作的工作报告，李华栋代表省政协十一届委员会常务委员会关于提案工作情况的报告。会议期间，委员们通过大会发言、参加小组和联组讨论、提交提案、反映社情民意信息等形式，围绕“发展升级、小康提速、绿色崛起、实干兴赣”十六字方针，紧扣昌九一体化、推进非公经济发展、加快农村土地承包经营权流转、推动医药产业大发展等经济社会发展重大问题和关系人民群众切身利益的实际问题，协商议政，建言献策。省委书记强卫、省长鹿心社、省委副书记尚勇等领导出席开、闭幕会，并参加联组讨论和小组讨论，听取大会发言。会议举行选举大会，选举甘良淼、朱荣辉、肖敏、陈祥树、熊根泉为政协江西省第十一届委员会常务委员。会议审议通过省政协十一届二次会议决议和提案初步审查情况的报告。

【十一届四次常委会议】　1月9日—10日在南昌召开。会议应出席133人，实到93人。省政协主席黄跃金出席会议并讲话，省委常委、省政府常务副省长莫建成作关于《政府工作报告（征求意见稿）》的说明，省委常委、统战部部长蔡晓明介绍有关人事事项。会议审议通过省政协十一届委员会常委会工作报告（审议稿）和关于提案工作情况报告（审议稿）；审议通过召开省政协十一届二次会议的决定及会议议程（草案）和日程（草案）；通过有关人事事项；审阅2013年政府系统提案办理情况；审议省政协办公厅、各专门委员会2013年工作总结。

【十一届五次常委会议】　1月22日在南昌召开。会议应出席133人，实到106人。省政协主席黄跃金主持会议，省委常委、统战部部长蔡晓明作有关人事事项的说明。会议审议通过十一届省政协常委候选人名单（草案）；通过省政协十一届二次会议选举办法、总监票人、监票人名单（草案）；通过《省政协十一届二次会议决议（草案）》；通过《省政协十一届二次会议关于提案初步审查情况的报告（草案）》。

【十一届六次常委会议】 4月10日—11日在南昌召开。会议应出席138人,实到91人。省政协主席黄跃金主持开幕会并作闭幕讲话;省政府副省长李炳军出席开幕会,听取发言并讲话;省政协副主席汤建人主持闭幕会。会议围绕"推动江西省城镇化发展创新"进行专题协商,省政协副主席肖光明作《关于推动江西省城镇化发展创新的若干建议(草案)》的说明,8位常委、委员作大会发言,省政协秘书长肖为群作关于常委会议分组协商讨论情况的综合汇报。会议原则通过《关于推动江西省城镇化发展创新的若干建议》。

【十一届七次常委会议】 9月28日—29日在南昌召开,围绕"加快推进昌九一体化"建言献策。省政协主席黄跃金主持第一次全体会议,省委常委、常务副省长莫建成到会听取发言并讲话,省政协副主席钟利贵对《关于加快推进昌九一体化的建议案(草案)》作说明。省政协副主席肖光明主持第二次全体会议,省政协主席黄跃金作讲话,省政协秘书长肖为群作关于常委会议分组协商讨论情况的综合汇报。会议原则通过《关于加快推进昌九一体化的建议案》;审议通过有关人事事项。

重要活动

【视察南昌棚户区改造工作】 1月16日,省政协主席黄跃金率省政协视察团在南昌市视察老城区棚户区改造工作。省委常委、南昌市委书记王文涛,省政协副主席钟利贵、李华栋、汤建人、刘晓庄、郑小燕、肖光明、刘礼祖、孙菊生,秘书长肖为群等参加视察,并出席有关情况汇报会。黄跃金一行到万寿宫街区棚户区改造工程现场,详细了解万寿宫棚改房屋征收工作进展以及万寿宫历史文化街区规划情况,并听取有关情况汇报。省政协办公厅主任杨春燕及各专委会主任、副主任等一同视察。

【省政协港澳委员和特邀代表返赣视察】 5月23日—26日,以省政协常委、香港委员召集人王忠桐为团长的省政协港澳委员和特邀代表返赣视察团一行30人,围绕江西省扶贫工作等主题,在武宁、修水和宜丰县开展视察活动。省政协主席黄跃金、副主席钟利贵会见视察团成员,省政协副主席刘礼祖参加视察活动。视察团成员分成工业、农业、教育、卫生、环保等8个小组深入一线视察,并在视察反馈会上提出许多意见建议。

【视察南昌市"双拆"工作】 根据省委书记强卫的要求,6月4日,省政协组织委员视察团对南昌市"拆违拆临、建绿透绿"工作进行专项视察,省政协主席黄跃金,副主席刘晓庄、郑小燕、肖光明,秘书长肖为群、办公厅主任杨春燕等参加视察活动并出席座谈会。视察团一行先后实地察看省建工集团、市育新学校、师大附中、南昌二十三中等"双拆"点位。在座谈会上,视察团成员观看"双拆"工作电视片,听取南昌市市长郭安作的工作情况汇报,并就相关工作提出意见建议。

【赴赣东北开展视察活动】 9月1日—3日,省政协组织3个视察团,由省政协主席黄跃金,副主席李华栋、刘晓庄分别带队,赴鹰潭、景德镇、上饶三地,就《江西省人民政府关于支持赣东北扩大开放合作加快发展的若干意见》贯彻落实情况进行视察,省政协秘书长肖为群等陪同视察。视察团先后视察鹰潭市规划展示馆、行政服务中心、信江新区中央商务区、高教园区、高铁北站,景德镇市北汽昌河汽车新基地、直升机研发生产基地、浯溪口水利枢纽、陶溪川陶瓷文化创意园,上饶市凤凰光学、中材机械、光电高科、德隆纺织等企业及东都花园、万达广场等民生工程。

【住赣全国政协委员赴河南考察】 9月9日—14日,全国政协委员、省政协主席黄跃金率住赣全国政协委员赴河南考察产业集聚区建设。民革中央监督委员会副主任陈清华,省政协副主席李华栋、汤建人、刘晓庄、郑小燕、孙菊生等住赣全国政协常委、委员共14人参加考察活动。考察期间,河南省委副书记、省长谢伏瞻会见考察团一行,并介绍河南省经济社会发展情况,省委常委、常务副省长李克向考察团介绍河南省产业集聚区建设情况,副省长张维宁出席反馈会听取意见建议。河南省政协副主席靳绥东、邓永俭,秘书长郭俊民等先后陪同考察并介绍有关情况。

【举行庆祝人民政协成立65周年座谈会】 9月22日,庆祝人民政协成立65周年座谈会在南昌举行。省委书记、省人大常委会主任强卫出席座谈会并讲话;省委副书记、省长鹿心社,省委常委、统战部部长蔡晓明,省政协七届、八届主席朱治宏出席座谈会;省政协主席黄跃金主持座谈会;省政协副主席郑小燕、住赣全国政协委员王东林分别代表省各民主党派、工商联、无党派人士、各人民团体、各界别人士及住赣全国政协委员发言。省人大常委会副主任马志武,省政府副省长谢茹,省高级人民法院院长张忠厚,省人民检察院检察长刘铁流,省政协副主席李华栋、汤建人、刘晓庄、肖光明、刘礼祖、孙菊生,秘书长肖为群等参加座谈会。

【华东六省一市政协提案工作座谈会在井冈山召开】 10月15日,华东六省一市政协第二十一次提案工作座谈会在井冈山召开。省政协主席黄跃金出席会议并致辞,全国政协提案委员会副主任李宏出席会议并讲话,省政协副主席肖光明主持座谈会,上海、江苏、浙江、安徽、山东、福建、江西等省市政协在会上交流提案工作的做法经验。上海市政协副主席李良园、江苏省政协副主席何权、浙江省政协副主席吴晶、福建省政协副主席杨根生、山东省政协副主席焉荣竹,以及省政协秘书长肖为群、办公厅主任杨春燕等参加座谈会。

调查研究

【关于推动江西省城镇化发展创新的调研】 为策应省委推动江西省城镇化发展创新的决策部署,成立由省政协主席黄跃金、副主席肖光明牵头的调研组。2月下旬至3月中旬,调研组赴南昌、九江、新余、上饶、吉安5个设区市、14个县(区)、7个工业园区、2个乡镇开展实地调研,形成《关于推动江西省城镇化发展创新的若干建议(草案)》,提出"创新城镇化发展模式,大力推进人的城镇化;创新城镇化发展路径,走集约、绿色、低碳发展道路;创新城镇化投融资方式,为城镇化建设提供多元可持续资金保障;创新城镇化组织推进机制,着力提高城镇化发展质量和水平"四方面建议,提交省政协十一届六次常委会议审议通过后,报省委、省政府供决策参考。

【关于深化国有企业改革的调研】 3月,省政协副主席钟利贵一行,先后与江西铜业、新钢股份、江钨控股、凤凰光学、瑞林公司、省国资控股公司、省建工集团、江中制药、省电子集团、泰豪科技、高能集团等企业负责人,以及省发改委、省财政厅、省人保厅、省民政厅、省国资委、省工信委、南昌市、九江市、景德镇市等部门和地区负责人进行调研座谈,深入了解江西省国有企业改革情况、存在问题及工作建议。3月26日召开专题协商座谈会,省政协主席黄跃金、省政府副省长李贻煌出席会议并讲话,省政协副主席钟利贵主持会议。会后形成《关于深化江西省国有企业改革的若干建议》,提出"深化国有企业改革应当进一步解放思想;深化国有企业改革应当坚持正确的方向;深化国有企业改革应当紧扣实际突出重点;深化国有企业改革应着力解决历史遗留问题"四方面建议,报省委、省政府供决策参考。

【关于南昌市备用水源地建设和管理的调研】 3—4月,省政协人资环委与南昌市政协联合组织专题调研组,赴赣抚平原、抚河、象湖流域、靖安县潦河北支段以及柘林湖进行考察调研,研究讨论备用水源地建设与管理的相关问题。5月9日召开专题协商座谈会,省政协主席黄跃金、省政府顾问孙刚参加会议并讲话,省政协副主席孙菊生主持会议。会后形成《关于南昌市备用水源地建设和管理的建议》,提出尽快出台《江西饮用水水源保护条例》;建立和完善备用水源地建设管理协调机制,保证工程建设顺利推进;编制抚河备用水源地建设规划;严格保护备用水源地环境等方面建议,报省委、省政府供决策参考。

【关于加快推进昌九一体化的调研】 为贯彻落实省委"做强南昌,做大九江,昌九一体,龙头昂起"的决策部署,4—8月,省政协副主席钟利贵等领导率队就"加快推进昌九一体化"进行专题调研。调研组先后深入南昌、九江两市和省发改委等部门调研,并赴重庆、湖南、安徽、浙江、陕西、四川等六省市学习考察,形成《关于加快推进昌九一体化的建议案(草案)》,提出"坚持双核驱动,对接融入,始终把握昌九一体化的目标导向;坚持抱团发展,组团推进,探求昌九一体化的可行路径;坚持改革创新,真抓实干,建立完善昌九一体化的保障机制;坚持科学规划,加强研究,深入开展建设昌九新区相关工作"四方面建议,提交省政协十一届七次常委会议审议通过后,报省委、省政府供决策参考。

【关于深化文化体制改革的调研】 8—10月,省政协副主席李华栋率队就"深化文化体制改革"开展调研,调研组一行先后赴省文化厅、省新闻出版广电局、九江市、宜春市等部门和地区调研,并赴湖南、湖北两省学习考察,掌握了比较详尽的第一手资料。11月20日召开专题协商座谈会,省政协主席黄跃金主持会议,省政府副省长朱虹出席会议并讲话,省政协副主席钟利贵出席会议,省政协副主席李华栋讲话,省政府相关部门领导与政协委员围绕专题进行协商互动。会后形成《关于进一步深化江西省文化体制改革的建议》,提出"凝聚共识,确保文化体制改革健康有序推进;解放思想,不断推动文化管理体制创新;抓住重点,加速推进现代文化产业体系建设"三方面建议,报省委、省政府供决策参考。

【关于进一步深化体育事业改革的调研】 9—10月,省政协副主席汤建人率队就"进一步深化体育事业改革"开展调研,调研组一行先后赴萍乡、鹰潭两市和省体育局等部门调研,并赴江苏省学习考察。12月23日,召开专题协商座谈会,省政协主席黄跃金主持会议,省政府副省长谢茹、省政协副主席汤建人出席会议并讲话。会后形成《进一步深化江西省体育事业改革的若干建议》,提出"解放思想、转变职能,激发体育改革发展内生动力;统筹公共体育资源,建立全民健身服务体系;集约运用体育资源,进一步提升竞技体育实力和水平;积极培育体育市场,促进体育产业快速健康发展"四方面建议,报省委、省政府供决策参考。

(骆名坤)

本栏编辑　陈超萍

中国共产党江西省纪律检查委员会

综　述

2014年，江西省各级纪检监察机关按照十八届中央纪委三次全会和省纪委十三届四次全会的部署，紧跟中央改革步伐，聚焦中心任务，强化监督执纪问责，坚决纠正“四风”问题，重拳出击惩治腐败，党风廉政建设和反腐败工作取得明显成效。

高位推进“两个责任”贯彻落实。省委制定出台《关于落实党风廉政建设党委主体责任和纪委监督责任的意见（试行）》，召开省市县乡四级电视电话会议进行部署。省委书记强卫带头落实主体责任。省委常委会成员按照“一岗双责”的要求，认真抓分管领域的党风廉政建设工作。省纪委切实履行监督责任，协助省委统筹谋划党风廉政建设和反腐败工作。组织省发改委等6个省直部门主要负责人在省纪委全会上述职述廉并接受民主测评。省领导带队，对各地各部门2013年度落实责任制情况进行检查考核。省委书记和省纪委书记、副书记对11个设区市和25个省直单位党委（党组）、纪委（纪检组）主要负责人进行落实“两个责任”专题约谈。

反腐高压态势下“不敢腐”效应初步显现。严肃查办发生在领导机关和领导干部中贪污贿赂、买官卖官、徇私枉法、腐化堕落、失职渎职案件，严肃查办发生在重点领域、关键环节和群众身边的腐败案件。不论什么人，不论其职务多高，只要触犯党纪国法，都要一查到底。立足抓早抓小，全面掌握党员干部的思想、工作、生活情况，发现党员干部苗头性问题，要早提醒、早做工作，及时约谈、函询，加强诫勉谈话，防止小问题变成大问题。坚持查处与保护相结合，旗帜鲜明地支持干事者，保护改革者，宽容失误者，追究诬告者，严惩腐败者，依纪依法为想干事、能干事、有作为的干部撑腰壮胆，树立鲜明的执纪导向。

纪律和作风建设新常态正逐步形成。把严明党的政治纪律放在首位，严格执行党的政治纪律、组织纪律、工作纪律、财经纪律和生活纪律等各项纪律。深入落实中央八项规定和省委若干规定，健全改进作风常态化机制。坚决落实《党政机关厉行节约反对浪费条例》，督促并严格执行党政机关国内公务接待管理规定和领导干部工作生活保障制度。完善严禁到风景名胜区开会等各项规定，严肃查处党员干部出入私人会所、变相公款旅游、公车私用等问题。严禁用公款互相宴请、赠送节礼、高档消费。继续治理“红包”问题，严格执行先免职再处理的规定，坚决刹住歪风。

巡视的反腐“利剑”作用进一步发挥。省委高度重视加强和改进巡视工作。省委常委会、省委“五人小组”会及时研究巡视工作、听取巡视情况汇报，省委书记强卫先后多次对巡视工作落实提出明确具体要求，对重要问题做出批示，为开展巡视工作把关定向。省委巡视工作领导小组按照中央和省委对巡视工作的要求，认真研究制定巡视工作计划，及时听取巡视情况汇报，协调解决巡视工作中的矛盾和问题，为省委巡视工作的顺利开展提供有力支持。2014年，增加2个省委巡视组，开展3轮巡视。对7个设区市、11个省直单位开展常规巡视。7个设区市、46个县（市、区）开展党风廉政建设巡查工作，取得明显成效。

教育预防工作进一步深化。制定《江西省贯彻落实〈建立健全惩治和预防腐败体系2013—2017年工作规划〉实施办法》，将81项工作任务分解落实到20家牵头单位。深入开展理想信念教育、宗旨教育、党风党纪教育和廉洁自律教育，大力宣传勤政廉洁典型，使党员干部做到公私分明、克己奉公、严格自律。抓好省反腐倡廉教育馆的改版升级。抓好廉政文化精品创作和展播工作，深入推进廉政文化“六进”活动，努力形成崇尚清廉、鞭挞贪腐和以廉为荣、以贪为耻的社会氛围。倾力打造“网上纪委”。建设集信息公开、新闻发布、政策阐释、民意倾听、网络举报于一体的纪检监察网上主渠道、主阵地，开设纪检监察机关政务微博，传递正能量，为党风廉政建设和反腐败工作提供舆论支持和宣传服务。

“三转”工作初见成效。在全省纪检监察系统组织开展“三转”大讨论活动。省委办公厅、省政府办公厅下发《关于推进纪检监察工作转职能转方式转作风的通知》。省市县三级纪检监察机关共退出议事协调机构10761个，精简率达84.7%；省市两级纪检监察室数量由33个增加到56个，直接从事执纪监督工作的内设机构占67.1%、人员编制占58%；清理各级纪委书记、纪检组长其他业务分工1274项、兼职40项。省监察厅将原牵头负责的5项工作，移交相关主责部门，有序做好衔接工作。加强和改进省直派驻机构统一管理。制定并落实《关于完善县（市、区）纪工委监察分局建设和管理的意见》，全省县（市、区）纪工委人员力量普遍得到充实。

重要会议

【召开省纪委十三届四次全体会议】 1月20日—21日，中国共产党江西省第十三届纪律检查委员会第四次全体会议在南昌举行。出席会议的省纪委委员41人，列席366人。

省纪律检查委员会常务委员会主持会议。全会传达学习中共中央总书记习近平在十八届中央纪委第三次全体会议上的重要讲话和中共中央政治局常委、中央纪律检查委员会书记王岐山所作的工作报告。省委书记强卫出席全会并作重要讲话。鹿心社、尚勇、黄跃金、莫建成、史文清、姚亚平、王文涛、周萌、蔡晓明等省领导出席会议。全会审议通过省委常委、省纪委书记周泽民代表省纪委常委会所作的《突出中心任务，加强改革创新，全力推进建设江西风清气正的政治生态》的工作报告。省委各部门、省直各单位主要负责人参加会议。省发改委、省工信委、省民政厅、省司法厅、省外事侨务办、省交通运输厅主要负责人在会上述职述廉并接受民主测评。

全会指出，2014年，要高举中国特色社会主义伟大旗帜，以邓小平理论、“三个代表”重要思想、科学发展观为指导，深入贯彻党的十八大、十八届二中、三中全会和十八届中央纪委三次全会精神，认真贯彻习近平系列讲话精神，认真贯彻省委十三届七次、八次全会精神，坚持党要管党、从严治党，以建设风清气正的政治生态为目标，加强反腐败体制机制创新和制度保障，落实党风廉政建设责任制，严明党纪政纪，坚持不懈纠正“四风”，坚定不移惩治腐败，深入推进党风廉政建设和反腐败斗争。一是要加强反腐败体制机制创新和制度保障。强化上级纪委对下级纪委的领导。贯彻落实中央关于党的纪律检查工作双重领导体制具体化、程序化、制度化的意见，建立健全下级纪委向上级纪委报告工作、定期述职、约谈汇报等制度；查办腐败案件以上级纪委领导为主，线索处置和案件查办向同级党委报告的同时必须向上级纪委报告；各级纪委书记、副书记的提名和考察以上级纪委会同组织部门为主。二是要全面落实党风廉政建设责任制。各级党委（党组）和主要领导要树立不抓党风廉政建设就是严重失职的意识，主要领导履行第一责任人责任，领导班子成员对职责范围内的党风廉政建设负领导责任。各级纪委要承担监督责任，对发生重大腐败案件和不正之风长期滋生蔓延的地方、部门和单位，实行“一案双查”，既要追究当事人的责任，又要追究相关领导责任。三是要以零容忍态度惩治腐败。各级党委要加强对反腐败工作的领导，改革和完善反腐败协调小组职能。严格审查和处置党员干部违纪违法行为。转变办案方式，注重快查快结，立足抓早抓小，防止小问题变成大问题。四是要加强纪律、作风建设，巩固深化成果。加强党的纪律建设，严格执行党的政治纪律、组织纪律、工作纪律、财经纪律和生活纪律等各项纪律，坚决克服组织涣散、纪律松弛问题，坚决查处违反党纪政纪的行为。深化作风建设，坚决纠正“四风”，深入落实中央八项规定精神和省委若干规定，健全改进作风常态化机制。五是要加强预防腐败工作。抓好《江西省贯彻落实〈建立健全惩治和预防腐败体系2013—2017年工作规划〉实施办法》的贯彻落实。加强对权力运行的监督和制约，开展领导干部任前廉政法规知识测试工作。深化党风廉政宣传教育和廉政文化建设。六是要用铁的纪律加强纪检监察队伍建设。各级纪检监察机关要按照党章和行政监察法赋予的职责履职尽责，转职能、转方式、转作风，聚焦中心任务抓落实，加强基础建设，加强基层纪委工作力量，加强能力建设，努力建设一支忠诚可靠、服务人民、刚正不阿、秉公执纪的纪检监察干部队伍。

【召开全省落实党风廉政建设党委主体责任和纪委监督责任电视电话会议】 9月28日，省委召开全省落实党风廉政建设党委主体责任和纪委监督责任电视电话会议，进一步部署落实省委《关于落实党风廉政建设党委主体责任和纪委监督责任的意见（试行）》。省委书记强卫出席会议并讲话。省长鹿心社主持会议，省领导黄跃金、莫建成、姚亚平、周泽民、王文涛、周萌、魏小琴、朱虹、李贻煌、张忠厚、刘铁流和郑为文在南昌主会场出席会议。上饶、吉安、赣州、省交通运输厅有关负责人在会上就履行好主体责任和监督责任作表态。

廉政建设

【概　况】 2014年，全省各级纪检监察机关严格监督执纪问责。全省查处违反中央八项规定精神问题2233起，问责处理干部3058人，党纪政纪处分876人；省市两级纪委82次公开通报曝光典型案例354起。省纪委严肃查处10起违反中央八项规定精神问题，处理厅级干部13名，给予党政纪处分5人。全省各级纪检监察机关结合开展党的群众路线教育实践活动，持续推进“红包”专项治理，全年全省三级廉政账户共收到“红包”等违纪款7257.72万元，查处问题63个，处理党员干部82人。开展国家工作人员防止利益冲突专项治理，各设区市623名厅以上干部和县（市、区）党政主要负责人自查登记表报省纪委备案。坚决整治“会所中的歪风”，关停整改违规会所45个。开展“公款送礼、公款吃喝、奢侈浪费”专项整治，全省行政事业单位因公出国（境）费、公务接待费、公务用车购置及运行费，同比分别下降2.63%、33.94%、11.05%。积极构建作风建设长效机制，制定《关于领导干部操办婚丧喜庆事宜实行“两报告一承诺”的暂行规定》《江西省纪检监察机关对贯彻落实中央八项规定精神开展监督检查的暂行办法》等一系列制度措施。坚持每两月一次通报，每季度一次明察暗访，每半年一次集中检查，推进作风建设常态化长效化。

加大查办案件工作力度。把惩治腐败放在更加突出的位置，坚持有案必查、有腐必惩，既打“老虎”、又拍“苍蝇”，严惩一批腐败分子。全省纪检监察机关接受信访举报5.39万件（次）、立案7286件、结案7043件、处分7720人，分别比2013年增长19.6%、24.4%、16.9%、17.0%。省纪委立案41件42人，其中正厅级15

人，副厅级17人。积极配合中央纪委对苏荣、陈安众、姚木根的纪律审查，并对苏荣案涉及问题进行处理。全省各级纪委共谈话函询888件(次)，为2198名党员干部澄清不实举报。严肃查办发生在群众身边的违纪违法案件，全省立案查办基层党员违纪案件5339件，处分5723人。转变办案理念，严格办案流程，加快办案节奏，提高办案质量。制定《关于对反映领导干部问题线索实行统一管理的意见》，定期召开案件线索排查会议，逐件进行研究处置。坚持依纪依法、安全文明办案，严格落实"两规""两指"各项规定，确保办案安全。加强办案队伍建设，建立由纪检、检察、公安、审计、税务、金融等部门的办案骨干组成的省纪委监察厅机关办案人才库。

加强和改进巡视工作。省委巡视组紧扣"一个中心"，发现"四个着力"方面的问题线索1463件，其中涉及厅级干部150人、县处级干部501人、乡科级干部506人，分别是2013年的12.3倍、22.8倍、6.6倍。针对线索具体的突出问题，各巡视组紧紧依靠被巡视单位党委，开通速查速办"快车道"，协调相关执纪执法机关和组织部门提前介入、快查快办。江西省巡视工作得到中央巡视工作领导小组领导的充分肯定。巩固中央巡视组反馈意见的整改成果。中央第八巡视组向省纪委移交的109件领导干部违纪违法信访件，已立案和可了结件104件，占95.4%，其余5件正在核查过程中，有的已基本核查结束，正在形成调查报告。向党内和社会公开整改情况，组织开展"回头看"，确保中央第八巡视组反馈的6个方面25个专项问题件件有着落，事事有回音。

加强党风廉政教育。倾力打造"网上纪委"，开展反对"四风"微电影作品展播活动，开通省纪委政务微博、微信和手机报，推进廉政文化示范点建设。出台《江西省新任省管领导干部任前廉政教育暂行办法》，对任前廉政教育的范围和组织实施进行了明确规定。组织182名省管领导干部参加廉政法规知识测试，并当场公布成绩，现场签订《领导干部党风廉政建设承诺书》。加大警示教育力度，通过运用查处的收受"红包"典型案例和汇编2011年换届以来省纪委查处的21名严重违纪违法党员干部忏悔录，用身边的事教育身边的人，起到惩治一个、教育一片的效果。

制度建设

【印发《关于对反映领导干部问题线索实行统一管理的意见》】 为加强省纪委省监察厅机关反映领导干部问题线索的统一管理，促进依纪依法办案，2月17日，省纪委办公厅印发《关于对反映领导干部问题线索实行统一管理的意见》(简称《意见》)。《意见》从加强线索管理、建立线索排查会议制度、强化工作职责、规范工作流程以及加强工作领导5个方面，对规范省纪委省监察厅机关线索统一管理提出明确要求。

【制定《江西省新任省管领导干部任前廉政教育暂行办法》】 为加强对省管领导干部的任前廉政教育，增强省管领导干部的拒腐防变和抵御风险能力，强化"一岗双责"和廉洁自律意识，促进全省党风廉政建设和预防腐败工作，5月4日，省纪委印发《江西省新任省管领导干部任前廉政教育暂行办法》(简称《暂行办法》)。《暂行办法》明确省管领导干部的任前廉政教育在南昌党风廉政教育基地集中进行，要求原则上每半年举行一次，每次半天时间，主要包括廉政法规知识测试、警示教育活动、签订廉政承诺书、集体廉政谈话四项内容。

【印发《江西省纪检监察机关对贯彻落实中央八项规定精神开展监督检查的暂行办法》】 为切实履行纪检监察机关在作风建设中的监督职责，促进中央八项规定精神落到实处，根据中央和省委关于改进作风有关规定精神，结合江西省实际，5月5日，省纪委监察厅印发《江西省纪检监察机关对贯彻落实中央八项规定精神开展监督检查的暂行办法》(简称《暂行办法》)。《暂行办法》要求全省各级纪检监察机关在同级党委、政府和上级纪检监察机关的领导下，突出主责主业，严格执纪监督，经常性地开展对中央八项规定精神贯彻落实情况的监督检查，推进作风建设常态化，明确监督检查的对象、重点内容和方法，并对检查中发现问题的处理方式、责任追究，以及工作纪律等事项做出具体规定。

【制定《江西省纪委监察厅党风政风案件调查处理办法(试行)》】 为规范省纪委、省监察厅党风政风案件的调查处理，加强案件线索管理，提高办案质量和效率，9月5日，省纪委办公厅印发《江西省纪委监察厅党风政风案件调查处理办法(试行)》。该办法明确党风政风案件的范围，并对线索处理、案件查办以及落实处理和信息报送等做出具体规定。

【印发《江西省纪委监察厅查办严重违纪违法案件工作流程和管理办法(试行)》】 根据查办案件工作相关规定，结合江西省查办案件工作实际，9月5日，省纪委办公厅印发《江西省纪委监察厅查办严重违纪违法案件工作流程和管理办法(试行)》(简称《办法》)。《办法》就省纪委监察厅机关查办严重违纪违法案件的线索管理、初核、立案、"两规"措施的审批和组织实施、调查取证等工作流程进一步予以明确。

【出台《江西省纪检监察机关谈话函询暂行办法》】 为加强和改进反映领导干部问题线索的管理，规范谈话函询工作，根据中央纪委、中央组织部有关规定，11月14日，省纪委办公厅印发《江西省纪检监察机关谈话函询暂行办法》(简称《暂行办法》)。《暂行办法》明确谈话函询的对象及适用范围，并对函询的报批与回复、复函的审核、谈话的审批、谈话方式及谈话内容等有关事项做具体规定。

(省纪委办公厅编辑室)

本栏编辑　陈超萍

民 主 党 派

中国国民党革命委员会江西省委员会

【概　况】　2014 年年底，民革江西省委会共有地方组织 12 个，其中省级组织 1 个。设区市组织 11 个；基层组织 258 个，其中：基层委员会 5 个，总支委员会 32 个，支部 220 个，小组 1 个；党员总数 4414 人。全年新发展党员 184 人，平均年龄 36.9 岁，其中本科以上学历占 77.7 %，具有中高级职称的占 50.5 %。党员中担任各级人大代表、政协委员的 741 人，占党员总数的 16.8%，其中：全国人大常委会委员 1 人，全国政协委员 2 人(其中常委 1 人)，省人大代表 12 人(其中省人大常委会副主任 1 人，省人大常委会委员 2 人)，省政协委员 42 人(其中常委 8 人)；担任副处级以上领导干部的 164 人，其中：省部级 2 人、厅局级 10 人、县处级 152 人。

议政协商主动有为。民革省委会领导积极参加中共江西省委、省政府、省政协和有关部门召开的各类民主协商会，围绕全省经济工作、省政协工作、法治江西建设以及重大人事事项等提出意见建议，受到重视。省人大常委会副主任、民革省委会主委马志武就《中共江西省委关于全面推进法治江西建设的意见》(征求意见稿)提出的修改意见和建议，有多条内容被采纳。

建言献策成效显著。民革省委会向省政协十一届二次会议提交大会发言材料 7 件，集体提案 18 件。集体提案《关于助推昌九龙头昂起的建议》《关于高位推进景德镇申请世界“陶瓷工艺美术之都”的建议》在省政协第六次提案工作会上被评为优秀提案。民革省委会被民革中央评为 2014 年度为民革中央提案工作做出贡献的先进集体。2 篇社情民意信息被全国政协采用，4 篇社情民意信息被民革中央采用，27 篇社情民意信息被省政协采用。社情民意信息《强化监测和监管机制，严防污染土地(毒地)建房伤民》《关于我省全面开展稻谷农药残留检测的建议》得到副省长李炳军批示；《关于梳理工业园区安全生产管理机构的建议》《关于治理昌北机场出租车乱象建议》《建议将枫生高速改造成平行交叉路》得到副省长李贻煌批示；《尽快建立城市地下管线统一规划和管理的长效机制》得到副省长郑为文批示。

思想建设全面推进。按照民革中央的统一部署，以“我为赣鄱献一策”活动为抓手，深入开展坚持和发展中国特色社会主义学习实践活动，民革全省各级组织共举办各类培训班 66 个，安排辅导讲座 50 场，召开交流会、座谈会等各类会议 91 场。围绕参政党理论研究、协商民主理论研究等，组织撰写理论文章 22 篇，有 5 篇理论文章被民革中央采用。拓展宣传工作新渠道，全年在《人民政协报》《团结报》《光华时报》和民革中央网、心桥网等媒体用稿 300 余篇，完成 7 位民革前辈、抗战老兵的口述历史和史料采集工作，《团结报》江西记者站获 2013—2014 年度《团结报》年度贡献奖。

社会服务工作卓有成效。民革省委会开展“千户示范、万人脱贫”扶贫活动，为广昌县盱江镇新安村争取各类项目资金 165 万元，帮助当地群众建设通村公路、排灌站等民生工程；开展法律援助咨询服务工作，免费为民革成员和社会弱势群体提供法律咨询服务 400 余次，涉及金额 200 余万元，受益百姓 2000 余人；开展帮扶困难群众、扶贫助学、助残助老、关爱抗战老兵等形式的“博爱·牵手”活动 300 余次，为 3000 余名群众开展免费医疗服务，累计捐款捐物总价值 300 余万元。民革省直四支部在“博爱·牵手”活动中做出显著成绩，被民革中央授予“优秀基层组织”称号。江西中山书画院举办新年迎春画展及捐资助学活动，承办 2014 年江西统一战线“同心·振兴广昌示范区”义捐(拍)艺术品展览活动，两次活动共募集金额 51.8 万元。

祖统工作再上台阶。民革省委会组织“现代农业参访团”赴台进行参访交流，在台湾期间，参访团实地参观台湾现代农业企业并进行座谈，积极接触各界民众，宣传推介江西。江西民革三胞投资服务中心主办协办各类联谊活动 8 次，走访三胞企业 108 家、三胞人士 812 人次。

【民革中央到江西开展专题调研】　7 月 21 日—24 日，全国政协副主席、民革中央常务副主席齐续春率调研组到赣，就赣南等原中央苏区振兴发展工作开展专题调研。省政协主席黄跃金，中共江西省委常委、赣州市委书记史文清，省人大常委会副主任、民革省委会主委马志武，省政协副主席李华栋等出席座谈会或陪同调研。

【开展“加强赣台农业合作，推动我省农业产业升级”课题调研】　2014

年,《加强赣台农业合作,推动我省农业产业升级》被确定为民革省委会参加全省统一战线课题大调研活动课题。民革省委会领导率调研组到省农业厅和吉安市、赣州市等地开展调研,赴福建省莆田市、浙江省丽水市学习考察,多次召开座谈会,并形成调研报告。在中共江西省委召开的2014年度各民主党派、工商联和无党派人士大调研成果汇报会上,省委书记强卫对该调研报告给予充分肯定。省农业厅已制定促使“建议”落地方案并报中共江西省委。

【开展“我为赣鄱献一策”活动】 2014年,民革全省各级组织自下而上组织开展“我为赣鄱献一策”活动,围绕江西省经济社会发展中的重点难点问题以及老百姓关注的民生热点问题积极建言献策,共提交各类参政议政素材500余篇。民革省委会将其中的87篇优秀稿件汇编成册并举办“我为赣鄱献一策”活动总决赛。民革上饶市委会选送的《加快江西新型工业化步伐的若干建议》获此次活动一等奖。

(肖伟)

中国民主同盟江西省委员会

【概　况】 2014年,全省有盟员7209人,其中:中上层人士6187人,占85.8%;中高级职称5701人,占79.1%。各级人大代表、政协委员856人,占盟员总数的11.8%。其中:全国人大代表1人,全国政协委员2人(常委1人);省人大代表8人(常委会委员2人),省政协委员53人(常委10人);市人大代表53人(常委会委员10人),市政协委员278人(常委46人)。担任副处级以上行政职务264人,其中:省政协副主席1人;副厅长1人,设区市副市长1人;设区市人大常委会副主任1人,设区市政协副主席7人;大学副校长2人。15人担任省级特约监督员,2人担任省政府参事,8人担任省文史馆馆员。

认真参与重大协商。民盟江西省委会领导积极参加全国政协、中共江西省委、省政府等召开的协商会、座谈会、情况通报会,就重大问题进行民主协商。全国政协常委、民盟省委会主委刘晓庄在6月26日全国政协双周协商座谈会上,作题为《开辟大学生农村创业就业的新天地》的发言,引起较大反响;11月25日,在《中共江西省委全面推进法治江西建设的实施意见》征求意见的全省党外人士座谈会上,主委刘晓庄提出的10多条意见受到高度重视,绝大多数被采纳。

推进社情民意信息工作。通过培训学习、考核通报、召开专题会议等方式,信息工作有新进步。全年收到信息稿件400余篇,向民盟中央、省政协、省委统战部报送207篇次,其中得到省领导批示6篇,被全国政协采用3篇。

推进对外宣传和理论研究工作。全年向各级媒体推选稿件300余篇,其中在《团结报》《江西日报》和民盟中央网、江西政协新闻网等媒体用稿140余篇。民盟省委会领导带头撰写理论研究文章,多篇文章在《学习时报》《人民政协报》《群言》等报刊刊发,并在民盟中央等组织的理论研究征文评选中获奖。在10月18日召开的民盟思想宣传工作会议上,民盟省委会和民盟上饶市委会、民盟赣州市委会荣获民盟思想宣传工作先进集体称号,民盟南昌市委会、民盟抚州市委会被评为群言杂志社发行工作优秀单位,受到民盟中央表彰。

开展基层组织建设年活动。先后出台《民盟江西省委会关于加强基层组织建设的实施意见》《民盟江西省委会直属基层组织考评办法》等文件,强化措施,全面加强全省基层组织建设工作。12月6日,召开省直基层组织工作座谈会。12月6日—7日,召开民盟省委会十三届十次常委(扩大)会议暨全省基层组织工作会议,表彰基层组织建设年活动中涌现出来的50个“先进基层组织”和280名“先进盟员”。

在全盟基层组织工作会议上,民盟江西省委会荣获中国民主同盟基层组织建设活力建设奖,同时民盟进贤县总支等12个基层组织被民盟中央授予中国民主同盟基层组织建设先进基层组织称号。

做好“同心·振兴广昌示范区”帮扶工作。协助推进盟员企业——江西安正利康生命科技有限公司的厂房建设;为该县大禾村完小捐赠130套新课桌椅以及体育器材,价值6万余元;同时组织广昌县182名英语教师参加民盟“烛光行动——新东方教师社会责任行”培训活动;参与全省统一战线“同心·振兴广昌示范区”艺术品展览义卖活动,共募集盟员书画名家的书画、陶瓷艺术作品11件,义卖资金超过20万元;联系民盟中央向广昌县图书馆捐赠价值6万元的一批图书。在民盟社会服务工作研讨会上,民盟抚州市委会、民盟赣州市委会、民盟南昌市青云谱区支部荣获社会服务先进集体称号,盟员肖敏、舒文锋、陈虹荣获社会服务先进个人称号,受到民盟中央表彰。

【民盟中央调研组到江西调研】 4月7日—9日,全国人大常委会副委员长、民盟中央主席张宝文率民盟中央调研组,就“大学生创业、就业政策优化”课题到江西调研。全国政协副秘书长、提案委员会副主任、民盟中央副主席徐辉参加调研。省委书记强卫、省长鹿心社等省领导看望调研组成员。省委常委、省委统战部部长蔡晓明,省人大常委会副主任马志武,省政协副主席、民盟省委会主委刘晓庄陪同调研,副省长胡幼桃向调研组介绍相关情况。张宝文一行先后在南昌市、景德镇市进行实地调研,考察江西科技师范大学、南昌大学、景德镇陶瓷学院等高校以及南昌市人社局就业服务中心、景德镇大学生创业孵化基地、正邦集团等。4月8日,调研组在南昌召开两场座谈会,分别听取省政府及相关部门和部分高校的情况介绍,深入了解江西促进大学生创业、就业工作的主要做法及取得的成效,并就其中存在的问题和困难进行交流与探讨。民盟中央副主席徐辉和民盟省委会主委刘晓庄、省委统战部常务副部长黄小华、民盟省委会副主委罗慧芬、任江南、王东林、何建洋、黄菊花,秘书长刘新农等分别参加上述活动。

【举办章金媛先进事迹专场报告会】 5月29日,民盟省委会联合民盟南昌市委会举行盟员先进事迹专场报告会，邀请章金媛及其爱心团队介绍先进事迹，并将报告会现场实况录制成光盘，分发全省各级民盟组织，号召全省广大盟员向章金媛学习。

【建立江西民盟黄丝带帮教基地】 7月8日，民盟江西省委会在省女子监狱举行“江西民盟黄丝带帮教基地”挂牌仪式。省政协副主席、民盟省委会主委刘晓庄和省司法厅副厅长沙闻麟出席仪式并讲话。民盟省委会副主委罗慧芬、任江南和秘书长刘新农，省监狱管理局副局长余晓东，省女子监狱监狱长徐耀旺等一同出席仪式。省女子监狱政委唐江伟主持活动仪式。基地挂牌后，民盟省委会可在该监狱举行讲座、咨询、义诊等帮教活动。

【民盟上海市委会帮扶苏区广昌县】 8月18日，民盟中央副主席、上海市人大常委会副主任、民盟上海市委会主委郑惠强率民盟上海市委会调研组到抚州市广昌县调研，并开展捐赠帮扶活动。省政协副主席、民盟省委会主委刘晓庄，中共抚州市委书记龚建华，民盟省委会副主委任江南，中共抚州市委常委、市政府副市长周学胜，市政协副主席、民盟抚州市委会主委陈云斐，广昌县县长欧阳巧文等陪同调研。在广昌县举行的捐赠仪式上，民盟上海市委会向广昌县捐赠22万元，并与广昌县政府签订大禾村完小综合楼援建协议。

（刘文萍）

中国民主建国会江西省委员会

【概　况】 至2014年12月底，民建江西省委会有地方组织12个，其中包括省级组织1个，设区市级组织11个；基层组织218个，其中：基层委员会4个、总支27个、支部187个、另有小组3个。会员总数3970人，其中担任各级人大代表、政协委员731人，担任政府及司法机关县（处）级以上职务40人，担任省级以上部门特邀（约）职务16人。全年新发展会员222人，发展率5.9%，净增率为5.3%。新发展会员中，平均年龄36.8岁；大专以上学历的占95.5%，大学本科以上学历占67.6%，硕士研究生以上学历占11.3%；中、高级职称占25.7%。

专题调研工作扎实开展。积极参与“统一战线大调研”，围绕江西锂电产业发展进行专题调研，形成调研报告——《创新推动锂电产业飞跃，铸造我省发展新“引擎”》，向中共江西省委主要领导作专题汇报；按照民建中央年度课题征选的要求，选择职业教育发展作为调研方向开展调研，形成《关注教育公平公正，推动职业教育发展》的调研报告；参加省政协组织的专题民主协商，围绕江西城镇生活污水处理情况赴抚州、鹰潭、上饶等地开展调研，并向省政协人资环委提交调研报告；在全省民建组织中广泛开展调研成果征选工作，收集到各类调研成果30余篇，选取11件报送民建中央。

履职工作成果丰硕。在省政协十一届二次会议上，民建省委会共向大会提交书面发言材料14篇，集体提案14件，内容涉及江西经济社会发展的难点和热点问题。作题为《加大金融支持力度激活新型城镇化红利》的大会发言，7名会员围绕“省直管县”改革、农村土地流转等方面内容在联组会议上发言。

社情民意工作取得新突破。民建省委会报送的社情民意中，有3件被全国政协采用，5件被省级以上领导批示。其中，李秀香提交的社情民意《内陆湖泊天然渔业资源逐年减少，建议国家实施转捕为养政策》，获得中共中央政治局委员、国务院副总理汪洋的重要批示；李秀香提交的社情民意《鄱阳湖天然渔业资源破坏严重，需尽快转捕为养》，得到省委常委、常务副省长莫建成的重要批示；彭慧娟提交的社情民意《建议做好庐山太乙风景区名人别墅遗存保护和利用》，得到副省长朱虹批示。

社会服务实效进一步显现。全年全省民建组织为“三农”办实事80件（次）；捐资建校5所；捐资助学1320人；援建村文化室3个、村卫生室2个；会员办校10所，在校生2万多人；举办各类培训班20余期，为社会培养各类人才2000人；协助党和政府安置下岗职工2.3万人；走访会员企业135次，办理维护会员企业合法权益案件8件。全省民建组织为慈善公益事业捐款捐物980万元。

【召开民建江西省八届三次全委会】 3月24日—25日，民建江西省第八届委员会第三次全体会议在南昌召开。中共江西省委常委、常务副省长莫建成出席会议并作重要讲话。省政协副主席、民建江西省委会主委孙菊生作工作报告。中共江西省委统战部常务副部长黄小华，民建中央调研部部长、抚州市副市长蔡玲，省政府副秘书长涂琼理应邀出席会议。民建省委会副主委胡淑珠、唐玉英、杨文龙、赵波出席会议。会议选举产生民建江西省第八届委员会监督委员会，审议通过《民建江西省第八届常委会工作报告》和《民建江西省第八届委员会第三次会议决议》。会议表彰民建江西省市级组织考评先进单位。

【民建中央到赣调研】 4月10日—11日，全国政协副主席、民建中央常务副主席马培华、民建中央组织部组织处处长李伟、民建中央办公厅处长何建新一行到赣调研基层组织建设情况。省政协副主席、民建省委会主委孙菊生，民建中央调研部部长、抚州市副市长蔡玲，民建省委会副主委赵波全程陪同调研。4月10日，马培华一行到抚州调研并出席基层组织建设座谈会。马培华充分肯定民建抚州市委会的各项工作，要求民建各级组织和会员要坚定不移走中国特色社会主义道路，并对继续深入学习贯彻中共中央总书记习近平系列重要讲话精神提出具体要求。4月11日，马培华一行到南昌调研并出席南昌市民建基层组织建设座谈会，听取民建南昌市委会和县区基层组织工作汇报。马培华表示，南昌市委会工作扎实有序、成效突出。他要求民建各级组织和会员要继承民建优良传统，扎实推进中国特色社会主义学习实践活动；要围绕大局开展调研，为南昌经济社会发展献计出力；要适应新时期多党合作的要求，加强基层组织领导班子建设和代表性人士的培养，努力做好基层组织建设工作。

（汲传余）

中国民主促进会江西省委员会

【概　况】 2014年，民进江西省委会有市级委员会9个，市级工作委员会2个，省直工作委员会1个；基层组织239个，其中基层委员会11个，总支委员会15个、支部207个、小组6个。全年发展新会员176人，平均年龄36.9岁，其中具有高中级职称106人。全省民进会员3575人，平均年龄50.2岁，高中级职称和中上层人士会员分别占总数的79.1%和90.5%，教育文化出版等主界别会员占总数的73.8%。担任政府和司法机关县(处)级以上职务36人，担任全国人大代表、全国政协委员5人，担任省人大代表、省政协委员48人，担任市人大代表、市政协委员245人，担任县(市、区)人大代表、县(市、区)政协委员271人。

深入开展坚持和发展中国特色社会主义学习实践活动。深入市级组织、基层组织开展调研，开展宣讲活动16场，召开报告会、座谈会77次。继续以每年每位会员30元的标准向基层组织下拨活动经费10万余元，推动学习实践活动深入开展。举办庆祝第30个教师节暨纪念金立强百年诞辰座谈会，会上举行《金立强诞辰100周年纪念册》首发式；与九江市委会联合举办"庆祝中华人民共和国成立65周年暨纪念江西民进成立30周年、九江民进成立25周年民进会员书画展"，与萍乡市工委联合开展书画艺术采风和交流活动。积极推进《江西民进》杂志改版工作，丰富刊物内容。《江西民进》杂志全年刊载稿件386篇，其中专题类文章51篇、基层组织稿件192篇。抓好及时上网，江西民进网上传稿件506篇。重视在新闻媒体上宣传和介绍各级组织和会员的工作，全年民进省委会有201篇(次)稿件在省级以上媒体发表，其中68篇(次)在《人民日报》《光明日报》《人民政协报》《团结报》《民主》等中央级媒体刊登。民进省委会领导汤建人、梅国平、卢天锡等在全国"两会"的履职情况，在《人民日报》中央电视台《新闻联播》等媒体刊播。民进会员担任董事长的南昌女子职业学校"'四位一体'创新教育扶贫模式"的做法和成效，经中央电视台《新闻联播》等重要媒体报道，引起强烈社会反响。

在政协江西省十一届二次会议上，民进省委会以《抢救性保护赣鄱古籍，开发出版〈江右文库〉》为题作大会发言，受到广泛关注。同时，提交书面发言材料7篇，集体提案18件。其中《关于加强保健食品市场监管的建议》的提案被选为会中办理。关于《抢救性保护赣鄱古籍，开发出版〈江右文库〉》的提案被省政协评为优秀提案和重点督办提案。省委常委、省委宣传部部长姚亚平高度重视该提案的办理工作，省财政厅、省文化厅拨出专项经费500万元用于古籍保护工作。《关于完善高速公路路标指示牌设置，减少出行差错率的建议》，被省政协选为重点督办提案，受到省交通厅的高度重视，厅长专程上门答复提案，成立高速公路交通标志专项整治活动领导小组，制定并印发《江西省高速公路交通标志专项整治工作方案》，共投入资金3000多万元进行专项整治。民进会员中的省政协委员还围绕乡村医疗、菜篮子价格指数、文化产业、社区养老等方面提出多件提案。民进会员中的15名省人大代表出席省人大十二届二次会议，他们围绕大会各项决议，认真履行代表职责，并就制定《江西省建筑装饰装修管理办法》、女职工权益保护、金融、计生奖励、司法监督等方面提出议案和建议。《关于完善新型农村合作医疗资金使用制度的提案》，被民进中央采用作为党派提案向全国政协十二届二次会议提交，该提案被民进中央评为2014年度参政议政成果二等奖。

民进省委会共向省委、省政府报送6篇调研报告，获得强卫、鹿心社、李炳军、谢茹、胡幼桃、朱虹、郑为文等省领导15次批示。围绕"基层公共文化服务体系建设"开展大调研，形成调研报告在中共江西省委召开的各民主党派、工商联、无党派人士大调研成果汇报会上向省委书记、省长等省领导做汇报，省委书记强卫对该报告给予充分肯定，并提出要进一步听取省委、省政府有关部门对调研报告内容落实情况的汇报，省长鹿心社、副省长朱虹对报告做出批示。围绕"进一步深化体育事业改革"开展专题调研，形成的调研成果《关于加强中小学校体育工作增强青少年学生体质的调查报告》，获得省领导强卫、鹿心社、朱虹的重要批示。经过民进各市级组织、有关基层组织、专委会申报和民进省委会立项，各承担课题单位向民进省委会提交20件较高质量的课题报告，涉及教育、文化、经济、民生、科技、卫生、计生、生态环境等。已完成的课题成果有2项分别获得省长鹿心社等4位省领导的4次批示。

信息工作稳步推进，全年向民进中央、省政协报送信息54篇，其中《建议尽快启动住房保障立法》被全国政协采用，《多渠道补充农村师资，防止出现新聘代课教师》等25篇被省政协采用，《建议提高脑瘫患儿康复治疗医保报销比例》等7篇被民进中央采用。

"1%工程"共募集爱心款144.5万元，发放爱心助学助困资金110.2万元，共资助贫困学生或困难家庭764人(户)。其中，向南昌大学、江西师范大学、江西财经大学等23所公办高校及江西科技学院、江西服装学院、江西泛美艺术专修学院等3所民办高校发放助学金35万元，共资助贫困大学生365人；先后前往南昌县向塘镇、武阳镇，鄱阳县油墩街镇，吉安市吉州区樟山镇等地开展助学帮困活动，共资助贫困家庭学生196人，发放助学金13.3万元；两次前往南昌市三联特殊教育学校，向25名听障学生发放助学金4万余元；关爱江西省55位黄埔老人并发放慰问金1.1万元。集勤工俭学、爱心产品、公益活动为一体的第三家"1%工程爱心店"落户江西财经大学，爱心店收入的百分之一将捐献给"1%工程"，用于资助该校的贫困大学生。至年底，"1%工程"已累计募集爱心款506.1万元，发放资助款406.8万元，资助学生人数3623人，募集并发放慈善捐助物品、服务项目价值2144.8万元。

【成立"1%工程志愿者"队伍】 江西民进组织注册成立"1%工程志愿者"队伍，积极参与公益活动。2014年，共有30余家单位和数百名爱心人士开展“三下乡”、扶贫帮困等志愿服务活动，其中向偏远农村学校送书58次、发放爱心图书8万余册、受益学生2万余人。

【开展广昌县驿前镇南坊村扶贫工作】 2014年，民进省委会向广昌县驿前镇南坊村捐赠电脑30台、传真机1台，帮助南坊村小学组建电教室，为村委会和村小接通宽带网络，为村小建立图书阅览室，为100余名学生送去校服110件，走访慰问全村五保户，组织9位医疗专家为当地村民开展义诊活动。江西民进开明画院艺术家向广昌县捐献作品21件，民进会员孙宪、黄焕义书画陶瓷作品均拍出13.8万元。

（余桂林）

中国农工民主党江西省委员会

【概　况】 2014年，农工党全省组织有省级委员会1个，设区市委会11个，县级市委会1个，县级基层委员会1个，基层组织310个。全省发展新党员123人，平均年龄36.5岁，其中：具有高中级职称72人；博士研究生3人，硕士研究生6人，研究生5人。截至年底，全省党员总数4813人，其中，医药卫生界占50.86%，人口资源生态环境占1.97%，文化教育和经济科技界占31.92%，政府机关占7.35%；担任各级人大代表140人，各级政协委员711人，省政府有关部门特约人员17人，在职副省级领导干部1人，厅级领导干部16人，县处级领导干部145人。

农工党省委会围绕中心、服务大局，积极参加中共江西省委召开的民主协商会、情况通报会和学习座谈会，就江西省经济社会发展中的重大问题提出意见和建议，切实履行职能。担任各级人大代表、政协委员的农工党员认真参加全国、全省“两会”，积极提出议案、提案和建议。在全国政协十二届常务委员会第七次会议上，全国政协常委、农工党省委会主委郑小燕围绕“深入落实八项规定精神，以优良的党风政风带动民风社风”，作题为“民主党派应作中国共产党的挚友、诤友”的大会发言，受到社会各界的广泛关注和好评；在省政协十一届二次会议期间，农工党省委会共提交集体提案17件，大会发言材料15件。

农工党省委会积极开展社情民意信息和专项调研工作，得到中共江西省委、省政府领导的充分肯定和高度重视。其中：农工党省委会副主委王斌《关于成立省政府直辖武功山管理局之谏》调研报告，得到中共江西省委书记强卫批示。农工党省委会《服刑人员医疗费用严重超支，建议纳入新农合保障范畴》等4篇社情民意信息，得到中共江西省委常委、常务副省长莫建成批示，《抓住专利药解禁高峰期机遇，补齐短板，推动医药产业大发展》《着力打造鹰潭民间手工技艺文化旅游园》《关于控制城市扬尘专题考察情况报告》等3篇社情民意信息，分别得到副省长李贻煌、朱虹、郑为文批示。副主委万筱明《加强基层公共卫生专业队伍建设，推行定向培养公共卫生专业学业计划》的提案，被列为省政协主席督办提案。在农工党中央2013年度优秀调研报告评选中，江西省委会《江西省城乡一体化试点工作的调研报告》《取消药品加成，完善补偿机制》分别荣获优秀调研报告二等奖、三等奖；在省政协十一届一次、二次优秀提案评选中，省委会《实体经济发展存在的困难及对策建议》等5件提案被评为“优秀提案”。

【围绕全面深化改革和全面推进法治江西建设建言献策】 2014年，农工党江西省委会发挥参政党作用，引导广大党员理解改革、支持改革、参与改革，树立法治思维，为全面深化改革和全面推进法治江西建设建言立论、献计出力。在围绕江西全面深化改革“1+N”文件所涉及的重要领域和环节调研中，省委会分别就《我省医药产业发展状况》《大力实施职业教育现代学徒制，为产业转型升级提供人才保障》等提出意见建议；在参加中共江西省委就《关于全面推进法治江西建设的实施意见》征求党外人士意见座谈会上，省委会提出的10条建议大部分得到采纳，直接转化为中共江西省委的重大决策。

【举办“中国梦·农工情”演讲比赛】 2014年，农工党省委会在全省各级组织中积极开展“中国梦·农工情”演讲比赛活动，举办全省“中国梦·农工情”演讲选拔赛，推荐3位优秀选手代表江西参加农工党中央举行的“中国梦·农工情”演讲比赛总决赛。在6月15日—17日举办的“中国梦·农工情”演讲比赛总决赛，江西省委会选送的3名选手从全国29个农工党省级组织的33名选手中脱颖而出，获得两个三等奖和1个优胜奖。

【实施“人才强党”战略】 2014年，农工党省委会实施“人才强党”战略，将“人才强党”战略作为组织建设的主线，落实在领导班子建设、人才队伍建设、基层组织建设以及组织发展、党员培训等各项工作中，打造坚强的人才队伍，为履行职能做好组织保障。一是严把“入口关”，发展高素质人才，全年新发展党员123名。二是加强干部工作和代表人士、后备干部队伍建设，推荐2名党员任省政府参事，推荐4名党员分别担任省检察院、省政府法制办、省卫计委邀约人员，推荐8名党员分别任正、副处级领导，1名党员任设区市区政府副区长。三是着力加强党员培训工作，组织全省118名党员参加中共江西省委统战部举办的处、厅级“学习贯彻习近平总书记系列讲话精神培训班”，组织7名农工党党员参加全省党外县处级干部政治理论培训班，组织4名农工党党员参加全省新社会阶层人士培训班，选调2名农工党党员参加中央社院第32期进修班，选调8名农工党党员参加农工党中央举办的各层次培训班，委托省社院举办1期农工党全省基层骨干培训班。

【成立中国农工民主党江西省监督委员会】 2014年，农工党省委会积极稳妥开展党内监督工作。3月，成立中国农工民主党江西省监督委员会，对农工党全省组织及党员遵守党章情况进行监督。同时，重点监督农工党全省各级领导班子及其成员履行党内职责的情况。

【开展支持“同心·振兴广昌示范区”建设工作】 2014 年,农工党省委会进一步加大支持广昌示范区建设力度。一是争取到省发改委 150 万元支持驿前镇中心卫生院搬迁重建项目经费。二是争取到省交通厅 75 万元支持田西村道路建设经费。三是参与统战系统“振兴广昌示范区”艺术品义捐义卖活动,农工党党员义捐价值 30 万元的陶瓷和书画作品。四是积极争取省政府扶贫项目资金解决驿前镇田西村安全饮水工程。五是开展“千户示范、万人脱贫”工作,农工党省委会与江西中医药大学组成联合调研组,就“发展传统医药产业”进行调研,将广昌县泽泻苗作为新食材开发的扶贫项目,报省农业厅、省科技厅申请立项。

【举办江西省第七届“环境与健康宣传周”活动】 6 月 7 日,农工党省委会与活动成员单位共同主办启动仪式暨泰豪城市环境与健康高层论坛,省政府领导出席论坛活动,中国环境规划院领导作《空气污染健康影响评估》主旨演讲,省政府有关厅局领导作中心演讲。活动在全省产生积极反响,扩大了品牌知名度和农工党的社会影响,农工党中央给予充分肯定。农工党各设区市委会开展“宣传周”活动,服务群众 5000 人次,免费发放价值 3 万元药品和 5000 份健康宣传资料。

【开展“国际科学与和平周”活动】 11 月 11 日,农工党省委会、南昌市委会在南昌市青云谱区迎宾社区、象湖实验学校联合开展以“和平·发展·环保·健康”为主题的第 26 届中国“国际科学与和平周”大型医疗义诊、心理辅导和科普讲座活动,为 500 余名社区群众提供医疗义诊服务,并赠送价值 2000 余元的药品。

【开展扶贫帮困、学雷锋志愿活动】 2014 年,农工党省委会积极关注民生,深入定点扶贫的金溪县陈坊积乡城湖村,走访慰问困难群众。1 月,省政协副主席、省委会主委郑小燕深入南昌市东湖区、青云谱区,走访慰问困难省、市劳动模范,为他们送去关怀和温暖。认真做好所联系群众的工作,组织农工党员医疗专家分别赴抚州市黎川县日峰镇新华村,开展“下基层服务群众,学雷锋志愿活动”;赴宜春市袁州区参加“关注民生——爱心春雨”活动,为群众提供诊疗服务达 500 余人次,赠送药品价值 4000 余元。

(江建中)

九三学社江西省委员会

【概　况】 2014 年,九三学社在江西的组织有:省级委员会 1 个,市级委员会 9 个,市级工作委员会 2 个,省直基层组织 22 个。社员总数 2993 人,主体界别占 81.29%,高中级职称占 86.33%,体现以科技界高中级知识分子为主体的特色。社员中担任全国人大代表 1 人;全国政协委员 2 人,其中常委 1 人;省、市、县(区)政协委员 309 人,各级人大代表 57 人。

建言献策成果丰硕。1 月 19 日—23 日,九三学社省委会向省政协十一届二次会议提交集体提案 15 件,大会口头发言《多措并举加快农村土地承包经营权流转》,得到省政协主席黄跃金肯定。《加强和改进乡镇信访维稳工作迫在眉睫》等 3 件联组发言反响良好。《加强畜禽疫病防控体系建设的建议》等 2 件提案人选会中办案。在省政协第六次提案工作座谈会上,《加强和创新农村社会管理的建议》等 2 件集体提案和《关于加速建设鄱阳湖水利枢纽的建议》等 6 件委员个人提案获优秀提案奖。

【承办九三学社华东六省一市工作会议】 10 月 26 日—27 日,九三学社华东六省一市工作会议在南昌召开,专题探讨如何围绕依法治国建言献策。省政协副主席、九三学社省委会主委李华栋会见全体与会人员。九三学社中央副秘书长兼参政议政部部长赵勇应邀出席会议并讲话。来自九三学社华东六省一市的专职副主委、秘书长及参政议政部的人员近 30 人参加会议。

【举办先进事迹宣讲报告会】 10 月 28 日,九三学九三学社省委会会在南昌举办先进事迹报告会。副主委洪三国、栾波、李广振,秘书长肖礼庆,在省社院学习的骨干社员及省直、南昌市社员代表近 200 人出席报告会。广东远光软件股份有限公司董事长陈利浩作“以参政议政为主业、热心公益事业”的报告,青海大学中藏药研究中心主任童丽作“奔赴西北教书育人、救死扶伤”的事迹报告。

【赴广昌调研并开展大型义诊活动】 11 月 7 日—9 日,九三学社省委会组织 30 多位医学专家和食品专家赴广昌县开展义诊、咨询活动。省政协副主席、九三学社省委会主委李华栋出席活动;省委统战部副部长蔡清平,九三学社省委会专职副主委栾波,秘书长肖礼庆陪同并参与活动。在实地察看并听取情况汇报之后,李华栋希望广昌县依托“广昌白莲江西省科技创新协同中心”力量,从白莲品种选育、高产栽培、深加工等方面入手,着力打造广昌白莲龙头产业。李华栋到广昌县人民医院看望参加义诊的专家。问诊求医的群众逾千人。

【赴定南开展科普知识进校园及捐赠活动】 11 月 14 日,九三学社省委会赴定南县开展科普知识进校园及捐赠活动。副主委栾波,秘书长肖礼庆及机关各部室负责人,九三学社赣州市委会负责人,定南县有关领导出席活动。定南县 2000 多名初中学生听取南昌航空大学、南昌工程学院教师分别作的《航空航天知识》《神奇奥妙的海洋》两场科普报告;近 1000 名小学生听取赣州市启明星眼科医院医生作的《科学用眼护眼》知识讲座。活动期间,九三学社省委会向岭北中心学校捐赠图书购置款 2 万元,赣州市委会向修建小学捐赠价值 4 万余元的教学电子白板。

(梁磊)

本栏编辑　陈超萍

人 民 团 体

江西省总工会

【概　况】 2014年,全省各级工会扎实开展"中国梦·劳动美"主题教育实践活动,推进基层工会建设。开展劳动竞赛,弘扬劳模精神,实施职工素质建设工程,推动群众性技术创新。促进厂务公开民主管理规范化,维护职工安全健康合法权益。提升工会维权法治化水平,做好困难职工帮扶救助工作,推进就业再就业。发展工会企事业、推进工会干部队伍作风建设。

开展"中国梦·劳动美"主题教育实践活动。通过开展"品格之美——我们的价值观"宣讲座谈传播活动、"劳动之歌——文艺小分队"进企业慰问演出宣传活动、"兴国之魂——漫画文化墙"在全省企业推广落地活动、"诚信之风——全省职工读书征文"大赛活动、"劳动传奇"微博微信微视频微电影征集大赛活动、"中国梦·劳动美——我与改革创新"主题演讲比赛、"工间Style"工间操推广落地活动和"敬业履职——争当工会行家"工会干部知识大赛活动,积极引导全省广大职工践行社会主义核心价值观。全省各级工会建设漫画文化墙788个,组织各类宣传宣讲349场次,10余万职工参加听讲。组织慰问演出85场次,观看职工4万余人。组织演讲比赛200余场,参与演讲职工4000余人。组织开展全省工会法律知识竞赛,总决赛由江西教育电视台录播,中国江西网进行网络、微博直播,直播当日点击量700万次。

推进基层工会建设。全省各级工会坚持重心下移、资金下移、服务下移,开展全省基层工会建设重点课题调研,充分摸清和掌握基层工会情况。省总工会领导分别带队组成5个调研小组分赴11个设区市开展调研活动,形成《江西省总工会基层工会建设调研报告》。开展"服务职工、问效基层"活动及2014年度重点工作督查。开展县级工会财务资产专题调查统计,出台《江西省工会工作协理员管理办法(试行)》,将协理员补助名额由每县(市、区)3人增至6人,有效缓解基层工会人手不足的问题。出台《江西省总工会新形势下加强基层工会工作的实施意见》《江西省工会基层组织建设工作2014—2016年规划》《江西省基层工会组织建设规范化手册(试行)》。举办全省工会提高组建质量培训班。开展园区职工50人以上企业集中建会建制建家行动,全省园区投产1年以上、职工50人以上企业新建工会3319家,建会率98.17%。

开展劳动竞赛活动。全省有590万职工参加各种形式的劳动竞赛。通过竞赛活动,40余万职工通过竞赛提升了技术等级。组织开展2014年振兴杯劳动竞赛,涵盖11个省级二类竞赛项目,涉及上百个竞赛职业(工种),直接参赛职工数超1万人,带动各级岗位练兵10万人。省总工会分别与省卫计委、省测绘地理信息局、南昌铁路局、省气象局、银联江西公司、省教育厅、省花卉协会等单位联合开展"全省妇幼健康技能竞赛""全省第一次地理国情普查劳动竞赛""第十届南昌铁路职业技能竞赛""首届江西省县级综合气象业务职业技能竞赛""第六届'银联杯'江西省商业服务业收银员职业技能竞赛""首届全省高校青年教师教学竞赛""全省女职工职业技能竞赛"等10余项竞赛活动。

弘扬劳模精神。召开江西省庆"五一"暨为全面深化改革建功立业推进大会,组织实施2014年全国、省五一劳动奖状、奖章、工人先锋号推荐评选活动。运用报刊、网站、微博、微信等多种方式宣传劳动模范和先进职工的典型事迹,开通"江西劳模"实名认证微博,并于"五一"期间在省内主要媒体上,对基层一线五一奖章获得者和工人先锋号集体进行集中报道。在"五一"国庆期间,省委书记强卫、省长鹿心社等领导深入企业看望慰问劳模。组织开展"走访劳模庆国庆"等系列活动,走访慰问各级劳模314人次,发放慰问金40.29万元。制定下发《江西省省级劳模专项补助资金发放管理办法(试行)》。发放全国劳模专项补助资金共792万元,其中春节慰问金97.8万元,生活困难补助金346.28万元,特殊困难补助金347.92万元。发放省劳模专项补助金共1752万元,其中春节慰问金708.7万元,困难帮扶金1043.3万元。打造全国、省、市三级劳模创新示范工作室,全省有正式命名的全国示范型劳模创新工作室3家,省级劳模创新工作室35家,市县、企业命名的劳模创新工作室197家,遍布制造、农业、通讯、电力、教育、服务业等众多领域。贯彻落实《全国总工会劳模休养五年计划》,组织183名全国劳模和859名省级及省级以下劳模进行疗休养活动。

推动群众性技术创新。全省有5.97万家企事业单位开展群众性经济技术创新活动,提出职工合理化建议40万条,实施技术革新2.65万项,发明创造1.2万项,总结推广先进操作法0.71万项，获得专利0.3万项。与省发改委、省教育厅等单位联合开展2014年江西省节能宣传周活动，围绕节约资源，保护环境，推动职工参与小革新、小发明、小设计、小创新、小窍门等“五小”活动。

实施职工素质建设工程。推动“职工书屋”示范点建设，新申报全国职工书屋示范点26个。成立江西省职工网球协会，举办首届全省职工网球大赛。举办“阳光女性·幸福中国”读书征文活动，有18.32万名职工参加活动。组织全省工会技能培训工作，对3.4万人开展职业技能培训，其中家政服务培训5971人，创业培训4220人，获劳动部门颁发职业技能证书2万人，获其他部门颁发证书5642人，获中高级职业证书3520人。

4月30日，省委书记强卫（前中）来到江铃模具厂，看望慰问一线工人及全国劳模袁政海（左一）

尹伟摄

维护职工安全健康合法权益。深入贯彻中共中央总书记习近平等中央领导关于安全生产的重要指示精神，推动“七打七治”打非治违专项活动向纵深开展。通过多种方式宣传普及安全生产和职业病防治法律法规。向一线职工免费发放《工效学检查要点》《职业眼部危害及防护知识职工普及读本》等书籍2000余册。参与全省安全生产综合督查工作，走访督促企业切实开展安全生产隐患排查和职业病防治工作。举办工会劳动保护监督检查员培训班，有103名基层工会劳动保护干部参加培训，通过考试获得相关从业资质证书。组织和开展2014年“安康杯”竞赛工作，全省“安康杯”竞赛参赛单位1689个，参赛职工74.35万人，参赛班组5.09万个，各项参赛指标同比大幅增长。

提升工会维权法治化水平。加大源头参与力度，做好《江西省工会劳动法律监督条例》前期调研和起草代拟稿工作，参与人社部《经济性裁员规定》《省委关于全面推进法治江西建设的意见》等多个与职工权益密切相关的政策措施制定，推动全省最低工资标准调整，一类区域从原标准1230元/月提高至1390元/月，年均增长13%。进一步密切劳动关系三方合作机制，加大劳动争议预防预警和调处力度，全力配合做好东莞裕元鞋厂停工事件波及江西省相关企业的处理工作。及时核查、处理58起重大舆情信息。联合政府有关部门开展全省农民工工资支付专项检查工作，为农民工追讨工资及赔偿金1.7亿元。省市两级工会共受理职工信访6726件次，涉及职工人数7756人次（含集体访83批次、涉及职工736人次），接听职工来电1987人次，信访结案率93.8%。

做好困难职工帮扶救助工作。开展送温暖和金秋助学活动，全省筹集送温暖款物2.19亿元，走访慰问困难企业7061个，慰问困难职工家庭20.73万户。筹措帮扶资金9701万元，其中中央财政专项资金6201万元，省财政专项资金2500万元，省总本级帮扶资金1000万元。筹集助学资金4652万元，资助困难职工子女2.46万名。开展女职工关爱行动，走访慰问困难女职工9万余人。联合有关部门开展“情满旅途”活动，在春运期间为农民工开辟“绿色通道”服务，确保广大农民工平安返乡和回单位。推动省政协委员视察调研工会帮扶工作，联合民革江西省委、省侨联开展“送医疗、话改革、解侨困”活动。

推进就业再就业。加强工会就业援助工作，开展“春风行动”、民营企业招聘周和工会就业援助月等就业服务项目。“春风行动”中，举办各类招聘会1180场次，提供就业岗位65.8万个，达成就业意向31.5万人，为3.2万人提供创业服务。民营企业招聘周活动中，提供就业岗位21.02万个，签订就业（意向）协议人数4.46万个，签订职业技能培训意向人数（含企业委托培训人数）1.22万个。“就业援助月”活动中，组织专场招聘会340场，提供免费就业服务人数28.9万人，跨地区有组织劳务输出人数1.4万人，成功介绍就业人数8.3万人，组织参加职业技能培训人数2.5万人，提供劳动维权服务和法律援助人数4187人。

促进厂务公开民主管理规范化。推进厂务公开民主管理，下发《关于开展职工代表大会规范化建设的意见》和《江西省职工代表大会控制程序》。开展职代会星级评定、职代会达标建设等活动。开展“公开解难事、民主促发展”主题活动。完成全国、全省第八次厂务公开民主管理调研检查工作，并将全省调研检查成果编印成册。全省公有制企业厂务公开建制率和职代会建制率达100%，非公有制企业厂务公开建制率和职代会建制率分别达99.83%和99.72%。下发《关于开展全省工资集体协商工作检查调研活动的通知》，制定工资集体协商工作量化标准。以劳动关系三方四家名义下发《推进集体合同制度攻坚计划实施方案》，集体合同攻坚计划扎实推进。

发展工会企事业。开展全省工会固定资产普查，强化权证办理，工会产权证办证率100%。省总工会本级工会企事业单位实现经营收入 3474.22 万元,增长 18.03%,利润 424.76 万元,同比增长 261.81%。省总工会本级四家疗(休)养院有床位数 1023 个,接待疗休养人数 4.2 万人,取得良好的社会效益和经济效益。

【开展"金秋助学"和阳光就业活动】 8 月 22 日,省总工会举行 2014 年"金秋助学"金发放仪式,仪式现场为 400 名困难职工和困难农民工家庭子女发放助学金 140 万元。全省 11 个设区市工会同步举办"金秋助学"资金发放仪式。各级工会组织共筹集资金 4652.29 万元,资助 2.46 万名困难职工子女上学,为在读困难职工子女提供勤工俭学或社会实践岗位 5956 个。全省各级工会组织不断创新助学模式,丰富助学内容,拓展帮扶范围,将"扶贫"与"扶志"相结合、"助学"与"助业"相结合,将单一的"资金救助"转变为覆盖心理、就业、生活的"全方位救助"。全省各级工会举办各类就业招聘会等就业服务系列活动 304 场,提供就业岗位 2 万个,为困难职工家庭高校毕业生提供就业和技能培训 2720 个,提供创业培训 1103 人次,帮助提供小额担保贷款 192 人次,贷款 51 万元,推动全省困难职工高校毕业生实现就业。

【召开省总工会十三届二次委员(扩大)会议】 1 月 13 日,省总工会十三届二次委员(扩大)会议在南昌举行。省委常委蔡晓明出席会议并讲话。省总工会党组副书记、常务副主席傅卓成代表省总工会十三届常委会作工作报告。蔡晓明代表省委对全省各级工会组织提出要求,强调全省各级工会组织要深入贯彻中央、省委精神,坚持正确政治方向。要永远保持自觉接受党的领导这一优良传统,听党话、跟党走,提高在党的领导下开展工作的自觉性。要投身全面深化改革,牢牢把握时代主题,坚定改革信心,凝聚改革共识,汇聚改革力量,尊重职工群众首创精神,引导广大职工群众积极支持改革、主动参与改革,在全面深化改革中充分发挥主力军作用。要切实维护职工合法权益,保障共享发展成果。要始终解放思想改革创新,不断加强自身建设。要创造科学有效的工作方法,推动工会工作的群众化、民主化、制度化、法制化。要密切与职工群众的联系,努力把工会建设成为广大职工群众信赖的学习型、服务型、创新型的"职工之家",把工会干部锤炼成为听党话、跟党走、职工群众信赖的"娘家人"。会议传达了中华全国总工会十六届二次执委会和省委十三届八次全委会精神。

【召开江西省庆"五一"暨为全面深化改革建功立业推进大会】 4 月 30 日,江西省庆"五一"暨为全面深化改革建功立业推进大会在南昌召开。省委副书记尚勇出席并讲话。省委常委蔡晓明主持大会,副省长李贻煌宣读表彰决定。省总工会党组副书记、常务副主席傅卓成,省委副秘书长沈谦芳,省政府副秘书长张小平出席会议。尚勇强调,全省各级工会组织要把握时代主题,深入开展"中国梦·劳动美"活动,坚定在走中国特色社会主义道路上实现中国梦的信念,不断增强中国特色社会主义的道路自信、理论自信和制度自信,坚定不移地走中国特色社会主义工会发展道路。全省广大职工和劳动群众既要坚定全面深化改革的信心和决心,又要深刻认识全面深化改革的艰巨性和复杂性,努力在新一轮改革大潮中勇挑重担、展现作为,引领以诚实劳动开创美好未来的风尚,推动全社会形成劳动光荣、知识崇高、人才宝贵、创造伟大的价值追求。会议对全省五一劳动奖章获得单位、五一劳动奖章获得个人、"工人先锋号"获得单位的代表进行颁奖。

【举办江西省首届职工网球大赛】 9 月 20 日—24 日,江西省首届职工网球大赛在南昌举办。省政府顾问、党组成员熊盛文宣布大赛开幕,省体育局局长刘鹰致辞,省总工会党组副书记、常务副主席傅卓成出席开幕式并讲话。大赛由省总工会、省体育局主办,由省总工会宣教部、江西省网球管理中心、江西省职工网球协会承办,是全省首届职工网球大赛,也是全国首届职工网球大赛。有 36 支代表队,432 名运动员、裁判员参赛,是历届江西省职工单项体育比赛参赛队和参赛运动员最多的一次。

【举办全省工会干部知识竞赛】 11 月 3 日,全省工会干部知识竞赛决赛在南昌举行。全省 11 个设区市总工会、6 个省管县总工会、30 个省产业(局、系统)工会和省总直属基层工会近万名工会干部经过市、县和企事业工会的基层选拔赛后,产生来自全省各地各行各业的 24 支代表队、120 名选手进行最终角逐。

(胡靓怡)

共青团江西省委员会

【概　况】 2014 年,团省委以增强有效性为首要目标,初步构建起青少年教育引导体系。一是突出教育引导重点。以学习中共中央总书记习近平系列重要讲话、"我的中国梦"主题教育实践活动、培育和践行社会主义核心价值观为重点,举办专题培训班 175 期,培训团干部 2.68 万人次,开展各类学习活动 1.35 万场,覆盖 112 万青年;开展"我的中国梦"主题教育报告会 4058 场、主题团队日活动 2.67 万场。二是丰富教育引导载体。在全省近 100 个爱国主义教育基地和各类红色革命旧址建成少先队员校外活动阵地,组建 2220 人的"红领巾小小讲解员"队伍。开展学雷锋活动 3.6 万场次、动员 1000 多家单位开展青年文明号 20 周年宣传。推出"夺刀少年"等 960 名"最美青春"代言人,示范带动 1500 万青少年为核心价值观代言。三是注重网上教育引导。抢占网络新媒体,完善团属新媒体工作体系,全省团属微博总数超 1.1 万个,粉丝数超 1000 万;团属官方微信公众号 403 个,订阅数超 30 万。深化共青团网络宣传工作,组建 3.39 万人的江西青年网络赣军,举办 112 期专题培训班,培训网络宣传员 7000 人,组织集体发声活动 10 次,积极开展网络正面引导和舆论斗争。

以提升贡献力为着力点,初步构建起青年建功发展体系。一是主动融入区域经济发展。履行好支持共青城发展领导小组办公室职能,帮助共青城市引进 8 个重大项目,推动"赣商创业园"项目落户,并争取团中央资金 482 万元。举办首届中国青年企业家(共青城)发展峰会,启动首届中国青年APP大赛。动员广大团员青年投身鄱阳湖生态经济区建设、赣南等原中央苏区振兴发展、昌九一体化等区域发展战略。二是参与社会治理创新。做好预防青少年违法犯罪工作,推进"阳光班级"专门教育,教育矫治有不良行为青少年1130人,成功转化860人。深化法制副校长队伍管理,打造青少年法治教育"两课"品牌。深入推进青年志愿服务工作,广泛开展志愿服务进社区活动,开发推广江西青年志愿者电子服务认证平台及管理系统。三是服务生态文明建设。筹集款物450万元,在90个自然村开展省级共青团生态文明示范村创建。深化保护母亲河行动,组织1.55万青年参与植绿护绿,建设县域青年林15个,种植树木1066.67公顷。四是扎实开展扶贫开发、援疆、援藏工作。全国首个"扶贫日"募集捐款108万元。制定江西共青团2014—2017年对口援疆规划,资助阿克陶县50名贫困学生、援建2个"青年之家",组织1.6万余名中小学生与该县青少年手拉手结对,选派1名高校团干部、38名西部计划志愿者援疆,首次选派20名西部计划志愿者赴西藏服务。

以分类服务为突破口,初步构建起青少年成长服务体系。一是服务青年创业就业。举办"盐商杯""创青春""邮储银行杯"等创新创业大赛。培训进城务工青年1.66万人,组织2950名青年上岗见习。发放青年创业贷款2.2亿元,为82个青年涉农产业项目提供1.5亿元贷款。建立全国青年创业示范园2个、省级青年创业孵化基地8个、省级大学生创业孵化基地3个。二是服务青年成长成才。深化希望工程、"希望之星"、雷锋基金等公益品牌,援建希望小学25所,资助贫困学生5000余人。开展助残"阳光行动",帮助残疾青少年1.34万人次。深化暑期"三下乡"社会实践,覆盖28万人次。开展"走下网络、走出宿舍、走向操场"大学生群众性课外体育锻炼活动。启动青年俊才工程,对青年人才进行跟踪培养。三是服务青年婚恋交友和社会融入。打造共青团"爱的约定"婚恋交友品牌,开展婚恋交友活动860场,吸引10.4万名青年参与。深化"杜鹃花"行动——关爱农民工子女志愿服务行动,建立关爱阵地1549个,为80余万农民工子女提供多样化服务。四是维护青少年合法权益。创新推进"共青团与人大代表、政协委员面对面"活动,深化1.24万青少年服务台建设,新命名省级青少年维权岗180个。推动市、县两级全部成立未成年人保护工作机构,建立覆盖全部县(市、区)2563人的合适成年人队伍。

以健全长效机制为保障,初步构建起枢纽型青年工作体系。一是夯实团组织核心作用。创新推进区域化团建,新建非公企业团组织1844个、农村专业合作组织团组织1283个、市县两级驻外团组织17个,在8个行业建立团组织,推进"一行一品"工作模式。加强对省青联、学联和团属协会等外围组织的工作指导。二是凝聚服务青年社会组织。建立江西省青年社会组织服务中心,新建网络团组织17家,联系网络青年社会组织679家。实施"青领计划",省级直接联系200名"青年意见领袖"、130名青年社会组织负责人。三是全面加强少先队建设。推动9个设区市党委出台关于加强新形势下少先队工作的实施意见,推进少先队辅导员专业化建设,少先队活动课小学开课率84%、初中开课率69%。

着力加强团干部队伍建设,切实为党做好新形势下青年群众工作提供坚强保障。一是抓配备充实力量。加强市、县两级和高校团干部配备,对落实高校团委机构、编制、经费、工作"四个独立"开展专项督查,推动全省61所高校落实"四个独立"。二是抓培训提升素质。对全省各级团干部开展系统化的分级分类培训,举办培训班315期,累计培训6.7万余人次。三是抓作风推动工作。开展"连心、强基、模范"三大工程、深化"走进青年、转变作风、改进工作"大宣传大调研活动、扎实开展当代江西青年政治参与状况专题调研,深化"三进四同一带头""双结双实双提高"等活动。

【召开团省委十五届二次全体(扩大)会议】　1月18日,团省委十五届二次全体(扩大)会议在南昌召开。会议传达学习共青团十七届二中全会精神,审议通过团省委书记曾萍代表团省委常委会做的题为《汇聚江西团员青年改革创新和实现中国梦的青春正能量》的工作报告和《关于在全面深化改革进程中改革创新江西共青团工作的实施意见》。会议总结了2013年全省共青团工作,并对2014年工作进行部署。会议指出,2013年全省共青团主要从高举旗帜、改革创新和深入基层三大方面推动工作实现了新发展。会议强调,2014年是全面深化改革的开局之年,要把握根本任务,突出改革导向,强化创新理念,弘扬实干作风,提升服务水平,着力构建四大体系,抓好十项重点工作,汇聚江西团员青年改革创新和实现中国梦的青春正能量。

【召开纪念"五四"运动95周年座谈会】　5月4日,纪念"五四"运动95周年·江西青年学生学习中共中央总书记习近平系列重要讲话精神座谈会在南昌大学召开。省委书记强卫出席并做重要讲话,与青年学生分享学习中共中央总书记习近平系列重要讲话的心得体会,鼓励他们知行合一、学以致用,用总书记系列重要讲话指导学业、指导人生、指导事业。省委副书记尚勇主持,省领导姚亚平、朱虹出席。

【举办首届中国青年企业家(共青城)发展峰会】　5月8日,以"创新创业创优——机遇与使命"为主题的首届中国青年企业家(共青城)发展峰会在共青城举行,全国政协副主席、全国工商联主席王钦敏出席开幕式并讲话,省委书记强卫、团中央书记处第一书记秦宜智致辞。省长鹿心社、省政协主席黄跃金、团中央书记处书记汪鸿雁、全国工商联副主席李河君等出席开幕式。峰会期间,举办创业成就梦想、手机产业、电子商务产业、创意和软件产业4个分论坛,共青城市与部分企业现场签约113亿元。

【召开全省未成年人保护工作电视电话会议】　6月3日,江西省未成年人保护工作电视电话会议召开,会议主会场设在省政府,各设区市、县(市、区)设分会场。副省长、省未成年人保护委员会主任胡幼桃出席会议并讲话,团省委书记、省未成年人保护委员会副主任曾萍作工作报告,全省近5000人参加会议。以此为契机,推动市、县两级全部成立未成年人保护工作机构，建立覆盖全部县(市、区)共2563人的合适成年人队伍。

【开展少先队建队65周年纪念活动】 10月12日，省委书记强卫接受红领巾小小讲解员的邀请，到省革命烈士纪念堂听取红领巾小小讲解员的现场讲解，与他们一起迎接第65个建队日。强卫勉励孩子们继承和发扬革命传统，从小坚定信念、树立为国为民的远大理想；脚踏实地、崇尚实干，一步一个脚印地做好每一件事，好好学习、健康快乐成长，努力成为一名对社会有用，能为社会奉献的人。

【开展"三走"活动】 为增强大学生体质、促进大学生健康成长，年内，团省委在全省92所高校中广泛开展"走下网络、走出宿舍、走向操场"大学生群众性课外体育锻炼活动，全年累计开展活动1.36万场次，覆盖74.5万人次，江西财经大学工商管理学院工商管理132班团支部"三走"活动得到团中央书记处第一书记秦宜智的回信点赞。

【开展"阳光班级(学校)"专门教育】 团省委、省综治委预防青少年违法犯罪专项组创新开展"阳光班级(学校)"专门教育，探索形成环环相扣、对有不良行为青少年进行纵向链条式批量转化的教育矫治工作新模式，建立26个"阳光班级(学校)"，招1130余人，成功转化860余人。并承办由中央综治委预防青少年违法犯罪专项组指导的2014"为了明天——预防青少年违法犯罪论坛"。省委书记强卫，省委常委、省委政法委书记周萌分别做出重要批示，给予充分肯定。

(宋嗣伟)

江西省妇女联合会

【概　况】 省妇联领导班子成员带队分赴全省11个设区市妇联，面对面传达中共中央总书记习近平同全国妇联新一届领导班子成员集体谈话时的重要讲话精神。举办为期5天的全省市县区妇联主席学习中共中央总书记习近平系列重要讲话精神专题研讨班。将实施"连心、强基、模范"工程与常态化开展"下基层、访妇情、办实事"活动相结合，先后组织6支"连心"小分队，深入基层联系点，为妇女群众办实事、解难事。号召向龚全珍及龚全珍式好干部学习，在广大妇女中形成向模范学习、向先进看齐的浓厚氛围。全年深入开展"中国梦·巾帼行"主题活动，团结引领广大妇女进一步坚定中国特色社会主义道路自信、理论自信、制度自信。

坚持服务全省发展，用市场的办法推动"红杜鹃"家政服务等妇字号产业发展升级。"红杜鹃"家庭服务业市场效应凸显。引进现代企业管理机制，成立"红杜鹃"家政服务有限公司，建立"红杜鹃"职业培训鉴定站，加快制定《江西省红杜鹃家政服务业标准》，推进样板店建设。省"红杜鹃"家政服务公司建立直营分公司6家，在岗家政员276人，为3030户家庭服务2.5万人次。加大"红杜鹃"家庭服务人员培训力度，全年培训9812人。指导"红杜鹃"家政服务公司开发网络信息化平台，推进网络信息化建设。联合省人社厅、省商务厅举办第三届"振兴杯"家庭服务业技能大赛，全方位展示家庭服务人员的风采。妇女手工业发展各具特色。设立江西省女企业家协会手工制品分会，凝聚、扶持一批妇女手工制品创业示范基地、合作社，帮助妇女通过绣、编、织、剪、画、陶艺等手工技能实现居家灵活就业创业。全省有百余家从事妇女旅游手工制品的企业，有546个加工站点和生产基地，直接吸纳妇女就业50余万人，打造出南昌"赣绣""发绣""艺术绣旗袍"，九江瑞昌剪纸艺术，景德镇陶瓷捏雕，新余"夏布绣"，上饶万年珍珠，抚州乐安民间刺绣，广昌香扇等具有地域特色、妇女特点的手工产品。"妇"字号科技示范基地彰显作用。开展"巾帼绿色家园行动"和"共建美丽江西行动"等活动，开展新型职业女农民培训和科技示范特派员培训，加快培育以妇女为主体的合作组织、农业产业化龙头企业，扶持家庭农场、庭院经济等绿色产业。全省创建30个省"巾帼现代农业科技示范基地"、25个省"三八绿色工程"示范基地，其中7个被评为全国"巾帼现代农业科技示范基地"，2个评为全国"三八绿色工程"示范基地，带动近8000户妇女家庭科技致富。

坚持团结凝聚妇女，扎实开展寻找"最美家庭"活动。省妇联与省委宣传部、省文明办联合下发《关于开展寻找"最美家庭"活动的通知》，将活动列入培育和践行社会主义核心价值观的重要内容。省妇联组成由领导班子成员带队的5个调研组分赴11个设区市开展专题调研，形成城市、农村分类指导的实施意见，并分别在南昌、赣州举办寻找"最美家庭"主场示范活动，打造访谈展示式城市样板和讲述参与式农村样板。两场主场活动全程录像、全程播出，11个设区市妇联组织有关人员全程观摩。在参照省级样板的基础上，围绕"晒、谈、讲、展、秀"开展各具特色的寻找活动。"最美家庭"自荐会、互评会、擂台赛，幸福家庭故事会、家风家训书写会、家庭才艺展示会，好母亲、好媳妇、好儿女、好丈夫、好爸爸、好邻居评议等各种突出地域特色、民俗风情的寻找活动大放异彩，全省1.8万余个"妇女之家"、2.2万余户家庭参与。活动开展以来，全省自发晒出家庭幸福照片3.24万幅，涌现出各级"最美家庭"2000余户，开展最美家庭故事会8661场、家风家训评议会1.3万次，发送短信68万余条，群众参与媒体互动超过25万人次。

坚持源头参与推动，切实维护妇女儿童合法权益。协调省人大和省政府法制办，争取将《江西省家庭教育促进条例》列入立法规划。在农村土地确权登记颁证工作中，主动与省农业厅共同研究，率先出台保障农村妇女土地权益的指导性文件，并推动市、县两级妇联组织增补进同级农村土地经营承包权确权登记颁证工作领导小组，全程参与、组织实施确权登记工作。协调省普法办，将《中华人民共和国婚姻法》列入全省普法重要内容，纳入年度领导干部法律知识考试内容。继续深入开展"金牌大姐快车万里行"活动，面向基层、面向妇女开展法律宣传。"金牌大姐快车"先后走进省直机关、6个设区市、4个省直管县及部分县区，累计行程5500多千米，直接受众9000余人次。全省妇联系统全年接处信访9116件次，依法协调处理《江南都市报》性别歧视广告、某幼儿园性侵幼女等典型个案。与省公安厅联合发文，就加强公安派出所妇女维权投诉站工作出台第一个省级指导意见，在全省1500个公安派出所设立妇女维权投诉站，建立省级示范点224个。与省信访局联合对妇女信访代理试点工作进行综合评估，推广芦溪县“杨斌圣工作室”经验做法，完善推广信访代理制。

坚持用好专项资金，落实省委省政府对妇女儿童的关爱。用好财政的钱，扎实实施省级妇女儿童民生项目。用好妇女人均“一元钱”、留守儿童人均“一元钱”和省级专项彩票公益金，突出围绕妇女儿童与健康、妇女儿童权益保护、妇女创业就业、妇联基层组织建设、少年儿童校外阵地建设等重点关切领域，实施省级妇女儿童民生项目和省级专项彩票公益金支持儿童活动中心建设项目，开通网上家长学校。省级彩票公益金项目资金9000多万元支持1个省级、26个市、县（区）儿童活动场所的新建和改扩建。用好救命的钱，扩大“两癌”项目受益面。新增5个县开展宫颈癌筛查、2个县开展乳腺癌筛查、4个县开展HPV检测试点，使宫颈癌和乳腺癌筛查项目县分别达到72个和23个。完成宫颈癌60万例、乳腺癌筛查4.2万例和HPV检测2万例，发放“贫困母亲两癌专项救助基金”1790万元。用好发展的钱，稳步推进小额贷款项目。指导各设区市做好妇女小额担保贷款新旧政策衔接、贷款发放和回收工作。争取有关部门支持，适度扩充担保基金和贴息资金，重点为就业困难妇女、城镇登记失业妇女、高校女大学生等提供创业资金扶持。全年发放妇女小额担保贷款33.3亿元，创历年额度最高，扶持妇女自主创业3.83万人次。用好社会的钱，实施妇女儿童公益慈善项目。全年争取联合国儿童基金会、中国妇女基金会、中国儿童基金会，国务院妇女儿童工委办等提供的项目资金逾亿元，因地制宜、因需立项，在11个设区市实施各类妇女儿童项目34个。省妇女儿童基金会全年募集资金1142.35万元、毛线600千克、母亲健康快车8辆，实施温暖母亲、母亲水窖、母亲邮包、春蕾计划等妇女儿童民生项目。与江西广播电视台联合举行的“炫舞飞扬广场舞大赛”，吸引2000多支队伍，2万余人参加。“福彩公益行走近慈母”活动，在全省慰问50名优秀慈母。

坚持服务大局与服务妇女相结合，彰显妇联组织独特优势。省妇联完成对口邀请宁夏回族自治区政府副主席率团参加第三届世界低碳生态经济大会暨第七届中国绿色食品博览会的任务，协助宁夏回族自治区举办优质农产品推介会。在会中创办妇女旅游手工艺品展和妇女农产品展览展示，并组织12家企业百余件作品参展。项目化推动妇女儿童发展纲要实施。承办由联合国儿童基金会、国务院妇儿工委办公室在江西召开的预防和控制儿童伤害项目工作交流及培训会。加大督促协调力度，跟进各成员单位落实“两纲”目标责任书的进度，对“两纲”实施重点领域和难点指标提前干预、重点突破。切实做好留守妇女儿童关爱工作。省妇联下发《江西省留守妇女儿童关爱服务体系建设项目实施方案》，投入130万元，在全省26个县市区开展留守妇女儿童关爱服务体系建设试点。对接做好妇联援疆工作。赴新疆开展妇联援疆工作专题调研，走访慰问阿克陶县困难妇女和家庭。落实全国妇联“亲情一线牵”的要求，发动省直女干部为阿克陶县妇女儿童编织爱心毛衣。制定省妇联对口支援新疆克州阿克陶县妇女工作三年计划，明确工作重点，确定援助项目。务实开展省妇联定点扶贫工作。省妇联领导班子成员先后20次赴扶贫点吉安泰和县螺溪镇中房村调研，争取并落实各类资金56万余元，支持当地修建村级公路、村委会办公楼、休闲广场、春蕾学校、饮水工程。指导村民调整农业产业结构，推动全村人均纯收入由2100元/年增至3200元/年。进一步扩大妇女联谊交流。围绕推进统战联谊、促进民间外交，努力扩大与境内外妇女组织的交流联谊。组织省女企业家协会会员赴中国香港地区、优秀女干部赴澳大利亚、中国台湾地区等地考察学习交流，接待香港斯图特基金会、澳门善明会等4个批次的境外团组。

坚持反“四风”实作风，加强妇联组织自身建设。进一步密切与妇女群众的联系，夯实妇女组织基础。抓住第九届村“两委”换届的契机，与组织部门、民政部门积极协调，将“确保村‘两委’班子成员中至少有1名女性、确保村‘两委’班子中女性成员和正职比例高于上届、确保村妇代会主任100%进村‘两委’班子”，写进以省委、省政府两办名义下发的文件，并争取将省、市、县、乡妇联纳入同级换届领导小组成员单位、换届办主要成员，首次全程参与村“两委”换届组织、宣传、实施工作。选举产生女委员1.33万人，占委员总数的19%，比上届提高0.5%；女书记1906人，占9.8%，比上届提高15.1%；女副书记1479人，占23.1%，比上届提高6.2%。推动在宜春开展服务型妇联基层组织建设试点，在全省同步试点创建“省级示范乡镇妇女之家”。从省妇女儿童民生专项资金中安排2000多万元用于村、社区及乡镇“妇女儿童之家”建设，建成省级示范“妇女儿童之家”637个。指导省政府驻津办、驻闽办、驻沪办成立妇女工作委员会，并在东航江西分公司成立“妇女之家”，扩大了基层妇联组织覆盖面。壮队伍，进一步提升干部素质。主动争取向省委组织部专题汇报全省女干部培养使用和女性人才开发工作，选送妇联干部参加县（处）级干部培训班、中青班、党校专题学习班等各类培训班。举办全省妇联主席、乡镇妇联主席、“妇女之家”项目负责人、维权、家教、民生项目等专题培训班，与省委组织部联合在清华大学举办全省女性人才高级研修班。全年省级举办的各类培训班培训妇女干部2000余人次。

【召开江西省女企业家协会第六届会员大会】 2月28日，江西省女企业家协会第六届会员大会在南昌举行。大会选举产生理事、常务理事，选举李亚平为会长，罗玉英、周永红、涂雅雅为常务副会长，汤苏云等10人为执行副会长，万敏等47人为副会长，陈固为秘书长。聘请第六届理事会名誉会长、顾问、特邀副会长、特邀副秘书长等。会议还表彰朱清玲等20名“江西优秀女企业家”，修改完善协会章程。

【成立驻天津福建上海妇女工作委员会】 3月10日，省妇联分别对省政府驻天津、福建、上海办事处关于成立妇女工作委员会的报告做出批复，同意成立江西省妇联驻天津、福建、上海妇女工作委员会。随后省妇联驻天津、福建、上海妇女工作委员会相继召开成立大会，宣布正式成立，并在省妇联指导下启动示范“妇女之家”项目建设。省妇联有关负责人到会宣读成立批复及任命决定，并授牌。成立之前分别按妇联章程召开了选举大会，选举产生主任、副主任、委员等。三家驻省外妇女工作委员会的相继成立，扩大了妇联组织的覆盖面，是党建带妇建的创新成果。省妇联要求三家驻省外妇女工作委员会为在当地江西籍妇女打造一个温暖之家，成为江西籍妇女展示风采的窗口，成为江西与当地加强联系和交流的桥梁。

【“红杜鹃”家庭服务业发展取得新进展】 3月27日，省妇联在山东济南全国妇联“贯彻落实习近平总书记重要指示精神，加快推进巾帼家政服务健康发展推进会”上做题为《强培训促就业 全力推动红杜鹃家庭服务业发展》的发言，从营造红杜鹃家庭服务培训良好氛围、提高红杜鹃家庭服务培训质量、助推红杜鹃家庭服务人员实现就业等3个方面，就全省大力实施红杜鹃家庭服务技能培训计划，精心打造高素质、高技能、高水准的红杜鹃家庭服务人员队伍等工作经验做了介绍。12月16日，省“红杜鹃”家政服务有限公司总部剪彩开业。自引进合作伙伴成立公司以来，定位于走中高端家庭服务路线，打造标准化样板店6家，启动家政网络信息化平台，安置就业276人，服务家庭2637户，服务2.42万户次。

【全国新型职业女农民培训班在南昌举行】 7月7日—10日，由全国妇联发展部出资，省妇联发展部承办的新型职业女农民培训班在南昌举行。全国妇联发展部部长崔卫燕，省妇联党组书记、主席潘玉兰，省农业厅副巡视员万秋根出席开班仪式。开班仪式由省妇联党组成员、副主席肖晓兰主持。巾帼专业大户、家庭女农场主、巾帼合作社负责人、“妇”字龙头企业和农业社会化服务组织的负责人、农产品女经纪人、巾帼科技致富带头人和农村基层女干部等共100人参加培训，共同学习了解当前农业发展的新形势、国家惠农富农的新政策、交流彼此兴农致富的好经验。培训期间，省内农业专家、教授围绕当前农村土地制度改革与土地流转问题、农产品“三品一标”认证登记与管理、农民专业合作社和家庭农场、农产品市场营销以及女性健康知识等课程进行政策解读、释疑解惑。

【联合开展省级以上巾帼文明岗检查】 9月20日—10月13日，各设区市、省直管县妇联和省巾帼建功活动联席会议成员单位对各自创建的全国、省级巾帼文明岗开展自查并提交自查报告，填写巾帼文明岗检查评分表400余份。10月27日，在南昌召开巾帼文明岗重点检查部署会，布置开展巾帼文明岗重点检查。10月27日至31日，省联席会议办公室组织设区市妇联分管主席、发展部部长和部分成员单位联络员等，组成4个检查小组，深入基层窗口和生产一线，通过听汇报、看资料、召开座谈会、实地察看等形式进行重点抽查。检查组实地察看了52个省级以上巾帼文明岗，主要分布在教育、卫生、税务、交通、司法、金融、公安、通讯、公共服务等行业，召开座谈会40余场，填写有关表格70余份，集对巾帼文明岗创评管理工作的意见和建议。通过检查认定，2009—2013年全省创建的423个省级以上巾帼文明岗中，保留412个巾帼文明岗称号。

【举办妇女旅游手工艺品和农产品展览】 11月21日—24日，第三届世界低碳生态经济大会暨第七届中国绿色食品博览会在南昌召开。为全面展示全省妇女发展手工业及绿色农业的丰硕成果与独特魅力，在“江西风景独好”旅游展中开辟妇女旅游手工艺品展区，组织了12家企业百余件作品，全面展示江西省妇女发展手工业的成果与风采。展览期间，景德镇制瓷技师胡晓静现场表演菊花瓷艺，南昌赣绣坊余正连现场刺绣展示，吸引大批参观人员驻足欣赏。在“生态鄱阳湖绿色农产品”江西绿色农业展中，开辟妇女农产品展览专位，组织女种养大户、农村科技致富女能手、巾帼现代农业科技示范基地共15家企业几十个品种的绿色农产品参展，达成意向性合作订单20多项。

【举办全国巾帼科技特派员培训班】 12月22日—24日，受全国妇联委托，省妇联在新余举办全国巾帼科技特派员培训班。湖南和江西两省的巾帼科技特派员及基层农技推广、经营管理人员101人参加培训。培训班邀请新余市农业专家、学者为学员们讲授农业新技术新品种的推广和应用、巾帼科技特派员工作实务、新型农业经营主体的培育、中共十八届三中全会以来农村农业政策解读等课程，组织学员交流，安排江西恩达家纺有限公司及江西新余市仙女湖畔生态农业开发有限公司进行现场教学。

【创新省级妇女联谊团体联络管理工作】 年内，省妇联完善《省妇联联谊团体管理工作制度》，制定《省妇联联谊团体工作评估管理办法（试行）》。12月，首次对各联谊工作进行评估考核，增强各团体工作的积极性、主动性，加强与各联谊团体的联系联络，推动各团体联合开展特色活动，促进团体之间的交流与合作，各团体开展联合活动3次，有2个团体承接了公共服务项目。同时，依托省妇女儿童民生项目经费，推动各团体开展志愿服务，为弱势妇女儿童提供帮助。

【创新开展妇女干部培训工作】 年内，省妇联干部学校按照省妇联制定的培训计划，精选培训内容，创新培训形式，提高培训质量，开展妇女干部培训工作。根据“科学培训、按需施教、体现实效”的教学原则，针对培训班学员年龄轻、文化学历高、思想活跃和大多数来自基层的实际情况，采取讲座、研讨、考察、辩论、交流等多样化的形式进行培训，同时，优化培训内容，注重课程的科学性和实效性，开设《学习贯彻习近平总书记系列讲话精神专题辅导》《新妇女儿童发展纲要解读》《妇女儿童之家建设》《基层妇女工作》《基层女性领导力实训技巧》《构建和谐两性关系，共筑幸福美好家庭》等贴近实际的培训课程，提高妇女干部的政治素质和业务素质。全年完成省级示范妇女儿童之家项目培训班2期，全省街道乡镇妇联干部培训班2期，南昌市基层妇女干部培训班1期,全省市、区主席培训班1期,培训妇女干部592人。

(龙小琴　鲍莉芸)

江西省工商业联合会

【概　况】 2014年,省工商联着力优化非公有制经济发展环境。受省委、省政府委托,省工商联首次以第三方身份对赣发〔2013〕14号文件贯彻落实情况进行独立评估,准确评价文件执行运用效果,指出运行存在的问题,为省委、省政府了解掌握政策落实情况、修正调整政策举措提供新渠道。首届推选和宣传最佳优化民营经济发展环境县(市、区)活动,参与评议互动的超200万人次,遂川县等13个县(市、区)入选。在全省建立监测点1080家,24小时接受投诉,根据日常监测数据及问卷调查情况,完成《江西省非公经济发展环境评估报告》,引起全省各级有关领导的重视,并作出批示。

大力营造发展非公有制经济的舆论氛围。省工商联先后在人民网、新浪网、腾讯网和中国江西网开通政务微博,至年底,省工商联在人民网政务微博粉丝量为9.53万人。江西省工商联微信公众号关注用户1281户,发布文章356篇,50余万字,图片600余幅。在《江西日报》开辟《服务非公经济更好更快发展》专栏,刊登全省民营企业家典型文章15篇。联合省委宣传部举办3期发布会,邀请新华社、香港文汇报等40余家新闻媒体报道。启动"新闻媒体进民企"活动,由13家全国全省主要媒体记者组成的团队,前往民营企业采访。

切实加强基层组织和基础设施建设。省工商联按照"分批、分步、分层"原则,全面启动全省"五好"县级工商联创建工作,认定首批江西省"五好"县级工商联34个。全省工商联系统有会员11.06万名,比2013年底增加1.23万名,增幅12.55%;有各类商会协会1905个,比2013年底增加251个,增幅15.18%。江西工商联基层组织建设受到全国工商联的关注,全国工商联领导王钦敏、黄小祥、李路先后到江西考察基层组织建设,并给予高度评价。省总商会召开赣商恳谈会,动员全国各地赣商推广建设"同心谷·赣商之家",全面吹响基础设施建设的号角。5个市县建成"同心谷·赣商之家",6个市县正在建设,16个县正在筹建。

【发布江西民营企业100强】 省工商联开展上规模调研,收集到有效调研表377份,完善全省非公经济数据资料库,形成《2014江西上规模企业调研分析报告》,与省政府新闻办联合举办发布会,评选出江西民营企业100强、江西民营企业制造业100强、江西民营企业服务业20强,百强民营企业入门7.36亿元。

【实施万人培训计划】 5月12日,全省"万企培训计划"启动仪式暨民营企业家(复旦大学)高级研修班在上海举办,省委常委、统战部部长蔡晓明出席开班仪式并作专题讲座。省工商联采取自主举办、联合举办,选派培训、与财智论坛合办送课下市的办法,出资免费培训企业家9258人次。"万人培训计划"获评全国工商联2014年度省级工商联"十大亮点"优秀案例。

【创建科研合作基地】 为弘扬江右商帮精神,培育现代赣商精神,创建江西师范大学、江西财经大学和江西省委党校三大科研合作基地。三大科研基地完成研究课题27个。组织编纂《赣商志》《江西商会志》《风云赣商》《2013—2014度江西民营经济发展蓝皮书》和创作小说《江右人家》。对事关全省民营经济运行敏感问题,对事关民营企业典型个案,集中力量进行研究并以《专报》形式呈报省领导。《全省民营担保公司集体陷入生存困境》《民企转型升级发展中的潜在危机亟待破解》等得到省委书记强卫、省长鹿心社批示。

(刘春春)

江西省文学艺术界联合会

【概　况】 2014年,省文联深入学习中共中央总书记习近平在文艺工作座谈会上的重要讲话精神,召开江西省文艺工作者带头践行社会主义核心价值观座谈会,与中国文联在瑞金共同主办"礼敬革命文化、弘扬核心价值"研讨会。组织书画家为一位亟须做脑瘤手术的贫困家庭单身母亲进行书画义卖,筹得善款20多万元,全部用于资助手术开支,挽救了一个年轻的生命。《中国艺术报》(头版)《经济晚报》(2个专版)分别以《一场动人的生命救援》《为生民立命 为天地立心——江西文艺界为挽救一个年轻生命的动人故事》为题作专题报道,此次爱心活动的牵头人发起人省文联党组书记汪天行还被《中国书画报》评为"2014中国书画年度十大人物"。

举办丰富多彩的文艺活动,唱响时代主旋律。围绕实现中国梦的时代主题,策划、组织一系列文艺活动。举办"八一起艺"四大长卷景德镇揭幕展、南昌汇报展,组织1000余位作家参加中宣部等主办的"我们的中国梦——讲好中国故事"征文活动,举办"梦之江西"歌舞晚会、"景漂故事"陶瓷巡展、"逐梦人生"艺术展览、"美丽祖国好风光"职工摄影展等主题展演活动。与中国文联、全国文艺家协会联合举办全国农民画展暨中国农民画学术研讨会、全国古村落保护和发展高峰论坛、中国剧协中青年戏剧人才研修班、"问道丹青"——全国道教题材美术书法名家精品展、首届三清山国际摄影大赛等"国字号"的文艺活动。所属各文艺家协会还组织开展谷雨诗会、"反四风"微电影大赛、第四届音乐"映山红奖"系列评选、第三届"小白鹭"少儿舞蹈比赛、第三届国际标准舞锦标赛、第七届少儿曲艺大赛、第十四届全省美展、第二十三届省摄影艺术展、第八届省青年书法作品展等活动50余项。

组织引导文艺创作,推出精品力作。"八一起艺"工程跨年文艺创作项目电视剧《破阵》摄制完成;《万山红遍》原创歌曲专辑出版发行;创作纪念红军长征八十周年的80米国画长卷《万里长征新画卷》;文艺创作与繁荣工程申报项目《江西山水入梦来》主题散文集、"赣鄱情 家国梦"长篇小说丛书等进展顺利;《走向田野》《民俗江西》等系列丛书陆续完成。

8月21日，江西省文学艺术界联合会第八次代表大会在南昌开幕

音乐、书法、摄影、曲艺等多个艺术门类在国内外权威评奖中取得突破。

培养和推介文艺人才，打造文艺赣军。举办江西青年作家改稿会和多位作家的作品首发式、研讨会，组织全国美展、中国书法兰亭奖参评作品看稿会，邀请全国名家到赣讲学，持续推荐青年文艺人才到鲁迅文学院等培训班学习和进入全国文艺创作扶持项目，推出江西省优秀中青年评论家专著。书法培训工作尤为突出，举办基础班、高级班、专题班等各层次的培训活动50多场次，有些培训还办到县市、乡镇，形成月月有展览、月月有培训的书法培训模式，被誉为“江西书法现象”。

开展文艺志愿服务，发挥文艺的独特作用。邀请中国文联文艺志愿服务团来赣，先后在鹰潭龙虎山、南昌华南城、上饶二炮部队、赣州瑞金进行四场大型慰问演出。积极争取中国文联文艺支教服务项目落户瑞金和中国书协“翰墨薪传工程”在全省实施。成立“江西省文艺志愿者协会”，启动“到人民中去——沿着母亲河行走采风展演系列活动”；组建“红云舞蹈团”，先后赴中国人民解放军防化学院、空军指挥学院等进行公益演出10余场；向全省职工书屋捐赠图书1.2万册，价值35万元。所属各文艺家协会充分利用“春节”、国庆和“5·23”文艺志愿服务日等重要时间节点，深入基层进行慰问演出、艺术辅导等“送欢乐，下基层”活动。

【召开省文联第八次代表大会】 8月21日—22日，江西省文学艺术界联合会第八次代表大会在南昌召开，来自全省各地、各艺术门类的500余名代表出席会议。省委书记强卫参加开幕式并做重要讲话，中国文联党组书记赵实向大会致辞，鹿心社等省领导和老干部出席开幕式。省委常委、宣传部部长姚亚平出席闭幕式并讲话。会议审议通过省文联七届委员会工作报告和章程(修改草案)，选举产生新一届文联领导班子，大会聘请陈世旭等7人为江西省文联第八届委员会荣誉委员。

【展示“八一起艺”工程成果】 1月17日，在省文联举行“八一起艺”文艺创作工程成果观摩汇报会，副省长朱虹出席。2月24日，在江西艺术中心举办“江西风景独好”江西省文联“八一起艺”原创文艺作品汇报演出，省委常委、宣传部部长姚亚平观看演出。5月7日，在景德镇举行“八一起艺”文艺创作工程之四大长卷首展，中国文联党组书记赵实，省委常委、宣传部部长姚亚平为展览揭幕，四幅鸿篇巨制，吸引众多观众驻足观赏。8月21日，配合省第八次文代会的召开，在滨江宾馆举办“八一起艺”四大长卷汇报展览。

【创作国画长卷《万里长征新画卷》】 为纪念红军长征80周年，省文联、江西美术院组织创作国画长卷《万里长征新画卷》。作品全长80米，寓意着纪念中央红军长征出发80周年，高1.1米，寓意着中央红军长征经过的11个省。长卷以《七律·长征》对红军经历的叙述为主线，按时间顺序，通过穿越时空、地域、气候、季节的方式，再现长征沿途的山水风情、城市新貌、重要旧址等，并将重大事件、重大战役寓意风景之中。长卷创作工作于3月开始，期间经过两次草图创作和一次草图研讨。11月3日—6日，创作者们还赴赣南瑞金、于都、龙南、信丰等地实地采风。汪天行、游新民、刘杨、詹艺等省内20余位画家参与创作。

【召开全省文艺界带头践行社会主义核心价值观座谈会】 9月25日，江西省文艺工作者带头践行社会主义核心价值观座谈会在南昌召开，省委宣传部副部长梅毅出席座谈会。会上发出《江西省文艺界培育和践行社会主义核心价值观倡议书》，倡议全省文艺工作者坚定理想信念，带头学习好、宣传好、践行好社会主义核心价值观，60余位老中青文艺家代表与会并在倡议书上签名，10多位艺术家做了充满使命感和正能量的发言。会议期间，省民协会员刘阳洋讲述了省文联组织艺术家救助单身患病母亲的爱心故事。活动中，书法家还现场展示他们创作的以社会主义核心价值观、文艺界核心价值观为主要内容的书法作品。

【召开江西省文艺志愿者协会成立大会】 12月26日，江西省文艺志愿者协会成立大会在南昌举行，来自全省各地各艺术门类的艺术家代表，以及热心公益事业的爱心人士120余人参会。大会审议通过《江西省文艺志愿者协会章程(草案)》，选举产生江西省文艺志愿者协会第一届理事会理事和主席团，大会同时举行“到人民中去——沿着母亲河行走”采风展演系列活动启动仪式。

【多项文艺创作获奖】 2014年，江西省文艺创作成绩斐然。文学作品在《人民文学》等全国重要期刊频频亮相；2件戏剧作品在“首届长江流域小戏小品展演”上获奖；3件电视作品获“中国电视金鹰奖”，8件作品获亚洲微电影“金海棠”奖；江西音乐“映山红奖”金奖获得者邹志刚获第45届意大利“贝里尼国际声乐比赛”冠军；1件舞蹈作品获中国舞蹈“荷花奖”；86件作品入选第十二届全国美展，入展数量创江西省新高；164人次入选全国书法展，排名全国前列，青年书法家贺炜炜荣获第五届中国书法兰亭奖；

摄影作品获国际金奖31个、银奖13个、铜奖20个;1件作品获第八届中国曲艺“牡丹奖”;民间文艺在中国文联、中国民协主办的全国赛事中获得金奖9个、银奖14个、铜奖8个。

(徐健)

江西省社会科学界联合会

【概　况】 2014年,全省获国家社科基金年度立项113项、重大招标项目1项、重点项目8项、西部项目10项,后期资助项目5项,立项总经费2560万元,立项数在全国继续保持稳定增长态势。省社联与省委宣传部组织实施全省经济社会发展重大招标课题、中国特色社会主义理论专项课题、江西“青年马克思主义者研究培育工程”评选活动,评选出全省经济社会发展重大招标课题6项,中国特色社会主义理论20项,扶持资助优秀博士、硕士论文100篇,投入经费150万元。完成省社科规划年度项目评审活动,通过匿名初评、复评等形式立项455项;加强与社会各界合作,完成外语专项与高等教育课题申报评审工作,两项共投入经费500万元。

加强应用对策研究,“智库”建设成效显著。省社联参与省委十三届九次全会等重大报告的起草与修改工作,开展应用对策研究并取得丰硕成果。组织撰写《统一思想 凝心聚力 全力打造江西发展升级第二季》《服务化:江西制造业转型升级的重要方向》《“小”组织助力文化大发展——基于吉州区社区文化繁荣发展调研》《积极破解“三个不均等问题”加快推进我省公共文化服务均等化建设》等一批研究成果。《内部论坛》及时为各级党委与政府科学决策提供服务,全年出刊36期,获肯定性批示39篇(次),其中,省委书记强卫批示8篇(次),省长鹿心社批示2篇(次),发挥了“智库”作用。

学术活动异彩纷呈,举办江西省第五届社会科学普及宣传周暨2014年学术活动周。省社联采取省、市、县三级联动方式,举办江西省第五届社会科学普及宣传周暨2014年学术活动周。其间,全省400多家单位围绕“凝聚全民智慧服务发展升级”这一主题,组织开展形式多样的活动,安排主导型学术报告38场,举办知识讲座、展板宣传、现场咨询、媒体访谈等各大类社科普及和学术活动300多场次,发放图书、资料数十万份;阎学通、杜文龙等一大批知名学者走进机关、农村、企业、学校、社区、军(警)营作学习辅导报告。

探索工作新举措,打造“社科工作者之家”。省社联举办首期全省应用对策研究研修班,鼓励、引导和帮助全省更多社科工作者开展应用对策研究,省内各大高校的专家、学者及各设区市社联的业务骨干近70人参加了培训;扶持省属学会发展,从2014年起取消省属学会团体每年应缴纳的会费30余万元,切实为广大社科工作者排忧解难;成立扶持发展基金,出台《江西省基层社联活动资助管理办法》《江西省省属学会资助管理办法》《江西省社科普及活动资助管理办法》,安排100万元资助经费,资助设区市县社联社科普及活动53项和62个县区社联、40余个省属学会开展学术活动和课题研究等。

大兴调查研究之风,对外交流积极活跃。省社联班子成员先后组织17批次深入南昌、赣州、九江、景德镇、新余、抚州等40余个设区市、县(市、区)基层社联,开展工作调研。同时,加大对外交流力度,分别带队赴广东、宁夏、甘肃、山东等省开展专题调研,出席全国社联联席会议、2014年泛珠三角区域合作与发展社科专家论坛、全国社联第十五次学会工作会议、全国第十六次社科普及工作经验交流会、华东地区社联社科普及工作经验交流会等。

加大建设力度,社联组织工作迈上新台阶。省社联组织召开全省社联工作会议、全省基层社联主席培训班,充分发挥先进典型的示范带动作用,在全省社联系统形成积极向上、争先创优的工作格局,全省县级社联组织增加到93个,其他县区也在积极筹建中,全省社联组织建设基本全覆盖。加大对省属各级学会的指导、管理与服务力度,组织召开省属学会秘书长会议,打造一批工作热情高、受众面广、活动规范、影响力大的品牌学会,省属学会发展到119个,其他各级学会1161个,会员30余万人,社联基层组织基础进一步夯实。

学术阵地建设进一步加强。《老区建设》入选国家新闻出版广电总局首批认定学术期刊名单,并以《老区建设》为平台,在全体干部职工的共同努力、攻坚克难下,省社联分设以来的第一本综合性理论学术刊物《苏区研究》获得国家新闻出版广电总局批准创刊,填补了省内近5年没有获得新刊号的空白,结束了省社联没有自己学术刊物的历史。

【召开省属学会秘书长会议】 2月28日,省社联在南昌召开省属学会秘书长会议。省社联负责人出席会议并讲话,省社联有关部门负责人和各省属学会、协会、研究会负责人120余人参加会议。省城市金融学会、省楹联学会、省人口学会和省红色文化研究会负责人分别从组织开展课题研究、举办学术活动、进行科普宣传、编辑出版会刊、加强组织建设等方面介绍工作经验和发展思路。会议还进行业务学习,邀请省民间组织管理局局长罗良意等为与会人员讲解社会组织发展的新形势,并从学会变更、换届、备案以及信息管理平台操作等方面进行工作培训,布置品牌学会评选、省属学会活动资助项目申报等工作。

【开展品牌学会考评活动】 2月,省社联启动第一届省社联品牌学会考核和第二届品牌学会评选活动。经各省属学会积极申报,4月省社联赴第一届省社联品牌学会和申报的第二届省社联品牌学会进行实地考察,全面了解工作情况,并对各学会进行实地考核评分。5月9日,省社联召开品牌学会考评会议。5月23日,经省社联党组会议审定,省老年体育科学学会、省老年书画学会、省财政学会、省图书馆学会、省方志敏研究会、省外语学会、省金融学会7个第一届品牌学会全部通过考核,继续授予“江西省社会科学界联合会品牌学会”称号;同时增选省城市金融学会、省人大工作理论研究会、省新四军研究会、省人力资源和社会保障学会4个学会为“江西省社会科学界联合会品牌学会”。

【召开2014年全省社联系统工作交流会】 6月12日—13日,2014年全省社联系统工作交流会在鹰潭市召开。会议的主题是:以中共十八大、十八届三中全会精神为指导,创建县区社联特色工作,繁荣发展哲学社会科学事业。鹰潭市委书记陈兴超看望与会代表,市委常委、宣传部部长周世敏出席会议并致辞。省社联党组书记、主席祝黄河等领导,省社联相关处室、11个设区市及40个县区社联的负责人共100余人参加会议。会议围绕创建县区社联特色工作,11个设区市社联负责人和10个县区社联负责人作大会发言,交流工作经验,汇报工作亮点,相互学习、相互促进。

【举办全省基层社联主席培训班】 11月19日—22日,全省基层社联主席培训班在泰和举办。省社联党组成员、副主席吴永明出席开班仪式并做专题报告,省社联相关职能处室,各设区市社联相关负责人、县(市、区)社联主席共60余人参加培训。培训班学习主题明确,即重点考察、推广泰和县“民嘴讲堂”的经验与做法。授课形式多样、内容丰富,既有知名专家讲解,又有现场观摩体验,既有“民嘴讲堂”金牌宣讲员的经验介绍,又有学员之间的互动教学,取得良好成效。

【举办首期全省应用对策研究研修班】 11月26日,省社联举办首期全省应用对策研究研修班。省内各大高校的专家、学者及各设区市社联的业务骨干近70人参加培训。省社联党组书记、主席祝黄河出席研修班开班仪式,并作题为《开展应用对策研究是当代社科工作者的使命与担当》的专题报告;省社联党组成员、副主席胡春晓主持开班仪式并作培训小结。南昌大学经管学院教授黄细嘉、江西师范大学商学院教授张明林分别作了《如何写好有价值的对策性研究》《策论文章写作心得》的讲座,与研修班学员分享经验和体会。省社联《内部论坛》主编曹彩蓉就选稿、用稿等问题与学员进行交流互动。

(刘志飞)

江西省科学技术协会

【概　况】 2014年,全省新增省级院士工作站28家,柔性引进院士31人、院士团队人才200余人,签订合作项目66项。至年底,全省建立院士工作站50家,柔性引进院士82人、院士团队专家460余人;建站及项目经费投入约4亿元,产生直接经济效益20余亿元。以省级园区为重点,推动园区科协组织建设。对新建省级园区科协投入启动经费3万元,当年新建省级园区科协29家;新建民营企业科协5家。

省科协面向全省科协系统及省属高校举办杨衍忠先进事迹宣讲报告会。经省科协举荐,中国科协追授杨衍忠“全国优秀科技工作者”称号,并成为中国科协“老科学家学术成长资料采集工程”江西第一人。举办“弘扬科学道德 践行‘三个倡导’奋力实现中国梦”江西报告会,与省直机关工委联合组建科技志愿服务队,与省文明办共同在全省集中开展科普志愿者服务月活动。

全年编辑《决策咨询专报》14期,有6篇专报获7位省领导10次批示。围绕“庐山灵芝、石耳的开发利用”等主题,在18个市县举办18期直接服务县域经济发展学术沙龙。结合产业发展举办多期学术研讨会,继续开展“百会千名专家下基层活动”。

举办第三届江西省科协学术年会、华东区首届核地矿同舟论坛。配合、支持举办“第三届世界低碳生态博览会”。全年有两院院士170余人次到赣讲学和技术指导。实施学会科普能力提升计划,获省财政专项270万元。成功申报中国科协2014年度引领地方学会能力提升专项,获中国科协专项资金100万元。开展学会承接政府职能专项调查,《学会承担科技评价职能的工作模式研究》获中国科协学会改革发展基础工程项目资金10万元。打造“沧海论坛”国际学术交流品牌,与省测绘地理信息局、东南亚测绘协会共同主办“沧海论坛——地理信息技术应用学术研讨会”,举办“沧海论坛——2014国际美容医学教育学术交流大会”。与湖北省科协、台湾农村专业技术服务协会等共同主办第二届海峡两岸新农村建设研讨会,举办第八届两岸四地大学生科技文化夏令营活动。

与省委组织部共同实施资助优秀青年科技人才赴国外开展学术交流和业务进修的“远航工程”。92位中青年专家受资助,比2013年44人翻一番,资助金额620.2万元(含申报单位配套260.2万元),比2013年300万元翻一番。联合省委组织部、省人社厅共同实施“海智计划”,三家联合下发《关于进一步加强和推进江西“海智计划”工作的实施意见(试行)》和《江西“海智计划”工作站管理办法(试行)》,成立江西“海智计划”领导小组。在晶能光电(江西)有限公司等4个单位设立江西“海智计划”工作站。在新余举行2014年全省科协会员日活动启动仪式,各市县科协、各级学会也开展了内容丰富、形式多样的会员日活动。在江西师范大学举办科学道德和学风建设宣讲教育活动首场报告会暨启动仪式。全省举办集中宣讲报告活动221场(次),聆听宣讲报告人员8.04万名,其中:博士研究生651名、硕士研究生2.05万名、本科生5.56万名、新上岗研究生导师637名、新入职教师155名、其他教师2616名、科技工作者210名。经省科协推荐,王海宁等14人被评为“全国优秀科技工作者”,邓晓华获“十佳全国优秀科技工作者”提名。完成中国科协“第三次全国科技工作者状况调查”相关工作。完成首次“全省科技工作者状况调查”。开展以“乡村情·科技梦”为主题的优秀农村基层科技工作者推选宣传活动。

【开展2014年会员日活动】 2月15日,江西省2014年科协会员日活动启动仪式在新余举行。省政协副主席、省科协主席李华栋出席并讲话,省科协党组书记、常务副主席龚绍林出席并宣布会员日启动仪式开始,省科协党组成员、副主席梁纯平,新余市委副书记董晓健、市政协主席廖兰芳等领导出席启动仪式。梁纯平主持启动仪式。来自科研、生产一线的科技工作者代表及省科协、新余市和各县(市、区)科协等有关部门人员400余人参加启动仪式。仪式后,与会人员参加了在新余市城南抱石公园东门广场举办的科技咨询和科普展教活动。会员日期间,李华栋、龚绍林、梁纯平专程前往新余市,看望慰问新余市的基层一线优秀科技工作者代表刘小林、叶前法。省科协领导还实地考察了新钢公司院士工作站。17 日,龚绍林、梁纯平一行专程前往赣州,看望慰问全国优秀科技工作者杨衍忠的亲属。各省级学会(协会、研究会)、各设区市科协根据会员日活动工作安排,结合各单位、各地区实际,制定开展活动的具体安排,围绕"'家'的温馨 节日的问候"这个主题,开展走访慰问一线科技工作者、召开科技工作者座谈会、表彰优秀科技工作者等活动。

【召开江西省科学技术协会第七次代表大会】　4 月 9 日—10 日,江西省科协第七次代表大会在南昌召开。省委书记强卫出席大会并讲话,全省科技战线的科技工作者代表、各设区市分管科技工作的市领导、各级科协和学会工作者代表 540 余人参会。省政协副主席、省科协主席李华栋代表六届委员会做工作报告。省社联党组书记、主席祝黄河代表人民团体致辞。会议选举产生新一届省科协委员会,全委会由 137 名委员组成。全委会选举产生 47 名七届委员会常务委员,19 名专兼职副主席,李华栋当选省科协第七届委员会主席,龚绍林当选常务副主席,彭玲华、梁纯平、孙卫民当选专职副主席。省委副书记尚勇出席省科协七届一次全委会并讲话,李华栋主持会议。大会闭幕式上通过关于第六届委员会工作报告的决议、关于《江西省科学技术协会实施〈中国科学技术协会章程〉细则》的决议,李华栋发表讲话,龚绍林主持闭幕式并讲话。

【开展科学道德和学风建设宣讲教育活动】　10 月 18 日,由省科协、省教育厅、省科学院、省社科院主办,江西师范大学承办的江西省 2014 年科学道德和学风建设宣讲教育首场报告会暨启动仪式在江西师范大学瑶湖校区实验剧场举行。报告会邀请中国科学院院士、武汉大学教授龚健雅,中国社科院中国特色社会主义理论体系研究中心主任、教授尹韵公进行宣讲。江西省科学道德和学风宣讲教育领导小组将杨衍忠先进事迹宣讲报告作为宣讲教育的一项重要内容。举办红角洲高校片区、东华理工大学、江西财经大学、赣州校区 4 场报告会,有 2000 余名师生聆听报告。

【举行第八届两岸四地大学生科技文化夏令营】　8 月 10 日—16 日,由省科协、台湾中华青年交流协会、澳门中华学生联合总会联合主办,省国际科技交流促进会、九江市科协、南昌大学科协、江西师范大学地理与环境学院、省青少年科技活动中心等协办的第八届两岸四地大学生科技文化夏令营在江西举行。来自两岸四地的台湾大学、台湾成功大学、台北教育大学、世新大学、东吴大学、澳门大学、澳门理工学院、江西师范大学、南昌大学等 18 所高校 37 名大学生参加活动。夏令营成员先后参观滕王阁、白鹿洞书院、鄱阳湖重点实验室展厅;和江西师范大学蓝天环保社团的志愿者进行交流;实地考察鄱阳湖湿地科学园,观摩景德镇瓷器整套制作工艺,考察庐山博物馆、庐山植物园等。

【举行第三届江西省科协学术年会】

10 月 15 日,第三届江西省科协学术年会开幕式暨第三届全省气象学术交流会在南昌举行。主题报告会上,中国工程院院士徐祥德、中国气象局气象探测中心副总工程师马舒庆分别做题为《天气气候特征与城市群区域环境污染相关研究》《综合观测系统规划和观测技术发展》专题报告,省气象科学研究所副所长、正研级高级工程师黄淑娥做题为《农业气象服务技术应用报告》专题报告。年会以"科技创新推动发展升级"为主题,设 1 个主会场和 41 个分会场。各分会场由有关江西省科协所属省级学会(协会、研究会)、设区市科协,大专院校、科研院所承办,开展各种学术交流与研讨,内容涉及江西省经济、社会、科技发展等方面。年会期间,10 余位两院院士应邀到会作相关专题报告,7500 余名科技工作者踊跃参会,提交学术论文 1500 余篇。

【打造"沧海论坛"国际交流品牌】

10 月 18 日,2014 国际美容医学教育学术交流会暨江西省科协"沧海论坛"在宜春举行。交流会上,罗马尼亚美容外科协会名誉主席、欧洲美容外科协会名誉主席 Dr. Toma Mugea,国际美容医学联盟顾问 Dr. Michael Polakov,韩国金泉大学教授金龙俊,中华医学会医学美容与美容医学分会名誉主任委员、中国美容医学整体学科创始人、宜春学院教授彭庆星,中华医学会医学美容与美容医学分会前任主任委员、北京大学医学人文研究院医学美学研究中心主任、教授何伦分别就自己的研究领域发表主旨演讲。宜春学院美容医学等相关专业的师生聆听演讲。10 月 25 日,由省科协、省测绘地理信息局和东南亚测绘协会联合主办的"沧海论坛——地理信息技术应用学术研讨会"在南昌举行。论坛以"地理信息技术应用学术研讨"为主题,国际欧亚科学院院士、香港中文大学教授林珲作了名为"地理信息技术与服务在中国的发展"的主旨报告。中国、新加坡和马来西亚的专家作了学术交流,内容涉及基于 SUPERMAP 的综合地理信息保障服务系统关键技术研究,地理空间技术构建智慧城市和国际测量师联合会的相关情况介绍等。中国测绘地理信息学会、省测绘学会以及来自新加坡、文莱、马来西亚、印度尼西亚等国家的东南亚测绘协会各成员单位代表和江西省测绘地理信息业界代表 120 余人参加会议。

【华东区首届核地矿同舟论坛在南昌举行】　11 月 7 日,由江西省科协、中国矿业联合会核地矿专业委员会联合主办的华东区首届核地矿同舟论坛在南昌举行。中国工程院院士潘自强,中国科学院院士、国际欧亚科学院院士汪集旸应邀出席并作专题报告。论坛以院士专家主旨报告和大会交流的形式举行。潘自强、汪集旸、张金带分别做题为《中国裂变核能矿产资源可持续发展战略研究(工程院咨询报告简介)》《地热能开发利用与节能减排》《加快大型特大型铀矿床开发协同推进铀矿大基地建设》的主旨报告。论坛征集论文 121 篇,经专家委员会评审,评选出 36 篇优秀论文,入选论文 83 篇,并对优秀论文进行表彰。论坛由省核学会、核工业江西矿冶局、省核工业地质局联合承办，省核应急办、东华理工大学、中核江西核电公司筹建处、中矿联核地矿专业委员会华东区6省16家理事单位联合协办。来自华东六省和北京、天津、辽宁、甘肃等地专家学者和江西省级学会秘书长200余人参加论坛。

【“弘扬科学道德，践行‘三个倡导’，奋力实现中国梦”江西报告会在南昌举行】 12月19日，由中国科协和中共江西省委主办，江西省科协承办的“弘扬科学道德，践行‘三个倡导’，奋力实现中国梦”江西报告会在南昌举行。全国政协人口资源环境委员会副主任、中国科协决策咨询专委会主任齐让出席并致辞，省科协党组书记、常务副主席龚绍林，党组成员、副主席彭玲华、梁纯平、孙卫民出席报告会，报告会由省委副秘书长沈谦芳主持。钱学森之子、高级工程师、上海交通大学“钱学森图书馆”馆长钱永刚，中国工程院院士、国际宇航科学院院士、空间技术专家、神舟号飞船首任总设计师戚发轫和中国科学院新疆生态与地理研究所副所长、研究员雷加强，分别做题为《钱学森的科学报国精神》《中国载人航天工程和载人航天精神》和《扎根边疆，坚守沙漠，科学治沙》的主题报告。省直部门有关负责人、机关干部，在昌科研院所、企业科技工作者，省属高校师生代表，省科协、南昌市科协系统的干部职工等1000余人聆听报告。

【建设院士工作站】 2014年，为贯彻落实省委《贯彻落实〈中共中央关于全面深化改革若干重大问题的决定〉的实施意见》关于推进院士工作站建设的要求，省科协将院士工作站建设列入年度考核内容，加大指导推进力度，实现建站数量重大突破。当年新建省级院士工作站28家，超过前几年建站数量总和；引进院士38人/次（新引进31人）、院士团队专家200人，新签订合作项目66项。

年初，省科协和省委组织部首次联合下发《关于开展2014年院士工作站建站申报工作的通知》。12月底，首次举办“省级院士工作站授牌仪式”，省委书记强卫会见应邀出席仪式的10位院士；省委常委、省委组织部部长赵爱明出席仪式并发表讲话；省政协副主席、省科办主席李华栋主持仪式并与赵爱明共同为28家新建院士工作站授牌，仪式前后，部分院士入站进行项目指导或开展了相关活动；首次编印《集聚高端智慧 助推发展升级——江西省院士工作站建设巡礼》画册。

5月，与省人民医院、省中医院、省口腔医院签订《院士医疗保健绿色通道协议》，为满足引进院士医疗保健需求提供保障；落实省长鹿心社在杨志梁《关于“成立江西院士工作中心”的建议》上的批示，就成立“江西省院士工作委员会”进行调研；中国科技咨询服务中心《示范院士工作站建设》项目申报成功，获10万元经费支持。

·资　料·

2014年省级院士工作站引进院士情况

序号	院士工作站名称	引进院士			签订项目数
		人数	工程院	中科院	
1	省山江湖开发治理委员会办公室	1		周成虎	2
2	东华理工大学	3		柴之芳 陈洪渊 姚守拙	3
3	江西财经大学	1	张尧学		1
4	江西省科学院生物资源研究院	1		印遇龙	2
5	江西师大物理与通信电子学院	1		都有为	1
6	南昌大学	1		龚健雅	2
7	华东交通大学	1	龚晓南		6
8	洪都航空集团有限责任公司	2	俞梦孙 蹇锡高		2
9	双胞胎（集团）股份有限公司	2	李德发	印遇龙	2
10	正邦集团有限公司	2		吴常信 黄路生	2
11	泰豪科技股份有限公司	1	韩英铎		2
12	九江恒通自动控制器有限公司	1	段正澄		2

续表

序号	院士工作站名称		引进院士	签订项目数
13	九江中船消防设备有限公司	1	范维澄	3
14	九江市农科所	1	傅廷栋	3
15	九江学院	1	杨叔子	3
16	江西仙客来生物科技有限公司	1	魏江春	3
17	江西华伍制动器股份有限公司	1	温诗铸	4
18	江西工埠机械有限责任公司	1	唐任远	2
19	江西特种电机股份有限公司	1	郑绵平	4
20	宜春学院	1	丁 健	2
21	江西万年鑫星农牧股份有限公司	1	印遇龙	2
22	江西汉氏联合干细胞科技有限公司	2	雅克·刚 付小兵	2
23	江西东华种畜禽有限公司	1	吴常信	1
24	江西省福斯特新能源集团公司	1	万立骏	1
25	江西师大地理与环境学院	2	孙九林 龚健雅	2
26	资溪新云峰木业有限公司	1	张齐生	4
27	江西省箬溪生态农业有限公司	1	赵法箴	3
28	北航江西通航研究院	4	刘大响 陈懋章 钟群鹏 李椿萱	

（杜春发）

江西省归国华侨联合会

【概　况】 2014年，省侨联把保障和改善侨界民生作为重要任务，组织开展“爱心暖侨心、共筑中国梦”“送医疗、话改革、解侨困”“天籁列车”“扶贫日”等活动，汇聚侨界爱心，为困难归侨侨眷排忧解难。发挥青委会、侨商会、特专委、法顾委、文协会5个活动平台的积极作用，探索“两个拓展”新思路，适应联谊工作新变化，全年接待来自美洲、欧洲、非洲、亚洲20多个国家和地区的侨胞、侨团63批400多人次。主动参与社会管理，深入调查研究建言献策，承办2014年赣浙侨联、民革参政议政经验交流会，整合资源、优势互补，加强交流与协作，创新文化交流合作模式，适应参政议政新常态。

【召开2014省侨商会会长会议】 1月23日，以“汇聚侨商力量，共创赣鄱辉煌”为主题的2014江西省侨商联合会会长会议在南昌召开，来自21个国家和地区的70余名侨商齐聚一堂、共话发展。会议邀请江西财经大学国际经济学院副院长、经济学博士后、教授刘振林做题为《当前国内外经济形势对中国资本市场的影响和对策》的专题报告。会后举行“爱心暖侨心”捐赠仪式，郑兆国等22位侨商共筹集爱心善款和物资400余万元，用于社会公益事业和助贫帮困。会议还增聘陶洪彪、熊绍省为江西省侨商会常务副会长，罗美华等15人为副会长。

【举办赣浙侨联、民革参政议政经验交流会】 5月9日—10日，由中国侨联指导，江西省侨联主办，民革江西省委会和浙江省侨联、民革浙江省委会共同参与的“赣浙侨联、民革参政议政经验交流会及文化创意产业调研”活动在景德镇举行，来自20多个国家的60多位旅居海外的女企业家参加活动。会上，中国侨联副主席乔卫充分肯定赣浙两省侨联、民革在参政议政工作中做出的努力和取得的成绩，希望赣浙两省侨联、民革扩大交流，共同提高参政议政工作水平，为中国侨联提供更多可以推广的好做法、好经验，使侨联的参政议政工作在党和国家的发展大局中发挥重要作用。在景期间，乔卫和60多位旅居海外的浙籍企业家考察中航工业昌飞公司，参观直升机制造车间，并听取公司董事长、党委书记余枫所作题为《激情逐梦·领舞蓝天》的主题演讲，还参观陶瓷艺术作品展，考察部分陶瓷企业。

【接待台湾华侨协会总会江西参访团】 6月17日—20日，由台湾华侨协会总会理事长陈三井率领的江西参访团一行30余人到赣访问。20日，省政协副主席刘礼祖在南昌与参访团就宣传推介江西、增进赣台民间交流、促进两岸经贸旅游文化发展等进行座谈交流。省侨联副主席陈世春陪同参访团赴赣州、庐山、景德镇等地参观访问，中国侨联历史博物馆馆长黄纪凯、厦门市侨联副主席邓飏等陪同参访。

【陪同法国客商在赣州考察】 6月23日—24日，省侨联党组书记张知明陪同法国华侨华人会主席池万升在赣州信丰县和于都县进行投资考察。24日上午，客商走访信丰县工业园区，对园区工业用地施工现场、交通布局规划点进行察看，就园区企业江西集友日用品有限公司的用工规模、员工待遇、招工政策、投资环境和优惠政策等方面情况进行了解。24日下午，客商在于都县工业园区考察以泰电子、大田鞋业、赢家服饰等园区企业，于都县副县长蔡兰芳介绍该县投资环境、优惠政策等方面情况，县国土局、工业园管委会、就业局、社保局、招商服务中心等单位对侨商投资相关问题进行现场对接。

【举办2014海内外侨商上饶行活动】 9月23日—26日，由中国侨商联合会、江西省侨联、上饶市人民政府共同主办的“2014海内外侨商上饶行活动”在上饶举行。23日，省委书记强卫在南昌会见到赣出席活动的中国侨联党组书记、主席林军及参与此次活动的部分客商代表。24日上午，举行2014年侨商投资上饶发展升级项目对接会启动仪式，来自21个国家和地区的180余名侨商出席启动仪式。在仪式上有8个项目签约，投资总额84亿元。25日—26日，参会侨商分赴上饶市各县区进行参观考察，上饶市政府筛选了新能源、有色金属加工、汽车及汽车零配件、电子信息、新材料、新型建材、医药化工、光学制造等11大产业共215个重点招商项目供与会侨商分析比选。

【举办全省侨联系统干部培训班】 10月30日，全省侨联系统干部培训班在南昌开班。省侨联党组书记张知明作开班动员讲话，省侨联副主席王强主持会议，全省侨联系统干部以及省直管县(市)有关干部80余人参加培训。培训班就中央《加强和改进新形势下侨联工作意见》精神进行专题学习，并就侨联信息化工作以及建设“智慧侨联”平台工作任务进行培训。举办这次培训班，是省侨联加强学习型组织建设、提高干部队伍整体素质的一项重要举措，目的是使广大侨联干部在思想上有新的提高，在作风上有新的改进，在能力上有新的提升，从而推动侨联事业更好发展。

(刘晋)

省侨商会会长会议现场

江西省台湾同胞联谊会

【概　况】 2014年，省台联聘请44名海内外台胞、赣台协会会长和有关人士担任省台联名誉理事和顾问，加强与岛内、海外台胞和在赣台商的联系交往，延伸工作手臂，扩大联谊服务对象。为在赣投资的台商服务，配合省台办开展为台企“送政策、送服务、送温暖”活动，多次深入设区市台企考察，走访慰问台商，听取台商意见和建议，了解台资企业的生产经营状况和赣台会签约项目落实情况。继续发挥人民团体优势，促进赣台民间交流往来。省台联全年接待台湾文史教师参访团、台湾《海峡评论》杂志社、台湾桃园县爱乡协会、台湾鹏辰文化经贸交流协会等多个参访团组，接待台湾各阶层人士300多人次，为促进赣台民间交流交往发挥积极作用。

【举办2014全国台联台胞青年千人夏令营江西分营活动】 7月，举办全国台联2014年台胞青年千人夏令营江西分营活动，这是省台联连续第10年举办的两岸青年交流活动。本届江西分营活动以“感受江西风光、体验陶瓷文化”为主题，来自台湾东海大学和在赣台籍50名大学生参加活动。在赣期间，营员们聆听“跋涉文化山水间——滕王阁序专题讲座”，参观滕王阁、红谷滩新区和景德镇古窑瓷厂、民俗博物园和台资企业法蓝瓷厂，学习瓷器的制作和绘画，体验陶瓷釉下彩的创作乐趣。通过系列活动，使台湾学生既体验到参加夏令营的收获和乐趣，又感受到大陆对台湾同胞的真诚和厚爱，加深台湾学生对祖国大陆、对江西的了解。

【接待台湾文史教师参访团】 8月5日—12日，应全国台联邀请，台湾文史教师参访团一行28人到江西参访。参访团一行先后访问南昌五中和鹰潭市一中，听取有关小学、初中和高中语文教材编写安排、教学方法、教学经验以及高中历史教学等情况的介绍，与两所学校的负责人和部分文史教师进行座谈，双方就语文教学、课本特点、教学方法和教书心得等议题进行交流，从专业和学术上进行探讨。

【举办海峡两岸教科书出版发行现状及展望研讨会】 5月4日，省台联与江西中华文化学院、江西省出版工作者协会等单位联合在南昌举办海峡两岸教科书出版发行现状及展望研讨会。来自台湾的学者王晓波和江西出版界业内人士及有关部门领导出席研讨会。会上,赣台两地学者围绕两岸教科书的编辑、出版发行、借鉴使用和未来合作等话题,从专业角度介绍情况,并就今后的交流合作进行深入探讨。

【开展“同心振兴赣南等原中央苏区广昌示范区”活动】 省台联参与全省统一战线开展的“同心振兴赣南等原中央苏区广昌示范区”活动,多次赴广昌进行考察调研,与对口扶贫村联系,实地了解有关情况,确立扶助项目,为贫困学生捐资助学牵线搭桥,积极引荐旅英台商、爱心人士董淑贞到广昌捐资助学。4月,董淑贞和蔡慧向广昌县杨溪小学100名贫困家庭学生提供10年的助学金,并当即捐款10万元用于解决当地群众饮水困难问题。11月,陪同台盟中央社会服务部领导和部分省市台盟负责人一行28人赴广昌开展党派扶贫考察,向广昌扶贫村捐赠2万元的扶贫款和物资,并制定今后3年的帮扶计划。

【台联界省政协委员建言献策】 台联界省政协委员出席省政协十一届二次会议,就促进赣台交流合作和江西经济建设发展、民办教师待遇等议题建言献策。《关于赣台经贸交流合作的建议》《关于促进赣台旅游合作发展的建议》《借鉴台湾地区经验,推动江西农村土地流转的建议》《关于发展江西休闲农业的建议》《关于提高民办教师待遇的建议》等提案针对性强,切合江西实际,得到有关部门的重视和答复。

(林挺华)

江西省残疾人联合会

【概　况】 2014年,全省近15万名城镇残疾人、近36万名农村残疾人纳入最低生活保障范围,基本生活逐步改善。22.9万名残疾人参加城镇居民医疗保险,11.5万名残疾人参加城镇居民养老保险,61万名残疾人参加新型农村医疗保险,近58万名残疾人参加新型农村社会养老保险。全省建立残疾人托养服务机构20余个,近1100名精神、智力和重度残疾人长期在托养机构集中托养。通过实施省政府民生工程残疾人康复项目,13.6万名残疾人直接受益,完成任务数的102%。为7684名城乡残疾人提供职业技能培训,为残疾人购买公益性岗位3648个,为1.22万名残疾人购买“农家书屋”管理员岗位,为1000户残疾人家庭完成无障碍改造。全省有55.8万名农村残疾人实现就业,15.2万名城镇残疾人实现稳定就业,城镇残疾人就业率稳定在66%以上。为2万余名残疾人发放燃油补贴。对全省1000户残疾人贫困家庭进行无障碍改造。

为残疾人服务的能力不断增强。通过实施民生工程和专项彩票公益金等项目,为15万余名残疾人提供康复救助与服务。为5180名残疾儿童实施康复训练救助;出台《江西省重度聋儿(人工耳蜗)救治康复工作方案》,将贫困重度聋儿(人工耳蜗)救治纳入新农合、城镇居民医保和民政大病医疗救助,为230名1~6岁重度聋儿实施人工耳蜗救治和术后语言康复训练;将脑瘫儿童康复治疗与训练项目纳入新农合和城镇医保报销,报销比例65%~80%,低保户还由民政部门给予大病医疗救助,为1500名脑瘫儿童实施康复救治;智力残疾儿童康复任务增加2000余名,基本实现全覆盖。对全省86个康复项目定点机构进行检查指导,培训管理人员360名,康复技术人员300余名。组织残疾人专场招聘会143场,实名制纳入年度培训计划残疾人7260人,帮助残疾登记失业人员实现就业5475人。全省有7560名农村残疾人参加实用技术培训。以进驻高招录取现场为平台,维护残疾考生受教育权益,全省有242名残疾人考生录取在全国各地高等院校,上线残疾考生录取率100%。实施国家彩票公益金学前教育项目,资助贫困残疾学生300名。扶持省级阳光助残扶贫示范基地16家、阳光助残扶贫基地20家和阳光助残扶贫大户50家,直接安置824名残疾人就业,辐射带动1700户农村残疾人家庭脱贫致富。大力开展农村基层党组织助残扶贫,全省帮扶3万余名农村贫困残疾人家庭稳定脱贫。在宜春试点实施“万村千乡市场工程”助残扶贫项目,安置460名农村贫困残疾人就业,帮扶110名农村贫困残疾人家庭创办村级店。下达康复扶贫贷款指导性计划5.07亿元,贴息资金296万元;完成残疾人危房改造2401户。

残疾人事业发展环境持续优化。国家级、省级媒体刊播关于江西残疾人工作的新闻报道累计200余篇;在省人民广播电台开播残疾人专题节目;组织参加《政风行风热线》节目;组建残联系统新闻网评员;开展第十一届各地人民广播电台残疾人专题节目展播和2012—2013年度全国、全省残疾人事业好新闻评选活动,江西省获得3个全国三等奖。开展全省残疾人文化周活动;组织参加全国残疾人微电影大赛;南昌、景德镇创建“全国残疾人文化体育建设示范市”和“内地与澳门残疾人文化体育建设示范市”取得成功。参加国内外各项锦标赛,获金牌16枚、银牌12枚、铜牌16枚,并有4人7次破亚洲纪录、1人1次打破全国纪录。组织第五次全国自强模范及助残先进报告团进行全省巡回宣讲,召开第五次全省自强模范暨助残先进集体和个人表彰大会,举办2014年全省残疾人事业发展专题培训班,继续实施“强基育人”及残疾人专职委员远程培训项目。全省各级法律援助、救助机构为残疾人提供法律救助服务800人次,来访、来信、来电的办结率均100%,残疾人的满意度95%以上。

【启动“基础管理建设年”活动】 根据中国残联等11部委通知要求,成立省残联“基础管理建设年”活动领导小组及办公室,对全省“基础管理建设年”工作进行全面部署。年内,全省财务调查工作、专项调查的“核查”“培训”和数据录入环节已经完成,核查残疾人93万人,核查完成率100%。在南昌举办专项调查省级培训班3期,各市县级残联对调查人员的培训也严格按照中国残联的要求全部完成。

【承办2014年全国特奥足球比赛】 6月18日—24日,2014年全国特奥足球比赛暨全国第九届残运会第六届特奥会足球比赛在南昌举行。来自全国的26个代表队共288名运动员参赛,参赛人数多、规模大、参与面广,这也是江西省首次承办全国残疾人体育大型赛事。

【出台《江西省专项彩票公益金支持残疾人事业发展项目资金管理办法》】 7月，省残联、省财政厅、省民政厅、省体育局联合出台《江西省专项彩票公益金支持残疾人事业发展项目资金管理办法》，对资金的筹集和安排、资金使用范围、项目申报审批和资金使用方面做了详细规定。2014年省财政划拨2880万元省级专项彩票公益金用于发展残疾人事业。

【召开第五次江西省自强模范暨助残先进表彰大会】 12月22日，江西省第五次自强模范暨助残先进表彰大会在南昌召开。省委书记强卫代表省委、省政府向当选本届自强模范和助残先进的人员表示祝贺。大会宣读江西省残疾人工作委员会《关于表彰全省自强模范暨助残先进集体和个人的决定》，授予李春敏等25名残疾人"江西省自强模范"称号，表彰南昌市滕王阁管理处等19个全省助残先进集体、曾文萍等23名全省助残先进个人、江西省残疾人职业培训中心等31个"残疾人之家"。

（孙鹏飞）

江西省红十字会

【概　况】 2014年，全省红十字会接受捐赠款物8740万元；培训介护员1038名；累计争取省级财政专项经费及彩票公益金309万元；建立各类志愿服务队伍285支，注册志愿者1.08万名；全省普及应急救护知识近15万人，实施救灾减灾项目39个，整合项目资金1414万元；探索专门委员会试点工作受到全国红十字总会和省委、省政府领导肯定。

"三救"工作成果显著。一是红十字救援。开展赈灾募捐、技术演练、现场救援活动，参与省内水灾、"麦德姆"台风，省外地震、"威马逊"台风等自然灾害的救援；组织应急救援队参与鲁甸地震灾区现场救援；组织参与突发事件应急救援80余次，捞救落水人员63人；开展山地、水上、高楼等户外救护演练，参与省运会、马拉松、龙舟赛、春运等省内外重大赛事和节日安保救援工作；先后向省内灾区紧急下拨价值415.38万元的救灾物资；向受台风灾害的广东、海南等省援助36万元；全省红十字会向总会汇缴鲁甸地震捐款712.72万元。二是红十字救助。以"红十字博爱送万家"和"十关爱"活动为载体，关爱百岁老人400余人次，发放救助款物近100万元；关爱白血病患儿119名，争取"小天使基金"等专项救助资金311万元；关爱露宿者1500余人次；关爱苏区特困群众，整合资金1136万元，为3.79万名原中央苏区特困群众，提供免费手术医疗、生活救助和服务；关爱特困家庭7.24万户，发放救助款物2173万元；开展寻找亲人服务660余人次；向见义勇为好少年柳艳兵、易政勇等英雄及英雄家属发放救助金13.5万元。三是红十字救护。全省开展救护培训进机关、进学校、进社区、进企业、进农村"五进"活动，培训持证救护员3.26万人。省红十字会启动应急救护培训机构认证机制，全年培训救护师资346人，下发价值近130万元的救护器材；在"世界急救日"期间与江西师范大学、南昌航空大学等高校联合举办以"急救与日常及灾难中的危险"为主题的现场救护演练，8000多名入校新生参加演练与观摩。省红十字会救护培训中心深入近100个单位和团体，开展救护培训和防癌等知识讲座，并应邀到中央电视台宣讲溺水救护知识。

志愿服务形成特色。全省红十字会建立医疗、供水、搜救、赈济、心理救援、水上救生、大众卫生、社区健康、老年介护、造血干细胞和遗体器官捐献等志愿者队伍285支。先后举办7期水域救援演练，组织32名志愿者参加海峡两岸救生员培训，推荐3名志愿者赴台湾参加水上救援训练和交流，提高服务能力；在经费上加大投入，支持志愿服务队伍参与自然灾害、突发事件救援、人道救助工作，发挥志愿服务作用。省志愿护理服务中心、邹德凤公益发展中心、捐献者之友协会、心理救援队、蓝天救援队、水上救援工作有声有色，南昌市雄鹰救援队多次参与户外救护演练培训取得成效。鹰潭市红十字志愿者徐荣梅荣登"中国好人"榜；上饶市红十字志愿服务总队荣获全国"铁路春运青年志愿者先进集体"称号。

【遗体器官（组织）捐献取得新突破】 省红十字会2007年率全国红十字会之先开展遗体器官（组织）捐献工作。2010年江西被确定为全国首批11个人体器官捐献试点省市之一，2013年3月1日出台《江西省遗体捐献条例》。年内实现遗体捐献81例，比上年增加78例。其中，30例器官捐献，捐献大器官91个（包括2个心脏、29个肝脏、60个肾脏）。通过器官移植，挽救了91位垂危的生命；角膜捐献124个，使百余名眼疾患者重见光明。

【专门委员会试点初显成效】 省红十字会在学习、探索、实践专门委员会试点工作的过程中，体验到创新思想的活力，感受到大胆改革的魄力，分享到探索试点的成果。专门委员会组织开展全省红十字会内部结构治理、博爱家园项目、红十字募捐箱等专题调研和督查，提出指导性建议，促进红十字工作；开展志愿者领袖培训班，培训900余人，开展"快乐志愿者"联欢会、"关爱生命，保护环境"等活动；组织开展红十字精神、典型、知识宣传和传播，传递红十字正能量。

【老年介护服务彰显品牌】 全省老年介护服务覆盖设区市，延伸社区，形成格局。新余市红十字会成立老年介护志愿服务中心。红十字志愿介护员因地制宜，深入高龄、残障、空巢老人家庭，采取一对一结对子的方式，定期上门为老人提供进食、沐浴、移动、康复、心理安抚等服务，建立"居家介护"模式；深入医院病房，开展介护康复服务，建立"医护结合"模式；在5个设区市7个养老机构和社区，实施红十字"博爱家园老年介护项目"，建立"养护结合"模式。先后举办省彩票公益金红十字老年介护员培训班7期，编纂老年介护教材，推广介护理念，受到老年人欢迎。

（陈小柱）

责任编辑　杨沂柳

军　事

江西省军区

【概　况】　2014年，省军区围绕强军目标，努力践行"四红四队"、打赢"五战"，聚力抓准备、接力打基础、着力正风气，部队建设保持稳步发展良好势头。

思想政治工作扎实有效。紧紧扭住举旗铸魂这个根本，充分发挥红色资源优势，深入学习贯彻中央军委主席习近平系列重要讲话，强军目标主题教育生动有效。善始善终抓好第二批党的群众路线教育实践活动，举办全省领导干部国防知识高端讲座，组织部分机关干部到作战部队当兵蹲连，梳理总结涉军维权新经验，协调推进老干部心理服务及法律援助工作落实取得新成效。据实宣传、依实塑造井冈山人武部、烈士宋旌和余江县连续55年无责任退兵3个重大典型，在军内外引起强烈反响。落实"3358"工程，"一老一少一基层、一优一困一英烈"爱心到家、温暖到人，"三联三创"探索建设先行，全年28项工作被总部、军区首长批示肯定。

军事斗争准备引向深入。认真贯彻中央军委主席习近平军事战略指导重要思想，着眼形成能力、运用问题倒逼推进作战准备，三级首长机关实弹实投全面落实。真难严实组织实弹战术演练，信息化军民融合建设开创先河，国防动员指挥演练组织严密，军事斗争准备检验评估严格较真，信息通信军民深度融合走在战区前列。高标准组织战时国防动员指挥演练，协调各级地方党委常委、"八办"主要领导全程参演。建设筹谋求实务实，组织军事斗争准备联合考评。立足红土地实际，扎实推动部队建设，征兵工作大学生比例在全国省区位列第一。

作风正气明显好转。扎实开展党的群众路线教育实践活动，纠"四风"改作风正风气。强势推进军区部署的"八项整治""双六条"整治纠治，深化违规住房用车清理，清房清车清人等硬指标全部完成。严格按编调整配备干部，坚持"逢晋必考"，树立良好用人导向。

安全管理工作有新亮点。以落实"两个规范"为牵引，加大部队正规化建设和管理力度，抓好安全隐患排查和民兵武器装备管理清查整治，实现完成任务好、事故案件无的目标，营区监控、人员车辆、电子信息等集中管理初显成效。专项组织全省装备库室和枪支弹药清查核对，较好解决潜在安全隐患。

党管武装工作有效落实。首次由省领导和省军区主官带队，军地联合组织对设区市党管武装工作进行量化考评，有力促进部队建设和官兵实际问题的解决。联合省政府制定出台《关于进一步做好驻赣部队随军家属就业安置工作的意见》，较好解决随军家属就业安置有人管、有渠道和常态化保持等问题。党管武装考评和网络民兵建设被军区主要领导肯定为创新性工作。

【组织战时国防动员指挥演练】　10月10日—13日，省国动委以国防动员指挥为课题，采取"军地军兵种联合、多级异地联动、昼夜连贯实施、导演评一体"方法，组织省本级带市国动委和预备役炮兵旅，以及驻赣军兵种部队，进行战时国防动员指挥演练。省委书记强卫、省长鹿心社及省委常委亲自参演。南京军区副司令员秦卫江率工作组检查指导并直接导调。通过演练，转变了国防动员观念，完善了战时指挥机构，落实了动员支前方案，检验了支援保障方法，锻炼了三级国动委队伍，密切了军政军民关系。

【召开"三联"活动座谈会】　11月24日—25日，军区"三联"（联学创新理论、联创先进组织、联建文明建设）活动座谈会在井冈山召开。军区副政委王平等70余人出席会议，总政群工办领导到会指导。会议采取现地观摩、观看录像和集中座谈的方式，分析形势、总结工作、交流经验、部署任务，推动"三联"活动朝深处走、往实处落。"三联"活动开展以来，各联建单位采取"输血"与"造血""硬件"与"软件""扶贫"与"扶智"相结合的办法，全力支持井冈山革命老区建设。截至11月，3500万元帮扶资金已到位2100万元，41个项目已完成21个。

【组织军地联合防汛勘察】　5月12日—14日，省军区组织抗洪抢险任务部队和省军区系统及地方防汛部门有关人员47人，赴长江九江段和鄱阳湖地区进行防汛现地勘察。通过召开任务部署会，对口会商勘查计划，分片组织现地勘察，支援部队对机动路线、进出通道、配置地域、担负的任务以及宿营和指挥所开设位置更加清楚，地方政府对支援部队保障需求更加明晰，部队对行动方法和组织指挥进一步明确，为下步遂行抢险救灾任务提供了依据。

【举行信息通信军民融合深度发展战略合作协议签约仪式】 11月14日，省军区在滨江宾馆举行信息通信军民融合深度发展战略合作协议签约仪式。省军区与省电信公司、各军分区与各设区市电信分公司分别签署合作协议。此次活动主要总结交流工作做法、参观信息通信装备、签署战略合作协议、确立合作框架目标和制度机制。协议的签署对推动省军区信息化建设军民融合向广度和深度发展，起到重要的示范引领作用。

【组织新《警备条令》集训暨驻赣部队警备工作电视电话会议】 3月26日，新《警备条令》集训暨驻赣部队警备工作电视电话会议在南昌召开。省军区参谋长陈平、驻赣各警备司令部、团以上部队和省市公安交管部门领导350余人与会。会议期间，邀请院校、公安交警专家授课辅导，传达学习全军警备工作会议精神，解读新条令和交通法规；通报2013年以来驻赣部队外出军人军车违章违纪情况；现地观摩警备执勤器材和课目演示；对军警民协作树好"军队的样子"进行部署。江西都市频道《都市现场》，《江西日报》《江南都市报》《大江网》等媒体进行了播报，并向社会公布违规违纪举报电话，取得良好的社会影响。

【召开全省高校武装工作会议暨高校大学生征兵动员大会】 5月9日，省军区司令部、政治部联合省教育厅在南昌工程学院，召开全省高校武装工作会议暨高校大学生征兵动员大会。会议主要是启动高校征兵宣传活动，总结交流武装工作经验做法，表彰先进单位和个人，部署国防教育、征兵、军训和武装部建设等工作任务。总参动员部副部长田义祥、征集局局长张玉堂、南京军区学生军训办副主任崔本乐，省政府秘书长谭晓林，省军区参谋长陈平、政治部副主任黄恩华，省教育厅副厅长郭奕珊，南昌警备区政委夏一军，92所高校分管领导及业务领导和各军分区（警备区）军动办主任共198人参加会议。南昌工程学院3500名师生参加动员大会。会上，田义祥对江西高校武装工作给予充分肯定，并指出：江西省将高校国防教育、军训、征兵、民兵组织和武装部建设统起来抓、捆起来做，方向正确、合法合规，已走在全国前列。高校武装工作是一件大事、要事，高校只能加强，不能削弱。

【组织设区市党管武装工作考评】 7月中旬至9月上旬，省委、省政府、省军区分阶段相对集中20天时间，由省委常委、常务副省长莫建成和省军区司令员张晓明、政委马家利分别带队，省委办公厅、省政府办公厅、省委组织部领导和省军区司、政、后副职领导，省委、省政府和省军区机关21名处（团）以上干部，组成3个军地联合考评组对全省11个设区市进行党管武装工作考评。考评从组织领导、宣传教育、军事斗争准备、解决实际问题、经费保障5个方面23个小项，全面、准确、客观地反映各设区市党管武装工作情况，考评结果纳入设区市党政领导班子和领导干部综合考评体系，计入设区市经济社会发展综合评价，并作为评选表彰"双拥模范城""党管武装好书记"和"武委会好主任"的重要内容，有效促进党管武装工作层层落实、提高质量。

【总结宣传井冈山市人武部和全南县人武部副部长宋旌烈士两个重大典型】 4月8日，新华社《国内动态清样》以《始终按老百姓心中的样子干》为题刊登井冈山市人武部的先进事迹，引起军委总部领导高度关注。《人民日报》《光明日报》《解放军报》和新华社、中央电视台等军内外主流媒体分批到井冈山开展集中采访活动。5月15日起，各大媒体围绕"井冈山常驻'红军工作队'"这一主题，集中宣传人武部先进事迹。5月21日，全南县人武部副部长宋旌搜寻落水学生失踪后，省军区司令员张晓明、副司令员方建华在全南县现场指挥搜救行动，省军区政委马家利和政治部副主任黄恩华现地调查、召开座谈会，慰问烈士家属，指导部署对宋旌事迹的总结宣传，机关及时总结上报有关情况。新华社《供中办国办秘书局信息专稿》刊登宋旌事迹，军委、军区主要领导、省委书记先后做出重要批示。省军区主要领导亲自指导做好事迹宣传和褒奖善后工作，省军区党委迅速作出《关于开展向宋旌同志学习活动的决定》，批准宋旌为革命烈士。新华通讯社、《人民日报》《解放军报》等军内外20多家主流媒体，围绕"用生命诠释忠诚"这一主题，对宋旌烈士先进事迹进行集中宣传报道，反响强烈。两个重大典型宣传共在军以上媒体用稿160余篇。南京军区、省军区政工网专门开辟学习两个先进典型专栏。按照南京军区首长指示和省军区部署，"单位学井冈山市人武部、个人学宋旌"活动在省军区部队全面展开。

【举办江苏省军区王继才、王仕花夫妇先进事迹报告会】 12月15日，江苏连云港市灌云县开山岛民兵哨所王继才、王仕花夫妇先进事迹报告会在南昌举行。报告会前，省军区政委马家利接见报告团成员，省军区政治部主任罗晓东主持报告会，省委宣传部领导和南昌警备区、预备役师领导，以及省军区驻昌部队官兵、民兵预备役人员、青年学生代表共500余人现场聆听报告。报告会诠释了什么是理想信念、人生价值，什么是灵魂、忠诚和爱国奉献，什么是崇高、平凡、伟大，有效激发省军区部队官兵昂扬向上的进取心、干事创业的精气神。

【举办驻昌部队强军战歌歌咏比赛】

8月4日，省军区在南昌红谷滩会展中心举办"战歌嘹亮唱强军——省军区驻昌部队强军战歌歌咏比赛"。省军区部门以上领导，以及南昌警备区、预备役师、省军区直属单位的领导、官兵和民兵预备役人员参加并观看比赛。通过组织驻昌部队10支代表队演唱，充分体现强军战歌歌咏比赛的群众性、广泛性和代表性，进一步深化官兵对强军目标的认识，坚定理想信念、传承优良作风。

【持续深化省军区"八一"励志助学】

2014年，省军区推进石城、龙南县两所希望小学建设；为南昌、萍乡、永新、万安等革命老区8所红军小学和井冈山毛泽东红军学校、瑞金大柏地八一希望小学捐助200万元帮扶款；拿出50万元在江西师范大学、江西农业大学帮扶100名贫困大学生。

【组织开展干休所卫生机构岗位技能考核竞赛】 8月2日—4日，省军区组织开展全区干休所卫生机构岗位技能考核竞赛，全区12个干休所(点)共50名医护人员全员参考。考核以军区下发的《老年疾病防治康复知识》和老年常见心理疾病防治知识为基本内容，采取理论、技能操作考核和现场答辩相结合的方式，区分医生组和护士组分别进行考核，考核成绩均为80分以上，优秀率达87%。

【深入开展违规住房专项清理工作】 2013年5月至2014年10月，省军区深入开展违规住房专项清理工作。省军区专门成立违规住房专项清理工作领导小组；建立情况通报、会议研究、军地协作等制度；专门制作《清房资料汇编》、政策“口袋书”和宣传栏，采取分户包干、责任到人的方法，逐门逐户上门宣讲做工作；对到时间节点没有完成任务的单位，教育实践活动“一票否决”；省军区房清领导小组先后5次召开会议、下发15期清房通报。通过大量艰苦细致的工作，全区170套不合理住房全部按时清退，清退率达到100%。10月，南京军区房清工作组检查验收时，对省军区清房工作给予高度评价。

(省军区)

武警江西省总队

【概　况】 2014年，武警江西省总队官兵围绕强军目标，着力铸军魂、强能力、打基础、正风气，部队建设保持稳中有进、健康发展的良好态势。

中心任务顺利完成。突出“练兵先练将、强军先强官”，对部队所有团职干部进行考核竞赛。抓好实战化训练，严密组织遂行任务能力检验评估、“卫士—14”演习、特战分队分片区拉动和特勤排赴疆轮战，分批组织特战干部骨干和参谋业务集训竞赛。参加总部信息化知识和兵种协作区驻训竞赛取得优异成绩，研发的反恐战术场景模拟系统获国家级竞赛一等奖。加强对警卫、险点和重大临时勤务的一线指导，确保执勤目标绝对安全，连续15年执勤无事故。

安全发展基础得到巩固。开展“学条令、明责任、严纪律、保安全”教育活动，梳理分析武警江西省总队近20年来发生的事故案件和严重违纪问题，广泛开展群众性大讨论，官兵条令法规意识和安全发展理念进一步增强。坚持每月军事活动风险评估，每季度召开安全工作讲评会，每半年召开预防工作片会，集中开展安全大检查活动，及时消除事故案件隐患和各类不安全因素。开展专项整治，集中组织直属分队教育整训。抓好新兵教育管理，严密组织“三查一除”，及时退换不合格新兵137人。

基层建设水平不断提升。制定下发支队指导基层工作规范，对工作职责、内容和方法进行统一。分两批对支队级单位实施重点帮建，各支队级单位对基层中队进行重点帮建。持续开展基层党支部班子岗位练兵，定期安排优秀基层干部疗养，激发引导官兵扎根基层建功立业。精减会议文电、控制单项工作组，严格按规定实施表彰奖励并向基层和一线官兵倾斜。二支队、九江、新余、赣州、吉安支队被评为“2014年度基层建设先进支队”。

综合保障效益持续增强。组织武警江西省总队后勤处(部)长集训，完善后勤一体化保障机制，狠抓“一组五队”建设规范，开展经费管理、物资采购、工程建设等重点领域督查整治，全年压缩行政消耗性支出、公务接待开支1100余万元。组织专业技术干部交叉代职，推进珠湖、甘家山等农副业生产基地建设，实行食品采购“农改超”调整改革，深化军人保障卡推广应用。全年投入基建经费6500万元，后勤服务保障水平不断提升。

【召开基层现代化建设现场会】 1月14日，武警江西省总队在南昌召开基层现代化建设现场会，总队部门以上领导和机关干部、各支队级单位军政主官和组织科(股)长参加现场会。现场会按照“新建与改造相统一、硬件与软件相统一、重点与整体相统一、继承与创新相统一”的抓建理念，坚持“训练设施完善配套、执勤设施符合规定、生活设施达标齐备、文体设施贴近时代”4个导向，区分新建与改造两种类型和标准，在两个基础条件处于不同层次的基层中队展开试点，并对大队部建设进行规范和统一，引领基层全面推进现代化建设。

【组织首长机关封闭式集训】 2月10日—3月2日，武警江西省总队组织首长机关干部分2批在训练基地进行封闭式集训。集训聚焦“能打仗、打胜仗”目标，组织开展队列、擒敌、警棍盾牌和体能等基础课目训练，地形分析、训练安全预防、公文写作和制度法规等军事理论学习，自动化办公、处突指挥平台等信息技能训练，手枪、自动步枪昼夜间射击课目训练考核，“六种力量”体系建设、实战化训练开展和经常性、基础性工作落实等课题研讨，有效提升机关干部思维层次、技能素质和指挥部队能力。

【举办军事装备展示】 2月22日，武警江西省总队在训练基地组织军事装备展示活动，总队部门以上领导和全体机关干部现场观摩展示活动。展示分静态展示和操作演示两大部分进行。静态展示区，展示机动支队、地市支队特勤排和县(市、区)中队应急班13大类100多种反恐装备；操作演示区，重点就无人侦察机、排爆机器人、防暴喷雾驱散器、自动抛绳器、警用弓弩、大功率切割机、攀登突击车、高压水炮车、防暴驱散车等新型装备逐一进行实战模拟演练。

【组织团以上领导干部轮训】 3月27日—4月14日，武警江西省总队分两期组织团以上领导干部学习贯彻中央军委主席习近平重要讲话精神轮训。轮训围绕“深入学习贯彻习主席建军治军重要思想，努力提高现代化武装警察部队建设水平”这一主题，坚持读书听课与实践感悟相结合，分组讨论与大会交流相结合，提高思想认识与研究重大现实问题相结合，集中轮训与网上参训相结合，顺利完成教学任务。

【搜捕故意杀人案犯罪嫌疑人】 10月31日，上饶市弋阳县圭峰剑罗家村发生1起故意杀人案，犯罪嫌疑人张样喜在一小学放学途中，无故砍杀3名小学生，致2人死亡、1人重伤。根据公安机关的统一部署，11月2日—4日，武警江西省总队派出鹰潭、上饶支队官兵，担负犯罪嫌疑人搜捕任务。行动中，参战部队采取先围后搜、高点观察、周边巡控的战法，布设封控卡点，设置观察警戒哨，突击搜索封控区域独立房、砖窑沟洞等重点部位，确保围控无漏洞、搜索无死角。经过3天的搜捕，于11月4日17时40分在贵溪市将犯罪嫌疑人张梓喜抓捕。

【九江博阳河大堤防洪固堤】 受第10号台风"麦德姆"影响，九江地区突降暴雨，河流水位连超汛线。7月24日，九江支队出动兵力及车辆，赴德安县大西门博阳河大堤防洪固堤。经12小时连续奋战，参战官兵累计搬运、装填、堆砌土石方1520方，加固堤坝580米，封堵4处管涌和5处堤坝低洼口，排除堤坝险情，确保洪峰通过。

【组织实兵对抗演练】 8月19日—22日，武警江西省总队以处置暴恐事件为背景分4个片区组织各地市支队前指带机动中队特勤排、部分执勤中队应急班全要素实兵对抗演练。演练按照"真难严实"要求，内容设置、对抗条件、环境选择最大限度向实战靠拢，采取随机下达机动命令、组织兵力远程投送、临机处置突发情况、生疏地域技能对抗等方式，设置自动步枪快速精度射击、狙击步枪对人体部位靶射击、步手枪转换射击、突入识别射击、首长机关战术作业和特战小组反劫持战斗等课目，有效检验首长机关谋划决策、高效指挥和反恐分队实战能力。

（杨俊）

消防部队

【概　况】 2014年，全省发生火灾8332起，死亡47人、受伤33人、直接财产损失1.7亿元，同比火灾起数上升1.4%，其他分别下降23%、21%和13%，较大火灾由2013年7起下降为1起。

巩固火灾形势的持续平稳。通过国务院首次消防工作考核并被评定为"良好"。提请省政府召开年度消防工作会议、下发目标任务书，加强常态化督导检查。联合省卫生、教育、民政等部门制定发布医院、学校、养老院3个消防安全管理地方标准，南昌颁布实施市消防条例。联合省住建部门推动消防规划编制，各设区市分别制（修）订市政消火栓建设维护管理规定。全力开展"清剿火患"战役、重大火灾隐患集中整治和今冬明春火灾防控等专项行动，完成第十四届省运会、景德镇国际陶瓷博览会等重大消防安保任务，南昌、九江、赣州、吉安、萍乡等地重大和区域性火灾隐患整改力度大、效果好。充分利用新媒体平台报道消防动态，曝光火灾隐患，江西消防微信作为全国消防部队唯一一家荣登"全国军事微信巅峰榜"。制定出台执法规范化建设实施意见，开设消防监督执法大讲堂，在鹰潭支队召开规范执法、廉洁执法现场会，省消防总队经验做法被《人民日报内参》刊载报道。连续7年未发生重特大和有政治影响的火灾事故，江西防控重特大火灾的措施和做法得到国务院办公厅首肯并被约稿。

提升打赢制胜的攻坚能力。开展"实战训练年"活动，推进整建制中队实战化训练改革并在九江支队召开现场会。分批组织385名执勤中队干部异地实战化轮训和中队长助理、班长骨干、通信、接警调度员培训活动，举行多种形式消防队伍、全员岗位练兵和首届应急通信技能比武竞赛，开展赣中战区地下建筑灭火救援等无预案实战拉动演练9100多次并完成1.3万余栋重点建筑的作战熟悉和安全评估。加强作战指挥中心功能拓展和项目研发，值班备勤工作受到省委书记强卫表扬，经验做法被公安部消防局以简报形式向全国推广。南昌支队自主研发的两个作战指挥系统获国家实用创新型发明专利。推进应急救援队伍建设，提请省政府印发年度应急救援工作要点、召开应急救援指挥部会议，联合省人社厅、财政厅制定出台《合同制消防员招聘管理暂行办法》并召开宣贯会。年内，新招合同制消防员2403人，完成84%县级应急救援指挥平台建设任务，新建乡镇专职消防队38个。全年消防部队接警出动1.4万余次，抢救疏散被困人员4万余人，抢救财产价值14.2亿元。

蓄积固本强基的发展后劲。落实《江西省地方消防经费管理实施办法》，全年争取消防经费13.01亿元，省消防总队本级1976.6万元，分别增长88.6%和33.9%。全省100%的单位完成年度经费达标任务，九江、景德镇、新余支队3年任务提前完成。推动省政府出台县级应急救援装备建设配套经费保障机制，按省、市、县三级1:2:4比例配套3年投入经费8.4亿元，其中2014年度2.8亿元已全额到位。改善基础设施条件，投入2.72亿元实施38个基本建设项目，总建筑面积20万平方米。投入装备经费5.39亿元，增加4.01亿元，增幅达290.58%，新购消防车107台、器材装备5.5万件（套）。在新余支队召开装备管理信息化建设试点现场会，利用物联网等信息化手段推行器材装备全寿命管理。推进土地、房屋"两证"办理，办结土地证174宗、总面积217.13万平方米，房产证487栋、总建筑面积62.76万平方米，减免办理规费8437万元，"两证"办理率达100%。总队被公安部评为"土地房屋专项治理工作先进单位"，在公安部消防局年度财务会审中被评定为"优秀"。鹰潭支队被公安部消防局表彰为"军需管理业务全国先进支队"。

保持部队形象的持续向好。省消防总队、萍乡支队被公安部消防局表彰为全国安全工作先进总队、支队，省消防总队军政主官经济责任在公安部审计中被评为"好"。省消防总队扶贫工作受到省政府考评组高度评价，上饶支队被国务院残工委表彰为"全国助残先进集体"，宜春支队樟树大队被省政府授予"应急救援模范大队"称号，南昌支队八一中队被省政府荣记一等功，抚州支队崇仁大队被省政府表彰为全省依法行政先进单位，吉安支队井冈山大队被公安部荣记三等功。萍乡支队安源大队"打伞哥"王晨等2人入选中国好人榜，总队后勤部仓库主任刘成奎、吉安支队青原大队教导员王迎庆分别获"江西青年五四奖章"和"江西五一劳动奖章"。

【"4·12"井冈山市杜鹃山景区索道骤停事故抢险救援】 4月12日上午10时许，井冈山市杜鹃山（原笔架山）景区索道一轿厢因故障停止运行，被后面运行的轿厢撞击坠落，箱内5名游客随之坠落，并导致索道其余轿厢内219名游客被滞留在空中。接到报警后，井冈山支队先后调集13个中队、14辆消防车、101名官兵赶赴现场救援，并请求省消防总队调集赣州支队兴国县大队和赣县大队共20名官兵跨区域增援，同时向市政府报告调集公安、武警、医疗等社会应急救援联动单位，经过近10个小时的连续奋战，成功营救5名坠落游客和30名滞留轿厢游客，疏散其他游客189名。

【“6·25”抚州市海川化工厂甲醇储罐火灾扑救】 6月25日18时48分，抚州市抚北工业园区海川化工厂一甲醇储罐因雷击着火。抚州支队先后调集7个中队、12辆消防车、135名官兵到场处置。抚州市政府调派公安、安监、交通、供水等部门参与处置。省消防总队全勤指挥部赶赴现场指挥灭火并调集鹰潭、九江支队增援。大火于5时36分被扑灭。有效防止了邻近甲醇罐组、甲醛罐组及整个厂区的安全，保护财产价值1000余万元。

【“7·24”九江市“麦德姆”台风灾害救援】 7月24日，受台风“麦德姆”影响，九江市多地受灾严重，德安县当日凌晨出现特大暴雨，流经县城的金带河河水已满堤，导致宝塔乡岳山垅村、李家畈村及德安县汽车站被洪水围困。九江支队调集全市消防部队31辆消防车、32艘冲锋舟(橡皮艇)、215名官兵全力投入抗击台风、灾后重建等工作。截至25日凌晨2时，共营救被困群众686人。

（省公安消防总队）

人民防空

【概　况】 2014年，全省人防系统认真执行上级部门的决策部署，振奋精神，深化改革，固强补弱，各项工作取得新进展。

人防改革工作迈出新步伐。出台《关于深化人民防空建设改革的意见》。下放人防监理丙级资质和人防设计乙级资质2个审批项目到设区市人防办，精简审批申报材料。开放市场，鼓励社会中介参与人防工程设计、审图、监理、检测、防护防化设备生产和安装、造价咨询等业务。人防施工图审图机构发展到5个、检测机构发展到4个、防护设备生产安装企业发展到24家、乙级监理单位增加8家。构建省人防工程质监站—设区市人防工程质监站(人防工程质监组)—县(市)人防工程质监员的全省人防工程质监管理体系，鼓励各设区市人防办因地制宜设立人防工程质监站。开展全省人防工程施工图审查和防护设备生产安装的专项检查。开展省直管县人防工作试点。

人防指挥通信建设呈现新亮点。升级改造省人防地面应急救援指挥中心指挥信息系统，实现与国家人防指挥中心信息数据互相传输。全省新建县级人防地面应急救援指挥中心2个、批准立项2个。构建全省人防信息传输网络，完善省市县街道四级人防指挥信息系统。抓好国家紧急情况传输系统和多媒体多功能防空防灾预警报知系统建设。全省人防每季度组织一次全网系联测联训。九江、鹰潭、赣州市人防办担负新大纲试训任务，按新大纲规定的时间和内容开展试训工作。10月10日—13日，省人防办组织参加省国动委“红土地—2014”指挥演练，受到南京军区、省军区首长高度评价。全国人防群众防空防灾宣传教育和技能训练井冈山基地完成土建，江西省人防专业队训练基地暨南昌市人口疏散基地项目完成规划设计方案和土地推平。配合总参61所拟定全省人防数据工程建设方案。

人防法制宣传教育取得新进步。加大违法追查力度，赣州市追缴易地建设费和滞纳金585万元。南昌市组织开展人防执法案卷评查评议。上饶市人防办对一开发商违规出租、变相买卖防空地下室车位行为下发罚款金额达158万元的行政处罚决定书。各地在继续抓好人防“五进”的同时，充分利用各种手段开展宣传教育活动。上饶市人防办联合市广播电视台举办人民防空知识电视大奖赛；抚州市在市“两会”期间向全体会议代表和委员发人防宣传短信，与抚州市电视台联合拍摄人防宣传片，并在多媒体多功能防空防灾预警报知器上播放；鹰潭市人防办开辟电视台宣传专栏，利用报纸和电视大力宣传人防知识；南昌市在几次重大节日活动期间向市民发送防护短信110多万条；景德镇市在大学校区、景区、社区安装固定宣传栏。

【国家人防检查组检查省人防重点项目建设情况】 5月30日，财政部国防司司长李林池、国家人防办副主任柳庆森带领检查组，对江西省人防重点项目建设情况进行检查调研。检查组一行实地察看江西省人防地下指挥所，观看依托全国人防光缆骨干通信网实施的指挥演练和人防机动卫星指挥系统运用演练，听取江西省人防办主任刘金接关于该省人防重点项目建设情况的汇报，并与省人防办、省财政厅领导就相关问题进行座谈交流。李林池、柳庆森对江西人防工作和重点项目建设给予充分肯定和高度评价，认为江西人防执行力很强，建设抓得实，工作有前瞻性。李林池强调，人防指挥信息系统建设要继续提高，不断完善，系统建好后，要充分使用好，既要用于战备，更要与经济社会发展融合起来，在和平时期发挥好作用。

【举行全省防空警报统一试鸣】 9月18日，全省11个设区市和100个县(市、区)在统一时间内同步鸣响防空警报。这是江西省第十次依法统一组织防空警报试鸣。省军区参谋长陈平参加活动并讲话，省长助理、省公安厅厅长郑为文下达试鸣命令。活动当天，全省各地广播、电视、网络、手机等媒体同时发布防空警报信息，部分地方举行群众疏散隐蔽演练。此次试鸣有效检验全省防空警报系统及人民防空预警能力，达到提高城市防空组织指挥水平的目的。

（陈文平　陈婧）

本栏编辑　汪凤娟

法　　治

公　　安

【概　况】　2014年，全省公安机关认真贯彻“保稳定、促规范、兴科技、强基础、提素质”十五字方针，紧扣建设“法治公安、人民满意公安”两大主题，以“增强社会安全感、提高人民满意度”为总目标，重点围绕解决“安全、公正、秩序”3个问题，进一步深化平安江西、法治江西建设，大力推进基础信息化、警务实战化、执法规范化建设。

坚决维护国家安全和社会政治稳定。统筹把握国际国内两个大局和网上网下两个战场，不断强化各项工作措施，严密防范、严厉打击境内外敌对势力的渗透破坏活动。全面落实各项反恐怖工作措施，加强涉恐要素管控，做好反恐处置准备，深挖一批涉恐线索，侦破一批涉恐案件，有效防止了暴力恐怖活动在全省发生。针对经济社会发展和深化改革可能带来的稳定风险，部署开展“访民情、送温暖，排矛盾、创平安”活动，排查化解各类矛盾纠纷3万余起，妥善处置一批不稳定苗头，全省未发生有重大影响的群体性事件。

严厉打击违法犯罪。坚持严打方针不动摇，全面加大对“黑拐枪”“黄赌毒”“盗抢骗”等群众反映强烈违法犯罪活动的打击力度，因地制宜组织开展“打黑除恶”“百日治安整治”“利剑”等一系列专项行动，及时侦破弋阳县“10·31”特大杀人案等一批大要案件，有效遏制刑事犯罪高发势头。全省共立各类刑事案件16.10万起，同比下降0.7%；命案破案率达97.7%，创历史新高；追捕网上在逃人员1.39万名，同比上升14.4%；查处治安案件41.67万起，同比上升2.7%。采取“集群战役”等模式严厉打击经济犯罪，破获经济犯罪案件2310起，挽回经济损失6.36亿元，追逃“猎狐”行动战果在全国排名第五。坚持禁种禁制禁贩禁吸并举，深入开展“百城禁毒会战”和“五大战役”，缴获毒品数、查获吸毒人员数、强制隔离戒毒人员数同比分别增长188%、48%、106%。坚持打击与防范相结合，进一步健全完善立体化社会治安防控体系，大力推进社会治安防控“六张网”建设，有效挤压违法犯罪空间，全年出动巡逻警力92万人次，盘查可疑人员9.2万余人次、可疑车辆1.4万余台次，抓获现行违法犯罪嫌疑人7000余名；新增视频监控探头1.29万个，通过“天网”抓获违法犯罪嫌疑人8764名，同比上升35%。

重点整治社会秩序。针对逢死必闹、非正常上访等影响社会秩序的突出问题，组织专项整治，狠刹歪风邪气。联合综治、卫计等部门深入开展依法处理涉医违法犯罪专项行动，加强医院及周边安全防范，在重点医院增设警务室26个，派驻民警203人，安排周边巡逻警力1200余人，并及时通过媒体广泛宣传和曝光典型案例，医院就医秩序明显改善，全省“医闹”事件同比下降75.3%。深入开展重信重访专项治理活动，积极推动涉法涉诉信访工作改革，加大信访问题化解力度，受理群众来访的批次、人次、集体访同比分别下降4.31%、11.67%、36.8%，涉及公安的进京访总量同比下降15.5%。联合有关部门严厉打击涉外非法买卖婚姻违法犯罪活动，遣返一批越南、柬埔寨等国“三非”妇女。

切实强化公共安全监管。大力加强易燃易爆物品安全监管，严格落实枪支弹药、危化物品、散装购销汽油等重点物品的安全管理措施，侦破涉枪涉爆案件418起，抓获违法犯罪嫌疑人588名，收缴各类枪支1.06万支、子弹19.4万余发、炸药7万余千克、雷管24.3万余枚。大力加强道路交通安全管理，深入推进“七打七治”“打四非、查四违”“交通安全百日整治”等专项整治行动，依法查处各类交通违法行为799.8万起，在全国率先建成交管综合研判分析系统，为道路交通监管预警提供有力支撑。大力加强消防安全监管和宣传教育，落实消防网格化、户籍化管理措施，实行火灾隐患排查治理常态化和分级治理，督促整改整治火灾隐患12.3万余处，全省没有发生重特大和有影响的火灾事故。不断加强大型活动安全保卫工作，严格执行大型活动审批把关和安全风险评估制度，明确安全管理主体责任，强化安全保卫措施落实，确保了第五届环鄱阳湖国际自行车大赛、第三届世界低碳博览会等498项大型活动安全进行。

【推进法治公安建设】　完善执法制度，制定厅党委集体学法制度、法律顾问制度、集体议案规定和案件请示报告规定，研究出台处置非正常上访、打击赌博犯罪等工作指导意见；加强与检、法等有关部门的沟通，牵头建立省级政法5家联席会议制度，合力解决基层执法司法工作中遇到的困难和问题。规范执法行为，严格落实“四个一律""六个要""两个无论"等执法规定，在全省统一搭建110、119、122三台合一接处警系统，对接警、处警、反馈、查办等各个环节进行动态实时监控；通过执法记录仪实现现场执法同步录音录像，促进执法活动规范运行。推行执法公开，通过触摸屏、互联网、宣传栏、宣传册、电话、短信等形式，将执法依据、程序向社会公开，将办案进度和结果向涉案人员公开，以公开促公正。强化执法监督，加强案件审核把关和个案监督，落实公安机关民警执法办案终身责任制，严格依法倒查追究责任。

【**深化公安管理改革**】　围绕优化公安政务环境，认真清理公安行政审批事项，将原有20项厅本级行政审批项目精简下放9项，对继续保留的事项进行全面规范，进一步提升公安行政审批效能。深入推进户籍制度改革，在南昌市全面推开一元化户籍制度改革试点，集中组织全省开展户口清理整顿活动，进一步放宽城市流动人口居住证申领条件，有效激发社会活力。积极适应企业发展需要和人民群众期待，集中推出60项便民利民措施和30项优化企业法治环境措施，更好地服务全省发展升级。积极探索省直管县（市）公安工作改革，梳理下放经济社会管理权限137项，研究出台帮助支持措施37项，为试点县（市）公安工作增添内生动力和活力。

【**推动警务工作创新**】　充分运用现代科技手段，大力整合全省公安网上服务资源，搭建集信息公开、网上办事、互动交流、监督评议为一体的"江西公安网上办事大厅"，集成短信服务平台和微信服务平台，对210项审批服务事项实行网上申报、受理和审批，为群众提供24小时不下班的方便快捷服务。按照情报信息主导警务要求，全面推行每日联勤会商、每周综合分析、每月视频调度的情报信息研判机制，积极推动以信息共享和业务协同为目标的深度应用，提升情报服务实战水平。大力加强公安舆情引导工作，建立健全新闻舆情工作与公安业务工作同步研究、同步部署、同步推进的"三同步"机制，形成推动公安工作的良好氛围。从打防管控等源头信息质量抓起，狠抓接处警信息全面规范录入，实行全警采集、全警录入、全警应用，为服务实战提供有力支持。深入推进"210工程"建设，改进资金使用和装备采购方式方法，集中政法转移支付资金，推进共建共享项目建设，提升资金使用效率和警务保障效能。

【**昌北机场台湾居民口岸签注点正式启用**】　10月16日，南昌昌北机场口岸签注点正式启用，事先未办妥入境证件而直抵口岸的台湾居民，可以在昌北机场直接办理入境证件和签注。昌北机场口岸签注点的启用，为台湾客商、游客到江西省开展旅游、经贸、文化交流等活动提供极大便利，填补了江西省口岸没有签证（注）服务的空白。

（张跃文）

检　察

【**概　况**】　2014年，全省检察机关围绕全省改革发展稳定大局，依法履行检察职能，切实加强自身建设，为推动"发展升级、小康提速、绿色崛起、实干兴赣"提供司法保障。

全力维护社会稳定。全省检察机关认真履行批捕、起诉职责，依法惩治刑事犯罪。重点打击严重暴力犯罪、黑恶势力犯罪、毒品犯罪和影响群众安全感的多发性犯罪，共批准逮捕各类刑事犯罪嫌疑人2.03万人，提起公诉2.98万人，同比分别上升0.4%、6.9%。贯彻宽严相济刑事政策，对当事人达成和解等轻微刑事案件，依法不批准逮捕646人、不起诉834人。加强对涉罪未成年人的特殊司法保护，完善社会调查、分案起诉等办案机制，探索建立涉罪未成年人非羁押性措施特殊观护基地，贯彻限捕慎诉原则，对无逮捕必要的涉罪未成年人依法不批准逮捕525人，依法适用附条件不起诉234人。推进涉法涉诉信访机制改革，制定实施《关于进一步做好检察环节诉访分离工作的意见》，全年依法妥善办理群众信访1.16万件。

坚决查办和积极预防职务犯罪。全省检察机关立案侦查各类职务犯罪案件1205件1712人。突出查办大案要案，立案侦查大案973件，同比上升7.9%；查办县处级以上领导干部101人（其中省部级1人、厅级13人），同比上升18.8%。强化追逃追赃工作，抓获在逃职务犯罪嫌疑人15名，通过办案追缴赃款赃物共计3.5亿元。同时，结合办案，充分运用年度报告、预防调查、检察建议等方式，推进预防职务犯罪工作。与省发改委等10个省直部门召开重大项目建设职务犯罪专项预防座谈会，制定专项预防工作实施办法，对158个重大建设项目开展专项预防。根据省检察院干警创作剧本而拍摄的电影《危局始末》在中央电视台播出，举办全省检察机关首届预防职务犯罪专题微电影评选活动，从而营造浓厚的预防职务犯罪的社会氛围。认真落实行贿犯罪档案查询制度，向社会提供查询4.24万次，建议对有行贿犯罪记录的单位或个人做出处置156件，有力地推动社会诚信体系建设。

切实加强对诉讼活动的法律监督。全省检察机关严格执行修改后刑事诉讼法和民事诉讼法，依法监督刑事立案419件、监督刑事撤案630件，纠正漏捕1137人、纠正漏诉1947人，提出刑事抗诉216件；加强羁押必要性审查，对不需要继续羁押的1118名犯罪嫌疑人、被告人建议释放或变更强制措施；依法开展非法证据排除，因排除非法证据不批准逮捕8人、不起诉6人；提出民事行政抗诉120件、再审检察建议104件，对民事行政审判程序中的违法情形提出检察建议365件，对民事执行活动中的违法情形提出检察建议685件。按照最高人民检察院统一部署，认真开展减刑、假释、暂予监外执行专项检察活动，监督纠正减刑、假释、暂予监外执行不当840人次，监督收监执行原县处级以上职务犯罪罪犯32人（其中厅级9人），立案侦查司法人员涉嫌徇私舞弊暂予监外执行犯罪案件3件3人。完善监督机制，健全情况通报、案件移送机制，督促行政执法机关移送涉嫌犯罪案件304件。会同省公安厅制定实施《关于加强办理命案侦诉工作的意见》，进一步规范命案侦查和起诉工作，提高办案质量。

着力保障和改善民生。全省检察机关扎实开展破坏环境资源和危害食品药品安全犯罪专项立案监督,依法监督侦查机关立案35件60人,已提起公诉29件42人。深入推进查办发生在群众身边、损害群众利益职务犯罪专项工作,立案侦查医疗卫生、社会保障、征地拆迁、扶贫开发等民生领域案件273人。及时介入中央媒体曝光的高安病死猪肉等食品安全事件的调查,依法查办事件背后的失职渎职犯罪,切实保障人民群众生命健康安全。开展查办政策性补贴领域渎职犯罪专项行动,依法查办汽车以旧换新、淘汰落后产能、小额担保贷款等领域滥用职权犯罪案件86件127人,促进惠民政策有效落实。

主动接受外部监督,保障检察权在阳光下运行。省检察院向省人大常委会专项报告全省检察机关民事诉讼法律监督工作情况,研究并落实加强和改进民事诉讼法律监督工作的措施。加强与人大代表、政协委员的联系,积极配合全国人大常委会办公厅和最高人民检察院首次组织和邀请外省全国人大代表视察江西检察工作,省、市、县三级检察院负责人先后两次集中走访在赣全国人大代表和省人大代表;认真办理人大代表建议和政协委员提案,省检察院被评为省十二届人大代表建议办理工作先进单位。认真开展人民监督员工作,省、市两级检察院组织人民监督员对51件拟作撤案、不起诉决定的职务犯罪案件进行监督评议。主动接受民主监督和社会监督,省检察院聘任19名民主党派、无党派和工商联代表人士担任第六届特约检察员。大力推进检务公开,在全省检察机关部署运行案件信息公开系统,向社会公开案件程序性信息1.37万条、重要案件信息378条、不起诉决定书等法律文书2576份,保障了案件当事人的知情权、监督权。加强检察门户网站和新媒体平台建设,省检察院和30多个市、县检察院开通检察官方微博、微信。

强化内部监督制约,促进自身规范司法。全省检察机关推进案件管理机制改革,全面运行统一业务应用系统,加强案件流程监控。省检察院以规范司法行为和提高办案质量为重点,组织评查案件7203件,对41件撤回起诉、10件无罪判决案件进行逐案评查,督促整改证据审查把关不严、适用法律不当等问题;对2013年全省渎职犯罪不起诉案件开展专项检查,纠正渎职犯罪侦查和审查起诉中的问题,提出改进措施。加强涉案财物监督管理,组织开展职务犯罪案件历史积存扣押财物专项清理工作,对法院判决认定为犯罪或违法所得的280件物品进行拍卖、变卖,款项上缴国库;对法院判决没有认定的476件物品,依法返还案件当事人。

【立案侦查14名厅级以上干部职务犯罪案件】 全省检察机关立案侦查厅级以上干部职务犯罪案件14人,为历年最高。省检察院立案查办了四川省政协原主席李崇禧(正省级)涉嫌受贿案、萍乡市政协原主席晏德文涉嫌受贿案、东华理工大学原校长刘庆成涉嫌受贿案、江西煤矿安全监察局原巡视员朱怀萍涉嫌受贿案、东方资产管理公司江西办事处原总经理焦建军涉嫌受贿案。南昌市检察院查办了省水利厅原副厅长文林涉嫌受贿案,省农业厅原副巡视员邓建平与厅宣传处原处长廖宇舟涉嫌共同受贿、挪用公款案,东方资产管理公司江西办事处原副总经理江木才涉嫌受贿案;九江市检察院查办了红谷滩新区党工委原书记龚亚立涉嫌受贿案;新余市检察院查办了江西煤矿安全监察局原副局长李金萍涉嫌受贿案;鹰潭市检察院查办了吉安市政协原副主席林翘银涉嫌受贿案;赣州市检察院查办了萍乡市委原常委、市委原秘书长张学民涉嫌受贿案;抚州市检察院查办了江西省质量技术监督局原副巡视员刘长荣涉嫌受贿案、省扶贫和移民办公室原副主任钟炳明涉嫌受贿案。

【开展民事行政虚假诉讼专项监督】

省检察院组织开展为期一年的民事行政虚假诉讼专项监督活动。通过制定《全省检察机关开展民事行政虚假诉讼专项监督活动实施方案》,召开全省检察机关民事行政虚假诉讼专项监督活动推进会、成立3个督导组赴各地督促指导等方式,推动专项监督活动取得实效。全年摸排涉嫌虚假诉讼案件线索146起,查实虚假诉讼民事案件66件,提出抗诉30件,发出再审检察建议23件,发出执行监督检察建议14件,发出诉讼违法监督检察建议18件,追究虚假诉讼参与人18人,其中3名法官、1名司法工作人员被追究刑事责任,另有2名法官受到行政处分。

【省检察院聘任第六届特约检察员】

11月7日,省检察院举行第六届特约检察员颁证仪式,聘任民主党派人士黄欣荣、贾益纲、黄菊花、李亦明、毛国典、赵波、纪伟鹏、郭驭华、欧阳剑雄、陶向阳、余少良、龚兆华、李江、钟爱民,无党派人士夏英杰、项国雄,非公有制经济人士游建平、邹好红、何文辉共19人担任第六届特约检察员。省检察院党组书记、检察长刘铁流颁发聘任证书并讲话。

11月7日,省检察院举行第六届特约检察员颁证仪式

省检察院供稿

【**首个涉罪未成年人特殊观护基地揭牌**】 2月13日，南昌市西湖区检察院未成年人观护帮教基地在南昌市豫章学院修身教育专修学院揭牌。这是全省检察机关首个涉罪未成年人特殊观护基地，由西湖区检察院将主观恶性较小、悔罪态度较好、且符合非羁押性措施要求，或者符合附条件不起诉的“三无”(在本地无监护条件、无固定住所、无经济来源)涉罪未成年人，移送豫章书院；豫章书院组建一支教学经验及心理辅导经验丰富的教师观护帮教工作小组，在诉讼期间对涉罪未成年人开展教育矫治工作。

【**出台保障和规范律师职业权利的意见**】 1月28日，为保证刑事诉讼活动顺利进行，保障律师执业权利，规范检察机关执法办案和律师执业行为，维护法律正确实施，省检察院联合省司法厅出台《关于保障和规范律师在刑事诉讼中依法行使会见、调查取证和阅卷权利的若干意见(试行)》，该意见包括保障和规范律师会见权、调查取证权、阅卷权及强化监督管理等5个方面的内容，共计30条。

【**对口援助赣州市基层检察院工作签约仪式在赣州举行**】 11月5日，上海、江苏、浙江、山东、广东5省(市)检察机关对口援助赣州市基层检察院协议签订仪式在赣州市检察院举行。省委常委、赣州市委书记史文清，省检察院党组书记、检察长刘铁流出席，最高人民检察院、五省(市)检察机关代表和赣州市18个受援基层院检察长参加仪式。对口援助工作系最高人民检察院出台的《关于支持赣南等原中央苏区检察工作发展的意见》中的重要内容，根据此次签署的协议，5个省(市)所属的18家检察院将开展为期3年对口援助赣州市18个基层检察院工作，并从政策、资金、技术、项目、人才等方面对赣州检察工作给予支持，缩小区域差距，实现赣州检察工作全面、协调、可持续的健康发展。

(曾超)

11月5日，上海、江苏、浙江、山东、广东5省(市)检察机关对口援助赣州市基层检察院协议签订仪式在赣州举行

省检察院供稿

审　判

【**概　况**】 2014年，省法院忠实履行宪法和法律赋予的职责，充分发挥审判职能，全面加强自身建设，各项工作取得新进展。

坚持服务大局，保障全省改革发展。服务全省发展战略。围绕江西生态文明先行示范区、鄱阳湖生态经济区建设、赣南等原中央苏区振兴发展和昌九一体化等战略决策，出台审判指导意见，推出一系列司法服务措施；针对经济社会发展新情况，加强司法应对，提出司法建议916条。保障全面深化改革。审结涉及企业破产、股权转让等案件2896件，保障国企改革顺利进行；依法维护土地承包关系，规范土地流转，审结相关案件759件；妥善化解中冶、京冶与萍钢标的额5亿余元的环保合同纠纷，审结涉资源环境案件1365件。

坚持公正司法，维护社会公平正义。全省法院受理案件27.40万件，结案25.75万件，同比分别上升15.77%和9.8%。一是坚决惩治刑事犯罪。全省法院审结一、二审刑事案件2.39万件，判决发生法律效力2.66万人，分别上升7.37%和1.39%。打击危害国家安全和严重扰乱公共秩序犯罪，审结1795件3882人。严厉打击严重危害社会治安犯罪，审结故意杀人、强奸、抢劫、绑架等严重暴力犯罪案件4320件7108人。坚持打黑除恶，遏制毒品犯罪，审结涉黑涉毒案件1502件2063人。严惩贪污贿赂和渎职犯罪，审结896件1320人。加强对大要案审理的监督指导，判决生效县处级以上干部54人。依法惩治行贿犯罪，加大赃款赃物追缴力度。依法惩处危害经济秩序犯罪，审结金融诈骗、非法集资、传销等案件1010件1708人。严厉打击生产、销售伪劣药品、食品等犯罪，审结147件283人。加强人权司法保障。坚持罪刑法定和疑罪从无原则，健全冤假错案防范机制，保障被告人诉讼权利，依法宣告12人无罪。二是依法审理民商案件。全省法院审结一、二审民商案件16.30万件，标的额293亿元，分别上升12%和63.5%。平等对待各类市场主体，保护诚实守信，维护公平竞争，审结买卖、租赁、保险等合同纠纷案件2.54万件，标的额30.74亿元。依法规范民间借贷行为，审结借款合同、民间借贷案件4.12万件(上升15.29%)，标的额123.09亿元(上升84.35%)。审结房地产开发合同纠纷案件4512件(上升21.03%)，促进房地产市场健康有序发展。审结婚姻家庭、邻里纠纷、侵权等民事案件6.93万件，加大对老人、妇女儿童和残疾人的保护力度，促进社会和谐稳定。切实保护军人军属合法权益，审结涉军案件84件。加大知识产权司法保护力度，审结著作权、专利权、商标权等案件339件。审结涉外民商案件44件,办理涉外、涉港澳台司法文书送达、协助调查取证322件。三是妥善化解行政争议。全省法院审结一、二审行政案件2927件,审查非诉行政执行案件7089件,分别上升13.19%和23.64%。促进依法行政,依法维持行政行为467件,确认违法36件,撤销、变更253件。加大对山林权属、房屋征收、社会保障等行政案件的协调力度,案件协调撤诉率33.85%。充分发挥国家赔偿的救济功能,审结赔偿案件31件,决定赔偿金额129.31万元。四是切实加大执行力度。全省法院执结案件4.81万件,标的额122.56亿元,上升16.12%。开展涉民生案件专项集中执行活动,执结案件1226件,执行到位7486万元。加强执行指挥中心建设,健全联动机制,建立包括20家金融机构、4个行政部门的执行网络查控系统。强化对失信被执行人信用惩戒,曝光9281名失信被执行人信息,促使其中948人自动履行1.21亿元。加大强制执行力度,对有履行能力拒不执行的被执行人限制高消费2.89万人,限制出境78人次,司法拘留1289人,追究刑事责任30人。

坚持司法为民,维护当事人合法权益。深化诉讼服务中心建设。115个法院建成诉讼服务中心,全面整合诉讼服务功能,提升服务质效,实现管理型窗口向服务型中心、分散型窗口向综合性平台转变,为当事人提供“一站式”诉讼服务。完善司法便民措施。建立“12368”热线,利用互联网、手机短信、微信等载体,为当事人提供便捷的司法服务;为残疾人、老年人和外出务工人员建立诉讼绿色通道,方便诉讼;推行流动法庭,深入田间地头,开展巡回审判1.10万次;畅通申诉、申请再审渠道,依法受理申诉、申请再审案件1293件。积极化解社会矛盾。充分发挥“三调联动”、司法协理机制作用,依法对2373件调解协议确认法律效力;积极推进和规范调解、和解工作,促进案结事了,调解、和解纠纷案件10.09万件;及时审结有关教育、医疗、住房、消费、劳动争议、社会保障等纠纷1.03万件,妥善化解矛盾,促进社会和谐。落实司法人文关怀。加大司法救助力度,为5051名困难当事人缓减免诉讼费1905.72万元,为1127名经济困难的刑事被害人、申请执行人等发放司法救助款3518.64万元;加强法律援助工作,与司法行政机关建立司法救助与法律援助衔接机制,为1268名被告人指定辩护律师。

坚持深化改革,完善司法体制机制。开展司法体制改革试点。加强调研,摸清底数,做好改革试点准备;积极探索与行政区划适当分离的管辖制度改革,调整南昌铁路运输两级法院案件管辖范围,探索申请再审案件指定异地管辖,继续深化知识产权审判“三合一”景德镇法院试点、行政案件集中管辖抚州法院试点。落实各项改革部署。全面实施量刑规范化,开展轻微刑事案件快速办理和非法证据排除试点;规范减刑假释程序,办理减刑假释案件1.55万件;深化涉诉信访改革,探索律师为主体的社会第三方参与接访化解,依法处置违法闹访,引导理性维权;办理来信来访2.12万件(人)次。健全审判权运行机制。建立健全防止违法违规干预办案制度,落实全程留痕要求,预防和减少不当干扰;完善审委会制度,健全主审法官、合议庭办案责任制,逐步减少院、庭长对裁判文书的审签,让审理者裁判,由裁判者负责;推进院、庭长直接办案制度化、常态化,院、庭长办案5.96万件。强化内部监督制约。深化案件流程管理,积极推行网上办案,依托信息化手段,实行动态监督,提高办案效率;加强案件质量管理,开展案件交叉评查活动,对涉诉信访案件、上网裁判文书进行专项评查,评查案件1.98万件;强化案件责任管理,16名法官被追究办案过错责任。深入推进司法公开与民主。深化审判流程公开、裁判文书公开、执行信息公开三大平台建设,推进阳光司法,全省法院全部实现裁判文书、执行信息公开,上网公布裁判文书4.32万份;积极推进法院网站、官方微博微信建设和信息发布工作,直播重大案件的庭审、执行,举行新闻发布会147场,接受舆论监督;落实人民陪审员“倍增计划”,确保基层群众比例不低于新增人员的三分之二,增选1720人;充分保障陪审权利,人民陪审员参与审理案件2.17万件。

【邀请部分在赣全国人大代表、省人大代表视察法院工作】 10月30日—31日,省法院邀请在赣的6名全国人大代表、10名省人大代表到九江、景德镇、上饶三地法院视察诉讼服务中心和信息化建设。省人大常委会党组副书记、副主任洪礼和,省人大常委会副主任魏小琴、秘书长魏民及省人大常委会内司委、教科文卫委、法制委、办公厅、选任联工委等负责人参加视察。视察结束时,人大代表视察团向省法院反馈视察情况,并对进一步加强诉讼服务中心和信息化建设、不断改进法院工作、提升司法服务水平提出具体意见和建议:一是要在加强诉讼服务中心设施建设的基础上,加强软环境建设,进一步健全服务制度,完善服务规范,增加律师、司法调解员等力量,让诉讼群众充分享受到便捷、贴心的一站式服务;二是要把诉讼服务中心建设和信息化建设结合起来,利用信息化手段,在档案复印、资料查询、立案受理等方面为群众提供更便捷的服务;三是要严格信息化建设的标准,提高信息的可靠性、时效性,使信息化建设真正建得起、用得上;四是要进一步加强法院文化建设,使法院文化成为凝聚人心、振奋精神的巨大推动力;五是要加强裁判文书的写作,除了纠正格式、错别字等形式上的错误之外,关键是要突出裁判文书的说理性,把为什么这样判、判决的依据是什么说得通俗易懂。

【召开全省法院推进诉讼服务中心建设现场会】 1月6日,省法院在上饶市、景德镇市中级法院和景德镇市昌江区法院召开全省法院推进诉讼服务中心建设现场会。省法院党组书记、院长张忠厚出席会议并讲话,最高人民法院立案一庭副庭长王锦亚到会指导,省法院党组成员、副院长夏克勤主持会议。会议期间,与会人员实地参观上饶市、景德镇市中级法院和景德镇昌江区法院的诉讼服务中心,观看两地法院诉讼服务中心建设的经验介绍视频,查看导诉台、法警执勤台、便民服务台,听取讲解员介绍,并向驻点律师、法院窗口工作人员和办事群众了解有关情况。省法院相关部门主要负责人,全省各中院院长、分管立案工作的副院长和部分基层法院院长参加会议。

【徐国华故意杀人案】 被告人徐国华(男,52岁,进贤县人,无业)认为被害人徐某某一直欺负他家,并怀疑被害人吴某某与他妻子邹某某有不正当男女关系,败坏他以及家人的名誉,心生怨恨。2012年12月6日晚,徐国华与妻子发生口角、打斗后,携带刀具、铁棍,先后潜入徐某某夫妇和吴某某夫妇卧室,持铁棍击打正在睡觉的徐某某及其妻子邹某某和吴某某及其妻子徐某某的头部,后又持刀砍击,致4人死亡,并从吴某某家盗走手机等财物。经南昌市中级法院2013年9月13日一审、省法院2013年12月18日复核和2014年3月28日最高人民法院核准,以故意杀人罪和盗窃罪判处徐国华死刑立即执行,剥夺政治权利终身,并处罚金1万元。

【周建华受贿案】 12月24日,省法院对上诉人周建华(男,1955年7月生,江西南昌人,汉族,大学文化,原系新余市人大常委会党组书记、主任)受贿一案进行二审宣判:维持宜春中院一审判决第(二)项,即追缴被告人周建华犯罪所得赃款赃物,上缴国库;撤销一审判决第(一)项,即被告人周建华犯受贿罪,判处死刑,缓期两年执行,剥夺政治权利终身,并处没收个人全部财产;以受贿罪改判上诉人周建华无期徒刑,剥夺政治权利终身,并处没收个人全部财产。省法院二审审理查明,上诉人周建华利用担任中共南昌市西湖区委书记、东湖区委书记,南昌市委常委、秘书长、宣传部部长、政法委书记,新余市委常委、副书记,新余市人大常委会党组书记、主任等职务之便,在干部提拔、工作调动、工程承揽、酒店建设、矿山纠纷、诉讼案件等方面为他人谋取利益,非法收受或索取付某等人贿赂共计人民币1006.31万元、美元1.2万元、港币15万元、金条3根(每根重50克)以及价值人民币23.58万元的财物。

【省法院公开开庭审理汤成奇减刑案】 7月8日,省法院对罪犯汤成奇(中共南昌市委原常委、南昌县委原书记)减刑案进行公开开庭审理。江西省部分人大代表和政协委员旁听了开庭。合议庭在庭审中认真审查减刑建议书、二审刑事裁定书、执行通知书、罪犯确有悔改表现具体事实的书面材料,听取出庭的执行机关工作人员、检察机关检察人员的意见和汤成奇的当庭陈述,并裁定将罪犯汤成奇的死刑、缓期两年执行,剥夺政治权利终身减为无期徒刑,剥夺政治权利终身。

(黄亨爱)

司法行政

【概 况】 2014年,全省司法行政工作主要在五个方面取得新进展。

全面深化改革有序启动。成立厅深化改革领导小组及办公室,根据省委改革办和司法部部署,结合司法行政工作实际,确定普遍建立法律顾问制度、深化狱务公开、健全社区矫正制度、改革律师制度、完善法律援助制度、推进法治江西建设6项为年度重点改革任务,落实牵头领导、责任部门和推进时限,加强工作调度和督导,确保年度重点改革任务如期完成并销号。

法治江西建设精彩开局。认真履行法治江西建设领导小组办公室的职能,着力抓好《法治江西建设规划纲要(2014—2020年)》和《关于全面推进法治江西建设的意见》的贯彻实施。落实责任分工,出台法治江西建设领导小组及其办公室工作规则,制定纲要和意见任务分工方案,印发年度重点工作计划。强化舆论宣传,在《江西日报》等10家主流媒体分别开设“法治江西建设”专题专栏,组织12个省直单位主要领导进行法治建设专访,推出“城市管理”“社区矫正”“依法信访”“治理拖欠农民工工资”等15个典型案例和纲要专家学者系列解读栏目。开展专题调研,成立5个调研组,组织省法学会、省社科院等9个单位,围绕法治江西建设开展调查研究,取得一批调研成果。深化普法教育,重点开展消费者权益保护法、旅游法等普及,集中开展“12·4”宪法日暨法制宣传日活动,继续开展“百万网民学法律”“江西十大法治人物”评选和大学生法律知识竞赛、法治文化作品创作等活动,参与人数270余万人次;推进法治创建活动,36个集体、26名个人被评为2011—2013年度全国普法教育工作先进。

监所秩序持续安全稳定。在全省监狱戒毒系统深入开展“五好监所”竞赛活动,全省监所连续7年零9个月实现无罪犯强戒人员脱逃、无重大狱所内案件、无重大安全生产事故、无重大疫情。尤其是监狱系统首次实现无罪犯非正常死亡,创江西监狱史上最好成绩。

特殊人群管理再创佳绩。全省社区矫正人员重新犯罪率为0.045%,刑释人员重新违法犯罪率为1.50%,均显著低于全国平均数。

公共法律服务提速增效。全省律师办理诉讼和非诉讼法律事务3.27万件,公证机构办理公证事项11.86万件;法律援助机构办理案件2.8万余件,惠及困难群众3.1万余人;司法鉴定机构办理案件6.1万件,鉴定意见采信率90%以上;仲裁机构受理279个案件,涉案标的7.18亿元;基层法律服务工作者办理各类案件1.22万件,人民调解组织调解矛盾纠纷16.6万件,调解成功率97.1%。确保国家司法考试安全,颁发法律职业资格证书1700余件。

【江西创新安置帮教模式获第七届中国地方政府创新奖】 1月11日,第七届中国地方政府创新奖在北京揭晓,江西创新安置帮教模式获优胜奖第一名。该奖由中央编译局、中央党校和北京大学联合主办。省司法厅为破解刑释解教人员脱管漏管难题,从2009年开始,在试点基础上积极探索建立监所与社会无缝对接机制,重点解决刑释解教人员出去后的信息对接、人员交接、帮教管理、困难帮助、就业扶助、社会保障“六大难题”,大大降低重新犯罪率,被中央政法委称为“江西模式”。

【举行2013年度“江西十大法治人物”颁奖仪式】 1月18日,2013年度“江西十大法治人物”颁奖仪式在江西日报传媒大厦举行。省领导周萌、郑小燕、张忠厚、刘铁流、郑为文等出席颁奖仪式并为获奖者颁奖。井冈山市公安消防大队、左斌、江西省公益律师群体、江期军、吴雄生、宗月英、罗菲、龚建平、程鹏、蔡明筱获 2013 年度“江西十大法治人物”称号。

【瑞士法律专家代表团在赣访问】 3 月 3 日—6 日，瑞士法律专家代表团到赣就刑罚执行与戒毒工作进行访问交流。此访是中瑞合作机制框架下的法律专题交流活动。4 日上午，双方共同举办“中瑞刑罚执行与戒毒工作”专题研讨会。会后，代表团先后实地参观省未管所、省女子监狱、省饶州监狱、省强制隔离戒毒所和省女强制隔离戒毒所，重点了解未成年犯义务教育、监所与社会无缝对接、监所文化建设、远程帮教会见、强制隔离戒毒人员心理矫治等方面的情况。

【湘鄂赣粤桂黔渝签署边界矛盾纠纷联防联调协议书】 3 月 27 日，湘鄂赣粤桂黔渝七省边界矛盾纠纷联防联调协作座谈会在长沙召开。七省司法厅(局)长参加会议，并共同签署《边界矛盾纠纷联防联调协作协议书》，落实“联谊、联防、联调、联治、联建”措施。这标志七省边界矛盾纠纷联防联调工作揭开新篇章，也是一个全国性创举。

【召开全省社区矫正工作会议】 7 月 29 日，省法院、省检察院、省公安厅、省司法厅在南昌联合召开全省社区矫正工作会议。省委常委、省委政法委书记周萌出席会议并讲话，副省长李炳军主持会议，省检察院检察长刘铁流，省长助理、省公安厅厅长郑为文等出席会议。会上，省司法厅厅长马承祖总结全省试行社区矫正工作以来的情况，并就下一步全面推进社区矫正提出意见；省法院、省检察院、省公安厅分管领导就做好社区矫正工作提出要求；南昌市法院、新余市检察院、抚州市公安局、南昌市司法局分别作了交流发言。省财政厅、省人力资源和社会保障厅、省民政厅、省移动公司分管领导，各设区市、省直管县法院、检察院、公安机关、司法局相关负责人，厅机关各处室负责人共 150 余人参加会议。

【举办“12·4”国家宪法日暨全国法制宣传日法制宣传咨询活动】 12 月 4 日是第一个国家宪法日，省普法办联合南昌市、东湖区普法办在南昌市蓝天碧水广场举办“12·4”国家宪法日暨全国法制宣传日大型法制宣传咨询活动，主题是“弘扬宪法精神、建设法治中国”，形式包括“法治大篷车”文艺专演、普法图板展览、法律咨询、法治心愿签名等。活动现场发放法制宣传资料 5000 多份，接受法律咨询 200 多人次，参加群众 3000 多人次。

【杨斌圣当选 CCTV2014 年度法治人物】 12 月 4 日，由中央电视台、司法部、全国普法办主办的国家宪法日暨全国法制宣传日特别节目“宪法的精神法治的力量——CCTV2014 年度法治人物颁奖礼”在北京举行。江西芦溪县宣风镇副镇长、司法所所长、首席人民调解员杨斌圣当选为 2014 年度法治人物并参加颁奖典礼。杨斌圣 31 年来一直扎根农村，扎根基层，始终用真诚对待事业、用真情关爱群众、用真心化解难题，成功调解各类矛盾纠纷 3700 余件，为外出务工人员挽回经济损失 3600 多万元，被群众称为“乡村判官”，曾获第四届全国道德模范提名奖、全国政法系统优秀党员干警等称号。

（胡大德）

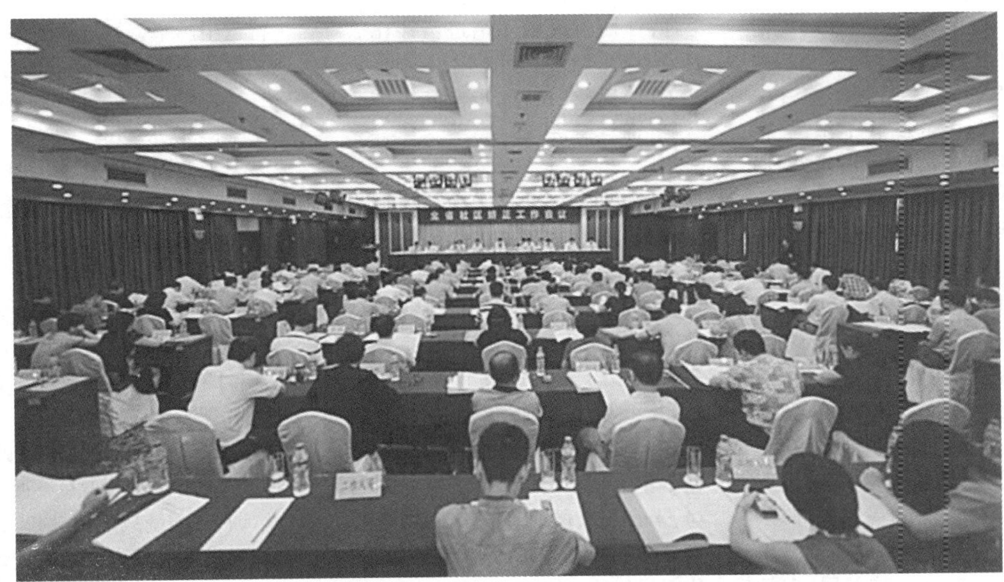

7 月 29 日，全省社区矫正工作会议在南昌召开。图为会议现场

省司法厅供稿

本栏编辑 詹跃华

民 族 宗 教

综 述

2014年，江西省准确把握新常态下民族宗教工作的新趋势、新变化，坚持继承和创新相结合，解放思想、稳中求进，不断推动民族宗教工作创新发展，促进各民族和睦相处、和衷共济、和谐发展，维护宗教正常秩序，促进宗教关系和谐，发挥宗教界人士和信教群众在促进经济社会发展中的积极作用，各项工作取得显著成效。

加强和改进新形势下的民族工作。一是以抓好中央民族工作会议精神和第二次中央新疆工作座谈会精神的深入学习贯彻为关键，不断探索加强和改进新形势下的民族工作；二是继续加强少数民族特色村寨建设、加强民族地区政策扶持和扶贫开发力度，推动少数民族和民族地区发展升级；三是大力推进少数民族和民族地区民生工程建设，加快发展民族地区教育、医疗等社会事业，推动少数民族文化体育事业创新发展。

扎实推进宗教工作。"第三届国际道教论坛"在鹰潭成功举办，"双和谐"创建、宗教团体建设等宗教重点工作得到扎实推进，佛道教寺观管理、抵御渗透工作等宗教领域难点问题得到有效破解。宗教公益慈善周、宗教界上层人士爱国主义教育培训、主要教职任职备案等专项工作顺利推进。

加强民族宗教法治建设。以《宗教事务条例》颁布10周年相关活动为重点大力开展政策法规宣传教育，加强民族宗教法制建设；以简政放权、推行行政审批责任清单制度为基础，努力推进民族宗教工作部门依法行政；以平安建设为抓手，排查调处涉及民族宗教因素的矛盾纠纷，扎实做好综治维稳工作。

民 族

【开展民族团结进步评比表彰活动】 9月28日—29日，中央民族工作会议暨国务院第六次全国民族团结进步表彰大会在北京召开。江西省铅山县太源畲族乡人民政府等7个模范集体和蓝永清等8名模范个人受表彰。9月，江西省民族团结进步评比表彰活动开启，经自下而上层层推选，评选出60个民族团结进步模范集体和个人，并向社会进行公示。

【全省首期民族文化工作研讨班在南昌举行】 9月23日—25日，全省民族文化工作研讨班在江西师范大学白鹿会馆举行。各设区市民族科科长、辖有民族乡的县（市、区）民宗局局长和民族乡分管民族文化工作的副乡长，共40余人参加研讨。研讨班就如何做好少数民族文化工作、民族文化在中华文化中的位置和重要性进行研讨，来自基层的民族文化工作者与大家分享和交流民族工作成果、民族文化工作经验。

【举办全省少数民族传统体育项目选拔赛】 12月22日—26日，全省少数民族传统体育项目选拔赛在江西交通职业技术学院举行。大会组委会成员、各设区市代表团负责人和运动员、教练员、裁判员共230余人参加开幕式。选拔赛由省民宗局、省体育局主办，省交通职业学院承办，共设置蹴球、射弩、板鞋竞速、高脚竞速四项竞赛类项目。来自全省各设区市的11支代表队参加比赛。

宗 教

【加强宗教界爱国主义教育培训】 7月15日—16日，2014年度全省基督教爱国主义教育培训班在南昌举办。来自全省各市、县（市、区）基督教"两会"负责人共90余人参加培训。培训特邀中国基督教三自爱国运动委员会主席亲临现场授课。9月22日—25日，省委统战部、省民宗局在省社会主义学院举办2014年度全省天主教代表人士爱国主义教育培训班。全体神职人员和省、市、县爱国会负责人50多人参加培训。

【举行全省民族宗教事务依法行政暨信息工作培训班】 11月6日—7日，全省民族宗教事务依法行政暨信息工作培训班在南昌举行。设区市、县（市、区）民宗干部，重点园区、景区、城市新区民宗工作人员近140人参加培训，省委统战部副部长、省民宗局局长张勇参加开班仪式并授课。

培训班围绕切实践行依法治国理念，全面推进民族宗教事务依法行政、突出依法管理基本方略，不断加强和创新民族宗教事务管理、充分认识信息工作的功能作用，加强民族宗教信息的写作报送等方面的内容，特邀国宗局、省委办公厅、省综治办、省法制办的相关领导和专家进行针对性授课。同时对民族宗教依法行政和信息工作提出要求：一是要深入推进依法行政工作；二是切实提高民宗领域立法的质量和效率；三是充分发挥行政复议工作的职能作用；四是不断加大对行政执法的监督力度；五是着力强化规范性文件的管理；六是积极开展民族宗教领域的法律顾问、法律理论研究和法制信息宣传工作；七是不断提高做好信息工作的能力和水平。

【第三届国际道教论坛在鹰潭举行】 11月25日—26日，以“行道立德 济世利人”为主题的第三届“国际道教论坛”在鹰潭龙虎山举行。论坛由中国道教协会和中华宗教文化交流协会共同主办，由江西组委会承办，香港道教联合会、澳门道教协会和台湾中华道教总会协办。本届论坛除设置3场电视论坛和3场分论坛外，还增设打造特色道教题材的“问道丹青”书画展、祈福中华法会、道医义诊、《道教养生方法精萃》首发式等活动。

11月25日，论坛在鹰潭市龙虎山开幕。中共中央政治局常委、全国政协主席俞正声为论坛致贺信，中共中央政治局委员、国务院副总理刘延东对办好论坛提出要求。全国政协副主席马飚宣布论坛开幕并致辞，全国人大常委会原副委员长许嘉璐出席。省委书记强卫出席开幕式并致辞，中央统战部常务副部长张裔炯宣读贺信，全国政协民族和宗教委员会主任朱维群、江西省省长鹿心社、国家宗教事务局局长王作安、江西省政协主席黄跃金出席开幕式。联合国教科文组织、英国菲利普亲王给论坛发来贺信，中国道教协会会长任法融道长在论坛上致辞。国家宗教事务局副局长蒋坚永、中国侨联副主席康晓萍，江西省领导蔡晓明、龚建华、朱秉发、胡幼桃、刘晓庄出席，来自27个国家和地区的近500名嘉宾参加此次道教论坛。

11月26日，开展电视论坛和分论坛等活动。电视论坛会场，与会嘉宾围绕主题“天人之道”“养生之道”和“文化之道”各抒己见，深入挖掘道教文化的历史沉淀，阐释道教思想的现实启迪。分论坛会场，来自世界各地的50位道教界、学术界、环保界、商界及其他各界嘉宾围绕“道教的诚信思想和慈爱精神”“道教的生态智慧”“道教的养生之道”等分议题，深入探讨道教及道教文化对现代社会的重要启示。

【举办全省宗教工作干部专题培训班】 8月18日—19日，全省宗教工作干部专题培训班在南昌举办。培训班对象为全省天主教、基督教工作重点县（市、区）的宗教局局长及近年新到任的县（市、区）宗教局局长、省直管县（市）民宗局干部，共70多人。培训班特邀国家宗教局和省直相关单位领导与专家学者授课。

（宋璐）

8月4日—8日，全省市、县（市、区）分管民族宗教工作领导干部培训班在昌举行。

省民宗局供稿

本栏编辑　陈超萍

港澳台事务

港澳事务

【概　况】　2014 年,江西港澳事务部门发挥职能优势,主动开展工作,推动高层会晤与交流,广泛联系港澳地区人士,增进赣港澳交流,助推地区间合作,为全省经济社会发展服务。

强化与港澳交流,推动经贸、文化、旅游合作。在香港举办 2014 年赣港经贸合作活动,在澳门参加世界经济文化论坛并举办“江西风景独好”旅游推介活动,省委书记强卫分别会见香港特别行政区行政长官梁振英和澳门特别行政区行政长官崔世安,高位推动内地与港澳之间合作事宜。接待全国政协副主席何厚铧率全国政协澳门委员访赣。举办第十二届澳门妈祖文化旅游节、江西客家文化澳门推介会,组织“江西赣州客家文化图片展”活动,促成两地签订旅游合作协议。接待澳门大学生到赣州参加夏令营活动。组团参加澳门国际环保论坛、澳门缅华互助会泼水节等活动。接待港、澳政府代表团到江西参加第三届世界低碳大会,为内地与香港、澳门的商贸合作搭建平台。接待国家行政学院 2013 级 MPA 澳门特区政府公务员班来访,加强江西省与澳门特区政府公职人员的交流。

加强港澳江西同乡联谊。江西港澳事务部门广泛联系港澳地区的江西乡亲,加强与港澳江西同乡会的交流,参加澳门江西同乡会换届大会,商讨江西省旅港同乡会换届事宜。

做好港澳捐赠项目的对接和落实。港澳同胞捐赠资金 253 万余元,其中香港乐善行基金会捐赠 203 万元,晨光基金会捐赠 50 万元。用于资助吉安、赣州等地贫困学生,南昌大学、江西师大 100 名贫困大学生,以及兴建赣西、赣南地区小学、特殊教育学校教学楼,采购教学设备。

【2014 年赣港经贸合作活动在香港举行】　5 月 19 日—21 日,2014 年赣港经贸合作活动在香港举行。这是江西省连续第 13 年到香港举办赣港经贸合作活动。活动期间,举行了昌九一体化和赣南等原中央苏区振兴发展、江西(香港)现代服务业合作、江西省战略性新兴产业合作、“江西风景独好”(香港)旅游合作、江西省国有企业发展混合所有制经济投资洽谈等 5 场专题对接活动和 1 场“江西省发展升级投资合作”推介会,共推出招商项目 1212 个,投资总额 1 万亿元。

【第十二届澳门妈祖文化旅游节在澳门举行】　11 月 1 日,第十二届澳门妈祖文化旅游节在澳门妈祖文化村开幕。澳门特别行政区行政长官崔世安、全国政协副主席何厚铧、江西省副省长朱虹等出席仪式并致辞,澳门和台湾、广东、福建等地 1000 余名宾客参与。文化旅游节期间,举行了澳门天后宫妈祖绕境巡游、祈福、旅游推介会等活动。该届文化旅游节由澳门中华妈祖基金会和江西省政府联合举办,旨在加强澳门与内地、台湾及东南亚地区的文化交流和旅游合作。

(涂文俊)

台湾事务

【概　况】　2014 年,全省台办系统围绕中央对台工作部署和省委“十六字”方针,全面推进赣台经贸、文化、科技等各领域交流合作,对台工作取得新成绩。

经贸合作持续深入。全年新注册台资企业 99 家,实际进资 9.40 亿美元,在中部 6 省中名列前茅。全省各地不断总结招商经验、丰富招商形式,采取“走出去、请进来”和开展重点产业和产业集群专题推介等方式抓对台招商。《实行“三五五”工作法、加快县域经济发展》和《“吉安现象”为对台招商带来的启示》调研报告,得到省委书记强卫充分肯定并做出批示转发全省供各地学习借鉴,掀起对台招商比学赶超热潮。全年全省有 201 个经贸团组、1213 人次赴台招商,同比分别增长 9.8%和 3.4%。其中,带着项目赴台洽谈的招商团组 125 个、1018 人,分别占总数的 62.2%和 83.9%。台湾工业总会、电电公会等知名工商团体,远东集团、统一集团、东元集团等台湾百大集团 409 批 3180 人次到赣洽谈投资。台资主要投向以资本、技术为主要特征的现代制造、电子、化工、陶瓷业和劳动密集、产品外销为特色的现代加工型企业。

交流交往互动频繁。赣台交流交往条件得到进一步提升,6 月 26 日中台办正式授牌鹰潭市设立“海峡两岸交流基地”,8 月 18 日南昌正式启动个人赴台旅游,10 月 16 日南昌昌北国际机场实现台胞落地签注。先后举办了海峡两岸(南昌)青年夏令营、海峡两岸青年精英创业论坛、第六届两岸青年学生中华传统文化(吉安)研习营、江西在台新娘故乡行、在台赣籍后裔江西故乡行、第四届赣台(吉安)基层农会交流活动、第三届赣台城市社区交流活动、台湾青溪总会江西参访周、台湾中华两岸劳动关系发展协会江西参访周、海峡两岸教科书出版发行现状及展望研讨会、第十七届海峡两岸旅行业联谊会、南昌新竹美食精品展等活动。先后接待前海基会董事长江丙坤,前台湾政界人士陈世RZ、沈世宏等。严格审批管理,认真规范赴台交流交往。赴台旅游人数达3.2万人次。

7月22日,第十二届赣台经贸文化合作交流大会开幕式在台湾举行

省台办供稿

宣传调研形式丰富。强卫访台期间,海内外重量级媒体密集宣传,《人民日报》、新华社、中新社、中央电视台及中国台湾网、新浪搜狐等100余家大陆媒体通过要闻、通讯、特写、专栏、评论等形式报道活动盛况,台湾《中国时报》《联合报》、中天电视台、TVBS电话台、中国评论社等岛内媒体进行充分客观、正面积极的报道。举办了“江西风景独好——台湾南部媒体江西参访活动”“百名江西记者访台湾”活动。完成“大陆魅力城市——吉安”和“大陆开发区巡礼——萍乡市经开区”系列报道,制作《方文山的江西情缘》《赣台一家亲》《来自台湾的景漂一族》《回家Ⅱ》等涉台宣传品,促成《江南都市报》与台湾《旺报》联合举办两岸征文活动,在台湾《民众日报》《南方生活报》《中华日报》等南部媒体制作10余个专版专栏刊播反映江西经济社会发展的新闻报道。赣台心桥网、江西台办视窗网发稿量和点击率继续保持前列。完成《台资快速集聚的“吉安现象”及启示》《赣台经贸合作交流咨讯》《赴台学习材料》等课题及材料。

服务台胞措施得力。全省台办系统受理涉台投诉案82件,办结78件,办结率95.1%;接待台胞台属来信来访510批692人次。指导各市台办设立涉台法律服务室,协助处理海协会转来海基会函件38件。省市两级台办设立涉台服务保障热线电话,通过赣台心桥网建立网上受理反馈台胞投诉求助平台,整合已有的电话、网络服务,创建微信涉台服务平台,为在赣台企台商、台胞台属提供法律、政策及其他咨询服务。

【第十二届赣台经贸文化合作交流大会在台湾举行】 7月22日,第十二届赣台经贸文化合作交流大会在台湾台北市开幕,首次将赣台会品牌推向岛内。大会期间,有268名台湾知名企业、百大企业和工商团体负责人参加,共举办项目招商推介会29场,洽谈推介投资项目159个,签订投资合同60个和投资意向6个,签约金额47.6亿美元。

【集中开展“为台资企业服务月”活动】 11月,按照省委、省政府“招商引资项目落实年”的部署要求,全省台办系统开展“为台资企业服务月”活动,通过走访调研、现场办公等形式倾听台商台胞心声,帮助排忧解难。活动期间,全省收到台商意见反馈196项,其中得到解决137项,占70%;对尚未解决的意见,已提出解决方案,逐步协调落实。

【开展赣台会签约项目督查工作】 2014年,省台办联合相关部门围绕赣台会签约项目开展督查跟踪服务,对2013年赣台会、2014年赣台会签约项目进行五次全面督查,通过“六查六看”实地督查项目进展情况。至年底,2013年赣台会签约项目75个,完成注册53个,实现进资50个,开工建设48个,正式投产26个;2014年赣台会签约项目60个,完成注册36个,实现进资26个,开工建设25个。

【全省引进台资突破100亿美元】 至2014年年底,全省累计引进台资项目3154个,实际进资突破100亿美元,达到102.04亿美元。全省台资企业呈现大项目多、增资扩股多、抱团投资多等投资特点和技术含量不断提升、产业集群不断扩大、第三产业渐成投资热点等产业结构特点。

(夏鸿斌)

本栏编辑 詹跃华

外 事 侨 务

外事工作

【概　况】　2014年，江西外事系统加强外事归口管理和外事服务，积极推动对外交流合作，着力构建“大外事”“大友城”“大服务”工作格局，进一步推动全省外事工作科学、协调、可持续发展。

服务总体外交，围绕中央方针执行外事任务。省委书记强卫率中共代表团出访印度，推动落实友好交流取得成果。上合组织峰会与亚信峰会在沪举行期间，省长鹿心社分别与俄罗斯巴什科尔托斯坦共和国总统、彼尔姆边疆区州长签署合作框架协议，推动中俄“两河流域”开展经贸、科技与人文交流。承办中非合作圆桌会议第12次常务理事会、“第十三届非洲驻华大使巡讲”活动，推动更多的江西企业到非洲投资发展。

服务经济社会发展，推进“大开放”战略稳步实施。全年邀请和接待外宾231批1917人次，重要外宾有爱尔兰前总理埃亨、澳大利亚驻华大使孙芳安、俄罗斯巴什科尔托斯坦共和国第一副总理马尔丹诺夫、南非自由州省省长马加苏乐等。协助办好第三届世界低碳经济大会暨第七届中国绿色食品博览会等大型招商引资、宣传推介活动。与瑞士驻广州总领馆联合举办“中瑞友好日”系列活动，推动绿地集团与瑞士LEP规划咨询公司、瑞士水务公司开展项目合作。推动全国友协“彩虹桥工程”项目落户井冈山和兴国，世界500强企业出资的民生工程惠及当地居民。赣州市举办“2014驻华使节赣州行”活动。景德镇市举办驻华外交官“中国文化之旅”走进景德镇活动和瓷博会“一带一路”主题活动。

加强统筹，外事管理与外事服务实现双轮驱动。落实中央八项规定和中央有关文件要求，强化因公出国（境）管理，严格执行计划报批、经费预算控制、出访公示、意见反馈、出访报告等制度，实现公务出访“量少质优”的目标。2014年，全省因公出国（境）998批3888人次，其中厅级干部出访348人次；劝退团组142批465人次，核减团组境外天数493天。在全国率先启用指纹因公电子护照，获得外交部颁发的“电子护照项目二期突出贡献奖”；承办“中国—南非签证工作座谈会”，推广APEC商务旅行卡，服务更多企业更好地“走出去”。

加强与外国驻华使、领馆交流。接待外国驻华使馆、领事馆外交官访赣共25批115人次，来自美国、英国、澳大利亚、瑞士、德国、以色列、日本、卢森堡、毛里求斯和尼泊尔等46个国家，其中包括17个国家的驻华大使和9个国家的驻华总领事。处置涉外案（事）件27起，涉及13个国家。推进领事保护服务，处理涉及江西省公民的领事保护事件17起，涉及10个国家。

理清发展脉络，逐步建立“大友城”工作机制。按照“深耕日韩、拓展亚太、巩固欧美非”的国际友好城市发展布局，精心组织对外交往，积极推动江西省友城间的实质性交流与合作。全年报批3对友城（江西省与加纳北部省、新余市与巴西伊塔佩瓦市、新余市与韩国忠州市），获批1对友城（江西省与加纳北部省）。根据交往情况，报请全国友协批准注销6对友城，全省友城总数74对，其中省级友城19对，设区市及县级市友城55对，友城数量居全国第14位。

【进一步规范因公出国（境）管理】　全省外事系统按照“控制总量、突出重点、保压结合、服务发展”的总体要求，狠抓因公出国（境）管理。经省委、省政府同意，出台《关于进一步改进作风、加强因公出国（境）管理工作的暂行规定》《江西省因公临时出国经费管理办法》等规定，实行计划报批、经费预算控制、出访公示、意见反馈、出访报告等制度，对无实质内容的出访“亮红灯”，对搭车出访、照顾出访、在外超时现象坚决予以制止，实现公务出访“量少质优”的目标。全省全年因公出国（境）团组998批3888人次，其中厅级干部出访348人次；劝退团组142批465人次，核减团组境外天数493天。

【俄罗斯联邦巴什科尔托斯坦共和国代表团访问江西】　11月2日—5日，应江西省邀请，俄罗斯联邦巴什科尔托斯坦共和国（简称“巴国”）第一副总理马尔丹诺夫率代表团访问江西，代表团成员有副总理马夫林，有关部门负责人、地级市市长，以及企业家代表近80人。省委书记强卫在南昌会见马尔丹诺夫、马夫林及部门代表，省长鹿心社与马尔丹诺夫共同签署两地建立友好省州关系意向书。南昌市和巴国首府乌法市签署两市建立友好城市关系意向书。双方共同举办商务日开幕式、中俄国际商贸城奠基仪式、项目推介会、项目对接会、合作项目签约仪式等一系列外事及商务活动，并在农业、工业、基础设施领域达成合作意向，签署合作协议，其中投资额超过10亿元项目1个，超过亿元项目4个。

【“彩虹桥工程井冈山行”活动在井冈山启动】 5月27日，由中国人民对外友好协会主办的“彩虹桥工程井冈山行”活动在井冈山启动。全国友协会长李小林出席并讲话，副省长谢茹、吉安市委书记王萍分别致辞。活动期间，迪士尼、可口可乐、IBM、霍尼韦尔等23家世界500强跨国公司运用自身优势资源，为“中国革命的摇篮”井冈山带来智力支持和项目支持，正式启动英语教师培训、图书阅览室、关爱留守儿童等17个公益项目。

（涂文俊）

华侨事务

【概　况】 2014年，江西侨务系统坚持“以人为本、为侨服务”宗旨，发挥侨务工作优势，涵养侨务资源，主动作为、服务大局，狠抓落实、大胆创新，为全省经济社会发展服务。

服务侨资企业。建立省市两级侨办挂点侨资企业制度，实行“定期走访，定点联系，定人服务”，深入侨企调研和帮扶。省外侨办与省政协港澳台侨和外事委共同组成调研组，由省政协领导带队，赴南昌、九江、上饶、赣州开展全省侨资企业调研活动，并组织召开“促进侨资企业可持续发展的界别协商座谈会”，邀请省政府、省政协领导及相关政府职能部门参会，对调研发现的侨务系统机构编制、人员经费及侨资企业“融资难、用工难、用地难”等问题，进行通报并协调解决。组织3次“侨资企业西部行”活动，引资促贸取得实效。支持成立温州侨商协会江西分会，搭建温州与江西之间的经贸交流合作平台。

服务归侨侨眷。开展暖侨敬老行动。积极扶持赣州市、九江市、上饶市和宜春市依托社区举行一系列针对社区空巢老人和老年归侨侨眷的特色活动，逐步实现为侨服务网络化、智能化，做到党和政府关心到位，为侨服务温暖到家。切实维护归侨侨眷合法权益，加大侨法宣传力度，新增“侨法宣传角”12个。落实政策规定，做好华侨回国定居相关工作。争取省财政补贴100余万元，解决归侨侨眷补贴偏低问题；九江市划拨专项经费提高全市老年归侨生活补贴标准100元，在全省起到引领示范作用。受理侨务信访案件246件次，办结238件次，结案96.75%。组织召开全省华侨农场工作座谈会，部署“和谐华侨农场”创建工作，争取省文化厅支持，搞好农场送戏下乡活动、“一乡一品”特色文化、非物质文化遗产普查、文艺骨干培训等项目的对接，促进华侨农场和谐稳定。创建全国社区侨务工作明星社区1个，全国社区侨务工作示范单位2个，全省社区侨务工作示范单位8个。

做好侨务捐赠工作。全省外事侨务系统接受各类捐赠2550余万元，其中，争取到“侨爱工程——陈沙立先生救护生命万里行”项目，为省内部分贫困县乡医院捐赠20辆救护车。

服务侨务公共外交。依托“第七届世界华人华侨社团联谊大会”平台，广泛联谊，宣传江西，建立与瑞士、阿联酋、马来西亚、吉尔吉斯等国有关协会组织的联系，为全省引资引智工作涵养资源。承办“中华文化大乐园”美国夏令营、“中国文化海外行”意大利营、“2014年海外华裔青少年中国寻根之旅夏(冬)令营”活动，促进江西与海外文化交流。选派18名教师赴菲律宾、泰国等国家开展海外华文教育，传播中华文化，服务侨务公共外交。搭建美国华侨创办的《美中信使报》与《江南都市报》的合作桥梁，《江南都市报·美国版》从美国休斯敦正式发行美国各大都市，在华人华侨中产生强烈反响。

【江西侨务“两级挂点”制度服务侨资企业】 为进一步提升江西省服务侨资企业水平，创造安商亲商环境，省外侨办在全省外事侨务系统设立“两级挂点服务侨资企业”制度。根据“两级挂点”的“三定服务”要求，在全省侨资企业中，省外侨办和各设区市外侨办选择120家为重点联系服务侨资企业，实行“定期走访、定点联系、定人服务”的三定服务。在走访调研中，省市两级侨办联合企业所在地政府部门组成调研小组，深入侨企，召开座谈会，现场听取意见、收集建议，为企业答疑解惑。

【全国侨务干部华文教育专题培训班在九江举行】 9月18日—23日，由国侨办文化司主办，省外侨办协办，国侨办侨务干部学校、九江学院承办的全国侨务干部华文教育专题培训班在九江举行。培训班上，国侨办文化司作了关于外派教师工作、外派教师管理与服务的辅导报告，全面介绍各地外派教师工作的现状、问题及应对之策。27个省市区近100名侨务干部参加了培训。

【“2014年中华文化大乐园”在美国华盛顿开营】 6月25日，由国侨办主办，省外侨办和美中实验中文学校共同承办的“2014年中华文化大乐园——华盛顿营”在美国华盛顿开营。中国驻美国大使馆总领事阮平、国侨办文化司副司长周虹、美中实验中文学校理事长王耀辉出席开营仪式。江西12名教师现场展示中华武术、中华魔术、民歌、中华传统舞蹈、中华传统手工艺以及中国画、书法等才艺，为当地华裔学生传授中华传统文化及技艺，让华裔学生近距离地感受博大精深的中华文化，了解江西的悠久历史与灿烂文化。

【500余名海外华裔青少年到赣开启文化寻根之旅】 为涵养海外侨务资源，做好海外华裔新生代工作，江西承办国务院侨务办公室第5期“2014年海外华裔青少年中国寻根之旅夏(冬)令营”活动，分别为庐山营、婺源营、南昌营、赣州营、港澳营，吸引了500余名海外华裔青少年了解江西，了解赣鄱文化，探寻中华文化之根。

（涂文俊）

本栏编辑　詹跃华

国家区域发展战略

鄱阳湖生态经济区建设

【概　况】 2014年，省直有关部门、鄱阳湖生态经济区内各市县贯彻落实省鄱阳湖生态经济区建设（昌九一体化发展）领导小组决策部署，在规划编制、协调推进、改革创新等方面开展工作，昌九一体化发展实现良好开局，区域板块活力明显增强，生态文明建设取得新成效，鄱阳湖生态经济区发展质量不断优化，带动全省“发展升级、小康提速、绿色崛起、实干兴赣”的龙头昂起态势进一步显现。

省鄱湖办会同各地各部门主动作为、完善机制，加强协调调度、督促落实，全年工作任务得到有效落实。一是建立健全组织有力的协调推进机制。坚持领导小组会议制度和省直部门联席会制度，有力保障了各项工作的推进。省政府召开鄱阳湖生态经济区建设领导小组第二次、第三次会议，审议重要规划和文件，研究解决重大事项，部署并推动阶段性重点工作；领导小组办公室组织召开6次省直部门联席会、18次专题协调会和现场推进会，协调落实领导小组会议议定事项。重点推动建立昌九一体化工作推进机制。二是务实解决一批重大问题。年内有关市县和单位提请领导小组解决的55个问题，通过书面征求意见、召开座谈会、现场推进和协调调度等多种方式，基本得到解决。其中，涉及规划方面6项，包括编制昌九一体化专项规划、景德镇电厂扩建纳入全省电力中长期规划、支持鹰潭市开展“三规合一”试点等；政策方面24个，包括进一步下放南昌市权限、启动九江到上海通关一体化改革、对两个先导区发展用地实行倾斜、昌九通信和金融同城化等；项目方面25个，包括昌九大道、昌九高速“四改八”扩建工程等。三是完善督查和宣传机制。对照有关规划目标任务，会同省委督查室、省政府督查室开展3次专题督查，对昌九一体化发展、九江沿江开放开发、一是南昌临空经济区、二是共青先导区建设等重点工作进行督促检查，以目标倒逼任务、时间倒逼进度、督查倒逼落实。组织开展鄱阳湖生态经济区五周年和昌九一体化一周年系列报道，在《人民日报》、新华社、《经济日报》、中央电台、中央电视台、《江西日报》、省广播电视台等中央、省直主要媒体以及网络媒体推出了一批有影响有分量的稿件；组织召开江西省生态文明建设论坛，以及昌九一体化发展规划、南昌临空经济区发展规划和昌九通信同城化等新闻发布会，为工作开展营造良好舆论氛围。

【推进昌九一体化】 省市和有关部门分别成立昌九一体化工作机构，建立昌九两市联席会议制度、部门间合作协调机制，“省里统筹、昌九对接、部门推动”的工作局面基本形成；召开昌九两市联席会第二次会议，在推进落实2013年25项合作事项的基础上，进一步达成22项合作共识。按照“三个一体化、一个对接互补”的方向，推动昌九一体化发展。昌九两市全年实现地区生产总值5448亿元，占全省比重为34.7%，昌九综合实力进一步增强。一是规划体系基本形成。《昌九一体化发展规划（2013—2020年）》经省鄱阳湖生态经济区建设（昌九一体化发展）领导小组会和省政府常务会审议通过后，于9月23日正式印发实施。一是南昌临空经济区发展规划、二是共青先导区建设总体方案、昌九大道规划方案、昌九大气污染联防联控规划等已经省政府批复印发。综合交通、城镇体系、土地利用、产业布局等专项规划和方案编制工作全部完成，将陆续发布实施。二是交通一体化顺利推进。昌九大道全面开工建设，昌九高速“四改八”扩建工程规划选址工作已经完成。南昌龙头岗码头加快建设，彭泽红光码头等前期工作顺利推进；按照分工合作和一体化方向，开展九江港、南昌港规划修编工作。加密昌北机场至九江巴士、南昌港—九江港—上海洋山港班轮；九江城西港扩大开放通过国家联合验收，并纳入扩大启运港退税政策试点范围。成立江西省航空投资公司，组建江西航空公司。三是公共服务同城化迈出大步。通信同城化实现既定目标，4月1日和7月1日分别实施昌九移动电话和固定电话资费同城，仅用半年多时间完成通信同城化。金融同城化深入推进，在2013年完成两市地方银行存折、银行卡业务同城化的基础上，进一步实施了昌九银行资金划汇和住房公积金贷款一体化。其他领域公共服务同城化有序开展，开通昌九人力资源市场信息服务一体化平台，实现医疗保险即时结算、报销互认，推行两地户口迁移“一站式”办理，推进昌九一体化电子口岸平台建设，全面启动纳入长江经济带通关一体化改革和上海自贸区海关监管制度在昌九海关特殊监管区域复制推广，实行昌九旅游市场通票制度，出台昌九大型科学仪器共享办法，开展昌九高校学分互认试点工作等。四是产业对接互补扎实推进。引导产业集群发展,5 个工业产业集群成功创建全省示范产业集群,20 个产业集群列入省工业重点产业集群;获批 10 个省级现代服务业集聚区、17 个省级现代服务业龙头企业;培育形成 19 个农业产业集群、45 个现代农业示范园区。

【加快南昌临空经济区和共青先导区建设步伐】 围绕打造鄱阳湖生态经济区精品"微缩版"和昌九一体化发展战略支点,着力推进南昌临空经济区和共青先导区两大重点平台建设,呈现加快发展的良好势头。南昌临空经济区建设全面启动。临空经济区管委会正式成立,管理体制和用人机制按照"市场化运作、企业化管理"模式运行。启动实施 3 年建设行动计划,核心区环形路网基本建成,与南昌经开区路网实现对接,水、电、气配套设施同步推进。第一期 10 万平方米标准厂房即将投入运营,第二期 14 万平方米标准厂房开工建设。引进了欧菲光、海派手机、中国北车机车生产等一批高端产业项目,集成化引进顺丰、圆通、中通等国内快递物流业龙头企业,签约落户亿元以上项目总投资 320 亿元。共青先导区建设掀起新高潮。制定并印发共青先导区建设总体方案分工方案,细化落实目标任务。共青城南湖新区"四横四纵"路网及绿化工程基本完工,永修县启动恒丰工业新区"两横四纵"路网建设,将实现与共青城路网无缝对接。共青城列入全省首批省直管县改革,各项试点有序推进。共青大学城开工建设,先期建设江西财大、江西师大和南昌航空大学 3 所独立院校。先导区产业集群加快发展,共青城手机产业集群集聚 40 多家手机制造企业、在建项目 35 个;德安县宝塔工业园引进华润风电、千磁新能源汽车等新能源企业 10 多家;永修星火工业园有机硅上下游企业达 78 家、关联企业 55 家。三是启动昌九新区规划建设研究工作。昌九新区总体方案已上报国家发改委,土地、建设等相关规划以及环评报告、水资源论证报告等正在抓紧编制。

【大力培育产业板块】 鄱阳湖生态经济区八大产业板块各展优势、加快发展,全年实现地区生产总值突破 9000 亿元,达到 9153 亿元,同比增长 9.7%。一是南昌打造核心增长极实现"两年有看头"。工业经济迈上新台阶,规模以上工业主营业务收入突破 5000 亿元,4 个千亿产业快速发展,其中食品产业主营业务收入破千亿,电子信息产业连年大幅增长;南昌高新区、南昌经开区均实现主营业务收入过千亿元,全市工业园区主营业务收入突破 3500 亿元。现代服务业进一步繁荣,第三产业增加值占生产总值比重达到 40.5%,商贸、金融、旅游、会展、文化创意、电子商务等产业快速增长,全省金融商务区入驻各类金融机构 131 家。城市建设取得新进展,九龙湖新城、朝阳新城等加快建设,"旧改棚改"完成改造 686 万平方米,地铁建设顺利推进。二是九江沿江开放开发迈出新步伐。沿江四大板块完成基础设施投资 133 亿元,湖牛公路改造、500 千伏石钟山—洪源输变电等一批项目建设完工,九景衢铁路、武九客专、赛城湖大桥等一批项目加快推进。临港产业发展势头良好,实施亿元以上工业项目 159 个,总投资 1573.5 亿元,完成投资 662.4 亿元;九江港货物吞吐量突破 8000 万吨,集装箱吞吐量达到 22.4 万标箱。沿江四大板块以九江市三分之一的面积,承载了全市 60% 的规模以上工业企业、70% 的规模以上工业主营业务收入、80% 的 50 亿元以上项目。三是其他产业板块竞相发展。景德镇市加快建设陶瓷科技城,陶瓷工业总产值达到 291.6 亿元;直升机战略性新兴产业区域集聚发展试点获国家批复,直升机总装扩批项目开工建设,直升机年生产能力达到 700 架。新余市形成以钢铁、新能源、新材料为支柱的新型工业产业体系,建立了新能源、金属新材料省级战略性新兴产业基地,省级以上高新技术企业达 15 家;赛维工业产业园、瑞晶高新孵化基地等一批分布式光伏发电项目开工建设,光电建筑示范项目占全省的 96%。鹰潭市铜期货交割仓库正式开通运营,电解铜、铜加工能力分别达 107 万吨和 230 万吨,实现主营业务收入 3100 亿元;节能照明产业基地有序推进,水工产业园项目二期全面建成,国际眼镜城、浙商联盟建材家居城等建成运营。抚州市加快建设赣闽合作产业园、抚州(海西)综合物流园,培育发展向莆经济带,闽商在赣投资的五分之一集中在抚州;省政府出台了支持抚州深化区域合作加快发展的意见。丰樟高大力推进县域经济发展升级,陶瓷、药业、酒业、盐化工等传统产业转型升级加快推进,积极培育光电等高新技术产业,丰城市在全国百强县排名跃至第 83 位,高安建陶产业、新干盐化产业列入全省 20 个工业示范集群,樟树市积极创建国家循环经济示范城市,丰城、樟树、高安 3 市经济总量、财政收入均占宜春市一半以上,新干县全年实现地区生产总值 99.6 亿元。鄱阳、余干、万年新增省级、市级农业龙头企业 64 家,创建各类国字号品牌 23 个,鄱阳粮食基地、余干芡实基地、万年贡米基地等不断壮大,3 县粮食、生猪、水产等主要农产品总量分别占上饶市的 76%、52% 和 66%。

【生态文明建设迈上新台阶】 始终坚持在保护中发展、在发展中保护,以保护鄱阳湖"一湖清水"为核心,深入推进一批重大生态建设和环境保护工程,巩固和提升区域生态环境质量,推动全省生态文明先行示范区正式上升为国家战略。一是持续实施生态工程。深入开展"净空、净水、净土"行动,加强污水处理设施建设和运行监管,启动南昌、九江大气污染联防联控,南昌市、景德镇市垃圾焚烧发电项目建成投运。截至年底,建成林业自然保护区 70 处、森林公园 57 处、湿地公园 24 处、野生动物疫源疫病监测站 16 处、渔业资源保护区 5 处。稳步推进鄱阳湖生态经济区生态红线划定工作,持续开展鄱阳湖区域越冬候鸟、水生动物、湿地保护以及打击非法捕捞专项行动,推进以 258 家畜禽养殖场为重点的农村面源污染治理,取得良好成效。二是加快发展循环经济。深入推进新余节能减排财政政策综合示范城市、贵溪国家循环经济示范城市、景德镇资源型城市转型等改革试点,推动鹰潭高新区、南昌高新区等国家级开发区和省级示范工业园区的循环化改造,实施资源综合利用示范工程、"万家屋顶"光伏发电示范工程等。鹰潭铜产业循环经济示范基地入驻拆解回收、精深加工及服务类企业 50 余家。三是深入开展生态创建。年内新增抚州市为国家森林城市,上饶市、丰城市、新干县等9个市、县(区)为省级森林城市;新增鹰潭市、抚州市为国家园林城市,新干县为国家园林县城;新增国家级生态乡镇25个、省级生态乡镇19个、省级生态村23个。区内县级公共图书馆、文化馆覆盖率达到100%。四是推进生态文明制度创新试点。加大“五河一湖”及东江源保护区生态补偿力度,鄱阳湖区湿地洪水调蓄重要区15个县(市、区)纳入重点生态功能区转移支付范围,仙女湖、柘林湖纳入国家湖泊生态环境保护试点。启动排污权有偿使用和交易试点工作,对造纸、印染、火电、钢铁、水泥等行业开展了初始排放权摸底调查。新余市在全国率先开展合同环境服务工作试点等。

【基础设施体系不断完善】 强化重大项目调度推进,交通、水利、能源等基础设施加快建设。一是交通优势进一步凸显。沪昆客专杭长段通车运营,打通江西省东西向高铁通道,实现时速350公路高铁零的突破;围绕构建南北向高铁通道,武九客专建设加快推进,昌吉赣客专开工建设。九江绕城、都九高速星子至九江段等2条高速公路建成通车,南昌南外环、都九高速都昌至星子段、昌宁高速南昌连接线、上饶至万年、东乡至昌傅、修水至平江等6条高速开工建设。G320国道进贤至南昌段、彭泽至湖口沿江大道等国省道改建及农村公路建设加快推进,实现了经济区出省主通道全部建成高速公路、县县通高速公路、所有县(市、区)半小时进入高速公路网。二是水利设施建设加快推进。浯溪口水利枢纽实现大江截流,廖坊灌区二期列入国家实施的七大类重大工程项目清单。“五河”治理工程累计完成治理河道长度38千米,新建及加高加固沿线堤防32千米。对丰东、鄱湖两个大型灌区进行续建配套与节水改造。赣抚下游尾闾综合整治等水利工程前期工作顺利推进。三是能源保障更加有力。建成乐平煤矸石综合利用电厂,开工建设神华九江电厂、大唐抚州电厂,鄱阳湖风电、环鄱阳湖500千伏和220千伏电网骨干网等项目建设加快推进。

【加大资金、土地、人才等力度支持鄱阳湖生态经济区建设】 一是协调争取各方面资金支持。利用世界低碳生态博览会、赣台经贸文化合作交流大会、赣港经贸合作活动周、北京日韩企业投资说明会、银企对接会等平台,积极推介鄱阳湖生态经济区和昌九一体化重大工程项目,签约金额819.3亿元。引进汇丰银行南昌分行、平安银行南昌分行、东亚银行南昌分行,以及百年人寿、华夏人寿、太平财险等在江西设立分公司。争取到7家企业在新三板正式挂牌,17家在中国基金业协会登记备案的私募投资机构入驻。二是加大省级资金投入。引导金融机构加大信贷投放,区内9个设区市贷款余额约占全省新增贷款余额的85%以上。新增8家农商行、9家村镇银行,共有176家小额贷款公司。省财政统筹安排区内9个设区市各项补助资金910亿元。各级地税对鄱阳湖生态经济区实施各类减免税31.1亿元。三是实施土地指标倾斜。全年下达新增建设用地计划3966.67公顷,比上年多1133.33公顷;安排增减挂钩周转指标1246.67公顷、工矿废弃地复垦试点1333.33公顷。对区内23个县(市、区)开展土地利用总体规划修改工作,涉及修改规模5920公顷。四是加强人才队伍建设。完善高层次人才引进政策,选拔62名享受国务院特殊津贴人选,新增8个学科的博士后流动站,建成10家省级技能大师工作室,引进国外专家90余人次为项目单位提供海外智力支持。

(彭小平 段骁贵 付桂生)

赣南等原中央苏区振兴发展

【概 况】 2014年,省苏区办牵头会同赣南等原中央苏区有关市县和省直有关部门,贯彻落实《国务院关于支持赣南等原中央苏区振兴发展的若干意见》(以下简称《若干意见》)和《赣闽粤原中央苏区振兴发展规划》,加快推进民生工程、基础设施、产业发展、对口支援、试点示范、生态环保等重点任务,加快推进交通、能源等重大基础设施项目建设,进一步发展壮大特色产业,着力推进各项扶持政策落实到位,区域内主要经济指标均高于全省平均水平,赣南等原中央苏区振兴发展工作迈上了新台阶。

2014年,改造农村危旧土坯房17.3万户,解决104.16万名农村群众饮水安全问题,20.68万户长期低电压问题,18.7万户农村居民看电视难等问题;新建、改建农村公路9951千米,新建、改造农村公路桥梁108座。建设养老、公益、救助等方面项目共363个,增加农村低保人数10万人。共建设市、县、乡、村4级医疗卫生项目1072个,培训医护人员2363人。在原中央苏区县和片区县安排资金5.47亿元,改善3041个贫困村人居环境。开展搬迁移民扶贫安置“进城进园”试点,搬迁安置5.27万人。

【基础设施建设扎实推进】 铁路建设方面,赣韶铁路投入运营,赣龙铁路扩能项目有序进行,昌吉赣客专开工建设,赣深客专、鹰梅、吉永泉等铁路项目前期工作加快推进。高速公路建设方面,宁都至定南、兴国至赣县、船顶隘至广昌高速公路开工建设,寻乌至全南高速,安远至全南(信丰)段建成通车。机场建设方面,赣州黄金机场、井冈山机场改扩建工程开工建设,瑞金、抚州新建机场前期工作稳步推进。能源建设方面,华能瑞金电厂二期、抚州至瑞金500千伏输变电工程等能源项目加快推进,赣州东(红都)500千伏输变电工程和崇义关刀坪、上犹万罗220千伏输变电工程开工建设,樟树—吉安—赣州成品油管道基本完成管线铺设并将于年内建成投产,武汉—南昌—赣州1000千伏特高压交流工程列入国家电网“十三五”规划;水利工程建设方面,完成23个中小河流治理项目,建成堤防138.76千米,实施规划内723座病险水库除险加固工程,完成加固604座。农业基础设施建设方面,整合中央和省级各类涉农资金19.3亿元,在区域内建设高标准农田11.88公顷,投入项目资金2.45亿元,建设42个园艺作物标准园、85个畜禽水产标准化规模养殖场(小区)和16个蔬菜水产良种繁育基地。

【特色优势产业不断壮大】 赣州稀土集团公司牵头组建中国南方稀土集团方案获工信部备案通过，吉安市电子信息新型工业化产业示范基地获得批复，抚州市引进福汽集团建立合作关系，利用外资实现大幅增长。中国汽车零部件（赣州）产业基地、赣州北斗产业园等项目开工建设，赣州卷烟厂技改项目建成投产，井冈山卷烟厂技改项目加快实施。大力开展“百县百园”现代农业示范园区建设工程，初步建设现代农业示范园区 38 个。脐橙、蜜橘、蜜柚、白莲等一批富民产业发展壮大，赣州充分利用国家级印刷包装产业基地政策，已投资 25 亿元，总占地约 66.67 公顷，已入驻企业 26 家。扎实推动江西理工、东华理工大学省部共建，新增赣南师范学院“客家文化传承与发展 2011 协同创新中心”。支持赣州市纳入全国商业保理试点范围，赣州市已有各类金融机构 145 家，赣南等原中央苏区拥有省级文化产业示范基地（试验基地）近 30 家。

【中央国家机关对口支援帮扶工作开局良好】 国家发改委等 30 多位省部级领导亲临一线调查研究，全部出台对口支援方案。52 名中央单位对口支援挂职干部发挥了上下联络、牵线搭桥的作用。各个对口支援单位已明确或落实到位的各类援助政策 412 项、项目 165 个、资金 50 亿元、开展人才交流培训 145 批次。一批重大项目、重大事项得到部委援助，额外落实了寻全高速公路补助资金 18 亿元，下拨 5000 万元专款支持赣州市柑橘黄龙病防治，安排资金近 20 亿元支持烟草产业发展，援建广昌苏区 119 个民生项目，安排各类资金 3810 万元。

【开展一批试点示范工程】 《若干意见》明确支持的 34 个示范试验工作中有 27 个进入实施阶段。赣州市农村产权制度改革取得突破，抵押林权 1.04 万宗，贷款金额 24.8 亿元。完成农村集体土地所有权确权登记 345.82 万公顷，确权登记率达 99.56%。推出“财园信贷通”“小微信贷通”融资模式，支持 1742 户企业贷款 34.4 亿元。积极开展一批改革试点，教育部在寻乌县启动“教育云”试点县建设，国务院医改办将于都、瑞金、万安、金溪等县确定为全国县级公立医院综合改革第二批试点县，中国人民银行将新干县纳入全国农村信用体系建设试点县，国家税务总局支持吉安在消费税改革方面先行先试。

【环境保护力度加大】 大力推动污染防治，至年底，共综合治理稀土矿山 59 平方千米、治理水土流失 1779 平方千米，关闭污染和落后产能企业 376 户，植树造林 17.57 万公顷。强化江河源头保护，在赣江、抚河、东江源头设立湿地公园和自然保护区，加强河流源头生态保护。赣南等原中央苏区范围内的国家森林城市、国家湿地公园、国家森林公园数量分别达到 3 个、10 个和 24 个。着力推动生态文明建设，先后在赣州市、新余市组建碳交易机构，建设林业产权交易中心，探索碳排放权、排污权、水权交易试点。赣州市森林覆盖率达到 74%，空气质量和水质常年保持优良。

【组织领导进一步强化】 建立了常态化的工作机制，国家层面召开了第二次部际联席会议，协调推进 16 个重大事项。召开了 3 次省领导小组会议，省委常委会专题听取汇报，省政府常务会专题协调重大问题。组织纳入《赣闽粤原中央苏区振兴发展规划》的 8 个设区市苏区办和 54 个县（市、区）政府分管苏区振兴发展工作人员在赣州举办专题培训班，组织全体挂职干部在瑞金、兴国开展革命传统教育，在南昌和井冈山举办“中央单位下派江西省赣南等原中央苏区挂职干部岗前培训班”和“中央单位在江西省赣南等原中央苏区挂职干部革命传统教育和业务培训班”。组织开展苏区振兴两周年宣传活动，召开新闻发布会，编印宣传画册，编辑 70 期简报，举办“聚焦赣南苏区振兴发展两周年——全国网络媒体看赣州”大型采访活动，邀请《人民日报》、新华社、《光明日报》、中央电视台等中央主要新闻单位采访团的 30 多名记者，深入苏区基层，对赣南苏区振兴发展两周年成效进行重点报道。

（肖礼圣　吕瑞林）

罗霄山片区区域发展与扶贫攻坚

【概　况】 2014 年，江西省罗霄山片区区域发展与扶贫开发工作取得了良好成效，江西省片区县共实现地区生产总值 1451.7 亿元，同比增长 11.5%；片区县农村居民人均纯收入 6015 元，增长 16%；片区县贫困人口 122.6 万人，减少 16.4%；片区县农村居民人均消费支出 4425.1 元，增长 16.9%；片区县农村居民储蓄 732.2 亿元，增长 17.7%，国内生产总值、固定资产投资总额等指标也呈现快速增长的态势。

【完善扶贫攻坚协调机制】 4 月，省委办公厅、省政府办公厅印发《关于创新机制扎实推进农村扶贫开发工作的实施方案》，强化了对江西省当前及今后一个时期向贫困宣战、确保实现 2011—2020 年农村扶贫开发纲要目标的指导，并就加强组织领导、搞好统筹协调、夯实基层组织、强化工作力量、营造浓厚氛围作了部署。8 月，省委常委会专题研究扶贫开发工作，听取了江西省扶贫开发工作情况汇报，及时调整了省扶贫开发领导小组组成人员，加强了扶贫攻坚领导力量，建立了每位省领导都定点联系一个扶贫攻坚重点县机制。

【落实罗霄山片区规划项目投资】 2014 年，江西省对照片区规划，各部门、各片区县分工合作，密切配合，全面扎实地推进了各项规划项目建设。截至年底，已完成项目投资 2290.5 亿元，其中，财政资金 1507.3 亿元，其他资金 783.2 亿元。其中，基础设施项目投资 922.05 亿元、产业发展项目投资 669.06 亿元、民生改善项目投资 451.1 亿元、公共服务项目投资 185.3 亿元、能力建设项目投资 9.53 亿元、生态环境项目投资 53.49 亿元。

【基础设施显著改善】 铁路建设，昌吉赣客专正式开工，赣深客专完成项目预可研编制，赣井铁路完成规划研究报告,吉永泉铁路启动项目前期工作,赣韶铁路已开通运营,衡茶吉铁路项目已完工。交通基础设施建设,年内,江西省积极筹措资金用于罗霄山片区内公路交通基础设施项目建设,共安排49亿元补助资金用于罗霄山片区公路交通基础设施建设。高速公路方面,共争取到交通运输部21.47亿元资金用于支持寻乌至全南和兴国至赣县两条高速公路建设,已建成寻全高速公路安远至全南段52千米,实现了罗霄山片区县县通高速。开工建设兴国至赣县、宁都至定南高速公路,推进了南昌至宁都、广昌至吉安高速公路前期工作。国省道方面,全年共投入12.4亿元资金用于罗霄山片区603千米普通国省道升级和路面改造及102千米大中修工程,安排1.56亿元用于罗霄山片区普通国省道灾毁性恢复重建和路网结构性改造建设。农村公路方面,共投入13.3亿元资金用于罗霄山片区农村公路建设。其中安排约4.2亿元补助资金用于罗霄山片区通自然村水泥路建设4236千米;安排车购税资金5.7亿元用于罗霄山县道升级改造建设,安排2.9亿元用于罗霄山国有农林场、客运网络化联通工程等其他农村公路建设。安排0.49亿元用于农村公路危桥改造和安保工程。运输枢纽建设方面,全年共安排800万元补助资金用于兴国、寻乌两个县级汽车客运站改造项目,安排2000万元补助资金用于吉安井冈山旅游客运站建设。水利项目建设,片区共完成省级以上投资15.1亿元,其中中央投资计划资金约为12.6亿元,省级资金2.5亿元。省级以上资金中,中小河流省级以上投资3.55亿元,小农水重点县项目省级以上投资2.9亿元,农饮省级以上投资2.1亿元,水保省级以上投资1.1亿元,水电增效扩容省级以上投资0.7亿元。

【产业发展有序推进】 2014年,省财政继续安排罗霄山片区每个县1000万元产业专项扶贫资金,共1.8亿元,集中用于支持扶贫主导产业加快发展,培育各具特色的扶贫支柱产业体系,拓展贫困群众稳定增收渠道。农林产业方面,全年中央和省财政支持18个罗霄山片区县农业专项投入35.14亿元,其中,中央财政23.63亿元、省财政11.51亿元。连续3年,实现农业项目资金高投入。共安排罗霄山片区18个县(市、区)林业建设资金12.67亿元,增长149%。其中,中央林业建设资金9.32亿元,省级财政资金3.35亿元,有效支持了罗霄山片区区域发展。乡村旅游开发方面,赣州、吉安市获批国家旅游扶贫试验区,争取了国家、省支持投资瑞金中央苏区红色旅游景区项目。陡水湖景区成功创建国家4A旅游景区,瑞金"共和国摇篮景区"创建国家5A级旅游景区已通过了景观质量专家评审,列入创建国家5A级旅游景区预备名单。

【实施农村危旧土坯房改造工程】 2014年,江西省将片区农村危旧土坯房改造作为民生工程的重点任务来抓。将农村危旧土坯房改造计划指标集中向片区倾斜,超过全省计划指标的一半以上。其中赣州市维修、新建开工户数14.49万户,开工率101.44%;规划建设20户以上集中建设点583个,动工571个,动工率97.9%;已拆除危旧土坯房13.98万户,占任务数的97.88%。

【片区教育资金投入加大】 2014年,共向罗霄山片区区域投入教育项目资金19.8亿元(含义务教育保障机制9.6亿元),争取财政部安排罗霄山片区学前教育校舍改建类项目资金1.81亿元,利用农村闲置校舍改造建幼儿园和在农村学校增设幼儿园50多万平方米。实施农村义务教育学校标准化建设工程、农村义务教育薄弱学校改造计划、农村初中校舍改造工程、中小学校舍安全工程、普通高中改造计划,支持片区大力改善办学条件。

【片区基本医疗卫生制度初步建立】 2014年,江西省罗霄山片区18个县卫生行业资金达到3亿元,增长14.7%。开展罗霄山片区卫生服务体系建设项目262个,总投资1.08亿元,总建筑面积21.3万平方米。通过全行业的共同努力,罗霄山片区基本医疗卫生制度初步建立,农民参加新型农村合作医疗保障率98.7%,拥有基本医疗保障、享有基本公共卫生服务、享有基本医疗服务,医疗服务可及性、服务质量、服务效率和群众满意度不断提高,就医费用负担明显减轻。

【加大各类民政资金扶持力度】 2014年,共下达罗霄山片区城市低保资金、农村低保资金、医疗救助资金等各类民政资金19.04亿元,共下达罗霄山片区各类民政公共服务项目资金1.22亿元。争取中央专项彩票公益金1.09亿元,支持江西省片区县民政公共服务设施建设项目共14个(其中光荣院项目5个,福利院项目9个),项目已开工建设。已争取到中央专项彩票公益金支持江西省片区县农村幸福院216个共648万元,项目已开工建设。争取到中央预算内2014年社会养老服务体系建设居家养老项目17个,扶持资金2040万元。争取省级福彩公益180万元,支持兴国、大余、寻乌3个县级救助管理站建设。扩大农村低保覆盖面方面,成功争取民政部新增江西省片区县农村低保对象2.89万余人。

【生态建设和环境保护持续加强】 2014年,中央和省财政对罗霄山片区区域投入环保专项资金约4.6亿元,其中,中央财政投资数约3.8亿元、省级财政投资数约0.75亿元。积极推进东江源生态保护补偿试点工作,10月,在北京召开《江西东江源生态保护补偿规划》专家论证会。大力帮扶罗霄山片区区域大气污染防治工作工作,全力推进国家和省减排目标责任书项目建设、城镇污水处理厂正常运行以及工业企业治污设施高效稳定运行,扶持罗霄山片区区域环境监测站开展能力建设工作。指导片区井冈山国家级自然保护区申报环保部国家级自然保护区示范项目、遂川南风面省级自然保护区申报国家级自然保护区、宁都大龙山申报省级自然保护区工作。

(喻学锋　王炜)

本栏编辑　邓玉兰

农　　业

综　　述

2014年，全省各级农业部门围绕粮食增产、农业增效、农民增收的目标，主动作为，扎实工作，完成农业各项工作既定目标任务，农业农村经济在高起点上实现稳中有进、稳中提质、稳中增效。

粮食等主要农作物持续增产。全省粮食播种面积369.73万公顷，总产2143.5万吨，分别增长0.18%、1.29%，实现"十一连丰"。全年肉类总产355.2万吨、禽蛋57.8万吨、牛奶12.8万吨，分别增长3.1%、1.6%、1.1%；出栏生猪3326万头、肉牛149.6万头、肉羊93.5万只、家禽4.58亿只，分别增长3.0%、2.3%、3.5%、3.0%。全年水产品产量达253.8万吨，增幅达4.6%。全年经济作物播种面积208万公顷、增加2.3万公顷，总产2136.7万吨、增加202.5万吨。其中：棉花面积8.49万公顷，产量13.3万吨，与上年持平；蔬菜播种面积（不含西甜瓜、食用菌）57.2万公顷，产量1312万吨；茶园面积7.78万公顷，产量4.66万吨；果园面积41.4万公顷，总产420万吨、减少21万吨；花卉苗木种植面积7万公顷（不含造林苗木面积），中药材种植面积2万公顷，桑种植园面积1.5万公顷，苎麻种植面积0.47万公顷，糖料种植面积1.43万公顷；油料作物种植面积74.1万公顷，总产121.7万吨、增长2.1%。

农村居民收入较快增长。始终坚持把农民增收作为核心目标，全面落实惠农政策措施，广辟农民增收渠道，扩展农民增收空间。加强与农业部等部委的沟通衔接，全年争取省级以上财政投入118亿元、增长10%，协助开展"财政惠农信贷通"融资试点，撬动银行贷款44.83亿元。新增水稻稻瘟病等8种病虫害保险内容，累计赔付金额3.26亿元。农村居民人均可支配收入实现"十一连快"，达10117元，收入首次突破万元大关，比上年增加1028元，增长11.3%，增幅连续5年高于城镇居民可支配收入增幅。

农村改革步伐加快。牢牢牵住农村土地承包经营权确权登记颁证这个深化农村改革的"牛鼻子"，统筹推进农业适度规模经营、新型农业经营主体培育、农业社会化服务体系建设等各项农村改革。农村土地承包经营权确权登记颁证工作蹄疾步稳，成为全国农村改革的鲜活样板，被誉为"江西工作法"向全国推广，得到农业部充分肯定；全省96.38%的村民小组完成农村土地承包经营权确权登记颁证第一次公示，60.9%的农户完成调绘勘测，48.61%的村民小组完成第二次公示；种养大户、家庭农场、农民合作社等农业新型经营主体蓬勃发展，全省有种养大户4.08万户、家庭农场2.26万家、农民合作社3.26万家、农业社会化服务组织10万个。农业适度规模经营实现新跨越，全省家庭承包地流转面积64.92万公顷，流转率超过30%。

农业"接二连三"步伐明显加快。坚持以做大做强农产品加工业为突破口，加大招商引资力度，充分利用两个市场两种资源，加快休闲农业发展，推动农业与第二、第三产业有效融合，促进农业产业发展升级。全省规模以上龙头企业3764家，销售收入3900亿元，增长19%，其中，省级以上龙头企业销售收入2798亿元以上，增长

横峰县港边乡善塘村村民拿到崭新的土地承包经营权证

省农业厅供稿

13%，直接带动农户400万户左右，户新引进境内外农业项目200多个，实际进资150亿元，增长3.11%。农产品出口10.65亿美元，增长6%。其中，柑橘出口1.63亿美元，增长75%。全省各类休闲农业规模企业增长15%以上，总数3200多家，带动农民就业70万人。

推进现代农业示范园区建设。始终坚持把现代农业示范园区建设作为主战场，大力实施“百县百园”建设工程，省政府专门召开全省园区现场推进会，出台规划编制指导意见、建设指导标准、申报认定管理办法以及重点园区支持方案，组织申报第三批国家现代农业示范区创建工作，全省园区建设实现“开好局、起好步”的目标。全省已形成初具规模的现代农业园区65个，吸纳就业人数18万人，园区内农村居民人均可支配收入近1.2万元；培植初具规模的农业产业集群75个，销售收入达到1540亿元；新增国家级示范区5个，总数达11个。

农产品质量持续向好。首次将农产品质量安全纳入省委省政府对市、县政府科学发展综合考核，首次以省政府名义召开全省农产品质量安全监管工作会议，首次以省政府名义向设区市政府和省直管试点县(市)下达《农产品质量安全责任书》，明确农产品质量安全行政首长负责制；深入开展农资打假专项治理行动，加大农产品质量监测，大力发展“三品一标”农产品；全面完成农产品产地土壤重金属普查工作。全省农产品抽检合格率98.4%，“三品一标”农产品总数2416个、净增316个。全省未发生一起重大农产品质量安全事件，没有发生区域性重大动植物疫情。

农业科技服务持续向好。紧扣农业科技创新引领和新型职业农民培育两个重点，大力开展农业科技服务和农民教育培训工作，大力推广测土配方施肥、绿色植保农药减量、农业废弃物综合利用等清洁生产技术，积极开展万名农技人员送科技下乡、“百万农机闹春耕”等活动，促进农业科技创新与成果转化。全省农业科技进步贡献率54.8%，主要农作物综合机械化水平62%，水稻耕种收机械化水平达到67.1%；全省招录“三定向”考生337名，培育新型职业农民1.4万人。均增收突破3000元，达到3108元。

(郭跃华)

种植业

【概　况】　2014年，全省粮食播种面积369.73万公顷，增长0.18%；单产386.49千克/亩，比上年增加4.27千克/亩，增长1.12%；总产214.35亿千克，比上年增加2.74亿千克，增长1.29%。其中：水稻播种面积333.95万公顷，增加1500公顷，增长0.04%；产量202.52亿千克，增加2.12亿千克，增长1.06%。全年经济作物播种面积208万公顷，增加2.3万公顷；总产2136.7万吨，增加202.5万吨。其中棉花面积8.49万公顷，产量13.3万吨，与上年持平；蔬菜播种面积(不含西甜瓜、食用菌)57.2万公顷，产量1312万吨，面积、产量均大幅提升；茶园面积7.78万公顷，产量4.66万吨，面积、产量稳定增长；受柑橘黄龙病、2013年秋季干旱少雨、柑橘结果“大小年”等多重因素影响，水果产量减少，果园面积41.4万公顷，总产420万吨、减少21万吨。全省油料作物播种面积74.15万公顷，减少1646.67公顷，减少0.22%；油料单产109.43千克/亩，增加2.48千克/亩，增长2.32%；油料总产121.71万吨，增加2.49万吨，增幅为2.09%。其中，油菜籽播种面积54.79万公顷，产量72.35万吨；花生播种面积16.26万公顷，产量45.65万吨；芝麻播种面积3.1万公顷，产量3.7万吨。其他经济作物基本保持平稳，花卉苗木种植面积7万公顷(不含造林苗木面积)，中药材种植面积2万公顷，桑园面积1.5万公顷，苎麻种植面积0.47万公顷，糖料种植面积1.43万公顷。

落实惠农政策。全年省级共下达各类补贴超过50亿元，包括水稻良种补贴7.8亿元、粮食直补和农资综合补贴41.09亿元、玉米小麦油菜良种补贴0.88亿元、花生良种补贴0.14亿元、种粮大户试点补贴1.31亿元。

推进强基建设。深入推进高标准粮田建设，实行现代农业标准粮田项目“竞争立项、动态管理”新机制，2014年经县级申报、市级审核、省级组织现场答辩和专家评审，共确定30个项目县，安排专项资金2.47亿元，批复建设高标准粮田1.37万公顷。

推进配套增产增效技术。全面推进早稻集中育秧，全省实施早稻集中育秧1.28万公顷，供应大田栽插26.67万公顷，有效解决早稻“倒春寒”和“烂种烂芽”等不利影响。全面推进“多用一斤种增收百斤粮”“一斤石灰一斤粮”、配方施肥、绿色防控等重点技术示范。

推进防灾减灾。编制完善《农业重大自然灾害突发事件应急预案》，深入开展气象为农服务合作，实施面向新型农业经营主体的直通式气象服务。大力强化灾情预警预报，全年发布防灾减灾预警信息28次，下发农业防灾减灾紧急通知9个，指导全省采取有效防范措施。

丰城市现代园艺大棚

省农业厅供稿

【推进高产创建和增产模式攻关】 全省建设万亩示范片475个，覆盖11个设区市93个县区，主产县全覆盖。示范推广“双季双抛、双季双机插、早籼晚粳、一季稻+再生稻、油菜免耕直播机收”等高产高效技术。组织开展增产模式攻关，注重生产方式“五个优先”、技术模式“三推”。其中，鄱阳县鸦鹊湖乡双季双机插百亩示范片亩均产达1297.4千克，创全国最高水平；成新农场一季中粳百亩示范片亩均产达914.5千克，创省水稻单产历史新高。

【加强园艺作物标准化建设】 依托菜果茶标准化创建项目、财政支持现代农业生产发展项目，抓好园艺作物标准化基地建设。菜果茶标准化创建项目共创建菜果茶标准园34个，其中，蔬菜标准园27个，柑橘标准园4个，茶叶标准园3个。财政支持现代农业生产发展项目分别在47个县（市、区）新建蔬菜标准化基地4066.7公顷，在26个县（市、区）新开发标准茶园3333.3公顷，在22个县（市、区）新开发标准橘园2600公顷、提升柑橘园6733公顷、新建柑橘采后商品化处理生产线9条、贮藏能力10.6万吨。通过项目建设，项目区内蔬菜、水果、茶叶产品的合格率均高于全省园艺作物平均水平，单产水平增长25%以上，种植效益提高30%以上，成本降低20%以上，产品市场竞争力、防灾减灾能力大幅提升。

【实施棉花高产创建活动】 全省棉花高产创建万亩示范片10个，示范面积0.98万公顷，涉及乡镇8个、行政村77个、农户3.13万户。高产创建实施过程中，加大物资投入，加强技术指导，全力组织抗旱排涝工作。主推选用良种、适时播种，合理增密、简化整枝，减少中耕、简化施肥，病虫害统防统治，化学除草、化学调控等技术措施，各示范片生产成效明显好于非示范区。示范片平均皮棉单产126.87千克/亩，所有示范片均达到农业部亩产皮棉120千克/亩的目标要求。继续实施轻简育苗移栽技术示范项目，共育苗1275万株，示范面积543.33公顷。在九江县进行机械移栽示范，示范面积13.33公顷。在江西省棉花研究所和彭泽县开展全程机械化植棉试点，示范面积24公顷，通过机械直播、合理密植、矮化植株、化学脱叶、机械采收等技术措施，每亩用工4.5个，节本增效明显。

（李明 邹剑）

茶 产 业

【概 况】 2014年，全省茶产业克服去冬长期干旱、初春降雪、销售环境降温等多重因素影响，抓好标准茶园建设、品牌整合宣传、龙头企业培育等各项工作，实现全年规模、产量和效益同步增长。2014年全省茶园面积7.78万公顷，增长14.8%，是近10年来茶园面积增幅最高的一年；采摘面积6.03万公顷，增长13.1%；干毛茶总产量4.66万吨，增长8.4%；产值60亿元，增长9.1%。

【茶叶品质持续提升】 通过标准生态茶园建设，全省无性系良种茶园比重以每年4~5个百分点的增速提升。至2014年，全省有无性系良种茶园5.25万公顷，占全省茶园比重62.6%，无公害标准茶园比重66.3%，达到有机标准的茶园24.6%。全省有无公害茶叶产品27个，茶叶类绿色食品产品数9个。茶叶类有机食品产品68个，居全省首位；茶叶类有机食品种植面积1320公顷，居种植业首位。

【进一步推进茶叶品牌整合】 省委、省政府高度重视茶叶品牌建设，推动全省茶叶品牌整合。省农业厅、省发改委在实地调研和充分座谈的基础上，共同草拟《江西省茶叶品牌整合实施意见》，提出以“品牌核心、政府推动、市场运作、企业主体、优胜劣汰”为原则，以现有区域品牌为基础，自下而上进行整合，力争5年内打造出江西绿茶品牌1~3个全国茶叶知名品牌。省农业厅将省级财政现代茶叶项目2000万元资金，用于支持全省优势区域品牌新建5万亩标准茶园建设。各设区市、各产茶县纷纷出台扶持政策，有效推进茶叶品牌整合工作。九江市提出在环庐山、环鄱阳湖、环西海三大片区整合发展庐山云雾茶，遂川县重点打造狗牯脑茶，浮梁县按“双牌双名”方式将全县茶叶整合为浮梁茶。

【继续加大江西省十大名茶宣传】 继续开展江西省十大名茶（即林生茶、上饶白眉、浮瑶仙芝、盘古龙珠、资溪白茶、宁红金毫、铜鼓春韵、靖安白茶、狗牯脑、庐山云雾）品牌推介活动，省农业厅组织江西省十大名茶企业抱团参展2014中国（上海）国际茶博会、2014北京国际茶业展、第八届中国（深圳）国际茶产业博览会、第五届中国国际茶业及茶艺博览会、第十二届中国国际农产品交易会等5场展会，举行江西茶叶全国推广产销对接会、江西省十大名茶走进茶馆、走进马连道等茶城、走进北京茶叶总公司等贸易茶企、走进社区等一系列品牌推介活动。

（王晨）

林 业

【概 况】 2014年，全省林业部门按照建设生态文明先行示范区的总体要求，主动适应经济新常态，立足转变发展方式，统筹推进各项工作，林业改革和发展取得新的进展。

林业产业发展势头强劲。全年全省植树造林面积14.01万公顷。实现林业总产值2654.54亿元，增长31.1%。其中，第一产业860.14亿元、第二产业1292.69亿元、第三产业501.71亿元，分别增长14.4%、58.3%和9.8%，产值比重由2013年的37∶40∶23调整到32∶49∶19。全省生产原木240.24万立方米、大径竹19683.94万根、小杂竹43.68万吨，生产木竹加工产品6829.21万立方米、林产化工产品37.40万吨、各类经济林产品560.08万吨。

建成省级林业龙头企业信息库。全省省级林业龙头企业353户，总资产规模400亿元，总销售收入突破300亿元。全省筛选出9个林业产业集群，金溪县香精香料产业集群列入全省重点推进的60个产业集群，宜丰—奉新—铜鼓竹产业集群列入全省农业产业化集群。江西康替龙竹业有限公司等9户企业被认定为首批国家林业重点龙头企业。58户企业产品获“江西省名牌产品”称号;83户企业注册的83件商标获江西省著名商标,其中11户企业获中国驰名商标;87户企业获得发明或实用新型专利;87户企业产值超亿元。全年贴息补助资金扶植林业龙头企业30余户,林产品加工等创造多种经营建设项目社会产值12.70亿元。省级林业龙头企业常年为20万人提供就业,带动农户130多万户,企业与林农之间形成比较稳固的利益联结机制。省级林业龙头企业成为全省现代林业产业发展主体及促进全省林业产业转型升级和林农增收致富的重要带动力量。

油茶产业总产值增速快。全省油茶产业总产值164.43亿元,增长35.5%。年末实有油茶林面积85.35万公顷,繁殖圃107个、面积764公顷、苗木产量1.28亿株,油茶籽产量43.46万吨。全省完成高产油茶造林2.45万公顷、油茶低产林改造2.66万公顷,投入资金7.4亿元。国家现代农业油茶项目和油茶示范林基地项目平均面积核实率为93.7%,核实面积合格率达92.1%。全省油茶企业481户,年加工精炼茶油能力21.2万吨,其中,20户企业注册商标获江西省著名商标,3户企业注册商标获全国驰名商标。

竹业发展有新突破。全省竹林面积98.6万公顷,立竹总株数约23.21亿株。全年完成毛竹低产林改造2.43万公顷,建设笋用竹或笋竹两用林基地1846.92公顷,新修竹林道路1418.67千米。全年竹产业总产值292.54亿元,增长8%。全省竹加工企业1400余户。江西省崇义华森竹业有限公司等11户企业产品获“江西省名牌产品”称号,江西艺竹实业有限公司等18户企业商标获江西省著名商标,江西康达竹制品集团有限公司的“通贵及图”等4户企业注册的4户商标获中国驰名商标。26户企业竹地板产品在国家质量监督检验检疫总局、国家林业局组织的全国5类林木制品检测中合格。铜鼓县被中国林业产业联合会授于“中国竹键盘之都”称号。

林业政策支持力度大。省政府办公厅出台《关于加快林木种苗工作的意见》,省林业厅出台《关于大力推广林业“良种良法”的意见》《江西省主要林木良种生产与使用管理暂行办法》《江西省林业重点工程造林种苗管理暂行办法》《江西省保障性苗圃管理办法》4个配套文件,良种种苗生产使用机制进一步完善。全年实现林木育种育苗产值65.86亿元,花卉及其他观赏植物种植产值142.24亿元。全年发放林木良种生产许可证42份、经营许可证42份,注销29户企业的林木种子生产经营许可证。确定第二批保障性苗圃29个(含自繁自用苗圃11个),淘汰第一批公布的保障性苗圃6个。全年调剂杉木良种1706千克、国外进口湿地松良种1169千克。全省年末实有花卉种植面积5.81万公顷,切花切叶产量1.95亿支,盆栽植物产量1.03亿盆,观赏苗木产量1.88亿株,草坪产量692.34万平方米。

全年实现陆生野生动物繁育与利用产值8.76亿元,增长6.8%。依法办理野生动植物行政许可审批318起,其中野生动物驯养繁殖、经营利用102起,涉及企业93户;野生植物采集、经营利用许可事项216起,涉及企业34户,涉及采集樟树等重点保护野生植物7000余株。

省林业厅发行2014年“江西风景独好·森林旅游”年票,53处森林公园和湿地公园加盟。全省森林公园接待游客5551万人次;森林旅游与休闲产业产值378.16亿元,增长17.7%。柘林湖国家森林公园被列为创建“森林庄园”品牌示范试点。陡水湖、龟峰等6处森林公园列为“中国最美森林旅游景区”在全国重点宣传推介。赣南森林小火车旅游专线正式开通,这条1964年建成通车、保存完好的森林小铁路重新焕发青春。

全省林下经济实现总产值165.19亿元,增长7%。全年生产森林食品7.71万吨、木本药材4.37万吨。江西淦鑫实业发展有限公司林下种植基地等100家林下经济基地被认定为“省级林下经济示范基地”,安义县尚富种养专业合作社林下养殖基地被认定为“省十佳林下经济示范基地”。实施全国林下经济发展补助试点,草本药材种植合格面积415.88公顷,下达补贴资金312万元,惠及7个设区市11个县(区)的14家国有林业企事业单位。

深入推进集体林权制度改革。省委办公厅、省政府办公厅印发《关于积极稳妥推进林地流转进一步深化集体林权制度改革的意见》;省政府召开电视电话会议,部署推进全省林地流转工作。省林业厅出台《江西省积极稳妥推进林地流转进一步深化集体林权制度改革试点方案》,成立深化林业改革领导小组;确定在武宁等11个县(市)开展林地流转试点。进一步健全林权交易服务平台,成立79家县级林权交易中心,56个县级林权交易中心转变为林权管理服务中心。全省林权交易系统挂牌林权交易项目931项,成交845项,成交面积2.67万公顷,成交金额8.1亿元。全省林业合作社、民营(家庭)林场等林业新型经营主体4080家,其中林业专业合作社2630家,入社农户47.77万户,合作经营面积47.67万公顷。76家林业合作社获中央财政农民合作组织专项资金扶持,创建省级林业合作社示范社50家,其中14家被认定为全国农民合作社示范社。全省新增林权抵押贷款23亿元,林权抵押贷款余额49.5亿元。全省利用林业小额贷款近6亿元,中央财政贴息1700万元,7000余户林农和林业职工受益,户均获贴息资金2344元。全省纳入保险的森林面积760万公顷,参保率83%,继续位居全国前列。全省调处山林权属争议545起,涉及面积0.49万公顷,未发生山林权属争议重大群体性事件。

林业发展环境进一步优化。省林业厅出台《关于支持省直管县(市)加快林业发展的意见》,赋予试点县(市)相关林业管理权限等事项;出台《江西省商品林采伐管理改革试点实施方案》,进一步放活商品林采伐管理政策。取消、下放省级林业行政审批项目19项,清理非行政许可8项、省政府规章9件、规范性文件83件。省林业厅和107个市、县(区)林业部门基本实现办公自动化。省林业厅政务微博正式开通,江西林业信息发布、涉林社会诉求延伸到移动用户领域。

林业科技支撑进一步加强。加快林业科技协同创新步伐,成立江西省林业科学技术委员会,组建首支林业科技创新团队，实行首席专家负责制。收集整理林业科技创新研究项目76项，启动松、杉、油茶等8大(类)树种科技创新研究专项。国家林业局正式批复建立江西赣州国家林业科技示范园区以及庐山、九连山2个国家级生态定位站。国家林业局经济林产品质量检测检验中心(南昌)建成，并通过江西省质监局资质认定。在建10个油茶科技园建设取得阶段性成果，新增石城"珍珠源"和于都"绿中源"油茶产业科技示范园。陈山红心杉经国家质量监督检验检疫总局批准编入《中国地理标志产品大典》。《江西林业科技》期刊经国家新闻出版广电总局批准更名为《南方林业科学》。制订出台《光皮树育苗技术规程》《枳壳培育技术规程》《木荷防火林带营建技术规程》《南方红豆杉育苗技术规程》《油茶嫁接技术规程》，并被国家林业局列为全国林业行业标准；新制订《东京野茉莉苗木培育技术规程》等7个省级地方标准。开发完成江西省林业信息化公共基础平台，初步建成森林资源信息管理系统。

加大林业资金投入。全年实际完成林业投资97.33亿元，增长18.7%。全年实际到位资金89.67亿元，其中：国家预算资金55.74亿元，增长10.5%；国内贷款1.34亿元，减少73.7%；利用外资8.68亿元，增长12.3倍；自筹资金6.42亿元，减少52.5%。全年林业固定资产计划投资2.16亿元，累计完成投资10.55亿元。全省争取林业项目资金59.5亿元，增长51%，首次突破50亿元，其中中央资金42.7亿元、省级资金16.8亿元。争取国有林场改革资金21.07亿元，其中中央财政补助16.21亿元、省级财政配套4.86亿元。争取中央财政湿地补助资金6700万元，增长3.8倍，其中鄱阳湖湿地生态补偿试点3000万元，永修、鄱阳、新建3县获全国首批湿地保护奖励资金各500万元。实施林业利用外资项目27个，协议利用外资2.14亿美元，实际利用外资1.43亿美元。中央林业贷款贴息补贴资金4555万元。全省征收林业规费9.71亿元，其中：森林植被恢复费7.38亿元，增长7.7%；育林基金2.33亿元，下降21.6%。全省林业招商引资项目签约128个，签约内资248.48亿元、外资61.50亿美元，实际引进内资59.575亿元、外资17.74亿美元。

【举办首届中国(赣州)家具产业博览会】 3月，经国家林业局批准，南康家具博览会升格为国家级盛会，成为国家林业局主办的6个林产品展会中唯一以家具产业命名的展会。5月28日—30日，国家林业局、江西省政府在赣州市南康区举办中国(赣州)第一届家具产业博览会。博览会以"绿色家具·健康环保"为主题，展区面积120万平方米，主展馆设实木家具、软体板式家具、家居饰品、林产品展区。4000多家企业参展，其中外资企业3家、上市企业13家、中国驰名商标企业25家、省著名商标企业200多家，观展人数12万余人次，签约金额逾10亿元。其间，举办家具产业发展高峰论坛、国家林业局重点展会城市座谈会、客商见面会暨优秀展品颁奖仪式、优秀家具作品摄影展、人才交流会和友好县区战略合作框架签约仪式等一系列活动。博览会评出金奖产品24个、银奖48个、优秀奖24个。

【开展首批森林食品基地认定】 4月1日，江西省森林食品基地认定委员会成立。按照《江西省森林食品基地认定办法(试行)》要求，经过材料初审、产地环境检测、现场查定、专家评审、认定委员会评议等程序，江西云河实业有限公司、九江市还林油茶专业合作社、九江市云山油茶科技发展有限公司、江西仙客来生物科技有限公司、江西省新光山水开发有限公司、新余市新星园林有限责任公司、弋阳县艺林农业开发有限公司、抚州市苍源中药材种植股份有限公司被认定为"江西省首批森林食品基地"。该8家森林食品基地总面积1326公顷，初级产品主要为油茶、雷竹笋、灵芝、金银花、香橼、枳壳等。

【出台《江西省林产品质量安全条例》】 5月29日，省十二届人大常委会第十一次会议通过《江西省林产品质量安全条例》，于12月1日正式实施。该条例分7章45条，主要从合理界定林产品定义、理顺管理体制、强化产地保护、规范生产行为、加强监督检查、严格法律责任等方面做出规定。该条例出台，填补江西省林产品质量安全立法的空白，为依法加强全省林产品质量安全监督管理，规范林产品质量安全各方主体行为，保障群众生命安全和身体健康提供重要的法律保障，对江西林业产业发展具有里程碑意义。

【划定首批国家储备林】 6月19日，全省启动国家储备林划定工作，涉及10个设区市38个县(市、区)的159个存储主体，共划定国家储备林9.34万公顷，划定后备林1.24万公顷。在划定的国家储备林中，国有林地占97.7%，其他权属林地占2.3%；人工林占78%，天然林占22%；大径级材树种占82.5%，珍稀树种占17.5%。

【完成国有林场改革试点任务】 全省各项国有林场改革试点任务于年内基本完成。全省425个国有林场整合重组为216个，平均经营规模由改革前的0.39万公顷扩大到0.8万公顷。其中：定性为生态公益型林场182个，占84.3%；商品经营型林场34个，占15.7%。争取中央和省级补助资金21.07亿元，市县两级投入10亿元，主要用于解决林场职工养老保险和医疗保险。应参加基本养老保险9.99万人，实际参保9.93万人，参保率99%；应参加基本医疗保险10.01万人，实际参保9.92万人，参保率99%。各地采取置换身份、内部退养、提前退休等多种方式，分流安置职工4.56万人，占改革前在职职工的81%。场办义务教育学校和医疗单位全部剥离，剥离代管村组63个，退休和解除劳动关系人员大部分实现社会化管理。生态公益型林场全部纳入财政预算管理，与林场职工签订新型劳动或聘用合同。改革中没有出现大面积破坏森林资源案件以及违规处置国有资产、变卖森林资源搞改革、挪用改革资金的现象，没有出现群体性上访、大规模山林权属纠纷等恶性事件，林区社会和谐稳定。

【出台《关于积极稳妥推进林地流转进一步深化集体林权制度改革的意见》】 10月10日，省委办公厅、省政府办公厅印发《关于积极稳妥推进林地流转进一步深化集体林权制度改革的意见》。该意见提出，要以坚持和完善农村基本经营制度为基础，以促进商品林林地流转为主线，积极稳妥放活经营权，健康有序推进林地流转，实现家庭经营与规模经营相统一。要突出林地流转形式、林权管理办法、产业发展方式、资源管理机制“四个创新”，完善林地确权登记发证，建立健全林地流转公开市场，创新林地流转管理手段，强化林地流转纠纷调处机制；要培育新型林业经营主体，壮大特色优势产业，促进农民增收致富；要创新生态公益林经营管理，改革商品林采伐管理制度；要突出林地林木产权保护、政策扶持、科技支撑“三个强化”，力争全省林地流转面积2015年达到133.33万公顷、2017年达到266.67万公顷、2020年达到400万公顷，全省商品林规模经营面积超过80%，林业合作社等新型林业经营主体达到2万家，林分亩平蓄积量达到4立方米以上，林业总产值突破4000亿元，农民林业纯收入年均增长12%以上。

【启动商品林采伐管理制度改革】 10月10日，省林业厅印发《江西省商品林采伐管理改革试点实施方案》，对商品林采伐实行“一取消、两允许、三放开”政策。取消毛竹采伐限额和年度生产计划，由经营者自主采伐和销售。允许由林权所有者填写林木采伐申报卡后直接向林业主管部门或其委托的乡镇林业工作站申请采伐；允许按面积控制采伐。放开权属、采伐类型、林分起源等分项限额限制，以县为单位控制采伐限额总量；放开林木主伐年龄限制，由县（市、区）根据实际情况自主确定，非林地林木采伐年龄由经营者自定；放开林木采伐审批权，将占用征收林地、低产低效林改造、森林抚育、受灾林木清理中涉及的阔叶树采伐以及人工阔叶树采伐，下放至县级林业主管部门审批。

【公布首批江西省林产品名录】 12月10日，经省政府批准，省林业厅公布《江西省林产品名录（第一批）》。第一批名录共分两大类24种：非食用林产品，包括原木、锯材、木片、原竹、竹片、箬叶和油茶籽、光皮树籽；食用林产品，包括板栗、山核桃、苦槠果、香榧子，桂皮、葛根、桂花，香菇、木耳、竹荪、松乳菇（寒菌）、无毒杂菌，竹笋、蕨菜、香椿、蕨根。该名录是保障《江西省林产品质量安全条例》实施的关键，标志着江西省林产品质量安全管理进入法治化轨道。

【首支林业混合经济股上市】 12月18日，吉安“嘉豪林业”代持的“绿庐陵”金丝楠木项目在深圳前海股权交易中心挂牌上市，成为江西省林业系统首支“国企＋民营”混合经济创新合作模式的金融平台上市股，开创省内林业资本运营先河。“嘉豪林业”是由吉安绿庐陵林业投资有限公司与深圳山盟汇投资有限公司组建的股份公司，其主营业务为楠木种植。此次上市，“嘉豪林业”在前海资本平台融资6亿元，全部用于吉安市大力推广楠木种植及楠木产业化运营开发。

（黄柏祯）

畜牧业

【概　况】 2014年，全省各级畜牧兽医部门围绕“结构调整、污染防治、疫病防控、产品质量、三产联动”5个重点，加快畜牧业发展方式转变，应对生猪价格大幅下跌、人感染H7N9流感、小反刍兽疫疫情及高安病死猪肉流入市场等事件，畜牧业总体保持稳定发展。全省肉类总产量355.2万吨、禽蛋57.8万吨、牛奶12.8万吨，分别增长3.1%、1.6%、1.1%。生猪出栏3325.7万头，增长3%；存栏1943万头，下降1.3%，其中能繁母猪存栏198.9万头，下降3.1%。家禽出栏4.58亿只、存栏2.11亿只，分别增长3%、4.2%。肉牛出栏149.6万头、肉羊出栏93.5万只，分别增长2.3%、3.5%。养蜂50.2万箱，蜂蜜产量1.56万吨，分别增长8.8%和8.1%。全省畜牧业产值815亿元，按可比价计算，增长2.3%，占农业总产值比重30%。

新增省级以上畜牧业龙头企业21户，总数达192户。畜牧龙头企业实现销售收入1420亿元，增长11%。新增畜牧业合作社2530家，总数突破1万个，达到10080个。畜产品加工业发展加快，全省畜产品加工产值500亿元，增长11.1%，畜产品加工产值与畜牧业产值比重0.6:1。饲料生产发展加快，产品结构进一步优化，经营方式加快转变，全省工业饲料产量765万吨，增长15%；饲料工业产值268亿元，增长5.3%。兽药工业产值18亿元，增长12.5%。积极打造畜牧业品牌，新增江西省著名商标31个，总数达57个。

抓好供沪、供深、供港、供穗等产销区域协作，加大市场开拓力度，推进“三品一标”认证，提升畜产品质量水平。全省新增无公害、绿色畜产品76个，“三品一标”总数达到366个。新增国家级生猪调出大县4个，总数达23个。全省生猪外销1380万头，增长6.2%。其中，供沪234万头，供港43万头，供沪、供港生猪继续稳居全国第一位和第二位。全省畜产品出口达1.56亿美元，增长9.1%。

全面落实官方兽医监督巡查制度，强化饲料兽药生产、经营、使用等各环节监督检查，加大质量抽检和监督执法力度，强化投入品质量安全监管。养殖和屠宰环节“瘦肉精”抽检合格率100%，生鲜乳抽检合格率100%，饲料产品抽检合格率98%，兽药产品抽检合格率94%。

【进一步发展标准化规模养殖】 规模化、集约化、集团化发展进一步加快，畜禽规模养殖比重不断提高。年出栏500头以上的生猪规模养殖场1.3万个，规模比重达65%，提高近2个百分点，高出全国平均水平22个百分点；存栏蛋鸡2000只以上的规模养殖场1660个，规模比重62%，出栏肉鸡1万只以上的规模养殖场4750个，规模比重67%，均提高1个百分点；实施母牛扩群增量和南方现代草地畜牧业发展项目，促进牛羊规模养殖的发展，新增年出栏100头肉牛养殖场45个，出栏500只肉羊养殖场36个。畜禽清洁生产和标准化示范创建稳步推进，新增标准化改造养殖场1700家，累计完成6000家，其中新增畜禽标准化示范场65家，累计达473家。

（徐轩彬）

水产业

【概 况】 2014年,全省渔业保持稳中快进的良好发展态势,主要体现在“四增”“三稳”:渔业经济发展增速。渔业经济总产值872.1亿元,增长8.17%;水产品产量稳定增长。全年水产品产量达253.8万吨,增幅达4.6%;渔民人均纯收入稳步增长。渔民人均年纯收入1.16万元,增长11%;新型经营主体快速增加。渔业专业合作社780多家,增加近200家,新增社员1000多人。水产品价格基本稳定。三大价格的综合平均指数为97.94,下跌2.03个百分点;水产品出口稳中略降。水产品出口量1.22万吨、出口额3.52亿美元,分别下降8.38%和8.43%;水产品质量安全保持稳定。全年抽检各类水产品429批次,425个批次合格,合格率达99.07%。

推动重点渔业项目建设。主动介入涉渔工程环境评价并建立相应的监督机制,指导各地对5个涉渔工程项目进行涉渔环境影响评价,配合推动“鄱阳湖水利枢纽工程”立项。投入资金2亿多元,改造池塘3006.67公顷,改扩建水产苗种繁殖场11个,增殖放流各类鱼苗近4亿尾。投资2985万元,1440户以船为家渔民实现上岸安居梦想。

【渔业产业化和品牌建设取得新发展】 按照区域化、规模化、生态化发展要求,科学合理制定产业发展目标与布局,引导区域集中、连片开发,创建产业发展优势区域,形成区域特色产业。省级以上龙头企业56户,销售额60多亿元,带动农户近7万余户。特色渔业产业集聚度持续增强,全省92%的珍珠产量、77%的河蟹产量、80%的虾类、51%的鳜鱼、83%的鳗鱼和70%的龟鳖等都集中在优势产区。全省休闲渔业基地新增近70家,达528家,产值超过25亿元。鄱阳湖品牌持续发展,新增1户授权生产经营企业,鄱阳湖水产品牌授权企业达8户,年销售额5.67亿元。

【加强渔政管理和渔业安全生产】 2014年是江西省的渔政执法护渔年。各地强化执法检查,严厉打击13种渔业违法行为,实现举报数量、违规偷捕、查处案件3个明显下降。各地加强宣传、强化渔船检查、开展渔船检验执法监督“三大行动”、支持鼓励渔民参加渔业互保,确保全省没有发生重大渔船安全事故。组织渔政协管员、完善渔政纠纷安全信息报告制度、建立安全纠纷县际协同机制,进一步强化安全维稳的预防,确保全省没有发生涉渔群体事件发生。完善600个养殖单位抽检的数据库,完成1000余次水产品质量安全抽检,明确养殖企业抽检不合格渔业项目一票否决制,确保全省没有发生重大水产品质量安全事件。

【推动渔业科技和信息化建设】 先后与曹文宣、唐启升、赵法箴院士签订院士工作站合作协议,推动渔业科普基地建设和水产科技人才培养。与珠江水产研究所合作,开展无草鱼出血病无规定疫区试点,成为全国首个无草鱼出血病疫区。在国家和省级大宗淡水鱼产业技术体系项目中,解决大宗淡水鱼类中获得“三品一标”鱼类的操作规程制定、优质高产、模式升级等技术问题。开展对鄱阳湖江豚进行监测和迁地保护研究,建立鄱阳湖江豚监测救护研究中心,培育本省江豚科技人才。开辟《江西渔业信息网》网上服务平台栏目,建设全省水生动物病害远程诊断辅助网,全面启动渔情信息采集系统、水产品市场价格信息采集系统、渔民家庭收入调查系统及渔业统计数据填报与分析系统,为渔民提供信息化服务。

(陈诗伟)

农 垦

【概 况】 2014年,全省农垦拥有独立核算单位164家,其中:垦殖场147家,企业集团9家,独立核算的工业企业2户,独立核算的农垦农工商公司6户。垦殖场(企业集团)办工业企业1034户、商业企业2124户、建筑企业84户、运输企业287户。拥有土地总面积69.15万公顷,其中,耕地面积8.32万公顷,林地面积47.47万公顷,水面面积3.04万公顷,果茶桑园面积1.55万公顷,宜林荒山面积6702.92公顷,分别占土地总面积的12.03%、68.65%、4.39%、2.24%、0.97%。年末总人口126.36万人,从业人员30.69万人;年人均纯收入10422元,增加801元,增长8.33%。

实现生产总值199.39亿元,增长8.64%。其中:第一产业增加值25.37亿元,增长7.0%;第二产业增加值129.81亿元,增长9.79%;第三产业增加值44.21亿元,增长6.33%。完成工农业总产值661.95亿元,增长17.18%;固定资产总投资219.73亿元,增长9.2%;实现利润6.03亿元,增长0.92%。164家独立核算单位中,盈利109家,盈利面66.5%,盈利总额6.42亿元;亏损55家,亏损面33.5%,亏损总额3904万元。

全年实现农业产值51.17亿元,增长4.65%,占工农业总产值的7.73%。其中:种植业产值26.39亿元,占农业产值的51.57%;林业产值3.82亿元,占农业产值的7.47%;牧业产值13.37亿元,占农业产值的26.13%;渔业产值4.70亿元,占农业产值的9.19%;服务业产值2.88亿元,占农业产值的5.63%。农作物总播种面积14.04万公顷,增长3.04%。其中:粮豆播种面积10.50万公顷,增长3.96%;油料播种面积1.55万公顷,增长1.15%;棉花播种面积2915公顷,减少15.65%;茶叶种植面积5982公顷,减少0.1%;水果种植面积9307公顷,减少0.02%。粮豆产量72.07万吨,增长4.93%;油料产量3.12万吨,增长0.17%;棉花产量8952吨,增加7.38%;茶叶产量4228吨,增加0.38%;水果产量7.94万吨,减少1.49%。大牲畜年末存栏4.03万头,增长3.33%;生猪出栏91.32万头,减少0.76%;牛奶产量1.37万吨,减少0.8%;肉类总产量9.04万吨,增长0.7%。水产品产量4.47万吨,增长5.92%,其中养殖产量3.22吨,占水产品总产量的71.95%。

全年实现工业产值610.78亿元,增长18.37%。轻工业仍是农垦工业的主体,轻工业产值486.65亿元,占工业总产值的79.68%。全省农垦签约招商引资项目315个,项目总投资285亿元,实际到位145亿元,增长40.7%。亿元以上项目共39个,5亿元以上的行业19个,累计完成工业产值581.04亿元,占工业总产值的95.13%。

全年非国有经济经营单位13729个,其中集体经济单位39家,个体经济单位11423家,私有经济单位2257家,港澳台经济单位10家。拥有从业人员14.07万人,从业人员总收入25.94亿元,年平均收入1.84万元。实现生产总值100.8亿元,税金3.61亿元。

【40万农垦人圆安居梦】 截至年底,全省农垦累计实施危房改造任务20.37万户,累计完成危房改造任务12.6万户,累计落实国家财政补助资金45.15亿元,累计撬动各类社会资本300亿元,累计拆除危房面积722.3万平方米,累计新建住宅面积973.2万平方米,近40万农垦人乔迁新居喜圆安居梦;全系统城镇化率达到67%,安全饮水、公路建设、"一村一品"、农家书屋实现基本覆盖,养老保险、医疗保险实现全覆盖,"农工"成为"体面职业"、通过劳动获得"体面收入",并在农场过上"体面生活",正在变为现实。

【鸦鹊湖垦殖场水稻双季机插单产创全国最高水平】 11月4日,《江西日报》头版报道,鸦鹊湖垦殖场水稻双季机插单产创全国最高水平,经中国水稻研究所、省委农工部、江西农业大学、省农业厅、省科技厅的有关专家实地测试,连片亩产达1297.4千克。

【农产品质量追溯体系建设位居全国前列】 全系统农产品质量追溯体系项目建设单位累计24家、创建单位37家,追溯基地面积达4万公顷,建设数量、建设规模、建设质量位居全国前列。年内全省农垦新增10户企业纳入2015年国家财政农垦农产品质量追溯项目建设计划,列全国农垦第一位。在第十二届中国国际农产品交易会上,中央电视台、《农民日报》等中央媒体多批次、多角度现场采访、重点报道省农垦农产品质量追溯系统建设情况,特别是"从田头追溯到心头"的建设理念,得到社会广泛好评。

(赵强 徐协强)

绿色食品

【概 况】 2014年,全省推进无公害农产品、绿色食品、有机食品、农产品地理标志等"三品一标"的认证登记工作,实现"三品一标"数量稳步增长、获证产品质量稳定可靠。至年底,全省"三品一标"产品总数2416个(其中无公害农产品1401个、绿色食品527个、有机食品423个、农产品地理标志65个);新创建全国有机农业(德兴红花茶油)示范基地1个,种植面积2533.33公顷。

【推动绿色食品产业发展】 结合有关项目申报和实施,鼓励和引导绿色食品产业发展。一是省政府办公厅下发《关于加强农产品质量安全监管工作的实施意见》,将产品通过"三品一标"认证作为申报农业产业化省级龙头企业、农民合作社省级示范社的必备条件,并在安排农业项目、资金时给予优先扶持。二是在省农产品质量安全监管局的协调下,省财政安排"三品一标"农产品认证和证后监管经费170万元,用于对"三品一标"新获证企业的补助和"三品一标"证后监管。三是省农业厅继续在农业产业化资金中安排70万元奖励资金和30万元展示展销经费,分别用于对新获得"三品一标"的省级农业产业化龙头企业的奖励和组织参加绿色、有机食品专业博览会。

【加大专业技术人员培训和注册力度】 全年举办4期培训班,共培训1455人次。其中,培训省市县工作机构检查员、监管员307人,无公害企业内检员985人、绿色食品企业内检员166人。注册无公害检查员219人、换证16人,再注册有机食品检查员7人。选派17人次参加农业部在北京、江苏、湖北、黑龙江等省市举办的6期相关业务培训班。

【组建"三品一标"专家库】 为切实加强"三品一标"技术体系建设,充分发挥专家在"三品一标"工作中的作用,提高"三品一标"的公信力,组建种植业组、畜牧业组、渔业组、综合组4个专业组共101人的"三品一标"专家库。同时,组织制定《江西省"三品一标"专家库管理办法》。共组织"三品一标"专家评审会5次,评审无公害农产品产地433个,初审绿色食品40个。

【组织企业参加绿色食品博览交易会】 5月,组织12户有机食品企业参加在上海举办的"第八届中国国际有机食品博览会(BioFach China 2014)"。博览会上,江西展团荣获最佳组织奖,江西绿海油脂有限公司的绿海茶油等3个产品荣获博览会产品金奖,江西茗龙实业集团有限公司的绿露牌上饶白眉茶等3个产品荣获博览会优秀产品奖,江西春晖有机白茶开发有限公司的雪滋春白茶被评为"博览会茶叶佳味奖"。8月,组织3家企业参加2014·内蒙古(扎兰屯)第七届绿色食品交易会,江西展团荣获优秀组织奖,江西春晖有机白茶开发有限公司参展产品荣获优秀产品奖。11月,组织15户企业参加第十五届中国绿色食品博览会。江西展团荣获优秀组织奖,抚州苍源中药材种植有限公司等10户企业荣获博览会金奖。

(康升云)

花 卉 业

【概 况】 2014年,全省将花卉苗木产业作为生态建设的主体产业、现代农业的支撑产业、惠及农民的富民产业,积极优化产业结构,增强产业整体实力,取得初步成效。全省花卉苗木种植面积3.14万公顷,实现花卉销售收入28.8亿元,出口创汇约85万美元。全省花卉苗木企业1108户,其中大中型企业240户,花卉苗木种植专业户5.2万户。花卉苗木产业从业人员12.7万人。

全省有花卉市场58家,营销公司54户,花卉零售店900余家,遍布全省各个城市和县区。由卓茵公司承建的总投资29.8亿元的江南花卉大市场一期工程正在建设之中，其建成投产后，不仅能够担起全省花卉苗木销售中心的重任，还有望成为中国南方花卉苗木的集散地和销售中心。花卉生产经营模式逐步由零星、分散、粗放经营向专业化、规模化、集约化转变，“公司＋农户”“公司＋专业合作社”模式正在兴起。杭州蓝天园林在余江县和南昌县拥有苗木种植园800公顷，金乔园林公司和卓茵景观工程公司分别在南昌县和湾里区罗亭镇采取“公司＋基地＋农户”的运作模式，基地均扩大到333.33公顷。

开发利用野生资源。省科技工作者充分挖掘野生花卉资源，开展相关的生物学和生态学特性研究，并进行驯化栽培试验，为野生资源开发利用寻找有效途径。截至年底，深山含笑、乐昌含笑、青荚叶、凌霄、长红继木、金边瑞香、虎舌红、紫金牛等一批野生资源得到有效开发利用。

【调整优化品种结构】 全省品种结构调整呈现出传统花卉、绿化植物、鲜切花卉齐头并进的良好态势。大余金边瑞香、虎舌红盆花、井冈山杜鹃和兰花等传统花卉基地相继基本建成；绿化苗木、草坪、盆花、花坛植物等绿化植物生产基地在城市周边迅速扩大，尤其是盆栽花卉增长较快，栽培品种也逐步由大路品种向中高档特色品种转变；月季、菊花、非洲菊、唐菖蒲、百合等鲜切花卉品种在经济相对发达的中心城市落地生花。

【提高花卉业科技水平】 全省有25家科研院所和高等院校从事花卉教学、科研与产品开发。在传统名花及观赏苗木的商品化生产技术研究与推广、新品种引进、保护地栽培、无土化基质栽培、配方施肥、花期调控、生物技术应用、脱毒组培快速繁育等方面都取得显著成果。一批名贵、名优花卉的组织培养繁殖技术研究获得成功，盆花仙客来、蝴蝶兰、大花穗兰、矮化一品红等达到国内先进水平。同时，对保鲜花生产技术和花卉精深加工产品研发进行有益的探索和尝试。

（聂太礼）

农业机械化

【概　况】 2014年，全省进一步深化农机购置补贴改革，最大限度地简政放权，切实发挥市场作用，推行“自主购机、定额补贴、县级结算、补贴入卡”模式，农民购机积极性高、社会反映良好。全省完成补贴资金8.2亿元，超历史最高年。补贴大中型拖拉机5567台、水稻插秧机2725台、烘干机692台，分别增长105%、206%、255%；支持“百县百园”创建，全省补贴大棚建设368.4万平方米，完成补贴资金6315.6万元。全省农业机械化总动力达2118.65万千瓦，增长5.19%；装备结构持续优化，大中型拖拉机、插秧机、烘干机保持高速增长；农作物耕种收综合机械化水平62.55%。

全年全省水稻机耕、机插、机收水平分别达94.32%、13.36%、86.89%。其中机插水平比上年提高近4个百分点。水稻耕种收综合机械化水平67.89%，比2013年提高2.7个百分点。全年新增农机合作社138个，全省农机合作社达到786个，社员人数1.8万人。在10个粮食主产县开展农机社会化服务的补助试点项目，创新水稻生产全程机械化服务模式。项目实施区内，机耕、机插、机收分别比非项目区高2个、6个和3个百分点；水稻烘干率15%，比全省烘干水平高5个百分点；减少使用化学农药1～2次，减少用量35%，水稻病虫害损失控制在3.5%以下。开辟农机跨区作业高速公路免费通行“绿色通道”，积极引导机手开展跨区作业。全省跨区作业机具突破1万台，跨区作业面积超13.33万公顷，作业总收入1.4亿元。其中，跨区机收作业面积超过8万公顷，作业收入8400万元，台均收入2.8万元。

继续利用省财政安排的2000万元，通过“以奖代补”形式，扶持建设143个农机维修服务中心，其中建设一级点6个、二级点102个、三级点35个。全省核发农机牌证6.65万副，核换发驾驶证4.78万本，检验拖拉机24.60万台、联合收割机1.59万台。新机注册率、挂牌率均达100%。全省坚决查处拖拉机无牌行驶、无证驾驶、脱检脱审以及使用伪造、变造牌证的违法行为。专项治理期间，共出动执法人员4814人次，检查机车1.90万台，补发牌证3412台。全省农机安全生产形势保持持续良好态势，全年未发生重特大农机安全事故。

（陈绪红）

农业综合开发

【概　况】 2014年，全省农业综合开发围绕“夯实现代农业基础，促进农村经济转型升级，推动城乡一体化发展”这一总体目标要求，较好地完成年度农业综合开发任务。国家农业综合开发项目涉及全省11个设区市89个农业县（新增共青城市、资溪县、崇义县3个新开发县）和2个国营农场，项目范围覆盖全省所有农业县，总投资22.94亿元。其中，中央财政投资12.1亿元，地方各级财政配套资金4.45亿元，银行贷款以及农民和企业自筹资金6.39亿元。项目投资中，土地治理项目12.24亿元，产业化经营项目5.76亿元，现代农业园区项目2.33亿元，世行项目3600万元，农口部门项目2.25亿元。

全省农业综合开发完成改造中低产田面积2.41万公顷，建设高标准农田面积3万公顷，生态治理面积0.82万公顷，中型灌区节水改造项目2个。建成一大批“田地平整肥沃，水利设施配套，田间道路通畅，林网建设适宜，科技先进适用，优质高产高效”的高标准农田。全省新增耕地面积1133公顷，水稻“单改双”面积2.33万公顷，新增和改善灌溉面积3.57万公顷、除涝面积1.77万公顷，增加林网防护面积1.02万公顷，新增节水灌溉面积1.28万公顷，扩大良种种植面积3.13万公顷，新增机耕面积1.34万公顷，新增粮食生产能力1.35亿千克、棉花171.06万千克、油料1092.83万千克。

推进农业产业发展。江西省大宗农产品有规模无优势，有优势无规模的现象一直困扰现代农业的发展，为切实改变这种状况，农业综合开发按照效益优先的原则，积极探索“一县一业”的开发模式，着力培育赣南脐橙、南丰蜜桔、有机蔬菜、高山茶叶、高产油茶、特色水禽等产业做大做强，同时围绕优质水稻、环保生猪养殖立项开发，进一步巩固江西粮食大省和生猪大省地位。全年全省农业综合开发共建设优质水稻基地2万公顷，赣南脐橙、蔬菜、油茶、蚕桑、药材等特色经济作物基地1.33万公顷，水产水禽养殖基地6666.67公顷。

培育新型农业经营主体，探索由农民专业合作社、家庭农场、种养大户和龙头企业直接承担土地治理项目建设，根据群众意愿，采取土地转包、入股、租赁、转让、置换、信托等多种土地流转形式，推进土地适度规模经营，优先安排项目。在产业化经营项目方面，全省产业化经营项目以农业龙头企业和农民专业合作社等新型农业经营主体为重点扶持对象，推进农业龙头企业和农民专业合作社的规模升级、产品升级、品牌升级、产业升级和管理升级，全年全省扶持龙头企业130家，扶持农民专业合作社136个。通过项目和资金引导，使土地承包经营权向生产经营能手集中，培育和发展龙头企业、农民专业合作社、家庭农场、种养大户等，构建集约化、专业化、组织化、社会化相结合的新型农业经营主体，促进全省现代农业加速发展。

【加强农业开发生态治理与保护】 农业综合开发坚持在开发中保护、在保护中开发，把提高农业综合生产能力与保护农业生态环境相结合，把项目区生态环境改善放在重要的位置，切实提升农业的生态承载能力。全年全省栽种农田防护林、水土保持林和水源涵养林2446.67公顷，建立一大批生态开发、立体开发示范点。通过综合治理，年内全省控制水土流失面积42.7平方千米，缓解和改善水土流失状况，增强土壤保水保肥能力，提高林木覆盖率，同时减少废弃污染物的排放，产生良好的生态效益，为项目区农业可持续发展奠定良好的基础。

【推进农业综合开发现代农业园区建设】 围绕现代农业发展要求，申报国家农业综合开发现代农业园区项目，完成南昌市新建县国家农业综合开发现代园区和吉安市吉州区现代农业园区规划工作，园区建设全面启动。吉州区现代农业园区项目3年共投入资金4亿余元，项目建成后将形成5万亩现代农业园区，成为全省农业主导产业集贸的功能区，先进科技转化的核心区，生态循环农业的样板区，体制机制创新的试验区。全省农业综合开发正按照省委、省政府提出的“百县百园”的要求，梯次建设省、市、县三级农业综合开发现代农业示范区，做到项目向园区集中，资金向园区倾斜，工作重点向园区发力，建成一批农业综合开发现代农业园。

（罗华）

科教兴农

【概　况】 2014年，省农业科教部门紧扣农业科技创新引领和新型职业农民培育两个重点，开展农业科技服务和农民教育培训工作，促进农业科技创新与成果转化，为全省经济社会发展提供强有力的人才保证和科技支撑。全省农业科技进步贡献率约54.8%。

农技推广服务呈现新变化。突出省市县联动、农科教协作的农技推广组织新形式，即联合省农科院、江西农业大学、省科学院、南昌大学、江西师范大学等8家省直单位，组织各级农业部门万余名农技人员蹲守在田间地头服务；突出以农业科技网络书屋、“农技宝”为主的农技推广服务新手段，为农民群众和产业发展提供专业化、多样化、综合性的优质服务。全年举办各类讲座和培训597场，培训农民52.38万人次，发放各类农业科技资料102.36万份，赠送种子、化肥、农药等物资近416.95万元，现场组织农机展示及机具现场维修723架(次)，为农民解答各类农业生产技术问题1400余个，辐射农民超过200万人。全省基层农技人员定向培养工作取得突破性进展。从2014年起，将用5年时间，采取“定向招生、定向培养、定向就业”的办法，在全省定向培养3000名左右基层农技人员。全年全省招录考生337名，取得政府满意、部门满意、考生满意、社会满意的效果。

大力推广超级稻示范良种，集成配套高产栽培技术，积极创建万亩示范平台。全省超级稻应用面积突破80万公顷，增产增收效益显著，亩均实现“双增一百”(亩均增产120.4斤、节本增效156.5元)的目标。

【推动农民教育培训工作转型升级】 开展新型职业农民培育工作，推动农民教育培训工作转型升级。一是实现从“培训”到“培育”的转型。不把培育简化成培训，建立长期的教育培训机制、跟踪服务机制，关注新型职业农民成长的全过程。二是实现从“办班”到“育人”的转型。打破传统集中培训办班的做法，采取适应成人学习和农业生产规律的“分段式、重实训、参与式”方法，大力推行农民田间学校、送教下乡模式。三是实现从培训过程考核到绩效考核的转型。按照“分级考核，下级验证”的原则，把教育培训过程、产业发展与培育对象的满意度作为衡量培育效果的综合指标。2014年，全省培育新型职业农民3.50万人。

【加强农业科技创新工作】 通过省级现代农业产业技术体系建设，构建农科教结合、产学研一体、省市县贯通的农业科技协同创新体系，建设水稻、茶叶、生猪、大宗淡水鱼4个产业技术体系，成立4个产业技术研发中心、16个综合试验推广站，组建创新专家团队80多人，涵盖江西农大、省农科院、南昌大学、江西师大等科研院校，宜春、九江、赣州等地的各级科研推广单位和相关企业，撬动省财政投入资金的两倍以上资金投入体系科研。围绕产业发展，开展关键和共性技术协同攻关，开展产业应用技术研究，建立产业发展技术规范，有力解决全省和区域产业技术发展的重大技术问题，促进产业可持续发展。

（樊首品）

扶贫开发和水库移民

【概　况】 2014年，全省扶贫和移民工作围绕贫困人口减少和贫困群众增收两大目标，夯实专项扶贫、行业扶贫和社会扶贫“三位一体”大扶贫格局，实施搬迁移民、培训转移、产业扶贫和村庄整治四大工程，积极创新机制扎实推进扶贫攻坚和水库移民安稳致富。全年扶贫和移民工作重点区域减贫增收实现预期目标，赣南等原中央苏区县、罗霄山片区县、扶贫开发工作重点县的农民人均纯收入增长16.9%、16%和15.8%，均高于全省平均增长水平4～5个百分点，贫困地区群众自我发展能力不断提高。建档立卡贫困人口由346万人降至276万人，减少70万人，下降19.4%，降幅高于全国2个百分点。贫困发生率为7.7%，比上年下降1.5个百分点，下降幅度比全国高0.2个百分点。库区移民人均纯收入达6435元，增长17.01%，高于全省农民人均纯收入增幅5.8个百分点。

全省各级党委、政府发挥扶贫开发主体责任，共组织5384个部门单位，选派1.64万名干部组成5156个工作组，派驻3400个贫困村开展定点扶贫和结对帮扶工作。经驻村工作队协调争取的各类帮扶资金近13.2亿元，帮助贫困村兴修乡村公路6520千米，兴修水利农田受益面积5.07万公顷，修建桥梁1171座，修建饮水工程3714处，引进和培育致富产业3211个，开展实用技术培训6045期，结对帮扶贫困户20.1万户。

【组织开展首个“10·17”扶贫日活动】　8月1日，国务院关于同意设立国家“扶贫日”的批复明确，自2014年起，将每年10月17日设立为国家“扶贫日”。江西研究部署并及时印发活动方案。省委书记强卫、省长鹿心社分别做出批示，要求加大宣传发动，精心组织开展好全省“扶贫日”活动，大力弘扬中华民族扶贫济困的传统美德，努力营造社会各界了解扶贫、关心扶贫、参与扶贫的浓厚氛围；省委常委、常务副省长莫建成在《江西日报》发表署名文章《让扶贫济困美德闪烁更加璀璨的光辉》，对“扶贫日”活动进行总动员。省政府召开省直有关单位、部门会议，对“扶贫日”活动做出具体部署。江西首个“扶贫日”主题为“我为减贫做件事”，活动期间全省捐款2.23亿元。

【完成精准识别扶持对象】　按照“县为单位、规模控制、分级负责、精准识别、动态管理”的原则，开展全省25个贫困县、3400个贫困村、119万贫困户、346万贫困人口的精准识别和建档立卡工作，全省贫困农户全面达到“户有卡、村有册、乡有簿、县有电子档案”的要求，为实施扶贫对象精准扶贫、动态管理奠定扎实基础。全年核定水库移民后期扶持人口162.31万人，其中直补人口90.87万人，新增移民后期扶持443人，为有针对性开展移民后期扶持提供依据。

【江西“雨露计划”培训方式改革在全国推广】　实行“雨露计划”培训新方式，瞄准建档立卡贫困群众，对有劳动能力又有外出务工意愿的贫困群众，进行转移培训。方式上探索“四个转变”，即：培训期限由中短期培训为主向中长期培训为主转变，克服过去培训时间短、培训效果不好的问题；培训内容由宽泛式培训向集中扶持贫困群众职业学历教育和转移就业技能培训转变；培训方式由扶贫部门组织培训向贫困群众自主选择培训转变；培训补助由发放到培训机构向直接发放到贫困群众转变。全年培训5万人。“雨露计划”培训实施方式改革试点，在国家层面引起广大反响，推进“四个转变”的经验，被作为典范在《国务院扶贫办情况交流》上刊发。国务院扶贫办采用江西“雨露计划”培训政策，在全国施行。

【搬迁扶贫移民进城镇进园区模式受关注】　对处于偏远深山区、库区和地质灾害频发区的贫困群众，实施扶贫移民搬迁，探索整体搬迁、梯度安置、差别化扶持、组合式帮扶、综合配套等有效模式。2014年移民搬迁10万人，其中搬迁扶贫8万人，水库移民搬迁安置1.34万人，农村重点污染区域移民搬迁5319人。其中创新并扩大搬迁移民扶贫进城镇进园区试点，得到国家和省委的肯定并受到持续关注。全国扶贫开发工作会议肯定江西扶贫搬迁契合城镇化，互动工业化，引导农村贫困人口有组织地流向小城镇、工业园区的成功做法。省委书记强卫在有关移民搬迁扶贫工作汇报上做出批示，对贫困山区采取搬迁移民的方式扶贫路子是对的，不仅要推广，而且要加大力度。

【实施特困片区扶贫攻坚】　落实罗霄山片区区域发展与扶贫攻坚规划、赣南承接产业转移示范区规划；52家中央部门和单位结对支援赣南等原中央苏区31个县（市、区）。对罗霄山片区规划中跨县级行政区以上的交通、能源、水利等重大项目，建立项目库。全年完成项目投资2290.5亿元。其中，完成基础设施项目投资922.05亿元、产业发展项目投资669.06亿元，民生改善项目投资451.1亿元，公共服务项目投资185.3亿元，能力建设项目投资9.53亿元，生态环境项目投资53.49亿元。

【完善水库移民项目管理和后期扶持】　实施大中型水库移民后期扶持项目5532个4.01亿元。开展对萍乡山口岩水库、铅山县伦潭水库、武宁县下坊水电站、万年夏营水库的移民前期工作和移民验收准备工作，龙头山水电站、上饶市大坳灌区工程、莲花县寒山水库、万年县夏营水库、寻乌县太湖水库5个新建大中型水利水电工程移民安置大纲和安置规划报告的审查工作及伦潭水库、跃洲水电站、峡山水电站、禾坑口水电站下闸蓄水阶段移民安置验收等工作。完成2014年度三峡后续项目申报工作，鄱阳湖南矶湿地国家级自然保护区建设与完善项目得到国家批复。

（龚亮保）

本栏编辑　孟秀

工　业

综　述

2014年，全省工业经济总体保持平稳增长，规模总量进一步扩大，经济效益进一步提升，产业结构进一步优化，经济实力进一步增强。全省规模以上工业实现增加值6833.7亿元，增长11.8%，增速位居全国第四位，中部六省第一位。规模以上工业企业主营业务收入突破3万亿元，达到30537.11亿元，增长13.0%；实现利税总额突破3000亿元，达到3358.7亿元，增长14.4%。其中，利润2043.9亿元，增长14.1%。完成工业固定资产投资7935.48亿元，增长11.2%，工业投资占全省固定资产投资比重为54.1%，较全国平均比重高13.3个百分点。

优势产业实力进一步增强。全省新增电子信息、汽车2个主营业务收入过千亿元产业，总数达9个。其中：有色6572.6亿元，增长9.4%；石化2820亿元，增长13.3%；食品2692.1亿元，增长16.7%；钢铁2440.8亿元，增长9.5%；纺织2343.7亿元，增长18.4%；建材2038亿元，增长24.8%；医药1137.1亿元，增长13.2%；电子信息1138.3亿元，增长13.8%；汽车1099.3亿元，增长21.3%。

重点企业实力进一步增强。新增欧菲光科技主营业务收入过百亿元，百亿元企业总数达18户。其中：江铜集团达2078.5亿元，增长6.9%；江铃集团达503亿元，增长24.7%。18户过百亿企业中，欧菲光科技增长1.2倍，晶科能源、济民可信、正邦科技、中烟公司分别增长68.2%、36%、32%、14.9%。

产业集群进一步壮大。60个工业重点产业集群完成主营业务收入8895亿元，增长21%；实现利税776亿元，增长19.4%；从业人员108.4万人；投产企业10992家。新增8个主营业务收入过百亿元产业集群、总数达34个，其中过200亿元11个，500亿元2个。

工业园区实力进一步增强。全省工业园区实现主营业务收入23226.7亿元，增长12.3%；完成工业增加值5454.5亿元，增长12%。主营业务收入过百亿元园区达到73个，其中过五百亿元10个，过千亿元2个。

重大项目进展顺利。重点调度推进114个投资10亿元以上工业重大项目，特别是42个单项总投资20亿元以上的重大项目，南昌欧菲光光电子产品等11个项目完工或部分投产，昌河汽车30万辆整车及30万台发动机等21个项目按计划开工建设。

技术创新不断突破。新增省级企业技术中心47家，总数达224家，认定100项省级优秀新产品。在南昌、九江开展近百户企业创新能力提升示范试点。加强院士工作站建设，驻站院士增加到10人。建成49个省级企业与高校研究生联合培养基地。支持40个优秀产学研合作项目和40家“一企一技”专精特新示范企业，认定首批274家专精特新中小企业。

节能降耗成效显著。全省规模以上工业单位增加值能耗下降9.9%。六大高耗能行业实现增加值2702.4亿元，增长10.3%，低于全省平均水平1.5个百分点，从8月开始，连续5个月增速低于全省平均水平；占规模以上工业增加值比重下降1.4个百分点，占比首次降至40%以下。鹰潭市开展国家绿色低碳工业试点，南昌高新区和新余高新区开展国家低碳工业园区试点，南昌高新区开展国家级循环化改造试点。开展丰城市、靖安县省级工业绿色转型试点，永修云山经开区等6个清洁化工业园区试点。实施电机能效提升计划，支持一批节能、清洁生产改造项目。组织认定66家企业的74个资源综合利用项目。抓好500户重点用能企业的节能监管。

“两化”融合势头良好。实施“个十百千万”工程，推动通信运营商与示范园区开展两化融合建设，创建两化融合研究中心和技术支持中心，支持电信集团在南昌建立云计算基地和工业云计算中心，南昌、上饶列入国家“宽带中国”建设示范城市，认定软件企业33家、登记软件产品166项，全省实现信息消费900亿元，软件服务业实现主营业务收入120亿元。加强信息服务保障工作。严格无线电管理，深入开展打击“伪基站”“黑广播”“手机诈骗”等专项整治活动，保障重要设施、重点工程和重大活动的无线电安全。

（省工信委编辑室）

煤炭工业

【概　况】　2014年，全省煤矿原煤产量2300万吨，商品煤销量2257万吨。煤矿安全生产费用全年提取4.98亿元，吨煤平均提取21.69元。全省煤矿发生事故33起，死亡40人，原煤百万吨死亡率1.739。未发生一次死亡10人及以上重特大事故。全年关闭小煤矿23处,完成国家下达的煤矿关闭任务。

贯彻落实国家关于煤炭行业脱困工作精神,依法依规限制产量,严格治理违法违规建设生产、超能力生产、不安全生产。全省原煤产量减少11.2%,完成国家规定的产量减少10%的任务。

【实施煤矿安全“1+4”工作法】 贯彻落实国家安全监管总局部署,实施煤矿安全“1+4”工作法,握紧一个“方向盘”:认真学习贯彻中共中央总书记习近平、国务院总理李克强等中央领导关于加强安全生产的系列重要指示精神,坚守发展决不能以牺牲人的生命为代价这条红线,坚定以人为本,生命至上,安全发展的工作方向。坚持“四轮驱动”:一是把煤矿安全“双七条”贯彻到底。做到铁规定、钢执行、全覆盖、真落实、见实效。二是打好10个重点县遏制较大事故攻坚战。组织对丰城市、上栗县等10个重点产煤县(市、区)开展遏制较大事故攻坚战,全面推动落实强化安全教育再培训、全面开展安全生产大检查和隐患大排查、关闭淘汰小煤矿、深化瓦斯综合治理等11项任务。三是开展生动有效警示教育。用事故教训推动工作,做到一矿出事故,百矿受教育,举一反三、引以为戒。四是开展“千名干部与万名矿长谈心对话”活动。通过谈心对话,强化矿长保护矿工生命安全的责任感。

【建立煤炭生产事中事后监管机制】 积极适应《中华人民共和国煤炭法》修改后取消煤炭生产许可的新形势,将煤炭生产监管工作重点由事前发证转移到强化事中事后监管上来,切实改进和加强煤炭生产运行管理工作,建立煤炭生产要素动态核查机制,完善煤矿生产技术方案制定工作制度。贯彻实施《国家能源局关于建立煤矿生产能力登记和公告制度的通知》,建立煤矿生产能力登记和公告制度。采取切实有效的措施,坚决遏制煤矿超能力生产,限制不安全生产,规范企业生产行为。8月,组织325处煤矿企业签订《煤矿按照登记公布生产能力组织生产的承诺书》,并按要求将这些煤矿企业的产能信息在国家能源局、国家煤监局、中国煤炭工业协会门户网站和中国网进行公告,接受社会监督。

【开展“百名记者百矿行”活动】 根据江西省“安全生产万里行”——“赣鄱行”新闻采访活动的安排,组织中国安全生产报、中国煤炭报、今视网、大江网、法制报等媒体的记者赴宜春、萍乡等地开展“百名记者百矿行”活动,形成9篇关于煤矿安全生产工作的系列文章,在相关报刊、网站进行报道,宣传各地在煤矿安全管理、安全文化建设等方面的好经验好做法,对推动煤矿安全生产工作起到积极作用。

【推动煤炭工业科技进步工作】 江西省煤炭科研所完成《基于反风流技术的粉尘浓度监测装置研究》项目研发与鉴定(结题)的准备工作及检测平台,研发的产品取得国家安标证及相关专利证书,《煤矿井下无线移动瓦斯监测与人员管理系统》项目获得国家安全生产科技成果进步三等奖,完成江西省科技基础条件平台专项资金项目“矿山粉尘浓度测量仪表检定实验室建设”的实验室建设工作。

(陈小飞)

电力工业

【概 况】 2014年,全省电力行业继续保持良好发展态势,投资稳步推进,供需形势总体平稳,火电企业持续盈利,节能减排成效显著。全年完成重大电源建设投资51亿元,电网建设投资85亿元。

截至年底,全口径发电总装机容量2120.93万千瓦,增加78.7万千瓦。其中,火电1536.99万千瓦,水电483.89万千瓦,风电44.05万千瓦,太阳能56万千瓦。全省有统调发电厂31座,其中,火电厂11座,水电厂11座,风电场8座,光伏电站1座。统调装机容量1567.29万千瓦,增加29.42万千瓦。其中,火电1362万千瓦;水电168.97万千瓦,增加20万千瓦;风电34.32万千瓦,增加9.42万千瓦;太阳能装机2万千瓦。建成投运的主要有峡江水利枢纽5台4万千瓦机组、泉山风场和蒋公岭风场。

电网建设不断加强。拥有500千伏变电站16座,主变25台,变电容量1900万千伏安;500千伏线路43条,线路长度3622.67千米(含省间联络线)。220千伏变电站132座(含开关站6座),主变226台,变电容量3379万千伏安,增加447万千伏安;220千伏线路415条,长度10592.47千米,增加1088.06千米。全省基本实现220千伏变电站“县县覆盖”。

全口径发电量876.37亿千瓦小时,增长2.86%。统调发电量695.9亿千瓦小时,下降2.26%。其中:水电发电量36.19亿千瓦小时,增长12.08%;风电发电量4.92亿千瓦小时,增长17.99%;火电发电量654.59亿千瓦小时,下降3.10%。全网水电机组设备利用小时数2319小时,增加34小时;火电机组设备利用小时数4806小时,下降82小时。从省外累计购入电量141.7亿千瓦小时,增长45.24%。外购电量中,三峡电量71.91亿千瓦小时,增长26.93%;葛洲坝电量5.9亿千瓦小时,下降10.44%;华北电量22.51亿千瓦小时,与去年持平;西北电量28.78亿千瓦小时,增长187.65%;临时购河南、湖北、重庆等省电量12.6亿千瓦小时,增长755%。全社会累计用电量1018.52亿千瓦小时,增长7.54%,增速位列全国第7位、中部第1位。其中:第一产业用电量10.65亿千瓦小时,下降0.9%;第二产业用电量712.03亿千瓦小时,增长8.63%;第三产业用电量126.81亿千瓦小时,增长9.22%;工业用电量696.67亿千瓦小时,增长8.53%;城乡居民生活用电量169.03亿千瓦小时,增长2.57%。

受煤价持续低位运行和9月燃煤发电上网价格下调共同影响,火电企业经营情况较上年相当,基本实现全盈利。统调电厂供电煤耗为312.75克/千瓦小时,降低4.25克/千瓦小时,提前实现“十二五”末供电煤耗315克/千瓦小时目标。全网综合线路率7.22%,下降0.14个百分点。全省统调火电机组已实现烟气脱硫设施全覆盖,安装脱硝设施机组总容量达到1285万千瓦,占统调火电机组总容量的94%,覆盖率提高20个百分点。

全年电力行业二氧化硫排放量11.7万吨,下降12.95%;氮氧化物排放量11.2万吨,下降31.16%。

(余雅峰)

钢铁工业

【概　况】 2014年钢铁行业形势比2013年更加严峻,国内经济增速放缓,下游需求减弱,钢材价格大幅下跌,企业资金紧张。江西钢铁企业采取有力措施积极应对危机,紧紧抓住深化改革、扭亏增效两条主线,积极调整产品结构,加强精细化管理,狠抓节能降耗和资金管理,保持钢铁行业相对平稳的运行态势。钢铁工业约占全省工业总量的7%,全行业实现主营业务收入2440.8亿元,增长9.45%;实现利税总额201.79亿元,增长26.1%,其中利润总额110.7亿元,增长33.37%。工业增加值341亿元,增长15.5%。生铁、粗钢、钢材产量分别为2075.31万吨 2235.28万吨、2611.06万吨,增长分别为3.14%、3.65%、5.47%,增速分别高于全国平均水平2.67、2.76、1.01个百分点。

优势产品市场占有率高。方大特钢以"差异化"为核心的低成本、精品、差异化的组合战略,打造成细分市场的龙头企业,细分产业链的龙头企业,附加值较高的品种钢比例已达到45 %以上。其弹簧扁钢国内市场占有率达到55%以上,提高6.2个百分点,列国内第一位。新钢公司锅炉容器、船用钢板、钢绞线制品等在全国的市场份额也都在前列。

产业集群不断壮大。全行业形成三大重点企业(新钢、萍钢和方大特钢)、五大产业集群(九江沿江钢铁、新余钢铁及钢材深加工、萍乡金属新材料、上粟粉末冶金、进贤钢结构)的发展格局。九江沿江钢铁、新余钢铁及钢材深加工、上粟粉末冶金产业集群列入全省60个重点产业集群(其中上粟粉末冶金产业集群列入全省20个示范产业集群)予以重点扶持。九江沿江钢铁、新余钢铁及钢材深加工、萍乡金属新材料、进贤钢结构和萍乡粉末冶金五个产业集群的主营业务收入突破1000亿元,达到1036亿元,占全行业主营业务收入的42.45%。

节能减排成效明显。全省钢铁行业始终高度重视节能减排工作,充分利用余压、富余煤气、蒸汽等能源发电,企业自发电量比例不断提高,重点钢铁企业均实现余热余压余能的闭路循环,吨钢耗新水、吨钢排水、吨钢烟粉尘排放量等环保指标均达到同行业较好水平。全省重点钢企吨钢综合能耗为535.4千克标煤/吨,下降5.57%,比全国大中型钢铁企业平均592.88千克标煤/吨低57.48千克标煤;重点钢铁企业万元增加值能耗下降13.51%;重点钢企自发电量达到30.4亿千瓦小时,增长13.01%,占重点钢企总用电量的37.20%,提高2.6个百分点,为企业创效达15亿元。

重点钢企盈利水平高于全国平均水平。中国经济发展进入新常态,给钢铁行业带来巨大的压力。在严峻的形势面前,重点钢企抓住扭亏增效的"牛鼻子",立足自身找差距、改革创新挖潜力,在生铁成本、产品售价、节能增效三大系统开展劳动竞赛攻关,使钢铁生产成本相应下降,企业实现扭亏为盈,钢铁行业总体盈利水平高于全国平均水平。三大重点钢企合计实现利润13.64亿元,增长33.73%,销售利润率为1.70%,比全国大中型钢铁企业平均销售利润率高0.85个百分点。

【主要产品出口大幅增长】 全省钢铁企业积极开拓海外市场,加大产品出口力度,主要产品出口大幅增长。钢材出口数量达到160.43万吨,增长65.32%,出口值达61.56亿元,增长49.94%;铁合金出口数量为3252吨,增长56.69%,出口值为6.29亿元,增长30.2%。

【推进技术创新】 新钢中厚板线首次生产新产品3个牌号,热连轧线成功开发5个新产品,特别是新型模架专用钢—易切削钢(XGY55)的成功开发,替代日本进口黄牌钢,在国内首次实现板坯连铸易切削钢的炼钢技术突破;高牌号无取向硅钢(50W250)的开发生产,使新钢成为继宝钢、武钢、太钢之后国内第4家能生产最高牌号无取向硅钢的生产企业。启动API认证、军工产品保密体系认证,建立核电板质保体系。公司院士工作站获全省唯一的优秀院士工作站称号。方大特钢成功研发出更高等级的52CrMoV4、一汽FAS3550等弹扁新品,进行了宽厚比小于2的厚截弹扁研发,易切削钢盘条规格总量达到27个,新开发11家易切削钢终端直供厂。完成国家标准《汽车悬架弹簧用钢铁第Ⅰ部分弹簧用钢》的编制工作。

(省工信委编辑室)

有色金属工业

【概　况】 2014年,全省有色产业实现主营业务收入6572.6亿元,增长9.4%;完成增加值1083.2亿元,增长11.45%;利润303.9亿元,增长5.3%;利税557.1亿元,增长7.1%。其中,铜产业主营收入首次突破4500亿元,达到4537.8亿元,增长8.7%;钨产业主营业务收入首次突破500亿元,达到517.4亿元,增长10.2%;稀土产业受产品价格影响,稀土企业关停较多,利润及利税大幅下降,利润32.8亿元,下降10.2%;利税50.9亿元,下降11.4%。

【大型稀土企业集团组建方案获工信部备案】 1月8日,工信部在北京召开组建大型稀土企业集团专题会议,会上发布《大型稀土企业集团组建工作指引》。明确提出:由赣州稀土集团牵头,重点整合省内除其他5大稀土企业所属企业外的全部稀土矿山、冶炼分离企业及四川江铜稀土公司,组建1家位列全国前三位的大型稀土企业集团,与其他在赣稀土集团共同推进江西稀土产业持续健康发展。省工信委根据工信部《大型稀土企业集团组建工作指引》,制定《江西稀土集团组建工作指南》,并以省政府名义出台《关于加快稀土产业发展的意见》;成立江西省组建稀土集团工作小组,负责稀土集团组建的日常协调工作;组织赣州稀土集团、江铜集团、江钨控股集团编制《赣州稀土集团牵头组建中国南方稀土集团实施方案》。11月27日,工信部办公厅的《关于赣州稀土集团牵头组建中国南方稀土集团实施方案备案的复函》同意江西省稀土集团实施方案的备案；“中国南方稀土集团”名称预核准工作在国家工商总局办理完成。

【金山金矿田资源整合有进展】 中国黄金股份有限公司与江铜集团公司、江西有色地质勘查局、德兴市政府本着“一个矿权、整体开发”的原则组建一个开发主体整合开发，实现《关于九个省级重点矿区矿产资源开发整合实施方案的批复》提出的整合目标。经多轮协商，中国黄金集团始终与江铜集团公司等其他三方难以达成一致，导致金山金矿田资源整合开发工作陷入僵局。当地政府、业内人士及专家学者，结合金山金矿田开发情况，提出“一个矿权，整体开发，分步实施”资源整合开发工作新的思路。省工信委委托中国瑞林工程技术有限公司进行《金山金矿田资源整合分步开发研究报告》的编制工作。省工信委根据《报告》建议按照“一个矿权，整体开发，分步实施”的思路，启动金山金矿田整合工作。待时机成熟后，按照政府引导、企业主体、市场运作的原则，将金山金矿区内所有矿权整合为1个采矿权，最终实现省政府“一个矿权、整体开发”的既定目标。

【铜期货交割仓库和现货交易中心项目完成审批】 鹰潭市积极申报铜期货交割仓库和现货交易中心项目。铜期货交割仓库方面，上海期货交易所已审批同意鹰潭设立铜期货交割仓库，鹰潭市正按照铜期货交割仓库建设要求，组织实施仓库的标准化改造，形成符合要求的仓库；铜现货交易中心方面，鹰潭市与上海有色金属现货交易中心签订合作协议，并与全国最大有色金属现货交易市场——上海物贸有色金属交易中心达成铜现货贸易合作意向。鹰潭市专门就铜现货贸易研究出台财税扶持优惠政策，并举办鹰潭（上海）铜现货贸易招商推介会，组建专门招商队伍驻沪开展铜贸易招商，加强与上海物贸股份公司的沟通，推进铜现货贸易合作。铜现货交易中心申报材料已通过相关部门审核，于11月11日开始网上公示。

（省工信委编辑室）

机械工业

【概 况】 2014年，全省机械行业努力适应经济增长新常态的要求，着力转变发展方式，克服各种不利因素的影响，内调结构外拓市场，经济运行保持良好态势，主要经济指标继续大幅增长。

截至年底，全省机械工业经济总量约占全省工业的16%左右，规模以上企业1068家，从业人员约36万人，机械产品总数达8000余种。规模以上机械工业企业主营收入完成4749.12亿元，增长17.5%；工业增加值完成1300.61亿元，增长17.8%；工业总产值完成4645.04亿元，增长17.83%；工业销售产值完成4601.80亿元，增长17.34%；实现利税总额517.45亿元，增长17.5%；完成出口交货值397.68亿元，增长24.05%。

两大重点分行业汽车行业和电工电器行业是全行业的重要支柱，其工业增加值、主营收入、利税总额之和占行业总量的一半以上。电工电器行业实现主营收入1581亿元，增长19.55%；工业增加值、主营收入和利税总额分别为438.44亿元、1581.00亿元和152.27亿元，增长21.34%、19.55%和18.07%，工业增加值、主营收入增幅与上年基本持平，但利税总额下降近20个百分点，产业结构调整任务繁重；汽车行业实现主营收入1099亿元，增长21.26%；汽车行业工业增加值、主营收入和利税总额分别为288.30亿元、1099.30亿元和127.34亿元，增长20.58%、21.26%和27.01%，工业增加值、主营收入增速与上年同期基本持平，但利税总额增速较上年同期提高10个百分点以上，行业产业结构调整初见成效。

【两大车企发展态势良好】 2014年，江铃集团主营业务收入突破500亿元，达到503.2亿元，继2013年突破400亿元之后又迈上一个新台阶。销售整车32万辆，增长26%；轻卡销售20.4万辆，增长25.6%，轻卡销量稳居全国第二位。陆风SUV销量3.4万辆，增长60%。在全国十大商用车生产企业销量排名中江铃超过一汽，由第六位上升到第五位。北汽重组昌河汽车以来，北汽集团将昌河汽车作为南方基地重点打造，在资金、技术、产品等方面全力支持，使昌河汽车步入良性发展轨道。整车销量自3月开始结束长达两年的负增长，12月单月实现销售2.2万辆，增长95.8%，创下单月销量新高。全年整车销量14.1万辆，增长30.4%；实现主营业务收入48亿元，增长24.9%。

【技术创新取得佳绩】 全省机械行业以市场为导向，着力转变经济增长方式，通过深化改革，依靠科技进步，推动全行业自主创新能力的增强。全省机械行业有格特拉克（江西）传动系统有限公司等6家企业获批为省级企业技术中心，使全省机械行业的省级企业技术中心增加到46家，占全省省级技术中心总数的20.5%，企业的发展后劲进一步增强。全行业新产品开发成绩斐然，开发出一批科技含量高、市场潜力大、在技术上达到或接近国际同类产品先进水平的优秀新产品。其中江西昌河汽车有限责任公司开发的“北斗星国V系列车”等9个新产品获得省优秀新产品一等奖，江西清华泰豪微电机有限公司开发的“12千瓦低辐射，静音型柴油发电机组”等15个新产品获得省优秀新产品二等奖、江西省分宜驱动桥有限公司开发的“大吨位叉装车驱动桥”等21个新产品获得省优秀新产品三等奖，3个等次的获奖产品数量均占全省获奖优秀新产品的50%左右，位居各行业的前列。

【智能制造稳步推进】 8月15日—17日，“2014中国（南昌）智能博览会暨第四届中国智能产业高峰论坛”在南昌举行。智能农业装备、智能制造等整机产品和产业链上下游产品均在智博会展示。其间专场举办了科研成果发布会，集中发布国内58所高校和科研院所的135个最新科研成果，并向全省参展部门和企业发放2000本《科技成果汇编手册》，有效促进相关研究成果与生产企业的产学研结合。省工信委员会适时出台《关于促进我省工业机器人及智能制造装备产业发展指导意见》，重点发展工业机器人系统集成和应用服务,以及高档数控机床、智能测控装置、关键基础零部件、集成智能装备四大类智能制造装备产品。推动成立机器人及智能制造装备产业联盟,成员包括赣州群星机器人有限公司等制造企业、江铃汽车集团公司等应用企业、南昌航空大学等高等院校和南昌大学机器人与焊接自动化重点实验室等科研单位。同时全省首个机器人产业园建设稳步推进,宝群电子等企业正式入驻产业园。

【新能源汽车推广应用取得突破性进展】 2014 年,全省累计推广应用新能源汽车 771 辆,比上年增长近 30 倍。推广应用主要集中在公共交通、环卫、汽车租赁、出租和私人采购等五个领域,其中在公共交通方面推广 224 辆混合动力客车和 42 辆纯电动客车、在环卫方面推广应用 119 辆纯电动环卫车、在乘用车方面推广应用纯电动乘用车 383 辆和混合动力乘用车 3 辆。充电配套设施建设方面也取得突破,南昌市新建换电站 1 个、充电站 2 个、直流快充桩 42 个,新增营运服务商数量 1 个;赣州市新增 2 个营运服务商和 1 辆应急救援车。

【重大项目进展顺利】 列入省级调度的重大项目整体进展顺利,江铃五十铃公司 10 万辆整车、江铃集团 22 万台柴油发动机、三川水表水工产业园、中材电瓷 100 万伏特高压电瓷、格特拉克(于都)50 万套变速箱等 6 个项目已部分投产,蓝途汽车产业园、昌河汽车 30 万辆整车及发动机等 5 个项目按计划开工建设。

【创名牌成果斐然】 2014 年,全行业有江铃汽车股份有限公司“全顺”汽车等 23 种产品被评定为省名牌产品。江西铭远传动设备有限公司的“洪齿”牌硬齿面系列减速机等 6 种产品被认定为省著名商标,泰豪集团有限公司的泰豪牌发电机等 8 种产品被延续认定为省著名商标。

(省工信委编辑室)

国防工业

【概　况】 2014 年,江西国防科技工业全行业以创新引领打造发展升级强大引擎,以项目带动构筑发展升级稳固载体,以结构调整激发发展升级生机活力,以开放合作引来发展升级源头活水,以科学管理实现发展升级效益提升,打造江西国防科技工业升级版。在国内外经济下行压力加大的情况下,江西军工经济逆势上扬,快速增长,营业收入突破 800 亿元,增长 33%;实现增加值 171.9 亿元,增长 30%;实现利润 41.3 亿元,增长 48.6%。

【C919 大型客机首个前机身大部段在南昌下线】 5 月 15 日,C919 大型客机前机身大部段在中航工业洪都成功下线,这是大型客机项目研制过程中即将交付的首个大部段,是 C919 大型客机研制的重要阶段性成果。

【省政府与中航工业集团和中国兵器工业集团签署战略合作协议】 7 月 21 日,省政府与中国兵器工业集团公司签署战略合作协议。根据协议,江西省和兵器工业集团将秉承“战略引领、整体规划,企业主导、政府推动,项目牵引、市场运作,优势互补、资源共享,互惠互利、共同发展”的原则,开展深层次、全方位的长期战略合作,共同促进双方经济的跨越式发展。12 月 8 日,在北京再次就支持江西省航空和非航空产业发展,与省政府签署深化战略合作协议。根据协议,到 2020 年江西形成功能齐全、特色鲜明的中部地区最大的航空产业基地,实现江西航空产业千亿元发展目标。

【江西省与北汽集团合作发展通航产业】 11 月 13 日,江西省与北京汽车集团有限公司共签署 4 个通航产业发展合作相关协议。其中,省国防科工办与北汽集团签署总投资达 60 亿元的通航产业战略合作协议。根据协议内容,北汽集团将与江西省合作,完成对江西直升机投资管理公司的重组,成立北京通航江西直升机公司,将依托双方优势,汇集全球资源,引入先进技术和先进产品,形成轻小型到大中型直升机产业产品体系,共同推动景德镇直升机产业集群发展。

【发布《关于加快通用航空产业发展的意见》】 7 月 2 日,为进一步加快通航产业发展,省政府发布《关于加快通用航空产业发展的意见》,以求在通用航空产业发展上抢占制高点,赢得发展先机和主导权。该意见提出,江西省通航产业的发展要围绕整合培育通航市场、构建通航运营服务体系、加快通航研发制造、支持通航创新发展、加强人才队伍建设、加快基础设施建设、合理规划通航航线等七方面重点任务来开展。规划到 2017 年,全省通航产业总收入达到 150 亿元、利税 30 亿元;到 2020 年,通航产业总收入达到 400 亿元,利税 80 亿元。

【完成省属军工企业及资产移交省国资委管理工作】 6 月 27 日,省国防科工办所属企业移交国资委协议签署仪式暨移交工作对接会召开。省国防科工办以讲政治、顾大局、促改革、守纪律的积极态度,不折不扣落实省委、省政府新一轮国资国企改革工作部署,全面完成所属 39 家企业、25.92 亿元资产移交省国资委管理的任务,结束直接管理省属军工企业长达 50 多年的历史,开启政企分开、服务行业发展的新征程。

【中航工业直升机景德镇通航基地揭牌暨飞行培训开班】 12 月 27 日,中航工业直升机景德镇通航基地揭牌暨飞行培训开班仪式在景德镇吕蒙机场举行。中航工业直升机景德镇通航基地揭牌和飞行培训开班,标志着江西省具备通航运营能力,并拥有全国第一个国产民用直升机驾驶员执照培训基地,是全国第一个国产民用直升机“驾校”。

【瑞金高温气冷堆电站项目取得突破性进展】 11 月 6 日,由核建清洁能源有限公司、中国大唐集团核电有限公司、上海电气集团股份有限公司、核工业华东建设工程集团公司(省核工业地质局全资子公司)共同出资的江西瑞金核电有限公司正式成立,标志着中国核工业建设集团在赣投资项目——中国第四代高温气冷堆电站项目落户江西瑞金工作取得突破性进展。该项目投资 750 亿元,规划建设 6 台 60 万千瓦高温气冷堆机组,一期投资约250亿元,建设2台60万千瓦高温气冷堆机组。

【AC313直升机通过中国民航局AEG审查】 12月18日,国产大型民用直升机AC313航空器评审最终总结会在中航工业直升机所召开。会上,AC313直升机通过了中国民航局AEG审查,这款亚洲最大吨位的直升机已具备投入市场运营的条件。AC313直升机具有卓越的飞行性能,适合在高原、海洋、高寒等特殊环境下飞行,飞行范围可覆盖全国疆域。AC313直升机于2012年1月5日取得型号合格证,是国内首次开展适航取证的大型民用直升机,满足CCAR-29部最新标准的安全要求。

【举行昌河汽车景德镇新基地奠基仪式】 7月14日,北汽昌河汽车景德镇新基地奠基仪式在景德镇市洪源镇举行。副省长李贻煌、北京汽车集团董事长徐和谊出席奠基仪式并为基地奠基。该项目是按照北汽集团与江西省政府签署的战略合作协议精神而推进的重点工程,也是北汽集团与昌河汽车重组后第一个落地的战略项目,总投资140亿元,规划年产45万辆整车和30万台发动机,分两期完成。该基地的开工标志着北汽集团集整车与发动机产、供、销、研于一体的“南方基地”战略的全面启动。

(杨章跃)

轻工业

【概 况】 2014年,全省轻工行业规模以上工业企业完成工业增加值1606亿元,增长17.4%,高于全国8.8个百分点;实现主营业务收入6564亿元,增长16.1%,高于全国7.4个百分点、高于中部6省6个百分点,总量在全国排第13名、在中部6省排第5名,增幅在全国排第5名、在中部6省排第1名;完成利税总额766亿元,增长16.3%,高于全国10.7个百分点,高于中部六省12.5个百分点,总量在全国排第11名、在中部6省排第4名,增幅在全国排第4名、在中部6省排第1名。

重点行业生产和效益较快增长。食品工业累计完成工业增加值570亿元,减少17.4%;实现主营业务收入2513.5亿元,增长16.9%;完成利税总额251.8亿元,增长19.7%。陶瓷制品制造业累计完成工业增加值178.8亿元,增长13.8%;实现主营业务收入704.8亿元,增长13.5%;完成利税总额112.5亿元,增长8.4%。皮革、毛皮、羽毛及制品业累计完成工业增加值152.9亿元,增长16.9%;实现主营业务收入507亿元,增长15.2%;完成利税总额69.5亿元,增长21.5%。塑料制品业累计完成工业增加值109.1亿元,增长17.8%;实现主营业务收入444.2亿元,增长15.8%;完成利税总额45.6亿元,增长16%。造纸及纸制品业累计完成工业增加值77.5亿元,增长9%;实现主营业务收入307.7亿元,增长9%;完成利税总额31.8亿元,减少3.3%。工艺美术品制造业累计完成工业增加值74.1亿元,增长20.8%;实现主营业务收入272.5亿元,增长17.3%;完成利税总额39.5亿元,增长9%。家具制造业累计完成工业增加值41.4亿元,增长27.5%;实现主营业务收入177.3亿元,增长25%;完成利税总额19.7亿元,增长35.3%。木、竹、藤、棕、草制品业累计完成工业增加值32.3亿元,增长6.2%;实现主营业务收入129.3亿元,增长4.9%;完成利税总额15亿元,增长8.2%。家用电力器具制造累计完成工业增加值30.7亿元,增长2.2%;实现主营业务收入135.1亿元,增长2%;完成利税总额12.9亿元,增长15.2%。

主要产品产量稳步增长。白酒(折合65度)完成产量16.4万千升,增长13.8%;啤酒完成产量131万千升,增长6.2%;软饮料完成产量320.9万吨,增长3%;精制茶完成产量6.9万吨,增长16.9%;纸浆(原生浆及废纸浆)完成产量32.3万吨,增长10.2%;塑料制品完成产量91万吨,增长8.4%;家具完成产量1456.1万件,增长15.2%;日用玻璃制品完成产量3.52万吨,增长19.3%;房间空气调节器完成产量328.4万台,增长2.7%;家用电冰箱完成产量109.5万台,增长7.9%;电光源完成产量17.9万只,增长20.7%;灯具及照明装置完成产量2155.5万套,增长11.2%。

【产业基地集聚效应明显】 按照“龙头企业拉动、配套企业跟进、产业集群发展”的思路,着力培育发展一批专业化程度高、集聚效应强的产业,推动产业集群的形成和发展。2014年,全省15家省级轻工产业基地共实现主营业务收入737亿元,增长16.8%;实现利税总额91.8亿元,增长14%;实现利润57.2亿元,增长13%;完成固定资产投资128.7亿元,增长8.4%;吸收从业人员21.5万人,增长1.4%。

【品牌影响力进一步增强】 2014年,全省轻工行业共申报轻工科研项目16个,江西省新干县凌峰箱包有限公司、景德镇法蓝瓷实业有限公司、南昌新源纸业有限公司等20家企业获得“江西省著名商标”。

【手联社提高未参保退休人员生活补助】 围绕省委、省政府“保障改善民生、维护稳定”主题,认真做好全省手联社大集体企业未参保退休人员养老生活补助年审和提标工作。2014年,全省手联社大集体企业未参保退休人员养老生活补助新增1267人,补助标准由每人每月305元提高到335元。

(省工信委编辑室)

陶瓷工业

【概 况】 2014年,全省陶瓷工业生产继续保持稳定增长势头,规模以上陶瓷工业企业累计完成完成工业增加值178.8亿元,增长13.8%;实现主营业务收入704.8亿元,增长13.5%;完成利税总额112.5亿元,增长8.4%;实现利润总额83.7亿元,增长8.2%。其中,日用陶瓷制品制造业累计完成工业增加值36.5亿元,增长17.2%;实现主营业务收入143.2亿元,增长16.7%;实现利税总额18亿元,增长17%;实现利润总额11.3亿元,增长10%。特种陶瓷制品制造业累计完成工业增加值128.1亿元,增长11.2%；实现主营业务收入504.9亿元，增长11.1%；实现利税总额88.8亿元，增长5.5%；实现利润总额69.6亿元，增长7.2%。

【景德镇陶瓷亮相北京APEC峰会】 11月11日，为期一周的2014年亚太经合组织领导人非正式会议(APEC会议)在首都北京落幕。此次APEC会议中，景德镇陶瓷大放异彩，代表景德镇最高制瓷水平的57件精品陈设艺术瓷、传统手工制瓷，被陈列于北京APEC会议的多个重要区域。其中，APEC主会议厅10个陈列展柜全部陈列了13件景德镇精品艺术陶瓷，APEC主宴会厅水立方4个展柜全都陈列了4件景德镇精品艺术陶瓷，水立方外方休息室和贵宾休息区15个展示柜全部陈列15件景德镇精品艺术陶瓷。另外，还有1500余件景德镇生活日用瓷，被用作宴请参会的21国元首及领导人配偶用餐餐具。

【举办景德镇国际陶瓷博览会】 10月18日，2014中国景德镇国际陶瓷博览会开幕式在景德镇市国际会展中心举行。此次活动由商务部、中国轻工业联合会、中国国际贸易促进委员会、江西省人民政府共同主办。全国人大常委会原副委员长何鲁丽，江西省人民政府省长鹿心社，江西省政协主席黄跃金，商务部外贸发展局局长孙成海，中国轻工业联合会副会长杜同和，中国贸促会秘书长徐泸滨共同启动推杆，点燃圣火。省长鹿心社、商务部外贸发展局局长孙成海先后致辞，省领导黄跃金、朱秉发、马志武等出席开幕式。瓷博会有35个国家和地区的800多家品牌陶瓷企业参展，品类涵盖高档日用陶瓷、精品艺术陶瓷、高技术陶瓷，以及陶瓷原辅材料等。瓷博会期间，除开展经贸洽谈外，还将开展“一带一路”主题活动、“蒋祈《陶记》暨景德镇宋元窑业国际学术研讨会”“全国历史文化名城主流媒体走进瓷都景德镇”“中国景德镇国际陶艺展”“全国青年陶艺大赛”“中外陶艺家原创新品(御窑杯)大奖赛”“陶瓷创新与发展论坛”“景德镇国际艺术陶瓷拍卖会”“2014中韩陶艺交流双年展”等一系列丰富多彩的配套活动。出席开幕式的还有国家有关部委、省直各单位、其他省市领导，陶瓷艺术家以及来自世界各产瓷区的参展商、采购商等社会各界朋友5000余人。

【开展第三届江西省工艺美术“杜鹃奖”评选】 10月27日—12月12日，省工艺美术协会、省陶瓷行业协会、省工艺美术学会联合举办第三届江西省工艺美术“杜鹃奖”评比活动，经个人申报、单位推荐、专家评审和组织研究，共有242件作品荣获第三届江西省工艺美术“杜鹃奖”，其中，陶瓷作品共获得金奖39件、银奖62件、铜奖88件，分别占获奖总数的79.6%、77.5%和77.9%。

【景德镇市陶瓷产业加快发展】 2014年，景德镇市委、市政府按照“工业三年强攻”战略部署，加大对陶瓷工业园区建设和文化创意产业扶持力度。该市陶瓷工业总产值实现291.6亿元，增长16.97%；上缴税收4.25亿元，增长10.19%；完成固定资产投资85.63亿元，增长11.12%；规模以上企业数达77户，增长14.92%。

【省陶瓷研究所加强科研工作】 省陶瓷研究所狠抓科研和新产品开发工作，全年开展省级科研课题5项，发表专业论文8篇；研发、设计推出新产品43种，其中，花瓶类9种，彩盘类2种，日用瓷类27种，瓷雕类3种，瓷板类2种。省陶瓷研究所共投放市场品种累计已达350多种，引领景德镇市创意陶瓷研发、设计、生产销售。

(省工信委编辑室)

石化工业

【概　况】 2014年，全省石化行业经济总体保持平稳运行的发展态势，主营业务收入及利税均保持平稳增长，重点企业平稳运行，出口交货值大幅增长。实现工业增加值672亿元，增长13.2%；实现主营业务收入2820亿元，增长13.3%；实现利税270亿元，增长13.1%。

重点产业平稳增长。石油化工产业实现主营业务收入380亿元，增长8%；实现利税63亿元，增长12%。有机硅产业实现主营业务收入172亿元，增长29%；实现利税20.6亿元，增长21%。盐化工产业实现主营业务收入460亿元，增长13.4%；实现利税48.3亿元，增长11.5%。氟化工产业实现主营业务收入105亿元，增长11.6%；实现利税13.5亿元，增长11.9%。

重点产品优势进一步突出。江西星火有机硅厂有机硅单体产能达到50万吨/年，国内市场占有率达到30%；江西世龙实业股份有限公司氯化亚砜产能5万吨/年，国内市场占有率20%；黑猫股份炭黑产能90万吨/年，国内市场占有率14%；昌九农科丙烯酰胺产能6.5万吨/年，国内市场占有率30%；江西天人生态有限公司真菌杀虫剂产能1800吨/年，产能居全球第一，国内市场占有率在80%以上；景德镇宏柏化学有限公司硅烷偶联剂产能3.6万吨/年，世界最大，约占全球产能的30%。

重大项目进展顺利。中石化股份九江分公司800万吨/年油品质量升级改造工程正按照全流程投产的总体统筹目标顺利推进。60万吨/年芳烃项目环评已编制完成，已上报环保部。江西星火有机硅厂40万吨有机硅单体及24万吨下游深加工产品一体化项目一期工程已全面进入试生产。江西晶昊盐化有限公司盐碱钙一体化项目一期工程60万吨真空制盐项目已投产，二期工程100万吨纯碱项目于4月开工建设。江西理文化工盐氟化工一体化项目一期工程已正式投产，二期工程于5月开工建设，已完成土地平整和桩基工作。九宏新材料有限公司年产60万吨离子膜烧碱项目，土地平整完成。

产品出口大幅增长。全行业实现出口交货值34亿美元，增长28%。其中无机化学品实现出口交货值9.5亿美元，增长26%；有机化学品实现出口交货值6.3亿美元，增长36%；橡胶制品累计实现出口交货值10.6亿美元，增长38%。涂料、油墨、颜料及类似品实现出口交货值4.3亿美元，增长28%。产品出口增长较大的企业有：江西金龙化工有限公司实现出口交货值1380万美元，增长308%；江西星火有机硅厂实现出口交货值2040万美元,增长82%。

重点产业集群发展势头良好。石化产业各重点产业集群主营业务收入和利税均能保持两位数以上的增长。其中:永修有机硅产业集群实现主营业务收入168亿元,增长29%;完成利税19.8亿元,增长21%。乐平精细化工产业集群实现主营业务收入286亿元,增长18%;完成利税28.5亿元,增长20%。金溪香精香料产业集群实现主营业务收入53亿元,增长28.2%;完成利税4.3亿元,增长22%。新干盐卤药化产业集群实现主营业务收入55亿元;增长16%,利税5.4亿元,增长28%。

重点企业平稳运行。重点跟踪调度的18家重点企业中,主营业务收入增长的有15家,占83.3%。中石化股份九江分公司1—12月实现主营业务收入299亿元,下降8%;实现利税48.8亿元,下降16%。有机硅龙头企业江西星火有机硅厂受益于有机硅产品价格回升,经济效益明显回升,1—12月实现主营业务收入16.6亿元,增长31%;亏损2.1亿元,减亏1.78亿元。氯碱行业龙头企业江西世龙实业有限公司1—12月实现主营业务收入10.6亿元,增长3.4%;实现利润1.26亿元,增长38%。精细化工龙头企业江西金龙化工有限公司1—12月实现主营业务收入9.2亿元,下降3%;实现利润1.5亿元,略有下降。

【化学工业成为行业发展主力军】 化学工业进一步巩固作为行业产销增长以及盈利主力军的地位。化学工业全年实现工业增加值601亿元,占全行业的89.5%;完成主营业务收入2440亿元,占全行业的86.5%;实现利税207亿元,占全行业的76.7%,其中利润132.5亿元,占全行业的99.72%。

(省工信委编辑室)

纺织工业

【概 况】 2014年,江西纺织行业努力克服市场需求不旺、棉花价格"断崖式"下跌、高额的国内外棉价差等诸多不利因素影响,寻求发展机遇,积极创造发展条件,不断加快发展步伐,在新常态下实现新发展。

主营业务收入首次突破2000亿元。1107户规模以上企业完成工业增加值560.1亿元,增长14%;实现主营业务收入2343.7亿元,增长18.4%,继2011年突破1000亿之后,突破2000亿元,实现"三年翻番",年均增速达到27.75%,在全国同行业位次前移到第8位;实现利税总额257.3亿元,增长23%,在全国同行业位次前移到第7位;实际出口59.4亿美元,增长20.3%,在全国同行业位次前移到第9位。

服装产业发展量质齐升。作为江西纺织产业中最大的支柱行业,服装行业主营业务收入1234亿元,增长17.5%;实现利税总额137亿元,增长27.2%。以上两大指标占全行业比重分别达53.12%和54.1%,分别提高0.46和2.31个百分点。同时,服装产业发展质量有较大提升,效益增幅高于全省同行业平均水平4个百分点,平均单价提高约30%,品牌企业主营业务收入占比达到15.3%。

产业集群发展势头良好。一是随着德安县被认定为全省纺织服装产业基地,全省纺织行业有8个省级产业基地;二是产业基地规模不断壮大,共青城市和青山湖区两大产业基地主营业务收入均超过200亿元,瑞昌市、奉新县和德安县等3个产业基地主营业务收入均超过100亿元,纺织行业过百亿产业集群数量占全省的14.7%;三是对行业支撑作用明显,2014年,8个省级产业基地共实现主营业务收入967亿元,占全省总量的41.3%。

品牌建设成效初显。截至年底,全省纺织服装行业共有"恩达家纺""雨兰""鸭鸭""绿冬丝科""井竹""振宇"6个中国驰名商标和32个江西名牌、江西著名商标。全年新增"良良""庐山恋"等10个江西名牌。其中,江西恩达麻世纪、江西回圆服饰、鸭鸭股份等3户企业被列为工信部重点跟踪培育的服装家纺自主品牌企业,九江圣乔西服饰、江西康意服装被评为"中国职业装50强企业"。全省重点跟踪培育的服装品牌企业共实现主营业务收入190亿元,约占服装行业的15.3%,较上年提高0.3个百分点。

产品创新进展顺利。应用新型装备先进工艺、大力研发新品提高附加值已成为江西纺织企业应对不利发展环境的共识。鸭鸭股份在通过提高设计研发水平保持其羽绒服装核心竞争力的同时,努力将产品线向家纺、四季服装延伸,主导产品市场综合占有率始终位居全国同行业前三位;恩达麻世纪推出了麻棉竹节多纬活性印花、麻棉色织大提花、全麻特宽色织双层大提花等七大麻艺家纺面料,在市场上形成热销;华春色纺开发的涤纶色纺纱销势顺畅,有效规避巨额棉价差带来的不利影响;江西国桥研发的聚酯纺粘热轧无纺布、聚酯纺粘针刺无纺布等六大系列无纺布,通过国际质量体系认证,具备较高的附加值和较强的市场竞争力。

生产设备升级换代。随着纺织产业升级步伐的加快,江西省纺织装备水平不断提高。新建的棉纺企业基本配备进口自动络筒机,棉纱全部实现无结头纱;服装企业逐步推广应用吊挂与自动缝制系统,平车采用自动剪线装置;织布机逐渐淘汰有梭窄幅织机,使用国际先进的喷气、喷水、剑杆等无梭织机;针织印染企业通过技术改造,采用国际领先的1:4低浴比染机,节能降耗50%以上。

【"高征低扣"问题得到解决】 为切实减轻纺织企业负担,江西工信、国税、财政等部门形成合力,推动发布《关于扩大农产品增值税进项税额核定扣除试点行业范围的公告》,明确自11月1日起,以购进农产品为原料生产销售大米、皮棉和纺织品的增值税一般纳税人,纳入农产品增值税进项税额核定扣除试点范围。此次农产品增值税进项税额核定扣除试点的扩大,对纺织行业特别是棉纺织、麻纺织、缫丝3个子行业具有显著的减税效应,标志着困扰纺织行业20多年的"高征低扣"问题正式得到解决。

【昌东服装创意产业园进入建设阶段】 昌东服装创业产业园继2013年基本完成项目选址、规划设计、专业展会推介、营运模式选择、征地拆迁等筹备工作后,2014年经广泛与国内有创意产业园建设经验的大公司接触、洽谈、比对,最终选定北京联东集团作为创意产业园的建设方。8月6日，青山湖区与北京联东集团正式签约，由北京联东集团在昌东工业园区投资30亿元建设联东U谷中国(江西)针织服装创意产业园项目，筹备近一年的全省首个服装创意产业园正式进入建设阶段。

（省工信委编辑室）

建材工业

【概 况】 2014年，建材行业克服经济下行压力持续加大等诸多不利因素的影响，通过采取优化产业结构，营造产业集群整体优势和推进重大项目建设等措施，实现主营业务收入两年翻番。全年建材行业投资完成额703.4亿元，增长14.9%，高于全国平均水平0.9个百分点。其中：水泥行业投资完成额42.0亿元，下降9.9%；建筑陶瓷行业投资完成额73.5亿元，下降24.3%；玻璃纤维纱行业投资完成额7.7亿元，下降13.6%。水泥产量9804万吨，增长6.3%；熟料产量5563万吨，增长6.2%；建筑陶瓷瓷质砖产量11.3亿平方米，增长24.1%；玻璃纤维纱产量48.5万吨，增长11.8%；平板玻璃产量1500万重量箱，下降4.2%。全省建材行业实现主营业务收入2038亿元，增长25.8%；完成工业增加值601亿元，增长18.5%；实现利税265.3亿元，增长13.5%；实现利润180.2亿元，增长11.9%。其中：水泥行业实现主营业务收入422.9亿元，增长5.0%；建筑陶瓷行业实现主营业务收入401.5亿元，增长18.0%；玻璃纤维纱行业实现主营业务收入90.4亿元，增长20.0%。

重点企业和产业集群发展迅速。8个产业基地中除江西省玻璃纤维及复合材料产业基地外，其余7个均实现主营业务收入和利润增长。在1家主营业务收入过200亿元的基地(高安建筑陶瓷产业基地)的基础上，江西铝合金塑料型材及制品产业基地的主营业务收入过百亿元；江西省工业陶瓷产业基地的主营业务收入过50亿元。8家产业基地主营业务收入731亿元，增长20.8%，占全省建材行业主营业务收入比重35.9%；利润总额54.5亿元，增长11.0%，占全省建材行业利润总额30.3%。高安建筑陶瓷产业基地的主营业务收入占江西省建陶行业主营业务收入总量的67.3%，利润占行业利润总额的61.9%。行业前5家水泥企业，除江西南方略有下降外，其他四家均上涨，但增幅有所分化。产量增幅较大的是江西亚东水泥有限公司和海螺水泥，效益增幅突出的是江西万年青水泥股份有限公司。巨石集团(九江公司)产量和效益增长迅猛。国际市场玻纤价格也有所回升，增幅在8%左右。

主要产品产量及利润水平不断提高。水泥产量居全国第12位，占全国总量4.0%，比2013年提高0.3个百分点；建筑陶瓷瓷质砖产量占全国总量14.6%，比2013年提高2个百分点，居全国第2位；玻璃纤维纱产量居全国第4位，占全国总量9.3%，比2013年提高0.7个百分点。全省建材行业实现利润增幅11.9%，高于全国平均水平7个百分点；销售利润率8.8%，高于全国平均水平1.8个百分点。其中：水泥行业销售利润率11.3%，高于全国平均水平3.3个百分点；建筑陶瓷行业销售利润率8.0%，高于全国平均水平1.3个百分点；玻璃纤维纱行业销售利润7.9%，高于全国平均水平1.5个百分点。

行业投资热点发生转换。传统建材行业的固定资产投资增速放缓，甚至出现下降；新兴建材行业的固定资产投资速度不断加快，且占比也不断扩大。水泥、建筑陶瓷和玻纤的固定资产投资比重在全行业中的比重从2013年的24.9%，下降到17.5%，降幅达7.4个百分点。建筑卫生陶瓷的投资完成额增幅5月开始首次出现下降，且降幅呈扩大趋势。玻璃纤维纱行业投资完成额自2013年9月开始出现下降，持续一年多。平板玻璃行业投资完成额15.4亿元，增长229.1%；技术玻璃行业投资完成额12.9亿元，增长163.5%。

【水泥产业集中度进一步提高】 江西南方水泥、江西亚东水泥、海螺水泥、江西万年青水泥股份有限公司、巨石集团(九江公司)五家水泥企业水泥总产量6584万吨，增长9.2%，占全省水泥总产量的67.2%，比2013年的产量集中度提高1.7个百分点；熟料总产量4987万吨，增长13.1%，占全省水泥总产量的89.6%，比2013年的产量集中度提高5.5个百分点。主营业务收入总额231.8亿元，增长2.0%，占全省水泥行业主营业务收入的54.8%，降低2个百分点；利润总额32亿元，增长18.1%，占全省水泥行业利润的67.0%，提高10个百分点；五家水泥龙头企业的销售利润率为13.8，高于省内行业平均水平2.5个百分点。

【工业陶瓷产品实现多样化】 工业陶瓷从单纯的陶瓷产品向成套设备方向发展。蜂窝陶瓷、泡沫陶瓷、微孔陶瓷等先进陶瓷形成一定基础。以龙发、华星等企业为龙头引领，促进陶瓷企业由生产传统陶瓷产品向化工、环保和装备零部件产品发展，产品用途更为广泛；萍乡市普天高科实业有限公司的微孔陶瓷除尘器和复合膜过滤器等成套设备产品开始批量生产。

【光伏玻璃和太阳能玻璃发展迅速】 光伏玻璃和太阳能玻璃的发展为节能光伏行业的发展提供基础原材料。江西宏宇能源发展有限公司加工玻璃的产量增长57.9%，主营业务收入增长116.7%。

（省工信委编辑室）

医药工业

【概 况】 2014年，全省生物医药产业克服医保控费力度加大、新版GMP改造短期内影响生产经营等诸多不利因素的影响，总体保持稳定增长的态势，全年完成增加值275.36亿元，比上年增长11.1%；实现主营业务收入1137.08亿元，比上年增长13.2%，占全国总量的4.4%，在全国各省同行业中位居第7位；实现利税143.02亿元，比上年增长20.2%，在全国各省同行业中位居第10位；实现利润89.3亿元，比上年增长23.4%，在全国各省同行业中位居第11位。

行业门类齐全，中药和医疗设备占据主导位置。医药的四个主要子行业均有覆盖,产业体系完备,产业链条完整。其中,中药在全国各省同行业中位居第3位,占全国总量的7.1%;医疗设备制造在全国各省同行业中位居第5位。

产业集群发展较快,产业集聚态势明显。形成5个主要的生物医药产业集群。其中,南昌高新区聚集近200家大健康产业类企业,形成医药产品、医疗器械及医疗保健品研发、生产、物流配送和营销的完整产业链;小蓝医药产业集群聚集深圳尚荣、汇仁集团、江西国药、江西制药、中牧股份、三鑫医疗等相关企业25家;进贤医疗器械产业集群拥有医疗器械生产企业120家,产品涵盖医疗器械102大类,一次性输液器械占中国大陆市场30%以上;樟树医药产业集群聚集药材种植、加工、炮制、中药、保健品研发、药品流通、电子商务、物流等相关企业108家;袁州医药产业集群聚集医药企业50家,形成集原料药、医药中间体、卫生材料、医药用品及药品、医疗器械生产销售于一体的产业链。

龙头企业行业知名度较高,品牌优势较为突出。全省拥有五大医药集团:济民可信集团、仁和集团、青峰药业、汇仁药业、江中药业,均以中药为主,济民可信集团、青峰药业在处方药领域,仁和集团、汇仁药业、江中药业在OTC领域,均有较高的行业知名度;济民可信集团位列全国医药制造业百强企业的第13位,青峰药业位列第55位。

重点企业多数保持较快增长,少数企业因新版GMP改造产销下滑。全省医药行业规模以上企业318户;主营业务收入过亿元企业有55户,其中8户企业主营业务收入过10亿元,分别是济民可信集团(124.43亿元)、仁和集团(41.7亿元)、青峰药业(37.72亿元)、汇仁药业(28.61亿元)、江中药业(28.41亿元)、洪达医疗(15.57亿元)、百神药业(13.45亿元)、益康医疗(12.59亿元);列前20位企业(集团)主营业务收入、利润、利税合计分别达到380.98亿元、32.68亿元和54.80亿元,分别占全省医药产业的33.5%、36.6%和38.3%。

【产品品种优势明显】 过亿元优势品种明显增加,优势品种集中在中成药板块。全省医药行业有42个年销售额过亿的品种,比上年增加7个。其中:销售额过10亿元的品种有4个,分别是青峰药业的喜炎平注射液(35.3亿元)、济民可信的金水宝胶囊(25.2亿元)、江中药业的健胃消食片(15.58亿元)、济民可信的醒脑静注射液(14.48亿元);过亿品种中增长幅度列前3位的分别是汇仁的肾宝片(增长230%)、立健药业的头孢呋辛钠(增长92.55%),青峰药业的恩替卡韦分散片(增长59.07%)。

(省工信委编辑室)

食品工业

【概 况】 截至年底,全省规模以上食品工业企业645家,比上年净增44家,增长7.3%。全行业从业人员平均人数16.44万人,增长7.2%。资产合计1103.10亿元,增长14.3%。全省规模以上食品工业实现总产值2686.07亿元,增长18.4%,产品销售率达98.4%。完成工业增加值724.36亿元,增长18.7%,总量占全省规模以上工业比重的10.6%。实现主营业务收入2692.10亿元,位居全国第16位,比2013年前进一位,增长16.74%,高出全国平均水平8.76个百分点。利税总额383.87亿元,增长18.3%,总量占全省规模以上工业的11.4%。利润总额198.44亿元,增长16.7%。

主要产品产量平稳增长。全省12种主要食品工业产品中11种实现了不同程度的增长。其中:冷冻饮品8.31万吨,增长24.2%;精制茶6.95万吨,增长16.9%;大米687.07万吨,增长14.0%;白酒16.38万千升,增长13.8%;啤酒130.99万千升,增长6.2%;包装饮用水129.11万吨,增长6.1%;卷烟676.50亿支,增长5.9%;液体乳29.15万吨,增长3.9%;乳制品33.16万吨,增长3.1%;软饮料320.85万吨,增长3.0%;罐头14.72万吨,增长1.2%。精制食用油188.82万吨,下降5.1%,产业进入调整期。

产业集群引领行业发展。重点食品产业集群(基地)支撑作用凸显,全省10个食品产业基地(集群)累计实现主营业务收入867.3亿元,占全省食品工业32.2%,利税总额80.9亿元,占全省食品工业21.1%。其中,4个产业集群主营业务收入过百亿元:庐山区绿色食品产业集群实现主营业务收入147.3亿元,增长28.6%;利税总额9.2亿元,增长64.3%。上高绿色食品产业集群实现主营业务收入109.6亿元,增长32.1%;利税总额16.0亿元,增长31.1%。小蓝食品产业基地实现主营业务收入134.7亿元,增长28.6%;利税总额12.2亿元,增长27.1%。新建长堎食品产业基地实现主营业收入118.0亿元,增长17.0%;利税11.0亿,增长24.0%。

重点企业运行平稳。重点企业进一步做强做大,成为推进全省食品工业发展的重要支撑点。其中,正邦集团实现主营业务收入430.7亿元,增长19.6%;利税总额7.2亿元,增长5.8%。双胞胎集团实现主营业务收入282.0亿元,下降8.7%;利税总额16.0亿元,增长11.0%。四特酒有限责任公司实现主营业务收入31.9亿元,增长3.0%;利税总额13.6亿元,下降2.3%。中粮粮油工业(九江)有限公司主营业务收入74.6亿元,增长26.1%;利税6.5亿元,增长146.4%。南昌宝迪农业科技有限公司实现主营业务收入9.2亿元,增长5.0%;利税0.6亿元,增长36.0%。

外贸出口较快增长。全省规模以上食品工业全年完成出口交货值133.39亿元,增长18.9%。其中,农副食品加工业60.03亿元,增长24.8%,总量占全省食品工业的45.0%。增长最快的是水产品冷冻加工,增长149.6%。

创优工作成效明显。在第七届中国食品工业协会科学技术奖获奖名单中,5家食品企业获技术项目奖,3位企业负责人获个人奖。其中,四特酒有限责任公司的《提高特香型白酒特征性香味成分丙酸乙酯含量关键技术的应用》项目获一等奖。江西省春丝食品有限公司的《生物法直条米粉生产新工艺及自动化装备的中试》、江西思达生物技术有限公司的《新食品原料壳寡糖酶法清洁生产》项目获二等奖。江西东华种畜禽有限公司的《共轭亚油酸鸡蛋》、江西瑶园食品有限公司的《景德镇碱水粑工业化生产关键技术研究》项目获三等奖。全行业有“四特”“春丝”“大观楼”“千年”“天玉”“恒天源”“康怡达思”“好口福”“汪氏”“皇禽”“初元”“润田”“得尔乐”“万年贡”“源森”“恩泉”“新芝安”“南丰蜜桔”“光临”“阿颖”“秦和乌鸡”“井冈”“安福火腿”“狗牯脑”“赣南脐橙”“宁都黄鸡”“武夷源”“仙客来”“香贡世家”“鸽鸽”“谷韵”“国鸿”中国驰名商标32个，“煌上煌”“仙客来”“绿海”等江西名牌36个，江西著名商标727个。绿色食品总数527个，有机食品数量423个，均位居全国前列。全国绿色食品原料标准化基地48个，全国有机农业（德兴红花茶油）示范基地1个。

【南昌市食品工业主营业务收入首次突破千亿元】 2014年，南昌市规模以上食品工业主营业务收入首次突破千亿元，达1020.56亿元，增长17.6%，总量占全省规模以上食品工业的37.9%，在全省遥遥领先。实现利税总额179.10亿元，增长20.0%，利润总额64.94亿元，增长26.0%。

（省工信委编辑室）

·资 料·

江西省食品工业著名商标名单

序号	企业名称	注册商标	使用商品
1	南昌泰康食品科技有限公司	泰康	化学用牛奶发酵剂
2	江西洪富肠衣集团有限公司	洪富	制香肠用肠衣、香肠肠衣
3	南昌玉林兴农牧科技有限公司	赣玉林	蛋清、蛋黄、蛋
4	江西煌上煌集团食品股份有限公司	皇禽	家禽制品、鱼制食品
5	江西赣江农牧业开发有限公司	绿谣	猪肉
6	彭泽县松源水产供销有限公司	太泊湖	鱼、鱼制食品
7	江西万载千年食品有限公司	千年	水果蜜饯、果肉、水果片
8	江西东海食品有限公司	好鱼道	鱼制食品
9	江西上味世家食品有限公司	上味世家	板鸭、家禽制品、豆腐制品
10	弋阳县朱江食品加工有限责任公司	康喜来	畜禽水产罐头
11	安福天锦食品有限公司	山牯佬	牛肉、猪肉食品、牛肚
12	江西联惠种养专业合作社	联惠	蛋、皮蛋、咸蛋、
13	瑞昌市溢香农产品有限公司	溢流香	蛋、咸蛋、皮蛋
14	江西省辛记食品有限公司	辛记缘	干蔬菜、腐乳、鱼制食品、瓜子
15	崇义县崇峰食品有限责任公司	崇峰	蔬菜罐头、笋、水果罐头
16	江西省香诗食品有限公司	香诗	熟制豆、加花生
17	江西华嘉食品一人有限公司	香脆园	精制坚果仁、花生、熟制豆
18	九江鸿立食品有限公司	你身边	姜制品
19	寻乌县颖川堂绿色食品有限公司	颖川堂	脐橙糕
20	上饶市大众食品有限公司	依夫	干蔬菜、蜜饯、炒货
21	江西景瑶农副产品有限公司	景瑶	木耳、干食用菌、笋干
22	永新县枧田酱制品有限公司	枧田	五香萝卜、腌制蔬菜、酱菜
23	樟树市古城酒业有限公司	师姑	酒
24	九江市嘉盛粮油工业有限公司	好爱家	食用油
25	抚州劲风酒业有限公司	劲风	蝎王补酒
26	景德镇桃源农业开发有限公司	可得	山茶油
27	新余市岳洲油脂有限公司	黄金果	食用油
28	江西友尼宝农业科技开发有限公司	友尼宝	食用油

续表

序号	企业名称	注册商标	使用商品
29	江西仰山园油茶开发有限公司	仰山	食用油
30	江西省天玉油脂有限公司	天玉	食用油
31	江西省好口福油脂有限公司	好口福	食用油
32	江西瑞光绿色食品有限公司	瑞光	食用油
33	德兴市年年新土特产开发有限公司	年年新	山茶油
34	吉安井冈绿宝油脂有限公司	井岗绿宝	食用油
35	吉安金英粮油有限公司	徐氏金英源	山茶油
36	泰和县皇脂茶油开发有限公司	皇脂	山茶油
37	江西绿杉油脂有限公司	绿杉	山茶油
38	江西佳达实业有限公司	茶母山	山茶油
39	江西金山圣实业有限公司	金山圣	山茶油
40	江西利人茶叶有限公司	林恩	茶叶
41	修水县东谷潭有机茶茶场	鄄潭	茶叶
42	九江市庐山区茶叶协会	庐山云雾茶	茶叶
43	崇义赤水仙茶业有限责任公司	赤水仙	茶叶
44	上犹县五指峰忠誉有机茶有限公司	鹰盘山	茶叶
45	遂川县茶业管理办公室	狗牯脑	茶叶
46	江西燕山青茶业有限公司	燕山青	茶叶
47	江西省崇义县阳岭云雾茶场	阳岭	茶叶
48	赣州韶琳茶业有限公司	韶琳	茶叶
49	安远县珊瑚食品发展有限公司	饮典	茶叶
50	婺源县益和茶业有限公司	益林	茶叶
51	江西灵华山有机白茶开发有限公司	灵华山	茶叶
52	江西麻姑山生态茶业有限公司	麻姑	茶叶
53	江西省资溪县白茶协会	资溪白茶	茶叶
54	江西省银河杜仲开发有限公司	鹤寿	杜仲茶、茶及茶代用品
55	江西德上科技药业有限公司	雅因乐	非医用营养粉
56	新余市天凯乐冷饮食品厂	美裕	冰淇淋、食用冰、冰糕
57	江西友家食品有限公司	友家	花生脆米饼
58	江西恒顶食品有限公司	恒顶	食用淀粉产品、调味品
59	赣州众成好街坊食品有限公司	好街坊	糕点、月饼、面包
60	江西恒天实业有限公司	恒天源	麦芽糖、豆粉、调味品
61	江西金穗丰糖业有限公司	金穗丰	黄色糖浆
62	江西天元药业有限公司	创建	非医用营养液
63	樟树市成鑫实业有限公司	玉芹嫂	果蔬类食品
64	江西众粮实业有限公司	寿花	大米

续表

序号	企业名称	注册商标	使用商品
65	南昌市新泰米业有限公司	新旺星	大米
66	南昌县岗上永强米业有限公司	岗上永强	大米
67	南昌县港盛米业有限公司	港盛	大米
68	南昌县福盛米业有限公司	客隆	大米
69	南昌市心连心米业有限责任公司	心连心	大米
70	星子县天鹅湖精制米厂	绿艳	大米
71	江西省庄稼人粮食有限公司	柘林湖	大米
72	江西鄱湖惠民粮油有限公司	宫亭湖	大米
73	乐平市亨得利米业有限责任公司	农夫香泰	大米
74	新余市天欣源工贸有限公司	天欣源	大米
75	新余市顺福米业有限公司	文乐	大米
76	新余市晶碧米业有限公司	亮精碧	大米
77	江西中穗粮油集团股份有限公司	鹰穗	大米
78	鹰潭市官坊米业有限公司	子兰坊	大米
79	鄱阳县鑫依米业有限公司	鄱湖鑫依	大米
80	鄱阳县清亮米业有限公司	仙亮	大米
81	上饶市清晶米业有限公司	清晶	大米
82	江西省景田米业有限责任公司	鸦鹊湖	大米
83	江西幸福米业有限公司	淦玉	大米
84	吉水县金赣中米业有限责任公司	赣中	大米
85	吉水县水南兴农粮食加工厂	泷江	大米
86	广昌县家家福粮食加工厂	粒粒福	大米
87	江西武夷实业有限公司	黎峰	大米
88	弋阳县紫文食品有限责任公司	仙妈	米粉
89	江西省真牛食品有限公司	城南故事	糖果、黑麻片
90	新干县洋峰粮油食品有限公司	赣仙	面条
91	新干县营养食品厂	益智	蒸肉粉
92	江西山蜂食品有限公司	鹿角蜂	蜂蜜、食用蜂胶
93	南城慧丰食品有限公司	登高阁	蛋糕、糕点、月饼
94	芦溪县一村食品	赣优紫红	紫红米有限责任公司
95	江西神珠田园食品有限公司	珍宝珠	蛋、咸蛋、皮蛋
96	江西华敏粮油有限公司	华亿康	食用菜油、食用油、芝麻油
97	江西国鸿集团股份有限公司	国鸿	肉、鱼肉干、腌制蔬菜
98	江西金鼎食品有限公司	吉鼎	酱鸭
99	江西绿源油脂实业有限公司	绿源井冈	食用油
100	江西钟氏农林开发有限公司	赣福	大米

续表

序号	企业名称	注册商标	使用商品
101	江西太仔食品有限公司	新太	肉(禽)制品、豆制品、蛋制品
102	江西红歌食品有限公司	老俵哥	加工过的花生(瓜子、豆)
103	江西三爪仑绿色食品开发有限责任公司	三爪仑	干食用菌、干蔬菜
104	九江天兴农业发展有限公司	天兴	芝麻
105	江西井冈红茶业有限公司	井冈红	茶
106	江西井冈山茶厂	井冈翠绿	茶
107	江西省宇财生物制品有限公司	葛祖	烧酒
108	江西金庐陵酒业有限公司	金庐陵	白酒
109	江西大井冈科技实业有限公司	井冈山	黄酒
110	江西广雅食品有限公司	登仙桥	水产罐头、蔬菜罐头、罐装罐头
111	江西景田实业有限公司	大觉印象	笋干
112	江西倪氏农特产开发有限公司	村滋风	含淀粉食品
113	江西万载千年食品有限公司	千年	食用植物根、鲜食用菌
114	赣州中橙果业科技开发股份有限公司	中橙	果汁、果汁饮料
115	江西青松矿泉水有限公司	TBGQ	矿泉水
116	弋阳县南岩寺饮料厂	清派	矿泉水
117	江西武功山泉矿泉水有限责任公司	武功山泉	矿泉水
118	江西恒丰酒业有限公司	牛头	白酒
119	江西樟树老窖酒业有限公司	樟树	白酒
120	上饶市信江酒业有限公司	信州	白酒
121	吉安市章赣酒业有限责任公司	章赣	白酒
122	江西解缙酒业有限公司	解缙	果酒(含酒精)、开胃酒
123	江西井冈酒业有限责任公司	黄洋界	白酒
124	江西泰和福泰酒业有限公司	宇凤	乌鸡酒
125	南昌县一顺食品有限公司	壹顺	加工过的瓜子(花生、开心果)
126	吉安市吉祥绿色食品开发有限公司	井山红	杨梅酒
127	江西煌上煌集团食品股份有限公司	皇禽	加工过的肉、加工过的鱼
128	江西省祥橱实业有限公司	祥橱	食用油、芝麻油、干食用菌
129	江西田昌农业技术开发有限公司	田昌	泡菜、酸菜、蔬菜罐头
130	江西乔家栅食品有限公司	滕王阁	糕点、面包、饼干
131	南昌市草珊瑚科技产业有限公司	人之初	谷类制品、含淀粉产品
132	南昌稻香园调味食品有限公司	稻香园	豆豉
133	南昌市草珊瑚科技产业有限公司	小阿哥	薄片(谷类产品)
134	江西潭林粮油食品发展有限公司	潭林	大米
135	江西汪氏蜜蜂园有限公司	汪氏及拼音	蜂蜜、非医用营养液
136	江西汪氏蜜蜂园有限公司	巢	蜂蜜、蜂王浆

续表

序号	企业名称	注册商标	使用商品
137	江西汪氏蜜蜂园有限公司	雪脂莲	蜂蜜、食用蜂胶(蜂胶)
138	江西汪氏蜜蜂园有限公司	汪氏蜂四宝	蜂蜜、食用王浆(非医用)
139	江西阳光乳业股份有限公司	阳光	牛奶制品
140	江西李渡酒业有限公司	李渡	白酒
141	江西景德镇板鸡实业公司	德宇	板鸡
142	江西赣森绿色食品有限公司	赣森	食用油脂
143	景德镇市峰谷米业有限责任公司	峰谷	大米
144	浮梁县瑶里茶叶有限公司	崖玉	茶叶
145	江西彩云食品有限公司	瓷都	糕点、蔬菜片
146	江西赣森绿色食品有限公司	赣森	茶叶
147	江西赣森绿色食品有限公司	谷御	茶叶
148	浮梁县浮瑶仙芝茶叶有限公司	浮红	浮梁县浮瑶仙芝茶叶有限公司
149	浮梁县茶叶协会	浮梁茶	茶叶
150	江西食品厂	安牌	糕点、饼干
151	江西德宇集团有限公司	得雨	茶叶、茶叶代用品
152	江西好景米业有限公司	好景	大米
153	江西好景米业有限公司	南国天香	大米
154	江西美庐乳业集团有限公司	美庐	牛奶制品
155	九江市共青板鸭有限公司	共青	板鸭
156	江西省九江开源食品有限公司	鄱湖舟	鱼制食品、水产罐头
157	德安县丰林粉丝厂	峰岭	粉丝
158	九江市金樱食品发展有限公司	浔阳楼	酥糖、饼干、糕点
159	江西省修水县大椿茶厂	霞森	茶叶
160	抚州苍源药业开发有限公司	苍源	茶叶代用品
161	广昌莲香食品有限公司	广莲珍	无酒精饮料、植物饮料
162	江西天天上矿泉水有限公司	TTS	矿泉水
163	新余市康美乐食品厂	康美乐	冰糕、冰棍、冰淇淋
164	江西金土地粮油股份有限公司	泰乡	大米
165	新余市金土地粮油有限公司	仙女湖	大米
166	新余市百乐工贸有限公司	图	大米
167	新余市天凯乐冷饮食品厂	图	冰淇淋、食用冰、冰糕、冰砖、冰棍
168	浮梁县浮瑶仙芝茶叶有限公司	浮瑶仙芝	浮梁县浮瑶仙芝茶叶有限公司
169	新干县营养食品厂	富丐	蒸肉粉
170	江西郑新初健康食品有限公司	郑新初	烤鲜牛肉
171	江西中胜粮油有限公司	中胜	大米
172	鹰潭市上清荣胜米业有限公司	上清	大米

续表

序号	企业名称	注册商标	使用商品
173	江西省富饶米业有限公司	鑫泰阳光	大米
174	江西鹰南贡米有限公司	鹰南	大米
175	鹰潭市粮丰米业有限公司	江氏粮丰	大米
176	江西山村油脂食品有限公司	山村	茶油
177	瑞金市红都水产食品有限公司	赣曼	加工过的鱼
178	于都高山青草奶业有限公司	高山青草	牛奶制品
179	大余县牡丹亭旅游食品有限公司	牡丹亭	多味花生
180	江西齐云山食品有限公司	齐云山	蜜饯
181	赣州关刀食品有限公司	关刀	肉制品、香肠、牛肉干
182	兴国县绿宝米业有限公司	将军绿宝	大米
183	赣州市武夷源实业有限公司	武夷源	茶叶
184	江西省会昌县精制米食公司	汉仙	粉条、面条
185	赣州港嘉兴食品有限公司	港嘉兴	饼干、糕点
186	南康市丰泰粮油有限公司	三清源	大米
187	江西信丰信明银杏实业有限公司	信明	银杏茶
188	吉安市豪阳酒业有限公司	豪阳	配制酒
189	南城县贵林黄酒厂	麻泉仙女	米酒、黄酒
190	江西省大余县南安板鸭厂	南安	板 鸭
191	江西章贡酒业有限责任公司	章贡	白酒
192	赣州沙地板鸭有限公司	沙地	板鸭
193	江西丰城一品斋食品有限公司	一品斋	腌菜、麻辣介菜
194	万载县青叶食品有限公司	新青叶	罐头、腌制蔬菜、脱水菜
195	丰城市冻米糖总厂	子龙	冻米糖
196	江西春丝食品有限公司	春丝	面条、米粉
197	江西高安桥腐竹有限公司	高安桥	腐竹
198	江西九岭白茶开发有限公司	九云	茶叶
199	江西康宝医药生物科技有限公司	东方同康宝	非医用营养液(胶囊)
200	江西康怡食品有限公司	康怡达思	冰淇淋、雪糕、冰棍(砖)
201	江西利佳药业有限公司	利佳康园	非医用营养液(胶囊、膏)
202	江西省友和食品有限责任公司	友和	方便米粉、米粉
203	江西省樟树粮油公司	玉珠	大米
204	江西圣牛米业有限公司	圣牛	大米
205	江西意蜂实业有限公司	意峰	蜂蜜
206	中绿(江西)食品科技有限公司	碧云	大米
207	江西高安市瑞酒有限责任公司	瑞	白酒
208	江西锦江酒业有限责任公司	锦江	白酒

续表

序号	企业名称	注册商标	使用商品
209	江西七宝酒业有限责任公司	七宝山	白酒
210	江西金佳谷物股份有限公司	金佳	大米、米粉
211	江西省高安市田南老酒厂	瑞田	黄酒
212	江西省樟树市樟树贡酒业有限公司	大樟树贡	白酒
213	四特酒有限责任公司	四特	白酒
214	上饶新田园科贸有限公司	葛博士	葛粉
215	弋阳县龟峰金龟食品厂	龟峰经国	扣肉、油淋鱼
216	江西恩泉油脂有限公司	恩泉	茶油
217	江西省集味堂绿色食品开发有限公司	集味堂	肉鱼食品、腌制蔬菜、食用油脂、干食用菌
218	江西省新安食品集团有限公司	新芝安	脱水菜、鱼制食品、腌制蔬菜
219	江西绿野山茶油有限公司	露野	茶油
220	德兴市源森红花茶油有限公司	源森	茶油
221	江西上饶汇厨味精有限公司	汇厨	鸡精、味精
222	江西省万年皇阳贡米实业有限公司	皇阳	大米
223	江西白云科技发展有限公司	白云	含淀粉食物(淀粉制品)、食用淀粉产品
224	江西省集味堂绿色食品开发有限公司	集味堂	食用淀粉产品
225	江西千水实业有限公司	千水	大米
226	江西婺源大鄣山绿色食品有限公司	大鄣山	茶叶
227	江西婺源林生实业有限公司	林生	茶叶、茶叶代用品
228	江西省江天农业科技有限公司	鹅湖山	大米
229	上饶市茗龙实业集团有限公司	绿露	茶叶
230	江西绿色经典油脂有限责任公司	绿典	食用油
231	余干伟良枫树辣椒开发有限公司	丰收辣	辣椒酱
232	江西省上饶全良液酒业有限公司	全良	白酒
233	婺源县清华酒业有限责任公司	清翠婺	白酒
234	江西婺缘红酒业有限公司	婺缘红	白酒
235	江西横峰葛佬葛产业开发有限公司	葛佬	葛粉、葛制饮料
236	江西省镇世堂绿色食品开发有限公司	镇世堂	干食用菌、腌制蔬菜、茶油豆制品、食用淀粉
237	婺源县茶博府茶业有限公司	丫玉	茶叶
238	江西牛牛乳业有限责任公司	牛牛乐	牛奶
239	江西其门堂蔬菜食品有限公司	美如	腌制蔬菜、酸辣泡菜
240	南昌市胡老太食品实业有限公司	胡老太	鱼制食品、肉罐头、水产罐头
241	江西青池食品有限公司	青池	腌制蔬菜
242	江西寇寇豆制品制造有限公司	寇寇	腐乳、豆腐制品
243	江西五百里井冈特产有限公司	五百里井冈	茶油
244	江西友泉食品有限公司	友泉	调味粉、调味品

续表

序号	企业名称	注册商标	使用商品
245	遂川县珠田板鸭厂	珠田八仔	板鸭
246	江西罗霄山罐头食品有限公司	罗宵山	蔬菜罐头、水果罐头
247	江西绿海油脂有限公司	绿海	茶油
248	江西一品郎实业有限公司	一品郎	果冻
249	遂川县板鸭协会	遂兴	板鸭
250	泰和县福林酱业有限公司	林师傅	调味品(酱及酱制品、酱腌菜)
251	江西井冈山茶厂	佳乐	茶叶
252	江西老蜂农蜂业有限公司	老蜂农	蜂蜜
253	江西省峡江县鸿鑫工贸有限公司	峡星	方便米粉
254	吉安锅丰米业有限公司	锅丰	大米
255	江西金田粮油集团有限公司	吉田	大米
256	江西省吉水县赣江粮油有限公司	赣欧	大米
257	江西省吉水县富贵米业有限公司	富贵春	大米
258	万安县伟星农业开发中心	一江秋	大米
259	永新县粮油食品有限公司	井冈杜鹃	谷类制品、汤元粉
260	井冈山市茶厂	村姑	茶叶
261	江西泰和乌鸡协会	泰和乌鸡	乌鸡
262	泰和县赣泰饲料厂	赣泰	饲料
263	江西燕京啤酒有限责任公司	燕京	啤酒
264	江西赣泉啤酒有限公司	赣泉	啤酒
265	江西大井冈科技实业有限公司	井冈牌	白酒
266	江西堆花实业有限责任公司	堆花	白酒
267	江西白凤酒业有限公司	白凤	乌鸡酒
268	江西洪门实业集团有限公司	洪门	蛋、皮蛋、咸蛋
269	江西吉凤实业有限公司	吉凤	乌鸡酒
270	江西跃鸣食品有限公司	跃鸣	听装(罐装)鱼、腌制鱼
271	江西天地缘崇仁麻鸡食品有限公司	老艾实话	禽肉、禽肉制品实说
272	江西安石食品有限公司	安石	菜梗
273	抚州市龙泉油脂有限公司	秋馨	茶油
274	江西广雅食品有限公司	广雅	竹笋罐头、蘑菇罐头
275	江西麻姑实业集团有限公司	麻姑	米粉、大米
276	广昌莲香食品有限公司	迈的乐	食用淀粉
277	抚州市金穗米业有限公司	泰丝苗	大米
278	江西临川酒业有限公司	临川	白酒
279	江西阳光乳业股份有限公司	天天阳光	牛奶、牛奶制品
280	南昌亚洲啤酒有限公司	南昌	啤酒

续表

序号	企业名称	注册商标	使用商品
281	南昌百年朝阳食品有限公司	孔雀	酱油
282	江西家道福实业有限公司	家道福	食用油
283	江西省大白鲨油脂实业有限公司	日康	食用油
284	江西大忙人实业有限公司	大忙人	葛粉
285	江西煌上煌集团食品股份有限公司	煌上煌	非活的家禽、肉、鱼制食品
286	进贤县嘉诚贸易有限公司	爱进	干食用菌
287	南昌县一顺食品有限公司	天菽源	加工过的花生、精制坚果仁
288	江西省佳禾米业有限公司	樱花谷	大米
289	江西天地生态农业有限公司	庄圣	大米
290	南昌县三江顺发米业有限公司	奥玉	大米
291	江西永康食品有限公司	福头街	米粉
292	江西新远健集团有限公司	御生源	茶叶代用品
293	江西省亿栢嘉食品工业技术开发有限公司	億栢嘉	零食小吃
294	江西绿康保健蜂业有限公司	绿之友	蜂蜜
295	江西省江盐实业有限公司	康力源	食盐
296	南昌健民营养补品厂	生命彩虹	非医用营养液、营养粉、营养胶囊
297	南昌市三妮实业有限公司	三妮	鱼制食品、腌制蔬菜、豆腐制品
298	南昌铭顶食品有限公司	铭顶	酱制品、腌制蔬菜、腐乳
299	九江市巍峰农产品有限公司	巍峰	蛋、咸蛋
300	九江大港山区珍品保护与开发	三尖源	冬菇、木耳、干食用菌有限公司
301	九江香香食品有限公司	花氏	精制坚果仁、加工过的花生、瓜子
302	九江九州粮油实业有限公司	盛世九州	食用菜子油
303	星子庐山七尖云雾茶有限公司	七尖兰	茶叶
304	江西舜叶生态农业发展有限公司	舜叶	茶叶
305	修水县双井山谷有机绿茶场	庭坚	茶叶
306	南昌市鄱阳湖农牧渔产业发展	鄱湖骄子	鱼制食品有限公司
307	彭泽县雷峰尖茶叶专业合作社	雷峰山	茶叶
308	九江市金帆食品有限公司	点将台	月饼
309	庐山康力食品有限公司	香庐坊	糕点
310	江西省卫民蜜蜂园有限公司	卫民	蜂蜜
311	九江石钟山豆制品有限公司	石钟山	豆豉
312	江西仙客来生物科技有限公司	仙客来	非医用营养胶囊
313	江西长江啤酒有限公司	赣北	啤酒
314	江西省杨云科技有限责任公司	御葛园	植物饮料
315	江西九岭酒业有限公司	共青醇	白酒
316	江西百年孤独酒业有限公司	百年孤独	白酒

续表

序号	企业名称	注册商标	使用商品
317	景德镇市官庄米厂	瓷城	大米
318	浮梁县浮瑶仙芝茶业有限公司	浮绿	茶叶
319	浮梁新迪茶业有限公司	知云	茶叶
320	江西赣岭茶油开发有限公司	赣岭	山茶油
321	新余市森凤蛋鸡散养有限公司	森凤	蛋、咸蛋、松花皮蛋
322	新余市仙女湖天然食品厂	仙女湖	咸蛋、皮蛋、食用油
323	分宜县群源农牧开发有限公司	群源	猪肉
324	江西独一厨食品有限公司	独一厨	腌制蔬菜、干蔬菜、干食用菌
325	江西省金泰粮油食品有限公司	赣莲	大米
326	新余市百润实业有限责任公司	乾润	板鸭
327	新余市星辉米业有限公司	星汇	大米
328	江西娘子粮油工贸有限公司	春娘子	大米
329	新余市仙女湖区村鼓旅游食品有限公司	村鼓	米粉
330	江西巨日生物技术有限公司	巨日	非医用营养液(胶囊、粉、膏)
331	南昌县振武米业有限公司	振武	大米
332	南昌县姚氏米业有限公司	姚氏香	大米
333	江西省相思谷米业饲料有限公司	相思谷	大米
334	鹰潭市龙虎山茶油有限公司	龙虎山	食用油
335	鹰潭市金花米业有限公司	九曲洲	大米
336	鹰潭市田申米业有限公司	田申	大米
337	贵溪市东际峰茶业开发有限责任公司	畲寨东际峰	茶叶
338	南昌恒兴发展有限公司	清记	调味品、蒜汁、姜(调味品)
339	赣州虔发保健品有限公司	虔发	婴儿食品
340	江西仰山园油茶开发有限公司	仰山正茶油	山茶油
341	江西奥野食品有限公司	奥野	板鸭
342	赣州沙地德源板鸭食品有限公司	德源	板鸭
343	瑞金市心润食品有限公司	红都表嫂	鱼制食品、以果蔬为主的零食小吃
345	江西太仔食品有限公司	新太好	食用面筋
346	江西聪聪乐食品工业有限公司	聪聪乐	天然增甜剂
347	江西省会昌县美好食品有限公司	康寿	豆腐制品
348	信丰小河江南辣椒专业合作社	红娇子	干蔬菜
349	江西丰泽米业有限公司	翠田	大米
350	定南聚穗园粮油经营有限公司	九曲河	大米
351	于都县三星食品有限责任公司	重光塔	大米
352	兴国县绿宝米业有限公司	绿三宝	大米
353	江西省恒鸿食品有限责任公司	石诚	米粉

续表

序号	企业名称	注册商标	使用商品
354	龙南县南霸米丝厂	南霸	米粉
355	江西五丰食品有限公司	五丰	米面制品
356	大余县天然爽食品有限公司	天然爽	波纹面、米排粉
357	江西华达昌食品有限公司	吉麟	通心粉、米粉
358	安远县珊瑚食品发展有限公司	杰仔	茶叶
359	赣州庚艺农业生物科技有限公司	村阿妹	金银花茶
360	兴国赣旺食品有限公司	赣旺	糕点、饼干
361	兴国县嘉和食品有限公司	嘉中和	蛋糕、面包
362	江西中舜食品有限公司	中舜	饼干、锅巴
363	赣县田村镇富强农业专业合作社	绍坤	年糕、米果
364	江西久鸿庄园食品有限公司	久鸿	调味品
365	南昌健民营养补品厂	珍迪	非医用营养液
367	江西恒源科技发展有限公司	绿恒	大米
368	江西伟多利食品有限公司	伟多利	蜂蜜
369	江西维尔宝食品生物有限公司	瑞观楼	腐竹、豆腐制品
370	江西康宝医药生物科技有限公司	小皇子	婴儿食品
371	宜春市德利君实业有限公司	德利君	食用油
372	江西中澳食品生物有限公司	中澳	食用油脂
373	江西春旺天然食品开发有限公司	阁皂山	食用油
374	江西省好口福油脂有限公司	花调	食用油
375	抚州市金穗米业有限公司	抚穗米业	大米
376	丰城圣迪乐村生态食品有限公司	圣迪乐村	蛋、松花皮蛋、咸蛋
373	江西丰城华英禽业有限公司	弋洋	非活的家禽、蛋
378	丰城市孙渡板鸭厂	渡头牌	板鸭
379	江西百丈山食品有限公司	百丈山	蜜饯
380	江西宏峰豆制品有限公司	峰华	豆腐制品、腐竹
381	江西省益家食品有限公司	e家阳光	年糕、元宵、谷类制品
382	丰城市田农食品有限公司	田农	冻米糖
383	江西景福实业有限公司	蜂连社	蜂蜜、食用蜂胶(蜂胶)、非医用蜂王浆
384	江西海辉食品有限公司	海辉	包圆
385	江西百禾药业有限公司	药氏	非医用营养液、营养粉、营养膏
386	江西樟树市庆仁保健品有限公司	聪童宝	非医用营养液、营养膏、营养粉、营养胶囊
387	江西兴天仁医药科技发展有限公司	聪惠壮	非医用营养液、食用葡萄糖
389	鑫玺生物科技股份有限公司	鑫玺	非医用营养液、营养粉、营养胶囊
390	江西春晓米业有限公司	春晓	大米
391	丰城市汗滴米业有限公司	汗滴	大米

续表

序号	企业名称	注册商标	使用商品
392	江西润泉生态粮油有限公司	泉润香	大米
393	高安市盛发粮油有限公司	金特莱	大米
394	高安市黄氏豆豉有限公司	马家井园	豆豉、酱油、豉油
395	江西升华山天然饮品有限公司	升华山	矿泉水
396	江西景翠食品饮料有限公司	景翠	矿泉水
397	江西省丰城市剑邑春酒厂	剑邑	白酒
398	江西省樟树市樟树贡酒业有限公司	金三特	白酒
399	江西樟树老窖酒业有限公司	樟树老窖	白酒
400	江西省易得利食品有限公司	易得利	精制坚果仁、蜜饯
401	江西饶源实业有限公司	饶源	山茶油
402	江西好晟好生态农业科技有限公司	好晟好	山茶油
403	婺源县小妹生态食品有限公司	小妹	山茶油、干制蔬菜、蜜饯
404	德兴市东东农业科技开发有限公司	洪东东	肉、非活的鱼、非活的家禽、食用油、蛋
405	余干江南水产食品有限公司	湖家妹	非活的虾、鱼片、鱼制食品、腌制鱼、龙虾
406	江西盛态粮食实业有限公司	米篮子	大米
407	鄱阳县昌庆米业有限公司	昌庆	大米
408	江西华字米业有限公司	百稻香	大米
409	余干县乡村吊瓜专业合作社	好丈夫	糙米
410	铅山县黄岗山有机资源开发有限公司	河红贡	茶叶
411	上饶碧源茶叶开发有限公司	宇源	茶叶
412	婺源县鼎盛隆茶叶有限公司	鼎盛隆	茶叶
413	江西龙天茶叶有限公司	龙天国	茶叶
414	德兴市宋氏葛业有限公司	仙葛莱	葛粉
415	江西东坡实业有限公司	鞋山	鱼(非活的)、肉
416	彭泽县东升禽业食品有限公司	东晟	肉、肝酱、板鸭
417	九江市松柏茶叶有限公司	松柏庐山云雾	茶
418	九江春妙米业有限公司	春妙	大米
419	江西嘉鸿食品工业有限公司	嘉鸿	面粉制品
420	弋阳南洋酒业有限责任公司	龟峰	果酒、烧酒
421	新干县皇城粮油实业有限公司	承康	食用油
422	江西万山油茶有限公司	万功山	食用油
423	泰和县涂文轩泰和特产开发中心	涂文轩	蛋、干食用菌、非活的家禽
424	泰和县武原鳳乌鸡种鸡场	武原凤	非活的家禽、蛋
425	江西省吉水县天意食品有限公司	水南	腐竹
426	井冈山市井韵食品有限公司	井韵食品	干蔬菜、干食用菌
427	江西嘉泰精制米业有限公司	赣嘉	大米

续表

序号	企业名称	注册商标	使用商品
428	吉水县永新米业有限公司	雪里白	大米
429	永丰县绿珠实业有限公司	永兆	大米
430	江西省吉水县金源米业有限公司	农香园	大米
431	井冈山市井竹青实业有限公司	井竹青	红米
432	吉安高郎食品有限公司	高郎	挂面、米粉
433	安福县武功山茶厂	武功山	茶叶
434	吉安杨糕食品有限公司	老介福	面包、糕点、月饼
435	江西日盛生物科技有限公司	日圣	枇杷膏、非医用营养液
436	江西永叔府食品有限公司	永叔公	豆腐乳、酱菜、鱼制品
437	江西雨飞矿泉水有限公司	雨飞	矿泉水
438	江西井岗泉有限责任公司	井冈山泉	矿泉水
439	峡江县鑫龙食品有限公司	玉峡	纯净水(饮料)、无酒精饮料
440	江西三健乳业有限责任公司	天天三健	饮料(蛋白饮料类)
441	江西井冈酒业有限责任公司	武功山	白酒
442	吉安固江酒厂	固江	黄酒
443	江西省宇财生物制品有限公司	勃客	白酒
444	江西博君生态农业开发有限公司	麻姑山	蜜饯、食用油
445	东乡县红星粮油有限责任公司	花明泉	大米
446	资溪县韵茗香茶叶有限责任公司	香芽春	茶叶
447	江西鑫海水产品有限公司	峡江	鱼片、鱼制品、腌鱼
448	安福火腿协会	安福	火腿
449	江西省绿滋肴实业有限公司	绿滋肴	蜜饯、坚果仁、干食用菌、笋干、干菜笋
450	南昌市梅氏食品有限责任公司	梅氏	咸蛋、皮蛋、禽蛋
451	江西英雄乳业股份有限公司	英雄	奶粉、酸奶
452	江西良家小品实业有限公司	良家小品	腐乳、酱菜
453	南昌川奇保健品有限公司	川奇	非医用营养液(粉、膏、胶囊)
454	江西花汇宝蜂业有限公司	花汇宝	蜂蜜
455	南昌田环粮食产业有限责任公司	粮环	大米
456	江西省绿滋肴实业有限公司	绿滋肴	饼干、糕点、米果
457	江西草珊瑚药业有限公司	江绿	非医用营养液、薄荷糖
458	江西东南野生植物开发有限公司	金生缘	茶叶代用品
459	江西省老蔡糖果有限公司	大红包	糖果
460	南昌市正味贸易有限公司	声耀	冬菇、木耳、干食用菌
461	江西万载千年食品有限公司	千年	年糕、锅巴、月饼、糕点、大米花
462	江西润田饮料股份有限公司	润田	矿泉水
463	德安矮子板鸭厂	雁塘	板鸭

续表

序号	企业名称	注册商标	使用商品
464	江西省宁红集团有限公司	宁红	茶叶
465	江西省修水神茶实业有限公司	梅山	茶叶
466	修水县裕发食品有限公司	广裕发	米粉、粉丝
467	江西九岭酒业有限公司	九仙岭	白酒
468	景德镇三星绿色食品有限公司	凤崖	腌制蔬菜、笋干、冬菇、干食菌
469	景德镇市西湖珍芝天然食品有限公司	西湖珍芝	干食菌、干蔬菜、食用油
470	浮梁县昌南茶叶有限公司	昌南雨针	茶叶
471	乐平市思红蜂业专业合作社	思红	蜂蜜、食用蜂胶
472	甘源食品股份有限公司	甘源	鱼皮花生、怪味豆、糕点
473	江西省鸽鸽食品有限公司	鸽鸽	牛肉干、豆角干(豇豆干)、豆酱干
747	贵溪市龙虎山食品有限公司	天师	茶叶
478	江西新华米业有限公司	晶钻	大米
479	江西省天久矿泉水开发有限公司	天久	矿泉水
480	鹰潭市潭花酒业有限责任公司	潭花	白酒
481	江西仰山园油茶开发有限公司	YOUNSEN	食用油脂、食用油
482	宁都县小布岩茶业有限公司	小布岩	茶叶
483	寻乌县龙廷阳天茶场	龙庭	茶叶
484	上犹犹江绿月食品有限公司	犹江绿月	茶叶
485	定南县瑞丰粮油食品有限公司	赣佳瑞丰坊	谷类制品、面条、面粉制品
486	于都县盘古龙珠茶业有限公司	盘古	茶叶
487	兴国县绿宝米业有限公司	孔雀晋宝	大米
488	江西仙客来生物科技有限公司	仙客来	蘑菇罐头、干食用菌
489	靖安县三爪仑乡天涯山白茶专业合作社	天涯山	茶叶代用品、茶
490	宜春市明月山粮食有限公司	明月山	大米
491	江西大家食品有限公司	愚哥	鱼制食品
492	玉山县创新农业综合开发有限公司	信天翁	酱肉、肉干、腌制蔬菜
493	江西三清山绿色食品有限责任公司	三清山	笋干、干食用菌、食用油
494	婺源县三禾生态农业开发有限公司	老妪	肉、罐装鱼、鱼制食品
495	鄱阳县金田米业有限公司	金畈	大米
496	江西万年香米业有限公司	万年香	大米
497	江西三清山绿色食品有限责任公司	冠圣生	茶叶、食用淀粉
498	江西丽村酒业有限公司	丽村	烧酒
499	婺源县江源科技农业发展有限公司	婺荷	鱼子制品、鱼卵
500	鄱阳县饶州酒业有限公司	饶州	白酒
501	江西齐力酒业有限公司	齐力春	杨梅酒
502	南丰县江丰蔬菜食品厂	水水	酱腌菜

续表

序号	企业名称	注册商标	使用商品
503	江西春源绿色食品有限公司	得尔乐	食用油
504	乐安县鹏鑫食品有限公司	爱杰鑫	蔬菜罐头、笋干、干食用菌、冬菇
505	江西香檀山茶业有限公司	源之源	茶叶
506	江西蓝欣啤酒有限公司	蓝欣	啤酒
507	宜黄县南华山饮用天然矿泉水有限公司	南华山	矿泉水
508	高安市日日想食品有限公司	日日想	腐竹
509	高安市大观楼腐竹有限责任公司	大观楼	腐竹
510	江西维尔宝食品生物有限公司	维宝	食用油脂
511	江西富龙食品有限公司	富龙	牛(猪)肉干、酱卤肉制品、蛋
512	青龙高科技股份有限公司	润心	油茶籽油
513	江西省樟树市豪荣粮油食品有限公司	豪荣	板鸭、腌腊肉
514	丰城市三星食品有限公司	龙共	田螺辣酱
515	江西金农米业集团有限公司	汇银	大米
516	江西永康实业有限公司	宜万佳	大米、百合面条(米粉)、百合粉
517	江西百禾药业有限公司	Baihe	非医用营养液、麦乳精
518	江西德上科技药业有限公司	德美嘉	非医用营养液
519	江西康宝医药生物科技有限公司	鑫康宝	非医用营养液、多种维生素片
520	江西樟树市庆仁保健品有限公司	药乡人	非医用营养液
521	江西猕猴桃酒业股份有限公司	猴圣	猕猴桃果酒
522	江西省宜丰洞山酒业有限公司	洞山	黄酒
523	江西帝缘食品有限公司	帝缘	黄酒
524	万安水产有限责任公司	赣泉	鱼制食品、鱼片
525	江西桂香婆食品有限公司	桂香婆	豆腐乳
526	江西省吉水八都板鸭有限公司	八都	板鸭
527	吉安市青原区富吉粮油有限公司	富滩	大米
528	泰和县白凤米业有限公司	赣泰	大米
529	新干县港达米业有限公司	港达兴	大米
530	江西省吉水县金源米业有限公司	吉丰源	大米
531	江西井冈老仙天然食品有限公司	老仙	茶叶
532	江西维雀乳业有限公司	维雀	牛奶、牛奶制品
533	南昌艾精隆食品发展有限公司	艾精隆	加工过的瓜子(花生)
534	江西省大白鲨油脂实业有限公司	家旺好日子	食用油
535	江西太仔食品有限公司	新太仔	肉、非活家禽、豆腐制品
536	江西太仔食品有限公司	新太好	肉、豆腐制品
537	江西银桥菜业有限公司	图	腌制蔬菜、腌黄豆、酱菜
538	江西风土人情实业有限公司	风土人情	鱼制食品

续表

序号	企业名称	注册商标	使用商品
539	南昌同心紫巢生物工程有限公司	意生缘	食用蜂胶
540	南昌佳优宝生态科技有限公司	佳优宝贝	非医用营养粉
541	南昌开味轩食品有限公司	品潮	烘馅饼
542	江西同济堂药业有限公司	助爽	食用糖果、薄荷糖
543	南昌乔府食品有限公司	金冠	面包、糕点、月饼
544	江西省三抗保健品有限公司	求多顺	非医用营养粉
545	江西百盛米业有限公司	百福健	大米
546	江西品蜂堂蜂业有限公司	品蜂堂	蜂蜜、食用蜂胶、非医用蜂王浆
547	江西信丰祥实业发展有限公司	信丰祥	茶、茶叶代用品
548	南昌灵灵食品有限公司	灵灵龙	糕点、麻花、面包。
549	江西康乐福健康产业有限公司	健佰龄	非医用营养液、非医用营养胶囊
550	江西中天医药生物有限公司	中天骏康	非医用营养液
551	江西汲草堂生物科技发展有限公司	汲草堂	蜂蜜
552	江西金庐陵有机白茶开发有限公司	茗如玉	白茶
553	靖安县白茶协会	靖安白茶	茶
554	江西奉新天工米业有限公司	天工	大米、谷类制品、米粉、年糕、生糯粉
556	江西省陶令酒业有限公司	陶令	烧酒
557	景德镇市西湖珍芝天然食品有限公司	西湖珍芝	茶叶
558	浮梁瑶河茶叶有限公司	瑶河	茶叶
559	芦溪县一村食品有限责任公司	依村	火腿、腐乳、干食用菌
560	江西群鹿实业有限公司	画眉龙	肉、腌腊肉
561	九江市彭泽县宏兴油脂有限公司	旺宏兴	食用油
562	九江市嘉盛粮油工业有限公司	灶神	食用油
563	九江市嘉盛粮油工业有限公司	厨标	食用油
564	瑞昌市渝瑞实业有限公司	依农	脱水菜
565	武宁县清江瓜果专业合作社	驼背山	精致坚果仁、加工过的瓜子
566	江西省修水神茶实业有限公司	青钱神茶	茶、茶叶代用品
567	修水县大椿新华茶厂/李新华	山谷翠芽	茶
568	江西云山集团云居山有机茶厂	云居	茶
569	江西云居山米业有限公司	云居	大米
570	修水县绿香茶业生产专业合作社	眉峰山	茶
571	星子庐山云雾茶有限公司	七尖幽兰	茶
572	江西武功山农业开发有限公司	武功山	腌制蔬菜、酱菜
573	江西省大富乳业集团有限公司	大富康园	牛奶、酸奶、乳饮料
574	江西福林食品有限公司	福林嫂子	腌腊肉、烤卤肉
575	江西省银河杜仲开发有限公司	格林米特	猪肉制品

续表

序号	企业名称	注册商标	使用商品
576	萍乡市万龙山茶场	武功绿英	茶叶
577	江西宏明食品有限公司	宏明	蛋糕、面包、饼干
578	萍乡月池天然矿泉水公司	月池	矿泉水
579	江西大忙人实业有限公司	大忙人	腌制蔬菜
580	江西岱宝山米业有限公司	宝峰	大米
581	德安农乡缘食品有限公司	农乡缘	腌制蔬菜
582	贵溪市龙兴铺灯芯糕有限责任公司	铁拐李	灯蕊糕、糕点
583	江西省鹰潭市阳光葛业有限公司	葛之元	葛粉
584	贵溪市塔桥园艺场	塔桥	梨、柑桔
585	江西千秋食品有限公司	千秋	蜜饯、水果片、加工过的花生
586	江西国兴集团百丈泉食品饮料有限公司	百丈泉	鱼制食品、蔬菜罐头、非活家禽、红薯干
587	景德镇市嘉龙米业有限公司	嘉龙霸	大米
588	江西浮梁贡茶叶有限公司	严台	茶
589	江西彩云食品有限公司	张彩云	糕点
590	浮梁瑶河茶叶有限公司	高岭	茶
591	江西山歌食品有限公司	山歌农庄	板鸭、腌肉制品、鱼制食品
592	江西省盘圣食品酿造有限公司	盘圣	果酒
593	定南县胜仙米面食品有限责任公司	胜仙	面条、糕点
594	新余市振源工贸有限公司	萱果	食用淀粉、含淀粉食物、含淀粉食品
595	江西云台山有机茶实业有限公司	云台山	茶叶
596	赣州虔发保健品有限公司	虔发	茶、茶叶代用品
597	新余市马洪实业有限公司	马洪	黄酒
598	贵溪市鑫叶茶业有限公司	桂景峰	茶叶
599	贵溪市阳际峰茶业专业合作社	阳际峰	茶叶
600	江西省石城县清心食品有限公司	清心	莲子、冬菇、木耳
601	赣州创嘉食品有限公司	采味园	蜜饯、精制坚果仁
602	江西金色油茶产业发展有限公司	山宝树	食用油
603	信丰县玉仙面业有限责任公司	仙瑶	面条
604	江西金日食品有限公司	万缘通	饼干
605	江西天骏农业开发有限公司	赣红	茶叶
606	崇义县乐洞龙归茶场	龙归	茶叶
607	上犹县梅水茶场	陡水湖	茶叶
608	江西恒泰林业开发有限公司	格物之源	茶叶
609	南康市东坚米业有限公司	东坚	大米
610	江西国兴集团百丈泉食品饮料有限公司	百丈泉	鱼粉丝
611	江西馨阳岭实业有限公司	馨阳岭	茶叶

续表

序号	企业名称	注册商标	使用商品
612	瑞金市聚道食品有限公司	聚道	面条
613	江西上犹梅岭有机茶实业有限公司	梅岭	茶叶
614	上犹县云华茶厂	陶氏	茶叶
615	江西晶星食品有限公司	晶星	面条
616	江西九二盐业有限责任公司	92	食盐
617	江西晶昊盐化有限公司	井冈	食盐
618	寻乌县岑峰酒业有限公司	岑峰	白酒
619	信丰恒隆麦饭石酒业有限公司	信丰	白酒
620	江西翠微三甲酒业有限公司	翠微三甲	黄酒
621	江西明月山东天然食品有限公司	江特	矿泉水
622	江西诺泰生物科技有限公司	雅因儿	婴儿用含乳面粉、婴儿食品
623	江西省金世本香实业有限公司	金世本香	山茶油
624	丰城市圣仁食品有限公司	圣仁	豆腐制品、腐竹
625	高安市清河油脂有限公司	谷晶	米糠油
626	江西富龙食品有限公司	赣牛	肉、蛋、肉干
627	江西广村食品有限公司	得利园	果酱、果肉、水果蜜饯
628	江西力明实业有限公司	力明	山茶油
629	宜春市温汤佬食品有限责任公司	温汤佬	皮蛋
630	丰城市乡意浓富硒生态科技有限公司	乡意浓	大米
631	高安市粮油购销公司	高玉	大米
632	江西龙牙百合有限责任公司	龙牙	百合粉、食用淀粉产品、含淀粉食物
633	江西瑞丰食品有限公司	瑞丰惠尔	冰淇淋、冰棍、冰糕、冰砖
634	江西晶升粮油食品有限公司	晶升	大米
635	江西龙艳米业有限公司	龙艳	大米
636	江西省樟树市凌云面条厂	昧玉	面条
637	江西山芝客家食品有限公司	山芝	糖果、糕点、米果
638	江西万载千年食品有限公司	千年	食用淀粉、百合粉、酥皮糕点
639	江西省变色龙食品有限责任公司	变色龙	挂面
640	江西省铜鼓县茶业有限公司	铜鼓春韵	茶、茶叶代用品
641	江西绣香谷食品开发有限公司	绣香谷	谷类制品、面粉制品、以谷物为主的零食小吃
642	江西村娃实业有限公司	村娃	面条
643	江西绿叶现代农业有限公司	双杏	芦笋、藤本豆
644	江西樟树老窖酒业有限公司	金健	白酒
645	樟树市古城酒业有限公司	赣清	白酒
646	江西柏林实业有限公司	柏鹤	水果罐头、蔬菜罐头、肉罐头

续表

序号	企业名称	注册商标	使用商品
647	德兴市源森红花茶油有限公司	原山初红	食用油
648	江西翰雨油茶有限公司	翰雨	食用油
649	江西中大生态农业科技发展有限公司	九丰	肉、鱼制食品、蔬菜罐头、豆腐
650	江西婺源青松农牧有限公司	婺产	非活家禽、腌蔬菜、蛋、食用油
651	上饶市金顺农副产品加工贸易有限公司	顺多多	熟制豆、精制坚果仁
652	江西省鑫康食品有限公司	万年佬	笋干、蔬菜罐头、干蔬菜
653	上饶县五羊茶叶实业有限公司	华坛五羊雾	茶
654	铅山县绿和有机资源开发有限公司	雾云丫	茶
655	弋阳县正味味精有限责任公司	厨思	调味品
656	上饶市洪亨米厂	洪亨米业	大米
657	江西文博粮业有限公司	绿作坊	大米
658	鄱阳县瑞丰米业有限公司	鄱城香	大米
659	江西省真牛食品有限公司	丁福记	糖果、食用冰、黑麻片、豆粉
660	江西盛态粮食实业有限公司	红地稻	大米
661	弋阳县心情佳实业有限公司	心情佳	茶、甜食、米花糖、糕点
662	江西三山实业有限公司	玉山怀玉	茶
663	弋阳县恒霸调味品有限公司	恒霸	醋、酱油
664	上饶市三清山元圣茶业精品有限公司	元盛三清红	茶
665	江西樟树啤酒集团有限公司	樟树	啤酒
666	江西国兴集团百丈泉食品饮料有限公司	百丈泉	矿泉水
667	兴国县小而大食品有限公司	宝石山	矿泉水
668	赣州市京都啤酒有限公司	赣威	啤酒
669	信丰恒隆麦饭石酒业有限公司	谷烧	烧酒
670	上饶市怡品三清泉实业有限公司	怡品三清	矿泉水
671	玉山县天下行实业有限公司	天下行	饮用水
672	泰和县沿溪福星原种乌鸡养殖场	小凤仙	蛋、非活家禽、加工过的鸡
673	丰城市老实人食品有限公司	老实人	加工过的瓜子、葡萄干、蜜饯、熟制豆、豆腐制品
674	江西德和园粮油有限公司	年年喜	食用油
675	井冈山市井之绿特产有限公司	井之绿	干蔬菜、食用菌
676	吉安正邦食品有限公司	正邦	猪肉、猪肉食品
678	吉安江南食品厂	江南一宝	加工过的花生、精制坚果仁
679	吉安县永祥米业有限公司	张氏吉祥	大米
680	泰和县万合平发粮食加工厂	万珠	大米
681	江西江南香米业有限公司	江南香	大米
682	江西御华轩实业有限公司	御华轩	茶

续表

序号	企业名称	注册商标	使用商品
683	江西维莱营健高科有限公司	哈贝高	非医用营养胶囊、非医用营养粉
684	新干县杨盛米业有限公司	杨盛	大米
685	泰和县鑫龙实业有限公司	鑫泰龙	大米
686	江西省吉水县金鑫米业有限公司	聚圆鑫	大米
687	永新县粮油食品有限公司	三湾	生糯粉
688	吉安县吉珠粮贸有限公司	吉珠	大米
689	樟树市成鑫实业有限公司	牛旺大哥	果类食品
690	江西万载千年食品有限公司	千年	干食用菌、桂花羹、莲子、干枣、百合干
691	江西煌上煌集团食品股份有限公司	煌上煌	肉制品、鱼制品、豆制品
692	江西大忙人实业有限公司	大忙人	葛粉
693	江西仙客来生物科技有限公司	仙客来	鲜食用菌、食用菌制品
694	吉安市章赣酒业有限责任公司	雄风龙威	白酒
695	吉安井冈绿宝油脂有限公司	燕家香	食用油
696	上饶市红叶食品有限公司	红叶	腌制蔬菜、干蔬菜、加工过的花生、瓜子
697	江西现代食品有限公司	龟峰	猪肉食品、鱼制食品、非活家禽
698	江西鹏辉高科粮业有限公司	憨农	大米
699	德兴市三清山植物食品有限公司	福圣元	非医用营养粉、非医用营养胶囊
700	鄱阳县花子米业有限公司	湖上春	大米
701	鄱阳县粮油总公司	鄱阳湖	大米
702	江西益精峰业有限公司	金益精	蜂蜜
703	江西皇粮米业有限公司	皇佳良	大米
704	江西汇全食品饮料有限公司	玉京峰	矿泉水
705	婺源县鄣公山茶叶实业有限公司	鄣公山	绿茶、红茶、花茶
706	遂川县巾石粮油购销公司	穗川	大米
707	江西新干良豪米业有限公司	良豪	大米
708	新干县琴联米业有限公司	琴联	大米
709	新干县海珠米业有限公司	海珠博	大米
710	江西省南健实业有限公司	南健	大米
711	吉水县京九实业有限公司	曙光	大米、糯米粉
712	泰和县双龙米业有限公司	曦光	大米
713	吉水县金泰米业有限公司	吉润	大米
714	江西省吉水顺发粮油有限公司	赣珠	大米
715	吉安市庐水河食品有限公司	庐水	糯米粉、粘米粉
716	江西井冈山生力泰生物科技有限公司	生力泰	冰茶、茶饮料
717	江西井冈酒业有限责任公司	老冬	黄酒、果酒
718	吉安市佳健食品有限公司	佳健	无酒精果汁饮料

续表

序号	企业名称	注册商标	使用商品
719	泰和县武山凤酒精有限公司	武山凤	乌鸡酒
720	井冈山市鹃花红米酒厂	鹃花	红米酒
721	江西金山食用菌专业合作社	方金山	干食用菌
722	江西阿颖金山药食品集团有限公司	阿颖	食用淀粉产品、谷类制品
723	资溪县逸沁茶业有限公司	出云峰	茶
724	江西金泰米业有限公司	省龙	大米
725	江西华茂保健品开发有限公司	光临	蜂蜜
726	江西省金谷米业有限公司	绳金塔	大米
727	江西千佳米业有限公司	千佳	大米

烟草业

【概　况】　2014年,全省种植烟叶26340公顷,收购106.2万担,其中,收购浓香型烟叶30万担。全省烟叶收购均价24.18元/千克,提高0.62元/千克;烟农户均种烟收入7.73万元(含补贴),增加1.18万元。累计加工原烟64.48万担,实现营业收入1.03亿元,营业利润1414万元,主营业务首次实现扭亏为盈。卷烟销售146.30万箱,增长1.27%;全省卷烟零售户平均综合毛利率13.46%。全年生产卷烟135.3万箱,增加7.5万箱,增长5.87%。其中,合作生产48.23万箱,增长30.37%。全省烟草实现税利210.9亿元,增长16.83%。

新建5个国家级烟叶基地,总数达到11个,占全省烟叶生产总量的50%以上。持续推进常规项目建设,全省系统投入项目资金1.38亿元,投资援建水源工程1.65亿元,完善50个重点产烟村、5万亩基本烟田配套水利设施建设,建设机耕路78.4千米,新建密集烤房936座,购置农机1585台(套),建设育苗设施676座,洋溪田里水库已完成主体大坝及部分配套设施建设。积极组织低档紧俏货源,调控高档卷烟投放量,保持卷烟市场平稳。加强省产烟销售和"金圣"品牌培育,开展新品宣传促销。全年"金圣"品牌调拨销售42.97万箱,增加2.96万箱,增长7.4%。其中:省内32.87万箱,增长10.7%;省外10.1万箱,增长3.3%。开展卷烟营销市场化取向改革试点,初步摸索出一套新的客户分类评价体系和货源分配模式。积极推广应用手机新商盟订货平台,零售终端建设深入推进。加强专卖市场打假、精准监管、证件管理和内部监管。组织实施专项行动,突出重点地区、重点环节整治,保持卷烟打假高压态势。

大力推进科技创新,启动烟叶安全性监督检测,烟叶技术研发能力和水平明显提升;工业企业研发推出"金圣"本草瑞香(细支烟)、"金圣"锦绣等新品,完成"金圣"黑老虎庄园、"金圣"典藏本草香、"金圣"本草香逸以及新型电子烟等多款产品的配方储备。

【加强本草减害降焦核心技术研究】　加强新技术新材料新工艺研究应用,围绕提升本草特色开展梗丝酶解工艺优化、本草提取物感官舒适性实验以及烟丝、烟气及感官评吸研究,完成定长切丝、"金圣"(本草香)品类特色工艺研究、金圣专用梗丝技术研究项目,研制开发10种新型滤棒、3个水合性保润剂以及本草香珠包衣工艺、降焦卷烟纸、全麻卷烟纸等新型材料并有效应用到产品开发中。继续加强降焦工作,"金圣"卷烟焦油加权平均值从2013年的10.74毫克/支下降到10.59毫克/支。

【推进"金圣"品牌协同营销】　江西烟草全面推进"金圣"卷烟在省内市场平稳发展,实施高度协同的工作机制、顺畅高效的营销机制、精准有力的考核机制。成立"金圣"品牌培育工作领导小组,由省烟草专卖局与江西中烟分管领导任组长,每月分片区走访,收集"金圣"卷烟经营、价格、库存、市场、客户满意等方面情况,对重点品牌异动情况及时调控,基本达到"市场需求基本满足、零售客户有所选择、零售价格保持稳定、社会库存基本合理、供求关系稍紧平衡"的良好状态。制定协同营销方案,定期对"金圣"卷烟市场状态和销售情况进行通报,开展全省"金圣"金牌零售户评选活动,加大品牌培育工作中先进典型的挖掘和宣传力度。全年"金圣"卷烟总体保持价格稳定、营销良好、库存合理的状态。

(王萱　夏晨娣)

本栏编辑　熊军

非公有制经济

综　　述

2014年,全省非公经济完成增加值9129.3亿元,增长10.3%,占全省地区生产总值58.1%。其中规模以上非公工业企业增加值5638.7亿元,增长13.3%,占全省工业增加值总额82.5%。上缴税金1597.7亿元,增长13.3%,占同期全省税收总额70.1%。出口创汇持续增长,实现出口创汇296.3亿美元,增长10.3%,占全省出口总额92.5%。实现固定资产投资1.12万亿元,增长15.2%,占全省固定资产投资比重76.2%。全省私营企业32.89万户,个体工商户154.25万户,私营企业注册资本总额1.17万亿元,分别增长25.1%、12.31%和47.98%。自3月实施工商登记制度改革以来,全省新登记私营企业6.92万户,增长超六成,达66.21%,平均每个工作日新登记私营企业328户,这些新登记企业从业人员61.9万人,除去投资者人数,创造就业岗位49.36万个。

发展升级步伐加快。新登记企业除以传统的服务业为主外,租赁和商业服务等现代服务业占比提高明显,制造业集聚资本能力突飞猛进,显示出承接产业转移、加快现代制造业转型升级的巨大作用。企业上市工作取得新进展,全省先后有1户企业借壳实现A股上市,1户企业在香港联交所挂牌上市,4户企业正在证监会审核;13户企业在“新三板”挂牌,另外还有10户企业在“新三板”审核,全年实现企业直接融资651.14亿元,超额完成全年目标任务。

经营领域不断拓宽。省委、省政府出台《关于大力促进非公有制经济又好又快发展的意见》等一系列政策文件,拓宽民间投资领域,降低市场准入条件。非公经济进入公共基础设施领域,新能源、新材料等新兴产业及金融、文化创意等现代服务业的发展步伐加快。

产业集群悄然兴起。各地根据本地资源禀赋和传统产业优势,科学规划产业布局,推进整体产业招商,引导在外创业成功人士抱团返乡创业,广丰红木、新干箱包、进贤医疗器械等一批非公经济产业集群悄然兴起,推进协作配套,延伸产业链,形成“点、面、线”的链式发展模式。

优化政务环境。全省各地各单位加快转变职能,大力推进行政审批制度改革,积极探索实行“负面清单”管理模式,主动简政放权,提升效率。年内,全省分3批主动取消下放省级审批事项234个大项48个子项,实际精简率超40%,减少评比达标表彰项目999项,取消行政事业性收费项目42项。行政审批项目得到进一步清理和精简,行政审批效率和质量有效提升。

推进制度创新。根据省委全面深化改革领导小组工作部署和省政府领导指示精神,在全省开展私营企业建立现代企业制度示范工作。重点从“专精特新”企业、战略性新兴产业和现代服务业中择优选定30户试点企业,组织聘请专业咨询机构为试点企业开展管理咨询诊断活动,指导试点企业进行整改。省中小企业发展专项资金中安排专门资金,对试点企业的管理咨询诊断给予补贴。

组织政策宣讲。为大力宣传省委、省政府14号文件精神,及时把政策举措传达到广大非公有制企业和非公有制经济人士当中,组织成立宣讲团,分赴11个设区市对省委、省政府14号文件形成的背景、过程和意义进

省政府副秘书长张小平、省中小企业局局长吴治云一行在煌上煌调研

行分析介绍，对省委、省政府14号文件的政策取向、政策依据和主要精神进行重点解读，对省委、省政府14号文件贯彻落实的前景和要求提出政策指引，引导各地更加全面、深刻、准确地理解省委、省政府14号文件和全省动员大会精神。

加强政企联系。3月，组织开展以“送政策送服务、帮解惑帮答疑、促转型促发展”为主题的“万名干部进万企活动月”活动。省、市、县三级四套班子相关领导和各级促进非公有制经济发展领导小组成员单位深入非公有制企业开展政策宣讲、调查研究和务实帮扶。全省参加走访活动的各级干部1.51万人，走访企业1.2万户，宣传讲解政策8509次，收集意见建议4536条，解决企业困难2575个，跟踪落实问题1622个。此项活动通过问政、问计、问需于企，将党和政府促进非公有制经济发展的政策传递给广大非公有制企业，协调解决了诸多影响非公有制经济发展的困难和问题。

提升企业素质。制定下发《关于在全省非公有制企业中开展万企培训活动的工作方案》，争取用4年时间，对全省非公有制骨干企业主要出资人、重点中小微企业高层管理人员、各级商会组织负责人普遍轮训一遍。通过培训全面提升全省广大非公有制经济人士思想政治素质、经营管理能力等综合素质。依托各级党校、行政学院、社会主义学院、高等院校、创业大学以及社会专业培训机构，举办非公有制经济领域学习培训177次，参训人数3.41万人次。

（韩坤）

外商、中国港澳台商投资企业

【概　况】　2014年，全省新登记外商投资企业619户，下降12%；全省新登记外商投资企业注册资本55.26亿美元，下降12.3%。从行业分布看，制造业新登记273户，占新登记总数43%，减少13%；批发和零售业108户，占17%，减少11.4%；信息传输、软件和信息技术服务业59户，占9.5%，减少9%；农林牧渔业37户，占6%，减少37%；租赁和商务服务业41户，占6.6%，增长28%。从产业分布看，第一产业新登记37户，减少37%；第二产业新登记286户，减少14.8%；第三产业新登记296户，减少4%。从区域分布看，南昌市新登记161户，占全省外商投资企业新登记数26%；赣州市新登记104户，占17%；九江市新登记137户，占22%；吉安市新登记74户，占12%，新余市新登记38户，占6.1%。从增长速度看，九江市新登记137户，增长14.1%，居全省第一位；宜春市新登记外商投资企业23户，增长4.5%，居全省第二位；上饶市新登记外商投资企业24户，增长4%，居全省第三位。

至年底，全省实有登记外商投资企业7020户，增长5.2%；全省外商投资企业注册资本437.70亿美元，增长13.8%。从行业分布看，全省外商投资企业从事制造业3417户，占总数49%；增长4.4 %，批发和零售业992户，占14.1%，增长8%；农林牧渔业534户，占7.6%，增长1.3%；房地产业374户，占5.3%，与2013年持平；信息传输、软件和信息技术服务业410户，占5.8%，增长11%。从产业分布看，第一产业534户，增长1.3%；第二产业3676户，增长4.3%；第三产业2810户，增长7%。从区域分布看，南昌市实有1913户，占全省外商投资企业总数27.2%；赣州市实有1366户，占19.4%；九江市实有1097户，占15.6%；吉安市实有611户，占8.7%；上饶市实有394户，占5.6%。从增长速度看，新余市实有287户，增长11.6%，居全省第一位；九江市实有1097户，增长9.3%，居全省第二位；吉安市实有611户，增长6.4%，居全省第三位。

年内，全省外商与中国港澳台商投资企业（法人企业）的投资方有近30个国家，主要集中于亚洲，占86.5%，其余为拉丁美洲、北美洲等。亚洲国家中，以中国香港地区投资为主，占73%，其余依次为中国台湾地区、中国澳门地区等。全省办理外商投资企业注、吊销登记195户，其中注销193户、吊销2户，分别比上年同期减少82.3%、26.6%、99%。注、吊销企业集中分布在制造业73户，批发和零售业34户，农、林、牧、渔业24户，这3行业占注吊销总数67%。注、吊销的企业（不含分支机构）106户，投资方集中在亚洲，其中中国香港地区68户，中国台湾地区14户，其次为英属维尔京群岛3户。

【企业类型以外商独资企业为主】　至年底，全省有外商独资企业4418户，占总数的62.9%。表明独资企业的自主性较强、灵活性较大等特点依旧使其成为外商投资的首选方式。

【投资企业集中分布在南昌等中心城市】　从投资企业分布情况看，南昌市实有1913户，占全省外商投资企业总数的27.2%；赣州市实有1366户，占19.4%；九江市实有1097户，占15.6%；吉安市实有611户，占8.7%；上饶市实有394户，占5.6%。反映出南昌作为全省外商发展的集中区域，对全省外商投资企业的发展起到引领作用。

（孙浩）

广丰红木国际家具城

个体私营经济

【概 况】 2014年,全省私营企业32.89万户,增长25.10%,占全省各类企业80.62%,比上年比重提高3.08个百分点;全省私营企业注册资本总额1.17万亿元,增长47.98%,占全省各类企业注册资本总额的57%,比上年比重提高6.23个百分点;全省私营企业从业人员398.57万人,增长20.49%,超越个体从业人员成为全省第一大就业群体。全年有13万人在投身万众创业同时,新创造了61万个就业岗位。年内,全省个体工商户154.25万户,增长12.31%;从业人员377.97万人,增长10.6%;登记资金数额1347.53亿元,增长30.24%。个体工商户在实现大众创业的同时,户均还带动1.5万人实现就业,成为社会就业的巨大“蓄水池”,为促进社会稳定发挥积极的调蓄作用。

全省新登记私营企业7.42万户,增长58.28%,占全省各类新登记企业的比重94.4%,平均每个工作日新登记私营企业297户;全省新登记私营企业注册资本总额3014.75亿元,增长137.97%,占全省各类新登记企业注册资本总额的78.25%;全省新登记私营企业从业人员75.20万人,增长96.92%。全省新登记个体工商户在连续3年负增长后,实现正增长。全省新登记个体工商户20.84万户,增长5.36%;新登记从业人员51.29万人,下降12.03%,户均从业人员2.46人;新登记资金数额346.07亿元,增长16.53%,户均投入资金16.61万元。

全省农民专业合作社实有3.53万户,增长31.51%,“一村一社”指标2.09户,每10户农户中就有一户加入合作社;出资总额767.82亿元,增长45.83%;成员总数64.35万人,增长38.83%,入社成员覆盖农户比例10.07%(农村家庭户数来源于全国2010年人口普查乡村家庭户数)。全省农民专业合作社新登记8519户,增长14.78%;新登记合作社出资金额222.16亿元,增长26.67%;新登记合作社成员总数15.44万人,下降9.73%。农民专业合作社资金规模持续扩大,500万元以上资金规模的合作社增速较快,合作社的市场竞争能力不断提高。至年底,全省合作社出资总额767.82亿元,增长45.83%;户均出资规模217.35万元,扩大10.96%。其中:货币出资650.67亿元,增长50.90%;非货币出资117.15亿元,增长22.91%。接近六成的合作社涉足种植业,有三分之一的合作社涉足养殖业,表明传统种养业仍然是江西省合作社的主业。涉足其他业务范围的合作社增长最快,增长57.57%,主要是一些新型的合作形式不断涌现,并为江西省农民所接受;而涉足农产品运输、农产品贮藏的合作社增速也较快,分别增长40.06%、36.75%,有利于促进农产品流通,提高附加值。

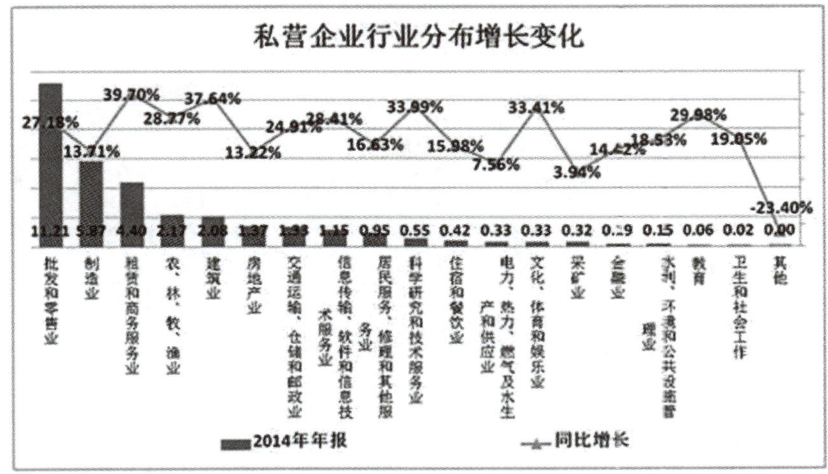

【商事登记制度改革成效明显】 3月实施工商登记制度改革。至12月,全省新登记私营企业6.92万户,增长66.21%,平均每个工作日有328户私营企业成立,比上年同期每天多128户;新登记私营企业注册资本总额2772.24亿元,增长188.67%;新登记私营企业从业人员61.94万人,增长56.55%。

【昌九一体区域和赣南苏区区域个体私营经济发展迅速】 昌九一体区域的私营企业最为密集,民间资本进一步向昌九一体区域集聚,吸引全省近四成新增民间资本投资,而赣南苏区区域群众创业最为积极。至年底,昌九一体区域(含省本级登记、南昌市、九江区)期末实有私营企业12.20万户,增长21.27%,占全省比重37.10%;注册资本总额4480.27亿元,增长49.13%,占全省比重38.28%。赣南苏区区域(含赣州市、吉安市)期末实有私营企业6.92万户,增长29.82%,为全省最高增速,占全省比重21.05%;注册资本总额2247.69亿元,增长47.69%,占全省比重19.20%。其中,昌九一体区域本期登记私营企业2.52万户,增长58.74%,占全省比重33.98%;本期登记注册资本总额1197.60亿元,增长213.67%,为全省最高增速,占全省比重39.72%。赣南苏区区域本期登记私营企业1.73万户,增长48.25%,占全省比重23.32%;本期登记注册资本总额659.85亿元,增长95.75%,占全省比重21.89%。

(彭文洲)

责任编辑 杨沂柳

信息化建设

综　述

2014年，围绕全省经济社会发展总体目标，加快推进全省信息化建设，信息通信基础设施集约化建设逐步完善，社会各领域信息化应用进一步拓展，信息化助推经济发展的能力进一步提高。

信息基础设施进一步完善。“宽带中国”江西工程全面推进，实施“宽带中国”江西工程2014专项行动，推进宽带网络普及提速，加快城市光纤入户和光纤网络向乡镇与农村延伸，扩大3G网络在全省的覆盖范围，支持4G加快发展。南昌、上饶2个城市被列为国家“宽带中国”建设示范城市。全省电信业务总量394.4亿元，电信业务收入251.4亿元，电话用户总数达到3515.8万户，（其中移动用户达到2938.5万户），固定资产投资完成93.3亿元。全省光纤到户覆盖家庭实现翻番，达到578.7万户。3G/LTE移动电话用户数达到1389.4万户。宽带接入端口数达到1051.7万个，TD－LTE基站达到2.17万个。无线网络公共运营接入点达到11.3万个。固定互联网宽带接入用户达到574.1万户，比上年末净增116.2万户，其中8M及以上固定宽带接入用户数达到190.4万户，在总用户数中占比达到33.2%。

三网融合全面推进。继续开展三网融合建设试点工作，总结三网融合试点经验，积极推动广电和电信企业业务双向进入，引导三网融合市场公平有序竞争。积极推广南昌市“三网融合”试点经验，在南昌召开三网融合试点经验交流会，鼓励各设区市学习经验先行先试。

信息化和工业化深度融合。继续实施两化融合“个十百千万”工程，以典型示范引领两化融合发展，认定50家两化融合示范企业和3家示范园区；实施通信企业与示范园区结对帮扶工程，帮助园区和企业深入推进两化融合；积极开展两化融合的宣传和培训工作，召开全省两化融合经验交流大会，承办全国两化融合创新推进大会，举办“2014江西信息化与工业化深度融合论坛”；省工信委与中华通信签订《中华工业云项目协议》，专注服务工业经济发展的“互联网＋工业”项目；开展两化融合管理体系的推广工作，积极帮助企业开展贯标试点工作，以管理体系为抓手深入推进企业两化融合，9家企业和1家服务机构获得补助列入第一批试点名单。开展江西省区域两化融合发展水平评估工作，组织367家企业向评估系统填报数据，完成江西两化融合发展水平评估。

推进智慧城市建设，促进信息消费。统筹指导推进全省智慧城市建设，省工信委、发改委、住建厅等有关单位共同印发加快智慧城市建设的指导意见，加强规划指导，强化政策法规与标准规范建设。按照国家促进信息消费、扩大内需的总体要求，及时调度信息消费工作进展情况；婺源县和新余市列入第二批国家信息消费试点城市。

电子信息产业持续健康快速发展。全省电子信息制造业全年累计完成主营业务收入1138.3亿元，增长13.8%，增速高出全国增速4个百分点，高出全省工业增速0.8个百分点；实现利税总额114.3亿元，增长18.8%。半导体照明、手机通信和数字视听三大主导产业仍取得较好的增长。江西半导体照明产业规模以上企业实现主营业务收入185亿元，完成利税15.7亿元，分别增长20.3%和22.1%。；全省通信终端生产企业实现主营业务收入410亿元、利税29.6亿元，分别增长32.9%和21.4%；数字视听产业完成主营业务收入234亿元，增长18.1%；实现利税19.6亿元，增长14.5%。

电子政务应用领域进一步拓展。重要业务系统的应用呈现井喷式发展，省级政务部门业务应用达到70%以上，其中，财政、公安、人社、国土、工商、税务、住建、环保、质检、食药监、统计、卫生与人口等主要业务覆盖率已达100%，电子政务在经济和社会管理、保障和改善民生等领域成效显著。各部门间信息共享的内容、范围、方式和效率都取得进展，在社会保障应用、综合治税、网上审批、空间地理信息共享、信用管理、电子口岸、司法管理、财政管理、智慧社区等多领域的业务协同成效较为突出。全省电子政务网络支撑能力不断加强，外网已经覆盖100%的乡镇。

软件服务业持续健康发展。大力推动重大项目建设，全省软件服务业产业规模继续壮大，保持良好发展势头，全年实现营业收入121亿元，增长19%。其中，软件业务收入达到76亿元，增长17%。信息系统集成服务、信息技术咨询服务以及数据处理和存储服务实现收入47.8亿元。

无线电监管有序推进。全省拥有各类无线电台站总数3390余万台

(部、个)。其中,公众移动电话3350余万部,小灵通30余万部,广播电视台317个,数传电台286部,短波电台19部,超短波电台23384部,船舶电台45部,蜂窝无线电通信基站80683个,PHS基站6626个,卫星地球站155个,微波站373个。

(省工信委编辑室)

信息基础设施

【概　况】 全省信息服务行业在加强信息基础设施建设、服务社会民生、保障网络信息安全等方面做了大量卓有成效的工作。特别是实施"宽带中国"江西工程和4G工程,进一步提高信息化服务水平,增强支撑保障能力。

【江西移动4G正式商用】 1月17日,中国移动江西公司4G商用暨4G产业联盟新闻发布会在南昌举行,宣布实现4G正式商用,全年分阶段实施建设约11000个基站,4G网能力快速提升,实现全省县级以上城市主城区连续覆盖。

【信息基础设施支撑能力提高】 截至年底,江西电信业务总量完成394.6亿元,增长16.6%。固定电话用户577.3万户,减少45.1万户,固定电话普及率12.8部/百人;移动电话用户新增131.6万户,达到2938.5万户,移动电话普及率65.0部/百人。移动电话用户中,4G用户达到238.7万户。固定互联网宽带用户新增24.1万户,达到434.2万户(固定互联网宽带相关数据未包括江西移动用户),其中接入速率大于8兆的用户达到146.2万户,占所有用户的33.7%。

【网络覆盖能力持续增强】 全年固定资产投资93.3亿元,增长1.4%,全省光缆总长度达58.4万千米,其中105.1万个家庭已实现光纤上网,互联网宽带接入端口975.1万个。TD-LTE基站达到2.5万个。无线网络公共运营接入点达到11万个。互联网省级出口带宽274.7万兆,固定宽带家庭普及率34.7%,移动互联网接入流量4495.2万Gb。

【电信基础设施共建共享继续推进】

共建基站233个、共建杆路125.2线路千米、共建管道141.1线路千米、共建铁塔204个、共享基站301个、共享杆路616.8线路千米、共享管道110.0线路千米、共享铁塔269个,节省建设投资约1.86亿元。

【广播电视网络覆盖能力提高】 全省广播综合人口覆盖率97.44%,电视综合人口覆盖率98.52%。骨干广播电视发射台和转播台635座,有线广播电视传输干线总长122638千米。共投资6135万元,完成采用直播卫星接收方式的12333个村(场)的村村通工程建设。

【有线电视加快数字化整体转换】
全省有线电视数字化整体转换继续推进,有线广播电视用户数621万户,入户率51.38%。数字电视用户数504.63万户,增加84.33万户,数字电视入户率41.76%,全省有线电视数字化整转率81.3%。全省高清互动机顶盒约10万台,网内传输的高清频道数量增加到41套以上,数字电视节目频道达到180余套以上。全省有线电视双向覆盖用户达到94.8万户,其中CMTS覆盖用户23.2万户,EOC覆盖用户51.4万户,LAN覆盖用户20.4万户。

【数字影院建设加快】 截至年底,全省城市影院总数达到184家,银幕总数805块(3D厅598个),全省11个设区市城区实现多厅影院全覆盖。

(省工信委编辑室)

信息技术应用

【江西手机报正式上线开通】 2月25日《江西手机报》正式上线,省委常委、省委宣传部部长姚亚平出席上线仪式并点击开通,这标志着江西省"一省一报(手机报)工程"取得重大进展,是国家互联网信息办公室在全国推行"一省一报"5个试点省份之一。《江西手机报》由省委宣传部主管、江西日报社主办,定位为手机版党报,是全省"两报、两台、两网"六大省属重点新闻媒体之一。

【江西地理信息公共服务平台开通】
3月10日,全省地理信息公共服务平台正式开通。该平台是一个依托电子政务网络和互联网搭建起的地理信息在线服务系统,纵向国家、省、市、县四级贯通,横向政府各部门互联,提供"一站式"地理信息协同服务。集在线地理信息数据服务和功能服务于一体,通过分布式、一体化地理信息在线服务体系,实现全省地理信息资源的纵横联通和有效集成。

【南昌赣州获批创建国家电子商务示范城市】 4月,国家发改委等8部门联合公布创建国家电子商务示范城市名单,南昌、赣州2市列入全国创建国家电子商务示范城市。

【江西4地列入国家智慧城市试点】
6月,住建部公布103个国家智慧城市试点名单,新余市、樟树市、共青城市、婺源县等4地入选。这是继萍乡市、南昌市红谷滩新区被列为第一批国家智慧城市试点城市后,江西新入选的4座城市。

【江西启用电子往来港澳通行证】 9月15日起,全省公安机关出入境管理部门统一启用电子往来港澳通行证。这是自2012年5月电子普通护照上线后,公安机关出入境管理部门对出入境证件的第二次电子改版。改版后的往来港澳通行证是卡式证件,大小同居民身份证相当。通行证签注不再以贴纸的形式出现,而是以可重复擦写技术直接打印在证件背面,持证人无须频繁换证,通关查验时也不再需要加盖验讫章。

【"多险合一"信息系统上线】 9日,全省"多险合一"信息系统在鹰潭市率先上线运行,实现养老、医疗、工伤、生育、失业五个险种统一征缴和参保人员各项社会保险"同人同城同库"管理,是社会保障领域按照省级大集中模式推进的第一个核心系统。系统实行统一数据、统一管理、统一征收、统一监管,并与社保卡系统、银行系统对接,实现社保领域的信息共享与业务协同,做到社会保险费一票征缴和医保联网即时结算，能有效解决群众“跑腿”“垫资”等问题。

【全省首个移动互联网创业平台落户南昌】 10月10日，先锋天使咖啡移动互联网创业平台正式落户南昌高新区先锋电子商务产业园，标志着全省首家以创业和投资为主题的移动互联网创业服务平台正式宣告成立，这是鼓励创新创业的新举措，更为年轻人孵化梦想提供新平台。该平台重点在资金、资源和政策三个方面服务创业者，为创业者提供免费开放式办公环境和专业化创业服务。

【省级电子政务外网安全管理平台正式上线试运行】 11月，江西省省级电子政务外网安全管理平台顺利开发完成并通过第三方软件机构测试，正式上线试运行。该平台成功实现对省级平台上的网络设备、安全设备、主机系统、应用系统、数据库等IT资源进行实时监测，可对不同位置、不同类型设备、不同安全系统中分散单一的安全事件进行汇总、过滤、收集和关联分析，从而实现对省级电子政务外网全网统一预警和监测。

（省工信委编辑室）

电子信息制造业

【概　况】 2014年，全省电子信息制造业围绕省政府提出的关于电子信息制造业过千亿任务，坚持以做大总量、调优结构、提升竞争力为目标，采取有效措施，不断推进各项工作，实现产业持续健康快速发展。纳入统计口径的298家企业全年完成主营业务收入1138.3亿元，增长13.8%，增速高出全国增速4个百分点，高出全省工业增速0.8个百分点；实现利税总额114.3亿元，增长18.8%。

11个设区市中有5个主营业务收入增速在20%以上，吉安、赣州等产业基础较好、基数较大的设区市继续保持两位数“2字头”的增速。半导体照明产业规模以上企业实现主营业务收入185亿元，完成利税15.7亿元，分别增长20.3%和22.1%。；1—12月全省通信终端生产企业实现主营业务收入410亿元、利税29.6亿元，分别增长32.9%和21.4%；数字视听产业完成主营业务收入234亿元，增长18.1%；实现利税19.6亿元，增长14.5%。9大产业集群累计完成主营业务收入762.5亿元，增长26.7%；实现利税66.7亿元，增长44.2%。5个省级电子信息产业基地累计完成主营业务收入744.6亿元，增长25.5%；实现利税63.8亿元，增长32.1%。重点企业发挥龙头带动作用，继续领跑全省电子信息制造业。43家重点企业实现主营业务收入572.2亿元，占全省电子信息制造业主营业务收入50.26%；全年新增产值超过100亿元的企业1家，南昌欧菲光实现主营业务收入146亿元；实现产值超10亿元的企业有联创光电、联创电子、合力泰、红板电子、航盛电子、兴飞科技等20家企业。

【红板（江西）有限公司、合力泰科技股份有限公司入围全国电子信息百强企业】 根据国家统计局和工信部联合统计的2013年电子信息产业年报数据，经省工信委初审和推荐，工信部最终审定，红板（江西）有限公司、合力泰科技股份有限公司入围2014年（第28届）电子信息百强企业，分别列第86位和第99位。

【2个电子项目获得国家电子发展基金资助】 江西景光电子有限公司的“核磁共振医疗设备关键部件—功率振荡发射管研发与产业化”项目获得国家工信部电子发展基金400万元的无偿资助；晶能光电（江西）有限公司的“LED芯片生产线用关键成套设备工艺开发及产业化”项目获得电子发展基金1000万元的资助。

【2014年全国电子信息行业座谈会暨第28届中国电子信息百强企业发布会在吉安举行】 7月11日，经省工信委与吉安市政府争取，2014年全国电子信息行业座谈会暨第28届中国电子信息百强企业发布会在吉安市召开。工信部副部长杨学山出席会议并讲话。工信部、国家统计局相关司局及行业协会，各省（区、市）工业和信息化主管部门，电子信息百强企业近300名代表参加会议。会上发布第28届中国电子信息百强企业名单并为百强企业授牌。

【首届中国青年企业家（共青城）发展峰会——手机产业论坛在共青城举行】 根据支持共青城发展领导小组办公室第九次全体会议精神，省工信委牵头举办首届中国青年企业家（共青城）发展峰会——手机产业论坛，邀请国内知名通信终端企业、三大运营商等到赣考察，3家手机企业与共青城市签约。

（省工信委编辑室）

电子信息和软件服务业

【概　况】 2014年，全省软件服务行业大力推动重大项目建设，软件服务业产业规模继续壮大，保持良好发展势头，全年实现营业收入121亿元，增长19%。全省营业收入超亿元的软件服务企业达到25家，营业收入达到96.7亿元，占全省软件服务业营业收入的80%。其中，先锋软件、捷德（中国）信息2家企业营业收入超过10亿元，思创数码、汇天科技、泰豪软件、北方联创、江西通信产业服务公司5家企业营业收入超过5亿元。

【信息服务收入不断增长】 截至年底，信息系统集成服务、信息技术咨询服务以及数据处理和存储服务实现收入47.8亿元，增长17.3%，3项合计占全省软件业务收入62.8%，软件服务业网络化、服务化、智能化发展趋势进一步明显。

【大力扶持软件企业】 全省新认定软件企业33家，累计认定软件企业277家；新登记软件产品166项，累计登记1153项；新申报计算机信息系统集成企业资质11家，全省计算机信息系统集成资质企业达到62家。帮助汇天科技、金格软件获得省服务业发展资金200万元。

（省工信委编辑室）

电子政务

【概　况】　2014 年,全省电子政务工作以全面提升政府公共管理和服务水平作为出发点和落脚点,以平台建设和深化应用为主线,注重强化政府科学决策、提高行政效能、强化社会管理和公共服务能力。

电子政务发展现起色。各地各部门着力健全电子政务体制机制,对电子政务进行统一管理和统筹协调。48家省直单位成立信息化工作领导小组,全部市县均明确电子政务及政府网站主管部门。有 158 个单位制定电子政务或信息化发展工作计划,108家单位统筹组织下级部门制定并落实相应的工作计划,从横向纵向两个方面加强电子政务建设的统筹规划。省级政务部门业务应用达到 70% 以上,其中,财政、公安、人社、国土、工商、税务、住建、环保、质检、食药监、统计、卫生与人口等主要业务覆盖率已达100%,电子政务在经济和社会管理、保障和改善民生等领域成效显著。各部门间信息共享的内容、范围、方式和效率都取得进展,在社会保障应用、综合治税、网上审批、空间地理信息共享、信用管理、电子口岸、司法管理、财政管理、智慧社区等多领域的业务协同成效较为突出。在全国主要城市电子政务发展排名中,南昌市位列第十。组织召开全省政府管理创新与电子政务专题培训班,参训人员有各设区市电子政务主管部门负责人、各县(市、区)政府分管信息化及电子政务工作的负责人等共 115 人,其中县处级干部 98 人。

政务平台建设出成果。全省电子政务网络支撑能力不断加强,外网已经覆盖 100% 的乡镇。多数单位完成本系统专用网络的联通,重要业务系统实现从省到乡的联网运行。电子政务内网建设完成省级核心机房及网络的迁移工作,正在部署向各市县的延伸。依托电子政务平台加强县级政府政务公开和政务服务试点工作取得初步成效,在 4 个国家级试点全面完成任务的基础上,11 个省级试点的评估验收工作全面启动。作为新一代电子政务基础设施,基于云计算的电子政务公共服务平台开始规划建设。

政府网站管理有创新。根据《2013—2015 年度全省政府网站绩效评估指标体系》,在强化信息公开、在线服务、政民互动等方面,分阶段、有目标地对各级政府网站建设进行引导。中国社科院对全国 27 个省份政府网站进行综合评价,江西省政府网站整体水平列华中地区第一,紧随浙江和福建排全国第三。在全国同级政府门户网站评比中,江西省政府网站跻身前十,南昌县政府网站位居第五,各设区市政府网站的排名比上一年度均有不同程度提升。网站在线访谈活动趋于常态化,访谈嘉宾呈现多元化。各地各部门围绕省委省政府决策部署和经济社会发展开展在线访谈,民生领域的热点问题得到特别关注。据不完全统计,2014 年全省政府网站共开展在线访谈 596 期,共收到提问数13500 多个,现场回复近万个,访问量近 1200 万人次。

【省纪委监察厅官方微博微信上线】　8 月 14 日,省纪委监察厅官方微博、微信、江西手机报廉政版正式上线运行。这是继 2013 年年底改版升级门户网站后,省纪委监察厅运用新媒体推进党风廉政建设和反腐败工作的又一重要举措,是开门反腐的“新窗口”、联系群众的“新桥梁”。

【江西省人民政府网站改版上线运行】　11 月 20 日,江西省人民政府网站改版上线运行,新版网站以提升政府为民服务水平为宗旨,对服务定位、服务功能、服务方式进行全面优化和升级,突出“信息公开、在线办事、互动交流、公共服务”四大功能,整体呈现“栏目内容更丰富、服务导向更突出、用户使用更便捷、智能化水平更先进、页面设计更优化”五大特点,重点开设“览省情、寻资讯、看政务、找政策、享服务、爱问政、用数据”7 个频道。集中整合江西省公共资源交易系统、网上行政审批系统等 30 多个在线服务系统,并新增投资江西、智能机器人服务、微信微博、无障碍浏览等特色专栏和服务功能。

(省工信委编辑室)

无线电管理

【概　况】　2014 年,全省各级无线电管理机构共受理行政许可申请 52件,审批无线电台站 18513 个,指配频率 61 个,撤销无线电台站 2372 台部,收回频率 50 个。截至年底,全省拥有各类无线电台站总数 3400 余万台部。其中,公众移动电话 3350 余万部,小灵通用户 30 余万部,广播电视台 317个,数传电台 286 部,短波电台 19 部,超短波电台 23284 部,船舶电台 45部,蜂窝无线电通信基站 80683 个,PHS 基站 6626 个,卫星地球站 155个,微波站 373 个。

科学规划频率,合理利用频率资源。省通信管理局调整 150MHz、400MHz、800MHz、1.8G 等无线电业务的频率使用规划,以频率使用效益为导向,最大限度地保障重点部门、重要业务的需求。为保障防汛部门用频,将部分地区空置的水上业务频率指配给防汛部门“无线预警”系统使用,满足农村偏远地区防范应对山洪地质自然灾害的应急需要。

整合频率资源,提升频谱利用率。着眼无线电新技术应用,积极采取频率复用、集约共网和模转数等节约用频措施,释放占用频率,增加优质频谱资源供给,满足日益增长的新业务需求。为保障南昌地铁乘客信息系统用频,及时收回省电信、省联通闲置的共计 10MHz 带宽的 1.8G 无线接入频率,将清理回收后聚合的 15MHz 带宽的连续频谱指配给南昌地铁公司。为支持 4G 业务的运营,在 2013 年 4G清频工作的基础上,下大力气清理全省的 MMDS 台站,努力消除对 4G 业务的干扰隐患。

简政放权,下放部分频率台站管理权限。根据工信部减少行政审批事项和简政放权的要求,清理相关行政审批事项,做到审批权力向基层倾斜。经清理调整,省级保留频率、台站和进口三项行政审批事项,设区市增加呼号和卫星地球站两项行政审批事项,并全部取消现存的无线电管理非行政许可事项。下放无线电频率许可权,将 230MHz、1.8G 无线接入、800MHz

数字集群等无线电业务频率审批权下放各设区市无线电管理局。

【打击非法无线电台站】 根据工信部统一部署,积极开展打击“伪基站”和非法台站活动。打掉非法团伙20余个,涉案人员32人,缴获“伪基站”26台套。全年查处非法案件80余起,抓获涉案人员100余人,缴获“黑广播”10台套,卫星电视干扰器30余套,手机干扰器8套,手机诈骗群发器221套,移动上网信号放大器10余套,其他非法电台62台套。

【防范和打击利用无线电设备进行考试作弊】 2014年,全省共保障各类考试24场,出动保障人员1980余人次,保障考点760余个、考场28000余个,捕获作弊使用频率180余个,技术压制可疑信号130余起,查处考试作弊案件50余起,涉案人员60余人,查获作弊设备150余台套。

(省工信委编辑室)

信息安全

【概　况】 2014年,全省信息安全工作重点开展信息安全政策法规、网络安全宣传周、信息安全基础设施建设,以及重点领域网络与信息安全检查、政府网站安全监测等。从整体上看,各界对信息安全重视程度有所提高,安全投入和防护能力有所增强,但安全态势依旧较为严峻,主要表现在:信息安全意识不强、安全防护措施不完善、安全防护能力不足,部分重要网站及重要业务系统还存在高危漏洞和较大安全风险,网络攻击和安全事件时有发生。

【开展网络安全宣传周活动】 11月24日—30日,按照中央网信办部署,围绕“共建信息安全,共享网络文明”主题,省委网信办联合教育、工信、公安、通管、人行、新闻出版广电等部门,在南昌八一广场举行网络安全宣传周活动启动仪式,省委常委、宣传部部长姚亚平,副省长、省公安厅厅长郑为文出席活动仪式。宣传周期间,围绕金融、电信、电子政务、电子商务等重点领域和行业的网络安全问题,通过举办网络安全知识图片展、专家在线访谈、网络安全知识短信推送、印发宣传手册等多种形式,介绍网络诈骗、网络“钓鱼”、网络攻击等场景及日常工作和生活中存在的网络安全风险,宣传和普及网络安全知识和技能,提高全社会网络安全意识和防护能力。

【保障重要网站安全】 根据近年重要网站安全状况,结合新形势、新技术发展特点,省工信委加强对重要网站安全日常监测,做好全省重要网站安全服务保障。组织专业测评机构先后对全省近200家重要网站进行安全监测,查找出部分网站存在的后门、黑链和跨站脚本等安全漏洞,印发通报近20批次,及时通知或通报相关单位进行整改防护,保障重要网站安全稳定运行。监测发现,政府网站等重要网站安全防护水平有所提升,被植入后门、挂马现象有所减少,但网站被挂黑链现象有所增加,网站安全管理水平有待提高。

(省工信委编辑室)

邮　政

【概　况】 2014年,全省邮政行业完成邮政业务总量51.43亿元,增长25.6%;完成业务收入44.94亿元(不含邮储银行直营收入),增长17.75%。其中,快递业务收入完成18.22亿元,全国排名第17位,较上年度前进1位,增长40.34%。快递业务量完成1.6亿件,提前一年超额实现行业“十二五”规划目标,全国排名第15位,前进2位。邮政普遍服务和特殊服务寄递时限达到国家规定标准,邮政机要通信运行稳定。快递服务满意度连续三年稳步提升。全年处理申诉11471件,有效申诉3829件,消费者对企业处理满意度96.1分,对管理部门处理满意度97.3分,为消费者挽回经济损失42万余元。全年行政执法立案191件,处罚187件,处罚金额达64.07万元。

空白乡镇邮政局所补建工作取得突破。截至年底,全省214个补建项目,运营180个,运营率84.11%;竣工190个,竣工率88.79%;在建11个,已选址13个,选址率100%。南昌市、抚州市、萍乡市全面完成补建任务,宜春市、鹰潭市、九江市、上饶市、吉安市超额完成开业率80%以上。

全年受理快递业务经营许可申请企业168家,其中158家通过审核获得快递业务经营许可证,增长95%。快递企业在全省788个乡镇设点1314处,从业人员2100余人,乡镇快递覆盖率达55%,提高28%。全年农村收投快件量突破2000万件,实现翻番。全年组织开展4个批次的快递业务员职业技能鉴定统考,共有2904人报考,全年合格人数1869人。

【印发《关于促进快递业健康发展的意见》】 省发改委联合省邮政管理局共同印发《关于促进快递业健康发展的意见》,完整、系统地提出促进江西省快递服务业发展的指导思想、发展目标和政策措施。优化经营快递业务许可审批流程,建立审批“绿色通道”制度,快递许可审批时限由原来45天缩短至30天内,事项变更由30天缩短至15天以内。快递业务经营许可证变更审核增加7项形式审查,时限由原来30天缩短至10天以内。

【举办世界邮政日活动】 10月9日,江西省政管理局和南昌市邮政管理局联合组织邮政企业及在南昌主要品牌快递企业在红谷滩会议中心举办“世界邮政日”大型主题宣传活动。省邮政管理局局长彭志先、南昌市政府副市长肖玉文出席活动。吉安、新余、赣州、鹰潭等市局,围绕“情系万家,信达天下”的主题,在各地开展形式多样、内容丰富的“世界邮政日”宣传活动,向公众介绍邮政行业业情,普及邮政行业法律法规知识。

(黄智刚)

通　信

【概　况】 2014年,全省电话用户3515.8万户,新增86.5万户,电话普及率77.8部/100人。固定电话用户577.3万户,减少45.1万户,固定电话普及率12.8部/百人。移动电话用户2938.5万户,新增131.6万户,其中,3G用户1150.7万户,4G用户238.7万户。移动电话普及率65.0部/百人。固定互联网宽带用户434.2万户,新增24.1万户,固定宽带家庭普及率34.7%,其中接入速率大于8M的用户达到146.2万户,占所有用户的33.7%。电信业务总量394.6亿元,增长16.6%;电信业务收入251.9亿元,减少0.1%。电信固定资产投资93.3亿元,增长1.4%。光缆线路长度58.4万千米,新增2.0万千米。移动电话交换机容量4085.9万户,减少2.5万户。移动电话基站数10.7万个,新增3.1万个,其中3G基站4.2万个,新增0.7万个,4G基站2.5万个。互联网省级出口带宽274.7万M,移动互联网接入流量4495.2万G,互联网宽带接入端口975.1万个,无线网络公共运营接入点达到11万个。全年新建基站233个、新建杆路125.2线路千米、新建管道141.1线路千米、新建铁塔204个、共享基站301个、共享杆路616.8线路千米、共享管道110.0线路千米、共享铁塔269个,节省建设投资约1.86亿元。

【出台《"宽带中国"江西工程实施方案》】 为贯彻落实"宽带中国"战略,着力解决宽带网络接入速度、覆盖范围、应用普及等问题,强化产业发展和安全保障,提高宽带发展整体水平,1月22日,省政府出台《"宽带中国"江西工程实施方案》。根据实施方案,到2015年,固定宽带家庭普及率达到50%,第三代移动通信及其长期演进技术(3G/ LTE)用户普及率达到33%,有线电视网络互联互通平台覆盖有线电视网络用户比例达到80%。行政村100%实现通宽带,3G网络100%覆盖乡镇,无线局域网100%实现城市公共区域热点覆盖,移动通信长期演进技术(LTE)实现规模商用。城市地区用户全面实现20兆比特每秒(Mbps)宽带接入能力,农村地区用户全面实现4Mbps宽带接入能力,城市部分家庭用户达到100 Mbps。到2020年,固定宽带家庭普及率达到75%,3G/ LTE用户普及率达到90%,20户以上自然村实现100%通宽带,有线电视网络互联互通平台覆盖有线电视网络用户比例达到95%。光纤网络覆盖所有城市家庭,城市和农村地区用户宽带接入能力分别达到50Mbps和12Mbps,50%的城市家庭用户达到100Mbps,城市部分家庭用户可达1吉比特每秒(Gbps)。LTE网络基本覆盖城乡。

【推进昌九通信同城化】 3月19日,省通信管理局与省发改委联合下发《关于调整南昌九江两地通话费标准的通知》。4月1日零时起,移动电话率先实现昌九通信同城化。6月,省通信管理局督促企业尽快完成昌九两地固定电话用户市间长途资费调整、数据稽核对账及固网计费系统割接上线等工作。7月1日,实现固定电话通信同城化,每年为用户让利8670万元。

【启动移动电话携号转网】 9月20日起,江西面向移动电话用户正式启动移动电话号码可携带试验,可携转号段为除157、170、188号段外的所有移动手机号码。这标志着移动电话用户转网到其他电信运营企业无需改变原有的手机号码。江西移动电话号码可携转试验区域为南昌、九江、上饶、抚州、吉安、赣州、宜春、新余、萍乡、鹰潭、景德11个本地网。试验提供携带范围限定在同一个本地网内的移动电话号码,即南昌的用户只能在南昌电信、南昌移动和南昌联通间携转。移动电话用户如需携号转网,可持有效身份证件、携带号码所对应的有效移动电话识别卡到携入的电信运营企业营业厅申请办理。办理携号转网用户必须符合以下条件:申请号码携带的号码已在携出方办理真实身份信息登记。申请号码携带的号码处于正常使用状态(非挂失、停机等)。申请人与携出方已结清申请日当月账单外的费用。申请人与携出方签订有在网约定期限限制的协议,申请人应当事先与携出方解除在网约定期限限制。号码携带可能影响与携出号码相关联的号码付费或资费套餐使用的,申请人应当事先在携出方办理相关业务变更。两次号码携带时间间隔至少120日(自然日)。

(夏金栋)

互 联 网

【概　况】 截至2014年底,全省固定互联网宽带用户434.2万户,新增24.1万户,固定宽带家庭普及率34.7%,其中接入速率大于8M的用户达到146.2万户,占所有用户的33.7%。互联网省级出口带宽274.7万M,移动互联网接入流量4495.2万G,互联网宽带接入端口975.1万个,无线网络公共运营接入点达到11万个。

【加强网站备案专项工作】 为提高网站备案率和备案主体信息准确率,力争2014年网站备案率保持在99.9%以上,备案主体信息准确率(即备案主体资质证件准确率)达到85%,7月4日,省通信管理局印发《江西省通信行业加强网站备案管理专项行动实施方案》。要求按照"谁接入谁负责""谁运营谁负责"的原则,进一步完善"事前核验""事中监督""事后查处"机制。严格落实网站"先备案后接入""未备案不接入"等相关规定。抓好两个"重点"(网站备案重点环节,重点加强专线接入用户)的管理,严惩违法违规网站。根据网站备案率、备案主体信息准确率、受行政处罚情况等,对互联网接入服务企业实行分级管理。

【做好网络安全环境治理】 加强危害较大的安全事件的监测处置,2014年共处置木马和僵尸网络事件29000余起,重大DDOS攻击6起。针对移动互联网恶意程序泛滥的情况,对移动应用商店进行抽查,共检查应用商店应用8576个,其中发现有恶意行为的应用4299个。积极治理垃圾短信,共受理垃圾短信举报1.6万余件,关闭企业自有端口、SP端口53个,行业端口673个;企业自有业务端口垃圾短信月投诉量由最高峰值79件,下降至13件。

(夏金栋)

本栏编辑　熊军

园区经济

综　　述

2014年,全省工业园区大力实施园区提升计划,深入推进特色园区、生态园区、新型社区和管理信息化“三区一化”建设,不断提升园区集约集群、生态建设、社会化服务和管理服务水平,园区经济保持平稳发展,实现主营业务收入23226.7亿元,增长12.3%;完成工业增加值5454.5亿元,增长12%;上缴税金1077.2亿元,增长17.1%。

*稳增长促发展,主要经济指标迈上新台阶。*依托省中小企业公共服务平台,建立工业园区经济运行监测平台,对重点园区、重点产业、重点企业实行动态监测和预警分析。完善重点工业园区调度推进工作方案,建立过百亿园区旬调度制度,加强督促检查,确保稳增长目标落到实处。至年底,全面完成年初预定目标,主营业务收入突破2万亿元,工业增加值突破5000亿元,从业人员突破200万人。全省过百亿园区达到71个,同比增加2个。其中,过千亿元园区2个,新增1个;过500亿元园区10个,新增2个。上缴税金过10亿元园区38个,新增12个,其中过100亿元园区1个。同时,工业园区发展升级步伐不断加快,抚州高新区、赣州高新区、吉安高新区创建国家级高新区;配合省发改委,继续加快推动扩区调区工作。其中,47个园区扩区调区规划通过初审,23个园区的规划通过省直相关部门组织的联合评审,19个园区的规划已经省政府批准。

*育龙头创特色,产业集群发展取得新成效。*以省政府名义出台《关于加快产业集群发展促进工业园区发展升级的意见》,依托省经管学院编撰全省工业园区产业集群发展蓝皮书,建立产业集群发展竞争力评价指标体系,通过顶层设计,鼓励和引导每个园区重点抓好规划编制、龙头培育、产业配套3个核心要素和环节,确定主导产业特别是首位产业,引导设区市属工业园区重点培育2~3个产业集群,县属工业园区重点培育1~2个产业集群,94个园区均明确了1~2个重点发展的产业集群。创新工业园区产业集群支持方式,按照“三聚焦、一放大”原则(聚焦特色产业、聚焦成长性企业、聚焦技改项目和放大贷款倍数),建立产业集群发展风险补偿金,与有关金融机构合作,调动金融机构6~8倍贷款,帮助龙头企业进行技术改造,并配套财政贴息资金支持。全年为33家医药及医疗器械企业、电子信息企业进行技改提供3.45亿元贷款支持。同时,按照“三为主、一特色”(建设以初创企业为主、以培育小微企业数量为主、以多层厂房和楼宇为主,培育科技型和集群式小微创业园)的总要求,加速推进小微企业创业园建设,完善产业配套,全省有省级小微创业园6家,创建单位42家,累计建设标准厂房面积1386万平方米,入驻企业2189家,安置就业人员4.8万人。

*转方式调结构,生态文明建设呈现新面貌。*园区绿化试点不断深入,生态化改造工作有序推进,生态环境明显改善,资源综合利用水平稳步提升。全省有3批48个园区列入绿化提升试点,占全省园区一半以上。第三批21个试点园区按照绿化提升规划要求全部完成规划目标任务,园区绿化覆盖率达30%以上。至年底,全省园区万元主营业务收入耗电量196千瓦小时,同比下降23%。积极引导工业园区开展清洁生产和发展循环经济,着力构建冶金、电力、建材、轻纺、石化等循环经济产业链,有效促进产业链延伸、资源节约利用、废物集中处理和热电能源共享。永修云山经济开发区通过全国循环经济试点示范单位验收,南昌高新区列入国家级循环化改造试点园区,成为继鹰潭高新区、赣州经开区之后全省第三个国家级试点,获国家专项补助资金1.5亿元。工业园区污水处理设施建设全面推进,污水处理设施配套管网进一步完善。全省94个省级以上工业园区中,已建成投运工业园区污水处理厂13个;在建13个;已签约待建28个。

*建平台优服务,园区管理服务能力实现新提升。*工业园区物流港试点启动,由省国控公司牵头组建的总投资30亿元的园区物流港集团注册运营,抚州高新区、井冈山经开区、共青城经开区、丰城高新区列入首批园区“物流港”建设试点,吉安万吉全国物流信息平台加快推广,全省园区物流资源实现有效整合。融资服务不断完善。组织制定《江西省工业园区中小企业信用等级评定办法(试行)》,推进小蓝经开区等13个中小企业信用示范区建设试点,推动全省园区中小企业信用评价体系加快建立;“财园信贷通”在工业园区实现全覆盖,奉新工业园区互助信贷通、赣州小微信贷通、九江助保贷等融资模式正在逐步推广,有效缓解企业的融资难题,累计为44个园区解决企业融资突破

100亿元。园区信息化建设加快推进，25个园区列入第二批管理信息化建设试点，“园区事务在园区办结”的理念深入园区，服务网络不断健全，管理服务水平和办事效率得到提高。

抓重点破难题，改革创新实现新推进。坚持问题导向，以省政府办公厅名义印发《关于推进工业园区体制机制创新的意见》，召开全省工业园区体制机制创新推进座谈会，总结推广“大部制设置、扁平化管理、企业化运作”、管理信息化等方面的改革经验，推动各地建立以服务企业为中心的统一规范、精干高效的园区管理体制和运行机制。顺应工业园区发展需要，在充分征求和吸纳有关部门和园区意见的基础上，起草《江西省工业园区管理条例》，向省政府法制办提出立法申报，力争列入2015年立法项目计划。充分发挥考核评价的导向作用，下发《江西省工业园区考核评价办法》，对部分考核评价指标作了调整，形成科学合理的工业园区建设与发展绩效评估指标体系，引导园区朝企业专业化、产业集群化方向发展。

（江海）

南昌高新技术产业开发区

【概　况】 位于南昌市城东，辖昌东镇、麻丘镇、艾溪湖管理处，总面积231平方千米。总人口24.01万人，其中非农业人口5.39万人；人口自然增长率9.55‰。2014年，完成主营业务收入1103.7亿元，增长8.8%；地区生产总值（GDP）417.8亿元，增长10.5%；规模以上工业增加值333亿元，增长11.9%。固定资产投资400.1亿元，增长22%；社会消费品零售总额133.7亿元，增长16.3%。财政总收入64.4亿元，增长16.7%，其中地方公共财政预算收入16.7亿元，增长23.7%。实际利用外资5.5亿美元，增长10.4%；实际利用内资112亿元，增长10.6%；出口创汇25.9亿美元，增长22.1%。实施基本建设项目123项，总投资约60亿元。开工建设安置房项目11个，建筑面积256万平方米，全年交付53万平方米，解决了4000余户被征地农民的安置问题。

【江联重工获国家科学技术进步二等奖】 1月10日，在北京举行的国家科学技术奖励大会上，由南昌高新区企业江联重工股份有限公司与华中科技大学共同研发的《高效低耗流化床燃煤工业设备关键技术及应用》获2013年度国家科学技术进步二等奖。该项目解决了国内燃煤工业锅炉和窑炉的多项关键技术难题，开发了具有中国特色和自主知识产权的下排气分离、双通道复合流化床锅炉以及两段燃烧流化床高温烟气炉技术，获得广泛的工业应用。

【国产首台高仿真微笑机器人在高新区亮相】 8月15日，2014年中国智能博览会暨第四届中国智能产业高峰论坛在南昌市国际展览中心开幕。博览会上，由江西奇星机器人科技有限公司研制生产的高仿真机器人，首次在南昌高新区展馆亮相。该机器人面部表情丰富逼真，能微笑、害羞、眨眼、生气、鼓掌、跳舞，能主动对人招手、与人对话、主持节目，主要用于商业广告机、科技馆展示机。该机器人有10项发明获国家专利，特别是微笑表情逼真，达到国际领先水平。

【南昌高新区被确定为国家循环化改造示范试点园区】 8月1日，国家发改委和财政部下发《南昌市高新区等25个园区的循环化改造实施方案》，确定南昌高新区为全国循环化改造示范试点园区。高新区重点构建光电光伏、航空制造、生物医药、电子信息、有色金属精深加工等战略性支柱产业循环经济产业链，大力发展服务外包、总部经济、文化创意等现代服务业，配套发展商贸物流、资源循环利用等产业，全面构建低碳、循环现代产业体系；加快形成低消耗、低排放、高效率、能循环的现代产业体系和资源共享的公共服务体系，强化废物交换利用、能量梯级利用和水的分类循环利用，实现企业间的物质、流量、信息和技术链接。10月23日，高新区获国家下达的首批补助资金7355万元，用于园区循环化改造示范试点建设。

（汪南）

新余高新技术产业开发区

【概　况】 位于新余市城东，辖1镇和2个办事处，面积266平方千米，总人口16万人。2014年，完成生产总值225.76亿元，可比增长9.9%。规模以上工业企业总产值622亿元，增长16.7%。完成财政总收入18.19亿元，增长6.12%。全区新签约项目81个，签约资金96.45亿元；已开工项目64个，实际进资30.31亿元。实现主营业务收入615.1亿元，增长13.43%。完成工业增加值149.49亿元，增长14.8%。实现利税42亿元，增长18.51%；出口总额3.2亿美元，增长49.1%。社会消费品零售总额18.41亿元，增长11.92%。固定资产投资234.49亿元，增长6%。城镇居民人均可支配收入2.75万元，增长11.1%；农民人均可支配收入1.29万元，增长11%。启动3000套公租房项目建设，发放城乡低保1013.43万元、大病救助金385.7万元，新农合参保9.35万人，参合率达98.12%。

【赛维LDK入选首批国家级知识产权优势企业】 1月，赛维LDK公司入选由国家知识产权局确定的首批国家级知识产权优势企业。赛维LDK公司自成立以来，重视知识产权工作，2010年成为国家知识产权试点示范企业，共申请专利187件。

【高新区企业科技服务中心成立】 6月，由新余高新区与江西理工大学共同搭建的高新区企业科技服务中心揭牌成立，中心配套的服务网站也正式运营。该中心主要为园区企业提供项目申报、技术咨询、知识产权分析、科技成果推广、投融资服务、环保和节能技术推广等综合服务。

【高新区列入国家第一批低碳工业园区试点】 8月，工信部和国家发改委公布全国第一批低碳工业园区试点单位，新余高新区被列入试点名单。新余高新区全力打造低碳、环保型产业，已基本形成以光伏产业为核心、以动力与储能电池产业、风电产业和节能减排设备制造产业为补充的“一大三小”新能源产业格局。

（杨小斌　罗芳林　杨小明）

景德镇高新技术产业开发区

【概　况】 由建成区和新区两部分组成，新区位于景德镇西城区城郊结合部。辖区总面积 50 平方千米。2014 年，完成主营业务收入 275 亿元，同比增长 17.5%。固定资产投资 97.5 亿元，增长 20%。利税 20 亿元，增长 10.56%。工业增加值 58 亿元，增长 14%。财政总收入 9 亿元，增长 5.5%。实现内资进资 70.1 亿元，增长 32.5%；外资进资 1400 万美元。

【景德镇直升机产业区域集聚发展试点获批】 10 月，国家发改委和财政部联合发文批准景德镇直升机战略性新兴产业区域集聚发展试点方案。该试点实施时间为 2014—2016 年，中央财政采取滚动支持，2014 年安排 1.6 亿元补助资金支持试点方案实施。景德镇直升机是江西省获批的首个战略性新兴产业区域集聚发展试点，试点的实施有力推动景德镇市产业结构优化升级，促进全国通用航空产业发展。

【直升机制造产业集群被认定为第二批创新型产业集群试点】 12 月 15 日，景德镇直升机制造产业集群被认定为第二批创新型产业集群试点。景德镇直升机制造产业集群主要包含直升机研发制造产业，囊括直升机的设计、研发、制造、通航等领域。集群内拥有直升机及配件制造、产业协作配套企业 40 余家，拥有国家级工程研究中心、省部级重点实验室、省级企业技术中心等一批研发平台。

【KA－2HT 直升机生产基地落户景德镇】 4 月 3 日，景德镇昌兴公司与意大利 K4A 公司合资合作签约仪式在意大利驻中国大使馆举行，这是中意两国直升机产业合作的又一成果，标志着景德镇直升机产业跨入国际化和市场化轨道。意大利驻中国大使阿尔伯托·白达宁、经济参赞奥古斯托·马撒利、K4A 公司首席执行官华伦天奴·阿莱雅、中意企业家联合会主席亚历山大，市委书记刘昌林，市委常委、副市长黄康明，高新区党工委书记戴启文等出席签约仪式。

（关玉芝）

鹰潭高新技术产业开发区

【概　况】 位于鹰潭市城区西南处，辖白露、龙岗 2 个街道办事处。2014 年，实现技工贸主营业务收入 680 亿元，增长 17.9%；工业主营业务收入 487 亿元，增长 13.6%；工业增加值 61.5 亿元，增长 11.3%；财政收入 16.31 亿元，增长 13.9%；地方财政收入 11.42 亿元，增长 12.6%。完成固定资产投资 53.2 亿元，增长 4.7%；外贸出口 1.84 亿美元。引进省外资金 60.6 亿元，增长 18.1%；实际利用外资 5500 万美元。全年引进产业项目 28 个，其中亿元以上项目 18 个；实施产业项目 45 个，投产项目 25 个。

【食品产业园开工】 9 月，食品产业园开工。食品产业园占地面积 26.67 公顷，安排养元智汇饮品 20 万吨核桃露、昇兴 7.5 亿支三片罐、嘉美 5 亿支三片罐 3 个项目，分别由国内产销规模最大的核桃饮品企业河北养元公司、国内知名制罐企业福建昇兴集团、韩国交易所上市企业中国食品包装投资，总投资 20 亿元，规划建成厂房及办公楼 10 万平方米，项目达产后可实现年主营业务收入 50 亿元。

【高新区被认定为首批省知识产权试点园区】 10 月，省知识产权局发布《关于确定首批江西省知识产权试点示范园区、优势示范企业和优势培育企业的通知》，鹰潭高新区被认定为江西省首批知识产权试点园区，驻高新区企业江西天施康中药股份有限公司、鹰潭广信铜业股份有限公司分别被认定为省级知识产权示范企业、优势企业。鹰潭高新区不断加大知识产权工作力度，深入实施知识产权入园强企“十百千万”工程和全市知识产权“四个一”升级工程，出台《企业自主知识产权奖励办法》，积极引导企业充分运用知识产权培育竞争优势，提升企业核心竞争力，使知识产权成为创新升级和发展升级的重要支撑。高新区累计申请专利 617 件，其中发明专利 138 件；获专利授权 350 件，其中发明专利 53 件，占全市发明专利授权量的 70% 以上。

【龙岗商务服务区及小微企业孵化基地开工】 11 月，龙岗商务服务区及小微企业孵化基地开工。该项目总投资 2 亿元，占地面积 6.07 公顷，建筑面积 6.2 万平方米。项目建成后，成为集生产、商业、物流、办公等为一体的综合性创业园区。

【“王老吉”授权供应商吉智食品项目落户高新区】 11 月 13 日，高新区与“王老吉”授权供应商吉智食品有限公司签约，兴办年产 3 亿瓶“吉动力”功能饮料和“吉悠”植物蛋白饮料项目。该项目总投资 5 亿元，分两期建设，全部达产后可实现年主营业务收入 4 亿元。

（严志征）

南昌经济技术开发区

【概　况】 位于南昌市城北，辖区面积 158 平方千米，常住人口 33 万人。2014 年，实现地区生产总值 285.62 亿元，增长 11%。工业主营业务收入 851.5 亿元，增长 14.66%。规模以上工业总产值 807.63 亿元，增长 13.66%；规模以上工业增加值 211.28 亿元，增长 12.1%。完成财政总收入 40.73 亿元，增长 11%；一般预算收入 11.6 亿元，增长 15.5%。完成固定资产投资 450.02 亿元，增长 22%；社会消费品零售总额 70.38 亿元，增长 21.4%。实际利用外资 5.65 亿美元，增长 10.1%；实际利用内资 122.94 亿元，增长 10.48%。完成外贸出口总额 9.44 亿美元，增长 9.66%。完成城镇新增就业 6525 人，转移农村劳动力2562人,发放小额担保贷款4131万元。企业职工养老保险参保3.29万人,城乡居民养老保险参保1.51万人。全区签约项目30个,总投资260.37亿元。

【推动企业转型升级】 按照“要素驱动”向“创新驱动”转型的发展要求,出台鼓励支持企业上市暂行办法、支持企业自主创新若干政策等一系列配套政策,每年拿出300万元鼓励企业研发创新,推动企业由制造向智造转型升级。以金世纪新材料、硬质合金、诚志股份、南昌欧菲光、百路佳、瑞林装备为代表的省级以上工程(技术)研究中心、企业技术中心、重点实验室研发机构增至12家。全区有高新技术企业30家,年产值231.65亿元,增长45.97%。

【推行校企人才合作培训模式】 2014年,江西机电职业技术学院与格特拉克(江西)传动有限公司DCT工厂进行校企合作,在合作订单班培养、学生实习、教师挂职锻炼等项目的基础上,南昌经开区进一步丰富和完善就业培训模式,推行“订单式”“定向式”等形式的培训模式。南昌欧菲光科技有限公司与江西现代职教集团合作共同成立“欧菲班”,南昌海立电器有限公司与华东交通大学共同成立“卓越计划”培训管理专项工作小组,立健药业与江西医药学校合作成立“立健班”。全区成功对接并开展“订单式”和“定向式”培训600人次,实现招工与培训的有机结合,培训与就业的无缝对接,有效缓解园区企业用工结构性矛盾和促进就业。

【南昌经开区“企情收处”中心成立】 9月,南昌经开区“企情收处”中心成立。中心归口经发局管理,主要收集整理、督办反馈各企业需政府协调解决的问题和对经开区各级部门的建议等事项。“企情收处”中心是企业向区管委会反映问题和意见的绿色通道,是南昌经开区转变政府职能,丰富管家式服务的内涵,为企业提供方便、快捷、高效的优质服务平台。

【皇姑路道路工程开工】 9月24日,南昌市重点工程皇姑路道路工程开工。皇姑路道路工程南起碟子湖大道,北至冠山路。此次先期启动建设的为皇姑路双港大道至冠山路段,长约3000米,宽30米,总投资6000万元。该条道路的修通可以缓解经开区的交通压力,缩短经开区白水湖片区到红谷滩的距离,方便周边群众出行。

(万志平)

南昌小蓝经济技术开发区

【概　况】 位于南昌市南部,距市中心10千米。开发区投产企业480家,规模以上企业181家。2014年,引进项目18个,总投资96亿元,达产后年产值203.15亿元,税收15.45亿元。全区完成主营业务收入781.8亿元,增长18.3%;工业总产值818亿元,增长24.4%;工业增加值197.4亿元,增长12.5%;固定资产投资259亿元,其中工业投资243亿元,占95%;税收36亿元,增长36%。

【江森自控汽车座椅生产项目落户经开区】 1月23日,小蓝经开区与美国江森自控有限公司举行汽车座椅生产项目签约仪式。该项目由世界五百强企业美国江森自控有限公司投资,为江铃汽车股份有限公司配套生产汽车座椅,总投资3亿元~5亿元,年产值7亿元,税收2000万元。

【出台“引智扶优、精英小蓝”计划】 为吸引和鼓励高层次人才到小蓝经开区创新创业,打造“创新小蓝”“创业小蓝”品牌,7月18日,经开区出台《小蓝经开区“引智扶优,精英小蓝”计划》,主要引进符合小蓝经开区汽车汽配、生物医药、电机电器等主导产业或动漫文化、新材料等重点扶持的新兴产业领域的高层次人才。

【启动汽车零部件产业园(二期)项目建设】 3月,汽车零部件产业园(二期)项目建设启动。该产业园采取统一规划、统一后勤配套、统一服务管理的模式建设,主要以汽车零部件研发制造为主,为汽车产业发展提供配套。项目总投资33.7亿元,占地面积78.87公顷,综合容积率平均1.2以上,规划为生产区、商务办公区、生活配套区三大片区。

【三大产业快速发展】 2014年,经开区汽车及零部件产业、食品饮料产业、生物医药产业发展迅速。汽车及零部件产业集聚江铃股份、江铃控股及美国伟世通、天纳克、上海宝钢等企业135家,已投产79家,实现工业总产值245.72亿元,主营业务收入241.64亿元,税金15.66亿元。食品饮料产业集聚可口可乐、百事可乐、天津宝迪、福建达利、煌上煌、亚洲啤酒等企业78家,已投产63家,实现工业总产值138.68亿元,主营业务收入134.68亿元,税金4.31亿元。生物医药产业集聚深圳尚荣、汇仁集团、江西国药、江西制药、中牧股份、三鑫医疗等企业25家,已投产20家,实现工业总产值91.49亿元,主营业务收入89.81亿元,税金2.31亿元。

(罗霁)

九江经济技术开发区

【概　况】 位于九江市老城区西南,辖1乡、2场、3个街道办事处。2014年,工业主营业务收入首次突破1000亿元,位居全省重点园区第二位。外贸出口9.89亿美元。财政总收入26.06亿元。固定资产投资206亿元,同比增长20.9%,其中工业固定资产投资147.6亿元,增长32.1%。实际利用内资92亿元,增长26.7%。实际利用外资1.9亿美元,其中现汇7657万美元,增长45.5%。全年实施城建及基础设施项目84个,完成投入78.5亿元。新引进项目80个,签约资金超过250亿元。参保人员首破20万人,社保基金年终结余3.1亿元。新建、续建保障房项目18个,1.64万套。

【九江茶市项目签约】 1月16日,九江茶市项目签约仪式在经开区举行,市长钟志生,市委常委、政法委书记廖凯波,副市长、经开区党工委书记、管委会主任陈和民,副市长石荣国，福建安溪铁观音集团董事长林文侨、总经理汪跃民等出席。九江茶市项目总投资30亿元，占地面积17.73公顷，建筑面积50万平方米，以茶市为主，局部增加古玩市场、艺术品市场、本地传统文化市场。按照“统一规划、政府主导、企业参与、市场运作”的原则，建成集商业、旅游、休闲、欣赏为一体的茶文化街。

【艾美特九江小家电产业园项目落户经开区】 2月24日，由艾美特电器（深圳）有限公司投资建设的艾美特九江小家电产业园项目签约落户经开区。项目总投资20亿元，规划建设年产2500万台～3000万台各类家电生产基地，同时设立艾美特集团内销的全国营销销售结算中心。项目投产后，年销售收入50亿元～70亿元，利税5亿元～8亿元，并带动配套企业实现综合销售收入25亿元～30亿元。

【第二批重大工业项目集中开工仪式在经开区举行】 5月15日，全市2014年第二批重大工业项目集中开工仪式在经开区城西港区举行。此次开工项目总数83个，总投资339亿元。其中，10亿元以上项目14个，总投资204亿元。经开区16个亿元项目参与集中开工，投资约100亿元，其中10亿元以上项目3个，分别为投资20亿元的艾美特、投资15亿元的中船压载水项目和投资10亿元的中船消防设备项目。项目达产达标后，年产值160亿元，利税22亿元。

（余博文）

赣州经济技术开发区

【概　况】 位于赣州中心城区，辖5个镇（街道办事处），面积219平方千米，总人口28万人，人口自然增长率7.34‰。2014年，全区生产总值增长13.3%，财政总收入增长22.6%，工业主营业务收入增长15.67%，固定资产投资增长20.5%。规模以上工业增加值增长11.6%，利税总额增长10.7%。新增规模以上企业13家，总数119家。实际利用内资增长9.67%，其中利用省外5000万元以上项目资金增长18.9%。实际利用外资增长7.8%。外贸进出口额增长55.27%。全年在建项目177个，其中投资亿元以上项目65个。社会消费品零售总额30亿元，增长16%。发放小额担保创业贷款4513万元，新增城镇就业人口5327人，转移农村劳动力3948人。新开工建设公共租赁住房1320套、棚改房3600套、安置房1140套，建成交付安居公寓1251套，安置拆迁户683户。全年发放各类养老金、救助金和失地农民补助资金1.56亿元，新农合参保率98.68%。

【国务院批复设立赣州综合保税区】 1月22日，国务院致函省政府和海关总署，批复同意设立赣州综合保税区。赣州综合保税区是全国第35个综合保税区，实现江西省综合保税区“零突破”。根据国务院批复，赣州综合保税区规划面积4平方千米，选址位于赣州经开区内，东至赣州稀土科技产业园、南至厦蓉高速公路、西至空港服务区、北至赣州黄金机场跑道过渡面。赣州综合保税区的功能和有关税收、外汇政策按照《国务院关于设立洋山保税港区的批复》的有关规定执行。

【获批建设国家生态工业示范园区】 2月28日，环保部、商务部和科技部正式批准赣州经开区开展国家生态工业示范园区建设。根据《国家生态工业示范园区管理办法（试行）》规定，创建工作分为两个阶段：第一阶段是编制规划并通过专家论证，第二阶段是建设实施及验收。赣州经开区创建活动进入第二阶段，已制定《建设国家生态工业示范园区实施方案》。

【获批筹建全国稀土永磁及钨粉深加工产业知名品牌创建示范区】 4月30日，国家质检总局批准赣州开发区筹建全国稀土永磁及钨粉深加工产业知名品牌创建示范区。这是江西省2014年唯一获得批准筹建的全国知名品牌创建示范区。赣州经开区围绕赣州经济发展核心增长极定位，抢抓赣南苏区振兴发展战略机遇，规划建设了钨和稀土产业园，初步形成硬质合金、钕铁硼磁性材料、荧光粉、永磁电机产业。

【经开区入选全国开发区20强】 10月，由商务部举办的“我国开发区20强”榜单揭晓，赣州经开区入选，获最具投资价值奖。赣州经开区抢抓赣南苏区振兴发展机遇，坚持做大钨与稀土、电子信息、食品药品等主导产业，倾力做优“一站式”“保姆式”跟踪服务，园区投资磁场效应日益显现，吸引着越来越多的大企业、大项目。

（钟德福　廖云嵩）

井冈山经济技术开发区

【概　况】 位于吉安市城南，辖区面积46.5平方千米，建成区面积20平方千米，绿化率43%。2014年，全区实现规模工业主营业务收入482.7亿元，规模工业增加值101亿元，固定资产投资57.6亿元，工业用电量6.39亿千瓦小时，分别增长16.5%、16.5%、16%和13.1%。全年引进内资84.5亿元，增长26%；实际利用外资1.61亿美元，增长37.9%。外贸出口6.4亿美元，增长26.3%。完成财政总收入12.43亿元，增长10.7%。

【投资50亿元兴办木林森高科技产业园】 6月30日，广东木林森股份有限公司与经开区签订投资协议，投资50亿元兴建高科技产业园，主要从事LED封装产品及其应用产品生产，项目达产达标后，年产值超过100亿元。市委书记王萍、市长胡世忠在行政中心会见木林森股份有限公司董事长孙清焕一行，双方进行会谈，副市长刘贤清、区管委会主任邓淑斌、副主任汤文仙、甘益烽和市政府副秘书长龙晓飞参加会见。

【经开区人民武装部成立】 8月25日，经开区人民武装部成立。它是应对突发事件的应急力量，也是由吉安军分区直接领导的县级武装部军事机构。市委常委、常务副市长刘连根，军分区领导姜长超、林德明、王国平，区领导刘志坚、邓淑斌、汤文仙、陈敏、刘达绪等出席成立大会。军分区政治部主任饶开东授牌，宣布干部任职命令，并颁发任命证书。

【举行普正药业院士工作站签约仪式】 12月16日，普正药业院士工作站签约仪式在吉安举行。中国工程院院士、中国科学院上海药物研究所原所长丁健，中国科学院上海药物研究所副所长叶阳，市领导彭涉晗、王清剑等出席签约仪式。丁健与普正药业负责人签署院士工作站建站协议和项目合作协议，并与市领导共同为院士工作站揭牌。

【嘉寓股份华南区域吉安生产基地投产】 12月19日，北京嘉寓股份华南区域吉安生产基地投产活动在经开区举行。市委副书记肖洪波下达投产令，副市长刘贤清讲话，区党工委书记刘志坚出席，区管委会主任邓淑斌主持。生产基地占地6.5万平方米，项目一期投资2亿元，达产达标后，年产值3亿元，可生产、加工各种类型、各种规格的高档节能门窗、幕墙产品。

（胡学兰）

上饶经济技术开发区

【概 况】 位于上饶市以西约3.7千米，辖1个乡镇、1个街道办事处，总面积176平方千米。总人口10万人，其中非农业人口1.36万人；人口自然增长率8‰。森林覆盖率48%以上，城区绿化率40%以上。2014年，地方财政总收入10亿元，增长11.11%；财政总支出7.37亿元，增长12.2%。地区生产总值700亿元，增长6.06%。其中：第二产业产值630亿元，增长9.38%；第三产业产值70亿元，减少16.67%。工业增加值130亿元，增长13.04%。固定资产投资105亿元，增长29.63%；实际利用外商投资2亿美元，增长16%；完成出口15.29亿美元，增长10%。出口交货值90亿元，增长30.43%；外贸占地区生产总值比重达12.86%；工业税金总额24亿元，增长14.29%。煤炭总消耗量2.66万吨；二氧化硫排放总量425吨，削减5‰；城市污水处理率95%。

【“升级版”招商服务显成效】 2014年，经开区创新招商思路方式，全面启动招商“升级版”，把招商引资作为一号工程来抓，深入研究产业发展趋势和现状、产业上下游产品和零部件、区域市场容量、长三角投资布局等课题，写出高质量的投资可行性报告，切实提高招商服务水平。全年签约工业项目20个，投资总额达212亿元。

【举行春季大型现场招聘会】 2月7日—8日，经开区在区内人力资源市场举行春季大型现场招聘会，参加招聘会缺工企业30余家，招聘岗位近4000个。为用人单位与求职者搭建供需交流平台，帮助农村富余劳动力、失地农民、高校毕业生等各类求职人员实现就业。

【江西首辆气电混合动力公交车下线】 5月12日，博能上饶客车有限公司新开发的天然气与电能混合动力驱动公交车下线，交付上饶公交公司，在17路公交车上投入试用。这是江西省首辆气电混合动力公交车。该混合动力公交车与传统公交车相比，更节能环保，行驶噪音更小。混合动力公交车百千米只需耗费160元左右的成本，节省约30%的成本。

【沪昆上饶经开区互通及连接线正式通车】 8月29日，沪昆上饶经开区互通及连接线正式通车。沪昆上饶经开区互通及连接线于2012年8月开工建设，总投资3.9亿元。其主干线马鞍山大道全长3.8千米，将成为通往三清山机场（在建）的重要快速通道，对助推经开区经济社会发展具有重要作用。

（庄瑜）

萍乡经济技术开发区

【概 况】 位于萍乡市城区东北郊，辖15个管理处，总面积57.6平方千米。总人口12万人。2014年，完成地区生产总值130.21亿元，同比增长9.3%。财政总收入18.2亿元，增长8.13%；公共财政预算收入15亿元，增长13.7%。固定资产投资122.4亿元，增长10.7%。社会消费品零售总额22.42亿元，增长11.5%。完成工业主营业务收入550亿元，增长9.5%。工业增加值115亿元，增长10.6%。完成出口交货值60亿元，增长22.4%。工业企业税金总额23亿元，增长12%。发放失地农民养老金964万元，城乡居民养老保险金268万元；城镇医保参保人数1.89万人，新农合参合人数3.91万人；发放小额担保贷款3288万元；发放农村低保金146万元，城市低保金654万元，农村大病医疗救助金45万元。

【项目引进实现集群发展】 按照项目招商先行、安商服务跟进的做法，立足自身实际，瞄准北、上、广等产业梯次转移快的一线区域，克服内部用地紧、外围招商难的困难，努力对接重大产业项目招商。全年签约项目25个，签约资金42.6亿元，其中亿元项目9个，居萍乡市前列。企业后续服务及时跟进，担保中心提供担保4亿元，惠及园区企业28家；“财园信贷通”融资1.62亿元，惠及园区企业41家。企业的快速落地生根，支撑了三大新型产业的发展。装备制造、新材料新能源发展为超百亿元产业集群，生物医药发展为超50亿元产业集群。

【创新驱动实现产业升级】 遵循从要素驱动、投资驱动转向科技创新驱动的经济发展趋势，突出抓好一批企业的转型升级。2014年，萍乡经开区有3家企业获批国家高新技术企业，26个项目获批国家或省科技计划项目，2家企业获批国家重点新产品项目，2家企业获批省级工程技术中心，6家企业获批省科技型环保示范企业，率先成为全省首批知识产权示范园区。

（赵科）

宜春经济技术开发区

【概 况】 位于宜春市中心城区北部，辖区常住人口6万人。区内有注册企业600余家，投产企业300余家，规模以上企业109家。2014年，完成主营业务收入556亿元，增长

22.2%。财政总收入17.74亿元,增长3.1%。外贸出口总额5.46亿美元,增长48.3%;实际利用外资6800万美元(现汇进资306万美元),增长12.3%;利用省外资金30.8亿元,增长24.7%。全区建有国家级锂电新能源高新技术产业化基地和省级机电产业基地、省级服务业基地、省级医药产业基地,形成了锂电新能源产业、机电产业、医药产业、新型材料产业四大主导产业。

【招商引资取得新成效】 抢抓宜春高铁航空时代机遇,立足主导产业,瞄准珠三角、长三角、闽东南、港澳台等产业集聚洼地以及长株潭临近经济圈,聚焦龙头企业、知名企业、大型国企尤其是世界500强和国内200强企业,加大走出去、请进来步伐,引进科技含量高、土地利用率高、产品附加值高、自主创新能力强的"三高一强"项目。全年外出招商和接待来客100余批次,引进签约项目35个,合同投资总额310亿元,其中10亿元以上项目8个。

【深圳正威国际集团电子信息产业园落户经开区】 5月20日,宜春经开区与世界500强企业深圳正威国际集团签约电子信息产业园项目。项目总投资200亿元,分两期建设,一、二期各投资100亿元,主要生产低氧光亮铜线杆、精密铜线、精密线缆、合金铜、精密铜箔、高级覆铜板等产品。

(陈春根)

龙南经济技术开发区

【概　况】 位于龙南县境内,全区建成面积9.31平方千米。区内有企业256家,其中,纳入统计投产工业企业133家,投产工业企业中规模企业72家。2014年,完成工业固定资产投资28.62亿元,增长1.65%。实现工业总产值225.69亿元,增长15.78%;工业增加值59.11亿元,增长12.22%。完成主营业务收入224.61亿元,增长14.82%;利税总额20.76亿元,下降19.78%。实际利用省外资金41.35亿元,增长15.12%。实现进出口总额4.99亿美元,增长13.1%。其中:进口总额0.72亿美元,增长28.9%;出口创汇4.27亿美元,增长10.8%。

【加大园区建设步伐】 坚持规划先行,编制完成深商产业园一期控制性详细规划和概念性规划,富康工业园西南片区控制性详细规划,修编了富康、新圳、龙腾、金塘石人片区等园区控制性详细规划。2014年,完成基础设施投入2.76亿元,增长6.21%;推进新圳、富康、金塘、大罗等园区基础设施建设,实施基础设施建设项目28个,新建市政道路14条,总长11.7千米,平整土地80公顷,铺设工业污水管网26千米。

【建立安商服务机制】 建立安商服务机制,对落户企业实行一对一联系服务,给每个企业安排一名挂点区县领导、一个挂点单位、一名联络干部,为企业建设提供全过程、全方位的"零距离"服务,及时解决企业生产经营过程中的困难和问题。龙南先后被评为苏商投资中国首选城市、中国最适宜粤商投资地区、中国最适宜深商投资地区。

【举行龙南恋伊工业有限公司开工仪式】 10月22日,龙南恋伊工业有限公司开工奠基仪式举行。经开区党工委委员、管委会副主任邹大勇,县委常委叶金华,县领导李明海出席仪式。该项目由广州市恋伊家庭用品制造有限公司投资兴建,总投资3.50亿元,其中固定资产投资3.20亿元,占地面积约6公顷,主要经营各种晾衣架与其他日用品的生产与销售。

(刘健)

瑞金经济技术开发区

【概　况】 经开区由台商创业园、金沙工业区、金龙工业区3部分组成,其中,台商创业园、金龙工业区位于瑞金市城西,金沙工业区位于城东。园区规划总面积50平方千米。落户企业162家,其中,投产139家、在建23家,规模以上工业企业33家。初步形成以得邦照明、安讯实业、章乐电缆、新顿电源、金一电缆、金字电线、佳华电池等为代表的电气机械及器材产业,以红都水产、九华药业、双胞胎饲料等为代表的绿色食品和生物医药产业,以好莱克纺织、宝元鞋业、金瑞发制品、佳惠宝实业等为代表的现代轻纺产业。2014年,实现总产值84.8亿元,增长25.7%。主营业务收入79.8亿元,增长14.3%。出口交货值30.2亿元,增长45.2%。税金3.04亿元,增长5.63%。工业增加值22亿元,增长16.1%。固定资产投资16.7亿元,增长55.7%。

【瑞金经开区污水处理设施项目开工】 10月8日,瑞金经开区污水处理设施项目开工建设。项目总投资8690万元,占地面积8.53公顷,配套DN500－DN1200截污干管12.05千米,日处理污水6万立方米。项目建成后,能有效处理园区的工业废水、生活污水,对改善生态环境、提升城市品位和促进经济发展具有重要意义。

【年产36万吨绿色饲料生产项目竣工投产】 11月15日,瑞金市双胞胎饲料有限公司年产36万吨绿色饲料生产项目竣工投产。项目总投资1.2亿元,其中固定资产投资8000万元,项目占地4公顷,主要研发、生产、销售饲料。项目投产后,可实现年主营业务收入10亿元,利税1500万元。

(胡振方)

南昌出口加工区

【概　况】 位于南昌市城东,规划面积1平方千米。2014年,实现进出口总值23.85亿美元,增长129.3%。其中:工业企业进出口总额14.46亿美元,占园区进出口总额的60.6%;保税物流实际进出境9.39亿美元,占园区进出口总额的39.4%。新引进项目2个,完成合同外资1000万美元,现汇进资3700万美元。

【马丁斯集团进口奢侈品保税仓储、分拨配送及展示销售项目落户高新区】 8月,英国马丁斯集团进口奢侈品保税仓储、分拨配送及展示销售项目落户高新区。项目总投资1.5亿美元；占地面积6.67公顷；建筑面积10万平方米，其中仓储面积超过5万平方米，其余为展示寄售中心。项目投入运营后，可实现年进口商品1.5亿美元，利税4000万元。

【“保税店·COM”跨境电子商务平台项目落户高新区】 11月18日，国内最大的原瓶酒进口商厦门优传供应链有限公司“保税店·COM”跨境电子商务平台项目落户高新区。项目投资8.8亿元，规划建设面积20万平方米。其中，区内建立12万平方米的保税仓储中心和展览展示中心，区外建立8万平方米进口商品体验中心和结算总部。项目投入运营后，将引进1000余家企业，品类涵盖食品、鞋帽、服装、箱包、奢侈品、母婴用品、家居、电器、酒水、宠物用品、化妆品等基本大类，每年实现交易额20亿元。

（李敏）

赣州出口加工区

【概　况】 位于赣州经济技术开发区潭东镇，规划面积2.93平方千米，其中一期0.93平方千米。区内入驻企业7家，其中，加工贸易企业2家，保税物流企业5家。2014年，实现进出境货物总值6.34亿美元，增长130.95%，其中出境3.46亿美元；加工企业进出境货物总值5.73亿美元，增长311.55%，其中出境2.90亿美元，增长217.68%；进出区货物总值2.28亿美元，增长29.02%。

【江西威赛光电科技有限公司一期项目投产】 4月，位于赣州出口加工区的江西威赛光电科技有限公司一期项目正式投产。该公司是一家集研发、生产、销售和服务于一体的电子产品综合应用服务商，主要生产LED显示屏、LED灯饰、LED照明产品、直插LED、贴片LED、柔性LCD及其应用产品，投资规模达8亿元，全面达产达标后，可实现年主营业务收入10亿元，出口1亿美元，纳税3000万元以上。

（廖云嵩）

九江出口加工区

【概　况】 位于九江市老城区西南，规划面积4.5平方千米，其中区外建成3.5平方千米，区内建成1平方千米。2014年，实现工业主营业务收入212亿元，增长6%；实现利税17亿元，增长6.25%；完成财政收入2.3亿元，增长16.16%。实际利用内资13亿元；出口创汇8.89亿美元，增长220%。按照省政府“江西省第一个创建绿色生态工业园试点园区”的精神，出口加工区高标准开展绿化亮化、管网改造、循环经济、物业管理和环境设施建设等各项创建活动。对规划范围内的4.5平方千米主次干道、支道、河流、厂区等全面绿化升级，绿化植被覆盖率达42%以上。新扩建日处理污水能力2万吨的污水处理厂，改进处理工艺并正式运营，排放标准达到国家一级标准。同时，新建关内污水提升泵站，彻底解决关内企业污水排放难题。

【五大主导产业基本形成】 2014年，自主引进卓鑫电子、浩峰电子、精梳棉片加工、力天服饰、汇源果汁100%果汁生产线、恒新电器、气动传输设备等亿元以上项目7个，引进新顺星电镀、西田镀铜、动能通信等产业配套项目7个；新增卓鑫电子、中远物流、浩峰电子、力天服饰、新顺星电镀等开工项目16个，新增恒讯电子、联兴电镀、鼎恒光电、卓鑫电子等投产项目16个。累计落户项目84个，基本形成以旭阳雷迪、旭阳光电为龙头的新能源，以巨石玻纤、盛祥电子布为龙头的新材料，以铨讯电子为龙头的电子信息，以中浩纺织为龙头的现代高端色纺，以电镀集控区为龙头的电镀业产业等五大主导产业。

【中浩纺织高端色纺纱一期项目全面达产】 中浩纺织高端色纺纱一期项目生产高端色纺纱10万锭，建设6万平方米厂房及9000平方米仓库配套用房。项目开工以来，管理局高度重视，成立中浩项目推进领导小组，第一时间解决企业建设的难题，从开工到投产仅用短短的6个月时间，创造了“中浩速度”。9月，一期10万锭全面达产，月产高端色纺纱超1000吨，产值4000万元。全年实现年产高端色纺纱1.5万吨，出口创汇2400多万美元，产值达2亿元以上。

【首家供应链服务项目建成投产】 10月，由香港亚洲德科股份有限公司投资建设的全市首家供应链服务项目建成投产。项目总投资2000万美元，建设国际产品保税展示中心，主要从事海陆空进出口货物运输代理、保税展示展销、保税仓储、保税维修、保税租赁和信息服务、金融融资及供应链管理等业务，主营电子零件的进出口贸易及代理，并提供国内物流、出口集拼、进口拆箱与分拨、转厂、仓储管理等综合性的专业供应链服务。该项目于2013年5月签约落户，已搭建成商流、物流、信息流、资金流“四流一体”的供应链服务平台，是江西省首家国际产品保税展示中心。2014年出口创汇3.16亿美元。

（毛璇凯）

井冈山出口加工区

【概　况】 位于吉安市城南，规划面积2.25平方千米，一期开发0.63平方千米。加工区建有监管大楼、监管仓库、保税仓库、物流仓库、标准厂房、企业厂房等。2014年，完成进出口贸易总额3224.4万美元。

【吉安市金鸡湖出口加工有限责任公司成立】 4月3日，吉安市金鸡湖出口加工有限责任公司成立，主要承担出口加工区建设、融资和运营管理职能。7月，该公司开始收取公租房、食堂及监管大楼租金，按规定及时申报并纳税，为加工区搭建融资平台奠定基础。

【引进两家物资供应链公司入驻】 7月6日，加工区管委会与投资人曾炜达成投资意向，签订物资供应链项目投资合同。9日，在井冈山经开区工商局注册成立吉安市捷通供应链管理有限公司。该项目总投资5亿元，注册资本2000万元,5年内到位,一期投资1亿元。

9月2日,加工区管委会与深圳运发物流有限公司签订投资协议,成立吉安市运发物流有限公司。该项目总投资5000万元,注册资金500万元,主要经营货运代理及仓储服务,对所存货物开展流通性简单加工和增值服务。项目达产后,每年为加工区新增保税物流海关出口额1.5亿美元。

(胡学兰)

·资 料·

全省开发区(工业园区)一览

南昌市

1 南昌高新技术产业开发区(南昌出口加工区)
2 南昌经济技术开发区
3 南昌小蓝经济技术开发区
4 新建长堎工业园区
5 安义工业园区
6 南昌昌南工业园区
7 南昌昌东工业园区
8 南昌英雄经济开发区

九江市

9 九江经济技术开发区(九江出口加工区)
10 共青城经济开发区
11 瑞昌经济开发区
12 九江沙城工业园区
13 武宁工业园区
14 修水工业园区
15 永修云山经济开发区
16 德安工业园区
17 星子工业园区
18 湖口金砂湾工业园区
19 都昌工业园区
20 彭泽工业园区

景德镇市

21 景德镇高新技术产业开发区
22 乐平工业园区
23 景德镇陶瓷工业园区

萍乡市

24 萍乡经济技术开发区
25 莲花工业园区
26 芦溪工业园区

新余市

27 新余高新技术产业开发区
28 分宜工业园区

鹰潭市

29 鹰潭高新技术产业开发区
30 贵溪工业园区
31 余江工业园区

赣州市

32 赣州经济技术开发区(赣州出口加工区)
33 赣州章贡经济开发区
34 赣州高新技术产业园区
35 南康经济开发区
36 信丰工业园区
37 大余工业园区
38 上犹工业园区
39 安远工业园区
40 龙南经济技术开发区
41 定南工业园区
42 宁都工业园区
43 全南工业园区
44 于都工业园区
45 兴国经济开发区
46 会昌工业园区
47 瑞金经济技术开发区

宜春市

48 宜春经济技术开发区
49 樟树工业园区
50 丰城高新技术产业园区
51 靖安工业园区
52 高安工业园区
53 奉新工业园区
54 上高工业园区
55 宜丰工业园区
56 万载工业园区

上饶市

57 上饶经济技术开发区
58 广丰经济开发区
59 玉山工业园区
60 横峰经济开发区
61 铅山工业园区
62 弋阳工业园区
63 婺源工业园区
64 万年工业园区
65 鄱阳工业园区
66 余干工业园区
67 德兴经济开发区

吉安市

68 井冈山经济技术开发区(井冈山出口加工区)
69 吉安河东经济开发区
70 吉州工业园区
71 吉安高新技术产业园区
72 吉水工业园区
73 永丰工业园区
74 新干工业园区
75 安福工业园区
76 峡江工业园区
77 泰和工业园区
78 遂川工业园区
79 永新工业园区
80 万安工业园区

抚州市

81 抚州高新技术产业开发区
82 抚北工业园区
83 崇仁工业园区
84 金溪工业园区
85 南城工业园区
86 南丰工业园区
87 广昌工业园区
88 东乡经济开发区
89 宜黄工业园区
90 黎川工业园区

注:对外园区数为94家(包括南昌出口加工区、九江出口加工区、赣州出口加工区和井冈山出口加工区)。

(江海)

本栏编辑 詹跃华

旅　游　业

综　述

2014年是推进旅游强省建设的开局之年，省委书记强卫、省长鹿心社、副省长朱虹多次专题听取旅游发展汇报，专题调研全省各地旅游工作，就加快发展旅游业作出一系列重要指示。省委书记强卫在香港招商周、台北赣台经贸会和澳门世界旅游经济论坛期间推介江西旅游，走访中外重点旅游企业，省长鹿心社为赣西旅游发展撰写调研文章。省委常委会会议研究部署旅游强省建设工作，省人大常委会、省政府常务会也专题听取旅游强省建设情况汇报，持续为江西旅游发展注入强劲动力，旅游发展氛围空前浓厚，旅游产业增长势头强劲、旅游发展影响显著提升。省旅游局更名为省旅游发展委员会并纳入省政府组成部门，第一次召开全省旅游产业发展大会，第一次开展全省旅游强省建设督查，把旅游纳入全省四大产业集群板块，组建成立省旅游集团，同时，南昌成为第四批大陆居民赴台个人游试点城市。旅游业作为江西省最大特色、最大优势、最大亮点的特征更加明显，作为绿色崛起的第一窗口、第一名片、第一品牌地位更加突出。全省形成领导高位推进、业内热情高涨、社会聚焦关注、省市部门联动的旅游发展格局。

2014年，全省接待游客3.13亿人次，增长25.2%；旅游总收入2649.7亿元，增长39.8%。旅游产业规模持续扩大，旅游收入增幅高于旅游人次增幅13个百分点以上。

【第一届全省旅游产业发展大会召开】

2月26日，第一届全省旅游产业发展大会在南昌召开，这是江西旅游历史上规格最高、规模最大、具有里程碑意义的会议，省委书记强卫、省长鹿心社、国家旅游局局长邵琪伟到会并作重要讲话，部署推进旅游强省建设。省人大常委会副主任朱秉发、省政协副主席钟利贵等出席，副省长朱虹主持会议。省直有关单位主要负责人，各设区市主要领导、旅游局局长，重点旅游县（市、区）主要领导，全省国家级风景名胜区，部分4A级以上旅游景区，部分旅游集团、企事业单位主要负责人参加会议。同时，建立全省旅游产业发展大会申办制度，由各设区市轮流申办大会。由省旅游产业发展领导小组审核并报省政府确定在上饶举办第二届全省旅游产业发展大会。

【推进旅游强省建设】　各地积极贯彻关于推进旅游强省建设的意见和全省旅游产业发展大会精神，先后召开规格高、规模大的旅游产业发展大会或工作推进会，纷纷出台加快旅游产业发展的政策性文件，全力推动旅游产业发展升级。全省11个设区市均成立旅游发展委员会，一些重点县积极开展旅游综合改革，推动旅游管理由行业指导向统筹产业发展转变。7月，由省政府组织5个督查组、省旅发委主任和省政府4位副秘书长分别担任组长，各涉旅单位和设区市政府派员参加，开展规格和规模空前的全省旅游强省建设督查，形成督查报告。

全省推进旅游强省建设的实践成果，受到上级部门、其他省市和社会各界的高度评价和集中关注，被誉为旅游强省建设的“江西模式”。北京、浙江、广西、江苏、内蒙古等十几个省市到江西省考察旅游强省建设工作。中央电视台《新闻联播》栏目、《人民日报》、新华社、《中国旅游报》等各大主流媒体也作了深入报道。在2014年全国旅游发展调研座谈会上，国家旅游局对江西省建设旅游强省所取得的

2月26日，全省旅游产业发展大会在南昌召开

省旅游局供稿

成就给予积极评价，认为江西省在中部省份率先成立旅游发展委员会，建立一套旅游产业运行机制，统筹旅游产业发展，对其他省份具有很强的示范作用。

【举办第十七届海峡两岸旅行业联谊会】 2月26日至3月5日，第十七届海峡两岸旅行业联谊会在南昌举办，403位台湾旅行业从业者与大陆各省600多位旅行业同仁参加。海峡两岸旅游交流协会会长邵琪伟、台湾海峡两岸观光旅游协会会长谢谓君和省长鹿心社、副省长朱虹出席联谊会。全省整合优惠政策，推出精品线路，并组织200余家地接社、旅游景区进行对接和业务洽谈。台湾旅行业品质保障协会理事长许晋睿称赞本届联谊会是1998年创会以来规模最大、规格最高的一次盛会。

【江西省旅游局更名为江西省旅游发展委员会】 根据《中共江西省委 江西省人民政府关于印发〈江西省人民政府职能转变和机构改革实施方案〉的通知》，江西省旅游局更名为江西省旅游发展委员会，简称省旅发委，为江西省人民政府组成部门。江西省成为全国第五个成立旅发委的省份。省政府办公厅印发了省旅发委主要职责内设机构和人员编制规定，强化全省旅游发展的统筹协调职责和旅游综合改革职能，明确由省发改、财政、交通运输、国土资源、住房城乡建设、文化等6个部门分管领导兼任省旅发委兼职委员，依法参与旅游管理工作。

【建设旅游重点产业集群】 省委、省政府把旅游纳入全省四大产业集群板块。全省从摸清家底、制定标准、反复论证3个方面入手，遴选确定35个旅游重点产业集群。省旅发委下发《关于加强旅游重点产业集群管理工作的通知》，明确产业集群工作“八个一”管理制度；编制《江西省旅游重点产业集群发展规划》，在鹰潭召开全省旅游重点产业集群推进会，对加快推进江西省旅游重点产业集群工作进行部署。

【江西省旅游集团有限责任公司成立】 12月28日，江西省旅游集团有限责任公司在南昌揭牌成立，副省长朱虹、省旅发委主任王晓峰为省旅游集团公司揭牌。公司是由省政府批准组建的大型国有独资公司，是在实施旅游强省战略，旅游产业迅猛发展的背景下应运而生的，注册资本10亿元。拥有江西旅游开发公司、江西旅游科技公司、江西旅游文化公司3家子公司，经营管理江西宾馆、江西饭店、赣江宾馆、青山湖宾馆、省海外旅游总公司、省旅游产业担保公司等10余家企业，业务范围涵盖旅游饭店、旅行社、餐饮娱乐、国内外票务、景区开发、旅游地产、融资担保、文化创意、网络科技等各个领域。

（万晶）

景区建设

【概　况】 省旅发委加强重点旅游项目调度和指导，2013年、2014年，全省旅游项目投资额超过1500亿元，总项目数290个，其中亿元以上项目222个。中国港中旅集团、中航工业集团等行业巨头和全联旅游业商会组织纷纷与江西省开展合作。

【推进旅游品牌创建】 加大A级景区的创建力度，瑞金、明月山成功通过国家5A级景区景观评审，列入创建5A级景区预备名单。指导大觉山、仙女湖、武功山、龟峰、三爪仑等旅游景区推进5A级景区创建，全省新增23个国家4A级旅游景区、17个国家3A级旅游景区。对评定满3年的112个A级旅游景区进行复核工作，以复核推进全省A级旅游景区标准化管理。全省17家旅游景区列入国民旅游休闲示范单位。婺源、井冈山获“国家级生态旅游示范区”称号。

【加强特色旅游商品开发】 9月5日—7日，举办2014江西旅游商品博览会，省内和十多个省市千余户企业参展，参展商品达3000余种，参观人数12.3万人次，现场销售额3083万元，签约2.2亿元。5月24日—27日，组团参加“第六届中国国际旅游商品博览会”，江西省旅游商品热销旅博会，参展商品和企业分获个“最佳必购商品奖”和“交易成果奖”，省旅发委获“最佳展台奖”和“最佳组织奖”。

【发展乡村生态旅游】 开展乡村旅游点等级划分与评定工作，提升全省乡村发展品质，规范乡村旅游经营服务，评定一批4A级乡村旅游点。开展美丽乡村旅游扶贫工程，204个“美丽乡村旅游扶贫村”获国家旅游局批复；会同省委农工部、省委宣传部启动“江西省十佳休闲旅游秀美村庄”评选活动。争取省政府批准设立星子庐山温泉旅游度假区、明月山温泉旅游区为省级旅游度假区，指导两个度假区进一步完善提升发展水平。辅导梅岭休闲旅游度假区创建省级旅游度假区并组织相关专家进行验收。协助国家旅游局进行中医药健康旅游开展情况的调查工作。中国旅游研究院在上饶婺源设立江西首个乡村旅游观察站，采集乡村旅游数据，开展乡村旅游研究。

【深入挖掘景区文化内涵】 5月30日，召开全省文化旅游工作电视电话会议，会同省文化厅对旅游开发建设中文物保护工作情况进行专项检查。拟订并实施《江西省非物质文化遗产进旅游景区工程实施方案》，深入挖掘景区文化内涵，提升文化品位。

【推进旅游区域合作】 进一步完善赣东北、赣西旅游区域合作发展机制，以江西省旅游产业发展领导小组名义印发实施《赣东北旅游合作发展规划》，积极协调大武功山旅游合作，尤其是推进金顶景区违章建筑整治和羊狮幕景区整体开发工作。制订《昌九旅游一体化工作方案》，推进昌九旅游一体化发展。启动《江西省旅游业发展总体规划》、《江西武功山旅游规划》修编工作并取得阶段性成果。完成《江西旅游景区大全》编印工作。

（万晶）

市场促销

【概　况】 “江西风景独好”整体形象品牌唱响全国，在2014年第二届中国文化旅游品牌建设与发展峰会上，获评“影响世界的中国文化旅游口号”。长三角和珠三角市场仍然是江西省最主要的客源市场，北京、西安、港澳台等中远程市场成长快速。全省接待300人以上的大型团队近200个，其中婺源超大型旅游团乃至万人旅游团屡创纪录，成为旅游市场的新亮点。

【首创推出江西旅游特卖会活动】 在全国首创推出“江西风景独好”旅游特卖会全新营销模式，组织全省各地及旅游景区、旅行社在北京、福州、厦门、上海、西安等60多个城市举办江西旅游系列特卖活动，让利热卖旅游线路和旅游产品，吸引了大量游客到江西旅游，实现从品牌推广到产品营销的转变。赣东北4家5A级景区先后到南京、合肥、天津、太原等城市展开联合旅游推介会，赣西3市赴厦门举办“江西好——赣西美”旅游推介会。

【开展中外媒体采访报道江西系列活动】 联合《江西日报》组织开展“全国主流媒体走进赣鄱”活动，全国20余家中央、省级主流媒体的记者编辑应邀到江西体验“江西风景独好”魅力，采访报道江西向旅游强省迈进的实践与探索。联合省委宣传部开展“2014外媒看江西”大型采访报道活动，法新社等18家境外媒体到江西采访采风，并通过多个语种推广“江西风景独好”的独特魅力。联合中国广播电影电视协会举办“全国交通广播电视记者走进江西”大型主题采访活动。整合全省力量，制作完善新版“江西风景独好”30秒旅游形象广告片，在央视一套和新闻频道《朝闻天下》栏目加密播出。继续在覆盖北京等21个城市CCTV移动传媒循环播放“江西风景独好”广告宣传片。

【开展境外旅游推广活动】 5月21日，在香港举办的第十三届赣港经贸合作活动期间，投放江西旅游系列宣传广告，举办2014“江西风景独好”（香港）旅游推介会。7月22日，在两岸（江西）经贸文化合作交流活动周期间，在台北举办“江西风景独好”2014江西旅游（台北）分享说明会，向台湾游客免费派送2100张“江西旅游门票通票”；并在台北公交车投放“江西风景独好”车身宣传广告，组织“赣台千名旅游专业大学生修学互访”活动。在俄罗斯比尔姆边疆区成功举办“江西风景独好”风光图片展；组团参加2014韩国哈拿多乐旅行博览会，在首尔市地铁等宣传栏上刊登“江西风景独好”形象宣传广告。与韩国哈拿多乐旅行社、新加坡中欧旅游联盟有限公司、泰国国泰旅游集团签署旅游战略合作协议，为打开东南亚客源市场奠定基础。

10月27日，江西省政府在澳门举行“江西风景独好”（澳门）旅游推介会。图为江西省委书记强卫与澳门特首崔世安共同启动江西与澳门旅游网络联动启动仪式

省旅游局供稿

【组团参加世界旅游经济论坛】 10月27日—29日，组成江西代表团参加在澳门举办的第三届世界旅游经济论坛，省委书记强卫率团赴澳门参加论坛，省旅发委为主要协办单位。期间江西省举办了高规格的江西旅游推介会，现场签约21个旅游项目，总金额130.8亿元，在世界性论坛舞台上充分展示了“江西风景独好”的魅力。启动“千名澳门大学生”江西深度体验活动，首批澳门师生顺利完成“海上丝绸之路江西陶瓷文化探访”之旅。

【开展一系列旅游宣传促销活动】 积极对接沪昆高铁开通，组织各设区市、旅游景区冠名“江西旅游号”，开展高铁旅游营销，上饶市分别在京福高铁、沪昆高铁冠名“上饶号”旅游列车。组织实施全省旅游宣传推广“四个一”（一句旅游口号、一部旅游宣传片、一本旅游画册、一首旅游歌曲）工程评比活动，评选出40件作品分获“四个一”工程“十佳”荣誉称号。组织举办“5·19中国旅游日”江西主会场活动，联合全省各设区市和重点旅游景区开展丰富多彩的主题活动，推出旅游惠民政策。在第三届国际道教论坛、第三届世界低碳经济论坛、2014第三届中国南昌“休闲农业·秀美乡村”开展旅游展览活动。

（万晶）

行业管理

【概　况】 2014年，在全省范围内组织开展旅游市场秩序整治活动，坚决查处旅行社、导游和领队违法违规行为。全省各级旅游部门共组织联合执法行动186次，参加行动人员985人（次），检查各类旅游企业1107家，对11家违法违规旅行社进行处罚，制定市场专项治理机制，有效规范市场秩序。委托清华大学对江西省40个重点景区（点）进行了游客满意度调查,用游客满意度的“指挥棒”作用,促进各地优化旅游环境。

【开展旅游标准化建设工作】 全省共评定批复五星级饭店2家、四星级饭店14家,三星级饭店17家,金叶级绿色饭店1家,并开展复核和暗访巡查工作。运用江西省网上审批系统,新批旅行社28家,换发旅行社经营许可证78家,新增出境游组团社8家。强化旅行社退出机制,共吊销10家、注销28家旅行社业务经营经营许可证。全省共评定批复五星级旅行社3家,四星级旅行社1家,三星级及以下旅行社18家。上饶市、景德镇古窑民俗博览区被国家旅游局确定为全国旅游标准化试点城市。

【开展旅游信息化服务工作】 与中兴通讯股份有限公司、中国电信江西公司、中国移动江西公司、中国联通江西公司合作,联合推进江西省智慧旅游建设。启动智慧旅游岛(游客电子服务中心)、江西省旅游门户网站、江西省旅游微信平台、江西省旅游BtoB网络分销平台(E通道)、江西旅游在线培训平台五大项目建设。“江西风景独好”官方微信总阅读数超过218万次、总转发数超过18万次,“江西风景独好”官方微博总发2.1万余篇。

【加强旅游人才培养工作】 在全国首创政府、高校、行业、企业协同培养旅游人才新模式,与江西师范大学、江西科技师范大学联合开办“金牌讲解班”,第一批54名学生在省内重点景区实现100%就业,选拔开办第二届“金牌讲解班”。与省委组织部联合举办推进旅游强省建设高级研讨班,与江西财经大学共同开办高级旅游管理人才研修班,与旅游院校、饭店协会、酒店人网合作举办旅游饭店总经理岗位职务培训班、旅游饭店餐饮岗位职务培训班,与设区市旅游局合作举办旅行社管理人员岗位职务培训班、旅游饭店总经理岗位职务培训班,与上海市共同举办沪赣两地旅游饭店总经理培训班。先后在赣州、吉安等地举办罗霄山片区旅游培训班和全国红色景点讲解员培训班。开展“寻找最美导游”活动,评出10名“江西最美导游”。通过寻找和评比,最美导游全省巡回演讲等活动,形成社会关注的热点,展示江西旅游的新形象。开展2014年导游员星级评定工作,共200名导游参加标准颁布后的首次评定工作。

(万晶)

风景名胜区

【概　况】 全省有庐山、井冈山、三清山、龙虎山、仙女湖、三百山、梅岭—滕王阁、龟峰、云居山—柘林湖、高岭—瑶里、武功山、灵山、神农源、大茅山等14处国家级风景名胜区和26处省级风景名胜区,风景名胜区总面积5434平方千米,占全省国土总面积的3.2%。庐山、三清山、龙虎山和龟峰等风景名胜区被联合国教科文组织世界遗产委员会列入《世界遗产名录》。国家级风景名胜区数量全国排名并列第三位。风景名胜区已经成为生态文明建设和旅游产业发展的主要载体。2014年,全省国家级风景名胜区接待游客4000万多人次,实现旅游综合收入400多亿元,其中门票收入18亿元。

【做好世界遗产申报与保护工作】 组织专家对龙虎山、龟峰世界遗产地保护管理工作开展情况进行检查。对三清山世界遗产地开展遗产地可持续发展研究。推进井冈山(黄岗山)申报世界遗产工作。向住建部呈报《关于恳请支持井冈山申报世界自然与文化遗产的请示》《井冈山(武夷山拓展)世界自然与文化遗产预备清单申报表》。出版《中国井冈山地区生物多样性综合科学考察》和《中国井冈山蝶类生活史研究》两本专著,完成申遗文本等材料初稿的编写。

【做好风景名胜区申报工作】 11月,杨岐山、汉仙岩风景名胜区申报国家级风景名胜区顺利通过住建部国家级风景名胜区专家组实地考评。启动黎川县船屋和南丰县仙人湖等景区申报省级风景名胜区工作。其中黎川县船屋景区被省政府批准列为省级风景名胜区,至年底,全省省级风景名胜区增至26处。

【推进规划编制报批工作】 2014年,龟峰风景名胜区总体规划通过部际联席会议审查。灵山、武功山风景名胜区总体规划报住建部待批。大茅山总体规划通过省级专家评审和省直有关部门审查。神农源编制完成并通过省住建厅初审。启动三百山、高岭—瑶里风景名胜区总体规划修改。编制完成井冈山茨坪旅游镇、大峡谷景区,龟峰旅游集散中心,梅岭—滕王阁中外友谊林景点,麻姑山入口服务区、仙坛胜境景区,云居山—柘林湖温泉度假村等19个风景名胜区详细规划,住建部批复《龙虎山镇旅游接待中心南部片区控制性详细规划》《上清镇旅游接待次中心控制性详细规划》等8个详细规划,省住建厅批复《麻姑山风景名胜区入口服务区、仙坛胜境景区》等3个详细规划。

【加强资源保护和规划监管】 完成风景名胜区资源保护和规划实施年度报告工作。开展风景名胜区保护管理执法检查工作。井冈山风景名胜区被评为优秀单位。推进风景名胜区法制化规范化管理。起草完成《江西省风景名胜区详细规划编制报批暂行规定》《江西省风景名胜区建设项目选址核准和规划建筑方案审查办法》等4个规范性文件,制定风景名胜区规划及建设项目审批、核准流程,完善了网上公示、审批等软件系统。

(张亦可)

·资　料·

江西省省级风景名胜区基本情况

序号	风景名胜区	所在地	面积(平方千米)	批准设立时间
1	通天岩风景名胜区	赣州市	5.60	1995年
2	翠微峰风景名胜区	赣州市宁都县	16.10	1995年
3	罗汉岩风景名胜区	赣州市瑞金市	22.00	1995年
4	汉仙岩风景名胜区	赣州市会昌县	40.40	1995年
5	梅关—丫山风景名胜区	赣州市大余县	58.90	1995年
6	小武当风景名胜区	赣州市龙南县	13.50	1995年
7	陡水湖风景名胜区	赣州市上犹县	28.60	1995年
8	聂都风景名胜区	赣州市崇义县	109.90	1995年
9	青原山风景名胜区	吉安市青原区	19.40	1995年
10	玉笥山风景名胜区	吉安市峡江县	47.50	1995年
11	白水仙—泉江风景名胜区	吉安市遂川县	30.66	1995年
12	麻姑山风景名胜区	抚州市南城县	36.00	1995年
13	杨岐山风景名胜区	萍乡市上栗县	30.94	1995年
14	玉壶山风景名胜区	萍乡市莲花县	51.24	1995年
15	洪岩风景名胜区	景德镇市乐平市	100.00	1995年
16	秦山风景名胜区	九江市瑞昌市	102.95	1995年
17	南崖—清水岩风景名胜区	九江市修水县	50.00	1995年
18	灵岩洞风景名胜区	上饶市婺源县	38.00	1995年
19	百丈山—萝卜潭风景名胜区	宜春市奉新县	155.00	1999年
20	华林寨—上游湖风景名胜区	宜春市高安市	178.00	2006年
21	洞山风景名胜区	宜春市宜丰县	80.21	2006年
22	象湖风景名胜区	南昌市	6.65	2007年
23	葛源	上饶市横峰县	115.00	2013年
24	流坑古村	抚州市乐安县	3.61	2013年
25	潭湖	抚州市南丰县	47.88	2013年
26	船屋	抚州市黎川县	34.00	2014年

·资 料·

江西省A级景区一览

设区市	景区级别分类	景区名称
南昌市(28家)	4A(8家)	滕王阁、南昌天香园、南昌八一起义纪念馆、南昌宝葫芦农庄、梅岭狮子峰景区、江西凤凰沟景区、南昌新四军军部旧址陈列馆、南昌市梅岭竹海明珠景区
	3A(16家)	绳金塔、八大山人梅湖景区、安义古村群、怪石岭生态公园、进贤西湖李村、清晨田园度假村、新建县厚田沙漠景区、小平小道爱国主义教育基地、象山森林公园景区、国鸿生态园景区、湖光山舍田园农庄、新建县梦山景区、新建县汪山土库、新建县中盛山庄、南昌县凤凰山庄、青山湖区699文化创意园
	2A(4家)	新建县梅仙山庄、进贤县碧水山庄、青山湖区金绿园山庄、高新开发区琳超生态园
九江市(20家)	5A(1家)	庐山
	4A(13家)	庐山西海国际温泉度假村、庐山天沐温泉度假村、庐山龙湾温泉度假村、石钟山、共青城富华山景区、庐山西海景区、修水南崖—马家洲景区、武宁西海湾景区、九江彭泽龙宫洞景区、九江市中华贤母园景区、九江市南山景区、九江市中部红木博览城景区、九江市八里湖景区
	3A(6家)	九江市秋收起义修水景区、九江白茶园景区、武陵岩风景区、大洋洲湿地公园、燕山龙源峡景区、九江市98抗洪纪念广场
景德镇市(18家)	5A(1家)	古窑民俗博览区
	4A(6家)	高岭·瑶里风景区、浮梁古县衙、洪岩仙境风景区、得雨生态园、中国瓷园·锦绣昌南、景德镇市乐平怪石林景区
	3A(6家)	金竹山寨、雕塑瓷厂明清园、景德镇缘源陶瓷创意园、景德镇千年博大·瓷博园景区、景德镇官窑瓷画院产业基地景区、景德镇1949建国陶瓷文化创意景区
	2A(5家)	景德镇昌江区冷水尖景区、景德镇御窑厂遗址景区、景德镇丝绸瓷路景区、景德镇瓷立方景区、景德镇官庄窑景区
萍乡市(16家)	4A(4家)	萍乡武功山、安源路况工人纪念馆、萍乡市荷花博览园景区、萍乡市杨岐山景区
	3A(5家)	麻山幸福村景区、萍乡市明月湖景区、毛家湾文化村景区、萍乡秋收起义广场、萍乡秋收起义烈士陵园
	2A(7家)	萍乡莲花一枝枪纪念馆、安源国家森林公园(五陂)生态旅游景区、萍乡市东桥钟鼓寨、莲花县良坊赣西民俗陈列馆、安源三湾生态景区、安源横龙休闲山庄、安源小金山森林公园
新余市(3家)	4A(1家)	新余市仙女湖
	3A(1家)	新余昌坊度假村
	2A(1家)	新余分宜县严嵩故里
鹰潭市(4家)	5A(1家)	龙虎山
	3A(1家)	余江县雕刻创业示范园
	2A(2家)	余江县血防纪念馆、贵溪周坊革命烈士纪念馆
赣州市(19家)	4A(16家)	通天岩、阳岭国家森林公园、赣州宝葫芦农庄、赣州市客家文化城、赣州市九曲度假村、瑞金叶坪红色旅游景区、龙南关西围屋景区、安远三百山景区、赣州五龙客家风情园、瑞金中央根据地历史博物馆景区、会昌汉仙岩、宁都翠微峰景区、石城通天寨景区、大余丫山景区、兴国三僚景区、赣州市陡水湖景区

续表

设区市	景区级别分类	景区名称
	3A(3 家)	中央红军长征出发地纪念园、龙南栗园围旅游景区、龙南客家酒堡景区
宜春市(24 家)	4A(5 家)	明月山温泉风景名胜区、三爪仑国家示范森林公园、天沐·明月山温泉度假村、中部梦幻生态旅游区、宜春市百丈山景区
	3A(9 家)	宜春酌江风景区、铜鼓县天柱峰景区、丰城市丰水湖公园、华林寨—上游湖风景区、万载县竹山洞景区、万载县仙源湘鄂赣红色旅游景区、万载县九龙原始森林旅游区、上高县白云峰大峡谷漂流景区、中国丰城三谷景区
	2A(10 家)	宜春奉新江西省国际体育健身运动中心、奉新萝卜谭、宜春体育中心、樟树阁皂山、宜丰洞山、上高县镜山公园、上高县九峰森林公园、樟树市三皇宫、宜春丰城市生态硒谷旅游区、宜春高安市华林八百洞天景区
上饶市(24 家)	5A(2 家)	三清山、婺源江湾
	4A(16 家)	龟峰、上饶集中营名胜区、婺源鸳鸯湖景区、婺源大鄣山卧龙谷、婺源李坑景区、婺源思溪延村景区、婺源灵岩景区、婺源文公山景区、鄱阳湖国家湿地公园、三清山田园牧歌景区、上饶市婺源汪口景区、上饶市婺源篁岭景区、上饶市婺源严田景区、上饶市德兴大茅山景区、上饶市万年神农源景区、上饶市婺源五龙源景区
	3A(3 家)	婺源文化与生态旅游区、闽浙皖赣根据地旧址群、广丰铜钹山(九仙湖)
	2A(3 家)	上饶铅山葛仙山、上饶县三鼎寻根园、余干县康山忠臣庙景区
吉安市(34 家)	5A(1 家)	井冈山
	4A(6 家)	渼陂古村、庐陵文化生态园、吉安市天祥景区、吉安市青原山景区、吉安市陂下古村景区、吉安市钓源景区
	3A(10 家)	蜀口洲风景区、永新三湾景区、遂川汤湖温泉山庄、吉水燕坊古村、永丰欧阳修纪念馆、安福武功山温泉山庄、泰和楠木林景区、吉安市青原区东固景区、万安县田北农民画村、吉安县梅塘镇资国禅寺
	2A(17 家)	吉水毛泽东祖籍游览苑、遂川工农兵政府旧址、永丰大仙岩景区、吉安安福县孔庙、峡江县玉笥山、吉水县江南第一墓、吉安县吉州窑景区、安福香樟园休闲山庄、吉州区卢家洲景区、遂川南风面景区、吉安市农业科技园山庄、吉安市天宝水库生态度假村、吉安市康克清纪念馆景区、吉安市白水仙景区、遂川石坑景区、新干莒洲岛景区、新干青铜博物馆
抚州市(30 家)	4A(3 家)	资溪大觉山、抚州名人雕塑园、抚州市梦湖景区
	3A(23 家)	广昌县莲花科技博览园、资溪县泰伯公园景区、卓望山森林公园、东华山水景区、乐安流坑古村、临川大金山寺景区、南城登高阁景区、南城祥岗山景区、黎川湖坊闽赣省旧址景区、南丰潭湖生态养生岛景区、南丰观必上景区、南丰国安风情园景区、崇仁神龙湖海景区、乐安大码头生态度假区、乐安金竹飞瀑景区、宜黄曹山寺景区、金溪竹桥古村、金溪浒湾古镇、资溪百越民俗文化村、资溪面包文化产业园、广昌姚西(驿前)景区、东乡舒同博物馆、东乡王震纪念馆
	2A(4 家)	抚州汤显祖纪念馆、崇仁县源野山庄景区、南丰县戈镰山—仙人洞景区、金溪县象山公园

注:截至2015年1月5日,江西省有220家旅游A级景区,其中5A级景区6家、4A级景区78家、3A级景区83家、2A级景区53家。

本栏编辑　邓玉兰

国内贸易

综　述

2014年,全省各级政府商务部门围绕年度发展目标,把握扩大内需这一基点,以搞活流通、扩大消费、促进转型、惠及民生为主线,全省商贸流通工作取得重要成效。全省实现社会消费品零售总额5129.2亿元,增长12.7%,增幅高于全国平均水平0.7个百分点,居全国第十位。

电子商务快速发展。全省电子商务交易额1384.8亿元,同比增长110.6%。建立全省促进电子商务产业发展工作联席会议制度,编制印发《全省电子商务产业发展规划(2014—2020年)》。先后在杭州、义乌、北京、深圳等地开展电子商务专题对接活动,现场签约项目27个,签约金额90.43亿元。组织评定2014年度先锋电子商务产业园等8家省级示范基地和大江直购等22家省级示范企业,培育10个特色电子商务聚集区,7个县开展电子商务进农村试点工作。南昌市、赣州市成功申报国家电子商务示范城市。

现代物流业加快集聚。江西省将物流纳入全省4个重点产业集群(工业、农业、物流、旅游)加以推进,重点打造16个全省物流重点产业集聚区,认定江西省第二批3个重点商贸物流园区(中心)和12个重点商贸物流企业。推进吉安万吉物流信息平台升级为省级物流公共信息平台。在赣州开展省级城市配送试点,重点在快速消费品、生鲜食品、快递等领域实施共同配送。

城乡市场体系建设深入推进。全省实际改造菜市场97个,带动投资4.36亿元。建设城市综合体56个,项目总投资892.43亿元,建筑总面积1369.03万平方米,营业面积705.07万平方米。建设面向农村市场的残疾农家店50个、物流配送中心12个、乡镇商贸中心64个、镇村直营店29个。全省11个设区市、10个县级市除井冈山和共青城市均完成城市商业网点规划工作,所有市辖区商业网点规划工作均纳入各设区市商业网点规划范围。5个设区市纳入全国中小商贸流通企业服务体系建设试点。

省产品促销成效显著。制定《关于做好2014年全省商务领域扩大消费工作的实施意见》,开展系列消费促进活动。5月30日至6月1日,举办2014年江西省地方特色商品(厦门)展销会,实现现场销售115.7万元,合同签约4808.32万元,意向签约1.44亿元。12月18日—22日,举办2014年江西省地方特色商品(广东)展销会,实现现场销售313.37万元,合同签约5899.08万元,意向签约2.29亿元。加强江西商品展示推介平台建设,做好“江西名优商品北京展销中心”和南昌华南城“江西特色商品展销中心”建设,着力打造一流的省内江西特色产品展示展销平台。

市场运行调控能力显著增强。全省建成生活必需品、重点流通企业等8个市场监测系统,样本企业总数达到908家,涵盖全省11个设区市和100%的县(市、区)。全省100%的设区市和97.70%的县(市、区)开通商务预报平台。江西省市场运行监测工作继续保持在全国前列,年度排名第六名。争取下达江西的中央储备肉活猪储备950吨。督促指导南昌市、九江市、景德镇市、新余市、鹰潭市、宜春市、上饶市等地落实活猪储备4195吨。加强中央储备食糖监管。调整优化生活必需品重点联系企业队伍290家,强化应急商品投放网点360家。

传统商贸服务业提档升级。引导特色商业街规范建设,认定2014年度“江西省特色商业街”15条。南昌市胜利路步行街、婺源县朱子步行街成功申报“中国著名商业街”和“中国特色商业街”。出台《关于保护和促进江西省老字号发展的指导意见》,推进老字号振兴工程,支持8个中华老字号开展老字号保护和连锁经营发展。实施赣菜推广,成立江西省餐饮标准化委员会,开展餐饮标准化制定工作。举办中国绿色食品博览会和世界低碳大会,争取江西省列为全国8个健康养老试点省份之一。

(刘仁文)

市场秩序建设

【严厉打击侵权假冒行为】 全省打击侵权假冒领域行政执法与刑事司法衔接信息平台完成,并与全省工商行政管理系统案件管理平台对接。2014年,全省行政执法部门共立案1.48万件,涉案金额5214.67万元。全省公安机关共立案339件,抓捕犯罪嫌疑人450人,涉案金额5.5亿元。全省检察机关共批捕95件144人,提起公诉227件387人。全省各级审判机关新受理侵犯知识产权和制售假冒伪劣商品刑事案件97件151人,审结88件141人,审限内结案率100%。

【推进商务领域信用建设】 一是省商务厅指导江西商投公司开展商业保理试点申报工作，并成立江西省首家商业保理公司。二是继续推进商务领域诚信建设，2014年除发布企业资质信息外，还首次收集和实名发布相关市场主体的违法违规信息，涉及2011—2013年间各设区市及有关县（市）商务执法部门查处的生猪定点屠宰、酒类流通、成品油销售、再生资源回收等方面的违法违规案件。三是印发《江西省商务厅开展单用途商业预付卡专项检查工作方案》，加强单用途预付卡管理工作的督导检查。

【加强药品流通行业管理工作】 完成省医改领导小组安排部署的各项工作，密切跟踪各项医改政策进展，及时反映药品流通企业的意见和要求，为药品流通企业争取到医药招标采购的相关政策。筹划江西省中药材流通追溯体系建设项目，联合省财政厅制定《江西省中药材流通追溯体系建设试点项目实施管理办法》，并按计划，分阶段组织实施建设。按商务部要求组织和指导13家药品流通直报企业及时准确地做好统计报送工作。

【组织开展打破封锁垄断工作】 牵头省发改委等12个单位组织开展打破封锁垄断工作，全面清理含有地区封锁内容的各项规定。全年全省共审查规章、规范性文件等共6359份，其中：省级1437份，设区市级4655份，县级267份。同时与省发改委等6部门联合建立打破封锁垄断长效性机制。

【集中开展电视购物专项整治工作】 制定印发《江西省开展电视购物专项整治工作方案》，在全省部署开展为期半年的电视购物专项整治工作。全省专项整治行动共出动监管执法人员2500余人次，监测110家电视台306个电视频道，监测电视购物广告1.7万余条次，核查广告660余条。通过下发《行政提醒书》《行政规劝书》等行政指导文书形式，责令停止发布涉嫌违规电视购物广告360条次，整改146条次，受理并协调处理消费者举报38件，行政处罚案件24件，罚款31.3万元。

（冷萧）

市场体系建设

【组织召开全省商贸流通工作流动现场会】 为进一步增强内需对经济增长的拉动作用，促进全省商贸流通业加快发展创新发展，9月，省政府在吉安、新干、丰城组织召开全省商贸流通工作流动现场会，这是江西省连续第二年举办商贸流通工作流动现场会。常务副省长莫建成出席会议并讲话，全省各设区市、省直管县（市、区）、省搞活流通扩大消费工作领导小组成员单位100余人参加会议。通过实地参观考察学习丰城、新干及吉安等地汽车回收拆解、电子商务、物流园区、专业市场、标准化菜市场建设等商贸流通项目先进经验和做法，进一步带动全省各地商贸流通业加快发展。

【推进标准化菜市场建设改造】 立足服务民生，便民消费，年内省财政继续投入2000万元用于菜市场升级改造，全省计划改造菜市场40个，其中重点对5个公益性菜市场进行试点改造，引导各地促进菜市场公益性回归。全省实际改造菜市场97个，是计划改造项目的2.4倍，牵引带动菜市场建设改造投资总额2.38亿元，是财政资金投入的2.25倍。同时，继续开展标准化示范菜市场项目的创建活动，在全省建设改造了一批硬件条件好、管理服务优、经济社会效益突显的示范项目。

【推进城市商贸综合体建设】 引导全省各地科学规划、完善布局，通过招商引资引进国际国内知名经销商品牌，加快推进城市商业建设，促进居民消费和带动城市发展，全年全省建设城市综合体56个，项目总投资892.43亿元，建筑总面积约1369.03万平方米，营业面积约705.07万平方米，截至年底，全省累计开工建设城市商贸综合体82个，有效促进了江西省城市商贸消费升级和业态升级。

【编制城市商业网点规划】 截至年底，全省11个设区市、10个县级市除井冈山和共青城市均完成城市商业网点规划工作，所有市辖区商业网点规划工作均已纳入各设区市商业网点规划范围，全省45个县完成城市商业网点规划编制工作，其余县均启动编制工作，全省还有61个乡镇启动商业网点规划编制工作。

【推进“万村千乡市场工程”建设】 截至年底，全省累计建设合格农家店2.2万个，配送中心143个（其中省级配送中心1个）、乡镇商贸中心63个、直营店24家，农家店覆盖全省所有的县、97%的乡镇、35%的行政村，全面推进农村市场体系建设，为扩大农村消费、统筹城乡发展和加快新型城镇化建设提供了重要支撑。根据商务部统一部署，年初，委托第三方中介对2005—2012年以来建设的“万村千乡市场工程”项目，含2.26万个农家店、5000个信息化农家店、134个配送中心、23个乡镇商贸中心等项目开展全面绩效评价，进一步规范项目建设管理。5月，对2005年以来所建“万村千乡市场工程”项目进行了一次集中清理整治，重点对承办企业重复虚报冒领国家补贴、农家店商品配送率、“万村千乡市场工程”专用标识使用、关闭农家店、农家店改造和管理规范性等情况，通过整治，取缔不符合规范的承办企业35家。

【开展商贸强镇试点工作】 为进一步发挥商贸服务业对加快新型城镇化的推动作用和统筹城乡发展的重要基础性作用，探索符合江西实际的乡镇商贸发展模式，2014年在全省开展商贸强镇试点，首批选择15个具有一定人口规模、交通便利、区位优势明显、商贸服务业发达且业态较为完备乡镇进行试点建设。通过培育典型、树立示范、以点带面，涌现出一批工贸型、农贸型、商旅型商贸强镇，有效促进了城乡商贸一体化发展和现代商贸与当地特色产业的融合，推动了全省农村商贸全面发展。

【加快推进商品交易市场发展】 大力推进省级示范商品交易市场建设，以着力培育和打造一批交易功能强、辐射范围广、服务管理完善和信息化、国际化、现代化水平较高的全省示范商品交易市场为核心，引领全省商品交易市场发展提升。按照标准化、规范化原则，在全省开展商品交易市场示范活动，通过推荐、评定，南昌深圳农产品中心批发市场等8家市场被评定为首批省级重点商品交易市场。截至年底，全省年交易额亿元以上商品交易市场197个，年交易额2300亿元，市场营业面积合计1400万平方米，摊位数达12.6万个，市场从业人员40余万人。其中，年交易额10亿元以上市场48个，年交易额100亿元以上市场5个。

【推进农产品市场体系建设】 2014年，省商务厅积极争取中央财政资金，以赣南脐橙产业为重点，大力开展西果东送农产品产销衔接链条建设，支持南昌、九江市开展农超对接试点。建设农产品集配中心，构建产销链条，完善销售网络，推动全省标准化菜市场建设改造，加快社区蔬菜直销店建设，全省农产品市场体系建设取得初步成效。实施西果东送，畅通赣南脐橙、南丰蜜橘流通渠道。争取中央财政扶持资金3400万元，支持赣州市、南丰县脐橙蜜橘流通龙头企业建设产地集配中心17个，销区配送中心2个，设立销区直销网点100余个，新(扩)建标准厂房3.2万平方米，脐橙蜜橘分拣打蜡包装生产线17条，新增脐橙蜜橘保鲜储存库6万吨，脐橙检测中心15个。开展农超对接试点，促进农产品产销衔接。安排中央财政资金600万元，支持南昌和九江市开展农超对接试点。以大型连锁超市为主体，推进连锁超市与农产品生产基地直接对接，促进产销衔接。重点支持实施企业新建用于农超对接的生鲜物流配送中心、产地集配中心、冷库和品质保障体系建设。注重安全便利，鼓励农产品直供、直销。设立专项扶持资金，在南昌、宜春等地开展试点，支持国鸿集团、江西玉丰等一些较大规模的农产品流通企业、农民专业合作社建设标准化便民蔬菜直销店。至年底，南昌、宜春、萍乡等设区市城区建设标准便民蔬菜直销店200余个，大部分直销店蔬菜价格比农贸市场零售价低10%～15%。

（付蓉）

商贸服务管理

【推动餐饮产业快速发展】 2014年，省商务厅开展大众评选的20道赣菜宣传推广，精心组织辣文化美食节等重大活动，打造江西美食特色街乡餐饮产业集聚平台，引导企业向大众化、连锁化、健康养生发展，江西餐饮产业快速发展。到年底，全省共有各类餐饮企业5.4万家，增长17.2%；营业额703.11亿元，增长22.56%；税收49.21亿元，增长8.89%。从业人员数约150万人，增长16.6%。有力地带动了农产品、烟酒、家具、陶瓷、建筑、会展等产业的发展，成为全省社会消费品零售额的主力军。大力打造餐饮产业交流平台。4月，协助南昌市餐饮协会举办中国辣文化美食节，进一步增强了业态的交流合作，扩大了赣菜影响力。重点打造餐饮企业聚集平台。评定西湖区绳金塔等5条美食之街、美食之乡，江西省美食之街、美食之乡数达到13条，为提升产业聚集和居民便利化消费创造了条件。开展江西省餐饮标准化制定。与省质监局共同制定中餐前厅服务规范标准，为进一步提高江西省餐饮服务质量和水平奠定基基础。

【推动家庭服务业做大做强】 筹划养老服务产业试点工作。作为财政部、商务部的8个试点省市区之一，省商务厅会同省财政厅制定工作方案，拟通过中央财政资金的引导作用，引导社会资本积极参与养老服务产业建设，打造一个养老服务产业发展平台，推出一批新型养老服务产品，发展一批新型养老服务龙头企业。开展家庭服务业品牌建设。年内争取专项资金260万元，支持南昌市巾帼家庭、九江福利中心、新余万家惠、赣州亲宝贝、鹰潭市爱家、吉州区助万家等6个企业开展品牌推介以及连锁化、规范化建设。扶持健康养老服务体系建设。争取专项资金140万元，对江西倍邦、抚州市西大街社区居家养老健康活动服务中心的健康养老服务网络平台，将社区、医疗机构、第三方养老机构与老年人及其家属形成信息互动，实现养老服务的多渠道信息化管理。逐步实现家庭服务业规范化。江西省地方标准《母婴生活护理员（月嫂）服务质量规范》已于9月1日开始实施，对规范江西省母婴生活护理员（月嫂）服务行为、促进提高服务质量，加强行业管理等发挥了重要作用。充分利用典型模范带动示范效应。开展年度家庭服务业“十佳示范单位”“十大金牌服务员”，评选，通过树典型对全行业起到了模范带头促进作用。

【推进会展产业提升发展】 大力打造江西省龙头展会。为落实中央关于高效办会精神，有效地整合江西省会展资源，11月21日—24日，举办第三届世界低碳生态经济大会暨第七届中国绿色食品博览会，商品贸易签约29亿元、重大项目投资签约969.24亿元。积极培育一批品牌展会。争取商务部政策支持，组织中国景德镇陶瓷博览会、樟树药交会等一批重点展会。加强合作交流。9月、10月，分别组织30家企业参加第十届中国（成都）食品博览会和第一届中国（长沙）食品博览会，进一步宣传推介江西绿色食品产业优势和潜力，签约3000多万元。

【加强行业协会建设】 组建省沐浴协会、省礼仪协会、洗涤行业协会，指导美容美发行业协会进行换届工作，截至年底，商贸服务业处所服务的9个产业中已有8个成立省级协会，为规范上述行业秩序，引导行业健康发展奠定了良好基础。

（廖旭芳）

市场运行调节

【市场运行监测预警水平提升】 2014年，全省继续调整和优化注册样本企业，全省样本企业总数908家，实现全省全涵盖，其中，重点流通样本企业490家、生活必需品样本企业168家、生产资料样本企业77家、应急商品数据库企业34家、酒类流通样本企业57家、茧丝绸样本企业15家、百县农村市场监测单位14家，信息泵监测企业53家。

【市场应急保供能力提高】 2014年，商务部下达江西省的中央储备肉活猪储备950吨，南昌、九江、景德镇、新余、鹰潭、宜春、上饶等7个设区市落实活猪储备4195吨。加强中央储备肉、食糖监管。进一步加强省、市、县三级应急骨干队伍和应急商品投放网点建设，健全全省应急网络体系，提高应急能力和水平。

【开拓省产品市场】 组织开展江西商品全国行，2013年12月28日至2014年1月6日，举办2013北京“江西商品大集”。5月30日至6月1日，举办2014年江西省地方特色商品(厦门)展销会。12月18日—22日，举办2014年江西省地方特色产品(广东)展销会。加强江西商品展示推介平台建设，会同省财政厅指导做好“江西名优商品北京展销中心”后续运营管理工作，加强华南城“江西特色商品展销中心”建设。设立专项资金支持企业在省外开设品牌专卖店和发展经销商，拓展全国市场。11月10日，组织参加在京东商场、当当网举办的2014“江西商品网上大集”活动，打造江西“永不落幕的大集”，扩大省产品的影响力和市场占有率。

【内贸流通体制改革稳步推进】 组成4个调研组分赴省内开展内贸流通体制改革专题调研，广泛听取各地商务主管部门、行业组织、内贸企业、专家学者和省直各相关部门的意见，摸清江西内贸流通的情况、成效、经验和问题，并牵头起草《关于开展国内贸易流通体制改革专题调研的报告》《推进国内贸易流通体制改革建设法治化营商环境的实施意见》《全省内贸流通体制改革工作情况汇报》等。赴广东、山西、浙江、广西等地开展内贸流通体制改革、城市物流配送体系建设等专题调研，学习其他省市改革经验。

【行业管理工作不断加强】 落实酒类流通备案登记制度和酒类流通随附单制度，在网上备案的酒类经营企业达4.06万户，其中，批发企业4139户，零售企业2.78万户，餐饮企业8336户，酒吧等娱乐场所及其他339户。在全省开展打击假冒侵权酒类产品行动，切实维护酒类生产者、经营者和消费者的利益，确保江西酒类食品消费安全。加强成品油行业管理。推进国Ⅳ标准车用柴油升级，中石化江西分公司和中石油江西分公司先后启动国Ⅳ标准车用柴油供应工作。1月，省商务厅联合省交通运输厅等9部门开展半年的成品油市场专项整治工作，开展联合执法活动357次，出动执法人员3217人次，检查加油站2497个，查处非法仓储点和非法经营行为分别22个、400余起(座)。加强成品油日常监管，组织开展对2013年度全省2707成品油批发、仓储和零售企业经营批准证书的年检工作；2014年，规划确认加油站79座，新办《成品油零售经营批准证书》54座、变更205座。加强茧丝绸行业管理。下达2014年全省桑蚕丝生产指导性计划和指导性收购价购。以“江西丝绸”特装形式参展2014年中国国际丝绸博览会。争取中央2014年茧丝绸发展专项资金327万元，支持江西省蚕桑茶叶研究所等8个单位开展蚕病防治、制丝废水循环利用等项目建设。成立江西省茧丝绸协会。

(刘仁文)

电子商务

【概　况】 2014年，江西省电子商务交易额1384.8亿元，增长110.6%，其中，网络零售交易额313.8亿元，增长84.4%，占全省社会消费品零售额的比重较上年约提升2.5个百分点。全省电子商务经营主体近5.5万家。从电商交易规模看，江西省电商交易超千万元的企业825家，增长193.6%。其中，10亿元级企业16家、亿元级企业163家、千万元级企业646家。呈现电商应用主体数量快速增长，电子商务与传统产业加速融合，省产品网上市场需求旺盛，跨境电商总量持续增长，示范体系带动效应明显等特点。

【进一步优化电子商务政策环境】 抓好省政府《关于加快电子商务产业发展的若干意见》贯彻落实，先后建立全省促进电子商务产业发展工作联席会议制度，联合省发改委印发《全省电子商务产业发展规划(2014—2020年)》，并会同南昌海关、江西检验检疫局等6部门推动省政府转发《江西省推进跨境电子商务工作实施意见》。同时，重点指导督促各地制定促进电商发展的政策措施，截至年底，有新余、抚州、吉安、宜春、上饶、萍乡、九江等10个设区市以及南昌高新区、玉山、共青城、等20多个县(区)出台了电子商务发展促进政策。

【举办江西(杭州)电子商务产业合作推介会】 3月25日，举办江西(杭州)电子商务产业合作推介会。副省长胡幼桃出席推介会并致辞，省政府副秘书长林彬杨主持会议。省商务厅厅长王水平，鹰潭市委书记陈兴超，省政府驻浙江办事处主任李江毅出席，南昌、新余、鹰潭、上饶、共青城等市、县领导，有关市、县商务主管部门、项目单位负责人以及阿里巴巴集团公司等浙江沿海地区电子商务企业客商等共计130余人参加会议。会上，介绍了江西电子商务产业及发展环境，重点推介了新余市、鹰潭市、上饶市、共青城市政策环境及华南城电子商务示范基地、江西移动电商产业园项目情况，并举行项目签约仪式，达成签约电子商务合作项目10个，项目投资总额40.5亿元。同时，根据各地电子商务区域发展的重点和特点，组织相关市、县赴义乌、北京、深圳等地开展电子商务专题对接活动，全年江西省共签约电子商务合作项目27个，签约金额达到90.43亿元。

【推进电商示范体系建设】 在协调推动南昌、赣州两地成功获批国家电子商务示范城市创建后，联合关、检、税、汇等部门研究在昌北机场、南昌保税物流中心、赣州综保区、南康区等设立跨境电商通关试点，并从省政府层面推动跨境电子商务基础设施建设及南昌、赣州两市申报国家跨境电子商务试点城市。同时，在2013年评定10家省级示范基地和21家省级示范企业的基础上，严格按照评定标准流程、创建规范，评定出2014年度先锋电子商务产业园等8家省级示范基地和大江直购等22家省级示范企业，并于6月27日召开全省电子商务示范体系建设调度推进会，分析解决存在问题、推广示范经验模式，推动示范基地和企业健康快速发展。

【拓宽省产品网上销售渠道】 5月27日，举办淘宝“特色中国——江西馆”开馆仪式，副省长李炳军出席并宣布开馆，省商务厅厅长王水平、阿里巴巴集团副总裁余力、南昌市副市长肖玉文出席并致辞，各设区市商务主管部门、省级电子商务示范基地、全省名优特产企业负责人及特色中国江西馆入驻商家代表共500余人参加。活动期间，还举办农产品电商发展高峰论坛和“点亮淘宝路”江西专场培训。截至年底，淘宝特色中国江西馆已入驻商户1250家，省名优特产上架5600余种，全年累计销售6.1亿元。同时，设立京东江西馆，指导土购网、赣品会、景瓷网和大江直购等电商平台开展运营，组织2014年江西省地方特色商品展参展企业与电商平台及服务企业开展对接，有效促进省产品网上销售。

【深挖涉农电子商务发展潜力】 组织评定宁都县等7个国家级电子商务进农村综合示范县和共青城市等6个省级电子商务进农村综合示范县，明确了物流服务、配套支撑、人才培训、推广应用、营造环境等重点任务。同时，结合商务部农村商务信息服务试点工作，大力推动农产品网上购销信息站点建设。截至年底，建成县、乡、村级农村商务信息服务点160余个，全省6个国家级农村商务信息服务试点县及有条件的农业大县通过参加商务部夏秋季及冬季农产品网上购销对接会，引导近800家农户入驻平台，累计发布购销信息800余条，促成3.5亿元农产品成交，推动江西省农产品网上购销对接成交额综合排名全国第五，较2013年提升3位，在缓解江西省农产品“卖难”问题的同时，进一步提升了农村电子商务应用水平。截至年底，全省涉农电商交易额超过70亿元，涉农电商企业3000余家，赣南脐橙、南丰蜜橘、广昌白莲、铜鼓竹制品成为网络热销产品。

【启动电子商务进农村综合示范建设】 积极推进电子商务在农村的普及和应用，争取商务部将江西省列入全国8个“电子商务进农村综合示范建设”试点省份之一。为探索和建立适合江西省农村的电商发展模式，组织人员赴浙江、江苏等电商发达省份学习先进的农村电子商务建设经验，同时在省内10余个县(市)进行实地调研，进一步摸清江西省农村电商发展现状。10月，启动项目试点申报工作，有28个县(市)提交了正式申报材料。12月，组织专家进行项目评审，在全省评选出进贤县、莲花县、宁都县、于都县、玉山县、广丰县、新干县等7个县为江西省创建国家电子商务进农村综合示范县。

【电子商务发展氛围日益浓厚】 2014年，先后与阿里巴巴、腾讯等知名电商企业开展年度交流大会，举办首届中国青年企业家(共青城)发展峰会电子商务论坛和第三届世界低碳生态经济大会电子商务展，组织全省电子商务应用培训和各设区市巡回培训，通过邀请院校专家学者、知名电商企业高管、专业培训机构讲师等进行专题演讲、经验分享和业务指导，积极推动传统企业电商转型和引导全民电商创业。同时，借助《江西日报》、江西卫视等省内主流媒体开展电子商务专题宣传，介绍当前国内外电子商务发展形势、对经济发展的重要作用、省级层面推动电商发展的政策措施以及电子商务专业知识，推动传统企业“触网”比例提升近10个百分点。

(范超群)

现代物流

【推动物流产业集群发展】 9月，江西省将物流纳入全省4个(工业、农业、物流、旅游)重点产业集群加以推进，以省政府名义公布16个物流重点产业集群名单。建立无障碍联系机制。全省16个物流重点产业集群布局所在地商务主管部门均成立了相应推进机构，指定相关人员为联络员，定期调度产业集群有关情况，对产业集群运行情况进行调度和统计。对产业集群进行调研。联合省委办公厅批件督办处赴南昌、九江等地进行调研，并组织召开部分重点物流企业座谈会。编制物流产业集群发展规划。编制《江西省物流产业集群发展规划》(2015-2020)，对全省50个物流产业集群进行布局，重点培育20个物流示范产业集群。争取财政资金支持。省财政专门安排1500万元专项资金，主要支持全省物流产业集群公共信息平台建设、重大活动开展、重大项目建设、省级城市配送等方面。

【省级城市共同配送试点取得阶段性成果】 2014年，省商务厅与省财政厅决定在赣州市开展省级城市配送试点，并给予858万元资金支持。重点在快速消费品、生鲜食品、快递等领域实施共同配送，试点通过搭建信息平台，组建绿色配送车队，建设末端配送网点，提升改造连锁企业配送中心。赣州市城市配送试点进展顺利，扶持资金已经全部拨付到位。以赣州坚强百货连锁企业为龙头，搭建配送信息平台，吸引6家企业参与，组建49台车规模的配送车队，实行“统一标识、统一车型、统一调配”，在赣州全市范围内建设46个末端配送网点，构建了城市配送体系。

【培育帮扶重点物流企业】 2014年，认定第二批全省重点商贸物流园区3家，重点商贸物流企业12家，授予“江西省重点商贸物流园区(中心)”和“江西省重点商贸物流企业”牌匾，并给予相应的政策支持。建立重点物流企业无障碍联系机制，召开两次全省重点物流企业座谈会，了解物流企业发展过程中存在的问题，及时向有关部门反馈，帮助重点企业解决项目用地难等问题。帮助抚州综合物流园铁路口岸作业区协调解决用地指标17.2公顷，帮助上饶新华龙物流园二期项目协调解决用地指标9.8公顷。与省发改委、省工信委、省交通运输厅共同推进吉安万吉物流信息平台升级为省级物流公共信息平台。支持南昌物流团购信息平台加快发展，指导正广通供应链公司创新商业模式，积极与中兴通讯洽谈鼓励其参与江西智慧物流建设，推动江西吉成物流加快物流港建设步伐。通过农产品现代流通综合试点，支持南昌肉食品市场、江西玉丰等一批农产品批发市场和流通企业建设冷库35个。推动江西邮政速递物流在南昌、共青城建设快递物流园。指导南昌洪城大市场、华南城、南方粮食交易市场等大型商品交易市场完善物流配套建设。

【第四方物流信息平台建设成果初显】 2014年,省商务厅会同省发改委、省工信委、省交通运输厅等部门,多次深入吉安万吉物流进行面对面指导,推动吉安万吉物流升级为省级物流公共信息平台。还多次指导南昌物流团购第四方物流信息平台企业加快发展。与有关部门一起与深圳中兴供应链公司进行洽谈交流,鼓励其参与江西省物流信息化建设。

(王立男)

粮油贸易

【概　况】 2014年,全省粮食部门围绕全面落实确保粮食安全责任,扎实做好粮食收购、保供稳价两项基层工作,深入推进国有粮食企业经营机制、储备粮管理机制和行政管理机制三项改革,组织实施"粮安工程",加强粮油质量监管,确保了全省粮油贸易平稳健康发展。全省共收购粮食108亿千克,其中收购早稻39亿千克,位居全国第一位,最低收购价早稻21.5亿千克,占全国53%。

【做好粮食收储工作】 2014年,粮食市场价格持续低迷,经国家批准,连续第三年在江西省启动粮食最低收购价执行预案。在收购库容紧张、收储压力大的情况下,全省各级粮食部门通过促销减库、跨省移库、修旧建新、腾仓并库、产销衔接、争取放宽库点条件等多项措施,有效地解决了仓容不足矛盾。各地采取预约收购、订单收购等便民服务措施,保证了敞开收购农民余粮,全省没有出现"卖粮难"的现象。与此同时,各地注重抓好库存管理和市场保供工作,加强了地方储备粮油管理,省级储备粮宜存率达到98%以上。

【加快粮食流通基础设施建设】 省政府印发《关于做好全省地方国有粮食企业危仓老库维修改造工作的通知》,明确各级政府对辖区内的危仓老库维修改造工作负总责,要求项目实施、资金筹措等方面予以政策支持,允许企业将现有划拨土地依法转为商业用地盘活资产,土地处置后的出让金用于"危仓老库"维修改造。省粮食局、省财政厅与各地政府签订危仓老库维修改造目标责任书,实行维修改造进展情况半月报制度,加强检查考核及资金监管。全省完成维修改造"危仓老库"90%以上。同时,出台一系列优惠政策,支持企业抓住当前新型城镇化建设的有利时机,通过退城(镇)进郊盘活资产,异地建设粮食仓库。全省计划实施"退城进郊"的库点近100个,其中有5个库点已完成新仓建设,12个库点正在施工,10个库点进入招投标程序。

【提升粮食储备宏观调控能力】 国家2008年下达江西省的地方储备粮指导性计划已经全部到位,其中,省级储备粮实际到位83%,市、县级储备实际到位125%。各地在完善本地粮食储备规模的基础上,落实了10~15天满足口粮需求的成品粮储备。开展粮食库存检查和省级储备粮春季、秋季普查。调整充实应急粮源供应、加工、运输企业和供应网点,全省共建粮食应急供应网点1226个,粮食应急配送中心100个,确定粮食应急加工企业235家。加强与广东、福建、浙江等省外消费市场联系,先后组织省内涉粮企业参加厦门、黑龙江等地粮食交易合作洽谈会,共签订粮食购销项目50余项,购销合同80多万吨。2014年泛珠三角区域合作与发展论坛暨经贸洽谈会上,江西省与广东就加强两省间粮食产销协作签署框架协议,两省粮食产销合作关系进一步巩固。

【加强粮油市场监管】 完成国家粮食局2014年下达的粮食质量安全检验监测能力建设"十二五"规划10家单位的项目设备招投标、采购合同签署工作,开展6家县级粮油质监站的实验室资质认证复评审及国家"十二五"规划挂牌的江西省16家国家监测站点项目实施、推进工作。申报新余、萍乡等地作为国家粮油质监站点,全省粮油质量监测能力得到进一步加强。开展粮食库存检查,对全省所有中央储备粮、国家临时存储粮、地方储备粮,以及国有粮食企业的商品粮库存进行全面检查,并对区域内中央储备粮、国家临时存储粮、地方储备粮的主要质量指标、储存品质指标和食品安全指标进行了重点检查,对企业质量检验人员和检化验设施配置、执行粮食定期质量检验及出入库质量检验制度、质量档案管理等方面情况进行检查。完成2013年政策性粮食质量检测工作,共检测6303批次最低收购价粮的卫生(重金属)状况。

【全面深化粮食流通改革】 明确深化全省粮食流通改革的基本思路,重点抓好三方面的改革:推进国有粮食企业改革,按照"一县一企、一企多点"模式,调整仓储企业布局,整合存量资源;积极发展混合所有制粮食经济,推动股权多元化、产业一体化、企业集团化的产业转型升级;探索建立规模相对集中、静态与动态结合、多元主体参与,适应市场形势发展的储备粮管理机制。根据省政府办公厅《关于加快现代粮食流通产业发展的意见》,各地结合深化改革要求,加快推进本地国有粮食企业改革,南昌、九江、吉安、抚州等市以市政府名义出台贯彻落实的具体实施细则。开展行政权力清单清理,将省级粮食收购资格许可项目下放至企业属地县级粮食行政管理部门。

(陈志伟)

供销合作

【概　况】 2014年,江西省供销合作社坚持一个宗旨:为农服务。突出两个重点:做大做强社有企业和加强基层社建设。推进三个转变:网络建设实现由县区单打独斗向系统联动发展转变、产业经营实现由传统单一向现代多元转变、产权结构实现由单一社有向混合所有制转变。实施四大战略:项目带动战略、靠大联强战略、体系建设战略和人才强社战略。实现"五上"目标:为农服务上水平、社有企业上规模、网络建设上项目、基层建设上形象、综合实力上台阶。以"巩固提升、赶超发展,打造全新供销合作社”为工作主线，以开展综合改革为契机，全面完成和超额完成年初确定的各项目标任务，全年实现销售总额987.7亿元、汇总利润4.3亿元、固定资产投资总额23.8亿元、年末所有者权益42.4亿元，分别增长23.0%、21.8%、25.6%和19.3%。省供销合作社再次获全国供销合作社系统综合业绩考核省级优胜单位特等奖。

【供销合作社综合改革稳步推进】 2014年，按照省委、省政府和全国供销合作总社的部署，江西省供销合作社成立深化供销合作社综合改革领导小组，先后组织8次专题调研，出台10个相关文件(方案)，制定试点方案、确定改革思路、选定试点单位。7月7日，省政府正式批复同意在安远、上栗两县开展供销合作社综合改革试点，综合改革工作正式启动。与此同时，各设区市供销合作社也选定各自的综合改革试点县，力求在组织创新、服务创新、经营创新、管理创新上取得重点突破。7月29日、8月8日，安远、上栗两县分别召开改革试点工作动员大会。8月18日、19日，省委书记强卫、省长鹿心社分别做出批示，要求供销合作社认真学习贯彻中央领导指示精神，积极稳妥推进综合改革。10月29日，副省长李炳军指示供销合作社要扎实推进综合改革。省委农业农村改革领导小组将供销合作社综合改革任务列入销号管理。

年内，省级综合改革试点单位围绕“改造自我，服务农民”的总要求，按照试点方案部署，扎实推进试点工作，取得明显成效。上栗县供销合作社联合农业产业化龙头企业和农民合作社，成立金泰农民合作社联合社，注册资本650万元，入社农户由200余户增加到1120户；依托农民合作社联合社开展农机、植保、育苗、大田托管等服务，服务总面积653.33公顷；完成与县农业局下属金色种业公司的重组，组建强龙农资公司，农资市场占有率提升达90%以上；启动县农资配送中心、烟花爆竹经营中心和日用消费品配送中心项目建设，实现网络建设新突破；当年筹措资金1500万元，启动全县唯一的烟花爆竹原材料供应基地建设，为促进当地主导产业发展做出了贡献；全年固定资产投资4485万元，增长20.1%；实现利润总额1561万元，在全省县级供销合作社中名列前茅。安远县供销合作社牵头组建欣山同富农民合作社联合社，吸引28家农民合作社和1家农业企业加入，入社农户达到1883户；组建成立农业服务公司，开展农业社会化服务；全年实现利润总额116万元，增长28.9%，高于全省平均水平7.1个百分点。

【为农服务创出实效】 2014年，进一步加大基层组织建设力度，不断加快流通网络建设步伐，提升为农服务能力。年末基层供销合作社总数1352个，新增175个，占全省乡镇总数96%；领办农民合作社2423个，新增758个，15个合作社被评为国家级示范合作社；联办农村综合服务社1.23万个，新增3135个；57个县级社成立农村合作经济组织联合会。赣州、萍乡、贵溪等地组建农民合作社联合社取得积极进展。全系统经营服务网点发展到5.31万个，新增7419个；经营网络乡镇覆盖率接近100%，行政村覆盖率在80%以上。农资市场占有率接近80%，烟花爆竹市场占有率保持在95%以上，农副产品购销额占全省农副产品购销总额近1/4。庄稼医院发展到2123家，新增36家；开展测土配方施肥38.67万公顷，增加2万公顷；开展大田农作物托管2466.67公顷，新增1333.33公顷。引领农民合作社建立生产基地1412个，总面积近20万公顷，带动农户近70万户；1367个合作社产品进入批发市场或超市，助农增收近40亿元。启动“引导资金”公益培训项目，开展各类技术培训、咨询服务20.15万人次。赣州市优农农民合作社联合社成功举办首届赣南脐橙(苏州)直供节，南丰县供销合作社开展政策性水稻自然灾害保险和蜜橘冻害保险合作代办业务，受到农民欢迎。

【项目建设成果显著】 2014年，全系统继续坚持“项目兴社、项目立社、项目强社”的理念，大力实施项目带动战略。在建项目259个，完成投资29亿元，占在建项目总投资的39.7%。其中，省供销合作社本级十大亿元项目全面开工建设，完成投资5.2亿元，总投资4.2亿元的彭泽鄱阳湖棉花交易市场升级改造项目一期工程全面完工并投入使用，新余市供销合作社总投资2.9亿元的废金属综合交易市场、湖口县供销合作社总投资8亿元的赣北农贸城等一批在建项目顺利推进。

全系统上报录入全国供销合作总社项目库的各类项目797个，总投资194.2亿元，其中，投资超5000万元的48个，增加7个。抚州、上饶、赣州、九江4个市项目储备总数占全系统项目储备总数的57.9%，比重分别占到15.8%、15.1%、13.7%、13.3%。全系统全年申报获得中央促进服务业发展、农业综合开发等各类项目专项资金9576.7万元，获得省财政“引导资金”2000万元及市、县财政配套资金1958.6万元，在中央、省、市财政资金带动下，撬动社会资金投入8.3亿元。

【社有企业不断壮大】 2014年，全系统注册资本1000万元以上的企业94家，新增28家；销售总额超过10亿元的企业7家，新增1家。汇总利润超过500万元的市供销合作社10个，增加1个；超过200万元的县供销合作社44个，增加17个；基层供销合作社利润过50万元的34个，增加20个。全系统不断加强联合合作，运用现代经营方式改造传统经营网络，合作成立电子商务企业30家，实现网上交易额20多亿元。九江市供销合作社筹资1000万元，与市派拉蒙实业有限公司共同投资1亿元，打造农超对接经营网络；玉山县供销合作社和浙商企业共同投资1000万元，兴办“菜管家”农副产品配送连锁超市；赣州市供销合作社与1号店特产中国、山歌农庄合作打造赣州特色馆，开馆当日线上交易脐橙近万箱，交易额30余万元。

(姜芝艳)

本栏编辑 邓玉兰

对外贸易与经济合作

综　述

2014年,全省各级政府商务部门实施大开放主战略,以开放思维和办法抓招商、扩外贸、活流通、促外经、通口岸,扎实做好商务领域稳增长、促改革、调结构、惠民生各项工作,商务经济主要指标保持两位数增长,质量效益进一步提升,为全省经济社会发展做出了突出贡献。

成功举办第三届世界低碳生态经济大会暨第七届中国绿色食品博览会。11月21日—24日,第三届世界低碳生态经济大会暨第七届中国绿色食品博览会在南昌举行。大会参会规模、嘉宾层次、国际化水平、展览展示、签约项目等均创历史新高。主要体现为"四多":一是政要客商多,规格层次高。全国政协副主席韩启德参加大会,并在高峰论坛发表主旨演讲。国家发改委、科技部、工信部、财政部等部委领导,青海、甘肃、湖南等省市区10位省级领导出席大会。国内500强和行业龙头企业180多家,中央企业34家,赣商企业210多家。二是支持单位多,推动力度大。国家发改委、商务部、科技部、工信部、财政部、环保部、住建部、农业部、国务院国资委、国家旅游局、国务院侨办、中国科协和中国贸促会等13个国家部委办局作为大会支持单位,为大会成功举办提供了有力指导和极大帮助。三是国际友人多,国际化程度高。一批外国政要、驻华使节、国际组织代表和境外重要商协会参会,其中有3位外国政要和5位外国政府部长(省长),有6个外国友好省州代表团和6个国家驻华使节参会。全球自然基金、国际湿地公约组织等53个国际组织,德中经济联合会、法国巴黎大区工商会、中国美国商会等28家境内外商协会组团参会。一大批海内外知名企业、商会协会参会。其中,法国施耐德、德国西门子集团、日本大金株式会社、渣打银行、韩国三星集团等世界500强和跨国公司84家。四是展览规模大,成果丰硕。博览会参会参展嘉宾约1.2万人,其中重要嘉宾和企业高管3200多人,展览面积5万平方米,设置展位2000多个,江苏、北京、上海、浙江、青海、广东、福建、湖北等23个省市区组织企业参展,10多万市民前往现场参观。大会签约金额总量再创新高,共签约投资合作项目120个,总投资969.24亿元,平均单个项目投资8.08亿元,5亿元以上项目61个,10亿元以上项目33个,50亿元以上项目5个。其中:国内外500强企业8家,签约投资151.6亿元;央企12家,签约投资171.4亿元;外资项目8个,总投资30.04亿元。

开展重大投资贸易促进活动。先后赴德国、法国、以色列、瑞士、美国、加拿大等欧美国家开展专题招商活动,成功举办赣港经贸合作活动,赣台经贸合作活动、第三届世界旅游经济论坛(澳门)、泛珠经贸大会等重大招商活动。组织参加国内外重点展会。举办俄罗斯中国江西特色商品展、景德镇国际陶瓷博览会,推介宣传江西形象。组织参加广交会、京交会、高交会、华交会、西博会、厦洽会、东盟博览会等重点展会。开展江西商品全国行活动以来,累计参加企业近1600家,现场销售商品金额8487.76万元,签订商品购销合同金额89.23亿元。

务实推进招商引资提质增效。招大引强初见成效。编印《世界500强行业龙头企业对接手册》,引导全省招大引强突出重点、精准发力。先后组织10余场重点产业专题招商活动,组织正威国际集团、德国西门子、法国电力集团等世界500强企业到赣考察,新引进世界500强3家,国内500强13家。全年引进外资1亿美元以上重大项目24个,引进世界500强3个,全省累计引进世界500强62家。引进省外20亿以上重大项目47个,其中50亿元以上项目7个,总进资139.95亿元。引进央企重大项目28个,实际进资20.66亿元。大力开展产业招商。围绕全省产业发展规划和发展现状,重点开展战略性新兴产业招商活动,着力推进电子商务、现代物流、旅游、养老服务等服务业招商,工业产业实际利用外资占比达66%,服务业实际利用外资占比提高到26%。狠抓签约项目落地。截至年底,五大招商活动签约的412个项目,完成注册316个,实现进资304个,开工建设255个。年内赣港经贸活动签约的85个项目,完成注册50个,实现进资37个,开工建设28个。大力开展"访外企促增资"活动,204家外资企业实现增资,新增合同外资占全省的30%。

对外贸易保持快速增长。加大市场开拓力度。组织2000多家企业参加100余个境内外展会,巩固传统市场,开拓新兴市场。着力优化外贸发展结构。打造南昌服务外包示范城市和10个省级服务外包示范园区。机电和高新技术产品出口总额突破120亿美元,占全省出口比重40%,提高2.5个百分点。创新加工贸易模式,

促进自主创新和向产业链高端延伸。加快出口品牌和基地建设。新评定10家江西省重点出口名牌企业，总数20家，确定120家2014年江西省重点出口企业，培育认定2个国家级外贸转型升级示范基地和5个省级加工贸易重点承接地。积极鼓励扩大进口。出台《江西省进口贴息资金管理办法》《江西省鼓励进口技术和产品目录》等省级进口贴息政策，进口实现快速增长。积极完善外贸促进政策。出台《江西省政府关于支持外贸稳定增长的实施意见》和《江西省政府关于加快发展文化贸易的实施意见》，建立完善江西省产品出口促进机制。

加快实施“走出去”战略。政策促进激发企业“走出去”。出台《江西省人民政府关于加快实施“走出去”战略的指导意见》。简政放权便利企业“走出去”。落实对外投资由核准制改备案制，取消对外劳务合作经营资格年审制度，下放对外劳务合作经营资格审批权。搭建平台助力企业“走出去”。组织企业赴“一带一路”沿线国家开拓市场，搭建政银企合作、央企赣企合作等业务对接促进平台，组织10多场次200多家企业参加系列促进活动。健全机制服务企业“走出去”。建立全省对外投资合作重点企业重大项目协调服务机制和工作联系机制，帮助企业解决实际困难。培训“走出去”人员1000余人次。

全面推进口岸大通关。推进口岸开放平台建设。成功争取国务院批准设立赣州综合保税区，完成南昌航空口岸落地签注，完成南昌昌北国际机场口岸签注点建设，九江港扩大开放通过验收。积极拓宽口岸物流通道。上饶(鹰潭)至宁波和赣州(吉安)至厦门铁海联运五定班列稳定运行，打通对接“一带一路”战略赣欧国际铁路货运通道，推进赣闽粤高速公路农产品免查验绿色通道常态化运行。着力推进通关一体化。九江港列入起运港退税政策试点。顺利实现全省通关一体化并融入长江流域通关一体化试点，全面启动江西省关检合作“三个一”和昌九电子口岸一体化信息平台建设。

主动开展区域经济交流与协作。深入推进重点区域间经济交流与协作。加强与上海、福建、湖北、湖南等省市经济协作，积极推动上饶等市加入长三角区域合作组织，昌九一体化融入长江中游城市群建设。推进赣商返乡创业。全面完成赣商“五个一”工作，组织党政代表团在广东、浙江、湖南、湖北考察期间与赣商代表会见座谈会，召开赣商返乡创业创新大会，出台《江西省政府关于支持赣商返乡创业创新的实施意见》，组织广东、深圳等赣商企业家返乡投资考察，引导全国各地商会到赣投资。

(刘晶)

商品进出口贸易

【概　况】 2014年，全省外贸进出口总值427.83亿美元，增长16.4%。其中出口总值320.38亿美元，增长13.7%，增幅高出全国平均水平7.7百分点。出口总值在全国和中部地区排位较上年各前进1位，分别居第十四位和第二位，占全国比重达到1.37%。进口总值107.4亿美元，增长25.2%，增幅在全国排名第五位。在规模扩大的同时，结构更为优化，外贸发展升级呈现良好势头。

【出口贸易发展结构进一步优化】 出口市场结构更为优化。江西省与全世界217个国家和地区发生贸易往来，比上年增加8个，其中出口总值超过1亿美元的国家和地区43个。对欧、美、日、中国香港地区等四大传统市场累计出口142.8亿美元，占全省出口总值的44.6%。对“一带一路”62个主要沿线国家合计出口114.1亿美元，占全省出口总值的35.6%。出口商品结构更为优化。农产品和钢材出口高速增长，增幅均在40%以上；纺织服装、鞋类和烟花爆竹保持快速增长，增幅分别为21%、28.7%、18.7%。机电产品出口129.1亿美元，占全省出口比重首次超过40%。技术出口跨越式发展，合同金额0.78亿美元，增长180.8%。出口主体结构更为优化。民营企业出口228.2亿美元，增长10.95%，继续保持出口主体地位；外资企业出口68.5亿美元，增长8%；国有企业出口23.7亿美元，增长88.5%，对全省出口增长的贡献率达28.7%。全年有出口实绩的企业2797家，比上年增加114家。

【促进对外贸易平衡发展】 支持省产品扩大出口。认真落实《国务院办公厅关于支持外贸稳定增长的若干意见》精神，针对解决外贸发展面临的困难和问题，出台《江西省人民政府关于支持全省外贸稳定增长的实施意见》。完善资金扶持政策。加大支持企业开拓国际市场力度，提高支持标准。支持地方优势特色产业抱团参展，提高参展成效。加大对企业投保出口信用保险的支持力度，享受统保政策的小微企业由年出口200万美元以下扩大至年出口300万美元以下，为更多企业解决了有单不敢接、有单不能接的难题。支持扩大进口。联合省财政厅等有关部门，先后配套出台《关于印发〈江西省进口贴息资金管理暂行办法〉的通知》和《关于印发〈江西省鼓励进口技术和产品目录(2014年版)〉的通知》，完善省级进口贴息工作配套文件，促进对外贸易平衡发展。

【外贸转方式、调结构步伐加快】 扶持优势产业发展。“南昌市针织服装基地”“赣州市家具基地”被商务部批准为第三批国家外贸转型升级专业型示范基地，国家级外贸转型升级示范基地数量达到4个，有力促进了贸易和产业协调发展。推进贸易平台建设。2014年认定南康家具市场和新干箱包市场为首批“江西省重点培育内外贸结合商品市场”，予以政策支持，培育市场外贸功能。会同省人力资源和社会保障厅、南昌海关认定星子县、瑞金市、吉安县、鄱阳县、全南县等5县(市)为第二批省级加工贸易梯度转移重点承接地，已培育11个产业基础较好、配套能力较强、基础设施较完善的省级加工贸易梯度转移重点承接地。提升外贸品牌企业竞争力。10家外贸企业被认定为第二批“江西省重点出口名牌企业”。2014年，全省58家省级出口品牌企业合计出口24.4亿美元，占全省生产型企业出口值的15.6%。

【外贸发展环境进一步优化】 加强政策宣讲。举办“全省外贸稳增长和市场开拓专题培训班”和贸易救济培训，邀请专家授课，帮助各级商务主管部门和广大进出口企业全面深入了解掌握国办19号文件精神，提高基层商务主管部门和企业对当前贸易摩擦和产业安全形势的研判能力。到设区市开展外贸政策宣讲及调研工作，了解政策落实情况。推进贸易便利化。以落实国办19号文为契机，加强省直有关部门的协调，推进各项贸易便利化措施的落实。南昌海关、江西出入境检验检疫局、省国税局和金融部门都出台了便利化措施服务外贸企业发展。加强运行分析调度。强化调度，及时通报各地工作落实情况。改进全省外贸运行分析和统计工作，专门抽调专业和技术力量开发和建立了外贸数据分析查询系统，为全省各级商务主管部门研判处贸形势提供了高效的手段和依据，也为全省建立商务大数据库奠定了基础。

（刘聃琼）

服务贸易

【概　况】　2014年，全省服务贸易进出口总额16.02亿美元。增长47.38%。其中：服务贸易出口4.23亿美元，增长51.07%；服务贸易进口11.79亿美元，增长46.22%。主要行业涵盖旅游、运输、咨询、保险服务、建筑服务以及其他商业服务，贸易伙伴主要有美国、日本、中国香港等国家和地区。

【大力推动文化出口】　1—7月，全省核心文化产品进出口额6.16亿美元，全国排名第五位。其中出口额6.1亿美元，位居全国第四位。2014年，转变外贸发展方式，省商务厅组织企业参加海内外重点文化贸易展会拓展市场、创品牌。以省政府名义出台《关于加快发展对外文化贸易的实施意见》，引导扶持文化贸易企业做大做强。江西省文化产品出口主要以印刷服务（书、光盘等）、工艺美术（陶瓷）、烟花、体育用品为主，游戏、动漫、文艺演出等文化服务出口为辅，市场遍布欧美、日、韩等20多个国家和地区。

【促进服务外包稳步发展】　截至年底，全省共有服务外包企业1056家，增长18.25%；从业人员11.6万人，增长7.31%；接包合同金额14.17亿美元，增长2.45%；新增国际认证179项，增长188.71%。2014年，省商务厅积极帮助企业创品牌、拓市场，组织重点服务外包企业参加中国（北京）服务贸易交易会、上海技术交易会、中国国际软件和信息服务交易会，俄罗斯、匈牙利、土耳其服务贸易洽谈会等国内外重点展会。省商务厅、省教育厅、省人力资源和社会保障厅、共青团江西省委共同主办，开展第二届江西省大学生服务外包创新创业展示活动。完成2014年国家服务外包业务发展资金申报。经审核，江西省获得国家支持服务外包人才发展资金共计2688.18万元。其中：南昌市获得“中国服务外包示范城市”公共服务平台资金500万元，19家服务外包培训机构、服务外包企业获得培训资金381.25万元；49家服务外包企业获得国际认证项目支持资金1731.43万元。3月6日，省商务厅、省工信委、省科技厅联合召开评审会，对全省10家省级服务外包示范园区进行考核评优。其中：江西浙大中凯科技园、81楼宇群服务外包产业园、东湖区江西师大科技园、九江经济技术开发区科技工业园、赣州红色文化创意产业园等5家省级服务外包示范园区荣获2013年度优秀省级服务外包示范园区；青云谱区昌南服务外包产业园、江西金庐软件园、699文化创意园、江西慧谷红谷创意产业园、吉州区服务外包园区等5家省级服务外包示范园区考核成绩合格。12月12日，江西省服务外包产业协会成立。

【技术进出口贸易呈跨越式增长】　2014年，全省技术进出口合同238单，合同金额2.12亿美元。其中：技术出口合同105单，合同金额0.78亿美元，增长180.83%；技术进口合同133单，合同金额1.33亿美元。技术出口方式中的技术咨询、技术服务合同54单，合同额3358.87万美元，占技术出口总数的42.63%，增长125.3%。

（吴萍）

利用外资

【概　况】　2014年，全省累计新批外商投资企业822家，下降2.95%；合同外资107.27亿美元，增长17.46%；实际使用外资84.5亿美元，增长11.92%，其中现汇进资22.29亿美元。按商务部统计排名，利用外资总量列全国第十五位，中部地区第三位。全省新批外资项目平均规模1305万美元。主要特点体现在：一是招大引强取得显著成效。全省累计新批投资总额1000万美元以上项目186个，总投资额107.37亿美元，其中，投资总额1亿美元以上项目25个，增加12个。全省新批世界500强企业投资项目3个，累计引进世界500强企业达到62家。二是昌九一体化利用外资发展迅猛。两地新批外商投资企业共计333家，占全省40.51%；新增合同外资53.04亿美元，占全省49.45%；实际利用外资37.71亿美元，占全省44.63%。三是引资结构逐步优化。制造业利用外资56.47亿美元，占全省比重为11.91%；服务业利用外资22.28亿美元，占全省比重为26.36%。全省新批5家外资融资租赁公司、2家商业保理公司。四是外商投资方式和渠道更加多样化。外商投资呈现多种方式，外商投资的渠道进一步增多。新批外商并购项目10个，投资额13.4亿美元；2家境内企业赴境外上市融资。49家企业以跨境人民币进资，进资额9.5亿美元。五是外商投资企业增资踊跃。全省共有204家企业增资扩股，新增合同外资32.42亿美金，其中合同外资增资1000万美元以上项目65个，新增合同外资25.74亿美元。六是战略性新兴产业利用外资发展稳步推进。全省新批十大新兴产业新批外资项目339个，新增合同外资和实际利用外资分别为49.82亿美元和35.24亿美元，分别占全省的46.44%和41.7%。七是工业园区利用外资势头强劲。全省工业园区实际利用外资51.71亿美元，占全省的61.19%，其中14个国家级开发区实际利用外资23.39亿美元，占工业园

·资　料·

2014年江西省利用外资分行业比重

行　业	新批企业数		合同外资金额		实际使用外资金额	
	企业数	比重（%）	金额（万美元）	比重（%）	金额（万美元）	比重（%）
全省合计	822	100	1072711	100	845074	100
第一产业	**48**	**5.84**	**54349**	**5.07**	**57569**	**6.81**
农、林、牧、渔业	48	5.84	54349	5.07	57569	6.81
第二产业	**590**	**71.78**	**781300**	**72.83**	**613103**	**72.55**
采矿业	3	0.36	2620	0.24	5500	0.65
制造业	568	69.10	675734	62.99	564727	66.83
电力、燃气及水的生产和供应业	8	0.97	37871	3.53	13938	1.65
建筑业	11	1.34	65075	6.07	28938	3.42
第三产业	**184**	**22.38**	**237062**	**22.10**	**174402**	**20.64**
交通运输、仓储和邮政业	3	0.36	4530	0.42	4594	0.54
信息传输、计算机服务和软件业	61	7.42	87438	8.15	50473	5.97
批发和零售业	29	3.53	25007	2.33	14844	1.76
住宿和餐饮业	9	1.09	13091	1.22	11305	1.34
金融业	4	0.49	8839	0.82	325	0.04
房地产业	10	1.22	22461	2.09	26440	3.13
租赁和商务服务业	35	4.26	40067	3.74	31551	3.73
科学研究、技术服务和地质勘查业	14	1.70	16139	1.50	16822	1.99
水利、环境和公共设施管理业	10	1.22	14206	1.32	11022	1.30
居民服务和其他服务业					64	0.01
教　育	3	0.36	646	0.06	437	0.05
文化、体育和娱乐业	6	0.73	4638	0.43	6525	0.77

区的比重达到近45.23%，占全省的比重27.68%。

【组织召开全省扩大开放工作会议】 3月31日，省委、省政府在南昌召开全省扩大开放工作会议，贯彻落实《关于全面扩大开放加快开放型经济发展升级的意见》精神，进一步统一思想，凝聚合力，动员全省上下深入推进全面扩大开放，加快发展开放型经济，以新一轮大开放促进新一轮大发展。省委书记强卫出席会议，并为2013年度全省开放型经济先进单位颁奖。省长鹿心社出席会议并讲话。副省长胡幼桃主持会议。会议提出，到2017年，江西省基本形成全方位、宽领域、多层次、高水平的全面扩大开放新格局，全省开放型经济规模和质量明显提升。

【省委常委专题会议调度推进全省重大招商引资活动项目】 8月7日，省委召开常委专题办公会议，对2013年以来全省重大招商引资活动项目进行调度、督导。省委书记强卫，省委副书记、省长鹿心社出席会议并讲话，省委常委、省委统战部部长蔡晓明，副省长胡幼桃、李贻煌分别发言。

会上，省商务厅、省台办、省委统战部、省国资委、省贸促会等牵头单位分别汇报了2013年以来八大招商引资活动项目进展情况，各设区市市长汇报了落户本市项目落实情况。

强卫、鹿心社强调，以省委常委专题办公会议的形式对项目落实情况进行督导，宣示的是实干兴赣、狠抓落实的决心。明确省委、省政府的决策部署必须得到贯彻落实；各地各部门推进的工作、承诺的事，必须扎扎实实地完成。今后省委还将对一些重大决策部署和重点工作的落实情况进行专题研究、督导。

【开展重大招商引资活动】 2014年，江西省先后成功举办赣港经贸合作活动、两岸(江西)经贸文化合作交流活动暨第十二届赣台经贸文化合作交流大会、江西(北京)昌九一体化韩资企业说明会、江西(北京)昌九一体化日资企业说明会、第三届世界低碳生态经济大会暨第七届中国绿色食品博览会、江西省与世界500强企业及跨国公司合作恳谈会、第十一届景德镇国际陶瓷博览会等重大经贸活动。5月19日—21日，组织2014年赣港经贸合作活动，签约投资合作项目85个，总投资97.7亿美元，比上年增长1.1%，签约金额创历年新高。7月22日—27日，召开两岸(江西)经贸文化合作交流活动暨第十二届赣台经贸文化合作交流大会，这是该活动首次走进台湾，签约项目66个，签约金额47.6亿美元。此外，还组织参加了第十九届澳门国际贸易投资展览会、厦洽会、东盟博览会等国家层面的投资促进活动。

(龚蕾)

对外经济合作

【概　况】 2014年，江西省对外直接投资总额6.6亿美元，同比增长22.6%，高出全国增幅8.6个百分点，截至年底，累计完成对外直接投资额21.5亿美元，全年新批项目中方协议投资额超过10亿美元。江西省新批工程建筑业企业19家，实现境外投资3.08亿美元，占对外直接投资总额46.9%；矿产资源开发类企业13家，实现境外投资1.87亿美元，占比28.4%；商务服务业12家，实现境外投资7090.9万美元，占比10.8%；批发零售业23家，实现境外投资6992.9万美元，占比10.6%；制造加工业18家，实现境外投资1990.2万美元，占比3%；农业企业8家，境外投资122万美元，占比0.2%。呈现出能源、矿产资源开发类企业并购投资加快，农业租地购地实现战略布局，制造业大规模投资办厂，批发零售业蓬勃发展，工程承包企业实现转型升级的新格局。年内在中国台湾、汤加、塔吉克斯坦、土耳其等国家和地区新增了投资。截至年底，江西省共在63个国家和地区开展对外投资业务。其中，对外直接投资额排在前十名国家和地区有：肯尼亚1.71亿美元，占比25.9%；中国香港1.22亿美元，占比18.6%；土耳其6350万美元，占比9.7%；埃塞俄比亚6159万美元，占比9.4%；加纳4604万美元，占比6.96%；博茨瓦纳3963万美元，占比6%；秘鲁2920万美元，占比4.4%；津巴布韦2175.8万美元，占比3.3%；塔吉克斯坦1800万美元，占比2.7%；坦桑尼亚1691万美元，占比2.6%。全年11个设区市累计对外直接投资额4.2亿美元，增长25.3%，高于全省增幅3个百分点，占全省对外投资总额的63.6%。其中：南昌1.86亿美元，增长56.6%；鹰潭1.17亿美元，增长508.4%；九江3130.8万美元，增长25.2%。

2014年，江西省共派出各类劳务人员5965人，与上年基本持平，增长0.9%。其中：工程项下4494人，比上年增加21人；纯劳务1471人，比上年增加31人，期末在外14883人。经营队伍、国别基本稳定。全省有劳务合作经营权企业10家，派往国别包括日本、新加坡、阿尔及利亚、阿联酋等30多个国家，已形成了日本、新加坡、非洲、中东等主要劳务市场。派出工种有所拓展。选派的工种从传统的服装、缝纫加工、厨师、建筑、园艺等逐步向印刷、机械、电子、计算机、设计咨询和监理等技术劳务、高端劳务拓展。

江西省共有17家企业具备对外援助项目实施资质。2014年，江西省执行援外培训项目16个，共培训50多个国家308名政府官员，是江西省执行援外培训项目最多的一年。年内新获成套项目7个，项目金额4092万元。援非农业示范中心项目走在全国前列。江西省作为唯一承担两个援非农业示范中心的省份，援多哥和赤几2个农业示范中心项目进展顺利，已成功开展大面积水稻和农作物等种植技术示范推广，深受受援国政府和当地群众好评。

【搭建“走出去”平台】 11月21日下午，第三届世界低碳生态经济大会“走出去”发展论坛在南昌举办，论坛以“开放合作、共赢发展”为主题，常务副省长莫建成出席并作主旨演讲，13个国家和地区的70多名外国政要、嘉宾共200余人参会。论坛以“高规格、国际化、专业化”等三大特点，通过政府、学界、企业3个层面的观点碰撞、思想交锋，掀起了“走出去”发展头脑风暴。成功举办俄罗斯“江西特色商品展”。配合省政府领导参加中俄两河流域地方政府负责人第三次会议，加强江西与俄罗斯的经贸合作，在俄罗斯彼尔姆边疆区成功举办“江西特色商品展”。这是江西省首次在境外举办大型展会，组织江西省70余家企业98人的特大团组参加，通过开展一系列活动，突出江西特色、推介宣传江西形象、深化江西对俄全面合作的办展目的，效果超出预期。组织企业参加第十八届投资贸易洽谈会。组织20家企业46人参会。通过组织企业深入对接洽谈，共达成对外投资合作意向8个，企业参加投洽会成效显著。被组委会授予第十八届投洽会中国“走出去”企业组织工作“优秀组织奖”。积极组织有意愿的企业参加东盟博览会、第二届“中国—南亚博览会”和第四届“中国—亚欧博览会”。积极开拓“丝绸之路经济带”沿线国家投资合作业务。并以开拓印度、巴基斯坦、孟加拉、斯里兰卡和缅甸等市场为目标，推动江西省企业积极参与“中印缅孟经济走廊”项目建设。

【进一步健全对外投资机制】 健全对外投资合作政策服务机制。以政府开放办名义出台《全省对外投资合作重点企业、重大项目协调服务机制》，确定80家重点工程、对外投资、劳务和援外企业，建立“四个一”(一个大项目，一名领导挂点，一名联络员、一套工作方案)工作联系机制，帮助企业协调解决生产经营中遇到的困难和问题。充分利用好江西省外经贸发展扶持资金、区域发展扶持资金等政策性资金，鼓励和引导企业加快“走出去”步伐，拓展江西省企业国际发展新空间。与中国信保、国家开发银行、进出口银行加强合作，帮助企业解决“走出去”融资难、风险高等困难。健全对外投资合作宣传培训机制。开展“大宣讲、大培训”活动。全年共培训“走出去”各类人员1000余人次，提升了“走出去”的能力和水平。先后在南昌、九江、赣州、宜春、吉安等设区市，联合各设区市商务主管部门召开“走出去”政策宣讲会，取得良好成效。健全对外投资合作信息服务机制。进一步完善对外投资项目信息库和对外承包工程重点项目库，录入俄罗斯对外投资项目132个。截至年底，省商务厅共录入对外投资项目514个，国家涉及美国、加拿大、俄罗斯、英国、波兰、罗马尼亚、津巴布韦等。

【对外承包工程量质齐升】 2014年，全省对外承包工程完成营业额28.5亿美元，增长25.5%，高出全国增幅21.7个百分点，新签合同额26.5美元，增长30.1%，高出全国平均增幅18.4个百分点。截至年底，累计完成对外承包工程营业额和新签对外承包工程营业额为126亿美元和109亿美元。亚非国家市场及房建公路等项目继续引领。非洲、亚洲仍然是江西省承包工程主力市场。全年江西省企业在非洲、亚洲国家承包工程完成营业额分别为18.4亿美元、7.27亿美元，占全省总额的64.6%和25.5%。房建及公路是江西省对外承包工程的主要领域，全年江西省新签房屋建筑和公路交通项目分别为12.4亿美元、7.64亿美元，分别占全省总量的46.8%、28.8%，此外新签水利建设和电力工程项目分别为3.87亿美元、2.15亿美元。企业实力不断增强。江西国际、江西中煤和中鼎国际等3家企业再次入选全球最大国际承包商250强，其中，江西国际位列第139位、江西中煤位列第154位、中鼎国际位列第167位。

【对外经济技术交流加强】 联合国系统驻华协调员兼联合国开发计划署驻华代表诺德厚，率联合国驻华机构代表到江西赣州考察。此次考察是商务部落实对口支援全南的一项重要举措，考察团就农村生产生活条件、医疗卫生建设、商贸流通发展和市场体系建设、农业政策和粮食生产、农村教育基础设施等相关情况进行了重点考察，为下一步制定联合国对华发展援助框架规划提供依据。俄罗斯乌拉尔谢尔维斯有限责任公司董事长阿谢特洛夫到赣州考察江西农产品种植基地，推动与江西信丰田野农业发展有限公司达成450万美元农产品出口合作协议，并商定供俄出口的相关细节，双方同意立即组建跨国合作公司，加大合作力度。澳大利亚昆士兰州工业发展委员会等一行到江西考察，并成功召开澳大利亚投资环境推介暨项目对接会，通过组织江西省16家有意向投资澳大利亚的企业负责人与澳大利亚州政府官员和企业人士进行对接，促使江西青龙集团在澳洲扩大农业和加工业生产规模。促进江西久盛国际公司就电力、煤炭等领域与澳大利亚的交流。借助中国江西·俄罗斯巴国商务日活动，举办中国江西·俄罗斯巴国工业领域合作项目对接会，加强与俄罗斯在工业、农业、矿业及制造业领域的贸易投资合作，通过双方优势合作，实现互利共赢。

省际招商引资

【概　况】 2014年，全省利用省外5000万元以上项目2152个，实际进资4540.5亿元，增长17.6%，增幅高出年初计划2.6个百分点，总额超出计划100.5亿元，为全省全面扩大开放和保持经济稳健增长发挥了主力带动支撑作用。

全省引进亿元以上重大项目1330个，较上年增加511个，实际进资3885.8亿元，增长64.4%；亿元以上项目进资占全省进资总额的85.6%，较上年提高24.4个百分点，重大项目引进明显提速；其中引进5亿元以上项目351个，10亿元以上项目160个，20亿元以上项目47个，50亿元以上项目7个。新引进央企投资项目28个，央企累计落户江西省75家，占央企总数67%；新引进国内500强投资项目41个，国内500强累计落户131家。九江市20亿元艾美特、建成七大厂区的吉安合力泰等项目投产；共青城汉能350亿元光伏、景德镇北汽140亿元昌河新基地等项目开工；九江市光谷北斗50亿元产业园、彭泽兄弟科技50亿元医药化工等重大项目签约，为各地稳增长、调结构、促升级注入强劲新活力。

【产业集聚升级明显】 全省新引进亿元以上战略性新兴产业项目614个，进资2016.1亿元，分别占全省的48.6%和56.1%；新引进服务业项目进资757.3亿元，较上年提高6.5个百分点，全省加速优化的招商产业结构，强力助推各地经济转型升级。

【国内投资合作提速】 江西省依托各类平台深化国内投资合作，与粤、浙、闽、湘、鄂等省合作不断拓展，江西省利用省外资金来源地更趋多元。长珠闽等沿海地区对赣投资踊跃，新引进5000万元以上项目1645个，实际进资3286.1亿元，分别占全省的76.4%和72.4%，其中从广东、浙江、福建3省引资分别占比28.1%、26.4%和8.4%。

【省市联动开展一系列招商活动】 2014年，省市(县、区)密切联动，瞄准重点区域、重大项目、龙头企业，推进产业招商。实施“央企、国企、民企入赣和赣商返乡创业工程”，取得显著成效。省市联办赣京国企对接会、第45届樟树药交会、第11届景德镇瓷博会、江西(杭州)电商推介会、宜春市(深圳)工业招商会、宜黄(玉环)机械制造业推介会等一系列专题招商活动;组织省政府驻津办和驻沪办邀约客商、深圳工业协会、广东制造业协会、北京再生资源协会和赣商代表团等300余人到赣考察;参与第10届泛珠会等重大经贸活动,签约41个项目、总投资265亿元。市县联动深化专业精准招商,南昌市实施“产业项目攻坚突破年”活动。抚州自办专题产业对接活动11场,市领导走访企业130余家,对接客商120批次700余名。鹰潭市组建32支专业招商小分队开展“一对一、点对点”精准招商。上饶市县联动实施“饶商回归”工程,举办饶商回乡创业大会,建设饶商产业园及总部大楼。南城县4套班子领导分率14个招商小分队年外出招商150余次等。

【督查招商签约项目落实情况】 2014年,全省把抓落实作为第一要务、以执行好为第一目标,狠抓招商引资工作督促和签约项目落实,切实加强项目调度、核查和帮扶,营造了第一时间抓招商重落实的良好氛围。省委、省政府召开专题会议督查招商签约项目落实情况,专门成立督查组赴市县现场督查央企入赣活动等签约重大项目落实情况。省商务厅定期调度、通报招商项目进展,牵头解决一批项目融资、用工等困难。上饶等市坚持每月调度通报签约项目进展,每两个月组织现场核查和现场调度。金溪县执行定领导帮扶、定责任单位、定服务人员、定竣工时间、定奖惩措施的“五定”推进机制,项目落地不断提速。全省涌现一批快速落地的项目,九江艾美特仅用143天就实现签约、建设、投产。抚州大唐发电每日用工千人,仅10个月就完成投资20.8亿元,创造了新“大唐速度”。共青城挂图作战,倒排工期,多方联动创造“汉能速度”,350亿元汉能光伏项目从接触到签约仅用22天,从签约到开工只用不到3个月。

【加快构建开放型经济新体制】 省商务厅牵头出台一系列开放型经济顶层设计,带头学习推广上海自贸区经验做法,探索昌九扩大开放试验区和昌九新区建设,精简投资事项审批,优化调整利用省外资金统计核查办法,加快构建开放型经济新体制。南昌市组建投资促进局,发挥市“产业五人小组”的高效决策机制,开展“访百家促增资”活动,成功引进欧菲光、鸿利光电、海派手机等产业园。上饶市利用“上饶招商”微信群、“上饶招商在线”微信平台对各地主官外出招商情况进行实时图文直播,各县区保持了竞相“走出去”的高温常态。赣州、吉安市积极通过挂职干部招商,成功引进一批央企项目。新余市广泛对接商(协)会,通过委托招商引进项目23个。各地创新招商干部培养使用机制,景德镇等坚持把招商一线作为培养锻炼、考察重用干部的主战场,南城县坚持每年拿出1/3名额提拔重用招商干部。瑞金市在沪、闽、浙等地聘请商协会会长和企业家担任招商顾问。永修、贵溪、遂川等县依托独特优势和资源积极开展产业链招商。安福、龙南、泰和等县树立“留住本地企业也是招商引资”的理念,全力推动本地企业“增资扩股”、做大做强。

【打造一流投资环境】 省商务厅创新投资促进政策,加快开放平台升级发展,重组低碳会等经贸平台,强化项目调度和管理,加大招商项目跟踪服务力度,全力培育江西全面扩大开放新优势,打造一流投资环境和引资“洼地”,先后促成汉能、中汽零等项目落户江西,顺利帮助恒生化纤等一大批项目解决发展难题。各市县竞相创优服务举措,吉安、宜春、萍乡、赣州等地进一步健全了招商引资考核机制和“项目、领导、团队”帮扶机制;新余、九江两市推行招商引资项目预审制,对促进规范化、科学化招商发挥了积极示范作用;共青城市出台投资准入特别管理措施(负面清单),率先在全省开展投资管理和开放模式试点;抚州市临川区扎实推进“强区扩园”工程,规划建设2133.33公顷的“一园三区”项目承载平台。

(潘茂栋)

区域经济合作

【引导赣商返乡创业】 2014年,赣商回乡投资由过去单个投资开始向商会抱团投资、产业园投资、高新技术项目投资的方向转变,如深圳兆驰光电在南昌投资20亿建立LED基地,投资15亿的鸿利光电项目等一批带动性强、投资额大、科技含量高的项目纷纷落户,赣商回乡投资总额占全省引进省外资金总量近1/4。

【主动融入“一带一路”和长江经济带等国家战略】 2014年,主动与周边省份的经济技术协作部门交流,为江西商务经济融入国家“一带一路”和长江经济带战略建立了联系、明确了重点、指明了方向。协调上饶等市加入长三角区域经济合作组织。加强与湖北、湖南等相关部门的协调对接,积极推动昌九一体化融入长江中游城市群发展。参加赣闽粤十三市党政领导联席会议,主动联系福建省经信委、广东省商务厅相关部门,着力推进江西融入珠三角、海西经济区的区域合作,推动向莆经济带发展、昌吉赣对接深圳等工作。

【组织企业参加一系列大型经贸活动】 2014年,组织企业参加西洽会暨丝绸之路博览会、渝洽会、青洽会、亚欧博览会等国家大型经贸活动10多项,加强与周边省份及陕西、四川、重庆、新疆、天津等省市区的双边省际交流与合作,达成一些合作意向。

【开展对口支援工作】 开展对口支援三峡库区武隆县和石柱县移民工作,及时拨付对口支援扶持资金。加强对口援疆工作,加大产业援疆力度,8月,协助新疆克州在南昌市举办招商引资项目推介会。

(蔡金伟)

本栏编辑 邓玉兰

人力资源和社会保障

综　　述

2014年，江西省人力资源和社会保障部门以“民生为本、人才优先”为工作主线，大力推进“责任人社、服务人社、阳光人社、数字人社、廉洁人社”建设，完成人力资源和社会保障事业发展目标任务，各项工作保持了平稳快速发展。

扎实推进信息化人社建设。成立省人社厅信息化建设指挥部，明确信息化人社建设的总体思路和省级大集中模式的发展路径，重点推进“多险合一”系统、阳光政务系统、医保监控系统和12333咨询服务系统、人力资源市场整合“3＋2”重点建设项目。“多险合一”信息系统在新余、鹰潭市试点上线运行，医保监控系统和阳光政务系统建设启动，劳动关系“三位一体”管理信息系统和社会保险基金财务管理系统顺利完成，省直机关事业单位工资软件运行平稳。全年新增生产社保卡603万张，累计生产发放2412万张，完成国家“十二五”目标任务的94.5%，有182万参保人通过社保卡发放待遇、51万余人实现银行代扣代缴保费。

积极支持赣南等原中央苏区人社事业创新发展。服务赣南等原中央苏区振兴发展国家战略和区域战略，印发《关于支持赣南原中央苏区人力资源和社会保障事业改革发展的实施意见》，出台26条支持赣南和16条支持吉泰走廊建设的具体措施。启动实施“万名专家下基层、服务赣南苏区行”活动，组织专家服务300人次。年内，省人社厅安排省级就业专项资金支持赣南等原中央苏区振兴发展资金4929万元，增长幅度高于全省平均水平；安排赣州、吉安、抚州3个设区市小额贷款贴息资金2.69亿元，占全省资金的36.5%；安排赣州市技工院校实训基地建设项目资金200万元，占全省资金的11.8%；通过申报国家中等职业基础能力建设项目，安排抚州市技工院校项目资金1000万元，占全省资金的20%；安排支持赣南苏区新农村建设试点村发展“一村一品”产业项目资金267万元，占全省资金的26.7%；安排“一村一品”项目资金200万，占全省资金的18.18%。全年赣南苏区有13个引进国外技术、管理人才项目立项。

全面深化人社领域改革发展。成立省人社厅全面深化改革领导小组，分设就业创业、社会保障、人才队伍建设、人事制度、工资收入分配和劳动关系、提升服务水平6个专项小组，建立情况通报、工作对接、信息统计等工作制度。制定《江西省人社厅贯彻实施全面深化改革重要举措分工方案》，对省委赋予省人社厅牵头的12项改革任务和34项配合任务进行具体细化；制定《江西省人社领域2014年重点改革工作计划》，确定重点推进38项改革任务，截至年底，38项重点改革任务完成33项，其余5项需跟进国家部署实施。开展省直管县（市）人社体制改革试点工作，赋予共青城市、瑞金市、丰城市、鄱阳县、安福县、南城县6个试点县（市）43项人社管理权限。

深入推进全省人社部门作风建设。深入开展窗口单位改进作风专项行动，用心打通联系服务群众的“最后一公里”。继续推进“转作风、进园区、强服务”主题活动，广泛开展百名干部服务园区活动，帮扶、指导园区企业和员工解决就业、社保以及维权等方面的实际问题。加大简政放权力度，省本级取消行政审批项目2项、下放7项、合并1项、改变行政审批方式6项，保留实施13项，精简率达53.6%，是历次行政审批制度改革中力度最大的一次。举办全国12333统一咨询主场活动，12333电话年咨询量达到160万人次。实施“连心、强基、模范”工程，开展向龚全珍和曾建学习活动，组织党员干部进村入户，为“连心”活动点办实事，提升江西人社部门的良好形象。大力开展信息宣传工作，首次开设厅政务微博，建立了一支微博舆情队伍。江西省人社厅年度先后被评为“省政府政务信息工作先进单位”“全省人大代表建议办理工作先进单位”“全省政协委员提案办理工作先进单位”。分别被《中国组织人事报》《中国劳动保障报》评为新闻宣传工作做得好的单位，《现代人力资源社会保障》刊物获得全省优秀连续性内部资料评选一等奖，省外专局陈炜蓉获“全国民族团结进步模范个人”称号。

（袁伟华）

人力资源管理

【概　况】　2014年，省人社厅加强高层次人才选拔，选拔62名享受国务院特殊津贴专家和79名享受省政府特殊津贴专家。开展第五届全国杰出专业技术人才和先进集体选拔工作，江西省农业科学院研究员谢金水、南昌大学教授刘耀彬被授予“全国杰出专业技术人才”荣誉称号,江西农业大学种猪遗传改良科技创新团队和中国瑞林工程技术有限公司被授予“全国专业技术人才先进集体”荣誉称号,入选人数为历年最多。注重高层次人才培养,选拔100名省级百千万人才工程人选,6人入选国家百千万人才工程并被授予有突出贡献中青年专家称号;选拔20名工程人选赴国(境)外研修,资助17名工程人选赴国(境)外研修。重视高层次人才引进,深入实施“急需紧缺高层次人才引进计划”,征集引才岗位1600个,在北京举办引进高层次人才工作恳谈会,组团参加清华大学2014年博士后和博士生人才引荐会、第十四届东北硕博专场招聘会,2014年全省共引进博士以上高层次人才530多人。招收博士后人员81人,新增8个学科的博士后流动站,新设站总数位列全国第14位。启动博士后创新实践基地建设,组织博士后科研项目和日常经费资助申报评审,开展博士后学术交流,举办中国博士后西部服务团江西行活动和全国生物技术与食品安全博士后学术论坛。认真做好专家津贴发放工作,为1027名享受按月发放的国务院特殊津贴专家、168名省政府特殊津贴专家发放津贴约850万元。组织300余名专家开展服务基层工作,形成了专家服工作品牌。留学人员创业园的建设工作取得新进展,新创建了江西南昌留学人员创业园,已有9家留学人员企业入园。会同省委组织部等主管部门选派第八批援疆干部人才92名。

持续推进“高技能人才振兴工程”,加强全省国家级、省级高技能人才培养基地布局建设,初步形成高技能人才培养示范基地高端引领、技工院校主体推动、公共实训基地有力补充的技能人才培养体系。至年底,全省技能人才390万人,高技能人才102万人,新增国务院特殊津贴6人,新增全国技术能手4人,新建3个国家级高技能人才培训基地、3家国家级技能大师工作室和10家省级技能大师工作室。举办2014年全省“振兴杯”职业技能竞赛,直接参加省级竞赛人数超过1万人,带动30万人岗位练兵。组织参加世界技能大赛中国区选拔赛,3人入围2个项目国家集训队。召开全省第四届“优秀高技能人才”暨江西省2013年振兴杯职业技能竞赛表彰大会。大力加强技工院校教育管理,全省技校招生4.78万人,同比增长10%,为社会培养各类技能人才12.63万人。

实施各类引智项目,全年执行国家引进国外技术、管理人才项目35项、引进海外高层次人才300多人次;在海外人才帮助下,引智项目单位获批专利授权50项、申请专利42项、参与国家和行业标准修订10项、填补国内空白7项,入选年度国家重点新产品计划4项。举办“海外人才江西行”系列活动,邀请23位海外人才与省内30多家需求单位面对面洽谈对接,7位海外人才与需求单位签订了合作协议。举行2014年度“庐山友谊奖”颁奖仪式,18人获“庐山友谊奖”。启动省级引智成果共享体系建设,出台《江西省引进国外智力成果示范推广基地和示范单位管理办法》,开展第一批省级引智基地和示范单位申报工作。出台外籍高层次人才2~5年居留便利措施。积极实施出国(境)培训项目23项,培训紧缺急需人才474人次。

继续在新余、上饶、吉安3市开展中小学教师职称改革,“评后未聘”遗留问题得到较好解决。完善职称框架体系,在中等职业学校教师系列增设正高级专业技术资格,将高校辅导员和少先队辅导员工作纳入职称评审业绩。调整职称外语政策,对申报中级以下职称和50岁以上申报人员不作外语要求。规范职称评审管理,印发《关于进一步规范专业技术资格申报材料的通知》,出台申报职称与社保缴费证明“挂钩”政策。全面推行学历查询认证制度,扩大论文检索审验范围,对不合格申报人员坚决查处,取消304人申报高级职称资格。全省9500余人参加高级专业技术资格评审、5800余人取得高级专业技术资格,近28万人参加专业技术人员资格考试、7.3万余人取得专业技术资格和职业资格。完善继续教育政策,出台调整继续教育考核机制、考核方法、简化登记程序、规范登记管理等改革举措。江西师范大学国家级专业技术人员继续教育基地揭牌运行。推动继续教育信息管理系统建设,在省直事业单位试运行继续教育信息管理系统,367个省直事业单位完成注册,注册人员3.8万余人。

规范公务员考试录用工作操作流程,组织全省录用公务员四级联考和政法干警招录培养体制改革试点招考,全省共计录用公务员2636人。降低艰苦边远地区公务员招录门槛,加大基层岗位招收比重。推进公务员转任工作,在全省公安机关实施夫妻异地分居民警“团圆机制”。完善公开遴选机制,明确公开遴选的范围、资格条件以及组织程序等。开展带头创先争优,争做人民满意的公务员活动,表彰全省“人民满意的公务员”30名,“人民满意的公务员集体”20个。印发《江西省评比达标表彰活动管理实施细则(试行)》,规范评比达标表彰活动,调整变更12个项目,不同意新增、调整或变更10个项目,停止27项未经批准要求开展的表彰活动。经批准,全年全省共保留评比达标表彰项目51项。

全省事业单位共招聘1.89万余人,其中具有博士学历人才378人。稳步推进事业单位岗位设置工作,98.6%的事业单位岗位设置方案完成核准,91%的人员完成首次岗位聘用备案,总人数80多万。首次组织事业单位定向招聘退役大学生士兵工作。开展基层农技、水利等定向生招聘和培养工作,解决边远地区、艰苦行业专业技术人才招聘难和留住难等问题。认真做好全省机关事业单位“吃空饷”问题集中治理工作。

全省接收安置计划分配军转干部582名,自主择业军转干部83名,安置质量持续巩固。开展全省模范军队转业干部、军转安置工作先进单位和先进军转工作者评选表彰活动,自主择业军转干部熊厚礼、省检察院胡务勤和九江市经济技术开发区张朝富被授予“全国模范军队转业干部”荣誉称号;省军队转业干部安置工作领导小组办公室、南昌市公安局被授予“全国军转安置工作先进单位”荣誉称号;九江市人社局吴晓梅、新余市人社局周强被授予“全国先进军转工作者”荣誉称号。召开全省军转表彰大会暨2014年军转安置工作会议,表彰53名全省模范军队转业干部、37个全省军转安置工作先进单位和27名全省先进军转工作者。积极推进军转安置方法改革创新，省直机关首次采取量化考核、积分选岗的办法安置正团职军转干部。连续4年对企业退休军转干部在调待时给予特殊倾斜，连续3年较大幅度提高了企业退休军转干部收入水平，企业军转干部总体稳定。省军转办被评为全国军转安置工作先进单位。

完成县及县以下机关公务员职务与职级并行试点工作，为职务与职级并行制度在全国推广积累了经验。提高除南昌外其他10个设区市市直机关公务员津补贴标准。完善事业单位绩效工资制度和评价机制，完善基层医疗卫生机构绩效工资政策，得到了国家计卫委的充分肯定，在全国卫生系统媒体上进行了宣传报道。发布2014年企业工资指导线，企业货币工资增长首次不设上限。健全最低工资标准动态评估和调整机制，第9次调整最低工资标准，各类区域最低工资标准平均增幅达13%，最高增幅达17.8%，调整后江西省一类区域的最低工资标准在全国排第十六位。积极推进国有企业负责人薪酬制度改革，在全国较早成立省深化国有企业负责人薪酬制度改革工作领导小组，对55户省属国有企业、307位国企负责人2013年度薪酬审核结果进行了备案。

全年组织各类人事考试76项、103.5万科次，参考人数51.33万人；开展各类职业技能考核鉴定31万人次，增长17.7%。实行全省职业技能鉴定网上报名，加强鉴定质量管理，开展无纸化考试试点，在21个职业进行了网上在线机考，全省开展各类职业技能考核鉴定31万人次，增长17.7%。

【博士后设站规模进一步扩大】　组织2014年博士后科研流动站申报工作，江西省8个学科获准设立博士后科研流动站，通过率为62%，远远高于全国平均通过率，新设站总数位列全国第十四位。至年底，全省博士后站总数89家，全年共招收博士后人员89人，增长21.9%。启动博士后创新实践基地建设，出台《关于建立博士后创新实践基地的实施意见》。开展博士后科研项目和日常经费资助申报评审，资助科研项目60项、资助日常经费30人，全省42人获中国博士后科学基金资助，增加10.5%。开展博士后学术交流，2名博士后分获博士后国际交流计划派出项目和学术交流项目资助。

【举行第九批中国“博士后西部服务团”江西行活动】　7月29日，第九批中国“博士后西部服务团”江西行活动启动仪式在南昌市举行，这是服务团自2012年开展活动以来首次到江西，也是服务团首次到中部省份开展服务。人社部留学人员和专家服务中心主任、中国博士后科学基金会秘书长夏文峰，省人社厅巡视员裴菲出席仪式并讲话。从2012年起，全国博士后管委会办公室和中国博士后科学基金会组织博士后西部服务团活动，每年组织部分博士后深入西部地区解决科技难题，转化博士后已有的科研成果。此次，来自北京、上海等8个省市多所著名高校和科研院所的13位博士后研究人员，将与江西省江西五十铃发动机有限公司等12个单位进行对接，为企业发展出谋划策，推荐各自的好项目给对口企业，研究范围涉及汽车、生物制药、有色冶金、建筑、光伏材料、信息技术等多个领域。

【开展“万名专家下基层 服务赣南苏区行”活动】　5月12日—15日，2014年“万名专家下基层、服务赣南苏区行”活动在宁都县、瑞金市、南城县等8个县举行，人社部专技司司长孙建立、省人社厅巡视员裴菲出席启动仪式并讲话。此次活动是省人社厅贯彻落实人社部“万名专家服务基层行动计划”的一项具体举措，也是江西省连续第四年举办的大型专家服务活动。活动期间，28位专家采用专题讲座、现场技术指导等多种形式，深入赣州、抚州基层一线医疗、农林、工业、经济、教育等领域开展活动，对涉及赣南苏区经济和社会发展的项目提供智力帮扶。

【在北京举办引进高层次人才恳谈对接活动】　11月15日—16日，省委组织部、省人社厅在清华大学联合举办江西省引进高层次人才工作恳谈对接活动，南昌大学、江西铜业、洪都航空等30余家重点企业、高新技术企业、高等院校、科研院所等单位参加。活动期间，在清华大学举办了江西省引进高层次人才工作恳谈会，宣传推介江西省发展环境和人才政策，交流高层次人才需求信息和就业意向，探讨建立引才工作联络机制，省人社厅巡视员裴菲、省驻京办主任肖毅、清华大学党委副书记史宗恺等出席活动。组织高层次人才招聘团参加“清华大学2014年博士后和博士生人才引荐会”，这是唯一的一家省级代表团，共征集发布博士以上高层次人才岗位需求600余个、博士后联合培养科研项目70余项，发放宣传资料1500余份，与700多位博士后和博士进行了洽谈对接。

5月12日，万名专家下基层、服务赣南苏区行启动仪式

省人社厅供稿

【组团赴东北地区开展高层次人才引进活动】 12月16日—22日,省人社厅组织南昌大学、东华理工大学、江西理工大学、江西科技师范大学等10余所省内高校和高新技术企业赴东北地区参加了第十四届东北三省硕士生、博士生专场巡回招聘会,开展高层次人才引进活动。招聘活动分别在哈尔滨工业大学、吉林大学、东北大学、大连理工大学等"985、211 高校"举行。本次招聘活动,江西省有关单位提供1000个岗位,推出许多优惠政策和措施。活动期间,招聘团成员热情宣讲江西省人才发展环境和单位具体引才政策,耐心解答应聘高层次人才提出的问题,发放宣传资料1000余份,取得较好效果,共接收博士及以上人才简历300余份,达成初步引进意向100余人。

【举办2014"海外人才江西行"活动】 4月28日,省委组织部、省人社厅共同主办的2014"海外人才江西行"活动在南昌正式启动,省人社厅巡视员裴菲出席仪式并致辞。活动邀请了美国、加拿大、荷兰等国17位海外人才,涉及生物医药、环境保护、电子信息、服务外包、机械制造、现代农业等诸多领域,江西省参与洽谈对接的企业、高校和科研院所共20多家,有8位海外人才与需求单位达成合作意向,6位与需求单位签订了合作协议。江西海外人才呈快速增长态势,到赣工作的外国专家从过去每年的500人上升到3300多人次,累计有312位外国专家和海外人才获"江西省庐山友谊"奖。

【"一村一品"工作取得新成效】 深入推进"一村一品"工作,加大示范项目扶持力度,全年实施"一村一品"产业扶持项目155个,引进推广新品种、新技术124项,利用小额担保贷款为示范企业解决资金1.3亿元、引导社会资金11.8亿元;加强带头人培养,举办蔬菜、黄栀子等"一村一品"特色产业带头人培训班、研讨班746次,建立完善省级"一村一品"带头人培训基地6个,培训带头人1.2万人次。全年新增"一村一品"特色产业村350个,带动农户增加20万户,从事"一村一品"主导产业生产经营农户人均纯收入比全省农民人均收入高出1500多元,省级示范企业、示范村、示范合作社主导产业销售收入增长24%,新增种植面积8666.67公顷、新增养殖535万头(羽),新增种植、养殖基地306个,新增生产线144条,新增生产加工设备2613台,新增国家级产品品牌19个、达到80个,新增省级品牌39个、达到130个。

【严格规范清理评比达标表彰活动】 省人社厅会同有关单位以省委办公厅、省政府办公厅名义下发《江西省评比达标表彰活动管理实施细则(试行)》和《关于对〈江西省评比达标表彰活动管理实施细则(试行)〉的补充通知》,制定《江西省评比达标表彰工作领导小组议事规则(试行)》,严格规范评比达标表彰活动的开展,防止评比达标表彰项目清理后的再次反弹。加强对评比达标表彰活动的规范管理,按照总量控制、急用优先的原则,调整变更12个项目,不同意新增、调整或变更10个项目,保留评比达标表彰项目51项,停止27项未经批准要求开展的表彰活动。

【推进政府绩效管理工作】 根据省政府党组会关于"政府绩效管理工作由省人社厅负责"和省政府办公厅下发《2014年度政府绩效管理工作方案》的要求,省人社厅组织召开省直单位政府绩效管理工作推进会,会同省委组织部、省监察厅、省直机关工委、省综治办、省政府机关事务管理局、省统计局做好五项外部评价和群众满意度测评工作,修改完善"江西省政府绩效管理信息系统"并上线运行,指导督促各绩效管理单位认真填报信息系统,定期核查佐证材料,出台《省直机关政府绩效管理日常考核办法》,强化政府绩效管理日常过程管理,确保客观、科学、规范。

【加强公务员考录选拔工作】 完善基层公务员考录制度,降低艰苦边远地区公务员招录门槛,出台《江西省公务员考试录用工作操作流程(试行)》,修订《江西省2015年度公务员考试录用专业条件设置指导目录》。健全公开遴选机制,明确公开遴选的范围、资格条件以及组织程序,允许外省公务员参加遴选,遴选工作有了新突破。坚持依法、公平、科学、安全考录和面向基层的用人导向,组织实施全省录用公务员四级联考和政法干警招录培养体制改革试点招考,全省共计录用公务员2636人,其中录用大学生村官、"三支一扶"、西部志愿者、农村特岗教师等基层项目人员376人,占录用总人数的14.3%。

(袁伟华)

就业与再就业

【概 况】 2014年,全省城镇新增就业55.09万人,完成率122.4%,增长1.83%;城镇登记失业率3.27%,低于全国0.82个百分点;就业困难人员就业6.83万人,完成率170.8%,增长0.44%;零就业家庭安置率100%,继续保持动态清零。省内工业园区定向培训36.16万人,完成率129.1%,增长5.52%;创业培训9.57万人,完成率为119.6%,增长6.22%,新增转移农村劳动力58.65万人,完成率为117.3%,同比增长2.45%。

深入推进就业创业机制改革。以省政府办公厅名义印发贯彻国务院《关于做好2014年普通高校毕业生就业工作的通知》,提出7项新的政策措施,实施高校毕业生就业促进计划和创业引领计划。印发《关于做好江西省国有企业招聘应届高校毕业生信息公开的通知》,在官方网站建立信息公开发布专区。制定《关于进一步规范全省就业创业培训管理工作有关问题的通知》,对园区定向培训主体、家庭服务业和创业培训模式、就业培训内容等进行改革,召开现场会进行推广。实施《2014年开展政府向社会力量购买公益性岗位从业人员招聘和管理服务试点工作实施方案》,稳步推进公益性岗位试点工作。改进驻赣部队随军家属就业安置工作,规范随军家属安置原则、安置方式。出台《江西省促进就业基地认定管理办法》,完善促进就业创业政策体系。大力推进人力资源市场标准化建设,制定人事代理、人才招聘、高级人才寻访、网络人力资源服务规范等4个人力资源服务规范;统筹推进公共就业和人才服务体系改革和人力资源市场整合工作，制定《关于加快推进公共就业和人才服务体系改革的指导意见》，启动厅本级人才市场和人力资源市场的整合工作，基本完成昌九人力资源市场一体化建设工作。

大力促进重点群体就业。全面促进高校毕业生就业，开展就业服务月（周）和网络招聘等高校毕业生就业服务活动，健全离校未就业高校毕业生"一键通"网络服务平台，发放一次性求职补贴，人社部下发的2.90万名离校未就业高校毕业生已实名登记2.67万人，一对一帮扶1.63万人实现就业，总体就业率达94.69%，提高0.39%，实现了就业创业比例都有所提高的目标。加强困难群体就业援助，开展"春风行动"、就业援助月、民营企业招聘周等活动，稳定城乡基层公共服务公益性岗位3.87万人。全年组织招募"三支一扶"大学生2411人，完成国家下达计划的219%，省政府民生工程计划的109.6%；安置1659名服务期满"三支一扶"大学生，安置率100%。

充分发挥创业带动就业倍增效应。出台实施《江西省大学生创业引领计划实施方案》，年内引领7180名大学生创业，完成全年目标任务的108.8%。联合江西省财政厅、中国人民银行南昌中心支行出台《关于加强小额担保贷款财政贴息政策资金管理的通知》。全年新增发放小额担保贷款114.51亿元，扶持创业并带动就业52万人次。打造10个大学生创业孵化基地和景德镇大学生陶瓷创业孵化园，景德镇大学生陶瓷创业孵化园被评为国家级创业孵化示范基地。认真组织优秀创业项目参加第二届全国创业专项大赛，获得组织工作优秀奖，推荐的项目"爱家智能家居"获得优秀奖。联合江西省团委等举办"创青春"江西省大学生创业大赛、"盐商杯"青年创新创业大赛，联合中央电视台、江西卫视、《中国劳动保障报》等媒体开展集中创业典型宣传，召开高校毕业生就业创业情况媒体通气会，印发《江西省高校毕业生就业创业政策汇编》，深入高校开展"企业家进校园"大型高校就业创业公益巡讲活动和"校园行"公益活动，营造良好就业创业氛围。

着力健全公共就业服务体系。开发江西省公共就业服务平台、农民工"散工超市""江西就业e图"和江西就业创业微信平台，吉安市"数字就业地图"，方便求职者随时、随地获取就业创业信息，被评为2014年全国地方就业创新实事。加强"一网五点"建设，对全省165个乡镇（街道）、198.1万名农村劳动力资源，1098户工业园区企业、60.1万名在职员工和2014届4.69万名（含部下发2.90万名）离校未就业高校毕业生开展实名登记及就业监测。

【开展"春风行动"等专项活动】　全面开展"春风行动"、就业援助月、民营企业招聘周等就业专项服务活动。其中，就业援助月活动帮扶援助对象实现就业1.11万人，残疾就业困难人员2076人；"春风行动"期间，全省共举办各类招聘会1180场次，提供就业岗位65.8万个，达成就业意向31.5万人；民营企业招聘周活动共提供就业岗位信息21万余个，达成就业意向4.5万人。高校毕业生就业服务月（周）和网络招聘等专项活动举办专场招聘会652场，提供岗位137万个次，平均每个毕业生可获得2.5个就业岗位。

【推进"转作风、进园区、强服务"主题活动】　持续巩固党的群众路线教育实践活动成果，深入实施"转作风、进园区、强服务"主题活动，实行"百千万"人社干部挂点联系，着力解决园区企业"招工难、稳工难""劳动合同签订率低、社保缴纳比例低"的问题，确保了园区经济平稳快速增长。搭建视频系统，现场调度全省各地活动开展情况，一改以往全省搭台、效果不佳的现象，园区企业职工稳定在193万左右。

【召开2014全省创业促就业座谈暨就业形势分析会】　7月25日—26日，由省人社厅主办、省就业促进会和省劳动就业服务管理局承办的2014全省创业促就业座谈暨就业形势分析会在鹰潭和景德镇召开。会议研究分析当前江西省就业创业工作面临的新形势、主要矛盾和突出问题，提出完善就业创业政策的意见和建议。期间，组织参会代表考察余江县眼镜产业创业孵化基地、余江县雕刻创业示范街、三川水表股份有限公司、万宝至马达有限公司、江西广信铜业有限公司、鹰潭高新区人力资源社会保障服务中心、景德镇大学生陶瓷创业孵化园、景德镇大学生陶瓷创意集市。

【加大小额贷款扶持创业就业力度】

进一步完善小额担保贷款政策，联合省财政厅、人民银行南昌支行出台《关于转发〈财政部 人力资源社会保障部 中国人民银行关于加强小额担保贷款财政贴息资金管理的通知〉的通知》，保持了全省小额担保贷款工作平稳发展。开展小额担保贷款质量提升年活动，完成民生工程任务，在全国新增发放小额担保贷款下降30%的情况下，全年发放小额担保贷款114.5亿元，增长16.3%，直接扶持个人创业9.2万人次，带动就业44.7万人次，到期贷款回收率99.89%。全省小额担保贷款工作受到人社部、财政部多次表扬，11月19日，国务院调研组到江西调研座谈时特别提出"江西省小额担保贷款工作在全国第一"。在"2014年中国银行业协会（花旗）微型创业奖"评选活动中，江西省小额贷款信用担保中心被评为"表现突出单位"。

【组织发放高校毕业生求职补贴】

针对家庭困难的高校毕业生，从2013年起，省人社部门对江西普通高等学校学籍且为城乡居民最低生活保障家庭的年度内高校毕业生给予每人800元的一次性求职补贴。2014年又将残疾大学生纳入到求职补贴发放范围。全年全省共审核通过3685名2014届符合条件的高校毕业生一次性求职补贴申请，其中残疾大学生7人，全部发放到位，发放金额共计294.8万元。

【开展离校未就业高校毕业生实名登记】　2014年，江西省高校实际毕业人数为24.57万人，初次就业率为85.82%，较上年增长0.24%；人社部下发省外高校江西籍离校未就业毕业生5677人，加上省教育厅移交省内高校数据，属于江西省生源离校未就业高校毕业生28985人，较去年减少

1786人。通过开展实名登记，做到"四清"（个人基本情况清、求职意向清、服务需求清，技能状况清）。全年全省完成实名制登记2.67万人，帮助1.63万人实现就业，占登记人数的61.0%，全省高校毕业生就业率达到94.69%，同比提高了0.39个百分点，创近年新高。

【组织高校毕业生就业服务月活动】 8月1日至9月30日，江西省组织开展"2014年全省高校毕业生就业服务月"和网络招聘等专项活动。活动期间，各级人社部门全面登记辖区内2014届有就业意愿的离校未就业高校毕业生信息，并使每一个有就业服务需求的高校毕业生都享受到就业创业服务和各项优惠扶持政策。全省共举办专场招聘会652场，提供岗位137万个次，平均每个毕业生可获得2.5个就业岗位。

【召开高校毕业生就业创业情况媒体通气会】 为统一回应媒体和社会对大学生就业创业工作的关切，9月17日，省人社厅在南昌组织召开"高校毕业生就业创业情况媒体通气会"，会上通报了2013届、2014届离校未就业高校毕业生就业工作进展情况，介绍了进一步加强高校毕业生就业创业政策宣传工作的背景、任务和措施，解读了"江西省大学生创业引领计划实施方案"，江西日报社、江西卫视、江西人民广播电视台等18家新闻媒体记者应邀出席。

【省人社厅官方微博举办"致敬青春·帮扶创业"活动】 7月17日—23日，江西省人社厅官方微博（@江西12333）开展"致敬青春·帮扶创业"活动，这是省人社厅第一次以政务微博为载体开展的活动，也是第一次邀请有创业意愿的大学生实地参观创业典型的活动。7月17日，省人社厅官方微博"@江西12333"推出"致敬青春·帮扶创业"活动，向社会征集10名有创业意愿的大学生，得到了微博网友的踊跃参与。23日上午，10名入选的大学生分别实地参观了江西财经大学创业孵化中心飞扬教育公司、江西品啦3D造像馆和江西为易科技发展有限公司3个大学生创业典型，与成功创业的学长们进行互动交流。23日下午，省人社厅召开大学生就业创业政策指导会，组织业务处室负责人现场讲解最新的就业创业政策，与大学生们进行了面对面的交流，指定两名创业政策顾问和一名创业实战顾问，为10名大学生后期创业进行相关指导。

【选拔招募高校毕业生到农村基层支教支医支农扶贫】 2014年"三支一扶"计划作为省民生工程，招募计划为2200名，列入政府年度考核目标。为确保招募任务的完成，省人社厅会同有关部门通过调整招募政策、创新招募方法、完善安置措施等办法，组织全省55947人参加"三支一扶"招募统一考试，实际招募"三支一扶"大学生2411名，完成国家下达计划的219%，省政府民生工程计划的109.6%；安置1659名服务期满"三支一扶"大学生，安置率100%。

（袁伟华）

社会保障

【概　况】 2014年，全省参加基本养老、城镇基本医疗、失业、工伤和生育保险人数分别为2581.7万人、1489.1万人、271.8万人、445.1万人和240.5万人，与年初相比参保总人数增加103.2万人次；全省基本养老、基本医疗（含城镇居民）、失业、工伤和生育保险基金全年征缴收入分别为329.09亿元、131.43亿元、11.93亿元、13.65亿元、3.6亿元，分别完成全年目标任务的116.3%、139.4%、151%、184.5%、156.5%。

社会保障制度规范健全。健全社会保险制度体系，完善城镇职工基本养老保险省级统筹制度，进一步统一和完善全省职工基本养老保险缴费和待遇计发政策，调整过渡性养老金计发系数，提高职工基本养老保险统筹水平。出台《江西省城乡居民基本养老保险实施办法》，建立统一的城乡居民基本养老保险制度。完善被征地农民基本养老保险政策，被征地农民统一纳入职工基本养老保险或城乡居民基本养老保险。出台职工与城乡居民养老保险制度衔接政策，实现参保人员在城乡之间顺畅转移。率先在全国全面建立城镇居民和城镇职工大病保险制度，大病保险覆盖率达到90%。推进统筹城乡居民基本医疗保险制度建设，修水县、莲花县、新余渝水区已实现医疗保险城乡统筹，南昌市明确归口人社部门管理。建立省级工伤保险调剂金制度，推动将公务员和参公管理事业单位纳入工伤保险范围。推行养老保险助保贷款，解决特困人员中断缴费难题。建立全省社会保险基金征缴激励约束机制。

社会保险待遇水平稳步提高。连续第10次调整企业退休人员基本养老金，月人均增加175元，达到1848元。提高了企业退休的参战参试退役士兵、城镇大集体困难企业未参保退休职工等群体的生活补助和离休干部护理费标准。城镇居民基本医疗保险最高支付限额提高到9万元，城镇职工和居民医疗保险住院政策范围内报销比例分别为81%和72%，落实141.88万困难企业职工医保政策。提高了一次性工亡补助金和因工致残人员伤残津贴等定期待遇，1～6级伤残人员人均月增加260～175元。全面推广"助保贷款"模式，缓解困难群体基本养老保险"缴费难"问题。

经办管理服务能力不断提升。积极推进异地就医即时结算，全面实现了省内设区市到昌异地就医即时结算，九江、吉安、赣州、景德镇、上饶、南昌、宜春等7个设区市实现了异地就医即时结算双向互通。积极推行"五险统一征缴、按险种支付"经办模式，为参保企业提供一票式征缴服务，已在南昌、新余、九江、景德镇、萍乡5个设区市运行。完善巩固养老金直发工作，全省养老金直发人数近217万人，直发率超过98%。通过养老金异地协查网上认证，解决了退休人员认证难题，全省协助认证办复率达到93.73%。

【完善城镇职工基本养老保险省级统筹制度】 2月20日，以省政府办公厅名义印发《关于完善职工基本养老保险省级统筹制度有关问题的通知》，进一步统一和完善全省职工养老保险缴费和待遇计发政策，调整过渡性养老金计发系数，提高职工基本养老保险统筹水平。同时，省人社厅下发《贯彻实施意见》和《宣传提纲》，组织召开新闻发布会、实施会，举办全省培训班，宣传和部署有关工作。

【统一城乡居民养老保险制度】 2月21日，国务院印发《关于建立统一的城乡居民基本养老保险制度的意见》，决定合并实施新农保与城居保，建立统一的城乡居民基本养老保险，实现城乡居民养老保险一体化。11月19日，省政府印发《江西省城乡居民基本养老保险实施办法》，省人社厅会同省财政厅先后制定下发《江西省城乡居民基本养老保险经办规程》《江西省建立统一的城乡居民基本养老保险制度宣传提纲》《关于贯彻〈江西省城乡居民基本养老保险实施办法〉有关问题的通知》等配套文件，规范各地经办操作方法，确保贯彻执行到位。

【建立城乡养老保险衔接制度】 6月4日，省人社厅、省财政厅下发《关于转发人社部财政部关于印发〈城乡养老保险制度衔接暂行办法〉的通知》，6月9日，省人社厅印发《关于转发人社部办公厅贯彻实施城乡养老保险制度衔接暂行办法有关问题的通知》，明确了城镇职工养老保险与城乡居民养老保险制度的衔接政策，促进了参保人在城乡养老保险制度之间顺畅流转。参保农民工养老保险关系已实现在城镇职工和城乡居民之间的顺畅转移。

【新老农保制度衔接工作进展顺利】 做好省级代管老农保基金的返还工作，省级代管的9416万元老农保基金于12月10日全部返还给各债权单位。指导各地按照“退、并、留”的衔接办法，认真做好制度衔接工作。全省老农保数据清理工作基本完成，有38个县（市、区）完成老农保退保工作。妥善解决老农保基金不良债权问题，吉安市由市财政出资3600万元补齐了市级代管老农保基金投资失败造成的基金亏损，妥善解决了老农保基金历史遗留问题。

【被征地农民社会保障工作扎实推进】 4月，以省政府办公厅名义下发《关于进一步完善被征地农民基本养老保险政策的意见》，进一步明确保障方式、缴费补贴标准及建立缴费补贴资金预存制度等政策措施，从根本上解决了被征地农民养老保障这一重大民生问题。严格审查被征地农民社会保障落实情况，通过召开调查会、座谈会和实地考察等形式，对申报的各建设项目被征地农民社会保障方案进行认真审查，督促各地认真落实被征地农民社会保障措施。截至年底，对涉及11个建设项目、39个县（市、区）的被征地农民社会保障方案进行了认真审核和实地考察，并出具被征地农民社会保障落实情况审查表。

江西省社会保险管理中心推行经办大厅标准化建设。图为改造后的社会保险经办大厅

省人社厅供稿

【提高企业退休人员基本养老金】 3月20日，省人社厅、省财政厅下发《关于江西省2014年调整企业退休人员基本养老金的通知》，明确从2014年1月1日起，为2013年12月31日前已按规定办理退休手续的企业退休人员增加基本养老金，5月中旬前已将调待资金全部发放到位。全省共207万人参加调整，月人均增加176元，增长幅度约为10.53%，有效保障和改善了广大企业退休人员的基本生活。

【提高未参保城镇大集体企业退休人员等养老生活补助标准】 6月9日，省人社厅、省财政厅、省轻工行办下发《关于调整未参保城镇大集体企业退休人员等养老生活补助标准的通知》，明确从2014年1月1日起，调整未参保城镇大集体企业退休人员、手工业联社大集体企业未参保退休人员及返城未安置就业知青享受养老生活补助标准，每人每月由305元调整为335元。

【提高居民医保补助标准和待遇水平】 6月17日，省人社厅、省财政厅、省卫计委印发《关于提高2014年城乡居民基本医疗保险财政补助标准的通知》，将2014年城镇居民基本医疗保险财政补助标准提高40元，每人每年320元。对本地城镇居民人均可支配收入高于全省平均水平的设区市，城镇居民医保成年人财政补助标准在320元的基础上再提高40元（即人均补助360元）。同时，出台《关于完善城镇居民医疗保险政策管理有关事项的通知》，将城镇居民医保二级医疗机构住院政策范围内报销比例由现行的75%提高到80%，年度内最高支付限额由现行的6万元提高至9万元，门诊Ⅰ类特殊慢性病年度内最高支付限额标准统一提高到住院医疗年度内最高支付限额水平，并与住院医疗年度内最高支付限额合并计算。

【全面推行医保付费方式改革】 按照江西省医疗保险付费方式改革方案和三部委《关于开展基本医疗保险付费总额控制的意见》要求，结合江西省当前开展的重特大疾病救助、大病医疗保险、支付方式改革和公立医院改革试点，以医疗保险市级统筹为依托，在所有统筹地区推进建立医疗保险付费总额控制机制。2014 年先后举办全国医疗保险医疗服务监管体系建设研讨会、全省医疗保险全程监管新余现场会、全省医疗保险支付制度改革经验交流会、全省医疗保险付费方式改革政策业务培训班，全面推进全省医保付费方式改革。

【城镇居民大病保险制度进一步完善】 2013 年 12 月，省人社厅会同相关部门印发《关于建立和完善城乡居民大病保险制度的意见》《城镇居民大病保险委托商业保险机构承办服务招标文件（范本）和合同文本（范本）》，组织开展 2009—2013 年全省城镇居民大病医疗保险中期评估。至年底，全省 11 个设区市全面建立了以政府主导、政策统一、管理规范、市级统筹、委托承办、公开招标、服务一体为特色的城镇居民大病保险制度。

【组织开展大病医保特殊用药价格谈判】 按照基本保障、急需适时、渐进稳妥和公平公正原则，通过专家评审、价格谈判等规范程序，将慢性粒细胞白血病治疗所需的甲磺酸伊马替尼胶囊（片）等 5 种昂贵特殊药品纳入城镇大病医疗保险基金支付范围，城镇职工大病医疗保险和城镇居民大病医疗保险基金报销比例分别为 75% 和 70%，确定南昌大学第一附属医院等 24 家医疗机构、黄庆仁栈华氏大药房、樟树国药局等 21 家药店为特药定点医疗机构和定点零售药店，有效减轻了部分重特大疾病患者的医药费用负担。

【完善落实省直机关医保政策】 在保持总费率（15.5%）不变的前提下，将现行职工基本医疗保险费率由 8% 提高到 9%，将单位补充医疗保险费率由 7% 降至 6%，大病医保费率维持 0.5% 不变；将原由单位补充医疗保险统筹基金支付的住院起付线 600 元改由个人账户支付，个人账户不足支付时由个人现金支付；从 2014 年起按省直机关事业单位的退休人数由各参保单位按照上年度退休费总额 2% 增加缴纳医疗保险费，所需费用由各参保单位自行解决，确保省直机关事业单位医疗保险可持续运行。

【完善落实困难企业职工医保政策】

落实好全省国有和大集体已关闭、破产、改制企业退休人员和连续停产停业一年以上的困难企业职工参加医疗保险的政策。2014 年度，全省补助人数 141.88 万人，其中：省属企业 445 家，16.57 万人；市县区属企业 1.19 万家，125.31 万人。全省各级财政全年共投入补助资金 28.95 亿元，其中省财政 10.16 亿元。

【提高工伤职工伤残津贴等定期待遇】 5 月 23 日，省人社厅、省财政厅联合下发《关于江西省 2014 年调整因工致残人员伤残津贴等定期待遇的通知》，明确 1 ~ 6 级伤残人员伤残津贴每人每月增加 260 ~ 175 元，对因工伤提前退休的老工伤人员养老金提高标准不足 260 元的，进行了补差调整，有效化解了因工伤提前退休人员养老金偏低引发的矛盾。

【加强基金监督制度建设】 6 月，为加强社会保险基金和就业专项资金的监督，省人社厅会同省财政厅下发《关于印发〈江西省农业产业化“一村一品”专项资金监督暂行办法〉的通知》针对非现场监督工作制定出台《江西省社会保险基金监管软件系统管理实施办法》，制度的出台将从源头上防范专项资金的管理风险，保证全省基金、资金监督工作的正常开展发挥积极的作用。

【提高非现场监督水平】 社会保险基金监督软件在全省已经上线运行，为规范基金监督人员的日常工作，省人社厅下发《江西省社会保险基金监管软件系统管理实施办法》，进一步完善规章制度，切实维护社会保险基金安全完整。4 月，专门下发在监管软件中监测发现的社保待遇重复领取疑点信息，要求各地市进一步核查，并追回违规领取的基金，收集全省各设区市重复参加和重复领取社会保险待遇情况的核查结果。

【开展民生资金、社保基金检查】

5—6 月，省人社厅组成专项检查小组对赣州、新余、鹰潭、宜春 4 个设区市的市本级及 12 个县区民生资金、社保基金进行抽查。8 月中旬，人社部基金监督司副司长汤晓莉带队对江西省财政补助资金专项检查进行了部级验收，对省本级、抚州、吉安两市 4 个县区进行抽查。检查组对江西省的基金监督工作充分肯定，指出了存在的不足，要求规范管理、确保基金安全完整。11 月中旬，省人社厅组成 2 个专项检查小组对抚州、宜春、吉安、上饶市 2013 年度医疗保险基金管理使用情况开展了检查。6—12 月，省人社厅配合省财政厅开展民生资金检查，对人社系统代发的民生资金的管理使用情况进行了监督检查，针对检查发现的问题，积极督促各设区市人社局整改落实。

【推动社保基金管理信息化建设】

省人社厅坚持以金保工程二期建设为抓手，大力推动江西省基金管理信息化建设，将新余市基金管理模式在鹰潭上线运行，确保了统征分付的落实。6 月底初步建立省、市、县三级基金管理模式，实现全省财务数据大集中，实现省对市、县、区包括凭证编制、报表编制及账务信息的即时监控，可及时掌握县、市、区各项社会保险基金的收支余情况。截至 10 月，全省所有财务数据包括所有历史数据都集中在省里统一管理，财务数据查询、导出、备份包括安全性都由省社保中心派专人统一负责。

（袁伟华）

本栏编辑　邓玉兰

交通运输

公路

【概 况】 2014年,江西省交通基础设施建设完成投资456亿元,增长28.5%。其中,高速公路建设完成投资271亿元,增长42.9%。建成宜春至万载、九江绕城、萍乡至洪口界、都九高速星子至九江段、寻全高速安远至全南段5个项目180千米,高速公路通车总里程4515千米。续建高速公路项目进展顺利,计划新开工项目基本落地。

普通公路建设迈出新步伐。完成国家公路网线位规划对接,实现县县通国道。江西省普通国道总里程7680千米。升级改造国、省道443千米,实施路面大中修1589千米,完成安保工程899千米。完成危桥改造2327延米/24座。开工建设27个县级综合养护中心,8个国省道公路服务区。农村公路建设取得新进展,全年新建改建农村公路超过1.4万千米,完成农村公路危桥改造54座,实施农村安保工程400千米。累计建成104个乡镇农村公路综合服务站,完成12个农村客运站和480个农村候车亭(牌)建设。全省客货运站场建设完成投资11.8亿元,增长22%。宜春综合客运枢纽站投入运营,续建南昌、南昌西、上饶、抚州4个综合客运枢纽,吉安河西、井冈山经济开发区2个货运枢纽项目;新开工建设萍乡赣湘国际物流港、宜春开发区物流中心2个货运枢纽项目。

公路运输生产稳步增长。至年底,公路运输完成客运量5.97亿人次,增长3.04%;旅客周转量316.46亿人千米,增长2.85%;完成货运量13.78亿吨,增长13.6%;货运周转量3073.31亿吨千米,增长8.64%。

至年底,全省共有道路旅客运输经营户(不含公交和出租)604户,比上年末减少11.4%。其中,企业487户,减少3.6%;个体户117户,减少33.9%。道路旅客运输经营户中企业占80.6%,比上年末提升6.6个百分点。共有道路货物运输经营户16.39万户,比上年末减少1.4%。其中,企业8716户,减少24.4%;个体户15.5万户,增加0.3%。

截至年底,全省营运车辆拥有量45.5万辆,同比减少3.4%,其中客车1.72万辆、47.4万座位,分别减少4.3%和2.1%;载货车辆43.8万辆、343.6万吨位,分别减少3.3%和增加3.4%。高级营运客车4648辆、18.83万座位,中级营运客车4178辆、11.46万座位。全省中、高级客车共8826辆,占整个运力结构的51.28%。大型载货汽车17.2万辆、307.3万吨位,分别增长1%和4%;小型载货汽车13.8万辆、19.5万吨位,分别减少2.9%和0.5%。

运输服务保障能力和水平进一步提升。执行鲜活农产品运输“绿色通道”和重大节假日小客车免费通行政策,全年减免通行费21亿元。推进电子不停车收费工作,累计建成ETC车道528条,ETC收费基本实现全覆盖,加入全国ETC联网,赣通卡14省市一卡通行。推进12328服务监督电话建设,在全国率先开通省级服务热线。推进公路客运联网售票系统建设,全省18个一级客运站实现站间互售;部分二级客运站联网售票试点正在启动。加强公路客运班线、公交线路与铁路、民航配套衔接,九江、抚州、新余、景德镇、上饶等地开通至昌北机场的客运服务;南昌、宜春、新余、萍乡、抚州、上饶、鹰潭等地开通直达高铁车站公交线路,公路客运与铁路、民航实现“零换乘”。城市公交优先发展。南昌市创建国家“公交都市”得到交通运输部批准。南昌、宜春、萍乡、景德镇等地增加公交线路,提升公交品质,积极推进城乡客运一体化。继丰城、樟树后,高安市全面实施城乡客运一体化,开通线路36条,多数票价降幅超过50%。加强公路运输节能环保建设,淘汰老旧营运车辆6000余辆,新增清洁能源公交车800余辆,845辆营运客车实施节能技术改造。大力推广甩挂运输,江西有4户企业成为全国公路甩挂运输试点企业。

【实现县县通高速公路】 12月26日,万载至宜春、萍乡至洪口界、九江绕城、都九高速星子至九江段、寻全高速安远至全南段,5条高速公路全线建成通车,结束了万载、安远两个县不通高速公路的历史,江西境内100个县(市、区)全面实现通高速的目标,高速公路通车里程突破4500千米,同时打通了23个高速公路出省通道,实现与周边省份的快速对接。

【13个交通重点工程开工】 12月26日,省政府宣布新开工建设13个交通重点工程,包括上饶至万年、东乡至昌傅、船顶隘(赣闽界)至广昌、南昌至宁都高速南昌连接线、都昌至九江高速都昌至星子段、修水至平江(赣湘界)、宁都至定南高速宁都至安远段、宁都至定南高速安远至定南段、

12 月 26 日，江西省县县通高速公路

王卫娥摄

宁都至定南高速定南联络线、铜鼓至万载、兴国至赣县、南昌南外环 12 个高速公路项目和九江长江大桥公路桥加固改造项目。这是江西省高速公路通车里程突破 6000 千米的关键项目。13 个新开工项目总投资约 656 亿元，总里程 823 千米。项目共涉及 8 个设区市 25 个县（市、区）119 个乡镇，土石方总量为 1.92 亿立方米，互通立交 64 座，特大桥 11 座共 3.65 万米，大中桥 489 座共 9.73 万米，隧道 16 座共 1.98 万米。

【昌樟高速改扩建项目药湖特大桥新桥建成通车】 10 月 30 日上午，昌樟高速改扩建项目头号控制性工程——药湖特大桥新桥建成通车。该桥为江西首座实现客货分流的高速桥梁。药湖特大桥新桥是昌樟高速改扩建项目重点工程之一，是昌樟高速全线最长的桥梁。作为全国唯一一条在不封路保持畅通条件下的施工项目，2012 年 11 月开工建设，全长 9100 米。结合交通量大、货车比重高的特点，项目采用对原桥进行必要维修加固后小车利用原桥双向 4 车道通行，两侧各新建 3 车道桥梁供货车通行的改扩建方案，由双向 4 车道改为 10 车道。

【吉莲高速公路永莲隧道贯通】 11 月 4 日，吉莲高速公路永莲隧道右洞安全贯通。永莲隧道（原钟家山隧道）是吉莲高速公路的控制性工程，2010 年底开工建设，隧道左洞长 2486 米（已于 5 月 6 日贯通）；右洞长 2494 米。隧道左侧 200 米左右发育一条大断裂，基本与隧道轴线平行，受该断裂影响，隧道发育有 F1、F2 等多条次生断裂带，大部分隧址区处于断裂带或断裂带影响区，隧道围岩具有风化十分严重、断裂带特别发育、地下水异常丰富、岩性变化频繁、遇水易膨胀等显著特点，为国内外工程界所罕见，灾害治理难度和风险极大。

【高速公路电子不停车收费（ETC）与全国联网】 12 月 26 日，交通运输部召开电视电话会议，宣布全国 14 个省市高速公路电子不停车收费（ETC）联网正式开通。江西省 ETC 顺利与北京、天津等 13 省市联网运行，持赣通卡的车辆可以畅行 14 省市的高速公路。截至年底，江西已建成 ETC 车道 528 条，ETC 收费站基本实现全覆盖。

【推出全国首个 ETC 联云充值及车主服务云平台项目】 11 月 11 日—14 日，2014 年中国智能交通年会全体大会在广州召开，江西省高速公路联网管理中心与深圳市金溢科技股份有限公司及支付宝（中国）网络技术有限公司签订协议，共同推出全国首个 ETC 联云充值及车主服务云平台项目：赣通卡——金易行空中充值及车主服务云平台。通过该平台，ETC 用户不仅可用手机 APP 完成充值、查询等基本服务，还可随时随地充值，不受地域和充值网点工作时间的限制。此外，平台还将提供实时交通路况、交通违章查询与代缴、车险理赔、车友互动等多种与汽车生活相关的服务，为车主提供方便。平台上线后，一个手机 APP 配套多种小设备即可实现充值，将原有的运营模式推上一个新台阶，提升运营管理效率，减少人工服务成本，使 ETC 的管理和服务更加智能化、便捷化、人性化。

【普通公路服务区开工建设】 从 2013 年开始，江西省启动普通国省干线公路服务区建设试点工作，在普通公路上建设综合服务区，服务水平看齐高速公路服务区。截至年底，全省 16 个国省干线公路试点服务区已有 8 个开工建设，其中赣州、宜春和新余 3 地已基本建成。普通公路服务区集“养护、应急、服务”三位一体，给旅客尤其是长途旅行、运输的人提供服务；为驾驶员提供加油、汽车零配件以及故障车辆检修、上水、清洗及停车休息等服务，避免车辆带“病”行驶和驾驶员疲劳行车。同时，产生一定的经济效益，为普通公路养护提供资金补助。

【国内首创自测距滑动式发卡机成功应用】 11 月 5 日，经过一周多时间的运行试用和测试，由江西省重点智能交通企业——江西方兴科技有限公司研发的国内首创自测距滑动式无人值守发卡机在昌北、昌西南两个收费站成功应用。自测距滑动式发卡机开创了发卡机人性化设计先河，设置了高低位发卡机箱，可以适应不同的车型，实现整体伸缩滑动，具有自动识别司机手臂是否够得着卡机按键的功能，节省取卡时间，提高车辆通行率，实现车道出口安全畅通。另外，该型发卡机体积小、重量轻，安装维护简单方便。配备这种设备，每个车道一天能节省 61.2 千瓦小时电、减少废水排放 2.24 吨。

【首个高速公路机电养护管理系统研发成功并投入使用】 江西首个机电养护管理系统历时近两年技术攻关后，成功研发完成，并在昌九高速昌北收费站投入使用。由赣粤方兴科技公司自主研发的高速公路机电养护系统涵盖设备管理、维修管理、计划管理、巡检养护信息、统计决策、基本信息管理、仓库管理等模块，并将机电养护物资管理人员、维护维修人员、业主管理单位等多方功能角色进行融合，建立一个专业化的机电养护电子信息系统平台。通过利用互联网资源，不仅为各业主单位搭建维护管理远程办公系统信息平台（如：设备报修、巡检养护确认等），而且各维护维修人员均可以依托该平台，进行巡检、信息查询、报备品配件计划，并将各所站现场的维修数据通过网络存入服务器。同时，该系统在二维码打印和手机扫描、手机报修等关键技术上突破，可实现每个设备养护有源可追、有史可查，推动机电维护的科学化管理。

【18个一级客运站联网售票】 自9月22日起，江西省内18个一级汽车客运站点开始联网售票，并开通异地售票业务。至10月底，共通过“江西省道路客运联网售票系统”售出车票千余张，为旅客出行提供了便利。此次联网售票的18个一级汽车站覆盖全省11个设区市，旅客可通过全国汽车票预订平台（www.12308.com），以及中国公路客票网（www.bus365.com）购买3天以内（含3天）的省内汽车票，每人每次最多可购买5张。网络只售全价票，不售半价票和其他特种票。暂不支持网络退票，通过网络购票的旅客，如需退票须到始发站柜台退票窗口办理。

（凌景坡）

铁 路

【概 况】 2014年，南昌铁路局管辖赣闽两省全部和湘鄂浙三省部分铁路。铁路分界站（点）：京九线北端（蔡山站）K1277+000处与武汉铁路局分界，京九线南端（定南站）K2008+200处与广州铁路（集团）公司分界；沪昆线东端（新塘边站）K502+200处与上海铁路局分界，沪昆线西端（株洲站）K1102+000处与广州铁路（集团）公司分界；皖赣线（倒湖站）K342+500处与上海铁路局分界；武九线（西河村站）K185+809处与武汉铁路局分界；合九线（孔垄站）K278+871处与上海铁路局分界；漳龙线（虓市站）K143+037处与广州铁路（集团）公司分界；铜九线（香隅站）K164+000处与上海铁路局分界；杭深线（苍南站）K664+589处与上海铁路局分界；杭深线（诏安站）K1259.992处与广州铁路（集团）公司分界。

年末，南昌铁路局管辖营业里程6718.8千米（江西境内3564.9千米）、增加661.5千米（江西境内增618千米）。其中，国家铁路营业里程3766.5千米（江西境内2498.3千米），合资铁路营业里程2952.3千米（江西境内1066.6千米）。线路延展里程1.35万千米，增加1428.4千米，增长11.8%。复线里程3558.1千米，复线率53%，增加3.8个百分点；电气化里程5091.2千米，电化率75.8%，增加7.3个百分点；时速120千米及以上铁路营业里程4141.5千米，时速160千米及以上铁路营业里程2774.9千米，时速200千米及以上铁路营业里程2424.6千米，时速250千米及以上铁路营业里程1284.5千米。

全年，南昌铁路局完成27个大中型基建项目投资376.30亿元（含合资铁路项目），完成计划100%。截至年底，全局车站438个（江西境内199个）。铁路沿线绿化里程3015千米，比上年增加174千米、增长6.1%。

年内，南昌铁路局完成运输收入231.97亿元，完成年度预算的104.2%，增收37.10亿元，增长19%。其中：客票收入144.28亿元，增收34.37亿元，增长31.3%；货物运费52.11亿元，增收330万元，增长0.1%；其他收入25.09亿元，增收4.41亿元，增长21.3%；建设基金10.50亿元，减少2.0亿元，下降14%。

全年发送旅客1.63亿人次，完成计划的102.1%，增加2800万人次，增长20.3%。其中：管内发送1.06亿人次，增加1630万人次，增长18.3%；直通发送5730万人次，增加1120万人次，增长24.2%；中转旅客238人次，减少2.1万人次，下降98.9%。发送货物8308.2万吨，完成计划的89.3%，减少563.4万吨，下降6.4%。其中：管内发送5897.2万吨，减少211.7万吨，下降3.5%；直通发送2411万吨，减少351.7万吨，下降12.7%。

铁路局重点物资运输：运送煤炭2101.2万吨，减少306.6万吨，下降12.7%；运送粮食65.6万吨，增加16万吨，增长32.3%；运送化肥118.4万吨，减少42.6万吨，下降26.5%；运送石油305.8万吨，增加6.8万吨，增长2.3%；运送金属矿石1938.4万吨，减少172万吨，下降8.2%；运送钢铁758.9万吨，减少102.3万吨，下降11.9%。

【发展实力不断增强】 年内，和谐号动车组配属146组1168辆（增加41组272辆）；机车配属1212台（内燃机车492台，占40.6%；电力机车720台，占59.4%）；客车配属4167辆（不含局管路用客车），增加236辆，增长6%。其中，空调客车3800辆，占91.2%。全年下达科研开发经费500万元，组织科研攻关项目49项；科技论文96篇，科技成果37项。组织职工培训452期2.05万人次。

【运输业劳动生产率不断提高】 年末，铁路局从业人员9.90万人。其中，运输业从业人员8.71万人。按运输收入计算，运输业从业人员劳动生产率25.86万元/人，增长16%。

【非运输企业经营收入增加】 全年，铁路非运输企业（法人企业）48家，平均从业人员4787人（减少1971人，下降29.2%），实现利润1.80亿元（人均创利3.76万元），增加5246万元，增长41.1%。

【综合能耗降低】 年内，铁路局单位运输工作量综合能耗3.9吨标煤/百万换算吨千米，比计划减少0.3吨标煤/百万换算吨千米，降低7.1%；能源消耗66.8万吨标准煤，减少3.5万吨标准煤，下降5%。其中，煤炭消耗7384.5吨，减少3072.7吨，下降29.4%；柴油消耗18.36万吨，减少5.05万吨，下降21.6%；电力消耗31.69亿千瓦小时，增加3.27亿千瓦小时，增长11.5%；汽油消耗2303.6吨，减少90.6吨，下降3.8%；天然气消耗100.4万立方米，增加34.5万立方米，增长52.3%；新鲜水消耗2044.1万吨，减少26.1万吨，下降1.3%。

【上饶“五定班列”升级为每日开行】 自4月18日起，上饶“五定班列”由

8月24日，南昌西工务段组织32个家庭122名职工及家属参观体验沪昆高铁

魏武摄

原来的每周三班升级为每天一班。2011年6月30日，以“无水港”为依托的上饶至宁波“五定班列”开通，它借助海铁联运方式，定点、定线、定车次、定时、定价开行快速货物列车，至2014年3月末，已累计发车382趟，重箱量为2.29万标准集装箱，占全省发往宁波港海铁联运集装箱量的60%。

【抚州首次开行直通北京列车】 自4月26日0时起，南昌铁路局实行新的列车运行图，新增1对特快列车，即26日起北京去往三明北的T91次，27日起三明北去往北京的T92次。该趟列车经停抚州，是抚州首次拥有直通北京的列车，14小时左右到达北京。新增的T92/91次特快列车，是福建省三明地区首次开行始发北京的列车，经向莆铁路、京九线运行，全程16小时，相比经鹰厦线缩短9小时。抚州前往北京的旅客无须到南昌站中转，出行将更便捷。

【吉衡铁路首次开行旅客列车】 7月1日，吉(安)衡(阳)铁路首次开行6对旅客列车，分别为昆明至福州K636/637、K638/635次，昆明至上海南T382/381次，南宁至徐州K162/161次，南宁至合肥K1562/1561次，南宁至青岛K1138/1135、K1136/1137次，南宁至上海南K538/537次旅客列车。这些列车调整经吉衡铁路运行后，旅行时间均有不同程度的缩减。吉衡铁路线路总长374.87千米，设计时速160千米，由原铁道部、江西省和湖南省三方出资修建的全线电气化铁路。线路自京广铁路衡阳枢纽引出，途经衡阳市的衡南县、衡东县，郴州市的安仁县，株洲市的攸县、茶陵县、炎陵县，往东穿越罗霄山脉，接入井冈山站，通过吉(安)井(冈山)线对接京九线吉安南站。2009年9月开工建设，2013年12月30日试运行货物列车。

【沪昆高铁(江西段)开通运营】 沪昆高铁江西段是江西首条设计时速350千米的高铁线路，西线(南昌—长沙段)9月16日开通运营，东线(杭州东—南昌西段)12月10日开通运营，江西正式迈入高铁时代，并纳入全国“四纵四横”高铁网。沪昆高铁全长2264千米，途经上海、杭州、南昌、长沙、贵阳、昆明等城市，是中国东西向线路里程最长、经过省份最多的高速铁路。其中，江西段全长545.5千米，是江西铁路建设史上标准最高、里程最长、运营速度最快、投资最大的一条客运专线，江西境内设11个车站：萍乡北站、宜春站、新余北站、高安站、南昌西站、进贤南站、抚州东站、鹰潭北站、弋阳站、上饶站、玉山南站。

【赣韶铁路开通运营】 9月30日，赣(州)韶(关)铁路开通运营，赣州至韶关铁路运行时间约为3小时，比绕行京九线缩短5小时。赣韶铁路长179千米，设计时速160千米，为单线、电气化、国家Ⅰ级客货运共线铁路，预留复线条件。该线路东起京九铁路江西赣州南康站，西至广东韶关东站，与京广铁路接轨，是京广铁路与京九铁路的东西走向连接线。全线设南康、旗口、新城、池江、大余、梅关、珠玑巷、南雄、古市、马市、始兴、总甫、丹霞山、长坝、腊石坝、韶关东16个车站，其中，新设车站14个，改建既有车站2个。南康、大余、珠玑巷、南雄、始兴、丹霞山、韶关东7个车站为办理客货运业务的中间站。赣韶铁路的运营，使京九、京广两条铁路大动脉连接贯通，缩短华南与华东地区间的时空距离，改善赣南和粤北之间只有公路运输的单一交通运输条件和投资环境，增加运输机动灵活性。

【湾里火车站旧址改造成工业文明纪念馆】 10月1日，在湾里火车站旧址上改造而成的“工业文明纪念馆”对外开放。1969年，在全国兴建“三线工厂”背景下，南昌市大批工厂和企业迁往湾里，为配合迁厂、疏散人口和建设湾里区，湾里火车站应运而生，一度成为南昌主要运输站点。改革开放后，这座火车站逐渐衰退，2009年彻底废弃。为留住历史的记忆，湾里区将其修建成占地2公顷的工业文明纪念馆。在纪念馆门口，“湾里车站”4个大字仍保留完好。馆内有“湾里政区演变”和“湾里工业文明时代”等展厅，展示“三灵”牌空调、“华灯”牌收音机、“宇航”牌电视机等时代印迹。成为外地人了解南昌、看懂湾里的窗口。

【昌吉赣客运专线开工】 12月20日，昌吉赣客运专线(南昌—吉安—赣州)在吉安举行开工典礼。昌吉赣客专与沪昆客专在江西交会，构成“十字形”高铁大通道；北起南昌，南至赣州，线路全长419.6千米；设南昌、横岗、丰城东、樟树东、新干东、峡江、吉水西、吉安西、泰和、万安、兴国西、赣县北、赣州西13个车站，投资532.5亿元，建设工期5年。昌吉赣客专开通后，南昌至赣州由平均5小时缩短至2小时内。同时，该线路还将连接昌九城际、沪昆高铁、昌福、赣龙、赣韶等铁路，构成闽西南与江西及中西部地区联系的快速客运通道，提高京九铁路通道客货运输能力。

（刘仁）

民 航

【概 况】 2014年，江西机场全年起降8.72万架次，旅客吞吐量930.22万人次，货邮吞吐量5.66万吨。其中，南昌昌北国际机场通航城市59个，基本覆盖全国。3月1日，《江西省民用运输机场管理办法》正式颁布实施，标志着江西民航成立近60年以来的第一部民用运输机场地方性法规正式出台。《江西省民用运输机场管理办法》的出台，对规范江西民用运输机场的建设与管理，促进江西民用运输机场和临空经济发展，保障江西民用运输机场安全运营，维护有关当事人的合法权益，推动江西民航事业发展提供法律保障。江西省政府与厦门航空有限公司《合作备忘录》的签订以及江西民航发展专题座谈会的召开，给江西民航发展创造良好的外部环境。江西民航的航空运输服务功能进一步增强，服务地方经济发展的作用更明显。

【南昌昌北国际机场启用登机桥桥载设备系统】 1月底，南昌昌北国际机场正式启用旅客登机桥桥载设备系统为靠桥的飞机提供电源。新的桥载设备主要是飞机地面电源(GPU)，用于飞机停场期间向飞机供电。新设备的启用，意味着在飞机过站期间，不用气动飞机APU(辅助动力装置)便可为飞机提供电源。机场启用该设备，既可以大幅度减少大气污染和降低噪音水平，又有利于保障地面人员健康，增加旅客的舒适度，还可为航空公司节省大量的燃油成本和维修维护成本，同时，也为昌北机场开辟新的利润增长点。

【成立江西航空有限公司】 8月13日，江西省政府与厦门航空有限公司在南昌签署《合作备忘录》，商定由厦航与江西航空投资有限公司共同出资成立江西航空有限公司。江西本土航空公司的组建将直接解决困扰江西民航发展的运力问题，意味着将增加基地公司和过夜飞机的数量，江西将拥有航线开通的主动权，实现地方资源共享，为江西民航快速发展奠定基础。

【宜春明月山机场成都—宜春—厦门航线首航成功】 9月23日17点45分，由四川航空执飞的3U8233航班缓缓降落在宜春明月山机场。首批133名旅客平安抵达宜春，标志着成都—宜春—厦门航线首航成功。此航班的开通架起了宜春到成都、厦门的一条空中通道，还将促进三地之间经济、旅游、文化的交流。

【南昌昌北国际机场开通首条定期货运航线】 自9月3日起，中国邮政航空公司开通南宁—南昌—南京往返货运航线，标志着南昌机场首条定期货运航线正式开通。该航线填补了南昌机场无全货机航班运行的市场空白，为南昌机场货邮的快速增长注入新的动力。执行此航班机型为波音B737－300/400全货机，每周二至周日各执行1班，一周共执飞6班。具体航班时刻为：23时10分从南宁起飞，0时40分飞抵南昌，1时40分从南昌起飞，2时45分飞抵南京；6时35分从南京起飞，7时40分飞抵南昌，8时40分从南昌起飞，10时10分飞抵南宁。

【运输生产稳步增长】 2014年，南昌昌北国际机场全年完成航班起降6.54万架次，增长2.1%；旅客吞吐量724.09万人次，增长6.3%；货邮吞吐量4.61万吨，增长14.1%。省内各支线机场方面：赣州78.7万人次、吉安42.9万人次、九江11.6万人次、景德镇46.4万人次、宜春机场26.5万人次，其中赣州、宜春旅客吞吐量增长速度快。赣州机场提前42天完成全年70万旅客吞吐量的计划任务，吞吐量增幅在全省机场中排名第一。宜春机场1—10月突破20万人次旅客量，创造了“宜春速度”。

【航班网络进一步优化】 2014年，南昌昌北国际机场共通航59个城市，16个重点航线得到加密；首次实现A330宽体客机在北京航线上的常态化运营，首次引进邮政航全货机运营南宁—南昌—南京货运航线，该航线填补了南昌无全货机航班运行的市场空白。国际(地区)航班增速较快，加密了南昌飞曼谷、台北、高雄的定期航班，新增柬埔寨、韩国等地的5条旅游包机线路。全年国际(地区)旅客吞吐量27.4万人次，增长42.9%。

【服务品质持续提升】 2014年，江西机场航班正常性管理稳步推进，机场运行品质不断改善。配合省市政府开展南昌机场出租车专项整治，出租车管理秩序及服务质量显著改善。南昌机场新增景德镇、上饶两条直达班线，泰耐克、西客站、九江城市候机楼先后投入使用，地空衔接更加顺畅便捷。2014年，南昌机场ACI旅客满意度4.76分，提升0.05分，赣州4.67分、吉安4.75、景德镇4.69分、九江4.63分、宜春4.84分。

【发展环境持续改善】 4月4日，南昌市政府第四次常务会审议并通过《南昌市航空发展资金管理办法》，南昌昌北机场航空发展资金达1亿元。赣州、吉安、景德镇、九江、宜春政府航空补贴资金共2.82亿元。为了突破制约江西民航发展的重要瓶颈——运力问题，中国民用航空局运输司、华东地区管理局于6月27日在南昌组织召开支持江西民航发展专题座谈会，会议就江西民航运力问题及航班通达性问题进行了研讨，呼吁各大航空公司加大在江西的运力投入，促进江西民航事业共同发展。

【两机场改扩建工程可行性研究报告获批复】 8月27日，井冈山机场二期扩建工程可行性研究报告正式获省发改委批复。根据《井冈山机场总体规划》，本期工程按照满足2020年旅客吞吐量100万人次、货邮吞吐量3500吨、飞机起降12821架次的目标设计，主要建设内容为：机场工程。包括：新建2.8万平方米的站坪及联络道，增设7个机位(2B5C)；扩建9846平方米的航站楼；配套建设停车场、消防救援、特种车库及空管、供水、供电、暖通等设施；供油工程。项目总投资3.92亿元，项目建设资金由吉安市政府筹集解决。11月7日，赣州机场改扩建工程可行性研究报告正式获省发改委批复。批复同意赣州机场本期工程按满足2025年旅客吞吐量220万人次、货邮吞吐量1.76万吨、飞机起降量23687架次的目标设计，主要建设内容为：新建一条1040米长的局部平行滑行道和一条垂直联络道，新建9个机位的2号站坪，新建2.2万平方米的T2航站楼、4000平方米的综合业务楼、4000平方米职工执勤用房等，新建2座1000立方米航空油罐、1座地面加油站，以及消防、供水、供电等配套设施。

（谢丽）

水 路

【概 况】 2014年，港航部门基本建设项目投资计划5.8亿元。社会投资港口建设项目11个，投资总规模20.72亿元。完成水运建设投资12.9亿元，其中社会投资港口建设项目10亿元。完成基本建设投资2.65亿元，其中建筑工程1.55亿元，设备购置3288万元，其他费用7668万元。

全年，全省完成货物运输量9152.5万吨，增长5.7%；货物周转量211.97亿吨千米，增长10.6%。内河完成货物运量8654.6万吨，货物周转量151.80亿吨千米，下降1.9%，其中进入长江干流的货物运量1141.05万吨，货物周转量47.31亿吨千米。沿海完成货物运量497.9万吨，货物周转量60.17亿吨千米，增长23.8%。旅客运输量281.3万人次，旅客周转量3702万人千米。

全省应参加年度核查的水路运输经营户306户，实际参加304户（企业178户、个体经营户126户）。其中，通过274户（企业148户、个体经营户126），通过率90%；限期整改29户，未通过1户。省际沿海企业参加29户，通过14户（不符合新资质要求的12户）、限期整改15户，省际内河企业参加129户，通过116户（不符合新资质要求的105户）、限期整改12户、未通过1户，省内内河企业参加20户，通过18户（不符合新资质要求的9户）、限期整改2户。全省应参加核查的水路运输服务经营户78户，实际参加68户。其中，船代企业45户、货代企业21户全部通过，船舶管理业通过1户，限期整改1户。33户水路客货运企业通过了标准化考评。

全省内河拥有各类运输船舶3730艘，同比减少210艘；船舶净载重量215.32万吨位，减少12.78万吨位；载客量9876客位，减少882客位；船舶总功率65.82万千瓦，减少6.80万千瓦。沿海运输船舶45艘，增加1艘；总载重量为22.76万吨位。

全省拥有港口59个，港区73个，港口管理部门66个，港口经营人1071户，船厂19户，生产性码头泊位1756个，泊位总长度6.82万米，非生产用泊位75个，泊位总长3765米；最大靠泊能力5000吨级；拥有千吨级以上泊位138个，港口生产性仓库面积25.27万平方米，生产用仓库容积43.06万立方米、堆场面积111.97万平方米；铁路专用线总长1.03万米，其中装卸线3336米；港口装卸机械2899台（套），其中，起重机械1433台（套）、装卸搬运机械729台（套）、输送机械526台（套）、专用作业机械19台（套）、其他装卸机械192台，最大起重能力800吨。

全省港口完成货物吞吐量3.1亿吨，增长19.2%。其中：出口1.9亿吨，增长11.8%；进口1.2亿吨，增长33.3%。旅客吞吐量357.7万人次，增长1.2%。其中：出港181.9万人次，进港175.8人次。集装箱吞吐量32.1万标准集装箱、394.4万吨，分别增长12.2%和13.6%。

重点港口建设项目方面：总投资24.38亿元的石虎塘航电枢纽工程年内完成投资1.82亿元，进行了东门电排站交地施工、抬田工程施工、各种验收工作，整个工程进入扫尾阶段。赣江（南昌－湖口）航道整治（改善二级航道）工程计划总投资1.83亿元，年内完成投资369万元，累计完成1.34亿元，主体工程全面完工，正在组织交工验收，整个工程进入扫尾阶段。南昌港龙头岗综合码头一期工程，年内完成投资3807万元，累计完成1.92亿元，码头水工建筑物底系梁、走道板、水泥搅拌桩、清表工作全部完成，土方开挖和陆域填筑基本完成；排水砂垫层完成7.39万立方米，灌注桩超声波检测340根，静载2根。完成炸礁2万立方米，水泥搅拌桩9.74万米，抛石6756立方米，混凝土联锁块预制271万块。码头泊位功能根据需要进行了较大改变，10月份全面复工。万年港综合码头上半年完成投资1415万元，累计完成7265万元，占总投资93%。水工主体结构已完工，机械设备安装基本完成，危险品管道铺设安装完成招标工作。组织开展新建220千瓦起锚艇、440千瓦拖轮工程等项目招标工作，工程进入扫尾阶段。

中小港站及其他建设工程有序进行，会昌县、贵溪市海事处工作用房建成投入使用。九江市水上应急指挥中心于5月5日主体封顶，内装修基本完成。投资1478万元新建5艘工作船艇，同时落实搜救志愿者专用搜救装备及防护器材。各项工程质量合格率继续保持100%，未发生工程质量和安全事故。

由于高速公路及村村通公路网建设，水路长途旅客运输基本停运，中短途的旅客运输也呈萎缩趋势，库区内和旅游景点的旅客运输量基本保持上年同期水平，客运船舶向安全性、舒适性和便捷性方向发展。

【省港航系统最大供油船下水】 8月7日，江西港航系统最大供油船在临江码头顺利下水。4月，省航道局机修所（通安工程船厂）承接50吨运油船的建造项目，经过3个月的建造，7月初具备下水条件，9月初交付使用。油船总长25.7米，总宽6.3米，型深1.8米，设计吃水1.2米，排水量135吨，主机功率440千瓦，最大可装载柴油50吨，可与各类型挖泥船组成船组，随时对工程船进行供给。该油船的成功建造，填补了工程船厂油船建造的空白。

【九江港（长江段）年货物吞吐量创历史新高】 2014年，九江港完成货物吞吐量8035.87万吨，超年度计划15%，增长33%。其中，集装箱22.41万标准集装箱，超年度计划11%，增长15%，连续5年保持25%左右的增长率。瑞昌港区、湖口港区、上港集团分别完成货物吞吐量3060.91万吨、2556.62万吨和1302.12万吨。其中增长较大的货种主要是煤炭、钢材、水泥、金属矿石、铁矿石和矿建材料。

【南昌港货物吞吐量实现大幅增长】 2014年，南昌港完成货物吞吐量2713.84万吨，增长33.1%，其中铁矿石108.47万吨、非金属矿石447.37万吨、水泥436.58万吨、煤炭401.11万吨，分别增长309.02%、105.45%、82.66%和66.88%。集装箱吞吐量9.64万标箱，增长7.11%。港口大宗货物到港装卸量的大幅增长是主要增长点。南昌港货物吞吐量实现大幅增长的主要原因，一是港口企业对老码头进行了技术改造，淘汰了落后低能的装卸设备，安装了先进的大吨位起重机械设备，提高了码头装卸能力；二是港口企业适应水运市场需求，发挥水运价廉量大的优势，开展组货业务，吸引了铁矿石、非金属矿石、煤炭、水泥等大宗货物由水运至南昌港中转；三是港口企业不断改进生产工艺，优化作业流程，提高了货物装卸效率，使港口装卸量大幅增加。

【九江港3个5000吨级新建码头泊位投产运营】 至5月14日，九江港长江段3个新建5000吨级码头泊位（湖口港区龙达江西差别化化学纤维有限公司码头、江西铜业铅锌金属有限公司码头、城西港区九鼎物流有限公司码头）通过港口工程竣工验收。依申请，相继取得《港口经营许可证》，投产运营。3个码头共建成5000吨级泊位6个，3000吨级泊位1个，1000吨级泊位1个，使用长江岸线863米，新增年通过能力563万吨。

【九江口岸核心能力建设通过国家考核验收】 4月23日，江西省唯一的一类水运口岸——九江港口岸核心能力建设顺利通过国家质检总局组织的考核验收。口岸核心能力是世界卫生组织各成员国根据《国际卫生条例(2005)》规定，在机场、港口和陆路口岸预防、抵制、控制和应对公共卫生风险和突发事件所具备的能力，包括口岸的沟通协调能力、常规核心能力、突发公共事件的应急核心能力3个方面，共253项考核标准。验收过程中，考核组通过听取口岸核心能力建设汇报、查阅相关技术资料和原始工作记录、现场检查、考试和提问的方式，针对253个项目指标对九江港口岸核心能力建设情况进行全面考核。一致认为，九江港口岸核心能力基本满足《国际卫生条例口岸核心能力建设标准》及国家质检总局的规定要求，现场考核予以通过。

6月26日，赣江石虎塘航电枢纽单日发电量创新高

倪磊摄

【江西海事能见度环境气象监测系统成功应用】 由江西中锂青沃科技有限公司自主研发推出的“海事能见度环境气象监测系统”在江西地方海事局星子海事处、庐山海事处位于鄱阳湖中的趸船上成功安装并投入运行。该监测系统首开国内内陆河流、湖泊中使用能见度环境气象监测系统之先河，也是江西首次应用该系统。该系统由能见度监测环境气象监测系统和监测数据中心站组成，主要监测鄱阳湖水面能见度及风速、风向等环境气象参数，当监测系统监测到能见度、风速、风向等参数后，采用GPRS无线移动互联网实时数据传输功能，将监测到的环境气象数据传输到省海事局、九江市海事局、当地海事局及安装设备监测点4个监测中心，实现了“一点多发”的功能。对海事部门指导鄱阳湖内船舶安全出行及极端恶劣天气预警起关键性作用。

【赣江石虎塘航电枢纽单日发电量创新高】 6月26日，赣江石虎塘航电枢纽日发电量265.7万千瓦小时，创2012年3月发电以来日发电量新高。

【九江港口口岸纳入长江经济带海关区域通关一体化】 长江经济带海关区域通关一体化改革在上海、南京、宁波、杭州、合肥5个海关启动试点后，于12月1日起，长江中上游南昌、武汉、长沙、重庆、成都、贵阳、昆明7个海关正式加入，实现长江流域9省2市“12关如一关”的通关格局。实施一体化后，长江经济带海关建有区域通关中心，统一的申报平台、风险防控平台、专业审单平台和现场作业平台，创新实施四项制度：即允许代理报关企业“一地注册、多地报关”；允许许可证件签注口岸为长江经济带某一口岸的货物，可在9省2市的12个直属海关关区内任一现场海关办理申报验放手续；长江经济带区域内所有企业都可采用一体化通关模式办理报关手续；实现海关风险参数统一、区域统一审单。此前，九江海关已启动昌九一体化通关改革，为此次改革做好了充分准备，方便江西省开展进出口业务。

（凌景坡）

本栏编辑 游桃琴

金　融

综　述

2014年,江西省金融业围绕服务实体经济、助推经济转型升级这个中心,主动适应经济发展新常态,不断完善金融服务,创新金融产品,优化金融资源配置,着力提升金融服务经济的质量和水平。全省银行业信贷结构不断优化,资本质量较好,拨备整体充足,证券期货市场规范发展,业务取得积极进展,保险市场的经济保障功能日益增强,全省金融业运行总体稳健,为推动经济持续健康发展提供了强有力的金融支撑。年末,江西省共有银行业金融机构(以中国银行业监督管理委员会江西监管局统计口径,不含人民银行机构数)6747个,同比增长4.06%;从业人员9.73万人,增长4.63%。其中:政策性银行3家,机构97个,从业人员2232人;国有商业银行5家,机构1887个,从业人员4.11万人;全国性股份制商业银行7家,机构223个,从业人员4757人;邮政储蓄银行1家,机构1490个,从业人员1.30万人;城市商业银行5家,机构386个,从业人员8634人;农村法人金融机构122家,机构2652个,从业人员2.67万人;财务公司2家,从业人员143人;信托公司2家,从业人员453人;金融资产管理公司4家,从业人员186人;外资金融机构3家,机构4个,从业人员88人。

*社会融资规模增长平稳。*2014年,江西省年度社会融资规模3976.08亿元,多增78.39亿元。其中,表内贷款占比为63.41%,上升12.44个百分点;表外融资占比为25.49%,下降11.63个百分点,表外融资继续向表内贷款转化。直接融资渠道继续拓宽,全年全省直接融资规模339.4亿元,占社会融资规模的比重为8.53%,比上年末提高0.43个百分点。全年全省企业累计在银行间市场发行债务融资工具362.6亿元,增长30.2%,提前一个月完成300亿元的年度目标。

*存款增长保持平稳。*年末,江西省金融机构本外币各项存款余额2.18万亿元,占全国存款余额的1.85%,比2013年年末提高0.02个百分点;比年初增加2172.20亿元,占全国存款增量的2.14%,比2013年年末下降0.03个百分点;比年初增长11.09%,高出全国平均增速1.62个百分点。存款增速全国排名第九位,较2013年年末下滑一位;在中部6省排名第四位。年内各项存款结构呈现出新的变化特点:一是单位存款继续增长。全省金融机构本外币单位存款余额为9685.90亿元,比年初增加931.22亿元,同比少增353.35亿元。其中,单位活期存款比年初增加213.71亿元,定期存款比年初增加345.18亿元。二是个人存款平稳增长,储蓄存款增加最多。全省金融机构本外币个人存款余额为1.11万亿元,比年初增加1105.39亿元,同比少增299.52亿元。其中,储蓄存款余额为1.08万亿元,比年初增加1067.08亿元。三是财政性存款下降。全省金融机构本外币财政性存款余额为616.66亿元,比年初减少3.64亿元,同比多减43.98亿元。

*贷款增量创历史新高。*年末,全省金融机构本外币各项贷款余额为1.57万亿元,比年初增加2521.93亿元,同比多增540.06亿元,贷款增量突破2500亿元,是贷款年度增量的历史新高,超预期完成2200亿元的全年目标。贷款比年初增长19.14%,高出全国平均增速5.39个百分点,贷款增速在全国排名第五位,较2013年末前进两位;在中部6省排名保持第一位。年内贷款的主要特点为:一是短期贷款稳步增长。江西省金融机构本外币短期贷款余额6618.53亿元,比年初增加788.88亿元,同比少增281.62亿元,比年初增长13.53%,低于各项贷款增速5.61个百分点;占全年新增贷款的31.28%。二是中长期贷款快速增长。年末,江西省金融机构本外币中长期贷款余额8623.47亿元,比年初增加1482.43亿元,同比多增519.80亿元,比年初增长20.76%,高于各项贷款增速1.62个百分点;占全年新增贷款的58.78%。三是票据融资大幅增长。年末,江西省金融机构票据融资余额为422.07亿元,比年初增加242.89亿元,同比多增306.06亿元,比年初增长135.56%;占全年新增贷款的9.63%。

(杨文悦　谢云峰)

银行业监管

【概　况】　2014年,江西银监局加强科学引领,实施有效监管,实现了促进发展与防范风险并重的目标。全省银行业整体规模和经营效率稳步增长,年末全省银行业机构资产规模2.79万亿元,增长13.7%;资产质量总体保持稳定,年末不良贷款率

1.88%，较年初微升0.18个百分点；全年实现税后净利润359亿元，同比增长2%。

【推动银行业改革创新】 成立江西银监局改革领导小组，制定工作规则和方案，抓住重点有序推进，培育江西银行业的比较优势和发展后劲。重点推进公司治理改革，指导城商行、农商行完善董事、监事履职评价制度，设立专职的董（监）事会办公室，制定专门委员会工作计划。统筹推进业务治理改革，按照法人治理、分类管理、有效创新和服务实体的原则，辖内法人银行均完成同业业务专营部门制和理财业务事业部制改革，总体实现了业务经营活动的依法合规和风险可控。分类推进银行业机构改革，全年10家农商行完成改制、获准开业，指导、推动8家农信社五级社的风险化解，实现年内消灭五级社的目标，加快信托公司、资产管理公司等其他机构转型进程。指导推进行业治理体系改革，督促省银行业协会发挥职能作用，制定印发江西省银行业从业人员流动公约、防控多头授信过度授信自律公约。

【改革银行业行政审批制度】 按照"属地监管、简政放权、同类一致、提高质效"的原则，梳理实施的416项行政审批项目，修订完善行政许可工作流程，取消许可事项9项，下放审批权限24项，有效落实了银监会简政放权、提高行政许可效率的要求。

【支持区域经济发展】 贯彻国务院和银监会的宏观调控政策，及时落实"稳增长、调结构、促发展"各项举措，积极服务区域发展战略和重点领域，有力支持了全省经济社会平稳较快发展。引导银行业机构用好、用足、用活各项政策，推动赣南原中央苏区金融服务水平不断提升，54个苏区县机构网点3232个，较赣南原中央苏区振兴发展意见出台前增长23%，苏区各项贷款余额较年初增加1213亿元，增长25%，高于全省平均增速6个百分点。

【做好金融"支农""支小"】 应对经济下行不利局面，及时下发完善和创新小微企业金融服务实施意见，推进差异化监管政策落地，全年小微企业贷款比上年多增208亿元，增速高于各项贷款8.97个百分点，实现"两个不低于"目标。引导加大"三农"支持力度，稳步推进"两权"抵押贷款，抓好赣州会昌县、瑞金市，九江湖口县，鹰潭余江县等地试点工作。年末全省银行业机构涉农贷款余额比年初增加1013亿元，多增81亿元。

【加强银行业消费者权益保护工作】 采取"开学第一课""金融知识主题班会""金融知识大讲堂""送金融知识下乡"等多种形式，推动"金融知识进万家"宣传服务月活动进校园、进社区、进乡村。推进银行业消费者权益保护长效机制建设，新设消费者权益保护部门，向社会公布投诉受理渠道，受理消费者投诉，督促银行业机构制定、完善服务规范和消费者投诉处理制度。督促银行业机构严格执行收费新规，组织开展银行业收费专项检查，全年清退不合理收费5016万元，对违规机构实施行政处罚94.5万元。

【丰富完善银行机构体系】 争取更多银行业机构在赣设点，加大外资银行引进力度，汇丰银行南昌分行年内开业、东亚银行南昌分行获准筹建。鼓励做强做大法人机构，提升地方金融竞争力，结合监管政策及江西实际提出省级法人银行组建方案。支持开展民营银行试点，加强对省内拟设立民营银行的筹建前期辅导。填补设区市机构空白点，全年设立大型银行二级分行2家，股份制银行二级分行2家，城商行一级分行7家。

【提升基础金融服务覆盖面】 引导主发起行到欠发达的县域设立村镇银行，全年村镇银行开业6家、筹建4家，村镇银行法人机构数量增加至38家，另有18家总分制县级支行，村镇银行县域覆盖面达到55%。支持中小银行因地制宜设立县域及乡镇服务机构，批量设立社区支行、小微支行等新型金融服务网点167家，实现机构下沉、服务下沉。

【有效管控信用风险】 以"贷款总量控制""到期贷款偿还""全口径融资"监测为重点，组织开展全口径政府融资调查和大户融资平台贷款现场检查，有效防控平台贷款逾期风险。强化房地产贷款额度管理和名单制管理，全省房地产业贷款和个人住房按揭贷款不良率保持较低水平。密切关注光伏、钢贸、煤贸、铜产业、钨矿等行业信贷风险情况，按月监测贷款及风险状况，防止行业风险扩散。督促银行机构采取有保有压的差异化信贷政策，不盲目抽贷停贷，避免资金链断裂引发区域性系统性风险。

【开展银行业"员工行为整治年"活动】 督促银行业机构强化员工行为管理，加强风险排查，认真落实整改，严格实施问责。全省银行业机构在整治年活动中自查发现问题1158个，已整改838个，对3.74万人次进行问责。实行高管人员案防考试常态化，强调"以考促学""合规从高层做起"，增强了以人为本落实案防责任的意识。全省银行业案件呈现"双降"态势，案件反弹的趋势得到了有效遏制。

【防范信息科技风险】 大力推动城商行和省联社信息系统灾备体系建设，4家法人银行业机构完成两地三中心（同城、异地、生产中心）建设。举办中小法人银行业机构信息科技风险管理培训班，开展法人机构科技风险状况全面评估。组织信息科技风险管理工作现场检查，对存在的问题下达监管意见书。

【防范外部风险传染】 江西银监局配合有关部门打击和处置非法集资活动，加强影子银行、融资担保公司监管，强化担保圈和资金链风险管控，组织开展担保圈贷款风险排查，及时采取风险应对措施；强化授信资金流向监控和跟踪检查，有效阻断外部风险向银行业传染。

（邬为敏）

金融服务

【概　况】 2014年，面对复杂的经济金融形势，中国人民银行南昌中心支行贯彻执行稳健的货币政策，加大金融对实体经济的支持，积极推进各项金融改革措施落实，加强区域金融风险监测和防范,提升金融服务管理工作水平,有力促进了全省经济金融持续稳步发展。

【贯彻信贷调控政策】 一是营造良好的政策实施环境。积极主动向省委、省政府主要领导汇报总行调控精神和意图,努力争取政府及相关部门的理解与支持。定期发布江西省金融运行报告,合理引导社会预期。二是积极向人民银行总行争取4次下调江西省地方法人机构稳健性参数,增加合意贷款额度。三是督促地方法人金融机构把握信贷投向,用好用足合意贷款。全省地方法人金融机构新增贷款903亿元,比年初增长25.2%。落实定向降准政策措施,共释放资金约46亿元。四是开展贷款投向核查。按季组织开展辖内法人金融机构的贷款投向核查工作,对贷款增长偏离调控目标以及贷款投向不合理的地方法人金融机构,进行了高管约见谈话,发布风险提示,督促相关机构及时调整贷款投放节奏和投向。

【促进信贷结构调整优化】 一是通过再贷款和再贴现等多种方式,引导金融机构加大对"三农"及小微企业的支持力度。至年末,全省本外币小微企业贷款余额3456.13亿元,增长27.90%,较各项贷款增速快8.2个百分点,较年初增加753.86亿元,多增223.45亿元;全省本外币涉农贷款余额6131.8亿元,增长19.8%,较各项贷款增速快0.1个百分点,较年初增加984.9亿元,多增51.7亿元,双双完成"两个不低于"目标。二是推动农村"两权"抵押贷款试点。推进农村金融创新。组织涉农银行机构紧跟农村产权制度改革,在铜鼓、南城、金溪、湖口、安义、会昌等县开展农村土地承包经营权和农房财产权抵押贷款试点。三是配合省委农工部、省财政厅创新"财政惠农信贷通"贷款模式,支持新型农业经营主体发展。四是支持江西省科技、文化金融合作,开展金融扶贫开发工作。继续做好就业创业金融服务工作,全年发放就业再就业小额担保贷款115亿元。

【推进直接融资工作】 加强债务融资工具宣传和工作协调。促使南昌市金融办落实5000万元债务融资工具发行风险缓释基金。多次赴交易商协会进行沟通协调,推动债务融资工具注册进度。2014年,全省累计发行债务融资工具362.6亿元,同比增长30.2%,提前一个月完成300亿元的年度目标。

【推动跨境人民币业务】 推动开展跨境人民币结算业务流程简化试点工作,县域跨境人民币业务试点范围扩大至63县,比上年增加37个。全省跨境人民币实际收付结算量达到466亿元,较上年同期增长75%。

【金融改革稳步推进】 支持筹建江西省金融控股集团、省级法人银行和裕民银行等地方法人金融机构,推进城市商业银行改善治理结构,推动农信社加快改制步伐。配合中国人民银行做好存款保险条例征求意见阶段各项工作,加强存款保险舆情监测和存款类金融机构流动性监测。

【金融风险监测处置机制不断健全】 制定《江西省银行业金融机构金融风险早期识别及报告制度》,强化金融风险识别和处置。加大对辖内影子银行和民间借贷风险监测,在全国率先制定实施《江西省金融机构跨市场理财业务报告制度》。成功化解江西赛维集团中期票据风险。抚州四社风险处置工作进入扫尾阶段,至年末,资产回收率36%,首次收回金融稳定再贷款4000万元。

【反洗钱监管继续加强】 全面落实"风险为本"的反洗钱工作理念,对63家金融机构开展现场检查、91家金融机构开展反洗钱现场走访、9家地方法人金融机开展洗钱风险评估工作。全力推进村镇银行监管工作试点初见成效,村镇银行可疑交易报告自主工作模式基本建立,人民银行县域监管工作机制基本健全,试点工作经验被总行反洗钱局发文推广。制定出台《江西省银行业金融机构识别客户异常交易行为工作指引》,提升银行业金融机构识别可疑交易的能力。配合有关部门严厉查处涉及洗钱及上游犯罪活动。

【支付体系建设稳步推进】 顺利完成中央银行会计核算数据集中系统(ACS)、二代支付系统、支付信息统计分析系统(PISAS)和新版江西同城清算系统在全省上线推广工作。组织自主开发人民币银行结算账户非现场监管系统,被总行向全国推介。继续推进支付密码推广工作,推广率达76%,提前完成预期推广任务。积极改进农村支付服务环境,规范银行卡助农取款服务点的布设,推动提高农村地区的覆盖面;继续扩大推广粮食收购非现金结算使用范围。

【国库管理信息化水平显著提高】 全面推进国库会计标准化建设,相关做法得到总行国库局的肯定。继续推进财税库银横向联网系统(TIPS)扩面工作。全年全省收入联网电子缴税636.8万笔,金额1665亿元,占征收总额81%以上。推动国库集中支付电子化管理,省本级国库集中支付电子化系统正式上线运行。加强对商业银行代理国库业务的监督管理,防范商业银行代理国库业务风险。

【征信管理服务不断完善】 全面总结萍乡市小微企业信用体系试验区建设经验,推动江西省政府召开全省小微企业信用体系建设经验推广工作会,通过专访、媒体报道等形式扩大社会影响力。积极推进新干、遂川农村信用体系全国首批试验区建设。与江西省发改委共同编写《江西省社会信用体系建设规划纲要(2014—2020年)》,经江西省政府印发实施。制定《江西省信用评级管理暂行办法》,加强对评级机构的监督管理。协调推进小微机构互联网接入征信系统工作,此项工作进度和接入数量均属全国前列。金融信用信息基础数据库覆盖面持续扩大,年末,全省24.9万户企事业单位和2650 6万个人信息接入金融信用信息基础数据库,全年查询526.0万次。开展"信用记录关爱日"宣传,普及公众信用知识。

【货币发行工作进一步加强】 合理调拨发行基金,切实保障现金供应,强化发行库安全。小面额人民币投放持续增加。年内全省小面额人民币投放同比增加1.68%;积极探索小面额人民币投放新渠道,试行硬币自助服务环境建设,实现南昌市每家金融机构至少布放一台硬币自助兑换设备的初期目标;开展发行基金券别搭配投放,进一步加强小面额人民币供应长效机制建设。假币违法犯罪专项整治行动取得成效。全省破获假币案件30起,其中破获百万元以上案件1起。全省公安机关共缴获假币822.39万元。反假货币工作制度建设进一步完善。探索建立政府主导的新型反假货币运行机制,建立银行业金融机构反假货币联络机制。开展假币防范堵截工作,全省共收缴假币59.36万张(枚),计1342.83万元。较上年同期假币收缴张数增长63.57%,金额增长57.73%。人民币净化工程稳步推进。督促指导全省金融机构建立现金清分中心74个,较上年增幅长57%。推广冠字号码查询工作,全省金融机构实现冠字号码查询功能的取款机6876台,存取款一体机9027台;营业网点11676个,完成了阶段性目标。

(杨文悦　谢云峰)

外汇管理

【概　况】 2014年,国家外汇管理局江西省分局以外汇管理“五个转变”为指导,围绕“稳中求进、改革创新、促进便利、防范风险”的工作思路,切实加强形势分析和跨境资金流动监测,加大外汇违规行为打击查处力度,进一步优化服务实体经济手段,在促进国际收支基本平衡和支持实体经济发展等方面取得新的成绩。全年,江西省跨境收支和银行结售汇总额平稳增长,跨境收支总额362.58亿美元,增长19.7%;银行结售汇总额233.54亿美元,增长12.2%。跨境收支和银行结售汇顺差继续双增长,分别为88.69亿美元和80.77亿美元,分别增长13.0%和3.7%。

【落实外汇改革举措】 开展跨国公司外汇资金集中运营管理试点。完成4家企业的试点申报、备案审查等工作,获批试点企业数量位列中部6省第二;为企业节省汇兑成本57.16万元,对进一步提高江西省企业资金使用效率、节约企业财务成本,增强企业和银行国际竞争力提供有力支持。巩固经常项目改革成果。推广服务贸易外汇监测系统,建立特殊标识企业定期报告制度,强化关联交易监测等差异化管理手段,加强对出口不收汇企业、转口贸易企业、特殊监管区企业的监管。资本项目便利化措施有效落实,简化资本项目行政许可事项。开展跨境担保外汇管理改革。推广实施外商投资企业年度外汇经营状况申报改革,全省参检率95.6%,比上年提高4.1个百分点。

【规范外汇市场秩序】 用好事中事后管理手段。实施重点企业主体监管名单动态化管理,开展贸易融资专项核查,有效控制企业无真实需求的远期贸易融资行为;科学运用考核分类手段,全年确定B类企业36家,C类企业9家,有力约束了企业经营行为;推行风险提示制度,向企业及其主办银行发出风险提示函14份,较好发挥了警示引导作用。强化银行管理。对全省70家银行机构国际收支申报、外保内贷等业务开展专项现场核查,向检查部门移交违规案件6起,进一步提升了辖内银行贯彻落实“展业三原则”(了解你的客户,了解你的业务、尽职审查原则)的责任意识。加大违法违规行为查处力度。建立全辖统一协查制度,与国税部门签订《信用信息共享和办案协作备忘录》,与公安、海关、税务互通监管信息千余条,提高了违规查处针对性和检查效率。全年全省共查处各类违法违规案件47起,查处违规金额2.42亿元,对资金违规流入及结汇行为保持高压打击态势。

【优化服务实体经济手段】 一是简政放权进一步落到实处。将资本项下直接投资、外债登记等窗口业务延伸到人民银行县支行,实现江西省资本业务下放全覆盖;指导辖内中心支局在有条件的县(市)设立外汇服务中心。全省县域外汇服务中心14家,取得了节省企业成本、缓解上级局工作压力、地方政府满意的多赢效果。二是帮扶企业破解发展难题。采取个案处理方式,帮助江西铜业公司申请解决68亿元外债额度,有效缓解了企业流动资金严重不足的困难;对货物贸易小微企业推进便利化管理措施,累计撤销关注类小微企业2565家次,有力支持小微外贸企业发展。三是围绕地方发展出谋划策。促成赣州获批江西省首家综合保税区,积极支持南昌、九江设立综合保税区;向省政府金融办、省商务厅等政府部门解答相关外汇管理政策,提升了外汇管理服务实体经济发展作用。

【强化外汇政策宣传】 结合各项改革新政策,组织开展专题宣讲(培训)会,派员赴政府有关部门、银行、企业授课15次,进一步提高了宣传的针对性和有效性。编写出版涵盖当前所有外汇业务内容的《外汇管理实用手册》,便利涉汇主体更好地理解和执行外汇管理政策。开通互联网站江西省分局子网站,建立外汇政策宣传微信群、QQ群,加强与涉汇主体的实时双向交流。通过实地征询和座谈会等形式,广泛征求辖内各外汇指定银行及部分企业意见和建议,为进一步完善相关政策提供有益参考。

(杨文悦　谢云峰)

保险业监管

【概　况】 2014年,江西保监局以“抓服务、严监管、防风险、促发展”方针为统领,坚持稳中求进、改革创新,全省保险市场发展提速增质、风险管控有效、市场秩序好转、实力提升增劲,保险消费者利益得到切实保护。江西省保费收入400.37亿元,同比增长25.9%,增速居全国第二位,高出全国增速8.4个百分点。保险资产总额766.80亿元,较年初增长12.7%。保险深度2.55%,提高0.33个百分点;保险密度885.34元/人,增加179.39元/人。

【保险市场机构体系逐步健全】 江西省首家保险法人机构恒邦财险于2014年12月开业,实现江西省保险总公司和全国性法人金融机构两个“零”的突破。全省共有1家法人保险机构;37家省级保险分公司,其中财产险公司16家,人身险公司21家,包括专业养老公司3家,专业健康公司1家；共有省级及以下分支机构2736家。专业保险中介机构114家，其中，法人保险中介机构22家，分支机构92家。兼业代理机构7008家。江西省首家销售服务一体化的佳和佳汽车保险销售服务有限责任公司稳健运营。

【助推经济发展力度加大】 2014年，保险业支持江西省外贸出口34亿美元，增长18.8%，服务出口企业1100家。拉动全省出口51.8亿美元，占全省出口总额16.2%。推广“政府扶持保费60%、信保减免40%、企业无需承担费用”的小微企业信用保险服务新模式，扶持范围扩大至年出口300万美元以下，支持江西省小微出口企业900家，覆盖率52.8%，提高13.6个百分点，其中莲花、上栗、南丰、兴国4个县区园区小微企业实现出口信用保险全覆盖。全年保险业累计纳税15.27亿元，增长21.0%，代缴车船税7.07亿元。全省保险从业人员9.52万人。5月份成功举办江西省第一届政保企对接会，全年共引进保险资金30.3亿元投资江西省水利、棚户区改造等基础设施建设，另有25亿元于2015年年初落实到位。

【完善社会保障作用增强】 2014年，城镇居民大病保险在全省全面铺开，涉及保费收入5.13亿元，覆盖人群3202.48万。全省补充医疗保险实现保费收入3.75亿元，向3.87万人次支付赔款13.02亿元；受托管理医疗保障基金3.98亿元，向9.58万人次支付赔款3.07亿元。全省计划生育保险实现全覆盖，全年参保群众116.02万人次，实现保费收入1743.56万元，向0.22万人次支付赔款830.83万元。农村小额人身保险实现保费收入5238.2万元，参保人次29.4万，赔付金额773.67万元。企业年金受托服务覆盖7.1万职工，受托管理资产9.2亿元。

【服务“三农”能力提升】 保险公司自主研发蔬菜设施大棚保险在南昌市率先试点，填补了江西省农业设施保险的空白。指导设立危房修缮基金，推进农房保险防灾防损工作。全年江西省农业保险实现保费收入7.38亿元，增长11.6%；为511.14万户次参保农户提供729.79亿元风险保障；累计赔款支出4.36亿元，增长14.5%。其中，水稻保险承保面积达173.42万公顷，为262.02万户次参保农户提供风险保障69.66亿元。森林保险累计承保林木766.67万公顷，为204.57万户次参保农户提供风险保障629.68亿元。承保能繁母猪117.99万头，实现应保尽保。

【参与社会管理功能显现】 2014年，江西保险业积极应对重大自然灾害和安全事故，开通理赔服务绿色通道，协助开展抗灾救灾工作，全年累计赔付支出142.06亿元，增长11.86%。推动医疗责任险纳入全省“平安医院”创建考核体系以及医疗纠纷预防和处置体系。在全国首推尾矿库第三者责任保险。稳妥推进赣州、吉安校园方食品安全责任险试点。积极推动食品安全生产责任险、环境污染责任险试点工作。

【防范保险业市场风险】 江西保监局严守不发生系统性区域性风险底线，着眼于风险防范全过程，坚持制度预防、监测预警和应急处置相结合，重点防范满期给付和退保风险、案件风险、非法集资等重大风险。建立“三三二二”的风险防控机制。落实好公司一把手、公司和主管业务处的三个主体责任，强化人员、业务和信息三项管理，加强对内、对外两个协调，开展集团化和公司条块两类演练。建立“五纵三横”的风险监测网。对重点公司、重点地区、重点代理渠道进行实时动态监测，落实防范风险监管责任制，提示风险隐患。制定《江西保监局重大案件应急预案》。强化案件责任追究，全年对2起司法案件、9名相关责任人进行问责。在全省保险业开展非法集资风险专项排查。组织开展保险业“影子银行”业务自查和信息系统安全检查。

【整顿规范保险业市场秩序】 江西保监局围绕政府关注、百姓关心、行业聚焦的业务领域，开展“两规范”“两整顿”，即规范发展农业保险、规范发展大病保险，清理整顿短期意外伤害险业务、清理整顿中介保险市场。年内，江西保监局对5家次保险机构罚款95万元，对13名高管人员罚款32万元，撤销高管任职资格1人次，警告13人次，责令1家机构停止接受意外险新业务3个月，暂停2家机构大病保险经营资质。

【推动保险服务升级】 以承诺助推人身险业服务升级。组织签订“江西人身保险服务承诺”并张贴在公司各级营业网点显著位置；开展“寻找老客户千村万户大走访”活动。以简化标准推动产险业服务升级。推进理赔服务标准化建设，简化车险理赔单证标准，取消水灾、冰灾等灾害性天气证明材料，免除客户提供5000元以下车损案件所需车辆修理费发票和小额车险人伤案件的相关费用报销凭证。全年全行业车险结案率为88.8%，较2012年二季度首次公布上升5.6%；平均结案周期为33.4天，较首次公布缩短6.1天。以产业链延伸促进中介服务升级。支持以延伸产业链为基础的保险销售服务一体化公司发展，支持中介机构以门店式经营模式发展。

【保护保险消费者利益】 健全消费者权益保护制度。出台人身险产品说明会备案巡查制度、江西保险业拒赔案件备案管理办法，在全省范围内推行访后付佣、付薪、付费制度。综合治理理赔难和销售误导。开展第三方车险理赔质量抽查、推行人身险产品第三方评点制度、完善保险合同纠纷第三方调处机制、推进行业参与的第三方鉴定中心建设。综合治理消费投诉问题。印发《江西保险业消费投诉综合治理方案》，批转下发《江西保险纠纷诉调对接工作指引》，在全省范围组织开展消费投诉综合治理活动。2014年江西保险消费投诉处理工作呈现重复投诉同比下降、投诉办理时限下降、消费者满意率上升、初信初访撤诉率上升的‘两降两升’新局面。

（冯莹　何艳）

证券期货

【概　况】 截至2014年年底，江西共有32家境内上市公司，其中A股上市公司30家(含中小板上市公司7家,创业板上市公司3家),A+B股和A+H股上市公司各1家。32家上市公司股本总额222.81亿股,比上年末增长6.80%;总市值2628.43亿元,比上年略有增长;资产总额3083亿元,同比增长5.63%。2014年实现营业总收入3977亿元,增长7.29%;实现净利润107亿元,增长4.52%。

截至年底,江西辖区有证券公司2家,期货公司1家,证券分公司11家,证券营业部239家,期货营业部30家。证券累计开户数255.12万户,托管客户资产2261.44亿元;期货累计开户数3.45万户,托管客户权益12.34亿元。年内,证券经营机构累计成交2.94万亿元,增加55.04%;期货经营机构共代理成交5.22万亿元,增长50.05%。证券期货行业实现收入和净利润分别为24.41亿元、12.19亿元,分别增长38.38%和59.14%。

截至年底,辖区新三板挂牌企业13家,辅导备案企业26家,其中上报IPO材料5家。备案私募基金管理人24家备案基金产品24只,管理基金61.57亿元。

【构建监管新模式】 按照“监管执法、法制内核、支撑保障”前、中、后台模式进行架构重组,初步构建了反映派出机构监管转型要求的监管新模式,各项监管工作在新模式下有序开展,监管转型的效果逐步显现出来,集中反映在检查效果上。至年底,合计开展检查、核查75家次,检查发现问题307项;其中实施上市公司检查8家次,发现问题96项,平均每家次发现问题数量同比增加142.18%;证券期货经营机构检查63家次,发现问题198项,分别增加70.27%和62%;商业银行基金销售合规性检查4家次,发现问题13项,在检查家数与上年相同的情况下,发现问题数量增加30%。

【树立大信息披露监管理念】 将日常监管向上市公司信息收集、汇总、分析和发现问题线索转变,把宏观政策、行业动态、市场舆情、媒体和投资者反映的问题等各方面信息作为日常监管的重要线索来源,强化风险导向意识,提高风险识别和问题发现能力。至年底,共审核临时公告3252份,增加16.02%;及时处理媒体质疑51家次,减少15%;投诉举报22家次,增长100%。走访高风险公司3家次,调研公司14家次。全年就日常监管和现场检查发现的问题采取监管措施5家次,增长400%;下发监管关注函9份,增加28%;约见谈话23家次,增加53%。监管措施数量较上年大幅提高,日常监管手段实施量也明显高于上年,监管力度大大加强。

【证券期货经营机构合规健康发展】 加强外部督导,进一步提高证券期货经营机构合规和风控管理水平。特别是全面功能监管实施之后,以“风险与问题”为监管导向,积极转变监管思路、创新监管方式,监管证券期货经营机构的发展。至年底,办理行政许可事项76件,核发证券经营业务许可证275件,审核备案及报告事项302件。开展外部督导12家次,现场检查8家次、配合现场检查27家次。处理信访投诉8件,举办各类培训及会议12场次,在主流报刊上刊登信息2次。日常监管发现监管对象存在问题和风险25项,其中现场核查15项,经核查属实12项。针对上述问题和风险,共采取谈话提醒48人次,其中约见公司董事长、总经理谈话8人次,约见公司分管高管、合规总监、首席风险官谈话20人次,约见公司部门负责人、分支机构负责人谈话20家次,采取行政监管措施3项,督促相关机构积极整改。

【加强投资者保护工作】 组织内幕交易警示展、网上投资者集体接待日、开辟沪港通投资者教育专栏等,增强投资者风险防范意识。加大检查和督导力度。对2家公司和5家证券期货经营机构开展专项检查;督促12家公司对章程进行修订或补充独立董事意见,2013年度现金分红公司占比、分别提高6.06%。督促证券期货经营机构做好客户分类与产品分级,落实客户适当性管理制度。优化信访事项快速衔接处理机制,妥善处理信访投诉事项。至年底,共处理各类信访事项391件,下降11%。

【支持实体经济发展】 一是抓规范,推动辖区多层次资本市场发展。2014年,利用资本市场实现融资共计77.76亿元,其中上市公司融资65.36亿元,新三板挂牌企业融资1.3亿元,发行中小企业私募债融资5.5亿元,引入私募股权投资基金5.6亿元。二是引导辖区私募基金管理人登记备案,24家完成登记备案。三是是协助做好辖区区域性股权交易市场筹建工作。四是推动证券期货经营机构创新发展。清理废止规范性文件36,2家证券公司均取得港股通、新三板代理交易商等新业务资格,核准设立证券分支机构69家,异地证券期货公司到赣设立分支机构26家。五是深化期货市场服务职能,新增1家铜期货交割库和1家期货市场服务三农点基地,截至年底,辖区三农服务基地3个,早籼稻交割库7家(占全国总数的39%),铜期货交割库1个。

【强化稽查执法和处罚力度】 完善稽查执法与监管、案件审理三者之间联动机制,实现信息共享、无缝对接。建立完善立案、复核等工作规程,进一步明确工作程序。至年底,共完成主办案件7件,增加40%。其中立案调查案件3件,1件移送公安,2件进入自行审理环节。初步调查案件4件,1件移送公安,1件转为自办案件进行立案调查,2件初查结案。完成协查案件9件,其中,涉外协查案件1件。完成1件非法发行股票调查和1件非法期货交易行为认定。完成清理整顿各类交易场所专项检查9家次。接收移送审理的案件3件,审结案件2件,做出行政处罚决定1项,罚没款近40万元,已经执行到位。

(黄歆璐)

本栏编辑　邓玉兰

财 政 税 收

财政管理

【概　况】　2014年,全省财政部门着力稳增长、调结构、促改革、惠民生、防风险,财政发展改革取得新成效,有力支持了全省经济社会平稳较快发展。全省一般公共预算收入1881.5亿元,比2013年决算数增长16.1%。主要收入项目执行情况为:税收收入1380.8亿元,增长17.1%,其中,增值税219.3亿元,增长49.8%;营业税443.6亿元,增长4.7%。增值税增长较快,营业税增幅回落,主要是2013年8月1日起营改增改革正式实施,试点行业原来征收的营业税改为增值税。个人所得税35.9亿元,增长24.9%;企业所得税152.4亿元,增长11.5%;契税和耕地占用税207.5亿元,增长6.7%;其他税收收入322.1亿元,增长29.4%。非税收入500.7亿元,增长13.2%。全省一般公共预算支出完成3882.2亿元,增长11.9%。主要支出项目执行情况为:一般公共服务支出368.2亿元,增长25.9%;教育支出705.2亿元,科学技术支出57.6亿元,农林水支出493.4亿元,分别增长6.1%、24.3%和12.5%;文化体育与传媒支出59.5亿元,增长13.1%;社会保障和就业支出419.1亿元,增长10.6%;医疗卫生与计划生育支出334.7亿元,增长9.1%;节能环保支出65.9亿元,下降11.4%,主要是中央安排的减排专项支出有所减少;城乡社区支出230.9亿元,增长14.8%;交通运输支出288亿元,增长39.2%;资源勘探信息等支出252亿元,增长19.3%;商业服务业等支出33.2亿元,下降3.7%,主要是2013年上半年家电节能补贴政策到期,2014年无此支出因素;国土海洋气象等支出33.7亿元,增长13.9%;住房保障支出197亿元,下降1.5%,主要是2014年全省保障性住房建设任务数较上年减少,支出相应减少;粮油物资储备支出23.5亿元,增长12.2%。全省政府性基金预算收入1339.2亿元,下降6.9%,主要是土地出让收入减少。加上上年结转、中央补助收入等。全省政府性基金总收入1714亿元。全省政府性基金预算支出1318.4亿元,下降4.6%,收入减少,支出相应减少。社会保险基金预算收入完成851.4亿元,增长14.5%。各项社会保险基金支出760.9亿元,增长22.9%,主要是对企业退休人员基本养老金大幅度调待,企业职工基本养老保险基金支出473.4亿元,增长27.8%。年收支结余90.5亿元,年末滚存结余795亿元。

【财政收入平稳增长】　积极涵养财源,激发各地加快发展的内在动力和活力,增强发展后劲。坚持依法治税、依法征管,规范非税收入管理,切实提高财政收入质量。一是收入增长平稳。收入增幅始终在年初预期目标上下运行。全省财政总收入2680.5亿元,增长13.7%,提前一年完成"十二五"规划的2600亿元目标任务。税收收入占财政总收入81.3%,比上年提高0.1个百分点。一般公共预算收入1881.5亿元,增长16.1%,增幅居全国第三位;总量在全国排位由上年的20位前移至18位。二是区域发展强劲。所有设区市财政总收入均超100亿元,其中南昌市超500亿元。县级财政总收入增长15.3%,高于全省平均水平1.6个百分点。100个县(市、区)财政总收入都超6亿元,其中,超10亿元的77个,超20亿元的29个,超30亿元的15个,超40亿元的7个,丰城市、西湖区超50亿元,南昌县超80亿元。鄱阳湖生态经济区38个县区财政总收入增长16.1%,高于县级平均水平0.8个百分点。三是中央支持力度大。积极向财政部汇报沟通,争取中央最大支持。2014年,江西省共争取中央财政各类补助1811亿元,比上年增加89亿元。争取外国政府和国际金融组织贷款约3.1亿美元,争取中国清洁发展机制基金中心低息优惠贷款3.5亿元。作为中部唯一开展地方政府债券自发自还试点省份,完成143亿元债券发行工作。同时,争取税收优惠政策和改革试点,从9月1日起,九江城西港列入启运港退税政策试点范围。PPP项目、电子商务进农村综合示范县等获得中央支持。

【财政支持实施重大战略】　2014年,省财政安排28亿元,支持赣南等原中央苏区振兴发展、昌九一体化、赣东北扩大开放合作、赣西经济转型发展、抚州深化区域合作、吉泰走廊建设,促进区域经济协调发展。推动重大项目建设,安排11亿元用于南昌市轨道交通建设,增加部分省属企业资本金60亿元,安排10亿元支持省交通厅普通公路建设养护,投入2亿元推动地方航空事业发展,安排5000万元支持组建省旅游发展集团。

【扶持实体经济】　加大结构性减税力度,依法减免税收207.6亿元。将营改增试点范围扩大到铁路运输业、邮政业和电信业,减轻企业税负27亿元,受益面达92%。清理取消22项省级设立的行政事业性收费项目,明确在省公布的收费、基金目录清单外一律不得收费。加强融资担保扶持,省财政对符合条件的融资担保机构担保费收入按5%比例给予专项补助。省信用担保公司和省融资担保公司共担保贷款148.5亿元。创新财政支出方式,全面推行“财园信贷通”模式,撬动银行贷款229亿元,超额完成省委、省政府确定的200亿元目标,帮助6418户企业解决融资难题。开展“财政惠农信贷通”试点,发放贷款21.1亿元,5000多个农业经营主体受益。

【推动产业结构调整】　年内省级统筹资金30亿元支持战略性新兴产业、产业集群、工业园区、企业技术改造等。加大节能减排和污染防治投入,支持淘汰落后产能。安排8000万元用于科技协同创新体建设,安排2亿元对工业企业增产增效给予奖励。对符合条件的光伏发电项目,在中央补贴基础上,省级给予每度电0.2元补贴。安排6000万元重点支持生产性服务业发展,安排1.4亿元用于7个县市进行电子商务进农村试点。

【促进出口稳定增长】　2014年,省级财政安排6000万元用于扩大出口规模、调整出口结构、对外承包工程、对外投资等,对外贸出口发展较好的市县进行奖励,专项用于生产企业出口退税等。

【财税改革取得重大进展】　2014年,省财政把深化改革作为工作主线,既不“抢跑”,也不“观望”,精心组织实施,加强督查落实,确保各项改革稳步推进。省财政厅牵头的改革任务完成24项,出台改革文件46个,启动改革试点13项,成效突出。预算管理制度改革全面推进。拟订《关于改革完善预算管理制度的意见》,完善政府预算体系,加大政府性基金预算、国有资本经营预算与一般公共预算的统筹力度,省级社会保险基金预算提交省人代会审批。省、市、县全面完成2014年财政预算、部门预算和“三公”经费预算公开工作,省级开展国库集中支付电子化改革试点,省市县全面试编政府综合财务报告,出台《江西省政府性债务管理暂行办法》和《江西省政府性债务风险预警监测实施暂行办法》,加强土地储备与融资管理,开展存量债务清理甄别工作。积极落实税制改革。明确江西省未列名岩金矿资源税征收标准,从6月1日起开征地热水资源税,从12月1日起,全省煤炭资源税实施从价计征,按最低标准确定江西省税率为2%。贯彻落实2014年出台的《江西省税收保障办法》,牵头启动全省综合治税工作。按照中央部署,稳妥开展全省清理规范税收等优惠政策排查摸底工作。政府购买服务加快推进。制定政府向社会力量购买服务的实施意见,省级遴选政府购买公益性岗位、城市保洁绿化等15类26个项目进行试点。完善收入分配政策。出台《关于加快城乡居民增收的指导意见》;批复提高并统一了除南昌市外其他10个设区市市直机关津贴补贴标准,县(市、区)津补贴水平也有不同程度的提高,统筹提高事业单位绩效工资水平;积极争取并经国务院批复同意,江西省省直机关和南昌市津贴补贴标准月人均提高153元。启动政府与社会资本合作(PPP)模式。柘林湖湖泊生态环境保护项目被列为全国8个新建项目之一;健康养老服务项目获得中央补助3亿元。此外,出台《江西省政府非税收入管理条例》,是中华人民共和国成立以来江西省财政领域第二部地方性法规。选择于都县、吉水县开展涉农资金整合试点,省级整合42.5亿元推进高标准农田建设。

【50件惠民实事全部完成】　全省一般公共预算支出3882.2亿元,增长11.9%。努力调整优化支出结构,进一步加大民生投入,全省财政用于教育、社会保障与就业、农林水、医疗卫生、城乡社区、住房保障等民生方面的支出占总支出的61.3%。同时,筹集800亿元实施民生工程,50件惠民实事全部圆满完成。大力支持就业和社会保障工作。实施新一轮大学生创业引领计划,对符合条件的高校毕业生给予社保、求职补贴和税费减免政策,全省新增发放小额担保贷款114.5亿元,直接扶持个人创业9.2万人次,带动就业44.7万人次。提高社会保障水平,城乡低保财政补差水平分别提高到月人均270元和145元,财政补差水平分别排全国第十四位和第九位。城镇企业退休人员养老金水平提高到月人均1934元,农村五保户集中供养标准提高到每人每年3300元,分散供养标准提高到3120元,城镇居民基本医保、新型农村合作医疗等补助标准也有不同程度提高,救灾等应急支出得到保障。大力推进教育事业发展。统筹安排57.8亿元完善义务教育经费保障机制,全面启动改善农村义务教育薄弱学校基本办学条件工作,继续实施义务教育学校标准化建设工程、购买校车服务、营养改善计划等工作,支持城市义务教育阶段学校接收进城务工农民工随迁子女就学。统筹支持学前教育、普通高中教育、职业教育和民办教育发展,进一步完善家庭经济困难学生资助政策体系,制定公办高职院校生均拨款标准,2014年每生7000元以上。大力推进保障性住房建设。统筹安排114.5亿元,通过省城镇投资公司融资300亿元,支持全省棚户区改造、廉租住房和公共租赁住房建设,安排18.2亿元推进农村困难群众危房改造,安排995万元实施渔民上岸安居工程。大力实施强农惠农富农政策。筹集22.6亿元实施“精准扶贫”,支持贫困村村庄整治、赣南等原中央苏区产业扶贫等;大力支持农业综合开发、农田水利建设,促进农村经济合作组织发展;统筹50亿元对5000个省级村点实施新农村建设;筹集24.6亿元支持国有林场改革;推进农村居民饮水安全工程、和谐秀美乡村建设。大力促进文体事业发展。安排资金5.1亿元,用于全省农民群众免费看演出、看电影、开展文体活动和农村广播电视“户户通”;安排5200万元加强基层群众体育健身场所建设。

【财政资金运行绩效提升】　建立财政资金“限时下达制度”,要求上级转移支付资金在收到文件后30日内分解下达。省级财政安排的民生工程资金6月底前全部下达,其他各类专项资金9月底前下达。同时,围绕提升财政资金运行绩效,一是积极盘活财政存量资金。进一步规范财政专项资金、国库资金管理,提高资金使用效益。加大结转结余资金的统筹使用力度，省级清理收回结转结余资金23.7亿元，清理核销预算暂付款16.5亿元。二是加大财政监督力度。开展民生资金监督检查，全省纠正违规资金25.2亿元；推进“小金库”专项治理，发现“小金库”225个、涉及金额6154万元，已全部收缴或调账。开展“三公”经费专项检查及行政事业单位所属培训中心等机构腐败浪费问题专项整治。三是加强预算绩效管理。省、市、县均开展预算绩效目标管理工作，省直部门预算支出绩效评价资金占项目支出总规模的40%。同时，对281个省级投资项目实施预算投资评审，共审减投资预算10.3亿元。四是严格落实厉行节约规定。省级出台厉行节约反对浪费实施细则和国内公务接待管理办法，制定完善会议、出差、国内短期培训、临时出国、外宾接待、因公出国短期培训等6个经费管理办法，在全国较早完成厉行节约制度体系。督促指导各设区市及县（市、区）出台本级公务支出管理办法，全省厉行节约制度体系基本形成。2014年全省“三公”经费支出下降21.4%，压减12亿元。

【加强和规范政府采购管理】 2014年，全省政府采购规模500.9亿元，增长12.51%，比采购预算570.5亿元节约资金69.64亿元，资金节约率为12.21%。在管理中，将小额工程项目、物业服务、会议出差定点、中小学营养午餐等项目逐步纳入政府采购的范围。制定《江西省省本级政府采购支持中小企业信贷融资办法》，共发放政府采购信用贷款7000余万元，有效降低中小企业金融成本。在全省各级全面推进电子化政府采购系统，实现全流程操作电子化、全过程监控网络化、全覆盖上下一体化的政府采购管理和交易体系。

（伍晓峰）

国家税收

【概　况】 2014年，全省国税部门围绕税收现代化建设的主题，积极应对组织税收收入压力加大、深化税收改革压力加大、保持队伍思想稳定压力加大等严峻挑战，既实现组织收入超千亿元的奋斗目标，又取得打击虚开发票集中整治重大成果，还得到各级领导、社会各界和广大纳税人的肯定与好评。4月14日，省委书记强卫在听取国税工作汇报后，充分肯定了国税部门组织税收收入、打击虚开发票、开展教育实践活动等工作，对持续提升收入质量、打击涉税违法犯罪、建设综合治税平台等提出了具体要求。

面对组织收入严峻形势，江西国税按照“战略上不动声色、战术上有声有色”的思路，通过强化日常管理、清理追缴欠税、严格减税核查、深化纳税评估、推进专项检查等，取得了组织收入历史性“双突破”。12月单月税收首次突破100亿元达106亿元，全年突破1000亿元达1006亿元，增长15.3%，增幅位居中部第一、全国第三。组织收入呈现5个特点：一是税收总量平稳增收。从各月发展趋势看，收入增幅较为平稳。计划口径和财政口径税收1月分别增长13.8%和15.4%，随后小幅上涨，至5月达到峰值18.3%和17.9%，6月以后稳中带降，全年累计增幅15.3%。二是主体税种均衡增收。四大主体税种全部实现平稳较快增长，增幅均超14%。其中：国内增值税入库588.3亿元，增长15%；国内消费税入库148.6亿元，增长18.3%；企业所得税入库206.9亿元，增长14.3%；车辆购置税入库62.5亿元，增长15.1%。三是各类型企业普遍增收。内资企业税收807.3亿元，同比增长17.1%。其中：国有企业税收188亿元，增长10.3%；集体企业9.6亿元，增长19.3%，股份合作企业13.0亿元，增长24.4%；联营企业0.2亿元，增长36.1%；股份公司456.5亿元，增长20.2%；私营企业税收138.6亿元，增长16.9%；其他企业1.4亿元，下降35.4%。外资企业税收151.8亿元，同比增长2.1%。个体经营89.4亿元，增长20.5%。四是地市税收全面增收。11个设区市全面实现增收增长。其中，抚州增速最快，增幅达37.9%，税源大市南昌、九江、宜春增幅均在14%以上，赣州增长9%。五是经济税收协调发展。国税收入与地区生产总值弹性系数达1.61，较上年增加0.48，实现税收增速略快于经济增速的较理想目标。

【服务地方经济发展】 全年减免税154亿元，占收入总额的15%，增长26.8%；出口退税102亿元，增长11.3%。连续11年被评为“全省服务开放型经济工作先进单位”。江西国税先后完成交通运输业和部分现代服务业、邮政业和铁路运输业、电信业“营改增”试点任务，总体减税26.9亿元，减税面达92%。全面落实小微企业优惠扩围、增值税简并征收率、税收协定等优惠政策，在助力小微企业发展、外贸稳定增长、高新企业发展、重点群体创业就业等方面发挥了重要作用，江西省38万户纳税人受惠。出台支持赣西经济转型加快发展30条税收意见，争取了赣州设立综合保税区、九江纳入启运港退税试点范围等优惠政策落地。推进省直管县等改革试点，取消和下放税务行政审批项目23个，向全社会公开行政审批项目清单78项，将36项直接审批或报批事项下放至试点单位。深入开展税收经济调研，向省委、省政府提出了构建打击偷逃骗税新机制、促进外贸升级发展等建议。

【《江西省税收保障办法》正式施行】 5月19日，省长鹿心社签发省政府第211号令，公布《江西省税收保障办法》，自2014年7月1日起施行。该办法共有27条，将支持税务部门依法征税、提升税收质量作为重点，明确规定任何单位和个人不得违法擅自作出税收的开征、停征或者减税、免税、退税、补税、征收返还、预征以及其他与税收法律、法规相抵触的决定，不得与纳税人签订缴纳税款协议，不得干预、阻挠或者取代税务机关依法履行职责，并规定在11种具体情形下，有关部门和单位必须及时向税务机关提供涉税信息。该办法的出台，标志着由政府主导、部门配合、信息共享的综合治税平台建设进入法治化轨道。

【开展打击和防范虚开发票偷骗税集中整治行动】 1月，省政府召开打击和防范虚开发票偷骗税工作协调会，强调发展既要规模更要质量，对虚开发票偷骗税违法犯罪活动，必须严厉打击。2月,省政府下发文件,对集中整治行动进行全面部署,提出具体要求。4月,省委书记强卫指出,“开展集中整治,加大打击力度,很有必要。对涉税违法案件,要发现一起,查处一起,决不姑息。”集中整治行动工作,由常务副省长莫建成总负责,副省长胡幼桃协助,成立10个部门组成的工作小组,通过破案会战等方式,在短期内遏制了虚开发票蔓延势头。税务机关查处涉税案件401起,涉案金额177亿元,公安机关采取强制措施278人,法院判处21人有期徒刑,维护了公平竞争的市场环境。国家税务总局、公安部充分肯定江西省“政府主导、集中整治、标本兼治”的做法,在全国税务系统总结推广。

【开展“便民办税春风行动”】 自3月开始,江西国税以打好“六化六零”组合拳为重点,开展“便民办税春风行动”。围绕“推进征纳沟通多样化,力求零距离;推进窗口服务快捷化,力求零延误;推进诉求响应高效化,力求零积压;推进办税成本最低化,力求零负担;推进权力清单公开化,力求零遗漏;推进权益保护常态化,力求零损害”,解决了一批纳税人关心的问题。减少纳税人需填报表29张,简并办税业务124项,取消进户执法事项3项,分3年为全系统农村分局配齐流动办税服务车,用于为偏远农村纳税人提供办税服务。制定规范网上咨询、开展流动办税、加强权益保护等8个方面26项制度,开展“后台前移”和“先办后审”试点,逐步形成整体联动、齐抓共管、协调有序的纳税服务工作机制。中央电视台报道了九江市国税局开展春风行动的具体做法,该局树立的纳税服务先进典型陈德生,被税务总局评为“我身边的好税官”。

【江西国税蝉联四届全国纳税人满意度调查第一】 7月,国家税务总局委托国家统计局社情民意调查中心,历时2个月对近两年全国税务系统税收工作特别是纳税服务情况,向有关部门和纳税人以无记名方式开展第三方调查,主要指标包括涉税审批、小微企业税收优惠、出口退税、投诉举报等17大项内容。11月,税务总局公布了第四次全国纳税人满意度第三方调查结果,江西国税自2008年起蝉联四届国税系统综合排名第一,其中地级市、县级市均排位第一。11月24日,省委书记强卫做出批示:“热烈祝贺江西国税蝉联四届纳税人满意度全国第一,国税系统的出色工作为江西省打造优良营商环境作出了贡献!”

【推进内控机制信息化建设】 结合税务部门权力运行网络化的特点,按照“科技+管理”的思路,大力实施内控机制信息化建设,推广运用将管理监控嵌入各类业务软件中的“内控信息系统”,一旦工作人员出现违规违纪操作,计算机将自动提醒和阻断。自“内控信息系统”上线运行以来,强制阻断4000多项,风险提醒30余万次,推动了预警关口前移。

【创新绩效管理模式】 2014年是全国税务系统绩效管理试行年,江西国税在全国36个省级国税单位中,取得总分第四名的优异成绩。在推行绩效管理中,江西国税构建了“工作留痕、过程查验、动态分析、持续改进”的管理模式,即:按日记录工作任务,做到“工作留痕”;按周分析落实进度,做到“过程查验”;按月制定任务清单,从数量、质量、成效等方面检查,做到“动态分析”;按季评估计分,总结成绩,弥补不足,做到“持续改进”。这一管理体系,有效促使各级国税机关把管理重心聚焦到提高整体工作的质量和效率上来。

(项青)

地方税收

【概　况】 2014年,全省地税围绕组织收入中心任务,深化改革、强化管理、优化服务、从严带队,各项工作取得新的成效。地税收入实现3年翻番。在国家税务总局组织开展的第四届全国纳税人满意度调查中,获全国地税部门第一名的好成绩,赢得了各级党政和社会各界的好评。省委书记强卫、省长鹿心社等省领导先后31次对地税工作做出批示和给予充分肯定。省地税局获省政府表彰的绩效管理考核先进单位,省地税局领导班子连续5年被省委评为好班子。

2014年,面对经济下行持续加大营改增改革试点等带来的结构性减税等严峻形势,江西省地税强化征管措施,有效挖潜增收,确保了地税收入平稳增长,组织入库各项收入1315.4亿元,其中地税收入1234.3亿元,比上年增收146.6亿元,增长13.5%,剔除营改增同口径增长20.5%,高于全国地税收入平均增幅5个百分点,地税收入占全省财政收入比重达到46.1%。总体来看,江西地税收入运行呈现“缓中趋稳、稳中有进”的态势。收入运行态势总体趋缓,地税收入比上年回落5.4个百分点。主要行业及税种中,房地产业税收增长19.3%,比上年回落20.7个百分点;营业税增长5.9%,回落9.2个百分点;企业所得税增长11.6%,回落8.5个百分点。增幅小幅波动,中速平稳,从4月开始连续8个月地税收入累计增幅保持在9.1%—11.1%的区间内。在平稳增长中,收入规模稳中有进,江西地税收入高于全国平均增幅5.0个百分点,增幅居全国第六位;收入规模列全国地税十五位,比上年前移1位。

分析2014年地税收入的增收因素,一方面源于江西经济的平稳增长,为地税收入增长奠定了税源基础。另一方面,地税部门强化税源控管,加强企业所得税汇算清缴和个人所得税管理,汇算清缴入库企业所得税14.5亿元,个人所得税增长25.0%;加强分行业、分税种管理;加大土地增值税清算力度,共清算房地产项目783个,清算入库税款11.2亿元,土地增值税增长41.9%;抓好“以地控税”试点,城镇土地使用税增长27.1%,耕地占用税增长10.0%;开展房地产和建筑业等“营改增”行业的清票、清欠、清户“三清”工作,房地产和建筑业营业税分别增长31.5%和25.3%。

【发挥税收调节经济职能】 主动策应省委、省政府推进区域发展战略,制定出台促进江西省经济平稳增长20条政策措施,得到省政府领导的肯定。强化昌九一体化发展、赣南苏区振兴、吉泰走廊打造重要增长带等一系列税收政策和服务措施的落实,加大对扶持小微企业发展、支持全民创业等各项税收优惠政策执行力度，简化税收减免流程，下放减免审批权限，累计减免地方各税53.6亿元，有效发挥了税收调节经济的职能。

【落实小微企业税收优惠政策】 2014年，国家加大对小微企业优惠力度的税收政出台以后，全省各级地税部门把支持小微企业发展作为头等大事来抓。对内，开展对干部职工全员业务培训，明确责任、熟悉流程、细化措施，做好政策落实的各项准备工作；对外，及时宣传解读政策，并通过上门服务和各种宣传活动散发宣传资料2.6万多份。对符合减免而未申报享受户提供纳税提醒服务，共发出1.5万件提醒建议书。制定小微企业税收优惠政策操作规程，调整优化了税收征管系统，全面取消小微企业优惠政策的事前审批。与此同时，强化考核督导和专项清理，将小微企业优惠政策落实情况作为税收执法督察的重要内容，对11个设区市地税局组织开展税收执法督察，对检查中发现的问题及时进行通报，督促整改，确保了小微企业税收优惠政策得到不折不扣的落实。为13.05万户（次）月营业额不超过2万元的小微企业和个体户（个人）依法减免营业税3.41亿元，实际享受优惠政策的营业税纳税人数占全部营业税纳税人的66.56%；为1.04万户小型微利企业减免企业所得税5944,29万元，实际受惠面98.24%。

【推进依法治税】 深入贯彻依法治国方略、落实依法行政要求，一手抓简政放权、职能转变，压缩审批事项，下放审批权限，在省直单位率先公布省市县三级地税机关保留的44项涉税行政审批事项，开展网上行政审批试点工作，落实了税务权力清单制度，梳理并发布省局机关及直属单位133项税务行政权力；一手抓推动立法、规范执法，推动江西省第一部地方性涉税政府规章《江西省税收保障办法》颁布实施，开发运用了税收执法责任制监控管理系统，进一步加大税务稽查力度，累计检查查补和自查补缴收入19.7亿元，曝光典型案例61件，有效扩大了税务稽查的威慑力和影响力。

【完善综合治税管理体系】 以《江西省税收保障办法》的出台为契机，按照“政府领导，财政支持，税务主导，社会协作，技术支撑，机制保障”的工作思路，成立社会综合治税工作领导小组，设立综合治税办公室，搭建覆盖市县乡的三级综合治税网络，构建横向到边、纵向到底的社会综合治税管理体系。江西省各级地税积极探索，进一步加强全社会综合治税工作，不断拓展外延，先后出台以产权、股权、林权转让为代表的先税后办，以房产、土地交易为代表的先税后证，以车船税扣缴为代表的先税后险，以加强房土两税征收为代表的以地控税等综合治税举措；进一步促进了国地税联合办税，逐步形成以“信息管税、税收协助、税款扣缴代征、国地税联合办税”的功能体系。7—12月，江西省地税部门累计采集第三方涉税信息3489.2万条，利用有效信息累计组织入库税款55.2亿元，增收18.4亿元。国地税联合办理税务登记7.65万户，委托国税代征或为国税税款征收协助把关累计入库税款1.9亿元。

【推进税收征管改革】 成立改革创新领导小组，抓好各项改革部署和创新举措的落实。积极推进税制改革，完成铁路运输、邮政和电信业营改增试点任务，顺利实施煤炭资源税从价计征改革，成功开征地热水资源税；逐步扩大征管改革试点，优化征管流程，完善发票管理，改革税收管理员制度，逐步完善了税收风险管理制度体系，加快推进省级集中的税收风险监控管理平台建设，风险应对查补税款29.99亿元；开展创新项目评审和推广，“以数据管理为手段创新学习型组织建设”项目获全国税务系统创新成果评选二等奖。

【开展“便民办税春风行动”】 按照国家税务总局春风行动要求，制定实施方案，细化7个行动26项措施，及时召开推进会和新闻发布会，扩大活动影响力。全面推广“免填单”服务，集中梳理涉税业务，免单16项，免填单14项，涵盖60%的常办涉税事项。推行“一窗通办”、拓展“同城通办”、实现“热线通办”，为纳税人提供便捷服务。停用26种涉税文书报表，明确采用电子身份认证的纳税人免于重复报送部分纸质资料，减轻了纳税人资料报送负担。制定和修订一系列制度措施，出台《首问责任制实施办法（试行）》等规范性文件，形成了便民办税的长效机制。

【优化纳税服务】 积极推行全国县级税务机关纳税服务规范（1.0版），全面开展制度清理和流程优化工作，制定和修订7大类19项纳税服务工作制度。创建省市县三级联动的纳税人学校140所，建设纳税人学校网站，各级地税纳税人学校举办各类培训班1350余次，免费培训纳税人5.3万余人次。开展星级办税服务厅评定，进一步完善服务平台。组织第二十三个税收宣传月活动，运用门户网站、内刊等各类新闻媒介平台，通过新闻发布会、在线访谈等形式，统一对外发布税收政策、宣传税收工作，宣传月期间，推出宣传项目260多个，参与人数60多万人次。开展纳税信用等级评定，组织第二届A级纳税信用企业“税企同行 共铸诚信”主题活动，征纳关系更加和谐。

（邓远峰）

本栏编辑 邓玉兰

经济管理与监督

综合管理与宏观调控

【概　况】　2014年，全省落实中央和省出台的一系列稳增长、促改革、调结构、惠民生、防风险政策措施，应对和克服市场需求乏力、经济下行压力较大的不利影响，全省经济社会呈现出经济运行总体稳健、结构调整步伐加快、各项改革深入推进、人民生活持续改善的良好态势。全年地区生产总值1.57万亿元，增长9.7%，在全国排名前移两位，居第十八位，增幅列全国第七位、中部第一位；粮食总产量214.35亿千克，再创历史新高；财政总收入2680.5亿元，增长13.7%，一般公共预算收入1881.5亿元，增长16.1%；规模以上工业增加值6833.7亿元，增长11.8%；500万元以上项目固定资产投资14677亿元，增长18%；社会消费品零售总额5129.2亿元，增长12.7%；外贸出口320.4亿美元，增长13.7%；实际利用外商直接投资84.5亿美元，增长11.9%。其中，财政收入、规模以上工业、社会消费品零售总额、进出口等指标增幅位居全国前列。

【经济结构调整步伐加快】　深入实施工业强省战略，修订了十大战略性新兴产业发展规划，出台加快产业集群发展的指导意见，工业转型升级步伐加快，电子信息、航空、生物医药、先进装备制造等产业主营业务收入增长15%以上，电子信息、汽车两个产业主营业务收入均超千亿元，江西省千亿产业达到9个。积极发展现代农业，规模以上农业产业化龙头企业实现销售收入3900亿元，增长19%。加快发展现代服务业，出台促进金融业改革发展、加快发展现代物流业、养老健康服务业、电子商务等政策意见，服务业增速明显加快，增长8.8%，服务业占地区生产总值比重提高0.8个百分点，达35.9%；旅游接待总人数增长25.2%，旅游总收入增长39.7%；文化产业主营业务收入2130亿元，增长19.2%；电子商务年交易额1384.8亿元，增长110.6%。

【各项改革深入推进】　围绕贯彻落实《中共中央关于全面深化改革若干重大问题的决定》，江西省出台20个改革文件。在行政审批、国资国企、投资、价格、财税、金融、农业农村、社会事业、省直管县、工商登记等重点领域实施一批重大改革举措，开展各类改革试点451个，其中国家级60个。省级行政审批事项精简率达40%，向社会公开省本级行政审批项目目录清单。各项改革的加快推进，进一步增强了发展的动力和活力。

【区域板块活力增强】　昌九一体化步伐加快，昌九大道开工建设，通信同城化基本完成，金融、医疗、社保等公共服务同城化取得重大进展，南昌临空经济区、共青先导区建设进展顺利。《赣闽粤原中央苏区振兴发展规划》出台，52个中央单位对口支援工作全面启动，农村危旧土坯房改造等五大民生工程进展顺利。赣东北开放合作、赣西经济转型加快推进，重大平台建设取得新成效。支持抚州深化区域合作加快发展的意见正式出台，形成了各具特色、竞相发展、区域协调的良好态势。加快推进新型城镇化，编制出台《江西省新型城镇化规划》以及户籍制度改革、城镇建设融资等相关配套政策。城镇化率进一步提高，全年城镇化率达到50.2%，提高1.3个百分点。

【基础设施更趋完善】　昌吉赣客专、蒙华煤运通道江西段开工建设，赣韶铁路顺利开通，沪昆客专杭南长段建成投运，打通了江西省东西走向的高铁大通道，新增铁路营运里程588千米，达到3734千米。万载至宜春等5条高速公路建成通车，新增高速公路通车里程180千米，达到4515千米，实现"县县通高速"。神华国华九江电厂开工建设，峡江水利枢纽6台机组并网发电，统调电力装机达1570万千瓦。浯溪口水利枢纽实现大江截流，山口岩水利枢纽建成。

【生态文明建设加快推进】　《江西省生态文明先行示范区建设实施方案》获国家6部委批复，成为又一个在江西省落地的国家级战略。深入实施大气污染防治行动计划，南昌、九江空气质量优良率分别为80.5%、84.4%，其他设区市空气环境质量稳定在国家Ⅱ级。全省地表水监测断面水质达标率80.9%，设区市城区集中式饮用水源地达标率100%。完成植树造林14.01万公顷。进一步加大节能减排工作力度，全年单位生产总值能耗下降3%左右，主要污染物排放量继续下降，全面完成年度节能减排任务。

【民生保障持续改善】　在财政收支压力加大的情况下，持续增加民生投入，安排800亿元用于民生工程，年初安排的民生工程50件实事全面完成。居民收入继续增加,城镇居民人均可支配收入增长9.9%,农村居民人均可支配收入增长11.3%、突破万元大关。就业形势保持稳定,完成城镇新增就业55.1万人。保障性安居工程建设全面完成目标任务,全年新开工保障性住房10.68万套,基本建成12.3万套;新开工棚户区改造22.38万套,基本建成13.81万套。深入推进扶贫攻坚,全年减贫70万人。物价水平保持稳定,全年居民消费价格上涨2.3%,低于3.5%左右的控制目标。

(李庆红　宁全　易鑫村)

重点工程建设

【概　况】　2014年分两批共安排省重点项目211项,总投资6221.77亿元,年计划投资1111.66亿元。其中:第一批200项,总投资6000.81亿元,年计划投资1085.49亿元;第二批11项,总投资220.96亿元,年计划投资26.17亿元。按建设层次分:计划建成投产项目24项,续建项目62项,计划新开工项目113项,预备项目12项。按行业分:交通项目44项,能源项目18项,工业和高科技项目77项,农林水利项目9项,服务业和社会公益项目63项。按投资规模分(不含预备项目):项目总投资100亿元以上的有11项,50亿~100亿元的有17项,20亿~50亿元的有36项,5亿~20亿元的有117项,2亿~5亿元的有18项。全年完成投资1202.23亿元,占年度计划投资的108.2%,超额完成省委、省政府年初确定完成投资1000亿元的工程建设任务。

【铁路建设步伐加快】　9月16日,沪昆客专南昌西至长沙段正式开通运行。12月10日,南昌西至杭州段正式通车。沪昆客专江西段全长545.5千米,途经上饶、鹰潭、抚州、南昌、新余、宜春、萍乡等7个设区市。该项目的投运,使杭州、南昌和长沙3座省会城市大大缩短了时空距离。这条横贯江西的高铁是江西铁路建设史上标准最高、里程最长、运营速度最快、投资最大的高铁项目。9月30日,赣州至韶关铁路建成通车,使京九、京广两条铁路大动脉又增加了一条连接通道,进一步缩短了华南与华东地区间的时空距离。同时,合福铁路、赣龙铁路扩能改造工程、武九客专瑞昌至九江段、九景衢铁路进展顺利;蒙西至华中铁路煤运通道和南昌至赣州铁路客运专线先行标兴国隧道于年内开工建设。

【"一干七支"航空网络布局基本形成】　上饶三清山机场场道工程土石方基本完成,航站楼桩基全部完成。计划在2015年春节前后完成道面工程。井冈山机场二期扩建工程和赣州黄金机场改扩建工程可研已批复。江西省逐步形成以南昌昌北国际航空港为龙头,以赣州黄金机场、吉安井冈山机场、景德镇罗家机场、九江庐山机场、宜春明月山机场、上饶三清山机场以及赣东南机场为支线的"一干七支"机场布局,一个现代化的立体交通运输网络渐具雏形。

【重大产业项目加快发展】　江西省首个垃圾焚烧发电项目——南昌泉岭生活垃圾焚烧发电项目投入使用,日焚烧处理生活垃圾能力1200吨,年处理垃圾量约40万吨,年发电量2亿千瓦时。凯恩贝厨卫年产1000万套高档卫浴龙头项目、龙南新能锆业有限公司年生产1000吨海绵锆主产品及20吨海绵铪项目、江西五十铃整车项目一期工程、南昌欧菲光显示技术有限公司中大尺寸电容屏项目等竣工投产。南昌航空工业城北区二期建设项目、江西吉恩重工有限公司年产5000千米光电复合海底电缆生产线项目、江西广银铝业有限公司新建铝材深加工生产线建设项目等进展顺利。

【能源、城建和民生工程建设大步跃进】　杭南长客专配套输变电工程建成投运;洪屏抽水蓄能电站、华能安源电厂、大唐抚州电厂均按照时序进度顺利推进。神华九江电厂于2014年12月开工建设。峡江水利枢纽工程9台共36万千瓦发电机组已有7台并网发电,全年发电量累计超3.66亿度。浯溪口水利枢纽工程成功截流,大坝施工进入了攻坚阶段。南昌市红角洲及城北水厂工程、昌南农产品物流中心(二期)基本建成并将投入使用。南昌市城市轨道交通1号线全线洞通,计划2015年底实现通车试运行,2号线全线开工建设。

【主动为项目服务】　在项目推进过程中,项目监管部门、主管部门、项目所在地党委、政府和有关职能部门主动加强沟通联系,形成共同推进省重点工程建设的强大合力。本着以人为本、和谐征迁、富民安置的理念,积极协调项目建设在征地拆迁、通讯电力杆线迁改、交叉跨越、施工临时用电、施工治安环境等方面遇到的困难和问题,努力营造良好的建设环境,推动项目顺利实施。2014年,先后深入项目单位和基层100余次,共召开各类协调会议50余次,下发会议纪要18份,重点协调解决了杭长客专铁路运营接电、横岗联络线316国道横岗立交桥还建、沿线车站市政配套工程推进、瑞昌至九江铁路九江县沙河经开区天坡村村民出行通道、路项目公众通信网络覆盖、南昌至宁都高速公路文物考古发掘、南昌县拆迁户集中安置、南昌至上栗高速公路红谷滩新区土地和房屋征收、万载至宜春高速公路袁州区潭子口水库补偿等一系列问题,有力地推动了项目建设步伐。

【坚持调度指导制度】　加强项目调度,通过网络平台、省重点工程月报表、电话调度、实地了解等方式,全方位、多层次跟踪项目建设信息,每月汇总编印一期《重点建设信息》,及时、准确、全面反映全省重点工程进展情况,为上级决策提供了详实的数据和资料,为加强重点工程管理提供科学依据。加强项目指导,重点是指导项目前期报批,指导项目征地拆迁、指导项目招标采购,通过指导、交流、沟通,促进项目建设有序、规范、高效。

【加强招投标监管】　会同有关项目主管部门,按照招投标法律法规,严格履行监督职责,坚持"三公"和择优原则,切实维护招标投标市场秩序,确保项目招标工作规范有序。全年共完成269个标段的备案和现场监督工作。根据《工程建设项目招标投标活动投诉处理办法》(国家发改委等七部委第11号令)等有关规定,妥善处理各类投诉,强化招标的规范化管理。从

2014年10月1日起，江西省重点建设项目评标专家严格按照《江西省实施〈中华人民共和国招标投标法〉办法》，从省综合评标专家库中抽取专家，进一步保证了评标质量。同时，大力推行省重点建设项目电子招标，进一步规范重点项目招标投标行为。

（叶俊）

国有资产管理

【概　况】　2014年，全省国有经济发展速度、质量、效益显著提升，国有企业活力、影响力、控制力、创新力和抗风险能力显著增强。全省国有企业资产总额1.4万亿元，实现营业收入4833.69亿元，实现利润总额221.79亿元，完成增加值659.96亿元，同比分别增长15.8%、10.6%、20%、14.5%。其中：省属国有企业资产总额5920.3亿元，实现营业收入3802.54亿元，实现利润总额115.92亿元，完成增加值495.3亿元，分别增长8%、8.7%、13.8%、12.1%；省出资监管企业资产总额2738.32亿元，实现营业收入3373.32亿元，累计完成增加值398.08亿元，实现利润总额69.36亿元，分别增长4.9%、9%、10.4%、8.8%。全国地方国资财务快报显示，江西省出资监管企业几项重要经济指标排名为：总资产周转率1.26次/年，排名全国第一；利润总额增速高于中央企业3.3个百分点，总量居中部第三位、增幅居中部第二位；增加值增速高于全国平均水平1.7个百分点，居全国第十三位、中部第二位；净资产收益率4.8%，居全国第八位、中部第二位。

【国资监管不断完善】　谋划国资国企改革发展新思路，6月18日，《中共江西省委 江西省人民政府关于进一步深化国资国企改革的意见》出台实施，配套的《江西省属国资国企改革实施方案》通过省委常委会和省政府常务会审议，为推进全省国资国企改革提供了重要制度保障。省属经营性国有资产统计评价基本做到全覆盖，接收了省国防科工办、省机械行办等部门存续、关闭、破产、改制企业138，资产总额29.07亿元，涉及企业职工总数5362人，移交后营业收入增长8%，利润总额增长20.8%。为适应以管资本为主，加强国资监管新要求，分两批取消或下放38项审批、核准、备案事项。完成省出资监管企业集团层面的功能界定和分类。推行职业经理人制度，面向境内外市场化选聘9名国企高管。国资监管监督合力稳步加强，确立监事会、财务总监、法务总监等多位一体的监督体系，完善省出资监管企业财务审计和企业领导人员经济责任审计制度。搭建企业采购信息服务平台，强化企业采购行为监督。

【国企改革深入推进】　五项改革试点有序推进。江中集团以董事会规范化为核心的完善法人治理结构，建材集团深化企业内部制度改革，江铜集团“自主拓展、自主决策、自主经营”，盐业集团混合所有制改革和新钢集团综合改革等试点工作取得阶段性成效。三大集团重组改制完成。凤凰光学集团改制重组基本完成；昌河集团引进北汽集团收购昌河汽车70%股权并同比例增资扩股3亿元，实现战略重组，向实现百万整车、千亿营业收入目标迈进；江西直升机投资公司引进北京通航公司进行增资扩股。3家公司正式挂牌运营。江西民爆投资有限公司组建并挂牌运营，国泰民爆首发上市工作顺利推进；省煤炭集团更名为省能源集团；新组建的江西吉成物流集团初步形成“一网三基地”格局，平台搭建初步完成。将部分省属企业股权注入省属国控公司，为打造省属产业投融资平台奠定基础。依托省投资集团组建省属基础设施投资运营公司，与北汽集团共同发起成立100亿元的“井冈山产业发展基金”。将大成国资公司划转为省出资监管企业，搭建脱钩移交资产的承接运营平台。2014年，进入中国企业500强的8户江西企业中，5户是国有企业（江铜、新钢、能源、建工和江铃集团）。江铜集团作为全省唯一一家世界500强企业，营业收入突破2000亿元。江铃集团营业收入突破500亿元。

【战略新兴产业投资力度加大】　省属国控公司积极做好省战略性新兴产业投资引导资金管理工作，全年累计管理引导资金扶持项目118项，扶持金额9.75亿元。江钨控股集团年产5000万片数控涂层刀片技改等一批成长性较好的新项目快速推进。投资集团页岩气区块勘查开发的第一口探井开钻。水利投资集团在全省范围内推进和运营城乡供水一体化工程。科技创新取得新突破。新钢股份和江钨集团有限公司所属赣州有色冶金研究所分别参与的2项科技成果获国家科技进步奖二等奖；江钨控股集团的仲钨酸铵冶炼全新技术应用研究成果经专家组鉴定达到国际领先水平。

【企业“走出去”规模稳步增长】　2014年，全省国资部门实现出口总额246.6亿元，省出资监管企业实现出口总额193.6亿元。江铜集团香港公司实现销售收入108亿元，新加坡子公司实现销售收入25亿元。新钢集团全年出口钢材141.66万吨，实现出口创汇7.86亿美元，分别增长53.34%、45.42%，均创历史新高。

【海外业务排名再创新高】　据美国《工程新闻记录》公布的2014年度全球最大250家国际承包商排行榜，江西国经公司连续第11年入选，列第139位，较上年前移18位；中鼎国际连续第7年榜上有名，排名第167位，前移16位。

【央企入赣成效显著】　11月22日，央企入赣合作推进会在南昌举行，推进会精心筛选36个重大项目参加对接洽谈，其中集团层面股权多元化项目5个，重要子企业股权转让项目21个，新建、技改项目10个，总投资额829.2亿元。在大会上签约项目13个。其中：合同项目10个，投资额115.2亿元；协议项目3个，投资额59.6亿元。

（朱德志）

安全生产监管

【概　况】　2014年，全省安全生产形势保持总体稳定、平稳向好，突出表现为“一杜绝、两下降、一良好”：一是杜绝重特大事故。全年没有发生一起死亡10人以上事故,为全国10个省份之一。是继2006年之后再度实现杜绝重特大事故的一年,且连续9年杜绝特别重大事故。二是事故总起数、死亡人数同比下降。发生生产安全事故3114起,死亡1637人,下降1.08%和0.06%,实现事故总起数、死亡人数连续14年"双下降"。三是绝大多数行业(领域)事故死亡人数同比下降。工矿商贸和生产经营性道路交通、水上交通等领域的事故死亡人数,同比均有不同程度下降,民航飞行无事故。四是控制指标实施情况良好。事故总死亡人数为国务院安委会下达控制考核的85.44%;较大事故起数为92.06%。

深化安全生产管理体制机制改革,实行安全生产和重大安全生产事故风险"一票否决"。省安委会召开4次成员会议,开展5次全省性综合督查;省安委办督办7起较大事故,约谈3地市、县(区)政府有关负责人,第一批挂牌督办的9家城区危化企业全部完成搬迁改建或依法实施关闭。依法严肃查处各类事故,南丰县"7·23"重大道路交通事故和丰城矿务局曲江煤矿"9·30"重大煤与瓦斯突出事故已结案,移送司法机关12人,给予党纪政纪处分34人。

【全面深化安全生产领域改革】 建立健全责任体系,省、市、县三级"五个全覆盖"普遍落实到位。深化管理体制改革,在新一轮机构改革中强化省安监局煤矿安全监管职能。完善目标控制考核,加大市县科学发展综合考核评价中的安全生产考核权重,出台《江西省安全生产目标管理考核办法》。深化行政审批制度改革,两批次取消和下放18项安全生产行政审批事项。建立隐患排查治理和预防控制体系,制定《江西省生产安全事故隐患排查分级实施指南》,印发指导生产经营单位排查治理隐患的意见。强化法制和行政执法,开展行政许可规范化专项治理和安全生产行政执法督查评议,下发《关于规范建设项目安全设施"三同时"若干问题的试行意见》。同时将烟花爆竹批发许可、危险化学品经营许可等22项管理权限,赋予省直管试点县(市)实施。

【整体推进重点行业领域整顿】 实施涉氨制冷企业液氨使用、粉尘防爆、造船安全等重点整治和高危行业整顿攻坚,全年关闭退出煤矿23处、金属非金属矿山213座、烟花爆竹生产企业101家,园区外的化工企业搬迁13家。扎实推进隐患排查治理,全省共排查工矿商贸、交通运输等重点行业(领域)企业7万余家,查出安全隐患和问题11.33万项,其中重大隐患1323项,已整改1307项、整改率98.79%,累计落实治理资金7887万元。依法严肃查处各类事故,2014年,工矿商贸领域发生的9起较大事故,结案7起,给予行政处分54人、党纪处分15人,移送司法机关追究刑事责任17人。

【集中开展打非治违专项行动】 突出煤矿、金属与非金属矿山、烟花爆竹、危险化学品、油气管道、交通运输、建筑施工、消防等重点行业领域,按照"全覆盖、零容忍、严执法、重实效"的总体要求,严格落实停产整顿、关闭取缔、上限处罚和严厉追责的"四个一律"执法措施,集中开展为期4个月的打非治违专项行动,共组织检查组3284个,开展跨地区、跨部门联合执法645次,进行暗查暗访1837次,累计查处非法违法、违规违章行为5万余起,其中,实施关闭取缔25起、暂扣或吊销有关许可证30个、责令停产整顿企业197家、追究刑事责任的严重非法违法行为13起。

【加强安全生产宣传教育培训】 精心组织以"强化红线意识、促进安全发展"为主题的第十三个"安全生产月"活动。省政府举行新修订《中华人民共和国安全生产法》宣贯电视电话会议,邀请国家安全监管总局副局长杨元元作辅导报告。拓宽宣传渠道,联合《新法制报》创办《江西安全生产》专刊。在省政府网站、人民网江西频道、省广播电视台,举行安全生产相关在线访谈4次。扎实推进安全培训工作,累计培训高危企业"三项岗位"人员40余万次;各级领导干部与煤矿、非煤矿山、烟花爆竹生产企业负责人谈心对话全覆盖,强化了企业负责人安全意识。安全社区建设实现新突破,3个社区首次注册备案为"全国安全社区"建设单位,28个社区通过"全省安全社区"现场评审。

【夯实安全生产基础工作】 非煤矿山、危险化学品、工矿商贸、烟花爆竹四大行业安全生产标准化创建有序推进,截至年底一级达标企业21家、二级411家、三级3309家。非煤矿山地下开采企业完成"六大系统"建设145家,危化企业完成重大危险源监测监控系统改造127家,爆竹生产企业应用自动装药机械1124家。烟花钝感技术研究等2个项目,获得全国第六届安全生产科技成果奖三等奖。爆竹引火线湿法制引工艺在全省推广使用,并被国家安全监管总局初步立项,经完善后将定型为国家行业标准。筹资950万元加强安全生产应急救援装备建设,举行2014江西省生产安全事故专项应急预案暨汇铜(德兴)因自然灾害(强降雨)引发生产安全事故应急演练。市、县两级安监局监管执法专业装备建设项目实施进展顺利,完成《尾矿库安全检测技术规范》等6个地方标准。

【开展"争做五好安监员"主题活动】 3月,省安监局制定《"服务发展、守护平安,争做五好安监员"主题活动实施方案》,在全省安监系统开展争做积极有为的服务员、务实创新的宣传员、业务精通的指导员、严格执法的监督员、勇于担当的护航员主题活动,通过开展"生命的礼赞"、学雷锋志愿服务、行政执法案卷评比等一系列活动,切实提高广大安监干部坚守"红线"、敢于担当、善抓落实、改革创新、廉洁自律"五个能力",全省安监系统6家单位评为全国安全生产监管监察先进单位,62人评为全国安全生产监管监察先进个人。

【职业卫生监管工作取得进展】 2014年,全省职业卫生监管工作取得进展,11个设区市全部划转职业卫生监管职责,80%的县(市、区)完成划转。省安全生产科学技术研究中心取得职业卫生技术服务机构甲级资质,填补了甲级机构"空白"。5个设区市安监局新建乙级职业卫生技术支撑机构,对3400家企业进行了执法检查,下达执法文书2538份。职业卫生"三同时”(建设项目职业病防护设施必须与主体工程同时设计、同时施工、同时投入生产和使用)监管等有序推开。

(陈博)

煤矿安全监察

【概 况】 2014年,全省煤矿安全监管监察部门实施煤矿安全“1+4”工作法,扎实开展“七打七治”活动和煤矿隐患排查治理行动,推动全省煤矿重视安全生产工作。全省共发生煤矿事故33起,死亡40人,事故死亡人数同比下降2.4%,没有发生10人以上重大事故,保持了江西煤矿安全形势基本稳定。

【宣传贯彻安全生产“红线”意识】 要求全省煤矿安全监管监察干部和煤矿企业管理人员结合江西实际,坚守“发展决不能以牺牲人的生命为代价”这条红线,坚决克服“煤矿事故不可避免论”的错误思想,坚持命字在心、严字当头、敢抓敢管、勇于负责,把控制事故当作硬任务、硬指标,狠抓落实。广泛宣传新《中华人民共和国安全生产法》。利用网站、杂志等媒体宣传新《中华人民共和国安全生产法》,普及安全生产法律知识,做到知法、守法、用法,认真履行安全生产的主体责任。在各类会议和开展调研、监察、煤矿安全监察员下矿监察执法等大力宣贯,进一步提高煤矿企业的安全生产意识、主体责任意识,营造良好的安全生产法法治氛围。在全省分赣西南、赣中、赣东北3个片区召开煤矿矿长保护矿工生命“双七条”(煤矿矿长保护矿工生命安全七条规定、煤矿安全生产七大攻坚举措)宣贯会,680余名煤矿安全监管监察干部和煤矿企业主要负责人参加。

【开展“七打七治”打非治违专项行动】 根据国务院安委会统一部署和《江西省集中开展“七打七治”打非治违专项行动实施方案》要求,江西煤矿安监局制定《江西煤监局集中开展“七打七治”打非治违专项行动实施方案》,成立组织机构,明确工作重点和时间安排,9月,采取“四不两直”(不发通知、不打招呼、不听汇报、不用陪同接待、直奔基层、直插现场)方式开展监察检查,加大对违法违规行为的执法力度。宜春市严厉打击煤矿无证开采、超层越界、瓦斯防治不力、粉尘超标和图实不符等行为,以强有力的措施纠正了一批非法违法和违章违规作业行为,有效遏制了事故发生。省能源集团公司组织开展“打假”专项行动,严厉整治“假钻孔、假验收、假报表、假检查、假处理和假瓦斯数据”现象。

此次活动共查处各类事故隐患和违法行为180条,责令停止作业采掘工作面17个、停止生产采区6个、全矿井停止生产1处,移送国土资源部门调查处理1件。9月以来,全省煤矿未发生较大以上事故,“七打七治”活动初见成效。

【开展煤矿隐患排查治理行动】 根据国务院安委会统一部署,江西省安委会印发《江西省集中开展煤矿隐患排查治理行动工作方案》,进一步明确工作目标、工作原则、组织机构、排查重点和工作步骤。江西煤矿安监局按照工作方案要求,开展煤矿隐患排查治理行动,立足查大系统、治大隐患、防大事故,摸清底数,制定对策。对证照不齐、发生事故矿井隐患整改不到位的一律停产整顿,坚决防范重特大事故。始终把防治瓦斯、水害和控制顶板事故放在工作的重中之重。严禁小煤矿开采突出煤层和受茅口、长兴灰岩水害威胁的煤层,持续组织开展防治水、瓦斯防治、煤矿安全许可证、建设项目“三同时”、职业危害防治、机电运输、煤矿技术服务机构行为规范等专项监察、定期监察。萍乡矿业集团完善了管理操作体系,推进了闭环式安全隐患排查,严格执行隐患排查治理操作体系,有效落实了隐患排查治理责任追究,确保全方位闭环。年内萍矿仅1月份有1处矿井瓦斯超限次数超过2次,充分证明瓦斯可治和瓦斯超限可防、可控。萍乡市积极推进煤矿“站栏”式管理,创新地面物探与井下雷达探测相结合等手段探明矿井积水位置和区域,坚持矿井生产区域井下、地面物探全覆盖,有效遏制了煤矿水害事故。江西煤矿安监局开展了重点监察,共监察矿井797矿次,下达执法文书3129份,查处各类事故隐患3898条,责令停产整顿矿井11处,责令停止生产矿井90处,责令停止作业头面203个。

【做好预警信息发布】 在雨季利用短信平台持续不断向煤矿企业主要负责人及煤矿安全监管监察人员发送暴雨洪灾预警短信7266条,防范了暴雨洪水伤亡事故。5月24日,江西部分地区普降暴雨,萍乡市上栗县多处山体滑坡,14处矿井被淹,宜春市袁州区多处发生泥石流,4处矿井地面、井下严重受损,由于预警及时、措施得力,较好避免了人员伤亡。

【大力实施煤矿重点攻坚】 确定丰城市、上饶县、上栗县等10个县(市、区)以及省煤炭集团公司为当前煤矿安全生产工作重点县(单位),以省安委会名义印发《江西省煤矿安全重点县(市)遏制较大事故攻坚战工作方案》,明确攻坚战的目标和任务,省煤炭集团公司单独制定实施方案。方案实施以来,各地认真落实各项措施,10个重点县及省煤炭集团公司没有发生较大以上事故。

【开展煤矿事故警示教育】 在全省煤矿组织开展吉林八宝煤矿“3·29”事故和四川桃子沟煤矿“5·11”事故的警示教育活动,定期对全省煤矿发生的事故进行通报,督促省煤炭集团公司开展全公司事故警示教育月活动,认真吸取2012年、2013年各发生1起重大事故的教训,坚决防范再次发生重大事故。针对2014年上半年煤矿事故出现反弹,7月,召开全省煤矿事故警示教育会,对瓦斯、水害等主要灾害提出了防范要求,建立完善事故通报、事故约谈、“黑名单”、事故处理公告、事故防范措施落实等“五项制度”,各监察分局也分别在有关发生事故的县(区)和企业召开事故警示教育座谈会或事故分析会,深刻吸取事故教训,落实防范措施。会同省安监局、省煤炭行办对江西鸣山矿业“7·11”较大瓦斯事故和乐平市宝山煤矿“9·14”透水事故进行约谈,特别是鸣山矿业“7·11”事故经国家局同意批复结案后,江西煤矿安监局及时将事故调查报告在政务网站全文公开，接受社会监督，对处理结果及时通报，相关人员及时移送司法机关处理。开展警示教育和安全培训，切实用事故教训推动安全生产工作，较好地遏制了事故多发势头。

【组织开展与矿长谈心对话活动】 协调组织25名领导与全省所有煤矿矿长谈话，实现全覆盖。副省长李贻煌专门到萍乡矿区与煤矿矿长进行谈心对话，并将讲话稿印发给全省所有煤矿，要求矿长始终把矿工生命安全放在首位，以对党和人民高度负责的精神，完善制度、强化责任、加强管理、严格监管，把安全生产责任制落到实处，增强了煤矿矿长搞好安全生产，保护矿工生命的责任感和紧迫感。

【严格安全生产准入】 根据《国务院办公厅关于进一步加强煤矿安全生产工作的意见》（国办发〔2013〕99号文）、《江西省政府办公厅关于进一步加强煤矿安全生产工作的实施意见》（赣府厅发〔2014〕7号）要求，结合江西实际，出台江西省第三轮煤矿安全生产许可证延期相关的指导意见、实施方案、操作办法等，严把安全准入关口，对不符合"双七条"要求的煤矿不予受理，全年共办理煤矿安全生产许可证延期33个，有79处小煤矿安全生产许可证到期未申请延期，已全部责令停止生产，并全部对社会公布，同时，配合做好淘汰落后产能工作，注销煤矿安全生产许可证13个。

【严格煤矿安全监管监察执法】 持续组织开展防治水、瓦斯防治、煤矿安全许可证、建设项目"三同时"、职业危害防治、机电运输等专项监察和重点监察。江西煤矿监察局还对对8个产煤设区市、分局对41个产煤县（区）的煤矿安全监管工作开展了监督检查，并将监督检查情况反馈给地方政府，提出加强和改进煤矿安全监管工作的建议，推动落实地方政府属地管理责任和部门监管职责，形成了煤矿安全工作合力。全年煤监部门共监察矿井883矿次，下达执法文书3129份，查处隐患3904条，责令停产整顿矿井11处，责令停止生产矿井90处，责令停止作业头面203个。

【抓好煤矿安全支撑体系建设】 一是以应急预案管理、救护队建设、救护培训为重点，狠抓应急救援工作。全年参与或指导各类事故救援41起，共救出被困人员35名，特别是棠浦煤矿"2·27"溃浆事故救出4人、大罗煤矿"5·1"透水事故救出3人，为全省煤矿安全工做出了突出贡献。二是以中介资质管理为重点，狠抓中介服务工作。检测机构检测矿井567矿（次），检测设备、仪器仪表7852台（件、套），发现问题1735条，并提出整改意见和措施，促进了煤矿提高安全生产保障能力。评价机构现场评价48个、竣工验收评价29个、安全预评价6个，发现并督促整改问题767条，促进了煤矿企业改善安全生产条件。三是通过规范培训、强化管理、严格考核，狠抓安全培训考核发证工作。年内，共培训考核"三项岗位人员"（煤矿主要负责人、安全生产管理人员、特种作业人员）1.08万人、救护队员1404人，清理纠正"人证岗"不符人员255人，提高了从业人员的素质和安全管理水平。

【深入推进煤矿安全监察依法行政】 对多项煤矿安全行政许可进行调整，取消一批行政审批，切实做到依法行政。落实《煤矿安全监察执法监督办法（试行）》（安监总煤调〔2014〕93号）要求，组织对江西煤矿安监局《执法工作规范》《行政执法评议考核办法》《行政执法监督办法》等逐一进行修订，并开展执法监督工作，抽查事故调查案卷9份、执法文书31份，现场执法监督6矿次，共查出问题60条并督促整改，改进在行政处罚、事故调查处理、执行执法计划、执法档案管理等方面的不足，规范全局的监察执法工作，提高了依法行政的自觉性。

【开展江西煤矿安全发展战略研究】 针对江西煤矿地质条件复杂、开采难度大的实际情况，开展全省煤矿安全发展战略研究，已形成《江西省煤矿安全发展战略研究（讨论稿）》，通过实施安全发展战略，淘汰关闭一批、整合重组一批、改造提升一批煤矿企业，提升江西煤矿办矿水平，促进江西煤炭工业健康有序发展。

（周华）

价格管理

【概　况】 2014年，全省各级价格主管部门按照"全面深化改革"的要求，把握稳中求进的总基调，全面推进价格改革，强化价格监管，保障和改善民生，保持了价格总水平的基本稳定，有力促进了江西经济和社会的发展。全省居民消费价格涨幅稳中回落，居民消费价格同比涨幅为2.3%，低于年初预期目标1.2个百分点。

【《关于进一步深化价格管理改革的意见》出台】 根据省委、省政府全面深化改革的部署，年初，省发改委依照《中华人民共和国价格法》等相关法律法规和依法行政的原则，在深入调查研究，反复征求意见基础上，牵头研究提出《关于进一步深化价格管理改革的意见》。10月20日，省政府印发《关于进一步深化价格管理改革的意见》（赣府发〔2014〕36号）。该意见明确，到2020年（争取在2018年前）全面完成江西省价格改革任务，形成主要由市场决定价格、政府重点监管价格行为的管价机制。意见共分3部分10款，提出了20项改革任务，主要改革内容可归纳为5个字："减、放、改、促、建、保。"

【推进药品价格改革】 4月3日，率先在全国放开全部601种省管非处方药品价格，实现由企业自主定价。以药品质量和消费者认可度来决定药品价格的市场机制正在形成。从生产企业看，价格放开后，不仅给现有的药品生产企业松了绑，激发了企业生产积极性，还吸引了其他企业加速进入市场，积极参与市场竞争。从监测情况看，非处方药价格总体稳定，消费者药品支出小幅降低。取消543个低价处方药品种的最高零售价，全部实行市场调节。

【推进医疗技术服务价格改革】 12月30日，调整22个县级公立医院综合改革试点县（市）的人民医院、中医院、妇幼保健院医疗技术服务价格。价格调整与医保政策相衔接。县级试点公立医院所有药品实行零差率销售，按照药品综合加成率20%（除中药饮片外）计算药品加成实际收入，取消药品加成后医院由此减少的收入，通过调整医疗技术服务价格补偿80%、剩余20%由财政补偿。合理提高诊查、护理、手术等体现医务人员技术劳务价值的医疗技术服务项目价格，适当降低大型医用设备检查费用。门诊诊查费取消挂号费，在原收费标准的基础上普调13元/次，便民门诊诊查费统一为6元/次，住院诊查费由原3元/次上调为15元/次，手术治疗费在原收费标准的基础上，手术项目价格普遍上调20%的幅度，大型医用设备CT和磁共振检查费下调10%的幅度。

【稳妥推进电价改革】　一是缩减工商业用电价差。在降低燃煤发电企业标杆上网电价每度3.17分钱基础上，降低商业用电（包括非居民照明）价格平均每度12.53分钱，每年可减轻商业等企业电费负担约10.1亿元。同时，降低大工业用电价格平均每度均1.17分钱，每年可减轻工业企业电费负担约5.1亿元，进一步缓解江西省工业电价偏高的矛盾。调整后工商业用电价差由24.2分钱缩减到11.67分钱，缩减率52%。二是开展大用户直购电试点。组织8家企业（德兴铜矿、贵溪冶炼厂、新钢、方大特钢、晶科能源、旭阳雷迪、星火有机硅、江锂科技）与5家发电企业签订15.5亿度的年度直接交易试点合同，购电价格较原来目录电价水平低1—3分钱，全年可减轻企业电费负担约3000万元。三是落实环保电价政策。对脱硝、除尘排放达标并经环保部门验收合格的燃煤发电企业，每度电分别由电网企业补偿1分钱和0.2分钱，有力促进了电厂环保设施的建设和运行，减少了氮氧化物、烟粉尘排放。

【加快推进天然气价格改革】　8月3日，制定城市管道天然气销售价格的指导意见，争取中石化将供应江西省的页岩气价格，由每立方米3.1元调整为2.812元，每立方米降低0.288元。同步降低省天然气有限公司供下游用户的页岩气价格。按2014年页岩气供应量计算，可减少用气企业负担约6000万元。进一步放开进口液化天然气（LNG）气源价格和页岩气、煤层气、煤制气出厂价格。10月，调整江西省部分非居民用存量天然气价格。2015年年底前将实现存量气和增量气价格并轨。

【推进居民阶梯水价气价改革】　5月，省发改委会同省住建厅下发《关于全面实施城镇居民生活用水阶梯价格制度的指导意见》，明确实施居民阶梯水价的总体要求、基本原则和主要目标，2015年年底前，设区市和县级市完成阶梯水价改革。2017年底前，各县城完成阶梯水价改革。按照国家发展改革委《关于建立健全居民生活用气阶梯价格制度的指导意见》的总体要求，年底前已对推进居民阶梯气价改革工作作了布置安排。全省居民用气阶梯价格制度将在2015年年底前完成。

【下放量大面广的商品价格审批权限】　遵循就近管理，方便基层办事和"统一制定标准、分级管理"的原则，尽量把定价和调价审批权下放。一是下放小水电上网电价审批权限。将全省占比85%的小水电站上网电价，下放给市县价格部门审批管理，省、市、县小水电上网电价审批数量的分级比例为15%∶30%∶55%。二是下放新建商品房住宅公共配电设施配套费制定权限。省里统一制定指导意见，把定价审批权下放给设区市价格主管部门，在保持既定定价程序的基础上，真正把价格实惠让利给当地居民。三是全部下放高速公路车物定损权限给相关设区市政府价格部门。

【放开一批工业商品和专业服务类价格】　按照国家统一部署，先后放开了两碱外工业用盐价格和多品种盐价格。放开收费管理权限。对政府投资项目及政府委托服务以外的建设项目前期工作咨询、工程勘察设计、招标代理、工程监理等4项服务收费标准实行市场指导价，放开专利代理服务费、报关服务、涉外收养服务等10项专业服务收费，放开电信业务资费。

【做好价格分析研判】　坚持做好月度价格指数通报和季度价格形势分析，密切跟踪粮油、肉禽蛋奶菜、液化气、生猪等重要商品价格变动情况，加强监测预警，一旦有苗头性、倾向性问题，早发现、早报告，早处理。开展生猪、高中学费、高校学费、出租车运价与油价挂钩联动机制、高铁客运价格、油菜籽生产、《中华人民共和国价格法》修订、价格调节基金及平价商店建设情况等8个专题调研，提出政策建议。

【完善物价补贴联动机制措施】　与有关部门研究完善《江西省社会救助和保障标准与物价上涨挂钩的联动机制方案》，变更了价格临时补贴标准的测算方法、提高补助标准、明确中止联动机制的条件，要求各地要及时发放价格临时补贴，保障低收入群体基本生活，确保他们不因物价上涨而影响生活。

【加强市场价格监管】　一是对13家市县级民爆器材公司价格执行情况进行检查；二是对国家直接检查外的14家商业银行23个（分）支行开展收费检查；三是对省内11家统调燃煤发电企业、电网企业2013年度的脱硫电价政策执行情况进行专项检查；四是对部分设区市、县（区）17家公立医疗机构进行药品和医疗服务价格重点检查；五是加强对元旦、春节、"五一"、国庆等重要节假日期间市场价格监管；六是分赴赣州、吉安、九江、景德镇等地，对相关部门和单位的涉企收费行为开展检查。全年全省各级价格举报中心共受理价格举报1.24万件、咨询4865件，办结4864件，办结率99.98%，退还用户66.95万元。全年全省共查处价格违法案件1656件，实施经济制裁总额7878.43万元，其中：退还用户1972.28万元，没收违法所得2842.56万元，罚款3063.59万元。规范了市场秩序，维护了百姓的合法权益。

【加强价格监测与分析预警】　认真执行价格监测报告制度。做好全省居民生活必需品价格监测日报工作，涉及15类商品64个品种。发布《江西省居民生活必需品价格监测报表》102期、《江西省猪粮比价信息》51期，发布《江西市场价格形势分析》等

42 篇,较好地完成了国家发改委价格监测中心下达的监测任务。加强市场调查与分析。开展生猪、蔬菜、生姜、麻鸡、药品、交通运输、早晚籼稻收购、蔬菜、油菜籽、棉花价格等群众最关心、最直接、最现实问题的调查研究。落实价格监测预警应急工作,为宏观调控决策提供了依据。

【完成成本调查和监审任务】 全省36 个直报调查县出色完成早籼稻、晚籼稻、油菜籽、棉花、烤烟、桑蚕茧、柑、桔、蔬菜、规模生猪等 18 个重要农产品的常规、直报调查任务,并对各品种成本收益情况进行了深入分析。着力做好药品生产成本调查,开展成本监审调研。出台《江西省城市管道天然气配气价格定价成本监审实施细则》。完成江西华电九江分布式能源上网电价、九江分布式能源站天然气代输费和江西省天然气控股有限公司天然气运营成本监审、南昌西客站机动车停放收费、南昌师范学院等 3 所高等学校教育培养成本、省盐务局小包装普通加碘食盐等定价成本监审。各项成本监审共核减成本 10.97 亿元,占企业上报成本总额 45.06%。

【加强价格宣传与舆论引导】 围绕发展改革和价格工作中的新情况、新问题,加强调查研究。较好完成《价格月刊》的选稿、编辑、出版、发行工作。加强与新闻、互联网主管部门的沟通和联系,召开放开省管非处方药品价格、完善全省社会救助与保障标准与物价上涨挂钩联动机制、进一步深化价格管理改革等新闻发布会。

(余耀明)

劳动管理

【概　况】 2014 年,全省各级劳动监察部门加强协同,健全制度,扎实工作,切实维护劳动者和企业的合法权益,全省劳动关系总体和谐稳定。

健全劳动关系协调机制。推进劳动合同制度,实施集体合同制度推进攻坚计划,进一步规范劳务派遣行为,全省劳动合同签订率 90%,签订集体合同 2.2 万份,覆盖企业 2.9 万户、职工 316 万人。积极推进万载县县域和谐劳动关系综合试验区建设,劳动合同签订率 99.7%、劳动纠纷案件下降 18 个百分点,经验做法被人社部刊发。评定公布省劳动关系和谐企业 45 户、劳动关系和谐工业园区 3 个。

深入推进争议调解仲裁工作。深入推进劳动人事争议预防调解工作,率先在全国首创人社部门、工商联、工会、企联通力协作的"三方四家"大调解机制,受到国家有关部委的充分肯定,省委书记强卫评价"创造了劳动争议仲裁的江西模式",经验做法先后在人社部调解仲裁工作会议和全省综治工作会议上作典型介绍。启动全省调解工作规范化建设,大力加强仲裁信息化建设,办案信息系统在全省推广试运行。及时妥善处理各类劳动人事争议,全省各级调解仲裁机构共立案 1.57 万件,增长 18.3 %,办结案件 1.49 万件,结案率、调解率分别为 92.8% 和 62%。

不断加大劳动保障监察执法力度。建立健全各级劳动保障监察机构投诉举报案件快速处理机制,完善劳动保障监察与刑事司法衔接制度,全面开展劳动保障监察网格化管理。将"打击非法用工等违法犯罪活动"纳入综合治理考评工作,不断扩大劳动保障书面审查和诚信等级评价工作覆盖面。组织清理整顿人力资源市场秩序、劳动用工与社会保险、农民工工资支付等专项执法检查,补签劳动合同 10.7 万份,为 9.7 万人追回工资 5.92 亿元。省劳动监察总队获得 2014 年全国清理整顿人力资源市场秩序专项行动取得突出成绩单位。

制定并颁布实施首个地方性家庭服务业行业标准《母婴生活护理员(月嫂)服务质量规范》。农民工综合服务中心和驻外劳务机构作用得到更好发挥,散工劳务市场进一步规范。组织全省人社系统农民工同工同酬情况调研活动,开展 2014 年度全省农民工工作督查,重点督查农民工就业创业、维护劳动权益、清理拖欠工资、享受基本公共服务等情况,切实维护农民工权益。

【调整最低工资标准】 6 月 4 日,以省政府办公厅名义下发《关于调整最低工资标准有关问题的通知》,各类区域最低工资标准平均增幅 13%,最高增幅 17.8%。一类区域由 1230 元/月调整到 1390 元/月。同时调整最低工资标准的区域类别,将原来 5 个区域类别调整为 4 个区域类别,缩小了地区间的最低工资差距。这是江西省第 9 次调整最低工资标准,新标准从 2014 年 7 月 1 日起执行。截至年底,江西省一类区域的最低工资标准在全国排第十六位。

【深化省属国有企业负责人薪酬制度改革】 认真贯彻中共中央、国务院《关于深化中央管理企业负责人薪酬制度改革的意见》,全国第三个成立省深化国有企业负责人薪酬制度改革工作领导小组,及时部署开展国有企业薪酬分配情况摸底调查,制定印发《领导小组工作规则》《领导小组办公室工作职责》《领导小组成员单位职责分工》等 3 个制度文件。制定下发《关于做好省属国有企业负责人 2013 年度薪酬分配备案工作的通知》,对 55 户省属国有企业、307 位国企负责人 2013 年度薪酬审核结果进行备案。

【发布 2014 年企业工资指导线】 8 月 7 日,省人社厅印发《关于发布江西省 2014 年企业工资指导线的通知》,明确企业货币工资增长基准线为 14%,增长下线为 6%,企业货币工资增长不设上限。考虑到江西省工资水平较低,本次发布的工资指导线的基准线高于地区生产总值增长计划,并不设增长上线。

【推进和谐劳动关系综合试验区建设】 推进万载县和谐劳动关系综合试验区建设,万载县劳动合同签订率达 99.7%,劳动纠纷案件下降 18 个百分点,企业经济效益增长 38.8%。4 月,在万载县试点的基础上,宜春市将和谐劳动关系综合试验区建设扩大到全市范围。省人社厅将宜春市实施方案转发全省学习借鉴,经验做法在人社部《人力资源社会保障工作信息》刊发。

【进一步规范劳务派遣行为】 针对异地派遣社保费缴纳问题,省人社厅明确规定在本省行政区域内同一设区市不同县(市、区)劳务派遣的,劳务派遣单位可以以相对集中的方式在所在设区市社会保险经办机构为被派遣劳动者参加社会保险，其中工伤保险基准费率可以根据被派遣劳动者所在的行业结构和人员比例综合确定；针对超比例用工的单位，省人社厅制定在过渡期内调整用工方案备案办法，积极指导用工单位通过转为直接用工等方式将劳务派遣用工比例降到10%以内；认真做好许可工作，全省共为180户劳务派遣单位发放许可证、有劳务派遣用工单位1220户、被派遣劳动者人数7.3万人。组织开展劳务派遣专题调研，形成并报送专题调研报告。据调查，被派遣劳动者人数7.3万人，比上年减少了4.8万人，减幅40%，其中有1.6万人转为直接用工。在非“三性”岗位上使用劳务派遣工的单位数由法规实施前的21家减少为15家，派遣劳动者参加各项社会保险的比率由24%提高到68%，同工同酬权益基本得到落实。

【开展和谐劳动关系创建活动】 积极协调劳动关系三方四家联合开展工业园区及企业劳动关系状况调研，完善劳动关系和谐企业与工业园区认定办法，调整省劳动关系和谐企业与工业园区创建领导小组，向园区和企业宣传《中华人民共和国劳动合同法》等法律法规，指导园区和企业积极构建和谐劳动关系。对被命名为省级劳动关系和谐企业的，在省文明办的企业诚信红黑榜予以通报。年内新增命名省级劳动关系和谐企业45户，累计224户；新增省级劳动关系和谐工业园区3个，累计18个。

【实施集体协商和集体合同制度】 为认真贯彻《江西省企业工资集体协商条例》，6月28日，省人社厅、省总工会、省企业联合会、省工商联制定下发《关于推进集体合同制度攻坚计划实施方案》，明确了推进工资集体协商、提高集体合同签订率的目标任务、工作措施和职责分工。全省经人社部门审查备案累计有效的集体合同2.2万份，覆盖企业2.9万户，覆盖职工人数316万人。

【进一步规范企业裁员行为】 指导企业依法裁减人员，使企业裁员后劳动关系保持平稳。出台国有企业职工经批准停职领办创办企业劳动关系处理办法，促进非公有制经济更快更好发展；建立企业裁员情况统计分析报告制度。年内全省共有118户企业发生裁员行为，裁员总人数7729人，其中，一次性裁员100人以上企业18家，裁员人数5701人。针对台资企业和非公企业出现的劳动关系不稳定事件，省人社厅会同省维稳办、省总工会以及地方政府深入一线了解情况，及时回应劳动者诉求，主动做好政策解释和安抚工作，督促用人单位履行好社会责任依法用工，妥善处理了群体性事件。

【组织农民工工资支付专项执法检查活动】 2013年11月20日至2014年1月20日，省人社厅在全省范围内组织开展农民工工资支付情况专项检查活动，出动执法检查人员2185人次，检查用人单位1.24万户次，涉及劳动者80.51万人，其中农民工58.06万人，发放宣传资料39.19万份；开展法律咨询服务964次。检查发现存在拖欠工资情况的用人单位1678户，涉及农民工4.09万人，拖欠农民工工资1.88亿元，执法部门依法责令用人单位支付农民工工资1.7亿元。

【开展清理整顿人力资源市场秩序专项行动】 2月17日至3月21日，省人社厅会同省公安厅、省工商局在全省范围内组织开展清理整顿人力资源市场秩序专项行动，出动执法人员1357人次，检查单位2397户次，查处违反就业管理相关规定的行政违法案件104件，发出整改指令书74件，责令退赔求职者中介服务费、押金或其他费用4.31万元。8月，省劳动监察局被人社部、公安部、工商总局评为“全国清理整顿人力资源市场秩序专项行动取得突出成绩单位”。

【组织开展用人单位遵守劳动用工和社会保险法律法规情况专项检查】 7月1日至8月15日，省人社厅在全省范围内组织开展用人单位遵守劳动用工和社会保险法律法规情况专项检查，共出动执法人员1255人次，检查各类用人单位8206户，涉及劳动者72.62万人，查处违反最低工资规定及拖欠工资案件449件，未依法参加社会保险案件288件，未依法缴纳社会保险费案件1654件，违反工时、休息休假规定案件158件，责令补签劳动合同8.79万人，责令支付工资及补偿赔偿959.6万元，督促社会保险登记201户，督促缴纳社会保险费2510.5万元。

【提升调解仲裁工作效能】 大力推进仲裁信息化建设，按照“三位一体”的开发模式将办案系统纳入整个劳动关系服务平台，实行本地化开发，采用省院测试运行—试点单位试点运行—省、市、县三级正式运行的优化推广方式，已实现省市两级全覆盖；举办仲裁办案系统骨干培训班和全省劳动关系管理系统运行部署会暨骨干操作培训班，确保系统切实运用于各级仲裁机构办案实务中。坚持以提升劳动人事争议效能建设为核心，加强仲裁院实体化和基层调解组织建设，及时妥善处理劳动人事争议案件1.57万件，结案率92.8%，调解结案率62%。7月，省劳动人事争议仲裁院获“2012—2013年度省级青年文明号”称号。

（袁伟华）

工商行政管理

【概　况】 2014年，全省工商行政管理部门扎实推进商事制度改革，着力营造宽松平等的准入环境，公平竞争的市场环境，安全放心的消费环境，努力开创工商行政管理改革发展新局面，为促进经济科学发展，全面建设小康社会做出了新的贡献。

市场主体快速发展。全年新增各类市场主体29.55万户，出资总额4420.70亿元。其中：内资企业7.80万户，注册资本总规模3509.31亿元；外资企业619户，注册资本55.26亿美元；农民专业合作社8519户，出资总额222.16亿元；个体工商户20.84万户，登记资金数额346.07亿元。截至年底，全省实有各类市场主体198.57万户，同比增长14.16%，登记资金总额2.26万亿元，增长31.45%。其中：内资企业40.1万户，注册资本总规模为1.78万亿元；外资企业7020

户,注册资本437.69亿美元;农民专业合作社3.53万户,出资总额767.82亿元;个体工商户154.24万户,登记资金数额1347.53亿元。产业结构不断优化,第一、三产业增速明显。全省各类企业中,第一、二、三产业比重分别为5.71%、25.29%、69.%,分别增长25.03%、15.12%、21.95%。创造了更多的就业机会。全省个体私营经济从业人员776.5万人,比上年底增加112.36万人,增长16.27%。

【加强市场监管】 2014年,全省工商行政管理部门创新监管方式方法,突出重点市场领域,保持了市场竞争秩序的稳定。年共查办各类违法经营案件9661件,案值1.07亿元。加强了网络交易市场监管,出台《江西省工商局网络商品交易管理工作规范》,构建网络交易监管协作机制,开展红盾网剑专项行动,加大对各类网络交易违法行为的监管力度。加强竞争执法工作,工商总局授权的保险公司涉嫌垄断协议案件正在进行处理,通过约谈方式纠正了4起政府部门滥用行政权力排除、限制竞争行为,全年共查处不正当竞争违法案件3239件,案值5202.69万元,罚没入库2509.44万元。开展虚假违法药品、互联网等重点领域广告专项整治和电视购物广告整治行动,查处各类广告违法案件546起,罚没411万元。深入开展"红盾护农",加强农资市场整治,抽检农资商品3120批次,查处非法经营农资案件942件,案值466万元。开展无传销城市创建工作,严格直销监管,查处传销案件15件,案值98.34万元,查处直销违法案件4件,案值6万元。根据中央和省委的部署,开展整治"会所中的歪风"专项行动,对全省市场主体名称中含有会所的633户企业、2713户个体工商户进行了全面排查摸底,查处取缔无照经营会所23户,依法责令变更或注销登记163户,清理纠正名称与社会主义精神文明建设相悖的会所228户。

【依法维护消费者合法权益】 积极宣传贯彻新修订的《中华人民共和国消费者权益保护法》(以下简称"新《消法》),3月15日,新《消法》正式实施,全省工商行政管理部门通过各种形式,宣传新《消法》,不断提升消费者的维权意识和水平,共举办各类宣传普法活动416次、印发宣传资料46万份。深入推进重点领域消费维权工作。强化流通领域商品质量监管和有关服务领域消费维权,集中开展重点商品抽查检验和专项整治,对四大类2287组重点商品进行监测,查处违法案件395件。着力解决损害消费者利益的突出问题,查处侵害消费者权益案件800件,案值602.44万元,为消费者挽回经济损失1763.1万元。发挥12315网络监控、信息共享、数据分析等功能作用,进一步延展维权网络,消费维权水平进一步提升。全年共受理消费者咨询投诉举报1.89万件,投诉调解成功1.69万件,调解成功率为89.04%。构建维权工作新机制。扎实推进"一会两站"(消费者协会分会、消费者投诉站、12315联络站)、"12315五进"(12315进商场、进超市、进市场、进企业、进景区)规范化建设,全省已设立"五进"消费维权服务站1952个,探索建立"诉调对接"消费维权新机制。

【注册资本登记制度改革实施】 3月1日,注册资本登记制度改革工作正式实施,改革具体内容包括:放宽注册资本登记条件。除法律、法规另有规定外,取消有限责任公司最低注册资本3万元、一人有限责任公司最低注册资本10万元、股份有限公司最低注册资本500万元的限制;不再限制公司设立时全体股东(发起人)的首次出资比例,不再限制公司全体股东(发起人)的货币出资金额占注册资本的比例,不再规定公司股东(发起人)缴足出资的期限。公司实收资本不再作为工商登记事项。公司登记时,无需提交验资报告。将企业年检制度改为年度报告制度。注册资本由实缴登记制改为认缴登记制。实行由公司股东(发起人)自主约定认缴出资额、出资方式、出资期限等,并对缴纳出资情况真实性、合法性负责的制度。放宽市场主体住所(经营场所)登记条件。按照省政府意见,由各设区市结合地方发展特点,制定本地区内放宽企业住所登记的具体规定。从改革正式实施到年底,全省新登记企业72108户,增长70.58%;注册资本3620.03亿元,增长122.83%,平均每个工作日新登记注册企业342户。

【推进审批制度改革】 一是试点"三证合一"(三证指工商营业执照、组织机构代码证、税务登记证)登记制度改革。成立改革协调小组,省工商局、省国税局、省地税局、省质监局、省法制办、省编办为改革协调小组成员单位,省工商局为改革协调小组牵头单位,出台《江西省"三证合一"登记制度改革试点工作实施方案》,确定南昌市和6个省直管县为改革试点单位。二是下放行政许可项目。梳理省工商局行政审批权力事项415项,进行流程再造,形成并上报《行政审批权力清单》,将行政许可项目清理下放,省级仅保留2项。三是推进"先照后证"改革。依据国务院下发的《关于取消和调整一批行政审批项目等事项的决定》,将113项工商登记前置审批事项改为后置审批;江西省工商登记前置许可审批事项改后置的清理工作已完成,12月26日,《工商登记前置许可审批事项改后置清理目录(草案)》上报省审改办。

【工商行政管理体制调整】 5月27日,省委办公厅、省政府办公厅出台《关于调整省级以下工商行政管理、质量技术监督系统管理体制有关问题的通知》,根据省政府部署,调整工商行政管理部门行政管理体制。工商行政管理机关省级以下垂直管理改为地方政府分级管理体制,业务接受上级工商行政管理部门的指导和监督。调整后,市、县(区)工商行政管理部门为同级政府的工作部门,其行政编制分别纳入市、县行政编制总额。此次改革涉及11个设区市局、100个县(市、区)局、22个设区市局直属机构、883个基层分局和近万名公务员、3000多名事业人员。

【企业信用信息公示制度实施】 10月1日,《企业信息公示条例》正式实施,企业年度检验制度改为企业年度报告公示制度。"江西省企业信用信息公示系统"与全国同步上线运行,以信用约束为主的"宽进严管"市场监管方式正式启动。公示系统具备工商公示信息功能包括工商行政管理部门公示信息管理,企业、农民专业合作社、个体工商户年度报告管理,工商行政管理部门行政处罚案件公示信息管理等,企业公示信息功能包括企业信息公示查询、企业年度报告及公示管理、即时信息报送及公示管理等。自10月1日至12月31日止,通过“江西省企业信用信息公示系统”公示年度报告的企业有4.75万户,个体工商户有1.12万户,采用纸质报送年度报告的个体工商户5.34万户。

【组织开展全省市场专项整治】 为落实省政府提出的加强市场监管,解决政府监管“缺位”与“越位”问题,由省工商局牵头,联合省农业、商务、食药监等十几个部门,在全省范围集中开展重要商品市场监管专项整治行动,全省工商行政管理部门共检查建材及生活日用小商品销售者16962户次,检查商品货值674.94万元,抽样服装180批次,抽检成品油1400个批次,查办案件289件,案值251万元。开展对银行、通信业及供水、供电、供气等公用企业不公平合同格式条款整治,查处案件89件。

【12315网络指挥平台升级】 为了适应新形势下对消费维权信息化的要求,年内省工商局投入200余万元对现有的12315投诉举报网络系统进行升级改造,采用集中与分散相结合的模式,整合全系统各业务系统资源,构建“江西省12315综合服务平台”,建立12315投诉举报多渠道(电话、短信、网络等)诉求途径,实现统一接听、按责转办、限时办结,统一督办,统一考核及网络监控、信息共享、数据统计分析等功能。新系统于7月投入使用,运行良好。

【推进商标战略实施】 全省商标监督管理系统着力构建多层次、高水平的商标品牌培育梯队,打造知名度高、美誉度好的驰名、著名商标集群。一是驰名、著名商标培育取得新成绩。年内国家总局商标局认定江西省7件商标为中国驰名商标,至此,江西省驰名商标总量达到105件,且在产业分布上更为优化,在地区分布上更加趋向均衡。做好江西省著名商标认定工作,认定省著名商标743件。二是地理标志商标培育有新进展。工商行政管理部门将建设具地方特色区域的农产品品牌战略作为江西省发挥比较优势,缩小发展差距的突破口。年内全省新增“遂川狗牯脑”“兴国倒蒸红薯干”“信丰红瓜子”“修水双井茶”“新余蜜桔”地理标志商标5件,总量为45件。三是集群商标品牌建设有新亮点。全省商标监督管理系统以区域内产业集群为基础,建设特色鲜明的产业集群商标品牌培育基地,扶持现代服务业和中小企业商标建设。各地围绕鄱阳湖生态经济区的南昌核心增长极的新动力汽车、新材料、生物医药等优势产业集群,九江沿江开放开发的化工、钢铁优势产业集群,沪昆线两翼的新能源、新型电子、机电光学、铜精深、建筑陶瓷等优势产业集群;赣南等原中央苏区的稀土、家具优势产业集群,打造成支柱产业、传统产业、特色资源产业品牌集群。上游品牌产业带动下游产业发展,推动商标品牌资源集聚,激发区域经济增长极内生动力。四是进一步加大商标专用权保护力度,继续推进构建打击侵权假冒工作长效机制,提高商标执法工作效能,捣毁制假售假窝点10个,立案查处制售假冒伪劣商品案件462起,涉案金额419万元,罚没金额287万元。

【开展“3·15”国际消费者权益日活动】 根据省政府要求,江西省工商局牵头组织相关行政部门,在南昌八一广场开展“3·15”国际消费者权益日大型宣传活动并接受咨询、投诉。省工商局编发以新《消法》实施为主题的公益短信,省工商局、省消协联合中国江西网在3月15日开展“新消法、新权益、新责任”为主题的网络直播访谈活动,进一步加大对消费者及社会各界的法制宣传普及力度。全省举办宣传普法活动416次、印发新《消法》宣传资料45.84份。

(吕雪金)

质量技术监督

【概　况】 2014年,全省质监部门坚持“维护经济秩序,服务经济发展”的质监工作第一要义,加大力度抓质量、保安全、促发展、强质监,质监工作实现稳中有进,为促进全省经济发展和社会稳定做出了积极贡献。

认真贯彻《质量发展纲要(2011—2020年)》和《2014年质量兴省工作要点和任务分工》,在继续开展江西名牌产品认定、质量创建、质量状况分析和政府质量工作考核等工作基础上,省政府设立并启动首届井冈质量奖评选工作,启动产品质量合格率统计调查工作,省政府出台《江西省计量发展规划(2014—2020年)》。年内泰豪科技股份有限公司获批“全国中小学质量教育社会实践基地”,樟树市批准筹建“全国质量强市示范城市”,新增“全国知名品牌创建示范区”筹建单位3个、国家地理标志保护产品3个,认定江西名牌产品149个,新建、复查计量标准230项,其中8项新建标准填补了江西省空白。

加大日常巡查和执法检查力度,开展“双打”“质监利剑行动”、安全大检查等活动,年内立案查办违法案件1293起,封停隐患特种设备309台(套),暂停14家不合格实验室资质,努力维护了全省质量安全平稳态势。不断创新监管措施,探索实施质量安全风险监测,推行产品质量监督约谈制度,稳步推进分类监管工作。积极推行电梯安全监管改革,试点电梯安全动态监管系统,探索建立气瓶电子标签监管系统,进一步提升了质量安全监管效果。

围绕赣南等原中央苏区振兴发展,指导会昌县毛竹、橘柚特色产业基地成功申报国家农业综合标准化示范区,推举信丰县成功创建全国有机产品认证示范区。围绕产业集群发展,加快提升检测能力,筹建5个国检中心正努力推进,1家已通过国家认监委“三合一”认证,4家完成基本建设,江西质监检测基地主体工程完工。围绕生态文明先行示范区建设,积极争取并获批建设国家城市能源计量中心(江西),与省政府机关事务管理局联合推进全省公共机构能源资源计量工作,获得国家质检总局肯定并下拨专项经费。研制节能减排领域省地方标准4项,启动循环经济标准化试点,获批国家循环经济标准化试点项目1个。新认定江西省工业节能产品4个、新增在用工业锅炉能效测试113

台;淘汰燃煤小型锅炉 491 台。

稳妥地推进质监行政管理体制调整,协调争取省委、省政府及有关部门的支持,基本做到调整过渡期间思想不乱、队伍不散、工作不断。推进行政审批制度改革,下放设区市局和省直管试点县(市)局行政许可项目 5 项,委托 7 项。推进检验检测认证机构整合,全省特检机构合并重组进展顺利。推进组织机构代码登记制度改革,启用代码网上年报及公示平台,参与省“三证合一”登记制度改革试点。做好省直管县(市)试点质监工作的有序对接。

【国务院质量工作考核组到赣核查省政府质量工作】 9 月 2 日—4 日,国务院质量工作第七考核组一行 10 人,对江西省 2013—2014 年度政府质量工作进行考核。省长鹿心社会见了考核组一行,副省长谢茹、李贻煌分别出席考核汇报会和反馈会。考核组认真核查了江西省质量工作资料,到泰豪科技股份有限公司等 5 家企业进行检查,在九江市组织召开质量工作座谈会。考核组充分肯定了江西省质量工作取得的阶段性成效,主要表现为政府推动质量工作扎实有力,质量监管体系不断完善,质量保障能力不断提升,质量总体水平提升明显,考核组还指出了江西省质量工作存在的问题和不足,并提出了有关工作建议。

【启动首届井冈质量奖评选工作】 3 月,“江西省井冈质量奖”获全国评比达标表彰工作协调小组办公室批准正式设立。随后,省政府办公厅印发《江西省井冈质量奖管理办法》,省质量兴省领导小组出台《江西省井冈质量奖评审规则》,随后启动首届井冈质量奖评选工作。6 月,全省 10 家企业申报首届井冈质量奖。7—8 月,邀请国内 6 位知名的质量奖评审专家对首届质量奖申报企业进行资料评审、问询答辩和现场评审,淘汰 4 家企业。11 月 11 日,省政府召开省质量兴省领导小组会议,审议了首届井冈质量奖获奖企业名单。

【《江西省计量发展规划(2014—2020 年)》出台】 12 月 31 日,省政府办公厅印发《江西省计量发展规划(2014—2020 年)》(以下简称《规划》),这是江西首个省级计量工作专项中长期规划。《规划》明确到 2020 年江西省计量事业发展的总体目标,并明确了 10 个方面的具体量化指标:一是推动完成《江西省计量监督管理条例》的修订;二是全省常用计量标准和量传溯源体系覆盖率达到 95% 以上,全省各级建立社会公用计量标准 1500 项以上,其中最高计量标准达到 80 项以上;三是形成通过实验室认可的校准测量项目 1000 项以上;四是围绕江西战略性新兴产业建立国家级产业计量测试中心 1 个、省级产业计量测试中心 4 个;五是争取建立 1 ~ 3 个国家级型式评价实验室;六是国家重点管理计量器具受检率达到 95% 以上;七是计量器具产品质量监督抽查合格率达到 95% 以上;八是定量包装商品净含量抽查合格率达到 96% 以上;九是全省范围内引导并培育 1000 家以上诚信计量示范单位;十是全省列入国家万家重点耗能企业的能源资源计量数据实现实时。《规划》还要求各级政府要加强对计量工作的领导,有关部门要落实责任,形成工作合力。

【开展多种形式的质量创建活动】 江西省新增赣州开发区、樟树市、高安市等 3 个单位,分别筹建全国稀土永磁及钨粉深加工产业、全国金属家具、全国建筑陶瓷知名品牌创建示范区。樟树市成为江西省首个获国家质检总局批准筹建的“全国质量强市示范城市”。此外,认定、表彰了 2014 年江西省质量管理先进企业 25 家、质量信用 AAA 级企业 44 家, 2014 年江西名牌产品 149 个。

【开展重点产品质量提升行动】 组织对儿童用品、家用电器等 10 类重点产品质量提升行动,通过严格产品质量不合格企业的后处理工作,严格强制性产品认证和生产许可证管理,稳步推进分类监管工作,严厉打击质量违法行为等有力手段,促进了企业管理和重点产品质量水平的提升,对纳入质量提升范围的 320 家获证企业进行证后监管。对 1005 家企业实施分类监管,已落实差异化监管措施的企业 242 家,建立企业档案 957 家。

【加强标准化工作】 指导帮助 60 余家企业创建标准化试点(示范),批准发布地方标准和下达立项计划 186 项,完成对 415 项省地方标准的复审。开展农业标准化试点建设,苎麻种植等 14 项全国农业综合标准化示范区,绿色大米种植等 13 项省级农业综合标准化试点建设工作已正式启动;丰城、永丰获批承担全国首批农业综合标准化示范县建设任务。提升社会管理和公共服务水平,万载县农村社会工作标准化试点等 4 个项目被批准为国家第一批社会管理和公共服务综合标准化试点项目。

【加强认证监管工作】 围绕提升实验室检验检测能力,严格实验室资质认定管理,获证实验室涵盖了农业、交通、建筑、环境、食品、医药、机动车等 26 个行业,基本满足了全省经济社会发展的质量检测需求。推进各类管理体系与产品认证工作,全省获强制性产品认证证书 3075 张,自愿性认证证书总数为 1.06 万张,江西省的认证证书总数达到 1.36 万张。

【加强特种设备安全监察】 省质监局宣传贯彻《中华人民共和国特种设备安全法》,推动各地落实特种设备安全责任,9 个设区市政府、80 个县(市、区)政府将特种设备安全纳入地方政府安全生产工作考核内容,70 个县(市、区)政府建立了特种设备重大安全隐患挂牌督办、公告制度。落实企业主体责任,新增 713 家单位开展安全管理标准化创建;继续推行特种设备安全责任保险工作,新增投保设备 1151 台。

【质监行政管理体制调整】 5 月 27 日,省委办公厅、省政府办公厅出台《关于调整省级以下工商行政管理、质量技术监督系统管理体制有关问题的通知》,按照部署要求,省质监局扎实推进行政管理体制调整各项工作,争取省委、省政府和有关部门的支持,解决了部分人员编制、机构恢复、干部交流等方面的问题。与省编办联合下发 11 个设区市机构编制下划移交的文件,顺利完成机构编制的下划移交。会同省财政厅对全省质监部门财政拨款基数进行了分解,及时下达各设区市、县质监局财政拨款基数,为分级管理平稳过渡提供了经费保障基础。

(曾亮　王宏年)

国土资源管理

【概　况】　2014 年,全省国土资源管理部门把握“服务发展、保护资源、维护权益”的工作定位,主动作为、开拓创新,全省国土资源工作在服务发展大局中实现了新发展。

全省统筹使用的各类用地计划 2.88 万公顷,同比增加 286.67 公顷,保障了包括 196 个省重大项目在内的一大批项目及时落地。其中,新增建设用地计划 2.16 万公顷(含使用国家计划 6880 公顷),增长 3.6%;增减挂钩周转指标 3333.34 公顷,增长 20%;工矿废弃地复垦试点规模 1333.34 公顷,增长 50%;低丘缓坡试点规模 2533.34 公顷。全省审批建设用地 1050 件,总面积 2.36 万公顷,涉及农用地 1.83 万公顷(含耕地 8606.67 公顷),新增建设用地 2.07 万公顷。与上年相比,件数增加 37.7%,总面积增加 4.8%,农用地增加 6.0%,耕地增加 21.8%,新增建设用地增加 2.5%。上报国家审批的建设用地报件质量名列全国第二,征地批准情况和批后实施情况报国土资源部备案工作,报备率 100%。

全省完成国土资源网上交易 3868 宗,成交价款 1086.67 亿元。全省供应建设用地 5419 宗,面积 1.74 万公顷。其中:出让 3761 宗,面积 9813.3 公顷(招拍挂 3431 宗,面积 9446.7 公顷);划拨 1657 宗,面积 7626.7 公顷;租赁 1 宗,面积 4.99 公顷。

2011—2015 年省级政府耕地保护责任目标期中自查工作全面完成,2011—2013 年全省耕地总量净增 2306.67 公顷。强化耕地占补数量质量平衡,全省补充耕地 8413.34 公顷,超额完成年度任务。在全国率先提出“旱地改水田”措施,有效破解“占优补优、占水田补水田”难题,得到省政府领导的充分肯定,国土资源部已向全国正式推行。截至年底,全省“旱地改水田”项目立项规模 1600 公顷,预计“旱改水”面积 1466.67 公顷。国家安排的农村土地整治示范建设 3 年任务全面完成,共完成建设规模 16.37 万公顷,新增耕地面积 1.34 万公顷,建设高标准基本农田面积 12.58 万公顷,均超过省部协议任务数。全省年度安排新农村建设土地整理项目 40 个,建设规模 1.22 万公顷,省级资金投入 3.29 亿元。配合国家审计署完成对省长经济责任审计及土地出让和耕地保护审计。

严格用地标准,严格预审把关,全年共审核初(预)审建设项目 154 个,核减用地规模 986.67 公顷。按国土资源部要求,完成 2013 年度单位国内生产总值建设用地下降目标考核工作,推进重点城市建设用地节约集约利用评价工作和全省第四轮开发区土地集约利用评价工作。《江西省节约集约利用土地考核办法》已报省政府审定。

全面开展矿业权设置方案优化和修编工作。启动全省矿产资源开发监测监管系统建设和尾矿(砂)综合利用工作。加强矿产资源综合利用示范工程及示范基地建设。组织起草采矿回采率、选矿回收率和资源综合利用率“三率”考核办法。江西省组织完成的重要矿产资源“三率”调查与评价报告被部评为优秀等级。

全省地勘基金投入 1.56 亿元,部署 78 个勘查项目。加强中央和省级地勘基金两级联动,进一步巩固扩大相山铀矿整装勘查区和浮梁朱溪钨铜矿区的找矿成果。全面启动江西省页岩油气基础性地质工作,部署安排 5 个页岩油气资源调查评价项目。

2014 年,省地质勘查工作投入资金 10.49 亿元,增长 10.65%。其中,中央财政投入 1.98 亿元,增长 74.63%;地方财政投入 1.93 亿元,增长 37.58%;社会资金投入 6.58 亿元,减少 5.91%。全省共实施矿产勘查项目 701 项,完成钻探工作量 85.39 万米,增长 19.75%;完成坑探工作量 6.09 万米,下降 20.14%;完成槽探工作量 33.26 万立方米,下降 9.52%;完成浅井工作量 8241 米,增长 25.41%。

全省新发现矿产地 57 处,其中大型 5 处、中型 16 处、小型 36 处。完成阶段性勘查的矿产地 101 处,其中预查 12 处、普查 3 处、详查 86 处。

截至年底,全省共有探矿权 1876 个,完成探矿权新立登记 88 宗(探矿权价款 2.39 亿元),探矿权延续、变更、保留 697 宗,注销探矿权 59 宗,转让探矿权 42 宗。全省共有地质勘查资质单位 84 家。其中,中央直属地勘单位 2 家,属地化管理地勘单位 55 家,科研院所(校)2 家,矿业公司 6 家,其他单位 19 家。

全省工业企业与矿产资源息息相关的产业有 13 个。建成煤炭、黑色金属、有色金属、建材、化工、盐业六大矿业体系;全省有江铜、新钢、萍钢、九江石化、洪钢等 5 户矿业加工企业年销售收入均超百亿元。

2014 年全省采掘量 2.76 亿吨,矿业总产值 345.67 亿元,利润总额 24.39 亿元。截至年底,全省矿山总数为 5653 个,其中大型矿山 52 个、中型 318 个、小型 3237 个、小矿 2046 个。2014 年,全省省级发证采矿权新立 4 个。截至年底,省级发证采矿权共有 1146 个。

截至 2013 年年底,全省发现各种有用矿产 193 种(以亚矿种计),矿产地 5000 余处。查明有资源储量的矿产有九大类,139 种。列入 2013 年矿产资源储量统计的矿产 128 种。截至 2013 年年底,江西探明的矿产资源保有储量在全国居前十位的有 71 种,其中居首位的有钽、铀、重稀土、碲、伴生硫、化工用白云岩、粉石英、麦饭石等 8 种。居第二位的有铜、银、金、钨、锂、铯、碲、电气石、光学萤石、滑石、陶瓷土、玻璃用脉石英、水泥用辉绿岩等 13 种。居第三位的有铌、铍、钪、普通萤石、冶金用白云岩、冶金用砂岩、化肥用灰岩、叶蜡石、玻璃用砂岩、玻璃用大理岩、制灰用灰岩、海泡石粘土、饰面用板岩、透闪石等 14 种。居第四位的有铅、铋、自然硫、化肥用蛇纹岩、饰面用角闪岩等 5 种;居第五位的有石煤、硅灰石、玻璃用砂、水泥配料用砂、水泥配料用脉石英、水泥用凝灰岩等 6 种。

【国土资源管理改革有新进展】　4 月 9 日,省国土资源厅印发实施《江西省征收土地留地安置指导意见》(赣国土资发〔2014〕3 号),推进征地制度改革,规范留地安置,保障被征地农民的长远生计。7 月 28 日,省国土资源厅印发《关于省直管县(市)体制

·资 料·

2013 年主要矿产资源储量增减变化

序号	矿产名称	保有资源储量	较 2012 年增长(±%)	序号	矿产名称	保有资源储量	较 2012 年增长(±%)
1	煤炭	14.22 亿吨	-0.69	8	钼矿	5.01 万吨	-0.20
2	铁矿	8.85 亿吨	4.10	9	银矿	2.08 万吨	-20.07
3	铜矿	1028.33 万吨	-10.70	10	金矿	512.80 吨	-2.59
4	铅矿	350.83 万吨	0.42	11	盐矿	139.36 亿吨	-0.03
5	锌矿	514.08 万吨	0.43	12	高岭土	1.19 亿吨	6.92
6	钨矿	190.45 万吨	-3.20	13	水泥用灰岩	36.77 亿吨	5.36
7	锡矿	27.79 万吨	0.59				

2014 年主要矿产品产量增减变化

矿产名称	单位(矿石量)	2012 年	2013 年	2014 年	增减变化
煤	万吨	1401.98	2044.59	1019.98	↓
铁	万吨	1493.77	1590.79	1021.19	↓
铜	万吨	5595.20	5346.20	5726.38	↑
铅锌	万吨	35.13	38.87	38.84	↓
钨	万吨	831.20	965.87	810.20	↓
锡	万吨	77.83	86.00	80.73	↓
金	万吨	248.00	219.39	147.21	↓
银	万吨	73.00	70.31	60.35	↓

改革试点工作的实施方案》(赣国土资字〔2014〕84 号),明确试点县(市)享有的设区市级国土资源管理权限和直报省国土资源厅的事项,并提出支持试点县(市)发展的政策措施。12 月 26 日,省委正式行文向国土资源部推荐余江县申报全国农村宅基地改革试点。

深化行政审批改革,全面清理行政审批项目,厅本级保留行政审批 11 项,其中行政许可 8 项、非行政许可 3 项;取消 10 项,下放 3 项。继上年精简 19 项行政管理事项后,再次取消 5 项行政管理事项。积极推进不动产统一登记工作,建立了省不动产统一登记职责整合工作厅际联席会议制度。省编办印发《江西省机构编制委员会办公室关于整合不动产登记职责的通知》,明确由省国土资源厅指导监督全省土地登记、房屋登记、林地登记等不动产统一登记工作。

【法治国土建设迈出新步伐】 制定《关于全面推进全省国土资源法治建设的意见》,提出十一项具体任务和“十二个严禁”“十二个不准”。《江西省矿产资源管理条例》和《江西省稀土管理办法》立法工作有序推进。出台《关于加强矿业权出让监督管理的意见》《关于进一步规范土地供应管理严格土地用途的通知》《江西省地勘基金管理办法》等一系列规章制度。全面完成全省矿业权清理和整顿工作。联合省住建厅在全省开展农村违规建房情况调研和“小产权房”专项清查。

【完善国土资源规划】 开展 50 个县级土地规划修改和 9 个县的乡级土地规划调整工作,编制完成鄱阳湖生态经济区国土规划、昌九一体化土地规划、省级增减挂钩试点专项规划;编制完成省级绿色矿山建设规划、赣南苏区矿山环境治理规划、江西省矿产资源综合利用规划。

【二次土地调查工作取得成效】 2 月 10 日,省政府召开常务会议,听取江西省第二次土地调查专题汇报。3 月 6 日,省政府新闻办召开新闻发布会,公开发布江西省第二次土地调查主要数据成果。12 月 30 日,国土资源部、人力资源和社会保障部联合表彰第二次全国土地调查先进单位和先进工作者,江西省新余市国土资源局、泰和县国土资源局获“第二次全国土地调查先进集体”,胡云清、杨贤福、陈彦泉 3 人获“第二次全国土地调查先进工作者”称号。

【通报耕地保护责任目标考核结果】 2月23日,省政府办公厅印发2013年度市县政府耕地保护责任目标考核结果的通报,宜春市、吉安市、南昌市等3个设区市政府,鄱阳县、大余县、高安市、浮梁县、遂川县、新余市渝水区、广昌县、贵溪市、德安县、芦溪县等10个县(市、区)政府考核为优秀,并对考核为优秀的设区市政府奖励13.34公顷新增建设用地计划指标、对考核为优秀的县(市、区)政府奖励8公顷新增建设用地计划指标。

【建立建设项目占用耕地实地踏勘制度】 根据国土资源部《关于强化管控落实最严格耕地保护制度的通知》要求,江西省先后制定并印发《关于建设用地预审及审批中加强耕地占补平衡审查工作的通知》《建设项目占用耕地实地踏勘暂行办法》和《建设项目占用耕地实地踏勘操作指南》等文件,建立建设项目占用耕地实地踏勘制度。通过开展建设占用耕地实地踏勘工作,减少和避免占用集中连片优质耕地,促进节约集约用地和保护耕地。

【建设用地审批效率提高】 建设用地审批环节由逐宗上报省政府改为汇总上报,编制了用地报批材料制作软件,统一各种建设用地报批报表口径,提高了审批效率,节约了报批成本。全省审批建设用地1049件,总面积2.35万公顷,涉及农用地1.83万公顷(含耕地9166.67公顷)。新增建设用地2.07万公顷,增加37.7%;总面积增加4.8%,农用地增加6.0%,耕地增加21.8%;新增建设用地增加2.5%。上报国家审批的建设用地报件质量名列全国第二,征地批准情况和批后实施情况报国土资源部备案工作,报备率100%。

【保障被征地农民合法权益】 年内,省政府办公厅出台《关于进一步规范征地管理工作的指导意见》《关于进一步完善被征地农民基本养老保险政策意见》,对原被征地农民养老保险制度进行了完善和改进,被征地农民养老保险实现与现行基本养老保险制度并轨。

【加强国有建设用地监管】 严格建设项目用地预审。全年全省共审核预审项目150个,预审申请总面积8660公顷,核减规模986.67公顷,核减率11.39%。一是开展新增建设用地批后监管上图。完成2013年度248幅1:10000正射遥感影像的格式转换以及2008—2013年度5925个批次2.74万地块的上图工作,通过将新增建设用地矢量图与正射遥感影像图叠加分析,及时准确掌握了全省2008—2013年度新增国有建设用地利用情况和批而未用土地位置、面积与分布。二是开展节约集约用地专项督查和"回头看"活动。7月,省政府办公厅组织,省国土资源厅、省发改委、省工信委、省商务厅参与,开展节约集约用地专项督查,共抽查38个县(市、区)和开发区重大项目的用地情况,并利用GPS卫星定位技术实地察看333个大地块,66个节约集约用地典型企业,召开34个座谈会,掌控全省国有建设用地批、供、用的总体情况。11月,对全省节约集约用地专项督查整改开展了"回头看"活动。盘活批而未征建设用地。全年全省共批准建设用地区位调整44个批次,盘活批而未征土地面积约371.08公顷。

【规范农民建房】 4月21日,省政府办公厅下发《关于切实加强农村住房建设管理的通知》,从5个方面对江西省农村住房建设管理做出明确规定,提出"八不准"的具体要求。4月28日,省国土资源厅、省住建厅在吉安市联合召开全省农村住房建设管理工作会议,总结交流各地规范农村宅基地和农民建房管理的经验做法,研究部署农民建房管理工作,并在全省范围内开展农村违法违规建房专项清查工作,在严厉打击违法建设、销售"小产权房"的同时,全力遏制新的农村违法违规建房。

【省地质勘查基金部署项目78个】 2014年,省地质勘查基金共部署项目78项,累计完成钻探工作量8.16万米,槽探2.79万立方米。公开出让浮梁县鹅湖高岭土矿详查探矿权一宗,价款1735万元。新余市梅山煤矿已完成南区、北区、东区勘查。2014年,梅山北区、东区煤矿普查提交333+334煤炭资源量7757万吨(北区6983万吨、东区774万吨),梅山南区储量(332+333+334)煤炭资源量6900万吨;全区提交煤炭资源量1.45亿吨。浮梁县朱溪铜矿外围钨铜矿是中央与省级地勘基金合作的重点项目。2014年重点对54—30线的600米钨铜矿开展普查。钨矿体厚度大、品位高,最高品位达9.5%,共生铜矿,伴生有锌、银、锡、镉、镓矿等多种有益元素,54—30线提交三氧化钨资源量(333+334)可达超大型矿床规模,共生铜将达中—大型规模。瑞昌市武山矿区外围铜矿钻探查证深部铜资源潜力达200万吨以上,并且拉动江铜投资1.8亿元进行深部勘查。修水县白岭地区地热资源丰富,施工3个钻孔,其中ZK2孔孔口水温83℃(孔底温度达86℃)刷新了江西省温泉最高水温记录,达到理疗热矿水大型矿山建设规模。经地勘基金几年的整装勘查,广丰县杨村黑滑石矿完成普查工作,圈定南、北两个矿带、4条矿体,2014年新增资源量5420万吨,全区黑滑石矿资源总量超亿吨,达超大型规模。

【启动全省矿业权清理和整顿工作】 2014年年初,按照《关于印发江西省矿业权清理和整顿工作方案的通知》要求,启动全省矿业权清理和整顿工作,经清理,发现41个探矿权、160个采矿权(其中部省级发证37个)存在违法违规情况。5月底完成整顿阶段工作,对发现的问题,会同省国土资源执法总队、设区市国土资源执法支队分别依法、依规进行了处理,共立案查处22宗,罚没款175.99万元。进一步巩固了江西省矿产资源勘查开采秩序,保障了江西省矿业经济健康、可持续发展。

【重要矿产"三率"调查成果优秀】 《江西省重要矿产资源"三率"调查与评价》项目,在国土资源部组织的省级矿产资源"三率"(矿山开采回采率、选矿回收率、综合利用率)调查评价验收中被评为优秀成果。该项目自2012年启动以来,共完成江西省煤炭、铁、锰、铜、铅、镍、锌、钨、锡、锑、钼、稀土、金、银、磷、硫铁矿、萤石、钽铌、锂、钒等20个矿种1078家矿山的

“三率”调查和评价工作，基本摸清了江西省大宗、紧缺和优势矿产资源的资源储量与分布特点、开发利用现状、综合利用现状，共伴生矿产、低品位矿产、难选冶矿产资源现状和矿山废弃物、尾矿资源等的综合开发利用状况，并对重点矿种和重点地区的矿产资源“三率”指标和开发利用情况进行了综合评价，为江西省矿业经济建设和宏观决策提供了基础资料。

【加强地质灾害防治】　全年发生地质灾害394起，有效组织地质灾害避让工作，避免人员伤亡141人。全省各地共排查出新地质灾害隐患点1497处，累计设立群测群防点2.35万个，制作发放防灾避险明白卡7.58万份。先后组织派出21个督查组，分赴全省各地开展地质灾害防治工作督查。发布全省地质灾害气象风险预警13次，市、县地质灾害气象风险预警1909次。其中6处地质灾害危险点在人员转移后，房屋被滑坡、泥石流摧毁，141人成功避灾。地质灾害治理和搬迁同步推进。2014年度中央财政、省财政安排资金7840万元，对35处重要地质灾害隐患立项治理。各市县财政投入资金3844万元，对103处小型地质灾害隐患点实施治理。袁州区、贵溪市、信丰县、龙南县、瑞昌市5个县（市、区）地质灾害防治高标准“十有县”建设达标。九江、赣州等8个设区市及永新县、瑞昌市等25个县（市、区）地质灾害应急中心先后获批组建。年内全省组织地质灾害防灾专业培训351次、培训人员5.99万人次，组织科普宣传493次、36.69万名群众接受防灾科普教育。全省全年开展地质灾害应急演练39次，1.64万人次参练。年内继续搬迁受地质灾害威胁群众2394人、消除隐患散点661处。

【加强矿山地质环境保护】　47家（累计790家）省级发证矿山完成矿山地质环境恢复治理方案编制。省、市、县三级发证矿山累计存储保证金18.8亿元。推进废弃老矿山治理，寻乌石排废弃稀土矿山地质环境治理示范工程和萍乡、景德镇资源枯竭城市矿山地质环境治理重点工程年度进展顺利，累计投入资金8亿多元，30多处矿山地质环境得到有效恢复治理。

【加强地质环境项目管理】　制订出台《江西省地质环境专项资金项目绩效评价暂行办法》等项目管理制度。组织开展地质环境项目管理培训，对全省200多名地质环境管理骨干进行地质环境项目和资金管理集中培训。结合汛期地质灾害防治工作督查，对28个进度偏慢的地质灾害防治工程进行现场检查。开展地质环境项目抽查和绩效评价，对56个重要地质环境项目的实施和预算执行情况进行专项检查，对13个已竣工项目进行绩效评价。年内中央财政、省财政安排资金1.87亿元（其中中央财政1.06亿元、省财政0.81亿元），组织实施各类地质环境项目57个。

4月11日，省国土资源厅、宜春市政府联合举行地质灾害应急演练

省国土资源厅供稿

【加强国土资源执法监察】　2014年，国土资源违法违规形势明显好转。土地矿产卫片执法监督检查连续4年实现国家层面“零问责”。全省共立案查处土地违法违规案件647起，涉及土地面积1026.7公顷（耕地360公顷），分别下降35.88%和61.01%（60.58%）；立案查处矿产资源违法违规案件105起，分别下降47.76%；各级对194名责任人追究党纪、政纪处分，10名责任人被司法部门追究刑事责任。其中省国土资源执法监察总队直接立案查处土地违法违规案件21起，涉及土地面积473.3公顷（耕地173.3公顷）；立案查处矿产资源违法违规案件1起；追究党、政纪处分11人。1名责任人被司法部门追究刑事责任。在省级主流新闻媒体公开曝光10起国土资源违法违规典型案件（土地案件6起，矿产案件4起）。省政府对违法违规形势较为严峻的9个县（区）开展了警示约谈。省政府办公厅印发《江西省国土资源执法监察目标考核暂行办法》确定设区市政府负责人是目标考核工作第一责任人，明确目标考核主要内容、工作步骤、奖罚标准等。

【信访工作实现“总量下降，两率提高”的目标】　2014年，信访形势持续向好，实现“总量下降，两率提高”的目标，即信访总量下降，信访办结率、停访息诉率两提高。全年省国土资源厅受理群众来信来访（含上级部门交办）965件，受理来信591件，信访总量下降33.08%，来访批次和人次分别下降53.6%和49.81%。

【强化“一张图”系统与各类应用系统衔接】　在继续整理、整合各类数据的基础上，强化“一张图”系统与各类应用系统的衔接，实现“一张图”数据能够被各应用系统调用、使用，并实现市级“一张图”与省国土资源厅“一张图”的数据对接。一是整合全省高清航拍影像、土地调查等数据，实现“一张图”系统与综合监管、执法监察、土地整治项目管理、建设用地审批等系统的对接，能够满足业务系统对图形的要求，并为各业务系统实时提供数据支持和服务。二是提出市级国土资源“一张图”与省国土资源厅“一张图”对接的工作要求，并制定江西省国土资源“一张图”服务规范，规范和统一全省国土资源“一张图”的应用，实现全省数据上下互通。

【**建设国土资源网上交易新平台**】 6月，全面建设完成国土资源网上交易备份系统，开展了网上交易备份系统操作使用培训；8月1日作为主系统顺利上线运行，提升了网上交易平台支撑能力。印发《江西省国土资源网上交易应急处置办法（试行）》《江西省土地使用权网上交易外汇竞买保证金退付流程（境外竞得人）》和《关于调整土地使用权网上交易外汇保证金账户设置的通知》，切实规范网上交易应急处置和外汇保证金缴纳行为，方便了境外竞买人参与国土资源网上交易。年内完成国土资源网上交易3868宗，其中：土地使用权3728宗，面积1.03万公顷，成交价款1084.23亿元；矿业权140宗，成交价款2.43亿元。

（肖彦明　游振波）

食品药品监管

【**概　况**】 截至2014年年底，全省共有规模以上食品工业企业645家、食品经营户265251家、有持证餐饮单位73678家、保健食品生产企业70家。共有药品生产企业203家；药品批发企业287家、药品零售连锁企业99家、药品零售企业10392家；医疗器械生产企业337家、经营企业4786家；化妆品生产企业38家。2014年，江西省规模以上食品工业实现主营业务收入2692.10亿元，同比增长16.7%；生物医药产业主营业务收入1137.08亿元，增长13.17%。江西生物医药产业主营业务收入1137.08亿元，增长13.17%。

2014年，全省共抽检生产、流通环节食品10638批次，合格率96.67%；餐饮环节抽检食品3797批次，合格率90.97%；抽检药品19311批次，合格率94.36%，其中，完成基本药物抽验13331批次，合格率98.27%；抽检保健食品1018批次，合格率95.78%；抽检化妆品820批次，合格率98.66%；抽检医疗器械1215批次，合格率为92.26%。全省没有发生重大食品药品安全事故和人员死亡事件，一般食物中毒事故报告9起、中毒人数453人、食物中毒发生率为0.97/10万。

2014年，全省共查处各类案件11291起，吊销《餐饮服务许可证》73张，收回GSP证书24家，注销（吊销）药品经营许可证67件。与省公安厅治安总队建立定期会晤、线索互相通报等制度，行刑衔接取得了明显成效，移送涉刑案件185件，依法被逮捕73人，全省各级公安机关根据各食品、药品监管部门的线索，侦办一批地沟油、瘦肉精、毒豆芽、毒饺子皮、毒米粉、火锅底料非法添加罂粟壳粉等案件。

【**食品安全监管**】 开展乳制品、白酒、肉制品、食用油、大桶水、食用明胶等重点食品质量安全监管和综合治理工作，发现问题生产主体3757家，发现违法违规问题5033个，完成整改生产主体3551家。开展节日期间食品流通环节的专项整治工作，查处食品违法案件33件，受理消费者投诉109件。开展餐饮市场治理工作，查处违法违规经营案件2760件，移送司法案件9件，创建食品安全示范店1945家。开展农村食品专项整治工作，受理消费申诉和举报136件，取缔无照经营户39户，查处食品违法案件68件。组织开展打击食品安全违法违规行为“百日专项行动”，检查发现违法违规行为9783次，立案查处1530家，移送公安机关案件12件，逮捕犯罪6人。开展婴幼儿配方乳粉换证审查，组织全方位现场核查，邀请专家开展许可前抽查，抽查覆盖率100%；及时公告3家获证企业信息，关停未按时通过审核的1家企业。对于企业申请增加婴幼儿配方乳粉新品种，邀请国家级、省级专家开展配方论证工作，及时审批其增加新品种行政许可事项并公告。

【**药品安全监管**】 开展药品安全隐患排查专项工作，排查166家药品生产企业，下发责令改正通知书56份，立案查处4起，责令停产整顿1家。组织开展“枳壳”专项检查和抽验，控制假冒枳壳，依法查处相关经营者。开展终止妊娠药品专项整治，检查药品经营企业、医疗机构3991余家次，发现1家个体诊所和1家门诊部违法购进终止妊娠药品，发现违法购进终止妊娠药品企业2家，均已立案查处。开展中药鳖甲使用和销售的鳖甲专项检查，共检查药品生产企业30家、药品经营企业2076家、樟树中药材专业市场经营户180户，暂未发现病死鳖甲流入省内情况。

【**医疗器械监管**】 开展在用医疗器械监管工作，联合广州医疗器械质量监督检验中心，对江西省6个地市16家二级以上医疗机构32台在用医疗设备进行了监督抽验。在全国率先出台《江西省在用医疗器械（设备类）重点监管品种目录（试行）》，将该目录品种分批列入年度监督抽验计划，实行重点监管。试行医疗器械生产分类分级监管制度，将337家医疗器械生产企业按照1至4级全部统一确定监管级别。建立医疗器械注册专员管理制度，制订《江西省医疗器械注册专员管理规定（试行）》，实行企业注册专员登记上岗，全省共登记有156家企业202名注册专员。

【**行政许可管理**】 2014年，江西省食品药品监督管理局核发食品生产许可证925张，注销证书154张；受理保健食品品种注册审查352件，全年新发放《保健食品生产许可证》19家，完成化妆品卫生许可（换、发证）7家，其中新增3家；新增国产非特殊用途化妆品备案43个品种。批准筹建药品批发企业26家、药品零售连锁企业34家；审批新开办药品批发企业19家、零售连锁企业30家，全省共有180家药品批发和零售连锁企业、1059家零售药店通过了新修订GSP认证。换发、核发药品生产许可证13张，注销许可证2张，下达委托生产许可批件67个，批准购买麻醉药品、精神药品原料和对照品102件，办理各类变更或备案事项236件。完成特殊药品批发企业换证80余家，注销部分特药经营范围2家。85家企业取得了86张新修订GMP认证证书，覆盖了注射剂、胶囊剂、片剂、颗粒剂、丸剂、软膏剂、栓剂、散剂、外用制剂、中药饮片、医用氧等剂型，占应认证企业的53.8%，其中由国家总局组织认证的注射剂剂型，全省19家企业中13家已经通过认证，取得16张GMP证书。审核药品审批注册申请1007件。申报新药仿药总数63个，比2012、2013年分别增长152%、29%，申报一类新药1个。南昌市第三医院、南昌大学附属眼科医院、江西省儿童医院等3家医疗机构获得GCP证书。

【药品、医疗器械不良反应/事件监测】 全年，共收到药品不良反应报告39599份，同比增长20%，位列全国第16名，较2013年上升2名；每百万人口平均报告数为884份，同比增长21%；新的/严重的报告10685份，占总数的27%。医疗器械不良事件报告7819份，同比增长41%；每百万人口176份，同比增长42%；严重的报告数为1944份，占总数的25%。药物滥用监测报表5235份，增长39.74%，有效率99%。

【药品广告和互联网信息监管】 全年，共审批药品广告188个，备案药品广告262个，合格率100%。向社会公告210种药品违法广告14634次，移送省级媒体发布的违法药品广告1280条，暂停销售违规药品广告3个，约谈违规发布药品广告的企业1家。核发18家药品企业《互联网药品信息服务资格证书》，4家药品连锁企业证书，办理1家药品企业证书变更。共检查发布药品信息的互联网站100余家(次)，检查互联网药品交易网站20余家(次)，移交1家违规发布虚假信息网站。

【食品药品监管体制改革扎实推进】 省级配套改革基础夯实，新设立江西省食品检验检测研究院，12月4日挂牌，定编30名；江西省食品药品稽查局，增编2名；江西省食品药品检验所更名为江西省药品检验检测研究院，11月26日挂牌。江西省药物研究所成建制划转到位，新设立的江西省食品药品监督管理局行政受理与投诉举报中心获得批准。市县改革统筹展开，全省11个设区市、100个县(市、区)食品药品监管机构已明确制定“三定”规定和相关要求，实行综合设置市场监管机构的全部加挂食品药品监督管理局牌子，各乡镇、街道以区划为单位组建市场监管分局，每个村(社区)确定市场监督管理协管员、信息员各1名。深化行政审批制度改革，继续推进行政审批权限下放事宜，下放南昌市和九江市6大类84个品种食品生产许可权限，下放省直管试点县(市)15项行政审批权限，对保留的16大项行政审批事项，重新制定优化工作流程和岗位操作规范。

【食品药品安全宣传力度加大】 江西省食品药品监督管理局设立新闻宣传办公室，主动召开新闻发布会，通报专项整治行动成果以及十大典型食品案件、十大典型药品案件，全年举办新闻发布会6次。举办以“尚德守法、提升食品安全治理能力”为主题的2014年食品安全宣传周活动，全省各地共举办新闻发布或通气会20余次，新闻媒体宣传报道580篇次，制作宣传展板500余个，张贴宣传标语、悬挂宣传横幅3.12万条，发放各类宣传材料32.92万份，发送短信50余万条。举办全省食品药品安全宣传月活动，全省各地开展现场咨询活动200余场，举办开展食品药品知识大讲堂活动110次，印制宣传资料2万多份。开展识别假劣食品药品大型展览、饮食用药知识大赛、中小学校食堂开放日和“明厨亮灶”活动。连续第四年投入食品药品安全示范区建设专项经费3000万元，累计投入经费1.2亿元。全省11个设区市和100个县(市、区)分期分批开展创建工作。

【及时处理重大突发事件】 7月20日，上海福喜事件发生后，立即对上海福喜食品有限公司流入江西的280千克食品及时进行查处、封存，问题食品全部召回。11月2日，央视等媒体报道省内个别地方存在含罂粟壳火锅底料事件后，迅速启动重大突发事件应急预案，开展“火锅底料”事件督查，组织开展全省调味品市场专项检查，共出动执法人员8855人次，检查调味品食品经营户2.28万户次，检查调味品食品批发经营户1705户次，检查调味品批发市场、集贸市场936个次，下架调味品食品547.2千克。12月27日，央视播放“江西省高安市病死猪肉流入市场”的报道后，立即启动应急响应机制，成立事件应对领导小组，派出督导组分别入驻高安市、丰城市、上高市进行核查，督促当地政府认真查明病死猪肉货源、流向，共查封并无害化处置猪肉3万余千克，抓获涉案人员38人，对高安市畜牧水产局、高安市商务局有关责任人共8人予以免职处理。

【举行食品药品安全应急演练】 12月30日，江西省联合南昌市举行食品药品安全应急演练，按事故发生、接报响应、协同配合、现场调查、应急处置、问题产品控制、应急响应终止等环节，分层次、分单元逐科目开展，达到完善应急准备、锻炼应急队伍、磨合应急机制和普及应急知识的基本效果。国家总局有关领导现场观摩指导，全省食品药品监管系统有关人员、南昌市有关单位负责人、部分在昌药品企业负责人共600多人观摩演练。

【加强食品药品安全信息化体系建设】 建立“食品药品安全智慧监管平台”，印发实施《江西省食品药品安全信用信息及“黑名单”管理办法》，受到责令停产停业、吊销许可证、撤销批准证明文件、较大数额罚款处罚的生产经营者和责任人员，列入“黑名单”向社会公布.先后分两批列入“黑名单”食品药品企业66家。规范药品电子监管预警信息处理工作，梳理及时处理了319家药品生产企业和2508家药品经营企业预警信息。

(胡捷敏)

统计管理

【概　况】 全省统计部门大力弘扬苏区调查精神，全面完成各项统计改革任务，成效显著。国家统计局局长马建堂在江西省寻乌县考察后指出，中国统计之根在瑞金，中国统计之魂在寻乌，并将苏区调查精神提炼概括为“深入实际、实事求是、艰苦奋斗、科学严谨、认真细致”20个字，在全国统计调查系统引起强烈反响。省统计局高度重视，号召全省统计干部职工认真学习领会苏区调查精神丰富内涵，在统计工作中大力弘扬实事求是的思想路线和求真务实的工作作风。在统计开放日，召开县、乡、企业统计人员座谈会，畅谈以“弘扬苏区调查精神，做好统计服务工作”为主题的学习体会。开展主题征文，8篇文章在中国信息报专题栏目刊登。

【深化统计改革】 2014年是全面深化改革的开局之年，省统计局成立机构，制定方案，明确全面深化统计改革的时间表和路线图，推进全面深化统计改革工作。作为全国唯一省建制的试点地区开展投资统计改革试点，为国家完善改革试点方案建言献策。开展地区生产总值和能耗统一核算方法研究，切实提高地区生产总值及能耗总量核算能力。完善城乡划分维护更新制度和人口变动调查指标，发布城镇化结构分类数据，提高了综合评价城镇化水平的科学性。顺利开展省直管县统计体制改革试点工作，赋予试点县(市)10条统计管理权限，从7月开始，发布试点县(市)统计数据。另外规模以上服务业单位统计纳入了联网直报，文化产业统计进一步加强，战略性新兴产业企业名录库初步建立，网上零售交易统计已启动，农村土地流转情况专项统计调查首次开展，人口变动和月度劳动力调查采用联网直报平台上报处理数据。

【建立统计数据质量保障】 加强与编办、民政、税务等部门的联系，强化名录库的更新和维护，加强“四上”企业审批工作，“四上”企业审核通过率逐月提高，平均通过率为90.1%。制定出台《统计数据质量管理办法》和《江西省统计局巡查工作办法》，从制度上强化统计数据质量管理责任。开展数据质量专项整治活动，采取多种方式对统计数据生产的全过程进行质量检查和控制。加强统计法宣传与贯彻执行。将统计法列入全省重点普及法律，纳入全省领导干部和公务员普法教育及考试的指定内容，举办“百万网民学法律”统计法律知识专场竞赛，参赛人数达12.5万人次。开展全省统计执法大检查，检查企业近3000家。对全省5167家企业开展一套表联网直报工作中违法违规和不规范报送行为专项检查。全年全省执法检查单位1.04万个，立案案件252起，结案数252起，警告174起，罚款13.85万元，通报曝光74起，公开曝光5起，有力地维护了统计数据质量。

【提升统计服务水平】 坚持每月及时向党政主要领导提供月度经济运行监测信息及经济形势分析，撰写一批有分量的统计专题研究成果。有效开展专项统计监测。组织100个县(市、区)参加小康监测与研究，修订了市县考评指标，完善了非公有制经济统计监测评价制度，实施鄱阳湖生态经济区统计调查，实施赣南等原中央苏区振兴发展统计监测制度，与省工信委联合发布《工业企业能源利用状况报告》，对全省规模以上工业以及重点用能企业能源利用状况进行了综合评价。统计信息报送频率和质量也不断提高，经省委办公厅采用的经济信息列省直单位第二位。

【开展统计科普和新闻宣传工作】 年内出版江西省历史上第一本统计科普论文集《重温统计科学的原理》。5篇科普论文入选由中国统计学会编撰的《无处不在的统计》，完成江西省统计志初稿，组建全省统计新闻联络员队伍，配备设备器材和工作经费，开展新闻宣传培训，注重使用音视频和动态图解等通俗易懂的形式发布统计信息，增强数据发布的趣味性和可读性。依托省局内外网、统计政务微博发布统计数据、统计分析和统计动态。全年内网和外网总访问量900万人次，腾讯政务微博粉丝数10万人，处理并答复依申请公开信息119条。

【推进各项调查】 第三次全国经济普查工作取得阶段性成果。实施了普查登记、质量验收、数据处理、审核上报等阶段工作，首次用手持电子数据采集终端设备对普查对象进行现场拍照和数据录入。提前谋划1%人口抽样调查。报请省政府批准成立协调小组并下发工作通知，编制省级调查经费预算，对调查方案开展试点，为全面开展抽样调查积累经验。继续扩大社情民意调查影响。完成全省党风廉政建设社会评价民意调查、公众安全感调查、南昌市民调评警民意调查等22项电话调查，累计访问样本量27万个，在2014年省政府绩效考核群众满意度调查中首次使用移动面访系统。完成大城市月度劳动力调查、小微建筑业法人单位统计抽样调查、交通运输能源消费调查，开展健康服务业单位认定审核工作，改进了工业园区统计，高质量完成2012年江西省投入产出表的编制工作，配合调查总队开展以县为总体的粮食产量抽样调查、城乡住户收支与生活状况调查和畜禽监测工作，配合省体育局开展江西省首次体育及相关产业调查。

【夯实统计基础】 年内，省政府办公厅正式下发《关于进一步加强统计工作的意见》，各地相继出台加强统计工作的配套文件，对全面加强县乡统计基础建设、企业统计规范化建设和统计信息化建设起到了引领推动作用。结合三经普，全年累计向全省统计系统采购发放PDA1.50万余台，台式计算机583台，笔记本电脑1793台，服务器2台。4名设区市局长参加第31期全国地级统计局主要负责人培训示范班。42名新任县(市、区)统计局长参加了全省县级统计局长培训班。11名县(市、区)基层统计人员参加了第24期全国统计系统专业基础知识培训班。4400余人参加统计从业资格认定考试。

（胡国平）

审计监督

【概　况】 2014年，江西省审计机关共审计(调查)6847个项目，查出各类违规金额44.8亿元，其中已上缴财政资金8.98亿元，已归还原渠道资金8.27亿元；审计后，挽回损失13.4亿元；提出审计建议1.17万条，被审计单位采纳7450条，被审计单位制定整改措施251项、建立健全规章制度24项；向纪检监察、司法机关移送事项127件；提交审计报告和专项审计调查报告7424篇。审计工作在推进法治、维护民生、推动改革、促进发展等方面发挥了积极作用，有力地保障了经济平稳健康较快发展。

【预算执行审计】 全省各级审计机关根据《中华人民共和国审计法》和

《江西省审计条例》规定，继续深化预算执行审计工作。全省审计机关全年共完成审计及审计调查单位640个。查出未按规定征收、纳入预算收入118.09亿元，隐瞒转移截留资金0.66亿元，预算编报不真实不完整19.3亿元。省审计厅对省教育厅等13个省级部门及83个下属预算单位预算执行情况进行审计，并延伸审计13个省级部门主管的68个协会、学会等社会组织，涉及资金总额54.06亿元。全省审计机关在预算执行审计中，继续加大对重大政策执行、重点领域、重点部门和重点资金的审计力度，注重从体制机制层面分析问题、从完善政策制度方面提出提议，在推动深化财政改革等方面发挥了建设性作用。省级预算执行审计工作报告围绕省级财税管理、省级部门预算执行、政府性债务审计、重点民生资金及其他专项审计、政府投资项目、农村土地整治示范建设项目、企业审计、审计查出问题处理情况等8个方面披露了审计查出的主要问题和初步整改情况。并围绕积极盘活财政存量资金、着力提高财政资金使用效益、进一步加强财政监督、深入推进财税体制改革4个方面提出了加强财政管理的审计意见。报告得到的省人大和政府的充分肯定和高度评价。各地预算执行审计工作也得到了各级人大和政府的充分肯定。

【经济责任审计】　全省共对1179名党政领导干部和企业领导人员进行经济责任审计，查出领导干部和领导人员违规问题金额10.21亿元。省审计厅对抚州市市长张和平、省外侨办主任张学军、景德镇国家高新技术产业开发区管委会主任张良华等20名党政领导干部进行经济责任审计。其中对张良华任中经济责任审计是省审计厅首次审计国家级高新区管委会主任，填补了审计空白，也为今后开展国家级高新区（经开区）管委会领导干部经济责任审计积累了宝贵经验；开展的抚州市市长任中经济责任审计中首次对机构编制、城市规划、自然资源资产进行系统审计，对审计内容和重点进行了深化。全省积极推行领导干部任中经济责任审计，全年实施任中审计项目263个，占全部经济责任审计项目的22.3%。省审计厅上报的《我省市厅级领导干部经济责任审计发现问题及建议的审计专报》得到省委书记强卫和省长鹿心社的高度重视和批示。

【固定资产投资审计】　全省审计机关加大投资审计力度，着重检查建设资金管理和使用情况，揭露违反工程管理规程和截留、挪用及损失浪费资金等问题，探索投资效益审计的路子。全省共审计固定资产投资项目3738个，审计的项目投资总额171.7亿元，通过审计核减工程款，为国家和有关单位节约建设资金26.18亿元。省审计厅组织对峡江水利枢纽、鹰瑞高速公路、瑶湖国际水上运动中心等重点工程项目进行了决算审计，揭示部分项目工程超概算、个别标段违法转分包、挪用征地拆迁款等问题，并提出了有针对性的审计建议，得到省领导和有关部门的高度重视。为促进提高投资效益，全省各级审计机关加强了建设项目跟踪审计。省审计厅继续对城镇保障性安居工程及对口支援新疆自治区阿克陶县发展资金和项目进行跟踪审计，揭示了违纪违规问题，提高了建设资金使用效益。

【利用外资建设项目审计】　根据《中华人民共和国审计法》和相关国外贷援款协议规定以及审计署授权，省审计厅组织开展对世行贷款石虎塘航电枢纽、亚行贷款农村能源生态建设二期、日本政府贷款江西高等教育人才培养、亚行贷款江西省林业发展、江西全球环境基金赠款省级能源效率推广、抚州城市基础设施综合改善、景德镇浯溪口水利枢纽工程建设、鄱阳湖生态经济区及流域城镇发展示范、南昌轨道交通2号线一期工程、上饶三清山机场建设等10个国外贷援款项目公证审计，揭示了部分项目单位在贷款资金管理、项目执行管理、工程建设管理和财务管理等方面存在一些问题，促进了相关单位加强项目管理，并向国外贷援款机构出具审计报告。

【企业审计】　全省审计机关按照“揭示隐患、促进规范、维护安全、推动发展”的思路，围绕促进国有资产安全完整和保值增值，实施对71家国有企业的审计和审计调查，查出主要问题金额5.29亿元。省审计厅组织对新余钢铁集团有限公司、江西煤炭集团公司2013年度财务收支情况以及省建工集团有限责任公司（本部）2013年度资产负债损益情况进行了审计，揭示了关联交易核算不够准确、财务管理不规范等问题，并有针对性地提出了加强经营管理及化解风险的对策建议。

【专项资金审计】　全省审计机关抓住与群众生产生活有密切关系的专项资金进行审计，严肃查处损害群众利益的行为。全省共审计专项资金总额125.92亿元，查出未按规定征收缴纳收入金额11.66亿元，违规改变项目计划和资金用途金额6.68亿元，资金滞留闲置11.57亿元，损失浪费0.15亿元。开展住宅专项维修资金归集管理使用情况、农村土地整治资金管理使用情况、医疗求助、财政扶贫、农村义务教育学生营养改善计划专项资金审计和审计调查，在促进资金及时高效使用方面发挥了积极作用。

【参与土地出让收支和耕地保护情况审计】　根据国务院的安排部署，审计署派出审计组，自2014年8月中旬至10月，对江西省本级，南昌市、赣州市等9个市本级以及九江县、瑞金市等38个县2008—2013年土地出让收支和耕地保护情况进行审计。根据审计署要求，全省审计机关共抽调1150名审计人员参与该项目审计任务。工作期间，抽调人员服从命令，听从指挥，发扬江西审计人吃苦耐劳的精神，顺利完成任务，展示了江西审计人的风采，得到审计署的好评。

【惠民生政策措施落实情况跟踪审计】　按照国务院及审计署要求，省审计厅组织11个设区市审计局于8—9月，采取“统一审计实施方案、统一调配审计力量、统一召开审计进点会”和“自查、审查、调查”相结合的方式，对省本级31个省直相关部门及部分中央驻赣单位和11个设区市政府相关部门截至2014年9月底，稳增长、促改革、调结构惠民生政策措施落实情况进行跟踪审计，揭示了存在问题，提出了审计建议，推动了中央和省委、省政府政策措施落实到位。

【创新审计方式方法】 全省审计机关紧密结合自身实际，探索创新审计方式方法，进一步提升审计工作效能。一是科学统筹重大审计项目实施。在审计署和全省重大审计项目中，坚持全省审计工作“一盘棋”，上下联动，协调配合，按时高效完成审计任务。二是探索创新审计方式。省审计厅对南昌市区范围内的21个预算执行审计项目和部分经济责任审计项目实行送达审计，并专门出台送达审计管理办法，建设完成功能齐全、先进的送达审计室，既提高了审计工作效率，又减轻了被审计单位的负担，受到被审计单位好评。全省各级审计机关积极探索以经济责任审计为平台、综合实施相关审计项目的审计方式，提高了审计效率。三是规范审计业务管理。省审计厅出台聘请外部专业人员参与审计工作操作堆积和关达审计管理办法，对外部专业人员聘请程序、监督管理、审计纪律等作出具体规定，进一步规范审计行为。景德镇市政府以市长令的方式出台《景德镇市政府投资项目审计监督实施办法》，吉安市纪委、组织部和市政府分别下发《关于加强对领导干部审计监督的通知》和《关于进一步加强政府审计工作的意见》。新余、宜春市审计局制定经济责任审计和政府投资审计操作规程，鹰潭、抚州市审计局加强对政府公开招标入选协审单位的质量监督，防范审计风险。四是加强审计信息化建设。省审计厅完成7个设区市OA国产化改选，实现全省OA互联互通；全面推行审计项目网上计划管理和网上审理，开展医院阳光医药数据化审计，并实施地税系统联网审计，信息化条件下审计能力和水平不断提高。

（周波）

口岸管理

【概　况】 2014年，江西省口岸共完成进出口货运量344.8万吨、国际集装箱21.8万重标箱，分别增长15.69%和12.16%。入境货运量111.81万吨、国际集装箱7.27万重标箱，分别增长28.37%和22.82%；出境货运量232.99万吨，国际集装箱14.53万重标箱，分别增长10.45%和7.49%。南昌空运口岸（昌北国际机场）出入境人员28.49万人次，增长41.18%；出入境飞机1908架次，增长41.65%。江西省水运口岸累计完成进出口货运276.65万吨、国际集装箱17.33万重标箱，分别增长13.54%和10.05%。其中，九江水运（河港）口岸进出口货运178.72万吨、国际集装箱10.7万重标箱，南昌港水运进出口货运97.93万吨、国际集装箱6.63万重标箱。江西省铁海联运共运送进出口货物45.66万吨、国际集装箱2.7万重标箱，分别增长4.58%和6.37%。江西省公路口岸作业区进出口货物总量22.49万吨、国际集装箱1.77万重标箱，分别增长109.45%和53.93%。

【部署口岸改革与发展】 9月，江西省政府落实全国口岸工作座谈会及国务院副总理汪洋讲话精神，召开江西省口岸工作座谈会，对江西口岸发展及改革进行了全面部署，围绕抓住新一轮全国口岸发展机遇，以及上海自由贸易试验区可复制、可推广的政策正在口岸集中体现的有利时机，对接跟进全国口岸改革，主动融入长江经济带发展，完善江西省口岸布局，推进通关一体化建设，关检“三个一”实施，国际贸易“单一窗口”，着力部署一系列重点工作，这是近年来江西首次全面部署口岸改革与发展。

【不断拓展江西口岸服务功能】 7月，根据省委办公厅、省政府办公厅《关于印发〈省直有关部门贯彻实施全面深化改革重要举措分工〉的通知》要求，牵头制定加快完善口岸服务平台建设改革任务实施方案，就当前与今后一段时期江西省口岸改革重点工作进行分工部署，推进口岸各项工作进一步加快发展。8月，进境木材口岸直通放行监管在南康试点，使赣州成为内陆第一个开展该类业务的地区。9月，九江水运（河港）口岸获批开展启运港退税试点。10月，南昌空运口岸（昌北国际机场）签注点获得公安部批复，正式开展业务。11月，南昌空运口岸（昌北国际机场）新建海关监管仓投入运营。此外，4月，宜春海关获批设立，8月，南昌海关上饶办事处升格为上饶海关，并揭牌运行。

【航空口岸出入境人员快速增长】 4月，江西省开通南昌至曼谷国际直达定期航线，由泰国东方航执飞，每周四班，其后东航加密南昌至曼谷至每周8班。5月，台湾远东航、中华航开通南昌至高雄航线，每周2班，这是江西省第一次开通高雄定期直航；7月，进一步加密至每周4班，进而使江西省赣台航线达到每周10班。大幅加密南昌至韩国旅游包机。昌北机场通航国际地区航点达到10个。2014年，南昌空运口岸（昌北国际机场）出入境突破28万人次，增长近40%，增速高于昌北机场运输量增速33个百分点，成为机场运输量增长的重要力量，并将继续保持高速发展态势。

【海铁联运“五定班列”品牌效应初显】 4月，上饶至宁波海铁联运“五定班列”正式运行天天班，由隔日单向开行，实现每天双向对开。该线路2011年6月开通以来，通过不断培养，已发展成为江西省对接长三角的重要出海通道。赣州（吉安）至厦门五定班列，每周保持2班，运量持续稳定增长。积极推动开辟国际铁路物流通道，推进江西至中亚和欧洲的国际铁路物流通道，并实现试运行，全程时间约17天。

【开辟鲜活农产品公路运输“绿色通道”】 2014年，江西省不断完善与广东、福建口岸部门及相关单位就江西鲜活农产品运输车辆高速公路“绿色通道”免查验模式，对经江西省出入境检验检疫部门铅封的江西出口蜜橘、脐橙运输车辆，免开箱查验、免收高速公路通行费。11月实现常态化运行，至此鲜活农产品出口华南、海西绿色通道顺利开通，对促进江西农产品出口、加快放行速度、减轻经济负担具有积极意义。

【推进口岸通关一体化建设】 2014年，新一轮电子口岸全面建设启动，昌九口岸一体化信息电子口岸系统、电子口岸辅助应用信息平台全面建设，奠定了口岸互联互通的技术基础。9月，昌九通关一体化、赣州龙南通关一体化顺利实施；11月，江西省通关一体化实施；12月，江西正式纳入长江流域区域通关一体化改革范围，实现江西企业在长江全流域通关，通关效率大幅提高。12月，海关与检验检疫“一次录入、一次查验、一次放行”实施，以信息化手段整合关检作业流程，大幅简化通关手续，提高通关效率，报检报关流程由原来的先报检后报关改革为查验和检疫工作同时进行，避免反复调箱、装卸和搬运。

（邹志清）

海　关

【概　况】　2014年，南昌海关坚持以支持服务江西经济社会发展为己任，坚持建设“四好”内陆强关的工作思路不动摇，以全面深化改革为抓手，不断优化监管服务，切实改进工作作风，强力助推江西外贸稳定增长，关区各项事业稳中有进。江西省委书记强卫、省长鹿心社、副省长胡幼桃等省领导全年17次对南昌海关工作做出批示，海关总署党组成员、国家口岸办主任黄胜强、江西省副省长胡幼桃多次视察南昌海关，对南昌海关工作给予充分肯定。全年南昌海关税收入库45.5亿元、监管进出口货物总值143.5亿美元、货运量1669.6万吨，同比分别增长8.03%、38.84%、1.73%。

【省署合作备忘录及促外贸稳增长措施落实有效】　贯彻落实国务院、海关总署支持外贸稳定增长决策部署，主动对接江西省重大发展战略，在新的省署合作备忘录框架内，研究出台支持江西扩大开放促进外贸稳定增长“18项措施”，经海关总署批复同意正式在全省实施。研究制定分工方案，抓好省署合作备忘录和服务措施落实工作，截至年底，江西省政府与海关总署2013年8月签署的合作备忘录明确的21项海关工作完成18项，完成比例85.7%。

【全面深化海关各项业务改革】　主动融入长江经济带，通关一体化改革实现全省全覆盖。9月15日在昌九启动海关通关一体化试点；10月10日在赣南地区复制推广；11月1日实现全省通关一体化，为江西省融入长江经济带海关通关一体化奠定基础。区域通关一体化实施后，实现了企业自主选择申报地点、纳税地点和验放地点，同一企业在不同海关受到同等待遇，海关流程进一步简化、手续更加简便，江西省企业各项综合支出节省近3成。12月19日，副省长胡幼桃在南昌海关出席江西关检合作“三个一”改革全覆盖启动仪式。关检合作“三个一”全面实现后，企业只需通过“三个一”申报界面一次输入，即可同时完成报关和报检的录入工作；海关和检验检疫部门则根据“一次到场、一次开箱”原则进行查验，避免了企业反复调运集装箱、拆卸搬运货物；海关放行信息与检验检疫放行信息自动对碰，实现联网核放、省时省力，报关、报检速度和质量大大提高。

【稳步推进关区业务建设】　加强风险指挥中心建设，建立集约化业务运行管理模式，探索具有内陆海关特色的指挥中心运作模式，“前中后”互动的综合监管体系初步形成。全力打好税收“攻坚战”，持续加大综合治税力度。进一步优化查验机制，推进物流监控新体系建设，加快舱单和运输工具管理系统的推广应用。积极配合地方电子口岸开发海关物流信息平台，实现数据交换。扎实推动吉安陆地港、上饶、昌北国际机场等海关监管场所通过验收，龙南陆路车检场、上饶国际物流中心海关监管场所完成卡口改造升级。12月与海峡西岸经济区内杭州、福州、厦门、汕头海关共同签订执法统一协作机制备忘录。深入推进“绿风”行动、打击大米等农产品走私专项行动，加大打击出口骗退税力度，维护进出口贸易秩序。成立新余海关缉私分局，完善关区缉私机构布局。查获“3·18”特大走私进口貂皮案，涉案貂皮约30万张，案值约1.1亿元，并获得署领导批示肯定。

【支持赣南苏区振兴发展】　以海关总署对口支援为契机，支持赣南等原中央苏区振兴发展有力有效。协调促成总署出台支持赣南等原中央苏区及对口支援龙南县发展“8项政策措施”。支持赣州建设“三南”加工贸易梯度转移重点承接地。参照海关支持苏州、东莞建设全国加工贸易转型升级试点城市的相关政策，研究出台《南昌海关支持赣南等原中央苏区加工贸易发展若干措施》，2015年1月14日海关总署批复同意。创新海关通关监管方式，实施‘赣粤港澳”直通车快速通关模式。支持建设鲜活水产品中转中心，开创江西特色鲜活水产品供港“中转场+养殖场”新模式，鲜活水产品可在该关驻龙南办事处报关。争取海关总署支持，允许将加工贸易货物外发至包括农户在内的个人“承揽者”，有效解决企业招工难和留守妇女就业增收难的问题。省赣南等原中央苏区振兴发展工作简报、海关总署《综合信息呈报》刊载推广了南昌海关支持中央苏区振兴发展的经验做法。

【推动口岸开放平台建设】　主动向海关总署请示汇报，多方协调沟通，大力争取支持。1月，国务院批复同意设立赣州综合保税区；4月，中编办批复同意设立上饶海关、宜春海关。鹰潭海关、上饶海关分别于4月、8月正式开关并对外办理业务。促成九江城西港于7月30日纳入启运港退税政策试点范围，实现江西省出口货物无须等待实际离境即可办理退税手续。协调促成海关总署党组成员、国家口岸办主任黄胜强实地视察指导九江城西港扩大开放工作。九江城西港扩大开放于12月15日通过国家联合小组验收。

【推动海关特殊监管区域创新发展】　1月22日，国务院正式批复江西省人民政府、海关总署，同意设立赣州综合保税区。江西省实现综合保税区“零突破”。有序复制推广上海自贸区海关监管经验，全省海关特殊监管区域创新发展。8月27日起，有序复制推广中国（上海）自由贸易试验区海关监管创新制度。“简化无纸通关随附单证”“批次进出、集中申报”“简化统一备案清单”可分别使每票货物节约通关时间10分钟、节约通关成本约500元、减少申报耗时5%。大力支持促进出口加工区保税加工、保税物流和保税服务业务多元化发展，深入研究试点出口加工区“委外加工”

业务，帮助九江中浩纺织有限公司多增加出口值2000余万美元。2014年，全省出口加工区进出口48.17亿美元，增长1.63倍。其中：进口23.74亿美元，增长2.19倍；出口24.43亿美元，增长1.24倍。南昌保税物流中心进出口7.95亿美元，增长4.96倍。

【做好进出口统计分析研究和监测预警】 健全进出口监测预警常态化机制，做好江西省经济运行、政策执行和外需变动情况研判，按月编制发布江西省外贸报表，按季编制发布鄱阳湖生态经济区外贸报表。细化对鄱阳湖生态经济区、赣南原中央苏区等重点区域及省内重点产业、重点商品进出口情况的专项分析，积极为省委、省政府提供决策参考。全年共向省领导和有关部门报送工作专报和统计分析报告33篇，获江西省委、省政府主要领导、省分管领导批示21次，海关建议多次被批转相关厅局办理。

（陈斌）

出入境检验检疫

【概　况】 2014年，江西检验检疫局共检验检疫出入境货物7.9万批65.7亿美元，同比批次、货值下降35.1%和12.2%；查验出入境人员28.2万人次，增长40.1%；健康体检9561人次，下降4.6%；艾滋病监测9415人次，下降4.9%；预防接种7048人次，下降13.6%；社会体检4491人次，下降16.1%；集装箱检疫13万标箱，增长0.4%；飞机检疫1896架次，增长37.7%。出入境检验检疫不合格1589批1.4亿美元，不合格批次、货值增长54.7%、95.4%。集装箱检出问题标箱13462标箱，不合格检出率同比增长68.9%。入境截获外来有害生物1453种次，增长6.1%，首次截获地中海白蜗牛等检疫性有害生物。检疫进出境货物木质包装3659批16.27万件，增长71.6%、65.1%。体检检出病例1495人次，增长6.3%，首次检出H3型流感和乙型流感病例。完成检测样品2.2万个15.2万项次，检出阳性样品3853个。

【推进国检监管区建设】 在全省工业园区、农业示范区、重大项目、循环经济示范区和重点进出口企业建成国检监管区9个，在建13个。推进赣州进境木材指定口岸申报工作，促成赣州进境木材国检监管区试运行，实现国内进境木材首次内陆直通。该口岸建成后每年可为本地家具企业进口木材降低成本30亿元，每年将至少增加20万个标箱空箱资源，可为外贸出口企业节省10亿元的物流成本。省委书记强卫，省长鹿心社，副省长李炳军、胡幼桃等省领导先后到国检监管区考察调研。省长鹿心社指出："检验检疫部门'口岸搬到江西'是个创新，国检监管区模式是办实事。"《把沿海口岸搬到江西来》提案被评为江西省政协优秀提案。在首届全国质检系统"质量之光"评选活动中，"国检监管区建设新举措"获改革创新奖。

【提升检疫防控能力】 建立多方联动的工作机制，促使全省2个一类开放口岸（昌北国际机场和九江港）均如期通过口岸核心能力建设考核验收，昌北机场以96.16分的成绩获得中部航空口岸考核最高分。密切跟进埃博拉出血热疫情，迅速启动应急机制，促成全省疫情防控领导小组和工作小组的成立，做好2014年景德镇国际陶瓷博览会、万载第二届国际花炮文化节期间疫情防控工作，确保疫情"零输入"。集装箱检疫查验阳性率、放射性检出批次、出入境人员监测体检传染病检出率居全国系统首位。

【创新检验监管模式】 在全省系统创新实施"通报通放"监管模式，将原来在货物产地和口岸机构之间需要的两次报检、两次查验、两次签证简化成一次完成，每批进出口货物可缩短3天的通关时间，每批货物可为企业节约2000元左右成本。与南昌海关在鹰潭、九江国检监管区开展"一次申报"试点。通过关检双方信息互换、监管互认、执法互助，简化通关手续，提升通关效率，企业进口货物申报周期可由原来的2－3天缩短到10分钟，进出境集装箱滞留时间平均减少3天。加大原产地工作推进力度，全省共签发原产地证书8.5万份，签证金额47亿美元，分别增长173%、160%；原产地备案企业135家，增长75%。累计为江西出口商品获得关税减免2.35亿美元。

【力促农产品扩大出口】 帮扶全省103家农产品出口企业获国际认证、83家食品生产企业获国外注册。通过GAP认证的供港猪场增加20%，其中赣南地区14家全部通过，认证率达100%，供港活猪数量稳步发展到每年40万头，成为全国第二大供港活猪省份。指导推荐婺源、万载获评"国家有机产品认证示范县"，出口农产品基地建设积极效应凸显，婺源县茶叶出口增长23%，实现9年连增，有机茶叶占据欧盟市场的60%。

【创新强化检验检疫科研能力】 成立江西省检验检疫科学技术研究院。江西检验检疫局综合技术中心被农业部认定为首批有机产品认证定点检测机构，为中部6省系统内唯一入选的检测机构。与中国艺术品鉴证备案中心共同研发中国陶瓷艺术品数据库，形成陶瓷艺术品唯一的身份信息。与地方政府合作共建陶瓷检测评估中心和陶瓷艺术品检测实验室，与故宫博物院、上硅所、中科院高能物理所和北京大学等国内外重点科研机构及院校建立了合作关系。主动应对解决江西烟花出口欧盟的技术难题，与德国、西班牙、加拿大、日本、挪威等国检测机构开展技术交流，与匈牙利TUV、西班牙LOM等国际检测机构实现检测结果互认，促使江西烟花出口量占全国比重提升了14个百分点。

（张璐）

本栏编辑　邓玉兰

城乡建设

综　　述

2014，全省住房和城乡建设部门贯彻落实省委、省政府关于推进全省新型城镇化工作的各项部署，积极稳妥推进全省新型城镇化发展，完成年初确定的各项工作任务。

保障性安居工程建设任务圆满完成。全省开工建设保障性安居工程33.05万套，基本建成26.14万套，分别占国家目标任务105.7%和145.2%。重点下大力气推进棚户区改造，完成各类棚改20.63万套，成效为历年最好。搭建全省棚改融资平台，与国开行签订1000亿元的支持棚改贷款协议，实际到位260亿元。鼓励民间资本参与保障性安居工程投资建设运营。加大城市棚改货币化安置，全省棚改货币化安置率25%。南昌市棚改力度大成效显著，与大力推进货币化安置分不开，有的项目货币化安置达95%。

城乡规划建设管理得到加强。省域城镇体系、城镇群、城镇带、都市区发展等规划编制工作取得进展。乡镇总体规划全部完成，村镇规划基本覆盖，修改完善了一批风景名胜区总体规划和控制性详细规划。实施省政府驻设区市城乡规划督察员制度，开展遏制盲目"造城之风"和违规调整容积率专项治理。出台城镇地下管网、百强中心镇建设和农村建房管理等政策文件。城市地下综合管廊建设试点有序推进，景德镇投资2亿元建设4千米的综合管廊。11个设区市城市全部进入国家园林城市行列。新增中国历史文化名镇名村12个，达33个，列全国第五位。新增中国传统村落36个，达125个，列全国第六位。

房地产市场平稳发展。面对迅速变化的房地产市场，出台了促进房地产市场平稳健康发展的18条措施，取消"限购、限贷"，对稳市场、止下滑起了积极的作用。加大住房公积金的使用，年度归集的住房公积金210亿元基本释放。省政府出台《省国有土地上房屋征收与补偿实施办法》，有利于促进征收和补偿工作有法可依。开展全省房地产开发、房地产中介市场、物业管理市场专项整治等工作。截至11月底，除开工面积和交易量略有下降外，其他指标均有增长。房地产开发完成投资1322.49亿元，同比增长12.6%；商品房竣工面积1871.79万平方米，增长4.9%；房地产业地方税收412.6亿元，增长19.3%，全省房地产市场运行总体平稳。

建筑产业发展实现突破。实施支持重点企业、重点地区加快发展的政策措施。重点调度100家骨干企业，在资质升级、企业"走出去"等方面采取有力措施，支持建筑企业做大做强。3家企业产值超百亿，2项工程入选全国建设工程优质奖（鲁班奖）。扶持南昌、上饶、抚州等重点地区率先发展，广丰县被授予"全国建筑之乡"，南昌县江西千亿建筑科技产业园建筑企业总部基地开工建设。新增特级建筑企业2家，一级建筑企业58家，二级建筑企业183家，完成产值4000亿元，提前一年完成"十二五"目标任务。

城镇减排和绿色建筑扎实推进。全省投资38亿元，新（扩）建城镇生活污水处理厂20座，建成污水管网1360千米，污水处理率达到78%。南昌市餐厨垃圾处理项目投入试运行，南昌市、景德镇市垃圾焚烧发电项目进展顺利。全省新增城镇生活垃圾无害化日处理能力960吨，处理率达到68.5%。新增绿色建筑项目29个，建筑面积305万平方米。国家智慧城市、全国可再生能源建筑应用示范城市等试点工作深入推进。风景名胜资源保护利用得到加强，有力助推旅游强省战略的实施。

重点改革进一步深化。深入贯彻落实省委、省政府关于完善城镇化发展体制机制，提高城镇化发展质量的意见，促进城镇化提质增速。鹰潭市、樟树市纳入国家新型城镇化综合试点。于都县纳入国家层面"多规合一"试点，鹰潭市、萍乡市、丰城市、乐平市、湖口县、吉安县、婺源县纳入省级层面"多规合一"试点。开展民间资本参与保障性安居工程、市政基础设施投资建设运营、政府购买服务等改革试点工作。积极推进住房公积金个人贷款"昌九一体化"政策。大力实施行政审批制度改革，省住建厅保留的12项行政审批事项全部实现网上申报审批。

（夏萍）

城市规划与建设

【概　况】　全省11个设区市均成立城市规划委员会，由市委书记或市长担任主任，具体研究解决城市规划发展和建设的重大问题。同时各地普遍实行城市规划专家技术审查制度，对事关城市规划、建设和发展的重大问题，广泛听取专家和社会各界的意见，科学决策、民主决策的意识进一步加强。全省有南昌、景德镇、赣州市3个国家历史文化名城，吉安、井冈山、瑞金、九江市4个省级历史文化名城。

深化改革创新，大力推进新型城镇化发展。针对推进农业转移人口市民化、提高城镇建设用地利用效率、建立多元可持续的资金保障机制、提高城镇化管理和城镇建设水平等问题，在全省开展新型城镇化发展质量情况调研，研究制定《关于完善城镇化发展体制机制 提高城镇化发展质量的意见》。6月，省委、省政府出台该《意见》，研究并推进《关于完善城镇化发展体制机制提高城镇化发展质量工作责任分工方案》。完成江西省新型城镇化发展评价指标体系，切实提高城镇化考核评价的科学性和指导性。开展2014年全省推进新型城镇化督查工作。

【推进跨区域城镇体系规划编制】 《江西省城镇体系规划》已经省政府常务会和省人大常委会议审议通过，报国务院待批。重点开展都市区、城镇群规划编制。着力加快推进跨区域城镇群、城镇带、都市区发展规划的编制工作，启动《鄱阳湖生态城市群规划》《昌九一体化城镇体系规划》《南昌大都市区规划》《新宜萍城镇群规划》编制工作。督促九江市开展《九江都市区规划》、吉安市开展《吉泰城镇群规划》编制工作。加强城市总体规划审查报批。指导景德镇、共青城、井冈山、瑞昌市城市总体规划报批。完成瑞金市、遂川县、新干县、永修县、信丰县、宁都县等10余个县（市）城市总体规划纲要审查，指导九江县、都昌县、吉水县、乐安县等完成城市总体规划成果评审。开展相关专业规划编制工作。11个设区市基本完成消防专项规划的编制工作。会同省电力公司组织开展全省电网设施专项规划编制工作。

【全面开展城乡规划督察工作】 为规范城乡规划督察工作程序，制定出台《江西省城乡规划督察工作规程》《城乡规划督察工作管理规定》，制作了督察员监督检查证。开展座谈交流。定期召开督察员工作座谈会。下发督察意见，全年下发11份城乡规划督察意见书，涉及规划管理权限分设、控制性详细规划编制突破总体规划范围、控制性详细规划修改总体规划强制性内容、违法建设、风景区规划建设管理等问题，要求各地进行整改落实，并进行通报。

【提高城市规划管理水平】 为强调城镇总体规划的刚性执行，大力提高土地利用效率，研究制定《关于严格执行城镇总体规划集约节约利用建设用地的意见》。完善管理技术规定。《江西省城市规划管理技术导则（2014版）》自6月1日执行。研究起草《建设项目交通影响评价编制导则》《电力设施专项规划编制指导意见》等规范性文件。开展《城乡规划违法违纪行为处分办法》贯彻落实情况专项检查、遏制盲目“造城”专项治理和房地产项目违规调整容积率专项检查。规范规划选址管理。开展重大项目选址批前公示工作。开展中国历史文化街区申报工作，推荐景德镇三闾庙历史文化街区等20个历史文化街区参加中国历史文化街区申报认定。严格园区申报审查。全年完成瑞昌等30余个县市工业园区扩区调区的规划符合性审查工作。完成萍乡市湘东区工业园等申报省级产业园区的规划审查工作。

【城镇地下管线建设取得突破】 省政府印发《关于加强城镇地下管线建设管理的实施意见》，该文件的出台对加强全省地下管线建设管理起到重要的推动作用。组织开展地下管线普查和综合管廊试点。全省有61个市县完成地下管线的普查。确定南昌市、景德镇市、共青城市和进贤县为全省综合管廊试点市县。着力加快污水管网建设。全省建设城镇污水管网共计1360千米，会同省财政厅对市、县2013年度污水管网建设任务完成情况进行审查，根据审查情况下达中央补助资金2.42亿元。在崇义县召开全省污水管网建设工作现场推进会，对全省各地全面展开污水管网维修堵漏工作起到了强力推动作用。开展污水管网清淤堵漏工作，并对25个污水处理厂运行较差的市、县进行重点跟踪和定期调度。组织对市、县2015年度污水管网建设计划和“十三五”建设规划任务进行调查，为下一步制订全省污水管网“十三五”建设规划和争取国家相关补助资金打下基础。

【抓好污水处理设施建设】 对列入国家重点减排责任项目的20座污水处理厂（二期）扩建项目进行调度，进一步提高全省污水处理能力。做好全省污水处理设施建设运行民主监督专题调研活动，实地调研24座市、县污水处理厂。确立江西首家城市排水监测机构（城市排水监测网省级中心站），填补了全省空白。

【推进生活垃圾无害化处理设施建设】 组织对全省垃圾处理设施建设情况进行全面摸底，推进餐厨垃圾试点工作，加强对南昌市、赣州市餐厨垃圾处理试点工作的指导，推进垃圾无害化处理新技术、新工艺。南昌市、景德镇市的垃圾焚烧发电项目进展顺利，樟树市、兴国县等市县正积极探索和推进较为新型的工业仿生胃（IS）处理生活垃圾技术。启动生活垃圾分类试点工作，推荐宜春市为全国生活垃圾分类示范城市并上报住建部。

【推进城市园林绿化建设】 以创建园林城市为抓手推进城市绿化建设。鹰潭市、抚州市命名为国家园林城市，新干县命名为国家园林县城，高安市八景镇命名为国家园林城镇。全省11个设区市全部进入国家园林城市行列，4个县城进入国家园林县城行列，2个城镇进入国家园林城镇行列。组织完成对德安县、峡江县、分宜县、奉新县、上高县申报工作的帮扶指导和初审上报工作，完成对南昌、赣州、宜春、吉安、新余、景德镇、萍乡等7个国家园林城市的复查工作。积极推进城市绿道建设，全省完成绿道建设约120千米，赣州市、吉安市和新余市被列为全国自行车绿道系统示范城市。

【加强城市建设指导和管理】 推动民间资本参与市政公用基础设施建设，推进政府购买服务。做好重点城建项目的调度与管理。全省11个设区市中心城区城建项目共计1320个，投资金额9779.1亿元。其中：新建项目569个，投资金额3285.6亿元；续建项目751个，投资金额6493.5亿元。抓好各行业安全生产和管理。修订全省城市供水行业、燃气行业和桥梁行业的突发事故应急预案，并建立了应急事故处置专家库。抓好各行业的专业规划编制工作。完成对南昌市城市排水防涝专项规划评审，该规划是江西第一个城市排水防涝专项规划。完成对上饶市、铅山县等7个市、县燃气专项规划和南昌市环卫规划的编制工作，指导全省各市、县开展地下管线综合专项规划编制工作。加强行业法规和技术标准规范建设。修订《江西省城镇燃气管理办法》并颁发施行，编制完成《江西省城市建设管理文件汇编（2009—2013年）》，编制完成《江西省城镇生活饮用水二次供水工程技术规程》。强化环卫行业监管。完成对城市公园内设置私人会所高档餐馆问题调查整改工作。组织开展全省城市供水水质督查。

（殷亦琮　何师诞）

村镇规划与建设

【概　况】　2014年，全省乡镇域总面积15.95万平方千米，建成区面积19.35万公顷，村庄用地面积48.57万公顷。有建制镇694个，乡575个，农场34个（不含城关镇和纳入城市统计范围的乡镇），行政村16918个，自然村165489个。全省村镇总人口3851.38万人，其中，小城镇镇区人口822.43万人，村庄人口3028.95万人。全省已建立镇（乡）级村镇规划建设管理机构1283个，配备工作人员5036人，其中专职人员2730人。2014年，全省村镇建设总投资557.7亿元，农村建房231311户，村镇住宅竣工建筑面积5359.4万平方米，人均住宅建筑面积40.22平方米。同时，村镇公用设施逐步完善，共有666个建制镇、500个集镇、26个农场建有集中供水设施，日供水251.9万吨，覆盖用水人口551.29万人，普及率达67.03%。建制镇绿化覆盖率达8.7%，乡绿化覆盖率达10.05%。乡镇镇区共有公共厕所5354座，环卫车辆2854辆。

【村镇规划建设管理持续加强】　从制度源头上加强。下发《关于切实加强农村住房建设管理的通知》，明确农村住房建设“八不准”内容。印发《江西省乡村建设规划许可管理办法（试行）》，进一步规范农村建房规划审批许可。从监管动作上加强。召开了全省农村住房建设管理工作会议，研究和部署规范农民建房管理秩序有关工作。开展了全省农村违法违规建房专项清查和全省村镇规划建设管理工作专项督查，彰显监管力度。从技术推广上加强。组织编印并正式出版发行《江西省和谐秀美乡村特色农房设计图集》，免费发放到全省每一个乡镇和村委会。对赣州市上犹县水岩乡古田村社前二组等5个新型农房设计图集推广应用示范点的建设经验及成效进行总结并推广。

【组织重点镇规划修编工作】　扩充重点镇。组织开展全国重点镇增补调整工作，争取到全省124个建制镇列入全国重点镇名单。组织重点镇规划修编。研究制定《江西省百强中心镇规划编制与修编指导意见（试行）》，争取省财政资金600万元奖补百强中心镇规划编制。强化工作督导。开展百强中心镇建设工作年度督查，并形成督查报告上报省政府。

【农村住房保障工作赋予新内容】　继续推进农村危房改造工作。向国家争取全省更多农村危房改造计划任务，全面分解下达2014年国家安排的15.8万户农村危房改造任务和20.33亿元财政补助资金，印发《江西省2014年农村危房改造实施方案》，开展多次工作督导。截至年底，完成全部农村危房改造任务。开展以船为家渔民上岸安居工程，截至年底，全省1440户渔民全部实现岸上安居。

【改善农村人居环境】　从高层面推动农村人居环境改善工作。印发《江西省改善农村人居环境行动计划（2014—2020）》，做好《国务院办公厅关于改善农村人居环境的指导意见》的贯彻落实。开展基础信息调查摸底。截至年底，全省录入12391个行政村人居环境信息。做好村庄人居环境技术指导。免费发放3000套《村庄整治技术手册》和《村庄整治规划编制办法》到乡，指导各地村庄整治工作。加快推进集镇垃圾处理设施建设。下发《2014年江西省集镇垃圾处理设施建设及资金奖补实施方案》，对整县推进城乡生活垃圾处理工作成绩突出的县（市）以及省委、省政府重大区域发展战略涉及的集镇进行倾斜支持。

【历史文化名镇名村保护成果扩大】

加强历史文化名镇名村保护。成功推荐12个镇村申报第六批中国历史文化名镇名村，入选数列全国第四位。中国历史文化名镇名村33个，列全国第五位。组织开展第五批省级历史文化名镇名村的申报评选，报请省政府批准公布32个第五批省级历史文化名镇名村。加强调度和督导，开展保护规划技术审查，全省前四批84个历史文化名镇名村基本完成保护规划的编制工作。加强传统村落保护工作。全省36个村落列入第三批中国传统村落名录，全省共有125个中国传统村落，总数列全国第六位。65个完成保护规划的编制及技术审查，45个传统村落编制完成《中国传统村落档案》。全省41个中国传统村落列入财政支持村落保护项目库，其中18个获得5400万元中央财政资金。开展传统民居调查工作。全省共上报61

万年县西山蔡家新农村

王乐天供稿

类传统民居、135栋代表建筑、38名传统工匠、15名专家和10个修建单位。开展《中国传统民居类型全集》江西分册撰写工作。开展特色村镇示范创建工作。加强对特色景观旅游名镇名村和宜居小镇（村庄）示范创建工作的指导，审核推荐9个镇村申报第三批全国特色景观旅游名镇名村，推荐8个镇村申报2014年宜居镇村。

【对口帮扶工作备受好评】 2014年，承担定点包扶上饶县花厅镇花厅村、省领导基层联系点泰和县螺溪镇藻苑村、对口支援民族乡村铅山县陈坊乡长寿畲族村、配合住建部对口支援赣南等原中央苏区吉安县振兴发展等对口帮扶工作。制定帮扶工作计划，协调驻村工作组，争取落实帮扶资金，全年争取、帮扶资金320万元。多次赴帮扶点进行督导调度和走访慰问。按要求完成上饶县花厅镇花厅村帮扶总结验收工作。

（蔡正杰）

·资 料·

江西省国家级历史文化名镇名村

序号	设区市	镇村名称	公布批次		中国传统村落公布批次
			国家级	省级	
1	南昌市	安义县石鼻镇罗田村	第四批	第一批	第一批
2	景德镇市	浮梁县瑶里镇	第二批	第一批	
3		浮梁县勒功乡沧溪村	第五批	第二批	第一批
4		浮梁县江村乡严台村	第四批	第二批	第一批
5	萍乡市	安源区安源镇	第六批	第三批	
6	鹰潭市	鹰潭龙虎山上清镇	第三批	第一批	
7	赣州市	赣县白鹭乡白鹭村	第四批	第二批	第一批
8		宁都县田埠乡东龙村	第六批	第三批	第二批
9		龙南县关西镇关西村	第五批	第一批	第一批
10	宜春市	高安市新街镇贾家村	第三批	第二批	第一批
11		宜丰县天宝乡天宝村	第四批	第二批	第一批
12	上饶市	婺源县江湾镇汪口村	第三批	第一批	第一批
13		婺源县沱川乡理坑村	第二批	第一批	第一批
14		婺源县思口镇延村	第四批	第一批	第一批
15		婺源县思口镇思溪村	第六批	第二批	第二批
16		婺源县浙源乡虹关村	第五批	第二批	第一批
17		铅山县河口镇	第六批	第一批	
18		铅山县石塘镇	第六批	第一批	
19		横峰县葛源镇	第四批	第一批	
20	吉安市	安福县洲湖镇塘边村	第六批	第一批	第一批
21		青原区富田镇	第五批	第三批	
22		青原区文陂乡渼陂村	第二批	第一批	第一批
23		青原区富田镇陂下村	第四批	第二批	第一批
24		吉水县金滩镇燕坊村	第三批	第一批	第一批
25		吉水县金滩镇桑园村	第六批	第一批	第二批
26		吉安县永和镇	第六批	第二批	
27		吉州区兴桥镇钓源村	第五批	第一批	第一批
28		峡江县水边镇湖洲村	第六批	第四批	第二批

续表

序号	设区市	镇村名称	公布批次		中国传统村落公布批次
			国家级	省级	
29	抚州市	乐安县牛田镇流坑村	第一批	直接列为国家级	第一批
30		金溪县双塘镇竹桥村	第五批	第三批	第一批
31		金溪县琉璃乡东源曾家村	第六批	第四批	
32		金溪县浒湾镇	第六批	第五批	
33		广昌县驿前镇	第六批	第一批	

江西省省级历史文化名镇名村

序号	设区市	镇村名称	公布批次	中国传统村落公布批次
1	南昌市	安义县万埠镇梓源民国村	第五批	
2		进贤县架桥镇陈家村	第二批	第二批
3		进贤县文港镇周坊村	第五批	
4		进贤县温圳镇杨溪李家村	第五批	第一批
5		新建县大塘坪乡汪山村	第三批	
6		南昌县三江镇前后万村	第三批	第二批
7		青云谱区青云谱镇朱桥梅村	第五批	
8	九江市	修水县山口镇	第四批	
9		修水县黄坳乡朱砂村	第五批	
10		都昌县苏山乡鹤舍村	第四批	
11	景德镇市	浮梁县浮梁镇旧城村	第四批	第一批
12		浮梁县峙滩乡英溪村	第四批	第一批
13		浮梁县西湖乡磻溪村	第三批	第二批
14		浮梁县瑶里镇高岭东埠村	第一批	高岭村为第一批
15		浮梁县蛟潭镇礼芳村	第五批	
16		乐平市涌山镇涌山村	第四批	第二批
17	萍乡市	莲花县路口镇湖塘村	第三批	第二批
18	新余市	分宜县分宜镇介桥村	第三批	第二批
19		分宜县钤山镇防里村	第五批	第二批
20		渝水区罗坊镇下寸村	第五批	
21	鹰潭市	贵溪市塘湾镇	第一批	
22		贵溪市耳口乡曾家村	第一批	第二批
23	赣州市	南康区坪市乡谭邦村	第五批	
24		赣县湖江乡夏府村	第三批	第二批
25		赣县大埠乡大坑村	第五批	
26		兴国县梅窖镇三僚村	第三批	第二批

续表

序号	设区市	镇村名称	公布批次	中国传统村落公布批次
27		兴国县兴莲乡官田村	第五批	第二批
28		于都县马安乡上宝村	第一批	
29		于都县葛坳乡澄江村	第五批	
30		龙南县里仁镇新园村(栗园围)	第五批	
31		瑞金市九堡镇密溪村	第一批	第二批
32		寻乌县澄江镇周田村	第一批	
33		安远县镇岗乡老围村	第一批	第一批
34		定南县天九镇九曲村	第三批	
35		会昌县筠门岭镇羊角村(羊角水堡)	第五批	
36	宜春市	丰城市张巷镇白马寨村	第一批	第二批
37		丰城市筱塘乡厚板塘村	第一批	第二批
38		万载县株潭镇周家大屋	第二批	
39		铜鼓县排埠镇	第三批	
40		樟树市临江镇	第二批	
41	上饶市	婺源县江湾镇江湾村	第一批	第一批
42		婺源县江湾镇晓起村	第一批	第二批
43		婺源县秋口镇李坑村	第一批	第二批
44		婺源县镇头镇游山村	第二批	第二批
45		婺源县思口镇西冲村	第二批	第二批
46		婺源县段莘乡庆源村	第二批	第二批
47		婺源县浙源乡凤山村	第三批	第二批
48		婺源县紫阳镇考水村	第三批	
49		婺源县江湾镇篁岭村	第五批	
50		铅山县篁碧畲族乡畲族村	第五批	
51		横峰县姚家乡兰子畲族村	第三批	
52		德兴市银城镇新营村	第四批	
53		德兴市海口镇	第四批	
54		广丰县嵩峰乡十都村	第五批	
55	吉安市	安福县金田乡柘溪村	第二批	第一批
56		安福县洋门乡上街村	第五批	第一批
57		青原区新圩镇江头毛家村	第三批	
58		青原区富田镇横坑古村	第四批	第一批
59		青原区富田镇夻田村	第五批	第二批
60		吉水县金滩镇仁和店村	第二批	第二批
61		吉水县白沙镇桥上村	第四批	第二批

续表

序号	设区市	镇村名称	公布批次	中国传统村落公布批次
62		吉安县横江镇唐贤坊村	第二批	
63		吉安县敦厚镇圳头村	第五批	第二批
64		安县横江镇公塘村	第五批	
65		泰和县马市镇蜀江村	第四批	
66		泰和县螺溪镇爵誉村	第四批	
67		峡江县水边镇何君村	第五批	第二批
68		峡江县水边镇沂溪村	第五批	第二批
69		峡江县巴邱镇	第五批	
70		永新县石桥镇樟枧村	第四批	
71	抚州市	乐安县牛田镇水南村	第三批	
72		乐安县湖坪乡湖坪村	第四批	第一批
73		崇仁县相山镇浯漳村	第四批	
74		黎川县华山场洲湖村	第四批	
75		金溪县浒湾镇黄坊村	第五批	
76		金溪县合市镇全坊村	第五批	
77		金溪县合市镇东岗村	第五批	
78		金溪县合市镇游垫村	第五批	
79		金溪县陈坊积乡岐山村	第五批	
80		金溪县琅琚镇疏口村	第五批	
81		东乡县黎圩镇浯溪村	第二批	
82		东乡县黎圩镇上池村	第五批	
83		宜黄县棠阴镇	第一批	

建筑业与房地产业

【概　况】　全省建筑业总产值突破4000亿元,提前完成“十二五”目标。截至年底,全省共有各类建筑业企业4577家,比上年增加653家,其中,新增特级建筑企业2家,一级建筑企业58家,二级建筑企业183家。2014年,全省各类建筑业企业共完成建筑业总产值4122.63亿元,比上年增长18.8%,建筑业总产值在全国的排第十八位;全社会建筑业增加值1393.6亿元,占全省生产总值的8.6%;按建筑业总产值计算的劳动生产率31.83万元/人,增长16.16%;企业在省外完成的建筑业总产值1302.39亿元,增长10.9%;全省对外承包工程累计完成营业额28.5亿美元,增长25.5%,总量居全国第十三位,增幅居全国第六位。全省房屋建筑施工面积2.77亿平方米,增长19.8%。其中房屋竣工面积1.27亿平方米,增长7.1%。产业集聚发展实现新突破。广丰县成功申报“中国建筑之乡”,成为全省继南昌县后第二个“中国建筑之乡”。南昌县政府举行江西千亿建筑科技产业园建筑企业总部基地开工仪式。江西千亿建筑科技产业园规划面积66.67公顷,一期用地41.67公顷,总投资约21亿元,年底已有18家特、一级资质建筑企业开工建设。新建县也启动了建筑产业总部基地规划建设工作。骨干企业竞争力实现新提升。骨干企业继续发挥行业排头兵作用,对全省建筑业总产值及建设工程管理水平的提升做出贡献。上半年住建部新批江西省交通集团、中恒建设2家企业特级资质,打破长期以来全省只有一家特级企业的局面;年产值超百亿元的企业达到了3家,产值20亿元以上的企业达到38家;2014年,住建部共批准15项国家级工法,涉及13家骨干企业;全省新批81项省级工法,数量超过上年的两倍。南昌洪都中医院、南昌造币厂和阿尔及利亚奥兰省法院(境外)等3个工程入选全国建设工程优质奖(鲁班奖)。建筑业新技术应用示范工程立项21个工程。

2014年,江西省认真贯彻落实国家房地产市场宏观调控政策,加强房地产市场监管,强化对房地产市场的引导和监测,印发《关于促进房地产市场平稳健康发展的通知》,提出了18条房地产市场调控措施。全省房地产市场总体平稳,没有出现大的波动。全省房地产开发完成投资1322.49亿元,增长12.6%。其中,住宅开发投资为971.92亿元,占房地产开发投资比重为73.5%,增长22.1%。全省商品房新开工面积3348.42万平方米,下降19.1%;商品房施工面积1.33亿平方米,增长11.2%。全省商品房竣工面积1871.79万平方米,增长4.9%。全省商品房销售面积3067.12万平方米,下降3.2%。其中,商品住宅销售面积2775.22万平方米,下降2.5%。全省房地产业地方税收412.6亿元,增长19.3%。房地产业地方税收占全省地税收入33.4%。

【扶持企业加快发展】 强化对重点地区、骨干企业的指导扶持,加强骨干建筑业企业和建筑业传统优势市、县建设行政主管部门的服务指导工作。深入吉安、赣州市,广丰、南昌、新建和峡江县等地调研当地建筑业企业,特别是骨干企业发展情况、建筑业总部基地筹备建设情况和推动建筑业发展政策出台情况。组织全省排名前100位的施工总承包企业及有关骨干专业承包企业的主要负责人,参加全省加快建筑业发展现场推进会。加快推动建企"走出去"。下发《关于鼓励和推动全省建筑企业加快"走出去"发展的通知》,明确到2017年,全省每年新增对外承包工程企业20家以上,对外承包工程营业额年均增长15%以上的目标。鼓励、扶持和推动具有一级及以上资质的建筑企业申报对外承包工程经营资格,

【加强建筑市场监管工作】 部署和启动工程质量治理两年行动。出台全省工程质量治理两年行动实施方案,建立相关工作制度,培训建筑市场执法专家70余人。对全省11个设区市开展建筑市场执法检查。完成为期3个月的南昌市建筑工地扬尘污染专项治理工作。出台《关于开展二级建造师继续教育工作的通知》,启动全省二级建造师继续教育工作。做好拖欠工程款和农民工工资投诉。全年共处受理拖欠工程款和农民工工资案件58件,其中,转公路、水利、电力、铁路等部门的31件,直接受理27件。解决拖欠工程款131.42万元,解决拖欠农民工工资6368.1万元。

【加强房地产市场调控】 印发《关于促进房地产市场平稳健康发展的通知》,提出了充分发挥市场机制作用、全面放开住房限购政策、加快释放住房公积金存量资金、实行税收优惠政策、取消商品住房套型结构比例限制等18条房地产调控措施。

【明确住宅专项维修资金可应急使用】 印发《江西省住宅专项维修资金应急使用有关事项通知》,明确电梯、供排水、消防系统故障等6类紧急情况可应急维修,有效破解住宅维修资金申请使用难的问题。开展住宅专项维修资金审计整改工作。

【大力推进城市棚户区改造】 开展"百名干部下基层、服务棚改惠民生"为主题的城市棚户区改造专题调研督查活动。并向省委、省政府领导报送《全省城市棚户区改造专题调研督查报告》。6月,省政府召开全省棚户区改造和保障房建设工作推进会。印发《关于进一步加强棚户区改造有关工作的通知》,鼓励棚改货币安置,引导被征收人购买商品房。支持收购符合条件的商品住房作为棚改安置住房房源,消化商品房库存。每月对城市棚户区改造的进度进行调度,定期对棚改进度相对滞后的市、县开展督查,督查结果向省政府报告。2014年,国家下达全省城市棚户区改造目标任务为开工改造14.32万套(户),省政府确定的目标任务是开工改造15.2万套(户)。截至年底,全省开工改造城市棚户区14.83万户,完成国家计划任务的103%,完成省政府计划任务的97.58%。

(胡娟 丁锦琳)

勘察设计与建设科技

【概　况】 2014年,全省工程勘察设计单位共410家。其中,甲级企业75家;从业人员3.40万人,其中技术人员2.14万人(高级职称人员5375人,中级职称人员8724人,初级职称人员6691人);注册执业人员4123人,其中注册建筑师633人(一级251人,二级382人),注册结构工程师610人(一级390人,二级220人),注册土木工程师(岩土)158人,其他注册工程师2722人。2014年全省勘察设计营业收入总额226.69亿元,比上一年度增长10.93%。其中:工程勘察收入12.10亿元,比上一年度增长12.37%;完成工程设计收入34.14亿元,比上一年度增长-1%;营业税金及附加4.94亿元,比上年度增长-24.08%。

2014年,全省建设科技取得了较好的成绩。为满足建筑市场需要,依据《推广应用新技术管理实施细则(试行)》,积极组织技术成熟、可靠的建筑节能新产品、新技术在全省推广应用,收到了明显的节能效果。共完成"W-ICI建筑墙体保温与模板一体化技术体系"和"W-ICI建筑墙体喷射混凝土夹心保温一体化技术体系"等35个新技术、新产品的推广应用。南昌市洪都中医院新院(一期)工程等7个10项新技术示范工程,通过省内外专家的评审与验收,促进了建筑企业的技术创新推广。申报的轻钢结构用防火装饰保温一体化墙体材料的研究等3个项目(课题)入选2014年住建部科技项目计划。结合江西气候特点,以"夏热冬冷地区关键技术研究""能耗监测平台调研评价研究"为代表的省级重大专项课题以及获住建厅审定批复的19个科技项目(课题)顺利实施。

【加大信息工作建设力度】 通过"搭建平台、建立数据、强化宣贯、跟踪督导"等措施来推进信息化工作。在吉安市召开施工图审查信息化工作现场交流会,使大家进一步提高思想认识,加大信息工作建设力度,提高施

工图审查行业的信息化工作水平。在检查中抽查审查机构的项目清单，对项目录入情况进行跟踪督查，强力推进信息化工作。

【推进施工图审查工作优质化】 对施工图审查机构确定“控数量、严标准、抓学习、强联动、重质量”的管理方法。保持全省图审机构19家，严格按照住建部要求，规定审查人员须在审查机构注册。狠抓注册人员的继续教育，加大与住建厅管理信息平台的对接和联动，共同完善信息系统，提高企业内部管理水平和行政部门监管效率。通过一系列的监管措施，从业人员的责任意识和质量意识越来越强，整体质量稳步上升，审查工作更加优质。

【勘察督导检查工作常态化】 开展勘察外业现场督查。由建设工程勘察自律委员会成立2~4个督查组，每个督查组3~4个人，采用随机方式进行现场督查，检查外业见证员是否到场，岩芯采取率、钻探深度是否满足要求等。截至年底，共对全省11个设区市进行了180余次督导，14家单位的30多个项目受到处罚。开展勘察设计质量安全检查。组织全省勘察设计质量安全大检查，检查中抽取工程项目82个（其中市政项目9个、居住项目34个、公建项目23个、工业项目6个、被举报的勘察项目10个），通报违反强条的项目28个，清理了外省设计单位2家，并将通报移交给省住建厅稽查办按相关规定进行罚款。

【开展工程建设标准编制工作】 持续开展全省工程建设地方标准的编制工作，下达两批工程建设地方标准和标准设计的编制项目计划，先后完成5个地方标准、3个标准设计和一个简易图集的编制。注重抓好无障碍建设工作，在全国无障碍建设座谈会上作经验介绍，并被刊登在国家《工程建设标准化》上推广。

【推进绿色建筑发展】 召开推进绿色建筑发展新闻发布会，40多家中央、境外驻赣媒体和省市新闻单位聚焦江西绿色建筑发展。组织举办绿色建筑发展宣贯培训活动。年内，全年新增绿色建筑评价标识项目29项（建筑面积305万平方米）。并承办第三届世界低碳生态博览会绿色建筑展览展示筹备工作。

【申报智慧城市创建】 出台《关于推进我省智慧城市建设的指导意见》规范性文件。组织省内外专家对申报第三批国家智慧城市试点的6个市县区（鹰潭、吉安、广丰、南丰、南昌市高新区和南昌市东湖区等）城市进行省级评审，帮助申报城市找准城市发展定位，体现自身特色 完善申报材料，经住建部终审，共有5家申报单位列入创建名单。同时多次组织创建单位代表参加住建部举办的培训会，提高了大家对智慧城市的认识程度。

【开展节能改造督促和测评机构督查】 为确保中央既有居住建筑节能改造补助资金落到实处，对新余、上饶、赣州、宜春等市县部分既有居住建筑节能改造示范项目进行有效督促。组织开展省级民用建筑能效测评机构和人员的考核工作，并对8个可再生能源建筑应用示范市县（镇）进行督查。

【启动能耗监测平台建设】 为最大程度发挥中央补助资金的效益，按照住建部颁发的《国家机关办公建筑和大型公共建筑能耗监测系统分项能耗数据传输技术导则》要求，7月4日，制订《江西省国家机关办公建筑和大型公共建筑能耗监测系统省级平台建设工作方案》。选择南昌、九江、新余和省直等4个二级平台试点单位。

（黄兴　余海浪）

鲁班奖工程

王乐天供稿

本栏编辑　邓玉兰

水　利

综　述

2014年，全省水利工作继续保持大投入、大建设、大发展的态势，全年争取中央水利投资97.2亿元，省级配套44亿元，市县配套资金59.64亿元，水利总投入突破200亿元。

深化水利改革取得重大突破。省委、省政府出台《关于深化水利改革的意见》，从10个重要方面提出具体改革意见。这是全国水利系统首个以省委、省政府名义出台的改革文件，也是继2011年省、省政府出台《关于加快江西省水利改革发展的实施意见》后，对水利工作的又一次重大部署。水利改革全面铺开，取消和下放11项行政审批事项，公布了20项权力"清单"。开展小型水利工程管理制度改革试点、水生态文明建设试点、政府购买水利社会化服务改革试点、水权改革试点、农业水价综合改革试点、河湖管理体制改革试点等。

防汛工作取得新胜利。汛期全省共发生9次强降雨过程，局部地区遭受严重的洪涝灾害。特别是7月25日台风"麦德姆"，导致德安县多个乡镇发生严重洪涝灾害。各地加强组织领导，强化巡查值守，充分发挥山洪灾害预警系统的作用。全省紧急转移群众29万余人，防洪减灾效益达2.14亿元。尤其在防御"麦德姆"台风过程中，各方齐心协力，积极主动应对，战胜暴雨洪水，受到省委书记强卫的高度肯定。

水利工程建设快速推进。峡江水利枢纽主体工程基本完工，7台机组安装完成并累计发电3.66亿千瓦时。浯溪口水利枢纽实现大江截流，伦潭水利枢纽基本建成，鄱阳湖区二期防洪工程第五、第六个单项有力推进。农村饮水安全665处工程全部开工，可解决227万农村居民和54.12万农村学校师生的饮水安全问题。规划内4004座一般小(2)型病险水库全部开工。中小河流治理2013—2015年度282个项目开工204个。小农水重点县连续第五年获全国优秀，全省80个重点县在建。完成水土流失综合治理面积22万公顷，赣州市列为全国水土保持改革试验区，新增农村水电装机9.3万千瓦。水闸除险、灌区、泵站更新改造、农村水环境整治等进度加快，一批项目建成并投入运行。

最严格水资源管理制度开始落实。开展节水型社会建设，南昌、景德镇2个全国节水型社会建设试点和8个省级节水型社会建设试点扎实推进，启动公共机构节水型机关单位、节水型灌区创建活动，开展江西省四大产能过剩行业节水市场准入标准制定工作。进一步规范取水许可和水资源论证管理，实现省级入河排污口审批和验收零突破。进一步提升水资源保护工作水平，完成全省江河湖泊地表水功能区纳污能力核定工作。大力开展水库养殖专项整治，全省4619座水库已退出承包养殖，实行人放天养。

水利法制和水利建设管理日益完善。水利法制体系不断健全，年内《江西省农田水利条例》《江西省水文管理办法》先后颁布实施，制定《江西省法治水利建设规划纲要（2014—2020年）》。不断完善水利市场管理，修订或制定《江西省水利水电工程施工企业资质申请材料审核办法》等8项管理制度，进一步完善招标监管制度体系。加大对水利工程建设市场主体失信、违法分包和转包等行为的查处力度。

（彭巍）

水利工程建设与管理

【概　况】　2014年，江西省继续加强水利工程建设，水利工程管理改革不断深化。峡江水利枢纽、浯溪口水利枢纽等一大批重大水利工程建设项目进度加快。病险水库除险加固、中小河流重点河段治理、农村饮水安全、山洪灾害防治、灌区续建配套与节水改造等民生工程加快实施，农田水利基础设施不断完善。继续完善水利市场管理制度，加快推进招标监管制度体系建设和水利建设市场诚信体系建设，依法加大对水利工程建设市场主体失信、违法分包和转包等行为的查处力度，维护水利建设市场良好秩序。

【12个项目列入国务院172项重大水利工程】　2014年，国务院明确在今明两年和"十三五"期间分步建设纳入规划的重大农业节水、重大引调水、重点水源、江河湖泊治理骨干工程、大型灌区建设等方面的172项重大水利工程，江西省共有12个项目列入规划。其中，在建项目4个，分别为峡江水利枢纽工程、浯溪口水利枢纽工程、大中型灌区续建配套节水改造骨干工程、田间高效节水灌溉工程；拟建项目8个，分别为鄱阳湖水利枢纽、四方井水利枢纽、白梅水库、廖坊灌区二期、鄱阳湖蓄滞洪区安全建设、五河尾闾疏浚、鄱阳湖单退圩堤加固整治、1万～5

万亩及其他重要堤防加固整治工程。

（陈巍）

【峡江水利枢纽主体工程基本完工】 3月28日，峡江水利枢纽主体工程提前完成围堰拆除任务，实现主汛期18孔泄水闸按期投入过水度汛计划目标。7台机组投入试运行，累计发电3.66亿度。截至年底，工程累计完成投资79.76亿元，累计到位资金75.68亿元，其中，中央资金到位22.81亿元，省级资金到位15.18亿元，水电站出让到位资金37.69亿元。枢纽部分累计完成土石方开挖364.49万立方米，土石方回填113.7万立方米，混凝土浇筑110.56万立方米，钢筋制安4.35万吨。完成混凝土浇筑2.54万立方米，钢筋制安0.29万吨。

【4004座病险水库开工建设】 规划内4004座一般小(2)型病险水库全部开工建设，规划总投资40.04亿元，已下达省级补助资金16.02亿元，平均每座40万元。其中，2714座完成主体工程，1399座完工并投入使用。另外，规划内26座大中型水库已有25座主体工程完工，批复总投资8.24亿元，已下达资金6.03亿元。

【204个中小河流治理项目全面推进】 中小河流治理2013—2015年规划项目共282个，已开工204个，开工率72%。2014年度共下达省级以上专项资金13.64亿元，累计已完成投资25.67亿元，占到位资金的65.15%。

【探索不同形式的水利工程管理改革】 开展深化小型水利工程管理体制改革试点，推荐新干县作为水利部试点县，确定高安等11个县(市)作为省试点县，并出台《江西省深化小型水利工程管理体制改革验收管理办法》，明确验收组织、程序、内容、评分标准及验收方式，对验收资料提出具体要求。开展水利工程物业化管理试点，制定峡江水利枢纽库区防护工程物业化管理试点方案，编制库区防护工程物业化管理试点实施细则，完成运行维护费用测算，并与物业公司签订工程管理与维护合同。开展政府购买小型水库及堤防安全管理社会化服务改革试点，制定政府购买小型水库及堤防安全管理社会化服务改革试点方案，各地按照方案基本完成购买主体与承接主体合同签订、安全员职责落实、购买资金支付等工作。

【水库水环境专项整治成效显著】 按照省政府《关于规范水库养殖保护水库水质的指导意见》《江西省水库水环境专项整治实施方案》要求，组织开展全省水库养殖情况调查，大多数市、县政府出台专项整治实施方案。已有4619座水库退出承包养殖，实行人放天养，占应退出水库数量的61%。各级财政和水库管理单位共支付退出承包养殖补偿资金1.55亿元。

（韩志宇）

【小型农田水利重点县工作连续五年获全国优秀】 2014年，江西省小型农田水利重点县建设连续第五年获全国优秀，继2012年后在全国的年度绩效考评中再获第一名。年内中央再新增江西省第六批26个小农水重点县名额，全省累计立项小农水重点县154县次。年内有第四、五、六批共80个小农水重点县项目在实施，计划投资22.6亿元，下达地方财政专项资金1.35亿元。

【农村饮水安全工作力度加大】 2014年，中央下达江西省农村饮水安全工程总投资13.1亿元，建设665处集中供水工程，解决227万农村居民和54.12万农村学校师生的饮水安全问题。为确保群众早日喝上干净水、健康水，各方全力以赴，投入空前的精力，实现进度调度制度化、督导检查常态化、推动举措超常规。水利部部长陈雷、副部长矫勇，省长鹿心社、常务副省长莫建成、副省长李炳军均亲自重点督导指导江西省农村饮水安全工作。水利部督导组每季度到江西省进行一次督导。省政府向各设区市下达责任书，省水利厅落实农村饮水安全分片联系制度，多次组织到各设区市进行工程建设督导。各设区市、县政府领导靠前工作，亲自到一线，农村饮水安全工程建设力度空前。

【大中型灌区节水改造稳步推进】 2014年，江西省大型灌区续建配套与节水改造投资1.67亿元，其中中央资金1.14亿元、地方配套5266万元，主要用于鄱湖、丰东、袁北、章江、饶丰5个大型灌区续建配套与节水改造。规模化节水项目总投资3000万元，其中中央资金2400万元，用于龙南、安远、信丰3个县的规模化节水灌溉增效示范项目建设。

（饶奇磊）

【推进“南看兴国，北看修水”的水土保持重点工作】 2014年，全省扎实推进“南看兴国，北看修水”的水土保持重点工作，取得了阶段性成效。兴国县以国家水土保持重点建设为契机，打造新亮点。塘背小流域综合治理工程按照“两园一带”创建升级版的生态观光体验型小流域，三角小流域综合治理工程打造生态清洁型小流域。修水县创建国家水土保持生态文明县取得新成绩，被水利部列为“国家水土保持生态文明综合治理工程”，成为江西省继兴国县之后第二个国家级水土保持生态文明县。省水保院推进兴国、修水基地建设取得新进展，《江西省兴国与修水水土保持试验推广基地建设规划》通过审查，明确兴国基地“一点三面五示范”、修水基地“一园两流域”的功能分区。

【赣州市列为全国水土保持改革试验区】 年内，水利部将江西省赣州市列为全国水土保持改革试验区，重点在监督、治理、监测、科技信息、宣传和廉政等6个方面进行探索创新，不断加快水土保持深化改革步伐，巩固和提升水土保持工作效益，探索水土保持深化改革实践，积累经验提供示范，指导全国水土保持深化改革工作，激发水土保持发展活力，增强水土保持发展动力，推进全国水土保持生态建设工作，保障国家生态安全。

（刘茂福）

防汛抗旱

【概　况】 2014年，全省平均降雨量1655毫米，比多年均值(1638毫米)略偏多。汛期共出现9次强降雨过程，局部地区雨量之大历史罕见。

饶河、修河、抚河上游、信江中游发生一般超警洪水，超警幅度为0.1～3.07米；博阳河梓坊站7月24日洪峰水位超警戒3.57米，列历史第三位。全省共有412万人受灾，农作物受灾面积35.8万公顷，倒塌房屋1万多间，因灾死亡21人，直接经济损失56.18亿元。全省防洪减灾效益达2.14亿元，其中减淹耕地7.3万公顷，减免粮食损失69.3万吨，减少受灾人口34.5万人，解救洪水围困群众5.94万人。

2014年，全省旱情总体偏轻，旱情主要发生在赣中赣南。7月下旬，赣中赣南进入高温少雨天气，特别是8月份以后，局地持续35度以上高温，部分县（市、区）旱情显现，其中上犹、龙南等县达到气象干旱重旱等级。全省因旱农作物受灾面积11.23万公顷，因旱直接经济损失7.71亿元，成灾面积3.51万公顷、绝收面积3918.67公顷，6.23万人出现饮水困难。全省投入抗旱资金8780万元、抗旱人数59万人次，减少因旱经济作物损失1.59亿，减少粮食损失14.46万吨。

【多地暴雨频率超历史】 汛期，全省共出现9次强降雨过程，个别地区降雨量超过历史。5月24日、25日，上栗县枣木站、宜春袁州区天台站24小时降雨量分别为224毫米、211毫米，暴雨频率均超百年一遇；6月19日、20日，南丰县藕塘站3小时降雨量208毫米、24小时降雨量389毫米，暴雨频率均超百年一遇；7月25日九江德安县丰林站3小时、6小时、12小时降雨量分别为288毫米、358毫米、519毫米，暴雨频率均超百年一遇，其中12小时降雨频率达500年一遇，均列江西省有记录以来第一位。

【“麦德姆”台风防范高效有力】 7月25日，受10号台风“麦德姆”影响，德安县出现特大暴雨，丰林站3小时、12小时降雨量分别为288毫米、519毫米，暴雨频率均超百年一遇。强降雨导致博阳河梓坊站洪峰水位超警戒3.57米，造成部分农田被淹、交通中断，2座小（2）型水库因洪水漫顶垮坝，6人因洪灾死亡。面对台风暴雨，省防总超前部署，及时会商研判，提前启动防汛Ⅳ级应急响应，派出5个以省水利厅领导带队的防汛工作组，督导有关地区增加巡查力量、加强巡查值守。气象、水文部门加大预测预报密度，交通部门强化公路巡查监管。有关市县周密安排、全力应对，有效减轻了台风灾害损失，受到省委书记强卫的高度肯定。

【主要江河水位刷新历史最低值】 汛后，受持续少雨和长江水位降低的共同影响，五河及鄱阳湖水位持续下降，赣江新干水位站、樟树水文站、丰城水文站，信江弋阳水文站、修河虬津水文站、潦河万家埠水文站水位突破有记录以来最低水位。其中，樟树站12月10日水位19.48米，比历史最低值低0.49米（2013年10月25日19.97米）。此外，赣江上游章水、贡水，中游支流蜀水、禾水、泸水、孤江、乌江，下游支流锦江，抚河盱江等河流的部分站点也出现历史新低水位。

【创新军地防汛联合机制】 为充分发挥部队抗洪救灾骨干作用，省防总积极推进细化军地联合工作。5月12日，省防总与省军区联合召开军地联合防汛勘察任务部署协调会，对联合勘察安排、军区支援部队兵力运用、指挥关系和运行机制等情况进行部署。7月4日，省防总联合武警水电二总队出台制定《抢险救援联合工作要则》，旨在充分发挥各自资源优势，建立信息共享、行动迅速、指挥顺畅、处置高效的警地联合抢险救援体系。

【防汛值班更加规范有序】 出台《关于加强防汛抗旱值班工作的指导性意见》《省防办值班工作流程》，对全省防办值班工作进行统一规范和要求。下发《关于切实加强水库水情信息报送工作的通知》《关于加强和规范工程险情信息报送工作的通知》，强化信息报送工作。强降雨期间，省防办通过抽查值班、跟踪督导等方式，及时掌握基层防汛值班和巡查制度落实情况，督促做好信息报送等工作。此外，还先后举办全省大型和省调度中型水库防洪调度培训、旱涝灾情统计培训，加强基层防汛知识培训，提高业务水平。

（郑文龙）

水资源管理

【概　况】 2014年，江西省平均降雨量1668毫米，比历年均值增加1.8%，属平水年份。地表水资源量1597亿立方米，比上年增加13.7%。2014年总供水量与总用水量持平，为259.30亿立方米。人均综合用水量为571立方米，万元地区生产总值（当年价）用水量165立方米，万元工业增加值用水量88立方米，农田灌溉亩均用水量611立方米，农业灌溉水有效利用系数0.484。

【首次实行最严格水资源管理制度考核】 首次实行最严格水资源管理制度考核，并纳入省委省政府对市县科学发展综合考评体系，泰和县、安源区、芦溪县、丰城市、莲花县、分宜县、渝水区、乐平市、德兴市、宜黄县位居前十。经省政府同意，印发《江西省水资源管理“三条红线”控制指标（2015年）》，并督促各设区市将指标进一步分解到了县级行政区。顺利通过2013年度国家对江西省实行最严格水资源管理制度考核，等次为良好。

【水权改革列入全国试点】 向水利部成功争取江西省列为全国7个水权改革试点省份之一，多次开展省内调研摸底和省外考察学习，选择高安市、东乡县、新干县为试点，组织编制《江西省水权试点方案》，待报水利部审查。召开全省水权试点工作座谈会，组织编制《水权确权十问》，指导萍乡市积极探索山口岩水库水权交易试点工作。

【多措并举推进节水型社会建设】 景德镇市被水利部、全国节水办授予“第三批全国节水型社会建设示范区”称号，南昌市全国节水型社会建设试点通过水利部验收，省灌溉实验中心站被列为“第二批全国中小学节水教育社会实践基地”。开展公共机构节水型单位创建活动。启动工业企业主要产品、城市生活、农业灌溉用水定额修订和《江西省钢铁、水泥、平板玻璃、船舶四大产能过剩行业节水市场准入标准》制定工作。加强节水宣传,开展全省节水征文活动,组织编制图文并茂的《节水科普读本》。

【打造水生态文明建设试点四级联动格局】 在全国率先打造水生态文明建设试点市、县、乡、村四级联动格局。抓好南昌、新余第一批全国水生态文明城市试点工作,会同萍乡市成功申报第二批建设试点,指导编制试点实施方案。按照"创建为主,试点为辅"的原则,探索开展水生态文明县、乡、村试点建设和自主创建,确立3个县、22乡镇和125个村为第一批省级试点,下达补助资金2250万元,并初步确定第一批省级水生态文明自主创建优秀镇、村名单。制定出台《江西省水利厅推进水生态文明建设工作方案》《江西省水生态文明试点建设和自主创建管理暂行办法》和《江西省水生态文明建设评价暂行办法》。积极对接江西省生态文明先行示范区建设工作,启动《江西省水生态文明建设规划》编制工作,制定《江西省水利厅推进生态文明先行示范区建设工作方案》。

【水资源保护工作力度不断加大】 组织编制江西省水资源保护规划。开展城市饮用水水源地情况调查,研究加强江西省城市应急备用水源地建设。推进《共产主义水库饮用水源地保护规划》实施,组织编制《共库水源地保护工程实施方案》。完成全省江河湖泊地表水功能区纳污能力核定工作,正式提出分阶段限制排污总量控制意见。完成全省地下水超采区评价成果确认上报,启动江西省国家地下水监测工程项目建设。编制《江西省水利厅应对突发水污染事件应急预案》。出台《江西省入河排污口监督管理实施细则》,督促江西理文造纸(瑞昌)编制入河排污口论证报告并组织进行审查、验收,实现了省级入河排污口审批和验收零突破。

【水资源管理水平稳步提升】 编制完成《江西省水资源管理能力建设规划》,构建江西省首个指导全省水资源管理能力建设的顶层设计。开展《江西省水资源条例》修订工作,列入省人大法工委、省政府法制办2015年立法计划,修订初稿已征求水利系统内部意见。加强基层水资源管理人员培训,举办全省水资源论证、取水许可和入河排污口管理培训班,全省计划用水节约用水暨用水总量统计培训班,共计350余人次。

(吴涛)

新余市水生态文明建设试点

省水利厅供稿

水政监察

【概 况】 2014年,省水利厅加强水政监察工作调研,推动水行政执法队伍建设,加大水政执法业务培训。严格落实执法巡查制度,扎实开展河湖专项执法检查。切实加强水资源管理和水资源费征收工作,扎实推进采砂船切割和非法采砂入刑工作。通过开展多部门联合执法,严厉打击赣江、鄱阳湖、长江等水域的非法采砂、侵占河道、无证取水等水事违法行为,大力督促库区非法筑坝拦汊的拆除整治工作,规范了全省的水事秩序,维护了全省沿江、沿湖地区的社会稳定。立法工作稳步推进,《江西省农田水利条例》《江西省水文管理办法》正式施行,《江西省水资源条例(修订)》项目已经省政府第35次省政府常务会议审议,《江西省小水电管理办法》结转为2015年省政府规章项目,《江西省法治水利建设规划纲要(2014—2020年)》正式发布。

【以切割淘汰方式处置过剩采砂船舶】 为进一步规范河道采砂管理秩序,有效控制采砂船舶数量,从源头上遏制非法采砂行为,省水利厅大力支持和鼓励各地以切割淘汰方式处置过剩采砂船舶,有力促进了各地过剩采砂船船主的转产转业,取得阶段性成效。截至年底,全省共完成采砂船切割448条,其中:南昌市切割303条,丰城市切割130条,鄱阳县切割15条;各地财政投入切割资金共4.53亿元,其中,南昌市投入2.62亿元,丰城市投入1.68亿元,鄱阳县投入2294万元,有力促进了各地过剩采砂船船主的转产转业。同时,省级财政共补助各地切割资金2亿元。

【多次开展非法采砂专项整治行动】 为严厉打击江西省长江、鄱阳湖、内河水域非法采砂行为,有效遏制各水域滥采乱挖现象,省水利厅按照"属地管理"和"谁主管、谁负责"的原则,联合相关省直单位和各地政府先后开展长江河道采砂管理综合整治工作、全省河道采砂管理专项整治行动、鄱阳湖区非法采砂专项整治行动、鄱阳湖区采砂管理专项整治工作等活动,通过加强采区现场监管,严格规范可采区采砂作业,加强采砂船舶管理,严格落实集中停靠管理制度,加强执法巡查力度,严厉打击非法采运砂行为,不断规范江西省河道采砂秩序,逐步形成江西省采砂管理长效机制,切实保护了江西省的水生态和水环境。

【启动省际采砂管理合作联动机制】 为加强边界水域采砂管理,省水利厅加强与上级部门和周边省的沟通协调。8月15日,长江水利委员会在九江召开长江鄂赣皖省际交界水域采砂管理区域合作联动机制协调会。江西、湖北、安徽3省签订《长江鄂赣皖省际交界水域采砂管理区域合作联动机制工作协议》，明确定期会商制度、联合执法、信息交流和非法采砂查处等，开展长江省际交界水域采砂联合执法行动，共同打击非法采砂行为。

【深化河湖执法检查】 深化河湖专项执法检查活动，组织各种规模的专项执法检查行动1993次，参加检查8909人次，检查河道累计590条，累计约16530千米。检查湖泊水库累计2636个，水库面积累计约15241平方千米。检查涉河湖活动2097处，拆除违章建筑3901平方米。立案查处水事违法案件499起，挂牌督办大案要案3件。

【开展违法围湖清除工作】 省水利厅联合省公安厅对违法围湖情况进行为期3天的查访，平毁违法围湖点13处，新建县枫林山水域和池洲湖2处违法围湖点平毁恢复至20世纪70年代围堰旧貌，南昌县三湖洲、新建县东江湖、上饶市与南昌市交界上下独洲3处违法围湖点进行局部拆除。为确保防汛安全，省水利厅联合省防总下发通知，要求沿鄱阳湖地区政府加大违法围湖清除力度，实行行政首长负责制，对鄱阳湖区围湖围堰尚未平毁或平毁不彻底的，由地方政府负责，限期平毁。截至年底，南昌市9处违法围湖全部清除到位，九江市18处违法围湖清除10处。

（刘祖红）

农村水电

【概　况】 2014年，江西水能理论蕴藏量684.56万千瓦，100千瓦以上技术可开发量633万千瓦。全省农村水电站3900余处，新增装机容量9.3万千瓦，年末装机容量约316万千瓦，年发电量91亿千瓦时。485处农村水电站增效扩容改造全面推进，电气化及小水电代燃料项目争取中央投资再创新高，中小河流水能资源开发规划编制工作受到水利部水电局表扬，4座电站被评为水利部首批绿色小水电站典型，电站最小下泄流量监测试点项目通过验收，获“全国农村水电统计工作先进单位”称号。

【加强农村水电增效扩容改造项目管理】 江西省农村水电增效扩容改造项目实施485个项目，改造后装机容量53万千瓦，增加电能48%，总投资15.7亿元。2014年，着重抓好项目进度管理，实行动态信息旬报送制度。着重抓好项目建设与资金管理，会同省财政厅下发《关于进一步加强农村水电增效扩容改造项目建设及资金管理的通知》。至年底，第一批实施的297个项目中，有213个项目主机设备到货，占72%，完工95个，占32%；第二批实施的188个项目全部完成招投标工作。所有项目计划于2015年底完工。

【开展新农村电气化县和小水电代燃料工程建设】 “十二五”电气化县建设实施22个县，分解下达电气化中央补助资金4930万元，比上年增加1360万元，落实并下达省级配套资金1479万元。扎实开展小水电代燃料建设，分解下达中央补助资金3800万元，比上年增加520万元，足额落实并下达省级配套资金850万元。

【平安水电建设成效显著】 逐站落实3870座农村水电站安全生产“双主体”责任人，并在媒体公示，实现全省农村水电站“双主体”责任全覆盖。出台《江西省在建农村水电站安全生产监督检查指导意见》，检查农村水电站1839座，占全省农村水电站的48%。加强安全生产培训，组织农电管理人员80多人参加水利部水电局组织的安全生产培训，对列入全国和省标准化建设的91座试点电站的负责人共110多人进行安全生产及标准化建设培训。制定《江西省农村水电站安全生产标准化达标评级与初级标准化达标认定实施办法（暂行）》，安排经费230万元，引导各级示范电站开展标准化建设和达标评级工作。省水利科学研究院等5家单位被水利部认定为全国农村水电站安全生产标准化达标评级一级评审机构。

【编制水能资源规划】 举办全省中小河流水能资源开发规划编制工作培训班，制作河流规划意见编制模板，组织两个专家组开展规划意见初审工作。安排800万元省级前期工作经费，已完成所有420条河流的规划意见并汇总上报，省水利规划设计院正在开展复核工作。

【加快推进绿色水电建设】 开展绿色小水电站典型培育，武宁县盘溪等4座绿色典型电站通过水利部水电局终审评定。委托水文部门完成最小下泄流量试点监测工作并顺利通过验收，正开始推广成果运用。选择安福县泸水河作为试点流域，开展流域梯级电站联合调度方案编制工作。

（何大信）

本栏编辑　邓玉兰

自 然 观 测

气 象

【概　况】 2014年，全省天气气候呈现"总体平稳，局部灾害严重"的特点，全年先后出现20次灾害性天气过程。全省气象部门向省委、省政府报送决策材料267期，省领导批示17次、指示8次。全年应急响应6次，2.38亿人次收到预警信息。广播电视插播预警信息7100余次，针对春耕、高考等专题服务662期。开展地面、飞机人影作业面积24.4万平方千米，经济社会效益显著。与省国土厅联合发布预警13期，成功转移人口17万人次。连续两年开展民生气象、为农服务20件实事，获省领导批示肯定。45个县完成中央财政"三农"专项建设，2县、13乡入选全国"百县千乡"。专项建设带动地方投入明显增长，中央、地方资金比达1:2。开展农产品气候品质认证，制作24种品牌气象服务产品。与农业部门合作面向1.5万个农民合作社、种养大户开展"直通式"气象服务。建立"气象专家与社会公众面对面"科普平台。

【推进气象现代化建设】 省政府以2014年1号文件下发加快推进气象现代化意见，专题召开气象重点工作推进会议。省委、省政府连续两年将气象现代化建设纳入对市县综合考评，部分市、县政府将气象工作纳入对下一级政府的考评。省政府连续两年将省气象局纳入绩效管理，出台《江西省突发事件预警信息发布管理办法》。省气象局与9个设区市政府签署合作协议，与20余个部门建立合作关系，61%的县（市、区）政府与市气象局签署了合作协议，80%县政府出台了现代化实施意见或实施方案。

开展大城市精细化气象预报业务、乡镇气象灾害预警试点。开发风险预警、森林火险气象等级和气候影响评价业务等预报系统。完成地面高空业务一体化、实时历史地面气象资料一体化以及航危报业务等改革任务。新建自动气象观测站211个，新增气溶胶质量浓度观测站8个；加快推进景德镇、抚州新一代天气雷达建设。九江、鹰潭、婺源、峡江地面气象观测场完成搬迁工作。完成省气象局大楼业务系统搬迁工作，省气象局局域网升级为双核心的万兆网。强化装备技术保障，完成67个自动气象站现场校验和16个台站常规仪器巡检。启动省市县一体化灾害性天气综合监测预警平台、乡镇预报预警平台、农业气象服务平台、雷电业务管理平台建设。

开发省级公共气象服务系统，开展市级公共气象服务试点，完成48个县县级现代业务服务系统升级改造，推进县级综合预报业务系统平台建设。推出彩信、IPTV、微博、微信、国突系统等气象信息发布新手段。建立省市县三级的气象灾害防御联络员会议制度，其中省级有27个部门参与应急联动。在5县开展购买"直通式"服务试点。新建430个乡镇气象服务站，总数达953个。优化气象信息员队伍，总数达2.6万人。1300套区域站、2405套大喇叭和电子显示屏纳入社会化维护保障。

【全面深化气象改革】 制定全面深化气象改革实施意见和重点任务分解方案，初步拟定气象服务体制、气象业务科技体制和气象管理体制三个改革实施方案，41项改革重点任务基本完成34项，建立健全45项相关制度。明确省市县三级行政审批事项目录，将防雷服务纳入基本业务管理体系。在三地建立农业气象业务实体机构，建立省市联合专项服务机制。确定抚州市为科技服务收支纳入地方综合预算管理试点，编制2015—2017年滚动预算和综合预算。扎实推进6个县"省直管"的试点工作。全省新成立地方气象机构99个，新增编制293名。新成立县气象局党组20个、纪检组10个，探索了新的领导机制和监督机制。

【应对气候变化】 参与起草省人大《关于加强生态文明先行示范省建设的决议》，将气象内容纳入全省生态文明示范区建设方案。参与全省应对气候变化工作顶层设计，修订鄱阳湖生态经济区适应气候变化战略研究。全程参与省政府对设区市政府二氧化碳排放目标责任考核，承担农业温室气体排放清单编制，成为江西首批获得碳排放核查第三方机构资质的单位。组织对市县政府气候变化工作人员开展培训。设立应对气候变化专项基金。参与太阳能、风能等可再生能源开发利用。定期发布卫星遥感监测、生态质量气象评价公报，获省领导批示。开展重大核电项目气候可行性论证，完成36个建设项目大气环评服务。

【加强气象法治建设】 《江西省气象灾害防御条例》通过省人大审议正

式实施,《气候资源开发利用与保护条例》纳入立法计划。农村防雷减灾工作纳入《江西省农村人居环境改善行动计划》。省人大开展气候可行性论证专题调研和气象法执法检查,省政府开展雷电灾害防御专项督查,全年开展执法检查2965次,受理行政许可事项5982件。制订3项气象地方标准,12项气象地方标准获立项。建立部门法律顾问制度。部分市县气候可行性论证进入审批流程。

【开展气象规划工作】 省气象局与省发改委、省财政厅联合发文推进"十二五"规划项目建设,并组成联合工作组进行督查,95%的市县"十二五"规划实施方案得到批复,76个市县资金得到落实或部分落实。与省财政厅联合发文加强地方气象公共财政投入,"三农"专项、气象探测环境改善工程等项目年度资金得到落实。年初预算有较大增长,纳入公共财政预算实现新突破。28+2台站建设工程稳步推进,5个已基本完成迁站并投入运行。气象事业发展规划纳入"十三五"专项规划目录,开展7个方面专题研究,初步提出"十三五"规划基本思路和重大工程项目建设思路,并上报省发改委。统筹利用科技服务资金,确定重点项目,集约推进现代化业务平台建设。

【强化气象科技创新】 出台科研经费管理、成果转化、论文奖励办法等制度。获批省部级项目8项,省局立项52项,自筹科研经费853万元。推进南方水稻气象重点开放实验室建设,申请组建省人影工程技术研究中心,启动雷电实验室建设前期工作。首次与省科协联合举办江西科协学术年会,气象学术成果交流平台有效拓展。10多项科研成果在业务中应用,获省科技进步二等奖1项、三等奖1项。

(邓晓明)

水　文

【概　况】 2014年,全省平均降雨1655毫米,比多年平均值偏多1%,东北部、东部、西部降雨偏多。汛前(1—3月)全省平均降雨345毫米,与多年平均值持平。汛期(4—9月)全省平均降雨1188毫米,比多年平均值偏多1成。7月25日德安县丰林站3小时、6小时、12小时降雨量分别达288毫米、358毫米和519毫米,均列有记录以来第一位。1~12小时暴雨频率均超过百年一遇。

江西省赣江支流、信江、饶河、修河共21条河31个站发生超警戒线洪水。直接入鄱阳湖河流博阳河梓坊水文站7月24日17时洪峰水位29.57米,超警戒线3.57米,列有记录以来第三位。鄱阳湖(星子站)1—5月中旬持续低于多年平均值,进入5月下旬后水位变化接近常年。9月22日、24日出现长江倒灌现象,最大倒灌流量1070秒立方米,倒灌水量约为0.8亿方。赣江、抚河、信江、饶河、修水五河入湖平均流量3966秒立方米,比多年平均值3914秒立方米偏多1%。湖口站(出湖站)年平均流量4786秒立方米,比多年平均值(4637秒立方米)偏多3%。

9月、10月、12月全省降雨明显偏少,部分河流出现历史最低水位。赣江上游章水、贡水及支流,中游支流蜀水、禾水、泸水、孤江、乌江,下游支流锦江,干流新干、樟树、丰城段;信江干流弋阳段;修河下游及支流潦河均出现历史最低水位。赣江干流新干站12月9日实测水位28.28米,比历史最低低0.06米;樟树站12月10日实测水位19.48米,比历史最低低0.499米;丰城站12月30日实测水位14.64米,比历史最低低0.64米;信江干流弋阳站2月2日实测水位36.40米,比历史最低低0.02米;修水平流虬津站11月3日实测水位15.69米,比历史最低低0.06米;修水支流潦河万家埠站1月30日实测水位19.31米,比历史最低低0.14米。

江西水文为全面提高水文服务的主动性,采用水情通报、呈阅件、月报、短信及网站等多种服务方式,为各级领导和防汛部门提供多种形式的服务。江西省向水利部水文局报送信息5644.06万份,水情通报183期,呈阅件45期,水情汇报材料35份,发布洪水预警10次。

拓宽水资源监测水域,扩至省划水功能区320个,监测覆盖率达72%左右,省界16处,市界18处,设区市级水源地实现全覆盖。组织推进全省重点入河排污口复查,为入河排污口监督管理做好基础性工作。发布《江西省水资源质量月报》。率全国之先在水资源公报中增加"节约用水",成功处置赣江樟树至南昌段死猪漂浮、三氯烷泄漏流入盱江等两起突发性水污染应急事件。

配合水行政主管部门开展水资源项目论证工作。先后对《中电投江西电力有限公司洪门电厂水资源论证》《江西沪庆硝化棉有限公司年产6000吨硝棉生产线项目水资源论证》《星子润泉供水公司取水水资源论证》《文港电渡集控园区入河排污口设置论证》《江西赛维2×350 MW自备热电厂取水泵防洪评价报告》《江西赛维2×350 MW自备热电厂工程水资源论证报告书》《九江九宏新材料有限公司取水水资源论证报告书》《分宜电厂2×1000 MW机组"上大压小"扩建工程水资源论证》《南昌市红谷隧道工程水文分析计算报告》《鄱阳湖流域水文资料数据处理协作合同》《江西添光化工项目取水水资源论证报告书》《鄱阳湖低水期特征生态功能适应水位监测》《上犹江引水工程建设项目水资源论证》开展水资源论证。

【实施省水资源管理系统一期工程】 江西省水资源管理系统一期工程开始实施,该系统是在国家、流域水资源管理系统的总体框架下进行,并遵守《省(自治区、直辖市)水资源管理系统建设基本技术要求》,充分考虑江西水利信息化,与其他水利信息系统统筹规划、集约建设。建设任务主要是信息采集、计算机网络、数据库、应用支撑、业务应用和应用交互6个平台及业务管理平台环境建设等构成,通过该系统建设,初步建成"红线能量、现状能监、管理有措、决策有助"的省级水资源管理系统。项目投资概算1.77亿元,其中主体工程1.40亿元,系统集成784.81万元,独立费1990.71万元,预备费840.99万元。

【开展高分辨率面雨量监测系统应用试点】 高分辨率面雨量监测系统应用试点在信丰和南昌开展。利用雨量雷达和数理模型进行综合性降雨监测是国际水文监测技术的发展潮流。在水利部和省水利厅的支持下，雨量雷达监测实验分别在信丰和南昌市开展。信丰雷达测雨应用主要是对雷达测雨与自动监测站测雨的精度，误差进行对比分析，探求雷达测雨技术在洪水预报预警中的应用。南昌雷达测雨应用主要是探讨雷达测雨在城市防洪预警中的应用。

【开展水文科技创新】 省水文局开展水文科技创新，与中科院南京地理湖泊研究所、中国水利科学研究院、武汉大学、河流大学、长委水资源保护局等多家单位或科研院所合作，完成《鄱阳湖水环境质量考察研究》《军山湖成湖以来主要环境变迁研究》《鄱阳湖水环境监测网络优化体系研究》《蛇山水量水质自动监测比对实验》、水利部948项目《DF活体浮游植物及生态环境在线监测系统在鄱阳湖的运用》等多项课题。

（陈福春）

地震工作

【概　况】 2014年，江西地震台网共记录境内1.0～1.9级地震20次，2.0～2.9级地震4次，3.0级以上地震1次，最大地震为7月31日万年3.0级地震，该地震发生在江西省历史上较少发生地震的地区。全省地震活动水平总体上与2013年相当，从空间分布来看，小震活动仍主要分布在江西省中部地区，赣州市辖区和九江市辖区仅有少数地震活动。自2005年九江—瑞昌5.7级地震后，中部萍乡—宜春—丰城一带小震活动异常频繁，地震的展布与萍乡—广丰断裂带基本一致。

推进局省合作。《中国地震局江西省人民政府共同推进江西省防震减灾综合能力建设合作实施方案》获得中国地震局的论证批复。完成地震背景场探测工程、江西地震社会服务工程等建设任务。省发改委批复省防震保安服务工程项目可行性研究报告，发改、财政部门将经费列入年度计划安排。

提升监测预报能力。省地震局推进局所合作和局校合作项目实施，组织开展南昌台中试基地的中期检查、地震前兆观测技术中试实验研究项目进展检查和技术交流会，与东华理工大学、贝谷公司合作的九江台氡观测对比实验研究项目取得较好实验结果。依托背景场项目建设的流动台网设备，对萍乡市安源区矿震活动实施18个月的连续观测，取得一批观测数据，获取地震活动图像，为当地政府科学决策提供依据。加强对市县监测预报工作的指导，制定市、县地震监测台网中心建设技术标准。上饶、吉安等6个市，寻乌、丰城、奉新、上高、万载5个县建成地震监测台网中心并投入运行。完成会昌台改造项目，立项实施三清山台和永修柘林台改造。

强化震害防御管理。加强抗震设防管理，全省各地抗震设防要求行政许可依法进入窗口服务。对高铁、电力枢纽、西气东输、超高层建筑等重点工程开展地震安全性评价。举办全省市县防震减灾法治与新闻宣传培训班，市县部门负责人及业务骨干130余人参加培训。全省各地组织开展“5·12”防震减灾宣传活动周。联合省普法办开展“百万网民学法律”防震减灾知识竞赛，参与人次达9.66万人。瑞金、于都、兴国配合开展“科技列车赣南行”活动。九江、宜春等地参与第三届“平安中国”防灾宣导活动。

开展应急救援工作。及时做好武宁2.6级、万年3.0级、安徽霍山4.3级地震应急响应处置。80%以上市县完成新一轮应急预案修订。印发《江西省地震系统应急预案》，明确责任主体，强调属地为主、分级负责、上下联动、资源共享的应急处置原则。九江市、九江县参加省市县三级联动演练，上饶市、永修县、寻乌县等地组织多部门共同参与地震应急综合演练。全省中小学校继续将地震应急演练纳入开学第一课。

【省抗震救灾指挥部组织桌面演练】 5月9日，省抗震救灾指挥部组织桌面演练，模拟宜春某地发生5.5级地震，省政府和宜春市政府启动地震应急Ⅱ级响应，指挥部各成员单位及时开展工作，分组开展余震监测、社会秩序维护、道路抢修、卫生防疫等工作。副省长谢茹指挥演练并作点评。

【开展专项督查】 4月20日，安徽省霍山县发生4.3级地震，江西省部分地区有震感。省地震局按照省政府领导指示精神，联合省政府应急办、财政厅、民政厅、消防总队等单位，赴11个设区市、12个县（市）开展专项督查，促进市县政府进一步落实地震应急防范主体责任。

【推进市县防震减灾考评】 2014年，省委省政府继续将防震减灾工作纳入市县科学发展考评。宜春、九江、吉安等地区将考评延伸到乡镇一级。持续推进年度市县防震减灾系统综合考评。50个市、县（区）防震减灾局获2014年度省防震减灾综合考评先进单位称号。其中宜春市、南昌市、丰城市、寻乌县、新建县、余干县、彭泽县获中国地震局市县综合考评先进单位称号。

（刘圣炳）

测　　绘

【概　况】 2014年，江西省测绘地理信息局蝉联全国测绘系统综合考评第二名。省委书记强卫3次做出重要批示，省长鹿心社，副书记、常务副省长莫建成多次听取工作汇报，做出指示，并亲临省测绘地理信息创新基地调研。国土资源部副部长、国家测绘地理信息局局长车热西一行专程到江西调研，副局长李维森、闵宜仁及纪检组长于贤成先后到赣。

江西省“十二五”规划经费得到落实，2011—2014年省级基础测绘专项经费落实9886万元，比“十一五”同期有较大增长。2014年完成省级1∶1万数据整合处理及1392幅第三代1∶1万比例尺地形图测制与更新，实施鄱阳湖区域LIDRA航空摄影，获取5800平方千米鄱阳湖区域0.2米分辨率航空影像，并根据江西省地理国情普查工作的需要，购买1.3万平方千米0.5米分辨率的卫星影像，有效增加覆盖区域，数据现势性进一步增强。积极参与国家现代基准建设，完成国家测绘地理信息局在江西省境内4个新建基准站的土建工作，正在按照基准建设项目部的要求进行设备安装及调试等工作，9个改造站全部按照要求改造完成。

向省委、省人大、省政府和省政协及全省各主要厅局提供最新版的江西省及11个设区市地图集，服务领导科学决策。制作《鄱阳湖重点区域综合治理专题地图册》，赴鄱阳湖南矶山进行无人机航拍，为鄱阳湖生态经济区建设提供测绘保障服务。主动服务国土资源工作，在三权发证、农村土地调查、城镇土地调查、矿区无人机遥感监测等方面与国土资源部门加强合作，召开厅局业务协作座谈会。

实施江西CORS（连续运行参考站）改造升级，增加北斗定位导航功能；与院校联合成立国家测绘地理信息局流域生态与地理环境监测重点实验室；与龚建雅院士团队合作的地理国情监测关键技术研究项目成功申报国家公益性行业科研专项。10月，由省科协、省测绘地理信息局和东南亚测绘协会联合主办的沧海论坛——地理信息技术应用学术研讨会在南昌召开。

【全面铺开地理国情普查】 2014年落实地理国情普查专项经费1.45亿元。全省100个县（市、区）地理国情普查工作全面铺开。先后举办13期包括普查管理、生产技术及质量管理的培训班，培训人员2000余人次。邀请相邻6省份商谈普查界线接边事宜。在国家普查任务基础上增加具有江西特色的3个普查，省测绘地理信息局自主开发3套系统。

【深入推进数字城市建设】 全省11个设区市全部开展数字城市建设工作，新余、宜春、萍乡、上饶、吉安、景德镇6个设区市已通过验收，其余设区市将在2015年全面完成。县级数字城市建设取得重大进展，数字井冈山通过国家测绘地理信息局验收并获好评，婺源、瑞金、万安、永新、铅山等县（市）正有序推进。南昌、新余两市启动智慧城市试点建设工作。在上饶举办全省数字城市建设、应用及运维会。与联通江西分公司达成合作协议，共同推动智慧城市建设与应用。

“天地图·江西”网站首页

【完成“天地图·江西”地理信息公共服务平台建设】 组织完成省级地理信息公共服务平台建设。平台是全省统一、标准的电子“一张图”，已在地税、地震、公安、国土等20多个部门广泛应用，受到一致好评。“天地图·江西”是全国第二个实现与国家主节点互联互通的省级节点，已在省内13个部门的21个系统中得到广泛应用，点击量全年突破千万次。成立全国首家省级天地图科技有限公司，设立国家天地图南昌数据中心。

【推进地理信息产业发展】 省政府印发《关于促进地理信息产业发展的实施意见》，在区域优势明显的省会城市开工建设占地面积23.33公顷、投资总额约20亿元的产业发展基地，打造辐射周边的“中国中部地理信息科技产业园”，产业园规划设计方案已完成。与浪潮、中测新图等12家地信企业签约。局属单位自筹资金建设、全产权的4.1万余平方米的省测绘地理信息产业创新基地正式启用。在井冈山开展省基础地理信息数据异地备份中心建设，主体建筑工程已于7月封顶。

【落实测绘统一监管】 落实省政府《关于加强全省航空航天遥感影像资料统一管理的通知》，并对全省航空航天遥感影像资料统一管理这个项目进行预算绩效申报，得到省绩效管理局组织专家的认可，专家建议项目经费9186万元，分3年实施。开展行政审批事项的清理规范工作，精简审批流程，在全国率先联合12个省直部门，举办全省“美丽中国”国家版图知识竞赛团体赛，开展“美丽中国”第二届少儿手绘地图优秀作品评选工作。联合保密、国安等部门开展多次专项行动。

（沈梦婷）

地质勘查

【概　况】 2014年，全省国有地勘单位主要有省地质矿产勘查开发局（简称省地矿局）、省核工业地质局、省煤田地质局、江西有色地质勘查局4家，总资产204.1亿元，总负债142.2亿元，资产负债率69.67%。全年开展的矿产勘查项目640个，投入金额11.02亿元。完成主要实物工作量：钻探81.12万米，坑探4.15万米，槽探28.44万立方米，1:5万地质测量6302平方千米，1:5万水系沉积物测量8611平方千米，1:5万磁法测量4794平方千米。

继续实施找矿突破战略，在钨、铜、铁、钼、稀土、萤石、陶土、高岭土、地热等矿产勘查方面实现持续突破。省地矿局探明或初步探明大型矿床6个，中型矿床11个，新增一批矿产资源储量，潜在经济价值1050亿元。瑞昌武山铜矿、九江金鸡窝铜矿预计分别提交铜资源量90万吨、60万吨，是近30年来全省找铜最好成果；靖安大雾塘钨矿预计提交钨资源量30万吨，整个大湖塘及外围预计提交钨资源量230万吨；浮梁朱溪钨铜矿预计新增钨资源量100万吨、铜资源量30万

又一座找矿史上的丰碑——朱溪，蕴藏着世界级超大型钨铜矿

省地矿局供稿

吨，有望刷新世界最大钨矿纪录；新余太平山外围铁矿详查等3个项目预计提交铁矿石资源量1.12亿吨；宁都葛藤嘴稀土矿估算稀土资源量7万吨，且是一种新类型稀土矿，将大大拓展全省稀土矿找矿空间；景德镇新探明紫砂陶土矿500万吨，质量可与宜兴紫砂陶土相媲美，填补了全省紫砂陶土矿的空白。石城渣山里初步探明萤石矿300万吨，相当于3个大型萤石矿；在崇义金竹排探明一处大型高岭土矿，砂质高岭土矿石量达740万吨；铅山王坞钼矿具有大型远景，德兴鸡公尖金矿、修水金矿、萍乡西坑石膏矿均具备中型以上远景。新探明全省地热资源量7000吨/日。其中修水白岭水温82.5～83.0℃，为全省最高，自流量850吨/日；宁都龙归山地热54.8℃、2031吨/日；石城九寨至烧水湖地热50℃、2000吨/日。

拓展地质工作服务领域。开展全省重点县市地质灾害调查编图工作，完成14个县（市）1/5万地质灾害调查编图，成果已及时向地方政府提交，指导地方防灾治灾工作。正在开展地质灾害野外调查的还有49个县（市）。服务“昌九一体”，组织环境地质调查，开展九江沿江产业带1/5万环境地质调查、鄱阳湖生态经济区环境地质综合调查、鄱阳湖生态经济区天然放射性生态环境调查评价、赣西岩溶地区1/5万水文地质调查、鄱阳湖平原地下水污染调查、九江—瑞昌地区水文地质、工程地质调查，为昌九地区的地质环境综合治理和重大工程建设等提供科学依据。加强农业地质调查，累计完成农业地质调查面积10.75万平方千米，占全省总面积的64.41%，获得54～66项元素指标数据，为农业生态环境规划、种植适宜性规划和污染土地修复等提供科学依据。

创新地质科技工作。作为全国试点省份，省地矿局历时8年编制完成《江西省矿产地质志》，得到国土资源部、中国地质调查局领导和院士专家的肯定，称“这是中国地质志研编工作史上的新起点”。实施科研项目69项（其中国家级7项、省部级17项）；4个院士工作站和1个博士后工作站引进实施一批项目，举办“江西省页岩气勘探开发高级论坛”等活动，其高端平台作用进一步显现。承担中国地质调查局整装勘查区关键基础地质研究项目——“江西崇仁相山铀矿整装勘查区关键基础地质研究”科研项目，对相山找矿中存在的组间界面、铀与多金属的成矿关系等问题进行综合研究，为相山地质找矿工程的部署提供依据。承担国家重点基础研究发展计划（973）项目三级专题“赣南钨矿新类型研究”专题研究报告完稿付印。“地质岩芯钻孔定向钻探技术的探索和实施”“中等吨位矿山竖井提升装置研制”等一批科技创新项目完成验收。

【加强技术与资本合作】 省地矿局先后与江铜集团、江钨控股集团、省投资集团公司正式签署全面合作协议，并取得重要成果和效益。成功举办第二届矿产资源配置与产业发展规划相结合座谈会，邀请国内外42家企业代表，与局属22家地勘单位进行对接商洽，探讨地勘单位与矿产采选冶企业、资本与技术优势互补的路径，签署合作协议7个。

【省煤田地质局加快开辟国外市场】

省煤田地质局开辟印度尼西亚、老挝、澳大利亚等10多个国外市场，全年新获国外矿权11个，中标海外项目45个，在海外保有工程合同额突破15亿美元。

【省核工业地质局启动中国核建瑞金高温气冷堆核电站项目】 10月，省发改委批复同意瑞金高温气冷堆核电项目开展前研究工作。11月，中国核建、中国大唐集团、上海电气集团和江西省核工业地质局等出资组建瑞金核建高温堆电站有限公司，标志着具有自主知识产权的中国第四代核电站首个商业堆正式在江西启动。该项目投资750亿元，一期投资约250亿元，已投资6000多万元。

（省地矿局编辑室）

本栏编辑　朱岳

环 境 保 护

综 述

全省环保部门、林业部门围绕生态文明先行示范区建设，把营造林工作重心转移到山上造林，狠抓现有林管理，着力提升森林质量；扎实推进“森林城乡、绿色通道”建设，全面启动乡村风景林保护；持续加大森林和湿地资源保护力度；继续加强污染整治和环境监管，各项工作取得成效。全省地表水Ⅰ～Ⅲ水质稳定达标率80.9%，比上年提高0.1%；全省城市环境空气质量与上年相比总体稳定，南昌市、九江市执行环境空气质量新标准，空气质量优良率分别为80.5%、84.4%，其余9个设区市均为二级。

造林绿化进入新常态。省政府办公厅出台《关于实施低产低效林改造提升森林资源质量的意见》；省林业厅印发《关于在全省开展“森林质量提升活动”的意见》，部署开展为期6年的森林质量提升活动；出台《关于大力推广林业“良种良法”的意见》《江西省主要林木良种生产与使用管理暂行办法》，大力推广良种壮苗，加强保障性苗圃建设，建立全省统一供苗、省级林木种子统一调剂、省级良种选育和种子贮备“三项机制”，提高林木良种使用率。省林业厅先后4次组织12个督导组，深入造林一线进行督导，并实行定期调度和通报制度。全年完成新造林14.01万公顷，任务完成率105.1%。全省片林造林合格面积13.34万公顷，核实面积合格率95.2%，提高4.5%。开展退耕还林年度验收，2013年度退耕还林荒山造林1.07万公顷，面积核实率99.8%，核实面积合格率100%；封山育林1万公顷，面积核实率和核实面积合格率均达100%。完成国家造林补贴试点5.10万公顷；开展2012年度造林补贴试点省级核查，保存面积4.89万公顷，面积保存率96.8%。

森林资源管理取得新成效。严格执行森林采伐限额管理制度，严控森林资源消耗，全年落实木材生产计划662.96万立方米，实际生产木材333.01万立方米，占生产计划的50.2%，占林木年采伐限额的16.8%。严格执行林地定额管理制度，严把林地定额关和占用征收审核关，完成林地占用征收项目审核(批)1015项，涉及林地面积1.02万公顷，征收植被恢复费3.20亿元，其中审批临时使用林地项目7起、面积352.46公顷、植被恢复费2352.69万元，网上审核率100%；保障国家和省重点工程项目95宗，使用林地2766公顷，确保8条高速公路用地指标；支持赣南等原中央苏区振兴发展使用林地定额3264公顷。开展林地年度变更和森林资源补充调查，建立全省林业“一张图、一套数、一个库、一个统一应用平台”的基础数据平台，建成全省森林资源管理地理信息系统，林地年度变更试点通过国家林业局验收，调查数据合格率95%。加强生态公益林保护管理，全省实现公益林落界与林地“一张图”完整对接。首次开展公益林执法检查，查处公益林违法违规行为680起。340万公顷生态公益林全部纳入综合保险，新增公益林保险理赔248起，完成植被恢复1867公顷。首次采用遥感判读和实地调查结合的方式开展沙化土地图班数据采集，完成7个设区市30个重点县(市、区)沙化土地外业调查工作。开展林业碳汇监测遥感判读工作，全省布设12个类型211个固定监测样地，定量监测林业碳汇含量和年度碳汇增量。上饶市被确定为全国首批负氧离子监测试点城市，遂川、武宁等8个县(市)被列为全国森林可持续经营试点县，景德镇市枫树山林场被确定为全国首批森林经营方案实施示范林场。

林业“三防”体系展现新面貌。各级政府和有关部门以确保不发生重特大火灾、确保不发生人员伤亡事故、确保重点区域不发生森林火灾为总目标，狠抓森林火灾防控工作落实，积极开展防火宣传教育，严格落实工作责任、严格野外火源管理、严格工作纪律，各项灾害控制指标保持历史低位，全省森林火灾发生率1.47次/10万公顷、受害率0.15‰。全面启动专业森林消防队正规化建设，航空护林实现飞机常年驻防，武警森林部队有效发挥宣传队、教导队、突击队作用。争取国家批复森林防火项目3个，落实投资计划项目5个，中央投资4850万元。进一步加强林业有害生物防治，省人大常委会审议通过《江西省林业有害生物防治条例》，省政府办公厅出台《关于进一步加强林业有害生物防治工作的实施意见》，省林业厅印发《江西省林业有害生物普查工作实施方案》《全省林业有害生物普查技术方案》，全年林业有害生物成灾率0.34‰，无公害防治率94.2%，种苗产地检疫率99.8%。松材线虫病防控突出以预防为主，推广工程化管理招投标绩效承包，组织检疫执法专项行动，完成与国家林业局签订的目标任务。全省森林公安机关继续开展系列严打整治活动，侦破一批大案要案，案件查处注重执法质量考评和过错责任追究，实现办案无过错，有效确保林区治安稳定，刑侦办案、警综平台建设列全国第一。

*“一区两园”(自然保护区、森林公园、湿地公园)建设注入新活力。*省人大常委会审议通过关于修改《江西省森林公园条例》的决定；省林业厅修改并重新公布《江西省湿地公园管理办法》，实施有效期为2014年6月10日至2019年6月10日。江西铜钹山省级自然保护区晋升为国家级自然保护区，面积1.08万公顷；中华秋沙鸭、铁丝岭、五府山、大龙山4处县市级自然保护区晋升为省级自然保护区，面积1.41万公顷；岭背、君山湖、明月山3处县级自然保护区被撤销，面积0.39万公顷。争取国家级自然保护区能力建设补助资金2450万元。新增国家级森林公园1处、面积0.60万公顷，省级森林公园8处、面积0.19万公顷。开展森林公园规划和执法检查，全省46处国家级森林公园中33个完成总体规划编制工作，加强公园森林资源尤其是林地使用的管理，打击违法违规行为。全省森林公园年度投入资金16亿元，增长50%。修河国家湿地公园试点建设通过国家林业局验收，成为正式国家湿地公园；新增庐陵赣江、芦溪山口岩、三清山信江源、遂川五斗江、鹰潭信江5处国家湿地公园试点，面积0.55万公顷；新增都昌北鄱阳湖、湖口洋港、彭泽长江、九江小城门湖、石城赣江源、奉新潦河、上高锦江、万载龙河、吉安君山湖、新干湄湘河10处省级湿地公园试点，面积1.07万公顷。

*野生动植物保护获得新进展。*省政府召开鄱阳湖区越冬候鸟和湿地保护专题会议，部署2014—2015年度鄱阳湖越冬候鸟保护专项行动。开展2013—2014年度鄱阳湖区越冬候鸟保护考评工作，省财政下达奖励资金100万元。省林业厅召开全省野生动植物保护管理工作会议、鄱阳湖区越冬候鸟和湿地保护工作会议，对保护工作不力的县(市、区)，实行暂停安排林业项目、暂停征占用林地审批、暂停林木采伐审批、暂停木材加工项目审批和约谈政府主要领导的“四暂停一约谈”制度。鄱阳湖国家级自然保护区开展“零机关全基层”和“全员保护鄱阳湖”行动，深入湖区巡查1700余次，清除天网17千米、湖区毒饵25处，进入市场及餐馆排查60余次，救治伤病鸟类300余只，平毁围垦湿地7处。首次开展“世界野生动植物日”活动，举办江西省第33届“爱鸟周”暨南昌市第33届“爱鸟周”登山观鸟比赛，开展“保护野生动物宣传月”等系列宣传活动，广泛宣传野生动植物保护法律法规。9个重点市、县实施极小种群野生植物保护和珍稀濒危野生动物救护繁殖项目，保护白鹤、香榧树等10种国家重点保护野生动植物种。完成2013年度环鄱阳湖区水鸟同步调查，记录到水鸟60余万只，其中白鹤3300只。开展鄱阳湖国家级保护区夏季水鸟监测，记录到在湖区筑巢繁殖的水鸟52种，包括东方白鹳、须浮鸥、白翅浮鸥、夜鹭、黑水鸡、斑嘴鸭等珍稀鸟种。组织专家对2013—2014年度确定的落叶木莲等8种国家重点保护植物资源开展调查。全年环志鸟类129种6978只。全省年审经营利用野生动物证件321家，核销证件11家；取消野生植物经营利用许可证，对经营利用国家Ⅱ级以上保护野生植物的实行一事一批。东鄱阳湖国家湿地公园引入来自北京市麋鹿生态实验中心的麋鹿10只，用于开展麋鹿野外种群恢复合作研究。

*湿地保护管理取得新突破。*6月，省人大执法检查组对南昌、九江、上饶、鹰潭、赣州、抚州6个重点设区市及所辖21个重点湿地县贯彻落实《江西省湿地保护条例》情况进行重点检查，形成湿地保护执法检查情况报告。9月23日，省第十二届人大常委会第十三次会议听取和审议《江西省人大常委会执法检查组关于检查〈江西省湿地保护条例〉实施情况的报告》。10月15日，省第十二届人大常委会第十四次会议表决通过《关于加强城市规划区湿地保护的决议》。完成第二次全省湿地资源调查。对34个具有代表性的重点湖泊特别是鄱阳湖湿地，开展产权状况调查。省林业厅出台《江西省占用、征收重要湿地审核管理办法》《江西省重要湿地确定指标》，公布《江西省第一批省重要湿地名录》，召开鄱阳湖区越冬候鸟和湿地保护工作会议，编制《江西省湿地保护工程规划》。经省政府同意，省林业厅牵头成立江西省湿地保护综合协调小组。九江、上饶、景德镇、鹰潭、南昌5个设区市林业局以及永修、南丰等14个县相继成立湿地保护管理机构。争取国家首批湿地生态补偿在鄱阳湖区试点，中央财政下达补偿资金3000万元；争取其他国家湿地保护项目12个，总投资4878.75万元。

*减排任务超额完成。*全省化学需氧量、氨氮、二氧化硫、氮氧化物排放总量分别比上年下降1.96%、3.20%、4.18%、5.31%，超额完成年度目标任务。省领导多次对减排工作做出批示，提出具体要求，并多次专题研究、调度、部署重点减排工作，省直各部门密切协作，各地加强组织领导，形成责任明确、层层落实的工作格局。综合采取警示预警、约谈提醒、挂牌督办、通报批评、媒体曝光、行政处罚、区域限批、一票否决、行政问责，以及在资金、项目、政策方面给予倾斜等“9+1”措施，对2个设区市和8个县(区)实行“区域限批”，对99家单位进行减排预警，对58家单位实行挂牌督办，对17个县(市、区)政府进行减排约谈，对25家问题突出的城镇污水处理厂进行媒体曝光。全省投入资金20.3亿元，完成49个国家减排责任书项目建设；投入资金81.5亿元，完成385个省重点项目建设；投入资金30亿元，新建、改造、维修管网1173千米；79座城镇污水处理厂实际进水浓度比上年有明显提高，其中41座污水处理厂进水浓度提高50%以上。国家重点监控企业污染源自动监控数据传输有效率、自行监测结果公布率和监督性监测结果公布率分别达到75%、80%和95%以上。

*污染整治成效明显。*大气污染综合整治取得新成效。重点从整治城市扬尘污染、机动车排气污染、工业企业污染三方面控制PM2.5雾霾污染。全省火电机组脱硫脱硝责任书项目全部建成，全年淘汰黄标车和老旧机动车共15.8万辆，淘汰燃煤锅炉835台，均超额完成淘汰任务。出台《昌九区域大气污染联防联控规划》，省、市级环保、气象等部门加强协作，构建环境保护工作合作框架。水污染综合整治取得新成效。重点从整治饮用水

源地污染、重点流域水污染、五河及东江源头污染等三方面有效遏制水环境恶化势头。经省政府批准增加宁都县、上犹县部分区域808.02平方千米纳入赣江源头保护区，下达“五河一湖”及东江源保护区以奖代补资金1.75亿元，加密对“五河”及东江源头保护区水质监测频次，由原来每年监测6次增加到12次。完成《长江中下游流域水污染防治规划（2011—2015）》骨干工程项目141个，8个考核断面综合达标率100%。全省11个设区市城市集中式饮用水源地水质达标率为100%。土壤重金属污染综合整治取得新成效。重点从农村环境连片整治、畜禽养殖污染整治、重金属污染综合整治3个方面控制农村土壤环境污染。联合多部门成立省农村面源污染治理协调小组并印发《关于加强畜禽养殖污染治理工作的实施意见》，实施农村环境连片整治“以奖促治”示范项目9个，实施农村规模化养殖场减排措施改造542座。启动乐安河流域（德兴段）重金属污染治理二期工程。江西省《重金属污染综合防治“十二五”规划》实施工作，环保部考核为良好。

环境监管不断加强。前移监督管理关口。加强对污染源头的监管，从严审批乐安河流域沿线、“五河”及东江源头保护区等重点区域内的建设项目，从严把好铅蓄电池等涉重项目环评审批关，严格执行建设项目审批和园区规划环评联动制度。全年省环保厅否决不符合环保要求的项目100余个。震慑环境违法行为。根据省领导批示，开展全省环境保护大检查专项行动；开展集中整治大气污染、水污染、土壤重金属污染等专项整治行动和危险废物专项检查，全省出动执法检查人员2.18万人次，检查企业7992家。同时开展新《中华人民共和国环境保护法》宣传贯彻工作，全省培训环保人员及企业代表1万多人。严格依法加强监管。充分发挥排污收费杠杆作用，促进企业治污减排，全省征收排污费8.88亿元。严厉打击环境违法行为，全省立案处罚1739件，处罚金额1.5亿元，并依法移交司法部门处理环境违法案件2起。保障核与辐射安全。规范辐射安全管理，开展辐射监管督查，辐射安全许可证发放率100%，安全收贮废旧放射源152枚。

（省林业厅　省环保厅）

生态环境建设

【概　况】　全省完成造林面积14.01万公顷，林业重点生态工程任务完成率100%，其中，完成退耕还林工程1.07万公顷、长（珠）江防护林工程0.81万公顷、血防工程造林1.20万公顷、亚行贷款林业生态发展示范项目造林0.46万公顷、气候变化赠款项目（CCF）完成森林可持续经营示范作业380公顷、欧投行贷款生物质能源林示范项目营造林主体工程造林2.03万公顷。完成森林抚育11.73万公顷、毛竹抚育0.30万公顷、速生丰产林专项0.41万公顷、木材战略储备基地造林667公顷。完成第五次全省荒漠化和沙化监测工作，全省沙化土地面积6.49万公顷，比第四次监测（2009年）减少7550.39公顷，减少率10.4%。

全民义务植树。2月23日，省委、省人大、省政府、省政协领导到南昌市红谷滩新区祥云大道参加义务植树活动。省军区、省武警总队领导，省林业厅机关干部以及南昌市四套班子成员等200余人参加当天的义务植树活动，共栽树1212株，面积1.39公顷。全省义务植树1.5亿株。

“森林城乡、绿色通道”建设。省林业厅在南昌、宜春召开全省“森林城乡、绿色通道”建设流动现场会，并派出11个调研督导组实行常态化督导。各市、县（区）把“森林城乡、绿色通道”建设作为生态文明先行示范区建设的重要抓手，做精城区绿化、做美通道绿化，城乡绿化一体化格局基本形成。继新余市之后，吉安市和抚州市荣膺“国家森林城市”称号；南昌、九江、景德镇、萍乡、鹰潭、赣州、宜春、上饶8个设区市创建国家森林城市获国家林业局批复，7个设区市的总体规划通过国家评审；德兴市等29个市县区获评省级森林城市。全省新建（提升）森林公园48个，湿地公园43个；新增森林园区、森林社区、森林街道、森林单位、森林小区、森林校园、森林营区550个；新增森林乡镇172个，森林村庄1075个。全省新建绿道441.13千米；新增通道绿化达标369.53千米，其中高速65.09千米、国道103.17千米、省道201.27千米；通道绿化提升554.73千米，其中高速215.47千米、国道105.60千米、省道233.66千米。11个设区市均进入国家园林城市行列，4个县城进入国家园林县城行列，2个城镇进入国家园林城镇行列；全省省级生态园林城市7个，省级园林城市（县城）56个。新增国家城市湿地公园1个，国家重点公园1个，城市公园766个，公园绿地面积2.50万公顷。全省城市建成区绿化覆盖率46.1%，绿地率42.1%，人均公园绿地面积14.15平方米。

乡村风景林建设。省林业厅出台《关于切实加强风景林建设和保护工作的通知》，明确风景林建设的扶持政策和具体措施；召开全省风景林建设现场会，举办风景林专题讲座，与《森林与人类》杂志社合作出版专刊《江西生态风景林专辑》。完成全省乡村风景林建设现状摸底调查，确定风景林保护效果较好的124个村庄和11个乡镇为全省风景林建设第一批示范点。各地按照保护、完善和建设三种类型，对乡村风景林进行建设。上高、婺源等县风景林建设成效明显。

【乐安林业碳汇项目挂牌交易】　8月18日，乐安林业碳汇项目在广州碳排放交易所挂牌交易。开盘完成5笔交易，有国际买家参与，每吨交易价60元左右，上海一家企业签约“购碳”5000吨。该项目是2013年10月乐安县实验林场开发并经联合国第三方专业机构核查，成功注册的中国首个国际标准自愿减排林业碳汇项目。项目面积7733公顷，30年可产生减排量260万吨，每公顷森林年均可减排11.2吨。乐安项目成功上市，为江西更多的青山走向国际碳交易市场，绿色江西成为“减排仓库”探索出一条新路。

【出台《关于实施低产低效林改造提升森林资源质量的意见》】　9月5日，省政府办公厅印发《关于实施低产低效林改造提升森林资源质量的意见》。该意见提出，通过加大资金投入、完善采伐政策、强化科技支撑、加强组织领导等措施，采取更新、补植、封山、抚育等改造方式，逐步改善低产低效林林分结构，不断增加森林资源总量，提升森林质量。到2020年，全省完成低产低效林改造66.67万公顷，森林覆盖率稳定在64%以上，活立木蓄积量达6亿立方米，林分亩平蓄积量达4立方米以上，生态功能好的阔叶林和针阔混交林面积比例达40%以上。林业总产值突破4000亿元，农民林业纯收入年均增长率达12%以上。该意见的出台，对提高江西森林质量、巩固生态优势具有重要意义。

【完成鄱阳湖第二次科学考察鸟类项目】 9月5日，时隔近30年的鄱阳湖第二次科学考察鸟类项目完成。考察从2012年8月至2014年8月，由省野生动植物保护协会牵头，省科学院、鄱阳湖国家级自然保护区等共同开展，基本查清鄱阳湖鸟类资源的种类、数量和分布情况。此次科考记录鸟类236种，其中，冬候鸟100种，占总数的42.4%，隶属15目52科；东洋种78种，古北种119种。在地理区系构成上，鸟类组成具有明显的东洋界和古北种特征，体现了鄱阳湖作为亚洲最重要的鸟类越冬地所具有的动物区系的特殊性；在数量分布格局上，越冬水鸟主要分布在鄱阳湖国家级保护区、都昌县、鄱阳湖南矶湿地国家级保护区，以及新建县和鄱阳县，其中2万只以上的湖泊有10个。

【首家民营森林植物标本馆落成】 10月，由九江市退休林业科技工作者谭策铭创办，总投资400余万元，集森林植物标本馆藏与研究、科普展览和教学实习于一体的森林植物标本馆在九江县落成。该馆的投入使用，标志着全国规模最大、馆藏标本最多、功能最齐全的民营森林植物标本馆开始向中小学生和社会各界免费开放。标本馆共7层，建筑面积3800多平方米，辟有科普展览大厅、标本馆藏室、标本制作及鉴定室、电化教学室，以及学生宿舍和步厅等附属设施。该馆收藏植物标本3万余号6万余份，鉴定植物物种4000余种。

【首次实施“点鸟奖湖”项目】 为解决鄱阳湖南矶湿地国家级自然保护区长期存在的湖泊养殖承包户“驱赶水鸟”和“子湖泊同时排干”的问题，南昌市政府批准在该保护区50%的湖区实施“点鸟奖湖”项目，设立社区共管专项经费50万元，按水域实际点鸟数和1~2元/只的标准，向承包户发放奖金。保护区管理局分别于2013年12月15日和2014年1月12日，对项目区开展水鸟同步调查，第一次点鸟数22.89万只，是历史同期全保护区最高纪录的2倍多，向承包户发放奖金22.89万元；第二次点鸟数11.6万只，是历史同期全保护区最高纪录的3倍多，发放奖金23.20万元。同时，保护区管理局在战备湖实行“错峰排水奖”，对严格按保护区要求调控湖泊水位的承包人奖励10%的承包费。该项奖励实施后，排水比往年推迟30天，且不完全排干，从而首次实现没有权属的保护区对水鸟栖息地的有效管理，基本解决湖泊排水季“子湖泊同时排干”而危及候鸟栖息环境的问题，2万多只水鸟得以在区内栖息。

（省林业厅）

生态环境保护

【概　况】 全省林业用地1073.33万公顷，占全省土地面积64.3%，有林地面积906.67万公顷，森林覆盖率63.1%，活立木蓄积量4.45亿立方米。全省建立林业自然保护区237处，总面积121.33公顷，占全省土地面积7.3%。其中：国家级14处，面积23.10万公顷；省级31处，面积29.63万公顷；市县级192处，面积68.60万公顷。全省建立森林公园178处，其中国家级46处、省级118处、市县级14个；省级以上森林公园总面积48.40万公顷，占全省土地面积2.9%。全省湿地总面积91.01万公顷；建立湿地类型自然保护区24个，其中国家级2个、省级4个、县级18个，保护湿地面积21.66万公顷；建立湿地公园77处，其中国家级3处、国家级试点20处、省级试点54处，总面积13.25万公顷，占全省土地面积0.79%。全省实施国家或省级补偿的生态公益林面积340万公顷。

林政管理。省林业厅组织开展全省林政资源管理综合检查，对靖安、大余等10个县（区）林政资源管理情况进行抽查，对管理不力的县（市、区）采取“一约谈、四暂停”措施，并进行全省通报，限期整改。对2013年林政管理大检查中30个县（市、区）存在问题跟踪整改，向县（市、区）政府下达整改通知，并暂停其林木采伐、林地占用征收、木材加工项目3项审批；经过整改，30个县（市、区）共查处破坏森林资源案件269起（其中林地案件145起、采伐案件59起、加工企业案件36起、其他林政案件29起），刑事立案45起。10月，按照国家林业局的统一部署，全省启动非法侵占林地清理排查专项行动，突出排查自然保护区、森林公园、湿地公园、国有林场内非法侵占林地情况，重点清理高尔夫球场建设、房地产开发、土地整理、开山造地、采石采矿等违法使用林地和毁林开垦破坏林地情况。清理排查违法占用林地1159起，面积1306.7公顷；立案721起，其中刑事立案134起、行政案件587起，行政问责16人，收回林地106.8公顷。配合国家林业局对浮梁、德兴2县（市）的采伐限额执行、林地征占用，以及万载、吉水、资溪、宁都4县的林地征占用情况进行检查，对发现的问题跟踪整改。全省查处林业行政案件1.5万起，行政处罚1.40万人，案件查处率99.8%；没收非法所得755.58万元，罚款7415.36万元，补征林业规费363.25万元，没收木材1.70万立方米，收回林地76.76公顷。

森林防火。1月25日，省委、省政府召开全省森林防火电视电话会议，确保春节期间全省林区安全稳定。省森林防火总指挥部适时发布高火险红色警报，及时启动应急响应机制，有效预防和及时处置各类火情。1月1日至4月30日，全省开展森林防火“平安春季行动”，南昌、九江、景德镇、鹰潭4个设区市获“平安春季行动”优秀组织奖，永修、德安等30个县（市、区）获2014年春季森林防火平安县称号。全省先后开展“文明清明”“平安冬季”等一系列森林防火宣传活动；春节、“两会”、清明等重要时段，广播电视滚动播放防火警示，发送防火警示短信;森林武警小分队深入重点区域巡回宣传,始终保持浓厚的森林防火社会氛围。10月,全省开展以"遵守野外用火规定,远离森林火灾危害"为主题的法定森林防火宣传月活动。总结推广专业森林消防队正规化建设"万载模式",制订并实施《全省森林消防大队教育训练大纲》。省航空护林站全年飞行作业286小时84分,参加扑火9次、洒水234桶,增加降雨量5.8亿吨。武警森林部队营区建设竣工,部队正规化建设全面到位,全年出动兵力1000余人次,开展防火宣传督查活动5次,举办专业队培训班13期,参加扑火作战5次。完成全省森林火险区划界定工作,重新划分并公布县级行政单位森林火险区102个,其中一级火险区66个、二级火险区26个、三级火险区10个。全年发生森林火灾158起,过火面积3634.58公顷,受害森林1579.33公顷,因灾伤亡4人。

林业有害生物防控。开展春、秋季普查,对全省300多万公顷松林进行拉网式排查,基本摸清全省松材线虫病疫情县(市、区)17个,疫点乡镇38个;发现枯死松树5.22万株,其中松材线虫病发生面积1927公顷,病死松树7320株。实施杨树蛀干害虫云斑天牛的天敌防治项目和松褐天牛生活史调查。结合全省林业有害生物发生情况,对37个国家级中心测报点进行调整,发布病虫情预警信息9期、电台播报6期。制订《江西省林业有害生物联防联治工作规则》,健全联防联治机制,完善赣东北片、赣抚片、赣中西片联防联治,明确防治责任。加强网络森林医院江西分院建设,建立网院管理员和专家值班制度,及时回应林农、网友的提问。在婺源、余江、上高和安福县分别开展松材线虫病、松毛虫、杨树害虫、萧氏松茎象等4类林业有害生物(无公害)防治示范区建设。省级配发噻虫啉药剂15.04吨,花绒寄甲成虫125万头,诱捕器200套。省林业厅与江西出入境检验检疫局联合对林业部门批准的疫木定点加工企业、出入境检验检疫部门批准的木材热处理加工企业以及电力和通信等涉木企业,开展检疫执法检查统一行动;在7个设区市11个县(市、区),查出非法调运、加工木材企业10家;重点对玉山县松木包装材料松材线虫活体等5起案件进行依法严厉查处。按照"坚持一个方针、实行两季普查、实施三次清理,落实五项措施"的科学防控思路,全省除治松林疫情0.79万公顷,采伐疫木19.8万株,立木蓄积1.55万立方米。国家林业局撤销鄱阳县松材线虫病疫区,根除南昌县、鄱阳县和分宜县3个县级疫区。县级松材线虫病发生区发生面积和病死树数量实现逐年下降。全省林业有害生物防治目标管理指标整体达标,林业有害生物发生面积26.59万公顷,成灾面积0.33万公顷,成灾率0.34‰;林业有害生物防治面积18.20万公顷,无公害防治面积17.15万公顷,无公害防治率94.2%。林业有害生物预测发生面积30万公顷,实际发生面积26.59万公顷,测报准确率86.7%。应施种苗产地检疫面积3.19万公顷,实施检疫3.18万公顷,种苗产地检疫率99.8%。查处林业有害生物案件112起。

林业严打整治。全省森林公安机关开展严厉打击"三乱一非"、保护鄱阳湖越冬候鸟、侦破森林火灾案件大会战、"2014天网行动""2014利剑行动"、林地清理排查和缉枪治爆等一系列严打整治专项行动,加大对非法侵占林地、破坏古树名木和野生动物资源违法犯罪的打击力度。共查处各类森林案件3.35万起,依法逮捕2455人,收缴各类木材1.5万立方米,挽回直接经济损失1.07亿元。全省木材检查站开展"以罚代管"等执法不规范行为专项整治,全年查验运输木材车辆7.74万辆次,检查木材流量196.69万立方米;查处违法运输木材案件3649起,涉及违法木材1.31万立方米,为国家挽回直接经济损失804.76万元,有效打击了乱砍滥伐、非法运输木材的违法活动。

【开展环鄱阳湖保护候鸟专项行动】 1月13日—2月14日,省林业厅组织开展环鄱阳湖保护候鸟专项行动。明察暗访沿湖15个县(市、区)农贸市场105个,酒店餐馆101家,养鱼承包户21家,鸟类养殖场10家;深入重点湖区巡护22次,走访基层村组200余个,召开座谈会70余次,发放有奖举报通告3500份。受理群众举报偷猎候鸟事件867起,接收群众解救受伤候鸟280余次,查获非法贩卖、收购野生动物370余只,刑拘7人,行政处罚18人。

【开展"2014利剑行动"】 10月10日—12月10日,全省森林公安机关开展打击破坏森林和野生动物资源违法犯罪专项行动(代号"2014利剑行动"),重拳出击快侦快破大要案件,联合林政、野生动植物保护、工商、地方公安刑侦、治安、技侦、网安等部门,多措并举缉捕逃犯。全省出动警力1.86万人(次)、车辆5782辆(次),清查整顿各类市场660个,清理整顿野生动物驯养繁殖场所376家,开展各类普法教育活动1201次;查处森林案件3251起,其中森林刑事案件392起、野生动物案件83起,省级挂牌督办的30起案件全部告破;抓获网上逃犯132人,清网率65%;处理违法人员3555人,收缴林木9329立方米、野生动物929只(头)、野生动物制品47件,为国家挽回直接经济损失1200余万元。

【出台《关于加强城市规划区湿地保护的决议》】 10月15日,省第十二届人大常委会第十四次会议表决通过《江西省人大常委会关于加强城市规划区湿地保护的决议》。内容包括充分认识加强城区湿地保护的重要意义,加快推进城区湿地保护规划编制和实施,坚决防止非法侵占、填埋城区湿地现象发生,着力修复和提升城区湿地生态功能,切实加强对城区湿地保护的组织领导5个方面。

【第十四届世界生命湖泊大会在南昌举行】 11月20日—21日,由全球自然基金会、江西省政府主办的第十四届世界生命湖泊大会在南昌举行。大会以"城镇化与湖泊保护"为主题,通过题为"携起手来,共同保护世界湖泊的生命之源"的《鄱湖共识》。《鄱湖共识》指出,中国境内许多湖泊面临严重的污染问题,鄱阳湖是为数不多的没有受到严重污染或富营养化的大型湖泊之一。鄱阳湖是世界著名的候鸟栖息地,生态系统较为良好。鄱阳湖的保护已成为世界生命湖泊保护的成功案例,世界生命湖泊组织将在世界范围内推广鄱阳湖保护的经验。随着城镇化和工业化的推进,鄱阳湖可持续发展也面临巨大的挑战。会上,全球自然基金会还向江西东鄱阳湖国家湿地公园管委会、江西省山江湖可持续发展促进会颁发2014年生命湖泊最佳保护实践奖。有关国际组织及30多个国家和地区的专家学者共200多人参加会议。

【出台《江西省林业有害生物防治条例》】 11月28日,省十二届人大常委会第十五次会议通过《江西省林业有害生物防治条例》。该条例分为总则、预防、检疫、除治、保障措施、法律责任、附则七章四十八条,主要内容:县级人民政府应当将林业有害生物有关防治经费纳入财政预算,林业经营者应当投资投劳开展防治,保障各方经费支持;建立跨行政区域联防联治制度,确保除治的效果;无《植物检疫证书》或证货不符的森林植物及其产品不得运递;对单位和个人擅自捡拾、挖掘、采伐疫木及其剩余物的,要进行处罚;禁止将松科植物及其制品调入防治松线虫病的重点预防区;工信、住房和城乡建设等有关主管部门要对采购双方提供和查验《植物检疫证书》作出要求;县级以上人民政府林业主管部门应当公布林业有害生物灾害预警电话,建立有奖报告制度;气象,广播、电视、报刊等应当无偿提供公益性气象监测服务或无偿刊播林业有害生物预警预报信息;处罚下限提高至200元以上,加大违法成本,提高威慑力;倡导和支持推行社会化防治、检疫追溯和森林灾害保险制度。该条例的出台,对加强全省林业有害生物防治工作,促进森林健康发展,维护生态安全意义重大。

【首届国际白鹤论坛在共青城市举行】 12月16日,由江西省生态文明研究与促进会主办,省水利科学研究院、俄罗斯科学院西伯利亚分院和共青城市政府承办的江西省生态文明研究与促进会第一届年会暨首届国际白鹤论坛在共青城市举行。该论坛旨在为白鹤研究与保护提供开放、自由的交流探讨平台,围绕白鹤保护、人工繁殖、候鸟迁徙、追踪方法以及栖息地保护和管理等热点问题进行交流,分享国内外白鹤研究与保护的成功经验,以加强白鹤保护,助力生态文明建设。副省长谢茹出席并讲话,中国生态文明研究与促进会副会长翟浩辉、省生态文明研究与促进会会长胡振鹏致辞。国内外有关行政主管部门、科研单位、高校、非政府机构及企业的专家学者、管理人员和志愿者等120多人参加。

【乡村教师郑乃员获马什国际植物保护奖】 9月29日,国际植物园保护联盟(BGCI)在伦敦举行2014年马什奖颁奖仪式,修水县何市镇中学教师郑乃员获马什国际植物保护奖。郑乃员是黄沙镇油岭村人,自2000年起组织村民开展红豆杉保护工作,与农户签订托管协议,成立修水县黄沙油岭天然红豆杉保护协会,发展会员68人,并对个体较大的红豆杉进行挂牌。他还自筹资金,赴外地学习,多次邀请相关科研院所专家对油岭红豆杉资源进行考察。经过14年的建设,红豆杉面积发展到2600公顷,12万多株。

(省林业厅)

【新建7处省级自然保护区】 3月25日,省政府印发《关于公布上饶五府山等7处新建省级自然保护区名单的通知》,正式批准新建上饶五府山、宁都大龙山、安福铁丝岭、宜黄中华秋沙鸭、铜鼓棘胸蛙、鄱阳湖鲤鲫鱼产卵场、鄱阳湖银鱼产卵场7处省级自然保护区。根据省级自然保护区晋升程序,省环保厅发布该7处省级自然保护区面积、范围及功能区划。

【开展生态示范创建活动】 4月4日,下发《关于做好2014年生态示范创建工作的通知》,对创建工作进行全面部署,明确年度创建重点和目标。按照生态示范创建工作程序,指导国家生态县(市、区)、乡(镇)创建,并积极组织开展省级生态县(市、区)、乡(镇)、村创建工作。浮梁县、铜鼓县、湾里区创建国家生态县通过环保部技术评估;青原区、安福县、共青城市创建省级生态县通过考核验收。全年新增国家级生态乡镇76个,省级生态乡镇60个,省级生态村71个。

【加强"五河一湖"及东江源保护区生态保护工作】 2014年,为维护和保持"五河一湖"及东江源头保护区在涵养水源及改善水质等方面的能力,进一步加强"五河一湖"及东江源头环境保护工作。一是扩大源头保护区范围。省政府批准增加宁都县、上犹县部分区域808.02平方千米纳入赣江源头保护区。二是加强源头水质监测。组织省环境监测中心站加密对"五河"及东江源头保护区水质监测频次,监测由原来每年6次增加到12次。三是继续加大生态奖励资金力度。按照《江西省"五河"及东江源头保护区生态环境保护奖励资金管理办法》,对2014年奖励资金进行分配,并全部拨付给源头保护区所在县(市)。

【印发《江西省生物多样性保护战略与行动计划(2013—2030年)》】 10月13日,省环保厅印发《江西省生物多样性保护战略与行动计划(2013—2030年)》,确定赣东武夷山脉—怀玉山脉亚热带高山阔叶林与针阔混交林生物多样性关键区域、赣南南岭—九连山脉中—南亚热带常绿阔叶林生物多样性关键区域、赣西罗霄山脉亚热带高山常绿阔叶林和针阔混交林生物多样性关键区域、赣西北幕府山—九岭山中—北亚热带常绿落叶阔叶混交林关键区域、鄱阳湖湿地与区间河流生物多样性关键区域5个关键区域,亚热带湖泊湿地区(包括鄱阳湖湿地、赤湖—赛城湖—太泊湖长江湖泊带、赣抚平原湿地区和鸳鸯湖)、中—南亚热带河网区(包括五河及东江源头区、赣中丘陵盆地区)、武夷山脉亚热带常绿阔叶林区、幕阜山—九岭山中亚热带常绿落叶阔叶混交林区、雩山中亚热带常绿阔叶林区、黄山余脉—怀玉山脉中亚热带常绿落叶阔叶混交林区、罗霄山脉中亚热带常绿阔叶林和针阔混交林区、南岭—九连山南亚热带常绿阔叶林区8个优先区域,10个优先领域和24项优先行动,为全省生物多样性保护、生态建设和可持续发展提供科学依据和指导。

(省环保厅)

·资　料·

江西省国家级和省级湿地公园

单位:公顷

序号	名称	所在地	总面积	湿地面积	批建时间	管理机构
一	国家级					
1	孔目江国家湿地公园	新余市	1295.00	677.40	2007年11月15日	孔目江国家湿地公园管理处
2	东鄱阳湖国家湿地公园	鄱阳县	36285.00	35116.10	2008年11月19日	东鄱阳湖国家湿地公园管委会
3	修河国家湿地公园	永修县	11041.00	9671.00	2008年11月19日	永修县林业局
4	东江源国家湿地公园	安远县	2675.70	547.00	2008年11月19日	安远县林业局
5	丰城药湖国家湿地公园	丰城市	2560.00	2150.40	2009年12月23日	丰城市林业局
6	南丰傩湖国家湿地公园	南丰县	1727.00	372.50	2009年12月23日	南丰县林业局
7	武宁庐山西海国家湿地公园	武宁县	4016.30	3821.00	2011年3月25日	武宁县林业局
8	修水修河源国家湿地公园	修水县	4342.40	3577.20	2011年3月25日	修水县林业局
9	赣县大湖江国家湿地公园	赣　县	6655.00	5353.70	2011年3月25日	赣县林业局
10	兴国潋江国家湿地公园	兴国县	3577.00	2362.45	2011年3月25日	兴国县林业局
11	赣州章江国家湿地公园	赣州市	1054.80	788.20	2012年12月31日	赣州市林业局
12	万年珠溪国家湿地公园	万年县	1025.10	506.80	2012年12月31日	万年县林业局
13	上犹南湖国家湿地公园	上犹县	671.17	627.38	2012年12月31日	上犹县林业局
14	会昌湘江国家湿地公园	会昌县	1264.70	1038.80	2012年12月31日	会昌县林业局
15	南城洪门湖国家湿地公园	南城县	8089.31	4313.34	2012年12月31日	南城县林业局
16	景德镇玉田湖国家湿地公园	景德镇市	387.50	199.50	2013年12月31日	景德镇市玉田水库管理处
17	宁都梅江国家湿地公园	宁都县	6345.80	4471.20	2013年12月31日	宁都县林业局
18	婺源饶河源国家湿地公园	婺源县	346.60	320.60	2013年12月31日	婺源县林业局
19	庐陵赣江国家湿地公园	吉安市	777.10	657.34	2014年12月31日	吉安市林业局
20	芦溪山口岩国家湿地公园	芦溪县	1043.47	419.01	2014年12月31日	芦溪县林业局
21	三清山信江源国家湿地公园	玉山县	1053.04	672.73	2014年12月31日	玉山县林业局
22	遂川五斗江国家湿地公园	遂川县	897.30	447.80	2014年12月31日	遂川县林业局
23	鹰潭信江国家湿地公园	鹰潭市	1684.68	1447.02	2014年12月31日	鹰潭市林业局
二	省　级					
1	浮梁三贤湖省级湿地公园	浮梁县	41.36	23.19	2010年9月28日	浮梁县林业局
2	莲花莲江省级湿地公园	莲花县	87.90	83.95	2010年9月28日	莲花县林业局
3	余江白塔河省级湿地公园	余江县	621.00	516.30	2010年9月28日	余江县林业局
4	全南桃江省级湿地公园	全南县	388.32	349.36	2010年9月28日	全南县林业局
5	瑞金绵江省级湿地公园	瑞金市	1802.89	993.75	2010年9月28日	瑞金市林业局
7	于都长征源省级湿地公园	于都县	1150.66	858.84	2010年9月28日	于都县林业局
8	高安瑞州省级湿地公园	高安市	56.00	55.00	2010年9月28日	高安市林业局
9	丰城玉龙河省级湿地公园	丰城市	235.70	228.70	2010年9月28日	丰城市林业局
10	宜丰新昌湖省级湿地公园	宜丰县	35.60	25.60	2010年9月28日	宜丰县林业局
11	奉新华林省级湿地公园	奉新县	138.00	87.00	2010年9月28日	奉新县林业局
12	上饶槠溪省级湿地公园	上饶县	393.00	25.00	2010年9月28日	上饶县林业局
13	德兴洎水河省级湿地公园	德兴市	353.00	255.10	2010年9月28日	德兴市林业局
14	遂川遂川江省级湿地公园	遂川县	665.93	519.73	2010年9月28日	遂川县林业局
15	万安云洲省级湿地公园	万安县	42.67	16.09	2010年9月28日	万安县林业局
16	南丰潭湖省级湿地公园	南丰县	871.10	561.00	2010年9月28日	南丰县林业局

续表

序号	名称	所在地	总面积	湿地面积	批建时间	管理机构
17	金溪白马湖省级湿地公园	金溪县	629.56	375.85	2010年9月28日	金溪县林业局
18	宜黄百鹭洲省级湿地公园	宜黄县	126.46	123.01	2010年9月28日	宜黄县林业局
19	乐安龙潭省级湿地公园	乐安县	135.55	119.24	2010年9月28日	乐安县林业局
20	南昌澄碧湖省级湿地公园	南昌县	90.39	54.33	2011年11月29日	南昌县林业局
21	进贤磨盘洲省级湿地公园	进贤县	49.50	41.05	2011年11月29日	进贤县林业局
22	萍乡南岗口省级湿地公园	萍乡市	102.00	63.90	2011年11月29日	萍乡湘东区林业局
23	鹰潭白露河省级湿地公园	鹰潭市	34.58	25.36	2011年11月29日	鹰潭月湖区农林局
24	广丰丰溪省级湿地公园	广丰县	106.70	93.30	2011年11月29日	广丰县林业局
25	横峰岑港河省级湿地公园	横峰县	128.50	102.70	2011年11月29日	横峰县林业局
26	铅山宋家源省级湿地公园	铅山县	150.70	72.10	2011年11月29日	铅山县林业局
27	余干琵琶湖省级湿地公园	余干县	603.80	366.80	2011年11月29日	余干县林业局
28	吉水吉水湖省级湿地公园	吉水县	1897.11	1558.03	2011年11月29日	吉水县林业局
29	抚州廖坊省级湿地公园	抚州市	2639.84	2184.57	2011年11月29日	抚州廖坊水库管理局
30	崇仁宝水省级湿地公园	崇仁县	103.30	50.50	2011年11月29日	崇仁县林业局
31	南丰琴湖省级湿地公园	南丰县	195.52	170.10	2011年11月29日	南丰县林业局
32	南城盱江省级湿地公园	南城县	632.60	603.30	2011年11月29日	南城县林业局
33	黎川黎滩河省级湿地公园	黎川县	150.75	116.64	2011年11月29日	黎川县林业局
34	龙南渥江省级湿地公园	龙南县	71.26	32.84	2013年3月18日	龙南县林业局
35	安福泸水河省级湿地公园	安福县	201.69	171.48	2013年3月18日	安福县林业局
36	德安隆平省级湿地公园	德安县	79.48	48.21	2013年12月31日	德安县林业局
37	星子星湖湾省级湿地公园	星子县	4334.18	4005.48	2013年12月31日	星子县林业局
38	乐平东湖省级湿地公园	乐平市	36.50	27.65	2013年12月31日	乐平市林业局
39	萍乡玉湖省级湿地公园	萍乡市	58.68	35.33	2013年12月31日	萍乡市林业局开发区分局
40	南康蓉江河省级湿地公园	南康市	153.10	93.10	2013年12月31日	南康区林业局
41	龙南桃江窑头省级湿地公园	龙南县	188.84	117.07	2013年12月31日	龙南县林业局
41	寻乌东江源马蹄河省级湿地公园	寻乌县	149.49	106.80	2013年12月31日	寻乌县林业局
42	樟树芗溪省级湿地公园	樟树市	65.60	40.00	2013年12月31日	樟树市林业局
43	峡江玉峡湖省级湿地公园	峡江县	2889.80	1188.50	2013年12月31日	峡江县林业局
44	临川白鹭省级湿地公园	临川区	103.28	62.10	2013年12月31日	临川区林业局
45	都昌北鄱阳湖省级湿地公园	都昌县	4332.00	4031.00	2014年12月31日	都昌县林业局
46	湖口洋港省级湿地公园	湖口县	322.48	271.51	2014年12月31日	湖口县林业局
47	彭泽长江省级湿地公园	彭泽县	3048.00	2730.00	2014年12月31日	彭泽县林业局
48	九江小城门湖省级湿地公园	九江县	130.22	109.79	2014年12月31日	九江县林业局
49	石城赣江源省级湿地公园	石城县	790.08	748.48	2014年12月31日	石城县林业局
50	奉新潦河省级湿地公园	奉新县	449.76	344.65	2014年12月31日	奉新县林业局
51	上高锦江省级湿地公园	上高县	500.85	307.52	2014年12月31日	上高县林业局
52	万载龙河省级湿地公园	万载县	202.00	126.00	2014年12月31日	万载县林业局
53	吉安君山湖省级湿地公园	吉安县	164.40	113.10	2014年12月31日	吉安县林业局
54	新干湄湘河省级湿地公园	新干县	715.80	637.40	2014年12月31日	新干县林业局

江西省国家级和省级森林公园

单位:公顷

序号	名称	建园时间	批复面积	经营管理单位
一	国家级			
1	三爪仑国家示范森林公园	1993 年 3 月	12396.23	靖安县旅游局
2	庐山山南国家森林公园	1993 年 5 月	3346.67	星子县东牯山林场
3	梅岭国家森林公园	1993 年 5 月	11173.1	梅岭国家森林公园管理办公室(湾里区林业局)
4	三百山国家森林公园	1993 年 5 月	3330	安远县林业局
5	马祖山国家森林公园	1993 年 5 月	666.67	庐山区林业局
6	鄱阳湖口国家森林公园	1993 年 5 月	1280	湖口县三里林场
7	灵岩洞国家森林公园	1993 年 5 月	3000	婺源县灵岩洞国家森林公园管理局
8	明月山国家森林公园	1994 年 12 月	7842	宜春市明月山温泉风景名胜区管理局
9	翠微峰国家森林公园	1999 年 1 月	7866.67	宁都县翠微峰管理委员会
10	天柱峰国家森林公园	2000 年 2 月	20757	铜鼓县国有城郊林场
11	泰和国家森林公园	2000 年 12 月	3000	泰和白鹭湖国家森林公园管理处
12	鹅湖山国家森林公园	2000 年 12 月	7950	铅山县鹅湖山国家森林公园
13	龟峰国家森林公园	2000 年 12 月	7400	上饶龟峰国家森林公园管理委员会
14	上清国家森林公园	2000 年 12 月	11800	龙虎山风景旅游区上清林场
15	梅关国家森林公园	2001 年 11 月	5300	大余县林业局
16	永丰国家森林公园	2001 年 11 月	7600	永丰国家森林公园管理局
17	阁皂山国家森林公园	2001 年 11 月	6860	樟树市林业局
18	三叠泉国家森林公园	2001 年 11 月	1650.97	庐山区海会镇三叠泉风景区管理处
19	武功山国家森林公园	2002 年 12 月	24190	安福县武功山国家森林公园管理局
20	铜钹山国家森林公园	2002 年 12 月	19500	上饶市铜钹山国家森林公园管理委员会
21	阳岭国家森林公园	2003 年 12 月	6889.8	阳岭国家森林公园管理处
22	天花井国家森林公园	2003 年 12 月	685	九江市林科所
23	五指峰国家森林公园	2003 年 12 月	24533	上犹县五指峰林场
24	柘林湖国家森林公园	2004 年 12 月	16450	江西省永修县林业局
25	陡水湖国家森林公园	2004 年 12 月	22666.67	赣州市陡水湖国家森林公园管理处(犹江林场)
26	万安国家森林公园	2004 年 12 月	16333	万安国家森林公园管理办公室
27	三湾国家森林公园	2004 年 12 月	15513.3	永新县三湾国家森林公园管理办公室
28	安源国家森林公园	2004 年 12 月	7866	江西安源国家森林公园管理委员会
29	九连山国家森林公园	2005 年 12 月	20063	龙南县九连山林场
30	岩泉国家森林公园	2005 年 12 月	4885.39	黎川岩泉国家森林公园管理办公室
31	云碧峰国家森林公园	2005 年 12 月	872.5	云碧峰国家森林公园管理委员会
32	景德镇国家森林公园	2005 年 12 月	3796.3	景德镇市枫树山林场
33	瑶里国家森林公园	2005 年 12 月	4471	江西省瑶里国家森林公园管理局

续表

序号	名称	建园时间	批复面积	经营管理单位
34	清凉山国家森林公园	2006 年 12 月	3397.82	资溪县株溪采育林场
35	峰山国家级森林公园	2006 年 12 月	20735.2	赣州市峰山森林公园管理处
36	九岭山国家级森林公园	2006 年 12 月	1266.16	武宁县林业局
37	岑山国家级森林公园	2008 年 1 月	955	横峰县林业局(2007 年申报)
38	五府山国家级森林公园	2008 年 1 月	1715	上饶县五府山林场(2007 年申报)
39	军峰山国家级森林公园	2008 年 1 月	1217.15	南丰县林业局(2007 年申报)
40	碧湖潭国家森林公园	2008 年 12 月	6838.7	萍乡市湘东区林业局
41	怀玉山国家森林公园	2008 年 12 月	3354	玉山县林业局
42	毓秀山国家森林公园	2009 年 8 月	2178.93	新余市孔目江生态经济区管委会
43	圣水堂国家森林公园	2009 年 12 月	4060.1	国营安义县峤岭林场
44	鄱阳莲花山国家森林公园	2012 年 1 月	6510	鄱阳县莲花山林场
45	江西彭泽国家森林公园	2013 年 1 月	2505	江西彭泽森林公园管理处
46	金盆山国家级森林公园	2014 年 1 月	5981.85	信丰县金盆山林场
二	省　级			
1	龙泉山省级森林公园	1990 年 12 月	353.33	安远县林业局
2	青山省级森林公园	1993 年 2 月	3400	瑞昌市青山林场
3	上高县省级森林公园	1993 年 2 月	160	上高县九峰林场
4	宜丰县省级森林公园	1993 年 2 月	2805.07	宜丰县林业局
5	狮山省级森林公园	1993 年 2 月	203.33	奉新县林业局
6	青原山省级森林公园	1993 年 2 月	450	吉安市林科所
7	玉笥山省级森林公园	1993 年 2 月	900	峡江县玉笥山林场
8	洪源省级森林公园	1993 年 2 月	400	乐平市洪源镇人民政府
9	贵溪省级森林公园	1993 年 2 月	120	贵溪市林业局
10	水鸡岽省级森林公园	1993 年 2 月	7666.67	赣县林业局
11	武当山省级森林公园	1993 年 2 月	533.2	龙南县小武当山风景区管理处
12	罗汉岩省级森林公园	1993 年 2 月	500	瑞金市林业局
13	会昌山省级森林公园	1993 年 2 月	333.32	会昌县会昌山省级森林公园管理处(会昌山林场)
14	西华山省级森林公园	1993 年 2 月	175.33	石城县林业局
15	三清省级森林公园	1993 年 5 月	666.67	德兴市林业局
16	象山省级森林公园	1993 年 5 月	1674	新建县象山集体林场
17	广昌县省级森林公园	1993 年 5 月	2852	广昌县盱江林场
18	百丈峰省级森林公园	1993 年 5 月	2133.33	渝水区百丈峰林场
19	均福山省级森林公园	1993 年 6 月	1488	兴国县均福山采育林场
20	浮梁省级森林公园	1993 年 6 月	53.33	浮梁县银鸽林场
21	梦山省级森林公园	1993 年 1 月	2666.67	新建县红岭林场
22	南山省级森林公园	1994 年 1 月	536.67	南康市林业局

续表

序号	名称	建园时间	批复面积	经营管理单位
23	麻姑山省级森林公园	1994年9月	4926.67	南城县洪门岭林场
24	玉壶山省级森林公园	1994年9月	393.33	莲花县林业局
25	吉安省级森林公园	1994年9月	100	吉安县林业局
26	龙宫洞省级森林公园	1995年4月	669.27	彭泽县龙宫洞旅游发展有限公司
27	罗田岩省级森林公园	1996年2月	900	于都县罗田岩森林公园管理处
28	黄畲山省级森林公园	1996年1月	600	寻乌县林业局
29	马岗岭省级森林公园	1997年8月	26.67	余江县林业工业公司
30	大东山省级森林公园	1997年11月	4000	吉水县芦溪岭林场
31	玉华山省级森林公园	2000年11月	666.7	泰和县澄江镇人民政府
32	江西省遂川森林公园	2000年6月	970	遂川县林业局
33	莲花洞省级森林公园	2001年2月	1610	庐山区莲花洞森林公园有限公司
34	郭璞峰省级森林公园	2001年4月	733	昌江区林业局
35	义门陈省级森林公园	2005年12月	1281.4	德安县林业局
36	远泉省级森林公园	2005年12月	1050	远泉集团公司
37	江西省三尖源森林公园	2006年9月	12000	都昌县林业局
38	江西省九龙庙森林公园	2006年9月	4950	万载县九龙垦殖场
39	江西省东江源桠髻钵山森林公园	2006年9月	2980	寻乌县富寨林场
40	江西省六石岩森林公园	2006年9月	993.74	广丰县嵩峰乡人民政府
41	江西省白云山森林公园	2006年9月	2187.6	吉安市青原区白云山林场
42	江西省太宝峰森林公园	2006年11月	2038	新余市仙女湖风景名胜区东坑林场
43	江西省香炉峰森林公园	2006年11月	661.3	进贤县前岭林场
44	江西省屏山森林公园	2006年11月	4528.6	于都县林业局
45	江西省兴农沙漠生态森林公园	2006年12月	232	南昌县林业局
46	江西省白鸡峰森林公园	2006年12月	666.6	余江县高公寨林场
47	江西省大南森林公园	2007年6月	637.07	广丰县大南镇政府
48	江西省通天寨森林公园	2007年6月	2112	石城县林业局
49	江西省大砻下森林公园	2007年6月	675	分宜县大砻下林场
50	江西省仙人寨森林公园	2007年8月	1041.22	铅山县林业局
51	江西省三尖峰森林公园	2007年8月	630.8	萍乡市南坑林场(芦溪县)
52	江西省寒山森林公园	2007年12月	1168	莲花县林业局
53	江西省理田源森林公园	2007年12月	166.7	婺源县思口镇人民政府
54	江西省翠云峰森林公园	2008年6月	173.1	金溪县翠云峰森林公园管理委员会
55	江西省小金山森林公园	2008年8月	438.8	萍乡市安源区高坑镇人民政府
56	江西省马形山森林公园	2008年8月	800	宜丰县潭山镇店上村民委员会
57	江西省睦州山森林公园	2008年10月	1542	上饶市信州区林业局
58	江西省芦泉湖森林公园	2008年11月	946	高安市新街镇景贤村民委员会

续表

序号	名称	建园时间	批复面积	经营管理单位
59	江西省仙隐洞森林公园	2009 年 12 月	920	宜丰县芳溪镇人民政府
60	江西省龙口源省级森林公园	2010 年 7 月	303	瑞昌市林业局
61	江西省东湖南山省级森林公园	2010 年 7 月	322.5	都昌县林业局
62	彭泽县双尖峰省级森林公园	2010 年 7 月	579	彭泽县林业局
63	江西省台山省级森林公园	2010 年 7 月	223	湖口县林业局
64	江西省万寿寺省级森林公园	2010 年 7 月	473.27	浮梁县万寿山垦殖场
65	江西省四亩里省级森林公园	2010 年 7 月	75	浮梁县林业局
66	江西省风龙省级森林公园	2010 年 7 月	531.23	安源区青山镇人民政府
67	江西省鸡冠山省级森林公园	2010 年 7 月	1120.8	上栗县鸡冠营林林场
68	江西省李畋省级森林公园	2010 年 7 月	368.8	上栗县林业局
69	江西省湖仙山省级森林公园	2010 年 7 月	182	莲花县林业局
70	江西省园岭省级森林公园	2010 年 7 月	2853.77	兴国县园岭森林公园管理局
71	江西省李腊石省级森林公园	2010 年 7 月	112.9	石城县林业局
72	江西省梅子山省级森林公园	2010 年 7 月	180.51	全南县林业局
73	江西省大山脑省级森林公园	2010 年 7 月	337.9	南康市林业局
74	江西省天工开物省级森林公园	2010 年 7 月	67	奉新县林业局
75	江西省龙津湖省级森林公园	2010 年 7 月	173.3	丰城市总部经济基地办公室
76	江西省东方禅文化省级森林公园	2010 年 7 月	68	宜丰县林业局
77	江西省龙泉湖省级森林公园	2010 年 7 月	219	万年县林业局
78	江西省李梅岭省级森林公园	2010 年 7 月	657	余干县李梅林场
79	江西省黄金山省级森林公园	2010 年 7 月	107.85	信州区林业局
80	江西省骆驼山省级森林公园	2010 年 7 月	381.28	铅山县林业局
81	江西省珍珠山省级森林公园	2010 年 7 月	316.67	婺源县珍珠山林场
82	江西省兴安省级森林公园	2010 年 7 月	87.47	横峰县林业局
83	江西省广丰三山省级森林公园	2010 年 7 月	116	广丰县林业局
84	江西省清水湾省级森林公园	2010 年 7 月	154.67	上饶县罗桥街道办事处
85	江西省冰江省级森林公园	2010 年 7 月	71.53	玉山县林业局
86	江西省聚远楼省级森林公园	2010 年 7 月	524.6	德兴市林业局
87	江西省龙山省级森林公园	2010 年 7 月	247.3	新干县林业局
88	江西省君华省级森林公园	2010 年 7 月	222.95	吉州区林业局
89	江西省西龙山省级森林公园	2010 年 7 月	539.3	吉安县林业局
90	江西省白凤省级森林公园	2010 年 7 月	168.33	泰和县林业局
91	江西省龙江省级森林公园	2010 年 7 月	81.6	井冈山市林业局
92	江西省汝水省级森林公园	2010 年 7 月	70.67	抚州市林业局
93	江西省乐安省级森林公园	2010 年 7 月	67.87	乐安县林业局
94	江西省卓望山省级森林公园	2010 年 7 月	732.4	宜黄县林业局

续表

序号	名称	建园时间	批复面积	经营管理单位
95	江西省泰伯省级森林公园	2010 年 7 月	66.73	资溪县林业局
96	江西省龙华山省级森林公园	2010 年 12 月	153.33	广丰县桐畈镇人民政府
97	江西省仙峰岩省级森林公园	2010 年 12 月	415.12	萍乡市安源区城郊管理委员会
98	江西山谷省级森林公园	2012 年 5 月	139.1	修水县林业局
99	江西双圳省级森林公园	2012 年 5 月	760	贵溪市林业局、双圳林场
100	江西东江源仙人寨省级森林公园	2012 年 5 月	620	寻乌县林业局
101	江西螺峰尖省级森林公园	2012 年 5 月	71.1	宜丰县林业局
102	江西老鹰山省级森林公园	2013 年 6 月	593.76	宁都县林业局
103	江西虎峰山省级森林公园	2013 年 6 月	484.25	鄱阳县田畈镇政府
104	江西芦溪狮山省级森林公园	2013 年 12 月	121.19	芦溪县林业局
105	江西贵溪象山省级森林公园	2013 年 12 月	988.43	贵溪市雄石办事处
106	江西罗山省级森林公园	2013 年 12 月	608.42	丰城市洛市镇政府
107	江西鹤坪省级森林公园	2013 年 12 月	408.2	靖安县林业局
108	江西日峰山省级森林公园	2013 年 12 月	69.4	黎川县林业局
109	江西豫宁省级森林公园	2013 年 12 月	120.85	武宁县林业局
110	江西安基山省级森林公园	2013 年 12 月	580.54	龙南县林业局
111	江西九仙岭省级森林公园	2014 年 7 月	134.1	德安县林业局
112	江西湖东省级森林公园	2014 年 7 月	108.4	永修县林业局
113	江西金鸡寨省级森林公园	2014 年 7 月	87.63	龙南县林业局
114	江西龙泉省级森林公园	2014 年 7 月	150.32	江西农业大学
115	江西中华贤母园省级森林公园	2014 年 7 月	72.53	九江县中华贤母园管理处
116	江西蒙岗岭省级森林公园	2014 年 12 月	97.40	安福县林业局
117	江西株山省级森林公园	2014 年 12 月	436.80	丰城市株山林场
118	江西九峰省级森林公园	2014 年 12 月	792.00	上高县九峰林场

江西省林业国家级和省级自然保护区

单位:公顷

序号	名称	类型	所在地	面积	批建时间	管理机构
一	国家级					
1	江西鄱阳湖国家级自然保护区	湿地	新建县、永修县、星子县	22400	1988 年	江西鄱阳湖国家级自然保护区管理局
2	江西井冈山国家级自然保护区	森林	井冈山市	21449	2000 年	江西井冈山国家级自然保护区管理局
3	江西桃红岭梅花鹿国家级自然保护区	动物	彭泽县	12500	2001 年	江西桃红岭梅花鹿国家级自然保护区管理局
4	江西武夷山国家级自然保护区	森林	铅山县	16007	2002 年	江西武夷山国家级自然保护区管理局

续表

序号	名称	类型	所在地	面积	批建时间	管理机构
5	江西九连山国家级自然保护区	森林	龙南县	13411.6	2003 年	江西九连山国家级自然保护区管理局
6	江西齐云山国家级自然保护区	森林	崇义县	17105	2004 年	江西齐云山国家级自然保护区管理局
7	江西阳际峰国家级自然保护区	森林	贵溪市	10946	2004 年	江西阳际峰国家级自然保护区管理局
8	江西官山国家级自然保护区	动物	宜丰县、铜鼓县	11500.5	2007 年	江西官山国家级自然保护区管理局
9	江西马头山国家级自然保护区	植物	资溪县	13866.5	2008 年	江西马头山国家级自然保护区管理局
10	江西鄱阳湖南矶湿地国家级自然保护区	湿地	新建县	33300	2008 年	江西鄱阳湖南矶湿地国家级自然保护区管理局
11	江西九岭山国家级自然保护区	森林	靖安县	11541	2011 年	江西九岭山国家级自然保护区管理局
12	江西赣江源国家级自然保护区	森林	石城县、瑞金市	16100.9	2013 年	江西赣江源国家级自然保护区管理局
13	江西庐山国家级自然保护区	森林	庐山区、星子县等	20120	2013 年	江西庐山国家级自然保护区管理局
14	江西铜钹山国家级自然保护区	植物	广丰县	10800	2014 年	江西广丰铜钹山省级自然保护区管理办公室
二	省级					
1	江西七溪岭省级自然保护区	森林	永新县	10500	1997 年	永新县林业局
2	江西华南虎省级自然保护区	动物	宜黄县	58300	1997 年	江西宜黄华南虎省级自然保护区管理办公室
3	江西岩泉省级自然保护区	植物	黎川县	2460	1997 年	黎川县林业局
4	江西老虎脑省级自然保护区	动物	乐安县	22000	1997 年	江西老虎脑省级自然保护区管理办公室
5	江西抚河源省级自然保护区	森林	广昌县	8187.7	1997 年	广昌县林业局
6	江西信江源省级自然保护区	森林	玉山县	4535	2001 年	江西玉山信江源省级自然保护区管理办公室
7	江西水浆省级自然保护区	森林	永丰县	2000	2001 年	永丰县林业局
8	江西南风面省级自然保护区	森林	遂川县	4205	2001 年	遂川县林业局
9	江西凌云山省级自然保护区	动物	宁都县	11342.6	2004 年	江西凌云山省级自然保护区管理办公室
10	江西三十把省级自然保护区	森林	万载县	2100	2004 年	万载县林业局
11	江西玉京山省级自然保护区	森林	宜春市	1199	2004 年	江西宜春明月山林业局
12	江西鸳鸯湖省级自然保护区	动物	婺源县	917	2004 年	江西婺源鸳鸯湖省级自然保护区管理局
13	江西南方红豆杉省级自然保护区	植物	瑞昌市	2500	2010 年	江西瑞昌南方红豆杉自然保护区管理局
14	江西伊山省级自然保护区	森林	武宁县	11340	2010 年	武宁县林业局

续表

序号	名称	类型	所在地	面积	批建时间	管理机构
15	江西瑶里省级自然保护区	森林	浮梁县	3627	2010年	浮梁县林业局
16	江西黄字号黑鹿省级自然保护区	动物	浮梁县	17356.2	2010年	浮梁县林业局
17	江西羊狮幕省级自然保护区	森林	芦溪县	7006	2010年	萍乡市林业局武功山林业分局
18	江西高天岩省级自然保护区	森林	莲花县	4780	2010年	江西莲花县高天岩省级自然保护区管理局
19	江西阳岭省级自然保护区	森林	崇义县	1880	2010年	崇义县林业局
20	江西章江源省级自然保护区	森林	崇义县	10452	2010年	崇义县林业局
21	江西桃江源省级自然保护区	森林	全南县	11560	2010年	全南县林业局
22	江西五指峰省级自然保护区	植物	上犹县	6368	2010年	江西上犹五峰指省级自然保护区管理局
23	江西青岚湖省级自然保护区	湿地	进贤县	1000	2011年	进贤县林业局
24	江西峤岭省级自然保护区	森林	安义县	4490	2011年	安义县林业局
25	江西云居山省级自然保护区	森林	永修县	2480	2011年	江西云居山省级自然保护区管理处
26	江西都昌候鸟省级自然保护区	湿地	都昌县	41100	2011年	江西都昌县候鸟自然保护区管理局
27	江西修河源五梅山省级自然保护区	森林	修水县	14485	2011年	修水县林业局
28	中华秋沙鸭自然保护区	动物	宜黄县	1693	2014年	宜黄县林业局
29	铁丝岭自然保护区	森林	安福县	2046	2014年	安福县林业局
30	五府山自然保护区	森林	上饶县	5104	2014年	上饶县林业局
31	大龙山自然保护区	森林	宁都县	5238	2014年	宁都县林业局

2014年新增国家级生态乡镇

设区市	县(市、区)	乡(镇)
南昌市	安义县	鼎湖镇、黄洲镇、石鼻镇
	南昌县	东新乡
	湾里区	招贤镇
九江市	湖口县	城山镇
	九江县	新塘乡
	武宁县	东林乡、官莲乡、横路乡、巾口乡、澧溪镇、罗溪乡、上汤乡、宋溪镇、新宁镇
	星子县	温泉镇
	修水县	黄沙镇、漫江乡
萍乡市	莲花县	坊楼镇、高州乡、荷塘乡、良坊镇
	上栗县	赤山镇、上栗镇

续表

设区市	县(市、区)	乡(镇)
新余市	分宜县	双林镇
	孔目江生态经济区	观巢镇、欧里镇
	仙女湖风景名胜区	九龙山乡
	渝水区	界水乡、良山镇、南安乡、水北镇
赣州市	上犹县	梅水乡
	全南县	陂头镇
宜春市	丰城市	洛市镇
	奉新县	澡溪乡
	高安市	华林山风景名胜区
	铜鼓县	大塅镇、带溪乡、港口乡、高桥乡、排埠镇、棋坪镇、三都镇
	万载县	赤兴乡、仙源乡
	宜丰县	澄塘镇、花桥乡、桥西乡、黄岗山垦殖场、黄岗镇、石花尖垦殖场、双峰林场、同安乡
	袁州区	西村镇
	樟树市	张家山街道
上饶市	德兴市	新岗山镇、张村乡
吉安市	新干县	桃溪乡
	遂川县	左安镇、高坪镇
	吉安县	敖城镇、敦厚镇
	吉水县	白沙镇
	吉州区	兴桥镇
	青原区	天玉镇、新圩镇
	峡江县	罗田镇
	永丰县	沙溪镇
	永新县	象形乡
抚州市	南城县	万坊镇
	宜黄县	东陂镇
	资溪县	石峡乡、高田乡、鹤城镇

（省林业厅　省环保厅）

污染防治

【概　况】 2014年，进一步加强水污染防治力度、开展重金属污染综合防治、规范固体(危险)废物监管、推动化学品环境管理、推行强制性清洁生产审核、强化上市企业环保核查及重点行业环保核查，全省污染防治工作取得新进展。全省地表水水质总体良好，Ⅰ～Ⅲ类水质断面(点位)达标率80.9%，Ⅳ～Ⅴ类水质比例18.6%，劣Ⅴ类水质比例0.5%。河流断面达标率83.8%，水质总体良好。修河和东江水质优，其余7条河流水质良好；湖库点位达标率60.0%，水质轻度污染，富营养化状态总体中营养。其中柘林湖和仙女湖水质优，鄱阳湖水质轻度污染，全省湖泊主要污染物为总磷和总氮。

【重金属污染综合防治】 2014年，省环保厅编制《江西省重金属污染综合防治"十二五"规划2014年度实施方案》，启动一批区域和重点企业的污染源综合整治项目;按计划完成年度落后产能淘汰项目;严格依照“等量置换”和“减量置换”限制重金属污染物排放总量指标;加强涉重行业企业的环境监管力度,全省各级环保部门实地检查涉铅、汞、镉、铬、砷排放的重有色金属矿采选冶炼企业208家,铅蓄电池企业52家,皮革鞣制加工企业9家,电镀企业27家,对其中存在环境违法行为的企业采取处理措施,取缔关停9家,停产整顿96家。全省未发生重大重金属污染事件。在7个国家重点区域周边布设地表水重金属专项监测断面20个,监测达标率99.17%;布设环境空气重金属监测点位19个,监测达标率100%。

【固体(危险)废物监管】 2014年,进一步规范废物进口审批和监管程序。全省50余家企业获准进口限制类可用原料固体废物加工利用,34余家企业获准进口自动类可用做原料固体废物加工利用,涉及废纸等7大类可用做原料进口固体废物。10—11月对全省申报2015年度进口废五金类废物加工利用企业进行考核认定,经考核全省22家企业获定点企业资格认定,其中圈区内企业15家,圈区外企业7家。全年获危险废物经营许可企业81家;危险废物经营许可单位年经营规模总量111.61万吨,其中综合利用107.8万吨、处置3.81万吨;完成危险废物经营许可证核发行政审批44项。对危险废物经营及跨省转移许可实施网上登记审批,全年监管跨省危险废物转移330件,比上年增长200%,其中办理危险废物跨省转入265件,增长342%。加强对危险废物产生单位与经营单位的监管,责成22家企业停产整改、37家企业限期整改。

【加强重点企业强制性清洁生产审核】 2014年,省环保厅根据清洁生产审核管理权限,督促指导设区市环保局按照《中华人民共和国清洁生产促进法》和环保部相关要求,加强对辖区内重点企业强制性清洁生产审核力度,将5个重金属污染防治重点防控行业和7个产能过剩主要行业作为实施重点,将59家企业列为重点企业,全年有39家重点企业通过省环保厅会同省发改委、省工信委组织的评估。

【调整企业上市环保核查及重点行业环保核查工作】 省环保厅按照环保部统一部署,改革调整企业上市环保核查及重点行业环保核查工作。一是2014年前三季度,省环保厅对江西司太立科技有限公司等13家企业进行上市环保核查,其中3家企业为直接向中国证监会出具核查意见,5家为向环保部办公厅报送核查初审意见,5家为向外省环保厅报送协查意见。10月,按照环保部《关于改革调整上市环保核查工作制度的通知》要求,停止受理及开展上市环保核查工作。二是持续做好钨、钼企业等重点行业企业的环保核查工作,9月,对崇义章源钨业股份有限公司等8家钨、钼企业进行审查,并提出意见。

(省环保厅)

节能减排

【概　况】 2014年,以加快转变经济发展方式为主线,以降低能源消耗和主要污染物排放强度为目标,以解决危害群众健康和影响可持续发展的突出环境问题为重点,强化责任落实,加强法制建设,完善政策措施,全省节能减排工作取得明显成效。万元地区生产总值综合能耗0.573吨标准煤,比上年下降3.16%,完成国家下达的年度节能目标任务。全省49个国家减排目标责任书重点项目全面完成,化学需氧量、氨氮、二氧化硫、氮氧化物排放总量分别比上年下降1.96%、3.20%、4.18%、5.31%,四项指标均超额完成国家下达的年度减排目标任务。

【抓好重点领域节能】 2014年,抓好工业、交通、建筑、公共机构等重点耗能领域,实施节能改造。在工业领域,全年淘汰7个行业共80家企业落后产能,具体淘汰的落后产能为:炼钢70.5万吨、铁合金4万吨、铜冶炼30.45万吨、水泥354.8万吨、造纸75.56万吨、印染7200万米、铅蓄电池445万千伏安。在建筑领域,印发《关于推进我省智慧城市建设的指导意见》,召开推进绿色建筑发展新闻发布会,举办绿色建筑发展宣传贯彻培训,开展2014年度全省建筑节能专项检查,建立建筑节能统计季报与通报制度。全省城镇新建建筑设计阶段执行节能强制性标准比例达100%,施工阶段执行节能强制性标准比例达98%。全年新增绿色建筑评价标识项目29项,建筑面积305万平方米,超过2009年以来至2013年的总和。在交通运输领域,强化道路运输车辆燃料消耗量达标车型车辆参数及配置核查,全年核查2.20万辆营运车辆,从源头限制高能耗营运车辆进入道路运输市场。大力实施营运车辆柴油化工程,推广应用新能源和清洁能源汽车,

6月13日,省政府召开2014年度全省主要污染物总量减排工作会议

省环保厅供稿

淘汰高耗能老旧车辆，截至6月，新能源和清洁能源公交车1204辆，占全省公交车总数12.27%；清洁能源出租车5543辆，占全省出租车总数32.65%。加强高速公路电子不停车收费系统建设，新增ETC车道210条，实现与沪苏皖闽浙五省市高速公路不停车收费系统联网。在公共机构领域，全省公共机构人均综合能耗、单位建筑面积能耗、人均水耗比2010年分别下降12%、9%和12%。印发《关于切实加强公共机构能源资源计量工作有关事项的通知》，优化升级江西省公共机构能源资源消费统计分析系统，强化数据分析功能。开展统计数据集中会审，提升统计人员数据审核能力。大力推广分布式光伏发电项目，全省新建项目70余个，装机容量2万千瓦。

【开展循环经济试点】 新增南昌市高新技术产业开发区列入国家2014年园区循环化改造示范试点园区。江铜集团、萍乡市、江西永修云山经开区3家国家循环经济试点单位通过国家验收；抓好省级循环经济试点，大力支持全省108家省级循环经济试点单位推进项目建设；选择23家循环化基础条件较好、改造潜力大的园区开展省级园区循环化改造试点。抓好新余、贵溪建设国家"城市矿产"示范基地，推动鹰潭高新区、赣州经开区建设国家级循环化改造示范试点园区，推进南昌、赣州建设国家餐厨垃圾资源化利用和无害化处理试点城市、贵溪市建设国家循环经济示范城市（县），充分发挥示范带头作用。

【健全政策法规规划】 制定出台《支持半导体发光二极管产业发展政策措施》，从强化资金支持、鼓励科技创新、加大推广应用、完善配套服务四个方面提出15条政策措施。印发《江西省节能环保产业发展规划（2013—2017）》，提出以南昌为核心，以萍乡、赣州、新余为重点，着力打造四大节能环保特色产业集聚区，构建"一核三区"产业空间格局，带动全省节能环保产业的整体发展。研究制定《江西省2015年节能减排低碳发展行动工作方案》，从着力优化产业结构、大力推进节能减排降碳工程建设、强化重点领域节能降碳、强化技术与推广、加强政策扶持力度、积极推行市场化机制、加强监测预警和监督检查、强化目标责任八个方面推动全省节能减排降碳工作。

【举办2014年节能宣传周活动】 6月8日—14日，省发改委、省农业厅、省国资委等15个部门共同举办2014年节能宣传周活动。活动主题为"携手节能低碳，共建碧水蓝天"，包括14个专题，涉及15家牵头部门和责任单位，涵盖工业、交通运输、建筑、公共机构四大重点节能领域，覆盖机关、学校、企业、社区等各个方面。《江西日报》、省电视台、省电台等媒体对系列宣传活动作了全面深入报道，对新近出台的系列政策措施作了专题报道，并借助移动公司、联通公司、电信公司等短信平台发布相关信息，宣传节能减排理念与知识。

（胡晓）

【加大污染减排监督考核】 2014年，省政府印发《关于进一步加强全省主要污染物总量减排工作的通知》，进一步明确污染减排六项重点任务，明确各级政府以及有关部门及企业的减排工作责任和任务；进一步明确监督考核，采取"9+1"措施（对完不成任务或任务完成滞后的地方和企业，综合采取警示预警、约谈提醒、挂牌督办、通报批评、媒体曝光、行政处罚、区域限批、一票否决、行政问责等九项惩处措施；对任务完成好的地方及企业，给予政策倾斜支持）。并对2013年度减排工作进行考核，对未完成减排任务的1个设区市及8个县（区）实行一票否决，取消评优评先资格；对2个设区市及8个县（区）实行区域限批；对减排工作进展滞后的99家单位进行减排预警；对减排任务完成严重滞后的58家单位实行挂牌督办；对城镇污水处理厂配套管网建设、改造进展缓慢的17个县（市、区）政府及企业进行减排约谈；对25家问题突出的城镇污水处理厂予以曝光；对减排设施运行不正常、超标排放的46家企业进行行政处罚。

【推进城镇污水处理厂正常运行】 2014年，组织开展排水设施规划建设情况调查，开展污水管网整治改造专项行动。进水浓度偏低的城镇污水处理厂所在地区按要求排查管网渗漏点及水量、浓度突变管段，针对存在的突出问题，制定整改方案，加大资金投入，落实人员责任，着力扭转污水处理厂进水浓度偏低的状况。督促污水处理运营单位进一步加强污水处理设施运维管理，完善中控系统和在线监控设施，确保污水处理厂正常运行，稳定达标排放。全省投入城镇污水处理厂配套管网建设资金30亿元，新建、改造、维修管网1173千米。79座城镇污水处理厂实际进水浓度比上年明显提高，其中41座提高50%以上。

【推进规模化畜禽养殖场减排设施建设与运行】 进一步推进全省畜禽清洁生产工作，将列入年度减排计划的533家畜禽养殖企业作为工作重点，指导督促其完善配套设施设备，减少污染物排放。组织对列入年度减排计划的畜禽养殖场减排设施建设、运行情况，以及已认定减排量的国家减排目标责任书项目和养殖量较大项目减排设施运行情况开展了两次专项执法检查，责令污染治理设施不完善、超标排污的养殖场限期整改，确保设施正常有效运行。

【推进机动车污染减排】 加强外地转入机动车辆管理，规定转入江西省的外地机动车必须为符合国家第四阶段及以上排放控制要求的达标车型，并经委托的机动车环保检验机构检测合格后，方可办理机动车转入注册登记手续。各地加强机动车环保管理，加大老旧机动车及黄标车限行执法力度，加快提升燃油品质，全省已全面供应国Ⅳ标准汽油和车用柴油，11个设区市均出台实施黄标车限行管理规定。

（省环保厅）

本栏编辑　詹跃华

教　育

综　述

2014年，全省教育系统贯彻落实中央和省委、省政府关于教育工作的重大决策部署，坚持把立德树人作为根本任务，全面深化教育领域综合改革，打造江西教育升级版迈出坚实步伐，各项教育工作有序、有力、有效推进。

*教育改革取得新进展。*把深化教育领域综合改革摆在突出位置，明确教育改革的主攻方向，推动教育改革重点任务落实。一是顶层设计。出台《中共江西省委江西省人民政府关于深化教育领域综合改革若干问题的意见》《江西省人民政府关于加快发展现代职业教育的实施意见》等文件，先后以省政府名义组织召开教育改革、民办教育、教育信息化、职业教育4个全省性会议，为教育改革进行顶层设计、系统谋划。二是试点先行。出台《江西省人民政府办公厅关于印发南昌大学综合改革试点实施方案的通知》，印发《江西科技学院综合改革试点实施方案》。两个试点方案的出台，得到社会的广泛关注。三是点面结合。指导44所普通高中开展特色办学改革试验。确定九江职业技术学院等7所示范性高职院校与6所本科高校联合开展本科人才培养改革试点。推动南昌地区部分独立学院进驻共青城办学。推动省政府和教育部共建赣州教育改革发展试验区，将抚州市基础教育综合改革试验列入全省教育改革试点，在鹰潭市开展教育信息化改革试点。四是扩大开放。适应国际化步伐的加快，江西省高校国外孔子学院由7所增至8所，成功组织“中俄青年友好交流年”和“中国长江中上游地区与俄罗斯伏尔加河沿岸联邦区”区域合作交流活动。获教育部批准新增两所“接受中国政府奖学金留学生资格院校”（江西农业大学、江西中医药大学），全省“中国奖”招生院校从6所增至8所。

*教育公平迈出新步伐。*坚持把办好人民满意教育作为根本遵循，注重解决教育方面群众反映强烈的突出问题。一是规范办学行为。查处了一批违规推荐教辅、有偿补课等乱收费行为，全年清退违规收费金额491.81万元，256名责任人受到处理。严格落实《义务教育免试就近入学工作实施意见》，南昌市在这方面取得重大突破。普通高中均衡招生计划分配进一步改革，中考、会考、高考三大考试平稳有序。二是促进均衡发展。以接受国家验收为抓手，推动首批11个县（市、区）通过国家义务教育均衡发展检查评估。继续开展对20个县（市、区）政府教育工作综合督导评估，推动新增、补拨教育经费11.26亿元。出台《推进义务教育学校校长教师交流轮岗工作的指导意见》，11个试点县（区）交流轮岗校长教师1285人。争取中央资金2亿元，对落实随迁子女就近入学做得好的地区和学校进行奖补。三是健全资助体系。2014年省财政首次安排1亿元用于研究生奖励资助，从而实现全省学生资助政策全覆盖。全年奖励资助各级各类学生738.27万人（次），资金总额73.91亿元（其中中央和省财政60.36亿元）。继续实施农村义务教育学生营养改善计划，全省17个集中连片特困县、3783所学校、90万名学生全面实现营养供餐。四是支持特教民教。会同省有关部门制定《江西省特殊教育提升计划（2014—2016年）实施方案》，全省特殊教育在校生达1.98万人，同比增长15.5%。在赣西藏班、新疆高中班及新一轮教育对口援疆项目建设取得可喜进展。省内8个民族乡、28个民族村学校项目建设加快推进。五是加强就业指导。积极推广校企交流合作和地方政府联合招聘模式，加大“双困”毕业生就业帮扶力度，全省高校毕业生初次就业率为85.82%，同比提高0.24个百分点。

*教育质量得到新提高。*积极推动各级政府加大投入改善办学条件。2014年，全省财政教育支出达705.2亿元，同比增长6.1%。在保证各级各类学校正常运转的同时，有力地支撑了一批重大教育项目的实施。中央和省两级财政用于教育重大项目资金75亿元。其中：用于农村中小学（包括幼儿园）50亿元，占66%；用于城区义务教育学校、普通高中、中职学校、高等院校、民办教育、特殊教育25亿元，占34%。积极推动教育内涵发展。大力推进社会主义核心价值观教育，组织开展“素质教育月”“我的梦·中国梦”和向最美考生“柳艳兵、易政勇”学习等活动，推选了15位“最美赣鄱少年”。新增2所民办本科高校，全省普通本科高校增至29所。江西中医药大学、江西省医药学校分获国家级教学成果一等奖。江西农业大学“猪遗传改良与养殖技术”国家重点实验室获批。南昌工程学院国家大学科技园获批，全省国家大学科技园总数增至3个。新增各类省级科技创新平台41个（省重点实验室8个、培育基地7

个,省工程技术研究中心7个、培育基地1个,省工程研究中心或工程实验室6个,省级软科学研究基地8个、培育基地4个)。江西农业大学、江西理工大学、江西中医药大学各获2014年度国家科技进步二等奖。全省高校以第一完成单位身份荣获2013年度江西省科学技术奖励34项。高校哲学社会科学繁荣计划深入实施,省高校人文社科研究立项784项,获国家社科基金项目102项。

*教师队伍呈现新面貌。*深入贯彻《江西省人民政府关于加强教师队伍建设的意见》,切实加强教师队伍建设。严把教师招聘入口关。2014年依法认定各类教师资格4.85万人。将幼儿教师纳入全省公开招聘范围。全年招聘中小学教师1.09万人,安置部属师范大学免费师范毕业生350名,招募"巡回支教试点"志愿者173人,农村中小学教师定向招生3597人。建立健全师德建设长效机制。严格实施《江西省中小学教师师德考核办法》,出台《高等学校学术不端行为调查处理规程》。评选表彰师德标兵20名、师德先进个人98名、最美乡村教师10名、优秀乡村教师44名,高安市教师陈腊英入选全国最美乡村教师。全面提升教师业务素质。全年"国培计划""省培计划"等培训教师11万人次。实施高校中青年教师发展计划、民办高校教师提升计划等,全年培训教师4277人次。培训中小学及中高职院校校长、班主任、教师2万人次。中小学教师信息技术应用能力提升工程培训9万余人,中小学(幼儿园)教师全员远程培训32.9万人。营造尊师重教良好氛围。举办全省第30个教师节庆祝活动,表彰一批教育系统先进集体和先进个人。在江西师大举办"弘德"师德论坛,营造尊师重教的良好氛围。

*教育管理上了新水平。*以改进作风建设为契机,大力推进队伍建设、依法治教、和谐稳定等工作。机关作风不断改进。印发《委厅改进工作作风、密切联系群众的若干规定》和56项具体实施细则。年初,委厅主要领导带队分别到南昌大学、华东交大理工学院、江西旅游商贸职业学院、江西电子信息工程学校、南昌市教育局5个单位召开现场办公会,帮助基层和学校解决存在的困难和问题。精简会议、文件和简报,压缩"三公"经费,规范办公用房和公务用车。依法治教能力不断增强。核准南昌大学等13所高校章程。对保留的8项行政审批事项,严格了权力清单、责任清单和审批流程。加快《江西省教育督导规定》立法进程。加强普法宣传,全年全省教育系统举办教育政策法规讲座200多场次,参加法律知识考试2万多人。教育系统保持和谐稳定。各级教育部门和学校主要领导带头履行安全稳定"第一责任",并落实"一岗双责"。原省轻工、机械、煤炭3个行办机构所属院校平稳划转归口省委教育工委、省教育厅管理。27万余名大学新生和近600万名中小学生参加了安全知识集中教育。全年处理群众来信来访2564件(人)次,整改安全隐患3795处,全省教育系统总体保持和谐稳定。

(省教育厅)

基础教育

【概 况】 2014年,全省基础教育围绕"当前教育抓普及、义务教育促均衡、高中教育强特色"三大主要任务,坚持深化基础教育综合改革、大力促进教育公平,各项工作取得新进步。全省小学适龄儿童入学率99.83%,初中阶段适龄人口入学率98.59%;高中阶段毛入学率84.5%,比上年提高2.5个百分点;幼儿园1.14万所,在园幼儿159.35万人;特殊教育学校87所,比上年增加2所,在校学生1.98万人。

【加强中小学德育工作】 组织编写《江西省社会主义核心价值体系融入中小学课堂教学指导纲要(试验稿)》,在中小学全面开展中共十八大精神进教材、进课堂、进头脑活动。开展以"科技与生活"为主题的"素质教育月"活动,评选出一批"全省校园文化特色学校"和"科技与生活"优秀教育案例。全国红军小学建设工程理事会及江西省教育厅在南昌市举行江西7所红军小学授旗授牌感恩捐赠活动,全省共建22人,成为全国红军小学最多的省份。组织开展优秀学生评选活动,共评选省级三好学生、优秀学生干部1685名。加强中小学生心理健康教育,制定《江西省中小学心理辅导室基本条件标准(试行)》。推进校外活动场所建设和运行管理,争取到教育部、财政部支持鹰潭市示范性综合实践基地建设项目。新增乡村学校少年宫234个,全省近三成的乡镇各有一所乡村学校少年宫。组织全省第四届青少年校外教育学生成果展示活动、"圆梦蒲公英"暑期主题活动等,丰富学生校外生活。

【提升义务教育办学水平】 扎实推进农村学校标准化建设工程和农村义务教育薄弱学校改造计划。2013—2014年,下达农村学校标准化建设工程资金40亿元,其中省财政31.75亿元、县财政8.25亿元。2014年11月,副省长朱虹在丰城市召集各设区市分管副市长座谈,对工程实施进行调度推进。至年底,农村学校标准化建设工程全省第一批资金项目改造村小和教学点4045所,第二批资金项目改造学校3911所;农村义务教育薄弱学校改造计划改造学校7685所。启动实施全面改善贫困地区义务教育薄弱学校基本办学条件项目,完成全面改善贫困地区义务教育薄弱学校基本办学条件实施方案和五年规划编制工作,全年下达全面改薄项目专项资金30.79亿元,其中中央资金23.71亿元、省级资金7.08亿元。

【出台《关于进一步做好义务教育免试就近入学工作的实施意见》】 2月21日,省教育厅出台《关于进一步做好义务教育免试就近入学工作的实施意见》。该意见明确,从2014年秋季新学年开始,各市、县(市、区)必须严格实行义务教育划片招生,地方各级教育行政部门和公办、民办学校均不得采取考试方式选拔学生。公办学校不得以各类竞赛证书或考级证明作为招生入学依据。同时,全面取消特长招生,禁止以外语特长、体育艺术特长、少年班等名义选拔或变相选拔招收特长生。该意见提出,要合理划定招生范围。按照相对就近入学原则,依据街道、路段、门牌号、村组等为辖区内每一所小学、初中合理划定招生范围,科学制定招生计划。小学升初中，按家庭实际居住地址或学校对口划片。事业单位主办的义务教育学校，在满足本单位职工子女就读后，若有空余学位面向社会招生的，由当地教育行政部门与学校协调，实行划片招生。民办学校招生方案必须报经当地教育行政部门备案同意后执行。

【出台《江西省特殊教育提升计划(2014—2016年)实施方案》】 12月4日，省教育厅等单位联合制定出台《江西省特殊教育提升计划(2014—2016年)实施方案》，并由省政府办公厅转发至各市、县(市、区)政府。该方案要求，各地必须加快推进特殊教育发展，提升特殊教育水平，进一步保障残疾人受教育权利，帮助残疾人全面发展和更好融入社会，使残疾人共享全省改革发展成果。该方案提出，要全面推进全纳教育，使每一个残疾孩子都能接受合适的教育。经过三年努力，初步建立布局合理、学段衔接、普职融通、医教结合的特殊教育体系，办学条件和教育质量进一步提升。建立财政为主、社会支持、全面覆盖、通畅便利的特殊教育服务保障机制，基本形成政府主导、部门协同、各方参与的特殊教育工作格局。到2016年，全省基本普及残疾儿童少年义务教育，视力、听力、智力三类残疾儿童少年义务教育入学率达到90%以上，其他残疾人受教育机会明显增加。该方案明确了6项举措：一是提高残疾儿童少年义务教育入学率。二是加快发展非义务教育阶段特殊教育。三是完善特殊教育经费保障机制。到2016年，义务教育阶段特殊教育学校生均预算内公用经费标准达到6000元。安排5%的残疾人就业保障金，用于特殊教育学校开展劳动技能教育。四是加强特殊教育基础能力建设。五是加强特殊教育师资队伍建设。六是提升特殊教育办学质量。同时要求，残疾儿童少年义务教育入学率不达标的县(市、区)，不得申报全国义务教育基本均衡县。

【继续开展普通高中教育特色发展试验工作】 南昌二中等44所普通高中继续深入开展特色发展试验，在课程建设、教育教学、校园文化等方面形成各自办学特色。省教育厅转发教育部《关于全面深化课程改革落实立德树人根本任务的意见》，各地各校按照立德树人的要求，开齐开足国家规定的必修课程。省教育厅对南昌市第十中学等20所普通高中进行评估，并开展普通高中调研，提出加强普通高中建设与发展的对策建议。开展基础教育国家级教学成果奖评选，3项成果获国家二等奖。

【推进中小学生学籍信息化管理】 2月21日，省教育厅制订出台《江西省中小学生学籍管理办法(试行)》，全省中小学生学籍管理实行分级负责、省级统筹、属地管理、学校实施的管理体制，采用信息化方式，使用全国中小学生学籍信息管理系统进行管理。该办法实施后，全省中小学生将“一人一号、终身使用”，学籍信息“全国统一、籍随人走”。学生学籍号以学生居民身份证号为基础，从小学入学初次采集学籍信息后开始使用，终身不变。电子学籍管理系统全国联网运行，为每名学生建立全国唯一的电子学籍档案，对学籍注册、学籍异动、毕业等实行信息化管理，实现全国范围内学生流动情况的实时监控与管理。

【“入园难”问题得到有效缓解】 加大学前教育投入，省财政安排3.2亿元，并争取中央财政7.42亿元，用于扩大学前教育资源。建立健全学前教育发展机制。省教育厅、省发改委、省财政厅、省国土资源厅和省住建厅共同下发《江西省城市住宅小区配套幼儿园建设管理办法》，从职责分工、规划设计、土地出让、建设进度和加强管理等方面明确配套幼儿园建设的有关要求。省教育厅、省财政厅联合下发《学前教育项目政府购买服务试点方案》。加强学前教育项目监管，召开全省学前教育工程项目推进会，对下一步工作提出明确要求。省教育厅、省财政厅联合组成6个督查组，就各地农村学前教育建设情况等方面进行督查。加强幼儿园管理，提升质量。开展省示范幼儿园评估和复评，全省共有省示范幼儿园158所。开展《3～6岁儿童学习与发展指南》宣传月活动，向各地幼儿园和家长免费赠送宣传海报、《3～6岁儿童学习与发展指南》家长宣传册、“江西省幼儿保教工作十项规定”挂图等5万份。开展全省幼儿“健康、快乐、发展”主题活动和第五届全省幼儿园自制玩教具展评活动。通过建设与管理，全省“入园难”的问题得到有效缓解，学前3年毛入园率69.7%，比2010年提高14.7%。

【进一步强化安全教育管理】 加强校车安全管理，省教育厅与省财政厅联合制订《省级奖补资金用于政府购买校车服务办法》；联合省公安厅、省交通运输厅下发《关于做好过渡期满校车安全管理有关工作的通知》，牵头召集召开全省校车管理联席会议第二次会议，指导各地进一步做好过渡期校车安全工作。年底，开展全省农村地区校车交通安全隐患排查整治工作，清理整治停用3500多辆不合格车辆。加强防溺水安全教育，转发《教育部基础教育一司关于切实做好预防中小学生溺水工作的通知》的通知，发放《致全国中小学生家长的一封信》，向全省所有手机用户发送预防溺水信息提醒。组织广大师生参加“强化安全意识，提升安全素养”2014年中小学生安全知识网络竞赛公益活动和“消防伴我安全行”主题教育活动。

【民族教育管理水平有新提升】 加强内地民族班管理，认真做好内地民族班安全稳定工作。承办教育部民族教育司新疆、西藏宣讲报告会，组织江西省西藏初中、高中班，新疆班骨干教师参加教育部培训，保持了全省内地民族班的安全稳定。开展第四轮对口支援民族乡工作，省教育厅会同省财政厅下达1000万元资金，支持8个民族乡、28个民族村学校教学楼、综合楼和运动场等56个项目建设，改善民族地区学校办学条件。做好与新疆克州学校结对帮扶工作，选派一批学校管理人员、骨干教师到克州对口学校开展帮扶活动。

(省教育厅)

职业教育与成人教育

【概　况】 2014年，全省职业教育与成人教育按照“稳定规模、优化结构、加强内涵、提高质量、抓好对接、促进就业”的工作思路和年初的工作部署,围绕构建现代职业教育体系,坚持改革创新,加强顶层设计,注重内涵建设,推进优化资源配置,各项工作有序开展,职业教育与成人教育继续保持良好的发展势头。全省中等职业学校招生人数66.6万人,毕业生就业率96.51%,连续九年稳定在95%以上。

【举办“全国职业教育工作会议精神宣讲活动”江西专场宣讲会】 7月23日,省委教育工委、省教育厅在江西教育发展大厦举办“全国职业教育工作会议精神宣讲活动”江西专场宣讲会,会议邀请教育部职成司副司长刘建同作宣讲报告。刘建同对中共中央总书记习近平、国务院总理李克强等领导关于职业教育的重要指示和讲话精神作了全面、深刻的诠释,对《国务院关于加快发展现代职业教育的决定》《现代职业教育体系建设规划(2014—2020年)》有关部署进行深入浅出的讲解。委厅领导喻晓社、程样国、郭奕珊、刘润保、汤赛南、肖辉等出席宣讲会。省直相关单位负责人,各设区市教育局局长、分管副局长,委厅相关处室、直属单位、直属院校负责人,职业教育相关科研机构社会团体负责人近400人参加学习。

【出台《江西省现代职业教育体系建设规划(2014—2020年)》】 12月26日,省教育厅、省发改委、省财政厅、省人社厅、省农业厅、省扶贫办、省工信委联合印发《江西省现代职业教育体系建设规划(2014—2020年)》。根据《规划》,到2020年,江西各层次职业教育在校生将达165万人(其中,中职80万人、专科45万人、本科40万人),职业培训、继续教育参与人次达1200万人,职业院校职业教育集团参与率达90%,全省职业院校开设的专业均达国家规定的专业设置标准,遴选建设200个省级精品专业,全面提升江西职教专业建设水平。同时提出,到2020年,形成体现终身教育理念,与产业结构升级和技术进步相适应的技术技能人才培养系统化、办学类型与学习形成多样化、开放立交与内外衔接制度化、服务区域发展战略空间布局科学化的现代职业教育体系。

【规范中职学校办学秩序】 1月20日,省教育厅印发《关于清理中等职业学校校外办学点的通知》,从2014年起,全省各级各类职业学校禁止举办校外办学点、禁止举办“校中校”、禁止自考助学班等成人教育学生注册中职学籍、禁止普通高中学生注册中职学籍。要求举办学校对现有的办学点的学生妥善予以安排,采取转入校本部或当地教学质量较好的其他中职学校,使学生继续完成学业。发文公布2014年355所具有学历教育招生资格中职学校名单,并通过江西教育网、江西职业教育信息网、江西考试院网站等媒体向社会公布。执行中职学校招生资格年审公布制度,将达标中职学校建设与清理招生资格相统筹,加大资源整合和布局调整力度,全省中等职业学校从原来的511所减少到355所。未列入名单的省内学校或教育机构不具备中等职业学历教育招生资格,不得招生。对违规招生的学校,省、市教育行政部门将依法取缔,所招学生不予注册学籍,国家不承认学历,不享受国家中职学生资助和免学费政策以及项目资金。

【搭建以赛促教平台】 举办江西省中等职业学校第十一届技能竞赛节活动,近10万学生参加校级竞赛,近1万名学生参加市级竞赛,1176名选手参加电工电子、汽车运用与维修、信息技术、现代制造等14大类54个单项省级决赛。2014年“挑战杯”大学生课外学术科技作品竞赛首次将职业院校学生纳入参赛范围,九江职业技术学院中职部作品《气动助力刮刀》获特等奖,江西省电子信息工程学校等3所学校作品获一等奖,江西省冶金工业学校等6所学校入围的10件作品获二等奖,江西省获优秀集体组织奖。

【加强“双师型”教师队伍建设】 抓好教师培训进修。省财政安排300万元,培训中等职业学校教师978名、校长34名,分寒暑假两期举行,主要开展计算机网络技术、计算机速录、数控技术应用、学前教育、英语、会计、电子商务、信息化教学、汽车运用与维修、物流、机械加工技术、旅游服务与管理、高星级饭店运营与管理、工艺美术、水利工程施工等17个专业培训。选派240名教师参加国家级培训、100名教师到企业实践、14名教师赴德国进修。举办教育部《中等职业学校专业教学标准(试行)》培训,邀请教育部专家解读专业教学标准,进一步促进全省职业教育专业教学科学化、标准化、规范化。实施特聘兼职教师计划。安排900万元,聘请600名行业企业专业技术人才到学校兼职任教。6月13日,省教育厅、省财政厅、省人社厅、省国资委联合出台《江西省职业学校兼职教师管理办法》,从人员条件、聘用程序、组织管理、报酬及经费来源四个方面对全省公办高等及中等职业学校兼职教师聘请提出明确的要求,进一步明确职业学校兼职教师身份地位、权利义务,将企业选派兼职教师纳入企业社会责任的重要考核内容。启动“双师型”教师资格认定。7月24日,省教育厅启动中等职业学校第三批“双师型”教师资格认定工作,经过网络初审、现场验证、专家评审三个环节,532名教师通过“双师型”教师资格认定。

【评定科研立项课题124项】 组织开展2014年度江西省中等职业学校省级教育教学研究课题的申报工作。经过个人申报、单位推荐、评审办公室资格审查、评审委员会评审,确定拟立项课题124项,其中重点课题18项、一般课题106项。课题立足人才培养模式改革、校企合作、专业标准开发等项目,为提高全省职业院校人才培养质量提供现实参考。

【国家级教学成果奖一等奖实现“零”的突破】 9月4日,教育部公布第七届国家级教学成果奖获奖名单,江西省医药学校申报的《传统中药人才的现代职教培养模式研究与实践》,获国家级教学成果奖一等奖,改写了江西省无国家级教学成果奖一等奖的历史,实现“零”的突破。新余市教育局、江西省冶金工业学校等单位申报的《钢铁冶炼专业现代学徒制人才培养模式的构建与实践》和江西省电子信息工程学校申报的《基于电子创业中心人才培养模式的改革与实践》分获二等奖。9月10日党和国家领导人习近平、李克强、刘云山、张高丽等在人民大会堂会见国家级教学成果奖受表彰代表，江西省医药学校校长阳欢受到接见。

【强化中高职衔接管理】 按照试点先行、逐步推进的实施方式，明确中高职衔接试点学校范围和规模，已有27所高职院校、74所中职学校参加中高职对接培养试点，覆盖64个高职专业、22个中职专业，逐步形成“体制机制创新、办学层次合理、中高职衔接贯通”的现代职业教育体系。继续实施免试推荐技能竞赛获奖学生升入高职学院就读制度。9月10日，免试推荐江西省电子信息工程学校赖嘉俊、马保红，江西省通用技术工程学校郭久朋，江西省商务学校伍思乐，南昌市第一中等专业学校徐芳馨、刘莹、樊巧巧7名在第十一届技能竞赛节获三等奖以上的选手就读高职院校。

【逐步构建终身教育体系】 积极推进社区教育发展。依托江西广播电视大学成立江西省社区教育指导中心，为社区教育提供理论和实践指导，引导示范社区开展以就业技能、养老服务等为重点的培训工作，为社区居民提供继续教育机会。积极开展新型职业农民培训。联合省农函大在宜春设立新型职业农民培训基地，重点面向周边农民开展新型农村实用技术培训。培训基地成立以来，已开展花卉、果蔬等农作物种养殖技术培训10余期，培训近2000人。终身教育取得明显成效。在全国全民终身学习活动周上，江西省南站街道邹德凤和桃源街道范圣高获全国“百姓学习之星”，南浦街道“天灯下故事会”获终身学习品牌。

【加强职业教育信息化培训】 4月12日，全国职业院校教师信息化教学能力提升万里行第五期培训班在江西现代职业技术学院开班，江西省中职学校的200余名专业带头人、骨干教师参加了为期两天的培训。6月15日，省教育厅在南昌大学前湖校区国际学术交流中心举办全国中等职业学校学生管理信息系统应用培训班，邀请教育部信息管理中心专家及系统开发商共同为江西省131名学籍管理员开展全国中职学生系统的应用和部署、技术支持工作培训。

（省教育厅）

【加强高技能人才队伍建设】 2014年，全省技能人才总量达390万人，其中高技能人才102万人，占技能劳动者26.2%；新增国务院特殊津贴6人，新增全国技术能手4人。江西现代技师学院刘华被评为全国高技能人才培育突出贡献个人，江西电子信息技师学院被国家评为全国高技能人才培育突出贡献单位。8位高技能人才获省政府特殊津贴。新建国家级高技能人才培训基地3个、国家级技能大师工作室3家和省级技能大师工作室10家。

【组织开展职业技能竞赛】 举办2014年全省“振兴杯”职业技能竞赛，设置竞赛职业（工种）221项，参加人数超过1万人，带动30万人岗位练兵。组织参加世界技能大赛中国区选拔赛，3人入围2个项目国家集训队。召开全省第四届“优秀高技能人才”暨江西省2013年振兴杯职业技能竞赛表彰大会，11人获江西省五一劳动奖章、421人获江西省技术能手称号、263人获江西省青年岗位能手称号、68人获江西省巾帼建功标兵称号。

【开展技能鉴定工作】 加强鉴定质量管理，全面推行主考负责制，从实名认证、资格审核、考场管理等入手，严肃考风考纪。推进鉴定信息公开，在主流新闻媒体、省人社厅门户网站和江西省职业资格工作网等发布鉴定计划公告，实行全省职业技能鉴定网上报名；开展无纸化考试试点，在21个职业进行网上在线机考；加强窗口作风建设，编制10项规范权力运行监督制约制度和流程图。全年开展各类职业技能考核鉴定31万人次，同比增长17.7%，其中考评高技能人才7.8万人。

【规范技工院校建设】 健全完善技工院校管理制度，强化资助资金管理，加强师资建设力度，注重日常检查指导，全省技工院校建设取得明显成效。至年底，全省有102所技工院校形成以技师学院为龙头，高级技工学校为骨干，普通技工学校为基础的结构体系，开设覆盖省特色产业、支柱产业和新兴产业等有关产业的139个专业，在校学生14.2万人，完成招生4.78万人（比上年增加10%），为社会培养各类技能人才12.63万人，毕业生就业率保持95%以上；教职工总数1.05万人，师生比保持在1:13.5左右。

（袁伟华）

高等教育

【概　况】 2014年，全省高等教育系统以提高高等教育贡献率为目标，以立德树人作为根本任务，以提高质量为核心，以实施重大项目为抓手，以改革创新为动力，继续推动高等教育从规模扩张向提升质量转变、从均衡推进向重点突破转变，较好完成年初确定的各项任务，在提高人才培养质量、科学研究水平和社会服务能力上又迈出新步伐，取得新成效。至年底，全省有普通高等学校、独立学院和成人高等学校103所，其中，普通高等学校95所（含独立学院13所）、成人高等学校8所。各类高等教育在学人数总规模119.94万人，高等教育毛入学率34.5%，比上年提高2.5个百分点。推动教育部批准设置江西工程学院、江西应用科技学院两所民办本科高校，全省普通本科高校达到29所，其中民办普通本科高校6所。推动省政府批准设置宜春幼儿师范高等专科学校、吉安职业技术学院、江西洪州职业学院。

【高等教育改革推出新举措】 推动南昌大学、江西科技学院开展综合改革试点，力争为全省高等教育综合改革开好局、起好步。省委常委会召开专题办公会议，专门听取南昌大学开展综合改革试点工作情况汇报，确定南昌大学为江西高等教育综合改革试验区。推进专业学位研究生教育改革。在全国率先开展行业企业与高校研究生联合培养基地建设工作，确定首批49个联合培养基地。启动并首批组建教育硕士、临床医学硕士和公共管理硕士3个江西省专业学位研究生教育联盟，确定26个改革试点专业学位点。启动联合培养应用技术型本科人才试点工作。确定并实施7个联合培养应用技术型本科人才试点项目,打通高职、本科衔接通道,推进现代职业教育体系建设。启动高校本科专业综合评价试点工作。确定南昌大学、江西师范大学等4所试点高校。

【“2011协同创新中心”建设向纵深推进】 开展第三批省级“2011协同创新中心”的评审认定工作,共认定第三批省级“2011协同创新中心”18个,加大对文科类中心的立项数量,并首次在成人高校和民办高职组建省级“2011协同创新中心”,安排建设经费2.44亿元。以“2011协同创新中心”为总揽性抓手,推动高校人才培养、学科建设、科研模式等方面改革。

【国家级教学成果奖取得历史性突破】 9月4日,教育部公布第七届国家级教学成果奖获奖名单,江西中医药大学书记、教授刘红宁主持的《新时期高等中医药院校“基础素质”教育理论创新与“双惟模式”实践》获一等奖,另有15项(本科7项、高职8项)成果获二等奖。这是江西省高校在国家教学成果奖获奖规格最高、获奖数量最多的一次,超过前三届奖项总和14项,尤其是首次获得一等奖,改写了江西省无国家教学成果奖一等奖的历史,实现“零”的突破。

【大学生创新创业教育取得新成效】 2014年,投入1500万元专项经费,用于普通本科高校创新创业教育,资助大学生创新创业训练项目1200项。协助省人社厅等部门启动实施“江西省大学生创业引领计划”。全年举办各类比赛43个,大学生参赛人数1.5万余人次,获全国奖项81项,其中一等奖12项、二等奖30项、三等奖39项。

【科技创新实现新跨越】 江西理工大学、江西农业大学、江西中医药大学参与研发的3项科研成果获2014年度国家科技进步二等奖。依托江西农业大学组建的“猪遗传改良与养殖技术”国家级重点实验室获批,实现江西省独立组建国家级重点实验室的“零”突破。新增国家大学科技园1个、省重点实验室8个、省工程研究中心6个、省工程技术研究中心7个、省级软科学研究基地8个。全省高校获国家自然科学基金项目687项,经费总额达3亿元,均创历史新高。

【服务地方经济社会发展能力有了新提升】 省重点科技领域攻关取得新成果。全省高校以第一完成单位身份共获2013年度江西省科学技术奖励34项,其中自然科学奖17项、技术发明奖2项、科技进步奖15项。高校专利工作实现跨越式发展。全省高校专利申请2093件,同比增长69.3%。与省知识产权局举办首届江西省高校专利成果交易会,签约金额2600万元。推进高校科技成果转化和产业化。围绕全省十大战略性新兴产业立项资助106项科技落地计划项目,投入专项经费4000万元。推动南昌航空大学、江西理工大学等高校与地方政府行业合作,共同推进特色产业发展升级。

【高层次人才培育取得新进展】 南昌大学教授陈义旺入选国家杰出青年基金,成为江西省第3位本土培养的国家杰出青年基金获得者。江西应用技术职业学院教授林知秋被评为国家高层次人才特殊支持计划教学名师。新增2名国家优秀青年科学基金获得者,实现江西省该项目零的突破。全省高校有10人入选江西省主要学科学术和技术带头人培养计划,占全省总数76.9%。27人入选江西省青年科学家培养对象。

【高校图书出版实现社会效益与经济效益双丰收】 江西高校出版社全年出版图书1061种,销售总码洋达6.73亿元。图书销售收入2.26亿元,同比增长26.9%。原创图书输出版权已成交203种(次),占全省60%。20余种图书获国家及省部级奖励,其中《苏共亡党二十年祭》获第五届中华优秀出版物奖。原创图书输出版权签约范围扩大到美国、意大利等15个国家。与韩国、新加坡等国出版商达成实物出口意向78种,实物出口实现历史性突破。此外,江西省高等学校数字图书馆正式开通,全省高校图书馆信息资源进入共建共享时代。

(省教育厅)

师范教育与师资队伍

【概 况】 2014年,全省师资队伍建设以促进教育公平和提高教育质量为核心,以推进教师资源配置均衡为重点,推动教师管理模式创新,大力加强农村中小学教师培训,努力开创中小学教师队伍建设新局面。省教育厅会同省人社厅继续组织中小学教师全省统一招聘考试工作,共招聘到岗教师10945人,其中国家“农村义务教育阶段学校教师特设岗位计划”招聘特岗教师2759人。继续在江西师范大学试行免费师范生教育,经高考录取免费师范生345人,通过中期选拔在江西师范大学2013级本科生中择优录取43名免费师范生。配合部属师范大学在江西省招收免费师范生195人,安置2014届部属师范大学免费师范毕业生350名回省任教。共招收定向师范生3597人,其中,五年一贯制小学教师3264人、特殊教育学校教师57人、三年制幼师276人。继续选派城镇教师到边远贫困地区和革命老区支教,共选派城镇教师2945人次,比上年增加578人次。继续实施学前教育巡回支教试点工作,在已有于都、宁都、会昌三个试点县的基础上,新增上犹县、井冈山市两个项目县(市),共设支教点68个,招募志愿者173人。开展全省第三次中小学“师德标兵”评选活动,共评选出20名师德标兵和98名师德先进个人。开展“优秀乡村教师”推选活动,评选表彰“最美乡村教师”10名、“优秀乡村教师”44名。全省有5.45万人在中国教师资格网上申请认定教师资格,经各级教师资格认定机构严格审核,共认定各类教师资格4.85万人。

【陈腊英获“2014最美乡村教师”称号】 9月9日,由中央电视台和光明日报社联合主办的“2014寻找最美乡村教师”大型公益活动结果揭晓,全国评出10名最美乡村教师,江西省高安市大城镇中心小学教师陈腊英上榜。陈腊英生于1980年,18岁从高安师范毕业后到大城镇西坪小学任教。2003年,调至镇中心小学任教。

就在她满怀信心想实现人生更大理想的时候，却患上严重的肾病，并一度危及生命。尽管她一次次的晕倒在讲台上，仍带病坚持上课近4年。2008年10月，在大家的帮助下，她做了肾移植手术。2009年，术后恢复不到4个月，便强烈要求重返校园。2012年，重新当上班主任，教六年级语文课。她特别留意那些性格内向孤僻、学习困难、家庭情况特殊的孩子，利用课外时间与他们一起爬山、游戏、聊天谈心，走进孩子的内心，激发他们的学习兴趣，使他们尽快融入集体。她的自信、热情、善良、真诚和活力，以及对待生活、工作和人生的态度改变了自己的命运，也影响了很多人。

【启动义务教育学校校长教师交流轮岗改革试点】 省教育厅、省编办、省财政厅、省人社厅联合印发《关于推进义务教育学校校长教师交流轮岗工作的指导意见(试行)》，在全省11个设区市分别选择南昌县、浔阳区、横峰县、金溪县、上高县、新干县、会昌县、珠山区、上栗县、分宜县、月湖区等11个县(区)进行义务教育学校校长教师交流轮岗改革试点。2014年，11个试点县(区)共交流轮岗校长教师1285人。

【实施中小学教师培训项目】 继续组织实施"国培计划"培训项目，争取中央财政"国培计划"经费1.19亿元，通过置换研修、短期集中、转岗培训和远程培训等方式，共培训中小学幼儿园教师11万人次。继续组织实施"省培计划"培训项目，争取省财政专项培训经费1200万元，共培训中小学校长、班主任、教师2万人次；启动实施"中小学教师信息技术应用能力提升工程"，共培训9万余人次。开展中小学教师全员远程培训，参训人数32.9万人，学员总体参训率83.85%。

(省教育厅)

民办教育

【概　况】 2014年，推进"健全政府补贴、政府购买服务、助学贷款、基金奖励、捐资激励等制度，鼓励社会力量兴办教育"民办教育改革；民办教育发展专项资金提高到8000万元。至年底，全省各级各类民办学校和教育机构1.06万所，比上年减少250所；在校生共186.95万人，比上年增长1.82%。其中：民办高校17所，独立学院13所，本专科在校生24.04万人，比上年增长9.79%，占全省本专科在校生26.24%；民办中等职业学校142所，比上年减少14所，在校生6.66万人，比上年减少28.35%，占全省中职在校生15.24%；民办中小学332所(十二年制学校、完全中学、普通高中118所，九年制学校、初中161所，小学53所)，比上年增加8所，共有在校高中生12.50万人、初中生14.15万人、小学生12.75万人，分别比上年增长2.2%、0.51%和5.8%，分别占全省在校高中生的13.82%、初中生的8.09%和小学生的3.09%；民办幼儿园1.01万所，比上年减少200所，在园幼儿116.49万人，比上年增长2.15%，占全省在园幼儿的73.1%；另外，非学历高等教育机构23所，各类非学历高等教育在校生3544人，比上年增长27.03%。

【召开全省民办教育改革发展座谈会】 5月9日，省政府办公厅在南昌召开全省民办教育改革发展座谈会。副省长朱虹出席并讲话。他要求民办教育在享有"国民待遇"、稳定优化教师队伍、办出水平特色、职业院校转型发展、建立现代学校制度5个方面实现突破，进一步明确江西民办教育改革发展方向。各设区市分管副市长，市教育局局长和业务处室负责人，省教育体制改革领导小组成员单位和省直有关单位负责人及业务处室负责人，全省民办高校董(理)事长、督导专员(党委书记)、院长，公办本科高校负责人，独立学院院长，部分民办中等职业学校负责人，以及省教育厅有关处室负责人近200人参加会议。

【进一步加大政策扶持力度】 2014年，省民办教育发展专项资金提高到8000万元。下拨6365万元资助全省13所民办高校、25所民办中等职业学校、56所民办普通中小学改善办学条件；下拨800万元继续实施"江西省民办高校教师能力提升计划"，全年培训2745人次。赣州市建立民办教育专项资金，市财政安排1000万元支持发展民办教育。4月，经省政府批准、教育部备案，江西洪洲职业学院设立，全省民办高校增至17所。5月，经教育部批准，江西渝州科技职业学院和江西城市职业学院分别升格为本科高校江西工程学院和江西应用科技学院，使全省民办本科高校由4所增至6所。

【推动部分独立学院到共青城市办学】 为支持昌九一体化(共青城先导区)发展，按照省委、省政府的决策部署，省教育厅积极推动南昌地区部分独立学院到共青城办学，取得阶段性成效。一是签订办学协议。1—4月，省教育厅组织南昌大学、江西师范大学、江西农业大学、江西财经大学、南昌航空大学5所高校与中航公司、共青城市进行多次协商，推动各方签订合作办学协议。二是完善工作机制。协调成立共青大学城建设联席会议及项目指挥部，组织召开联席会议第一次、第二次会议及联席会议办公室第一次、第二次会议。加强工作调研，组织合作各方到江苏、浙江、上海、广东等地大学城考察学习。三是明确办学定位。依法核定拟进驻独立学院的办学规模，引导学校进一步明确办学定位，为昌九一体化(共青先导区)经济社会发展和产业转型升级服务。四是加大推进力度。根据省委常委会议精神，合作各方切实加大推进力度。12月26日，共青城市举行江西师范大学科技学院、江西财经大学现代经管学院、南昌航空大学科技学院3所独立学院进驻共青大学城开工仪式。

【规范民办教育管理】 组织开展民办高校、高等教育机构依法办学情况年检。对民办高校财务收支情况进行审计。规范民办学校领导班子建设，在对民办高校督导专员(党委书记)工作状况进行充分调研的基础上，下发通知进一步规范民办高校督导专员(党委书记)薪酬、工作用车，党委副书记报审和校长、副校长报备等工作。组织召开全省民办高校董事长、督导专员(党委书记)、院长等主要负责人工作会议，听取招生计划执行情况及工作打算汇报，查处并通报批评违规招生的民办高校。

交流与合作

【概 况】 2014年,积极推动教育对外开放,在国际交流、中外合作办学、出国留学、来华留学等工作方面都取得新进展。省教育厅、省属本科院校及厅属高职院校共派出121批、438人次,赴美国、澳大利亚、新西兰、法国、加拿大、英国等30多个国家及中国港澳地区访问和学术交流;派出100批、499人次赴台访问和学术交流。选派14名高校校长,参加2014年度教育部中西部大学校长海外研修。聘专资格院校109所,长短期外籍教师670多人,11位外籍教师获省“庐山友谊奖”;中外合作办学项目106个;来华留学生3600余人;中国港澳台地区学生94人;青年骨干教师出国研修项目资格院校7所,国家公派留学面上项目37人、国家公派留学地方合作项目65人、其他国家公派出国留学项目12人。孔子学院8个,孔子课堂6个,汉语国际推广中小学基地3个,共选派录取100多名汉语教师及志愿者赴海外担任教学工作。江西中医药大学、江西农业大学获批成为“接受中国政府奖学金留学生资格院校”,“中国奖”招生院校从6所增至8所。新增景德镇学院、江西师范大学科技学院2所院校为接受外国留学生资质院校。

【投入交流与合作资金首次超过2000万元】 2014年,省财政用于教育国际交流与合作的投入达到1300万元,比上年增加350万元。全年获中央支持地方政府奖学金项目——中国政府奖学金名额增加至40个,名额比上年翻番,留学生中央奖补资金也随之增长,加上全省“孔子学院奖学金”、港澳台奖学金、港澳台招生补助、大学校长和骨干教师海外研修培训项目、汉语教师(志愿者)派出、孔子学院项目、第二届外国留学生汉语大赛等,共获中央奖补资金1400万元,增幅达50%。中央、省财政全年投入交流与合作资金共2700万元,首次超过2000万元。

【中外合作办学稳步发展】 2014年,教育部批准江西科技师范大学与美国芝加哥哥伦比亚学院合作举办学前教育专业本科教育项目,江西中医药大学与英国波尔顿大学合作举办市场营销专业本科教育项目,井冈山大学与英国波尔顿大学合作举办土木工程专业本科教育项目。省教育厅批准井冈山大学与韩国又松信息大学合作举办学前教育专业专科学历教育项目,上饶师范学院与加拿大荷兰学院合作举办会计电算化专业专科学历教育项目等3个专科项目。江西中医药大学与美国托马斯大学合作举办护理专业本科学位教育项目,东华理工大学与爱尔兰阿斯隆理工学院继续合作举办软件工程专业本科学位教育项目通过教育部评估。

【新增1所孔子学院和3个孔子课堂】 江西中医药大学与韩国世明大学合作共建孔子学院,获国家汉办批准设立。九江学院依托柬埔寨王家学院孔子学院,新承办了柬埔寨警察孔子课堂、柬埔寨王家军警备旅孔子课堂和柬埔寨吴哥高中孔子课堂。全省孔子学院从7所增至8所,孔子课堂从3个增至6个。省财政厅、省教育厅联合下发《江西省汉语国际推广专项资金管理办法(试行)》。2014年度江西省汉语国际推广专项资金200万元及时到位并下达至各有关院校。

【开展“中俄青年友好交流年”专项活动】 6月18日—7月2日,经省政府批准,江西中俄青年友好交流代表团一行34人(其中工作组7人和青年代表27人)赴俄罗斯,在萨马拉州参加国家层面的“俄中青年论坛”。在俄期间,江西省代表团除参加项目创作PPT竞赛、主题圆桌会议、大师课、健康运动日等青年交流系列活动,还举办江西图片展、两场青年文艺汇演,开展教育合作交流,加强中俄教育合作,开启了江西省与俄罗斯友好交流省州间人文交流的新篇章。

【国家公派留学英语通过率创历史纪录】 2014年,国家公派留学预备人员高级英语培训,首次采用省外语培训中心与教育部公派出国留学外语培训部合作培训的新模式,分别举办广外班和上外班,培训通过率达98%,与历年PETS5培训平均通过率20%相比,成效提高显著,创历史纪录。为全省申报国家公派出国留学储备合格预备人选。

【举办江西省第二届外国留学生汉语大赛】 12月,省教育厅举办江西省第二届外国留学生汉语大赛。选手经过才艺展示、知识必答与抢答、即兴演讲3个环节,抒发在赣学习生活感受,展示对汉语学习及中华文化的热爱。经过激烈角逐,南昌大学吉瑞喜、九江学院林子清获江西省第二届外国留学生汉语大赛一等奖,南昌大学、江西师范大学、九江学院3所高校获最佳组织奖。

【港澳台交流合作持续深入】 2014年,江西省与港澳台地区教育合作与交流日趋频繁,共有8所具备招收港澳台学生资格院校,积极开展招生工作。教育部确定江西省2位教师2014年赴香港中小学(幼儿园)担任教学指导工作,2013年推荐选派的南昌市豫章小学教师施虹冰2014年继续留任澳门教学指导一年。继续推进香港中小学与江西省中小学(幼儿园)结成友好学校,已牵线17所中小学(幼儿园)意愿结对。

(省教育厅)

本栏编辑 詹跃华

科学技术

综述

2014年,全省科技工作围绕“创新升级年”主题,落实创新驱动发展战略,不断创新体制机制,大力推进协同创新,加快创新升级步伐,主动服务全省发展大局,各项工作取得新进展和突破。全社会研究与试验发展经费支出157亿元,其中企业支出占78%以上,全社会研究与试验发展经费占地区生产总值比重首次为1%。高新技术产业保持快速增长,全年新增高新技术企业300家,总数814家,增长40%。专利申请和授权增幅位列全国第一,全年申请和授权专利分别为2.56万件、1.38万件,增长51.1%、38.7%,超额完成“两年倍增”目标;5个专利项目获第十六届中国专利奖,其中南昌欧菲光显示技术有限公司的“图形化的柔性透明导电薄膜及其制备”获中国专利金奖,实现江西省中国专利金奖零的突破。市场化协同创新机制改革取得突破,全年新增13个企业协同创新体,总数达18个。7项科技成果获2014年国家科技进步奖,其中一等奖1项,二等奖6项。

*着力推进科技体制改革,体制机制增添新活力。*企业创新主体地位逐步凸显。全年企业完成省级新产品研发771项,国家重点新产品研发27项。培育铜精深加工、猪饲料、分布式新能源等产业技术创新战略联盟11家。科技计划管理改革不断深化。制定《贯彻落实国务院关于科技项目和经费管理的实施意见》,强化科技财务预决算管理,提前发布和受理下一年度项目申报,启动科技综合业务管理信息系统升级改造,取消申报限项要求,提高项目支持强度,加强绩效管理及过程监管,开展建立科技报告制度和创新调查制度试点的前期调研工作。行政审批制度改革加快推进。发挥科技中介及事业单位的作用,取消社会力量设奖登记、示范生产力促进中心认定、科技成果登记、非营利性科研机构认定4个登记认定事项,下放技术合同登记、实验动物出口审批等4个审批登记事项。推动6个省直管县试点,召开省直管县(市)体制改革试点科技工作研讨会,明确科技改革试点的思路和举措。成果转化机制创新取得进展。创新传统科技成果对接方式,利用现代信息技术手段实现网上在线对接科技成果,先后举办节能环保、新能源、中药等产业及九江沿江经济产业带网上在线科技成果对接会和首届高校专利成果交易会,共征集到科技成果2670项,实现技术对接1194次,促成一批科技成果在企业转化落地。全年实现技术合同成交额50.76亿元,增长16.15%;科技成果登记数796项,增长8.59%,均创历史新高。

*突破关键技术瓶颈,支撑发展取得新成效。*战略性新兴产业创新发展成效明显。围绕战略性新兴产业重点领域,组织实施省级科技计划项目2129项,取得一批重大研发成果。江西工埠机械研制的全球首台“无齿轮起重机”,实现江西省在中国工业首台(套)示范项目上“零”突破;南昌大学与清华大学合作研制成功平面自主移动焊接机器人,使中国造船业角缝实现自动焊接;江西联星显示科技协同创新体开发的“新一代触控显示模组”,实现中国第5代高端显示产品与国际同步入市。与相关部门协同安排战略性新兴产业投资引导资金3.13亿元,引导社会投入35.2亿元,实现新能源客车、新型半导体封装基板等领域36个先进技术成果产业化。农业科技创新效果显著。争取国家农业科技项目64项,经费7638.18万元。推进国家粮丰科技工程,组织水稻、茶叶、生猪等12个农林牧产业良种和良法技术攻关,通过省级审定新品种20多个,获国家超级稻认定品种3个。突破油茶良种高效繁育等关键技术,双季稻千万亩实施区平均单季亩产456.3千克,较对照增产12.1%、节水15.2%、节肥15.5%。科技部等3部办联合批准江西省为国家农村信息化示范省。启动科技特派员富民强县工程,为全省89个县(市、区)主导产业和龙头企业选派科技人员1111名组成科技特派团171个。民生科技领域加快发展。争取国家社发项目9项,经费7952.44万元。与科技部等12部委举办”振兴苏区、服务三农科技列车赣南行“活动。科技惠民计划惠及人口120万。新认定50家节能减排科技创新示范企业,示范应用节能减排技术147项,开发产品145个,获专利402项。3个国家级可持续发展实验区顺利通过国家部委验收,启动首批5个江西省生态文明科技示范村(社区)建设试点。萍乡节能环保产业科技示范基地建设进展顺利,主营业务收入突破200亿元。全省中药产业规模位列全国第二。企业协同创新体试点加快推进。新组建13个科技协同创新体,以股份和期权方式吸引60家境内外关联企业、高校和科研院所共同参与,引导企业研发投资

16.16 亿元，撬动金融资本投入 1.8 亿元，突破核心关键共性技术 48 个，开发新产品 54 个。

夯实科技创新基础，创新能力得到新提升。创新平台组建力度加大。新增国家重点实验室 1 个，江西省国家级研发平台达 12 个。硅基 LED、红壤改良 2 个国家工程技术研究中心通过科技部综合验收。其中，硅基 LED 工程技术研究中心在全国国家工程技术研究中心验收中名列第一。新组建省重点实验室、工程技术研究中心等平台 85 个，全省省级研发平台总数达 295 个。资源共享平台建设稳步推进。全省大型科学仪器协作共用平台新增入网仪器 182 台（套），入网单位 6 家，累计实现入网仪器 4446 台（套），入网单位 241 家。全省科技文献共享服务平台用户访问总量 25 万余人次，文献下载总数近 80 万页次。人才队伍建设推进有力。全省新增国家中青年科技创新领军人才 3 名，科技创新创业人才 5 名。新确定省级主要学科学术和技术带头人培养对象 13 人、青年科学家培养对象 40 人。南昌高新区入选创新人才培养示范基地。科技创新载体发展加快。新增 8 个国家级高新技术产业载体。其中，4 个国家高新技术产业化基地，1 个火炬高新技术产业化基地，1 个国家创新创业产业集群试点，1 个国家级大学科技园和 1 个国家级孵化器。新增 6 个省级科技孵化器，7 个省级高新技术产业化基地。上饶国家光学高新技术产业化基地建设迅猛发展，聚集光电行业企业 275 家，年产值 40 多亿元。南昌、赣州、九江等 7 城市列入国家推广应用新能源汽车城市，累计推广应用新能源汽车 771 辆。新组建 8 个软科学研究基地和 4 个软科学培育基地。创新方法在全省企业的应用和推广快速推进，5 家创新型企业被认定为国家创新方法应用推广示范企业。

聚集科技创新资源，开放合作迈出新步伐。争取国家支持成效明显。利用赣南苏区振兴、对口支援赣县、井冈山科技扶贫等契机，共争取国家科技经费超 7.5 亿元。其中，国家自然科学基金 731 项，经费 3.03 亿元，在 13 个设立地方基金的省市区中列第一。尤其是在国家“杰青”和“优青”人才培养方面取得新突破，新增国家杰出青年基金项目 1 项、国家优秀青年科学基金项目 2 项，创历年新高。省校省院合作力度加大。与中国科学院、中国工程院、中国纺织研究院、上海交大等建立战略科技合作，与中科院共建高分子有机硅材料研究与开发中心、新药研发中心、遥感信息产业技术中心等 8 个研发机构，引进中科院 8 位专业人才在省科学院挂职，成功合作实施 113 项科学研究和产业化项目，实现销售收入近 30 亿元。开展中国工程院资源型产业可持续发展院士行，促成 35 项科技成果在赣转移转化。新设立两院院士工作站 28 家。推进中国纺织科学研究院共青分院正式挂牌运行。国际科技交流进展顺利。参与举办第三届世界低碳生态大会暨技术贸易博览会，成功举办第十四届世界生命湖泊大会、江西—加州·硅谷地区科技合作对接会、江西—西悉尼大学生物医药技术对接会、2014（南昌）创新中药及植物药国际高峰论坛等多个重要对外交流会议。组织实施国际科技合作项目 40 多个。科技入园深入推进。全省 145 家生产力促进中心服务园区的能力明显提高，全年服务园区企业 4.7 万余家，为园区企业联系科研机构 2100 余家，引进人才近 6000 人，导入技术 1500 余项，培育园区科技型企业 2000 个以上。为园区企业增加销售收入近 400 亿元，增加利税约 70 亿元。

优化创新政策环境，保障能力实现新突破。科技工作摆上优先位置。省委十三届九次全会把创新驱动列为发展升级路径的“五个强化”之一，省委、省政府高位推动科技工作的组织体系形成。2014 年起各市县综合考核科技创新指数分数由 5 分增加到 7 分，科技创新在江西发展全局中的地位更加突出。创新优惠政策进一步落实。制定出台《关于加快高新技术企业发展的二十条措施》《江西省战略性新兴产业科技协同创新体研发扶持资金管理暂行办法》《江西省科技协同创新体项目监事工作制度（试行）》等政策。为落实国家加计扣除政策，制定《企业研发项目备案管理办法（试行）》和《加计扣除政策操作规程》，遴选瑞金和龙南作为试点县市，扩大企业技术创新研发优惠政策落实面。科技金融结合成效显著。与交通银行、中国进出口银行江西省分行建立战略合作关系。设立交通银行南昌高新科技支行，累计新增支持科技企业 273 家，发放贷款 71.26 亿元。设立江西省创东方科技创业投资中心，募集社会资金 1.2 亿元，首次获科技型中小企业创业引导资金基金阶段性参股项目 1 项，经费 3900 万元。设立科技中小企业贷款贴息风险补偿基金，财政投入 1000 万元。省科技担保公司累计为 86 家科技企业提供科技担保贷款 5.40 亿元。知识产权战略加快实施。新获批国家知识产权示范城市 1 家、国家知识产权强县工程试点县 7 家、国家知识产权县级试点城市 3 家及国家知识产权培训基地和服务业品牌机构各 1 家，新增国批专利代理机构 5 家。培养专利过千件企业 5 家，过千件工业园区 9 个，3483 家中小企业专利“消零”，鹰潭市、宜春市及 42 个县区实现当年专利申请量翻番。实施“知识产权富民强县专项”32 项、“专利产业化专项”168 项及一批专利申请资助项目。开展“全省专利行政执法提升年”活动，办案 357 件，增长 60%。

（王志勇）

基础研究

【概　况】 2014 年，省自然（青年）科学基金按照单位限报、名额分配的原则，共受理申请项目 1285 项。其中自然（青年）科学基金一般项目 1219 项（自然科学基金 648 项、青年科学基金 571 项）、自然（青年）科学基金重大项目 66 项（自然基金 24 项、青年基金 42 项）。共资助项目 523 项，资助总经费 3280 万元。其中：自然（青年）科学基金重大项目 12 项、资助经费 500 万元，青年科学基金重大项目 25 项、资助经费 500 万元。全省申请国家自然科学基金 3493 项，比上年增加 288 项；获国家自然科学基金资助 731 项，总经费 3.03 亿元。其中申请面上项目 336 项，资助 46 项，资助率 13.7%，资助经费 3544 万元，占全国面上总经费的 10.6%；申请重点项目 8 项、重大研究项目 7 项、重点国际（地区）合作研究项目和国家重大科研仪器研制项目各1项，均未获资助；申请国家杰出青年基金项目11项，资助1项；申请优秀科学基金项目13项，资助2项；申请青年科学基金项目735项，资助135项，资助率18.4%；申请地区科学基金项目2324项，资助543项，资助率23.4%，资助经费2.55亿元，占江西省获国家总经费的76.6%，占全部地区科学基金的19.5%；申请联合基金项目7项，资助培育项目3项，经费170万元。

2014年，省自然（青年）科学基金共受理2013年结题项目370项，其中，数理学科61项，信息学科61项，化学化工与环境学科42项，农学与生物学科51项，医药卫生学科93项，材料与工程学科62项。结题的评价主要从发表论著、课题完成及学术创新、成果应用、是否得到国家项目的后续支持、以及人才培养等方面进行评定，经各学科组专家评议，优秀183项、良好150项、中等37项。

【基础研究取得重大进展】 2014年，全省共获国家重点基础研究发展计划前期研究专项（973前期研究专项）4项、资助经费304万元；获得国家自然科学基金项目731项，资助经费总额3.03亿元，分别增长17.2%和18.5%。2014年，江西省争取国家地区基金资助名列第一，占国家地区基金项目和经费总数的19.5%和19.7%，标志着江西省基础研究和应用基础研究原始创新能力有了很大提高。

全省自然科学基金由2010年的600万元增加到2014年的3280万元，增长433%，基金在引导和推动基础研究中发挥了“苗圃”作用，获得国家自然科学基金资助项目80%都是通过省自然科学基金项目前期培育的。

【肝癌基础研究取得重大进展】 由南昌大学第二附属医院教授邵江华主持的《FAT10调控HOXB9的表达抑制肝癌侵袭转移的研究》取得重大进展，成果在国际权威肿瘤学期刊《癌症研究》（Cancer Research）杂志上发表，影响因子9.28，是江西省医学领域本土研究发表影响因子最高的SCI期刊论文。《Cancer Research》是美国癌症协会（AACR）主办的官方杂志，是国际肿瘤学界的权威期刊，在学术界尤其肿瘤研究领域内享有很高声誉。

原发性肝细胞癌（简称肝癌）的发病率和死亡率呈逐年上升趋势，据WHO数据显示，肝癌死亡率在全球肿瘤性疾病中排第三位，其中，一半的新发病人及死亡病人均在中国。国内肝癌的发病率和死亡率列肿瘤疾病中第二位。手术治疗是肝癌治疗的首选，复发率50%以上，且约90%的患者被诊断为肝癌时已是中晚期，丧失手术机会。研究肝癌转移的发生机制，对肝癌患者的治疗具有重要意义。该研究结果揭示了FAT10、β－catenin/TCF4和HOXB9的一个新的肝癌调控回路，证实当其功能异常时可驱动肝癌的侵袭转移，阐明了肝癌发生转移的新机制。

（钟荷花）

科技发展计划

【概　况】 2014年，全年各类省级科技计划共安排项目（课题）2211项（不包括未安排经费的新产品计划项目和科技计划指导性项目），科技专项经费4.88亿元。基础计划项目（课题）654项，经费4129.43万元。基础研究计划（省自然科学基金计划）按数理、信息、化学化工与环境、生命、医药卫生、材料工程6个学科进行资助，资助项目523项，经费3280万元。软科学研究计划项目131项，经费849.43万元。主要针对全省科技支撑和引领江西经济社会发展的前瞻性、战略性、关键性问题；实施创新驱动发展战略，建设创新型省份相关问题；推进工业化进程、农业和第三产业相关问题；科技协同创新的体制机制；企业为主体的创新体系、企业研发能力和市场竞争力的提升、创新型企业培育和发展、企业研发机构建设、企业科技投入等相关问题；科技支撑战略性新兴产业发展和传统产业改造升级、科技入园的模式、产业技术创新联盟建设等相关问题；创新型人才引进、培养；特色区域创新体系建设、创新型城市建设、区域创新能力提升、科技园区管理、科技创新引领苏区振兴发展等相关问题；江西综合科技进步水平提高、科技政策与管理方式创新及落实完善、促进科技创新的法律、法规和激励政策、科技政策监测的指标体系和长效机制等相关问题；深化科技体制机制改革，优化科技资源配置、促进科技成果转化等相关问题。其中：“研发费用加计扣除与风险补偿机制研究”“支持我省战略性新兴产业发展的政策体系研究”“信江流域生态红线评价及其保护对策研究”“江西金融发展研究”“资源环境保护视角下赣南离子型稀土矿开发模式研究”“江西省科技进步综合水平评价与对策研究”和“基于食品监管体制转变后食品安全体系研究”7个课题为重大项目，分别由江西财经大学、华东交通大学、江西理工大学、省科技情报所和省食品检验检测研究院等单位承担。

科技重大专项计划项目14项，经费1.90亿元。整合1.10亿元用于全省战略性新兴产业投资引导资金。安排重大科技协同创新体8000万元。其中以“溢价返还”方式，组建“香料加工关键技术及产业化”“大功率长期抗电势诱导衰减60片多晶硅电池组件技术研发及产业化”等5个协同创新体各1000万元。3000万元以“贷款贴息”方式支持“抗仔猪腹泻种猪配套系联合育种”“新一代低分子肝素”等8个项目研发及产业化。

科技支撑计划（包括工业、农村、社发）项目594项，经费8155万元。工业领域项目169项，经费2560万元。一是新材料，主要支持高性能低成本钕铁硼磁体、高品质弹簧钢制造等关键技术研发及示范。二是先进装备制造，主要支持航空钛合金复杂构件最大m值高效超塑成形、超大容量可控硅电解铝整流变压器等技术与装备的研发。三是锂电与电动汽车，主要支持纯电动轻卡汽车、动力电池用高电压等技术的研发与示范。四是电子信息及软件，主要支持基于光纤光栅传感网络的混凝土裂缝监测、智能供电线路断线保护报警系统等技术的研发及示范。五是绿色光源，主要支持第二代图形化硅衬底GaN材料制备、高光效LED用荧光粉的中试等技术的研发与示范。六是光伏，主要支持抗电势诱导衰减太阳能电池、流延式背板用聚烯烃材料等技术的研发与示范。七是文化创意，主要支持基于新媒体集群的九江旅游形象构建与推广、3D智能化创意展示等技术的研发与示范。农业领域项目177项，经费2900万元。一是水稻新品种(组合)选育及高效安全生产，主要支持常规育种与分子育种结合快速培育低镉水稻新品种(系)、水稻航天育种研究及新种质的创制等技术研究与示范。二是经济作物良种选育及其高效生产，主要支持观花油菜种质资源创制和品种选育、观光型油菜花期延长的化学调控等关键技术研究与示范。三是特色果品品种选育及疫病防治，主要支持猕猴桃浓红型芽变的生物学特性观测及分子鉴定、奉新猕猴桃果实熟腐病综合防控等技术的研究与示范。四是高效林木良种选育及其丰产，主要支持湿地松高产脂优良无性系选育、毛竹林稀土催化丰产培育等技术的研究与示范。五是主要畜禽水产良种选育及高效健康养殖，主要支持高产蛋用鹌鹑新品种及其配套系的选育、现代化蛋鸭集约化笼养高产高效等技术的研究。六是食品安全及农产品深加工，主要支持基于双线系统与纳米荧光颗粒的二苯乙烯类雌激素定量免疫层析试纸条、黄曲霉毒素M1免疫层析试纸条等技术研究及应用。七是新型肥料及农业生态环境保护，主要支持生物炭基脐橙专用肥生产、油茶高效液态肥生产等技术研究与示范。八是农业装备与信息，主要支持低矮树型桔园小型松土施肥微耕机、油茶林油茶果机械采摘装备等技术研究与应用。社会发展领域项目245项，经费2495万元。一是医疗卫生领域，主要支持腰椎间盘突出症微创介入治疗规范化、新型组织工程心脏瓣膜等技术的研究和应用。二是公共安全领域，主要支持江西村镇房屋抗震能力调查与分析及防震减灾对策、地铁周边即有建筑物振动预测与隔振控制等技术的研究与应用。三是资源环境领域，主要支持去除环境中放射性核素的功能化炭微球的构筑及性能、脐橙皮和叶精油的制备及其在农药方面的应用等关键技术研发。四是生物和新医药，主要支持蜂胶提取物制备工艺、一种治疗呼吸道疾病中药6类创新药等关键技术的研究与应用。科技合作领域项目3项，经费200万元。主要支持异色羽绒自动分离、低温烧成陶瓷结合剂砂轮、舰艇用高性能纳米减振弹簧钢开发及其耐蚀性能等技术研究及产业化。

科技转化示范计划项目709项，经费8405万元。火炬计划项目90项，经费800万。主要以促进江西十大战略性新兴产业研究成果的转化为重点，加快高新技术企业的发展。重点支持高新技术企业统计指标体系、制造业信息化等关键技术的研发与产业化。星火计划项目130项，经费1210万元。以培育农村特色优势绿色产业为重点，通过探索农村科技服务体系和星火科技培训，加快新品种、新技术的引进与示范，实施农业标准化生产，保障农产品安全，促进农村区域经济持续健康快速发展。科技成果转移转化计划项目86项，经费800万元。以新一代信息技术、新能源、新材料和锂电与电动汽车等战略性新兴产业为重点。主要支持早熟高产晚稻新品种“湘优196”、环保型热能循环利用陶瓷梭式窑等技术的应用示范、推广与产业化。节能减排示范工程项目56项，经费795万元。支持在节能减排、清洁生产、资源综合利用、保护环境等方面，具有示范带动作用的企业，开展科技创新和发展循环经济，促进节能减排科技创新企业的发展。重点支持膜分离气体回收、榨油锅炉车间节能减等技术的示范。技术创新引导工程项目69项，经费600万元。引导航空制造、汽车、有色金属、电子信息、生物医药、食品、新材料等产业形成产学研战略联盟，结合各类科技计划、重大专项和创新平台建设项目，联合开展集成创新和引进消化吸收再创新等。重点支持有色重金属短流程节能冶金产业技术、省半导体照明产业技术等技术的示范。重点新产品计划项目40项，经费200万元。主要对高压共轨国Ⅳ(2.0L、2.5L、2.8L)柴油机、DXYB灯箱门式变电站(ZGS13灯箱门式组合变压器)等新产品进行后补助。科技型中小企业技术创新基金项目70项，经费2000万元。其中科技创新项目67项，经费700万元;科技服务项目15项，经费300万元;科技型中小企业信贷风险补偿资金1000万元。专项申请与实施专项168项，2000万元。主要支持轻型柴油车发动机机内调整后处理装置、具有端面契形微结构带扩散粒子的高辉度导光板的单面超薄背光源的产业化等专利研发引导与产业化示范。

科技条件平台与人才团队计划项目139项，经费6465万元。科技条件平台建设项目60项，经费2925万元。主要支持国家脐橙、国家单糖化学合成等重点实验室组建和建设。人才团队计划项目79项，经费3540万元。其中科技创新团队专项项目25项，经费750万元。重点支持新型生物荧光成像光开关分子的设计合成、基于自主交换中间件的共享数据统一交换平台等25个优势科技创新团队研究的项目。科技人才培养计划项目53项，经费790万元。其中确定13名带头人培养对象，经费390万元。确定40名青年科学家培养对象，经费400万元。赣鄱英才555工程2000万元。

科技合作计划项目98项，经费1200万元。支持省内创新机构与国外科研机构、跨国公司合作，与国内高校、高科技企业、大院大所合作。重点支持在8速自动变速箱在SUV车、低温脱硝催化剂蜂窝模块产业化制造合作与推广基于智能手机的3D扫描模组等关键技术的研究与产业化，推动国内外先进科技成果在江西转移和产业化，提升产业竞争力，培育具有对开放型国际化的优势科技创新团队。

其他计划项目3项，经费1400万元。科技计划管理1200万元，其他项目2项，经费200万元。

(沈卫)

战略性新兴产业

【概　况】 2014年，全省十大战略性新兴产业完成工业增加值1097.5亿元，拉动全省工业增长1.4个百分点，贡献率11.8%，增长11.6%，低于全省规模以上工业增速0.2个百分点。实现主营业务收入4606.1亿元，增长12.1%;实现利税总额452.6亿元，增长14.1%，其中盈亏相抵后实现利润298亿元，增长14.6%;主营业务收入利润率为6.5%。

产业表现有喜有忧。得益于政策扶持、消费结构升级等利好因素的影响，节能环保、先进装备制造、锂电与电动汽车等产业呈现出较好的发展势头，主要指标增速均高于全省工业平均水平。同时,受国内消费不足,市场产能过剩、库存高企等因素影响,铜产品价格震荡下行,钢材价格连续下跌,光伏产品价格低位波动,新材料、新能源等产业发展表现不佳。

区域加速发展。从区域产业发展上看,各设区市发挥资源优势,夯实产业基础,加快产业布局,十大战略性新兴产业在各区域加速发展。2014 年,鹰潭、南昌、宜春、上饶、九江、新余 6 个设区市战略性新兴产业工业增加值突破 100 亿元,昌九经济体龙头效应凸显,合计实现主营业务收入 1088 亿元,实现利税总额 105.4 亿元,其中利润 73.9 亿元,分别增长 16.4%、28.6%和 31.7%,高出全省工业收入平均水平 3.4、14.2 和 17.6 个百分点。赣南地区快速增长,其中赣州市实现主营业务收入增长 19.9%,工业增加值增长 13.4%,吉安市收入增长 29.8%,工业增加值增长 23.8%,均远远高于全省工业平均水平。

重大项目成效显著。2014 年省战略性新兴产业投资引导资金重大项目计划面向新材料、新一代信息技术、锂电及电动汽车、生物和新医药、节能环保以及先进装备制造六大战略性新兴产业领域,共有 36 家企业获得项目资金,扶持资金 3.13 亿元。在项目申报、遴选和安排上坚持"三突出"。一是突出支持重点产业,二是突出支持重点企业,三是突出支持重大项目。

规划政策不断完善。5 月省政府出台《江西省十大战略性新兴产业发展规划(2013—2017 年)》。由省科技厅、省工信委牵头编制《江西省战略性新兴产业科技创新规划(2013—2017 年)》和《江西省战略性新兴产业产业链延伸规划(2013—2017 年)》,出台《江西城市群新能源汽车推广应用管理办法》和《江西城市群新能源汽车推广应用实施方案》。省科技厅、省财政厅、省工信委、省发改委联合成立江西省新能源汽车推广应用工作协调小组,办公室设在省科技厅。

组织体系日益健全。19 个领导小组成员单位以及 11 个设区市完成领导小组更名工作,成立新的推进战略性新兴产业发展领导小组办公室。上饶市、吉安市根据工作需要,将领导小组办公室设在市工信委、市科技局。进一步完善了省、市以及部门推进战略性新兴产业发展的组织管理体系。

工作机制逐步理顺。省科技厅与省工信委试点建立由双方主要领导担任召集人的部门联席会议制度,共同研究产业发展趋势和科技创新动态,建立产业发展需求与科技创新对接渠道;协同支持产业发展与科技创新计划,共同研究制定政策措施,集聚创新资源,形成工作合力。5 月 22 日,省政府办公厅发布《2014 年江西省战略性新兴产业推进工作指导意见》,强化规划引导,实施"一产一策",深入推进协同创新,大力推进战略性新兴产业发展。

【搭建战略性新兴产业招商平台】 充分加强省市联动,通过开展形式多样的产业推进活动,形成有特色、有影响、多层次、多角度的战略性新兴产业合作推进平台,吸引企业、项目、资金、技术等各类优势资源投入战略性新兴产业领域。依托各地优势资源,举办萍乡粉末冶金先进装备制造业合作推进会、南昌第四届中国智能博览会暨中国智能产业高峰论坛、宜春锂电新能源产业推进会、吉安全国电子信息百强发布会、抚州香精香料产业推进会、深圳 LED 产业招商会、南昌千亿食品产业推进会、九江庐山西海有机硅产业发展论坛、中国鹰潭铜贸易招商推介会、赣州全国玻纤产业发展高层论坛年会、抚州生物医药产业发展峰会等产业招商活动。逐步形成推进新兴合作交流、产品推介、产业对接、合作洽谈的良好平台。

(*颜翔*)

协同技术创新体系建设

【概　况】 2014 年,安排 0.8 亿元,在新能源、新材料、节能环保、生物和新医药、先进装备制造、新一代信息技术、锂电与电动汽车等产业领域新组建 13 个科技协同创新体,总数达 18 个。其中,以贷款贴息方式组建江西加美种猪培育科技协同创新有限公司等 8 个科技协同创新体;以有偿借款方式组建江西车仆电子科技协同创新有限公司等 10 个科技协同创新体。超额完成 2014 年省政府工作报告中组建 10 个科技协同创新体的工作任务。18 个科技协同创新体引导企业共投入研发资金 21.36 亿元,引导比为 1∶11.8;吸引境内外企业、高校和科研院所 91 家,共有研发用地 67.23 万平方米,建设研发大楼 17 栋;实施目标项目 18 个,形成新产品 81 个,新装备、新工艺 169 个,获专利 124 项,创造自主品牌 24 个。协同创新机制健全,建立产学研一体化机制、协同创新机制、市场导向机制、改革财政资金扶持机制、公司化运行管理机制、利益共享机制和科技金融协同机制七大机制。监管体系逐步构建。1 月 7 日,省科技厅与交通银行江西省分行签署战略合作协议及 2013 年协同创新体试点组建企业《资金监管协议》。尝试贷款贴息方式已完成《资金监管协议》修订,与省交行沟通贷款贴息协同创新体管理。5 月 9 日,省科技厅会同省财政厅出台《江西省战略性新兴产业科技协同创新体研发扶持资金管理暂行办法》。不断加强项目过程监督和扶持资金监管,发挥第三方监管的作用,防止恶意违约或套取财政扶持资金。12 月 1 日,编制完成科技协同创新体申报及审批工作流程。与省财政厅、省财投中心共同召开协同创新体管理工作讨论会,进一步明确工作流程及实施细则。12 月 5 日,省科技厅发布《江西省科技协同创新体项目监事工作制度(试行)》,各设区市监事工作稳步推进。协同创新体网上申报系统调试成功并开通运行。加强营造良好环境,与省电视台、江西日报等多个媒体展开协同创新体宣传报道。

(*颜翔*)

科技基础条件建设

【概　况】 2014 年,全省科技基础条件建设工作以增强企业技术创新能力为核心,加快企业技术创新平台建设,提升科技服务能力,实施创新驱动发展战略,取得良好成效。

研发平台建设取得突破性进展。12 月 4 日科技部和江西省政府批准依托江西农业大学的省部共建猪遗传改良与养殖技术国家重点实验室,是江西省第二个国家重点实验室,也是独立依托本土建设的首个国家重点实验室。依托南昌大学的国家硅基LED工程技术研究中心验收优秀,在34家国家工程技术研究中心中验收中位列第一。国家食品科学与技术重点实验室争取到财政部专项经费630万元。截至年底,共有12个国家级研发平台。其中,已建成7个:国家日用及建筑陶瓷工程技术研究中心、国家中药固体制剂制造技术工程研究中心、食品科学与技术国家重点实验室、国家铜冶炼及加工工程技术研究中心、国家光伏工程技术研究中心、国家硅基LED工程技术研究中心、国家红壤改良工程技术研究中心。正在组建5个:国家水稻工程实验室、国家单糖化学合成工程技术研究中心、国家脐橙工程技术研究中心、国家离子型稀土资源高效开发利用工程技术研究中心及省部共建猪遗传改良与养殖技术国家重点实验室。此外,建成江西省核资源与环境重点实验室省部共建国家重点实验室培育基地。新批组建省重点实验室24个,省工程技术研究中心61个,首次批准组建省重点实验室培育基地7个,省工程技术研究中心培育基地18个。截至年底,共有省级重点实验室117个,省级工程技术研究中心178个。研发平台拥有固定人员1.13万人,其中博士2061人、副高职称以上4472人。研发平台用房面积86万平方米,设备总价值34.5亿元,工程技术研究中心中试生产线244条,相关文献、技术资料达131.4万册,累计承担各类科技项目2.02万项,带动投入资金70.5亿元。同时,获各类科技成果奖1762项,其中,国家级奖113项,省部级奖1069项,市厅级奖580项;申请专利受理4671项,获得专利授权2912项,其中发明专利1274项;出版论著843部;各类刊物上发表论文3.88万篇,其中被SCI、EI、ISTP收录1.00万篇,国家核心期刊发表1.96万篇。

加强绩效评价,促进平台发展。对2011年前批准组建的省级研发平台进行全面考核评估,实行绩效考评,优胜劣汰,择优扶持的动态管理机制,提升研发平台的质量水平。增强服务能力,支撑经济发展。在强化科技金融政策支持、推进科技信贷、科技担保、科技创业投资、构建科技信贷风险补偿机制、推进科技金融入园试点及建设科技投融资网上对接平台等方面进行深入探索和实践。江西省大型科学仪器协作共用工作修改了管理办法,起草大型科学仪器向社会开放服务方案。争取国家支持,获科技部国家创新方法区域基地建设项目资助340万元。通过大力推动创新方法在江西省企业的应用和推广,提升企业自主创新能力。

【完善科技创新支撑平台建立】 全省十大战略性新兴产业都有一批省级研发平台从上中下游产业链中做技术支撑。其中,新材料、光伏、绿色光源、生物及医药、绿色食品均有一个以上国家级研发平台做技术支撑。同时,在研发平台建设中,每一位院士都有国家级或准国家级研发平台相对应,每一位长江学者、杰青或洪堡学者,都有一个省级研发平台相对应,并着力加强优势资源的整合与集成,推动产学研合作,实现科技创新资源共享与利用,重点围绕江西省优势领域或特色优势产业,培育主导产业与战略性新兴产业,提升研发平台的自主创新和成果转化辐射能力,加快十大战略性新兴产业和传统优势产业改造升级的步伐。到年底,12个国家级研发平台有在职或聘用院士15人,高级职称研究人员438人,博士357人,博士后科研工作站8个,中试线31条,中试基地面积11万平方米,累计承担省部级以上重大科技项目859项,获得省部级以上科技成果奖87项,申请专利786项,服务企业435家,接受企业委托项目822项,转化成果306项,解决关键技术难题388个,带动直接投入45亿元,实现利税21.5亿元,产生效益33.8亿元。国家硅基LED工程技术研究中心继拥有自主知识产权的硅基LED材料实现产业化后,又成功研制硅基LED外延片生产的关键设备——MOCVD,已进入了产业化初始阶段,使江西省高端装备制造业实现重大突破。

【推进大型科学仪器设备协作共用】 2014年,江西省大型科学仪器协作共用平台结合大型科学仪器现状,发挥共用网优势,在推进协作共用方面取得较好成效。修订《江西省大型科学仪器开放共享考核奖励暂行办法》和《江西省大型科学仪器协作共用网管理暂行办法》。草拟《江西省科研基础设施向社会开放的调研报告》和《江西省科研基础设施向社会开放的调研报告》,拟征求修改意见。截至年底,共有入网仪器4446台(套),仪器总原价值21.96亿元[其中20万元以上仪器2194台(套),价值19.57亿元]。入网单位240家,入网各类仪器专家158位。其中年内新增入网仪器215台(套),新增入网单位6家。年内新增大仪网新闻327篇,新增大型仪器技术交流与研讨文章7篇,新增政策法规4篇。网站访问量28.8万人次。

【推进实验动物管理工作】 控制实验动物生产和使用许可证的审批和换证工作。根据《实验动物许可证管理办法》文件规定,经专家审核,按规定发放2个单位申请实验动物许可证(生产许可证:赣南医学院;使用许可证:江西浩然生物医药有限公司)。换发6个实验动物许可证[生产许可证:南昌龙平兔业有限公司;使用许可证:江西制药有限责任公司、江西生物制药研究所、江西博雅生物制药股份有限公司、回音必集团江西(东亚)制药有限公司、江西中医药大学]。做好实验动物许可证年检。委托省实验动物质量检测站对全省取得实验动物许可证的单位进行年检工作。共有19个实验动物许可证单位通过年检(17个单位通过实验动物使用许可证年检,2个单位通过实验动物生产许可证年检)。开展实验动物培训和交流。省实验动物管委会办公室和省实验动物学会分别组织召开全省实验动物许可证年检工作座谈会和全省实验动物学术交流年会。由省实验动物管委会办公室,省实验动物学会共同举办一期实验动物从业人员岗位资格继续再教育培训班,共160余人取得岗位资格证书。组织20余名省内实验动物管理和专业技术人员参加华东地区第十三届实验动物学术交流会。重新启动《江西省实验动物管理条例》的立法工作。

【探索创新科技金融工作】 开展科技信贷合作。1月,省科技厅与交通银行开展全面战略合作，交通银行南昌高新科技支行挂牌成立，通过设计科技金融产品，促进科技型中小企业的成长。截至年底，交通银行江西省分行新增支持江西省科技企业 273 户，发放贷款 71.26 亿元。其中，科技支行支持科技企业 22 户，发放贷款 2.62 亿元。4 月，省科技厅与中国进出口银行江西省分行建立科技信贷合作机制，省科技厅推荐企业和项目，进出口银行江西省分行独立审贷并提供融资支持。截至年底，已有沃格光电等十余家企业在洽谈贷款事宜，已获贷款企业有晶能光电(3000 万元)、盛泰光学(1000 万元)、章源钨业(3 亿元)、赣锋锂业(1 亿元)等。

省科技担保公司针对当前全省科技企业发展特点，探索业务模式创新，发挥政策性担保机构职能，为科技型中小企业解决融资难问题。截至年底，累计为 86 家科技企业提供科技担保贷款 5.40 亿元，年内为 32 家科技企业提供科技担保贷款共 2.1 亿元，较上年增长 59%。10 月，江西金达莱环保股份有限公司通过定向发行 500 万股，实现融资 1.3 亿元，成为江西省第一家在新三板实现融资的企业。

构建科技信贷风险补偿机制。为引导银行增加对江西省科技型中小企业的信贷支持，促进科技型中小企业快速成长，促进高新技术成果转化和战略新兴产业发展，经与省财政厅协商，省科技厅设立了“江西省科技型中小企业信贷风险补偿资金”，并报省政府审批通过了《江西省科技型中小企业信贷风险补偿资金管理办法(试行)》。全年安排补偿资金 1000 万元，要求合作银行按放大 8 到 10 倍的规模，提供 8000 万至 1 亿元的科技贷款，并以补偿金为限给予风险补偿。

开展科技金融入园试点。省科技金融促进会开展科技金融入园试点工作，指导各试点单位加强科技金融服务中心的组织建设，全年各试点单位科技金融服务中心共为 277 家企业提供帮助实现银行贷款 31.25 亿元，其中担保贷款 6.89 亿元。转化科技成果 148 项，并为 447 家科技型企业提供 905 次免费咨询服务。

建设科技投融资网上对接平台。10 月，委托江西财经大学科技金融研究中心研究开发科技投融资网上对接系统。年底，系统已完成软件开发，处于调试阶段。

(卢荣　宋高堂)

高新技术及产业

【概　况】 2014 年，高新技术产业紧扣发展升级的需求，围绕航空、电子信息、生物医药、钨、锂和稀土新材料等有基础、有优势、前景广阔的产业领域，发挥科技创新对经济发展的“引擎”作用，“转方式、调结构、促升级”，实现“由量到质”的新跨越，总体实现稳中有进、进中向好的发展态势。

依托两个“平台”——高新技术产业化基地和高新技术产业开发区。截至年底，全省共培育建成 20 个国家级高新技术产业化基地，数量居全国第一，其中年内新增 4 个。基地共有研发机构 531 个，公共技术服务平台 158 个，人才培养机构 62 个。全省还有 4 个国家火炬特色产业基地和 13 个省级高新技术产业基地。4 个国家级高新技术产业开发区合计实现主营业务收入 2656.1 亿元、工业增加值 670.6 亿元，分别占全省 94 个工业园区的 12.5% 和 11.4%；5 个省级高新技术产业开发区合计实现主营业务收入 2322.7 亿元、工业增加值 545.4 亿元，分别占 8.8% 和 8.7%。

实现三项“突破”——增加值突破 1700 亿元，地区生产总值贡献率突破 10%，四大领域产值突破千亿元。2014 年，全省高新技术产业中 1733 户规模以上工业企业累计实现增加值 1700.4 亿元，增长 11.9%，比上年高 1.1 个百分点。产业增加值占地区生产总值的比重首次突破两位数，达 10.8%，比上年高 1.0 个百分点；占规模以上工业增加值的比重为 24.9%，提高 0.5 个百分点。继光机电一体化后，电子信息、生物医药和医疗器械、新材料三大领域工业产值迈入千亿元大关，分别为 1129.4 亿元、1124.9 亿元和 1040.8 亿元。四大千亿元领域合计实现产值占全省的 94.7%。

彰显“四大亮点”——规模更聚集、动力更强劲、效益更喜人、区域更均衡。2014 年，年产值过 10 亿元的企业 121 户，增加 22 户。其中，晶科能源有限公司和江西赛维 LDK 太阳能高科技有限公司年产值超过 200 亿元。121 户 10 亿元大户挑起产业规模化聚集发展的大梁，合计实现产值 2973.1 亿元，占全省的 43.2%。六大领域增加值全面增长，其中 3 个领域增幅较上年提高。97 个行业小类中的近九成实现增加值同比增长。其中，62 个行业实现两位数增长，59 个行业增幅超全省平均水平。产业实现主营业务收入 6950.4 亿元，增长 13.9%；实现利润总额 537.0 亿元，增长 14.9%。六大领域利润全面飘红。其中，光机电一体化领域和新材料领域利润总额破百亿元，分别为 229.9 亿元和 114.5 亿元，合计占全省的 64.1%。93.9% 的企业实现盈利，盈利大户主要集中在光伏、医药和电子等行业。11 个设区市产业增加值全面实现增长。其中，8 个设区市增加值超过百亿元。南昌、九江总量居前，分别为 300.1 亿元和 242.6 亿元，占全省的 17.6% 和 14.3%。各设区市依托自身优势，形成各具特色、优势互补、结构合理的区域发展格局。

【晶能光电(江西)有限公司项目获国家 863 计划专项资助】 晶能光电(江西)有限公司申报的“新型低沉本硅衬底 LED 光源模组技术研究”项目获国家 863 计划专项资助，资助经费 2000 万元。

该项目利用硅衬底 LED 芯片技术低成本的特点，进一步开发 6 英寸硅衬底外延技术和荧光粉直涂的白光芯片技术，制造出多颗硅衬底 LED 白光芯片单独封装与整体匹配出光相结合的“新型 COB 模组”，以拼配不同档位的芯片，实现完美的模组色区控制，并可将电源驱动直接集成到“新型 COB 模组”。这不仅简化封装流程，还可以用更小的芯片做成高密度 COB，简化灯具散热和光学设计，达到提高照明出光形貌和降低灯具成本的目的，最终形成高光效、高 CRI 的产品。通过降低芯片和 COB 支架成本、减少荧光粉用量和提高良率等方法，将形成一个比传统 COB 节省成本 40% 以上的全新的、应用面广的集成模组。

【3项目获国家科技支撑计划专项资助】 2014年，江西务本传媒有限公司申报的“面向陶瓷文化艺术品产业的科技服务平台”项目、江西洪都航空工业集团有限责任公司申报的“精益化流程驱动的飞机设计制造一体化创新研制技术研究与应用”项目和江西工埠机械有限责任公司申报的“桥式起重机无齿轮传动装置”项目获国家科技支撑计划专项资助，资助经费分别为437万元、2000万元和1000万元。

江西务本传媒有限公司申报的“面向陶瓷文化艺术品产业的科技服务平台”项目是依托南昌国家级文化和科技融合示范基地，面向基地的陶瓷文化艺术品产业，通过对陶瓷文化、陶瓷文化艺术的起源、发展、流派等研究，收集整理归纳六朝(220—581)至今的部分作品，最终利用CG技术、素材标注技术、二维码技术、物联网技术、移动互联网技术建立一整套服务于陶瓷文化艺术品产业的服务平台，同时开展创新服务与市场开发实现产业化运营。最终构建特色文化产业服务体系，培育特色文化产业领军型企业，形成规模化服务能力。

“精益化流程驱动的飞机设计制造一体化创新研制技术研究与应用”项目，针对中国航空工业自主创新发展的迫切需求，在提出流程驱动的飞机全生命周期数字化研制体系的基础上，突破基于扩展MBD的航空产品单一数据源、基于精益思想和模型化系统工程的飞机研制业务流程建模与优化、流程模型驱动的飞机研制过程执行以及飞机研制业务流程知识映射等关键技术，开发精益化流程驱动的飞机协同研制平台。在此基础上，充分发挥江西洪都航空工业集团有限责任公司(中航工业洪都)厂所一体的优势，建立全生命周期单一数据源技术体系，彻底打破飞机设计制造业务壁垒；通过全局系统优化指导下的业务流程精益化，优化飞机设计制造一体化业务流程；通过协同创新研制最佳实践，打造飞机设计制造一体化协同研制环境，实现模型驱动的飞机研制业务流程全局管控和知识驱动的飞机研制业务集成协同，显著提升中航工业洪都的飞机型号研制效率和创新能力；形成中航工业洪都飞机设计制造一体化创新研制示范基地，为中国航空工业创新驱动发展探索新模式。

“桥式起重机无齿轮传动装置”项目以起重机核心部件即起升机构和运行机构为研究对象，突破传统设计理念，研制新型的起重机“卷筒与电机一体化”传动装置。针对桥式起重机对轻量化及节能的需求，在前期32吨桥式起重机传动装置研发的基础上，研发起升吨位涵盖75～200吨，卷筒外径500、630、800毫米3种等级的无齿轮传动装置及轻量化起重机，实现整机减重26%以上，节电18%以上。主要研究内容：应用新型传动装置的起重机总体结构集成轻量化设计技术；起重机新型传动装置冷却系统设计技术；起重机新型传动装置节电技术；起重机新型传动装置安全平稳性技术；新型传动装置一致性及批量制造工艺技术；新型传动装置的检测试验技术。

【高新技术产业化基地建设稳步推进】 2014年，江西4个高新技术产业化基地被认定为国家级高新技术产业化基地，数量居全国第一。至年底，全省共有国家级高新产业化基地20个，实现11个设区市全覆盖，数量居全国第一。同时，还有5个国家火炬计划特色产业基地、1个国家级软件园、1个国家级文化和科技融合示范基地，共27个国家级特色产业基地。

全年27家产业基地取得较好经济效益，共实现工业总产值1.33万亿元，工业增加值3550.28亿元。其中，主导产业产值5899.52亿元，主导产业增加值1258.55亿元。高新技术产值5583.18亿元，高新技术增加值2211.01亿元。销售收入14873.83亿元，利润额650.26亿元，利税1421.59亿元。规模以上企业1719家，国家高新技术企业463家。固定资产投入2640.43亿元，科技人员总数15.39万人，企业研发经费总数318.69亿元。承担国家级研发项目239项，经费12.67亿元。承担省级研发项目1390项，经费17.29亿元。

各地区特色产业基地的建立，已产生一定的集聚效应，对当地经济发展起到强大的推动作用。南昌形成半导体照明产业的集聚，新余形成光伏产业的集聚，鹰潭形成铜新材料产业的集聚，宜春形成锂电产业的集聚，景德镇形成陶瓷新材料产业的集聚，赣州形成金属新材料的集聚，各地区依托优势产业打造的高新技术产业基地呈现“百花齐放”的产业特征。截至年底，27个基地共建立研发机构941个、公共技术服务平台199个、人才培养机构72个，骨干企业853家；共有主导产品3347项，国家知名品牌78个，省级知名品牌315个，国内500强52家，国家级创新型企业39家，省级创新型企业170家；年销售收入过5000万的企业1175家。

【信息化和工业化深度融合】 2014年，江西省制造业信息化工作主要以数字化、网络化、智能化为重点，推进信息化和工业化的深度融合，发挥制造业信息化技术的综合效能，促进制造业价值链向服务领域的延伸，加快“生产型”制造向“服务型”制造发展，提高全省制造业的核心竞争力。

面向汽车、钢铁等行业，开展数字化设计、制造、管理一体化综合集成技术研究与应用示范，提升企业决策高效化、管理精益化、管控一体化水平。继续在江铃汽车股份有限公司和新余钢铁集团有限公司两家大型企业进行集成技术研究示范应用。年内江铃主要完成SAP和MES系统的集成整合项目。SAP和MES系统的集成模式符合江铃IT一体化的战略规划，通过系统集成建立了一个完整的企业级信息化管理体系。新钢则通过MES系统的研究开发与应用实施，解决从订单接收到产品设计、生产计划、生产制造、产品检验、仓储与物流、财务结算、售后服务等流程的一体化管理问题。完成高速棒材MES系统及铁水罐管理系统的开发并投入使用，铁前MES一期的原燃料采购及进厂系统以及计量系统也完成研发并投入使用。

面向陶瓷、汽车零部件等行业，研究并开发中小企业公共服务支撑平台，开展应用，以加强中小企业集群产业链协作、区域协作及资源共享。继续支持景德镇陶瓷学院开展陶瓷云服务平台研究与开发，陶瓷电子商务服务(www.ccmall.cn)、陶瓷产品云设计服务(design.ccmall.cn)、陶瓷云科技服务(www.pasp.cn)三大平台均正式上线。通过招商引资，成立第三方平台运营商：中瓷网络科技有限公司，加大了平台宣传推广和应用力度。全年平台注册企业用户突破2000家。其中,签约企业204家,服务机构43家。继续支持南昌航空大学开展汽车零部件产业集群公共服务平台建设,开展平台应用关键技术研究,已获得软件著作权1项,发表论文4篇。

开展面向航空产品的售后服务系统研发,推动制造企业从生产型制造向服务型制造转型,促进制造和服务的融合。继续支持洪都航空工业集团公司开展面向航空产品制造过程服务的数字化制造服务管理系统研发,以实现制造服务业务数字化、流程化管理提供方法和手段,通过搭建和应用制造服务平台,使企业全面准确地掌握产品状态和使用信息,增强在使用过程中产品质量的可追溯性;加强业务流程的规范性、科学性和可操作性,通过过程监控和流程优化实现维修保障业务的持续改进,使服务保障体系不断完善,提高顾客对产品性能、可靠性、维护性以及售后服务的满意度,增强产品的市场竞争能力为目标,开展并完成航空产品制造过程服务的数字化制造服务管理系统需求分析和方案设计。

开展RFID关键技术的研究与应用,深化互联网技术与制造过程的集成融合,实现对制造过程的实时跟踪、精准管理、智能控制,提高生产效率、降低物流成本。继续支持江中制药(集团)有限责任公司开展药品制造物联应用关键技术开发与应用,该项目包括五大系统,ERP系统、内控系统、物流追溯防窜防伪系统、智能制造系统和智能物流系统。ERP系统已运行多年,且不断优化。内控系统运行效果好,在省国资委监管企业中大量推广。物流追溯防窜防伪系统在医药行业位于全国领先水平,有效性高、通用性好、操作简单。而通过智能制造和智能物流系统大大降低了企业的人员成本。

【科技入园工程显成效】 2014年,新成立10家生产力促进中心。截至年底,江西共有生产力促进中心147家,其中145家实施科技入园,基本覆盖全省所有的生产力促进中心。

生产力促进中心为园区企业提供各项服务成效显著。145家中心服务企业3.29万家,增长20.37%;通过实施科技入园,吸引了大批技术、人才、资金向园区聚集,为园区企业提供技术服务7.39万次,增长3.84%,引进各类科技人才5871人,增长28.05%;为园区企业导入技术1566项,增长4.19%;为园区企业提供咨询服务6.37万次,下降3.16%;提供培训服务14.82万人次,下降32.75%。为园区企业提供信息服务34.9万条,增长5.24%;培育园区科技型企业2538个,增长30.35%;为企业联系科研机构2802家,联系专家7804人,分别增长32.17%和8.27%;为社会增加就业21.64万人,下降7.19%。

服务园区十大战略性新兴产业整体向好。145家中心通过实施科技入园,服务园区十大战略性新兴产业企业4549家,下降18.05%;为园区新兴产业企业增加销售收入258.2亿元,创造利税37.48亿元,分别增长51.18%和25.69%。增加企业销售收入516.32亿元,增加利税77.02亿元;开展对外交流954人次,引进外资23.68亿元,为园区引进国际合作项目117项,增长58.11%。

【科技企业孵化器(创业服务中心)建设创新发展各具特色孵化模式】 2014年,新增孵化器6家,增幅46%。截至年底,江西共有各类孵化器19家,其中国家级孵化器8家,省级孵化器11家(南昌市有孵化器8家,九江市、萍乡市、吉安市各2家,宜春市、赣州市、景德镇市、新余市、抚州市各1家)。在孵企业涉及光机电、生物医药、电子信息、新材料、服务外包、节能环保、文化创意等领域。

经过多年发展,孵化器建设从刚开始的单一孵化模式,创新发展到多种特色孵化模式。到年底,全省拥有"留学生创业园+孵化器+加速器""研发团队+孵化器+产业集群""大学生团队+创业苗圃+孵化器""天使投资+孵化器""创业导师+创业投资+专业孵化器""公共技术平台+孵化器""创业导师+孵化器""产业链+孵化器+平台"等各具特色的孵化模式。一大批科技型中小企业和企业家在孵化器的精心"孵化"下持续涌现,主要集中在新一代信息技术、生物医药技术、新材料、新能源等战略性新兴产业领域,成为推动江西省战略性新兴产业快速崛起和发展的重要力量。

【3家国家大学科技园推行特色服务】

南昌大学国家大学科技园推行中心+孵化器+平台的服务模式,积极做好"科技入园"工作。支持和服务企业在"新三板"上市突显成效。金格科技公司和惠当家公司2家企业于5月初和7月底先后在全国股权转让系统(新三板)成功挂牌上市,形成企业孵化成功新亮点。推进技术创新服务。展示专利样品与成果200余项;促成成果转移转化和产业化48项,交易金额4900余万元;完成38家企业60余项技术合同登记,金额6822万元;产学研平台录入专利成果、人才等信息2000余条;高校技术转移服务网及专利技术交易平台系统11月14日正式上线运行,分别录入大学科技园及技术服务机构成果、人才等信息4万余条,21所高校专利信息400多条,并明码标价,实现了在线发布、洽谈、咨询、竞价、议价、电子支付"一站式"服务,首开全省高校先例。

江西师范大学国家大学科技园继续把科技服务平台建设和项目申报作为工作重点。多种途径探索推动国家大学科技园新园区建设规划、大学生创新创业园建设和省文化创意公共服务窗口网络平台建设,其中文化创意窗口服务平台建设按计划完成并带动园区近百家企业成为线上服务机构。先后成功申报国家火炬计划产业化环境建设项目,获批资金80万元(获批资金居全国同类项目前列)、成功申报南昌市服务业引导资金、小微企业创业基地平台项目、科技创新教育文化产业建设项目、服务业最高级别奖励资金、小微创业园专项资金等。园区被评为"江西省服务外包优秀示范园"并获得资金奖励。科技园2014年到账项目及奖励经费255万元,同期增长41%。

南昌工程学院国家大学科技园被评为"江西省大学生创业孵化基地""江西省小微企业创业园"和"南昌市小微企业创业园",建设成效得到相关部门的认可和肯定。全年引进10家企业,科技园企业达82家,全部为中小微在孵企业。与部分社会企业建立合作关系，初步构建学校科技成果转化平台。

【首家"国家级创新型产业集群试点"获批】 12月15日，景德镇高新区申报的景德镇直升机制造创新型产业集群，正式获科技部批复，成为江西首家"国家级创新型产业集群试点"。此次科技部通过的直升机制造创新型产业集群试点，批复要求地方职能部门要进一步完善集群试点工作的协调推进机制和保障措施，强化集群创新能力建设，提升集群创新驱动潜力，为促进经济转型升级、创新发展做好支撑和示范。重点突破大中重型直升机整机研发制造、旋翼技术等核心技术难题，基本形成直升机整机研发和制造、零部件配套、通航业务等较为完备的产业链和技术创新体系，到2016年实现销售收入350亿元，争取培育2家产值超百亿元企业，形成具有国际竞争力的直升机产业集群。景德镇市委、市政府根据全市产业布局，以景德镇高新区为主要发展平台，集聚创新资源，完善产业环境，打造直升机产业研发制造基地，区内逐步形成直升机产业链企业集聚，产业集聚效应日渐显现。

（余彦　程春光）

农业科技

【概　况】 2014年，全省加大农业科技创新力度，继续组织实施国家和省科技支撑、科技成果转化等各类农村科技计划项目，深入推进农村信息化、农业科技园区和基地建设、科技特派员等工作，项目实施和各项工作取得重要进展。

全年争取国家各类农业科技计划项目64项，获资助7638.18万元。其中争取国家重大科技专项、支撑计划项目（含子课题）等11项，国拨资金2459.18万元；向科技部推荐申报17项国家科技富民强县专项项目，其中11项获得立项（3个为续建项目），国拨资金1510万元；国家农业科技成果转化项目国拨资金1800万元，增长15.38%，立项支持项目29项；获国家星火计划项目13项，国拨资金740万元。科技部"三区"人才支持计划科技人员专项资金1129万元。确定农业领域省重大科技创新研究项目18项，经费1200万元。井冈山市、永新县获科技部星火计划科技扶贫专项资助立项4项，经费200万元，省配套国家项目安排扶贫项目7项，经费50万元。

国家农业科技成果转化资金项目方面，完成2013年立项的20个项目中期监理和2012年立项的17个项目验收工作。围绕省农业主导产业、特色优势产业以及公益技术需求，继续组织开展关键共性技术攻关和技术集成研究。组织关键共性技术研发，取得一批科技创新成果。深入实施国家粮丰科技工程，取得显著成效。围绕县域特色支柱产业，继续实施科技富民强县、科技成果转化、星火等计划项目，加速科技成果转化应用，促进产业发展升级。按照科技部、中组部、财政部、人保部、国务院扶贫办5部门《关于边远贫困地区、边疆民族地区和革命老区人才支持计划科技人员专项计划实施方案》精神和要求，启动全省科技特派员富民强县工程，建立农科教相结合的科技服务体系，促进县域产业发展升级。推进江西农业大学国家新农村发展研究院工作，引导高等学校成为公益性农技推广的重要力量，探索建立以大学为依托、农科教结合、教科推一体化的农村科技服务模式。进一步推进农业科技园区和新农村发展研究院产业基地建设，加强创新载体建设。启动农村信息化示范省建设，推进农业现代化信息化。

强化科技协同创新。组织实施协同创新重大科技项目。整合高校、科研院所、企业等创新资源，以育种、栽培、农机等多学科联合，采取"企业＋高校院所＋专业合作社＋基地"产学研用联合机制，实施一批协同创新重大科技项目，开展关键共性技术研究示范。建立部门联合协同机制。完善农业、林业、财政等部门协调配合、共同推进机制，在粮丰科技工程、油茶、超级稻等重大项目实施和科技特派员等工作中，确保科技协同创新有计划有部署地开展。

强化科技项目技术需求导向和产业化方向。加强产业、企业技术需求调研，召开相关座谈会，采取自下而上自由申报征集和自上而下顶层设计相结合的形式，整合相关科技资源，设计、论证重大、重点科技创新项目，编制重大科技项目指南。启动科技特派员富民强县工程。针对涉农县（市、区）的1～2个农林产业、3～5个科技型涉农龙头企业的技术需求，选派科技特派团，对接开展技术研发和科技成果转化。

强化过程管理和绩效考评。建立"绩效考评、差别对待、滚动支持、持续激励"的动态激励机制，对种业创新项目，根据实施情况给予长期连续支持，对省重大、重点项目开展中期检查，督促实施进展。省级项目实施绩效好的，优先推荐申报国家项目。对国家粮丰科技工程重大项目，做到年初有部署、年中有检查、年底有总结。加强农业科技园区建设管理，建立园区项目统计调度制、工作经验交流制、动态平衡淘汰制制度。

（曹春阳）

【继续实施国家科技富民强县专项行动计划】 2014年，获国家计划立项11个（新上项目9个、后续项目2个），完成9个项目的中期检查；完成2个省级项目验收。启动2014年第四批省级项目2个，验收2012年省级项目2个。实施期内的2012年和2014年国家项目获中央财政资金1547万元及省财政配套资金550万元。省级立项2个，经费100万元。启动第三批省级科技富民强县专项行动计划7个。截至年底，全省95个涉农县（市、区）中91个县实施了112个项目（80个国家级，32个省级）。其中，60个县实施国家级项目69个（后续项目9个），32个县实施32个省级项目（6个省级项目县验收优秀，成功申报国家级项目）。

（尹伊）

【组织一系列科技下乡活动】 3月6日，在奉新县会埠镇举行2014年科技下乡活动。活动围绕奉新县主导产业水稻、花卉、苗木、猕猴桃、茶叶、果树、畜禽、水产、食用菌、农产品加工等，安排一批长期从事农业科技研究和推广工作的种植业、养殖业和林业等专业专家，针对农民普遍关心的农作物良种、病虫害防治、种养技术、畜牧和水产高效养殖等问题举办大型技术咨询服务。组织省水科所的研究员举办一期水产生态养殖技术培训,100 多名水产养殖大户参加培训;组织省林科院研究员赴五里坳苗木基地,就苗木花卉品种选择、容器育苗技术及市场开拓等方面给予种植大户指导。组织南昌大学第二附属医院的眼科、心内科、消化内科、内分泌科和妇科专家、医生带着仪器、设备,免费为农民群众看病,测量血压和卫生健康咨询,丰富当地群众的健康知识。

(罗晓燕)

【启动农村科技特派员试点工作】 省科技厅会同省委组织部、省财政厅、省农业厅、省林业厅、省人力资源社会保障厅、省扶贫和移民办共同启动江西省"三区"人才支持计划科技人员专项计划——江西省科技特派团富民强县工程,并印发《江西省科技特派团富民强县工程实施方案》。针对全省 91 个"三区"县特色优势产业发展的科技需求,按照服务全产业链的专业搭配,选派出 1111 人,组成 171 团队,服务 175 个县(市、区)产业、园区等对象。同时为"三区"县开展人才培养,针对省内涉农科技中小企业普遍偏弱的状况,举办首批"江西省农林科技型企业(科技特派员)总裁创新创业研修班"。

(尹伊)

【开展国家农村信息化示范省建设工作】 2014 年,江西省国家农村信息化示范省建设依托江西省电子政务云平台等,开展"资源丰富、服务专业、交互多样"省级农村综合信息服务平台(包括平台硬件建设、平台软件建设、平台数据处理中心建设 3 个核心部分)建设工作,完成平台硬件建设和软件建设,对综合信息门户网站的开发进行了前期调研并形成设计方案,在示范工程方面启动国家科技支撑计划课题 1 个。在江西省国家农村信息化示范省工程建设中,启动国家科技支撑计划课题《中部经济区农村信息化技术集成应用》,主要针对江西、安徽等中部地区跨南北气候、生态经济发展、农业企业产加销一体化发展特征,研发特色种植生产管理系统、规模化养殖管理和监控系统、种养殖特色农产品的生产、加工、储运、销售全链条质量追溯系统等。

(严志雁)

社会与民生科技

【概　况】 2014 年,组织申报国家科技支撑、863 计划项目 8 项,申请国家专项经费 5190 万元,争取国家科技支撑计划 4 项、重大新药创制专项 3 项、863 计划 2 项,经费 7952.44 万元。

推进省部共建萍乡节能环保产业科技示范基地建设。编制《萍乡环保产业科技示范基地发展规划(2015—2020)》,推动萍乡节能环保产业科技示范基地列入部、省共建计划,对基地重大项目给予倾斜。全年基地环保产业主营业务收入超 200 亿元,其中,规模以上环保企业 45 家,实现主营业务收入 60 亿元。

认定并培育一批省级节能减排科技示范企业。采取"认定 + 培育"的方式,对条件成熟的企业直接认定为示范企业,对条件相对不足但发展潜力良好的企业进行培育扶持,最终认定 50 家示范企业、35 家培育企业。通过示范企业的认定及培育,促进建立企业研发机构 66 个,引导节能减排技术研发经费投入 11.36 亿元,示范应用节能减排技术 147 项,开发节能减排产品 145 个,产生直接经济效益 10.24 亿元,获专利 402 项,制定行业技术标准 77 个,减少排放标准煤 3.31 亿吨、化学需氧量 209 万吨、氨氮 10 万吨、二氧化碳 11978 万吨、二氧化硫 267 万吨。

开展省级专题调查。与省工信委、省环保厅等部门联合,组织开展全省生物及新医药产业节能环保产业科技发展状况摸底调查,对 489 家单位从单位性质、区域分布、产品类型、从业人数、创新能力等方面分析制约产业发展的瓶颈问题,根据江西产业发展需求提出今后发展的战略目标,为两产业做大做强提供决策依据。根据中国人类遗传资源管理办公室《关于开展人类遗传资源研究及管理基本情况调查的通知》要求,联合省卫生计生委、省教育厅、省食药监局等有关单位,对省内涉及人类遗传资源收集、保藏、研究的大专院校、科研院所、医疗单位、企业开展调查,确定涉及人类遗传资源研究及管理的单位 39 家,完成江西省人类遗传资源研究及管理调查报告。

两个"十一五"科技支撑计划项目顺利验收。由江西苏克尔新材料有限公司牵头承担的"L—核苷类药物产业化关键技术的研究"和赣南师范学院牵头承担的"血吸虫病防治关键技术研究与集成示范"顺利通过科技部组织的项目验收。"L—核苷类药物产业化关键技术的研究"项目组攻克了 L—核苷类药物产业化的关键技术,建成中试生产装置 2 个,制订行业技术标准 4 项,开发新产品、新工艺 5 项,申请国家发明专利 8 项。"血吸虫病防治关键技术研究与集成示范"项目组系统开展了新型药物、疫情监控技术和监控设备、临床检测和治疗、血吸虫综合治理与现场防治等工作,取得 10 余项原创性科研成果,其中尾蚴快速自动检测装备、自动查螺装备等多项成果在国际上属首创。申请专利 27 项,获计算机软件著作权 3 项。发表论文 181 篇,其中 55 篇被 SCI、EI、ISTP 收录。编制技术规范和标准 13 项,其中,国家技术标准 1 项。出版科技著作 12 部。获省部级科技奖励 2 项。培养血防领域博士生 21 名,硕士生 71 名。

(张燕)

【4 个社会发展重大科技项目有序推进】 "华东区中药材规范化种植及大宗中药材综合开发技术研究"项目按年度开展研究工作,完成主体研究内容和考核指标。该项目 2011 年国家批复立项。2014 年,项目组完成栀子种子种苗品质和标准及繁育规程、生产标准操作规程优化升级;完成杭白菊新产品生产、示范基地建设、推广应用基地;开展银杏产业化、银杏外种皮基础研究及产品开发研究。建立龙脑樟等 6 种中药材的质量评价与系统和规范化生产操作规程;开展白芍等 3 种中药材饮片产地加工与炮制一体化生产、饮片趁鲜切制技术操作规程研究;完成芡实等 8 种中药材质量标准研究和相关功能性食品研究与申报。发表论文 124 篇,其中向国外发表 20 篇;出版科技著作 3 部;申请发明专利 24 项,获发明专利授权 7 项。

“鄱阳湖生态经济区建设生态环境保护关键技术研究及示范”项目是“十二五”国家科技支撑计划。2014年,项目取得一系列重大进展。六课题组分别按计划开展相关的调查和研究,发表论文106篇,其中向国外发表20篇。申请国内专利16项,其中申请发明专利7项。获国内专利授权7项。完成国家技术标准1项,行业技术标准1项。申请计算机软件著作权1项。成果应用1项,成果转让4项,成果转让获得经济收入30万元。获省部级科技奖励1项。

“污水深度处理与资源化技术集成与工程示范”项目是2012年江西科技重大专项项目。2014年,主要开展了污水深度处理与资源化技术集成与工程示范研究,建立污水深度处理与资源化利用技术体系。针对畜禽养殖废水、重金属废水、畜禽业沼液、炼油厂高浓度废水、工业园区焦化废水、业园区高浓度氨氮废水六类废水,研制开发出相应的处理设备、技术和产品。在典型区域建设六大示范工程,以削减示范区内受纳水体污染物负荷,确保水体达标。申请授权发明和实用新型专利22项,其中授权5项,建立新工艺9个;开发新材料8个和新装备5台;发表论文39篇;建立技术标准1个。

“夏热冬冷地区绿色建筑关键技术研究与示范”项目是2012年江西省科技重大专项项目。2014年,购买设备和软件,完成基础研究设施建设。开展课题相关实验测试,包括建筑围护结构热工测试,生态屋面效益研究测试;对建筑小区风热环境进行实地调研,模拟分析等;开发建筑反射隔热涂料与隔热保温柔性腻子,并进行性能测试。编制相关标准规范,修订《江西省绿色建筑评价标准》,编制《江西省绿色医院建筑评价标准》、3种保温砌块《应用技术规程》和《墙体构造图集》。获得实用新型专利授权6项。撰写论文5篇,其中发表1篇。

(邓吉洪 孔萍)

【开展江西省生态文明科技示范村(社区)先行先试建设】 2014年,选取新建县、共青城市、丰城市、新干县和吉安市吉州区开展江西省生态文明科技示范村(社区)先行先试建设。首次批复确立新建县铁河乡街道社区、共青城市甘露镇园林场、新干县溧江镇上边村、吉州区曲濑乡卢家洲村、丰城市同田乡新联村5个村(社区)作为示范建设点,并以江西金达莱环保股份有限公司为技术依托单位,利用污水处理及回用一体化专利设备——膜技术污水处理器针对农村生活污水开展生态治理,共投入科技经费240万元。

首批5个示范点建成后,将覆盖人口1.15万,年处理生活污水43.8万吨。通过优先示范项目的建设,发挥社会发展领域科技示范导向和支撑作用,带动生态文明科技示范村(社区)建设。

(邓吉洪)

【实施国家科技惠民计划】 2014年,组织申报4项科技惠民计划项目,申请国拨经费5692万元,其中,泰和县人民医院承担的“泰和县主要恶性肿瘤防治一体化和远程医疗技术应用示范”项目和鹰潭市月湖区生产力促进中心承担的“月湖区创新社会管理与惠民服务技术示范”项目已通过科技部专家技术评审,列入科技部综合评审项目。

正在实施的4项国家科技惠民计划和9项省级科技惠民计划执行情况良好。医疗卫生领域,永新县、兴国县和北京、上海等省市对接,开展远程医疗服务154人次,开展常见多发病的基层技术推广培训2786人次、疾病普查2.31万人次。资源环境领域,赣县通过污水、重金属、污染土壤修复等五类专项治理打造生态园林工程,已完成“三通一平”建设和地形整治4公顷,项目完成后将兼具生态科普、旅游休闲、健身等多功能于一身的生态湿地公园,形成可推广的生态治污新模式;定南县通过在废弃稀土矿区实验、改造、集成应用一系列生态修复技术,有效改善矿区植被、水土流失及次生灾害问题,已完成总任务的85%,实施53.33公顷实施地块土地流转及平整,开展28.8公顷核心区土地平整、冲沟填平及开沟排水措施处理,开挖1.5千米排灌水沟渠和4个蓄水池,规划2座拦砂坝及围堰、涵管埋设,对2千米田间道路路床进行平整碾压;对2千米进山道路进行修复平整,建设13.33公顷育苗基地。

【新型H10N8禽流感病毒研究取得重大进展】 南昌市疾病预防控制中心陈海婴及其研究团队在新型H10N8禽流感病毒的研究中取得重大进展,研究成果分别在柳叶刀子刊《Lancet》、《Nature》子刊《Scientific Reports》、《Euro Surveillance》《Microbes and Infection》《Japanese Journal of Infectious Diseases》等多家国际知名期刊发表,累计影响因子52.87,累计他引次数61次,研究成果引起业内专家广泛关注。

禽流感是全球面临的重大公共卫生问题,其病毒变异对人类健康构成严重威胁,H5N1和H7N9病毒是迄今报道最多的能引起致死性肺炎的禽流感病毒。2013年12月,江西省首次在南昌市发现了全球首例人感染新型H10N8禽流感病例,共收治病人3例,其中2例因多器官功能衰竭死亡。

2014年,该研究团队与国家流感中心、省疾病预防控制中心合作,在国家自然科学基金和江西省重大科技创新专项的支持下,对该新型H10N8禽流感病毒进行一系列的深入研究。研究结果揭示了新型禽流感病毒的基因特征以及感染病例的临床和流行病学特征;另外,研究团队通过长时间的监测发现该病毒的进化起源及其生物学特征,证实本地家禽中循环的H9N2禽流感病毒是新型H10N8病毒重组的基因平台。研究成果对H10N8病毒的流行、变异、预警提供了科学的理论依据,世界卫生组织(WHO)流感参考实验室主任及美国国立卫生研究院(NIH)人类流感研究中心主任Adolfo Garcia - Sastre对此专门评论,认为要优先对新型H10N8等病毒的监测。

(张燕 刘清梅)

高校科研及成果转化

【概 况】 2014年,全省高校在科学研究、研发平台、科技创新人才、科技成果转化等方面取得一系列新突破。全省高校从事科技活动人员2.30万人,其中科学家与工程师2.24万人,占97.4%。共获得科技经费

14.76亿万元,比上年增加1662.5万元。承担各级各类科技项目9323项,共投入项目经费11.94亿元。全省高校共发表学术论文1.90万篇,其中SCIE收录2595篇,EI收录2110篇;出版科技著作36部;申请专利1496项,其中发明专利915项;获专利授权646项,其中发明专利324项。高校国际交流与合作日益频繁。年内全省高校共派遣访问学者1120人次,接受访问学者953人,出席国际学术会议1208人次,交流论文1015篇,作特邀报告132篇,主办国际学术会议43次。全省高校共获省部级以上科学技术奖励63项。江西理工大学、江西农业大学、江西中医药大学各获2014年度国家科技进步二等奖1项。2014年颁发的江西省科学技术奖励一等奖(自然科学奖和科技进步奖各2个)全部为高校获得。

【新增18个"2011协同创新中心"】 2014年,第三批江西省"2011协同创新中心"的评审认定工作结束,经省政府同意,新增18个省级"2011协同创新中心",省财政当年投入2.44亿元专项经费。"2011协同创新中心"评选始于2012年,是江西省全面提升高等学校创新能力的重大战略举措,旨在发挥高校多学科、多功能的优势,有效聚集创新要素和资源,形成协同创新的新优势,推动高校在人才培养、学科建设、科学研究等领域得到全面提升,加快高校机制体制改革,集聚和培养一批拔尖创新人才,产出一批重大标志性成果。这些协同创新中心紧贴区域经济社会发展重大需求,对接全省战略性新兴产业,集聚了较为雄厚的优质创新资源,正在逐渐成为江西省有重大影响的学术高地、行业产业技术的研发基地、区域创新发展的引领阵地和文化传承创新的主力阵营。

【高校承担国家级重大项目的能力稳步提升】 2014年,共承担国家级项目1825项,其中国家自然科学基金项目1687项、"973"计划16项、"863"计划29项、国家科技支撑计划90项、科技部重大专项3项,共投入项目经费5.03亿元。继2012年东华理工大学教授陈焕文入选国家杰出青年基金,2014年南昌大学教授陈义旺又成功入选国家杰出青年基金,成为第三位本土培养的国家杰出青年基金获得者。同时,新增2名国家优秀青年科学基金获得者,分别是南昌大学教授聂少平和南昌航空大学教授罗旭彪,实现江西省获国家优秀青年科学基金项目"零"的突破。

【高校创新平台建设成绩斐然】 2014年12月,依托江西农业大学组建的"猪遗传改良与养殖技术"省部共建国家重点实验室成功获批,这是江西省首家独立依托本土高校建设的国家重点实验室,实现历史性突破。南昌工程学院科技园通过科技部、教育部评审,成为国家级大学科技园,江西省国家级大学科技园增加到3家。此外,新增江西省重点实验室8个、培育基地7个;江西省工程技术研究中心7个、培育基地1个;江西省工程研究中心(工程实验室)6个;省级软科学研究基地7个、培育基地4个。

【创新人才队伍建设见成效】 2014年,江西农业大学任军、南昌大学江风益、东华理工大学陈焕文入选国家"万人计划"首批科技创新领军人才。全省高校共10人入选江西省主要学科学术和技术带头人培养计划,占全省总数的76.9%;27人入选江西省青年科学家培养对象,占全省总数的75%。

【产学研用结合深入发展】 南昌航空大学牵头成立江西省无人机产业技术创新战略联盟。江西理工大学与鹰潭市政府签约,合作共建"江西省(鹰潭)铜产业工程技术研究中心",共同推进铜产业的发展升级。2014年,全省高校共承担企事业委托科技项目1872项,项目经费3.06亿元。

【高校科技成果转化有实效】 2014年,全省高校共签订技术转让合同58项,合同金额2765万元,实际收入1924.5万元。继续实施"江西省高等学校科技落地计划",推进高校科技成果转化和产业化,围绕江西十大战略性新兴产业遴选确定106个项目,投入专项经费4000万元。

(省教育厅)

科技合作与交流

【概　况】 为扩大科技开放,积极与外国使领馆科技处建立联系、拓宽合作渠道,相继接待以色列驻上海总领事馆、法国驻武汉总领馆科技官员来访,双方就科技合作的现状和未来合作前景进行探讨和交流。组织参加一系列国际、区域重要科技交流会议,进一步加强临时因公出访计划与管理,大力提升江西协同创新能力。

为进一步加强省科技厅外事工作的领导和管理,保证外事工作的顺利开展,2014年,根据省外侨办、省委组织部、省财政厅《关于进一步规范国家工作人员因公临时出国的实施意见》文件要求,制定《江西省科技厅因公临时出国实施办法》,规范科技外事审批工作程序,完善行政许可事项办理流程,制订"2014年度厅级领导干部因公出访计划"。全年共执行出国团组12批次,30人次。组织赴港澳台团组5个,18人次,执行赣港活动周、赣台活动周、泛珠三角区域科技联席会议等相关科技交流合作任务。接待33个国家和地区的97人次来访。

围绕全省战略性新兴产业,重点培育、建设一批国际科技合作基地。2014年,全省新增3个国家级国际科技合作示范基地,新认定6个省级国际科技合作示范基地。全省共有国家级国际科技合作基地12个,省级国际科技合作基地17个,涉及食品安全、有机农业、电子信息、核资源、新材料、生物医药、航空制造、生态保护等领域。进一步完善了国际科技合作基地布局。

【加强国际科技合作与交流】 2月,省科技厅召开对俄科技合作交流座谈会,就江西省与俄罗斯伏尔加河沿岸联邦区合作工作方案和2014年对俄科技合作工作要点进行讨论。9月,省科技厅积极推进江西省科学院与美国加州硅谷中国留学人员创业协会分别签订合作框架协议。江西桑海生物高科孵化器发展有限公司(桑海国家生物医药孵化器)与澳大利亚国家辅助医学研究所签署合作开发"中药治疗 HPV(人类乳头状瘤病毒)阳转阴及非手术治疗宫颈糜烂”等项目协议,为中国医药企业首次与国外研究机构开展合作研究。江联重工股份有限公司与澳大利亚联邦科学与工业研究组织签订共同开发“太阳能光热利用技术”项目合作协议,南昌益生生物技术有限公司与新西兰梅西大学自然科学与数学研究所签署“微生物菌的研发及在农业领域的运用”的技术合作协议,江西省农业科学院园艺研究所与新西兰植物与食品研究所奥克兰 Mt Albert 研究中心正在商谈签订合作开展“猕猴桃四倍体诱导育种技术引进与应用”项目的协议。

【江西师范大学承担的国家国际科技合作专项项目通过验收】 6 月 10 日,江西师范大学承担的科技部国家国际科技合作专项项目“膜法节能生产燃料乙醇及分离温室气体关键技术联合开发”顺利结题验收。这是江西省无机膜材料国际科技合作基地(国家级)的第二个通过验收的国家国际科技合作专项项目。验收会上,省科技厅党组成员、副厅长卢福财,省科技厅国际合作处处长鄢帮有和验收专家对项目实施现场考察,并对相关技术问题进行询问。专家组成员对该项目的项目材料进行了质询,并对该项目取得的成果给予高度肯定。该项目的成功实施,不仅可以促进中国分离领域传统技术升级,而且在中国燃料乙醇生产和天然气脱二氧化碳行业中,可大幅度降低生产成本,节约能耗,实现低碳经济。

(刘文娟)

科技成果与奖励

【概　况】 2014 年,全省科技成果管理工作围绕创新驱动发展中心任务,推进科技成果管理体制改革,转变职能、强化服务,推进科技成果评价制度改革,探索科技管理新机制、新模式,进一步提升办事效能和服务水平。

推进全省科技成果鉴定评价制度改革,加快建立健全分类指导、科学有效的科技成果评价体系,贯彻落实国家关于“鼓励科技成果通过市场竞争,以及学术上的百家争鸣等多种方式得到评价和认可”的精神,全面执行 2013 年出台的《江西省科技厅科技成果鉴定工作规范》,坚持市场导向机制,缩小省级科技成果鉴定范围,提高省级科技成果鉴定申请门槛,严格科技成果鉴定审批程序,进一步规范和加强省级科技成果鉴定管理,逐步减少省级科技成果鉴定的数量,让更多的成果通过市场机制进行评价,更好地发挥科技评价对科技创新的导向和激励作用。年内经省科技厅组织的省级科技成果鉴定(验收)项目 101 项。其中,各类科技计划项目 72 项,计划外项目 29 项;省科技厅主持鉴定项目 90 项,委托设区市科技局和有关厅局主持鉴定项目 11 项。

推进科技成果登记统计管理制度创新,进一步加强科技成果登记机构建设,加大科技成果登记业务知识的宣传和培训,并通过将科技成果登记数纳入设区市科技管理部门年度目标管理考核体系和将成果登记作为申报省科技奖的必备条件等促进机制,不断加强、完善和规范全省科技成果登记与统计工作,科技成果登记数量稳步增长,再创历史新高。同时,坚持定期编发《江西省科技成果公报》和在《江西省科技厅网站》上定期发布科技成果信息,发挥成果信息应有功能,推动科技成果资源共享利用,促进科技成果的转移和扩散。

2014 年,科技成果登记总量增长明显,共登记 796 项,增加 63 项,增长 8.59%。其中,省直单位成果登记 214 项,占成果总数的 26.88%;设区市成果登记 582 项,占成果总数的 73.12%。11 个设区市成功登记差异明显,最多的是宜春市 101 项,占总数的 12.69%;最少的是鹰潭市 9 项,占总数的 1.13%。登记的科技成果中各级财政支持的各类计划项目 493 项,自选项目 252 项,民间基金和国际合作各 1 项,横向委托 4 项,其他 45 项。其中,国家科技计划项目成果 112 项,占登记总量的 14.07%,上升 160.46%。登记成果中,企业完成 325 项,医疗机构 285 项,大专院校 88 项,独立科研机构 75 项,其他单位 23 项。登记成果获专利授权数 679 件,增长 39.71%。其中:独立科研机构 31 件,占授权总数的 4.57%;大专院校 73 件,占 10.75%;企业 569 件,占 83.80%;医疗机构 3 件,占 0.44%;其他 3 件,占总数的 0.44%。凸显企业在技术创新中的主体地位,企业知识产权保护意识日益增强。

全省登记的科技成果以应用技术成果为主,为 738 项,上升 6.03%,占登记成果总数的 92.71%;基础理论成果 52 项,占成果总数的 6.53%,上升 62.5%;软科学研究成果 6 项,占成果总数的 0.75%,上升 20%。登记成果中原始性创新 432 项,国内技术二次开发 236 项,国外引进消化吸收创新 67 项,其他 61 项。其中,国际领先 35 项,国内领先 264 项。成果行业分布差异明显,前三位分别是卫生和社会工作 398 项、制造业 155 项、农林牧渔业 128 项;末三位租赁和商务服务业、教育、居民服务及修理和其他服务业各 1 项。登记成果属于高新技术领域的 539 项,其他领域 257 项。

(史建红)

【实施省科技成果重点(重大)转移转化计划】 2014 年,省科技成果重点(重大)转移转化计划的编制和组织实施分 3 批,安排项目 88 个,经费 800 万元。其中,重点项目 76 个,资助经费 500 万元,平均支持强度 6.58 万元/项,同比大幅增加;重大项目 12 项,经费 300 万元,平均支持强度 25 万元/项。进一步加强成果转移转化计划项目实施过程的跟踪管理,强化项目结题和验收工作,结题和验收项目数同比有所增加。全年全省网上申报项目 65 项,淘汰不合格项目 24 项,受理并送评项目 41 项。引导和推动全省国家级技术转移示范机构建设,通过项目形式对 11 个设区市技术市场工作和国家级技术转移示范机构继续给予资助。通过项目形式支持由省科技情报研究所组织承办的“网上在线科技成果对接会”活动。对申报的 38 项候选项目,采取异地专家异地评审方式进行初评遴选,坚持择优安排兼顾各地、各行业平衡的原则,12 个项目被列为省科技成果转移转化计划重大项目,包括萍乡市中天化工填料有限公司承担的“年产 2000 吨 PM 支撑剂应用与推广”,江西博大种业有限公司承担的“高产优质杂交晚稻新组合 K 优 451 示范与推广”,江西佰泰农业科技开发有限公司承担的“金针菇新品种‘航金菇1号’中试与推广”，江西日月明铁道设备开发有限公司承担的“高速铁路轨道长波不平顺检查仪的推广应用”，江西农业大学/泰和县林业局螺溪林站、峡江县林木良种场共同承担的“能源树种晚松繁育与定向培育关键技术推广示范”，江西省林业科学院、赣州泰源农业科技有限公司共同承担的“状元红等优良桂花种质资源繁育技术推广与示范”等。

【软科学研究重大项目“江西绿色崛起发展战略研究”通过验收】 12月24日，省科技厅组织有关专家在南昌对省软科学计划重点研究项目“江西绿色崛起发展战略研究”进行验收。项目围绕江西省“发展绿色经济、实现绿色转型”的研究目标，分析江西省绿色崛起的基础与条件、绿色崛起面临的问题和挑战，为江西绿色崛起战略框架的形成奠定基础；以多学科综合和多部门协作为基础，提出江西省绿色崛起的战略框架，理清绿色崛起的思路、目标与战略重点，符合江西的客观发展实际；围绕绿色产业发展、新型城镇化、秀美乡村建设等方面，提出针对性、操作性强的对策建议，对江西绿色崛起具有重要的决策参考价值。与会专家听取了课题实施情况汇报，审查了有关材料，经过质询和讨论后一致认为，该项目高质量地完成了任务书规定的研究内容，达到规定的考核要求，同意通过验收。

【开展科技奖励工作】 2014年江西省科技奖首次放开申报，不设指标限制。加大公示力度，做到尽可能地公开项目信息。网评加大外省专家比例，省外专家占比不低于80%。网评工作共分26个学科专业评审组，于10月30日—11月10日进行，邀请253名省内外专家参加评审。下达各学科专业评审组奖励推荐指标共153项，评审结果推荐奖励候选项目137项（自然科学奖23项，技术发明奖11项，科技进步奖103项）。江西省获2014年国家科学技术奖项目7项；2014年江西省科学技术奖获奖项目有自然科学奖19项、技术发明奖10项、科技进步奖77项、国际科学技术合作奖2名。

（郝旭昊　赵华）

知识产权

【概　况】 2014年，江西省知识产权局实施申请授权“两年倍增”工程、入园强企“十百千万”工程、打假护航“执法提升”工程、开放创新“纵横协同”工程、专利信息“产业导航”工程、市场中介“服务跟进”工程六大工程，全面深化改革，开拓创新，开创全省知识产权工作新亮点。在2013年体系建设年的基础上，2014年全省新增专利代理机构5家，增长50%，总数15家。专利代理人两年增长120%。率先在全国开展知识产权服务机构入册登记与管理工作，已登记入册30家中介服务机构。新认定一批知识产权贯标服务机构，分3批将26家贯标试点企业材料报送至中知知识产权认证机构进行评审，首批江铃汽车股份有限公司等14家企业通过《企业知识产权管理规范》国家标准认证审核。

引导服务机构开展知识产权分析预警、专利导航产业、小微企业托管、质押融资服务等试点示范业务。新增1家国家级知识产权服务品牌培育机构。建立一批省级战略性新兴产业专利数据库和市县知识产权信息平台。开通网上资助申报系统、项目网上评审系统和网上专利技术交易转化一站式服务平台。5772家规模以上企业通过“江西省企业专利状况调查”系统参与企业专利状况调查，形成《江西省企业专利状况调查与分析报告》《江西省高新技术企业专利状况调查报告》、十大战略性新兴产业调查报告及11个设区市企业专利状况调查报告共22份。

省知识产权局制定《2014年江西省专利事业发展推进计划实施方案》，并在全国专利事业发展战略推进工作总结会上作典型发言。南昌、九江、新余、萍乡4市制定战略或战略实施意见；景德镇、抚州战略文本制定工作结束，正待政府审批发文；鹰潭、赣州等市还在制定中。南昌的安义县、九江的浔阳区、湖口县、上饶的婺源县等部分县（区）已出台知识产权战略纲要或实施意见。

新获批国家知识产权示范城市1个（南昌市）、国家知识产权强县工程试点县7个（吉水县、奉新县、安义县、吉安市青原区、赣州市南康区、抚州市临川区、宜春市袁州区）、国家知识产权县级试点城市3个（共青城市、高安市、樟树市），增长200%。

2014年经中央表彰评比达标工作领导小组重新审批得到恢复，开展第三届江西省专利奖评审。南昌欧菲光公司一项“触屏技术”发明专利获中国专利奖金奖，实现江西省中国专利奖金奖零的突破，并获4个优秀奖。截至年底，南昌代办处共受理专利申请2.63万件（电子申请2.39万件，纸件申请2371件）。收取专利费1381万元，共3.56万笔。开展本地电子化扫描2008件，受理电子申请注册用户467个，打印通知书1.93万份，向外国申请保密审查488件，制作登记簿副本129件，出具费用减缓证明1418件，受理专利实施许可合同备案255件，487项。电子申请率逐月提高到87.46%，全年受理、收费等保持零差错率。

全年全省共申请受理专利2.56万件（首次突破2万件），增长51.1%；授权专利1.38万件（首次突破1万件），增长38.7%。两个增幅均列全国第一。在知识产权入园强企“十百千万”工程的强力助推下，共培育出江铜、洪都、欧菲光、泰豪、江铃5个专利申请过千件企业；南昌国家高新技术产业开发区、南昌国家级经济技术开发区、新余国家高新技术产业开发区、萍乡经济技术开发区、九江经济技术开发区、宜春市经济技术开发区、江西樟树工业园区、江西东乡经济技术开发区、赣州经济技术开发区9个专利申请过千件园区；以及专利过百的高新技术企业38家；专利过10的规上企业719家；并有3483家中小微企业实现专利申请零突破。企业专利申请占比逐月提升，8月份后首超50%。

2014年，共接受举报投诉案件18件，增长82%，对于部分存在反复侵权、集体侵权的举报投诉线索，在全省范围内进行督办；并首次对南昌市一家企业的维权援助申请进行经济援助、首次对一起假冒商标刑事案件组织专家出具侵权判定意见书，并在局网站开通举报投诉专门渠道，12330电话接听量保持增长。全省维权援助体系建设稳步发展，2014年新批复成立九江分中心、景德镇陶瓷工作站，全省共有国家局批复的维权援助中心2家、省局批复的维权援助分中心（工作站）7个。江西省还作为全国首批3个专利侵权纠纷调解试点省份之一，全年专利侵权纠纷调解调处84件，增长47.4%，创历史最高。

【实施省专利技术研发引导和产业化示范专项计划】 两个专项取得新突破。2014年专利技术研发引导和产业化示范专项工作进展顺利，下达专利研发引导与产业化示范专项立项168项，项目经费1200万元，其中产业化79项、研发引导42项、软科学32项、平台建设15项。2015年度江西省发明专利产业化示范专项计划组织申报结束，受理128项，进入初审阶段。运用财政资金引导和促进科技成果产权化、知识产权产业化，取得点上突破的示范效应。省知识产权局在上、下半年各召开启动大会和现场推进会，并启动“优势示范企业”和“试点示范园区”评定工作。首批评定江西省知识产权示范园区3家、试点园区10家、示范企业10家、优势企业30家、优势培育企业42家，给予引导资金支持。

【实施富民强县示范县建设专项计划】 2014年“富民强县专项”安排32个县800万资金。在强县工程推动下，新成立17个县（区）知识产权局，至此全省知识产权局覆盖率达90%以上，超额完成2013年提出的两年覆盖80%县（区）的目标（2013年前，全省仅15个县成立知识产权局），取得面上推开的示范效应。富民强县项目建设周期2年。为督促建设任务完成，9月，省知识产权局分5个检查小组赴首批28个项目县开展中期检查。检查情况总体良好，各县主要领导高度重视项目的实施，知识产权工作列入县委县政府重要工作议程，“六个一”建设基本到位。且各县以项目实施为契机，在知识产权宣传、培训、执法保护等方面取得较大发展，推进了全省知识产权工作的整体进步。

【实现中国专利金奖“零突破”】 第十六届中国专利奖评选结果揭晓，南昌欧菲光显示技术有限公司的发明专利“图形化的柔性透明导电薄膜及其制法”获十六届中国专利金奖，这是自1989年中国专利奖设立以来，江西省首次获得中国专利金奖。该奖项由国家知识产权局和世界知识产权组织共同授予。另外，中国瑞林工程技术有限公司等3家企业的专利项目获中国专利优秀奖，江铃汽车股份有限公司的“汽车（SUV）”获得中国外观设计优秀奖。江西省知识产权局获得最佳组织奖。获奖数量是历届中国专利奖江西获奖项目之最，并实现江西省中国专利金奖“零突破”。

（曹洪伟）

技术市场

【概　况】 2014年，江西省技术市场工作以技术转移和成果转化为主线，发挥市场配置资源的决定性作用，促进科技成果资本化、产业化。贯彻落实国家税收优惠政策，全省技术市场进一步活跃，技术交易取得跨越式发展并成为江西省科技进步的标志性指标，大批科研成果通过技术市场交易进入经济建设主战场，发挥科学技术对经济社会发展的支撑作用。技术合同交易再创历史新高，排全国第十八位，较上年前移1位。全省技术交易机构894家，登记各类技术合同1429项，成交金额50.8亿元，增长16.15%。其中：技术交易额45.55亿元，增长10.11%；平均每项技术合同成交金额355.21万元。这些技术合同通过技术市场享受到国家支持自主创新的税收优惠政策，充分调动了企业自主创新的积极性，促进了技术市场的繁荣和发展。全年技术开发合同成交额25.95亿元，在4类合同中继续位居首位，占整个技术合同比重的51.13%。企业积极参与技术创新活动全过程，已成为技术创新的决策者和研究开发的重要主体，技术输出与吸纳持续增长。企业法人共签订技术输出合同780项，成交额44.08亿元，占成交总额的86.84%；签订吸纳技术合同1012项，成交额39.93亿元，占成交总额的78.66%。成交的技术合同中，以科技支撑医疗卫生事业发展为主。医疗卫生事业发展为受让技术所服务的社会经济目标的技术合同，全年成交102项，成交额12.93亿元，占技术合同成交总额的25.46%。生物、医药和医疗器械领域为技术领域首位，成交额14.06亿元，成为经济发展的支柱产业。新材料及其应用为技术领域第二位，成交额8.69亿元。

截至年底，江西共有5家国家级技术转移示范机构（南昌大学科技园发展有限公司、国家日用及建筑陶瓷工程技术研究中心、江西省科技咨询服务中心、赣州市企业技术创新促进中心、江西师范大学科技园发展有限公司），并以各具特色的发展模式开展技术转移，促进技术转移项目560项，促进技术转移项目成交金额1.83亿元。其中，促进战略性新兴产业内的技术转移项目122项，成交金额8623万元。组织技术推广和交易活动40次，组织技术转移培训335人次，服务企业1688家，解决企业需求757项。

【推进中国创新驿站江西区域站点建设】 江西省科技情报研究所作为中国创新驿站江西省区域站点，江西企业技术创新服务有限公司、江西省科技咨询服务中心、赣州市企业技术创新促进中心有限公司3家国家级技术转移示范机构作为基层站点，按照“中国创新驿站”要求，推进江西区域站点建设，搭建中国创新驿站江西区域站点服务工作平台，开展多种形式的技术转移服务活动。江西省申报的“中国创新驿站（江西）区域科技服务体系建设”2014年获准国家火炬计划重大项目立项，200万资金已到位150万元。11月14日—15日，4家站点参与承办“首届江西省高校专利成果交易会”，包括高校专利成果展示、江西省高校技术转移服务网及专利交易平台上线启动仪式、专利成果专场推介会、高校知识产权专题巡讲、专利技术交易项目对接签约仪式5项主题活动。交易会设置展位65个，展区5个（特装展区、高校展区、知识产权服务区、知识产权宣传保护展区、推介发布区）。参展单位有省内本科院校、高职院校50余家，征集专利技术及其新产品、高科技成果及其新产品1500余项；参加对接洽谈的省内外企业500多家，达成合作意向60余项，签约23项，签约金额2600万元；现场参观和在线对接人数3万余人。

【组团参加第十六届中国国际高新技术成果交易会】 11月16日—21日，第十六届中国国际高新技术成果交易会（简称“高交会”）在深圳市举行。江西代表团由副省长谢茹带队，率省科技厅、省工信委、省教育厅、省国资委、省农业厅等省筹备领导小组成员单位负责人及11个设区市领导、有关厅局、大专院校、科研院所、企业共250余人参会。

高交会上，江西省围绕培育发展十大战略性新兴产业，展示自主创新的高新技术成果与产品，重点展示先进制造领域的技术与成果，组织参展项目115个（其中，电子与信息11项，生物、医药17项，新材料25项，先进制造23项，环境保护5项，新能源12项，航空航天6项，农业8项，其他8项），项目全部分类编入会刊，供有意合作的各方仔细筛选。同时围绕自主创新主题，精选74项制作成展板，组织30家单位产品实物进行重点展示。江西省展团获高交会组委会颁发的“优秀组织奖”和“优秀展示奖”。

（王萍）

科学技术普及

【概　况】 2014年，江西省科协继续推进《全民科学素质纲要》实施，江西省政府与中国科协签订《落实全民科学素质行动计划纲要共建协议》。开展全国科普日、科普之春、“百场科普报告进社区”等各类主题科普活动。省“基层科普行动计划”获中国科协、财政部奖补表彰，奖补金额1125万元。省级“基层科普行动计划”资助总额520万元。在17个县（市、区）组织中国流动科技馆巡展活动，参观公众80余万人次。开展“科普大篷车”巡展，受益公众8万人次。完成第一轮并启动第二轮科普挂图“双五百”配送工程。出台《江西省科协关于推进科普信息化工作的指导意见》。召开全省科普信息化推进会，实施“互联网科学传播工程”“移动通信终端科学传播工程”“传统媒体终端科学传播工程”“新媒体终端科学传播工程”四大工程。将赣州市科协作为全省电子科普画廊建设工程试点单位，省科协投入45万元项目经费支持。与团省委共同主办江西省首届大学生科普动漫创作大赛。全年全省各级农村致富技术函授大学（简称农函大）举办培训班4410余班次，培训学员36万余人次。针对十大主导农业产业、百户家庭农场、千名农村科技人员、万名农村党员科技致富带头人实施“十百千万”培训工程。举办第二十九届青少年科技创新大赛，组团参加全国化学奥林匹克竞赛，获历史最好成绩。组织全省优秀高中生参加2014年全国高校科学营活动。组织青少年参加全省青少年科学调查体验活动，江西科协被中国科协评为特色活动组织单位。

【加大科普基础设施和科普基地建设投入】 2014年，组织有关单位开展科普项目申报推荐，共有15个科普教育基地特色科普活动项目，4个科普展示阵地建设项目，17个重点科普设施建设项目，6个科普创新项目，14个电视网络科技传播项目，21个重大科普活动及科普报告，6个科普资源开发、共享项目入围省科协、财政厅“科普能力提升计划”，项目经费545万元。同时，组织开展命名49个精品农技协、81个优秀科普示范基地和63个优秀科普示范社区。推动2014年科协系统科技馆免费开放工作，开展农村中学科技馆、科普大篷车等项目的推荐申报工作。其中，九江市科协、抚州市科协和寻乌县科协3个单位获得中国科协科普大篷车项目资助。

【实施农村科普致富示范工程】 11月，省委组织部、省科协对2011年确定的省级党员科普致富示范创建村进行考核验收，对2014年申报的省级党员科普致富示范创建村候选村进行考察评估。经检查验收、实地考察和综合评估，新建联圩镇肖淇村等13个省级党员科普致富示范创建村被命名为省级党员科普致富示范村，青山湖区罗家镇前湖村等13个村被确认为2014年省级党员科普致富示范创建村。

【开展全国科技周专家赣南科普行活动】 5月18日，由中宣部、科技部、中国科协等12个部委联合江西省政府举办的“振兴苏区 服务三农 科技列车赣南行”暨2014年江西省科技活动周启动仪式在瑞金市举行。

活动为期8天，中国工程院、中国科学院、中国农业科学院等单位的百余名专家深入瑞金、章贡区、赣县等9个县（市、区）的乡村、社区、学校、企业，举办近200场丰富多彩的活动。同时，还开展科学养殖技术培训、自然体验师培训、农村民居建造、科普进校园进社区、科教电影展映等一系列科普活动，列车行期间共有260场活动展现在群众面前，丰富百姓的科技文化生活。

【科普资源开发利用】 编印科普图书读物。省科协联合其他相关单位，共同合作编印《安全驾车行》《奇妙的生活物理科普知识手册》《饮用水安全科普常识》《科学认知太阳能资源科普知识手册》《科学认知风能资源科普知识手册》《防雷减灾科普常识》《地质灾害科普知识手册》《江西省地质灾害防治科普知识手册》《小学生膳食指南》《青少年节能低碳常识》等多套（册）科普读本。

科普资源共建共享。省科普资源中心和中国科技馆签订合作协议，中国科技馆授权省科普资源中心免费使用中国数字科技馆的198期科普视频栏目和221套（69GB）科普挂图，在江西省内电子屏幕科普终端，以及其名下网站、官方微博和微信等媒体平台免费使用。组织专家制作鄱阳湖生态科技馆上传到中国科技馆。下半年开始筹建省科协科普微信平台，并于12月23日正式注册“江西微科普”。

开展“双五百”配送工程。自2013年9月起，在全省范围内实施科普挂图“双五百”配送工程。科普挂图的使用可概括为“三上五进”：上墙（上科普长廊）、上栏（上科普专栏）、上板（上科普展板）、进社区、进乡村、进学校、进企业、进机关。配送的科普挂图内容通俗易懂，公众易于接受，是大家“不见面的专家顾问”，让基层群众“想看时找得着，想用时很便捷，培训可做教材,操作可做指南”。

科普资源配送下基层。上半年,省科普资源中心向基层科协免费配送《中国梦 科技梦》《地质灾害科普知识手册》《关注眼睛健康》等科普读本3万余册,向赣州市科协免费提供60余张科普挂图和2000余册科普读本,为南昌市科协制作社区科普挂图2套,为九江、吉安等市科协提供3个专题的科普资料,帮助青云谱区科协制作科普挂图12张,向南城科协赠送200余张科普挂图建设科技长廊,向德安县科协无偿提供《洪涝灾害后的农业生产自救》《水灾2问》《洪水后的环境保护》《洪水后的疾病预防》4套科普资料,为省科协扶贫点免费赠送各类图书、挂图、光盘2000余册(张)。持续为德兴大学生村官配送科普挂图和其他科普资料。

【承办中国数字科技馆第31期、第49期青稞沙龙】 联合省科协普及部、省生态学会、江西师范大学蓝天环保社共同承办中国数字科技馆第31期青稞沙龙。沙龙以“低碳技术与低碳经济”为主题。省科学院、省气象台、江西师大专家学者及师生共60余人参加沙龙。会议特邀省气象台台长殷剑敏研究员、省科学院能源研究所副所长范敏研究员、江西师大地理与环境学院钟业喜教授分别作“应对气候变化,发展低碳经济”“低碳技术发展与展望”和“低碳,全球在行动”学术报告。与会师生在聆听学术报告后,分别就低碳意义、历史与现状、技术与环境、低碳与经济、缘起与发展、节能政策、低碳生活、低碳环保、环保意识、低碳准则等,与特邀专家面对面进行交流。联合省科协普及部、高安市科协、高安二中举办以“关注未来世界、科技改变生活”为主题的第49期青稞沙龙。沙龙特邀华东交通大学副校长陈梦成教授,江西省高性能计算技术重点实验室主任薛锦云教授,江西省光电子与通信重点实验室主任刘国栋教授分别作《中国高速铁路发展与技术创新》《云计算——就在我们身边》《光科技改变人类生活》专题报告。

【江西省农村致富技术函授大学开展培训】 2014年,全省各级农函大共举办省级示范班、基层项目班、资助班、自办班等各类培训班4410余班次,累计培训农民36万余人次。分类成立水稻、蔬菜、油茶、家禽、家畜、水产等14个农技专家服务团,聘请首席专家14位,专家服务团成员80余人。组织农技专家服务团编写口袋式教材66种,向基层征集各类乡土教材32种。远程视频网络教学平台及第一批7个远程教学点建设全部完成。8月,首个农函大展教中心在万年县开馆运行。

面向全省,实施“十百千万”农民科技培训工程。开展实施“十大农业产业科技”培训。围绕水稻、蔬菜、果树、茶叶、油茶、竹类、花卉苗木、中草药、生猪、水产十大农业产业农技需求,开展理论授课、现场指导、远程教学、异地交流等方式的产业科技系列培训。全年共举办20个农业产业科技培训项目班,开展培训120班次,其中异地交流教学40次,培训固定学员1600余人。10月12日—15日,举办第一期“百户家庭农场经营者科技培训示范班”,邀请全国劳模、八一生态农场经营者贾东亮等6位省内外专家教授和全国优秀家庭农场经营者,主讲科学发展家庭农场的经营模式及案例分析、美国家庭农场的经验与启示等知识。开展实施“千名农村科技人员素质提升培训”。7月9日—12日,在鄱阳县举办“千名农村科技人员素质提升水产专业示范培训班”,培训水产技术人员及养殖大户180人。在赣州市举办毛竹专业科技人员素质提升培训,在遂川县举办蔬菜专业科技人员素质提升培训,在临川区举办农机科技人员素质提升培训,在瑞金市举办脐橙专业科技人员素质提升培训等。全年共培训农村科技人员5000余人次。开展实施“万名农村党员科技致富带头人大培训”。全年全省各级农函大共开展农村党员创业就业培训120余期,培训学员1.30万余人次。11月15日—16日省农函大在江西农业大学举办“万名农村党员科技致富带头人大培训示范班”,邀请相关院士和省内外生猪养殖专家为300余名生猪养殖大户授课。中国工程院院士教授罗锡文作《对我国建设现代农业的思考》专题报告。

【开展青少年科技活动】 2014年,省青少年科技活动中心在吉水、永新、井冈山等17个县(市、区)开展中国流动科技馆江西巡展活动,每个站点巡展2个月,并配套开展“体验科学、放飞梦想”征文比赛,配发近万册《知识就是力量》《聪明泉》《玩转科学》等科普书籍,受益公众80万人次。开展“科普大篷车”进校园、进社区、进基层活动,与团省委、省妇联相关省直单位及市、县科协合作,科普大篷车参与全国科普日、科技活动周、科普大篷车进校园、科普大篷车进扶贫点、“爱心点亮希望 童心共筑梦想”暨“关爱留守儿童 科技点亮希望”主题活动、“六一”科普嘉年华等20余次科普活动。活动覆盖九江、宜春、抚州、景德镇、吉安、赣州等市,行程5000多千米,受益公众8万人次。

组织全省16万余名青少年参加第二十九届青少年科技创新大赛,其中“传承农作技能,相伴农耕美德”项目获全国十佳科技实践活动奖。在全国青少年科学调查体验活动中,省科协获特色活动组织单位。五大学科(数学、物理、化学、生物、信息学)奥林匹克竞赛成绩喜人,分别获3金7银2铜、1金1银6铜、3金9银1铜、1金6银1铜、2铜,数学、物理、化学和生物学科均有1名选手人选国家集训队。第14届中国青少年机器人竞赛中,江西省选手获1金1银2铜。第5届“熊博士”全国青少年科学影像节展评活动中,江西省选手获一等奖4项、二等奖11项、三等奖2项。在2014年全国高校科学营江西分营活动中,组织200名优秀高中生,到清华大学、中山大学、南京航空航天大学、武汉大学等11所著名高校,参加为期一周的科学营活动。英特尔求知计划在江西省滨江学校等6所学校实施,共1280名学生参加培训。第五届雅培家庭科教公益项目活动在北湖小学等3所学校举办,受益师生及家长600余人次。

(杜春发)

本栏编辑 游桃琴

社会科学

综　述

2014 年，全省广大社科工作者围绕省委、省政府的中心工作，论真理、出良策、建真言，为繁荣发展全省哲学社会科学事业做出贡献。

理论武装工作扎实推进。全省广大社科工作者始终把深入学习宣传贯彻研究马克思主义中国化最新成果作为当前的首要任务。地市社联、高校社联、企业社联等各级社联组织及省级学会开展专题学习中共十八届三中、四中全会精神和中共中央总书记习近平系列重要讲话精神座谈会、研讨会 200 余次，坚持用科学的理论和正确的决策部署指导工作。南昌大学承办"国际视野下中国共产党的治理"国际学术研讨会，江西师范大学主办第十五届中国社会史学会年会暨"中国历史上的生命、生计与生态"学术研讨会，江西财经大学承办中国法学会宪法学年会，省委党校举办全省党校系统纪念邓小平 110 周年诞辰理论研讨会，省社科院主办"深化农村改革的新探索"——第十届全国社科农经网络大会等系列高层次的学术研讨会。省社联采取省市联动的方式，组织开展"全省社会科学学术活动周"，邀请省内外知名专家作报告 38 场，开展中国特色社会主义理论的学习宣传和交流研讨活动。全省社科界开展有较大影响的学术活动 800 余次。全省"理论下基层"活动精彩纷呈，广大社科工作者举办活动 400 余场次，深入机关、农村、企业、学校、社区和军警营宣讲理论，解读中央、省委的重大理论和战略部署，使党的路线方针政策深入人心。

优秀理论研究成果不断涌现。全省广大社科工作者坚持正确的研究导向，积极开展理论研究，推出一大批高质量的研究成果。以《十七大以来科学发展观新发展研究论纲》等系列丛书、《济慈诗歌与诗论的现代价值》为代表的一批精品力作出版。《中国预算法实施的实现路径》在《中国社会科学》发表，《农村基层治理能力现代化的构成要件及其实现路径》《我国社区建设的困境与出路》等被《新华文摘》全文转载，《苏区精神：深化党的群众路线教育实践活动的宝贵资源》等一大批优秀论文在《人民日报》《光明日报》等权威报刊发表。全省广大社科工作者发表各类论文 3500 余篇，出版著作 400 余部。其中，南昌大学发表社科论文 930 篇（CSSCI 论文 269 篇），出版专著 85 部；江西师范大学发表论文 607 篇（CSSCI 论文 199 篇），出版专著 42 部；江西财经大学发表核心论文 366 篇（CSSCI 论文 289 篇），出版专著 88 部。

应用对策研究工作取得新成效。全省广大社科工作者紧贴江西发展大局，论真理、建真言、出良策，积极参与省委十三届九次、十次全会等重大报告的起草与修改工作，大力开展应用对策研究并取得丰硕成果。《调查发现粮食主产区补偿存在诸多问题亟待改革补偿制度》《赣南脐橙产业转型升级关口的忧与思》《统一思想凝心聚力全力打造江西发展升级第二季》等一大批应用对策研究成果，获得中央领导和省委领导高度评价，获得省领导肯定性批示 170 余篇（次），其中省社科院《专报》获得 58 篇（次），省社联《内部论坛》获得 43 篇（次），江西财大《江西省战略性新兴产业发展研究》获得 25 篇（次），省委党校《领导论坛》获得 12 篇（次）；南昌大学《决策咨询要报》、江西农大《调查与研究》以及其他各高校、各设区市社联、各省属学会的一大批咨询报告被省部级以上的机关或企事业单位肯定采纳，为全省经济社会发展提供了强有力的智力支持。

社科规划工作取得新突破。全省社科界以抓国家社科基金项目为龙头，以全省经济社会发展重大招标项目为重点，以省市社科规划项目为基础，有力推动全省哲学社会科学的繁荣发展。全省获国家社科基金年度项目 113 项、重大招标项目 2 项、重点项目 8 项，后期资助项目 8 项，立项经费共 2560 万元，立项数和获批经费稳居全国第一方阵。省委宣传部与省社联组织实施全省经济社会发展重大招标课题、中国特色社会主义理论专项课题、江西省"青年马克思主义者理论研究创新工程"评审活动。其中，重大招标课题立项 6 项；中国特色社会主义理论专项课题 42 项，"青马工程"资助优秀博士、硕士毕业论文 100 篇，共投入经费 150 万元；省社科规划年度项目通过匿名初评、复评等专家评审形式，共立项 455 项，同时完成外语专项与高等教育课题申报评审工作，共投入研究经费 500 余万元；继续组织开展全省哲学社会科学成果出版资助项目评审活动，投入经费 100 万元全额资助 20 项优秀研究成果出版，受到社会各界广泛好评。南昌、九江、景德镇、新余、赣州、宜春、上饶、吉安、抚州等市社联积极开展社科规划课题评审活动，各设区市社联共评审立项课题500余项，投入经费200余万元。

社科宣传普及工作呈现新局面。全省社科界始终坚持贴近实际、贴近生活、贴近群众，大力普及社会科学知识，用群众语言传播中国声音、用地方味道讲述中国故事，取得很好的社会效果。省社联科普工作有声有色。“社科大讲堂”影响力不断扩大，共举办讲座30余场，邀请阎学通、杜文龙等国内知名专家作客，现场听众超1.2万人(次)；结集出版的《社科大讲堂》，获中组部全国党员教育培训教材创新奖。采取省市县联动方式，举办第五届全省社科普及宣传周活动，全省开展社科普及活动300多场次，发放图书、资料数十万份，惠及200余万人。继续开展“四项”评优工作，全省10位社科普及专家、10多位社科普及工作者、9个社科普及基地和16部科普读物获全国和全省表彰。井冈山革命博物馆、庐山白鹿洞书院、王安石纪念馆、吉安的渼陂古村等38家单位被认定为第二批江西省社科普及宣传基地，省级社科普及宣传基地达54家。高校、基层社联、企业社联的科普活动各具特色。南昌大学“前湖之风”论坛、江西师大“瑶湖论坛”、上饶师院“名师讲坛”等活动开展，活跃和丰富了校园文化生活。赣州市社联开展社科普及宣传周活动，市、县两级现场咨询服务人数达20万人次，展示社科普及宣传展板、挂图5万多幅(块)，发放各种宣传资料、科普书籍55万份(册)；一些县(市、区)开设社科普及讲座，泰和县“民嘴讲堂”被中宣部评为2014年度全国基层宣讲先进集体。省金融学会组织开展全省反假币集中宣传日活动，共组织宣传人员1万多人，发放各类宣传资料60余万份；省老年体育科学学会在全省城乡广泛开展《老年人健康指南》宣传普及，发放资料10多万份；省图书馆学会举办“诵读国学经典传承赣鄱文化”全省国学经典诵读比赛等各类免费公益活动数十场。

社联组织建设迈上新台阶。各级社联高度重视组织建设，把健全和完善社联组织体系作为社科事业发展的一项基础工程抓好抓实。萍乡市湘东区、莲花县、芦溪县及吉安市青原区、遂川县等县级社联相继成立，全省县级社联组织由省第八次社科代表大会召开前的85个增加到93个，基本实现全覆盖，机构、人员配置、办公场地和工作经费得到保障；全省所有公办本科院校全部成立社联组织，江西科技学院等3所民办高校也组建了社联。省社联拥有省属学会(协会、研究会)119个，市县社联拥有学会1165个，专、兼职社会科学工作者达30余万人。

学术阵地建设取得新进展。全省社科界大力加强学术阵地建设，《江西社会科学》《当代财经》《江西财经大学学报》继续入选CSSCI来源期刊；《求实》《企业经济》《农业考古》《南昌大学学报》《价格月刊》等刊物入选中国人文社会科学核心期刊，江西师大、华东交大、江西农大等高校社科类《学报》、省社科院《鄱阳湖学刊》等，为全省广大社科工作者深入开展理论研究提供良好的学术交流和成果展示平台。省社联积极申报综合性理论学术刊物《苏区研究》，获得国家新闻广电出版总局批准创刊，填补了省内近5年没有获批理论刊物的空白。《上饶社会科学》《赣州社会科学》《井冈社科》《苏区振兴论坛》等一批设区市社联、省属学会会刊不断提高办刊质量和水平，大量刊载社科理论与应用成果，有力地推动全省哲学社会科学的繁荣发展。

(刘志飞)

学术活动

【举行全省哲学社会科学重点研究基地选题论证会】 1月10日，2014年全省哲学社会科学重点研究基地选题论证会在南昌举行。省委常委、省委宣传部部长姚亚平出席并讲话。省委宣传部副部长马玉玲出席会议。会议由省社联党组书记、主席祝黄河主持。全省12个哲学社会科学重点研究基地的首席专家、代表和有关专家学者共60余人参加会议。

【召开《苏区研究》创刊座谈会】 11月14日，由省社联组织召开的《苏区研究》创刊座谈会在南昌召开。省苏区办副主任谢宝河，省委党史研究室原副主任何友良、省委党史研究室政研一处处长左家法、副处长黄宗华，省社科院历史研究所所长汤水清，江西师范大学历史文化与旅游学院院长万振凡，南昌大学人文学院党委副书记、历史系主任袁礼华，江西师范大学政法学院副院长王员，赣州市社联主席张志刚，赣州市中共党史学会秘书长凌步机，赣南师范学院中央苏区研究中心主任张玉龙等领导、专家出席会议。与会领导、专家认为，《苏区研究》的创办为进一步深化苏区研究，宣传苏区历史，弘扬苏区精神，培育红色研究人才，助推苏区振兴发展开辟了新途径，提供了新平台，有力地推动全国苏区研究中心向江西转移，是江西落实中央精神繁荣哲学社会科学事业与时俱进的重要体现。围绕刊物定位、栏目设置、稿源保障、版面设计、政策支持等方面，与会专家畅所欲言，提出各自的意见和建议。

【召开全省社科界学习贯彻中共十八届四中全会精神座谈会】 11月27日，全省社科界学习贯彻中共十八届四中全会精神座谈会在南昌召开。省委常委、省委宣传部部长姚亚平出席并作重要讲话。省委宣传部副部长龙和南出席会议并讲话。省社联党组书记、主席祝黄河主持会议。省法学界7位专家学者就学习中共十八届四中全会精神做了主题发言，在昌部分高校的100余名师生聆听会议。会上，省委党校副校长、教授罗志坚就“全面推进依法治国必须坚持党的领导”，江西警察学院副院长、研究员蒋熙辉就“坚持走中国特色社会主义法治道路，建设中国特色社会主义法治体系”，江西地方立法研究中心专职副主任、教授肖萍就“牢固树立法治思维，全面推进依法行政”，江西师范大学政法学院副院长、教授沈桥林就“宪法实施：从领导做起，从社会精英做起”，江西财经大学法学院院长、教授蒋悟真就“加强法治江西建设，培养高素质法治专门人才”，省社科院法学所所长、研究员程关松就“让全民守法惠及每一个人的福祉”，南昌市中级人民法院副院长、博士谭绍木就“保证公正司法、提高司法公正力”分别畅谈学习中共十八届四中全会的感想和体会。会后，姚亚平与青年学生交谈学习体会，交流会议感想。

【举行2014年首场“江西智库论坛”】 3月3日,2014年首场“江西智库论坛”在省社科院举行,主题为“最新成果:丰富内涵与伟大意义——学习贯彻习近平总书记系列重要讲话精神理论研讨会”。省委宣传部副部长龙和南出席并讲话,中国社会科学院、山东社会科学院、江西省委党校、江西科技师范大学和江西省社会科学院的专家学者作了大会发言。与会专家分别从不同的学科视角,对习近平系列讲话的思想方法与战略思维、中国梦、中国道路、全面深化改革、转变经济发展方式、马克思主义中国化的最新成果等方面内容进行论述和研讨。

【举办江西省第五届社会科学普及宣传周暨2014年学术活动周】 11月1日—7日,江西省第五届社会科学普及宣传周暨2014年学术活动周在全省开展。该活动周由省委宣传部、省社联共同举办,以“凝聚全民智慧服务发展升级”为主题,采取省、市、县三级联动、同步启动的方式进行。活动周期间,全省有400多个单位参与,共安排主导型学术讲座38场,举办知识讲座、展板宣传、现场咨询、媒体访谈等各大类社科普及和学术活动300多场次,发放图书、资料数10万份。活动内容理论联系实际,彰显了哲学社会科学的前沿态势,突出大众关心、关注的热点难点问题,涵盖与人民群众工作生活相关的方方面面。

(刘志飞)

【召开“区域经济竞争力与可持续发展”中俄学者学术座谈会】 5月17日,省社科院召开“区域经济竞争力与可持续发展”中俄学者学术座谈会。会上,两国学者分别就“国家行政管理实效的社会学评估”“社会发展和当代人口统计学面临的挑战”“区域创新发展管理方法论”“区域竞争力:难题及其增长方式”“农民工流动对区域经济的影响分析”“大固定资产投资项目的区域社会影响评估”“区域经济竞争力提升研究——从南昌制造到南昌创造”“经济与生态融合:区域可持续发展之路”等问题进行研讨和交流。会后,双方还就论文、专著的出版及进一步合作的相关事项达成协议。

【中国生态经济建设暨全国生态文明先行示范区建设论坛在南昌召开】 6月28日,由省社科院与中国生态经济学学会主办的中国生态经济建设暨全国生态文明先行示范区建设论坛在南昌召开。省人大常委会原副主任胡振鹏,中国生态经济学学会常务副理事长、中国社会科学院农村发展所所长李周分别作主旨演讲;中国科学院、中国人民大学、省社会科学院的专家学者及省鄱阳湖生态经济区办公室领导作大会发言。他们发挥各自的专业优势,从不同的角度探讨生态经济建设中的重大问题,为生态经济实践迈上新台阶提供理论支撑,也为江西如何建设好“生态文明先行示范区”提出建议。

11月1日—7日,江西省第五届社会科学普及宣传周暨2014年学术活动周在全省开展。图为专场报告会

省社联供稿

【召开“品牌生态与提升企业核心竞争力”学术研讨会】 7月18日—20日,省社科院《企业经济》编辑部和山东大学管理学院联合主办的“品牌生态与提升企业核心竞争力”学术研讨会在南昌召开,全国各地100多名专家学者参加了研讨。会议主要讨论“品牌生态学科发展趋势及应用”“虚拟品牌社群生态”“中部地区企业品牌与竞争力的评价”“怀旧消费行为研究与老字号品牌再生”“本土品牌成长的生态环境分析与对策”“品牌生态学的三个基本问题”等,深化品牌生态理论研究,推动品牌生态实践的发展。

【举办制度创新与法治中国学术研讨会】 11月22日—23日,省社科院《江西社会科学》杂志社、江西区域经济学与应用对策研究重点学科、法治与社会管理准重点学科共同举办制度创新与法治中国学术研讨会,中国社会科学院、中南财经政法大学、武汉大学、华东政法大学、中山大学、浙江工业大学、海南大学、南昌大学、江西财经大学、东华理工大学、安庆师范学院、赣南师范学院和省社科院的专家学者参加会议。会议对城镇化进程中的制度创新与权利保障、中国(上海)自由贸易试验区的经济及法律问题进行研讨,为江西省新型城镇化建设以及申报昌九自贸区提供有益借鉴。

【第十届全国社科农经网络大会在南昌召开】 11月28日,由省社科院与中国社会科学院农村发展研究所主办的第十届全国社科农经网络大会在南昌召开,会议主题为“深化农村改革的新探索”。中国社科院和全国部分省(市、自治区)社科院及高校的农经专家学者120余人参加会议。省政协副主席肖光明出席会议并致词,中国社科院副院长蔡昉作大会主旨报告。专家学者结合各地实际,就农村改革与农村新兴经营主体的培养、深化农村土地制度改革新探索、深化农村改革与推进新型城镇化、农村改革与赋予农民更多财产权利、深化农村改革与乡村社会治理等问题进行研讨。

【“易堂九子”学术研讨会在宁都举行】 12月27日，由省社科院、南昌大学、赣南师范学院、宁都县委县政府主办的“易堂九子”学术研讨会在宁都举行。中国社科院知名学者赵园、研究员蒋寅和来自全国各地的专家学者约100人参加研讨会。会议收到论文40多篇，对弘扬传统文化与社会主义核心价值观的内在关系等问题进行了探讨。

（省社科院）

高校社科研究

【概　况】 2014年，江西高校共有人文社会科学活动人员12169人，其中，高级职称4898人，中级职称5252人，初级职称1738人，初级一和初级二（大专以上尚未评定职称人员）276人，其他人员5人；研究与发展人员1225人，其中，高级职称602人，中级职称457人，初级职称139人，初级一和初级二（大专以上尚未评定职称人员）27人。投入人文社会科学研究与发展经费1.48亿元；全省高校承担人文社会科学研究课题1.04万项，出版人文社会科学著作445部，发表论文6118篇，其中在国际学术刊物上发表192篇，提交有关部门100篇；举办国际学术会议54次，参加会议515人次，提交论文414篇；举办国内学术会议296次，参加会议3033人次，提交论文1716篇；派出人员出国讲学89人次，国外人员受聘到校讲学207人次，派出人员国内讲学466人次（含去港澳台地区讲学人次），国内人员受聘到校讲学654人次（含港澳台地区人次）；出国进行社科考察144人次，国内进行社科考察803人次（含港澳台地区人次），接受国外人员到校考察148人次、国内人员到校考察789人次（含港澳台地区人次）；派人出国进修学习150人次、国内进修学习912人次，接受国外人员到校进修学习133人次、国内人员到校进修学习640人次；与国际合作研究课题48项，与国内合作研究课题222项。申请国家专利247项，授权166项。

全省高校获国家社科基金项目102项，其中重点4项、一般72项、青年18项、西部8项，获资助经费2100万元。江西财经大学获国家社科基金项目23项，项目数在全国高校排名第26位，在财经类高校排名第4位。全省高校获教育部人文社会科学研究项目41项，其中规划12项、青年28项、思想政治工作专项1项，获资助经费349万元。省高校人文社会科学重点研究基地招标项目136项获批立项，资助经费334万元。省高校人文社会科学研究一般项目591项获批立项，资助经费422万元。省高校哲学社会科学研究重大课题攻关项目6项和重点招标课题7项获批立项，资助经费160万元。专项任务项目3项获批立项，资助经费18万元。

【举办哲学社会科学教学科研骨干研修班】 省委教育工委、省教育厅与省委组织部、省委宣传部、省委党校、省财政厅联合举办2014年度全省哲学社会科学教学科研骨干研修班。研修班以听取专题报告、个人自学、集中研讨和社会考察为基本形式进行学习提升。全年举办4期，每期一个月，共304人参加研修。

【一批社科研究成果获省部级以上领导批示】 2014年，全省高校哲学社会科学工作者围绕国家战略和省委、省政府决策部署，深入开展调查研究，产出一批重要研究成果，获得省部级以上领导批示和高度评价，进一步提高社科研究服务地方经济社会发展的能力。江西财经大学提供的《反映内陆湖天然渔业资源逐年减少建议国家实施转捕为养政策研究》获国务院副总理汪洋批示。九江学院教师甘筱青、潘旭华、郑孝庭、陈显章、陈鹏等撰写的《激发大学生创新创业的有益探索——九江学院“五三二一”创业人才培养体系的实践与思考》获省委书记强卫和副省长朱虹批示。

【新增15个高校人文社科重点研究基地】 根据《江西省高校人文社会科学重点研究基地建设规划（2011—2015年）》，在各高校申报的基础上，经专家评审、网上公示，省教育厅批准南昌大学中国特色社会主义理论体系研究中心、南昌大学文化资源与产业研究院、江西师范大学管理决策评价研究中心、江西师范大学学前教育研究中心、江西财经大学应用统计研究中心、江西财经大学法治政府研究中心、江西农业大学农村土地资源利用与保护研究中心、华东交通大学体育健身研究中心、华东交通大学知识产权研究中心、江西理工大学矿业发展研究中心、江西科技师范大学数字化社会与地方文化发展研究中心、江西中医药大学养生文化与健康产业发展研究中心、景德镇陶瓷学院古陶瓷研究中心、赣南医学院农村（社区）医学教育研究中心、宜春学院宗教文化研究中心15个研究中心为江西省高校人文社会科学重点研究基地。至此，全省高校有人文社会科学重点研究基地54个（含3个教育部基地）。

（省教育厅）

社科成果与奖励

【2014年江西省经济社会发展重大招标课题揭标】 6月23日，2014年江西省经济社会发展重大招标课题评审会在南昌召开。省委常委、省委宣传部部长姚亚平出席会议并作重要讲话，省委宣传部副部长龙和南出席会议，有关厅局及高校专家学者参与评审。评审会由省社联党组书记、主席祝黄河主持。各课题组负责人及成员、相关单位科研处负责人共60余人参加会议。评审会采取项目负责人现场答辩的方式进行，经过专家认真审阅课题申请书、听取项目负责人论证汇报和专家提问答辩3个环节，从25个课题组中投票选出6个，分别是江西财经大学朱丽萌主持的《江西融入长江经济带战略对策研究》、江西师范大学陈文华主持的《赣闽粤原中央苏区内陆开放型经济体系建设研究》、江西财经大学孔凡斌主持的《江西省国家生态文明先行示范区建设评价指标体系研究》、江西省发展改革研究院周国兰主持的《江西产业集群培育与工业产业升级关系研究》、南

6 月 23 日,2014 年江西省经济社会发展重大招标课题评审会在南昌召开
省社联供稿

昌大学黄细嘉主持的《打造江西休闲度假旅游重要目的地对策研究》、江西省社科院姜玮主持的《建设江西风清气正的政治生态长效机制研究》,每项课题资助经费 10 万元。

【全省社科研究“十二五”(2014 年)规划项目评审立项揭晓】 省社科规划项目自 6 月启动,全省各高校、科研院所及各级社联组织踊跃申报。申报学科涵盖马列・科社、党史・党建、哲学、经济理论、应用经济、法学、社会学、图书情报学、语言学、政治学、文学、艺术学、教育学・心理学、体育学、新闻传播学、历史学、管理学等,涉及政治、经济、社会、文化、生态文明的各个重要方面。经学科组匿名初评和复审,省社联党组审定,并经省委宣传部同意,江西省社会科学研究“十二五”(2014 年)规划项目共立项 393 项(含国家社科基金奖励项目 78 项),其中重点项目 15 项,一般项目 309 项,青年项目 69 项;资助经费 500 万元。

【评出第四届江西省优秀社科普及读物 16 部】 4—6 月,根据省委宣传部、省社联、省新闻出版广电局、省出版集团公司《关于开展推选第四届江西省优秀社科普及读物活动的通知》要求,经个人申报、组织推荐、专家评审、公示监督等程序,评出第四届江西省优秀社科普及读物 16 部,分别是《优秀基层“带头人”——走近 50 位老党支部书记》《中国共产党怎样解决作风建设问题》《我和老伴甘祖昌》《最美中国梦》《赣南苏区史——通俗读本》《千年沉重》《山河扣问》《世纪大审判・1946》《红色记忆——中央苏区故事集》《浮梁古县衙匾联鉴赏》《“孟子”的公理化诠释》《忠诚警魂——人民警察忠诚教育典型事迹 100 例》《中华汉字联想百科》《企业债务融资应用指南》《鄱阳湖生态经济区自然资源评价和低碳旅游研究》《毛泽东诗词经典欣赏——纪念毛泽东同志诞辰 120 周年》。

【评出 2014 年度江西省哲学社会科学成果出版资助项目 22 项】 省社联《关于申报 2014 年度江西省哲学社会科学成果出版资助项目的通知》发出后,得到全省社科界及广大社科工作者的大力支持,相关单位积极组织申报。2 月 28 日,共收到 21 个单位受理申报项目 69 项。省社联组织相关专家组成评审委员会,在资格审查、学科组专家评审的基础上,5 月 22 日召开评审会,评出 2014 年度江西省哲学社会科学成果出版资助项目 22 项,分别是《马克思主义时代化的实现过程研究》《从苏区文艺到延安文艺——马克思主义文论中国化历史进程研究》《大学英语教学环境中以学科内容为依托的语言教学研究》《魏晋南北朝汉语连词研究》《慈善传播:历史、理论与实务》《弋阳腔史料三百种注析》《传统与现代之间:中南乡村社会改造研究(1949—1953)》《近代江西文存》《气候博弈的伦理共识与中国选择》《利科文本理论研究》《环境政策促进区域经济发展的传导机制研究——鄱阳湖生态经济区环境政策模拟》《统筹城乡发展的户籍、社会保障与土地管理制度联动机制研究》《美国低碳经济政策转向研究》《中国道教文化资源开发及产业化研究》《地方政府环境决策短视的治理条件研究》《我国官员财产申报影响因素及实现路径研究》《环境约束下要素集聚与区域经济可持续发展——基于区域创新能力的视角》《我国区域绿色技术创新效率的时空分异与仿真模拟》《中国传统民法架构二元性问题研究》《检察制度的中国图景》《高等工程教育改革:对学科规训的突围》《中外生态文明 100 例》。

(刘志飞)

本栏编辑　詹跃华

文化艺术

综　述

2014年，江西省文化系统认真贯彻落实党中央和省委的决策部署，以改革为动力，适应日益变化的文化发展条件和环境，提升发展理念，转变发展方式，文艺创作、公共文化服务、文化产业发展、优秀文化传承、对外文化交流等各项工作开创了新局面。

全面深化文化体制改革。管准入，降低文化准入门槛，鼓励和引导社会资本、社会力量进入文化领域。先后取消行政审批事项2项，下放管理事项12项，取消和下放率达46%。同时，减少和规范行政审批程序，社会资本进入文化领域的活力不断激发，参与公共文化建设、进入文化市场的社会资本越来越多。定政策，推动省政府出台加快发展文化创意产业的若干政策措施，联合有关部门制定出台深入推进文化金融合作意见、支持文化赣商回乡创业的政策、公益性演出服务项目政府购买服务试点办法、加快江西省美术事业发展意见等。突出重点。公共文化服务标准化、均等化试点是2014年文化体制改革的重点与难点，省文化厅制定《江西省县（市、区）基本公共文化服务标准化、均等化实施意见（试行）》，先后启动2批试点，试点县（区）达32个，并在新干县组织召开全省基本公共文化服务标准化、均等化试点工作现场经验交流会。

繁荣艺术精品创作。江西省歌舞剧团有限公司创作的歌剧《回家》获第十三届精神文明建设"五个一"工程奖；赣南采茶歌舞剧院获评文化部全国重点院团，话剧《生如夏花》获中国话剧剧目"金狮奖"，演员宋运成获中国话剧表演"金狮奖"；江西省话剧团有限公司获评全国优秀话剧团。全省各级各类院团新创作文艺剧目比上年增长18%，文艺创作与繁荣工程征集各类创作剧目42个，确定10个重点扶持项目，有7个项目入选国家艺术基金2014年度资助项目。组织召开全省美术工作会议。与江西省文联共同举办第十四届江西省美术作品展览，87件作品入选第十二届全国美术作品展。成功举办江西省首届"八大山人"花鸟画作品展，收藏作品50余幅，江西省美术馆有了第一批新作储备。开展"江西美术史""20世纪江西美术史"等课题研究。

加快建设公共文化服务体系。建设公共文化服务设施。全省公共图书馆112座，全年购书经费2200万元，比上年增长12%；藏书2030万册；文化馆114家，二级以上馆65家；非遗展示馆98家，新增12家；博物馆140家，新增7家，其中上等级馆31家；美术馆33家，新增3家；城市社区文化活动室（中心）855个，新增145个；基层公共文化电子阅览室达1993个，覆盖全省所有乡镇。建设文博场馆。省图书馆和11座设区市图书馆数字虚拟网并入国家数字图书馆"推广工程"网络体系，全部共享国家图书馆超过120TB的数字资源。上等级博物馆中有26家建有专门网站，安源路矿工人运动纪念馆、洪州窑青瓷博物馆、秋收起义铜鼓纪念馆等还开通3D数字展馆。在南昌市和各设区市城区推行图书通借通还"一卡通"、自助借阅等数字借阅方式。全省各级图书馆、文化馆、美术馆举办讲座697场、展览1217场，分别比上年增长40%、94%。完成南昌八一起义纪念馆、庐山抗战博物馆等24家博物馆的陈展提升，完成陈展提升的博物馆总数达56家。各级博物馆（纪念馆）全年推出基本陈列展览、临时展览522个，接待观众达2865万人次，分别比上年增长10%、13%。开展群众文化活动，发挥省、市、县三级文化馆的策划、指导和带动作用，推动全省群众文化活动城乡一体、联动开展。全省各地结合实际组织开展欢乐广场、文化志愿社区行等各具特色的群众文化活动，涌现出各类群众文化活动项目630余个，参与群众达780多万人次。催生出一批群众文艺精品，42个群众文艺剧（节）目获全国性大奖。

发展文化产业和监管文化市场。省文化厅推动省政府出台加快发展文化创意产业的若干政策措施，联合有关部门制定出台深入推进文化金融合作意见、支持文化赣商回乡创业的政策等。继2014年年初组建江西省文化企业协会后，又推动动漫公共服务、文化金融合作、南昌文化科技融合等平台建设，组织召开全省文化金融合作会议。全省共有国家级文化产业示范基地9家，省级文化产业示范基地87家。全年签约文化产业招商项目53个，比上年增长28%；总投资26.3亿元，比上年增长29.3%。全年争取中央文化产业发展资金1.13亿元，比上年增长26%，通过金融合作为文化企业融资17亿元。2014年年底文化部产业司发布中国文化产业指数，江西省文化产业综合指数以74.2居全国第十，文化产业影响力指数以77.6居全国第八，两个指数双双首次进入全国前十。推行网络经营许可网上审批、文化市场技术监管与服务平台等新型监管方式,监管与服务平台数据激活率在全国11个上线省份中居第二;全年出动执法人员46万人次,检查各类文化经营单位和场所27万家(次),责令整改5782家(次)。1个办案质量获评2014年度全国文化市场十大案件,2个办案质量获评2014年度全国文化市场重大案件。

*加大文化遗产的保护与传承力度。*江西省32个中国传统村落入选国家文物局2014—2016年文物保护利用综合试点名单,5个村落入选2014年首批试点名单,入选数量均居全国第一。景德镇御窑厂国家考古遗址公园正式挂牌对外开放。赣南等原中央苏区16大革命遗址群修缮利用工程获国家文物局立项,项目涉及54个苏区县的600多个革命遗址点。景德镇乐平南窑唐代遗址入选2013年度全国十大考古新发现。新建县墎墩汉墓考古发掘取得重要成果,仅真车马陪葬坑就出土3000多件精美文物。完成全省48094家国有单位文物收藏情况普查,已登录收藏单位410家,全国排名第八。全省国家级非物质文化遗产项目70个,新增24个,新增数量居全国第二。全年组织478项非遗项目进景区。文化部公布江西省2014—2016年度中国民间文化艺术之乡13个,重新命名全省民间文化艺术之乡38个。

*加强对外和对港澳台文化交流。*省文化厅统筹国际国内两个方面,走出去与引进来"两促进",文化交流与文化贸易"两手抓"。举办北京·江西文化月、第九届中国文化遗产日主场等重大文化活动。2014年中国文化遗产日主场城市活动推动江西省和国家文物局签署遗产保护合作框架协议,被国家文物局赞誉为历届主场城市活动中最成功的一次。在赣台经贸合作研讨会期间省文化厅组织文物精品展赴台北展览,10余万台湾同胞前往观展;组织《回家》等精品剧目参加海峡两岸高峰论坛、第三届世界旅游经济论坛、第十二届澳门妈祖文化节演出。省文化厅重点推进中埃部省对口合作交流、俄罗斯彼尔姆·江西特色文化商品展、伊朗第15届穆巴拉克国际木偶节等"一带一路"主要沿线国家文化交流项目。启动在欧洲建立省部共建、江西承办的海外中国文化中心。成功举办2014年中国(南昌)国际演出交易会、首届驻华外交官"中国文化之旅"等重大文化活动。

(伍文珺　郑志山)

文　学

【概　况】　2014年,全省文学界以"出作品、出人才"为目标,坚持正确导向,积极开展文学活动。全省作家深入学习中共中央总书记习近平在文艺工作座谈会上的讲话精神,10月21日,《光明日报》发表《江西:作家要远离"二手生活"》文章,报道了江西作家学习习近平在文艺座谈会上的讲话情况;组织了系列以中国梦为主题的文学活动:组织全省作家撰写1000多篇以中国梦为主题的作品参加中宣部文艺局、光明网、新华网等组织的"我们的中国梦——讲好中国故事"征文活动;引导江西谷雨诗会品牌与江西茶文化传播结合,举办首届江西谷雨茶诗会暨林恩杯茶言茶语诗歌大赛颁奖会,完成第二届江西谷雨茶诗会暨林恩杯茶言茶语诗歌大赛征稿、评奖工作;举办图书捐赠全省职工书屋活动,向全省职工书屋捐赠江西作家创作的、省文艺创作与繁荣工程出版资助的图书约1.2万册,价值35万元;开展行业文学和基层文学协会的帮扶工作。6月底,与中国电建文学协会联合在南昌举办文学培训班;11月初,安排驻会人员赴井冈山参加省公安文联文学笔会并进行授课;11月底,参加新余市作协"抱石故里行"文学采风暨创作座谈会;12月,参加瑞昌市文化局等部门举办的文学创作座谈会,并举办文学活动;4月8日—9日,举办《天宝往事》首发式暨研讨会,组织白烨、梁鸿鹰、孟繁华、胡平等全国著名文学评论家撰写《天宝往事》的评论文章,在《人民日报》《光明日报》《文艺报》《中国艺术报》等报刊发表;6月16日,举办《走向田野》第一辑首发式暨创作座谈会;6月18日,举办夏磊散文集《一枕清霜》研讨会;实施"繁荣工程",推动文学出版。江西长篇小说征集评选获奖作品由江西人民出版社出版发行,它们是刘建华《天宝往事》、樊健军《桃花痒》、林岚《爱民太守况晴天》、乌安诗云《西北望》;"走向田野"文化大散文丛书由三联书店出版,它们是洪忠佩《婺源的桥》、陶江《银的镇》、周小鹏《谷村沧桑》、杨振雩《庐山往事》、李桂平《赣江十八滩》、毛小东和刘志明《千年封禁铜钹山》、杨廷贵《番人后裔》;"当代长篇小说经典丛书"由长江文艺出版社出版,它们是高歌《孤坟鬼影》、吴源植《金色的群山》、郭国甫《在昂美纳部落里》、赵洪波《未结束的战斗》,都是新中国成立初期江西长篇小说的代表作;"红色岁月"丛书由江西人民出版社出版,它们是钱其昭长篇小说《烽火赣西南》、罗旋长篇小说《客家风月》、李伯勇长篇小说《父韵空濛》、贺传圣长篇小说《布谷梦》、肖麦青纪实散文《烟雨安源》;"农村改革开放长篇小说"丛书由长江文艺出版社出版,它们是黎润林《香樟赋》、汪伟跃《移民移民》;"江右新散文文丛"由人民文学出版社出版,它们是李晓君《江南末雪——1990年代一个南方乡镇的社会生活》、王晓莉《笨拙的土豆》、范晓波《带你去故乡》、陈蔚文《见字如晤》、罗荣《神像的启示》、丁伯刚《内心的命令》、江子《赣江以西》;《走向田野》第二辑组稿完毕,它们是欧阳娟《千年药香》、李晓君《梅花南北路》、叶书麟《蒙面的萍乡》、邓涛《古道书声》、铱人《地下江西》等5本,正在审阅和修改中;培养文学新人,推荐何立文、许珊两位青年作家进入鲁迅文学院学习,推荐陈蔚文入选中国作协2014年定点深入生活名单,推荐江华明入选中国作协2014年重点作品扶持项目。鼓励精品创作。陈世旭短篇小说《幺娘娘》发表在《人民文学》;阿袁中篇小说《米白》《打金枝》发表在《小说月报》《十月》,《十月》于10月中旬为阿袁等3名小说作家举办研讨会;陈蔚文中篇小说《室友卢爱华》发表在《上海文学》,《第一年》发表在《小说月报原创版》,陈然在《红岩》等报刊发表中短篇小说若干;杨帆《美术课》发表在《清明》;白勺中篇小说《群众来信》被《北京文学中篇小说月报》转载,《寻刀记》被《中篇小说选刊》第二期选载;刘建华中篇小说《书香门第》发表在《长城》;刘国芳、陈永林等小小说作家都有新作在全国的小小说刊物上发表。在出版方面,张学龙在江西高校出版社出版长篇小说《镇宅宝》,吴清汀在中国文联出版社出版长篇小说《春之梦》,宋清海在长江文艺出版社出版长篇小说《1968年的雪》,李伯勇在作家出版社出版长篇小说《抵达昨日之河》,陈然的小说集《一根刺》《蝶蛹》在中国书籍出版社出版,《窒息》在四川文艺出版社出版;陶宗令在中国文联出版社出版小说集《纸花》,金朵儿的青春励志小说《你的时光灿若繁花》入选安徽文艺出版社"爱小说"系列并出版,钟政历史长篇小说《清官况钟》由江西高校出版社出版发行,农民作家孙流航的小说集《幸福打工路》由江西高校出版社出版。散文创作依然强劲。陈世旭的随笔依然在《文艺报》连载,刘上洋、傅菲、王晓莉、范晓波、陈蔚文、洪忠佩等人的作品分别发表在《花城》《天涯》《青年文学》《散文》《美文》《北京文学》《江南》等重要文学刊物;《散文选刊》《散文海外版》分别转载江西省作家刘华、傅菲、王晓莉、陈蔚文、安然、王芸、蓝燕飞、江子等人的作品;2014年第六期《散文海外版》发表刘华、王晓莉、王芸3位江西散文作家作品。新人辈出,80后作家朱强分别在《人民文学》《美文》《天涯》等刊物发表《墟土》《虚实》《大风起兮云飞扬》《那些飘来的事物》等才气丰沛的作品。王明明在《花城》发表《一个伐木时代的终结》。90后作家谢宝光的长篇散文在《美文》发表。出版成果喜人。刘华以樟树酒文化为主题的长篇散文《一杯饮尽千年》在长江文艺出版社出版。傅菲散文集《南方的忧郁》在花城出版社出版。胡平长篇散文《瓷上中国》由二十一世纪出版社出版后,获得中宣部全国"五个一工程奖"。周冲随笔集《你配得上更好的世界》在江苏凤凰出版社出版。胡永良的《从篱笆到围墙》被广东人民出版社作为重点图书推出,并在贵州全国书博会重点推广。陈政文化随笔集《列岫云川》由人民文学出版社出版。温燕霞介绍客家民系生活的散文集《我的客家》由江西美术出版社出版。段文化长篇文化随笔《酒讯》由江西人民出版社出版。诗歌创作稳健发展。林莉、三子、邓诗鸿、王彦山、刘理海、吴素贞、刘义、渭波、熊国太的诗作在《人民文学》《诗刊》《十月》《钟山》《星星诗刊》等报刊发表。因创作突出,王彦山参加诗刊社组织的2014年青春诗会,成为江西省继凌非、汪峰、三子、凌翼、林莉、邓诗鸿之后第7位青春诗会参加者。《山花》发表江西诗人小辑。王彦山诗集《一江水》由漓江出版社出版,刘理海诗集《植物拥有魔力》由卓尔书店出版,黄晓园诗集《诗意禅心》由二十一世纪出版社出版,木朵诗论集《诗人观念的当代阐释》由解放军文艺出版社出版。南昌市作协编辑的《南昌诗派诗歌选》由江西高校出版社出版。龙泉诗集《天枰座》由长江文艺出版社出版。聂迪诗集《乡》由长江文艺出版社出版。依托省文艺创作与繁荣工程资助,抚州市文联组织了《新世纪抚州诗歌大系》在漓江出版社出版,包括龙泉《减法》、杨景荣《深夜散步》、吴素贞《未完的旅途》及抚州诗歌合集《和鸟一起住在天上》。儿童文学创作有新成果。喻虹、聂焱如等人的儿童文学作品在《儿童文学》等报刊发表;彭学军新著《浮桥边的汤木》由二十一世纪出版社出版;喻虹《珍珠泪》由金盾出版社出版。纪实文学创作名列中国作家协会主持的全国百名历史名人传记出版工程,陈世旭《八大山人传》、聂冷《杨万里传》由作家出版社出版发行。

【举办2014年江西谷雨诗会】 4月18日—19日,谷雨期间,江西省作家协会、江西广播电视台综合新闻频率、三清山风景名胜区管委会联合在世界自然遗产地、世界地质公园三清山举办2014年江西省谷雨诗会,来自全省各地的50多位诗人参加诗会。诗会以"谷雨诗 中国梦"为主题,内容包括"梦见三清山"诗歌朗诵会、"理想主义与诗歌"高峰论坛、《山花》《星星诗刊》杂志社编辑名家讲坛、三清山诗歌采风等系列活动。通过朗诵、研讨、采风等一系列活动,本次谷雨诗会展示了江西诗坛的最新成就及发展状况,分析了江西具有理想主义气质的诗歌文本,梳理了理想主义与诗歌的理论问题。为丰富谷雨诗会形式和内容,省作协与省民协、江西诗词学会等单位在3月底组织江西40余位诗人赴九江县拜谒祭扫历史文化先贤陶渊明墓园。除了江西(三清山)谷雨诗会,省作协还联合南昌市文联、作协及青山湖区举办江西(南昌)谷雨诗会之扬子洲生态诗会,联合江西林恩茶业有限公司举办第二届江西谷雨茶诗会。在谷雨诗会这一品牌活动的倡导和省作家协会的组织推动下,全省各地纷纷在谷雨前后举行2014年谷雨诗会。南昌市、九江市、景德镇市、抚州市、宜春市、新余市、萍乡市、上饶市、吉安市、鹰潭市等纷纷举办谷雨诗会。新浪江西网、中新网、网易新闻中心、新华网江西频道、江西卫视等媒体对2014年谷雨诗会进行了报道。

【举办"胡辛执教47周年、从文习艺31周年回顾展"】 9月10日,由南昌大学、省文联主办,景德镇焦化工业集团、江西省作协等单位承办的"胡辛执教47周年、从文习艺31周年回顾展"在景德镇美术馆开幕。文化部原部长王蒙,全国政协常委、中国作协原副主席陈建功,省委常委、省委宣传部部长姚亚平发来贺信;江西省委原副书记卢秀珍、省政协原副主席王林森、省文联主席叶青等和来自北京、省及市文联、社科院、大专院校及美术界、创作界的嘉宾出席活动,并为开幕式致辞、剪彩。回顾展展出胡辛创作的文学艺术作品200余件,包括文学作品38本、影视作品26部、国画作品56幅、陶瓷作品74个。活动期间,举行胡辛创作研讨会。

(*石兰芳*)

艺　术

【概　况】 2014年,以举办2014北京·江西文化月、参评中宣部第十三届精神文明建设'五个一工程"奖为动力和契机,征集各类创作项目60余个,确定12个项目为年度文艺创作与繁荣工程扶持项目,遴选出7台剧目作为2014年北京·江西文化月展演剧目,以及"伟大复兴路,共圆中国梦"庆祝新中国成立65周年全省优秀剧目的集中展演;积极申报首届国家艺术基金资助项目,其中大型民族歌剧《回家》获第十三届中宣部精神文明建设“五个一工程”奖，并获得2014年度国家艺术基金大型舞台剧资助项目；话剧《生如夏花》获2014年度话剧金狮奖；召开新中国成立以来，首次江西省美术工作会议，并出台指导美术创作工作的纲领性文件《关于加快江西省美术事业发展的意见》；举办2014全省艺术创作研修班；开展“深入生活，扎根人民”江西艺术家采风创作活动；全省各级文艺院团坚持商业演出与公益性演出相结合，实施文化惠民政策，取得社会效益和经济效益双丰收。全省国有改制院团完成演出1.19万场，实现演出收入6439.95万元；全省民营院团完成演出2.20万场，实现演出收入6696万元。其中年收入10万元以上民营院团实现演出收入5696.19万元。

【举办2014年北京·江西文化月活动】 2—5月，省委宣传部、省文化厅在北京举办“江西风景独好”——北京·江西文化月活动。共有江西古代文物精品展、南昌瓷板画精品展、景德镇当代陶瓷艺术精品展3个展览和原创民族歌剧《回家》、话剧《生如夏花》、赣剧《荆钗记》、赣剧《那杆秤》、萍乡采茶戏《有事找老杨》、宜春采茶戏《阳台上的野菊花》、高安采茶戏《玖爷和他的贾家村》7个剧目走进北京，是江西省近年来规模最大、内容最多、规格最高、时间最长的大型文化宣传展示活动。

【歌剧《回家》获第十三届中宣部精神文明建设“五个一工程”奖】 4月，原创民族歌剧《回家》在国家大剧院演出。9月18日，《回家》获第十三届中宣部精神文明建设“五个一工程”奖。原创民族歌剧《回家》是江西省宣传文化系统重点组织创作，江西省歌舞剧院有限责任公司转企改制后精心打造的首部民族歌剧，也是江西省65年来原创的首部完整歌剧，此前已在江西各地上演近50场，10多万人次观看。

【举办“伟大复兴路，共圆中国梦”庆祝新中国成立65周年全省优秀剧目集中展演】 2014年国庆期间，省文化厅选调北京·江西文化月7台展演剧目在江西艺术中心进行为期一个月的公益性展演。全部演出门票面向群众免费发放，共发放门票9800张，观看人数达9000人次，取得良好的社会效果。

【开展“我们的中国梦”省直院团元旦春节文化进万家活动】 1月1日—2月29日，在省委宣传部、省文化厅统一部署下，省直各文艺院团深入到社区、部队、学校、企事业单位、农村、贫困山区，开展送文化演出200余场，演出地点遍布全省60多个乡镇，观众人数90万人次。进一步丰富了广大人民群众精神文化生活，将“我们的中国梦”和社会主义核心价值观文艺作品送到每位百姓身边。

3月26日，由中国美术家协会和江西省文化厅举办的首届“八大山人”全国花鸟画作品展在江西省美术馆展出

省文化厅供稿

【举办“八大山人”全国花鸟/山水画作品展】 3月26日，由中国美术家协会、省文化厅联合举办的首届“八大山人”全国花鸟画作品展在江西省美术馆开幕。此次作品展，全国有4000余幅作品参赛，收藏获奖作品300幅。8月，启动首届“八大山人”全国山水画作品展，至征稿截止日，共征得来自全国各地的稿件3300件。

【召开首次全省美术工作会议】 3月26日，江西省首次全省美术工作会议在南昌召开，全省百余名美术工作者参加会议。这是新中国成立以来，江西召开的首次全省性专题研究、部署美术工作的会议。会上，首次出台指导美术工作的纲领性文件《关于加快江西省美术事业发展的意见》；部署《江西美术史》（下限至1911年）、《20世纪江西美术史》《新世纪江西美术研究（2000—2014）》等系列课题的研究工作。

【举办第十四届江西省美术作品展】 7月16日，由省文化厅、省文联、省美协联合主办的第十四届江西省美术作品展在江西省美术馆开幕。展览旨在繁荣美术创作、培育美术新人、推出美术精品，向中华人民共和国65周年华诞献礼。展出期间，组委会对展出作品进行评选，从中推选出87件作品代表江西入选第十二届全国美术作品展，其中获奖提名8件。

【江西七个项目获国家艺术基金资助】 2014年是国家艺术基金的开创之年。全省申报项目107项，根据国家艺术基金2014年度资助项目公示名单，江西省包括大型舞台剧《回家》，小型舞台剧（节）目《窗床闯创》《青花叠韵》，传播交流推广项目《八子参军》《传承与创新——景德镇当代原创陶瓷艺术作品巡回展》在内的7个项目获得资助，涵盖了所有申报项目类型，获资助资金938万元。

（陈星）

社会文化

【概　况】 2014年，江西省多项社会文化工作取得突破性进展。在全国率先建立全省公共文化服务体系协调机制，制定《江西省县（市、区）基本公共文化服务标准化、均等化实施意见》，将吉安市新干县和赣州市寻乌县列为全省基本公共文化服务标准化、均等化的首批试点县，深入、持续推进全省公共文化服务体系标准化、均等化建设。创新开展“百姓大舞台，大家一起来”大型公益演出、江西省图书馆“读好书”活动、九江市图书馆“寻庐讲坛”等重大文化服务品牌。继续举办全省基层文化骨干培训班，大力实施春雨工程及文化志愿者服务工作，获文化部10项表彰。

【建立全省公共文化服务体系协调机制】 4月开始，省文化厅对省直22个相关部门的公共文化服务项目进行广泛深入的调研，听取意见、了解情况、分析问题。9月11日，江西省公共文化服务体系建设协调组成立暨第一次全体会议在省委召开。协调组由省委组织部、宣传部、编办、文明办、发改委、财政厅、新闻出版广电局等23家成员单位组成，主要任务是负责全省公共文化服务体系建设重大事项的协商和部署。经充分协调和反复协商，明确组织机制、会商机制以及职责任务，形成《江西省公共文化服务体系建设协调组议事规则》《江西省公共文化服务体系建设协调组成员单位责任分工》。

【出台《江西省县（市、区）基本公共文化服务标准化、均等化实施意见（试行）》】 10月21日，经反复征求各地区、各部门意见，江西省公共文化服务体系协调组成立会上审议通过了《江西省县（市、区）基本公共文化服务标准化、均等化实施意见（试行）》。基本公共文化服务标准主要包括4个方面：一是公共设施标准。主要针对公共文化设施具体建设规模提出刚性要求。二是内容建设标准。重在提高公共文化机构的服务效能和水平，突出江西特色。提出行政村（社区）要建有“身边好人”榜（含社会主义核心价值观24字基本内容和村规民约、社区业主公约等）和公共阅报栏（屏）。三是资源技术标准。围绕推进数字文化建设，设置公共文化机构的服务设

1月5日，江西省文化厅启动“百姓大舞台，大家一起来”周末免费剧场活动。图为群众文化队伍在省话剧团经典剧场演出

省文化厅供稿

备和文献资源配置底线。四是政策保障标准。就协调统筹、资金保障、基层文化专业队伍和志愿者队伍建设提出要求。

【开展全省公共文化服务标准化、均等化试点工作】 4月，江西省选取具有一定典型性和示范性的吉安市新干县和赣州市寻乌县作为全省基本公共文化服务标准化、均等化的首批试点县。其中寻乌县为原中央苏区和江西省21个贫困县的试点县，新干县为一般县市区的试点县。10月22日—23日，江西省在新干县召开全省公共文化服务标准化、均等化现场经验交流会，实地对新干县的试点工作进行调研。调研显示，新干县试点的一个特点就是构建了领导统一、权责明确、上下联动、左右配合的基层公共文化服务运行机制，推动基层公共文化资源共建共享，发挥公共文化服务综合效益。现场经验交流会与会代表考察后的感慨中最具代表性的4句话是：“钱花得不多，事办了不少”“老大难老大难，思想重视就不难”“整合出奇迹，四两拨千斤”“什么叫标准，一看就明白”。11月2日，中央电视台在新闻联播中报道江西的试点工作，称江西的“这项工作，让农民共享文化发展成果”。

【打造“百姓大舞台，大家一起来”大型公益演出活动品牌】 2014年，为打造文化活动品牌，推动群众文化纵深发展，江西省文化厅创立“百姓大舞台，大家一起来”大型公益文化活动。活动以“零门槛、零距离、免费看，社会各界齐参与”为宗旨，以“百姓演，百姓看，百姓乐，共享文化盛宴”为特色，演出内容涵盖音乐、舞蹈、曲艺、京剧、采茶戏、木偶戏等艺术门类。截至11月，全省11个设区市共举办“百姓大舞台”公益演出2100场，观众达300万人次，群众演员21万名。

【实施全省基层文化骨干轮训】 4月23日，省文化厅组织举办第15期全省基层文化骨干培训班。培训工作采取集中学习、分期办班方式进行，每期100～120人，历时120天，对全省1531名基层文化骨干进行全面轮训。

【江西省13个县市区入选“2014—2016年度中国民间艺术之乡”】 12月3日，文化部下发《文化部关于命名2014—2016年度“中国民间文化艺术之乡”的通知》，覆盖南昌、九江、吉安、赣州、上饶、宜春、抚州7个设区市的13个民间文化艺术之乡榜上有名。此次获命名的民间文化艺术之乡是：九江市瑞昌市（剪纸）、吉安市永新县（书法）、宜春市上高县（农民摄影）、上饶市婺源县（工艺雕刻）、南昌市青山湖区（灯彩）、吉安市吉安县（灯彩）、赣州市安远县（采茶戏）、赣州市

兴国县(山歌)、九江市修水县(书法)、赣州市于都县(唢呐)、上饶市广丰县(书画)、抚州市黎川县(油画)、吉安市永丰县(农民画)。

(涂安宁)

非物质文化遗产

【概　况】 2014年,围绕非遗保护与传承,多项工作取得较大进展。江西省非物质文化遗产研究保护中心成立,解决多年无办事独立机构和人手不足状况。出台《江西省非物质文化遗产条例》草案,推动非遗法制建设。完善国家级非遗名录体系,新增24项。配合省委宣传部开展生产性保护示范基地调研。广泛开展非遗宣传活动,"文化遗产日"江西非遗樟树林展示馆举办专场活动,同时举办第二届全省非物质文化遗产摄影比赛,选派10多个适合生产性保护项目和永新盾牌舞、九江山歌等表演项目参加北京、河南、深圳、甘肃、贵州、天津、山东、浙江等地举办的大型非遗展演展示活动,传播江西非遗资源和文化魅力。完成24项第四批国家级和118项第四批省级非物质文化遗产名录项目数据库资料录入,确定2个国家级非物质文化遗产数字化保护第二批试点工作。完成14集非物质文化遗产《赣风》系列片拍摄任务,记录江西民俗风情。婺源、赣南2个文化生态保护实验区建设成绩显著。

【出台《江西省非物质文化遗产条例》草案】 8月,由省人大教科文卫委牵头,省文化厅、省政府法制办、省人大常委会法工委参与,启动《江西省非物质文化遗产条例》起草工作。11月,省文化厅完成条例草案。条例草案参照云南、湖北、贵州、陕西等省份非遗保护工作经验,同时在项目评审标准、专家库、重点保护、区域分类、创新、旅游开发、退出机制及生产性保护基地等方面突出江西特色。

【江西国家级非遗代表性项目名录新增24项】 11月11日,根据《国务院关于公布第四批国家级非物质文化遗产代表性项目名录的通知》,江西新增24个国家级非物质文化遗产代表性项目:解缙故事、宜黄禾杠舞、东河戏、永修丫丫戏、客家古文、永新小鼓、井冈山全堂狮灯、吉州窑陶瓷烧制技艺、古戏台营造技艺、庐陵传统民居营造技艺、稻作习俗、赣南客家匾额习俗、花钗锣鼓、龙虎山正一天师道道教音乐、黎川舞白狮、江西目连戏、东固传统造像、莲花打锡、夏布绣、赣南客家围屋营造技艺、赣南客家擂茶制作技艺、婺源绿茶制作技艺、樟树中药炮制技艺、吉安中秋烧塔习俗。江西国家级非物质文化遗产代表性项目名录增至70项。

(吴先华)

图　书　馆

【概　况】 2014年,全省有公共图书馆112座,其中省级1座、市级11座、县区级100座。全面完成文化信息资源共享工程建设,形成覆盖全省城乡的五级共享工程服务网络。各级公共图书馆以数字公共图书馆建设为指引,不断提升服务能力,拓展服务范围,丰富服务手段,为广大人民群众提供内容丰富、形式多样的文化服务。

【推行全省图书通借通还"一卡通"】 继在南昌地区试点,实现图书通借通还后,2014年,开始在江西省省域范围内推行图书通借通还"一卡通"。实现读者只需办理一张读者卡,即可在一定区域内任何一座公共图书馆享受阅览图书、借还图书、查阅数字资源等服务,实现公共图书服务在一定范围内一卡通行。至年底,全省11座市级图书馆在网络带宽、服务器设备、服务标准方面都实现了设区市城区图书通借通还"一卡通"。

【江西省数字图书馆体验中心正式开通】 4月23日,江西省数字图书馆体验中心在省图书馆一楼正式对读者开放。体验中心内提供多种数字服务终端,其中多达90TB的丰富数字资源可供自由使用,并为读者提供包括馆藏书目资源、电子图书、电子期刊、学术视频、学术论文等在内的各项服务。方便社会公众对各类电子图书快速查询与浏览,扩大省级数字图书馆的影响力。

【打造地方特色数据资源库】 2014年年底,省图书馆完成《江西历史文化名人多媒体资源库》和《江西籍共和国开国将军多媒体资源库》的建设,并向文化部全国公共文化发展中心申报《江西历史文化名镇名村多媒体资源库》和《江西非物质文化遗产资源库(四)》两个地方特色资源库,两个资源库已经通过评审,将于2015年开始建设工作。《江西历史文化名人多媒体资源库》对江西的30位历史文化名人的生平、作品、成就以及在历史上的影响做详细的介绍,分为《江西历史文化名人多媒体资源库(一)》和《江西历史文化名人多媒体资源库(二)》两部分,两个资源库合计数据30条,150万字,图片3000幅,视频30部共计25小时。《江西籍共和国开国将军多媒体资源库》包括1000条数据,10万字,2000幅图片,10部视频共计5小时,全面、真实、客观地记录325位江西籍共和国开国将军的相关资料,反映了将军的精神风貌及丰功伟绩。

【推进全省古籍普查工作】 3月,省文化厅印发《关于加快推进全省古籍普查工作的通知》。5月27日,江西省古籍保护工作专家委员初评会召开,全省有3座图书馆和232部古籍申报第五批《国家珍贵古籍名录》暨"全国古籍重点保护单位"。截至年底,完成全省古籍数量统计工作、省图书馆善本目录编制工作,全省图书馆古籍保护条件得到改善。

【启动主题图书馆建设】 为进一步构建具有赣鄱特色的文献信息资源体系,充分挖掘地域文献特色,3月,省文化厅印发《关于在全省公共图书馆开展主题图书馆建设工作的通知》,在全省公共图书馆开展主题图书馆建设工作。12月26日,省文化厅审定并公布第一批26座主题图书馆试点单位名单,不仅在地域文化特色鲜明的设区市,推出景德镇"陶瓷文献图书馆"、鹰潭"道教文化主题图书馆"、宜春"禅宗主题图书馆"、吉安"庐陵文化主题图书馆"11个主题图书馆等。甚至15个县区也亮出文化名片，有修水“陈氏五杰文化主题馆”、靖安“佛学主题图书馆”、弋阳“弋阳腔文化艺术主题馆”等。

小知识：主题图书馆是通过特定领域（某一领域或数个领域）专藏和服务来满足人们对专类知识和信息需求的图书馆，是充分体现地域文化特点的地方文献馆，即一馆一特色。主题图书馆以满足读者需求为建设的最终目的，立足本地特有的人文资源和优秀文化，挖掘区域文化内涵，展现主题图书馆的特有理念，真正体现以人为本的服务理念，充分发挥公共文化服务大众的功能，满足大众的个性化和多样化文化需求。

【举办全省第四届“读好书”活动】 4—12月，省图书馆举办全省第四届“读好书”活动。要求全省各级文化部门和各公共图书馆通过开展一系列丰富多彩、受众广泛的读书活动，倡导“新空间 新服务 新体验”服务导向，形成“阅读请到图书馆”的读书氛围。

【推进公共图书馆讲座与展览联盟】 截至2014年年底，赣图大讲堂共举办讲座61场；赣图展览每月安排一个主题展览，已展览10场。并依托江西省公共图书馆讲座与展览联盟，将讲座与展览活动推送到全省各市、县图书馆。联盟共举办巡展82场、巡讲11场，其中湘鄂赣皖四省专家巡讲的《高山仰止——湘鄂赣皖名山文化解读》是四省专家联动的方式。

（涂安宁）

博 物 馆

【概　况】 2014年，扎实推进全省博物馆“百馆展示工程”，截至年底，江西省在省级文化行政管理部门登记的博物馆共有140家。其中，文化（文物）系统管理的106家、行业博物馆10家、民办博物馆24家。拥有国家一级博物馆4家、二级博物馆5家、三级博物馆22家。全年推出陈列展览522个，免费接待国内外观众2865万人次。

【组织《江西古代文物精品展》】 2—5月，江西省文博系统整合全省文物珍品，在首都博物馆推出《赣水流韵辉耀千载——江西古代文物精品展》，作为“江西风景独好”——北京·江西文化月首个项目。该展由江西省文化厅、北京市文物局、江西省文物局联合主办，江西省博物馆和首都博物馆联合承办，首次汇集省内各家博物馆珍藏的160余件文物精品，时间跨度从石器时代至清代，器物类型囊括青铜器、瓷器、玉器、金银、织物和书画，等级之高、规模之大、品类之全前所未有。展出70天，观展人数达22.13万余人次。新华社、人民日报、光明日报纷纷做出长篇报道，解读国宝，品说江西文化。百度搜索“江西古代文物精品展”结果显示：各类新闻媒体报道、转载达34.40万篇次。观展的政要、专家、观众留言，写满厚厚的4本近1万条。“两会”期间，江西省委书记强卫和省长鹿心社专门前往，强卫接受人民网采访时称赞“北京·江西文化月是赣文化走出去的重大举措”，并盛情邀请大家去观看展览。该展作为第12届赣台经贸文化合作交流大会暨两岸（江西）经贸文化合作交流活动周重要组成部分，7—9月在台北历史博物馆展出，10余万台湾同胞前往观展。

【评选江西省博物馆陈展“十大精品”】 2014年，省文化厅、省文物局开展全省博物馆（2011—2013年度）陈列展览“十大精品”评选工作。南昌新四军军部旧址陈列馆“铁的新四军”、江西省革命烈士纪念堂“红土魂——江西革命烈士事迹陈列展”、庐山博物馆“跃上葱茏——庐山历史文化陈列”、高安市吴有训科教馆“吴有训生平展”、龙虎山博物馆“中国丹霞——龙虎山地质展”、宜春市博物馆“昌盛之邦——宜春历史文明展”、安源路矿工人运动纪念馆“安源路矿工人运动史陈列”、南昌市民俗博物馆“图说南昌民俗”、新余市博物馆“傅抱石生平事迹与艺术成就展”、万载湘鄂赣革命纪念馆“湘鄂赣革命根据地斗争史陈列”被评为“十大精品”展览。

【开展全省可移动文物普查工作】 8月13日，省普查办下发《关于进一步加强我省可移动文物普查工作的通知》，指导各地在完成国有单位文物收藏情况调查的基础上，以县域为单元，全面开展文物普查认定和信息数据登录等工作。按照国家文物局的总体部署和时间节点要求，主要开展以下工作：一是完成国有单位文物收藏情况调查。全省登记并调查各类国有、企事业单位4.82万家，其中机关单位1.05万家、事业单位3.30万家、国有企业及国有控股企业4656家。反馈有（疑似）文物收藏单位总数420家，占全省国有单位总数的0.9%。二是组织普查人员培训。省文物局举办全省第一次可移动文物普查信息登录骨干培训班，邀请国家文物局领导和专家授课，现场指导重点收藏单位。根据分级分类原则，各设区市也逐级展开标准化培训，扩大普查培训的受众面。三是全面开展文物信息采集登录工作。收藏有文物的单位根据国家统一规范和技术标准，开展文物测量、拍摄、信息数据资料采集和登记。至11月10日，已登录收藏单位360家，居全国第4位；已登录藏品3.41万件/套，居全国第8位。

（王琴红）

文物保护与考古发掘

【概　况】 2014年，省文化厅跟进国家文物局推动传统村落文物整体保护利用的新政策，做好全省传统村落文物整体保护利用综合协调工作和指导工作，破解全省传统村落整体保护利用资金投入和施工队伍难题，使传统村落文物整体保护利用综合试点工作实现良好开局。推进全国重点文物保护单位保护项目立项报告、方案编制、报批及保护资金申报工作，全年全省约200个文保维修项目获得评审通过，281个文物保护维修和考古项目获国家专项经费支持，经费总额达5.3亿余元。做好第七批全国重点文物保护单位保护范围和建设控制地带划定及第六批和第七批全国重点文物保护单位记录档案编制工作，历时4个月，按时完成第六批和第七批全国重点文物保护单位记录档案制作、报送备案工作。推进赣南等原中央苏区革命遗址保护。抓好文物保护工程项目实施工作。继续抓好大遗址保护各项工作。做好全省基层文物保护工作以及文物考古工作。

【江西传统村落保护利用综合试点数量位居全国第一】 2014年,江西有32个传统村落入选国家文物局2014—2016年传统村落保护利用综合试点名单,5个传统村落入选国家文物局2014年首批51个中国传统村落保护名单,入选村落数量均位居全国第一。9月,国家文物局在福建省龙岩市召开全国传统村落整体保护利用工作现场会,江西省作典型发言。

【赣南等原中央苏区革命遗址保护利用工程获中央财政2.1亿元专项经费支持】 2014年,省文化厅以国保单位为龙头,编制16个《2014—2016年赣南等原中央苏区革命遗址保护维修的工程项目立项意见书》并获国家文物局批准。项目涉及54个苏区县的600多个革命遗址点,分3年实施。赣南等原中央苏区革命遗址共有170余处维修方案通过国家文物局第三方机构评审,中央财政安排2.1亿元专项保护资金用于革命遗址的保护维修,相比往年拨付资金大幅增长。

【新增一批国家级和省级历史文化名镇名村】 3月,萍乡市安源区安源镇、铅山县河口镇、铅山县石塘镇、广昌县驿前镇、金溪县浒湾镇和吉安县永和镇6个古镇被住建部和国家文物局公布为中国历史文化名镇;婺源县思口镇思溪村、宁都县田埠乡东龙村、吉水县金滩镇桑园村、金溪县琉璃乡东源曾家村、安福县洲湖镇塘边村和峡江县水边镇湖洲村6个古村被公布为中国历史文化名村。截至12月,全省有中国历史文化名镇名村33个(名镇10个、名村23个),总数继续全国领先。8月9日,省政府公布金溪县浒湾镇、峡江县巴邱镇和进贤县文港镇周坊村等32个古镇古村列为第五批省级历史文化名镇名村,全省省级历史文化名镇名村总数达115个。

【江西文物保护工程项目实施工作获国家文物局认可】 11月,在国家文物局召开的第六次全国文物保护工程会议上,江西省作典型发言。为确保文物保护工程项目的有序实施,2014年,省文化厅重点开展以下工作:完善督导机制,成立重点工作督导组和专家组,督导组下设11个督导小组分片包干负责设区市的督导工作;突出工作重点,将赣南等原中央苏区革命遗址保护利用(2014—2016年)、中国传统村落保护利用(2014—2016年)、国家重点文物保护项目、省基层文物保护项目等工作作为全年全省文物重点工作,进行重点督导,抓好落实;明确督导环节,从项目立项、方案编制和项目申报、工程招投标、启动实施、工程监管和竣工验收等各环节均纳入督导组的督导环节,实现全程督导;建立健全制度,制定《江西省文物保护工程技术标准》《赣南等原中央苏区革命遗址文物保护工程导则(试行)》和《江西省中国传统村落整体保护利用文物保护工程导则(试行)》等一系列规范性文件。

(刘长桂)

文化产业

【概　况】 2014年,省文化厅命名南昌古玩城实业有限公司等36家企业(单位)为第五批省级文化产业示范基地,省级文化产业示范基地增至87家。全省新增3家国家级文化产业示范基地和3个国家认定动漫企业;景德镇法蓝瓷实业有限公司等7家企业获2013—2014年度国家文化出口重点企业;景德镇近现代陶瓷工业遗产综合保护开发项目、夏布刺绣产业发展项目获文化部2014年度特色文化产业重点项目;"寻梦龙虎山"龙虎山大型实景演出项目、红背带生态型木屋3D视听影院建设项目获财政部2014年度文化产业发展专项资金文化金融扶持计划拟支持名录;鹰潭黄蜡石产业公共服务平台、萍乡漫步青云动漫"电子漫画集市"平台、江西务本传媒数字文化内容创作与经营模式创新服务等均获财政部2014年度文化产业发展专项资金;江西翰皇典作品《天工开物——开心岛》获2014文化产业创业创意人才扶持计划,卢军进入文化部创意人才库;动漫作品《汉字智立方》《老阿姨的梦》被评定为2014年弘扬社会主义核心价值观动漫扶持计划产品项目。全省文化产业持续健康快速发展,据文化部文化产业司发布中国文化产业指数,江西省文化产业综合指数74.2,位居全国第十;文化产业影响力指数77.6,位居全国第八,两个指数均首次进入全国前十名。

【成立江西文化企业协会】 1月15日,江西省文化企业协会成立大会在南昌召开,副省长朱虹、中国文化产业协会会长张斌为协会揭牌。会议讨论并通过《江西省文化企业协会章程》,业务主管单位为江西省文化厅,省文化厅厅长郜海镭为协会顾问,江西东旭投资集团董事长陈东旭为协会会长。协会以为政府当好智库、为产业搭建平台、为会员提供服务为宗旨,下设动漫、陶瓷、音乐、休闲旅游、工艺品美术、文化产业园区、演艺传媒、礼仪庆典、珠宝玉石等9个专业委员会,拥有会员单位200余家,分布江西11个地市、细分行业与产业链上下游。

【编制出台"三个一百工程"】 为建立长效调度机制,抓好重点文化产业项目建设,做好重点文化企业跟踪服务工作、对外招商工作,引导更多资源资本进入文化产业,8月26日,在全省文化部门层层申报基础上,省文化厅编制出台"三个一百工程",提出全省126个重点文化产业建设项目、155个重点文化企业和165个文化产业重点招商项目。

【召开江西省文化金融合作会议】 11月26日,江西省文化金融合作会议在南昌召开,江西省文化系统、金融系统、文化企业及相关厅直单位共150余人参加会议,共同交流文化金融合作的经验与成果。会上,省文化厅与国开行江西省分行签订战略合作协议,28家文化企业与16家金融机构签订融资协议,授信总额约25.6亿多元。同时,省文化厅还联合省财政厅、人民银行南昌中心支行共同出台《关于深入推进江西文化金融合作的实施意见》。

【新增3家国家级文化产业示范基地】 12月26日，文化部命名71家文化企业为第六批国家文化产业示范基地，其中江西桐青金属工艺品有限公司、江西丝黛实业有限公司、景德镇佳洋陶瓷有限公司等3家文化企业成功入选，江西省国家级文化产业示范基地增至9家。

（杜克海）

文化交流

【概　况】 2014年，省文化厅坚持“走出去”与“引进来”相结合，文化交流与文化贸易“两手抓”，从“政府主导、企业主体、市场运作、社会参与”4个方面，积极推动江西文化“走出去”。全年全省对外及对港澳台文化工作，实施完成项目109个，文化交流出入境1144人次。其中，派出项目13个，引进项目96个，境外演艺项目90批次，演出926场。江西艺术中心、宜春艺术中心、吉安艺术中心成为江西涉外及港澳台营业性演出市场的主力军。

【省木偶剧团赴埃及参加2014年“欢乐春节”大庙会演出活动】 2月11日—18日，省文化厅派出江西省木偶剧团有限责任公司6人团组，赴埃及参加2014年“欢乐春节”大庙会演出活动，并与埃及的木偶剧团和木偶制作、表演人员进行技术交流，与埃及艺术家进行深层次的文化交流，为埃及人民送去中国传统木偶艺术的精彩与欢乐。

【举办2014年中国文化产品国际营销年会——国际演艺创意制作研讨会】 4月9日，文化部外联局和省文化厅在“2014中国国际（南昌）演出交易会”期间，共同主办2014年中国文化产品国际营销年会——国际演艺创意制作研讨会，邀请6名国际国内知名演艺创意制作专家作演讲，目的是与中国演艺行业人士进行对话交流，加强国内演艺行业的对外合作，进一步提升文化机构及企业的国际化运营能力。参会人员达300多人。

【参加俄罗斯伏尔加河沿岸联邦区江西特色商品展】 5月27日—6月2日，根据《2014年江西省与俄罗斯伏尔加河沿岸联邦区合作工作要点》的安排和要求，省文化厅组派省文物保护中心的江西文物古迹的图片、文物工程修复设计图、黎川风景油画、中西结合的古代仕女油画、宁都的数字油画、十字绣、孔明灯等，赴俄罗斯彼尔姆参加俄罗斯伏尔加河沿岸联邦区江西特色商品展。精品文化产品吸引众多俄罗斯民众前来参观、购买，活动期间销售额30余万卢布，洽谈的项目金额达2100余万卢布。

【举行千年瓷都——驻华外交官“中国文化之旅”活动】 5月29日—30日，由文化部外联局和省文化厅、景德镇市政府联合主办的驻华外交官“中国文化之旅”活动在景德镇举行。俄罗斯、卢森堡、匈牙利、伊朗、缅甸等19个国家的20余名驻华使节与官员应邀参访，深入了解中国瓷文化的传承与发展，近距离感受和体验中国独具特色的地方文化。文化部将“中国文化之旅”首站确定为具有“千年瓷都”之称的江西景德镇，旨在通过展示中国瓷文化的独特魅力，开启外国人了解中国的大门。文化部和省政府高度重视此次活动，副省长朱虹赴景德镇与外宾见面，详细介绍江西省深厚的人文底蕴和丰富的生态资源。省文化厅精心策划参访内容和路线，确保形式多样、内容丰富、行程紧凑、安全高效。《人民日报》、中央电视台、中国经济网、《中国文化报》等主流媒体对该活动作了大篇幅报道。

【组织景德镇陶艺家赴美国参加“2014年美国史密森民俗节”中国主题活动】 6月25日—7月6日，江西省派景德镇市陶艺家、市文化产业中心主任孙立新赴美参加由文化部和美国史密森学会合作主办的“2014年美国史密森民俗节”中国主题活动。活动在华盛顿大草坪进行。此次活动，向美国和加拿大两国民众展示了博大精深的中国陶瓷文化，受到当地民众的欢迎和媒体的好评，并得到文化部部长蔡武和中国驻美使馆的充分肯定。

【法国驻华大使一行6人赴景德镇参观访问】 7月15日—16日，法国驻华大使白林及文化参赞一行6人到景德镇市参观访问。主客双方就江西文化和景德镇陶瓷文化进行友好交流，对江西与法国文化交流与合作进行深入探讨。法国客人先后参观古窑博览区、三宝国际陶瓷文化村、御窑遗址、诚德轩瓷业有限公司和邓希平陶瓷陈列馆。通过此次文化交流，法国大使及随行人员对江西文化产生良好印象，希望江西与法国开展更多的文化交流活动，把具有深厚文化底蕴的文化项目推介到法国。

【“江西古代文明历史文物特展”在台北举办】 7月5日—8月30日，江西省博物馆在台北历史博物馆举办“江西古代文明历史文物特展”。该展共展出文物展品121件（套），其中一、二级文物78件（套），参展人数近10万人次。展览期间，台北历史博物馆典藏组组长杨式昭、鸿禧美术馆副馆长廖桂英、江西省博物馆研究员陈建平等专家学者结合展览主题，分别向公众做了题为《江西商代新干大墓青铜器赏析》《江西文物精品展瓷器赏析》《江西明代藩三墓出土玉器赏析》的学术讲座，使台湾民众对祖国大陆、江西历史文化有更深入的认知。台湾东森电视台、中天电视台、《联合报》《青年日报》等30余家媒体争相报道展览盛况。

【江西省木偶剧团有限责任公司赴伊朗参加第十五届穆巴拉克国际木偶节】 9月13日—20日，江西省木偶剧团有限责任公司应第十五届穆巴拉克国际木偶节组委会邀请，携《断桥相会》《梁山伯与祝英台》《青花韵》《牡丹亭》《木偶变脸》5个节目，赴伊朗德黑兰参加由国际木偶联合会伊朗中心举办的第十五届穆巴拉克国际木偶艺术节。伊朗国家电视台对演出进行了报道，多家新闻媒体对江西省木偶剧团有限责任公司总经理万华南进行了专访。

【赴西班牙、葡萄牙、罗马尼亚3国执行部省合作共建海外中国文化中心调研选点任务】 10月30日至11月8日，省委常委、宣传部部长姚亚平率江西省文化交流代表团一行6人,赴罗马尼亚、葡萄牙、西班牙3国开展部省合作共建海外中国文化中心调研选点工作,并与所在国有关部门商定和落实2015年度文化交流项目。此访旨在落实文化部和江西省合作共建海外中国文化中心项目,搭建长期驻扎在国外的对外文化交流平台,推进中国与罗马尼亚、葡萄牙、西班牙的文化交流与合作,实现中国文化走出去的战略目标。

【赴澳门参加第三届世界旅游经济论坛和第十二届妈祖文化旅游节演出】 10月25日—11月2日,受澳门中华妈祖基金会邀请,省文化厅分管领导携江西省歌舞剧团有限责任公司一行共98人赴澳门参加澳门第三届世界旅游经济论坛暨第十二届澳门妈祖文化旅游节演出活动。演出共6场,其中,民族歌剧《回家》2场,《赣风》歌舞节目4场。在由澳门特别行政区政府社会文化司举办的"世界旅游经济论坛·澳门2014"欢迎晚宴上,对富有江西地方特色的瓷乐表演及江西特色歌舞演出,省委书记强卫认为"演员演得好、瓷乐奏得好、音乐选得好,为江西增了光、添了彩"。江西省原创民族歌剧《回家》赢得到场观众的阵阵掌声。《澳门日报》评论《回家》舞台效果精美,故事震撼人心,动人心弦。《澳门日报》《澳门濠江日报》《澳门焦点报》《澳门晚报》《澳门华侨报》等十几家重要报刊都在显著版面报道演出盛况。

【参加江西米兰文化交流年系列展览活动】 11月4日—28日,应意大利米兰省政府的邀请,江西省文化厅组成以省文化厅副厅长、省文物局局长徐琳琳为团长的江西陶瓷书画展览团等3个出访团共8人,出席在意大利米兰举办的"2014—2015年江西米兰文化交流年"系列展览活动,与意大利米兰省进行文化文物合作交流。在江西米兰文化交流年开幕式暨千年瓷都——中国景德镇当代瓷器艺术精品展及"江西现当代画家作品展"活动中,江西省博物馆40件现代陶瓷作品、南昌市八大山人纪念馆馆长王凯旋和杨波的54幅作品参展。活动地点分别设在意大利米兰省省府新闻发布会厅、米兰省省府欧鹏诞展馆、意大利通用银行米兰总部展厅。

(徐卫)

文化市场

【概　况】 2014年,降低文化准入门槛,鼓励和引导社会资本、社会力量进入文化领域,下放7项行政审批事项。全省举办营业性演出2.9万余场(次),审批同意涉外演出83场(次),共有1100余名国(境)外演艺人员到赣演出。推动文化市场技术监管与服务平台建设,6月,组织省级单位2人和市级单位6人赴长沙参加第一批上线地区审批和执法业务培训;江西省服务平台共采集经营单位1.31万家,其中文化存量数据8714条,非文化存量数据4344条。加强文化执法队伍建设,制定了《全省文化市场综合执法能力提升三年行动实施方案》;5月,举办全省文化市场综合执法规范化培训班,来自全省各级文化市场综合执法机构的140余名学员参加了培训;选拔16名执法骨干作为师资预备对象参加文化部组织的中西部地区文化市场执法标准规范培训班,并在各地比赛选拔的基础上,从中挑选人员作为全省文化市场执法师资,定期组织开展师资培训;以文化部督办的"77L"网络案件为契机,组织带领南昌、上饶、九江、景德镇等执法机构骨干开展以案代训。全省出动检查人次46万人次,检查各类文化经营场所27万家,责令整改5782家,受理举报1246件,立案1171件,办结案件1157件,移交14件,罚款410余万元。其中,由省文化市场稽查总队暗访发现并组织查处的万年电影院"淫秽演出"案、网络涉黄游戏"77L"案获2014年上半年全国重大案件奖。网络涉黄游戏"77L"案也是江西省首次跨省(江苏镇江)查办的网络文化案件。

【核准江西省艺术品交流收藏协会和江西画廊协会开展工作】 9月20日和10月15日,省民间组织管理局分别核准江西省艺术品交流收藏协会和江西画廊协会开展筹备工作。截至年底,两协会分别收到100余家和240余家有关单位入会申请。

【开展艺术品市场法制宣传】 9月19日—30日,按照文化部统一部署,省文化厅在全省范围内组织开展艺术品市场法制宣传周活动。宣传周活动以"放心体验艺术魅力"为题,积极宣传政策法规、行业规范,培养社会公众的艺术鉴赏能力,引导消费者理性购藏和依法维权。活动期间,全省发放传单6500余份,悬挂横幅111幅。

【开展净化社会文化环境整治督查行动】 8月中旬和10月中旬,省文化厅联合省文明办、省网信办、省公安厅、省教育厅、省工商局、省新闻出版广播电影电视局、省通信管理局7个部门,组成6个检查组,在全省范围内开展净化社会文化环境整治督查行动。整治督查行动的重点是网吧、娱乐场所、荧屏声频、不良出版物和校园周边环境。检查发现进贤县、峡江县、鄱阳县、分宜县、袁州区、临川区、都昌县、石城县、南康市等地网吧证件不全、接纳未成年人现象比较严重;安义县、于都县、赣县、东乡县、贵溪市、井冈山市、浔阳区以及景德镇市城区出售非法出版物和音像制品现象比较突出;月湖区、章贡区、上栗县娱乐、网吧场所消防通道不畅通现象比较突出。

【制定《江西省文化市场义务监督员队伍建设实施方案》】 6月9日,根据中共中央办公厅、国务院办公厅《关于进一步净化社会文化环境 促进未成年人健康成长的若干意见》精神,结合江西省实际,省文化厅会同省机关工委、省团委制定并下发了《江西省文化市场义务监督员队伍建设实施方案》。

(周文纪)

本栏编辑　毛珏珺

档案与地方志

档案工作

【概　况】　2014年，全省档案部门实施“三大工程”（“百县新馆”工程、“馆藏翻番”工程、“数字档案馆”工程），建立健全“三个体系”（覆盖人民群众的档案资源体系、方便人民群众的档案利用体系、确保档案安全保密的档案安全体系）。档案工作环境进一步优化。南昌、新余、赣州、吉安、上饶、抚州等地对数字档案馆建设分别拨款100多万元；宜春市档案事业经费增幅达21%；吉州区将10万元档案查阅利用费列入财政预算。

档案部门服务能力进一步提升。对机构改革中的档案管理措施有力。省档案局通过提前介入、主动联系、制发文件、上门指导等形式，对20个省政府机构改革中涉及机构变动、职能调整的部门，以及5个撤并的省政府驻外办事处，提出具体的档案处置意见，加强业务指导，基本完成撤并单位档案的移交接收工作。新余市加强对公务用车制度改革档案工作的指导；景德镇市加强机构改革中珍贵陶瓷档案管理；南昌、上饶、萍乡市加强机构变动单位档案工作的监督指导。民生档案工作领域不断拓展。省档案局联合农业部门对全省农村土地承包经营权确权登记档案工作进行统一部署，开展调研和检查指导，确保档案工作与确权登记工作同步展开；抚州市档案局在全国农村土地承包经营权确权档案工作座谈会上介绍经验。省档案局联合省国土厅、省社保中心等推进档案工作规范化管理。南昌市档案局联合市民政局开展民政系统档案工作专项督查；吉安市档案局开展“百户家庭”建档活动。省档案馆细化档案开放鉴定细则，向全国开放档案信息资源共享平台，上传开放档案1.5万件；南昌、新余、宜春、吉安、抚州等市优先数字化民生档案，建立民生档案数据库，方便群众查询。各级综合档案馆新开放档案资料12万卷（册），接待查档者16万余人次、解决各种民生需求9万起。经济科技领域档案工作扎实推进。加大重点项目档案工作的监督指导力度，开展项目档案工作登记和自查，举办档案员业务培训班，对部分项目档案工作进行现场指导和专项验收。抚州市对档案未验收或验收不合格的重点建设项目，严格落实发改委不予项目整体验收、审计部门不予竣工审计、财政部门不予资金拨付的要求，全市重点建设项目档案登记率达100%。企业和工业园区档案工作稳步推进。省属国有企业90%完成文件材料归档范围和档案保管期限表的编制和审批；吉安市档案局召开企业档案工作座谈会，贯彻落实国家档案局10号令；南昌市局联合市人大教科文卫委对开发区、新区管委会档案工作进行执法调研。档案文化建设成效显著。围绕“9·18”“12·13”纪念日，省档案馆和南昌市档案馆，宜黄、德兴等县（市）档案馆及时公布档案，揭露日军侵华罪行。抚州市档案局在全市开展创建中小学生档案教育社会实践基地活动，联合市农业局创建农耕文化档案教育基地；南昌市局建立第二批市档案教育示范基地；省公安厅档案馆为建设公安民警爱国主义教育基地，成立江西公安陈列馆。各地档案部门充分挖掘档案资源，编纂出版档案史料97种675万字，举办展览82个，接待参观者13万余人次。南昌市举办“走进档案 感知历史”大型档案资料展览；鹰潭市制作“鹰潭名人风采”宣传展板；抚州市举办“抚州名人展”；上饶市举办“个人捐赠档案资料展”。

档案业务建设进一步推进。“馆藏翻番”工程取得新成果。各地贯彻国家档案局第9、10号令，调整档案收集范围，采取接收、征集、代管等方式，抓好资源的收集和保管，全省各级综合档案馆新增档案资料65.6万卷（册），增长8.6%。省档案馆接收25家省直单位到期档案2.1万余卷，并组织人员赴加拿大、美国有关档案馆征集复制有关江西革命历史的珍贵档案。启动全省珍贵档案文献评选工作，16件/组入选首批江西省珍贵档案文献。南昌市征集300多位老红军照片；赣州市征集第十四届省运会档案；上饶市征集“上饶记忆”档案和非物质文化遗产档案；鹰潭、宜春市征集名人档案初见成效。各级档案部门抢救重点档案22万余卷（册），新增2万余卷（册）。“百县新馆”工程有新进展。省档案局审核19个申报县级馆维修改造和设备购置专项资金项目，对14个项目下达专项资金2000万元，并对资金使用和馆库建设情况进行检查指导。联合省发改委召开全省县级档案馆建设推进会，督促获得中央投资未按期开工的县尽快开工建设。全省新竣工县级馆24个、开工8个、维修改造1个。九江、景德镇、萍乡市新馆建成或在建，上饶市新馆完成征地和规划设计。数字档案馆建设迈出新步伐。省档案局召开全省数字档案馆建设工作会议，总结近年全省数字档案馆建设基本情况，明确数字档案馆建设的工作目标和主要任务，继续在南昌、新余、抚州市开展数字档案馆建设试点。全省各级综合档案馆建立案卷级目录334万条、文件级数据3565万条、全文数据2467万页。省档案馆完成第四期纸质档案和省财政厅进馆档案数字化；接收第二批19个省直单位移交的到期电子档案6.2万件；参与重大活动拍摄30次；开展“省级党政机关变迁”拍摄，建立“城市记忆”口述历史声像档案资料。省档案局承担的国家档案行业标准《照片类电子档案元数据方案》正式发布。南昌、新余、抚州市数字馆建设试点有序推进，赣州、吉安、上饶市数字馆建设通过批复和论证。各级档案部门从完善管理制度、强化后台管理人手，加强档案网站建设。江西档案信息网点击量新增173万人次，被省计算机用户协会评为“2014年江西省优秀政务网站”。综合档案馆和机关档案工作更加规范。省档案局开展馆藏档案清查摸底，对省委办公厅、民国江西水利局等全宗进行开放复查或鉴定，组织年度工作检查考核。宜春市档案馆开展创建国家一级馆的活动。省档案局召开省直机关档案工作协作组座谈会，加大对省直单位档案工作的现场指导力度，对151个档案工作规范管理省三级以上的机关、企事业单位档案工作进行复查，对41个省直单位档案工作规范化管理情况进行年度检查。全省新增190个机关、企事业单位档案工作规范化管理达到省三级以上水平。

法制宣传教育工作进一步加强。依法治档工作力度不断加大。省档案局制发《江西省2014年档案法制宣传教育工作要点》，提出依法治档的具体任务和要求。取消和下放13项行政审批事项，仅2项保留，办理时间由20天缩短为5天，并在省政府网站公布“两清单”。联合省人大教科文卫委开展档案部门贯彻执行《中华人民共和国档案法》情况自查，开展部分市、县档案工作执法调研。上饶市检查了30个市直单位的档案工作；南昌、九江、景德镇、萍乡、新余、鹰潭、赣州、抚州等地组织《档案管理违法违纪行为处分规定》贯彻执行情况的执法检查或调研。干部教育培训的针对性明显增强。为适应新常态下档案工作出现的新情况，省档案局组织82名市、县局馆长到苏州大学参加江西省档案领导干部理论培训班。采取到省档案馆跟班作业的方式，对部分市、县档案局人员进行数字档案馆建设业务培训。围绕云计算技术应用和民生档案远程共享利用等工作，组织南昌、新余、上饶等测试单位到天津、上海、长春学习考察。吉安市档案局联合井冈山大学继续教育学院对268名机关档案员进行业务知识培训；新余、抚州市档案局开展“干部讲一堂课”活动，推进学习型机关建设。全省培训档案干部153期9617人次。机关党建、档案宣传和学会工作等取得全面进步。召开以“凝聚正能量 共圆兰台梦”为主题的全省第二届档案工作者年会和数字档案馆（室）建设学术研讨会，涌现了一批先进单位和个人。新余、吉安市档案局在机关推行绩效考核机制，考核指标量化到个人，激发干部的活力。为扩大档案工作的影响力，省档案局多次组织中央、省市新闻媒体采访报道全省档案工作及“最美档案人”“最美档案馆”的先进事迹，联合《江西晨报》开辟“解密档案”专栏，在腾讯网开通“江西省档案局馆政务微博”。档案“一报一刊”通联以及向国家档案局报送重要信息工作，在全国排在前列。在全国档案新闻和档案文化宣传工作会议上，《中国档案报》江西记者站被授予“优秀记者站”称号。

【省委、省政府出台《关于进一步加强和改进新形势下全省档案工作的实施意见》】 12月25日，省委办公厅、省政府办公厅联合印发《关于进一步加强和改进新形势下全省档案工作的实施意见》，贯彻落实中央有关精神。该实施意见全文共4个部分25条，从充分认识档案工作的重要意义、完善档案工作体制机制、推进“三个体系”建设、营造良好发展环境的高度，对新形势下全省档案工作亟待加强和改进的方面进行了系统梳理，提出一系列新任务、新举措、新要求，是全面推进全省档案事业科学发展的指导性文件。该实施意见提出，建立联合查处违法违纪行为工作机制；建设统一的数字档案馆（室）管理应用平台和远程共享利用平台；纸质、电子双套档案依法按时移交综合档案馆；落实特殊岗位津贴；到“十三五”末，全省60%的综合档案馆必须达到国家二级以上档案馆水平。

【加强全省数字档案馆建设】 召开全省数字档案馆建设工作会议，总结交流全省数字档案馆建设情况，研究部署全省数字档案馆的建设工作。制定下发《关于加强全省数字档案馆（室）建设的通知》，对数字档案馆（室）建设的意义、指导思想、目标、原则和主要任务提出具体要求。联合省财政厅重新制定《江西省县级档案馆维修改造专项资金管理暂行办法》，对县级档案馆建设专项资金的补助范围和标准、申报和审批、财务管理、监督检查等进行修订，提出具体要求。专项资金主要用于全省数字档案馆省级云计算中心建设、省级和县级国家综合档案馆馆藏重要档案数字化和计算机网络设施建设，实行“额度控制、专项申报、逐级审核、跟踪问效”管理。围绕“电子档案管理与服务”主题，做客省政府网与网友进行“在线访谈”交流，让社会各界更好地了解电子档案和全省数字档案馆建设情况。

【举办首届全省珍贵档案文献评选活动】 为研究挖掘档案文献精品，加强珍贵档案文献的保护整理与开发利用，省档案局在全省范围内开展珍贵档案文献评选工作。经各地申报、初步审核、实地考察、专家复审及评审委员会审定，全省共有16件（组）档案文献被评为首批江西省珍贵档案文献。这16件（组）珍贵档案文献分别是：明弘治加封云南道监察御史萧柯父母的敕命；清雍正御赐朱轼题诗扇面；民国江西省政府临时省务会议记录；胡耀邦给白栋材的一封信；国民革命军第二方面军总指挥贺龙《告全体官兵书》；朱德为纪念“八一”起义题词；毛泽东重回井冈山照片底片一组；赣南行政专员公署密令；傅抱石给熊式辉的信；南浔铁路股票；民国江西区食盐公卖店购盐折；洞宗诸缘公支派谱；巴拿马国际博览会金奖奖状；清康熙二十二年（1683）地契档案；婴女退婚书；万载县民捐官档案。

【加强机构改革中的档案管理工作】 省档案局印发《省政府机构改革中省直有关单位档案处置工作的意见》，要求机构变动、职能调整部门(单位)高度重视机构改革中的档案工作，在省档案行政管理部门的监督指导下，做好档案的收集、鉴定、整理和移交等工作，切实做到档案工作与机构改革工作同步进行；任何部门和个人不得私自带走、留存、转移和销毁档案，对经鉴定保管期限到期没有保存价值的档案要按规定进行造册销毁，应移交的档案要保证完整齐全，严防档案流失、损坏、泄密；凡是向省档案馆移交的档案，应符合接收标准，在移交实体档案的同时，还应移交档案电子目录、纸质目录、分类方案、组织沿革、全宗介绍等有关资料；新组建、设置的部门要按照档案法规的规定，及时建立机关档案工作，加强组织领导，明确职能职责，建立健全制度，有效保护和利用档案。该意见同时对机构变动、职能调整部门(单位)档案的归属与流向提出具体处置意见。省档案局通过提前介入、主动联系、制发文件、上门指导等形式，对省政府机构改革中涉及机构变动、职能调整的部门，以及5个撤并的省政府驻外办事处，加强了业务指导，基本完成撤并单位档案的移交接收工作。

(省档案局)

地方志工作

【概　况】 2014年，全省地方志工作顺利推进、成绩显著。续志工作有效推进。在第二轮《江西省志》编纂工作中，全年修改17部志书篇目；制定、协助制定4部志书编纂方案及篇目；编辑16家单位所承编的资料长编，并对志稿编纂工作进行上门指导；接待30个单位40多次来访；接听咨询电话200余次；收集30余部分志的初稿、资料长编。省地方志办承办的4部分志编纂工作进展良好。《江西省志·市县概况》初稿已基本完成；《江西省志·自然环境志》《江西省志·大事记》《江西省志·人物志》都已分别召开编纂工作会议推进编纂进度。年内，全省出版发行《上饶地区志(1991—2000)》《吉州区志(2000—2012)》《大余县志(1986—2000)》等8部志书。

年鉴工作有序开展。《江西年鉴(2014)》创新选题，调整篇目设置，更加注重编辑质量，提前5个月编辑出版。年内，全省出版综合年鉴44部，专业年鉴10部。

方志馆和信息化建设取得新成绩。省方志馆完成全年图书采购计划；全年接待读者1500余人次，参观者2000余人次；接受社会各界捐赠家谱、江西地情类书籍70余册。中国赣网全年发布信息动态51条，访问量7万余人次；完成全年电子图书制作任务；对馆内购买的一批丛书、报纸数据资料进行整理，并转换成PDF格式上传到数据库中；录存中央电视台、江西省电视台和南昌电视台的影像资料。

理论建设和旧志整理工作成果丰硕。在杭州召开的第四届中国地方志学术年会入选的83篇论文中，江西省地方志系统有6篇论文入选并参加会议，入选率达66.67%，入选数量列全国第三，这也是历届年会入选数量最多的一次。旧志整理工作有新进展，吉安市地方志办对《〔光绪〕吉安府志》进行整理、标注勘误；瑞昌市整理明、清县志共5套22册140万字；星子县清康熙版《南康府志》完成点校；瑞金市对旧志整理工作进行立项，计划用5年时间对现存明清至民国8部瑞金县志进行点校注释，印刷出版。年内，清康熙版《都昌县志》、明万历《永新县志》《南康县志》校点版出版发行。

拓宽地方志资源服务新领域。省地方志办为中纪委提供《江西历史文化概论》6.8万余字地情资料。与省委党史研究室联合举办《开国元勋李井泉》画册座谈会。南昌市史志办编纂《当代南昌日史》《南昌大事图记》《南昌市大事记》等地情资料，配合国家保密局在南昌起义叶挺指挥部旧址拍摄专题纪录片《胜利之盾》，配合中央人民广播电台《中国之声》节目录制城市传奇(南昌篇)。九江市史志办为浔阳区白水湖街道提供赣北化工厂资料；为江苏省扬州名城建设有限公司提供民国浔阳道尹吴竹楼的资料；为中国社科院"万里茶路"科研课题和"中蒙俄市长高峰论坛"提供地情资料。鹰潭市史志办编辑出版《鹰潭大事记》《中国城市发展丛书·鹰潭》《省辖鹰潭市30周年纪事》。赣州市地方志办完成《赣南苏区振兴发展志略(2010—2014)》编纂工作。吉安市地方志办参与江西省文物考古研究所与中国人民大学历史学院合作开展的研究项目《江西出土唐宋元墓志汇编》。万载史志办举办"美丽中国·千年万载"县史县情展；石城县地方志办开展《石城民俗日志》编纂工作。

地方志干部和志鉴编纂人员得到大规模培训。2014年，省地方志办共举办各类培训6个班次，培训人员600多人。11月，举办为期3天的全省地方志干部培训班，这是全省第二期省、市、县三级地方志干部参加的培训。12月举办两期第二轮《江西省志》编纂人员培训班，针对省志编纂过程中存在的问题进行分类指导。举办《江西年鉴》撰稿人培训班，提高撰稿人业务水平和年鉴编辑质量。此外，还举办两次《江西方志文化丛书》编纂人员培训班。

【召开第二轮《江西省志》编纂工作分片区座谈会】 4月23日—25日，省地方志办在南昌召开第二轮《江西省志》编纂工作座谈会。省志各分志131家承、参编单位中有128家参会。参会单位分为3个片区，每个片区会议为期一天。会议传达学习中共中央总书记习近平考察首都博物馆时对史志工作发表的重要讲话精神，汇报了第五次全国地方志工作会议情况，以及国务院总理李克强和副总理刘延东做出的新指示和要求。会议对第二轮《江西省志》编纂情况进行阶段性总结。分片区召开省志编纂工作座谈会是省志编纂工作管理和指导的一次创新，也是对省志编纂工作的一次有效督促。

【开展《江西方志文化丛书》编纂工作】 4月，省地方志办启动编纂大型地情资料丛书——《江西方志文化丛书》。该丛书分为《江西古桥古渡》《江西地方戏》《江西书院》《江西古代名人》《江西进士》《江西古楼塔》《江西寺观》《江西名窑》《江西名人墓》《江西古祠堂》10册。该书由省地方志办牵头组织，成立丛书编纂委员会，联动各设区市和县(市、区)地方志办,协同其他有关部门共同完成。该项工作启动后,分别于5月和9月组织召开《江西方志文化丛书》编纂工作座谈会和初稿评审会。截至年底,10部书初稿基本完成。

【召开全省地方志工作座谈会】 5月7日,江西省地方志工作座谈会在赣州市召开。中共中央委员、中国地方志指导小组组长、中国社会科学院院长王伟光出席会议并作讲话,省委常委、常务副省长莫建成会见王伟光一行,省委常委、赣州市委书记史文清主持会议并致辞。中国地方志指导小组秘书长兼办公室主任李富强,中国社会科学院经济研究所所长裴长洪,省地方志办党组书记、主任梅宏,党组成员、副主任周慧,赣州市委常委、副市长彭业明,赣州市委常委、秘书长李恭进,赣州市政府秘书长刘建明,全省11个设区市地方志办公室主任等共40余人参加会议。王伟光对江西省的地方志工作给予高度评价。关于当前和今后一段时期的地方志工作,王伟光强调:一是要学习好、理解好、贯彻好3位中央领导的讲话和批示精神;二是要传达好、贯彻好、落实好第五次全国地方志工作会议精神;三是要贯彻落实好国务院《地方志工作条例》和《江西省实施〈地方志工作条例〉办法》,加大依法修志、依法治志力度。

【召开省直管县(市)地方志工作对接座谈会】 根据省委办公厅、省政府办公厅《关于开展省直接管理县(市)体制改革试点工作的意见》精神,为理顺各省直管县(市)地方志工作关系,提高行政效能,6月13日,省地方志办在南昌召开省直管县(市)地方志工作对接座谈会。共青城市、瑞金市、丰城市、鄱阳县、安福县、南城县6个省直管县(市)地方志工作机构主要负责人、省地方志办各部门主要负责人及有关人员参加会议。会上就省直管县(市)地方志工作机构的机构编制、人员经费、办公条件、修志编鉴、地情资源开发利用等情况进行汇报,并对省直管县(市)对接工作提出意见和要求。

【组织江西省地方志学会第三次赴台湾考察交流】 7月30日—8月5日,应中华两岸教育文创发展协会的邀请,省地方志学会考察团一行14人赴台进行为期7天的地方文化学术交流。这是省地方志办自2012年以来组织的第三次地方志系统赴台考察学术交流。考察团深入了解台湾地方文献的编修、收集、整理及收藏利用情况,并与台湾的修志专业人员和学者就两岸编修地方志的学术问题进行学术交流。

【开展第二轮《江西省志》督查工作】 8—9月,省地方志办组织3个督查组,分别对省政协办公厅、省民宗局、省邮政管理局、省邮政公司、人行南昌中心支行等16家单位所承编、参编的16部分志编纂工作进行督查。16家单位都已经或者正积极准备开展编纂工作,"一纳入、八到位"基本得到落实,部分单位的编纂方案、志书篇目初稿已经拟定。与2013年相比,这16家单位的工作进度和推进力度明显加大。

【召开全省方志馆建设现场会暨地方志信息化建设座谈会】 11月18日,全省方志馆建设现场会暨地方志信息化建设座谈会在景德镇市召开,这是江西省开展地方志工作以来召开的第一次专题研究方志馆和地方志信息化建设的工作会议。会前,全体会议代表参加了景德镇地方志馆开馆仪式。中国地方志指导小组办公室党组书记赵芮出席会议并讲话,景德镇市委书记刘昌林等市领导、市直有关单位领导,以及全省各设区市地方志办主任等参加开馆仪式并参观地方志馆。会上,介绍了近几年江西省方志馆建设和信息化建设工作取得的成绩。

【联合举办《开国元勋李井泉》画册座谈会】 11月28日,由省委党史研究室和省地方志办联合主办的《开国元勋李井泉》画册座谈会在南昌市滨江宾馆召开。参加座谈会的有李井泉之子张华川、孙巨,贺龙元帅之女贺晓明,陈毅元帅之女丛军,陈赓大将之女陈知进,周恩来总理侄子周秉和等13位老一辈无产阶级革命家后辈代表,李井泉家乡——抚州市、临川区、临川区唱凯镇和李井泉战斗工作过的广昌县、宜黄县、乐安县的领导与乡亲,抚州市史志系统和主办单位有关人员以及媒体记者等。省委党史研究室副巡视员史爱国出席座谈会,会议由省地方志办党组成员、副主任周慧主持。李井泉是中国老一辈无产阶级革命家,是久经考验的忠诚的共产主义战士,中国人民解放军优秀的政治工作者,是极少数在中国工农红军三大主力均任过职的将领之一。新中国成立后,长期主政四川和西南,是中共第八届中央政治局委员,第十、十一届中央委员,连任三届人大常务委员会副委员长。画册由中国社会科学院当代中国研究所、内蒙古党委党史研究室、中共山西省委党委办公室联合编著,由人民出版社和四川人民出版社联合出版,是第一本以图文形式记述李井泉生平事迹的史料性画册,全面而真实地向大众展现了李井泉为党无私奉献、克己奉公、艰苦奋斗的一生。

(杨沂柳)

本栏编辑 朱岳

新闻出版　广播电影电视

公共服务

【概　况】　2014年,省新闻出版广电局会同省文化厅等部门拟订《江西省县(市、区)基本公共文化服务标准化、均等化实施意见(试行)》,统筹推进新闻出版广播影视公共服务,启动实施全省32座高山台基础设施改造工程、直播卫星户户通工程,完成阶段性任务;继续实施农村电影放映工程,全年公益放映28.2万场,超额完成年度任务26.4万场的107%;完成5001个农家书屋出版物补充更新,每个书屋新增图书320册、光盘28张,全省农家书屋新增图书160万册、光盘14万张。

【启动农家书屋星级创建活动】　2014年,省新闻出版广电局根据国家有关要求和标准,制定印发《江西省星级农家书屋创建标准》。全省农家书屋按照1~5星级来划分等次,一星级为最低的基本标准,书屋面积不少于20平方米,图书1200种、1500册,报刊10种,电子音像制品100种;有桌椅、标示牌、照明设施。管理上有专职或兼职管理员,有"三本三张二证"(即《农家书屋管理员职责》《村民借阅须知》《农家书屋管理制度》《图书借阅登记本》《出版物目录登记本》《村民阅读需求登记本》《借书证》《管理员上岗证》),制度上墙,按时开放。星级等次在前一级书屋的基础上,标准层层提升。将星级创建活动纳入农家书屋日常工作,并对星级等次确认实行动态管理。省新闻出版广电局会同省残联出台《江西省农家书屋残疾人管理员工作考核管理办法》,规范农家书屋日常开放制度,减少随意性和铁将军把门问题,为农村群众看书、借书提供便利。

【开展农村专题阅读活动】　2014年春节期间,组织开展"我们的中国梦——文化进万家"活动,全省农家书屋延长开放时间,方便返乡农民工、学生和村民借书读书,并因地制宜举办丰富多彩的活动。20天里,全省有700万人次走进农家书屋读书看报,2800万册图书被借出或翻阅。5—9月,开展"百社千校书香童年"阅读活动,21世纪出版社向江西省赣州市的革命老区上犹、于都、崇义、安远、全南5个县的10所小学每所小学捐赠图书10万元,捐赠图书总计100万元;江西教育出版社向江西省10个县的11所学校,捐赠图书3万余册、63.54万元,在少年儿童中掀起"爱读书,读好书,善读书"的浪潮。7—10月,会同省教育厅组织开展"我的书屋,我的梦"农村少年儿童主题阅读活动,通过部门发动、学校组织、书屋实施、学生参与,全省约510余万人次农村孩子走进书屋,读书看报,做作业,写征文,营造了浓厚的农村阅读氛围。有10位中小学生撰写的文章入选国家新闻出版广电总局汇编的征文佳作集。

【实施农村群众点片放映制度改革】　2014年,为有效对接和满足广大农村群众观赏电影的精神文化需求,在全省农村电影公益放映中实施群众点片放映制度改革。点片放映方式有现场点片、网上点片、手机短信点片3种。同时,数字放映机硬盘由320G更新为500G,能储存15部以上故事影片和10部以上科技影片。公益放映平台及时补充最新影片,全年可供点片放映的影片达1400多部。

【国庆65周年重点国产影片全国农村展映在江西启动】　9月15日晚,国家新闻出版广电总局电影局、中国电影集团公司在泰和县举办"庆祝新中国成立65周年重点国产影片全国农村展映活动"启动仪式。国家新闻出版广电总局向泰和县赠送两套农村流动数字电影放映设备;中国电影集团公司向江西欣荣农村数字电影院线赠送2000场农村公益电影放映场次。展映影片包括27部第十三届精神文明建设"五个一工程"电影入选作品,以及精选的26部制作精良、题材各异的优秀国产片。

(杨成东)

改革与产业发展

【概　况】　2014年,省新闻出版广电局成立改革领导小组和工作机构,出台改革实施方案和工作要点,建立改革工作推进机制,制定《落实省委文化体制改革2014—2020年重点任务分工工作台账》《落实省委文化体制改革2014年工作计划台账》《省新闻出版广电局改革发展2014年工作要点台账》3个改革台账,完成省文化体制改革专项小组2014年工作计划中省新闻出版广电局牵头和参与的九项改革任务,推进针对政府、市场、企业的各项改革。

推进政府机关自我革新。在承接

好国家下放的行政审批权限的同时，分两步一共取消和下放53项行政审批事项，保留26项，精简比例为67.9%，高出省级行政审批项目精简率30个百分点。

推进现代市场体系和公共服务体系逐步完善。出台《关于引进民间资本推动江西新闻出版广播影视产业发展的实施意见》和《关于加快全省广播影视制造业和流通业发展的实施意见》，清理和废除妨碍统一市场和公平竞争的各种不合理规定；印发省直管试点县（市）行政体制改革实施方案，指导省直管试点县（市）做好行政体制改革工作；开展农家书屋星级创建活动，启动农家书屋与县乡图书联网和通借通还试点；实行面向社会购买农村电影公益放映服务、群众自主点片放映、集中定点室内放映等改革。

推进国有企业深化改革。对已经转企改制的江西出版集团，重点推动集团内部机制改革，建立市值管理机制、股权多元化机制、人才培养和引进机制，企业效益进一步提升。

鼓励引进民间资本投资。省新闻出版广电局出台《关于引进民间资本推动江西新闻出版广播影视产业发展的实施意见》。全年新增民营企业246家，增长111%；资本投资20.76亿元，增长27%。全省广播电视节目制作经营机构、电影制片和发行企业中，民营企业占比超70%；全省印刷包装业中，民营和外资企业占85%以上。在2014年深圳文博会上，省新闻出版广电局遴选出68个项目，组织全省16个招商推介小组进行招商，景德镇市东郊电影院、《重返母亲湖》等多个项目签订投资意向协议，意向投资总额50亿元。

全省新闻出版广播影视产业发展态势良好。全年新闻出版广播影视产业实现收入908.32亿元，比上年同期增加215.22亿元，增长31.05%，完成年度目标任务的106.86%。形成印刷复制业、广播影视制造业、图书出版发行业3个百亿元龙头产业；有线网络传输产业、报纸出版产业、广播电视广告产业3个10亿元产业；电影产业和内容生产领域超亿元规模产业。

【推动重点产业项目发展】 2014年，省新闻出版广电局推荐了23个项目申报进入新闻出版改革发展项目库，入库率位居全国前列。全省新闻出版广电系统获中央文化发展专项资金资助项目14个，资助金额8760万元，全系统比2013年增资5500万元，增长59.27%。

【赣州吉安国家级印刷包装产业基地挂牌】 3月24日—25日，国家新闻出版广电总局印刷发行司领导为国家印刷包装产业基地挂牌，并召开调研座谈会。2013年3月，国家正式批准建立赣州吉安国家印刷包装产业基地，这是江西省首个国家印刷包装产业基地，也是继上海、西安国家印刷包装产业基地之后的又一国家级基地。赣州吉安国家印刷包装产业基地的建设对提升江西省印刷包装产业的整体实力和影响力，促进江西省印刷包装产业转变增长方式、实现跨越式发展具有重要意义。

【江西日报传媒集团打造全媒体产业平台】 2014年，江西日报传媒集团推动传统媒体和新媒体融合发展，打造了全媒体产业平台，该项目入选新闻出版改革发展项目库。江西日报传媒集团加快媒体融合转型步伐，推进传统媒体与新兴媒体间信息内容、技术应用、平台终端、人才队伍的共享融通，打造了包括江西发布、江西日报社官方微博微信矩阵和江西日报报业集团腾讯微博发布厅三大新媒体平台。

【江西出版集团入选“中国文化企业30强”】 2014年，江西出版集团连续六届入选“中国文化企业30强”。江西出版集团实施“一体两翼、互动发展、一业为主、多元支撑”发展战略，强化文化与科技、金融和市场融合，取得良好的社会效益和经济效益，2014年净利润突破9亿元。

（张红霞）

报纸期刊

【概　况】 2014年，全省有报纸74种。报纸年度总印数11.33亿份，年度总印张数为307.50万千印张，年度定价总金额9.29亿元。全省有期刊163种，期刊年度总印数7615.74万册，年度总印张数为23.85万千印张，年度定价总金额3.19亿元。

报刊变更名称。报纸有《江西中医学院报》更名为《江西中医药大学报》，《江西教院报》更名为《南昌师院报》，《东华理工学院报》更名为《东华理工大学报》，《萍乡高专报》更名为《萍乡学院报》；期刊有《双休日》更名为《高铁速递》，《鹃花》更名为《极目》，《江西食品工业》更名为《东方陶瓷》，《江西教育学院学报》更名为《南昌师范学院学报》，《网球俱乐部》更名为《美成在久》，《萍乡高等专科学校学报》更名为《萍乡学院学报》，《景德镇高专学报》更名为《景德镇学院学报》，《江西林业科技》更名为《南方林业科学》。新创办《生物化工》《开心幼儿》《苏区研究》3种期刊。

把握正确的出版导向。修订报刊审读暂行规定，充实审读队伍，健全报刊三级审读机制。全年重点审读报刊100多种，开展少儿报刊和重点文化生活类报刊专项审读工作，编发报刊审读快报21期。召开两次报刊单位负责人与审读专家交流会。

加强对公益宣传活动的引导。在江西省全民阅读宣传周期间《江西日报》《江南都市报》《江西晨报》《南昌晚报》等13家重点报刊开设专版、专栏、专题49个，刊发报道154篇，刊登版面107个版，刊载全民阅读公益宣传广告40次，共21个版。

开展报刊年度核验。省新闻出版广电局完成234种报刊核验工作，共发出书面整改通知23份，纠正10余家报刊违规问题。开展119家报刊记者站年度核验工作，并对报刊记者站开展综合评估。通报表扬16家优秀报刊记者站，对发稿量较少或者个别有举报的记者站负责人约请谈话，限期整改，规范管理。

加强新闻采编人员岗位培训考试。2014年，省新闻出版广电局组织开展了5次新闻采编人员岗位培训考试工作，全省有8714名新闻采编人员参加培训，做到培训工作全员全覆盖，其中6210名采编人员参加岗位培训考试。国家新闻出版广电总局《报刊管理情况通报》2014年第4期刊发专文《江西省认真开展岗位培训，严格考试考务管理工作》通报表扬省新闻出版广电局工作。11月10日—12日，省新闻出版广电局举办2014年全省期刊社长、主编（副社长、副主编）岗位培训班。全省103名期刊社长、主编（副社长、副主编）参加了培训，并取得岗位培训证书。

严格新闻工作者职业资格制度。开展全国广播电视编辑记者播音员主持人资格考试和业务培训工作，共有1367人报名参加考试。其中，报考编辑记者1296人，报考播音员主持人171人；设置笔试考点2个，考场46个；面试考点1个，考场3个。全年有316名全省各级广播电视台的编辑记者和播音主持人参加了省新闻出版广电局组织的业务培训。开展报刊新闻单位采编人员资格培训工作，成绩合格人员337名，并取得培训合格证书。制定印发《推进新闻单位新闻采编人员全员持证上岗实施意见》，提出严格新闻采编资格准入、解决重点新闻网站采编人员持证上岗问题、做好从业资格考试和培训工作等9条措施。

【江西省第一批100种期刊被认定为学术期刊】　6月，为规范学术期刊出版秩序，根据国家新闻出版广电总局统一部署，省新闻出版广电局召开全省学术期刊认定会议，组织专家对各主管单位申报的120种期刊进行学术期刊认定，提出初步认定结果并上报总局最终进行认定。根据总局第一批学术期刊认定结果公示，全省第一批100种期刊被认定为学术期刊。

【获2014年全国“扫黄打非”先进集体称号】　2014年，省新闻出版广电局新闻报刊处获2014年全国“扫黄打非”先进集体称号。3月，中宣部等9部门在全国开展打击新闻敲诈和假新闻专项行动，省新闻出版广电局印发通知，召开新闻单位负责人会议，对打击新闻敲诈和假新闻专项行动进行动员部署。召开中央媒体驻赣记者站负责人会议，学习传达中央和江西省打击新闻敲诈和假新闻专项行动部署和工作要求。向社会公布举报电话。全年核查新闻报刊案件39件，查处并纠正3起记者违规违法案件，纠正报刊失实报道和涉嫌报刊违规发行问题10余起。配合总局严肃查处了《中国产经新闻报》驻江西记者站及其负责人违法违规案件，得到中宣部、国家新闻出版广电总局和省委、省政府领导的肯定。

【开展全省新闻单位新闻记者证换发工作】　7月30日，省新闻出版广电局召开2014年新闻记者证换发工作会议，全面启动2014版新闻记者证换发工作。会上制定并印发《2014年新闻记者证换发工作须知》，对换发范围和条件、需提交的材料、换发和审核工作流程、换发时间等提出明确要求。实际换发工作中，省新闻出版广电局按照《新闻记者证管理办法》和《关于2014年换发新闻记者证的通知》等有关规定，采取“六检查六对照”的办法，对材料进行细心审核、从严审核、严格把关，防止新闻单位违规换证问题，杜绝不符合条件的人员申领和换发新闻记者证，确保所有符合条件的新闻采编人员都能及时领到新版新闻记者证，为全省新闻单位新闻记者开展采访活动提供有力保障。全省有4590人（不含记者站）审核通过并上报总局，经总局批准的新闻记者证已全部发放到新闻单位。国家新闻出版广电总局《报刊管理情况通报》第25期以《江西局扎实有序开展新版记者证换发工作》专题通报表扬江西省局工作。11月5日—6日，总局、中央纪委驻总局检查组对江西省换发新闻记者证工作进行检查，检查组在反馈检查意见时，对江西省新闻记者证核发工作予以高度评价。

【开展第二届期刊“四大工程”建设推荐工作】　2014年，省新闻出版广电局组织开展第二届全省期刊“四大工程”推荐活动。《农村百事通》《当代财经》等8种期刊入选名刊工程建设期刊；《小星星》《求实》等14种期刊入选精品工程建设期刊；《家庭百事通》《微型小说选刊》等7种期刊入选百万工程建设期刊；“数字出版示范工程”入选期刊暂时空缺。

【江西4种期刊入选向全国少年儿童推荐的优秀少儿报刊名单】　2014年，在国家新闻出版广电总局向全国少年儿童推荐的优秀少儿报刊名单中，江西省的《琴童》《小猕猴智力画刊》《小星星》《小学生之友》4种少儿期刊入选，入选期刊数量居全国第三。

【推进报刊项目建设】　2014年，全省报刊共有4个项目入库，分别是江西日报传媒集团有限公司的青少年法制动漫教育创意产业园和赣版数字出版交易云平台——海睿数字云平台，井冈山报社的井冈山红色文化新媒体传播公共服务平台项目，南昌家庭医生报传媒有限公司的家庭医生云健康服务平台。有3个报刊项目获得中央文化产业共2700万元专项资金支持，分别是江西日报传媒集团有限公司的4G云媒体商用平台项目1000万元，赣版数字出版交易云平台——海睿数字云平台800万元，萍乡日报社全媒体项目900万元。

【江西3种期刊获评中国最美期刊】　9月18日—21日，在由国家新闻出版广电总局、湖北省人民政府、中国邮政集团公司支持主办的2014中国（武汉）期刊交易博览会（简称刊博会）上，江西省《百花洲》《小猕猴智力画刊》和《农村百事通》3种期刊被博览会组委会评为中国最美期刊。全国共有100种期刊获奖，江西省获奖数量在全国名列第五。省新闻出版广电局获刊博会优秀组织奖。

（蒋洪波）

图书和数字出版

【概　况】　2014年，出版图书、音像电子出版物8760种，其中新出图书、音像电子出版物3858种，重印4902种。狠抓图书质量，组织开展春秋两季教辅材料审读及少儿类图书、低俗和跟风炒作类图书的专项质量检查工作。全年审读图书132种，总合格率达89.4%。按照国家新闻出版广电总局《关于开展2014年出版物质量专项年活动的通知》精神，督促所属出版社对近年来图书质量保障体系建设和实施情况进行自查、总结，重点对各社2013年1月至2014年4月出版的少儿类图书、低俗和跟风炒作类图书及2014年春秋两季中小学教辅图书进行质量抽查。组织人员对出版单位的质量管理有关规定，以及质量保障体系修订和完善情况进行专项检查。严格管理,规范出版行为,全年共审读重大选题 81 个;审读敏感、重点书稿 136 份,申请重大选题备案 13 个;审批选题 1.09 万个,其中增补选题 4031 个;审批一次性内部资料性出版物 44 个;全年核发书号 4223 个,追加书号 570 个。

推动江西省传统出版行业向数字出版转型,打造江西"出版资源数据库""新媒体数字出版""网络游戏动漫游戏""数码印刷工程"和"数字农家书屋"五大数字出版重大核心工程项目;扶持一批专、精、特、新的中小数字出版企业,走有江西特色的数字出版发展道路。省内评选出 13 家数字出版转型示范单位,其中,图书出版单位 3 家,报纸、期刊出版单位 10 家。全省数字出版总产值 112.69 亿元,其中,网络广告 42.91 亿元,网络游戏收入 34.82 亿元,手机出版(包括手机音乐、手机游戏、手机动漫游戏、手机阅读)28.03 亿元。数字期刊收入 8200 万元,电子书收入 1.9 亿元,数字报(网络版)收入 4.21 亿元。截至 12 月,已出版电子书 1.12 万余种,电子期刊 35 种,数字报 1.60 万期,手机图书 3500 余种,手机报 11 余种。

【突出主题出版工作】 2014 年,鼓励各出版单位不断强化"特色立社,精品立社"的出版理念,正确处理好结构、效益、质量之间的关系,引导出版单位出版一批"培育和践行社会主义核心价值观"、宣传"中国梦""学习贯彻习近平总书记系列重要讲话精神"等一批重点选题。在中宣部、中央文明办、国家新闻出版广电总局单独或联合举办的活动中,各个项目江西省的出版物均榜上有名。二十一世纪出版社的《瓷上中国——China 与两个 china》获第十三届中宣部精神文明建设"五个一工程"奖;二十一世纪出版社的《超级笑笑鼠》、百花洲文艺出版社的《20 世纪中国学术论辩书系》、江西美术出版社与江西教育出版社联合出版的《黄庭坚书法全集》、江西高校出版社的《苏共亡党二十年祭》4 种图书获第五届中华优秀出版物图书奖;江西教育出版社的《楚调唐音:歌吟艺术的活化石》、红星电子音像出版社的《中国农村能源生态模式》2 种出版物分获图书、音像提名奖;二十一世纪出版社的《不老泉》《心跳历险记》,江西高校出版社的《小小孩的春天》3 种图书入选"国家新闻出版广电总局 2014 年向全国青少年推荐百种优秀图书";江西教育出版社的《纵横中国梦》《我和老伴甘祖昌》,江西科技出版社的《求医不如求己精华本》(2 册)、《百位专家说健康——献给父母的中老年实用养生书》,百花洲文艺出版社的《中华文化丛书》(13 册)5 种图书入选"国家新闻出版广电总局首届向全国老年人推荐优秀出版物";江西人民出版社的《中国人权建设 60 年》入选"国家社科基金中华学术外译项目";江西科技出版社的《野生药用原色图鉴》入选"中国图书对外推广计划项目";二十一世纪出版社的《腰门》《天啊! 错啦!》获第 13 届年度输出版优秀图书奖,并获国家版权局授予的"全国版权示范单位"称号;二十一世纪出版社的《儿童百问百答系列(7 册)》、江西科技出版社的《青少年情绪美学漫画心理丛书(4 册)》获引进版社科类优秀图书奖。江西人民出版社的《中央革命根据地历史资料文库・军事系统》《庐山文化研究丛书(第 4 辑)》,江西科技出版社的《生态文明建设大辞典》,江西美术出版社的《八大山人研究大系》获得国家出版基金项目资助,资助总金额 295 万元;江西人民出版社的《世界历史(第 27 册):战后西方联盟》《中国文化 ABC》获得经典中国国际出版工程项目资助;二十一世纪出版社的《爆笑十万个为什么丛书》(1 ~ 8 册)入选 2014 年"原动力"中国原创动漫出版扶持计划项目;江西人民出版社的《当代中国政治伦理丛书》,江西科技出版社的《中华印刷典故》,二十一世纪出版社的《瓷上中国——China 与两个 china》和《"男孩不哭"组合》,百花洲文艺出版社的《鲁迅与 20 世纪中国研究丛书》,江西美术出版社的《八大山人研究大系》和《中国古代名窑》,江西高校出版社的《红店文学系列丛书》8 种出版物入选 2014 年度《"十二五"国家重点图书、音像、电子出版物出版规划》增补项目名单。

【引领全民阅读】 2014 年,江西把全民阅读活动作为公共文化服务的重点内容和重要抓手,并作为重点项目列入全年工作计划。4 月 19 日—21 日,国家新闻出版广电总局党组成员宋明昌带领有关司局负责人到江西参与、指导全民阅读活动,出席 4 月 20 日全民阅读泰豪论坛并发表演讲,之后前往省新华书店与读者交流阅读体会。4 月 20 日,副省长朱虹莅临全民阅读论坛,作主旨演讲。4 月 23 日,省委常委、省委宣传部部长姚亚平深入省图书馆、民营青苑书店、南昌市光明社区调研全民阅读开展情况,对做好全民阅读工作提出指导意见。把全民阅读活动安排到基层,通过媒体、书店给读者荐书;在公共文化场所交换图书;在文化市场进行作者签名售书、优惠售书;在国有书店、民营书店开展书友会、读书交流会、专家学者读书讲座;送书进社区、进校园、进军营等。"全民阅读"活动采取多种创新举措,第一次由省新闻出版广电局、江西日报社、省广播电视台、省出版集团公司四家单位联合,共同主办 2014 年全民阅读活动;第一次成立活动组委会;第一次实现广播、电视、报纸、网络、微信、微博全媒体联动,集中宣传,在广播电台、电视台、报纸、网络媒体播放全民阅读公益广告,且连续两周播放,在电视台播出全民阅读专题节目;第一次举办邀请总局领导、省领导和国内知名专家、作家、学者亲临指导、分别演讲的全民阅读活动大型论坛;第一次在"4・23"读书日前后连续两周集中开展系列文化宣传活动;第一次实现全民阅读活动全省联动等。

(王谱声)

版　权

【概　况】 2014 年,全省各级版权部门重点加强版权行政执法,打击侵权违法行为。"剑网 2014"专项行动成果显著,共立案查处各类侵犯著作权案件 27 起,已做出行政处罚的案件 21 起,依法移送司法机关 2 起,司法机关判处有期徒刑 1 人。采取刑事强制措施 4 人,提请人大撤销涉案嫌疑人人大代表资格 1 人。侵权盗版行政处罚案件信息公开常态化,全省各级版权部门利用网络、广播、电视等多种平台,面向社会公开版权行政执法案件的执法流程、执法依据、执法结果，提高版权执法工作透明度，增强版权执法部门的公信力和影响力。

推进机关、新闻出版企业软件正版化工作。10月29日，省政府办公厅印发《江西省贯彻落实〈政府机关使用正版软件管理办法〉的实施意见》，从软件正版化工作责任、软件采购、安装使用、资产管理、审计监督和督促检查6个方面做出明确规定。按照国家新闻出版广电总局的工作要求，组织开展江西省新闻出版企业软件正版化，将全省新闻出版重点企业集团所属的108家二、三级企业纳入工作范围，并提前2个月完成新闻出版企业软件正版化检查整改任务。

开展版权宣传教育活动。将“尊重知识、拒绝盗版、鼓励创新、拥抱梦想”主题宣传活动贯穿全年，组织开展一系列社会宣传活动。“3·15”国际消费者权益日，在广场举行著作权法公益咨询活动；“4·23”世界图书与版权日，在各地中小学校开展“加入绿书签行动”签名活动；“4·26”知识产权日宣传周期间，在江西卫视和各市县主要电视频道黄金时段连续播出版权保护公益电视宣传片；12月4日国家首个“宪法宣传日”期间，在江西日报、江西广播电视台等重要媒体公布一批打击侵权盗版典型案例等。

构建版权公共服务体系。省版权公共服务平台建设成功启动，2014年完成方案设计和项目招标。省版权局与景德镇陶瓷学院正式签署战略合作框架协议，根据协议，双方将在推进陶瓷艺术设计版权保护等方面展开多层次的合作。同时，景德镇陶瓷学院版权服务工作站挂牌成立，景德镇陶瓷学院陶瓷艺术设计版权交易平台上线。版权示范工作取得新成就，全年新增全国版权示范单位1个、江西省版权示范单位4个。截至年底，全省国家级版权示范单位（基地）增至2个，省级版权示范单位增至11个。作品自愿登记数量大幅跃升，2014年全省作品自愿登记数量1680件，是上年同期2.6倍多。

版权输出实现突破。全年输出图书版权338种，比2013年的210种增长60.95%。二十一世纪出版社推出的《熊猫的故事》一书，在第二十一届北京国际图书博览会上得到多个国家的关注，中央电视台《新闻联播》作了专门报道。二十一世纪出版社晋升为全国版权示范单位，这是江西省继2012年景德镇国际陶瓷艺术创意中心获全国版权示范基地称号之后的又一突破。

【特色版权产业成绩斐然】 2014年，江西省组织景德镇陶瓷和上饶石雕、玉雕、金丝楠板画等具有浓郁地方特色的版权作品参展第五届中国国际版权博览会，实现2014中国“CICE金慧奖”各奖项满堂红，其中，江西省版权局获最佳组织奖，二十一世纪出版社获最佳名企奖，景德镇和上饶选送的艺术作品《山乡春浓》《丝绸之路》等8件作品获最佳作品奖（此届版博会总共评选出30件最佳作品）。在第七届中国版权年会评选中，省版权局获2014年度中国版权年会优秀组织奖，江西省景德镇法蓝瓷实业有限公司、江西含珠实业有限公司等两家企业被评为2014年中国版权最具影响力企业。

（钟娜）

印刷复制

【概　况】 2014年，全省有印刷企业1849家（不含复印打字企业），其中，出版物印刷企业125家，包装装潢印刷企业556家，其他印刷品印刷企业1147家，专项印刷企业17家，专营数字印刷企业4家。全省印刷工业总产值479.35亿元，同比增长38.9%。其中：出版物印刷83.37亿元，约占17.39%；包装装潢印刷294.56亿元，约占61.45%；其他印刷品印刷95.48亿元，约占19.92%；排版、装订等专项数字印刷5.94亿元，约占1.24%。完成利税总额4.94亿元，增长13.56%；资产总额363.92亿元，增长5.12%；从业人数约7.9万人。

全省列入规模以上重点印刷企业名录企业81家，增长22.7%。实现工业总产值160.53亿元，占全省印刷工业总产值的33.5%。实现销售收入153.36亿元，实现利润16.93亿元。规模以上重点印刷企业相对集中。规模以上重点印刷企业大多分布南昌、赣州和宜春3个设区市。

出版物质量监督工作成效明显。开展2014年春秋两季中小学教材“入库前抽检”和“库中抽查”工作，共抽取教材728个品种，检测样本约2万余本。其中赣版教材391个品种（含租型），外版代印教材261个品种，外省直供76种。对套印超标的1种教材下达整改通知书。开展中小学教辅材料专项治理工作，对299册进入评议目录的2014年春季中小学教辅材料进行纸张克度的检测。开展“农家书屋配送图书”印制质量监督检测，对2014年农家书屋集中采购的400余种图书进行印制质量检测，有3册图书被认定为不合格品，其中一种被认定为批质量不合格品。对2013年度赣版图书进行印刷质量检测认定，共检测108个品种1404册图书，检测发现37册单册不合格，涉及12个品种，其中，3个品种被判定为批质量不合格。

【组团参加2014年中国（上海）国际印刷周活动】 7月3日—6日，省新闻出版广电局组织全省31家印刷企业以及印刷行业协会、出版单位等100余人参加2014年中国（上海）国际印刷周活动，并举办江西代表团暨赣州吉安国家印刷包装基地新闻发布会。重点宣传推介江西省1个国家级、4个省级印刷包装产业基地以及江西协泰彩印有限公司、鸿圣（江西）彩印包装实业有限公司等8家特色印刷企业。江西展区从“蓬勃发展的江西印刷业”“江西风景独好诚邀您投资兴业”“开创历史铸就辉煌把赣州国家印刷包装产业基地打造成为世界性的产业平台”3个功能块展现了江西印刷业的发展成就。

【江西新华印刷集团有限公司收获多项殊荣】 2014年，江西新华印刷集团有限公司收获颇丰：10月，国家新闻出版广电总局公布2014年认定的国家印刷示范企业名单，江西新华印刷集团有限公司成为江西省第一家国家印刷示范企业；跻身“2014年中国印刷企业100强”，位列第92名；评为2014年度全国（人教版）中小学教材印装质量检测第一名。旗下子公司江西华奥印务有限责任公司被评为

2013—2014年度国家文化出口重点企业。

（谢年鑫）

出版物发行

【概　况】　2014年年底，全省出版物发行网点4056个，其中，邮政报刊发行网点1657个，新华书店发行网点151个。全省出版物发行企业2248家，其中，批发企业190家，零售企业2058家。全省出版物发行企业2248家，年销售收入123亿元，从业人员4.52万人，出版物批发企业共190家，年销售收入107亿元，从业人员3.48万人。出版物零售企业有2058家，年销售收入16亿元，从业人员1.04万人。为保证中小学校教材发行工作的顺利完成，省新闻出版广电局在春、秋两季开学之前，在全省范围内开展教材发行工作的专项检查，检查新华书店教材发行情况及中小学校教材用书情况，查处侵权盗版等非法出版发行教材的经营行为，有效监管全省教材发行工作。2014年全省学生人数680万人。春季教材全省新华书店发行4400万册，码洋3亿元。秋季教材册数为5677万册，增幅为4.15%；秋季征订码洋为4.92亿元，增幅为7.65%。全年举办两期出版物发行人员职业资格培训班。一期为全省出版物发行师职业资格鉴定培训班，江西新华发行集团有限公司各分公司、中文传媒教辅经营有限公司等单位的近60位学员参加了培训。一期为全省中级出版物发行员资格培训班，全省100多名出版物发行员参加了培训。

【开展全省实体书店调研活动】　为贯彻财政部、国家新闻出版广电总局《关于开展实体书店扶持试点工作的通知》，落实省委、省政府领导对实体书店的要求，5月12日—16日，省新闻出版广电局针对全省实体书店情况开展摸底调查，分两组在全省范围内开展走访调研工作。一组为萍乡、宜春、新余、九江、景德镇；另一组为赣州、吉安、上饶、鹰潭、抚州。共召开实体书店研讨座谈会11场次，召集国有、民营实体书店负责人80余人座谈，实地参观各类实体书店33家，收到各地区实体书店情况统计表22份。通过一系列的调查工作，对全省实体书店的情况有了清楚的了解，形成《全省实体书店调研情况汇报》，分析民营实体书店经营困难的原因。

【组织参加第24届全国图书交易博览会】　8月1日—4日，江西出版代表团参加第24届全国图书交易博览会。副省长朱虹，省政府副秘书长宋雷鸣，省委宣传部副部长，省新闻出版广电局局长、党组书记杨六华等参加了书博会。江西出版代表团由省新闻出版广电局、江西出版集团、中文天地出版传媒股份有限公司及其所属9家出版发行单位、13家期刊社共120余人组成，在主会场有参展展位19个，共展出赣版经典图书1600多种，其中4家出版社的14种精品图书在新闻出版广电总局精品展位中展出。江西省展区的主题是“江西风景独好”，参展的作品有《信仰永恒：中国共产党人的故事》《红星农家乐音像宝库》等图书。展会期间，江西教育出版社举办了《中国超级畅销书大解密·2013》新书发布会活动，朱虹出席发布会并致辞，多家媒体对新书发布会进行了报道。

（何琼）

出版物市场监管

【概　况】　2014年，全省开展打击“三假”、打击新闻敲诈和假新闻，“清源2014”“净网2014”和“秋风2014”专项行动，删除屏蔽网络有害信息7251条，查办网络传播淫秽色情信息案件6起，查办《经济晚报》记者李某违规设立报刊记者站案《信息日报》记者吕某违规经营案、《中国产经新闻报》江西记者站记者余某联系有偿宣传报道案。全省组织出动执法人员6.8万人次，检查出版物经营单位6.8万家次，取缔无证照游动摊点130个，查缴各类非法出版物30.25万件，其中违禁出版物1.8万件、淫秽色情出版物5134件、盗版音像制品13万件、盗版软件及电子出版物1.3万件、盗版教材教辅读物4.3万件、非法书报刊9.1万件。

【查办“扫黄打非”大案要案】　2014年，查办瑞金“6·13”假媒体工作人员敲诈勒索案、赣州“4·24”网络传播淫秽色情案件、南昌“9·09”出版销售非法出版物案、南昌“5·23”销售侵权复制品案等大案要案。全省共查办“扫黄打非”案件90起，被全国“扫黄打非”办列为挂牌督办重点案件3起，核查全国“扫黄打非”转办案件线索15条，查实率、回复率、办结率均为100%。

【加大“扫黄打非”宣传力度】　2014年，省“扫黄打非”办共编辑江西“扫黄打非”工作简报25期，被全国“扫黄打非”工作简报采用4条，向中国“扫黄打非”网上传江西“扫黄打非”工作动态30条，向省新闻出版局政府网站“扫黄打非”信息专栏上传信息30条，被《中国新闻出版报》采用3篇，被《江西日报》采用3篇，被《江西晨报》《南昌日报》《南昌晚报》《江南都市报》《新法制报》采用20篇。打击“三假”专项行动期间，省“扫黄打非”办与江西卫视《社会传真》栏目合作，制作播出了《重拳出击　严打“三假”》专题节目，对江西省已查办的2起假记者、假报刊案进行公开曝光。“4·26”期间，举行2014年江西省“扫黄打非”暨版权保护新闻发布会及全省侵权盗版及非法出版物集中销毁活动，使“扫黄打非”斗争产生巨大的社会影响，营造全社会共同抑制侵权盗版行为的良好氛围。

（李影）

电影电视剧

【概　况】　2014年，全省有数字影院184座，影厅805个，座位10.11万个。全省建有县级3厅以上数字影院101家，覆盖全省71个县（市、区），县级3厅以上数字影院覆盖率83.5%。全省总票房5.45亿元，同比增长42%；观影人数1660.19万人，增长42%。全年票房超1000万元的影院有15家，票房超100万元的县级影院有22家。全年全省通过了18部电影和14部电视剧的备案申请,生产了6部电影、5部电视剧。

创新品牌,打造精品。电影《洋妞到我家》和电视剧《领袖》入选中宣部"五个一工程"奖获奖名单;电影《一个人的课堂》获亚洲青少年电影节"最佳新人导演奖",入选第23届中国金鸡百花电影节,入围第18届"北京放映"、北京青年影展、华语青年影像论坛、中美电影节;电影《小河亲过我的脸》入围首届丝绸之路国际电影节、第21届北京大学生电影节主竞赛单元,亮相第18届"北京放映"、中美电影节;电影《夜来香》入围首届丝绸之路国际电影节;电视剧《我的特一营》在湖南卫视黄金时段独家播出,并在优酷、爱奇艺、乐视、搜狐视频等著名视频网站同步热播;电视剧《油菜花香》在辽宁卫视独家播出,在山东、四川、河南、河北、陕西、天津、湖北、南京、深圳等省级(含副省级)电视台地面频道播出,并获由中国艺术家协会和CCTV-7联合举办的第六届新农村电视艺术节最佳导演奖、最佳女主角奖和最佳女配角奖。在第二届亚洲微电影艺术节上,微电影《罪与罚》《生日》获"金海棠"优秀作品奖;《传递爱》《谁送的礼》获好作品奖;《谁送的礼》同时获优秀公益奖;《选择》获优秀旅游品牌奖;《梦想照进我心里》获优秀编剧奖;《担当》获优秀原创音乐奖。

加大扶持力度,落实影院补助资金。4月,省新闻出版广电局向国家电影事业发展专项资金管委会上报69家数字影院的申请补助报告。8月,省委宣传部、省新闻出版广电局联合下发《关于补助县级3厅以上数字影院建设的通知》,对符合条件的县级3厅以上数字影院给予各30万元的补助。12月,落实国家电影事业发展专项资金管委会下拨的补助资金3286万元和省文化产业发展专项资金下拨的补助资金960万元,全年全省拨付各类影院补助资金4246万元。

【组织开展"中国梦·江西风景独好"微电影作品征集活动】 5月9日,省委宣传部、省互联网信息办公室、省新闻出版广电局、江西广播电视台联合组织开展"中国梦·江西风景独好"微电影作品征集活动,共征集到103部微电影作品。活动期间,江西广播电视台下属7个电视频道和7个广播频率、江西广播电视报、人民网、新华网、中国网、中国江西网、江西网络广播电视台、各设区市中心城区66家数字影院每天都高频率播出该活动的宣传广告。12月22日,举行电视颁奖晚会,对获奖作品进行授奖。

【江西省原创电视动画片《天工开物——开心岛Ⅱ》在央视播出】 11月5日起,由江西省瀚皇典影视文化传媒有限公司创作生产的电视动画片《天工开物——开心岛Ⅱ》在中央电视台少儿频道黄金时段16:30至17:00上映。这是该剧第一季2012年11月在中央电视台少儿频道播出后,再次登上中央电视台少儿频道的舞台。

【举办江西省影视人才培训班】 8月20日—22日,省委宣传部、省新闻出版广电局共同举办江西省影视人才培训班,邀请著名编剧苏小卫、著名导演高希希等专家授课。全省各级广播电视台、影视制作机构、高等院校影视专业和文联的120余名中青年影视制片人、编剧、导演、专家、作家等参加了培训。

【出台解决乡镇(公社)老放映员历史遗留问题文件】 10月15日,省新闻出版广电局、省人社厅、省财政厅共同印发《〈关于妥善解决乡镇(公社)老放映员历史遗留问题的实施方案〉的通知》,对全省乡镇(公社)老放映员历史遗留问题出台具体解决措施。11月7日,省新闻出版广电局召开解决全省乡镇(公社)老放映员历史遗留问题工作会议,部署开展该项工作。11月中旬,各设区市都召开了解决老放映员问题的工作会议,层层传达会议精神,讲解有关政策。至年底,各地迅速开展工作,贯彻执行该项文件。

(郑华臻)

广播电视宣传

【概　况】 2014年,加大广播电视宣传力度。在全国"两会"报道中,全省各级广电媒体报道准备充分、准确及时、亮点纷呈,而且有创新,有突破,取得很好的宣传效果。江西广播电视台得到中宣部点名表扬,省委书记强卫给予"多、新、实"的积极评价。省新闻出版广电局安排播出"中国梦"主题新创作歌曲,组织全省各级广电媒体播放歌曲《老阿姨》,进一步做好龚全珍模范事迹的学习宣传,做好"中国梦"的新闻宣传。社会主义核心价值观宣传特色鲜明。在全省新闻出版广电行业部署开展践行和传播社会主义核心价值观"五个一"系列活动;组织召开了新闻出版广电行业践行和传播社会主义核心价值观座谈会;组织省广播电视协会和省出版工作者协会就江西省新闻出版广电行业践行和传播社会主义核心价值观发出倡议;组织省内各新闻出版广播影视媒体集中开展践行社会主义核心价值观宣传活动;组织广播电视、报刊、网络记者采访宣传了一批践行社会主义核心价值观的先进典型和先进经验。宣传报道中共十八届四中全会和省委十三届十次全会精神。组织全省各级广电媒体宣传中共十八届四中全会和省委十三届十次全会做出的重大战略部署;宣传坚持全面推进依法治国的正确方向;宣传全省各地区各部门贯彻中共十八届四中全会精神和省委十三届十次全会精神的新举措新进展,展示全省干部群众树立法治意识、增强法治观念,投身全面推进依法治国伟大实践,为建设法治中国而奋斗的精神风貌。外宣工作卓有成效,推出一批在全国有影响的大稿重稿。江西广播电视台在中央人民广播电台中国之声《新闻和报纸摘要》《全国新闻联播》节目中共上稿399条。其中,69条为单条录音报道,162条上了提要,完成10条单条头条、18条综合录音头条、1条综合头条消息。在中央电视台用稿1291条,其中,上中央电视台《新闻联播》192条,头条10条,上提要65条,单条88条。

完善广播电视宣传管理。把握正确导向。省新闻出版广电局及时转发和传达中宣部、国家新闻出版广电总局和省委宣传部下发的一系列有关宣传管理的要求和提示,并要求广电媒体单位认真组织学习、贯彻有关文件精神;对于重大紧急的宣传要求,及时编发《宣传通报》,立即传达,落实到位。做好收听收看工作。召开收听收看工作会议,开展业务培训,加强收听收看员队伍业务素质建设;提高《收听收看简报》的时效性、针对性,全年编发《收听收看简报》69 期。总局《监听监看日报》转载《收听收看简报》稿件 1 次,副省长朱虹等省领导 10 次在简报上做出重要批示。加大监管力度。省新闻出版广电局对全省突出的违纪违规问题下发《警示谈话通知书》,并先后 3 次对相关单位负责人、节目制作单位负责人、宣传管理部门负责人进行警示谈话。开展“打击虚假新闻、抵制低俗之风”专项行动。采取播出机构自查与省市宣传管理部门检查相结合的方式,重点对各类广播电视宣传中存在的不遵守宣传管理有关规定,对宣传提示和宣传管理要求不能令行禁止等 9 种现象进行清理和整改,确保广播电视宣传导向正确,节目遵章守纪,格调积极健康。加强广播电视节目播出管理。开展“七一”期间广播电视节目播出安排的调审工作,对 6 月 30 日—7 月 2 日部分频道全天广播电视节目的播出安排进行抽查调审。完成各项推荐送评工作。江西省推荐送评的广播剧《本色》获第十三届中宣部“五个一工程”奖。在江西新闻奖的评选中,广播作品获一等奖 7 件,二等奖 14 件,三等奖 20 件;电视作品获一等奖 7 件,二等奖 14 件,三等奖 20 件;优秀广播新闻栏目 1 件,优秀电视新闻栏目 1 件。推荐送评的广播电视作品在第二十四届中国新闻奖评选中,共有 5 件作品获二等奖。在 2014 年的中国广播影视期刊优秀作品评选中,江西广播电视台《声屏世界》选送的 7 件作品全部获奖。

加强国产电视动画片的审批管理。省新闻出版广电局严格按照规章制度、审批程序和流程办事,办事时限全部缩短一半,并且全部在规定时限内办结。全省电视动画片制作机构申报备案公示 4 部 129 集 1495 分钟,审查颁发《国产电视动画片发行许可证》2 个,共 2 部 36 集 442 分钟。

【举办“中国梦·江西风景独好”纪录片征集展播活动】 6—12 月,省新闻出版广电局与省旅游发展委员会、江西广播电视台、中国移动江西公司和中国网络电视台(中国纪录片网)联合主办“中国梦·江西风景独好”纪录片征集展播活动。此次活动共向省内外征集了 134 部(集)表现“中国梦”和“发展升级、小康提速、绿色崛起、实干兴赣”主题的纪录片。9 月 26 日至 10 月 15 日,在中国网络电视台中国纪录片网、江西卫视、都市频道、经济生活频道、公共频道、移动电视、江西教育电视台和全省 11 个设区市电视台以及江西网络广播电视台、中国江西网等中央、省、市电视媒体和网络媒体进行集中展播。同时,中国移动江西公司在微信和微博上做宣传推介,并向部分用户发送介绍展播活动以及参与方式的短信。还制作展播活动宣传广告、公布展播平台二维码,投放到南昌市各主要移动营业厅。11 月 18 日—20 日,通过专家评审,评选出 15 部优秀作品和 15 部入围作品。12 月 22 日,在南昌举办“中国梦·江西风景独好”微电影、纪录片征集展播活动颁奖晚会,副省长朱虹为获奖作品颁奖。

【开展打击虚假新闻、抵制低俗之风专项行动】 2014 年,为确保广播电视的正确舆论导向,省新闻出版广电局在全省组织开展打击虚假新闻、抵制低俗之风专项行动,集中清除广播电视宣传中的不良现象。专项行动采取播出机构自查与广电行政部门检查相结合的方式进行,重点对各类广播电视宣传中存在的 9 种现象进行清理和整改。5 月起,全省各级广播电视行政部门和播出机构组织开展自查工作。7 月起,省局组织对全省开展专项行动的情况进行检查督导。

【组织开展“名播名记走基层”活动】 9 月 29 日,省新闻出版广电局组织江西日报社、江西广播电视台、江南都市报、江西网络广播电视台等 10 余名优秀记者编辑和播音员、主持人,到吉安市新干县开展“名播名记走基层”活动。省新闻出版广电局巡视员杨松和省广播电视台副台长龚荣生带队参加活动。活动中,这些省级媒体的新闻工作者深入基层一线,聚焦新干发展情况。活动组一行在新干县广播电视台进行座谈,并现场参观考察电视台的播音制作室。省广播电视台荣获全国“金话筒”称号的优秀播音员、主持人还与新干广播电视台的播音、制作人员一起进行业务培训和经验交流。活动深入基层,深入生活,让群众当主角、上版面、进镜头,用群众喜闻乐见的语言和形式弘扬时代精神,展示美好生活,增强了宣传报道的吸引力和感染力,是省级主要媒体深入基层“走转改”的一次生动实践。

【开展“走基层,转作风,送服务”活动】 为促进江西省电视动画片产业项目和重点企业加快发展,结合省新闻出版广电局建立局领导负责重大产业门类、联系重大产业项目和挂点重点企业制度,6 月 27 日,省新闻出版广电局开展“走基层,转作风,送服务”活动,到挂点重点企业江西笛卡传媒有限公司开展调研,与公司领导及电视动画片主创人员进行座谈,深入了解企业发展和电视动画片制作生产情况及存在的困难问题,把行政审批政策咨询服务、电视动画片创作生产服务送到电视动画片制作机构,受到影视动漫制作机构的好评。

(万里波　胡小玲)

广播电视科技

【概　况】 2014 年,组织开展全省广播电视安全播出大检查和信息安全大检查;学习宣传贯彻国家新闻出版广电总局新修订完善的 10 个《安全播出管理规定》专业实施细则;坚持并执行全省广播电视安全播出质量情况每季通报制度;全省各级广电系统成功完成春节、“两会”、中共十八届四中全会、APEC 等多个广播电视安全播出重要保障期的保障任务,再次取得重大活动、重要节目、重点时段无事故、无停播的良好成绩。加快推进三网融合。推动广电信息基础设施建设,支持各地广电有线网络加快推进数字化、双向化改造步伐,推进数字化整体转换,主动实施骨干网络的宽带扩容升级工程,进一步扩充网络的传输容量,提升网络传输力和承载力,提高网络稳定性和可靠性;支持省网络广播电视台建设 IPTV 集成播控平台,打造能够集提供直播、点播、回放、时移、增值业务等多种服务、多种功能于一体的可管理、可运营平台，满足多业务融合播控需求。加强队伍建设。组织开展全省广播电视技术能手竞赛，选派两名选手参加全国广播电视技术能手(有线电视和监测系统类)竞赛，分别获1个二等奖、1个三等奖。

【启动全省应急广播电视系统示范项目建设】　2014年，省新闻出版广电局启动实施全省应急广播电视系统示范项目建设。组织完成了技术方案编制、前期论证、设备招投标及采购、机房设计无线等多个步骤，在丰城市、浮梁县两地开展试验，综合利用有线等多种手段，建立省—市—县—乡—村五级贯通的应急广播系统。全省应急广播电视系统建成后，能实现将预警信息向个人终端、家庭终端和户外智能终端进行快速覆盖和精确覆盖，达到全天候、全方位、调度灵活、指挥便捷、快速准确、安全可靠的发布权威应急信息效果，有效应对突发事件。

【编制完成《江西省地面数字电视覆盖网总体技术规划》】　2014年，省新闻出版广电局布局无线数字化工程。通过摸底排查、收集整理全省无线发射台站有关数据、参数等基本资料；深入全省11个设区市对重点发射台站地面数字电视发射场强及覆盖效果情况进行收测；组织召开专家研讨会听取各方意见；统筹考虑江西省台站分布及周边省份频率干扰等实际情况，编制完成《江西省地面数字电视覆盖网总体技术规划》，并顺利通过国家新闻出版广电总局的验收。

(张冰)

播出制作机构管理

【概　况】　2014年，全省有播出机构103家。其中，经国家新闻出版广电总局批准，新增播出机构1家，为共青城市广播电视台；江西广播电视台增设故事广播；宜春市广播电视台增设交通音乐广播；江西广播电视台移动数字电视由试验频道转为正式频道。省新闻出版广电局开展对11个设区市播出机构及其频率频道设置情况排查摸底工作，摸清擅自增设频率频道的底数，建立台账，整改了2家播出机构违规增设频率频道行为。

完成节目制作经营机构年审的审核上报工作。江西省通过年度审核的节目制作经营机构共有56家。全年审批发放《广播电视节目制作经营许可证》15件，审批发放《电视剧制作许可证(乙种)》10件。

规范广告播放秩序，查处违规播放广告行为。根据省新闻出版广电局监测网发现的违规问题，下发5份《核查整改通知书》；根据总局来文、群众来电来信、省局保卫处来函等群众投诉情况，共受理广告投诉33件，下发《核查整改通知书》33份；根据《江西省开展电视购物专项整治工作方案》的部署安排，从1月开始至6月，配合省商务厅开展整治工作。根据省商务部门监测发现6起播出机构违规播放广告的问题，下发《核查整改通知书》。

规范互联网视听节目传播秩序。省新闻出版广电局开展了互联网视听节目持证单位“剑网2014”行动、集中清理网上暴恐音视频专项行动、集中整治色情低俗网络剧、微电影专项行动等一系列工作。组织互联网视听节目服务机构开展互联网重点领域广告专项治理行动，对正在播发的重点领域的广告和信息，主要是保健食品、保健用品、药品、医疗器械、医疗服务等重点领域的网络广告及信息进行自查清理，对链接网站的主体资格及网页上的广告和信息内容进行审查。同时，加强对互联网视听节目服务机构的监控，发现问题，及时解决。对违规违法从事互联网视听服务的网站进行严厉查处，并协调通信管理部门撤销其icp备案，列入黑名单。根据总局的通报，对4家网站非法提供互联网视听节目服务依法予以查处。

【完成广播电视公益广告扶持项目评选】　2014年，省新闻出版广电局组织各级播出机构开展“中国梦”电视公益广告创作展播、‘讲文明树新风”公益广告宣传活动。并在此基础上，开展广播电视公益广告扶持项目评选工作，对参评的30件公益广告作品进行初评，共选送报总局参评的广播类节目3件，电视类节目3件，并推荐公益广告优秀传播机构3家。经总局评审，鹰潭市人民广播电台申报的《别让手机拉远我们的距离》获广播类三类优秀作品；江西广播电视台申报的《艾滋世界的天使》获电视类二类优秀作品；江西广播电视台获优秀传播机构，并分别获扶持资金1万元、20万元、10万元，获奖的数量和奖金居中部6省首位。

【清查治理非法电台】　3月，省新闻出版广电局开展为期1个月的清查治理非法电台活动。5月，由省新闻出版广电局传媒处、科技处、监管中心、稽查总队组成4个工作组深入11个设区市进行再动员再部署。全省发现3起从事非法电台活动事件。在无线电管理部门、公安部门、国家安全部门的协调配合下，完成案件的查处工作。

【开展网上清理暴恐音视频专项行动】　10月，省新闻出版广电局开展网上清理暴恐音视频专项行动，组织15家视听网站持证单位自查自纠，排查了网站自身安全隐患，深入持证单位进行检查，督促网站进一步完善内部管理长效机制，并与15家视听网站签订《江西省集中清理网上暴恐音视频专项行动责任书》。同时，积极与省通信管理局沟通协调，建立查处非法视听网站工作机制。

(丁了)

本栏编辑　毛珏珺

卫　生

综　述

2014年，全省医疗机构数3.89万个（包括村卫生室3.10万个），总床位数17.43万张，每千人口床位数4.11张。全省卫生技术人员20万人，其中执业（助理）医师数7.46万人，每千人口1.64人；注册护士数8.41万人，每千人口1.85人。

医疗改革取得新进展。九江县等9个县（市）启动县级公立医院综合改革试点，全省试点县达到22个。新余市被列入全国第二批公立医院改革国家联系试点城市。制定《关于加快推进社会资本举办医疗机构的若干意见》，出台13条具体措施。建立药品购销不良记录和责任约谈制度，做好常用低价药品和儿童药品供应保障。推进基本诊疗路径管理，进入路径病例数4.49万例，完成路径率为93.6%。完善基层医疗卫生机构绩效工资制度，明确收支结余的50%可用于增发奖励性绩效工资。制定出台疾病应急救助制度和相关配套政策，在省、市两级分别设立疾病应急救助基金，下拨补助资金3891万元。

新农合保障水平有新提高。新农合筹资标准提高到390元，参合率达98.71%，政策范围内住院费用报销比例保持在75%以上。80个县（市、区）开展大病保险试点，补偿金额达2.08亿元。贫困家庭尿毒症免费血透等大病免费救治进入常态化管理，全省累计救治大病患者45万余例，其中2014年救治13.4万例，正在接受免费血透的尿毒症患者1.6万人，治疗管理重性精神病患者约8.1万人。完善门诊统筹补偿方案，门诊费用按65%左右报销。

卫生服务能力有新提升。实施两轮6年卫生服务能力建设工程，全省医疗机构床位数增长84.1%；卫生技术人员数增长50.3%；住院人次由174.48万增加到688.71万，增长294.7%。继续实施基层医疗卫生服务、重大疾病防控、儿童专科医院等建设项目，新增建筑面积91万平方米，其中支持建设乡镇卫生院120个、乡镇卫生院职工周转房1000套、村卫生室1580个。

公共卫生工作有新局面。人均基本公共卫生服务补助标准提高到35元，全省居民健康档案电子建档率达79.7%。扎实推进高血压、糖尿病综合防治行动计划，全省建立自我管理小组1.94万个，巡诊服务428.38万人次。做好重大公共卫生服务项目，全年补助农村孕产妇住院分娩42.55万人，免费为42.57万名育龄妇女发放叶酸。加强食品风险监测体系建设，全省监测化学污染物和食源性致病菌4313份。参与完成3项国家食品安全标准制定，新立项修订1项国家标准。

医疗服务管理有新加强。完善三级综合医院评审标准，对2所省直医院、4所市级医院开展评审。在全省二级以上公立医院开展“改善群众就医体验”主题活动，深入开展民营医院“规范化服务”活动。推进急救中心（站）标准化建设，规范院前医疗急救行为。稳妥推进药品集中招标采购，探索建立限价挂网采购新模式，全年采购金额达98.59亿元。加大无偿献血工作力度，确保血液供应和用血安全。行业监管和综合监督不断加强。深入开展“三基三严”训练和临床实践技能大比武活动，规范医疗机构、人员和技术准入管理。开展卫生计生法律法规落实情况监督检查，加强生活饮用水、涉水产品、消毒产品卫生监督管理。扎实开展整顿医疗秩序、打击非法行医专项治理行动，共查处无证行医等违法违规案件1503件，移送公安机关43件。对1901个病原微生物实验室进行备案。

卫生科教和人才队伍建设有新进展。1项血防课题获国家公益性行业科研专项支持，填补江西省空白。全系统科研课题立项1594项，42项科研课题取得省级科技成果，12项获省政府科技奖。评选出省卫计委有突出贡献中青年专家20名，选派14名专家到设区市医疗卫生机构挂职服务。组织实施国家农村订单定向医学生培养计划，为乡镇卫生院定向培养347名医学本科生，做好320名医学定向生毕业安置工作。全省有国家级住院医师规范化培训基地17个，全年共招收学员1291人，315人通过结业考试。培训全科医学师资319人，完成全科医生转岗培训550人。

（朱烈滨　马晓平）

医政工作

【概　况】　2014年，全省医政医管工作围绕全面深化医药卫生体制改革，推进医疗管理改革重点任务，提升医疗服务能力建设，筑牢医疗质量安全防线，较好地完成年度各项任务。医疗纠纷预防处置工作成功入选

2014年全国“推进医改、服务百姓健康”十大新举措。制定印发《〈三级综合医院评审标准实施细则(2011年版)〉江西省附则》《医院迎接评审工作“十不准”规定》《评审员“十不准”规定》《医院评审现场评价工作手册》。举办全省第三周期医院评审专家培训班,对6所医院开展现场评价,对39家医院连续3年开展不定期重点评价。积极应对非洲埃博拉出血热疫情,制定《江西省口岸埃博拉出血热留观病例与疑似病例转运救治管理工作方案(试行)》。制定出台《江西省进一步深化城乡医院对口支援工作方案》,统筹安排39所城市三级医院对口帮扶144所县医院(其中县人民医院80所,县中医院64所),覆盖全省所有县(市)人民医院和中医院。安排240名县级骨干医师分赴省直有关医疗机构进修学习。认真贯彻落实《院前医疗急救管理办法》,制定《江西省规范院前医疗急救工作实施方案》,培训院前医疗急救骨干医师30名。在全省二级以上公立医院组织开展改善群众就医体验活动,制定《“改善群众就医体验”主题活动方案》。

加强医疗服务要素监管。制定出台萍乡、抚州市医疗机构设置规划,全省设区市以上医疗机构设置规划覆盖率达100%。为36所医疗机构办理设置、备案、变更手续,全省新增二级以上医疗机构26家,其中,社会资本举办医疗机构19家,新增床位2948张,投资总额11.13亿元。医疗机构注册联网系统全省数据完整性近100%。制订《江西省病理诊断机构基本标准(试行)》《江西省医学影像诊断机构基本标准(试行)》。全省2.29万人报名参加医师资格考试,1.43万人通过考试。办理医师执业注册499人、护士注册1.03万人。审核完成第二、三类技术837项,审核完成活体器官手术12例,通过11例。开展第三周期民营医院“规范化服务”活动,首次组织开展“飞行”检查,对全省11个设区市、53所民营医院依法规范执业进行监督检查并通报。

提升医疗质量控制与服务能力。制订省级医疗质控中心评估标准和省级医疗质控中心医疗质量控制工作专用章制度及发文稿纸等工作规范,对全省2家省级医疗质量专业控制中心工作进行评估考核。开展2010年国家临床重点专科建设项目验收和2011—2012年国家临床重点专科建设项目中期评估工作。制定2014年精神病科、麻醉科、心血管介入诊疗室、新生儿病室、感染性疾病科5个专科科室的建设和管理达标标准,对2013年急诊、重症医学、康复、病理、血液透析等5个专科建设不达标单位进行复核。制订临床操作技能训练标准,在各级医院开展医疗、护理、影像技能训练大比武,组织开展三级医院技能大比武,各设区市分别组织所辖二级医院比武。举办2期专科护士培训班和7期全省护理管理人员培训班,累计培训护理管理人员近千人。制定《江西省基层医疗机构医院感染预防控制实施细则(试行)》,对154家基层医疗机构进行医院感染及血液透析专项督查。

【免费救治重大疾病】 2014年免费救治白内障患者3.44万例、唇腭裂患者1179例、白血病患儿172例、先天性心脏病患儿2211例,重性精神病患者8.06万人次,尿毒症免费血透患者1.62万人,免费手术治疗宫颈癌96例、乳腺癌292例。配合省残联做好重度聋儿救治康复工作,完成人工耳蜗植入230例。

【做好重性精神病救治工作】 部署启动2014年江西省重性精神病管理治疗项目。审定重性精神病免费救治定点医疗机构7家。全年筛查可疑精神病人8.01万名,确诊精神病人6.05万名,累计录入重性精神病患者信息16.74万人,全省重性精神病人检出率和管理率分别为3.7‰、59.4%,其中检出率全国第3名,并先后3次在全国会议上作典型发言。

【“阳光医药”网上监察系统顺利推进】 省卫计委以省为单位积极推进省、市两级监察平台和区域卫生信息平台建设,整合药品电子监管码和商品条码,强化医疗机构药品使用管理,完善管理机制和奖惩措施,实现对药品全程监控、全程追溯。截至年底,全省有110家县级及县以上医院接入系统,对4823.43万张处方(医嘱)进行自动分析和判别,出示处方警示黄牌146.72万张。

【施行《江西省医疗纠纷预防与处理条例》】 5月1日,《江西省医疗纠纷预防与处理条例》正式施行,江西省成为全国第一个出台医疗纠纷地方性法规的省份。该条例实施后,医疗纠纷发生量环比下降39.1%;全省调解医疗纠纷2198余件,调解成功率达91.4%;及时处置“医闹”事件258起,立案92起,依法处理涉医违法犯罪人员481人,医疗秩序明显好转。依法开展医疗纠纷预防处置工作被评为2014年度全国“推进医改、服务百姓健康”十大新举措,并在全国法制建设工作会议上作发言。

(潘晓芬)

农村与妇幼卫生

【概　况】 全省有社区卫生服务机构612个,其中社区卫生服务中心156个、社区卫生服务站456个;有乡镇卫生院1660所,其中中心卫生院504所、一般卫生院1156所;卫生院床位4.71万张;卫生技术人员5.84万人,其中,执业医师1.85万人,执业助理医师8260人,注册护士1.70万人;有村卫生室3.13万所,乡村医生5.18万人。有各级妇幼保健机构114所,其中三级妇幼保健院8所、二级妇幼保健机构68所;孕产妇死亡率降至11.83/10万,出生婴儿死亡率、5岁以下儿童死亡率分别降低到9.42‰和14.7‰,住院分娩率为99.91%。

继续巩固新农合制度。2014年全省参合人数达到3407.78万人。全省新农合基金总额172亿元,补偿5620.96万人次,补助资金125.12亿元,统筹基金使用率为93.98%。全省次均住院补偿(含大病保险)2520.07元,次均住院费用4442.77元,实际住院补偿比为56.72%。政策范围内住院费用报销比为75%,获得万元以上补偿的参合农民共13.38万人。全省11个设区市均已开展新农合大病保险试点工作,共补偿3.58万人次,补偿金额2.01亿元。

加强乡镇卫生院建设。以“加强内涵建设、规范执业行为、提升服务质量”为主题，启动基层医疗卫生机构规范化管理活动和建设“群众满意的乡镇卫生院”活动，提升基层医疗机构的技术、管理、服务水平。以双人徒手心肺复苏、止血包扎术、颈椎损伤的固定与搬运以及导尿技术等四项临床急救技能操作为主要内容，开展全省乡镇卫生院急救技能大比武，全省共有22所乡镇卫生院的44名医务人员参加省级总决赛。全省培训设区市及县（市、区）卫生局长128人；乡镇卫生院管理人员1633人，乡镇卫生院临床骨干医师1633人；培训乡村医生3.2万人。62所二级以上医疗机构选派以主治医师为主的399名技术骨干，对口支援126所乡镇卫生院。

稳步推进妇幼安康工程。出台《关于优化整合妇幼保健和计划生育技术服务资源的实施意见》；开展妇幼健康服务技能竞赛、先进表彰活动，15个集体、36名个人获得全国表彰，4人在全省竞赛活动中被授予全省五一劳动奖章。落实出生缺陷防治措施和母婴安全关键措施，实施一系列妇幼健康行动计划类项目。2014年，为42.55万农村孕产妇发放1.28亿住院分娩专项补助资金；60万农村妇女享受免费宫颈癌检查、4.2万农村妇女免费乳腺癌检查。实施预防艾滋病、梅毒和乙肝母婴传播项目及儿童重大公共卫生服务项目，为36个县的27.7万名孕产妇免费提供艾滋病、梅毒和乙肝咨询检测服务，阳性孕产妇免费提供母婴阻断服务。为罗霄山片区贫困地区儿童营养免费发放营养包3万人份，2万名新生儿提供免费遗传代谢性疾病、听力筛查。开展孕产期保健、儿童保健、婚前医学检查及新生儿疾病筛查等工作。全省孕产妇系统保健管理率达86.51%，3岁以下儿童系统保健管理率达85.28%；新生儿疾病筛查率73.93%，听力筛查率65.07%，婚检率上升至45.5%。加强妇幼健康服务能力建设。开展孕产妇死亡、新生儿死亡评审工作。举办培训班，强化培训省市级新生儿复苏师资144人。

【村卫生室建设迈上新台阶】 2014年，省卫计委与省发改委、财政厅等5部门联合印发《江西省村卫生室管理办法实施细则（试行）》，对村卫生室的功能任务、机构设置审批、人员配备管理、业务管理、财务管理、保障措施等做出具体规定。全年发放乡村医生公共卫生服务岗位补助9370.44万元，为1.92万老年乡村医生发放生活补贴1045.6万元。

【开展“群众满意的社区卫生”评选活动】 7月，省卫计委组织开展“群众满意的社区卫生”评选活动，全省3个社区卫生服务机构获全国“群众满意的社区卫生服务机构”称号，6名社区医护人员获全国“群众满意的社区医生、护士”称号。

【开展全省妇幼健康服务宣传月活动】 6月，省卫计委与省妇儿工委办、省妇联、省残联联合开展全省妇幼健康服务宣传月活动，发布《二十春秋风雨守护，千万母婴健康梦圆》宣传片，展出20年来江西省妇幼健康工作发展历程和主要成果。

（汪海　刘玉珍）

疾病预防控制

【概　况】 2014年，全省法定传染病报告发病率为442.88/10万，无鼠疫病例报告，报告霍乱病例1例；乙类传染病报告发病率为207.73/10万，发病数居前5位的病种分别为病毒性肝炎、肺结核、梅毒、细菌性和阿米巴性痢疾、淋病，占97.96%；丙类传染病报告发病率为235.15/10万，发病数居前5位的病种依次为手足口病、其他感染性腹泻病、流行性感冒、流行性腮腺炎和急性出血性结膜炎，占99.58%。制定2014～2016年疾控科研发展专项规划，2014年通过评审的公共卫生课题有96个。

重大疾病防控。截至年底，江西省存活艾滋病感染者和病人5487人，疫情维持低流行态势，居全国第18位。创建7个国家级艾滋病防治示范区，遴选16个省级艾滋病防治示范区。建立艾滋病监测哨点209个，自愿咨询检测点333个，各类艾滋病检测实验室1179所，全年检测260万人次。开展美沙酮维持治疗、针具交换、宣传教育、心理支持、安全套发放、咨询检测服务、健康体检、转介治疗等服务，全年吸毒人群、暗娼和男男性行为人群干预覆盖率分别为98.4%、93.6%和94.0%。全省符合治疗标准的感染者和病人中接受抗病毒治疗的人所占比例达到83.2%，病死率较上年降低19.1%。在40个项目县为21.6万名孕妇提供了艾滋病、梅毒和乙肝咨询检测服务，艾滋病检测率为97%。全省各级结核病防治定点医院和结防机构相互合作、密切配合，全年新涂阳肺结核病人治愈率达95.8%，超过国家要求。

免疫规划工作。全省保持常规免疫高水平接种率，适龄儿童接种率达到90%以上，继续保持无脊灰状态，有效控制疫苗针对疾病的发生和流行。完成全省27个县、81个乡镇5670名儿童接种情况调查。开展重点地区脊灰、麻疹疫苗补充免疫活动，在赣州市、吉安市和景德镇市等地补充接种177.3万剂次脊灰疫苗，部分县（区）补充接种49.95万剂次含麻疹成分疫苗。脊灰、麻疹疫苗查漏补种活动确保全省覆盖无死角。预防接种异常反应得到妥善处置，无预防接种事故引起上访事件发生。开展预防接种星级门诊评定，全省预防接种门诊服务能力水平进一步提高。

急性重点传染病防控。严格落实疫情监测，流行病学调查，加强培训演练、舆情监测以及实践技能大比武活动等各项防控措施，人感染H7N9禽流感疫情防控工作取得阶段性胜利，认真做好埃博拉出血热防范应对工作，全力落实各项防范应对措施。组织开展疫情研判和公共卫生风险评估，建立江西省突发事件卫生应急关口前移、强化预防的新机制，成功处置霍乱、甲肝、布病、登革热、不明原因肺炎等突发传染病疫情20起。手足口病发病水平降至全国较低水平。传染病监测完成率达100%。省流感检测实验室通过中国疾控中心的考核评估，正式批准为省级流感参比中心。

慢性非传染性疾病防控。举办多期针对全省基层慢性病防控人员的培训，培训人数达300人次。全省已有96个县（市、区）启动和开展全民健康生活方式行动，新创建无烟环境累计291个，快乐10分钟学校累计39所，创建健康支持性环境累计904个。新建县、崇仁县分别荣获国家级、省级慢性病综合防控示范区称号。已有10个县(区)开展慢性病及其危险因素监测,死因监测和肿瘤随访登记工作达到监测范围和监测人群的全覆盖。开展上消化道和大肠癌的早诊早治项目工作,上消化道癌筛查镜检1006人次;大肠癌确定目标人群数为8.6万人,完成问卷调查1.69万例,大便潜血试验4768例,肠镜筛查1000人,早诊率94.12%;编写《江西省儿童伤害干预工作指南》,完成儿童口腔窝沟封闭项目工作。

职业病防控。全省报告职业病328例,其中尘肺病316例,尘肺病累积现患病人达1.86万例;报告农药中毒709例;报告职业健康检查140家,体检人数达2.6万人。完成放射作业人员个人剂量测量6000余人份,建设项目职业病危害放射防护评价87项,核医学单位放射防护检测5家,X线机、CT机、加速器、陀螺刀、SPECT等仪器设备性能防护与检测743台。国家食品放射性风险评估监测专项完成20多项辐射监测任务。

全省消除疟疾考核评估工作。全省共完成"三热"(临床诊断疟疾、疑似疟疾、不明发热)病人血检4.23万人次,血检完成率达113.38%,报告病例42例,规范治疗率达100%,处置疟疾疫点42个。完成婺源县和青山湖区疟疾漏报调查工作,共调查2所县级医疗机构,4所乡(镇)卫生院,4所村医务室,4个行政村的486名居民,未发现疟疾漏报情况。组织并完成全省11个设区市18个县(市、区)疟防工作督导,重点检查临床医疗机构疟防工作及各地消除疟疾考核评估准备工作。指导并参加完成南昌、宁都等32个县(市、区)消除疟疾考核评估工作,占计划考评县数的106.67%。

【麻防医生肖卿福当选"感动中国2014年度十大人物"】 2月27日,"感动中国2014年度人物"评选结果揭晓,赣州市于都县皮肤病防治所原支部副书记、麻防科科长肖卿福荣获"感动中国人物"称号。肖卿福从医40年,独立确诊、治疗麻风病新发复发患者300多人,矫正康复手术100多例,从未出现过医疗事故。在做好麻风病防治工作的同时,肖卿福还利用各种机会宣传麻防科普知识。2010年,肖卿福被评为全省麻防专业技术学科带头人,先后获得全国麻防战线突出贡献奖——"马海德奖""全省麻风病防治先进个人"等荣誉。

【启动空气污染(雾霾)健康影响监测】 2014年,全省首次开展空气污染(雾霾)对健康影响的监测,完成雾霾特征污染物监测和成分分析、小学生健康影响调查、人群出行模式调查等工作。

【开展鄱阳湖传染源控制策略推广区(三期)建设】 2014年,省财政安排3000万元,在南昌县、新建县、都昌县、星子县、湖口县、鄱阳县、余干县等7个县15个乡(镇场)136个行政村,开展传染源控制策略推广区(三期)建设,建立15个乡镇封洲禁牧管理办公室,淘汰耕牛1.49万头,建设简易机耕道90千米。全面推进以机代牛,加强有螺草洲禁牧管理,净化洲滩,降低疫情。

【调查全省寄生虫病现状】 2014年,省卫计委在11个设区市28个县(市、区)84个村中,调查土源性线虫病和肠道原虫病2.1万人;在6个调查县(市、区)8个村调查华支睾吸虫病2000人;在南昌市4个县区对特殊人群2400人进行弓形虫感染情况调查,合计调查36个县(市、区)92个调查点2.54万人。通过调查,基本掌握江西省人体重点寄生虫病的流行现状,明确寄生虫病重点工作是农村地区土源性线虫控制和局部地区华支睾吸虫防治。

(曾纯 李崇葵)

中医药工作

【概 况】 2014年,全省中医医院门、急诊人次1189.9万人次,同比增长2.9%;出院病人数达80.8万人,增长10.1%;病床2.4万张,增长14.3%;病床使用率95.5%,下降9.3个百分点;业务收入62.8亿元,增长18.1%;人均业务收入23.6万元,增长10.8%;中药收入11.2亿元,增长16.7%;中药收入占药品收入比36.7%,增长0.2个百分点。

实施基层中医药服务能力提升工程。在2013年13个基层中医药服务能力提升工程联系点的基础上,2014年又确定20个县(市、区)为第二批联系点。2月26日,在安福县召开基层中医药服务能力提升工程现场会,总结推广安福县经验做法。4月,采取循环交叉督导方式,在全省开展基层中医药服务能力提升工程督导。8月下旬,联合人力资源社会保障和食品药品监管部门进行督导,抽查36个县(市、区)288个基层医疗卫生机构,检查覆盖率达36%。据国家中管局监测数据显示,江西省基层中医药服务能力在全国排位提前到16位。

开展公立中医医院综合改革试点工作。3月6日,召开第一批公立中医医院改革座谈会,同步研究推进第二批县级公立中医医院综合改革试点,积极引导医疗机构开展成本较低、疗效较好的中医药诊疗服务。

加强中医重点(特色)专科建设。在全省确定10个省级临床重点专科和30个基层特色专科建设项目。完成全省33个国家中医重点专科中期评估工作。

推进中药资源普查工作。全省35个普查试点县共完成1285个样地、6749个样方套、739个重点品种、5268种药用植物的普查工作,采集标本4.74万份,拍摄照片21.59万张。10家单位的15个药材基地育种育苗工作稳步推进,繁育总面积达152公顷,并以此为龙头申报全国中药材种子种苗示范基地。

实施预防保健试点项目。3月,开展中医药预防保健及康复服务能力建设项目评估。11月7日,召开全省中医"治未病"服务能力建设项目启动会,总结第一批项目经验做法,部署第二批项目建设工作。经国家中医药管理局考核,宜春市中西医结合医院、新余市中医院、九江市中医院、赣州市中医院列为扶优项目建设单位,景德镇市中医院、鹰潭市中医院、吉安市中医院、抚州市中医院、萍乡市中医院列为新增项目建设单位。截至年底,江西是国家中医"治未病"服务能力建设项目地市全覆盖的唯一省份。

加强中医药人才培养和科研创新。加强中医药基层人才培养。完成100名中医类别全科医生转岗培训，100名中西医结合人才培训2个学期的学习和考核；完成118名县级中医临床技术骨干培训的理论学习和355名乡村医生中医药知识与技能提升培训；印发《江西省中医药一技之长人员纳入乡村医生管理工作实施方案》，全省受理1000多人报名，504人经临床考核合格并参加中等专业水平考试，288人纳入乡村医生管理。实施中医药人才能力建设项目。组织对8个全国名老中医药专家传承工作室验收和第五批全国名老中医药专家学术继承工作中期检查；开展江西省全国优秀中医临床人才研修项目研修学员现状调查和年度考核；8个名老中医药专家传承工作室获国家中医药管理局立项；10名中药技术骨干被确定为全国中药特色传承技术人才培训项目培养对象；会同省卫计委科教处联合制定下发《江西省住院医师规范化培训实施意见》，9家单位获首批国家中医住院医师、全科医生规范化培训(培养)基地。组织科技项目申报和成果鉴定。组织开展2014年中医药科研课题申报工作，共计申报中医药科研计划363项目，评选确定10项重点课题、187项普通课题。7月3日，组织专家对江西省中医药研究院等单位完成的科技项目《复方溃疡宁"湿润一步法"治疗慢性下肢溃疡临床新方法研究》进行科技成果鉴定。经鉴定，该项目具有创新性、实用性，达到国内领先水平。

【组建中医康复(热敏灸)联盟】 5月16日，省卫计委在南昌召开江西省中医康复(热敏灸)联盟启动会，省中医院作为联盟牵头单位与武宁等市县的10家中医院签订合作意向书，标志着江西省省、市、县热敏灸技术联合体正式成立。江西省中医康复(热敏灸)联盟实行8+1合作模式，即统一组织领导、统一品牌形象、统一文化理念、统一技术标准、统一服务质量、统一培训管理、统一人员调配、统一财务结算、共享发展成果。江西省中医院作为牵头单位，负责组建联盟和技术、管理模式的复制推广，并定期向合作医院派送专家进行热敏灸技术指导。省卫计委将给联盟成员单位一定的经费支持，并在优势专科项目确定、中医专项经费拨付、科研课题立项等方面对联盟成员单位予以倾斜。

【洪广祥获"国医大师"称号】 10月30日，人社部、国家卫计委和国家中医药管理局在人民大会堂召开第二届国医大师表彰大会，江西中医药大学教授洪广祥获"国医大师"称号，是全省首位获此殊荣的中医专家。洪广祥从事中医药工作58年，是著名中医肺系病专家，创建全国首个中医呼吸病研究所；形成"痰瘀伏肺"为哮喘发病的宿根等独特学术思想体系；提出"坚持以育人为中心，一手抓合格人才培养，一手抓经济自我发展"的办学思想，构建经济欠发达地区中医药院校自我发展的产学研结合办学新模式，为江西经济发展做出突出贡献。

【开展遴选全省中医优势病种(区域)治疗中心工作】 11月6日，省卫计委召开全省中医优势病种(区域)治疗中心评审会，从28个治疗中心申报单位中确定江西热敏灸医院中风病治疗中心等10个省级中医优势病种(区域)治疗中心。参与遴选的中医医院须是综合实力强，优势病种所在专科业绩突出，有一支年龄、知识、职称、学历结构合理的中医药服务团队。

【现代中药资源动态监测信息和技术服务中心樟树站正式运营】 4月1日，现代中药资源动态监测信息和技术服务中心樟树站正式运营。负责樟树中药材市场和全省21个县市区的中药材产量、流通量、价格等信息采集和发布。

(郑林华)

爱国卫生运动

【概　况】 2014年，中央补助地方18万座农村改厕项目全面完成，农村无害化厕所普及率达到64.93%，农村新增无害化厕所24.5万户；在59个县(市、区)开展农村饮用水水质监测，监测农村饮水安全工程点4130个；在28个县(市、区)、560个村开展农村环境卫生监测；吉安市创建国家卫生城市工作进展顺利，通过暗访、技术评估和综合评审，进入社会公示阶段；南昌市、新干县、修水县、江湾镇顺利通过国家卫生城镇复审；抚州市获"江西省卫生城市"称号，赣州市等6个省级卫生城市、县城通过复审。

【全面完成中央补助农村改厕项目】 2014年，中央财政安排江西省农村改厕专项资金9000万元，省级财政配套2700万元，用于农村建设无害化卫生户厕18万座，每座补助650元。3月，全省100%完成改厕任务，建造合格率达到95%以上。

【农村环境卫生监测工作得到加强】 2014年，省爱卫会依托各级疾控部门的技术力量，在28个县开展农村环境卫生监测项目。印发《2014年江西省农村环境卫生监测项目实施方案》，并将2个项目分解到有关县(市、区)。召开项目启动会暨培训班，中期组织专家对项目开展情况进行技术指导和督导检查，针对项目实施中存在的不足和薄弱环节举办监测数据审核会暨培训班，进一步提高各有关市、县、区实施项目的能力，确保项目实施质量。

【开展春秋季爱国卫生运动】 4月，省爱卫办印发《关于深入开展2014年春夏季爱国卫生运动的通知》，组织各级爱卫部门开展内容丰富、形式多样的以病媒生物防制为主题的爱国卫生月活动，提高群众卫生防病意识。

在秋季爱国卫生运动中，省爱卫办组织各级爱卫部门开展以秋季灭鼠和灭蚊蝇为重点的除"四害"工作。充分发挥主流媒体优势，在江西卫视、广播新闻中心等主流媒体先后播发相关的新闻报道100余篇。制作"开展爱国卫生运动""做好个人防护预防呼吸道传染病""预防疾病养成良好卫生习惯"等宣传册，通过《健康之路》短信平台、《江西卫生报》健康教育栏目上发布有关卫生防病知识。

(刘军)

本栏编辑　汪凤娟

体　育

综　述

2014年,群众体育工作努力构建全民健身服务体系,增强群众自觉健身意识,开展形式多样的群众体育活动,让群众享受到更加优质的体育公共服务。竞技体育积极备战、迎战竞技体育重大赛事,出色完成赛事目标;在后备人才的培养教育过程中,加强全省运动员文化教育。体育产业注重本行业发展的整体规划,筹谋大型场馆科学运营,体育彩票销售上新台阶。在体育设施建设中,加快推进全省公共体育场地设施建设步伐,完成"民生工程"、全省第六次场地普查工作。

构建全民健身服务体系,推动全民健身大众化、普及化。为使全省群众体育更加蓬勃地开展,在构建全民健身服务体系方面主要从培训社会体育指导员、推广健身科学方法、组织群众体育赛事入手,增加全省体育锻炼人数,从而推动全民健身普及化。

开创社会体育指导员和体育组织建设工作创新化、品牌化。通过加强国家级社会体育指导员培训、开展社会体育指导员培训基地评估、举办一级社会体育指导员师资培训班和全省二级残疾人体育指导员培训班,提前一年完成全省"十二五"社会体育指导员发展的目标任务。加强全省全民健身示范站点和社会体育指导员之星工作,在第一届全国社会体育指导员素质大赛中,江西省社会体育指导员在各项比赛中均取得好成绩。

加强科学健身指导服务,推广科学健身方法。2014年是第四次全国国民体质监测年,江西省成立了国民体质监测工作领导小组,同时联合省教育厅等10个厅局联合下发《江西省2014年国民体质监测工作方案》,制定《2014年江西省国民体质监测工作评估细则》,加强全省国民体质监测技术骨干培训工作,在全省11个设区市同步开展2014年国民体质监测工作,共监测样本2.77万人。顺利完成江西省"国家级体质测定与运动健身指导站"试点工作。在中央扶持赣南苏区政策的指引下,组织开展"赣南等原中央苏区国民体质监测健康万里行活动",促进赣南等原中央苏区群众体育活动的开展。

举办多样群众喜闻乐见的体育活动,拓宽参与面,扩大影响力,增强群众自觉健身意识。全年组织开展健身、棋类、球类、舞蹈等群众体育赛事,突出"每天锻炼一小时,健康工作五十年、幸福生活一辈子"的主题。截至年底,经常参加体育锻炼的人口达到32%。

注重运动后备人才培养,科学备战,竞技体育有所突破。2014年是亚运会年、青奥会年和省运会年,全省竞技体育坚持贯彻"三从一大"(从难、从严、从实战出发,大运动量训练)"两严"(严格训练、严格要求)的科学训练方针,强化运动训练管理和科学监控。江西省运动员在韩国仁川举行的第十七届亚洲运动会和在南京举行的青年奥林匹克运动会中,分别取得2金、1铜。在第十四届全省运动会中,本着"节俭办省运"的理念,运动会设青少部、高校部、机关部、社会部4个大类,共决出金牌1943枚,打破射击、游泳、田径、举重48个小项的省级纪录。江西籍运动员在2014年的全国最高水平比赛中,共获2枚金牌、1枚银牌、4枚铜牌。

在运动人才培养过程中,注重人才教育和培养渠道的建立,贯彻执行关于运动员文化教育工作精神,与省教育厅联合出台《江西省青少年运动员文化教育督导检查办法》,建立督导机制。在人才培养渠道方面,举办全省青少年系列比赛、部分项目的全省体育传统项目学校比赛;对已建立的江西省"国家高水平体育后备人才基地"进行中期检查,做好国家级的青少年体育俱乐部、体育传统项目学校、青少年户外活动营地、青少年校外活动中心的申报工作。

体育产业迸发新活力。为贯彻落实国务院《关于加快发展体育产业促进体育消费的若干意见》,在体育产业的总体规划与布局中,与省发改委一道草拟贯彻实施意见提纲,启动体育产业"十三五"发展规划的编制工作;制定系列发展体育产业的政策,进行相关的产业专项调研。在大型场馆运营方面,制定系列产业发展政策与措施,调整机构设置,处理好市场效益与体育公益属性的关系,注重社会效益与经济效益双获益。在彩票销售方面,全省体育彩票销售再创新高,全年彩票销量突破60亿元,全国排名第九位。

加快推进全省公共体育场地设施建设步伐。省级财政与省本级体育彩票公益金共投入5200万元专项资金,改善全省公共体育设施建设,继续加大2014年度的全省"民生工程"投入。在建设行政村农民体育健身工程、乡镇体育健身工程、全民健身路径工程、社区多功能运动场、"雪炭工程"、全民健身活动中心、户外健身基地、老年人活动中心等方面，加大投入，筹集资金1.38亿元，推进全省体育设施建设步伐。

按照国家体育总局要求，开展第六次全省体育场地普查。截至2013年12月31日，符合第六次全国体育场地普查标准要求的共有55种类型66515个体育场地；全省人均场地面积提升至1.42平方米，成为近10年全国体育场地增长最快的省份之一。

打造精品体育赛事，提升体育赛事内涵。举办首届国际女子网球公开赛。此项赛事系WTA（国际女子网球联合会）2014年125K系列赛全球首站赛。大赛的举办，提升了江西知名度和美誉度，体现体育围绕全省中心任务的工作宗旨，是继国际自行车环鄱赛后的又一在江西本土举行的国际赛事。

（陈萍）

群众体育

【全民健身活动呈现新气象】 2014年，全省全民健身活动以"引领示范、打造品牌、全省发动、全社会共同参与"为主题，开展面向基层推广广场舞，举办全民健身广场舞展示大赛、全民健身大联动活动、"龙腾狮跃"闹元宵全省大联动、全省群众登山健身大会、"贺岁杯"全省足球赛、"谁是球王"中国足球民间争霸、全国棋牌项目万人同赛、全国百城千村健身气功系列展示、全省武术文化节、全省体育舞蹈锦标赛、全民健身志愿服务、CBO篮球赛等大型活动。通过举办这些全省性主题示范活动，唱响"每天锻炼一小时，健康工作五十年、幸福生活一辈子"的主题，倡导健康生活的理念，满足广大群众多样健身需求，让群众享受到优质的体育公共服务，促进全省全民健身活动广泛开展。全省11个设区市、各县（市、区），全省各行业系统、各人群体育协会、各单项体育协会组织百姓身边的综合性、趣味性运动会或群众喜闻乐见的太极拳、健身气功、木兰拳、围棋、象棋、乒乓球、门球、网球、气排球、自行车、定位投篮、颠球、跳绳、呼啦圈、健身球操、三足跑、拔河等体育比赛，吸引广大群众积极参加全民健身活动，经常参加体育锻炼的人口达到32%。

【推进全省全民健身工程建设】 2014年全省全民健身工程实施采取新的举措：一是提高工程投资标准和省级补贴标准，进一步减轻基层负担。乡镇工程、村级工程、路径工程的投入标准分别由原来的每个20万元、3万元、3万元提高到24万元、4万元、4万元，乡镇工程、村级工程的省级补贴标准分别由原来的每个11万元、1.7万元提高到14万元、2.5万元。二是将原村级农民体育健身工程配置的乒乓球台更换为健身器材，增强实用性。三是工程申报指标根据各设区市地域差异、上一年度工程实施和配套情况，结合省委、省政府支持原赣南苏区、赣西、赣东北、昌九一体化、吉泰工业走廊发展等中心工作任务等综合确定。要求各设区市不搞平均分配，结合县（市、区）工作情况和实际需求申报。四是根据省财政相关要求，国家和省级资金全部通过财政转移支付直接分配到县（市、区），器材由省体育局统一采购后配送，各县（市、区）根据中标通知书签订合同并办理付款。五是"三位一体"，推进服务体系建设。把全民健身工程项目建设与体育组织建设、体育骨干队伍建设紧密结合起来，每个项目乡镇至少培养2名、村（社区）至少培养1名三级社会体育指导员，并充分发挥其对开展全民健身活动的组织、带动和指导作用，积极组织开展体育健身和竞赛活动，切实发挥全民健身工程的阵地作用。社会体育指导员到位情况检查与新建工程验收同时进行。六是将工程建设同全省基本公共文化服务标准化、均等化建设相结合，积极配合省文化厅在新干县开展试点工作。在新举措的推动下，全省各地加大在全民健身设施上的投入。南昌市本级投入100万元，市辖各县（市、区）共投入250万元用于配建路径器材。九江市落实市本级全民健身工程配套资金120万元；宜春市体育局配套60万元用于更换中心城区损坏器材。鹰潭市投入50余万元体育彩票公益金为新农村、社区、单位配置全民健身器材。吉安市编制《吉安市中心城市绿道规划》，在城南古后河绿廊中建成一条30多千米长的绿道，体现以人为本、低碳生活的理念，成为市民自行车骑行、休闲健身的好场所，并入选全国第三批城市步行和自行车交通系统示范项目。全省筹集资金1.90亿元（其中，国家体彩公益金4064万元，省财政资金4000万元，省体彩公益金6201万元，地方配套4733万元），建设县级基层体育场地设施建设项目19个，行政村农民体育健身工程1743个，乡镇体育健身工程214个，全民健身路径工程275个，社区多功能运动场6个，"雪炭工程"3个，全民健身活动中心2个，户外健身基地1个，老年人活动中心3个。

【加强社会体育指导员培养】 为深入实施《江西省全民健身实施计划（2011—2015年）》，完成"十二五"末江西省"社会体育指导员达到3万人以上的目标"，省体育局加大对全省社会体育指导员工作经费的投入，从2013年的15万元，增加到117万元，增幅达680%，为全省开展社会体育指导员工作提供有力的资金保障。开展社会体育指导员培训基地评估工作，对全省现有的7个一级社会体育指导员培训基地的培训、后勤、宣传、创新等工作进行考核和评估。举办一级社会体育指导员师资培训班，11个设区市负责社会体育指导员工作的群体科干部和7个一级社会体育指导员培训基地的教学骨干参加培训学习。举办江西省国家级社会体育指导员培训班，培训合格57名准国家级社会体育指导员。举办6期一级社会体育指导员培训班，培训学员452人，有450人被授予一级社会体育指导员等级称号。至年底，全省社会体育指导员注册人数达3.23万人，增加1.11万人，增长52.64%，提前一年完成全省"十二五"社会体育指导员发展的目标任务。开展全省"社会体育指导员之星"评选活动，在全省评选出"社会体育指导员之星"100名。举办全省社会体育指导员之星素质交流展示活动，充分展现江西省广大社会体育指导员的良好形象和"奉献、服务、健康、快乐"的精神风貌。参加第一届全国社会体育指导员素质大赛，江西参赛者在技能、体能、知识和演讲4个大项的竞赛中，获得一等奖4个，二等奖7个和三等奖5个，以团体总分第六名的成绩获大赛团体总分二等奖。

【开展国民体质监测工作】 2014年是第四次全国国民体质监测年,省体育局成立江西省国民体质监测工作领导小组,联合省教育厅等10个厅局下发《江西省2014年国民体质监测工作方案》,在11个设区市同步开展2014年国民体质监测工作。对全省国民体质监测技术骨干人员进行培训,制定《2014年江西省国民体质监测工作评估细则》,在每个设区市设立国民体质监测质量控制监督员,专业技术人员全程指导、跟踪各地开展国民体质监测工作,确保国民体质监测数据真实科学反映江西省国民体质状况。在37个抽样县(市、区)同时开展国民体质监测工作,对监测对象的教育程度、职业、工作场所、使用交通方式、每日工作状态、体育锻炼情况、疫病等方面进行问卷调查并对形态、机能、素质进行测试和评估。经过两个月的现场监测,全省抽测样本2.77万人,完成监测任务,充实并完善江西省国民体质监测系统和数据。完成江西省"国家级体质测定与运动健身指导站"试点工作。组织开展"赣南等原中央苏区国民体质监测健康万里行活动",在吉安、抚州、赣州市的9个县开展体质测试,为群众科学健身提供服务,促进赣南等原中央苏区群众体育活动的开展。

(何媛)

竞技体育

【概 况】 2014年,江西竞技体育训练单位坚持贯彻"三从一大""两严"的科学训练方针,强化管理,狠抓训练,明确各训练阶段的目标和任务,注重训练质量,加强对训练计划实施的监控,训练质量得到提高,管理水平得到提升。年内,江西有3名运动员参加仁川亚运会,取得2枚金牌、1枚铜牌。其中:冯家辉与国家队队友合作,以5分45秒70的成绩,获男子赛艇八人单桨有舵手项目金牌;林飘飘与国家队队友一道,以208中的总成绩,获女子飞碟双向团体金牌;万勇以73.43米获男子链球铜牌。有3名运动员参加南京青奥会,取得2枚金牌、1枚铜牌。其中,徐鑫颖以68.35米个人最好成绩,夺取女子链球金牌。郭家峰以较大优势夺得男子散打60公斤级金牌。江西运动员在2014年的全国最高水平比赛中,共获2枚金牌、1枚银牌、4枚铜牌、2个第四名、6个第五名、3个第六名、5个第七名、3个第八名。江西联盛足球俱乐部夺得2014赛季中乙联赛冠军,晋级2015赛季中甲联赛。

加强业训运动员文化教育工作和青少年体育工作。省体育局对全省11个设区市贯彻落实《国务院办公厅转发体育总局等部门关于进一步加强运动员文化教育和运动员保障工作指导意见的通知》(国办发〔2010〕23号)及《江西省人民政府办公厅转发省体育局等部门关于进一步加强运动员文化教育和运动员保障工作实施意见的通知》(赣府厅发〔2012〕91号)文件精神的情况进行督查。建立督导机制,与省教育厅联合出台《江西省青少年运动员文化教育督导检查办法》。组织开展江西"国家高水平体育后备人才基地"中期检查。举办18个项目的全省青少年系列比赛暨第十四届省运会测试赛。举办第七届全省县级田径运动会。举办5个项目的全省体育传统项目学校比赛。参加全国青少年"未来之星"阳光体育大会和全国青少年户外体育活动营地夏令营活动。赣州市第三中学、景德镇市梨树园小学、上饶市弋阳县第一中学,分别被国家体育总局命名为2014年国家级体育传统项目学校。全年有8个单位被批准为"国家级青少年体育俱乐部";有1个单位(萍乡)被批准为"国家级青少年校外活动中心"。

【第十四届全省运动会在赣州市举行】 10月25日—11月2日,第十四届全省运动会在赣州市举行。4年1届的省运会是全省水平最高、规模最大的综合性运动会,是对四年来全省体育工作成绩的全面检阅。此届省运会以"相聚赣江源·共筑振兴梦"为主题,首次举行省运会火炬传递活动。本着"节俭办省运"的理念,举办融合红色基因、客家文化和现代元素的开闭幕式。大会设青少部18个大项、高校部13个大项、机关部11个大项、社会部23个大项,共65个大项、1943个小项。全省234个代表团18682名运动员参赛。共决出金牌1943枚,130人次运动员92项次打破射击、游泳、田径、举重48个小项的省级纪录。

【举办首届江西国际女子网球公开赛】 首届江西国际女子网球公开赛赛事系WTA(国际女子网球联合会)2014年125K系列赛全球首站赛,是江西首次举办的国际职业网球赛事,也是江西继环鄱阳湖国际自行车赛之后举办的又一精品赛事。7月下旬,大赛在南昌市国体中心举办,彭帅、郑洁等一批世界排名前100位的国内外知名运动员到赣参赛。整个赛事按照国际职业比赛规范进行。大赛的举办,提高了江西在国内外的知名度,进一步促进网球运动在全省的普及。

【举办第五届环鄱阳湖国际自行车赛】 10月12日,第五届环鄱阳湖国际自行车赛在萍乡市安源区开赛,途经宜春花博园、新余仙女湖、九江武宁、景德镇乐平、上饶婺源、南昌艾溪湖湿地公园、鹰潭龙虎山、抚州梦湖、吉安庐陵文化生态园,23日在赣州兴国将军园站结束。26个国家和地区的120名职业车手参与竞争。第五届大赛首次实现全省11个设区市全覆盖,大赛影响力和知名度不断提升。

【开展跟队参加高水平比赛调研】 省体育局组织竞技体育有关部门,开展跟队参加高水平比赛调研活动。调研项目有2014年南京青奥会省重点项目、铁人三项、赛艇、皮划艇、田径、游泳、体操、跳水、乒乓球、羽毛球、射击、举重、拳击、跆拳道、自由跤、古典跤、套路、散打、网球。调研的内容是江西参赛人数(含每个组别参赛人数)、所取得的成绩、该项目全国整体水平如何,各省水平(重点尖子运动员)、技战术分析,江西省队伍在参赛过程中的问题和经验总结、项目训练中应注意的问题等。

(伍小玲)

·资　料·

2014年江西运动员参加国际比赛获奖情况

姓名	项目	成绩	名次	比赛名称	比赛时间	比赛地点
冯家辉	男子赛艇八人单桨有舵手	5′45″7	1	第17届亚洲运动会	9月	韩国
林飘飘	女子飞碟双向团体	总成绩208中	1	第17届亚洲运动会	9月	韩国
万　勇	男子链球	73.43米	3	第17届亚洲运动会	9月	韩国
徐鑫颖	女子链球	68.35米	1	第二届青年奥运会	8月	中国
郭佳峰	男子散打60公斤级		1	第二届青年奥运会	8月	中国
李　晨	女子跆拳道67公斤级		3	第二届青年奥运会	8月	中国
李金铭	女子跳水10米台		3	第20届世界青年跳水锦标赛	9月	俄罗斯
	女子跳水3米板		5			
周　琪	女子套路乙组剑术		1	第五届世界青少年武术锦标赛	3月	土耳其
郭佳峰	男子散打60公斤级		2			
吴　鹏	男子少年组10米气步枪团体	1869.6环	2	第51届世界锦标赛	9月	西班牙
	男子少年组50米步枪三姿团体	3467环	4			
	男子少年组10米气步枪	资格赛：623.2环 决赛：120.7环	6			
	男子少年组50米步枪三姿	资格赛：1163环 决赛：394.6环	8			
林飘飘	女子飞碟双向	71中	1	国际射联世界杯分站赛北京站	7月	北京
郑妩双	女子网球单打		1	国际网联青少年赛(U18)	11月	韩国
郑妩双	女子网球单打		2	国际网联青少年赛(U18)	10月	韩国
孙旭柳(外籍)	女子网球双打		4	国际女子网球巡回赛	9月	土耳其
郑妩双	女子网球单打		4	国际网联青少年赛(U18)	10月	日本
孙旭柳(外省)	女子网球双打		8	国际女子网球巡回赛	9月	土耳其
孙旭柳(外省)	女子网球双打		8	国际女子网球巡回赛	10月	土耳其
郑妩双	女子网球单打		8	国际网联青少年赛(U18)	5月	菲律宾
郑妩双(外省)	女子网球双打		8	青少年法国网球公开赛	6月	法国
郑妩双(外省)	女子网球双打		8	国际网联青少年赛(U18)	8月	美国

体育产业

【**开展体育及相关产业专项调查工作**】 为摸清全省体育及相关产业家底,全面掌握全省体育产业发展的基本情况,3月起,省体育局在全省范围内开展一次体育及相关产业专项调查工作。先后草拟《江西省体育及相关产业专项调查报表制度》和《江西省体育及相关产业专项调查实施方案》。与省统计局正式联合印发《关于开展全省体育及相关产业专项调查工作的通知》,成立全省体育及相关产业专项调查领导小组。通过委托完成课题的形式,将调查工作委托江西财经大学体育学院和统计学院具体实施。至年底,专项调查工作进展顺利并接近尾声。

【**落实大型体育场馆免费低收费开放有关工作**】 1月14日,国家体育总局、财政部印发《关于推进大型体育场馆免费低收费开放的通知》,并于5月22日印发《大型体育场馆免费低收费开放补助资金管理办法》。按照财政部办公厅、国家体育总局办公厅《关于2014年大型体育场馆免费低收费开放补助资金申报工作的通知》要求,省体育局直属单位和各设区市体育局如实填报《大型体育场馆免费低收费开放情况表》。省体育局产业管理中心对《开放情况表》进行汇总并拟定补助资金申请报告,制定补助资金分配表。全年全省大型体育场馆共41个,免费低收费开放补助资金共2550万元。9月30日,省财政厅将中央补助资金划拨到各场馆所在地的财政部门。

【**完成全省第六次体育场地普查**】 按照国家体育总局要求,江西省自2013年始在全省进行第六次体育场地普查。至2014年10月,普查工作顺利完成。截至2013年12月31日,符合第六次全国体育场地普查标准要求的共有55种类型66515个体育场地,其中有大型体育场馆43个;总用地面积7872.6万平方米,总建筑面积401.74万平方米,总体育场地面积6414.11万平方米;历年累计投入体育场地建设资金142.07亿元。其中,室内体育场地4605个,场地面积166.84万平方米;室外体育场地61910个,场地面积6247.27万平方米。与第五次全国体育场地普查情况比较,全省体育场地数量增加43772个,增长192.46%;体育场地种类增加14种,增长34.15%;体育场地面积增加4157.53万平方米,增长184.23%;体育场地累计投入增加120.47亿元,增长514.64%。全省人均体育场地面积由10年前的0.53平方米提升到1.42平方米,增长167.5%,成为近10年全国体育场地面积增长最快的省份之一。

【**体育彩票销售创67.8亿元新高**】 全年销售体育彩票67.8亿元,再创新纪录,增加17.1亿元,全国排名第九位。竞猜型彩票围绕“竞彩普及日”“巴西世界杯”“单场固定奖上市”三大主题,抓住竞猜赛事增加、竞彩返奖率提高等机会,组织开展“豪门巅峰赛事、2串1百万大礼”“购世界杯彩票,赢体彩SUV大礼”等营销推广和体验活动。推动2470个普通网点完成“三个一”(赛事对阵表、足彩大奖票展示、当期竞猜赛事推荐)建设,提升竞猜型彩票在普通网点的宣传和销售氛围。即开型彩票通过抓好主题票上市营销活动、优化专管员即开工作考核,网点铺票率、上线率分别提高至70%和74.66%。电彩网点销售设备使用率80.57%,增加4.8%,额度周转率104.26%,3000元以上网点比例33.75%,增加5.85%。全年开展大卖场24场,销售4165.68万元,单场平均销售173.57万元,平均增加80.47万元。

【**多举措促进体彩发展**】 推进管理机制改革创新,增强基层市场活力、内生发展动力。制订江西体育彩票2014—2016年发展规划,分解形成2014年经营计划。以实施分级分类管理和区域竞争策略,不断优化“一县一策”考核管理模式,先后对南昌、广昌、石城等地进行重点蹲点帮扶。全年共有52个县市区完成销量任务,其中超千万元县市区由33个增加至40个。

推进游戏产品管理创新,进一步扩大彩民群体。推进超级大乐透的市场培育,抓高频游戏健康发展。其中,超级大乐透通过实施“狠抓奖池优势宣传、积极推进品牌宣贯、创新自主营销活动、加强户外宣传推广”等营销举措,有效促进品牌认知度进一步提升。严格管控高频网点质量和检查考核“五个有”(有图像、有声音、有走势、有标识、有统计)为重点,实施末位淘汰,持续规范销售行为,促进高频网点基础工作进一步扎实,全年终端覆盖率72%、上线率97.8%。

抓网点建设和新渠道拓展,夯实销售渠道基础。通过实施重点网点、新增网点扶持政策以及渠道拓展奖励政策,增机扩点工作稳步推进,全年新增实体网点167个,超额完成20个;新增直营店3个、销售亭5个;发展新合作渠道4个,特别是与省电信集团达成合作,实现省级渠道拓展。通过实施“双100”渠道建设等措施,竞彩网点增加至719个,增长71%。重新修订星级网点管理办法,改进优化星级评定方法,实行跟踪管理服务机制,按季度进行升降及淘汰。全年评定星级网点359个,其中五星级13个,四星级126个,三星级220个。

强化宣传渠道拓展及创新,提升体育彩票公信力。推进户外宣传媒体建设以及广告发布工作,全省户外宣传渠道面积4330.4平方米,设区市城区实现100%覆盖,县(市、区)完成比例超过96%。建设新媒体和体彩微信公众号等宣传渠道,拓展江西体彩网的营销宣传平台作用。围绕中国男足热身赛、四国青年男篮巅峰争霸赛等赛事,进一步强化体育赛事资源与营销宣传活动的整合利用。加大传统媒体的宣传力度,“中国体彩网”和《中国体彩》杂志发稿数增加10%以上;省级主流平媒及地市级平媒发稿2240篇,增长84.67%。

(王伟)

本栏编辑 孟秀

居民生活

居民收入与消费

【概　况】　2014年,全省农村居民四大收入全面增长,增长质量有所提高。其中,人均工资性收入3937元,比上年增加538元,增长15.8%,对增收的贡献率为52.3%,拉动农民收入增长5.9个百分点;经营净收入4107元,增加346元,增长9.2%,对增收的贡献率为33.7%,拉动农民收入增长3.8个百分点;财产净收入153元,增加27元,增长21%;转移净收入1919元,增加117元,增长6.5%。全省农村居民人均可支配收入水平居全国第十四位,居中部六省第二位,增速比全国平均水平快0.1个百分点,居全国第十四位,居中部六省第四位。

农村居民收入增速连续5年快于城镇居民,城乡居民收入差距持续缩小。持续推进强农、惠农、富农政策,取得较大成效,改革发展成果更多地惠及农村居民。全省农村居民人均可支配收入增幅高于城镇居民1.4个百分点,自2010年以来农民收入增幅连续五年高于城镇居民。城乡居民收入差距持续缩小,城乡居民收入比(以农村居民收入为1)为2.40∶1,少于上年的2.43∶1。

全省农村居民人均生活消费支出7548元,增加741元,增长10.9%。生活消费支出八大项全面增长,增幅前三位的是:教育文化娱乐、医疗保健、交通通信,分别增长20.5%、12.7%、12.2%。其中:人均食品烟酒支出2755元,增长8.9%;人均衣着支出381元,增长12.1%;人均居住支出1877元,增长9.8%;人均生活用品及服务支出407元,增长9.7%;人均交通通讯支出759元,增长12.2%;人均教育文化娱乐支出712元,增长20.5%;人均医疗保健支出525元,增长12.7%;人均其他用品和服务支出132元,增长6.9%。

全省城镇居民人均可支配收入24309元,增加2189元,增长9.9%。收入增幅居全国第二,中部六省第一。四大项收入全面增长,工资性收入增长最快。从城镇居民人均可支配收入的四大构成看,全省城镇居民人均工资性收入15623元,增长11.5%;经营净收入1961元,增长1.1%;财产净收入2490元,增长9.4%;转移净收入4235元,增长8.8%。增收渠道拓宽,城镇居民收入来源多元化,人均经营净收入和财产净收入共占城镇居民可支配收入的18.3%。城镇低收入家庭人均可支配收入增长快于全省城镇平均水平。城镇20%低收入家庭人均可支配收入11309元,增长12.1%,高于全省城镇平均水平2.2个百分点,高低收入户收入比由上年同期的4.18∶1下降为4.03∶1,相对差距继续缩小。

城镇居民人均生活消费支出15143元,增长9.4%。从构成生活消费支出的八大类看,均呈现全面增长态势。食品烟酒支出4966元,增长9.8%;衣着支出1395元,增长9.1%;居住支出3377元,增长4%;生活用品及服务支出991元,增长14.2%;交通通信支出1628元,增长10.2%;教育文化娱乐支出1654元,增长13.5%;医疗保健支出761元,增长18.5%;其他用品和服务支出371元,增长6.2%。

【农村居民人均收入首破万元】　农村居民收入增长实现“十一连快”,全省农村居民人均收入首次突破万元大关。2014年,全省农村居民人均可支配收入10117元,比上年增加1028元,增长11.3%,比全国平均增幅高0.1个百分点。按同口径计算,是2004年的3.3倍,10年间年平均增长12.7%。2010年以来农村居民收入连续5年两位数增长,2014年比上年的增加额超过1993年全年水平。

【五大因素支撑农民增收】　2014年,五大因素支撑农民增收。一是外出务工形势较好。劳动力市场需求旺盛,务工环境不断改善,农村居民在本地务工机会继续增加。继续上调最低工资标准,平均增幅达13%,企业工资指导线进一步得到落实,工资增长基准线达14%,下线为6%,带动农村外出从业人员工资增长。江西省本地务工人员的工资有较大涨幅,大工(木工、泥瓦工等)平均工资170~220元/天,小工平均工资90~160元/天,增幅多在10%~15%。二是农业增收较稳定。人均第一产业经营净收入2923元,增长8.5%,主要农产品产量平稳增长,粮食总产增长1.3%。国家再次提高粮食最低收购价格,农产品价格总体平稳,价格指数为100.37,对农民增收保持了较稳定的支撑。三是家庭经营非农产业发展势头良好。人均第二产业经营净收入318元,增长13.1%;人均第三产业经营净收入866元,增长10.3%。个体工商户和小微企业的经营环境继续改善,以农副产品加工、商品零售、交通运输以及乡村旅游为主的农村第二、第三产业快速发展，从非农产业经营中得到收入成为农村居民收入重要增长点。全年全省农村居民人均批发和零售业收入增长15.3%，人均住宿和餐饮业收入增长21.7%。四是财产净收入增长潜力逐步释放。各地推进农村土地流转，农民来自土地承包经营权出租、入股等财产性收入增加，全年农村居民人均转让土地经营权收入增长10.7%；农村居民积极参与各类投资活动，盘活盈余资金，获得的利息收入大幅增加；城镇化加速人口流动，城郊农民获得的房租收入大幅增加；农民拥有大型农机具数量增多，用于出租的情况较为普遍。五是惠农政策为农民增收带来实惠。江西加大城乡统筹和对农民的转移支付力度，提高农村各项社会保障标准，农村低保标准提高到每人每月220元，农村五保集中供养标准提高到每人每年3300元，新农合筹资标准提高到每人每年390元，着力推行大病保险试点。全年农村居民人均社会救济和补助收入增长32%，人均报销医疗费增长17%。

【五大因素助推城镇居民增收】 2014年，五大因素助推城镇居民增收。一是就业形势持续向好。全年新增城镇就业55万人，增长1.66%；城镇登记失业率3.27%，低于全国平均水平0.83个百分点。劳务用工价格持续提高，促进城镇居民工资性收入稳定增长。二是政策性增资带动在岗职工工资稳步增长。10个设区市提高机关事业单位人员的津补贴标准，人均每月增加600元。7月起全省最低工资标准平均增长13%。8月，明确2014年企业工资增长的基准线为14%，为企业职工工资增长提供政策保障。三是生产经营环境继续改善。各地出台一系列针对小微企业免税降费等扶持政策，降低经营者的成本，提升生产经营的积极性，加之各级政府采取有力措施扶持城镇居民自主创业，城镇居民二、三产业经营净收入实现稳步增长。四是财产净收入增长潜力逐步释放。城镇居民积极利用闲散资金参与各种投资活动，民间投资借贷活跃，投资分红增加。房屋租赁市场持续看好，房屋出租面积增加和租金标准提升，全省居民人均出租房屋收入增长20.1%。五是民生工程稳步推进。企业退休人员基本养老金再次上调10%，城市最低生活保障标准提高到每人每月430元。7月1日起，基础养老金标准从每人每月55元提高到每人每月70元，所需资金由中央财政全额补助。社会救助和保障标准与物价上涨挂钩联动机制不断健全，促使城镇居民转移净收入保持平稳。全年全省城镇居民人均离退休金和养老金增长12.6%。

（刘巍　鞠文超）

住　宅

【概　况】 2014年，江西省保障性安居工程目标任务为新开工31.26万套（户），基本建成18万套。全省全年完成投资702.75亿元，开工33.05万套（户），基本建成26.14万套，分别达目标任务的105.7%和145.2%，完成保障性安居工程建设任务。截至年底，全省累计开工建设保障性安居工程163万套，城镇住房保障覆盖率达19.2%。

加大棚户区改造力度。印发《关于进一步加强棚户区改造有关工作的通知》；开展以“百名干部下基层、服务棚改惠民生”为主题的城市棚户区改造专题调研督查活动；召开全省棚户区改造和保障房建设工作推进会；做好省人大专题调研质询相关工作；出台《江西省国有土地上房屋征收与补偿实施办法》；推进与国家开发银行的棚改融资贷款。国家下达全省城市棚户区改造目标任务为开工改造14.32万套（户），全年开工改造城市棚户区14.83万户，完成国家计划任务的103%。

【破解保障性安居工程建设资金难题】 全年争取中央财政保障性安居工程补助资金98.8亿元，安排省级配套补助资金15.75亿元，及时分解下拨市、县。积极争取信贷支持，江西省与国家开发银行签订全国第一个棚改专项合作协议，获得金融支持1000亿元。截至年底，国家开发银行江西省分行取得国家开发银行授信669.65亿元，签订贷款合同455亿元，实际发放贷款260.41亿元，覆盖全省83个市县。鼓励和引导民间资本参与保障性安居工程建设，印发《关于鼓励民间资本参与保障性安居工程投资建设运营的意见》。试点公共租赁住房项目政府购买服务。印发《公共租赁住房项目政府购买服务试点方案》，试点探索将公共租赁住房管理中的申请受理、资格审查、入户调查及入住后动态监管、清退和房屋维护维修、小区保安保洁等公共服务事项实行社会购买服务，提高群众满意度。

【推进住房公积金贷款“昌九一体化”】 为贯彻落实省委昌九一体化战略部署，支持昌九两地住房公积金缴存职工跨区域购买自住住房，省住建厅积极协助推进住房公积金个人贷款“昌九一体化”政策。10月8日，南昌、九江两市实施住房公积金贷款“昌九一体化”政策。凡是在缴存地住房公积金管理中心登记的缴存职工，经缴存地住房公积金管理中心审核通过后，可向贷款地住房公积金管理中心申请住房公积金异地贷款。

【统一公积金贷款业务规程】 为统一全省个人住房公积金贷款流程，规范住房公积金贷款行为，统一各地在住房公积金业务管理上的不同做法，研究制定《江西省住房公积金个人住房贷款业务规程》，使住房公积金管理制度逐步规范化、标准化。该规程自2015年1月起在全省试行。

（廖琳琳　丁锦琳　李锋　夏萍）

消费者权益与保护

【概　况】 2014年，全省工商行政管理部门、消费者协会共受理登记消费者咨询、投诉举报11.03万件，办结率98.53%，排前三位的分别是交通工具类、家用电器类、通信产品类。查处侵害消费者合法权益案件1135起，为消费者挽回经济损失2128.6万元。

面向城乡居民开展消费教育引导。按照分级培训原则，完成对直达基层分局一线执法人员的全系统培训，参训人员达8900余人次。“3·15”国际消费者权益日活动期间，推出维权成果大型展板，向消费者介绍消费知识和消费信息。继续开展“岗位学雷锋、履职提效能”主题实践活动。全省设立“学雷锋消费维权岗”944个，解答咨询2.04万件，受理和处理消费者投诉举报7713件，召开学雷锋学习报告会57次，参加学习报告会人员1932人次。

继续开展消费维权网络体系建设。进一步巩固农村村镇和城市社区“一会两站”全覆盖的成果，夯实基层消费维权网络，方便消费者就近投诉、就近解决消费纠纷。全省建立“一会两站”1.13万个，受理投诉1.15万件，为消费者挽回经济损失1295万元。开展“12315”进商场、进超市、进市场、进企业、进景区工作，全省已设立“五进”消费维权服务站1952个。

【加强商品质量抽检工作】 省工商局针对社会反映强烈、消费者诉求集中的重点商品及监管执法中发现的不合格商品，加大商品质量抽检力度，针对性开展流通领域商品质量专项整治行动。省工商局等13个部门联合开展对建材、生活日用小商品市场专项整治，共抽检商品17个品种2287组，查办案件395件，案值376.63万元。

【开展“3·15”国际消费者权益日活动】 根据省政府要求，省工商局牵头组织相关行政部门，在南昌市八一广场开展“3·15”国际消费者权益日大型宣传活动并接受咨询、投诉。省工商局编发以新《消法》实施为主题的公益短信；省工商局、省消协联合中国江西网在3月15日开展以“新消法、新权益、新责任”为主题的网络直播访谈活动，进一步加大对消费者及社会各界的法制宣传普及力度；全省举办宣传普法活动416次、印发新《消法》宣传资料45.84万份。

（操安娜）

婚 姻

【概 况】 2014年，办理婚姻登记56万对，免费出具(无)婚姻登记记录证明30.2万份，免除群众相关费用771.1万元，合格率达99.99%以上。

推进婚姻登记信息化建设。落实《江西省婚姻登记信息化建设实施方案》，加大历史数据补录和检查力度，将登记系统历史数据补录工作列入年度工作目标考评，每月对各地信息补录情况进行调度，全省通报。全省婚姻登记数据数量达到660万条。

组织年内举办结婚颁证员、婚姻家庭辅导员、初任婚姻登记员等专题培训班4期，培训婚姻登记一线工作人员553人次。组织登记员考试，为培训合格的登记员、颁证员和辅导员颁发培训合格证书。

【继续开展国家等级婚姻登记机关创建】 组织等级婚姻登记机关创建活动。召开专题评审会，按照国家标准要求，指导、审核各地申报创建材料，向民政部报送9个婚姻登记机关申报材料，其中4A级1个、3A级8个。争取省级福彩公益金再安排100万元，资助德安县婚姻登记处等15个县、乡级婚姻登记机关按照国家标准实施升级改造。推广结婚颁证、婚姻家庭辅导和网上预约服务，婚姻登记机关开展颁证和辅导服务比例分别提高至55%和35%，当事人接受各类婚姻服务比例逐年提高。

【实施婚姻家庭教育公益创投项目】 省级福彩公益金安排20万元，资助省婚姻家庭协会实施“科学指导婚姻，成就幸福家庭”公益创投项目，开展科学婚恋讲堂、婚前教育课堂、婚恋行为艺术沙龙、离婚调解等系列活动，直接受益群众2.3万人。

（刘学平）

家 庭

【概 况】 2014年，全省“平安家庭”创建、文明家庭建设、家庭教育指导等家庭工作取得新成果。

深化“平安家庭”创建活动。进一步完善“平安家庭”创建工作纳入综治的考评标准和奖励激励机制。在新余市召开全省“平安家庭”创建暨妇女维权维稳工作现场推进会，总结全省“平安家庭”创建和妇女维权维稳工作，交流推广一批先进经验，为推进下一步工作奠定基础。组织开展“不让毒品进我家”“预防艾滋病，健康全家人”等系列活动，支持配合省禁毒办组织家庭参与“全国家庭禁毒总动员”大型电视公益宣传活动。鹰潭师范附小学生陶烁羽获“全国禁毒宣传小天使”称号，其家庭获“全国禁毒宣传公益家庭”称号。

文明家庭建设活跃。开展寻找“最美家庭”活动，寻找百姓心中的“最美家庭”。全省涌现出各级“最美家庭”2000余户。在全国“最美家庭”揭晓暨全国五好文明家庭表彰会上揭晓的100户“最美家庭”中，江西省龚全珍家庭、张秀桃家庭和张松茂家庭当选全国“最美家庭”。在寻找“最美家庭”活动推动下，有3户家庭获“全国五好文明家庭标兵户”称号，30户家庭被命名为“全国五好文明家庭”。省妇联与省民政厅福彩中心联合，在全省开展“福彩公益行·走近慈母”活动。母亲节期间，在全省遴选出50名优秀且相对贫困的母亲，进行走访慰问，并发放慰问金。

拓宽家庭教育平台。省家庭教育研究会与东方女报社联合在全省开展以“传家风扬美德”为主题的“赞美家风”征文活动。全省推选10名候选人参加全国百名“传承好家风好妈好爸”评选，3名候选人当选。各级妇联儿童工作部门配合中央电视台启动的“寻找最美孝心少年”大型公益活动，积极推荐候选人。江西省网上家长学校开通，借助主流网络媒体的支持，改进传统的家校沟通模式，实现老师、家长、专家之间随时随地的互通，形成家庭、学校、社会齐抓共管未成年人教育工作的局面，在鄱阳县、修水县等留守儿童较集中的16个县率先建立县级分校。举办首期江西省网上家长学校建设与管理工作培训班，安排家庭教育发展历史沿革及现状、网上家长学校实施方案和工作流程、国内外家庭教育发展趋势等专题培训。

【推进平安家庭创建和妇女维权维稳工作】 11月13日—14日，全省“平安家庭”创建暨妇女维权维稳工作现场推进会在新余市召开。全年全省共举办“妇女学法大讲堂”等法制、婚姻家庭知识讲座300多场，直接受众3万余人次，举办现场宣传咨询活动

470余场,发放宣传资料18万份。妇女维权维稳工作取得成效,维权网络更完整。建立健全省、市、县、乡、村五级妇联信访工作网络,省、市、县三级100%开通"12338"妇女维权公益服务热线。在基层进一步推广妇女信访代理制,建立一大批妇女信访代理机构。各地还充分整合社会资源,建立维权合议庭、反家庭暴力妇女庇护中心、家庭纠纷调解站、心理咨询室、姐妹谈心室、婚姻危机干预中心等服务机构,形成层级清晰、服务便捷的维权网络。省妇联与省公安厅联合就加强公安派出所妇女维权投诉站工作出台第一个省级指导意见。

【开展寻找"最美家庭"活动】 3月5日,省委宣传部、省文明办、省妇联联合发出《关于开展寻找"最美家庭"活动的通知》,将寻找"最美家庭"活动列入培育和践行社会主义核心价值观的重要内容,在全省广泛组织开展。推荐100户家庭进入全省"最美家庭"候选户公示,经投票产生10户家庭授予"最美家庭"称号。省妇联组成5个调研组分赴11个设区市开展专题调研,形成城市、农村分类指导的实施意见,并于3月、4月分别在南昌市西书院社区和赣州市兴国县长冈村"妇女之家"开展省级主场示范活动,打造访谈展示式城市样板和讲述参与式农村样板。两场主场活动全程录像、全程播出,11个设区市妇联全程观摩,指导基层妇联活动不走弯路不变样。为营造宣传声势,省妇联携手报刊网站,开辟专栏、创编"家训漫画"、发送手机短信,报道活动动态、宣传家庭事迹、邀请专家解读,使活动家喻户晓。各地在参照省级样板的基础上,开展各具特色的寻找活动。"最美家庭"自荐会、互评会、擂台赛,幸福家庭故事会、家风家训书写会、家庭才艺展示会,好母亲、好媳妇、好儿女、好丈夫、好爸爸、好邻居评议等各种突出地域特色、民俗风情的活动大放异彩。全省1.8万余个"妇女之家"开展寻找活动近2万场,最美家庭故事会8661场、家风家训评议会1.38万次,发送短信68万余条,2.2万余户家庭报名参与活动,群众参与媒体互动超过25万人次,晒出家庭幸福照片3.24万幅,涌现出各级"最美家庭"2000余户。5月15日,江西省龚全珍家庭、张秀桃家庭和张松茂家庭当选全国"最美家庭"。

【开通江西省网上家长学校】 5月30日,由省妇女儿童工作委员会主管,省妇联、江西日报社主办,中国江西网、省家庭教育研究会承办的江西省网上家长学校正式开通,副省长、省妇女儿童工作委员会主任谢茹出席开通仪式。江西省网上家长学校是全国首家由妇联与主流媒体联合主办的网上家长学校。网站发挥中国江西网新媒体传播优势,运用省家庭教育研究会专家力量,改进传统的家校沟通模式,实现老师、家长、专家之间随时随地的互通,为广大家长提供一个学习家教知识、获取教育资讯、交流教子经验的平台,成为家长的益友、孩子的良师、学校的助手和未成年人思想道德建设的一个窗口,促进形成家庭、学校、社会齐抓共管未成年人教育工作的新局面。网站以指导性、互动性、创新性为特色,开设家教新闻、工作动态、网校微信、专家在线、父母课堂、成长话题、亲子俱乐部、阅读欣赏、习作选登、成长纪事、宝贝写真等栏目,建有视频窗口和多个互动性专栏、论坛。相继在鄱阳县、修水县等留守儿童较集中的16个县率先建立县级分校。

(冯娟 何颖 章丽娟等)

计划生育

【概　况】 2014年,全省出生人口60.02万人,常住总人口4542.16万人。人口出生率13.24‰,提高0.05个千分点;人口自然增长率6.98‰,提高0.07个千分点。受第四次生育高峰及"单独两孩"政策的影响,主要人口指标比2013年略有上升,但控制在目标值以内,全省低生育水平整体保持稳定。

全年查处中共党员干部违法生育429人,给予党纪处分290人、政纪处分162人、开除公职109人,征收社会抚养费686.9万元。查处富人违法生育383人,严格按其实际收入标准征收社会抚养费,单例征收社会抚养费26万~35万元的17人,36万元以上6人,单例最高征收额达52万元。

计划生育优质服务水平提升。各级人口计生服务机构共完成各类计划生育技术服务54.60万例,避孕节育措施落实率82.25%。建立特殊情况再生一胎审批专家审查制度,共审批通过特殊情况再生一胎187例。全省新增瑞昌市、吉安县、乐安县、广丰县、铅山县、横峰县6个"国优"单位,省国家优质服务县达到51个。

计划生育利益导向政策力度加大。全省落实计划生育奖励扶助对象6.45万人,计划生育特别扶助对象1.22万人,扶助资金4785.8万元。对农村计划生育一女、二女户家庭女孩就读高中进行奖励资助,落实扶助对象1.60万名,补助资金1598.1万元。计划生育绝育术奖励对象4569人,扶助资金1370.7万元。计划生育奖励扶助对象增加21.2%,扶助资金增加2859万元,计划生育奖励政策落实率100%,实现应奖尽奖、应扶尽扶。

加强综合治理出生性别比工作。对出生人口性别比偏高的县(市、区)实行动态管理,将全省出生性别比高于正常值的县(市、区)分为重点管理县和重点监测县。共查处"两非"(非医学需要的胎儿性别鉴定和非医学需要的人工终止妊娠行为)案件710例,吊销违法医务人员执业证书48例,对公立医院违法医务人员党纪、政纪处分93例,经济处罚521.94万元,刑拘或判刑34人,取缔违法诊所5个,取消生育证224份。全省出生人口性别比下降至115.1。

【实施"单独两孩"政策】 1月18日,江西省正式实施"单独两孩"政策,即一方为独生子女、只生育或合法收养一个子女的夫妇,经批准领取《再生一胎生育证》后,可以再生育一胎。江西是全国第二个实施"单独两孩"政策的省份。全年全省有37565对"单独两孩"夫妇办理《再生一胎生育证》,其中:育龄妇女年龄在30岁及以下的21328人,占56.78%;31~40岁的15828人,占42.13%;40岁以上的409人,占1.08%;夫妻双方均为独生子女的有836例。平均每月办理3130例,总体趋势平稳。

【加强新生儿户籍登记管理工作】 4

月1日，南昌市率先在全省开展户籍制度改革，明确不再将征收社会抚养费作为计划外生育人员落户的前置条件。7月3日，省卫生计生委、省公安厅联合下发《关于进一步加强出生登记管理工作的通知》，明确规定各地不得将出生登记和计划生育工作绑定，各级公安机关每月5日前将上月新生儿户籍登记和父母相关信息通报给同级卫生计生部门，解决各级公安部门人口信息共享的问题。政策实施以来，全省办理新生儿户籍登记87.45万人，是上年同期的1.88倍。

【启动新家庭计划试点工作】 以“5·15国际家庭日”为主题日，启动“江西省新家庭计划”工作，确定新余市为全国第一批创建幸福家庭试点市，分宜县及南昌县为全国第一批新家庭计划试点县，开展江西省计划生育家庭发展追踪调查工作。围绕“文明、健康、优生、致富、奉献”主题，全面开展创建幸福家庭活动。

【开展返乡流动人口专项服务和调查】 元旦、春节期间，共发放避孕药具117万盒，环孕检150万人次，落实长效节育措施8.9万例，办理流动人口婚育证明20万人次。国家卫生计生委组织包括江西省在内的6个流出人口大省开展流出地监测调查，掌握流出地人口变动及返乡流动人口参保就医、公共卫生服务利用、计划生育服务管理等情况。修水县、广丰县、宁都县是监测调查样本点，共发放问卷调查4050户家庭及1000名返乡群众。

【开展流动人口动态监测调查】 4—6月，在51个县(区)的100个街道(镇)开展流动人口动态监测调查，就流动人口生存发展、社会融合、卫生公共服务等问题，对5000名流入人口和225个社区进行现场问卷调查。6月上旬，省卫生计生委组织4个督导组，对11个设区市进行专项督导，并与江西财大统计学院合作撰写省级调查分析报告。

【加强流动人口信息网络化建设】 全省新增流动人口78.5万人，其中，新增流动育龄妇女52万人。全省收到外省及省内发来流动育龄群众计生信息协查37万条、服务通报20万条，及时反馈率、及时接受率均达到98%。信息网络化协作各项指标均位居全国前列，远高于全国同期平均水平。在永修县、东乡县开展试点，探索流动人口网上办证，切实解决流动人口办证难问题。就简化流动人口办证程序印发《关于进一步做好流动人口便民维权工作的通知》，流动人口办证率明显提高，全省共办理或换发流动人口婚育证明63.3万人次。

(马晓平　蓝希梅　宋颖　蔡飞)

妇女儿童

【推进女性进村“两委”工作】 2014年全省村党组织和第九届村民委员会换届，为提高女性进村“两委”的比例，省妇联提前介入，对女性进村“两委”工作作出专门部署，组织专题调研，组织各设区市做好女性进村“两委”调研摸底统计工作，指导女性进村“两委”、妇代会同步换届工作。多次与省委组织部、省民政厅召开会议，研究第九届村“两委”换届工作方案，联合下发《关于在2014年全省村“两委”换届选举中大力推进妇女进村“两委”工作的意见》。在继续推广实施“三定位”的基础上，对女性进村“两委”班子作出更加有力的规定，提出“三个确保”目标。坚持“专职专选、定位产生”，确保村“两委”班子成员中至少有1名女性；确保村“两委”班子中女性成员和正职比例高于上届；在新一届村“两委”委员中适宜担任村妇代会主任的女委员，原则上推选担任村妇代会主任，确保农村妇代会主任100%进村“两委”班子。

【保障农村妇女土地权益】 年内，农村土地承包经营权确权登记颁证工作在全省全面开展，省妇联和省农业厅联合下发《关于在农村土地承包经营权确权登记颁证工作中保障妇女合法权益的通知》，提出“确保符合条件的妇女姓名写入权证，确保落实长久不变的政策，确保农村丧偶、离婚妇女的土地承包经营权”的工作目标和一系列策略措施。10个设区市妇联、93个县级妇联增补进当地农村土地经营承包权确权登记颁证工作领导小组，全程参与、组织实施确权登记工作。各地妇联、农业部门协同配合，开展干部培训和政策宣讲，加强督导检查，及时发现解决问题，为在农村土地承包经营权确权登记中落实男女平等发挥积极作用。

【开展妇女维权投诉站示范工作】 省妇联与省公安厅联合下发《关于加强公安派出所妇女维权投诉站建设的通知》，就加强公安派出所妇女维权投诉站工作出台第一个省级指导意见，要求在全省所有公安派出所设立妇女维权投诉站，构建“覆盖城乡、执法规范、服务妇女、维护稳定”的妇女合法权益保护网络，明确职责分工，规范程序流程，推行“说理执法”方式，探索建立施暴者“保证书制度”，维权投诉站工作纳入“平安家庭”创建考核。全省共推荐224个公安派出所作为妇女维权投诉站省级示范点，省妇联和省公安厅统一命名挂牌，市县两级妇联相应确定本级示范点，力争通过以点带面，使妇女维权投诉站工作制度化、规范化，并长期发挥作用。

【开展第四届“巧手妙想”自然材料创意制作活动】 6月，省儿童少年活动中心联合省科学技术馆、省美术出版社、南昌市美术家协会在省妇女儿童活动中心大厅举办以“魅力自然，美好生活”为主题的第四届“巧手妙想”自然材料创意制作联展首展。展览随后在南昌市多所学校巡回展出。11月，来自南昌市部分保育院、小学、中学等教育机构的教师、学生和家长代表近500人，在省科学技术馆举办2014年“巧手妙想”自然材料创意制作交流论坛，就如何建立少年儿童创新意识，培养少年儿童创意和动手能力，进行交流研讨。联展活动持续数月，南昌市十余所教育单位的近3万少年儿童和老师、家长参与活动。

【实施留守妇女儿童关爱服务体系建设项目】 10月，下发《江西省留守妇女儿童关爱服务体系建设项目实施方案》，在全省26个县(市、区)开展留守妇女儿童关爱服务体系建设试点，投入资金130万元，与家庭教育指导服务体系一起打造、同步推进。

《方案》要求26个县(市、区)成立关爱领导小组,开展基线调研,构建关爱机构,建立家庭教育指导中心、网上家长学校、儿童快乐家园等,力争3年内两个服务体系建设在全省实现全覆盖。12月12日,举办关爱留守儿童服务体系培训会,总结布置重点工作,启动"心系妇儿——家庭教育空中课堂"项目,布置家庭教育指导服务体系试点工作,交流留守儿童关爱服务体系建设试点工作。

(鲍莉芸 冷串连 章丽娟等)

青 年

【概 况】 2014年,江西省14~35周岁青年1719.21万人,占全省总人口的37.85%。其中,14~28周岁青年1151.86万人,29~35周岁青年567.35万人。

青年教育事业快速发展。青年受教育水平继续提高,初中阶段适龄人口入学率98.95%;高中阶段毛入学率84.5%,提高2.5个百分点;高等教育毛入学率34.5%,提高2.5个百分点。

青年就业创业工作稳步推进。广泛开展"盐商杯""创青春""邮储银行杯"等各类青年创新创业大赛。推动高校毕业生初次就业率达85.82%,总体就业率94.69%,新一轮大学生创业引领计划引领7180名大学生创业。建立2个全国青年创业示范园、8个省级青年创业孵化基地、3个省级大学生创业孵化基地。

各类青年人才培养成效明显。实施江西首个综合性青年人才工程——青年俊才开放计划,开展青年马克思主义者骨干培养、优秀赣籍博士研究生跟踪服务、青年创业新星培养、青年高层次人才储备扶持、青年社会服务人才素质提升等项目,青年人才培养和发展计划稳步推进。

青年社会参与的意识和能力不断提升,社会参与的机制日益完善。20多万青年志愿者参与关爱农民工子女志愿服务行动和助残"阳光行动",积极服务世界低碳大会、绿博会、瓷博会、省运动会等重大活动。学雷锋、青年文明号、青年文化活动蓬勃开展,社会新风得到弘扬。共青团指导的各类青年社会组织、青年社团作用发挥日趋显著。

【打造"爱的约定"青年婚恋交友品牌】 紧扣青年婚恋交友需求,常态化开展"爱的约定"青年婚恋交友活动860场,吸引10.4万名青年参与,并创新举办"向幸福出发"江西青年集体婚礼活动,组织来自全省各地的百对新人以实际行动倡导时尚文明、勤俭节约的婚恋新风。

【组织动员青年服务生态文明建设】 筹集款物450万元,在90个自然村开展省级共青团生态文明示范村创建。深化保护母亲河行动,组建江西省青少年环保社团联盟,广泛开展"鄱阳湖行""青年植树行动"等环保实践活动,组织1.55万青年参与植绿护绿,建设县域青年林15个,种植树木面积1066.67公顷。

(宋嗣伟)

老 年 人

【概 况】 2014年,全省60周岁及以上老年人口610.92万人,占总人口的13.45%,比上年提高0.48个百分点,人口老龄化进程继续加快。

推进居家养老服务工作。利用省级福彩公益金2500万元,在全省打造204个省级示范点(其中城镇社区81个,农村社区123个)。截至11月底,全省建成居家养老服务中心(站)2065个(其中城镇社区740个,农村社区1325个)。同时,建立居家养老服务中心(站)建设项目储备库,储备建设站点4745个;争取到中国老龄事业发展基金会全国爱心护理工程建设基地项目资金,全省有9家民办养老机构被挂牌确定为"全国爱心护理工程建设基地";争取中国红十字会为省20家养老机构配发空调、液晶彩电、洗衣机、康复护理床等器材设备;协调相关单位在南昌、赣州、宜春、吉安、九江、景德镇等市开通"12349"为老服务民政公益号码。

推进基层老龄工作。按照"设施完善、制度健全、班子有力、经费落实、作用明显"五条规范化建设标准,拟定《江西省基层老年协会星级评定办法》,并指导各地抓好基层老年协会规范化建设。针对农村养老保障工作中出现的新情况、新问题,积极推动基层组织做好家庭赡养协议书的签订工作,妥善解决赡养纠纷,确保"老有所养"。充分利用城乡老年协会活动场所,不断拓展居家养老服务功能,使社区留守老人、空巢老人享受到日托、送餐等服务。

加强老年优待工作。认真落实省政府关于"70周岁以上老年人免费乘坐公交车意外伤害保险"民生工程,与中国人民财保江西分公司、中国人寿江西分公司和中国平安产险江西公司3家保险公司签订协议书,协调省财政厅下达省级保险经费1100多万元,为全省157.86万70周岁以上老年人办理意外伤害保险。全年为41起老年人乘车意外伤害事故进行妥善处理。自5月15日起,全省实行《江西省老年人优待证》免费办理。全年发放《江西省老年人优待证》11万本,接待和处理老年人来信来访80件。新余市从10月起,对本市户籍的100周岁以上老年人发放高龄津贴由每人每月300元提高到600元。12月18日,省政府办公厅转发省老龄办等24个部门《关于进一步加强我省老年人优待工作的意见》,建立健全老年人优待政策。

【开展敬老先进典型评比活动】 组织全省服务行业、窗口单位广泛开展第二届"敬老文明号"创建活动。与省卫生计生委共同下文,在全省卫生计生系统开展全国"敬老文明号"创建活动。在全国组织开展的第六届敬老爱老助老主题教育活动中,浮梁县浮梁镇居民汤太平、赣州市添立养生院院长李玲玲、湖口县会垅乡村民葛美霞荣获"中华孝亲敬老楷模提名奖";南昌市老龄办、渝水区水北镇政府、上饶市养老服务中心、乐平市众埠镇政府荣获"全国敬老模范单位"称号;张春和等103人获得"孝亲敬老之星"称号。

【组织"敬老月"活动】 10月1日—31日,组织全省开展为期一个月的"敬老月"活动。"老年节"当天,省老

居家养老中心为老年人提供休闲娱乐好去处

省老龄办供稿

龄办联合省民生、旅游广播电台和南昌市老龄办，在南昌市八一广场组织开展以“传承中华美德 弘扬敬老文化”为主题的庆祝“老年节”和敬老系列活动；组织江西省肿瘤医院、南昌市第九医院、律师事务所和省平安保险、省人保财险、省人保寿险等单位，为老年人开展医疗保健、意外伤害保险、法律知识等咨询服务。与江西电视台公共频道等单位组织开展“情定瀚泽·爱在井冈”敬老活动，倡导全社会对老年人给予更多的关爱；与江西电视台红色经典频道组织开展“江西省广场舞比赛”。“敬老月”期间，全省各地由领导带队走访慰问高龄、贫困老年人达2800余人次，发放慰问金、慰问品共1000余万元。

（傅保国　段玉冰）

殡　葬

【概　况】　围绕省委、省政府关于党员干部带头推动殡葬改革总体部署，通过进一步强化殡葬管理政策创制，展乱埋乱葬和丧葬陋习专项整治，组织保障清明节安全文明祭扫，启动编制殡葬事业发展规划，推动殡葬改革取得新突破。

加大殡葬基础设施建设投入。继续安排省级福彩公益金1000万元，资助各地建成城乡公益性公墓（骨灰堂）221个。分别争取国家福彩公益金和省财政资金638万元、60万元，资助南昌市殡仪馆等28家殡仪馆设施设备环保节能改造。

11月5日—7日，在抚州市举办第三届全省民政行业殡葬职业技能大赛，每个设区市分别派出3名遗体整容师和3名墓地管理员参加比赛，赵四勇、毛燕等6人被授予“江西省技术能手”，谭仁、邬妮娜等8人被授予“江西省民政行业技术能手”。

【出台全面深化殡葬改革文件】　省委办公厅、省政府办公厅在全国率先印发《关于充分发挥党员干部带头作用全面深化殡葬改革的实施意见》，要求以党员干部“六带头”（带头实行遗体火化，带头实行生态安葬，带头实行节俭治丧，带头文明低碳祭扫，带头治理乱埋乱葬，带头倡导殡葬改革）为引领，大力推行“三项改革”（以火葬为基础的遗体处理方式改革，以生态安葬为方向的骨灰处理方式改革，以文明节俭为目的的丧事处理方式改革）和“一个专项行动”（即乱埋乱葬和丧葬陋习专项整治活动），为全面深化殡葬改革奠定坚实基础。

【建立省殡葬管理工作联席会议制度】　首次成立由省委组织部、省民政厅等13个部门组成的省殡葬管理工作联席会议，印发《江西省殡葬管理工作联席会议制度》《省直有关单位贯彻落实全面深化殡葬改革责任分工方案》，明确23个省委、省直相关部门的工作职责。全省各设区市调整完善殡葬管理领导小组（联席会议）等殡葬管理领导协调机构。9—12月，省殡葬管理工作联席会议主导，全省集中开展为期4个月殡葬“治陋治乱”专项行动，重点对中共党员干部落实殡葬改革“六带头”、城市居民丧葬陋习和公路、铁路两侧500米范围内影响观瞻、城市规划区的坟墓进行整治。

【做好清明节安全文明祭扫工作】　成立全省清明节工作领导小组，继续发布《关于清明节安全文明祭扫的通告》，全省100家公墓单位接待祭扫群众267万人次，车辆23万台次，未发生任何安全责任事故。全省各地党员干部带头移风易俗，带动群众低碳文明祭扫，南昌、九江、鹰潭市级公墓全面实施“禁止焚烧纸钱、燃放鞭炮”，鲜花祭扫首次成为主流祭扫方式，南昌、九江市城区社区公祭活动踊跃开展，吉安、抚州等市由政府主导开展“清明树新风”活动。

（罗铁军）

本栏编辑　孟秀

民　政

综　述

2014年，各项民政工作进展顺利，民政事业改革发展取得新进展。

基本民生保障水平持续提升　城市低保、农村低保、农村五保供养、城镇“三无特困群众”、20世纪60年代精简退职老弱残职工等困难群众的生活保障标准和补助水平继续提高。全面推进重特大疾病医疗救助工作，全省医疗救助累计救助131.16万人次。省政府办公厅印发贯彻落实《社会救助暂行办法》的实施意见，完善落实10项配套政策措施。省政府办公厅印发《江西省居民家庭经济状况核对办法》，83%的县（市、区）建立居民家庭经济状况核对机制。省政府印发《关于健全临时救助制度的通知》，并在临时救助制度中设立特别救助项目。推进“一门受理、协同办理”机制建设，在39个县（市、区）启动“救急难”试点。推进综合减灾救灾体系建设，省政府颁布《江西省实施〈自然灾害救助条例〉办法》。印发《关于建立和完善因灾死亡人员抚慰金制度的实施意见》，抚慰金标准由5000元提高到1万元。积极应对各类自然灾害，及时启动救灾预警响应和救灾应急响应，下拨中央救灾资金4.84亿元、省级救灾资金2680万元，调拨一批救灾物资发往灾区，完成因灾倒房重建9104户。推进政策性农房保险，6个试点设区市承保农户206万户。

双拥优抚安置政策落实到位　进一步提高部分重点优抚对象抚恤补助标准并发放到位。省人大常委会修订《江西省军人优待抚恤办法》，义务兵家庭优待金标准实现城乡统一。大力开展清明节和烈士纪念日期间烈士纪念活动。完成10万多座零散烈士墓、531处零散纪念设施抢救保护工作。组织开展“双拥在基层”活动，在全社会进一步营造拥军优属、拥政爱民的良好氛围。做好2014年退役士兵接收安置工作，全省接收退役士兵1.82万人。及时发放自主就业一次性经济补助，完善退役士兵自主就业税收优惠政策。推进退役士兵职业教育和技能培训，培训自主就业退役士兵6800余人。认真做好军休干部接收安置和服务保障工作，落实军休干部政治和生活待遇。

基层社会治理水平提高　全面启动第九届村（居）委会换届选举工作。推进城乡社区建设，改造提升社区服务中心（站）136个，社区服务设施覆盖面达89%。创建一批全国、全省和谐社区建设示范城区、示范街道和示范社区，命名全省精品农村社区131个。推进社会组织登记管理改革，对四类社会组织实行直接登记，将非公募基金会和异地商会登记管理权限下延至设区市和省直管县民政部门。争取中央财政项目支持664万元、省本级安排1000万元，购买社会组织公益性服务。联合19个部门和群团组织印发《关于加强社会工作专业人才队伍建设的实施意见》，积极开展社会工作服务“三区”计划，推进志愿服务工作。

完善民政公共服务　省政府印发《关于加快发展养老服务业的实施意见》。争取中央预算内投资、中央专项彩票公益金、中央福彩公益金2.16亿元，安排省本级福彩公益金补助地方资金3.27亿元，资助养老服务建设项目1850余个。省政府在上饶市召开全省推进民办养老机构建设现场会，推进民办养老机构建设发展。为全省70周岁以上老年人免费乘坐公交车办理意外伤害保险，老年人优待证实行免费办理，敬老爱老助老活动广泛开展。推动居家养老服务信息化建设，6个设区市开通“12349”为老服务民政公益号码。全年销售福利彩票61.47亿元，同比增幅26.22%，筹集公益金18.6亿元。省慈善总会募集善款2900多万元，接收捐赠物资（药品）价值3.19亿元，惠及困难群众20万人次。

指导有关地区做好行政区划调整事项申报工作，审核报送县级行政区划调整事项7件，办理乡、村级行政区划调整事项11件。加强地名管理和服务，启动第二次全国地名普查工作。完成闽赣省界和52条县界联检工作，更换赣鄂省界界桩6个。依法办理婚姻收养登记。全年救助流浪乞讨人员6.57万人次，在12个县（市、区）开展未成年人社会保护试点。

（赣民）

社会福利和慈善事业

【概　况】　截至2014年年底，全省60岁及以上老年人口610.92万人，占总人口13.45%。全省养老机构床位18.4万张，其中：民办养老机构2.4万张，占比13%；城乡社区居家养老服务设施3116个。全省共有孤儿24860人，其中社会福利机构集中供养孤儿4289人，社会散居20571人。

全年募集慈善款物及争取项目资金3.48亿元，惠及灾民和困难群众20余万人次。

不断健全政策体系。省政府出台《江西省人民政府关于加快发展养老服务业的实施意见》，9个设区市政府出台具体实施意见。联合省发改委编制出台《江西省儿童福利设施建设规划(2014—2018年)》。会同省消防总队研制出台《养老机构消防安全管理》地方标准，该标准于2015年5月1日正式实施。

加快项目建设步伐。省级统筹安排补助资金5.8亿元，资助各类养老服务设施项目1955个，其中15个规模较大、功能齐全的社会福利中心(福利院)项目基本建成或投入使用。安排资金4200万元，重点资助儿童福利设施项目27个。争取精神卫生福利机构项目资金3500万元，资助项目3个，其中3000万元中央专项彩票公益金用于江西康宁医院南昌院区建设。首次安排1600万元省级专项彩票公益金资助脑瘫康复中心等残疾人项目5个。

落实孤儿和艾滋病病毒感染儿童基本生活保障政策，城镇“三无”特困人员供养标准提高到600元。配合省残联启动低保对象重度残疾人护理补贴政策，年人均补贴600元。积极协助省残联实施残疾人康复项目，为全省13万名残疾人提供康复救助和服务；实施“贫困家庭残疾人助行工程”，为贫困家庭肢体残疾人装配假肢和矫形器具151人次。试点设立南昌、九江两地“婴儿安全岛”，接收弃婴240多人。加强儿童福利机构康复功能建设，5个基地共建成康复场地1.4万多平方米，设置康复室70余个，共引进康复专业技术人员近100人，康复训练儿童200余人，取得明显成效。“明天计划”实施康复治疗79例，引入现代远程医疗会诊技术成功实施手术25例。争取中国儿童少年基金会开展“孤儿保障大行动”，免费发放孤儿爱心保险卡2.3万份。建立福彩公益金助圆孤儿上大学长效机制，继续资助孤儿大学生97名。省慈善总会募集善款2900多万元，接收捐赠物资(药品)3.19亿元，惠及困难群众20万人次。继续兴办“慈善阳光班”12个，帮助600名贫困优秀高中生完成学业。积极开展宗教界、民办儿童机构收留弃婴、孤儿排查活动，全省排查弃婴520人，其中493人得到妥善安置。

上高县田心镇敬老院

省民政厅供稿

【稳步推进养老和儿童福利改革试点】 启动养老服务业综合改革试点。南昌、抚州成为首批国家试点地区。开展公办养老机构改革试点，全省22家公办养老机构实行“公建民营”等市场化改革，有效创新运营机制，提高运营效益。建立养老服务协作与对口支援机制，12个养老服务体系建设先进地区对口支援15个养老服务业发展相对落后地区，12家先进养老机构对口支援12家薄弱的养老服务机构，在人员培训、技术指导、设备支持、经验分享等方面实现优势互补、互惠互利、共同发展。开展适度普惠型儿童福利制度建设试点，修水、樟树成为民政部第二批试点单位，宁都、余江等6个县(区)为省级试点单位。宁都、樟树、余江、修水等4县(市)以政府名义率先出台困境儿童分类保障政策，对困境儿童和困境家庭儿童每月发放200~420元不等的生活补贴。

【推进慈善事业发展】 启动“小额慈善冠名基金”捐赠平台，公民个人和团体在省慈善总会设立21个“小额慈善冠名基金”，共设立基金12万元。开展“慈善情暖万家”活动，走访慰问困难群众家庭1万余户，发放救助资金及物资近千万元。启动慈善赈灾救援行动，向云南鲁甸地震灾区、遂川县泥石流灾害地区分别捐赠20万元。深入开展慈善助学活动，韩国衣恋集团在省内兴办12个“衣恋阳光班”，帮助600名贫困优秀高中学子完成3年高中学业。省慈善总会与江西中烟工业公司合作设立“金圣学子助学基金”，资助考取一本以上重点大学的52名贫困高考学子，每人发放助学金6000元。省慈善总会连续第3年开展“慈善阳光班”高考学子专项助学，资助60名考取重点大学的贫困高考学子，每人发放助学金5000元。开展“慈善走进罗霄山脉扶贫帮困助学”活动，省慈善总会与省民政学校联合开办“慈善养老护理班”，资助50名罗霄山片区江西籍贫困学生就读省民政学校老年人服务与管理专业，每名学生每学年资助3000元。深化“青苗关爱工程”儿童大病救助项目，全年救助14周岁以下身患恶性肿瘤等重大疾病的全省家庭贫困儿童686名，发放救助资金653万余元。继续推进中华慈善总会药品援助项目，全年实施11个慈善药品援助项目，共争取药物价值和医疗资金3.19亿元，帮助困难群众9641人次。开展“慈善走进失独困难家庭”关爱活动，省慈善总会联合省卫生计生委等部门，在全省资助100户江西户籍的失独困难家庭，每户家庭资助3000元。进一步普及深入慈善义工活动，组织慈善义工开展一系列助老、扶幼、帮残、环保义务服务，全年慈善义工参与服务活动2010人次，义务服务时间9106小时。

（刘生根 熊志亮）

优抚双拥安置工作

【概 况】 2014年下达抚恤补助资金17.8亿元，惠及32万优抚对象。完成2名烈士申报评定，办理865名残疾抚恤关系接收、转移和评残调级，办理565名带病回乡退伍军人备案审核认定，办理残疾军人康复辅助器械配发350余人次。接收复员退伍军人1.83万人，发放自主就业一次性经济补助2.45亿元。全省13个军供站共受领军供保障任务840余批次，保障过往部队17.66万余人次。接收安置军休干部62人、军队无军籍职工197人。严格落实军休人员“两个待遇”，全年下拨资金2.36亿元。安排符合政府安排工作条件的退役士兵1016名到机关事业单位工作，占全部应安置人员的95.8%。通过创新服务方式，利用技能培训这一平台，将校企结合的培训就业模式与解决安置遗留问题结合起来，解决安置遗留人员1465人，解决率87.2%。加强和改进退役士兵教育培训工作，全省参加教育培训退役士兵6843人，增加1615人，增长30%，参训学员“双证”获取率96%、就业率97.5%，退役士兵就业技能得到全面提升。

做好烈士褒扬工作。清明节和首个烈士纪念日期间，400多万人次到各级烈士纪念设施参加纪念活动，省委省政府领导带头走访慰问烈士遗属。在中国江西网和《江西日报》先后推出“烈士精神 民族之魂”和“烈士精神在赣鄱大地永放光芒”专版。推进零散烈士纪念设施抢救保护工程，下达资金2.3亿元，全省10万余座散葬烈士墓、531处零散烈士纪念设施抢救保护基本完成。

推进优抚信息系统建设。优抚数据信息管理系统实现部、省、市、县四级联网，优抚对象二代证扫描率达到89%；烈士褒扬信息系统数据录入逐步完善，优抚业务信息化、精细化管理不断提升。

推进优抚事业单位建设。下拨3980万元用于37所光荣院、17处国家级和省级县级烈士纪念设施、1所优抚医院的维修改造。开展真情服务品牌创建活动，省荣军医院、江西革命烈士纪念堂、兴国烈士陵园、抚州市烈士陵园、吉安县光荣院、石城县小松镇光荣院、余江县画桥光荣院获得民政部先进优抚事业单位表彰。

推进双拥工作。召开省党政军负责人迎新春茶话会，省委书记强卫作重要讲话，省长鹿心社主持茶话会。春节和“八一”前夕，省领导带头走访慰问驻赣部队和基层连队。深入开展“双拥在基层”活动，进一步推进军民融合深度发展。

【修订《江西省军人抚恤优待办法》】 推动《江西省军人抚恤优待办法》修订工作，省十二届人大常委会第十三次会议表决通过修改《江西省军人抚恤优待办法》的决定。修订后的《办法》明确义务兵家庭优待金实现城乡统一，按照当地上年度城镇居民人均可支配收入的40%发放。

【稳步推进军供站正规化建设】 对全省9个重点军供站的基础设施建设情况进行调查摸底，对需要进行改造、维护的14个建设项目进行论证，并形成申报材料上报民政部、财政部。6月，全省4个重点军供站、7个申报项目列入民政部、财政部的军供专项补助预算，共下达省军供建设补助资金640万元。推进全省军供重大项目，上饶军供站主体工程顺利完工。南昌向塘西军供保障点所有保障楼的主体工程完工。

【组织军休干部开展各类活动】 4月17日—18日，在抚州市组织开展全省第九届军休人员门球比赛，全省14支代表队共150余人参加。6月，组织11名老军医到景德镇市荷塘乡和瑶里镇（老区）开展义诊活动，为200多名困难群众、优抚对象和五保户免费诊治看病，送医送药。9月24日，在九江市组织召开全省军休服务管理工作经验交流会。11月5日—7日，在赣州市组织开展全省第六届军队离退休干部“健康杯”运动会，全省有11个代表队、181名军休干部运动员参加12个项目的比赛。

（方利鹏 贺小虎 董光红）

救灾工作

【概 况】 2014年，江西省先后遭遇低温雨雪、风雹、暴雨洪涝等自然灾害，尤其是5月下旬、6月下旬的强降雨过程以及7月下旬台风“麦德姆”灾害，给灾区群众生产生活造成较为严重影响。全年各类自然灾害造成全省609万人次受灾，因灾死亡50人，紧急转移安置46.8万人，房屋倒塌6913户，严重损坏6784户；直接经济损失73亿元。

及时组织抗灾救灾工作。充分发挥省减灾办综合协调的职能和作用，开展主汛期月度会商、季度会商和重大灾情即时会商工作。重大灾害发生后，第一时间启动应急响应，第一时间赶赴灾区，第一时间组织调拨救灾款物。全年启动省级救灾四级应急响应4次、三级响应2次，国家减灾委、民政部对江西省启动四级响应2次。下拨中央救灾资金4.84亿元、省级救灾资金2680万元，及时调拨一批救灾棉被、毛巾被、草席、帐篷发往灾区，保障受灾群众基本生活。完成因灾倒损房恢复重建9104户。做好受灾群众冬春基本生活救助工作。

【推进救灾减灾法规政策创制】 6月9日，在全国率先出台《江西省实施〈自然灾害救助条例〉办法》，从法治化的高度、在制度设计上破解制约救灾工作一些瓶颈。省民政厅、省财政厅共同印发《关于加强救灾装备建设的指导意见》，明确5大类34项救灾装备清单。根据江西省经济社会发展水平，省民政厅、省财政厅印发《关于建立和完善因灾死亡人员抚慰金制度的实施意见》，将因灾罹难群众抚慰金发放标准，由原来的5000元提高到1万元，并简化申报和发放程序，突出抚慰金在纾解情绪、抚慰身心、人文关怀中的作用。印发《江西省减灾委员会工作规则》，进一步完善省减灾委员会工作机制，为更好地做好防灾减灾工作奠定坚实基础。

【广泛开展综合减灾工作】 组织做好国家"防灾减灾日"活动，5月12日，《江西日报》在二版显著位置刊发省委常委、常务副省长、省减灾委主任莫建成题为《加强防灾减灾工作 着力保障民生大计》的署名文章。副省长、省减灾委副主任胡幼桃率18个省直部门负责人出席在南昌市举办的防灾减灾宣传教育活动。开展综合减灾示范社区工作。省民政厅专门安排奖励资金200万元，各设区市和各县（市、区）拿出一定金额，对获评全国和全省综合减灾示范的社区进行奖励。探索建立国家、省级、市级、县级综合减灾示范社区四级联创机制。11月18日，召开省减灾委专家组全体会议。莫建成出席会议并作重要讲话，胡幼桃主持会议。成立新一届省减灾委专家组，审议通过并印发《江西省减灾委员会专家组工作章程》。

【探索建立多元化救灾机制】 在全国率先按照政府购买服务的思路积极推动基层救灾队伍建设。下发工作方案，在抚州、吉安、新余3个设区市开展工作试点。抚州市临川区财政从2014年开始，为村（社区）级灾害信息员每人每年补贴600元，列入财政预算。吉安市以减灾委名义印发出台《关于开展政府购买服务推动村级灾害信息员队伍建设试点工作的指导意见》。吉州区、万安县、遂川县对经考核合格的村级灾害信息员平均每月补助100～150元，配备基本应急装备。开展各级灾害信息员培训。有序稳妥推进政策性农房保险工作。截至年底，萍乡、赣州、九江、景德镇、南昌、上饶6个试点市共有29个县（市、区）开展农房保险工作，累计承保农户206.3万户。积极探索社会化参与救灾机制。

（邱伟）

社会救助

【概 况】 2014年，全省城市低保标准平均每人每月430元，比上年增加30元，月人均补差水平提高30元，达到270元；农村低保标准平均每人每月220元，增加20元，月人均补差水平提高20元，达到145元；农村五保集中供养标准每人每月提高30元，达到275元（3300元/年），分散供养标准每人每月提高40元，达到260元（3120元/年）；20世纪60年代精减退职老弱残职工救济水平每人每月提高30元，城镇的达到315元，农村的达到275元。全省累计实施医疗救助149万人次，支出12.8亿元。其中，住院救助41.8万人次，支出11.3亿元，平均每人每次2705元；门诊救助107.2万人次，支出1.5亿元，人均每次139元。

开展"救急难"试点工作，选择39个县（市、区）为试点单位，对突遇不测、因病因灾陷入生存困境的居民（含非户籍常住人口）及时给予救助，其中赣州市进行整体试点。开展社会救助专项治理工作，全省复核低保对象246万人。加强社会救助监督检查工作，评定40个县（市、区）为社会救助工作先进县（市、区）；对2012—2013年社会救助资金开展监督检查工作；配合省审计厅对全省医疗救助资金管理使用情况开展审计工作；配合省财政厅对全省2013年低保资金开展绩效评价工作。开展敬老院护理服务人员培训，连续举办5期敬老院护理服务人员培训班，培训506名敬老院护理服务人员。

【贯彻落实《社会救助暂行办法》】《社会救助暂行办法》颁布后，4月22日，省政府召开视频会议，提出构建科学有序、衔接配套、公正公平、保障有力的社会救助工作新格局。同月，集中开展《社会救助暂行办法》学习宣传工作。10月30日，制定下发《江西省人民政府办公厅关于印发贯彻落实〈社会救助暂行办法〉实施意见的通知》，依法完善落实10项配套政策措施，建立健全7项社会救助工作机制，明确33项重点任务。

【进一步健全社会救助运行机制】 全省11个设区市、100个县（市、区）全部建立社会救助统筹协调机制。全省1631个乡镇（街道）全部设立"社会救助服务窗口"，建立"一门受理、协同办理"机制。11月29日，制定下发《江西省人民政府办公厅关于印发〈江西省居民家庭经济状况核对办法〉的通知》，明确民政部门在政府的领导下开展核对工作的职权和相关部门的配合责任。江西省居民家庭经济状况核对系统在南昌、宜春等地成功运行。83%的县（市、区）开展信息化或手工核对工作。省本级成立江西省居民家庭经济状况核对中心。南昌、宜春、鹰潭、上饶、吉安、抚州、萍乡、新余、景德镇9个设区市本级和78个县（市、区）成立居民家庭经济状况核对中心。

【不断完善社会救助制度】 12月25日，省政府印发《江西省人民政府关于健全临时救助制度的通知》，规范对象范围、申请审批程序，细化救助类型和救助标准，明确救助方式，加强资金筹集管理，健全临时救助制度。在临时救助制度中设立特别救助项目，进一步完善临时救助制度的功能，提高对遭受特别重大困难家庭的救助能力。联合省卫生计生委等部门建立疾病应急救助制度，对发生急重危伤病、需要急救但身份不明确或无力支付医疗费用的患者，实施疾病应急救助。完善医疗救助资金管理制度，建立城乡统一的"医疗救助基金专账"。联合省财政厅等部门建立重度聋儿（人工耳蜗）救治康复制度。完善社会救助和保障标准与物价上涨挂钩联动机制，当CPI同比涨幅连续3个月超过3%时，按照不低于城市每人每月13元、农村每人每月7元的标准发放价格临时补贴。建立低保对象重度残疾人护理补贴制度，对低保对象中的重度残疾人，按每人每月50元的标准发放护理补贴。

（罗永青）

行政区划和地名管理

【概 况】 2014年，全省完成行政区划调整事项12件，涉及景德镇市、宜春市、九江市、上饶市、抚州市、鹰潭市、南昌市等7个设区市。完成撤乡设镇8件，增设乡镇2件，整建制调整1件，部分村跨乡镇调整1件。截至年底，全省共有设区市11个，县（市、区)100 个,其中市辖区 20 个、县 70 个、县级市 10 个;乡级行政区划建制单位 1548 个,其中街道 145 个、镇 816 个、乡 587 个(含民族乡 8 个)。

制定出台《关于进一步加强行政区划管理工作的通知》,指导各地加大政策创制力度,萍乡市、吉安市出台本级地名管理办法。8 月,启动江西省第二次全国地名普查工作,成立机构,印发实施方案,启动地名普查试点,完成地名普查准备阶段各项工作任务。

【完成行政区划调整事项】 南昌市:南昌市青山湖区扬子洲镇整建制划归东湖区管辖,调整后的扬子洲镇行政区域范围和政府驻地保持不变。新建县撤销新建县流湖乡,设立新建县流湖镇。新设立的流湖镇行政区域范围保持原流湖乡的行政区域范围不变,镇政府驻原乡政府驻地。

景德镇市:浮梁县撤销峙滩乡,设立峙滩镇。新设立的峙滩镇行政区域范围保持原峙滩乡的行政区域范围不变,镇政府驻原乡政府驻地。乐平市撤销十里岗乡,设立乐平市十里岗镇。新设立的十里岗镇行政区域范围保持原十里岗乡的行政区域范围不变,镇政府驻原乡政府驻地。

九江市:湖口县文桥乡撤乡设镇,并更名为均桥镇。新设立的均桥镇行政区域范围保持原文桥乡的行政区域范围不变,镇政府驻原文桥乡政府驻地。星子县将白鹿镇四联村整建制划归南康镇管辖。

鹰潭市:余江县撤销春涛乡,设立余江县春涛镇。新设立的春涛镇行政区域范围保持原春涛乡的行政区域范围不变,镇政府驻原乡政府驻地。

宜春市:袁州区撤销洪江乡,设立洪江镇。新设立的洪江镇行政区域范围保持原洪江乡的行政区域范围不变,镇政府驻原乡政府驻地。

抚州市:乐安县调整行政区划,设立大马头乡。新设立的大马头乡辖召尾、龙虎岭、石塘、下陂 4 个村委会和大马头居委会,乡政府驻大马头居委会。南城县撤销徐家乡,设立南城县徐家镇。新设立的徐家镇行政区域范围保持原徐家乡的行政区域范围不变,镇政府驻原乡政府驻地。黎川县调整行政区划,设立华山镇。新设立的华山镇辖华联、麻坑、洲湖 3 个村委会以及华山居委会,镇政府驻华山居委会。

上饶市:信州区撤销秦峰乡,设立秦峰镇。新设立的秦峰镇行政区域范围保持原秦峰乡的行政区域范围不变,镇政府驻原乡政府驻地。

【启动江西省第二次全国地名普查工作】 8 月 1 日,经省政府同意,成立江西省第二次全国地名普查领导小组,副省长胡幼桃任组长,省军区参谋长陈平、省民政厅厅长徐毅、省政府副秘书长林彬杨为副组长,省发改委、省财政厅等 28 个省直单位为成员。领导小组下设办公室于省民政厅。省民政厅副巡视员王健兼任办公室主任。

以省政府办名义印发《江西省第二次全国地名普查实施方案》,制定出台《关于做好第二次全国地名普查保密工作的通知》《江西省第二次全国地名普查领导小组工作规则》,转发《第二次全国地名普查工作操作规程》等文件,规范地名普查。启动普查试点,下发《关于开展江西省第二次全国地名普查试点工作的通知》,选取南昌市进贤县、萍乡市湘东区、鹰潭市全境、吉安市吉州区等 6 个县(市、区)为全省地名普查试点单位,先行开展试点工作。组织南昌、景德镇、萍乡等市区划地名业务骨干 11 名赴福建、广西部分县(市、区)学习考察地名普查工作。举办地名管理和地名普查专题培训班 2 期,培训业务骨干 140 余人。安排 11 个设区市 13 名地名业务骨干分批参加全国地名普查示范培训班。

12 月 10 日,召开全省第二次全国地名普查工作视频会议,副省长胡幼桃出席会议并讲话,省军区、省财政厅、省测绘局 3 家成员单位领导在会上作表态性发言。31 日,在全省开展地名普查宣传日活动,宣传地名普查和地名文化,共发放张贴宣传资料 20 多万份。

【加强地名管理】 加强地名命名更名审批和管理,全省规范各类命名 500 多条。遴选南昌市高新区地名规划、经开区小微园地名规划和上饶市城区道路地名规划方案参选民政部全国优秀地名规划。组织部分设区市业务骨干赴四川广安参加全国地名公共服务示范县(市、区)评审会,实地学习借鉴地名公共服务建设经验。

(熊崧麟 聂丽红)

基层政权和社区建设

【概 况】 2014 年,全省基层民主政治建设不断加强,城乡社区建设水平进一步提高。全省第九届村(居)民委员会选举工作全面启动,共摸排整顿换届选举重点难点村(社区)1397 个,全面完成届满审计工作,对村(社区)“两委”干部开展“健康体检”,指导全省村(居)委会选举有序开展。截至年底,全省 20146 个村(社区)有 5309 个完成换届选举,占 26.3%。全年改造提升社区服务中心(站)136 个,全省社区综合服务设施覆盖率 89%,增长 6.1%;城市社区干部月平均补贴超 1500 元,增长 14.3% 以上。和谐社区建设成效显著,全省共有 5 个城区、5 个街道、30 个社区被命名表彰为全国和谐社区建设示范城区、示范街道、示范社区;吉安市吉州区“人文社区 · 温馨家园”建设工作被评为“2013 年度中国社区治理十大创新成果”。农村社区建设积极推进,共创建命名“全省精品农村社区”131 个,贵溪市罗河镇排上村荣获全国“首届社区发展创新奖”。围绕服务全省经济社会发展大局,着眼改革创新热点,立足基层政权和社区建设工作实际,着力开展发展基层民主、基层政权建设、社区减负增效、农村社区建设等专题调研,为全省基层民主政治建设的改革发展和国家出台相关政策文件提供决策参考。

【推进全省第九届村(居)委会选举工作】 围绕新形势下如何做好第九届村(社区)“两委”换届选举工作,深入上饶、宜春、鹰潭、九江、南昌等地开展实地调研,发放调查问卷 3 万余份,覆盖全省 10% 以上的行政村,广泛征求基层和群众的意见建议。9 月 24 日,省委常委、省委组织部部长赵爱明主持召开全省村(社区)“两委”换届选举工作专题汇报会。10 月 10 日,省委常委会专门听取工作汇报,研究部署此项工作。以省委办公厅、省政府办公厅名义下发《关于认真做好全省村(社区)党组织和第九届村(居)民委员会换届选举工作的通知》,制定下发《江西省社区居民委员会选举规程》,编印《江西省村民委员会换届选举工作手册》和《江西省社区居民委员会选举工作手册》,为村(居)委会选举具体操作提供重要参考和政策依据。16日,省委、省人大、省政府召开全省村(社区)"两委"换届选举工作会议,全面动员部署换届选举工作。29日,省委成立由赵爱明任组长,省人大常委会副主任洪礼和、省政府副省长胡幼桃任副组长,省纪委、省委组织部、省委宣传部、省民政厅、省妇联等14个部门的领导为成员的全省村(社区)"两委"换届选举工作领导小组。省民政厅先后举办3期村(居)委会换届选举培训班,共培训市、县民政部门、乡镇(街道)选举业务骨干500余人。全面开展重点难点村(社区)摸排整顿,共摸排整顿换届选举重点难点村(社区)1397个。各地整合财政、审计、农业等部门力量,对村(社区)"两委"干部全面开展届满审计。制定《指导督导工作方案》,定期或不定期组织开展专项督导,省换届办先后两次组织督导组,对各地村(社区)"两委"换届选举工作进行督查指导。受理有关选举信访咨询,共受理业务来电来访咨询300余人次,接待群众来访咨询近50批次,选举工作顺利有序进行。

【城乡社区建设取得新成效】 城市社区建设取得新进展。组织指导开展和谐社区示范单位创建活动,全省命名表彰6个城区、16个街道、40个社区为全省和谐社区建设示范城区、示范街道、示范社区。东湖区等5个城区、沙井街道等5个街道、莱茵半岛社区等30个社区被民政部命名表彰为全国和谐社区建设示范城区、示范街道、示范社区。全面指导总结吉州区开展"人文社区·温馨家园"社区建设活动,并在吉州区召开全省城市社区建设工作现场推进会,全面系统地推广吉州区"人文社区·温馨家园"社区建设工作经验。4月中旬,吉州区"人文社区·温馨家园"建设工作被评为"2013年度中国社区治理十大创新成果"。贯彻落实全国社区公共服务综合信息平台建设推进会会议精神,联合省发改委、省工信委、省公安厅、省财政厅等单位下发《关于建设社区公共服务综合信息平台的实施意见》,全面部署推动社区公共服务综合信息平台建设,指导新余市、吉州区开展社区公共服务综合信息平台建设试点。加强社区基础建设,争取国家财政预算投入1200万元、省级福彩公益金投入1000万元用于改善社区基础设施建设,改造提升社区服务中心(站)136个,社区综合服务设施覆盖率达89%,增长6.1%。社区干部待遇进一步提高,大部分市辖区社区干部月平均补贴达到1600元。农村社区建设顺利推进,下发《关于开展2014年精品农村社区创建工作的通知》,在全省范围内启动新一轮精品农村社区创建工作,着力推动精品农村社区建设,发挥精品示范带动作用,共命名表彰"全省精品农村社区"131个,贵溪市罗河镇排上村获全国"首届社区发展创新奖"。

(吴新传)

社会组织管理

【概　况】 截至2014年年底,全省各级民政部门登记注册各类社会组织14503个,其中社会团体8522个、民办非企业单位5931家、基金会50个。坚持"应建必建、应派必派"的原则,全省各社会组织建立中国共产党党组织1456个(省级101个、市级522个、县区级833个),组建率10.7%。共有党员3.82万名,其中隶属于各社会组织党组织党员8031名。全省社会组织党组织覆盖率从2010年不足1%提升到10.7%。

争取民政部大力支持,获批21个项目。根据国家民管局要求和项目实施方案,指导督促各项目单位认真学习项目各项规范制度,严格执行申报书,规范资金使用,确保项目成效。年底,21个项目已实施完毕,资金使用664万元。项目推进过程中带动配套资金451万元,其中,地方财政配套资金135万元,其他配套资金216万元。4月、9月,依托中央财政项目资金举办两期全省社会组织登记管理机关工作人员以及部分社会组织负责人能力培训班,培训400多人次,促进社会组织人才队伍建设。

【取消4个行政审批项目】 贯彻落实国务院和省政府深化行政审批制度改革精神,简政放权,取消和下延一批行政审批项目,推进社会组织登记制度改革。取消"社会团体筹备审批""具有法人资格的社会团体及设立分支机构、代表机构备案""社会团体分支机构、代表机构设立、变更、注销登记"和"公益性捐赠税前扣除资格确认"初审环节。研究社会组织业务主管单位审批权限下放后的衔接工作,下发《关于做好部分省属社会组织业务主管单位审批监管权限下放衔接工作的通知》,妥善解决新成立同类型社会组织的登记问题和已登记的相关省属社会组织的监管问题。

【开展社会组织公益创投活动】 从省级福彩公益金中安排1000万元,联合团省委、省妇联、省慈善总会开展社会组织公益创投活动。按照公开、公平、公正原则,从网上申报的项目中,通过专家评审筛选出106个公益创投项目。为加强公益创投项目的管理,提高资金使用效益,制定下发《2014年度社会组织公益创投项目执行办法》。坚持以服务民生为重点,运用市场竞争机制、社会工作专业理念、契约化管理方式,培育一批优秀公益社会组织和满足群众急需的公益项目。

【分类推进社会组织评估工作】 4月,启动全省性行业协会商会等级评估工作,分类推进社会组织评估工作。坚持分级管理、分类评定、客观公正的原则,以评促建,促进行业协会商会规范化建设,提高行业协会商会的公信力。由行业协会商会自愿申请,经过申报单位自评、社会组织评审工作小组实地核审、社会组织评估委员会评审、媒体公示等程序,对33个全省性行业协会商会进行等级评估,评出5A级5个、4A级11个、3A级14个、2A级3个。

(叶兴)

社会工作

【概 况】 2014 年,全省获得社会工作者职业水平证书 263 人,其中社会工作师 52 人,助理社会工作师 211 人。截至年底,全省有 2075 人取得社会工作者职业水平证书。

联合省委组织部等 19 家单位和厅局出台全省首个社会工作发展的纲领性文件《关于加强社会工作专业人才队伍建设的实施意见》。联合团省委等 6 委办和厅局出台《关于加强青少年事务社会工作专业人才队伍建设的实施意见》,推动其他领域社会工作发展。联合省财政厅出台《江西省本级政府购买社会工作服务试点实施方案》,为全省政府购买社会工作服务提供借鉴。

全年安排 110 余万元举办社会工作专题培训 13 期,共培训 1700 余人次。与江西财经大学合作,承接民政部社会工作专题培训 3 期,对象全面覆盖行政管理人员、一线服务人员和机构负责人,并首次与省委人才办联合举办涉及公安、司法、共青团等系统的社会工作行政管理能力培训班。

【进一步拓展社会工作服务】 启动 2014 年度社会工作服务“三区”计划,从省内、省外(首次)的社会工作机构中共选派 35 名社会工作者到“三区”开展社会工作服务。全年“三区”计划共开展个案 176 个,小组 107 个,社区社会工作 54 个,招募志愿者 500 余人,服务覆盖 2000 余人。全省有 8 个项目获批民政部福彩公益金特殊困难老年人社会工作服务项目,1 个项目获批民政部、李嘉诚基金会“大爱之行”社会工作服务项目。陆续启动 2013 年和 2014 年省级福彩公益金资助社会工作服务项目,总投入 280 万元,扶持民办社工机构 42 家,其中新增民办社工机构 15 家,资助社会工作服务项目 50 个,涵盖援助特殊困难老年人、社区矫正、失独家庭关怀、农民工子女融入等服务内容。

【进一步推广志愿服务记录工作】 推动各地开展志愿服务记录工作,南昌市青云谱区、宜春市万载县、新余市渝水区和省慈善总会在全国志愿服务网登记志愿者 3000 余人。承办民政部中部地区志愿服务记录分析会,青云谱区作为全国试点地区在会上进行经验介绍。

(何珊)

救助管理

【概 况】 2014 年,全省救助流浪乞讨人员 10.10 万人次,比上年增加 53.7%。其中:未成年人 2838 人次,增加 142.7%;老年人 1.51 万人次,增加 304%;危重病人、痴、呆、傻等精神障碍人士 1.70 万人次,增加 90.1%。建立“流浪孩子回家”和“送流浪孩子回校园”长效机制,全年接送流浪未成年人回家、返校 811 人次,街面未出现流浪未成年人滞留现象。开展保障春运、“寒冬送温暖”和“炎热送清凉”行动,春运期间救助 7513 人次,其中痴、呆、傻等精神障碍人士 319 人次。九江市、宜春市和吉安市救助管理站获评民政部“寒冬送温暖”先进单位。

【持续开展未成年人社会保护试点工作】 作为首批全国未成年人社会保护试点工作试点地区之一,万载县试点工作取得实质性成果,在全国未成年人社会保护试点工作讲习班暨经验交流会上作典型发言。万载县健全未成年人社会保护体系,打造“1 个网络、2 个平台、4 个机制”工作模式。召开全省未成年人社会保护试点工作推进会,总结评估未成年保护试点工作,交流试点工作经验,推进试点工作深入开展。印发《关于开展未成年人社会保护试点工作的通知》,启动第二批未成年人社会保护试点工作,试点地区增至 12 个,覆盖所有设区市。修水、定南、乐平、遂川和南城 5 个县(市)列入第二批全国试点,万年、东湖、安源、丰城、分宜和余江 6 个县(市、区)列为首批省级试点。

【推进救助管理机构建设】 中央和省级福彩公益金共安排 1480 万元,资助 21 个县(市)建设救助管理站(未成年人社会保护中心);省级福彩公益金安排 150 万元,资助 16 个县级救助管理机构购买救助管理专用车。全省有 8 个救助管理站申报国家三级救助管理机构。全省建成县级救助站 67 个,完成“十二五”建站任务的 75%。联合省审计厅、财政厅对中央和省级财政救助补助资金进行专项检查,进一步规范救助管理机构救助资金使用和管理。各地救助管理机构基本统一工作标识,九江、吉安、抚州等地市救助标识全部到位。

【加强救助管理队伍建设】 举办一期救助管理站长培训班,全省 11 个设区市事务科(处)、100 个救助管理机构的负责人参加培训,民政部社会事务司副司长到会并授课。举办两期未成年人家庭监护能力评估人员培训班,共培训 136 人。在全省救助管理系统开展调研活动,收到调研论文 24 篇,3 篇论文在全国站长论坛上获得三等奖。

(高宏)

本栏编辑 孟秀

市、县(市、区)

南昌市

【概　况】　位于江西省中部偏北，辖4县、5区及4个开发区和1个新区、1个临空经济区。土地面积7402.36平方千米。其中，城市建成区面积230平方千米。全市耕地面积27.91万公顷，拥有园林绿地面积1.05万公顷，绿化覆盖面积1.11万公顷，公园绿地3005.2公顷，城市绿化覆盖率达42.41%，人均公共绿地面积12.04平方米。全市总人口524.07万人，比上年末增加5.60万人。其中：非农业人口238.38万人，增加2.42万人，人口自然增长率6.78‰。实现地区生产总值3667.96亿元，比上年增长9.8%。其中，第一产业增加值166.10亿元，增长4.7%；第二产业增加值2017.01亿元，增长11.5%；第三产业增加值1484.85亿元，增长7.8%；三次产业结构调整为4.5:55.0:40.5。人均生产总值7.04万元，增长8.7%。财政总收入638.30亿元，增长14.4%。其中，地方公共财政预算收入342.21亿元，增长17.2%。地方公共财政预算支出473.40亿元，增长13.3%。规模以上工业增加值1380.64亿元，增长11.9%。规模以上工业实现主营业务收入5072.23亿元，增长13.0%。主要工业产品有：光电子器件产量14.54万只(片)，增长67.2%；水泥产量684.49万吨，增长32.8%；精制食用植物油产量19.97万吨，增长26.4%；汽车产量31.66万辆，增长20.7%。500万元及以上项目共完成投资额3434.25亿元，增长18.6%。其中：工业投资1397.46亿元，增长12.5%；房地产开发投资414.07亿元，增长2.0%。投资施工项目6842个，其中新开工项目5783个。实现社会消费品零售总额(法人口径)1429.21亿元，增长12.5%。南昌地区内企业(含中央、省属公司)实现进出口总额122.26亿美元，增长25.9%。其中，出口总额84.17亿美元，增长15.19%；进口总额38.09亿美元，增长58.46%。利用外资32.14亿美元，增长8.43%；实际利用内资910.59亿元，增长11.08%。粮食总产量244.97万吨，实现“十一连丰”。主要农业产品有：棉花总产量0.3万吨，增长4.4%；油料总产量13.32万吨，增长2.4%；生猪出栏数358.63万头，增长2.5%；家禽出笼5034.09万只，增长3.6%；禽蛋总产量17万吨，增长2.0%。全年空气质量优良天数294天，优良率80.5%；城市生活污水集中处理率93%以上，集中式饮用水源水质达标率100%；万元生产总值能耗下降4.07%，完成年度计划100%；化学需氧量、氨氮、二氧化硫和氮氧化物四项主要污染物排放总量分别下降1%、9.5%、9%和4.1%，排放总量分别控制在8.36万吨、9839吨、3.77万吨、4.99万吨。城镇居民人均可支配收入2.91万元，增长10%；人均消费性支出1.96万元，增长9.5%。农村居民人均可支配收入1.24万元，增长11%；农民人均生活消费支出7896元，增长10.4%。城乡居民年末储蓄余额2149.33亿元，增长4.8%。

【建设南昌临空经济区】　6月7日，市委办公厅、市政府办公厅发出《中共南昌临空经济区工作委员会、南昌临空经济区管理委员会主要职责、内设机构和人员编制规定》的通知。该通知明确，将鄱阳湖生态经济先导区建设推进领导小组办公室、南昌中小微企业工业园管委会整合，组建中共南昌临空经济区工作委员会和南昌临空经济区管理委员会，分别为市委、市政府派出机构，使用全额拨款事业编制，参照公务员法管理。南昌临空经济区总面积约223平方千米，包括桑海开发区58平方千米、南昌中小微企业工业园120平方千米、金桥乡部分区域约22平方千米、机场23平方千米。其中由南昌临空经济区管委会直接管辖的面积约13.34平方千米，此区域包括6个行政村及2个农(垦殖)场。南昌临空经济区管理模式实行“领导小组+管委会”工作结构。南昌临空经济区开发建设领导小组为该区域的市级层面协调机构，统筹协调推进临空经济区开发建设；南昌临空经济区管委会作为该区域开发建设的管理实体，承担经济建设、产业规划、招商引资等具体工作，实行企业化管理、市场化运作。

【实施4个“三年强攻计划”】　1月16日，市委办公厅、市政府办公厅发出《南昌市工业三年强攻计划》《南昌市服务业三年强攻计划》《南昌市旧城改造三年强攻计划》《南昌市新城建设三年强攻计划》的通知，围绕全面打造核心增长极的产业发展和城市建设“两大任务”，启动工业、服务业、旧城改造、新城建设四个“三年强攻计划”。1月17日，召开全市“三年强攻计划”动员部署大会，对任务、责任进行详细分解。至年底，全市完成工业投资1397.46亿元,规模以上工业主营业务收入突破5000亿元、增加值1380.6亿元;4个千亿产业快速发展,其中食品产业主营业务收入突破千亿元;第三产业增加值占生产总值比重达40.5%,全省金融商务区累计入驻各类金融机构131家;启动“旧改棚改”项目97个,完成改造3.38万户,征迁改造面积约685.88万平方米;九龙湖万达文化旅游城、绿地国际博览城项目片区路网工程完成形象进度超过90%,南昌西站基本建成。

小知识:

工业三年强攻计划,即力争到2016年工业主营业务收入达到8000亿元,工业投资达到6000亿元,打造汽车、食品、电子信息、新材料四大千亿产业,着力建设高新区、经开区、小蓝经开区3大千亿园区,引爆临空经济区区域经济增长极,培育60户龙头企业;服务业三年强攻计划,即力争到2016年建成金融、物流、创意、消费、营运5个区域性服务业中心,打造商贸、物流、金融、文化、总部5大服务业产业,累计完成投资6000亿元,服务业总收入突破8000亿元;旧城改造三年强攻计划,即到2016年基本完成2200多万平方米的棚户区、城中村旧改任务;新城建设三年强攻计划,即紧扣“两年内逐步投入使用,三年内基本形成规模”的目标,加快推进九龙湖核心起步区基础设施建设,全力推进万达文化旅游城、绿地国际博览城、联泰智慧城三大引爆项目建设。

【实施“一村一品”强村富民工程】 2014年,南昌市根据农业部《关于推进“一村一品”强村富民工程的意见》要求,以现有村镇特色产业为基础,打造特色优势品牌,促进主导产业优化升级,壮大村级经济实力,带动农民增收致富。至年底,全市“一村一品”专业村发展到612个。其中:南昌县三江镇获得全国“一村一品”示范镇称号。至此,全市国家级“一村一品”示范村达到6个。

【开展“拆违拆临”专项行动】 3月,南昌市第一轮“双拆”工作结束,共拆除市、区、街办(镇)、社区(村)四级公房违建临建点位506处、总面积达19万余平方米。第一轮“双拆”工作结束后,启动第二轮“双拆”工作,即省直单位“拆违拆临、建绿透绿”专项工作。为支持南昌市“双拆”工作,省委办公厅、省政府办公厅下发《关于省直单位全力支持南昌市做好“拆违拆临、建绿透绿”工作的通知》;省委办公厅领导批件督办处对省直单位“双拆”工作进行直接督查,每周一期督查专报;省人大、省政协分别于5月底、6月初对南昌“双拆”工作进行专题视察。南昌市采取“以区为主、全面核查、部门协同、重点突破、整体推进”方法,组织各区政府、街办、社区配合省直相关单位做好承租经营户思想工作,帮助解决“双拆”中遇到的困难和阻力。至年底,第二轮“双拆”共拆除违建临建221处,面积12.57万平方米。其中,建绿透绿84处,面积5.10万平方米;还路于民66处,面积1.93万平方米。

【完成南昌城区“一元化”户口登记工作】 2014年,按照“中心城区建成区、中心城区规划范围内、条件比较成熟的其他区域”三步走战略,南昌市开展户口“一元化”登记工作,取消农业户口和非农业户口的区别,推动城乡一体化进程。户口改登对象为东湖区、西湖区、青云谱区、青山湖区、湾里区以及南昌高新区、南昌经开区、红谷滩新区、桑海经开区行政区划范围内的所有居民人口和家庭住户。6月,全市户籍制度改革试点工作在东湖区开展。8月8日,全市城区“一元化”户口登记推进工作会召开,就全面深化户籍制度改革工作进行再动员、再部署。至年底,南昌城区基本完成“一元化”户口登记工作,城区72.47万户、228.92万人完成身份置换,统一登记为南昌市城市居民户口。户口“一元化”登记工作由政府出资,各公安机关联合街道、村(居)委会,为居住在城区范围内的所有户籍居民集中换发《南昌市居民户口簿》。持新的《南昌市居民户口簿》城市户籍居民,按照有关规定享受相关户籍政策。原属“农业户口”性质的户籍居民,在其所在的农村集体组织尚未完成股份制改造和“村改居”工作之前,其农村集体组织成员的身份不发生变化,可继续享受原有的农村集体经济组织的各项收益和待遇。

【实现南昌城区义务教育“零择校”】 2014年,南昌市在秋季城区中小学招生中,未发现一例非政策性择校现象,实现“零择校”目标。5月15日,为解决南昌市中小学校存在的“择校热”现象,市委办公厅、市政府办公厅发出《关于严禁非政策性择校行为的通知》。该通知要求城区各级教育部门依法依规做好招生工作,确保招生计划的严肃性和招生程序的阳光公开;城区各中小学校严格执行有关规定实行“阳光招生”,不得开展以择校为目的的共建活动;城区各级教育行政部门和学校严禁受理任何单位、任何个人以任何形式提出的非政策性择校要求;各相关部门应配合做好招生工作,不得违规提供虚假证明材料;全市各级机关、单位及干部职工严禁以任何形式向城区各级教育行政部门和学校提出非政策性择校要求;对违规受理的非政策性择校的学生一经发现一律予以清退,对非政策性择校行为予以严肃处理。为贯彻落实该通知精神,南昌市教育局要求各义务教育阶段学校切实规范办学行为,严禁跨学区范围招生,严格控制班额;严禁学校自行组织或与民办培训机构合作组织以选拔生源为目的的各类考试或变相考试;严禁学校以各种竞赛成绩作为依据招收学生;严禁学校签约招收学生;学生进校后严格执行平行分班,严禁分设任何名义的实验班、重点班、快慢班。

【实行市级公费医疗改革】 6月26日,市政府发出《南昌市市直机关事业单位公费医疗与城镇职工基本医疗保险制度衔接实施办法(试行)》的通知,全面推进市直机关事业单位公费医疗改革。7月1日起,南昌市市直机关事业单位职工正式纳入南昌市城镇职工医疗保险范畴,参加城镇职工基本医疗保险、大病医疗保险、单位补充医疗保险。市直机关事业单位在职职工从2011年6月开始,以历年南昌市城镇职工医疗保险使用的上年度在岗职工平均工资为基数,按0.8%的缴费比例,一次性补缴参加城镇职工基本医疗保险前的医疗保险费。退休人员从2001年6月开始,以历年南昌市城镇职工医疗保险使用的上年度在岗职工平均工资为基数,按0.8%的缴费比例,一次性补缴从2001年6月至其办理退休手续当月的医疗保险费;2001年6月前退休人员,不需补缴。40种门诊特殊慢性病分两类纳入医疗保险统筹基金支付范围,报销比例为95%,高于原公费医疗90%的门诊报销比例。在城镇职工基本医疗保险报销基础上,政策范围内个人自付部分按厅级100%、县级98%、科级及以下96%的比例在单位补充医疗保险统筹基金中报销,其中退休人员按同职级基础上提高2%报销比例。

主要领导人 市委书记:王文涛。市人大常委会主任:蔡社宝。市长:郭安。市政协主席:卢晓健。

(南昌市史志办)

·南昌县·

【简　况】 位于江西省中部,辖9镇、7乡,1个国家级开发区——小蓝经济开发区,1个省级开发区——向塘开发区和银三角管委会。总面积1716平方千米,其中,平原占58.3%,岗地低丘占1.1%,水域占40.6%。总人口103.88万人。其中,农业人口82.87万人,非农业人口21.01万人,人口自然增长率为6.5‰。地区生产总值559亿元,增长10%,居全省县市第一。其中,第一产业增加值增长4.9%,第二产业增加值增长12.6%,第三产业增加值增长5.7%。财政总收入和地方公共财政预算收入分别为87.3亿元和52.4亿元,分别增长20.2%和15%,两项指标总量连续五年稳居全省县市第一。县域经济综合实力逐步接近省内设区市规模,在第十四届全国县域经济基本竞争力百强县排名中,前移15位,跃居第52位,跨越幅度创历年之最。在2014年度中小城市综合实力百强县排名中,跃居第51位,两年跨越26位。税收收入占财政总收入比重达90.1%,高出全省县市平均水平10.9个百分点。三次产业比为8.7∶64.8∶26.5;500万元以上固定资产投资完成594.5亿元,增长18.9%,工业投资占固定资产投资比重连续3年超50%。全年引进项目52个,总投资达175亿元。累计新批外资项目21个,实际利用外资5.3亿美元,增长10.1%;累计现汇进资1.1亿美元,现汇比例20.8%;实际利用内资136.9亿元,增长10.5%;其中省外5000万元以上工业项目进资85.9亿元,增长16%;出口创汇实现11.5亿美元,增长10.4%。全年水泥产量234.83万吨,增长3.4%;汽车产量3.19万辆,增长38.3%;饲料113.96万吨,增长13.3%。全年蔬菜产量62.9万吨,增产3%;油料产量1.6万吨,增产2.9%。全年肉类总产量14.4万吨,增长4.6%;禽肉产量3.2万吨,增长5.2%。万元GDP能耗0.2404吨标煤。城市污水处理率86%。城镇居民人均可支配收入2.62万元,增长10%;农民人均可支配收入1.32万元,增长13%。

【县法院获评“全国优秀法院”】 1月21日,最高人民法院在北京举行表彰大会,南昌县人民法院被授予“全国优秀法院”称号。2012—2014年,南昌县法院年均受理案件5000件左右。2014年,共受理各类案件5496件(含旧存),同比上升28.89%;审(执)结4130件,同比上升7.1%。自2008年以来,县法院先后成功争创省、市、县三级“文明单位”,连续6届评为“全市优秀法院”,连续3届(两年一届)评为“全省优秀法院”。

【南昌县获全国粮食生产先进县称号】 2014年,南昌县被农业部授予“全国粮食生产先进单位”称号。至此,南昌县已连续12年获此殊荣。这也是江西省唯一连续12年获此项荣誉的县区。南昌县出台实施一系列促进粮食生产发展的文件和奖励措施,推行早稻集中育秧面积1万亩,建立水稻高产创建10个万亩示范片,推广超级稻4.3万公顷。在不断加大政策性水稻保险补贴力度的基础上,创新推出水稻种植商业性保险,赣抚平原灌区农田灌溉水费全部由县财政埋单。同时,南昌县推广高产优质抗性强水稻主导品种,实施粮食丰产科技工程,推广综合配套生产技术,开展粮食高产创建活动,超级稻种植面积逐年增加,农民的种粮技术不断提高,农民种粮积极性持续上涨,全县粮食总产105.2万吨,再创历史新高,全县粮食产量实现“十一连增”。

【启动第二批乡镇中心校建设】 9月,南昌县启动第二批9所乡镇中心校建设,总投资1.5亿元。4年内,全县农村中心校将完成全覆盖。在农村教育资源布局调整中,为保证农村孩子享受优质教育,南昌县严格落实听证制度,充分听取广大学生及家长的意愿,组织人大代表深入基层进行调研。按照规划,每个中心校必须建有200米环形跑道、篮球场、排球场、乒乓球区和器械场地的运动场;绿化面积不低于35%;教学用房除保证基本教室外,还设置理化生实验室、音乐、美术、科学、计算机、图书等功能教室;重点改善学生食宿条件,并根据条件建设一定数量的教师周转房。

【获全国政府网站网上办事精品栏目奖】 11月,由中国电子政务理事会举办的2014年中国政府网站集约化建设与精品栏目管理经验交流大会在广西桂林举行。会上,经过专家评选、在线测试和专家评议等环节,南昌县获2014年“政府网站网上办事”精品栏目奖。2014年,南昌县人民政府把打造政府门户网站作为提高行政效率、创优发展环境的重要举措,依托政务服务专栏,全面推进政务服务工作,为公众提供更加方便、快捷、高效、人性化的网上服务。南昌县政务服务专栏共提供41个部门606项政务服务,其中511项政务服务事项实现在线申办功能。截至10月,南昌县网上审批系统办件量1.2万件,专栏实现与网上审批系统的无缝对接,办件量跃升至4.1万件,办结率提升至98.9%。

【南昌县获全国县级文明城市提名】 11月,南昌县被中央文明办确定为2014年全国首批县级文明城市提名城市。全国154个县(市)入围,江西省6个,南昌县是全市唯一入围的县。2014年,南昌县始终将文明城市创建与地方经济建设同步发展,组织开展“文明餐桌”“文明交通”等主题教育活动,大力倡导文明风尚,提升市民素质;不断深化城市管理,实施天网工程,严厉打击“两抢一盗”,不断提升民众的安全感和幸福感;集中开展农村清洁整治工程,建立宜居宜业综合新城;坚持以民生需求为导向,按照“百姓点菜、政府买单”的原则,在全县深入推进“村级文化大院”建设;不断优化环境,抓好未成年人思想道德建设,全县建有17个乡村学校少年宫示范点、17个心理咨询室和40个留守儿童之家、集善之家、青少年关爱中心“三个之家”示范点;推出陶玉英、潘云辉和刘伟平等一批典型人物,全县先后有5人进入“中国好人”投票候选阶段,其中杨凤根入选2012年“中国好人”。

【千亿建筑产业园建筑企业总部基地项目开工】 8月6日,江西省千亿建筑产业园建筑企业总部基地第一批入园的18户企业正式开工。江西千亿建筑科技产业园分为建筑企业总部基地、建筑人才培训基地、新型建材及建筑工程机械生产销售基地三部分,其中“建筑企业总部基地”规划面积66.67公顷,一期用地约41.67公顷,总投资约21亿元。这一项目是南昌县实施新城建设三年强攻计划的一项重点工程,着力于培育壮大建筑行业,拉长建筑产业链,提升产业规模和档次,以此带动全县建筑行业的发展。一期已确定46户企业入驻,中恒、中联、洪宇等18户建筑企业作为第一批次项目已开工建设。

主要领导人 县委书记:郭毅。县人大常委会主任:胡小明。县长:刘闯。县政协主席:邓炳根。

(喻德琪)

·新建县·

【简 况】 位于江西省中部偏北,辖11镇、7乡、1个省级经济开发区和1个省级民营科技园,总面积2208.58平方千米。粮食播面面积150.98万公顷,森林面积2.47万公顷,森林覆盖率14.6%;水域面积873.7平方千米,约占县属国土面积的39.76%。全县总人口68.87万人。全年实现地区生产总值324.81亿元,同比增长10.2%。其中:第一产业增加值46.29亿元,增长5.3%;第二产业增加值181.04亿元,增长12.6%;第三产业增加值97.48亿元,增长8%。财政总收入30.68亿元,增长21.2%;地方公共财政预算收入21.71亿元,增长9.5%。公共财政预算支出40.75亿元,比上年增长7.0%。500万元以上固定资产投资274.45亿元,增长20.3%;规模以上工业增加值124.59亿元,增长12.8%;个私民营经济实现增加值219.28亿元,增长10.8%;社会消费品零售总额53.89亿元;增长16.5%;完成农林牧渔及服务业现价总产值78.29亿元,增长8.3%。全年粮食总产量63.94万吨,增长0.6%。全县城镇居民人均可支配收入2.58万元,增长10.94%;农村居民人均可支配收入1.19万元,增长13.05%;农村居民年人均生活消费支出6814.63元,上年净增253.59元,增长3.87%。城乡居民储蓄存款158.18亿元,年初增长25.96亿元,同比增长19.6%。

【成立新建县农民工权益协会】 5月,新建县农民工权益协会在县农民工综合服务中心正式挂牌成立。该协会建立了协会章程,并依法进行登记,协会的宗旨是成为上联政府、下联农民工的桥梁和纽带。这是针对农民工散、弱、乱的特点成立的南昌市首家农民工权益协会,协会设有专业人员帮助农民工维护自身利益和合法权益。

【举行日本神钢挖掘机6S店开工奠基仪式】 5月18日,由江西和康机械有限公司投资建设的日本神钢挖掘机6S店开工奠基仪式在长埈工业园区举行。神钢挖掘机6S店占地1.73万平方米,包括办公楼、维修工厂、零部件仓库等,建成后将成为神钢集团在中国的首家6S店,也将是华东地区最大,集工程机械销售、零部件供应、机械维修、机手培训、二手机械交易为一体的专业工程机械服务旗舰店。

【全省网上家长学校新建县分校挂牌成立】 6月26日,全省网上家长学校新建分校正式挂牌成立。这是继江西省网上家长学校成立以来,全省成立的首个县级分校。江西省网上家长学校新建分校位于新建县青少年活动中心,学校网站设有家教新闻、工作动态、政策导读、专家在线、父母课堂、成长话题、成长纪事等栏目,并建有视频窗口和多个互动性专栏、论坛。网校以指导性、互动性、创新性为特色,为广大家长提供一个学习家教知识、获取教育资讯、交流教子经验、解除父母困惑的平台。

【江西金达莱环保股份有限公司挂牌上市】 7月24日,江西金达莱环保股份有限公司在全国中小企业股份转让系统成功挂牌上市。该公司位于新建县长埈投资工业园区工业大道,成立于2004年,注册资金7500万元,在重金属废水、有机废水等处理领域取得一大批科研成果,获得授权发明专利48项(其中国外发明专利14项),并开创了中国污水处理集成装备大规模出口之先河。

【新建二中与新西兰林肯高中合作办学】 9月12日,新建二中与新西兰林肯高中合作办学正式签约。此次合作将充分利用国外优质教育资源,推动课程改革,深化素质教育,促进教师专业发展和学生综合素质提升。合作过程中,就读新建二中国际部的新建学生在修完全日制普通高中课程考试合格后,既可以获得国内高中毕业证书并参加国内高考,也能够请新西兰方面帮助申请升入新西兰大学,还可以在国际部完成高一、高二课程后,经自愿申请、国际部推荐,赴新西兰林肯高中完成学业,考试合格后将获得新西兰毕业证书并在当地学校帮助下申请就读英联邦国家大学。

【新建县进入全国最具投资潜力百强县市】 10月17日,2014年中国中小城市科学发展评价体系研究成果在北京发布,新建县进入全国最具投资潜力百强县市,江西省共有4个县市入围。投资潜力评价体系包含4个方面的指标:规模、基础条件、创新能力和政府效率。

【江西五十铃首款皮卡汽车D-MAX下线】 10月27日,江西五十铃有限公司首款皮卡汽车D-MAX正式下线,这标志着江西五十铃10万辆整车项目正式投产。副省长李贻煌、南昌市市长郭安等省、市领导以及日本五十铃、江铃集团企业负责人出席下线投产仪式。江西五十铃汽车10万辆整车项目作为省、市、县重大重点项目,从2013年6月正式开工建设到投产只用了14个月,创造了江铃速度、新建速度和南昌速度。

【**实施农业生产社会化服务项目政府购买服务试点**】 2014年,江西省10个县实施农业生产社会化服务项目政府购买服务试点,新建县是南昌市唯一的试点县。政府购买服务的内容以机防、机插、烘干为主。新建县有5个规模大、口碑好的农机服务合作社,成为政府购买服务的承接主体。经过一年试点,新建县购买农业生产社会化服务成效明显,已实现机耕、机插、机防、机收、烘干一条龙机械化生产,亩均效益由原先每亩500元增加到每亩800~1000元。

【**华南城集团投资80亿元打造电子商务产业基地**】 11月11日,新建县与华南城控股有限公司签订新建县电商物流基地投资合作协议,华南城控股有限公司将投资80亿元开发电子商务信息产业园与现代大型物流配送中心,其中约13.33公顷位于红谷滩新区,将规划发展电子商务产业中心;另外140公顷位于新建县,将规划发展电子商务仓储物流中心。通过开发打造物流基地,南昌华南城将力争成为在江西省具有领先水平,中部地区具有较大优势的电子商务示范基地。

【**实行“财政惠农信贷通”无抵押无担保贷款**】 2014年,新建县财政筹集“财政惠农信贷通”财政风险补偿金300万元,加上省、市财政资金750万元(省、市、县按2:1:2的比例),撬动银行信贷资金6000万元,向全县范围内符合条件的农民专业合作社、家庭农场、种养大户等农业经营主体提供1年期无抵押无担保贷款。其中农民合作社1年期最高授信额度300万元,家庭农场、种养大户1年期最高授信额度200万元。贷款资金用于农业生产经营,优先支持土地流转规模经营、农业生产社会化服务和开拓国际市场,不得用于非农领域。

【**FMBR污水处理技术获2014年度东亚地区项目研究应用创新奖**】 2014年,在新加坡召开的国际水协会议上,江西金达莱环保股份有限公司自主创新的FMBR兼氧膜生物反应器污水处理技术获2014年度东亚地区项目研究应用创新奖。国际水协成立于1999年,是全球水环境领域的最高学术组织。FMBR兼氧膜生物反应器技术发现并应用了能够同步处理污水、污泥的复合菌群及控制条件,且不产生异味。该技术先进、成熟、创新点突出,达到国际领先水平。先后获2013年中国膜工业协会科技进步奖一等奖、省部级科技奖项二等奖2项、2014年中国专利优秀奖,并获“国家重点环境保护实用技术”“国家重点新产品”称号。

主要领导人 县委书记:樊三宝。县人大常委会主任:徐才保。县长:黄耀华。县政协主席:曾志毅。

(程小伟 李建钦)

·进贤县·

【**简 况**】 位于江西省中部,南昌市东南部60千米,辖9镇、12乡。总面积1971平方千米,其中县城面积24.9平方千米。耕地面积7.59万公顷,有林面积4.98万公顷,绿化面积23.8%,城区绿化率为35%。总人口85.01万人,其中非农业人口18.79万人,人口自然增长率8.16‰。全年地区生产总值252.70亿元,同比增长8.5%。其中:第一产业增加值47.73亿元,增长5.2%;第二产业增加值128.61亿元,增长10.6%;第三产业增加值76.36亿元,增长6.7%。财政总收入18.24亿元,增长17.3%;地方财政收入13.12亿元,增长15.2%。地方财政支出31.01亿元,增长9.5%。工业总产值532.1亿元,增长11%。规模以上工业增加值70.4亿元,占地区生产总值比重27.9%,外贸出口占地区生产总值比重3.68%。固定资产投资59亿元,增长30.7%。实际利用外商投资1.3亿美元,增长10.3%。省外投资65.3亿元,增长11.09%。外贸出口1.32亿美元,增长21%。主要工业产品有:医疗器械产值68.78亿元、钢架结构产值42.2亿元、文化用品产值20.5亿元、食品加工产值5.8亿元、烟花鞭炮产值22亿元。农业增加值47.72亿元,增长5.2%。粮食总产量54.41万吨。主要农产品有:稻谷53.33万吨、花生2.93万吨、芝麻0.48万吨、肉类总产量9.77万吨、水产品总量11.78万吨。万元GDP能耗0.3997吨标煤,二氧化硫排放总量609.1万吨,削减率1.81%。城市污水处理率100%。城镇居民人均可支配收入2.46万元,增加2296元;农村居民人均收入1.29万元,增长1222元。城乡居民年末储蓄余额154.7亿元,增长12%。

【**进贤医疗器械产业形成集群**】 6月14日,进贤医疗器械集群被省工信委认定为首批20个省级工业示范产业集群之一,进贤医疗器械产业由“集聚”迈向“集群”。进贤县坚持品牌和规模并重,扶持龙头企业,提高产品档次,提升产业层次。截至年底,全县共有生产企业115家,经营企业527家,生产71大类600多个品种,占全省医疗器械产业的70%,一次性输液器国内市场占有率达31%。拥有中国驰名商标2个,中国名牌4个。

【**文港毛笔年销售额超41亿元**】 2014年,进贤县文港镇年产毛笔6亿支,产值14.5亿元,年销售额超过41亿元。文港镇自东汉末年开始制作毛笔,期间不断推陈出新,从几元的工艺画笔,到上万元的九尾狐毛笔,产业扩展到钢笔、圆珠笔等系列文化用品领域,创立90多个系列钢笔、圆珠笔名牌产品,出口到欧美十几个国家。文港笔企业和作坊达3000多家,从业人员3万多人。

【**建设畲族村旅游开发项目**】 2014年,进贤县池溪乡依托蓝家畲族村的独特优势,引导村民参与民族村旅游业开发建设,在村内建设1200亩“以畲族民居为主调、以畲族展示馆为基调、以垂钓中心为休闲、以畲家风情为特色”的民族特色村寨,形成旅游业与农业、企业、文化产业、养老产业的联动。

【**李渡烟花绽放北京APEC会议夜空**】 11月10日晚,APEC领导人非正式会议焰火表演在北京奥林匹克公园举行,李渡烟花承担了焰火表演约八成的燃放量,为APEC会议盛典留下“江西元素”。李渡烟花集团成立40周年,是全国乃至亚洲最大的烟花生产和燃放企业,在国庆45周年、50

周年、60周年庆典,以及北京奥运会、上海世博会开闭幕式等大型烟花燃放活动中,李渡烟花都取得成功,成为世界烟花行业的明星企业。

【进贤高铁站开通运营】 12月10日,杭长高铁进贤南站正式开通运营。进贤南站于2010年开始规划设计建设,造型立面"V"字形似水鸟张开的翅膀,距县城中心5千米,中心里程为DK524+480,站场规模为2台4线,南北面宽112.6米,东西进深36.9米,屋面高度15米,建筑面积5997.88平方米,广场面积2.6万平方米。每日停靠高铁列车29趟,通往杭州、上海、南京、长沙、济南、桂林等地,发出旅客约300人,到达旅客约400人,最高聚集人数855人。

主要领导人 县委书记:万凯。县人大常委会主任:万晓鸣。县长:钟益民。县政协主席:钱和平。

(武中立 王方 邹忠华)

·安义县·

【简 况】 位于江西省西北部,辖7镇、3乡和1个垦殖场,全境665.49平方千米,其中城区面积21.5平方千米(含开发区面积)。耕地面积2.5万公顷,有林面积2.55万公顷,森林覆盖率41.17%,城区绿化率45.46%。总人口29.85万人,非农业人口7.4万人,人口自然增长率7.71‰。全年实现地区生产总值83.03亿元,增长9.3%。其中:第一产业增加值10.48亿元,增长4.9%;第二产业增加值42.20亿元,增长11.2%;第三产业增加值30.35亿元,增长7.8%。财政总收入9.66亿元,增幅19.3%。税收占财政总收入51.04%。地方财政收入7.67亿元,增长20.8%;地方财政支出16.33亿元,增长9.8%。工业总产值35.82亿元,增长11.3%。规模以上工业增加值31.84亿元,占地区生产总值比重为38.35%。全年企业实现出口总额1.31亿美元,增长15.13%,外贸出口占地区生产总值的比重为9%。全年500万元及以上项目完成投资额79.15亿元,增长17.4%。全年实际利用外资8154万美元,增长7.5%;实际利用内资37.86亿元,增长11.86%。主要工业产品有:建材加工产值73.79亿元,纺织服装产值15.34亿元,化工原料产值22.05亿元,磨具磨料产值3.97亿元。农业总产值17.68亿元,增长7.7%。粮食总产量19.03万吨。主要农产品有:稻谷18.08万吨,油料2.96万吨,蔬菜类20.90万吨,肉类总产量2.46万吨,水产品总量3.33万吨。万元GDP能耗0.62吨标煤,万元GDP能耗下降3.45%;二氧化硫排放总量725.4万吨,削减率11%;城市污水处理率35%。城镇居民人均可支配收入2.32万元,增加2054元;农村居民人均纯收入1.12万元,增长1054元。城乡居民年末储蓄余额69.33亿元,增加3.83亿元。

【南昌市首批村级农民资金互助合作社在安义挂牌成立】 为缓解农民融资难问题,2月,安义县新民乡乌溪村、黄洲镇新福村农民资金互助合作社挂牌成立,这是南昌市首次设立的村级农民资金互助合作社。该合作社以吸纳本村村民基础金、互助金为资金来源,向合作社社员投放互助金,主要用于社员生产生活所需。

【举办第二届江西(安义)铝型材及门窗展览会】 9月27日,第二届江西(安义)铝型材及门窗展览会在安义县新城区龙安广场开幕。此次参展企业有120多家,展位400多个,展出面积8000多平方米。铝型材及门窗型材是安义县的主导产业,全县29万人口就有12万人在全国各地从事铝合金的加工与销售,全国的铝型材市场份额有75%左右掌握在安义人手中,集加工、销售、研发为一体的创业大军遍布全国。先后被授予"中国塑钢门窗型材示范基地""江西(安义)铝合金塑钢型材产业基地"等称号。此次展览会的举办,旨在将安义铝材推出安义、推向全国,在做大生产的同时,更做大销售,让更多的企业家朋友进一步了解安义、认识安义,加强与安义的资源互助、优势互补,寻求投资和贸易的机会。

【组织企业参加江西特色产品展览会】 为响应打造"丝绸之路经济带"战略部署,积极引导企业走出国门,开拓国际市场。11月4日—8日,2014年中国建材暨江西特色产品(格鲁吉亚)展览会在库塔伊西—中格商贸城举行。全省70多家企业参展。其中,安义建材担当此次江西特色产品开辟"丝绸之路经济带"市场的主力军,共组织参展企业21家,展位21个,相关产品获得一致好评,江西奋发科技硅酮密封胶单机产能全亚洲第一。此次企业的参展帮助企业进一步拓宽海外市场,让安义建材在"丝绸之路经济带"安家落户、开花结果。

【举行中国驰名商标授牌仪式和品牌兴企高峰论坛】 5月9日,贯彻实施新商标法、推进品牌兴企战略高峰论坛暨驰名·著名商标授牌仪式在安义县举行。共13户企业被授予中国驰名商标、江西省著名商标和南昌市知名商标牌匾。其中,江西雄鹰铝业股份有限公司获中国驰名商标,成为江西省本土铝型材行业首家获此荣誉的企业。

【凤凰金融挂牌上市】 8月27日,江西最大互联网金融企业,首创"垂直领域电商+互联网金融"模式的安义县凤凰金融服务有限公司(股权简称"凤凰金融")在上海股权托管交易中心挂牌(股权代码201466)。该公司成立于2012年12月12日,主营业务为金融、网络信息、电子商务服务、国内贸易。2014年1月21日,凤凰金融旗下的互联网金融P2P网贷平台凤凰网贷平台正式上线,注册用户3700多户,投资用户1200多户。至8月22日,"凤凰网贷"累计为50多户小微企业及个人撮合贷款超1亿元,待收余额超3500万元,成为江西省待收余额最大的P2P网贷平台。

【举办安义首届荷花旅游节】 8月30日,相约安义·2014车田首届荷花旅游节在安义县长埠镇东方港湾度假村举行。旅游节以荷花为载体,辅以美食、摄影、户外拓展、互动活动丰富内容,带动乡村旅游发展,打造"柳影渗渗水底天,荷气微风香暗通"的荷花盛会。荷花旅游节吸引上万人参加,为进一步提升安义文化旅游的知名度和影响力,加快乡村休闲旅游发展升级注入了新的元素。

主要领导人 县委书记:朱东(任至9月)、李松殿(9月任)。县人大常委会主任:杜勇。县长:梅梅。县政协主席:张芸。

(王计)

·东湖区·

【简 况】 位于南昌市东北部,辖1镇、9个街道办事处和2个管理处,区域面积56.95平方千米。园林绿地面积470.49公顷,绿化覆盖面积470.62公顷,绿化覆盖率29.58%,人均公共绿地面积7.15平方米。全区总人口48.59万人,其中非农业人口45.10万人、农业人口3.49万人,人口出生率7.77‰,自然增长率4.86‰。全年实现地区生产总值351.29亿元,同比增长8.1%。非公有制经济实现增加值162.88亿元,增长8.3%,占全区生产总值的比重达46.4%。实现财政总收入53.14亿元,增长14.5%,其中,地方财政一般预算收入11.01亿元,增长9%。地方财政一般预算支出15.3亿元,增长8.5%。全年实现固定资产投资137.34亿元,增长16%。其中,房地产投资7.77亿元,下降35.3%;城镇以上固定资产投资中第二产业完成17.66亿元,第三产业完成119.69亿元。社会消费品零售总额241.94亿元,增长5.9%。全区合同外资1.73亿美元,实际利用外资1.50亿美元,增长7.7%;现汇比例29.75%;实际利用内资28.92亿元,增长12.9%;内资企业(含中央、省市属公司)实现进出口总额5.23亿美元,增长13.24%。区属在岗职工年平均工资4.63万元,增长18.91%;城镇居民人均可支配收入3.08万元,增长9.74%。

【淘宝网特色中国江西馆开馆】 5月27日,淘宝网特色中国江西馆在南昌举行开馆仪式,标志着该馆正式开馆迎客。副省长李炳军、省政府副秘书长林彬杨、南昌市副市长肖玉文出席开馆仪式。淘宝网特色中国江西馆是由省商务厅批准并推荐,南昌市政府、东湖区政府着力打造,旨在通过政府、淘宝网、运营商三方合作,将江西名优特产、手工艺品及旅游产品等销售到全国各地的一个平台,它的上线运作,标志着江西省在运用电子商务手段力促农产品推广及拓宽名特优企业营销渠道方面取得重要进展。淘宝网特色中国江西馆的开馆,拓宽了江西省名优特产企业销售渠道,实现线上线下产销互动和传统企业转型发展,对全省各地特色农业的品牌打造推广,提高农副产品、旅游产业核心竞争力和地方产业经济的全面升级有着重大意义。

【东湖区获全国文化先进(县)区称号】 12月18日,文化部、人社部在北京举行全国文化先进单位(文化先进县、市、区)、全国文化系统先进集体、先进工作者和劳动模范表彰(简称"三先"表彰)大会,东湖区首次作为全国文化先进(县)区受到表彰。东湖区是"英雄城"南昌的中心城区,历史文化底蕴深厚,江南三大名楼之一的滕王阁、历史悠久的百花洲、南昌著名的"豫章十景"中半壁江山均在辖区;八一起义旧址、朱德军官教育团等红色文化遗址众多;区内党政军机关、文化机构集中,有省级歌舞剧院、话剧团等10余个专业团体,省级科学院、文联等10余个文化研究机构。近几年,东湖区促进文化大发展大繁荣,在服务体系建设、品牌活动打造、文化市场管理、文化产业发展、文化遗产保护等方面都取得进展,并正在努力打造南昌市历史文化标志区。

【全省率先开展"小学生综合素养达标"活动】 2014年,东湖区在全省率先启动小学生综合素养达标活动,活动涉及全区15所义务教育学校、2.17万名小学生。由育新、豫章、邮政路、百花洲四所名校牵头,根据各个学校师资力量、教学特色、生源特点等现有条件,分别开展"经典诵读、规范汉字书写、软笔书法、珠心算"等素养提升项目。至年底,已经分项目开展片区培训、教学研讨、互动交流、验收评比等工作,形成《东湖区小学生经典诵读教本》《东湖区小学生规范汉字书写手册》《东湖区小学生软笔书法练习教材》《东湖区小学生珠心算教本》等四个区本教材。东湖区旨在通过2—3年的时间,让各片区学生熟练掌握相应的技能,提升综合素养,为学生的幸福人生奠定基础。

【胜利路步行街被认定为"中国著名商业街"】 9月30日,省商务厅推荐的南昌市胜利路步行街,被中国商街委认定为2013—2014年度"中国著名商业街",实现了江西省国家级商业街零的突破。胜利路步行街是南昌市东湖区2002年开通的全省最早的一条商业街,全长0.96千米,沿街店面220余家,是南昌市商业繁华的象征。该街日均人流量超过15万人次,节假日达30万人次以上,营业额和税收一直呈上升趋势。步行街每年都会举办各类重大商贸及公益展示活动,形成"以展会商,以展兴市"的良好局面,为地方经济社会发展做出了贡献。

【扬子洲镇、扬农管理处整建制划归东湖区管辖】 10月24日,东湖区在扬子洲分别举行扬子洲镇和扬农管理处划归东湖区管辖揭牌仪式,标志着该区正式对扬子洲镇和扬农管理处行使管辖权。根据江西省和南昌市有关文件精神,从9月开始,原青山湖区管辖的扬子洲镇和扬农管理处整建制划归东湖区管辖。扬子洲镇区域总面积38.6平方千米,其中堤内面积18.2平方千米(包括扬农管理处2.67平方千米);全镇辖15个行政村、71个自然村、9443户,常住人口2.9万人。扬农管理处下辖2个社区居委会,常住人口3200人,流动人口239人。扬子洲镇、扬农管理处整建制划归东湖区管辖,使东湖区区域总面积扩大2倍,将有效改变长期以来东湖区地域发展的"瓶颈"因素,为东湖区地方经济带来发展空间。

【建立南昌市首家残疾人就业培训综合服务中心】 6月9日,东湖区投资150万元建立的南昌市首家残疾人就业培训综合服务中心正式投入使用。该中心位于南昌市洪都北大道1290号,面积560平方米,设有多媒体功能教室、按摩、电脑、手工制作、面点制作、书法(装裱)、摄影(照相排版)、缝纫等8个功能教室,所有公共设施均配有无障碍设施,可同时容纳150人参加培训,每年可为400余名残疾学员提供免费培训服务。中心以职业技能培训为核心,以培训就业一体化为特色,秉承"订单式培训、零距离服务"的培训模式,开设了中西面点制作、电脑操作、摄影及后期排版、广告设计、会计、网络客服、盲人按摩等20余个培训项目,与12家企业进行对接,收集了530余个就业岗位。培训合格的学员颁发市劳动局审核的职业技能鉴定书,并推荐就业。

主要领导人 区委书记:戴晓明(任至4月)、杨文斌(5月任)。区人大常委会主任:闵建波。区长:贺瑞虎(任至11月)、李云峰(12月任)。区政协主席:王玮。

(陈耀武)

·西湖区·

【简 况】 南昌市中心城区。辖1镇、1个管理处和10个街道办事处,区域面积34.8平方千米。全区绿化面积1135公顷,绿化覆盖率达37.6%。全区总人口52.3万人,人口自然增长率4.42‰。2014年,完成地区生产总值392.49亿元,同比增长9.1%。其中:第一产业增加值123万元,下调34.5%;第二产业增加值90.80亿元,增长11.0%;第三产业增加值301.68亿元,增长8.6%。财政总收入70.35亿元,增长25.4%;地方财政收入13.54亿元,增长20.5%。社会消费品零售总额268.06亿元,增长7.4%。500万元以上固定资产投资完成270.45亿元,增长18.6%。实际利用外资1.66亿美元,增长7.9%;实际利用内资35.17亿元,增长12.9%。全年城镇居民人均可支配收入3.03万元,增长10.2%。城镇新增就业人数1.14万人,发放小额贷款5249万元,安置"4050"困难人员就业1709人,零就业家庭安置率100%。发放城乡低保金4239万元,开展城乡医疗救助8253人次、526.5万元。养老保险基金征缴1.5亿元,发放高龄补贴1170万元。城镇基本医疗保险基金征缴8640万元,参保人数17.3万人。全年基本建成保障性住房1758套,全区保障性住房总量累计6438套,保障性住房总量居南昌市各县(区、开发区、新区)首位。

【财政收入增幅在全省县(市、区)排名第一】 2014年,西湖区财政总收入省口径突破50亿元大关,实现53.14亿元,增长43.01%。财政总收入增幅首次在全省100个县(市、区)中排名第一位;总量在全省100个县(市、区)中排名第三位,全省"经济强区"地位不断夯实。

【超额完成房屋征迁年度工作任务】 2014年,西湖区共完成房屋征迁168万平方米、1.26万户,超额完成南昌市政府下达的年度任务。重点打赢了房屋征迁"三大战役":用45天时间,基本完成象山南路沿线改造征迁37万平方米、5890户;用38天时间,基本完成大朝阳连线成片(昌南大道以北)改造征迁65万平方米、3100户;用22天时间,基本完成大朝阳连线成片(昌南大道以南)改造征迁37万平方米、3355户。其中,象山南路沿线改造征迁项目是省中心城区单体户数最多、征收面积最大的改造项目。

【绳金塔商业特色街区一期工程开街】 5月1日,绳金塔商业特色街区一期工程正式开工,历时120天的建设,9月22日建成开街。按照"全国一流、江西第一"的目标定位,绳金塔商业特色街区建设工程由中国美院风景建筑研究院精心设计,以绳金塔景区为核心,打造"五街、一园、一广场",即绳金塔街、金塔西街、塔东街、十字街、前进路五条街以及绳金塔公园与南门广场,规划面积26.2公顷。一期项目为绳金塔"食全食美"美食街,街区道路总长约660米,拥有商户62户,其中餐饮企业54户,投入建设资金2.18亿元。街区建筑采用外扩骑楼设计,形成外廊、露台、挑台等立体景观空间,街面采取"引水入街"策略,再现"水塘塔影"的历史风貌,重现千年金塔和百年商街的繁荣景象。通过绳金塔公园内多媒体3D裸眼灯光秀演绎的千年金塔传奇故事,旨在弘扬绳金塔美食文化、夜游文化、夜市文化、街区文化,营造"老南昌底片,新城市客厅"慢生活街区。

【获全国全民终身学习活动周宣传贡献奖】 2014年,西湖区获得2013年全民终身学习活动周宣传贡献奖,是全国唯一获此殊荣的县区,同时还获得2013年全民终身学习活动周优秀组织奖,也是全省唯一获奖单位。西湖区通过广泛开展各类学习活动,提升社区教育发展内涵,扩大终身教育受益面,进一步推进学习型城区的建设。西湖区全年组织100多个社区开设近百堂专业培训课,参加培训学员超过4000人次,并开展"西湖论坛""社区文化艺术节""读书节""和睦邻里"等社区教育品牌活动,参加群众约20万人次。其中,天灯下社区举办的"天灯下故事会"活动入选全国终身学习活动品牌。

主要领导人 区委书记:周林。区人大常委会主任:马力。区长:梅茂发。区政协主席:涂和平。

(朱君)

·青云谱区·

【简 况】 位于南昌市区南部,辖5个街道办事处、1个镇和1个省级工业园区(昌南工业园区)。区域面积43.2平方千米,城区绿化率35.53%。总人口约32.94万人,户籍人口约26.89万人,人口出生率7.64‰,自然增长率为4.82‰。实现地区生产总值266.93亿元,增长9.0%。其中:第一产业增加值0.13亿元,下降51.4%;第二产业增加值167.77亿元,增长8.8%;第三产业增加值99.03亿元,增长9.6%。三次产业构成比重为0.05:62.85:37.1。人均地区生产总值为8.15万元。全年实现财政总收入37.36亿元,增长19.4%,在全省100个县区排名由第10位上升到第9位,财政收入稳居全省10强。其中地方财政一般预算收入9.33亿元,增长14.5%。从收入完成情况看,税收收入占财政总收入的比重为95.13%。地方财政一般预算支出12.75亿元,增长16.9%。完成规模以上工业增加值87.76亿元,增长10.8%,占地区生产总值比重32.88%。主要工业产品有:汽车27.44万辆、啤酒20.35万千升、液体乳13.91万吨、电力电缆1.24万千米。万元GDP能耗0.27吨标准煤。农业总产值2460万元,下降49.7%。主要农产品有:生猪2655头、禽蛋445吨、禽肉118吨、水产品412吨。500万元以上固定资产投资项目329个,累计完成固定资产投资163.04亿元,增长14.2%。社会消费品零售总额166.74亿元,增长15.9%。实际利用外资1.24亿美元,增长7.8%;实际利用内资28.53亿元,增长12.6%;出口总额6.45亿美元,增长12.8%。城镇居民人均可支配收入2.97万元,增长10.2%。

【推进重点项目建设】 2014年,青云谱区全年投资约270亿元的85个重点项目稳步推进,其中已开工项目58个,已竣工投产项目15个,开工率为68.2%。与2013年相比,项目投资总额增长近84亿元。其中,八大山人文化主题会馆展示馆(八大上园)竣工开业并接受南昌市"三看"活动的检验;梅湖艺术中心开工建设;总投资9000余万元的"青云小镇"欧式风情商业街建成开街;北京王府井百货项目完成土地挂牌出让并顺利摘牌;与万豪酒店签订合作协议。注册资金5亿元的大唐西市文化产业项目已在该区注册落地。

【洪都老工业区纳入全国老工业区搬迁改造试点】 3月,国家发改委正式发布《国家发展改革委关于做好城区老工业区搬迁改造试点工作的通知》,正式确定南昌市洪都老工业区为全国21个城区老工业区搬迁改造试点区之一,这是江西省唯一一个县区级"国字号"城区老工业区搬迁改造试点,标志着老工业区搬迁改造工作将进入全面推进阶段,将获得国家10年的政策和资金支持。洪都老工业区位于青云谱区的核心区域,总占地面积18.5平方千米,"一五""二五"时期国家在此布局了25家工厂。洪都老工业区搬迁改造主要涉及洪都、江铃、江联、南缆、亚啤等大中型工业企业。洪都老工业区整体搬迁改造工作主要任务包括工业企业调整改造、新产业培育发展、老工业区腾空厂区厂房设施改造、公共基础设施建设、生态环境治理、棚户区改造、社会事业等8个方面。

【青云谱区被认定为"全国社会组织建设创新示范区"】 2月,根据民政部《关于确认北京市西城区等70个地区为"全国社会组织建设创新示范区"的通知》,青云谱区被民政部认定为首批"全国社会组织建设创新示范区"。截至年底,该区登记注册社会组织161家,备案的各类社会组织790家,涉及工商经济、科学研究、社会事业等多个领域。社会组织从业人员由原来的1500多人发展到2.8万余人。

【"青云谱模式"就业创业培训工作在全省推广】 3月,青云谱区作为全省就业创业培训工作试点,通过承接并召开了全省就业创业培训工作现场会,"一减、二优、三增、四统一",促进"五提高"的"青云谱模式"在全省推广。10月,该区通过劳保平台开展新一轮培训新政策的宣传工作,尤其是针对园区企业进行逐一上门宣传。截至9月底,青云谱区共举办各类就业创业培训班50期,培训合格2403人。其中,针对工业园区定向培训29期,培训合格1509人。

【微电影《来自无声世界的坚守》在中央文明网正式刊播】 8月,由市委宣传部、市文明办和青云谱区联合拍摄的电影《来自无声世界的坚守》在中央文明网正式刊播。该片以青云谱区入选中央文明办中国好人榜的何兴武为原型拍摄。讲述了年幼失聪的何兴武老人,为让更多的聋哑人接受教育,创办"三联特殊教育学校",使300多名边远山区的聋哑孩子,在爱心的呵护和教育下,健康成长的故事。

【"青云小镇"欧式风情商业街建成开街】 12月,南昌首个创意欧式风情商业街区"青云小镇"特色商业街正式开街,该街位于解放路与上海路交叉口以东约100米的利民路上,紧邻南昌地铁2号线辛家庵站,原为利民路楞上商业街。街区全长400余米,呈南北向布局,总面积规划约2万平米。2013年,该街获批成为南昌市首批重点打造的两条特色商业街之一。在商业街定位上,"青云小镇"商业街突出打造"欧式风情餐娱夜市一条街",包括时尚餐饮、特色小吃、娱乐休闲、文化体验等。截至年底,该街已引进49户知名品牌餐饮企业及地方特色餐饮、特色小吃。

主要领导人　区委书记:周亮(任至5月)、胡晓海(5月任)。区人大常委会主任:李小逢。区长:胡晓海(任至5月)、孙毅(5月任)。区政协主席:曾建华。

(王锋)

·湾里区·

【简　况】 位于南昌市西北部,辖4镇、2个街道办事处。总面积238平方千米,其中城区面积23.47平方千米。森林面积1.31万公顷,森林覆盖率73.7%;城区绿化率49.5%。总人口8.01万人,人口自然增长率7.21‰。2014年,全区地区生产总值45.49亿元,同比增长8.1%。其中:第一产业增加值2.48亿元,增长2.6%;第二产业增加值20.14亿元,增长10.1%;第三产业增加值22.87亿元,增长7.0%。一、二、三产业比为5.4∶44.3∶50.3。全年实现农业总产值4.32亿元,增长3.5%。财政总收入10.0亿元,增长24.9%;地方公共财政预算收入6.16亿元,增长24.3%。全社会固定资产投资37.95亿元,增长26.2%。500万元以上固定资产投资37.95亿元,增长26.2%;规模以上工业增加值3.6亿元,增长12.7%。社会消费品零售总额5.57亿元,增长14.1%。实际利用内资19.5亿元,增长10.8%。外贸出口创汇2403万美元,增长15.9%。粮食总产量1.30万吨,下降0.3%;蔬菜产量4308吨,下降7.2%;花卉苗木产值8168万元,增长4.4%;肉类总产量6050吨,增长2.9%。万元GDP能耗0.25吨标准煤,下降4.9%。先后举办赏花节、啤酒节、登山节、泼水节、溯溪节等一系列旅游宣传活动,全年接待游客450.6万人次,增长50.1%;实现旅游综合收入13.79亿元,增长50.3%。城镇居民人均可支配收入2.60万元,增长9.9%;农村居民人均可支配收入9395元,增长12.0%。

【实施道路沿线园林绿化提升改造工程】 2014年,湾里区实施城区、景区道路沿线园林绿化提升改造工程,重点提升改造了招贤中路、招贤北路及红湾公路、兴湾大道、省店公路等城区、景区主干道路及沿街建筑,打造了"一街一景、一路一景"的城市景观路和旅游景观大道。3个特色小镇、7个五位一体综合示范村和12个新农村建设村点建设进展顺利。梅岭镇入选国家重点镇。

【旅游项目建设进展顺利】 2014年,湾里区启动区旅游集散中心、大客天下、岩泉山庄养生谷·太平湖生态园等一批旅游基础设施和接待设施项目建设,梅岭美食城、旅游星级公厕先后建成并投入使用,建设游步道5条40余千米,老四坡等3条登山道成为国家级登山游步道,旅游标示标牌建设达到国家旅游度假区标准。湾里区项目累计投资56亿元,完成项目投资9.1亿元,建设与打造了湾里工业文明纪念馆、湾里书画艺术苑、明清古建筑博览园一期、竹海明珠4A景区、七色花海项目等一批特色景点。

【完成第三轮旧城改造房屋征收任务】 3月,在交付第一轮旧城改造安置房,启动建设第二轮旧城改造安置房的同时,湾里区仅用60余天时间,完成第三轮旧城改造3095余户、73万多平方米房屋的征收任务,征收面积和户数超过前两轮总和,又一次刷新了房屋和谐征收、快速征收的湾里速度。

【开展城乡环境综合整治】 2014年,湾里区开展畜禽养殖综合整治和农村环境连片整治。城区污水处理厂、罗亭工业园污水处理厂投入试运行,正式运行后将达到日处理污水1.5万吨能力。新建太平、梅岭2个集镇污水处理站。深入开展"创文保卫""治脏治乱"工作,省级文明城区考核排名列全省第五、全市第一。在两次"创文保卫"模拟测评中,卫生满意度问卷调查和实地测评两大关键性指标排名保持在南昌市前三。

主要领导人 区委书记:王建平。区人大常委会主任:李传强。区长:杨晓辉。区政协主席:喻玫。

(蒋文波 熊健峰)

·青山湖区·

【简 况】 位于南昌市城东,辖4镇、3个街道办事处和1个省级工业园区。区域面积127.6平方千米,总人口40.10万人,人口自然增长率7.66‰。2014年,完成地区生产总值458.27亿元,同比增长9.9%。其中:第一产业增加值0.75亿元,下降12.7%;第二产业增加值305.68亿元,增长10.8%;第三产业增加值151.84亿元,增长7.7%。财政总收入47.81亿元,增长17.9%;地方公共财政预算收入15.01亿元,增长20.7%。规模以上工业增加值150亿元,增长11.8%。500万元以上固定资产投资502.8亿元,增长16.6%。社会消费品零售总额150亿元,增长16%。实际利用外资4.69亿美元,增长8%;实际利用内资107.32亿元,增长10.6%。外贸出口总额11.3亿美元,增长6.4%。城镇居民人均可支配收入2.93万元,增长10.0%;农民人均纯收入1.42万元,增长10.6%。全区被征地农民养老保险工作基本结束,共有6.98万名被征地农民符合参加养老保险资格,其中选择城镇职工养老保险6.32万人。有5.12万名被征地农民完成城镇职工养老保险参保缴费手续,累计收缴养老保险费11.01亿元。青山湖区蝉联全国科技进步先进县区,被文化部评为中国民间艺术(灯彩)之乡。

【开展基层协商民主试点工作】 3月,青山湖区开展基层协商民主试点工作。成立以区委书记为组长的基层协商民主试点及推广工作领导小组,明确湖坊镇进顺村、湖坊镇石泉村、扬子洲镇前洲村、湖坊镇庐山花园社区、上海路街道半边街社区、文教路小学、八一嘉实小学为试点单位,形成"一意见、一流程、三规则",即《青山湖区关于开展基层协商民主试点工作的指导意见(试行)》、青山湖区基层协商民主工作流程图、《村(居)民理事会自治章程(试行)》《村(居)民理事会议事规则(试行)》《村(居)委会红白理事会章程》,为全区基层协商民主试点工作提供具体指导。在探索过程中形成"六个转变""七步议事"工作机制等可操作、可复制、可推广的基层协商民主新路子,并逐步在全区铺开推广。庐山花园社区针对墙体脱落房屋维修协商、半边街社区整治社区环境卫生等协商案例,省、市主流媒体进行跟踪报道,取得良好的社会反响。

【昌东工业园区实行"财园信贷通"融资试点】 2014年,昌东工业园区与建行昌东支行、邮政储蓄银行北京西路支行、南昌银行高新支行3家银行合作,计划向园区符合条件的82户企业放贷1.6亿元,破解中小企业融资难题。第一批为江西车仆等21家企业融资近5000万元,已审批发放到位;第二批48家企业正在放款中,拟放贷1.29亿元,陆续发放到位;第三批43家企业正在办理银行审批手续,拟放贷1.46亿元。

【江西首个村级侨联在昌东工业区京川村成立】 3月21日,全省首个村级侨联在昌东工业区京川村成立,省侨联党组书记张知明,市委常委、市委统战部部长高鹰群共同为京川村归国华侨联合会揭牌。当天还举行该村第一次归侨侨眷代表大会,选举产生领导班子。京川村归侨侨眷及海外侨胞有50多人,分布在美国、加拿大、马来西亚等国,涉及餐饮、服饰、金融、服务等行业领域,侨情资源较丰富。

【全国最大的"百度推广体验中心"落户青山湖】 3月11日,江西首家、全国最大的"百度(江西)推广体验中心"落户南昌青山湖区新华安699文化创意产业园。该项目总投资1000多万元,营销面积2000平方米,拥有体验展示区、200多个座位的多功能培训区以及演示讨论区。该体验中心可以帮助更多的企业利用搜索营销技术,拓展市场营销能力,提升企业信息化水平,为企业降低运营成本。

【率先合作建立阿里巴巴(南昌)客服中心】 9月15日,青山湖区政府与阿里巴巴(中国)网络技术有限公司正式签约,在全省范围内率先合作建立阿里巴巴(南昌)客服中心项目。该客服中心设在699文化创意产业园,通过举办各类出口企业电子商务培训及交流活动,充分运用阿里巴巴线上客户资源和线下客户服务,提供优质的电商技术服务。

【青山湖区网商会挂牌成立】 8月7日,青山湖区网商会正式挂牌成立,成为南昌市首个区级网商会。商会已接纳60多家企业会员，还有数十户企业递交了申请，将有效推动青山湖区电子商务的推广和抱团发展。截至年底，青山湖区有各类电商企业100余户，年销售额30亿元，涉及服饰、鞋业、家居、医药、食品等多个行业，3年内有望成为又一突破百亿元的产业。

【“民间打拐英雄”魏继中因过度劳累去世】 1月20日上午，“民间打拐英雄”魏继中在去解救湖南一名被拐儿童过程中，因劳累过度而引发肝硬化导致昏迷并去世，终年49岁。魏继中是南昌市青山湖区塘山镇上坊路社区的一名普通居民。2009年，他无意中接触到一个儿童被拐家庭，被深深触动，从此涉足民间打拐，足迹遍至大江南北。他还创办了“老魏寻人网”，协助警方寻找线索，帮助社会解救被拐儿童。5年来，他帮助60多个家庭团聚。由于长期的奔波和劳累，魏继中患上肝硬化，但是他不顾身体的病痛，依然战斗在民间打拐前线。2012年被中央电视台评为“温暖中国寻找身边的好人”十大人物，2013年当选为“2013年度中国正义人物”，2014年2月入选中央文明办中国好人榜。2014年6月16日，魏继中先进事迹报告会在青山湖区举行，报告会主题是“学习好人魏继中，践行核心价值观”，号召大家向魏继中学习。

【青山湖区第一家“社区居家养老中心”启动运营】 9月，南钢街道家园社区居家养老日间照料服务中心启动运营。中心占地1300平方米，通过筹措资金170余万元，利用原有公益旧房改造而成。中心设置床位20张，内有棋牌室、阅报室、健身康复室等，配有专兼职服务人员8名。截至年底，共服务老人152人，其中五保老人19人，优抚对象64人，孤寡、空巢老人23人。

【建设三大文化活动中心】 2014年，青山湖区投入1200万元，建设湖坊镇、上海路街道、南钢街道三大文化活动中心。全区有村(社)文化室115个、室外文化活动场地99个、戏台42个，基本实现文化设施从重普及到全覆盖。同时打造“一镇一品”特色文化队伍，开展农村文化“三项活动”，每年约送戏500场，送电影2000场，送图书上万册。

主要领导人 区委书记：陈匡辉。区人大常委会主任：熊庆华。区长：李松殿(任至10月)、熊运浪(10月代)。区政协主席：王继军。

（王琳　易梅繁）

九 江 市

【概　况】 位于江西省北部，辖2区、2市、9县、1开发区、风景名胜管理局。总面积1.91万平方千米，中心城市规划面积2350平方千米、大九江都市区规划面积7070平方千米，全市建成区面积254平方千米，中心城区建成区面积100余平方千米。粮食作物播种面积27.87万公顷，油料作物播种面积13.34万公顷，棉花播种面积6.34万公顷。封山育林面积45.45万公顷，成林抚育面积5.67万公顷。林木绿化率54.92%，城区绿化覆盖率49.13%，城区人均公园绿地面积12.99平方米。全年365天中优良天气为307天，优良天气占全年总天数的84.1%。总人口480.69万人，增长0.36%。其中，城镇人口236.02万人，乡村人口244.67万人。人口自然增长率7.02‰。全年完成地区生产总值1779.96亿元，增长10.3%，三次产业结构调整为7.7∶55.3∶37.0。财政总收入328.53亿元，增长17.2%，总量继续保持全省第二。其中，公共财政收入213.66亿元，增长21.3%。完成规模以上工业主营业务收入945.53亿元，增长12.5%，增幅全省第一。主要工业产品有原煤76.92万吨，增长32.2%；发电量91.80亿千瓦小时，增长1.1%；化学纤维37.36万吨，增长9.9%；汽油162.02万吨，增长1.7%；水泥1980.45万吨，增长22.0%。主要农作物总产量有稻谷143.05万吨，增长3.1%；小麦1.72万吨，增长3.6%；油菜籽20.64万吨，增长5.8%；茶叶0.60万吨，增长3.4%；水果13.72万吨，增长5.7%。城镇居民人均可支配收入2.50万元，增长10.2%；农村居民人均纯收入1.01万元，增长11.3%。

【《昌九一体化发展规划(2013—2020年)》发布】 9月29日，由省发改委、南昌市政府、九江市政府联合举办的昌九一体化发展规划新闻发布会在南昌召开。会议公布《昌九一体化发展规划(2013—2020年)》。《规划》全文11章34节，约3.5万字，主要包括发展背景、总体要求、空间布局、主要任务、政策支持和组织实施等方面内容。《规划》指出昌九一体化是全省发展升级引领区、中部地区崛起重要增长极、长江经济带开放开发重要支点、体制机制改革创新先行区。《规划》按“做强南昌、做大九江、昌九一体、龙头抬起”的总体要求，为充分体现昌九一体化“1+1>2”效应，规划经济、社会、生态3方面，设置14个主要指标，并分别提出2015年、2017年和2020年3个阶段的发展目标。

【昌九一体化步伐加快】 2014年，九江市昌九一体步伐加快，发展格局进一步优化。昌九联动有序推进，同城效应逐步显现。九江绕城高速、都九高速星子至九江段、昌九高速“四改八”通远段建成通车，昌九大道九江段建设快速推进。六大类25项合作事项稳步推进，通信、户籍、金融、住房公积金贷款业务实现同城化，新农合直补、医疗检验检查结果互认和大气污染联防联控等工作进展顺利。

昌九通信同城化。4月1日零时起，南昌、九江两市间移动电话长途通话和漫游通话调整为按本地通话标准收取，取消南昌、九江间通话的长途费和漫游费，实现昌九通信同城化。7月1日零时起，南昌、九江两市间实现固定电话通信资费同城化，两地仍保留各自固定电话区号，南昌为“0791”，九江为“0792”，但通话资费按本地通话计算。

南昌、九江户口迁移“一站式”办理。8月25日，九江和南昌户口迁移“一站式”办理同日启动。凡具有南昌、九江常住户口的居民，除涉及大中专院校、人事代理机构和社会福利机构收养弃婴性质的集体户口仍按原户口迁移程序规定执行外，在南昌、九江范围内办理户口迁移，均可直接到迁入地派出所按“一站式”办理。办理户口迁移事项,只需带齐相关材料到迁入地派出所一次性办理落户手续,由迁入地户籍民警通过公安专网从人口数据库中调取迁入人员信息,进行核对确认后、立即办理户口迁入业务,注销原户口。不需再到户口迁出地派出所办理相关迁出手续。

昌九通关一体化正式启动。9月15日,九江海关正式启动"昌九通关一体化"改革,昌九两地海关实现"通关顺畅如一关"。采用新的昌九一体化通关货物与单证实现分离,两个海关之间不再需要转关手续,也不需用监管车辆,不仅节约运输时间,还直接降低物流成本,给企业带来实惠。

南昌、九江两地新闻正式实现互播。10月8日起,南昌、九江两地新闻正式实现互播。《南昌新闻》在九江广播电视台新闻频道播出,首播时间为当晚22点20分,重播时间为次日中午12点30分,每期节目时长为15分钟。与此对应,《九江新闻》也对等在南昌广播电视台新闻频道播出。

住房公积金贷款昌九一体化政策正式实施。10月8日起,南昌、九江住房公积金贷款昌九一体化政策正式实施。九江市住房公积金缴存职工到南昌购房,可凭公积金缴存证明,视同南昌公积金缴存职工,按南昌公积金中心贷款政策申请最高60万元住房公积金贷款。

【九江获首批两个全国港口岸线使用证】 4月18日,中华人民共和国首个港口岸线使用证(交港河岸2014第01号)核发给九江港湖口长江炉料有限公司货运码头工程。此次港口岸线使用证的核发是交通运输部全国第一批,瑞昌港区梁公堤作业区理文公用码头工程也获核发。九江港获得首批的两个港口岸线使用证,开创了江西省港口岸线使用证的先河。

【武九客运专线瑞昌至九江段开工建设】 4月,武九客运专线瑞昌至九江段正式开工建设。新建瑞昌至九江铁路工程全长45.87千米(含九江联络线工程及既有京九线、武九线、西南联络线改造工程)。全线共设瑞昌南站(新建)、城门站(新建)、庐山站(改扩建)、九江站(既有)4个车站。该客运专线双线设计,时速为每小时250千米。项目投资总额约75.09亿元。

【昌九大道(九江境内)开工建设】 5月9日上午,九江市政府召开昌九大道项目开工新闻发布会,昌九大道(九江境内)开工建设。昌九大道(九江境内)全长75.45千米,起点为九江市与南昌市交界处的永修县傅家垄,终点为九江市双塔(接九园路)。设计行车速度为每小时80千米,按双向六车道规划设计,宽32米。项目概算总投资约19.5亿元。建设工期24个月,计划2016年"五一"建成通车。

【首届"十大贤母"颁奖典礼在中华贤母园举行】 5月23日上午,九江市首届"十大贤母"评选颁奖典礼在九江县中华贤母园举行。"十大贤母"评选活动以"弘扬优秀传统文化,展现当代贤母风采"为主题,立足社区、企业、村镇、学校、机关等基层单位,聚焦基层广大干部群众,挖掘那些事迹真实感人、群众认同度高、具有代表性的贤母人物。活动从3月开始,通过基层推荐上报、市级主要媒体公示投票、专家评审委员会评审等程序,最终评选出首届"十大贤母"。首届"十大贤母"分别为贤德明理好母亲余香英、叶爱华,智慧育才好母亲龚秋雯、徐静,敬业有为好母亲胡爱萍、邓晓梅,善良大爱好母亲戴金带、杨桃荣,坚韧无私好母亲刘代兰、徐冬娇。

【柯善梅先进事迹报告会在北京人民大会堂举行】 5月30日下午,由中央政法委、公安部、中共江西省委联合举办的柯善梅先进事迹报告会在北京人民大会堂举行。九江市公安局副局长贾治曾、庐山公安局景区派出所副所长尹兴国、庐山维景宾馆职工廖滢、柯善梅的女儿柯琴萌、江西日报社记者林雍5位报告团成员,从不同角度和侧面讲述柯善梅的事迹。中央国家机关干部代表和首都公安民警、群众代表约800人参加报告会。会前,中共中央政治局委员、中央政法委书记孟建柱会见报告团成员。国务委员、公安部部长郭声琨参加会见,并在报告会上讲话。省委书记强卫,中央政法委秘书长、国务院副秘书长汪永清,公安部常务副部长杨焕宁,中央政法委副秘书长王其江,省委常委、政法委书记周萌,省公安厅厅长郑为文等参加会见或出席报告会。

柯善梅原是庐山公安局党委副书记、政委,1959年出生,中共党员,1988年从部队转业后到公安系统工作。为应对恶劣的雨雪冰冻灾害,连续工作数日。2月13日18时,因劳累过度突发心脏病不幸去世,终年55岁。4月7日,中共九江市委发出《关于开展向柯善梅同志学习活动的决定》。5月13日,公安部追授柯善梅"全国公安系统二级英雄模范"荣誉称号。5月15日,公安部发布《公安部关于学习宣传柯善梅同志先进事迹的通知》。

【九江市14个镇入选全国重点镇】 7月21日,住房城乡建设部、国家发展改革委、财政部、国土资源部、农业部、民政部、科技部联合发文,公布全国重点镇增补调整名单,共有3675个镇列为全国重点镇。九江市14个镇入选,分别是:庐山区新港镇、姑塘镇,九江县港口街镇,武宁县鲁溪镇,修水县太阳升镇、渣津镇,永修县虬津镇,德安县丰林镇,星子县温泉镇,都昌县三汊港镇、蔡岭镇,湖口县流泗镇,瑞昌市码头镇,共青城市甘露镇。

【首次在澳门举行旅游推广及项目招商会】 10月28日,九江市首次在澳门举行"庐山藏天下,九江通四海"旅游推广及项目招商会,60多家澳门旅行社和投资企业负责人参会,与九江共谋发展大计、共商合作愿景。推介会期间,九江市共有4个项目在现场签约,签约金额48亿元。

【首例试管婴儿降生】 11月24日上午,在九江市妇幼保健院,一对龙凤胎出生,胎儿体重分别为2.5千克和3千克。这对龙凤胎是九江市首例成功出生的试管婴儿。3月,这对龙凤胎的母亲在市妇幼保健院采用试管婴儿技术成功受孕。

【庐山旅游发展集团成立】 11月28日上午,庐山旅游发展集团揭牌成立。"庐山旅游发展集团"实行理事会管理机制,庐山管理局、星子县、庐山区等地景点分别成立集团子公司,形成"集团理事会统一管理协调、子公司和成员单位共同参与"管理架构，达到整合庐山旅游资源的目的。庐山旅游发展集团由九江市领导担任理事长，采取市场化运作的方式，逐步以托管、并购、合作经营等模式整合庐山风景名胜区范围内的景区、景点，打破过去存在的多头管理、一山多票现象。

【九江港口岸扩大开放通过国家验收】 12月15日，由国家口岸办牵头公安部、交通运输部、海关总署、质检总局、总参谋部组成的验收组，对九江港口岸扩大城西港区开放进行验收。验收组在现场检查并听取口岸扩大开放建设和准备工作情况汇报后，认为，江西省和九江市政府高度重视九江港口岸扩大开放工作，口岸基础设施和检查检验配套设施已建成并投入使用，检查检验单位人员基本到位，同意九江港口岸扩大开放通过国家验收，并共同签署《江西九江港口岸扩大开放验收纪要》。城西港区正式成为国家一类口岸。

主要领导人 市委书记：殷美根。市人大常委会主任：华金国。市长：钟志生(1月任)。市政协主席：魏宏彬。

（黄开福　刘浔豫　杨磊）

·修水县·

【简　况】 属国家扶贫开发工作重点县，位于江西省西北部，辖19镇、17乡。总面积4504平方千米，居全省之首，其中城区面积617.08公顷。耕地面积3.79万公顷，山林面积33.92万公顷，森林覆盖率72.8%，城区绿化率42.85%。总人口86.48万，其中非农业人口10.2万人，人口自然增长率为7.77‰。全年实现地区生产总值122.14亿元，同比增长9.4%。其中：第一产业增加值17.1亿元，增长4.7%；第二产业增加值61.9亿元，增长11.6%；第三产业增加值43.14亿元，增长8.5%。三次产业结构比为14 : 50.7 : 35.3。财政总收入21.04亿元，增长13.8%，人均2432元，税收占财政总收入的83.0%。地方财政收入15.91亿元，增长24.1%；地方财政支出38.56亿元，增长14.5%。工业总产值313.2亿元，增长38.5%。规模以上工业增加值66.34亿元，增长12.1%，占地区生产总值比重的50.7%，外贸出口3.7亿美元，增长19.6%，占地区生产总值比重的3%。社会固定资产投资131.4亿元，增长21.3%。实际利用外商投资8891万美元。主要工业产品有水泥57万吨，精制茶842吨，钨精矿5700吨。农业总产值24.17亿元，增长4.7%，粮食总产量24.78万吨。主要农产品有稻谷23.36万吨，小麦4561吨，玉米8700吨，花生4073吨，蔬菜（含菜用瓜）8.36万吨。万元GDP能耗0.384吨标煤，二氧化硫排放总量消减率1.26%，城市污水处理率87%。城镇居民人均可支配收入2.02万元，增加1868元，增长10.2%；农村居民人均纯收入5547元，增加839元，增长12%。城乡居民储蓄余额88.02亿元，增长8.3%。

【获"全国六五普法中期先进县"称号】 3月，全国普法办发文，正式授予修水县"全国六五普法中期先进县"称号，这是修水开展全民普法28年来，法制宣传教育工作首次得到国家级的肯定和表彰。

"六五"普法启动以来，修水县组织开展全民法制宣传教育，以深化"法律六进"为载体，创建"法治修水"为目标，全面推进法律宣传教育和普法依法治理工作。"六五"普法期间，投入专项资金在澄江花园、大洋洲花园和马家洲广场等区域设置法制宣传长廊、宣传教育园地和专栏。利用各单位液晶显示屏，定时定点播放法治宣传教育信息和相关法律法规，在银行电子显示屏和公共交通工具上滚动播放法治公益广告，让群众随时随地都能接受法制宣传教育，强化法制宣传氛围。坚持以"法律六进"活动为载体，及时组织普法讲师团、普法宣传志愿者等各类普法宣传队伍深入机关、镇街、学校、企业，广泛开展"法治宣讲"活动，大力推进国家公务员、青少年学生、农民以及企业经营管理人员等重点对象学法用法工作；落实各执法部门"谁执法谁普法"工作责任，充分利用"三八"妇女节、"3·15"消费者日、"6·26"国际禁毒日、"12·4"国家宪法日、法治宣传月等重要时间节点，集中开展普法宣传活动，广泛宣传与群众生产生活密切相关的法律常识，不断提升群众法治观念和法律素质。

【江西首个页岩气参探井在修水正式开钻】 10月16日，江西修武盆地页岩气区块第一口钻井——"江页1井"在修水县新湾乡柴段村正式开钻，标志着江西页岩气勘查开发进入实质性阶段。

修武盆地页岩气区块是江西省首个页岩气勘查项目，总投资4.3亿元。区块位于修水、武宁两县境内，勘查面积598.28平方千米(其中修水县面积约为478平方千米)。此次开钻的"江页1井"是省天然气控股有限公司和省页岩气投资有限公司部署在修武盆地大椿至武宁复向斜西南斜坡的一口预探井，属江西省第一口页岩气井。设计井深2790米，预计钻井周期90天。钻探目的是了解修武盆地页岩气勘查区页岩地层含气性和产气能力，获取岩石矿物组成、储集性能和生烃能力、含气性等地质参数。该项目的实施，对江西加快突破"缺油乏汽"的能源"瓶颈"，优化全省能源格局、保障能源供给具有重大意义。

【修(水)平(江)高速公路建设正式启动】 10月17日，修水召开修平高速公路建设征地征收动员大会，标志着修平高速公路正式进入实施阶段。修平高速公路是全省重点建设项目。

修水至平江高速公路起点位于庙岭乡棚塘附近，连接武吉高速，呈东西向走势，途经太阳升、四都、上杭、杭口、马坳、渣津、上衫、大桥等乡镇的35个行政村，终经湖南省规划的平江至怀化高速公路(平江至益阳段)对接京珠高速公路，全长79.6千米，设计时速80千米/小时，路基宽度24.5米，双向四车道，预计总投资55.48亿元。沿途在庙岭、杭口、渣津、大桥建设4个互通口，在马坳建设1个服务区。项目共需征用土地约529.60公顷，征收房屋3.66万平方米，拆迁电力、电讯等线路约21.07万米。12月施工单位进场正式开工，预计2016年年底建成通车。

【央视7套《美丽中国乡村行》栏目播出《心动修水》】 12月16日18点05分，中央电视台7套《美丽中国乡村行》栏目播出《心动修水》专题,介绍修水县美丽乡村发展成果和独特的生态旅游资源。

10月28日至11月3日,《美丽中国乡村行》栏目组走进修水县,先后赴杭口镇双井村、桃里陈家老屋、全丰镇古戏台、东津水库、杨梅渡古樟树群等地进行采访,全方位展示修水县独具魅力的自然风光、民俗风情、历史文化和特色美食。

《美丽中国乡村行》是央视推出的首个纯粹“乡村旅游”服务节目,以秀美乡村为着眼点,以“乡村旅游、生态文明”为主题,通过外景主持人的亲身讲述,带领观众走进中国秀美乡村,赏美景、品美食,体验原汁原味的乡村旅游。

【教育工作改革取得成效】 2014年,全县中小学围绕教育教学质量中心,进一步抓实教学管理和教学教研工作,推动“30+15高效课堂”教学模式改革,着力提高课堂教学效率,落实学生主体地位;完善课程设置,加强课程管理监控;全县设12个教研片区,开展片区教研、校本教研活动;构建新的中小学教学质量监测评价体系,全县教育进一步均衡发展。2014年,全县4166人参加高考,普通文、理二本以上录取1343人,体、艺二本以上录取120人,录取总人数超过1450人的预定目标;琴海学校文史类考生杨霞、理工类考生徐思梦,县一中理工类考生樊博闻3人录取北京大学,其中杨霞以623分获全市文科状元,列全省第九名。高考质量稳居全市前列,连续7年获评“九江市高考质量综合评估优胜单位”。

主要领导人 县委书记:孙朝辉(1月任)。县人大常委会主任:胡荣军。县长:孙朝辉(任至1月)、张林(1月任)。县政协主席:黄梅。

(李四军)

·武宁县·

【简　况】 位于江西省西北部,辖8镇、11乡、1街道办、1工业园。总面积3506.6平方千米,其中城区面积46平方千米。耕地面积1.85万公顷,林地面积27万公顷,森林覆盖率72.1%,城区绿化率53.4%。总人口40.1万人,其中非农业人口8.0万人,人口自然增长率8.0‰。全年实现地区生产总值88.09亿元,同比增长9.2%。其中:第一产业增加值13.49亿元,增长3.7%;第二产业增加值45.94亿元,增长11.0%;第三产业增加值28.66亿元,增长8.0%。财政总收入14.46亿元,增长14.7%,人均3605元,税收占财政总收入的93%。地方公共财政收入10.86亿元,增长16.1%;公共财政支出24.74亿元,增长31.1%。工业总产值266.69亿元,增长21%。规模以上工业增加值39.7亿元,增长12.1%,占地区生产总产值比重的45.1%。外贸出口1.86万美元,增长23.3%,占地区生产总值比重的12.9%。固定资产投资108.28亿元,实际利用外商投资8020万美元,省外投资33亿元。原煤70.34万吨,发电量2.41亿千瓦小时,精锑1.39万吨。农业总产值22.85亿元,增长3.0%。粮食总产量14.8万吨,棉花2248吨,油料1.18万吨,水产品3.57万吨,肉类总产2.06万吨。万元GDP能耗0.268吨标煤,二氧化硫排放总量削减率24%,城市污水处理率92%。社会消费品零售总额31.81亿元,增长13.3%。城镇居民人均可支配收入2.32万元,增加2051元,增长10.5%;农村居民人均纯收入1.07万元,增加1379元,增长14.8%。城乡居民年末储蓄余额61.74亿元,增长5.2%。

【旅游产业持续快速发展】 2014年,重点推进23个旅游项目建设。投资1.5亿元的西海燕码头试运营,投资4亿元、能容纳3000辆旅游客车的宋溪游客集散中心完成水下工程及平台建设。投资2000万元购置高档观光船10艘,开通西海燕至观音岛、柳山和平尧山庄3条游船公交线路。水上游泳池建成运营。宋溪滨湖大道、太平山旅游公路竣工通车,三贤公路路基完工。艺邦半岛和美吉特两个五星级酒店、庐山西海国际养生度假区、泰国风情度假村、华夏国际旅游度假区等项目进展顺利。组建西海燕旅行社,旅游船务公司、旅游客运公司运营体系不断规范。西海湾景区成功创建国家4A级旅游景区,实现“一个城市,一个4A级景区”的目标。全年旅游购票102万人次,增长60%;旅游收入12.5亿元,增长25%。

【举办第五届环鄱阳湖国际自行车大赛暨第十四届省运会火炬传递九江·武宁站活动】 10月15日,2014第五届环鄱阳湖国际自行车赛暨江西省第十四届运动会火炬传递九江·武宁站活动开幕式在县城新区西海燕旅游码头进行,因地制宜安排了水上表演和打鼓歌、采茶戏等武宁特色文化演出。省政府副秘书长、大赛组委会副主任晏驹腾,省体育局局长、大赛组委会常务副主任刘鹰,九江市委副书记、市长钟志生等领导出席开幕式。九江市副市长廖奇志主持开幕式。刘鹰将大赛会旗传递给钟志生,钟志生将会旗授予县委常委、常务副县长凌杰。授旗仪式后,火炬传递仪式开始。晏驹腾宣布“江西省第十四届运动会火炬传递活动九江·武宁站开始”,并将火炬传递给钟志生,钟志生将火炬传递给第一棒火炬手。

上午9点整,2014第五届环鄱阳湖国际自行车赛九江·武宁站比赛开始。中国、澳大利亚、荷兰、瑞典、美国等国家和地区的20支洲际车队、120名职业自行车选手,在环形赛道(西海大桥、环城大道、迎宾大道、武宁大桥、湖滨路、人民路、沙田大道等,全程84.5千米)展开激烈角逐。2个小时后,台湾省RTS森地客车队的迫瑞斯(SHPILEVSKIYBoris)率先冲过终点,夺得本站个人冠军,荷兰BPU自行车配件车队的阿瑞森(ARIESENJohim)和万呆门(vanDIEMENJurgen)分获亚军、季军。赛门铁克3队的加瓦纳获得武宁站比赛“敢斗奖”,高士特职业车队的萧世鑫成为大中华总成绩领先选手并穿上粉色领骑衫,rts—森地客车队的迫瑞斯总成绩领先并着红色领骑衫,梅塔拉美国车队获九江武宁站团体第一名。

【山水武宁·第六届全国网络媒体江西游活动在西海燕码头启动】 3月25日,“聚焦旅游强省建设——山水武宁·第六届全国网络媒体江西游”大型采风活动在武宁县启动。省旅游局党组书记、局长王晓峰出席仪式并讲话,江西日报社社长王晖致辞,九江市委常委、宣传部长潘熙宁宣布活动正式启动,市、县领导廖奇志、沈阳等出席活动启动仪式。有60多家全国网络媒体记者采风团、300多名记者先后到八音公园、“阳光照耀29”度假区、花源谷景区桃花岛、观湖岛等地采风,领略武宁城乡优美的生态风光,了解当地的风土人情,直观感受旅游带来的巨大变化。

【获“全国首批创建生态文明典范城市”称号】 9月28日,由中国互联网新闻中心主办、中国网—联盟中国、经协信(北京)城市文化发展有限公司承办的“2014城市发展与生态平衡高层论坛暨首批创建生态文明典范城市发布仪式”在北京举行。武宁县荣获“全国首批创建生态文明典范城市”称号。

近年来,武宁县围绕“农村园林化、园区城市化、城区景观化,城乡一体化”的发展思路,推动园区、城区、景区互动建设,融合发展,打造最美小城、红色灯都、休闲胜地,把生态文明建设融入经济社会发展的各方面和全过程,展现出了与众不同的自然之美、文化之美、人文之美。

【获“全国休闲农业与乡村旅游示范县”称号】 12月,武宁县被农业部和国家旅游局认定为“全国休闲农业与乡村旅游示范县”;杨洲乡南屏村被评为“江西省休闲农业示范点”;白鹤坪茶园入选“2014中国美丽田园”和“长三角休闲农业(农家乐)景点”。

武宁县利用山水生态资源,搭建集农业观光、农趣娱乐、农家饮食及民俗风情为一体的乡村旅游平台,开发了一批以“吃农家饭、住农家屋、观农家景、享农家乐”为主题的乡村休闲旅游项目,先后创建了新光山庄、平尧生态农庄、清江罗洞村、杨洲乐居家园生态养生山庄、罗坪长水七里坑生态养老山庄等乡村旅游示范点,成为武宁县旅游经济的一大亮点。

【发现4000年以上的乌木】 4月,船滩镇船滩村二组村民陈金林在船滩乡东岸村和船滩村交界处的船滩河发现乌木,并挖掘一小段送省鉴定。据鉴定专家介绍,这段乌木形成至少在4000年以上。确定是乌木后,陈立即向上级政府报告。4月16日上午,武宁县政府及有关部门组织专业人员和机械进行挖掘,经过数小时的工作,共挖出4段乌木,其中最长的长10余米,直径约0.6米,3段短的分别长约2~4米,直径0.2~0.6米不等。

主要领导人 县委书记:沈阳。县人大常委会主任:杨叶青。县长:饶思汉(任至7月)、郭晓明(10月任)。县政协主席:余育民。

(郑双虎)

·瑞昌市·

【简　况】 位于江西省北端,是长江入赣之门户。辖8乡、8镇、2街道办事处、3场。总面积1423平方千米,其中城区面积27平方千米。耕地面积1.71万公顷,有林面积0.91万公顷,森林覆盖率60.9%,城区绿化率40%。总人口45.91万人,其中非农业人口11.78万人,人口自然增长率8.98‰。全年实现地区生产总值140.11亿元,增长10.5%。其中:第一产业增加值13.53亿元,增长4.5%;第二产业增加值95.54亿元,增长11.7%;第三产业增加值31.04亿元,增长8.5%。一、二、三产业比为9.7∶68.2∶22.1。财政总收入23.77亿元,增长14.83%,人均5587元,税收占财政总收入的84.5%。地方财政收入18.21亿元,增长20.65%;地方财政支出28.68,增长11.6%。规模以上工业增加值94.43亿元,增长12.9%。固定资产投资187.89亿元,实际利用外商投资1.73亿美元。工业产品有纱30.71万吨、服装268万件、水泥961万吨、原煤6.8万吨、铸铁件1.83万吨。农业总产值21.54亿元,增长10.7%。农产品有稻谷7.60万吨、棉花4216吨、油菜籽3.03万吨、蔬菜12.38万吨、肉类2.69万吨。万元GDP能耗1.0262吨标煤,城市污水处理率81%。城镇居民人均可支配收入2.36万元,增加2238元;农村居民人均纯收入1.11万元,增加1458元。城乡居民年末储蓄余额82.98亿元,增长13.3%。

【沿江开放开发工作取得好成绩】 2014年,瑞昌市围绕实现工业过千亿目标,主攻沿江开放开发项目建设,在项目推进、平台拓展、招商引资、工业经济等方面取得好成绩。重大项目快速推进。年初,召开沿江大开发再部署再动员大会和“决战一百天、主攻十大产业项目”攻坚活动,再掀项目建设新高潮。全年共有9个项目列入省重点工程或省重大调度项目,争取用地指标53.33公顷。理文造纸一期第二条生产线厂房基础完工,理文化工二期建成投产;投资50亿元的西矿铜业获环保部批复,规划选址、土地预审等基本完成;海底电缆、华中国际木业一期、红木家具产业园等基本建成;喜得龙体育用品、华益管业、和谐电缆等重大项目抓紧推进。发展平台不断拓展。全年总投资12.11亿元,其中投资道路项目0.74亿元、安置区项目2.7亿元、配套项目0.17亿元、变电站项目2亿元、公用码头项目6.5亿元。至年底,瑞昌港区货物吞吐量3061万吨,占九江港的38%,位列九江港五大港区之首;集装箱吞吐量2.28万标箱,成为全省继南昌、九江后第三个拥有集装箱运输的港口。招商引资势头良好。新引进项目7个,合同资金总额33.3亿元,其中5亿元以上项目3个;新型复合肥、泰玺饮料、华润风电、万岁玉液酒等一批重大项目落户经济开发区。工业经济运行看好。新增规模以上企业11家,总数107家。园区主营业务收入363亿元。其中,主营业务收入过亿元企业90家,过10亿元企业10家;税收过5000万元企业2家、过1000万元8家;亚泥公司成为全省单体最大的水泥生产基地,华瑞缝纫线跻身全国同行业三强,中材、森奥达、渝瑞公司获国家高新技术企业称号,瑞昌获“全省最佳优化民营经济发展环境县市”称号。

【普法工作获全国表彰】 5月,瑞昌市获“全国‘六五’普法依法治理中期先进市”称号,这是近3年来瑞昌普法工作第二次获得国家级表彰。自2011年启动“六五”普法以来,瑞昌市司法局结合市情,全面贯彻落实“六五”规划和决议,按照“重在持续、逐步提高、再创特色”的要求,不断创新和丰富法制宣传教育形式和内容,着力推进重点对象学法全覆盖,全面提升普法依法治理水平,为瑞昌的经济社会发展做出了积极贡献。

【长江四大家鱼原种场被列为全国现代渔业种业示范场】　3月,农业部公布首批全国现代渔业种业示范场名单,瑞昌长江四大家鱼原种场榜上有名。全国共有42家单位获此殊荣,江西仅有两家。瑞昌长江四大家鱼原种场自1998年被农业部评为“国家级水产原种场”以来,多次通过了资格复审,先后取得无公害水产品生产基地和产品认证、“国家级水产健康养殖示范场”等荣誉。瑞昌长江四大家鱼原种场建于1980年,有19.5千米的长江天然鱼苗资源,原种培育基地23.27公顷,全场员工22人。2013年12月,省渔业局专家受农业部委托到瑞昌,就长江四大家鱼原种场的自然环境、场容场貌、原种选育、原种销售、档案资料等进行综合考察,对整体情况给予充分肯定,并上报农业部评定“全国现代渔业种业示范场”。

【江联公司院士工作站在瑞昌成立】　11月23日,江西江州联合造船有限责任公司(简称“江联公司”)院士工作站在瑞昌成立。中国科学院院士、国务院学位委员会委员潘际銮,省政协副主席、科协主席李华栋,省科技厅厅长洪三国,九江市委常委、副市长熊永强,瑞昌市领导罗文江等领导出席揭牌仪式。

江联公司院士工作站是经九江市科学技术协会批准的九江市级工作站,潘际銮院士受聘为工作站首席科学家。江联公司前身是江州造船厂,是中国船舶工业集团公司所属大型造船企业。2005年11月改制,2006年3月重组。公司主要建造船舶,在建船舶有1.2万吨和1.25万吨多用途船、1.4万吨重吊船和1.65万吨化学品船。院士工作站成立后,公司与院士合作的重点是焊接技术,主要是船舶绞旋焊接技术。

【全省首家县级金融工会组织成立】　7月3日,瑞昌市金融工会联合会正式成立,这是江西省首家县级金融工会组织。当天,中国人民银行南昌支行和瑞昌市有关领导出席成立大会。瑞昌金融工会组织是在瑞昌市工会领导下,具有产业工会属性和职能的自愿联合工会组织,其主要任务是维护职工的合法权益和民主权利;动员和组织职工参加本单位的改革和发展,完成各项目标任务;组织调查研究金融业宏观政策与微观层面的新情况、新问题,开展金融服务方式和信贷产品及保险产品创新;协调会员与单位、单位与单位的关系;组织开展具有金融业瑞昌特色的金融文化活动。

主要领导人　市委书记:古小平。市人大常委会主任:徐修武。市长:罗文江。市政协主席:郭少雄。

(胡茂盛)

·都昌县·

【简　况】　位于江西省北部,滨临鄱阳湖,辖12镇、12乡、39个社区居委会。总面积2669.53平方千米,其中城区面积13平方千米。耕地面积4.38万公顷,森林面积2913公顷,森林覆盖率30.88%,城区绿化率32.56%。总人口81.05万人,其中非农业人口12.71万人,人口自然增长率10.43‰。全年实现地区生产总值85.09亿元,增长率9.4%。其中:第一产业增加值17.40亿元,增长4.5%;第二产业增加值41.04亿元,增长11.6%;第三产业增加值26.65亿元,增长9.6%。财政总收入12.46亿元,增长22.0%,人均1547元,税收占财政总收入的83.58%。地方财政收入9.99亿元,增长24.9%;地方财政支出30.75亿元,增长14.29%。工业总产值202亿元,增长21%。规模以上工业增加值45.07亿元,增长12.4%;占地区生产总值比重的50.5%。外贸出口2.39亿美元。社会固定资产投资73.8亿元,增长21.1%。实际利用外商投资7090万美元,增长15.1%;省外投资36.9亿元。主要工业产品高强力再生胶6万吨,成衣80万件。农业总产值35亿元,增长6.8%。粮食总产量41.00万吨,增长1.2%。油料作物3.00万吨,棉花8255吨,生猪出栏24.08万头,家禽出笼119.68万只,水产品8.13万吨。万元GDP能耗0.3657吨标准煤,二氧化硫排放总量1953.31吨,城市污水处理率86%。城镇居民人均可支配收入1.90万元,增加1200元;农村居民人均纯收入5461元,增加819元。城乡居民储蓄余额108.26亿元,增长19.0%。

【“甬优12号”水稻单季单产910.03千克创全省新高】　11月12日,省农业综合开发办组织省内水稻育种和种植知名专家对江西省“籼改粳”高产高效种植模式示范与推广项目进行现场测产验收。项目实施区位于都昌县徐埠镇山峰村,种植品种为“甬优12号”,布局集中连片17.33公顷,专家组在示范区内随机选取3块有代表性的田块进行全田机收,实收谷物扣除水分和杂质平均亩产达910.03千克,比之前鄱阳县创造的全省单季单产最高纪录848千克增加62.03千克,刷新全省水稻种植单季单产最高纪录。

【26个重大工业项目集中开工】　8月29日,26个重大工业项目集中开工仪式在芙蓉山工业园集中区举行。县委书记周毛春出席开工仪式,并下达开工令。县长陈云滚致辞。县人大常委会主任詹幸春、县政协主席石和平等700余人出席开工仪式。此次集中开工的26个项目总投资35亿元,涵盖服装纺织、食品药品、轻工机械、电子信息、新型建材等多个产业。这批项目的开工建设,将为实现都昌县决战工业500亿目标打下坚实基础。

【土塘栀子山庄获评“全国农业标准化示范基地”称号】　2014年,土塘栀子山庄获评“全国农业标准化示范基地”称号。土塘潭湖栀子花山庄,是江西最大的栀子种植基地。栀子花山庄分为潭湖东和潭湖西,两边各有47公顷山地,山上山下一片栀子花的海洋。这里的栀子花是黄栀子,已经种植了10年。值栀子花花期时,千亩黄栀子花开漫山遍岭,吸引县内外游客慕名而来,观花、摘花、吃农家饭,已发展成当地特色休闲旅游项目。

【保障性住房工作稳步推进】　2014年,都昌县新开工保障性住房1760套、竣工1600套,改造棚户区537套、农村危房1415户,县型砂厂168户工矿棚户区改造顺利启动。全面实施整村推进、精准扶贫工程,开展202个贫困自然村的村庄整治,改建破烂房

273户、移民搬迁616人。

主要领导人 县委书记:周毛春。县人大常委会主任:詹幸春。县长:陈云滚。县政协主席:石和平。

(程 芬)

·湖口县·

【简 况】 位于江西省北部,与安徽、湖北两省交界,辖6镇、6乡、2场。总面积673.66平方千米,其中城区面积17.82平方千米。耕地面积21718.24公顷,森林覆盖率29.6%,城区绿化率49.2%。总人口29.87万人,其中非农业人口7.18万人,人口自然增长率7.13‰。全年地区生产总值102.94亿元,同比增长11.0%。其中:第一产业增加值10.59亿元,增长4.9%;第二产业增加值76.05亿元,增长11.9%;第三产业增加值16.3亿元,增长9.8%。财政总收入22.72亿元,增长13.4%。人均财政收入7654元,增长13.4%;税收占财政收入的84.6%。地方财政收入14.97亿元,增长14.0%;财政支出23.22亿元,增长11.3%。工业总产值335.1亿元,增长37.1%。规模以上工业增加值59.24亿元,占地区生产总产值比重的57.6%。外贸出口3.59亿美元,占地区生产总产值比重的21.6%。固定资产投资165.14亿元,增长22.2%。实际利用外资9601万美元,增长23.1%。全县规模以上工业净增19户,总数68户,实现工业增加值59.24亿元,增长13.1%,占GDP比重的57.6%,增加5个百分点。规模以上工业主营业务收入409.73亿元,增长24.5%。工业用电量25.02亿度,增长17.2%。主要工业产品有钢材489.37万吨,增长13.7%;化学纤维14.27万吨,增长19.0%;水泥46.29万吨,增长8.1%;硫酸26.21万吨,下降27.7%。港区货物吞吐量2556.62万吨,增长36.2%。农业总产值17.8亿元,增长4.5%。粮食总产量11.3万吨,增长4.5%。棉花1.1万吨,增长9.1%;油料2.5万吨,减少1.2%;蔬菜瓜果6.5万吨,增长2.1%;水产品3.9万吨。规模以上工业万元产值能耗0.82吨标准煤,二氧化硫排放总量(万吨)削减率18.11%,城市污水处理率52%。城镇居民人均可支配收入2.44万元,增加2413元,增长11.0%;农民人均纯收入1.12万元,增加1161元,增长11.6%。城乡居民年末储蓄余额57.44亿元,增长13.3%。

【神华九江电厂两台100万千瓦机组项目开工】 12月4日,神华国华九江煤电一体化项目获省政府核准,12月25日开工。神华集团是全国特大型国有能源企业,位列世界500强,旗下神华国华公司是全国大型发电集团之一,神华九江电厂项目是神华集团落户江西的重要火力发电项目。

2011年3月,神华九江电厂项目签约落户湖口县金砂湾工业园银砂湾园区,占地面积153.33公顷,总投资300亿元。省、市、县各级政府千方百计帮助企业快速推进前期工作,2个月完成神华九江公司注册,确定厂址,并取得省市全部支持性文件,3个月内完成初步可行性研究审查,5个月内就向国家能源局行文申报路条,6个月内完成项目可行性研究审查,并于2013年1月8日取得国家能源局路条。同时,湖口县委、县政府与企业建立政企联席会机制,在短短20天时间内征地133.34公顷,规划区内4个自然村近200余户村民得以搬迁安置。该项目规划建设6×1000兆瓦超超临界燃煤发电机组和每年400万吨的煤炭储备(中转)基地。项目一期投资80.02亿元,建设2×1000兆瓦超超临界燃煤发电机组和每年150万吨的煤炭储备(中转)基地,该项目前期基础建设已完成固定资产投入3.7亿元。预计2017年建成投产发电。

【石钟情养老城建成开业】 11月1日,县重点民生工程——石钟情养老城建成开业。养老城地处县城中心片区三里中埠。占地面积6.67公顷,总建筑面积8.8万平方米,设计床位1000张,由九江泽峰实业有限公司投资2.8亿元,开创全市民间资本创办社会养老事业先河。工程项目分三期建设。第一期工程按照"高品位规划,高标准设计,高质量施工,高效率推进"要求,经过一年多筹建,4万平方米养老用房全面建成,所有配套设施全部到位。养老服务中心于2014年10月开始运营,入住老人160余人。

养老中心秉承"为老人解困、替儿女尽孝、为社会分忧"的宗旨,创新管理,实现服务多样性。与县人民医院长期合作,由养老城提供房屋设施,医院提供医疗器械设备和医护(技)人员,在养老城内设立医疗分院,为老年人求医问诊提供便利;与相关教育机构达成协议,聘请心理专家定期为老人进行精神慰藉和危机干预;与有关文艺组织建立合作,经常来养老城作文艺演出;与社会爱心组织取得联系,适时为老人提供敬老、助老的志愿服务,营造温馨、舒适的大家庭。

【工商登记注册市场主体显著增长】 2014年,湖口县市场主体健康有序发展,实有户数及资金规模总量扩大,增速提高,结构进一步优化。截至年底,实有各类市场主体已经发展到1.15万户,增长19.18%;注册资本(金)164.076亿元,增长26.2%。其中:各类企业2810户,增长4.92%;个体工商户8685户,增长1.98%。各类企业中,国有、集体内资企业469户,占16.7%;私营企业1972户,占70.17%;农民专业合作社369户,占企业总户数的13.13%。

新登记注册市场主体数量显著增长,市场活力进一步增强。2014年实施注册资本登记制度改革,新登记注册市场主体1850户,注册资金20.61亿元。其中:新办各类企业505户,资金179145.8万元;新办个体工商户1345户,资金2.69亿元。在各类新办企业中,国有、集体企业20户,私营企业416户,农民专业合作社69户。

产业结构进一步优化,产业发展更趋协调。市场主体在第三产业所占比重继续扩大。截至年底,市场主体中第一产业1334户,第二产业1402户,第三产业8759户,分别占总户数的11.6%、12.2%、76.2%。其中,新发展的市场主体第一产业148户,第二产业186户,第三产业1516户。第三产业的比重增加,符合国家当前发展第三产业的产业政策。

【开展民间文化普查工作】 4月,县委、县政府启动民间文化普查工作,成立以县长李小平为组长的工作组,制定《湖口县民间文化普查工作实施方案》,开展以建造文化、旅游文化、宗教文化、手工技艺、饮食文化、节庆文化、民间故事七方面为主要内容的普查。12月,普查工作结束,其间共投入资金30余万元,300余人自始至终参与。这次普查,收集原始资料文字200万字、图片近2000张、录像资料100小时左右。经过编审、加工、筛选、整理、完善,已整理出文艺篇、民俗篇、戏曲篇、技艺篇、旅游篇的资料字数近60万字,图片500幅。文艺篇中收录的民间故事及传说、民谚民谣、民歌及民间美术等内容,原汁原味,均来自民间创作,彰显地方特色及地方文化内涵;技艺篇以记载民间手工技艺为主,彰显地方工艺特色;戏曲篇以流传的弹腔、采茶、文曲等地方戏为主;旅游篇突出地方文化内涵;民俗篇收录年节、习俗、风俗等内容。

【同方江新入围全国《船舶行业规范条件》造船企业名单】 11月,工业和信息化部发布全国首批50家符合《船舶行业规范条件》的造船企业,江西省2家骨干船企入围,金砂湾工业园内的省重点船企——同方江新造船有限公司位列其中。

同方江新造船有限公司是江西省重点船舶制造基地和龙头企业,在生产设施、设备、计量检测、建造技术能力、技术创新和产品、人员、质量管理、安全生产、技能环保、职业健康和社会责任等方面达到国家《船舶行业规范条件》的要求。

主要领导人 县委书记:卢光辉(2015年3月,因涉嫌严重违纪违法,被组织调查)。县人大常委会主任:杨剑。县长:李小平。县政协主席:杨小林。

(周荣美　陈鼎先　沈文初)

·彭泽县·

【简　况】 位于江西省最北端,辖10镇、3乡、1区(农业综合开发区)、1场。总面积1544平方千米。有林面积7.48公顷,森林覆盖率49.2%,城区绿化率40%。总人口38.2万,其中非农业人口6.7万人,人口自然增长率7.8‰。全年实现地区生产总值69.31亿元,同比增长10%。其中:第一产业增加值15.73亿元,增长4.6%;第二产业增加值39.30亿元,增长14.5%;第三产业增加值14.28亿元,增长18.80%。财政总收入15.23亿元,增长30.17%,人均3987元,税收占财政总收入的59.4%。地方公共财政收入11.26亿元,增长34.2%;公共财政支出21.95亿元,增长10.5%。工业总产值248.36亿元,增长20.9%。规模以上工业增加值49.34亿元,增长12.7%,占地区生产总值比重的71.2%。外贸出口2.6亿美元,增长18.7%,占地区生产总值比重的23.2%。固定资产投资108.4亿元,实际利用外商投资1.03亿美元,省外投资43.93亿元。农业总产值29.9亿元,增长5.9%。粮食种植面积1.63万公顷,粮食总产量10.5万吨。棉花种植面积1.62万公顷,皮棉总产量2.5万吨;油菜种植面积1.98万公顷,油料产量4.1万吨;水产品总产量5.1万吨,其中彭泽鲫产量2.2万吨;生猪出栏14.8万头。土地流转面积9466.67公顷,各类农民专业合作社已发展到331家,新增专业合作社68个,获得国家级示范合作社2家,家庭农场、种植大户等新型农业经营主体470家。造林面积1466.67公顷、血防林造林666.67公顷、森林抚育600公顷、封山育林166.67公顷。全社会用电量4.8亿千瓦小时,万元GDP能耗下降5%。社会消费品零售总额22.3亿元,增长14.1%。城镇居民人均可支配收入2.29万元,增加2099元,增长10.1%;农村居民人均纯收入1.07万元,增加1056元,增长10.9%。城乡居民年末储蓄余额62.8亿元,增长14.2%。

【保障性安居工程持续建设】 2014年,彭泽县投资2.6亿元,新开工建设保障性安居工程3050套,其中建设廉租房100套、公租房1800套,城市棚户区拆迁改造900户、国有垦区棚户区拆迁改造250户、国有林区棚户区拆迁改造35户。累计发放廉租住房补贴110余万元,保障对象1050户2035人,住房保障面进一步扩大。

【棉船镇打响生态观光农业品牌】 借力于都市人对生态旅游的青睐,棉船镇由单纯的农业大镇向现代农业和生态观光农业转型,打造生态观光农业品牌——棉船油菜花一日游,成为乡镇推出油菜花旅游线路的第一家。

棉船是长江中的一座独立沙洲,油菜花盛开季节,3300多公顷的沙洲犹如铺上厚实的金毯,成了一艘盛开的花船。“江中花海 魄力棉船——棉船油菜花一日游”线路开通后,自驾游棉船的人猛增。盛花期周末每天有500辆以上车载游客到棉船看花。

【“财园信贷通”融资新模式在推广】 2014年,作为一项支持中小微企业发展的政策扶持项目“财园信贷通”融资新模式正式在全省工业园推广。彭泽县作为新增园区从3月份启动该项工作以来,做好宣传发动,通过政府“搭台子”、银行‘唱主角”、企业“得实惠”的方式,助力一批中小微企业“输血强筋”、增资扩产、做优做强,彭泽县共向各银行推荐企业44户,推荐金额1.24亿元,获批贷款34户7460万元,已放贷款33户7160万元,落实财政保证金466.25万元。

【双峰隧道全线竣工通车】 2014年,连接新老城区的双峰隧道全线竣工通车。双峰隧道项目于2013年元月开工建设,历时一年半建成通车。隧道采用单洞设计,全长1620米,其中隧道长701米,单洞净宽13.5米,洞顶高度7.5米,两端连接线宽18米,设计行车速度为每小时40千米,总投资1.1亿元。该项目的建设,进一步完善了新老城区道路交通网络。

【教育产业园建成并投入使用】 2014年,彭泽县在山南规划建设的教育产业园区建成,整个园区占地7.14公顷,总建筑面积2.7万平方米,累计投资8000万元。主要包含县第二幼儿园、九年一贯制学校、青少年活动中心、教育发展中心等项目。第二幼儿园、九年一贯制学校(博吾学校)秋季顺利开学,园区配套的青少年活动中心、学生公寓、教育发展中心以及附属工程建设全面完成,成为近年来全县民生工程的一个样板。

【非煤矿山整治措施成效显著】 2014年，彭泽县通过开展矿山专项整治、公路治超、环境整治等一系列组合拳，杜绝非煤矿山无证开采、越界开采等现象。在治超方面，新建4家治超检测站，对矿山采石场运输车辆进行现场称重，对货运车辆安装了GPS和防护板，从货运源头对矿山进行监督管理；在环保方面，加大环保设施投入，加强对矿山采石场审批监管，对不符合环评要求的矿山采石场，一律不予审批；在综合整治方面，对整改不到位的、严重影响居民生活环境的矿业依法予以关停，共依法关停采石场5家、实心黏土砖厂5家。为矿山安全开采、周边环境改善提供了良好保障。

【彭泽鲫标准化项目通过国家验收】 由彭泽县承担的国家科技富民强县专项行动计划“彭泽鲫标准化生态健康养殖及深加工”项目通过国家验收。该项目主要在彭泽鲫良种繁育、饲料营养、污染物处理、病害防控、健康养殖及加工等技术方面进行引进和消化吸收，并引导水产养殖户由零星分散的养殖方式向规模化、产业化、专业化方向发展，推动彭泽鲫产业由分散粗放型向集约型产业化转变。自启动该项目以来，彭泽鲫标准化生态健康养殖及深加工申请相关专利2项，授权1项，产品通过了无公害认证。

主要领导人 县委书记：孙金森。县人大常委会主任：方柏生。县长：宁小球。县政协主席：江先来。

（高异）

·永修县·

【简　况】 位于江西省西北部，辖11镇、4乡、2垦殖场、2企业集团。总面积2035平方千米（含已划归共青城市部分），其中城区面积16平方千米。耕地面积3.1万公顷，林地面积7.66万公顷，森林覆盖率33.6%，城区绿化率41.36%。总人口39.89万人，其中非农业人口11.55万人，人口自然增长率7.02‰。全年实现地区生产总值116.1亿元，增长9.2%。其中：第一产业增加值14.12亿元，增长4.5%；第二产业增加值76.36亿元，增长10.7%；第三产业增加值25.62亿元，增长7.5%。财政总收入18.53亿元，增长22.7%，人均2.91万元，税收占财政总收入的87.2%。地方公共财政收入14.38亿元，增长28.1%；公共财政支出29.06亿元，增长27.1%。工业总产值400.05亿元，增长36.1%。规模以上工业增加值82.26亿元，增长12%，占地区生产总值比重的71.2%。外贸出口2.77亿美元，增长25.3%，占GDP比重16%。固定资产投资174.93亿元，实际利用外商投资1.08亿美元。发电量8.0万亿千瓦小时。农业总产值25.53亿元，增长6.2%。粮食总产量25.59万吨，棉花0.55吨，油料1.92吨，水产品4.86万吨，肉类总产1.49万吨。社会消费品零售总额28.94亿元，增长14.8%。城镇居民人均可支配收入2.39万元，增加2291元，增长10.6%；农村居民人均可支配收入1.15万元，增加1160元，增长11.2%。城乡居民年末储蓄余额74.64亿元，增长14.3%。

【星火有机硅一体化一期项目全面投产】 9月23日，省重点工程星火有机硅一体化一期项目全面投产。永修星火有机硅一体化项目是中国化工集团“十一五”规划重点项目，总投资80亿元，建设年产40万吨的有机硅单体及下游产品一体化项目，使其年生产规模70万吨，成为全球最大有机硅生产基地。其中一期项目投资50亿元，2009年8月开工建设，2013年底完工，该项目通过消化吸收法国罗地亚公司技术，形成氯碱装置制备盐酸，单体装置制备单体，下游装置制备高温胶、密封胶、乳液和白炭黑四大合成物的整套有机硅生产体系。7—9月，永修星火有机硅厂按照每月1套投产速度，对已建成的3套有机硅单体装置分别完成试产，星火有机硅一体化一期项目已全部实现投产。随着该项目的全面投产，星火有机硅厂将具备年产50万吨有机硅单体及12万吨有机硅下游产品的生产能力，将与卡博特蓝星构成气相二氧化硅和有机硅单体的循环配套体系，极大地促进全县工业循环经济发展，助推以有机硅为主导的特色工业制造基地建设。

【入选全省小型水利工程管理体制改革试点县】 经省水利厅批准，永修县入选全省11个小型水利工程管理体制改革试点县，进行为期两年的改革试点。该项改革与农村土地确权登记同步施行，通过改革探索建立农村水利设施相关产权、管护主体、管护模式等机制，改革范围包括小型水库、中小河流及其堤防、小型水闸，小型农田水利工程及设备、农村饮水安全工程，小型水电站等六类小型水利工程，改革要摸清小型水利工程家底，探索社会化、专业化的多种工程管护模式，到2015年，对相关水利设施颁发《水利工程设施权属证书》，形成有人管、有钱修、有机制运行的农村水利设施管理体系。

【加快融入南昌一小时经济圈】 永修县抓住省、市实施“双核”战略机遇，利用被列入南昌临空经济区的契机，加强同南昌交通、产业、旅游等方面的对接合作，经济上主动融入南昌，承接产业转移，加快融入南昌一小时经济圈步伐。按照“发展一盘棋、规划一张图、目标一个调、两城一条心”原则，永修加强与南昌桑海的合作，与桑海签订了土地开发利用合作框架协议，走出一条解决边界纠纷的新路，推进两地相向发展，抱团发展。通过与南昌桑海多轮磋商，妥善解决了近年来城市建设用地近27公顷及“419”地块等遗留问题，有效防止城市建设“半边街”现象，拓展了城市发展空间，为打造昌九走廊城市副中心打下坚实基础。为打通与南昌的交通瓶颈，永修主动同南昌公交总公司合作，在2013年9月30日，成功开通南昌至永修139路公交，该公交线是省内首条跨区域公交线路，成为昌九一体化的“开路先锋”，并在2014年与南昌轨道集团签订地铁延伸至永修的框架协议，为市民出行构建更加便捷的交通网络，经济上更好地承接南昌辐射。为主动融入昌九一体化战略，创建江西旅游强县，永修优化整合旅游资源，主动同南昌旅游部门合作，9月25日，全县8个景区集体加盟南昌都市圈国民旅游休闲年票，永修旅游已正式融入昌九旅游大格局。与此同时，永修还深化与南昌园区战略合作，采用两地共建园区、共同招商的模式，无缝对接南昌产业梯度转移。至年底,永修已吸引投资50亿元的正邦化工、35亿元的春光线缆,26亿元的赛安达新能源、15亿元的宏狄氯碱、13.5亿元的“马”牌汽车零部件、10亿元的京九电源等亿元以上的南昌产业转移项目35个,为决战工业过千亿集聚了强大能量。

【云山开发区再获“国家循环经济示范试点园区”称号】 7月21日,经国家发改委等7部委审核,云山经济开发区通过首次国家循环经济示范试点验收工作,将继续使用“国家循环经济示范试点园区”称号。江铜集团、萍乡市、云山经济开发区3家单位被列入循环经济示范试点验收第一批通过名单,云山经济开发区于2008年被列为国家循环经济示范试点园区,并于2013年7月开始接受国家发改委等部委验收。通过5年的试点工作,工业用水重复利用率达93.5%,二氧化硫排放量下降37.1%,COD排放量下降40.7%,产业关联度达78%,有机硅关联产品共100多种。

【大力推进农村清洁工程】 永修县坚持“清洁卫生、无害处理、简便实用、群众欢迎”原则,按照“减量化、资源化、无害化”操作标准,稳步推进农村清洁工程。利用电视、简报等形式,广泛宣传农村垃圾无害化处理的意义,不定期组织村干部、保洁员进行业务培训,增强农民分类分拣处理垃圾意识。抓好主体建设,该县集镇按区域大小,由乡镇环卫所聘请专职环卫工人,乡村按村庄大小和户数多少,由村民代表会议选举产生保洁员,发挥农村“五老”作用,监督农户遵守卫生管理制度和保洁员履行工作职责。采取“县乡财政投入、县直单位帮扶、受益群众自筹”等方式筹集资金,县财政每年安排200万元用于农村清洁工程,统一为全县各清洁工程试点村配送板车、分类垃圾桶等环卫设施,确保所有试点村实现户有分类桶、村有垃圾焚烧池等“五具备”。同时探索推行“445”模式,该县各建设点按照沤肥、回收利用、铺路填坑等5种分类路径处理垃圾,做到垃圾处理不出村,精心呵护永修的青山绿水。至年底,全县已成立集镇环卫所19个,建设村级再生资源回收点163个、垃圾池738个、村级污水处理池4个,新购置环卫车19辆、板车850辆、垃圾桶121782个,聘请专职保洁员821名,全县农村清洁工程运行良好。

【专利申请创历史新高】 2014年,永修县专利申请受理量107件,增长率161%,创历史新高。其中,申请发明专利13件,实用新型专利64件,外观设计专利30件。此外,2014年授权量49件,包括发明专利11件、实用新型专利28件、外观设计专利10件。专利申请量增幅位居全市第二,专利授权量增幅位居第三。专利结构的进一步优化,得益于工业园区各企业特别是有机硅企业的积极申报。

【辖区船舶总运力突破16万吨大关】 截至10月底,永修县共登记落户运输船舶49艘,辖区船舶总运力首次突破16万吨大关,达16.96万载重吨,其中国内沿海运输船舶18艘,12.33万载重吨,登记落户的最大海船达1.86万载重吨。就从事国内沿海运输船舶保有量而言,永修县已是九江市乃至全省海船总运力排名第一的县区。全县船舶总运力能迅速突破16万吨,首先在于九江经济的快速发展,港口基础设施的提升,以及由此带来的港口经济与航运经济的飞跃;其次得益于当地港航管理部门创造性地推出船舶登记落户“三部曲”,以积极有效的措施服务于企业、船民;再次是在政府的积极引导和帮助下,该县的民营资本大量进军水运业,不仅运力大幅提升,还先后实现散装化学品轮、万吨轮的零突破。

【加大农村幼儿教育建设力度】 永修县把农村学前教育纳入农村公共事业和新农村建设的重要工作日程,不断完善“以政府和集体办园为主、以公办教师为主、以政府和集体投入为主”的发展模式,将幼儿园作为新农村公共服务设施统一规划优先建设项目,不断加大投入,努力解决农村儿童入园难的状况。在农村幼儿教育工作中,大力实施学前教育三年行动计划,积极做优示范园、壮大中心园、发展学前班、规范民办园。2014年,永修县加大学前教育推进工程项目建设力度,按照省级乡镇中心幼儿园建设标准,累计投入2802万元新建乡镇中心幼儿园8所、建筑面积1.60万平方米,投入206万元改建乡镇幼儿园6所,建筑面积6196平方米,新增学位3800人,共招聘幼儿新教师30人,分配师范定向幼儿教师10人,培养幼儿师范定向生29人,乡镇中心幼儿园办学条件得到明显改善,学前教育普及率和教育质量得到稳步提升。到年底,全县共有公办幼儿园23所、已发证民办幼儿园33所,在园幼儿9250人,学前一年和学前三年幼儿入园率分别为86.7%、64.3%。

【新增规模以上企业总数居九江市首位】 2014年,经省统计局批复,永修县7家企业获批为规模以上企业,分别是江西鑫盛混凝土有限公司、永修旺事达金属制品有限公司、江西凯欣堂中药饮片有限公司、永修银鼎电子有限公司、江西星河新材料有限公司、江西唯大有机硅有限公司、永修县桐城服饰织造有限公司。规模以上企业总数达94家,其中2014年新增规模以上工业企业14家,占全市今年新增总数的1/3,新增总数位居全市第一。

主要领导人 县委书记:邹绍辉。县人大常委会主任:张礼铨。县长:严盛平。县政协主席:欧阳洁。

(陈汉铭)

·德安县·

【简　况】 位于江西省北部,辖5镇、8乡、2场。总面积863平方千米,其中城区面积11.05平方千米。耕地面积8941公顷,有林面积3.97万公顷,森林覆盖率46.6%,城区绿化率42.86%。总人口17.39万人,其中非农业人口5.39万人,人口自然增长率7.36‰。全年实现地区生产总值78.5亿元,同比增长10.6%。其中:第一产业增加值5.34亿元,增长4.4%;第二产业增加值54.45亿元,增长11.6%;第三产业增加值18.71亿元,增长9.9%。财政总收入13.3亿元,增长20.1%,人均7633元,税收占财政总收入的87.0%。地方财政收入10.61亿元,增长26.8%;地方财政支出17.43亿元,增长24.6%。工业总产值341.27亿元,增长35.1%。规模以上工业增加值68.43亿元,占地区生产总值比重的87.17%。外贸出口占地区生产总值比重的17.41%。社会固定资产投资82.13亿元,增长21.8%。实际利用外商投资1.05亿美元,省外投资43.2亿元。主要工业产品轮胎45.3万条、纱19.4万吨、水泥64.6万吨、服装2287.1万件。农业总产值9.81亿元,增长2.9%;粮食总产量4.86万吨;主要农产品油料8944吨、棉花1.16万吨、生猪出栏7.88万头、水产品产量6308吨、水果产量7353吨。万元GDP能耗0.96吨标煤,城市污水处理率87%。城镇居民人均可支配收入2.41万元,增加2391元,增长11.0%;农村居民人均纯收入1.15万元,增加1170元,增长11.3%。城乡居民年末储蓄余额45.75亿元,增长15.4%。

【3家敬老院被评为“全国三星级敬老院”】 6月20日,经江西省民政厅的严格遴选、现场抽查、集体审批,县中心福利院、白水敬老院、丰林镇敬老院被评为“全国三星级敬老院”,为全省最高荣誉。

敬老院星级由低到高设为:一星级、二星级、三星级三个级别。“三星级”敬老院的主体建筑面积不小于1200平方米,床位数不少于70张,入住率保持在80%以上,工作人员配备不少于10人,供养服务满意率测评连续两年达到90%以上。德安县申报的县中心福利院等3家敬老院,在建设的规范化、合理化、标准化以及管理的人性化、科学化方面取得了较好成绩,实现了在院老人老有所养、老有所乐、老有所医、老有所为的供养目标,均达到全国三星级敬老院评定标准。

【台风“麦德姆”灾情严重】 受第10号台风“麦德姆”登陆影响,7月24日凌晨2时左右德安县出现强雷电强降雨天气,全县普降大到暴雨,局部特大暴雨,受灾情况特别严重。24日2时至17时全县累计降雨量局部最大值达到541.4毫米,最大一小时降雨量局部达125毫米,排全省有记录以来第二位,最大三小时降雨量局部达到288毫米,排全省有记录以来第一位,创全省历史新高,最大六小时降雨为346毫米,排全省有记录以来第三位,丰林站短历时暴雨频率超百年一遇;至20时,博阳河德安站水位达23.01米,超警戒3.21米,超过1998年最高水位,创历史新高。因集中强降雨导致15个乡(镇、场)遭受不同程度的灾情,尤以丰林、聂桥、宝塔、林泉、高塘等乡镇最为严重,受灾人口14.7万,其中聂桥镇因山体滑坡造成泥石流致3人死亡,宝塔乡因突发的特大山洪致3人溺水身亡;倒塌房屋244间,死亡牲畜2000余头,水毁公路171千米,水毁桥梁72座。全县农作物受损也非常严重,棉花受灾面积3200公顷,成灾面积1066.67公顷;早稻受灾面积333.33公顷,成灾面积266.67公顷;一晚受灾面积4666.67公顷,成灾面积2000公顷;蔬菜受灾面积2266.67公顷,成灾面积800公顷,绝收面积233.33公顷;果树2000公顷,大棚受淹风毁150个,水产受灾面积266.67公顷,损失200吨,直接经济损失7.29亿元,其中水利设施损失6806万元。

【森林博物馆建成开放】 9月9日,位于九仙岭森林公园的德安县森林博物馆建成并对外开放。该博物馆是以森林为专题的展馆,主要介绍森林的起源、功能、保护,古树名木、植树造林、生物进化论、生态文化等方面的知识。通过图片、实物、动植物标本及多媒体等全面展示德安森林、林业发展历史及生态文化,其中,展出国内珍稀动植物标本近50种。展馆的开放为社会科普教育、学术理论研究提供了一个新的平台,同时也使更多的人了解森林、亲近森林、珍惜自然,进一步促进人类与森林更加和谐。

【邹桥乡“四农工作法”效果好】 为让大学生干部尽快转变角色,适应农村基层工作,邹桥乡党委结合当地实际和农村工作特点,探索出知农时、懂农事、干农活、交农友“四农工作法”,取得显著成效。

一是大事小事上门,卷起裤腿下地。邹桥是外出务工大乡,乡政府要求每名乡村干部联系一名留守儿童,对其生活、学习、心理、经济等全方位关怀;同时主动对接空巢老人,每半个月打一次电话,每月一次上门,了解老人的所需所急,及时提供帮助,一年至少为其做3件具体实事;针对部分空巢老人年老多病及长期独居的特点,邹桥乡医务工作者定期对老人进行健康检查和心理慰问。同时,乡政府从村民手中转租了0.6公顷稻田种植隆平超级水稻,从播种、插秧到收割,全部由乡镇机关干部利用业余时间完成。二是“官气”没了,“农气”重了。邹桥乡几乎每年都要充实一批年轻干部。这些年轻人大多生活在城市,对农村生活根本没有感受。邹桥乡的“四农工作法”为他们建立了一个知农时、懂农事、干农活的平台。为让年轻干部和群众交流时有话可讲,有事可做,邹桥乡开展机关党员干部“知农时、懂农事”知识竞赛活动。每次集体学习都要求所有年轻党员干部背诵二十四节气,讲几条农业生产谚语。三是干部作风变了,干群关系浓了。自开展“四农工作法”以来,邹桥乡的年轻机关干部从最简单的农活学起干起,犁地、耕田、撒种子,真诚地把农民当老师,帮群众解决实际困难,得到群众的信任和好评。

邹桥乡探索的“四农工作法”,在很大程度上锻炼了农村党员干部特别是年轻干部的党性修养和工作责任心,是做好农村干部工作的生动教材和有益尝试。该乡的“四农工作法”分别刊登在10月19日的《九江日报》和《中国组织人事报》头版头条。

主要领导人 县委书记:叶心林(任至11月)、骆效农(12月任)。县人大常委会主任:王金华。县长:骆效农(任至12月)、熊晋喜(12月代)。县政协主席:高茂木。

(郭任初)

·共青城市·

【简 况】 地处庐山南麓、鄱湖之滨,辖5镇、1街道办事处、1工业园。总面积179.14平方千米,其中城区面积59.19平方千米。耕地面积4220.62公顷,林地面积2736.14公顷,森林覆盖率19.89%,城区绿化率47.6%。总人口近12万,其中非农业人口3.87万人,人口自然增长率

6.9‰。全年实现地区生产总值74.77亿元,同比增长10.59%。其中:第一产业增加值2.3亿元,增长4.0%;第二产业增加值58.39亿元,增长11.0%;第三产业增加值14.08亿元,增长10.1%。财政总收入13.18亿元,增长20.1%,人均1.57万元,税收占财政总收入的83.9%。地方公共财政收入7.86亿元,增长15.9%;公共财政支出15.71亿元,增长17.7%。工业总产值378亿元,增长32%。规模以上工业增加值80.96亿元,增长12.8%,占地区生产总值比重的46.7%。外贸出口4.04亿美元,增长14.1%,占地区生产总值比重的33%。固定资产投资121.60亿元,实际利用外商投资1.00亿美元,省外投资42.21亿元。主要工业产品有服装5500万件(套),啤酒10万吨,手机2000万部,液态硅橡胶4000吨。农业总产值3.45亿元,增长6%。粮食总产量2.03万吨,棉花925吨,油料1139吨,水产品3792万吨,肉类总产6815吨。万元GDP能耗0.1077吨标准煤,二氧化硫排放总量削减率2.6%,城市污水处理率85%。社会消费品零售总额9.03亿元,增长15.1%。城镇居民人均可支配收入2.61万元,增加2500元,增长10.5%。农村居民人均可支配收入1.32万元,增加1300元,增长10.9%。城乡居民年末储蓄余额45.07亿元,增长5%。

【"鸭鸭"股份公司完成改制】 4月8日,九江市委常委、共青城市市委书记黄斌主持召开鸭鸭股份公司改制工作推进会。会议决定,对涉及改制的1.1万多名职工分批分步处理。4月11日,鸭鸭改制工作领导小组再次召开会议,要求加强宣传引导,全方位宣传改制的有关政策,提前预告或公告改制工作相关事宜。做好职工身份置换工作,各有关部门通力配合,制定好操作办法和流程,确保资金发放到位。处理好意见受理工作,现场能答复的要立即答复解决,对于当场不能答复的做好解释工作,对于极少数特殊性问题要做好调查、核实工作,确保将群众意见的受理贯穿整个改制工作。做好维护稳定工作,切实维护好现场秩序。当天,鸭鸭股份有限公司举行职工代表全体会议,就鸭鸭股份公司改制职工安置办法征求职工意见。参加会议的应到职工代表101人,因事、因病请假1人,实到100人,占应到会代表的99%。会议宣读了《鸭鸭股份公司(江西共青羽绒厂)改制职工安置办法》,经过全体职工代表酝酿和审议,采取以无记名投票方式表决,最终以得票率95%的高票通过了《鸭鸭股份公司(江西共青羽绒厂)改制职工安置办法》。4月18日,鸭鸭股份公司职工身份置换工作正式开始,发放职工身份置换金,并为职工办理医保、社保等相关手续。工作组设置了信息登记、问题咨询、社保办理和改制补偿金发放等服务平台,同时还在大厅、门外张贴了相关公告和办事流程,方便职工办理各项手续。为缩短办事时间,方便职工办理医保手续,鸭鸭改制工作领导小组还安排了照相人员长驻办事大厅,现场为职工拍照。直到10月底,关系共青城千家万户的"鸭鸭"改制全面完成,束缚"鸭鸭"多年的体制瓶颈得到破解,为"鸭鸭"再创辉煌奠定了坚实基础。

【举办2014年共青城财富管理·私募基金创新论坛】 5月17日,2014年共青城财富管理·私募基金创新论坛暨金融转型·融合·创新研讨会在共青城市举办。天津股权交易所总裁初明强以及近200位来自银行、信托、证券、期货、私募基金等机构代表参加会议。九江市委常委、共青城市市委书记黄斌致辞。

演讲嘉宾分别就私募基金——中国资本市场发展的新方向、创业经济与企业创业成长路线图、PE大资管时代的机遇和挑战、私募基金对项目开发的新模式等发表演讲;与会专家、基金机构代表分别围绕人民币汇率——政府干预是否可持续、私募基金——备案制带来的机遇与挑战、资本与产业融合等主题进行交流与探讨。深圳市鑫麒麟投资咨询有限公司、天津股权交易所、西安交大、江西财大分别与共青城市签订了金融服务战略合作框架协议、促进中小企业股权挂牌交易工作合作框架协议、研究生联合培养基地合作协议等协议。随后,天津股权交易所还与共青城市产业项目举行了对接交流会。

【共青大学城建设启动】 建设共青大学城是江西省委、省政府加快共青先导区建设的重要决策,省委常委会专题研究部署,省委书记强卫批示"共青大学城的办学定位很好,筹建工作推动有力,省里各有关部门要大力支持"。

共青大学城规划为一个"水在城中、校在林中、房在景中、人在画中"的生态园林高校区。总投资50亿元,占地433.33公顷,校园及配套设施建筑面积370万平方米,同步建设医院、中小学、体育馆、影剧院、公交站、购物中心、慢行游步道等配套设施。12月26日,江西财经大学现代经济管理学院、江西师范大学科学技术学院、南昌航空大学科技学院三所独立学院在南湖新区科教城举行集中开工仪式。

【汉能光伏项目建设快速推进】 5月30日,汉能控股共青城3GW光伏产业集群项目暨一期600MW柔性铜铟镓硒项目在京签约。8月12～22日,汉能光伏25.67公顷用地的100万方土方平整工程全部完成。8月28日,汉能光伏正式开工建设。9月20日,一标段涉及的10栋建筑基桩工程全面启动,12月20日全面封顶。

【珍珠湖公园建成开放】 在2013年危旧房拆迁和污水整治的基础上,珍珠湖公园建设项目全面铺开。公园占地80公顷,是共青城市重要的市民综合性休闲公园,也是市委、市政府还山于民、还水于民、还绿于民的一个具体表现,同时也是百姓迫切要求改造的一个项目,项目进展备受百姓关注。从2013年11月开工启动以来,各相关单位各司其职,按施工方案稳步推进珍珠湖公园建设。经过一年多的努力,10月1日,珍珠湖公园涉及的六大功能片区基本建成,并正式对市民开放。集景观、休闲、健身等功能于一体的珍珠湖公园如一颗璀璨明珠照耀共青城市,百姓期盼多年的"公园梦"得以实现。

主要领导人 市委书记:黄斌。市人大常委会主任:黄惠华(1月任)。市长:卢宝云。市政协主席:况泉水(2月任)。

(汪官金)

·星子县·

【简　况】 位于江西省北部，辖7镇、3乡、1场、1湿地管理处。总面积894平方千米，其中城区面积7.9平方千米。耕地面积1.11万公顷，林地面积2.25万公顷，森林覆盖率34%，城区绿化率43.6%。总人口27.7万人，其中非农业人口4.5万人，人口自然增长率8‰。全年实现地区生产总值62.2亿元，同比增长10.4%。其中：第一产业增加值5.8亿元，增长4.4%；第二产业增加值28.4亿元，增长12.5%；第三产业增加值28亿元，增长9.5%。财政总收入11.5亿元，增长10.3%，人均4600元，税收占财政总收入的89.5%。地方财政收入8.8亿元，增长15.5%；财政支出16.8亿元，增长22.5%。工业总产值202亿，增长19.5%。规模以上工业增加值42亿元，增长12.6%，占地区生产总值比重的67.7%。外贸出口1.8亿美元，下降16.2%，占地区生产总值比重的18%。固定资产投资60亿元。实际利用外资7504万美元。省外投资36.3亿元。主要工业产品有花岗石制品50万立方米、青石制品46万立方米。农业总产值11.8亿，增长6%。粮食总产量8.45万吨。主要农产品有稻谷8.1万吨、油菜0.96万吨、家禽220万只、水产品3.1万吨。万元GDP能耗0.2077吨标准煤，二氧化硫排放总量消减率1%，城市污水处理率85%。城镇居民人均可支配收入2.05万元，增加2060元，增长9.9%；农村居民人均纯收入9738元，增加1239元，增长10.7%。城乡居民年末储蓄余额42.8亿元，增长14.2%。

【旅游产业实现新提升】 全年接待游客1433万人次，增长11%，旅游综合收入66.5亿元，增长30%，旅游产业发展基础不断强化，秀峰景区二期改造、天沐街提升改造顺利推进，收回观音桥景区经营管理权，新增旅游标识牌36个。东林寺净土苑、佛文化产业园有序推进；温泉旅游项目转型升级，铭佳温泉、曦龙温泉等7个温泉项目抱团发展，合作开发建设悠然苑休闲度假社区。香港帝盛酒店集团投资3200万美元，收购原天地温泉建设的庐山东林庄对外营业。旅游宣传力度加大，县财政投入1200万元用于旅游营销，在中央电视台等主流媒体投放星子旅游广告；参加江西旅游特卖会、江西旅游博览会等活动，举办长沙专场推介会；组织开展七夕寻缘、月圆鄱湖等活动。

【开通上海直达星子的旅游专列】 “庐山世外桃源星子号”是从上海直达星子的旅游专列，全年共12趟，是星子县政府开拓上海旅游客源市场的重要措施之一。5月1日，“星子号”正式启动。首发的旅游专列580余名游客（包括多家旅行社和媒体代表）开始为期两天的星子之旅。星子县选择的是古人当年上庐山的旅游线路，突出古庐山和山上山下联动的概念，对庐山文化、自然风光、温泉休闲等元素进行整合，将观音桥、点将台、秀峰、温泉、东林大佛等景区连成一线打包推介，受到上海游客的欢迎。

【举办首届中国庐山宝玉石观赏石博览会】 9月30日，由中国观赏石协会主办，星子县政府协办，江西省珠宝首饰行业协会、江西观赏石协会及中国庐山石文化艺术城联合承办的首届中国庐山宝玉石、观赏石博览会在庐山石文化艺术城项目现场开幕，中国观赏石协会会长寿嘉华在开幕式上讲话。共有国内外知名观赏石、宝玉石近400家品牌商参展。星子县委、县政府有关负责人及各地观赏石、珠宝玉石协会负责人、全国各地近万名石友及石文化艺术爱好者参观博览会。

博览会为期半个月，其间穿插观赏石拍卖、猜石相玉、宝玉石（观赏石）精品展览、观赏石高峰论坛等活动。通过这次盛会，弘扬中华赏石文化，展示国内外赏石文化的特色，同时为石文化的交流和贸易提供平台，打造辐射全国乃至整个东南亚地区石文化交流的贸易基地，推动石文化产业的健康发展。

【农业产业化实现新发展】 农业基础设施进一步夯实，累计投入1.9亿元用于农田水利基本建设。完成蛟塘镇城防工程、18座小（2）型水库除险加固、12座山塘整治和松树湾血防工程。治理水土流失面积10平方千米，改造中低产田613.33公顷，建成高标准农田100公顷，改善灌溉面积600公顷。规模化种养进一步扩大，流转农村土地4004.2公顷；新增规模茶园26.67公顷、油茶66.67公顷、蔬菜73.33公顷。新增农民专业合作社45家、社员2932人，建成浆潭联圩万亩高效农业产业园，以草莓、葡萄、杨梅等为主的采摘休闲农业快速兴起，各类农家乐300家，新增家庭农场12家。农业现代化进一步加快，发放农机购置补贴262万元，打造4个农村信息化建设示范点。隆盛生态农业公司被评为市级龙头企业，“七尖幽兰”获省著名商标。

【开放型经济发展势头强劲】 招商方式灵活，开通招商引资网、招商引资公众微信号；举办星子（福州）佛文化产业招商推介会、星子（武汉）体育用品博览会、星子（上海）卫浴产业招商推介会；参加赣港经贸合作周、江西省低碳大会等活动。招商成效明显，全年引进项目78个，签约资金228亿元；引进内资36亿元，增长17.6%；签约投资20亿美元的中国庐山文化旅游城、投资10亿元的神州通油茶产业园和投资6亿元的中国庐山石文化艺术城等14个亿元项目。被列为全省第二批加工贸易梯度转移重点承接地。争取到基础设施建设、救灾救济等各类项目233个，到位资金7.2亿元，增长10%。

【城市面貌发生新变化】 注重规划引领，《城市总体规划》获得市政府批准；启动城市综合交通及停车场、给排水等10个专项规划编制。注重基础建设，投入城建资金29.5亿元，完成湖滨支路、玉帘路、匡庐路南延、秀峰湿地公园、峰德新区保障性住房等项目建设，启动桃源大道北延、旅游公路一期等项目建设，城镇化率达49%，城区绿地覆盖率达43.6%；新建污水管网5.35千米、雨水管网7千米、路灯300盏。注重科学管理，投入148.5万元，添置一批密闭清运、压缩、清洁设备，建成峰德新区垃圾中转站；拆除各类破旧广告设施30余处、违规横幅2300余条；拆除违章建筑1.5万余平方米，审批农民建房1001户。

主要领导人　县委书记:刘超(任至12月),严盛平(12月任)。县人大常委会主任:欧阳勤喜。县长:汪红蕾。县政协主席:雷高兴。

(罗已哲　刘俊)

·九江县·

【简　况】　位于江西省北部,辖7镇、4乡。总面积873.33平方千米,其中:耕地面积1.76万公顷;有林面积1.85万公顷,森林覆盖率25.18%,城区绿化率38.86%。总人口33.15万人,其中非农业人口7.86万人;人口自然增长率8‰。全年实现地区生产总值91.03亿元,同比增长10.4%。其中:第一产业增加值12.04亿元,增长5%;第二产业增加值54.21亿元,增长11.2%;第三产业增加值24.78亿元,增长12%。财政总收入14.84亿元,增长18.7%,人均4478元,税收占财政总收入的82.9%。地方财政收入12.06亿元,增长22.6%;地方财政支出19.86亿元,增长8%。工业总产值259.08亿元,增长24.6%。规模以上工业增加值44.13亿元,占地区生产总值比重的51.5%,外贸出口2.25亿美元,约占地区生产总值比重的15%。固定资产投资99.03亿元。实际利用外商投资9058万美元。主要工业产品有棉纱1.06万吨;硫铁矿石4.61万吨;水泥18.47万吨;钢材1.3万吨;精制食用植物油0.08万吨。农业总产值22.14亿元,增长5.8%。粮食总产量6.8万吨。主要农产品有棉花2.1万吨、油料2.07万吨;生猪存栏92021头;水产品总量5.12万吨;水果总产量1.4万吨。二氧化硫排放总量消减率0.6%,城市污水处理率93%。城镇居民人均可支配收入2.39万元,增长11.2%;农村居民人均纯收入1.10万元,增加1095元,增长11.1%。年末城乡居民储蓄余额58.5亿元,增长9.8%。

【中央电视台《慈爱》栏目播出九江县民警韩荣明专题节目】　2月24日,中央电视台12频道大型公益节目《慈爱》播出九江县公安局涌塘连心屋驻村民警韩荣明关爱留守儿童的专题节目。《慈爱》节目是《社会与法》频道推出的百集系列公益短片,表现社会各界帮助关爱青少年平安成长的优秀人物和事迹。节目的播出宗旨是"关爱孩子,守护明天"。

多年来,涌塘连心屋社区民警韩荣明在工作中考虑到辖区留守儿童较多的情况,主动开展服务留守儿童工作,对留守儿童的情况进行摸底,并逐一登记造册,建立留守儿童档案。每天放学后,他就把留守儿童接到连心屋,让他们在连心屋写作业、玩耍,有时,他还充当留守儿童辅导员,给他们辅导功课。时间久了,留守儿童们把警民连心屋当成自己的第二个家,一放学就主动到连心屋找小韩叔叔,有什么不懂的作业就问他,有什么知心话也跟小韩叔叔讲。其关心、服务留守儿童的事迹曾被《人民日报》《人民公安报》《江西日报》江西卫视等多家媒体报道。他是江西省入选《慈爱》节目的第一人,也是全国公安系统为数不多的入选人员之一。

【总投资6亿元的金瑞明胶及胶原蛋白项目开工】　3月3日,由江西金瑞胶业有限公司总投资6亿元的金瑞明胶及胶原蛋白项目在九江县赤湖工业园正式开工建设,其中明胶生产项目投资4亿元,水解胶原蛋白项目投资2亿元。该项目占地面积13.33公顷,主要产品胶囊用明胶、药用辅料明胶、食品添加剂明胶、骨制明胶、水解胶原蛋白等。项目建成达标后,计划实现年收入30亿元,年上缴税收5000万元。

【江西诗人祭扫陶渊明墓园】　3月30日,省作家协会、省诗词协会、省民间文艺家协会3个团体组织南昌、九江两地60余名诗人到九江县陶渊明纪念馆举行祭扫陶渊明墓园活动。诗人们首先在墓前伫立并三鞠躬,将一枝枝黄菊花敬献碑前。随后,部分诗人现场朗诵了陶渊明诗文及自创怀念陶渊明的诗歌。

陶渊明(约365—427),名潜,字元亮,自号五柳先生,浔阳人,东晋著名文学家,田园诗派创始人。以清新自然的诗文著称于世。作品主要有《饮酒》《归园田居》《桃花源记》《五柳先生传》《归去来兮辞》等。

【县首个劳模创新工作室揭牌成立】　4月10日,县首个劳模创新工作室——"潘新华劳模创新工作室"在江西仙客来生物科技有限公司正式揭牌。潘新华劳模创新工作室是由江西省劳动模范潘新华带头,17名高素质、高水平的业务骨干组成的精英团队,有办公场地92平方米,配备了办公桌、电脑及相关专业设备,主要针对食用菌新技术、新产品进行研发,为企业发展提供科技动力。劳模创新工作室的创建是工会践行党的群众路线教育实践活动的一项举措。

【《九江山歌》亮相中国西南"原生态音乐之夏"】　7月下旬,在贵州省政府、贵州省文化厅主办的"爽爽的贵阳,2014原生态音乐之夏"国际原生态文化大汇之《南腔北韵》演出活动中,来自云南、贵州、广西、江西、新疆、山西、青海、陕西以及乌干达、澳大利亚等国内外民间艺术家同台献艺,九江县的《九江山歌》是江西省唯一参演节目。

《九江山歌》乡韵浓郁,艺术感染力强,是劳动人民传唱形成的。歌词内容涉及劳动、爱情,天文、地理及历史故事等,具有情感性、趣味性、知识性等多重功能,被誉为民歌中的一朵奇葩。演出成功使独具特色的九江"三声腔"山歌在中国西南"原生态音乐之夏"舞台上精彩亮相。演出期间,贵州省主流媒体对九江县选手的表演进行了专题采访。

【九江大千世界科普教育基地梦幻乐园开园】　8月16日上午,九江大千世界科普教育基地梦幻乐园开园仪式举行。省委常委、省委统战部部长蔡晓明,省政协副主席、省科协主席李华栋,共同授予梦幻乐园"江西省科普教育基地"牌匾。国际旅游联合会主席埃里克·杜吕克为梦幻乐园颁发"国际最佳游乐园硬件设施与设计"金奖。市委书记殷美根出席仪式并讲话。市委副书记、市长钟志生主持。

梦幻乐园由江西民生集团投资15亿元建设,占地73.34公顷,位于九江长江二桥南岸、九江县赛城湖畔,距九江中心城区不到30分钟路程,与福银、杭瑞高速相连,处在长江中游区域旅游中心,是江西第一个大型旅游文化休闲项目，也是全省第一家按国家4A级标准建设的现代主题乐园。

主要领导人 县委书记：徐耀纯。县人大常委会主任：罗会林。县长：陶晔。县政协主席：李照培。

（张树华）

·浔阳区·

【简　况】 位于江西省北部，是九江市中心城区，辖5街道办事处。面积26平方千米。总人口31万，其中非农业人口28.37万，人口自然增长率5.24‰。全年实现地区生产总值349.76亿元，增长9.0%。其中：第一产业增加值6300万元，增长3.2%；第二产业增加值129.48亿元，增长8.1%；第三产业增加值219.65万元，增长9.5%。财政总收入22.27亿元，净增1.65亿元，增长8%，税收占财政总收入的83.3%。地方财政支出10.8亿元，增长3.6。工业总产值345.45亿元，增长-8.5%。完成规模以上工业主营业务收入359.03亿元，增长-8.9%。规模以上工业增加值65.32，占地区生产总值比重的18.68%，外贸出口2.6亿美元，占地区生产总值比重的4.61%。社会固定资产投资72.23亿元，增长20.2%。实际利用外资7769万美元，实际利用区外资金30亿元。主要工业产品有丙烯9.25吨、纯苯4.22吨、硫磺2.67万吨。农业总产值9399万元，增长5%。主要农产品有蔬菜529吨、棉花18吨、油42吨。城镇居民人均可支配收入2.82万元，增加2564元，增长10%；农民人均纯收入1.49万元，增加1375元，增长10.2%。

【旧城改造持续推进】 投入6700万元全面实施边街小巷综合整治工程，完成浔阳东路街面整治工程，改造完成延支山等20个片区239条边街小巷和院落小区，总面积10万平方米。完成2条边街小巷道路维修，解决下水道排水、排污系统2587米和新建改造雨水口、雨水井、检查井33座。完成面粉厂、战备路东侧、考棚、莲花池等片区征迁工作，全年完成征迁面积43万平方米，拆除房屋41万平方米，拆除率95%以上；在考棚片区实现货币补偿安置率72%以上；完成琵琶亭公园规划区内5座码头征迁工作；新建、续建战备路、德化二期、殷家畈、琵琶亭、孔家洼、封缸酒厂等安置区，基本完成浔阳区公租房、曹家山保障房二期等安置区项目建设，在建面积超过100万平方米，创造了浔阳区安置区建设规模历史之最。

【民营经济继续增长】 创新工商行政执法模式，“基层自觉型行政指导模式”获第三届“中国法治政府奖提名奖”。九江商厦等楼宇入驻率明显提升，楼宇项目新增入驻企业133家；全年实现楼宇税收7552万元，增长52.2%。完成注册内资企业5384户，增长21%；注册资本340亿元，增长654%；实现三产税收10.99亿元，占税收收入的59%。积极扶持中小微企业发展，共办理动产抵押登记10份，被担保的主债权1.96亿元；通过“财园信贷通”“银园保”等信贷平台，共为114家企业放贷4.427亿元，在全省第二批61个县区中名列第一。

【文化浔阳加快发展】 整合教育资源，人民路小学顺利开学，外国语实验小学综合楼全面封顶。整合辖区人文历史资源，围绕“两园、两路、两教、四记忆”等创意规划，全力推进“十大文化景观”项目，完成庾亮南路历史文化街区、东方神韵文化产业园以及老工厂、老地名、老市井、名人堂等一批公共艺术项目的规划设计，顺利建成“浔阳之眼”历史文化展示馆项目并向市民定期免费开放，有效提升了城区整体文化品位。广泛开展全民健身活动，获“全省群众体育先进单位”称号。继《百年西园》《百年大中路》之后，《百年莲花池》成书付梓。《浔阳区志》公开出版发行，填补了浔阳区地方志空白。

【惠民实事得到落实】 完成6286户老城区居民征迁签约；改造10万平方米边街小巷和院落小区；打造10个精品开放式物业小区；为全区13716名在校小学生进行免费健康体检；为708名“四类”老人购买养老服务；为1261名未参保的低保人员免费缴纳城镇居民社会养老保险金；打造幸福里社区、花果园社区两个日间照料中心；为200户残疾人家庭实施无障碍改造；人民路小学顺利开学；完成区第二幼儿园项目主体工程；打造庐峰社区、九龙社区等5个精品社区；新建、改造中瀚、姚家洼二期两个农贸市场。

【开展“百日大会战”活动】 从11月初开始，集中100天时间，全面加强和创新城市管理，解决一批群众反映强烈的城市管理难题，确保城市面貌在2015年元旦前发生明显变化，2015年春节前发生根本性变化。签订“门前三包”责任书6000余份；动用宣传车30台和驻区单位及商铺LED屏、公益广告及文化墙广泛宣传，利用浔阳区城市管理微信公众平台，每天发布工作动态及工作进展情况，微信公众平台共发布消息46条，清除垃圾死角40余处、清运垃圾近1500吨、解决群众反映的问题45件、文明劝导近650人次、下达限期整改通知书260件、规范广告牌匾132个、拆除门头店招70余处、清理“垃圾广告”6500余处，清理“三乱”现象270余处、清理流动摊贩1250余个、暂扣各类车辆42辆、处理各类违章207起，收缴各类物品近80车，并对一些出店经营、乱摆摊设点的业主进行说服教育。

主要领导人 区委书记：戴晓慧。区人大常委会主任：张显旺。区长：左延。区政协主席：文建华。

（扶松华）

·庐山区·

【简　况】 位于江西省北部，辖7镇、1乡、2街道办事处。总面积548平方千米，其中城区面积42平方千米。耕地面积0.38万公顷；有林面积1.01万公顷，森林覆盖率36.3%。总人口22.59万人，其中非农业人口10.87万人，人口自然增长率6‰。全年实现地区生产总值240.8亿元，同比增长9.3%，总量居全市第二。其中，第一产业增长4.8%，第二产业增长9.7%，第三产业增长9.0%。财政总收入23.4亿元，增长15.8%，总量跻身全市第三，人均10454.5元，税收占地区生产总值比重的93.1%。地方财政收入16.4亿元。增长22.2%；地方财政支出15.5亿元，增长

3.3%。工业总产值381.39亿元,增长19.5%。规模以上工业增加值89.29亿元。外贸出口2.9亿美元。社会固定资产投资234.1亿元,增长21.1%,总量高全市第一。城镇居民人均可支配收入2.80万元,增长11.4%。农村居民人均纯收入1.41万元,增长13.8%。

【获“中国名茶之乡”称号】 10月,中国茶叶学会发布第四届“中国名茶之乡”评选结果,庐山区获“中国名茶之乡”称号。成为2014年江西省唯一一个获此殊荣的县(区)。

庐山云雾茶为中国十大历史名茶之一,有着得天独厚的历史积淀和品牌优势。庐山区种植面积约666.67公顷,年产量约200吨。2012年,庐山区获“江西省茶叶生产十强县”称号;2013年,庐山云雾茶获“江西十大名茶”称号。

【新港镇敬老院获民政部表彰】 10月,国家民政部通报表彰全国200个农村五保供养工作先进单位和200名先进个人。江西省共有9家单位、8名个人受表彰,庐山区新港镇敬老院为九江地区唯一获此殊荣的敬老院。

近年来,敬老院全面落实“十六个一”的标准,院内绿草如茵,室内窗明几净,办公室、医务室、食堂、洗漱室、卫生间、健身房、活动室、卧室一应俱全。同时,敬老院根据老人的身体状况、性格特点、情趣差异和需求层次,提供亲情化服务。无论院容院貌、软硬件设施还是院务管理都走在了前列。继2013年11月被省民政厅授予全省“三星级敬老院”称号后,2014年9月又被民政部确定为全国公办养老机构改革试点单位。

【江西省第23届摄影艺术展览在庐山区举行】 11月16日,由省文联、省摄影家协会、市委宣传部主办,市文联、市摄影家协会、区委宣传部承办的九江农村信用社(农商银行)·江西省第23届摄影艺术展览在浔南城市客厅展厅开幕。省政府党组成员、顾问熊盛文,省文联副主席鄢平原,市委常委、宣传部长潘熙宁出席会议并讲话。市委常委唐舒龙主持开幕式。来自全省各地的获奖作者,各设区市摄协和周边省市摄协负责人、各界摄影爱好者近500人出席开幕式。江西省摄影艺术展览是江西省摄影艺术最高级别的展览。本届展览从2013年12月开展征稿,共收到1600名作者选送的2.6万幅(组)作品,评选出社会生活纪录类、自然风光纪录类、社会生活艺术类、自然风光艺术类四类入选作品500幅(组),其中金奖8幅、银奖16幅、铜奖40幅、优秀奖160幅。庐山区作品《痕》获生活艺术类金奖。此次展览共展出摄影作品1100余幅(组),展览活动至22日结束。

【九江市首家青年(大学生)电商创业基地尚美商业广场建成使用】 12月23日,九江市首家青年(大学生)电商创业基地尚美商业广场开张试营业。尚美商业广场是尚美公司联手九江市政府共同创建的青年大学生电商创业基地,将整合广东、浙江、江苏、福建、山东等五大服装产地数百家服装生产企业资源,涵盖服装(包括童装)、皮具、箱包等众多品牌产品,为创业大学生提供优质可靠的货源和厂家免费铺货、无条件退换货的优惠政策,打造赣北唯一一家(首家)青年(大学生)服装电商创业基地,创建020电商服务平台,为创业青年(大学生)提供从实体店到网店的创立、商品包装、物流配送等多方位的服务。

主要领导人 区委书记:汪泽宇。区人大常委会主任:陈飞林。区长:钟好立(任至12月)、代区长:柯尊玉(12月任)。区政协主席:刘建。

(杨小岛)

景德镇市

【概　况】 位于江西省东北部,辖乐平市、浮梁县、昌江区和珠山区。全市总人口162.98万人,其中城镇常住人口101.50万人。全市土地总面积52.56万公顷,林地面积35.24万公顷,森林覆盖率65.07%。2014年,完成地区生产总值738.21亿元,同比增长8.8%。其中:第一产业增加值55.25亿元,增长4.5%;第二产业增加值428.91亿元,增长10.1%;第三产业增加值254.06亿元,增长7.0%。规模以上工业增加值243.88亿元,增长11.3%。其中:陶瓷工业增加值42.90亿元,增长12.2%;规模以上新材料、高技术陶瓷产业总产值42.90亿元,增长12.2%。农业总产值82.67亿元,增长4.5%。粮食总产量62.92万吨,增长1.4%;茶叶总产量6630吨,增长5.7%。全年旅游总人数2585.08万人次,增长15.3%;实现旅游总收入200.87亿元,增长31.9%。财政总收入101.5亿元,增长9.6%,其中公共财政预算收入82.1亿元,增长11.4%。完成固定资产投资622.54亿元,增长15.6%,其中完成城镇基础设施投资14.42亿元。外贸出口总额7.58亿美元,其中生产型企业出口7亿美元,增长14.6%。实际利用外资金额1.55亿美元,增长10.5%。社会消费品零售总额239.88亿元,增长12.5%,其中城镇消费品零售总额210.80亿元,增长12.5%。全市居民消费价格总指数102.4%。城镇居民人均可支配收入2.66万元,增长9.7%;农村居民人均可支配收入1.15万元,增长11.4%。全市新增城镇就业人数3.98万人,城镇就业率96.5%。

【南窑唐代窑址入选全国十大考古新发现】 4月9日,国家文物局“2013年度全国十大考古新发现”终评揭晓,景德镇南窑唐代窑址入选全国十大考古新发现。

南窑遗址位于景德镇乐平市接渡镇南窑村东北,1964年发现,出土窑具和瓷器残片10余吨。1983年、2008年乐平市博物馆先后2次对其进行普查、复查。2013年3月—11月,江西省文物考古研究所联合乐平市博物馆、厦门大学历史学院、西北大学考古文博学院、南开大学历史学院等单位对遗址进行考古研究,表明是10世纪晚唐五代时期生产青瓷和白瓷的窑业遗存,景德镇最早的窑业遗存,距今有1200余年。南窑窑山北部散布大量窑具和瓷器残片,东西最宽200米、南北最长153米,地表可见13条明显隆起的脊状堆积,勘探得知在两条隆起的脊状堆积之间的低洼处分布一龙窑遗迹,总计12条,由中心最高点向东、北、西呈扇形分布。在南窑村窑山东南部全面揭露一条长达78.8米龙窑遗迹，是迄今为止考古揭露最长的唐代龙窑遗迹。窑遗迹的发现填补了景德镇瓷器烧造窑炉形制最早形态的空白，为研究南窑的生产流程、窑炉砌造技术、探索南窑的烧造工艺和当时的社会经济史提供依据。

【2014年中国文化遗产日主场活动在景德镇举行】 6月14日，由国家文物局、省政府主办，省文物局、景德镇市政府承办的2014年中国文化遗产日主场活动在景德镇御窑厂国家考古遗址公园举行。文化部、国家文物局，省委宣传部、省文化厅、省文物局，景德镇市委、市政府有关领导；各省级文物部门相关负责人；全国青少年文化遗产知识大赛参赛师生；景德镇市社会各界代表共3000余人参加活动，活动主题是“让文化遗产活起来”。活动仪式上，国家文物局与江西省人民政府签署《关于共同推进江西文物博物馆事业发展的合作框架协议》。活动期间，举行景德镇清代镇窑复烧点火暨明代葫芦窑开窑仪式、珠山御窑出土瓷器精品集粹、“历史与记忆”文化遗产摄影展、水下文化遗产保护成果展、赣南等原中央苏区革命旧址保护与利用成果展等展览，展出20世纪80年代后御窑遗址发掘出的珍贵官窑瓷器精品166件，全面反映景德镇的制瓷技艺以及与陶瓷生产有关的民俗风情摄影精品150余幅。举行御窑厂遗址考古发掘现场以及古陶瓷鉴赏与修复技艺演示、民俗表演“三圣公祭”、全国青少年文化遗产知识竞赛等配套活动。

【2014年中国景德镇国际陶瓷博览会在景德镇举行】 10月18日—22日，由商务部、中国轻工业联合会、中国国际贸易促进委员会和江西省人民政府共同主办的2014年中国景德镇国际陶瓷博览会（简称“瓷博会”）在景德镇国际会展中心举行。2014年“瓷博会”展览总面积2.86万平方米。设高端日用陶瓷、艺术陶瓷、高技术陶瓷，建筑陶瓷、卫生洁具陶瓷、工业陶瓷、陶瓷原辅材料等展馆，国际标准展位1900个。35个国家和地区的800余家企业参展，3000名采购商前来洽谈采购。其中：外贸订货1.70亿美元，增5.85%；内贸订货10.061亿元，增长5.69%，主场馆现场交易5191.85万元。

展会期间，开展经贸洽谈活动、“一带一路”主题活动、“蒋祈《陶记》暨景德镇宋元窑业国际学术研讨会”“全国历史文化名城主流媒体走进瓷都景德镇”“中国景德镇国际陶艺展”“全国青年陶艺大赛”“中外陶艺家原创新品（御窑杯）大奖赛”“陶瓷创新与发展论坛”“景德镇国际艺术陶瓷拍卖会”“2014中韩陶艺交流双年展”等配套活动。中外媒体200余名记者，海内外嘉宾、客商、游客、市民50余万人云集瓷博会。

【景德镇地方志馆开馆】 11月18日，景德镇地方志馆开馆。该馆位于昌南湖陶瓷文化旅游景区，总建筑面积1400平方米，总投资200余万元。于2012年12月开始筹建，11月竣工。地方志馆由3幢带有地方特色的仿古建筑组成，建筑面积1400平方米。设置展览区、馆藏阅览区、方志文化交流中心、会议室以及县（市、区）馆。馆藏各类志书、年鉴、地情书籍3万余册，并配备有电脑检索室。地方志馆以图片、实物等形式向参观者展示景德镇政治、经济、文化、社会发展的历史脉络和成就，同时还让参观者接受爱国主义教育。

【景德镇荣膺“世界手工艺与民间艺术之都”称号】 景德镇是世界陶瓷的圣地，以其独特的文化特色和精湛的制瓷手工技艺，创新发展，历经千年，至今仍保存着极为丰富的文化多样性，是世界文化中具有典型意义的城市。11月28日，联合国教科文组织总干事伊莲娜·博科娃签署文件并致函景德镇市市长颜赣辉，宣布景德镇市正式获得批准加入联合国教科文组织全球创意城市网络正式会员城市，并荣膺“世界手工艺与民间艺术之都”称号。12月1日，联合国教科文组织官方网站向全世界公布。

【首个国产直升机培训基地落户景德镇】 2014年，中国第一个国产民用直升机驾驶员执照培训基地落户景德镇市吕蒙机场，12月27日，启动通航基地揭牌暨飞行培训开班仪式。首期培训班招收学员13名，学费35万元。培训课程40小时的航空理论培训和40小时的飞行训练，经航空理论考试和飞行训练实践考试合格后，即可获得民航局颁发的私用驾驶员执照。

中航工业直升机景德镇通航基地是江西省第一个具有通航运营资质和飞行员培训资质的基地，由中航工业昌河飞机工业（集团）有限责任公司与上海和利通用航空有限公司共同组建。中航工业昌河飞机工业（集团）有限责任公司是国家直升机科研生产基地和航空工业骨干企业，具备多系列直升机研制生产能力。先后取得CCAR-147部民用航空器维修培训、CCAR-145部民用航空器维修、CCAR-91部通航运行等民航授权资质，具备为客户提供包括直升机托管、执照培训、维护、维修培训、派驻飞行员、飞行作业等一条龙服务能力。

（鲍文芳）

主要领导人 市委书记：刘昌林。市人大常委会主任：王力农。市长：颜赣辉。市政协主席：梁高潮。

·乐平市·

【简 况】 位于江西省东北部，辖2个街道办、15个镇、1个乡、1个农科园和1个大型水库管理局。总面积1980平方千米。年末，全市总人口92.72万人，常住人口83.05万人，人口自然增长率8.7‰。城镇化率52.26%。2014年，全市实现地区生产总值257.19亿元，增长9%。其中：第一产业增加值33.01亿元，增长4.3%；第二产业增加值147.75亿元，增长10.5%；第三产业增加值76.44亿元，增长7.3%。一、二、三产业比为12.8:57.5:29.7。财政总收入33.8亿元，增长11.2%，其中公共财政预算收入26.39亿元，增长14.6%。固定资产投资301.23亿元，增长15%。社会消费品零售总额67.01亿元，增长15.2%。城镇居民人均可支配收入2.46万元，增长10.98%；农村居民人均可支配收入1.15万元，增长11.28%。

【乐平猪列入国家级畜禽遗传资源保护名录】 3月，农业部发布第2061

号公告,结合第二次全国畜禽遗传资源调查结果,对《国家级畜禽遗传资源保护名录》进行修订,确定八眉猪等159个畜禽品种为国家级畜禽遗传资源保护品种,乐平猪新列入名录。

【江南武术院在国际武术节获16枚金牌】 4月初,“梦想杯”第十二届香港国际武术节在香港沙田马鞍山体育馆举行,来自俄罗斯、美国等50多个国家及中国各省市的4000多名武术精英参加比赛。乐平市江南武术院选手夺得16枚金牌、5枚银牌、15枚铜牌。

【涌山、众埠两镇入选全国重点镇】 8月,住建部、国家发改委、财政部、国土资源部、农业部、民政部、科技部联合下发通知,公布3675个全国重点镇名单,乐平市涌山镇、众埠镇因其区位优势明显、经济发展潜力大、服务功能较完善、规划管理水平较高和科技创新能力较强等特点,入选全国重点镇名单。

【众埠中心小学荣获“全国教育系统先进集体”称号】 9月上旬,乐平市众埠中心小学荣获2014年“全国教育系统先进集体”称号。成为景德镇市唯一获此殊荣的学校,此次评选活动由人社部、教育部共同组织开展,其目的宗旨在进一步弘扬尊师重教的良好风尚,增强广大教师、教育工作者的荣誉感和责任感,吸引更多更优秀的人才投身教育事业,促进教育事业科学发展。

【古戏台营造技艺入选国家级非遗名录】 12月4日,国务院公布第四批国家级非物质文化遗产代表性项目名录和国家级非物质文化遗产代表性项目名录扩展项目名录。乐平古戏台营造技艺名列其中,成为乐平市首个入选国家级非物质文化遗产名录项目。

主要领导人 市委书记:吴龙强。市人大常委会主任:吴长寿。市长:罗璇。市政协主席:万玉华。

(彭建光)

·浮梁县·

【简　况】 位于江西省东北部,辖10镇、7乡,土地总面积2851平方千米。全县总人口30.97万人。全年实现地区生产总值96亿元,同比增长9%。财政总收入11.1亿元,增长10.2%;公共财政预算收入8.9亿元,增长11.3%。固定资产投资57亿元,增长17.7%。社会消费品零售总额17.1亿元,增长13%。城镇居民人均可支配收入2.16万元,增长11.2%;农村居民人均可支配收入1.13万元,增长12.1%。工业增加值完成48.5亿元,增长11.1%。主营业务收入和利税总额分别完成195亿元和19.6亿元,增长14.1%和25.8%。主营业务收入超亿元企业达到35家,其中超5亿元企业14家。粮食总产量达17.8万吨,实现“十一连增”。茶叶总产量5973吨,增长6%;产值3.97亿元,增长6.2%。全年接待游客601.6万人次,增长16.2%;实现旅游总收入45.1亿元,增长15%。

【蛟潭镇被授予全国重点镇】 7月21日,住建部、国家发改委等七部委联合下发通知,公布3675个全国重点镇名单,浮梁县蛟潭镇榜上有名。全国重点镇是小城镇建设发展的重点和龙头,将作为各地各有关部门扶持小城镇发展的优先支持对象,将其发展成为既能承接城市产业转移、缓解城市压力,又能服务支持农村、增强农村活力的小城镇建设示范。

【进坑村发现宋代瓷石矿洞遗址】 进坑村位于浮梁县湘湖镇西南面,距景德镇市中心10千米。进坑村是千百年来景德镇的青白瓷故里。6月,古陶瓷学者、广东深圳文物考古鉴定所工作人员黄清华和古陶瓷学者、陶瓷学院教师黄薇到进坑村考古调查。10月2日在进坑村桥头组百业坞找到瓷石矿洞,根据洞口构造和散落瓷石初步判断为北宋矿洞,并在矿洞周围500米范围内发现有宋元窑址20余处。该矿址是至今景德镇发现的唯一一个宋代矿洞遗址,是世界上最为完整和原生态的最早矿洞,填补和完善宋代制瓷业体系,对于研究景德镇市陶瓷历史和瓷业发展具有重要意义。

【加大文化遗产保护力度】 浮梁县历史悠久,文化遗产十分丰富。全县有文化遗产240处,被列为各级文物保护单位110处,其中:全国重点文物保护单位2处,省级文物保护单位2处,国家文化与自然双重遗产名录1处,中国历史文化名镇1处,中国历史文化名村2处,中国传统村落6处。

为保护好众多珍贵历史文化遗产,浮梁县积极筹措资金,对瑶里古镇古民居、红塔、瑶里改编旧址等濒危文物进行抢救性维修。至2014年,共投资98万元,用于兰田窑址砖瓦窑买断、考古发掘、保护棚设施建设;投资187万元用于红塔第二次维修、围墙改造及亮化安装工程建设,使县衙、红塔景区面貌焕然一新。同时,积极开展文物普查工作,提升文物等级品牌,万寿寺摩崖石刻被列为全省第三次全国文物普查百大新发现,全县在普查后申报国保1处,省保6处,新增市保25处。

为配合浯溪口水利枢纽重点工程建设,浮梁县制定《淹没区文物保护拆迁修复及与考古发掘方案》及《保护措施》,并会同省文物考古所编制《文物勘察报告》,经有关部门审批,将具有一定价值的古建筑和散存古建构件进行异地搬迁保护。

主要领导人 县委书记:林群。县人大常委会主任:江洹。县长:孙艳峰。县政协主席:吴建旺(任至9月)。

(金寿进)

·昌江区·

【简　况】 位于景德镇市西南部,辖鲇鱼山镇、丽阳镇、吕蒙乡、荷塘乡、西郊街道、新枫街道等6个乡镇、街道,区域面积318平方千米,总人口15.9万人。耕地面积3733.33公顷,有林面积1.70万公顷,森林覆盖率54.77%。全区完成地区生产总值198.44亿元,增长8.6%,其中第一产业完成6.18亿元,增长4.6%;第二产业完成146.06亿元,增长10%;第三产业完成46.19亿元,增长7.6%。财政总收入9.49亿元,增长13.35%,公共财政预算收入7.94亿元,增长8%;税收收入占财政总收入的比重为83.7%。规模以上工业增加值84.42亿元,增长11.1%。固定资产投资

175.4亿元,增长16%。社会消费品零售总额49亿元,增长11%。外贸出口总额7589万美元;城镇居民人均可支配收入2.77万元,增长9.81%。农民人均可支配收入1.20万元,增长11.67%;城镇化率达77.9%。万元GDP能耗下降3.6%。人口自然增长率低于7.3‰。全年签约引进项目53个,其中,亿元以上项目8个,5000万以上项目21个。引进内资36.14亿元,实际利用外资1217万美元。全年服务业实现增加值51.1亿元,增长10.4%。其中旅游总收入达38.03亿元。

【农村有线电视网络实施数字化整体转换】 7月,昌江区农村有线电视网络实施数字化整体转换。区有线电视管理中心与江西省网络传输有限公司景德镇市分公司签订整合协议,为全区广大有线电视用户提供清晰、稳定的电视节目,逐步实现由"看电视到用电视、再到玩电视"转变。

【昌江区发现大型紫砂陶土矿】 8月,昌江区发现一大型紫砂陶土矿。该矿址位于昌江区鲇鱼山镇,储量达千万吨,具有塑性好、干燥收缩率小的特性,达到制作紫砂器具工业标准要求。该大型紫砂陶土矿的发现,填补了景德镇市紫砂陶土资源空白,对全市资源枯竭型城市转型有重要意义。

【胡淑芬被评为全国"群众满意社区医生"】 9月,昌江区豪德社区卫生服务站医生胡淑芬被评为"群众满意社区医生"。

胡淑芬,女,全科医师(主治)。2009年,她从景德镇市第三人民医院退休后,到昌江区豪德社区卫生服务站当一名社区医生。6年来,她通过过硬的医疗技术和勤勉热心的服务,点点滴滴、日积月累,实现一次次社区卫生服务工作的新突破,使社区卫生服务站日渐成熟,成为百姓看病省钱省事的便利所。她也成为公认的"社区好医师",百姓信赖的贴心人。2011年她被评为"昌江区卫生系统先进个人"。

【昌江区产业推介会在江苏省昆山市举行】 10月31日,昌江区产业推介会在江苏省昆山市举行,来自香港、台湾、上海、浙江、江苏等地的120余位企业家代表参加。此次推进会签约项目12个,合同引进内资21.75亿元、外资5000万港元;新引进的12个项目中,涉及重点主导产业项目10个,占项目总数83%,签约资金达19.2亿元。

主要领导人 区委书记:廖云东。区人大常委会主任:彭冬仔。区长:方霞云。区政协主席:程少华。

(汪立琴 洪东亮)

·珠山区·

【简 况】 位于景德镇市城区昌江东部,辖1个镇、9个街道办事处。区域面积76.5平方千米。全区常住人口32.67万人。全年实现地区生产总值185.37亿元,同比增长8.8%。其中:第二产业增加值81.18亿元,增长12.6%;第三产业增加值103.63亿元,增长6.7%。财政总收入12.3亿元,增长13.24%(包含竟成镇上年基数),税收占财政总收入94.22%。公共财政预算收入10.66亿元,增长17.7%;地方财政支出14.23亿元,增长54.25%。规模以上工业增加值16.3亿元,增长16.8%。固定资产投资89.15亿元,增长15.7%。引进内资30.22亿元,实际利用外资1240万美元。外贸出口4200万美元。万元GDP能耗0.48吨标煤。城镇居民人均可支配收入2.82万元,增长9.43%。

【实施环卫作业市场化改革】 2014年,珠山区实施环卫作业市场化改革,采取面向社会、公开招标的方式,筛选"专业"队伍。有9家物业公司参与竞标,最后"深圳玉禾田""浙江巾帼西丽""江西远大"3家保洁公司凭借专业化设备和精细化的管理中标。珠山区把"扫帚"交给市场实施一体化作业,提高保洁效率,改善城区面貌。

【珠山区获"2014年度全国和谐社区建设示范城区"称号】 11月,珠山区首次荣获民政部颁发的"全国和谐社区建设示范城区"称号,跻身全省5个获此殊荣的县(区)之一。梨树园社区、浙江路社区荣获"全国和谐社区建设示范社区"称号。

【珠山区(江门)产业推介会在广东江门举行】 12月11日,景德镇市珠山区(江门)产业推介会在"中国第一侨乡"广东省江门市举行。来自北京、浙江、上海、江苏、湖北和港澳等地的100余位企业家代表和25家地方商会代表出席产业推介会。推介会围绕电子商务、基础设施建设、文化旅游、陶瓷商贸等主导产业,签约项目16个,引进内资31.78亿元,外资1200万美元。

主要领导人 区委书记:夏军(任至5月),俞小平(5月任)。区人大常委会主任:李天亮。区长:林卫春。区政协主席:施向阳。

(余婧)

萍乡市

【概 况】 位于江西省西部,辖3县、2区,分辖28个镇,总面积3831平方千米,森林覆盖率63.51%。年末常住人口189万人,人口自然增长率7.03‰。全年实现地区生产总值864.95亿元,增长8.6%。其中:第一产业增加值58.88亿元,增长4.5%;第二产业增加值509.99亿元,增长9.6%;第三产业增加值296.08亿元,增长7.3%。财政总收入117.06亿元,增长6.6%,人均6207元,税收占财政总收入比重83.6%。地方财政收入94.20亿元,增长10.1%;地方财政支出156.23亿元,增长4.5%。工业总产值1642.21亿元,增长7.9%,规模以上工业增加值420.5亿元,占地区生产总值比重48.6%,外贸出口占地区生产总值比重1.7%。固定资产投资908.3亿元,增长9.8%。实际利用外商投资2.8亿美元,增长9.9%。主要工业产品有原煤745.32万吨,工业陶瓷587.72万吨,水泥642.01万吨,钢材486.28万吨,烟花鞭炮2777.55万箱。农业总产值91.04亿元,增长4.5%。主要农产品有谷物5.08万吨,油料3.79万吨,蔬菜61.42万吨,瓜果6.31万吨,肉类总产量

15.1万吨。万元GDP能耗1.135吨标煤。全市污水处理率82.3%,中心城区污水处理率84.9%。城镇居民人均可支配收入2.6万元,增加2258元;农村居民人均纯收入1.28万元,增加1282元。城乡居民年末储蓄余额407.94亿元,增长11.2%。全市新增城镇就业3.1万人,新增农村劳动力转移就业2.2万人,城镇就业率95.7%。全市保障性住房2800套全部开工建设;廉租住房租赁补贴完成1.31万户;棚户区改造完成9821户,农村危房改造完成5785户,中央下放煤矿棚户区改造项目开工1.51万户,建成8223户。

【萍乡市被列入首批全国小微企业信用体系建设试验区】 2月7日,中国人民银行总行下发关于加快小微企业和农村信用体系建设的意见,萍乡被列入首批全国小微企业信用体系建设试验区,成为全省唯一被列入试验区的城市。近年来,萍乡市以萍乡经济技术开发区被列为江西首个省级"中小企业信用体系试验区"为契机,与中国人民银行南昌中心支行签署《共建中小企业信用体系试验区合作备忘录》。萍乡辖区内各金融机构在政策和市场激励下,均设立专门的小微企业信贷服务部门,大部分金融机构简化小微企业信贷流程,小微企业信贷产品有20余种。

【中共中央组织部授予龚全珍等"全国优秀共产党员"称号】 9月3日,中共中央组织部作出关于授予龚全珍、杭兰英和追授刘伦堂"全国优秀共产党员"称号的决定。中共中央组织部号召全国各条战线的共产党员和广大干部向龚全珍、杭兰英、刘伦堂学习,把学习他们的崇高精神转化为为民务实清廉的自觉行动,努力为党和人民事业创造一流业绩。

【萍乡市成为高铁城市】 9月16日,从南昌西开来的G489次列车正点驶进萍乡北站。当日上午9时,随着南昌西至北京西的G489次高速动车组列车正点始发,标志着沪昆高铁南昌至长沙段正式通车运营,萍乡正式成为高铁城市。沪昆高铁南昌至长沙段是国家《中长期铁路网规划》"四纵四横"快速客运网的重要组成部分,全长342千米,设南昌西、高安、新余北、宜春、萍乡北、醴陵东、长沙南7个车站,设计最高运营时速350千米。

【实施城镇居民大病医疗保险制度】 2014年,为切实有效提高城镇居民的重大疾病保障水平,萍乡市积极采取惠民政策,在城镇居民参保个人缴费标准未增加的情况下,在全省率先建立并实施城镇居民大病保险制度。萍乡市城镇居民大病医疗保险按照保障基本、政府主导、统筹协调、专业运作的原则,重点减轻参保人员大额医疗费用负担,利用商业保险机构发挥专业优势,承办大病保险,构建多层次医疗保障体系和稳健运行的长效机制。全市参保居民参加大病保险不需要另行缴费,参加城镇居民医保即可直接享受大病保险待遇,大病保险资金直接从城镇居民医保基金中筹集。

【"格林米特"杜仲猪肉进军南京青奥会】 萍乡银河杜仲公司继2012年伦敦奥运会为中国部分参赛运动员训练提供猪肉后,2014年在与国内几家大型知名食品企业的竞争中又脱颖而出,获南京青奥会的猪肉独家供应资格。4月24日,该公司与南京青奥会组委会签订合同。6月22日,公司将1.3万千克"格林米特"杜仲猪肉运抵南京,经过一周的检验后被告之51项指标全部合格。随后紫金山庄国宾馆又把接待外宾需要用的猪肉订单交给银河杜仲公司。银河杜仲公司是农业产业化国家重点龙头企业,2008年5月,"格林米特"牌杜仲生猪经国家绿色食品发展中心严格审查,认定为绿色食品A级产品,成为全国首家获得绿色食品认证的活体生猪。同时格林米特牌生猪还先后被评为江西省著名商标、江西省名牌农产品和"赣鄱十宝"等。

【成立全省首个环保志愿者协会】 12月5日,萍乡市环保志愿者协会成立,这是全省第一个环保志愿者社团组织。萍乡市环保志愿者协会将联合热心环保事业的企业和各界人士,以"保护生存环境,谴责污染行为;树立节约意识,反对浪费行为"为宗旨,以"普及环保知识,实践绿色生活,提高公众参与度,倡导建立节约型社会"为目标,积极站在保护环境、节约能源的前列,全力促进人与自然环境的和谐及社会的文明与进步。协会工作人员将开展调查、宣传、教育活动,普及环保知识,提高公众环保、节约意识,促进全市经济可持续发展和节约型社会的构建,为"传播绿色文明、建设绿色萍乡"做贡献。

主要领导人 市委书记:陈卫民(任至9月,是月因涉嫌严重违纪违法被免去市委书记职务,10月被罢免全国人大代表职务)、刘卫平(9月任)。市人大常委会主任:黎德廉。市长:李小豹。市政协主席:晏德文(2月因涉嫌严重违纪违法接受组织调查,9月被撤销省政协委员资格)。

(罗晓安)

·安源区·

【简　况】 位于江西省西部,辖4镇、6个街道办事处、1个管理委员会(乡级)。总面积212.58平方千米,其中,城区面积64.5平方千米。耕地面积2971公顷,有林地面积0.82万公顷,森林覆盖率47.36%,城区绿化率46%。全区总人口38.16万人,人口自然增长率6.9‰。完成地区生产总值234.44亿元,增长9%。其中:第一产业增加值4.20亿元,增长4.2%;第二产业增加值114.90亿元,增长9.1%;第三产业增加值115.34亿元,增长8%。财政总收入33.96亿元,增长3.8%。完成工业增加值56.4亿元,增长9.5%。完成固定资产投资258亿元,增长10%。社会消费品零售总额111亿元,增长12%。全区向上争取项目161个,全年实际到位资金7.18亿元,增长9.1%。规模以上工业企业119家,完成主营业务收入208亿元,增长9.4%。粮食总产量2.22万吨,增产0.7%(其中,稻谷总产量1.95万吨,增长0.25%)。万元生产总值能耗0.574吨标煤/万元,下降2.04%;二氧化硫排放总量4873.34吨,消减率3%。城镇居民人均可支配收入2.75万元,增长10.5%;农村居民人均可支配收入1.45万元,增长12%。

【安源镇被列为第六批全国历史文化名镇】 2月,安源镇被住房和城乡建设部、国家文物局列为第六批中国历史文化名镇。安源镇历史文化底蕴厚重,是中国工人革命运动的策源地、秋收起义的主要爆发地,也是中国古代采煤较早、中国近代工业最早崛起的地区之一,有国家、省、市级文物景点20多处,自然风光与人文景观并存竞秀,历史遗存与革命胜迹交相辉映。近年来,安源镇提出"坚持科学发展、加快城市转型、全力打造江西第一镇"奋斗目标,不断加快新型工业化、城乡一体化、三产现代化进程,以项目建设为主抓手,以改革创新为主动力,做强工业、总部、城市、旅游四大经济。

【安源路矿红军小学被授牌为"全国红军小学"】 5月31日,萍乡市四所红军小学授旗授牌感恩捐赠仪式在安源路矿红军小学举行,安源路矿红军小学被全国红军小学建设工程理事会授牌为"全国红军小学"。第十一届全国政协委员、海军原参谋长、全国红军小学建设工程理事会理事长(中将)赵兴发、中国延安精神研究会副会长兼秘书长、全国红军小学建设工程理事会副理事长(少将)苏希胜等参加授旗、授牌仪式并向红军小学捐赠人民币、书画作品、小红军服装、图书及电子琴等钱物。

主要领导人 区委书记:程结林。区人大常委会主任:肖锋。区长:吴顺恩。区政协主席:邱晓玲。

(周菁)

·湘东区·

【简 况】 位于江西省西部,辖8镇、2乡、1个街道办事处,总面积858.76平方千米,总人口41.3万人。全年实现地区生产总值169.97亿元,增长8.2%。其中:第一产业增加值15.86亿元,增长3.8%;第二产业增加值106.85亿元,增长9.0%;第三产业增加值47.26亿元,增长7.2%。财政总收入15.81亿元,增长5.9%,人均3828.4元,税收占财政总收入的比重83.3%。地方财政收入13.38亿元,增长14.3%;地方财政支出22.37亿元,增长7.8%。规模以上工业增加值91.26亿元,增长9%。固定资产投资182.04亿元,增长8.5%。工业固定资产投资161.69亿元,增长4.1%;规模以上企业完成工业总产值357.55亿元,增长8.4%。万元GDP能耗1.86吨标准煤,二氧化硫排放总量3.49万吨,城市污水处理率60%。社会消费品零售总额41.29亿元,增长12.1%。城镇居民人均可支配收入2.63万元,增长9.2%;农村居民人均可支配收入1.31万元,增长10.9%。民生支出4.95亿元,完成8大类51大项96小项民生工程;1020户棚户区改造和984户农村危房改造基本完成。全年开工和续建项目227个,完成投资160.25亿元;向上争取国家政策性项目360个,累计争取各类项目资金8.74亿元。

【下埠镇横溪油牡丹基地成为全省唯一油牡丹种植基地】 8月,下埠镇通过与牡丹世家二十四代传人赵孝庆合作,利用北京林业大学林科所技术引进油牡丹种植成功,成为江西省唯一油牡丹种植基地。该项目一期计划种植油牡丹66.67公顷,主要用于花期观赏和油脂生产,年产值可达8000万元以上。

【推进"三大工程"建设】 稳步推进麻山生态新区。完成土地收储92公顷,先期启动安置区建设、五河治理工程、外环路和绿道慢道系统设计等工作;积极跟进萍乡实验学校建设、湘东区第二人民医院和凯天动漫创意园学校等项目。稳中提速萍乡陶瓷产业基地。扎实推进水、电、路、气等基础设施建设,铁路专用线即将铺轨;工业供水管网完成施工;多元化供气格局已基本形成;投资2900余万元的110千伏新路变电站建成投入使用;中节能发电、园区工业污水处理厂等一批重点项目开工建设。全力开动产城融合示范区。赣湘国际汽车汽配城、"中节能"安置小区、湘东经贸大厦、下街棚户区改造、湘东商业精品街和步行街、后街综合开发、御泉湾花园小区、老关赣湘城等产城融合建设项目全力开动。

【举办"中国市场'百城万亿'增长计划萍乡行暨中帜汽配城电商物流信息中心启动仪式"活动】 12月7日,中国市场"百城万亿"增长计划萍乡行暨中帜汽配城电商物流信息中心启动仪式在湘东区举行。仪式上,中国商业联合会与湘东区政府签订"百城万亿"增长计划战略合作备忘录,中帜汽配城与全国13家知名汽配企业签订市场战略合作协议,多家汽车品牌4S店也签订集体入驻赣湘汽车产业园的协议。中国商业联合会还授予中帜汽配城"中国市场百城万亿增长与发展计划重点培育项目"。该汽配城项目由中帜国际(香港)投资集团有限公司投资,占地面积7.8公顷,建筑面积9.2万平方米,总投资8亿元,是融汽车销售、汽配、美容、快修等为一体的专业综合服务平台。该项目的建设将活跃整个320国道经济带,有力促进产城融合建设。

主要领导人 区委书记:曹光亮(任至8月)、姚虎(8月任)。区人大常委会主任:文发萍。区长:杨劲松;区政协主席:汤其安。

(李剑 杨立)

·芦溪县·

【简 况】 位于江西省萍乡市东部,辖5镇、4乡,总面积960平方千米,耕地面积1.13万公顷,森林覆盖率69.2%。总人口29.8万人,其中非农业人口4.76万人,人口自然增长率7.13‰。全年实现地区生产总值117.49亿元,增长8.2%。其中:第一产业增加值14.58亿元,增长4.78%;第二产业增加值68.18亿元,增长9.5%;第三产业增加值34.73亿元,增长5.7%。财政总收入12.15亿元,增长8%。地方财政收入9.38亿元,增长11.4%。地方财政支出19.71亿元,增长3.9%。规模以上工业总产值250.7亿元,增长9.1%。规模以上工业增加值63.57亿元,占地区生产总值的54.1%。全社会固定资产投资125.83亿元,增长10.3%。主要工业产品及产量:原煤产量159.97万吨,下降8.68%;矿泉水产量36.17万吨,增长4.12%;水泥产量78.49万吨,增长8.79%;电瓷产量102.23万吨,增长10.34%;发电量2.35亿度,增长1.07%;烟花爆竹241.19万箱,增长6.07%。农业总产值22.18亿元,增长4.8%。粮食总产量14.82万吨。二氧化硫排放总量0.51万吨,削减率1%,城市污水处理率80%。城镇居民人均可支配收入2.37万元,增加2017元。农村居民人均纯收入1.29万元,增长1289元。城乡居民年末储蓄余额8.38亿元。

【中材科技(萍乡)风电叶片有限公司落户芦溪】 9月,中材科技(萍乡)风电叶片有限公司落户芦溪。该项目由央企中材集团投资3亿元建设,主要从事低风速大型复合材料风电叶片生产,设计年产能为400套。中材科技(萍乡)风电叶片项目为中材科技在全国的八大战略布点之一,创造了项目建设新的"萍乡速度"。项目建成后,将形成1.5MW~3.0MW低风速型大型风电叶片400套/年的生产能力,年均可实现利税5000万元以上。

【华维电瓷成为全国首家"新三板"挂牌电瓷企业】 8月,萍乡市华维电瓷电器科技有限公司项目在全国中小企业股份转让系统(俗称"新三板")正式挂牌,成为萍乡市首家"新三板"挂牌企业,全国首家"新三板"挂牌电瓷企业。该项目坐落于芦溪工业园电瓷产业基地南区,总投资2.1亿元,于2009年正式投产,主要生产高压线路针式、悬式、柱式绝缘子及避雷器,具备年电瓷1万吨生产能力,公司注重科技创新,为全国绝缘子标委会重点成员、"国家高新技术企业",也是芦溪县首家进入国网采购名录的企业。研发的70kN、100kN电瓷产品顺利通过荷兰"KEMA"试验检测,达到进入欧洲市场的准入条件,成为国内第二家通过此项世界权威检测的企业。

主要领导人 县委书记:欧阳清新(任至9月)、叶华林(10月任)。县人大常委会主任:江跃。县长:姚虎(任至7月)、杨志(8月代)。县政协主席:夏坤勇。

(黎振春)

·上栗县·

【简　况】 位于江西省西部,辖6镇、4乡。全县总面积710平方千米,其中,城区面积9平方千米。耕地面积1.27万公顷,林地面积4.33万公顷,森林覆盖率60.3%,城区绿化覆盖率40%。总人口52万人,其中,非农业人口6.32万人;人口自然增长率8.74‰。全年实现地区生产总值160.95亿元,增长10.5%。其中:第一产业增加值15.04亿元,增长5.1%;第二产业增加值100.25亿元,增长11.9%;第三产业增加值45.66亿元,增长8.1%。财政总收入17.87亿元,增长8%。其中,规模以上工业企业完成产值259.2亿元,增长15%。全社会固定资产投资172.46亿元,增长11.2%。实际利用外商投资4560万美元,增长13.3%。全年引进省外5000万元以上项目资金58.5万元,增长21.9%。全县已形成烟花爆竹、粉末冶金(装备制造)、新型建材、光电、文化旅游、物流、现代农业等多元融合、互动发展的产业体系。农业总产值24.35亿元,增长5.2%。在农业现代化进程中形成宏明食品、黑山羊、红鱼三大品牌。万元GDP能耗0.528吨/标准煤,下降6.17%,污水处理率19.5%。城镇居民人均可支配收入2.46万元,增长2439元;农民人均纯收入1.29万元,增长2027元。城乡居民年末储蓄余额70.71亿元,增长10.08%。

【"一园三基地"建设进程加快】 2014年,上栗县把粉末冶金(装备制造)和光电等高科技项目的引进、培育作为扶持重点,县乡财政列支7000万元设立科技创新奖励扶持资金,与高校院所、产业联盟合作创建"一馆三中心",聘请中南大学粉末冶金院院长黄伯云院士任粉末冶金基地总顾问,设立"院士工作室""博士工作站",迎来"中国科学院、中国工程院院士行"专程走访。年内,"一园三区"被纳入省级工业园区序列管理。粉末冶金(装备制造)产业被国家科技部认定为国家火炬计划特色产业,并列入全省60个重点产业集群和20个省级工业示范产业集群,基地已签约落户25家企业,市综合性技术检测中心、市科技创新创业中心等项目建设有序推进;先进装备制造产业不断壮大,鑫通机械三期、赣西变压器二期等项目建设加快推进;光电新材料产业集群已落户10多家企业,其中,冠能光电、鑫洋、富益特正式投产。

【推行"异地置业"破解增收难题】 上栗县重点推行打基础,利长远的"异地置业"模式,有效缓解边远山区村因地理位置差、当地置业效益低、增加收入慢的难题。通过县统一规划,专门安排给经济薄弱村在乡镇商业中心地带或县城区建设小型专业市场、商业地产小区、公寓、写字楼等商业物产,让每个经济薄弱村能有2~3个门面或店铺,经济薄弱村通过租赁等方式增加集体收入。全县有3个乡镇动工建设"异地置业"项目,其中,已完成2个。赤山镇建设的7层商住两用楼,1~2层已整体出租获取经济效益,为8个集体经济"空壳"村增加3万元左右的收入。上栗镇总投资3000多万建设占地面积近4340平方米的家私建材市场,该项目3号楼和4号楼主体工程已建设完成三层半;福田镇"异地置业"分三期实施,一期工程主体已竣工,正在与客商洽谈招租。

【坚持将科技创新作为做优做安花炮传统产业核心动力】 鼓励引导花炮企业加强对新材料、新机械、新工艺、新技术、新产品的研发和推广应用。一方面,不断夯实科研基础,萍乡花炮科研所下放并迁入上栗,先后与北京理工大学、南京理工大学等10余所高校院所建立合作关系,搭建花炮工程技术中心等三个公共科研平台以及花炮技术学校等配套机构;另一方面,不断激发企业自主创新活力,县乡财政每年拿出2000万元的烟花爆竹科技扶持奖励基金,鼓励引导企业加强对新材料、新机械、新工艺、新技术、新产品的研发和推广应用。至年底,有26家企业建立研发中心,全面安装配装封爆竹一体机、湿法制引机,逐步推广烟花全自动生产机等新机械、新型无硫发射药等新材料、爆竹注引机等新工艺以及环保型爆竹等新产品。花炮产业正朝着机械化、集团化、品牌化方向推进,花炮产能进一步提升,全年实现产量4000万余箱,产值增长6.8%;积极开拓花炮销售市场,组织企业参加定点订货会,销售金额183亿元,增长5.6%。

【开展"5·25"特大洪灾抗洪抢险】 5月24日—25日，上栗县遭遇百年一遇的特大洪涝灾害，短时连续强降水的强度之大、范围之广是1954年有气象资料记录以来所罕见。其中桐木镇降雨量达235毫米，金山镇降雨量达201毫米，持续较长时间的降雨，造成10个乡镇均严重受灾。洪灾发生后，县、乡、村三级组织5000余名党员干部帮助群众转移财产、疏散居民、排查险情，紧急转移安置人口9.1万人。各级紧急下拨救灾资金540万元，保证灾民有饭吃、有衣穿、有住处、有干净水喝、有医疗保障，没有出现因灾逃亡现象。灾后重建工作紧张有序，3天之内基本完成县城的水电路抢通及清淤工作；加快推进农村饮水工程、灌溉渠道工程、拦河坝工程、护岸工程、水库山塘除险加固、泵站工程6大类项目建设，道路、农田、水利等水毁设施基本恢复；帮助灾民建设安全家园，已恢复重建住房746户、3751间，修缮房屋948户。

主要领导人 县委书记：严荣华。县人大常委会主任：兰先湖。县长：彭文华。县政协主席：关翠屏。

（秦美红）

·莲花县·

【简 况】 位于江西省西部，5镇、辖8乡和1个垦殖场，总面积1072平方千米。耕地面积1.49万公顷，山地面积7.47万公顷，森林面积5.32万公顷，森林覆盖率68%。总人口27.6万人，其中，非农业户籍人口4.4万人；人口自然增长率1.1‰。全年实现地区生产总值51.9亿元，增长8%。固定资产投资48.5亿元，增长10.2%。财政总收入7.1亿元，增长8.1%。规模以上工业增加值22.4亿元，增长9%。社会消费品零售总额12.4亿元，增长12.8%。城镇居民可支配收入1.81万元，增长8.7%；农民人均纯收入5994元，增长11.5%。全县规模以上企业实现工业总产值87.8亿元，增长4.4%；规模以上工业主营业务收入82.69亿元，增长10.4%。农业总产值5.4亿元，增长3.2%；全年粮食生产总面积2.23万公顷，总产14.12万吨。完成造林绿化0.18万公顷，完成率180.1%，退耕还林率100%，建设森林湿地博物馆，获"省级森林城市"称号。全县新增国家级生态乡镇4个，省级生态乡镇1个，省级生态村1个。全年发放城乡低保金2600余万元，救助困难群众1.26万人次，发放城乡医疗救助资金735万元。

【吉莲高速公路永莲隧道建成通车】 1月9日，被誉为"国内罕见、江西第一难隧"的江西吉（安）莲（花）高速公路永莲隧道建成通车。永莲隧道是吉莲高速公路的控制性工程，总长4980米。该隧道地质条件极其复杂，大型破碎带纵横交错，Ⅴ级及以上围岩比例超70%，大规模突水突泥次数达15次，涌水涌泥高达几十次，初支大变形高达1米，施工难度极大，安全风险极高。永莲隧道通车后，从吉安市永新县到萍乡市莲花县无须再绕行319国道，104千米的路途全程高速1小时可到达。

【推进千家万户房前屋后种满"摇钱树"惠民工程】 围绕打造"生态立县"，实行"精准扶贫"，利用3年时间，鼓励、引导农户拆除危旧房、空心房、废弃栏舍，充分利用农村居民房前屋后的闲置地，在全县各行政村形成具有鲜明特色的花卉苗木、水果产业群，打造一批生态宜居、绿树成荫、瓜果飘香的幸福新农村。

【打造"莲花品牌"的旅游精品】 4月，荷花博览园创建国家AAAA级旅游景区，第五届油菜花节和第三届莲文化旅游节顺利举办，决策广场落成开放，毛泽东旧居（宾兴馆）秋收起义20天陈列布展完成并全面开放。现有60家村史馆（红色陈列室），3家民俗文化馆在建。《莲花打锡》入选国家级非物质文化遗产名录，路口镇湖塘村列入中国传统村落名录，琴亭镇莲花村、神泉乡竹湖村、坊楼镇江山村、升坊镇浯二村、三板桥乡田南村等9个村被列为全国乡村旅游扶贫重点村。井冈缘莲花度假酒店、安成大酒店和中莲大酒店等3家宾馆招标项目应运而生。

主要领导人 县委书记：夏兴。县人大常委会主任：严漫泉。县长：刘乡。县政协主席：刘绍华。

（朱亮）

新余市

【概 况】 位于江西省中部偏西，辖高新技术产业开发区、分宜县、渝水区和仙女湖风景名胜区。总面积3178平方千米，森林覆盖率57.8%。工业化率51.3%，城市化率56.6%。年末总人口116.08万人，人口自然增长率6.88‰。地区生产总值900.27亿元，比上年增长8.8%。其中：第一产业增加值54.18亿元，增长4.6%；第二产业增加值520.68亿元，增长10.6%；第三产业增加值325.41亿元，增长5.6%。三次产业对经济增长的贡献率分别为2.7%、78.6%和18.7%。三次产业结构调整为6.0∶57.8∶36.2。财政总收入126.41亿元，增长5.4%。其中，公共财政预算收入89.92亿元，增长6.4%。财政总收入占地区生产总值的比重达14%，比上年降低0.2个百分点；税收总收入99.15亿元，增长6.7%，占财政总收入的比重78.4%，比上年提高0.9个百分点。全年公共财政预算支出131.74亿元，增长3.7%。其中，住房保障支出7.59亿元，增长11%。全年粮食种植面积9.95万公顷，下降0.5%；总产量60.28万吨，增长0.8%，实现"十一连丰"。全年社会消费品零售总额191.11亿元，增长11.9%。全年外贸进出口总额20.46亿美元，下降1.5%。其中：出口12.64亿美元，增长17.9%；进口7.82亿美元，下降22.2%。城镇居民年人均可支配收入2.76万元，增长10.4%；农村居民人均可支配收入1.28万元，增长11%。在全省率先发放城镇居民社会保障卡，率先推行"多险合一"信息系统试点，73.6%的参保人员实现各项社会保险"同人同城同库"一卡管理。提前1年完成省政府下达的"十二五"减排任务，二氧化硫、化学需氧量、氨氮、氮氧化物分别削减6.4%、1.2%、6.05%和4.59%，减排工作列全省第一。

【国家光伏工程技术研究中心通过验收】　1月，科技部下发《关于2013年度国家工程技术研究中心验收结果的通知》，公布36个通过验收的国家工程技术研究中心。以江西赛维LDK公司为依托单位组建的“国家光伏工程技术研究中心”名列其中，这是国内光伏行业首个国家工程技术研究中心。2009年10月，经过对国内多家光伏龙头企业的筛选，赛维LDK以完整的产业链、强大的技术队伍、完善的技术设备和丰硕的科研成果胜出，获得科技部批准组建“国家光伏工程技术研究中心”，建设期为3年。经过3年多建设，该中心顺利完成组建和验收的各项工作，累计承担国家级科研项目5项、省级科研项目18项、企业委托研发项目100余项，制定和参与制定国家、行业标准14项，通过认证10项。2013年9月和11月，科技部组织验收委员会对该中心分别进行现场评估和综合评议验收，验收委员会专家一致认为，该中心已完成可行性论证报告和计划任务书要求的各项组建任务，实现预期组建目标，达到验收标准。

【企业信用平台建设取得重要成果】　4月15日，《新余市企业信用白皮书2014(一)》正式对外发布，这是一项利用企业信用与金融服务一体化平台数据取得的重要成果。白皮书将企业信用级别分为A、B、C三等，每等又分为三级，最高等级为AAA级，最低等级为C级。该信用等级有效期为一年。在全市首批参评的300家企业中，有53家获A级以上，97家被评为BBB级，而最高级的AAA级暂时缺失，最低等级的C级有1家。新余市企业信用与金融服务一体化平台建设2013年4月启动，经过1年多的努力，共采集2万余家企业信息，累计采集信息数据量达29.91万组。为充分发挥平台收集到的企业信用信息作用，2014年年初引进独立第三方信用评级机构——上海远东资信评估有限公司，对企业信用进行评级，并由政府和评估机构共同向社会发布企业信用白皮书。新余市拟在初步完成企业信用和金融服务一体化信息系统建设的基础上，将平台进一步扩展至诚信公务员、诚信个人等相关领域，确保平台实现企业、个人、社会信用档案互融互通，建设诚信新余。

【成立新余市钢铁产业联盟】　5月9日，新余市钢铁产业联盟揭牌仪式举行。新余市钢铁产业联盟由全市从事并具影响力的钢铁产业研发、生产、销售及应用的企事业单位、科研院所、大专院校及其他与钢铁产业相关联的单位自愿联合组成，旨在支持联盟成员发展，促进全市钢铁产业稳健运行、共同发展，打造政府、企业、专家、研究机构、资本、媒体多赢的品牌产业平台。发挥联盟在推动新余市钢铁行业自律，规范行业竞争秩序，组织开展钢铁产业发展战略及规划研讨，建立产业协作机制，联合进行钢铁市场调研与政策研究，探索有效的产学研技术创新机制等方面的积极作用。

【新余列中国百强宜居城市第38位】　5月，由中国社会科学院财经战略研究院、社会科学文献出版社、中国社科院城市与竞争力研究中心共同发布《城市竞争力蓝皮书：中国城市竞争力报告No.12》。公布城市的各项竞争力排名，新余列中国百强宜居城市第38位。蓝皮书对中国294个城市的综合经济竞争力和289个城市的宜居、宜商、可持续竞争力进行分析，并结合“两横三纵”的战略格局进行比较，发现问题、找出差距，为推动实现新型城镇化战略提供理论和政策参考。宜居城市评选指标为社会文明度、经济富裕度、环境优美度、资源承载度、生活便宜度、公共安全度及城市住房、交通等，以百分制评出。江西省有7个城市入选中国百强宜居城市，其中新余排名最前。

【夏布绣被列入国家级非遗名录】　12月，《国务院关于公布第四批国家级非物质文化遗产代表性项目名录的通知》正式发布，批准第四批国家级非物质文化遗产代表性项目名录153项，新余市的夏布绣名列其中。夏布绣是中国28绣种之一，由新余民间传统麻布绣发展而来，具有上千年的发展历史。与中国传统的湘绣、蜀绣、粤绣、苏绣四大名绣不同，夏布绣以苎麻为原材料，是在夏布上进行的刺绣。近年来，新余市加大对夏布刺绣的保护与传承，艺术价值、品牌效应及技术力量得以持续稳定的发展，夏布刺绣产业发展日益繁荣，产生较强的经济效益和社会效益。夏绣艺术作品凭借其艺术魅力和文化内涵，被列入高档收藏品行列，被巴西、韩国、澳大利亚、美国、日本等30多个国家和地区的藏友收藏。2014年4月，文化部首次面向全国公开征集2014年度全国特色文化产业重点项目，经过资格审查和专家评审，共确定51个项目进入2014年度全国特色文化产业重点项目库，其中江西省仅有夏布刺绣产业发展项目、景德镇近现代陶瓷工业遗产综合保护开发项目入选。

【入选第二批公立医院改革国家联系试点城市】　5月，国家卫计委、财政部、医改办联合下发《关于确定第二批公立医院改革国家联系试点城市及有关工作的通知》，新余市被列入第二批公立医院改革国家联系点城市之一，成为江西省唯一入选的设区市。第二批公立医院改革国家联系点城市共17个城市入围，对入围城市公立医院改革提出更高要求，县级(二级)以上公立医院都要开展综合改革。此前，新余市学习借鉴第一批全国公立医院综合改革试点市的成功经验，推进公立医院改革工作。启动市级公立医院综合改革，包括公立医院管办分离、全员聘用、竞争上岗、医师多点执业、医联体建设、取消以药养医等内容；积极推进县级公立医院综合改革试点，启动分宜县人民医院、分宜县中医院综合改革试点，探索建立维护公益性、调动积极性的考核分配新机制。与改革前同期相比，试点医院住院、门诊均次费用和药品收入占业务收入比重大幅下降，小病就诊开始向基层流动。此外，率先在全省县级以上医院开展“阳光医药”网上监察系统建设，县级以上公立医院药品采购、配送、使用实行网上实时监管。

【江西渝州科技职业学院升本获批准】　5月16日，教育部向江西省政府发出《教育部关于同意在江西渝州科技职业学院基础上建立江西工程学院的函》，同意在江西渝州科技职业学院基础上建立江西工程学院。至此新余市拥有2所本科院校。江西工程学院系本科层次的民办普通高校,标识码为4136012766,学校全日制在校生规模暂定为9000人,同意首批设置本科专业5个,即电子信息工程、机械设计制造及其自动化、网络工程、新能源科学与工程、电子商务。2013年6月和12月,该院接受教育部和省教育厅专家对申本工作的考察评估。专家们对该院办学积淀、办学行为、办学条件、办学特色和育人成效给予高度评价。2月28日,在教育部于上海举行的高校设置评议会上,该院以87票通过(居全国第5位)评估。4月18日,教育部召开党组会,同意通过该院申设江西工程学院。

【加快推进农村土地流转】 为探索与完善农村土地流转工作运行机制、服务网络建设和管理新模式,新余市全面构建市、县、乡、村四级联动的农村土地流转服务平台和网络体系。1月15日,全省首个设区市农村土地流转服务中心——新余市农村土地流转服务中心揭牌成立。4月,在全省率先建立全市统一的农村土地流转管理信息平台,连接到各县区及乡镇。8月,全市各县区及涉农乡镇办均成立农村土地流转服务中心,有专门的服务窗口和必要的工作设施,有固定工作人员和专项工作经费,实现土地流转服务窗口网络全覆盖,村级配备土地流转信息员。通过统一的管理信息平台,可以查看和监管各县区、乡镇、村、组的土地流转实时状况。截至12月25日,全市新增耕地流转面积3313.33公顷,耕地流转总面积达到1.78万公顷,耕地流转率达到32.6%,土地流转涉及农户4.57万户,签订耕地流转合同1.69万份,签订流转合同的耕地面积1.22万公顷,占全市耕地流转总面积的68.62%。随着土地流转的推进,一大批新型农业经营主体应运而生。全市农民合作社总数达1625户,比上年底增加670户,增长70.1%;合作社社员达7.11万人,比上年底增加1.8万人,增长40%;覆盖农户数12.44万户,比上年底增长31.8%,占全市农户总数的56.5%。拥有市级以上示范社149家。成立全市首个农民合作社联合社,3户农民合作社获得国家有机产品认证。全市家庭农场总数达581户,其中新增家庭农场505户。全市种粮专业大户新增耕地流转面积达733.33公顷。新余市丰顺水稻种植专业合作社共流转耕地180公顷,成为全市流转耕地面积最多的合作社。全市各类公益性和经营性服务组织达3795个,从业人员2.25万人,涉及农技(机)服务、病虫害防治、信息服务、储藏保鲜、农产品营销等各个方面。

【高铁新余北站正式投入运营】 9月16日,沪昆高铁南昌至长沙段通车,高铁新余北站正式投入运营。新余境内高铁路段长56千米,共投资66亿元。新余北站位于新余市下村工业平台的西北面,距离新余市中心约10千米,拥有双向站台12对,总建设面积达1.6万平方米,是除南昌站以外江西省境内最大的车站。高铁开通后,新余至长沙运行时间只需55分钟,至南昌仅需27分钟,极大地拉近新余与周边城市的时空距离。2010年,新余市委、市政府提出建设高铁新区的规划,启动高铁新区建设。高铁新区建设用地面积约20.19平方千米,人口规模约为16万人,整个新区细分为61平方千米的规划控制区、41平方千米高铁新区管辖区、21平方千米的新城区、5平方千米的核心启动区和2平方千米的高铁核心区。经过4年多的建设,高铁新区各项基础设施初具规模,高铁车站建设及交通枢纽工程、安置小区等基本完成,钟灵大道等主要道路全面通车,与主城区实现无缝对接。

【新余市工业设计中心揭牌成立】 9月19日,新余市工业设计中心举行揭牌仪式。该中心是新余市委、市政府围绕打造"全省改革创新先行先试示范区"目标,按照"以改革创新为统领,以结构调整为抓手,以转型升级为主题"的整体方略,在全省率先创办的第一家以工业设计服务为主体、引领传统产业转型升级、孵化新兴产业成长的创新型企业服务机构。中心采取"赣粤互动"的发展模式,借助广东及国内外众多优秀设计企业的资源优势,以"服务、对接、孵化"的方式,立足新余、辐射全省,为制造业的转型升级提供创新服务。

【举办首届中国(江西)国际麻纺博览会】 12月11日—13日,首届中国(江西)国际麻纺博览会在新余市仙女湖抱石文化创意园举办。此次博览会由中国纺织工业联合会指导,由中国麻纺行业协会、江西省工信委、新余市政府共同主办,主题为"生态江西、万'麻'奔腾"。大会吸引来自欧洲、埃及、日本、韩国、印度等近10个国家和地区的59家品牌麻纺企业参展,参会客商超过1000人。博览会展位覆盖麻纺产品的历史文化、产业发展、互动交流、商务洽谈等多个方面,展示以苎麻、亚麻为核心的麻纺原料产品、麻类服装服饰产品、麻类家居家纺产品、手工夏布及夏布工艺产品、麻文化及旅游产品等。展区面积超过4000平方米,参展企业59家,涵盖苎麻、亚麻、大麻、黄麻等各种麻纺重点企业,参会客商、采购商超过300家。中国纺织联合会"纺织之光"重点科技成果"高效节能麻纤维生物脱胶加工新技术"现场推广会、中国麻纺行业协会年会暨会员大会、2015年中国麻纺织产品流行趋势发布会、江西麻纺产业推介会暨麻纺产业项目合作签约仪式、中国麻纺产业发展高峰论坛、中华名家夏布书画笔会暨2014年中华麻纺名品拍卖会等一系列活动在博览会期间举行。

【争创全省改革创新先行先试示范区】 新余市把2014年作为改革创新起步之年,1月1日,在全省率先实施公车改革,仅市直单位每年节约公务用车经费支出28%以上,节约行政成本达1500万元左右。出台《关于进一步推进改革创新的意见》,在全面落实中央、省安排部署的各项改革创新任务的基础上,重点推进以"小政府、大社会、活市场、优环境"为主题的四大改革创新工程,明确近3年内可能完成的各项重点改革任务。在高新区实行大部制改革的基础上,对市内行政区划进行调整,撤销孔目江区,成建制并入仙女湖区;将省职教园区并入仙女湖区合署办公,实现"三区合一",人员、机构压缩45%,行政费用大幅降低。整合驻外机构,撤销市政府驻杭州、厦门、深圳、长沙4个办事处。变办事处为招商机构。

主要领导人 市委书记:刘捷。市人大常委会主任:黄国均。市长:丛文景。市政协主席:廖兰芳。

(邹澄洪)

·分宜县·

【简 况】 位于赣西中部,辖6镇、4乡、1个街道办事处。区域面积为1391.76平方千米,其中,城区面积20.8平方千米,耕地面积37.52万公顷,有林面积6.7万公顷。森林覆盖率65.6%,城区绿化率26.7%。总人口33.65万人;其中非农业人口8.08万人,人口出生率12.24‰。2014年全县生产地区总值191.61亿元,同比增长8.1%。其中:第一产业增加值17.25亿元,增长4.6%;第二产业增加值108.55亿元,增长10.1%;第三产业增加值65.81亿元,增长4.0%。财政总收入27.4亿元,增长3.2%,人均增长7.42%。税收占财政总收入的比重71.2%。地方财政收入22亿元,增长10.5%。地方财政支出31.05亿元,增长8.2%。工业总产值93.9亿元,增长10.7%。规模以上工业增加值62.2亿元,增长10.7%,占地区生产总值32.7%;主营业务收入294.1亿元,增长7.4%。固定资产投资152.2亿元。实际利用外商投资8300万美元,省外投资142.05亿元。江锻重工、驱动桥、海螺水泥、珠江矿业、宏大煤矿电机、江锂科技等骨干企业技改不断升级,规模不断壮大。农业总产值28.03亿元,增长6.4%。粮食总产量14.32万吨,实现"十一连丰"。新增蜜橘140公顷、大棚西瓜333.33公顷、商品蔬菜146.67公顷、优质早熟梨56.67公顷。全县果园种植面积达3966.67公顷、蔬菜4133.33公顷、西瓜3200公顷。重点支持中药材产业的发展,新增中药材233.33公顷,总面积达339.87公顷。万元GDP能耗、二氧化硫排放总量下降8.25%,城市污水处理率100%。城镇居民人均可支配收入23560元,增长10.1%;农民人均可支配收入1.26万元,增长11.2%。城乡居民年末储蓄余额68.13亿元,增加7.65亿元。

【少儿舞蹈《我最棒》在国家大剧院上演】 10月27日晚,由文化部主办的"大地情深——群星奖"获奖作品全国巡演在国家大剧院演出。分宜少儿舞蹈《我最棒》等14个获第十届中国艺术节"群星奖"的作品闪耀登上大剧院舞台。这是江西省唯一选送的获奖节目,也是当晚唯一一个少儿节目。"群星奖"是文化部设立的全国群众文化艺术政府奖,和专业领域的"文华奖"并列为中国文化艺术政府奖的两个子项。少儿舞蹈《我最棒》编排上重视趣味性和娱乐性,选择孩子们所熟悉的、喜爱的又有积极意义的生活题材,用有趣的方式编排和呈现,让孩子在游戏中展现美、享受美,把观众带入艺术的空间。在2013年10月25日第十届中国艺术节颁奖晚会上,分宜少儿舞蹈《我最棒》获得舞蹈类"群星奖"。

【推广"纺织之光"重点科技成果】 12月10日,由中国纺织工业联合会科技发展部、中国麻纺行业协会、纺织之光科技教育基金会联合组织,江西恩达麻世纪科技股份有限公司承办的"纺织之光"重点科技成果——"高效节能麻纤维生物脱胶加工新技术成果"现场推广活动在新余市举行。此次"纺织之光"在新余举办"高效节能麻纤维生物脱胶加工新技术成果"现场推广活动,既是对分宜恩达家纺这项科技成果的充分肯定,也为分宜提供向同行学习的宝贵机会;既丰富国际麻博会的活动内涵,也为展示分宜麻纺产业发展成果提供一次极好机会,为分宜古老的夏布文化注入新的活力,为分宜麻纺产业进一步转型升级带来新契机、开启新纪元。

【"严嵩及其时代"学术研讨会在分宜召开】 10月25日上午,由江西师范大学历史文化与旅游学院、江西历史学会共同发起,严嵩研究会承办的"严嵩及其时代"学术研讨会在分宜召开。中国明史学会、中国社会科学院、清华大学、北京大学、中国人民大学、南京大学、武汉大学、故宫博物院等国内明史研究高等院校科研机构40余知名专家、学者出席会议。与会专家、学者以此为契机,阐述自己在严嵩及其时代领域的最新研究心得与收获。并实地考察界桥村严氏家族文化传承及严嵩历史遗存,详细了解严嵩及其时代给当地生产生活产生的深远影响,共同探讨如何加强明史研究、严嵩及其时代研究、名人文化研究及引导旅游开发的方向和策略。

【红星美凯龙全球家居生活广场项目在分宜落户】 10月18日,红星美凯龙全球家居生活广场分宜商城招商新闻发布会在县影剧院举行。红星美凯龙分宜家居生活广场项目总投资4亿元,建筑面积达10万余平方米,建成后,不仅成为集团进驻江西地区的第一个县级城市综合性家居商场,还将成为赣西第一个档次更高、业态更全、质量更优、服务更满意的标志性家居商场。对进一步推动分宜县家居行业的整体升级、繁荣商业经济、提升城市品位等方面都有十分重要的作用。

主要领导人 县委书记:姚灵目(任至12月)。刘琼(12月任)。县人大常委会主任:张学武。县长:刘琼。县政协主席:朱运书。

(杨诚)

·渝水区·

【简 况】 位于江西省中部偏西,新余市东部,袁河中下游。全区面积1110平方千米,下辖6镇、5乡、5个办事处。总人口88.6万人,人口出生率14‰,人口自然增长率4.94‰。2014年,全区地区完成生产总值196.72亿元,同比增长9.2%,其中:第一产业25.37亿元,第二产业114.64亿元,第三产业56.7亿元,分别增长4.1%、7.5%、11.6%。财政收入27.63亿元,增长5%,其中公共财政收入21.24亿元,增长11.8%。固定资产投资181.8亿元,增长6%。社会消费品零售总额121.74亿元,增长10.5%。城镇居民人均可支配收入2.83万元,增长10.5%;农民人均纯收入1.30万元,增长11%。主要矿产资源有硅灰石、石灰石、铁、锰、钨、煤等20多种。地方特产主要有新余蜜橘、铁观音茶、'珊娜'牌翠冠梨、罗坊乳猪、水北米粉及抱石矿泉水等。森林覆盖率47.8%,全区城镇化率65%。全区有34.2万人参加新型农村合作医疗,参合率达99.6%,共发放补偿金8215万元。256套经济适用房、1296套公租房、1098套廉租房交付使用,1000户农村危旧房改造任务全面完成。新增城镇就业2667人、转移农村劳动力6855人,"零就业"家庭安置率达100%,发放再就业小额担保贷款7522万元。进一步完善社会保障体系。城乡低保、农村五保、企业退休人员基本养老金等保障水平稳步提高。社会保险实现五险"同人同城同库"统一征缴。

【推进农村土地流转,服务面积8860公顷】 2014年,为推进农村土地流转合理有效定进行,渝水区在每个乡镇成立农村土地流转服务中心和土地承包调解仲裁委员会,并在每个村委设一名信息联络员,广泛收集土地流转信息,为合作双方提供高效信息服务,积极搭建土地流转平台。通过镇、村引导,农户之间平等协商,确定土地承包经营权的转包价、租金、转让费,并由镇、村提出一个指导价格,并以干谷数量为有偿金,避免市场波动,保证流转方农户的收益。全区农村土地流转服务面积达8860公顷,土地流转率达31.84%。为扩大农村土地经营权流转规模,积极培育各种新型农业经营主体,全区有各类农业经营企业100余户,其中,省、市级龙头企业70户;种养加工大户407户,并正式成立渝水区农民合作社联社,全区各类农民专业合作社822户,注册会员2.47万户,覆盖农户3.89万户,以及登记家庭农场168户,休闲农庄和农家乐庭院共139个。

【助推农村电子商务发展】 为促进农村电子商务发展,渝水区成立促进农村电子商务发展领导小组,制定出台奖励扶持办法和发展规划,对从事农村电子商务的网商、企业、园区在税收、资金、金融、店租等多个方面推行优惠政策。同时,该区定期组织农村电商专业知识培训,并通过与电商企业的紧密互动,线上线下多点结合递进发展的方式,大力助推电商龙头企业的发展,使更多的传统农产品生产者和社会个人、公司加入电商模式。共组织农村电商培训50余次,参与培训人员3000余人。通过整合电商线上线下资源,不断创新模式,采取实体店体验+线上C2C+线下同城配送三位一体的经营模式,为农民增收致富搭建平台。与淘宝网特色中国项目部对接的渝水馆项目正在紧密推进,这是江西省在淘宝网上的第一个县级馆,馆中展示400余种优质农产品。截至2014年底,全区有全城电商、0790购菜网、菜小二等致力于农村电子商务发展的龙头企业,其中全城电商公司为省级电商示范企业。共培育出从事农村电商87家,网上日交易量达13.4万元。

【全省首个农村大型沼气集中供气项目在罗坊镇建成】 12月29日,全省首个农村大型沼气集中供气项目在渝水区罗坊镇建成。罗坊镇首批390户居民户用上清洁沼气。该项目位于罗坊镇院前村,由江西正合环保工程有限公司投资、建设和运营,一期总投资3005万元。工程分为沼气集中供气站、病死猪无害化处理中心和循环生态农业园三部分。沼气集中供气站以罗坊镇周边15千米范围内的养殖场粪污、病死猪以及秸秆等农业有机废弃物为原料,日均进料量10平方米,日产气量600平方米。

【水北镇获全国敬老模范单位称号】 12月,在全国老龄办、民政部、教育部、国家新闻出版广电总局、团中央、全国妇联和中国关心下一代工作委员会等七部门联合开展的第六届全国敬老爱老主题教育活动中,水北镇被授予第六届"全国敬老模范单位"荣誉称号。水北镇投资400多万元完善敬老院建设和各种设施,组建"水北农村居家养老基金会",已筹集社会资金850多万元,建成23个颐养之家,为65岁以上留守老人提供免费一日三餐;传承敬老爱老"爱心接力棒",从2012年开始,水北商会每年为敬老院老人捐款捐物10万元。

主要领导人 区委书记:徐文泊。区人大常委会主任:周梅生。区长:彭水萍(任至5月)、聂志新(6月代,7月任)。政协主席:周平根。

(张小仁)

鹰潭市

【概　况】 位于江西省东北部,辖贵溪市、余江县、月湖区,22镇、12乡、9个街道办事处。总面积3560平方千米,其中市区建成区面积33.5平方千米。林地面积20.19万公顷,森林覆盖率57.38%,城区绿地面积340公顷。常住人口114.76万人,其中市区21.83万人(按行政区划划分的月湖区人口);人口自然增长率6.86‰,城市化率54.23%。2014年,地区生产总值606.98亿元,同比增长9.7%,人均生产总值5.3万元。其中:第一产业增加值47.57亿元,增长4.8%;第二产业增加值376.26亿元,增长11.3%;第三产业增加值183.15亿元,增长7.4%。全市实现农林牧渔业总产值75.29亿元。规模以上工业总产值2057.87亿元。财政总收入101.66亿元,增长9.7%;一般公共预算收入73.39亿元,增长11%。县级财政收入占全市财政收入的68.67%。财政收入占生产总值的比重达16.7%,税收占财政收入的比重达79.5%。规模以上工业增加值340.31亿元,增长11.2%。固定资产投资464.23亿元,增长17.8%。社会消费品零售总额150.65亿元,增长12.6%。城镇居民人均可支配收入2.46万元,增长10.1%;农村居民人均可支配收入1.14万元,增长11.5%。城乡居民储蓄存款余额290.82亿元,增长12.3%。

【举办第三届国际道教论坛】 11月25日—26日,由中国道教协会和中华宗教文化交流协会主办、江西组委会承办的以"行道立德,济世利人"为主题的第三届国际道教论坛在鹰潭(龙虎山)举办。来自美、英、德、法、韩等24个国家和中国港澳台地区的高道大德、专家学者、中外记者等2500多人齐聚道都,共襄盛举。中共中央政治局常委、全国政协主席俞正声,中共中央政治局委员、国务院副总理刘延东分别为论坛致贺信。全国政协副主席马飚宣布论坛开幕并致辞,全国人大常委会原副委员长许嘉璐出席。省委书记强卫出席开幕式并致辞，中央统战部常务副部长张裔炯、国家宗教事务局局长王作安宣读贺信，全国政协民族和宗教委员会主任朱维群、省长鹿心社、省政协主席黄跃金出席开幕式。中国道教协会会长任法融在论坛上致辞。联合国教科文组织、英国菲利普亲王等国际组织和外国政要也向大会致贺信贺电。此届论坛开幕式的祈福法会、开幕盛典、文艺演出均在室外举行，让嘉宾置身于龙虎山秀丽的自然环境之中，与自然融为一体，展现天人合一的道家境界。论坛期间，还举行“问道丹青”全国道教题材美术书法名家精品展、中医义诊、《寻梦龙虎山》实景演出、3场电视论坛以及数场分论坛等活动。

【《寻梦龙虎山》试演成功】 11月12日，国内首部“行进式”、全省第一部大型山水实景演出《寻梦龙虎山》正式和广大观众见面。该演出以龙虎山的历史文化为背景，由阳光媒体集团和龙虎山旅游集团公司历时两年共同打造。《寻梦龙虎山》使用国内最大规模的环境艺术灯光工程，还引用大量的裸眼3D等高科技技术，并将这些水、声、光、电等元素与龙虎山丹山碧水的秀美风光有机结合，最大程度地表现人间仙境、千年道都的独特魅力。剧情分为《序·入梦》《生之逍遥》《山水之逍遥》《心之逍遥》《尾声·出梦》5个篇章，紧扣“神仙地，逍遥游”这一主题，着重展现“千古名岳，道都仙山”的仙境风光，突出表现龙虎山丹山碧水的旖旎风光，其中源远流长、博大精深的道教文化、春秋战国时期古越民族留下的千古之谜，都作为素材及主故事线索融入到剧情中。《寻梦龙虎山》正式版本预计将于2015年3月底进行正式公开演出。

【“鹰潭历史文化之光展”在北京展出】 9月4日—11日，由中国文学艺术基金会、鹰潭市人民政府主办，以“福地遗珍、人文沉香”为主题的“鹰潭历史文化之光展”在中国文艺家之家艺术馆展出。中国文联党组书记、副主席赵实，中国文联党组成员、副主席夏潮，全国人大常委、中国道教协会副会长张继禹，鹰潭市委书记陈兴超等出席开幕式。此次展出共吸引文化工作者、书法爱好者、道教信徒、在京鹰潭籍人士及媒体新闻记者等千余人次参观。展出以图片、书法作品和道教实物为主。经过7天的集中展示，将鹰潭角山陶窑遗址、古越崖墓、道教文物等悠久的文化历史，近现代鹰潭人民在中国共产党的领导下为民族解放进行的不懈斗争，当代以小楷书法作品为代表的文学艺术方面所取得的成就，以及近年来鹰潭城乡面貌所发生的巨大变化等，完整地呈现在人们面前，使每一名参观者都能深入解读鹰潭，深切感受鹰潭经济社会发展变化。

【举办第七届海峡两岸道文化艺术交流论坛】 6月27日，第七届海峡两岸道文化艺术交流论坛在“道教祖庭”江西鹰潭龙虎山开幕，海峡两岸道教界、学术界、政界、经贸界200余人齐聚，探讨道文化发展。内容涉及养生的概念、道文化和道教文化以及传统文化之间的关系、中医、道教和养生的关系、中国古代有关养生的主要学说观点和方法流派、如何养生保健、两岸道文化的交流和发展前景等问题，进行互动交流，取得良好效果。

【全省社会保险“多险合一”信息系统在鹰潭市试点运行】 10月9日，全省社会保险“多险合一”信息系统在鹰潭市率先正式启动上线。鹰潭市“多险合一”信息系统，是按照省级大集中的模式推进的第一个核心系统，为实现“人社信息化”向“信息化人社”转变奠定坚实的基础，这个信息系统实现统一征缴、统一管理，实现与银社系统的无缝衔接，实现业务财务的一体化等。全市的核心业务经办、定点医院就医即时结算、社银接口、社保卡系统接口、财务接口等系统主要功能运行平稳，实现养老、医疗、工伤、生育、失业5个险种统一征缴和参保人员各项社会保险“同人同城同库”管理，为广大市民提供方便快捷的“一站式”社会保障服务。

主要领导人　市委书记：陈兴超。市人大常委会主任：杜德春。市长：熊茂平。市政协主席：潘赞海。

（王新勤）

·贵溪市·

【简　况】 位于江西省东北部、信江中游，辖18个乡(镇)、3个街道办事处、7个林(垦殖、园艺)场。总面积2480平方千米，其中城区面积28.75平方千米。耕地面积3.2万公顷，有林地面积13.62万公顷，林木绿化率63.92%，城区绿化率42.52%。总人口63.79万人，其中非农业人口11.80万人；人口自然增长率6.68‰。全年地区生产总值336.99亿元，同比增长8.3%。其中：第一产业增加值18.24亿元，增长5.1%；第二产业增加值242.55亿元，增长9.2%；第三产业增加值76.21亿元，增长6.2%。财政总收入是43.22亿元，增长5.1%，税收占财政47.8%。地方财政收入29.18亿元，增长11.5%；全市规模以上工业企业总产值12.99亿元，增长2.8%。工业增加值225.19亿元，增长4.9%。全市规模以上工业主营业务收入完成2552.75亿元，增长9.3%，是全省工业主营业务收入唯一突破2000亿的县(市、区)。主要工业产品有：农药1.45万吨、化肥18.23万吨、节能灯3.35万只、水泥168.47万吨等。全年引进省外资金86亿元，增长13%。实际利用外资9100万美元，增长8.7%；外贸出口总值5.66亿美元，下降0.5%。农业总产值29.97亿元，增长6.5%。粮食总产量37.25万吨，增长0.58%，实现“十一连增”。主要农产品有：稻谷35.95万吨、蔬菜13.92万吨、水果2.83万吨、油料0.72万吨、肉类总产3.2万吨。GDP能耗0.65吨标准煤/万元、二氧化硫排放总量2.2吨、城市生活污水处理量1.8万吨。城乡居民年末储蓄余额107.70亿元，增长12.3%；农村居民人均可支配收入1.14万元，增长16%。

【设立出国劳务报名点】 2月，经省商务厅批准，贵溪商务局设立出国劳务报名点。这是鹰潭市首家为有意出国务工人员免费报名、向外派劳务企业推荐劳务人员的服务窗口，能够规范全市外派劳务市场秩序，为有意出国务工人员提供准确项目信息和便利服务，确保全市外派劳务工作平稳有序健康发展。

【开展“最美劳动者”评选活动】 为进一步弘扬新时代工人阶级的优秀品质，着力营造“劳动光荣、工人伟大”的浓厚氛围，充分激发广大职工群众的劳动热情和创造活力，贵溪市委宣传部和总工会共同举办以“当好主力军，做最美劳动者”为主题的“最美劳动者”推荐评选活动。2014年“五一”国际劳动节前夕，“最美劳动者”评选结果揭晓：刘云军、张多兰、李金生、舒有龙、李加汉、杨建国、项瑛英、陈文华、祝茂龙、江成林10人获2014年贵溪市“最美劳动者”奖；国秋、徐园生、罗东香、周淑琴、雷英、孙建平、周快发、黄平、朱青春、胡伟能10人获2014年贵溪市“最美劳动者”提名奖。

【开展寻找“最美家庭”活动】 2月28日至5月10日，贵溪市委宣传部、市妇联等单位联合开展寻找“最美家庭”活动。选出5户贵溪市“最美家庭”和5户贵溪市“最美家庭”提名奖。5月中旬，对评选出来的贵溪“最美家庭”进行表彰。7月，召开寻找“最美家庭”活动表彰大会。市委副书记王富生出席表彰大会。会议对获奖的家庭和组织颁奖，屠淑丽代表“最美家庭”获奖者发言。

【《小河亲过我的脸》在南昌首映】 3月13日，入选第22届中国金鸡百花电影节国产新片展28部获表彰新片之一、中国首部反映20世纪70年代末“路线教育工作队”电影、赣东北首部本土题材电影《小河亲过我的脸》在南昌首映。该影片根据贵溪市作家彭建中创作的同名小说改编而成，由著名导演钟海担任导演，优秀新生代演员缪俊杰、蒋梦婕出演男女一号。影片所有镜头都在贵溪市境内拍摄。同月，电影《小河亲过我的脸》成功入围第21届北京大学生电影节主竞赛单元。这是该影片继入选第22届中国金鸡百花电影节国产新片展后的又一次入选国内有影响力的电影节。

【打造“阳光低保”】 为防止不合规低保的发生，贵溪市每年定期对低保对象入户核查，认真落实监督责任，一旦发现家庭情况发生变化的低保对象，将针对不同情况分别提出变更户主、调整保障金额、取消保障待遇等意见报批。通过动态管理增加低保的灵活性，提高低保的准确率，做到应保尽保，动态管理，实现“阳光低保”。1—7月，全市清退1969户3086人。

【开展道路安全隐患专项整治活动】 2014年，贵溪滨江镇针对群众反映强烈的道路交通安全问题，开展道路安全隐患专项整治活动。筹资600多万元硬化江南郑源、流岭徐家、柏里水泉、江北地洲等20多千米通组公路；筹资300多万元硬化洪塘公路；筹资400多万元新建金沙箬港大桥、童家桥、何家桥，并争取到112万元用于金沙渡口、李家渡口、地理渡口、羊角渡渡口的标准化建设。10月15日，改造好的长约3.5千米的滨江镇柏里至洪塘通村公路，水泥路面宽阔平坦，该镇的洪塘、流岭、金沙3个村委会逾万村民彻底告别行路难的困境。

【全国首批“敬老工程安居扶助计划”示范基地落户贵溪市】 12月20日，全国首批“敬老工程安居扶助计划”帮扶示范基地启动仪式在贵溪市桃源居项目基地举行。购房困难的老人、中低收入群体，全款或分期购买市敬老工程安居扶助项目房源，可申请20年总房款50%的公益资助。在启动仪式上，贵溪市首批25户中低收入困难家庭获得中旭基金会正式批复，这些家庭在项目基地购房后，20年内将从“敬老工程安居扶助计划”项目中每年获得总房款2.5%的公益资助。

【打破保障房“终身制”】 2014年，贵溪市保障房开始启动动态管理，打破“终身制”，确保住房惠民政策惠及到“当前的低收入住房困难”家庭。该市利用半年时间，对2010年以来申报保障性住房申报人、配偶和子女的房产、收入(含家庭收入、家庭财产)、车辆状态等情况进行复核，保障房申请户的所有信息数据已通过市房管、民政、公安(车辆交警)、财政、社会保障(养老)、工商、税务、住房公积金、银行等多个部门联动审核，为实施动态管理奠定基础。全年共清退626户不符合保障房承租条件的家庭和588户不符合享受廉租住房租赁补贴家庭，为全市公共财政节省资金约4500万元。

主要领导人 市委书记、市人大常委会主任：杨解生。市长：程芦山。市政协主席：祝晓勤。

（裴爱兰）

·余江县·

【简　况】 位于江西省东北部，辖7镇、4乡。总面积932.8平方千米，其中城区面积10.7平方千米。耕地面积3.41公顷，有林面积3.67万公顷，森林覆盖率40%。总人口38.51万人，其中非农业人口8.49万人。2014年，实现地区生产总值92.93亿元，同比增长11.8%。其中：第一产业增加值27.28亿元，增长8.2%；第二产业48.27亿元，增长15.5%；第三产业17.38亿元，增长6.9%。财政总收入15.9亿元，增长8.5%；税收占财政收入的比重达83%。公共财政预算收入11.7亿元，增长4.4%。外贸出口1.19亿美元。固定资产投资77亿元，增长39.5%。规模以上工业总产值261.3亿元，增长21.3%；规模以上工业增加值42.02亿元，增加23.7%。主要工业产品铜材26.2万吨，服装2465.5万件，眼镜成镜2905万副。农业总产值42.62亿元，增长9.23%。粮食总产量29.6万吨，花生1.07万吨。万元GDP能耗0.041吨标煤，城市污水处理率85%。城镇居民人均可支配收入2.25万元；农民人均纯收入1.14万元，增长12.4%。

【在行政村安装城乡居民养老保险金POS机】 2014年，为实现农民群众足不出村就能领取到养老金的愿望，余江县城乡居民社会养老保险局与余江县农商银行携手共建金融服务“三农”平台，在人口分布稠密、业务量较大的行政村挑选优秀商户50户，开通“农商通”助农取款服务点，安装领取城乡居民养老保险金POS机。

主要领导人 县委书记：刘诚(任至8月)、张子建(8月任)。县人大常委会主任：杨小明。县长：张子建。县政协主席：谭建新。

（胡明娥）

·月湖区·

【简　况】　位于江西省东北部,辖1镇、5个街道办事处。总面积107.4平方千米。耕地面积1267公顷,有林面积2150公顷,森林覆盖率21.1%。总人口23.4万人,其中非农业人口14.8万人;人口自然增长率6.79‰。2014年,实现地区生产总值177亿元(含市工业园区和信江新区),其中月湖区生产总值96亿元,同比增长率11.5%。其中:第一产业增加值2.05亿元;增长2.1%;第二产业增加值85.44亿元,增长14.8%;第三产业增加值89.56亿元,增长8.4%。财政总收入10.67亿元,增长9.7%,人均5941元,税收占财政总收入的比重95%;地方财政收入8.6亿元,增长5.9%;地方财政支出8.43亿元,增长16.6%。规模以上工业增加值4.01亿元,占GDP比重2.3%。外贸出口占1723万美元,外贸出品占GDP的比重0.6%,全年新增5000万元以上项目6个,其中亿元项目3个;实际利用省外资金19.01亿元,增长15.42%,实际利用外资1988万美元,增长27.43%;农业总产值3.06亿元,增长2.92%;粮食总产量1.74万吨,生猪出栏2.54万头,瓜果产量1600吨,水产产量2850吨.农村居民人均可支配收入1.19万元,增长11.4%。城镇居民人均可支配收入2.69万元,增加1987元。城乡居民年末储蓄余额120亿元,增长10.65%。

【开展“书香月湖”活动】　2014年,月湖区区委、区政府把“书香月湖”活动定位为一项长期发展文化系列工程,区财政每年将投入百万元资金打造“书香月湖”活动。月湖区制定活动实施方案,明确目标任务,层层落实责任,举全区之力确保活动顺利开展,着力把“书香月湖”培育成公民教育品牌项目。

月湖区围绕“阅读让生活更美好”这个主题,举办“书香月湖”活动启动仪式,开展“月湖梦,我的梦”演讲比赛、“七一”党史知识竞赛、书香“五进”主题阅读活动(阅读进社区、进学校、进农村、进企业、进机关)、特色阅读文化活动、红色经典诵读活动等一系列活动。通过开展系列读书活动在月湖区形成“多读书、读好书”的良好氛围,打造一批农家书屋、社区阅读室、文艺沙龙等活动场所,弘扬“务实、守法、诚信、崇学、向善”的月湖人共同价值观,增强月湖城市文化软实力,为推进月湖的经济社会发展提供新动力。

【月湖区公园社区获全国科普示范社区称号】　2014年,月湖区公园社区被中国科协授予“全国科普示范社区”荣誉称号。该社区位于鹰潭市繁华区中心,总户数1787户,总人口5169人,辖区单位8个,营业网点340家,居民小组17个,是全市人员最密集、流动人员最多的社区。月湖区加大科普设施投入,在公园社区沿江滨江公园设立固定雕塑、LED电子显示屏、宣传栏、宣传展板等宣传科技知识的设施,不定期的更换内容,打造一条实实在在的十里科普文化长廊,丰富城市科普内涵。通过组建科普文艺宣传队,围绕“低碳生活”“食品安全”“防灾减灾”“预防艾滋病”“保护生态环境”等贴近百姓生活知识的主题,利用歌舞、快板、环保时装秀、小品等表演形式,展现科技文化的重要性和实用性,受到市民的热情欢迎。成立社区科普大学,组建专家志愿者队伍,增加社区科普书籍,通过对社区居民免费讲课,让市民免费阅览等形式,在社区营造讲科学、爱科学、学科学、用科学的良好文化氛围,促进城市发展和城市品位提高。

【月湖区农村清洁工程成效显著】　2014年,月湖区被省委、省政府评为全省农村清洁工程工作先进县(区)。月湖区以“落实模式,整体推进,完善机制,达标到位”为总体思路,按照“减量化、资源化、无害化”的垃圾治理目标,做到“三个坚持”,坚持每年安排必要的管理和运行经费、坚持抓好保洁员队伍建设,坚持符合月湖区实际的农村清洁工程长效管理机制。在全区农村推行“3+5”农村垃圾清理模式,区财政每年安排配套资金,保证保洁员的工资和垃圾清运费用。由于领导重视,措施得力,农村卫生面貌有很大改观。

主要领导人　区委书记:杨鹏。区人大常委会主任:卢力新。区长:刘军生。区政协主席:欧阳宝。

(雷荷莲)

赣州市

【概　况】　位于江西省南部,辖2区、1市、15县。总面积3.94万平方千米,其中,城市建成区面积345.96平方千米。耕地面积43.77万公顷,有林面积274.52万公顷,森林覆盖率为76.2%,中心城区建成区绿化覆盖率43.32%,人均公园绿地面积9.55平方米。总人口954.21万人,其中非农业人口189.1万人,人口自然增长率6.98‰,上升0.05个千分点。2014年,全市地区生产总值1843.60亿元,同比增长10%。其中:第一产业增加值287.24亿元,增长5%;第二产业增加值843.42亿元,增长12.2%;第三产业增加值712.94亿元,增长9.1%。财政总收入328.53亿元,增长17.2%。其中,公共财政预算收入225.31亿元,增长22.2%。财政总收入占地区生产总值的比重达17.8%,提高1.1个百分点。税收收入278.52亿元,增长11.3%。公共财政预算支出535.29亿元,增长11.3%。规模以上工业企业完成增加值751.94亿元,增长12.4%。货物进出口总额39.03亿美元,增长18.3%。其中:货物出口32.03亿美元,增长9.8%;货物进口7.00亿美元,增长82.3%。固定资产投资1608.77亿元,增长20.9%。实际利用外商投资12.22亿美元,增长10.4%。实际利用省外5000万元以上项目资金524.16亿元,增长15.4%。主要工业产品有原煤31.6万吨,塑料制品10.63万吨,发电量53.73亿千瓦小时,水泥1846.1万吨,10种有色金属3.17万吨。农林牧渔总产值460.79亿元,增长4.95%。主要农产品有粮食285.35万吨,蔬菜273.53万吨,水果163.2万吨,肉类70.48万吨,水产品29.73万吨。农村居民可支配收入6946元,增长11.6%;城市居民人均可支配收入2.29万元,增长10.3%。城乡居民年末储蓄余额1728亿元,增长13.1%。

【《国务院关于支持赣南等原中央苏区振兴发展的若干意见》深入实施】 2014年，赣州市重大政策项目平台加速落地。密集对接、上下联动，推动政策、项目、资金、平台等落实取得重大突破，政策支持力度加大。争取国务院批复《赣闽粤原中央苏区振兴发展规划》等，以国务院、国务院办公厅名义印发的支持文件增至10个，部委支持文件增至88个，形成更加完善的政策支持体系；积极推动中央国家机关对口支援座谈会和部际联席会议召开；争取中央和省级财政加大对振兴发展支持，年内争取上级补助资金276.3亿元。《国务院关于支持赣南等原中央苏区振兴发展的若干意见》明确的45条、236个支持事项稳步推进。重大项目加快推进，有22个重大项目、17户重点企业列入省专项调度；一批打基础、管长远的重大交通、能源项目相继获批建设；引进亿元以上项目80个，竣工投产50个。169个市重点工程项目，开工在建162个，累计完成投资612.9亿元。2013—2014年，列入省调度的签约项目228个。平台建设突破历史，争取国家批复重大平台和试点示范事项6个，总数超过改革开放30多年来全市总和，赣州成为全省乃至全国拥有国家级先行先试平台最多的设区市之一。

【对口支援扎实推进】 《若干意见》出台后，国务院办公厅于2013年8月22日印发《中央国家机关及有关单位对口支援赣南等原中央苏区实施方案》，明确由国家发改委和中央组织部牵头，39个中央国家机关及有关单位对口支援赣州市18个县(市、区)及赣州经济技术开发区。对口支援工作启动以来，国家对口支援单位高度重视、扎实推进，赣州市积极跟进、主动对接、密切配合，突出“援县促市”，对口支援工作取得初步成效。截至2014年年底，39个国家部委对口支援单位全部派出调研组深入赣州调研，37个部委为赣州量身定制45个具体对口支援文件，39名部委挂职干部积极融入当地，加速扶持政策、资金、项目落地，对口支援单位已明确或落实到位的政策援助400项、项目援助150个、资金援助42亿元、开展人才交流培训145批次。

【基本民生全面改善】 全市始终把解决民生问题作为首要任务，把更多精力和财力投向民生。全年财政民生支出303.1亿元，群众生产生活条件前所未有改善。农村危旧土坯房改造基本完成，新建、维修开工户数14.28万户，改造户数增加至63.08万户，263万农民告别透风漏雨的土坯房，实现几代人的安居梦。农村安全饮水问题全面解决，年内完成40.5万、累计解决278.4万农村人口安全饮水问题。农网改造升级加快推进，年内完成低电压治理6.28万户、累计完成35万户，近300万人用上稳压电，7.1万户不通电山区群众告别祖祖辈辈点煤油灯、用松明子照明的历史，18.65万户农民解决看电视难问题。农村公路建设稳步实施，新建改造农村公路3800千米。社会政策有效兜底，开展“救急难”试点，争取农村低保扩面，新增低保对象4.2万人，社会保险总参保达776万人次；新(改、扩)建校舍273万平方米，改造校舍危房132万平方米，中小学寄宿生宿舍11.6万平方米，校舍D级危房基本消除，2.1万名农村寄宿学生不再租民房、睡地板；新增医疗卫生业务用房面积20.31万平方米，新增病床位6100张，看病难问题逐步缓解；基本建成保障性住房1.89万套，完成城市棚户区改造1.56万户，实现人均15平方米以下住房困难家庭“应保尽保”。

【精准扶贫稳步实施】 全市因户施策推进精准扶贫。年内139.5万贫困人口识别工作全面完成，通过建档立卡，摸清扶贫对象的家底，找准贫困对象并针对具体致贫原因，分类实施产业扶贫、移民扶贫、教育扶贫、就业扶贫、保障扶贫、基础设施扶贫等措施。组织干部、志愿者结对帮扶，动员社会力量参与帮扶。争取省下达赣州市移民搬迁财政专项资金2.34亿元；石城、上犹、寻乌、宁都列为2014年中央专项彩票公益金支持革命老区小型公益设施试点县，上犹、崇义、宁都、会昌列为国家大中型水库移民解困项目试点县；12个县(市、区)进城进园试点项目稳步推进，57个乡镇、中心村集中安置点开工建设，全市搬迁移民3.42万人；1119个省级和300个市级扶持贫困村扶贫攻坚工作扎实推进，2014年脱贫34.4万人。

【城乡统筹有序发展】 《赣州都市区总体规划(2012—2030年)》加快实施。以南康撤市设区为契机，加快赣县、上犹、崇义与中心城区同城化。中心城区建成区面积扩大到138.6平方千米，城市人口达138.2万人，“小马拉大车”格局明显改变。教育网点、给水排水等16项专项规划加快编制。“四桥九路”等重大城建项目顺利推进，沙石大桥竣工通车。郁孤台历史文化街区修缮保护工程基本完工。上犹江饮水工程前期工作扎实推进。新建、改造体育场馆7个，新(改)建公厕20座，章江南岸截污干管工程和污水处理厂二期工程竣工。龙南、瑞金两个市域副中心城市加快建设。县(市、区)在建城建项目1450个，增长27.6%。17个示范镇实施项目431个，完成投资12.5亿元。27个镇被列为全国重点镇。推进1744个和谐秀美乡村点建设，建成317个新型农村社区。

【产业结构加速优化】 出台做大做强工业主导产业、加大小微企业帮扶力度等政策措施，着力解决企业融资难、用工难等问题。“财园信贷通”“小微信贷通”发放贷款48.2亿元，“财政惠农信贷通”发放贷款5.2亿元。大力实施优势矿产业高端化、传统产业转型、战略性新兴产业培植工程。赣州稀土集团牵头组建中国南方稀土集团获国务院批准。玖发新能源汽车11款车型进入国家推广目录。成功举办首届中国(赣州)家具产业博览会，家具产业影响力明显提升。工业用电量85亿千瓦小时，增长11.2%，增速列全省第三，比上年前移2位。提升发展优势特色农业。粮食总产实现“十一连丰”。成功举办赣南脐橙网络博览会，通过网上销售带动线下销售，果农收入增长33%。柑橘黄龙病防控扎实有效。生猪、蔬菜、油茶、茶叶等产业持续发展。信丰县成功申报创建国家现代农业示范区。加快区域性金融、物流、旅游中心建设。金融机构存款、贷款余额分别增长9.8%和20.8%，存贷比达66.8%，提高6.1个百分点；金融业税收23.6亿元，增长44.3%。旅游接待总人数

3502.8万人次,增长35.2%;旅游总收入279.6亿元,增长35.2%。物流业增加值135.4亿元,增长12.6%。获批创建国家电子商务示范城市,电子商务交易额117.5亿元,增长230%。服务业增加值占比提高0.4个百分点。

【改革开放稳步推进】 全市争取国家层面批复试点示范事项6个,总数达34个。部省共建赣州教育改革发展试验区、全国集体林权制度改革试验示范区建设等取得初步成效。出台全面深化改革配套文件21个。完成农村集体土地所有权确权登记。国有林场改革基本完成。在全省率先开展农民住房财产权抵押贷款试点。工商登记制度改革成效明显,新登记的私营企业及其注册资本分别增长57.8%和80%。推进金融改革创新。全省首家网络小额贷款公司、首家商业保理外资金融服务机构开业运营,组建赣南金融资产交易中心、赣州市金融研究院,设立前海股权交易中心赣州办事处,3户企业在"新三板"挂牌上市,4家农信社成功改制为农商行,全市各类金融机构达158家,赣州成为周边4省9市金融机构聚集度领先、门类最为齐全的城市。财政预算、国资国企、生态文明、文化体制、社会治理、瑞金省直管县等改革稳步推进。

【"三送"工作成为全国典型】 赣州市充分运用"三送"(送政策、送温暖、送服务)工作队伍、平台和制度优势,提升群众教育实践活动水平。全市4646支"三送"工作队全程参与、指导活动开展,"三送"联系点成为活动联系点,"三送"联系户成为活动联系户,实现活动知晓、活动参与、活动受益全覆盖。4月,《光明日报》"光明调查"专栏整版刊登对赣州"三送"的调查和思考的文章,并在北京召开专题研讨会。在开展第二批党的群众路线教育实践活动之前,中央党的群众路线教育实践活动领导小组派出专门调研组到赣州调研,形成的调研报告得到刘云山、赵乐际等中央领导的重要批示,并将赣州列为全国第二批教育实践活动的首批3个典型之一,安排中央媒体予以重点宣传。赣州市联系服务群众的经验做法,写进了中央关于完善党员干部直接联系群众制度的意见、创新群众工作方法解决信访突出问题的意见等文件,并在中央"活动办"简报专题刊登。

【荣膺全国首批创建生态文明典范城市】 9月28日,在北京举行的"2014城市发展与生态平衡高层论坛"会上,赣州市荣膺全国首批创建生态文明典范城市。全市加快推进生态文明建设,深入推进国家低碳试点城市建设,加快国家林业科技示范园区、赣州环境能源交易所、林业产权交易中心建设,探索碳排放权、排污权、水权交易试点。实施"净空、净水、净土"工程;节能减排和淘汰落后产能完成省下达任务;完成造林4.1万公顷;赣江源、东江源生态保护得到加强;陡水湖列入全国水质较好湖泊生态环境保护总体规划;空气质量优良率、城镇集中式饮用水水源地水质达标率均保持100%。

主要领导人 市委书记:史文清。市人大常委会主任:陈晓春。市长:冷新生。市政协主席:曾新方。

(徐文菁)

·章贡区·

【简　况】 位于江西省南部,辖5镇、4个街道办事处。总面积375.52平方千米。耕地面积0.35万公顷,有林面积2.25万公顷,森林覆盖率60.71%,城市建成区绿化覆盖率40.6%。总人口47.78万人,其中非农业人口34.19万人,人口自然增长率7.05‰。2014年,全区地区生产总值262.99亿元,同比增长11.4%。其中:第一产业增加值4.36亿元,增长4.5%;第二产业增加值96.14亿元,增长13.1%;第三产业增加值162.49亿元,增长10.6%。财政总收入30.54亿元,增长17.4%,税收占财政总收入的比重为91.6%。公共财政预算收入18.11亿元,增长18%。公共财政预算支出28.32亿元,增长14.6%。规模以上工业增加值73.08亿元,增长13.8%。固定资产投资263.07亿元,增长21.1%。外贸出口6.53亿美元;实际利用外资9719万美元,增长18.5%。工业总产值285.58亿元,增长11.9%。主要工业产品有单一稀土金属产量444.13万千克,增长16.69%;钨材产量57.70万千克,增长17.40%;草酸钴产量3005.01吨,增长24.40%。农业总产值7.06亿元,增长5.4%。粮食总产量2.91吨。主要农业产品有蔬菜总产量9.83万吨,增长0.5%;水产品产量6750吨,增长4.50%;食用菌产量1300万袋,增长8.33%;生猪出栏10.58万头,增长8.09%;家禽出笼445.62万只,增长0.98%;肉类总产量1.45万吨,增长2.54%。社会消费品零售总额226.61亿元,增长11.7%。城镇居民人均可支配收入2.65万元,增长11%;农村居民人均可支配收入1.02万元,增长12.8%。城乡居民年末储蓄余额393.27亿元,增长7.4%。

全年民生事业支出16.94亿元,占财政总支出的60%。新开工安置房1871套,主体封顶1.05万套,竣工分配461套。发放小额担保贷款9000余万元,城镇新增就业7420人。城镇职工基本养老保险参保12.5万人,城乡居民基本养老保险参保9.95万人,城镇基本医疗保险参保28.07万人。城镇职工、居民医疗保险和新农合年度最高支付限额分别提高至40万元、21万元和33万元。

【郁孤台历史文化街区入选首批"全国优选旅游项目"】 9月19日,国家旅游局和国家开发银行在天津联合举办2014年"全国优选旅游项目"发布会,向社会发布第一批135个市场前景好、投资回报高、符合旅游发展新趋势、能带动旅游业转型升级的全国优选旅游项目。章贡区郁孤台历史文化街区建设项目入选。郁孤台历史文化街区项目总投资7.83亿元,占地面积18.27公顷。该项目将宋城文化与旅游六要素"吃、住、行、游、购、娱"进行合理布局,打造府衙文化区、郁孤台文化展示区、传统商业区、学校拆迁安置区、文化创意商业区、八境公园景区六个功能区。郁孤台历史文化街区一期建设完成投资3.2亿元,建成军门楼、四贤坊、甬道及仿宋建筑31栋,面积逾1万平方米;修缮广东会馆等房屋35栋,面积约1.1万平方米;新建游步道、旅客服务中心、生态厕所等旅游基础配套设施等。该项目的入选，将对二期项目起到助推作用。

【七里镇古窑考古工作取得重要成果】 7月25日，在国家文物局的批准及支持下，江西省文物考古研究所与赣州市博物馆联合对七里镇古窑进行为期5个月的考古发掘工作。

七里镇古窑历史悠久，始于唐末五代，盛于两宋，是江西省境内宋代的四大窑场之一，产品在宋元时期远销日本和韩国。古窑址沿贡江北岸一线，分布在东西长约2千米、南北宽约0.5千米的1平方千米多的地底下。整个窑址分为东区（上窑）、南区（中窑）、西区（下窑）三个地段，现有窑包堆积16处。1957年，七里镇古窑址被江西省人民政府公布为第一批省级文物保护单位；2013年，又被国务院公布为全国重点文物保护单位。此次发掘是继1986年和1991年后第三次对该古窑进行发掘，主要对周屋坞与赖屋岭两个窑包进行发掘。在两座窑包的4个发掘区共发掘出土了3条龙窑和近3万件各种釉色的宋元瓷器。瓷器主要有五代时期的青瓷、北宋早期的乳白瓷、北宋至南宋时期的青白瓷与酱釉瓷、南宋至元代的黑釉瓷等五个品种，不见有明代的窑业垃圾。因此，从出土瓷器来判断，七里镇窑应该是始烧于五代，终烧于元代。这次考古发掘的最主要成果，在于调查并发掘了几座宽度达到4米左右的特大型龙窑，特别是在周屋坞窑包发掘的龙窑，保存了高达3米多的窑壁和8个层次的完整窑尾，有助于破解长期困扰古窑址考古界的唐宋龙窑砌筑技术。

主要领导人 区委书记：王林云。区人大常委会主任：谢春明。区长：赖正文。区政协主席：曾伟林。

（连　明）

·赣　县·

【简　况】 位于江西省南部，辖11镇、8乡。总面积2993.09平方千米。耕地面积2.15万公顷，林地面积23.16万公顷，新增绿地面积475公顷，绿化覆盖率40.9%。总人口64.17万人，其中农业人口54.01万人。2014年，全县地区生产总值125.55亿元，同比增长10%。其中：第一产业增加值19.20亿元，增长5.0%；第二产业增加值73.77亿元，增长12.0%；第三产业增加值32.58亿元，增长8.4%。财政总收入18.6亿元，增长18.3%；公共财政预算收入14.1亿元，增长42.2%。固定资产投资118.48亿元，增长19.9%。社会消费品零售总额25.51亿元，增长13.7%。完成规模以上工业增加值64.68亿元，增长11%。农林牧渔业总产值30.86亿元，增长5.3%。城镇居民人均可支配收入2.06万元，增长11.1%；农村居民人均可支配收入6184元，增长15.4%。

【赣县抢救保护7179座散葬烈士墓】 2014年，赣县创新零散烈士墓集中保护方式，以“1+7”的模式（即建设一个县级集中安葬点，另加7个乡镇级集中安葬点）完成7179座散葬烈士墓的抢救保护工作。

赣县是第二次国内革命战争时期的重要红色苏区，为国捐躯的革命烈士有8775人。2014年，赣县加快推进零散烈士纪念设施抢救保护工作。年初，用2个月时间对全县所有散葬烈士墓逐村摸底排查，并寻找知情人核准具体情况，规范完善散葬烈士墓档案。赣县在县革命烈士纪念馆内建设一个县级散葬烈士集中安葬点，将城区规划范围内的乡镇和烈士墓数量少的乡镇的散葬烈士墓进行集中安葬，共迁建2270座零散烈士墓。同时，在阳埠、吉埠、田村、三溪、白鹭、湖江、南塘7个乡镇建设7个乡镇级零散烈士墓集中安葬点，共迁4909座烈士墓。7179座散葬烈士墓的信息被完整地录入全国烈士褒扬管理信息系统。

【赣州国家钨和稀土新材料高新技术产业化基地获批】 12月15日，赣州高新技术产业园区申报的“赣州钨和稀土新材料高新技术产业化基地”通过科技部专家论证评审，认定为“国家高新技术产业化基地”。基地规划面积16平方千米，建成面积8平方千米，基地内有钨和稀土新材料企业56户，规模以上企业33户。通过该产业基地的建设，将大力培植以国际市场为导向的研发、生产和贸易体系，进一步提高产业国际竞争能力，把赣县打造成为在国内外具有重要影响力和竞争力的钨与稀土新材料产业基地。

【赣县白鹭乡白鹭村被命名为全国生态文化村】 9月，在全国生态文化村经验交流会上，白鹭乡白鹭村被命名为全国生态文化村，成为全省18个全国生态文化村之一。

白鹭村位于赣县北部，距赣州市63千米。白鹭早在商周时期就已形成人居村落，此后日渐繁荣。白鹭村有近600户人家，2500人。村呈半月形，面积为0.2平方千米，6万平方米的古建筑中，百年以上的客家民居就有140多栋，古色古香的青砖黑瓦建筑群落，多为明、清两代所建，素有“研究明清古建筑活博物馆”之称。白鹭村有令人叹为观止的“白鹭古十景”；融汇了高腔和昆腔的“东河戏”在这里起源；赣南客家民居中唯一以女人为名的“王太夫人祠”全国罕见；还有完好如初的“绣花楼”“胭脂塘”“爱庐”以及“喝擂茶”“打黄元米馃”“剁鱼丝”“烧芋头丸”，给病人“喊夜唱惊”“迎彩灯”“抢打轿”“烧瓦塔”等民俗。位于白鹭村中的福神庙留下老一辈革命家毛泽东、朱德等的足迹。在第二次反“围剿”结束时，毛泽东曾在白鹭的宏略堂住过3天并在福神庙召开了军团长会议。2007年7月，白鹭村被江西省人民政府命名为第二批省级历史文化名村。2012年12月，被财政部、文化部和住建部联合评选为“中国首批传统村落”。

【江口镇被财政部等部委联合评选为全国建制镇示范点】 12月，赣县江口镇被财政部、国家发改委和住建部联合评选为全国建制镇示范试点镇，成为江西省3个示范点之一。中央财政每年给予试点镇2000万元转移支付补助，连续支持3年，时间从2014—2016年。通过试点，江口镇可持续发展能力进一步增强，为全国建制镇发展提供可借鉴推广的经验和模式。

【厦蓉高速瑞赣段赣县北互通建成通车】 12月26日，厦蓉高速瑞赣段赣县北互通正式建成通车。赣县北互通及连接线项目位于赣县茅店镇太阳坪村,总投资1.9亿元,主线长1.18千米,匝道总长2.73千米。互通收费站为3进5出,其连接线与赣县城市道路铜铝大道(即梅林至储潭公路)相交,连接贡江北大道和赣南大道。该项目建成通车进一步扩大了赣县县域交通区位优势。

【“东河戏”列入第四批国家级非物质文化遗产代表性项目名录】 12月3日,国务院发布《国务院关于公布第四批国家级非物质文化遗产代表性项目名录的通知》,赣县“东河戏”名列其中。赣县东河戏,是诞生于赣南的古老剧种之一,发源于赣南贡江流域的赣县白鹭一带,古城“东河戏”,又称“赣县东河戏”。

明嘉靖年间,赣县田村、白鹭等地出现一种以高腔曲牌清唱故事的坐堂班。坐堂班在原有形式的基础上,又将苏州昆腔的“雪聚班”与本地的高腔合二为一,从“扮故事”形式发展到以高腔大本戏为主的舞台演唱,形成东河戏雏形。清初,坐堂班与苏州来的一批以演唱昆曲为主的戏班合并,建“凝秀办”,将两种表演形式融合为一,此后又相继吸收江西宜黄调、桂剧西皮戏、安庆调、弋板、兴国南北词等发展成为有高、昆、弹三大声腔,较为完整的地方剧种——东河戏。当时戏曲班社分布甚广,仅赣县东河一带,就有坐堂班、凝秀班、清和班等。东河戏流行于赣县、兴国及其相邻的万安、泰和、吉安一带。东河戏的角色分为九角头制(老生、正生、小生、老旦、花旦、大花、二花、三花、九行)。传统剧目在1950年以前保存有1000余种。代表剧目有《雷峰塔》《挽发记》《玉簪记》《扫秦》等。中央苏区时,还改编了不少东河戏现代革命剧,《活捉张辉瓒》《送郎当红军》《木兰从军》等影响很大,风靡一时。1956年,东河戏团排演的《尉迟恭》一剧,赴北京中南海怀仁堂向国家领导人做汇报演出。

主要领导人 县委书记:温庆锋(任至11月)。县人大常委会主任:刘吉龙。县长:张景霖。县政协主席:黄辉。

(朱祥福)

·南康区·

【简　况】 位于江西省南部,辖6镇、12乡、2个街道办事处,总面积1724.43平方千米,其中:城区面积31.1平方千米。耕地面积2.59万公顷,有林面积8.64万公顷,森林覆盖率55.7%,城区覆盖绿化率42.59%。总人口85.90人,其中非农业人口14.83万人,人口自然增长率8.49‰。2014年,全市地区生产总值148.5亿元,同比增长10.1%。其中:第一产业增加值22.4亿元,增长4.0%;第二产业增加值79.1亿元,增长11.7%;第三产业增加值47.0亿元,增长9.8%。财政总收入22.85亿元,增长24.2%,人均2688元,税收占财政总收入的比重81%;公共财政收入17.2亿元,增长27.2%。地方财政支出37.2亿元,增长10.4%。工业总产值635.33亿元,增长21.0%。规模以上工业增加值65.8亿元。500万以上固定资产投资121.8亿元。实际利用外商投资1.27亿美元,省外投资32.4亿元。外贸出口1.05亿美元。主要工业产品有家具700亿元,矿产品141亿元,服装20.42亿元,电子22.5亿元,精细化工6.8亿元。农业总产值36.65亿元,增长7.2%。粮食总产量24万吨。主要农产品产量有生猪出栏79.5万头,油料作物1.78万吨,蔬果25.08万吨,茶叶19吨。二氧化硫排放总量3651.06吨,削减率9.58%;城市污水处理总量1204.5万吨。城镇居民人均可支配收入2.16万元,增长10.9%;农村居民人均纯收入7359元,增长17%。金融机构存款余额260.67亿元,增长16.9%;贷款余额190.96亿元,增长36.4%。

【南康撤市设区正式揭牌】 2月25日,南康撤市设区揭牌仪式在南康区行政中心举行,南康区正式对外办公。国务院于2013年年底正式批复赣州市部分行政区划调整方案,同意撤销县级南康市,设立赣州市南康区,将原南康市的潭东镇、潭口镇划归赣州市章贡区管辖,调整后的赣州市中心城区面积是原城区面积的近5倍。这次行政区划调整有利于推动区域资源整合,加快调整城市布局,进一步发挥赣州区位优势,把赣州建设成为赣粤闽湘四省通衢的区域性、现代化中心城市;有利于拓展城市发展空间,优化产业布局和城市功能分区,更好地统筹城乡经济社会发展;有利于城市统一规划,避免重复建设和资源浪费,提高城市管理效率和服务水平。

【推行公交国有化、公司化经营模式】 6月,南康区在全省县级城市中率先推行公交国有化、公司化经营模式,区财政先后投入6500万元,收回城区6条公交线路和115线路公交车及运营权,新增空调公交车50辆、营运线路50千米,启动公交总站建设;投入840万元整体收购城区原有的24辆出租车及经营权,新购置的50辆出租车投入运营。困扰多年的公交车服务差、出租车不跑城区难题得到解决。

【蓝永清荣获“全国民族团结进步创建活动先进个人”称号】 9月28日—29日,中央民族工作会议暨国务院第六次全国民族团结进步表彰大会在北京召开。赤土畲族乡党委书记蓝永清荣获全国民族团结进步创建活动先进个人称号。赤土畲族乡2001年9月经省政府批准设立,面积157平方千米,有4.5万余人,其中少数民族人口9700余人;为江西省8个民族乡中面积最大、人口最多的少数民族乡。畲族干部,蓝永清2006年3月始任赤土畲族乡乡长、后任乡党委书记,政治上坚定,爱岗敬业,为民族乡的发展付出了巨大的心血。在他的带领下,民族乡经济社会发展加快,果业种植、油茶种植、生猪养殖等产业规模发展迅速,全乡已建成1个万亩甜柚基地、1个万亩油茶基地、2个万亩桉树基地、1个赣州市级农业龙头企业、7个“一村一品”示范点、专业合作社15个,为全乡经济发展发挥了重要作用。全乡2010年人均收入4990元,2013年人均收入8000元。在他的带领下,乡党委政府从维护民族团结、社会稳定两个大局出发,大力弘扬民族文化,普及民族风俗,增加畲汉群众的文化认同感;大力宣传国家民族政策,通过行政和法律手段禁止一切形式的民族压迫和歧视行为,先后获得全国民族团结进步模范集体、计划生育工作先进等国家级荣誉称号。

主要领导人 区委书记:徐兵。区人大常委会主任:韩水生。区长:何善锦。区政协主席:彭秀生。

(倪贵清)

·信丰县·

【简 况】 位于赣州市南部,辖13镇、3乡、1个工业园区管理委员会。总面积2878平方千米。耕地面积3.09万公顷,森林覆盖率69.5%。总人口75.84万人,其中非农业人口10.45万人;人口自然增长率7.89‰。2014年,全县地区生产总值143.83亿元,同比增长11%。其中:第一产业增加值26.22亿元,增长5.9%;第二产业增加值60.61亿元,增长13.5%;第三产业增加值57.0亿元,增长10.6%。财政总收入14.18亿元,增长16.2%。公共财政收入10.18亿元,增长18.5%。500万元以上固定资产投资119.75亿元,增长21.7%。实际利用外资8103万美元;实际引进省外资金35.2亿元;实现外贸出口1.07亿美元。社会消费品零售总额35.44亿元,增长12.4%。规模以上工业增加值43.51亿元,增长13.5%。主要工业产品有预应力混凝土1209.5万米,水泥3.8万吨,饮料酒(白酒)3.6万千升,数字激光音、视盘机31.8万台,饲料49万吨,耐磨纸箱4.5万吨。农业总产值40.82亿元,增长10.7%。主要农副产品有烤烟3255吨,脐橙15.26万吨,蔬菜32.53万吨,生猪出栏78.85万头,水产品产量3.17万吨。粮食总产量27.01万吨。农民人均纯收入8607元,增长12%;城镇居民可支配收入2.14万元,增长11%。全年财政民生投入17.4亿元,增长8.4%,占公共财政预算支出的61.5%。发放小额担保贷款1.01亿元,新增城镇就业4271人,新增转移农村劳动力1.00万人。社会保障体系日益健全。实现城乡困难群众医疗救助全覆盖,城镇职工基本养老保险参保人数达4.64万人,城乡居民养老保险参保人数达32.7万人,城镇基本医疗保险参保人数达9.92万人;新型农村合作医疗参合人数62.7万人,参合率达97.86%;全县“五保”人员集中供养率提高30%。

【发展动力不断增强】 项目推进力度空前。实施重大项目带动战略,建立重大项目建设推进协调机制,开展“项目落地攻坚年”活动,掀起重大项目建设“攻坚潮”。科之光、磨下棚户区改造等44个重大项目相继开工建设,圣塔异地技改、信丰二中等12个项目竣工投产或投入使用,累计完成投资52.33亿元,增长26.1%,带动完成500万元以上固定资产投资119.75亿元,增长21.7%,总量居全市第4位,增幅居全市第5位;寻全高速公路建成通车,构建信丰境内“一纵一横”快捷高速公路网络。争资争项成果丰硕。全年开发储备项目159个,其中1000万元以上项目102个;争取项目299个,到位资金13.6亿元,增长23.4%,争取用地指标369.27公顷。在国家能源局对口支援下,古陂110千伏输变电站项目获省发改委同意,信丰火电项目列入省电力中长期发展规划,争取电网改造建设资金9200万元,居全省之首。“招大引优”成效斐然。坚持高位推动、领导主抓,突出产业招商,组建25支产业招商队,开展招商引资百日大会战活动,总投资12亿元的顺彩科技留置针项目、总投资8亿元的创翔电源等11个亿元以上项目相继签约落户。全年累计签约项目34个,签约资金46.85亿元;总部经济势头良好,新签订海志电源、科之光等7个总部经济项目,新增税收4411万元。

【生态环境建设成效显著】 全年完成造林绿化2733.33公顷,完成省下达计划的128%。森林资源管控更加有力,森林城乡建设力度加大。综合治理水土流失1400公顷,地质灾害防治工作被国土资源部评为地质灾害防治高标准“十有县”。水污染治理工作成效明显,全县81座小(2)型以上水库全部退出承包,关停或搬迁95户禁养区内生猪养殖场,启动5座中型水库、10座小型水库乡镇集中式饮用水源地保护区划定工作,全县水污染蔓延势头得到有效遏制,水资源环境明显好转。全面完成市政府下达的节能减排任务,城区污水处理厂(二期)项目投入运行,关停5家电子垃圾焚烧厂,城区空气质量达国家二级标准。

【金盆山成功申报为国家森林公园】 2月10日,国家林业局准予设立“江西金盆山国家森林公园”。信丰金盆山位于江西省龙南县、全南县与信丰县的交汇处,全境面积约10万公顷。主景区包括北江源、金盆山2个片区,面积为5981.85公顷,境内森林覆盖率达98.1%,主峰北嶂峰海拔993.8米。境内低海拔常绿阔叶林近2500公顷,动植物品种的多样性保存较完好。金盆山春夏流泉飞瀑;秋天杜鹃绽放;冬季冰雪覆盖,公园内自然景观优美,山体险峻,溪流密布,是理想的避暑游览胜地,也是自然生态旅游的好去处,有“赣南小庐山”之美誉。公园内野生动植物资源丰富,极具保护价值,被誉为动植物的天然基因库。南方红豆杉在公园内随处可见,公园内最粗的一株南方红豆杉胸径有1.37米,高约25~30米,树龄约800~1000年。其重点森林风景资源主要有江西罕见的石英砾石群(穆公寨)、低海拔常绿阔叶林、古老孑遗植物群落、仙女池、银帘瀑布、坳脑瀑布、响水瀑布、龙井湖风光、大营石碑林等。

主要领导人 县委书记:张逸。县人大常委会主任:邹长东。县长:黄蕙。县政协主席:张克喜。

(罗才胜)

·大余县·

【简 况】 位于江西省西南边缘,辖8镇、3乡。总面积1367.63平方千米,其中城区面积11.62平方千米。森林面积10.78万公顷,森林覆盖率74.4%。总人口31.25万人,其中非农业人口8.7万人;人口出生率13.24‰,人口自然增长率7.16‰。城区人均公园绿地面积13.4平方米,绿化率42.1%。2014年,全县地区生产总值86.11亿元,同比增长8.8%。其中:第一产业增加值11.29亿元,增长4.6%;第二产业增加值44.83亿元,增长10.9%;第三产业增加值29.99亿元,增长7.9%。实现财政总收入9.81亿元,增长17.0%,税收占财政总收入比重为66.4%。人均财政总收入3168元,增长16.1%。地方财政收入7.0亿元,增长27.4%。税收占地方财政收入比重为52.9%。人均地方财政收入2262元,增长26.4%。财政支出17.15亿元,增长

12.0%。其中民生类支出10.2亿元,增长11.2%,占预算支出的59.5%。全社会固定资产投资89.85亿元,增长0.8%,其中500万元以上投资73.65亿元,增长2.2%。社会消费品零售总额21.37亿元,增长12.9%。实际引进内资22.65亿元,增长16%;利用外资8044万美元,增长10.3%。外贸出口2016.7万美元,增长26.7%。主要工业产品产量有稀有稀土金属矿1.47万吨,钨精矿1.46万吨,光电子器件20.3亿只(片),水泥10.45万吨,服装40.84万件。粮食总产量9.00万吨,增长1.2%。在岗职工年人均工资收入4.28万元,增长11.8%;城镇居民年人均可支配收入2.03万元,增长9.7%;农民年人均纯收入7762元,增长10.7%。金融机构各项存款余额79.55亿元,增长4.7%;各项贷款余额44.3亿元,增长13.4%;城乡居民储蓄存款余额56.83亿元,增长10.9%,人均储蓄存款1818元,增长8.9%。

【赣韶铁路大余段开通】 9月30日,东起京九铁路江西赣州南康站,西至京广铁路广东韶关东站的赣韶铁路正式开通运营,大余终结不通火车历史。

赣韶铁路始建于2009年3月,全长179.071千米,途经江西省赣州市的南康区、大余县及广东省韶关市的南雄市、始兴县、仁化县、浈江区,其中江西境内长60.52千米,广东境内118.55千米,是京九铁路与京广铁路东西走向的连接线,设计时速160千米/时,为单线电气化国家Ⅰ级客货运共线铁路(预留复线条件),总投资61.54亿元,其中江西段25.09亿元。

赣韶铁路大余段长45千米,途经新城、池江、青龙、黄龙、南安5个乡镇26个行政村,建有新城、池江、大余、梅关4个车站。为支援铁路建设,全县提供土地面积157.47公顷,拆迁房屋302户。

赣韶铁路的开通,既完善了华东地区与华南地区铁路路网的布局,也改变了赣南与粤北之间单一公路运输的交通环境,能更有利促进沿线县(市、区)森林、矿产、旅游等资料的开发利用,带动区域经济的快速发展。

【获全国"平安农机示范县"称号】 12月24日,农业部、国家安全监管总局联合公布2014年全国"平安农机"示范县(区、市)、农机安全监理示范岗位标兵名单,大余县获全国"平安农机示范县"称号,大余县农机安全监督管理大队黄建平同时荣获2014年"全国农机安全监理示范岗位标兵"称号。

大余县各级农机部门认真落实部、省、市安全生产工作要求,坚持"安全第一、预防为主、管理规范、服务创新"的方针,以改革创新为动力,以开展"平安农机"创建活动为契机,以预防和减少农机事故为目标,以提高农机安全监管能力和农民群众安全意识为着力点,认真落实农机安全生产责任制,努力完善安全监管网络,进一步强化农机安全生产措施,着力构建"政府负责、农机主抓、部门配合、群众参与"的农机安全监管工作长效机制,积极推动农机安全管理的法制化、规范化、科学化。通过开展"平安农机"创建活动,有效地提高广大农机手遵章守法的自觉性和农民群众的安全意识,为预防和减少农机事故发生,保障人民群众生命财产安全,维护农村社会稳定,促进农村经济发展做出积极贡献,为原赣南苏区振兴发展营造持续稳定的安全生产环境。

主要领导人 县委书记:谭学忠。县人大常委会主任:李细妹。县长:曹爱珍。县政协主席:吴昌星。

(邓思喜 刘福山)

·上犹县·

【简 况】 位于江西省西南部,辖6镇、8乡。总面积1543.87平方千米。耕地面积8666.7公顷,森林面积1.2万公顷,森林覆盖率81.4%。总人口31.8万人,其中农业人口26.9万;人口自然增长率7.44‰。2014年,全县地区生产总值46.94亿元,同比增长9.6%。其中:第一产业增加值9.80亿元,增长5.8%;第二产业增加值19.06亿元,增长12%;第三产业增加值18.08亿元,增长9%。财政总收入7.5亿元,增长20.2%,公共财政预算收入5.6亿元,增长36.6%。规模以上工业增加值15.1亿元,增长11.8%。固定资产投资39.3亿元,增长21.1%。社会消费品零售总额12.4亿元,增长13.2%。实际利用外资5493万美元,增长2.6%。出口总额1.03亿美元,增长11.3%。工业总产值62.26亿元。主要工业产品有单一稀土金属0.11万吨,发电量2.05亿千瓦小时,玻璃纤维纱2.51万吨,钨精矿0.14万吨,铅精矿0.22万吨。农业总产值14.79亿元。主要农产品有:稻谷总产9.34万吨,油菜籽总产0.86万吨,木材采伐2.8万平方米,耕牛存栏1.88万头,生猪出栏16.43万头,水产品1.6万吨。农民人均可支配收入6034元,增长13.6%。金融机构各项存款余额72.69亿元,贷款余额47.27亿元,存贷比达65%。

全年民生支出13亿元,增长7%。新农合参合率、新农保参保率分别达到95.9%和86.1%;发放城乡医疗救助金1050万元、城乡低保金1686万元,实施扶贫移民项目425个,投入财政专项资金6562万元,发放移民直补到户资金1476万元。

【主导产业日益壮大】 玻纤及新型复合材料列入全省60个重点打造的产业集群之一;"中国玻纤及新型复合材料产业集群发展示范基地"项目申报得到国家建材联合会受理。全年新入规企业3家;新签约工业项目21个,总投资16.39亿元,其中亿元以上项目7个。两大主导产业集群主营业务收入突破30亿元,连续3年实现翻番。转型升级步伐加快。全年20个工业企业实施技改升级,新增产值近8亿元。力速数控导轨式3轴数控加工中心正式下线,填补全市高端装备制造业的空白;京禾纳米成功研发纳米离化绿色镀膜技术、芳香纳米塑料颗粒等多项科研成果;南鹰蓄电池荣获省著名商标;龙泰塑料阻燃绳生产技术获国家实用新型专利;晨光稀土获批全国"两化融合"贯标示范企业。平台建设日臻完善。工业园南区一期、一期扩区完成土地平整213.33公顷,供地面积接近北区近10年供地面积总和;园区路网、管网等配套设施加快完善。年内25个项目落户南区,14个项目用地基本平整到位,5个项目进场施工,实现南区企业落地的历史性突破。沐尔雅卫浴、康仕达医疗器械等11个项目建成投产，为投产企业最多的年份。服务企业扎实有效。在全市率先筹建企业公共服务中心。开展领导干部为企业"办实事、解难题"活动，重点为企业解决了招工、办证、贷款等一批实际问题。

【陡水湖景区创建国家4A级景区】 为推进陡水湖国家4A级景区软硬件设施稳步向规范化、品质化、高端化迈进，核心景区14家水上餐馆搬迁上岸，水上鱼棚全部拆除，89户渔民转产上岸，收购游船33艘；完善陡水瀑布、青庐寺等旅游项目建设，对景区码头、区内景点进行改造提升，新建水上漂乐园、水上高尔夫等游乐场所，新建了3处可承载600人的浮动码头，新建了30个游客休息区和8个观光厅，改迁景区内沿路杆线100根，规划建设陡水湖旅游集散区，旅游标识系统、广播网络系统、卫生保洁系统、电子监控系统、票务管理系统"一集散区，五系统"，景区面貌焕然一新。

【获评"全国十大生态产茶县"】 10月20日，在广西梧州举办的第十届中国茶业经济年会暨六堡茶博览交易会上，上犹县被中国茶叶流通协会评为"全国十大生态产茶县"，为江西省唯一获此殊荣的县份。全县空气质量常年稳定在一级，上犹江水质达一、二类标准，大面积的丘陵缓坡山地和独特的库区气候，是茶叶生长的特优区。为推动茶叶生产规模化、产业化发展，县里采取政策拉动、资金扶持、大户带动等多举措。对新开连片100亩以上茶园的农户，每亩扶持600元；每年不定期举办茶叶加工技术等培训班50期以上，培训人员1万余人次。截至2014年年底，已建成27个规模以上的"两茶一苗"产业基地和9个良种繁殖基地；培育农业产业化市级以上龙头企业13家，实现年销售收入11.9亿元；组建农民专业合作社227家，宣传带动5万农户从事农业产业建设。全县拥有茶叶面积6000公顷，可采面积3150公顷，产茶1200吨。实施上犹绿茶品质提升技术集成示范与推广项目，被纳入科技部"科技富民强县专项行动计划"。上犹绿茶进入博鳌亚洲中小企业发展论坛会议，并被论坛评为指定用茶。

【梅水乡获评2012—2013年度国家级生态乡镇】 6月16日，环保部公布2012—2013年度国家级生态乡镇名单，上犹县梅水乡名列其中，是赣州市唯一入选的县。梅水乡距县城9千米，离陡水湖风景区4千米，是上犹县城与陡水湖风景区的重要衔接地。境内青山绿水，风光旖旎，森林覆盖率高达76%，有远近闻名的茶业产业村——园村；有万亩桂花产业村——新建村；千亩瓜果产业村——洋田村、水陂村。此外，梅水乡客家门楣文化保存完整，园村被誉为"赣南客家门楣第一村"；还有大金山生态漂流、保存完整的夹皮沟式森林小火车、千年造纸坊等，具有得天独厚的生态优势及丰富的乡村旅游资源。2013年10月，省委、省政府出台《关于推进旅游强省建设的意见》后，梅水乡依托生态优势，制定乡村旅游发展战略规划，深耕乡村旅游，乡村旅游发展成效显著，成功创评4A级乡村旅游景区。

主要领导人 县委书记：赖晓岚。县人大常委会主任：吴增京。县长：邹常军（任至8月）、余业伟（9月任）。县政协主席：陈卫国。

（谢东才）

·崇义县·

【简　况】 位于江西省西南边陲，辖6镇、10乡，总面积2206.27平方千米。总人口21.46万人，其中市区人口3.59万人，人口自然增长率6.95‰。全县各类山地面积17.28万公顷，其中有林面积13.20万公顷，占76.4%，森林覆盖率为88.3%。空气质量优良率达100%。2014年，全县地区生产总值63亿元，同比增长9.1%；财政总收入9.6亿元，公共财政预算收入6.79亿元，分别增长26.3%和38.9%；固定资产投资33.4亿元，增长20.5%。实际利用外资1399万美元，外贸进出口8638万美元。社会消费品零售总额11.8亿元，增长12.3%。存款余额63.6亿元，贷款余额49.5亿元，分别增长15.4%和5.3%；金融业实现税收6433万元，增长84.2%。完成民生支出10.37亿元，比2013年增加1.8亿元，增长20.5%，占财政总支出的64.8%。城镇居民人均可支配收入1.95万元，增长9.4%；农村居民人均可支配收入6845元，增长11.8%。完成省政府下达的40件、市政府下达的50件民生实事。完成危旧土坯房改造6987户，贫困群众移民搬迁2039人，新建保障性住房550套。发放小额担保贷款7232万元，新增城镇就业2139人，转移农村劳动力2873人。发放高龄长寿补助320万元，建设农村幸福院10个，低收入群体提标提补增长20%以上，评为全省社会救助工作先进县。

【上堡梯田列为第二批全国重要农业文化遗产】 6月12日，农业部发布第二批中国重要农业文化遗产，崇义县上堡梯田入选。

上堡梯田距离崇义县城50千米，距离赣州市城区127千米，依山势开建，连绵不绝，零星村落点缀其间。万亩梯田散落在华仙峰周围的南流、良和、赤水一带，梯田垂直落差近千米，位置最高的田块在海拔1260米处。有的梯田从高到低不断延续，可达百层之多，特别是在南流村，周围的梯田，高高低低、层层叠叠，涌向天际，令人叹为观止。上堡梯田森林覆盖率达85%以上，泉流充足，山顶上水流淼淼。这里生态环境优良，少于病虫害，很少使用化肥、农药，所产稻谷米质晶莹剔透，柔软可口，很受市场欢迎。上堡梯田是客家人长期在自然环境中求生存、求发展的历史见证，2013年8月被农业部认定为首批"中国美丽田园"。

【崇义县职业中专获"全国教育系统先进集体"称号】 9月2日，人社部、教育部联合表彰全国教育系统先进集体。崇义县职业中专获全国教育系统先进集体称号。

崇义县职业中专创办于1958年，原名江西共大崇义分校，1983年12月改名为崇义县农林技术学校，1994年升格为职业中专，历经3个发展阶段，已有50多年的办学历史。2008年，为进一步做大、做优、做强崇义职业教育，县委、县政府在城北新区新建校区。新校区占地面积约9公顷，建筑面积4.9万平方米，配备了一流的教学设施及安保设备。学校立足当地经济建设，走经、科、教相结合的办学道路,坚持“育人为本、文技兼修,彰显特色、争创一流”的办学宗旨,遵循“崇德、精业、笃行、至善”的校训,立足当地经济,创新办学机制,突出办学特色,促进学校快速向前发展;主动服务“三农”,为科技兴县、科技兴农出力,以“崇义县农民学院”为依托,积极开展“阳光工程”“雨露工程”“金蓝领工程”等各级各类技能培训,已成为崇义科教兴县的战略基地和各类、各级人才就业培训中心,为崇义技能人才的培养、社会经济发展发挥重要作用。

主要领导人 县委书记:许志辉。县人大常委会主任:郭兰。县长:许斌。县政协主席:陈金发。

(郭文良)

·安远县·

【简　况】 位于江西省南部,辖8镇、10乡。总面积2374.59平方千米。耕地面积1.08万公顷,森林面积20.05万公顷,森林覆盖率84.25%。总人口39.8万人,其中农业人口33.1万人。2014年,全县地区生产总值48.81亿元,同比增长9.3 %。其中:第一产业增加值14.57亿元,第二产业增加值11.89亿元,第三产增加值22.35亿元。财政总收入6.3亿元,增长17.6 %,其中,公共财政收入4.6亿元,增长21.9%。500万元以上项目固定资产投资26.1亿元,增长119%。粮食产量11.3万吨。主要农产品有:柑橘产量21.96万吨,产值8.19亿元;烟叶1593.33公顷,产值0.79亿元。规模以上工业增加值6.97亿元,增长12.1%。主要工业产品有:稀土1055吨,产值3.11亿元;中成药852.8吨,产值1.25亿元;钼矿779吨,产值0.70亿元。社会消费品零售总额13.9亿元,增长12.3%。农民人均纯收入6113元,增长15.2%;城镇居民可支配收入1.81万元,增长10.2%。在岗职工年平均工资4.3万元,增长25.9%。各项存款余额72.2亿元、贷款余额42.3亿元,存贷比提高6.3个百分点,达到58.5%。

开工建设保障房340套,完成摇号分配217套。出台“租售并举”政策,满足住房保障家庭的不同需求。建设移民安置点8个,搬迁移民904人。进一步提高城乡低保、农村五保补助标准。基本实现城镇职工、城镇居民基本医疗保险全覆盖,新农合参合率98%。通过政府购买服务方式,为105名残疾人安排公益性岗位。发放小额贴息担保贷款9813万元,全年新增城镇就业2349人,转移农村劳动力4156人。

【寻全高速(安远段)建成通车】 12月26日,寻乌至全南(安远段)高速公路建成通车,结束安远县无高速的历史,标志全市、全省实现县县通高速。通车后,安远开车上高速到达赣州的时间由原来的2小时30分钟缩短为1小时40分钟。

寻全高速公路东接福建武平,南接广东梅州,形成赣、粤、闽3省高速公路网。寻全高速安远段全长41.92千米,分为新建的安远至信丰小江段和原有的大广高速信丰小江段至全南段。这条高速的建成通车,对提高高速公路网的综合效益,加强江西省与海西经济区、珠三角经济区的联系,促进安远的振兴发展具有重要意义。

【新行政服务中心投入使用】 10月8日,新行政服务中心正式投入使用。针对原行政服务中心场地小、进驻单位少、群众办事难、服务中心“有名无实”等问题,将安远大酒店改建为行政服务中心,40个窗口单位、434项服务事项全部集中至新行政服务中心,建立一个“一站式、一条龙”的行政服务平台。同时,开展行政审批事项专项清理,清理县级行政审批项目103项、转办66项。新行政中心成为全市一流的集行政审批、公共服务、公共资源交易、民生热线四位一体的政务超市、百姓之家,企业和群众足不出户便可办成所有事。

【被命名为“中国采茶戏艺术之乡”】 12月11日,安远县被文化部命名为“中国采茶戏艺术之乡”。

赣南采茶戏,相传最初是从赣南安远县九龙山一带茶区的马灯、龙灯、茶歌等民间歌舞发展而来,俗称“茶灯戏”“灯子戏”,始祖剧目是《九龙山摘茶》。早期的采茶戏是一种民间小歌舞,通常由一男一女或一男二女表演,内容多反映茶农的劳动生活,后来逐步发展成丑旦戏或生旦戏,进而发展成职业性的“三脚班”(生旦丑或一生二旦),演出歌舞和生活小戏。伴奏均为民间乐器,主要有勾筒(二胡类)、唢呐、锣、鼓、钹和笛子。清朝乾隆年间,采茶戏盛行于赣南地区,随后流入粤东、粤北、闽西客家方言地区,流传甚广。传统剧目和保留剧目多为民间传说和生活故事。

发源于安远的赣南采茶戏已经成为国家非物质文化遗产,成为安远的一张城市名片。

【被授予“全国生态文明先进县”称号】 4月13日,第四届全国生态文明建设发展论坛暨全国生态文明先进县(镇)成果发布会在北京召开。安远县获“全国生态文明先进县”称号,全省仅安远县获此殊荣。

安远县始终坚持“生态立县、绿色发展”的发展理念,县委、县政府一任接着一任干,严守生态环境红线。不断加大对造林绿化和生态保护的投入,强力推进“生态文明建设”工作,辖区内河道治理和园林绿化取得明显成效,全县环境质量持续改善,地表水质、河流域水质、区域环境噪声均达到了国家相应功能区标准要求,空气质量优于国家二级标准,全县森林覆盖率达到84.25%,绿化率84.33%,生态环境质量总体达到了“大气净化、水面清化、荒山绿化、环境美化”的目标要求。安远已逐渐成为全国知名的生态旅游重要目的地、中国南方重要的养生福地、深港地区饮水思源的溯源地。

主要领导人 县委书记:严水石。县人大常委会主任:唐智刚(任至2月)、曹志坚(3月任)。县长:肖斐杰。县政协主席:袁志勇。

(叶春泉)

·龙南县·

【简　况】 位于江西省最南端,辖8镇、5乡、2个林场、2个管委会。总面积1641平方千米。人口33万人,其中非农业户口11.51万人。2014年,全县地区生产总值115.89亿元,同比增长11.5%。其中:第一产业增加值

11.29 亿元，增长 5.0%；第二产业增加值66.68 亿元，增长 13.4%；第三产业增加值 37.92 亿元，增长 10.7%。实现 500 万元以上固定资产投资 108.9 亿元，增长 20.1%。财政总收入 15.35 亿元，增长 29.6%。实现社会消费品零售总额 24.3 亿元，增长 13%。实际利用外资 8418 万美元，增长 16.35%。实际使用内资 41.35 亿元，增长 15.12%。实现规模以上工业增加值 58.4 亿元，同比增长 14%。实现出口 4.27 亿美元，同比增长 10.8%。粮食产量 6.48 万吨。农业总产值 17.89 亿元，增长 5.65%。主要农产品有油菜籽 1323 吨，竹笋干 42 吨，板栗 7230 吨，生猪出栏 23.38 万头，家禽 441 万只。工业累计完成产值 228 亿元。空气质量优良率 100%。城镇居民人均可支配收入 2.11 万元，增长 10.6%；农村居民人均可支配收入 7640 元，增长 12%。金融机构期末存款余额 93.86 亿元，增长 11.6%；贷款余额 63.58 亿元，增长 22.3%，存贷比达 67.7%。全年民生投入 15.8 亿元，占财政总支出的 68%。农村危旧土坯房改造基本完成，新建、维修7612 户，累计改造 3.14 万户。470 套棚改安置房加紧建设，开工建设 1241 套县城保障房，统建 1100 套乡村保障房。出台实施被征地农民养老保险政策，筹资 5000 万元推进被征地农民养老保险，3.25 万名被征地农民身份得到认定，4804 名被征地农民办理了参保缴费手续。

【改革振兴步伐加快】 全年争取国家、省市层面改革试点 19 个，争取项目 391 个，已下达计划无偿资金 11.8 亿元，实到资金 11.07 亿元。105 个重点项目累计完成投资 32.19 亿元，增长 54.61%。龙南区域性食品药品检验检测中心纳入全国首批 9 个县级试点之一。《“三南”承接加工贸易转移示范地发展规划》获批。投入近 10 亿元实施园区重大基础设施项目 10 个，平整土方 80 公顷，新建园区道路 12 千米，铺设工业污水管网 26 千米。《龙南经济技术开发区空间发展规划(2013—2030 年)》完成专家论证，深商产业园一期控制性详细规划和概念性规划完成修编。保税物流中心申报工作全面启动，陆路口岸作业区项目加紧推进。

【龙南“赣南客家围屋营造技艺”入选国家级非遗项目名录】 12 月 3 日，国务院发布《国务院关于公布第四批国家级非物质文化遗产代表性项目名录的通知》，龙南县“赣南客家围屋营造技艺”名列其中。龙南素有“客家围屋之乡”之称，客家围屋形态丰富，尺度变化跨度极大，保存数量多，风格全，有国字形、口子形、回字形和不规则形等多种形式，面积也从 200 余平方米的“猫柜围”到 1 万多平方米的“关西围”不等，一般为 2～3 层建筑，选址多位于盆地中央。

赣南客家围屋建筑工艺考究，建筑雕刻精美。它采用石灰、黄泥、沙石(俗称三合土)夹杂鹅卵石，配以桐油熬制后夯筑，其墙体用土配方严格，加入有精确比例的红糖、蛋清、糯米饭，放入鹅卵石为墙骨，以增强抗力。围屋是集家、堡、祠于一体的围合式民居建筑，具有体量大、开间多，轴线和中心明确等突出特点，高度重视建筑的防御功能，炮楼及其他防御结构功能突出。以龙南为代表的赣南客家围屋营造工艺，是研究明清时期赣南以及龙南社会历史及客家文化艺术极其宝贵的综合载体，在中华民族传统文化研究中有着重要作用。

主要领导人 县委书记：薛强。县人大常委会主任：李德恭。县长：刘定辉。县政协主席：曾明健

(徐百胜　赖日金)

·全南县·

【简　况】 位于江西省最南端，辖 6 镇、3 乡。总面积 1535 平方千米。耕地面积 1.02 万公顷，林地面积 12.76 万公顷，森林覆盖率 82.51%。城区建成区面积 8.78 平方千米，城镇化率 40.68 %，提高 1.38%。总人口 19.6 万人，其中非农业人口 5.51 万人；人口自然增长率 12.26‰。2014 年，全县地区生产总值 50.10 亿元，同比增长 9.5%。其中：第一产业增加值 7.8 亿元，增长 4.6%；第二产业增加值 26.5 亿元，增长 12.4%；第三产业增加值15.8 亿元，增加 7.9%。规模以上工业增加值 23.7 亿元，增长 11.3%。财政总收入 8.4 亿元，增长 17.5%，公共财政预算收入 6.42 亿元，增长 83.8%。固定资产投资 29.7 亿元，增长21%。社会消费品零售总额 12.6 亿元，增长 12.22%。实际利用内资 28.5 亿元，增长11.6%。利用外资5474 万美元，增长15.7%。外贸出口总额 1.1 亿美元，增长 8.6%。工业总产值 87.53 亿元。主要工业产品有钨精矿 2821.6 吨，钢材 2.8 万吨，白酒 298 万升，涂料 3013 吨，服装 2438.4 万件。农业总产值 11.95 亿元。主要农产品有木材 4.5 万立方米，竹材 22.12 万根，水果 4.5 万吨，蔬菜 20.6 万吨，生猪(出栏)11.4 万头。城镇居民人均可支配收入 1.93 万元，农民人均纯收入 5330 元，分别增长 9.6%、10.6%。金融机构存款余额 55.4 亿元，增长 16%；贷款余额 28.1 亿元，增长 18%。

【“特色木本花卉产业化技术集成与示范”入选国家级专项行动计划项目】 6 月 18 日，科技部公布 2014 年科技富民强县专项行动计划项目名单，全南县“特色木本花卉产业化技术集成与示范”项目入选，这是全南县首次争取到该项目。全南县利用两年时间，实施农业科技富民强县专项行动计划，完善选育和示范推广良种良法，实现规模化、专业化繁育、种植和产品精深加工，完善标准体系、市场营销体系和技术服务体系，不断提升特色木本芳香花卉产业培育水平，形成具有全南特色的木本芳香花卉产业格局，建成南方最大的木本芳香花卉产业基地和芳香苗木集散地，打造全国闻名的“彩桂之乡”，使全南特色木本芳香花卉培育水平和产业综合效益得到显著提高，实现依靠科技富民强县目标。

该专项行动计划以市场为导向，优化配置资金、土地和科技等资源，培育特色木本芳香花卉苗木 500 万株以上，完成厚朴中药材规模化种植标准操作规程(SOP)和桂花、梅花特色木本芳香花卉栽培技术标准的编制，建成全南特色木本芳香花卉栽培示范基地和厚朴中药材规模化种植示范基地 1333 余公顷，其中厚朴 80 公顷，特色桂花 333 公顷，特色梅花 200 公顷。并通过龙头企业带动全县特色木本芳

香花木种植1333余公顷,总面积达6666余公顷。

【“赣南客家擂茶制作技艺”入选国家级非物质文化遗产代表性项目名录】 12月3日,国务院发布《国务院关于公布第四批国家级非物质文化遗产代表性项目名录的通知》,全南县“赣南客家擂茶制作技艺”名列其中。

赣南客家擂茶是客家先民在流迁、生产、生活积累形成的一种保健饮食习惯,由汉魏的粥茶和唐宋的盐茶衍变而成,没有特定的传承方式,一直靠口传身授流传下来。客家擂茶制作以妇女见长,主要遍布赣南的全南、赣县、兴国、于都等县,其中尤以全南县的客家擂茶历史积淀最为深厚、特色最为鲜明、最具有代表性。客家擂茶的制作工艺很精湛,擂茶的主要原料为芝麻,再按比例配上花生、黄豆、茶叶、生姜、茴香、八角、茶油、食盐、薄荷,放在客家人特有的擂钵中用擂棍擂碎。擂棍也颇有讲究,得用山苍子树干做成。因山苍子树味辛香,有顺气、驱寒、发散之功能,是治感冒良药,也是擂茶的好作料,制作者就用这种特殊木杵擂茶。

主要领导人 县委书记:薛强(任至9月),邱建军(10月任)。县人大常委会主任:曹东春。县长:胡晓平。县政协主席:黄立忠。

(缪以春)

·定南县·

【简　况】 位于江西省最南端,辖7镇。总面积1321.12平方千米。耕地面积71.48平方千米,有林面积11.1万公顷,森林覆盖率84%。城区总面积10.87平方千米,城镇化率42.99%。总人口21.98万人,其中非农业人口4.50万人;人口自然增长率6.64‰。2014年,全县地区生产总值58.02亿元,同比增长9.4%。其中:第一产业8.81亿元,增长5.3%;第二产业26.59亿元,增长11.3%;第三产业22.62亿元,增长8.7%。规模以上工业增加值22.17亿元,增长11.5%。500万元以上项目固定资产投资50.53亿元,增长21.4%。财政总收入10.45亿元,增长16.1%。公共财政收入7.45亿元,增长33.8%;公共财政预算支出17.36亿元,增长11.1%。社会消费品零售总额11.76亿元,增长12.5%。实际利用外资5992万美元,增长8.83%。外贸进出口总额5219万美元,增长7.70%,其中,出口5026万美元,增长11.37%。工业生产总值20.27亿元,增长11.1%。主要工业产品有中成药461.92吨,涂料1093.23吨,单一稀土金属702吨,钨砂927.25吨,钢材10.56万吨。农业生产总值16.05亿元,增长3.9%。主要农产品有粮食作物6.06万吨,水果2.2万吨,茶叶166吨,蔬菜及食用菌6.9万吨,肉类总产量6.46万吨。城镇居民人均可支配收入2.07万元,增长10.05%;农村居民人均可支配收入6069元,增长11.87%。城乡居民年末储蓄余额33.82亿元。万元GDP能耗下降5.2%。

【重点领域改革取得新突破】 深化行政审批制度改革,取消县级行政审批事项32项,承接上级下放行政审批事项139项。新一轮政府机构改革、事业单位分类改革、国有林场改革、工商登记制度改革基本完成。开展水稻、生猪、政策性农村住房保险试点。集体土地所有权发证工作全面完成,农村土地承包经营权、集体建设用地使用权、宅基地使用权确权登记颁证工作进展顺利。

【“3·28”风雹灾害】 3月28日,岭北镇月子村、古隆村、长隆村、禾草村和历市镇寨上村、赤水村等村庄突遭龙卷风和冰雹等灾害性天气袭击。恶劣天气来势凶、过程短、强度大,受灾人口1.58万人,紧急转移安置人口2775人;倒塌房屋203户,农房倒塌824间,损坏农房766户,一般损坏农房1548间;农作物受灾面积589公顷,其中农作物成灾面积441公顷;灾害造成直接经济损失3222万元,其中农业损失863万元、工矿企业损失334万元、基础设施损失464万元、公益设施损失462万元、家庭财产损失1099万元。灾害导致灾民死亡1人,受伤2人。

【公路口岸作业区建成运营】 11月10日,定南县公路口岸作业区正式投入运营,首批268吨、36.1万美元的11份鲜柑橘报检单,全部完成电子转单和出具通关单等手续。定南县依托国家支持赣南“建设内陆开放型经济示范区”战略目标,克服不靠海、不临江的弊端,积极推进公路口岸作业区建设。定南县公路口岸作业区由赣州市人民政府于2011年向省商务厅申报,2012年5月获省商务厅批复同意设立,2012年11月获省发改委核准立项,是赣州市首个省级公路口岸作业区。作业区占地6.67公顷,总投资约4000万元,包括口岸联检办公大楼、海关监管场所及查验平台、检验检疫查验及处理区、电子口岸服务平台等设施。作业区设计作业规模为3万标箱/年,仓储规模4000平方米,日平均作业量为100标箱,车流量为100次/日。作业区建成运营后,成为赣粤边际通关物流中心,全面实现通关作业一体化,可“一站式”完成订舱、报关、报验、签发提单等所有通关手续,进出口贸易实行“一次申报、一次查验、一次放行”,提升了赣南地区通关便利化水平,有效降低企业物流成本,促进当地开放型经济发展和产业转型升级。

主要领导人 县委书记:陈阳霞。县人大常委会主任:曾小良。县长:蓝应尚(任至8月)、吴建平(9月任)。县政协主席:魏明耕。

(赖春梅)

·兴国县·

【简　况】 位于江西省中南部,辖25个乡镇、1个经济开发区。总面积3215平方千米。总人口80.58万人,其中农业人口71.18万人。2014年,全县地区生产总值121.81亿元,同比增长10.9%。其中:第一产业增加值27.24万元,第二产业增加值58.73万元,第三产业增加值35.84万元。财政总收入13.01亿元,增长20.7%。公共财政预算收入8.07亿元,增长27.9%。完成固定资产投资8303亿元,增长21.6%。实现规模以上工业增加值41.8亿元,增长12.9%。实现社会消费品零售总额29.26亿元,增长13.4%。城乡居民人均可支配收人2.02万元,增长10.3%;农民人均可支配收入6255元,增长16.3%。

全县茶园面积828.67公顷,总产量423吨,增长3.7%;果园面积1.18万公顷,总产量5.81万吨。自来水生产量1.51亿立方米,增长25.19%。商品混凝土产量49.74万立方米,增长38.02%。水泥总产量151.42万吨,增长53.57%。钢材总产量31.42万吨,增长0.28%。新建农村危旧土坯房集中安置点32个,完成改造9900户,其中对698户特困户实施"交钥匙"工程,在全市率先完成目标任务;完成保障性住房建设770套、棚户区改造450户。

【兴国县被评为"中国山歌艺术之乡"】 12月11日,兴国县被文化部命名为"中国山歌艺术之乡"。

兴国山歌历史悠久,相传是秦末兴国上洛山造阿房宫的伐木工所唱的歌。中原客家先民南迁后,其民谣渗透其中,与之融合,不断改造演化,在兴国山区扎根开花。兴国山歌故有"唐时起,宋时兴,唐宋流传到至今"的说法。兴国山歌生动活泼,形式多样,生活气息浓郁,一首完整的山歌分歌头、歌腹和歌尾三部分,有独唱、对唱、"三打铁"、联唱、轮唱等形式和锁歌、盘歌、斗歌、猜花、丢观音、黄鳅咬尾、绣褡裢、藤缠树、树缠藤等种类,唱时多以"哎呀嘞"三字起头。就大的表演形式来分,兴国山歌大体有以下几种:山野田间唱和,因情因景因人而异,内容涵盖男欢女爱、生产、生活、时政等方方面面;跳觋,分南河山歌和东河山歌,南河山歌又分情歌和插科打诨的搞笑歌,由觋公、觋婆装扮演唱,东河山歌即祝赞山歌;民俗歌,在庙会、婚丧嫁娶、祝寿、建房、小孩满月等场合演唱,演唱者多为职业歌师;叙事山歌多为群众场合中一问一答、一正一反的对唱山歌,有较强的故事性,常常是围绕某一主题展开;赛歌是一种特殊的形式,即歌手聚会打擂台,考"肚才",比机敏,高潮迭起,决定胜负后诞生擂主。兴国山歌植根于客家文化的深厚土壤中,涵盖客家人生活的方方面面,饱含着丰厚的客家文化信息。兴国山歌是客家人繁衍生息的一幅历史画卷。为保护、继承和发展这一文化瑰宝,兴国县组织人员常年入村,挖掘、整理、收集了5万余首山歌,精选出其中1000多首编成《兴国山歌选》和《兴国山歌选续集》,编印《兴国山歌乡土材料》5400册,制作影碟和电视宣传片。2006年5月,兴国山歌被列为首批国家非物质文化遗产。

【兴国县实验小学被评为"全国教育系统先进集体"】 9月2日,人力资源和社会保障部、教育部联合表彰全国教育系统先进集体,兴国县实验小学获"全国教育系统先进集体"称号。县实验小学有70多个教学班,4100多名学生,学校占地面3.4万多平方米,软硬件设施完善。从2003年开始,兴国县实验小学开展以"串疑导学"法为模式的创新教学改革,以"抓实班级小课堂、拓宽学校中课堂,走向社会大课堂"为主线,积极投入全国"十五"课题——"在信息技术条件下兴国山歌与小学语文实践活动课的整合"的研究,在此基础上,学校拓宽研究领域,确立让"学具成为学生学习数学的桥梁"及"兴国山歌与品德、音乐、美术等课程的整合"为课题的研究项目,被评为"江西省课题研究优秀学校""江西省现代教育示范学校"。实验小学在抓好教学质量,做好课题研究的同时,还十分注重德育工作,把德育渗透到日常教学当中,确立"尚行"校园文化理念,营造以德树人的氛围。学校充分挖掘本地资源,开展了"兴国山歌进校园""关爱红军后代学子"等一系列工作,打造出教育工作特色。在"尚行"文化的引领下,实验小学先后获得"全国红旗大队""江西省人民群众满意学校"等荣誉。

主要领导人 县委书记:何舜平。县人大常委会主任:陈文俊。县长:赖晓军。县政协主席:董世倬。

(兴国县地方志办)

·宁都县·

【简　况】 位于江西省东南部,辖12乡、12镇。总面积4053.16平方千米,其中县城面积19.3平方千米。总人口81.87万人,其中非农业人口13.21万人。2014年,全县地区生产总值122.46亿元,同比增长9.7%。其中:第一产业增加值28.24亿元,增长6%;第二产业增加值49.54亿元,增长12.2%;第三产业增加值44.68亿元,增长8.8%。实际引进内资21.5亿元,增长12.9%;引进外资5258万美元,增长6.5%。实现外贸出口2577.5万美元。规模以上工业增加值25.6亿元,增长10.8%。500万元以上固定资产投资57.52亿元,增长21.5%。社会消费品零售总额32.13亿元,增长12.86%。财政总收入9.2亿元,增长16.5%;公共财政预算收入6.84亿元,增长14.6%。粮食总产量43.5万吨。农业总产值46.9亿元。城镇居民人均可支配收入17669元,增长10.4%;农村居民人均可支配收入5651元,增长11.3%。金融机构存款额167.98亿元;贷款余额95.3亿元。

【"虎蛙稻"获国际博览会金奖】 6月,汇聚全球325家有机大米生产企业的第十三届优质大米交易会在北京举行。宁都的"虎蛙稻"夺得中国健康大米金奖。

"虎蛙稻"的种植是模拟自然界的原始生态模式:把中华鳖和虎纹蛙投入到水稻田里自然生长,虎纹蛙善于捕捉害虫,而中华鳖又以虎纹蛙、虫、螺等生物为食,鳖的粪便又是极好的肥料,因此,水稻不需要施肥。田里的鳖、蛙、水稻绿色、自然、无公害、口感佳,成为市场上颇受欢迎的食品,价格也扶摇直上,虽然不施肥的水稻在产量上有所减少,但是农民收入却大大增加。2013年11月27日,在北京国际展览中心举办的第十一届国际有机食品和绿色食品博览会上,宁都"虔农"牌"虎蛙稻"大米凭借中国"首家通过欧盟SGS482项和普研686项农药和重金属残留检测均为零"成为全场焦点,一举揽得"有机大米金奖"。此项生态种养技术已申请国家发明专利,宁都"虎蛙稻"的品质声名鹊起,产品走进了北京、上海、广州等地的大型超市。

【田埠乡东龙村获第六批"中国历史文化名村"称号】 2月19日,住建部和国家文物局联合公布了第六批中国历史文化名镇、名村名单,东龙村名列其中。宁都县田埠乡东龙村具有千年文化历史，被誉为“中国景观村落”“江南宗祠文化第一村”，至今保留大量比较完整的明清建筑和民俗文化。赣州市、宁都县高度重视对东龙古村的保护和开发，花大力气制定和完善保护性详规，积极争取各类项目资金改善基础设施建设和对重要古建筑的保护修缮，同时，加大民生事业的投入，村内的经济、社会和文化事业得到显著改善。2013年8月东龙村入选为“第二批中国传统村落”，12月被农业部确定为“美丽乡村”创建试点村，2014年2月被江西省林业厅命名为“林业生态文化示范村”。

【电商产业初具规模和效益】 宁都县看准电子商务这一朝阳产业的特殊优势和广阔前景，投入大量人力和财力，出台相关扶持政策，着力构建电子商务产业平台。9月，江西省内首家县级电子商务产业园——宁都电子商务孵化园（简称宁都电商园）正式创立运营。电商园以3年零租金，5万元至50万元不等的扶持资金等多项配套政策，吸引78户电商企业及个体户入驻，其中包括国家电子商务示范企业——居无忧。围绕产业园，宁都县大力做好电子商务人才引进和培训以及基础设施等配套建设。鼓励电子商务企业引进电子商务高级人才，支持电子商务企业招收高校毕业生到园区就业、创业。同时，在高级技工学校开设电商专业，加大电子商务专业人才培训力度，大力提高“网军”电商的整体技能水平。对年薪15万元以上的电子商务高端人才个人所得税地方财政贡献额3年内100%奖励。计税销售额2000万元以上的企业给予20万～60万元的财政奖励；致力发展第三方物流，不断提高物流配送的社会化、专业化和信息化水平，鼓励物流公司开展跨境物流业务。同时，大力整合网贸仓储和快递资源，支持快递企业设立区域总部，开展代收货款、代为资金归集管理和售后服务管理等增值服务。顺丰、申通、圆通、韵达等20多户快递公司入驻宁都，快递网络覆盖全县所有乡镇、村组。并整合利用农村现有乡镇商贸中心、配送中心等流通网络资源，充分发挥乡镇商贸中心的销售、配送以及金融、邮政、电信、供销、家电维修等服务功能，建立健全适应农村电子商务发展需要的物流配送支撑服务体系，举全县之力把电子商务产业园打造成全国电商集聚中心。

2014年，全县实现网销额6亿元，增长47%；被评为省级电子商务示范基地，列为创建全国电子商务进农村综合示范县。

主要领导人 县委书记：王四华。县人大常委会主任：李志勇。县长：刘勇。县政协主席：赖文政。

（刘红彦）

·于都县·

【简　况】 位于江西省南部，辖9镇、14乡。总面积2893.09平方千米，其中城区面积23.53平方千米。耕地面积4.13万公顷，有林面积21.07万公顷，森林覆盖率71.7%，城区绿化率38.2%，城镇化率45.81%。总人口109.14万人，其中非农业人口18.56万人；人口自然增长率7.76‰。2014年，全县地区生产总值153.42亿元，同比增长10.4%。其中：第一产业22.73亿元，增长5.4%；第二产业79.90亿元，增长13.5%；第三产业50.79亿元，增长7.5%。财政总收入15.05亿元，增长18.5%。其中，公共财政预算收入10.78亿元，增长23.9%。规模以上工业增加值63.17亿元，占当年地区生产总值比重41.17%。外贸进出口总额1.29亿美元，占地区生产总值比重5.3%。500万元以上固定资产投资123.05亿元。实际利用外资7718万美元。主要工业产品有铜精矿1459吨，增长4.36%；钨精矿5524.6吨，增长13.83%；乳制品9765.02吨，减少7.22%；纸制品4180吨，增长24.52%；光缆2545千米，增长38.17%。农业总产值35.11亿元，增长6.1%。粮食总产量25.74万吨，增长0.2%。主要农产品有稻谷24.55万吨；花生1.15万吨，增长2.5%；油菜籽2209吨，增长9.2%；蔬菜20.74万吨，增长3.2%；瓜果8749吨，增长6.4%。城市污水处理率80%。社会消费品零售总额38.43亿元，增长13.3%。工业用电量4.5亿千瓦小时，增长42.8%。城镇居民人均可支配收入2.04万元，增长10.9%；农民人均纯收入6125.49元，增长15.29%。城乡居民年末储蓄余额149.45亿元，增长16.7%。

【“于都客家古文”入选国家级非物质文化遗产代表性项目名录】 12月3日，国务院发布《国务院关于公布第四批国家级非物质文化遗产代表性项目名录的通知》，于都县“客家古文”名列其中。于都客家古文是江西的一种曲种，早在明末清初就已形成。20世纪80年代以前，一直是赣南地区极为流行的一种民间曲艺，山乡僻壤，妇孺皆知。主要分布在于都县的贡江镇、新陂乡、宽田乡、梓山镇、罗江乡、段屋乡等乡镇。演唱古文的人多是双目失明者，以演唱古文来作为谋生的手段。他们演唱的大都是一些流传于民间的古老传说、神话和历史故事等，当地群众又称之为“唱传本”。其中主要曲目有《赵三林》《珍珠塔》《卖花记》《丝带记》等30余本。

于都客家古文因大多由一名盲艺人独自完成表演，所以在服装、道具方面没有过于复杂的要求。使用的乐器一般为勾筒（赣南地区的一种丝弦乐器）、二胡、竹板、梆子、渔鼓、小鼓等，有时也会出现唢呐，有的艺人身兼数职，将多种乐器巧妙地结合在一起，充分地运用四肢对其进行演奏。

旧时的古文艺人，都沿袭传统的唱法，一般以“自从盘古开天地，一朝天子一朝臣”为开场白，后来逐渐发展成为以“十八搭”为序幕。所谓“十八搭”就是演唱者根据听众对象，针对性地来一段小唱，以此吸引听众，然后引出曲目、人物和揭示主题，紧接着转入正本。演唱者借助面部表情、声调唱腔，真实细腻地描述山川万物，抒发喜怒哀乐，渲染气氛，评述功过是非。在乐器的伴奏下，唱中带说，说中有唱，为了表现故事中人物的性格，在道白时，艺人要乔装男、女、老、少性格和口音的不同，分别叙述，有时还会用乐器模仿活动时发出的声音。从而把故事情节、人物的音容笑貌等淋漓尽致地展现在人们面前，强烈地感染听众，使他们能够倍感逼真、亲切、产生共鸣。

【被命名为“中国唢呐艺术之乡”】 12月11日，于都县被文化部命名为

“中国唢呐艺术之乡”。1993年，于都被省文化厅授予“唢呐艺术之乡”称号。于都唢呐历史悠久，有深厚的群众基础，在赣南各县市中，也最有特色。早在一千多年以前，于都民间便“鼓手举于道路，往来人家，更阑不歇。”于都人称唢呐为“鼓手”，实为“吹鼓手音乐”。其乐器以扁鼓和唢呐为主，配以锣、钹等打击乐，所以俗称“吹打”。

于都唢呐吸取赣南采茶戏“灯腔”“茶腔”音乐的内涵与特色，曲牌繁多。唢呐老曲调有280多个。分为喜调和悲调两种：喜调轻快、欢乐，悲调深沉、低吟。吹奏讲究“鼓板分明，粗细结合，高昂悠扬，音乐协调。”是客家八音最主要的乐器，也是客家人非常喜爱的一种传统乐器。

于都唢呐吹奏以齐奏、对吹、吹打并重。吹打能长能短，可坐可行，十分轻便灵活，不受时间、场地等条件限制。演奏分路行、坐吹两种。路行吹奏的曲调，一般为《将军下马》《下山虎》《百凤朝阳》《春景天》等欢快热烈的曲牌。坐吹，即乐班围桌而坐，配合琴、笛、锣鼓进行吹奏。常用曲牌有《十堂花》《扬州调》《结心草》《洞房》等。对吹的曲牌有《公婆调》、《斑鸠调》等细腻悠扬的民间小调。齐奏，就是几十人甚至一二百人在一起同吹一支曲子，也即大合奏。这时，激越而气势磅礴的演奏，会把整个场景推向高潮。展现客家人积极向上，勇敢顽强的精神风貌。于都唢呐还有一种特殊的唢呐吹奏形式——“公婆吹”，已流传1600多年。2008年6月，于都唢呐“公婆吹”入选第二批国家级非物质文化遗产名录。“公婆吹”的音乐曲牌仅存16首，但仍自成体系，独具风格。

【长征源合唱团获“全国文化系统先进集体”称号】 12月18日，文化部、人社部在北京举行全国文化先进单位，全国文化系统先进集体、先进工作者和劳动模范表彰活动。长征源合唱团获“全国文化系统先进集体”称号。长征源合唱团于2010年11月，由县委宣传部和县总工会联合牵头组织成立，县文广局进行管理的一个职工业余合唱团体。合唱团成员由来自全县70多个不同单位的合唱爱好者组成。2011年6月30日，长征源合唱团首次登场亮相，演唱完整的《长征组歌》。合唱团不计报酬，下基层、到城市、进校园，以传唱红色革命歌曲，传承红军长征精神，弘扬红色文化为己任，在全国各地进行过多场演出，引起巨大反响，中央、省多家媒体曾对其进行报道。

主要领导人 县委书记：蓝捷。县人大常委会主任：黄小龙（3月任）。县长：陈阳山。县政协主席：曾庆银 。

（黄育坚）

·瑞金市·

【简　况】 位于江西省东南部，辖7镇、10乡。总面积2448平方米，其中城区面积25.34平方千米。总人口69.37万人，其中非农业人口13.53万人；人口自然增长率7.07‰。2014年，全市地区生产总值113.16亿元，同比增长10.9%。其中：第一产业增加值18.44亿元，增长5.9%；第二产业增加值39.36亿元，增长13.7%；第三产业增加值55.36亿元，增长10.1%。财政总收入15亿元，增长18.7%，其中，公共财政预算收入10.7亿元，增长15.6%。财政支出31.26亿元，增长10.5%。固定资产投资58.2亿元，增长22%。社会消费品零售总额29.6亿元，增长13.6%。出口创汇2.8亿美元，增长6.8%。工业增加值23.68亿元，增长12.2%。主要工业产品有水泥392万吨，电缆48.111千米，发制品113万条，烤鳗4926吨，中成药280吨。粮食总产量20.17万吨。农业总产值29.63亿元，增长5.9%。主要农业产品有油料7356吨，烟叶3.696吨，瓜果类1825吨，莲子2453吨。城镇居民人均可支配收入2.12万元，增长11.3%；农村居民人均纯收入7235万元，增长16.8%。金融机构存款余额152.68亿元，增长15.3%，其中城乡居民储蓄存款105.3亿元，增长11.6%；金融机构贷款余额101.3亿元，增长27.5%。

【省直管县（市）体制改革有序实施】 5月，经省委、省政府批准，瑞金市成为省直管县（市）体制改革试点之一。瑞金市委、市政府及时制订开展省直管县（市）市本级改革试点实施方案，获省直管办批复。自7月省直管县（市）试点实施以来，瑞金市各部门对行使的设区市管理权限和省、赣州市下放的管理权限进行全面对接，新增行政审批事项209项；省直管县（市）体制运行基本顺畅，项目、资金等计划获省级层面单列；精神文明、食品安全检验检测资源整合等12项省级以上改革试点有序开展。同时，纵深推进重点领域改革，取消和调整行政审批事项56项，第一批下放壬田镇县级管理权限59项。机构改革加快推进，工商、质监、食品药品监督等6个部门调整撤并为3个政府工作部门；完成城投集团公司改革，原有的11个公司整合成3个公司、4个子公司。全面铺开农村改革，农村集体土地所有权确权登记发证工作基本完成，农村土地承包经营权确权登记颁证调查摸底工作全面完成，农村集体土地房屋抵押登记贷款实现突破，被农业部认定为第二批全国农村集体“三资”管理示范县（市）。统筹推进经济体制、文化体制、生态体制等领域改革，实施注册资本认缴、先照后证等工商登记制度改革，全市新登记注册私营企业561户、增长43%。

【获全国“扫黄打非”工作先进集体称号】 1月，瑞金市被全国“扫黄打非”领导小组评为2014年度全国“扫黄打非”工作先进集体。

2014年，瑞金市加大“扫黄打非”工作力度，制定《瑞金市2014年“扫黄打非”行动方案》，充分利用各类载体，开展各种宣传活动，组织开展“清源”“净网”“秋风”等行动及校园周边和少儿出版物市场集中查治行动，有力打击了出版物市场各类非法经营活动，规范出版物市场经营秩序。在“扫黄打非·秋风2014”专项行动中，成功破获的假媒体、假记者站、假记者（简称三假）案件，被列为全国“扫黄打非”办公室通报的9起“三假”案件之一。8月21日，发现并劝退9名藏族同胞在瑞金市繁华路段摆摊设点销售盗版非法光碟。9月，开展为期1个月的校园周边出版物市场专项整治行动，对校园周边出版物经营场所、网吧、校园及周边复印店和打字室进行全面清查，收缴非法图书20余册、非法光碟50余盘，取缔黑网吧2个、黑游戏室1个。同时，对全市40余所中小学接收的各类图书进行抽检鉴定，确定非法图书18种，收缴非法图书1000余册。实施出版物市场全方位监控，开展执法检查200余次，出动检查人员1200多人次，收缴各类非法音像制品600余盘、非法图书1400多册、非法报刊50余份、淫秽出版物90张(册)，营造了文明和谐的社会文化环境。

【共和国摇篮景区列入国家5A级景区预备名单】　11月5日，全国旅游景区质量评定等级委员会下发通知，瑞金市共和国摇篮景区的《景观质量评分细则》获92分，达到申报创建5A级旅游景区景观质量的基本要求，经评审列入创建5A级景区预备名单。“共和国摇篮”景区占地面积303公顷，由叶坪、红井、二苏大、中华苏维埃纪念园(南园和北园)四大景区组成，是全国爱国主义教育示范基地，也是全国红色旅游经典景区之一。2013年5月，瑞金市正式启动“共和国摇篮”创国家5A级景区工作。该工作开展以来，围绕“景区特色化、设施国际化、管理现代化、服务人性化”的质量目标，严格按照国家5A级景区评定标准和评分细则开展自评自检和整改提高，先后组织编制多个旅游规划，投入3.5亿元修建景区景点硬件设施，完善旅游服务中心、旅游集散中心、星级厕所、生态停车场等配套设施，开展景区周边村庄环境整治，景区景点硬软件设施实现质的提升，接待游客人数、旅游收入连年实现“两位数、二字头”增长。2014年，接待游客504.2万人次，实现旅游收入18.06亿元，分别增长25.2%、28.7%。

主要领导人　市委书记：许锐(5月任)。市人大常委会主任：李学通(2月任)。市长：赖联春(5月任)。市政协主席：彭强。

(杨长勇　杨　溢)

·会昌县·

【简　况】　位于江西省东南部，辖6镇、13乡。总面积2709.91平方千米。耕地面积2.18万公顷，林地面积20.5万公顷，森林覆盖率79.84%，城区面积13.15平方千米，城区绿化率42.5%。总人口52.68万人，其中，农业人口44.55万人；人口自然增长率6.37‰。2014年，全县地区生产总值73.31亿元，同比增长9.1%。其中：第一产业增加值15.33亿元，增长5.0%；第二产业增加值31.31亿元，增长11.2%；第三产业增加值26.67亿元，增长8.9%。财政总收入10.75亿元，增长18.1%，人均财政收入2040.5元，实现税收8.61亿元，税收占财政总收入的比重为80.09%。地方财政收入7.44亿元，增长18%。财政总支出22.8亿元，增长9.6%。工业总产值107亿元，增长8.7%。规模以上工业增加值30.44亿元，增长12%。农业生产总值23.9亿元，增长5.2%。粮食总产量16.95万吨，增长0.7%。外贸出口5773万美元，实际利用外资4797万美元。固定资产投资38.06亿元，增长20.6%。城市污水处理率83%。万元GDP能耗0.908吨标煤，下降6.93%。城乡居民人均可支配收入1.96万元，增加2947元；农村居民人均纯收入5743元，增加647元。城乡居民年末储蓄存款余额65.4亿元，增长16.1%。

【龙头畲族村被国务院授予“第六次全国民族团结进步模范集体”称号】　9月28日—29日，在国务院第六次全国民族团结进步表彰大会上，龙头畲族村被国务院授予“第六次全国民族团结进步模范集体”称号。筠门岭龙头畲族村辖6个自然村，人口1485人，其中畲族人口723人。2009年起，该村积极开展民族团结进步示范村创建，取得显著成效。全村经济和社会事业繁荣发展，平等、团结、互助、和谐的民族关系得到巩固和发展。至2014年该村整合帮扶资金300多万元，先后实施龙头民族希望小学附属设施建设、危旧土坯房改造、安全饮水工程项目，改善村民生产生活条件。全村10个村民小组全部铺筑水泥路，累计硬化通组公路17.6千米；修复水渠4.3千米，新修水陂3座；开通果业公路34千米。开发种植脐橙370公顷，实现家家有果，户户有园。2013年全村脐橙产量310吨，产值750多万元，户均增收2.5万元。此外，该村还利用毗邻汉仙岩旅游景区优势，积极开发“农家乐”“农家游”等绿色产业；开展畲族文化收集整理和挖掘保护工作。先后被评为省、市、县少数民族新农村建设先进单位和县文明示范村创建先进单位。

【“会昌米粉”列入国家地理标志产品保护范围】　7月25日，根据《地理标志性产品保护规定》，国家质检总局受理了“会昌米粉”的地理性标志产品保护申请，并于12月18日，通过国家质检总局专家现场技术审查。这标志“会昌米粉”已纳入国家地理标志产品保护范围。

会昌县是“中国米粉之乡”，“会昌米粉”出口量占全国米粉出口量的60%以上，在海外有“世界米粉在中国，中国米粉在江西，江西米粉在会昌”的说法，“会昌米粉”采用专利工艺技术生产，全部为纯大米制作，不含添加剂。产品外观晶莹洁白，粉条粗细均匀，垂直性好，酸度低，煮后不糊汤、不断条、不破裂，口感爽滑柔韧，富有弹性。在冷水中长时间浸泡能保持完整形状且不影响烹调性。20根米粉就能吊起一个48千克的成年人，堪称天下一绝。会昌米粉一直以来以其独特的风味、良好的品质，闻名海内外，产品80%以上出口美国、英国、法国等20多个国家和地区。

【会昌客家匾额习俗列入国家级非物质文化遗产代表性项目名录】　12月3日，国务院公布第四批国家级非物质文化遗产代表性项目名录，会昌县申报的“客家匾额习俗”名列其中。

赣南客家匾额习俗是通过赠匾游匾以嘉奖褒扬、人情交往的手段，以送匾、迎匾、挂匾、酬谢一系列活动为主体的综合仪式的喜庆展演，随北方士族迁徙赣南而逐渐形成。千百年来，赣南客家匾额习俗逐渐成为具有教化乡邦和乡村管理功能的主要载体，在历代官方与民间乡绅的共同努力下，匾额习俗长盛不衰。其中，以会昌县比较典型，保存的匾额数目也较多，历史也最为久远。会昌县博物馆现收藏约130余块匾额，年代最久远的是明朝嘉靖年间状元罗洪先为庄埠胡庄溪新建厅堂题写的“庄溪草堂”匾，最近的是浙江钱塘吴大监（清光绪十八年中榜眼）为张诚孚题写的“食德扬名”匾。匾额书写者身份大多显贵，既有明清进士、解元、举人、贡生等，其中不乏状元、榜眼、探花等高学位人士，也有提督学政、刑部主事、民国将军、省主席、县长等政界 要人。随着时代的发展，制匾工艺和匾额习俗已临濒危状况，很多匾额散落民间，损毁严重。会昌县“投入大量人力物力，对赣南各县市匾额习俗的存续状况作了深入调查，认真考察其产生的历史渊源、发展变化、重要价值和意义与作用等，撰写文本，拍摄申报片，并派专人在乡村收集匾额加以保护。

主要领导人 县委书记：傅春荣（任至3月）、蔡小卫（10月任）。县人大常委会主任：郭贤富。县长：蔡小卫（2月任）、余学明（11月任）。县政协主席：刘为民 。

（曾礼国）

·寻乌县·

【简　况】 位于江西省南部，辖7镇、8乡。总面积2311.38平方千米，其中城区面积10.03平方千米。耕地面积1.19万公顷，有林面积14.69万公顷，森林覆盖率79.5%，城区绿化率44.92%。总人口32.61万人，其中非农业人口5.35万人；人口自然增长率7.16‰。2014年，全县地区生产总值52.42亿元，同比增长9.2%。其中：第一产业增加值15.80亿元，增长2.4%；第二产业增加值16.48亿元，增长13.8%；第三产业增加值20.14亿元，增长9.6 %。财政总收入6.25亿元，增长17.8 %，人均1917元，增加236元；税收收入4.97亿元，税收占财政总收入的79.44%。地方财政收入4.74亿元，增长28.2%；人均1453元，增加282元。地方财政支出17.85亿元，增长11.34%。规模以上工业总产值36.78元，增长11.80%。规模以上工业增加值9.49亿元，占地区生产总值比重18.1%。外贸出口1108.88万美元，占地区生产总值比重12.95%。500万元以上固定资产投资31.22亿元。全年实际引进外资1165万美元，下降34.29%。主要工业产品有水泥78.92万吨、发电量2.51万千瓦小时。农林牧渔业总产值32.47亿元，增长2.43 %。粮食总产量10.77万吨。主要农产品有柑橘16.87万吨，脐橙27.69万吨，生猪出栏20.74万头，禽蛋2530吨，蔬菜5.30万吨。万元GDP能耗降低率3.2%；二氧化硫排放总量530.4吨，削减率3.22%；城市污水处理率85%。农民人均纯收入5987元，增长13.21%，人均增加699元。城乡居民年末储蓄余额41.17亿元，增长19.28%。

【9家媒体记者在寻乌开展走基层、转作风、改文风活动】 为实地接受革命传统教育，了解赣南苏区振兴发展带来的变化，传递苏区振兴发展正能量。6月27日—30日，新华社、《人民日报》、中央电视台、求是杂志社、《光明日报》、中国新闻社、《解放军报》《中国纪检监察报》《中国安全生产报》9家媒体记者在寻乌开展走基层、转作风、改文风活动。记者分组深入三标、文峰、菖蒲等乡镇田间地头调研采访，与该地群众同吃同住同劳动，体验民风民情，深入了解振兴发展成果及面临的机遇挑战，挖掘丰富的新闻素材，以实际行动践行“走转改”要求。

通过参加活动，媒体记者深入体验苏区精神，切身感受《国务院关于支持赣南等原中央苏区振兴发展的若干意见》出台后寻乌发生的巨大变化，看到一批事关寻乌长远发展的重大基础设施、产业发展和民生事业建设项目，以及不断提高的群众生活水平。

【“毛泽东调查研究的理论与实践及其当代启示”专题报告会在寻乌举行】 4月11日，毛泽东调查研究的理论与实践及其当代启示专题报告会在寻乌举行。中央党校党史教研部副主任罗平汉做专题报告，国家统计局教育中心副司级干部李钢林出席报告会，县委副书记、县长杨永飞主持报告会。市委党的群众路线教育实践活动第三督导组副组长陈章贡，县领导王全众 、邓旺华 、黄志高、刘琼招及乡镇党政正职、县委各部门、县直各单位副科级以上党员干部聆听报告会。罗平汉结合寻乌调查，系统梳理了毛泽东在领导中国革命和建设过程中形成的调查研究理论，运用大量的史实和生动的事例，深刻分析其调查研究的实践经验，全面阐述毛泽东调查的重大现实意义和重大启示。此次报告会为寻乌县党员干部更好的理解和把握“寻乌调查”的精神实质，进一步提高运用调查研究解决问题的能力提供了理论上的指导和帮助。

【县公安局查处一起在网上虚构事实扰乱公共秩序案】 6月27日，经县公安局民警循线跟踪，抓获一名在网上虚构事实发帖、扰乱公共秩序的违法行为人刘某，给予行政拘留10天的处罚。

违法行为人刘某为吸引网民关注自己网页空间，故意虚构事实，在腾讯网个人QQ空间发帖称，寻乌晨光中学初三年级有名学生在田地里干活时，被大蛇吞吃掉的不真实帖子，在网上及社会上造成恐慌和恶劣的影响。

【闽粤赣三省九县政协联系协作会在寻乌召开】 12月1日—2日，闽粤赣三省九县政协第40次联系协作会议在寻乌召开。市政协副主席胡来知出席会议并致辞，县委副书记、县长杨永飞出席会议并介绍近年来寻乌经济社会发展情况，县委副书记邓旺华参加相关活动。会议由寻乌县政协主席刘琼招主持，福建省武平县、上杭县、永定县，广东省蕉岭县、平远县、大埔县，以及江西省会昌县、安远县、寻乌县政协领导、秘书长和政协办（专委会）负责人等参加会议。

会议围绕推进人民政协理论创新、制度创新、工作创新，如何发挥人民政协在推进民主协商中的重要渠道作用，进行广泛深入的交流和探讨。会议要求九县政协要认真贯彻落实中共十八大、十八届四中全会精神，高举中国特色社会主义伟大旗帜，以邓小平理论、“三个代表”重要思想、科学发展观为指导，深入贯彻中共中央总书记习近平系列讲话精神，以科学发展、转型发展、跨越发展为主线，充分发挥人民政协优势，团结广大政协委员，适应形势发展的变化，模范践行党的群众路线，围绕中心，服务大局，主动履职，积极作为，为促进闽粤赣边界经济社会持续健康发展做出积极贡献。

【网络成为寻乌果农重要销售渠道】 在国家统计局和阿里巴巴研究院对口援建项目支持下，阿里巴巴1688事业部以及淘宝网地理标志馆运营商“看橙团”到寻乌果园实地考察，达成将果园作为直销供货商的意向。

“看橙团”活动，是阿里巴巴打造电商“寻乌模式”的积极探索，即通过1688平台招募遍布全国的经销商联盟，定向、持续地向寻乌果农、加工厂等供应商联盟发起采购需求，在互联网平台上完成采购下单，从而形成良性品牌可持续体系。

县政府专门出台扶持政策，从财政、信贷、资源、税费等方面对电子商务企业进行扶持，壮大电子商务产业。为让果农果品电商销售形成示范带动效应，寻乌县组织力量，支持果农建设完善的公共服务平台，为电商公司设计品牌标识、包装纸箱等。

主要领导人　县委书记：柯岩松。县人大常委会主任：黄志高。县长：杨永飞。县政协主席：刘琼招。

（寻乌县地方志办）

·石城县·

【简　况】 位于江西省东南部，辖5镇、5乡。总面积1581.53平方千米，其中城区面积7.95平方千米。耕地面积1.3万公顷。森林覆盖率75.1%，城区绿化率42.09%。总人口33万人，其中非农业人口5.2万人。2014年，全县地区生产总值38.9亿元，同比增长10%。其中：第一产业增加值11.7亿元，增长5.1%；第二产业增加值12.2亿元，增长13.4%；第三产业增加值15.0亿元，增长11.3%。财政总收入突破6亿元，增长20%；公共财政收入4.52亿元，增长19.7%。财政总支出14.8亿元，增长2.4%。500万元以上固定资产投资21.96亿元，增长20.9%。实际利用外资1961万美元，增长10.6%；实现外贸出口2451万美元。农业总产值7.5亿元，增长3.7%，粮食总产量9.4万吨。社会消费品零售总额9.1亿元，增长13%。城镇居民人均可支配收入1.77万元，农民人均纯收入5053元，分别增长10.2%和15.6%。在岗职工人均工资3.32万元，增长21.6%。

【苏区振兴发展取得新成效】 积极推进部委对接，司法部和国务院扶贫办对口支援和干部上挂下派工作成效显著。先后出台《石城县推进苏区振兴发展2014年工作方案》《对口支援石城2014工作计划》，中央彩票公益金、儿童减贫与综合发展、常青义教、移民进城进园等项目落地生根。深化央企项目对接，中航钽铌综合开发一期顺利完工，中电投光伏发电、大唐国际风力发电、中铁九局棚户区改造、华润万家商贸综合体项目有序推进。成功争取吉永泉铁路途经石城并设站，鹰瑞梅铁路取道石城方案列入比选方案，获批筹建省级工业园，220千伏输变电工程前期工作完成。全年争取用地指标127.4公顷，资金12.1亿元。开工建设重点工程55个，其中29个项目如期完工，完成投资20.5亿元。组织上报《石城振兴发展工作情况》《石城县对口支援工作情况》等成效性材料，以及部委对接相关简讯，配合开展“聚焦赣南苏区振兴发展两周年——全国知名网站看赣州”活动，组织采访材料，展示工作成效，向媒体记者介绍全县振兴发展工作情况。

【通天寨荷花园被认定为全国休闲农业与乡村旅游示范点】 12月15日，农业部、国家旅游局公布2014年全国休闲农业与乡村旅游示范县、示范点名单，石城县通天寨荷花园榜上有名，成为赣州唯一入选的休闲农业景点。

通天寨荷花园位于琴江镇大畲村，至县城5千米。园区占地面积33.33公顷，分为采莲赏莲区、品种展示区、莲文化馆三大内容板块。其中，采莲赏莲区占地面积20公顷，分别种植红花莲和白花莲品种，并建有1000多米木栈道，4个观光亭供游客赏莲、采莲、品莲；品种展示区整体形状为一朵盛开的莲花，建有标准荷花池329个，引进300多种中外不同品种、不同颜色、不同形态的莲花品种，20多种独具魅力的睡莲品种及一个欣赏价值极高的克罗兹王莲品种进行种植展示；莲文化馆独具客家风格，建筑面积2300余平方米，建有8个展厅，以实物、图片、书法、绘画等形式，运用电子触摸屏、投影仪等现代科技设备，重点展示莲的科普、莲的文学、莲的实用、莲与廉洁、莲与客家、莲与名人等知识。每年夏季，园区内百亩荷花竞相开放，美不胜收，是休闲、观光、旅游的好去处。2014年，园区共接待游客20余万人次。

【“请客不收礼”引起广泛关注】 2014年，《人民日报》《光明日报》《中国纪检监察报》和江西电视台等媒体先后对石城县“请客不收礼”的现象进行专题报道。这一现象开始得到社会的广泛关注和认同。

自20世纪90年代起，石城县逐渐形成“请客不收礼”习俗，城乡各地操办各类宴席均不收取礼金。有时即使象征性包上一个红包，主人也会全额退回。亲情友情不以礼金来衡量，回归原汁原味的亲情友情，人与人之间的交往少了金钱味，多了人情味。这一新习俗起于部分乡村办宴席不收取老人的礼金，之后扩大到生日、乔迁，再延伸到婚丧嫁娶。先在部分乡村，后辐射到全县各地。石城县历届党委、政府，建立多项制度，倡导“请客不收礼”，在重要节点下发文件，进行规范引导，同时，严肃处理违反规定的干部。2013年，中共中央八项规定和厉行节约反对浪费等政策出台后，石城县更加注重和加强这方面的引导。一方面，要求党员干部率先垂范；另一方面，积极在民间倡导，大力推行办宴“既不收礼，也不浪费”的文明新风。

主要领导人　县委书记：鲍峰庭。县人大常委会主任：陈艳明。县长：尹忠。县政协主席：黄运群。

（温永发）

宜春市

【概　况】 位于江西省西北部，辖3市、6县、1区。总面积1.87万平方千米。耕地面积47.59万公顷，林地面积88.94万公顷，森林覆盖率56.84%。全市总人口549.33万人，其中，城镇人口237.75万人、乡村人口 311.58 万人。城镇化率达 43.28%,人口自然增长率 7.05 ‰。2014 年,实现地区生产总值 1522.99 亿元,同比增长 10%。其中:第一产业增加值 226.29 亿元,增长 4.4 %;第二产业增加值 834.58 亿元,增长 11.7%;第三产业增加值 462.12 亿元,增长 9.3%。财政总收入 272.03 亿元,增长 16.5%;公共财政预算收入 190.32 亿元,增长 19.4%。社会消费品零售总额 457.3 亿元,增长 13%。工业主导地位更为凸显,全年完成工业增加值 1520 亿元,增长 9.8 %,其中规模以上工业增加值 762.7 亿元,增长 12.4%。外贸进出口总额 23.83 亿美元,增长 20.18%。500 万元以上固定资产投资 1356.2 亿元,增长 20.6%。实际引进省外 5000 万元以上项目 269 个,亿元项目 182 个,分别居全省第三和第二;利用外资 5.9 亿美元,增长 10.9%。项目资金 435.57 亿元,增长 16.91 %。园区在建工业项目 500 个,工业用电量突破 100 亿千瓦小时。中国驰名商标数 29 件,居全省第一。农业生产保持稳定发展,全年完成农业总产值 398.29 亿元,增长 4.42%。粮食种植面积 63.75 万公顷,增长 0.16%。粮食总产量 427.24 万吨,增长 1.37%;油料作物总产 21.38 万吨,增长 1.67%;生猪出栏 665.03 万头,增长 1.5 %;肉类总产量 65.12 万吨,增长 2.06%。城镇居民人均可支配收入 2.32 万元,农村居民人均可支配收入 1.05 万元,分别增长 9.5% 和 12.5%。市场物价稳定,居民消费价格指数涨幅控制在 2% 以内。新增城镇就业 5.6 万人,转移农村劳动力 7.9 万人。建保障性住房 2.06 万套,农村危房改造 7940 户。金融机构各项储蓄存款余额 1915.9 亿元,比年初增加 206.8 亿元。

【宜春“好人文化”亮点频出】 2014 年,宜春“好人文化”亮点频出,全市荣登“中国好人榜”139 人,列全国地市之首。宜春市弘扬好人文化涵养社会主义核心价值观的做法得到省委书记强卫批示肯定,并要求在全省推广。国内专家学者纵论宜春“好人文化”。“夺刀少年”柳艳兵、易政勇获“CCTV2014 年度法治人物”并入围“感动中国”2014 年度候选人,柳艳兵成为全国第一个“中华见义勇为楷模”。方月萍被评为全国十大最美村官。树立了全省“龚全珍式的好干部”支月瑛、李永生等先进典型,推选 100 名实践群众路线好干部,谭良才家庭荣膺江西“最美家庭”。

【产业集聚初具规模】 2014 年,宜春锂电新能源、袁州医药、丰城再生铝、樟树医药和盐化工、高安建筑陶瓷和光电、上高绿色食品和制鞋、奉新棉纺织等 10 个产业群列为全省重点产业集群,占全省 1/6。3 个产业集群列为全省首批 20 个省级工业示范产业集区。丰城、樟树被列为省级循环经济试点单位,袁州、铜鼓获批省级工业园区,实现省级工业园区全覆盖。全市新增规模以上工业企业 128 家,总数 953 家。全市完成生产总值 1522.99 亿元,增长 10%。工业用地、重点工业产业集群、境外上市企业中的驰名商标、城市商业综合体、粮食托市收购量等均居全省第一。

【现代农业特色凸显】 农业农村改革稳步推进,土地流转有序开展,市、县、乡、村四级土地流转服务平台基本建成,全市耕地流转面积达 10.81 万公顷,占耕地总面积的 31.3%。土地确权登记工作走在全省前列,完成测绘勾图面积 29.93 万公顷。10 个县市区均建成 1 ~ 2 个千亩以上的核心示范区,万载获批国际级现代(有机)农业示范区,丰城富硒生态示范区被认定为首批国家农业产业化示范区(基地)。油茶、肉牛等特色优势产业不断发展壮大。新增油茶种植面积 7333.33 公顷,实现年综合产值 21.6 亿元;新增肉牛养殖 2.4 万头,年综合产值突破 30 亿元。

【旅游服务业快速发展】 2014 年,全市接待游客 2823.5 万人次,增长 31.6%;实现旅游综合总收入 214.03 亿元,增长 38.05%。修编《宜春市旅游业发展总体规划》,明月山景区、靖安创建国家 5A 级旅游景区工作有效推进,温汤镇被中国旅游协会温泉分会列为全国首批“中国温泉旅游名镇”。明月山分别与台湾阿里山和日月潭缔结为友好姐妹山、友好景区。宜春禅宗文化、明月山、靖安和樟树旅游产业集群列入全省 35 个旅游重点产业集群。以“五叶东方 · 禅月静修”为主题的第八届月亮文化旅游节成功举行。全省重点旅游建设项目之一的宜春禅都文化博览园建成开放。纪录电影《禅境宜春》在中央电视台播出,并获“金天使奖”年度最佳中国纪录片。

【举行第八届月亮文化旅游节】 9 月 7 日—20 日,第八届月亮文化旅游节在宜春举行。此届文化旅游节以“五叶东方 · 禅月静修”为主题,以“把月亮文化旅游节办成城市名片、招商平台、企业盛会、市民节日,让月亮文化引领宜春走向世界”为宗旨。活动内容分为“五叶东方 · 月满中秋”——第八届月亮文化旅游节开幕式暨经典民俗活动(包括中秋拜月暨开幕式仪式,火龙追月 · 放荷花灯问月 · 放孔明灯梦月,五叶东方焰火晚会),“欢乐水魔方”——天沐梦幻水城激情一夏,“举杯邀月”——暴雪啤酒广场晚会,“一年四季在宜春”——宜春之旅“三线四游”系列活动,“明月杯”中日韩围棋精英赛,“星你明月山”——明月山韩国旅游推介会,“月亮‘戴’表我的心”——集体婚礼,宜春禅都文化博览园开园,中央电视台《禅境宜春》电影纪录片首映式,“终归大海作波涛”——刘光宇二胡讲座演奏会,“姹紫嫣红总是春”——北岸新天地歌舞晚会,宜春秋季车展,“包揽明月”——“中国十大包子”宜春展销会,“泉月春晖”——全球最大规模儿女给父母泡脚(挑战世界吉尼斯纪录)活动,“高山揽月”——明月山小火车开通仪式,五叶东方豪生温泉度假酒店开业庆典,亚洲当代百名书法家敬书百首禅诗,“五叶东方 · 禅月静修”——第八届月亮文化旅游节闭幕式主题音乐会 18 项。

【禅都文化博览园建成开放】 9 月 21 日,宜春禅都文化博览园举行开园仪式,市人大常委会主任任桃英宣布开园。禅都文化博览园位于宜阳新区官园街道大塘社区,项目占地面积 213.33 公顷,总投资 6 亿元。整个园区分南北轴线和东西轴线。其中,南北轴线主要建筑包括五叶空门、禅心广场、观禅天梯、五叶坛等 10 个;东西轴线主要建筑包括禅林碑廊、禅故事雕塑园、禅佛手法器长廊、宜春禅胜园、邀月潭崇圣禅寺、梵呗音乐厅、禅茶阁等16个。

主要领导人 市委书记:邓保生。市人大常委会主任:任桃英。市长:蒋斌。市政协主席:李树才。

(熊利军)

·袁州区·

【简　况】 位于宜春市西南部,辖19镇、3乡和9个街道办事处。总面积2532.36平方千米,其中建成区面积68平方千米。耕地面积5.50万公顷,森林覆盖率62.7%,城区绿化率41.05%。城市污水处理率93.18%。总人口113.49万人,其中非农业人口26.90万人;人口自然增长率6.77‰。2014年,实现地区生产总值209.84亿元,同比增长9.8%。其中:第一产业增加值27.42亿元,增长4.30%;第二产业增加值83.44亿元,增长11.80%;第三产业增加值98.98亿元,增长9.80%。工业总产值250.79亿元,增长26.00%;规模以上工业增加值72.14亿元,占地区生产总值比重34.38%。主要工业产品:交流电动机249.15万千瓦,增长8.60%;中成药1.85万吨,增长6.20%;水泥24.37万吨,减少32.90%;锂离子电池3.19亿只,增长10.80%;锂云母6.03万吨,减少10.30%。农业总产值46.83亿元,增长4.31%。粮食总产量47.77万吨,增长3.20%。主要农产品:谷物43.61万吨,增长2.40%;油料1.62万吨,增长4.90%;油脂8154.27吨,增长0.60%;肉类9.97万吨,增长1.60%;水产品4.01万吨,增长5.00%。财政总收入25.08亿元,增长21.20%;地方性财政收入15.70亿元,增长34.00%。地方财政支出36.76亿元,增长14.40%。社会固定资产投资222.98亿元。实际利用外资4671万美元。城镇居民人均可支配收入2.61万元,增加2288元;农村居民人均可支配收入1.03万元,增加1049元。城乡居民年末储蓄余额220.17亿元,增长8.20%。

【农村综合改革持续推进】 2014年,袁州区持续推进农村综合改革,全面开展农村土地承包经营权确权登记颁证工作,已完成土地确权颁证公示;建立区乡村三级土地流转交易服务平台,流转土地1013.33公顷,总量达7400公顷,流转率达20%;国有林场改革收尾工作完成,作为"标杆"接受全省10个验收组集中验收,并在全省作典型发言。

【宜春新火车站综合交通枢纽开通运营】 9月16日,宜春新火车站综合交通枢纽开通运营。工程于2012年5月开工,总投资11.9亿元,建筑面积约15万平方米,占地面积11.33公顷,是集高铁、普铁、长途汽车、公交车、出租车"五位一体"的综合交通枢纽,实现铁路和公路的无缝对接,旅客在室内可换乘五种运输工具。长途客运、公交、出租等配套服务全部到位。

【推进低碳发展实验区建设】 3月,袁州区建设低碳发展实验区列入国务院批复的《赣粤闽原中央苏区振兴发展规划》,核心规划面积约160平方千米。袁州区组织力量,全力推进以宜春新火车站交通枢纽为核心的现代服务业集聚区,袁州新城—彬江路两侧路仓储物流服务为主的产城融合区,袁州医药工业园现代生物医药产业集聚区,彬江机电产业基地机电锂电产业集聚区,新坊锂资源综合利用示范基地,南庙温泉度假、休闲农业聚集区建设。

【西村镇获评国家级生态乡镇】 6月,环保部公布新一批国家级生态乡镇名单,袁州区西村镇榜上有名。西村镇启动31个镇村联动项目建设,对集镇老街道及部分联动乡村进行人行道铺装绿化、道路下水道安装、路面硬化等整体改造,进一步改善集镇及农村环境,提高居民的生产生活水平。西村镇拥有AAA级乡村旅游示范点金泉农庄、综合性休闲农业旅游点邀月山庄、沙田旅游服务区等。

主要领导人 区委书记:郑声宝。区人大常委会主任:温玉铭。区长:龚法生。区政协主席:兰书华。

(窦忠平)

·樟树市·

【简　况】 位于宜春市中南部,辖10镇、4乡和5个街道办事处。总面积1290.99平方千米,其中市区面积26.1平方千米。耕地面积6.07万公顷,有林面积2.54万公顷,森林覆盖率30.62%。总人口55.90万人,其中农村人口32.64万人;人口自然增长率7.27‰。2014年,实现地区生产总值292.27亿元,同比增长10.2%。其中:第一产业增加值29.80亿元,增长4.6%;第二产业增加值170.87亿元,增长11.6%;第三产业增加值91.60亿元,增长9.8%。三次产业结构比为10.2:58.5:31.3。规模以上工业增加值120.1亿元,增长12.5%。主要工业产品有白酒5.33万千升、中成药3408吨、电动葫芦2299台、单双梁起重机1740台、香料1645.44吨。农林牧渔业总产值50.78亿元,增长4.6%。主要农产品有粮食58.90万吨、油料5.19万吨、中药材4320吨。财政收入42.05亿元,增长15.2%;财政支出42.19亿元,增长18.1%。城镇居民人均可支配收入2.48万元,增长10.9%;农村居民人均可支配收入1.19万元,增长12.1%。年末金融机构各项存款金额253.64亿元,比上年增长16.7%;各项贷款余额154.23亿元,比上年增长18.3%。

【樟树中医药产业示范基地获批国家级示范基地】 1月,樟树中医药产业示范基地被工信部批准为国家新型工业化示范基地。樟树医药产业作为全市支柱产业,已形成药地、药企、药会齐头并进,生产、加工、销售、科研一体化的医药产业大发展格局。2008年,樟树医药产业集群获中国县域产业集群竞争力百强,成为江西省唯一入选的县域产业群;"樟树吴茱萸"获国家地理标志产品保护;2013年国家权威部门认定为中国唯一的"中国药都"。全市拥有各种中医药产业企业113家,各类中药年产量5000多万件,中药材产量5.42万吨。中医药产业主营业务收入占江西医药产业的28.56%,拥有4件中国驰名商标和50多个自主知识产权品牌。

【樟树市被确定为国家知识产权试点城市】 10月,经国家知识产权局组织专家评审,樟树市被确定为国家知识产权试点城市,标志着樟树知识产权工作又迈上一个新台阶。樟树市高度重视知识产权工作,不断加大对知识产权的奖励和扶持力度,积极推动和引导主导产业、优势产业、新兴产业领域的知识产权创造、运用和保护,实现知识产权事业快速发展。先后获全国科技进步先进县市、中国城市创新能力百强县级城市、中国县域商标发展百强县、全省专利10强县和全国知识产权系统人才工作先进集体等称号。

【樟树中药炮制技艺列入国家级非物质文化遗产名录】 10月,樟树中药炮制技艺被列入第四批国家级非物质文化遗产名录。樟树药业源远流长,始于汉晋,兴于唐宋,盛于明清,有1800多年的历史。清嘉庆年间形成的"樟树药帮",其中药炮制技艺更是独树一帜,是樟树最具特色的传统工艺。按樟树传统,药材炮制分切制和炮炙两大类。切制的标准咀片,光滑、均匀、完整、不脱箍、不戴冒、不卷曲;炮炙则遵从水制、火制、水火共制三法,而以火制者居多,有"逢子必炒,药香溢街"的说法。不论炒、浸、泡、炙或烘、晒、切、藏均十分考究,且以应用辅料全而准闻名,成为南北药材集散和炮制中心。全市有中药材加工技术人员300多人,其中中级以上职称100多人。

【樟树被列入原中央苏区振兴发展规划】 3月,经国务院同意,国家发改委印发《赣闽粤原中央苏区振兴发展规划》。根据规划,赣粤闽原中央苏区将以赣南、闽西为核心,打造双核六组团的空间发展格局,樟树市被纳入赣西组团。该规划明确提出,要加快建设樟树—吉安—赣州成品油管道以及樟树盐化铁路延伸线等基础设施。樟树被纳入原中央苏区振兴发展规划,有利于进一步发挥优美的自然环境优势和丰富的人文资源优势,大力发展旅游服务业;同时,可进一步优化招商引资环境,推进各项重点工程建设,全面提高人民群众的生产生活条件。

【第45届全国药材药品交易会在樟树举行】 10月16日—18日,由省政府、中国中药协会主办,省食品药品监督管理局、宜春市政府、樟树市政府、威联公司承办的第45届全国药材药品交易会在樟树举行。交易会以"创新·传承·合作·共赢"为主题,突出经济贸易、学术交流、文化健康3个板块,吸引了国内700多家医药企业参展,参会医药厂商1.1万余家,参展品种1.6万余种,参会代表超过10万人。大会期间,签约项目12个,合同资金46.5亿元。

【第二届两岸茶文化论坛在樟树举行】 6月28日,第二届两岸茶文化论坛在樟树市举行。中共中央台办、国台办主任助理龙明彪,江西省政府党组成员熊盛文,国台办《两岸关系》杂志社社长钟河林,国台办交流局副巡视员陈昕,省台办主任欧阳泉华等出席。论坛上,海峡两岸的茶业专家、学者围绕"茶文化与两岸一家亲"主题,发表题为"泡一壶祖国和平统一茶""弘扬茶文化,为两岸和平发展架桥铺路""茶道与人道""弘扬清敬和美茶文化理念,推动两岸茶业健康发展"等演讲,共话两岸茶产业、茶文化发展趋势和合作前景,共叙同胞亲情友情,推动两岸茶产业和茶文化交流合作深入发展。

【中国金属家具"三新"展示会在樟树举行】 9月25日,由中国家具协会,宜春市政府,省工信委、商务局、科技厅、民政厅主办,樟树市政府承办的中国金属家具新产品、新工艺、新技术展示会在樟树市华正道物流中心举行。展示会共有来自上海、北京、河南、浙江、广东、湖北等省(市)的25家知名企业参展,其中包括上海震旦集团、浙江永发公司等国内金属家具行业龙头企业。参展产品汇集国内金属家具行业的最新科技成果和尖端技艺,包括新一代保险柜、密集架、智能枪柜,城市公共自行车智能管理系统、档案室智能综合管理信息化成套系统等150多个(项)新产品、新工艺和新技术。

主要领导人 市委书记:刘安安。市人大常委会主任:陈国勤。市长:胡江萍。市政协主席:傅理学。(陈云芽)

·丰城市·

【简　况】 位于江西省中部、鄱阳湖盆地南端,辖20镇、7乡和5个街道办事处。总面积2845平方千米。耕地面积8.29万公顷,森林覆盖率42%,城区绿化率45%。总人口141.77万人,其中非农业人口34.44万人;人口自然增长率7.48‰。2014年,实现地区生产总值370.48亿元,同比增长9.57%。其中:第一产业增加值57.74亿元,增长4.2%;第二产业增加值200.11亿元,增长11.3%;第三产业增加值112.63亿元,增长8.5%。工业总产值647.72亿元,增长15.1%。主要工业产品有原煤643.66万吨、焦炭54.17万吨、水泥241.75万吨、火力发电量134.08亿千瓦小时。农业总产值83.92亿元,增长4.42%。主要农产品有粮食总产量106.74万吨,增长0.85%;油料作物总产量4.38万吨,增长7.02%;生猪饲养量142.92万头,增长0.06%;禽蛋总产量2.65万吨,增长0.75%。财政总收入完成56.57亿元,增长13.1%;地方财政收入42.21亿元,增长15.6%。财政支出66.33亿元,增长10%。城镇居民人均可支配收入2.46万元,增长10%;农村居民人均可支配收入1.21万元,增长13%。城乡居民年末储蓄余额335.18亿元,增长6.47%。

【镇村联动成效显著】 2014年,丰城通过整合资源、整合力量,提高镇村联运的关联度和各方参与度。尚庄、梅林两个宜春市定镇村联动点分别完成投资2亿元、1.2亿元,竣工项目分别为24个、25个,均名列宜春市19个点的前茅。以梅林、尚庄为支点,撬动全市所有乡镇全面启动镇村联动工作,除剑光、剑南和河洲3个街道外,其他27个乡镇(街道)全年实施镇村联动项目105个,总投资22.23亿元,完成投资15.66亿元,初步彰显"大镇大气、小镇小巧、老镇古朴、新镇秀美"的镇村联动新气象。

【建立改善人居环境新模式】 2014年,丰城市建立改善人居环境新模式。一是加大垃圾清理力度。市财政安排

2300万元资金作为前期投入,用6个月时间在全市所有乡镇实行“户分类入桶—村清扫收集—乡镇集中压缩—市转运处理”的农村清洁工程模式,实现全市城乡生活垃圾“减量化、资源化、无害化”处理和“零流失、零污染”目标。二是推行“三种运行机制”。实行“政府主导、分级负责”的推动机制,落实“群众主体、社会参与”的工作机制,建立“市场运作、建管并重”的运转机制。全市32个乡镇(街道)建成农村垃圾压缩房31栋,购买清运车63辆、垃圾桶(斗)1.3万只,聘请保洁员5081名。三是设定水质保护红线。全市400座小(2)型以上水库全部退出养殖承包,水质达到饮用水三类标准。

【投资24亿元实施城乡绿化工程】 丰城市投资24亿元,实施通道、城区、乡村、园区四大绿化工程。投资6亿元建成新城区丰水湖文化公园和玉龙河湿地公园,在老城区建成剑文化、水文化、瓷文化、书院文化等10个绿色游园,投资5000万元改造沙湖公园,投资347万元在城区6处实施“空改绿”和“社区健身舞台工程”,打造中国生态硒谷、中国养生硒谷、中国生态花谷三谷绿色品牌,推进龙山森林公园、龙津洲花博园和江西鸣翠湖等大型绿化工程建设。全市高标准建设通道绿化带313.8千米,绿化率100%;园区公共地绿地率40%以上,企业绿地率30%以上;全市新增造林绿化面积3.57公顷,森林覆盖率42%。

【丰城至厚田枢纽一级公路通车】 12月,丰城至厚田枢纽一级公路建成通车。工程于2012年10月开工,总投资8亿元,全长24.5千米,起点为龙津大道北端,终点为沪昆高速厚田枢纽,其中丰城市境内21千米、新建县境内3.5千米,途经丰城市曲江、上塘、同田及新建县厚田4个乡镇,辐射沿线人口近20万人。

主要领导人 市委书记:杨玉平。市人大常委会主任:邹小平。市长:金三元。市政协主席:熊建清。

(丰城市委史志办)

·靖安县·

【简　况】 位于江西省西北部,辖5镇、6乡。总面积1377.49平方千米,其中城区面积8.0平方千米。耕地面积1.17万公顷,林地面积11.76万公顷,森林覆盖率84.1%,城区绿化率41.13%。全县总人口15.15万人,其中非农业人口4.13万人;人口自然增长率7.17‰。2014年,实现地区生产总值33.95亿元,同比增长10%。其中:第一产业增加值5.88亿元,增长4.4%;第二产业增加值17.29亿元,增长11.6%;第三产业增加值10.78亿元,增长10.2%。财政总收入7.19亿元,增长16%,其中税收收入6.14亿元,占财政总收入的85.4%。公共财政预算收入5.87亿元,增长20.7%;公共财政预算支出13.85亿元,增长20.2%。社会消费品零售总额5.84亿元,增长13%。实现工业总产值67.63亿元,增长15.73%;规模以上工业增加值14.02亿元,增长12.3%,占地区生产总值比重41.3%。外贸出口1.06亿美元,增长32.5%。固定资产投资36.28亿元,增长22.5%。实际引进县外资金26.6亿元,增长11.8%;利用外资1930万美元,增长18.4%。工业用电1.4亿千瓦小时,增长10.7%。主要工业产品产量:铸钢件6.5万吨、铜材1.86万吨、电光源84961万只、锂离子电池685.92万只。实现农业总产值11.27亿元,增长6.94%。粮食总产量9.35万吨。主要农产品产量:水稻8.48万吨、棉花0.28万吨、柑橘4.52万吨、茶叶331吨、油菜籽0.56万吨。城市污水处理率89.8%。万元GDP能耗0.25吨标煤。城镇居民人均可支配收入2.14万元,增加2131元;农民人均纯收入9898元,增加1329元。城乡居民年末储蓄余额35.04亿元,增长8.6%。民生保障类支出9.7亿元,增长20.2%;新增城镇就业2375人,转移农村劳动力1913人,发放小额贷款7782万元。完成扶贫移民搬迁600余人。发放救助资金3272万元、资助资金1143万元。新建廉租房96套、公租房300套,实施棚户区改造371户、农村危房改造400户。入选第二批全国生态文明示范工程试点县。全年接待游客152.7万人次,增长40%;实现旅游综合收入5.9亿元,增长38.9%。

【争创国家5A级景区】 4月30日,靖安县召开创建国家5A级旅游景区暨国家生态旅游示范区动员大会,启动创建工作。按照国家5A级旅游景区建设标准全面提升旅游软硬件环境,打造出林海花乡的美丽靖安,唱响“白云生处、靖安人家”品牌形象,构建面向南昌、辐射中部、影响全国的休闲旅游胜地。该项目创建范围:三大景区(观音岩、虎啸峡、宝峰寺)、三条游览线路(汽车游览道、水上游览道、自行车绿道)、三个中心(县城游客集散中心和宝峰、李山两个二级游客中心)。规划概算总投入6.5亿元,其中2014年投入2.2亿元,完成编制《三爪仑旅游区创建国家5A级景区提升规划》。

【宝峰镇入选全国重点镇】 8月,住建部、国家发改委、财政部、国土资源部、农业部、民政部、科技部公布全国重点镇名单,宝峰镇入选。宝峰镇致力镇村联动项目建设,通过政府筹资1.2亿元,撬动社会资金10多亿元,对镇村及周边4个村庄的基础设施进行整体改造,一期投资1.5亿元。建设依托宝峰深厚的禅宗文化及良好的生态文化,完成一个唐风禅韵古镇、一个独具特色的马祖文化公园、一条旅游文化产品步行街、一个传统文化传播平台(宝峰讲堂)、一座河心湿地公园5个精品工程55个子工程,包括一河两岸、河心公园及3条街立面综合改造。全力做好养生养老产业、文化旅游产业、有机生态农业。

【连天红家居文化产业园项目落户靖安】 7月,由连天红(福建)家具有限公司投资的江西靖安连天红家居文化产业园项目签约落户靖安。项目总投资100亿元,占地面积452.47公顷,分4期建设,首期投资60亿元,占地面积165.2公顷。该项目是集高档红木家具生产、销售、展示为一体的家具产业园,主营中式宫廷家具、真丝布艺软装、家庭工艺礼品饰品、欧式家具和现代时尚家具等系列家居用品。

【摄制纪录片《大明况钟》】　9月，由县委、县政府出品，县纪委、县新闻出版局联合摄制，国家一级导演徐正浩执导的纪录片人物传记《大明况钟》开始筹拍，12月杀青，总投资20余万元。纪录片介绍况钟从一位无名小吏成长为三品地方官员的传奇一生，以况钟勤政廉洁为民的人生经历为线索，再现当时情景，还原历史真实。该片得到省纪委高度评价，并在省纪委网站进行专题宣传。

【九岭森林温泉对外营业】　1月，由江钨控股集团投资近3亿元的九岭森林温泉对外营业。该项目位于靖安县城况钟园林内，温泉池区52个泡池，泡池面积2211平方米，包含温泉接待中心、汤池区、森林汤院区，集森林汤屋区、生态休闲等。水质经专家鉴定认证为含氟、偏硅酸、偏硼酸的低矿化、碱性碳酸氢钠型水，活性强，为优质医疗天然矿泉水资源，水龄长达8140年。

主要领导人　县委书记：田辉。县人大常委会主任：陈霞。县长：江伟斌。县政协主席：彭峰。

（蔡会如　黄烈花　唐珍）

·奉新县·

【简　况】　位于江西省西北部，辖10镇、3乡、3场和1个街道办事处、1个管委会。总面积1642.81平方千米，其中城区面积13.81平方千米。耕地面积2.8万公顷，有林面积10.27万公顷，森林覆盖率64.2%，城区绿化率38.2%。总人口33.42万人，其中非农业人口8.4万人；人口自然增长率6.62‰。2014年，完成地区生产总值105.69亿元，同比增长10.5%。其中：第一产业增加值16.17亿元，增长4.6%；第二产业增加值59.75亿元，增长12.6%；第三产业增加值29.77亿元，增长8.6%。财政总收入18.19亿元，增长17.6%，人均5559.3元；税收占财政总收入的86.8%；公共财政收入13.25亿元，增长15.7%。公共财政支出22.82亿元，增长9.98%。工业总产值420.1亿元，增长25.9%；规模以上工业增加值95.2亿元，增长12.9%。工业园区主营业务收入402.5亿元，增长17.6%。外贸出口总额1.07亿美元，增长32.3%，占地区生产总值的5%。固定资产投资109.51亿元，增长22%。实际引进境外资金6479万美元，省外资金48.8亿元，增长14.9%。主要工业产品有大米2712吨、规模以上纺织棉纱23.79万吨、塑料制品7063吨、电光源2479万只。农业总产值31亿元，增长29.4%。粮食总产量33.59万吨，实现十一年连增。主要农产品有稻谷33.59万吨、生猪出栏15.4万头、水产品总产量1.77万吨、猕猴桃1.47万吨。万元GDP能耗0.3166吨标煤，二氧化硫120吨，下降6%；化学需氧量、氨氮、氮氧化物分别下降6%、8%、6%；全面实施城市和工业园区污水处理工作。城镇居民人均可支配收入2.33万元，增加2433元；农民人均纯收入1.18万元，增加1580元。城乡居民年末储蓄余额94.18亿元，增长10.96%。社会消费品零售总额29.85亿元，增长13.2%。

【加快旅游产业发展步伐】　2014年，加快旅游开发建设，百丈山景区创建国家4A景区，实现当年创建、当年摘牌的目标。投资30亿元，全面加速推进九仙温泉度假村建设。萝卜潭景区实现重新接游，华林山景区百姓苑和文化博览园即将完工，八大山人文化园耕香寺开工建设，天工开物园改造提升方案通过省文化厅专家评审，争取纪念馆提升布展资金200万元。九（仙）百（丈）旅游公路一期完成路基土石方工程。全县接待游客230万人，实现旅游综合收入17.5亿元。

【启动"门前五包"联创联建活动】　4月，奉新县在城区和部分乡镇启动"门前五包"联创联建活动。按照"包门前卫生整洁、包门前绿化美化、包门前无乱摆摊设点及乱堆放物品、包门前秩序优良、包门前市政基础设施完好"的要求，制定《奉新县城区"门前五包"管理联创联建责任书》和《奉新县城区"门前五包"管理责任书》，建立城市管理工作目标，层层签订城市管理目标责任书，实行领导责任制。

【奉新县被授予"中国绿色生态示范县"称号】　12月，奉新县被中国绿色生态农业发展论坛组委会、中国合作经济工作委员会和生态农业专业委员会授予"中国绿色生态示范县"称号。奉新县围绕建设完备的林业生态体系和发达的林业产业体系两大目标，按照"封公益林、改低产林、造丰产林、扩毛竹林"的生态建设和"放活商品林、做强加工业"的产业建设发展思路，树立现代森林资源质量观，大力培育和保护森林资源。全县林业用地总面积1062平方千米，占土地总面积的64.6%。其中，竹林面积438.46平方千米，立竹蓄积9630万株，森林覆盖率近70%。

【奉新猕猴桃获国家地理标志农产品】　12月，奉新猕猴桃通过农业部农产品质量安全中心审查和专家评审，符合《农产品地理标志管理办法》规定的登记保护条件，农业部准予登记，依法实施保护。奉新猕猴桃野生资源丰富，种植历史悠久。奉新是全国最早开始猕猴桃品种选育和规模种植的区域之一。奉新县持续加大推进猕猴桃产业化经营力度，种植规模迅速扩大、经营主体日益丰富、标准化生产水平逐步提高、产业服务体系不断完善，发展势头强劲。县委、县政府决定开展奉新猕猴桃农产品地理标志登记保护申报工作。

主要领导人　县委书记：张家良。县人大常委会主任：严美根。县长：甘贤武。县政协主席：卢英。

（熊正秋）

·高安市·

【简　况】　位于江西省西北部，辖19镇、2乡和2个街道办事处。总面积2439.33平方千米，其中城区面积27.71平方千米。耕地面积10.31万公顷，林地面积8.63万公顷，森林覆盖率35.53%，城区绿地率11.05%。总人口86.6万人，其中非农业人口20.15万人；人口自然增长率7.81‰。全年实现地区生产总值179.67亿元，同比增长9%。其中：第一产业增加值32.34亿元，增长4.6%；第二产业增加值93.95亿元，增长11.3%；第三产业增加值53.38亿元，增长7.2%。一、二、三产业比为18∶52.3∶29.7。

全市工业总产值418.09亿元,增长14.37%;规模以上工业增加值102亿元,增长12%。外贸出口总额1.37亿美元。引进省外5000万元以上项目35个,其中10亿元以上项目5个,实际进资49亿元。500万元以上项目固定资产投资197.5亿元,增长20.3%。规模以上工业产品产量:瓷砖9.15亿平方米,水泥432万吨,食品添加剂1.16万吨,原煤119万吨,饲料12.17万吨。农业总产值63.71亿元,增长5.99%。粮食总产量73.79万吨,增长0.68%。主要农产品产量:生猪出栏216.96万头,肉牛出栏14.97万头,稻谷69.74万吨,棉花1.17万吨,油料5.58万吨。财政总收入30.36亿元,增长21.3%;公共财政预算收入22.79亿元,增长26.6%。城镇居民可支配收入2.38万元,增长10.3%;农民人均年纯收入1.18万元,增加1600元。金融机构贷款余额168.52亿元,比年初净增27.92亿元,存贷比56.9%。城市污水处理率95%。万元GDP能耗1.356吨标准煤。

【物流行业发展成为支柱产业】 高安市围绕汽运业发展现代物流业、汽车贸易业、汽车服务业和汽车配件业,不断壮大产业规模,延伸产业链条,提升发展层次。至年底,全市营运货车保有量为2.11万辆,登记吨位29.56万吨。拥有汽运物流企业739家,其中大型公铁联运物流企业1家,省级服务业龙头企业2家,大型汽运物流集团3家,国家级4A物流企业12家。全年货运物流产业纳税4.41亿元,汽运产业成为高安市纳税最多的支柱产业之一。拥有遍布全国的物流、信息服务网点1000多家,从业人员逾10万人。

【瑞阳新区建设框架进一步拉开】 高安市按照"做民生、造景观、聚人气"的发展思路,坚持以项目建设为中心,以严格工程质量管理为主抓手,瑞阳新区框架进一步拉开。安置小区方面:继续完善大观苑、瑞祥苑小区配套设施建设,加快小区道路、管网、绿化、围墙、路灯、垃圾处理等配套设施施工,为小区居民安居乐业、市直机关进驻办公打好基础。路网建设方面:新区9条主干路路网结构为"三横六纵"(三横为永安大道、平安大道、锦绣大道,六纵是米州北路、赤土板北路、碧落北路、锦惠北路、华林北路、筠州北路),道路总长30千米,总投资7.44亿元。至年底,新区9条主干道全部投入使用。瑞泰广场6条区间路路网结构为"三横三纵"(三横为北安路、德清路、德远路,三纵是文昌路、仁济路、仁清路),道路总长4.5千米,总投资6792万元。14个地下箱涵全部完成,土方和雨污管网埋设基本完成。民生工程建设方面:启动八中八小建设,共11栋房屋主体,建筑面积2.3万平方米,总投资8000万元,至年底完成主体工程建设。工人文化宫、青少年宫,图书馆、档案馆分别于6月和7月开工,至年底完成基础地下室底板建设。瑞泰广场商业写字楼及连锦河—瑞阳湖景观闸、景观桥等项目顺利开工,完成A、B、F、G四栋写字楼基土方开挖。

【沪昆高铁高安站通车】 9月16日,沪昆高速铁路客运专线高安铁路客运站正式通车。沪昆高速铁路客运专线在高安境内途经大城、祥符、瑞州街道、石脑、龙潭、杨圩、灰埠、相城、锦江牛场、矿山水库管理局、田南等11个乡镇(街道、场、库),线路全长78千米。沪昆客专高安铁路客运站位于高安城区以北3千米处,于2013年2月开工建设,高安市政府出资3000万元扩大火车站站房的建设规模,同时出资设计建设对接高安火车站地下出口通道、地下停车场、地面广场等配套建筑。

【中汽零部件工业公司高安汽车物流产业园项目落户高安】 5月15日,高安市政府在北京与中国汽车零部件工业公司签订高安汽车物流产业园项目投资协议。项目总投资50亿元,占地面积318.8公顷。项目建成后,可以助推高安打造"中国汽运物流之都",使货运汽车产业成为高安一大特色鲜明、优势明显、互动互促、竞争力极强的经济板块和支柱产业。

主要领导人 市委书记:聂智胜。市人大常委会主任:黄雪刚。市长:袁和庚。市政协主席:熊冬根。

(高安市史志办)

·上高县·

【简　况】 位于江西省西北部,辖9镇、5乡、1场和1个街道办事处。总面积1350平方千米,其中城区面积20.02平方千米。耕地面积2.5万公顷,有林面积6.9万公顷,森林覆盖率44.39%,城区绿化率39.2%。全县户籍人口37.79万人,其中非农业人口9.86万人;人口自然增长率7.57‰。2014年,全县完成地区生产总值124.20亿元,同比增长10.3%。其中:第一产业增加值18.95亿元,增长4.6%;第二产业增加值68.11亿元,增长12.2%;第三产业增加值37.14亿元,增长9.3%。财政总收入20.91亿元,人均5532元,税收占财政总收入90.2%。地方财政收入13.03亿元,增长10.2%;地方财政支出24.09亿元,增长5.4%。规模以上工业总产值422.61亿元,增长28.3%。主要工业产品水泥产量122.62万吨,饮料酒30.1万升,服装606.91万件。外贸出口达3.96亿美元,占地区生产总值比重为19.55%。固定资产投资141.27亿元。实际利用外商投资7116万美元,实际利用省外资金49.78亿元。农业总产值44.33亿元,增长6.4%;粮食总产量34.16万吨。主要农产品油料总产1.67万吨,生猪出栏97.34万头,牛存栏2.89万头。万元GDP能耗0.467吨标煤,城市污水处理率85%。城镇居民人均可支配收入2.32万元,增加2133元;农村居民人均可支配收入1.24万元,增长1296元。城乡居民年末储蓄余额91.47亿元,增长12.6%。

【推广粮食生产机械化】 上高县充分运用国家购机购置补贴政策,引导农民资金投入农业机械化的同时,一方面大力推广农机新器具和水稻工厂化育秧技术,着力推广先进适用、安全可靠、节能环保的机械;另一方面加强农机技术培训指导,采取印发宣传材料、媒体报道等方式推广农机新技术,引导农民运用农机新技术。全县拥有大中型拖拉机、联合收割机等农业生产机械 6 万多台，总动力 8750 万千瓦，拥有 50 万元以上农机资产的大户达 1300 多家，农机和农民种植业专业合作社 170 多个。全县粮食播种面积 4.25 万公顷，机械化耕作面积达 91%，机械化收割面积达 87%。

【上高紫皮大蒜列入全国名特优新农产品目录】 2014 年，上高紫皮大蒜被列入全国名特优新农产品目录（蔬菜类）。上高紫皮大蒜历史悠久，清康熙年间《上高县志》就有记载，是上高县主要传统优势经济作物。上高紫皮大蒜籽有独特的风味，浓香清甜，辛辣而不刺舌，捣碎成汁，呈黏液状，久放也不变馊，有强烈的杀菌功效，是美味佳肴中极好的调味品。上高紫皮大蒜主要分布在塔下、蒙山、芦洲、南港、翰堂、上甘山等乡镇，种植面积达 800 公顷，产量 240 万千克。

【举办 2014 年江西·上高（福建）绿色食品产业招商推介会】 9 月 12 日，上高县在福建省晋江市举办 2014 年江西·上高（福建）绿色食品产业招商推介会。福建省食品工业协会、泉州市食品行业协会、晋江市食品行业协会有关领导以及旺旺、盼盼、福马、公元等 85 家食品企业负责人 130 余人应邀参加会议。会议签约食品项目 16 个，签约金额 28.6 亿元。

【上高会战抗日阵亡将士陵园列入首批国家级抗战纪念设施名录】 9 月 1 日，国务院公布第一批 80 处国家级抗战纪念设施、遗址名录，上高县抗日阵亡将士陵园名列其中。上高抗日阵亡将士陵园是为纪念上高会战抗日阵亡将士而修建的。1941 年 3 月 15 日，侵华日军第 11 军司令官圆部和一郎指挥 2 个师团、1 个独立混成旅团，由安义、南昌等地分 3 路向上高地区进攻，企图攻歼国民党军第 9 战区第 19 集团军主力。由第 9 战区副司令长官兼第 19 集团军总司令罗卓英指挥，集中了第 49、第 70、第 73、第 74 军约 11 个师的兵力参加作战。经过 10 多天战斗，侵华日军共投入兵力 6.5 万人，中国军队拥有兵力 10 万人。日军伤亡 1.58 万人，中国军队伤亡 2.05 万人。上高会战在中国抗战史上取得继台儿庄大捷后的又一伟大胜利。1991 年，县政府修建上高会战抗日阵亡将士陵园。1996 年，列为爱国主义教育基地。

主要领导人 县委书记：刘平。县人大常委会主任：江建辉。县长：龚法生。县政协主席：况国高。

（晏紫春）

·宜丰县·

【简　况】 位于江西省西北部，辖 8 镇、4 乡、2 林场和 2 个垦殖场。总面积 1935 平方千米，其中城区面积 8.5 平方千米。耕地面积 2.82 万公顷，林地面积 13.91 万公顷，森林覆盖率 71.9%，城区绿化率 36.01%。全县总人口 29.96 万人，其中非农业人口 8.3 万人；人口自然增长率 7.05‰。2014 年，实现地区生产总值 90.82 亿元，同比增长 9.1%。其中：第一产业增加值 18.87 亿元，增长 4.4 %；第二产业增加值 47.11 亿元，增长 11.0%；第三产业增加值 24.84 亿元，增长 8.6 %。财政总收入 15 亿元，增长 26.4 %，人均 5006 元，税收占财政总收入的 85%；地方财政收入 10.03 亿元，增长 36.7 %。财政总支出 20.1 亿元，增长 18.2%。工业总产值 153.86 亿元，增长 10.9%。规模以上工业增加值 45.5 亿元，增长 12.7 %。全社会 500 万元以上固定资产投资 67.07 亿元，增长 28 %。实际利用外商投资 5150 万美元，省外投资 26.62 亿元。规模以上工业主要产品产量：原煤 31.6 万吨，人造板 11.8 万立方米，水泥 182.8 万吨，硅酸盐水泥熟料 100.9 万吨。农业总产值 35.3 亿元，增长 4.4%。粮食总产量 28.94 万吨。主要农产品产量：水产品 1.91 万吨，肉类 3.26 万吨，生猪出栏 37.67 万头，禽蛋产量 1.71 万吨。万元 GDP 能耗同比下降 3.77%，城市污水处理率 75%。新增城镇就业人口 2.1 万人，转移农村劳动力 2.8 万人，医疗、失业、工伤保险覆盖率分别达 100%、94.8%、85%，1.7 万名城乡低保对象、1600 余名优抚对象和 9000 余名困难群众纳入帮扶救助体系。完成棚户区改造 9 万平方米，建设保障性住房 660 套。城镇居民人均可支配收入 2.31 万元，增加 2122 元；农村居民人均纯收入 1.09 万元，增加 1148 元。城乡居民年末储蓄余额 69.09 亿元，比上年末增长 12.0 %。

【启动全省首座城市综合体招商】 11 月 6 日，宜丰红商城招商大会暨知名品牌签约仪式在宜丰举行。宜丰红商城是利用新科技的发展，结合实体商业、互联网、移动终端以及微信平台的新型全渠道（O2O）城市综合体，具有独特多元化创新商业模式。此次招商大会先后有世界 500 强餐饮巨头肯德基、世界 500 强企业上海华联超市、中影国际影城、屈臣氏、腾达电器、季季红火锅、粥行天下、菜肴故事、中国黄金、经典保罗、巴拉巴拉、劲霸男装等 10 余家企业现场签约。红商城招商大会的举行，标志着全省首个全渠道（O2O）城市综合体招商全面启动。

【投资 3.4 亿元光伏农业综合开发项目开建】 9 月，由世界 500 强企业中国电子长城股份有限公司投资 3.4 亿元的宜丰现代农业大棚光伏发电项目举行开工奠基仪式。项目位于宜丰县芳溪镇，占地面积 66.67 公顷，建设标准化现代农业大棚，采用高科技方法，种植铁皮石斛、芦笋、瓜果蔬菜等高效农产品；建设 20 兆瓦光伏大棚电站和 5 兆瓦农户屋顶光伏电站，年均发电 2286 万千瓦小时，节约相当于标煤 8207 吨，年减少二氧化碳排放 2.26 万吨。项目建成后，年产值 5 亿元，可提供农业就业岗位 1000 余个。

【竹产业链列为国家级科技特派员创业链】 1 月，由江西康替龙竹业有限公司牵头的《江西宜丰竹产业国家科技特派员创业链》列为第二批国家级科技特派员创业链。宜丰县以“科技特派员 + 企业（基地、合作社）+ 农户”等利益共享为组织模式，以江西康替龙竹业有限公司为牵头单位，联合江西省林科院、南京林业大学竹材工程技术研究中心、县竹加工产业协会及其他竹加工龙头企业，建立宜丰县竹产业科技特派员创业链技术联合体，创业链带动力覆盖方圆百公里的铜鼓、奉新、万载、安福等县。

【县检察院荣立全国检察机关集体一等功】 4 月 23 日，在最高人民检察院召开的全国检察机关队伍建设工作会上,宜丰县检察院荣立全国检察机关集体一等功。县检察院围绕“聚心促和谐、聚智谋创新、聚力抓发展、力争站前列”的工作思路,立足检察职能,创新工作思维,独创“一月六访”机制,探索大自侦机制,开设“思辨坛”,实现检察工作科学发展。曾被评为全省公众满意政法单位。

【引进60亿元生态旅游综合开发项目】 5月,宜丰县引进60亿元生态旅游综合开发项目。该项目由海南三道圆融旅业有限公司投资兴建,一期投资30亿元,主要包括东方禅文化园、竹文化园景区及前往洞山旅游公路的沿线开发,光华水库、渊明湖、双峰水库等水利景区的保护开发及利用,曹洞宗、临济宗等禅宗祖庭寺庙及配套项目建设,天宝古村、洑溪温泉高端旅游度假村开发建设。

主要领导人 县委书记:邓伟。县人大常委会主任:张美荣。县长:张智萍。县政协主席:李和平。

(纪睿)

·铜鼓县·

【简　况】 位于江西省西北部,辖6镇、3乡和4个国有林场。总面积1551.94平方千米,其中城区面积5.94平方千米。耕地面积8578.45公顷,森林面积13.36万公顷,森林覆盖率87.21%,城区绿化率35%。总人口14.01万人,其中非农业人口3.45万人;人口自然增长率6.67‰。2014年,完成地区生产总值33.80亿元,增长9.2%。其中:第一产业增加值5.34亿元,增长4.2%;第二产业增加值14.87亿元,增长11%;第三产业增加值13.59亿元,增长9.2%。一、二、三产业比为15.82∶43.98∶40.2。财政总收入7.19亿元,增长16%,人均5128元,税收占财政总收入的83.6%;地方财政收入5.88亿元,增长22.7%。地方财政支出12.15亿元,增长14.5%。工业总产值32.69亿元,增长10.64%;规模以上工业增加值占地区生产总值比重23.7%,外贸出口占地区生产总值比重6.1%。500万元以上固定资产投资20.23亿元,增长20.8%。实际利用外商投资2094万美元,利用省外投资11.01亿元。主要工业产品有医药、化工、竹木建材、计算机外围设备等。农业总产值9.89亿元,增长5.23%。粮食总产量4.47万吨,增长1.17%。主要农产品有茶叶0.28万吨,红薯0.12万吨,西瓜0.23万吨,山羊出栏数4.06万只。万元GDP能耗0.728吨标煤,二氧化硫排放总量619.06吨,削减率4.65%,城市污水处理率80%。城镇居民人均可支配收入1.87万元,增长9.6%;农村居民人均纯收入6824元,增长11.5%。城乡居民年末储蓄余额29.7亿元,增长1.12%。

【铜鼓县建设国家生态县通过技术评估】 8月14日—15日,环保部生态司副司长邱启文率环保部评估组一行,对铜鼓县国家生态县建设进行技术评估。通过现场实地考察、民意调查、技术资料审核和听取相关汇报,评估组专家一致认为,铜鼓县创建国家生态县建设取得重要的阶段性成果,5项基本条件和22项建设指标已经全部达标,符合国家生态县建设的要求。评估组宣布,铜鼓县国家生态县建设通过技术评估。

【铜鼓申报中国竹键盘之都通过评审】 8月23日,中国林业产业联合会副秘书长陈圣林率专家评审组到铜鼓县对中国竹键盘之都申报工作进行评审。评审组先后实地考察江桥竹键盘原料林基地、竹键盘研发基地和江西奔步科技发展有限公司,听取铜鼓县竹产业及竹键盘发展情况汇报,审查相关材料和技术文件等,对铜鼓县申报工作进行评议,提出评审意见。评审组一致认为铜鼓县委、县政府高度重视竹产业发展,竹键盘产业创新发展成效显著,已经形成以竹键盘为主导产品的竹产业体系和“企业+合作组织+基地+农户”的生产经营模式,竹键盘产业发展居国内同行业领先水平,并呈现快速占据海内外市场的发展态势,具备中国竹键盘之都的标准和要求,同意通过评审。随后,中国林业产业联合会授予铜鼓县中国竹键盘之都称号。

【率先开展农村土地承包经营权确权颁证工作】 2014年,铜鼓列为江西省第一批农村土地承包经营权确权颁证工作试点县。3月始,铜鼓县按照“县指导、乡主导、村主体、组实施”的工作机制,高位推动、顶层设计、强力保障、规范操作,在全省率先探索农村土地承包经营权确权登记颁证工作,取得成效。全县100%完成土地信息收集与建档,外业勾图与数据录入,完成确权登记工作定额98.3%,工作进度走在全省前列。5月11日,省委副书记尚勇在铜鼓县带溪乡西村村颁发全省土地确权第一证,西村村民刘明丰以承包经营权抵押获得全省首笔承包经营权抵押10万元贷款。至年底,土地经营权抵押贷款共180万元;接待河北、吉林、甘肃及省内参观学习100多批次。排埠镇黄溪村、带溪乡西村村被农业部总农艺师孙中华称为全国农村土地确权登记典型。

【铜鼓工业园区纳入省级园区序列管理】 4月,铜鼓工业园区纳入省级工业园区序列管理,园区基础设施进一步完善,110千伏变电站已建成并投入运营,温泉220千伏变电站列入规划。园区总面积8平方千米,主要以招商引资、兴办生态工业为主,主导产业为医药制造业和竹制品精深加工业。至年底,园区共有入园企业75家,高新技术项目占60%。新民济药业、正宏复合材料、腾达有机硅、金兰科技等15个项目竣工或投产,昆庆纺织、尚朋电子、华钻科技等10个项目正在建设。新增规模以上企业3家,规模以上工业增加值8.16亿元,增长16.4%;主营业务收入30.5亿元,增长13%。

【开展寻找“最美家庭”活动】 3—4月,铜鼓县开展寻找“最美家庭”活动,在组织推荐和群众自荐的基础上,择优选取候选家庭,在铜鼓电视台进行事迹展播,以生动活泼的形式晒家庭幸福生活、谈良好文明家风、讲家庭和谐故事、展家庭文明风采、秀家庭未来梦想。组委会通过推荐、投票等环节,刘力山、朱珍花、刘志国、冯欢、曹文明、黎尚荣、戴秋菊、田冬香、陈秋华9个家庭,由县委宣传部、县文明办、县妇联共同授予铜鼓“最美家庭”称号。

主要领导人　县委书记:胡国瑞。县人大常委会主任:林上旺。县长:鲁旭东。县政协主席:李鸣。

(刘书琴)

·万载县·

【简　况】　位于江西省西北部,辖9个镇、7个乡和1个街道办事处。总面积1719.63平方千米,其中城区面积12平方千米。耕地面积3.29万公顷,林地面积11.40万公顷,森林覆盖率63.1%。总人口55.8万人,其中农业人口45.91万人。2014年,实现地区生产总值103.91亿元,同比增长10.2%。其中:第一产业13.59亿元,增长4.6%;第二产业63.98亿元,增长11.7%;第三产业26.34亿元,增长9.7%。一、二、三产业比为13.08:61.58:25.34。规模以上工业企业实现产值214.4亿元,增长20.4%。主要工业产品有花炮、有机食品、新型建材、机械电子、橡胶化工等。农业总产值26.90亿元,增长4.56 %。主要农产品有稻谷、有机蔬菜、水果、茶叶等。粮食产量30.51万吨。财政总收入20.0亿元,增长17.5%;税收总额17.89亿元,增长22.8%;地方财政收入12.19亿元,增长18.2 %。财政支出24.60亿元,增长10.9%。全县从业人员平均工资3.57万元;在岗职工年平均工资3.71万元;农村居民人均可支配收入8395元。城乡居民年末储蓄余额80.38亿元,增长14.3%。固定资产投资100.3亿元。

【投资6亿多元整改提升花炮企业】　2014年,万载县按照"整顿规范,减少数量,优化组合,全面提升"的发展思路,投入资金6亿多元对全县花炮企业进行整改提升。全面推进企业厂房建设标准化、生产流程机械化、生产工艺科技化、信息技术网络化四大改造;对占地面积小于2.67公顷的小作坊式企业一律淘汰,对生产条件差、经济效益低的企业进行兼并重组,拆除不符合安全距离的工房2600多间,淘汰不符合条件的企业93家。同时,按照花炮企业标准化创建要点,要求厂区的A级工房、危险药物中转库四向必须建好防爆墙,所有花炮企业都必须推广机械化生产。全县已有安引机6000余台,电脑结鞭机1000多台,电脑装药机近100台。全县花炮企业由原来的500多家减至398家,初步实现"数量减少、总量提高、安全度提升"的目标。

【引进投资12.2亿元农业综合建设项目】　1月,万载县引进投资12.2亿元国家现代有机农业示范区核心园综合建设项目。该项目由香港恒晖投资集团有限公司投资,建设规模达706.66公顷,其中有机种植、养殖基地666.67公顷,有机产品加工、仓储、工业用地13.33公顷,休闲旅游服务用地13.33公顷,有机农产品交易中心用地13.33公顷。

【万宜高速公路通车】　12月,万载至宜春高速公路通车,结束万载县无高速公路的历史。万宜高速公路于2012年11月开工建设,接省道(S312)万载至上栗公路,途经万载县、袁州区2个县区5个乡镇,与沪昆高速公路昌金段相接,终于宜春明月山机场路A线,全线总长34.78千米,总投资20.2亿元。万宜高速公路在万载县境内长8.7千米,投资约5亿元。按由北向南走向,途经康乐街道联和、猛辉、兴联和马步乡黄村、新民、宝石、银田、泉塘、寨下9个行政村。

【举办中国·万载第二届国际花炮文化节】　10月17日—19日,万载县举办中国·万载第二届国际花炮文化节,共有八项主体活动,包括开幕式暨大型焰火文艺晚会、中国·万载首届国际音乐焰火大赛暨颁奖晚会、美国烟花博览会年会、第二届海峡两岸烟花爆竹产业发展高峰论坛暨中国日用杂品流通协会五届五次理事会、安全环保原材料无药样品机械展、烟花摄影和花炮文化诗词楹联书法绘画大赛、花炮文化广场表演、万载花炮十大杰出人物和十大杰出经销商评选。文化节期间,美国国家烟花协会、欧洲烟花协会、德国联邦烟花协会、印度烟花制作商协会、法国布朗茨烟花集团等23个国家和地区协会(企业)与万载花炮出口企业达成多项合作意向,签订合作协议216个,项目资金15.2亿元。

【龙湖公园暨烟花燃放国际赛事中心建成】　10月,万载龙湖公园暨烟花燃放国际赛事中心建成。该公园位于县城南部,于2012年5月18日正式启动,总投资5.5亿元,区域范围涉及2乡(街道)1场(鱼种场)4个行政村的27个村民小组,占地面积60.2公顷,其中绿化面积21公顷,两个连体人工湖30.53公顷,呈"湖匀南北,北取龙势,南示烟花"态势。

【西门社区获"全国综合减灾示范社区"称号】　2月,万载县康乐街道西门社区被国家减灾委员会和民政部授予"全国综合减灾示范社区"称号。该社区自2010年6月开展"全国综合减灾示范社区"评选活动以来,通过完善领导体制、健全工作制度,强化教育引导、增强防灾意识,奖补资金扶持、配套基础设施,开展防灾演练,提升防灾能力等方式,为居民提供安全舒适的生活环境。

主要领导人　县委书记:胡新明。县人大常委会主任:周洪波。县长:陈虹。县政协主席:肖德明。

(徐小明)

上饶市

【概　况】　位于江西省东北部,辖1市、10县、1区。土地总面积2.28万平方千米,其中城区面积314.9平方千米,耕地面积45.93万公顷,有林面积115.12万公顷。森林覆盖率57.5%,建成区绿地率41.4%。全市总人口668.8万人,人口自然增长率7.68‰。财政总收入262.6亿元,增长13.2%。其中,公共财政预算收入194.2亿元,增长18.1%,提前一年完成"十二五"财政增收目标。全年生产总值1550.24亿元,增长9.9%。其中:第一产业增加值218.47亿元,增长4.6%;第二产业增加值779.01亿元,增长11.2%;第三产业增加值552.76亿元,增长10%。规模以上工业增加值653亿元,增长12.1%,列全省第5位;实现主营业务收入2613.31亿元,增长8.0%;500万元以上项目固定资产投资1374.3亿元,增长18%。实现利税总额375.99亿元,占全省比重11.19%,比全省平均水平高2.2个百分点,总量、增幅均列全省第4位。全市实际利用外资8.4亿美元,增长10.8%。其中,现汇进资2.2亿美元,增长175.5%;利用省外5000万元以上项目实际进资438.3亿元,增长18.4%。社会消费品零售总额548.2亿元,增长13.5%;外贸出口总额36亿美元,增长18.3%。年内粮食种植面积59.34万公顷,总产350.6万吨,增长1.6%。全市银行业金融机构存款余额达1906.36亿元,增长14.5%,增幅列全省第一。其中,居民储蓄存款余额1240.87亿元,增长15.98%,增幅列全省第一。全市银行业金融机构贷款(不含外币贷款)余额1234.1亿元,增长22.8%,增幅列全省第二。开工建设各类保障性住房5.1万套,建成2.7万套。全市城镇居民人均可支配收入2.47万元,增长9.9%;农村居民人均可支配收入9102元,增长11.1%。新农合参合农民571.13万人,参合率达98.95%,人均筹资标准提高到390元;报销比例大幅提升,最高支付限额达8万元;全年筹资22.27亿元,基金运行总体平稳安全。新增城镇就业8.9万人,新增转移农村劳动力23.4万人。继2009年之后,再获"中国幸福城市"称号。

【村镇银行蓬勃兴起】 全年新增上饶县中银富登村镇银行、余干县恒通村镇银行、横峰县恒通村镇银行3家村镇银行,开业总数达6家;批筹信州区江淮村镇银行、婺源县江淮村镇银行2家村镇银行,开业、批筹机构数量均占全省一半,村镇银行开业、批筹取得突破性进展。

【卫生工作取得新突破】 新型医药医疗健康服务业取得突破。上饶(国际)干细胞再生医学产学研究基地开工建设,填补江西省干细胞再生医学领域发展的空白。该项目在市人民医院、市立医院、部分县级医院开始运作,1200余位市民存储了干细胞。民营医疗机构行业自律取得突破。社会资本办医蓬勃发展。全市民营医院总数突破108家,位居全省第一。民营医院床位数、住院人次、门诊人次占全市比例分别为26.2%、25.1%、8%;成立上饶市民营医疗机构协会,这是江西省唯一一家民营医疗机构协会。召开"银医"融资对接座谈会,银医平台初步搭建。

【上饶海铁联运升级为"天天班"】 4月18日,上饶市"无水港"海铁联运"五定班列"升级为"天天班",由过去的隔日单向开行,改为每天双向对开。上饶到宁波的"五定班列"于2011年6月30日开通,截至2014年4月17日,上饶—宁波"五定班列"累计发运班列393趟,总箱量为23626TEU,平均每趟30.06车皮,载重率60.12%,平均用时17时45分。上饶—宁波"海铁联运天天班"截至12月31日,累计发运班列137趟,总箱量为6658TEU。平均每趟载重24.29车皮,载重率为48.59%(按一趟班列50个车皮计),抵达宁波港的平均用时为17小时54分。上饶—宁波"海铁联运天天班"是江西省运行最好的海铁联运,已经成为全省贯通西东、对接"长三角"的一条快速出海通道。

【"大病关爱"行动首次现场对接】 5月4日下午,上饶市举行首次"大病关爱"现场对接活动。省人社厅副厅长侯仲华,市委常委、常务副市长汪东进出席活动并讲话。活动现场,上饶市13名符合救助条件的参保人代表分别接受了5万~7万元救助金,总额67.3万元。经对全市参保的大病患者进行申报、审核和公示后,市医保局为全市首批192名特大疾病患者发放518万元救助款,最高补偿款为7万元。该项补助每年可以申请一次,此做法属江西省首创。

【南昌海关上饶办事处升格为上饶海关】 经国务院批准,8月5日,南昌海关上饶办事处升格为上饶海关,这是全省海关系统首次升格。市委书记陈俊卿、南昌海关关长王炜为上饶海关开关揭牌,市委副书记、市长潘东军致辞,市委副书记张跃岭主持开关仪式,副市长刘锋等出席上饶海关开关仪式。2013年,省委、省政府赋予上饶"打造对外开放合作高地和江西东部重要增长极"的战略定位;建设杭南长、合福两条高铁和三清山机场等重大交通基础设施;上饶市产业转型升级和旅游业国际化步伐加快,以及高铁经济实验区、空港经济区等战略规划的实施,都需要上饶加快建立大通关口岸平台。上饶海关的正式开关,将为全市的外贸发展带来极大便利,让800余家外贸企业在家门口就可以办理报关、减免税、企业备案、加工贸易等海关业务。

【《为了可爱的中国》在人民大会堂公演】 10月15日,由市委、市政府主办,市纪委、市委宣传部、市文化局承办,市歌舞话剧团演出的原创大型廉政诗画剧《为了可爱的中国》在人民大会堂公演,开创全国首个地级市歌舞团在人民大会堂公演的先河。该剧以方志敏在赣东北的革命斗争故事为原型,深刻展示了方志敏"爱国、创造、清贫、奉献"的革命精神。现场5000余人观看演出,此剧开演以来已在上饶各县(市、区)、南昌、北京、深圳、上海等地演出百余场。

【沪昆高铁"上饶号"高速列车正式运行】 12月16日,全省唯一以设区市名冠名的沪昆高铁"上饶号"(G1371/G1372)高速列车正式运行。上饶市在上海举行新闻发布会及首发启动仪式。G1371/G1372次列车每节车厢贴有"上饶号"的门贴,32块LED显示屏滚动播放着"经典山水,上饶号",《旅伴》杂志上饶号专刊摆放在车厢座位上,列车语音播报也提醒着"上饶号"乘客到达各个站点。

主要领导人 市委书记:陈俊卿。市人大常委会主任:尧希平。市长:潘东军。市政协主席:程建平。

(李娴)

·信州区·

【简　况】 位于江西东北部,辖4镇、5街道办事处。总面积339平方千米,其中建成区面积49.76平方千米。耕地面积5192公顷。绿地面积2323公顷,其中建成区绿地面积2323公顷,建成区绿地覆盖率46.68%。总人口41.96万人,其中非农业人口21.76万人;人口自然增长率7.6‰。2014年,实现地区生产总值176.1亿元,同比增长8.8 %。其中:第一产业生产总值6.3亿元,增长3.4%;第二产业生产总值42.3亿元,增长4.1%;第三产业生产总值127.4亿元,增长12.4%。工业增加值26.1亿元,增长3.1%。主要工业产品的产量为:布956万米、服装564万件、铜材1.36万吨、啤酒0.90万千升。农林牧渔业总产值10.2亿元,增长4.5%。牧业增加值1.7亿元,占农林牧渔业增加值的24.7%。主要农产品有粮食5.0万吨、蔬菜8.0万吨、当年出栏肉猪6.19万头。地方财政收入18.6亿元,增长15.4%。其中,一般预算收入14.1亿元,增长14.4 %;一般预算支出19.1亿元,增长6.9%。城镇居民人均可支配收入2.69万元,增长10.16 %;农村居民人均可支配收入1.21万元,增长10.54%。城乡居民年末储蓄余额246亿元,比年初增长28.5%。

【镇域经济迅速发展】 2014年,信州区街道、镇级经济发展跃上新台阶。11月7日,信州区下辖的最后一个乡秦峰撤乡设镇揭牌仪式在乡政府举行。至此,信州区社会发展步入新阶段,所辖5街道办(东市、西市、水南、北门、茅家岭)4镇(沙溪、灵溪、朝阳、秦峰),再无乡。9个街道、镇财政收入全部突破6000万元,总计实现11.3亿元,增长18.23%。其中,7个(东市、西市、水南、北门、茅家岭街道,沙溪、灵溪镇)过亿元。新增水南、茅家岭两个街道财税收入突破亿元大关。水南街道增幅高达32%,其信息服务业取得丰硕成果,实现税收6000万元,增长270%;茅家岭街道强服务重建设,全面推进三清山机场、机场大道、信息产业服务园、赣东北汽车园、信江南岸、三江水系综合景观改造等26个落户该街道的省、市、区重点项目,街道综合实力跨入全省前100位乡镇。沙溪镇区位优势明显,经济发展潜力大,城镇建设的规划管理好,服务功能完善,当年跻身全国重点镇、全省产业升级前50位乡镇。

【推进新农村建设】 2014年,信州区投入2000余万元,完成40个新农村村点建设,打造了沙溪镇陈家村、灵溪镇新昌村等一批新农村建设省级示范点。针对农村住房违建现象,组织专门队伍,加大打击力度,规范规划区外农民建房管理,有效遏制违建现象。对日益严重的农村环境污染,组织全区上下,广泛宣传,齐心协力,对农村环境进行专项大整治,已有效改观集镇、公路及河道沿线环境卫生。修建排水沟渠3.6万米,完成沙溪镇千亩园田化建设。完成50千米农村公路通自然村工程。深入实施“森林城乡、绿色通道”工程,完成造林绿化66.67公顷。

【现代农业提质增效】 依托城郊优势,积极发展特色农业,打造了沙溪果业、灵溪水产、朝阳畜牧、秦峰生态农业、茅家岭休闲农业等一批特色种植养殖业基地。全区新建规模种植养殖业基地18个,新增面积146.67公顷。积极推进无公害农产品、绿色食品、有机农产品申报工作,全区拥有无公害农产品3个。农业产业化步伐加快,各类农民专业合作社达116家,带动农户1.2万家。

主要领导人 区委书记:郑晓春(任至5月)、蒋丽华(5月任)。区人大常委会主任:付德峰。区长:蒋丽华(任至5月)、王其中(5月任)。区政协主席:徐中平。

(缪斌)

·上饶县·

【简　况】 位于江西省东北部,辖10乡、11镇、3个街道办事处,总面积2240平方千米。耕地面积3.16万公顷,有林面积9.15万公顷,森林覆盖率73.7%。总人口82.8万人,其中非农业人口11.7万人;人口自然增长率控制在7.52‰以内。2014年,地区生产总值165.3亿元,同比增长10.2%。其中:第一产业增加值15.5亿元,增长2.1%;第二产业增加值126.8亿元,增长11.7%;第三产业增加值22.9亿元,增长7%。规模以上工业总产值494.2亿元,增长5.66%;规模以上工业企业57家。主要工业产品有原煤17.12万吨、水泥50万吨、发电量2.6亿千瓦小时、白银16.6吨。农业总产值22.65亿元,增长5.2%;国家、省、市农业龙头企业73家。主要农产品有稻谷15.14万吨、茶叶316吨、水果1849吨、生猪出栏11.48万头。城镇化率45%,网络覆盖率99%,义务教育普及率100%。财政总收入20.02亿元,增长13.7%。全社会固定资产投资184.9亿元,增长12.7%。社会消费品零售总额34.9亿元,增长12.9%。农村居民人均纯收入5632元,增加650元。金融机构年末储蓄余额151.08亿元,增长12.1%;贷款余额121.32亿元,增长23.34%。

【启动茶亭工业园扩园调区】 茶亭工业园扩园调区工作全面启动,建成区面积6平方千米。福达实业、裕鑫铜业等11个项目投产见效,百川实业、中一机械等13个项目开工建设。其中,总投资10亿元的南洋国际项目实现当年签约、当年开工、当年试生产。茶亭工业园区实现主营业务收入突破100亿元。

【赣剧《那杆秤》在北京长安大戏院展演】 5月14日,以“全国道德模范”诚信老人郑宜栋事迹为题材的现代赣剧《那杆秤》代表江西省参加在北京长安大戏院举行的“北京江西文化月”展演活动,被中央电视台、中央人民广播电台、新华社、《光明日报》《中国文化报》《中国艺术报》等国家级媒体采访报道,并在中央电视台戏曲频道全剧播出。该剧已被评为江西省“五个一工程”奖,并推荐参加全国“五个一工程”奖评选。

【国学教育全国领先】 全县国学教育以“三课一动”为载体,以国学教育QQ群、名师工作室为抓手,不断加强跨县域的网络教研平台建设,努力实现国学教学“化文为声、化理为辩、化事为境、化古为今”。先后应中华书局、人民教育出版社、江西师大教育系等部门邀请承担国学教育培训授课任务,到辽宁省、北京海淀区等地进行讲学,全面推广、介绍、传播上饶县国学研究成果。

主要领导人 县委书记:张祯祥(任至10月)。县人大常委会主任:徐继生(任至12月)、潘玉斌(12月任)。县长:熊孙魁。县政协主席:肖万松。

(方靖)

·广丰县·

【简　况】 位于江西省东北部，辖16镇、4乡和3个街道办事处。总面积1377.79平方千米。年末实有耕地面积1.91万公顷，有林面积6.28万公顷，森林覆盖率58.6%。总人口95.15万人。2014年，实现地区生产总值269.82亿元，同比增长10.5%。其中：第一产业增加值20.56亿元，增长5.3%；第二产业增加值154.99亿元，增长11.1%；第三产业增加值94.26亿元，增长10.8%。第一、二、三次产业结构比为7.6∶57.5∶34.9。全县规模以上工业增加值125.95亿元，增长12.8%。财政总收入37.33亿元，增长13%；公共财政预算收入24.27亿元，增长15.81%。固定资产投资总额175.66亿元，增长18%。完成建筑业增加值35.54亿元，增长6.20%。实现社会消费品零售总额41.03亿元，增长14.1%。城镇化率52.48%，提高1.33个百分点。农民人均可支配收入1.13万元，增长10.85%；城镇居民人均可支配收入2.59万元，增长10.95%。在岗职工平均工资4.41万元，增长4.92%。年末金融机构存款余额147.90亿元，增长18.93%；贷款余额107.18亿元，增长24.43%。旅游业总收入49.07亿元，增长13.32%；国内游客人数393.3万人次，增长12.37%。综合实力保持全省领先水平，被评为全国“中小城市科学发展百强县”和“中小城市最具投资潜力百强县”。

【九仙湖获评国家级水利风景区】 2月，水利部公布的“第十三批国家水利风景区”名单中，广丰县铜钹山九仙湖景区名列其中。该风景区符合国家水利部公布的国家级水利风景区标准，即水库型、自然河湖型的可供观光、娱乐、休闲、度假和科学、文化、教育活动的风景区域。

【获“中国建筑之乡”称号】 7月，中国建筑业协会授予广丰县“中国建筑之乡”称号。该称号由中国建筑业协会严格按照建筑业的产业地位、从业人员、产业规模、行业管理、市场信用等方面的规范标准评定。广丰历来为劳务、建筑业输出大县，被誉为“挖掘机之都”。广丰县委、县政府高度重视建筑业发展，提出“打造建筑强县”目标，把建筑业列入支柱产业加以培育，出台了《关于进一步加强建筑业发展的若干意见》等一系列扶持政策，投入奖励资金，鼓励促进建筑企业发展。广丰有建筑企业152户，从业人员13.2万多人，其中技术人员0.66万人，建筑企业和施工队伍遍布全国各地及世界多个国家和地区，各项建筑业指标位列省、市前茅，2013年完成建筑业总产值202亿元。

【创办电子商务生态产业园】 10月中旬，广丰电子商务生态产业园开园营运，该园项目总投资2000万元，占地4公顷，建筑面积6万平方米，是一个集电商互联网相关企业集聚、电商人才孵化基地、现代仓储分拣中心、TP运营等为一体的具有现代气息的电子商务产业园。园内有多功能区、大型培训中心和优质网络宽带等资源。到12月底，已入驻广丰电商培训学院、广丰县人才培训基地、广丰青年电子商务创业协会等电子商务及配套企业78户，其中，18户企业已开始运营，实现税收300多万元，部分企业还在洽谈中。随着产业园区的建设、完善，必将在改善区域投资环境、引进外资、促进产业结构调整和发展经济等方面发挥出更加积极的辐射、示范和带动作用。

【铜钹山自然保护区晋升国家级自然保护区】 12月，国务院办公厅公布新建国家级自然保护区名单，广丰县铜钹山自然保护区名列其中。铜钹山自然保护区始建于1985年，2010年晋升为省级自然保护区。该自然保护区位于武夷山余脉东段北麓、广丰县南部，总面积1.08万公顷，森林覆盖率96%。保护区内有国家Ⅰ级保护植物南方红豆杉、伯乐树等5种；国家Ⅱ级重点保护植物香榧、蛛网萼等15种；国家Ⅰ级重点保护哺乳动物黑麂、云豹2种；Ⅱ级重点保护哺乳动物鬣羚、黑熊、穿山甲、水獭、大灵猫、小灵猫等11种，列入CITES附录的哺乳类物种13种；国家级重点保护鸟类20种，其中国家Ⅰ级重点保护鸟类有白颈长尾雉、黄腹角雉2种，国家Ⅱ级重点保护鸟类有黑鸢、白鹇、鸳鸯、普通鵟等18种。12月17日—19日，国家级自然保护区评审委员会在北京召开评审会，广丰县铜钹山自然保护区在评审中获全票通过。

【获“中国书画之乡”称号】 12月，文化部公布2014—2016年度“中国民间文化艺术之乡”名单，广丰县获“中国书画之乡”称号。广丰县自古重文化，伴诗书，耕读传家，历来书画氛围浓厚。经常举办书法、美术、摄影作品展览，书画作品多次选送国外、国家、省、市参展并获奖。广丰籍著名版画、国画、书法家吴俊发，系国家一级美术师，中国版画家协会副主席，江苏省美术馆原馆长。其版画作品黑白鲜明、对比强烈、入木三分；国画作品枯润相宜、疏密有致、名重一时。作品被选送30多个国家和地区展览，代表作有《方志敏》《茅山颂》《汛期将至》《漓江行》《红军岩》等。2008年，广丰县为了弘扬传统文化，开展吴俊发书画作品的收藏、展示、创作、学习，传播“书画之乡”的美誉，投资600万多元，建设2700多平方米的吴俊发艺术馆。2013年吴俊发将150余件精品无偿捐赠广丰县吴俊发艺术馆收藏。2014年，吴俊发艺术馆投入使用。全县有书法、美术、摄影等书画艺术人才2000多人，位居全国县级城市前茅。

【成立黑滑石工业基地院士工作站】 12月，广丰经济开发区方正黑滑石工业基地院士工作站正式成立，成为中国首家黑滑石行业院士工作站。广丰是闻名世界的“黑滑石之都”，拥有得天独厚的黑滑石资源，储量全球第一。该院士工作站由中国科学院、中国工程院、北京大学、江西师范大学等相关专业的院士和教授及全国非金属矿行业著名专家组成，中国著名矿物材料专家叶大年领衔主持，其职能是为拓展黑滑石深加工领域提供科技咨询服务，并组织重点课题的研发工作。该工作站的建成，将为广丰县在黑滑石产业开发、人才培育、科技合作等方面搭起更高层次的创新平台，为黑滑石产业精细化发展提供技术支撑和智力支持，对提升产业技术创新能力和综合生产能力起到更加积极的推动作用。

主要领导人 县委书记:倪美堂(任至1月)、郑光泉(1月任)。县人大常委会主任:刘月林。县长:邵小亭(任至5月)、谭赣明(5月代、7月任)。县政协主席:周重明。

(卢钢)

·玉山县·

【简 况】 位于江西省东北部。辖11镇、5乡。总面积1728平方千米。耕地1.88万公顷,林地11.47万公顷,森林覆盖率64.8%,城区绿化率43.9%,城镇化率达47.47%。总人口63.21万人,其中非农业人口10.28万人;人口自然增长率7.79‰。全年实现地区生产总值125.49亿元,同比增长10.8%。其中:第一产业增加值15.18亿元,增长6.8%;第二产业增加值66.1亿元,增长12.2%;第三产业增加值44.2亿元,增长10.4%。财政总收入18.5亿元,增长18%,人均2927元,税收占财政总收入的比重为78.9%;公共财政预算收入13.83亿元,增长22.2%。固定资产投资102.38亿元,增长19.8%;地方财政支出28.47亿元,增长15%。全县工业增加值59.16亿元,增长12.7%;规模以上工业增加值59亿元,增长12.9%,占地区生产总值比重达47.02%。外贸出口2.12亿美元,增长36.1%。实际利用省外5000万元以上工业项目进资32.12亿元,增长20.1%。实际利用外资5653万美元。主要工业产品有水泥557万吨,其中熟料335万吨;轴承1.4亿套。农业总产值22.49亿元,增长7.4%。主要农产品有粮食20.6万吨、蔬菜及食用菌7.37万吨、水产品3.06万吨、油料1.39万吨、茶叶635吨。全社会用电9.78亿千瓦小时,负增长1.42%。其中,工业用电6.46亿千瓦小时,负增长1.99%。全县万元GDP能耗1.04吨标煤,下降4.92%。工业固体废弃物综合利用率95.6%。城镇居民人均可支配收入2.18万元,增长11.1%;农村居民人均可支配收入1.03万元,增长11.31%。城乡居民储蓄101.35亿元,增长18.02%。金融机构存款余额137.67亿元,贷款余额105.7亿元,分别增长10.76%和24.8%,贷存比76.78%,高出全市平均水平12个百分点。社会消费品零售总额44.5亿元,增长14.2%。空气中二氧化硫年均浓度值0.028毫克/立方米,二氧化氮年均浓度值0.02毫克/立方米,可吸入颗粒物年均浓度值0.038毫克/立方米,二氧化碳排放总量削减率4.3%。污水处理能力2.5万立方米/日,城区污水处理率96%,生活垃圾无害化处理率95.8%。全年接待游客745.28万人次,增长35.1%;旅游综合收入57.96亿元,增长32.12%。

【推进电子商务产业园建设】 2014年,县委、县政府在对国内外经济发展形势和本地特点进行重新审视、定位之后,确定电子商务这一新的主攻方向,全力放大"第一效应",在杭长高铁玉山南站附近规划占地面积133.3公顷的电子商务产业园,组建电商产业招商小分队,成功引进总投资30亿元,集台球赛事、台球装备生产、文化创意、教育培训、产品研发、旅游博览于一体的国际台球文化产业项目,引进规模以上电子商务企业11家。全年投入3亿元用于电子商务产业园的土地整平、路网、电网等各项基础设施建设。杰夫等4家自建电子商务企业主体完工。电子商务产业园孵化器规划建设建筑面积约5.42万平方米,其中仓库面积9000平方米,办公面积3.8万平方米。拟引进中小型电子商务企业200家,形成一体化联合发展的电子商务集群,提升电子商务产业基地竞争力和辐射力。一期主体工程完工,获省级电子商务示范基地。落户的江西省郎[illegible]电子商务有限公司获江西省电子商务示范企业。8月19日,玉山县电子商务协会成立。玉山县获中国电子商务创新示范城市、国家电子商务进农村综合示范县。

【三清山白茶获"中国名茶"评比金奖】 5月16日—19日,在2014年中国(上海)国际茶业博览会"中国名茶"评选会上,由玉山县江西三山实业有限公司选送的三清山白茶获博览会"中国名茶"评比金奖。该品种氨基酸含量是普通绿茶的2~3倍,茶多酚含量却是普通绿茶的一半。具有色泽嫩黄、绿润、鲜活、叶肉玉白、叶脉翠绿、汤色清澈、茶香馥郁等特点。饮之滋味鲜爽,甘味生津。

【《爱的钟声》在人民大会堂首映】 9月29日,由玉山县委宣传部、中国少年儿童文化艺术基金会、关爱农村留守儿童专项基金管委会及北京星池文化传媒有限公司联合摄制的全国首部关爱农村留守儿童公益电影《爱的钟声》首映礼暨全国万场公益放映活动启动仪式在北京人民大会堂举行。中宣部、国家广电总局、教育部、民政部、团中央、全国妇联、关工委、关爱农村留守儿童专项基金会等相关部门领导与近千名群众一起观看影片首映。新华社、《人民日报》《光明日报》中央电视台等50多家媒体对首映仪式进行全程采访报道。该影片是以全国"三八红旗手"、全国优秀教师钟文花数十年关爱农村留守儿童的爱心事迹为蓝本创作而成,在真实反映农村留守儿童现状的同时,呼吁更多的社会各界人士共同关注、关心、关爱农村留守儿童。

主要领导人 县委书记:刘锋(任至5月)、郑晓春(5月任)。县人大常委会主任:刘礼火。县长:饶清华。县政协主席:周歧清。

(占裕田)

·横峰县·

【简 况】 位于江西省东北部,辖11个乡镇(街道、场、办)。总面积655.24平方千米。耕地0.91万公顷,林地4.32万公顷,森林覆盖率为63%。总人口22.38万人,其中非农业人口4.02万人;城镇化率46.03%,人口自然增长率7.67‰。全年实现地区生产总值77.1亿元,同比增长9.3%。其中:第一产业增加值6.7亿元,增长5.7%;第二产业增加值51.1亿元,增长10.1%;第三产业增加值19.3亿元,增长8.4%。三次产业比重为8.7∶66.2∶25.1。财政总收入12.7亿元,增长1.1%;地方财政支出17.6亿元,增长3.6%。规模以上工业主营业务收入213.7亿元,增长0.5%。社会消费品零售总额25.4亿元,增长13.6%;全县固定资产投资63.4亿元,增长14%。全年引进省外5000万元以上项目19个,实际进资

33.85亿元,增长20.9%。有色金属产业集群纳入全省60个重点产业集群。横峰经济开发区升格为副县级单位。农业总产值12.1亿元,增长6%。粮食总产7.85万吨,增长0.14%。城镇居民年人均可支配收入1.78万元,增长9.5%;农民人均纯收入5825元,增长11.6%。全年接待游客人数增长13.3%,实现旅游总收入增长21.2%。金融机构各项存款余额54.3亿元,增长3.4%;各项贷款余额37.1亿元,增长9.5%。主要工业产品有:阳极铜、电解铜、铝材等。主要农产品有生猪、葛根、红枫、油茶、葛佬凉茶。重要矿产资源有钽、铌、煤、钨、锡等。地方特产有葛粉、茶油、白玉豆、芋头糖等。

【地面光伏电站项目落户横峰】 5月10日,横峰县与晶科能源有限公司100 MW地面光伏电站项目投资合作协议签约仪式在县委常委会议室举行。晶科能源是一家专业从事光伏电站建设、电力生产和销售等业务的清洁能源企业。该项目总投资约10.6亿元,规划总装机容量100 MW,项目分两期实施,年底前可基本完成一期50 MW装机容量建设并投产发电,待项目达产达标后,年发电量将达1.1亿千瓦小时,年收入1.32亿元,每年上缴税金1860万元。

【上饶市首家农民专业合作社联合社成立】 6月11日,上饶市首家农民专业合作社联合社——江西省葛都葛根农民专业合作社联合社在横峰县登记注册。该社由横峰县华荣、富溪、葛桥、葛峰、清港、兴成、黄山、信丰、徐鑫等9家农民专业合作社发起创立,注册资本800万元,注册社员1792人,整合葛根种植面积超过666.67公顷,实行独立核算、自主经营、自负盈亏的企业化管理制度。

【全省芦笋生产现场会在横峰召开】 6月17日,全省芦笋生产现场会在横峰县召开。省农科院院长马岩波、省农业厅副厅长程关怀、省农科院副院长余传元、巡视员陈光宇、副市长陈荣高出席会议。会上,余传元讲话,陈光宇就芦笋种植现场授课,宜春市农业局、众德芦笋种植专业合作社、万载县农业科技示范园先后作交流发言。全省各设区市农业局分管领导及经作(蔬菜)科(站)长、有关县农业(蔬菜)局(办)负责人、芦笋相关生产企事业单位负责人100余人参加会议。

【横峰葛产业列入全省农业产业集群发展规划】 7月18日,江西省出台农业产业集群发展规划,把横峰葛产业列入该规划,并纳入全省农业产业集群发展重点。根据规划,江西省将在横峰重点建设葛产业研究院,重点扶持江西横峰葛佬葛产业开发有限公司,以江西横峰葛佬葛产业开发有限公司为龙头,打造横峰葛产业集群。

【横峰恒通村镇银行成立】 8月27日,横峰恒通村镇银行正式成立。市委常委、副市长韩平出席银行开业仪式并启动"幸福水晶球",县委书记程文宣布恒通村镇银行开业,县委副书记、县长张义科致辞,县委常委、常务副县长汪根发主持,县委常委、纪委书记吴武华参加仪式。该银行主发起人是浙江温州龙湾农村商业银行,是全县首家独立法人性质的股份制商业银行。该行通过提供组合式、套餐式金融服务,为新农村建设和小微企业发展提供更为全面的金融支持。

【江西省首批村史馆开工】 9月26日,江西省首批村史馆在横峰县葛源镇葛源村开工建设。该史馆与村便民服务大楼配套建设,采用上级扶持+乡镇支持+社会捐助的方式,提供多方面资金保障。将于2015年6月全面竣工并向社会开放。

主要领导人 县委书记:程文。县人大常委会主任:李秋文。县长:张义科(任至10月)、潘琍(10月任)。县政协主席:徐琍金。

(金鸥)

·弋阳县·

【简　况】 位于江西省东北部,辖9镇、5乡、2个垦殖场和1个街道办事处。总面积1592.5平方千米,其中县城建成区面积16.3平方千米。耕地面积2.2万公顷,有林面积9.75万公顷,森林覆盖率56.5%,城区绿化率43.54%。总人口40.88万人,其中非农业人口9.03万人;人口自然增长率7.5‰。2014年,实现地区生产总值80.5亿元,同比增长9.8%。其中:第一产业增加值13.93亿元,增长3.8%;第二产业增加值38.88亿元,增长13.7%;第三产业增加值27.69亿元,增长8.9%。全县工业增加值34.8亿元,增长11.6%。规模以上工业企业增至70家,完成增加值34.8亿元,增长11.6%,实现税收5.36亿元。主要工业产品有铜金属、铜材、水泥、罐头、中成药等。粮食总产量22.75万吨,主要农产品有水稻、蔬菜、油菜、花生、甘蔗等。财政总收入12.13亿元,增长15%;完成一般预算收入9.24亿元,增长17.8%。财政总支出22.02亿元,增长14.9%。财政总收入占地区生产总值的比重达15%,税收收入占财政总收入的比重达81%。完成城镇以上固定资产投资73.1亿元,增长14.6%。实际利用外资4561万美元,省外投资27.41亿元。全年消减化学需氧量600吨,万元GDP能耗量降低1.6个百分点,城市污水处理率100%。城镇居民人均可支配收入2.25万元,增长10.3%;农民人均纯收入9524元,增长12.6%。城乡居民年末储蓄余额92.7亿元,增长12.8%。社会消费品零售总额33.7亿元,增长13.5%。

【弋阳县图书馆被定级为国家一级馆】 2月,弋阳县图书馆在第五次全国公共图书馆评估定级中被定级为国家一级馆。该馆建于1987年,阅读使用面积2000余平方米,设有报刊阅览室、少儿阅览室、电子阅览室、外借阅览室、资料查阅室等。馆藏各类书籍14.77万册,年服务读者近12万人次。该馆还利用农家书屋平台开展乡村服务网络平台建设,已建成120个村级流动服务网点,从2011年起开展图书流动服务,2014年实现流动服务书刊借阅4336册次、1287人次。

【弋阳县烈士陵园竣工】 6月,弋阳县烈士陵园竣工。该陵园于3月开工,位于县南岩镇光辉村,占地8.53公顷,总投资1977万元,规划建造烈士墓2293座,烈士陵园主体工程包括纪念广场、纪念长廊、公墓区等主要建筑。弋阳县在土地革命时期牺牲的烈士达9289名,零散分布在全县各地可查找的烈士墓有3009座,纪念设施11处。为切实开展零散烈士纪念设施抢救保护工作,该县2011年启动零散烈士纪念设施抢救保护工作,并在深入村组调查取证的基础上与烈士亲属签订迁葬协议。2014年12月,完成2285名零散烈士集中迁葬。

【出口番茄籽油项目通过新产品鉴定】 3月11日,省科技厅组织专家对江西柏林实业有限公司承担的江西省重点新产品计划项目——出口番茄籽油(项目编号20113CX16000)进行鉴定。专家组认为,该公司的生产工艺属国内领先,所产新产品也达到国内同类产品的领先水平,同意通过新产品鉴定。该工艺采取传统压榨法与超临界 CO_2 提取相结合生产番茄籽油,可显著提高番茄籽得油率,生产工艺具有创新性。产品经检测,各项指标符合食用植物油卫生标准(GB2716-2005)。试销后,用户反映良好,具有较好的经济和社会效益,市场前景广阔。

主要领导人 县委书记:张志坚。县人大常委会主任:刘紫泾。县长:谢柏清。县政协主席:黄伟建。

(杜育和)

·德兴市·

【简　况】 位于江西省东北部,辖5镇、6乡、3个街道办事处和大茅山省级经济开发区。总面积2101平方千米,耕地面积1.43万公顷,有林面积14.49万公顷,森林覆盖率76.2%。总人口33.4万人,其中非农业人口12.6万人;人口自然增长率17.46‰。全年实现地区生产总值108.9亿元,同比增长10.7%。其中:第一产业增加值9.7亿元,增长3.4%;第二产业增加值44.8亿元,增长9.4%;第三产业增加值54.4亿元,增长14.8%。一、二、三产业比为9.1∶41.4∶49.8。全市规模以上工业主营业务收入104.23亿元,增长22.8%;利税5.1亿元,增长6.2%。主要工业产品有有色金属、黄金、硫氟化工、食品医药、机械电子等。农业总产值17.3亿元,增长4.6%;粮食播种面积1.93万公顷,总产量11.05万吨。主要农产品有油茶籽、吊瓜子、覆盆子、茶叶等。财政总收入31亿元,增长10.65%。全社会固定资产投资125亿元,增长9.1%。社会消费品零售总额42.4亿元,增长13%。农民人均现金收入1.06万元,增长10.4%;市属在岗劳务年平均工资4.76万元,增长11.02%。城乡居民年末储蓄余额117.5亿元,增长10.79%。

【获"中国红花油茶之乡"称号】 8月5日,中国野生植物保护协会授予德兴市"中国红花油茶之乡"称号。德兴是中国特有木本食用油料和观赏树种红花油茶集中分布面积最大、保存最完好的地区之一,其红花油茶具有树体高大、高产潜力大、寿命长及种子含油率高、品质优良等特点,是高档食用油和保健品、化妆品优质原料。"德兴红花茶油"已获"中华人民共和国农产品原产地地理标志"认定。全市共有天然红花油茶林面积1733.33公顷,人工栽培红花油茶面积733.33公顷。新岗山镇十八亩段集中连片超过666.67公顷天然红花油茶林划入省级公益林保护范围。

市委、市政府十分重视红花油茶产业发展,在保护红花油茶资源的基础上,大力发展红花油茶产业,市财政每年安排专项资金500万元,用于红花油茶资源保护、基地建设、产品研发、品牌创建等方面,已取得显著成效。该市在确保野生红花油茶种植资源安全的同时,还积极推进人工繁育研究,进行合理开发利用,壮大红花油茶产业,先后与中国林科院亚热带林业研究所和亚热带林业实验中心合作,成立全国唯一的红花油茶实验基地。2012年,"源森"牌红花茶油获得"中国驰名商标"称号。2014年6月,上饶市德兴红花油茶基地成功通过农业部绿色食品管理办公室组织的考核验收,德兴建起江西第一家全国有机农业(红花油茶)示范基地。

【户均汽车保有量超过全国水平】 截至12月31日,德兴市汽车保有量已达1.31万辆,不包括异地挂牌车辆,比2013年增加1872辆。平均每百户城镇居民拥有12辆汽车,即每8.3户家庭就拥有1辆汽车,超过全国、全省的水平,并与广东省深圳市水平相当。

【城乡规划展示馆建成投入使用】 投资2000万元的城乡规划展示馆建成并投入使用。该馆是全方位、系统性展示德兴城乡规划建设成就和未来规划发展蓝图的重要窗口。城乡规划展示馆位于市文艺中心,布展及装饰面积约5200平方米,运用声、光、电、3D动漫等现代技术手段和明快的表现手法,艺术化地呈现铜都德兴的历史、城市建设的成就和发展前景。

主要领导人 市委书记:何金铭(任至6月)、谢冠森(10月任)。市人大常委会主任:张跃平。市长:谢冠森(任至10月)、刘瑞英(10月代)。市政协主席:孙冬久。

(许庭根　翁本有)

·婺源县·

【简　况】 位于江西省东北部,辖10镇、6乡和1个街道办事处。总面积2967.78平方千米,其中县城区建成面积14.32平方千米。耕地面积2.15万公顷,林地面积24.57万公顷,森林覆盖率82.64%,城市绿地率44.01%。年末总人口36.81万人,其中非农业人口5.94万人;人口自然增长率8.61‰。完成生产总值79.99亿元,增长9.2%。其中,第一产业10.64亿元,增长4.8%;第二产业29.47亿元,增长9.3%;第三产业39.87亿元,增长10.4%。财政总收入11.7亿元,增长13%。其中,一般预算收入8.78亿元,增长13.4%。地方财政支出20.34亿元,增长7.32%。完成工业增加值23.22亿元,增长9.6%。规模以上主要工业产品有精制茶1.85万吨、人造板4.3万立方米、中成药499吨、内墙砖270万平方米。农林牧渔业总产值14.6亿元,增长3.4%。主要农产品有粮食10.3万吨、油料7705吨、茶叶1.35万吨、水果1120吨、肉类总产量1.46万吨。全年引进省外5000万元以上项目实际进资32.82亿元,增长16%。其中,亿元以上项目12个,实际进资16.81亿元。实际利用外资3850万美元;完成外贸自营出口额 9870 万美元。500 万元以上固定资产投资 78 亿元,增长 20%。实现社会消费品零售总额 37.48 亿元,增长 13%。农村居民人均可支配收入 8833 元,增长 10.9%。金融机构存款余额 110 亿元、贷款余额 55.56 亿元,分别增长 13.5%、15.7%。全年投入民生资金 13.6 亿元,占县财政总支出的 67%。城镇新增就业 8310 人。发放小额担保贷款 1.49 亿元,扶持创业 1140 人,带动就业 4302 人。基本养老、医疗、生育、工伤、失业保险制度实现全覆盖。新农合参合率提高到 99%。城市低保、农村低保标准分别提高到每人每月 430 元、220 元,发放城乡低保资金 2714.78 万元。新建公共租赁住房 380 套,续建 460 套;完成农村困难群众危房改造 813 户,林垦区危旧房改造 145 套;完成 26 个贫困村整村推进项目建设。完成农村公路路面硬化 286 千米。

【持续拓展乡村旅游市场】 篁岭、五龙源、严田古樟园成功创建国家 4A 级景区,全县 4A 级景区达 10 家,总数继续稳居全国第一。打造了源头 4A 级乡村旅游点和西冲、塘村、上严田 3 个特色乡村旅游点。大型山水实景演艺主体工程、锦绣画廊休闲健身自行车道完工。成功举办第二届全国山地自行车赛、"醉美婺源"2014 年国际摄影大展、第五届环鄱阳湖国际自行车大赛。拓宽韩国与中国台湾、香港、澳门等境外旅游市场,新增境外游客 1.6 万人次,全年达 4.2 万人次。实现单日最高接待游客量 21.3 万人次,创历史新高。全年接待游客 1283 万人次,旅游综合收入 65 亿元,分别增长 27.4%、27%,休闲度假游人次达 60% 以上。获"国际华媒大奖——中国十大魅力乡镇"、中国十大最美乡愁旅游目的地,荣登"美丽中国·最美中国符号品牌榜"。

【发展有机茶产业】 婺源县编制了《婺源县茶产业发展规划》,开展农业投入品专项整治活动,实施茶园有机化改造,建成 54 个有机茶园示范点,3333.33 公顷茶园纳入有机茶园管理。茶园面积拓展至 1.17 万公顷,茶叶产量 1.35 万吨,加工贸易量 5.2 万吨,茶业系列产值 22.3 亿元,出口创汇突破 4000 万美元,茶叶电子商务订单超过 1 亿元。茶叶总产量、有机茶园面积稳居全省第一,出口加工贸易量位居全国第一。被列为全国首家有机绿茶认证示范创建区,获评为 2014 年度全国重点产茶县。

【深入推进最美乡村建设】 婺源县投资 3732 万元实施城区景观提升工程,完成西门星江大桥拓宽提载、婺源北 ETC 通道改造、才士大道罩面、茶乡东路和书乡路改造工程,改造建筑外立面 30.1 万平方米,绿化 6640 平方米。朱子步行街被评为中国特色商业街,实现了全省国家级商业街零的突破。新建中心城区污水管网 18.319 千米。投入 3966 万元整体实施 62 个村点新农村建设,江湾村、严田村获首届江西十大秀美新农村。整合资金 6072 万元推进 29 个国家美丽乡村试点村建设,完成 1000 余栋非徽派建筑改造,初步打造了耕读文化村——上严田、天下驴友之家——冲田、摄影家俱乐部——漳村三个美丽乡村。连续两年被评为全省新农村建设先进县。县财政对农村垃圾处理投入由人均 10 元提高到 15 元,全县"农家乐"基本实行污水收集处理,沿河沿溪项目均落实污染防治措施,农村环境显著改善。清华诗春、江湾篁岭、中云豸峰、沱川篁村成功申报第三批中国传统村落,总数达 19 个;思口思溪获批中国历史文化名村,总数达 5 个。新建森林乡镇 6 个、生态示范乡镇 1 个、森林村庄 25 个,新增造林 1200 公顷,完成森林抚育 5466.67 公顷。国家森林鸟类自然保护区全票通过环保部评审。严格水环境质量监测考核,全县 18 个乡(镇、街道、园区)河流出境断面水质全部达标。

主要领导人 县委书记:周遐光。县人大常委会主任:汪培欣。县长:费长辉。县政协主席:汪春萍。

(方华军)

·铅山县·

【简 况】 位于江西省东北部,辖 7 镇、10 乡(含 2 个畲族乡)。总面积 2177.66 平方千米,其中县城建成区面积 14 平方千米。耕地面积 1.93 万公顷,林地面积 16.52 万公顷,森林覆盖率为 74.37%,城区绿化率为 45.08%。总人口 48.11 万人,其中非农人员 8.47 万人;人口自然增长率 6.29‰。全年实现地区生产总值 90.49 亿元,同比增长 9.8%。其中:第一产业增加值 15.83 亿元,增长 6.5%;第二产业增加值 43.16 亿元,增长 11.4%;第三产业增加值 31.50 亿元,增长 9.4%。财政总收入 16 亿元,增长 13.38%;税收占财政总收入的比重为 70%。地方财政收入 11.78 亿元,增长 34.89%;地方财政支出 20.71 亿元,增长 19.19%。工业增加值 38.36 亿元,增长 12%。规模以上工业增加值 35.69 亿元,占地区生产总值比重为 39.44%。外贸出口 1.71 亿美元。固定资产投资 99.92 亿元,增长 14.2%。实际利用外商投资 4116 万美元;省外 5000 万元以上工业项目实际引进外资 33.54 亿元。农业总产值 25.2 亿元,增长 6.01%。粮食总产量 17.9 万吨。主要农产品有蔬菜 17.6 万吨,油料 0.31 万吨,水产品 2.53 万吨,生猪存栏 12.1 万头、出栏 14.7 万头。城镇居民人均可支配收入达 1.89 万元,增加 10.1%;农村居民人均纯收入 8860 元,增加 11.1%。城乡居民年末储蓄余额 76.43 亿元,增长 11.78%。

【做大做强红芽芋产业】 铅山县采取发放小额信用贷款等举措,创建紫溪乡 1333.33 公顷红芽芋露地标准园,兴建 22 公顷良种提纯复壮培育基地,不断发展红芽芋种植规模。同时,建立红芽芋质量安全管理长效机制,实行严格的投入品管理、生产档案、产品检测、基地准出、质量追溯等 5 项全程质量管理制度,确保红芽芋质量。铅山红芽芋获国家无公害绿色食品证书,成为上海市江桥、江阳农产品批发市场的免检产品,铅山成为全国唯一的县级红芽芋绿色食品原材料标准化生产基地。全县红芽芋种植面积发展到 6800 公顷,年产超 1.5 亿千克,成为华东地区规模最大的红芽芋基地。

【文化旅游业成县域经济发展新引擎】 县委县政府依据"一城三重点、一轴一带"的发展规划,按照"打造新景区、提升老景点”的思路，重点实施18个旅游项目，总投资53.85亿元。完成鹅湖书院风景名胜区游步道新建和二级公路改造升级项目，上分线至石塘红色旅游公路正加紧建设。引进民资5亿元，启动河口明清古街保护性开发项目，恢复部分会馆、商铺等古建筑，至年底，二堡街99栋古宅已整修，户外管线已整理。辛弃疾文化园岩洞工程进展顺利，全面开工兴建了畲族民俗风情园、擂鼓岭旅游区、龙岭景区等项目。撬动民资，成功引导矿山企业转型。全县有9个景区、景点建设项目被矿山企业夺标，总投资16.3亿元。

为扶持旅游产业做大做强，政府每年安排1200万元旅游发展基金，大力加强对外宣传推介，并在土地、税收、品牌等方面出台一系列优惠政策。电影《无法证明》、法制类公益节目《目击者》、真人秀《茶道真兄弟》等在铅山完成拍摄，《“万里茶道”第一镇——河口古镇》旅游宣传片在央视一套和新闻频道并机播出，旅游风光片《美丽铅山》获首届全球旅游视频大赛最美旅游视频奖。通过一系列宣传推介，大大提高铅山知名度，促进铅山旅游业的发展。全年接待国内外游客280万人次，实现旅游综合收入21.46亿元，分别增长27.3%、31.7%。2014年，铅山县新添“中国连四纸手工技艺之乡”、河口和石塘两镇双双入选“中国历史文化名镇”、河口镇被认定为“万里茶道第一镇”等三张国家级名片，获批加入万里茶道城市联盟，并取得第四届万里茶道与城市发展中蒙俄市长峰会举办权。旅游文化产业成为县域经济发展的新引擎。

【铅山县被确认为中央苏区范围县】 3月11日，根据中央党史研究室下发的《关于原中央苏区范围认定的有关情况》及《国务院关于赣闽粤原中央苏区振兴发展规划的批复》，铅山县被确认为中央苏区范围县。国家发改委和省发改委将在基础设施建设、民生工程、重点项目等多个方面给予政策上的支持。

【国家卫计委授予铅山县“全国计划生育优质服务先进单位”称号】 7月24日，经县级申报自评、市级初审择优、省级评审推荐、国家综合评估，国家卫计委授予铅山县“全国计划生育优质服务先进单位”称号。继2005年首获全省计划生育优质服务先进县以来，铅山县各级党委、政府更加重视，计划生育部门积极参与，努力争创全国计划生育优质服务先进县。县内把创优活动作为统筹推进计划生育工作的重要载体和抓手，立足本地实际，按照“领导重视好、政策导向好、依法行政好、服务质量好、民主管理好、队伍作风好”的目标和要求，不断加强基层基础工作，大力提升服务管理水平，取得良好成效。

【王小红获“全国模范教师”称号】 8月29日，王小红获“全国模范教师”称号。王小红是天柱山乡邓源小学教师，她在海拔800米四面环山的赵家坞一干就是46年。她是孩子们的守护神和启迪心灵的明灯。她精心呵护着她的每一位学生，每天扮演着老师、保姆、厨师、护士的角色。虽然每月只有几百元代课工资，却自筹资金1万余元建造了一个教室。她已经过了退休年龄，可她说：只要一天没有找到接班人，她便一天不离开大山，不离开山里娃。王小红先后被评为“感动铅山”十大人物、第二届上饶市道德模范和“感动上饶”人物。

【章树林无偿捐献历史档案】 章树林是民间收藏爱好者。20多年来他走村串户，遍访周边收藏市场，抢救性收集了大量反映当地历史文化的档案资料及文物艺术品，自费在永平镇西门村创办了“铅山地方史料馆”，免费向社会展出家乡的历史文化，并且将多批档案资料无偿捐赠给江西省、山西省、上海市、宁夏回族自治区、中国人民大学、安徽省、南昌市、阜阳市等国内10余家省、市、县级国家综合档案馆。截至年底，已达300余件。内容涉及政治、经济、社会、文化等诸多方面。最早的一份档案为清乾隆十五年(1750年)的民间契约，时间跨度从清乾隆直到20世纪70年代。其中，一份民国时期的“婴女退婚文书”，对当时的婚姻习俗研究有重要参考价值，该文书入选江西省首届珍贵文献。

主要领导人 县委书记：万冬梅。县人大常委会主任：徐建明。县长：张华(任至10月)、周金明(10月代)。县政协主席：金成考(任至11月)、黄金福(11月任)。

(郑冬香)

·万年县·

【简　况】 位于上饶市中部、鄱阳湖东南岸。辖6镇、6乡和2个管委会(神农源管委会和工业园区管委会)。土地总面积1140.76平方千米，其中耕地面积2.16万公顷，林地面积7万公顷，森林覆盖率64.1%，城区绿化率48.4%。总人口41.32万人，其中非农业人口7.76万人，人口自然增长率7.52‰。实现生产总值104.7亿元，同比增长10.9%。其中，第一产业增加值13.63亿元，增长6.1%；第二产业增加值60.71亿元，增长11.4%；第三产业增加值30.36亿元，增长12.1%。财政总收入15.04亿元，增长15.2%。规模以上工业增加值57.98亿元。园区主营业务收入189.51亿元，增长11.6%。引进省外5000万元以上工业项目24个，实际进资37.49亿元，增长16.11%。实际利用外资5439万美元，增长9.35%；实现外贸出口2.2亿美元，增长13%。农业总产值29.39亿元，增长8.15%。粮食总产量25.09万吨，增长2.3%。贡米产业新增基地1333.33公顷、总量达1.13万公顷。主要农产品有生猪年出栏80万头、珍珠产量38吨。全县9家银行金融机构，实现贷款余额64.45亿元，增长37.38%，增幅全市第一，贷存比达到65%。农民人均纯收入、城镇居民人均可支配收入分别达9213元、2.28万元。

【万年县鑫星农牧院士工作站成立】 4月，万年县鑫星农牧院士工作站合作签约仪式在长沙中国科学院亚热带农业生态研究所举行。中国科学院亚热带农业生态研究所所长吴金水、中国工程院院士印遇龙和万年县生猪集团董事长汪世彪，签署了鑫星农牧有限公司与印遇龙院士合作协议。这标志着继袁隆平院士工作站落户万年后，又一个院士工作站落户万年。该工作站的成立有助于解决万年生猪等养殖企业面临的重金属、抗生素、环境污染等问题，以及产业转型升级等重要课题。

【中国食协糖果专委会理事扩大会议暨2014中国糖果论坛在万年召开】 5月22日，中国食协糖果专业委员会七届二次理事扩大会议暨2014中国糖果论坛在万年县召开。此次中国糖果论坛邀请国家相关部委领导、国内一流专家学者、实践经验丰富的业内人士进行主题演讲和讨论。围绕食品安全与企业发展高端论坛研讨企业食品安全风险评估与管理执行、危机公关实践等，食品安全与技术论坛解读最新法律法规政策，从原料、研发、国外趋势分析等深入研究糖果营养与功能化等。另外，本次论坛特别开设经销商论坛，讨论糖果营销的技巧、趋势和新模式等内容。

【万年稻作习俗入围国家非物质文化遗产推荐名录】 7月，文化部公示第四批国家级非物质文化遗产代表性项目名录推荐项目名单，全国共298个项目入选，万年县稻作习俗成为江西省入选的两个传统民俗之一。万年县作为世界稻作文化发源地、中国贡米之乡，近年来逐步形成涵盖歌谣、节令、习俗、耕技等方面内容，独具地方特色的稻作文化系统。

【电子商务迅速发展】 万年县成立全省首个县级电子商务产业协会、全国第一家县级微信营销协会，推出全省首家互联网私人定制农场项目。万年电子商务产业园、江西真牛食品有限公司分别成为省电子商务示范基地和示范企业。正能电子商务在上海股交所Q板挂牌上市，是全市第1家、全省第8家在Q板挂牌上市的公司。总投资20亿元的未来科技城项目落户。电商经营收入达32.2亿元，快递发单数达31.3万单，实现税收2000余万元。

主要领导人 县委书记：张爱平。县人大常委会主任：侯如文。县长：胡剑飞。县政协主席：徐明华。（朱国爱）

·余干县·

【简 况】 位于上饶市西南部，辖8镇、12乡、7场。总面积2331平方千米，其中县城建成区面积18平方千米。耕地面积7.16万公顷，林地面积5.27万公顷，森林覆盖率21.9%，城区绿化率39%。户籍人口106.08万人，其中非农业人口15.8万人；人口自然增长率7.5‰。全年实现地区生产总值112.71亿元，同比增长9.2%。其中：第一产业36.8亿元，增长2.2%；第二产业41.18亿元，增长10.9%；第三产业34.73亿元，增长14.5%。财政总收入12.56亿元，增长13.5%，税收占财政总收入的81.5%。一般预算收入9.65亿元，增长15.1%；一般预算支出32.16亿元，增长4.7%。工业总产值149.8亿元，增长14.4%。规模以上工业增加值32.78亿元，占地区生产总值的29.1%。500万元以上固定资产投资总额103.63亿元，实际利用外商投资4674万美元，实际利用省外5000万元以上项目资金31.75亿元。主要工业产品有电7.30亿千瓦小时、玻纤纱5192吨、蚕丝403.1吨、水泥111.3万吨。农业总产值53.88亿元，增长4.4%。主要农产品有粮食87.7万吨、油料2.2万吨、蔬菜15.75万吨、家禽（出栏）712.25万只、水产品14.47万吨。万元GDP能耗0.446吨标煤。城镇居民人均可支配收入1.76万元；农民人均纯收入5865元，增长13.77%。城乡居民年末储蓄余额138.85亿元，比年初增长21.1%。

【余干恒通村镇银行挂牌开业】 6月17日上午，余干县首家村镇银行——余干恒通村镇银行正式挂牌开业，该行是由余干县政府作为重点招商项目引进，经中国银监会批准，由全国标杆农商行温州龙湾农商银行主发起，余干、温州两地优秀民营企业、优秀企业家参股的具有独立法人地位的新型银行业金融机构。其最大的特色是，“机制灵活，贷款流程快，贷款方式灵活”，一般情况申请贷款的时间只需3~5天。该行的正式营业，将为余干县农民、小微企业带来更加方便快捷的金融服务。

【鄱阳湖风光宴获全国民间美食烹饪大赛“金牌宴席”称号】 12月1日，由余干宾馆制作的“鄱阳湖风光宴”获第三届全国民间美食烹饪大赛“金牌宴席”称号（第一名）。“鄱阳湖风光宴”是将余干美食与生态特色相结合的经典之作。这台宴席不仅展出了银鱼、甲鱼、大敢鱼、针贡鱼、藜蒿、余干辣椒、鳜鱼等生态食材和麻子果、米酒发粑等地方特色小吃，而且以鄱阳湖一湖清水为衬托，点缀了石磨、风车、鱼篓等物品，并在银鱼泡蛋的蛋壳上绘出湖区的各种风光，展现鄱阳湖湖区的风俗和人文。鄱阳湖湖区的风光与当地的美食互相映衬，体现了一种生态、健康、绿色的饮食文化理念。

【《鄱湖明珠乌泥村》获第六届全国村歌大赛“中国村歌铜奖”和“作词金奖”】 9月29日，由余干县文广新局选送的参赛作品《鄱湖明珠乌泥村》在第六届全国村歌大赛上摘取“中国村歌铜奖”和“中国村歌作词金奖”两项国家级大奖。《鄱湖明珠乌泥村》紧贴本村特色，积极向上，抒发了湖区人民建设新农村的激情，主题鲜明，容思想性、艺术性于一体。同日，大赛组委会举办《中国村歌精选第一卷》首发式，此书由中国广播影视出版社出版，收集了《鄱湖明珠乌泥村》歌词曲和乌泥村情介绍。

【芡实产业初具规模】 总投资5亿元，集芡实种植、研发、加工、观光于一体的芡实产业园开工建设。成功研发出芡实酒、芡实粉、芡实饮料。芡实粗加工和芡实饮料生产线已建成投产，达产达标后年加工能力可达1.5万吨，实现产值24亿元，农产品深加工实现历史性突破。

【水钻产业初步成型】 余干县坚持推动产业集群发展，成功引进工艺先进的水钻行业龙头企业13家、水钻机械设备制造企业1家，一期总投资18亿元。14家企业已全部开工，其中4家企业实现当年建成投产，项目全部达产达标后可实现年产值40亿元。一个聚集度高、配套性强、规模值大、环保设施完善的新型水钻产业初步成型。

【发展环境稳步向好】 余干县将环境建设作为发展升级的主抓手，大力开展创优政治、政策、政务、法治、社会、舆论六大环境活动，进一步为项目建设提供无微不至的“母亲式”服务，确保项目引得进、落得下、推进得快、发展得好。以立项的方式，将目标、责任和要求全部明确细化到单位、到人、到时间节点，重大项目实行代办制、帮办制，开辟绿色通道，做到县内手续一日清、市内手续一周清、省内手续一月清；出台并执行了“涉企收费一单清、涉企检查一单清、涉企办事流程一单清”3个刚性制度文件，企业感觉明显转好。开办“创优发展环境大家谈”电视问政16期，形成全县上下创优发展环境的浓厚氛围。

主要领导人 县委书记：郑光泉（任至2月）、胡伟（3月任）。县人大常委会主任：黄辉珍。县长：胡伟（任至3月）、黄胜富（4月任）。县政协主席：王晓燕。

（邓建锋　孙健）

·鄱阳县·

【简　况】 位于江西省东北部、鄱阳湖生态经济区黄金东岸。辖29个乡镇。总面积4214.68平方千米。耕地面积11.88万公顷，山林面积15.6万公顷，森林覆盖率34.1%。总人口159.4万人，其中非农业人口22.7万人；人口自然增长率控制在7.7‰以内。2014年，实现地区生产总值159.02亿元，增长13.5%。其中：第一产业39.75亿元，增长4.9%；第二产业67.26亿元，增长14.8%；第三产业51.99亿元，增长19.4%。三次产业结构比调整为25:42.3:32.7。全社会固定资产投资152亿元，增长26%。财政总收入14.01亿元，增长16.7%。其中，一般公共预算收入11.42亿元，增长19%。粮食总产量110万吨，增长1.3%。规模以上工业增加值50亿元，增长24.7%。主景区接待游客266万人次，增长32%。社会消费品零售总额58.3亿元，增长26%。外贸出口1.1亿美元，增长8.6%。金融机构年末各项存款余额230.1亿元、各项贷款余额79.6亿元，分别增长14.6%和13.6%。保险业实现保费收入3.1亿元。城镇居民人均可支配收入1.78万元，增长13%；农村居民人均可支配收入6207元，增长19.3%。

【鄱阳湖国家湿地公园获“世界生命湖泊最佳保护实践奖”】 11月21日，在第十四届世界生命湖泊大会上，鄱阳湖国家湿地公园被全球自然基金会授予“生命湖泊最佳保护实践奖”。此奖全球仅颁发两家。2002年，鄱阳湖加入世界生命湖泊网，是中国唯一的世界生命湖泊网成员。“生命湖泊”一定要有流动的水体和相对较好的水质，鄱阳湖是当之无愧、真正的“生命湖泊”。全球69%的湖泊都处于不健康状态，其余31%比较健康的湖泊中，包括鄱阳湖。

【入选2014“美丽中国”十佳旅游县】

在中国旅游产业发展年会上，被誉为“旅游业界奥斯卡”的2014年中国旅游风云榜揭晓，鄱阳县荣膺2014“美丽中国”十佳旅游县（区），是江西省唯一获此殊荣的县。鄱阳县启动全县旅游发展总体规划编制工作，大力推进旅游强县建设，完成高空观鸟平台及天鹅湖景点提升工程，引进“鄱阳湖一号”豪华游轮，推进了世华城商业街、阳光沙滩等项目建设，进一步完善旅游功能要素。鄱阳湖国家湿地公园获批省级生态旅游示范区、荣膺全球生命湖泊最佳保护实践奖；鄱阳脱胎漆器获得2014江西旅游商品博览会必购商品一等奖；举办中华龙舟大赛和鄱阳湖湿地帐篷观鸟季等活动，协办第十四届世界生命湖泊大会和首届环鄱阳湖国际骑游大会。

【九景衢铁路（鄱阳段）开工建设】
4月，九景衢铁路（鄱阳段）正式开工建设，境内全长52.33千米，途经响水滩、油墩街、柘港、田畈街、金盘岭5个乡镇，共涉及拆迁户171余户，征地面积202.67公顷，启动鄱阳站站房土方平整工程，进展顺利。年内完成总投资额的40%左右。

【14国减贫官员到鄱考察】 4月22日—23日，20余名来自喀麦隆、肯尼亚、利比里亚等14个国家的减贫与发展相关政府部门官员到鄱，就农村专项扶贫开发、农村教育、卫生、生态环境保护、劳动力就业、社会保障等专题进行为期两天的考察、研讨，旨在促进中国与各发展中国家之间减贫与发展领域的政策共享和经验交流，分析中国与发展中国家减贫与发展领域的问题和挑战，探讨完善中国和发展中国家减贫战略体系的途径。中国国际扶贫中心主任助理王曙、项目官员雷新舟，省扶贫和移民办巡视员张志豪，副县长张敏等陪同。

主要领导人 县委书记：张祯祥。县人大常委会主任：陈子峰。县长：胡斌。县政协主席：张信行。

（薛文）

吉安市

【概　况】 位于江西省中西部，辖2区、10县、1市。总面积2.53万平方千米，其中城区面积238.9平方千米。耕地面积33.7万公顷，有林面积173.3万公顷，森林覆盖率65.3%，城区绿地率42.38%。总人口526.7万人，其中非农业人口113.9万人；人口自然增长率7.93‰。全年地区生产总值1242.1亿元，同比增长10.2%。其中：第一产业增加值208.48亿元，增长5.4%；第二产业增加值635.04亿元，增长11.7%；第三产业增加值398.59亿元，增长10.1%。财政总收入195.2亿元，增长15%，人均4005元，税收占财政总收入的比重为78%；地方财政收入142.57亿元，增长17.4%。地方财政支出309.5亿元，增长8.5%。工业总产值2729.42亿元，增长20.3%。规模以上工业增加值688.6亿元，占地区生产总值比重55.4%，外贸出口40.21亿美元。固定资产投资1270.6亿元，其中利用外商投资7.86亿美元。主要工业产品有水泥802.9万吨、铁矿石原矿631万吨、液晶显示屏3.4亿片。农业总产值350.4亿元，增长5.4%。主要农产品有粮食21亿千克、肉类51.67万吨、油料18.33万吨、水果41.26万吨。万元GDP能耗0.38吨标准煤，二氧化硫排放总量3.6万吨、削减率1.58%，城市污水处理率75.6%。城镇居民人均可支配收入2.48万元，增长10.1%;农民人均纯收入9262元,增长11.4%。城乡居民年末储蓄存款1119.17亿元,增长14.5%。

【开展向曾建学习活动】 曾建,吉安市遂川县人,1956年出生,1976年加入中国共产党。参加工作以来,先后任遂川县衙前公社双镜知青队队长,市白鹭洲中学团委书记、副校长、党支部书记,原吉安地委组织部副科级组织员、主任科员,知工办副主任,组织员办副主任、主任,中共峡江县委副书记、县人大常委会主任,市经济贸易委员会党组书记、主任,市工信委党组书记、主任,市委组织部副部长,市人社局党组书记、局长,兼任吉安职业技术学院党委书记、第一副院长。2月23日,曾建因连续忘我工作,积劳成疾,突发重病,经全力救治无效病逝,年仅58岁。3月7日,市委书记王萍主持召开市委常委会,通过《中共吉安市委关于开展向曾建同志学习活动的决定》,并追授曾建"一心一意为百姓党的好干部"称号。吉安市将向曾建学习作为践行党的群众路线教育实践活动的一项重要内容,深入开展系列学习活动,全市各级党组织和广大党员干部围绕"四个为什么""六个怎样"开展"学曾建,找差距"大讨论活动,以身边先进典型为榜样锤炼党性、改进作风,形成一股强大正能量。

【吉安市首个光伏电站并网发电】 2014年,吉安市首家太阳能光电建筑应用一体化示范项目——江西普正制药有限公司光伏发电站通过专家评估正式并网发电。该项目于2012年5月11日经财政部、住建部审核,列入国家2012年太阳能光电建筑应用示范项目,获得中央财政专项补贴747万元,项目总投资2113.5万元,装机容量1075.2千瓦小时,年均发电量约109.1万千瓦小时。该光伏电站发电后,每年能够为企业节约资金100多万元,每年减排二氧化碳约1030吨,减排二氧化硫约4吨,减排烟尘约1440吨,节约净水436万升。

【肖文辉成功研发含β—胡萝卜素的非转基因水稻新品种】 2014年,通过国家级检测,吉安市农作物良种场退休高级农艺师、市老年科协会员肖文辉潜心十余年研发的"晚籼810-11"水稻品种β—胡萝卜素含量为0.075mg/100g。在抗氧化、抗衰老方面,维生素C、维生素E和β—胡萝卜素被称为"三剑客"。其中β—胡萝卜素在人体内还可转化为维生素A,因而β—胡萝卜素是一种很重要的营养素。国外也成功研发含β—胡萝卜素的水稻品种,但为转基因品种。"晚籼810-11"是非转因水稻品种,在国内外尚属首创。

【吉安职业技术学院挂牌成立】 9月1日,吉安职业技术学院挂牌成立,填补吉安市高等职业教育的历史空白。吉安职业技术学院是2014年2月经江西省政府批准、教育部备案而建立的一所综合性公办专科层次的高等院校。学院坐落于吉安市中心城区吉安南大道南侧,占地73.2公顷,建筑面积39.8万平方米,投资总额9.8亿元,可容纳在校生1.5万人。学院以高等职业教育为主,兼顾中等职业教育、成人教育和职业培训。为站在高职教育的制高点,吉安市政府于4月1日与深圳职业技术学院签订深度合作办学协议。深度合作办学协议的正式签订,开创高职院校"跨区合作、优质共享""特区带老区、名校助普校"的合作办学新模式。同时,学院采取"一院(吉安职业技术学院)四校(吉安师范学校、吉安高级技工学校、井冈山应用科技学校、井冈山大学附属艺术学校),中高职衔接一体化办学"的新模式。

【吉安市首个院士工作站揭牌】 12月16日,普正药业院士工作站签约仪式在吉安宾馆举行。中国工程院院士、中国科学院上海药物研究所原所长丁健与普正药业负责人签署院士工作站建站协议和项目合作协议,并与市领导共同为院士工作站揭牌。院士工作站是把院士、专家等高端人才及其创新团队引入企业,与企业研发团队联合进行技术研发、项目合作和人才培养,促进企业技术创新与产业转型升级的一个新平台。普正药业股份有限公司是一家以天然植物药研发、生产、营销为主的现代化医药企业。院士工作站的落户,能有效激活该公司的研发资源,提升企业的核心竞争力和知名度。

主要领导人 市委书记:王萍。市人大常委会主任:吴敏。市长:胡世忠。市政协主席:刘宗华。

(黄俐)

·吉州区·

【简　况】 位于江西省中部,辖5个乡镇和6个街道办事处。总面积425平方千米,其中城区面积43.5平方千米。耕地面积1万公顷,有林面积1.16万公顷,森林覆盖率29.47%,城区绿地率31.02%。总人口35.7万人,其中非农业人口21.6万人;人口自然增长率20‰。全年地区生产总值116.5亿元,同比增长10.5%。其中:第一产业增加值9.6亿元,增长5.4%;第二产业增加值45.6亿元,增长11.6%;第三产业增加值61.3亿元,增长10.4%。一、二、三产业比由上年的8.7:40:51.3调整为8.2:39.2:52.6。财政总收入12亿元,增长16.4%;税收收入10亿元,增长15.4%;地方财政收入8.98亿元,增长16.4%。地方财政支出18.21亿元,增长10.7%。规模以上工业企业实现主营业务收入199亿元,增长14.5%;实现利润总额14亿元,增长13.9%。主要工业产品有:水泥25.48万吨、白酒1.09万吨、金属切削机床181台、电力电缆2.99万千米。农业总产值14亿元,增长5.5%。主要农产品有稻谷10.39万吨、油料2228吨、蔬菜8.32万吨、瓜果5993吨、肉类1.15万吨。从业人员平均工资5.13万元,增长43.6%;在岗职工年平均工资5.28万元,增长37.5%;农民人均年纯收入1.13万元,增长11.9%。城乡居民年末储蓄余额229亿元,增长11.5%。

【社会管理获4个国家级荣誉称号】 2014年,吉州区先后荣获民政部颁发的4个荣誉称号。1月,获"全国社会工作标准化服务示范区"称号;2月,获"全国社会组织建设创新示范区"称号;4月,获"中国社区治理十大创新成果"称号;11月,获"全国和谐社区建设示范城区"称号。

2011—2014年,吉州区围绕"让

群众的保障更多、幸福指数更高、安全感更强”的创新社会治理目标，开展“人文社区、温馨家园”为主题的社区创建活动，以“新面貌、新服务、新风尚、新机制”为创建内容，形成具有原创意义的“吉州模式”，被民政部列为向全国推广的“吉州经验”。构建社区新面貌。全面实施老旧小区和危旧街巷两大改造工程，持续开展“清污、治乱、拆违、添绿”环境整治活动，整治改造152个无物业管理小区，新建86个小广场、小游园、小绿地等居民休闲娱乐设施。提供便民新服务。实施服务平台建设，每个街道都建设社区服务、文化活动、居家养老助残服务等“八大中心”，已建成各类社区服务场所90多个。打造全国首个淘宝式家政服务网络平台——“12343服务在线”，培育“红杜鹃”家政、“井岗红嫂”等服务品牌，吸引近700家企业加盟，开办100多项服务业务，为市民提供24小时便利服务。倡导文明新风尚。每个社区设立爱心慈善超市。建成12个居家养老中心、33个日间照料中心，为6000多名老人提供日间照料服务。开展“社区文化艺术节”“邻里情文化周”等社区文体活动。开展评选“文明家庭”“文明楼院”等活动，营造文明和谐的社区氛围。建立长效新机制。区财政每年安排专项资金，购买社会组织服务项目，各街道适当进行奖补，支持“八大中心”常年向市民开放。培育发展社区社会组织，实施政府购买服务，引导社会组织承接政府职能转移。

【通讯传输产业向集群发展】 2014年，高端线路板块产业和盈电子、固得宝电子等5家大型企业先后落户吉州，吉州通讯传输产业集群初具规模。全年集群内规模以上企业实现工业总产值62.5亿元，主营业务收入65.5亿元，利润总额5.3亿元，缴纳税金3.9亿元。吉州区通讯传输产业被认定为全省重点推进的产业集群。

【家庭农场发展迅速】 2014年，吉州区新增家庭农场79家（总数84家），涌现出兴桥镇罗泉生养牛家庭农场、樟山镇承骏黄牛家庭农场、长塘镇龙腾葡萄种植家庭农场等有规模有质量的家庭农场。为促进家庭农场健康稳步发展，该区加大宣传力度，积极引导和鼓励具有生产规模、资金实力和专业特长的专业大户，围绕富民产业建立家庭农场。鼓励土地流转向家庭农场等新型农业经营主体倾斜，对符合申报家庭农场的专业大户，开设绿色通道，帮助协调办理相关申报认定、注册登记手续，并对“三证”办理费用实施全免。在种植、养殖上给予技术指导。加大对家庭农场的资金支持，积极搭建融资平台。2014年，与吉安市农业银行、农商银行、邮政储蓄银行建立合作关系，开展“财政惠农信贷通”业务，对发展前景好的家庭农场，通过银行评估最高贷款可放宽至200万元。截至年底，全区首批授信贷款发放近3000万元，帮助解决家庭农场发展中遇到的资金问题。

【吉州区福容台湾园实现农旅结合】 吉州区按照“一园多主体、一园多功能”的要求，于2012年3月在全市率先启动现代农业示范园建设项目，并于2013年引进台湾连庄兴业有限公司投资建设福容台湾园。福容台湾园位于吉州区兴桥镇麻下水库旁，占地面积66.67公顷，融现代生态农业、台湾精致农业、休闲观光农业和农业科普教育为一体。该园采取“政府主导、企业主体、多方互动、市场运作”的模式，在种植区栽种以薰衣草、长寿果、日本红枫、红丹桂、樱花、紫薇、台湾特色水果、黄花菜等为主的花卉苗木；搭建以黑色土鸡、山羊、特种鱼为主的养殖区；打造以罗马柱休闲广场、儿童乐园、风车亭、小木屋群、玻璃屋、滑草场、观景台、沙滩等为主的娱乐区。2014年10月开园以来，吉州区福容台湾园共接待游客近4500人，婚纱摄影近90批次。

【首创全省中心幼儿园“公建民营”模式】 2014年，吉州区积极探索“政府投资建设、社会融资运营、保本微利运行、群众普惠受益”的“公建民营”办园模式，将兴桥镇、樟山镇、曲濑镇、长塘镇乡镇中心幼儿园引入民资经营。5月通过公开拍卖，兴桥镇中心幼儿园18年经营权由小天使幼儿园获得，樟山镇中心幼儿园18年经营权由吉安县博艺幼儿园获得，曲濑镇中心幼儿园16年经营权由青原幼教中心获得，长塘镇中心幼儿园18年经营权由吉州区江南御景园保育院获得，走出一条借助社会力量发展乡镇中心幼儿园的新路子，这在全省属首创。

竞拍幼儿园必须具备一定的办园资质，现投资兴办的幼儿园办学规模200人以上，且取得区（县）行业主管部门优秀等次的幼儿园法人；具有3年以上幼儿园管理经历，有300万元以上投资实力（见验资证明），受到区县以上主管部门表彰的幼儿园园长。竞拍幼儿园须提供每个标的150万元的竞拍保证金。竞拍幼儿园取得特许经营权后，未经区教育局批准，不得擅自转让特许经营权，否则无偿收回特许经营权。中标方要坚持“公建民营”普惠性幼儿园性质的原则，不得超过普惠性幼儿园收费标准，收费项目主动公开，自觉接受监督检查。

吉州区在政策、师资、生源等方面对这四家幼儿园给予大力支持。其经费管理实行独立核算，保教费、住宿费实行政府指导。享受国家规定的税收优惠政策。从区保育院中为四所幼儿园各选派一名副院长和一名教学骨干带薪任乡镇中心幼儿园督导园长和中层管理人员，全程参与乡镇中心幼儿园的教学管理工作。

【首部《吉州区志》出版】 7月，首部《吉州区志》由方志出版社出版。该志上限为2000年8月，下限为2012年12月。全书采用章节体，设36篇158章690节，随文配发黑白图片、彩色图照及地图300余幅，并附大事记和附录，共210万字，全面系统记述吉州区撤市设区13年来自然、政治、经济、文化、社会等诸方面的史实，具有存史和查考等利用价值。

主要领导人 区委书记：徐明。区人大常委会主任：郭捷。区长：朱谋俊。区政协主席：刘大水。

（彭春梅）

·青原区·

【简　况】 位于江西省中部，辖6镇、1乡和1个街道办事处。总面积914.62平方千米，其中城区面积16.5平方千米。森林覆盖率64.0%，城区绿化率46.9%。总人口21.99万人，其中非农业人口3.90万人;人口自然增长率7.4‰。全年地区生产总值76.9亿元,同比增长10.8%。其中:第一产业增加值8.14亿元,增长5.1%;第二产业增加值46.74亿元,增长11.3%;第三产业增加值21.97亿元,增长9.0%。财政总收入7.32亿元,税收占财政总收入比重80.3%;地方财政收入5.38亿元,增长9.1%。地方财政支出12.67亿元,增长6.3%。工业总产值234.97亿元,增长26.1%。规模以上工业增加值53.42亿元,占地区生产总值69.5%。固定资产投资53.4亿元,增长18.2%。实际引进内资27.58亿元,利用外资4742万美元。现汇进资1532万美元。实现出口创汇2.6亿美元,增长31.3%。主要工业产品有火电92.4亿千瓦小时、水泥269.73万吨、机制纸3.46万吨。农业总产值12.86亿元,增长5.4%。粮食总产量13.39万吨。主要农产品有蔬菜8.30万吨、肉类9327吨、水果2875吨。城镇居民人均可支配收入2.64万元,增加2575.1元。农村居民人均纯收入9321.7元,增加931.3元。

【大力发展现代农业示范园】 2014年,青原区现代农业示范园被列入全省5个重点支持的现代农业示范园区之一。园区全年完成投资1.16亿元,流转土地610公顷,高标准完成核心区300公顷的水、电、路网及渠道等基础设施建设,完成建设标准大棚380座、连栋大棚4万多平方米,喷灌设施100余公顷,冷库及仓库2000多平方米,落户企业近20家。高标准引进德泽蔬菜基地、熙龙生态公司、蓝莓基地、水蜜桃基地、金丰火龙果和井冈蜜柚等农业项目。园区内的吉丰蔬菜种植专业合作社基地成为吉安市规模最大的设施化、专业化蔬菜示范基地;园区生产的"东固山"牌井冈蜜柚凭着优良的品质获第十五届中国绿色食品博览会金奖。

【古村落保护与开发并举】 2014年,青原区坚持古村保护与开发并举的原则,将古村落与圩镇及周边环境作为一个整体来规划。一方面按照修旧如旧的原则,整合资金近1亿元修复一批宗祠群和古建筑群,对渼陂、匡家、王家、陂下、横坑等古村进行重点保护修复。完成渼陂古村永慕堂、毛泽东旧居,陂下敦仁堂、星聚堂、竹隐堂,王家"诚敬堂"及匡家"娘娘祠"等文物维修工作;疏浚渼陂古村水系,完成古村水塘清淤;建成具有浓郁庐陵文化品位的古村牌坊,使古村的整体风貌得以存留。另一方面加快新镇建设,在每一个古村落就近规划居民安置地,先后启动天祥苑、文陂安居小区等建设,有效缓解古村落人口居住压力,化解村民对保护古村落的抵触情绪。在古村周边高标准建设生态公园、广场、停车场等基础设施,避免因过度建设而破化古村的古朴氛围。

坚持保护与开发并举的原则,运用市场化经营手段推进古村落的保护利用。先后创办渼陂古村旅游开发有限公司、文山故里旅游开发公司,新建一大批旅游服务设施,新增革命旧居旧址纪念馆、民俗展览馆等景点;加强旅游宣传推介,策划区文化旅游艺术节、南昌宣传周、港澳旅游展等系列活动;采取"1+1"的帮扶机制,鼓励引导村民创办旅游"农家乐",使村民在古村落保护开发中得到实惠,调动群众参与古村落保护和开发的积极性。

截至年底,青原区有国家级历史文化名镇名村3个、省级历史文化名镇名村2个,是全国历史文化名镇名村最多的县(市、区)之一;有国家级文物保护单位5个、省级文物保护单位5个、市文物保护单位7个;富田镇、文陂镇渼陂村及富田镇的横坑村、匡家村、夋田村被评为中国传统村落。

【青原山净居寺被列为全国宗教界爱国主义教育基地】 3月,国家宗教事务局命名青原山净居寺为全国第二批宗教界爱国主义教育基地,是江西省唯一获此殊荣的宗教活动场所。

青原山净居寺建于唐神龙元年(705年),经历代修葺,寺内有金刚殿、大雄宝殿、毗庐阁、地藏殿、念佛堂、藏经楼、药树堂、七祖塔亭以及左右禅房等建筑,为全国重点寺院。净居寺为禅宗七祖行思创建的南禅青原法系的发源地。南禅青原法系为南宋两大法系之一,后发展成曹洞、云门、法眼三家,影响远及朝鲜、日本、东南亚。净居寺不仅历史悠久,同时具有爱国主义的优良传统。高光法师主持青原时,留护毛泽覃等人创办红一方面军后方医院,收治红军伤病员1300人,毛泽东曾亲访净居寺,看望慰问寺内的红军伤病员。

【A级旅游景区创建出成效】 2014年,青原区加快旅游景区建设,推进A级旅游景区创建工作。全区旅游发展按照"全域规划、全线打造、全民参与"的思路,依据"一带四景"战略定力,抓景区品牌创建,全区A级景区创建实现重大突破,成为社会经济发展中的亮点。青原山景区与富田陂下古村景区先后创建为国家AAAA级景区,东固景区创建为AAA级景区,渼陂景区顺利通过AAAA级景区复核,全区形成3个AAAA级景区、1个AAA级景区的总体格局,AAAA级景区数量位居全省县(市、区)前列。

主要领导人 区委书记:程以金。区人大常委会主任:郭清华。区长:胡小勇。区政协主席:肖萌。

(王平发)

·井冈山市·

【简　况】 位于江西省西南部,地处湘赣两省交界的罗霄山脉中段,辖18个乡镇和1个街道办事处。总面积1297.5平方千米。耕地面积8420公顷,林地面积10.6万公顷,森林覆盖率86%。总人口15.81万人,其中非农业人口4.37万人;人口自然增长率8.27‰。全年地区生产总值54.65亿元,同比增长9.8%。其中:第一产业增加值5亿元,增长5.1%;第二产业增加值19.65亿元,增长11.2%;第三产业增加值30亿元,增长9.6%。财政总收入6.95亿元,增长6.6%,人均4134元,税收占财政总收入比重74.67%;地方财政收入5.8亿元,增长10.4%。地方财政支出15.71亿元,增长6.7%。工业总产值60.44亿元,增长12.3%。规模以上工业增加值占地区生产总值比重17.84%,固定资产投资54.41亿元。实际利用外商投资10万美元,省外投资26.89亿元。主要工业产品有塑料制品1.52万吨、水泥10.43万吨、光缆14.25万千米、水力发电量0.74亿千瓦小时。实现农业总产值9.6亿元,增长

9.57%。粮食总产量7.89万吨。主要农产品有油料2273吨、水果4788吨、生猪出栏7.8万头、水产品3835吨。万元GDP能耗0.379吨标准煤,二氧化硫排放总量0.25万吨。城镇居民人均可支配收入2.48万元,增长9.5%;农村居民人均可支配收入5926元,增长14.54%。城乡居民年末储蓄余额71.71亿元,增长13.9%。

【"人与自然·世界生物圈保护区井冈山风光摄影展"在澳门开展】 10月31日,由井冈山管理局、澳门博彩股份有限公司联合主办的"人与自然·世界生物圈保护区井冈山风光摄影展"在澳门开展。副省长朱虹、中央驻澳联络办公室文化教育部副部长张晓光、省政府副秘书长宋雷鸣等领导,《澳门日报》等20家新闻媒体,200余澳门市民出席展览开幕式。开幕式上,朱虹向省政协常委、澳门博彩股份有限公司执行董事、澳门立法会议员梁安琪颁发井冈山市荣誉市民证书。井冈山管理局局长、井冈山市市长陈敏向澳门博彩股份有限公司颁授井冈山爱国主义教育基地牌匾。本次展览为期5天,以"人与自然"为主题,撷取井冈山10余位摄影作者的120余幅精美照片,从各个方面全方位展示井冈山的秀美风光、风俗风情、自然生态和厚重的庐陵文化。此次展览,能让更多的澳门人民进一步了解井冈山,走进井冈山。

【提质升级红色培训】 井冈山不断创新培训形式,挖掘红色文化内涵,做强做响红色培训品牌。专门组建红色培训宣讲团,研发精品红色培训课程《永恒的信念》深受学员欢迎,先后巡讲20余场次,受众达1万余人;成立6个专项工作组外出推广红色培训项目,精心举办第二届井冈山红色培训高端峰会,合作建立第一家境外爱国主义教育培训基地,不断开拓红色培训市场;出台扶持红色培训产业发展的优惠政策,制定红色培训机构管理办法,严格准入标准,营造健康有序发展环境。2014年主要培训机构完成培训班2117期,学员达12.7万人,分别增长24.4%、23.8%,红色培训进入一个崭新的发展空间。

【推进城乡发展一体化工作】 2014年,井冈山市荣获省委、省政府表彰的全省城乡发展一体化先进县(市)称号。该市建立完善市乡(镇)村三级规划体系。基本完成新城区C区管网改扩建项目一、二期建设,启动黄洋界大道管网改造工程和龙市火车站广场项目建设。投入资金2600余万元,完成新城区至井企石门村道路改造、景观提升等工程,在"一城带两镇"区域开展环卫一体化试点工作。开展罗浮片区征地拆迁工作,启动华润希望小镇、江南高速立交、区域路网、游客服务中心等建设。全面实施重点林业生态工程,完成造林1300多公顷。全市14个乡镇成功创建国家级生态乡镇。完成大陇至源头公路、茨坪二环路、茅坪景区环形公路建设。

主要领导人 市委书记:龙波舟。市人大常委会主任:傅建华。市长:陈敏。市政协主席:曾炳龙。

(黄斌)

·吉安县·

【简 况】 位于江西省中部,辖13镇、6乡。总面积2117平方千米。耕地面积3.69万公顷,完成造林面积4190公顷,有林面积13.38万公顷,森林覆盖率62.2%。总人口51.29万人,其中非农业人口10.46万人;人口自然增长率6.92‰。全年地区生产总值133.27亿元,同比增长10.8%。其中:第一产业增加值24.65亿元,增长5.9%;第二产业增加值74.9亿元,增长12.4%;第三产业增加值33.72亿元,增长10.6%。全县财政总收入22.5亿元,增加2.13亿元,增长10.46%;地方财政收入17.43亿元,增长15.3%。工业总产值305.84亿元,增长21.11%。规模以上工业实现总产值304.23亿元,增加值83.22亿元,分别增长26.62%和13.3%。固定资产投资175亿元,增长22.3%。主要工业产品有水泥28.19万吨、啤酒8394.54万升、娃哈哈饮料19.09万吨、配混合饲料6.72万吨、煤炭48.8万吨、铁精粉150.34万吨。农业总产值37.02亿元,增长6%。主要农产品有粮食46.44万吨、水产品2.04万吨、油料1.44万吨、葡萄3万吨、猪肉5.33万吨。万元GDP能耗0.118吨标准煤,下降25.79%;二氧化硫排放总量3081.47万吨,城市污水处理率86.5%。全县城镇非私营单位在岗职工1.08万人,年平均工资为5.29万元,降低1.2%。城镇居民人均可支配收入2.34万元,增长10.7%;农村居民人均可支配收入7233.7元,增长15.65%。城镇居民年末存款余额106.3亿元,增长16.12%。社会消费品零售总额33.2亿元,增长15.7%。

【江西吉安高新技术产业园实行调区扩区】 2014年,经省政府批复,江西吉安高新技术产业园实行调区扩区,总体规划面积由266.67公顷扩大至1975.68公顷,规模从原来的两个区扩调为三个区,开发面积由8平方千米扩大到30平方千米。扩区调区后,园区重点发展电子电声、食品加工、精密机械制造、新能源新材料等主导产业,建成产业特色鲜明、竞争优势突出、资源集约节约、生态环境优美、配套功能完善的工业园区和产城融合发展的城市新区。全年入园企业238家,其中,投资5000万元以上企业88家,亿元以上企业30家,上市企业12家。园区实现主营业务收入270亿元,缴纳税金12.2亿元,工业增加值66.5亿元,完成基础设施投资5.57亿元,新增就业2622人,增幅分别为32.1%、26.3%、28.2%、3.4%、67.9%,各项指标领先全市,跃升全省省级工业园区二十强。

【永和连心桥建成通车】 5月,省、市、县重点民生工程永和连心大桥建成通车。大桥位于吉安县永和镇,横跨赣江,属105国道吉安中心城区改道控制性工程,于2011年9月动工建设,全长1486米,桥面宽29.6米,双向六车道,总投资约3.64亿元,是该县迄今为止投资规模最大的工程。大桥建成后,对于沟通吉安县、井开区、青原区交通,拉大城市框架,促进中心城区经济社会快速发展,加快吉泰走廊建设,具有重大深远的战略意义。永和人民结束"绕城而走,摆渡而过"的历史。

【获"全国平安农机示范县"称号】 12月,农业部、国家安监总局授予吉安县"全国平安农机示范县"称号。该县本着"强化红线意识、促进安全发展"的方针,上下联动,加大投入,强化措施。制订《吉安县创建全国"平安农机"示范县实施方案》,对全县各类农机具挂牌率、年检率、驾驶员持证率开展集中整治。2014年,新增手拖挂牌671台,办证560人;中拖挂牌36台,办证169人;收割机挂牌410台,办证249人。通过"平安农机"创建活动的开展,全县农机安全监管能力、服务质量、规范程度以及农机户的安全意识和满意度等方面都有很大提高,形成规范的监管体系,全县未发生重大农机安全事故。

【东园龙获中国民间文艺山花奖】 6月27日,"全国舞龙展演暨第十二届中国民间文艺山花奖"活动在苏州市举行,来自全国14个省市自治区的舞龙展演代表队竞逐中国民间最高奖——"山花奖"。吉安县东园龙舞龙队作为江西省唯一参赛代表队荣获大赛银奖。东园龙是吉安县永阳镇东园村古老传世龙灯,从南宋开禧年间至今,已有800多年历史。经过不断创新,"架天桥""架地桥""仰倒牌"等高难度舞龙表演相当精彩。东园龙先后收入《中国民族民间舞蹈集成》《中华舞蹈志·江西卷》等文献书籍,2010年6月列入省级非物质文化遗产名录。

【探索产业扶贫与金融扶贫互动新模式】 吉安县共108个省级贫困村,其中53个为国家级贫困村。该县因地制宜布局特色产业,让农村扶贫契合城镇化、互动工业化,创新金融扶贫模式,因户施策实施精准扶贫。

2014年实施"一户一亩井冈蜜柚、一户一亩横江葡萄、一户一个鸡棚、一户一人进园务工"的"四个一"精准扶贫致富工程。打造井冈蜜柚种植加工基地,面积达3066.67公顷,其中1227户贫困户种植井冈蜜柚,户均0.23公顷。采取招商引进上海奕方、福圆食品等龙头加工企业,延伸产业链;通过股份合作、反租倒包、联户经营、独立经营等多种模式,确保农户收益。扩大横江葡萄种植规模,种植面积达2866.67公顷,涉及19个乡镇、8000户农户,种植户亩均收入在8000元以上。通过"合作社+贫困户"方式,实行种苗供应、技术培训、生产标准、物质供应、市场营销"五统一"服务。依托温氏、正邦等国家农业龙头企业,采用"公司+农户"模式,公司提供鸡苗、饲料、疫苗、技术和回收全部合格肉鸡。全县3800户农户养殖肉鸡,全年出笼肉鸡3600万只。实施城乡对接,进城入园,8200名贫困群众在吉安高新区务工。县财政每年补贴360万元,开通乡镇到园区公交直通车,方便贫困群众"早出晚归"。

2014年,在全省率先构建担保贷款、贷款贴息、现金直补、产业保险"四轮驱动"的金融支持模式。开展"致富宝"产业扶贫担保贷款试点,安排资金400万元,在县农村信用联社设立产业发展贷款担保基金,为全县贫困农户发展特色产业,提供每户10万元以内的担保贷款。全年为425户贫困农户完成担保贷款申报,贷款金额2820万元。县财政每年预算安排70万元扶贫贴息资金,按每户限额10万元,以年利率5%的标准,对在金融机构贷款的贫困户给予贴息。全年为350户贫困户办理贷款贴息,贴息资金55.34万元。针对没有条件申请到贷款的贫困户,发展特色产业具一定规模,采取现金直补方式,全年为374户贫困户奖补现金338.64万元。采取公司、个人承保政府补贴的办法实施产业保险。全年为1450户贫困户补助产业保险资金35.6万元。

主要领导人 县委书记:刘洪。县人大常委会主任:罗福祥。县长:李克坚。县政协主席:张迪俊。

(旷喜保)

·新干县·

【简　况】 位于江西省中部,辖7镇、6乡、1个街道办事处和2个国有农林场。面积1248平方千米,其中城区面积25.54平方千米。耕地面积3.12万公顷,林地面积7.25万公顷,森林覆盖率59.74%,城区绿化率47.18%。总人口34.73万人,其中非农业人口7.20万人;人口自然增长率7.65‰。全年地区生产总值96.79亿元,同比增长9.9%。其中:第一产业增加值18.50亿元,增长4.9%;第二产业增加值51.72亿元,增长12%;第三产业增加值26.57亿元,增长8.9%。财政总收入13.02亿元,增长8.5%,人均3749元,税收占财政总收入的比重75.4%;地方财政收入10.1亿元,增长8.6%。地方财政支出21亿元,增长4.7%。工业总产值232.5亿元,增长19.3%。规模以上工业增加值50.87亿元,占地区生产总值的比重52.56%。外贸出口总额2.74亿元,占地区生产总值的比重2.8%。固定资产投资93亿元,增长17.1%。实际利用外商投资6100万美元,增长2.04%;省外投资37.8亿元,增长24.55%。盐卤药化、箱包皮具、机械机电、灯饰照明、大食品等主导产业实现总产值208.12亿元,占工业总产值的89.5%,产业集群效益明显。农业总产值28.13亿元,增长5%。粮食总产量37.6万吨。主要农产品有蔬菜瓜果19.55万吨、油料2.23万吨、生猪出栏88.81万头、柑橘22.03万吨、水产品2.14万吨。万元GDP能耗及二氧化硫排放总量、削减率均达到减排目标,城市污水处理率86.98%。城镇居民人均可支配收入2.27万元,增加1983元;农村居民人均纯收入1.02万元,增加995元。城乡居民年末储蓄余额87.31亿元,增长13.9%。

【获"全国文化先进县"称号】 12月,新干县被文化部评为"全国文化先进县",并代表受到表彰的全国文化先进单位在全国文化"三先"表彰颁奖大会上作经验交流发言。

新干县以创建全省公共文化服务试点县为抓手,夯实文化基础设施、创新文化惠民举措。在县城,高起点建成县"三馆"大楼,县文化馆、图书馆、博物馆设施一应俱全。在农村,建成242个行政村或村小组文化活动室、208个村或组文化广场、172个农家书屋、134个文化信息共享点。率先推出"文化低保"工程,创建县级数字图书馆,新添置数字图书借阅机、报刊阅览机。实施县乡图书"通借通还",建立县乡图书总、分馆制,实现县乡图书"一卡通",极大地方便农村群众借书读书活动。组建县文化志愿者协会,拥有歌友俱乐部、舞蹈俱乐部等艺术团队。中央电视台、新华社等20多家中央、省、市媒体对该县的文化工作经验进行专题报道和集中宣传。

【着力抓好新农村建设工作】 2014年,新干县投入资金7000余万元,着力抓好全县71个省级新农村点建设,全面完成村庄破旧房拆迁、"改水""改厕""改路"等村庄整治建设。投入建设资金3000余万元,抓好"新三线"和"溧塘线"两条通道沿线示范带建设。两条通道总长35千米,共涉及乡镇4个、村庄51个、农户4176户,主要对通道沿线村庄进行破旧房拆迁、房屋改造、基础设施建设以及硬化、净化、绿化、美化、亮化等改造提升。通过以上措施,全县村容村貌及人居环境明显改善,新干县被评为全省新农村建设工作先进县。

【农村土地承包经营权确权登记工作成效明显】 2014年,全县统一印制并发放调查摸底表和公示表16.5万份、农户确权登记表22万份。准确掌握全县134个行政村、1301个土地发包方(村小组或生产队)、7.3万户农户的土地承包经营情况。聘请核工业华东263工程勘察院人员开展无人机航拍,制作高精度的工作底图,确保土地确权工作质量。组织测绘人员和群众参照航拍工作底图开展现场勾图指界。现场制作田块编号与农户对应表,做到"一个田块、一个编号、对应一户农户"。全县完成勾图指界工作131个行政村,占97.8%;按村小组计完成1276个,占98.1%。121个行政村已经具备发证条件,在吉安市位列第一。

主要领导人 县委书记:刘毓名。县人大常委会主任:侯建国。县长:徐开萍(任至9月)、包静(9月任)。县政协主席:张梅生。

（李志平）

·永丰县·

【简　况】 位于江西省中部、吉安市东北面,辖8镇、13乡、3场。总面积2695平方千米,其中县城建成区面积14平方千米。耕地面积4.46万公顷,有林地面积15.78万公顷,森林覆盖率71.4%,城区绿地率39.5%。总人口48.2万人,其中非农业人口8.5万人;人口自然增长率7.86‰。全年地区生产总值117.01亿元,同比增长10.7%。其中:第一产业增加值19.61亿元,增长5.9%;第二产业增加值59.67亿元,增长12.1%;第三产业增加值37.72亿元,增长11.0%。财政总收入13.52亿元,增长16.9%,人均2879元,财政总收入占地区生产总值的比重11.56%,税收占财政总收入的比重76.91%;地方财政收入9.49亿元,增长9.6%。地方财政支出22.29亿元,增长13.1%。工业总产值237.5亿元,增长13.2%。规模以上工业增加值56.61亿元,占地区生产总值的比重48.4%。全社会固定资产投资151.01亿元,增长20.6%。实际利用省外资金29.07亿元,增长24.6%;实际利用外资5187万美元,增长20.7%。外贸出口额3.2亿美元,增长27.5%;外贸出口占地区生产总值的比重16.7%。主要工业产品有白银298.67吨、中成药0.55万吨、水泥78.1万吨、机制纸3.14万吨。农业总产值38.76亿元,增长6.0%。粮食总产量37.96万吨。主要农产品有蔬菜25.4万吨、肉类2.64万吨、水产品1.58万吨。万元GDP能耗0.565吨标准煤,规模工业万元增加值能耗0.713吨标准煤,城市污水处理率88.5%。城镇在岗职工年均收入5.05万元,增长19.9%。农村居民人均可支配收入1.09万元,增长12.1%;城镇居民人均可支配收入2.21万元,增长10.9%。城乡居民年末储蓄余额80.1亿元,增长19.3%。

【循环经济产业集聚发展】 2014年,永丰县有循环经济产业项目19户,其中规模以上企业18户,循环经济3个产业集群上百亿元,成为吉安市三大百亿元产业集群之一。该县坚定不移地实施"四化同步互动、三产共生演进"战略,走经济发展和生态文明相辅相成之路,大力发展绿色、循环、低碳经济。依托现有的循环经济产业基础,积极创建国家循环经济示范城市,以大项目推动产业集聚发展,实现经济社会发展升级。并通过上下游配套的"增链""壮链""补链"项目,有针对性地开展招商活动。

【大力培育家庭农场】 永丰县全年新增家庭农场613家,共发展家庭农场876家,家庭农场数量和质量居江西省前列。家庭农场辐射带动2.8万多农民参与产业发展;经营面积达6800公顷,覆盖井冈蜜柚、绿色蔬菜、高产油茶等农业产业种养和加工各个领域;年均纯收入达15.8万元,是同期农村家庭户均收入的3倍多。永丰县按照"加快发展,逐步规范、创新机制、提档升级"的思路,在全省率先出台《永丰县家庭农场认定登记管理暂行办法》和《关于大力扶持家庭农场发展的实施意见》等文件,大力推动新型农村经营体制机制改革创新,在注册登记、用地用电、金融保险、财税等方面提供政策支持和保障,以土地确权、农村土地流转为突破口和切入点,引导全县1.72万公顷农村土地向家庭农场主、农业示范户、专业能手、龙头企业等新兴农业经营主体流转。捆绑农业产业化资金、扶贫资金向家庭农场倾斜,并出台《永丰县家庭农场贷款贴息暂行办法》,对家庭农场贷款利息进行财政补贴。截至年底,全县针对家庭农场共发放专项贷款4800多万元,捆绑涉农项目27个,涉及资金2100多万元,发放产业化奖补资金252万元、扶贫资金460万元、农机补贴700万元。

【推进企业科技创新】 2014年,永丰县省级高新技术企业达7家,申请专利275件、授权84件,申请量、授权量均翻番,位居吉安市第一,被省知识产权局授予2014年度全省专利工作进步十强县。永丰县制订出台《关于进一步推进传统产业科技创新升级改造的意见》,每年拿出部分财政资金用于补贴和鼓励企业科技创新和改造升级。对于符合产业政策鼓励类,固定资产投资1000万元以上的项目,县财政给予1%的奖励,积极向中央省市相关部门争取财政配套扶持。同时,围绕实施"科技入园、科技兴企"战略,加快科技创新体系建设,坚持走高新技术产业化和传统产业高新化并举的路子,加大技术改造力度,引导企业向"精特新"方向发展,提升优势产业档次,提高产品的市场占有率,以科技创新引领企业升级换代。

【举办全国碳酸钙行业年会】　5月18日—19日,中国无机盐工业协会钙镁盐分会和永丰县共同主办的“2014年全国碳酸钙行业年会”在永丰县召开。吉安市委常委、常务副市长刘连根出席并致辞。此次年会以“节能减排,低碳环保,可持续发展”为主题,吸引来自全国碳酸钙行业300多家知名企业、500多位企业家和专家学者参加。会上通报并表彰全国碳酸钙行业30强企业,其中江西广源化工有限责任公司、江西科越科技有限公司、永丰县广润化工有限公司入围2013年度全国碳酸钙行业重质碳酸钙十强企业;永丰县还就碳酸钙产业发展进行项目推介。这次年会的召开,将有力促进吉安市碳酸钙产业的发展。

主要领导人　县委书记:朱新堂(3月任)。县人大常委会主任:聂建国。县长:朱新堂(任至3月)、钟义山(3月任)。县政协主席:陈全根。

(李保生)

·峡江县·

【简　况】　位于江西省中部,辖6镇、5乡。总面积1287.43平方千米,其中城区面积6.8平方千米。耕地面积2.49万公顷、林地面积8.48万公顷、森林覆盖率65.9%、城区绿化率46.6%。总人口18.6万人,其中非农业人口4.4万人;人口自然增长率7.6‰。全年地区生产总值55.77亿元,同比增长9.7%。其中:第一产业增加值11.88亿元,增长4.7%;第二产业增加值27.87亿元,增长12.4%;第三产业增加值16.02亿元,增长8.8%。财政总收入8.35亿元,增长4.3%,人均4489.2元,税收收入占财政总收入比重80.1%;地方财政收入6.29亿元,增长0.1%。地方财政支出13.46亿元。工业总产值115亿元,增长12.8%。规模以上工业完成增加值31.11亿元,增长11.7%,占地区生产总值比重55.8%。外贸出口1.75亿美元,占地区生产总值比重19.5%。固定资产投资65.2亿元,增长17.1%。实际利用外资2105万美元;引进省外5000万元以上项目投资26.63亿元,增长23.98%。主要工业产品有医药化工产品3.29万吨、金属加工产品6.41万吨、造纸产品6.35万吨、绿色食品2.4万吨、服装1.41亿件。农业总产值16.98亿元,增长4.6%。粮食总产量25.2万吨。主要农产品有:稻谷24.5万吨、烤烟4941吨、油料1.3万吨、水产品1.6万吨、肉类1.4万吨。万元GDP能耗0.504吨标煤,二氧化硫排放总量0.1万吨、削减率1.4%,城市污水处理率84.9%。城镇居民人均可支配收入1.96万元,增加1652元;农村居民人均可支配收入8506元,增加843元。城乡居民年末储蓄余额43亿元,增长16.4%。

【湖洲村获评国家历史文化名村】　3月,住建部和国家文物局联合下发通知,公布第六批中国历史文化名镇(村)名单。水边镇湖洲村榜上有名。湖洲村位于峡江县东北部,被称为峡江第一村,自宋庆历五年(1045年)开基,至今有近千年的历史。村中聚集着近600户3000多名习姓村民,保留着众多明清时期建筑,也是峡江人口最多的村。村中的戏台、寺庙、祠堂、牌楼、书院和多座古桥,风格独特、古色古香。

【打造城在林中的宜居县城】　4月,峡江县被省绿化委员会授予江西省森林城市称号。峡江县自2008年开始创建江西省森林城市以来,坚持以城市绿化为基准,突出森林城市“点”;以通道绿化为骨架,勾勒森林城市“线”;以城乡一体化为目标,描绘森林城市“面”,加强通道绿化、建成区绿化、乡村绿化和生态文化建设,累计投入资金6亿余元,完成造林绿化1.66万公顷,成功创建3个国家级生态乡镇、6个省级生态乡镇、7个省级生态村、66个市级生态村。截至年底,全县森林覆盖率达65.9%,展现在人们面前的是林在城中、城在林中的画面。

【峡江工业园区获江西省医药化工产业基地】　3月,峡江工业园区被省工信委授予江西省医药化工产业基地。截至年底,园区共落户医药化工企业32家,其中规模以上企业9家。形成集中成药、原料药、医药中间体、保健药品、兽药制剂、香料精加工、医疗器械及中药种植等为一体的产业体系,培育国家新药18个、国家独家品种17个、国家医保品种9个、发明专利11件、高新技术产品15个。医药化工产业实现主营业务收入30亿元,上缴税收3038万元。

【华电集团峡江火电项目战略合作框架协议正式签署】　12月,峡江县与中国华电集团福新能源股份有限公司签署“峡江火电项目战略合作框架协议”。项目依托该县煤源供给、水源保证、厂址建设、电力输出、交通便利等优势,实施规模开发、科学开发、远景战略开发。项目分两期建设,规划用地80公顷,投资概算160亿元,将建设2台66万千瓦和2台100万千瓦火电机组,总装机容量332万千瓦。

主要领导人　县委书记:徐开萍(5月任)。县人大常委会主任:王振军。县长:刘志斌(9月任)。县政协主席:毛润根。

(胡永兴)

·吉水县·

【简　况】　位于江西省中部,辖15镇、3乡。总面积2509.73平方千米,其中县城建成区面积15.7平方千米。耕地面积5.31万公顷,有林面积16.6万公顷,森林覆盖率63.4%,城区绿化率38%。总人口55.2万人,其中非农业人口13.67万人;人口自然增长率8.25‰。全年地区生产总值111.54亿元,同比增长10.6%。其中:第一产业增加值21.68亿元,增长5.8%;第二产业增加值53.76亿元,增长12.4%;第三产业增加值36.09亿元,增长10.8%。财政总收入12.4亿元,增长16.1%,人均财政收入2246元,税收占财政总收入比重达73.05%;地方财政收入9.78亿元,增长21%。地方财政支出23.18亿元,增长6.05%。工业总产值210.1亿元,增长17.4%。规模以上工业增加值45.79亿元,占地区生产总值比重41.1%,外贸出口3.94亿美元,占地区生产总值比重22.2%。固定资产投资110.56亿元,增长20.5%。实际利用外商投资6584万美元,省外投资5000万以上项目资金31.44亿元。主要工业产品有原煤

23.68 万吨、水泥 56.97 万吨、锯材 1.39 万立方米、松节油 2.67 万吨、松香 0.82 万吨。农业总产值 41.66 亿元,增长 6.2%。粮食总产量 64.6 万吨。主要农产品有稻谷 55.67 万吨、水果 2.58 万吨、豆类 0.85 万吨。万元 GDP 能耗 0.69 吨标煤,二氧化硫排放总量万吨削减率 4.02%,城市污水处理率 82.3%。城镇居民人均可支配收入 2.09 万元,增加 2015 元;农村居民可支配收入 1.13 万元,增加 1210 元。城乡居民年末储蓄余额 92.46 亿元,增长 11%。

【获“全国法治创建先进县”称号】 2014 年,吉水县被全国普法办授予“全国法治创建先进县”称号。吉水县着力开展法治创建工作,深入推进法治政府建设,建立政府法律顾问制度,充分发挥法律顾问在制定重大行政决策、推行依法行政中积极作用,努力提高领导干部运用法治思维和法治方式深化改革、推动发展、化解矛盾、维护稳定能力。注重法治宣传教育,引导群众自觉守法、遇事找法、解决问题靠法,营造浓厚的学法遵法守法用法的氛围,积极引导群众依法维权,广泛开展“和谐平安村组户”创建活动,最大限度增加和谐因素,促进矛盾纠纷有效化解。依法打击各类违法犯罪,开展“五大专项行动”“亮剑行动”“追逃清网行动”等严打整治专项行动,增强群众安全感,促进经济社会平稳健康发展。

【引进世界500强企业】 6 月 28 日,百威英博(吉水)啤酒项目开工奠基。省商务厅副厅长朱元发、吉安市政府副市长刘贤清、百威英博啤酒集团亚太区企业事务及法务副总裁王仁荣、百威英博啤酒集团东南事业部总裁何建平等出席开工活动。百威英博是全球领先酿酒制造商,全球第三大消费品公司,世界 500 强企业。该项目总投资 16 亿元,占地面积 33.33 公顷,项目分 3 期建设。3 期全部建成投产后,年生产啤酒能力 100 万吨,年产值 30 亿元以上,年税收 5 亿元以上。该项目可直接带动吉水县货运物流产业发展以及与之配套的玻璃制造、纸箱、彩印业、易拉罐产业兴起,直接经济效益和间接经济效益十分明显。

【中电新材料科技项目落户吉水县军民产业园】 10 月 10 日,中电新材料科技项目正式奠基开工,成为落户吉水县军民产业园的首个项目。吉水县策应中央苏区振兴,主动与国防科工局及 6 大军工集团对接,启动 200 公顷军民结合产业园建设。中电新材料科技项目是国家国防科工局对口支援吉水县的首个央企工业项目,用地 3.33 公顷,总投资 3 亿元,由中国电子科技集团第 23 研究所和芜湖航天特种线材有限公司合资兴建,主要生产航空航天线缆所需的高温镀银导线产品,并逐步升级到研发生产航空航天及高端电子设备用特种线缆产品,拟在 2~3 年内打造成年产值超过 3 亿元的全产业链研发生产特种线缆的高技术企业。

主要领导人 县委书记:刘兰芳。县人大常委会主任:易教顺。县长:袁守旺。县政协主席:罗定贵。

(康小琴)

·泰和县·

【简 况】 位于江西省中部偏南,辖 16 镇、6 乡和 2 场。总面积 2660.15 平方千米,其中城区面积 19.23 平方千米。耕地面积 5.84 万公顷、有林面积 16.97 万公顷、森林覆盖率 61.19%,城区绿化率 52.5%。全县总人口 58.38 万人,其中非农业人口 10.23 万人;人口自然增长率 7.49‰。全年地区生产总值 125.17 亿元,同比增长 12.77%。三次产业结构调整为 19.06:54.94:26,二、三产业比重分别提高 1.24、0.2 个百分点。财政总收入 17.02 亿元,增长 11.46%;地方财政收入 12.75 亿元,增长 27.37%。财政总收入占地区生产总值比重为 13.60%,税收占财政总收入比重为 75%。完成固定资产投资 104.3 亿元,增长 19.89%。实现规模以上工业主营业务收入 242 亿元,增长 21%;实现规模以上工业增加值 59.66 亿元,增长 26.94%。其中,冶金机械主营业务收入超 100 亿元,电子信息产业主营业务收入超 55 亿元。全年实际利用内资 41.17 亿元,增长 24.76%;实际利用外资 7004 万美元,增长 22.73%,其中现汇进资 2195 万美元,增长 36.7%。实现外贸出口 3.88 亿美元。全年粮食总产 5.7 亿千克。主要农产品有乌鸡 1300 万只、生猪 52 万头、肉牛 14 万头。实现社会消费品零售总额 32.17 亿元,增长 13.67%。城镇居民人均可支配收入 2.08 万元,增长 9.45%;农民人均纯收入 1.01 万元,增长 12.7%。城乡居民年末储蓄余额 167.74 亿元,增长 14.58%。

【本土企业境内主板上市】 3 月,根据国家证监会〔2014〕274 号、275 号文件批复同意,江西合力泰科技股份有限公司与山东联合化工股份有限公司重组成功,在深圳证券交易所上市,股票代码:002217.SZ,实现吉安市本土企业境内主板上市“零突破”。该公司总部位于泰和县文田工业园。合力泰公司为触控显示产品一站式服务商,专注于触摸屏和中小尺寸液晶显示屏及模组的研发、生产和销售,以液晶显示屏技术为依托成功完成 3D 眼镜显示屏产品的研发并实现量产,成为华为、三星、松下等公司的指定供应商。截至年底,年产值超 10 亿元,纳税 1.06 亿元,跻身全国电子信息企业百强和全省民营企业百强。

【举行第二届中国·泰和乌鸡文化节】 12 月 9 日,第二届中国·泰和乌鸡文化节在泰和市民广场举行。省工商局副巡视员、商标局局长郑辅良在开幕式上致辞,市委副书记萧洪波宣布文化节开幕。开幕式上举行泰和乌鸡有机产品认证授牌仪式及泰和乌鸡产业发展招商、产品销售签约仪式,共签约乌鸡生产加工、产品销售、规模化养殖等乌鸡产业项目 10 个,并首次在乌鸡销售中引入电商合作。开幕式还进行《乡村大世界·走进泰和》视频欣赏、泰和乌鸡产品及文化展、乌鸡评选大赛等活动。

【山地风电项目风机吊装完成】 12 月 29 日,泰和县天湖山、钓鱼台风电场建设项目首台风机在水槎乡钓鱼台山顶完成吊装。该风机叶片直径达 110 米,装机容量达 2 兆瓦。此项目是江西省最大单个山地风电项目,于 2013 年 10 月 29 日开工建设,拟装风机 48 台,装机容量 9.6 万千瓦,总投资9亿元。

【管道天然气首次开通使用】 7月4日,泰和县与吉安市中心城区天然气管网实现对接,县城首个使用西气东输二线管输天然气的住宅小区正式点火使用,结束该县无管道天然气历史。该工程2013年11月开工,总投资1.4亿元,年供气量约2200万立方米。截至年底,城区管线铺设已基本完工,实现全面通气。

【获“全国产粮大县”称号】 2014年,泰和县获农业部“全国产粮大县”称号,为吉安市唯一获此殊荣的县(市、区)。泰和县高度重视粮食生产工作,积极实施国家新增千亿斤粮食生产能力田间工程,推进中低产田改造,推广机械化育秧、测土配方施肥、病虫害综合防治为重点的水稻轻型高产高效栽培技术,促进粮食生产稳定发展。全年全县粮食播种面积8.78万公顷,粮食总产5.7亿千克,增产0.305亿千克,粮食产量连续增收,实现“十一年连增”。

【“民嘴讲堂”获“全国基层理论宣讲先进集体”称号】 10月,泰和县“民嘴讲堂”被中宣部评定为“全国基层理论宣讲先进集体”,是全国唯一的获奖先进县、全省唯一获奖单位。泰和县“民嘴讲堂”于2010年创办开讲,以其独特的“民嘴”宣讲群体、点菜式的挑选宣讲内容,通过身边人讲解身边事,小人物说大道理的理论宣讲形式,成为全省一个示范性强的理论宣讲品牌。该模式被列入《全国宣传思想文化工作案例选编》,先后获“全国人文社会科学普及基地”“江西省优秀社科知识普及宣传基地”“江西省理论宣传先进集体”等荣誉。2014年,中宣部《思想政治理论研究》《江西宣传》刊文介绍经验做法。《人民日报》《江西日报》等20多家中央、省、市主流媒体先后聚焦“民嘴讲堂”。年内,“民嘴讲堂”分别列入省委党建工作要点、全省宣传思想文化工作要点,省委宣传部下发专文,在全省示范推广。截至年底,已累计宣讲400余场,听众30多万人次。

【庐陵传统民居营造技艺被列入国家级非物质文化遗产代表性项目名录】 12月3日,国务院发布《关于公布第四批国家级非物质文化遗产代表性项目名录的通知》,泰和县非物质文化遗产“庐陵传统民居营造技艺”入选。该技艺主要特征为:天井前院式布局与天门、天眼采光通风做法;精巧的鹊巢宫屋顶构造;清水砖马头墙工艺;穿斗木结构和精美的装饰工艺。该技艺的典型代表作有明永乐九年(1411年)建于马市蜀口古村的欧阳氏崇德堂,宋靖康元年(1126年)建于螺溪爵誉的康氏孝德堂,清嘉庆年间(1796年)建于桥头镇水坑刿溪自然村的八栋屋居所等。

主要领导人 县委书记:廖晓军。县人大常委会主任:钟用洪。县长:李军。县政协主席:詹学锋。

(刘捷　邱会财　王思文)

·万安县·

【简　况】 位于江西省中南部,辖9镇、7乡和1个垦殖场。总面积2051平方千米,其中城区面积12平方千米。耕地面积2.57万公顷,有林面积12.59万公顷,森林覆盖率68.8%,城区绿化率36.5%。总人口31.51万人,其中非农业人口5.19万人;人口自然增长率7.13‰。全年地区生产总值57.6亿元,同比增长10.2%。其中:第一产业增加值12.1亿元,增长5.2%;第二产业增加值27.6亿元,增长13%;第三产业增加值17.9亿元,增长11.3%。一、二、三产业比为20.96∶47.95∶31.09。固定资产投资55.7亿元,增长19.5%。财政总收入8.8亿元,增长16.1%;地方财政收入6.8亿元,增长15.8%。地方财政支出15.7亿元。全县规模以上工业实现主营业务收入96.9亿元,增长17.7%。主要工业产品有水晶6.48亿片、发电12.49亿千瓦小时、啤酒1.64亿升、水泥47.08万吨。农业总产值18.07亿元。主要农产品有粮食28.8万吨、生猪出栏27万头、肉牛出栏1.8万头、水产1.88万吨。城镇居民人均可支配收入1.93万元,增长10%;农村居民人均可支配收入5842元,增长12.8%。社会消费品零售总额13.1亿元,增长10.4%。

【开展“干部学用技术”服务基层群众活动】 2014年,万安县结合党的群众路线教育实践活动,创造性地在全县党员干部中开展以“学技术、强本领、提服务、转作风”为主题的“干部学用技术”服务基层群众活动。全县创建水果、蔬菜、油茶、毛竹、经济作物、水产、畜牧、家禽、野生动物养殖等九大产业的干部学用技术实训基地50个,聘请50多名土专家进行技术指导。全县各单位均组织党员干部参加县委党校农村实用技术系统培训,采用闭卷考试以及基地现场比武等方式检验学习效果。要求科级干部用所学的技术重点结对帮扶2户困难群众,并与10名以上群众交朋友。一般干部重点选择1户较困难群众给予帮扶指导,并与5名以上群众结交朋友。全县全年累计扶持贫困户发展种植产业面积432.2公顷,其中富硒稻176.33公顷、井冈蜜柚82.53公顷、油茶95.73公顷、毛竹74.87公顷,有力促进了群众脱贫致富,密切了党群干群关系。该活动在全省推广并列为各级党委书记党建述职内容,7月份被评为全市党建工作好品牌。

【举办全国农民画展】 9月3日—5日,由中国文联、中国民协、中国文艺基金会、江西省文联、吉安市人民政府联合主办的“我们的中国梦全国农民画展暨中国农民画学术研讨会”在万安县高陂镇田北农民画村举行。中国民协分党组书记、驻会副主席罗杨,中国民协副主席刘华,中国民协分党组成员、副秘书长周燕屏等领导,以及全国农民画展获奖作者代表等参加开幕式。万安县在开幕式上被中国民协授予“中国农民画之乡”称号。此次画展收到全国28个省市送选的作品995幅,评选出金奖5名,银奖11名,共展出优秀农民画300幅。

【打造绿色生态县】 2014年,万安县入选“国家主体功能区建设试点示范县”和“全国生态文明示范工程试点县”,被认定为“江西省园林县城”。该县开展万安湖库区水土保持和生态建设,切实加强赣江水源保护工作;对新落户工业园区的所有工业企业,严格执行环境准入制度，对高污染、高耗能且不符合国家产业政策的项目采取一票否决；积极引导广大山区群众兴林种果，构建极具山区特色的农林复合生态经济系统，推进绿色经济增长。全县新增绿化造林110.57公顷，新增绿化通道里程22.8千米，增加高产油茶、花卉苗木、楠木等生态富民林897.93公顷。

【百嘉镇廓埠村获“全国民主法治示范村”称号】 12月，万安县百嘉镇廓埠村被司法部、民政部授予2013年“全国民主法治示范村”称号，成为吉安市唯一一个获此殊荣的行政村。2007年，百嘉镇廓埠村创新基层人民调解模式，建立“村民说事室”，确定每月的3、13、23日为村民说事日。每逢“说事日”，安排“两委”干部和调解员值班，接待前来反映问题的村民，让村民把不清楚的事情问明白，把需要解决的事情说清楚，把自己要说的话讲出来，把发生的纠纷处理好，依照法律、法规、政策和公德息访息讼，使矛盾化解于小，把纠纷解决于村，取得了“知民情、解民忧、集民智、聚民力、赢民心”的良好效果。8年来，廓埠村没有发生刑事案件，没有发生村民集体上访事件。“两委”班子依法治村的能力水平大幅提升，村民的平安感、幸福感不断增强。

【完成镇村联动干道提升改造】 2014年，万安县被评为“全省镇村联动干道改造提升工作先进县”。该县高标准、高质量完成夏造、沙坪、枧头、武术、宝山、涧田等10个乡镇的镇村联动建设和105国道夏造线、万枧公路万龙线共计45千米的主干道提升改造。105国道夏造线、万枧公路万龙线提升和圩镇改造建设，全部聘请有资质、高水平的设计单位，按照“因地制宜、传承文化、注重品位、彰显特色”的原则进行整体规划设计，注重凸显庐陵风格或客家风格、地方文化特色。工程将圩镇和周边村庄作为一个整体进行规划设计，村庄规划纳入集镇板块，集镇基础设施延伸到村，公共服务覆盖到村，力求镇村一体化。结合各村庄自身优势，因地制宜选择建设模式，在追求特色和打造品牌上下功夫，通过对村庄产业建设、历史建筑和历史文化的挖掘打造一村一品，坚持差异化发展，精心打造了醉美武术、诗画田北、水韵文溪、收藏山田等10个精品村点，力求村点精品化。经过实地调研出台《万安县农村垃圾处理实施方案》，各乡镇制定出台《圩镇市容和环境卫生管理办法》《圩镇农贸市场管理办法》《圩镇环境卫生公约》等规章制度，建立“户分类、村收集、镇转运、县处理”的农村垃圾集中处理模式。

【野生动物驯养产业规模壮大】 2014年，万安县结合本地实际和美丽乡村建设，把野生动物驯养产业作为富民产业进行扶持，壮大万安县井冈野猪豪猪养殖专业合作社、万安县嘉源野生动物繁育基地等龙头企业。其中万安县井冈野猪豪猪养殖专业合作社先后被评为“全省农民林业专业合作社省级示范社”“全省十佳农民林业专业合作社”。通过龙头企业的带动，全县发展社员208户，辐射形成高陂镇、百嘉镇、韶口乡、枧头镇等几个集中养殖区域。年底全县年存栏果子狸6000只、野猪5500只、豪猪2000只、黄麂100只，其他7500只，年产值3000多万元。万安县成为国内果子狸养殖面积最大的地区之一，被中国野生动物保护协会授予“中国果子狸养殖之乡”称号。

主要领导人 县委书记：李伟平。县人大常委会主任：郭世辉。县长：刘军芳。县政协主席：邱炎生。

（敖淑红）

·遂川县·

【简　况】 位于江西省西南部，辖11镇、12乡和2个国有林场。总面积3144.17平方千米。耕地面积2.98万公顷，有林面积24.89万公顷，森林覆盖率78.43%。总人口60.48万人，其中非农业人口6.79万人；人口自然增长率9.02‰。全年地区生产总值96.06亿元，同比增长10.5%。其中：第一产业增加值14.74亿元，增长5.7%；第二产业增加值47.22亿元，增长11.1%；第三产业增加值34.11亿元，增长12.1%。三次产业结构调整为15.3∶49.2∶35.5。财政总收入11.6亿元，增长15.9%；地方财政收入9.35亿元，增长22.8%。地方财政支出23.69亿元，增长6.3%。规模工业总产值165.06亿元，增长21.7%。主要工业产品有发电量8509万千瓦小时、人造板15.47万立方米、服装256万件。农业总产值25.79亿元，增长6%。主要农产品有粮食26.79万吨、油料7998吨、茶叶3123吨、水果4.95万吨、生猪出栏25.49万头。城镇居民可支配收入1.98万元，增长9.9%；农村居民可支配收入6129元，增长15.6%。城乡个人年末储蓄余额75.67亿元，增长16.9%。社会消费品零售总额26.02亿元，增长15.3%。

【“遂川板鸭”入选国家地理标志商标】 4月21日，遂川县申报的“遂川板鸭”地理标志证明商标通过初审，列入国家工商行政管理总局商标局“已注册和初步审定地理标志商标名录”，是遂川继“狗牯脑”茶品牌之后拥有的第二件国家地理标志商标。“遂川板鸭”是该县的传统特色产品，有上百年加工历史，采用中国三大名鸭之一的红毛鸭作原料，以腌、烤、晒的传统工艺为基础，结合现代科学方法加工，其外形如月琴，板鸭色泽金黄、肉嫩味美、清香可口，深受港、澳、台及东南亚地区消费者喜爱，素有“腊味之王”美称，先后获全国“星火计划”国际食品博览会金奖、江西省名牌产品等荣誉。全县年加工板鸭800万只，系列总产值3亿多元，辐射带动1万多农户，被省政府列为全省板鸭加工集群区县之一。

【优化全民创业环境】 9月23日，省总商会、江西日报社联合召开江西省首届“推选和宣传最佳优化民营经济发展环境县（市、区）”活动新闻发布会，遂川县被评为全省“最佳优化民营经济发展环境县”。遂川县通过加大优化投资平台，加强工业园区建设力度，扎实推进扩园调区，完成1300多公顷山水生态园区规划，建设17栋18万平方米标准厂房，并完成中心广场、职工公寓等园区配套设施建设。优化全民创业氛围，开展政银企合作，为民营经济发展提供融资服务，实现政银企发展共赢，共发放企业贷款4.2亿元,引入社会资本5.4亿元,总量列全市第一。同时,该县还优化帮扶措施,对列入重点调度的项目,落实县乡和县直单位领导跟踪服务,形成“未开工项目抓开工、续建项目抓进度、竣工项目抓投产”的良好氛围。截至年底,全县私营企业总数1200多户,注册登记个体工商户1万多户;农民专业合作社220多户,成员4000多人。

【生态建设成绩显著】 截至年底,遂川县有国家级生态乡镇10个、省级生态乡镇7个;国家级生态文化村2个、省级生态村4个;省级森林乡镇4个、省级森林村庄10个;5个乡镇获“中国绿色名镇”称号;遂川成为吉安市唯一一个“中国生态魅力县”入选县。

该县坚持环保优先、科学发展,按照“生态兴县、绿色崛起”的思路,高起点、高标准、高投入发展生态产业、实施环境整治,推动经济与环境保护、资源开发与生态建设协调发展。2014年,五斗江国家湿地公园试点成功通过省级专家评审,并于11月通过国家级“小评审”;南风面自然保护区通过国家级自然保护区申报资格审查。左安镇、高坪镇获评国家级生态乡镇,碧洲镇获评省级生态乡镇,衙前镇获评省级森林乡镇,衙前溪口和上芫、五斗江庄坑口、堆子前陂田、黄坑周元等获评省级森林村庄。

【承办江西省“振兴杯”茶叶制作行业职业技能竞赛】 4月19日,由省人社厅主办,吉安市人社局、遂川县政府承办的2014年江西省“振兴杯”茶叶制作行业职业技能竞赛在县市民广场举行。省人社厅副厅长陈利克出席启动仪式并宣布竞赛开幕,吉安市副市长肖玉兰致辞,开幕式由吉安市人社局局长曹秋根主持。全省报名参赛的选手共46名,大赛邀请省经济作物局副局长邱春娇、省茶业联合会副会长赵沙鸥、秘书长陈年生、省蚕桑茶叶研究所研究员杨普香、省茶业联合会理事康乐民等茶学专家担任评委,通过对茶的香气、汤色、滋味、叶底、外形等指标进行综合评定。经激烈角逐,蓝年石(遂川县)获一等奖,梁奇锂(遂川县)、吴强(资溪县)获二等奖,梁奇建(遂川县)、梁建福(遂川县)、吴文忠(修水县)获三等奖。对获得前三名的选手蓝年石、梁奇锂、吴强,省人社厅授予“江西省技术能手”称号,颁发国家二级职业技师资格证书;梁奇建、梁建福、吴文忠、姚杰、钟坤松、罗德定、丁金坦第4~10名的7名选手,颁发国家三级职业资格证书。

【首所“民办公助”九年一贯制学校正式投入使用】 8月26日,遂川县博雅学校竣工庆典活动在校园内举行,由江西教育投资集团投资兴建的吉安市第一所“民办公助”九年一贯制学校正式投入使用。学校位于城东新区(105国道与进二中路的交汇处),占地6.67公顷,建筑面积6万平方米,总投资1.2亿元。博雅以“校园环境优美、办学条件优越、办学理念科学、教学质量一流、教学服务周到”为定位,着力打造全国知名品牌学校。9月,学校招收800多位学生,实行科学人性的“专业化”管理,保证每班40人的“小班化”设置,提供温馨家庭式“寄宿制”服务。民办学校的投入使用,有效缓解城区义务教育的供求矛盾,推动该县教育事业健康快速发展。

主要领导人 县委书记:张平亮。县人大常委会主任:洪刚。县长:肖凌秋。县政协主席:陈道萍。

(蒋燕 张蔚 黄伟华)

·安福县·

【简 况】 位于江西省中西部,辖7镇、12乡。总面积2795.81平方千米,其中城区面积12平方千米。耕地面积3.08万公顷,有林面积20.67万公顷,森林覆盖率70.5%。总人口41.30万人,其中非农业人口8.35万人;人口自然增长率8.51‰。全年地区生产总值111.89亿元,同比增长10.3%。其中:第一产业增加值20.51亿元,增长5.2%;第二产业增加值62.52亿元,增长11.7%;第三产业增加值28.85亿元,增长10.8%。财政总收入16.26亿元,增长11.5%,人均3937.43元,税收收入13.28亿元,占财政总收入81.69%;地方财政收入11.87亿元,增长11.9%。规模以上工业增加值54亿元,增长12.5%。外贸出口2.97亿美元,增长22.9%。社会固定资产投资101.49亿元,增长19.1%;年度新增固定资产投资39.35亿元,增长2.5%。实际利用外资5369万美元、内资31.2亿元。主要工业产品产量有煤106.30万吨、铁精矿399.92万吨、水泥熟料111.71万吨、水泥98.83万吨、液压元件40.07万件、供电量5.53亿千瓦小时。农业总产值30.36亿元,增长5.5%。粮食总产量37.07万吨,主要农产品有稻谷35.38万吨、蔬菜12.29万吨、肉类4.23万吨、油料2.22万吨、水果1.21万吨。城镇居民人均可支配收入2.08万元,增长10.2%;农村居民人均纯收入9985元,增加1349元。全社会消费品零售总额31.7亿元,增长14.3%;年末存款余额118.59亿元,增长12.2%;贷款余额43.79亿元,增长3.05%。

【被列为全国首批创建生态文明典范城市】 9月28日,由中国互联网新闻中心主办,中国网—联盟中国、经协信(北京)城市文化发展有限公司承办的“2014城市发展与生态平衡高层论坛暨首批创建生态文明典范城市(园区)发布仪式”在北京举行,安福县被列为首批创建生态文明典范城市。该县根据省委、省政府提出的“生态立省、绿色发展”战略目标,出台《关于加快美丽乡村建设打造中国最美樟乡实施意见》,确立“美丽樟乡,山水安福”的建设定位,大力发展生态经济,培育生态文化,生态文明建设取得显著成绩,先后获“全国绿化模范县”“江西省园林城市”“首届江西生态文明建设十佳县”等称号。

【招商引资取得突破】 9月5日,中国广核集团有限公司(简称中广核)等10家企业与安福县签订合作协议,总投资额67.5亿元。其中,中广核全资子公司中广核节能产业发展有限公司与安福县政府签订能源建设项目协议,该项目总投资55亿元。项目内容包括在该县505库能源化工园建设储量1.92万立方米的全国最大的铁路液化气库;在该县清洁能源产业园扩建两座6000立方米液化石油气(LPG)球罐储备库,达到1.92万立方米液化石油气储备库;建设2万立方米的成品油储备库;建设10万立方米的液化天然气(LNG)储备库。同时,筹建与年产6亿立方米天然气液化工厂项目相配套的加气站、加油站。

【旅游产业发展壮大】 2014年,安福县累计接待国内外游客115万人次,实现旅游收入9.2亿元,接待人次和收入分别增长29.5%和32.2%。武功山景区先后入选"新赣鄱十景""中国大学生最喜欢的旅游景区""我心目中的江西地标";嵘源温泉度假村入选"江西省十大优秀新旅游景区";横龙镇石溪村入选"江西省休闲旅游秀美村庄"。该县策应吉安市"三山一江"旅游发展战略,全面推进"旅游强县",提出"把城区当景区建,把农村当社区建",山、水、城、乡、文化共建共融,先后在城区建成40多个不同类型的绿化广场、公园、游园绿地。采取政府投入与市场运作相结合的策略破解投资难题,成功打造安福武功山箕峰景区、金顶景区、羊狮慕景区、大峡谷漂流、温泉度假中心等重点景区,并逐步建设景区吃、住、行、娱、购、游等各项配套设施。

【全国青年男子篮球俱乐部联赛在安福开赛】 6月2日,2014年全国青年男子篮球俱乐部联赛(安福赛区)在安福县体育馆开赛。比赛由国家体育总局篮球运动管理中心、国家篮协、省体育局主办,安福县政府、省篮球协会、安福县篮球协会承办。来自同曦、福建、佛山、广东、青岛、南钢、湖南的7支代表队共150余名运动员、教练员参加安福赛区比赛。

【首次发现野生金线莲】 4月,安福县林业技术人员在陈山林区进行林业野外调查时,在海拔600米的深山老林发现一批零散生长的野生金线莲,株高8~12厘米。金线莲又称金线兰、金草、鸟人参、少年红、金线虎头蕉,具有广泛的药用价值,素有"药王""金草""神草""鸟人参"等美称,具有营养、抗衰老、养肝护肝、调节人体机体免疫的作用。金线莲属多年草本植物,生长于人迹罕至的原始生态深山老林,性喜阴凉、潮湿,一般分布在海拔300~1200米的丘陵地,在中国福建、广东、广西、海南、四川、贵州、云南均有野生金线莲生长,而在安福县是首次发现。

主要领导人 县委书记:陈军民。县人大常委会主任:郑莲华。县长:李发芽。县政协主席:高芳林。

(郑翀)

·永新县·

【简　况】 位于江西省西部,辖10镇、13乡和2场。总面积2195平方千米,其中县城建成面积14.28平方千米。耕地面积3.28万公顷,森林面积12.7万公顷,森林覆盖率67.8%,城区绿化率35.6%。总人口52.5万人,其中非农业人口9.25万人;人口自然增长率6.21‰。全年地区生产总值79亿元,同比增长10%。其中:第一产业增加值16亿元,增长5.2%;第二产业增加值37.2亿元,增长12.3%;第三产业增加值25.8亿元,增长9.3%。财政总收入8.8亿元,税收占财政总收入的比重79.5%;地方财政收入6.4亿元,增长15.5%。地方财政支出22.48亿元,增长16.3%。规模以上工业总产值143.8亿元,增长12.0%;规模以上工业增加值34.8亿元,占地区生产总值比重44.1%。外贸出口1.75亿美元,实际利用外商投资3004万美元。主要工业产品有轻革2392万平方米、化学药品原药2380吨、水泥0.96万吨、蚕丝1720吨。农业总产值27.7亿元,增长5.7%。主要农产品有稻谷29.8万吨、红薯3322吨、油菜籽2.43万吨、蔬菜9.22万吨。城镇居民年人均可支配收入1.79万元;农村居民年人均纯收入5868元,增长14.5%。城乡居民年末储蓄存款余额124.4亿元,增长15.5%。

【旅游文化亮相丝绸之路国际博览会】 5月23日—26日,永新县作为唯一的县级参展单位应邀参加由文化部、中国国际贸易促进委员会、陕西省人民政府共同主办的"丝绸之路经济带沿线圈旅游文化展暨第五届西部非物质文化遗产展演"活动。永新县在活动现场设立以龙源口桥为形状设计的展台,通过图文展示、现场展演、播放宣传片、发放宣传册等形式,向世界宣传、展示永新独特的红色文化、绿色生态、人文风光、非物质文化遗产、旅游商品等。中国国际贸易促进会张伟、陕西省副省长白阿莹、江西省副省长胡幼桃等分别在永新县展台参观指导,并饶有兴致地观看非物质文化遗产"永新小鼓"的现场表演。游客对军魂诞生地的永新很感兴趣,纷纷驻足观察、拍照留念。

【成立永新县海关事务联络办公室】 6月17日,吉安海关为永新县授牌成立永新县海关事务联络办公室。吉安海关关长陈建平与县委副书记、县长孙劲涛共同为永新县海关事务联络办公室揭牌。2013年永新县企业进出口总额1.89亿美元,其中出口达到1.6亿美元,在吉安市县市区中位居前列。永新县海关事务联络办公室的成立,为永新县进出口企业开辟新的工作窗口,为外向型经济发展增添新的机遇,为工业经济发展架起一座通往世界的桥梁。

【永新小鼓列入第四批国家级非物质文化遗产代表性项目名录】 7月16日,文化部办公厅公布第四批国家级非物质文化遗产代表性项目名录,"永新小鼓"名列其中,这是继"永新盾牌舞"之后永新县第二个国家级非物质文化遗产代表性项目。

永新小鼓是汉族戏曲剧种之一。相传在清道光年间形成于永新县。永新小鼓的表演形式是一人站唱,以唱为主,间有说白。演唱者腰系双面小皮鼓,敲鼓击节。唱腔脱胎于渔鼓,句式和板腔结构同渔鼓有相似之处,但又有发展变化。曲调跳跃起伏,跌宕多姿,能叙事也能抒情。主要有平腔、高腔两种,平腔稳健深沉,旋律多往下行,长于表现诙谐、讽刺题材;高腔高昂热情有力,旋律多往上行,适合表现赞扬歌颂题材。传统曲目有《卖花记》《私访长安》等30多部。

【2014江西·永新(台湾)产业招商推介会在台湾彰化举行】 9月15日,永新县在台湾彰化举行2014江西·永新(台湾)产业招商推介会。县委书记肖兵,县委副书记娄致文,县委常委、组织部部长陈志军等领导出席。推介会邀请近50位客商参加。肖兵在会上致辞,介绍永新县发展状况。

娄致文作产业推介报告。江友电线有限公司董事长吴金婵、华邦铜业有限公司经理林淀永先后作发言。此次推介会筑牢两地合作交流的桥梁和纽带,拓展合作交流的深度和广度,使更多的台湾朋友了解永新、青睐永新,在永新投资兴业,共谋发展。

【获"中国书法之乡"称号】　12月3日,文化部公布2014—2016年度"中国民间艺术之乡"名单,永新县第四次荣获"中国书法之乡"称号。永新文风鼎盛,民国时,书法家刘郁文有江西三支半笔之一的美誉。新中国成立后,全国书协会员尹承志的书法枯润相宜,疏密有致,名重一时。2014年,永新县有全国书协会员8名,江西省书协会员46名,吉安市书协会员120余名,书法人才2000余名,列全国前茅。

主要领导人　县委书记:肖兵。县人大常委会主任:甘立平。县长:孙劲涛。县政协主席:唐龙平。

（彭龙太）

抚州市

【概　况】　位于江西省东部,辖1区10县和1个高新技术产业园区,总面积1.88万平方千米。实有耕地面积24.47万公顷,有林面积128.8万公顷,森林覆盖率和城市绿地率、绿化覆盖率分别为64.5%、33.7%和37.9%。全市常住人口397.66万人,比2013年年末增加1.42万人。其中,城镇人口172.98万人,占全市常住人口43.50%。全市人口出生率为13.29‰,比2013年增长0.07个千分点;死亡率6.25‰;人口自然增长率7.04‰。2014年,全市实现地区生产总值1036.77亿元,同比增长9.8%,首跨千亿元大关。其中:第一产业增加值173.74亿元,增长4.9%;第二产业增加值534.89亿元,增长11.1%;第三产业增加值328.14亿元,增长10.2%。三次产业比由2013年的17.4:52.0:30.6调整为16.7:51.6:31.7。工业增加值443.35亿元,增长11.1%,占地区生产总值的比重为42.8%;规模以上工业增加值完成315.21亿元,增长11.7%。主要工业产品有布25243万米,饮料酒27.75千升,服装9601万件,变压器1462.81万千伏安,中成药740.9万千克。农林牧渔业总产值313.14亿元,增长4.8%。粮食总产量29.15亿千克,增长1.9%。主要农产品有油料产量5630万千克,水果产量15.72亿千克,茶叶产量253万千克,棉花产量351万千克,肉类总产量3.37亿千克,禽肉产量0.99亿千克,水产品产量1.85亿千克,家禽年末数2607.06万只。经环保部核定,化学需氧量、氨氮、氮氧化物和二氧化硫分别比2013年下降1%、1.5%、7.3%和0.2%。全市12个监测断面水质良好,集中式饮用水水源地水质达标率100%,市城区环境空气质量优良天数362天。全社会固定资产投资1001.48亿元,增长19.9%;外贸出口总额15.40亿美元,增长23.5%;城镇化率43.5%,提高1.4个百分点。实际利用外商直接投资2.51亿美元,增长13.7%。财政总收入150.07亿元,增长14.9%。公共财政预算收入116.38亿元,增长15.8%。公共财政预算支出254.81亿元,增长11.7%。城镇居民人均可支配收入2.31万元,增长9.6%。

【成为全国养老服务业综合改革试点地区】　抚州市历来十分重视养老服务业的发展。该市于2009年开始步入老龄化社会,先后采取系列政策措施加快城乡养老服务体系建设,大力推进农村敬老院、居家养老服务中心、农村颐养中心等养老服务机构建设,至2014年,养老服务体系初步形成。8月29日获民政部、国家发改委批准,江西省抚州市等42个地区成为全国养老服务业综合改革试点地区。试点主要任务是健全养老服务体系,引导社会力量参与养老服务,完善养老服务发展政策,强化城市养老服务设施布局,创新养老服务供给方式,培育养老服务产业集群,加强养老服务队伍建设,强化养老服务市场监管。年底,抚州市共有公办养老机构165家,经民政部门登记的民办养老机构8家,有居家养老服务示范点27个、农村颐养中心近百个。

【获"慈善五星城市"殊荣】　8月20日,中民慈善捐助信息中心联合民政部发布第三届"中国城市公益慈善指数"。公益慈善百强榜江西省仅抚州市入选,获评"慈善五星城市"。2014年,该市投入救助资金6.9亿元,其中保障城市低保对象8.2万人,保障农村低保对象11.9万人,保障标准城市和农村分别达到每人每月430元、220元;救助城乡医疗对象5.82万人次,发放城乡救助资金6385.8万元;保障农村五保对象1.8万人,供养标准集中和分散分别达到每人每月336元、260元;临时救助1622人次,发放临时救助资金354.7万元。"三无"对象供养标准提高至600元。孤儿集中供应标准提高至每人每月1100元,城乡散居孤儿保障标准提高至每人每月700元,全市3146名孤儿增加保障资金579.5万元。该市慈善总会筹集善款350.1万元,发放救助资金331.7万元,直接受惠困难对象1.6万多人。

【推进基层党建工作】　2014年,抚州市开展县、乡党委书记抓基层党建述职评议,形成一级抓一级、层层抓落实的党建工作格局。派出12个检查组,对县(区)党建工作进行专项工作检查;大力抓好"连心、强基、模范"三大工程("连心"工程,把党员干部的心与人民群众的心紧紧联系在一起;"强基"工程,进一步夯实党的组织基础、群众基础、执政基础;"模范"工程,促进党员干部以先进典型为镜,努力改正不足,积极争创一流),市、县、乡三级共派出"连心"小分队2500个,下派干部1.39万人,帮扶困难群众2.36万户,办实事2.09万件;整顿软弱涣散基层党组织150个,解决实际问题469个、落实帮扶资金1183.04万元;在全市推选表彰12名"龚全珍式好干部",有效激发基层党组织活力;打造"群众点菜、政府买单"等服务群众新机制,全面推广以"一个平台、三个向下、四级服务"为主要内容的"134"基层服务型党组织建设模式,方便农村群众办事。抓好村(社区)"两委"换届工作,选优配强村(社区)"两委"班子,基层党组织书记队伍建设得到加强。严格党员发展程序,举办《中国共产党发展党员细则》培训班215期,探索推行全市党员队伍建设"1+10"工作办法("1+10"工作办法即:每个党小组联系10名左右党员,每名党员联系10户左右群众),进一步推进全市党员队伍规范化、制度化建设,进一步增强党员队伍的先进性和纯洁性。

主要领导人 市委书记:龚建华。市人大常委会主任:王晓媛。市长:张和平。市政协主席:谢发明。

(饶国旺)

·临川区·

【简　况】 位于江西省东部,辖17镇、9乡、2个垦殖场和5个街道办事处。总面积约1962.4平方千米,其中城区面积约84平方千米。耕地面积4.8万公顷,有林面积9.8万公顷。中心城区人均公共绿地面积7.2平方米,绿地覆盖率达43.31%。总人口110.83万人,人口自然增长率0.87%。其中城镇人口55.50万人、农村人口55.33万人,城镇化率50.08%。2014年全区实现地区生产总值323.38亿元,增长9.5%。其中:第一产业增加值39.48亿元,增长4.1%;第二产业增加值182.72亿元,增长10.9%;第三产业增加值101.17亿元,增长8.7%。一、二、三产业比为12.2:56.5:31.3。工业总产值216.07亿元,增长9.95%。规模以上工业增加值41.31亿元,增长11.4%。主要工业产品有水泥166.46亿吨、金属铜10.77亿吨、人造板27.60亿平方米、临川贡酒49吨、农药1082.8吨、饲料15万吨。农业总产值70.87亿元,增长3.85%。主要农产品粮食产量64.09万吨,西瓜28.09万吨、中药材播种面积1359.27公顷、生猪出栏51.02万头、家禽出笼503.61万只、水产品2.96万吨、商品蔬菜播种面积11.62万公顷、果树种植面积6873.67公顷。固定资产投资173.38亿元,增长20.4%。实际利用外资3160万美元,增长10%。外贸出口1.56亿美元,增长18%。财政总收入19.07亿元,增长13.7%,税收占财政总收入的比重79.3%;地方财政收入15.16亿元,增长20.5%。社会消费品零售总额136.41亿元,增长11.5%。城镇居民人均可支配收入2.8万元,增长9.8%;农民人均纯收入1.25万元,增长10.8%。

【加大"危仓老库"改造】 2014年,临川区需要维修改造的"危仓老库"有57座,总仓容量8.93万吨,其中中心粮库14座、乡镇粮库43座。为确保在规定时间内完成"危仓老库"维修改造任务,通过多举措加强"危仓老库"维修改造监管工作。区粮食局成立"危仓老库"维修改造工作领导小组,采取"分片包干,驻所蹲点"的办法,驻所干部职工深入各维修库点进行督查指导,实行每周一调度;驻所蹲点的干部职工及时汇报各库点维修改造进度和在维修过程中遇到的问题。对承包方制定严格的奖惩措施;按照有关文件规定,通过检查验收,对保质保量按时完成任务的,进行奖励。至年底,该区中心粮库"危仓老库"已基本完成维修改造任务,乡镇"危仓老库"维修改造已完成70%。

【壮大乡镇工业助推产业升级】 2014年,临川区通过优化发展环境、引导在外创业能人返乡创业、创建产业基地等举措,重点发展一批资源有优势、产业有特色、发展有规模的乡镇企业,着力建设上顿渡、东馆、云山、大岗4个乡镇工业聚集区,形成以食品加工为主的上顿渡聚集区,以建筑材料、电子加工为主的东馆聚集区,以医药化工、陶瓷为主的云山聚集区,以医疗器械、文化用品为主的大岗聚集区。云山陶瓷园建设正加速推进,成为昌抚一体化的先行者和示范区。年底这些工业聚集区入驻企业126家,提供就业岗位2000多个,年创税1000多万元。全区各乡镇企业236家,总投资16亿元。

【推进农村危房改造工程】 2014年,临川区先后争取到农村危房改造补助资金1500万元,组织人员深入乡村开展调查,确定危房改造对象。同时,科学规划新房建设,搞好房屋设计,对工程质量和资金使用情况进行监督检查,将危房改造工程建成群众满意的民生工程。全年全区有1000余户危房改造户陆续住进新房。

【举行共筑"中国梦"抚州采茶戏进万家公益演出】 9月25日晚,由临川区抚州采茶戏传习所、抚州采茶戏演出有限公司主办,临川戏曲家协会等单位承办的共筑"中国梦"抚州采茶戏进万家公益演出在临川区行政中心广场举行。节目有《游园惊梦》之《游园》《卖花线》《翠竹青青》,《错中缘》之《媒婆》,小品《婆媳拼图》《接老爸》等,数百名观众和戏迷观看精彩的戏曲演出。

主要领导人 区委书记:李智富(任至11月)。区人大常委会主任:吴勇。区长:吴自胜。区政协主席:江瑞庆。

(肖玲芬)

·南城县·

【简　况】 位于江西省东部,辖9镇、3乡。总面积1698平方千米,其中城区建成面积15.2平方千米(城区绿化覆盖率45.6%)。耕地面积2.2万公顷,有林面积9.34万公顷,森林覆盖率62.5%。总人口33.9万人,其中非农业人口7.5万人;人口自然增长率6.85‰。2014年,实现地区生产总值98.4亿元,同比增长9.7%。其中:第一产业增加值15.8亿元,增长5.0%;第二产业增加值48.1亿元,增长11.2%;第三产业增加值34.5亿元,增长9.7%。一、二、三产业比为16.0:48.9:35.1。工业总产值35.25亿元,增长3.0%。规模以上工业增加值25.45亿元,增长12.3%,占地区生产总值比重25.9%。主要工业产品有水泥39.7万吨、各类砖3.81亿块、饮料酒10.9万吨、服装5041万件(套)。农业总产值28.2亿元,增长5.8%。主要农产品有水产品产量4.3万吨、水果总产量9.6万吨、柑橘产量9.5万吨、粮食总产量28.4万吨、稻谷总产量26.3万吨、家禽产量668.6万只、禽蛋总产量1.2万吨、生猪(出栏)25.4万头。固定资产投资112.58亿元,增长22.4%。财政总收入13亿元,增长13.1%;税收收入11.26亿元,增长19.2%,占财政总收入的比重86.6%;地方财政收入9.95亿元,增长9.9%。地方财政支出20亿元,增长12.8%。社会消费品零售总额33.06亿元,增长12.6%。实际利用外资3200万美元,增长19.3%;出口总额1.9亿美元,增长21.8%。万元GDP能耗0.43吨标煤,二氧化硫排放总量0.19万吨、削减率14%;氮氧化物排放量0.21万吨,消减率14%;城市污水处理率89%。城镇居民人均可支配收入2.41万元,增长9.78%;农村居民人均可支配收入1.17万元,增长11.10%。

【强力推动水产业转型】 南城是江西传统渔业大县,传统养殖效益低下,尤其是同质化竞争,严重影响产业发展。2014年,该县按照"转变水产发展方式,提高产业水平"这一思路,推动水产业从以拼资源拼汗水求发展、以扩规模增产量求效益的粗放型传统发展模式,向以科技促进步、以品牌质量创效益的创新型现代发展模式转变。大力发展循环水产业、生态水产业、高效水产业、休闲水产业等现代水产业,提升产业附加值。全县水产品总量超4万吨,水产业总产值6亿元。

该县通过激活科研资源、创建产业技术攻关联盟、构建产学研一体化平台等措施,使科技优势变成现实生产力。在搞好现场指导和技术培训、推广良种良法和优化模式上有新突破,河蟹、鳝鳅、鳜鱼等名优特品种成为水产业"当家花旦",池塘网箱养鳝、立体套养、"鱼一沼一气"循环养殖、鳜鱼专养成为渔民的新选择,全县名特优水产品养殖面积较2010年提高10个百分点。

在调优水产业结构的同时,该县不断提高产业化水平,大力发展水产加工业,积极探索适度规模经营的新型生产关系,支持和培植发展多种类型养殖的水产业企业、渔民专业合作组织,建立和健全水产业产前、产中、产后的社会化服务体系,保障渔民利益。全县拥有省级水产专业合作示范社2家、市级水产专业合作示范社16家。在合作社的示范带动下,"麻姑鳜鱼""洪门鳙鱼"等多个水产品牌被叫响。"麻姑鳜鱼"苗种畅销全国13个省,并成功创建为江西省唯一一家出口加工专用鳜鱼苗种备案基地;"盱江"牌清水大闸蟹在全国15个城市设立直销点,并向欧洲出口。

该县把水产业与旅游、文化等产业相结合,发展休闲水产业。依托洪门湖、廖坊水库等,实施一批高品位的休闲水产业项目,打造一批成规模、高标准的休闲垂钓基地,养殖垂钓型、休闲垂钓型、生态观光型、观赏娱乐型、节庆旅游型等休闲水产业蓬勃发展。到年底,全县已拥有鑫港水产业、硝石渔场等休闲水产业示范点63个,养殖水面2000公顷,年接待游客2万人。

【"三个强化"创新群众工作】 南城县"三个强化"(强化群众观念、强化换位思考、强化民主决策)创新群众工作,维护社会和谐稳定,取得明显成效。连续7年被评为全省平安县,连续两年获全省"信访工作三无先进县"称号,连续三年公众安全感指数居抚州市前3位。

强化群众观念。该县动员广大党员干部深入基层,到群众身边访民情、听民声、解民忧,相继开展"三包为民""五民一建""政法干警大走访"等系列活动,使党员干部在思想上尊重群众,感情上贴近群众,工作上依靠群众,真正建立起党群干群"鱼水"关系。由于党员干部的群众观念进一步增强,威望比以前更高,赢得群众更多信任,矛盾纠纷在基层得到及时化解。

强化换位思考。在群众工作中,该县要求所有党员干部都回答一个问题:如果他是我亲人,我会怎么办?该县启动河东、河西片区旧城改造工程,涉及群众很多。县委、县政府主要领导带队深入群众家中,听取群众意见,同时广泛听取人大代表、政协委员和群众代表的建议,在制定征迁方案时尽可能把群众的呼声、诉求考虑进去。征迁方案出台后,得到群众的认可和支持,在短短两个月时间里,1000多户群众自愿签订拆迁协议。

强化民主决策。凡是涉及群众利益的重大决策,都充分尊重群众意见,看群众愿不愿意,问百姓答不答应。年初,该县计划建设影视、会展中心等工程,但在征求群众意见时,群众普遍认为民生项目应该优先安排。为此,该县果断取消原来的计划,重点围绕改善城区环境,实施十大民生工程,把更多财政资金用在解决群众出行难、就学难、就医难等更迫切的现实需求上,受到群众好评。在研究建设河东工业园区时,该县充分考虑失地农民的利益,在全市率先出台《被征地农民就业援助暂行办法》《被征地农民养老保险实施办法》《被征地农民基本生活保障暂行办法》,为失地农民解除后顾之忧。至年底,河东工业园区已完成征地506公顷,拆迁近百户,未出现一起越级上访事件。

【成立颜真卿书法研究院】 5月6日,南城县颜真卿书法研究院于该县盱江书院内正式成立。唐朝大书法家颜真卿于抚州刺史任上,曾多次登游被人称为"洞天福地"的南城县麻姑山。有一次,他登游麻姑山时,书兴大发,写下《麻姑山仙坛记》这篇被后人誉为"天下第一楷书"的不朽书法艺术作品。

【"展会经济"助力发展升级】 2014年,南城县一些骨干企业在政府部门的鼓励和支持下,通过不断拓展参展平台,大胆掘金"展会经济"。1—12月,该县成功组织县内企业参加各类贸易展会15个,28家企业自主参与到"展会经济",走上展销台,涉及食品深加工、高档轻纺、仿古木雕、校具制造、机械铸造、新型材料等多领域。

该县把发展优势明显的食品深加工、高档轻纺、仿古木雕等产业中的"旗舰企业"作为重点推介对象。在江西省地方特色产品厦门展销会上,该县组织麻姑实业和麻姑茶叶两家企业参加,签约3250万元,达成意向协议4500万元。在南昌市举办的第七届中国绿色食品博览会上,该县组织的洪门实业、麻姑实业、麻姑茶叶以及唯康实业4家企业获3000万元订单,还及时掌握了瞬息万变的市场讯息,拓展海外市场。5月底在深圳举办的第十届文博会上,南城恒和古韵装饰有限责任公司生产的仿古木雕产品赢得大量订单。

在掘金"展会经济"的过程中,该县各相关企业也越来越重视对产业和企业的品牌塑造,真诚校具、海龙校具等品牌校具企业参加在南昌举行的第67届中国教育装备博览会,展示株良校具最新研发产品,不仅提升企业的品牌形象,还引领整个校具产业发展的风向。

在12月初举办的第十届江西鄱阳湖绿色农产品上海展销会上,由南城映虹水产集团选送的"映虹"牌鳜鱼、鲌鱼、黄颡鱼、鳙鱼、大闸蟹等鲜活水产品一“亮相”，获得与会客商和专家的好评，几天便获得近3000万元的订单。

主要领导人 县委书记：胡领高。县人大常委会主任：陈跃进。县长：王小林。县政协主席：过初良。

（吴云华）

·黎川县·

【简　况】 位于江西省中部偏东，辖7镇、8乡、1个企业集团和1个垦殖场。总面积1728.56平方千米。耕地面积1.59万公顷，林地面积13万公顷，森林覆盖率68.65％。常住人口23.39万人，其中非农人口5.6万人，人口自然增长率6.56‰。2014年，实现地区生产总值57亿元，同比增长10.3%。其中：第一产业增加值9.4亿元，增长4.1%；第二产业增加值29.6亿元，增长10.8%；第三产业增加值18亿元，增长13.7%。一、二、三产业比为16.5:51.9:31.6。工业总产值87.6亿元，增长15.2%。规模以上工业增加值21.8亿元，增长11.2%，占地区生产总值的比重为38.2%。全年固定资产投资61.8亿元，增长19.1％。县内主要工业产品有日用瓷、服装、铜材等，年产量分别为5.46亿件、285.27万件、1216.83吨。农业总产值17.25亿元，增长5.2%。主要农产品及其产量：粮食总产量16.64万吨，烟叶产量达7.4万担，实现产值8834万元；蜜橘、水产养殖分别达到2386.67公顷、5986.67公顷；肉类总产量2.20万吨。财政总收入10.03亿元，增长16%，税收占财政总收入的比重为86%；地方财政收入8.4亿元，增长20.6%。地方财政支出17.08亿元，增长9.5%。农民人均可支配收入9924元，增加1281元。城乡居民年末储蓄余额44.2亿元，增长15.5%。

【新农村建设工作成绩斐然】 2014年，黎川县首批新农村建设点33个。该县新农村建设工作在选点上引入定点竞争机制，先开展拆迁、“三清”工作、先收取农户自筹资金的拟建设点先定点；在布点上遵循群众积极性高，乡、村干部得力，交通主干道沿线村点优先的原则；在建设中充分发挥村民理事会的主体作用，因地制宜搞建设，拆除破旧“空心房”、猪牛栏，改好水、厕、路，根据村庄布局建好村民活动场所；抓好农村清洁工程，选聘好保洁员，配齐保洁设施，形成长效管理机制。承接11月下旬全省新农村建设工作考评和12月下旬全市新农村建设工作考评，黎川县新农村建设工作得到省、市的充分肯定，再次获得全省新农村建设工作先进县和全市新农村建设工作第一名的成绩。

【电子商务进农村】 黎川电子商务顺应潮流，主动作为，产业从无到有、从有到大，截至2014年年底，全县有65家电商企业，600多家网店，2000多人从业，电子商务年交易额3.6亿元。2014年，黎川县东鑫电子商务园作为电子商务进农村的主要企业，先后被评为江西省电子商务示范基地、江西省电子商务协会副理事长单位、商务部重点流通企业监测单位；电商园内江西尚丞商贸有限公司被评为江西省电子商务示范企业；黎川县还组建全市首家电子商务行业商会。

黎川县农村市场流通体系较为完善，政府通过资金投入、无偿划拨建设用地、税费优惠等方式积极扶持企业建设商业网点，全县15个乡镇中5个乡镇有大型集贸市场和超市，各个乡镇均有各种批发市场、综合市场、小型超市、便利店、物流配送网店等。

【香榧产业蓬勃发展】 黎川县宏村镇万亩香榧产业基地是江西最大的香榧基地，2012年引进浙江冠军集团投资3.8亿元，成立黎川县榧森源生态农林开发有限公司，并由该公司牵头发起注册成立黎川县榧森源现代农业专业合作社，经营以培植、生产、加工香榧为主的现代农业产业，2013年公司更名为森冠农业开发有限公司。公司采取“公司＋合作社＋基地＋农户”的合作模式吸引农户出地入股合作社，林地按面积年年分红。即社员每流转一亩林地，公司前四年（没产果）按每年25元/亩支付合作社，再由合作社分配给社员，第五年始（开始产果），公司每年每亩按平均一颗香榧树所产香榧果的产值剔除当年生产成本支付给合作社，再由合作社分配给社员，从而保证社员的收益。同时，黎川县成立香榧产业发展工作领导小组，出台一系列扶持香榧产业发展的优惠政策，包括苗木价补贴、育苗补助等，县财政每年安排200万元作为香榧产业发展专项资金，还安排200万元用于香榧专业合作社建设，帮助合作社造林。经过3年的发展，香榧产业以宏村为核心并辐射周边乡镇，2014年合作社下设5个分社，共有管理人员30人，社员1341人（户）。2014年森冠香榧专业合作社被评为“全省优秀农民合作社”，黎川县被评为“中国香榧之乡”。

主要领导人 县委书记：李来木。县人大常委会主任：黄小明。县长：聂仕雄。县政协主席：徐小明。

（过印光）

·南丰县·

【简　况】 位于江西省东部，辖7镇、5乡、1场。总面积1920平方千米，其中，县城规划区面积22平方千米，城区建成面积14.5平方千米（城区绿化覆盖率41.07%）。耕地面积1.76万公顷，有林地面积9.56万公顷，森林覆盖率75.5%。总人口31.5万人，其中非农业人口6.3万人；人口自然增长率6.7‰。2013年，实现地区生产总值97.9亿元，同比增长9.9％。其中：第一产业增加值28.6亿元，增长5.8%；第二产业增加值32.2亿元，增长10.9%；第三产业增加值37.1亿元，增长12.8％。第一、二、三产业比例为29.2:32.9:37.9。工业总产值76.86亿元，增长27.48%。规模以上工业总产值72.5亿元，增长16%，规模以上工业企业增加值18.7亿元（增长11.7%），占地区生产总值比重19.1％。外贸出口占地区生产总值9.7%（6.2换点）。固定资产投资66亿元，增长22％。实际利用外商投资2900万美元。主要工业产品有中成药747.8吨、塑料制品11.09万吨、啤酒16.26万千升、饮料18.72万吨、布2193万米。农业总产值53.1亿元，增长5.7%。粮食总产量22.43万吨。主要农产品有南丰蜜橘124.3万吨、稻谷19.8万吨、蔬菜14.8万吨、西瓜5.3万吨、生猪(出栏)10.8万头。全县财政总收入10.5亿元,增长13%,人均3606元,税收占财政总收入的比重86.6%;地方财政收入8.64亿元,增长17.1%;支出19.7亿元,增长13.1%。万元GDP能耗0.42吨标煤,二氧化硫排放量1274.4吨、削减率4.6%,氮氧化物排放量133.68吨、消减率3.9%,城市污水处理率96%。农民人均纯收入1.57万元,增加1429元。城乡居民年末储蓄余额48亿元,增长12.3%。

【被评为"全国县级财政管理绩效综合评价先进县"】 10月,南丰县被评为"全国2013度县级财政管理绩效综合评价先进县"。该县创新财政管理手段,完善和规范预算编制,加快预算执行,优化支出结构,提高财政资金的使用效益,财政管理的科学化、精细化水平不断提高,财政供养人员控制、财政管理水平、重点支出保障程度位居全省前十名,财政管理绩效显著提升。该县深化部门预算改革,出台《南丰县县本级部门预算编制管理办法》《南丰县县本级基本支出预算管理办法》《南丰县县本级项目支出预算管理办法》等10多项制度,完善部门编制程序和办法。坚持"量入为出,收支平衡"的原则,科学预测财力规模,合理确定年度财政收支计划;进一步完善预算体系,将政府所有收支全部纳入预算管理,建立全口径预算,提高年初预算的到位率,确保预算数占决算数的比重在80%以上,并逐年提高,预算编制的完整性科学性不断提高。硬化预算约束,从严控制财政支出。坚持"先预算后支出,无预算不支出"的原则,切实提高年初预算的执行率和约束力。突出绩效理念、强化资金使用的追踪问效,将预算绩效管理理念贯穿预算编制、执行、监督全过程,以绩效为目标、以绩效评价结果为导向的预算管理制度基本框架初步建立。2013年财政总收入9.32亿元,增加1.29亿元,增长16%;一般预算收入7.37亿元,增长13.9%;财政综合实力稳步增强,税收收入7.58亿元,占财政总收入比重81.38%,提高6.8%,其中工业税收1.35亿元,占财政总收入比重15.4%。

【《赵醒侬传》出版发行】 8月,记录江西民族革命运动先锋赵醒侬非凡人生的《赵醒侬传》,已经由江西人民出版社正式出版发行。这部30多万字的传记,由南丰县文联原主席曾志巩耗时近10年时间编纂完成,第一次印刷为3000册。

赵醒侬烈士是诞生在南丰这块红色土地上的革命先行者,是江西党团组织的创建人,也是南丰人民为之骄傲的楷模。赵醒侬1892年生于南丰县城,13岁考入南丰高等小学,因家贫失学,流落至长沙、上海等地当学徒。1921年在江苏省立第二师范附设职业补习学校学习时加入中国社会主义青年团。1922年转为中共党员,同年秋,受党的派遣回赣工作,和方志敏、袁玉冰等人积极进行马列主义宣传活动。曾任中国社会主义青年团南昌地方委员会第一届委员长、中共南昌地委组织部主任、国共合作的中国国民党江西省党部组织部部长等职。1926年被江西军阀以"宣传赤化,图谋不轨"的罪名杀害在南昌德胜门外芝麻田,时年34岁。当时中共中央《向导》周报称"醒侬同志是江西民族革命运动先锋",方志敏称醒侬是江西"为打倒帝国主义,打倒军阀,争取中华民族独立解放的革命运动的第一个牺牲者"。

【"高标准"改善老年人生活】 2014年,南丰县把增加老年人福利,提高老年人生活水平作为一项重要的民生工程来抓。一方面,高标准发放福利补贴。对城市"三无"老人、农村五保户人员的生活补助标准,由每人每月275元提高到每人每月600元。对80岁以上高龄老人发放高龄补贴。规定80到90岁的老人,可享受每人每月50元的高龄补贴;90岁到100岁的老人可以享受每人每月100元的高龄补贴;100岁以上的老人可以享受每人每月200元的高龄补贴。为落实好这项政策,使之家喻户晓、人人皆知,该县启动县、乡、村三级联动宣传机制;充分利用城乡居保信息库,将所有居住辖区的、符合申报条件的老人逐一摸底审查、比对、录入、造册,严防重报、漏报、错报等现象发生。同时,采取定点定时、上门服务、电话联系等人性化服务方式开展审验工作,将享受对象、补助金额等向群众张榜公布,全面接受群众监督,确保整个申报过程公开、公平、公正。另一方面,高标准完善养老设施。着力加强城乡养老基础设施建设,按照有关标准,对太源乡敬老院、三溪乡敬老院、紫霄镇敬老院、白舍镇敬老院等4个敬老院进行新建,并对其他8个乡镇敬老院进行升级改造。筹措资金130多万元,将闲置多年的原县儿童福利院改造成老年公寓,新增床位60多张,有效缓解之前社会养老床位需求紧张的局面。

【首家县级外汇管理与服务中心在南丰成立】 9月,全市首家县级外汇管理与服务中心在南丰正式挂牌成立。这是继海关、出入境检验检疫等部门直接下放权限到该县后的又一项便民举措,标志着该县涉外企业在家门口即可以办理外汇业务。

【白舍镇发现明末清初"进士亭"】 南丰县白舍镇古竹村东边的古驿道上发现一座距今600多年的古亭,亭子正门上方刻有"进士亭"三字。该亭通体青石建构,选料精良,飞斗翘檐,亭中遗留石刻碑文两块,录有村民修建凉亭和历代修缮凉亭的时间。亭子东侧上方镌刻着"日映里峰",西侧上方悬挂着刻有"凤熏古竹"的匾额;东西两侧门壁各有一楣石刻楹联,内容为勉励学子之辞;亭内刻有许多佳对名联,旨在鞭策人们奋发有为、求取功名、造福社稷。据白舍镇文化站工作人员介绍,明末清初,古竹村习文成风,先后考取3位进士,13位举人及众多秀才,繁盛时官员、才俊遍及大江南北。该村先人为推崇这些乡贤、激励后学,也为方便路人歇息、举子进京赶考结伴而行,建造此亭。

【紫霄镇发现大面积野生红豆杉群落】 南丰县紫霄镇黄龙坑村境内发现大量国家一级保护树种——红豆杉,保存着完整的森林形态。经初步估算,分布范围6.7多公顷,红豆杉有1000多株。此次发现的大面积野生红豆杉生长在海拔900米左右的毛竹丛林中,呈带状分布。其中:树龄百年以上的有100多株,树龄达千年的有4株,其树干结实粗壮、枝繁叶茂,最高的达20多米。野生红豆杉全球仅存1000万株。

主要领导人 县委书记:祝宏根。县人大常委会主任:邓春水。县长:姚飞翔。县政协主席:李履才。

(李燕青)

·崇仁县·

【简　况】 位于江西省中部偏东,抚州市西部,辖7镇、8乡。总面积1520.1平方千米,其中城区面积13平方千米。耕地面积2.25万公顷,有林面积83066.7公顷,森林覆盖率为59.74%,城区绿化率为31.5%。总人口37.76万人,其中非农业人口7.15万人,人口自然增长率6.85‰。2014年地区生产总值90.74亿元,增长9.6%。其中:第一产业增加值21.88亿元,增长4.9%;第二产业增加值45.18亿元,增长11.0%;第三产业增加值23.68亿元,增长13.0%。一、二、三产业比例24.1∶49.8∶26.1。规模以上工业总产值167.96亿元,增长17.6%;规模以上工业增加值30.73亿元,增长11.9%。外贸出口1.78亿美元,增长11.3%。实际利用外商投资3324万美元。主要工业产品有变压器1405.22千伏安,服装2047.8万件,铜材23619万吨,电动手提式工具72.34万台(均为规模以上工业企业的产量)。农业总产值33.90亿元,增长5.58%。粮食总产量29.96万吨。主要农业产品有麻鸡饲养7300万只,棉花1624吨,油料15540吨,蔬菜12.64万吨,烟叶1654吨。全县财政收入10.12亿元,增长13 %,占地区生产总值值的比重为11.15 %,其中税收占财政总收入77.2 %;财政支出19.52亿元,增长6.3 %。城镇居民人均可支配收入2.07万元;农民人均年纯收入1.25万元,增加1480元。城乡居民年末储蓄余额63.54亿元,增长13.4%。二氧化硫排放总量削减1.1%,城市污水处理率87%。

【举办全县首届全民健身运动会】 5—12月,崇仁县举办全县首届全民健身运动会。运动会共分7个大项,689人参加。5月30日,包粽子比赛在崇仁县体育馆举行,参加45人;6月12日—17日,羽毛球比赛在崇仁县体育馆举行,参加108人,分乡镇组混合团体、系统组混合团体、男子单打、女子单打等项目;6月28日上午,山地自行车比赛在崇仁县抚吉高速连接线举行,参加61人,项目分男子青年组、男子中年组、女子组三项;8月13日—17日,象棋、围棋比赛在县少儿围棋培训中心举行,参加74人。8月31日,太极拳比赛在县体育馆举行,56人参加,分集体和个人两项,个人项目又分老年组和成年组,每组均比男42式竞赛套路拳(剑)、女42式竞赛套路拳(剑);9月18日—21日,乒乓球比赛在县体育馆举行,参赛93人,分乡镇混合团体、县直混合团体、男子单打、女子单打四项;12月5日—7日,首届中学生田径运动会,在崇仁县体育中心运动场举行,参赛252人。竞赛项目分100米、200米、400米、800米、1500米、4×100米、4×400米、铅球(男4公斤、女3公斤)、跳高、跳远等10项(男女相同)。每项比赛,个人奖前六名,团体奖前三名。

【实施农村“清洁工程”】 4月中旬开始,崇仁县全面实施农村“清洁工程”。先集中一个月时间开展环境卫生综合整治,整治重点是全县公路沿线(含村庄)、乡(镇)集镇所在地和主要河流沿岸。出台《关于加强农村环境卫生管理工作实施方案》,每个乡(镇)至少配备一台垃圾清运车和一台洒水车,在集镇街道和居民区合理摆设垃圾箱,在村组建垃圾窖、设垃圾箱;组建村镇建设管理执法中队和专业卫生保洁队伍;建立健全垃圾收集、垃圾清运、垃圾处理、“门前三包”、环境卫生管理、卫生评比和保洁员职责等7项制度,使农村环境卫生管理制度化和常态化。加强监督,定期实地检查、随时组织抽查,并将环境卫生管理工作纳入年终乡(镇)农业农村工作目标考评单项考核。至年底,全县累计投入1546.4万元,建垃圾窖1370座,添置垃圾收集大桶5200余只、户用垃圾桶3.2万只,购置垃圾清运车12辆、洒水车12辆、人力板车618辆,有农村保洁员830人,并建立健全乡镇垃圾收集、转运、处理网络。通过狠抓农村环境卫生工作,农民文明卫生意识明显增强,农村环境明显改观,实现“路面硬化、路灯亮化、卫生洁化、家庭美化、环境优化”目标。

主要领导人 县委书记:方百春。县人大常委会主任:龙雪荣。县长:程新飞。县政协主席:魏友旗。

(杨文才)

·乐安县·

【简　况】 位于江西省中部抚州市西南部,辖9镇、7乡(含1个农林垦殖场)。总面积2412.59平方千米。有耕地面积2.23万公顷,林地面积18.48万公顷,森林覆盖率69.7%。年末常住人口35.16万人,其中乡村人口22.3万人;人口自然增长率为7.37‰。全年实现地区生产总值47.10亿元,同比增长7.0 %。其中,第一产业增加值8.88亿元,增长4.8%;第二产业增加值19.44亿元,增长9.2%;第三产业增加值18.79亿元,增长5.7%。第一、二、三产业比例为18.4∶41.3∶39.9。全县规模以上工业企业实现产值16.96亿元。主要工业产品有蚕丝43526吨。农业总产值15.69亿元,增长4.8%。主要农产品有粮食27.77万吨、油料1601吨、烟叶4784吨、茶叶产量23吨,家禽出笼179.88万只、肉类总产量1.01万吨、水产品8567吨。公共预算财政收入4.82亿元,增长14.1%。财政总收入6.06亿元,增长15.2%;支出18.11亿元,增长5.1%。全县从业人员平均工资3.97万元,增长19.9%。在岗职工年平均工资4.07万元,增长20.6%。城镇居民可支配收入1.77万元,增长9.5%;农村居民人均可支配收入5559元,增长15.5%。城乡居民年末储蓄存款71.11亿元,增长17.2%。

【荣获“全国计划生育优质服务先进县”称号】 2014年,国家卫生计生委下发《关于2013年全国计划生育优质服务先进单位的通报》,该县被授予“全国计划生育优质服务先进县”称号,是全省6个获此殊荣的县(区)之一。乐安县按照“服务对象全员化,服务内容多元化,服务队伍专业化,服务质量标准化,服务程序信息化”的要求,认真开展生殖健康普查普治、免费孕前优生健康检查、预防出生缺陷、优生优育优教等一系列优质服务活动。服务内容由单纯的计生技术服务向生殖健康综合服务转变;服务方式由被动服务向全天候主动服务、上门服务转变。全县人口出生率控制在8‰以内,出生政策符合率达到80%以上,综合节育率达到85%以上,育龄群众计生基础知识知晓率达90%以上,群众对计划生育满意率达95%以上,出生人口性别比趋于正常。

【鳌溪镇入选“全国重点镇”】　2014年,住建部、国家发改委等7部委联合下发通知,公布3675个全国重点镇名单,鳌溪镇榜上有名。鳌溪镇此次获得全国重点镇殊荣将对该镇经济社会发展,具有巨大的推动作用。

【金竹畲族乡雷冬至入选“中国好人榜”】　经中央文明办筛选和群众投票评议,9月,“中国好人榜”评选结果揭晓,乐安县“龚全珍式好干部”、金竹畲族乡联村村党支部书记雷冬至当选敬业奉献类“中国好人”,是乐安县第二位入选“中国好人榜”的身边好人。地处大山深处的乐安县金竹畲族乡联村,曾因贫穷落后、生产生活条件极差,而被当地人称为“金竹的大西部”,生活条件极为艰苦。58岁的雷冬至是乐安县金竹畲族乡联村党支部书记,自20岁起,38年如一日,扎根农村,心系群众,辛勤工作,带领当地干部群众修桥铺路、发展经济,逐步改变了村里贫困落后的面貌。身患癌症的他仍然在岗位上奉献着,以对党和人民的忠诚,铸就不朽的山魂。2013年,以雷冬至先进事迹为题材的电教片《山魂》,被中央组织部列入全国党员教育电视片推荐目录。

主要领导人　县委书记:徐建辉。县人大常委会主任:陈绍平。县长:吴宜文。县政协主席:李以庚。

(王国庆)

·宜黄县·

【简　况】　位于江西省中部偏东、抚州中南部,辖8镇、4乡、1个工业园区、2个垦殖场。总面积1944.2平方千米,其中耕地面积1.93万公顷,林地面积15.4万公顷,森林覆盖率75.1%。总人口23.88万人,其中非农业人口4.07万人;人口自然增长率7.03‰。2014年,实现地区生产总值54.39亿元,同比增长10%。其中:第一产业增加值8.25亿元,增长5.3%;第二产业增加值31.5亿元,增长11.2%;第三产业增加值14.65亿元,增长10.7%。一、二、三产业比为15.2:57.9:26.9。工业总产值101.25亿元,增长20.85%。规模以上工业企业增加值22.29亿元,增长11.87%,占地区生产总值比重40.97%。主要工业产品有棉纱0.88万吨、有色金属1.57万吨、机制纸及纸板6.96万吨、化学药品原药0.3万吨、人造板3.96万立方米。农业总产值13.81亿元,增长6.15%。主要农产品有稻谷14.93万吨、油料1742吨、烟叶2519吨、蔬菜8.02万吨、水果3232吨。固定资产投资54.45亿元,增长21.37%。社会消费品零售总额16.11亿元,增长11.3%。财政总收入8亿元,增长16.43%,税收占财政总收入的比重87.84%;地方财政收入6.45亿元,增长19.93%;地方财政支出14.3亿元,增长20.56%。城镇居民可支配收入19658元,增长9.67%;农村居民可支配收入9969元,增长10.89%。城乡居民年末储蓄余额38.01亿元,增长12.63%。

【推进项目建设助推产业集群发展成效显著】　2014年,宜黄县大力推进项目建设。一是招商引资“招大求洋”。突出领导招商、团队招商,强化以商招商、专业招商、代理招商,着重引进一批“航母型”“旗舰型”企业。全年共签约项目41个,签约投资总额约49.93亿元,其中亿元项目14个,5000万以上1亿元以下项目26个。二是跑项争资求多求好。抓住原中央苏区振兴和省委、省政府“四个一”组合式扶贫的机遇,不断加大跑项争资力度,全年争取项目420多个,各类资金9亿元。三是项目建设求快求稳。开展为期2个月的重点项目建设攻坚大会战,将“三大战役”引向深入,着力解决重点项目建设中难点问题,促进重点项目全面提速,先后开工、建成一批大项目、好项目,为全县经济社会发展打下坚实基础。

产业得到聚焦集群集约发展,形成以塑料制品和机械制造产业为主导,新材料科技、针织纺织等优势产业为辅助的发展格局。塑料制品产业关联企业达61家,完成工业增加值8.92亿元,增长25.28%,实现主营业务收入52.8亿元,增长24.03%,就业人数达6000余人;机械制造产业关联企业达46家,完成工业增加值5.17亿元,增长29.47%,实现主营业务收入27.4亿元,增长24.3%,就业人数达3000余人;特种造纸产业关联企业7家,化工建材产业关联企业26家,针织纺织产业关联企业12家。

【创建省级森林城市】　12月27日,经省绿化委员会审定,决定授予全省20个市县为“江西省森林城市”,宜黄县榜上有名。

2013年,宜黄县启动创建省级森林城市工作,加强城市森林和生态环境建设,大力实施天然林保护工程,坚持“封造结合,以封为主”原则,对重点区域的山林实现全面封林,森林覆盖率一直稳定在75%以上,形成“山上绿屏,水岸绿网,道路绿荫”的生态美景,城乡绿化水平明显提升,人居生活环境大力改善,为该县经济社会发展提供良好的绿色支撑和生态基础。在城区做精做美“一河两岸”,推行“网格化、智能化”管理,通过实施一大批增绿工程,提高绿地率,深入开展“净空、净水、净土”行动,有序打造“山在城中,城在绿中,绿在水中”的城市美景。在乡村,全面构建优美洁净乡村人居环境,大力开展“清洁水源、清洁家园、清洁田园”综合整治。“四城同创”的实施,使该县城市建设又上一个新台阶,在一定程度上助推县域经济实现稳中有进。

【宜黄禾杠舞入选第四批国家级非遗名录】　7月16日,文化部非物质文化遗产司发布《文化部办公厅关于公示第四批国家级非物质文化遗产代表性项目名录推荐项目名单的公告》,宜黄禾杠舞名列其中,入选传统舞蹈新入选项目,这是宜黄县继2006年宜黄戏申报成功以来非物质文化遗产保护工作又一次重大突破。

宜黄禾杠舞流传于宜黄县全境及周边乡镇以镰刀敲击禾杠的民间舞蹈,由上山砍柴延伸而来,且歌且舞。

禾杠，即挑柴火、禾秆用的竹竿，为便于穿插两头削尖。宜黄属山区，常有猛兽出没，上山砍柴时必须结伴而行，用镰刀敲打禾杠吆喝同伴上山，这种吆喝渐渐进化为曲调，演变成抑扬顿挫的山歌。禾杠歌系简朴的三音列矮腔山歌，行腔自如，节奏平稳，一字对一音，没有拖腔，配上禾杠敲打。随着时间推移，敲禾杠伴奏山歌的形式不断丰富，发展成一种具有浓郁乡土特色的舞蹈，演变成人们劳动之余重大娱乐活动，至今已有600多年历史，体现劳动人民的智慧和创造力。

【“三农”工作再创佳绩】 宜黄县坚持跳出农业发展农业，走出农村繁荣农村，转移农民富裕农民。一是优势产业打响自主品牌。重点抓好优质水稻、杂交制种、烟叶、毛竹等特色产业，发展其他致富产业，做大做强一批龙头企业，确保农业增效、农民增收。粮食总产17.4万吨，实现“九连丰”。杂交水稻制种0.2万公顷，规模连续11年位居全省第一。整合资金1100万元，实施毛竹低改0.47万公顷，建设丰产毛竹林基地0.07万公顷，新增毛竹林0.17万公顷，被列入“全省竹类特色产业项目实施县”。山上造林工作连续两年荣获全省第一。烟叶种植1.83万公顷，烟农种烟积极性高涨。各类特色种养业蓬勃发展。农业产业化步伐加快，新增市级龙头企业2家、农民专业合作社39家，新增绿色有机无公害品牌4个。二是生态创建迈上新台阶。大力开展生态创建活动，东陂镇被评为国家级生态乡（镇），梨溪镇被评为省级生态乡（镇），东陂镇管坊村被评为省级生态村。2014年年底，全县有3个国家级生态乡（镇），11个省级生态乡（镇），14个省级生态村。三是秀美乡村建设焕然一新。扎实抓好48个村点的新农村建设。大力实施农村清洁工程，县财政安排农村清洁工程配套资金200多万元，全力打造生态宜居新农村，乡村面貌明显改观。

主要领导人 县委书记：许中伟。县人大常委会主任：万贻茂。县长：毛宗保。县政协主席：谢光明。

（罗来福）

·金溪县·

【简　况】 位于抚州市东部，辖8镇、5乡、1场。总面积1358平方千米，其中城区建成面积14平方千米。总人口30万人，其中，城镇人口10.4万人，乡村人口19.6万人。人口出生率为13.5‰，自然增长率7.41‰。全年农民人均可支配收入10425元，同比增长10.9%；城镇居民人均可支配收入22102元，增长9.6%。2014年，完成地区生产总值67.4亿元，增长10.2%。其中：第一产业增加值10.8亿元，增长5.5%；第二产业增加值32.3亿元，增长11.2%；第三产业增加值24.3亿元，增长11.1%。一、二、三产业结构由2013年的16.5∶48.5∶35.0，调整为15.9∶48∶36.1。农林牧渔业总产值20.6亿元，增长6.3%。全县粮食播种面积4.87万公顷，总产量35.3万吨，增长5%；豆类播种面积1266.67公顷，总产量4940吨；油料播种面积1933.33公顷，总产量5521吨；糖料总产量6064吨；茶叶总产量1979吨；水果总产量9.2万吨；蔬菜总产量11.88万吨。工业增加值28.7亿元，同比增长11.1%，占地区生产总值的42.6%。其中：规模以上工业企业65家，实现工业增加值19.9亿元，增长11.7%；规模以上工业产品销售率99.1%，全年主营业务收入90.9亿元，增长14.4%；缴纳税金4亿元，增长7.7%，实现利润4.9亿元，增长16.6%。财政总收入9.1亿元，增长13.1%，财政总收入占生产总值的比重达到13.5%，提高0.3个百分点。其中，地方财政收入7.1亿元，增长13.1%。税收收入实现8.3亿元，增长18.5%，占财政总收入的比重为90.9%。全年财政预算支出16.8亿元，增长17%。年末，城乡居民储蓄存款余额52亿元，比年初增加6.5亿元。

【优化民营经济发展环境成效显著】 9月23日，金溪县在省总商会、江西日报社联合开展的“推选和宣传首届最佳优化民营经济发展环境县（市、区）”活动中，荣获全省首届最佳优化民营经济发展环境县称号。

该县先后制定《关于进一步推动全民创业加快民营经济发展的若干意见》等一系列文件。积极培育“五大工作体系”（配合“百强民营企业推选”活动，建立县30强企业推选体系；配合市工商联建立第三方评估体系；配合建立“千个优化发展环境监测点”，健全环境监测体系；配合“万人培训计划”，建立该县民营企业家教育培训体系；建立非公企业思想政治工作体系），促进工作有序开展。通过重点加强信息、物流等服务平台和重点物流中心建设，每年表彰非公有制经济帮扶单位与先进个人、非公有制经济纳税大户、全县“十大”杰出（优秀）建设者；在县电视台开设“创业频道”，通过在全县范围内开展“服务企业百日行”“非公经济人士理想信念教育实践活动”，加大对非公企业党建工作的支持，促进非公企业党建健康发展和非公经济人士健康成长。定期举办“欢乐春节家乡行”大型活动，强化服务举措。县财政每年安排1000万～2000万元创业扶持资金，并从2013年开始，实施“财园信贷通”项目。积极推行阳光政务，成立企业环境监测点，坚决杜绝“三乱”行为。

【推进义务教育学校校长教师交流轮岗工作】 2014年，金溪县科学谋划，创建机制，稳步推进义务教育学校校长教师交流轮岗工作。至年底，该县校长教师交流轮岗共253名，占全县在编在岗教师11.9%。该县做法得到多家媒体报道和省教育厅的充分肯定，并作为全省义务教育学校校长教师交流轮岗工作试点县的代表在全省作经验介绍。

该县规定，男50周岁、女45周岁以下的校长在同一所学校连续任职达8学年，副校级领导在同一所学校连续任同级职务达10学年，教师在同一所学校连续任教达10学年都要参与交流轮岗。获得县级以上荣誉称号的教师都必须率先垂范到农村中小学交流一年，原则上分3年下派，每年安排1/3。没有农村工作经历的，一定要在农村任教一年以上；今后在参评金溪名师、教师标兵等，需有1年以上农村学校任教或薄弱学校交流轮岗经历。对自愿到农村中小学交流3年以上的教师，凡专业技术为中高级职称评而未聘的，县政府按其聘用后应发工资标准给予发放津贴,3 年期满后回原单位工作可继续享受该津贴待遇。选派 33 名“名师”及县城优秀教师交流到农村学校任教。符合交流轮岗条件的校级领导,由教育局采取定期定岗的双向交流方式,实行城区学校与农村学校之间交流。至年底,该县以城区 7 所中小学校为核心,分别与 5 所农村薄弱中心小学和 2 所农村薄弱中学建立 7 个城乡教育发展共同体。

【一批传统村落入选国家保护名录】 3 月 10 日,住建部、国家文物局联合公布第六批中国历史文化名镇名村名单,金溪县浒湾镇、琉璃乡东源曾家村入选。7 月 16 日,住建部、文化部、国家文物局、财政部联合发文,公布 2014 年第一批列入中央财政支持范围的中国传统村落名单,金溪县双塘镇竹桥村成功入选。竹桥村始建于元末明初,现存古祠堂、古民居等明清古建筑 109 栋,被列入国家首批 50 个传统村落整体保护利用工作名单。11 月 26 日,住建部、文化部、国家文物局、财政部、国土资源部、农业部、国家旅游局联合公布第三批中国传统村落名录,金溪县合市镇东岗村、全坊村,琅琚镇疏口村,琉璃乡东源曾家村、印山村等 5 个村落入选。

【设立浒湾雕版印刷博物馆】 7 月 8 日,金溪县首家专题博物馆——浒湾雕版印刷博物馆被省文化厅批准设立,对浒湾雕版印刷技术的传承和保护发挥了重要的推动作用。浒湾雕版印刷博物馆位于浒湾镇书铺街,依托清代“旧学山房”书坊旧址而建,总投资 100 多万元,面积逾 600 平方米,主要展示浒湾雕版印刷工艺及成就。浒湾传统木刻雕版印刷术包括制版、写样、上板雕刻、打空拉线、刷印、校对、套色、装订 9 道工序。浒湾雕版印刷博物馆按照《博物馆藏品管理办法》等相关规定进行藏品管理,建立藏品总账、分类账及每件藏品的档案,采集藏品文字与影像信息,建立馆藏数据库,并严格遵守文物法律法规,按照国家有关博物馆管理的各项规定规范运行和管理。

【周建屏被中央认定为著名抗日英烈】 8 月 29 日,为永远铭记抗日英烈的不朽功勋,大力弘扬爱国主义精神,凝聚实现中华民族伟大复兴的精神力量,经党中央、国务院批准,民政部公布第一批在抗日战争中顽强奋战、为国捐躯的 300 名著名抗日英烈和英雄群体名录,金溪人周建屏位列其中。周建屏(1892—1938),江西金溪人,赣东北根据地和红十军的主要创始人之一。曾任红十军军长、红十一军军长,在南方坚持游击战。1937 年 8 月,国共合作改编时,授任八路军 343 旅少将副旅长。不久,创建晋察冀军区第 4 军分区,任司令员。1938 年 6 月病逝。

【村医蔡志军获全国优秀医疗队员奖】 12 月 23 日,作为联合国千年发展目标公益主题活动之一的“善医行中国好村医颁奖盛典”在北京举行。2013 年度“中国好村医”获得者、金溪县对桥镇横源村卫生所村医蔡志军,因在云南鲁甸抗震救灾中表现突出,通过层层筛选,获得 2014 年优秀医疗队员奖,是江西唯一获奖者。20 年来,蔡志军一直扎根乡村,守护村民健康。在蔡志军的诊所,一次诊疗服务只收一元钱,有时遇到村里的低保户或生活困难的村民常常不收钱。在为全村做好医疗保健服务的同时,蔡志军还多次参加社会公益活动,一有时间就到敬老院做义工。8 月,蔡志军赶赴鲁甸灾区,通过不懈努力,出色地完成疾病筛查和预防消杀工作。

主要领导人 县委书记:谭小平(任至 1 月)、王成兵(1 月任)。县人大常委会主任:肖奇。县长:彭银贵。县政协主席:黄祖光。

(李山冕　曾铭)

·资溪县·

【简　况】 位于抚州市东部,辖 5 镇、2 乡、5 场,总面积 1251 平方千米,其中城区建成面积 15 平方千米(城区绿化覆盖率 47.15%)。耕地面积 0.63 万公顷,有林面积 10.19 万公顷,森林覆盖率 87.3%。总人口 11.64 万人,其中非农业人口 2.78 万人,人口自然增长率 6.84‰。2014 年实现地区生产总值 29.35 亿元,同比增长 8.5%。其中:第一产业增加值 3.47 亿元,增长 2.1%;第二产业增加值 14.25 亿元,增长 10.2%;第三产业增加值 11.63 亿元,增长 8.5%。一、二、三产业比为 11.81:48.55:39.64。工业总产值 11.09 亿元,增长 10.4%。规模以上工业企业增加值 3.58 亿元,增长 12.2%,占地区生产总值比重 12.2 %。主要工业产品有竹地板、细木工艺板、鞋帽、电子等。农业总产值 6.07 亿元,增长 2.6%。主要农产品有粮食总产量 3.56 万吨、烟叶产量 990 吨、白茶产量 49 吨、水果产量 316 吨、西瓜产量 1596 吨,生猪(出栏)3.63 万头、家禽(出栏)11.64 万只。固定资产投资 28.62 亿元,增长 2.2%。财政总收入 6.0 亿元,与 2013 年持平,税收占财政总收入比重 79.3%;公共财政预算收入 5.15 亿元,增长 1.01%;财政总支出 10.12 亿元,增长 0.97%。万元 GDP 能耗下降 12%,二氧化硫排放总量 1087.98 吨、削减率 1%,氮氧化物排放量 60.24 吨、消减率 7.3%,城市污水处理率 82%。城镇居民人均可支配收入 1.89 万元,增长 9.64%;农村居民人均可支配收入 9831 元,增长 10.72%。

【重特大疾病医疗救助工作成绩突出】 资溪县自 2012 年 7 月被民政部确定为全国重特大疾病医疗救助试点单位以来,积极探索重特大疾病医疗救助新路子,不断完善城乡医疗救助体系:一是切实加强领导,健全重特大疾病救助制度。成立专门工作领导小组,制定下发《资溪县城乡困难群众重特大疾病医疗救助实施方案》《资溪县贫困家庭重性精神病患者免费救治工作方案》等文件,解决了以往救助门槛过高、覆盖面偏窄、救助力度不足等问题。二是拓展救助范围,提高重特大疾病救助效率。将低保边缘户、精简退职人员和支出型贫困低收入家庭纳为救助对象。确定乡镇卫生院和县人民医院为首诊指定医院,另确定省级定点医院 10 家、市级定点医院 4 家和精神病专业医院 2 家。县内就诊实行“一站式”结算,外地就诊坚持按月审批,20 日内办理报销手续。三是实施分类救助,提高重特大疾病求助水平。对尿毒症、重性精神病实行除医保机构补助外,另由民政部门兜底救助;除省规定的耐多药肺结核等15类重大疾病按病种救助外，另将器官移植抗排异反应等11种严重慢性疾病纳入救助范围。给低保对象、五保老人等救助对象发放160～300元不等的救助卡，救助对象凭卡在县内就诊免收挂号费、治疗费和换药手续费。对救助对象自付部分救助比例达60%，年救助封顶线提高至5万元。对14周岁以下低保对象大病患者，个人自付部分按80%给予救助，儿童白血病、先天性心脏病实行免费治疗。四是搞好部门衔接，建立资源整合机制。建立城乡困难群众就医“绿色通道”，实施“免费挂号——救助门诊——济困病床”，督促医疗机构全面落实“三免四减半”政策。安排专项资金资助城乡困难群众参加医疗保险，使之同时享有基本医疗保险和医疗救助两种医疗保障制度。2014年，全县发放城乡医疗救助资金358.66万元，救助2834人次，其中重特大疾病救助资金343.61万元，救助2743人次；另发放医疗救助门诊资金15.05万元，救助2091人。2014年7月和10月资溪县代表江西省参加全国重特大疾病医疗救助试点片区经验交流会，并作典型发言。

【省级院士工作站——资溪新云峰木业有限公司“院士工作站”揭牌】 11月3日，资溪新云峰院士工作站获省委组织部、省科协批准建站，12月24日，在南昌举行院士工作站授牌仪式，是抚州市首家省级院士工作站。

资溪新云峰木业有限公司位于资溪县高阜工业开发园区，2007年2月创建，总投资6000万元，2008年2月建成投产，主要生产细木工板、指接板等系列产品。该公司为提高企业竞争力，长期与张齐生院士担任主任的国家木质资源综合利用工程技术研究中心、浙江省农林大学等科研机构、专业院校合作，先后开发生产多层指接板、杉木无节木方、新型非醛胶细木工板、三聚氰胺贴面细木工板等新产品。2012年，该公司开始院士工作站筹建工作，并与张齐生院士团队建立合作协议，共同研发生产模压成型装饰贴面细木工板。2013年10月，公司向省院士专家服务中心提交建设院士工作站的申请，省院士专家服务中心组织专家对申报材料进行评审，到公司现场考察。

【畅通群众诉求渠道】 2014年，资溪县被省政府评为全省信访工作“三无县”。该县不断畅通群众诉求渠道，积极化解社会矛盾，依法、及时解决信访问题。一是进一步完善排查调解网络和机制。在乡（镇）、村、组建立排调组织，进一步完善矛盾纠纷排查调解处理制度。规定每月15日、30日为定期报告日，实行零报告；调度通报制度。县每月一汇总、一通报，同时对矛盾集中、隐患较大、久拖不决的矛盾适时召开调度会议；挂牌督办制度。对涉及面广、上级督办、可能赴省进京等重大矛盾纠纷，由县综治委进行挂牌督办。二是继续开展信访大接访。坚持县委书记、乡（镇、场）党委书记“大接访”、县领导干部“集中接访日”和政法部门“六长”进乡镇联合接访及县直单位领导每天开门接访制度。三是进一步落实领导包案。对当前突出信访问题及重大矛盾纠纷，实行领导包案处置责任制，严格按照包信息掌握、包人员稳控、包思想疏导、包政策落实、包纠纷化解、包停访息诉的“六包”要求，确保将矛盾纠纷化解工作落到实处。全年全县排查各类矛盾纠纷763件，调处成功706件，成功率为92.5%，受理群众信访事项632件，其中来访358件1738人次，比上年下降9%。

【纯净资溪全国摄影大展在南昌举行】 1月22日—23日，“九龙湖杯”纯净资溪健康之旅全国摄影大展作品展在省文联会展中心大厅举行。摄影大展从千余幅作品中精选出166幅优秀摄影作品，摄影展首日吸引全省各地摄影界、旅游界、新闻界以及资溪籍在昌企业家共1000余人参加。

为全面展示资溪良好的生态环境、优美的自然风光和独特的人文风情，塑造“纯净资溪”旅游品牌形象，在2012年中国资溪首届生态旅游节期间，县政府和省摄影家协会联合举办“九龙湖杯”纯净资溪健康之旅全国摄影大展，吸引全国各地2000余名知名摄影师到资溪采风拍摄，征集各类摄影作品1200余件，摄影大赛规格之高、规模之大、影响之广，都创下抚州市摄影历史之最。

主要领导人 县委书记：徐国义。县人大常委会主任：李莉华。县长：彭映梅（任至9月）。县政协主席：万鸣。

（帅建忠　谢金凤）

·广昌县·

【简　况】 位于抚州南端，辖5镇、6乡、1场。总面积1612平方千米，其中城区建成面积8.5平方千米，城区绿化覆盖率41.22%。耕地面积1.41万公顷，有林面积9.99万公顷，森林覆盖率66.7%。总人口24.94万人，其中非农业人口5.41万人；人口自然增长率7.41‰。2014年，实现地区生产总值47.02亿元，同比增长9.8%。其中：第一产业增加值8.45亿元，增长5%；第二产业增加值22.67亿元，增长11.2%；第三产业增加值15.9亿元，增长9.9%。一、二、三产业比为18:48.2:33.8。规模以上工业企业增加值15.56亿元，增长12%，占地区生产总值比重33.09%。主要工业产品有铜材3.19万吨、化纤布1.05亿米、服装906.4万件、塑胶玩具9000万件、汽车配件312万件、发电量6350万千瓦小时。农业总产值15.05亿元，增长5.7%。主要农产品有稻谷、通芯白莲、烟叶。粮食总产量11.52万吨、通芯白莲总产量0.36万吨、烟叶总产量0.36万吨、生猪（出栏）5.56万头。固定资产投资42.45亿元，增长20.45%。财政总收入8.13亿元，增长16%，税收占财政总收入的比重87.15%；地方财政收入5.79亿元，增长15.9%。地方财政支出15.67亿元，增长10.69%。万元GDP能耗0.39吨标煤，二氧化硫排放总量1570.95吨、削减率7.44%，氮氧化物排放量227.11吨、消减率0.2%，城市污水处理率74.6%。农村居民人均可支配收入6553元，增加885.5元；城镇居民人均可支配收入19281元，增加9.2%。

【打造物流、旅游、商贸服务业】 2014年，广昌县的物流业，争取到省发改委批准建设广昌现代物流总部经济基地，并启动正广通供应链管理有限公司广昌分公司的筹建工作，同时引导企业转变发展方式做大做强。全县有一般纳税人物流企业64家，全年完成物流税收 1.46 亿元。生态旅游方面,充分发挥资源优势,打造生态休闲度假乡村游。整合资金 1678 万元,抓好驿前镇旅游基础设施建设,做好姚西景区市场化运作的筹建工作,推进全县和驿前镇、莲花科技博览园、姚西赏莲景区、高虎脑苏区小镇、三羊农庄等景点的品牌升级。金融商贸服务方面,广昌南银村镇银行、银盛小额贷款公司相继开业,实施"财园信贷通"工作并发放"财园信贷通"贷款 8540 万元,发放园区贷款 3.37 亿元。电子商务企业(含个体户)发展到 400 余家,从业人员 3500 余人,年销售总额近 3 亿元,拥有 10 余家电商旗舰店,广昌冠莲食品有限公司被省商务厅评为"江西省电商示范企业"。

【多措并举保护生态环境】 2014 年,广昌县采取多种措施,保护和优化生态环境。一是保护山。全年人工造林 846.67 公顷,完成"森林城乡、绿色通道"绿化面积 10.4 公顷,种植桂花树 5.1 万株;开展松材线虫病防治工作,砍伐疫木 1.3 万余株;全年查处盗伐、滥伐林木及非法收购、运输木材等案件 85 起;森林防火工作评为全省 2014 年春季森林防火平安县。二是治好水。全面完成省、市下达的减排任务;对盱江河流域"五小"企业进行全面清查和整顿,依法关停取缔企业 9 户;在城区进行雨污分流改造,对截污主干管进行全面维修,提高污水处理率;开展畜禽养殖污染、水库养殖污染专项整治活动,强化中小型水库的环境卫生和水质管理,全县 35 座小(2)型以上水库水质均达到Ⅱ类标准,达标率 100%;农田水利基本建设以农村安全饮水、中小河流治理、农业综合开发、水土保持、烟水烟路配套等 6 个方面为重点,完成总投资 1.25 亿元,完成土石方 170 余万立方米,修复水毁工程 45 处,新建、加固堤防 33.8 千米,疏浚河道 3 千米,清淤沟渠 160 千米,新修和改造泵站 9 座,建设村镇供水工程 1 处,水库除险加固 1 座,堰塘、水陂整治 71 处。三是管好农村卫生。投资 7066 万元完成 50 个新农村点建设,改善农民的居住环境;投入资金 1194 万元,将农村环境卫生工作整治由集镇街道、干道、河道向行政村、自然村延伸,覆盖面达 80% 以上。加强乡镇的环卫队伍和村容镇貌日常管理,以及环卫基础设施建设,全县乡镇有环卫车 16 辆、农村垃圾焚烧场 8 座、垃圾中转站 1 座。

【白莲产业发展升级】 2014 年,广昌县通过科技创新,白莲产业出现"三新":一是新高度。广昌依托"白莲连片开发"专项、"水上蔬菜公益性行业科研"专项、"国家重大星火计划"专项等一批科研和推广专项,先后建立白莲良种繁育基地 400 公顷,已成为全国子莲产区最重要的良种供应地区,每年向全国子莲产区供应优质白莲种苗 8000 万株,莲农因莲种一项户均年增收 300 元。同时按照绿色食品标准,重新修订《广昌白莲》江西省地方标准,依托第七批全国农业标准化种植技术推广项目、农业部白莲全国绿色食品标准化原料生产基地建设项目,广昌白莲标准化生产技术普及推广面达 98% 以上,成为全国白莲绿色食品标准化原料基地县。2014 年,广昌白莲种植面积 6000 公顷,总产 7300 吨,比上年增加 6%;收购价格每千克比上年增加 16 元。二是新布局。九三学社江西省委员会牵头成立"广昌白莲江西省科技创新协同中心",协调省科学院、南昌大学、江西农业大学、省农业机械研究所等单位的科研人员投入白莲科研;2014 年农业部下达广昌县 2015 年度国家公益性行业科研专项"子莲新品种选育、高效栽培与产业化"项目的申报计划,整个项目经费预算 1800 万元;启动新一代太空白莲育种工作。三是新跨越。2014 年有 4 家白莲生产龙头企业相继落户工业园,其中莲香食品新增投资 2000 万元,新建莲子汁饮料生产线一条,莲子汁、荷叶凉茶两个产品年内已开始生产销售;嘉新正食品投资 1500 万元,新建全自动藕粉生产线一条;安正利康药业投资 1.5 亿元,新建莲 OPC 提取线一条;致纯食品投资 2 亿元,新建莲子饮料和莲子休闲食品生产线。此外还利用挂点广昌扶贫的央企在全国拥有数千家超市这一平台,促进白莲产品销售。这些项目的落户,改变广昌县白莲产业一直缺少龙头企业的状况。

【6167 户贫困农民实现安居梦】 广昌县自 2009 年被列为全省农村危房改造试点县以来,抢抓苏区振兴、"同心振兴"等多重战略发展机遇,快速推进农村危旧土坯房改造建设步伐,截至 2014 年年底,该县已有 6167 户贫困农民告别土坯房。

在土坯房改造过程中,该县以"群众满意、工程保质、补助到位"为工作目标,破解土坯房改造户在建房过程中遇到的各种难题。为破解砖块等建材短缺难题,县里出台优惠政策,引导砖厂扩大产能,鼓励钢材、水泥经销商增设网点;成立建材保障组,加强与周边县的联系协调,建立土坯房改造建材供应通道;落实"二地优先供应、建材优先供应"的"双优先"政策。还鼓励村民成立理事会,统一协调安排拆迁、建材采购等事项。同时,将土坯房改造列入"三送"工作年度考核内容,引导"三送"单位为困难改造户提供资金、劳力等帮扶,保证工程质量和进度。至年底,全县实施农村危旧土坯房改造累计完成投资 2.22 亿元,让 6167 户贫困农民实现幸福"安居梦"。

主要领导人 县委书记:许爱军。县人大常委会主任:符忠林。县长:欧阳巧文。县政协主席:揭秉华。

(钟立新)

·东乡县·

【简 况】 位于抚州市北部,辖 9 镇、4 乡、3 个垦殖场、1 个林场。总面积约 1270 平方千米,其中城市建成区面积达 20 平方千米,城区绿化覆盖率 45.5%。耕地面积 2.57 万公顷,有林面积 5.13 万公顷,森林覆盖率 42.06%。总人口 48.20 万人,其中非农业人口 11.88 万人;人口自然增长率 7.24‰。2014 年,实现地区生产总值 124.47 亿元,同比增长 10.8%。其中:第一产业增加值 18.83 亿元,增长 5.3%;第二产业增加值 75.67 亿元,增长 12.3%;第三产业增加值 29.97 亿元,增长 9.9%。一、二、三产业比为 15.13∶60.8∶24.07。工业总产值 215.63 亿元,增长 12.9%。规模以上工业企业增加值 44.45 亿元,增长 12.6%,占地区生产总值比重 35.7%。主要工业产品有大米、化学肥料、瓷质砖、蚕丝及交织机织物、铜材。农业总产值35.56亿元，增长6.31%。主要农产品有稻谷、油料、甘蔗、生猪、水果。粮食总产量31.46万吨，生猪（出栏）119.53万头。固定资产投资150.08亿元，增长23.5%。财政总收入20.06亿元，增长16.43%，税收占财政总收入的比重80.69%；地方财政收入14.78亿元，增长13.71%。地方财政支出28.03亿元，增长11.74%。万元GDP能耗0.52吨标煤，二氧化硫排放总量2397吨、削减率3.66%，氮氧化物排放量518吨、消减率8.4%，城市污水处理率93%。农民人均纯收入12163元，增加1500元。城乡居民年末储蓄余额88.2亿元，增长15.24%。

【加强党员“连心”工程建设】 2014年，东乡县在党的群众路线教育活动中，以“万名党员进村组、万件实事暖民心”活动为载体，无缝对接“连心”工程，开展一系列政策宣讲、进行一轮民情家访、建立一本“连心”台账、办好一批民生实事、调解一批矛盾纠纷、结交一些基层朋友。全县开展各类座谈会217次，印发各类政策资料3万余份。县、乡、村、组四级党员干部分别派出“连心”小分队365个，累计下派干部4155人，直接联系群众8.7万余人，累计发放连心卡2万多张。围绕环境整治、安全饮水和教育、科技、医疗、就业、社会保障等方面问题，采取群众“点菜”、政府“埋单”的形式，变“为民做主”为“请民做主”，实行建设项目由群众提出，投资建设由政府负责，实施过程由群众监督，项目效果由群众评议。县里投入5000万元，改造县城自来水主网、支网，让群众喝上放心水；投入600万元，对县城所有小街小巷进行亮化；启动320国道东乡境内改线工程，修建外环路减轻县城内交通压力；加大县城棚户区改造和保障房建设力度；调整县人民医院、县中医院、县妇幼保健院院址，改善医疗条件，提高医疗卫生保障水平；加快实施城乡学校改扩建工程，缓解县城就学压力。建立健全县、乡、村、组四级服务网络，推动“民事村级代办、乡镇服务帮办”“群众企业办事、干部帮办跑腿”机制的落实。

【中科院在东乡建院士工作站】 1月5日，中国科学院在东乡县小璜镇大众山与江西东华种畜禽有限公司签订协议兴建院士工作站，强强联合发掘江西地方品种、国家珍稀资源东乡绿壳蛋鸡的优异性状，加速科技成果转化，着力打造中国特色畜禽资源品牌。中科院一直关注东乡绿壳蛋鸡产业发展情况，多次派人到东乡实地考察，准备建站事宜。院士工作站旨在建立行之有效的产、学、研合作体系，促进企业技术创新，带动创新人才成长，既为江西动物育种事业提供科技支撑，又为院士团队科技人员搭建研究平台，推动科技成果转化，实现互利双赢。其研究方向包括东乡绿壳蛋鸡选育核心群的组建、鸡种特色优异性状挖掘、纯种选育等。院士工作站由以中科院院士吴常信为代表的16名专家、顾问和以徐建生为代表的10名技术人员组成，将在未来3年精诚合作，培养3～5名博士和硕士研究生，建立东乡绿壳蛋鸡生产技术服务体系，推动东乡绿壳蛋鸡产业形成更大规模，实现质的飞跃。12月24日，院士工作站正式授牌。

【做大做强木薯特色产业】 2014年，东乡县把木薯作为特色产业做大做强，聘请专家对农民进行技术培训，派技术人员进村入户进行指导，了解生产管理情况。17个乡、镇、场建立木薯种植推广站，并将推广站站长的姓名、住址、手机号制成名片，分发给村民。大力扶持木薯加工龙头企业，帮助江西雨帆农业发展有限公司引进自动化木薯加工生产线，使公司优质木薯淀粉加工能力达到年产2万吨。雨帆公司被评为全国农产品加工示范企业和全省农业产业化龙头企业，已立项建设10万吨燃料乙醇项目，该项目总投资6.7亿元，全部建成后，年创税6000万元以上。截至12月，全县木薯种植面积扩大到5333.33公顷，木薯种植户增收7000多万元，木薯种植成为农民致富新亮点。

【王芬玲获“交通银行特教园丁奖”】 经省教育厅和省残联共同评选、推荐，教育部和中国残联审核，并经交通银行同意，东乡县特殊教育学校校长王芬玲喜获2014年度“交通银行特教园丁奖”。“交通银行特教园丁奖”是由教育部、中国残联和交通银行共同设立的，用于表彰从事特教工作5年以上的优秀特教教师。从2010年奖项设立至今，已连续表彰5年。37岁的王芬玲现任东乡县特殊教育学校校长。她为了让孩子们安心在校读书、生活，从自己为数不多的工资中挤出部分资金，为残疾学生供应免费课间餐，并送衣服和学习用品。她先后获“省特教工作先进个人”“省扶残爱心人士”等称号。

【黄园园获中国教育电视优秀课例一等奖】 10月13日，东乡荆公小学青年教师黄园园的教学课例《四个太阳》，荣获“2014中国教育电视优秀课例”评比小学语文组一等奖，是此次比赛小学语文组中江西省唯一获此殊荣的教师。此次比赛由中央电化教育馆、中国教育电视协会主办，中国教育电视协会城市教育电视委员会承办，所有获一等奖的教学课例报送中国教育电视台《空中课堂》频道播出。年仅23岁的黄园园，是2013年通过社会招聘考入该校任教，她好学上进，勤于钻研。参赛前，她收集大量关于《四个太阳》的教学资料，精心设计教学预案、制作教学课件，几易其稿，多次试讲，拍摄成录像。

主要领导人 县委书记：吴信根（任至1月）、谭小平（1月任）。县人大常委会主任：陈文。县长：许萍乡。县政协主席：陈勤。

（方莉华）

本栏编辑 詹跃华 陈超萍

人　物

省级领导机构成员名录

中共江西省委

强　卫　书　记
鹿心社　副书记
尚　勇　副书记(任至6月)
赵智勇　常委、秘书长(2014年6月，赵智勇因涉嫌违纪被中央免去省委常委、委员职务，省委免去其省委秘书长、省直机关工委第一书记职务；7月，被中央开除党籍，取消其副省级待遇，降为科员)
莫建成　常委
陶正明　常委(任至5月)
史文清　常委
姚亚平　常委
周泽民　常委
王文涛　常委
周　萌　常委
蔡晓明　常委
赵爱明　(女)常委
马家利　常委(5月任)
龚建华　常委、秘书长(9月任)

江西省人大常委会

强　卫　主任
洪礼和　副主任
魏小琴　(女)副主任
朱秉发　副主任
谢亦森　副主任
马志武　(回族)副主任
魏　民　秘书长

江西省人民政府

鹿心社　省长
莫建成　常务副省长
李炳军　副省长
谢　茹　(女)副省长
胡幼桃　副省长
朱　虹　副省长
李贻煌　副省长
郑为文　副省长(10月任)
孙　刚　顾问(任至12月)
熊盛文　顾问(任至12月)
谭晓林　秘书长

政协江西省委员会

黄跃金　主席
钟利贵　副主席
李华栋　副主席
汤建人　副主席
刘晓庄　副主席
郑小燕　(女)副主席
肖光明　副主席
刘礼祖　副主席
许爱民　副主席
孙菊生　副主席
肖为群　秘书长

省直单位、中央驻赣单位领导干部名录

省委办公厅

杨宪萍　省委副秘书长、省委办公厅主任(1月任，任至8月)
杨伟东　省委副秘书长、省委办公厅主任(8月任)
沈谦芳　省委副秘书长
钟金根　省委副秘书长、省委政研室主任
丁晓群　省委副秘书长、省委省政府接待办公室主任
刘义研　省委副秘书长、省信访局局长
毛祖逊　省委副秘书长、省委农工部部长
翟　明　省委副秘书长、省委办公厅督查专员(8月任)
徐延彬　省委副秘书长
马　健　省委办公厅副主任
刘志远　省委办公厅副主任
李　能　省委办公厅副主任
熊建社　省委办公厅督查专员
巫雄军　省委办公厅副巡视员、厅直属机关党委书记
费先志　省委机要局局长
邬裕彬　省委总值班室主任
张　锋　省国家保密局局长
邝先华　省委督查室主任
席　宏　省委办公厅法规室主任
黄之猛　省委省政府接待办公室副主任
徐建文　省委办公厅副巡视员
熊科平　省委办公厅督查专员
周益民　省委办公厅副巡视员

省人大内司委

胡　宪　主任委员
王可忠　副主任委员
陈东有　副主任委员
赵锦成　副主任委员
王　军　副巡视员(任至12月)

省人大财经委

谢碧联 主任委员
涂勤华 副主任委员
林兴富 （布依族）副主任委员
伍再谦 副主任委员
高小琼 副主任委员
周山印 副主任委员、预算工委主任
王曼萍 （女）副主任委员
谭文英 （女）副主任委员

省人大教科文卫委

李玉英 （女）主任委员
王　海 副主任委员
周健儿 副主任委员
李水弟 副主任委员
谢秀琦 副主任委员
聂道宏 副主任委员
刘　伟 副巡视员

省人大农委

陈毓平 主任委员
梁彩云 （女）副主任委员
樊　耀 副主任委员
刘永思 副主任委员（1月任）
严　卫 副主任委员（任至10月）
王贤春 副巡视员

省人大环资委

汪毓华 （女）主任委员
李亚平 （女）副主任委员
周容兴 副主任委员
屠永发 副主任委员
廖维林 副主任委员（任至10月）
柳　铭 副巡视员

省人大法制委

沈亚平 主任委员
李　锐 副主任委员、法工委主任
宋才火 副主任委员
肖伥根 副主任委员
陈春明 副主任委员

省人大常委会办公厅

张振球 省人大常委会副秘书长、办公厅主任
杨新民 省人大常委会副秘书长
刘小华 （女）省人大常委会副秘书长
李元生 副主任
李金秋 副主任
陈洪生 副主任
王光前 副巡视员（任至12月）
廖诗贵 副巡视员（任至3月）
杨日新 副巡视员（任至5月）

省人大常委会法工委

李　锐 主任
韩　军 副主任
周　雍 副主任
刘永亮 副主任

省人大常委会选任联工委

杨伟东 主任
董立新 副主任
公艳萍 （女）副主任

省人大常委会外侨民宗工委

傅小健 （女）主任
孙学军 副主任

省人大常委会预算工委

周山印 主任
李　雪 副主任

省政府办公厅

谭晓林 省政府秘书长，办公厅党组书记
张　勇 省政府副秘书长，办公厅党组副书记、主任
晏驹腾 省政府副秘书长，办公厅党组成员，省政府发展研究中心主任
肖　毅 省政府副秘书长
刘金接 省政府副秘书长，省援疆指挥部指挥长（任至3月）
叶　磊 省政府副秘书长、办公厅党组成员
张小平 省政府副秘书长、办公厅党组成员
谢茂林 省政府副秘书长、办公厅党组成员
林彬杨 省政府副秘书长、办公厅党组成员
陈石俊 省政府副秘书长、办公厅党组成员
涂琼理 省政府副秘书长、办公厅党组成员
宋雷鸣 省政府副秘书长、办公厅党组成员
胡详圳 省政府办公厅党组成员、纪检组长（任至7月）、巡视员（7月任）
万建生 省政府办公厅党组成员、省政府应急办专职副主任（3月退）
刘晓艺 （女）省政府办公厅党组成员、副主任
犹　瓘 （土家族）省政府办公厅党组成员、副主任
徐小平 省政府办公厅党组成员、纪检组长（9月任）
杜章彪 省政府办公厅党组成员、副主任
朱小平 省政府办公厅党组成员、省政府机关事务管理局局长
徐松柏 省政府办公厅党组成员、副主任（8月任）
刘福林 省政府金融办主任（任至6月）、省政府金融办副主任（6月任）
廖裕良 省政府应急办专职副主任（8月任）
万怡平 巡视员（3月退）
蔡玉峰 巡视员（任至2月）、省政府参事（2月任）
罗　江 副巡视员（3月退）
罗时跃 副巡视员
章小刚 副巡视员
杨建民 副巡视员（8月退）
闵圣忠 副厅级纪检员、监察专员
曹铭文 副巡视员（7月任）
贺　敏 副巡视员（7月任）
彭　林 副巡视员（12月任）
吴治云 省政府决策咨询委员会主任
刘礼明 省政府发展研究中心副主任
王志国 省政府发展研究中心副主任

省政府驻外办事处

肖　毅 省政府驻北京办事处党组书记、主任
王　猛 省政府驻北京办事处党组成员、副主任
吴文凯 省政府驻北京办事处党组成

员、副主任
漆根顺 省政府驻上海办事处党组书记、主任
张雪萍 （女）省政府驻上海办事处党组成员、副主任
王艰真 （女）省政府驻上海办事处党组成员、副主任
唐晓东 省政府驻上海办事处副巡视员（7月任）
尹玉光 省政府驻福建（厦门）办事处党组书记、主任
方才安 省政府驻福建（厦门）办事处副巡视员（任至12月）、巡视员（12月任）
温浙兴 省政府驻江苏办事处党组书记、主任
马旭东 省政府驻江苏办事处副巡视员
李江毅 省政府驻浙江办事处党组书记、主任
樊雅强 省政府驻天津办事处党组书记、主任
杨晓琴 （女）省政府驻深圳办事处党组书记、主任
刘友龙 省政府驻广州办事处党组书记、主任
徐志刚 省政府驻广州办事处副巡视员（12月任）

省政府法制办公室

张玉印 党组书记、主任
凌　云 党组成员、副主任
邱荣飞 党组成员、副主任
刘晨华 副巡视员
王家利 副巡视员

省政协办公厅

杨春燕 （女）省政协副秘书长，主任
徐良平 巡视员
曾　粮 副主任
王国龙 副主任
徐正英 （女）副巡视员（5月退）
杨木生 副主任
杜　波 副主任
曾荣君 副巡视员（3月退）
刘海华 副巡视员
周寥寥 副主任

省政协提案委员会

杨　斌 主任（专职）
张桃生 副主任
朱荣辉 副主任
陈智祥 副主任
张国轩 副主任
张康平 副主任（专职）
马岩波 副主任

省政协经济委员会

李贤书 主任
汪玉奇 副主任
钟际跃 副主任
李天鸥 副主任（9月因违纪免职）
肖四如 副主任
朱力群 副主任
王　斌 副主任
尹小明 副主任（专职）

省政协人口资源环境委员会

文红莲 （女）主任
揭赣元 副主任
熊根泉 副主任
刘德意 副主任
熊　毅 副主任
李晓琼 副主任
陈　荣 副主任
樊　欣 副主任（专职）

省政协教科文卫体委员会

龚林儿 主任（专职）
石庆华 副主任
史蓉蓉 （女）副主任
熊正明 副主任
龚绍林 副主任
毛学东 副主任
陈　坚 副主任（专职）
张玉清 副主任

省政协社会和法制委员会

张　莉 （女）主任（专职）
程受锭 副主任
徐效钢 副主任
章凯旋 副主任
胡淑珠 （女）副主任
李　智 副主任
李东山 副主任（专职）

省政协民族和宗教委员会

舒国华 主任
甘良淼 副主任
扶名福 副主任
方　娅 （女）副主任
张　勇 副主任
李冬妮 （女）副主任
释纯一 副主任
陈淦彬 副主任（专职）

省政协港澳台侨和外事委员会

冷芬俊 省政协副秘书长，主任（专职）
周　锦 （女）副主任
钟录生 副主任
何大欣 副主任
张知明 （女）副主任
陈金乐 副主任（专职）
徐景坤 副主任

省政协文史和学习委员会

黄　鹤 主任
陈绵水 副主任
沈谦芳 副主任
祝黄河 副主任
苏明宗 副主任
杨述喜 副主任（专职，9月退）
黄菊花 （女）副主任

省纪委（省监察厅）

陈尚云 省纪委常务副书记
刘卫平 省纪委副书记（任至11月）、省监察厅厅长（任至11月）、省预防腐败局局长（任至12月）、省政府党组成员（任至9月）
赵力平 省纪委副书记
陈小平 省纪委副书记
李建发 省纪委常委、秘书长
刘三秋 （女）省纪委常委，省委组织部副部长，省人力资源和社会保障厅党组书记、厅长
邓剑锋 省纪委常委，省直工委副书记
何建洋 省监察厅副厅长、省预防腐败局副局长，民盟江西省委副主委
肖德福 省纪委常委
汪　爽 省纪委常委
何　刚 省纪委常委（8月任）

饶利萍 （女）省纪委常委
王仁辉 省纪委常委、省监察厅副厅长
裴忠彪 省预防腐败局专职副局长
鲍小慧 正厅级纪检员、监察专员
姚　平 正厅级干部（抽调在中央巡视组工作）
唐舒龙 副秘书长、办公厅主任
胡国庆 组织部部长
施新华 宣传部部长
庄国良 调研法规室主任
吕　伟 党风政风监督室主任
单庆娇 （女）信访室主任
徐小平 省委巡视工作领导小组办公室主任（任至9月）
王爱东 省委巡视工作领导小组办公室主任（12月任）
杨志军 案件监督管理室主任
曾亦冰 第一纪检监察室主任
王　玮 第二纪检监察室主任
姚军章 第三纪检监察室主任
胡彦斌 第四纪检监察室主任（任至9月）
周重和 第四纪检监察室主任（12月任）
景有富 第五纪检监察室主任
陶　亮 第六纪检监察室主任
刘永华 第七纪检监察室主任
程新生 案件审理室主任（5月任）
张　明 纪检监察干部监督室主任
胡文南 （女）离退休干部室主任（5月任）
刘玉椿 机关党委专职副书记
王旭景 副厅级巡视专员（1月任）
吴传裕 副厅级纪检员、监察专员（任至9月）
杨峰光 副厅级纪检员、监察专员（任至7月）
胡晋茂 副厅级纪检员、监察专员（12月任）
李卫平 副厅级纪检员、监察专员（12月任）
侯永福 副厅级纪检员、监察专员（12月任）

省委巡视组

刘东明 省委第一巡视组组长
尹　健 省委第一巡视组副组长（7月任）
沈冬阳 省委第一巡视组副厅级巡视专员
胡晋茂 省委第一巡视组副厅级纪检员、监察专员（12月任）
李启真 省委第一巡视组副厅级纪检员、监察专员（7月任）
陈松远 省委第二巡视组组长
李　云 （女）省委第二巡视组正厅级巡视专员
涂志柏 省委第二巡视组副组长
杨新生 省委第二巡视组副厅级巡视专员（任至5月）
李泉新 省委第三巡视组组长（1月任）
晏苏节 省委第三巡视组正厅级巡视专员
熊桂生 省委第三巡视组副组长（1月任）
谢一平 省委第四巡视组组长
吴小瑜 （女）省委第四巡视组副组长（1月任）
徐森鸣 省委第五巡视组组长
虞小京 （女）省委第五巡视组副组长（1月任）
王旭景 省委第五巡视组副厅级巡视专员（1月任）
郭　家 省委第六巡视组组长
曾崇新 省委第六巡视组副组长（1月任）
吴宜文 省委第六巡视组副厅级巡视专员

省法院

张忠厚 党组书记、院长
方晓春 党组副书记、副院长
郭　兵 党组副书记、副院长
胡淑珠 副院长
朱　浔 党组成员、副院长
王建新 党组成员、政治部主任（任至8月）、巡视员（8月任）
纪红华 党组成员、纪检组组长
夏克勤 党组成员、副院长
勒世标 党组成员、政治部主任（12月任）
肖庚云 审判委员会专职委员
李丽君 审判委员会专职委员
陶远鸣 审判委员会专职委员
赵九重 执行局局长
何大新 副巡视员
刘洪芳 副巡视员、办公室主任
简贵涛 副巡视员、刑一庭庭长（任至3月）

省检察院

刘铁流 党组书记、检察长
段景来 党组副书记、副检察长
李　智 党组副书记、副检察长
张国轩 副检察长（8月任正厅级）
罗晓泉 党组成员、副检察长（8月任正厅级）
邱　利 党组成员、反贪污贿赂局局长
魏运亭 党组成员、纪检组组长
张勇玲 党组成员、政治部主任
蔡　田 检察委员会专职委员
江阶虎 检察委员会专职委员
孙牯昌 检察委员会专职委员
邹节新 副巡视员
李茂盛 副巡视员（6月退）
刘恩祥 副巡视员
吴智勇 副巡视员
程锦瑄 副巡视员（12月任）
黄　杰 反渎职侵权局局长

省信访局

刘义硚 省委副秘书长、省信访局局长
谢上海 正厅级信访督查专员
徐贵闽 （女）正厅级信访督查专员
孙解生 副局长
徐　力 副局长
罗　强 副局长
乐文红 （女）副局长
姚学明 副巡视员、接访工作处处长
聂明慧 副巡视员、督查处处长

省委组织部

赵爱明 （女）省委常委、省委组织部部长
冯桃莲 （女）常务副部长
傅世平 省委老干部局局长兼副部长
刘三秋 （女）副部长，省人力资源和社会保障厅厅长、党组书记，省纪委常委（兼职）
杨伟东 副部长、省人大常委会选举任免联络工作委员会主任（任至8月）
刘礼育 副部长
周训国 副部长（3月任）
俞银先 部务委员
徐　忠 部务委员

陈　峰　副巡视员
王家龙　省委党建工作领导小组办公室副主任
王贵生　副巡视员(任至7月)
褚　兢　副巡视员
胡伟荣　省委巡视组正厅级巡视专员(1月任)
黄式贤　省第八批援疆工作前方指挥部党委书记

省委老干部局

傅世平　省委老干部局局长兼省委组织部副部长
龚友明　副局长(任至12月)
王海燕　(女)副局长
骆驭平　副巡视员
李维平　副巡视员(12月任)

省关工委

范斌华　专职副主任(12月任)

省委宣传部

姚亚平　省委常委、省委宣传部长
郭建晖　常务副部长、省委网信办主任
杨六华　副部长,省新闻出版广电局党组书记、局长
欧阳苏勤　巡视员
张天清　省文明办主任
梅　毅　副部长
罗勇兵　副部长、省委外宣办(省政府新闻办)主任
龙和南　副部长
黎隆武　副部长
李绪先　省委网信办专职副主任
涂芸芸　副巡视员

省委统战部

蔡晓明　省委常委、省委统战部部长
黄小华　常务副部长
刘金炎　副部长、省工商联党组书记
张　勇　副部长、省民族宗教事务局局长
胡志平　副部长、部直属机关党委书记
蔡清平　副部长
杨建平　副巡视员
万　坚　副巡视员

省委政法委

周　萌　省委常委、省委政法委书记
刘和平　常务副书记
胡　焯　副书记
张传发　副书记、省综治办主任
林　强　省维稳办主任
罗峻雄　巡视员(任至12月)
蔡文龙　省综治办副主任(12月任)
万小根　省维稳办专职副主任
吴建春　省综治办副主任(任至12月)
龚惠民　省法学会专职副会长
沈亚男　省维稳办专职副主任
毛保国　省委政法委秘书长(2月任)
梁启有　省610办专职副主任(9月任)
张鹤翔　副巡视员
余水根　副巡视员(7月任)

省委农工部

刘永思　省委副秘书长、农工部部长(任至2月)
毛祖逊　省委副秘书长、农工部部长(2月任)
潘晓华　副部长
赖金生　副部长
龙宇闻　副部长
王　志　副部长
陈江林　巡视员
刘　伟　副巡视员
傅水根　副巡视员

省委政研室

钟金根　省委副秘书长、政研室主任、省委改革办副主任
陈　强　省委改革办专职副主任
何建辉　副主任
黄光明　副巡视员
高建华　副巡视员

省委党史研究室

王晓春　主任(4月任)
王瀚秋　巡视员(3月退)
何友良　副主任(3月退)
史爱国　副巡视员(7月任)
卢大有　副主任(8月任)
刘　斌　副主任(11月退)

省委台办

欧阳泉华　主任
简立明　巡视员
黄朋青　副主任
徐建星　副主任
陈幸福　副巡视员
曾鲁台　省台联会长

省直机关工委

杨兰根　书记
童水仙　(女)副书记(任至7月)
邓剑锋　省纪委常委、省直机关工委副书记
李跃进　(女)副书记(8月任)、省直机关工委委员、宣传部部长(任至8月)
周运柏　省直机关工委委员(任至9月)
章官生　省直机关工委委员、组织部部长(11月任)
刘大胜　省直机关工委委员(8月任)、省直机关工委宣传部部长(11月任)、省直机关工委副巡视员(任至8月)、《风范》主编
王玮琦　省直机关工委委员、省直机关纪工委书记(8月退)
方瑞增　省直机关工委委员、省直机关纪工委书记(12月任)
李　穗　副巡视员
罗卫东　副巡视员(12月任)
吴顺华　副巡视员、省直机关工会工委主任(11月退)

省编办

李春燕　(女)主任
何剑锋　副主任
廖　涛　(女)副主任
胡庆华　副巡视员

省委党校

舒仁庆　常务副校长
许晓明　巡视员
袁小平　副校长
杨　超　副校长
罗志坚　副校长
黄祥兴　副校长

廖清成　副校长
王　奇　副巡视员(2月退)
谭洪生　副巡视员(7月退)
戚东江　副巡视员(12月任)

省发改委

吴晓军　党组书记、主任、省鄱湖办(省赣南等原中央苏区振兴发展工作办公室)主任(10月任)
叶柏青　党组成员、副主任、省物价局局长
曾文明　党组成员、副主任、省鄱湖办(省赣南等原中央苏区振兴发展工作办公室)常务副主任(3月任)
黄国荣　党组成员、纪检组长
陈一星　党组成员、副主任
宋迪维　党组成员、副主任(3月任)
熊　毅　副主任
郑沐春　党组成员、省能源局局长
王前虎　党组成员、省重点工程办公室主任
熊燕斌　党组成员、省铁路建设办公室(省铁路投资集团公司)主任(总经理)
李志刚　党组成员、副主任
杨　毅　副巡视员
刘鲁江　副巡视员
吴幕林　副巡视员(任至5月)
汤晓炜　副巡视员(1月任,任至12月)
罗贤良　副巡视员(7月任,任至12月)
赖南京　省鄱湖办公副主任
郭新宇　省援疆工作前方指挥部总指挥、党委副书记
刘　兵　省鄱湖办副主任
张福庆　省政府投资项目评审中心主任(任至3月)
严佛元　省援疆工作前方指挥部副总指挥、党委委员
谢宝河　省赣南等原中央苏区振兴发展工作办公室副主任
邹　洪　省赣南等原中央苏区振兴发展工作办公室副主任
金俊平　省信息中心主任

省财政厅

胡　强　党组书记、厅长
潘昌坤　党组成员、副厅长
辜华荣　党组成员、副厅长
王　斌　副厅长
朱　斌　党组成员、副厅长
胡彦斌　党组成员、纪检组长(9月任)
温治明　党组成员,资产中心主任
张耀霞　(女)党组成员、总会计师
钟心平　副巡视员(8月任)
何　桑　(女)江西财经职业学院党委书记
林火平　江西财经职业学院院长

省人社厅

刘三秋　(女)省委组织部副部长,党组书记、厅长、省纪委常委(兼)
裴　菲　(女)巡视员
陈利克　巡视员(7月任)
马青林　党组成员、纪检组长
刘滇鸣　党组成员、副厅长
侯仲华　党组成员、副厅长、社保中心主任
吴福全　党组成员、副厅长(8月任)
庄文玥　(女)党组成员(12月任)
杨经琪　党组成员、公务员局局长
陈蔚鹏　副厅级纪检专员、监察员
万庆华　副巡视员(12月任)
段明其　副巡视员(12月任)
万保根　副巡视员(7月任)
朱　明　副巡视员(1月任)
杨乃昭　副巡视员(1月任,5月退)
章秀平　副巡视员(2月退)
廖云辉　副巡视员(7月退)
徐国荣　党组成员、副厅长
蔡建一　省委巡视组副厅级巡视专员(2月退)

省审计厅

王殿军　党组书记、厅长
王卫亚　党组成员、副厅长(7月退)
刘　达　(女)党组成员、副厅长
胡志勇　党组成员、副厅长(2月任)
章丁万　党组成员、副厅长
邹水成　党组成员、纪检组长
刘斌良　党组成员、总审计师(10月任)
黄正宇　省经济责任审计办公室专职副主任
何萍高　巡视员(1月任)
何干成　巡视员(11月退)

省民政厅

徐　毅　党组书记、厅长
凌学仁　党组成员、副厅长
刘英城　党组成员、省纪委驻厅纪检组长
饶剑明　党组成员、副厅长
江建中　党组成员、省老龄办专职副主任
刘立松　党组成员、副厅长
朱和平　党组成员、副厅长
龚建辉　党组成员、副厅长
王　健　副巡视员
曾广水　副巡视员
李小荣　副巡视员

省老龄办

徐　毅　省民政厅党组书记、省民政厅厅长,省老龄办主任
江建中　省民政厅党组成员、省老龄办专职副主任
曾广水　省民政厅副巡视员、省老龄办综合处处长

省统计局

王建农　党组书记、局长
彭道宾　党组成员、副局长
姚睿钦　党组成员、纪检组组长
韩志生　党组成员、副局长
曹青云　党组成员、总统计师
彭勇平　党组成员、副局长
黄奕祯　副巡视员
金　绮　副巡视员

国家统计局江西调查总队

邓盛平　党组书记、总队长
刘文峰　党组副书记、副总队长
符史武　党组成员、副总队长
章　勤　党组成员、纪检组长
周献华　党组成员、副总队长
游会龙　巡视员
邓祖龙　巡视员
李广友　副巡视员

省档案局

汪晓勇　党组书记、局长
方维华　(女)党组成员、副局长

史火金　党组成员、副局长
方华清　党组成员、副局长
谭向文　党组成员、副局长(12 月任)
刘平原　副巡视员
谭荣鹏　副巡视员(1 月任)

省国税局

张贻奏　党组书记、局长
汤志水　党组成员、副局长
邬小婷　(女)巡视员(9 月退)
肖光远　党组成员、副局长
黄中根　党组成员、副局长
王　勇　党组成员、纪检组长
李德平　党组成员、总经济师
胥敏锋　党组成员、总审计师
陈国英　党组成员、总会计师(5 月任)
傅江海　副巡视员(11 月退)
王爱林　副巡视员(4 月任)
徐谷明　副巡视员(10 月任)

省地税局

王　平　党组书记、局长(2014 年 11 月因严重违纪被省纪委立案调查)
胡　平　党组成员、副局长
刘理达　党组成员、副局长
王显和　党组成员、副局长
黄正逊　党组成员、副局长
黄　斌　党组成员、纪检组长(5 月退)
尹玉光　党组成员、纪检组长(9 月任)
赖新生　党组成员、总经济师
曾光明　巡视员
李剑涛　副巡视员
宋相炎　副巡视员(3 月退)
蔡　勇　副巡视员
刘金保　副巡视员(12 月任)
徐志刚　副巡视员(12 月任)

省国资委

陈永华　党委书记
陈德勤　党委副书记、主任
李晓刚　党委委员、副主任
沙甲先　党委委员、副主任
李　键　党委委员、副主任
王金林　党委委员、纪委书记
郑高清　党委委员、副主任
张爱国　副巡视员
文翠萍　副巡视员
聂志强　副巡视员
张思益　副巡视员
王成饶　省出资监管企业监事会主席
龚建平　省出资监管企业监事会主席
谢　敏　省出资监管企业监事会主席
郑德才　省出资监管企业监事会主席
钟宇晖　省出资监管企业监事会主席
谢　言　省出资监管企业监事会主席

省工信委

吴晓军　党组书记、主任
吴治云　党组副书记
杨人平　党组成员、副主任
万庆胜　党组成员、副主任
殷　勤　党组成员、副主任
章志锋　党组成员、纪检组长
王亦斌　党组成员、副主任
江明成　党组成员、副主任
杨　柳　巡视员
唐国栋　副巡视员
马　勇　副巡视员
白　锋　副巡视员
王虎根　副巡视员

省交通运输厅

朱　希　党委书记、厅长
王爱和　党委委员、副厅长
彭志先　党委委员、副厅长
成　松　党委委员、纪委书记
胡钊芳　党委委员、总工程师
梁必康　党委委员、副厅长
谢德强　党委委员(3 月任)、副厅长(4 月任)
王昭春　党委委员、副厅长
魏炳彦　副巡视员(5 月退)
廖贵星　副巡视员(1 月任、5 月退)
袁望京　副巡视员(7 月任、任至 12 月)
夏太胜　副巡视员(7 月任)

省住房城乡建设厅

陈　平　党组书记、厅长
高　浪　党组成员、副厅长
吴昌平　党组成员、副厅长
周晓朗　党组成员、纪检组长
曾绍平　党组成员、副厅长
章雪儿　党组成员、总工程师
李道鹏　副厅长
齐　红　副巡视员

省环保厅

邓兴明　党组书记、厅长
陈　荣　党组成员、副厅长
罗小璋　党组成员、副厅长
罗伟华　(女)党组成员、纪检组长
石　晶　(女)党组成员、副厅长(6 月任)、总工程师(任至 6 月)
曹永琳　党组成员、总工程师(8 月任)
罗来发　巡视员(5 月退)
罗国全　副巡视员(11 月退)
段惠民　副巡视员(12 月任)
朱百鸣　副巡视员(12 月任)

省质量技术监督局

王　詠　党组书记、局长
马　灵　党组成员、纪检组长
蔡　玮　党组成员、副局长
章志键　党组成员、总工程师
张正新　党组成员、副局长
李　捷　党组成员、副局长
张龙飞　党组成员、副局长
陈国柱　巡视员
蒋洪南　副巡视员
赵泰初　副巡视员
李安运　副巡视员

省安全生产监督局

龙卿吉　党组书记、局长、省煤矿安全生产监督管理局局长
程应田　党组成员、副局长
郑乐宪　党组成员、副局长
汪少舟　党组成员、副局长
周　平　党组成员、总工程师
彭建华　党组成员、纪检组长
华人民　巡视员
周树森　巡视员
朱　毅　巡视员

江西煤矿安监局

赵苏启　党组书记、局长
郑江萍　党组成员、总工程师
钱陈保　党组成员、副局长
马成荣　党组成员、纪检组长

省国防科工办

杨贵平 党组书记、主任
万广明 党组成员、副主任
郑正春 党组成员、副主任(8月任)
方正根 党组成员、纪检组长(5月退)
邓季芳 党组成员、纪检组长(9月任)
肖建国 巡视员
刘　星 巡视员(1月任)
沈　辉 副巡视员

省人防办

刘金接 党组副书记、主任(3月任)
梁闽春 党组书记、主任(任至3月)
王少东 党组成员、副主任(任至12月)
唐高潮 党组成员、纪检组长
林显君 党组成员、副主任
申世坤 巡视员(任至12月)

省烟草专卖局

魏　平 党组书记、局长、总经理
顾厚武 党组成员、副总经理
徐素珍 (女)党组成员、副总经理
胡义强 党组成员、副局长
章建华 党组成员、纪检组长
陈建辉 总会计师
罗建武 副巡视员
辛焕荣 副巡视员
熊也农 副巡视员

省邮政管理局

彭志先 党组书记、局长
罗之光 党组成员、副巡视员
周慧锋 党组成员
万卫国 党组成员

省通信管理局

黄建新 党组书记、局长
袁家义 党组成员、纪检组长、巡视员
胡素仁 党组成员、副局长
王安平 党组成员、副局长(4月任)
高　伟 党组成员、省专用通信局局长

省机场集团公司

万　林 党组成员、总经理
周敏生 党委书记
李运昌 党组成员、副总经理
欧阳智 党组成员、财务总监
黄肇春 党组成员、副总经理
张　微 党组成员、副总经理

南昌铁路局

刘振芳 党委副书记、局长(任至9月)
王　培 党委副书记、局长(9月任)
王秋荣 党委书记
钟生贵 党委委员、常务副局长
康　维 党委委员、副局长(任至4月)
陈乃武 副局长
徐利锋 党委委员、副局长
宗德明 副局长
万　军 党委副书记
任广鑫 党委副书记、纪委书记
卢文星 党委委员、工会主席
戴平峰 党委委员、副局长
任朝阳 党委委员、副局长
王日辉 党委委员、副局长
彭　磊 党委委员、副局长
刘明亮 党委委员、副局长
陈寿卿 党委委员、副局长
黄少雄 党委委员、副局长(4月任)
詹志文 党委委员、总工程师
郭建波 党委委员、总会计师

省煤田地质局

徐开云 党委委员、局长
黄登龙 党委书记
周锦中 党委委员、副局长
于冬良 副巡视员
张秋宾 党委委员、纪委书记
张明锋 党委委员、副局长
夏会泳 党委委员、副局长

省地矿局

彭泽洲 党委书记、局长
张　华 党委委员、副局长
李福良 巡视员
余忠珍 党委委员、副局长
毛　敏 党委委员、副局长
何龙清 党委委员、副局长
陶学明 党委委员、纪委书记
洪文忠 党委委员、总工程师
肖　中 副巡视员

省核工业地质局

王福平 党组书记、局长
黄江明 党组成员、副局长
何观生 党组成员、总工程师
宋　斌 党组成员、纪检组长
朱永刚 党组成员、副局长
江天红 党组成员、副局长
楼福昌 副巡视员

江西有色地质勘查局

苗　壮 党委委员、局长
邝颂华 党委书记
韦星林 党委委员、副局长、总工程师
朱小茅 党委委员、副局长
蓝丽红 党委委员、纪委书记

省商务厅

王水平 党组书记、厅长
刘翠兰 (女)党组成员、副厅长、中国国际贸易促进委员会江西省分会会长
李青华 (女)党组成员、副厅长
李文尧 党组成员、副厅长
陶莉萍 (女)党组成员、副厅长
杨远林 党组成员、驻厅纪检组组长
刘文华 党组成员、副厅长
朱元发 党组成员、副厅长
邓必云 副巡视员
王仪林 副巡视员
何旭明 副巡视员
饶贵生 江西外语外贸职业学院党委书记
孔　华 江西外语外贸职业学院院长
邓　宇 中国国际贸易促进委员会江西省分会副会长

省供销社

吴伏生 党组书记、主任
涂俊伟 党组成员、副主任(任至10月)
欧阳太来 党组成员、副主任
卢　建 党组成员、纪检组长
卢　忠 党组成员、副主任

赵恒伯　江西旅游商贸职业学院党委书记、院长
江际华　副巡视员
江欢平　副巡视员(7月任)

省工商局

邝小平　党组书记、局长
沈庆中　党组成员、副局长
刘建华　党组成员、副局长
魏晓奎　党组成员、副局长
张　新　党组成员、副局长
邹文东　党组成员、纪检组长
刘东庚　副巡视员(6月退)
袁建军　副巡视员
孔祥华　副巡视员(5月退)
郑辅良　副巡视员(1月任)

省旅发委

王晓峰　党组书记、主任
余晓明　(女)党组成员、副主任
胡　海　党组成员、副主任
李瑞峰　党组成员、副主任
陈　兵　党组成员、纪检组长
丁新权　党组成员、副主任
屈乾娜　(女)巡视员
徐信国　副巡视员
焦　健　副巡视员

省外侨办

张学军　党组书记、主任(任至5月)
赵　慧　(女)党组书记、主任(5月任)
吴健民　巡视员
黄加文　党组成员、副主任
李雨强　党组成员、副主任
罗亦斌　党组成员、纪检组长
陈绪峰　党组成员、副主任
周胜贵　副巡视员(5月退)
吴正源　副巡视员(12月任)

南昌海关

辛建民　党组副书记、政治部主任
胡　泽　党组成员、副关长
杨　绮　党组成员、党组纪检组长
王　和　党组成员、缉私局局长
张新生　党组成员、副关长
李文君　缉私局政委

江西出入境检验检疫局

吕志平　党组书记、局长
易克钦　党组成员、副局长
刘海葆　党组成员、副局长
张国清　党组成员、副局长
陈　宇　党组成员、纪检组长

人行南昌中心支行

王　信　党委书记、行长兼国家外汇管理局江西省分局局长
张智富　党委副书记、副行长兼国家外汇管理局江西省分局副局长
郭云喜　党委委员、副行长
吴豪声　党委委员、副行长
易寿生　党委委员、副行长
潘　淦　党委委员、纪委书记
陈　锋　党委委员、工会主任
黄火生　助理巡视员

江西银监局

马忠富　党委书记、局长(任至7月)
李　虎　党委书记、局长(7月任)
章莳安　党委委员、副局长
柯愈华　党委委员、副局长
李　洪　党委委员、副局长
郭汉强　党委委员、纪委书记
胡德海　副巡视员
刘　捷　副巡视员(任至6月)

江西证监局

胡伏云　党委书记、局长(任至5月)
滕必焱　党委书记、局长(5月任)
刘谷庭　党委委员、副局长
周　军　党委委员、副局长
匡晓凤　(女)党委委员、副局长
尹海安　副巡视员

江西保监局

蔡基谱　党委书记、局长
魏竹勇　党委委员、副局长、纪委书记
叶慧霖　党委委员、副局长、工会主席

省农业厅

陈日武　党委书记(2月任)
胡汉平　厅长(3月任)
钟力民　党委委员、纪委书记
唐安来　党委委员、纪委书记,省农垦办党组书记、主任
程关怀　党委委员、副厅长
万国根　党委委员、副厅长
刘光华　党委委员、副厅长
刘建堂　党委委员、总经济师(9月任)
张忠平　巡视员(7月任)
彭济民　巡视员
张跃远　副巡视员
万秋根　副巡视员
甘良淼　党委书记(任至2月)、厅长(任至3月)

省农垦事业管理办

唐安来　省农业厅党委委员、副厅长,省农垦事业管理办公室党组书记、主任
陈志宏　党组成员、副主任
胡位淮　党组成员、副主任

省林业厅

阎钢军　党组书记、厅长
魏运华　巡视员
郭　家　党组成员(任至1月)、副厅长(任至2月)
詹春森　党组成员、副厅长
罗　勤　党组成员、副厅长
邱水文　党组成员、副厅长
黄小春　党组成员
李晓浩　党组成员、驻厅纪检组长
胡跃进　党组成员(6月任)、总工程师
毛赣华　副巡视员
曹志远　副巡视员(任至5月)
郭国芸　副厅级纪检员、监察专员
钟　明　副巡视员(7月任)

省水利厅

孙晓山　党委书记、厅长,江西省鄱阳湖水利枢纽建设办公室(省鄱阳湖水利枢纽投资集团公司)党委书记
朱来友　党委委员、副厅长,江西省鄱阳湖水利枢纽建设办公室(省鄱阳湖水利枢纽投资集团公司)主任(总经理)、党

委委员
杨丕龙　党委委员、副厅长
罗小云　党委委员、副厅长
张文捷　党委委员、总工程师
曾晓旦　党委委员、副厅长
廖瑞钊　党委委员、副厅长
吴信根　党委委员、纪委书记
吴义泉　党委委员、副厅长
周江红　（女）副巡视员
朱志勇　副巡视员
谭国良　副巡视员
纪伟涛　省鄱阳湖水利枢纽建设办公室（省鄱阳湖水利枢纽投资集团公司）副主任（副总经理）、党委委员
刘　超　省鄱阳湖水利枢纽建设办公室（省鄱阳湖水利枢纽投资集团公司）副主任（副总经理）、党委委员
祝水贵　江西省水文局党委书记、局长

省国土资源厅

刘定明　党组书记、厅长
刘保华　巡视员（5 月退）
陈祥云　党组成员、副厅长
邓又林　党组成员、副厅长
项尝培　党组成员、副厅长
王敦范　党组成员、纪检组长
高振华　党组成员、省测绘地理信息局局长
侯克常　党组成员（6 月任）、总规划师党组成员
匡　猛　省测绘地理信息局党委书记
罗小明　副巡视员
刘铁群　副巡视员（12 月任）
李爱新　副巡视员
叶鎏清　副巡视员
葛祖明　副巡视员
李桂春　省国土资源执法监察总队总队长（3 月退）
许建平　省国土资源执法监察总队总队长（3 月任）
吴福才　江西应用技术职业学院院长（5 月任）
钟永辉　副巡视员（7 月任）

省测绘地理信息局

高振华　省国土资源厅党组成员、省测绘地理信息局局长
匡　猛　党委书记
钟永辉　省国土资源厅副巡视员

省扶贫和移民办

章康华　党组书记、主任
涂俊伟　党组成员、副主任（9 月任）
饶振华　党组成员、副主任
胡跃明　党组成员、副主任
罗聪明　党组成员、纪检组长（9 月任）
张志豪　巡视员
陈佩杰　副巡视员（7 月任）
彭林森　巡视员（2 月退）
蔡子津　党组成员、纪检组长（7 月退）

省粮食局

黄　河　党组书记、局长
罗　洪　党组成员、副局长
刘福元　党组成员、副局长
赵　国　党组成员、纪检组长
杜晓林　副巡视员

省农业综合开发办

张忠平　党组书记、主任
舒　俊　党组成员、副主任
喻　云　党组成员、副主任
谭　健　党组成员、副主任

省气象局

薛根元　党组书记、局长
詹丰兴　党组成员、副局长
吴万友　党组成员、副局长
谢梦莉　党组成员、纪检组长
朱胜瑞　副巡视员（7 月任）

省地震局

王建荣　党组书记、局长
郑　栋　党组成员、副局长
王志鹏　党组成员、副局长、纪检组长
柴劲松　党组成员、副局长

省科技厅

郭学勤　党组书记
洪三国　厅长
卢福财　党组成员、副厅长
赵金城　党组成员、副厅长
杨逸仙　党组成员、纪检组长
戴星照　党组成员
熊绍员　党组成员
傅道言　副巡视员
曾昭德　副巡视员

省委教育工委、省教育厅

虞国庆　省委教育工委书记、省教育厅厅长
史蓉蓉　（女）省委教育工委副书记
喻晓社　省委教育工委副书记、省教育厅副厅长
程样国　省委教育工委委员、省教育厅副厅长
郭奕珊　省委教育工委委员、省教育厅副厅长
杨慧文　省委教育工委委员、省教育厅副厅长
刘润保　省委教育工委委员、省教育考试院党委书记（5 月任）、省教育厅副巡视员（任至 5 月）
汤赛南　省委教育工委委员、省教育厅总督学
肖志华　省委教育工委委员、省教育厅副厅长
杜志刚　省委教育工委委员、省教育纪工委书记（9 月任）
肖　辉　省教育考试院院长
傅鹏鹏　省教育厅巡视员（任至 9 月）
周金堂　省教育厅巡视员
吕玉琪　省教育厅副巡视员
王建元　副厅级纪检员、监察专员
曹连平　省教育厅副巡视员（12 月任）

省体育局

刘　鹰　党组书记、局长
李小平　党组成员、副局长
周海涛　党组成员、副局长
林　军　党组成员、副局长
宗玉明　党组成员、纪检组组长
谭清元　副巡视员
古芳远　副巡视员
夏守国　副厅级纪检员、监察专员

省卫生计生委

李　利　党组书记、主任

王金平 党组成员、副主任
赖厚明 巡视员
李晓琼 (女)党组成员、副主任
万筱明 (女)副主任
关晏民 (满)党组成员、副主任
程关华 党组成员、副主任
曾传美 党组成员、副主任
方晓 (女)副巡视员
章丽莎 (女)副巡视员
丰华 副巡视员
孙何更 省计生协会专职副会长(7月退)
叶贤明 副厅级(5月退)

省食品药品监管局

李舰海 党组书记、局长
曹麒 党组成员、副局长
上官新晨 副局长
姜红 (女)党组成员、副局长
肖一华 党组成员、副局长
田克仁 党组成员、副局长
曾传美 党组成员、副局长
梁义敏 党组成员、食品药品总监(8月任)
肖云昌 副巡视员(12月任)

省文化厅

郜海镭 党组书记、厅长
王晓庆 党组成员、副厅长
魏玮 党组成员、纪检组组长
徐琳琳 党组成员、副厅长、省文物局局长
任永新 党组成员、副厅长
郎道先 党组成员、副厅长
孙家骅 副巡视员
谌洪敏 副巡视员

省新闻出版广电局(省版权局)

杨六华 党组书记、局长
周文 党组副书记、副局长
杨玲玲 党组成员、江西广播电视台党委书记、台长
王朝新 党组成员、副局长
刘玉东 党组成员、副局长
刘平 党组成员、副局长
白文松 党组成员、副局长
刘兴英 党组成员、纪检组组长
丁晓胜 党组成员、副局长

杨松 巡视员
兰丽华 副巡视员
肖鹗 副巡视员

省民族宗教事务局

张勇 党组书记、局长
梅仕灿 党组成员、副局长
王希贤 党组成员、副局长
肖争鸣 巡视员
费红鹰 副巡视员

省地方志办

梅宏 党组书记、主任
吴小瑜 (女)党组成员、副主任(任至1月,同月任省委第四巡视组副组长)
周慧 党组成员、副主任
杨志华 党组成员、副主任(7月任)

省社科院

姜玮 党组书记
梁勇 党组副书记、院长
毛智勇 党组成员、副院长
叶青 党组成员、副院长(任至8月)
吴峰 党组成员、纪检组长(8月任)
龚建文 (女)党组成员、副院长(8月任)
孔凡斌 党组成员、副院长(9月任)

省公安厅

郑为文 党委书记、厅长、督察长
章凯旋 党委副书记、常务副厅长
罗永银 省610办主任,党委副书记、副厅长
余升淮 党委委员、江西警察学院党委书记
叶国兵 党委委员、副厅长
梁小康 党委委员、副厅长
涂远征 巡视员(1月任)
李煌 党委委员、副厅长、纪委书记、第一副督察长
王国强 党委委员、副厅长
王跃辉 党委委员、政治部主任、直属机关党委书记
陈愿涛 党委委员、副厅长、警卫局局长

方府春 党委委员
史克冰 党委委员、厅长助理(4月任)
刘刚 副巡视员
肖冬根 副巡视员(4月退)
陈晓平 副巡视员
徐立华 副巡视员(1月任)

省公安消防总队

房凌春 总队长
王林波 政治委员
邓晓钧 副总队长
宋锦龙 副总队长
宋学泉 副总队长
欧阳漾 副政治委员
马辛 总工程师
蔡卫国 参谋长
饶春风 政治部主任
万德庭 后勤部部长
肖纯栋 防火监督部部长

省司法厅

马承祖 党组书记、厅长兼省监狱管理局第一政委
吴志坚 巡视员
沙闻麟 党组成员、副厅长兼省监狱管理局党委书记
夏太华 巡视员(任至3月)
白马京 巡视员(7月任)、省戒毒管理局党委书记、局长(任至7月)
邓奕强 党组成员、副厅长
肖良 党组成员、副厅长
刘品辐 党组成员、政治部主任
陈德群 党组成员、省纪委驻厅纪检组组长
简明龙 副巡视员
高美华 (女)副巡视员(任至11月)
吴华金 省纪委、监察厅驻厅副厅级纪检员、监察专员
毛保国 副巡视员(任至3月)
叶青 副巡视员(1月任)
罗冈 省监狱管理局党委副书记、局长
阎循店 省监狱管理局党委副书记、政委
罗冬苟 省监狱管理局党委委员、副局长、省监狱企业集团公司党委书记、总经理
于雅丽 (女)省监狱管理局党委委

员、副巡视员(任至5月)
马金云 省监狱管理局党委委员、副巡视员
于少咍 省戒毒管理局党委书记、局长(12月任)、省戒毒管理局党委副书记、政委(任至12月)

省总工会

傅卓成 党组副书记、常务副主席
柯进水 党组成员、副主席
林玉华 (女)党组成员、副主席
王运快 党组成员、副主席
陈文明 党组成员、副主席
蒋云国 党组成员、纪检组长
吴海平 党组成员、副主席
张　源 党组成员、经审会主任
汪鈥风 副巡视员(8月退)
郝希升 副巡视员(5月任)

团省委

曾　萍 (女)党组书记、书记
孙　鑫 党组成员、副书记
廖良生 党组成员、副书记
伍复康 党组成员、副书记

省妇联

潘玉兰 (女)党组书记、主席
黄海燕 (女)党组成员、副主席
肖晓兰 (女)党组成员、副主席
胡雪梅 (女)党组成员、副主席
饶冬梅 (女)党组成员、副主席
蔡力群 (女)副巡视员
陈　固 副巡视员(5月退)

省文联

汪天行 党组书记、常务副主席
刘　华 党组成员、主席(任至5月)
叶　青 党组成员、主席(8月任)
鄢平原 党组成员、副主席
张　越 党组成员、副主席(8月任)
龙　红 (女)党组成员、副主席(8月任)
曹　杭 党组成员、副主席(任至5月)

省社联

祝黄河 党组书记、主席
吴永明 党组成员、副主席
黄万林 党组成员、副主席
胡春晓 (女)党组成员、副主席
赵小春 副巡视员

省科协

李华栋 主席
龚绍林 党组书记、常务副主席(4月任)
李雪南 党组成员、副主席(任至4月)
彭玲华 (女)党组成员、副主席
梁纯平 党组成员、副主席
孙卫民 党组成员(3月任)、副主席(4月任)
曾晓安 副巡视员(12月任)

省侨联

张知明 (女)党组书记
王　强 党组成员、副主席
陈光宇 党组成员、副主席(任至5月)
陈世春 副主席(任至11月)

省台联

曾鲁台 会长

省残联

陈卫华 党组书记、理事长
宋寅安 党组成员、副理事长(1月任,任至11月)、巡视员(12月任)
李芳萍 党组成员、副理事长
肖久刚 党组成员、副理事长

省红十字会

方　娅 (女)党组书记、常务副会长
袁才华 党组成员、专职副会长(12月任)
刘安娜 (女)党组成员、专职副会长
欧阳平 党组成员、专职副会长(任至12月)
姜裕祥 副巡视员(12月退)

民革江西省委

马志武 (回族)主委
胡汉平 副主委、省农业厅厅长
陈春平 (女)省政协副秘书长,副主委(专职)
徐景坤 副主委、江西科技师范大学副校长
李家祥 副主委、吉安市政协副主席
韩树艺 省政府参事、民革江西省委会副主委(5月退)
沈　勇 副巡视员(7月任)

民盟江西省委

刘晓庄 主委
罗慧芬 副主委、南昌市人大常委会副主任(任至10月)
任江南 省政协副秘书长,专职副主委
王东林 副主委
何建洋 副主委、省监察厅副厅长、省预防腐败局副局长
黄菊花 (女)副主委

民建江西省委

孙菊生 主委
胡淑珠 (女)副主委、省高级人民法院副院长
唐玉英 (女)副主委、赣州市人大常委会副主任
杨文龙 副主委、仁和集团有限公司董事长
左继生 副主委、吉安市副市长
赵　波 (女)省政协副秘书长,副主委
沈　翔 副巡视员、秘书长

民进江西省委

汤建人 主委
梅国平 副主委、江西师范大学校长
姚燕平 (女)副主委、南昌市副市长
卢天锡 副主委、九江市副市长
欧阳剑雄 省政协副秘书长,专职副主委
张国轩 副主委、江西省人民检察院副检察长
陈洪萍 (女)副巡视员、秘书长

农工党江西省委

郑小燕 (女)主委
王　斌 副主委、江西省财政厅副

厅长
万筱明 (女)副主委、江西省卫计委副主任
涂　建 省政协副秘书长,专职副主委
史　可 副主委、新余市人民政府副市长
罗胜联 副主委、南昌航空大学副校长
余少良 副主委、江西省胸科医院院长

九三学社江西省委

李华栋 主委
洪三国 副主委、省科技厅厅长
栾　波 省政协副秘书长,专职副主委
李广振 副主委、九三学社南昌市委会主委、南昌市政协副主席
张玉清 副主委、华东交大副校长
辛洪波 副主委、南昌大学副校长、省侨联副主席

省工商联

雷元江 主席
刘金炎 省委统战部副部长、省工商联党组书记
于也明 巡视员
谭文英 (女)副主席
洪跃平 党组成员、副主席
叶元斌 党组成员、秘书长
朱　琸 党组成员、省委统战部五处处长

南昌大学

胡永新 党委书记
周创兵 党委副书记、校长
徐求真 党委副书记
李建民 党委委员、副校长
谢明勇 党委委员、副校长
黄　云 党委委员、纪委书记
朱友林 副校长
江风益 党委委员、副校长
辛洪波 副校长
李葆明 党委委员、副校长
邓晓华 党委委员、副校长

江西师范大学

田延光 党委书记
梅国平 校长
聂　剑 党委副书记
赵　明 党委委员、副校长
张艳国 党委委员、副校长
周晓朗 党委委员、纪委书记
涂宗财 党委委员、副校长
姚弋霞 (女)党委委员、副校长

江西农业大学

曹国庆 党委书记
黄路生 党委副书记、校长
陈金印 党委委员、副校长
赵小敏 党委委员、副校长(5月任)
贺浩华 党委委员、副校长
许斌华 党委委员、副校长
白　浔 党委委员、纪委书记
黄英金 党委委员、副校长(2月任)
曹钟朗 党委副书记(任至3月)

江西中医药大学

刘红宁 党委书记
陈明人 党委副书记、校长
徐兰宾 党委副书记
左铮云 党委委员、副校长
朱卫丰 党委委员、副校长
杨　明 党委委员、副校长
刘　青 党委委员、纪委书记
简　晖 党委委员、副校长(8月任)
章德林 党委委员、副校长(8月任)
彭映梅 党委委员、副校长(8月任)

南昌师范学院

姚　电 党委书记
林加奇 党委副书记、校长
席芳宽 党委委员、副校长
赖大仁 党委委员、副校长(任至10月)
徐晓泉 副校长
夏启国 党委委员、副校长
邬小辉 党委委员、纪委书记
谢晓国 党委委员、副校长
廖淑梅 (女)省政协常委(任至5月)

江西财经大学

廖进球 党委书记
王　乔 党委副书记、校长
胡建华 党委副书记(5月退)
王金华 党委副书记(12月退)
吴照云 党委委员、副校长
易小明 党委委员、副校长
蒋金法 党委委员、副校长
易剑东 党委委员、副校长
杨建林 党委委员、纪委书记
邓　辉 副校长
王小平 党委委员、副校长(10月任)

华东交通大学

万　明 党委书记
雷晓燕 党委副书记、校长
汪立夏 党委副书记(8月任)、纪委书记(任至8月)
高海生 党委委员、副校长
张　坚 党委委员、副校长
史焕平 党委委员、副校长
刘海文 党委委员、副校长
陈梦成 党委委员、副校长
朱卫国 党委委员、纪委书记(8月任)
黄稚龙 党委委员、校长助理
陈　进 党委委员、校长助理
熊国良 党委委员

南昌航空大学

傅克刚 党委书记
余　欢 党委副书记、校长
黄士安 党委副书记
黎　明 党委委员、副校长
王玉芝 党委委员、纪委书记
罗胜联 副校长
唐星华 党委委员、副校长
何兴道 党委委员、副校长
刘卫东 党委委员、副校长
聂　威 党委委员、副校长(8月任)

江西广播电视大学

史蓉蓉 (女)省委教育工委副书记、江西电大党委书记
沈建华 党委副书记、校长
刘紫春 党委副书记
钟志贤 副校长
黄平槐 党委委员、副校长
李国敏 党委委员、副校长
王水平 党委委员、纪委书记

江西科技师范大学

李红勇 党委书记

郭杰忠 党委副书记、校长(任至9月)
左和平 校长(10月任)
池泽新 党委委员、副校长(任至9月),党委副书记(9月任)
魏新华 党委委员、纪委书记
朱爱莹 (女)党委委员、副校长
李冬妮 (女,满族)副校长(任至10月)
胡业华 党委委员、副校长
蒲守智 党委委员、副校长
朱　笃 党委委员、副校长
徐景坤 副校长
李玉保 党委委员、副校长

江西理工大学

叶仁荪 党委书记
罗嗣海 党委副书记、校长
张建中 党委副书记
肖文群 纪委书记
温和瑞 党委委员、副校长
杨　斌 党委委员、副校长
邱廷省 党委委员、副校长
伍自强 党委委员、副校长
何舜平 党委委员、副校长(8月任、任至12月)
姜在东 校长助理(1月任、任至8月)
张勤俭 校长助理(1月任、任至10月)

南昌工程学院

刘谟炎 党委书记
金志农 党委副书记、院长
张立青 党委副书记
梁　钢 (女)党委委员、纪委书记
张晨曙 党委委员、副院长
吴泽俊 党委委员、副院长
汪胜前 党委委员、副院长
李　明 党委委员、副院长
樊后保 党委委员、副院长
汪荣有 党委委员、副院长
胡　敏 党委委员、副院长

景德镇陶瓷学院

冯林华 党委书记(任至5月。2015年1月涉嫌严重违纪,接受组织调查)
郭杰忠 党委书记(9月任)
江伟辉 党委副书记(2月任)、院长(3月任),党委委员、副院长(任至3月)
左和平 副院长(任至10月)
陈雨前 党委委员、副院长(任至3月)
叶观荣 党委委员、纪委书记
吴　隽 党委委员、副院长
刘小丽 (女)党委委员、副院长
吴本荣 党委委员、副院长
宁　钢 党委委员、副院长(8月任),院长助理、设计艺术学院院长(任至8月)
占启安 党委委员、中国轻工业陶瓷研究所党委书记、所长
胡林荣 党委委员、院长助理、组织部部长

东华理工大学

徐跃进 党委书记
柳和生 党委副书记、校长(7月任)
孙占学 党委委员、副校长
刘晓东 党委委员、副校长
花　明 党委委员、副校长
徐　鸿 党委委员、纪委书记
汤　彬 副校长
郭福生 党委委员、副校长
陈晓勇 副校长
聂逢军 党委委员、副校长
李德平 党委委员、副校长

赣南师范学院

孙弘安 党委书记
曾志刚 党委副书记、院长、
王太钧 党委副书记(任至12月)
曾泽鑫 党委委员、副院长
胡龙华 党委委员、副院长
范小林 党委委员、副院长(任至9月)
陈　勃 副院长
陈春生 副院长
邱小云 党委委员、副院长
吴剑波 党委委员、副院长
幸跃凌 党委委员、纪委书记

赣南医学院

黄林邦 党委书记
韩立民 党委副书记、校长
陈　新 党委副书记
刘　潜 党委委员、副校长
王柏群 副校长
刘　民 党委委员、副校长
张裕生 党委委员、纪委书记
陈　亮 党委委员、副校长

上饶师范学院

李友鸿 党委书记
柳和生 党委副书记、院长(任至7月)
王胜华 党委副书记
王秀章 党委委员、副院长
詹世友 党委委员、副院长
刘国云 党委委员、副院长
江速英 (女)党委委员、纪委书记
王德荣 党委委员、副院长
赖明谷 党委委员、副院长
周厚丰 党委委员、副院长

宜春学院

王晓春 党委书记(任至3月)
肖华茵 党委书记(3月任),党委副书记、院长(任至3月)
李雪南 党委副书记(3月任)、院长(4月任)
王宜安 党委副书记
龙　进 党委委员、副院长
彭外生 党委委员、纪委书记
梅光泉 副院长
曾晓春 党委委员、副院长
李明斌 党委委员、副院长
蒋　钰 (女)党委委员、副院长
周瑾晟 党委委员、副院长
余新卫 (女)党委委员、组织部部长

井冈山大学

万继抗 党委书记
张泰城 党委副书记、校长(任至8月)
金桂英 (女)党委副书记(任至9月)
桂国庆 党委委员、副校长
王伴青 副校长
曾建平 党委委员、副校长
肖长春 党委委员、副校长
吕玉华 党委委员、副校长
史胜平 党委委员、纪委书记

九江学院

郑　翔　党委书记
甘筱青　党委副书记、院长
吴桃娥　（女）党委委员、副院长
纪岗昌　副院长
王万山　党委委员、副院长
陶春元　副院长
杨焱林　党委委员、副院长
魏立平　党委委员、纪委书记
杨耀防　党委委员、副院长

新余学院

刘　冬　党委书记
罗玉峰　党委副书记、院长
张　健　党委副书记（任至5月）
刘晓燕　（女）党委副书记（9月任），党委委员、纪委书记（任至9月）
宁世春　党委委员、副院长
胡　涌　党委委员、副院长
陈裕先　党委委员、副院长
简少华　党委委员、纪委书记（9月任）

萍乡学院

刘明初　党委书记
范小林　党委副书记、院长
郭　伟　党委委员、副院长
邱建丁　党委委员、副院长

景德镇学院

蔡付斌　党委书记
陈雨前　党委副书记、院长
饶亚明　党委副书记
钱鸣华　（女）纪委书记
吴　丁　党委委员、副院长

全国五一劳动奖章获得者

张　洪　江西省武宁县人，1966年出生，研究生学历，大唐国际发电股份有限公司江西分公司总经理，高级工程师，中共党员。张洪把“抓组建、树形象”作为生存之本。2010年2月怀揣拓域开疆梦想的张洪带领大唐人踏上江西这片红色土地，四年时间里，迅速扭转“无核准项目，无开工项目，无在建项目，唯一一家生产企业装机容量仅44万千瓦”的“三无一小”局面，开创了大唐在江西发展的新局面。在役机组容量53.9万千瓦，在建容量210万千瓦，核准、贮备容量800万千瓦，项目发展呈现星火燎原之势，为大唐集团和江西地方经济的发展添加了灿烂的一笔。2013年7月9日，投资达75亿的大唐抚州电厂2×100万千瓦火电项目获得核准，是抚州市历史上第一个火电建设项目，也是江西省第一个百万千瓦火电机组建设项目，是今后3年内江西省电力建设的头号项目。2014年4月，他被中华全国总工会授予“全国五一劳动奖章”称号。

黄小青　江西省分宜县人，1964年出生，大学学历，江西恩达麻世纪科技股份有限公司工会主席（农民工），高级工程师，民盟成员。他于2006年中央党校培训班结业，兼任江西省农产品流通协会理事、政协分宜县委员会委员、分宜县工商联兼职副主席、分宜县个私协会副会长、新余市仲裁委员会仲裁员。该同志拥护中国共产党的领导，热爱祖国，执行党的路线、方针、政策，遵守党的法律法规，具有“献身、创新、求实、协作”的精神，为人诚实，公道正派。熟悉夏布生产加工和苎麻生物脱胶技术，1998年担任企业工会主席，并主持企业技术工作15年，勤勤恳恳，兢兢业业，为公司从作坊式手工企业发展成为全国最大的夏布染整深加工企业、国内外知名的国家级农业产业化龙头企业，中国驰名商标企业和高新技术企业做出杰出贡献。2014年4月，他被中华全国总工会授予“全国五一劳动奖章”称号。

杨　楼　江西省九江县人，1984年出生，高中学历，巨石集团九江有限公司拉丝一车间拉丝工。作为一名来自农村的小伙子，杨楼并不觉得自卑，相反他觉得靠自己的双手劳动是一种光荣，因此在平凡岗位上显示出自信和乐观的工作态度，工作中杨楼始终以身作则，事事吃苦在前，积极协助班长做好班组生产工作，并主动担当班组新进员工操作技术的传、帮、带任务，在操作技能和工作责任心上引导新进员工树立起正确的工作态度，从而提高了班组员工队伍的整体操作技能；正是这种踏实的工作态度使他在工作中敢于挑战困难，解决困难，千方百计为班组和车间生产的正常运行提供了可靠的保证，他也成为班组的骨干和车间的生产能手，2013年杨楼所负责的责任通路年平均开机率达93.58%，产、质量在车间都名列第一。当班时，他总是不断的检查、巡视，对各种跑、冒、滴、漏、堵的现象及时进行处理。2014年4月，他被中华全国总工会授予“全国五一劳动奖章”称号。

吴建华　江西省余江县人，1982年出生，高中学历，鹰潭阳光照明有限公司车间主任，中共党员。她尊重领导、团结同事、工作勤恳、任劳任怨、坚持原则，保持仓库账、卡物一致，连续两年被公司评为先进工作者。2008年5月荣升合资装配车间主任一职。面对由200多名新员工组成的新车间，她并没感到一丝的怯意与恐惧。面对一个以新订单为主的车间，她首先大量查阅了相关技术文件，利用加班时间加强学习品质与技术知识。同时，从网上收集管理资料不断地给自己充电，以提升自己的管理水平。加强同员工之间的交流，及时了解员工的思想状态。在巡视车间的时候，主动同员工进行谈话，交流意见。将他们好的意见记录下来,并努力将之实现。对于他们所提的不合理或者不切实际的意见,耐心地加以解释。对于员工在工作和生活中碰见的困难,她全力去帮助,获得员工一致好评。2014 年 4 月,他被中华全国总工会授予"全国五一劳动奖章"称号。

张 弘 江西省南昌市人,1962 年出生,大学学历,江西省洪都航空工业集团有限责任公司副总经理,高级工程师,中共党员。他立志航空报国,刻苦钻研业务,迅速提高水平,很快成为技术骨干。他从事军械系统设计期间,多项工作成果为国内首创,包括:某型机加装先进导航系统、先进武器系统并批量装备,有力保障了新型战斗力的生成;某型吊舱研制成功、大量装备并推广应用至多个机型;某型吊舱及其系统达到国内领先水平。作为领导,他不仅主持多型号研制和技术攻关工作,而且狠抓科学化科研管理和信息化能力基础建设,率先在中国航空工业界全面推进新机全机电子样机设计,建成当时国内设备最先进、试验能力最强的电磁兼容试验室,仅用一年时间建成数字化飞行控制系统实验室,为研制世界级水平的教练机型号奠定坚实的基础。通过科学管理,逐步实现中航工业洪都"十二五"战略的全面落实。2014 年 4 月,他被中华全国总工会授予"全国五一劳动奖章"称号。

陈焕文 江西省兴国县人,1973 年出生,研究生学历,东华理工大学江西省质谱科学与仪器重点实验室主任,教授,无党派。他在美国普渡大学获得博士后,毅然放弃国外的优厚条件,回到母校东华理工大学工作,带领一批年轻人勤奋、严谨、努力地工作。他怀着对事业的执着追求、对国家和母校的感恩之心,在朴素生活中闪烁着真善美,在江西这片热土上绽放着自己最美丽的青春。在东华理工大学作为学科带头人负责组建"质谱科学研究团队",2014 年已建成"江西省质谱科学与仪器重点实验室""江西省高等学校高水平实验室""江西省高等学校科技创新团队"和"江西省 2011 协同创新中心"。实验室在复杂基体样品快速质谱分析基本理论、关键部件研制及典型应用等方面进行系统研究,获取一批具有国际影响的成果。主持多项国家科技部专项基金、国家自然科学基金、瑞士自然科学基金及其他省部级项目。2014 年 4 月,他被中华全国总工会授予"全国五一劳动奖章"称号。

陈大洲 江西省会昌县人,1955 年出生,大学学历,江西省农业科学院水稻研究所所长,研究员,中共党员。他一直坚持在水稻育种一线,35 年来专心水稻育种研究,不断创新,为促进全省乃至全国粮食生产的科技发展做出重大贡献。在优质稻、超级稻育种改良方面,1999 年至 2003 年主持国家"早稻品质改良产业工程江西分项"重大产业工程,通过"产、学、研"协作,组织全省早稻品质改良育种攻关,围绕双季稻区早稻抽穗高温逼熟,造成早稻米质差,食味差等问题,采用优质资源和抗高温的爪哇稻种质材料,结合先进的育种技术,选育出早稻优质稻 7 个品种,赣早籼 49 号、金优 F6 和九丰优 F6 等,达到部颁优质二级米标准,仅 4 年累计推广 81.51 公顷,平均每亩增产稻谷 20 千克,共增产 2.45 亿千克,增效显著。该项目 2004 年获省科技进步二等奖。2014 年 4 月,他被中华全国总工会授予"全国五一劳动奖章"称号。

鲍文戳 福建省莆田市人,1979 年出生,大学学历,大特钢科技股份有限公司自动化部自控车间主任,工程师,中共党员。鲍文戳和他的团队深入各分厂,深入现场开展调查研究,认真查找仪控设备在影响和制约生产上存在的突出问题。2012 年,他带领团队在现场调查中发现炼钢厂转炉煤气回收还有较大的空间,在领导的支持下,他们成立"转炉煤气回收分析系统优化,提高煤气回收率"攻关组,从设备安装到控制程序编写他都身体力行,亲力亲为,为该煤气分析设备的成功研制费尽心血,通过此项技术改造,公司炼钢厂平均每炉钢的煤气回收时间:2011 年与 2012 年对比,平均延长 2.115 分钟,经计算,投入使用后 3 个月的时间内所产生的直接经济效益就达 287 万元,不仅有效地降低炼钢工序生产成本,而且有效降低钢厂污染物排放总量,进一步实现清洁生产,取得很好的经济效益和社会效益,受到上级和广大员工的好评。2014 年 4 月,他被中华全国总工会授予"全国五一劳动奖章"称号。

赵 勇 江西省南昌县人,1973 年出生,大学学历,南昌市公安局高新分局治安大队大队长。他团结带领全体民警精心谋事,务实创新,攻坚克难,奋勇拼搏,取得打击整治和管理服务双丰收,维护了高新区的社会治安稳定,为高新区建设成鄱阳湖生态经济先导区做出积极贡献。2012 年,他先后获得"办好城运当先锋"先进个人,南昌市、江西省劳动模范等称号。为筑牢"平安高新"的社会治安基础,他组织开展社会治安整治专项行动,全面落实"打、防、管、控"各项措施,以突击检查的方式,组织警力对辖区酒吧、KTV、麻将馆、发廊等娱乐服务场所开展整治,严厉查处贩卖吸食毒品、开房聚赌、利用电子游戏机赌博和卖淫嫖娼等违法犯罪活动,查处"黄、赌、毒"案件 291 起。2012 年,分局共查处治安案件 4338 起,同比上升 310.8%。2014 年 4 月,他被中华全国总工会授予"全国五一劳动奖章"称号。

曾春平 江西省南昌市人,1959 年出

生，高中学历，南昌正大畜禽有限公司技术员，中共党员。他自南昌正大畜禽有限公司聘用为技术员以来，负责饲养管理、饲料配方、防疫、选育种等生产工艺流程的制订和实施以及机械的检修。凭着勤思善钻的探索精神、吃苦耐劳的实干作风，他练就了一套过硬的技术本领和扎实的业务能力，很快成长为一名熟知各个岗位的作业能手。他在引领农民致富和创新畜禽技术以及饲料配方研究开发方面做出突出贡献。他不辞辛劳，坚持把推广畜禽养殖技术当作重要任务，义务为农民群众传授科学养殖知识实用技术，近10年来，共为农户举办养殖培训班100多期，认真细致地做好技术咨询和技术跟踪服务，做到有求必应，有问必答，为农民排忧解难，并自费购买2万多元有关科学养殖的书籍赠送给农户，深受群众的欢迎和好评。2014年4月，他被中华全国总工会授予“全国五一劳动奖章”称号。

覃伟中 广西壮族自治区玉林市人，1971年出生，硕士研究生学历，中国石化九江分公司总经理，高级工程师，中共党员。他在九江石化履职以来，凭着满腔热血，科学规划企业发展，提升企业软实力，优化经营增效益，以建设具有国际先进水平的千万吨级一流炼油企业为目标，以追求卓越的态度，严细管理、真抓实干的行动，使九江石化老厂焕发青春，从员工思想观念到企业安全生产、技经指标、发展管理等各方面都取得长足进步，带领九江石化不断从先进迈向优秀、从优秀迈向一流，打造“人民满意、高度负责任、高度受尊敬”企业。他以科技进步和机制创新为动力，按照安全第一、效率优先、效益优先、环境优良的原则，认真落实国家产业政策，积极淘汰落后的生产工艺和设备，着力推进企业技术先进型、安全本质型、环境保护型、节约能源型、生态建设型、劳资和谐型建设，先后荣获多项荣誉称号。2014年4月，他被中华全国总工会授予“全国五一劳动奖章”称号。

陈国英 福建省莆田市人，1963年出生，在职研究生学历，南昌市国家税务局党组书记、局长，中共党员。他主持了江西省国税系统内部办公网站建设，并多次在全省政府门户网站评比中获得省直部门组第一名。在景德镇市国税局任职期间，在全省率先出台《涉税信息交换办法》，并主持研发运行“财税工商登记信息交换比对管理信息系统”，在国家税务总局作了典型发言。主持建立起执法过程风险防范长效内控机制，得到总局法规司、省局的充分肯定。在南昌国税局任职期间，他带领全局主动策应鄱阳湖生态经济区建设，南昌打造核心增长极等重大决策部署，认真落实结构性减税政策，及时掌握国家相关税收政策的新动向，抓好政策服务工作，向省局争取了全力支持南昌打造核心增长极的30条具体的税收政策。他把“强基固本”定位为南昌国税工作的核心之一，突出税务登记入网率等基础性工作指标的要求。2014年4月，他被中华全国总工会授予“全国五一劳动奖章”称号。

刘小仙 江西省都昌县人，1972年出生，初中学历，九江市三兴纺织实业有限公司生产部总操作教练。1997年进入三兴参加工作以来，十八年如一日，兢兢业业，尽心尽力，无怨无悔把自己的青春默默奉献给她最喜爱的纺织事业，在平凡的岗位上做出不平凡的业绩。她2007年任细纱值班长后，刻苦学习岗位业务知识和管理技能，在工作中从严要求，以身作则，很快就干得有声有色，班组工作效率极高。工作上从不分分内分外，人员紧缺时，就边管理、边顶岗，总是默默地把整个车间的所有工作做得井井有条。梅雨季节车间生活难做，很多员工机台开花，高温季节员工劳累疲乏情绪波动，她带头迎着困难上，不厌其烦帮工友解决难题，耐心细致做思想工作，一言一行，感动了工友，使大家信心倍增，积极努力攻克操作技术和思想上的难关。她乐于帮助新员工，将自己掌握的技术毫无保留地传授给新员工，让大家都掌握过硬的技术，10多年来经她手带出来的新员工总能提前走上独立挡车的岗位，受到广大员工的好评。2014年4月，她被中华全国总工会授予“全国五一劳动奖章”称号。

夏　天 湖北省黄梅县人，1976年出生，大学学历，国网江西省电力公司柘林水电厂信通中心副主任，高级工程师，中共党员。他2001年代表全厂参加九江市职工计算机竞赛，获得个人第一名与团体第一名的好成绩，后被选入九江市代表队代表九江市参加江西省职工计算机竞赛，再次获得基础组第一名的好成绩。2003年，代表江西省赴北京参加全国职工计算机技能竞赛汇报展示，荣获全国计算机知识普及应用活动先进个人称号。他勤于钻研，先后在国家级刊物发表《企业信息安全的十大风险点》《打造稳定高效的企业信息化平台的若干要素》《水电厂办公管理系统的功能设计与实现》等多篇论文。2002年他获得系统规划与管理工程师资格，2007年获得系统规划与管理高级工程师资格。多年来，他一步一个脚印，全过程参与了柘林水电厂信息化工作从无到有、从小到大、从点到面的建设工作。2014年4月，他被中华全国总工会授予“全国五一劳动奖章”称号。

邱赛珍 江西省鄱阳县人，1970年出生，初中学历，景德镇陶瓷股份有限公司中国景德镇瓷厂贴花工段工段长，中共党员。她自参加工作以来，一直从事彩绘贴花及技术管理工作。在长

期的实践中，她刻苦钻研技术，曾多次带领贴花女工攻克并解决贴花关键技术难关，使全厂釉中彩瓷产品合格率提升近20个百分点，为企业创效作出积极的贡献。多次带领贴花工段出色完成国家专用瓷和国礼瓷的贴花生产任务，直接或间接为工厂创造经济效益420多万元。2005年，国家主席胡锦涛到公司视察，在贴花工作台前，看到邱赛珍娴熟的贴花技能，便伸出手亲切地与她握手，微笑地称赞道："你的手真是太灵巧了。"邱赛珍初中毕业就被招工进为民瓷厂贴花，贴花是件苦差事，很多人都半途而废，而她凭着不服输的劲头，虚心求教，勤学苦练基本功，终于掌握了一手过硬的贴花技术，多次被评为厂里的优秀生产工作者、贴花能手。作为彩绘车间贴花工段的工段长，合理安排生产，保质保量如期交单是第一要务。2009年，为完成中央下达的60周年庆典瓷制作这一光荣任务，她带领贴花女工们贴样、试烧、反复试验，达到最佳效果。2014年4月，她被中华全国总工会授予"全国五一劳动奖章"称号。

邓香萍　江西省萍乡市人，1977年出生，大专学历，萍乡市湘东区邮政局东桥邮政所所长。她自一名普通的营业员竞聘当上所长后，恪守着邮政人的天职，始终用爱心和热心服务着当地政府和3.6万民众。几年来，余额和业务收入排全市农村支局所第一，得到省、市、县领导的高度好评。2013年邮储余额净增1900多万元、理财销售500多万元、保险销售600多万元，在全区各邮政储蓄所中名列前茅。该所多次被评为全省邮政百强支局所、"全国五一巾帼标兵岗""江西省邮政系统建功立业巾帼标兵岗"等称号。她用心当好"家长"，处理好"大家"与"小家"的关系。她虽然年纪才30多岁却俨然像个长辈，在员工面前举手投足之间总是透着慈祥与呵护，所里大小事情她每天都会安排得井井有条，她以纯朴的爱心为职工营造了宽松的工作环境。通过在节日和生日发送祝福短信关心在外务工的创业人士，赢得许多客户的心，抓住了业务发展的源头。2014年4月，她被中华全国总工会授予"全国五一劳动奖章"称号。

奚景梁　江苏省无锡市人，1971年出生，大学学历，鹰潭华宝香精香料有限公司技术经理、工程师。他按照"用好现有人才，稳定关键人才，引进杰出人才，培养未来人才"的理念，建立队伍结构动态优化和持续发展机制，实行全员聘任、科学考评、公正公平、有序流动的技术管理机制，强调培养造就一批留得住、用得上、具有本土优势的高级专门技术人才，形成一支德才兼备、结构合理、素质优良的科技创新队伍。同时，培养一批善于实施高技术成果转化的工程技术人才和管理、支撑、服务骨干队伍。努力营造良好科研氛围，积极倡导公司采取岗位锻炼、委派研修、学位深造有机结合的方法培养人才团队。每年引进专业技术优秀人才2～3名，建立技术后备梯队。2014年，组建了一支高规格的研发阵容和专业技术团队，其中，高级工程师或高级调香师5人、硕士2人、大专及本科20人。2014年4月，他被中华全国总工会授予"全国五一劳动奖章"称号。

邹　兵　江西省新余市人，1977年出生，大学学历，新余钢铁股份有限公司第二炼钢厂转炉炉长。由于他肯吃苦、爱钻研、悟性高，工作中表现出色，在炉前工作不到两年，就当上转炉炉长。2002年，一钢厂新的100吨转炉建成投产，急需一批炼钢技术高的人员。邹兵就是这样被"挖"到了100吨转炉开新炉。在他带领和指挥下，他所在班组的产量、质量和钢种命中率列12个小组前茅，成功地冶炼12MnDR、200IF、桥梁钢、管桩钢、高层建筑结构用钢、Z向钢等新品种。2011年，新钢公司第二炼钢厂210t转炉建成投产，邹兵被调到第二炼钢厂。由于第二炼钢厂新建不久，各种工艺都处于磨合阶段，导致生产问题突出，可是邹兵凭着一股钻劲和不怕苦的精神，使生产情况一直处在顺行的状态。在钢铁行业严峻的形势下，他在实际操作中不断尝试新的操作模式，为降本增效做出贡献。2014年4月，他被中华全国总工会授予"全国五一劳动奖章"称号。

余志勤　江西省樟树市人，1961年出生，大专学历，江西省樟树市人民医院内科主任，副主任医师，中共党员。他1981年医学院校毕业后一直从事呼吸内科的临床、教学、科研工作，是樟树市人民医院重点学科带头人。他坚持学习，专业基础扎实，临床经验丰富，用高超过硬的医术治病，用菩萨的心肠对待每一位病人，用实际行动把自己锻造成樟树市的名医。他高尚的医德，在当地百姓中有口皆碑，赢得广大患者的信任和同行的尊敬。他用自己的行动、智慧、意志实践着党旗下的誓言，谱写"人民生命高于一切"的凯歌。他先后荣获"全省卫生人才工作先进个人""宜春市优秀青年科技后备人才""江西省新型农村合作医疗工作先进个人""宜春市优秀共产党员"等称号。被江西医学院、江西中医药大学、赣南医学院聘为副教授，并当选为樟树市第三、四、五、六、七届人大常委会委员。2014年4月，他被中华全国总工会授予"全国五一劳动奖章"称号。

李桃仙　江西省上饶县人，1964年出生，初中学历，上饶市索密特实业有限公司销售员。她在工作之余，自费考了驾照，并自学电脑运用，利用电脑的便捷努力协调汽车厂、市场与本公司间的繁重业务，先后为公司开辟4个汽车厂家的配套业务。2012年，因吉

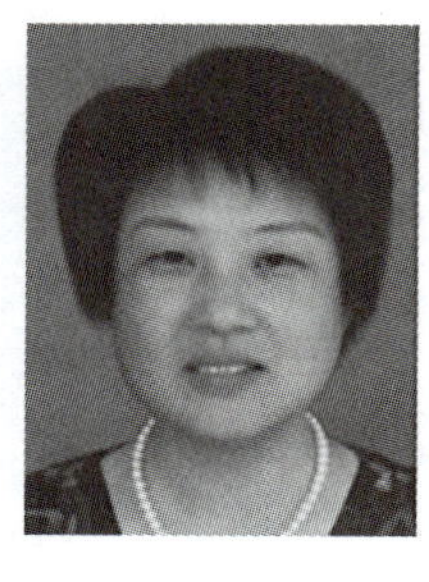

利汽车公司采购部对升降器单价控制严苛，公司在无利润的情况下几乎中断与吉利汽车的配套业务，此时公司要求她重新接管与吉利公司的业务模块。在吉利给供应商降价时，她四处奔波不小心扭伤了脚。脚肿得如同馒头，疼痛难忍，但为了工作她硬是咬牙一瘸一拐地硬撑着去找有关人员沟通，终于使吉利在给每家供应商降价的时候同意给她公司签订每套升降器增加 15 元的合同。2012 年后期因工作压力太大，她不幸病倒，住院手术。即使其在住院期间，她的工作手机仍然 24 小时开机，带病衔接好每一项工作。2014 年 4 月，她被中华全国总工会授予“全国五一劳动奖章”称号。

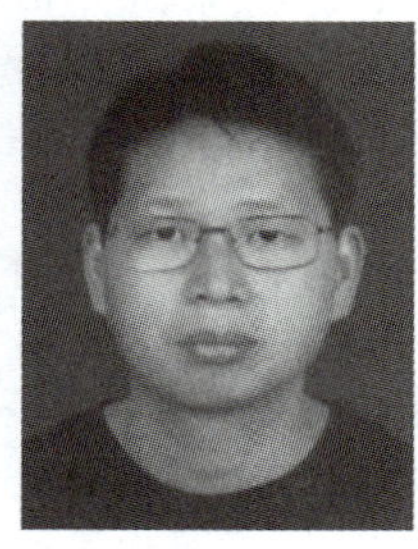

张国兴 江西省婺源县人，1973 年出生，大学学历，婺源县人民医院医师，副主任医师。他自 1995 年在婺源县人民医院麻醉科工作至今，一心为病人、为医院着想，从不计较个人得失，经常一天工作十几个小时甚至连续工作几天才回家。有一次他小孩问他：“爸爸，你是不是出差了，我怎么一个星期都见不到你。”有一次，抢救一个嗜铬细胞瘤合心脏功能衰竭的患者，因病情特殊，不做手术随时有生命危险，做麻醉的风险也很大。他将各种实践中摸索出的新麻醉技术全都用上，使手术顺利完成，术后病人又出现心脏功能衰竭、肾功能衰竭、呼吸衰竭，经过他三天三夜全力抢救，终于转危为安。在这三天里他累了就病床边趴着，饿了就塞块饼干。2003 年 11 月，婺源县新型农村合作医疗的试点工作全面展开，医院手术麻醉病人呈“井喷”态势。他持续加班半个月，加上经常挨饿，造成胃溃疡大出血昏倒在工作台上。2014 年 4 月，他被中华全国总工会授予“全国五一劳动奖章”称号。

钟俊平 江西省瑞金市人，1980 年 2 月出生，大学学历，现任江西森科实业股份有限公司车间主任，共青团员。他具有强烈的改进与创新意识。在寻求解决车间人力浪费问题中，一个突想想法，把键盘 PCB 工序改为全部 SMD 工艺生产，经过试验及改良，终于实现键盘 PCB 板自动化生产，其车间人力降低 30 余人，对产品品质也提升一个台阶。为提升更高的效率及产能，引进全自动化注塑生产线及全自动化键盘生产线，从而实现生产品质稳定及生产效率最大化的方式，也成为同行业技术及规模最先进的装备。森科实业刚刚成立的时候，他几乎没有休息过一个星期天，所有时间都用在工作上。用最快的速度安装生产前期的设备及调试，工作上遇到的问题召集大家商讨最有效的方法，工作难题带头到车间逐步解决。在第一批新员工入厂的时候，一个步骤一个步骤手把手教导他们，培训他们，使员工从生疏到熟练。他建立了车间完善的管理制度，完成当年建厂，当年投产。2014 年 4 月，他被中华全国总工会授予“全国五一劳动奖章”称号。

徐珊玲 上海市人，1964 年出生，大学学历，抚州市第一人民医院主任护师，中共党员。她不仅在工作上取得成绩，而且医学学术和科研方面也取得许多成果。她独立主持研究完成课题 5 项；参与完成研究课题 11 项，撰写学术论文 20 余篇，分别在国家及省级医学、护理杂志和全国性学术会议上发表。在手术室工作期间，没有飘逸的护士服，没有圣洁的燕尾帽，只有一袭绿衣守候在无影灯下。每时每刻都要高度集中精神，保持在一种全神贯注的状态。不同的医生，不同的习惯，都要谨记；戴着放大镜都难找的小缝针，都得看好；任何一块填塞在手术创面的小纱布是否悉数取出，都得留心；各种先进手术器械如何使用，都得熟练；不同体形病人的手术体位是否安全、恰当、舒适，都得调整妥当；参观人员是否符合要求，都得督促；房间环境是否安静整洁，都得管理。2014 年 4 月，她被中华全国总工会授予“全国五一劳动奖章”称号。

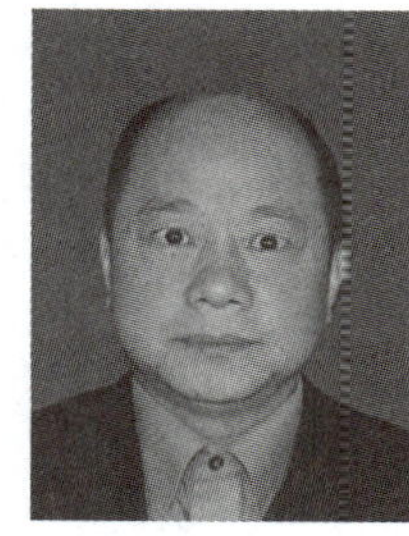

吴永忠 福建省沙县人，1964 年出生，大学学历，普正药业股份有限公司技术中心研发总监，副研究员，中共党员。他自 20 世纪 90 年代开始，主持完成国家“八五”科技攻关项目“常用中药材品种整理和质量研究——枳壳、蔓荆子类专题研究”，国家自然科学基金项目“江西道地药材枳壳、蔓荆子道地性的系统研究”，参加完成国家“七五”科技攻关项目“常用中药材品种整理和质量研究——巴戟天类专题研究”，参加完成国家“九五”科技攻关项目“栀子、枳壳、车前子规范化种植研究”。主持国家“十五”攻关项目“江西道地药材规范化种植基地建设——蔓荆子、泽泻、乌骨鸡规范化种（养）植专题研究”。主持江西省科技厅重大科技招标项目“江西道地药材——栀子、枳壳规范化种植研究”。1984—1988 年，他参加江西省中药资源普查及有关资料的编写，主持完成江西省科技厅重点课题“抗衰老药用植物乌饭树的综合开发利用研究”、超临界流体萃取技术（SFE）提取薯蓣皂素的工艺研究等三项课题。2014 年 4 月，他被中华全国总工会授予“全国五一劳动奖章”称号。

伍忠根 江西省吉安市人，1970 年出生，大学学历，吉安市中心人民医院磁共振室主任，副主任医师，民革党员。他在全市率先引进介入放射技术，开创了该市介入治疗的先河，使吉安市从单纯的内外科

治疗拓展为内科、外科、介入三大完善的治疗体系，为及时瞄准国内外影像医学动态，把握影像医学发展方向，了解最新医疗信息，开阔新视野，补充新能量，完善知识结构，他先后数次赴上海、北京、武汉等知名医院影像科进修学习，不断掌握更新、更好、更高的医学技术。他不但潜心研究放射介入治疗理论，更是冲在抢救病人的第一线。由于长期从事放射专业，大量的X线照射损害，使他的身体素质明显下降，染色体断裂，白细胞下降，长期口腔溃疡，但他毅然行走在“介入”科学这一艰辛的道路上。

他经过多方调研和充分论证，顺利把该市最先进、最高档的设备——磁共振应用于临床医学。2014年4月，他被中华全国总工会授予“全国五一劳动奖章”称号。

刘建生　江西省南康市人，1973年出生，硕士研究生学历，赣南医学院第一附属医院全科医学科VIP病区副主任，副主任医师，九三学社社员。他对技术刻苦钻研，精益求精，十七年如一日，时时刻刻“以病人为中心”，把无限的激情倾注在医学事业中，治病救人，医德高尚，廉洁行医，着力解决人民群众看病难、看病贵的难题，赢得人民群众的交口赞誉，堪称医生的楷模。他为人谦虚真诚，处事正派、严谨、踏实，心胸宽容大度，不计较个人得失，以身作则，廉洁自律，自觉抵制各种不正之风，自觉接受党和群众的批评和监督，时刻做到自重、自省、自警、自立。作为一名医师，从步入神圣的医学殿堂的那一刻，他就深知作为一名医务人员的重大使命。他总是力求以最经济、最实惠的治疗方案达到最佳的治疗效果。而面对病人以钱物形式的感激之情，他总是委婉谢绝或上交，医院纪检监察部门统计，他在2013年上交红包近5000元。2014年4月，他被中华全国总工会授予“全国五一劳动奖章”称号。

应　勇　江西省南昌县人，1968年出生，硕士研究生学历，南昌农商银行党委书记、董事长，高级经济师，中共党员。他本着对农村金融事业的无比忠诚与热爱，三十年如一日，始终坚持“立足县域、服务三农”的市场定位，大力践行“勤奋、忠诚、严谨、开拓”的企业精神，将自己全部的资源、精力和工作热情，都投入到农村金融改革发展事业之中。特别是2009年江西省首家农商银行——南昌农商银行改制组建、担任南昌农商银行主要负责人以来，面对复杂的经济金融形势和激烈的市场竞争环境，将积累的丰富经验运用到实践工作当中，团结和带领全行广大干部员工，锐意创新，开拓进取，取得良好的工作业绩。截至2013年年底，南昌农商银行资产总额333.84亿元，是改制之初的3.15倍；各项存款余额245.17亿元，是改制之初的3.91倍；各项贷款余额159.16亿元，是改制之初的3.39倍。2014年4月，他被中华全国总工会授予“全国五一劳动奖章”称号。

敖志凡　湖南省岳阳市人，1969年出生，大学学历，江西省交通咨询公司监理，工程师。他从1989年参加工作从事公路计量员开始，一直到作为总监理工程师，先后6次获得先进工作者和劳动模范。他所在的江西省交通咨询公司井冈山——睦村项目总监办，获得全国十佳“公路水路工程优秀总监办”称号，他所参与建设的全省十多条高速公路全部达到质量标准。其中，全省唯一一条由外商投资的九瑞高速公路由于质量优良，其经验做法在全省推广应用。2008年至2010年，他任九瑞高速公路监理代表处监理工程师代表。由于此条高速公路是外商投资的项目，他深知自己不仅仅代表江西交通工程监理公司，同时也是代表省交通厅的窗口单位形象。他狠抓标准化建设，规范化施工，身先士卒，亲力亲为。通过与业主、施工单位共同努力，出色完成上级交给的任务。2014年4月，他被中华全国总工会授予“全国五一劳动奖章”称号。

全国三八红旗手

邹德凤　1956年7月出生，南昌大学第四附属医院医疗服务部主任、江西省红十字会志愿服务中心副秘书长。曾多次获得中国红十字会总会红十字志愿者之星、优秀志愿者、全国十大杰出志愿者、终身志愿者等称号。2013年5月荣获国际红十字委员会第44届南丁格尔奖章。她从16岁时投身护理事业，被大家公认为全院最不怕脏、最不怕累、最不怕危险、最有爱心的医护人员；她在江西首创了社区护理模式、社区居家老年护理服务模式、临终关怀模式及化解医患纠纷模式等一系列卓有成效的创新医疗模式，在省内外数十个县市得到推广；她11年累计做义工达2.4万小时，成为全省数一数二的“超级义工”，坚持每年献2次血，总献血量达到4800毫升，带动了社会各界4000多人加入到志愿服务、遗体捐献、献血、救灾等各项爱心事业当中，她的团队，成为江西省红十字会志愿服务团队中，发展速度最快、年龄跨度最大、人员辐射面最广、活力最强的团队。2014年2月，她被全国妇联授予“全国三八红旗手”称号。

喻　琳　1973年3月出生，江铃集团控股公司质量部质管员。曾获“南昌市劳动模范”“江西省劳动模范”“全国五一劳动奖章”等称号。她是企业生产一线员工的杰出代表。她大胆对装配工艺进行优化，X8超豪华版车型装配工艺优化提升效率60%。她利用单点课程形式对员工进行培训，有效提高员工一岗多能水平，为企业培养了一批责任心强又能胜任多岗位生产的复合型员工。她在班组开展创新创效活动，以合理化建议平台为依托为公司降本增效，仅“关于库存取消车型线束废物利用的建议”一条就为公司节约成本上万元。2014年2月，她被全国妇联授予“全国三八红旗手”称号。

蔡玲玲 1963年12月出生，景德镇市珠山陶瓷研究所所长。曾获江西省“巾帼建功标兵”“江西省三八红旗手”称号，被评为景德镇市非物质文化遗产“传统粉彩制作技艺”传承人、江西省高级工艺美术师、江西省工艺美术大师、中国陶瓷设计艺术大师、赣鄱人才“555”工程领军人物。先后获得国家级金、银奖几十项，作品“母子情”获得国家专利2项，作品“十二生肖”获得“亚运会特殊礼品”称号。多年来，共安排大学毕业生就业50多人，安置下岗陶瓷职工100多人，培养了一大批具有省、市高级技术职称的人员。她的多件作品被中国工艺美术馆、中国国家博物馆等永久收藏。她积极参加社会活动，担任景德镇市工商联副主席、政协委员、江西省侨商会副会长、江西省高级技术职称评委。她自觉回馈社会、奉献爱心，积极参加各种公益捐助活动，帮扶、救助特困弱势群体。2014年2月，她被全国妇联授予“全国三八红旗手”称号。

洪 葵 1964年7月出生，南昌大学第二附属医院心血管内科主任医师。曾获得“江西省三八红旗手”“全国优秀科技工作者”“新世纪百千万人才工程国家级人选”“卫生部有突出贡献中青年专家”等称号，获得江西省自然科学一等奖、江西省高等学校科技成果一等奖、江西省科学技术协会“江铃科技精英奖”等奖项。她致力于心血管基础与临床研究20余年，主攻心律失常遗传学研究；主持及参与省部级以上课题9项，其中主持国家973前期项目、国家自然科学基金、教育部博士点基金共7项，参与973项目2项、“十五”和“十一五”国家科技支撑项目各1项，发表论文105篇，以第一和通讯作者发表SCI论文13篇，主编专著1部，参编12部。她多项原创研究成果达到国际水平，被国内各专业会议特邀演讲70余次，国际会议专题演讲和交流8次。她在国际上首次报道引起心脏猝死的一个重要原因——短QT综合征致病基因KCNH2；首次发现KCNQ1为短QT合并房颤的致病基因；首次报道SCN5A为国人短QT并Brugada心电图的新致病基因；在心脏猝死综合征——Brugada综合征中，发现基因筛查结合心电图技术的诊断价值；率先在国际上报道FAT10在心脏抗凋亡中的作用。她创建了省内第一个遗传性心律失常研究室和心律失常DNA库，率先开展遗传性心脏病基因筛查指导优生优育的转化研究工作，并开设遗传咨询门诊。2014年2月，她被全国妇联授予“全国三八红旗手”称号。

邱菊清 1958年7月出生，萍乡市上栗县上栗镇万石深圳希望小学妙岭教学点教师。曾获“上栗县妇联三八红旗手”“萍乡市劳动模范”“萍乡市优秀共产党员”“江西省创先争优优秀共产党员”“江西省三八红旗手”等称号。她扎根深山教学30多年，面对极为艰苦的自然环境和教学条件，甘守清贫，不离不弃，让深山中的孩子看到希望。高中毕业后，毅然放弃自己走出深山的机会，决定到上栗镇斑竹山小学担任代课教师。因生源不足学校变成万石小学教学点，她是唯一留下的老师。当时她已嫁到离城很近的村子，上班更不方便；爱人出事故，左腿截肢，需要人照顾，她都克服困难，默默坚守到现在。她视学生为亲生子女，用爱心温暖每一个孩子，让一批又一批孩子走出了深山，改变了命运。2014年2月，她被全国妇联授予“全国三八红旗手”称号。

兰念瑛 1958年10月出生，资溪县乌石镇新月村党支部书记。曾获“江西省三八红旗手”“江西省劳动模范”“全国‘三八’绿色奖章获得者”“全国‘双学双比’女能手”“全国民族团结进步模范先进个人”“全国‘四五’普法先进个人”等称号，是第十一、十二届全国人大代表。新月畲族村曾是贫困少数民族村，在她带领下走上苗木产业发展路，成了闻名遐迩的“苗木花卉村”。她始终注重提高村民素质，村里没有发生违法乱纪案件，她多次放弃个人发家机遇，带领村民建设新农村，打造文化活动丰富、基础设施齐全、畲族风格独特的新畲寨；她多次赴省城邀请民俗专家对畲族文化进行搜集整理，完善畲族歌舞、服饰、饮食、武术、宗教等文化，建设畲族特色文化馆，举办2013年新月畲族民俗风情节活动。新月村先后获得“全国民族团结进步村”“全国文明村”“全国农业旅游示范点”“江西省AAAA级乡村旅游点”等荣誉。2014年2月，她被全国妇联授予“全国三八红旗手”称号。

郭 皎 1970年10月出生，宜春市妇联党组书记、主席。曾获团中央“全国进城务工青年良师益友”“江西省三八红旗手”等称号。任万载团县委书记期间，率先在深圳设立万载打工青年流动团支部和外出务工青年权益保护协会，受到团中央推广。任靖安县副县长期间，她分管的公路、招商、教育、计生等工作填补了多项空白。任奉新县委常委、宣传部部长期间，新闻宣传取得突破，旅游发展经验在全省推广。调入宜春市妇联工作后，社会运作服务大局创历史之最，筹资300余万元举办了“月亮小姐”选拔大赛、女工作品大赛、月亮宝宝比拼大赛、集体婚礼等，推动妇女小额担保贷款政策出台，妇女小额担保贷款一直稳居全省之首；促成妇女人均“一元钱”政策和市妇女儿童活动中心的落实，解决了长期制约妇女儿童事业发展的经费和场所问题；开展留守儿童和“平安家庭”创建活动，经验在全省推广；推出的基层组织建设“三分类”、姐妹谈心室、“婆婆网管队进社区”等工作取得实效；争取实施一系列民生工程，使大批妇女儿童得到实惠。2014年2月，她被全国妇联授予“全国三八红旗手”称号。

王晓燕 1964年10月出生，江西省公安厅副调研员、江西省女法联副秘书长。曾3次荣立个人三等功，获“江西省实施妇女儿童发展纲要先进个人”“江西省三八红旗手”“全国维护妇女儿童权益先进个人”等称号。她被称为困难妇女的“娘家人”，留守儿童的“警察妈妈”。每年节假日，她组织女民警深入社区、农村，参加义务植树活动和慰问农村困难妇女活动。作为江西省女法联的成员，她悉心服务受到侵害的当事人，及时与有关业务部门联系，做好协调工作。她以真情感化行动，激发服刑人员的改造积极性。她组织开展“关爱留守儿童，共建和谐社会”主题活动，带领公安机关女民警以“警察妈妈”的身份，深入社区、学校、农村，与孩子们联欢、沟通，每年“六一”与孩子们共庆儿童节。2014年2月，她被全国妇联授予“全国三八红旗手”称号。

车晓燕 1979年4月出生，江西省欧泰龙家具实业有限公司总经理。曾获“南昌市三八红旗手”“南昌市创业家标兵”“江西省杰出创业女性”“江西省三八红旗手”“全国双学双比先进个人”等称号。她创办江西省欧泰龙家具实业有限公司，为国家创税百万余元，安置下岗职工、返乡农民工百余名，积极支持妇女儿童事业。公司被评为青年文明号、南昌市总工会再就业基地、南昌市消费者协会诚信单位、全国质量服务信誉AAA级企业、全国政府采购重点保护企业单位，成为全国第七届城市运动会运动员村家具唯一供应商；产品获得中国产品质量放心品牌、中国绿色环保产品、中国著名品牌等荣誉。2011年又创立江西省沁安实业发展有限公司，发展生猪标准化养殖、名贵树木种植、特色果园种植及旅游开发等农业综合开发。2014年2月，她被全国妇联授予“全国三八红旗手”称号。

龚全珍式好干部

柯善梅 1959年1月生，生前任庐山公安局政委。任庐山公安局政委9年多时间里，他认真履职，任劳任怨，抓班子、带队伍，保持了民警队伍无违法违纪记录，涌现出全国首届“任长霞式公安局长”涂林、全省首届“十大爱民警察”项青元等先进典型。他淡泊名利，不计得失，从不向组织提条件，主动把荣誉让给别人。所在单位连续11年保持全省执法质量考评优秀。在2014年初抗击冰雪灾害天气时因公殉职，终年55岁。中共中央政治局委员、中央政法委书记孟建柱，国务委员、公安部部长郭声琨分别作出批示：“向柯善梅同志学习”，并要求大力宣传柯善梅事迹。

曾　建 1956年9月生，生前任吉安市委组织部副部长、市人力资源和社会保障局党组书记、局长。他信念坚定、爱岗敬业，去世前几天还工作到深夜。一心为民、心系群众，生前为企业和群众解决了大量困难和问题。事不避难、敢于担当，总是以极其负责的精神勇挑工作重担。善于学习、务实创新，多项工作在全市甚至全省有位置。坚持原则、公道正派，说实话、干实事，一身正气。淡泊名利、廉洁奉公，担任县级领导近20年，始终严守财经纪律和廉政建设各项规定。2014年2月，因积劳成疾，不幸病逝，终年58岁。

胡为正 1963年1月生，省地质调查研究院西藏区调队队长、高级工程师。在野外一线从事地质勘探工作30年，其中在青藏高原工作13年。他参与完成的“青藏高原地质理论创新与找矿重大突破”项目获国家科技进步特等奖，被国土资源部授予“青藏高原地质理论创新与找矿重大突破先进个人”称号。负责的项目多次在中国地调局项目评审中获优秀并作为样板推广，被大家亲切地称为“藏羚羊”。父亲病故，因工作任务重依然坚守在青海沱沱河无人区工作，受到中国地调局高度赞扬。

辛玉芝 1927年6月生，江西铜业公司永平铜矿离退休干部党支部委员、关工委成员。她是88岁高龄的老党员，自1982年退休以来，发挥余热，调解了无数起家庭矛盾，被职工群众称为“信得过的调解员”。主动请缨当校外辅导员，每年举办1期“小卫生员培训班”，成为孩子们心目中的“慈妈妈”。组织老同志成立“老年志愿者协会”，料理去世老人80余起，照顾孤寡老人百余人，被大家亲切地称为“活雷锋”。曾20余次被公司和矿授予“优秀党员”“模范党员”“十大道德标兵”“关心下一代先进个人”等称号。

陈凡经 1955年1月生，新建县南矶

乡卫生院院长、技师。他从事乡村医疗卫生工作40年，坚守血吸虫病防治工作第一线。当地血吸虫病感染率由1949年前的70%下降到不足2%，居民平均寿命由50岁提高到70岁，经他救治的病人数万人次，挽救了数百人的生命。在他的带领和筹划下，当地建立起血防、卫生、保健三合一体的全新机制，实现村民常见病、多发病就地诊治，提高了村民的健康水平。先后获得“全国最美乡村医生”“全国优秀乡镇卫生院长”等称号。

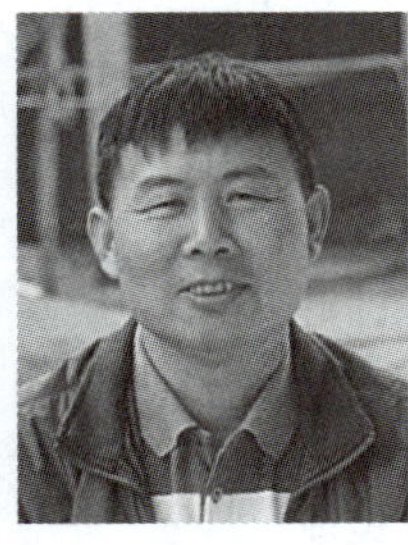

黄欣泉　1957年7月生，婺源县江湾镇大潋村党支部书记。他在20世纪90年代返乡创业，解决了300多人的就业问题。2005年担任村党支部书记以来，带领群众致富。为解决村里交通不便问题，垫资400余万元，带头捐款30多万元，修通一条海拔近千米、全长17.1千米、总投资1300多万元的盘山公路，结束了村民肩挑背驮的历史。利用资源优势，成立油茶经济合作社，仅油茶一项就使村民人均增收400多元。获得“全国优秀党务工作者”“省先进个体工商户”“省劳动模范”“全省人大代表十佳实干典型”等称号。

李进明　1969年4月生，武警江西总队抚州支队一级警士长。他入伍27年，勤奋学习、刻苦钻研，被官兵誉为支队的修理专家、电脑专家，研制的多项执勤器材在总队推广应用。先后执行抗雨雪冰冻灾害、唱凯堤决口抢险等40余次重大任务。所负责的通信台站被武警部队评为“标兵台站”。他荣立一等功1次、二等功1次、三等功4次，先后被武警部队评为“自学成才标兵”“十大标兵士官”“全军学习成才先进个人”等称号。2013年荣膺第十六届“中国武警十大忠诚卫士”。

谢爱民　1959年10月生，兴国县长冈乡塘石村党支部书记。他出身革命家庭，系开国将军谢良的侄子、航天将军谢名苞的亲弟弟，传承良好家风，践行苏区精神。他担任塘石村党支部书记以来，兢兢业业，任劳任怨，建设秀美村庄、兴办实事好事、发展现代农业，得到上级领导和基层群众的好评。所在村获“全国妇联基层组织建设示范村”“省先进基层党组织”“省百家秀美村庄”“省文明村庄”等称号。

支月英　1961年5月生，奉新县澡下镇白洋教学点负责人。她30多年坚守在海拔1000多米、偏远的教学点，帮助一个又一个山里孩子实现成才梦想。既当老师，又是校长，还是保育员，全身心扑在山区的教育事业上，所教学生每年在全镇居同级同科前列。先后获中央文明办“中国好人”“省五一劳动奖章”“省‘张丽丽式’优秀老师”等称号。2012年5月《江西日报》以《守望山村的女教师》为题报道她的事迹；2013年7月中央教育电视台以“寻找身边的张丽丽”为题播出她的事迹。

李金霞　1961年9月生，景德镇市昌江区西郊街道森林社区党工委书记、居委会主任。她从事社区工作15年，工作中讲奉献、解难题、创和谐。深入社区了解实情，主动为困难家庭排忧解难，得到群众高度赞扬；积极争取资金改变社区面貌，居民生活环境得到较大改观；有效创新社区服务机制，先后推行社区“居家养老”“社区论坛”“六送工作法”工作机制。获“全国优秀社区工作者”“全国优秀理论宣讲员”“全国‘三八’红旗手”“全国优秀党务工作者”等称号，当选为中共十七大、十八大代表。

江西省五一劳动奖章获得者

汪智星　南昌市邮政路小学副教导主任

许海涛　江西省南昌市第二十一中学教师

吴　璋　江铃汽车股份有限公司小蓝分公司总装厂生产班长

李红卫　方大特钢科技股份有限公司技术中心副主任

陶晓弟　南昌市青山湖区前洲生态专业合作社理事

曹海涛　江西国鸿集团股份有限公司董事、总裁

李克有　上海同济建设有限公司后勤主管

鲍　伟　南昌海立电器有限公司工场主任

王锋海　南昌市公安局青山湖分局京东派出所副所长

高国兰　南昌市西湖区信访局局长

廖　骏　南昌市西湖区住房保障和房产管理局局长

孙圆圆　南昌市红谷滩新区管委会办公室副主任

万屯娘　江西久鸿庄园食品有限公司技术员

陈小燕　九江市凯达服装织造有限公司生产组长

徐楷龙　九江守信建筑工程有限公司项目经理

孙志中　江西晨光新材料有限公司技术员

黄　文　九江联盛实业集团有限公司信息部开发经理

代和强　中国国电集团公司九江发电厂检修部热机二分部本体班班长

付　君　九江银行股份有限公司沙河支行行长

王　荣　九江职业大学教授
陈玉梅　瑞昌市城东学校教师
张可珂　江西省彭泽县国家税务局党组书记、局长
郑　伟　九江市公安局刑事侦查支队副大队长
柯善梅　庐山公安局党委原副书记、政委
廖志丹　景德镇陶瓷艺术研究院高级工艺美术师
张义武　景德镇市珠山区环境卫生管理局清扫员
熊　军　景德镇书画院副院长
严忠顺　浮梁县地方税务局局长
刘小平　景德镇市卡地克陶瓷有限公司生产厂长
王志明　萍乡萍钢安源钢铁有限公司企划部部长
肖　忠　江西中煤科技集团安源管道实业有限公司生产车间副主任
欧阳自艳　萍乡市公共交通总公司驾驶员
刘　蓉　萍乡市公安局安源分局副主任法医师
崔腾云　萍乡市上栗县人民医院护士长
雷　英　贵溪市樟坪畲族乡妇联主任
张　蓉　江西中核铜业有限公司工人
周黎平　鹰潭市人民医院儿科主任、大内科党支部书记
李雨才　鹰潭市龙虎山景区上清镇泥湾小学高阳教学点教师
张国华　新余市渝水区地方税务局局长
徐小红　新余市总工会财务部部长
袁云生　分宜县社会保险事业管理局局长
李江涛　江西长运新余公共交通有限公司102路公交线路组长
徐明勇　江西华电电力有限责任公司技术研发部部长
周亚林　江西省宜春市中医院主任中医师
郭纪富　宜春钽铌矿坪石选矿厂班长
吴雄生　宜春市公路管理局路政执法支队支队长
皮志清　江西省宜春实验中学教师
张国光　江西省宜丰县农业技术推广中心高级农艺师
朱茄英　高安市人民医院副主任护师
占贤德　国网江西奉新县供电有限责任公司变电检修班班长
左国兵　上高县公安局刑警大队副大队长
吴卫华　宜丰县人大常委会副主任、县总工会主席
吴方波　江西省核工业地质局二六八大队基础工程公司副经理
黄学河　上饶市江河置业有限责任公司总工程师
王牡花　余干县嘉宇纺织有限公司职工
李　勇　弋阳县人民医院副主任医师
郑新伟　铅山县市容环境卫生管理所支部副书记
王　设　玉山县中医院副主任医师
吕裕荣　江西裕河水利建设工程有限公司职工
王　伟　江西省邮政公司抚州市分公司经济师
温晓霞　宜黄县人民医院院长助理
江林青　东乡县地方税务局党组书记
吴品云　广昌县广昌中学特级教师
王　泓　江西国化实业有限公司技术员
黄艳安　抚州宜峰制衣有限公司车间主任
郭达文　红板（江西）有限公司 PPE 高级工程师
陈汉文　先歌音响（吉安）有限公司生产部经理
王敏华　江西联创电缆科技有限公司技术中心 CATV 电缆研究室主任
李桂喜　吉安市凯迪绿色能源开发有限公司皮带看护辅助工班长
曾华强　吉安市中心人民医院二部副主任
汪文庆　江西省安福中学教务主任
王迎庆　吉安市公安消防支队青原区大队政治教导员
刘文彪　江西盘古山钨业有限公司三坑口井下风钻机工
钟云平　赣州市畜牧研究所动物营养研究室主任
刘先发　赣南医学院第一附属医院急诊科副主任
陈芳勇　国网江西上犹县供电有限责任公司副经理
叶　龙　赣州市园林局工人
杨中荣　江西省兴国县高兴镇墩丘村杨中荣卫生室负责人
王礼平　赣州市市容环境卫生管理处垃圾场场长
余达文　赣县三溪乡土龙小学教师
郑瑞庆　赣州市妇幼保健院儿科主任
陈志霞　赣州市章贡区南外街道滨江社区书记、主任
曾鸿彬　赣州华星氟材料有限公司副董事长
卢　琼　中国联合网络通信有限公司江西省分公司集团客户行业总监
邹德平　江西新洛煤电有限责任公司流舍煤矿机运科科长
万　辉　中航工业江西洪都航空工业股份有限公司飞机部装二厂工长
刘　鸿　江西省邮政公司人力资源部主任
郑少波　中国移动通信集团江西有限公司财务部总经理
李向阳　江西省建工集团有限责任公司科技质量处处长
胡　虎　江西长运股份有限公司高客分公司驾驶员
何　玲　中国东方航空股份有限公司江西分公司客舱部乘务一分部高级副经理
钭方芳　江西省肿瘤医院院长
刘汪楠　江西省电力设计院工会主席
曹　亮　江西铜业股份有限公司城门山铜矿采矿场穿爆铲工段铲装班班长
靳绍平　国网江西省电力科学研究院现场检验班班长
吴园梅　南昌铁路局南昌车辆段检修车间电气组工长
刘雪梅　南昌理工学院经济管理学院教师
程永安　中国轻工业陶瓷研究所艺术中心设计创作员
孙贵荣　中国工商银行股份有限公司分宜支行行长
詹训春　中国第四冶金建设有限责任公司九江分公司项目经理
樊俊明　南昌水利疏浚工程有限公司董事长、总经理
黄　平　江西庐山天沐温泉度假有限公司总经理
余明安　中国工商银行鹰潭分行行长
周　宇　国网江西省电力公司抚州供电分公司总经理、党委副书记
谭志明　全南厚朴生态林业有限公司

董事长
张惠良 江西赣能股份有限公司总经理
肖 文 江西联创光电科技股份有限公司董事长
黄晓庆 中国电信股份有限公司江西分公司党组书记、总经理
李开明 中铁二十四局集团南昌铁路工程有限公司执行董事、党委书记
陈武平 南昌市鸿达投资发展有限公司董事长
熊志明 国网江西省电力公司景德镇供电分公司总经理、党委副书记
刘英怀 江西省吉安市国家税务局党组书记、局长
汤冬莲 鄱阳县总工会主席
陈礼伯 江西省宜春市地方税务局党组书记、局长
傅雅君 抚州市总工会调研员
危敬钰 江西省国家税务局办公室副主任科员

江西青年五四奖章获得者

巴叁定主 1988年7月生，中共党员，东华理工大学行政管理专业毕业，大学专科学历，江西省兴国县消防中队中队长助理，上士警衔。他长期坚持到敬老院为老人端茶倒水、打扫卫生；在各类献爱心活动中先后捐献钱物价值1.3万余元；每年坚持献血2次，累计献血1500cc，共参加灭火和应急救援战斗730次，成功救出遇险群众90人，为群众取钥匙、关煤气、摘马蜂窝、疏堵补漏等312次。曾获“全省公安机关优秀共产党员”“赣州市十大平安卫士”“感动赣州年度人物”“全省公安机关爱民模范”“全省十佳消防卫士”等奖项，荣立个人三等功4次，优秀士官3次、优秀士兵3次、嘉奖4次。2014年5月，他被共青团江西省委授予“江西青年五四奖章”称号。

方玉明 1984年10月生，中共党员，新加坡南洋理工大学计算机工程专业毕业，博士研究生，江西财经大学信息管理学院副教授、硕士生导师、信息管理系副主任，江西省数字媒体重点实验室副主任。在学生时代，他就曾因创新性学术成果于2012年获得新加坡龙脉－NTU优秀科研奖。博士毕业后，放弃留在国外和国内一线城市工作的机会，毅然回到家乡，成为一名普通的科研工作者，从无到有组建了视觉感知计算研究团队，并与江西省公安厅反恐总队开展合作，研究基于公共安全的视频处理技术，成绩斐然。他曾主持和参与省部级以上科研项目近10项，拥有国家发明专利1项，软件著作权3项，编写英文书本章节1章，在顶级国际权威期刊和会议上发表学术论文50余篇。入选江西省组织部和江西省科协“远航工程”人才资助计划，并当选江西财经大学“科研十强”。研究成果被国内外研究学者广泛引用（被引用近200次），具有一定的国际影响力。同时，他也担任中国计算机学会多媒体专业委员会委员，是这个专委会最年轻的学者之一。被印度Anna大学官方邀请为博士论文评审专家。2014年5月，他被共青团江西省委授予“江西青年五四奖章”称号。

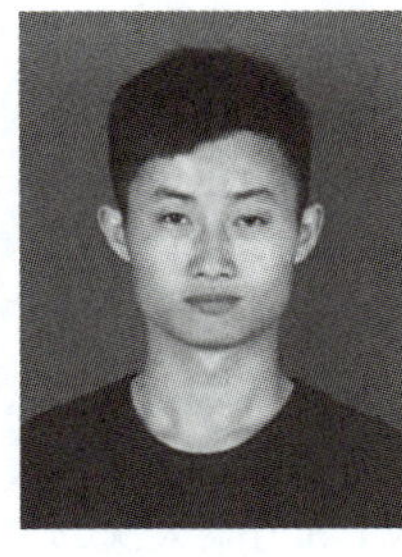

双超军 1992年5月生，中共党员，南昌工程学院机械与电气工程学院2011级机械设计制造及其自动化专业学生。他科研能力突出，已经手握10项国家专利，发表学术论文4篇；他热爱科技创新竞赛，获得4项国家级奖项和5项省级奖项，他突出的科技创新事迹曾被《江西教育电视台》和《江西日报》所报道，同时也被团中央编写的《科学梦，中国梦》摘入。曾获团中央“中国青少年科技创新奖”“中国大学生自强之星”，团省委‘2014全省大学生年度人物”，校级“奖学金”“中国移动奖学金”“中国电信奖学金”等奖项。2014年5月，他被共青团江西省委授予“江西青年五四奖章”称号。

邓华礼 1985年9月生，中共党员，江西师范大学市场营销专业毕业，大学学历，上海亦星实业有限公司董事长。大学毕业后到上海创业，运用丰富的市场营销理论知识和一股永不言败的精神，很快在当地不锈钢行业打下不小名气，经过一段时间的成长发展，独自创办上海亦星实业有限公司。作为一名企业家他主动承担更多的社会责任，积极参加社会公益活动，加入各类慈善基金会，同时在新建一中创立“建华教育基金”，其事迹并先后在南昌晚报、青年报、信息日报等媒体报道。曾获上海市外来创业优秀五四青年称号。2014年5月，他被共青团江西省委授予“江西青年五四奖章”称号。

左智亮 1984年7月生，中共党员，南昌大学计算机科学与技术专业毕业，大学学历，江西省鹰潭市余江县左氏商贸有限公司董事长。刚过而立之年的他白手起家，在创业路上已走过10个春秋，在大学期间，从用省吃俭用积攒的1000元起步创业，到如今，他拥有商贸和快递两家公司，旗下“颐妍堂”品牌鞋垫，连续3年在淘宝销量第一，成为省级电子商务示范企业和服务业龙头企业。10年创业，吸纳300多青年人就业，并引领激励、培育扶持了8位青年投身电商创业。同时他积极参加社会赈灾、助学、扶贫等公益慈善活动，累计捐资20多万元。曾获第六届鹰潭青年五四奖章等奖项。2014年5月，他被共青团江西省委授予“江西青年五四奖章”称号。

朱凌燕 1981年12月生，中共党员，南昌大学内科学专业毕业，硕士学历，博士在读，南昌大学第一附属医院内分泌科副主任医师。她十年如一日，坚持志愿服务，累计关爱病友1.2万余人次，志愿服务1800余小时。被同事和病友们称为“最美女医生”。先后荣获南昌大学一附院、南昌大学“青年岗位能手”、全省卫生系统“岗位技能标兵”、省“环保形象大使”、江西省首届青年教师教学竞赛一等奖、“江西省优秀女教职工工作者”、江西省“五一巾帼标兵”等称号，江西省远航工程培养对象。2014年5月，她被共青团江西省委授予“江西青年五四奖章”称号。

张志敏 1988年4月生，中共预备党员，江西省民政学校电子电工专业毕业，中专学历，江西省井冈山市古城中心敬老院院长。他出生于一个农民家庭，2005年受国家资助就读于省民政学校，在校期间表现优秀，多次获得学校的各项奖项。2006年因抓抢劫犯，身受重伤入医院治疗。2007年，他放弃在外高薪的就业机会，回到家乡通过招聘成为乡镇敬老院的一名正式敬老工作者。在敬老院工作的8个年头里，他以孙子的角色去贴近老人、照顾老人，并许下承诺为敬老院里的每位老人送终，他的承诺与行动得到老人的肯定与认可，他的无私奉献，给予老人家的温暖。2013年7月他作为特邀嘉宾与江西省干部学院授课团赴北京国务院办公厅讲述个人经历。曾获“江西省第二届青年道德楷模”、第二届“感动吉安”人物奖、江西省“见义勇为好青年”等奖项。2014年5月，他被共青团江西省委授予“江西青年五四奖章”称号。

李　丽 1982年11月生，大学学历，民进会员，江西省上饶市少先队总辅导员、江西省上饶市信州区第五小学副校长。她从教15年，和少先队员们打成一片，创设了多姿多彩的中队生活，为孩子搭建自主成长的平台。注重孩子的自主性、创造力和创造精神。她指导学生的表演《少年规定拳》荣获全市中小学生“我爱祖国”才艺电视大赛一等奖，指导学生的舞蹈《祖国的歌》《星星在闪烁》荣获全市幼儿艺术展演一等奖。在全市中小学音乐教师“教学能手”评比活动中，荣获小学组综合素质一等奖。撰写的论文《少儿舞蹈的情感教育》获江西省第四届中小学生艺术教育论文评比三等奖。2013年评为“全国优秀少先队辅导员”。2014年5月，她被共青团江西省委授予“江西青年五四奖章”称号。

邹平力 1981年8月生，高中毕业，江西省丰城市市政园林管理处职工，丰城市义工联合会会长。他坚持公益事业9年，2006年6月1日他发起创建丰城义工联合会，并担任会长至今。他积极参与义工联的幕后管理和活动策划、组织工作。鲁甸地震，有他们义工联的身影；深入敬老院，为老人服务，脚步遍布全宜春市29个敬老院；他深入火车站，为旅客提供咨询，打扫卫生，照顾好老弱病残，协助车站工作人员维持秩序，每年春节都有半个月左右的时间在倾情服务。在这近9年的时间里，他利用业余时间参加义工活动300余次。在他的带领下，丰城义工联壮大为309人的队伍，组织各种活动500余次，累计参加人数达1.3万余人次，成为丰城市民共建和谐社会的一个亮点。他曾获宜春市第四届十佳杰出青年提名奖、宜春市岗位学雷锋标兵、丰城市劳动模范、丰城市优秀红十字志愿者等奖项。2014年5月，他被共青团江西省委授予“江西青年五四奖章”称号。

陈水亮 1982年7月生，中共党员，德国马尔堡大学化学系毕业，博士研究生，江西师范大学教师。他2010年6月留学回国，到江西师范大学任教。他研究业绩突出：以第一或通讯作者发表学术论文30余篇，SCI一区论文13篇，其中3篇影响因子为15.6的顶级期刊；论文被引用次数超过400次；获授权发明专利4项；获江西省自然科学奖1项、江西省高校科技成果奖1项。他获批国家自然科学基金2项，博士后基金1项，江西省自然科学基金重点项目1项。连续两届获得江西师范大学“科研先进个人”“三育人”先进工作者。他积极指导大学生参加课外竞赛活动。2013年获大学生“挑战杯”竞赛江西省一等奖、全国三等奖；2014年获“创青春”大学生创业大赛江西省金奖、国家银奖。2014年5月，他被共青团江西省委授予“江西青年五四奖章”称号。

柳艳兵（图右） 1994年1月生，共青团员，南昌大学建筑工程学院2014级土木工程专业学生。**易政勇**（图左） 1994年2月生，共青团员，江西财经大学会计学院2014级工商管理大类会计学专业学生。这两位来自江西宜春的学生在持刀歹徒袭击班车乘客的危急关头，挺身而出与歹徒搏斗，身中数刀后，成功制止了歹徒行凶。他们的英勇事迹在社会上引起强烈反响，曾获中华见义勇为楷模、CCTV年度法治人物、江西“希望之星”见义勇为好青年、2014年度中国十大法制人物、2014年度中国十大正义人物、2014年中华儿女特别推荐人物、江西十大法制人物等奖项。2014年5月，他们被共青团江西省委授予“江西青年五四奖章”称号。

钟振华 1978年4月生，中共党员，景德镇陶瓷学院艺术设计毕业，景德镇学院青少年校外活动中心陶艺处处长，教授级高级工艺美术师。他将原有的手工刀刻工具进行改良，发明单线刀、双线刀、主线刀，提出“刀形形外，以线托形”，以刻花、剔花、划花、贴花技法，并加以色釉装饰，采用以综合装饰为主题的半刀泥刻花装饰新形式。此技法收录于“江西省非物质文化遗产名录”，他被授予“江西省非物质文化遗产——陶艺半刀泥刻花装饰代表性传承人”。2008年，“半刀泥刻花装饰技法”入编国家“十一五规划”重点大型图书《中国陶瓷艺术制作大教本》。出版个人专著3本。编著大型画册《中国当代瓷画艺术》，发行量1万册，创陶瓷类书籍发行量之最。有10余件作品被国家博物馆、英国珍宝馆等多家馆藏机构收藏。有20余件作品获国家级金奖。先后荣获“瓷都优秀青年”“江西省杰出青年”，并入选“江西省百千万人才工程”专家库；2012年被共青团中央授予“全国青年岗位能手”称号，同年被江西省人民政府授予“工艺美术大师”称号。2014年5月，他被共青团江西省委授予“江西青年五四奖章”称号。

徐　风 1973年6月生，无党派人士，清华大学经管学院高级工程管理专业毕业，硕士研究生学历，江西恒科东方实业有限公司董事长。2011年，他投资开发建设九江恒盛科技园，以创业、孵化为核心，吸纳了200多家企业入园创业发展。获得江西省服务外包示范园区等9项省级荣誉和“国家级科技企业孵化器”“国家火炬计划支撑项目”“全国青年创业示范园区”称号。2013年，在赣州开发区投资建设赣州国际企业中心项目，并建设了一家科技企业孵化器，为入园企业免费提供现代化、科技化的接待厅、创业咖啡、大中小型会议室等；同时提供员工娱乐室、健身房、青年创意沙龙、图书馆等共享交流设施；另外还提供“园区云导航、企业云钥匙、创业云孵化”等全方位科技化服务，助推初创企业和科技型中小企业的发展。2014年5月，他被共青团江西省委授予“江西青年五四奖章”称号。

徐　明 1978年3月生，中共党员，南昌航空工业学院计算机科学与技术毕业，大学学历，中航工业洪都数控机加厂工艺技术室组长、主任工艺师。他成功征服了世界级的数控设备——蒙皮镜像铣，把中国飞机蒙皮加工技术提升到一个全新的高度，为C919研制做出具有里程碑意义的突出贡献。多年工作中，他建立了多台高速五座标机床的仿真模型，开发了VERICUT的G代码仿真功能，并编写了《加工仿真技术规范》，使数控应用技术一举跃升到同行业较高水平。他编写的《数控加工仿真技术应用》荣获江西省航空学会二等奖。他参与的《提高时间板轮数控加工合格率》QC小组被授予全国优秀质量管理小组。曾获“江西省技术能手”“中航工业航空装备优秀共产党员”“中航工业洪都公司十佳青年”等称号。2014年5月，他被共青团江西省委授予“江西青年五四奖章”称号。

聂少平 1978年8月生，中共党员，南昌大学食品科学专业毕业，博士研究生，南昌大学教授，博士生导师。他从事食品复杂碳水化合物、食品营养与安全等领域的研究工作，主持国家自然科学基金、科技支撑计划研究任务等国家级课题7项，参与863、973等8项国家级课题，发表论文170多篇，包括SCI论文90多篇；合著或参编著作6部，获授权发明专利10项。2014年获国家自然科学基金优秀青年基金资助，取得江西省优青项目零的突破。获国家级教学成果奖二等奖1项，江西省教学成果奖一等奖等省部级奖励4项，江西省高等学校科技成果一等奖1项和二等奖2项。入选教育部“新世纪优秀人才支持计划”，2013年江西省百千万人才工程，是江西省高等学校“井冈学者”特聘教授。2014年5月，他被共青团江西省委授予“江西青年五四奖章”称号。

钱　敏 1975年5月生，中共党员，江西师范大学汉语言文学专业毕业，大学学历，江西省公安厅交警总队直属八支队支队长。在担任交警二大队大队长期间，她和她的团队全力维护道路交通安全，大队辖区连续5年未发生一起客运车辆交通事故，未发生一起重特大交通事故，未发生一起次生事故。钱敏在全省率先推出以短信先访、电话再访为内容的“执法回访制度”，实现工作“零违纪”、执法“零投诉”、服务“零距离”；执法回访率“百分百”、矛盾化解率“百分百”、群众满意率“百分百”。创立全省第一个“高速交警助学基金”，由民警每年自发从工资中筹集5000元资助学校评选的6名贫困学生上学，至今共帮助贫困学生36人完成学业，有的已经考上重点大学。曾获“江西省三八红旗手”江西省“十大法制人物”“全省优秀人民警察”等奖项。2014年5月，她被共青团江西省委授予“江西青年五四奖章”称号。

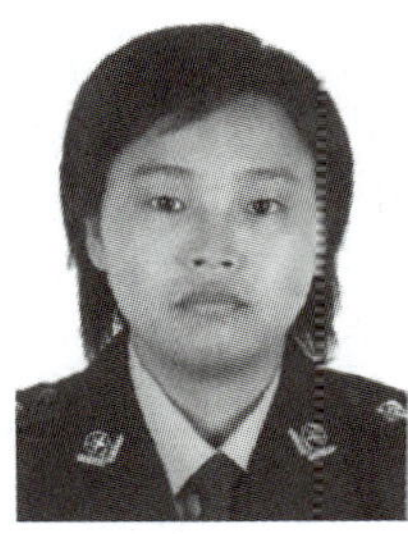

黄丽霞 1976年8月生，中共党员，九江医学专科学校临床医疗专业毕业，大学学历，江西省九江市公安局庐山区分局刑侦大队主检法医师。她是九江市公安系统内

唯一一位坚守在命案现场一线的女法医。她的身影时常出现在荒郊野外，偏僻角落，阴沟暗洞，任何命案或非正常死亡发生的地点，都可能成为她的临时办公点。作为女法医，她把自己最美好的花样年华，奉献给了法医这个令人敬畏的职业。11 年的法医生涯，只要一接警，她随时冲在最前，从没耽误过一次。从事法医工作 11 年来，参与现场 550 余次，解剖高度腐烂尸体 80 多具，鉴定活体检验 3000 余起，出具各类法医鉴定无一例差错。曾获九江市市直机关第四届“巾帼建功标兵”、九江市“巾帼建功标兵”、全省公安机关爱民模范、江西省首届“女警之星”提名奖、九江市公安机关第三届“十大优秀民警”暨“柯善梅式好民警”、第五届感动九江·十大最美人物等奖项。2014 年 5 月，她被共青团江西省委授予“江西青年五四奖章”称号。

程 维 1983 年 5 月生，北京化工大学行政管理专业毕业，大学学历，小桔科技创始人兼CEO。他依仗一块小

小的手机屏幕，撬动了几十年的利益格局；他是一个改良者，用一个客户端—滴滴打车软件，同时提高了从业者的积极性和消费者的舒适度。他是 2014 年度互联网改变实体消费的翘楚，精准抓住城市上班族打车难的“痛点”。曾获 2013 北京国际设计大奖提名奖，影响中国 2014 年度新经济人物等奖项。2014 年 5 月，他被共青团江西省委授予“江西青年五四奖章”称号。

董一飞 1978 年 6 月生，中共党员，日本熊本大学医学专业毕业，医学博士、博士后研究员，现任南昌大学第二附属医院心血管内科副教授、副主任医师，江西省分子中心重点实验室副主任。他是 2011 年日本高血压学会“青年科学家”4 名获奖人中唯一的中他在日本学习工作期间，获得由日本循环器学会和日本高血压学会授予的

国人，“留学生青年科学家奖”。回到南昌大学第二附属医院工作后，他指导了大批优秀学生，并承担国家级研究课题 2 项，省级研究课题 2 项。在高血压及相关领域取得丰硕的研究成果，发表 32 篇研究论文，第一作者论文 10 篇，通讯作者 1 篇。他是中华医学会心血管病分会青年委员会青年委员、中华医学会心血管病分会基础研究学组委员、江西省医学会心血管分会青年委员会委员、《中国心血管杂志》第四届编辑委员会编委，入选江西省卫生系统学术和技术带头人第六批培养对象、“未来之星”临床研究培训项目，获得全国卫生系统青年岗位能手、“最佳团队”等荣誉。2014 年 5 月，他被共青团江西省委授予“江西青年五四奖章”称号。

·资 料·

江西历代进士名录(七)

姓名	籍贯	朝代	上榜时间	姓名	籍贯	朝代	上榜时间
曾叔卿	南丰	宋	庆历六年(1046)	邹德盈	永丰	宋	庆历六年(1046)
蔡冠卿	南丰	宋	庆历六年(1046)	刘 敀	新喻	宋	庆历六年(1046)
石茂祥	德安	宋	庆历六年(1046)	萧 注	新喻	宋	庆历六年(1046)
梅 玠	德安	宋	庆历六年(1046)	李 拱	袁州	宋	庆历六年(1046)
周程万	湖口	宋	庆历六年(1046)	李 梁	袁州	宋	庆历六年(1046)
虞大微	铅山	宋	庆历六年(1046)	李 稷	袁州	宋	庆历六年(1046)
裴 煜	临川	宋	庆历六年(1046)	袁迩臣	袁州	宋	庆历六年(1046)
蔡元振	临川	宋	庆历六年(1046)	李 矩	袁州	宋	庆历六年(1046)
侯叔献	宜黄	宋	庆历六年(1046)	曾公尹	赣县	宋	庆历六年(1046)
蔡宗贺	临川	宋	庆历六年(1046)	刘 炳	赣县	宋	庆历六年(1046)
王 沆	临川	宋	庆历六年(1046)	阮 赛	清江	宋	庆历六年(1046)
项 卫	庐陵	宋	庆历六年(1046)	欧阳宗越	清江	宋	庆历六年(1046)
段叔献	庐陵	宋	庆历六年(1046)	胡 昱	清江	宋	庆历六年(1046)
欧阳乾度	庐陵	宋	庆历六年(1046)	萧伯英	清江	宋	庆历六年(1046)
胡 衍	泰和	宋	庆历六年(1046)	汪师道	婺源	宋	庆历六年(1046)
萧汝谐	庐陵	宋	庆历六年(1046)	宋福三	星子	宋	庆历六年(1046)
刘 庚	庐陵	宋	庆历六年(1046)	查元修	星子	宋	庆历六年(1046)
曾 匪	永丰	宋	庆历六年(1046)	游 贽	南昌	宋	皇祐元年(1049)
李 鉴	永丰	宋	庆历六年(1046)	陈 肱	南昌	宋	皇祐元年(1049)
董 倚	永丰	宋	庆历六年(1046)	夏 昱	新建	宋	皇祐元年(1049)

本栏编辑 朱岳

专　　录

江西省人民政府关于取消和下放一批行政审批项目和备案项目的决定

2014 年 1 月 28 日

各市、县(区)人民政府,省政府各部门:

经研究论证,省政府决定,再取消和下放 32 项行政审批项目和备案项目。另建议取消和下放 4 项依据有关地方性法规设立的行政审批项目,省政府将依照法定程序提请省人大常委会修订相关地方性法规。

各地、各部门要认真做好落实和衔接工作,加快配套改革和相关制度建设,切实加强后续监管。要继续坚定不移地推进行政审批制度改革,清理行政审批等事项,加大简政放权力度。要健全监督制约机制,加强对审批权运行的监督,不断提高政府管理科学化、规范化水平。

附件:省政府决定取消和下放管理层级的行政审批项目和备案项目目录(共计 32 项)

附件:

省政府决定取消和下放管理层级的行政审批项目和备案项目目录(共计 32 项)

序号	项目名称	审批部门	设定依据	处理决定	备注
1	矿产资源勘查实施方案审查	省国土资源厅	《国土资源部关于进一步规范探矿权管理有关问题的通知》(国土资发〔2009〕200 号)、《国土资源部办公厅关于规范矿产资源勘查实施方案管理工作的通知》(国土资厅发〔2010〕29 号)	取消	
2	省外地质勘查单位资质备案	省国土资源厅	《国土资源部关于印发〈地质勘查资质监督管理办法的通知〉》(国土资发〔2010〕14 号)	取消	
3	对外劳务合作经营资格证书年审	省商务厅	《商务部关于印发对外劳务合作经营资格证书管理办法的通知》(商合发〔2004〕474 号)	取消	属于"对外劳务合作经营资格核准"子项
4	省创新型企业认定	省科技厅	省工业和信息化委员会《江西省创新型企业建设规划(2009—2012 年)》(赣府厅发〔2009〕95 号)	取消	
5	地热、温泉、矿泉水、砖瓦黏土项目安全生产许可	省安全生产监督管理局	《非煤矿矿山企业安全生产许可证实施办法》(国家安全生产监督管理总局令第 20 号)	取消	属于"危险化学品、烟花爆竹、非煤矿矿山企业安全生产许可"子项
6	使用有毒物品作业场所职业卫生安全许可	省安全生产监督管理局	《使用有毒物品作业场所劳动保护条例》(国务院令第 352 号)	下放至设区市安监行政主管部门	
7	省属以下露天矿山和省属以下露天采石场(矿)及其尾矿库、省属以下采掘施工企业和地质勘探项目,以及设有尾矿库的其他非煤矿矿山企业的主要负责人和安全管理人员考核	省安全生产监督管理局	《中华人民共和国安全生产法》	下放至设区市安监行政主管部门	属于"危险化学品、烟花爆竹、非煤矿矿山企业主要负责人和安全管理人员资格认定"子项

续表

序号	项目名称	审批部门	设定依据	处理决定	备注
8	省属以下单位人员特种作业人员操作资格认定(特种设备作业人员和煤矿特种作业人员除外)	省安全生产监督管理局	《中华人民共和国安全生产法》	下放至设区市安监行政主管部门	属于"特种作业人员操作资格认定(特种设备作业人员和煤矿特种作业人员除外)"子项
9	设区市范围内核技术利用、110KV输变电建设项目环境保护设施竣工验收	省环境保护厅	《建设项目环境保护管理条例》(国务院令第253号)	下放至设区市环境保护行政主管部门	属于"权限内建设项目环境保护设施验收"子项
10	设区市范围内核技术利用、110KV输变电建设项目环境影响评价文件的审批	省环境保护厅	《环境影响评价法》《江西省建设项目环境影响评价文件分级审批规定》(赣府厅发〔2012〕26号)	下放至设区市环境保护行政主管部门	属于"权限内建设项目的环境影响文件审批"子项
11	设区市范围内使用Ⅳ、Ⅴ类放射源和生产、销售、使用Ⅲ类射线装置的核技术利用单位辐射安全许可	省环境保护厅	《放射性污染防治法》《放射性同位素与射线装置安全和防护条例》(国务院令第449号)	下放至设区市环境保护行政主管部门	属于"权限内生产、销售、使用放射性同位素和射线装置的单位许可证核发"子项
12	省投资主管部门审批、核准或备案的酿造,饮料加工,烟草制品,医药中间体等制药、轻工类项目环境影响评价文件审批	省环境保护厅	《环境影响评价法》《江西省建设项目环境影响评价文件分级审批规定》(赣府厅发〔2012〕26号)	下放至设区市环境保护行政主管部门	属于"权限内建设项目的环境影响文件审批"子项
13	省投资主管部门审批、核准或备案的一级公路,县级垃圾填埋场,供热、供气工程环境影响评价文件审批	省环境保护厅	《环境影响评价法》《江西省建设项目环境影响评价文件分级审批规定》(赣府厅发〔2012〕26号)	下放至设区市环境保护行政主管部门	属于"权限内建设项目的环境影响文件审批"子项
14	省投资主管部门审批、核准或备案的机械加工、电子项目(电镀除外)环境影响评价文件审批	省环境保护厅	《环境影响评价法》《江西省建设项目环境影响评价文件分级审批规定》(赣府厅发〔2012〕26号)	下放至设区市环境保护行政主管部门	属于"权限内建设项目的环境影响文件审批"子项
15	融资性担保机构变更审批	省政府金融工作办公室	《国务院关于修改〈国务院对确需保留的行政审批项目设定行政许可的决定〉的决定》(国务院令第548号)、《融资性担保公司管理暂行办法》(银监会令第3号)	下放至设区市金融行政主管部门	属于"融资性担保机构的设立与变更审批"子项
16	小额贷款公司变更审批	省政府金融工作办公室	《中国银监会 中国人民银行关于小额贷款公司试点的指导意见》(银监发〔2008〕23号)、《江西省人民政府办公厅关于印发小额贷款公司试点工作意见和暂行管理办法的通知》(赣府厅字〔2009〕28号)	下放至设区市金融行政主管部门	属于"小额贷款公司筹建、开业、变更审批"子项
17	经营省内水路旅客运输许可	省交通运输厅	《国内水路运输管理条例》(国务院令第625号)、《水路运输管理条例实施细则》(交通运输部令第6号)	下放至设区市交通运输行政主管部门	属于"水路营业性运输审批(限省内跨设区的市水路营业性运输)"子项
18	县级博物馆处理不够入藏标准、无保存价值的文物或标本的审批	省文化厅	《国务院对确需保留的行政审批项目设定行政许可的决定》(国务院令第412号)	下放至设区市文化行政主管部门	属于"博物馆处理不够入藏标准、无保存价值的文物或标本的审批"子项
19	设立全省性互联网上网服务营业场所连锁经营企业的许可	省文化厅	《互联网上网服务营业场所管理条例》(国务院令第363号)、《互联网文化管理暂行规定》(文化部令第32号)	下放至设区市文化行政主管部门	
20	外国医师来华短期行医注册	省卫生和计划生育委员会	《外国医师来华短期行医暂行管理办法》(卫生部令第24号)	下放至设区市卫生行政主管部门	
21	医疗广告审查	省卫生和计划生育委员会	《医疗广告管理办法》(国家工商总局、卫生部令第26号)	下放至设区市卫生行政主管部门	
22	权限内渔业捕捞许可	省农业厅	《江西省实施〈中华人民共和国渔业法〉的办法》	下放至设区市农业行政主管部门	
23	技术合同登记	省科技厅	《江西省技术市场管理条例》	下放至设区市科技行政主管部门	
24	小水电上网电价审批	省发展和改革委员会	《政府制定价格行为规则》(国家发改委令第44号)	下放至供电区域设区市、县(市、区)投资主管部门	属于"政府指导价、政府定价的商品和服务价格审批"子项
25	110千伏及以下电网项目核准	省发展和改革委员会	《国务院关于投资体制改革的决定》(国发〔2004〕20号)	下放至设区市投资主管部门	属于"企业投资330千伏及以下电压等级的交流电网工程项目,列入国家规划的非跨境、跨省(区、市)500千伏电压等级的交流电网工程项目核准"子项
26	三级房地产估价机构资质核准	省住房和城乡建设厅	《国务院对确需保留的行政审批项目设定行政许可的决定》(国务院令第412号)、《房地产估价机构管理办法》(建设部令第142号) 下放至设区市建设行政主管部门	属于"二级房地产估价机构资质核准"子项	
27	储量规模为中型(含)以上的非金属采矿权审批(34个重要矿种除外)	省国土资源厅	《矿产资源开采登记管理办法》(国务院令第241号)	下放至设区市地质矿产行政主管部门	属于"采矿权设立、延续、变更、转让、注销审批"子项

续表

序号	项目名称	审批部门	设定依据	处理决定	备注
28	生态公益林更新采伐(限因森林火灾、有害生物危害和其他自然灾害受损的公益类)	省林业厅	《中华人民共和国森林法》《江西省生态公益林管理办法》(省政府令第172号)	下放至设区市林业行政主管部门	属于"林木采伐许可"子项
29	河道采砂许可(除长江、鄱阳湖外)	省水利厅	《中华人民共和国水法》《河道管理条例》(国务院令第3号)、《长江河道采砂管理条例》(国务院令第320号)	下放至设区市水利行政主管部门	
30	省级立项的占地20公顷以下且挖或填土石方20万立方米以下开发建设项目水土保持方案的审批	省水利厅	《中华人民共和国水土保持法》	下放至设区市水利行政主管部门	属于"权限内开发建设项目水土保持方案报告书审批"子项
31	市县属技工学校的设立审批	省人力资源和社会保障厅	《国务院对确需保留的行政审批项目设定行政许可的决定》(国务院令第412号)、《技工学校工作条例》(劳人培〔1986〕22号)	下放至设区市人力资源和社会保障行政主管部门	属于"设立技工学校审批"子项
32	《中等职业学校专业目录》外专业、保安、学前教育、医学类专业开设备案	省教育厅	《中等职业学校专业设置管理办法(试行)》(教职成厅〔2010〕9号)、《江西省中等职业学校专业设置管理办法实施细则》(赣教职成字〔2011〕5号)	下放至设区市教育行政主管部门	

江西省人民政府关于加快全省金融业改革发展的意见

2014年2月15日

各市、县(区)人民政府,省政府各部门:

为全面贯彻落实党的十八届三中全会、《国务院办公厅关于金融支持经济结构调整和转型升级的指导意见》(国办发〔2013〕67号)和《中共江西省委贯彻落实〈中共中央关于全面深化改革若干重大问题的决定〉的实施意见》(赣发〔2013〕18号)精神,加快我省金融业改革发展,提出以下意见。

一、健全和完善金融机构体系

(一)积极引进金融机构。建立金融机构引进激励机制,重点引进全国性股份制银行、有特色的城商行、外资银行以及有实力的证券、期货、专业性保险机构来我省设立分支机构。鼓励其他金融机构来赣投资展业。支持驻赣金融机构在市、县设立分支机构。(省政府金融办、人行南昌中心支行、江西银监局、江西证监局、江西保监局、各设区市政府等按职责分工负责)

(二)大力发展地方金融机构。做实省金融控股集团。加快组建省级地方法人银行,确保恒邦财险公司2014年开业,争取设立地方法人寿险公司。加快农信社改革步伐,积极引进战略投资者推进农信社(合作银行)改制组建农村商业银行。积极争取团中央、银监会支持将共青农商行改制重组为青年创业银行。支持地方法人金融机构引进外资银行、全国性金融机构和有实力的企业增资扩股,优化治理结构,加快转型发展,增强核心竞争力。(省政府金融办、省财政厅、人行南昌中心支行、江西银监局、江西证监局、江西保监局、省国资委、团省委、省农村信用联社、相关设区市政府及共青城市政府等按职责分工负责)

(三)努力培育新型金融机构。探索由民间资本依法发起设立中小型银行。支持符合条件的法人银行、省内大型企业(集团)尤其是民营企业发起设立或参与组建金融租赁公司、消费金融公司、财务公司、村镇银行,力争2018年实现村镇银行县域全覆盖。支持民间资本参股省内法人金融机构。支持省内融资租赁公司引进战略投资者。支持符合条件的中小商业银行设立社区支行、小微支行。加快组建省级资产管理公司。继续稳妥推进小额贷款公司试点,支持在重点或大型乡镇设立专业支农小额贷款公司,鼓励符合条件的小额贷款公司增资扩股,探索设立分支机构、拓展业务范围、改制为村镇银行。有序开展民间资本管理服务公司和民间借贷登记服务中心试点。探索发展供应链金融、互联网金融。(江西银监局、江西证监局、江西保监局、省政府金融办、人行南昌中心支行、省财政厅、省工信委、省住房城乡建设厅、省商务厅、省国资委、各设区市政府等按职责分工负责)

(四)发展融资担保机构。加快组建省级再担保公司。整合做大省级担保公司。支持各设区市整合资源,吸引民间资本,通过合并、重组、增资等方式组建注册资本金5亿元以上的融资担保机构。引导市、县、园区发展具有当地产业特色、专业性较强的融资担保机构。支持符合条件的融资担保机构积极进行资信评级,开展债务融资担保业务。支持财政出资担保公司适当提高担保费率,提高代偿容忍度,允许其代偿率不高于2%,努力做大融资担保业务规

模。（省政府金融办、省财政厅、江西银监局等按职责分工负责）

（五）构建金融中介服务体系。大力引进培育会计、法律、资产评估、资信评级、证券咨询、第三方支付、保险销售服务公司、保险经纪公司、保险公估公司等中介服务组织，构建专业化的金融中介服务体系。（省政府金融办、省发改委、人行南昌中心支行、江西银监局、江西证监局、江西保监局、省财政厅、省审计厅、省司法厅等按职责分工负责）

二、完善和发展金融市场体系

（六）发展多层次信贷市场。充分发挥银行信贷市场融资主渠道作用，积极争取总行信贷规模支持和直贷项目投入。鼓励银行业金融机构通过贷款重组、信贷资产证券化方式盘活信贷资源，综合运用票据、信托、委托贷款、融资租赁、证券资产管理、财富管理等产品，扩大业务规模。加大推进小微企业金融服务机构网点建设力度，引进、开发新的金融工具和产品。鼓励银行业机构探索开展商标、专利、政府采购订单、应收账款等质押贷款。支持银行业机构开发针对农业农村新型生产经营方式的金融产品和服务。探索建立农村产权评估、收储、流转、处置服务平台，促进农村抵押物创新。鼓励银行业机构扩大林权抵押贷款，开展大型农机具、农村土地承包经营权和宅基地使用权抵押贷款。推进村镇银行、小额贷款公司按照小额分散原则，大力发展小额信贷市场。（人行南昌中心支行、江西银监局、省农业厅、省林业厅、省财政厅、省工信委、省科技厅、省中小企业局、省旅游局、省政府金融办、各银行机构等按职责分工负责）

（七）健全多层次资本市场。发挥农业、旅游、文化、矿产等资源优势，重点培育管理规范、技术先进、成长性强的企业到境内外资本市场上市融资。鼓励省内上市公司战略并购重组，通过增发、配股、发行公司债券等方式进行再融资。积极推动省内企业到全国中小企业股份转让系统挂牌。借鉴前海股权交易中心建设的经验，通过"管理输入、资本输入、人才输入"等方式，加快推进我省区域股权交易系统建设。支持国盛证券、中航证券开展柜台交易业务。鼓励各地通过设立政府先导基金、种子基金、夹层基金和国有企业转让部分股权等方式，大力吸引风险投资基金、私募股权基金、农业发展基金、产业互助基金等参与我省产业转型升级。稳妥有序开展优先股试点。（江西证监局、省发改委、省政府金融办、省工信委、省农业厅、省旅游局、省文化厅、省国资委等按职责分工负责）

（八）着力发展期货市场。进一步深化与期货交易所的合作，积极开展期货市场宣传与普及，提升我省企业利用期货市场的意识和能力。推动瑞奇期货公司增资扩股，增强综合实力。支持鹰潭设立铜期货交割库。鼓励有条件的市、县设立稻谷期货交割库。支持钨、中晚籼稻、脐橙、蜜橘等成为期货交易品种。（江西证监局、省粮食局、相关设区市政府等按职责分工负责）

（九）大力发展债券市场。大力推进企业发行各类债券，鼓励支持符合条件的企业通过发行短期融资券、中期票据等债务融资工具募集资金。推动城镇基础设施、信贷资产、旅游资产证券化盘活存量资产。重点支持城镇基础设施、保障房、棚户区改造、产业园区建设等项目发行企业债券。（省发改委、人行南昌中心支行、江西证监局、省政府金融办、省财政厅、省工信委、省住房城乡建设厅、省中小企业局、省旅游局、各设区市政府等按职责分工负责）

（十）大力发展保险市场。支持发展大宗农林产品和特色农业保险。支持农民开展农业互助保险。努力争取国家政策扶持，建立农业巨灾保险制度。加快农业生产、食品加工和流通体系等领域保险创新，大力发展蔬菜、农业设施、气象指数、价格指数、农产品质量保证、食品安全责任等保险。在旅游业、高污染行业、公众聚集场所等领域推行责任保险。大力引导出口信保工具向国有及中小企业延伸。鼓励发展国内贸易信用保险。建立覆盖全省城乡居民的重特大疾病医疗保险制度。大力发展小额贷款保证保险。加快发展养老服务保险，支持保险公司开拓企业年金、职业年金市场。支持商业保险机构参与社会事业和社会治理改革创新。（江西保监局、省财政厅、省卫生厅、省发改委、省环保厅、省人社厅、省商务厅、省民政厅、省国资委、省国税局、省地税局、省旅游局及各有关保险公司等按职责分工负责）

（十一）建立各类要素交易市场。统筹规划全省要素交易市场品种结构、数量规模和区域分布，促进各类要素交易市场规范有序发展。重点推进稀有金属、陶瓷、文化艺术品、农产品、金融资产等交易市场筹建工作，积极推动设立知识产权、节能量、碳排放权等交易平台，积极引进资本、人才和管理技术，加强与证券期货交易所的合作，促进各类要素与资本融合。探索建立和规范农村产权流转交易市场。（省政府金融办、江西证监局、省文化厅、省发改委、省环保厅、省农业厅、省国土资源厅、省林业厅、省工信委、省科技厅、省国资委、省中小企业局、各设区市政府等按职责分工负责）

（十二）加快推进"险资入赣"。用足用好保险资金运用政策，加强与保险资金管理机构的对接，建立全省统一的"险资入赣"项目库，扩大保险资金在我省的投资渠道。鼓励和引导保险资金来赣发起设立产业发展基金，投资建设各类基础设施项目和健康养老服务业。（省政府金融办、江西保监局、省发改委、省工信委、省财政厅、省民政厅、省卫生厅等按职责分工负责）

（十三）大力推广"财园信贷通"。发挥财政杠杆作用，整合扶持企业发展的各类资金，在全省工业园区推广"财园信贷通"等成熟的信贷品种，支持农民合作社开展资金信用合作，撬动更多信贷资金支持小微企业和"三农"发展。（省财政厅、省工信委、省农业厅等按职责分工负责）

三、强化金融产业扶持政策

（十四）建立促进金融业发展专项资金。每年在省级财政预算中安排专项资金，重点用于支持金融改革发展、鼓励金融创新、引进金融机构、推进企业上市、扩大直接融资等。（省财政厅、省政府金融办等按职责分工负责）

（十五）加大机构引进政策扶持。对新设立并正式开业的金融机构由省财政给予一次性奖励，对省级银行以及金融机构后台服务中心总部分别给予不低于500万元奖励,对具有法人资格、总部级证券期货机构、保险机构、基金管理公司、信托公司、财务公司分别给予不低于500万元奖励。对新设金融机构的营业用房,在用地、规划、购买和租用上给予一定的政策倾斜或优惠政策。(省财政厅、省政府金融办、人行南昌中心支行、江西银监局、江西证监局、江西保监局等按职责分工负责)

(十六)加大信贷投放政策扶持。鼓励和引导银行业金融机构加大信贷投放力度,建立财政性资源与信贷政策执行情况、信贷投放、存贷比挂钩的激励机制,在政策允许并确保资金流动性和风险管控的前提下,财政性资金存款给予倾斜。(省财政厅、省政府金融办、人行南昌中心支行、江西银监局、各设区市政府等按职责分工负责)

(十七)加大企业上市政策扶持。建立企业上市扶持制度,对拟上市企业股份制改造、上市辅导备案、提交上市申请等分阶段进行补贴,总额最高可达200万元。对全国股份转让系统及境外成功挂牌融资的企业,比照在沪深交易所上市优惠政策进行补贴。各地各有关部门要建立"绿色通道",对拟上市企业在股份制改造过程中涉及的产权、土地、税费等问题要依法简化手续,减免费用,给予政策支持,最大限度地降低企业改制上市成本。(江西证监局、省政府金融办、省财政厅、省国土资源厅、省发改委、省工信委、省国税局、省地税局、各设区市政府等按职责分工负责)

(十八)加大债券融资政策扶持。鼓励企业发行短期融资券、中期票据、集合票据、区域集优集合票据、中小企业集合债、企业债、中小企业私募债券、公司债等债务融资工具。对成功承销债务融资工具的金融机构,在每年省政府对金融机构支持地方经济发展的考评中设立单项奖予以奖励。(省政府金融办、省财政厅、人行南昌中心支行、省发改委、江西证监局等按职责分工负责)

(十九)加大保险业发展政策扶持。支持农业保险扩面发展,争取脐橙、蜜桔、白莲纳入国家政策性保险补贴范围。对年出口额300万美元以下投保出口信用保险的企业,政府补贴保费60%,承保公司减免保费40%,实现"零保费"政策。对成功引进保险资金且单项融资额在10亿元以上、融资利率不高于同期贷款基准利率的,按实际到位资金的0.1‰给予奖励。(省财政厅、江西保监局、省商务厅、省政府金融办等按职责分工负责)

(二十)加大融资担保机构的政策扶持力度。对在赣注册纳税、依法合规经营且注册资本金不低于5000万元、当年新增担保业务额达平均净资产的3倍,且代偿率不高于2%的融资担保机构,由省财政按融资担保费收入的5%给予补贴。支持符合规定的融资担保机构申请国家免征三年营业税优惠政策,市、县税务部门要及时为获得免征营业税资格的融资担保机构办理免税手续。(省财政厅、省政府金融办、省地税局等按职责分工负责)

(二十一)加大"三农"、小微企业政策扶持。大力发展普惠金融,鼓励基础工作好、条件成熟的县(市、区)设立中小企业融资续贷中心,解决小微企业临时资金周转困难。加大对农信社改革发展的政策扶持力度,帮助农信社减轻历史包袱,充分发挥其支农主力军作用。(省政府金融办、人行南昌中心支行、省工信委、省财政厅、省农村信用联社、各设区市政府等按职责分工负责)

(二十二)完善引进和培养金融人才的优惠政策。加强对金融人才的培养和引进,在"赣鄱英才555工程"等人才工程中加大对金融人才的支持力度,对于引进的海外、省外金融人才,按照就高不就低的原则享受相关政策和待遇。改革地方金融机构高管人员选拔任用和薪酬制度,取消地方法人金融机构的行政级别,建立职业经理人制度。(省委组织部、省人社厅、省政府金融办等按职责分工负责)

四、营造良好的金融发展环境

(二十三)加快建设"信用江西"。各部门、各行业要按照社会信用体系建设部际联席会议的部署和要求,加大自身行业信用体系建设,逐步实现行业信用信息的互联互通,建立完善的社会信用主体信用登记制度,健全守信激励和失信惩戒联动机制。建立和完善以信用征集、信用评价、信用培植和信用激励为主要内容的中小企业信用评价服务体系,为中小企业融资、担保和资产交易提供有效服务。在有条件的地区逐步推广萍乡小微企业信用体系建设试验区经验和奉新工业园区信用建设经验,探索在设区市建立小微企业信用信息辅助管理系统,积极做好小微企业信用信息采集和信用评价工作。不断深化农户信用档案建立及信用评价试点,探索以县域为单位建立农户信用档案,开展金融生态环境建设考核工作。(省发改委、人行南昌中心支行、省工信委、省中小企业局、省政府金融办等按职责分工负责)

(二十四)完善产权登记制度。支持融资担保机构依法依规办理担保业务中涉及的房产、矿产、土地、车辆、股权等反担保物抵押登记,鼓励金融机构、融资担保机构、小额贷款公司利用抵押物剩余价值进行担保和反担保,并作为顺位在后的抵押权人办理抵押登记。有关法定登记部门对金融机构、融资担保机构、小额贷款公司处置不良资产和办理抵债资产登记手续要优化流程、简化手续、降低收费。(省工商局、省国土资源厅、省住房城乡建设厅、省政府金融办等按职责分工负责)

(二十五)优化金融法治环境。严厉打击各种逃废金融债行为,加大清收力度,依法保障金融债权,切实维护金融机构合法权益。加大金融案件的执行力度,提升金融胜诉案件执行标的额兑现率。规范企业破产改制行为,加强金融债权管理,防止企业借重组、改制和破产之名逃废金融债务。对弄虚作假、恶意逃废债务的,要依法严肃追究当事人和责任人相关法律责任。(省公安厅、省国资委、省发改委、省政府金融办等按职责分工负责)

(二十六)加快金融集聚发展。依托南昌省会城市和金融资源优势,在红谷滩新区打造省金融商务区,进一步优化发展环境,提高服务水平,努力建设成为机构门类齐全、金融市场完备、配套环境优良,高效服务全省经济社会发展的区域性金融中心。在南昌高新技术开发区打造省金融产业服务园,以金融后台机构集聚为抓手,以互联网等高新技术为支撑,以金融服务外包业为依托,建设成为涵盖电子商务、软件服务外包、互联网金融、文化创意产业以及现代物流等功能于一体的全国性金融后台服务中心。加快推进昌九金融同城化,建立覆盖昌九两地统一、便捷、安全、高效的金融服务体系。支持赣州建设赣湘闽粤四省边际区域金融中心。(南昌市政府、九江市政府、赣州市政府、省发改委、省政府金融办、人行南昌中心支行、江西银监局、江西证监局、江西保监局等按职责分工负责)

(二十七)加强金融风险防控。完善金融监管协调机制,建立金融管理部门风险防范联席会议制度,全面落实地方金融监管职责和风险处置责任,加强对影子银行的监督管理。支持、鼓励和引导民间融资规范发展,切实防范地方法人金融机构的潜在风险、地方政府投融资平台债务风险。积极开展非法集资风险排查,依法严厉打击非法集资、非法证券期货交易、保险欺诈等各类金融违法犯罪行为,守住不出现区域性、系统性风险底线。(省公安厅、人行南昌中心支行、江西银监局、江西证监局、江西保监局、省政府金融办、省发改委、省财政厅、省商务厅等按职责分工负责)

五、保障措施

(二十八)加强金融工作的领导。各地要牢固树立金融产业优先发展的理念,从组织保障、政策支持、工作部署等方面,加强对金融工作的组织领导和协调服务。加强各级政府金融管理机构建设,配备与工作任务相适应的人员编制,加强与中央金融单位联络沟通、履行对地方金融机构的监管,推动金融改革与创新、维护地方金融稳定。(各设区市政府、省编办等按职责分工负责)

(二十九)加大金融人才培育交流力度。建立金融人才双向交流机制,邀请国家"一行三会"和金融机构总部干部到设区市挂职工作,组织省内金融机构干部到县(市、区)政府挂职工作;同时,选派政治素质高、业务能力强的党政干部到金融机构和监管部门挂职工作。建立党政领导干部金融知识培训制度,邀请国内外金融专家来赣讲学,定期举办市、县党政领导干部金融知识培训班。鼓励我省高等院校大力培养金融人才。(省委组织部、省教育厅、省政府金融办、人行南昌中心支行、江西银监局、江西证监局、江西保监局、各设区市政府等按职责分工负责)

(三十)保持政策延续性。各地、各有关部门要抓好已出台各项金融扶持措施的督促、检查和落实工作,进一步加大对金融工作的政策支持力度,根据本意见制定相应扶持措施。(各设区市政府等按职责分工负责)

江西省人民政府关于加快发展养老服务业的实施意见

2014 年 5 月 9 日

各市、县(区)人民政府,省政府各部门:

我省自2005年进入人口老龄化社会以来,老年人口逐年增加,2013年底60周岁以上老年人口已达586.5万,到2020年将超过700万。近年来,我省养老服务业快速发展,但总体还处于起步阶段,养老床位仅17万张,其中民办养老机构床位仅2万余张,城乡居家养老服务站点不足2000个,存在养老服务和产品供给不足、结构不合理、质量不高、社会力量参与不充分、扶持政策不健全等问题。积极应对人口老龄化,加快发展养老服务业,不断满足老年人持续增长的养老服务需求,是全面建成小康社会的一项紧迫任务,有利于保障老年人合法权益,共享改革发展成果,有利于拉动内需、扩大就业、改善民生,促进社会和谐,推进经济社会持续健康发展。根据《国务院关于加快发展养老服务业的若干意见》(国发〔2013〕35号),现就我省加快发展养老服务业提出如下实施意见。

一、目标任务

到2020年,我省发展养老服务业的总体目标是:全面建成以居家为基础、社区为依托、机构为支撑,功能完善、规模适度、覆盖城乡的养老服务体系,养老保障制度更加完善、养老服务水平明显提高、养老产业规模显著扩大、发展环境不断优化,确保基本养老服务人人享有,多样性的需求基本得到满足,养老服务业持续健康发展。为确保总体目标的实现,重点推进七项工作任务。

(一)健全完善养老服务体系。加强政府引导,发挥社会力量作用,统筹发展居家养老、社区养老和机构养老相结合的养老服务体系。

全面推进居家养老服务。地方政府要支持建立以企业和机构为主体、社区为纽带、满足老年人居家养老需求的居家养老服务网络,实现生活照料、医疗护理、精神慰藉、紧急救援等养老服务全覆盖,为居家老人提供上门助餐、助浴、助洁、助急、助医等定制服务。加大社区居家养老服务网点由城市社区向农村社区推进力度,到2020年,全省城乡社区基本建立多种形式、广泛覆盖的社区居家养老服务设施,引入社会组织和家政、物业等企业,兴办或运营老年供餐、社区日间照料、老年活动中心等多种形式的养老服务项目,逐步实现服务内容和形式不断丰富,专业化和志愿者相结合的服务队伍不断壮大,组织管理体制和监督评估机制逐步健全。

巩固发展机构养老服务。各地要进一步扩大总量,优化结构,提高护理性养老床位的数量和比重,重点推进供养型、养护型、医护型养老机构建设,保障老年人特别是失能老人对机构养老服务的需要,缓解机构养老供需矛盾。公办养老机构要充分发挥托底保障作用,重点为孤老优抚对象、“三无”(无劳动能力,无生活来源,无赡养人或抚养人,或者其赡养人和抚养人确无赡养和抚养能力)老人、低收入老人、经济困难的失能半失能老人提供无偿或低收费的供养、护理等服务。民办养老机构重点满足老年人多样化、多层次养老服务需求。

(二)统筹推进养老服务设施建设。各级政府要将养老服务设施建设作为重大民生工程,编制养老服务设施建设规划,明确养老设施发展任务、空间布局、规划选址、建设类型、建设规划、建设时序等内容,并纳入总体规划之中。各地在制定城市总体规划、控制性详细规划时,必须按照人均用地不少于0.1平方米的标准,分区分级规划设置养老服务设施。各地要对养老服务设施的建设资金来源、产权归属、验收交付和使用管理方式等做出明确规定。

加强社区居家养老服务设施建设。到2020年,全省建成1.3万个社区居家养老服务中心(站),其中:城镇社区3000个、行政村10000个,覆盖全省100%的城市社区、90%以上的乡镇、60%以上的行政村。凡新建城区和新建居住(小)区,要按标准要求配套建设养老服务设施,并与住宅同步规划、同步建设、同步验收、同步交付使用;凡老城区和已建成居住(小)区无养老服务设施或现有设施没有达到规划和建设指标要求的,要限期通过购置、置换、租赁等方式开辟养老服务设施;行政村和较大自然村,要充分利用农家大院、依托村委会等,建设日间照料中心、农村老年人颐养之家(幸福院)、托老所、老年活动站等互助性养老服务设施。

加快机构养老服务设施建设。各地要根据现有老年人口总量及发展趋势,到2020年,按每千名老年人不低于40张床位的要求,推进机构养老服务设施建设。每个设区市本级要尽快建成1所床位数不少于500张的护理型养老机构,每个县(市、区)要尽快建成1所以上床位数不少于300张的综合性养老机构。设区市护理型养老机构除具备县级养老机构具有的生活照料、医疗康复、文体娱乐等功能外,还应具备临终关怀、培训鉴定功能及示范作用。每个乡镇须完善1所以满足农村“五保”对象集中供养需要为主的敬老(光荣)院。

综合发挥公共设施作用。各地要加强养老服务设施与社区卫生、文化、体育等设施的功能衔接,各类具有为老年人服务功能的设施要向老年人开放。加大无障碍设施的建设与改造力度,新建城市道路、公共建筑和养老机构等场所,无障碍率要达到100%。已建成并投入使用的居住区、城市道路、公共建筑和养老机构等场所,要加快推进坡道、电梯等与老年人日常生活密切相关的公共设施改造,推动和扶持老年人家庭无障碍设施改造,为老年人提供基本生活便利。

(三)支持社会力量进入养老服务领域。发挥市场在资源配置中的决定性作用,逐步使社会力量成为发展养老服务业的主体。

支持社会力量发展养老服务。积极采取“公建民营”“民办公助”“购买服务”“合同外包”等模式将养老服务交由市场和社会组织运营和管理。引导企事业单位、群众团体、社会组织、个人等社会力量,以独资、合资、合作、联营等形式,兴办运营不同规模、不同层次的养老服务设施和机构。鼓励个人举办家庭化、小型化养老机构,就近就便为社区老年人提供集中照护和托养服务。鼓励专业化社会组织、慈善组织、家政和物业等企业和机构,举办规模化、连锁化养老机构,加盟、参与、托管社区居家养老服务。鼓励社会力量兴办500张床位以上的大型养老机构,提高养老服务质量和水平,打造养老特色品牌。鼓励民间资本对企业厂房、商业设施及其他可利用的社会资源进行整合和改造,举办养老服务机构。鼓励民间资本研究开发养老产品,提供养老服务教育培训、研究交流、咨询评估和第三方认证等服务。鼓励民间资本通过委托管理等方式,运营公有产权的养老服务设施。

培育发展养老服务社会组织。培育老年产品研发联盟、养老服务行业协会、养老服务企业商会、老年学专业研究会等,开展行业标准制定、服务质量评估、服务行为监督等事务,推行养老服务业综合标准化试点工作,发挥其在行业自律、监督评估、沟通协调、中介服务等方面的作用。培育发展为老服务公益慈善组织,支持慈善组织重点参与养老服务机构建设、养老产品开发、养老服务提供等,打造具有江西特色的慈善品牌。支持基层群众性自治组织,开展邻里互助、志愿服务,解决周围老年人实际生活困难。加强基层老年协会建设,支持老年群众组织开展自我管理、自我服务和服务社会活动。

(四)积极推进“医养融合”发展。将老年人健康医疗服务放在更加重要的位置,通过医疗机构和养老机构、居家养老服务中心和老年人家庭之间的多方式结合,建立资源共享、优势互补的医养结合服务模式,为老年人提供医疗和康复护理服务。

支持医疗机构发展养老服务,有条件的二级以上综合医院应开设老年病科,增加老年病床数量。支持省、市、县现有医院与社会资本合作建设、运营养老护理院。鼓励民间资本兴办“医养一体化”医院,积极发挥民办医院在养老服务中的作用。支持基层医疗机构在结构和功能调整中,合理利用医疗资源举办护理院、老年病医院、康复医院。

支持养老机构完善医疗康复功能,支持有条件的养老机构设置康复医院、护理院或设立卫生所、医务室等医疗机构。

建立医疗机构与养老机构协作机制,探索医疗机构向养老机构派驻医生、远程会诊等合作方式。推动医疗卫生资源进入养老机构、社区和居民家庭。建立社区医院与老年人家庭医疗契约服务关系,开展上门诊视、健康查体、保健咨询等服务。建立居家养老服务中心(站)与社区卫生机构对口联系制度,实施定期巡诊、检查等,并为老年人建立健康档案。

健全医疗保险机制,鼓励老年人投保健康保险、长期护理保险、意外伤害保险等人身保险产品,鼓励和引导商业保险公司开展相关业务。

(五)切实加强养老服务队伍建设。各级政府要重视养老服务队伍建设，大力培养老年医学、康复、护理、营养、心理和社会工作等各类人才，壮大养老服务队伍，提升服务水平。

建立政府出资、学校育才的良性互动机制。参照培养师范生的做法，支持高等院校、中等职业学校开设养老服务专业和课程，培育养老服务专业型人才。依托高校、职业院校和大型养老机构等设立养老护理员培训基地，实施“养老护理员素质提升工程”，到2020年，培训1万名以上养老护理员。推进养老服务人员职业化、专业化。

大力发展志愿者队伍。以“建制度、进社区、做帮扶”为重点，以空巢老人为主要对象，构建覆盖全社会的志愿服务体系。在全省城市社区普遍建立志愿服务工作站，机关和企事业单位普遍建立志愿服务组织。积极倡导志愿服务，宣传志愿服务理念、奉献意识和公民意识，使志愿服务成为一种社会风尚和长效机制。

（六）不断提升养老服务信息化水平。加大养老服务信息化网络和平台建设力度，全面提高养老服务效率和水平。

建立全省统一的养老服务信息系统。依托国家养老服务信息系统和我省电子政务外网统一网络平台，建立全省统一的养老服务信息系统，规范收集养老服务行业基础数据，为政府管理决策、公众信息查询提供支持。

建立居家养老服务信息平台。到2020年，每个设区市至少建立一个居家养老服务信息中心，对接老年人服务需求和各类社会主体服务供给，为老年人提供便捷的居家养老服务。社区普遍建立以为老服务热线12349和“一键通”紧急呼叫为主要内容的居家养老呼叫服务网络。有条件的地方，要为高龄老人、低收入失能等老人免费配置“一键通”电子呼叫设备。

完善机构养老服务信息化建设。支持养老机构建立以采集老年人信息、服务缴费、日常管理的信息系统，以紧急呼叫器为载体的联系平台，以摄像头为载体的监控平台，提高服务的便捷化和可及性。

（七）鼓励发展养老服务产业。围绕适合老年人的衣、食、住、行、医、文化娱乐等需要，优先满足老年人的基本服务，不断拓展多样化服务，进一步繁荣老年人消费市场，提高老年人生活质量。具备条件的养老服务业项目列入省服务业重大项目建设予以支持，优先认定省级养老服务业龙头企业。

引导研发和生产企业开发助行助听、康复保健、食品药品、服装服饰等老年用品用具。引导商场、超市、批发市场设立老年用品专柜。引导商业银行、保险公司、证券公司等金融机构开发适合老年人的理财、信贷、保险等产品。利用现代传播技术，建设老年文化传播网络，开办养老服务网站、老年大学，支持老年广播电视栏目，发展老年适读图书报刊、音像制品出版。开展为老年人的法律服务、信息咨询、金融中介、资产评估、投资顾问等中介服务。

发挥江西的山水、温泉及生态优势，发展养老公寓和老年休闲旅游业。依托庐山、井冈山、武功山、庐山西海、仙女湖、陡水湖等山水资源，发展避暑休闲养老；依托温汤、星子、安远、寻乌、安福等温泉资源，发展温泉养生养老；依托婺源、瑶里、上清、渼陂等名镇名村资源，发展田园劳动观光养老；依托梅岭、靖安、武宁、资溪、崇义等地森林资源，发展生态养老。

二、扶持政策

（八）土地供应政策。各地要制定支持发展养老服务业的土地政策，将各类养老服务设施纳入土地利用总体规划和年度用地计划，确保养老设施建设用地需求。新建500张以上床位的养老服务设施项目，按规定程序优先列入省重大项目调度会，优先安排省预留新增建设用地计划指标。各地可采取划拨、出让等方式供应养老服务设施用地。非营利性养老机构建设用地，可以依法使用国有划拨土地或者农民集体所有的土地。营利性养老机构建设用地，按照国家对经营性用地依法办理有偿用地手续的规定，优先保障供应。

（九）税费优惠政策。全面落实国家支持养老服务业的税费优惠政策，进一步完善支持民间资本投资养老服务业的税费优惠政策。

养老机构提供的养老服务免征营业税。非营利性养老机构自用房产、土地免征房产税、城镇土地使用税，符合《财政部、国家税务总局关于非营利组织免税资格认定管理有关问题的通知》（财税〔2014〕13号）规定的，依规免征企业所得税。企事业单位、社会团体和个人向非营利性养老机构的捐赠，符合相关规定的，准予在计算其应纳税所得额时按税法规定比例扣除。

非营利性养老机构免收有关行政事业性收费和政府性基金，按最低限减半收取有关经营性服务收费。营利性养老机构减半征收有关行政事业性收费和政府性基金，按最低限收取有关经营性服务收费。养老机构使用水、电、气、有线电视、固定电话、互联网等与居民用户实行同价，有初装费的减半收取。

（十）贷款融资政策。将国家有关促进服务业发展的金融政策落实到养老服务业。鼓励金融机构加快金融产品和服务方式创新，拓宽信贷抵押担保物范围，积极支持养老服务业的信贷需求。积极利用财政贴息、小额贷款等方式，加大对发展养老服务业的信贷投入。各级政府出资建立的担保机构和担保中心要优先为养老服务机构提供贷款担保服务。商业性担保机构为养老服务机构融资担保，享受省级融资担保风险补偿政策。

（十一）民办养老机构和城乡居家养老服务中心奖补政策。制定政府向社会力量购买养老服务的政策措施，逐步增加政府购买服务的类别和数量。省财政安排专项资金，对民办养老服务机构、居家养老服务中心（站）的设施建设给予一次性奖补。经依法许可和登记的非营利性养老机构，自建或购买用房兴办30张床位以上且运营满1年的，按核定床位每张补2000元，最高补助100万元；对租赁用房且租用期5年以上，达到前述条件的，按核定床位数每张补1000元，最高补助50万元。对按规划和标准新建的城乡社区居家养老服务中心（站）每个补10－20万元。各地要建立民办养老机构、居家养老服务中心（站）建设、运营奖补制度。

（十二）“医养融合”政策。医院建设运营养老护理院享受养老机构建设运营的全部政策，从省基建投资中安排资金予以支持。对在养老服务机构内设置的医疗机构，符合基本医疗保险定点医疗机构条件的，纳入基本医疗保险定点医疗机构范围。定点医疗机构应严格执行医疗保险政策和医疗保险协议管理规定，严格做到合理查检、合理用药和合理治疗。社会保障部门要完善医保参保、报销制度，积极为异地养老的老年人办理医疗保险异地安置手续，创造条件通过全省异地就医平台实现刷卡即时结算。公立医疗卫生机构为民办养老机构的“五保”老人和“三无”老人开展巡诊，巡诊的医疗费、劳务费、交通费等费用由当地政府给予补贴。

（十三）就业用工政策。对与本省养老机构（包括居家养老服务组织及养老服务专业公司）签订1年以上劳动合同，并从事养老护理工作、依法缴纳社会保险费的就业困难群体，可按国家规定享受社会保险补贴。加强养老服务人员培训，符合规定条件的人员享受有关培训补贴政策。凡经培训考试合格并初次通过职业技能鉴定取得职业资格证书或专项职业能力证书的人员，按规定享受一次性职业技能鉴定补贴。对在养老机构就业的专业技术人员，执行与医疗机构、福利机构相同的执业资格、注册考核政策。鼓励有条件的地区探索实行养老护理员特殊岗位补贴制度，建立支持大专院校对口专业毕业生从事养老服务工作，支持农村转移劳动力、城镇就业困难人员到养老机构和社区养老公益性岗位开展工作的制度。

（十四）老年人福利政策。加大社会救助力度，提高政府供养水平，建立城镇“三无”、农村“五保”、城乡低保对象和重点优抚对象供养（抚恤）标准自然增长机制。提高老年福利水平，全省普遍建立80岁以上高龄老人津贴制度。加快建立养老服务评估机制，建立健全经济困难的高龄、失能等老年人补贴制度，采取政府购买服务方式，对符合条件的老年人接受机构养老服务或居家养老服务给予补贴。完善养老制度，提高自身供养能力。农村可以将未承包的集体所有的部分土地、山林、水面、滩涂等作为养老基地，收益供老年人养老。根据国家统一政策研究制定城镇职工和城乡居民养老保险制度转移衔接实施办法。开展老年人住房反向抵押养老保险产品试点。

（十五）风险防范政策。坚持政府支持、机构投保、保险公司运作的原则，鼓励支持养老机构投保综合责任保险，保险机构承保综合责任保险，通过全省统保、行业互保的办法，降低养老机构运营风险。在养老机构、居家养老服务中心（站）建立律师指导机制，依法防范和处理权益纠纷。

三、组织领导

（十六）全面深化改革。设立养老服务业综合改革试验区。在资本金、场地、人员等方面，进一步降低社会力量举办养老机构的门槛，简化手续、规范程序、公开信息，行政许可和登记机关要核定其经营和活动范围，为社会力量举办养老机构提供便捷服务。企业投资养老服务业项目一律实行备案制。探索政府以土地使用权作价入股、采取混合所有制等形式推进养老服务业的发展。深化养老服务基础设施建设投融资改革，推进以“建设—运营—移交”模式建设养老服务基础设施。鼓励各地在城乡之间、养老机构之间、跨地区之间建立养老服务协作与对口支援机制。

积极开展公办养老机构改制试点。公办养老机构特别是新建机构应当大力推行公建民营，有条件的地方可以积极稳妥地把专门面向社会提供经营性服务的公办养老机构转制成为企业。支持乡镇敬老院在满足农村“五保”对象集中供养需求的前提下向社会开放。

（十七）加强统筹协调。建立民政部门牵头的工作协调机制，整合各方养老服务资源，统筹推进居家和机构、城镇和乡村、公办和民办养老服务业的发展。发改、财政、人社、税务、住建、质检、商务、金融、工商、国土、教育、卫生计生、食品药品监督、公安等部门要各司其职，形成齐抓共管、整体推进的工作格局。

（十八）注重规划引领。省级编制养老服务基础设施建设专项规划、设立养老服务基础设施建设专项资金，全面推进养老机构和居家养老服务中心（站）建设。以规划和专项资金引领福利彩票公益金、社会资金、银行信贷和各级财政资金加大对养老服务基础设施建设的投入力度，形成多元化的投入机制。各级留成使用的福利彩票公益金要将50%以上的资金用于支持发展养老服务业，并随着老年人口的增加逐步提高投入比例。

（十九）规范监督管理。研究起草保障老年人权益的地方法规。建立健全营利性、非营利性养老机构分类管理制度，加强对非营利性养老机构的财务监管。健全养老服务的准入、退出、监管制度，指导养老机构完善管理规范、开展星级评定、改善服务质量。加强养老服务设施的规划、建设、运营管理，严格禁止挤占养老服务设施建设规划用地，严格禁止养老服务设施挪作他用，严格禁止养老服务设施建设用地改变用途开发房地产。价格主管部门要探索建立科学合理的养老服务定价机制，依法确定适用政府定价和政府指导价的范围。其他各有关部门要依照职责分工对养老服务业实施监督管理，切实查处侵害老年人人身财产权益的违法行为和安全生产责任事故。

（二十）加强督促检查。建立完善养老服务业统计制度，加强工作绩效考核，确保责任到位、任务落实。各地要结合实际，制定实施意见，切实抓好落实。省政府有关部门要根据本部门职责，制定具体政策措施。省发改委、省民政厅和省老龄办要加强对本意见执行情况的监督检查，及时向省政府报告。省政府将适时组织专项督查。

（二十一）营造良好氛围。广泛宣传敬老、养老、爱老、助老、孝老的传统美德和养老服务先进典型，支持社会服务窗口行业开展“敬老文明号”创建活动。倡导机关干部和企事业单位职工、大中小学学生参加养老服务志愿活动，形成政府、市场、社会、家庭和老年人共同参与、各尽其能的发展格局。营造安全、便利、诚信的老年消费环境，引导老年人树立健康的养老观念、社会化养老服务的消费理念，构建具有江西特色的现代养老文化。

本栏编辑　詹跃华

统计资料

国民经济和社会发展主要指标与发展速度

指　标	2014 年	2014 年比 2013 年增长(%)
人口(万人)		
年末总人口	4542.16	0.4
男性人口	2334.66	0.3
女性人口	2207.50	0.5
城镇人口	2281.07	3.2
乡村人口	2261.09	-2.2
就业(万人)		
年末社会就业人数	2603.30	0.6
职工人数	426.00	3.9
年末城镇登记失业人数	29.41	7.3
地区生产总值(亿元)	15714.63	9.7
第一产业	1683.72	4.7
第二产业	8247.93	10.9
第三产业	5782.98	9.1
人均生产总值(元)	34674.00	9.2
固定资产投资(亿元)		
全社会固定资产投资总额	15079.26	17.3
房地产开发投资	1322.49	12.6
新增固定资产	10127.12	21.6
财政(亿元)		
财政总收入	2680.96	13.7
公共财政预算收入	1881.83	16.1
公共财政预算支出	3882.70	11.9
能源生产与消费(万吨标准煤)		
能源生产总量	2451.90	-4.2
能源消费总量	8055.40	6.2
价格指数(上年=100)		
居民消费价格指数	102.30	2.3
商品零售价格指数	101.20	1.2
工业生产者出厂价格指数	97.80	-2.2
工业生产者购进价格指数	98.40	-1.6
固定资产投资价格指数	100.10	0.1
人民生活		
城镇非私营单位在岗职工平均工资(元)	47299.00	8.5
城镇住户人均年可支配收入(元)	24309.20	9.9
农村住户人均年可支配收入(元)	10116.60	11.3
城乡居民储蓄存款年末余额(亿元)	10790.70	11.0
城镇住户人均住宅建筑面积(平方米)	41.00	2.3
农村居民人均住房面积(平方米)	50.20	2.2

续表 1

指　标	2014 年	2014 年比 2013 年增长(%)
城市建设、环境保护		
人工煤气供气量(万立方米)	30991.00	-14.0
液化石油气供气量(吨)	237316.00	5.2
道路长度(千米)	7250.00	5.6
排水管道长度(千米)	10814.00	2.3
公共车辆(汽、电车)运营数(辆)	9200.00	19.0
绿化覆盖面积(公顷)	55327.00	4.0
工业用水重复利用率(%)	81.47	
一般工业固体废物综合利用量(万吨)	6120.56	-4.8
一般工业固体废物综合利用率(%)	56.51	
农业		
农业总产值(亿元)	2726.54	4.8
主要农产品产量		
粮食(万吨)	2143.50	1.3
棉花(万吨)	13.37	2.2
油料折油(万吨)	47.17	7.9
油料(万吨)	121.71	2.1
黄红麻(万吨)	0.06	-12.8
烟叶(万吨)	5.89	16.5
茶叶(吨)	44339.00	3.1
蚕茧(吨)	6962.00	1.2
甘蔗(万吨)	64.52	-0.2
水果(万吨)	413.75	-6.3
肉类总产量(万吨)	355.24	3.1
水产品(万吨)	253.76	4.6
生猪年末存栏(万头)	1942.97	-1.3
生猪当年出栏(万头)	3325.66	3.0
工业		
主要工业产品产量		
化学纤维(万吨)	45.94	9.4
布(混合数)(万米)	96761.00	21.4
机制纸及纸板(万吨)	154.52	-15.3
卷烟(万箱)	135.30	5.9
原煤产量(万吨)	2261.40	-5.5
原油加工量(万吨)	471.26	-9.2
发电量(亿千瓦时)	781.25	-1.3
粗钢 (万吨)	2235.28	3.6
钢材 (万吨)	2611.06	5.5
水泥(万吨)	9803.57	6.3
汽车(万辆)	46.15	25.4
照相机(万架)	244.50	-34.7
化学肥料(折合 100%)(万吨)	134.72	23.0
化学农药(原药)(吨)	46452.00	10.1
规模以上工业企业主要指标(亿元)		
工业增加值	6833.72	11.8
资产总计	15535.66	13.9
主营业务收入	30597.12	14.6
利税总额	3358.71	16.5
建筑业(资级企业)		
建筑业企业人数(万人)	130.30	0.2

续表2

指　标	2014 年	2014 年比 2013 年增长(%)
建筑业总产值(亿元)	4124.45	18.8
施工房屋面积(万平方米)	27732.04	19.8
竣工房屋面积(万平方米)	12725.69	7.1
交通运输业		
铁路营业里程(千米)	3602.00	20.7
公路通车里程(千米)	155515.00	2.3
货物周转量(亿吨千米)	3829.97	5.0
铁路(亿吨千米)	541.29	-12.5
公路(亿吨千米)	3073.31	8.6
水运(亿吨千米)	215.37	8.6
旅客周转量(亿人千米)	971.33	4.4
铁路(亿人千米)	654.50	5.1
公路(亿人千米)	316.46	2.8
水运(亿人千米)	0.37	1.6
邮电通信业		
邮电业务总量(亿元)	446.00	32.5
函件(万件)	4771.00	-36.4
报刊期发数(万份)	347.00	-5.4
移动电话用户(万户)	2938.50	4.7
固定电话用户(万户)	577.30	-7.1
城市	354.10	-10.6
农村	223.30	-1.5
计算机互联网用户(万户)	434.20	5.9
局用交换机容量(万门)	200.30	-27.2
内外贸易和旅游		
社会消费品零售总额(亿元)	5292.60	12.7
海关进出口总额(万美元)	4273082.00	16.3
出口额	3202532.00	13.7
进口额	1070550.00	24.8
外商直接投资合同金额(万美元)	1072711.00	17.5
外商直接投资实际使用金额(万美元)	845074.00	11.9
旅游总收入(亿元)	2649.70	39.7
涉外旅游人数(人次)	1716759.00	4.9
涉外旅游收汇(万美元)	55687.00	6.1
金融业(亿元)		
金融机构人民币存款余额	21537.74	10.8
金融机构人民币贷款余额	15466.11	19.4
教育、文化、卫生		
高等学校在校学生数(人)	944075.00	6.3
中等专业学校在校学生数(人)	258644.00	-0.8
普通中学在校学生数(万人)	265.48	0.9
小学在校学生数(万人)	412.98	1.2
学龄儿童入学率(%)	99.83	-0.2
报纸出版数量(万份)	113590.00	-11.6
期刊出版数量(万册)	7616.00	3.9
图书出版数量(万册)	19662.00	5.6
卫生机构数(个)	7856.00	8.4
卫生技术人员(人)	201327.00	5.8
医生	74605.00	6.2
病床数(张)	186857.00	7.2

国民经济主要比例关系

单位:%

指 标	2013 年	2014 年
地区生产总值		
第一产业	11.0	10.7
第二产业	53.5	52.5
工业	44.8	43.6
建筑业	8.7	8.9
第三产业	35.5	36.8
交通运输邮电业	4.7	4.5
批零贸易和住宿餐饮业	9.4	9.3
金融业	3.8	4.7
全省总人口		
城镇人口	48.9	50.2
乡村人口	51.1	49.8
社会就业人员		
第一产业	31.7	30.8
第二产业	31.8	32.2
第三产业	36.5	37.0
农业总产值		
农业	41.6	42.0
林业	9.8	10.0
牧业	30.9	29.9
渔业	14.4	14.7
服务业	3.3	3.4
规模以上工业增加值		
轻工业	34.7	36.2
重工业	65.3	63.8
全社会固定资产投资		
第一产业	2.4	2.4
第二产业	56.0	52.9
第三产业	41.5	44.7
财政支出		
文教科学卫生事业费	29.6	30.1
科学	1.3	1.5
教育	19.1	18.3

主要指标每人年平均水平

指　标	2013 年	2014 年
地区生产总值(元)	31771.00	34674.00
第一产业	3626.00	3715.00
第二产业	16998.00	18199.00
第三产业	11147.00	12760.00
财政总收入(元)	5226.00	5915.00
年末居民储蓄存款余额(元)	21549.00	23809.00
主要农产品产量(千克)		
粮食	468.89	472.95
棉花	2.90	2.95
油料折油	9.69	10.41
甘蔗	14.33	14.24
水果	97.79	91.29
肉类总产量	76.34	78.38
牛奶	2.81	2.83
水产品	53.77	55.99
主要工业产品产量		
化学纤维(千克)	9.31	10.14
布(混合数)(米)	17.20	21.35
机制纸及纸板(千克)	40.31	34.09
原煤(千克)	527.04	524.81
原油加工量(千克)	1150.41	1145.56
发电量(千瓦小时)	1746.21	1738.84
粗钢(千克)	477.87	493.20
钢材(千克)	545.93	576.12
水泥(千米)	2039.47	2163.12
化学肥料(千克)	23.55	29.72
化学农药(千克)	0.93	1.02
主要消费品消费量		
农村居民食品消费量(千克)		
粮食	194.50	161.90
植物油	13.37	12.90
猪牛羊肉	19.03	18.19
蛋类	5.17	5.49
水产品	7.85	7.33
城镇居民购买量(千克)		
粮食	131.49	113.59
油脂类	13.47	14.09
肉禽及其制品类	36.45	38.16
蛋类	7.39	7.49
水产品	14.89	15.39

地区生产总值

本表按当年价格计算　　　　单位:亿元

年份	地区生产总值	第一产业	第二产业	第三产业	人均地区生产总值
2013	14410.19	1588.51	7713.02	5108.60	31930
2014	15714.63	1683.72	8247.93	5782.98	34674

注:2013 年地区生产总值为快报数。

按城乡分的人口数(年末数)

年份	总人口(人)	按城乡分		以年末总人口为 100	
		城镇人口	乡村人口	城镇人口	乡村人口
2013	45221468	22099731	23121737	48.87	51.13
2014	45421607	22810731	22610876	50.22	49.78

劳动力资源

单位:万人

年份	劳动力资源总数	社会就业人数		劳动力资源总数占人口数的比重(%)	劳动力资源利用率(%)
			职工人数		
2013	3524.7	2588.7	410.0	77.9	73.4
2014	3551.6	2603.3	426.0	78.2	73.3

全社会固定资产投资

年份	全社会固定资产投资		#房地产开发投资	
	绝对数(万元)	发展速度(上年=100)	绝对数(万元)	发展速度(上年=100)
2013	128502527	11745768	119.3	121.1
2014	150792554	13224909	117.3	112.6

外商直接投资情况

年份	项目数(个)	合同外资金额(万美元)	实际使用外资(万美元)
2013	847	913261	755096
2014	822	1072711	845074

能源生产总量及构成

年份	能源生产总量(万吨标准煤)	占能源生产总量的比重(%)			
		原煤	原油	天然气	水电风电
2013	2558.8	83.3		0.8	15.9
2014	2451.9	82.0		0.2	17.8

能源消费总量及构成

年份	能源消费总量(万吨标准煤)	占能源消费总量的比重(%)			
		煤炭	石油	天然气	水电风电
2013	7582.9	70.5	17.5	2.4	5.4
2014	8055.4	68.0	16.9	2.5	5.4

财政收支总额及增长速度

年份	财政总收入(万元)	公共财政预算支出(万元)	收支差额(万元)	比上年增长(%)	
				财政总收入	公共财政预算支出
2013	23584319	34703013	-11118694	15.3	14.9
2014	26809635	38827011	-12017376	13.7	11.9

各种价格指数

(上年=100)

年份	商品零售价格指数			居民消费价格指数		
		城市	农村		城市	农村
2013	101.5	101.2	101.9	102.5	102.4	102.9
2014	101.2	101.1	101.4	102.3	102.4	102.2

农、林、牧、渔业总产值和商品产值

本表按当年价格计算　　单位:万元

年份	农林牧渔业总产值						农林牧渔业商品产值	农林牧渔业商品率(%)
		农业产值	林业产值	牧业产值	渔业产值	服务业产值		
2013	25783521	10728030	2526709	7964378	3701506	862897	18770946	72.8
2014	27265352	11440813	2741804	8148821	4006521	927394	19865218	72.9

农作物播种面积和产量(2014 年)

类　　别	播种面积(千公顷)	单　产(千克/公顷)	总产量(粮食:万吨　其他:吨)	总产量比上年增长(%)
总计	5570.55			
粮食作物	3697.34	5797	2143.5	1.3
谷物	3389.60	6023	2041.5	1.1
稻谷	3339.45	6064	2025.2	1.1
早稻	1394.60	5881	820.1	-1.0
中稻及一季晚稻	394.50	6907	272.5	3.1
二季晚稻	1550.35	6015	932.6	2.3
小麦	12.00	2133	2.6	2.8
玉米	29.87	4101	12.3	2.3
大(米)麦	0.30	2000	0.1	0.0
豆类合计	162.20	1969	31.9	4.1
大豆	101.37	2314	23.5	4.6
杂豆	60.83	1381	8.4	1.7
薯类(按折粮计算)	145.53	4813	70.0	6.9
油料合计	741.48	1641	1217081.0	2.8
花生	162.56	2808	456514.0	1.0
油菜籽	547.91	1320	723497.0	2.8
芝麻	31.00	1195	37032.0	1.3
棉花	84.92	1574	133682.0	2.2
麻类合计	4.72	1531	7229.0	-11.3
黄红麻	0.11	5607	628.0	-12.8
苎 麻	4.61	1432	6601.0	-11.1
甘蔗	14.30	45125	645242.0	-0.2
烟叶合计	27.85	2115	58889.0	16.5
烤烟	27.05	2126	57501.0	20.9
晒烟	0.80	1735	1388.0	-53.3
中药材	20.37			
蔬菜类及食用菌	572.27	22934	13124362.0	4.4
瓜果类	77.72	26542	2062966.0	5.0
其他作物	329.59			
莲子	16.01	2262	36208.0	70.2
青饲料	76.03	13323	1012999.0	-6.4

注:本表粮食作物均为农产量抽样调查数。

规模以上工业企业经济指标

指　标	2013 年	2014 年
企业单位数(个)	7601	8271
亏损企业	429	448
资产总计(万元)	136401179	155356630
流动资产合计(万元)	62332378	69060974
负债总计(万元)	74021408	80419911
所有者权益(万元)	62379770	74936719
主营业务收入(万元)	267002175	305971151
主营业务税金及附加	2723301	3185553
营业费用(销售)	4211075	5057432
利润总额(万元)	17566628	20439279
利润和税金总额(万元)	28823980	33587083
全部从业人员年平均人数(人)	2201132	2448000
工业总产值(万元)	246769053	287923469
工业增加值(万元)	57555047	68337197
总资产贡献率(%)	24.38	24.91
资本保值增值率(%)	119.40	118.66
资产负债率(%)	54.27	51.76
流动资产周转率(次)	4.60	4.77
成本费用利润率(%)	7.19	7.23
全员劳动生产率(元/人)	278594	292275
产品销售率(%)	99.07	98.86
工业经济效益综合指数(%)	328.28	339.33

工业产品产量

品　名	2014 年	2014 年比 2013 年增长(%)
硫铁矿生产量(折含硫 35%)(万吨)	299.52	14.7
钨精矿折含量(万吨)	5.10	0.1
原盐(万吨)	322.12	0.8
配混合饲料(万吨)	1586.99	5.1
乳制品(万吨)	33.16	3.1
罐头(万吨)	14.72	1.2
软饮料(万吨)	320.85	3.0
白酒(万千升)	16.38	13.8
啤酒(万千升)	130.99	6.2
精制茶(吨)	69474.10	16.9
卷烟(亿支)	676.50	5.9
纱(万吨)	157.40	-2.6
布(万米)	96760.90	21.4
纯棉布	23738.60	12.2
棉混纺交织布	56970.10	21.9
纯化纤布	16052.20	35.6
印染布(万米)	4386.60	-51.4
服装(万件)	122429.70	-31.2
皮鞋(万双)	29447.70	5.7
人造板(万立方米)	529.13	-35.0
机制纸及纸板(万吨)	154.52	-15.3
家具(万件)	1456.09	15.1
硫酸(万吨)	333.74	3.2
烧碱(万吨)	41.67	-20.7
电石(折 300 升/千克)(万吨)	4.86	9.6
合成氨(万吨)	15.40	19.9
化学肥料(折有效成分 100%)(万吨)	134.72	23.0
氮肥	113.68	25.6
磷肥	21.03	10.6
化学农药(吨)	46452.30	10.1
纯苯(吨)	42193.00	-16.1
涂料(吨)	80854.00	-3.8
塑料树脂及共聚物(万吨)	15.14	-3.4
合成洗涤剂(吨)	5013.00	-5.2
化学药品原药(吨)	49099.10	-5.2
中成药(吨)	110599.30	7.9
化学纤维(万吨)	45.94	9.4
粘胶纤维	37.36	9.9
合成纤维	8.59	7.1
轮胎外胎(万条)	293.78	-17.1
塑料制品(吨)	910186.30	8.3
水泥(万吨)	9803.57	6.3
平板玻璃(万重量箱)	512.98	-22.6
日用玻璃制品(万吨)	3.52	19.3
玻璃保温容品(万个)	1436.00	-31.9
耐火材料制品(万吨)	23.84	13.7
生铁(万吨)	2075.31	3.1
粗钢(万吨)	2235.28	3.6

续表

品　名	2014 年	2014 年比 2013 年增长(%)
钢材(万吨)	2611.06	5.5
中小型型材	16.41	22.8
棒材	80.22	-20.7
钢筋	969.08	13.1
线材	457.41	-2.8
厚钢板	160.59	15.4
中板	203.39	11.0
热轧窄钢带	0.00	-100.0
冷轧窄钢带	71.13	21.1
电工钢板	106.83	3.9
无缝钢管	14.22	-3.1
焊接钢管	7.72	-30.5
十种有色金属(万吨)	165.10	6.5
精炼铜	130.64	6.2
铁合金(万吨)	1.87	2.4
工业锅炉(蒸发量吨)	1216.00	-19.7
金属切削机床(台)	5775.00	5.9
数控机床	1475.00	6.0
泵(万台)	11.97	-34.9
风机(万台)	14.67	13.8
气体压缩机(台)	44423008.00	14.1
轴承(万套)	13955.60	14.5
矿山设备(吨)	261122.00	22.9
印刷机(吨)	926.90	-42.1
小型拖拉机(万台)	1.16	0.7
汽车(万辆)	46.15	25.4
载货汽车	20.11	23.8
民用钢质船舶(万总吨)	12.41	6.4
发电设备(万千瓦)	37.61	7.6
交流电动机(万千瓦)	380.31	-12.4
变压器(万千伏安)	2549.97	-2.3
通信及电子网络用电缆(对千米)	1678564.20	31.6
冷柜(台)	458301	3.6
家用电冰箱(万台)	109.48	7.9
房间空气调节调器(万台)	328.43	2.7
电风扇(万台)	136.91	16.0
灯泡(万只)	179433.10	20.7
电话单机(万部)	103.94	13.8
彩色电视机(万台)	19.57	-58.1
照相机(万台)	244.50	-34.7

建筑业主要经济指标

指　标	2013 年	2014 年
企业个数(个)	1717	1786
建筑业合同情况(万元)		
签订的合同额	63076996	73558388
上年结转合同额	20538890	27126188
本年新签合同额	42538106	46432199
承包工程完成情况(万元)		
直接从建设单位承揽工程完成的产值	34285941	40546626
自行完成施工产值	33586187	39922202
分包出去工程的产值	699754	624424
从建设单位以外承揽工程完成的产值	1113576	1304134
建筑业总产值(万元)	34715550	41244502
装饰装修产值	2185663	2901744
在外省完成的产值	11743998	13023891
建筑工程产值	30061822	35578445
安装工程产值	2431724	2789331
其他产值	2222004	2876726
竣工产值(万元)	21553897	23318601
房屋建筑施工及竣工面积(万平方米)		
房屋建筑施工面积	23144.38	27732.04
本年新开工面积	13444.05	14874.24
实行投标承包面积	16753.51	18668.15
本年新开工	10222.47	10268.25
房屋建筑竣工面积	11881.19	12725.69
住宅房屋	7727.99	8511.51
商业及服务用房屋	844.15	823.89
商厦房屋(批发和零售用房)	278.21	333.26
宾馆用房屋(住宿用房)	127.78	87.93
餐饮用房屋(餐饮用房)	47.01	43.59
商务会展用房屋	28.83	6.94
其他商业及服务用房屋(居民服务业用房)	362.33	352.17
办公用房屋	854.34	1002.42
科研、教育、医疗用房屋	592.46	502.58
科学研究用房屋	63.78	40.27
教育用房屋	427.69	365.44
医疗用房屋(卫生医疗用房)	100.99	96.88
文化、体育、娱乐用房屋	183.68	160.24
厂房及建筑物	1353.02	1378.53
厂房	742.52	685.84
仓库	69.67	94.87
其他未列明的房屋建筑物	255.88	251.63

注:建筑业统计范围为具有建筑业资质等级的独立核算建筑业企业。

运输线路长度

单位:千米

指　标	2013 年	2014 年
铁路营业里程	2984	3602
公路通车里程	152067	155515
等级公路	122675	128261
高速公路	4303	4484
一级公路	1643	1902
二级公路	9790	9941
三级公路	9379	10619
等外公路	29393	27254
内河通航里程	5638	5638
等级航道	2349	2349
等外航道	3289	3289

全社会运输周转量

单位:万吨千米、万人千米

指　标	2013 年	2014 年
货物周转量	36460456	38299712
民航		
铁路	6186600	5412900
公路	28290235	30733082
水运	1983621	2153730
内河	1430470	1518022
沿海	485999	601710
远洋	67153	33998
旅客周转量	9306886	9713303
民航		
铁路	6226300	6545000
公路	3076941	3164601
水运	3645	3702
内河	3645	3702

社会消费品零售总额

单位:万元

年　份	社会消费品零售总额	按行业分				按所在地分		
		批发业	零售业	住宿业	餐饮业	城　镇		乡村
2013	45760501	8818983	31072897	641288	5227333	38105503	23798971	7654998
2014	52926290	10185926	36168150	717601	5854613	44222325	28362972	8703965

注:2010 年国家统计制度作了修订,社会消费品零售总额统计分组发生变化。

旅游业发展情况

年　份	旅游总收入(亿元)	占全国旅游总收入比重(%)	为全省地区生产总值(%)	为全省地区生产总值中第三产业(%)
2013	1896.06	6.43	13.22	37.69
2014	2649.70	8.15	16.86	45.82

金融机构本外币信贷资金平衡表年末余额(2014 年)

单位:万元

指　标	年末余额	比年初增加	比年初增长(%)
各项存款	217549126	21722002	11.1
单位存款	96859046	9312182	10.6
活期存款	46466360	2137110	4.8
定期存款	25061578	3451842	16.0
个人存款	110838581	11053892	11.1
储蓄存款	108256470	10670755	10.9
财政性存款	6166601	-36386	-0.6
临时性存款	249076	75697	43.7
委托存款	205967	38872	23.3
其他存款	3229854	1277745	65.5
各项贷款	156968321	25219333	19.1
境内贷款	156871410	25208896	19.1
短期贷款	66185340	7888846	13.5
中长期贷款	86234747	14824341	20.8
票据融资	4220707	2428903	135.6
各项垫款	230616	66806	40.8
境外贷款	96911	10437	12.1

注:本表统计口径包括中国人民银行、政策性银行、国有独资商业银行、邮政信汇局、其他商业银行、农村合作银行、城市信用社、农村信用社、信托投资公司、财务公司等金融机构。

房地产开发与经营主要指标

指　标	2013 年	2014 年
企业个数(个)	2080	2077
房地产开发投资(万元)	11745768	13224909
按登记注册类型分		
内资	11031313	12528103
国有	427265	164216
集体	11212	2503
股份合作	56661	5565
联营	16155	
有限责任公司	5285465	7068110
股份有限公司	823424	696300
私营	4187707	4575744
其他	223424	15665
港澳台商投资	524180	546515
外商投资	190275	150291
按构成分		
建筑工程	8280520	9411069
安装工程	1034597	1241277
设备工器具购置	153261	176563
其他费用	2277390	2396000
土地购置费	1474486	1796430
按工程用途分		
住宅	7957469	9719227
别墅、高档公寓	364864	338386

各类全日制学校基本情况(2014 年)

单位:人

类　别	学校数（所）	在校学生数	招生数	毕业生数	教职工数	
						专任教师
研究生		27660	9704	8122		6335
普通高等学校	95	916415	302636	240289	76014	54429
普通中专学校	73	258644	86663	74975	7076	5344
普通中学	2569	2654779	910908	828158	207206	172586
高(完)中	442	904696	3162232	277005	82883	51197
初中	1537	1750083	594676	551153	124323	121389
职业中学	246	169644	59092	70849	10361	8287
高中	246	169644	59072	70849	10361	8287
初中						
技工学校	102	141968	47760	38795	10586	7969
小学	9764	4129817	695335	596483	196817	210329
特殊教育学校	87	19765	3888	1638	1245	1128
幼儿园	11448	1593532	946767	643133	111715	67360
工读学校	2	174	174		20	18

卫生机构、床位及人员数

年　份	机构数（个）		床位数（张）		人员数（人）		
		医　院 卫生院		医　院 卫生院		卫生技术人员	
							医　生
2013	7250	2140	174299	158096	269848	190234	70276
2014	38873	2158	186857	170042	280681	201327	74605

注:本表卫生技术人员数据不包括乡村医生和卫生员。

本栏编辑　詹跃华

索　　引

说明：

本索引为主题索引，按主题词首字汉语拼音字母（同音字按声调）顺序排列。主题词后的阿拉伯数字表示该词所在页码，数字后的英文字母 a、b、c 分别表示该页文字的左、中、右栏。同一主题的内容在文中多处出现的，在其主题词后用不同的页码标明。对特载、大事记、专记、人物、专录、统计资料等类目不作主题索引。

A

B

C

E

F

G

H

J

K

L

M

N

P

Q

R

S

T

W

X

Y

Z